★**rester** [Reste] ⟨être⟩ **A** VI **1** bleiben **2**	Angabe des Hilfsverbs: ⟨être⟩
dämpfen VT **1** *Stoß, Geräusch* amortir; *Licht* tamiser **2** *fig Begeisterung* tempé- **patate** [patat] F *fam* (≈ *pomme de terre*) Kartoffel *f*	Erklärende Hinweise und Stilebenenangaben in Kursivschrift: *Stoß, Geräusch …; fam*
Jause *österr* F casse-croûte *m* **roesti** [røsti] MPL *helv* CUIS Rösti *pl*	Länderspezifische Verwendung: *österr, helv*
Deklination F ASTRON, GRAM, PHYS déclinaison *f* **deklinieren** VT GRAM décliner	Sachgebiete in Großbuchstaben: ASTRON, GRAM, PHYS
★**dîner** [dine] **A** VI zu Abend essen **B** M Abendessen *n*, Abendbrot *n*; *helv* Nachtessen *n*	Buchstaben zur Unterscheidung von Wortarten: **A**, **B**
Teilchen N **1** (≈ *kleines Stück*) petite partie **2** NUKL particule *f*. **3** *Gebäck* petit gâteau	Arabische Ziffern zur Bedeutungsdifferenzierung: **1**, **2**, **3**
★**là-bas** ADV da, dort drüben; *avec mouvement* dorthin	Sternchen ★ markieren französischen Grundwortschatz
°**hanneton** [ɑ̃tɔ̃] M Maikäfer *m*	Hinweis auf °h aspiré

Langenscheidt
Praktisches Wörterbuch
Französisch

Französisch – Deutsch
Deutsch – Französisch

Neuentwicklung

Herausgegeben von der
Langenscheidt-Redaktion

Langenscheidt
München · Wien

Neuentwicklung 2013

Projektleitung: Evelyn Glose
Lexikografische Bearbeitung: Herbert Horn, Fabienne Schreitmüller,
Dr. Christiane Wirth, Barbara Epple, Evelyn Glose

Zusammenstellung und Bearbeitung der Anhänge: Dr. Birgit Klausmann

Neue deutsche Rechtschreibung nach den gültigen amtlichen Regeln
und DUDEN-Empfehlungen

Wörterbuch-Verlag Nr. 1

Langenscheidt belegt laut Marktforschungsinstitut
GfK Entertainment GmbH den ersten Platz bei
Fremdsprachen-Wörterbüchern.
Weitere Informationen dazu unter **www.langenscheidt.de**

Als Marken geschützte Wörter werden in diesem Wörterbuch in der Regel durch das
Zeichen ® kenntlich gemacht. Das Fehlen eines solchen Hinweises begründet jedoch
nicht die Annahme, eine nicht gekennzeichnete Ware oder eine Dienstleistung sei frei.

Ergänzende Hinweise, für die wir jederzeit dankbar sind, bitten wir zu richten an:
Langenscheidt Verlag, Postfach 40 11 20, 80711 München
redaktion.wb@langenscheidt.de

© 2013 Langenscheidt GmbH & Co. KG, München
Typografisches Konzept: KOCHAN & PARTNER GmbH, München, und
uteweber-grafikdesign, Geretsried
Satz: uteweber-grafikdesign, Geretsried, und Claudia Wild, Konstanz
Druck und Bindung: Druckerei C. H. Beck, Nördlingen
Printed in Germany
ISBN 978-3-468-12157-9

15020

Inhalt

Tipps für die Benutzung
Was steht wo im Wörterbuch?	4
Die Aussprache des Französischen	8
Abkürzungen und Symbole	11

Französisch – Deutsch	19
Deutsch – Französisch	349
Extras	673

Reiseplaner
E-Mails und Briefe	674
Informationen anfordern	678
Buchungsanfrage Hotel	680
Buchungsanfrage Ferienhaus	682
Stornierung Ferienhaus	684
Anmeldung zum Sprachkurs	685
Telefonieren	686
Fit für den Small Talk	688

Specials
Zahlen	693
Uhrzeit	696
Die französischen Departements	698
Französischsprachige Länder	700
Groß- und Kleinschreibung im Französischen	701
Zeichensetzung im Französischen	702

Grammatik
Plural der französischen Substantive und Adjektive	703
Femininformen der französischen Adjektive	704
Bildung der französischen Adverbien	704
Konjugation der französischen Verben	705

Tipps für die Benutzung

Was steht wo im Wörterbuch?

1 Alphabetische Reihenfolge

Die deutschen Umlaute **ä**, **ö** und **ü** werden wie die Buchstaben **a**, **o** bzw. **u** eingeordnet. Das **ß** ist dem (in der Schweiz ausschließlich verwendeten) **ss** gleichgestellt:

Ostern N̄ Pâques *m/fpl*; **an** ~ *od* **zu** ~ à Pâques; **frohe** *od* **fröhliche** ~**!** joyeuses Pâques!
Österreich N̄ l'Autriche *f* **Österreicher** M̄, **-in** F̄ Autrichien, -ienne *m,f*
österreichisch ADJ autrichien
Osteuropa N̄ l'Europe de l'Est

massieren V/T *a.* MIL masser
mäßig ADJ **1** *Wind, Geschwindigkeit* modéré **2** (= *mittelmäßig*) médiocre
massiv A ADJ **1** *Metalle, Holz* massif **2** *Kritik, Drohung* violent; *Druck* énorme B ADV ~ **gebaut** construit en dur

---

Einige weibliche Formen sind mit der männlichen zusammengefasst:

★**acteur** [aktœʀ] M̄, **actrice** [aktʀis] F̄ Schauspieler(in) *m(f)*
★**actif** [aktif] ⟨-ive [-iv]⟩ ADJ **1** *personne* aktiv; betriebsam **2** **la population active**

Philosoph M̄, **-in** F̄ philosophe *m/f*
Philosophie F̄ philosophie *f*

---

2 Rechtschreibung

Für die Schreibung der deutschen Wörter gelten die aktuellsten DUDEN-Empfehlungen. Die Schreibweise der französischen Wörter folgt den Regeln der *Académie française*.

Der Bindestrich wird am Zeilenanfang wiederholt, wenn das getrennte Wort ursprünglich bereits einen Bindestrich enthält:

porte-   CD-
-clefs   -Player

3 Aussprache

Die Aussprache der französischen Stichwörter wird durch die Zeichen der *Association Phonétique Internationale* wiedergegeben (vgl. auch das Kapitel **Die Aussprache des Französischen**):

labyrinthe [labiʀɛ̃t] M̄ Labyrinth *n*

Wenn sich die Aussprache leicht aus den Wortelementen herleiten lässt, steht keine Lautschrift: **découvrir**, **grand-père**, **portemanteau** usw.

4 Grammatische Hinweise

Verben

V/T	transitiver Gebrauch (mit direktem Objekt):	**déboiser** [debwaze] V/T abholzen **irremachen** V/T déconcerter
V/I	intransitiver Gebrauch (ohne direktes Objekt):	**éternuer** [etɛʀnɥe] V/I niesen **kichern** V/I ricaner
V/PR bzw. V/R	reflexiver (rückbezüglicher) Gebrauch des französischen bzw. deutschen Verbs:	**assoupir** [asupiʀ] V/PR **s'~** eindösen, **genieren** V/R **sich ~** se sentir gêné (**vor**
V/IMP bzw. V/UNPERS	unpersönlich gebrauchtes Verb:	**venter** [vɑ̃te] V/IMP **il vente** es ist windig **nieseln** V/UNPERS bruiner
V/AUX	Hilfsverb (Verb, das zur Bildung von zusammengesetzten Verbformen verwendet bzw. mit anderen Verben kombiniert wird):	**★avoir¹** [avwaʀ] ... A V/AUX haben **müssen** A V/AUX **1** *Person* devoir;

Was steht wo im Wörterbuch?

V/T INDIR	Verb mit Objekt und Präposition statt mit direktem Objekt:	★**profiter** [pʀɔfite] V/T INDIR **1** ~ **de qc** von etw profitieren; etw (aus)nützen *ou*
⟨-è-⟩	Besonderheiten bei der Konjugation: unregelmäßige Formen von Verben auf -er:	★**peser** [pəze] ⟨-è-⟩ A V/T **1** *objet* (ab)wiegen; *personne* wiegen **2** *fig* abwägen B = *z. B. 1. Person Singular:* je pèse
⟨être⟩	Angabe des Hilfsverbs: zusammengesetzte Zeiten mit **être**:	★**arriver** [aʀive] V/I ⟨être⟩ **1** ankommen, = *z. B. Passé composé:* Il est arrivé.
⟨je crains, il craint…⟩	Grundformen des unregelmäßigen französischen Verbs:	★**craindre** [kʀɛ̃dʀ] V/T ⟨je crains; il craint; nous craignons; je craignais; je craindrai; que je craigne; craignant; craint⟩ **1** ~ **qn, qc** j-n, etw fürch-

Weitere Informationen im Kapitel **Konjugation der französischen Verben**.

Adjektive und Substantive

Hinweise zur Formenbildung in spitzen Klammern:

⟨~e⟩, ⟨-euse⟩	Femininform	**agité** [aʒite] ADJ ⟨~e⟩ unruhig; *mer a*. *Femininform:* agitée **poisseux** [pwasø] ADJ ⟨-euse [-øz]⟩ *Femininform:* poisseuse
⟨-aux⟩, ⟨~x⟩	Pluralform	**corail** [kɔʀaj] M ⟨-aux [-o]⟩ Koralle *f* *Plural:* coraux ★**manteau** [mɑ̃to] M ⟨~x⟩ Mantel *m* *Plural:* manteaux

Weitere Informationen in den Kapiteln **Plural der französischen Substantive und Adjektive** und **Femininformen der französischen Adjektive**.

5 Lexikografische Zeichen

~	Die Tilde ~ steht für das Stichwort innerhalb des Artikels:	★**pâte** [pat] F ◨ CUIS Teig m ◧ ⟨pl⟩ ★**~s (alimentaires)** Teigwaren fpl ◨ **à modeler** Knetmasse f; Plastilin® n = pâtes (alimentaires); pâte à modeler
≈	Die doppelte Tilde bedeutet „entspricht in etwa, ist vergleichbar mit":	**rundgehen** umg V/UNPERS es geht rund (≈ es ist viel los) c'est le coup de feu; (≈ es geht hoch her) il y a de l'ambiance; ça y va; ça donne
¹, ²	Hochzahlen unterscheiden Wörter gleicher Schreibung, aber völlig unterschiedlicher Bedeutung:	**Band¹** N ◨ (≈ Streifen), a. TECH, RADIO ruban m; zum Zusammenbinden lien m **Band²** M (≈ Buchband) volume m; tome m **Band³** F MUS orchestre m; (≈ Beatband, Rockband) groupe m
A, B, C	Grammatische Unterscheidungen werden mit Buchstaben gegliedert:	★**raccrocher** [ʀakʀɔʃe] A V/T tableau, etc wieder aufhängen; wagon wieder anhängen B V/I TÉL auflegen C V/PR **se ~ à** sich klammern an (+ acc)
◨, ◧, ◨	Arabische Ziffern zur Bedeutungsdifferenzierung:	**antreiben** V/T ◨ Tiere faire avancer ◧ ans Ufer pousser (vers le rivage) ◨ fig **j-n zu etw ~** pousser, inciter qn à faire qc ◨ Maschine actionner
★	Ein Sternchen kennzeichnet französischen Grundwortschatz:	★**magnifique** [maɲifik] ADJ herrlich
°	Zeichen für h aspiré. Keine Bindung in der Aussprache; der Artikel le bzw. la wird nicht zu l' verkürzt:	°**halle** [al] F Markthalle f = la halle, nicht: l'halle
→	Der Pfeil bedeutet „siehe":	**drin** ADV ◨ → darin

Die Aussprache des Französischen

1 Erklärung der Lautschriftzeichen

Vokale

[i]	ici	geschlossenes i
[e]	léger	geschlossenes e
[ɛ]	sec, père, tête, lait, neige	offenes e
[a]	patte, noix	helles a
[ɑ]	âme, phrase	dunkles a
[o]	pot, dôme, taupe, beau	geschlossenes o
[ɔ]	poche, Laure	offenes o
[ø]	peu, nœud	geschlossenes ö
[œ]	seul, cœur	offenes ö
[ə]	que, dehors, petit	kurzes, dumpfes ö (e caduc, e instable, e muet)
[u]	souci	geschlossenes u
[y]	usure, sûr	geschlossenes ü
[ɛ̃]	vin, impair, plainte, bien	nasal gesprochenes, offenes e
[ã]	dans, lampe, entrer, embêter	nasal gesprochenes a
[õ]	ton, pompe	nasal gesprochenes o
[œ̃]	lundi, parfum	nasal gesprochenes, offenes ö

Halbvokale (Halbkonsonanten)

[j]	bien, abeille, payer	j-Laut
[w]	Louis, trois	gleitendes u
[ɥ]	lui, nuage	gleitendes ü

Konsonanten

[p]	pont, apporter	stimmloser p-Laut, ohne Behauchung
[t]	ton, thé, patte	stimmloser t-Laut, ohne Behauchung
[k]	cou, qui, chaos, kayak	stimmloser k-Laut, ohne Behauchung
[b]	robe, abbé	(„weicher") b-Laut
[d]	dans, monde	(„weicher") d-Laut
[g]	gant, gueule	(„weicher") g-Laut
[f]	neuf, photo	f-Laut
[s]	son, tasse, ces, ça, section	stimmloser s-Laut
[ʃ]	chou, tache	stimmloser sch-Laut
[v]	vent, rive	w-Laut
[z]	rose, zéro	stimmhafter s-Laut
[ʒ]	jour, cage, gilet	stimmhafter sch-Laut
[l]	long, aller	l-Laut
[ʀ]	rue, barre, mordre	stark geriebenes Zäpfchen-R
[m]	mes, femme	m-Laut
[n]	nom, année	n-Laut
[ɲ]	gagner, vigne	nj-Laut
[ŋ]	camping	ng-Laut

2 Betonung

Die Betonung der französischen Wörter wird in diesem Wörterbuch nicht angegeben, da sie vom Zusammenhang abhängt:

- Beim isoliert gesprochenen französischen Einzelwort liegt die Betonung immer auf der letzten Silbe:
  - maison [mɛ'zõ], pantalon [pɑ̃ta'lõ], amour [a'muʀ]

- Im Satzzusammenhang verlagert sich die Betonung in der Regel auf die letzte Silbe des Sprechtaktes:
  - C'est une maison **neuve**. [sɛtynmɛzõˈnœv]
  - Elle porte un pantalon **noir**. [ɛlpɔrtœ̃pãtalõˈnwar]
  - Ils vivent un amour **fou**. [ilvivœ̃namurˈfu]

3 Bindung

Unter Bindung (**liaison**) versteht man im Französischen die Aussprache eines gewöhnlich stummen Konsonanten am Wortende, wenn das folgende Wort mit Vokal oder stummem h beginnt. Die gebundenen Wörter müssen dem Sinn nach zusammengehören.

- **Unerlässliche Bindungen:**
  - Artikel + Substantiv: les amis [le**z**ami], un imbécile [œ̃**n**ɛ̃besil]
  - Pronomen + Substantiv: ces arbres [se**z**arbr], son habit [sõ**n**abi]
  - Zahlwort + Substantiv: deux élèves [dø**z**elɛv], trois heures [trwa**z**œr]
  - Adjektiv + Substantiv: un petit homme [œ̃pti**t**ɔm], les grands enfants [legrã**z**ãfã]
  - Pronomen + Verb: nous allons [nu**z**alõ], il les a vus [ille**z**avy], j'en ai [ʒã**n**ɛ], on y va [õ**n**iva]
  - nach den Präpositionen **chez, dans, en, sans, sous**: chez eux [ʃe**z**ø], en hiver [ã**n**ivɛr]
  - nach den Adverbien **très, tout, plus, moins**: très utile [trɛ**z**ytil], moins habile [mwɛ̃**z**abil]

- Nicht erlaubt ist die Bindung nach **et** und vor **h aspiré** (im Wörterbuch mit °**h** bezeichnet).

Abkürzungen und Symbole

a.	auch	aussi
ABK, *abk;* ABR, *abr*	Abkürzung	abréviation
abus	inkorrekt, fälschlich	abusivement
acc	Akkusativ	accusatif
ADJ, *adj*	Adjektiv, Eigenschaftswort	adjectif (qualificatif)
ADJ INDÉF, *adj indéf*	attributives Indefinitpronomen	adjectif indéfini
ADJ POSS, *adj poss*	attributives Possessivpronomen	adjectif possessif
ADJT, *adjt*	adjektivisch gebraucht	adjectivement
ADMIN	Verwaltung(ssprache)	administration, langage administratif
ADV, *adv*	Adverb, Umstandswort	adverbe
ADVL, *advl*	adverbial gebraucht	adverbialement
ADVT, *advt*	adverbial gebraucht	adverbialement
AGR	Landwirtschaft	agriculture
akk	Akkusativ	accusatif
all Nord	norddeutsch	allemand du Nord
all Sud	süddeutsch	allemand du Sud
ANAT	Anatomie	anatomie
ARCH	Architektur, Baukunst	architecture
ASTROL	Astrologie	astrologie
ASTRON	Astronomie	astronomie
AUTO	Kraftfahrzeug	automobile
autrich	österreichisch	autrichien
AVIAT	Luftfahrt	aviation
BAHN	Eisenbahn	chemin de fer
BAU	Bauwesen	construction

bes	besonders	particulièrement
BIBL, BIBEL	Bibel(sprache)	Bible, langage biblique
BIOL	Biologie	biologie
BOT	Botanik, Pflanzenkunde	botanique
bzw.	beziehungsweise	respectivement
CATH	katholisch(e Kirche)	(Église) catholique
CH	Jagd, Jägersprache	(terme de) chasse
CH DE FER	Eisenbahn	chemin de fer
CHEM, CHIM	Chemie	chimie
coll	Kollektivum, Sammelbegriff	terme collectif
COMM	Handel	commerce
comp	Komparativ	comparatif
CONJ, *conj*	Konjunktion, Bindewort	conjonction
CONSTR	Bauwesen	construction
COUT	Schneiderei, Mode	couture
CUIS	Küche, Gastronomie	cuisine
dat	Dativ	datif
défect	defektiv, unvollständig	défectif
DEM PR	Demonstrativpronomen, hinweisendes Fürwort	pronom démonstratif
DIPL	Diplomatie	diplomatie
ÉCOL	Umwelt(schutz), Ökologie	écologie
ÉCON	Wirtschaft	économie
e-e	eine	un(e)
ÉGL	Kirche	Église
EISENBAHN	Eisenbahn	chemin de fer
ÉLEC, ELEK	Elektrotechnik, Elektronik	électrotechnique, électronique
e-m	einem	à un(e)
e-n	einen	un(e)
enf	Kindersprache	langage des enfants

Abkürzungen und Symbole

e-r	einer	d'un(e), à un(e)
e-s	eines	d'un(e)
etc	und so weiter	et cetera
etw	etwas	quelque chose
F̄, *f*	Femininum, weiblich	(nom) féminin
fam	Umgangssprache, familiär	familier
fig	figürlich, bildlich, übertragene Bedeutung	(au sens) figuré
FILM	Film, Kino	cinéma
FIN	Finanzen	finances
FLUG	Luftfahrt	aviation
FOTO	Fotografie	photographie
F̄P̄L̄, *fpl*	Femininum Plural	féminin pluriel
frz	französisch(e, -r, -s)	français
GARTEN	Gartenbau	jardinage
GASTR	Küche, Gastronomie	cuisine
geh	gehobener Stil	style soutenu
gen, *gén*	Genitiv	génitif
GEOG, GÉOGR	Geografie, Erdkunde	géographie
GEOL, GÉOL	Geologie	géologie
GRAM	Grammatik	grammaire
h.	Hilfsverb: haben	verbe auxiliaire : haben
helv	schweizerisch	suisse
HIST	Geschichte, historisch	histoire, historique
hum	humorvoll, scherzhaft	par plaisanterie
ind	Indikativ	indicatif
INDEF PR	Indefinitpronomen, unbestimmtes Fürwort	pronom indéfini
inf	Infinitiv	infinitif
INFORM	Informatik, Internet	informatique, Internet

inkorr	fälschlich, inkorrekt	abusivement
<u>INT</u>, *int*	Interjektion, Ausruf	interjection
<u>INT PR</u>	Interrogativpronomen, Fragefürwort	pronom interrogatif
inv	unveränderlich	invariable
<u>IN ZSSGN</u>, *in zssgn*	in Zusammensetzungen	dans des composés
iron	ironisch	ironique
IT	Informatik, Internet	informatique, Internet
JAGD	Jagd, Jägersprache	(terme de) chasse
JARD	Gartenbau	jardinage
j-d	jemand	quelqu'un
j-m	jemand(em)	à quelqu'un
j-n	jemand(en)	quelqu'un
j-s	jemand(e)s	de quelqu'un
JUR	Recht(ssprache)	droit, langage juridique
KATH	katholisch(e Kirche)	(Église) catholique
kinderspr	Kindersprache	langage des enfants
koll	Kollektivum, Sammelbezeichnung	terme collectif
komp	Komparativ	comparatif
<u>KONJ</u>	Konjunktion, Bindewort	conjonction
LING	Linguistik, Sprachwissenschaft	linguistique
liter, litt	literarisch	littéraire
<u>M</u>, *m*	Maskulinum, männlich	(nom) masculin
MAL	Malerei	peinture
MAR	Marine, Schifffahrt, Seemannssprache	marine, navigation, langage des marins
MATH	Mathematik	mathématiques
MED, MÉD	Medizin	médecine

METEO, MÉTÉO	Meteorologie	météorologie
M/F(M), m/f(m)	Maskulinum und Femininum mit zusätzlicher Maskulinendung in Klammern	(nom) masculin et féminin avec terminaison masculine supplémentaire entre parenthèses
MIL	Militär	terme militaire
MINER, MINÉR	Mineralogie	minéralogie
MODE	Schneiderei, Mode	couture
MPL, mpl	Maskulinum Plural	masculin pluriel
MUS	Musik	musique
N, n	Neutrum, sächlich	(nom) neutre
neg!	wird oft als beleidigend empfunden	souvent perçu comme outrageant
nordd	norddeutsch	allemand du Nord
NPL, npl	Neutrum Plural	neutre pluriel
NUCL, NUKL	Kernkraft, Kernphysik	nucléaire
NUM, num	Zahlwort	numéral
obj dir	direktes Objekt	complément d'objet direct
obj indir	präpositionales Objekt	complément d'objet indirect
od	oder	ou
ÖKOL	Umwelt(schutz), Ökologie	écologie
OPT	Optik	optique
österr	österreichisch	autrichien
par ext	im weiteren Sinne	par extension
PEINT	Malerei	peinture
pej, péj	pejorativ, verächtlich	péjoratif
PERS PR	Personalpronomen, persönliches Fürwort	pronom personnel
PHARM	Pharmazie	pharmacie

PHIL	Philosophie	philosophie
PHON	Phonetik, Lautlehre	phonétique
PHOT	Fotografie	photographie
PHYS	Physik	physique
PL, *pl*	Plural, Mehrzahl	pluriel
plais	scherzhaft	par plaisanterie
plus fort	im verstärkten Sinne	plus fort
poet, poét	poetisch, dichterisch	poétique
POL	Politik	politique
pop	salopp, derb	populaire, grossier
POSS PR	Possessivpronomen, besitzanzeigendes Fürwort	pronom possessif
PP, *pp*; PPERF, *pperf*	Partizip Perfekt	participe passé
PPR, *ppr*	Partizip Präsens	participe présent
PRÄP, *präp*	Präposition, Verhältniswort	préposition
PR DÉM	Demonstrativpronomen, hinweisendes Fürwort	pronom démonstratif
PRÉP, *prép*	Präposition, Verhältniswort	préposition
PR INDÉF, *pr indéf*	Indefinitpronomen, unbestimmtes Fürwort	pronom indéfini
PR INTERROG	Interrogativpronomen, Fragefürwort	pronom interrogatif
PRON	Pronomen, Fürwort	pronom
PROT	evangelisch(e Kirche)	(Église) protestant(e)
prov	Sprichwort, sprichwörtlich	proverbe, proverbial
PR PERS	Personalpronomen, persönliches Fürwort	pronom personnel
PR POSS	Possessivpronomen, besitzanzeigendes Fürwort	pronom possessif
PR REL, *pr rel*	Relativpronomen, bezügliches Fürwort	pronom relatif

PSYCH	Psychologie	psychologie
qc	etwas	quelque chose
qn	jemand	quelqu'un
®	eingetragene Marke	marque déposée
RAD, RADIO	Rundfunk	radio
REL	Religion	religion
REL PR, *rel pr*	Relativpronomen, bezügliches Fürwort	pronom relatif
RHET, RHÉT	Rhetorik	rhétorique
SCHIFF	Marine, Schifffahrt, Seemannssprache	marine, navigation, langage des marins
schweiz	schweizerisch	suisse
SCULP	Bildhauerkunst	sculpture
s-e	seine	sa, son, ses
SG, *sg*	Singular, Einzahl	singulier
SKULP	Bildhauerei	sculpture
sl	salopp, derb	populaire, grossier
s-m	seinem	à son, à sa
s-n	seinen	son, sa, à ses
sprichw	Sprichwort, sprichwörtlich	proverbe
s-r	seiner	de sa, de son, de ses, à sa, à son
s-s	seines	de son, de sa
st/s	gehobener Stil	style soutenu
subj	Konjunktiv	subjonctif
SUBST, *subst*	Substantiv, Hauptwort, substantivisch gebraucht	substantif, nom, substantivement
südd	süddeutsch	allemand du Sud
suisse	schweizerisch	suisse
sup	Superlativ	superlatif
TECH	Technik	technique, technologie

TEL, TÉL	Telefon	téléphone
TEX, TEXT	Textilien, Textilindustrie	textiles
THÉ, THEAT	Theater	théâtre
t/t	Fachausdruck, wissenschaftlich	terme technique, scientifique
TV	Fernsehen	télévision
TYPO	Buchdruck, Typografie	typographie, imprimerie
u.	und	et
umg	Umgangssprache, familiär	familier
V/AUX, *v/aux*	Hilfsverb	verbe auxiliaire
V/I, *v/i*	intransitives Verb	verbe intransitif
V/IMP, *v/imp*	unpersönliches Verb	verbe impersonnel
VIT	Weinbau	viticulture
V/PR, *v/pr*	reflexives (französisches) Verb	verbe pronominal
V/R, *v/r*	reflexives (deutsches) Verb	verbe réfléchi
V/T, *v/t*	transitives Verb	verbe transitif
V/T INDIR, *v/t indir*	Verb mit Präpositionalobjekt	verbe transitif indirect
V/UNPERS, *v/unpers*	unpersönliches Verb	verbe impersonnel
WEIN	Weinbau	viticulture
weitS.	im weiteren Sinne	par extension
WIRTSCH	Wirtschaft	économie
ZOOL	Zoologie	zoologie
ZSSGN, *zssgn*	Zusammensetzungen	composés

Französisch – Deutsch

A

A, a [ɑ, a] M ⟨inv⟩ A, a n; *fig* **de A à Z** von A bis Z

a [a] → *avoir¹*

★ **à** [a] PRÉP ⟨„à le" wird zu **au**; „à les" zu **aux** zusammengezogen⟩ **1** *lieu* in, auf, an (+ *dat*); **au Portugal** in Portugal; **à Madagascar** auf Madagaskar; **à la fenêtre** am Fenster; **à l'hôtel** im Hotel **2** *direction* nach (+ *dat*); in, an, auf (+ *acc*); zu (+ *dat*); **à Chypre** nach Zypern **3** *temps* **à son arrivée** bei s-r Ankunft; **à six heures un sechs** (Uhr); **à lundi!** bis Montag! **4** *destination, but* **tasse f à café** Kaffeetasse f; **avoir beaucoup à faire** viel zu tun haben **5** *introduisant un complément d'obj indir: souvent traduit par un datif* **donner qc à qn** j-m etw geben; **penser à qn** an j-n denken; **à toi!** du bist dran! **6** *appartenance* **ce livre est à moi** dieses Buch gehört mir; **un ami à moi** ein Freund von mir **7** *manière* avec le (Fahr)Rad; **à la française, à l'italienne**, *etc* auf französische, italienische *etc* Art **8** *mesures et nombres* **au kilo** vendre kiloweise; *prix* pro Kilo; **à 20 euros (la) pièce** das Stück zu 20 Euro

abaissement [abɛsmɑ̃] M Senkung f; Herabsetzung f

abaisser [abese] **A** V/T **1** *prix, niveau* senken; herabsetzen **2** *fig* erniedrigen; demütigen **B** V/PR **s'~** *fig* sich erniedrigen; sich demütigen

abandon [abɑ̃dɔ̃] M **1** (≈ *action de quitter*) Verlassen n **2** (≈ *cessation*), *a.* SPORTS Aufgabe f; *définitif* Verzicht m (**de** auf + *acc*) **3** (≈ *délaissement*) Verwahrlosung f; **laisser à l'~** verwahrlosen lassen **4** (≈ *nonchalance*) Ungezwungenheit f

abandonné [abɑ̃dɔne] ADJ ⟨-e⟩ verlassen; (≈ *négligé*) verwahrlost; *animal, voiture* herrenlos

★ **abandonner** [abɑ̃dɔne] **A** V/T **1** verlassen; im Stich lassen; *bébé, animal* aussetzen **2** *métier, projet, combat, espoir* aufgeben (*a. v/i*) **B** V/PR **s'~** sich hingeben, sich überlassen (**à un sentiment** e-m Gefühl)

abattre [abatʀ] ⟨→ *battre*⟩ **A** V/T **1** *arbre* fällen; *maison* niederreißen **2** *animal* schlachten **3** ~ **qn** j-n erschießen, j-n niederschießen; *fam péj* j-n abknallen **4** *maladie* ~ **qn** j-n schwächen, entkräften **B** V/PR **1** **s'~** *arbre* umstürzen; *avion* abstürzen **2** **s'~ sur** *orage* niedergehen auf (+ *acc*); *sauterelles* sich herfallen über (+ *acc*); *fig malheur* kommen über (+ *acc*)

abattu [abaty] ADJ ⟨-e⟩ niedergeschlagen, -gedrückt

abbaye [abei] F Abtei f

abbé [abe] M **1** CATH Pfarrer m **2** *d'un monastère* Abt m **abbesse** [abɛs] F Äbtissin f

abc [abese] *fig* M ⟨inv⟩ Abc n

abcès [apsɛ] M Abszess m; *fig* **crever l'~** das Übel an der Wurzel packen

abdication [abdikasjɔ̃] F Abdankung f

abdiquer [abdike] V/I abdanken

abdomen [abdɔmɛn] M Bauch m; Unterleib m

★ **abeille** [abɛj] F Biene f

aberrant [abɛʀɑ̃] ADJ ⟨-ante [-ɑ̃t]⟩ abwegig; abwitzig

aberration [abɛʀasjɔ̃] F Verirrung f; Absurdität f

abîme [abim] M *a. fig* Abgrund m

★ **abîmer** [abime] **A** V/T beschädigen; *fam* kaputt machen; *cheveux* strapazieren **B** V/PR **1** **s'~** beschädigt, schadhaft werden; *denrées* verderben, schlecht werden; *fam* kaputtgehen **2** **s'~ les yeux** sich (*dat*) die Augen verderben

abjuration [abʒyʀasjɔ̃] F Abschwörung f

aboiements [abwamɑ̃] MPL Gebell n; Bellen n

abolir [abɔliʀ] V/T abschaffen **abolition** [abɔlisjɔ̃] F Abschaffung f

abominable [abɔminabl] ADJ abscheulich

abomination [abɔminasjɔ̃] F Abscheulichkeit f; Gräuel m

abondamment [abɔ̃damɑ̃] ADV → *abondant*

abondance [abɔ̃dɑ̃s] F Fülle f **abondant** [abɔ̃dɑ̃] ADJ ⟨-ante [-ɑ̃t]⟩ reichlich; üppig **abonder** [abɔ̃de] V/I reichlich, im Überfluss vorhanden sein

abonné [abɔne] M, **abonnée** [abɔne] F *à un journal, a.* THÉ Abonnent(in) m(f)

abonnement [abɔnmɑ̃] M Abonnement n

abonner [abɔne] A VT ~ qn à un journal für j-n e-e Zeitung abonnieren B V/PR s'~ à une revue e-e Zeitschrift abonnieren

abord [abɔʀ] M ❶ ~s pl (unmittelbare, nächste) Umgebung ❷ ★ d'~ zuerst; zunächst; **tout d'**~ zu(aller)erst

abordable [abɔʀdabl] ADJ (≈ prix d'une) chose erschwinglich

aborder [abɔʀde] A VT ❶ navire entern ❷ ~ qn j-n ansprechen, anreden ❸ (≈ arriver à) herangehen, -kommen; véhicule heranfahren an (+ acc) ❹ sujet aufgreifen, ansprechen B VI MAR anlegen

aboutir [abutiʀ] A VT INDIR ❶ ~ à chemin, etc münden in (+ acc), enden in (+ dat) ❷ ~ à fig (≈ mener à) führen zu B VI zu e-m Ergebnis führen

★**aboyer** [abwaje] VI ‹-oi-› chien bellen

abrégé [abʀeʒe] M Kurzfassung f, (kurzer) Abriss

abrègement, abrégement [abʀɛʒmɑ̃] M d'un texte, d'un mot Kürzung f; de la vie, d'un délai Verkürzung f **abréger** [abʀeʒe] VT ‹-è-; -ge-› texte kürzen; mot, itinéraire, souffrances ab-, verkürzen

abreuver [abʀœve] A VT animaux tränken B V/PR s'~ animal trinken; fam personne ausgiebig trinken **abreuvoir** [abʀœvwaʀ] M Tränke f

abréviation [abʀevjasjɔ̃] F Abkürzung f

abri [abʀi] M Schutzdach m; à l'arrêt d'un bus Wartehäuschen n; par ext (≈ protection) Schutz m; (≈ habitation) Obdach n; **à l'~ de** sicher vor (+ dat); geschützt gegen; **être sans** ~ obdachlos sein

abribus [abʀibys] M Wartehäuschen n

abricot [abʀiko] M Aprikose f

abriter [abʀite] A VT Schutz bieten (qn j-m); schützen (de gegen, vor + dat); **abrité** (wind-, wetter)geschützt B V/PR s'~ sich unterstellen; fig sich unterstellen, Schutz suchen

abrogation [abʀɔgasjɔ̃] F JUR Aufhebung f; Außerkraftsetzung f **abroger** [abʀɔʒe] VT ‹-ge-› aufheben; außer Kraft setzen

abrupt [abʀypt] ADJ ‹~e› ❶ (≈ raide) steil, schroff ❷ question unvermittelt, direkt

abruti(e) [abʀyti] M(F) injure blöder Kerl; Blödmann m, blöde Ziege, Kuh **abrutir** [abʀytiʀ] A VT abstumpfen; (≈ abêtir) verdummen B V/PR s'~ abstumpfen; verblöden **abrutissant** [abʀytisɑ̃] ADJ ‹-ante [-ɑ̃t]› stumpfsinnig; geisttötend; vacarme ohrenbetäubend **abrutissement** [abʀytismɑ̃] M Verdummung f; Verblödung f

ABS [abeɛs] M ABR (= Anti-lock Braking System) ABS n

absence [apsɑ̃s] F Abwesenheit f, Fehlen n ★**absent** [apsɑ̃] ADJ ‹-ente [-ɑ̃t]› ❶ abwesend; **être** ~ abwesend sein, fehlen, nicht da sein ❷ (≈ distrait) geistesabwesend, zerstreut **absenter** [apsɑ̃te] V/PR s'~ weggehen; sich (kurz) entfernen

absinthe [apsɛ̃t] F ❶ BOT Wermut m ❷ liqueur Absinth m

absolu [apsɔly] ADJ ‹~e› absolut, völlig ★**absolument** [apsɔlymɑ̃] ADV unbedingt, absolut

absolution [apsɔlysjɔ̃] F Absolution f; Lossprechung f

absolutisme [apsɔlytism] M Absolutismus m **absolutiste** [apsɔlytist] ADJ absolutistisch

absorbant [apsɔʀbɑ̃] ADJ ‹-ante [-ɑ̃t]› ❶ absorbierend; aufsaugend; pour le bruit schallschluckend ❷ fig in Anspruch nehmend

absorber [apsɔʀbe] VT ❶ (≈ résorber) (in sich) aufnehmen; absorbieren; liquide a. aufsaugen ❷ aliment zu sich nehmen; médicament einnehmen ❸ activité ~ qn j-n (stark, ganz) in Anspruch nehmen **absorption** [apsɔʀpsjɔ̃] F ❶ Aufnahme f; Aufsaugung f; Absorption f ❷ de médicaments Einnahme f

absoudre [apsudʀ] VT ‹j'absous; il absout; nous absolvons; j'absolvais; j'absoudrai; que j'absolve; absolvant; absous; absoute› CATH lossprechen; absolvieren

abstenir [apstəniʀ] V/PR ‹→ venir› ❶ s'~ de qc sich e-r Sache (gén) enthalten; etw unterlassen ❷ (≈ ne pas voter) s'~ sich der Stimme enthalten **abstention** [apstɑ̃sjɔ̃] F (Stimm)Enthaltung f

abstinence [apstinɑ̃s] F Abstinenz f; Enthaltsamkeit f; **faire** ~ Enthaltsamkeit üben

abstraction [apstʀaksjɔ̃] F Abstraktion f

abstraire [apstʀɛʀ] ⟨→ traire⟩ **A** VT abstrahieren **B** VPR **s'~** s-e Umwelt vergessen

★**abstrait** [apstʀɛ] ADJ ⟨~e [-ɛt]⟩ abstrakt

absurde [apsyʀd] ADJ absurd

abus [aby] M Missbrauch m

abuser [abyze] **A** VT täuschen **B** VT INDIR **~ de** missbrauchen; ausnutzen; zu weit gehen (bei) **C** VPR **s'~** sich täuschen; (sich) irren

abusif [abyzif] ADJ ⟨-ive [-iv]⟩ emploi d'un mot fälschlich; usage ~ übermäßiger Gebrauch; Missbrauch m

académicien [akademisjɛ̃] M, **académicienne** [akademisjɛn] F Akademiemitglied n

académie [akademi] F Akademie f

académique [akademik] ADJ **1** Akademie- **2** fig akademisch; schulmäßig

acajou [akaʒu] M Mahagoni n

accablant [akablɑ̃] ADJ ⟨-ante [-ɑ̃t]⟩ chaleur drückend; preuves erdrückend; nouvelle niederdrückend, deprimierend

accablement [akabləmɑ̃] M Bedrückung f; Niedergeschlagenheit f

accabler [akable] VT **1 ~ qn** chaleur j-m zu schaffen machen; soucis j-n (be)drücken; témoignage j-n schwer belasten; **accablé de travail** (mit Arbeit) überlastet **2 ~ qn de qc** j-n mit etw überhäufen, überschütten

accaparer [akapaʀe] VT place in Beschlag nehmen; beanspruchen; conversation an sich (acc) ziehen

accéder [aksede] VT INDIR ⟨-è-⟩ **~ à** personne gelangen zu; erreichen

accélérateur [akseleʀatœʀ] M AUTO Gashebel m, -pedal n **accélération** [akseleʀasjɔ̃] F a. PHYS Beschleunigung f

★**accélérer** [akseleʀe] ⟨-è-⟩ **A** VT beschleunigen **B** VI AUTO Gas geben **C** VPR **s'~** schneller werden

★**accent** [aksɑ̃] M PHON Ton m; Betonung f; a. signe Akzent m

accentuation [aksɑ̃tyasjɔ̃] F **1** Betonung f; Akzentuierung f **2** fig Verstärkung f; Verschärfung f

accentuer [aksɑ̃tye] **A** VT betonen **B** VPR **s'~** tendance sich verstärken; froid sich verschärfen

acceptable [aksɛptabl] ADJ annehmbar

★**accepter** [aksɛpte] VT annehmen; akzeptieren; **~ de** (+ inf) sich bereit erklären, zusagen zu (+ inf)

accès[1] [aksɛ] M a. fig Zugang m; pour véhicules Zufahrt f; pour personnes a. Zutritt m; **~ interdit!** Zutritt verboten! **2** INFORM Zugriff m (**à** auf acc); **~ à Internet** Internetzugang m

accès[2] [aksɛ] M MÉD (≈ crise) Anfall m

accessibilité [aksesibilite] F Zugänglichkeit f

accessible [aksesibl] ADJ lieu zugänglich (**à** für); **~ aux handicapés** barrierefrei; behindertengerecht

accessoire [akseswaʀ] **A** ADJ nebensächlich **B** M **1 ~s** pl Zubehör n **2 ~s** pl (**de mode**) Accessoires npl; modisches Zubehör

★**accident** [aksidɑ̃] M Unfall m; Unglück n

accidenté [aksidɑ̃te] ADJ ⟨~e⟩ personne, véhicule verunglückt

accidentel [aksidɑ̃tɛl] ADJ ⟨~le⟩ (≈ fortuit) zufällig

acclamations [aklamasjɔ̃] FPL Beifallsrufe mpl **acclamer** [aklame] VT zujubeln (**qn** j-m)

acclimatation [aklimatasjɔ̃] F Akklimatisierung f; Eingewöhnung f **acclimater** [aklimate] **A** VT akklimatisieren **B** VPR **s'~** sich akklimatisieren; sich eingewöhnen; personne a. sich einleben

accommodation [akɔmɔdasjɔ̃] F Anpassung f **accommoder** [akɔmɔde] **A** VT CUIS zubereiten; restes verwerten **B** VPR **1 s'~** sich anpassen (+ dat) **2 s'~ de** sich abfinden mit; vorliebnehmen mit

accompagnateur [akɔ̃paɲatœʀ] M, **accompagnatrice** [akɔ̃paɲatʀis] F Begleitperson f **accompagnement** [akɔ̃paɲəmɑ̃] M a. MUS Begleitung f

★**accompagner** [akɔ̃paɲe] VT a. MUS begleiten; **bagages accompagnés** Reisegepäck n

accompli(e) [akɔ̃pli] ADJ vollendet

accomplir [akɔ̃pliʀ] **A** VT mission erfüllen; action ausführen; formalités erledigen **B** VPR **s'~** sich erfüllen; in Erfüllung gehen **accomplissement** [akɔ̃plismɑ̃] M Erfüllung f; Ausführung f

accord [akɔʀ] M **1** (≈ entente) Übereinstimmung f; Einvernehmen n; **d'un commun ~** in gegenseitigem Einvernehmen; ★**être d'~** (sich) einig sein, (darin) übereinstimmen (**avec qn** mit j-m) **2** (≈approbation) Einverständnis n; ★ **être d'~** (damit) einverstanden sein **3** (≈convention) Vereinbarung f

accordéon [akɔʀdeõ] M̄ MUS Akkordeon n

accorder [akɔʀde] **A** V̄T̄ **1** (≈donner) gewähren; bewilligen; confiance schenken; **~ à qn que ...** j-m zugestehen, dass ... **2** (≈mettre en accord), a. GRAM in Übereinstimmung bringen (**avec** mit) **B** V̄/PR **1** s'~ harmonieren; zusammenpassen; sich vertragen **2** GRAM s'~ **avec** sich richten nach

accoster [akɔste] **A** V̄T̄ qn ansprechen; anreden **B** V̄Ī̄ MAR anlegen

accotement [akɔtmã] M̄ Rand-, Seitenstreifen m

accouchée [akuʃe] F̄ Wöchnerin f **accouchement** [akuʃmã] M̄ Entbindung f **accoucher** [akuʃe] **A** V̄T̄ (& V̄Ī̄) entbinden **B** V̄Ī̄ INDIR **~ de** entbunden werden von; entbinden

accouder [akude] V̄/PR s'~ sich mit dem ou den Ellbogen aufstützen (**à, sur auf** + acc) **accoudoir** [akudwaʀ] M̄ Armlehne f, Armstütze f

accoupler [akuple] **A** V̄T̄ **1** animaux paaren (**et, à** mit) **2** TECH koppeln **B** V̄/PR s'~ sich paaren; sich begatten

accourir [akuʀiʀ] V̄Ī̄ ⟨→ courir; meist être⟩ herbeieilen

accoutumance [akutymãs] F̄ Gewöhnung f (**à an** + acc) **accoutumé** [akutyme] ADJ ⟨~e⟩ gewohnt **accoutumer** [akutyme] V̄T̄ (& V̄/PR) (s')accoutumer (sich) gewöhnen (**à an** + acc)

accro [akʀo] fam ADJ ⟨f inv⟩ süchtig

accroc [akʀo] M̄ **1** Riss m **2** fig Schwierigkeit f

accrochage [akʀɔʃaʒ] M̄ AUTO, MIL, a. fig Zusammenstoß m

★**accrocher** [akʀɔʃe] **A** V̄T̄ **1** tableau, manteau, etc aufhängen; remorque anhängen; (≈attacher) festmachen (**à an** + dat) **2** piéton, véhicule anfahren **B** V̄Ī̄ publicité, film zugkräftig sein **C** V̄/PR **1** s'~ (≈rester accroché) hängen bleiben (**à an** + dat) **2** s'~ (≈se cramponner) sich festhalten (**à an** + dat) **3** s'~ (≈s'efforcer) sich anstrengen; fam sich ranhalten **4** fig s'~ **avec qn** mit j-m zusammenstoßen; sich mit j-m anlegen

accrocheur [akʀɔʃœʀ] ADJ ⟨-euse [-øz]⟩ **1** personne zäh; ausdauernd **2** publicité zugkräftig

accroissement [akʀwasmã] M̄ Zunahme f; Steigerung f **accroître** [akʀwatʀ] ⟨j'accrois; il accroît; nous accroissons; j'accroissais; j'accrus; j'accroîtrai; que j'accroisse; accroissant; Vorgang avoir; Zustand être accru⟩ **A** V̄T̄ vermehren; vergrößern **B** V̄/PR s'~ zunehmen; größer werden

accroupi [akʀupi] ADJ ⟨~e⟩ kauernd; hockend **accroupir** [akʀupiʀ] V̄/PR s'~ sich niederkauern; in die Hocke gehen

accru [akʀy] PP → accroître

accueil [akœj] M̄ a. endroit Aufnahme f, Empfang m **accueillant** [akœjã] ADJ ⟨-ante [-ãt]⟩ **1** personne (gast)freundlich **2** maison einladend, gemütlich **accueillir** [akœjiʀ] V̄T̄ ⟨→ cueillir⟩ aufnehmen; avec cérémonie empfangen

accumulateur [akymylatœʀ] M̄ Akkumulator m; fam Akku m **accumulation** [akymylasjõ] F̄ **1** Anhäufung f; Ansammlung f **2** TECH Speicherung f **accumuler** [akymyle] **A** V̄T̄ an-, aufhäufen; ansammeln **B** V̄/PR s'~ sich ansammeln; signes, erreurs sich häufen

accusateur [akyzatœʀ], **accusatrice** [akyzatʀis] **A** M̄./F̄ Ankläger(in) m(f) **B** ADJ anklagend

accusatif [akyzatif] M̄ Akkusativ m

accusation [akyzasjõ] F̄ **1** JUR Anklage f **2** An-, Beschuldigung f **accusé** [akyze] M̄(F̄) ~**(e)** Angeklagte(r) m/f(m)

★**accuser** [akyze] V̄T̄ **1** anklagen **2** contours, différences hervortreten lassen **3** ~ **réception de** den Empfang bestätigen

acerbe [asɛʀb] ADJ scharf; verletzend

acétone [asetɔn] F̄ Azeton n

acharné [aʃaʀne] ADJ ⟨~e⟩ verbissen, hartnäckig **acharnement** [aʃaʀnəmã] M̄ Verbissenheit f; Hartnäckigkeit f; ~ **thérapeutique** künstliche Lebensverlängerung; **avec** ~ verbissen; hartnäckig **acharner** [aʃaʀne] V̄/PR **1** s'~ **contre, sur** nicht ablassen von **2** s'~ **à (faire) qc** verbissen, hartnäckig an etw (dat) festhalten

★**achat** [aʃa] M̄ Kauf m

acheminement [aʃminmã] M̄ Beförderung f; Weiterleitung f **acheminer** [aʃmine] **A** V̄T̄ befördern **B** V̄/PR s'~ **vers**

s-e Schritte lenken, sich begeben nach; *fig* entgegengehen (+ *dat*)
★**acheter** [aʃte] ⟨-è-⟩ Ⓐ *VT* **1** kaufen; (≈ *faire les courses*) einkaufen **2** *témoin, fonctionnaire* bestechen Ⓑ *VPR* **s'~ qc** sich (*dat*) etw kaufen **acheteur** [aʃtœʀ] *M*, **acheteuse** [aʃtøz] *F* Käufer(in) *m(f)*
achevé [aʃve] *ADJ* ⟨~e⟩ vollendet
achèvement [aʃevmɑ̃] *M* Vollendung *f*
achever [aʃve] ⟨-è-⟩ Ⓐ *VT* vollenden; fertigstellen; beenden Ⓑ *VPR* **s'~** zu Ende gehen
acide [asid] Ⓐ *ADJ* **1** sauer **2** *fig* scharf Ⓑ *M* CHIM Säure *f*
acidité [asidite] *F* **1** saurer Geschmack; Säure *f* **2** *fig* Schärfe *f* **3** CHIM Säuregehalt *m*; Säuregrad *m*
acidulé [asidyle] *ADJ* ⟨~e⟩ säuerlich; *bonbons* sauer
★**acier** [asje] *M* Stahl
acné [akne] *F* Akne *f*
acompte [akɔ̃t] *M* Anzahlung *f*
à-côté [akote] *M* ⟨~s⟩ **1** nebensächlicher Punkt *pl* **~s** Nebeneinkünfte *pl*
à-coup [aku] *M* ⟨~s⟩ Ruck *m*; Stoß *m*; **par ~s** ruck-, stoßweise; ungleichmäßig
acoustique [akustik] Ⓐ *ADJ* **1** MÉD (Ge-)Hör... **2** PHYS akustisch; Schall... Ⓑ *F* Akustik *f*
acquérir [akeʀiʀ] *VT* ⟨j'acquiers; il acquiert; nous acquérons; ils acquièrent; j'acquérais; j'acquis; j'acquerrai; que j'acquière; que nous acquérions; acquérant; acquis⟩ **1** erwerben; *livres, meubles a.* (sich) anschaffen **2** *savoir* (sich *dat*) erwerben; sich (*dat*) aneignen
acquiers, acquiert [akjɛʀ] → acquérir
acquiescement [akjɛsmɑ̃] *M* Einwilligung *f* **acquiescer** [akjese] *VT INDIR* zustimmen (à *dat*)
acquis [aki] *PP & ADJ* ⟨-ise [-iz]⟩ **1** *a.* BIOL erworben **2** (≈ *sûr*) feststehend **acquisition** [akizisjɔ̃] *F* Erwerb *m*; Anschaffung *f*
acquit [aki] *M* **1 pour ~** Betrag (dankend) erhalten **2 par ~ de conscience** um sein Gewissen zu beruhigen
acquittement [akitmɑ̃] *M* JUR Freispruch *m* **acquitter** [akite] Ⓐ *VT* **1** JUR freisprechen **2** (≈ *payer*) begleichen **3** COMM quittieren Ⓑ *VPR* **s'~ d'une dette, d'une mission** sich e-r Schuld, e-s Auftrags entledigen
acra [akʀa] *M* CUIS Teigtasche *f*; **~ de morue** mit Kabeljau gefüllte Teigtasche
âcre [akʀ] *ADJ goût, odeur* herb; *a. fig* scharf **âcreté** [akʀəte] *F* Schärfe *f*; *a. fig* Herbheit *f*
acrobate [akʀɔbat] *MF* Akrobat(in) *m(f)*
acrobatie [akʀɔbasi] *F art* Akrobatik *f*
acrobatique [akʀɔbatik] *ADJ* akrobatisch
acrylique [akʀilik] *ADJ* Acryl...
acte [akt] *M* **1** Handlung *f*, Tat *f*; Akt *m*; **~ sexuel** Geschlechtsakt *m*; **faire ~ de présence** sich kurz blicken lassen; sich nicht aktiv beteiligen, passiv dasitzen; **passer aux ~s** handeln; zur Tat schreiten **2** JUR Urkunde *f*; **~ de mariage** Heiratsurkunde *f*; Trauschein *m* **3** THÉÂT Akt *m*
★**acteur** [aktœʀ] *M*, **actrice** [aktʀis] *F* Schauspieler(in) *m(f)*
★**actif** [aktif] *ADJ* ⟨-ive [-iv]⟩ **1** *personne* aktiv; betriebsam **2 la population active** die erwerbstätige Bevölkerung
★**action** [aksjɔ̃] *F* **1** (≈ *acte*) Handlung *f*, Tat *f*; POL Aktion *f*; **bonne ~** gute Tat; **passer à l'~** zur Tat schreiten; handeln **2** (≈ *effet, de médicaments, du soleil, etc*) (Ein)Wirkung *f* **3** *film m d'*~ Actionfilm *m* **4** COMM Aktie *f* **5** **~ (en justice)** Klage *f*
actionnaire [aksjɔnɛʀ] *MF* Aktionär(in) *m(f)*
actionnement [aksjɔnmɑ̃] *M* Betätigung *f*; Ingangsetzung *f* **actionner** [aksjɔne] *VT* betätigen
activer [aktive] Ⓐ *VT* aktivieren; *travaux a.* vorantreiben; *feu* anfachen Ⓑ *VPR* **s'~** sich eifrig betätigen
activiste [aktivist] *M* Aktivist
★**activité** [aktivite] *F* **1** *a. d'un volcan* Tätigkeit *f*; Aktivität *f*; **~s** *pl a.* Treiben *n*; Betätigung *f* **2** (≈ *dynamisme*) Aktivität *f*; Betriebsamkeit *f*
actualisation [aktyalizasjɔ̃] *F* Aktualisierung *f* **actualiser** [aktyalize] *VT* aktualisieren
★**actualité** [aktyalite] *F* **1** *de qc* Aktualität *f*; Zeit-, Gegenwartsnähe *f*; **être d'~** aktuell sein **2** (≈ *événements actuels*) Zeit-, Tagesgeschehen *n* **3 ~s** *pl* (Fernseh-)Nachrichten *fpl*
★**actuel** [aktyɛl] *ADJ* ⟨~le⟩ **1** (≈ *du mo-*

ment) gegenwärtig; derzeitig ❷ *sujet* aktuell
★**actuellement** [aktyɛlmɑ̃] ADV im Moment
acuité [akɥite] F Schärfe f; ~ **visuelle** Sehschärfe f
acuponcture, acupuncture [akypɔ̃ktyʀ] F Akupunktur f
adaptabilité [adaptabilite] F Anpassungsfähigkeit f, Anpassungsvermögen n **adaptable** [adaptabl] ADJ anpassungsfähig; TECH passend (à für)
adaptateur [adaptatœʀ] M, **adaptatrice** [adaptatʀis] F ❶ THÉ, FILM Bearbeiter(in) m(f) ❷ ⟨m⟩ TECH Adapter m
adaptation [adaptasjɔ̃] F ❶ Anpassung f (à an + acc) ❷ FILM a. Verfilmung f
adapter [adapte] A VT ❶ anpassen (à an + acc) ❷ *œuvre littéraire* bearbeiten; THÉ, FILM, TV a. adaptieren; FILM a. verfilmen B VPR s'~ sich anpassen (à dat); sich ein-, umstellen (auf + acc)
additif [aditif] M ❶ *au budget* Nachtrag m; *à un écrit* Zusatz m ❷ CHIM Zusatz(-stoff) m
★**addition** [adisjɔ̃] F ❶ MATH Addition (-saufgabe) f ❷ *au restaurant* Rechnung f ❸ (= *adjonction*) Hinzufügung f **additionnel** [adisjɔnɛl] ADJ ⟨~le⟩ zusätzlich; nachträglich **additionner** [adisjɔne] A VT MATH addieren; zusammenzählen B VPR s'~ sich summieren
adéquat [adekwa(t)] ADJ ⟨-ate [-at]⟩ angemessen, passend
adhérence [adeʀɑ̃s] F ❶ ~ **(au sol)** (Boden)Haftung f ❷ MÉD, BOT Verwachsung f **adhérent** [adeʀɑ̃] M/F ⟨-ente [-ɑ̃t]⟩ ~(le) Mitglied n **adhérer** [adeʀe] VT INDIR ⟨-è-⟩ ❶ ~ **à qc** an etw (dat) haften ❷ ~ **à un parti** e-r Partei (dat) beitreten ❸ ~ **à une opinion** beipflichten (+ dat); *à un idéal* anhängen (+ dat) **adhésif** [adezif] ADJ ⟨-ive [-iv]⟩ klebend; **pansement** ~ (Heft)Pflaster n **adhésion** [adezjɔ̃] F *à un parti, etc* Beitritt(serklärung) m(f) (à zu)
ad hoc [adɔk] ADJ (eigens) zu diesem Zweck; (hierfür) passend
adieu [adjø] A INT leb(e) wohl!, leben Sie wohl! B M *souvent* PL ~x Abschied m
adipeux [adipø] ADJ ⟨-euse [-øz]⟩ ❶ ANAT Fett... ❷ *par ext* feist; verfettet

adiposité [adipozite] F (lokaler) Fettansatz; Fettpolster npl
adjacent [adʒasɑ̃] ADJ ⟨-ente [-ɑ̃t]⟩ angrenzend
★**adjectif** [adʒɛktif] M ⟨**qualificatif**⟩ Adjektiv n; Eigenschaftswort n
adjoindre [adʒwɛ̃dʀ] ⟨→ **joindre**⟩ A VT ~ **qc à qc** e-r Sache (dat) etw beifügen B VPR s'~ **un collaborateur** sich (dat) e-n Mitarbeiter (zur Hilfe) nehmen
adjoint [adʒwɛ̃] ⟨-e [adʒwɛ̃t]⟩ A M, **adjointe** F Stellvertreter(in) m(f) B ADJ stellvertretend
★**admettre** [admɛtʀ] VT ⟨→ **mettre**⟩ ❶ *personne* aufnehmen (à, dans in + acc); zulassen (zu) ❷ *raisons* gelten lassen; anerkennen; ~ **que** ... (+ *subj ou ind*) ❷ zugeben, dass ... ❸ *comme hypothèse* annehmen
administrateur [administʀatœʀ] M, **administratrice** [administʀatʀis] F Verwalter(in) m(f); *surtout* INFORM Administrator(in) m(f) **administratif** [administʀatif] ADJ ⟨-ive [-iv]⟩ Verwaltungs...; administrativ
administration [administʀasjɔ̃] F ❶ (= *gestion*) Verwaltung f ❷ Behörde f
administrer [administʀe] VT ❶ (= *gérer*) verwalten ❷ *médicament, a. fam* verabreichen
admirable [admiʀabl] ADJ bewundernswert **admirateur** [admiʀatœʀ] M, **admiratrice** [admiʀatʀis] F Bewunderer m, Bewund(r)erin f **admiratif** [admiʀatif] ADJ ⟨-ive [-iv]⟩ voll Bewunderung; *regard* bewundernd **admiration** [admiʀasjɔ̃] F Bewunderung f ★**admirer** [admiʀe] VT bewundern
admis [admi] PP → **admettre**
admissible [admisibl] ADJ ❶ *candidat* zur mündlichen Prüfung zugelassen ❷ **ne pas être ~** inakzeptabel, nicht hinnehmbar, indiskutabel sein **admission** [admisjɔ̃] F ❶ Aufnahme f (à, dans in + acc); Zulassung f (zu) ❷ TECH Eintritt m
ADN [adeɛn] M ABR (= *acide désoxyribonucléique*) ❶ DNS f (Desoxyribonukleinsäure) ❷ ⟨*adjt*⟩ **test** ~ **ADN** DNA-Test m
ado [ado] M/F ABR → **adolescent adolescence** [adɔlɛsɑ̃s] F Jugendalter n **adolescent** [adɔlɛsɑ̃] M, **adolescente** [adɔlɛsɑ̃t] F Jugendliche(r) m/f(m); Teenager m

adopter [adɔpte] VT **1** *enfant* adoptieren; *fam* annehmen **2** *attitude* einnehmen; *méthode, point de vue, mœurs* übernehmen; *ton* anschlagen

adoptif [adɔptif] ADJ ‹-ive [-iv]› Adoptiv...

adoption [adɔpsjɔ̃] F **1** JUR Adoption f **2** d'~ Wahl... **3** d'une loi Annahme f

adorable [adɔʀabl] ADJ entzückend

adoration [adɔʀasjɔ̃] F Anbetung f

★**adorer** [adɔʀe] VT a. fig anbeten; fig a. vergöttern

adosser [adose] VT ~ à *ou* contre qc (mit der Rückseite) an etw (acc) stellen, lehnen B VPR s'~ au mur sich mit dem Rücken an die Wand lehnen

adoucir [adusiʀ] VT **1** mildern; *douleur a.* lindern **2** *peau* weich, geschmeidig machen; *l'eau* enthärten; weich machen B VPR s'~ milder werden **adoucissant** [adusisɑ̃] M Weichspüler m **adoucissement** [adusismɑ̃] M **1** ~ (de la température) Milderung f **2** de l'eau Enthärtung f **adoucisseur** [adusisœʀ] M (Wasser)Enthärter m; pour le linge Weichspüler m

adrénaline [adʀenalin] F Adrenalin n

adressage [adʀesaʒ] M INFORM Adressierung f

★**adresse¹** [adʀɛs] F Anschrift f; a. INFORM Adresse f; ~ e-mail E-Mail-Adresse f; ~ Internet Internetadresse f

adresse² F (≈ habileté) Geschicklichkeit f, Geschick n

★**adresser** [adʀese] A VT ~ à richten an (+ acc); *lettre a.* adressieren an (+ acc); *personne* schicken zu; verweisen an (+ acc); ~ **la parole à qn** das Wort an j-n richten; j-n ansprechen B VPR ★ s'~ à sich wenden an (+ acc); *livre, film a.* sich richten an (+ acc)

Adriatique [adʀijatik] F l'~ die Adria

★**adroit** [adʀwa] ADJ ‹-e [adʀwat]› geschickt

adulte [adylt] A ADJ erwachsen B M/F Erwachsene(r) m/f(m)

adultère [adyltɛʀ] M Ehebruch m

advenir [advəniʀ] V/IMP ‹→ venir; être› geschehen

★**adverbe** [advɛʀb] M Adverb n **adverbial** [advɛʀbjal] ADJ ‹-e; -aux [-o]› adverbial

★**adversaire** [advɛʀsɛʀ] M/F Gegner(in) m(f) **adverse** [advɛʀs] ADJ gegnerisch

adversité [advɛʀsite] F Unglück n; widriges Geschick

aération [aeʀasjɔ̃] F (Be)Lüftung f **aéré** [aeʀe] ADJ ‹~e› **1** *pièce* luftig; **centre ~** Ferienzentrum n (das Schülern Freiluftaktivitäten anbietet) **2** *tissu* locker; luftig; fig *texte* aufgelockert **aérer** [aeʀe] ‹-è-› A VT *pièce* (durch)lüften; TECH belüften; *lits* auslüften B VPR s'~ an die frische Luft gehen; *fam* sich auslüften

aérien [aeʀjɛ̃] ADJ ‹-ienne [-jɛn]› Luft...

aéro... [aeʀo] ZSSGN Flug..., Luft...

aérobic [aeʀɔbik] F Aerobic n

aérodrome [aeʀɔdʀom] M Flugplatz m **aérodynamique** [aeʀɔdinamik] A ADJ stromlinienförmig; Stromlinien...; windschlüpfig B F Aerodynamik f **aérogare** [aeʀɔgaʀ] F Abfertigungsgebäude n(pl)

aéronautique [aeʀonotik] A ADJ Luftfahrt... B F Luftfahrt f

★**aéroport** [aeʀɔpɔʀ] M Flughafen m **aérosol** [aeʀɔsɔl] M Aerosol n

affabilité [afabilite] F Freundlichkeit f; Liebenswürdigkeit f; Leutseligkeit f **affable** [afabl] ADJ freundlich; liebenswürdig; leutselig

affaiblir [afebliʀ] A VT schwächen B VPR s'~ schwächer werden; *vue* nachlassen; *sens d'un mot, souvenir* verblassen **affaiblissement** [afeblismɑ̃] M Schwächung f

★**affaire** [afɛʀ] F **1** Angelegenheit f; Sache f; **avoir ~ à qn** mit j-m zu tun haben **2** *péj* Affäre f **3** JUR Fall m; Sache f **4** (≈ *marché*) Geschäft n **5** (≈ *entreprise*) Geschäft n; Betrieb m **6** COMM ★ ~s pl Geschäft(e) n(pl) **7** ~s pl (≈ *objets personnels*) Sachen fpl

affaissement [afɛsmɑ̃] M Senkung f; Einsinken n

affaisser [afese] VPR **1** s'~ *sol* sich senken; einsinken **2** s'~ *personne* zusammensacken, -sinken

affaler [afale] VPR s'~ dans un fauteuil sich in e-n Sessel fallen lassen

affamé [afame] ADJ ‹~e› hungrig; ausgehungert

affect [afɛkt] M PSYCH Affekt m

affectation¹ [afɛktasjɔ̃] F **1** (≈ *destination*) Verwendung f, (Zweck)Bestimmung f (à für) **2** (≈ *mutation*) Versetzung f

affectation² f (≈ *manque de naturel*) Geziertheit f, Affektiertheit f

affecté [afɛkte] ADJ ⟨~e⟩ affektiert; gekünstelt

affecter¹ [afɛkte] VT **1** (≈ *destiner*) verwenden, bestimmen, bereitstellen (à für) **2** ~ **à un poste** auf e-n Posten versetzen, beordern

affecter² VT (≈ *feindre*) vortäuschen, heucheln

affecter³ VT **1** ~ **qn** (≈ *émouvoir*) j-n bewegen, j-n betrüben; j-m nahegehen **2** ~ **qc** (≈ *agir sur*) auf etw (+ *acc*) einwirken; *organe* etw in Mitleidenschaft ziehen

affectif [afɛktif] ADJ ⟨-ive [-iv]⟩ affektiv; **vie affective** Gefühlsleben n

affection¹ [afɛksjɔ̃] f Zuneigung f, Liebe f; **prendre en ~** lieb gewinnen

affection² f MÉD Erkrankung f, Leiden n

affectionné [afɛksjɔne] st/s ADJ ⟨~e⟩ *fin de lettre* **votre ~ X** Ihr ergebener X

affectionner [afɛksjɔne] VT e-e Vorliebe haben für

affectivité [afɛktivite] f PSYCH Affektivität f; Emotionalität f

affectueux [afɛktyø] ADJ ⟨-euse [-øz]⟩ liebevoll

affichage [afiʃaʒ] M **1** Anschlagen n von Plakaten **2** INFORM Anzeige f

★**affiche** [afiʃ] f Plakat n; Anschlag m

afficher [afiʃe] **A** VT **1** anschlagen; durch Anschlag, Aushang bekannt machen **2** *fig* zur Schau tragen **3** INFORM anzeigen **B** VPR **s'~ avec qn** sich mit j-m öffentlich sehen lassen

afficheur [afiʃœʀ] M Plakatkleber m

affilée [afile] **d'~** hintereinander

affiler [afile] VT wetzen

affilié(e) [afilje] M/F Mitglied n

affinage [afinaʒ] M **1** TECH Raffination f; *a. du verre* Läuterung f; ACIÉRIE Frischen n **2** *du fromage* Reifung(sprozess) f(m)

affinement [afinmɑ̃] M *du goût etc* Verfeinerung f; Kultivierung f **affiner** [afine] **A** VT **1** TECH raffinieren; reinigen **2** *fromage* reifen (lassen) **3** *fig goût* verfeinern, kultivieren **B** VPR **s'~** sich verfeinern

affinité [afinite] f (Wesens)Verwandtschaft f

affirmatif [afiʀmatif] ADJ ⟨-ive [-iv]⟩ *ton, personne* entschieden; bestimmt **affirmation** [afiʀmasjɔ̃] f Behauptung f **affirmative** [afiʀmativ] f **dans l'~** im Fall(e) e-r positiven Antwort

★**affirmer** [afiʀme] **A** VT **1** (≈ *soutenir*) behaupten; versichern **2** *sa détermination, etc* bekräftigen; unter Beweis stellen **B** VPR **s'~** *caractère, talent* sich (klar) zeigen; (deutlich) sichtbar werden

affliction [afliksjɔ̃] st/s f Betrübnis f; Bekümmernis f **affligé** [afliʒe] ADJ ⟨~e⟩ betrübt; bekümmert **affligeant** [afliʒɑ̃] ADJ ⟨-ante [-ɑ̃t]⟩ betrüblich; beklagenswert **affliger** [afliʒe] VT ⟨-ge-⟩ (≈ *attrister*) betrüben

affluence [aflyɑ̃s] f (Menschen)Andrang m; **heures** fpl **d'~** Stoßzeiten fpl; Hauptverkehrszeit(en) f(pl); Berufsverkehr m **affluent** [aflyɑ̃] M Nebenfluss m **affluer** [aflye] VI *personnes* herbei-, zusammenströmen

afflux [afly] M *de visiteurs* Andrang m; *de capitaux* Zustrom m

affolant [afɔlɑ̃] ADJ ⟨-ante [-ɑ̃t]⟩ beängstigend, erschreckend **affolé** [afɔle] ADJ ⟨~e⟩ in Panik, aufgeregt **affolement** [afɔlmɑ̃] M Kopflosigkeit f; Aufregung f; panische Angst **affoler** [afɔle] **A** VT kopflos machen; in Aufregung, Panik versetzen **B** VPR **s'~** kopflos werden; den Kopf verlieren; sich aufregen; *fam* sich wahnsinnig aufregen

★**affranchir** [afʀɑ̃ʃiʀ] **A** VT *lettre* frankieren; freimachen **B** VPR **s'~** sich frei machen (**de** von); sich befreien (von) **affranchissement** [afʀɑ̃ʃismɑ̃] M **1** Frankierung f; Freimachung f **2** Freilassung f; Befreiung f

affréter [afʀete] VT ⟨-è-⟩ chartern

affreusement [afʀøzmɑ̃] *fam* ADV furchtbar; *fam* schrecklich; **souffrir** entsetzlich ★ **affreux** [afʀø] ADJ ⟨-euse [-øz]⟩ abscheulich; grauenhaft

affront [afʀɔ̃] M Kränkung f **affrontement** [afʀɔ̃tmɑ̃] M Konfrontation f **affronter** [afʀɔ̃te] **A** VT trotzen (+ *dat*); die Stirn bieten (+ *dat*) **B** VPR **s'~** sich gegenüberstehen; miteinander konfrontiert sein

affûter [afyte] VT schärfen, schleifen

afghan [afgɑ̃] ⟨-ane [-an]⟩ **A** ADJ afghanisch **B** M/F **Afghan(e)** Afghane m,

Afghanin f ② LING **l'~** m das Afghanische; Afghanisch n
Afghanistan [afganistɑ̃] M **l'~** Afghanistan n
afin [afɛ̃] A PRÉP **~ de** (+ inf) um zu (+ inf) B CONJ **~ que** (+ subj) damit
AFP [aɛfpe] F ABR (= Agence France-Presse) frz Nachrichtenagentur
★**africain** [afʀikɛ̃] ⟨-aine [-ɛn]⟩ A ADJ afrikanisch B M/F **Africain(e)** m(f) Afrikaner(in) m(f)
★**Afrique** [afʀik] F **l'~** Afrika n
afro-américain [afʀoameʀikɛ̃] ADJ A ADJ afroamerikanisch B M/F **Afro-Américain(e)** Afroamerikaner(in) m(f)
after-shave [aftœʀʃev] M Aftershave-Lotion f; Rasierwasser n
agaçant [agasɑ̃] ADJ ⟨-ante [-ɑ̃t]⟩ ärgerlich, lästig; fam nervig **agacement** [agasmɑ̃] M Gereiztheit f; (gereizte) Nervosität; Verärgerung f **agacer** [agase] VT ⟨-ç-⟩ ① (= énerver) **~ qn** j-m auf die Nerven gehen; fam j-n nerven ② (= embêter) reizen
★**âge** [ɑʒ] M ① Alter n; d'une personne a. Lebensalter n; **le troisième âge** das Alter; der Lebensabend; a. die Senioren mpl; **à l'âge de** im Alter von; vieux **avant l'âge** vorzeitig; **quel âge a-t-il?** wie alt ist er? ② (= ère) Zeit(alter) f(n)
★**âgé** [ɑʒe] ADJ ⟨âgée⟩ ① (= vieux) alt; **les personnes âgées** die älteren, alten Menschen mpl; die Senioren mpl ② **âgé de trente ans** dreißig Jahre alt
agence [aʒɑ̃s] F ① Agentur f; Büro n; Geschäftsstelle f; **~ de presse** Nachrichten-, Presseagentur f; **~ de publicité** Werbeagentur f; ★ **~ de voyages** Reisebüro n ② d'une banque Zweigstelle f; Filiale f
agenda [aʒɛ̃da] M Taschenkalender m; de bureau Terminkalender m
agenouiller [aʒnuje] VPR **s'~** niederknien; sich hinknien
★**agent**¹ [aʒɑ̃] M ① **~ (de police)** Polizeibeamte(r) m; (Verkehrs)Polizist m; fam Schutzmann m ② **~ immobilier** Immobilienhändler m; Grundstücksmakler m ③ POL Agent(in) m(f) ④ ADMIN Bedienstete(r) m/f(m)
agent² [aʒɑ̃] M (= substance) Wirkstoff m
agglomération [aglomeʀasjɔ̃] F urbaine Ballungsraum m, Ballungsgebiet n

agglutiner [aglytine] A VT verkleben B VPR **s'~** personnes sich (zusammen)drängen, (-)ballen
aggravation [agʀavasjɔ̃] F Verschlimmerung f **aggraver** [agʀave] A VT verschlimmern; (nur) noch schlimmer machen; peine verschärfen; sort de qn erschweren B VPR ★ **s'~** sich verschlimmern; sich verschlechtern; situation a. sich zuspitzen
agile [aʒil] ADJ flink **agilité** [aʒilite] F Flinkheit f
★**agir** [aʒiʀ] A VI ① handeln ② médicament wirken (**sur qn** bei j-m); qn, qc **~ sur qn, qc** auf j-n, etw einwirken B VPR & VIMP **il s'agit de qn, qc** es handelt sich, es dreht sich um j-n, etw; es geht um j-n, etw; **il s'agit de** (+ inf) es heißt ou man muss (+ inf)
agitation [aʒitasjɔ̃] F ① heftige Bewegung; des gens geschäftiges, emsiges Treiben ② (= nervosité) Unruhe f ③ POL Unruhe f
agité [aʒite] ADJ ⟨-e⟩ unruhig; mer a. bewegt, stürmisch
agiter [aʒite] A VT mouchoir, drapeau, bras schwenken; vent: feuilles bewegen; **~ avant usage** vor Gebrauch schütteln B VPR **s'~** malade, élèves unruhig werden ou sein
★**agneau** [aɲo] M ⟨-x⟩ Lamm n
agnostique [agnostik] A ADJ agnostizistisch B M Agnostiker m
agonie [agɔni] F a. fig Agonie f
agoraphobie [agɔʀafɔbi] F Platzangst f
agrafe [agʀaf] F ① COUT Haken m ② **~ (de bureau)** Heftklammer f ③ MÉD (Wund)Klammer f **agrafer** [agʀafe] VT ① vêtement zuhaken ② papiers (zusammen)heften **agrafeuse** [agʀaføz] F Heftapparat m
agrandir [agʀɑ̃diʀ] A VT a. PHOT vergrößern B VPR **s'~** sich vergrößern; größer werden; sich ausbreiten **agrandissement** [agʀɑ̃dismɑ̃] M a. PHOT Vergrößerung f
★**agréable** [agʀeabl] ADJ angenehm; visite, nouvelle a. willkommen; physique a. ansprechend **agréer** [agʀee] VT ① demande, excuse günstig aufnehmen ② (= admettre) zulassen
agrément [agʀemɑ̃] M ① ⟨surtout pl⟩ **~s** Annehmlichkeiten fpl; Reize mpl; jar-

din m d'~ Ziergarten m; **voyage m d'~** Vergnügungsreise f ❷ (≈ consentement) Zustimmung f; Genehmigung f
agrémenter [agʀemɑ̃te] _VT_ verzieren (**de** mit); ausschmücken (mit)
agrès [agʀɛ] _MPL_ (Turn)Geräte npl
agresser [agʀese] _VT_ ❶ überfallen; anfallen ❷ verbalement **~ qn** j-n angreifen **agresseur** [agʀesœʀ] _M_ a. MIL Angreifer m **agressif** [agʀesif] _ADJ_ ⟨-ive [-iv]⟩ aggressiv **agression** [agʀesjɔ̃] _F_ MIL Angriff m; a. PSYCH Aggression f; a. contre une personne Überfall m **agressivité** [agʀesivite] _F_ a. PSYCH Aggressivität f
★**agricole** [agʀikɔl] _ADJ_ landwirtschaftlich
agriculteur [agʀikyltœʀ] _M_, **agricultrice** [agʀikyltʀis] _F_ Landwirt(in) m(f)
★**agriculture** [agʀikyltyʀ] _F_ Landwirtschaft f
agripper [agʀipe] _A_ _VT_ packen; ergreifen _B_ _VPR_ **s'~** sich festklammern (**à** an + dat)
aguets [agɛ] _être aux ~_ auf der Lauer sein, liegen; (≈ sur ses gardes) auf der Hut sein
ah [a] _INT_ étonné, admiratif ah!; oh!; déçu a. ach!
ahuri [ayʀi] _A_ _ADJ_ ⟨-e⟩ (völlig) verblüfft, verdutzt _B_ _M_ injure Hornochse m **ahurissant** [ayʀisɑ̃] _ADJ_ ⟨-ante [-ɑ̃t]⟩ verblüffend; nouvelle unglaublich **ahurissement** [ayʀismɑ̃] _M_ Verblüffung f; Sprachlosigkeit f
ai [e] → avoir¹
★**aide**¹ [ɛd] _F_ ❶ action Hilfe f; (≈ support) Unterstützung f; **à l'~ de** mithilfe (+ gén); mittels (+ gén); **financière** Finanzhilfe f; **~ sociale** Sozialhilfe f
aide² _MF_ personne Hilfskraft f, Aushilfe f; Helfer(in) m(f)
★**aider** [ede] _A_ _VT_ **~ qn** j-m helfen, j-m beistehen, j-m behilflich sein, j-n unterstützen (**à faire qc** etw zu tun ou bei etw); **~ qn à obtenir qc** j-m zu etw verhelfen _B_ _VPR_ **s'~ de qc** sich zu Hilfe nehmen
★**aïe** [aj] _INT_ au!
aïeul(e) [ajœl] _st/s_ _M(F)_ Großvater, -mutter m,f; all Sud Ahn m; Ahne m/f; **~s** mpl Großeltern pl
aïeux [ajø] _st/s_ _MPL_ Ahnen mpl
aigle [ɛgl] _M_ Adler m
aigre [ɛgʀ] _ADJ_ sauer **aigre-doux**
[ɛgʀadu] _ADJ_ ⟨aigre-douce [-dus]⟩ süßsauer **aigreur** [ɛgʀœʀ] _F_ ❶ saurer Geschmack; Säure f ❷ fig Schärfe f
aigri [egʀi] _ADJ_ ⟨-e⟩ verbittert
aigrir [egʀiʀ] _A_ _VT_ fig verbittern _B_ _VPR_ (**s'**)**aigrir** sauer werden ❷ fig **il s'est aigri** er ist verbittert geworden
aigu [egy] _ADJ_ ⟨-ë [egy]⟩ ❶ a. angle spitz; pointe scharf ❷ son, cri schrill; grell; voix, son a. hoch ❸ douleur heftig
aiguillage [eguijaʒ] _M_ CH DE FER Weiche f
★**aiguille** [eguij] _F_ COUT (Näh)Nadel f; MÉD Nadel f
aiguiser [egize] _VT_ schärfen
ail [aj] _M_ Knoblauch m
★**aile** [ɛl] _F_ ❶ ZOOL, a. MIL, SPORTS Flügel m ❷ AVIAT (Trag)Flügel m ❸ ARCH (Seiten)Flügel m
ailier [elje] _M_ Außen-, Flügelstürmer m
aille [aj] → aller¹
★**ailleurs** [ajœʀ] _ADV_ anderswo; woanders; avec un verbe de mouvement anderswohin; ★ **d'~** übrigens; im Übrigen; **par ~** andererseits; **nulle part ~** sonst nirgends
aïoli [ajɔli] _M_ Knoblauchmayonnaise f
★**aimable** [ɛmabl] _ADJ_ liebenswürdig, freundlich (**avec qn** zu j-m)
aimant [ɛmɑ̃] _M_ Magnet m
★**aimer** [eme] _A_ _VT_ lieben; mögen; gernhaben; personne, animal a. lieb haben; mets a. gern essen; **~ qn** (≈ être amoureux) j-n lieben; **~ faire qc** gern etw tun; **~ que ...** (+ subj) es gern sehen, gernhaben, dass ...; ★ **~ mieux faire qc** etw lieber tun _B_ _VPR_ **s'~** sich lieben
★**aîné** [ene] _A_ _ADJ_ ⟨-e⟩ (≈ le plus âgé) älteste; (≈ plus âgé) ältere _B_ _M(F)_ **l'~(e)** der, die Älteste; de deux der, die Ältere
★**ainsi** [ɛ̃si] _ADV_ so; **pour ~ dire** sozusagen, gewissermaßen; **~ que** comparaison (so) wie; énumération sowie; wie auch
★**air**¹ [ɛʀ] _M_ Luft f; **à air conditionné** klimatisiert; mit Klimaanlage; **au grand air** [-t-] an ou in der Frische/Luft; im Freien; **en l'air** in die Luft; fig promesses leer; projets unrealistisch; ★ **en plein air** [ɑ̃plɛnɛʀ] im Freien; unter freiem Himmel; **(aller) prendre l'air** (frische) Luft schöpfen, Luft schnappen fam; an die (frische) Luft gehen

air² [ɛʀ] M (≈ apparence) Aussehen n; (≈ mine) Miene f, Gesicht(sausdruck) n(m); **d'un air embarrassé** mit verlegener Miene; **avoir l'air** (+ adj) aussehen; wirken; **avoir l'air de** (+ inf) so aussehen, als ob ...; scheinen zu (+ inf)

air³ [ɛʀ] M **1** Melodie f **2** (≈ chanson) Weise f, Lied n

airbag [ɛʀbag] M Airbag m

airbus® [ɛʀbys] M AVIAT Airbus® m

aire [ɛʀ] F **1** (≈ surface) (Boden)Fläche f; **~ de repos** Rastplatz m **2** MATH Flächeninhalt m

airelle [ɛʀɛl] F Heidel-, Blaubeere f; **~ rouge** Preiselbeere f

aisance [ɛzɑ̃s] F (≈ facilité) Gewandtheit f; Leichtigkeit f

aise [ɛz] F **1** **être à l'~, à son ~** sich wohlfühlen; **être mal à l'~** sich nicht wohlfühlen, sich unbehaglich fühlen; **mets-toi à l'~** mach es dir bequem!, leg doch ab! **2** fam **à l'~** (≈ facilement) leicht

aisé [eze] ADJ ⟨-e⟩ **1** ton ungezwungen; style flüssig **2** (≈ riche) wohlhabend

aisément [ezemɑ̃] ADV leicht; mühelos

aisselle [ɛsɛl] F Achsel(höhle) f

Aix-la-Chapelle [ɛkslaʃapɛl] Aachen n

ajournement [aʒuʀnəmɑ̃] M **1** d'un projet etc Verschiebung f; Vertagung f **2** d'un candidat Zurückstellung f

ajourner [aʒuʀne] VT **1** verschieben (à auf + acc), (d'une semaine um e-e Woche) **2** candidat zurückstellen

★**ajouter** [aʒute] **A** VT hinzufügen (à zu); en parlant a. hinzusetzen; à un nombre hinzu- ou dazuzählen (zu) **B** VPR **s'~** à noch hinzu-, dazukommen zu

ajustement [aʒystəmɑ̃] M **1** TECH An-, Einpassen n; (≈ degré de serrage) Passung f; Sitz m **2** fig Anpassung f (à an + acc); Abstimmung f (mit) **ajuster** [aʒyste] VT passend machen (à für); TECH anpassen (+ dat); einpassen (in + acc)

alarmant [alaʀmɑ̃] ADJ ⟨-ante [-ɑ̃t]⟩ alarmierend, beunruhigend; besorgniserregend

alarme [alaʀm] F **1** Alarm m **2** dispositif Alarmanlage f **alarmer** [alaʀme] **A** VT beunruhigen; alarmieren **B** VPR **s'~** sich beunruhigen, ängstigen

Alaska [alaska] M l'~ Alaska n

albanais [albanɛ] ⟨-aise [-ɛz]⟩ **A** ADJ al‑
banisch **B** SUBST **1** Albanais(e) m(f) Albaner(in) m(f) **2** LING l'~ m das Albanische; Albanisch n

Albanie [albani] F l'~ Albanien n

albatros [albatʀos] M Albatros m

albinos [albinos] M/F Albino m

album [albɔm] M **1** a. de disques Album n **2** (≈ livre illustré) Buch n

★**alcool** [alkɔl] M Alkohol m

alcoolique [alkɔlik] **A** ADJ **1** alkoholisch **2** personne alkoholabhängig, alkoholkrank **B** M/F Alkoholiker(in) m(f)

alcoolisé(e) [alkɔlize] ADJ boisson alkoholisch, alkoholhaltig; **non ~** alkoholfrei

alco(o)test® [alkɔtɛst] M Alkoholtest (-gerät) m(n)

aléatoire [aleatwaʀ] ADJ zufallsbedingt

alentours [alɑ̃tuʀ] MPL **1** Umgebung f **2** **aux ~ de** local in der Gegend von; temporel, a. fig (so) gegen; (so) um ... herum

alerte¹ [alɛʀt] ADJ personne munter; mouvement flink; personne âgée rüstig

alerte² [alɛʀt] F a. MIL Alarm m; fig **fausse ~** falscher, blinder Alarm

alerter [alɛʀte] VT alarmieren

algèbre [alʒɛbʀ] F Algebra f

★**Algérie** [alʒeʀi] F l'~ Algerien n **algérien** [alʒeʀjɛ̃] ⟨-ienne [-jɛn]⟩ **A** ADJ algerisch **B** M/F **Algérien(ne)** m(f) Algerier(in) m(f)

algorithme [algɔʀitm] M MATH, INFORM Algorithmus m

algue [alg] F Alge f

alibi [alibi] M a. fig Alibi n

aliéné(e) [aljene] M/F Geisteskranke(r) m/f(m)

alignement [aliɲmɑ̃] M **1** (schnurgerade) Ausrichtung, Reihe **2** de mégalithes Steinreihe f **3** fig Ausrichtung f (sur nach); Angleichung f (an + acc)

aligner [aliɲe] **A** VT in gerader Linie aufstellen; ausrichten; phrases, chiffres aneinanderreihen **B** VPR **1** **s'~** personnes sich in e-r Reihe aufstellen; objets aufgereiht sein, stehen **2** fig **s'~ sur** sich ausrichten nach; einschwenken auf (+ acc)

aliment [alimɑ̃] M Nahrungsmittel n

alimentaire [alimɑ̃tɛʀ] ADJ **1** Nahrungs... **2** pension f **~** Unterhaltsrente f

alimentation [alimɑ̃tasjɔ̃] F **1** Ernährung f; (≈ nourriture) Nahrung f; Kost f

2 TECH Versorgung f (**en** mit)
alimenter [alimɑ̃te] **A** V/T **1** (≈ *nourrir*) ernähren **2** (≈ *approvisionner*) versorgen (**en** mit) **B** V/PR **s'~** sich ernähren; *malade* Nahrung zu sich nehmen
alinéa [alinea] M̄ TYPO Absatz m
aliter [alite] V/T **être alité** bettlägerig sein; das Bett hüten müssen
allaiter [alɛte] V/T stillen
alléchant [aleʃɑ̃] ADJ ‹-ante [-ɑ̃t]› verlockend
allée [ale] F̄ Allee f; *dans un cinéma, etc* Gang m
allégé [aleʒe] ADJ ‹-e› light, leicht; kalorienarm **alléger** [aleʒe] V/T ‹-è-; -ge-› **1** *fardeau* leichter machen **2** *charge financière* verringern
allégorie [alegɔʀi] F̄ Allegorie f **allégorique** [alegɔʀik] ADJ allegorisch; sinnbildlich
allègre [alɛgʀ] ADJ fröhlich; vergnügt; munter
allégresse [alegʀɛs] F̄ (laute, ausgelassene) Freude
alléguer [alege] V/T ‹-è-› anführen; vorbringen; ins Feld führen
alléluia [aleluja] **A** INT halleluja *ou* alleluja **B** M̄ Halleluja *ou* Alleluja n
★**Allemagne** [almaɲ] F̄ **l'~** Deutschland n ★**allemand** [almɑ̃] ‹-ande [-ɑ̃d]› **A** ADJ deutsch **B** M/F **Allemand(e)** Deutsche(r) m/f(m) **C** M̄ *langue* **l'~** das Deutsche, Deutsch n
★**aller**[1] [ale] ‹je vais; tu vas; il va; nous allons; ils vont; j'allais; j'allai; j'irai; que j'aille; que nous allions; va!, *aber* vas-y! [vazi]; allant; être allé› **A** V/I **1** gehen; *dans un véhicule* fahren; **~ à l'étranger, à Paris, en France** ins Ausland, nach Paris, nach Frankreich gehen, fahren, reisen; **~ à pied** zu Fuß gehen; laufen; **~ en** *ou* **par avion** (mit dem Flugzeug) fliegen; **~ en bateau** mit dem Schiff fahren; **~ à** *ou* **en vélo** mit dem (Fahr)Rad fahren; **~ et venir** hin und her gehen, laufen, fahren; auf und ab gehen; kommen und gehen **2** *int* **allez!** los!; vorwärts!; marsch!; **vas-y!**, **allez-y!** nur zu!; los!; **on y va?, allons-y?** auf geht's!, gehn wir? **3** (≈ *se porter*) ★ **comment allez-vous?** wie geht es Ihnen?; ★ **comment vas-tu?** wie geht es dir? **4** (≈ *être seyant*) ★ **~ bien à qn**

j-m (gut) stehen; j-n (gut) kleiden **5** **ça te va?** passt es dir?; *vêtement* **~ à qn** j-m (in der Größe) passen **B** V/AUX **1** ‹avec inf ou ppr› ★ **~ chercher qn, qc** j-n, etw (ab)holen; **~ voir qn** j-n besuchen; ★ **~ se coucher** schlafen gehen **2** *futur proche* **~ faire qc** gleich, bald, sofort etw tun **C** V/IMP **il y va de ...** es geht um ... **D** V/PR **s'en** **~** weg-, fortgehen; *tache* weg-, herausgehen; *bouton* bald abgehen
aller[2] M̄ **1** Hinweg m, Hinfahrt f, Hinreise f; AVIAT Hinflug m **2** CH DE FER einfache Fahrkarte; ★ **~ (et) retour** Rückfahrkarte f
allergie [alɛʀʒi] F̄ *a. fig* Allergie f (**à** gegen) **allergique** [alɛʀʒik] ADJ *a. fig* allergisch (**à** gegen)
alliance[1] [aljɑ̃s] F̄ **1** POL, *a. par ext* Bündnis n, Allianz f **2** *tante, oncle, etc* **par ~** angeheiratet
alliance[2] [aljɑ̃s] F̄ *bague* Trau-, Ehering m
allié [alje] ADJ ‹-e› verbündet; alliiert **allier** [alje] **A** V/T **1** TECH legieren **2** *fig* **~ qc à** *ou* **avec qc** etw mit etw verbinden, vereinen **B** V/PR **s'~** POL sich verbünden (**à** mit)
alligator [aligatɔʀ] M̄ Alligator m
allo, allô [alo] INT TÉL hallo!
allocation [alɔkasjɔ̃] F̄ Beihilfe f; **~s familiales** Kindergeld n; **~ (de) logement** Wohngeld n
allocution [alɔkysjɔ̃] F̄ Ansprache f
allongé [alɔ̃ʒe] ADJ ‹-e› **1** *forme* länglich **2** (≈ *couché*) liegend; **être ~** liegen
allongement [alɔ̃ʒmɑ̃] M̄ **1** *dans l'espace, dans le temps* Verlängerung f **2** PHON, TECH Dehnung f; Längung f
allonger [alɔ̃ʒe] ‹-ge-› **A** V/T **1** länger machen; verlängern; *fig* **~ le pas** schneller gehen **2** *membre* (aus)strecken **3** *fam somme d'argent* zahlen; *fam* blechen **B** V/PR **1** **s'~** länger werden; *fig mine* immer länger werden **2** (≈ *se coucher*) sich hinlegen; **s'~ sur** sich legen auf (+ *acc*)
allumage [alymaʒ] M̄ AUTO Zündung f
★**allumé** [alyme] ADJ ‹-e› *lampe, bougie* brennend; **être ~** *a. lumière* brennen; *fam, a. radio, télé, chauffage* an sein
allume-cigare [alymsigaʀ] M̄ ‹-s› AUTO Zigarettenanzünder m
★**allumer** [alyme] **A** V/T **1** anzünden; *feu*

a. entzünden; entfachen; *fam* anmachen ❷ **appareil** ein-, anschalten; **(l'électricité, la lumière)** Licht machen; *fam* das Licht anmachen ❸ *fig* désir wecken; *fam* ~ qn *fam* j-n anmachen ❸ VPR ❶ s'~ bois, papier anbrennen; sich entzünden ❷ s'~ lampe, lumière angehen; *a. fig regard* aufleuchten

★**allumette** [alymɛt] F Zünd-, Streichholz *n*

allure [alyʀ] F ❶ (≈ *vitesse*) Tempo *n*; Geschwindigkeit *f*; **à toute ~** rouler *bis dahin* in hohem Tempo; **faire qc im Eiltempo** ❷ (≈ *démarche*) Gang *m*; *d'animaux* a. Gangart *f* ❸ (≈ *aspect*) Aussehen *n*

allusif [alyzif] ADJ ⟨-ive [-iv]⟩ e-e Anspielung enthaltend; vielsagend

★**allusion** [alyzjɔ̃] F Anspielung *f* (**à** auf +*acc*)

★**alors** [alɔʀ] ❸ ADV ❶ *dans le passé* damals; **d'~** damalige; **jusqu'~** bis dahin ❷ *consécutif* da; dann; **et ~** und dann ❸ *fam* **~?** was nun?; **~, ça va?** *fam* na, wie gehts?; **ça ~!** na so was! ❸ KONJ ★ **~ que** während

alouette [alwɛt] F Lerche *f*

alourdir [aluʀdiʀ] VT schwer(er) machen

alpage [alpaʒ] M Alm *f*

★**Alpes** [alp] FPL **les ~** die Alpen *pl*

alphabet [alfabɛ] M Alphabet *n* **alphabétique** [alfabetik] ADJ alphabetisch

alpin [alpɛ̃] ADJ ⟨-ine [-in]⟩ Alpen...; alpin **alpinisme** [alpinism] M Bergsteigen *n* **alpiniste** [alpinist] M/F Bergsteiger(in) *m(f)*

★**Alsace** [alzas] F **l'~** das Elsass **alsacien** [alzasjɛ̃] ⟨-ienne [-jɛn]⟩ ❸ ADJ elsässisch ❸ M/F **Alsacien(ne)** Elsässer(in) *m(f)*

altercation [altɛʀkasjɔ̃] F (kurze, heftige) Auseinandersetzung

alternance [altɛʀnɑ̃s] F (regelmäßiger) Wechsel

alternant [altɛʀnɑ̃] ADJ ⟨-ante [-ɑ̃t]⟩ (ab)wechselnd; alternierend

alternatif [altɛʀnatif] ADJ ⟨-ive [-iv]⟩ regelmäßig wechselnd; alternierend **alternative** [altɛʀnativ] F Alternative *f*

alterner [altɛʀne] VI (ab)wechseln (**avec** mit)

★**altitude** [altityd] F Höhe *f* (über dem Meeresspiegel); *voler* **à basse ~** in geringer Höhe

altruisme [altʀɥism] M Altruismus *m*; Selbstlosigkeit *f* **altruiste** [altʀɥist] ❸ ADJ altruistisch; selbstlos ❸ M/F Altruist(in) *m(f)*

alu [aly] *fam* M ABR (= *aluminium*) ❶ Alu *n* ❷ ⟨*adjt*⟩ **papier** *m* **alu** Alufolie *f*

aluminium [alyminjɔm] M Aluminium *n*

alzheimer [alzajmœʀ] M MÉD Alzheimerkrankheit *f*

amabilité [amabilite] F Liebenswürdigkeit *f*

amaigri [amegʀi] ADJ ⟨~e⟩ abgemagert **amaigrir** [amegʀiʀ] VT **~ qn** an j-m zehren **amaigrissement** [amegʀismɑ̃] M Abmagerung *f*

amalgame [amalgam] M MÉD, *a. fig* Amalgam *n*; *fig a.* Gemisch *n* **amalgamer** [amalgame] *fig* VT miteinander vermischen, verquicken

amande [amɑ̃d] F Mandel *f*

amant [amɑ̃] M Geliebte(r) *m*; **les ~s** die Liebenden *pl*

amarrer [amaʀe] VT *bateau* festmachen; vertäuen; *engin spatial* andocken; ankoppeln

amas [ama] M Haufen *m* **amasser** [amase] ❸ VT anhäufen; sammeln ❸ VPR **s'~** sich anhäufen; sich ansammeln

amateur [amatœʀ] M ❶ Liebhaber(in) *m(f)*; Freund(in) *m(f)*; **~ de musique** Musikliebhaber(in) *m(f)*, Musikfreund(in) *m(f)* ❷ SPORTS Amateur(in) *m(f)* ❸ *péj* Amateur(in) *m(f)*

ambassade [ɑ̃basad] F Botschaft *f* **ambassadeur** [ɑ̃basadœʀ] M *a. fig* Botschafter *m*

★**ambiance** [ɑ̃bjɑ̃s] F Stimmung *f*

ambigu [ɑ̃bigy] ADJ ⟨~ë [-gy]⟩ ❶ zwei-, doppel-, mehrdeutig ❷ *péj* zweideutig **ambiguïté** [ɑ̃biguite] F Zwei-, Doppel-, Mehrdeutigkeit *f*

ambitieux [ɑ̃bisjø] ⟨-euse [-øz]⟩ ❸ ADJ ❶ M/F **~, ambitieuse** ehrgeizige(r) Mensch; *péj* Ehrgeizling *m* **ambition** [ɑ̃bisjɔ̃] F Ehrgeiz *m*; **~s** *pl* Ambitionen *fpl*

ambivalence [ɑ̃bivalɑ̃s] F Ambivalenz *f*; Doppelwertigkeit *f*; *des sentiments* Zwiespältigkeit *f* **ambivalent** ADJ ⟨-ente [-ɑ̃t]⟩ ambivalent; doppelwertig; zwiespältig

ambre [ɑ̃bʀ] M **~ (jaune)** Bernstein *m*

★**ambulance** [ɑ̃bylɑ̃s] F Krankenwagen

m
ambulatoire [ãbylatwaʀ] ADJ MÉD ambulant
★**âme** [ɑm] F a. REL, a. fig Seele f; **état m d'âme** Gemütsverfassung f
amélioration [ameljɔʀasjɔ̃] F Verbesserung f **améliorer** [ameljɔʀe] A VT verbessern B VPR **s'~** sich bessern; besser werden
amen [amɛn] ADV amen
aménagement [amenaʒmã] M Einrichtung f (**en** als); Ausstattung f; Gestaltung f **aménager** [amenaʒe] VT ‹-ge-› einrichten; ausstatten; gestalten; *pour le tourisme* erschließen; *parc* anlegen
★**amende** [amɑ̃d] F JUR Geldstrafe f
amener [amne] VT ‹-è-› ❶ (mit-, her)bringen ❷ *à un certain point* bringen ❸ **~ qn à faire qc** j-n dazu bringen *ou* j-n veranlassen, etw zu tun
amenuiser [amənyize] VPR **s'~** sich verringern; sich verkleinern
★**amer** [amɛʀ] ADJ ‹-ère [-ɛʀ]› *goût* bitter
★**américain** [ameʀikɛ̃] ‹-aine [-ɛn]› ADJ amerikanisch B M(F) **Américain(e)** Amerikaner(in) m(f)
★**Amérique** [ameʀik] F **l'~** Amerika n; **l'~ centrale** Mittelamerika n; **l'~ du Nord, du Sud** Nord-, Südamerika n
amertume [amɛʀtym] F ❶ bitterer Geschmack ❷ fig Bitterkeit f
ameublement [amœbləmã] M (Zimmer-, Wohnungs)Einrichtung f
★**ami(e)** [ami] A M(F) Freund(in) m(f) B ADJ befreundet
amiable [amjabl] **à l'~** gütlich; auf gütlichem Wege
amiante [amjãt] M Asbest m
amibe [amib] F Amöbe f
★**amical** [amikal] ADJ ‹-e; -aux [-o]› *ton, relations* freundschaftlich; *air, ton* a. freundlich **amicale** [amikal] F Verein m **amicalement** [amikalmã] ADV freund(schaft)lich; **à la fin d'une lettre** mit herzlichem Gruß
amincir [amɛ̃siʀ] A VT schlank machen; schlanker erscheinen lassen B VPR **s'~** dünner werden
amiral [amiʀal] M ‹-aux [-o]› Admiral m
★**amitié** [amitje] F Freundschaft f
amnésie [amnezi] F Gedächtnisschwund m
amnistie [amnisti] F Amnestie f

amoindrir [amwɛ̃dʀiʀ] A VT verringern; (ver)mindern B VPR **s'~** sich verringern; sich vermindern; *forces* abnehmen; schwinden **amoindrissement** [amwɛ̃dʀismã] M Verringerung f; (Ver)Minderung f; *des forces* Abnahme f
amok [amɔk] M ❶ Amok(lauf) m ❷ Amokläufer m
amollir [amɔliʀ] A VT aufweichen B VPR ❶ **s'~** aufweichen ❷ **s'~** *énergie* erschlaffen; erlahmen
amont [amɔ̃] **en ~** strom-, flussaufwärts; **en ~ de** oberhalb von (*ou* + *gén*)
amorce [amɔʀs] F ❶ PÊCHE Köder m ❷ *d'explosif* Zündhütchen n ❸ (≈ *début*) Auftakt m (**de** zu) **amorcer** [amɔʀse] ‹-ç-› A VT ❶ PÊCHE ködern ❷ (≈ *commencer*) in Gang bringen; in die Wege leiten; beginnen B VPR **s'~** in Gang kommen; sich anbahnen; beginnen
amortir [amɔʀtiʀ] VT ❶ *choc, bruit* dämpfen ❷ *dette* tilgen ❸ *matériel* abschreiben **amortissement** [amɔʀtismã] M ❶ *d'une dette* Tilgung f ❷ *d'un investissement* Abschreibung f ❸ *d'un choc, d'un bruit* Dämpfung f **amortisseur** [amɔʀtisœʀ] M Stoßdämpfer m
★**amour** [amuʀ] M Liebe f; **~ de son métier** Liebe zu s-m Beruf; ★ **éprouver de l'~ pour qn** Liebe für j-n empfinden, fühlen ❷ (≈ *personne aimée*) Liebe f
★**amoureux** [amuʀø] ADJ ‹-euse [-øz]› verliebt (**de** in + *acc*)
amour-propre [amuʀpʀɔpʀ] ‹amours-propres› Selbstachtung f, Selbst(wert)gefühl n
amovible [amɔvibl] ADJ ❶ *doublure* herausnehmbar; *housse* abnehmbar ❷ *fonctionnaire* versetzbar; (≈ *révocable*) absetzbar
ampère [ɑ̃pɛʀ] M Ampere n
amphithéâtre [ɑ̃fiteɑtʀ] M Hörsaal m; Auditorium n
ample [ɑ̃pl] ADJ ❶ *vêtement* weit; *mouvement* weit ausholend ❷ **de plus ~s renseignements** nähere Auskünfte fpl
amplement [ɑ̃pləmã] ADV *suffire* völlig
ampleur [ɑ̃plœʀ] F ❶ *d'un vêtement* Weite f ❷ fig Ausmaß n; Umfang m; **prendre de l'~** sich ausweiten
ampli [ɑ̃pli] *fam* M, **amplificateur** [ɑ̃plifikatœʀ] M Verstärker m **amplifier** [ɑ̃plifje] A VT ❶ ÉLEC verstärken ❷ fig ausweiten B VPR **s'~** *crise* sich ausweitung

ten; son anschwellen
★**ampoule** [ɑ̃pul] F 🔳 PHARM Ampulle f 🔼 ÉLEC (Glüh)Birne f; **changer une ~** e-e Birne auswechseln 🔳 *sous la peau* Blase f
amputation [ɑ̃pytasjɔ̃] F 🔳 MÉD Amputation f 🔼 *fig* Kürzung f
amputer [ɑ̃pyte] VT amputieren; **~ qn d'une jambe** j-m ein Bein amputieren, abnehmen
★**amusant** [amyzɑ̃] ADJ ⟨-ante [-ɑ̃t]⟩ lustig; unterhaltsam; amüsant **amuse-gueule** [amyzgœl] M ⟨~(s)⟩, **amuse-bouche** [amuse-bouche(s)] Appetithäppchen n **amusement** [amyzmɑ̃] M Vergnügen n
★**amuser** [amyze] A VT 🔳 belustigen; erheitern; amüsieren 🔼 (≈ *détourner l'attention*) **~ qn** j-n ablenken, hinhalten 🔳 VPR ★ **s'~** sich vergnügen, sich amüsieren (**avec** mit); **pour s'~** (einfach) zum Spaß; ★ **amuse-toi, amusez-vous bien!** viel Vergnügen!
amygdale [ami(g)dal] F ANAT Mandel f
★**an** [ɑ̃] M Jahr n; ★ **au nouvel an, le jour de l'An** zu, an Neujahr; an Neujahrstag; **il y a un an** vor e-m Jahr; **à vingt ans** mit zwanzig (Jahren); **enfant de neuf ans** neunjährig; **von neun Jahren; par an** jährlich; im, pro Jahr; **avoir trente ans** dreißig (Jahre alt) sein
anal [anal] ADJ ⟨~e; -aux [-o]⟩ anal; After...
analogie [analɔʒi] F Analogie f
analogique [analɔʒik] ADJ *a.* INFORM analog; Analogie...
analogue [analɔg] ADJ analog; ähnlich (**à** wie); entsprechend (+ *dat*)
analphabète [analfabɛt] MF Analphabet(in) m(f)
analyse [analiz] F Analyse f; PSYCH Psychoanalyse f; GRAM Zerlegung f; **~ des risques** Risikoanalyse f **analyser** [analize] VT 🔳 analysieren; GRAM *phrase* zergliedern 🔼 *eau, sang, urines, etc* untersuchen **analyste** [analist] MF Analytiker(in) m(f)
analytique [analitik] ADJ analytisch
ananas [anana(s)] M Ananas f
anarchie [anaʀʃi] F Anarchie f **anarchiste** [anaʀʃist] MF Anarchist(in) m(f)
anatomie [anatɔmi] F Anatomie f **anatomique** [anatɔmik] ADJ anatomisch
ancêtre [ɑ̃sɛtʀ] MF Vorfahr(in) m(f)

anchois [ɑ̃ʃwa] M An(s)chovis f
★**ancien** [ɑ̃sjɛ̃] A ADJ ⟨-ienne [-jɛn]⟩ 🔳 (≈ *vieux*) alt; *meuble, bijou a.* antik 🔼 (≈ *précédent*) ehemalig, frühere B MPL **les ~s** *d'une tribu* die Ältesten *mpl;* die Alten *mpl; d'une école* die Ehemaligen *mpl*
anciennement [ɑ̃sjɛnmɑ̃] ADV früher; ehemals; vormals
ancre [ɑ̃kʀ] F Anker *m*
Andorre [ɑ̃dɔʀ] F **l'~** Andorra *n*
andouille [ɑ̃duj] F 🔳 CUIS Kaldaunen-, Kuttelwurst *f* 🔼 *fam fig* Dummkopf *m; fam* Blödmann *m*
★**âne** [ɑn] M *a. fig injure* Esel *m*
anéantir [aneɑ̃tiʀ] A VT 🔳 (≈ *détruire*) vernichten; *espoirs* zunichtemachen 🔼 **~ qn** j-n niederschmettern, erschüttern B VPR **s'~** zunichtewerden **anéantissement** [aneɑ̃tismɑ̃] M Vernichtung *f*
anecdote [anɛkdɔt] F 🔳 Anekdote *f* 🔼 *par ext* **l'~** das Nebensächliche
anémie [anemi] F Blutarmut *f,* Anämie *f*
anémique [anemik] ADJ 🔳 MÉD blutarm; anämisch 🔼 *fig* kümmerlich; kraftlos
ânerie [ɑnʀi] F Dummheit *f*
anesthésie [anɛstezi] F Anästhesie *f*
anesthésier [anɛstezje] VT *a.* betäuben
★**ange** [ɑ̃ʒ] M *a. fig* Engel *m*
angine [ɑ̃ʒin] F Angina *f*
★**anglais** [ɑ̃glɛ] ⟨-aise [-ɛz]⟩ A ADJ englisch B MF **Anglais(e)** Engländer(in) *m(f)* C M *langue* **l'~** das Englische; Englisch *n*
angle [ɑ̃gl] M 🔳 (≈ *coin*) Ecke *f; d'une pièce a.* Winkel *m;* **~ de la rue** Straßenecke *f* 🔼 MATH Winkel *m*
★**Angleterre** [ɑ̃glətɛʀ] F **l'~** England *n*
anglophone [ɑ̃glɔfɔn] ADJ Englisch sprechend
angoissant [ɑ̃gwasɑ̃] ADJ ⟨-ante [-ɑ̃t]⟩ beängstigend **angoisse** [ɑ̃gwas] F Angst(gefühl) *f(n);* Beklemmung *f* **angoissé** [ɑ̃gwase] ADJ ⟨~e⟩ ängstlich, angsterfüllt; verängstigt **angoisser** [ɑ̃gwase] VT (& VPR) (s')ängstigen (sich)
anguille [ɑ̃gij] F Aal *m*
★**animal** [animal] A M ⟨-aux [-o]⟩ Tier *n* B ADJ ⟨~e; -aux [-o]⟩ tierisch; Tier...
animateur [animatœʀ] M, **animatri-**

ce [animatʀis] F TV Moderator(in) m(f); d'un spectacle Showmaster(in) m(f)
animation [animasjɔ̃] F **1** en ville reges Leben und Treiben; reger Betrieb **2** film m d'~ Animationsfilm m
animé [anime] ADJ ⟨~e⟩ **1** ville belebt; discussion, a. visage lebhaft **2** ★**dessin(s) ~(s)** Zeichentrickfilm m
animer [anime] A VT **1** beleben; mit Leben erfüllen **2** sentiment ~ qn j-n beseelen, erfüllen **3** spectacle führen durch; émission moderieren B VPR **s'~** sich beleben; conversation lebhaft werden
anis [ani(s)] M Anis m
anneau [ano] M ⟨~x⟩ Ring m
★**année** [ane] F Jahr n; d'une personne a. Lebensjahr n; du vin Jahrgang m; **bonne ~!** ein gutes neues Jahr!; prosit Neujahr!; **~ scolaire** Schuljahr n; **~ universitaire** Studienjahr n; akademisches Jahr
année-lumière F ⟨années-lumière⟩ Lichtjahr n
annexe [anɛks] F **1** Nebengebäude n; d'un hôtel Dependance f **2** d'un dossier **~s** pl Anlagen fpl
★**anniversaire** [anivɛʀsɛʀ] M Geburtstag m; **bon ~!** ich gratuliere dir ou Ihnen zum Geburtstag!; herzlichen Glückwunsch, alles Gute zum Geburtstag! **2** (**jour** m) Jahres-, Gedenktag m; **~ de mariage** Hochzeitstag m
★**annonce** [anɔ̃s] F **1** Ankündigung f; Mitteilung f; Bekanntgabe f; RAD a. Ansage f **2** (Zeitungs)Annonce f; **petite ~** Kleinanzeige f ★**annoncer** [anɔ̃se] ⟨-ç-⟩ A VT **1** ankünd(ig)en; mitteilen; bekannt geben; nouvelle verkünden **2** d'un visiteur melden **3** symptôme ~ qc ein (An)Zeichen für etw sein; auf etw (acc) hindeuten B VPR **1 s'~ bien** sich gut anlassen **2** crise **s'~** sich ankündigen
annotation [anɔtasjɔ̃] F (kritische) Anmerkung f **annoter** [anɔte] VT mit (kritischen) Anmerkungen versehen
★**annuaire** [anɥɛʀ] M **1** Jahrbuch n **2** **~ du téléphone** Telefonbuch n
annuel [anɥɛl] ADJ ⟨~le⟩ jährlich; Jahres...
annulaire [anylɛʀ] M Ringfinger m
annulation [anylasjɔ̃] F Annullierung f; Rückgängigmachung f; COMM Stornierung f
annuler [anyle] A VT annullieren; rückgängig machen; aufheben; rendez-vous absagen; COMM stornieren B VPR **s'~** sich (gegenseitig) aufheben
anodin [anɔdɛ̃] ADJ ⟨-ine [-in]⟩ harmlos; (≈ insignifiant) unbedeutend
anomalie [anɔmali] F Abnormität f; a. BIOL Anomalie f
anonymat [anɔnima] M Anonymität f
anonyme [anɔnim] ADJ anonym; auteur a. unbekannt
anorak [anɔʀak] M Anorak m
anorexie [anɔʀɛksi] F Magersucht f
anorexique [anɔʀɛksik] ADJ troubles durch (die) Magersucht verursacht, bedingt; personne magersüchtig B M/F Magersüchtige(r) m|f(m)
anormal [anɔʀmal] ADJ ⟨~e; -aux [-o]⟩ **1** anormal **2** personne nicht (ganz) normal
ANPE [aɛnpea] F ABR (= Agence nationale pour l'emploi) Arbeitsamt n
anse [ɑ̃s] F d'une tasse, etc Henkel m
antarctique [ɑ̃taʀktik] A ADJ antarktisch B M **l'Antarctique** die Antarktis
antécédent [ɑ̃tesedɑ̃] M **~s** pl de qn Vorleben n; d'un événement Vorgeschichte f
antenne [ɑ̃tɛn] F **1** TECH Antenne f **2** **heures** fpl **d'~** Sendezeit f **3** ZOOL Fühler m **4** d'une institution Außenstelle f
antérieur [ɑ̃teʀjœʀ] ADJ ⟨~e⟩ **1** (≈ de devant) vordere; Vorder... **2** dans le temps frühere; **être ~ à qc** (zeitlich) vor etw (dat) liegen
anthracite [ɑ̃tʀasit] M **1** Anthrazit m **2** ⟨adjt; inv⟩ anthrazit(farben)
antibiotique [ɑ̃tibjɔtik] M Antibiotikum n
antichambre F Vorzimmer n **antichoc** ADJ ⟨f inv⟩ montre stoßfest, -sicher
anticipation [ɑ̃tisipasjɔ̃] F (gedankliche) Vorwegnahme
anticipé [ɑ̃tisipe] ADJ ⟨~e⟩ vorzeitig; a. élections vorgezogen; **retraite ~e** Vorruhestand m **anticiper** [ɑ̃tisipe] A VT paiement vorzeitig, vor Fälligkeit leisten B VT/T INDIR **~ sur qc** etw vorwegnehmen; e-r Sache (dat) vorgreifen
anticonceptionnel [ɑ̃tikɔ̃sɛpsjɔnɛl] ADJ ⟨~le⟩ empfängnisverhütend
anticyclone M Hoch(druckgebiet) n

antidater VT (zu)rückdatieren
antidépresseur [ɑ̃tidepresœʀ] M Antidepressivum n
antidopage, antidoping ADJ ⟨f inv⟩ **contrôle** m ~ ou **antidoping** Dopingkontrolle f
antidote [ɑ̃tidɔt] fig M Gegenmittel n
antidouleur A ADJ ⟨inv⟩ médicament schmerzstillend; Schmerz... B M Schmerzmittel n
antifascisme M Antifaschismus m
antifasciste A ADJ antifaschistisch B M/F Antifaschist(in) m(f)
antihéros M Antiheld m
anti-inflammatoire ADJ entzündungshemmend
antilope [ɑ̃tilɔp] F Antilope f
antipasti [ɑ̃tipasti] MPL GASTR Antipasti mpl
antipathie [ɑ̃tipati] F Antipathie f **antipathique** [ɑ̃tipatik] ADJ unsympathisch
antiquaire [ɑ̃tikɛʀ] M/F Antiquitätenhändler(in) m(f)
antique [ɑ̃tik] ADJ **1** civilisation antik **2** coutume (ur)alt
antiquité [ɑ̃tikite] F **1** l'**Antiquité** die Antike; par ext das Altertum **2** ~s pl Antiquitäten fpl
antisémitisme M Antisemitismus m
antislash [ɑ̃tislaʃ] M TYPO Backslash m
antivirus A & ADJ ⟨inv⟩ INFORM (**programme** m) ~ Antivirenprogramm n; Virenschutzprogramm n
antivol M Diebstahlsicherung f; AUTO Lenkradschloss n; VÉLO Fahrradschloss n
Anvers [ɑ̃vɛʀ] Antwerpen n
anxiété [ɑ̃ksjete] F Angst f; Beklemmung f **anxieux** [ɑ̃ksjø] ADJ ⟨-euse [-øz]⟩ angsterfüllt; ängstlich
aorte [aɔʀt] F Aorta f; Hauptschlagader f
★**août** [u(t)] M August m
apaisement [apɛzmɑ̃] M Beruhigung f; Beschwichtigung f; Besänftigung f; des souffrances Linderung f **apaiser** [apeze] A VT personne beruhigen; a. colère besänftigen, beschwichtigen; souffrance lindern; désir, douleur stillen B V/PR s'~ sich beruhigen; douleur, tempête nachlassen; sich legen
apartheid [apaʀtɛd] M Apartheid f
apathie [apati] F Apathie f; Teilnahmslosigkeit f **apathique** [apatik] ADJ apathisch; teilnahmslos
apatride [apatʀid] M/F Staatenlose(r) m/f(m)
apercevoir [apɛʀsəvwaʀ] ⟨→ recevoir⟩ A VT erblicken; erkennen B V/PR s'~ de qc etw (be)merken; st/s etw ou e-r Sache ⟨gén⟩ gewahr werden
aperçu [apɛʀsy] M kurzer Überblick (**de** über + acc)
apéritif [apeʀitif] M Aperitif m **apéro** [apeʀo] fam M ABR ⟨= apéritif⟩ Aperitif m; ~ **géant** fam Riesenparty f (im Freien)
apesanteur [apəzɑ̃tœʀ] F Schwerelosigkeit f
apeuré [apœʀe] ADJ ⟨~e⟩ verängstigt
aphone [afɔn] ADJ ohne Stimme
aphorisme [afɔʀism] M Aphorismus m
apiculteur [apikyltœʀ] M Bienenzüchter m
apitoiement [apitwamɑ̃] M Mitleid n; Erbarmen n
apitoyer [apitwaje] ⟨-oi-⟩ A VT ~ **qn** das Mitleid j-s erregen B V/PR s'~ **sur** Mitleid empfinden, haben mit; bemitleiden
aplati [aplati] ADJ ⟨~e⟩ platt; platt, breit gedrückt
aplatir [aplatiʀ] A VT abflachen; platt drücken; à coups de marteau flach, platt schlagen B V/PR s'~ fam ⟨= tomber⟩ längelang hinfallen
aplomb [aplɔ̃] M **1** Lot-, Senkrechte f; d'~ lot-, senkrecht; **ne pas se sentir d'~** sich nicht wohlfühlen; in schlechter Verfassung sein **2** péj Kühnheit f; Dreistigkeit f
apocalypse [apɔkalips] F Apokalypse f; fig **une vision d'~** ein Bild des Grauens
apogée [apɔʒe] fig M Höhepunkt m
a posteriori [aposteʀjɔʀi] ADV nachträglich; im Nachhinein
apostrophe [apɔstʀɔf] F signe Apostroph m
apothéose [apɔteoz] F Höhepunkt m
apôtre [apotʀ] M **1** REL Apostel m **2** fig Verfechter m
★**apparaître** [apaʀɛtʀ] ⟨→ connaître; être⟩ A VI **1** erscheinen; auftauchen; zum Vorschein kommen; problèmes auftreten **2** ⟨= sembler⟩ ~ **à qn** j-m vorkommen, erscheinen (**comme** wie) B V/IMP **il apparaît que ...** es wird offensichtlich,

es zeigt sich, dass ...
★ **appareil** [apaʀɛj] M 1 TECH Gerät n; Apparat m; **~ à sous** Spielautomat m 2 (≈ avion) Maschine f 3 ★ ~ **(photo)** (Foto)Apparat m; Kamera f; fam Foto m
appareiller [apaʀeje] VI bateau ablegen, in See stechen
apparemment [apaʀamɑ̃] ADV anscheinend
apparence [apaʀɑ̃s] F 1 (≈ aspect) Aussehen n 2 (≈ façade) Anschein m; (äußerer) Schein; **en ~** scheinbar; **selon toute ~** allem Anschein nach; **sauver les ~s** den Schein wahren
apparent [apaʀɑ̃] ADJ ⟨-ente [-ɑ̃t]⟩ 1 (≈ visible) sichtbar; **sans raison ~ente** ohne erkennbaren Grund 2 (≈ en apparence seulement) scheinbar
apparenté [apaʀɑ̃te] ADJ ⟨~e⟩ ~ **à** a. fig verwandt mit
appariteur [apaʀitœʀ] M UNIVERSITÉ Hausmeister m
apparition [apaʀisjɔ̃] F Erscheinen n; Auftauchen n; de problèmes Auftreten n; **faire son ~** erscheinen; auftauchen
★ **appartement** [apaʀtəmɑ̃] M Wohnung f
appartenance [apaʀtənɑ̃s] F Zugehörigkeit f (**à** zu)
★ **appartenir** [apaʀtəniʀ] VT INDIR ⟨→ venir⟩ 1 ~ **à qn** j-m gehören 2 à un milieu, etc **à** angehören (+ dat)
apparu [apaʀy] → apparaître
appât [apɑ] M Köder m **appâter** [apɑte] VT a. fig ködern
appauvrir [apovʀiʀ] A VT arm machen B VPR **s'~** verarmen; sol unfruchtbar werden
★ **appel** [apɛl] M 1 (≈ cri) Ruf(en) m(n); Zuruf m; ~ **au secours** Hilferuf m; **faire ~ à qn, qc** an j-n, etw appellieren 2 (≈ signe) ~ **de phares** Zeichen n mit der Lichthupe 3 ~ **(téléphonique)** (Telefon)Anruf m 4 nominal (namentlicher) Aufruf; Namensaufruf m 5 au public Aufruf m; Appell m; Aufforderung f 6 MIL Einberufung f 7 JUR Berufung f
★ **appeler** [aple] ⟨-ll-⟩ A VT 1 (≈ faire venir) (herbei)rufen; ascenseur holen; ~ **qn** a. nach j-m rufen 2 TÉL ~ **qn** j-n anrufen 3 INFORM aufrufen 4 (≈ désigner) berufen 5 (≈ nommer) nennen 6 ~ **(sous les drapeaux)** einberufen B VT INDIR **en ~ à**

qc an etw (acc) appellieren C VPR ★ **s'~** heißen
appellation [apɛ(l)lɑsjɔ̃] F Bezeichnung f
appendice [apɛ̃dis] M 1 ANAT Wurmfortsatz m (des Blinddarms); fam Blinddarm m 2 dans un livre Anhang m **appendicite** [apɛ̃disit] F Blinddarmentzündung f
appétissant [apetisɑ̃] ADJ ⟨-ante [-ɑ̃t]⟩ a. fig appetitlich ★ **appétit** [apeti] M Appetit m; **bon ~!** guten Appetit!
★ **applaudir** [aplodiʀ] A VT & VI ~ **(qn, qc)** (j-m, e-r Sache) Beifall klatschen, spenden; (j-m, e-r Sache) applaudieren; klatschen B VT INDIR st/s ~ **à qc** etw begrüßen **applaudissements** [aplodismɑ̃] MPL Beifall(klatschen) m(n)
appli [apli] F ABR (= application) IT App [ɛp] f, Applikation f, Anwendung f
application [aplikɑsjɔ̃] F 1 d'un produit, etc Auftragen n; Aufbringen n; d'une compresse Auflegen n 2 d'une loi, d'une méthode Anwendung f (**à** auf + acc); **les ~s** die Anwendungsmöglichkeiten fpl 3 (≈ zèle) Fleiß m
appliqué [aplike] ADJ ⟨~e⟩ 1 sciences angewandt 2 personne fleißig; écriture sorgfältig
appliquer [aplike] A VT 1 produit, peinture, etc auftragen, aufbringen; compresse auflegen (**sur** auf + acc); pansement anlegen 2 loi, méthode anwenden (**à** auf + acc) B VPR 1 personne **s'~** fleißig, eifrig sein 2 loi **s'~** Anwendung finden; gelten; remarque **s'~** zu gelten für; zutreffen auf (+ acc)
apport [apɔʀ] M 1 FIN Einlage f 2 fig (≈ contribution) Beitrag m
★ **apporter** [apɔʀte] VT objet (her)bringen; avec soi mitbringen; nouvelle (über)bringen; capitaux einbringen (**dans** in + acc); preuve (er)bringen
apposition [apozisjɔ̃] F GRAM Apposition f
appréciation [apʀesjɑsjɔ̃] F 1 (≈ évaluation) (Ab)Schätzung f 2 (≈ jugement) Einschätzung f; Beurteilung f
apprécier [apʀesje] VT 1 (≈ évaluer) schätzen; distance, vitesse a. abschätzen 2 (≈ juger) einschätzen; beurteilen
appréhender [apʀeɑ̃de] VT (≈ arrêter) festnehmen; dingfest machen **appré-**

hension [apʁeɑ̃sjɔ̃] F Befürchtung f
★**apprendre** [apʁɑ̃dʁ] VT ⟨→ prendre⟩ ❶ lernen; *métier, langue* a. erlernen; ★ **~ à conduire, à lire** Autofahren, lesen lernen ❷ (= *enseigner*) **~ qc à qn** j-n etw lehren; j-m etw beibringen ❸ *nouvelle* erfahren, hören (**par qn** durch j-n, von j-m) ❹ (= *faire savoir*) **~ qc à qn** j-m etw mitteilen, melden

★**apprenti(e)** [apʁɑ̃ti] M(F) Lehrling *m*; Auszubildende(r) *m/f(m)*

apprentissage [apʁɑ̃tisaʒ] M ❶ Lehre *f* ❷ *d'une langue* Erlernung *f*

apprêter [apʁete] A VT TECH appretieren; zurichten B VPR **s'~ à faire qc** sich anschicken *ou* Anstalten machen, etw zu tun

appris [apʁi] → apprendre

apprivoiser [apʁivwaze] A VT zähmen B VPR **s'~** *animal* zahm werden

approbation [apʁɔbasjɔ̃] F (≈ *accord*) Billigung *f*; Zustimmung *f*

★**approche** [apʁɔʃ] F (≈ *action d'approcher*) (Heran)Nahen *n*; Näherkommen *n*

approcher [apʁɔʃe] A VT ❶ *objet* näher rücken; heranrücken, -schieben, -ziehen (**de** an + *acc*) ❷ **~ qn** sich j-m nähern; an j-n herankommen; ça va sa vie m It Kontakt haben B VT INDIR **~ de qc** sich e-r Sache (*dat*) nähern; *fig* e-r Sache (*dat*) nahekommen, ähneln C VI (& VPR) (s')**approcher** nahen; sich nähern; *personne* a. näher kommen, treten; *date* a. näher rücken

approfondi [apʁɔfɔ̃di] ADJ ⟨~e⟩ gründlich; eingehend; *connaissances* a. profund; fundiert **approfondir** [apʁɔfɔ̃diʁ] VT vertiefen

approprié [apʁɔpʁije] ADJ ⟨~e⟩ angemessen; passend, geeignet

approprier [apʁɔpʁije] VPR **s'~ qc** sich (*dat*) etw (unrechtmäßig) aneignen

★**approuver** [apʁuve] VT billigen; **~ qn** j-s Verhalten billigen; **~ se déclarer de son opinion** j-m beipflichten, zustimmen

approvisionnement [apʁɔvizjɔnmɑ̃] M ❶ Versorgung *f* (**en** mit); Belieferung *f* (mit) ❷ (≈ *provisions*) Vorrat *m*; Bestand *m*

approvisionner [apʁɔvizjɔne] A VT ❶ versorgen, eindecken; *marché* a. beliefern, beschicken (**en, de** mit) ❷ *compte en banque* auffüllen B VPR **s'~ en qc** sich mit etw versorgen, eindecken

approximatif [apʁɔksimatif] ADJ ⟨-ive [-iv]⟩ ungefähr; annähernd; approximativ **approximativement** [apʁɔksimativmɑ̃] ADV schätzungsweise

appui [apɥi] M ❶ Stütze *f*; Halt *m* ❷ *d'un balcon* Brüstung *f*

appui-tête [apɥitɛt] M ⟨appuis-tête⟩, **appuie-tête** M ⟨inv⟩ Kopfstütze *f*

★**appuyer** [apɥije] ⟨-ui-⟩ A VT ❶ (ab)stützen; **~ qc contre** etw lehnen gegen; *etw* (an)lehnen an (+ *acc*); **~ qc sur** etw (auf)stützen, drücken auf (+ *acc*); *fig affirmation* stützen auf (+ *acc*) ❷ *qc a.* befürworten B VI **~ sur** drücken auf (+ *acc*) C VPR ❶ **s'~ contre** sich anlehnen an (+ *acc*); *a. fig* **s'~ sur** sich stützen auf + *acc* ❷ *fig* **s'~ sur qn** sich auf j-n verlassen

âpre [ɑpʁ] ADJ ❶ *goût, fruit, vin* (unangenehm) herb; *goût* a. scharf; *froid* beißend ❷ *lutte* heftig

★**après** [apʁɛ] A PRÉP ❶ *dans le temps, dans l'ordre* nach (+ *dat*); **~ avoir lu le journal, il ...** nachdem er die Zeitung gelesen hatte, ...; **~ cela** danach; dann; **~ quoi** wonach; worauf ❷ *dans l'espace* (≈ *derrière*) nach (+ *dat*); hinter (+ *dat ou acc*) ❸ ★ **d'~** nach (+ *dat*); gemäß (+ *dat*) B ADV *temporel* danach; darauf; später; nachher C CONJ **~ que** + *ind abus + subj* nachdem

★**après-demain** ADV übermorgen
★**après-midi** M *ou* F ⟨inv⟩ Nachmittag *m*

après-rasage ADJ ⟨inv⟩ **(lotion** *f*⟩ **~** *m* Rasierwasser *n*

après-ski M ⟨~(s)⟩ Schneestiefel *m*

après-soleil A M After-Sun-Produkt *n* B ADJ After-Sun-...; **lait** *m* **~** After-Sun--Milch *f*

après-vente ADJ ⟨inv⟩ ★ **service** *m* **~** Kundendienst *m*

a priori [apʁijɔʁi] ADV von vornherein; auf den ersten Blick; a priori

apte [apt] ADJ **~ à** geeignet für; *a*. JUR fähig zu; tauglich zu **aptitude** [aptityd] F Eignung *f* (**à, pour** für)

aquaplanage [akwaplanaʒ] M, **aquaplaning** [akwaplaniŋ] M AUTO Aquaplaning *n*

aquarelle [akwaʁɛl] F *tableau* Aquarell *n*

aquarium [akwaʀjɔm] M Aquarium n
arabe [aʀab] A ADJ arabisch B M/F Araber(in) m(f)
Arabie [aʀabi] F l'~ Arabien n; l'~ Saoudite Saudiarabien n
arachide [aʀaʃid] F Erdnuss f
★**araignée** [aʀɛɲe] F Spinne f
arbitraire [aʀbitʀɛʀ] ADJ willkürlich
★**arbitre** [aʀbitʀ] M a. SPORTS Schiedsrichter m; dans un conflit tarifaire Schlichter m **arbitrer** [aʀbitʀe] VT 1 litige durch Schiedsspruch beilegen 2 SPORTS Schiedsrichter sein
★**arbre** [aʀbʀ] M Baum m
arbuste [aʀbyst] M Strauch m
arc [aʀk] M Bogen m
arc-en-ciel [aʀkɑ̃sjɛl] M ‹arcs-en-ciel [aʀkɑ̃sjɛl]› Regenbogen m
archaïque [aʀkaik] ADJ archaisch; altertümlich
archéologie [aʀkeɔlɔʒi] F Archäologie f **archéologue** [aʀkeɔlɔg] M/F Archäologe, -login m,f
archevêque [aʀʃəvɛk] M Erzbischof m
archiconnu [aʀʃikɔny] fam ADJ ‹~e› längst bekannt
archiplein [aʀʃiplɛ̃] fam ADJ ‹-pleine [-plɛn]› fam gerammelt voll
architecte [aʀʃitɛkt] M/F Architekt(in) m(f) **architecture** [aʀʃitɛktyʀ] F Architektur f
archiver [aʀʃive] VT archivieren **archives** [aʀʃiv] FPL Archiv n
arctique [aʀktik] A ADJ arktisch B M l'Arctique die Arktis
ardent [aʀdɑ̃] ADJ ‹-ente [-ɑ̃t]› litt (≈ qui brûle) brennend; soleil glühend (heiß)
ardeur [aʀdœʀ] F d'une passion Glut f; d'une prière Inbrunst f
ardoise [aʀdwaz] F MINÉR Schiefer m
ardu [aʀdy] ADJ ‹~e› schwierig
are [aʀ] M Ar n ou m
arène [aʀɛn] F 1 a. fig Arena f 2 ~s pl Stierkampfarena f
arête [aʀɛt] F 1 de poisson Gräte f 2 (≈ angle) Kante f 3 en montagne Grat m
★**argent** [aʀʒɑ̃] M 1 Silber n; d'~, en ~ silbern, Silber... 2 Geld n
argenté [aʀʒɑ̃te] ADJ ‹~e› 1 métal versilbert 2 couleur silbern
argentin [aʀʒɑ̃tɛ̃] ADJ ‹-ine [-in]› A ADJ argentinisch B M/F Argentin(e) Argentinier(in) m(f)

Argentine [aʀʒɑ̃tin] F l'~ Argentinien n
argile [aʀʒil] F Ton m
argot [aʀgo] M du milieu Argot n ou m; Gaunersprache f
Argovie [aʀgɔvi] F SANS ART le canton d'~ der (Kanton) Aargau
★**argument** [aʀgymɑ̃] M Argument n **argumentation** [aʀgymɑ̃tasjɔ̃] F Argumentation f **argumenter** [aʀgymɑ̃te] VI argumentieren
aride [aʀid] ADJ sol, a. climat trocken **aridité** [aʀidite] F Trockenheit f, Dürre f
aristocrate [aʀistɔkʀat] M/F Aristokrat(in) m(f) **aristocratie** [aʀistɔkʀasi] F a. par ext Aristokratie f **aristocratique** [aʀistɔkʀatik] ADJ aristokratisch
armateur [aʀmatœʀ] M Reeder m
armature [aʀmatyʀ] F TECH Gerüst n; Stütz-, Tragwerk n; de soutien-gorge Rundbügel m
★**arme** [aʀm] F a. fig Waffe f; MIL ‹≈ a. fusil› Gewehr n; ★ ~ à feu Feuer-, Schusswaffe f **armé** [aʀme] ADJ ‹~e› 1 bewaffnet (de mit) 2 fig personne gewappnet (contre gegen); ~ de ausgerüstet mit; personne a. gewappnet mit
★**armée** [aʀme] F Armee f, Heer n; ~ de l'air Luftwaffe f; ~ de terre Landstreitkräfte fpl; Heer n
armement [aʀməmɑ̃] M 1 d'un pays ~s pl (Auf)Rüstung f 2 des troupes Bewaffnung f 3 d'une arme à feu Durchladen n; a. PHOT Spannen n **armer** [aʀme] A VT 1 bewaffnen; pays aufrüsten 2 arme à feu durchladen; a. appareil photo spannen 3 bateau ausrüsten B VPR 1 s'~ sich bewaffnen (de mit) 2 s'~ fig sich wappnen (contre gegen), (de mit); iron sich bewaffnen (de mit)
armistice [aʀmistis] M Waffenstillstand m
★**armoire** [aʀmwaʀ] F Schrank m; surtout Kleiderschrank m
arnaque [aʀnak] fam F Betrug m
arobase [aʀɔbaz] F, **arobas** [aʀɔba] M INFORM @ n; Klammeraffe m
aromate [aʀɔmat] M Gewürz n **aromatique** [aʀɔmatik] ADJ aromatisch
aromatisé(e) [aʀɔmatize] ADJ ~ au chocolat, à la vanille mit Schoko-, Vanillegeschmack
arôme, arome [aʀom] M a. CHIM Aroma n

arqué [aʀke] ADJ ⟨~e⟩ gebogen; **jambes ~es** O-Beine npl

★**arracher** [aʀaʃe] A VT 1 (her)ausreißen; fam rausreißen; clou herausziehen; dent ziehen 2 fig **~ à qn** sourire, secret j-m entlocken; promesse j-m abringen; aveu, secret a. j-m entreißen; augmentation de salaire von j-m erzwingen B VI/PR **s'~ à** ou **de qc** sich von etw losreißen; sich e-r Sache (dat) entziehen

arrangeant [aʀɑ̃ʒɑ̃] ADJ ⟨-ante [-ɑ̃t]⟩ entgegenkommend

arrangement [aʀɑ̃ʒmɑ̃] M 1 (= disposition) Anordnung f; Einrichtung f 2 (= accord) Vereinbarung f 3 MUS Arrangement n

★**arranger** [aʀɑ̃ʒe] ⟨-ge-⟩ A VT 1 (= disposer) (hübsch, geschmackvoll) anordnen, arrangieren, zusammenstellen; coiffure, vêtements ordnen; in Ordnung bringen; richten; appartement einrichten 2 (= organiser) arrangieren; organisieren 3 conflit beilegen; affaire regeln 4 (= convenir) **cela m'arrange** das passt mir gut 5 fam (= malmener) **~ qn** j-n übel zurichten; iron **~ qn** so richten B VI/PR 1 **s'~** affaire sich regeln; wieder in Ordnung kommen; sich arrangieren 2 (= se mettre d'accord) **s'~ (avec qn)** sich (mit j-m) arrangieren, einigen

★**arrestation** [aʀɛstasjɔ̃] F Verhaftung f

★**arrêt** [aʀɛ] M 1 (An)Halten n; Stoppen n; Halt m; CH DE FER Aufenthalt m; TECH (= action d'arrêter) Abstellen n; Ausschalten n; de la respiration, du cœur Aussetzen n; Stocken n; Stillstand m; **~ de travail** Arbeitsunterbrechung f, Arbeitseinstellung f; MÉD Krankschreibung f; FILM **~ sur image** Standbild n; **★ sans ~** pausenlos; ununterbrochen; ständig; in einem fort 2 **~ de bus** Haltestelle f 3 JUR Urteil(sspruch) n(m)

arrêté[1] [aʀete] M ADMIN Erlass m

arrêté[2] [aʀete] ADJ ⟨~e⟩ 1 haltend, stehend; **être ~** véhicule halten; a. montre stehen; production, travail ruhen; stillstehen 2 idée, intention bien ~ fest

★**arrêter** [aʀete] A VT 1 anhalten, stoppen; zum Stehen bringen; appareil abstellen, ausschalten; hémorragie zum Stillstand bringen; production, importation stoppen, einstellen; hostilités einstellen; négociations, jeu ab-, unterbrechen 2 difficulté **~ qn** j-n auf-, ab-, zurückhalten 3 (= appréhender) **~ qn** j-n verhaften, festnehmen 4 fam médecin **~ qn** j-n krankschreiben B VI (= ne plus avancer) (an)halten; stehen bleiben 2 (= cesser) aufhören (**de** + inf zu + inf) C VI/PR 1 ★**s'~** piéton, voiture (an)halten; stoppen; a. moteur, montre stehen bleiben; hémorragie zum Stillstand kommen; bruit aufhören; verstummen; cœur, respiration aussetzen; stocken; stillstehen; personne dans son activité innehalten 2 ★**s'~** en chemin haltmachen; Rast machen; train halten (**à** in) 3 **s'~** (= cesser) aufhören (**de** + inf ou + inf)

arrhes [aʀ] FPL Anzahlung f

★**arrière** [aʀjɛʀ] A ADV **en ~** rückwärts; zurück; nach hinten; **rester en ~** zurückbleiben B PRÉP **en ~ de** hinter (+ dat ou + acc) C ADJ ⟨inv⟩ Rück...; Hinter... D M 1 d'un véhicule Heck n; **à l'~** hinten 2 SPORTS Abwehrspieler m; Verteidiger m

arriéré [aʀjeʀe] A ADJ ⟨~e⟩ 1 pays, idées rückständig 2 personne (geistig) zurückgeblieben B M Rückstand m

arrière-cour F ⟨~s⟩ Hinterhof m

arrière-goût M ⟨~s⟩ a. fig Nachgeschmack m

arrière-grand-mère F ⟨arrière-grands-mères⟩ Urgroßmutter f **arrière-grand-père** M ⟨arrière-grands-pères⟩ Urgroßvater m **arrière-grands-parents** MPL Urgroßeltern pl

arrière-pays M ⟨inv⟩ Hinterland n

arrière-pensée F ⟨~s⟩ Hintergedanke m

arrière-petite-fille F ⟨arrière-petites-filles⟩ Urenkelin f **arrière-petit-fils** M ⟨arrière-petits-fils⟩ Urenkel m **arrière-petits-enfants** MPL Urenkel mpl

arrière-plan M ⟨~s⟩ a. fig Hintergrund m

arrière-saison F ⟨~s⟩ Spätherbst m

arrière-salle F ⟨~s⟩ d'un restaurant Neben-, Hinterraum m

arrivage [aʀivaʒ] M de marchandises Anlieferung f

★**arrivée** [aʀive] F Ankunft f; Eintreffen n; d'une personne a. Kommen n

★**arriver** [aʀive] VI ⟨être⟩ 1 ankommen, kommen; **~ en courant** angelaufen

arrobas [aʀɔbas] M, **arrobase** [aʀɔbaz] F INFORM @ n; Klammeraffe m
arrogance [aʀɔgɑ̃s] F Arroganz f **arrogant** [aʀɔgɑ̃] ADJ ⟨-ante [-ɑ̃t]⟩ arrogant, hochnäsig; überheblich
arrondi [aʀɔ̃di] ADJ ⟨-e⟩ a. visage rundlich; (ab)gerundet **arrondir** [aʀɔ̃diʀ] A VT 1 abrunden; arrondieren 2 somme ab- ou aufrunden; fig ~ ses fins de mois etwas dazuverdienen B VPR s'~ rund werden; sich runden
arrondissement [aʀɔ̃dismɑ̃] M Unterbezirk m e-s Departements
arrosage [aʀozaʒ] M (Be)Gießen n; (Be)Sprengen n ★ **arroser** [aʀoze] VT 1 à l'arrosoir (be)gießen; gazon sprengen; personne nass spritzen; rôti begießen 2 fam fig événement begießen; **ça s'arrose!, il faut ~ ça!** fam das muss begossen werden! **arrosoir** [aʀozwaʀ] M Gießkanne f
arsenal [aʀsənal] M ⟨-aux [-o]⟩ 1 (Marine)Werft f 2 d'armes Waffenarsenal n, Waffenlager n 3 fig Arsenal n; Sammlung f; Ausrüstung f
★ **art** [aʀ] M Kunst f
artère [aʀtɛʀ] F ANAT Arterie f; Schlagader f
artériel [aʀteʀjɛl] ADJ ⟨-le⟩ arteriell; **tension ~le** Blutdruck m
artichaut [aʀtiʃo] M Artischocke f
★ **article** [aʀtikl] M 1 de presse Artikel m 2 Stichwort n 3 JUR Paragraf m
articulation [aʀtikylasjɔ̃] F 1 ANAT, TECH Gelenk n 2 PHON Artikulation f **articulé** [aʀtikyle] ADJ ⟨-e⟩ beweglich (verbunden); Gelenk… **articuler** [aʀtikyle] A VT PHON artikulieren; (deutlich) sprechen B VPR s'~ ANAT durch Gelenk(e); TECH beweglich verbunden sein (**avec, sur** mit)
artifice [aʀtifis] M 1 Kunstgriff m 2 **feu m d'~** a. fig Feuerwerk n ★ **artificiel** [aʀtifisjɛl] ADJ ⟨-le⟩ künstlich
★ **artisan** [aʀtizɑ̃] M 1 Handwerker m 2 fig Urheber(in) m(f) **artisanal** [aʀtizanal] ADJ ⟨-e; -aux [-o]⟩ handwerklich; production (Kunst)Handwerks…; produit handgearbeitet **artisanat** [aʀtizana] M Handwerk n
★ **artiste** [aʀtist] M/F Künstler(in) m(f) **artistique** [aʀtistik] ADJ künstlerisch
as¹ [as, ɑs] M 1 carte à jouer Ass n 2 fam fig (≈ champion) Ass n
as² [a] → **avoir¹**
ascendance [asɑ̃dɑ̃s] F aufsteigende Linie **ascendant** [asɑ̃dɑ̃] A ADJ ⟨-ante [-ɑ̃t]⟩ an-, aufsteigend B M 1 (≈ influence) (starker) Einfluss (**sur qn** auf j-n) 2 ASTROL Aszendent m 3 ~**s** pl Vorfahren mpl
ascenseur [asɑ̃sœʀ] M Aufzug m; Fahrstuhl m
ascension [asɑ̃sjɔ̃] F 1 Besteigung f 2 d'une fusée Aufsteigen n
ASCII [aski] M ABR (≈ American Standard Code for Information Interchange) INFORM **code** m ~ ASCII-Code m
aseptisé [aseptize] ADJ ⟨-e⟩ a. fig steril
asiatique [azjatik] A ADJ asiatisch B M/F Asiatique Asiat(in) m(f)
★ **Asie** [azi] F l'~ Asien n
asile [azil] M 1 Asyl n; par ext Zuflucht (-sort) f(m) 2 ~ (**d'aliénés**) Irrenanstalt f
aspect [aspɛ] M 1 (≈ apparence) Aussehen n; Anblick m 2 (≈ point de vue) Aspekt m
asperge [aspɛʀʒ] F BOT, CUIS Spargel m
asperger [aspɛʀʒe] VT (ʀ VPR) ⟨-ge-⟩ (**s'**)**asperger** (sich) besprengen, besprühen, bespritzen (**de** mit)
asphalte [asfalt] M Asphalt m
asphyxie [asfiksi] F MÉD Ersticken n **asphyxier** [asfiksje] A VT zum Erstickungstod führen (**qn** bei j-m) B VPR s'~ ersticken; **s'~ au gaz** sich (dat) mit Gas das Leben nehmen
★ **aspirateur** [aspiʀatœʀ] M Staubsauger m; **passer l'~** staubsaugen ou Staub saugen
aspiration [aspiʀasjɔ̃] F 1 d'air Einatmen n 2 TECH An-, Absaugen n 3 (≈ désir) souvent pl ~**s** Streben n, Trachten n, Verlangen n, Sehnen n (**à** nach); Bestrebung f

aspiré [aspiʀe] ADJ ⟨~e⟩ PHON behaucht, aspiriert

aspirer [aspiʀe] A VT **1** air einatmen **2** TECH an-, absaugen B VT INDIR ~ **à** streben, verlangen, sich sehnen nach

aspirine® [aspiʀin] F Aspirin® n

assagir [asaʒiʀ] VPR **s'~** ruhiger, gesetzter, ausgeglichener werden; enfant vernünftiger werden

assaillir [asajiʀ] VT ⟨j'assaille; nous assaillons; j'assaillais; j'assaillis; j'assaillirai; a. j'assaillerai; que j'assaille; assaillant; assailli⟩ **1** MIL angreifen, anstürmen (**qc** gegen etw) **2** fig ~ **qn de questions** j-n mit Fragen bestürmen

assainir [asenir] VT quartier sanieren; air reinigen **assainissement** [asenismɑ̃] M Sanierung f

assaisonnement [asɛzɔnmɑ̃] M Würze f; Dressing n **assaisonner** [asɛzɔne] VT würzen

assassin [asasɛ̃] M Mörder(in) m(f) **assassinat** [asasina] M Mord m (**de qn** an j-m) ★ **assassiner** [asasine] VT ermorden

assaut [aso] M Sturm(angriff) m

assemblage [asɑ̃blaʒ] M **1** Zusammenfügen, Zusammenbau m; TECH Verbindung f **2** fig Gemisch n

assemblée [asɑ̃ble] F Versammlung f; Gremium n; ★ **l'Assemblée nationale** die (französische) Nationalversammlung

assembler [asɑ̃ble] A VT zusammenfügen, -bauen; fig idées verknüpfen; verbinden B VPR **s'~** sich versammeln; zusammenkommen

assentiment [asɑ̃timɑ̃] M Zustimmung f; Einwilligung f

asseoir [aswaʀ] ⟨j'assieds ou j'assois; a. j'assois; il assied ou assoit; nous asseyons ou assoyons; ils asseyent ou assoient; a. asseoient; j'asseyais ou j'assoyais; j'assis; j'assiérai ou j'assoirai; a. j'asseoirai; que j'asseye ou que j'assoie; asseyant ou assoyant; assis⟩ A VT **1** enfant, malade setzen (**sur** auf + acc) **2** fig théorie ~ **sur** auf etw (acc) gründen, stützen B VPR ★ **s'~** sich setzen (**sur une chaise** auf e-n Stuhl); sich hinsetzen

assermenté [asɛʀmɑ̃te] ADJ ⟨~e⟩ vereidigt

assertion [asɛʀsjɔ̃] F Behauptung f

asservir [asɛʀviʀ] VT ⟨→ servir⟩ unterwerfen

asseyons [asejɔ̃], **asseyez** [aseje] → asseoir

★**assez** [ase] ADV (≈ suffisamment) genug; genügend; zur Genüge; fam ★ **en avoir ~ de qn, qc** j-n, etw satthaben; genug von j-m, etw haben

assidu [asidy] ADJ ⟨~e⟩ gewissenhaft; (≈ appliqué) fleißig **assiduité** [asiduite] F (≈ ponctualité) Pünktlichkeit f; Gewissenhaftigkeit f **assidûment** [asidymɑ̃] ADV → assidu

assied(s) [asje] → asseoir

assiéger [asjeʒe] VT ⟨-è-; -ge-⟩ ville belagern

★**assiette** [asjɛt] F **1** Teller m **2** de l'impôt, etc Bemessungsgrundlage f

assigner [asiɲe] VT **1** ~ **qc à qn** j-m etw zuweisen **2** (≈ fixer) (fest)setzen

assimilation [asimilasjɔ̃] F **1** (≈ rapprochement) Gleichsetzung f, Gleichstellung f (**à** mit) **2** SOCIOLOGIE, BIOL Assimilation f **3** fig de connaissances Aufnahme f

assimilé [asimile] ADJ ⟨~e⟩ **1** (≈ catégorie de) personnes assimiliert; angepasst **2** ADMIN gleichgestellt

assimiler [asimile] A VT **1** (≈ considérer comme semblable) gleichsetzen, -stellen (**à** dat) **2** étrangers assimilieren **3** fig connaissances aufnehmen B VPR **s'~ personnes** sich anpassen, sich angleichen (**à** an + acc)

assis [asi] A PP sitzend; ★ **être ~** sitzen; **rester ~** sitzen bleiben B ADJ ⟨-ise [-iz]⟩ **place ~e** Sitzplatz m

assistance [asistɑ̃s] F **1** (≈ public) Anwesende(n) mpl; Publikum n **2** (≈ secours) Beistand m; Hilfe(leistung) f; Unterstützung f; de l'État Fürsorge f **3** ASSURANCES Versicherungsschutz m

assistant [asistɑ̃] M, **assistante** [-ɑ̃t] F Assistent(in) m(f); **~e médicale** Arzthelferin f; **~e sociale** Sozialarbeiterin f

assisté [asiste] A ADJ ⟨~e⟩ TECH **direction ~e** Lenkhilfe f; Servolenkung f; **~ par ordinateur** computergestützt, -unterstützt B SUBST ⟨~(e)⟩ m(f) Sozialhilfeempfänger(in) m(f); **mentalité f d'~** Versorgungsdenken n

assister [asiste] A VT ~ **qn** j-m beistehen, helfen B VT INDIR ★ ~ **à qc** bei etw zugegen sein, anwesend sein, dabei sein; etw miterleben

★**association** [asɔsjasjõ] F 1 (≈ groupement) Verein(igung) m(f); Verband m; ~ **sportive** Sportverein m 2 **action** Verbindung f; Verknüpfung f

associé(e) [asɔsje] M/F Teilhaber(in) m(f); Geschäftspartner(in) m(f)

associer [asɔsje] A VT 1 ~ **qn à** j-n beteiligen an (+ dat), j-n teilhaben lassen an (+ dat) 2 **personnes, qualités** verein(ig)en, verbinden; **idées** a. verknüpfen (à mit) B VPR 1 **personne(s)** s'~ sich zusammentun, -schließen (à ou **avec** mit) 2 s'~ à **la joie de qn** teilen (+ acc), Anteil nehmen an (+ dat); **au point de vue de qn** a. sich anschließen (+ dat) 3 **chose(s)** s'~ à gepaart, vereint sein mit

assoiffé [aswafe] ADJ ⟨~e⟩ (sehr) durstig

assombrir [asõbʀiʀ] VT (G VPR) **s')assombrir** a. fig **visage** (sich) verdunkeln, verfinstern, verdüstern

assommant [asɔmɑ̃] ADJ ⟨-ante [-ɑ̃t]⟩ (tod)langweilig **assommer** [asɔme] VT **animal** erschlagen; totschlagen; **personne** niederschlagen

assorti [asɔʀti] ADJ ⟨~e⟩ 1 passend (à zu) 2 **magasin bien** ~ gut sortiert 3 ~ **de** (versehen) mit **assortiment** [asɔʀtimɑ̃] M 1 ~ **de couleurs** Farbzusammenstellung f, Farbkombination f 2 **d'objets**, a. COMM Sortiment n **assortir** [asɔʀtiʀ] A VT abstimmen (à auf + acc); **plusieurs objets, couleurs** aufeinander abstimmen; (passend) zusammenstellen B VPR s'~ à passen zu

assoupir [asupiʀ] VPR s'~ eindösen, einnicken

assouplir [asupliʀ] A VT 1 geschmeidig machen; **corps** a. gelenkig machen; lockern 2 **règlement** lockern B VPR 1 s'~ geschmeidig werden 2 fig **caractère** nachgiebig(er), gefügig(er) werden **assouplissant** [asuplisɑ̃] M Weichspüler m **assouplissement** [asuplismɑ̃] M a. fig Lockerung f

assourdir [asuʀdiʀ] VT **personne** ganz benommen machen; betäuben **assourdissant** [asuʀdisɑ̃] ADJ ⟨-ante [-ɑ̃t]⟩ (ohren)betäubend

assouvir [asuviʀ] VT **faim**, a. fig stillen; fig a. befriedigen

assujetti [asyʒeti] ADJ ⟨~e⟩ **être ~ à qc** e-r Sache (dat) unterworfen sein, unterliegen; ~ **à l'impôt** steuerpflichtig **assujettir** [asyʒetiʀ] A VT 1 ~ **qn, qc à qc** j-n, etw e-r Sache (dat) unterwerfen 2 (≈ fixer) festmachen; befestigen B VPR s'~ **à qc** sich e-r Sache (dat) unterwerfen, fügen, beugen

assumer [asyme] A VT übernehmen; **responsabilité** a. auf sich (acc) nehmen; **frais** a. tragen B VPR s'~ sich (so wie man ist) akzeptieren, annehmen

★**assurance** [asyʀɑ̃s] F 1 (≈ confiance en soi) (Selbst)Sicherheit f 2 (≈ garantie) Versicherung f, Zusicherung f 3 **contrat** Versicherung f; ~**s** pl Versicherung(-sgesellschaft) f; ~ **auto(mobile)** Kraftfahrzeugversicherung f; ~ **maladie** Krankenversicherung f; ~ **vie** Lebensversicherung f

assuré [asyʀe] A ADJ ⟨~e⟩ 1 sicher; **retraite** gesichert; **voix** fest 2 (**être**) ~ versichert (sein) (**contre** gegen) B M/F ~(e) Versicherte(r) m/f(m); Versicherungsnehmer m

assurément [asyʀemɑ̃] ADV sicher(lich), gewiss

assurer [asyʀe] A VT 1 ~ **(à qn) que** ... (j-m) versichern, dass ... 2 ~ **qn de qc** (≈ de son amitié, etc) st/s j-n e-r Sache (gén) versichern 3 (≈ garantir) sichern; garantieren, gewährleisten B VPR 1 (≈ vérifier) s'~ sich vergewissern (**de qc** e-r Sache gén); s'~ sich vergewissern, sich davon überzeugen (**que** dass), (**si** ob) 2 s'~ **contre qc** sich gegen etw versichern

assureur [asyʀœʀ] M Versicherer m

astérisque [asteʀisk] M TYPO Sternchen n

asthmatique [asmatik] A ADJ asthmatisch B M/F Asthmatiker(in) m(f) **asthme** [asm] M Asthma n

astiquer [astike] VT blank reiben

astre [astʀ] M Gestirn n

astreindre [astʀɛ̃dʀ] VT (G VPR) ⟨→ peindre⟩ **(s')astreindre** (sich) zwingen (**à qc, à faire qc** zu etw, etw tun)

astrologie [astʀɔlɔʒi] F Astrologie f **astrologique** [astʀɔlɔʒik] ADJ astrologisch **astrologue** [astʀɔlɔg] M/F Astrologe, -login m,f

★**astronaute** [astʀɔnot] M/F Astronaut(in) m(f) **astronautique** [astʀɔnotik] F Raumfahrt f

astronomie [astrɔnɔmi] F Astronomie f
astronomique [astrɔnɔmik] ADJ a. fig prix, chiffres astronomisch
astuce [astys] F **1** qualité Schlauheit f **2** d'un métier Trick m **astucieux** [astysjø] ADJ ⟨-euse [-øz]⟩ raffiniert; pfiffig
asymétrie [asimetri] F Asymmetrie f; Ungleichmäßigkeit f **asymétrique** [asimetrik] ADJ asymmetrisch
atchoum [atʃum] INT hatschi!
★ **atelier** [atəlje] M **1** TECH Werkstatt f **2** d'artiste Atelier n
athée [ate] A ADJ atheistisch B M/F Atheist(in) m(f)
Athènes [atɛn] Athen n
★ **athlète** [atlɛt] **1** ⟨m/f⟩ SPORTS Leichtathlet(in) m(f) **2** ⟨m⟩ fig Athlet m **athlétique** [atletik] ADJ athletisch ★ **athlétisme** [atletism] M Leichtathletik f
atlantique [atlɑ̃tik] ADJ atlantisch, Atlantik...; l'océan m ~, l'Atlantique m der Atlantische Ozean, der Atlantik
atlas [atlas] M Atlas m
atmosphère [atmɔsfɛr] F a. fig Atmosphäre f **atmosphérique** [atmɔsferik] ADJ atmosphärisch; Luft...; **conditions** fpl ~s Wetterlage f; **pression** f ~ Luftdruck m
atome [atom] M Atom n ★ **atomique** [atɔmik] ADJ atomar **atomiseur** [atɔmizœr] M Zerstäuber m
atout [atu] M Trumpf(farbe f, -karte f) m
atroce [atrɔs] ADJ entsetzlich **atrocité** [atrɔsite] F **1** caractère Abscheulichkeit f **2** acte ~s souvent pl Gräuel(taten) mpl (-fpl)
atrophier [atrɔfje] VPR atrophié verkümmert
attabler [atable] VPR s'~ sich an den Tisch setzen
attachant [ataʃɑ̃] ADJ ⟨-ante [-ɑ̃t]⟩ fesselnd; anziehend
attache [ataʃ] F **1** Befestigung f; Halter(-ung) f **2** **point m d'~** Standort m, Standquartier n **3** fig ~s pl affectives (innere) Bindung(en) f(pl); (= relations) Verbindungen fpl; Beziehungen fpl
attaché [ataʃe] ADJ ⟨-e⟩ **1** personne **être ~ à qn, qc** an j-m, etw hängen **2** INFORM **fichier ~** Attachment n
attaché-case [ataʃekɛz] M ⟨~s⟩ Akten-, Diplomatenkoffer m
attachement [ataʃmɑ̃] M Anhänglichkeit f (à, pour qn, qc an j-n, etw)
★ **attacher** [ataʃe] A VT fest- ou anbinden, festmachen, befestigen (à an + dat); binden (an + acc); plusieurs objets ensemble zusammenbinden; tablier, (lacets de) chaussures zubinden B VPR **1** en voiture, avion **s'~** sich an-, festschnallen **2** fig personne **s'~ à qn, à qc** j-n, etw lieb gewinnen; Zuneigung zu j-m fassen
attaquant [atakɑ̃] M, **attaquante** [-ɑ̃t] F **1** MIL Angreifer m **2** SPORTS Angriffsspieler(in) m(f)
★ **attaque** [atak] F **1** MIL, a. fig Angriff m (**contre** gegen, auf + acc); fig a. Attacke f **2** MÉD Anfall m
★ **attaquer** [atake] A VT **1** MIL, SPORTS, a. fig angreifen; qn dans la rue überfallen **2** rouille, acide ~ qc etw angreifen, anfressen **3** tâche in Angriff nehmen; anpacken; angehen B VPR **1** personne **s'~ à qn, à qc** j-n, etw angreifen, bekämpfen; gegen etw ankämpfen **2** **s'~ à** un problème anpacken, angehen (+ acc)
attardé [atarde] ADJ ⟨-e⟩ **1** (= en retard) verspätet **2** enfant zurückgeblieben **attarder** [atarde] VPR **s'~** sich verspäten; quelque part sich zu lange aufhalten; **s'~ à** ou **sur un sujet** sich bei ou mit e-m Thema aufhalten
★ **atteindre** [atɛ̃dr] VT ⟨→ peindre⟩ **1** lieu, but, niveau erreichen **2** avec un projectile treffen **3** fig critique **~ qn** j-n treffen, verletzen **atteinte** [atɛ̃t] F **1** °**hors d'~** außer Reichweite; unerreichbar **2** **porter ~ à qc** e-r Sache (dat) schaden, abträglich sein; etw beeinträchtigen, schädigen
attelle [atɛl] F MÉD Schiene f
attenant [at(ə)nɑ̃] ADJ ⟨-ante [-ɑ̃t]⟩ angrenzend, anstoßend (à an + acc)
attendant [atɑ̃dɑ̃] **en ~** unterdessen; inzwischen; einstweilen
★ **attendre** [atɑ̃dr] ⟨→ rendre⟩ A VT erwarten; warten auf (+ acc); occasion abwarten; **~ un enfant** ein Kind erwarten; **~ qc de qn** etw von j-m erwarten; **~ que ...** (+ subj) warten, bis ... B VR **se faire ~** auf sich (acc) warten lassen C VPR ★ **s'~ à qc** auf etw (acc) gefasst sein; mit etw rechnen; **s'~ à ce que ...** (+ subj) damit rechnen, darauf gefasst sein, dass ...
attendrir [atɑ̃drir] A VT **1** personne

rühren ② *viande* weich, mürbe klopfen ⓑ V/PR s'~ gerührt werden *ou* sein (**sur** von) **attendrissant** [atɑ̃drisɑ̃] ADJ ⟨-ante [-ɑ̃t]⟩ rührend **attendrissement** [atɑ̃drismɑ̃] M Rührung f

attendu [atɑ̃dy] ⓐ ADJ ⟨~e⟩ erwartet ⓑ PRÉP angesichts, in Anbetracht (+ *gén*); JUR ~ **que** in Anbetracht der Tatsache, dass

attentat [atɑ̃ta] M Attentat n, Anschlag m (**contre** auf, gegen)

attente [atɑ̃t] F ① Warten n (**de** qn, qc auf j-n, etw); *durée* Wartezeit f ② (≈ *prévision*) Erwartung f; **contre toute ~** wider Erwarten; entgegen allen Erwartungen

attenter [atɑ̃te] VT INDIR **~ à qc** etw zu beeinträchtigen, anzutasten versuchen; **~ à la vie de** qn j-m nach dem Leben trachten

attentif [atɑ̃tif] ADJ ⟨-ive [-iv]⟩ aufmerksam

★**attention** [atɑ̃sjɔ̃] F ① Aufmerksamkeit f; **~!** Achtung!; Vorsicht!; aufgepasst!; *lettre* **à l'~ de** zu Händen von; ★ **faire ~ à qc** auf etw (*acc*) achten, achtgeben, aufpassen; etw beachten ② *fig* **~s** *souv pl* Aufmerksamkeiten fpl

attentionné [atɑ̃sjɔne] ADJ ⟨~e⟩ (sehr) aufmerksam (**pour** qn gegenüber j-m)

atténuer [atenɥe] ⓐ VT *douleur* lindern; *punition* mildern; *lumière* dämpfen ⓑ V/PR s'~ *douleur* nachlassen

atterrer [atere] VT aufs Höchste bestürzen

★**atterrir** [aterir] VT AVIAT, *a. fam fig* landen **atterrissage** [aterisaʒ] M Landung f

attestation [atɛstasjɔ̃] F Bescheinigung f **attesté** [atɛste] ADJ ⟨~e⟩ *fait* bewiesen; bezeugt; LING belegt **attester** [atɛste] VT bezeugen; bestätigen

attirail [atiraj] M Ausrüstung f; *fam* Kram m

attirance [atirɑ̃s] F Anziehungskraft f **attirant** [atirɑ̃] ADJ ⟨-ante [-ɑ̃t]⟩ anziehend

★**attirer** [atire] VT *a.* PHYS anziehen; an-, herbeilocken

attiser [atize] VT *feu, a. fig* schüren

attitude [atityd] F ① (Körper)Haltung f ② (≈ *disposition*) Haltung f

attractif [atraktif] ADJ ⟨-ive [-iv]⟩ attraktiv; verlockend

attraction [atraksjɔ̃] F ① PHYS Anziehung(skraft) f ② *fig* Anziehungskraft f

attrait [atrɛ] M Reiz m

attrape [atrap] F *farces fpl* **et ~s** Scherzartikel mpl

★**attraper** [atrape] ⓐ VT ① fangen; *fam* erwischen; *balle a.* auffangen; *chien* **~ qc** etw schnappen ② *train, bus* erreichen; *fam* erwischen ③ *fam maladie* bekommen; **~ froid** sich erkälten ⓑ V/PR s'~ *fam maladie* ansteckend sein

attrayant [atrɛjɑ̃] ADJ ⟨-ante [-ɑ̃t]⟩ reizvoll

attribuer [atribɥe] ⓐ VT ① *dans une répartition* zuteilen; zuweisen; vergeben; *crédit* gewähren; *prix* zuerkennen; verleihen ② (≈ *imputer*) **~ qc à qn, à qc** j-m, e-r Sache etw zuschreiben; etw auf etw (*acc*) zurückführen; *qualités, défauts* j-m etw unterstellen ⓑ V/PR s'~ **qc** sich (*dat*) etw zuschreiben; etw für sich in Anspruch nehmen

attribut [atriby] M Attribut n

attribution [atribysjɔ̃] F Zuteilung f; Zuweisung f; Vergabe f

attrister [atriste] ⓐ VT traurig stimmen; betrüben ⓑ V/PR s'~ traurig werden

attrouper [atrupe] V/PR s'~ zusammenströmen; sich ansammeln

atypique [atipik] ADJ atypisch; untypisch

au [o] → à

aubaine [obɛn] F (**bonne**) **~** Glücksfall m; unverhofftes Glück

aube [ob] F Morgengrauen n, Morgendämmerung f

auberge [obɛrʒ] F ① (Land)Gasthof m ② ★ **~ de jeunesse** Jugendherberge f

aubergine [obɛrʒin] F Aubergine f

★**aucun** [okɛ̃, okœ̃] M, **aucune** [okyn] F ⓐ ADJ INDÉF ⟨*mit* ne *beim Verb*⟩ (gar, überhaupt) kein(e); keinerlei (*inv*); **en ~ cas** auf keinen Fall; keinesfalls; **sans ~ effort** ohne jede, jegliche Anstrengung ⓑ PRON INDÉF ⟨*mit* ne *beim Verb*⟩ keiner m, keine f, kein(e)s n

aucunement [okynmɑ̃] ADV ⟨*mit* ne *beim Verb*⟩ keineswegs

audace [odas] F Kühnheit f; Wagemut m **audacieux** [odasjø] ADJ ⟨-euse [-øz]⟩ kühn; *personne a.* wagemutig

au-dedans [od(ə)dɑ̃] ⓐ ADV (dr)innen;

a. fig im Inner(e)n **B** PRÉP **~ de** innerhalb, im Inner(e)n (+ gén)

au-dehors [odaɔʀ] **A** ADV (dr)außen **B** PRÉP **~ de** außerhalb (+ gén)

au-delà [od(ə)la] **A** ADV darüber hinaus **B** PRÉP **~ de** jenseits (+ gén); fig über (+ acc) hinaus **C** M REL Jenseits n

★**au-dessous** [od(ə)su] **A** ADV darunter; unterhalb **B** PRÉP **~ de** unterhalb (+ gén); unter (+ dat ou acc)

★**au-dessus** [od(ə)sy] **A** ADV darüber; oberhalb; weiter oben **B** PRÉP **~ de** oberhalb (+ gén); über (+ dat ou acc)

au-devant [od(ə)vã] PRÉP **aller ~ de qn** j-m entgegengehen

audible [odibl] ADJ hörbar

audience [odjɑ̃s] F **1** (≈ entrevue) Audienz f **2** JUR (Gerichts)Verhandlung f **3** (Rundfunk)Hörer mpl; (Fernseh)Zuschauer mpl; (≈ taux d'écoute) Einschaltquote f

audioconférence [odjokɔ̃feʀɑ̃s] F TÉL Telefonkonferenz f

audioguide [odjoɡid] M au musée, etc Audioguide m

audiovisuel [odjovizɥɛl] **A** ADJ ⟨~le⟩ audiovisuell **B** M **1** domaine audiovisueller Bereich **2** médias audiovisuelle Medien npl; Hörfunk m und Fernsehen n ÉCOLE audiovisuelle Arbeitsmittel npl

★**auditeur** [oditœʀ] M, **auditrice** [oditʀis] F Zuhörer(in) m(f); RADIO Hörer(in) m(f) **auditif** [oditif] ⟨-ive [-iv]⟩ Hör…; appareil **~** Hörgerät n **audition** [odisjɔ̃] F **1** (≈ ouïe) Hören n **2** de cassettes Ab-, Anhören n **3** (≈ essai) THÉ Vorsprechen n; MUS Vorsingen n **auditoire** [oditwaʀ] M Zuhörer mpl

★**augmentation** [ɔɡmɑ̃tasjɔ̃, oɡ-] F **1** Vermehrung f; Vergrößerung f; Steigerung f; Zunahme f; des prix Anstieg m; Erhöhung f **2** du salaire Lohn-, Gehaltserhöhung f

★**augmenter** [ɔɡmɑ̃te, oɡ-] **A** VT vermehren; vergrößern; prix, impôts, etc erhöhen; heraufsetzen; capital a. aufstocken; salaire erhöhen; vente, valeur, vitesse erhöhen **B** VI zunehmen; prix steigen, anziehen, heraufgehen (**de** um); marchandise aufschlagen; jours länger werden

augure [oɡyʀ] M **être de bon, de mauvais ~** ein gutes, böses Vorzeichen, Omen sein; Glück, Unglück bedeuten

★**aujourd'hui** [oʒuʀdɥi] ADV **1** heute **2** heutzutage

aumône [omon] F Almosen n **aumônier** [omonje] M Anstaltsgeistliche(r) m

auparavant [opaʀavɑ̃] ADV vorher

auprès [opʀɛ] PRÉP **~ de** bei (+ dat)

auquel [okɛl] → lequel

aurai [ɔʀe], **aura(s)** [ɔʀa] → avoir¹

auréole [ɔʀeɔl] F **1** autour d'une tache Rand m **2** a. fig Heiligenschein m, Nimbus m

auriculaire [ɔʀikylɛʀ] M kleiner Finger

aurore [ɔʀɔʀ] F Morgenröte f

ausculter [oskylte] VT MÉD abhorchen

★**aussi** [osi] **A** ADV **1** (≈ également) auch; lui **~** er auch **2** ★ **~** (+ adj ou adv) **que** (eben)so … wie; **~** (+ adj) **que** (+ subj) so ou wie … auch (immer); **~ riche qu'il soit** ou **soit-il** so reich er auch sein mag; (**tout**) **~ bien** ebenso gut; genauso gut; **~ bien que** wie auch; sowie; sowohl … als auch **B** CONJ daher, deshalb auch

★**aussitôt** [osito] **A** ADV sofort; **~ dit, ~ fait** gesagt, getan **B** CONJ **~ que** sobald; sowie

austère [ostɛʀ] ADJ **1** personne (sitten)streng; vie einfach **2** style nüchtern **austérité** [osteʀite] F **1** (Sitten)Strenge f **2** d'un style Nüchternheit f **3** (**politique** f **d'**)**austérité** Sparpolitik f

austral [ostʀal] ADJ ⟨~e; -als⟩ südlich; Süd…

★**Australie** [ostʀali] F **l'~** Australien n ★**australien** [ostʀaljɛ̃] ⟨-ienne [-jɛn]⟩ **A** ADJ australisch **B** M(F) Australier(in) m(f)

★**autant** [otɑ̃] **A** ADV **1** (eben)so viel; avec verbe a. (eben)so sehr; **~ de** (+ subst) **que** (eben)so viel … wie; (eben)so viele … wie **B** CONJ (**pour**) **~ que je sache** soviel ich weiß; meines Wissens; **d'~ que** zumal; **d'~ plus** (**que**) umso mehr (als); umso (+ comp) (als)

autel [otɛl] M Altar m

★**auteur** [otœʀ] M **1** Urheber(in) m(f); d'un accident Verursacher(in) m(f); **~ d'un attentat** Attentäter(in) m(f); **~** (**du crime**) Täter(in) m(f) **2** (≈ écrivain) Autor(in) m(f); Verfasser(in) m(f)

authenticité [otɑ̃tisite] F Echtheit f **authentification** [otɑ̃tifikasjɔ̃] F Beglaubigung f **authentifier** [otɑ̃tifje] VT beglaubigen **authentique** [otɑ̃tik]

ADJ echt

★**auto** [oto] F ABR (= automobile) Auto n
autoallumage M AUTO Selbstzündung f **autobiographie** F Autobiografie f **autobiographique** ADJ autobiografisch **autobronzant** [otobrõzã] A ADJ ⟨-ante [-ãt]⟩ Selbstbräunungs... B M Selbstbräuner m ★ **autobus** M Autobus m ★ **autocar** M Reisebus m
autochtone [ɔtɔkton] M/F Einheimische(r) m/f(m)
autocollant A ADJ ⟨-ante⟩ selbstklebend B M Aufkleber m
autodéfense F Selbstverteidigung f
auto-école F ⟨-s⟩ Fahrschule f
autogestion F Selbstverwaltung f
autographe [otograf] M signature Autogramm n
automate [ɔtɔmat] M a. fig Automat m ★ **automatique** [ɔtɔmatik] ADJ TECH automatisch **automatiquement** [ɔtɔmatikmã] ADV 1 TECH automatisch 2 fig (≈ forcément) unweigerlich; zwangsläufig
★**automne** [otɔn] M Herbst m
automobile A ADJ Auto(mobil)...; Kfz-... B F Automobil n ★ **automobiliste** [otomobilist] M/F Autofahrer(in) m(f)
autonome [otonom, ɔtɔnom] ADJ autonom; a. personne selbstständig **autonomie** [otonomi] F Autonomie f; a. d'une personne Selbstständigkeit f; ~ (**administrative**) Selbstverwaltung f
autoradio M Autoradio n
autorisation [ɔtɔrizasjõ] F Erlaubnis f; Genehmigung f; Befugnis f; Ermächtigung f
autorisé [ɔtɔrize] ADJ ⟨~e⟩ 1 maßgeblich 2 (≈ permis) erlaubt; personne befugt; berechtigt
autoriser [ɔtɔrize] VT ~ qc etw erlauben, gestatten, genehmigen; ~ qn à faire qc j-m erlauben, gestatten, etw zu tun; j-n ermächtigen, autorisieren, etw zu tun
autorité [ɔtɔrite] F 1 (≈ pouvoir) (Befehls-, Amts)Gewalt f; Macht(befugnis) f 2 (≈ influence) Autorität f 3 ADMIN ~s pl Behörden fpl
★**autoroute** F 1 Autobahn f 2 ~ **de l'information** Datenautobahn f
auto-stop M Autostopp n; **faire de l'**~ per Anhalter fahren, reisen; trampen
auto-stoppeur M ⟨-s⟩, **auto--stoppeuse** F Anhalter(in) m(f)
★**autour** [otur] A ADV d(a)rum herum B PRÉP ~ **de** (≈ environ) um (... herum)
★**autre** [otr] A ADJ/INDÉF andere(r, -s); sonstige(r, -s); weitere(r, -s); non traduit **nous** ~**s** wir; attribut **tout** ~ ganz anders (**que** als); ★ ~ **chose** etwas and(e)res; **l'**~ **jour** neulich; kürzlich; vor kurzem B PR INDÉF **un(e)** ~ ein and(e)rer, e-e and(e)re, ein and(e)res; **d'**~**s** and(e)re; **rien d'**~ nichts and(e)res; sonst ou weiter nichts
★**autrefois** [otrəfwa] ADV früher
★**autrement** [otrəmã] ADV 1 (≈ différemment) anders (**que** als) 2 (≈ sinon) sonst 3 ⟨+ adj⟩ viel (+ comp)
★**Autriche** [otriʃ] F **l'**~ Österreich n ★ **autrichien** [otriʃjɛ̃] ⟨-ienne [-jɛn]⟩ A ADJ österreichisch B M/F **Autrichien(ne)** Österreicher(in) m(f)
autruche [otryʃ] F ZOOL Strauß m
autrui [otrɥi] PR INDÉF die ander(e)n; **le bien d'**~ fremdes Gut
auvent [ovã] M Vordach n
aux [o] → à
auxiliaire [oksiljɛr] A ADJ Hilfs... B M/F Hilfskraft f C M/ADJ ⟨verbe⟩ ~ m Hilfsverb n
auxquel(le)s [okɛl] → lequel
av. ABR (= avenue) Straße
aval [aval] **en** ~ strom-, flussabwärts; **en** ~ **de** unterhalb von (ou + gén)
avalanche [avalɑ̃ʃ] F a. fig Lawine f
avaler [avale] VT (hinunter)schlucken; verschlucken; fam (≈ le manger) hinunterschlingen
avance [avɑ̃s] F 1 MIL Vormarsch m 2 a. fig Vorsprung m 3 ★ **être en** ~ zu früh dran sein 4 ★ **à l'**~, **d'**~ vorher; im Voraus 5 somme d'argent Vorschuss m
avancé [avɑ̃se] ADJ ⟨~e⟩ 1 travail, maladie, végétation fortgeschritten; **à une heure** ~**e** zu vorgerückter Stunde; **d'un âge** ~ in vorgerücktem, fortgeschrittenem Alter 2 idées fortschrittlich
avancement [avɑ̃smɑ̃] M Aufstieg m; Beförderung f
★**avancer** [avɑ̃se] ⟨-ç-⟩ A VT 1 vorrücken, -schieben; main ausstrecken (**vers** nach); cou, main vorstrecken; pied vorsetzen; voiture vorfahren 2 travail vorantreiben; personne voran-, weiterbringen

3 argent vorstrecken; vorschießen; auslegen **4** montre vorverlegen; rendez-vous vorverlegen **5** fait behaupten **B** VI **1** vorankommen; vorwärtskommen **2** toit, etc vorspringen; dents vorstehen **3** personne dans son travail voran-, weiterkommen **4** dans une carrière aufsteigen, -rücken **5** montre vorgehen **C** VPR **1** s'~ vers qn, qc auf j-n, etw zugehen **2** fig personne s'~ trop sich zu weit vorwagen

★**avant** [avɑ̃] **A** PRÉP **1** vor (+ dat ou acc); ~ cela davor; vorher **2** ⟨conj⟩ ★ ~ de (+ inf), ★ ~ que … (ne) (+ subj) ehe, bevor **B** ADV **1** temporel vorher; zuvor; davor; dans l'ordre davor **2** ★ en ~ nach vorn; vorwärts **C** ADJ ⟨inv⟩ Vorder- **D** M **1** d'un véhicule Vorderteil n ou m **2** SPORTS Stürmer m

★**avantage** [avɑ̃taʒ] M **1** Vorteil m; Vorzug m; (≈ privilège) Vergünstigung f; d'une entreprise ~s sociaux Sozialleistungen fpl ⟨≈ supériorité⟩ Überlegenheit f **3** SPORTS Vorteil m

avantager [avɑ̃taʒe] VT ⟨-ge-⟩ bevorzugen **avantageux** [avɑ̃taʒø] ADJ ⟨-euse [-øz]⟩ vorteilhaft; günstig

avant-bras M ⟨inv⟩ Unterarm m
avant-centre M ⟨avants-centres⟩ Mittelstürmer m
avant-dernier ADJ ⟨-ière [-jɛʀ]⟩ vorletzte
avant-goût fig M Vorgeschmack m (de auf + acc)
★**avant-hier** [avɑ̃tjɛʀ] ADV vorgestern
avant-propos M ⟨inv⟩ Vorwort n
★**avare** [avaʀ] **A** ADJ geizig **B** M/F Geizhals m **avarice** [avaʀis] F Geiz m
avarié [avaʀje] ADJ ⟨-e⟩ aliment verdorben
avatar [avataʀ] M (≈ mésaventure) Unglück n
★**avec** [avɛk] **A** PRÉP mit (+ dat); dans un magasin et ~ ça? (bekommen Sie) noch etwas?; darf es sonst noch etwas sein?; ~ le temps qu'il fait bei dem Wetter **B** ADV damit
avènement [avɛnmɑ̃] M **1** Thronbesteigung f; Regierungsantritt m **2** fig Beginn m
★**avenir** [avniʀ] M Zukunft f; d'~ Zukunfts-...; personne vielversprechend; métier aussichtsreich
Avent [avɑ̃] M Advent m, Adventszeit f;

dimanche m de l'~ Adventssonntag m
★**aventure** [avɑ̃tyʀ] F Abenteuer n
aventurer [avɑ̃tyʀe] VPR s'~ sich wagen (dans in + acc) **aventureux** [avɑ̃tyʀø] ADJ ⟨-euse [-øz]⟩ **1** personne abenteuerlustig **2** vie abenteuerlich **aventurier** [avɑ̃tyʀje] M, **aventurière** [-jɛʀ] F Abenteurer m, Abenteu(r)erin f
★**avenue** [avny] F Avenue f
avéré [aveʀe] ADJ ⟨-e⟩ erwiesen
avérer [aveʀe] VPR ⟨-è-⟩ s'~ juste, etc sich als richtig etc erweisen
averse [avɛʀs] F (Regen)Schauer m
aversion [avɛʀsjɔ̃] F Abneigung f, Aversion f (pour gegen)
averti [avɛʀti] ADJ ⟨-e⟩ (≈ expérimenté) erfahren, versiert (de in + dat)
★**avertir** [avɛʀtiʀ] VT **1** (≈ informer) ~ qn de qc j-n von etw verständigen, in Kenntnis setzen **2** (≈ mettre en garde) warnen (de vor + dat)
avertissement [avɛʀtismɑ̃] M **1** (≈ mise en garde) Warnung f; (≈ avis) Wink m; Hinweis m **2** mesure disciplinaire Verwarnung f **avertisseur** [avɛʀtisœʀ] M **1** Warnanlage f; ~ d'incendie Feuermelder m **2** AUTO Hupe f
aveu [avø] M ⟨-x⟩ (Ein)Geständnis n
aveuglant [avœglɑ̃] ADJ ⟨-ante [-ɑ̃t]⟩ blendend (hell); grell
★**aveugle** [avœgl] **A** ADJ a. fig blind **B** M/F Blinde(r) m/f(m) **aveugler** [avœgle] VT **1** (≈ priver de la vue, éblouir) blenden **2** fig passion ~ qn j-n blind machen, mit Blindheit schlagen, verblenden
aviateur [avjatœʀ] M, **aviatrice** [avjatʀis] F Flieger(in) m(f) **aviation** [avjasjɔ̃] F **1** Luftfahrt f; Fliegerei f **2** MIL Luftwaffe f
avide [avid] ADJ regard gierig; personne ~ de begierig auf (+ acc) **avidité** [avidite] F Gier f
★**avion** [avjɔ̃] M Flugzeug n
aviron [aviʀɔ̃] M **1** (≈ rame) Ruder n **2** sport Rudern n
★**avis** [avi] M **1** (≈ opinion) Ansicht f; Meinung f; d'expert Urteil n; Stellungnahme f; à mon ~ meiner Meinung, Ansicht nach; meines Erachtens; de l'~ de nach Ansicht, Meinung (+ gén) **2** (≈ information) Mitteilung f; Benachrichtigung f
avisé [avize] ADJ ⟨-e⟩ klug

aviser [avize] **A** VT ~ qn de qc j-n von etw benachrichtigen; j-m etw mitteilen **B** VPR (≈ *remarquer*) s'~ de qc etw bemerken; s'~ que bemerken, dass

av. J.-C. ABR (= *avant Jésus-Christ*) v. Chr.

★**avocat¹** [avɔka] M, **avocate** [avɔkat] F JUR (Rechts)Anwalt m, (Rechts)Anwältin f

avocat² M *fruit* Avocado f

avoine [avwan] F Hafer m

★**avoir¹** [avwaʀ] ⟨'j'ai; tu as; il a; nous avons; vous avez; ils ont; j'avais; j'eus; j'aurai; que j'aie; qu'il ait; que nous ayons; aie!; ayons!; ayez!; ayant; ~ eu⟩ **A** V/AUX haben **B** VT **1** ★ **j'ai froid** mir ist kalt; ich friere **2** (≈ *obtenir*) bekommen **3** *fam* (≈ *tromper*) ~ qn j-n reinlegen **4** *âge, mesure* sein **C** V/IMP **1** ★ **il y a** [ilja, *fam* ja] es gibt; (es) ist *ou* sind **2** *temporel* vor; ★ **il y a deux ans que ...** es ist zwei Jahre her, dass ...

avoir² M FIN Guthaben n; ~ **fiscal** Steuergutschrift f

avoisinant [avwazinã] ADJ ⟨-ante [-ãt]⟩ benachbart; angrenzend

avortement [avɔʀtəmã] M Abtreibung f

avorter [avɔʀte] VI **1** **se faire** ~ abtreiben (lassen) **2** *fig* scheitern; fehlschlagen

★**avouer** [avwe] **A** VT **1** JUR gestehen; *a.* geständig sein **2** (≈ *admettre*) (ein)gestehen; zugeben; *amour* gestehen **B** VPR s'~ **coupable** sich schuldig bekennen; s'~ **vaincu** sich geschlagen geben

★**avril** [avʀil] M April m

axe [aks] M **1** *a.* MATH, POL Achse f **2** (*auto*)*route* (**grand**) **axe** Hauptverkehrsweg m; **axe routier** Verkehrsader f **3** *fig* Zielrichtung f **axer** [akse] VT ~ **sur** ausrichten auf (+ *acc*)

ayant [εjã] **A** PPR → avoir¹ **B** M ⟨~s droit⟩ ~ **droit** Anspruchsberechtigte(r) m

azimut [azimyt] M **tous** ~s allseitig; rundum; umfassend

azur [azyʀ] M Himmelsblau n

B, b [be] M ⟨*inv*⟩ B, b n

baba¹ [baba] *fam* ADJ ⟨*inv*⟩ **elle en est restée** ~ da blieb ihr die Spucke weg

baba² M CUIS ~ **au rhum** *Hefenapfkuchen, der mit Sirup und Rum übergossen wird*

baba (cool) [baba(kul)] *fam* M/F ⟨babas (cool)⟩ Alternativler(in) m(f), Sponti m(f)

babiller [babije] VI plappern

babiole [babjɔl] F Kleinigkeit f

bâbord [babɔʀ] M Backbord m

baby-foot [babifut] M ⟨*inv*⟩ (Tisch)Fußballspiel n

baby-sitter [babisitœʀ, be-] M/F ⟨~s⟩ Babysitter m

★**bac¹** *fam* M ABR (= *baccalauréat*) *fam* Abi n; *helv, autrich* Matura f; UNIVERSITÉ **bac + 3** = Bachelor m

bac² [bak] M **1** *bateau* Fähre f **2** *récipient* Kasten m; *pour plantes* Kübel m

baccalauréat [bakalɔʀea] M Abitur n; *autrich* Matura f

bachelier [baʃəlje] M, **bachelière** [baʃəljɛʀ] F Abiturient(in) m(f)

bachoter [baʃɔte] *fam* VI büffeln

bacille [basil] M Bazillus m

bâcler [bɑkle] *fam* VT hinpfuschen, -schludern

bactérie [bakteʀi] F Bakterie f

badaud [bado] M Schaulustige(r) m

badge [badʒ] M Plakette f

badigeonner [badiʒɔne] VT (über)tünchen; weißen; *all Sud* weißeln

badiner [badine] VI scherzen; **ne pas** ~ nicht mit sich spaßen lassen

badminton [badmintɔn] M Federball(-spiel) m(n)

baffe [baf] *fam* F → gifle

baffle [bafl] M *écran* Schallwand f

bafouer [bafwe] VT verspotten

bafouiller [bafuje] VT & VI stammeln

bagage [bagaʒ] M ★ **~s** *pl* Gepäck n; **~s à main** Handgepäck n

★**bagarre** [bagaʀ] F Schlägerei f **bagarrer** [bagaʀe] **A** *fam* VI kämpfen **B** VPR **se ~** (sich) raufen, sich prügeln

bagatelle [bagatɛl] F a. somme Kleinigkeit f; Lappalie f
bagel [bagɛl] M GASTR Bagel m
bagnole [baɲɔl] fam F Auto n; fam Karre f
★**bague** [bag] F (Finger)Ring m
★**baguette** [bagɛt] F **1** Stab m, Stock m; pour manger (Ess)Stäbchen; **~ magique** Zauberstab m **2** pain Baguette f ou n
bahut [bay] M (rustikales) Büfett
baie¹ [bɛ] F **1** (Meeres)Bucht f **2 ~ vitrée** großes (Glas)Fenster
baie² [bɛ] F BOT Beere f
baignade [bɛɲad] F **1** Baden n **2** Badestelle f, Badeplatz m
baigner [bɛɲe] **A** VT baden **B** V/PR ★ **se ~** (sich) baden
baigneur, baigneuse [bɛɲœʀ, bɛɲøz] ⟨m,f⟩ Badende(r) m/f(m)
★**baignoire** [bɛɲwaʀ] F (Bade)Wanne f
bail [baj] M ⟨baux [bo]⟩ JUR Pacht (-vertrag) f(m)
bâiller [baje] V/I **1** gähnen (**d'ennui** vor Langeweile) **2** porte nicht fest schließen
bâillon [bajɔ̃] M Knebel m **bâillonner** [bajɔne] VT knebeln
★**bain** [bɛ̃] M a. CHIM, TECH Bad n; Baden n
baiser¹ M Kuss m
baiser² [beze] VT (= embrasser) main, etc küssen
★**baisse** [bɛs] F (Ab)Sinken n; Fallen n; Zurückgehen n; Rückgang m; des prix a. Nachgeben n; **être en ~** fallen; marchandise im Preis sinken, zurückgehen; billiger werden
★**baisser** [bese] **A** VT **1** vitre, store herunterlassen, -kurbeln; yeux niederschlagen; tête senken; neigen **2** prix senken; herab-, heruntersetzen **3** voix senken **B** V/I (ab)sinken; fallen; zurückgehen; soleil sinken; influence schwinden; TECH pression, tension abfallen; forces, vue nachlassen; **faire ~ les prix** die Preise drücken **C** V/PR ★ **se ~** sich bücken, niederbeugen
bal [bal] M Ball m
balade [balad] fam F Spaziergang m; fam Bummel m **balader** [balade] fam **A** VT spazieren führen **B** V/PR **se ~** spazieren gehen; fam (herum)bummeln; en voiture spazieren fahren; fam in der Gegend rumfahren **baladeur** [baladœʀ] M Walkman® m
★**balai** [balɛ] M (Kehr)Besen m
★**balance** [balɑ̃s] F **1** Waage f; fig **faire pencher la ~ en faveur de** den Ausschlag geben für **2** fig (= équilibre) Gleichgewicht n **3** COMM Bilanz f **4** ASTROL **la Balance** die Waage **balancer** [balɑ̃se] ⟨-ç-⟩ **A** VT (hin- und her-)schwingen; schaukeln; jambes baumeln lassen; **~ les bras** mit den Armen schlenkern **B** V/PR **1 se ~** (hin- und her)schwingen; pendeln; baumeln; bateau schaukeln; sich wiegen; personne (sich) schaukeln; wippen **2 se ~ sur sa chaise** mit dem Stuhl schaukeln; fam kippeln **balançoire** [balɑ̃swaʀ] F Schaukel f; (= bascule) Wippe f
★**balayer** [baleje] VT ⟨-ay- od -ai-⟩ **1** kehren; fegen **2** par ext nuages, a. fig verjagen **balayette** [balɛjɛt] F Handfeger m **balayeur** [balɛjœʀ] M Straßenkehrer m, Straßenfeger m
balbutier [balbysje] VT & V/I stammeln; stottern
★**balcon** [balkɔ̃] M Balkon m
Bâle [bal] Basel f
★**baleine** [balɛn] F Wal m
balise [baliz] F **1** d'une route Leitpfosten m; d'un sentier Markierung f **2** INFORM Tag [tɛk] n **3** MAR, AVIAT Bake f, Seezeichen n
ballade [balad] F Ballade f
★**balle** [bal] F **1** Ball m **2** Kugel f
ballet [balɛ] M Ballett n
★**ballon** [balɔ̃] M **1** (großer) Ball **2** AVIAT Ballon m **3** alcootest **souffler dans le ~** in die Tüte, ins Röhrchen blasen
ballonné [balɔne] ADJ ⟨~e⟩ aufgebläht
ballottage [balɔtaʒ] M Stichwahl f
ballotter [balɔte] VT **être ballotté** hin und her geworfen, durchgeschüttelt, durchgerüttelt werden; fig hin und her gerissen werden (**entre** zwischen + dat) **B** V/I hin und her rutschen, rollen
balnéaire [balneɛʀ] ADJ station f **~** Seebad n
balourd [baluʀ] ADJ ⟨-ourde [-uʀd]⟩ plump; unbeholfen
Baltique [baltik] ADJ **la mer ~** die Ostsee
balustrade [balystʀad] F Balustrade f
bambin [bɑ̃bɛ̃] M kleiner Junge
bambou [bɑ̃bu] M Bambus m
ban [bɑ̃] M **bans** pl (**du mariage**) Aufge-

bot n
banal [banal] ADJ ⟨~e; -als⟩ banal; alltäglich **banalité** [banalite] F Banalität f
★**banane** [banan] F Banane f
★**banc** [bɑ̃] M (Sitz)Bank f
bancaire [bɑ̃kɛʀ] ADJ Bank...
bancal [bɑ̃kal] ADJ ⟨~e; -als⟩ meuble wack(e)lig
bandage [bɑ̃daʒ] M MÉD Verband m
bande¹ [bɑ̃d] F (= groupe) Schar f, Gruppe f; péj. a. de malfaiteurs Bande f
bande² [bɑ̃d] F **1** Band n; Streifen m; AUTOROUTE **~ d'arrêt d'urgence** Standspur f **2** ★ **~ dessinée** Comic(strip) m; Cartoon m **3** MÉD Binde f
bandeau [bɑ̃do] M ⟨~x⟩ Stirn-, Haarband n; Augenbinde f
bander [bɑ̃de] VIT verbinden; membre a. bandagieren; yeux zu-, verbinden **2** arc spannen
banderole [bɑ̃dʀɔl] F Spruchband n
bandit [bɑ̃di] M Gangster m
bandoulière [bɑ̃duljɛʀ] F **sac m en ~** Umhängetasche f
★**banlieue** [bɑ̃ljø] F Vororte mpl **banlieusard** [bɑ̃ljøzaʀ] M, **banlieusarde** [bɑ̃ljøzaʀd] F Vorortbewohner(in) m(f)
bannir [baniʀ] VIT a. fig verbannen (de aus)
★**banque** [bɑ̃k] F **1** a. JEUX Bank f; Geldinstitut n **2** **~ de données** Datenbank f; **~ d'organes** Organbank f
banqueroute [bɑ̃kʀut] F Bankrott m
banquette [bɑ̃kɛt] F (Sitz)Bank f
banquier [bɑ̃kje] M Bankier m; fam Banker m
baptême [batɛm] M REL, a. d'un navire Taufe f **baptiser** [batize] VIT REL taufen
★**bar** [baʀ] M **1** Bar f; Stehkneipe f **2** **bar m à ongles** Nagelstudio n
baraque [baʀak] F Baracke f
baratin [baʀatɛ̃] fam M schöne Worte npl **baratiner** [baʀatine] fam A VIT beschwatzen B VI schöne Worte, (viel) Schmus machen fam
barbant [baʀbɑ̃] fam ADJ ⟨-ante [-ãt]⟩ fam sterbens-, stinklangweilig
barbare [baʀbaʀ] fam A ADJ barbarisch B M/F Barbar(in) m(f)
★**barbe** [baʀb] F Bart m
barbecue [baʀbəkju, -ky] M **1** Holzkohlengrill m **2** Grillparty f

barbelé [baʀbale] M Stacheldraht m
barber [baʀbe] fam A VIT fam anöden B V/PR **se ~** sich langweilen; fam sich mopsen
barboter [baʀbɔte] A VI planschen B VIT fam klauen; fam stibitzen
barbouiller [baʀbuje] VIT **1** (= salir) beschmieren, vollschmieren (**de** mit) **2** péj (= peindre) anpinseln; toile vollklecksen **3** papier bekritzeln **4** fam fig **avoir l'estomac barbouillé** e-n verdorbenen, verkorksten fam Magen haben
barbu [baʀby] ADJ ⟨~e⟩ bärtig
barda [baʀda] fam M Kram m; fam Krempel m
barder [baʀde] A VIT **bardé de décorations** mit Orden behangen B V/IMP fam **ça va ~** fam dann kracht es, knallt es
barème [baʀɛm] M Tabelle f
baril [baʀil] M **1** Fass n **2** de pétrole Barrel n
bariolé [baʀjɔle] ADJ ⟨~e⟩ bunt (-scheckig)
barjo [baʀʒo] fam ADJ ⟨f inv⟩ → cinglé
barman [baʀman] M ⟨~s od -men [-mɛn]⟩ Barkeeper m, Barmann m, Barmixer m
baromètre [baʀɔmɛtʀ] M a. fig Barometer n
baroque [baʀɔk] A ADJ **style** Barock... B M Barock m ou n
barque [baʀk] F Boot n
barrage [baʀaʒ] M **1** Sperrung f; Sperre f **2** TECH Staudamm m, Staumauer f
barre [baʀ] F **1** Stange f; Stab m; SPORTS Latte f; **~ de chocolat** Riegel m Schokolade **2** (= trait) Strich m **3** INFORM **~ d'outils** Symbolleiste f
barré [baʀe] ADJ ⟨~e⟩ **1** route gesperrt **2** **chèque ~** Verrechnungsscheck m; in Frankreich üblich gekreuzter Scheck **3** fam **fou bescheuert; bekloppt
barreau [baʀo] M ⟨~x⟩ **1** (Gitter)Stab m; d'une chaise, échelle Sprosse f **2** JUR Anwaltsstand m
barrer [baʀe] A VIT **1** route sperren; passage versperren **2** (= rayer) (aus)streichen; **chèque barré** Verrechnungsscheck m B V/PR fam fig **se ~** fam abhauen
barrette [baʀɛt] F Haarspange f
barricade [baʀikad] F Barrikade f **barricader** [baʀikade] VIT (& V/PR) **(se)**barri-

cader (sich) verbarrikadieren
barrière [baʁjɛʁ] F a. fig Barriere f; Absperrung f; Sperre f; a. CH DE FER, a. fig Schranke f
barrique [baʁik] F 200-250 l Fass n
barrir [baʁiʁ] VI éléphant trompeten
★**bas¹** [bɑ] ADJ ⟨basse [bɑs]⟩ **1** niedrig; a. GÉOG untere; côte flach; nuages tief hängend; soleil tief stehend **2** salaire, nombre, etc niedrig; température, etc tief; dans une hiérarchie a. niedere **3** voix leise; **à voix basse** leise B ADV **1** tief, niedrig; dans un texte **plus bas** weiter unten **2** parler, chanter leise **3** **à bas …!** nieder mit …!; ★ **en bas** unten; ⟨vers le bas⟩ nach unten, abwärts; hinunter, hinab; ★ **en bas de** unten an (+ dat ou acc); am Fuß (+ gén) C M unterer Teil; **au bas de** unten an (+ dat ou acc); am Fuß (+ gén)
bas² M (Damen)Strumpf m
basané [bazane] ADJ ⟨-e⟩ sonnenverbrannt
bas-côté [bɑkote] M ⟨-s⟩ Seiten-, Randstreifen m; Straßenrand m
bascule [baskyl] F **1** balance Brückenwaage f **2** (= balançoire) Wippe f **basculer** [baskyle] A VI (faire) kippen B VT **1** (um)kippen **2** fig, a. POL **dans** einschwenken auf (+ acc)
base [bɑz] F **1** a. ANAT Basis f; d'une statue a. Sockel m; MATH Grundfläche f, Grundlinie f, Grundzahl f; INFORM **~ de données** Database f **2** MIL (Militär)Basis f; Stützpunkt m **3** fig, a. d'un parti Basis f; Grundlage f **baser** [bɑze] A VT **1** **~ sur** gründen, stützen (+ acc); **être basé sur** basieren auf (+ dat) **2** MIL **être basé** stationiert sein (à in + dat) B VPR **se ~ sur qc** sich auf etw (acc) stützen
basilic [bazilik] M Basilikum n
basilique [bazilik] F Basilika f
basket [baskɛt] F ⟨pl⟩ **~s** Turn-, Sportschuhe mpl **basket-ball** [baskɛtbol] M Basketball m
basquaise [baskɛz] ADJ F CUIS **(à la) ~** mit rohem Schinken, Paprika und Tomaten
basque [bask] A ADJ baskisch, Basken…; **le Pays ~** das Baskenland B SUBST **Basque** m/f Baske m, Baskin f
basse [bɑs] F Bass m

bassin [basɛ̃] M **1** a. GÉOG, ANAT Becken n **2** d'une piscine, etc (Wasser)Becken n, Bassin n; MAR Hafenbecken n
bassine [basin] F Wanne f **bassiner** [basine] fam VT **~ qn** fam j-m auf die Nerven gehen, auf den Wecker fallen
bas-ventre [bavɑ̃tʁ] M ⟨-s⟩ Unterleib m
★**bataille** [bataj] F a. fig Schlacht f; **~ navale** Seeschlacht f; jeu Schiffchen versenken **batailler** [bataje] VI kämpfen **batailleur** [batajœʁ] ADJ ⟨-euse [-øz]⟩ streitbar, -lustig, -süchtig
★**bateau** [bato] M ⟨-x⟩ Schiff n; **~ à moteur** Motorschiff n, -boot n; **~ à voiles** Segelschiff n, -boot n **bateau-mouche** M ⟨bateaux-mouches⟩ Rundfahrtschiff n (auf der Seine)
★**bâtiment** [bɑtimɑ̃] M **1** Gebäude n **2** secteur Baubranche f **3** MAR (großes) Schiff
bâtir [bɑtiʁ] VT bauen; erbauen **bâtisse** [bɑtis] F Bau(werk) m(n)
★**bâton** [bɑtɔ̃] M Stock m; Stab m **bâtonnet** [bɑtɔnɛ] M **1** Stäbchen n **2** CUIS **~ de poisson** Fischstäbchen n
battant [batɑ̃] ⟨-ante [-ɑ̃t]⟩ A ADJ schlagend; klopfend B M (Tür- ou Fenster)Flügel m C M/F ⟨-e⟩ Kämpfer(in) m(f); Kämpfernatur f
battement [batmɑ̃] M **1** Schlagen n; du cœur a. Klopfen n; Pochen n; de la pluie Prasseln n; **~ d'ailes** Flügelschlag(en) m(n) **2** (verfügbare Zwischen)Zeit
batterie [batʁi] F **1** ÉLEC Batterie f **2** MUS Schlagzeug n
batteur [batœʁ] M **1** CUIS Handmixer m, Handrührgerät n **2** MUS personne Schlagzeuger m
★**battre** [batʁ] ⟨je bats; il bat; nous battons; je battais; je battis; je battrai; que je batte; battant; battu⟩ A VT **1** (= donner des coups) schlagen; (ver)prügeln **2** adversaire schlagen; besiegen; record brechen **3** tapis klopfen; tambour, mesure schlagen; œufs, crème schlagen; cartes mischen B VI schlagen; cœur a. pochen; klopfen; pluie **~ contre les vitres** gegen die Scheiben schlagen, prasseln, klatschen; **~ des mains** (in die Hände) klatschen C VPR **1** ★ **se ~** MIL, a. fig kämpfen (**contre, pour qn, qc** gegen, für j-n,

etw); **sich schlagen** ② ★ **se ~** (≈ *se bagarrer*) sich schlagen, sich balgen, sich prügeln, (sich) raufen (**avec qn** mit j-m) ③ *fig* **se ~ avec qc** sich mit etw herumschlagen, abmühen

battu [baty] PP & ADJ ⟨~e⟩ → battre

baume [bom] M̄ *a. fig* Balsam *m*

bavard [bavaʀ] ADJ ⟨-arde [-aʀd]⟩ gesprächig, redselig; *péj* geschwätzig

★ **bavarder** [bavaʀde] VI *a. péj* schwatzen

bavarois [bavaʀwa] ⟨-oise [-waz]⟩ A ADJ bay(e)risch B M̄/F̄ **Bavarois(e)** Bayer *m*, Bay(e)rin *f*

bave [bav] F̄ ① Speichel *m* ② *de la limace* Schleim *m* **baver** [bave] VI ① speicheln; geifern ② *encre, peinture* verlaufen ③ *fam fig* **en ~** es schwer haben

Bavière [bavjɛʀ] F̄ **la ~** Bayern *n*

bavoir [bavwaʀ] M̄ (Sabber)Lätzchen *n*

bazar [bazaʀ] M̄ ① *en Orient* Basar *m* ② *magasin* Kramladen *m* ③ *fam* → **fouillis**

bazarder [bazaʀde] *fam* V̄T̄ wegschmeißen

BCBG [besebeʒe] ADJ ABR ⟨inv⟩ (= bon chic bon genre) elegant (und etwas konservativ), schick

BCE [besea] F̄ ABR (= Banque centrale européenne) EZB *f* (Europäische Zentralbank)

BD [bede] *fam* F̄ ABR ⟨inv⟩ (= bande dessinée) Comic(s) *m*(*pl*)

béant [beã] ADJ ⟨-ante [-ãt]⟩ klaffend

béat [bea] ADJ ⟨-ate [-at]⟩ einfältig, dümmlich; (glück)selig

★ **beau** [bo] A ADJ ⟨bel [bɛl] *m vor Vokal u. stummem h* belle [bɛl] *f* ~x [bo] *mpl*⟩ ① schön; **se faire ~** sich schön machen; sich fein machen ② *iron* schön ③ *somme* ziemlich groß; **un bel âge** ein schönes, hohes Alter; **au ~ milieu de** mitten in, auf (+ *dat*) B ADV **avoir ~ faire qc** etw noch so sehr tun können, mögen; **il fait ~** es ist schön(es Wetter); *menace* **il ferait ~ voir que ...** das wäre ja noch schöner, wenn ...; **bel et bien** tatsächlich; wirklich; in der Tat C M̄ ① **le ~** das Schöne ② *chien* **faire le ~** Männchen machen; *fam* schönmachen

★ **beaucoup** [boku] ADV viel; sehr; ★ **~ de** (+ *subst*) viel(e) (+ *subst*), **de ~** bei Weitem; weitaus; mit Abstand

beauf [bof] *fam* M̄ ABR ① → **beau-frère** ② *péj* Spießer *m*

beau-fils M̄ ⟨beaux-fils⟩ ① (≈ *fils du conjoint*) Stiefsohn *m* ② (≈ *gendre*) Schwiegersohn *m* ★ **beau-frère** M̄ ⟨beaux-frères⟩ Schwager *m* ★ **beau-père** M̄ ⟨beaux-pères⟩ ① (≈ *père du conjoint*) Schwiegervater *m* ② (≈ *époux de la mère*) Stiefvater *m*

★ **beauté** [bote] F̄ Schönheit *f*

beaux-arts [bozaʀ] MPL **les ~** die schönen Künste *fpl*; die bildende Kunst

★ **beaux-parents** [bopaʀɑ̃] MPL Schwiegereltern *pl*

bébé [bebe] M̄ Baby *n*

bébé-éprouvette M̄ ⟨bébés-éprouvette⟩ Retortenbaby *n*

bec [bɛk] M̄ ① Schnabel *m* ② **un bec fin** *fam* ein Feinschmecker *m*

bêche [bɛʃ] F̄ Spaten *m* **bêcher** [beʃe] V̄T̄ umgraben

bedaine [bədɛn] *fam* F̄ Wanst *m*

bédé [bede] *fam* F̄ Comic *m*

bégayer [begeje] V̄T̄ & V̄Ī ⟨-ay- *od* -ai-⟩ stottern

bègue [bɛɡ] A ADJ **être ~** stottern B M̄/F̄ Stotterer *m*, Stotterin *f*

beignet [bɛɲɛ] M̄ Krapfen *m*; Berliner (Pfannkuchen) *m*

bel [bɛl] → **beau**

bêler [bele] V̄Ī *mouton* blöken; *chèvre* meckern

★ **belge** [bɛlʒ] A ADJ belgisch B M̄/F̄ **Belge** Belgier(in) *m(f)*

★ **Belgique** [bɛlʒik] F̄ **la ~** Belgien *n*

bélier [belje] M̄ ① ZOOL Widder *m* ② ASTROL **Bélier** Widder *m*

belle [bɛl] → **beau**

★ **belle-fille** F̄ ⟨belles-filles⟩ ① (≈ *bru*) Schwiegertochter *f* ② (≈ *fille du conjoint*) Stieftochter *f* ★ **belle-mère** F̄ ⟨belles-mères⟩ ① (≈ *mère du conjoint*) Schwiegermutter *f* ② (≈ *épouse du père*) Stiefmutter *f* ★ **belle-sœur** F̄ ⟨belles-sœurs⟩ Schwägerin *f*

belvédère [bɛlvedɛʀ] M̄ Aussichtspunkt *m*, Aussichtsterrasse *f*, Aussichtsturm *m*

bénédiction [benediksjɔ̃] F̄ *a. fig* Segen *m*

★ **bénéfice** [benefis] M̄ ① COMM Gewinn *m*; Ertrag *m*; Profit *m*; BOURSE **~ sur le cours** Kursgewinn *m* ② (≈ *avantage*) Vorteil *m*; Nutzen *m*; **au ~ de** zugunsten (+ *gén*); **laisser à qn le ~ du doute** im Zweifelsfall zu j-s Gunsten entscheiden **bé**-

bénéficiaire [benefisjɛʀ] **A** ADJ gewinnbringend; Gewinn... **B** M/F Begünstigte(r) m/f(m); d'une prestation Empfänger(in) m(f) **bénéficier** [benefisje] VT INDIR **~ de qc** in den Genuss e-r Sache (gén) kommen; d'une prestation sich beziehen **bénéfique** [benefik] ADJ wohltuend; effet günstig
Benelux [benelyks] M **le ~** die Beneluxstaaten mpl
bénévole [benevɔl] **A** ADJ ehrenamtlich; freiwillig **B** M ehrenamtlicher Helfer
bénin [benɛ̃] ADJ ⟨bénigne [beniɲ]⟩ a. MÉD gutartig; harmlos
bénir [beniʀ] VT REL segnen
bénitier [benitje] M Weihwasserbecken n, Weihwasserkessel m
BEP [beape, bɛp] M ABR ⟨inv⟩ (= brevet d'études professionnelles) Berufsschulabschluss m
BEPC [beapese] M ABR ⟨inv⟩ (= brevet d'études du premier cycle) correspond à mittlere Reife
béquille [bekij] F **1** Krücke f **2** d'une moto, etc Ständer m
berceau [bɛʀso] M ⟨-x⟩ a. fig Wiege f
bercer [bɛʀse] ⟨-ç-⟩ **A** VT bébé wiegen **B** VPR fig **se ~ de qc** sich in etw (dat) wiegen
berceuse [bɛʀsøz] F Wiegenlied n
béret [beʀɛ] M Tellermütze f; **~ basque** Baskenmütze f
berge [bɛʀʒ] F (Ufer)Böschung f
berger [bɛʀʒe] M Schäfer m; (Schaf-) Hirt(e) m
berlingot [bɛʀlɛ̃go] M **1** (tetraedrischer) Fruchtbonbon **2** (Milch-, Saft-) Tüte f
berne [bɛʀn] F **en ~** auf halbmast
Berne [bɛʀn] F Bern n
berner [bɛʀne] VT zum Narren, zum Besten haben, halten
besogne [bəzɔɲ] F Arbeit f; fig **aller vite en ~** gleich aufs Ganze gehen
★**besoin** [bəzwɛ̃] M **1** Bedürfnis n, Verlangen n, Drang m (**de** nach); Erfordernis n; **au ~, si ~ est** nötigenfalls; falls erforderlich; bei Bedarf; **avoir ~ de** brauchen; benötigen; nötig haben **2** **~s** pl Bedarf m (**en** sg + dat) **3** Not f
bestial [bɛstjal] ADJ ⟨-e; -aux [-o]⟩ bestialisch, viehisch

bestiaux [bɛstjo] MPL Vieh n
bestiole [bɛstjɔl] F Tierchen n; kleines (harmloses) Tier
best-seller [bɛstsɛlœʀ] M ⟨~s⟩ Bestseller m
bétail [betaj] M Vieh n
★**bête**¹ [bɛt] F Tier n; fig **chercher la petite ~** an allem, immer etwas auszusetzen haben; fam an allem herummäkeln
★**bête**² ADJ dumm; fam dämlich ★ **bêtise** [betiz] F Dummheit f; Torheit f; **~s** pl a. dummes Zeug; Unsinn m; fam Quatsch m
★**béton** [betɔ̃] M Beton m **bétonner** [betɔne] VT betonieren
betterave [bɛtʀav] F Rübe f; **~ rouge** Rote Rübe, Bete
beugler [bøgle] VI bovins muhen
beur [bœʀ] M/F Franzose, Französin nordafrikanischer Abstammung
★**beurre** [bœʀ] M **1** Butter f **2** **petit ~** Butterkeks m
beurré [bœʀe] fam ADJ ⟨~e⟩ mit Butter bestrichen, gebuttert
beurrer [bœʀe] VT mit Butter bestreichen, buttern; **tartine beurrée** Butterbrot n
bévue [bevy] F (dummer, peinlicher) Fehler
biais [bjɛ] M **1** **de** ou **en ~** schräg **2** fig Umweg m; **de ~** auf Umwegen; indirekt; **par le ~ de** auf dem Umweg über (+ acc)
bibelot [biblo] M Nippfigur f, Nippsache f
biberon [bibʀɔ̃] M Fläschchen n
★**Bible** [bibl] F Bibel f
bibliothécaire [biblijɔtekɛʀ] M/F Bibliothekar(in) m(f)
★**bibliothèque** [biblijɔtɛk] F **1** Bibliothek f; publique a. Bücherei f **2** meuble Bücherschrank m
biblique [biblik] ADJ biblisch
bic® [bik] M Kugelschreiber m
bicentenaire [bisɑ̃tnɛʀ] M zweihundertster Jahrestag
biche [biʃ] F ZOOL Hirschkuh f **bichonner** [biʃɔne] VT **1** (= pomponner) herausputzen **2** (= soigner) hätscheln
bicolore [bikɔlɔʀ] ADJ zweifarbig
bicross [bikʀɔs] M BMX-Rad n
★**bicyclette** [bisiklɛt] F (Fahr)Rad n
bide [bid] fam M (dicker) Bauch; fam Wanst m
bidon [bidɔ̃] M **1** Kanister m **2** fam

Bluff m; Schwindel m **3** ⟨adjt; inv⟩ vorgetäuscht; Schein...
bidonville [bidɔ̃vil] M̄ Slum m
bidule [bidyl] fam M̄ Dings(da, -bums) n
★**bien¹** [bjɛ̃] **A** ADV **1** a. note gut; st/s wohl; **très** ~ a. note sehr gut **2** (≈ juste) gut, richtig **3** intensité sehr; viel, ganz; ~ **jeune** reichlich, noch recht jung **4** emphatique wohl; **c'est ~ lui** das ist er wirklich, tatsächlich; **je pense** ~ ich denke schon, wohl **5** ⟨int⟩ ★ **eh ~,** fam **eh ben** nun!; na!; also! **B** ADJ ⟨inv⟩ **1** gut; ~! gut!; **être, se sentir ~** sich wohlfühlen; **être ~ avec qn** (sich) gut mit j-m stehen **2** (≈ beau) **être ~** gut aussehen **3** fam (≈ distingué) fein; vornehm; **des gens ~** feine, bessere Leute pl; ordentliche, anständige Leute pl **C** CONJ ★ ~ **que** (+ subj) obwohl; obgleich; **si ~ que** sodass
bien² [bjɛ̃] M̄ **1** Wohl n **2** Besitz m, Eigentum n; ~**s de consommation** Konsumgüter npl
bien-être [bjɛ̃nɛtʀ] M̄ **1** Wohlbehagen n, Wohlgefühl n **2** TOURISME Wellness f **3** matériel Wohlstand m
bienfait [bjɛ̃fɛ] M̄ **1** Wohltat f **2** d'un traitement strahlende Wirkung **bienfaiteur** [bjɛ̃fɛtœʀ] M̄, **bienfaitrice** [bjɛ̃fɛtʀis] F̄ a. fig Wohltäter(in) m(f)
bienheureux [bjɛ̃nørø] ADJ ⟨-euse [-øz]⟩ glücklich
bienséance [bjɛ̃seɑ̃s] F̄ Anstand m
★**bientôt** [bjɛ̃to] ADV bald; **à ~!** auf baldiges Wiedersehen!; fam bis, auf bald!
bienveillance [bjɛ̃vɛjɑ̃s] F̄ Wohlwollen n
bienvenu [bjɛ̃vny] **A** ADJ ⟨-e⟩ willkommen **B** M/F **être le ~, la ~e** willkommen sein
★**bienvenue** [bjɛ̃vny] F̄ Willkommen n; **souhaiter la ~ à qn** j-n willkommen heißen
★**bière** [bjɛʀ] F̄ Bier n; ~ **blonde, brune** helles, dunkles Bier
biffer [bife] V/T (aus-, durch)streichen
★**bifteck** [biftɛk] M̄ (Beef)Steak n
bifurcation [bifyʀkasjɔ̃] F̄ Gabelung f
bifurquer [bifyʀke] V/I **1** route sich gabeln, verzweigen **2** véhicule abbiegen (**vers, sur** nach)
bigarré [bigaʀe] ADJ ⟨-e⟩ bunt (gemustert)

bigophone [bigɔfɔn] fam M̄ Telefon n
bigoudi [bigudi] M̄ Lockenwickler m
★**bijou** [biʒu] M̄ ⟨-x⟩ Schmuckstück n; ~**x** pl m(fpl) a. Schmuck(sachen) pl **bijouterie** [biʒutʀi] F̄ Schmuck(waren)geschäft n **bijoutier** [biʒutje] M̄ Juwelier m
bikini® [bikini] M̄ Bikini m
bilan [bilɑ̃] M̄ **1** a. fig Bilanz f; fig **faire le ~ de qc** (die) Bilanz, das Fazit aus etw ziehen **2** ~ **de santé** Check-up m ou n; Generaluntersuchung f
bilatéral [bilateʀal] ADJ ⟨-e; -aux [-o]⟩ zweiseitig, bilateral
bile [bil] F̄ Galle(nflüssigkeit) f
bilingue [bilɛ̃g] ADJ zweisprachig
bille [bij] F̄ (≈ boule) Kugel f
★**billet** [bijɛ] M̄ **1** d'entrée Eintrittskarte f; pour voyager Fahrkarte f, -schein m; ~ **d'avion** Flugticket n, -schein m; ~ **de cinéma** Kinokarte f **2** ★ ~ **(de banque)** (Geld)Schein m, Banknote f; ~**s** pl a. Papiergeld n **3** st/s kurze Mitteilung **4** de loterie Los n
billetterie [bijɛtʀi] F̄ Geldautomat m
bimensuel [bimɑ̃sɥɛl] ADJ ⟨-le⟩ revue monatlich zweimal erscheinend
bimestriel [bimɛstʀijɛl] ADJ ⟨-le⟩ revue alle zwei Monate erscheinend
bimoteur [bimɔtœʀ] ADJ AVIAT zweimotorig
bio [bjo] fam ADJ ⟨inv⟩ Bio...; **œuf** m **bio** Bioei n; **pain** m **bio** Biobrot n
biocarburant [bjokaʀbyʀɑ̃] M̄ Biotreibstoff m
biochimie F̄ Biochemie f
biodégradable [bjodegʀadabl] ADJ biologisch abbaubar
biographie [bjɔgʀafi] F̄ Biografie f
★**biologie** [bjɔlɔʒi] F̄ Biologie f **biologique** [bjɔlɔʒik] ADJ biologisch; **alimentation** f ~ Biokost f; **agriculture** f ~ ökologische Landwirtschaft f, Ökolandbau m
biologiste [bjɔlɔʒist] M/F Biologe, -login m,f
biomasse [bjomas] F̄ Biomasse f
biométhane [bjometan] M̄ Biogas n
biométhanisation [bjometanizasjɔ̃] F̄ Biogasproduktion f; **installation** f **de** ~ Biogasanlage f
biométrique ADJ biometrisch
biorythme [bjoʀitm] M̄ Biorhythmus m
biotechnologie F̄ Biotechnologie f
biotope [bjɔtɔp] M̄ Biotop m ou n

bip [bip] M **1** *bruit* Piepton *m*, Pfeifton *m* **2** *fam* appareil Piepser *m*
biplace [biplas] ADJ AVIAT, AUTO zweisitzig
bis[1] [bis] ADV *avec un numéro* a; **habiter au 12 bis** Nummer 12 a wohnen; **itinéraire** ~ **bis** Ausweichstrecke *f*, Ausweichroute *f* B M *en concert* **bis!** Zugabe!
bis[2] [bi] ADJ ⟨**bise** [biz]⟩ **pain bis** Graubrot, Mischbrot *n*
biscotte [biskɔt] F Zwieback *m*
biscuit [biskɥi] M (≈ *gâteau sec*) Keks *m*
★ **bise** *fam* F Kuss *m* (auf die Wange), (Wangen)Küsschen *n*; **faire la** ~ *sich* mit Wangenküsschen begrüßen; *formule épistolaire* **grosses** ~**s** tausend Küsse; ≈ (ganz) liebe Grüße
bisou [bizu] *fam* M → bise
bisque [bisk] F ~ **de homard** Hummersuppe *f*
bissextile [bisɛkstil] ADJ **année** ~ Schaltjahr *n*
bistouri [bisturi] M Skalpell *n*
★ **bistro(t)** [bistro] *fam* M Kneipe *f*
bit [bit] M INFORM Bit *n*
bitume [bitym] M Asphalt *m*
★ **bizarre** [bizaʀ] ADJ seltsam; *fam* komisch
blafard [blafaʀ] ADJ ⟨-arde [-aʀd]⟩ bleich, fahl
blague [blag] F **1** Scherz *m*; Spaß *m*; Witz *m*; **sans** ~**!** im Ernst! **2** (≈ *farce*) Streich *m*
blaguer [blage] *fam* VI Spaß, Witze machen **blagueur** [blagœʀ] M, **blagueuse** [-øz] F Spaßmacher(in) *m(f)*, Spaßvogel *m*
blaireau [blɛro] M ⟨-x⟩ ZOOL Dachs *m*
blâmable [blamabl] ADJ tadelnswert
blâme [blam] M Tadel *m*; Rüge *f*
blâmer [blame] VT tadeln; rügen
★ **blanc** [blɑ̃] A ADJ ⟨~**he** [blɑ̃ʃ]⟩ **1** weiß; *peau a*. hell; *raisin* grün **2** *fig* examen ~ Probeexamen *n*; **nuit** ~ **he** schlaflose Nacht **3** *page* unbeschrieben; **bulletin** ~ leerer Stimmzettel **4** *fig a*. unbefleckt; unschuldig B MF **Blanc, Blanche** Weiße(r) *m/f(m)* C M **1** Weiß *n* **2** ~ (**d'œuf**) Eiweiß *n* **3** *de volaille* Brust *f*, weißes Fleisch **4** *vin* Weißwein *m* **5** *dans un texte* freie, leere, weiße Stelle; TYPO Zwischenraum *m* **6** *au lavage* Kochwäsche *f* D F MUS ~**he** halbe Note

blanche [blɑ̃ʃ] ADJ & SUBST F → blanc
blancheur [blɑ̃ʃœʀ] F Weiße *f*
blanchiment [blɑ̃ʃimɑ̃] M *d'un mur* Weiße(l)n *n*
blanchir [blɑ̃ʃiʀ] A VT **1** weiß machen; *mur, plafond* weiße(l)n **2** CUIS abbrühen, blanchieren **3** *argent de la drogue* waschen B VI *cheveux* weiß werden
blanchisserie [blɑ̃ʃisʀi] F Wäscherei *f*
blanc-manger [blɑ̃mɑ̃ʒe] M ⟨*pl* blancs-mangers⟩ CUIS Mandelpudding *m*
blasé [blaze] ADJ ⟨-e⟩ blasiert, gelangweilt
blason [blazɔ̃] M Wappen *n*
blé [ble] M **1** AGR Weizen *m* **2** *fam* (≈ *argent*) → fric
bled [blɛd] *fam péj* M Kaff *n*
blême [blɛm] ADJ bleich **blêmir** [blemiʀ] VI erbleichen
blessé [blese] A ADJ ⟨-e⟩ verletzt; *soldat* verwundet B MF ~(**e**) Verletzte(r) *m/f(m)*; *soldat* Verwundete(r) *m/f(m)*
★ **blesser** [blese] A VT **1** verletzen; à *la guerre* verwunden; *chaussures*: *qn, pied* (wund) scheuern; *fig* ~ **l'oreille, les yeux** den Ohren, Augen wehtun; das Ohr, das Auge beleidigen **2** (≈ *offenser*) verletzen B VPR **se** ~ sich verletzen ★ **blessure** [blesyʀ] F **1** Verletzung *f*; *de guerre* Verwundung *f*; (≈ *plaie*) Wunde *f* **2** (≈ *offense*) Kränkung *f*
★ **bleu** [blø] A ADJ ⟨~**e**⟩ **1** blau **2** *fig* **peur** ~**e** schreckliche Angst; *fam* Heidenangst *f* **3** *bifteck* englisch B M **1** *couleur* Blau *n* **2** *sur la peau* blauer Fleck **3** Anfänger *m* **4** *fromage* Blauschimmelkäse *m* **5** FOOTBALL **les Bleus** die französische Nationalmannschaft
bleuir [bløiʀ] A VT blau anlaufen lassen B VI blau werden, anlaufen
blindé [blɛ̃de] A ADJ ⟨-e⟩ gepanzert, Panzer... B M MIL Panzer *m*
bloc [blɔk] M *a*. TECH, POL Block *m*; serrer, visser **à** ~ fest; ganz; *fig* **en** ~ en bloc; in Bausch und Bogen; im Ganzen; als Ganzes; pauschal
blocage [blɔkaʒ] M **1** Blockierung *f*; TECH *a*. Feststellen *n*; *du ballon* Stoppen *n*; Abblocken *n* **2** *d'un compte* Sperrung *f*; ~ **des prix** Preisstopp *m*
bloc-notes [blɔknɔt] M ⟨blocs-notes⟩ Notiz-, Schreibblock *m*

blocus [blɔkys] M̄ Blockade f
blog(ue) [blɔg] M̄ ABR INFORM Blog m ou n **bloguer** [blɔge] V̄I INFORM bloggen **blogueur** [blɔgœR] M̄, **blogueuse** [blɔgøz] F̄ INFORM Blogger(in) m(f)

★**blond** [blõ] ⟨~e [blõd]⟩ A ADJ 1 blond 2 *bière, tabac* hell B M̄F̄(e) Blonde(r) m/f(m); Blondine f C F̄ ~e bière Helle(s) f

bloqué [blɔke] ADJ ⟨~e⟩ blockiert, gesperrt

★**bloquer** [blɔke] A V̄T 1 blockieren; *route a.* versperren; TECH *a.* feststellen; *vis, frein* fest anziehen; FOOTBALL *ballon* (ab)stoppen; **rester bloqué** stecken bleiben; festsitzen 2 *compte bancaire* sperren B V̄/PR **se ~ a. freins** blockieren; klemmen

blottir [blɔtiR] V̄/PR **se ~** sich (zusammen)kauern; sich ducken; **se ~ contre qn** sich an j-n kuscheln, schmiegen

blouse [bluz] F̄ (Arbeits)Kittel m
blouson [bluzõ] M̄ Blouson n ou m

★**blue-jean** [bludʒin] M̄ ⟨~s⟩ Blue Jeans pl

blu-ray® [blyRe] ADJ TECH **disque m ~®** Blu-ray-Disc® f; TECH **lecteur m ~®** Blu-ray-Disc-Lesegerät® n

bobard [bɔbaR] M̄ *fam* (Lügen)Märchen n
bobine [bɔbin] F̄ Rolle f
bobsleigh [bɔbslɛg] M̄ Bob m
bocal [bɔkal] M̄ ⟨-aux [-o]⟩ Glas (-behälter) n(m)

★**bœuf** [bœf] M̄ ⟨~s [bø]⟩ 1 Ochse m 2 *viande* Rind-, Ochsenfleisch n
bof [bɔf] INT pah!; na ja!
bogue [bɔg] M̄ INFORM (Programmier)-Fehler m
bohémien [bɔemjɛ̃] M̄, **bohémienne** [bɔemjɛn] F̄ Zigeuner(in) m(f)

★**boire** [bwaR] V̄T ⟨je bois; il boit; nous buvons; ils boivent; je buvais; je bus; je boirai; que je boive; que nous buvions; buvant; bu⟩ 1 trinken; *gros animal a.* saufen 2 *avec excès* trinken; *fam* saufen

★**bois** [bwa] M̄ 1 Holz n 2 (≈ forêt) Wald m
boisé [bwaze] ADJ ⟨~e⟩ bewaldet
★**boisson** [bwasõ] F̄ Getränk n
★**boîte** [bwat] F̄ 1 Schachtel f; *en carton a.* Karton m; ★ **~ aux lettres** Briefkasten m 2 *en métal* Dose f; Büchse f; ★ **~ de conserve** Konservenbüchse f, -dose f 3 AVIAT **~ noire** Black Box f 4 INFORM **~ aux lettres (électronique)** Mailbox f; **~ à outils** Toolbox f; **~ de dialogue** Dialogfeld n 5 AUTO **~ de vitesses** (Wechsel)Getriebe n 6 TÉL **~ vocale** Mailbox f 7 *fam* Disko f 8 *fam péj* (≈ lieu de travail) (Saft)Laden m *fam*

boiter [bwate] V̄I *a. fig* raisonnement hinken **boiteux** [bwatø] ADJ ⟨-euse [-øz]⟩ 1 *personne* hinkend; humpelnd 2 *fig* raisonnement hinkend

boîtier [bwatje] M̄ Gehäuse n
★**bol** [bɔl] M̄ 1 (Trink)Schale f; *fig* **prendre un bol d'air** *fam* frische Luft tanken; sich auslüften 2 *fam fig* **avoir du bol** Glück, Schwein *fam* haben

bolide [bɔlid] M̄ Rennwagen m
★**bombarder** [bõbaRde] V̄T 1 MIL bombardieren; **ville bombardée** *a.* zerbombte Stadt f 2 *de tomates, etc a.* bewerfen (**de** mit)

★**bombe** [bõb] F̄ 1 Bombe f 2 Spray (-dose) m ou n(f) 3 *casquette* Reitkappe f **bombé** [bõbe] ADJ ⟨~e⟩ gewölbt; *verre, bouteille* bauchig **bomber** [bõbe] V̄T 1 wölben 2 *slogan etc* sprühen, sprayen (**sur** auf + *acc*)

★**bon¹** [bõ, *adj vor Vokal u. stummem h* bɔn] A ADJ ⟨**bonne** [bɔn]⟩ 1 gut; **à quoi bon?** wozu?; was nützt das (schon)?; **bon pour la santé** gesund; gut für die Gesundheit 2 (≈ *qui montre de la bonté*) gut(mütig, -herzig) 3 *quantité* gut; reichlich 4 *intensité* **un bon rhume** *fam* ein tüchtiger, anständiger Schnupfen 5 (≈ *correct*) richtig 6 **une bonne histoire** e-e lustige, amüsante Geschichte ⟨*int*⟩ (**c'est**) **bon!** *accord* (es ist) gut!; *conclusion* (na) gut!; na schön!; **bon, bon! schon gut!**; ★ **ah bon?** ach was?; ach ja? B ADV **il fait bon** es ist angenehm warm; **il fait bon vivre ici** hier lässt sich's gut leben; **sentir bon** gut riechen C M̄ 1 **le bon** das Gute 2 **bon m à rien** Taugenichts m; Nichtsnutz m D M̄F̄ **les bons** pl die Guten mpl

bon² [bõ] M̄ Gutschein m, Bon m
★**bonbon** [bõbõ] M̄ Bonbon m ou n
bond [bõ] M̄ Sprung m
bonde [bõd] F̄ Abflussloch n, -öffnung f) m; *d'un tonneau* Spundloch n
bondé [bõde] ADJ ⟨~e⟩ überfüllt

bondir [bɔ̃diʀ] _VI_ springen
★**bonheur** [bɔnœʀ] _M_ Glück n
bonhomme [bɔnɔm] _M_ ⟨bonshommes [bõzɔm]⟩ **1** _fam_ **un ~** ein Mann m; _fam_ ein Mannsbild n **2** Männchen n
bonjour [bõʒuʀ] _M_ **~!** guten Tag!; guten Morgen!; _all Sud_ grüß Gott!; _fam_ **donner le ~ à qn (de la part de qn)** j-m e-n Gruß (von j-m) ausrichten, bestellen
bonne [bɔn] _F_ Hausgehilfin f
bonnet [bɔnɛ] _M_ **1** Mütze f; Kappe f; _fam fig_ **gros ~** _fam_ hohes Tier; Bonze m **2** _de soutien-gorge_ Körbchen n
bonsoir [bõswaʀ] _M_ **~!** guten Abend!
bonté [bõte] _F_ Güte f
bonus [bɔnys] _M_ Bonus m
★**bord** [bɔʀ] _M_ **1** Rand m; _d'un chapeau_ Krempe f; (≈arête) Kante f; (≈rive) Ufer n; **~ de la route** Straßenrand m; **~ du trottoir** Bordsteinkante f; **au ~ de** _a. fig_ am Rand(e) (+ _gén_); **au ~ de la mer** am Meer; an der See; _fig_ **au ~ des larmes** den Tränen nahe; _fig_ **être un peu ~** (+ _adj_) **sur les ~s** (so) ein bisschen, leicht (+ _adj_) sein **2** MAR, AVIAT Bord m; **★ à ~ (de)** an Bord (+ _gén_)
bordel [bɔʀdɛl] _M_ **1** _pop_ (≈maison de prostitution) Bordell n **2** _fam fig_ heilloses Durcheinander; Chaos n **bordélique** [bɔʀdelik] _fam ADJ_ schlampig
border [bɔʀde] _VT_ **1** (ein)säumen **2** **~ qn** j-n zudecken
bordure [bɔʀdyʀ] _F_ Einfassung f; Umrandung f; Rand m; **en ~ de** am Rand (+ _gén_)
borgne [bɔʀɲ] _ADJ_ einäugig
borne [bɔʀn] _F_ **1** Grenzstein m; _par ex_ Markierungsstein m; **~ kilométrique** Kilometerstein m **2** **~ d'appel** (Not)Rufsäule f; **~ d'incendie** Überflurhydrant m
borné [bɔʀne] _ADJ_ ⟨~e⟩ engstirnig, borniert; _fam_ kleinkariert
borner [bɔʀne] **A** _VT a. fig_ begrenzen **B** _VPR_ **se ~ à qc** sich auf etw (_acc_) beschränken
bosquet [bɔskɛ] _M_ Wäldchen n
bosse [bɔs] _F_ **1** _due à un choc_ Beule f **2** _d'un bossu_ Buckel m; _fam_ Höcker m
bosser [bɔse] _VT_ _examen_ büffeln für
bossu [bɔsy] _ADJ_ ⟨~e⟩ buck(e)lig
botanique [bɔtanik] **A** _ADJ_ botanisch **B** _F_ Botanik f

★**botte**¹ [bɔt] _F_ _chaussure_ Stiefel m
botte² [bɔt] _F_ _de radis, etc_ Bund f
bottin [bɔtɛ̃] _M_ Telefonbuch n
bottine [bɔtin] _F_ Stiefelette f
bouc [buk] _M_ **1** Ziegenbock m; REL, _a. fig_ **~ émissaire** Sündenbock m **2** _fig_ Spitzbart m
boucan [bukɑ̃] _fam M_ Krach m
★**bouche** [buʃ] _F_ **1** Mund m; **de ~ à oreille** von Mund zu Mund; **le ~ à oreille** _subst_ die Mundpropaganda; **rester ~ bée** Mund und Augen aufreißen **2** _de certains animaux_ Maul n **3** **~ d'aération** Luftschacht m; **~ d'égout** Gully m ou n; **~ d'incendie** Hydrant m; **~ de métro** U--Bahn-Eingang m
bouché [buʃe] _ADJ_ ⟨~e⟩ **1** _bouteille_ verkorkt, zugekorkt **2** _route, tuyau, nez_ verstopft **3** _temps_ trüb(e); _ciel_ grau **4** _fam fig_ (≈bête) beschränkt
bouche-à-bouche [buʃabuʃ] _M_ ⟨inv⟩ Mund-zu-Mund-Beatmung f
bouchée [buʃe] _F_ Bissen m
★**boucher**¹ [buʃe] **A** _VT_ **1** _ouverture_ zu-, verstopfen; _bouteille_ zu-, verkorken **2** _passage, route_ versperren; **~ la vue à qn** j-m die Sicht versperren, nehmen **B** _VPR_ **1** **se ~ le nez** sich (_dat_) die Nase zuhalten; _fig_ **se ~ les oreilles** nicht(s) hören wollen **2** _lavabo_ **se ~** verstopfen
★**boucher**² [buʃe] _M_ Fleischer m, Metzger m; _rég_ Schlachter m; _autrich_ Fleischhauer m ★**bouchère** [buʃɛʀ] _F_ Fleischersfrau f ★**boucherie** [buʃʀi] _F_ Fleischerei f, Metzgerei f
★**bouchon** [buʃõ] _M_ **1** Verschluss(kappe) m(f); _d'une bouteille_ Korken m; Stöpsel m **2** _de circulation_ (Verkehrs)Stau m
boucle [bukl] _F_ **1** _de ceinture_ Schnalle f; Schließe f **2** **~ d'oreille** Ohrring m **3** _de cheveux_ (Ringel)Locke f **4** (≈courbe quasi fermée), _a._ INFORM Schleife f
bouclé [bukle] _ADJ_ ⟨~e⟩ lockig, gelockt
boucler [bukle] **A** _VT_ **1** _ceinture_ zuschnallen; **~ sa valise** s-e ou die Koffer packen **2** _fam porte, etc_ zumachen; schließen; _fam personne_ einsperren; _police: quartier_ abriegeln; _fam fig_ **boucle--la!** _fam_ halt die Klappe! **3** _circuit_ (durch)laufen, (durch)fahren; _fig travail_ abschließen **4** _cheveux_ zu Locken drehen **B** _VI_ _cheveux_ sich locken **C** _VPR_ _fam_ **se ~ dans sa chambre** sich in sein

ou in s-m Zimmer einschließen
bouclier [buklije] M Schild m
bouder [bude] A V/T ~ qn mit j-m schmollen B V/I schmollen
boudin [budɛ̃] M Blutwurst f
★**boue** [bu] F a. GÉOL Schlamm m
bouée [bwe] F Boje f; ~ **de sauvetage** Rettungsring m; fig (letzte) Rettung
boueux, boueuse [bwø, bwøz] ADJ ⟨-euse [-øz]⟩ schmutzig; schlammig
bouffe [buf] fam F Essen n; péj pop Fressen n; **se faire une (petite)** ~ zu e-m zwanglosen kleinen Essen zusammenkommen
bouffée [bufe] F 1 *en inspirant* Zug m; *en expirant* Hauch m 2 MÉD ~ **de chaleur** Hitzewallung f; fliegende Hitze
bouffer [bufe] fam V/T essen; fam mampfen; fam, a. fig fressen, mampfen; **n'avoir rien à** ~ nichts zu essen haben; fam nichts zu beißen haben
bouffi [bufi] ADJ ⟨-e⟩ (auf)gedunsen; *yeux* geschwollen, verquollen
bouffon [bufɔ̃] M Possenreißer m
bougeoir [buʒwaʀ] M (Kerzen)Leuchter m mit Griff
★**bouger** [buʒe] ⟨-ge-⟩ A V/T 1 bewegen; *objet* (ver)rücken 2 ⟨adjt⟩ *photo* **bougé** verwackelt B V/I 1 sich bewegen; *dent, manche* wackeln 2 POL in Bewegung geraten C V/PR fam **se** ~ sich bewegen; sich rühren
★**bougie** [buʒi] F 1 Kerze f 2 AUTO Zündkerze f
bougon [bugɔ̃] ADJ ⟨-onne [-ɔn]⟩ mürrisch **bougonner** [bugɔne] V/I murren
bouillie [buji] F Brei m
★**bouillir** [bujiʀ] ⟨je bous; il bout; nous bouillons; je bouillais; je bouillis; je ~ai; que je bouille; bouillant; bouilli⟩ A fam V/T (ab)kochen B V/I a. fig kochen; *liquide* a. sieden; **faire** ~ (ab)kochen; *eau, lait* a. abkochen; *tétine, etc* auskochen
bouilloire [bujwaʀ] F Wasser-, Teekessel m
bouillon [bujɔ̃] M Brühe f
bouillotte [bujɔt] F Wärm-, Bettflasche f
★**boulanger** [bulɑ̃ʒe] M Bäcker m
  ★**boulangère** [bulɑ̃ʒɛʀ] F Bäckerin f
  ★**boulangerie** [bulɑ̃ʒʀi] F Bäckerei f
★**boule** [bul] F 1 Kugel f; ~ **de neige** Schneeball m 2 **jeu m de ~s** Boule(spiel)

n *ou* f(n)
boulette [bulɛt] F Kügelchen n
★**boulevard** [bulvaʀ] M breite (Ring)Straße; Boulevard m
bouleversant [bulvɛʀsɑ̃] ADJ ⟨-ante [-ɑ̃t]⟩ erschütternd
bouleversement [bulvɛʀsəmɑ̃] M Umwälzung f; tiefgreifende Veränderung f
bouleverser [bulvɛʀse] V/T 1 völlig durcheinanderbringen; *par ext* grundlegend, tiefgreifend verändern 2 ~ qn j-n erschüttern
boulghour [bulguʀ] M CUIS Bulgur m
★**boulot** [bulo] fam M Arbeit f; **petit** ~ Gelegenheitsjob m
boum [bum] A INT bum! B M fig **être en plein** ~ alle Hände voll zu tun haben C F Party
★**bouquet** [bukɛ] M (Blumen)Strauß m
bouquetin [buktɛ̃] M Steinbock m
bouquin [bukɛ̃] fam M Buch n **bouquiner** [bukine] fam V/I schmökern
bouquiniste [bukinist] M/F Bouquinist(in) m/f (*Straßenbuchhändler am Seineufer*)
bourde [buʀd] F (grober) Fehler
bourdon [buʀdɔ̃] M ZOOL Hummel f
bourdonnement [buʀdɔnmɑ̃] M 1 *d'insectes* Summen n; Gesumm n 2 *d'un moteur* Brummen n **bourdonner** [buʀdɔne] V/I 1 summen; brummen 2 **avoir les oreilles qui bourdonnent** Ohrensausen haben
bourgeois [buʀʒwa] ⟨-oise [-waz]⟩ A ADJ 1 bürgerlich 2 péj kleinbürgerlich, spießig B SUBST 1 ~(e) m/f Bürger(in) m(f) 2 ⟨m⟩ Spießer m **bourgeoisie** [buʀʒwazi] F Bürgertum n
bourgeon [buʀʒɔ̃] M Knospe f **bourgeonner** [buʀʒɔne] V/I Knospen treiben
bourguignon [buʀgiɲɔ̃] ⟨-onne [-ɔn]⟩ A ADJ burgundisch B M/F **Bourguignon(ne)** Burgunder(in) m(f)
bourrade [buʀad] F Klaps m
bourrasque [buʀask] F jäher, heftiger Windstoß
bourré [buʀe] ADJ ⟨-e⟩ 1 überfüllt; fam gerammelt voll; ~ **de** vollgestopft mit; voller (+ *subst*) 2 fam (≈ *ivre*), a. fam voll; fam blau, betrunken
bourreau [buʀo] M ⟨-x⟩ 1 Henker m 2 *plais* ~ **des cœurs** Herzensbrecher m
bourrer [buʀe] A V/T 1 vollstopfen,

vollpfropfen (**de** mit); *fig* ~ **qn de coups** j-n tüchtig verprügeln ② *pipe* stopfen; *coussin* füllen ③ V/PR **se** ~ sich vollstopfen (**de** mit)
bourrique [buʀik] F *a. fam fig* Esel *m*; **faire tourner qn en** ~ *fam* j-n wahnsinnig machen
bourru [buʀy] ADJ ⟨~e⟩ unwirsch, mürrisch
bourse [buʀs] F Geldbeutel *m*; *fig* **sans** ~ **délier** ohne e-n Pfennig auszugeben **Bourse** [buʀs] F Börse *f* **boursier** [buʀsje] ⟨-ière [-jɛʀ]⟩ A ADJ Börsen... M, F ~, **boursière** Stipendiat(in) *m(f)*
boursouflé [buʀsufle] ADJ ⟨~e⟩ (auf, an)geschwollen ② *fig style* schwülstig
bousculade [buskylad] F Gedränge *n*; *fam* Drängelei *f*
bousculer [buskyle] A V/T ① (= *pousser*) (an)stoßen; *fam* schubsen; *plus fort* zur Seite stoßen; (= *renverser*) umstoßen ② (= *presser*) hetzen; **être très bousculé** viel zu tun haben; *fam* viel um die Ohren haben B V/PR ① **se** ~ sich drängen, stoßen; *fam* sich schubsen; *fam* sich drängeln ② *fig* **idées se** ~ **dans la tête de qn** j-m im Kopf herumschwirren
bouse [buz] F ~ (**de vache**) Kuhfladen *m*
bousiller [buzije] *fam* V/T ① *travail, a. fam* hinschludern, -pfuschen ② *mécanisme, a. fam* kaputt machen
boussole [busɔl] F (Magnet)Kompass *m*
★**bout¹** [bu] M ① (= *extrémité*) Ende *n*; ~ **du doigt, de la langue, du nez** Finger-, Zungen-, Nasenspitze *f*; **~ à ~** (butabu) aneinander; zusammen; **au ~ de** am Ende (+ *gén*) ② ★ **au ~ de** nach (+ *dat*); nach Ablauf von (*ou* + *gén*) ③ (= *morceau*) Stück *n*
bout² → **bouillir**
boutade [butad] F (geistreicher) Scherz
boute-en-train [butɑ̃tʀɛ̃] *fam* M ⟨*inv*⟩ Stimmungskanone *f*
★**bouteille** [butɛj] F Flasche *f*
★**boutique** [butik] F Laden *m*; ~ **de mode** Boutique *f*
★**bouton** [butɔ̃] M ① BOT Knospe *f* ② *sur la peau* Pickel *m* ③ COUT Knopf *m* ④ INFORM ~ **de souris** Maustaste *f*
bouton-d'or [butɔ̃dɔʀ] M ⟨boutons-d'or⟩ Butterblume *f*
boutonner [butɔne] A V/T zuknöpfen B V/PR **se** ~ ① s-e Jacke, s-n Mantel *etc* zuknöpfen ② *vêtement* (zu)geknöpft werden **boutonnière** [butɔnjɛʀ] F Knopfloch *n*
bouton-pression M ⟨boutons-pression⟩ Druckknopf *m*
bovin [bɔvɛ̃] A ADJ ⟨-ine [-in]⟩ Rinder... B MPL **~s** Rinder *npl*
boxe [bɔks] F Boxen *n*; **faire de la** ~ boxen **boxer¹** [bɔkse] A V/T *fam* ~ **qn** j-n boxen B V/I boxen **boxer²** [bɔksɛʀ] M *chien* Boxer *m* **boxeur** [bɔksœʀ] M SPORTS Boxer *m*
boyau [bwajo] M ⟨~x⟩ ① Darm *m* ② *passage, a. fam* Schlauch *m*
BP ABR (= *boîte postale*) Postfach
bracelet [braslɛ] M Armband *n*, Armreif *m*, Armspange *f* **bracelet-montre** M ⟨bracelets-montres⟩ Armbanduhr *f*
braconner [brakɔne] V/I wildern **braconnier** [brakɔnje] M Wilderer *m*
brader [brade] V/T zu Schleuderpreisen verkaufen **braderie** [bradri] F Straßensonderverkauf *m* zu Schleuderpreisen
braguette [bragɛt] F Hosenschlitz *m*
braillard [brajaʀ] A M/F ⟨-arde [-aʀd]⟩ ~(e) Schreihals *m*
brailler [braje] *fam* A V/T *fam* grölen; plärren B V/I schreien; *plus fort* brüllen; *enfant a.* plärren
braire [brɛʀ] V/I ⟨il brait; ils braient; il brayait; il braira; brayant; brait⟩ *âne* iahen; schreien
braise [brɛz] F (Holz-, Kohlen)Glut *f*
braiser [brɛze] V/T schmoren
bramer [brame] V/I *cerf* röhren
brancard [brɑ̃kaʀ] M (Kranken)Trage *f*
★**branche** [brɑ̃ʃ] F ① Ast *m*; *plus mince* Zweig *m* ② (= *secteur*) Zweig *m*; ÉCON *a.* Branche *f*; (= *discipline*) Sparte *f*; Fach *n*
branché [brɑ̃ʃe] *fam* ADJ ⟨~e⟩ **être** ~ *fam* in sein; *fam* auf Zack sein; **elle est ~e moto** *fam* sie ist ein Motorradfreak
branchement [brɑ̃ʃmɑ̃] M ① TECH Anschluss *m* (**sur** an + *acc*) ② INFORM Verzweigung *f*
brancher [brɑ̃ʃe] A V/T TECH anschließen (**sur** an + *acc*); (= *allumer*) anschalten B V/PR **se** ~ **sur Internet** sich ins Internet einwählen
branchies [brɑ̃ʃi] FPL Kiemen *fpl*
brandir [brɑ̃diʀ] V/T (drohend) schwingen
branlant [brɑ̃lɑ̃] ADJ ⟨-ante [-ɑ̃t]⟩

wack(e)lig
branle [bʁɑ̃l] M **(se) mettre en ~** (sich) in Bewegung setzen
branle-bas M ⟨inv⟩ **~ (de combat)** MAR Klarmachen n zum Gefecht; fig Durcheinander n; Aufregung f; fam Rummel m
branler [bʁɑ̃le] A VT fam (≈ faire) tun; fam treiben B VI wackeln
braquage [bʁakaʒ] M 1 AUTO Einschlagen n 2 fam (bewaffneter) Raubüberfall
braquer [bʁake] A VT 1 arme, caméra **~ sur** richten auf (+ acc) 2 fam banque überfallen; ausrauben 3 fig **~ qn** j-n aufbringen (**contre** gegen) B VPR **se ~ contre** sich widersetzen (+ dat)
★ **bras** [bʁa, bʁɑ] M 1 Arm m; ANAT Oberarm m; fig **le ~ droit de qn** die rechte Hand j-s; fig **~ de fer** Kraftprobe f; **~ d'honneur** obszöne Geste der Verachtung (erhobener Unterarm); **~ dessus, ~ dessous** Arm in Arm; ein-, untergehakt; untergefasst 2 fig Arbeitskraft f 3 d'un fleuve Arm m
brassard [bʁasaʁ] M Armbinde f
brasse [bʁas] F Brustschwimmen n
brassée [bʁase] F **une ~ de fleurs, de bois** ein Armvoll Blumen, Holz
brasser [bʁase] VT 1 bière brauen 2 fig **~ des millions** mit Millionen umgehen
brasserie [bʁasʁi] F 1 (Bier)Brauerei f 2 Bräu n
brassière [bʁasjɛʁ] F (Baby)Jäckchen n
★ **brave** [bʁav] ADJ 1 ⟨nach dem subst⟩ (≈ courageux) tapfer; mutig; beherzt 2 (≈ honnête et bon) brav
braver [bʁave] VT **~ qn, qc** j-m, e-r Sache trotzen; j-m die Stirn bieten; sich über etw (acc) hinwegsetzen
break [bʁɛk] M Kombi(wagen) m
brebis [bʁəbi] F 1 (Mutter)Schaf n 2 fig, a. BIBL Schaf n
brèche [bʁɛʃ] F 1 Loch n; Lücke f; Öffnung f 2 MIL Bresche f
bredouille [bʁəduj] ADJ **rentrer ~** mit leeren Händen zurückkehren
bredouiller [bʁəduje] VT & VI hastig und undeutlich sprechen; fam nuscheln
bref [bʁɛf] A ADJ ⟨brève [bʁɛv]⟩ kurz B ADV kurz (und gut)
breloque [bʁəlɔk] F Armbandanhänger m
Brésil [bʁezil] M **le ~** Brasilien n **brésilien** [bʁeziljɛ̃] ⟨-ienne [-jɛn]⟩ A ADJ brasilianisch B M(F) **Brésilien(ne)** Brasilianer(in) m(f)
Bretagne [bʁətaɲ] F **la ~** die Bretagne
bretelle [bʁətɛl] F 1 **~s** pl Hosenträger m(pl); de lingerie féminine Träger mpl 2 Trag(e)- ou Schultergurt m; d'un sac Tragriemen m 3 AUTOROUTE Verbindungsstraße f; **~ (d'accès)** Zubringer m
breton [bʁətɔ̃] ⟨-onne [-ɔn]⟩ A ADJ bretonisch B M(F) **Breton(ne)** Bretone m, Bretonin f
brève [bʁɛv] → bref
brevet [bʁavɛ] M 1 Abschluss(zeugnis) m(n); Diplom n; **~ (des collèges)** mittlere Reife 2 **~ (d'invention)** Patent n
breveter [bʁavte] VT ⟨-tt-⟩ **(faire) ~** patentieren (lassen)
bribes [bʁib] FPL Brocken mpl; Bruchstücke npl
bric-à-brac [bʁikabʁak] M ⟨inv⟩ Trödel m
bricolage [bʁikɔlaʒ] M 1 Basteln n; Bastelarbeit f 2 péj Bastelei f
bricole [bʁikɔl] F Kleinigkeit f
bricoler [bʁikɔle] A VT zusammenbasteln; péj zurechtfummeln B VI basteln
★ **bricoleur** [bʁikɔlœʁ] M, **bricoleuse** [bʁikɔløz] F Bastler(in) m(f)
bride [bʁid] F 1 Zaum(zeug) m(n); (≈ rênes) Zügel mpl 2 d'un bouton Schlinge f
bridé [bʁide] ADJ ⟨-e⟩ **yeux ~s** Schlitzaugen npl **brider** [bʁide] VT 1 cheval (auf)zäumen 2 fig zügeln
brièvement [bʁijɛvmɑ̃] ADV kurz **brièveté** [bʁijɛvte] F Kürze f
brigade [bʁigad] F 1 MIL Brigade f 2 POLICE Abteilung f 3 d'ouvriers Gruppe f
brigand [bʁigɑ̃] M 1 (Straßen)Räuber m 2 fig Halsabschneider m
brillamment [bʁijamɑ̃] fig ADV glänzend
brillant [bʁijɑ̃] A ADJ ⟨-ante [-ɑ̃t]⟩ a. fig glänzend; schimmernd; fig a. brillant B M 1 Glanz m; Schimmer m 2 **~ à lèvres** Lipgloss m
★ **briller** [bʁije] VI 1 glänzen; schimmern; soleil scheinen; yeux glänzen, strahlen, leuchten (**de joie** vor Freude); **faire ~** (auf Hochglanz) polieren; fam wienern 2 fig, a. iron glänzen
brimade [bʁimad] F Schikane f **brimer** [bʁime] VT schikanieren

brin [bʀɛ̃] M **1** Halm m; Stängel m **2** **faire un ~ de toilette** sich schnell (noch) ein bisschen frisch machen
brio [bʀijo] M **avec ~** mit Bravour
brioche [bʀijɔʃ] F Hefekuchen
brique [bʀik] F Ziegel(stein) m; Backstein m
★**briquet** [bʀikɛ] M Feuerzeug n
brisé [bʀize] ADJ ⟨~e⟩ **1** gebrochen, zerbrochen; **pâte ~e** Mürbeteig m **2** fig gebrochen; **d'une voix ~e** mit gebrochener Stimme
brise-glace(s) M ⟨inv⟩ Eisbrecher m
brise-lames M ⟨inv⟩ Wellenbrecher m
briser [bʀize] A VT **1** st/s zerbrechen; fig **chaînes** sprengen **2** fig **résistance, grève, cœur** brechen; **carrière** ruinieren; **~ qn** j-m das Rückgrat brechen B VPR **se ~ 1** **vagues** sich brechen **2** fig **espoirs** zunichtewerden
★**britannique** [bʀitanik] A ADJ britisch B MF **Britannique** Brite m, Britin f
broc [bʀo] M Kanne f, Krug m
brocante [bʀɔkɑ̃t] F (Handel m mit) Trödelwaren fpl **brocanteur** [bʀɔkɑ̃tœʀ] M Trödler m
broche [bʀɔʃ] F **bijou** Brosche f; Ansteckadel f
brochet [bʀɔʃɛ] M Hecht m
brochette [bʀɔʃɛt] F CUIS kleiner Bratspieß
brochure [bʀɔʃyʀ] F Broschüre f
brocoli [bʀɔkɔli] M Brokkoli pl ou m
broder [bʀɔde] A VT sticken; **tissu** besticken B VI fig etliches hinzudichten
broderie [bʀɔdʀi] F Stickerei f
broncher [bʀɔ̃ʃe] VI **ne pas ~** fam (sich) nicht mucksen; **sans ~** ohne zu murren; ohne Widerrede
bronches [bʀɔ̃ʃ] FPL Bronchien fpl
bronchite [bʀɔ̃ʃit] F Bronchitis f
bronzage [bʀɔ̃zaʒ] M Bräunen n; Braunwerden n
bronze [bʀɔ̃z] M a. **objet d'art** Bronze f
bronzé [bʀɔ̃ze] ADJ ⟨~e⟩ braun (gebrannt) ★**bronzer** [bʀɔ̃ze] VI braun werden; **se faire ~** sich braun brennen lassen; sich bräunen
brosse [bʀɔs] F Bürste f; ★**~ à dents** Zahnbürste f ★**brosser** [bʀɔse] A VT **1** (ab)bürsten; **vêtement** a. ausbürsten; **cheveux** bürsten **2** fig **~ un tableau de la situation** e-n knappen Überblick über die Lage geben B VPR **se ~** sich abbürsten; **se ~ les dents** sich (dat) die Zähne putzen
brouette [bʀuɛt] F Schubkarre(n) f(m)
brouhaha [bʀuaa] M wirrer Lärm
★**brouillard** [bʀujaʀ] M Nebel m
brouille [bʀuj] F Streit m; Zerwürfnis n
brouillé [bʀuje] ADJ ⟨~e⟩ **1** **œufs ~s** Rührei(er) n(pl) **2** **être ~** (**avec qn** mit j-m) entzweit, zerstritten, verkracht fam sein
brouiller [bʀuje] A VT **1** in Unordnung bringen; **~ les idées de qn** j-n verwirren, durcheinanderbringen; **~ les pistes** die Spuren verwischen **2** **émission** stören B VPR **1 ma vue se brouille** mir schwimmt es vor den Augen **2** **le ~ temps** sich eintrüben **3** **se ~** sich überwerfen; fam sich verkrachen (**avec qn** mit j-m)
brouillon M Konzept n
broussaille [bʀusaj] F **~s** pl Gestrüpp n; Dickicht n
brousse [bʀus] F GÉOG Busch m
brouter [bʀute] VT abweiden; abfressen; **broûter (de l'herbe)** weiden, grasen
broutille [bʀutij] FPL Lappalie f; Kleinigkeit f
broyer [bʀwaje] VT ⟨-oi-⟩ **1** zerkleinern; **a. doigts** zerquetschen **2** fig **~ du noir** trüben, schwarzen Gedanken nachhängen; fam Trübsal blasen
bru [bʀy] F Schwiegertochter f
brugnon [bʀyɲɔ̃] M Nektarine f
bruine [bʀɥin] F Niesel-, Sprühregen m
bruiner [bʀɥine] V/IMP nieseln
bruire [bʀɥiʀ] st/s VI ⟨défect il bruit; ils bruissent; il bruissait; ils bruissaient; bruissant⟩ sanft, leise rauschen; säuseln
★**bruit** [bʀɥi] M Geräusch m; plus fort Lärm m; **des vagues** Rauschen n; **de chaînes** Geklirr n; **~ de fond** Geräusch, Lärm im Hintergrund
brûlant [bʀylɑ̃] ADJ ⟨-ante [-ɑ̃t]⟩ glühend heiß
brûlé [bʀyle] A ADJ ⟨~e⟩ verbrannt; **maison, forêt** ab-, niedergebrannt; CUIS angebrannt B M (**grand**) **~** Verletzte(r) m mit (schweren) Verbrennungen
★**brûler** [bʀyle] A VT **1** verbrennen; **linge en repassant** an-, versengen; **soleil: plantes** a. versengen; **plaie ~ qn** brennen **2**

~ un feu rouge bei Rot durchfahren [B] [VT] **1** (ver)brennen; *maison, forêt* a. ab-, niederbrennen **2** *plat* anbrennen **3** *fig* **~ d'impatience** vor Ungeduld brennen, vergehen [C] [V/PR] ★ **se ~** sich verbrennen; (≈ *s'ébouillanter*) sich verbrühen

brûlure [bʀylyʀ] [F] **1** Verbrennung *f*; Brandwunde *f* **2** **~s d'estomac** Sodbrennen *n*

brume [bʀym] [F] Dunst *m* **brumeux** [bʀymø] [ADJ] ⟨-euse [-øz]⟩ dunstig; diesig

★ **brun** [bʀɛ̃, bʀœ̃] ~**e** [bʀyn] [A] [ADJ] braun; *personne* braunhaarig, brünett; *bière, tabac* dunkel [B] [M(F)] ≈**(e)** Dunkel-, Braunhaarige(r) *m(f)*; *femme a.* Brünette *f*

brunch [bʀœnʃ] [M] ⟨~es⟩ Brunch *m*

brunir [bʀyniʀ] [VT & VI] bräunen

brusque [bʀysk] [ADJ] **1** (≈ *rude*) barsch; schroff; unwirsch **2** (≈ *soudain*) plötzlich

brusquement [bʀyskəmɑ̃] [ADV] plötzlich

brusquer [bʀyske] [VT] *qn* (barsch, grob) anfahren; anherrschen

brut [bʀyt] [ADJ] ⟨~e⟩ **1** COMM roh, unbearbeitet; **pétrole ~** Rohöl *n* **2** **(champagne) ~** *m* sehr trockener, herber Champagner **3** COMM Brutto...

brutal [bʀytal] [ADJ] ⟨~e; -aux [-o]⟩ **1** brutal, gewalttätig; roh, grob **2** (≈ *soudain*) plötzlich, unerwartet **brutaliser** [bʀytalize] [VT] grob, roh, brutal behandeln **brutalité** [bʀytalite] [F] Brutalität *f*

brute [bʀyt] [F] Rohling *m*

Bruxelles [bʀy(k)sɛl] Brüssel *n*

bruyamment [bʀɥijamɑ̃, bʀyjamɑ̃] [ADV] → *bruyant*

★ **bruyant** [bʀɥijɑ̃, bʀyjɑ̃] [ADJ] ⟨-ante [-ɑ̃t]⟩ laut, lärmend

bruyère [bʀɥijɛʀ, bʀyjɛʀ] [F] Heidekraut *n*
BTS [betees] [M ABR] = **brevet de technicien supérieur**〉 Fachhochschulabschluss *m*

bu [by] [PP] → *boire*

bûche [byʃ] [F] **1** (Holz)Scheit *n* **2** **~ de Noël** Weihnachtskuchen *m*

bûcher[1] [byʃe] [M] Scheiterhaufen *m*

bûcher[2] *fam* [VT] pauken, büffeln

budget [bydʒɛ] [M] Haushalt(splan) *m*; *a. par ext somme* Budget *n*; Etat *m*

buée [bɥe] [F] feuchter Beschlag; **se couvrir de ~** (sich) beschlagen; anlaufen

buffet [byfɛ] [M] Büfett *n*; Anrichte *f*

buffle [byfl] [M] Büffel *m*

★ **buisson** [bɥisɔ̃] [M] Busch *m*
buissonnière [bɥisɔnjɛʀ] [ADJ] **faire l'école ~** die Schule schwänzen
bulbe [bylb] [M] (Blumen)Zwiebel *f*
bulgare [bylgaʀ] [A] [ADJ] bulgarisch [B] [M/F] **Bulgare** Bulgare *m*, Bulgarin *f*
Bulgarie [bylgaʀi] [F] **la ~** Bulgarien *n*
bulle [byl] [F] **1** (Luft)Blase *f* **2** *de bande dessinée* Sprechblase *f*
buller [byle] [VI] *fam* (≈ *glander*) faulenzen, abhängen *fam*
★ **bulletin** [byltɛ̃] [M] **1** ADMIN Bulletin *n*; *a.* PRESSE Bericht *m* **2** ÉCOLE Zeugnis *n* **3** (≈ *reçu*) Schein *m* **4** **~ (de vote)** Stimmzettel *m*
buraliste [byʀalist] [M/F] **1** Inhaber(in) *m(f)* e-s Tabakwarengeschäfts **2** *à la poste* Schalterbeamte(r) *m*, Schalterbeamtin *f*

★ **bureau** [byʀo] [M] ⟨~x⟩ **1** *meuble* Schreibtisch *m* **2** *lieu de travail* Büro (-raum) *n(m)*; ADMIN Amts-, Dienst-, Geschäftszimmer *n*; *d'une personne a.* Arbeitszimmer *n* **3** (≈ *service ouvert au public*) Dienst-, Geschäftsstelle *f*; **~ de change** Wechselstube *f*; ★ **~ de poste** Post® *f*; Postamt *n*; ★ **~ de tabac** Tabakladen *m*, Tabakwarengeschäft *n*; *autrich* (Tabak)Trafik *f*
bureaucratie [byʀokʀasi] [F] *a. péj* Bürokratie *f*
bureautique [byʀotik] [F] Bürokommunikation *f*

burqa, burka [buʀka] [F] *voile* Burka *f*
burrito [buʀito] [M] CUIS Burrito *m*
★ **bus** [bys] [M] Bus *m*
buste [byst] [M] **1** (≈ *torse*) Oberkörper *m* **2** (≈ *seins*) Büste *f* **3** SCULP Büste *f*
★ **but**[1] [by(t)] [M] **1** (≈ *objectif*) Ziel *n*; (≈ *fin*) Zweck *m*; **dans le but de** (+ *inf*) in der Absicht, mit dem Ziel zu (+ *inf*) **2** FOOTBALL, *etc* Tor *n*; (≈ *but marqué*) *a.* Treffer *m*; **marquer un but** ein Tor schießen
but[2] [by] → *boire*
buté [byte] [ADJ] ⟨~e⟩ bockig; eigensinnig
buter [byte] [A] [VT] *qn* bockig, halsstarrig machen [B] [VI] **~ contre** (an)stoßen an (+ *acc*); stoßen gegen; *fig* **~ sur une difficulté** auf e-e Schwierigkeit stoßen [C] [V/PR] **se ~** (≈ *s'entêter*) bockig, halsstarrig werden
buteur [bytœʀ] [M] FOOTBALL Torjäger *m*
butin [bytɛ̃] [M] *de guerre* Beute *f*; *d'un vol*

Diebesbeute f, Diebesgut n
butte [byt] F̄ (Er)Hügel m
buvable [byvabl] ADJ trinkbar
buvais, buvai(en)t [byvɛ] → boire
buvard [byvaʀ] M̄ feuille Löschblatt n
buvette [byvɛt] F̄ Ausschank m
buveur [byvœʀ] M̄, **buveuse** [byvøz] F̄ **1** (≈ alcoolique) Trinker(in) m(f) **2** ~ **de bière, de vin** Bier-, Weintrinker m
buvez [byve], **buvons** [byvõ] → boire

C

C, c [se] M̄ ⟨inv⟩ C, c n
c' [s] → ce
★**ça** [sa] fam PR DEM das (da); ★ **comme ça** so; *après subst* so ein(e); *par ext fam* toll; fam klasse; **c'est comme ça** das ist nun mal so; **comme ci, comme ça** fam so la-la; fam soso; **pour ça** deshalb; dafür; **sans ça** sonst; ander(e)nfalls; **ça alors!** na so was!; nanu!; **(comment) ça va?** wie geht's?; ★ **ça y est!** es ist so weit!; jetzt haben wir's; so, das wäre geschafft!; ★ **c'est ça!** (ja,) so ist's!; (das ist) richtig!; ja!; das stimmt; das ist gut so!
çà [sa] ADV **çà et là** hier und dort ou da; da und dort; bald hierhin, bald dorthin
cabane [kaban] F̄ Hütte f
cabaret [kabaʀɛ] M̄ Nachtlokal n
cabas [kaba] M̄ Einkaufstasche f
cabillaud [kabijo] M̄ Kabeljau m
cabine [kabin] F̄ Kabine f; ★ ~ **téléphonique** Telefonzelle f; ~ **d'essayage** Anprobe-, Umkleidekabine f; ~ **de pilotage** Cockpit n
cabinet [kabinɛ] M̄ **1** ~ **de toilette** (kleiner) Waschraum m **2** ~**s** pl Toilette f; WC n; fam Klo n **3** *d'un médecin, avocat* Praxis f **4** *d'un ministre* Stab m
★**câble** [kɑbl] M̄ **1** Seil n; Kabel n; MAR a. Tau n **2** ÉLEC Kabel n **3** TV **il est abonné au ~** er hat Kabelanschluss **câblé** [kɑble] ADJ ⟨~e⟩ TV *quartier etc* verkabelt
cabossé [kabose] ADJ ⟨~e⟩ verbeult
cabrer [kabʀe] VPR **se ~** *cheval* sich

(auf)bäumen; steigen **2** **se ~** *personne* sich sträuben; sich aufbäumen
cabriole [kabʀijɔl] F̄ Luft-, Bocksprung m
cabriolet [kabʀijɔlɛ] M̄ Cabrio n
cacahouète [kakawɛt], **cacahuète** [kakaɥɛt] F̄ Erdnuss f
cacao [kakao] M̄ Kakao m
cache-cache M̄ **jouer à ~** Verstecken spielen
cache-pot M̄ ⟨inv⟩ Übertopf m
★**cacher** [kaʃe] **A** V/T **1** verstecken; verbergen **2** *par ext* verdecken; *vue* versperren **3** *fig* ~ **qc à qn** j-m etw verheimlichen, verschweigen; etw vor j-m verbergen, geheim halten **B** V/PR **1** ★ **se ~** sich verstecken, sich verbergen (**derrière, sous bzw. unter** + dat) **2** *fig* **se ~ de qn pour faire qc** etw hinter dem Rücken j-s, heimlich tun
cachet [kaʃɛ] M̄ **1** (≈ sceau) Siegel n **2** *d'acteurs* Gage f **3** *fig* Gepräge n **4** PHARM Tablette f **cacheter** [kaʃte] V/T ⟨-tt-⟩ *lettre* zukleben; verschließen
cachette [kaʃɛt] F̄ Versteck n; **en ~** heimlich
cachot [kaʃo] M̄ Kerker m; Verlies n
cachotterie [kaʃɔtʀi] F̄ Geheimniskrämerei f
cachottier [kaʃɔtje] M̄, **cachottière** [kaʃɔtjɛʀ] F̄ Heimlichtuer(in) m(f)
cactus [kaktys] M̄ BOT Kaktus m
c.-à-d. ABR (= *c'est-à-dire*) d. h.
cadavre [kadavʀ] M̄ *humain* Leiche f; Leichnam m; *d'un animal* Kadaver m
★**cadeau** [kado] M̄ ⟨~x⟩ Geschenk n; ~ **d'anniversaire** Geburtstagsgeschenk n; **faire un ~ à qn** j-m ein Geschenk machen; j-m etwas schenken; j-n beschenken
cadenas [kadna] M̄ Vorhängeschloss n
cadence [kadɑ̃s] F̄ Rhythmus m; Takt m
cadencé [kadɑ̃se] ADJ ⟨~e⟩ rhythmisch
cadet [kadɛ], **cadette** [kadɛt] **A** ADJ **frère ~** jüngerer ou jüngst Bruder **B** M,F **1** jüngerer ou jüngster Sohn, jüngere ou jüngste Tochter; Jüngste(r) m/f(m) **2** SPORTS Jugendspieler(in) m(f)
cadran [kadʀɑ̃] M̄ *d'une horloge, etc* Zifferblatt n; *d'un instrument de mesure* Skala f; *fig* **faire le tour du ~** zwölf Stunden hintereinander schlafen
cadre[1] [kɑdʀ] M̄ **1** *a. d'un vélo* Rahmen

cadre *m* ② *fig* Rahmen *m*, Umgebung *f*; **~ de vie** Lebensumfeld *n*; **dans le ~ de** im Rahmen (+ *gén*); innerhalb (+ *gén*)

cadre² [kadʀ] M.F *dans une entreprise* (höhere(r)) Angestellte(r) *m/f(m)*

cadrer [kadʀe] V/I **~ avec** übereinstimmen mit; passen zu; entsprechen (+ *dat*)

cafard [kafaʀ], **cafarde** [kafaʀd] ① ⟨*m, f*⟩ ÉCOLE, *a. péj* Petzer *m* ② *fam* **avoir le ~** trübsinnig, trübselig, deprimiert; *down* sein ③ ⟨*m*⟩ ZOOL (Küchen)Schabe *f*

★**café** [kafe] M ① Kaffee *m*; **~ crème, au lait** Milchkaffee *m* ② ⟨*adjt inv*⟩ hellbraun ③ *lieu public* Lokal *n*; *plus élégant* Café *n*; *autrich* Kaffeehaus *n*

caféine [kafein] F Koffein *n*

cafetière [kaftjɛʀ] F Kaffeekanne *f*

cage [kaʒ] F ① Käfig *m* ② TECH **~ d'ascenseur** Aufzugsschacht *m*

cagibi [kaʒibi] *fam* M Abstell-, Rumpelkammer *f*

cagoule [kagul] F Kapuze *f* mit Augenschlitzen; *de gangsters* Strumpfmaske *f*

★**cahier** [kaje] M (Schreib)Heft *n*

cailler [kaje] V/I ① gerinnen ② *fam fig* **ça caille** *fam* ganz schön kalt! **caillot** [kajo] M **~ (de sang)** Blutgerinnsel *n*

caillou [kaju] M ⟨~x⟩ Kiesel(stein) *m*

Caire [kɛʀ], **Le Caire** Kairo *n*

★**caisse** [kɛs] F ① Kiste *f*, Kasten *m*; *pour arbustes, etc* Kübel *m*; **~ à outils** Werkzeugkasten *m*, Werkzeugkiste *f* ② COMM Kasse *f*; *autrich* Kassa *f* ③ *institution* Kasse *f* ④ (≈ *voiture*), *a. fam* Kiste *f* **caissier** [kesje] M, **caissière** [kesjɛʀ] F Kassierer(in) *m(f)*

cajoler [kaʒɔle] V/T liebkosen

cake [kɛk] M englischer Sandkuchen

calamar [kalamaʀ] M *ein Tintenfisch* Kalmar *m*

calamité [kalamite] F Unglück *n*

calcaire [kalkɛʀ] ① ADJ Kalk...; *a. eau* kalkhaltig ② M *roche* Kalk(stein) *m*

calcium [kalsjɔm] M Kalzium *n*

calcul¹ [kalkyl] M *action* Rechnen *n*; *processus, résultat* (Be)Rechnung *f*; COMM Kalkulation *f*

calcul² M **~ biliaire, rénal** Gallen-, Nierenstein *m*

calculatrice [kalkylatʀis] F Rechenmaschine *f*; **~ de poche** Taschenrechner *m*

★**calculer** [kalkyle] V/T ① rechnen; be-, aus-, errechnen; COMM (aus)kalkulieren; **machine f à ~** (Tisch)Rechenmaschine *f* ② *fig* (≈ *estimer*) berechnen

calculette [kalkylɛt] F Taschenrechner *m*

cale [kal] F ① MAR Schiffs-, Laderaum *m* ② (≈ *coin*) (Unterleg)Keil *m*

calé [kale] *fam* ADJ ⟨~e⟩ beschlagen, bewandert (**en** in + *dat*)

★**caleçon** [kalsɔ̃] M ① Unterhose *f*; **~ de bain** Badehose *f* ② *vêtement de femme* Leggin(g)s *pl*

calembour [kalɑ̃buʀ] M Wortspiel *n*

calendrier [kalɑ̃dʀije] M ① Kalender *m* ② (≈ *emploi du temps*) Terminkalender *m*

calepin [kalpɛ̃] M Notizbuch *n*

caler [kale] ① V/T ① *moteur* abwürgen ② *table, chaise* **en** Keil legen unter (+ *acc*) ③ V/I ① *personne* den Motor abwürgen; *moteur* absterben ② *fig fam en mangeant* nicht mehr können ⓒ V/PR **se ~** es sich (*dat*) bequem machen

calfeutrer [kalføtʀe] ① V/T abdichten ⑧ V/PR **se ~ (chez soi)** sich in s-r Wohnung verkriechen

calibre [kalibʀ] M TECH, MIL Kaliber *n*

Californie [kalifɔʀni] F **la ~** Kalifornien *n*

californien [kalifuʀʃɔ̃] **à ~** rittlings

câlin [kɑlɛ̃] ① ADJ ⟨-ine [-in]⟩ zärtlich; anschmiegsam ⑧ M **faire (un) ~** *fam* schmusen (**à qn** mit j-m)

calmant [kalmɑ̃] M Beruhigungs- und Schmerzmittel *n*

★**calme** [kalm] ① ADJ *a. mer* ruhig; still ⑧ M ① Ruhe *f*; Stille *f* ② *d'une personne* Ruhe *f*; Gelassenheit *f*

calmer [kalme] ① V/T ① *personne* beruhigen; besänftigen ② *douleur* mildern; *toux* lindern; *soif, faim* stillen ⑧ V/PR ① **se ~** *personne* sich beruhigen ② **se ~** *tempête* sich legen; abflauen; *fièvre, douleur* nachlassen; *passion* sich abkühlen; *discussion* ruhiger werden

calomnie [kalɔmni] F Verleumdung *f*

calorie [kalɔʀi] F Kalorie *f*

calotte [kalɔt] F ① *bonnet* (Scheitel)-Käppchen *n* ② *fam* leichte Ohrfeige

calque [kalk] M Zeichnung Pause *f*

calvaire [kalvɛʀ] M Kreuzigung *f* Christi

calvitie [kalvisi] F Glatze *f*

★**camarade** [kamaʀad] M/F Kamerad(in) *m(f)* **camaraderie** [kamaʀadʀi] F Ka-

meradschaft f
cambriolage [kɑ̃bʀijɔlaʒ] M Einbruch m **cambrioler** [kɑ̃bʀijɔle] VT einbrechen (**qc** in etw acc) ★ **cambrioleur** [kɑ̃bʀijɔlœʀ] M, **cambrioleuse** [kɑ̃bʀijɔløz] F Einbrecher(in) m(f)
came [kam] F (≈ cocaïne), a. fam Koks m
camelot [kamlo] M Straßenhändler m, Straßenverkäufer m **camelote** [kamlɔt] fam F Schund m
★ **caméra** [kameʀa] F (Film)Kamera f **caméraman** [kameʀaman] M ‹-s ou caméramen [-mɛn]› Kameramann m, Kamerafrau f
Cameroun [kamʀun] M **le ~** Kamerun m
caméscope [kameskɔp] M Camcorder m
camion [kamjɔ̃] M Last(kraft)wagen m **camion-citerne** M ‹camions-citernes› Tank(last)wagen m **camionnette** [kamjɔnɛt] F Lieferwagen m **camionneur** [kamjɔnœʀ] M Lkw-Fahrer m
camomille [kamɔmij] F BOT Kamille f
camouflage [kamuflaʒ] M Tarnung f **camoufler** [kamufle] VT 1 MIL tarnen 2 fig tarnen
camp [kɑ̃] M a. fig POL Lager n
campagnard [kɑ̃paɲaʀ] ‹-arde [-aʀd]› A ADJ ländlich, Land... B M(F) **~(e)** Landbewohner(in) m(f); péj Bauer m, Bäuerin f
★ **campagne**¹ [kɑ̃paɲ] F opposé à ville Land n; **à la ~** auf dem ou das Land
★ **campagne**² [kɑ̃paɲ] F fig Kampagne f, Feldzug m; **~ électorale** Wahlkampf m; **~ publicitaire** Werbekampagne f
campement [kɑ̃pmɑ̃] M Lager n
camper [kɑ̃pe] A VI campen; sous la tente a. zelten B VPR se **~** sich aufstellen; fam sich aufpflanzen (**devant** vor + dat) **campeur** [kɑ̃pœʀ] M, **campeuse** [kɑ̃pøz] F Camper(in) m(f)
★ **camping** [kɑ̃piŋ] M 1 Camping n; **faire du ~** campen; zelten 2 (**terrain m de ~**) Campingplatz m **camping-car** M ‹-s› Wohnmobil n
★ **Canada** [kanada] M **le ~** Kanada n ★ **canadien** [kanadjɛ̃] ‹-ienne [-jɛn]› A ADJ kanadisch B M(F) **Canadien(ne)** Kanadier(in) m(f) C F **~ne** veste Lammfelljacke f; canoë Kanadier m; tente Firstzelt n
canaille [kanaj] F Schurke m
★ **canal** [kanal] M ‹-aux [-o]› a. TV Kanal m

canalisation [kanalizasjɔ̃] F de gaz, etc Leitung(snetz) f(n); d'eaux usées Kanalisation f **canaliser** [kanalize] VT a. fig kanalisieren
★ **canapé** [kanape] M Couch f; Sofa n
★ **canard** [kanaʀ] M ZOOL Ente f
canari [kanaʀi] M Kanarienvogel m
cancan [kɑ̃kɑ̃] fam **~s** pl Klatsch m, Tratsch m **cancaner** [kɑ̃kane] VI klatschen
★ **cancer** [kɑ̃sɛʀ] M 1 MÉD Krebs m 2 ASTROL **Cancer** Krebs m **cancéreux** [kɑ̃seʀø] ADJ ‹-euse [-øz]› 1 Krebs... 2 personne krebskrank **cancérigène** [kɑ̃seʀiʒɛn], **cancérogène** [kɑ̃seʀɔʒɛn] ADJ krebserregend, -erzeugend
cancre [kɑ̃kʀ] fam M schlechter ou fauler Schüler
candeur [kɑ̃dœʀ] F Arglosigkeit f
★ **candidat** [kɑ̃dida] M, **candidate** [kɑ̃didat] F a. POL Kandidat(in) m(f), Bewerber(in) m(f); **être, se porter ~, ~e** kandidieren
★ **candidature** [kɑ̃didatyʀ] F a. POL Kandidatur f; Bewerbung f; **poser sa ~** sich bewerben (**à un poste** um e-e Stellung); kandidieren (**à une élection** bei e-r Wahl)
candide [kɑ̃did] ADJ arglos
caneton [kantɔ̃] M Entchen n
canette [kanɛt] F 1 **~ boîte en métal** (Getränke)Dose f 2 bouteille Bierflasche f
caniche [kaniʃ] M Pudel m
canicule [kanikyl] F chaleur Gluthitze f
canif [kanif] M Taschenmesser n
canin [kanɛ̃] ADJ ‹-ine [-in]› Hunde...
canine [kanin] F Eck-, Augenzahn m
caniveau [kanivo] M ‹-x› Rinnstein m
★ **canne** [kan] F 1 **~ à sucre** Zuckerrohr n 2 (Spazier)Stock m; **~ blanche** Blindenstock m 3 **~ à pêche** Angelrute f
cannelle [kanɛl] F Zimt m
cannibale [kanibal] M Kannibale m
canoë [kanɔe] M Kanu n
canon¹ [kanɔ̃] A M 1 MIL Kanone f, Geschütz n 2 de fusil, etc Lauf m B ADJ fam super
canon² M 1 MUS Kanon m 2 ÉGL, a. fig Kanon m
canot [kano] M Boot n; Kahn m; **~ de sauvetage** Rettungsboot n
cantatrice [kɑ̃tatʀis] F (Opern)Sängerin f

cantine [kɑ̃tin] F Kantine f
canton [kɑ̃tɔ̃] M Kanton m
cantonner [kɑ̃tɔne] A VT unterbringen; MIL a. einquartieren B VPR se ~ fig sich beschränken (**dans** auf + acc)
caoutchouc [kautʃu] M Kautschuk m
cap [kap] M 1 Kap n; fig **avoir (dé)passé le cap de la quarantaine** über die vierzig sein; die vierzig überschritten haben 2 MAR Kurs m
CAP [seape] M ABR ⟨inv⟩ (= certificat d'aptitude professionnelle) Facharbeiter-, Gesellenbrief m ou -prüfung f
★**capable** [kapabl] ADJ 1 ~ **de** (+ inf) fähig, in der Lage, imstande zu (+ inf) 2 (≈ compétent) fähig
capacité [kapasite] F 1 (≈ aptitude) Fähigkeit f; Tüchtigkeit f; Befähigung f; **~s** pl Fähigkeiten fpl 2 (≈ contenance) Fassungsvermögen n; Kapazität f 3 (≈ potentiel) Kapazität f
cape [kap] F Umhang m
★**capitaine** [kapitɛn] M MIL Hauptmann m
capital¹ [kapital] M ⟨-aux [-o]⟩ 1 Kapital n; (≈ fortune) Vermögen n 2 **capitaux** pl Gelder npl
capital² [kapital] ADJ ⟨~e; -aux [-o]⟩ 1 wesentlich, entscheidend; partie, œuvre, argument, etc Haupt..., hauptsächlich; **une erreur ~e** ein schwerer Fehler 2 **peine ~e** Todesstrafe f
★**capitale** [kapital] F 1 Hauptstadt f 2 TYPO Großbuchstabe m
capitalisme [kapitalism] M Kapitalismus m **capitaliste** [kapitalist] A ADJ kapitalistisch B MF Kapitalist(in) m(f)
capitulation [kapitylasjɔ̃] F Kapitulation f **capituler** [kapityle] VI a. fig kapitulieren
caporal [kapɔʀal] M ⟨-aux [-o]⟩ Gefreite(r) m
capot [kapo] M Motorhaube f
capote [kapɔt] F 1 AUTO, a. d'un landau Verdeck n 2 fam **~ anglaise** fam Pariser m
capoter [kapɔte] VI sich überschlagen
câpre [kɑpʀ] F Kaper f
caprice [kapʀis] M Laune f; **~s** pl a. fig du temps, etc Launen fpl; Launenhaftigkeit f **capricieux** [kapʀisjø] ADJ ⟨-euse [-øz]⟩ launenhaft; launisch
Capricorne [kapʀikɔʀn] M ASTROL Steinbock m
capsule [kapsyl] F **de bouteilles** Kron(en)korken m; par ext Verschluss m
capter [kapte] VT 1 attention fesseln 2 source fassen 3 émetteur hereinbekommen **capteur** [kaptœʀ] M **~ solaire** Sonnenkollektor m
captivant [kaptivɑ̃] ADJ ⟨-ante [-ɑ̃t]⟩ personne faszinierend **captiver** [kaptive] VT in Bann schlagen; fesseln
captivité [kaptivite] F Gefangenschaft f
capture [kaptyʀ] F 1 Fangen n; de personnes Festnahme f; MAR Aufbringung f 2 (≈ butin) Fang m
capturer [kaptyʀe] VT animal fangen; personne fassen; festnehmen; MIL gefangen nehmen
capuche [kapyʃ] F Kapuze f **capuchon** [kapyʃɔ̃] M 1 Kapuze f 2 d'un stylo Kappe f
★**car¹** [kaʀ] CONJ denn
car² M (Reise)Bus m, Überlandbus m
★**caractère** [kaʀaktɛʀ] M 1 d'une personne Charakter m 2 (≈ particularité) Merkmal n; Eigenschaft f 3 Schriftzeichen n
caractériel [kaʀakteʀjɛl] ADJ ⟨~le⟩ **troubles ~s** Verhaltensstörungen fpl
caractérisé [kaʀakteʀize] ADJ ⟨~e⟩ eindeutig; ausgeprägt
caractériser [kaʀakteʀize] VT charakterisieren
caractéristique [kaʀakteʀistik] A ADJ charakteristisch, kennzeichnend, bezeichnend (**de** für) B F 1 Kennzeichen n 2 TECH **~s** pl technische Daten pl
carafe [kaʀaf] F Karaffe f
Caraïbes [kaʀaib] MPL **les ~** die Karibischen Inseln; **la mer des ~** die Karibik, das Karibische Meer
carambolage [kaʀɑ̃bɔlaʒ] M Zusammenstoß m; (Massen)Karambolage f
caramel [kaʀamɛl] M 1 Karamell m 2 Karamellbonbon m ou n
carapace [kaʀapas] F ZOOL fig Panzer m
★**caravane** [kaʀavan] F 1 Wohnwagen m, Wohnanhänger m 2 a. par ext Karawane f
carbone [kaʀbɔn] M 1 CHIM Kohlenstoff m 2 ⟨adjt⟩ **papier m ~** Kohlepapier n **carbonisé** [kaʀbɔnize] ADJ ⟨~e⟩ verkohlt
carburant [kaʀbyʀɑ̃] M Kraft-, Treibstoff m **carburateur** [kaʀbyʀatœʀ] M

Vergaser m
carcasse [kaʀkas] F **1** *d'animaux* Gerippe n; CUIS Karkasse f **2** TECH Gerippe n
cardiaque [kaʀdjak] A ADJ **1** ANAT, MÉD Herz... **2** *personne* herzkrank, -leidend B M/F Herzkranke(r) m/f(m)
cardinal[1] [kaʀdinal] M ⟨-aux [-o]⟩ CATH Kardinal m
cardinal[2] [kaʀdinal] ADJ ⟨-e; -aux [-o]⟩ **nombre ~** Grund-, Kardinalzahl f; **les (quatre) points** mpl **cardinaux** die (vier) Himmelsrichtungen fpl
carême [kaʀɛm] M REL Fastenzeit f
carence [kaʀɑ̃s] F **1 ~ en vitamines** Vitaminmangel m **2** POL Versagen n; Nichtstun n
caresse [kaʀɛs] F Zärtlichkeit f **caresser** [kaʀese] VT **1** *personne, a. animal* streicheln **2** *fig vent* ~ **qn** j-n (sanft) streicheln
cargaison [kaʀɡɛzɔ̃] F Ladung f
cargo [kaʀɡo] M Frachter m
caricature [kaʀikatyʀ] F Karikatur f
carie [kaʀi] F **~ (dentaire)** Karies f; Zahnfäule f
carillonner [kaʀijɔne] A VT *fig nouvelle* ausposaunen B VI *cloches* läuten
carnage [kaʀnaʒ] M Gemetzel n
carnaval [kaʀnaval] M Karneval m
★**carnet** [kaʀnɛ] M Notizbuch n; Heftchen n; **~ d'adresses** Adress(en)büchlein n; **~ de chèques** Scheckheft n; **~ de commandes** Auftrags-, Bestellbuch n; **~ (de métro)** Fahrkartenblock m (für die U-Bahn); **~ (de notes)** Zeugnis(heft) n
carnivore [kaʀnivɔʀ] A ADJ fleischfressend B MPL **~s** fleischfressende Tiere npl; Fleischfresser mpl; t/t Karnivoren pl
carotide [kaʀɔtid] F Halsschlagader f
★**carotte** [kaʀɔt] F ZOOL Möhre f; Karotte f
carpaccio [kaʀpatʃ(j)o] M CUIS Carpaccio n ou m
carpe [kaʀp] F ZOOL Karpfen m
★**carré** [kaʀe] A ADJ ⟨-e⟩ **1** quadratisch; *a.* MATH Quadrat...; *fam* viereckig; **mètre ~** Quadratmeter m ou n **2** *visage* eckig; **épaules** f pl **~es** breit B M **1** *a.* MATH Quadrat n; Geviert n; *fam* Viereck n; **5 au ~** 5 im Quadrat **2** *de chocolat* Stückchen n
carreau [kaʀo] M ⟨~x⟩ **1** (≈ vitre) (Fenster)Scheibe f **2** (≈ dalle) Fliese f; (Stein)Platte f; **~ de faïence** Kachel f **3** *dessin* Karo n; **à ~x** kariert; gewürfelt

★**carrefour** [kaʀfuʀ] M **1** (Straßen)Kreuzung f **2** *fig* Treffpunkt m; Schnittstelle f; (≈ réunion) Treffen m
carrelage [kaʀlaʒ] M Fliesenboden m
carrelé [kaʀle] ADJ ⟨-e⟩ gefliest, gekachelt **carreleur** [kaʀlœʀ] M Fliesenleger m
carrément [kaʀemɑ̃] ADV *dire* geradeheraus; *fam* klipp und klar
carrière[1] [kaʀjɛʀ] F Laufbahn f, Karriere f; **faire ~** Karriere machen
carrière[2] [kaʀjɛʀ] F TECH Steinbruch m
carrosserie [kaʀɔsʀi] F Karosserie f
carrure [kaʀyʀ] F Schulterbreite f; Schultern fpl
cartable [kaʀtabl] M Schulmappe f, Schultasche f
★**carte** [kaʀt] F **1** *donnant certains droits* Karte f; Ausweis m; **Carte bleue** EC-Karte f; **Carte Visa** Visakarte f; ★ **~ grise** Kraftfahrzeugschein m; *fam* Zulassung f; AUTO **~ verte** grüne Versicherungskarte; **~ à puce** Chipkarte f; ★ **~ de crédit** Kreditkarte f; AVIAT **~ d'embarquement** Bordkarte f; ★ **~ ~ d'identité** Personalausweis m **2** ★ **~ postale** Postkarte f; Ansichtskarte f
cartel [kaʀtɛl] M Kartell n
cartilage [kaʀtilaʒ] M Knorpel m
cartomancienne [kaʀtɔmɑ̃sjɛn] F Kartenlegerin f
★**carton** [kaʀtɔ̃] M **1** *matière* Karton m; Pappe f **2** *boîte* (Papp)Schachtel f **3** FOOTBALL **~ jaune, rouge** Gelbe, Rote Karte
cartouche [kaʀtuʃ] F MIL, CHASSE, *a. d'un stylo* Patrone f

★**cas** [ka] M **1** *a.* JUR Fall m; **cas de conscience** Gewissensfrage f; **cas de figure** Möglichkeit f; Hypothese f; ★ **au cas où, dans le cas où** + *conditionnel* falls; wenn; im Fall(e), dass; **dans bien des cas** in vielen Fällen; ★ **en tout cas** auf jeden Fall; jedenfalls; auf alle Fälle **2** *d'une personne, a.* MÉD Fall m
casanier [kazanje] ADJ ⟨-ière [-jɛʀ]⟩ häuslich
cascade [kaskad] F (kleinerer) Wasserfall; Kaskade f **cascadeur** [kaskadœʀ] M FILM Stuntman m
★**case** [kaz] F **1** *d'un damier* Feld n; *de formulaires, mots croisés* Kästchen n; Feld n **2** *d'armoires, etc* Fach n **3** *d'indigènes*

Hütte f
caser [kɑze] V/T **1** chose unterbringen; verstauen **2** fam personne unterbringen; femme fam unter die Haube, an den Mann bringen
caserne [kɑzɛʀn] F MIL Kaserne f
casier [kɑzje] M **1** (≈case) (Ablage)Fach n **2** (≈étagère) Regal n **3** ~ **judiciaire** Strafregister n
★**casque** [kask] M **1** a. MIL Helm m; d'ouvrier Schutzhelm m; de motard Sturzhelm m; fig **les ~s bleus** UNO-Soldaten die Blauhelme mpl **2** ÉLEC Kopfhörer m
casquette [kaskɛt] F (Schirm)Mütze f
cassant [kɑsɑ̃] ADJ ⟨-ante [-ɑ̃t]⟩ **1** matériau spröde, brüchig **2** personne, paroles schroff; ton scharf
casse[1] [kɑs] F **1** il **y a de la ~** es gibt Scherben **2** fam **il va y avoir de la ~** fam es wird krachen, es wird eine Schlägerei geben **3** de voitures, machines Schrott m; **mettre à la ~** verschrotten (lassen)
casse[2] argot M Einbruch m, Bruch m
cassé [kɑse] ADJ ⟨-e⟩ **1** zerbrochen; fam kaputt; jambe, etc gebrochen **2** voix heiser; rau
casse-cou ⟨inv⟩ **A** ADJ draufgängerisch **B** M Draufgänger m **casse-croûte** M ⟨inv⟩ Imbiss m; all Sud Vesper n **casse-noix** M ⟨inv⟩, **casse-noisette(s)** M ⟨casse-noisettes⟩ Nussknacker m **casse-pieds** ⟨inv⟩ fam **A** ADJ lästig **B** M/F fam Nervensäge f
★**casser** [kɑse, kase] **A** V/T **1** zerbrechen; zerschlagen; entzweischlagen; fam, a. appareil kaputt machen; œil einwerfen; einschlagen; branche (ab)knicken; CUIS œufs aufschlagen; dent ausschlagen; noix (auf)knacken; pointe, poignée abbrechen; bois hacken **2** fig prix radikal senken **3** JUR jugement aufheben **B** V/I verre, etc (zer)brechen; fam kaputtgehen **C** V/PR **se** ~ verre, etc (zer)brechen; dent, branche abbrechen **2** personne **se ~ le bras**, etc sich (dat) den Arm etc brechen
★**casserole** [kasʀɔl] F Stieltopf m
casse-tête M ⟨inv⟩ **être un ~ pour qn** j-m viel Kopfzerbrechen machen
★**cassette** [kasɛt] F ÉLEC Kassette f
casseur [kɑsœʀ] M gewalttätiger Demonstrant; Randalierer m

cassis [kasis] M **1** BOT Schwarze Johannisbeere **2** Cassislikör m
cassoulet [kasulɛ] M Eintopf aus Fleisch, Wurst u. weißen Bohnen
cassure [kɑsyʀ] F Bruch(stelle) m(f)
cata [kata] F ABR (= catastrophe) Katastrophe f
cataclysme [kataklism] M Naturkatastrophe f
catacombes [katakɔ̃b] FPL Katakomben fpl
catalogue [katalɔɡ] M Katalog m
catalyseur [katalizœʀ] M a. fig Katalysator m
catalytique [katalitik] ADJ AUTO ★ **pot** m ~ Katalysator m; fam Kat m
catamaran [katamaʀɑ̃] M Katamaran m
catapulter [katapylte] V/T a. fig katapultieren
★**catastrophe** [katastʀɔf] F **1** Katastrophe f; (schweres) Unglück n **2 en ~** überstürzt; in größter Eile
catastrophique [katastʀɔfik] ADJ a. fam péj katastrophal, verheerend
catéchisme [kateʃism] M Religionsunterricht m
catégorie [kateɡɔʀi] F Kategorie f; Klasse f **catégorique** [kateɡɔʀik] ADJ kategorisch
★**cathédrale** [katedʀal] F Kathedrale f
catholique [katɔlik] **A** ADJ **1** katholisch **2** fam fig **pas très ~** fam nicht ganz koscher, astrein **B** M/F Katholik(in) m(f)
catimini [katimini] ADV **en ~** heimlich
cauchemar [koʃmaʀ] M a. fig Albtraum m
causant [kozɑ̃] fam ADJ ⟨-ante [-ɑ̃t]⟩ gesprächig
★**cause** [koz] F **1** (≈origine, motif) Ursache f; Grund m; Anlass m; **à ~ de** wegen + gén fam + dat **2** (≈intérêt) Sache f; Angelegenheit f **3** JUR (Rechts)Sache f
★**causer**[1] [koze] V/T (≈provoquer) verursachen; dommages a. anrichten; chagrin, joie, soucis a. machen
causer[2] V/T INDIR & V/I **1** (≈s'entretenir) ~ **(avec qn de qc, qn)** sich unterhalten, plaudern (mit j-m über etw, j-n) **2** fam (≈parler) sprechen, reden (**à qn** mit j-m)
caution [kosjɔ̃] F Kaution f; **mettre en liberté sous ~** gegen Kaution
cavalier [kavalje], **cavalière** [kavaljɛʀ] **A** M/F **1** Reiter(in) m(f) **2** au bal Tanz-

partner(in) m(f) ◾ M̄ ÉCHECS Springer m ◾ ADJ ungehörig

★**cave** [kav] F̄ Keller m; **~ (à vin)** Weinkeller m

caveau [kavo] M̄ ⟨-x⟩ Gruft f

caverne [kavɛʀn] F̄ Höhle f

cavité [kavite] F̄ Hohlraum m; ANAT Höhle f

CD [sede] M̄ ABR ⟨inv⟩ (= compact disc) CD f

CDD [sedede] M̄ ABR (= contrat à durée déterminée) befristeter Arbeitsvertrag

CDI [sedei] M̄ ABR (= contrat à durée indéterminée) unbefristeter Arbeitsvertrag; **être en CDI** fest angestellt sein

★**CD-ROM** [sederɔm] M̄ ⟨inv⟩ CD-ROM f

★**ce** [s(ə)] ◾ ADJ DÉM M̄ ⟨vor Vokal u. stummem h **cet** [sɛt]; f **cette** [sɛt]; pl **ces** [se]⟩ dieser, diese, dieses diese pl; **ce matin, soir** heute Morgen, Abend ◾ PR DÉM **ce que** tu fais (das,) was...; **ce qui** me gêne (das,) was...; **sur ce** und damit; und nun; darauf(hin); **ce faisant** dabei; als er etc das tat

ceci [səsi] PR DÉM dies(es); das (hier)

cécité [sesite] F̄ Blindheit f

★**céder** [sede] ⟨-è-⟩ ◾ V/T ◾ **~ qc à qn** j-m ou an j-m etw abtreten; j-m etw überlassen; etw an j-n abgeben ◾ AUTO **~ le passage à qn** j-m die Vorfahrt lassen ◾ (≈vendre) veräußern; **créance**, etc abtreten (**à qn** an j-n); commerce abgeben ◾ V/T INDIR & V/I nachgeben, weichen (**à** dat)

cédérom [sederɔm] M̄ CD-ROM f

Cedex, CEDEX [sedɛks] M̄ ABR (= courrier d'entreprise à distribution exceptionnelle) Postadresscode für Großkunden

cédille [sedij] F̄ Cedille f

★**ceinture** [sɛ̃tyʀ] F̄ ◾ Gürtel m; Gurt m; **★ ~ de sécurité** Sicherheitsgurt m ◾ Gürtellinie f; Taille f; de jupe, de pantalon Bund m

★**cela** [s(ə)la] PR DÉM das; dies(es); **il y a cinq ans de ~** es, das ist fünf Jahre her

célébration [selebʀasjɔ̃] F̄ Feier f ★ **célèbre** [selɛbʀ] ADJ berühmt **célébrer** [selebʀe] V/T ⟨-è-⟩ fête, événement feiern **célébrité** [selebʀite] F̄ a. personne Berühmtheit f

céleri [sɛlʀi] M̄ Sellerie m ou f

céleste [selɛst] ADJ ◾ Himmels... ◾ REL, a. fig himmlisch

célibat [seliba] M̄ Ehelosigkeit f

★**célibataire** [selibatɛʀ] ◾ ADJ ledig ◾ M̄/F Junggeselle, -gesellin m,f

celle → celui

cellier [selje] M̄ Vorratsraum m (für Wein etc)

cellulaire [selylɛʀ] ADJ BIOL Zell...

cellule [selyl] F̄ a. BIOL, TECH fig Zelle f

★**celui** [səlɥi] PR DÉM M̄ ⟨f **celle** [sɛl]; mpl **ceux** [sø]; fpl **celles** [sɛl]⟩ der(-), die(-), das (-jenige) die(jenigen) pl; **~ de mon frère** der ou den meines Bruders; **~ qui** der (-jenige), der; wer

★**celui-ci** [səlɥisi] PR DÉM M̄ ⟨f **celle-ci**; mpl **ceux-ci**; fpl **celles-ci**⟩ dieser, diese, dieses diese (hier) pl

★**celui-là** [səlɥila] PR DÉM M̄ ⟨f **celle-là**; mpl **ceux-là**; fpl **celles-là**⟩ dieser, diese, dieses diese (da) pl; opposé à «celui-ci» jener, jene, jenes jene pl

cendre [sɑ̃dʀ] F̄ Asche f ★ **cendrier** [sɑ̃dʀije] M̄ Asch(en)becher m

censé [sɑ̃se] ADJ ⟨-e⟩ **il est ~ être malade** er soll krank sein

censure [sɑ̃syʀ] F̄ Zensur(behörde) f

censurer [sɑ̃syʀe] V/T livre, film verbieten

cent¹ [sɑ̃] ◾ NUM (ein)hundert; **deux ~(s)** ⟨bei folgender Zahl sowie als Ordnungszahl ohne s⟩ zweihundert ◾ M̄ ◾ chiffre Hundert f ◾ **★ pour ~** Prozent n

cent² [sɑ̃] M̄ **~ (d'euro)** Cent m

★**centaine** [sɑ̃tɛn] F̄ ◾ **une ~ (de)** etwa, ungefähr, rund, zirka, an die hundert; **par ~s** zu Hunderten ◾ dans les nombres Hunderter m

centenaire [sɑ̃tənɛʀ] ◾ ADJ hundertjährig ◾ M̄/F Hundertjährige(r) m/f/c ◾ M̄ hundertster Jahrestag

★**centième** [sɑ̃tjɛm] ◾ NUM hundertste ◾ M̄ MATH Hundertstel n

★**centime** [sɑ̃tim] M̄ helv Rappen m; HIST en France, en Belgique Centime m; **~ (d'euro)** Cent m

★**centimètre** [sɑ̃timɛtʀ] M̄ ◾ Zentimeter m ou n ◾ **~ (de couturière)** Zentimetermaß n

★**central** [sɑ̃tʀal] ◾ ADJ ⟨-e; -aux [-o]⟩ zentral, Zentral...; zentral gelegen; **l'Europe ~e** Mitteleuropa n ◾ F̄ **~e (électrique)** Elektrizitätswerk n, E-Werk n; **★ ~e nucléaire** Atomkraftwerk n, Kernkraftwerk n

centralisation [sɑ̃tralizasjɔ̃] F Zentralisierung f **centraliser** [sɑ̃tralize] VT zentralisieren
centralisme [sɑ̃tralism] M Zentralismus m
★**centre** [sɑ̃tʀ] M ① a. MATH Mittelpunkt m; Zentrum n, Mitte f; **le ~ de la France** ou **le Centre** Mittelfrankreich n; ★ **~ (de la) ville** Stadtzentrum n, Stadtmitte f; **au ~** in der Mitte (**de** gén); **en plein ~ de** mitten in (+ dat) ② lieu Zentrum n; **~ industriel, touristique** Industrie-, Fremdenverkehrszentrum n; **~ des affaires** Geschäftsviertel n ③ institution Anstalt f, Institut n; ★ **~ commercial** Einkaufszentrum n; **~ hospitalier** Krankenhaus n; **~ d'accueil** Betreuungsstelle f; **~ d'appels** Callcenter n ④ POL Mitte f
centrer [sɑ̃tʀe] VT ① TECH, TYPO zentrieren ② fig **être centré sur** gerichtet sein auf (+ acc)
cèpe [sɛp] M Steinpilz m
★**cependant** [s(ə)pɑ̃dɑ̃] CONJ jedoch
céramique [seʀamik] F Keramik f
cerceau [sɛʀso] M ⟨~x⟩ Reif(en) m
★**cercle** [sɛʀkl] M ① a. MATH, GÉOG Kreis m ② **~ d'amis** Freundeskreis m
cercueil [sɛʀkœj] M Sarg m
★**céréale** [seʀeal] F ① AGR **~s** pl Getreide n ② au petit-déjeuner **~s** pl Getreideflocken fpl
cérébral [seʀebʀal] ADJ ⟨~e, -aux [-o]⟩ ① (Ge)Hirn... ② fig geistig
★**cérémonie** [seʀemɔni] F ① Zeremonie f ② **sans ~** zwanglos; ungezwungen
★**cerf** [sɛʀ] M Hirsch m
cerf-volant [sɛʀvɔlɑ̃] M ⟨cerfs-volants⟩ (Papier)Drachen m
★**cerise** [s(ə)ʀiz] F ① Kirsche f ② ⟨adjt⟩ **(rouge) ~** ⟨inv⟩ kirschrot
cerne [sɛʀn] M → cerné
cerné [sɛʀne] ADJ ⟨~e⟩ **avoir les yeux ~s** ou **avoir des cernes autour des yeux** Schatten unter den Augen, (dunkle) Ringe um die Augen haben
cerner [sɛʀne] VT umzingeln; einkreisen
★**certain** [sɛʀtɛ̃] A ADJ ⟨~aine [-ɛn] nach dem subst⟩ sicher; **c'est ~** das ist sicher, gewiss, das steht fest B ADJ INDÉF ⟨vor dem subst⟩ gewisse(r, -s), bestimmte(r, -s) C PR INDÉF **~s** pl gewisse Leute; einige, manche (Leute)
★**certainement** [sɛʀtɛnmɑ̃] ADV sicher

(-lich), gewiss, bestimmt
certes [sɛʀt] st/s ADV gewiss
certificat [sɛʀtifika] M ① Zeugnis n; Bescheinigung f, Schein m; **~ médical** ärztliches Attest **certifier** [sɛʀtifje] VT ① **~ à qn que ...** j-m bestätigen, versichern, dass ... ② **copie certifiée conforme** beglaubigte Abschrift
certitude [sɛʀtityd] F Gewissheit f
★**cerveau** [sɛʀvo] M ⟨~x⟩ Gehirn n, Hirn n; ANAT Großhirn n
cervelas [sɛʀvəla] M Fleischwurst f
cervelle [sɛʀvɛl] F ① Hirnsubstanz f, Hirnmasse f; CUIS Hirn n ② **avoir une ~ d'oiseau** fam ein Spatzenhirn haben
Cervin [sɛʀvɛ̃] **le mont ~** das Matterhorn
ces → ce
CES [seaɛs] M ABR, **C.E.S.** M ABR → collège
césarienne [sezaʀjɛn] F Kaiserschnitt m
cessation [sesasjɔ̃] F Einstellung f; JUR **~ de paiements** Zahlungseinstellung f
cesse [sɛs] F **sans ~** unaufhörlich; ständig; dauernd ★ **cesser** [sese] VT einstellen, aufhören mit; **~ de** (+ inf) aufhören zu (+ inf)
cessez-le-feu [seselfø] M ⟨inv⟩ Waffenruhe f
c'est [sɛ, se] → être¹
★**c'est-à-dire** [sɛtadiʀ] CONJ das heißt, nämlich
★**cet** → ce
★**cette** → ce
ceux → celui
cf. ABR (= confer) vgl.
CFA [seefa] ABR (= Communauté financière africaine) franc m CFA CFA-Franc m
CFC [seefse] MPL ABR (= chlorofluorocarbures) FCKW mpl
CFDT [seefdete] F ABR (= Confédération française [et] démocratique du travail) sozialistisch orientierte Gewerkschaft
CFE-CGC [seefe-seʒeʒe] F ABR (= Confédération française de l'encadrement – Confédération générale des cadres) Gewerkschaft für höhere Angestellte
CGT [seʒete] F ABR (= Confédération générale du travail) kommunistisch orientierte Gewerkschaft
CH [seaʃ] F ABR (= Confœderatio helvetiae) CH f (Civitas helvetiae), Schweiz f
★**chacun** [ʃakɛ̃, -kœn] PR INDÉF ⟨~e [ʃakyn]⟩

jede(r, -s) (einzelne); **~ de nous** ou **d'entre nous** jeder von uns

chagrin [ʃagʀɛ̃] M Kummer m, Leid n; **~ d'amour** Liebeskummer m **chagriner** [ʃagʀine] VT bekümmern, betrüben

chahut [ʃay] M Krach m; fam Radau m

chahuteur [ʃaytœʀ] M Krachmacher m

★**chaîne** [ʃɛn] F **1** a. bijou Kette f; AUTO **~s** pl Schneeketten fpl; **~ (de vélo)** Fahrradkette f **2 ~ de montage** Fließ-, Montageband n; **travailler à la ~** am Fließband arbeiten **3** fig Kette f; Reihe f; **~ (de montagnes)** Gebirgskette f, Gebirgszug m; **faire la ~** e-e Kette bilden **4** RAD, TV Sender m, Programm n; **sur la première ~** im Ersten Programm **5** ★ **~** (°hi-fi, stéréo) Stereoanlage f; Hi-Fi-Anlage f

chaînon [ʃɛnɔ̃] M (Ketten)Glied n

chair [ʃɛʀ] F a. d'un fruit REL Fleisch n; fig **~ de poule** Gänsehaut f

chaire [ʃɛʀ] F **1** ÉGL Kanzel f **2** UNIVERSITÉ Lehrstuhl m, Professur f

chaise [ʃɛz] F Stuhl m

châle [ʃal] M Dreiecks-, Umschlag(e)tuch n

chalet [ʃalɛ] M (Schweizer) Chalet n

★**chaleur** [ʃalœʀ] F **1** a. PHYS Wärme f; plus fort Hitze f **2** fig (= cordialité) Wärme f, Herzlichkeit f **chaleureux, -euse** [ʃalœʀø, -øz] fig ADJ warm, herzlich

chamailler [ʃamaje] fam VPR **se ~** streiten; sich zanken

chamarré [ʃamaʀe] ADJ <-e> bunt verziert (**de** mit)

★**chambre** [ʃɑ̃bʀ] F **1** in dem man schläft Zimmer n; ★ **~ double** Doppelzimmer n; ★ **~ simple** Einzelzimmer n; **~ à coucher** a. meubles Schlafzimmer n; **~ à deux lits** Zweibettzimmer n; **~ d'amis** Gäste-, Gastzimmer n; **~ d'enfants** Kinderzimmer n; **~ d'étudiant** Studentenzimmer n; **~ (d'hôtel)** Hotel-, Fremdenzimmer n; **faire ~ à part** getrennt schlafen; malade **garder la ~** das Zimmer hüten (müssen) **2** (= pièce) Raum m, Kammer f **3** JUR, POL Kammer f; **Chambre des députés** Abgeordnetenhaus n, -kammer f **4** TECH Kammer f; d'un pneu **~ à air** Schlauch m

chameau [ʃamo] M <-x> Kamel n

★**champ** [ʃɑ̃] M **1** Feld n, Acker m; **~ de blé** Getreidefeld n; **~ de pommes de terre** Kartoffelacker m; **à travers ~s** querfeldein; **en plein ~** auf freiem, offenem Feld **2** (= terrain) Feld n, Gelände n; **~ de courses** Rennplatz m, Rennbahn f; **~ de mines, de pétrole** Minen-, Ölfeld n

champagne M Champagner m

champêtre [ʃɑ̃pɛtʀ] ADJ ländlich

★**champignon** [ʃɑ̃piɲɔ̃] M **1** BOT, CUIS, MÉD Pilz m; **~ de Paris** Champignon m; **cueillir, ramasser des ~s** Pilze suchen, sammeln **2** fam Gaspedal n; **appuyer sur le ~** fam auf die Tube drücken

★**champion** [ʃɑ̃pjɔ̃] M, **championne** [ʃɑ̃pjɔn] F SPORTS Meister(in) m(f), Champion m; **~, ~ne du monde** Weltmeister(in) m(f) ★ **championnat** [ʃɑ̃pjɔna] M Meisterschaft f

Champs-Élysées [ʃɑ̃zelize] MPL Prachtstraße in Paris

★**chance** [ʃɑ̃s] F **1** Glück n; Chance f; **bonne ~!** viel Glück!; **coup** m **de ~** Glücksfall m; **par ~** glücklicherweise; **durch e-n glücklichen Zufall**; **pas de ~!** fam so ein Pech!; Pech gehabt!; **porter ~** Glück bringen **2 ~s** pl Chancen fpl; Aussichten fpl; **~s de succès** Erfolgsaussichten fpl, Erfolgschancen fpl; **il n'a qu'une ~ sur cent de le retrouver** die Chancen stehen eins zu hundert dagegen, dass er ihn wiederfindet

chanceler [ʃɑ̃sle] VI <-ll-> (sch)wanken, taumeln

★**chancelier** [ʃɑ̃səlje] M Kanzler m ★ **chancelière** [ʃɑ̃səljɛʀ] F Kanzlerin f

chancellerie [ʃɑ̃sɛlʀi] F Kanzlei f; en Allemagne Kanzleramt n; en France Justizministerium n

chanceux [ʃɑ̃sø] ADJ <-euse [-øz]> **être ~** Glück haben; ein Glückskind sein

chandail [ʃɑ̃daj] M Pullover m

chandelier [ʃɑ̃dalje] M (Kerzen)Leuchter m

chandelle [ʃɑ̃dɛl] F (Talg)Kerze f

change [ʃɑ̃ʒ] M **1** Tausch m; **gagner, perdre au ~** e-n guten, schlechten Tausch machen **2** FIN (Geld)Wechsel m; **bureau** m **de ~** Wechselstube f **3** **pour bébés ~ (complet)** Wegwerfwindel f

changeant [ʃɑ̃ʒɑ̃] ADJ <-ante [-ɑ̃t]> **1** temps wechselhaft; unbeständig; a. personne launisch **2** couleur schillernd

★**changement** [ʃɑ̃ʒmɑ̃] M **1** (Ver)Änderung f; Wechsel m, Wandel m; Umstellung f; ~ **d'adresse** Änderung der Anschrift; ~ **d'air** Luftveränderung f; ~ **de décor** THÉ Szenenwechsel m; fig Orts-; fam Tapetenwechsel m; ~ **de temps** Wetteränderung f; **il y a eu du** ~ es hat sich manches, einiges geändert **2** CH DE FER Umsteigen n

★**changer** [ʃɑ̃ʒe] ⟨-ge-⟩ **A** VT **1** (≈ modifier) (ver)ändern; (≈ transformer) verwandeln, umwandeln (**en** in + acc); ~ **qn** j-n verändern; ~ **qc à qc** etw an etw (dat) ändern **2** (≈ remplacer) (aus)wechseln; (≈ échanger) (um-, ein-, aus)tauschen; **les draps de lit** die Bettwäsche wechseln; das Bett ou die Betten frisch beziehen; ~ **une roue** ein Rad auswechseln; ~ **des euros en dollars** Euros gegen, für Dollars (ein)wechseln, (ein)tauschen **3** ~ **qc de place** etw an e-n anderen Platz stellen; etw umräumen, umstellen; ~ **qn de poste** j-n versetzen **4** bébé wickeln, trockenlegen **B** VT INDIR ~ **de** wechseln, ändern (+ acc); ~ **d'avis** s-e Ansicht, Meinung ändern; ~ **de bus, de train** umsteigen; ~ **de chemise** ein frisches Hemd anziehen **C** VI ⟨Zustand être⟩ sich ändern, anders werden; **le temps va** ~ das Wetter ändert sich **D** VPR **1** ★ **se** ~ sich umziehen, umkleiden **2** **se** ~ **en** sich verwandeln in (+ acc); werden zu

★**chanson** [ʃɑ̃sɔ̃] F Lied n, Chanson f, Schlager m; ~ **d'amour** Liebeslied n

chant [ʃɑ̃] M **1** action Singen n; Gesang m **2** (≈ air) Lied n

chantage [ʃɑ̃taʒ] M Erpressung f

★**chanter** [ʃɑ̃te] **A** VT singen **B** VI **1** singen; ~ **faux, juste** falsch, richtig singen **2** fig **faire** ~ **qn** j-n erpressen ★**chanteur** [ʃɑ̃tœʀ] M, **chanteuse** [ʃɑ̃tøz] F Sänger(in) m(f)

★**chantier** [ʃɑ̃tje] M Baustelle f; ~ **naval** (Schiffs)Werft f; **panneau** ~ **interdit au public!** Betreten der Baustelle verboten!

Chantilly [ʃɑ̃tiji] SANS ART ⟨f⟩ **la (crème)** ~ die Schlagsahne

chantonner [ʃɑ̃tɔne] VT et VI trällern

chanvre [ʃɑ̃vʀ] M BOT Hanf m

chaos [kao] M Chaos n **chaotique** [kaotik] ADJ chaotisch

chaparder [ʃapaʀde] fam VT klauen; fam stibitzen

★**chapeau** [ʃapo] M ⟨~x⟩ **1** Hut m; ~ **de paille** Strohhut m **2** ~ **de roue** Radkappe f

chapelet [ʃaplɛ] M **1** CATH Rosenkranz m **2** fig Reihe f, Kette f

chapelle [ʃapɛl] F Kapelle f

chapelure [ʃaplyʀ] F Paniermehl n

chapiteau [ʃapito] M ⟨~x⟩ **1** ARCH Kapitell n **2** Zirkuszelt n

chapitre [ʃapitʀ] M a. fig, a. ÉGL Kapitel n

★**chaque** [ʃak] ADJ INDÉF jede(r, -s)

char [ʃaʀ] M **1** MIL ~ **(d'assaut)** Panzer m **2** (≈ voiture) Wagen m

charabia [ʃaʀabja] fam M Kauderwelsch n

★**charbon** [ʃaʀbɔ̃] M Kohle f; ~ **de bois** Holzkohle f

★**charcuterie** [ʃaʀkytʀi] F **1** Wurst f; aus Schweinefleisch Fleisch- und Wurstwaren fpl **2** Fleischerei f, Metzgerei f **charcutier** [ʃaʀkytje] M Fleischer m; (Schweine-)Metzger m

chardon [ʃaʀdɔ̃] M Distel f

★**charge** [ʃaʀʒ] F **1** Last f; d'un véhicule Ladung f, Fracht f; ÉLEC, a. d'une arme Ladung f **3** fig Last f; a. JUR Belastung f; st/s Bürde f; d'un loyer **~s** pl Nebenkosten pl; **~s fiscales** Steuerlast f, steuerliche Belastung(en) f(pl); **~s sociales** Sozialasten fpl; d'une entreprise Lohnnebenkosten pl; **avoir qn à** ~ für j-s Unterhalt aufkommen müssen; für j-n sorgen müssen **4** (≈ responsabilité) Aufgabe f; **prendre qn, qc en** ~ sich j-s, e-r Sache annehmen; etw übernehmen **5** (≈ fonction publique) Amt n **6** (≈ attaque) Angriff m, Attacke f

chargé [ʃaʀʒe] **A** ADJ ⟨-e⟩ **1** beladen, bepackt (**de** mit); langue belegt; fig emploi du temps, programme ausgefüllt, voll; **trop** **~e** überladen **2** fusil, etc geladen; batterie, pile aufgeladen **3** (≈ responsable) ~ **de** zuständig, verantwortlich für, beauftragt mit **B** SUBST ~**(e)** m(f) **d'affaires** Geschäftsträger(in) m(f)

chargement [ʃaʀʒəmɑ̃] M **1** Beladen n; TECH Laden n; de marchandises Ein-, Verladen n **2** (≈ cargaison) Ladung f, Fracht f

★**charger** [ʃaʀʒe] ⟨-ge-⟩ **A** VT **1** beladen, bepacken (**de** mit); marchandises (ver-, ein)laden **2** fig belasten, beschweren (**de** mit); ~ **qn** a. JUR j-n belasten **3**

(≈ confier) **~ qn de** (+ inf) j-n damit beauftragen ou betrauen zu (+ inf) **4** arme, batterie, appareil photo laden; appareil photo den, e-n Film einlegen in (+ acc) **5** sans objet (≈ attaquer) angreifen **B** V/PR **★ se ~ de qc** etw übernehmen, etw in die Hand nehmen; **se ~ de qn** sich j-s annehmen

chargeur [ʃaʁʒœʁ] M **1** d'un fusil Magazin n **2** TEL Ladegerät n

chariot [ʃaʁjo] M Wagen m, Karren m; de supermarché Einkaufswagen m; AVIAT, CH DE FER Kofferkuli m

charitable [ʃaʁitabl] ADJ mildtätig, barmherzig **charité** [ʃaʁite] F Barmherzigkeit f; REL Nächstenliebe f

charivari [ʃaʁivaʁi] M Krach m

charlatan [ʃaʁlatɑ̃] péj M Scharlatan m

charmant [ʃaʁmɑ̃] ADJ ⟨-ante [-ɑ̃t]⟩ bezaubernd, charmant; a. iron reizend

★ charme [ʃaʁm] M Zauber m, Bann m; Charme m, Reiz m

charmer [ʃaʁme] V/T bezaubern; plus fort verzaubern; **être charmé** entzückt sein (**de** + inf zu + inf)

charnel [ʃaʁnɛl] ADJ ⟨-le⟩ fleischlich

charnière [ʃaʁnjɛʁ] F **1** Scharnier n **2** fig Nahtstelle f; Übergang m

charnu [ʃaʁny] ADJ ⟨-e⟩ fleischig

charognard [ʃaʁɔɲaʁ] M Aasgeier m

charogne [ʃaʁɔɲ] F Aas n

charpente [ʃaʁpɑ̃t] F CONSTR (Trag)Gerüst n **charpentier** [ʃaʁpɑ̃tje] M Zimmermann m

charpie [ʃaʁpi] F **en ~** in Fetzen; viande ganz zerkocht; livre zerfleddert

charrette [ʃaʁɛt] F Karren m

charrue [ʃaʁy] F Pflug m

charte [ʃaʁt] F JUR, POL Charta f; **Charte sociale** de l'Union européenne Sozialcharta f

charts [ʃaʁts] MPL Charts pl

★ chasse [ʃas] F **1** Jagd f; époque Jagdzeit f; **~ (gardée)** Jagdrevier n **2** **à l'homme** Verfolgungsjagd f **3** **(d'eau)** Wasserspülung f

chasse-neige M ⟨inv⟩ TECH, SKI Schneepflug m

★ chasser [ʃase] **A** V/T **1** jagen; papillons fangen **2** (≈ faire partir) verjagen, weg-, fortjagen; mauvaise odeur, etc vertreiben **B** V/I roues (weg)rutschen **chasseur** [ʃasœʁ] M CH Jäger m

châssis [ʃasi, ʃa-] M **1** (≈ cadre) Rahmen m **2** AUTO Fahrgestell n

chasteté [ʃastəte] F Keuschheit f

★ chat¹ [ʃa] M Katze f; mâle Kater m; fig **il n'y a pas un ~** kein Mensch ist da, zu sehen

chat² [tʃat] M INFORM Chat m

châtaigne [ʃatɛɲ] F BOT (Ess)Kastanie f

châtain [ʃatɛ̃] ADJ ⟨f inv⟩ cheveux braun

★ château [ʃato] M ⟨-x⟩ Schloss n; **~ fort** Burg f

châtelain [ʃatlɛ̃, ʃa-] M, **châtelaine** [ʃatlɛn, ʃa-] F Schlossherr(in) m(f)

châtiment [ʃatimɑ̃] M **~ corporel** (körperliche) Züchtigung; Prügelstrafe f

chaton [ʃatɔ̃] M ZOOL, BOT Kätzchen n

chatouiller [ʃatuje] V/T kitzeln **chatouilleux** [ʃatujø] ADJ ⟨-euse [-øz]⟩ a. fig kitz(e)lig

châtrer [ʃatʁe] V/T kastrieren

chatte [ʃat] F ZOOL (weibliche) Katze

chatter [tʃate] V/I INFORM chatten

chatteur [tʃatœʁ] M, **chatteuse** [tʃatøz] F INFORM Chatter(in) m(f)

★ chaud [ʃo] **A** ADJ ⟨-e [ʃod]⟩ **1** a. vêtement warm; plus fort heiß **2** fig félicitations, couleur, voix warm; discussion, tempérament hitzig; bataille, journées, a. POL heiß; **nouvelle toute ~e** brühwarme Neuigkeit; **il n'est pas très ~ (pour ce projet)** er kann sich dafür nicht recht erwärmen **B** M Wärme f; plus fort Hitze f; **j'ai ~** mir ist warm, heiß plus fort; fig **j'ai eu ~** fam mir wurde ziemlich mulmig

chaudière [ʃodjɛʁ] F (Heiz)Kessel m

chaudron [ʃodʁɔ̃] M (Koch)Kessel m

★ chauffage [ʃofaʒ] M Heizung f

chauffard [ʃofaʁ] M Verkehrsrowdy m

chauffe-plats M ⟨inv⟩ Warmhalteplatte f

★ chauffer [ʃofe] **A** V/T erwärmen; plus fort erhitzen; appartement heizen **B** V/I **1** warm, heiß plus fort werden; sich erwärmen; fam warm ~ machen; erhitzen; le manger (auf)wärmen; moteur warm laufen lassen **2** moteur, essieu (sich) heiß laufen **C** V/PR **1** **se ~** sich wärmen (**au soleil** an der Sonne) **2** heizen (**au bois** mit Holz)

chauffeur [ʃofœʁ] M Fahrer(in) m(f); Chauffeur m

chaume [ʃom] M Stoppel f

chaussée [ʃose] F Fahrbahn f

chausse-pied [ʃospje] M ⟨-s⟩ Schuh-

anzieher *m*, Schuhlöffel *m*
chausser [ʃose] **A** V/T chaussures anziehen; ~ **du 37** Schuhgröße 37 haben **B** V/PR **se ~** (sich) die Schuhe anziehen
★**chaussette** [ʃosɛt] F Kniestrumpf *m*; Socke F
chausson [ʃosɔ̃] M Hausschuh *m*
★**chaussure** [ʃosyʀ] F Schuh *m*
chauve [ʃov] ADJ kahl **chauve-souris** [ʃovsuʀi] F ⟨chauves-souris⟩ Fledermaus F
chaux [ʃo] F Kalk *m*
chavirer [ʃaviʀe] V/T ⟨fig adjt⟩ **j'en suis tout chaviré** das hat mich zutiefst berührt, aufgewühlt
★**chef** [ʃɛf] M ⟨fam a. f⟩ Chef(in) *m(f)*; (An-)Führer(in) *m(f)*; Leiter(in) *m(f)*; Vorsteher(in) *m(f)*; Oberhaupt *n*; *d'indigènes* Häuptling *m*; ★**~ d'entreprise** Unternehmer *m*; **~ d'État, de l'État** Staatsoberhaupt *n*, -chef *m*; ★**~ d'orchestre** Dirigent *m*; Kapellmeister *m*
chef-d'œuvre [ʃɛdœvʀ] M ⟨chefs-d'œuvre⟩ Meisterwerk *n*
chef-lieu M ⟨chefs-lieux⟩ Hauptort *m*
★**chemin** [ʃ(ə)mɛ̃] M *a. fig* Weg *m* (**de** nach, **à** zu)
★**chemin de fer** [ʃ(ə)mɛ̃dfɛʀ] M (Eisen)Bahn F
★**cheminée** [ʃ(ə)mine] F (offener) Kamin; *conduit* Schornstein *m*
cheminer [ʃ(ə)mine] V/I **1** s-s Weges ziehen **2** *fig idée* sich allmählich durchsetzen
cheminot [ʃ(ə)mino] M Eisenbahner *m*
★**chemise** [ʃ(ə)miz] F Hemd *n*; *d'homme a.* Oberhemd *n*; **~ de nuit** Nachthemd *n*
chemisette [ʃ(ə)mizɛt] F kurzärmeliges Sporthemd ★**chemisier** [ʃ(ə)mizje] M Hemdbluse F
★**chêne** [ʃɛn] M Eiche F
chenil [ʃənil] M Hundezwinger *m*
chenille [ʃ(ə)nij] F ZOOL Raupe F
★**chèque** [ʃɛk] M Scheck (**de mille euros** über tausend Euro)
chèque-cadeau M ⟨chèques-cadeau⟩ Geschenkgutschein *m*
chèque-restaurant M ⟨chèques-restaurant⟩ Essen(s)marke F
chéquier [ʃekje] M Scheckheft *n*, Scheckbuch *n*
★**cher** [ʃɛʀ] **A** ADJ ⟨chère⟩ **1** lieb; *st/s* teuer **2** (≈ *coûteux*) teuer **B** ADV teuer;

moins ~ billiger; **payer ~** *erreur*, *etc*, *a. fig* teuer bezahlen; **vendre ~** *a. fig* teuer verkaufen
★**chercher** [ʃɛʀʃe] **A** V/T **1** suchen; **~ qn, qc** j-n, etw suchen; nach j-m, etw suchen **2 aller ~ qn, qc** j-n, etw holen; **venir ~ qn, qc** j-n, etw abholen; etw holen **B** V/T INDIR **~ à** (+ *inf*) (ver)suchen zu (+ *inf*)
chercheur [ʃɛʀʃœʀ] M Forscher *m*
chéri [ʃeʀi] **A** ADJ ⟨~e⟩ geliebt; lieb **B** M(F) **~(e)** Liebling *m*; Schatz *m* **chérir** [ʃeʀiʀ] V/T (zärtlich) lieben
chétif [ʃetif] ADJ ⟨-ive [-iv]⟩ *enfant* schwächlich; schmächtig
★**cheval** [ʃ(ə)val] M ⟨-aux [-o]⟩ **1** Pferd *n*; **aller à ~** reiten **2 faire du ~** reiten; (den) Reitsport betreiben
chevalet [ʃ(ə)valɛ] M Bock *m*; Gestell *n*
chevalier [ʃ(ə)valje] M Ritter *m* **chevalière** [ʃ(ə)valjɛʀ] F Siegelring *m*
chevalin [ʃ(ə)valɛ̃] ADJ ⟨-ine [-in]⟩ Pferde...
cheval-vapeur M ⟨chevaux-vapeur⟩ TECH Pferdestärke F
chevauchée [ʃ(ə)voʃe] F (Spazier)Ritt *m*
chevaucher [ʃ(ə)voʃe] **A** V/T reiten auf (+ *dat*) **B** V/I & V/PR (**se**) *a. dents* übereinanderstehen; übereinanderliegen; sich überlappen; *fig* sich überschneiden
chevelu [ʃəvly] ADJ ⟨~e⟩ *personne* langhaarig; mit dichtem Schopf **chevelure** [ʃəvlyʀ] F Haar *n*, Haarschopf *m*
chevet [ʃ(ə)vɛ] M **lampe** F **de ~** Nachttischlampe F; **au ~ de qn** am (Kranken-)Bett j-s
★**cheveu** [ʃ(ə)vø] M ⟨~x⟩ (Kopf)Haar *n*; **~x** *pl* Haar(e) *npl*
★**cheville** [ʃ(ə)vij] F ANAT (Fuß)Knöchel *m*
★**chèvre** [ʃɛvʀ] F **1** Ziege F **2** (**fromage** *m* **de**) **~** *m* Ziegenkäse *m*
chevreuil [ʃəvʀœj] M Reh *n*
chevronné [ʃəvʀɔne] ADJ ⟨~e⟩ erfahren; routiniert
chewing-gum [ʃwiŋgɔm] M ⟨~s⟩ Kaugummi *m ou n*
★**chez** [ʃe] PREP bei (+ *dat*); zu (+ *dat*); **~ Voltaire** bei Voltaire; **~ moi** bei mir (zu Hause) *ou* zu mir (nach Hause); **derrière ~ moi** hinter meiner Wohnung, meinem Haus; **aller ~ le coiffeur** zum Friseur gehen
chialer [ʃjale] *fam* V/I heulen
chiant [ʃjɑ̃] *pop* ADJ ⟨-ante [-ɑ̃t]⟩ *pop* be-

schissen; pop saublöd

★**chic** [ʃik] **A** ADJ ⟨inv, pl a. ~s⟩ (≈ élégant) schick; chic **B** M bon ~ bon genre → BCBG

chicane [ʃikan] F kleinliche Streiterei; Schikane f

chiche [ʃiʃ] ADJ **1** kärglich, kümmerlich **2 pois** m ~ Kichererbse f **3** fam ~! fam wetten dass!

chichi [ʃiʃi] M Getue n; **faire des** ~ sich zieren; Umstände machen

chicorée [ʃikɔʀe] F ~ (**frisée**) Endivie f

★**chien** [ʃjɛ̃] M Hund m **chienne** [ʃjɛn] F Hündin f

chier [ʃje] pop VI **1** pop scheißen **2** pop **ça me fait** ~ fam das stinkt mir; pop das kotzt mich an

★**chiffon** [ʃifɔ̃] M (≈ étoffe usée) Lumpen m; **pour nettoyer** Putzlappen m **chiffonné** [ʃifɔne] ADJ ⟨~e⟩ vêtement zerknittert **chiffonner** [ʃifɔne] VPR **se** ~ (stark) knittern **chiffonnier** [ʃifɔnje] M, **chiffonnière** [ʃifɔnjɛʀ] F Lumpensammler(in) m(f)

★**chiffre** [ʃifʀ] M **1** Ziffer f; **un nombre de six** ~s e-e sechsstellige Zahl **2** (≈ montant) (Gesamt)Zahl f; ~ **d'affaires** Umsatz m **3** (Geheim)Kode m

chiffrer [ʃifʀe] **A** VT **1** beziffern, taxieren (**à** auf + acc) **2** message chiffrieren **B** VPR **se** ~ **par millions** sich auf Millionen beziffern, belaufen

chignon [ʃiɲɔ̃] M (Haar)Knoten m

Chili [ʃili] M **le** ~ Chile n

chimère [ʃimɛʀ] F Schimäre f

★**chimie** [ʃimi] F Chemie f ★**chimique** [ʃimik] ADJ chemisch; **produits** mpl ~s Chemikalien fpl **chimiste** [ʃimist] M/F Chemiker(in) m(f)

chimpanzé [ʃɛ̃pɑ̃ze] M Schimpanse m

★**Chine** [ʃin] F **la** ~ China n

chiner [ʃine] **A** VT qn aufziehen **B** VI die Trödelläden, Flohmärkte abklappern

★**chinois** [ʃinwa] ⟨-oise [-waz]⟩ **A** ADJ chinesisch **B** M/F **Chinois(e)** Chinese m, Chinesin f

chiot [ʃjo] M Welpe m

chiottes [ʃjɔt] pop FPL Scheißhaus n

chiper [ʃipe] fam VT fam stibitzen

chipie [ʃipi] péj F Biest n

chipoter [ʃipɔte] VI ~ **sur qc** an etw (dat) herumnörgeln

chips [ʃips] FPL (Kartoffel)Chips mpl

chirurgical [ʃiʀyʀʒikal] ADJ ⟨~e; -aux [-o]⟩ chirurgisch

chirurgie [ʃiʀyʀʒi] F Chirurgie f ★**chirurgien** [ʃiʀyʀʒjɛ̃] M Chirurg m

chlore [klɔʀ] M Chlor n

★**choc** [ʃɔk] M **1** (≈ coup) Stoß m; Schlag m; Erschütterung f; (≈ impact) An-, Aufprall m; (≈ collision) Zusammenstoß m, Zusammenprall m **2** a. PSYCH, MÉD Schock m **3** MIL, POLICE Zusammenstoß m

★**chocolat** [ʃɔkɔla] M **1** Schokolade f **2** boisson Kakao m; Schokolade f

chœur [kœʀ] M Chor m

choir [ʃwaʀ] litt VI ⟨défect **je chois**; **il choit**; **je chus**; **chu**⟩ (≈ tomber) fallen

★**choisir** [ʃwaziʀ] VT **1** (≈ sélectionner) (aus)wählen; (sich auf) aussuchen **2** sans objet (≈ décider) wählen, e-e Wahl treffen

★**choix** [ʃwa] M **1** Wahl f; Auswahl f; (≈ décision) Entscheidung f; **au** ~ nach Wahl; **faire son** ~ s-e Wahl treffen **2** (≈ assortiment) Auswahl f (**de** von, **an** + dat)

cholestérol [kɔlɛsteʀɔl] M Cholesterin n

★**chômage** [ʃomaʒ] M Arbeitslosigkeit f; ~ **partiel** Kurzarbeit f; **être au** ~ arbeitslos sein

chômer [ʃome] VI nicht arbeiten ★**chômeur** [ʃomœʀ] M, **chômeuse** [ʃomøz] F Arbeitslose(r) m/f(m)

chope [ʃɔp] F Bierkrug m

choquant [ʃɔkɑ̃] ADJ ⟨-ante [-ɑ̃t]⟩ schockierend, empörend

choquer [ʃɔke] VT **1** (≈ offusquer) ~ **qn** j-n schockieren; bei j-m Anstoß erregen **2** (≈ traumatiser) **être choqué** geschockt sein (**par** durch)

chorale [kɔʀal] F Chor m

chorégraphie [kɔʀegʀafi] F Choreografie f

choriste [kɔʀist] M/F Chorsänger(in) m(f), Chormitglied n

★**chose** [ʃoz] F **1** Ding n; Sache f; ★ **autre** ~ etwas and(e)res; **voilà où en sont les** ~**s** so steht die Sache; so liegen die Dinge; **c'est** ~ **faite** die Sache ist erledigt **2** ⟨pr indéf⟩ ★ **quelque** ~ etwas; fam was

★**chou** [ʃu] M ⟨~x⟩ Kohl m; all Sud a. Kraut n

chouchou [ʃuʃu] ⟨~s⟩, **chouchoute** [ʃuʃut] fam F Liebling m **chouchouter** [ʃuʃute] fam VT (ver)hätscheln

★**choucroute** [ʃukʀut] F Sauerkraut n

chouette¹ [ʃwɛt] F ZOOL Eule f
chouette² fam ADJ toll; fam super, klasse
★**chou-fleur** M ⟨choux-fleurs⟩ Blumenkohl m **chou-rave** M ⟨choux-raves⟩ Kohlrabi m
★**chrétien** [kretjɛ̃] ⟨-ienne [-jɛn]⟩ A ADJ christlich B MF **~(ne)** Christ(in) m(f)
christianisme [kristjanism] M Christentum n
chrome [kʁom] M Chrom n **chromé** [kʁome] ADJ ⟨~e⟩ verchromt
chromosome [kʁomozom] M Chromosom n
chronique [kʁɔnik] A ADJ chronisch B F **1** a. HIST Chronik f **2** MÉDIA Bericht m
chronomètre M Stoppuhr f **chronométrer** VT ⟨-è-⟩ stoppen
chuchotement [ʃyʃɔtmɑ̃] M Geflüster n
★**chuchoter** [ʃyʃɔte] VT et VI flüstern; tuscheln
chut [ʃyt] INT pst!
★**chute** [ʃyt] F **1** d'une personne (≈ a. morale) Fall m; Sturz m **2** de choses, a. PHYS Fall m; fig de cours, des prix, de température Sturz m; **~ des cheveux** Haarausfall m; **~ d'eau** Wasserfall m
chuter [ʃyte] fam VI fallen; stürzen
Chypre [ʃipʁ] Zypern n
ci [si] A ADV hier; **ces jours-ci** dieser Tage; in diesen Tagen B PR DÉM fam **comme ci comme ça** fam so lala
cible [sibl] F **1** a. fig Zielscheibe f; Ziel n **2** PUBLICITÉ Zielgruppe f
ciboulette [sibulɛt] F Schnittlauch m
cicatrice [sikatʁis] F a. fig Narbe f **cicatriser** [sikatʁize] A VT blessure, a. fig vernarben lassen B VI & V/PR **(se) ~** a. fig vernarben; zuheilen
ci-dessous ADV nachstehend **ci-dessus** ADV weiter oben
cidre [sidʁ] M Apfelwein m
Cⁱᵉ ABR (= compagnie) Co.
★**ciel** [sjɛl] M ⟨cieux [sjø]; PEINT ~s⟩ a. REL, ASTRON, PEINT Himmel m
cierge [sjɛʁʒ] M (lange Wachs)Kerze
cieux [sjø] MPL → ciel
cigale [sigal] F Zikade f
★**cigare** [sigaʁ] M Zigarre f
★**cigarette** [sigaʁɛt] F Zigarette f
ci-gît [siʒi] hier ruht
cigogne [sigɔɲ] F Storch m

ci-inclus, ci-joint ADJ et ADV an-, beiliegend; in der ou als Anlage
cil [sil] M (Augen)Wimper f
cime [sim] F d'un arbre Wipfel m; Krone f
ciment [simɑ̃] M Zement m **cimenter** [simɑ̃te] VT zementieren
★**cimetière** [simtjɛʁ] M Friedhof m
★**ciné** [sine] fam M ABR (= cinéma) Kino n
cinéaste [sineast] MF Cineast(in) m(f)
★**cinéma** [sinema] M Kino n
★**cinglé** [sɛ̃gle] fam ADJ ⟨~e⟩ fam bekloppt, bescheuert; **être ~** a. fam spinnen; fam e-n Vogel haben; fam nicht alle Tassen im Schrank haben
★**cinq** [sɛ̃k, vor Konsonant a. sɛ̃] A NUM fünf; **le ~ mai** der fünfte ou am fünften Mai B M ⟨inv⟩ Fünf f
cinquantaine [sɛ̃kɑ̃tɛn] F **1 une ~** (de) etwa, ungefähr, rund fünfzig **2** âge Fünfzig f
★**cinquante** [sɛ̃kɑ̃t] A NUM fünfzig B M ⟨inv⟩ Fünfzig f
★**cinquantième** [sɛ̃kɑ̃tjɛm] A NUM fünfzigste B MF **le, la ~** der, die, das Fünfzigste C M MATH Fünfzigstel n
★**cinquième** [sɛ̃kjɛm] A NUM fünfte B MF **le, la ~** der, die, das Fünfte C M **1** MATH Fünftel n **2** étage **au ~** im fünften Stock D F ÉCOLE siebte Klasse
cintre [sɛ̃tʁ] M Kleiderbügel m
cintré [sɛ̃tʁe] ADJ ⟨~e⟩ veste tailliert
CIO [seio] M ABR (= Comité international olympique) IOK n
cirage [siʁaʒ] M Schuhcreme f
circoncision [siʁkɔ̃sizjɔ̃] F REL Beschneidung f
circonférence [siʁkɔ̃feʁɑ̃s] F Kreis (-linie) m(f)
circonscription [siʁkɔ̃skʁipsjɔ̃] F Bezirk m; **~ (électorale)** Wahlkreis m
circonscrire [siʁkɔ̃skʁiʁ] VT ⟨→ écrire⟩ **1** MATH, a. fig sujet umschreiben **2** incendie, épidémie eindämmen
circonstance [siʁkɔ̃stɑ̃s] F Umstand m; ★**~s** pl Umstände mpl; Lage f; Situation f; Verhältnisse npl; **être de ~** (sehr) angebracht sein; **étant donné les ~s** unter diesen Umständen
★**circuit** [siʁkɥi] M **1 ~ (touristique)** Rundreise f, Rundfahrt f **2** SPORTS Rundstrecke f, Rundkurs m **3 ~ (électrique)** Stromkreis m; **mettre °hors ~** a. fig ausschalten

circulaire [siʀkylɛʀ] **A** ADJ Kreis...; **coup m d'œil ~** Blick m in die Runde **B** F Rundschreiben n
★**circulation** [siʀkylasjɔ̃] F **1** Verkehr m **2** ~ **(sanguine, du sang)** (Blut)Kreislauf m, (-)Zirkulation f; **d'air** Luftzirkulation f **3** d'argent, etc Umlauf m; **(libre) ~ des marchandises** (freier) Warenverkehr; de personnes **libre ~** Freizügigkeit f
★**circuler** [siʀkyle] VI **1** véhicules verkehren; fahren **2** eau, gaz, sang, a. courant fließen; strömen; a. air zirkulieren **3** argent im ou in Umlauf sein **4** nouvelle, bruit kursieren
cire [siʀ] F Wachs n
ciré [siʀe] **A** ADJ ⟨~e⟩ gewachst; **toile ~e** Wachstuch n **B** M Seglerjacke f
cirer [siʀe] VT parquet (wachsen und) bohnern; meuble polieren; chaussures eincremen, wichsen
★**cirque** [siʀk] M Zirkus m
cisaille(s) [sizaj] FPL (große) Schere
ciseau [sizo] M ⟨~x⟩ ★ **~x** pl Schere f; **une paire de ~x** e-e Schere; **~x à ongles** Nagelschere f
citadin [sitadɛ̃] M(F) ⟨-ine [-in]⟩ **~(e)** Städter(in) m(f)
citation [sitasjɔ̃] F **1** Zitat n **2** JUR (Vor-)Ladung f
cité [site] F **1** (≈ville) Stadt f **2** (≈vieille ville) **Cité** City f **3** (≈immeubles) (Wohn)Siedlung f
cité-dortoir F ⟨cités-dortoirs⟩ Schlafstadt f
★**citer** [site] VT **1** zitieren; anführen; nennen **2** JUR (vor)laden
citerne [sitɛʀn] F **1** d'eau de pluie Zisterne f **2** (≈cuve) Tank m
★**citoyen** [sitwajɛ̃] M (Staats)Bürger m
★**citoyenne** [sitwajɛn] F (Staats)Bürgerin f **citoyenneté** [sitwajɛnte] F Staatsbürgerschaft f
★**citron** [sitʀɔ̃] M Zitrone f
citrouille [sitʀuj] F Gartenkürbis m
civière [sivjɛʀ] F (Trag)Bahre f
civil [sivil] **A** ADJ ⟨~e⟩ **1** JUR Zivil..., zivilrechtlich; bürgerlich; **mariage ~** standesamtliche Trauung **2** (≈des citoyens) Bürger... **3** (≈non militaire) zivil; Zivil... **4** litt (≈poli) korrekt; höflich **B** M Zivilist m; **en ~** in Zivil(kleidung); **dans le ~** im Zivilleben ★ **civilisation** [sivilizasjɔ̃] F Zivilisation f **civilisé** [sivilize] ADJ ⟨~e⟩ zivilisiert

★**clair** [klɛʀ] **A** ADJ ⟨~e⟩ **1** pièce, couleur, teint, cheveux hell; eau, temps, ciel klar; voix, son hell; **bleu ~** ⟨inv⟩ hellblau **2** fig klar; eindeutig **B** ADV **voir ~** gut, genug sehen **C** M **en ~** il ne veut pas im Klartext fam; **s'habiller en ~** helle Kleidung tragen
clairement [klɛʀmɑ̃] ADV klar
clairière [klɛʀjɛʀ] F (Wald)Lichtung f
clairon [klɛʀɔ̃] M Clairon n **claironner** [klɛʀɔne] VT ausposaunen
clairsemé [klɛʀsəme] ADJ ⟨~e⟩ dünn gesät; cheveux schütter, licht; spärlich
clamer [klame] VT hinausschreien
clandestin [klɑ̃dɛstɛ̃] **A** ADJ ⟨-ine [-in]⟩ heimlich; geheim; **passager ~** blinder Passagier **B** M illegaler Einwanderer
clandestinité [klɑ̃dɛstinite] F **vivre dans la ~** im Untergrund leben
clapet [klapɛ] M TECH Ventil n
clapier [klapje] M Kaninchenstall m
clapoter [klapɔte] VI plätschern
claque [klak] F Ohrfeige f
claqué [klake] fam ADJ ⟨~e⟩ fam kaputt
claquer [klake] **A** VT **1** porte zuschlagen; fam zuknallen **2** fam argent durchbringen; fam auf den Kopf hauen **B** VI drapeau knattern **(au vent** im Wind); porte zuschlagen; volet schlagen; fouet, coup de feu knallen; **~ des dents** mit den Zähnen klappern **C** VPR **1** fam **se ~ (pour qc)** fam schuften (für etw) **2 se ~ un muscle** sich (dat) in e-n Muskel zerren
claquette [klakɛt] F **~s** pl Stepp(tanz) m
clarifier [klaʀifje] VT klären
clarté [klaʀte] F Helle f; Helligkeit f; Licht(schein) n(m); **~ du jour** Tageslicht n **2** de l'eau, a. fig de la langue, etc Klarheit f
★**classe** [klas] F **1** sociale, a. CH DE FER, AVIAT, BIOL, etc Klasse f; **~s moyennes** Mittelstand m **2** ÉCOLE Klasse f (≈cours) Schule f; Unterricht m **3** fig Klasse f; Rang m; Format n **4** MIL (≈année) Jahrgang m
classement [klasmɑ̃] M **1** An-, Einordnung f; Klassifizierung f **2** ÉCOLE Bewertung f; SPORTS Wertung f; Tabelle f
classer [klase] VT **1** (≈ranger) (an-, ein-)ordnen; sortieren; einstufen; a. BOT, ZOOL einteilen; klassifizieren; **être classé monument historique** unter Denk-

malschutz stehen ▣ *documents* ablegen; *dossier* schließen ▣ *fam péj* ~ **qn** j-n taxieren, durchschauen

classeur [klasœʀ] M *en carton* Ordner m

classicisme [klasisism] M Klassik f; Klassizismus m

classique [klasik] Ⓐ ADJ ❶ *littérature, musique, Antiquité* klassisch; *architecture, peinture, style* klassizistisch ❷ *fig* (≈ *courant*) klassisch; herkömmlich Ⓑ M Klassiker m

clause [kloz] F Klausel f; Bestimmung f

clavicule [klavikyl] F Schlüsselbein n

★**clavier** [klavje] M *d'un ordinateur, etc* Tastatur f; MUS Klaviatur f

★**clé** [kle] F ❶ Schlüssel m; **clé de contact** Zündschlüssel m; **clé de voiture** Autoschlüssel m; **fermer à clé** ab-, zuschließen, -sperren; verschließen; **sous clé** unter Verschluss; eingesperrt ❷ TECH (Schrauben)Schlüssel m ❸ ⟨*adjt*⟩ Schlüssel...; entscheidend; **position f clé** *a.* MIL Schlüsselstellung f

clef [kle] F → clé

clément [klemɑ̃] ADJ ⟨-ente [-ɑ̃t]⟩ mild(e)

clémentine [klemɑ̃tin] F Klementine f

clergé [klɛʀʒe] M Klerus m

clic [klik] Ⓐ INT klick! Ⓑ M ❶ Klicken m ❷ INFORM ~ **(de la souris)** Mausklick m; **double** ~ Doppelklick m

clic-clac M ⟨*inv*⟩ Bettcouch f

cliché [kliʃe] M *fig* Klischee n

★**client** [klijɑ̃] M, **cliente** [klijɑ̃t] F COMM Kunde m, Kundin f; *d'un taxi a.* Fahrgast m; *d'un hôtel, café* Gast m; MÉD Patient(in) m(f); JUR Klient(in) m(f) **clientèle** [klijɑ̃tɛl] F COMM Kunden(kreis) m*pl*(m); Kundschaft f; *d'un hôtel, café* Gäste *mpl*; MÉD Patienten *mpl*; JUR Klientel f

cligner [kliɲe] VT INDIR ~ **des yeux** blinzeln; die Augen zusammenkneifen ★**clignotant** [kliɲɔtɑ̃] M AUTO Blinker m **clignoter** [kliɲɔte] VI blinken

★**climat** [klima] M *a. fig* Klima n **climatique** [klimatik] ADJ klimatisch; **catastrophe f** ~ Klimakatastrophe f

climatisation [klimatizasjɔ̃] F ❶ Klimatisierung f ❷ *dispositif* Klimaanlage f **climatiser** [klimatize] VT ❶ klimatisieren ❷ ⟨*adjt*⟩ **climatisé(e)** klimatisiert

clin [klɛ̃] M ~(**s**) **d'œil, ~s d'yeux** Blinzeln n; (Augen)Zwinkern n; **en un** ~ **d'œil** im Nu; im Handumdrehen; **faire un ~ d'œil à qn** j-m zuzwinkern

★**clinique** [klinik] Ⓐ ADJ klinisch Ⓑ F (Privat)Klinik f

cliquer [klike] VI INFORM klicken; ~ **sur qc** etw anklicken

cliqueter [klikte] VI ⟨-tt-⟩ klirren; klappern **cliquetis** [klikti] M Klirren n; Klappern n

clochard [klɔʃaʀ] M, **clocharde** [klɔʃaʀd] F Stadtstreicher(in) m(f); *fam* Penner(in) m(f)

★**cloche** [klɔʃ] F Glocke f ★**clocher** [klɔʃe] M Kirchturm m; Glockenturm m **clochette** [klɔʃɛt] F Glöckchen n

cloison [klwazɔ̃] F (Zwischen)Wand f; Trennwand f

cloître [klwatʀ] M Kreuzgang m **cloîtrer** [klwatʀe] V/PR **se** ~ sich ganz zurückziehen

clonage [klɔnaʒ] M Klonen n **cloner** [klɔne] VT klonen

clope [klɔp] *fam* ❶ ⟨m⟩ (≈ *mégot*) *fam* Kippe f ❷ ⟨f⟩ (≈ *cigarette*) *fam* Glimmstängel m

cloque [klɔk] F Blase f

clore [klɔʀ] VT ⟨*défect* je clos; tu clos; il clôt; ils closent; je clorai; que je close; clos⟩ *séance* schließen; *débat* abschließen

clos [klo] PP & ADJ ⟨~e [kloz]⟩ geschlossen

clôture [klotyʀ] F ❶ Zaun m; Einfriedung f ❷ ADMIN, COMM (Ab)Schluss m; Schließung f

clôturer [klotyʀe] VT ❶ *terrain* einfrieden; einzäunen ❷ *débat, etc* abschließen; *séance* schließen

★**clou** [klu] M ❶ Nagel m ❷ *fig* (≈ *attraction*) Höhepunkt m

cloud [klaud] M INFORM Cloud f

cloud computing [klaudkɔmpjutiŋ] M INFORM Cloud-Computing n

clouer [klue] VT (zusammen-, an-, fest-)nageln

clouté [klute] ADJ ⟨~e⟩ mit Nägeln beschlagen; **passage** ~ Fußgängerüberweg m

clown [klun] M Clown m

★**club** [klœb] M Klub *ou* Club m

CNRS [seɛnɛʀɛs] M ABR (≈ *Centre national de la recherche scientifique*) *correspond à* Max-Planck-Gesellschaft f

coaguler [kɔagyle] **A** *VT* gerinnen lassen **B** *VI (& V/PR)* (**se**) ~ gerinnen
coasser [kɔase] *VI* quaken
cobaye [kɔbaj] *M* Meerschweinchen n; *fig* **servir de** ~ als Versuchskaninchen dienen
cocaïne [kɔkain] *F* Kokain n
cocasse [kɔkas] *ADJ* spaßig
coccinelle [kɔksinɛl] *F* 1 ZOOL Marienkäfer m 2 AUTO *fam* Käfer m
coche [kɔʃ] *M* Kutsche f
cocher¹ *VT* abhaken; markieren
cocher² [kɔʃe] *M* Kutscher m
★**cochon** [kɔʃɔ̃] **A** *M* 1 ZOOL Schwein n; ~ **d'Inde** Meerschweinchen n; *fig* **temps de** ~ *fam* Sauwetter m 2 *fam fig, a. au moral, personne* Schwein n; *enfant* Ferkel n *fam*, Dreckspatz m *fam* **B** *fam ADJ* ⟨-onne [-ɔn]⟩ 1 *personne*, *a. au moral* schmudd(e)lig, schmutzig 2 *blague* schweinisch
cochonnerie [kɔʃɔnʀi] *fam F* 1 (≈ *saleté*) Schmutz m; *fam* Dreck m 2 (≈ *chose sans valeur*) Schund m
cocktail [kɔktɛl] *M* 1 Cocktail m 2 Cocktail(party) m(f)
coco¹ [koko] *M* **noix f de** ~ Kokosnuss f
coco² [koko] *M* 1 **mon** ~ mein Schatz m 2 *péj* **un drôle de** ~ *fam* ein sauberes Früchtchen
cocorico [kɔkɔʀiko] *M* Kikeriki m
cocotier [kɔkɔtje] *M* Kokospalme f
cocotte¹ [kɔkɔt] *F* **ma** ~ (mein) Schätzchen n
cocotte² *F* Schmortopf m; ~ **minute**® Schnellkochtopf m
cocu [kɔky] *fam M* betrogener Ehemann; *litt* gehörnter Ehemann, Hahnrei m; *fig* **avoir une veine de** ~ *fam* (Mords)Dusel haben; **faire qn** ~ *fam* j-m Hörner aufsetzen
code [kɔd] *M* 1 ~ **civil** Bürgerliches Gesetzbuch, BGB *abr*; ~ **pénal** Strafgesetzbuch n; ★~ **de la route** Straßenverkehrsordnung f 2 ~**s** *pl* Abblendlicht n; **se mettre en** ~(**s**) abblenden 3 (≈ *système de symboles*) Kode *ou* Code m 4 ★~ **postal** Postleitzahl f
code-barres *M* ⟨codes-barres⟩ Strichkode m
coder [kɔde] *VT* kodieren *ou* codieren
★**cœur** [kœʀ] *M* 1 ANAT Herz n 2 **de bon** ~, **de grand** ~ donner, accepter von Herzen gern; herzlich gern; *rire* herzlich; ★**par** ~ auswendig; **avoir bon** ~, **du** ~ ein gutes Herz haben; **cela lui tient à** ~ das liegt ihm *ou* ihr am Herzen 3 (≈ *estomac*) **j'ai mal au** ~ mir ist *ou* wird schlecht, übel 4 **au** ~ **de** mitten in (+ *dat ou acc*)
coffre [kɔfʀ] *M* 1 Truhe f 2 AUTO Kofferraum m
coffre-fort [kɔfʀəfɔʀ] *M* ⟨coffres-forts⟩ Safe m
coffret [kɔfʀɛ] *M* Kästchen n
cogner [kɔɲe] **A** *VT* 1 (≈ *heurter*) ~ **qc an etw** (*acc*) anstoßen; ~ **qn** j-n anstoßen; *fam* anrempeln 2 (≈ *battre*) verprügeln; *fam* verhauen **B** *VI a. moteur* klopfen **C** *V/PR* **se** ~ **à**, **contre qc** gegen etw stoßen
cohabitation *F* Zusammenleben n, Zusammenwohnen n **cohabiter** *VI* zusammenleben, zusammen wohnen (**avec** mit)
cohérent [kɔeʀɑ̃] *ADJ* ⟨-ente [-ɑ̃t]⟩ zusammenhängend, kohärent
cohésion [kɔezjɔ̃] *F* PHYS Kohäsion f
cohue [kɔy] *F* Gedränge n; Gewühl n
coiffer [kwafe] **A** *VT* (≈ *peigner*) frisieren **B** *V/PR* ★**se** ~ sich frisieren **coiffeur** [kwafœʀ] *M* Friseur m ★**coiffeuse** [kwaføz] *F* Friseuse f ★**coiffure** [kwafyʀ] *F* Frisur f
★**coin** [kwɛ̃] *M* 1 Ecke f; Eck n; (≈ *angle*) Winkel m 2 (≈ *endroit*) Fleckchen n (Erde) 3 TECH Keil m
coincé(e) [kwɛ̃se] *ADJ* 1 *personne, doigt, etc* eingeklemmt 2 *gêné* verklemmt
coincer [kwɛ̃se] ⟨-ç-⟩ *A VT* 1 einklemmen; TECH ver-, festkeilen 2 ⟨*adjt*⟩ **être coincé** TECH klemmen; *dans la foule, etc* eingekeilt sein **B** *V/PR* 1 *mécanisme* **se** ~ sich verklemmen 2 **se** ~ **le doigt** sich (*dat*) den Finger einklemmen
coïncidence [kɔɛ̃sidɑ̃s] *F* Zusammentreffen n **coïncider** [kɔɛ̃side] *VI* 1 *dates* (zeitlich) zusammentreffen, fallen (**avec** mit) 2 *témoignages* (miteinander) übereinstimmen
col [kɔl] *M* 1 Kragen m 2 *d'un récipient, a.* ANAT Hals m 3 GÉOG (Gebirgs)Pass m
coléoptère [kɔleɔptɛʀ] *M* Käfer m
★**colère** [kɔlɛʀ] *F* 1 Zorn m; *plus fort* Wut f 2 *accès* Wutanfall m, Wutausbruch m
coléreux [kɔleʀø] *ADJ* ⟨-euse [-øz]⟩,

colérique [kɔlerik] ADJ jähzornig
colimaçon [kɔlimasɔ̃] M **escalier** m **en ~** Wendeltreppe f
colin-maillard [kɔlɛ̃majaʀ] M **jouer à ~** Blindekuh spielen
colique [kɔlik] F 1 **~ hépatique, néphrétique** Gallen-, Nierenkolik f 2 **avoir la ~** Durchfall haben; fam fig (= avoir peur) Schiss haben
colis [kɔli] M Paket n; **point m ~** Packstation f
collaborateur [kɔlabɔʀatœʀ] M, **collaboratrice** [kɔlabɔʀatʀis] F Mitarbeiter(in) m(f) **collaboration** [kɔlabɔʀasjɔ̃] F Mitarbeit f; Mitwirkung f; Zusammenarbeit f **collaborer** [kɔlabɔʀe] VT INDIR **~ à qc** an etw (dat) mitarbeiten, mitwirken
★**collant** [kɔlɑ̃] A ADJ ⟨-ante [-ɑ̃t]⟩ 1 **papier ~** Klebepapier n 2 **doigts** klebrig 3 **robe, jeans** eng anliegend, hauteng B M Strumpfhose f
collation [kɔlasjɔ̃] F Imbiss m
★**colle** [kɔl] F Klebstoff m; Leim m; Kleber m; **~ forte** Alleskleber m
collecte [kɔlɛkt] F (Geld-, Spenden)Sammlung f **collecter** [kɔlɛkte] VT sammeln
collectif [kɔlɛktif] ADJ ⟨-ive [-iv]⟩ kollektiv; **bureau ~** Großraumbüro n
collection [kɔlɛksjɔ̃] F 1 Sammlung f 2 **d'un éditeur** (Buch)Reihe f 3 COMM (Muster)Kollektion f
collectionner [kɔlɛksjɔne] VT sammeln **collectionneur** [kɔlɛksjɔnœʀ] M, **collectionneuse** [kɔlɛksjɔnøz] F Sammler(in) m(f)
collectivité [kɔlɛktivite] F Gemeinschaft f
★**collège** [kɔlɛʒ] M **~ (d'enseignement secondaire)** Gesamtschule f (vierklassige Ganztagsschule der Sekundarstufe I) **collégien** [kɔleʒjɛ̃] M, **collégienne** [kɔleʒjɛn] F Schüler(in) m(f) e-s „collège"
★**collègue** [kɔlɛg] MF Kollege m, Kollegin f
★**coller** [kɔle] A VT 1 (an-, auf-, ver-, zusammen)kleben; enveloppe zukleben 2 fig visage, oreille drücken, pressen (**contre**, **à** an + acc) 3 fam à un examen **être collé**, **se faire ~** fam durchfliegen, durchrasseln B VT INDIR et VI (≈ adhérer),

a. fig kleben (**à** an + dat) C VPR fig **se ~ contre**, **à** sich (an)schmiegen, pressen, drücken an (+ acc)
★**collier** [kɔlje] M Halsband n, Halskette f
★**colline** [kɔlin] F Hügel m
collision [kɔlizjɔ̃] F Zusammenstoß m, Zusammenprall m
Cologne [kɔlɔɲ] Köln n
colombage [kɔlɔ̃baʒ] M Fachwerk n; **maison f à ~s** Fachwerkhaus n
colombe [kɔlɔ̃b] F Taube f
★**colonie** [kɔlɔni] F 1 HIST, a. par ext Kolonie f; Niederlassung f 2 ★ **~ (de vacances)** Ferienkolonie f, Ferienlager n
colonisation [kɔlɔnizasjɔ̃] F Kolonisation f **coloniser** [kɔlɔnize] VT kolonisieren
colonne [kɔlɔn] F 1 ARCH, a. fig Säule f 2 ★ **~ vertébrale** Wirbelsäule f; Rückgrat n 3 **d'un journal** Spalte f; Kolumne f; **de chiffres** Kolonne f
colorant [kɔlɔʀɑ̃] M Farbstoff m
coloration [kɔlɔʀasjɔ̃] F Färbung f
coloré [kɔlɔʀe] ADJ ⟨-e⟩ description, a. fig farbig; cheveux gefärbt
colorer [kɔlɔʀe] VT färben
colorier [kɔlɔʀje] VT dessin ausmalen
coloris [kɔlɔʀi] M Farbe f
colossal [kɔlɔsal] ADJ ⟨-e; -aux [-o]⟩ riesenhaft, Riesen...; gewaltig
colosse [kɔlɔs] M a. fig Koloss m
colportage [kɔlpɔʀtaʒ] M COMM Hausieren n **colporter** [kɔlpɔʀte] VT COMM hausieren (gehen) mit **colporteur** [kɔlpɔʀtœʀ] M, **colporteuse** [kɔlpɔʀtøz] F Hausierer(in) m(f)
colza [kɔlza] M Raps m
★**combat** [kɔ̃ba] M a. SPORTS, a. fig Kampf m **combatif** [kɔ̃batif] ADJ ⟨-ive [-iv]⟩ kämpferisch **combativité** [kɔ̃bativite] F Kampfgeist m
combattant [kɔ̃batɑ̃] M MIL **~s** pl kämpfende Truppe(n) f(pl); **ancien ~** (ehemaliger) Kriegsteilnehmer, Frontkämpfer
★**combattre** [kɔ̃batʀ] ⟨→ **battre**⟩ A VT bekämpfen; kämpfen gegen B VI kämpfen
★**combien** [kɔ̃bjɛ̃] A ADV 1 wie viel; **~ de fois** wie oft; wievielmal; wie viele Male; **~ de jours restez-vous?** wie viel Tage ...?; **~ de temps** wie lang(e); wie viel Zeit; ★ **~ coûte ...?** wie viel, was kostet

...? ❷ (≈ à quel point) wie very; wie avec adj ❸ SUBST ❶ fam **le ~ sommes-nous?** den Wievielten haben wir heute? ❷ fam **tu es le, la ~?** der, die wievielte bist du?; a. bus fam **il passe tous les ~?** wie oft, in welchen Abständen fährt er?

combinaison [kɔ̃binɛzɔ̃] F ❶ Kombination f; Zusammenstellung f; CHIM Verbindung f ❷ fig (≈ combine) Mittel n; Kniff m; Trick m ❸ Overall m; **~ de ski** Skianzug m

combine [kɔ̃bin] fam F Trick m

combiné [kɔ̃bine] M TÉL Hörer m

combiner [kɔ̃bine] VT kombinieren; zusammenstellen

comble[1] [kɔ̃bl] M ❶ Gipfel m, Höhepunkt m; **c'est le ~!** das ist doch die Höhe, der Gipfel! ❷ **sous les ~s** unter dem Dach, im Dachgeschoss

comble[2] ADJ salle (brechend) voll; bus überfüllt, voll besetzt

combler [kɔ̃ble] VT ❶ fossé, etc zuschütten; auffüllen ❷ fig lacune ausfüllen, schließen; déficit ausgleichen ❸ **~ qn** j-n überglücklich machen; **~ qn de qc** j-n mit etw überschütten, überhäufen

combustible [kɔ̃bystibl] A ADJ brennbar B M Brennstoff m **combustion** [kɔ̃bystjɔ̃] F Verbrennung f

★**comédie** [kɔmedi] F Komödie f; Lustspiel n

comédien [kɔmedjɛ̃] M, **comédienne** [kɔmedjɛn] F Schauspieler(in) m(f)

comestible [kɔmɛstibl] ADJ essbar

comète [kɔmɛt] F Komet m

★**comique** [kɔmik] A ADJ ❶ THÉ, FILM komisch ❷ (≈ amusant) komisch B M ❶ d'une scène, etc Komik f ❷ acteur Komiker m

comité [kɔmite] M Ausschuss m; Komitee n

commandant [kɔmɑ̃dɑ̃] M MIL grade Major m; (≈ chef) Kommandeur m ❷ MAR Kapitän m; AVIAT **~ de bord** Flugkapitän m

★**commande** [kɔmɑ̃d] F ❶ COMM Bestellung f; Auftrag(serteilung) m(f) ❷ TECH Steuerung f

commandement [kɔmɑ̃dmɑ̃] M MIL Kommando n; Befehl(sgewalt) m(f)

★**commander** [kɔmɑ̃de] A VT ❶ COMM, a. qc au café, taxi bestellen ❷ MIL troupes kommandieren; befehlen; par ext **~ qn** j-n kommandieren; j-m befehlen; fam j-n herumkommandieren ❸ MIL attaque, retraite befehlen; par ext mesures anordnen ❹ TECH betätigen; steuern B VT INDIR befehlen C V/PR sentiment **ne pas se ~** sich nicht erzwingen lassen

★**comme** [kɔm] A CONJ ❶ comparaison wie; **tout ~** genau(so) wie; so gut wie; ★ **~ si** als ob; fam als wenn; **vous voulez ~** wie Sie wollen ❷ (≈ en tant que) als ❸ temporel als ❹ causal da B ADV wie

commémoration [kɔmemɔrasjɔ̃] F ❶ Gedenken n; stls Gedächtnis n ❷ cérémonie Gedenk-, Gedenkfeier f **commémorer** [kɔmemɔre] VT gedenken (+ gén)

★**commencement** [kɔmɑ̃smɑ̃] M Anfang m

★**commencer** [kɔmɑ̃se] ⟨-ç-⟩ A VT ❶ personne **~ qc** (mit) etw beginnen, anfangen ❷ chose **~ qc** am Anfang e-r Sache (gén) stehen; etw einleiten B VT INDIR **~ à**, ou lit **~ de** (+ inf) anfangen, beginnen zu (+ inf); **~ à manger** zu essen, mit dem Essen anfangen, beginnen C V/PR ⟨Zustand être⟩ personne a. den Anfang machen

★**comment** [kɔmɑ̃] ADV wie; **~?** wie (bitte)?; ★ **~ allez-vous?** wie geht es Ihnen?

commentaire [kɔmɑ̃tɛr] M Kommentar m **commenter** [kɔmɑ̃te] VT kommentieren

commérages [kɔmeraʒ] MPL Klatsch m

commerçant [kɔmɛrsɑ̃] ⟨-ante [-ɑ̃t]⟩ A ADJ rue **~e** Geschäftsstraße f; **il est très ~** er ist ein sehr guter Geschäftsmann B M(F) ★ **~(e)** Kaufmann m, Kauffrau f; par ext Geschäftsmann m, -frau f

★**commerce** [kɔmɛrs] M ❶ Handel m; **faire du ~** Handel treiben ❷ (≈ magasin) Geschäft n; Laden m

★**commercial** [kɔmɛrsjal] ADJ ⟨-e; -aux [-o]⟩ Handels..., Geschäfts...; kommerziell; **centre ~** Einkaufszentrum n

commercialisation [kɔmɛrsjalizasjɔ̃] F Vertrieb m

commercialiser [kɔmɛrsjalize] VT in den Handel bringen; vermarkten

commère [kɔmɛr] F Klatschbase f

commettre [kɔmɛtr] ⟨→ mettre⟩ begehen; crime a. verüben

commis [kɔmi] M Gehilfe m

commissaire [kɔmisɛr] M ❶ **~ (de po-**

lice) Polizei-, Kriminalrat *m* **2** ADMIN, POL Kommissar *m*

commissaire-priseur [kɔmisɛRpRizœR] M ⟨commissaires-priseurs⟩ Auktionator *m*

★**commissariat** [kɔmisaʀja] M ADMIN, POL Kommissariat *n* (**à** für)

commission [kɔmisjɔ̃] F **1** (≈ *message*) Auftrag *m*; (≈ *course*) Besorgung *f*; **~s** *pl* (tägliche) Einkäufe *mpl*, Besorgungen *fpl*; **faire les ~s** einkaufen (gehen); **faire une ~ pour qn** für j-n etw besorgen; für j-n e-n Auftrag erledigen **2** *groupe* Kommission *f*; Ausschuss *m* **3** COMM Provision *f*; Vermittlungsgebühr *f*

commode[1] F *meuble* Kommode *f*

commode[2] [kɔmɔd] ADJ **1** bequem; leicht; *outil, moyen* praktisch **2** *personne* **il/elle n'est pas ~** er/sie ist schwierig

commodité [kɔmɔdite] F **1** Bequemlichkeit *f* **2** **~s** *pl* Komfort *m*; Annehmlichkeiten *fpl*

★**commun** [kɔmœ̃, -mœn] **A** ADJ ⟨-une [-yn]⟩ **1** gemeinsam; Gemeinschafts..., gemeinschaftlich; **vie ~e** *a.* Zusammenleben *n*; **en ~** gemeinsam; zusammen **2** (≈ *banal*), *a. péj* gewöhnlich; üblich; **peu ~** außergewöhnlich; nicht alltäglich **B** M **le ~ des mortels** die große Masse (der Menschen); der gewöhnliche Sterbliche

communal [kɔmynal] ADJ ⟨-e; -aux [-o]⟩ Gemeinde...; kommunal

communautaire [kɔmynotɛʀ] ADJ Gemeinschafts...

★**communauté** [kɔmynote] F **1** *a.* POL, REL Gemeinschaft *f*; *de personnes vivant en commun* Wohngemeinschaft *f* **2** JUR Gütergemeinschaft *f*

★**commune** [kɔmyn] F Gemeinde *f*

communément [kɔmynemɑ̃] ADV gemeinhin

communicatif [kɔmynikatif] ADJ ⟨-ive [-iv]⟩ *personne* mitteilsam; kontaktfreudig

★**communication** [kɔmynikasjɔ̃] F **1** (≈ *contact*), *a.* t/t Kommunikation *f*; Verbindung *f* **2** (≈ *message*) Mitteilung *f* **3** (≈ *liaison*) Verbindung *f* **4** TÉL Verbindung *f*

communion [kɔmynjɔ̃] F CATH Kommunion *f*

communiqué [kɔmynike] M Mitteilung *f*, Meldung *f*; POL Kommuniqué *n*

communiquer [kɔmynike] **A** V/T *renseignements* mitteilen; *nouvelle a.* bekannt geben; *dossier* übermitteln **B** V/I in Verbindung stehen *ou* treten (**entre eux** miteinander), (**avec qn** mit j-m); sich verständigen (**par signes** mit Zeichen)

communisme [kɔmynism] M Kommunismus *m* ★**communiste** [kɔmynist] **A** ADJ kommunistisch **B** M/F Kommunist(in) *m(f)*

compact [kɔ̃pakt] ADJ ⟨~e⟩ **1** (≈ *dense*) dicht, fest; kompakt **2** (≈ *peu encombrant*) Kompakt...

compactage [kɔ̃paktaʒ] M **1** TRAVAUX PUBLICS Verdichtung *f* (des Bodens) **2** INFORM Komprimieren *n*; Komprimierung *f*

compacter [kɔ̃pakte] V/T INFORM komprimieren

compagne [kɔ̃paɲ] F Gefährtin *f*; *d'un homme* Lebensgefährtin *f*

★**compagnie** [kɔ̃paɲi] F **1** Gesellschaft *f*; **en ~ de** in Begleitung, Gesellschaft von (*ou* + *gén*); **tenir ~ à qn** j-m Gesellschaft leisten **2** COMM Gesellschaft *f*; *fam* ... **et ~** *fam* ... und Co.; ★**~ aérienne** Fluggesellschaft *f* **3** MIL Kompanie *f*

compagnon [kɔ̃paɲɔ̃] M Gefährte *m*; *a. animal* Kamerad *m*; *d'une femme* Lebensgefährte *m*

comparable [kɔ̃paʀabl] ADJ vergleichbar (**à** mit *ou* + *dat*)

★**comparaison** [kɔ̃paʀɛzɔ̃] F Vergleich *m*; **en ~ de** im Vergleich zu; verglichen mit

comparaître [kɔ̃paʀɛtʀ] V/I ⟨→ *connaître*⟩ JUR erscheinen (**en justice** vor Gericht)

comparatif [kɔ̃paʀatif] **A** ADJ ⟨-ive [-iv]⟩ vergleichend **B** M GRAM Komparativ *m* **comparativement** [kɔ̃paʀativmɑ̃] ADV vergleichsweise

★**comparer** [kɔ̃paʀe] V/T (miteinander) vergleichen

compartiment [kɔ̃paʀtimɑ̃] M **1** *d'un tiroir, meuble* Fach *n* **2** CH DE FER Abteil *n*

compas [kɔ̃pa] M Zirkel *m*

compassion [kɔ̃pasjɔ̃] F tiefes Mitgefühl, Mitleid (**pour** mit)

compatibilité [kɔ̃patibilite] F Verein-

barkeit f; a. INFORM Kompatibilität f
compatible [kɔ̃patibl] ADJ (miteinander) vereinbar; a. INFORM kompatibel
compatriote [kɔ̃patrijɔt] M/F Landsmann m, Landsmännin f
compensation [kɔ̃pɑ̃sasjɔ̃] F Ausgleich m; Kompensation f; Ersatz m
compenser [kɔ̃pɑ̃se] V/T ausgleichen; kompensieren; wettmachen
compère [kɔ̃pɛʀ] M Kumpan m
compétence [kɔ̃petɑ̃s] F ❶ (≈ connaissances) ~(s) Fach-, Sachkenntnis(se) f(pl); Sachverstand m; Kompetenz f ❷ (≈ ressort), a. JUR Zuständigkeit f, Kompetenz f **compétent** [kɔ̃petɑ̃] ADJ ⟨-ente [-ãt]⟩ ❶ (≈ capable) sachverständig, kompetent ❷ JUR zuständig
compétitif [kɔ̃petitif] ADJ ⟨-ive [-iv]⟩ konkurrenz-, wettbewerbsfähig
★**compétition** [kɔ̃petisjɔ̃] F Wettbewerb m
compétitivité [kɔ̃petitivite] F Wettbewerbsfähigkeit f
compilation [kɔ̃pilasjɔ̃] F Kompilation f
complainte [kɔ̃plɛ̃t] F Klagelied n
complaire [kɔ̃plɛʀ] V/PR ⟨→ plaire⟩ **se ~ dans qc** sich (dat) in etw (dat) gefallen
complaisance [kɔ̃plɛzɑ̃s] F (≈ amabilité) Entgegenkommen n; Gefälligkeit f
complaisant [kɔ̃plɛzɑ̃] ADJ ❶ entgegenkommend; gefällig ❷ péj (≈ satisfait) selbstgefällig
complément [kɔ̃plemɑ̃] M ❶ **~ d'information** ergänzende, zusätzliche Information ❷ GRAM **d'objet** Ergänzung f
complémentaire [kɔ̃plemɑ̃tɛʀ] ADJ ergänzend; zusätzlich, Zusatz...
★**complet** [kɔ̃plɛ] ADJ ⟨-ète [-ɛt]⟩ ❶ (≈ entier) vollständig; vollkommen; komplett; völlig; gesamt; **pain ~** Vollkornbrot n ❷ (≈ plein) (voll) besetzt; **hôtel a.** (voll) belegt; **théâtre** ausverkauft
★**complètement** [kɔ̃plɛtmɑ̃] ADV völlig
compléter [kɔ̃plete] V/T ⟨-è-⟩ ergänzen
complexe [kɔ̃plɛks] ❶ ADJ komplex, kompliziert ❷ M CONSTR, PSYCH Komplex m
complexé [kɔ̃plɛkse] fam ADJ ⟨~e⟩ gehemmt; verklemmt
complication [kɔ̃plikasjɔ̃] F ❶ (≈ difficulté), a. MÉD Komplikation f, Schwierigkeit f ❷ (≈ complexité) Kompliziertheit f

complice [kɔ̃plis] ❶ ADJ mitschuldig ❷ M/F Komplize ou Komplice m, Komplizin f
complicité [kɔ̃plisite] F Komplizenschaft f; JUR a. Mittäterschaft f; Beihilfe f (**de** zu)
compliment [kɔ̃plimɑ̃] M Kompliment n **complimenter** [kɔ̃plimɑ̃te] V/T **~ qn** j-m ein Kompliment, Komplimente machen
★**compliqué** [kɔ̃plike] ADJ ⟨~e⟩ kompliziert; schwierig **compliquer** [kɔ̃plike] V/T ⟨-é- ⟨ V/PR⟩ **(se) ~** (sich) komplizieren
complot [kɔ̃plo] M Komplott n **comploter** [kɔ̃plɔte] ❶ V/T **~ de faire qc** etw planen ❷ V/I ein Komplott schmieden
comportement [kɔ̃pɔʀtəmɑ̃] M Verhalten n
comporter[1] [kɔ̃pɔʀte] V/T ❶ (≈ contenir) enthalten, beinhalten; (≈ se composer de) bestehen aus ❷ (≈ impliquer) mit sich bringen; zur Folge haben
comporter[2] [kɔ̃pɔʀte] V/PR ★**se ~** a. TECH sich verhalten; sich benehmen
composant [kɔ̃pozɑ̃] M Bestandteil m; Komponente f **composante** [kɔ̃pozɑ̃t] F Komponente f
composé [kɔ̃poze] ADJ ⟨~e⟩ zusammengesetzt
★**composer** [kɔ̃poze] ❶ V/T ❶ (≈ assembler) zusammensetzen, -stellen, herstellen (**de** aus); TÉL **numéro** wählen ❷ (≈ constituer) bilden; ausmachen ❸ **poème** verfassen; MUS komponieren ❷ V/PR ★**se ~ de** sich zusammensetzen, zusammengesetzt sein, bestehen aus
★**compositeur**, **compositrice** [kɔ̃pozitœʀ, kɔ̃pozitʀis] F MUS Komponist(in) m(f)
composition [kɔ̃pozisjɔ̃] F Zusammensetzung f, Zusammenstellung f
★**composter** [kɔ̃pɔste] V/T **billet** entwerten
★**compote** [kɔ̃pɔt] F Mus n
compréhensible [kɔ̃pʀeɑ̃sibl] ADJ verständlich **compréhensif** [kɔ̃pʀeɑ̃sif] ADJ ⟨-ive [-iv]⟩ verständnisvoll **compréhension** [kɔ̃pʀeɑ̃sjɔ̃] F a. **pour qn** Verständnis n ❷ Auffassungsgabe f
★**comprendre** [kɔ̃pʀɑ̃dʀ] ⟨→ prendre⟩ ❶ V/T ❶ (≈ saisir) verstehen, begreifen; **faire ~ qc à qn** j-m etw begreiflich machen, verständlich machen; **se faire ~**

sich verständlich machen ▨ (≈ *comporter*) umfassen, enthalten ▨ V/PR se ~ sich, einander verstehen

compresser [kõpʀese] V/T ▨ zusammendrücken, -pressen ▨ INFORM komprimieren

compression [kõpʀesjõ] F ▨ TECH Kompression f; Verdichtung f ▨ *du personnel* Abbau m

★**comprimé** [kõpʀime] M Tablette f

comprimer [kõpʀime] V/T ▨ TECH komprimieren; verdichten ▨ (≈ *serrer*) zusammendrücken, -pressen ▨ *dépenses* reduzieren

compris [kõpʀi] PP & ADJ ⟨-ise [-iz]⟩ (y) ~ ⟨*vor dem subst inv*⟩ inklusive, (mit) (ein)begriffen; einschließlich; **service non** ~ zuzüglich Bedienung; **tout** ~ alles inklusive

compromettre [kõpʀɔmɛtʀ] V/T ⟨→ mettre⟩ ▨ *qc* gefährden; aufs Spiel setzen ▨ *qn* kompromittieren

compromis [kõpʀɔmi] M Kompromiss m

comptabilité [kõtabilite] F Buchführung f, Buchhaltung f

comptable [kõtabl] M/F Buchhalter(in) m(f)

comptant [kõtã] ADJ et ADV (**au**) ~ (in, gegen) bar; Bar...

★**compte** [kõt] M ▨ Zählen n; Berechnung f; **être à son** ~ selbstständig sein; **pour le** ~ **de** auf, für Rechnung von (*ou* + *gén*); im Auftrag von (*ou* + *gén*); **en fin de** ~ schließlich; letztlich; letzten Endes; im Endeffekt; **tout** ~ **fait** genau genommen; alles in allem; **faire ses** ~**s** Buch führen; abrechnen; **laisser pour** ~ *fig personne* links liegen lassen; sich nicht mehr kümmern um; ★ **tenir** ~ **de qc** etw berücksichtigen, in Betracht ziehen; e-r Sache (*dat*) Rechnung tragen; ~ **tenu de** unter Berücksichtigung von (*ou* + *gén*) ▨ *en banque, a.* COMM Konto n; ~ **courant** laufendes Konto; Girokonto n; ~ **en banque** Bankkonto n ▨ ~(**s**) (≈ *explications*) Rechenschaft f; ~ **rendu** Bericht m; *d'une séance* Protokoll n; *d'un livre* Rezension f; ÉCOLE Nacherzählung f; ★ **se rendre** ~ **de qc** sich (*dat*) über etw (*acc*) klar werden; etw bemerken, feststellen

★**compter** [kõte] ▨ V/T ▨ (≈ *dénombrer*) zählen; abzählen; **sans** ~ **que** abgesehen davon, dass; außerdem ▨ (≈ *prévoir*) rechnen (mit); ~ **que** ... damit rechnen, dass ... ▨ (≈ *avoir l'intention*) ~ (+ *inf*) beabsichtigen, vorhaben zu (+ *inf*) ▨ (≈ *avoir*) *années, habitants* haben; *st/s* zählen ▨ V/I ▨ (≈ *calculer*) zählen; rechnen; **sans** ~ großzügig; *dépenser* mit vollen Händen; **à** ~ **de** von ... ab, an; ab ▨ (≈ *avoir de l'importance*) zählen; wichtig sein; gelten ▨ V/T INDIR ~ **avec** *qc, qn* mit etw, j-m rechnen; ~ **sur** *qc, qn* auf etw, j-n zählen; mit etw, j-m rechnen; sich auf etw, j-n verlassen

compteur [kõtœʀ] M Zähler m

comptine [kõtin] F Abzählvers m, Abzählreim m

comptoir [kõtwaʀ] M *d'un bar* Theke f

comte [kõt] M Graf m **comté** [kõte] M ▨ Grafschaft f ▨ *Art Schweizer Käse*

comtesse [kõtɛs] F Gräfin f

★**con** [kõ] ⟨f inv *od* **conne** [kɔn]⟩ *pop* ▨ ADJ *pop* saublöd, -doof ▨ M/F *pop*, **conne** *pop* Blödmann m; *d'une femme* blöde Kuh; *injure pop* Arschloch n; **à la con** *pop* saublöd; *pop* saudoof

concasser [kõkase] V/T zerstoßen; zerkleinern

concéder [kõsede] V/T ⟨-è-⟩ ▨ *droit* gewähren ▨ ~ **que** ... zugeben, einräumen, dass ...

concentration [kõsãtʀasjõ] F *a. d'esprit* Konzentration f

concentré [kõsãtʀe] ▨ ADJ ⟨~e⟩ *personne, a. fig* konzentriert; **lait** ~ Kondens-, Dosenmilch f ▨ M Konzentrat n; ~ **de tomates** Tomatenmark n

concentrer [kõsãtʀe] ▨ V/T konzentrieren ▨ V/PR **se** ~ sich konzentrieren (**sur** *auf* + *acc*)

concentrique [kõsãtʀik] ADJ konzentrisch

concepteur [kõsɛptœʀ] M, **conceptrice** [kõsɛptʀis] F Programmentwickler(in) m(f)

concepteur-réalisateur [kõsɛptœʀ-ʀealizatœʀ] M Multimediadesigner(in) m(f)

conception [kõsɛpsjõ] F ▨ (≈ *idée*) Anschauung f; Auffassung f; Vorstellung f ▨ (≈ *création*) Konzeption f ▨ BIOL Empfängnis f

concernant [kõsɛʀnã] PRÉP hinsichtlich, bezüglich (+ *gén*)

★**concerner** [kɔsɛʀne] V/T ~ **qc, qn** etw, j-n betreffen, angehen; **en ce qui concerne ...** was (+ acc) betrifft, anbelangt, angeht

★**concert** [kɔsɛʀ] M MUS Konzert n

concertation [kɔsɛʀtasjɔ̃] F Absprache f **concerter** [kɔsɛʀte] V/PR **se** ~ sich (miteinander) verständigen; sich absprechen, abstimmen, bereden

concerto [kɔsɛʀto] M Konzert n

concession [kɔsesjɔ̃] F (≈ compromis) Zugeständnis n; Konzession f **concessionnaire** [kɔsesjɔnɛʀ] M COMM Vertragshändler m

concevable [kɔsvabl] ADJ vorstellbar

concevoir [kɔs(ə)vwaʀ] V/T ⟨→ recevoir⟩ ① (≈ comprendre) begreifen; verstehen; (≈ s'imaginer) sich (dat) vorstellen ② projet, ouvrage entwerfen; konzipieren ③ BIOL empfangen

★**concierge** [kɔsjɛʀʒ] ⟨m/f⟩ Hausmeister(in)

conciliant [kɔsiljɑ̃] ADJ ⟨-ante [-ɑ̃t]⟩ entgegenkommend

concilier [kɔsilje] V/T in Einklang, Übereinstimmung bringen

concis [kɔsi] ADJ ⟨-ise [-iz]⟩ knapp, kurz gefasst; prägnant

concitoyen [kɔsitwajɛ̃] M, **concitoyenne** [kɔsitwajɛn] F Mitbürger(in) m/f

concluant [kɔklyɑ̃] ADJ ⟨-ante [-ɑ̃t]⟩ schlüssig; stichhaltig

conclure [kɔklyʀ] ⟨je conclus; il conclut; nous concluons; je concluais; je conclus; je conclurai; que je conclue; concluant; conclu⟩ A V/T ① affaire abschließen; tätigen; traité schließen ② (≈ clore) beenden ③ (≈ déduire) **j'en conclus que ...** ich schließe, folgere daraus, dass ... B V/T INDIR ~ **à qc** auf etw (acc) schließen

★**conclusion** [kɔklyzjɔ̃] F ① d'un traité, d'une affaire Abschluss m ② (≈ fin) Schluss m, Ende n ③ **tirer des** ~**s** Schlüsse, Folgerungen ziehen (**de** aus)

concombre [kɔkɔ̃bʀ] M Gurke f

concordance [kɔkɔʀdɑ̃s] F Übereinstimmung f

concorder [kɔkɔʀde] V/I übereinstimmen (**avec** mit); caractères zusammenpassen; **faire** ~ in Einklang bringen

concourir [kɔkuʀiʀ] ⟨→ courir⟩ A V/T INDIR ~ **à qc** beitragen zu etw B V/I an e-m, am Wettbewerb teilnehmen

concours [kɔkuʀ] M ① (≈ compétition) Wettbewerb m; ÉCOLE, EMPLOI (Prüfung f im) Auswahlverfahren n ② (≈ aide) Unterstützung f; Hilfe f ③ ~ **de circonstances** Zusammentreffen n mehrerer Umstände

★**concret** [kɔkʀɛ] ADJ ⟨concrète [kɔkʀɛt]⟩ konkret **concrétiser** [kɔkʀetize] V/T konkretisieren

conçu [kɔsy] PP & ADJ ⟨~e⟩ TECH konzipiert, an-, ausgelegt (**pour** für)

concubin [kɔkybɛ̃] M, **concubine** [kɔkybin] F Lebensgefährte m, -gefährtin f **concubinage** [kɔkybinaʒ] M Konkubinat n; wilde Ehe; ADMIN nicht eheliche Lebensgemeinschaft

★**concurrence** [kɔkyʀɑ̃s] F a. entreprises Konkurrenz f; Wettbewerb m **concurrent** [kɔkyʀɑ̃] M, **concurrente** [kɔkyʀɑ̃t] F Konkurrent(in) m/f)

concurrentiel [kɔkyʀɑ̃sjɛl] ADJ ⟨~le⟩ konkurrierend; prix konkurrenzfähig

condamnation [kɔdanasjɔ̃] F Verurteilung f; (≈ peine) Strafe f

condamné(e) [kɔdane] M/F Verurteilte(r) m/f(m)

★**condamner** [kɔdane] V/T ① JUR verurteilen (**à** zu), (**pour** wegen); aburteilen ② (≈ blâmer) verurteilen

condiment [kɔdimɑ̃] M Gewürz n

★**condition** [kɔdisjɔ̃] F ① Bedingung f; Voraussetzung f; ~**s** pl (≈ circonstances) Verhältnisse npl; Umstände mpl; (≈ situation) Lage f; ~ **s de paiement** Zahlungsbedingungen fpl, -konditionen fpl; **à** ~ **de** (+ inf), **à** ~ **(la)** **que** + subj ou futur unter der Voraussetzung, Bedingung, dass ...; vorausgesetzt(, dass) ...; (nur) wenn ...; **dans ces** ~**s** unter diesen Umständen, Bedingungen ② (≈ forme) Verfassung f; d'un sportif Kondition f ③ (≈ rang social) Stellung f; Stand m

conditionnel [kɔdisjɔnɛl] ADJ ⟨~le⟩ a. JUR bedingt

condoléances [kɔdɔleɑ̃s] FPL Beileid n; **mes sincères** ~ (mein) herzliches ou aufrichtiges Beileid

conducteur [kɔdyktœʀ] ⟨-trice [-tʀis]⟩ A ADJ PHYS leitend B M/F ★ ~, **conductrice** Fahrer(in) m/f) C M PHYS Leiter m

★**conduire** [kɔdɥiʀ] ⟨je conduis; il con-

duit; nous conduisons; je conduisais; je conduisis; je conduirai; que je conduise; conduisant; conduit⟩ A VT ❶ führen; *personne a.* bringen ❷ *chose* ~ à *a. fig* führen zu; *route* (hin)führen nach, zu ❸ *voiture, a. qn en voiture* fahren; **permis** *m* **de** ~ Führerschein *m* ❹ *électricité, chaleur, eau* leiten B VPR **se** ~ sich verhalten; sich betragen; *péj* sich aufführen
conduit [kɔ̃dɥi] M TECH (Zu)Leitung *f*
★**conduite** [kɔ̃dɥit] F ❶ (≈ *comportement*) Benehmen *n*; Verhalten *n* ❷ AUTO Fahren *n* ❸ (≈ *direction*) Leitung *f* ❹ TECH (Zu)Leitung *f*
cône [kon] M *a.* MATH Kegel *m*
confection [kɔ̃fɛksjɔ̃] F Anfertigung *f*; *d'un plat* Zubereitung *f* **confectionner** [kɔ̃fɛksjɔne] VT ❶ anfertigen; *plat* zubereiten ❷ *vêtements* konfektionieren
confédération [kɔ̃federasjɔ̃] F Staatenbund *m*; Konföderation *f*; **Confédération helvétique** Schweizerische Eidgenossenschaft
conférence [kɔ̃ferɑ̃s] F ❶ (≈ *réunion*) Konferenz *f*; Besprechung *f*; ~ **de presse** Pressekonferenz *f* ❷ (≈ *exposé*) Vortrag *m*
conférencier [kɔ̃ferɑ̃sje] M, **conférencière** [kɔ̃ferɑ̃sjɛʀ] F Redner(in) *m(f)*; Referent(in) *m(f)*
confesser [kɔ̃fese] A VT ❶ *ses péchés* beichten ❷ ~ **qn** j-m die Beichte abnehmen; *fam fig* j-n aushorchen ❸ (≈ *avouer*) (ein)gestehen B VPR **se** ~ beichten
confession [kɔ̃fesjɔ̃] F ❶ Beichte *f* ❷ (≈ *aveu*) Bekenntnis *n* **confessionnal** [kɔ̃fesjɔnal] M ⟨-aux [-o]⟩ Beichtstuhl *m*
★**confiance** [kɔ̃fjɑ̃s] F Vertrauen *n* (**en, dans** zu + *dat* in, auf + *acc*); ~ **en soi** Selbstvertrauen *n* **confiant** [kɔ̃fjɑ̃] ADJ ⟨-ante [-ɑ̃t]⟩ vertrauensvoll; *enfant, animal* zutraulich
confidence [kɔ̃fidɑ̃s] F vertrauliche Mitteilung *f*; **faire des** ~**s à qn** sich j-m anvertrauen **confident** [kɔ̃fidɑ̃] M, **confidente** [kɔ̃fidɑ̃t] F *a.* THÉ Vertraute(r) *m(f)* **confidentiel** [kɔ̃fidɑ̃sjɛl] ADJ ⟨~le⟩ vertraulich
confier [kɔ̃fje] A VT ~ **qc, qn à qn** j-m etw, j-n anvertrauen B VPR **se** ~ **à qn** sich j-m anvertrauen
configurer [kɔ̃fiɡyʀe] VT INFORM *logiciel, hardware* konfigurieren

confiné [kɔ̃fine] ADJ ⟨~e⟩ *air* verbraucht; *atmosphère* stickig
confirmation [kɔ̃fiʀmasjɔ̃] F ❶ Bestätigung *f*; INFORM ~ **de lecture** Lesebestätigung *f* ❷ CATH Firmung *f*; PROT Konfirmation *f*
confirmer [kɔ̃fiʀme] A VT *réservation, nouvelle, etc* bestätigen B VPR **se** ~ sich bestätigen
confiserie [kɔ̃fizʀi] F ❶ Süßigkeit *f* ❷ *magasin* Süßwarengeschäft *n*
confisquer [kɔ̃fiske] VT beschlagnahmen
confit [kɔ̃fi] ADJ ⟨-ite [-it]⟩ *fruits* kandiert
★**confiture** [kɔ̃fityʀ] F Marmelade *f*
conflit [kɔ̃fli] M Konflikt *m*; Auseinandersetzung *f*
confluent [kɔ̃flyɑ̃] M Zusammenfluss *m*
★**confondre** [kɔ̃fɔ̃dʀ] ⟨→ rendre⟩ A VT ❶ (≈ *mélanger*) verwechseln (**avec, et mit**) ❷ (≈ *déconcerter*) verwirren B VPR ❶ ~ (≈ *se mélanger*) sich vermischen; verschmelzen ❷ **se** ~ **en excuses, remerciements** sich vielmals entschuldigen; sich überschwänglich bedanken
conforme [kɔ̃fɔʀm] ADJ ~ **à** gemäß (+ *dat*); entsprechend (+ *dat*); ~ **au règlement** vorschriftsmäßig **conformément** [kɔ̃fɔʀmemɑ̃] ADV ~ **à** gemäß, entsprechend (+ *dat*)
conformiste [kɔ̃fɔʀmist] ADJ konformistisch
conformité [kɔ̃fɔʀmite] F Übereinstimmung *f*
★**confort** [kɔ̃fɔʀ] M Bequemlichkeit *f*; Komfort *m* ★**confortable** [kɔ̃fɔʀtabl] ADJ ❶ *maison, voiture, etc* bequem; komfortabel; *situation* behaglich ❷ *revenus* reichlich
confrère [kɔ̃fʀɛʀ] M Kollege *m*
confrontation [kɔ̃fʀɔ̃tasjɔ̃] F Gegenüberstellung *f*; Konfrontation *f* **confronter** [kɔ̃fʀɔ̃te] VT einander gegenüberstellen; **être confronté à qc** mit etw konfrontiert sein
confus [kɔ̃fy] ADJ ⟨-use [-yz]⟩ ❶ *forme, bruit* undeutlich ❷ *fig idées, etc* wirr, konfus; (≈ *peu clair*) unklar ❸ (≈ *embarrassé*) verlegen; verwirrt
confusion [kɔ̃fyzjɔ̃] F ❶ (≈ *désordre*) Verwirrung *f*; Durcheinander *n* ❷ (≈ *embarras*) Verlegenheit *f* ❸ (≈ *erreur*) Verwechslung *f*

★**congé** [kɔ̃ʒe] M ❶ Urlaub m; **~s payés** bezahlter Urlaub; **avoir un jour de ~** e-n freien Tag haben; e-n Tag freihaben ❷ Kündigung f ❸ **prendre ~** sich verabschieden **congédier** [kɔ̃ʒedje] VT entlassen

★**congélateur** [kɔ̃ʒelatœʀ] M Gefriertruhe f, Gefrierschrank m
congelé(e) [kɔ̃ʒle] ADJ tiefgekühlt, Tiefkühl...
congeler [kɔ̃ʒle] VT ⟨-è-⟩ einfrieren
conglomérat [kɔ̃glɔmeʀa] M Konglomerat n
congrès [kɔ̃gʀɛ] M Kongress m; Tagung f
conique [kɔnik] ADJ kegelförmig
conjoint [kɔ̃ʒwɛ̃] M, **conjointe** [kɔ̃ʒwɛ̃t] F Ehegatte, -gattin m,f; **~s** pl Ehegatten mpl, Eheleute pl
conjonction [kɔ̃ʒɔ̃ksjɔ̃] F Bindewort n
conjoncture [kɔ̃ʒɔ̃ktyʀ] F ❶ (≈ situation) Lage f; Umstände mpl ❷ ÉCON Konjunktur f
conjugaison [kɔ̃ʒygɛzɔ̃] F Konjugation f
conjugal [kɔ̃ʒygal] ADJ ⟨~e; -aux [-o]⟩ Ehe..., ehelich
conjuguer [kɔ̃ʒyge] VT GRAM konjugieren
conjurer [kɔ̃ʒyʀe] VT ❶ (≈ implorer) **~ qn de** (+ inf) j-n beschwören zu (+ inf) ❷ danger abwenden

★**connaissance** [kɔnɛsɑ̃s] F ❶ (≈ savoir) Kenntnis f; **à ma ~** meines Wissens; **avoir ~ de qc** Kenntnis von etw haben; **prendre ~ de** Kenntnis nehmen von ❷ **perdre ~** das Bewusstsein verlieren; bewusstlos, ohnmächtig werden ❸ personne Bekannte(r) m/f(m) ❹ (≈ action de connaître) Bekanntschaft f; **faire ~ avec qn, qc** ou **faire la ~ de qn, qc** j-n, etw kennenlernen; mit j-m, etw bekannt werden; die Bekanntschaft j-s machen
connaisseur [kɔnɛsœʀ] M Kenner m
★**connaître** [kɔnɛtʀ] ⟨je connais; il connaît; nous connaissons; je connaissais; je connus; je connaîtrai; que je connaisse; connaissant; connu⟩ A VT ❶ kennen; personne a. bekannt sein mit; **~ l'anglais** Englisch können ❷ (≈ faire la connaissance de) kennenlernen (**qn, qc** j-n, etw) B VPR ❶ **se ~** réciproquement sich, einander kennen ou kennenlernen ❷ **se ~** soi-même sich (selbst) kennen ❸ **s'y ~** sich auskennen (**en** mit, in + dat); etwas davon verstehen

★**conne** [kɔn] pop F → con
connecter [kɔnɛkte] A VT ÉLEC anschließen (**à an** + acc); verbinden (mit) B VPR INFORM **se ~** (sich) einloggen
★**connerie** [kɔnʀi] pop F péj Idiotie f
connexion [kɔnɛksjɔ̃] F Verbindung f
connivence [kɔnivɑ̃s] F heimliches Einverständnis
★**connu** [kɔny] PP & ADJ ⟨-e → connaître⟩ bekannt (**de, par qn** j-m)
conquérant [kɔ̃keʀɑ̃] M hist Eroberer m
conquérir [kɔ̃keʀiʀ] VT ⟨→ acquérir⟩ erobern **conquête** [kɔ̃kɛt] F Eroberung f **conquis** [kɔ̃ki] PP ⟨-ise [-iz]⟩ → conquérir
consacrer [kɔ̃sakʀe] VT widmen (**à qc, à qn** e-r Sache, j-m)
consciemment [kɔ̃sjamɑ̃] ADV bewusst
★**conscience** [kɔ̃sjɑ̃s] F ❶ morale Gewissen n; **avoir bonne ~** ein gutes, reines Gewissen haben ❷ psychologique Bewusstsein n; **perdre ~** bewusstlos, ohnmächtig werden; **prendre ~ de qc** sich (dat) e-r Sache (gén) bewusst werden
consciencieux [kɔ̃sjɑ̃sjø] ADJ ⟨-euse [-øz]⟩ gewissenhaft **conscient** [kɔ̃sjɑ̃] ADJ ⟨-ente [-ɑ̃t]⟩ bewusst; (≈ pas évanoui) bei Bewusstsein; **être ~ de qc** sich (dat) e-r Sache (gén) bewusst sein
consécration [kɔ̃sekʀasjɔ̃] F ❶ REL Weihe f ❷ CATH Wandlung f ❸ (≈ sanction) (glänzende) Bestätigung
consécutif [kɔ̃sekytif] ADJ ⟨-ive [-iv]⟩ ❶ aufeinanderfolgend; **pendant trois jours ~s** drei Tage hintereinander ❷ **~ à** als Folge von (ou + gén)
★**conseil** [kɔ̃sɛj] M ❶ (≈ recommandation) Rat(schlag) m ❷ personne Berater m ❸ assemblée Rat m; réunion Ratssitzung f, Ratsversammlung f; ★ **~ municipal** Gemeinde-, Stadtrat m
★**conseiller**¹ [kɔ̃seje] VT **~ qn** j-n beraten; **~ à qn de** (+ inf) j-m raten zu (+ inf)
conseiller², **conseillère** [kɔ̃sejɛʀ] F ❶ Berater(in) m(f), Ratgeber(in) m(f); **conseillère en gestion** Unternehmensberaterin f ❷ **~ municipal** Gemeinde-, Stadtrat m
consentement [kɔ̃sɑ̃tmɑ̃] M Einwilli-

consentir [kõsɑ̃tiʀ] ⟨→ sentir⟩ A VT gewähren; einräumen B VT INDIR ~ à qc in etw (acc) einwilligen; e-r Sache (dat) zustimmen

★**conséquence** [kõsekɑ̃s] F 1 (≈ suite) Konsequenz f, Folge f; **en ~** (dem)entsprechend 2 (≈ déduction) Folgerung f

conséquent [kõsekɑ̃] ADJ ⟨-ente [-ɑ̃t]⟩ 1 (≈ logique) konsequent 2 (≈ important) wichtig, bedeutend 3 **par ~** folglich; infolgedessen

conservateur [kõsɛʀvatœʀ] A ADJ ⟨-trice [-tʀis]⟩ a. POL konservativ B M,F POL ~, **conservatrice** m,f Konservative(r) m/f(m) C M ~ pour aliments Konservierungsstoff m

conservation [kõsɛʀvasjõ] F 1 Erhaltung f, Bewahrung f 2 des aliments Haltbarmachung f

conservatoire [kõsɛʀvatwaʀ] ADJ JUR Sicherungs...

conserve [kõsɛʀv] F Konserve f; **en ~** aus der Dose; Dosen...; Büchsen...

conserver [kõsɛʀve] VT 1 (≈ garder) (auf)bewahren; behalten; aufheben; **bien conservé** a. personne gut erhalten 2 aliments haltbar machen

considérable [kõsideʀabl] ADJ beträchtlich

considération [kõsideʀasjõ] F 1 (≈ réflexion) Überlegung f; Erwägung f; **en ~ de** in Anbetracht (+ gén); mit Rücksicht auf (+ acc) 2 (≈ estime) Achtung f

considérer [kõsideʀe] VT ⟨-è-⟩ 1 (≈ examiner) bedenken; erwägen; berücksichtigen; **tout bien considéré** alles in allem; wenn man es recht bedenkt 2 **je considère que …** ich finde, ich bin der Meinung, (dass) … 3 (≈ regarder attentivement) betrachten

consigne [kõsiɲ] F 1 (≈ instruction) (An)Weisung f 2 pour bagages Gepäckaufbewahrung f; ~ **automatique** Schließfächer npl **consigner** [kõsiɲe] VT 1 **bouteille consignée** Pfandflasche f; Mehrwegflasche f 2 bagages zur (Gepäck)Aufbewahrung geben

consistance [kõsistɑ̃s] F Konsistenz f **consistant** [kõsistɑ̃] ADJ ⟨-ante [-ɑ̃t]⟩ plat nahrhaft; sauce dick

consister [kõsiste] VT INDIR ~ **en, dans** bestehen aus, in (+ dat); ~ **à** (+ inf) darin bestehen zu (+ inf)

consœur [kõsœʀ] F Kollegin f

consolant [kõsolɑ̃] ADJ ⟨-ante [-ɑ̃t]⟩, **consolateur** [kõsolatœʀ] ADJ ⟨-trice [-tʀis]⟩ tröstlich, tröstend

consolation [kõsolasjõ] F Trost m

console [kõsol] F 1 table Konsoltisch m 2 INFORM Konsole f, (Daten)Endgerät n

consoler [kõsole] A VT trösten B V/PR **se ~** sich trösten

consolidation [kõsolidasjõ] F CONSTR Verstärkung f **consolider** [kõsolide] VT mur verstärken

★**consommateur** [kõsɔmatœʀ] M, **consommatrice** [kõsɔmatʀis] F Verbraucher(in) m(f); Konsument(in) m(f)

★**consommation** [kõsɔmasjõ] F ÉCON Verbrauch m; Konsum m 2 d'une voiture Benzinverbrauch m (**aux 100 km** auf 100 km)

consommé [kõsɔme] M Kraftbrühe f **consommer** [kõsɔme] VT a. essence verbrauchen; konsumieren; aliments a. verzehren

consonne [kõsɔn] F Konsonant m

conspirateur [kõspiʀatœʀ] M, **conspiratrice** [kõspiʀatʀis] F Verschwörer(in) m(f) **conspiration** [kõspiʀasjõ] F Verschwörung f **conspirer** [kõspiʀe] VI konspirieren, sich verschwören (**contre** gegen)

constamment [kõstamɑ̃] ADV (be)ständig **constance** [kõstɑ̃s] F Beständigkeit f **constant** [kõstɑ̃] ADJ ⟨-ante [-ɑ̃t]⟩ 1 (≈ continuel) (be)ständig, (an)dauernd; konstant 2 st/s (≈ persévérant) beständig

constat [kõsta] M 1 JUR Protokoll n 2 fig Feststellung f

constatation [kõstatasjõ] F Feststellung f

★**constater** [kõstate] VT feststellen

constellation [kõstɛlasjõ] F Sternbild n

consternation [kõstɛʀnasjõ] F Bestürzung f **consterner** [kõstɛʀne] VT betroffen machen

constipation [kõstipasjõ] F MÉD Verstopfung f **constipé** [kõstipe] ADJ ⟨-e⟩ MÉD verstopft

constituant [kõstitɥɑ̃] ADJ ⟨-ante [-ɑ̃t]⟩ (**élément**) ~ m Bestandteil m

constituer [kõstitɥe] A VT 1 (≈ être) bilden 2 (≈ créer) bilden; dossier, collection

constitution — contorsionner ▪ **91**

anlegen **B** V/PR **se ~ prisonnier** sich (der Polizei) stellen **constitution** [kɔ̃stitysjɔ̃] F **1** POL Verfassung f **2** (≈ création) Bildung f; Gründung f; *d'un dossier* Anlegen n **constitutionnel** [kɔ̃stitysjɔnɛl] ADJ ⟨~le⟩ POL Verfassungs... **constructeur** [kɔ̃stʀyktœʀ] M TECH Konstrukteur m **constructif** [kɔ̃stʀyktif] ADJ ⟨-ive [-iv]⟩ konstruktiv
★**construction** [kɔ̃stʀyksjɔ̃] F a. *résultat* Bau m
★**construire** [kɔ̃stʀɥiʀ] V/T ⟨→ conduire⟩ **1** bauen; TECH a. konstruieren; *édifice* a. erbauen **2** *phrase* bilden **consultant** [kɔ̃sylta] M, **consultante** [kɔ̃syltɑ̃t] F Berater(in) m(f) **consultation** [kɔ̃syltasjɔ̃] F **1** *pour donner un avis* Beratung f; Konsultation f **2** *pour demander un avis* Befragung f; *d'un ouvrage* Nachschlagen n (**de** in + *dat*) **3** MÉD Sprechstunde f; **heures** fpl **de ~** Sprechstunde(n) f(pl) **consulter** [kɔ̃sylte] **A** V/T **1** *personne* befragen; um Rat fragen; *médecin, avocat, expert* konsultieren; zurate ziehen; *expert* a. anhören; hinzuziehen **2** *ouvrage, manuel* nachschlagen, nachsehen in (+ *dat*) **B** V/I *médecin* Sprechstunde haben **consumer** [kɔ̃syme] **A** V/T **1** *feu: édifice* vernichten **2** *st/s chagrin* **~ qn** *st/s* j-n verzehren **B** V/PR *cigarette* **se ~** herunterbrennen
★**contact** [kɔ̃takt] M **1** *de deux choses* Kontakt m; Berührung f; **au ~ de** durch die, bei der Berührung mit; AUTO **mettre le ~** die Zündung einschalten **2** *entre personnes* Kontakt m; **se mettre en ~ avec qn** sich mit j-m in Verbindung setzen; **prendre ~ avec qn** mit j-m Kontakt, Verbindung aufnehmen **3** **lentilles** fpl **de ~**, **verres** mpl **de ~** Kontaktlinsen fpl **contacter** [kɔ̃takte] V/T **~ qn** sich mit j-m in Verbindung setzen; j-n kontaktieren
★**contagieux** [kɔ̃taʒjø] ADJ ⟨-euse [-øz]⟩ a. fig *rire* ansteckend **contagion** [kɔ̃taʒjɔ̃] F Ansteckung f **contaminer** [kɔ̃tamine] V/T (≈ infecter), a. fig anstecken; (≈ polluer) verseuchen **conte** [kɔ̃t] M Erzählung f; **~ (de fées)**

Märchen n **contempler** [kɔ̃tɑ̃ple] V/T (aufmerksam, bewundernd) betrachten, anschauen **contemporain** [kɔ̃tɑ̃pɔʀɛ̃] **A** ADJ ⟨-aine [-ɛn]⟩ zeitgenössisch **B** M/F **~(e)** Zeitgenosse m, -genossin f **contenance** [kɔ̃tnɑ̃s] F *d'une personne* Haltung f; **perdre ~** die Fassung verlieren **conteneur** [kɔ̃tnœʀ] M Container m
★**contenir** [kɔ̃tniʀ] ⟨→ venir⟩ **A** V/T **1** (≈ renfermer) enthalten; (≈ avoir une capacité de) fassen **2** (≈ retenir) *foule* zurückhalten; *émotions* im Zaum halten **B** V/PR **se ~** sich beherrschen
★**content** [kɔ̃tɑ̃] ADJ ⟨-ente [-ɑ̃t]⟩ (≈ satisfait) zufrieden (**de** mit); (≈ heureux) erfreut, froh (**über** + *acc*); **être ~ de** (+ *inf*) sich freuen zu (+ *inf*) **contentement** [kɔ̃tɑ̃tmɑ̃] M Zufriedenheit f **contenter** [kɔ̃tɑ̃te] **A** V/T *personne* zufriedenstellen; *envie, curiosité* befriedigen **B** V/PR **se ~ de qc** sich mit etw zufriedengeben, begnügen; mit etw vorliebnehmen
★**contenu** [kɔ̃tny] M Inhalt m **contestable** [kɔ̃tɛstabl] ADJ bestreitbar **contestataire** [kɔ̃tɛstatɛʀ] **A** ADJ protestierend **B** M/F Protestler(in) m(f) **contestation** [kɔ̃tɛstasjɔ̃] F **1** Bestreitung f; JUR Anfechtung f **2** POL Protest (-bewegung) m(f) **contesté** [kɔ̃tɛste] ADJ ⟨~e⟩ umstritten **contester** [kɔ̃tɛste] V/T be-, abstreiten; a. JUR anfechten **contexte** [kɔ̃tɛkst] M a. *par ext* Kontext m, Zusammenhang m **continent** [kɔ̃tinɑ̃] M Kontinent m **continental** [kɔ̃tinɑ̃tal] ADJ ⟨~e; -aux [-o]⟩ Kontinental..., kontinental **continu** [kɔ̃tiny] ADJ ⟨~e⟩ kontinuierlich, ununterbrochen; fortdauernd, -laufend **continuel** [kɔ̃tinɥɛl] ADJ ⟨~le⟩ (be)ständig
★**continuer** [kɔ̃tinɥe] **A** V/T fortsetzen; weiterführen **B** V/I **1** *personne* weitermachen; a. à parler fortfahren; à marcher weitergehen **2** *spectacle, etc* andauern; a. *route* weitergehen **contorsion** [kɔ̃tɔʀsjɔ̃] F a. fig Verrenkung f **contorsionner** [kɔ̃tɔʀsjɔne] V/PR **se ~** die Glieder verrenken **contor-**

sionniste [kɔ̃tɔʀsjɔnist] M Schlangenmensch m

contour [kɔtuʀ] M Umriss m

contourner [kɔtuʀne] VT **1** herumgehen um; (≈en) *voiture* herumfahren um; umfahren; *route* ~ **qc** um etw herumführen **2** *fig difficulté, loi* umgehen

contraceptif [kɔ̃tʀaseptif] M Verhütungsmittel n **contraception** [kɔ̃tʀasɛpsjɔ̃] F Empfängnisverhütung f

contracté [kɔ̃tʀakte] ADJ ⟨~e⟩ verkrampft

contracter [kɔ̃tʀakte] A VT **1** *alliance, mariage* schließen; eingehen; *assurance* abschließen; *dettes* machen **2** ~ **une maladie** sich (*dat*) e-e Krankheit zuziehen **3** *muscles* zusammenziehen B V/PR **se ~** sich zusammenziehen **contraction** [kɔ̃tʀaksjɔ̃] F Zusammenziehung f

contractuel [kɔ̃tʀaktɥɛl] A ADJ ⟨~le⟩ vertraglich B M/F **~(le)** Hilfspolizist(in) m(f); Politesse f

contradiction [kɔ̃tʀadiksjɔ̃] F Widerspruch m **contradictoire** [kɔ̃tʀadiktwaʀ] ADJ widersprüchlich

contraindre [kɔ̃tʀɛ̃dʀ] VT ⟨→ craindre⟩ zwingen, nötigen (**à** + *inf* zu + *inf*) **contraint** [kɔ̃tʀɛ̃] ADJ ⟨-ainte [-ɛ̃t]⟩ gezwungen; unnatürlich **contrainte** [kɔ̃tʀɛ̃t] F Zwang m

★**contraire** [kɔ̃tʀɛʀ] A ADJ gegensätzlich; entgegengesetzt; gegenteilig; ~ **à** gegen; **être ~ à qc** im Gegensatz zu etw stehen B M **1** (≈*contraire logique*) Gegenteil n; ★ **au ~** im Gegenteil **2** (≈*opposé*) **au ~ de** im Gegensatz zu **contrairement** [kɔ̃tʀɛʀmɑ̃] PRÉP **~ à** im Gegensatz zu; entgegen (+ *dat*)

contrariant [kɔ̃tʀaʀjɑ̃] ADJ ⟨-ante [-ɑ̃t]⟩ **1** (≈*ennuyeux*) ärgerlich, unangenehm **2 il n'est pas ~** er macht nie Schwierigkeiten **contrarié** [kɔ̃tʀaʀje] ADJ ⟨~e⟩ *air, personne* verstimmt, verärgert **contrarier** [kɔ̃tʀaʀje] VT **1** (≈*gêner*) behindern; entgegenwirken (+ *dat*) **2** (≈*mécontenter*) (ver)ärgern **contrariété(s)** [kɔ̃tʀaʀjete] F(PL) Ärger m

contraste [kɔ̃tʀast] M *a.* OPT Kontrast m **contraster** [kɔ̃tʀaste] VI kontrastieren (**avec** mit)

★**contrat** [kɔ̃tʀa] M Vertrag m

contravention [kɔ̃tʀavɑ̃sjɔ̃] F Strafmandat n, gebührenpflichtige Verwarnung

★**contre** [kɔ̃tʀ] A PRÉP **1** *opposition* gegen (+ *acc*); entgegen (+ *dat*) **2** *échange* für (+ *acc*); gegen (+ *acc*) **3** *contact* an (+ *acc*) B ADV **être ~** dagegen sein; **par ~** dagegen; hingegen; wiederum C M **le pour et le ~** das Für und Wider

contrebalancer [kɔ̃tʀəbalɑ̃se] VT ⟨-ç-⟩ aufwiegen, ausgleichen

contrebande F Schmuggel m **contrebandier** [kɔ̃tʀəbɑ̃dje] M, **contrebandière** [kɔ̃tʀəbɑ̃djɛʀ] F Schmuggler(in) m(f)

contrebasse F Bassgeige f

contrecœur [kɔ̃tʀəkœʀ] ADV **à ~** widerwillig; mit Widerwillen

★**contredire** ⟨→ dire, *aber* vous contredisez⟩ A VT **~ qn, qc** j-m, e-r Sache widersprechen B V/PR **se ~** sich (*dat*) widersprechen

contrée [kɔ̃tʀe] F Gegend f

contrefaçon F Nachahmung f; Fälschung f **contrefaire** VT ⟨→ faire⟩ **1** *sa voix, son écriture* verstellen **2** *frauduleusement* nachmachen; fälschen

contre-jour M Gegenlicht n

contremaître [kɔ̃tʀəmɛtʀ] M Vorarbeiter m; *en usine a.* Werkmeister m

contrepartie F Ausgleich m (**de** für); **en ~** dafür; zum Ausgleich; als Gegenleistung

contrepoison M Gegengift n

contrer [kɔ̃tʀe] VT kontern

contresens [kɔ̃tʀəsɑ̃s] M **1** Sinnwidrigkeit f, Fehldeutung f; **à ~** *interpréter* sinnwidrig, falsch **2** *rouler à ~* = *rouler* in der entgegengesetzten, verkehrten (Fahrt)-Richtung fahren

contretemps M (unerwartet auftretendes) Hindernis; **à ~** im ungünstigsten Moment

contribuable [kɔ̃tʀibɥabl] M F Steuerzahler m, Steuerpflichtige(r) m

contribuer [kɔ̃tʀibɥe] VT INDIR **~ à qc** zu etw beitragen; s-n Beitrag zu etw leisten **contribution** [kɔ̃tʀibɥsjɔ̃] F **1** (≈ *part*) Beitrag m; Anteil m (**an** + *dat*) **2** (≈*impôt*) Steuer f; Abgabe f

★**contrôle** [kɔ̃tʀol] F **1** (≈ *vérification*) Kontrolle f; Überprüfung f **2** (≈ *maîtrise*) Kontrolle f; Beherrschung f; **perdre le ~ de son véhicule** die Herrschaft, Kontrol-

le, Gewalt über sein Fahrzeug verlieren
★**contrôler** [kɔ̃tʀole] <u>VT</u> **1** (≈ vérifier) kontrollieren; überprüfen **2** beherrschen ★**contrôleur** [kɔ̃tʀolœʀ] <u>M</u> Kontrolleur m; CH DE FER Schaffner m ★**contrôleuse** [kɔ̃tʀoløz] <u>F</u> Kontrolleurin f
controverse [kɔ̃tʀɔvɛʀs] <u>F</u> Kontroverse f **controversé** [kɔ̃tʀɔvɛʀse] <u>ADJ</u> ⟨~e⟩ umstritten, strittig
contusion [kɔ̃tyzjɔ̃] <u>F</u> Prellung f
convaincant [kɔ̃vɛ̃kɑ̃] <u>ADJ</u> ⟨-ante [-ɑ̃t]⟩ überzeugend
★**convaincre** [kɔ̃vɛ̃kʀ] <u>VT</u> ⟨→ vaincre⟩ überzeugen (**qn de qc** j-n von etw) **convaincu** [kɔ̃vɛ̃ky] <u>ADJ</u> ⟨~e⟩ überzeugt
convalescence [kɔ̃valesɑ̃s] <u>F</u> Genesung f
convenable [kɔ̃vnabl] <u>ADJ</u> **1** (≈ approprié) passend; angemessen sein; **2** (≈ assez bon) (recht) ordentlich **3** (≈ décent) schicklich; anständig
convenance [kɔ̃vnɑ̃s] <u>F</u> **1** ~s pl Anstandsregeln fpl; Konventionen fpl; **qc à ma ~** etwas, was meinen Vorstellungen entspricht
★**convenir** [kɔ̃vniʀ] ⟨→ venir⟩ **A** <u>VT INDIR</u> **1** ⟨avoir⟩ **~ à qc** passen zu etw; e-r Sache (dat) angemessen sein; **~ à qn** j-m passen, zusagen **2** ⟨avoir; st/s être⟩ **~ de qc** (≈ s'accorder) etw vereinbaren, verabreden, ab-, ausmachen **3** ⟨avoir⟩ **~ de qc** (≈ avouer) etw zugeben, einräumen **B** <u>VIMP</u> **il convient de** (+ inf) es empfiehlt sich zu (+ inf)
convention [kɔ̃vɑ̃sjɔ̃] <u>F</u> **1** (≈ accord) Abkommen n; Vereinbarung f; **~ collective** Tarifvertrag m **2** ~s pl Konventionen fpl
conventionnel [kɔ̃vɑ̃sjɔnɛl] <u>ADJ</u> ⟨~le⟩ konventionell
convenu [kɔ̃vny] <u>ADJ</u> ⟨~e⟩ vereinbart
convergence [kɔ̃vɛʀʒɑ̃s] <u>F</u> a. fig Konvergenz f
converger [kɔ̃vɛʀʒe] <u>VI</u> ⟨-ge-⟩ (in e-m Punkt) zusammenlaufen; a. PHYS, MATH konvergieren
★**conversation** [kɔ̃vɛʀsasjɔ̃] <u>F</u> Unterhaltung f; Gespräch n
conversion [kɔ̃vɛʀsjɔ̃] <u>F</u> **1** REL Bekehrung f, Konversion f; Übertritt m (**à zu**) **2** FIN, a. MATH Umwandlung f; Konversion f; MATH a. Umrechnung f (**en** in + acc)

convertibilité [kɔ̃vɛʀtibilite] <u>F</u> d'une monnaie Konvertierbarkeit f
convertible [kɔ̃vɛʀtibl] <u>ADJ</u> monnaie konvertierbar, konvertibel
convertir [kɔ̃vɛʀtiʀ] **A** <u>VT</u> **1** **~ qn** j-n bekehren (**à zu**) **2** FIN, a. MATH umwandeln; konvertieren; MATH a. umrechnen (**en** in + acc) **B** <u>VPR</u> **se ~** REL sich bekehren (**à** zu); konvertieren, übertreten (**à** zu)
conviction [kɔ̃viksjɔ̃] <u>F</u> Überzeugung f
convier [kɔ̃vje] <u>VT</u> **~ qn à qc** j-n zu etw einladen
convive [kɔ̃viv] <u>MF</u> Gast m **convivial** [kɔ̃vivjal] <u>ADJ</u> ⟨~e; -aux [-o]⟩ **1** gastlich; einladend, gemütlich **2** INFORM benutzerfreundlich **convivialité** [kɔ̃vivjalite] <u>F</u> **1** Gastlichkeit f; gesellige Gemütlichkeit f **2** INFORM Benutzerfreundlichkeit f
convocation [kɔ̃vɔkasjɔ̃] <u>F</u> **1** d'une assemblée Einberufung f **2** JUR Vorladung f
convoi [kɔ̃vwa] <u>M</u> de véhicules Kolonne f; Konvoi m; MAR Geleitzug m
convoiter [kɔ̃vwate] <u>VT</u> (heftig) begehren **convoitise** [kɔ̃vwatiz] <u>F</u> Begehrlichkeit f
convoquer [kɔ̃vɔke] <u>VT</u> **1** assemblée einberufen **2** JUR (vor)laden; élève, employé kommen lassen
convulsion [kɔ̃vylsjɔ̃] <u>F</u> Krampf m
cookie [kuki] <u>M</u> CUIS, INFORM Cookie m
coopérant [kɔɔpeʀɑ̃] <u>M</u>, **coopérante** [kɔɔpeʀɑ̃t] <u>F</u> Entwicklungshelfer(in) m(f)
coopératif [kɔɔpeʀatif] <u>ADJ</u> ⟨-ive [-iv]⟩ kooperativ
coopération <u>F</u> Mitarbeit f, Mitwirkung f; a. POL Zusammenarbeit f, Kooperation f
coopérative [kɔɔpeʀativ] <u>F</u> Genossenschaft f
coopérer ⟨-è-⟩ **A** <u>VT INDIR</u> **~ à qc** an etw (dat) mitarbeiten, mitwirken **B** <u>VI</u> zusammenarbeiten
coordonnée [kɔɔʀdɔne] <u>F</u> **1** MATH Koordinate f **2** fam ~s pl Adresse f, Telefonnummer f etc
coordonner [kɔɔʀdɔne] <u>VT</u> koordinieren
★**copain** [kɔpɛ̃] fam <u>M</u> Freund m
coparentalité <u>F</u> JUR gemeinsame Elternschaft f
copeau [kɔpo] <u>M</u> ⟨~x⟩ Span m
Copenhague [kɔpənag] Kopenhagen n
★**copie** [kɔpi] <u>F</u> **1** d'un écrit Kopie f **2** d'une œuvre d'art Kopie f **3** (≈ imitation)

Nachahmung f
copier [kɔpje] V/T **1** abschreiben (**dans un livre** aus e-m Buch), (**sur son voisin** von s-m Nachbarn) **2** (≈ *imiter, reproduire*) nachahmen
copier-coller [kɔpjekɔle] M ⟨inv⟩ INFORM Kopieren n und Einfügen n
copieux [kɔpjø] ADJ ⟨-euse [-øz]⟩ reichlich
copilote M Kopilot m
★**copine** [kɔpin] *fam* F Freundin f
copropriétaire M Miteigentümer m
★**coq** [kɔk] M Hahn m
coque [kɔk] F **1** *de noix, etc* Schale f **2** *d'un navire* Rumpf m
coqueluche [kɔklyʃ] F MÉD Keuchhusten m
coquet [kɔkɛ] ADJ ⟨-ette [-ɛt]⟩ **1** (≈ *soigné*) adrett; schmuck **2** (≈ *cherchant à plaire*) kokett
coquetier [kɔktje] M Eierbecher m
coquetterie [kɔkɛtri] F **1** (≈ *désir de plaire, affectation*) Koketterie f **2** (≈ *élégance*) Eleganz f
coquillage [kɔkijaʒ] M Muschel f
coquille [kɔkij] F **1** *des mollusques* Schale f; Muschel f; *d'escargot* (Schnecken-)Haus n **2** *d'œufs, de noix* Schale f
coquin [kɔkɛ̃] ⟨-ine [-in]⟩ **A** ADJ *enfant, regard* schelmisch **B** M/F (**petit**) **~e** (kleiner) Frechdachs; Schlingel m
cor [kɔr] M MUS Horn n
corail [kɔraj] M ⟨-aux [-o]⟩ Koralle f
Coran [kɔrɑ̃] M Koran m
corbeau [kɔrbo] M ⟨-x⟩ Rabe m
★**corbeille** [kɔrbɛj] F Korb m
corbillard [kɔrbijar] M Leichenwagen m
cordage [kɔrdaʒ] M **1** MAR Tau n **2** *d'une raquette* Bespannung f
★**corde** [kɔrd] F **1** Leine f; a. *pour pendre qn* Strick m; *épaisse* Seil n; (≈ *ficelle*) Schnur f; **~ à linge** Wäscheleine f **2** SPORTS Seil n **3** **~s vocales** Stimmbänder npl
cordial [kɔrdjal] ADJ ⟨~e, -aux [-o]⟩ herzlich **cordialité** [kɔrdjalite] F Herzlichkeit f
cordon [kɔrdɔ̃] M **1** Schnur f **2** *d'une décoration* Ordensband n **3** *de police* (Posten)Kette f
cordonnier [kɔrdɔnje] M Schuster m

Corée [kɔre] F **la ~** Korea n
coriace [kɔrjas] ADJ *viande* zäh
★**corne** [kɔrn] F *des chèvres, etc* Horn n; *des escargots* Fühler m
cornée [kɔrne] F Hornhaut f (des Auges)
corneille [kɔrnɛj] F Krähe f
cornemuse [kɔrnəmyz] F Dudelsack m
corner¹ [kɔrne] V/T *page* umknicken
corner² [kɔrnɛr] M FOOTBALL Eckball m, Ecke f; *helv* Corner m
cornet [kɔrnɛ] M spitze Tüte; **~ de frites** Tüte f Pommes
corniche [kɔrniʃ] F (**route f en**) **~** kurvenreiche Küstenstraße (an e-r Steilküste)
cornichon [kɔrniʃɔ̃] M CUIS Essig-, Gewürzgürkchen n
corporation [kɔrpɔrasjɔ̃] F Berufsstand m
corporel [kɔrpɔrɛl] ADJ ⟨~le⟩ körperlich
★**corps** [kɔr] M **1** Körper m; a. REL Leib m **2** (≈ *cadavre*) Leiche f; Leichnam m **3** (≈ *groupe*) Körperschaft f; Gremium n; a. MIL, DIPL Korps m **4 faire ~ (avec)** e-e Einheit bilden (mit); *fig* **prendre ~** Gestalt annehmen, gewinnen
★**correct** [kɔrɛkt] ADJ ⟨~e⟩ **1** richtig, korrekt **2** *personne, tenue* korrekt **3** *prix, salaire* angemessen
correcteur [kɔrɛktœr], **correctrice** [kɔrɛktris] **1** ⟨m,f⟩ Korrektor(in) m(f), ⟨m⟩ INFORM Rechtschreib(korrektur)programm n
★**correction** [kɔrɛksjɔ̃] F **1** Verbesserung f; Korrektur f **2** (≈ *châtiment corporel*) Tracht f Prügel
correctionnelle [kɔrɛksjɔnɛl] F Strafkammer f
★**correspondance** [kɔrɛspɔ̃dɑ̃s] F **1** Briefwechsel m; Schriftverkehr m; Korrespondenz f **2** TRANSPORTS Anschluss m (**pour** nach); **prendre la, une ~** umsteigen **3** (≈ *analogie*) Übereinstimmung f
★**correspondant** [kɔrɛspɔ̃dɑ̃] ⟨-ante [-ɑ̃t]⟩ **A** ADJ entsprechend **B** M/F **~(e)** Briefpartner(in) m(f), ÉCOLE Brieffreund(in) m(f); PRESSE Korrespondent(in) m(f), Berichterstatter(in) m(f) **C** M TÉL Gesprächspartner m
correspondre [kɔrɛspɔ̃dr] V/T ⟨→ rendre⟩ ★ **~ à** entsprechen (+ *dat*); übereinstimmen mit
★**corriger** [kɔriʒe] ⟨-ge-⟩ **A** V/T verbes-

sern; *a. texte* korrigieren; berichtigen **B** V/PR **se** ~ sich bessern

corrompre [kɔʀɔ̃pʀ] VT ⟨→ rompre⟩ **1** *jeunesse, mœurs* verderben **2** *témoin, etc* bestechen **corrompu** [kɔʀɔ̃py] ADJ ⟨~e⟩ korrupt

corrosif [kɔʀozif] ADJ ⟨-ive [-iv]⟩ *a. fig* ätzend

corruption [kɔʀypsjɔ̃] F **1** Korruptheit f **2** *de témoins, etc* Bestechung f

corsaire [kɔʀsɛʀ] M **1** HIST Freibeuter m; Korsar m **2** (**pantalon** m) ~ Caprihose f

corse **A** ADJ korsisch **B** M/F **Corse** Korse m, Korsin f ★ **Corse** [kɔʀs] F **la** ~ die Korsika n

corsé [kɔʀse] ADJ ⟨~e⟩ **1** *vin* vollmundig; *plat* stark gewürzt; *café* stark **2** *fig* saftig; gepfeffert

corset [kɔʀsɛ] M Korsett n

cortège [kɔʀtɛʒ] M Zug m; *d'un haut personnage* Gefolge n

corvée [kɔʀve] F lästige Arbeit, Aufgabe

cosmétique [kɔsmetik] **A** ADJ kosmetisch **B** MPL ~**s** Kosmetika npl

cosmique [kɔsmik] ADJ kosmisch **cosmonaute** [kɔsmonot] M/F Kosmonaut(in) m(f) **cosmos** [kɔsmɔs] M Kosmos m

costaud [kɔsto] *fam* ADJ ⟨f inv⟩ **1** *personne* robust, kräftig **2** *objet* robust, solide

★ **costume** [kɔstym] M **1** *pour homme* (Herren)Anzug m **2** THÉ, *a. déguisement* Kostüm n

cotation [kɔtasjɔ̃] F (Kurs)Notierung f

cote [kɔt] F **1** BOURSE Kursnotierung f **2** (≈ *appréciation*) Bewertung f; ~ **de popularité** Beliebtheitsgrad m; **avoir la** ~ hoch im Kurs stehen

★ **côte** [kot] F **1** *de la mer* Küste f; **la Côte (d'Azur)** die Côte d'Azur; **sur la** ~ an der Küste; **1** (*indication de direction aka* Steigung f; Hang m **3** ANAT Rippe f; ~ **à** ~ nebeneinander, Seite an Seite **4** BOUCHERIE *de porc, etc* Kotelett n; ~ **d'agneau** Lammkotelett n

★ **côté** [kote] **A** M Seite f; **à** ~ (≈ *tout près*) nebenan; Neben...; ★ **à** ~ **de** (≈ *près de*) neben (+ *dat ou acc*); *fig* (≈ *en comparaison de*) neben (+ *dat*); gegenüber (+ *dat*); **de** ~ (≈ *à l'écart*) auf der ou die Seite; zur Seite; *a.* *fig* beiseite; **mettre de** ~ *a.* argent beiseitelegen; **de l'autre** ~ venir von der ander(e)n Seite; *être* ~ an der ander(e)n Seite; *aller* auf die andere Seite; **d'un** ~ **..., de l'autre** ~ **...** einerseits ..., andererseits ...; **du** ~ **de** (≈ *aux environs de*) in der Nähe von (*ou* + *gén*); bei (+ *dat*); (≈ *dans la direction de*) in Richtung auf (+ *acc*) **B** *fam* PRÉP was (+ *acc*) angeht

coté [kote] ADJ ⟨~e⟩ **1** geschätzt **2** ~ **en Bourse** an der Börse notiert

coteau [kɔto] M ⟨~x⟩ Anhöhe f

Côte-d'Ivoire [kotdivwaʀ] F **la** ~ die Elfenbeinküste

★ **côtelette** [kotlɛt, kot-] F Kotelett n

côtier [kotje] ADJ ⟨-ière [-jɛʀ]⟩ Küsten...

cotisation [kɔtizasjɔ̃] F (Mitglieds)Beitrag m (**à** an + *acc*)

cotiser [kɔtize] **A** VI (s-n) Beitrag zahlen (**à** an + *acc*) **B** V/PR **se** ~ zusammenlegen (**pour** für)

★ **coton** [kɔtɔ̃] M Baumwolle f

coton-tige M ⟨cotons-tiges⟩ Wattestäbchen n

côtoyer [kotwaje] VT ⟨-oi-⟩ **1** ~ **qn** mit j-m zusammenkommen **2** *route: rivière* sich entlangziehen an (+ *dat*)

★ **cou** [ku] M Hals m

couchant [kuʃɑ̃] ADJ **soleil** ~ untergehende Sonne

couche [kuʃ] F **1** Schicht f **2** *pour bébés* Windel f

couché [kuʃe] ADJ ⟨~e⟩ liegend; ★ **être** ~ liegen; *au lit* im Bett sein

coucher¹ [kuʃe] **A** VT **1** ~ **qn** j-n (hin)legen (**sur** auf + *acc*); ~ **les enfants** die Kinder ins Bett bringen **2** *objet* (hin)legen; *pluie: blés* umlegen **B** VI **1** (≈ *dormir*) schlafen; ~ **à l'hôtel** im Hotel übernachten **2** *fam* ~ **avec qn** (≈ *avoir des rapports sexuels*) mit j-m schlafen **C** V/PR **1** ★ **se** ~ *pour dormir* sich schlafen legen; schlafen gehen; ins, zu Bett gehen **2** ★ **se** ~ (≈ *s'étendre*) sich hinlegen **3** ★ **se** ~ *soleil* untergehen

coucher² [kuʃe] M ★ **(au)** ~ **du soleil** (bei) Sonnenuntergang m

★ **couchette** [kuʃɛt] F CH DE FER Platz m im Liegewagen

coucou [kuku] **A** M ZOOL Kuckuck m **B** INT kuckuck!

★ **coude** [kud] M **1** Ell(en)bogen m **2** *d'une rivière* Krümmung f

★**coudre** [kudʀ] VT ⟨je couds; il coud; nous cousons; je cousais; je cousis; je coudrai; que je couse; cousant; cousu⟩ a. MÉD nähen; *bouton* annähen (**à** an + acc)

couenne [kwan] F (Speck)Schwarte f

couette [kwɛt] F (≈ *édredon*) Federbett n, Daunendecke f

coulant [kulɑ̃] ADJ ⟨-ante [-ãt]⟩ *fam personne* entgegenkommend; *commercial* kulant

coulée [kule] F **~ de boue** Schlammlawine f; Mure f; **~ de lave** Lavastrom m

★**couler** [kule] **A** VT **1** TECH gießen **2** *navire* versenken **3** *fig personne* erledigen **B** VI **1** *liquides* fließen; *plus fort* strömen; *fromage* laufen; **faire ~ le sang** Blut vergießen **2** *robinet, bougie* tropfen; *stylo* klecksen; **mon nez coule** mir läuft die Nase; meine Nase läuft **3** *navire* untergehen

★**couleur** [kulœʀ] F Farbe f

coulissant [kulisɑ̃] ADJ ⟨-ante [-ãt]⟩ Schiebe...

coulisse [kulis] F THÉ **~s** pl Kulissen fpl; **dans les ~s** a. fig hinter den Kulissen

★**couloir** [kulwaʀ] M Gang m, Flur m

★**coup** [ku] M **1** a. fig Schlag m; Hieb m; (≈ *choc*) Stoß m; *de couteau* Stich m; *d'une arme à feu* Schuss m; fig (≈ *action*) Tat f; Coup m; *fam* Stückchen n; fig ≈ *monté* abgekartete Sache; JUR **~s et blessures** fpl Körperverletzung f; MÉD **~ de chaleur** Hitzschlag m; **~ de couteau** Messerstich m; **~ de pied** (Fuß)Tritt m; **~ de téléphone** (Telefon)Anruf m; **à ~(s) de** mit (hilfe von ou + *gén*); **à tous les ~s** jedes Mal; ★**tout à ~** plötzlich; auf einmal; **après ~** hinterher; nachher; im Nachhinein; **du premier ~** auf Anhieb; (gleich) beim ersten Mal; **d'un (seul) ~** auf einmal; mit einem Schlag; **tout d'un ~** plötzlich; auf einmal; **sous le ~ de** unter der (Ein)Wirkung, unter dem Eindruck von (ou + *gén*); **tenir le ~** aus-, durch-, standhalten; *chose* (sich) halten **2** *fam* **boire un ~** *fam* einen trinken, heben

★**coupable** [kupabl] **A** ADJ schuldig (**de** *gén*) **B** M/F Schuldige(r) m/f(m)

coupant [kupɑ̃] ADJ ⟨-ante [-ãt]⟩ scharf

coupe [kup] F **1** Schale f **2** SPORTS Pokal(wettbewerb) m **3** **~ (de cheveux)** (Haar)Schnitt m

coupé [kupe] M AUTO Coupé n

coupe-papier [kuppapje] M ⟨inv⟩ Brieföffner m

★**couper** [kupe] **A** VT **1** schneiden; *en deux* zer-, durchschneiden; (≈ *découper*) zerschneiden; (≈ *enlever*) abschneiden; *herbe* (ab)mähen; *arbres* fällen; COUT *tissu* zuschneiden; **se faire ~ les cheveux** sich (*dat*) die Haare schneiden lassen; **~ avec les dents** ab-, durchbeißen **2** fig (≈ *interrompre*) *route* unterbrechen; *neige: village* abschneiden; *gaz, eau, électricité, téléphone* sperren; abstellen; *électricité a.* ausschalten; **électricité être coupé** *a.* ausfallen; TÉL **nous avons été coupés** wir sind unterbrochen worden **3** *passage d'un texte* (heraus)streichen; *scène d'un film* herausschneiden **4** *liquide* mit Wasser verdünnen, mischen **B** VI **1** *couteau, etc* schneiden **2** (≈ *séparer les cartes*) abheben; (≈ *prendre avec un atout*) stechen **C** VPR **1** **se ~** sich schneiden (**le, au doigt** in den Finger) **2** **se ~** *tissu* brüchig werden

couper-coller [kupekɔle] M ⟨inv⟩ INFORM Ausschneiden n und Einfügen n

coupe-vent [kupvɑ̃] M ⟨inv⟩ Windjacke f

★**couple** [kupl] M Paar n; (≈ *mari et femme*) Ehepaar n

couplet [kuplɛ] M Strophe f

coupole [kupɔl] F Kuppel f

coupon [kupɔ̃] M **1** *d'étoffe* Stoffrest m **2** FIN Coupon m **3** *d'un ticket* Abschnitt m

coupure [kupyʀ] F **1** *blessure* Schnitt(-wunde) m(f) **2** *fig* Einschnitt m **3** **~ de journal** Zeitungsausschnitt m **4** (≈ *billet de banque*) (Geld)Schein m

★**cour** [kuʀ] F *d'un bâtiment* Hof m

★**courage** [kuʀaʒ] M (≈ *bravoure*) Mut m

★**courageux** [kuʀaʒø] ADJ ⟨-euse [-øz]⟩ (≈ *brave*) mutig; tapfer

couramment [kuʀamɑ̃] ADV **1** *parler une langue* fließend **2** (≈ *habituellement*) üblicherweise, häufig

★**courant** [kuʀɑ̃] **A** ADJ ⟨-ante [-ãt]⟩ **1** (≈ *habituel*) üblich, gebräuchlich; *dépenses, affaires* laufend; COMM *article* gängig **2** **eau ~e** fließendes Wasser **B** M **1** ÉLEC Strom m **2** *d'un fluide* Strömung f; **~ d'air** Zug(luft) m(f); Luftzug m **3** *fig d'idées, de tendances* Strömung f **4** ★ **être au ~** auf dem Laufenden sein, Bescheid wissen (**de** über + *acc*); **mettre au**

courbature [kuʁbatyʁ] F Gliederschmerz m; **des ~s** a. Muskelkater m
courbe [kuʁb] A ADJ gebogen, gekrümmt; (≈ voûté) gewölbt B F a. MATH Kurve f; Bogen m
courber [kuʁbe] A VT biegen; krümmen B VPR **se** ~ sich biegen; sich krümmen
coureur [kuʁœʁ] M Läufer m; ~ **(cycliste)** (Rad)Rennfahrer m
courgette [kuʁʒɛt] F Zucchini f
★**courir** [kuʁiʁ] ⟨je cours; il court; nous courons; je courais; je courus; je courrai; que je coure; courant; couru⟩ A VT **1** ~ **le danger, le risque de** (+ inf) Gefahr laufen zu (+ inf); ~ **un danger** sich e-r Gefahr (dat) aussetzen **2** ~ **les magasins** dauernd in die Geschäfte rennen; fam die Geschäfte abklappern **3** ~ **les filles** den Mädchen nachlaufen **4** ~ **le cent mètres** die 100 Meter laufen B VI **1** laufen; rennen **2** bruits, nouvelle sich verbreiten; **le bruit court que** … es geht das Gerücht, dass … **3** SPORTS an e-m Rennen, Lauf teilnehmen **4** **par les temps qui courent** heutzutage
★**couronne** [kuʁɔn] F **1** d'un roi, d'une dent, monnaie Krone f **2** de fleurs Kranz m **couronné** [kuʁɔne] ADJ ⟨~e⟩ **tête** ~**e** gekröntes Haupt **2** ouvrage, auteur preisgekrönt **couronnement** [kuʁɔnmɑ̃] M a. fig Krönung f **couronner** [kuʁɔne] VT **1** souverain, a. fig krönen **2** ouvrage, auteur mit e-m Preis auszeichnen
courriel [kuʁjɛl] M INFORM E-Mail f
★**courrier** [kuʁje] M (≈ lettres) Post f; Korrespondenz f; ~ **électronique** elektronische Post; E-Mail f
courroie [kuʁwa] F Riemen m
★**cours**[1] [kuʁ] M **1** (≈ suite de leçons) Kurs m, Lehrgang m **2** (≈ leçon) Unterrichtsstunde f; UNIVERSITÉ Seminar n, Vorlesung f; **faire un** ~ e-e Stunde geben, halten; en e-m Kurs abhalten **3** niveau scolaire Klasse f **4** manuel Lehrbuch n
★**cours**[2] [kuʁ] M **1** d'un fleuve Lauf m; ~ **d'eau** Wasserlauf m **2** des évènements Gang m, Lauf m, Verlauf m; **au** ~ **de** im Lauf(e) (+ gén); während (+ gén); **en** ~ **de route** unterwegs; **être en** ~ im Gang(e) sein; laufen **3** FIN Kurs m; ~ **du change** Wechselkurs m; ~ **du jour** Tageskurs m
★**course** [kuʁs] F **1** (≈ action de courir) Lauf m; Laufen n **2** ~ **automobile, cycliste** Auto-, Radrennen n; fig ~ **aux armements** Wettrüsten n; Rüstungswettlauf m; ~**s (de chevaux)** Pferderennen n(pl) **3** ★ ~**s** pl Besorgungen fpl; Einkäufe mpl; **faire des** ~**s** Besorgungen machen, erledigen; Einkäufe machen
court[1] [kuʁ] M ~ **(de tennis)** Tennisplatz m
★**court**[2] [kuʁ] A ADJ ⟨~e [kuʁt]⟩ kurz; **à** ~ **terme** kurzfristig B ADV kurz; (≈ brusquement) plötzlich; **tout** ~ (ganz) einfach; **être à** ~ **d'argent**, etc kein Geld etc mehr haben
court-circuit M ⟨courts-circuits⟩ Kurzschluss m
courtier [kuʁtje] M Vertreter m; Agent m
courtois [kuʁtwa] ADJ ⟨-oise [-waz]⟩ **1** personne höflich **2** poésie höflich
courtoisie [kuʁtwazi] F Höflichkeit f
couscous [kuskus] M CUIS Couscous ou Kuskus m
★**cousin** [kuzɛ̃] M Cousin m ★**cousine** [kuzin] F Cousine ou Kusine f
★**coussin** [kusɛ̃] M Kissen n
cousu [kuzy] PP & ADJ ⟨~e⟩ genäht
coût [ku] M Kosten pl
★**couteau** [kuto] M ⟨~x⟩ Messer n
★**coûter** [kute] A VT efforts, vie kosten (**à qn** j-n) B VI kosten; ~ **cher** teuer sein; viel (Geld) kosten; ★ **combien ça coûte?** wie viel ou was kostet das?; fam ~ **les yeux de la tête** fam e-e Stange Geld, ein Heidengeld kosten; fig **coûte que coûte** koste es, was es wolle
coûteux [kutø] ADJ ⟨-euse [-øz]⟩ teuer
coutume [kutym] F Brauch m; Sitte f
couture [kutyʁ] F **1** action Nähen n; Schneidern n **2** (≈ points, a. cicatrice) Naht f
couturier [kutyʁje] M Modeschöpfer m
couturière [kutyʁjɛʁ] F Schneiderin f
couvée [kuve] F Brut f
couvent [kuvɑ̃] M Kloster n
couver [kuve] A VT **1** œufs aus-, bebrüten **2** fig enfant verhätscheln; verzärteln **3** fig maladie ausbrüten B VI **1** oiseau brüten **2** feu schwelen

couvercle [kuvɛʀkl] M Deckel m
couvert [kuvɛʀ] PP & ADJ ‹-erte [-ɛʀt]› zugedeckt; a. ciel bedeckt; marché überdacht; temps trüb(e); **~ de** bedeckt mit; voll(er) (+ subst); **~ de sang** blutverschmiert; personne **être (bien) ~** warm angezogen sein B M **1** à table Gedeck n; **mettre le ~** den Tisch decken **2** (≈ cuillère et fourchette) Besteck n **3** **sous (le) ~ de** unter dem Deckmantel von (ou + gén)
couverture [kuvɛʀtyʀ] F **1** Decke f; Bettdecke f **2** d'un livre Einband m; Deckel m; d'un magazine Cover n **3** MIL, FIN Deckung f; **~ sociale** soziale Absicherung; soziales Netz
couveuse [kuvøz] F MÉD Brutkasten m
couvre-feu [kuvʀəfø] M ‹~x› Ausgangssperre f
couvreur [kuvʀœʀ] M Dachdecker m
couvrir [kuvʀiʀ] ‹je couvre; il couvre; nous couvrons; je couvrais; je couvris; je ~ai; que je couvre; couvrant; couvert› A VT **1** zu-, bedecken (**de** mit); personne a. warm anziehen; toit decken **2** fig überschütten, überhäufen (**de** mit) **3** MIL sichern; decken; fig **~ qn** j-n decken; j-m Rückendeckung geben **4** distance zurücklegen; période umfassen **5** son, voix übertönen **6** frais decken; assurance: risques (ab)decken **7** journaliste: événement (ausführlich) berichten über (+ acc) B VPR **1** **se ~** personne sich warm anziehen **2** **se ~** ciel sich bewölken; sich beziehen
covoiturage [kɔvwatyʀaʒ] M Fahrgemeinschaft f
CP [sepe] M ABR → cours¹
crabe [kʀab] M Krebs m, Krabbe f
crachat [kʀaʃa] M Auswurf m; Spucke f
cracher [kʀaʃe] A VT bonbon, etc ausspucken; du sang spucken **2** fig injures ausstoßen B VI (aus)spucken
craie [kʀɛ] F Kreide f
craindre [kʀɛ̃dʀ] VT ‹je crains; il craint; nous craignons; je craignais; je craignis; je craindrai; que je craigne; craignant; craint› **1** **~ qn, qc** j-n, etw fürchten; sich vor j-m, etw fürchten; **~ que ... (ne)** (+ subj) (be)fürchten, dass ... **2** **~ pour qn** um j-n, um das Leben j-s fürchten, bangen
crainte [kʀɛ̃t] F Furcht f **craintif** [kʀɛ̃tif] ADJ ‹-ive [-iv]› furchtsam

cramoisi [kʀamwazi] ADJ ‹~e› leuchtend rot; teint hochrot; fam knallrot
crampe [kʀɑ̃p] F Krampf m
crampon [kʀɑ̃pɔ̃] M TECH Klammer f; de chaussures Stollen m; Spike m **cramponner** [kʀɑ̃pɔne] **se ~ à** a. fig sich klammern an (+ acc)
cran¹ [kʀɑ̃] M (≈ entaille) Einschnitt m, Kerbe f; (≈ niveau) Stufe f; d'une ceinture Loch n
cran² [kʀɑ̃] M fam (≈ courage) Kühnheit f; fam Mumm m, Schneid m
crâne [kʀɑn] M Schädel m
crâner [kʀɑne] fam VI angeben **crâneur** [kʀɑnœʀ], **crâneuse** [kʀɑnøz] fam F Angeber(in) m(f)
crapaud [kʀapo] M Kröte f
crapule [kʀapyl] péj F Lump m
craquant [kʀakɑ̃] fam ADJ ‹-ante [-ɑ̃t]› süß; toll
craquelé [kʀakle] ADJ ‹~e› rissig
craquement [kʀakmɑ̃] M Knacken n, Knarren n
craquer [kʀake] A VT allumette anzünden B VI **1** knacken; parquet knarren; biscotte krachen **2** couture platzen **3** **il a craqué** ou **ses nerfs ont craqué** er hat die Nerven verloren
crasse [kʀas] F Schmutz m; fam Dreck m
crasseux [kʀasø] ADJ ‹-euse [-øz]› verdreckt
cratère [kʀatɛʀ] M Krater m
cravate [kʀavat] F Krawatte f
crawl [kʀol] M Kraul n
crayon [kʀɛjɔ̃] M (Blei-, Farb-, Zeichen-) Stift m
créance [kʀeɑ̃s] F JUR Forderung f
créancier [kʀeɑ̃sje] M, **créancière** [kʀeɑ̃sjɛʀ] F Gläubiger(in) m(f)
créateur [kʀeatœʀ], **créatrice** [kʀeatʀis] A M.F Schöpfer(in) m(f) B ADJ schöpferisch **créatif** [kʀeatif] ADJ ‹-ive [-iv]› kreativ
création [kʀeasjɔ̃] F **1** REL **la Création** die Schöpfung **2** (≈ fondation) Schaffung f; (Be)Gründung f; Errichtung f **3** ART activité Schaffen n; œuvre Schöpfung f **4** THÉ d'un rôle Kreieren n; d'une pièce Erstinszenierung f **5** des grands couturiers Kreation f
créativité [kʀeativite] F Kreativität f
crèche [kʀɛʃ] F **1** BIBL Krippe f **2** pour enfants Kinderkrippe f

crédible [kʀedibl] ADJ glaubwürdig
★**crédit** [kʀedi] M **1** Kredit m; **à ~** Kredit...; **auf Kredit**, Borg; fam Pump; **faire ~ à qn** j-m Kredit geben, gewähren **2** Kredit m **3** **donner du ~ à qc** e-r Sache (dat) Glauben schenken **4** **~s** pl (Geld-)Mittel npl

crédit-bail M Leasing n

créditeur [kʀeditœʀ] ADJ ⟨-trice [-tʀis]⟩ **compte ~** Aktivkonto n

crédule [kʀedyl] ADJ leichtgläubig **crédulité** [kʀedylite] F Leichtgläubigkeit f

★**créer** [kʀee] VT **1** REL (er)schaffen **2** œuvre artistique schaffen; produit, mode, rôle kreieren; spectacle zum ersten Mal inszenieren **3** (≈ fonder) (be)gründen; emplois, besoins schaffen **4** **~ des ennuis à qn** j-m Ärger bereiten

crémaillère [kʀemajɛʀ] F **pendre la ~** s-n Einzug in die neue Wohnung feiern

★**crème** [kʀɛm] **A** F **1** du lait Sahne f; all Sud, helv Rahm m; **~ Chantilly** [ʃɑ̃tiji] ou **~ fouettée** Schlagsahne f; autrich Schlagobers n; helv Schlagrahm m; **(café m) ~** m Milchkaffee m **2** CUIS entremets Creme f **3** produit de toilette (Haut)Creme f; **~ solaire** Sonnencreme f **4** liqueur **~ de cassis** Cassislikör m **B** ADJ ⟨inv⟩ cremefarben

crémerie [kʀemʀi] F Milchgeschäft n

crémeux [kʀemø] ADJ ⟨-euse [-øz]⟩ sahnig

créneau [kʀeno] M ⟨-x⟩ **1** FORTIFICATIONS Zinne f **2** **faire un ~** einparken **3** ÉCON Marktlücke f

crêpe¹ F CUIS Crêpe f (dünner Pfann-, Eierkuchen)

crêpe² [kʀɛp] M **1** TEXT Krepp m **2** **en signe de deuil** Trauerflor m

crépi [kʀepi] M (rauer) (Ver)Putz

crépiter [kʀepite] VI feu knistern; prasseln; applaudissements aufbranden; mitrailleuse knattern

crépu [kʀepy] ADJ ⟨-e⟩ **cheveux ~s** krauses Haar n

crépuscule [kʀepyskyl] M (Abend)Dämmerung f

cresson [kʀesɔ̃, kʀə-] M Kresse f

crête [kʀɛt] F du coq, d'une montagne, d'une vague Kamm m; d'un mur Krone f

crétin [kʀetɛ̃] M, **crétine** [kʀetin] F péj Idiot m, Dummkopf m

creuser [kʀøze] **A** VT **1** graben; tunnel a. bohren; fosse, tranchée ausheben; (≈ rendre creux) aushöhlen **2** fig sujet, question vertiefen **B** VPR **1 se ~ joues** hohl werden **2** fig **se ~ la cervelle** sich (dat) den Kopf zerbrechen

★**creux** [kʀø] **A** ADJ ⟨creuse [kʀøz]⟩ **1** a. dent, joues hohl; estomac leer; **assiette creuse** tiefer Teller **2** fig **heures creuses** verkehrsschwache Zeiten fpl; Zeiten, in denen wenig Betrieb ist **3** fig phrases, discours leer, hohl **B** M **1** Vertiefung f, Mulde f; fig **j'ai un ~** (à l'estomac) ich habe e-n leeren Magen, mir knurrt der Magen; **~ de la main** hohle Hand **2** COMM Flaute f

crevaison [kʀəvɛzɔ̃] F Reifenpanne f

crevant [kʀəvɑ̃] fam ADJ ⟨-ante [-ɑ̃t]⟩ **1** (≈ épuisant) anstrengend **2** (≈ drôle) fam zum Totlachen

crevasse [kʀəvas] F **1** d'un mur, du sol Riss m **2** de la peau **~s** pl Schrunden fpl **3** Gletscherspalte f

crevé [kʀəve] ADJ ⟨~e⟩ **1** (≈ éclaté) ge-, zerplatzt **2** plante, animal eingegangen **3** (≈ épuisé) fam vollkommen fertig; fam kaputt

crever [kʀəve] ⟨-è-⟩ **A** VT **1** (≈ faire éclater) zum Platzen bringen; pneu avec un couteau zerstechen; aufschlitzen **2** fam (≈ épuiser) **~ qn** fam j-n kaputtmachen **B** VI **1** (≈ éclater) (auf-, zer)platzen; abcès aufgehen; pneu platzen; par ext **j'ai crevé** fam ich habe e-n Platten (gehabt) **2** fam animal, plante eingehen; fam kaputtgehen; pop personne krepieren **C** VPR fam **se ~ (au travail)** fam sich zu Tode arbeiten, schuften

★**crevette** [kʀəvɛt] F Garnele f

★**cri** [kʀi] M Schrei m

criard [kʀijaʀ] ADJ ⟨-arde [-aʀd]⟩ **1** voix, enfant kreischend **2** couleur grell

crible [kʀibl] M Sieb n

cric [kʀik] M Wagenheber m

★**crier** [kʀije] **A** VT schreien, rufen; **~ vengeance** nach Rache schreien **B** VI schreien, rufen

★**crime** [kʀim] M Verbrechen n

★**criminel** [kʀiminɛl] **A** ADJ ⟨~le⟩ kriminell; JUR Kriminal... **B** M Verbrecher m

crin [kʀɛ̃] M Rosshaar n **crinière** [kʀinjɛʀ] F a. fig Mähne f

crique [kʀik] F kleine Bucht

criquet [kʀikɛ] M Feldheuschrecke f

★**crise** [kʁiz] F **1** MÉD Anfall m; **~ cardiaque** Herzanfall m; **mortelle** Herzschlag m; **~ de nerfs** Nervenzusammenbruch m **2** POL, ÉCON Krise f

crispant [kʁispɑ̃] ADJ ⟨-ante [-ɑ̃t]⟩ unerträglich; auf die Nerven gehend **crisper** [kʁispe] VT verkrampfen; verzerren

crisser [kʁise] VI gravier knirschen; pneus quietschen

cristal [kʁistal] M ⟨-aux [-o]⟩ **1** verre Kristall(glas) n **2** CHIM, MINÉR Kristall m

critère [kʁitɛʁ] M Kriterium n

★**critique** [kʁitik] A ADJ kritisch B F **1** (≈ désapprobation) Kritik f; **faire la ~ d'un livre** ein Buch besprechen, rezensieren **2** ⟨m⟩ Kritiker(in) m(f) ★**critiquer** [kʁitike] VT kritisieren

croasser [kʁɔase] VI krächzen

croate [kʁɔat] A ADJ kroatisch B M/F Croate Kroate m, Kroatin f

Croatie [kʁɔasi] F **la ~** Kroatien n

croc [kʁo] M Fangzahn m

croche-pied [kʁɔʃpje] M ⟨~s⟩ **faire un ~ à qn** a. fig j-m ein Bein stellen

crochet [kʁɔʃɛ] M **1** pour suspendre Haken m **2 faire du ~** häkeln **3** BOXE Haken m **4** (≈ détour) **faire un ~** e-n Abstecher machen (**par Reims** nach Reims) **5** TYPO **~s** pl eckige Klammern fpl

crochu [kʁɔʃy] ADJ ⟨-e⟩ krumm; gebogen

crocodile [kʁɔkɔdil] M Krokodil n

★**croire** [kʁwaʁ] ⟨je crois; il croit; nous croyons; je croyais; je crus; je croirai; que je croie; croyant; cru⟩ A VT **~ qc** etw glauben; **~ qn** j-m glauben; **je vous crois capable de** (+ inf) ich halte Sie für fähig zu (+ inf); **on croirait que …, c'est à ~ que …** man könnte meinen, (dass) …; **à l'en ~** nach dem, was er sagt; **wenn man ihm glauben kann, soll; faire ~ qc à qn** j-m etw weismachen B VT INDIR **~ à qc, ~ en qc** an etw, an j-n glauben; **~ en qn** an j-n glauben C VI REL a. gläubig sein D VPR **se ~** (≈ être prétentieux) eingebildet sein; sehr von sich selbst überzeugt sein; **il se croit intelligent** er hält sich für intelligent; er glaubt, er sei intelligent

croisade [kʁwazad] F a. fig Kreuzzug m

croisement [kʁwazmɑ̃] M (≈ carrefour) Kreuzung f

croiser [kʁwaze] A VT **1 bras** verschränken; kreuzen; **jambes** übereinanderschlagen **2 ~ qn** j-m begegnen **3** route: voie ferrée, etc kreuzen **4** BIOL kreuzen B VPR **1 se ~** routes, lettres sich, einander kreuzen; personnes, regards, véhicules sich, einander begegnen **2 se ~ les bras** die Arme verschränken, kreuzen; fig die Hände in den Schoß legen

★**croisière** [kʁwazjɛʁ] F Kreuzfahrt f

croisillon [kʁwazijɔ̃] M INFORM Rautetaste f

croissance [kʁwasɑ̃s] F Wachstum n

croissant [kʁwasɑ̃] A ADJ ⟨-ante [-ɑ̃t]⟩ wachsend; steigend; a. **lune** zunehmend B M **1** CUIS Hörnchen n, Croissant n **2 ~ (de lune)** Mondsichel f

croître [kʁwatʁ] VI ⟨je crois; il croît; nous croissons; je croissais; je crûs; je croîtrai; que je croisse; croissant; crû, crue⟩ **1** BIOL wachsen **2** (≈ augmenter) (an)wachsen

★**croix** [kʁwa] F Kreuz n

Croix-Rouge F **la ~** das Rote Kreuz

croquant [kʁɔkɑ̃] ADJ ⟨-ante [-ɑ̃t]⟩ biscuit knusp(e)rig; pomme knackig

croquer [kʁɔke] A VT bonbon zerbeißen; biscuits, noisettes knabbern B VI knacken; krachen

croquette [kʁɔkɛt] F Krokette f

croquis [kʁɔki] M Skizze f

cross [kʁɔs] M Geländelauf m; **vélo m ~** BMX-Rad n

crotte [kʁɔt] F excrément Kot(kugel) m(f)

crotté [kʁɔte] fam ADJ ⟨-e⟩ dreckig

crottin [kʁɔtɛ̃] M **1** de cheval Pferdeäpfel mpl, Pferdemist m **2** kleiner runder Ziegenkäse

crouler [kʁule] VI zusammenbrechen (**sous** unter + dat)

croustillant [kʁustijɑ̃] ADJ ⟨-ante [-ɑ̃t]⟩ knusp(e)rig

croûte [kʁut] F **1 du pain, d'un gratin** Kruste f; **du pain a., du fromage** Rinde f **2 sur une plaie** Schorf m

croûton [kʁutɔ̃] M **1 de pain** Anfangs- ou Endstück n; all Nord Kanten m **2** gerösteter Brotwürfel; Croûton m

croyable [kʁwajabl] ADJ **à peine ~** kaum glaublich; kaum zu glauben

croyance [kʁwajɑ̃s] F Glaube(n) m (**à** an + acc)

croyant [kʁwajɑ̃] A ADJ ⟨-ante [-ɑ̃t]⟩ gläubig; religiös B M Gläubige(r) m

CRS [seɛʁɛs] M(PL) ABR (= compagnies républicaines de sécurité) **1** ⟨sg⟩ Bereitschaftspolizist m **2 les CRS** die Bereitschaftspolizei

cru[1] M Wein(bau)gebiet n; par ext **grand cru** berühmter Wein

cru[2] PP → croire

★ **cru**[3] [kʁy] ADJ ⟨crue⟩ **1** aliment roh, ungekocht; TECH Roh... **2** lumière grell **3** paroles brutal, roh

crû [kʁy] PP → croître

cruauté [kʁyote] F Grausamkeit f

cruche [kʁyʃ] F Krug m

crucial [kʁysjal] ADJ ⟨-e; -aux [-o]⟩ entscheidend; ausschlaggebend

crucifier [kʁysifje] VT kreuzigen

crudité [kʁydite] F **1** CUIS **~s** pl Rohkost f; **assiette f de ~s** Salatplatte f **2** des couleurs, de la lumière Grellheit f

crue [kʁy] F Hochwasser n

★ **cruel** [kʁyɛl] ADJ ⟨-le⟩ grausam

crûment [kʁymɑ̃] ADV dire schonungslos

crustacés [kʁystase] MPL Krusten-, Krebstiere npl

cube [kyb] M **1** Würfel m **2** ⟨adjt⟩ Kubik...; **mètre m ~** Kubikmeter m ou n **3** CUIS Suppenwürfel m **cubique** [kybik] ADJ würfelförmig

cubisme [kybism] M Kubismus m

cueillette [kœjɛt] F action Pflücken n; résultat Ernte f

★ **cueillir** [kœjiʁ] VT ⟨je cueille; il cueille; nous cueillons; je cueillais; je cueillis; je cueillerai; que je cueille; cueillant; cueilli⟩ pflücken; fruits a. ernten

★ **cuiller** [kɥijɛʁ] M Löffel m

cuillère → cuiller **cuillerée** [kɥij(e)ʁe] F Löffelvoll m

★ **cuir** [kɥiʁ] M Leder n

cuirasse [kɥiʁas] F **1** HIST Harnisch m; Kürass m; fig défaut m **de la ~** Schwachstelle f **2** MAR, ZOOL, a. fig Panzer m

★ **cuire** [kɥiʁ] ⟨je cuis; il cuit; nous cuisons; je cuisis; je cuirai; que je cuise; cuisant; cuit⟩ A VT **1** légumes, viande à l'eau kochen; pain, gâteau backen; viande à la poêle ou au four braten; à feu doux garen **2** TECH brennen B VI **1** kochen; pain backen; viande braten; **faire ~ qc** etw kochen (lassen), backen, braten **2** peau, coup de soleil brennen

★ **cuisine** [kɥizin] F **1** pièce Küche f **2** faire la ~** kochen; das Essen (zu)bereiten

cuisiné [kɥizine] ADJ ⟨-e⟩ **plat f ~** Fertiggericht n

cuisiner [kɥizine] VT kochen; (zu)bereiten

★ **cuisinier** [kɥizinje] M Koch m ★ **cuisinière** [kɥizinjɛʁ] F Köchin f

cuisse [kɥis] F **1** ANAT (Ober)Schenkel m **2 ~ de poulet** Hühnerkeule f, Hühnerschlegel m

cuisson [kɥisɔ̃] F **1** CUIS Kochen n; Backen n; Braten n; Garen n **2** TECH Brennen n

cuit [kɥi] PP & ADJ ⟨-e [kɥit]⟩ CUIS gekocht; au four gebacken; gebraten; bifteck **bien ~** gut durch(gebraten)

★ **cuivre** [kɥivʁ] M Kupfer n

cul [ky] M pop Arsch m

culbute [kylbyt] F **faire une ~ dans l'escalier** die Treppe (kopfüber) hinunterstürzen, -kollern **culbuter** [kylbyte] A VT umwerfen B VI umkippen

cul-de-sac [kydsak] M ⟨culs-de-sac⟩ a. fig Sackgasse f

culot [kylo] M fam (≈ effronterie) Frechheit f

★ **culotte** [kylɔt] F (kurze) Hose; sous-vêtement féminin Schlüpfer m

culotté [kylɔte] fam ADJ ⟨-e⟩ frech, dreist; unverschämt

culpabiliser [kylpabilize] VT Schuldgefühle erwecken (qn bei j-m) **culpabilité** [kylpabilite] F Schuld f

culte [kylt] M **1** REL, a. fig Kult m **2** (≈ religion) Religion f ou Konfession f **3** PROT Gottesdienst m

cultivateur [kyltivatœʁ] M, **cultivatrice** [kyltivatʁis] F Landwirt(in) m(f)

cultivé [kyltive] ADJ ⟨-e⟩ (≈ instruit) gebildet

★ **cultiver** [kyltive] A VT **1** terre, champ bebauen; bestellen; céréales, légumes anbauen; kultivieren; fleurs züchten **2** fig dons, relations pflegen B VPR **se ~** sich bilden

★ **culture** [kyltyʁ] F **1** AGR d'une terre Bebauung f; Bestellung f; de légumes, de fruits Anbau m **2** BIOL Kultur f **3** d'une personne Bildung f; Kultur f; **~ générale** Allgemeinbildung f

culturel [kyltyʁɛl] ADJ ⟨-le⟩ kulturell; Kultur...

culturisme [kyltyʁism] M Bodybuilding

curateur [kyratœʀ] M, **curatrice** [kyratʀis] F JUR Pfleger(in) m(f)
cure [kyʀ] F MÉD Kur f
curé [kyʀe] M CATH Pfarrer m
cure-dent M ⟨~s⟩ Zahnstocher m
curer [kyʀe] A VT reinigen B VPR se ~ les ongles sich (dat) die Nägel reinigen, sauber machen
curieusement [kyʀjøzmã] ADV seltsam(-), merkwürdig(erweise)
★**curieux** [kyʀjø] A ADJ ⟨-euse [-øz]⟩ 1 (≈ indiscret) neugierig 2 (≈ intéressé) wissbegierig; être ~ de savoir qc auf etw (acc) neugierig, gespannt sein 3 (≈ bizarre) seltsam B MPL les ~ die Neugierigen mpl, Schaulustigen mpl
curiosité [kyʀjozite] F 1 (≈ indiscrétion) Neugier(de) f 2 d'une ville ~s pl Sehenswürdigkeiten fpl 3 (≈ objet rare) Kuriosität f
curiste [kyʀist] MF Kurgast m
curriculum [kyʀikylɔm], **curriculum vitae** [kyʀikylɔmvite] M Lebenslauf m
curry [kyʀi] M Curry n ou m
curseur [kyʀsœʀ] M INFORM Cursor m
cuve [kyv] F Bottich m; Bütte f
cuvée [kyve] F a. fig Jahrgang m
★**CV** [seve] M ABR (≈ curriculum vitae) Lebenslauf m
cyanure [sjanyʀ] M ~ (de potassium) Zyankali n
cybercafé [siberkafe] M Internetcafé n
cybercriminalité F Internetkriminalität f **cyberespace** M Cyberspace m ['saɪbərspeːs] m **cybernaute** [sibernot] MF Internetsurfer(in) m(f)
cycle [sikl] M 1 Zyklus m; dans la nature Kreislauf m; ÉCOL, ÉCON ~ **de vie** Lebenszyklus m; d'un produit Produktlebenszyklus m; **analyse f du ~ de vie** Lebensweganalyse f 2 ÉTUDES **premier ~** 1.-4. Gymnasialklasse f; à l'université Grundstudium n; **second ~** Abschluss "baccalauréat" 5.-7. Gymnasialklasse f; à l'université Hauptstudium n; **troisième ~** Aufbau- und Promotionsstudium n
★**cycliste** [siklist] A ADJ (Fahr)Rad... MF Radfahrer(in) m(f); fam Radler(in) m(f)
cylindre [silɛ̃dʀ] M TECH, MATH Zylinder m; (≈ rouleau) Walze f; AUTO **une six ~s** ein Sechszylinder m

D

★**d'abord** [dabɔʀ] → abord
dactylo [daktilo] F personne Schreibkraft f
daigner [dɛɲe] VT ~ (+ inf) die Güte haben; iron geruhen zu (+ inf)
d'ailleurs [dajœʀ] → ailleurs
daim [dɛ̃] M 1 ZOOL Damhirsch m 2 cuir Wildleder m
dalle [dal] F Steinplatte f, Fliese f
daltonien [daltɔnjɛ̃] ADJ ⟨-ienne [-jɛn]⟩ farbenblind
★**dame** [dam] F Dame f
damer [dame] VT pion zur Dame machen
damier [damje] M 1 Damebrett n 2 Schachbrett-, Würfelmuster n
damner [dane] VT verdammen
dancing [dɑ̃siŋ] M Tanzlokal n, Tanzdiele f
dandiner [dɑ̃dine] VPR **se** ~ hin und her schwanken, schaukeln; en marchant watscheln
★**Danemark** [danmaʀk] M **le** ~ Dänemark n
★**danger** [dɑ̃ʒe] M Gefahr f; ~ **de mort** Lebens-, Todesgefahr f; **courir le ~ de** (+ inf) Gefahr laufen zu (+ inf); **mettre en ~** in Gefahr bringen; gefährden
★**dangereux** [dɑ̃ʒʀø] ADJ ⟨-euse [-øz]⟩ gefährlich
danois [danwa] ⟨-oise [-waz]⟩ A ADJ dänisch B SUBST **Danois(e)** m(f) Däne m, Dänin f
★**dans** [dɑ̃] PRÉP 1 lieu in (+ dat); ~ **la rue** auf der Straße; par ext ~ **Sartre** bei Sartre; **boire ~ une tasse** aus e-r Tasse trinken; **il est ~ le commerce** er ist im Handel tätig 2 direction in (+ acc); in ... hinein 3 temps in (+ dat) 4 (≈ au cours de) innerhalb von (ou + gén); ~ **les 24 heures** innerhalb von, binnen 24 Stunden; ~ **l'année** im Laufe des Jahres 5 manière ~ **un accident** bei e-m Unfall; ~ **ces circonstances** unter diesen Umständen 6 ~ **les ...** etwa; ungefähr; um die ...

★**danse** [dɑ̃s] F Tanz m ★ **danser** [dɑ̃se] VT et VI tanzen **danseur** [dɑ̃sœʀ] M, **danseuse** [dɑ̃søz] F Tänzer(in) m(f)
d'antan [dɑ̃tɑ̃] ADV aus vergangener Zeit
Danube [danyb] M le ~ die Donau
d'après [dapʀɛ] PRÉP → après A 3
dard [daʀ] M Stachel m
★**date** [dat] F ◉ Datum n; ~ de naissance Geburtsdatum n ◉ Termin m; ~ limite de conservation Mindesthaltbarkeitsdatum n; de longue ~ seit Langem; seit langer Zeit; langjährig adj
dater [date] Ⓐ VT a. œuvre datieren Ⓑ VI ~ de stammen, datieren aus; à ~ de ab ...; von ... an, ab
datif [datif] M Dativ m
datte [dat] F Dattel f
dauphin [dofɛ̃] M ZOOL Delfin m
davantage [davɑ̃taʒ] ADV (noch) mehr; ~ que mehr als; ~ de (+ subst) mehr (+ subst)
★**de** [d(ə)] ⟨vor Vokal u. stummem h d'; „de le" wird zu du; „de les" zu des zusammengezogen⟩ Ⓐ PRÉP ◉ lieu origine, point de départ von; aus; de ... à ... von ... nach ...; venir de l'étranger, de Chine aus dem Ausland, aus China kommen; venir de la gare, de chez soi vom Bahnhof, von zu Hause kommen; ★ de la porte à la fenêtre von der Tür zum Fenster ◉ direction le train de Paris der Zug von ou nach Paris ◉ temps de ... à ... von ... bis ...; de jour bei, am Tag(e); tagsüber; ★ de lundi à jeudi von Montag bis Donnerstag ◉ appartenance von; souvent traduit par un génitif le livre de Pierre Peters Buch; das Buch von Peter ◉ cause de colère, honte vor Zorn, Scham; se plaindre de qn, qc sich über j-n, etw ou wegen j-m, etw beklagen ◉ matière aus, von ◉ contenu non traduit trois verres de vin, d'eau drei Glas Wein, Wasser ◉ moyen, outil mit ◉ sujet, thème über (+ acc); parler de qn, qc von ou über j-m, etw, über j-n, etw sprechen ◉ manière mit; de force mit Gewalt; ★ de plus en plus grand immer größer ◉ fonction syntaxique le mois de mai der Monat Mai; qc de beau, de nouveau, etc etwas Schönes, Neues, etc Ⓑ ARTICLE PARTITIF ◉ souvent non traduit de l'eau, des asperges, du pain, de la salade Wasser n, Spargel mpl, Brot n, Salat m; écouter du Mozart Mozart hören ◉ seulement „de" beaucoup d'argent viel Geld; un litre de lait ein Liter Milch

dé¹ [de] M ◉ Würfel m; jouer aux dés würfeln, Würfel spielen ◉ CUIS couper en dés in Würfel schneiden, würfeln
dé² M dé (à coudre) Fingerhut m
DEA [deaa] M ABR ⟨inv⟩ (= diplôme d'études approfondies) Forschungsdiplom im Anschluss an die „maîtrise"
déambuler [deɑ̃byle] VI umhergehen, -schlendern
déballer [debale] VT a. fam fig auspacken
débardeur [debaʀdœʀ] M Pullunder m
débarquement [debaʀkəmɑ̃] M ◉ Anlandgehen n; Aussteigen n ◉ Ausladen n ◉ MIL Landung f
débarquer [debaʀke] Ⓐ VT marchandises ausladen; MAR löschen; passagers an Land setzen Ⓑ VI an Land gehen; a. AVIAT von Bord gehen
débarras [debaʀa] M ◉ fam bon ~! fam e-e wahre Erlösung! ◉ lieu Abstellraum m, Rumpelkammer f
débarrasser [debaʀase] Ⓐ VT befreien (de von); place frei machen, räumen; pièce ausräumen; table abräumen; ~ qn de qc j-n von etw befreien; j-m etw abnehmen; être débarrassé de qn, qc j-n, etw los sein, vom Halse haben Ⓑ VPR ★ se ~ de qc, de qn sich e-r Sache, j-s entledigen; sich (dat) etw, j-n vom Halse schaffen; sich abgewöhnen; fam j-n loswerden
débat [deba] M Debatte f; Diskussion f
débattre ⟨→ battre⟩ Ⓐ VT debattieren, diskutieren über (+ acc); erörtern; prix aushandeln Ⓑ VPR se ~ ◉ um sich schlagen; sich wehren ◉ fig sich herumschlagen (contre mit)
débauchage [deboʃaʒ] M (≈ licenciement) Entlassung f; Abbau m
débauche [deboʃ] F Ausschweifung f
débaucher [deboʃe] VT ◉ (≈ détourner de son travail) von der Arbeit abbringen; chercheur, sportif abwerben ◉ (≈ licencier) entlassen
débile [debil] Ⓐ ADJ fam blöd Ⓑ MF ~ mental(e) Schwachsinnige(r) m/f(m)
débit [debi] M ◉ COMM (≈ vente) Absatz m, Vertrieb m ◉ (≈ manière de parler) Sprechweise f; rapide Redefluss m ◉

débiter d'un robinet, etc Durchflussmenge f [4] COMM d'un bilan Soll n

débiter [debite] VT [1] marchandises absetzen, vertreiben; boissons ausschenken [2] péj dire von sich geben; **~ des sottises** Unsinn reden; **plus fort dummes Zeug verzapfen**

débiteur [debitœʀ] M, **débitrice** [debitʀis] F Schuldner(in) m(f)

déblayer [debleje] VT ⟨-ay- od -ai-⟩ [1] rue, entrée frei machen; aufräumen; décombres wegschaffen [2] terre auskehlen

déblocage M TECH Lösen n; Entriegeln n

débloquer VT [1] freins lösen; serrure wieder gängig machen [2] prix, etc freigeben

déboiser [debwaze] VT abholzen

déboîtement [debwatmã] M [1] MÉD Aus-, Verrenkung f [2] AUTO Ausscheren n

déboîter [debwate] [A] VT MÉD aus-, verrenken; auskugeln [B] VI AUTO ausscheren

débordant [debɔʀdã] ADJ ⟨-ante [-ãt]⟩ joie überschwänglich, überströmend; activité rastlos; imagination blühend

débordé [debɔʀde] ADJ ⟨-e⟩ **être ~** (völlig) überlastet sein

déborder VI fleuve über die Ufer treten; liquide, récipient überlaufen

débouché M [1] d'une rue Einmündung f ⟨pl⟩ **~s** Berufsaussichten fpl

déboucher [A] VT [1] bouteille entkorken, aufmachen; öffnen [2] évier frei machen [B] VI [1] **~ de** (heraus)kommen aus [2] chemin, rivière **~ dans** (ein)münden in (+ acc) [3] fig **~ sur** einmünden in (+ acc); führen zu

débourser [debuʀse] VT ausgeben

debout [d(ə)bu] ADV et ADJ ⟨inv⟩ [1] stehend; aufrecht (stehend); **place f ~** Stehplatz m; **★ être ~** stehen; **manger ~** im Stehen essen; **mettre qc ~** etw (auf)stellen; **rester ~** stehen bleiben [2] auf; aufgestanden; **être ~** auf sein; auf den Beinen sein; **rester ~** aufbleiben

déboutonner [A] VT aufknöpfen [B] VPR **se ~** s-e Jacke etc aufknöpfen

débrancher VT den Stecker (+ gén) herausziehen; **~ une batterie** eine Batterie abklemmen

débrayer [debʀeje] VI ⟨-ay- od -ai-⟩ AUTO auskuppeln; (auf) die Kupplung treten

débris [debʀi] MPL de verre, etc Scherben fpl; d'une statue, etc Trümmer pl

débrouillard [debʀujaʀ] ADJ ⟨-arde [-aʀd]⟩ fam findig; fam gewieft

débrouiller [A] VT a. fig entwirren [B] VPR **★ se ~** sich (dat) zu helfen wissen; zurechtkommen; klarkommen

★**début** [deby] M [1] Anfang m; Beginn m; **~ mai** Anfang Mai [2] fig **~s** pl Anfänge mpl; erste Schritte mpl **débutant** [debytã] SUBST ⟨-ante [-ãt]⟩ **~(e)** m(f) Anfänger(in) m(f) **débuter** VT et VI anfangen; beginnen

déca [deka] fam M ABR → décaféiné

décaféiné [dekafeine] ADJ ⟨-e⟩ koffeinfrei

décalage [dekalaʒ] M [1] Verschiebung f; **~ horaire** Zeitunterschied m [2] fig Diskrepanz f; Missverhältnis n **décaler** [dekale] VT verschieben

décalquer VT ab-, durchpausen

décamper fam VI sich aus dem Staub machen

décaper [dekape] VT abbeizen; par ext blank scheuern

décapiter [dekapite] VT personne enthaupten

décapotable [dekapɔtabl] ADJ **(voiture f) ~** f Kabriolett n

décapsuler [dekapsyle] VT bouteille öffnen **décapsuleur** [dekapsylœʀ] M Flaschenöffner m

décathlon [dekatlõ] M Zehnkampf m

décéder [desede] formel VI ⟨-è-; être⟩ (ver)sterben; **décédé** verstorben

déceler [desle] VT ⟨-è-⟩ (= découvrir) nachweisen; feststellen

★**décembre** [desãbʀ] M Dezember m

décemment [desamã] ADV **vivre ~** sein Auskommen haben

décennie [deseni] F Jahrzehnt n

décent [desã] ADJ ⟨-ente [-ãt]⟩ [1] tenue, propos, etc anständig [2] conditions, salaire, etc annehmbar, akzeptabel

déception [desɛpsjõ] F Enttäuschung f

décerner [desɛʀne] VT zuerkennen; prix a. verleihen

décès [desɛ] M Ableben n; Tod m

décevant [des(ə)vã] ADJ ⟨-ante [-ãt]⟩ enttäuschend ★ **décevoir** [des(ə)vwaʀ] VT ⟨→ recevoir⟩ enttäuschen

déchaîner [deʃene] **A** VT éléments, passions entfesseln; hilarité hervorrufen **B** VPR **se ~** 1 tempête losbrechen; toben; wüten; passions ausbrechen 2 personne toben; fam losziehen (**contre** gegen)

★**décharge** F 1 ÉLEC Entladung f 2 **~ publique** Müllkippe f, Deponie f 3 JUR, COMM Entlastung f

décharger ⟨-ge-⟩ **A** VT 1 véhicule, marchandise entladen, ausladen; personne s-e Last abnehmen (+ dat) 2 arme à feu entladen; (≈ tirer) abfeuern (**sur** + acc) 3 sa colère **~ sur qn** an j-m auslassen **B** VPR 1 **se ~ d'un travail sur qn** e-e Arbeit an j-n abgeben 2 batterie **se ~** sich entladen

déchausser **A** VT **~ qn** j-m die Schuhe ausziehen **B** VPR **se ~** 1 (sich dat) die Schuhe ausziehen 2 dent locker, lose werden

déchéance [deʃeɑ̃s] F Verfall m; Niedergang m

déchet [deʃɛ] M ⟨pl⟩ ★**~s** Abfälle mpl; Abfall m; **~s organiques, toxiques** Biomüll m, Giftmüll m **déchetterie** [deʃɛtʀi] F Müllsammelstelle f

déchiffrer VT écriture, texte entziffern; message secret entschlüsseln

déchiqueter [deʃikte] VT ⟨-tt-⟩ 1 in Stücke, Fetzen reißen 2 ⟨adj⟩ **déchiqueté** feuille, relief gezackt; côte zerklüftet

déchirer [deʃiʀe] **A** VT zerreißen; **en morceaux** in Stücke reißen **B** VPR 1 **se ~** zerreißen; corde, sachet, muscle reißen; au bord einreißen 2 **se ~ un muscle** sich (dat) e-n Muskelriss zuziehen **déchirure** [deʃiʀyʀ] F Riss m

déchu [deʃy] PP & ADJ ⟨~e⟩ souverain gestürzt, abgesetzt

★**décidé** [deside] ADJ ⟨~e⟩ 1 personne, attitude entschlossen; attitude a. entschieden, (sehr) bestimmt 2 chose entschieden, beschlossen **décidément** [desidemɑ̃] ADV (also) wirklich; wahrhaftig

★**décider** [deside] **A** VT 1 **~ qc** etw beschließen; **~ de** (+ inf) beschließen zu (+ inf) 2 **~ qn à qc** j-n zu etw bestimmen, veranlassen, bewegen **B** VT INDIR **~ de qc** über etw (acc) entscheiden; etw bestimmen **C** VI entscheiden; bestimmen **D** VPR ★**se ~** 1 sich entschließen (**à qc** zu etw), (**à faire qc** etw zu tun) 2

(≈ choisir) sich entscheiden (**pour** für) 3 issue, avenir sich entscheiden

décisif [desizif] ADJ ⟨-ive [-iv]⟩ entscheidend

★**décision** [desizjɔ̃] F 1 Entscheidung f; (≈ résolution) Entschluss m; ADMIN a. Entscheid m 2 qualité Entschiedenheit f

★**déclaration** [deklaʀasjɔ̃] F 1 Erklärung f 2 ADMIN Anmeldung f

★**déclarer** [deklaʀe] **A** VT 1 (≈ faire savoir) erklären; äußern; bekannt geben 2 ADMIN (an)melden; angeben; anzeigen; COMM a. deklarieren; à la douane verzollen **B** VPR **se ~** 1 sich äußern, Stellung nehmen (**sur un point** zu e-m Punkt) 2 amoureux sich erklären 3 incendie, maladie ausbrechen

déclasser VT deklassieren; sozial zurücksetzen

déclencher [deklɑ̃ʃe] **A** VT a. TECH auslösen **B** VPR **se ~** ausgelöst werden; crise, guerre ausbrechen **déclencheur** [deklɑ̃ʃœʀ] M PHOT Auslöser m

déclic [deklik] M 1 TECH Auslösevorrichtung f, Auslöseknopf m 2 bruit Klicken n

déclin [deklɛ̃] M Niedergang m; Schwinden n

déclinaison [deklinɛzɔ̃] F GRAM, PHYS Deklination f **décliner** [dekline] **A** VT 1 (≈ refuser) ablehnen 2 **~ son identité** s-e Personalien angeben 3 GRAM deklinieren **B** VI forces nachlassen, schwinden

décoder [dekɔde] VT dekodieren

décoiffer VT **~ qn** die Frisur, Haare j-s in Unordnung bringen

décollage M Start m

décollé [dekɔle] ADJ ⟨~e⟩ oreilles abstehend

★**décoller** [dekɔle] **A** VT ablösen, abmachen **B** VI 1 avion starten, abheben 2 ÉCON e-n Aufschwung erleben **C** VPR **se ~** affiche, etc sich ablösen, abgehen; enveloppe aufgehen

décolleté [dekɔlte] **A** ADJ ⟨~e⟩ robe (tief) ausgeschnitten **B** M Dekolleté n, (tiefer) Ausschnitt

décolorer VT bleichen **B** VPR 1 **se ~ (les cheveux)** sich (dat) das Haar bleichen 2 **se ~** tissue (aus-, ver)bleichen; verschießen

décombres [dekɔ̃bʀ] MPL Trümmer pl, Schutt m

décommander Ⓐ VT *marchandises* abbestellen; *invitation* absagen; *invités* ausladen Ⓑ VPR se ~ absagen

décompactage [dekɔ̃paktaʒ] M INFORM Dekomprimierung f

décompacter [dekɔ̃pakte] VT INFORM dekomprimieren

décomposer Ⓐ VT ① (in s-e Bestandteile) zerlegen ② *personne* **décomposé** bleich und mitgenommen aussehend Ⓑ VPR se ~ sich zersetzen; verwesen

décomposition F ① Zerlegung f (en in + acc) ② Zersetzung f; Verwesung f

décompresser [dekɔ̃prese] *fam* VI den Stress loswerden

décomprimer VT INFORM dekomprimieren

déconcerter [dekɔ̃sɛʀte] VT verunsichern

décongeler VT ⟨-è-⟩ (wieder) auftauen

déconnecter Ⓐ VT ÉLEC, *a. fig* trennen; unterbrechen Ⓑ VPR INFORM se ~ (sich) ausloggen

déconner [dekɔne] *fam* VI Mist reden *ou* machen; *appareil fam* spinnen

déconseiller VT ~ qc à qn j-m von etw abraten

décontaminer [dekɔ̃tamine] VT dekontaminieren

décontenancer [dekɔ̃tnɑ̃se] VT ⟨-ç-⟩ aus der, außer Fassung bringen

★**décontracté** ADJ ⟨~e⟩ entspannt, locker; *par ext* unbekümmert **décontracter** [dekɔ̃tʀakte] VPR se ~ sich entspannen

décor [dekɔʀ] M ① Ausstattung f ② ⟨pl⟩ ~s THÉ Bühnenbild n; Kulisse(n) f(pl); FILM Bauten mpl

décorateur [dekɔʀatœʀ] M, **décoratrice** [dekɔʀatʀis] F Dekorateur(in) m(f); Raumausstatter(in) m(f) **décoratif** [dekɔʀatif] ADJ ⟨-ive -iv⟩ dekorativ **décoration** [dekɔʀasjɔ̃] F ① Ausschmückung f; Verzierung f ② (≈ *insigne*) Auszeichnung f ★**décorer** [dekɔʀe] VT ① (aus)-schmücken, verzieren; *objet* ~ qc etw zieren, schmücken

décortiquer [dekɔʀtike] VT schälen, enthülsen

découcher [dekuʃe] VI nicht zu Hause schlafen, übernachten

découdre ⟨→ coudre⟩ Ⓐ VT COUT auftrennen; ~ un bouton einen Knopf abtrennen Ⓑ VPR se ~ aufgehen; aufplatzen

découper Ⓐ VT zerschneiden; *rôti* aufschneiden; *volaille* tranchieren; zerlegen Ⓑ VPR se ~ sur sich abheben von, gegen

découragement [dekuʀaʒmɑ̃] M Mutlosigkeit f

★**décourager** [dekuʀaʒe] ⟨-ge-⟩ Ⓐ VT ~ qn j-n entmutigen; j-m den Mut, die Lust nehmen (**de faire** qc etw zu tun); (≈ *dissuader*) j-n abschrecken; **découragé** entmutigt; mutlos Ⓑ VPR se ~ den Mut verlieren; mutlos werden

décousu [dekuzy] ADJ ⟨~e⟩ *fig* unzusammenhängend, zusammenhang(s)los

découvert [dekuvɛʀ] Ⓐ ADJ ⟨-erte [-ɛʀt]⟩ unbedeckt; *terrain* frei; offen Ⓑ ADV ① à ~ *fig* offen; unverhohlen ② à ~ FIN ungedeckt; ohne Deckung; *compte* überzogen

découverte [dekuvɛʀt] F Entdeckung f

★**découvrir** ⟨→ couvrir⟩ Ⓐ VT ① *panier, enfant* aufdecken ② (≈ *trouver*) entdecken, herausfinden; *complot* aufdecken ③ (≈ *révéler*) offenbaren, enthüllen Ⓑ VPR se ~ ① den Hut abnehmen, ziehen ② en dormant sich aufdecken

décrasser [dekʀase] VT säubern

décret [dekʀɛ] M Verordnung f; Erlass m

décréter [dekʀete] VT ⟨-è-⟩ ① anordnen; verfügen ② (≈ *décider*) bestimmen

★**décrire** [dekʀiʀ] VT ⟨→ écrire⟩ *a. par ext courbe* beschreiben

★**décrocher** [dekʀɔʃe] Ⓐ VT ① *rideaux* abnehmen; TECH loshaken; *remorque* abhängen; TÉL (den Hörer) abnehmen, abheben ② *fam fig prix* sich (*dat*) holen; *place fam* ergattern Ⓑ VI aufgeben

décroissant [dekʀwasɑ̃] ADJ ⟨-ante [-ɑ̃t]⟩ abnehmend; rückläufig **décroître** [dekʀwatʀ] VI ⟨→ accroître⟩ abnehmen

décrue F Rückgang m (des Hochwassers)

déçu [desy] PP & ADJ ⟨~e⟩ enttäuscht (**de** von)

dédaigner VT verachten; gering schätzen

dédaigneux [dedɛɲø] ADJ ⟨-euse [-øz]⟩ verächtlich **dédain** [dedɛ̃] M Verachtung f

dédale [dedal] M Labyrinth n, Irrgarten m

★ **dedans** [d(ə)dɑ̃] ADV darin; fam drin; *dans un lieu* drinnen; *avec mouvement* hinein ou herein; fam rein; **de ~** von drinnen; von innen; **en ~** nach innen

dédicace [dedikas] F Widmung f **dédier** [dedje] VT **~ à qn** j-m widmen

dédommagement [dedɔmaʒmɑ̃] M Entschädigung f **dédommager** [dedɔmaʒe] VT ⟨-ge-⟩ entschädigen (**qn de qc** j-n für etw)

dédoubler VT halbieren

déductible [dedyktibl] ADJ abzugsfähig

déduction [dedyksjɔ̃] F **1** Abzug m; Absetzung f **2** Schluss m; (Schluss)Folgerung f

déduire [deduiʀ] VT ⟨→ conduire⟩ **1** COMM abziehen (**de** von); *des impôts* absetzen **2** (≈ *conclure*) schließen, folgern (**de** aus)

déesse [deɛs] F Göttin f

défaillance [defajɑ̃s] F **1** Schwäche (-anfall) f(m) **2** TECH, *a. fig* Versagen n; Ausfall m **défaillant** [defajɑ̃] ADJ ⟨-ante [-ɑ̃t]⟩ schwach **défaillir** VI ⟨→ assaillir⟩ e-n Schwächeanfall erleiden

défaire [defɛʀ] ⟨→ faire⟩ **A** VT ab-, wegmachen; *valise* auspacken; *nœud* lösen; aufbinden; *paquet* aufmachen; *chaussures* ausziehen; *lit* abziehen; *coiffure* in Unordnung bringen **B** VPR **se ~** *natte, couture, etc* aufgehen; sich auflösen; *coiffure* in Unordnung geraten

★ **défaite** [defɛt] F Niederlage f

défalquer [defalke] VT abziehen

★ **défaut** [defo] M **1** (≈ *absence*) Mangel m (**de** an + *dat*); Fehlen n; **à ~ de** in Ermangelung von (ou + *gén*); mangels (+ *gén*); **faire ~** fehlen **2** (≈ *imperfection*) Fehler m

défavorable ADJ ungünstig; *personne* **être ~ à qc, qn** e-r Sache, j-m ablehnend gegenüberstehen

défavoriser VT benachteiligen

défectueux [defɛktɥø] ADJ ⟨-euse [-øz]⟩ fehler-, mangelhaft

★ **défendre** [defɑ̃dʀ] ⟨→ rendre⟩ **A** VT **1** verteidigen (**contre** gegen); *cause, idée* verfechten, eintreten für **2** verbieten (**qc à qn** j-m etw) **B** VPR **se ~ 1** sich verteidigen, wehren (**contre** gegen) **2** fam sich tapfer schlagen; ganz gut zurechtkommen

★ **défense**[1] [defɑ̃s] F *a.* JUR Verteidigung f; SPORTS, MIL *a.* Abwehr f; JUR **en état de légitime ~** in Notwehr **2** (≈ *interdiction*) Verbot n; **~ d'entrer** Eintritt verboten!

défense[2] [defɑ̃s] F ZOOL Stoßzahn m

défenseur [defɑ̃sœʀ] M *a.* JUR Verteidiger(in) m(f); *d'une thèse* Verfechter(in) m(f) **défensif** [defɑ̃sif] ADJ ⟨-ive [-iv]⟩ Verteidigungs...; defensiv **défensive** [defɑ̃siv] F Defensive f

déferlement [defɛʀləmɑ̃] M Brandung f **déferler** [defɛʀle] VI **1** *vagues* sich brechen; *mer* branden **2** *fig foule* strömen

défi [defi] M Herausforderung f

déficience [defisjɑ̃s] F Schwäche f **déficient** [defisjɑ̃] ADJ ⟨-ente [-ɑ̃t]⟩ *a. fig* schwach

déficit [defisit] M Defizit n

défier [defje] VT **1 ~ qn** j-n herausfordern (**à qc** zu etw) **2** *fig* **~ le danger** der Gefahr (*dat*) trotzen

défigurer [defigyʀe] VT *a. fig* entstellen

défilé [defile] M **1** Aufmarsch m; Parade f; **~ de mode** Mode(n)schau f **2** GÉOG Engpass m

défiler A VI defilieren; vorbeimarschieren, -ziehen (**devant** an + *dat*); *clients* sich die Klinke in die Hand geben **B** VPR **se ~** fam sich drücken; fam kneifen

défini [defini] ADJ ⟨~e⟩ bestimmt, festgelegt

définir [definiʀ] VT definieren; bestimmen

★ **définitif** [definitif] ADJ ⟨-ive [-iv]⟩ endgültig, definitiv

définition F Definition f

déflation [deflasjɔ̃] F Deflation f

défoncer ⟨-ç-⟩ **A** VT *mur* eindrücken, -schlagen; *route* **défoncé** voller Schlaglöcher **B** VPR **se ~** fam *dans un travail* das Letzte hergeben

déformation F Verformung f

déformer A VT verformen, deformieren; *image* verzerren **B** VPR **se ~** sich verformen

défouler [defule] VPR **1 se ~** sich abreagieren **2 se ~** *par ext* sich austoben

défunt [defɛ̃, -fœ̃] M, **défunte** [defɛ̃t, -fœ̃t] F Verstorbene(r) m/f(m)

dégagé [degaʒe] ADJ ⟨~e⟩ **1** *nuque, front, vue* frei; *ciel* klar **2** *allure* ungezwungen

dégagement [degaʒmã] M 1 Befreiung f; *de blessés* Bergung f; *d'une rue, etc* Freimachen n; Räumung f

dégager [degaʒe] ‹-ge-› A VT 1 *blessés* befreien; bergen; *objets a.* hervor-, herausziehen, -holen 2 *passage* frei machen; räumen; *nuque* frei lassen 3 freisetzen; *odeur* verströmen 4 *fig idée* herausstellen, -arbeiten 5 ~ **qn de qc** j-n von etw befreien, entbinden B V/PR **se ~** 1 *personne* sich befreien (**de** aus) *rue* frei, leer werden; *nez* wieder frei werden; **le ciel se dégage** es klart auf 3 *énergie* frei werden; *odeur* ausströmen; *fumée* aufsteigen

dégarnir A VT aus-, abräumen B V/PR **se ~** *tête, arbre* kahl werden; *rangs* sich lichten

★**dégât** [dega] M Schaden m; **~s** pl Schäden mpl

dégeler [deʒle] ‹-è-› A VT 1 auftauen 2 *situation* entspannen B V/I auftauen C V/PR **se ~** *fig personne* auftauen

dégénérer [deʒenere] V/I ‹-è-› degenerieren; entarten

dégivrer [deʒivre] V/T abtauen

dégonfler A VT (die) Luft herauslassen (**qc** aus etw) B V/PR **se ~** *pneu* (die) Luft verlieren

dégourdi [degurdi] ADJ ‹-e› aufgeweckt; gewitzt; clever

dégourdir [degurdir] A VT *membres* bewegen B V/PR **se ~ les jambes** sich (dat) die Beine vertreten

dégoût M Ekel m, Abscheu m (**pour** vor + dat) **dégoûtant** [degutã] ADJ ‹-ante [-ãt]› ekelhaft, ek(e)lig; widerlich **dégoûté** [degute] ADJ ‹-e› angeekelt, angewidert

dégoûter A VT ~ **qn** j-n anekeln, anwidern B V/PR **se ~ de qc, de qn** e-r Sache, j-s überdrüssig werden; etw, j-n leid werden

dégradant [degradã] ADJ ‹-ante [-ãt]› erniedrigend

dégradation [degradasjɔ̃] F 1 Degradierung f 2 **~s** pl Schäden mpl

dégradé M Abstufung f

dégrader [degrade] A VT 1 MIL, JUR degradieren 2 *moralement* erniedrigen 3 (≈ *abîmer*) beschädigen B V/PR 1 **se ~** *situation, santé* sich verschlechtern 2 **se ~ maison** verfallen; verwittern

dégrafer [degrafe] V/T aufhaken

★**degré** [dəgre] M 1 *a. température, a.* GÉOG, MATH Grad m; (≈ *échelon*) Stufe f 2 (Volum)Prozent n 3 **prendre qc au premier ~** wortwörtlich; **humour au second ~** nicht wörtlich zu nehmen(d); übersteigert

dégringoler [degrɛ̃gɔle] *fam* A V/T *escalier fam* runterstürzen, -sausen B V/I ‹être *od* avoir› *fam* runterpurzeln

dégrossir V/T 1 TECH grob bearbeiten 2 *fig travail* aufbereiten

déguenillé [deg(ə)nije] ADJ ‹-e› zerlumpt

déguerpir [degɛrpir] V/I sich davonmachen; **faire ~ qn** j-n vertreiben, verjagen; *fam* j-m Beine machen

dégueulasse [degœlas] *pop* ADJ ekelhaft; *pop* zum Kotzen

déguisement [degizmã] M Verkleidung f **déguiser** [degize] A V/T verkleiden (**en** als) B V/PR **se ~** sich verkleiden (**en** als)

dégustation [degystasjɔ̃] F **~ de vins** Weinprobe f **déguster** [degyste] V/T kosten; probieren

dehors [dəɔr] A ADV draußen; *avec déplacement* hinaus *ou* heraus; ★ **~!** raus! B PRÉP ★ **en ~ de** außerhalb (+ *gén*); außer (+ *dat*)

★**déjà** [deʒa] ADV schon

★**déjeuner¹** [deʒœne] M 1 Mittagessen n 2 **petit ~** Frühstück n

déjeuner² [deʒœne] V/I 1 *à midi* zu Mittag essen 2 *le matin* frühstücken

délabré [delabre] ADJ ‹-e› 1 *maison* verfallen; baufällig 2 ruiniert

★**délai** [delɛ] M 1 Frist f; Zeit(raum) f(m); **dans un ~ de** innerhalb (von); binnen; **dans les ~s** fristgemäß; termingerecht; **passé ce ~ ...** nach Ablauf dieser Frist, Zeit ... 2 **sans ~** unverzüglich

délaisser V/T *qn* verlassen; im Stich lassen

délassant [delasã] ADJ ‹-ante [-ãt]› erholsam; entspannend **délassement** [delasmã] M Erholung f, Entspannung f **délasser** [delase] A V/T entspannen B V/PR **se ~** sich erholen, sich entspannen

délavé [delave] ADJ ‹-e› verwaschen

délayer [deleje] V/T ‹-ay- *od* -ai-› anrühren

délecter [delɛkte] V/PR **se ~ à** ou **de qc** sich an etw (dat) erfreuen, ergötzen; etw genießen

délégué(e) [delege] M/F Delegierte(r) m/f(m); Vertreter(in) m(f) **déléguer** [delege] VT ‹-è-› **1** personne entsenden **2** pouvoirs übertragen; a. tâche delegieren

délester [delɛste] VT entlasten

délibération [deliberasjɔ̃] F **1** (≈ débat) Beratung f **2** (≈ réflexion) Überlegung f

délibérer [delibeRe] VI ‹-è-› beraten, beratschlagen (**sur qc** etw, über etw acc)

délicat [delika] ADJ ‹-ate [-at]› **1** (≈ fin) fein; peau, santé zart; empfindlich **2** fig question, situation heikel; delikat **3** personne feinfühlig **4** personne (≈ difficile) wählerisch **délicatesse** [delikatɛs] F **1** Feinheit f; Zartheit f **2** Takt(gefühl) m(n)

délice [delis] ‹m› Wonne f

délicieux [delisjø] ADJ ‹-euse [-øz]› mets köstlich; lecker; wohlschmeckend

délier VT auf-, losbinden

délimiter [delimite] VT a. fig abgrenzen

délinquance [delɛ̃kɑ̃s] F Kriminalität f **délinquant** [delɛ̃kɑ̃] M, **délinquante** [delɛ̃kɑ̃t] F Straftäter(in) m(f)

délirant [deliRɑ̃] ADJ ‹-ante [-ɑ̃t]› fam wahnsinnig, verrückt

délire [deliR] M **1** MÉD Delirium n **2** fig Toben n **délirer** [deliRe] VI **1** MÉD im Delirium sein **2** fam **il délire** fam er spinnt

★ **délit** [deli] M Delikt n; **~ de fuite** Fahrer-, Unfallflucht f

délivrance [delivRɑ̃s] F **1** fig Befreiung f; Erleichterung f **2** ADMIN Ausstellung f **délivrer** [delivRe] VT **1** prisonnier befreien **2** fig **~ qn de qc** j-n von etw befreien, erlösen **3** passeport ausstellen; billets ausgeben

déloger VT ‹-ge-› ausquartieren; (≈ chasser) verjagen, -treiben

déloyal [delwajal] ADJ ‹-e; -aux [-o]› unfair; unredlich, unaufrichtig

deltaplane [dɛltaplan] M (Flug)Drachen m

déluge [delyʒ] M sintflutartige Regenfälle mpl

★ **demain** [d(ə)mɛ̃] ADV a. fig morgen; **à ~!** bis morgen!

★ **demande** [d(ə)mɑ̃d] F **1** Bitte f; ADMIN Antrag m; **~ d'emploi** Stellengesuch n **2** ÉCON Nachfrage f (**de qc** nach etw) **3** JUR Klage f

demandé [d(ə)mɑ̃de] ADJ ‹-e› gefragt; begehrt

★ **demander** [d(ə)mɑ̃de] **A** VT **1** (≈ solliciter) bitten (**qc à qn** j-n um etw); erbitten (etw von j-m); ADMIN beantragen; **~ à qn de faire qc** j-n (darum) bitten, etw zu tun; **~ que ...** (+ subj) (darum) bitten, dass ... **2** (≈ exiger) verlangen, fordern (**qc à qn** von j-m); abverlangen (j-m etw) **3** chose **~ qc** etw verlangen, erfordern, benötigen, brauchen **4** **~ qn** j-n ou nach j-m verlangen **5** par question fragen (**qc à qn** j-n nach etw); **~ son chemin (à qn)** (j-n) nach dem Weg fragen **6** JUR **~ le divorce** die Scheidung einreichen **B** V/PR **se ~** sich fragen

demandeur [d(ə)mɑ̃dœR] M, **demandeuse** [d(ə)mɑ̃døz] F **~, demandeuse d'asile** Asylbewerber(in) m(f); Asylant(in) m(f); **~, demandeuse d'emploi** Arbeit(s)suchende(r) m/f(m)

démangeaison [demɑ̃ʒɛzɔ̃] F Jucken n **démanger** [demɑ̃ʒe] VT & VI ‹-ge-› jucken (**qn, à qn** j-n)

démanteler [demɑ̃t(ə)le] VT ‹-è-› **1** forteresse schleifen **2** fig zerschlagen

démaquillant [demakijɑ̃] ADJ ‹-ante [-ɑ̃t]› (**produit, lait**) ~ m Reinigungscreme f, Reinigungsmilch f **démaquiller** VT (& V/PR) (**se**)démaquiller (sich) abschminken

démarche [demaRʃ] F **1** (≈ allure) Gang m **2** fig Vorstoß m; **~s** pl Schritte mpl **démarcheur** [demaRʃœR] M, **démarcheuse** [demaRʃøz] F Kundenwerber(in) m(f)

démarrage [demaRaʒ] M **1** Anfahren n; Start m **2** fig Start m; Beginn m

★ **démarrer** [demaRe] **A** fam VT beginnen; starten **B** VI **1** anfahren; starten; moteur anspringen **2** fig anlaufen

démarreur [demaRœR] M Anlasser m

démasquer **A** VT entlarven **B** V/PR **se ~** s-e Maske fallen lassen

d'emblée [dɑ̃ble] → emblée

démêlé [demele] M Streit m

démêler VT **1** cheveux auskämmen, -bürsten **2** fig entwirren; Licht bringen in (+ acc)

déménagement [demenaʒmɑ̃] M Um-

zug m; Auszug m
- **déménager** [demenaʒe] ⟨-ge-⟩ **A** VT umräumen **B** VI um-, ausziehen
- **démence** [demãs] F MÉD Demenz f
- **démener** [demne] VPR ⟨-è-⟩ **1** se ~ (herum)toben **2** se ~ fig sich plagen; sich abmühen
- **démentir** [demãtiʀ] VT ⟨→ partir⟩ **1** ~ qn j-m (offiziell) widersprechen **2** nouvelle dementieren **3** chose ~ qc etw Lügen strafen
- **démesuré** ADJ ⟨~e⟩ **1** immens, riesig **2** fig orgueil, etc maßlos
- **démettre** [demɛtʀ] VT ⟨→ mettre⟩ ~ qn de ses fonctions j-n s-s Amtes entheben, j-n absetzen; ~ qn de son poste j-n entlassen
- **demeure** [dəmœʀ] F Wohnsitz m
- **demeurer** [dəmœʀe] VI **1** (= habiter) wohnen **2** ⟨être⟩ (= rester) bleiben
- **demi** [d(ə)mi] **A** ADJ un jour et ~ anderthalb ou eineinhalb Tage mpl; trois heures et ~e dreieinhalb Stunden fpl; à trois heures et ~e um halb vier **B** ADV à ~ halb; zur Hälfte **C** M/F ~(e) Halbe(r, -s) f(m, n) **D** M bière un ~ ein (kleines) Glas Bier **E** F heure à la ~e um halb
- **demi-finale** F SPORTS Halb-, Semifinale n
- **demi-frère** M Halb-, Stiefbruder m
- **demi-heure** F halbe Stunde
- **demi-litre** M halber Liter
- **demi-mot** à ~ ohne viel Worte; mithilfe von Andeutungen
- **demi-pension** F Halbpension f **demi-pensionnaire** M/F Ganztagsschüler(in) m(f)
- **démis** [demi] PP & ADJ ⟨-ise [-iz]⟩ verrenkt
- **demi-saison** F Übergangszeit f
- **demi-sœur** F Halb-, Stiefschwester f
- **démission** [demisjɔ̃] F Rücktritt m; POL a. Demission f; d'un salarié Kündigung f
  - **démissionner** [demisjɔne] VI zurücktreten
- **demi-tour** M Kehrtwendung f; **faire** ~ kehrtmachen; umkehren
- **démocrate** [demɔkʀat] **A** M/F Demokrat(in) m(f) **B** ADJ demokratisch **démocratie** [demɔkʀasi] F Demokratie f **démocratique** [demɔkʀatik] ADJ demokratisch
- **démodé** [demɔde] ADJ ⟨~e⟩ altmodisch, unmodern
- **demoiselle** [d(ə)mwazɛl] F Fräulein n
- **démolir** [demɔliʀ] VT **1** construction abreißen; abbrechen **2** (= casser) demolieren **3** fig zerstören **démolition** [demɔlisjɔ̃] F Abriss m; Abbruch m
- **démonstratif** [demɔ̃stʀatif] ADJ ⟨-ive [-iv]⟩ personne mitteilsam
- **démonstration** [demɔ̃stʀasjɔ̃] F **1** (= raisonnement) Beweisführung f **2** d'un appareil, etc Vorführung f; Demonstration f **3** de sentiments Bekundung f
- **démonter** [demɔ̃te] **A** VT zerlegen; auseinandernehmen; demontieren; tente abbrechen; échafaudage abbauen **B** VPR se ~ sich aus der Fassung bringen lassen
- **démontrer** [demɔ̃tʀe] VT beweisen; par ext a. demonstrieren
- **démoraliser** [demɔʀalize] **A** VT demoralisieren **B** VPR se ~ den Mut, die Zuversicht verlieren
- **démordre** [demɔʀdʀ] VT INDIR ⟨→ rendre⟩ ne pas ~ d'une opinion von e-r Meinung nicht abgehen; auf e-r Meinung beharren
- **démunir** **A** VT ~ qn de qc j-m etw wegnehmen; j-n um etw bringen; être démuni ohne Geld, mittellos; fig hilflos dastehen; démuni de ohne **B** VPR se ~ de qc etw weggeben
- **dénationaliser** [denasjɔnalize] VT reprivatisieren
- **dénaturer** [denatyʀe] VT entstellen
- **dénicher** [deniʃe] **1** aus dem Nest nehmen **2** (= trouver) aufstöbern
- **dénier** [denje] VT ~ qc à qn j-m etw verweigern, absprechen
- **dénombrer** [denɔ̃bʀe] VT zählen
- **dénomination** F Bezeichnung f **dénommer** VT (be)nennen
- **dénoncer** [denɔ̃se] VT ⟨-ç-⟩ **1** anzeigen (à la police bei der Polizei); bassement denunzieren **2** fig abus, etc anprangern **dénonciateur** [denɔ̃sjatœʀ] M, **dénonciatrice** [denɔ̃sjatʀis] péj F Denunziant(in) m(f) **dénonciation** [denɔ̃sjasjɔ̃] F Anzeige f; péj Denunziation f
- **dénouement** [denumã] M a. THÉ Ausgang m; Lösung f
- **dénouer** **A** VT **1** aufbinden; aufknoten **2** fig entwirren; crise lösen **B** VPR se ~ aufgehen; a. THÉ, a. difficultés sich lösen

denrée [dɑ̃ʁe] F̲ (Ess)Ware f; **~s** pl Lebensmittel npl

dense [dɑ̃s] A̲D̲J̲ dicht **densité** [dɑ̃site] F̲ a. PHYS Dichte f

★**dent** [dɑ̃] F̲ Zahn m

dentaire [dɑ̃tɛʁ] A̲D̲J̲ 1 Zahn... 2 zahnärztlich

dentelé [dɑ̃t(ə)le] A̲D̲J̲ ⟨~e⟩ gezackt

dentelle [dɑ̃tɛl] F̲ Spitze f

dentier [dɑ̃tje] M̲ (künstliches) Gebiss

★**dentifrice** [dɑ̃tifʁis] M̲ Zahncreme f, Zahnpasta f

★**dentiste** [dɑ̃tist] M̲/F̲ Zahnarzt, -ärztin m,f

dénuder [denyde] V̲T̲ entblößen

dénué [denɥe] ⟨~e⟩ **~ de qc** ohne etw; ...los; **~ de sens** sinnlos

déodorant [deɔdɔʁɑ̃] M̲ Deodorant n

dépannage [depanaʒ] M̲ Pannenhilfe f

dépanner [depane] V̲T̲ die Panne beheben (**la voiture** am Auto); reparieren; *voiture a.* abschleppen **dépanneuse** [depanøz] F̲ Abschleppwagen m

dépareillé [depaʁeje] A̲D̲J̲ ⟨~e⟩ *collection* nicht komplett; *gant* einzeln; *tasses* nicht zusammenpassend

★**départ** [depaʁ] M̲ 1 Abreise f; Aufbruch m; *d'un train, bus* Abfahrt f; *d'un avion* Abflug m; **être sur le ~** im Begriff sein abzureisen 2 SPORTS Start m 3 (= *début*) Anfang m; **au ~** am Anfang; zu Beginn

département [depaʁtəmɑ̃] M̲ 1 *territoire* Departement n 2 ADMIN Abteilung f

dépassé A̲D̲J̲ ⟨~e⟩ überholt; veraltet

★**dépasser** A̲ V̲T̲ 1 (= *doubler*) überholen 2 *en dimensions* überragen; hinausragen über (+ *acc*) 3 *temps, quantité, etc* überschreiten; übersteigen; *espoirs* übertreffen B̲ V̲I̲ hinausragen (**de** über + *acc*); herausragen, -stehen (aus) C̲ V̲P̲R̲ **se ~ (soi-même)** über sich (*acc*) selbst hinauswachsen; sich selbst übertreffen

dépecer [depase] V̲T̲ ⟨-è-, -ç-⟩ *proie* in Stücke reißen; *bœuf* zerlegen

dépêcher [depeʃe] A̲ V̲T̲ **~ qn auprès de qn** j-n schnell zu j-m schicken B̲ V̲P̲R̲ ★ **se ~** sich beeilen (**de faire qc** etw zu tun, mit etw)

dépeindre V̲T̲ ⟨→ peindre⟩ beschreiben

dépendance [depɑ̃dɑ̃s] F̲ 1 *a. d'une drogue* Abhängigkeit f 2 ⟨pl⟩ **~s** Nebengebäude npl

dépendant [depɑ̃dɑ̃] A̲D̲J̲ ⟨-ante [-ɑ̃t]⟩ 1 abhängig (**de** von) 2 **~ (d'une drogue)** drogenabhängig 3 MÉD pflegebedürftig

★**dépendre** [depɑ̃dʁ] ⟨→ rendre⟩ A̲ V̲T̲ abhängen; abnehmen B̲ V̲T̲ INDIR 1 **~ de qc, de qn** von etw, von j-m abhängen 2 (= *faire partie*) **~ de qc** zu etw gehören

dépense [depɑ̃s] F̲ 1 Ausgabe f 2 **~ physique** physische Anstrengung, Belastung; **~ d'énergie** Energieverbrauch m

★**dépenser** [depɑ̃se] A̲ V̲T̲ 1 *argent* ausgeben 2 *fig temps* aufwenden; *énergie* verbrauchen B̲ V̲P̲R̲ **se ~** sich (physisch) verausgaben

déperdition [depɛʁdisjɔ̃] F̲ Verlust m

dépérir [depeʁiʁ] V̲I̲ dahinsiechen; verkümmern; allmählich zugrunde gehen

dépeupler [depœple] V̲T̲ (& V̲P̲R̲ **se**)**dépeuplen** (sich) entvölkern

dépistage [depistaʒ] M̲ **~ précoce** Früherkennung f; Vorsorge f **dépister** [depiste] V̲T̲ *maladie* nachweisen; feststellen

dépit [depi] M̲ 1 Verdruss m; Verstimmung f; **par ~** aus Trotz 2 **en ~ de** trotz (+ *gén*) **dépité** [depite] A̲D̲J̲ ⟨~e⟩ (bitter) enttäuscht; missmutig

déplacé A̲D̲J̲ ⟨~e⟩ unpassend, unangebracht

déplacement M̲ 1 Umstellung f; Verschiebung f 2 Reise f; Fahrt f

déplacer ⟨-ç-⟩ A̲ V̲T̲ umstellen; verrücken; verschieben; *fonctionnaire* versetzen B̲ V̲P̲R̲ 1 **se ~** (= *bouger*) sich (fort)bewegen 2 **se ~** (= *voyager*) (ver)reisen

déplaire ⟨→ plaire⟩ A̲ V̲T̲ INDIR **~ à qn** j-m missfallen; nicht zusagen B̲ V̲P̲R̲ **se ~** sich nicht wohlfühlen

déplaisant [deplɛzɑ̃] A̲D̲J̲ ⟨-ante [-ɑ̃t]⟩ unangenehm; *remarque* unfreundlich

dépliant [deplijɑ̃] M̲ Faltprospekt m, Faltblatt n **déplier** V̲T̲ auseinanderfalten

déplorable [deplɔʁabl] A̲D̲J̲ 1 beklagens-, bedauernswert; bedauerlich 2 (= *mauvais*) miserabel

déplorer [deplɔʁe] V̲T̲ *perte, victime* beklagen; *incident, absence* bedauern

déployer [deplwaje] ⟨-oi-⟩ A̲ V̲T̲ 1 auseinanderfalten; entfalten; *a. ailes* ausbreiten 2 *fig zèle, courage* entfalten; aufbieten B̲ V̲P̲R̲ 1 **se ~** sich entfalten 2 **se**

~ MIL aufmarschieren

dépolluer VT sanieren

déporter [depɔʀte] **A** VT **1** *véhicule* abdrängen; zur Seite drücken **2** deportieren **B** VPR **se ~** von der Fahrtrichtung abkommen; ausscheren

déposer **A** VT **1** *objet* ab-, nieder-, hinstellen, -legen; *couronne* niederlegen; *passager* absetzen **2** *en lieu sûr* deponieren; hinterlegen; *argent* einzahlen; *bagages* abgeben **B** VPR **se ~** *poussière, boue* sich ablagern; *lie* sich absetzen

déposition [depozisjɔ̃] F JUR (Zeugen-)Aussage f

dépôt [depo] M **1** *d'une couronne* Niederlegung f; *d'une somme* Hinterlegung f; **~ des ordures** Müll-, Schuttabladen n **2** FIN (Spar)Einlage f **3** *lieu* Depot n; Lager n **4** *dans un liquide* Bodensatz m

dépouiller [depuje] VT **~ qn de qc** j-m etw wegnehmen; **~ qn** j-n be-, ausrauben

dépourvu [depuʀvy] **A** ADJ ⟨~e⟩ **de qc** ohne etw; ...los **B** M **prendre qn au ~** j-n (völlig) überraschen; j-n unvorbereitet treffen

dépressif [depʀesif] ADJ ⟨-ive [-iv]⟩ depressiv

dépression [depʀesjɔ̃] F **1** GÉOG Senke f **2** MÉTÉO Tief n **3** **~ nerveuse** nervöse Erschöpfung; Depressionen fpl **4** ÉCON Depression f; Flaute f

déprimant [depʀimɑ̃] ADJ ⟨-ante [-ɑ̃t]⟩ deprimierend

déprimer [depʀime] VT **1** deprimieren **2** ⟨adjt⟩ **déprimé** deprimiert; niedergeschlagen

★**depuis** [d(ə)pɥi] **A** PRÉP **1** *temps* seit (+ dat) **2** *lieu* von ... ab; von ... aus **3** **~ ... jusqu'à ...** von ... bis (zu) ... **B** ADV seitdem **C** CONJ ★ **~ que** seit(dem)

★**député** [depyte] M, ★**députée** F Abgeordnete(r) m/f(m)

déraciner [deʀasine] VT *arbre, a. fig personne* entwurzeln

dérailler [deʀaje] VI **1** CH DE FER entgleisen **2** *fam fig* dummes Zeug faseln

déraisonnable [deʀɛzɔnabl] ADJ unvernünftig

dérangement M **1** Unordnung f **2** *a.* TÉL Störung f; TÉL **en ~** gestört

★**déranger** ⟨-ge-⟩ **A** VT **1** *objets* in Unordnung bringen; durcheinanderbringen **2** **~ qn** j-n stören; j-m Umstände machen **B** VPR **se ~** s-n Platz verlassen; sich persönlich bemühen

déraper [deʀape] VI **1** schleudern; rutschen; ins Schleudern kommen **2** *fig* außer Kontrolle geraten

déréglé ADJ ⟨~e⟩ **1** gestört; nicht in Ordnung **2** *vie* unregelmäßig

dérégler ⟨-è-⟩ **A** VT in Unordnung bringen, stören **B** VPR **se ~** *machine, pendule* unregelmäßig laufen

dérision [deʀizjɔ̃] F Spott m **dérisoire** [deʀizwaʀ] ADJ lächerlich; **à un prix ~** spottbillig

dérive [deʀiv] F **aller à la ~** treiben; driften; *fig personne* sich treiben lassen; *entreprise* führungslos dahintreiben

dériver [deʀive] **A** VT *cours d'eau, a.* MATH ableiten **B** VT INDIR **~ de** zurückgehen auf (+ acc) **C** VI MAR, AVIAT, *a. fig* abdriften

dermatologue [dɛʀmatɔlɔg] M/F Hautarzt, -ärztin m,f

★**dernier** [dɛʀnje] ⟨-ière [-jɛʀ]⟩ **A** ADJ **1** letzte; *étage* oberste Etage **2** (≈ *extrême*) äußerste **3** (≈ *le plus proche*) letzte; neueste; vorige; *offre, vol, voyage, etc* ... **(de) dernière minute** Last-Minute-... **B** M,F **1** **le ~, la dernière** der, die, das Letzte **2** **ce ~, cette dernière** Letzterer, Letztere

dernièrement [dɛʀnjɛʀmɑ̃] ADV kürzlich

dérober [deʀɔbe] **A** VT **1** st/s entwenden **(qc à qn** j-m etw) **2** *fig* (weg)nehmen **B** VPR **1** **se ~ à qc** sich e-r Sache (dat) entziehen; **se ~** ausweichen **2** *sol* **se ~ sous** nachgeben unter (+ dat)

déroger [deʀɔʒe] VT INDIR ⟨-ge-⟩ abweichen (à von)

déroulant(e) [deʀulɑ̃(t)] ADJ INFORM **le menu ~** das Pull-down-Menü **déroulement** M Verlauf m, Ablauf m **dérouler** **A** VT abrollen; *tapis, rouleau a.* aufentrollen; *fil, pelote a.* abwickeln **B** VPR **se ~** *événements* verlaufen; *drame* sich abspielen; **se ~ devant qn** vor j-m ablaufen, abrollen

dérouter [deʀute] VT **1 ~ qn** j-n verwirren, verunsichern **2** *avion* umleiten

★**derrière** [dɛʀjɛʀ] **A** PRÉP *question «wo?»* hinter; *question «wohin?»* hinter + acc **B** ADV hinten; **par ~** → **par-derrière**

C M **1** ANAT Hinterteil n; fam Hintern m **2 de ~** Hinter...; hintere

des [de] **A** ARTICLE DÉFINI **la mère des enfants** die Mutter der Kinder **B** ARTICLE INDÉFINI et ARTICLE PARTITIF ⟨non traduit⟩ **des amis** Freunde mpl; **des mois entiers** monatelang

★ **dès** [dɛ] **A** PRÉP schon von ... an; **dès mon retour** gleich bei meiner Rückkehr; **dès maintenant** schon, gleich jetzt; schon von jetzt an **B** CONJ ★ **dès que** sobald; sowie

désaccord M Uneinigkeit f

désaffecté [dezafɛkte] ADJ ⟨~e⟩ bâtiment leer stehend, nicht mehr benutzt; CH DE FER, MINES stillgelegt

★ **désagréable** ADJ unangenehm

désagréger [dezagʁeʒe] ⟨-è-; -ge-⟩ VT zersetzen **B** V/PR **se ~** sich zersetzen; a. fig zerfallen

désagrément [dezagʁemɑ̃] M Unannehmlichkeit f

désaltérer [dezaltere] ⟨-è-⟩ **A** V/I den Durst stillen, löschen **B** V/PR **se ~** s-n Durst löschen

désamorcer [dezamɔʁse] ⟨-ç-⟩ VT bombe, conflit entschärfen

désapprobation [dezapʁɔbasjɔ̃] F Missbilligung f **désapprouver** VT **~ qc** etw missbilligen; etw nicht billigen

désarmement M Abrüstung f

désarmer A VT/I **1** a. fig entwaffnen; pays abrüsten **2** arme à feu entladen ou sichern **B** V/I POL, MIL abrüsten

désarroi [dezaʁwa] M Verwirrung f

désastre [dezastʁ] M Katastrophe f **désastreux** [dezastʁø] ADJ ⟨-euse [-øz]⟩ katastrophal

désavantage M Nachteil m **désavantager** [dezavɑ̃taʒe] ⟨-ge-⟩ VT benachteiligen **désavantageux** [dezavɑ̃taʒø] ADJ ⟨-euse [-øz]⟩ nachteilig

descendant [desɑ̃dɑ̃] MF ⟨-ante [-ɑ̃t]⟩ ~(e) Nachkomme m; Abkömmling m

★ **descendre** [desɑ̃dʁ] ⟨→ rendre⟩ **A** VT/I **1** montagne, rue, escalier hinunter- ou heruntergehen, -steigen, -kommen; fam runtergehen, -steigen, -kommen; en voiture hinunter- ou herunterfahren **2** objet hinunter- ou herunterbringen, -tragen, -schaffen; fam runterbringen, -tragen, -schaffen; de l'armoire herunternehmen, -holen; fam runternehmen, -holen **3** avion etc abschießen; fam herunterholen; fam personne ab-, niederknallen **B** V/I ⟨être⟩ **1** herunter- ou hinuntergehen, -steigen -kommen; fam runtergehen, -steigen, -kommen; dans un véhicule herunterfahren; d'un sommet a. absteigen (von); d'un véhicule aussteigen (aus); dans un hôtel absteigen (in + dat); **~ de cheval** vom Pferd steigen; absitzen **2** (= tenir son origine) **~ de** abstammen von **3** terrain abfallen; route bergab, abwärtsgehen,-führen; avion tiefer gehen **4** (= atteindre) **~ (jusqu')à** (hinunter)reichen bis zu

★ **descente** [desɑ̃t] F **1** Abstieg m; dans un véhicule Abwärtsfahrt f; d'un avion Sinken n; **~ de police** (Polizei)Razzia f **2** Abfahrt f **3** SKI Abfahrtslauf m

★ **description** [dɛskʁipsjɔ̃] F Beschreibung f

désemparé [dezɑ̃paʁe] ADJ ⟨~e⟩ hilflos, ratlos

déséquilibre M **1** seelische Störungen fpl **2** des forces, etc Unausgewogenheit f; Ungleichgewicht seelische Störungen fpl **déséquilibré(e)** MF seelisch Gestörte(r) m/f(m) **déséquilibrer** [dezekilibʁe] VT a. fig aus dem Gleichgewicht bringen

★ **désert** [dezɛʁ] **A** ADJ ⟨-erte [-ɛʁt]⟩ **1** île unbewohnt; région öde **2** rue menschenleer **B** M Wüste f

déserter [dezɛʁte] **A** VT lieu (für immer) verlassen **B** V/I MIL desertieren

désespérant [dezɛspeʁɑ̃] ADJ ⟨-ante [-ɑ̃t]⟩ entmutigend; zum Verzweifeln ★ **désespéré** [dezɛspeʁe] ADJ ⟨~e⟩ a. effort verzweifelt; situation a. hoffnungslos, ausweglos

désespérer ⟨-è-⟩ **A** VT **~ qn** j-n zur Verzweiflung bringen **B** VT INDIR **~ de** (+ inf) die Hoffnung aufgeben, verlieren zu (+ inf) **C** V/I (**se**) **~** verzweifeln

désespoir M Verzweiflung f

★ **déshabiller** [dezabije] VT (& V/PR) (**se**)**déshabiller** (sich) ausziehen, entkleiden

déshabituer A VT **~ qn de qc** j-m etw abgewöhnen **B** V/PR **se ~ de** (+ inf) sich (dat) etw abgewöhnen

désherbant [dezɛʁbɑ̃] M Unkrautvernichtungsmittel n

déshérité(e) [dezeʁite] fig MF Benachteiligte(r) m/f(m)

déshériter [dezerite] *V/T* enterben
désignation [dezinasjɔ̃] *F* **1** Bezeichnung *f* **2** *d'un successeur* Designierung *f* **désigner** [dezine] *V/T* **1** (≈ *dénommer*) bezeichnen **2** (≈ *montrer*) zeigen, (hin)weisen auf (+ *acc*) **3** *successeur* designieren
désillusion *F* Desillusion *f*
désinfectant [dezɛ̃fektɑ̃] *M* Desinfektionsmittel *n* **désinfecter** [dezɛ̃fekte] *V/T* desinfizieren **désinfection** *F* Desinfektion *f*
désinstaller *V/T* INFORM deinstallieren
désintégration *F* Auflösung *f*; *a.* NUCL Zerfall *m*, Desintegration *f* **désintégrer** ⟨-è-⟩ **A** *V/T* NUCL zertrümmern; spalten **B** *V/PR* **se ~** sich auflösen; *a.* NUCL zerfallen
désintéressé [dezẽterese] *ADJ* ⟨~e⟩ uneigennützig; selbstlos
désintéresser *V/PR* **se ~ de** das Interesse verlieren an (+ *dat*)
désintoxiquer *V/T a. fig* entgiften; *drogués* entwöhnen
désir [deziʀ] *M* **1** Wunsch *m* (**de qc** nach etw, **de** + *inf* zu + *inf*); *plus fort* Verlangen *n*, Sehnsucht *f* (**de qc** nach etw) **2** *sexuel* (sinnliche) Begierde, Lust
désirer [deziʀe] *V/T* **1** (sich *dat*) wünschen; **~** (+ *inf*) wünschen zu (+ *inf*); gern(e) mögen (+ *inf*); ★ **vous désirez?, que désirez-vous?** was wünschen Sie?; was darf es sein?; **se faire ~** auf sich (*acc*) warten lassen **2** *personne* begehren
désister [deziste] *V/PR* **se ~ en faveur de qn** zugunsten von j-m (von der Kandidatur) zurücktreten
désobéir *V/T* INDIR **~ à qn, à un ordre** j-m, e-m Befehl nicht gehorchen; *enfant a.* j-m nicht folgen **désobéissance** *F* Ungehorsam *m* **désobéissant** [dezɔbeisɑ̃] *ADJ* ⟨-ante [-ɑ̃t]⟩ ungehorsam
★ **désolé** [dezɔle] *ADJ* ⟨~e⟩ **1** tief betrübt; untröstlich; (**je suis**) **~** (es) tut mir leid **2** *endroit* öde, trostlos **désoler** [dezɔle] **A** *V/T* tief betrüben; traurig stimmen **B** *V/PR* **se ~** traurig, betrübt sein
désordonné *ADJ* ⟨~e⟩ *personne* unordentlich, chaotisch
★ **désordre** *M* Unordnung *f*, Durcheinander *n*; **en ~** in Unordnung; ungeordnet; *lieu* unaufgeräumt
désorganiser **A** *V/T* desorganisieren **B** *V/PR* **se ~** in Unordnung geraten; sich auflösen
désorienter [dezɔʀjɑ̃te] *V/T* verwirren
désormais [dezɔʀmɛ] *ADV* von nun *ou* jetzt an
desquels, desquelles [dekɛl] → **lequel**
dessécher [deseʃe] ⟨-è-⟩ **A** *V/T* **1** austrocknen **2** *fig* abstumpfen **B** *V/PR* **se ~** austrocknen; *végétation* vertrocknen; verdorren **2 se ~** *fig* abstumpfen; verhärten
desserrer [desere] **A** *V/T* lockern; *frein* lösen **B** *V/PR* **se ~** sich lockern
★ **dessert** [desɛʀ] *M* Dessert *n*
desserte [desɛʀt] *F* **1** Abstell-, Beistell-, Serviertisch *m* **2** Verkehrsverbindung *f* (**de** *tz*, nach)
desservir [desɛʀviʀ] *V/T* ⟨→ **servir**⟩ **1** *bus, train* (regelmäßig) fahren zu, halten in (+ *dat*); *port* (regelmäßig) anlaufen; *aéroport* anfliegen **2** **~** (**la table**) (den Tisch) abdecken, abräumen **3** (≈ *nuire*) **~ qn** j-m schaden
★ **dessin** [desɛ̃] *M* **1** Zeichnung *f*; ★ **~(s) animé(s)** Zeichentrickfilm *m* **2** *action* Zeichnen *n* **3** *d'un tissu* Muster *n*
dessinateur [desinatœʀ] *M* Zeichner *m*; **~ humoristique** Karikaturist *m*; Cartoonist *m*
★ **dessiner** [desine] **A** *V/T* **1** zeichnen **2** *contours* hervortreten lassen **B** *V/PR* **se ~** *a. fig* sich abzeichnen (**à l'horizon** am Horizont)
dessous [d(ə)su] **A** *ADV* darunter; *fam* drunter; **en ~** darunter; *fam* drunter; **B** *PRÉP* **de ~** unter (+ *dat*) hervor; **en ~ de →** au-dessous B **C** *M* **1** *d'objets* Unterseite *f* **2 ~ pl** Dessous *npl*; (Damen)Unterwäsche *f* **3** *fig d'une affaire* **~ pl** Hintergründe *mpl*
dessus [d(ə)sy] **A** *ADV* darauf; *fam* drauf; **en ~** oben **B** *PRÉP* **de ~** von … hoch **C** *M* **1** *d'objets* Oberseite *f* **2** (**étage m du**) **~** obere Etage; oberes Stockwerk **3 avoir le ~** überlegen sein; die Oberhand gewinnen
destin [dɛstɛ̃] *M* Schicksal *n*
destinataire [dɛstinatɛʀ] *M* Empfänger *m*
destination [dɛstinasjɔ̃] *F* **1** Bestimmung *f*; Verwendungszweck *m* **2** *lieu* Bestimmungsort *m*; Ziel *n*; **à ~ de** nach

destinée [destine] F Schicksal n
destiner [destine] VT ❶ ~ **qn à qc** j-n zu etw bestimmen, ausersehen ❷ ~ **qc à qn** etw für j-n bestimmen
destituer [dɛstitɥe] VT absetzen
destructeur [dɛstʀyktœʀ] ADJ ⟨-trice [-tʀis]⟩ zerstörerisch; fig a. destruktiv
★**destruction** [dɛstʀyksjɔ̃] F ❶ Zerstörung f ❷ *de parasites* Vernichtung f
désuet [dezɥɛ, des-] ADJ ⟨-ète [-ɛt]⟩ altmodisch
désunion F Zwietracht f
désunir VT entzweien
détachant [detaʃɑ̃] M Fleck(en)entferner m
détaché [detaʃe] ADJ ⟨~e⟩ ❶ **pièce ~e** Einzelteil n; Ersatzteil m ❷ *air* unbeteiligt; uninteressiert
★**détacher**[1] A VT ❶ lösen, los-, abmachen; *chien* losbinden; *feuille* abtrennen, abreißen (**de** von); *remorque* abhängen ❷ ADMIN ~ **qn** j-n abstellen, abordnen; *fonctionnaire* vorübergehend versetzen; MIL abkommandieren B V/PR ❶ **se ~** sich lösen; abgehen; *chien* sich losreißen ❷ **se ~ sur qc** sich abheben gegen etw
détacher[2] VT die Flecken entfernen (**qc** aus etw)
★**détail** [detaj] M ❶ **(commerce m de) ~** Einzel-, Kleinhandel m ❷ Einzelheit f; Detail n; **en ~** im Einzelnen; ausführlich ❸ (= *vétille*) Kleinigkeit f
détaillant [detajɑ̃] M, **détaillante** [detajɑ̃t] F Einzelhändler(in) m(f)
détaillé [detaje] ADJ ⟨~e⟩ detailliert, ausführlich
détartrer [detaʀtʀe] VT entkalken
détecter [detɛkte] VT feststellen; *a. fig* aufspüren
détective [detɛktiv] M ~ **(privé)** (Privat-)Detektiv m
déteindre VI ⟨→ peindre⟩ ❶ ausbleichen; verschießen ❷ ~ **sur** *a. fig* abfärben auf (+ *acc*)
détendre ⟨→ rendre⟩ A VT ❶ *arc* lockern ❷ *fig* entspannen B V/PR ❶ ★ **se ~** sich lockern; erschlaffen ❷ ★ **se ~** *fig personne, situation* sich entspannen **détendu** ADJ ⟨~e⟩ entspannt
détenir ⟨→ venir⟩ ❶ besitzen; innehaben; *record* halten ❷ ~ **qn** j-n gefangen halten, in Haft halten
détente F ❶ *d'une arme à feu* Abzug m ❷ *d'un ressort* Lockerung f ❸ *fig* Entspannung f
détention [detɑ̃sjɔ̃] F ❶ Besitz m ❷ Haft f
détenu(e) [detny] M/F Häftling m
détergent [detɛʀʒɑ̃] M Waschmittel n
détérioration [deteʀjɔʀasjɔ̃] F ❶ Beschädigung f ❷ *fig* Verschlechterung f
détériorer [deteʀjɔʀe] A VT ❶ beschädigen ❷ *fig* verschlechtern B V/PR ❶ **se ~** schadhaft werden; verkommen ❷ **se ~** *fig* sich verschlechtern; sich verschlimmern
déterminant [detɛʀminɑ̃] ADJ ⟨-ante [-ɑ̃t]⟩ bestimmend; ausschlaggebend
détermination [detɛʀminasjɔ̃] F ❶ Bestimmung f; Festlegung f ❷ (= *résolution*) Entschluss m; (= *fermeté*) Entschlossenheit f
déterminer [detɛʀmine] A VT ❶ bestimmen; festlegen; *cause* feststellen, ermitteln ❷ ~ **qn à** (+ *inf*) j-n bestimmen, veranlassen zu (+ *inf*) ❸ *réaction* bewirken B V/PR **se ~ à** (+ *inf*) sich entschließen zu (+ *inf*)
déterrer VT *a. fig* ausgraben
★**détester** [detɛste] VT verabscheuen; hassen
détour M ❶ *a. fig* Umweg m; *fig a.* Winkelzug m; **faire un ~** e-n Umweg machen; *fig* **sans ~** ohne Umschweife; freiheraus ❷ (= *tournant*) Biegung f
détournement [detuʀnəmɑ̃] M ❶ ~ **d'avion** Flugzeugentführung f ❷ ~ **de fonds** Unterschlagung f; Veruntreuung f ❸ ~ **de mineurs** Verführung f Minderjähriger
détourner A VT ❶ *avion* entführen ❷ *tête, regard* ab-, wegwenden ❸ *fig* ~ **qn de qc** j-n von etw abbringen ❹ *fig attention* ablenken; *soupçons* zerstreuen; ~ **sur qn** auf j-n lenken; ~ **la conversation** vom Thema ablenken ❺ *fonds* unterschlagen; veruntreuen B V/PR **se ~** sich abwenden
détraquer A VT *fam* kaputt machen B V/PR ❶ **se ~** *fam* kaputtgehen ❷ **se ~** *fam temps* schlecht werden
détrempé ADJ ⟨~e⟩ aufgeweicht
détresse [detʀɛs] F Not f
détriment [detʀimɑ̃] M **au ~ de** zum Schaden, Nachteil von (*ou* + *gén*)
détritus [detʀitys] MPL Abfälle *mpl*

détroit [detʀwa] M̄ Meerenge f
détromper A V̄T ~ qn j-n über s-n Irrtum aufklären B V/PR **détrompez-vous!** glauben Sie es nicht!
détrôner V̄T a. fig entthronen
★**détruire** [detʀɥiʀ] V̄T ⟨→ conduire⟩ zerstören
★**dette** [dɛt] F̄ COMM Schuld f
deuil [dœj] M̄ ❶ Trauer f ❷ Trauerkleidung f; **être en ~** in Trauer sein
★**deux** [dø] A NUM zwei; ★ **les ~** beide; die beiden; **tous (les) ~** alle beide, zwei; **Élisabeth II** Elisabeth II. (die Zweite); **à ~** zu zweit; zu zweien; **~ par** ou **à ~** je zwei und zwei; immer zwei; paarweise B M̄ Zwei f
★**deuxième** [døzjɛm] A NUM zweite B M̄/F̄ **le, la ~** der, die, das Zweite C M̄ étage **au ~** im zweiten Stock **deuxièmement** [døzjɛmmɑ̃] ADV zweitens
deux-pièces M̄ ⟨inv⟩ ❶ zweiteiliger Badeanzug; Bikini m ❷ Jackenkleid n ❸ Zweizimmerwohnung f **deux-points** MPL Doppelpunkt m
dévaler [devale] V̄T escalier hinuntereilen, -stürzen
dévaliser [devalize] V̄T ausplündern, -rauben
dévaloriser [devalɔʀize] A V̄T ❶ entwerten ❷ fig herabsetzen B V/PR **se ~** s-n Wert verlieren; wertlos werden
dévaluation [devalɥasjɔ̃] F̄ Abwertung f **dévaluer** [devalɥe] V̄T abwerten
devancer [d(ə)vɑ̃se] V̄T ⟨-ç-⟩ ❶ kommen vor (+ dat); vorangehen (+ dat) ❷ fig rival übertreffen; voraus sein (+ dat)
★**devant** [d(ə)vɑ̃] A PRÉP question «wo?» vor + dat; question «wohin?» vor + acc; **~ la maison** vor dem Haus; **aller ~ la maison** vors Haus gehen B ADV vorn(e); avec des verbes de mouvement voraus..., voran...; **aller, courir ~** vorausgehen, -lausen; **regarder ~** nach vorn schauen C M̄ Vorderseite f vorderer Teil; **patte f de ~** Vorderpfote f
dévaster [devaste] V̄T verwüsten
★**développement** [devlɔpmɑ̃] M̄ Entwicklung f; des sciences a. Weiterentwicklung f **développer** [devlɔpe] A V̄T a. PHOT entwickeln B V/PR ★ **se ~** sich entwickeln; talent a. sich entfalten; ÉCON sich aufwärtsentwickeln
★**devenir** [dəv(ə)niʀ] V̄I ⟨→ venir; être⟩ werden
déverser A V̄T entleeren; ausschütten B V/PR **se ~** sich ergießen; abfließen
dévêtir V̄T (& V/PR) ⟨→ vêtir⟩ **(se)dévêtir** (sich) aus-, entkleiden
★**déviation** [devjasjɔ̃] F̄ ❶ Umleitung f ❷ fig, a. POL Abweichung f
dévier [devje] A V̄T circulation umleiten B V̄I a. fig abweichen (**de** von)
★**deviner** [d(ə)vine] V̄T énigme raten; intentions, secret erraten; avenir ahnen **devinette** [d(ə)vinɛt] F̄ Rätsel n
devis [d(ə)vi] M̄ Kostenvoranschlag m
dévisager [devizaʒe] V̄T ⟨-ge-⟩ anstarren
devise [d(ə)viz] F̄ ❶ Devise f; Wahlspruch m ❷ FIN **~s** pl Devisen fpl
dévisser V̄T (= défaire) abschrauben; (= ouvrir) aufschrauben
dévoiler A V̄T ❶ statue enthüllen ❷ fig enthüllen; secret a. lüften B V/PR **se ~** fig sich enthüllen; offenbar werden
★**devoir**[1] [d(ə)vwaʀ] ⟨je dois; il doit; nous devons; ils doivent; je devais; je dus; je devrai; que je doive; devant; dû; due⟩ A V/AUX ⟨avec inf⟩ ❶ nécessité müssen; obligation a. sollen; **ne pas ~** nicht dürfen, nicht sollen ❷ probabilité müssen; **cela devait arriver!** das musste ja so kommen!; **tu as dû te tromper** du musst dich getäuscht haben ❸ futur dans le passé sollen B V̄T ❶ argent, a. fig **~ qc à qn** j-m etw schulden, schuldig sein ❷ situation, surnom, vie, etc **~ qc à qn** j-m etw (zu) verdanken (haben) C V/PR **se ~ de faire qc** es sich (dat) schuldig sein, etw zu tun
★**devoir**[2] M̄ ❶ Pflicht f; **faire son ~** s-e Pflicht tun ❷ ÉCOLE Aufgabe f; **~s** pl Hausaufgaben fpl
dévorer [devɔʀe] V̄T ❶ fressen; a. fig livre verschlingen ❷ fig passion, remords **~ qn** j-n verzehren
dévoué [devwe] ADJ ⟨~e⟩ ergeben (**à qn** j-m) **dévouement** [devumɑ̃] M̄ Ergebenheit f; plus fort Hingabe f **dévouer** [devwe] V/PR ❶ **se ~** sich aufopfern ❷ **se ~** fam plais sich opfern (**pour faire qc** und etw tun) ❸ **se ~ à une cause** sich e-r Sache (dat) ganz hingeben
dextérité [dɛksteʀite] F̄ Fingerfertigkeit f
dézipper [dezipe] V̄T INFORM entzippen;

entpacken
diabète [djabɛt] M̄ Zuckerkrankheit f, Diabetes m
★**diable** [djɑbl] **A** M̄ Teufel m; **au ~ ...!** zum Teufel mit ...! **B** ADJ enfant wild
diabolique [djabɔlik] ADJ teuflisch
diabolo [djabɔlo] M̄ **~ menthe** Limonade f mit Pfefferminzsirup
diagnostic [djagnɔstik] M̄ MÉD Diagnose f
diagonale [djagɔnal] F̄ Diagonale f; **en ~** diagonal; schräg
diagramme [djagram] M̄ Diagramm n
dialecte [djalɛkt] M̄ Dialekt m
dialogue [djalɔg] M̄ a. THÉ, FILM, INFORM Dialog m; Zwiegespräch n **dialoguer** [djalɔge] V̄I **~ avec qn** mit j-m e-n Dialog, ein Gespräch führen
diamant [djamɑ̃] M̄ Diamant m
diamètre [djamɛtr] M̄ Durchmesser m
diapason [djapazɔ̃] M̄ fig **être au ~ de qn** auf j-n eingestellt sein
diapo [djapo] fam F̄ ABR Dia n
diarrhée [djare] F̄ MÉD Durchfall m
dico [diko] fam M̄ → dictionnaire
dictateur [diktatœʀ] M̄ Diktator m
★**dictature** [diktatyʀ] F̄ a. fig Diktatur f
★**dictée** [dikte] F̄ a. ÉCOLE Diktat n **dicter** [dikte] V̄T a. fig diktieren
★**dictionnaire** [diksjɔnɛʀ] M̄ Wörterbuch n; encyclopédique Lexikon n; **~ bilingue** zweisprachiges Wörterbuch
dicton [diktɔ̃] M̄ sprichwörtliche Redensart f
didactique [didaktik] ADJ didaktisch
dièse [djɛz] M̄ MUS Kreuz n
diète [djɛt] F̄ (≈ régime) Diät f; Schonkost f
diététique [djetetik] F̄ Diätetik f; Ernährungslehre f; **magasin** m **de ~** Reformhaus n
dieu [djø] M̄ ‹pl ~x› Gott m, Gottheit f
★**Dieu** [djø] M̄ REL Gott m; ★ **mon ~!** mein Gott!; ach Gott!
diffamation [difamasjɔ̃] F̄ Diffamierung f; Verleumdung f **diffamer** [difame] V̄T diffamieren; verleumden
différemment [diferamɑ̃] ADV anders
★**différence** [diferɑ̃s] F̄; a. MATH Differenz f; **à la ~ de** im Unterschied zu **différencier** [diferɑ̃sje] **A** V̄T a. MATH differenzieren **B** V̄PR **se ~**

sich differenzieren
différend [diferɑ̃] M̄ Meinungsverschiedenheit f
★**différent** [diferɑ̃] ADJ ‹-ente [-ɑ̃t]› **1** verschieden (**de** von); unterschiedlich **2** ‹nur pl u. vorangestellt› **~s** verschiedene; mehrere
différer [difere] ‹-è-› **A** V̄T auf-, ver-, hinausschieben **B** V̄I abweichen (**de** von); sich unterscheiden (von)
★**difficile** [difisil] ADJ schwierig; schwer
★**difficulté** [difikylte] F̄ Schwierigkeit f
difforme [difɔʀm] ADJ difform
diffuser [difyze] V̄T **1** OPT (zer)streuen **2** RAD, TV ausstrahlen **3** fig verbreiten
diffuseur [difyzœʀ] M̄ **1** AUTO Lufttrichter m **2** TECH Diffusor m **3** d'une lampe Blendschutz m; Abdeckung f **diffusion** [difyzjɔ̃] F̄ **1** Ausstrahlung f; Übertragung f **2** fig Verbreitung f
digérer [diʒere] V̄T ‹-è-› a. fig, fam verdauen **digestion** [diʒɛstjɔ̃] F̄ Verdauung f
digital [diʒital] ADJ ‹~e; -aux [-o]› **1** Finger... **2** INFORM Digital...
digne [diɲ] ADJ würdig (**de qc** e-r Sache gén); air a. würdevoll; **~ de confiance** vertrauenswürdig; **~ d'intérêt** Interesse verdienend
dignité [diɲite] F̄ Würde f
digue [dig] F̄ Deich m; a. fig Damm m
dilater [dilate] V̄T & V̄PR **1** se **~** PHYS (sich) ausdehnen **2** se **~** MÉD (sich) erweitern
diluer [dilɥe] V̄T verdünnen; (≈ dissoudre) auflösen
★**dimanche** [dimɑ̃ʃ] M̄ Sonntag m
dimension [dimɑ̃sjɔ̃] F̄ **1** Abmessung f; Dimension f; **~s** pl a. Größe f; Ausdehnung f **2** fig Ausmaß n
★**diminuer** [diminɥe] **A** V̄T **1** vermindern; verringern; herabsetzen **2** fig verringern; mérites a. schmälern; forces schwächen **3 ~ qn** (≈ dénigrer) j-n herabsetzen, schlechtmachen **B** V̄I **1** sich vermindern; sich verringern; prix a. heruntergehen; sinken; marchandise billiger werden; production zurückgehen; chaleur, pluies nachlassen; jours abnehmen **2** fig forces, enthousiasme nachlassen
diminutif [diminytif] M̄ d'un nom Koseform f; Verkleinerungswort n
diminution [diminysjɔ̃] F̄ Verminde-

rung f; Verringerung f; Herabsetzung f; Rückgang m; Abnahme f

★**dinde** [dɛ̃d] F̄ ZOOL Truthenne f; Pute f; CUIS a. Truthahn m

★**dîner** [dine] A V̄ı̄ zu Abend essen B M̄ Abendessen n, Abendbrot n; helv Nachtessen n

dingue [dɛ̃g] fam A ADJ 1 wahnsinnig; → **cinglé** 2 fam toll, wahnsinnig B M/F Wahnsinnige(r) m/f(m)

dinosaure [dinɔzɔʀ] M a. fig Dinosaurier m

dip [dip] M GASTR Dip m

diplomate [diplɔmat] A M a. fig Diplomat m B ADJ fig diplomatisch **diplomatie** [diplɔmasi] F a. fig Diplomatie f

diplomatique [diplɔmatik] ADJ a. fig diplomatisch

★**diplôme** [diplom] M Diplom n; Zeugnis n **diplômé** [diplome] ADJ ⟨-e⟩ Diplom...; staatlich geprüft

★**dire** [diʀ] ⟨je dis; il dit; nous disons; vous dites; ils disent; je disais; je dis; je dirai; que je dise; disant; dit⟩ A V̄T 1 sagen; texte sprechen; (≈ réciter) vortragen; ~ **que** ... wenn man bedenkt, dass ...; fam **dis donc!** fam sag (doch) mal!; **he du!**; **c'est tout** ~ das (be)sagt alles; **pour tout** ~ kurz (und gut); **cela va sans** ~ das versteht sich (von selbst); das ist selbstverständlich; **est-ce à** ~ **que ...?** heißt, bedeutet das, dass ...?; **on dit que** ... man sagt, es heißt, es wird behauptet, dass ...; **on dirait man möchte meinen**; **on dirait un gangster** man könnte ihn für e-n Gangster halten 2 visage, nom, etc ~ **qc à qn** j-m etw sagen; j-m bekannt vorkommen 3 (≈ faire envie) ~ **à qn** j-m zusagen, gefallen; **cela te dit?** hast du dazu Lust?; würde dir das gefallen? 4 chose ★ **vouloir** ~ bedeuten, heißen; **qu'est-ce que ça veut** ~? surpris, indigné was soll das heißen? B V/PR 1 **se** ~ (zu) sich sagen; **dis-toi bien que ...** denk daran, dass ... 2 **comment ça se dit en français?** wie heißt das, wie sagt man dazu auf Französisch?

direct [diʀɛkt] A ADJ ⟨-e⟩ direkt; chemin a. gerade; contact, cause a. unmittelbar; **train** ~ B M ★ **émission f en** ~ Live-Sendung f

★**directement** [diʀɛktəmɑ̃] ADV direkt

★**directeur** [diʀɛktœʀ] A M Direktor m; Leiter m B ADJ ⟨-trice [-tʀis]⟩ 1 leitend 2 fig idée Leit...

★**direction**[1] [diʀɛksjɔ̃] F 1 action Führung f, Leitung f 2 Geschäfts-, Betriebsleitung f 3 TECH Lenkung f, Steuerung f; ~ **assistée** Servolenkung f

★**direction**[2] [diʀɛksjɔ̃] F (≈ sens) Richtung f; panneau **toutes** ~**s** Fernverkehr m

directive [diʀɛktiv] F Direktive f, Richtlinie f; ~ **de l'UE** EU-Richtlinie f

★**directrice** [diʀɛktʀis] F Direktorin f; Leiterin f

dirigeable [diʀiʒabl] M Luftschiff n; Zeppelin m

dirigeant [diʀiʒɑ̃] SUBST ⟨-ante [-ɑ̃t]⟩ ~(**e**) m(f) Führer(in) m(f); ~**s** pl de l'industrie Führungskräfte fpl; d'un parti Führung f; Führungsspitze f

★**diriger** [diʀiʒe] ⟨-ge-⟩ A V̄T 1 (≈ mener) leiten; orchestre a. dirigieren; journal herausgeben; pays lenken; regieren 2 (≈ guider) dirigieren, schicken (**sur**, **vers** nach) 3 (≈ orienter) richten (**vers**, **sur** auf + acc), (**contre** gegen) B V̄/PR **se** ~ **vers qc** auf etw (acc) zugehen, zusteuern

dirigisme [diʀiʒism] M Dirigismus m

discerner [disɛʀne] V̄T a. fig vérité erkennen; unterscheiden

discipline [disiplin] F 1 (≈ obéissance) Disziplin f 2 (≈ matière) Lehr-, Unterrichtsfach n 3 SPORTS Disziplin f; Sportart f **discipliné** [disipline] ADJ ⟨-e⟩ diszipliniert

disc-jockey [diskʒɔkɛ] M ⟨-s⟩ Discjockey m

discontinu [diskɔ̃tiny] ADJ ⟨-e⟩ 1 ligne unterbrochen, gestrichelt 2 fig diskontinuierlich

discorde [diskɔʀd] F Zwietracht f

discothèque [diskɔtɛk] F 1 Disko(thek) f 2 Schallplattensammlung f

★**discours** [diskuʀ] M Rede f; **faire**, **prononcer un** ~ e-e Rede halten

discréditer [diskʀedite] A V̄T in Misskredit, Verruf bringen; diskreditieren B V/PR **se** ~ in Verruf geraten

discret [diskʀɛ] ADJ ⟨-ète [-ɛt]⟩ 1 taktvoll, diskret; unaufdringlich; couleur, vêtement a. dezent 2 diskret; verschwiegen **discrétion** [diskʀesjɔ̃] F 1 Takt m; Diskretion f; Unaufdringlichkeit f 2 Verschwiegenheit f 3 **à** ~ nach Belieben

discrimination [diskʀiminasjɔ̃] F 1 Unterscheidung f ☑ *sociale* Diskriminierung f

disculper [diskylpe] Ⓐ <u>VT</u> ~ **qn** j-n entlasten Ⓑ <u>VPR</u> **se** ~ s-e Unschuld beweisen; sich (von Schuld) reinwaschen

★ **discussion** [diskysjɔ̃] <u>F</u> Diskussion f, Aussprache f (*de* über + *acc*); Erörterung f, Besprechung f (+ *gén*)

discutable [diskytabl] <u>ADJ</u> anfechtbar, fragwürdig

★ **discuter** [diskyte] <u>VT</u> diskutieren; besprechen Ⓑ <u>VII</u> diskutieren, sprechen, reden, debattieren (*de, sur* über + *acc*), (*avec qn* mit j-m)

disjoncter [disʒɔ̃kte] *fam* <u>VI</u> spinnen; *fam* ausrasten

disloquer [dislɔke] Ⓐ <u>VT</u> ☐ *membre* aus-, verrenken ☑ *fig cortège* auflösen; *empire* zerschlagen Ⓑ <u>VPR</u> **se** ~ ☐ *a. fig empire* auseinanderbrechen, -fallen ☑ *cortège* sich auflösen

★ **disparaître** [dispaʀɛtʀ] <u>VI</u> ⟨→ *connaître*⟩ ☐ verschwinden; *espèce* aussterben ☑ (≈ *mourir*) dahingehen; sterben ★ **disparition** [dispaʀisjɔ̃] <u>F</u> ☐ Verschwinden n; *d'une espèce* Aussterben n ☑ (≈ *mort*) Hinscheiden n **disparu** [dispaʀy] <u>PP & ADJ</u> ⟨~e⟩ verschwunden; *personne* vermisst

dispense [dispɑ̃s] <u>F</u> Befreiung f (*de* von), Ausnahmebewilligung f

dispenser [dispɑ̃se] <u>VT</u> ~ **qn de qc** j-n von etw befreien, dispensieren; j-m etw erlassen

disperser [dispɛʀse] Ⓐ <u>VT</u> ☐ zerstreuen ☑ *fig attention, forces* verzetteln Ⓑ <u>VPR</u> **se** ~ ☐ *foule* sich zerstreuen ☑ *personne* sich verzetteln

disponible [dispɔnibl] <u>ADJ</u> verfügbar; *place a.* frei; *marchandise a.* greifbar; vorrätig

disposé [dispoze] <u>ADJ</u> ⟨~e⟩ **bien, mal** ~ gut, schlecht aufgelegt; **être** ~ **à faire qc** bereit *ou* gewillt sein, etw zu tun

disposer [dispoze] Ⓐ <u>VT</u> anordnen; arrangieren Ⓑ <u>VT INDIR</u> ~ **de qc, qn** über etw, j-n verfügen Ⓒ <u>VPR</u> **se** ~ **à faire qc** sich anschicken, etw zu tun

dispositif [dispozitif] <u>M</u> TECH Vorrichtung f; Anlage f

disposition [dispozisjɔ̃] <u>F</u> ☐ *d'objets* Anordnung f ☑ Verfügung f; **avoir qc à sa** ~ etw zu s-r Verfügung haben; **être à la** ~ **de qn** j-m zur Verfügung stehen ☒ JUR Bestimmung f ☐ *prendre des* ~**s** Vorbereitungen treffen ☐ ~**s** *pl* (= *dons*) Anlagen *fpl*, Begabung f (*pour* für)

dispute [dispyt] <u>F</u> Streit m; Auseinandersetzung f

disputer [dispyte] Ⓐ <u>VT</u> ☐ ~ **qc à qn** j-m etw streitig machen ☑ *match* austragen; ~ **un titre** um e-n Titel kämpfen Ⓑ <u>VPR</u> ★ **se** ~ (sich, miteinander) streiten; sich zanken; **se** ~ **avec qn** (sich) mit j-m streiten

disqualifier [diskalifje] Ⓐ <u>VT</u> SPORTS disqualifizieren Ⓑ <u>VPR</u> **se** ~ *fig* sich disqualifizieren

★ **disque** [disk] <u>M</u> ☐ Schallplatte f; *a.* INFORM Platte f; ~ **compact** CD f; ★ ~ **dur** Festplatte f ☑ *a.* TECH Scheibe f ☒ SPORTS Diskus m

★ **disquette** [diskɛt] <u>F</u> Diskette f

disséminer [disemine] Ⓐ <u>VT</u> ☐ ausstreuen; verbreiten ☑ *personnes* zerstreuen Ⓑ <u>VPR</u> **se** ~ sich aus-, verbreiten

dissertation [disɛʀtasjɔ̃] <u>F</u> (Besinnungs)Aufsatz m

dissimulation [disimylasjɔ̃] <u>F</u> ☐ Verstellung(skunst) f; Heuchelei f ☑ *de qc* Verheimlichung f

dissimuler [disimyle] Ⓐ <u>VT</u> verheimlichen; verhehlen; verbergen Ⓑ <u>VPR</u> **se** ~ sich verbergen

dissipé [disipe] <u>ADJ</u> ⟨~e⟩ *élèves* unaufmerksam, unkonzentriert

dissiper [disipe] Ⓐ <u>VT</u> ☐ *nuages* vertreiben ☑ *fig soucis, doutes* zerstreuen ☒ *fortune* verschwenden; vergeuden Ⓑ <u>VPR</u> **se** ~ ☐ *brume* sich auflösen ☑ *fig soucis* verfliegen ☒ *élèves* unaufmerksam werden

dissocier [disɔsje] <u>VT</u> voneinander trennen

dissolution [disɔlysjɔ̃] <u>F</u> ☐ *a.* JUR, *a. fig* Auflösung f ☑ *liquide* Lösung f

dissolvant [disɔlvɑ̃] <u>M</u> ☐ CHIM Lösungsmittel n ☑ Nagellackentferner m

dissoudre [disudʀ] <u>VT</u> (& <u>VPR</u>) ⟨→ *absoudre*⟩ (se) ~ *a.* JUR, *a. fig* (sich) auflösen

dissous [disu] <u>PP</u> ⟨**dissoute** [disut]⟩ → dissoudre

dissuader [disɥade] <u>VT</u> ~ **qn de faire qc** j-n davon abbringen, etw zu tun **dissuasion** [disɥazjɔ̃] <u>F</u> Abschreckung f

★**distance** [distɑ̃s] F 1 Entfernung f; a. fig Abstand m; a. SPORTS, a. fig Distanz f; **à ~** aus der Ferne; Fern...; **tenir qn à ~** a. fig j-n auf Distanz halten 2 *dans le temps* **à ~** aus der Distanz **distancer** [distɑ̃se] VT ⟨-ç-⟩ distanzieren; hinter sich (*dat*) lassen

distant [distɑ̃] ADJ ⟨-ante [-ɑ̃t]⟩ 1 entfernt (**de 2 km** 2 km) 2 *fig* distanziert

distiller [distile] VT destillieren

distinct [distɛ̃] ADJ ⟨-incte [-ɛ̃kt]⟩ 1 (≈ *clair*) deutlich 2 (≈ *différent*) unterschiedlich **distinctif** [distɛ̃ktif] ADJ ⟨-ive [-iv]⟩ Unterscheidungs...; **signe ~** Kennzeichen n **distinction** [distɛ̃ksjɔ̃] F 1 *action* Unterscheidung f; (≈ *différence*) Unterschied m 2 (≈ *honneur*) Auszeichnung f 3 (≈ *élégance*) Vornehmheit f

distingué [distɛ̃ge] ADJ ⟨~e⟩ vornehm ★**distinguer** [distɛ̃ge] A VT 1 (≈ *percevoir*) unterscheiden; erkennen B VPR **se ~** 1 (≈ *être différent*) sich unterscheiden (**de** von) 2 (≈ *s'illustrer*) sich auszeichnen (**par** durch)

★**distraction** [distraksjɔ̃] F 1 (≈ *inattention*) Zerstreutheit f 2 (≈ *diversion*) Zerstreuung f; Ablenkung f, Abwechslung f ★**distraire** [distrɛr] ⟨→ *traire*⟩ A VT 1 **~ qn** j-n ablenken (**de son travail** von s-r Arbeit) 2 *public* unterhalten B VPR **se ~** sich ablenken; sich zerstreuen

distrait [distrɛ] ADJ ⟨-aite [-ɛt]⟩ zerstreut; geistesabwesend

distrayant [distrɛjɑ̃] ADJ ⟨-ante [-ɑ̃t]⟩ unterhaltsam

★**distribuer** [distribye] VT 1 (≈ *répartir*) ver-, austeilen, ausgeben (**à qn** an j-n) 2 *courrier* zustellen; austragen 3 *gaz, eau* verteilen; weiterleiten 4 *rôles* verteilen 5 COMM vertreiben **distributeur** [distribytœr] M 1 **~ (automatique)** Automat m 2 AUTO (Zünd)Verteiler m **distribution** [distribysjɔ̃] F 1 Ver-, Austeilung f; Ausgabe f 2 *du courrier* Zustellung f 3 **~ de l'électricité, du gaz** Strom-, Gasversorgung f 4 COMM Vertrieb m

district [distrikt] M (Verwaltungs)Bezirk m

dit [di] PP & ADJ ⟨**dite** [dit] → *dire*⟩ 1 (≈ *surnommé*) genannt 2 **autrement dit** anders gesagt, ausgedrückt; **cela, ceci dit** abgesehen davon; trotzdem; **soit dit en passant** beiläufig, nebenbei gesagt

divaguer [divage] VI irrereden; ungereimtes Zeug reden

divan [divɑ̃] M Liege(sofa) f(n)

diverger [divɛrʒe] VI ⟨-ge-⟩ 1 *lignes, rues* auseinanderlaufen 2 *fig* divergieren; voneinander abweichen; auseinandergehen

divers [divɛr] ADJ ⟨-erse [ɛrs]⟩ 1 (≈ *varié*) verschieden(artig); ★ **faits ~** a. Vermischte(s) n 2 (≈ *plusieurs*) verschiedene **diversification** [divɛrsifikasjɔ̃] F ÉCON Diversifikation f

diversion [divɛrsjɔ̃] F Ablenkung f

diversité [divɛrsite] F Verschiedenheit f; Verschiedenartigkeit f; Vielfalt f

divertir [divɛrtir] A VT unterhalten B VPR **se ~** sich unterhalten, vergnügen **divertissant** [divɛrtisɑ̃] ADJ ⟨-ante [-ɑ̃t]⟩ unterhaltsam **divertissement** [divɛrtismɑ̃] M Unterhaltung f; Vergnügen n

divin [divɛ̃] ADJ ⟨-ine [-in]⟩ göttlich; Gottes...

diviser [divize] A VT 1 (ein)teilen (**en** **n** + *acc*); gliedern (**in** + *acc*) 2 MATH dividieren; teilen (**in** + *acc*) **divisé** uneinig; gespalten B VPR **se ~** sich teilen (**en** in + *acc*)

division [divizjɔ̃] F 1 (Ein)Teilung f; Gliederung f 2 MATH Dividieren n; Teilen n 3 *d'un thermomètre* Einteilung f 4 MIL, SPORTS Division f 5 *fig* Uneinigkeit f

★**divorce** [divɔrs] M (Ehe)Scheidung f **divorcé** [divɔrse] ADJ ⟨~e⟩ geschieden ★ **divorcer** [divɔrse] VI ⟨-ç-⟩ sich scheiden lassen (**d'avec qn** von j-m)

divulguer [divylge] VT verbreiten

★**dix** [dis, *vor Konsonant* di, , *vor Vokal* diz] A NUM zehn B M Zehn f

★**dix-huit** [dizɥit] NUM achtzehn

dixième [dizjɛm] A NUM zehnte B M/F **le, la ~** der, die, das Zehnte C M MATH Zehntel n

★**dix-neuf** [diznœf] NUM neunzehn

★**dix-sept** [di(s)sɛt] NUM siebzehn

★**dizaine** [dizɛn] F **une ~ (de)** etwa, ungefähr zehn; **des ~s de ...** Dutzende von ...

do [do] M ⟨*inv*⟩ MUS C *ou* C n

docile [dɔsil] ADJ folgsam; gefügig

★**docteur** [dɔktœr] M 1 (≈ *médecin*) Doktor *m*; Arzt *m* ou Ärztin *f* **2** **~ en droit, ès lettres** Doktor der Rechte, der Philosophie

★**document** [dɔkymɑ̃] M̅ Dokument *n*; Schriftstück *n*

documentaire [dɔkymɑ̃tɛʀ] **A** ADJ dokumentarisch **B** M̅ Dokumentar-, Kulturfilm *m*

documentation [dɔkymɑ̃tasjɔ̃] F̅ Dokumentation *f*; Informationsmaterial *n*

documenter [dɔkymɑ̃te] V̅P̅R̅ **se ~** sich (*dat*) Unterlagen beschaffen; sich informieren

dodo [dodo] *enf* M̅ **faire ~** schlafen; *enf* heia machen

dodu [dody] ADJ ⟨-e⟩ *bébé, bras* rundlich; *fam* pummelig

★**doigt** [dwa] M̅ Finger *m*; **★ ~ de pied** Zehe *f*; Zeh *m*

dois, doit [dwa] → devoir¹

doléances [dɔleɑ̃s] FPL Beschwerden *fpl*; Klagen *fpl*

Dolomites [dɔlɔmit] FPL **les ~** die Dolomiten *pl*

DOM [dɔm] MPL ABR (= départements d'outre-mer) überseeische Departements *pl*

★**domaine** [dɔmɛn] M̅ **1** (Land)Gut *n* **2** *fig* Bereich *m*; Gebiet *n* **3** INFORM Domain *f*

dôme [dom] M̅ Kuppel *f*

domestique [dɔmɛstik] **A** ADJ Haus...; häuslich; **★ animal** *m* **~** Haustier *n* **B** MF Dienstbote *m* **domestiquer** [dɔmɛstike] V̅T̅ *animal* zähmen

★**domicile** [dɔmisil] M̅ Wohnsitz *m* **domicilié** [dɔmisilje] ADJ ⟨-e⟩ **~ à** wohnhaft, mit Wohnsitz in

dominant [dɔminɑ̃] ADJ ⟨-ante [-ɑ̃t]⟩ **1** vor-, beherrschend; dominierend **2** BIOL dominant **domination** [dɔminasjɔ̃] F̅ Herrschaft *f* (**sur** über + *acc*)

dominer [dɔmine] **A** V̅T̅ *a. fig* beherrschen **B** V̅I̅ vorherrschen

dominical [dɔminikal] ADJ ⟨-e; -aux [-o]⟩ Sonntags..., sonntäglich

dommage [dɔmaʒ] M̅ **1** Schaden *m*; **~s et intérêts** Schaden(s)ersatz *m* **2** **★ (c'est) ~** (das ist) schade

dommages-intérêts [dɔmaʒɛ̃teʀɛ] MPL Schaden(s)ersatz *m*

dompter [dõ(p)te] V̅T̅ *animaux* bändigen

don [dɔ̃] M̅ **1** *a.* JUR Schenkung *f*; *par* charité Spende *f* **2** (≈ *talent*), *a. iron* Gabe *f*; Begabung *f* (**pour** für)

donateur [dɔnatœʀ] M̅, **donatrice** [dɔnatʀis] F̅ Spender(in) *m(f)*

★**donc** [dɔ̃k] CONJ **1** *conséquence* also; folglich; demnach; demzufolge **2** *dans des interrogatoires* denn **3** *avec impératif* doch

donné [dɔne] ADJ ⟨-e⟩ **1** (≈ *déterminé*) bestimmt **2 c'est ~** das ist geschenkt, spottbillig **3 étant ~ que** da (ja); in Anbetracht der Tatsache, dass

donnée [dɔne] F̅ **1 ★ ~s** *pl* INFORM, STATISTIQUE Daten *npl*; *faits* Gegebenheiten *pl* **2** MATH gegebene, bekannte Größe

★**donner** [dɔne] **A** V̅T̅ **1** geben; *de l'appétit, de l'espoir* machen; *son nom* angeben; *manteau au vestiaire* abgeben; **~ qc à qn** j-m etw geben; *arbre* **~** (**des fruits**) Früchte tragen; **~ qc à réparer** etw zur Reparatur bringen **2** **~ trente ans à qn** j-n auf dreißig Jahre schätzen **B** V̅I̅ *fenêtre, pièce* **★ ~ sur la cour, rue** auf den Hof, die Straße gehen; auf der Hofseite, Straßenseite liegen **C** V̅P̅R̅ **se ~ à qc** sich e-r Sache (*dat*) hingeben, widmen; *femme* **se ~ à qn** sich j-m hingeben

donneur [dɔnœʀ] M̅, **donneuse** [dɔnøz] F̅ MÉD Spender(in) *m(f)*; **~ de sang** Blutspender *m*

★**dont** [dɔ̃] PR REL **1** *complément d'un subst* dessen, deren **2** *complément d'un verbe* von dem, von der, von denen, wovon **3** *six enfants* **~ cinq filles** davon *ou* darunter fünf Mädchen

dopage [dɔpaʒ] M̅ Dopen *n*; Doping *n*

dopant [dɔpɑ̃] M̅ Aufputschmittel *n*

doper [dɔpe] V̅T̅ (G V̅P̅R̅) (**se**) **doper** (sich) dopen

doré [dɔʀe] ADJ ⟨-e⟩ **1** vergoldet, Gold... **2** *couleur* goldfarben; golden; *a.* CUIS goldbraun

dorénavant [dɔʀenavɑ̃] ADV von nun an

dorer [dɔʀe] **A** V̅T̅ vergolden **B** V̅P̅R̅ **se ~ au soleil** sich von der Sonne bräunen lassen

d'ores et déjà [dɔʀzedeʒa] ADV schon jetzt

dorloter [dɔʀlɔte] V̅T̅ verhätscheln

dormeur [dɔʀmœʀ] M̅, **dormeuse** [dɔʀmøz] F̅ Schlafende(r) *m/f(m)*; Schläfer(in) *m(f)*

★**dormir** [dɔʀmiʀ] *VI* ⟨je dors; il dort; nous dormons; je dormais; je dormis; je ~ai; que je dorme; dormant; dormi⟩ *a. fig* schlafen

dortoir [dɔʀtwaʀ] *M* Schlafsaal *m*

★**dos** [do] *M* **1** Rücken *m* **2** *d'une feuille* Rückseite *f; d'une chaise* Rückenlehne *f*

dosage [dozaʒ] *M* Dosierung *f* **dose** [doz] *F* Dosis *f; par ext* Menge *f* **doser** [doze] *VT a. fig* dosieren

dossard [dosaʀ] *M* SPORTS Start-, Rückennummer *f*

★**dossier**[1] [dosje] *M* (≈ *documents*) Akten *fpl*, Unterlagen *fpl*

dossier[2] [dosje] *M d'un siège* Rückenlehne *f*

doter [dɔte] *VT* (≈ *équiper*) ausstatten (**de** mit)

★**douane** [dwan] *F* Zoll *m* **douanier** [dwanje] **A** *M* Zollbeamte(r) *m* **B** *ADJ* ⟨-ière [-jɛʀ]⟩ Zoll...

doublage [dublaʒ] *M* FILM Synchronisierung *f*

★**double** [dubl] **A** *ADJ* doppelt **B** *ADV* doppelt **C** *M* **1 le ~ das** Doppelte *n*, doppelt, zweimal so viel **2** *d'un document* Doppel *n*, Zweitausfertigung *f*

double-clic [dubl~] *M* ⟨~s⟩ INFORM Doppelklick *m* **double-cliquer** *VI* INFORM doppelklicken (**sur** auf + *acc*)

doubler [duble] **A** *VT* **1** verdoppeln **2** *vêtement* (ab)füttern **3** *acteur* doubeln **4** *film* synchronisieren **5** (≈ *dépasser*) überholen **B** *VI* sich verdoppeln

doublure [dublyʀ] *F* COUT Futter *n*

douce → doux

★**doucement** [dusmɑ̃] *ADV* **1** sanft; sachte; *poser* behutsam; *parler, marcher* leise **2** (≈ *lentement*) langsam

douceur [dusœʀ] *F* **1** Süße *f;* **~s** *pl* Leckereien *fpl,* Schleckereien *fpl* **2** *de la musique* Sanftheit *f; du climat* Milde *f; de la peau* Zartheit *f,* Weichheit *f* **3** *fig* Annehmlichkeit *f* **4 ~ (de caractère)** Sanftmut *f,* Sanftheit *f;* Milde *f* **5** *atterrir, démarrer* **en ~** weich; sanft; *séparation, réformes, etc* **se faire en ~** sich allmählich, behutsam vollziehen

★**douche** [duʃ] *F* Dusche *f;* **prendre une ~** (sich) duschen **doucher** [duʃe] **A** *VT* (ab)duschen **B** *VPR* **se ~** (sich) duschen

doudoune [dudun] *F fam* Daunenjacke *f*

★**doué** [dwe] *ADJ* ⟨~e⟩ **1** begabt (**pour qc** für etw); **~ pour les langues** sprachbegabt **2 ~ de** ausgestattet mit

douille [duj] *F* **1** *d'une ampoule* Fassung *f* **2** (Patronen)Hülse *f*

douillet [dujɛ] *ADJ* ⟨-ette [-ɛt]⟩ **1** mollig (weich); *fam* kuschelig **2** (≈ *confortable*) behaglich; gemütlich **3** *personne* überempfindlich; zimperlich

★**douleur** [dulœʀ] *F* **1** Schmerz *m* **2** *morale* Schmerz *m,* Leid *n* **douloureux** [dulurø] *ADJ* ⟨-euse [-øz]⟩ **1** schmerzhaft; *partie du corps* schmerzend **2** *fig perte, souvenir* schmerzlich

★**doute** [dut] *M* Zweifel *m;* ★ **sans ~** sicher(lich); wohl; **sans aucun ~** zweifellos; ohne (jeden) Zweifel

★**douter** [dute] *VI et VT INDIR* **~ de qc** an etw (*dat*) zweifeln; etw be-, anzweifeln; **~ de qn** an j-m zweifeln; j-m misstrauen; **~ que ...** (+ *subj*) bezweifeln, dass ... **B** *VPR* **se ~ de qc** etw ahnen, vermuten; sich (*dat*) etw denken können

douteux [dutø] *ADJ* ⟨-euse [-øz]⟩ **1** zweifelhaft **2** fragwürdig

★**doux** [du] **A** *ADJ* ⟨douce [dus]⟩ **1** *fruit, vin* süß; **eau douce** Süßwasser *n* **2** *musique, pente, a. par ext énergie* sanft; *lumière, climat, savon* mild; zart **3** *personne, regard* sanft(mütig) **B** *ADV* **en douce** heimlich; unauffällig

★**douzaine** [duzɛn] *F* Dutzend *n*

★**douze** [duz] **A** *NUM* zwölf **B** *M* ⟨*inv*⟩ Zwölf *f*

★**douzième** [duzjɛm] **A** *NUM* zwölfte **B** *M/F* **le, la ~** der, die, das Zwölfte **C** *M* MATH Zwölftel *n*

doyen [dwajɛ̃] *M,* **doyenne** [dwajɛn] *F* ⟨*m*⟩ Dekan *m*

Dr *ABR* = *docteur*) Dr. (Doktor)

dragée [dʀaʒe] *F* **1** (Zucker)Dragee *n;* Wiener Mandel *f* **2** Dragée *n;* (Arznei-) Pille *f*

dragon [dʀagɔ̃] *M* MYTH Drache(n) *m*

draguer [dʀage] *VT* **1** ausbaggern **2** *fam* anmachen; *fam* aufreißen; *fam* anbaggern

dramatique [dʀamatik] *ADJ a. fig* dramatisch **dramatiser** [dʀamatize] *fig VT* dramatisieren

drame [dʀam] *M a. fig* Drama *n*

★**drap** [dʀa] *M* **~ (de lit)** Betttuch *n;* (Bett-) Laken *n*

★**drapeau** [drapo] M ⟨~x⟩ Fahne f
draper [drape] A VT drapieren B V/PR **se** ~ sich (ein)hüllen (**dans** in + acc)
drap-housse [draus] M ⟨draps-housses⟩ Spannbetttuch n
dresser [drese] A VT 1 échelle, mât aufstellen; monument errichten; tente aufschlagen; tête aufrichten 2 plan, bilan, liste aufstellen; liste a. anlegen; anfertigen; procès-verbal, inventaire aufnehmen; contrat aufsetzen; facture ausfertigen 3 fig obstacle **se ~ sur la route de qn** sich j-m entgegenstellen, in den Weg stellen; sich vor j-m aufbauen 4 **~ qn contre qn** j-n gegen j-n aufbringen, aufhetzen 5 animaux dressieren B V/PR 1 **se** ~ sich aufrichten 2 se ~ montagne, tour emporragen; sich erheben 3 fig **se ~ contre** sich auflehnen gegen
★**drogue** [drɔg] F Droge(n) f(pl); Rauschgift n **drogué(e)** [drɔge] M(F) Rauschgiftsüchtige(r) m/f(m) **droguer** [drɔge] A VT unter Drogen setzen; **~ qn** j-m Drogen, Rauschgift geben B V/PR **se** ~ 1 Drogen, Rauschgift nehmen 2 (zu) viele Arzneien nehmen
droguerie [drɔgri] F Drogerie f
★**droit**¹ [drwa] M 1 ⟨ohne pl⟩ Recht n; **le ~ fondamental** das Grundrecht; **s'adresser à qui de ~** sich an die zuständige Stelle, Person wenden 2 Recht n; Berechtigung f; ★**~s de l'homme** Menschenrechte npl; **avoir le ~, être en ~ de** (+ inf) das Recht haben, berechtigt sein zu (+ inf) 3 (≈ taxe) Gebühr f, Abgabe f; **les ~s à l'exportation** der Ausfuhrzoll; **les ~s d'importation** der Einfuhrzoll
★**droit**² [drwa] A ADJ ⟨~e [drwat]⟩ 1 (≈ à droite) rechte 2 (≈ rectiligne) gerade; **angle ~** rechter Winkel; **en ligne ~e** in gerader Linie; in Luftlinie 3 fig personne aufrecht; rechtschaffen, redlich B ADV gerade; **tout ~, ou ~ devant soi** geradeaus
★**droite** [drwat] F 1 Rechte f, rechte Seite; **à ~** nach rechts 2 POL **la ~** die Rechte 3 MATH Gerade f
droitier [drwatje] M, **droitière** [drwatjɛr] F Rechtshänder(in) m(f)
★**drôle** [drol] ADJ 1 (≈ amusant) lustig, spaßig 2 (≈ bizarre) a. **~ de** komisch; seltsam; sonderbar; merkwürdig; **une ~ d'idée** e-e komische Idee 3 fam **~ de** (≈ énorme) ungeheuer; enorm; fam unheimlich **drôlement** [drolmɑ̃] ADV 1 komisch; seltsam 2 fam (≈ très) enorm; fam unheimlich
dromadaire [drɔmadɛr] M Dromedar n
dru [dry] ADJ ⟨drue⟩ dicht
★**du** [dy] = de + le
dû [dy] PP & ADJ ⟨due → devoir¹⟩ 1 **somme** geschuldet 2 **en bonne et due forme** formgerecht; vorschriftsmäßig 3 **être dû à qc** auf etw (acc) zurückzuführen sein 4 honneurs **être dû à qn** j-m gebühren, zukommen
duc [dyk] M Herzog m
duel [dyɛl] M Duell n
dune [dyn] F Düne f
dupe [dyp] F **être la ~ de qn** von j-m betrogen, geprellt, übers Ohr gehauen werden B ADJ **être ~ de qc** auf etw (acc) hereinfallen **duper** [dype] VT betrügen
duplex [dyplɛks] M 1 Maiso(n)-nettewohnung f 2 RAD, TV Konferenzschaltung f
duplicata [dyplikata] M ⟨inv⟩ Zweitschrift f
duquel [dykɛl] → lequel
★**dur** [dyr] A ADJ 1 (≈ ferme) hart; viande zäh; œuf hart (gekocht) 2 combats hart 3 (≈ difficile) schwer; schwierig 4 (≈ sévère) hart; streng B ADV frapper fest; kräftig; travailler hart
durable [dyrabl] ADJ dauerhaft; nachhaltig; **développement m ~** nachhaltige Entwicklung
durant [dyrɑ̃] PRÉP während + gén fam a. + dat; **~ l'été** a. den Sommer über
durcir [dyrsir] A VT 1 hart machen 2 fig verhärten B V/I hart werden; erhärten C V/PR **se** ~ 1 hart werden 2 fig sich verhärten **durcissement** [dyrsismɑ̃] M 1 Hartwerden n 2 fig Verhärtung f
durée [dyre] F Dauer f
★**durer** [dyre] V/I 1 dauern; an-, fortdauern; beau temps anhalten; mode, œuvre sich halten; **faire ~ qc** etw hinausziehen, in die Länge ziehen 2 objet, matériau halten
dureté [dyrte] F a. fig Härte f
durillon [dyrijɔ̃] M Schwiele f
DUT [deyte] M ABR ⟨inv⟩ (≈ diplôme universitaire de technologie) Abschlussdi-

plom n e-r Fachhochschule
duvet [dyvɛ] M **1** plumes Daunen fpl **2** sac de couchage (Daunen)Schlafsack m **3** (= poils doux) Flaum m
DVD [devede] M ABR (= digital versatile disc) DVD f
dynamique [dinamik] A ADJ dynamisch B F PHYS, a. fig Dynamik f **dynamisme** [dinamism] M Dynamik f
dynamite [dinamit] F Dynamit n
dynamo [dinamo] F ÉLEC Dynamo m; AUTO Lichtmaschine f

E

E, e [ə] M ⟨inv⟩ E, e n
★**eau** [o] F ⟨eaux⟩ Wasser n; **eau de mer** Meerwasser n; **eau de toilette** Eau de Toilette n
eau-de-vie [odvi] F ⟨eaux-de-vie⟩ Schnaps m
ébahi [ebai] ADJ ⟨~e⟩ verblüfft
ébauche [eboʃ] F (erster) Entwurf; Skizze f
éblouir [ebluiʀ] VT **1** (= aveugler) blenden **2** fig beeindrucken; plus fort hinreißen **éblouissant** [ebluisɑ̃] ADJ ⟨-ante [-ɑ̃t]⟩ a. fig blendend; teint strahlend; brillant glänzend **éblouissement** [ebluismɑ̃] M Blendung f
e-book [ibuk] M ⟨~s⟩ INFORM E-Book n
éboueur [ebwœʀ] M Arbeiter m bei der Müllabfuhr
ébouillanter [ebujɑ̃te] A VT abbrühen B V/PR **s'~** sich verbrühen
éboulement [ebulmɑ̃] M Erdrutsch m; d'une falaise Einsturz m
ébouriffé [eburife] ADJ ⟨~e⟩ zerzaust
ébranler [ebʀɑ̃le] A VT **1** vitres, sol erschüttern; erzittern lassen **2** fig confiance, pouvoir erschüttern; ins Wanken bringen B V/PR **s'~** sich in Bewegung setzen
ébréché [ebʀeʃe] ADJ ⟨~e⟩ tasse angeschlagen; dent ab-, ausgebrochen
ébriété [ebʀijete] F Trunkenheit f
ébruiter [ebʀɥite] A VT verbreiten; ausplaudern B V/PR **s'~** sich herumsprechen; bekannt werden
ébullition [ebylisjõ] F (Auf)Kochen n; Sieden n
écaille [ekaj] F **1** ZOOL, BOT Schuppe f **2** de peinture Plättchen n **3** de tortues Schildpatt n
écarlate [ekaʀlat] ADJ scharlachrot; visage hochrot
écarquiller [ekaʀkije] VT **~ les yeux** die Augen aufreißen, aufsperren
écart [ekaʀ] M **1** (= distance) Abstand m; (= différence) Unterschied m; Abweichung f; Spanne f **2** fig (= irrégularité) Abweichung f **3** **à l'~** beiseite; abseits (**de** gén)
écarté [ekaʀte] ADJ ⟨~e⟩ **1** yeux auseinanderstehend **2** bras ausgebreitet **3** lieu abgelegen
écartement [ekaʀtəmɑ̃] M Abstand m; Entfernung f
écarter [ekaʀte] A VT **1** bras ausbreiten; doigts, jambes spreizen; SPORTS jambes grätschen **2** (= éloigner) wegrücken, -schieben; zur Seite rücken, schieben **3** fig idée verwerfen; fallen lassen; problème ausklammern; danger abwenden **4** qn du bon chemin entfernen (**de** von); a. fig abbringen (**de** von) B V/PR **s'~** a. fig sich entfernen (**de** von); zur Seite rücken; foule sich teilen; zurückweichen; **s'~ du sujet** vom Thema abkommen, abschweifen
ecclésiastique [eklezjastik] ADJ kirchlich
échancrure [eʃɑ̃kʀyʀ] F Ausschnitt m
★**échange** [eʃɑ̃ʒ] M **1** Austausch m; Tausch m **2** COMM Umtausch m **3** **en ~** als Gegenleistung; als Ersatz; dafür; **en ~ de** (als Ersatz) für
★**échanger** [eʃɑ̃ʒe] VT ⟨-ge-⟩ **1** tauschen (qc contre qc etw gegen etw); idées, prisonniers austauschen; regards, lettres wechseln **2** marchandises umtauschen
échangeur [eʃɑ̃ʒœʀ] M kreuzungsfreier Verkehrsknoten; Verkehrskreuz n; d'autoroutes Autobahnkreuz n
échantillon [eʃɑ̃tijõ] M **1** COMM (Waren)Probe f; (Waren)Muster n; Probestück n **2** fig Kostprobe f **3** STATISTIQUE Stichprobe f
échappatoire [eʃapatwaʀ] F Ausflucht f; Ausrede f; par ext Ausweg m
échappement [eʃapmɑ̃] M Auspuff m
échapper [eʃape] A VT **l'~ belle** noch

einmal *ou* mit dem Schrecken davonkommen B *v/i* 1 *personne* ~ **à qn** j-m entkommen, entwischen; ~ **à qc** e-r Sache (*dat*) entgehen, entrinnen 2 *parole* entfahren, entschlüpfen, herausrutschen (**à qn** j-m) 3 *nom* entfallen (sein) (**à qn** j-m) 4 *faute, détail* entgehen (**à qn** j-m) 5 *à une influence, aux regards, à une obligation etc* sich entziehen (**à** *dat*) C *v/pr* **s'~** 1 (*= s'évader*) entkommen; *a. animal* entlaufen; entfliehen; entspringen; entwischen; *oiseau* entfliegen 2 *gaz, fumée* entweichen (**de** aus); ausströmen

écharde [eʃaʀd] F̱ Splitter *m*
écharpe [eʃaʀp] F̱ 1 (*= cache-nez*) Schal *m*; Halstuch *n* 2 *insigne* Schärpe *f* 3 MÉD Schlinge *f*; (Arm)Binde *f*
échasse [eʃas] F̱ Stelze *f*
échauffer [eʃofe] A *v/t* erwärmen; *plus fort* erhitzen B *v/pr* **s'~** 1 SPORTS sich aufwärmen; sich warm laufen 2 *fig personne* sich ereifern; *esprits* sich erhitzen, erregen
échéance [eʃeɑ̃s] F̱ COMM, JUR Fälligkeit *f*; Fälligkeitsdatum *n*, Fälligkeitstermin *m* **à brève, longue** ~ auf kurze, lange Sicht; kurz-, langfristig **échéant** [eʃeɑ̃] **le cas** ~ gegebenenfalls
★**échec** [eʃɛk] M̱ 1 Misserfolg *m*; Scheitern *n*, Fehlschlag *m*; **à un examen** Durchfallen *n* 2 **~s** *pl* Schach *n*
échelle [eʃɛl] F̱ 1 Leiter *f* 2 (*= graduation*), *a. fig* Skala *f* 3 (*= hiérarchie*) Rangordnung *f*; Stufenleiter *f* 4 (*= rapport*) Maßstab *m*
échelon [eʃlɔ̃] M̱ 1 *d'une échelle* Sprosse *f* 2 *fig* Stufe *f* 3 ADMIN Rang(stufe) *m(f)*; Dienstgrad *m* **échelonner** [eʃlɔne] A *v/t* staffeln; verteilen (**sur un an** auf, über ein Jahr) B *v/pr* **s'~** sich erstrecken (**sur** auf, über + *acc*)
échevelé [eʃəvle] ADJ ⟨~e⟩ zerzaust
échine [eʃin] F̱ Rückgrat *n*
échiquier [eʃikje] M̱ Schachbrett *n*
écho [eko] M̱ *a. fig* Echo *n*, Widerhall *m*
★**échouer** [eʃwe] *v/i* 1 *personne, projet* scheitern; *projet a.* fehlschlagen; misslingen; ~ **à un examen** in, bei e-r Prüfung durchfallen; durch e-e Prüfung fallen 2 ⟨*a. v/pr*⟩ *bateau* (s')**échouer** stranden; auf Grund laufen; auflaufen 3 *fig* (*= arriver*) landen

éclabousser [eklabuse] *v/t* bespritzen
éclaboussure [eklabusyʀ] F̱ Spritzer *m*
★**éclair** [eklɛʀ] M̱ 1 Blitz *m* 2 ⟨*adj; inv*⟩ Blitz... 3 *gâteau* Eclair *n*; Liebesknochen *m*
éclairage [eklɛʀaʒ] M̱ Beleuchtung *f*
éclaircie [eklɛʀsi] F̱ 1 MÉTÉO (Zwischen)Aufheiterung *f* 2 *fig* Lichtblick *m*
éclaircir [eklɛʀsiʀ] A *v/t* 1 *couleur* aufhellen 2 *fig* (auf)klären; klarstellen; Licht, Klarheit bringen in (+ *acc*) B *v/pr* **s'~** 1 *ciel* sich aufhellen, aufheitern; *temps* aufklaren; *couleur* sich aufhellen; heller werden; *cheveux, rangs* sich lichten; **s'~ la voix** sich räuspern **éclaircissement** [eklɛʀsismɑ̃] M̱ Klarstellung *f*
★**éclairer** [eklɛʀe] A *v/t* 1 ~ **qc** etw beleuchten, erleuchten, erhellen 2 ~ **qn** j-m leuchten 3 *fig* ~ **qn** j-n aufklären, j-m Aufschluss geben (**sur** über + *acc*); ~ **qc** etw aufklären, klarlegen, erhellen B *v/pr* **s'~** 1 *pièce* hell werden; *fenêtre* sich erhellen; *fig visage* aufleuchten; sich erhellen 2 *fig* (*= devenir intelligible*) klar, verständlich werden
éclat [ekla] M̱ 1 (*= fragment*) Splitter *m* 2 ~ **de rire** lautes Auflachen; schallendes Gelächter; **rire aux ~s** schallend lachen 3 (*= scandale*) Skandal *m*; Eklat *m* 4 (*= luminosité*) Helligkeit *f*; *a. fig* Glanz *m*; *des couleurs* Leuchtkraft *f*, Pracht *f*
éclatant [eklatɑ̃] ADJ ⟨-ante [-ɑ̃t]⟩ 1 *rire, voix* schallend; *bruit* durchdringend 2 (*= brillant*) strahlend; *couleur* leuchtend 3 *fig succès, victoire* glänzend
éclatement [eklatmɑ̃] M̱ 1 Platzen *n*; Bersten *n* 2 *fig* Aufspaltung *f*; Aufteilung *f*
★**éclater** [eklate] A *v/i* 1 *pneu* platzen; *bombe* krepieren; *vitres* bersten; zersplittern; *zerspringen* 2 *fig parti* sich aufspalten; *institution* aufgeteilt, aufgegliedert werden 3 *coups de feu* knallen; krachen; *orage* losbrechen; ~ **de rire** in Gelächter ausbrechen; laut auflachen 4 *maladie, guerre* ausbrechen 5 (*= se manifester*) sich äußern; zum Ausdruck kommen B *v/pr fam* **s'~** sich austoben; *pop* die Sau rauslassen
éclipse [eklips] F̱ ~ **de Lune, de Soleil** Mond-, Sonnenfinsternis *f* **éclipser**

[eklipse] **A** V/T ~ **qn** j-n in den Schatten stellen **B** V/PR fam **s'~** verschwinden; fam sich verdrücken

éclore [eklɔʀ] V/I ⟨défect il éclôt od éclot; ils éclosent; éclos; être od avoir⟩ **1** poussin ausschlüpfen; aus dem Ei schlüpfen **2** fleurs aufblühen

écluse [eklyz] F Schleuse f

écœurant [ekœʀɑ̃] ADJ ⟨-ante [-ãt]⟩ **1** a. fig widerlich, ekelhaft; (≈ trop sucré) widerlich süß **2** (≈ décourageant) empörend **écœurement** [ekœʀmɑ̃] M Ekel m; a. fig Widerwille (m) **écœurer** [ekœʀe] V/T anekeln; a. fig anwidern

écolabel [ekolabɛl] M COMM Ökosiegel n, Ökolabel n

★**école** [ekɔl] F Schule f ★**écolier** [ekɔlje] M, **écolière** [ekɔljɛʀ] F Schüler(in) m(f)

écolo [ekɔlo] fam ABR (= écologiste) **A** M/F Umweltschützer(in) m(f) **B** ADJ Umwelt(schutz)...

★**écologie** [ekɔlɔʒi] F Ökologie f; par ext Umweltschutz m ★**écologique** [ekɔlɔ-ʒik] ADJ ökologisch; Umwelt...; par ext Umweltschutz... ★**écologiste** [ekɔlɔ-ʒist] M/F Ökologe, -login m,f; par ext Umweltschützer(in) m(f)

e-commerce [ikɔmɛʀs] M commerce électronique E-Commerce m

économe [ekɔnɔm] **A** ADJ sparsam **B** M/F Verwalter(in) m(f)

★**économie** [ekɔnɔmi] F **1** Wirtschaft f; science Wirtschaftswissenschaft f; ~ **de marché** (freie) Marktwirtschaft **2** (≈ contraire: gaspillage) Sparsamkeit f **3** d'argent **~s** pl Ersparnisse fpl; Ersparte(s) n **4** de place, d'énergie, etc Einsparung f; Ersparnis f; **faire l'~ de qc** sich (dat) etw (er)sparen; etw vermeiden

★**économique** [ekɔnɔmik] ADJ **1** ÉCON Wirtschafts...; wirtschaftlich **2** chauffage, voiture, etc wirtschaftlich, sparsam (im Verbrauch)

★**économiser** [ekɔnɔmize] V/T argent (er)sparen; énergie, eau, sucre, matériel, personnel einsparen; **~ sur qc** an etw (dat) sparen **économiseur** [ekɔnɔmizœʀ] M INFORM **~ d'écran** Bildschirmschoner m

écorce [ekɔʀs] F **1** BOT Rinde f **2** d'orange Schale f

écorcher [ekɔʀʃe] **A** V/T **1** (≈ dépiauter) die Haut abziehen (+ dat); enthäuten **2** blesser aufschürfen **B** V/PR **s'~** sich aufschürfen, aufscheuern **écorchure** [ekɔʀʃyʀ] F Schürfwunde f

écossais [ekɔsɛ] ⟨-aise [-ɛz]⟩ **A** ADJ schottisch **B** M/F **Écossais(e)** Schotte m, Schottin f

Écosse [ekɔs] F **l'~** Schottland n

écoulement [ekulmɑ̃] M **1** Abfluss m **2** COMM Absatz m

écouler [ekule] **A** V/T marchandises absetzen **B** V/PR **s'~ 1** liquide abfließen, ab-, auslaufen **2** foule sich verlaufen, strömen (**de** aus); temps vergehen; verrinnen; **deux jours se sont écoulés depuis cet incident** ... sind zwei Tage vergangen **3** marchandises Absatz finden; gehen

écourter [ekuʀte] V/T abkürzen

écoute [ekut] F RAD Hören n; TÉL Abhören n; **être à l'~ de qn** j-m zuhören **écoute-bébé** [ekutbebe] M Babyphon n, Babyfon® n

★**écouter** [ekute] **A** V/T **1** hören; qc a. anhören; aux portes, etc horchen (auf + acc); **~ qn** j-m zuhören; j-m lauschen **2** avec bienveillance **~ qn** j-m anhören; j-m Gehör schenken **3** (≈ suivre) ~ **qn, qc** auf j-n, etw hören **B** V/PR **1 s'~ parler** sich (selbst) gern reden hören **2 si je m'écoutais** je n'irais pas wenn es nach mir ginge ou wenn ich meiner ersten Eingebung folgen würde ... **3 s'~ (trop)** zu sehr auf s-e Gesundheit achten **écouteur** [ekutœʀ] M TECH Hörer m

★**écran** [ekʀɑ̃] M **1** de protection Abschirmung f **2** FILM Leinwand f **3** INFORM Display m **4** TV, INFORM Bildschirm m; **~ LCD** LCD-Bildschirm m; **le petit ~** das Fernsehen; **~ plasma** Plasmabildschirm m; **~ plat** Flachbildschirm m

écrasant [ekʀazɑ̃] ADJ ⟨-ante [-ãt]⟩ **1** poids enorm; gewaltig **2** fig majorité erdrückend; défaite vernichtend; chaleur drückend

★**écraser** [ekʀaze] **A** V/T **1** zerdrücken, zerquetschen, zermalmen; cigarette ausdrücken; ver zertreten; personne überfahren **2** fig révolte niederschlagen, -werfen; MIL vernichten **3** fig **~ qn** soucis j-n drücken; travail j-n (fast) erdrücken; responsabilité schwer auf j-m lasten **B** V/PR **s'~** fruits zer-, aufplatzen; avion s'~ (au sol) abstürzen; am Boden zerschellen; *voiture* s'~ **contre un mur** gegen e-e Mauer prallen

écrevisse [ekʀavis] F (Fluss)Krebs m

écrier [ekʀije] VPR s'~ ausrufen

écrin [ekʀɛ̃] M Schmuckkästchen n

★**écrire** [ekʀiʀ] ⟨j'écris; il écrit; nous écrivons; j'écrivais; j'écrivis; j'écrirai; que j'écrive; écrivant; écrit⟩ A VT schreiben B VPR s'~ **mot** geschrieben werden

écrit [ekʀi] A PP & ADJ ⟨-ite [-it]⟩ **1** schriftlich; geschrieben; *feuille a.* beschrieben **2** être ~ *dans un texte* stehen; BIBL geschrieben stehen B M **1** *ouvrage* Schrift f **2** *examen* schriftliche Prüfung **3** par ~ schriftlich

écriteau [ekʀito] M ⟨-x⟩ (Hinweis)Schild n

★**écriture** [ekʀityʀ] F **1** Schrift f **2** COMM ~s pl Geschäftsbücher npl

★**écrivain** [ekʀivɛ̃] M, **écrivaine** (*parfois* ekʀivɛn) F Schriftsteller(in) m(f)

écrou [ekʀu] M TECH (Schrauben)Mutter f

écrouer [ekʀue] VT inhaftieren

écroulement [ekʀulmɑ̃] M **1** Einsturz m **2** *fig* Zusammenbruch m

écrouler [ekʀule] VPR **1** s'~ einstürzen **2** s'~ *fig, a. personne* zusammenbrechen **3** s'~ *fam fig* (= *s'affaler*) sich fallen lassen (**dans** *in* + *acc*)

écru [ekʀy] ADJ ⟨-e⟩ naturfarben

écuelle [ekɥɛl] F Napf m

écume [ekym] F Schaum m

écureuil [ekyʀœj] M Eichhörnchen n

écurie [ekyʀi] F **1** (Pferde)Stall m **2** SPORTS Rennstall m

eczéma [ɛgzema] M Ekzem n

édenté [edɑ̃te] ADJ ⟨-e⟩ zahnlos

EDF [ədeɛf] FABR (= Électricité de France) staatliche frz Elektrizitätsgesellschaft

édifiant [edifjɑ̃] ADJ ⟨-ante [-ɑ̃t]⟩ erbaulich, erheiternd

édifice [edifis] M *a. fig* Gebäude n

édifier [edifje] VT **1** (= *construire*) erbauen **2** *fig empire, etc* errichten

éditer [edite] VT herausgeben **éditeur**, **éditrice** [editœʀ, editʀis] A M,F Verleger(in) m(f); Herausgeber(in) m(f) B M **1** ~ Verlag m **2** INFORM ~ Editor m **édition** [edisjɔ̃] F **1** *œuvre* Ausgabe f; Edition f; *a. de disques* Herausgabe f; **maison f d'~** Verlag m **2** (= *tirage*) Auflage f

f **éditorial** [editɔʀjal] M ⟨-aux [-o]⟩ Leitartikel m

édredon [edʀədɔ̃] M Daunendecke f

éducateur [edykatœʀ], **éducatrice** [edykatʀis] A M,F Erzieher(in) m(f) B ADJ erzieherisch **éducatif** [edykatif] ADJ ⟨-ive [-iv]⟩ erzieherisch; pädagogisch (wertvoll); Lern... ★**éducation** [edykasjɔ̃] F Erziehung f; Bildung f; ★ ~ **physique** Sportunterricht m; Turnen n; Leibeserziehung f; ~ **sexuelle** Sexualerziehung f, Sexualkunde f **éduquer** [edyke] VT erziehen

★**effacer** [efase] ⟨-ç-⟩ A VT *chose écrite* (aus)löschen; aus-, wegwischen; *tableau* abwischen; (= *gommer*) aus-, wegradieren; *traces* verwischen; *enregistrement* löschen B VPR s'~ **1** (= *disparaître*, a. *fig souvenir* verblassen **2** *personne* zur Seite treten; *fig* zurückstehen (**devant qn** hinter j-m); sich (bescheiden) zurückhalten

effaceur [efasœʀ] M Tintenkiller m

effarant [efaʀɑ̃] ADJ ⟨-ante [-ɑ̃t]⟩ erschreckend; ungeheuer **effaré** [efaʀe] ADJ ⟨-e⟩ fassungslos; bestürzt **effarement** [efaʀmɑ̃] M Bestürzung f

effectif [efɛktif] A ADJ ⟨-ive [-iv]⟩ effektiv B M *ou* ~s pl Personalbestand m; *d'une classe* Stärke f; MIL Truppenstärke f **effectivement** [efɛktivmɑ̃] ADV tatsächlich

effectuer [efɛktɥe] VT aus-, durchführen; vornehmen; *paiements* leisten; *achats* tätigen B VPR s'~ erfolgen; sich vollziehen; vor sich gehen

efféminé [efemine] *péj* ADJ ⟨-e⟩ weibisch; verweichlicht

effervescence [efɛʀvesɑ̃s] F **1** CHIM Aufbrausen n, Aufwallen n **2** *fig* **en ~** in Aufruhr, Wallung **effervescent** [efɛʀvesɑ̃] ADJ ⟨-ente [-ɑ̃t]⟩ Brause...; *liquide* sprudelnd; **comprimé ~** Brausetablette f

★**effet** [efɛ] M Wirkung f; Effekt m; **à cet ~** zu diesem Zweck; **en ~** (= *car*) nämlich; (= *effectivement*) in der Tat; allerdings; **avoir pour ~** zur Folge haben

efficace [efikas] ADJ wirksam; effektiv; *personne* (leistungs)fähig

effilocher [efilɔʃe] VPR s'~ ausfasern; ausfransen

effleurer [eflœʀe] VT **1** *a. fig* problème streifen **2** *idée* ~ **qn** j-m in den Sinn

effondrement [efɔ̃drəmɑ̃] M 1 (= *écroulement*) Einsturz m 2 *fig* Zusammenbruch m; **~ des prix** Preissturz m, Preiseinbruch m **effondrer** [efɔ̃dre] V/PR 1 **s'effondrer** einstürzen; *pont, tribune a.* zusammenbrechen; *maison a.* einfallen 2 **s'effondrer** *fig empire, prix* zusammenbrechen; (rasch) zerfallen; *espoirs* sich zerschlagen 3 **s'effondrer** *fig personne* zusammenbrechen; **effondré** gebrochen; völlig niedergeschlagen

★ **efforcer** [efɔrse] V/PR ⟨-ç-⟩ **s'~** sich bemühen, sich anstrengen (**de** + *inf* zu + *inf*)

★ **effort** [efɔr] M Anstrengung f; Bemühung f; **faire un ~** sich anstrengen; sich versuchen; *fam financier* große Summen (aus)geben

effraction [efraksjɔ̃] F Einbruch m

effrayant [efrɛjɑ̃] ADJ ⟨-ante [-ãt]⟩ *a. fam chaleur, etc* schrecklich **effrayer** [efreje] ⟨-ay- *od* -ai-⟩ A V/T erschrecken B V/PR **s'~** (sich) erschrecken

effréné [efrene] ADJ ⟨~e⟩ hemmungslos; wild

effriter [efrite] V/PR 1 **s'~** zerbröckeln; *roche a.* verwittern 2 **s'~** *fig* zerfallen; sich auflösen; *cours* abbröckeln

effroi [efrwa] *stls* M Entsetzen n

effronté [efrɔ̃te] ADJ ⟨~e⟩ unverschämt; unverfroren

effroyable [efrwajabl] ADJ entsetzlich; fürchterlich

★ **égal** [egal] ADJ ⟨~e; -aux [-o]⟩ 1 gleich 2 (= *constant*) gleichmäßig; *humeur* gleichbleibend 3 *terrain* flach; eben 4 (= *indifférent*) gleich(gültig); **cela m'est ~** das ist mir gleich(gültig), egal, einerlei

★ **également** [egalmɑ̃] ADV 1 (= *d'une manière égale*) gleichermaßen; in gleicher Weise 2 (= *aussi*) ebenfalls; gleichfalls

égaler [egale] V/T 1 **~ qc, qn** e-r Sache, j-m gleichkommen 2 MATH **3 plus 3 égale(nt) 6** 3 und *ou* plus 3 ist 6 3 *record* einstellen

égalisation [egalizasjɔ̃] F *a.* SPORTS Ausgleich m; Angleichung f **égaliser** [egalize] A V/T ausgleichen; (einander) angleichen; *sol* (ein)ebnen; *cheveux* gleich lang schneiden B V/I SPORTS ausgleichen; den Ausgleich erzielen

★ **égalité** [egalite] F 1 Gleichheit f; **~ des droits** Gleichberechtigung f; SPORTS **être à ~** gleichstehen; punktgleich stehen 2 (= *constance*) Gleichmäßigkeit f 3 TENNIS Einstand m

égard [egar] M 1 **~s** *pl* Rücksicht (-nahme) f; Aufmerksamkeit f 2 **à cet ~** in dieser Hinsicht, Beziehung; diesbezüglich; **à l'~ de** gegenüber (**qn** j-m); zu (**qn** j-m); **eu ~ à** im Hinblick auf (+ *acc*); mit Rücksicht auf (+ *acc*); in Anbetracht (+ *gén*); **par ~ pour** mit Rücksicht auf (+ *acc*)

égaré [egare] ADJ ⟨~e⟩ 1 (= *perdu*) verirrt 2 (= *fou*) verwirrt; verstört **égarement** [egarmɑ̃] M *litt* **~s** *pl* Verirrungen *fpl* **égarer** [egare] A V/T 1 *objets* verlegen; *personne, a. fig* irreführen 2 *esprit* verwirren B V/PR **s'~** 1 *personnes* sich verirren; *a. animal* sich verlaufen; *en voiture* sich verfahren; *objets* abhandenkommen 2 *orateur* vom Thema abkommen

égide [eʒid] F **sous l'~ de** unter der Ägide, Schirmherrschaft von (*ou* + *gén*)

★ **église** [egliz] F *édifice* Kirche f

égoïsme [egɔism] M Egoismus m ★ **égoïste** [egɔist] A ADJ egoistisch B M/F Egoist(in) m(f)

égorger [egɔrʒe] V/T ⟨-ge-⟩ **~ qn** j-m die Kehle durchschneiden

égout [egu] M (Abwasser)Kanal m; **~s** *pl* Kanalisation f

égouttoir [egutwar] M Abtropfgestell n

égratigner [egratiɲe] A V/T *peau* zer-, aufkratzen; aufritzen B V/PR **s'~** sich auf-, zerkratzen **égratignure** [egratiɲyr] F Kratzwunde f; Schramme f

Égypte [eʒipt] F **l'~** Ägypten n **égyptien** [eʒipsjɛ̃] ⟨-ienne [-jɛn]⟩ A ADJ ägyptisch B M/F **Égyptien(ne)** Ägypter(in) m(f) C M *langue* **l'~** das Ägyptische; Ägyptisch n

eh [e] INT *appel* he!; ★ **eh bien!** nun!; na!

éhonté [eɔ̃te] ADJ ⟨~e⟩ unverschämt

éjecter [eʒɛkte] V/T 1 auswerfen; ausstoßen 2 *fam fig* **~ qn** j-n hinauswerfen; *fam* rausschmeißen

élaboration [elabɔrasjɔ̃] F Ausarbeitung f **élaborer** [elabɔre] V/T *projet, etc* ausarbeiten

élan [elɑ̃] M 1 Schwung m; SPORTS Anlauf m; **prendre son ~** (e-n) Anlauf nehmen *ou* Schwung holen 2 *fig* Schwung

m; Elan m; **~ de générosité** Anwandlung f von Großzügigkeit
élancé [elɑ̃se] ADJ ‹-e› schlank
élancer [elɑ̃se] ‹-ç-› A VI MÉD heftig stechen B VPR **s'~** sich stürzen (**sur** auf + acc); los-, hervorstürzen
élargir [elaʁʒiʁ] A VT 1 rue verbreitern; ouverture erweitern 2 fig erweitern; débat ausweiten B VPR **s'~** fleuve, rue sich verbreitern; vêtements sich ausweiten; weiter werden **élargissement** [elaʁʒismɑ̃] M Verbreiterung f; a. fig Erweiterung f
élastique [elastik] A ADJ elastisch; dehnbar B M ruban Gummi n; Gummiband n
★**électeur** [elεktœʁ] M, **électrice** [elεktʁis] F Wähler(in) m(f) ★ **élection** [elεksjɔ̃] F POL Wahl f **électoral** [elεktɔʁal] ADJ ‹-e; -aux [-o]› Wahl..., Wähler...
★**électricien** [elεktʁisjɛ̃] M Elektriker m ★ **électricité** [elεktʁisite] F Elektrizität f ★ **électrique** [elεktʁik] ADJ elektrisch
électrochoc [elεktʁoʃɔk] M Elektroschock m
électrocution [elεktʁɔkysjɔ̃] F tödlicher elektrischer Schlag
électroménager [elεktʁomenaʒe] ADJ **appareils** mpl **~s** elektrische Haushaltsgeräte npl
électronique [elεktʁɔnik] A ADJ elektronisch B F Elektronik f
élégamment [elegamɑ̃] ADV elegant
élégance [elegɑ̃s] F 1 Eleganz f 2 par ext Takt m ★ **élégant** [elegɑ̃] ADJ ‹-ante [-ɑ̃t]› elegant
élément [elemɑ̃] M 1 a. CHIM Element n; Teil m ou n; Bestandteil m 2 **~s** pl (= rudiments) Elemente npl; Grundzüge mpl; Anfangsgründe mpl **élémentaire** [elemɑ̃tεʁ] ADJ elementar; Grund...
éléphant [elefɑ̃] M Elefant m
★**élevage** [εlvaʒ] M (Auf)Zucht f, Züchtung f; génér Viehzucht f; **~ en batterie** Batteriehaltung f
★**élève** [elεv] MF Schüler(in) m(f)
élevé [el(ə)ve] ADJ ‹-e› 1 (= haut) hoch 2 (= noble) erhaben; edel 3 **un poste ~** ein leitender Posten
★**élever** [el(ə)ve] ‹-è-› A VT 1 mur, monument errichten 2 température, niveau erhöhen 3 protestation, objection erheben; **~ la voix** die Stimme heben; fig die Stimme erheben (**contre** gegen) 4 enfant, animal großziehen; animaux züchten; (= éduquer) erziehen; **bien élevé** wohlerzogen; gut erzogen; **mal élevé** schlecht erzogen; ungezogen B VPR **s'~ avion** (auf)steigen; température (an)steigen; édifice, etc sich erheben; aufragen 2 **s'~ voix,** discours sich erheben 3 facture **s'~ à** betragen; sich belaufen auf (+ acc) 4 **s'~** personne à un rang supérieur hochkommen; vorwärtskommen; **s'~ au-dessus de qc** sich über etw (acc) erheben; über etw (acc) hinauswachsen; **s'~ contre** protestieren, sich wenden gegen
éleveur [el(ə)vœʁ] M, **éleveuse** [el(ə)vøz] F Züchter(in) m(f)
élimé [elime] ADJ ‹-e› abgewetzt
élimination [eliminasjɔ̃] F Ausschaltung f; Beseitigung f; dans un concours Ausscheiden n
éliminatoire [eliminatwaʁ] A ADJ note den Ausschluss bedingend; SPORTS Ausscheidungs... B FPL **~s** Ausscheidungs(wett)kämpfe mpl
éliminer [elimine] VT 1 a. concurrent ausschalten; a. candidat ausschließen; a. MATH eliminieren; obstacle beseitigen; déchets entsorgen 2 BIOL ausscheiden
★**élire** [eliʁ] VT ‹→ lire› wählen
élite [elit] F Elite f
★**elle** [εl] PR PERS ‹pl ~s› 1 sie (sg et pl) 2 (avec prép) sie (acc sg et pl); ihr (dat sg); ihnen (dat pl); réfléchi sich
elle-même [εlmεm] PR PERS ‹pl elles-mêmes› 1 emphatique (sie) selbst 2 réfléchi sich selbst
★**elles** [εl] PR PERS → elle
élocution [elɔkysjɔ̃] F Sprech-, Redeweise f
éloge [elɔʒ] M Lob n; **faire l'~ de qc** etw, j-n (sehr) loben
éloigné [elwaɲe] ADJ ‹-e› (weit) entfernt (**de** von) **éloignement** [elwaɲmɑ̃] M a. action Entfernung f
★**éloigner** [elwaɲe] A VT 1 entfernen (**de** von); objet a. wegrücken, (weiter) wegstellen (**de** von); danger, échéance hinausschieben 2 fig personne entfremden (**de** dat); entfernen, abbringen (von) B VPR 1 **s'~** sich entfernen (**de** von) 2 fig **s'~ de qn** sich j-m entfremden
éloquence [elɔkɑ̃s] F Beredsamkeit f

éloquent [elɔkɑ̃] ADJ ⟨-ente [-ɑ̃t]⟩ **1** rede-, wortgewandt **2** *fig* regard, geste vielsagend

élu [ely] PP & ADJ ⟨élue⟩ **1** POL gewählt **2** REL auserwählt

élucider [elyside] VT aufklären; Licht bringen in (+ *acc*)

élucubrations [elykybʀasjɔ̃] *péj* FPL Hirngespinste *npl*

éluder [elyde] VT (geschickt) ausweichen (+ *dat*)

Élysée [elize] M l'~ POL das Elysee

émail [emaj] M ⟨émaux [emo]⟩ **1** Email *n* **2** ANAT Zahnschmelz *m*

e-mail [imɛl] M ⟨-s⟩ INFORM E-Mail *f*; **adresse** *f* ~ *adjt* E-Mail-Adresse *f*; **par, via** ~ per E-Mail

émancipation [emɑ̃sipasjɔ̃] F Emanzipation *f*; Gleichberechtigung *f* **émanciper** [emɑ̃sipe] **A** VT emanzipieren; befreien **B** V/PR s'~ sich emanzipieren; unabhängig, selbstständig werden

emballage [ɑ̃balaʒ] M Verpackung *f*

emballement [ɑ̃balmɑ̃] M **1** (= *enthousiasme*) (vorschnelle) Begeisterung (**pour** für) **2** *d'un moteur* Aufheulen *n* ★ **emballer** [ɑ̃bale] **A** VT **1** objets ein-, verpacken **2** *moteur* aufheulen lassen, hochjagen **3** *fam* (= *enthousiasmer*) mitreißen; begeistern **B** V/PR s'~ **1** *cheval* scheuen; durchgehen **2** *fam* (= *s'enthousiasmer*) sich rasch begeistern; gleich Feuer und Flamme sein; (≈ *s'emporter*) *fam* hochgehen

embarcadère [ɑ̃baʀkadɛʀ] M Anlegestelle *f*

embarcation [ɑ̃baʀkasjɔ̃] F (kleines) Boot

embargo [ɑ̃baʀgo] M Embargo *n*

embarquement [ɑ̃baʀkəmɑ̃] M Anbordgehen *n*; Einsteigen *n*; MAR *a*. Einschiffung *f*; Verschiffung *f* **embarquer** [ɑ̃baʀke] **A** VT **1** An Bord nehmen; MAR *a*. einschiffen; *marchandises a*. verschiffen **2** *fam* (≈ *voler*) mitgehen lassen **3** *fam* police ~ **qn** j-n festnehmen; *fam* einlochen **B** V/I *et* V/PR **1** *passagers* (s')embarquer an Bord gehen **2** *fam* *fig* s'~ **dans** sich einlassen in *ou* auf (+ *acc*)

embarras [ɑ̃baʀa] M **1** (≈ *situation difficile*) unangenehme, schwierige Lage; **être dans l'~** in e-r unangenehmen *ou* schwierigen Lage sein; in e-r Notlage, in e-r Zwickmühle sein; **l'~ du choix** die Qual der Wahl **2** (≈ *confusion*) Verlegenheit *f*; Verwirrung *f*

embarrassant [ɑ̃baʀasɑ̃] ADJ ⟨-ante [-ɑ̃t]⟩ unangenehm, peinlich **embarrassé** [ɑ̃baʀase] ADJ ⟨~e⟩ verlegen; betreten

embarrasser [ɑ̃baʀase] **A** VT **1** (≈ *gêner*) behindern; hinderlich, lästig sein; (**qn** j-m) **2** (≈ *déconcerter*) in Verlegenheit bringen **3** (≈ *mettre dans une situation gênante*) ~ **qn** j-n in e-e unangenehme Situation bringen; j-m Ungelegenheiten machen **B** V/PR s'~ *a*. *fig* sich belasten (**de** mit)

embauche [ɑ̃boʃ] F Ein-, Anstellung *f* ★ **embaucher** [ɑ̃boʃe] VT **1** ein-, anstellen **2** *fam* *fig* anstellen

embellir [ɑ̃beliʀ] **A** VT schöner machen; verschönern **B** V/I schöner werden

embêtant [ɑ̃bɛtɑ̃] *fam* ADJ ⟨-ante [-ɑ̃t]⟩ **1** (≈ *contrariant*) ärgerlich; *fam* blöd **2** (≈ *ennuyeux*) langweilig; *personne* lästig

embêter [ɑ̃bete] *fam* **A** VT **1** (≈ *lasser*) ~ **qn** j-n langweilen; j-m lästig fallen *ou* werden; *fam* j-n anöden **2** (≈ *contrarier*) ~ **qn** j-m Ärger, Scherereien *fam* machen; j-m zu schaffen machen; j-n wurmen **3** (≈ *irriter*) ~ **qn** j-n ärgern **B** V/PR **1** s'~ sich langweilen; *fam* sich mopsen **2** **ne pas s'~ à faire qc** sich (*dat*) nicht die Mühe machen, etw zu tun; *fam* nicht so dumm *ou* blöd sein und etw tun

emblée [ɑ̃ble] ADV **d'~** auf Anhieb

emblème [ɑ̃blɛm] M Emblem *n*; Sinnbild *n*; Wahrzeichen *n*

embobiner [ɑ̃bɔbine] *fam* VT beschwatzen; *fam* einwickeln

emboîter [ɑ̃bwate] **A** VT **1** ineinanderstecken; zusammenstecken **2** ~ **le pas à qn** j-m auf dem Fuße folgen; *fig* dem Beispiel j-s folgen **B** V/PR s'~ ineinanderpassen, -greifen

embonpoint [ɑ̃bɔ̃pwɛ̃] M Körperfülle *f*; **prendre de l'~** korpulent, füllig werden

embouchure [ɑ̃buʃyʀ] F **1** *d'un fleuve* Mündung *f* **2** MUS Mundstück *n*

★ **embouteillage** [ɑ̃butɛjaʒ] M (Verkehrs)Stau *m*

emboutir [ãbutiʀ] **A** VT *voiture* eindrücken; zerbeulen **B** V/PR s'~ **contre un camion** auf e-n Lastwagen auffahren

embranchement [ãbʀãʃmã] M Abzweigung f; Gabelung f

embrassades [ãbʀasad] FPL (heftige, stürmische) Begrüßungsküsse mpl

★**embrasser** [ãbʀase] **A** VT **1** küssen; umarmen (al küssen) **2** (= englober) umfassen **3** ~ **du regard** überschauen, -blicken **B** V/PR s'~ sich küssen

embrayage [ãbʀɛjaʒ] M *mécanisme* Kupplung f **embrayer** [ãbʀeje] VI ⟨-ay- *od* -ai-⟩ **1** AUTO (ein)kuppeln **2** *fig* anfangen, beginnen (**sur** mit)

embrouillé [ãbʀuje] ADJ ⟨-e⟩ wirr, konfus; verworren **embrouiller** [ãbʀuje] **A** VT **1** *a. fig* verwirren, durcheinanderbringen **2** *fig situation, question* komplizieren **B** V/PR s'~ **1** sich verheddern (**dans** in + *dat*)

embryon [ãbʀijõ] M BIOL Embryo m

embuscade [ãbyskad] F Hinterhalt m

éméché [emeʃe] *fam* ADJ ⟨-e⟩ beschwipst; angeheitert

émerger [emɛʀʒe] VI ⟨-ge-⟩ auftauchen; *fig a.* zum Vorschein kommen; sich herausheben

émerveillement [emɛʀvɛjmã] M Bewunderung f, Entzücken n **émerveiller** [emɛʀveje] **A** VT ~ **qn** die Bewunderung j-s erregen **B** V/PR s'~ in Entzücken geraten (**de** über + *acc*)

émetteur [emɛtœʀ] M **1** RAD, TV Sender m **2** *d'un chèque* Aussteller m

émettre [emɛtʀ] VT ⟨→ mettre⟩ **1** RAD, TV senden **2** FIN ausgeben; emittieren **3** PHYS *rayons* aussenden; *lumière* ausstrahlen; *sons* von sich geben **4** *fig opinion* äußern

émeute [emøt] F Aufruhr m; ~s pl Unruhen fpl

émietter [emjete] **A** VT *pain* zerbröckeln; zerkrümeln **B** V/PR s'~ **1** zerbröckeln **2** *fig* abbröckeln

émigrant [emigʀã(t)] M, **emigrante** F Auswanderer m **émigration** [emigʀasjõ] F Auswanderung f **émigré** [emigʀe] M ⟨-e⟩ POL Emigrant(in) m(f) **émigrer** [emigʀe] VI auswandern

éminence [eminãs] F **1** *du terrain* Erhebung f **2** CATH **Éminence** Eminenz f

★**émission** [emisjõ] F **1** RAD, TV Sendung f **2** FIN Ausgabe f **3** PHYS Emission f; Ausstrahlung f

emmagasiner [ãmagazine] VT (ein)lagern; *a. chaleur* speichern

emmêler [ãmele] **A** VT verwirren; *a. fig* durcheinanderbringen **B** V/PR s'~ *fils, cheveux* sich verwirren

emménager [ãmenaʒe] VI ⟨-ge-⟩ einziehen

★**emmener** [ãmne] VT ⟨-è-⟩ mitnehmen

emmerdant [ãmɛʀdã] *pop* ADJ ⟨-ante [-ãt]⟩ *pop* beschissen; *pop* saublöd; *ennuyeux* stinklangweilig **emmerde** [ãmɛʀd] *pop* F → **emmerdement em- merdement** [ãmɛʀdəmã] *pop* M *fam* Mordsärger m; ~s *pl fam* Scherereien fpl **emmerder** [ãmɛʀde] *pop* **A** VT ~ **qn** *fam* j-m zum Hals heraushängen; *pop* j-m stinken; *fam* j-n ankotzen; *personne fam* j-m auf den Wecker fallen, auf den Geist gehen **B** V/PR s'~ sich zu Tode langweilen; *fam* sich mopsen **emmerdeur** [ãmɛʀdœʀ] *fam* M, **emmerdeuse** [ãmɛʀdøz] F Nervensäge f

émotif [emɔtif] ADJ ⟨-ive [-iv]⟩ **1** *réaction, etc* Gefühls... **2** *personne* überempfindlich

émotion [emosjõ] F **1** (= *sentiment*) Rührung f; (Gemüts)Bewegung f; Emotion f **2** (= *affolement*) Aufregung f; Erregung f

émotivité [emɔtivite] F Überempfindlichkeit f

émouvant [emuvã] ADJ ⟨-ante [-ãt]⟩ ergreifend; rührend **émouvoir** [emuvwaʀ] ⟨→ mouvoir, *aber pp* ému⟩ **A** VT rühren; ergreifen **B** V/PR s'~ sich erregen (**de** über + *acc*); gerührt sein *od* werden; **sans s'~** ruhig; gelassen; ohne ein Zeichen der Rührung

emparer [ãpaʀe] V/PR s'~ **1** *par la force* s'~ **de qc, de qn** etw, j-n in s-e Gewalt bringen; *st/s* sich e-r Sache, j-s bemächtigen; *illégalement* s'~ **de qc** sich (*dat*) etw aneignen; etw an sich (*acc*) bringen **2** *concrètement* s'~ **de qc** etw an sich (*acc*) reißen; *fig journal* s'~ **d'une affaire** e-e Affäre aufgreifen **3** *sentiment, sommeil* s'~ **de qn** j-n überkommen, übermannen

empâter [ãpate] V/PR s'~ dicker werden; *visage* dick, teigig, schlaff werden

empêchement [ãpɛʃmã] M Hindernis n; Hinderungsgrund m

★**empêcher** [ãpeʃe] **A** VT ~ **qc** etw verhindern; **~ qn de faire qc** j-n (daran) hindern, etw zu tun; j-n an etw (*dat*) hindern; j-n von etw abhalten; **~ que ...** (+ *subj*), st/s **n'~ que** (+ *subj*) verhindern, dass...; **(il) n'empêche que ...** trotzdem; immerhin **B** VPR **je ne peux pas m'~ de** (+ *inf*) ich kann nicht anders, ich muss (einfach) (+ *inf*); ich kann nicht umhin zu (+ *inf*)

★**empereur** [ɑ̃pʀœʀ] M̄ Kaiser *m*
empester [ɑ̃pɛste] V̄T̄ **1** (≈ *empuantir*) verpesten **2** (≈ *puer*) stinken (**qc nach** etw)
empêtrer [ɑ̃petʀe] VPR **s'~** *a. fig* sich verwickeln (**dans** in + *dat*); sich verheddern (in + *dat*); *fig a.* sich verstricken (in + *acc*)
empiffrer [ɑ̃pifʀe] *fam* VPR **s'~** *fam* sich vollstopfen; sein sich (*dat*) den Bauch vollschlagen (**de** mit)
empiler [ɑ̃pile] **A** V̄T̄ (auf)stapeln **B** VPR **s'~** sich stapeln, anhäufen, türmen
empire [ɑ̃piʀ] M̄ **1** Kaiserreich *n*; Reich *n* **2** (≈ *influence*) Einfluss *m*
empirer [ɑ̃piʀe] V̄Ī sich verschlimmern; sich verschlechtern
emplacement [ɑ̃plasmɑ̃] M̄ Stelle *f*; Platz *m*; Standort *m*
★**emploi** [ɑ̃plwa] M̄ **1** (≈ *utilisation*) Gebrauch *m*; Verwendung *f*; **★ ~ du temps** Zeitplan *m*; Terminkalender *m*; ÉCOLE Stundenplan *m* **2** *a.* ÉCON Beschäftigung *f*; Anstellung *f*; Arbeitsplatz *m*; **plein ~** Vollbeschäftigung *f*
★**employé(e)** [ɑ̃plwaje] M̄(F̄) Angestellte(r) *m/f(m)*
★**employer** [ɑ̃plwaje] ⟨-oi-⟩ **A** V̄T̄ **1** (≈ *utiliser*) gebrauchen; *a. violence* anwenden; *a. argent* verwenden; benutzen **2** *salariés* beschäftigen **B** VPR **1** *mot, etc* **s'~** gebraucht werden **2** **s'~ à (faire) qc** sich für etw einsetzen; sich bemühen
★**employeur** [ɑ̃plwajœʀ] M̄, **employeuse** [ɑ̃plwajøz] F̄ Arbeitgeber(in) *m(f)*
empocher [ɑ̃pɔʃe] *fam* V̄T̄ einstecken
empoigner [ɑ̃pwaɲe] V̄T̄ packen; ergreifen
empoisonner [ɑ̃pwazɔne] **A** V̄T̄ **1** (≈ *intoxiquer*), *a. fig* vergiften **2** (≈ *empuantir*) verpesten **3** *fam* → embêter **B** VPR **s'~** sich vergiften; Gift nehmen
★**emporter** [ɑ̃pɔʀte] **A** V̄T̄ **1** *objet* mit-

nehmen **2** *blessés* wegtragen, -bringen **3** ~ **qn** *maladie* j-n dahin-, hinwegraffen; *courant* j-n fort-, mitreißen; **~ qc** *inondations* etw weg-, fortschwemmen; *vent* etw weg-, fortwehen **4** **l'~ den Sieg** davontragen, die Oberhand gewinnen, siegen (**sur** über + *acc*) **B** VPR **s'~** (zornig) aufbrausen; in Zorn geraten
empoté [ɑ̃pɔte] *fam* ADJ ⟨-e⟩ tollpatschig
empreinte [ɑ̃pʀɛ̃t] F̄ **1** Abdruck *m*; **~ digitale** Fingerabdruck *m* **2** *fig* Gepräge *n*
empressé [ɑ̃pʀese] ADJ ⟨-e⟩ eifrig; (dienst)beflissen **empressement** [ɑ̃pʀesmɑ̃] M̄ (≈ *zèle*) Eifer *m* **empresser** [ɑ̃pʀese] VPR **1** **s'~ auprès de qn** sich eifrig um j-n bemühen **2** **s'~ de faire qc** sich beeilen, etw zu tun
emprisonnement [ɑ̃pʀizɔnmɑ̃] M̄ Haft(strafe) *f* **emprisonner** [ɑ̃pʀizɔne] V̄T̄ ins Gefängnis schicken; *fam* einsperren
emprunt [ɑ̃pʀœ̃, ɑ̃pʀɛ̃] M̄ **1** FIN Anleihe *f*; *action* Kreditaufnahme *f* **2** *fig* Anleihe *f* (**à qn** bei j-m)
★**emprunter** [ɑ̃pʀɛ̃te, -pʀœ̃-] V̄T̄ **1** ~ **qc à qn** (*dat*) etw von j-m (aus)leihen, borgen, entleihen; **~ de l'argent** sich (*dat*) Geld leihen; Geld aufnehmen **2** *fig* übernehmen (**qc à qn** etw von j-m) **3** *chemin* benutzen
★**ému** [emy] PP & ADJ ⟨émue⟩ bewegt; gerührt; ergriffen
★**en** [ɑ̃, *vor Vokal u. stummem* h *ɑ̃n*] **A** PRÉP **1** *lieu* in (+ *dat*); *être, arriver, etc* **en Allemagne, en Normandie**, *etc* in Deutschland, in der Normandie *etc* **2** *direction* nach (+ *dat*); in (+ *acc*) **3** *temps* in (+ *dat*); **en 1945** (im Jahre) 1945; **en une journée** an e-m Tag; innerhalb e-s Tages **4** *domaine* in (+ *dat ou acc*); **en allemand, français**, *etc* im Deutschen, Französischen *etc*; auf Deutsch, Französisch *etc* **5** *le même article* **en rouge**, *etc* in Rot *etc*; **aller en voiture** mit dem Auto fahren; **être en blanc, noir** weiß, schwarz gekleidet sein; **cela fait en euros ...** das macht in Euro ... **6** *matériau* aus; **montre f en or** goldene Uhr **7** *gérondif* **parler en mangeant** beim Essen, während des Essens sprechen **B** ADV *et* PRON ⟨*vertritt Konstruktionen mit „de"*⟩

1 *local* von dort; daher; *vous allez à Paris?* **j'en reviens** ich komme von dort **2** *complément* davon; darüber; daran *etc*; *il a réussi* **et il en est fier** und er ist stolz darauf; **qu'en dites-vous?** was sagen Sie dazu? **3** *génitif partitif* davon; welche(n, -s); **je n'en ai plus** ich habe keine(n, -s) mehr; *avez-vous des frères?* **j'en ai deux** ja, zwei

ENA [ena] F̲ ABR (= École nationale d'administration) Elitehochschule zur Ausbildung für hohe Staatsämter

encadré [ɑ̃kadʀe] M̲ umrandeter Text; Kasten *m*

encadrement [ɑ̃kadʀəmɑ̃] M̲ **1** *d'un tableau* Einrahmung *f* **2** *d'une porte* Einfassung *f* **3** *de personnes* Betreuung *f*; *personnel* Betreuungspersonal *n* **encadrer** [ɑ̃kadʀe] V̲T̲ **1** *tableau* (ein)rahmen; *texte* umranden **2** *fig* ein-, umrahmen **3** *personnes* betreuen

encaisse [ɑ̃kɛs] F̲ Kassenbestand *m*

encaisser [ɑ̃kese] V̲T̲ **1** FIN (ein)kassieren; einziehen; vereinnahmen; *chèque* einlösen **2** *fam fig coups, etc* einstecken (müssen); *fam* kassieren

en-cas, encas [ɑ̃ka] M̲ ⟨*inv*⟩ kleiner Imbiss

encastrer [ɑ̃kastʀe] A̲ V̲T̲ einbauen, einlassen (**dans** in + *acc*) B̲ V̲P̲R̲ **s'~** sich einfügen; einpassen sein B̲ *fig voiture* **s'~ sous un camion** sich unter e-n Lastwagen schieben

★**enceinte**[1] [ɑ̃sɛ̃t] ADJ F̲ schwanger; **être ~ de quatre mois** im fünften Monat (schwanger) sein

enceinte[2] F̲ **1** FORTIFICATIONS Ring-, Umfassungsmauer *f*; *d'une ville* Stadtmauer *f* **2** (= *espace clos*) abgeschlossener Bereich **3** **~ (acoustique)** (Lautsprecher)Box *f*

encens [ɑ̃sɑ̃] M̲ Weihrauch *m*

encercler [ɑ̃sɛʀkle] V̲T̲ einkreisen; umzingeln

enchaînement [ɑ̃ʃɛnmɑ̃] M̲ **1** *d'idées* Verbindung *f*; Verknüpfung *f*; *de circonstances* Verkettung *f* **2** *dans un spectacle* Überleitung *f*

enchaîner [ɑ̃ʃene] A̲ V̲T̲ **1** *prisonnier* in Ketten legen; *a. chien* anketten **2** *idées* verbinden; verknüpfen B̲ V̲I̲ *dans la conversation* (rasch) fortfahren (**sur qc** mit etw) C̲ V̲P̲R̲ **s'~** *épisodes* ineinandergreifen; aufeinanderfolgen

enchanté [ɑ̃ʃɑ̃te] ADJ ⟨~e⟩ **1** (= *magique*) Zauber... **2** *fig* **être ~** begeistert, entzückt sein (**de** von) **3** **~!** sehr erfreut!; angenehm! **enchanter** [ɑ̃ʃɑ̃te] V̲T̲ verzaubern; entzücken; begeistern **enchanteur** [ɑ̃ʃɑ̃tœʀ], **enchanteresse** [ɑ̃ʃɑ̃tʀɛs] A̲ M̲,F̲ Zauberer *m*, Zauberin *f* B̲ ADJ zauberhaft

enchère [ɑ̃ʃɛʀ] F̲ (Mehr)Gebot *n*; **vente** *f* **aux ~s** Versteigerung *f*; Auktion *f*; **vendre aux ~s** versteigern

enchevêtrement [ɑ̃ʃ(ə)vɛtʀəmɑ̃] M̲ Gewirr *n* **enchevêtrer** [ɑ̃ʃ(ə)vetʀe] V̲T̲ *fils, a. fig* verwirren; verwickeln; durcheinanderbringen

enclencher [ɑ̃klɑ̃ʃe] A̲ V̲T̲ **1** TECH einrücken; *vitesse* einschalten **2** *fig* in Gang bringen B̲ V̲P̲R̲ **s'~** einrasten

enclos [ɑ̃klo] M̲ *terrain* eingezäuntes, eingefriedetes Stück Land

encoche [ɑ̃kɔʃ] F̲ Kerbe *f*

encombrant [ɑ̃kɔ̃bʀɑ̃] ADJ ⟨-ante [-ɑ̃t]⟩ **1** sperrig **2** *fig* störend; lästig

encombre [ɑ̃kɔ̃bʀ] **sans ~** ohne Zwischenfälle; glatt

encombrement [ɑ̃kɔ̃bʀəmɑ̃] M̲ **1** *de véhicules* Verkehrsstau *m*, Verkehrsstockung *f* **2** *fig* Überfüllung *f*; TÉL Überlastung *f*

encombrer [ɑ̃kɔ̃bʀe] A̲ V̲T̲ **1** *rue, couloir, etc* versperren; *rue a.* verstopfen **2** *fig* **encombré** *de personnes* überlaufen; überfüllt; TÉL überlastet B̲ V̲P̲R̲ **s'~** *a. fig* sich belasten (**de** mit)

★**encore** [ɑ̃kɔʀ] A̲ ADV **1** *temporel* noch; immer noch **2** (= *de nouveau*) (schon) wieder; nochmals **3** (= *en plus*) noch (mehr) B̲ CONJ *litt* **~ que** (+ *subj*) obschon; obgleich

encourageant [ɑ̃kuʀaʒɑ̃] ADJ ⟨-ante [-ɑ̃t]⟩ ermutigend **encouragement** [ɑ̃kuʀaʒmɑ̃] M̲ Ermutigung *f* ★**encourager** [ɑ̃kuʀaʒe] V̲T̲ ⟨-ge-⟩ **1** **~ qn** j-n ermutigen, j-m Mut machen; SPORTS j-n anfeuern; **~ qn à (faire) qc** j-n zu etw ermutigen, ermuntern **2** *talent, projet* fördern

encourir [ɑ̃kuʀiʀ] V̲T̲ ⟨→ *courir*⟩ **~ qc** mit etw rechnen müssen

encrasser [ɑ̃kʀase] A̲ V̲T̲ verschmutzen B̲ V̲P̲R̲ **s'~** verschmutzen; AUTO *bougie* verrußen

★**encre** [ɑ̃kr] F̲ Tinte f **encrier** [ɑ̃krije] M̲ Tintenfass n
enculé [ɑ̃kyle] pop M̲ injure Arschloch m
encyclopédie [ɑ̃siklɔpedi] F̲ Enzyklopädie f
endettement [ɑ̃dɛtmɑ̃] M̲ Verschuldung f **endetter** [ɑ̃dete] V̲P̲R̲ s'~ sich verschulden
endiablé [ɑ̃djable] A̲D̲J̲ ⟨~e⟩ wild
endiguer [ɑ̃dige] V̲T̲ **1** fleuve eindeichen **2** fig eindämmen
endimanché [ɑ̃dimɑ̃ʃe] A̲D̲J̲ ⟨~e⟩ festlich, sonntäglich gekleidet; hum im Sonntagsstaat
endommager [ɑ̃dɔmaʒe] V̲T̲ ⟨-ge-⟩ objet beschädigen
endormi [ɑ̃dɔrmi] A̲D̲J̲ ⟨~e⟩ **1** (= qui dort) schlafend; **encore tout** ~ noch ganz schläfrig, verschlafen **2** fig verschlafen; träge **3** bras, jambe eingeschlafen
★**endormir** [ɑ̃dɔrmir] ⟨→ dormir⟩ A̲ V̲T̲ **1** enfant zum Schlafen bringen **2** (= anesthésier) betäuben B̲ V̲P̲R̲ s'~ **1** fig einschlafen
endosser [ɑ̃dose] V̲T̲ **1** vêtement an-, überziehen **2** fig responsabilité auf sich (acc) nehmen; conséquences geradestehen für **3** FIN indossieren
★**endroit** [ɑ̃drwa] M̲ **1** a. d'un livre, du corps Stelle f; Ort m; Platz m; **par ~s** stellenweise **2** d'un tissu rechte Seite; Oberseite f; **à l'~** auf der rechten Seite; rechts
enduire [ɑ̃dɥir] ⟨→ conduire⟩ A̲ V̲T̲ **1** bestreichen (**de** mit) B̲ V̲P̲R̲ s'~ **de qc** sich mit etw einreiben **enduit** [ɑ̃dɥi] M̲ Überzug m
endurance [ɑ̃dyrɑ̃s] F̲ Ausdauer f **endurant** [ɑ̃dyrɑ̃] A̲D̲J̲ ⟨-ante [-ɑ̃t]⟩ ausdauernd; zäh
endurcir [ɑ̃dyrsir] A̲ V̲T̲ **1** physiquement abhärten **2** fig qn hart machen B̲ V̲P̲R̲ s'~ **1** sich abhärten (**au froid** gegen Kälte) **2** fig hart ou gleichgültig werden; abstumpfen
endurer [ɑ̃dyre] V̲T̲ ertragen
énergétique [enɛrʒetik] A̲D̲J̲ Energie…; PHYS a. energetisch; **aliment** m ~ Energiespender m; **bouquet** m ~ Energiemix m; **politique** f ~ Energiepolitik f
★**énergie** [enɛrʒi] F̲ **1** Energie f **2** d'une personne Energie f; Tatkraft f

énergique [enɛrʒik] A̲D̲J̲ energisch; personne a. tatkräftig
énervant [enɛrvɑ̃] A̲D̲J̲ ⟨-ante [-ɑ̃t]⟩ nervenaufreibend; entnervend **énervé** [enɛrve] A̲D̲J̲ ⟨~e⟩ aufgeregt; nervös **énervement** [enɛrvəmɑ̃] M̲ Nervosität f; Erregtheit f
énerver [enɛrve] A̲ V̲T̲ ~ **qn** j-n nervös machen; j-m auf die Nerven gehen; fam j-n nerven B̲ V̲P̲R̲ ★ **s'~** sich auf-, erregen; nervös werden
★**enfance** [ɑ̃fɑ̃s] F̲ Kindheit f
★**enfant** [ɑ̃fɑ̃] M̲ Kind n
enfantillage [ɑ̃fɑ̃tijaʒ] M̲ Kinderei f
enfantin [ɑ̃fɑ̃tɛ̃] A̲D̲J̲ ⟨-ine [-in]⟩ **1** kindlich; Kinder… **2** (= facile) kinderleicht **3** péj (= puéril) kindisch
★**enfer** [ɑ̃fɛr] M̲ REL, a. fig Hölle f
enfermer [ɑ̃fɛrme] A̲ V̲T̲ einschließen; personne, animal a. einsperren (**dans** in + acc ou dat) B̲ V̲P̲R̲ **s'~** sich einschließen
enfiler [ɑ̃file] A̲ V̲T̲ **1** perles aufreihen; ~ **une aiguille** e-e Nadel, den Faden einfädeln **2** vêtement (sich dat) überziehen, überstreifen; hineinschlüpfen in (+ acc) B̲ V̲P̲R̲ **1** s'~ fam nourriture fam sich (dat) reinziehen **2** s'~ **dans une rue** rasch in e-e Straße einbiegen
★**enfin** [ɑ̃fɛ̃] A̲D̲V̲ **1** (= à la fin) endlich; schließlich; zuletzt **2** conclusion kurzum **3** résignation nun ja **4** restriction das heißt
enflammé [ɑ̃flame] A̲D̲J̲ ⟨~e⟩ **1** (= en flammes) brennend **2** MÉD entzündet **3** fig flammend, glühend
enflammer [ɑ̃flame] A̲ V̲T̲ **1** (= allumer) in Brand setzen; anstecken **2** fig entflammen; begeistern B̲ V̲P̲R̲ **s'~ 1** (= prendre feu) sich entzünden; in Brand geraten; Feuer fangen **2** MÉD sich entzünden **3** fig entflammen (**pour** für)
enflé [ɑ̃fle] A̲D̲J̲ ⟨~e⟩ (an)geschwollen
enfler [ɑ̃fle] A̲ V̲T̲ anschwellen B̲ V̲P̲R̲ **s'~** fig voix anschwellen **enflure** [ɑ̃flyr] F̲ Schwellung f
enfoncer [ɑ̃fɔ̃se] ⟨-ç-⟩ A̲ V̲T̲ **1** clou einschlagen; punaise, bouchon hineindrücken **2** porte, etc eindrücken B̲ V̲I̲ einsinken C̲ V̲P̲R̲ **s'~ 1 une épine (dans la peau)** sich (dat) e-n Dorn einziehen **2** bateau **s'~** (ver)sinken; **s'~ dans la neige** im Schnee ein-, versinken **3** (= pénétrer) **s'~** (tief) vor-, eindringen (**dans** in

enfouir [ɑ̃fwiʀ] VT a. fig vergraben
enfourcher [ɑ̃fuʀʃe] VT vélo, cheval besteigen
enfourner [ɑ̃fuʀne] VT ❶ pain in den Ofen schieben ❷ fam fig (=avaler) fam verspachteln
enfreindre [ɑ̃fʀɛ̃dʀ] VT ⟨→ peindre⟩ zuwiderhandeln (+ dat); übertreten
★**enfuir** [ɑ̃fɥiʀ] VPR ❶ → fuir ❷ s'~ fliehen; flüchten; (= se sauver) davonlaufen
enfumer [ɑ̃fyme] VT pièce verräuchern; fam verqualmen
engageant [ɑ̃gaʒɑ̃] ADJ ⟨-ante [-ɑ̃t]⟩ einladend; sourire gewinnend; offre verlockend
engagement [ɑ̃gaʒmɑ̃] M ❶ (≈ obligation) Verpflichtung f (**envers** qn gegenüber j-m) ❷ (≈ embauche) Ein-, Anstellung f; THÉ Engagement n
engager [ɑ̃gaʒe] ⟨-ge-⟩ A VT ❶ a. fig sa parole verpfänden ❷ (≈ obliger) ~ qn (**à** qc) j-n (zu etw) verpflichten; par ext (≈ exhorter) ~ **qn à qc** j-n auffordern, veranlassen ❸ (≈ embaucher) an-, einstellen; THÉ engagieren; verpflichten ❹ (≈ introduire) einführen, einlegen; clé hineinstecken (**dans** in + acc); véhicule hineinfahren, -steuern, -manövrieren ❺ argent hineinstecken (**dans** in + acc); combat eröffnen ❻ (≈ commencer) négociations einleiten; a. discussion eintreten in (+ acc); conversation anknüpfen, beginnen; combat eröffnen B VPR ❶ s'~ à (faire) qc sich zu etw verpflichten; sich verpflichten, etw zu tun ❷ écrivain, etc s'~ sich engagieren ❸ s'~ MIL sich freiwillig verpflichten; par ext e-e Stelle annehmen (**comme chauffeur** als Chauffeur) ❹ véhicule s'~ **dans** qc in etw (acc) einbiegen, hineinfahren ❺ fig (≈ se lancer) s'~ **dans** qc sich auf etw (acc) einlassen ❻ (≈ commencer) beginnen; anfangen
engendrer [ɑ̃ʒɑ̃dʀe] VT ❶ enfant zeugen ❷ (≈ causer) erzeugen
engin [ɑ̃ʒɛ̃] M ❶ Gerät n; Maschine f ❷ MIL Rakete f ❸ fam péj Ding n
englober [ɑ̃glɔbe] VT umfassen
engloutir [ɑ̃glutiʀ] VT a. fig navire, somme verschlingen
engouffrer [ɑ̃gufʀe] A VT fam nourriture verschlingen B VPR s'~ ❶ vent sich verfangen (**dans** in + dat); fegen (durch) ❷ foule strömen; sich ergießen, sich hineindrängen (**dans** in + acc); individus verschwinden (in + dat)
engourdir [ɑ̃guʀdiʀ] A VT ❶ membres gefühllos, taub machen; par le froid klamm, steif, starr werden lassen ❷ fig träge, schlaff, benommen machen B VPR s'~ taub, gefühllos werden; einschlafen **engourdissement** [ɑ̃guʀdismɑ̃] M ❶ des membres Gefühllosigkeit f; Erstarrung f ❷ fig Betäubung f
engrais [ɑ̃gʀɛ] M Dünger m
engraisser [ɑ̃gʀese] A VT ❶ animaux mästen ❷ terres düngen B VI dick, fett werden C VPR fig s'~ sich bereichern
engrenage [ɑ̃gʀənaʒ] M TECH (Zahnrad)Getriebe n
engueulade [ɑ̃gœlad] fam F fam Anschnauzer m **engueuler** [ɑ̃gœle] fam A VT fam anschnauzen B VPR s'~ sich anschreien, anbrüllen; fam anschnauzen
énième [enjɛm] ADJ → nième
énigmatique [enigmatik] ADJ rätselhaft
énigme [enigm] F a. fig Rätsel n
enivrer [ɑ̃nivʀe] VT (& VPR) (s')**enivrer** a. fig berauschen
enjamber [ɑ̃ʒɑ̃be] VT hinweggehen, -steigen, -schreiten über (+ acc); fossé überspringen; pont: rivière überspannen
enjeu [ɑ̃ʒø] M ⟨-x⟩ au jeu Einsatz m
enjoliveur [ɑ̃ʒɔlivœʀ] M Radkappe f
enjoué [ɑ̃ʒwe] ADJ ⟨-e⟩ fröhlich
enlacer [ɑ̃lase] ⟨-ç-⟩ A VT ❶ qc umranken; umwinden; umschlingen ❷ qn umarmen B VPR s'~ amoureux sich umarmen, umschlingen; sich umschlungen halten
enlaidir [ɑ̃ledir] A VT verunstalten; verschandeln B VI hässlich, unansehnlich werden
enlèvement [ɑ̃lɛvmɑ̃] M JUR Entführung f
★**enlever** [ɑ̃lve] ⟨-è-⟩ A VT ❶ (≈ emporter) abholen; abtransportieren; wegschaffen, -bringen ❷ (≈ ôter) wegnehmen; panneau, etc abmachen; fam wegmachen; tache entfernen; beseitigen; fam herausmachen; saleté wegputzen, -kehren, -wischen; vêtement ausziehen; chapeau abnehmen; clou herausziehen ❸ (≈ kidnapper) entführen ❹ (≈ priver de) courage, illusions nehmen, rauben (**à qn** j-m) B

V/PR **s'~ tache** heraus-, weggehen; *peinture* abgehen

enliser [ɑ̃lize] V/PR **1 s'~** einsinken; *voiture a.* stecken bleiben **2 s'~** *fig enquête, etc* stecken bleiben; erlahmen, versanden

enneigé [ɑ̃neʒe] ADJ ⟨-e⟩ verschneit

★**ennemi(e)** [ɛnmi] **A** M/F Feind(in) *m(f)* **B** ADJ feindlich

★**ennui** [ɑ̃nɥi] M ⟨*surtout pl*⟩ **~s** Ärger *m*; Unannehmlichkeiten *fpl*; Schwierigkeiten *fpl*; Ungelegenheiten *fpl*; Verdruss *m* **2** (≈ *lassitude*) Langeweile *f*

ennuyé [ɑ̃nɥije] ADJ ⟨-e⟩ **1** (≈ *contrarié*) ärgerlich; verärgert **2** (≈ *soucieux*) besorgt

★**ennuyer** [ɑ̃nɥije] ⟨-ui-⟩ **A** V/T **1** (≈ *contrarier*) **~ qn** j-n stören, belästigen, ärgern, verdrießen; j-m lästig sein, werden, fallen **2** (≈ *lasser*) **~ qn** j-n langweilen **3** (≈ *préoccuper*) **~ qn** j-n beunruhigen; j-m Sorgen, Kummer machen **B** V/PR **1** ★**s'~** sich langweilen **2 s'~ de qn** j-n vermissen; sich nach j-m sehnen

★**ennuyeux** [ɑ̃nɥijø] ADJ ⟨-euse [-øz]⟩ **1** (≈ *désagréable*) ärgerlich; lästig **2** (≈ *inintéressant*) langweilig

★**énorme** [enɔʀm] ADJ enorm; gewaltig

énormément [enɔʀmemɑ̃] ADV **1** enorm **2** de (+ *subst*) ungeheuer viel(e) **énormité** [enɔʀmite] F **1** ungeheure Größe **2** *parole ou action* Ungeheuerlichkeit *f*

★**enquête** [ɑ̃kɛt] F **1** Untersuchung *f*; Erhebung *f*; (≈ *sondage*) Umfrage *f*; Befragung *f* **2** JUR Ermittlungen *fpl* **enquêter** [ɑ̃kete] V/I ermitteln, e-e Untersuchung *ou* Umfrage durchführen (**sur qc** in e-r, über e-e Sache)

enquiquiner [ɑ̃kikine] *fam* V/T → embêter, emmerder

enraciné [ɑ̃ʀasine] ADJ ⟨-e⟩ *personne* verwurzelt (**dans mit**)

enragé [ɑ̃ʀaʒe] ADJ ⟨-e⟩ *fig* leidenschaftlich; besessen (**de** von); fanatisch

enrager [ɑ̃ʀaʒe] V/I ⟨-ge-⟩ **j'enrage de** (+ *inf*) es macht mich rasend, dass ich ...; **faire ~ qn** j-n ärgern, reizen

enregistrement [ɑ̃ʀəʒistʀəmɑ̃] M **1** *de son, d'images* Aufnahme *f*; Aufzeichnung *f* **2** JUR Eintragung *f*; Registrierung *f* **3** *de données, d'observations* Verzeichnung *f* **4** **~ des bagages** Gepäckabfertigung *f*, Gepäckaufgabe *f*; AVIAT **se présenter à l'~** einchecken

★**enregistrer** [ɑ̃ʀəʒistʀe] V/T **1** *son, images* aufnehmen; aufzeichnen; *disque a.* einspielen **2** *données, observations* ver-, aufzeichnen; registrieren **3** (≈ *inscrire*) (in ein Register) eintragen; registrieren **4** *bagages* abfertigen; AVIAT einchecken; ★**faire ~** aufgeben **5** *personne* **se faire ~** einchecken

enregistreur [ɑ̃ʀəʒistʀœʀ] **A** ADJ ⟨-euse [-øz]⟩ Registrier... **B** M **~ DVD** DVD--Rekorder *m*

enrhumé [ɑ̃ʀyme] ADJ ⟨-e⟩ erkältet

enrhumer [ɑ̃ʀyme] V/PR **s'~** sich erkälten; e-n Schnupfen bekommen

enrichir [ɑ̃ʀiʃiʀ] **A** V/T **1 ~ qn** j-n reich machen **2** *collection, langue, etc* bereichern (**de qc** um etw) **B** V/PR **s'~** reich werden; *péj* sich bereichern

enrober [ɑ̃ʀɔbe] V/T **1** umhüllen; überziehen **2** *fig* einkleiden (**de** in + *acc*)

enrôler [ɑ̃ʀole] **A** V/T anwerben (**dans** für) **B** V/PR **s'~** eintreten (**dans** in + *acc*)

enroué [ɑ̃ʀwe] ADJ ⟨-e⟩ heiser

enrouler [ɑ̃ʀule] **A** V/T ein-, auf-, zusammenrollen; aufwickeln; **~ qc autour de qc** etw um etw (herum)wickeln, schlingen **B** V/PR **s'~** sich auf-, zusammenrollen; **s'~ dans qc** sich in etw (acc) (ein)wickeln

ensanglanté [ɑ̃sɑ̃glɑ̃te] ADJ ⟨-e⟩ blutverschmiert; blutig

★**enseignant** [ɑ̃sɛɲɑ̃] M/F ⟨-ante [-ɑ̃t]⟩ **~(e)** Lehrkraft *f*; Lehrer(in) *m(f)*

enseigne [ɑ̃sɛɲ] F Laden-, Firmenschild *n*

★**enseignement** [ɑ̃sɛɲmɑ̃] M Unterricht *m*; *institution* Schul-, Unterrichtswesen *n*

★**enseigner** [ɑ̃sɛɲe] V/T unterrichten (**qc** etw); **~ qc à qn** j-n in etw (*dat*) unterrichten; *fam* j-m etw beibringen; *par ext* j-n etw lehren; **~ l'histoire à l'école** Geschichte unterrichten; **à l'université** Geschichte lehren; Vorlesungen in Geschichte halten

★**ensemble** [ɑ̃sɑ̃bl] **A** ADV **1** zusammen; miteinander; ★ **aller ~** zusammenpassen **2** (≈ *simultanément*) gleichzeitig **B** M **1** (≈ *totalité*) Gesamtheit *f*; Ganze(s) *n*; **d'~** Gesamt...; **dans l'~** insgesamt; im (Großen und) Ganzen; alles in allem **2** (≈ *harmonie*) Zusammenspiel *n*, Zusammen-

wirken n, Zusammenklang m ❸ MUS Ensemble n ❹ *d'édifices* Komplex m; Gruppe f ❺ *de meubles* Garnitur f; Gruppe f ❻ COUT Ensemble n ❼ MATH Menge f; **théorie f des ~s** Mengenlehre f
ensevelir [ãsəv(ə)liʀ] V/T ❶ *litt* (≈ *enterrer*) begraben ❷ *fig* (≈ *recouvrir*) unter sich (*dat*) begraben
ensoleillé [ãsɔleje] ADJ ⟨~e⟩ sonnig
★**ensommeillé** [ãsɔmeje] ADJ ⟨~e⟩ schläfrig
ensorceler [ãsɔʀsəle] V/T ⟨-ll-⟩ ❶ verzaubern ❷ *fig* bezaubern; betören
★**ensuite** [ãsµit] ADV dann; danach; darauf
ensuivre [ãsµivʀ] V/PR ⟨→ suivre; *défect*: nur inf u. 3. Person sg u. pl⟩ **s'~** (≈ *découler*) sich daraus ergeben; (≈ *suivre*) darauf folgen
entaille [ãtaj] F Einschnitt m; Kerbe f
entamer [ãtame] V/T ❶ *réserves* anbrechen; *pain, rôti* anschneiden; *capital* angreifen ❷ CHIM angreifen; anfressen ❸ *fig optimisme, etc* erschüttern ❹ (≈ *commencer*) beginnen, anfangen (**qc** etw, **mit** etw); *discussion* einleiten; eröffnen; *conversation* anknüpfen
entasser [ãtase] A V/T ❶ *objets, a. fig* auf-, anhäufen; (auf)stapeln ❷ *personnes* zusammenpferchen (**dans** in + *dat*) B V/PR **s'~** ❶ *objets* sich stapeln, türmen, (an)häufen, ansammeln ❷ *personnes* sich (dicht zusammen)drängen
★**entendre** [ãtãdʀ] ⟨→ rendre⟩ A V/T ❶ hören (≈ *écouter*) *concert, etc* (sich *dat*) anhören; *témoin* hören; vernehmen; *prières* erhören ❷ (≈ *comprendre*) verstehen; **laisser ~ qc (à qn)** (j-m) etw zu verstehen geben ❹ *st/s* (≈ *vouloir*) beabsichtigen; wollen B V/PR **s'~** ❶ ★ **s'~ (bien, mal) avec qn** sich mit j-m (gut, schlecht) verstehen; **s'~ avec qn, sur qc** (≈ *se mettre d'accord*) sich mit j-m, über etw (*acc*) verständigen; **s'~ à qc** (≈ *s'y connaître*) sich auf etw (*acc*) verstehen ❷ *bruit, etc* zu hören sein
entendu [ãtãdy] ADJ ⟨~e⟩ (≈ *convenu*) abgemacht, beschlossen; **bien ~** natürlich; selbstverständlich
entente [ãtãt] F ❶ (≈ *accord*) *processus* Verständigung f; *résultat* Übereinkommen n; Abmachung f; *a*. ÉCON Absprache f; POL Entente f; Bündnis n ❷ (≈ *concorde*)

Einvernehmen n
★**enterrement** [ãtɛʀmã] M Beerdigung f
★**enterrer** [ãtɛʀe] A V/T ❶ *mort* beerdigen; bestatten ❷ *cadavre, trésor* vergraben ❸ *fig affaire, projets* begraben B V/PR **s'~** *fig* sich vergraben (**en province** in der Provinz)
en-tête [ãtɛt] M ⟨~s⟩ Briefkopf m
entêté [ãtete] ADJ ⟨~e⟩ eigensinnig; dickköpfig **entêtement** [ãtɛtmã] M Eigensinn m **entêter** [ãtete] V/PR **s'~** eigensinnig werden; **s'~ dans qc** eigensinnig auf etw (*dat*) beharren; **s'~ à faire qc** sich darauf versteifen, etw zu tun
enthousiasme [ãtuzjasm] M Begeisterung f, Enthusiasmus m **enthousiasmer** [ãtuzjasme] A V/T begeistern B V/PR **s'~** sich begeistern (**pour** für) **enthousiaste** [ãtuzjast] ADJ begeistert
★**entier** [ãtje] ADJ ⟨-ière [-jɛʀ]⟩ ❶ ganz; *lait* ~ Vollmilch f; **tout** ⟨*inv*⟩ ~ ganz; **en** ~ ganz; vollständig ❷ (≈ *absolu*) völlig; *confiance a*. unbedingt ❸ *caractère* gerade
entièrement [ãtjɛʀmã] ADV ganz; völlig
entonnoir [ãtɔnwaʀ] M Trichter m
entorse [ãtɔʀs] F Verstauchung f; *fig* **faire une ~ à** verstoßen gegen
entortiller [ãtɔʀtije] A V/T ❶ (ein)wickeln (**dans** in + *acc*) ❷ *fig* ~ **qn** j-n beschwatzen; *fam* einwickeln B V/PR **s'~** sich wickeln (**autour de** um)
entourage [ãtuʀaʒ] M Umgebung f
★**entourer** [ãtuʀe] A V/T ❶ umgeben (**de** mit); ~ **de, en rouge** rot umranden ❷ *personnes* ~ **qn** j-n umgeben; (ständig) um j-n herum sein; *par ext* (≈ *s'occuper de qn*) j-m Zuwendung entgegenbringen; j-m zur Seite stehen B V/PR **s'~ de** sich umgeben mit
entracte [ãtʀakt] M Pause f
entraide [ãtʀɛd] F (gegenseitige) Hilfe **entraider** [ãtʀede] V/PR **s'~** einander, sich gegenseitig helfen
entrailles [ãtʀaj] FPL (≈ *viscères*) Eingeweide *pl*
entrain [ãtʀɛ̃] M Schwung m **entraînant** [ãtʀɛnã] ⟨-ante [-ãt]⟩ mitreißend, schwungvoll
★**entraînement** [ãtʀɛnmã] M ❶ *a*. SPORTS Training n; Schulung f; Übung f ❷ TECH Antrieb m
entraîner [ãtʀene] A V/T ❶ ~ **qc** etw

(mit sich) fortreißen; etw mitreißen; TECH etw antreiben **2** ~ **qn** j-n mitnehmen; *dans sa chute* mitreißen; *fig musique* j-n mitreißen; *fig passion* j-n hinreißen; *fig* ~ **qn dans qc** j-n in etw *(acc)* (mit) hineinziehen; ~ **qn à faire qc** j-n dazu bringen, veranlassen, etw zu tun **3** (≈ *avoir pour conséquence*) nach sich ziehen; zur Folge haben; mit sich bringen **4** (≈ *exercer*), *a.* SPORTS trainieren; schulen **B** V/PR ★ **s'** ~ *a.* SPORTS trainieren; sich üben (**à** [**faire**] **qc** in etw *dat*)
entraîneur [ɑ̃tʀɛnœʀ] M Trainer(in) m/f
entrave [ɑ̃tʀav] F Hindernis n **entraver** [ɑ̃tʀave] V/T *fig* behindern; hemmen
★ **entre** [ɑ̃tʀ] PRÉP **1** *lieu, temps* zwischen + *dat question «wohin?»:* + *acc* **2** (≈ *parmi*) unter (+ *dat*); **qui d'** ~ **vous?** wer von euch?
entrebâiller [ɑ̃tʀəbaje] V/T e-n Spalt (weit) öffnen
entrecôte [ɑ̃tʀəkot] F Rippenstück n
entrecouper [ɑ̃tʀəkupe] V/T unterbrechen (**qc de qc** etw durch etw)
entre-déchirer [ɑ̃tʀədeʃiʀe] *litt et fig* V/PR **s'** ~ einander bekriegen; *plus fort* zerfleischen
entre-deux-guerres [ɑ̃tʀədøgɛʀ] M ⟨*inv*⟩ Zeit f zwischen den zwei Weltkriegen
★ **entrée** [ɑ̃tʀe] F **1** *action* Eintritt m; *en scène* Auftritt m; *dans un pays* Einreise f; *de véhicules* Einfahrt f **2** *endroit* Eingang m; *d'un bus* Einstieg m; *pour véhicules* Einfahrt f **3** *dans un parti, etc* Eintritt m; Aufnahme f **4** (≈ *prix d'entrée*) Eintritt m; (≈ *billet*) Eintrittskarte f **5** (≈ *vestibule*) Diele f **6** CUIS erster Gang; Vorspeise f **7** INFORM Eingabe f **8** *d'un dictionnaire* Stichwort n **9 d'** ~ **de jeu** gleich zu Beginn; von vornherein
entrelacer [ɑ̃tʀəlase] ⟨-ç-⟩ V/T ineinanderschlingen **B** V/PR **s'** ~ sich verflechten; ineinander verschlungen, verflochten sein
entremêler [ɑ̃tʀəmele] V/T (ver)mischen
entremets [ɑ̃tʀəmɛ] M Süßspeise f
entremise [ɑ̃tʀəmiz] F Vermittlung f
entreposer [ɑ̃tʀəpoze] V/T (ein)lagern
entrepôt [ɑ̃tʀəpo] M Lager n; Lagerhaus n, Lagerhalle f
entreprenant [ɑ̃tʀəpʀənɑ̃] ADJ ⟨-ante [-ɑ̃t]⟩ **1** unternehmungslustig **2** *péj* aufdringlich
entreprendre [ɑ̃tʀəpʀɑ̃dʀ] V/T ⟨→ *prendre*⟩ unternehmen
entrepreneur [ɑ̃tʀəpʀənœʀ] M, **entrepreneuse** [ɑ̃tʀəpʀənøz] F (Bau)Unternehmer(in) m(f)
★ **entreprise** [ɑ̃tʀəpʀiz] F **1** (≈ *projet*) Unternehmen n, Unternehmung f **2** ÉCON Unternehmen n; Betrieb m
★ **entrer** [ɑ̃tʀe] **A** V/T INFORM eingeben **B** V/I ⟨être⟩ **1** *personne* eintreten; herein-; *fam* reinkommen; hinein-; *fam* reingehen; betreten (**dans qc** etw); *dans un pays* einreisen; (≈ *qn en*) *voiture* hinein- ou hereinfahren; *lumière* hereinkommen, -fallen; ★ **entrez!** kommen Sie herein!; treten Sie ein!; *quand on frappe* herein!; ~ **dans** *a.* gehen, kommen in (+ *acc*); ~ **en scène** auftreten; **faire** ~ **qn** j-n eintreten lassen, hereinholen **2** *objets* hineingehen, (hinein)passen (**dans** in + *acc*) **3** *dans une entreprise, un club, etc* eintreten; ~ **à l'école** in die, zur Schule kommen **4** *par ext* (≈ *changer d'état*) (ein)treten, kommen (**dans, en** in + *acc*) **5** (≈ *faire partie de*) e-n Bestandteil bilden (**dans** von ou + *gén*)
entre-temps [ɑ̃tʀətɑ̃] ADV inzwischen
entretenir [ɑ̃tʀət(ə)niʀ] ⟨→ *venir*⟩ **A** V/T **1** *relations, correspondance, etc* unterhalten; aufrechterhalten **2** *maison, vêtements, etc* instand, in Ordnung halten; *édifice a.* erhalten; unterhalten; *machine a.* warten; unterhalten **3** *voiture a.* pflegen **3** *famille* unterhalten; für den Unterhalt aufkommen (+ *gén*) **4** *st/s* ~ **qn de qc** mit j-m über etw *(acc)* reden **B** V/PR **s'** ~ **avec qn de qc** sich mit j-m über etw *(acc)* unterhalten; mit j-m etw besprechen
entretien [ɑ̃tʀətjɛ̃] M **1** *en bon état* Unterhaltung f; Unterhalt m; Instandhaltung f; TECH Wartung f **2** *d'une famille* (Lebens)Unterhalt m **3** (≈ *conversation*) Unterredung f
entrevoir [ɑ̃tʀəvwaʀ] V/T ⟨→ *voir*⟩ **1** flüchtig ou undeutlich sehen **2** (≈ *pressentir*) ahnen
entrevue [ɑ̃tʀəvy] F Unterredung f
entrouvrir [ɑ̃tʀuvʀiʀ] V/T ⟨→ *couvrir*⟩ halb, ein wenig, e-n Spalt (weit) öffnen
énumération [enymeʀasjɔ̃] F Aufzählung f **énumérer** [enymeʀe] V/T ⟨-è-⟩ aufzählen

★**envahir** [ɑ̃vair] VT ❶ *territoire* einfallen in (+ *acc*); überfallen ❷ *par ext* überfluten; *herbes:* jardin überwuchern; *produit: marché* überschwemmen ❸ *sentiment* ~ **qn** j-n überkommen

envahissant [ɑ̃vaisɑ̃] ADJ ‹-ante [-ɑ̃t]› ❶ *personne* aufdringlich ❷ *chose* überhandnehmend

★**enveloppe** [ɑ̃vlɔp] F ❶ (Brief)Umschlag *m* ❷ (= *revêtement*), *a.* fig Hülle *f*; Umhüllung *f*

envelopper [ɑ̃vlɔpe] A VT ❶ einwickeln, einhüllen, einschlagen (**dans** in + *acc*) ❷ *brouillard* ~ **qc** etw ein-, verhüllen B VPR **s'~ dans** sich hüllen, sich wickeln in (+ *acc*)

envenimer [ɑ̃vnime] A VT ❶ *blessure* infizieren ❷ fig verschärfen B VPR ❶ *blessure* sich entzünden ❷ fig sich verschärfen

envergure [ɑ̃vɛʀgyʀ] F ❶ ZOOL, AVIAT Spannweite *f* ❷ fig (= *valeur*) Format *n* ❸ fig (= *ampleur*) Ausmaß *n*; Umfang *m*

enverrai, *etc* [ɑ̃vɛʀe] → envoyer

envers[1] [ɑ̃vɛʀ] PRÉP gegenüber (+ *dat*); gegen (+ *acc*)

envers[2] M Rückseite *f*; *d'un tissu a.* linke Seite; ★ **à l'~** umgekehrt; verkehrt (herum); TEXT (auf) links

enviable [ɑ̃vjabl] ADJ beneidenswert

envie [ɑ̃vi] F ❶ (= *jalousie*) Neid *m* ❷ (= *désir*) Lust *f* (**de** auf (+ *acc*), zu); **avoir ~ de qc** auf etw (*acc*) Lust haben; etw gerne (haben) wollen; **avoir ~ de faire qc** Lust haben zu etw, Lust haben, etw zu tun; etw gerne (tun) wollen ❸ (= *besoin organique*) (natürliches) Bedürfnis; Drang *m*

envier [ɑ̃vje] VT **~ qn** j-n beneiden; auf j-n neidisch sein; **~ qc à qn** j-n um etw beneiden; j-m etw neiden, missgönnen

envieux [ɑ̃vjø] ADJ ‹-euse [-øz]› neidisch (**de** auf + *acc*)

★**environ** [ɑ̃viʀɔ̃] ADV ungefähr; etwa; zirka

environnant [ɑ̃viʀɔnɑ̃] ADJ ‹-ante [-ɑ̃t]› umliegend, (in) der Umgebung

★**environnement** [ɑ̃viʀɔnmɑ̃] M ÉCOL Umwelt *f*

environnemental [ɑ̃viʀɔnmɑ̃tal] ADJ ‹-aux› Umwelt...; **responsabilité ~e** Umwelthaftung *f*

environs [ɑ̃viʀɔ̃] MPL ❶ Umgebung *f* ❷ **aux ~ de** *époque* um; gegen; *lieu* in der Nähe, Umgebung von; bei; *par ext* ungefähr; um (die)

envisageable [ɑ̃vizaʒabl] ADJ in Betracht zu ziehen(d)

envisager [ɑ̃vizaʒe] VT ‹-ge-› ins Auge fassen; in Betracht ziehen; **~ de faire qc** beabsichtigen, vorhaben, daran denken, etw zu tun

envoi [ɑ̃vwa] M (= *paquet*) Sendung *f*

envol [ɑ̃vɔl] M Wegfliegen *n*

envoler [ɑ̃vɔle] VPR ❶ **s'~** *oiseau* auf-, wegfliegen; *avion* abfliegen; aufsteigen; fig *feuilles* davonfliegen ❷ **s'~** *fam objets* verschwinden; *fam* Beine kriegen

envoûtement [ɑ̃vutmɑ̃] M fig Zauber *m*

envoûter [ɑ̃vute] VT fig be-, verzaubern

envoyé [ɑ̃vwaje] M ❶ **~ spécial** Sonderberichterstatter *m* ❷ (= *délégué*) Abgesandte(r) *m*

★**envoyer** [ɑ̃vwaje] VT ‹-oi-; *Futur u. Conditionnel* j'enverrai(s)› ❶ *personne* schicken; **~ (qn) chercher qn, qc** (j-n) nach j-m, etw schicken; (j-n) j-n, etw holen lassen ❷ *choses* (ab-, weg-, ver-, ein)schicken, (-)senden ❸ *balle* werfen

★**épais** [epɛ] ADJ ‹-se [epɛs]› ❶ *mur, couche, etc* dick ❷ *brouillard, fumée, cheveux, forêt* dicht; *obscurité* undurchdringlich ❸ *liquides* dick(flüssig)

épaisseur [epesœʀ] F ❶ Dicke *f*; Stärke *f* ❷ *du brouillard, etc* Dichte *f*

épanoui [epanwi] ADJ ‹-e› ❶ *fleur* aufgeblüht ❷ *visage* (freude)strahlend

épanouir [epanwiʀ] VPR ❶ **s'~** *fleur, a.* fig sich entfalten; aufblühen; *st/s* erblühen; *fleur a.* aufgehen ❷ **s'~** *visage* aufleuchten **épanouissement** [epanwismɑ̃] M ❶ *de fleurs* Aufblühen *n* ❷ fig (volle) Entfaltung, Entwicklung

épargne [epaʀɲ] F ❶ *action* Sparen *n* ❷ Ersparnisse *fpl*

épargne-logement F Bausparen *n*

épargner [epaʀɲe] A VT ❶ *argent, a. par ext* ersparen; **~ qc à qn** j-m etw ersparen; j-n mit etw verschonen ❷ (= *ménager*) verschonen B VPR fig **s'~ qc** sich (*dat*) etw ersparen

éparpiller [epaʀpije] A VT ❶ verstreuen ❷ fig verzetteln B VPR **s'~** fig *personne* sich verzetteln

épatant [epatɑ̃] *fam* ADJ ‹-ante [-ɑ̃t]›

fam toll; klasse **épaté** [epate] ADJ ⟨~e⟩ **1** *nez* platt (gedrückt) **2** *fam* (= *étonné*) verblüfft; *fam* platt **épater** [epate] *fam* VT verblüffen

★ **épaule** [epol] F a. CUIS Schulter f **épaulette** [epolɛt] F COUT Schulterpolster n
épave [epav] F a. *fig* Wrack n
épée [epe] F Schwert n
★ **épeler** [eple] VT ⟨-ll-⟩ buchstabieren
éperdument [epɛʀdymɑ̃] ADV ~ **amoureux** (un)sterblich verliebt; **je m'en moque** ~ das ist mir völlig gleichgültig
éphémère [efemɛʀ] ADJ vergänglich
éphéméride [efemeʀid] F Abreißkalender m
épi [epi] M **1** Ähre f; *de maïs* Kolben m **2** *de cheveux* (Haar)Wirbel m
épice [epis] F Gewürz n **épicé** [epise] ADJ ⟨~e⟩ gewürzt; pikant; (= *fort*) scharf
épicer [epise] VT ⟨-ç-⟩ *a. fig* würzen
★ **épicerie** [episʀi] F Lebensmittelgeschäft n ★ **épicier** [episje] M, **épicière** [episjɛʀ] F Lebensmittelhändler(in) m(f)
épidémie [epidemi] F MÉD, *a. fig* Epidemie f; Seuche f
épier [epje] VT (heimlich) beobachten; belauern
épiler [epile] **A** VT enthaaren; *sourcils* auszupfen **B** V/PR **s'~ les jambes** sich (*dat*) die Beinhaare entfernen
épinards [epinaʀ] MPL Spinat m; **manger des ~** Spinat essen
épine [epin] F **1** Dorn m; Stachel m **2** **~ dorsale** Rückgrat n
épineux [epinø] ADJ ⟨-euse [-øz]⟩ **1** BOT dornig; stach(e)lig **2** *fig problème* heikel
épingle [epɛ̃gl] F (Steck)Nadel f; **~ à nourrice, de sûreté** Sicherheitsnadel f
épingler [epɛ̃gle] VT an-, feststecken
Épiphanie [epifani] F *fête religieuse* Dreikönigsfest n
épisode [epizɔd] M Episode f **épisodique** [epizɔdik] ADJ episodisch; (= *secondaire*) nebensächlich
épithète [epitɛt] F **1** Beiwort n **2** ⟨*adjt*⟩ **adjectif m ~** attributives Adjektiv
éploré [eplɔʀe] ADJ ⟨~e⟩ *visage* verweint; *personne* in Tränen aufgelöst; *par ext* (= *affligé*) untröstlich
éplucher [eplyʃe] VT **1** *pommes de terre, fruits* schälen; *légumes* putzen **2** *fig* (= *examiner*) unter die Lupe nehmen

épluchures [eplyʃyʀ] FPL Schalen *fpl*
éponge [epɔ̃ʒ] F *a.* ZOOL Schwamm m
éponger [epɔ̃ʒe] VT ⟨-ge-⟩ *table, visage* abwischen; *liquide* aufwischen
époque [epɔk] F **1** (= *période*) Epoche f; Zeit(alter) f(n); *fig* Original...; echt; ★ **à l'~ de** zur Zeit (+ *gén*) **2** (= *moment*) Zeit f
épouse [epuz] F → **époux**
épouser [epuze] VT **1** **~ qn** j-n heiraten **2** *fig* (= *adopter*) sich (*dat*) zu eigen machen **3** (= *se modeler sur*) sich anpassen, anschmiegen (*qc dat*)
épousseter [epuste] VT ⟨-tt-⟩ abstauben
époustoufler [epustufle] *fam* VT verblüffen
épouvantable [epuvɑ̃tabl] ADJ entsetzlich; schrecklich; grauenhaft, -voll
épouvantail [epuvɑ̃taj] M *a. fig* Vogelscheuche f
épouvante [epuvɑ̃t] F Entsetzen n; Grau(s)en n; *film* **m d'~** Horrorfilm m
épouvanter [epuvɑ̃te] VT in Schrecken, Angst versetzen
époux [epu] M, **épouse** [epuz] F (Ehe)-Mann m, (Ehe)Frau f; *st/s* Gatte m, Gattin f; **~ pl** Eheleute *pl*; ADMIN Ehegatten *pl*
★ **épreuve** [epʀœv] F **1** (= *test*), *a.* TECH Probe f, Test m, Prüfung f; **à toute ~** unbedingt (zuverlässig); bewährt; erprobt; *santé* eisern; **à l'~ de** widerstandsfähig gegen; **mettre à l'~** auf die Probe stellen **2** (= *malheur*) (Schicksals)Prüfung f **3** *d'un examen* Prüfung(sarbeit) f **4** SPORTS Wettkampf m **5** PHOT Abzug m **6** TYPO (Korrektur)Fahne f
★ **éprouver** [epʀuve] VT **1** (= *tester*) prüfen; testen; erproben **2** (= *faire souffrir*) (sehr) mitnehmen **3** (= *ressentir*) empfinden; verspüren
éprouvette [epʀuvɛt] F Reagenzglas n
EPS [apees] F ABR (= *éducation physique et sportive*) Sportunterricht m
épuisant [epɥizɑ̃] ADJ ⟨-ante [-ɑ̃t]⟩ anstrengend
épuisé [epɥize] ADJ ⟨~e⟩ **1** *personne* (völlig) erschöpft **2** *réserves* verbraucht; *stock* ausverkauft; *livre* vergriffen
épuisement [epɥizmɑ̃] M *des réserves* Erschöpfung f
épuiser [epɥize] **A** VT **1** *réserves, moyens* aufbrauchen **2** *personne* er-

schöpfen ◼ V/PR s'~ ◼ réserves zu Ende, zur Neige gehen; ausgehen ◼ Personen kraftlos werden; *forces* nachlassen; schwinden; **s'~ à faire qc** sich mit etw abmühen, abrackern

équateur [ekwatœʀ] M ◼ GÉOG Äquator m ◼ *État* **l'Équateur** Ecuador n

équation [ekwasjɔ̃] F Gleichung f

équerre [ekɛʀ] F Winkel(maß) m(n)

★**équilibre** [ekilibʀ] M ◼ *a. fig, a.* ÉCON, POL Gleichgewicht n; Balance f; **en ~** im Gleichgewicht, die Balance haltend; **perdre l'~** das Gleichgewicht, die Balance verlieren ◼ *fig d'une personne* (seelisches) Gleichgewicht **équilibré** [ekilibʀe] ADJ ⟨~e⟩ *personne, bilan* ausgeglichen; *alimentation, mélange* ausgewogen **équilibrer** [ekilibʀe] ◼ V/T ◼ ausbalancieren; ins Gleichgewicht bringen ◼ *roue* auswuchten ◼ *budget* ausgleichen ◼ V/PR **s'~** sich ausgleichen; sich *(dat)* die Waage halten

équipage [ekipaʒ] M Besatzung f; Crew f; *d'un bateau a.* Mannschaft f

★**équipe** [ekip] F *surtout* SPORTS Mannschaft f; Team n; **en usine a.** Schicht f

équipement [ekipmɑ̃] M Ausrüstung f; Ausrüstungsgegenstände *mpl* **équiper** [ekipe] ◼ V/T ausrüsten (**de** mit); ausstatten (mit); *par ext (≈ pouvoir)* versehen (mit) ◼ V/PR **s'~** sich ausrüsten, ausstatten (**de** mit)

équitable [ekitabl] ADJ gerecht; **tourisme** m **~ Ökotourismus; COMM boutique** f **de commerce ~** Eine-Welt-Laden m, Weltladen m

équitation [ekitasjɔ̃] F Reiten n

équivalence [ekivalɑ̃s] F Gleichwertigkeit f **équivalent** [ekivalɑ̃] ◼ ADJ ⟨~ente [-ɑ̃t]⟩ gleichwertig (**à** mit); gleich; *tournure* gleichbedeutende(s) n ◼ M Entsprechende(s) n

équivaloir [ekivalwaʀ] ⟨→ *valoir*⟩ ◼ V/T INDIR **~ à** entsprechen, gleichkommen (+ *dat*) ◼ V/PR **s'~** gleich (gut *ou* schlecht) sein

érafler [eʀafle] ◼ V/T (auf)schürfen ◼ V/PR **s'~** sich zerkratzen, (auf)ritzen **éraflure** [eʀaflyʀ] F Kratzer m; Schramme f

ère [ɛʀ] F Ära f; Zeitalter n

érection [eʀɛksjɔ̃] F ◼ CONSTR Errichtung f ◼ *du pénis* Erektion f

éreinté [eʀɛ̃te] ADJ ⟨~e⟩ todmüde

érémiste [eʀemist] M/F = Sozialhilfeempfänger(in) m(f)

ériger [eʀiʒe] ◼ V/T errichten; *statue a.* aufstellen ◼ V/PR **s'~ en** sich aufwerfen zu; sich aufspielen als

ermite [ɛʀmit] M Einsiedler m

érotique [eʀɔtik] ADJ erotisch

errant [eʀɑ̃] ADJ ⟨~ante [-ɑ̃t]⟩ umherziehend; *chien* streunend

errer [eʀe] V/I ◼ umherirren, -wandern, -ziehen; *animaux* streunen ◼ *fig regard* (umher)schweifen

★**erreur** [eʀœʀ, e-] F Irrtum m; Fehler m; **par ~** irrtümlich(erweise); versehentlich; aus Versehen

erroné [eʀɔne, ɛ-] ADJ ⟨~e⟩ fehlerhaft, falsch

érudit [eʀydi] M/F ⟨-ite [-it]⟩ **~(e)** Gelehrte(r) m/f(m)

éruption [eʀypsjɔ̃] F ◼ MÉD Ausschlag m ◼ *d'un volcan* Ausbruch m

es [ɛ] → *être*[1]

ESB [aesbe] F ABR (= encéphalopathie spongiforme bovine) BSE f

escalade [ɛskalad] F ◼ *d'une montagne* Besteigung f; SPORTS Klettern n ◼ *fig* Eskalation f; Zuspitzung f **escalader** [ɛskalade] V/T *mur, etc* übersteigen; klettern über (+ *acc*); *rocher* erklettern; *montagne* besteigen

escalator® [ɛskalatɔʀ] M Rolltreppe f

escale [ɛskal] F ◼ Zwischenlandung f; **faire ~ à Londres** in London zwischenlanden ◼ *lieu* Zwischenstation f

★**escalier** [ɛskalje] M Treppe f; **~ roulant, mécanique** Rolltreppe f; **dans l'~** *ou* **les ~s** auf der Treppe

★**escalope** [ɛskalɔp] F (Kalbs)Schnitzel n

escargot [ɛskaʀgo] M *mit Haus* Schnecke f

escarpé [ɛskaʀpe] ADJ ⟨~e⟩ steil (ansteigend, abfallend)

esclavage [ɛsklavaʒ] M *a. fig* Sklaverei f **esclave** [ɛsklav] M/F *a. fig* Sklave m, Sklavin f

escolier [ɛskɔlje] M CUIS **~ noir** Buttermakrele f

escompte [ɛskɔ̃t] M ◼ FIN Diskont m ◼ COMM Skonto m *ou* n **escompter** [ɛskɔ̃te] V/T ◼ erwarten ◼ FIN diskontieren

escrime [ɛskʀim] F Fechten n

escroc [ɛskʀo] M Betrüger m **escroquer** [ɛskʀɔke] V/T **~ qc à qn** j-n um etw betrügen, bringen, prellen; ~ qn j-n betrügen **escroquerie** [ɛskʀɔkʀi] F̅ Betrug m; Schwindel m

★**espace** [ɛspas] M̅ ◼ Raum m ◼ extraterrestre Weltraum m ◼ (= distance) Zwischenraum m; Abstand m

espacement [ɛspasmɑ̃] M̅ Abstand m
espacer [ɛspase] ⟨-ç-⟩ A V̅T̅ Abstand lassen zwischen (+ dat); auseinanderrücken B V̅P̅R̅ s'~ immer seltener werden
espadrille [ɛspadʀij] F̅ Leinenschuh m

★**Espagne** [ɛspaɲ] F̅ l'~ Spanien n ★ **espagnol** [ɛspaɲɔl] A A̅D̅J̅ spanisch B M̅(F) **Espagnol(e)** Spanier(in) m(f) C M̅ langue l'~ das Spanische; Spanisch n

★**espèce** [ɛspɛs] F̅ ◼ (= genre) Art f; **une ~ de ...** (so) e-e Art (von) ... ◼ injure **~ d'imbécile!** (du) Dummkopf! ◼ BIOL Art f; Spezies f ◼ **en l'~** im vorliegenden, in diesem Fall(e) ◼ COMM **en ~s** (in) bar

espérance [ɛspeʀɑ̃s] F̅ Hoffnung f
★**espérer** [ɛspeʀe] V̅T̅ et V̅I̅ ⟨-è-⟩ ~ qc auf etw (acc) hoffen; (sich auf) etw erhoffen; etw erwarten; ~ qn j-n erwarten; mit j-m rechnen; st/s ~ en qn, qc auf j-n, etw hoffen, vertrauen; ★ **j'espère** ou **je l'espère** hoffentlich!; **j'espère que ...** ich hoffe, dass ...; hoffentlich ...; ~ (+ inf) hoffen zu (+ inf)

espiègle [ɛspjɛgl] A̅D̅J̅ schelmisch
espiogiciel [ɛspjɔʒisjɛl] M̅ IT Spyware ['spaɪveːɐ] f; Spähsoftware f
espion [ɛspjɔ̃] M̅, **espionne** [ɛspjɔn] F̅ ◼ Spion(in) m(f) ◼ ⟨adjt⟩ Spionage-
espionnage [ɛspjɔnaʒ] M̅ Spionage f
espionner [ɛspjɔne] V̅T̅ ~ qn j-n ausspionieren, bespitzeln; j-m nachspionieren

★**espoir** [ɛspwaʀ] M̅ Hoffnung f; **~ de guérison** Hoffnung auf Genesung

★**esprit** [ɛspʀi] M̅ ◼ Geist m; d'une personne m. Verstand m; **dans mon ~** meiner Ansicht nach; in meinen Augen; **faire de l'~** geistreich tun ◼ personne Geist m; Mensch m

esquimau [ɛskimo] ⟨f -aude [-od]; mpl -aux [-o]⟩ A A̅D̅J̅ Eskimo... B S̅U̅B̅S̅T̅ **Esquimau(de)** m(f) Eskimo(frau) m(f)
esquinter [ɛskɛ̃te] fam A V̅T̅ ◼ (= abîmer) fam kaputt machen; personne fam übel zurichten ◼ (= critiquer) fam verreißen B V̅P̅R̅ ◼ s'~ (au travail) fam sich abrackern, abschinden ◼ s'~ **la vue** sich (dat) die Augen verderben

esquisse [ɛskis] F̅ ◼ Skizze f; Entwurf m ◼ fig de sourire Andeutung f **esquisser** [ɛskise] A V̅T̅ ◼ skizzieren; entwerfen ◼ geste, sourire andeuten B V̅P̅R̅ s'~ sich abzeichnen, andeuten

esquiver [ɛskive] A V̅T̅ ~ qc e-r Sache (dat) (geschickt) ausweichen, aus dem Wege gehen B V̅P̅R̅ s'~ sich davonstehlen

★**essai** [ese] M̅ ◼ a. SPORTS Versuch m; Probe f; Test m; AUTO Probe-, Testfahrt f; **à l'~, à titre d'~** auf, zur Probe; probe-, versuchsweise ◼ texte Essay m ou n

essayage [esejaʒ] M̅ Anprobe f
★**essayer** [eseje] ⟨-ay- od -ai-⟩ A V̅T̅ ◼ (= tester) ausprobieren; TECH erproben; testen; voiture a. Probe fahren; vêtements anprobieren ◼ sans objet (= tenter) es versuchen; **il a tout essayé** er hat alles versucht; ★ **~ de faire qc** versuchen, etw zu tun B V̅P̅R̅ s'~ **à (faire) qc** sich in, an etw (dat) versuchen

★**essence** [esɑ̃s] F̅ ◼ Benzin n ◼ CHIM Essenz f ◼ PHIL Wesen n ◼ BOT (Baum)Art f

essentiel [esɑ̃sjɛl] A A̅D̅J̅ ⟨~le⟩ wesentlich B M̅ Wesentliche(s) n; Hauptsache f
essentiellement [esɑ̃sjɛlmɑ̃] A̅D̅V̅ (= principalement) im Wesentlichen
essor [esɔʀ] M̅ Aufschwung m
essorer [esɔʀe] V̅T̅ linge schleudern; à la main auswringen
essouffler [esufle] A V̅T̅ außer Atem kommen lassen; **essoufflé** außer Atem; atemlos B V̅P̅R̅ ◼ s'~ **außer Atem kommen, geraten** ◼ fig **qn s'essouffle** j-m geht der Atem ou die Luft aus

★**essuie-glace** [esyiglas] M̅ ⟨~s⟩ Scheibenwischer m; **essuie-mains** M̅ ⟨inv⟩ Handtuch n
★**essuyer** [esyije] ⟨-ui-⟩ A V̅T̅ ◼ vaisselle, mains abtrocknen; meuble, sueur abwischen; tache, sol aufwischen; lunettes putzen ◼ fig (= subir) hinnehmen müssen B V̅P̅R̅ s'~ sich abtrocknen

★**est**[1] [ɛst] A M̅ Ost(en) m; **à l'est** im Osten, östlich (**de** von ou + gén) B A̅D̅J̅ ⟨inv⟩ Ost...; östlich
est[2] [ɛ] → être[1]
est-ce que [ɛskə] A̅D̅V̅ ~ **tu viens?** kommst du?

esthéticienne [estetisjɛn] F̄ Kosmetikerin f
esthétique [estetik] **A** ADJ ästhetisch **B** F̄ Ästhetik f
estimation [estimasjɔ̃] F̄ Schätzung f; Bewertung f
estime [estim] F̄ (Hoch)Achtung f; Ansehen n; Wertschätzung f
★**estimer** [estime] **A** VT **1** (≈ évaluer) schätzen (**à** auf + acc); bewerten; frais veranschlagen; (≈ calculer approximativement) überschlagen **2** (≈ apprécier) (hoch) achten; schätzen **3** ~ **que** ... der Ansicht sein, dass ...; meinen; fam schätzen, dass ... **B** VPR **s'~ heureux que ...** (+ subj) sich glücklich schätzen, dass ...; von Glück sagen können, dass ...
estival [estival] ADJ ⟨-e; -aux [-o]⟩ sommerlich, Sommer...
estivant [estivã] M̄, **estivante** [estivãt] F̄ Sommergast m
★**estomac** [ɛstɔma] M̄ Magen m
estrade [ɛstʀad] F̄ Podium n
★**et** [e] CONJ **1** und **2** litt **et ... et ...** sowohl ... als auch ...
étable [etabl] F̄ Stall m
établi [etabli] M̄ Werkbank f
établir [etabliʀ] **A** VT **1** (≈ installer) einrichten; (≈ fonder) (be)gründen **2** relations, contact herstellen; liste, devis, record aufstellen; règles, frontières festlegen; prix festsetzen; facture, certificat ausstellen **3** (≈ démontrer) feststellen; ermitteln **B** VPR sich niederlassen
établissement [etablismã] M̄ **1** (≈ installations) Anstalt f; TECH (Werks-, Betriebs)Anlage f; (≈ entreprise) Niederlassung f; Werk n; Betrieb m **2** (≈ action de s'établir) Niederlassung f **3** (≈ création) d'un régime Errichtung f; de relations Herstellung f; d'un devis Aufstellung f; d'un règlement Festlegung f **4** de faits Feststellung f; Ermittlung f
★**étage** [etaʒ] M̄ **1** Stock(werk) m(n) **2** de fusée Stufe f
★**étagère** [etaʒɛʀ] F̄ **1** meuble Regal n **2** au mur Wandbord n, Wandbrett n; à livres Bücherbord n
étais, **était** [etɛ] → **être¹**
étaler [etale] **A** VT **1** marchandises ausstellen; auslegen; journal ausbreiten; colle verteilen; verstreichen; beurre streichen (**sur** auf + acc) **2** dans le temps verteilen; (zeitlich) staffeln **3** fig luxe, savoir zur Schau stellen **B** VPR **1** titre de journal **s'~ sur** sich erstrecken über (+ acc) **2** fam **s'~** (≈ tomber) der Länge nach hinfallen; fam hinschlagen
étalon [etalɔ̃] M̄ cheval Hengst m
étanche [etɑ̃ʃ] ADJ (wasser-, luft)dicht; a. fig undurchlässig; montre wasserdicht
étancher [etɑ̃ʃe] VT **1** TECH abdichten **2** st/s soif löschen
★**étang** [etɑ̃] M̄ Teich m; Weiher m
étant [etɑ̃] PPR → **être¹**
★**étape** [etap] F̄ **1** (≈ distance), a. SPORTS Etappe f **2** lieu (Zwischen)Station f **3** fig Abschnitt m; Etappe f
★**état** [eta] M̄ **1** a. PHYS Zustand m; **~ civil** Familien-, Personenstand m; (**bureau** m **de l'**)**état civil** Standesamt n; **~s d'âme** Gefühlsregungen fpl; seelische Verfassung; Befindlichkeiten fpl; **être dans tous ses ~s** in heller Aufregung sein; **en tout ~ de cause** auf jeden Fall; in jedem Fall; **être en ~ de faire qc** imstande ou in der Lage sein, etw zu tun; **être °hors d'~ de faire qc** außerstande sein, etw zu tun **2** ★ **État** Staat m; **État de droit** Rechtsstaat m; **État membre** Mitgliedstaat m; (≈ description) Aufstellung f **4** HIST Stand m
★**États-Unis** [etazyni] MPL **les ~** die Vereinigten Staaten mpl
etc. [ɛtseteʀa] ABR (= et cetera) usw. (und so weiter)
★**été¹** [ete] M̄ Sommer m; **en été** im Sommer
été² PP → **être¹**
★**éteindre** [etɛ̃dʀ] **A** VT **1** feu, incendie löschen; feu a., bougie auslöschen; fam ausmachen **2** appareil aus-, abschalten; feu ausmachen; télévision, chauffage a. abstellen; aus-, abdrehen; lumière, lampe, a. fam ausknipsen; sans objet das Licht ausmachen **B** VPR **s'~** **1** feu, lumière, chauffage ausgehen **2** fig sentiment erlöschen; bruit verstummen **3** (≈ mourir) entschlafen; race, famille aussterben
★**éteint** [etɛ̃] PP & ADJ ⟨-e [etɛ̃t]⟩ → **éteindre**⟩ feu, bougie, a. volcan, a. fig erloschen; ausgegangen; **être** ~ a. aus sein
étendard [etɑ̃daʀ] M̄ Standarte f
étendre [etɑ̃dʀ] ⟨→ **rendre**⟩ **A** VT **1** bras, jambes (aus)strecken; ailes ausbrei-

ten; *linge* aufhängen; *pâte* ausrollen **2** *vin* verdünnen; strecken **3** *influence* ausdehnen (**à** auf + *acc*) **B** V/PR **1 s'~** *brouillard, épidémie* sich ausbreiten **2 s'~** *plaine, empire* sich ausdehnen, sich erstrecken (**jusqu'à** bis [zu]) **3 s'~** *personne* sich ausstrecken (**sur** auf + *dat*); sich hinlegen **4 s'~ sur un sujet** sich über ein Thema auslassen, verbreiten

étendu [etɑ̃dy] ADJ ⟨~e⟩ **1** *bras, jambes* ausgestreckt **2** *forêt, vue* ausgedehnt **3** *connaissances* umfassend

étendue [etɑ̃dy] F **1** (≈ *surface*) Ausdehnung *f*; Weite *f* **2** (≈ *importance*) Ausmaß *n*; Umfang *m*

★**éternel** [etɛʀnɛl] ADJ ⟨~le⟩ *a. fam* fam ewig

éterniser [etɛʀnize] V/PR **1 s'~** sich endlos hinziehen **2 s'~** *fam personne fam* ewig bleiben

éternité [etɛʀnite] F *a. fam* fig Ewigkeit *f*

éternuement [etɛʀnymɑ̃] M Niesen *n*

éternuer [etɛʀnɥe] V/I niesen

Éthiopie [etjɔpi] F **l'~** Äthiopien *n*

éthique [etik] A ADJ ethisch B F Ethik *f*

ethnie [ɛtni] F Ethnie *f*

ethnique [ɛtnik] ADJ ethnisch

étiage [etjaʒ] M *de l'eau* Tiefstand *m*

étinceler [etɛ̃sle] V/I ⟨-ll-⟩ funkeln **étincelle** [etɛ̃sɛl] F *a. fig* Funke(n) *m*

étiqueter [etikte] V/T ⟨-tt-⟩ etikettieren; *marchandises* auszeichnen

étiquette [etikɛt] F **1** (≈ *marque*) Etikett *n*; (Preis)Schild *n* **2** *fig* Kennzeichen *n* **3** (≈ *protocole*) Etikette *f*

étirer [etiʀe] A V/T TECH strecken; ziehen B V/PR **1 s'~** *tissu* sich dehnen **2** *personne, animal* sich strecken; sich recken

étoffe [etɔf] F (≈ *tissu*) Stoff *m*

★**étoile** [etwal] F **1** ASTRON *signe* Stern *m* **2** ZOOL **~ de mer** Seestern *m* **3** THÉ, FILM Star *m*

★**étonnant** [etɔnɑ̃] ADJ ⟨-ante [-ɑ̃t]⟩ erstaunlich **étonné** [etɔne] ADJ ⟨~e⟩ erstaunt, verwundert (**de** über + *acc*) **étonnement** [etɔnmɑ̃] M (Er)Staunen *n*

★**étonner** [etɔne] A V/T erstaunen, (ver)wundern; **ça m'~ait** das würde mich wundern B V/PR **s'~** (er)staunen, sich wundern (**de** über + *acc*), (**que** ... + *subj* dass...)

étouffant [etufɑ̃] ADJ ⟨-ante [-ɑ̃t]⟩ *air* stickig; *chaleur* drückend; *fig atmosphère* bedrückend

étouffer [etufe] A V/T **1 ~ qn** j-n ersticken; (≈ *gêner la respiration*) j-m den Atem nehmen **2** *incendie, a. fig* ersticken; *bruits* dämpfen; *cri, sentiments* unterdrücken; *scandale* vertuschen B V/I *a. fig* ersticken C V/PR **s'~** sich erdrosseln

étourderie [etuʀdəʀi] F (≈ *légèreté*) Leichtsinn *m*; (≈ *oubli*) Vergesslichkeit *f*

étourdi [etuʀdi] ADJ ⟨~e⟩ gedankenlos; (≈ *léger*) leichtsinnig; (≈ *qui oublie*) vergesslich **étourdir** [etuʀdiʀ] A V/T betäuben; benommen machen B V/PR **s'~** *fig* sich betäuben **étourdissant** [etuʀdisɑ̃] ADJ ⟨-ante [-ɑ̃t]⟩ *bruit* ohrenbetäubend **étourdissement** [etuʀdismɑ̃] M Schwindelgefühl *n*, Schwindelanfall *m*

étourneau [etuʀno] M ⟨~x⟩ ZOOL Star *m*

★**étrange** [etʀɑ̃ʒ] ADJ seltsam, sonderbar; merkwürdig, befremdend

étranger [etʀɑ̃ʒe] A ADJ ⟨-ère [-ɛʀ]⟩ **1** (≈ *d'une autre nation*) ausländisch; *Auslands...*; *Fremd...* **2** (≈ *d'un autre groupe*) fremd B M,F ★ **~, étrangère** *d'une autre nation* Ausländer(in) *m(f)*; *d'un autre groupe social* Fremde(r) *m/f(m)* C F **l'~** *m* das Ausland; **à l'~** im ou ins Ausland; *Auslands...*

étrangler [etʀɑ̃gle] A V/T erwürgen; erdrosseln; *émotion* **~ qn** j-m die Kehle zuschnüren B V/PR **1 s'~** *se tuer* sich erdrosseln **2** (≈ *s'étouffer*) keine Luft mehr bekommen; ersticken **3** *voix* versagen

★**être¹** [ɛtʀ] ⟨je suis; tu es; il est; nous sommes; vous êtes; ils sont; j'étais; je fus; je serai; que je sois; qu'il soit; que nous soyons; sois!; soyons!; soyez!; étant; avoir été⟩ A V/AUX **1** *de quelques v/i* sein; *de tous les v/pr* haben; **elle est arrivée** sie ist (an)gekommen **2** *de la forme passive* werden; **~ aimé** geliebt werden; **il a été critiqué** er ist kritisiert worden B V/I **1** sein; **vous n'y êtes pas du tout** Sie liegen völlig falsch; **je n'y suis pour rien** ich kann nichts dafür; **~ après qn** hinter j-m her sein; **il est de Paris** er ist aus ou von Paris **2** *au passé composé* (≈ *aller*) gehen; **il a été à Paris** er ist nach Paris gegangen, gefahren **3** (≈ *se sentir*) sich fühlen; **il**

est mieux aujourd'hui es geht ihm heute besser [4] *indiquant la date* haben; **nous sommes lundi** wir haben Montag [5] ★ ~ **à** (≈ *appartenir*) gehören (+ *dat*) C V/IMP [1] **il est** st/s (≈ *il y a*) es gibt; st/s **il est des gens qui ...** es gibt Leute, die ... [2] ★ **c'est** das ist; es ist; ★ ... **n'est-ce pas?** nicht wahr?; oder?; **qui est-ce?**, *fam* **qui c'est?**, *fam* **c'est qui?** wer ist das?; ★ **c'est mon frère qui l'a fait** mein Bruder hat es getan; ★ **est-ce que tu viens?** kommst du?

être² M Wesen *n*; ~ **humain** Mensch *m*; ~ **vivant** Lebewesen *n*

★ **étroit** [etʀwa] ADJ ⟨~**e** [etʀwat]⟩ [1] *a. vêtements, relation* eng; *rue, épaules, fenêtre* schmal [2] *péj* engstirnig

★ **étude** [etyd] F [1] (≈ *apprentissage*) Lernen *n*; Studieren *n*; *d'une langue* Erlernung *f*; *d'un rôle* Einstudierung *f*; *d'un texte, d'une science* Studium *n* [2] ★ ~**s** *pl* Studium *n*; **faire ses ~s** studieren [3] (≈ *examen*) Untersuchung *f*; Erforschung *f* [4] *ouvrage* Studie *f* [5] MUS Etüde *f*; Übungsstück *n* [6] ÉCOLE *salle* Arbeitsraum *m* [7] *de notaire* Kanzlei *f*

★ **étudiant** [etydjã], ★ **étudiante** [etydjãt] M/F Student(in) *m(f)* B ADJ studentisch; Studenten...

★ **étudier** [etydje] A V/T [1] *à l'université* studieren; *leçon* lernen [2] (≈ *examiner*) studieren; erforschen; B V/PR **s'~** sich selbst beobachten

eu [y] PP → **avoir¹**

euh [ø] INT [1] *en cherchant ses mots* äh ... [2] *embarras, doute* hm!

★ **euro** [øʀo] M Euro *m*

eurobonds [øʀobõ] MPL POL, FIN Eurobonds *mpl*

eurocrate [øʀɔkʀat] M/F Eurokrat(in) *m(f)*

eurodéputé M, **eurodéputée** F Europaabgeordnete(r) *m/f(m)*

★ **Europe** [øʀɔp] F l'~ Europa *n* ★ **européen** [øʀɔpeɛ̃] ⟨-**enne** [-ɛn]⟩ A ADJ europäisch; Europa ... B M/F **Européen(ne)** Europäer(in) *m(f)*

Europol [øʀɔpɔl] F Europol *f*

eurotunnel M Eurotunnel *m*

eus [y] → **avoir¹**

★ **eux** [ø] PR PERS [1] ⟨*nom*⟩ sie *acc pl* [2] ⟨*avec prép*⟩ sie *acc*; ihnen (*dat*); *réfléchi* sich

évacuation [evakųasjõ] F MIL *d'une salle* Räumung *f*; *de la population* Evakuierung *f*; *de blessés* Abtransport *m* **évacuer** [evakųe] V/T *salle*, *a.* MIL räumen; *population* evakuieren; *blessés* abtransportieren

évadé [evade] A ADJ ⟨~**e**⟩ entflohen B M Ausbrecher *m* **évader** [evade] V/PR [1] **s'~** ausbrechen, (ent)fliehen (**d'une prison** aus e-m Gefängnis) [2] **s'~** *fig* entfliehen (**de** *dat*)

évaluation [evalµasjõ] F Schätzung *f*; Bewertung *f* **évaluer** [evalµe] V/T schätzen (**à** auf + *acc*); *objet a.* bewerten; *distance* (ab)schätzen; *risque* abschätzen; *prix* überschlagen

Évangile [evãʒil] M, **évangile** *a. fig* Evangelium *n*

évanoui [evanwi] ADJ ⟨~**e**⟩ *personne* ohnmächtig ★ **évanouir** [evanwiʀ] V/PR [1] **s'~** *personne* ohnmächtig werden [2] **s'~** (≈ *disparaître*) (ver)schwinden; vergehen; *espoir* zerrinnen

évaporation [evapɔʀasjõ] F Verdunstung *f*; Verdampfung *f* **évaporer** [evapɔʀe] V/PR [1] **s'~** verdunsten; verdampfen [2] **s'~** *fam fig* sich verflüchtigen

évasif [evazif] ADJ ⟨-**ive** [-iv]⟩ *réponse* ausweichend

évasion [evazjõ] F Flucht *f*

éveil [evɛj] *fig* M Erwachen *n*; **en ~** wach (-sam); aufmerksam

éveillé [eveje] ADJ ⟨~**e**⟩ [1] wach [2] *fig* aufgeweckt; lebhaft

éveiller [eveje] V/T wecken; *soupçons*, *sympathie* erwecken B V/PR **s'~** *a. fig* erwachen; *sentiments a.* sich regen; geweckt werden

★ **événement**, **évènement** [evɛnmã] M Ereignis *n*

éventail [evãtaj] M [1] Fächer *m*; **en ~** fächerförmig [2] *fig* Palette *f*; Spektrum *n*

éventrer [evãtʀe] V/T [1] den Bauch aufschlitzen (+ *dat*) [2] *objets* (gewaltsam) aufreißen, aufschlitzen, aufbrechen

éventualité [evãtµalite] F Eventualität *f*; Möglichkeit *f*

éventuel [evãtµɛl] ADJ ⟨~**le**⟩ eventuell

évêque [evɛk] M Bischof *m*

★ **évidemment** [evidamã] ADV selbstverständlich

évidence [evidãs] F [1] Offensichtlichkeit *f*; Offenkundigkeit *f*; **de toute ~** (ganz) offensichtlich [2] (≈ *chose évidente*) offensichtliche Tatsache; Selbstverständlichkeit f **3** **mettre en ~** gut sichtbar hinlegen; *fig* klar, deutlich hervorheben, herausstellen

★**évident** [evidɑ̃] ADJ ‹-ente [-ɑ̃t]› offensichtlich; klar; **ce n'est pas ~** das ist gar nicht so einfach, leicht

évier [evje] M Spüle f; Spülbecken n

★**éviter** [evite] VT **1** vermeiden; *mets, lieu* meiden; *obstacle* ausweichen (+ *dat*); **~ qn** j-n meiden; j-m aus dem Weg gehen; **~ de faire qc** es vermeiden, etw zu tun **2** **~ qc à qn** j-m etw ersparen

évocation [evɔkasjɔ̃] F Erinnerung f (**de** an + *acc*); *du souvenir* Wachrufen n

évolué [evɔlɥe] ADJ ‹~e› *pays* hoch entwickelt; *idées* fortschrittlich

évoluer [evɔlɥe] VI **1** (≈ *se mouvoir*) Bewegungen ausführen; sich bewegen **2** (≈ *changer*) sich (weiter-, fort)entwickeln; *maladie* fortschreiten

★**évolution** [evɔlysjɔ̃] F **1** (≈ *progression*) (Weiter-, Fort)Entwicklung f **2** BIOL Evolution f

évoquer [evɔke] VT **1** in Erinnerung, ins Gedächtnis rufen; erinnern an (+ *acc*); *souvenirs* wachrufen **2** *problème* erwähnen

ex-... [ɛks] *préfixe* Ex-...; ehemalige

★**exact** [ɛgza(kt)] ADJ ‹~e [ɛgzakt]› **1** genau; exakt; richtig; **c'est ~** das ist richtig; das stimmt **2** *personne* pünktlich

★**exactement** [ɛgzaktəmɑ̃] ADV genau

exactitude [ɛgzaktityd] F **1** Genauigkeit f **2** (≈ *ponctualité*) Pünktlichkeit f

exagération [ɛgzaʒerasjɔ̃] F Übertreibung f

exagéré [ɛgzaʒere] ADJ ‹~e› übertrieben

★**exagérer** [ɛgzaʒere] ‹-è-› **A** VT et VI übertreiben **B** VPR **s'~ qc** etw überschätzen

exalter [ɛgzalte] **A** VT **1** (≈ *passionner*) begeistern **2** *st/s* (≈ *glorifier*) preisen **B** VPR **s'~** ins Schwärmen geraten

★**examen** [ɛgzamɛ̃] M **1** (≈ *épreuves*) Prüfung f; Examen n; **~ d'entrée** Aufnahmeprüfung f; **passer, subir un ~** e-e Prüfung, ein Examen machen, ablegen **2** (≈ *contrôle*) (Über)Prüfung f **3** ~ (**médical**) (ärztliche) Untersuchung f **4** JUR **mise f en ~** Eröffnung f e-s Ermittlungsverfahrens (**de qn** gegen j-n)

examinateur [ɛgzaminatœʀ] M, **examinatrice** [ɛgzaminatʀis] F Prüfer(in) m(f)

examiner [ɛgzamine] VT (≈ *contrôler*) (über)prüfen; *a.* MÉD untersuchen

exaspérer [ɛgzaspeʀe] VT ‹-è-› (≈ *irriter*) aufs Äußerste reizen

exaucer [ɛgzose] VT ‹-ç-› erhören

excédent [ɛksedɑ̃] M Überschuss m; **en ~** überschüssig; überzählig

excéder [ɛksede] VT ‹-è-› **1** (≈ *dépasser*) übersteigen; hinausgehen über (+ *acc*) **2** (≈ *agacer*) **~ qn** j-m lästig fallen; j-n ärgern, reizen

excellence [ɛksɛlɑ̃s] F **1** Vorzüglichkeit f **2** *titre* **Excellence** Exzellenz f **3** **par ~** schlechthin; par excellence

★**excellent** [ɛksɛlɑ̃] ADJ ‹-ente [-ɑ̃t]› hervorragend; (ganz) ausgezeichnet; exzellent

excentrique [ɛksɑ̃tʀik] ADJ **1** exzentrisch **2** *quartier* abgelegen

excepté [ɛksɛpte] PRÉP ‹*bei Nachstellung veränderlich*› + *cas régi par le verbe précédent* ausgenommen; außer (+ *dat*)

★**exception** [ɛksɛpsjɔ̃] F Ausnahme f; **d'~** Ausnahme...; Sonder...; außergewöhnlich; **à l'~ de** *ou* **faite de** mit Ausnahme von (*ou* + *gén*); bis auf (+ *acc*); abgesehen von (+ *dat*); außer (+ *dat*)

exceptionnel [ɛksɛpsjɔnɛl] ADJ ‹~le› außergewöhnlich; Ausnahme...; **exceptionnellement** [ɛksɛpsjɔnɛlmɑ̃] ADV **1** (≈ *par exception*) ausnahmsweise **2** (≈ *extraordinairement*) außergewöhnlich

excès [ɛksɛ] M Übermaß n; *acte* Exzess m; ★**~ de vitesse** Geschwindigkeitsüberschreitung f; **à l'~** im Übermaß; bis zum Exzess

excessif [ɛksesif] ‹-ive [-iv]› übermäßig; *personne* maßlos; (≈ *exagéré*) übertrieben; *prix, vitesse* überhöht

★**excitant** [ɛksitɑ̃] ADJ ‹-ante [-ɑ̃t]› *a.* sexuellement erregend; *expérience, livre* aufregend, spannend; *boisson, lecture* anregend

excitation [ɛksitasjɔ̃] F *a.* PHYS, BIOL Erregung f; (≈ *énervement*) *a.* Aufregung f

excité [ɛksite] ADJ ‹~e› erregt; aufgeregt

exciter [ɛksite] **A** VT **1** *personne, a.* sexuellement erregen, aufreizen; (≈ *irriter*) reizen ▣ *appétit, imagination* anregen; *nerf* reizen ▣ V/PR s'~ erregt werden; (≈ *s'irriter*) sich erregen; sich aufregen

exclamation [ɛksklamasjɔ̃] F Ausruf m

exclu [ɛkskly] PP & ADJ ⟨~e⟩ ausgeschlossen **exclure** [ɛksklyʀ] V/T ⟨→ *conclure*⟩ ausschließen (**de** aus)

exclusif [ɛksklyzif] ADJ ⟨-ive [-iv]⟩ ausschließlich; Exklusiv...

exclusion [ɛksklyzjɔ̃] F Ausschluss m (**de** aus); **à l'~ de** außer (+ *dat*)

exclusivité [ɛksklyzivite] F Alleinvertrieb m

excréments [ɛkskʀemɑ̃] MPL Exkremente npl

★ **excursion** [ɛkskyʀsjɔ̃] F Ausflug m

★ **excuse** [ɛkskyz] F Entschuldigung f; (≈ *prétexte*) Ausrede f

★ **excuser** [ɛkskyze] A V/T entschuldigen; ★ **excuse-moi!** entschuldige (bitte)!; Entschuldigung!; Verzeihung!; ★ **excusez-moi!** entschuldigen Sie (bitte)!; Entschuldigung!; Verzeihung! ▣ V/PR ★ s'~ sich entschuldigen (**de qc auprès de qn** bei j-m für, wegen etw)

exécuter [ɛgzekyte] A V/T ▪ (≈ *réaliser*) ausführen; durchführen ▪ JUR vollstrecken ▪ MUS vortragen; spielen; aufführen ▪ ~ **qn** j-n hinrichten, exekutieren ▣ V/PR s'~ der Aufforderung nachkommen; sich fügen **exécution** [ɛgzekysjɔ̃] F ▪ Ausführung f; Durchführung f; **mettre à ~** aus-, durchführen; *menace* wahr machen ▪ JUR Vollstreckung f ▪ MUS Vortrag m; Spiel n; Aufführung f ▪ ~ (**capitale**) Hinrichtung f; Exekution f

exemplaire [ɛgzɑ̃plɛʀ] A ADJ mustergültig; vorbildlich; beispielhaft ▣ M Exemplar n

exemple [ɛgzɑ̃pl] M Beispiel n; ★ **par ~** zum Beispiel, z. B. *abr*; beispielsweise; *fam* (na) so was! *int*

exempt [ɛgzɑ̃] ADJ ⟨~e [ɛgzɑ̃t]⟩ frei; *personne a.* befreit (**de** von) **exempter** [ɛgzɑ̃te] V/T befreien; *personne a.* freistellen, dispensieren (**de** von) **exemption** [ɛgzɑ̃psjɔ̃] F Befreiung f (**de** von)

exercer [ɛgzɛʀse] ⟨-ç-⟩ A V/T ▪ *métier, pouvoir, influence* ausüben ▪ *mémoire* üben; schulen ▪ V/I *médecin* praktizieren; *avocat* als Anwalt tätig sein ▣ V/PR s'~ üben; SPORTS *a.* trainieren; **s'~ à faire qc** sich in etw (*dat*) üben

★ **exercice** [ɛgzɛʀsis] M ▪ *d'un métier, du pouvoir* Ausübung f ▪ SPORTS, ÉCOLE Übung f ▪ ~ (**physique**) (körperliche) Bewegung f ▪ COMM Geschäfts-, Wirtschaftsjahr n

exigeant [ɛgziʒɑ̃] ADJ ⟨-ante [-ɑ̃t]⟩ anspruchsvoll

exigence [ɛgziʒɑ̃s] F ▪ ~**s** pl *de qn* Forderungen fpl; Ansprüche mpl; *de la situation, etc* Erfordernisse npl; Anforderungen fpl ▪ *caractère* anspruchsvolles Wesen

★ **exiger** [ɛgziʒe] V/T ⟨-ge-⟩ ▪ fordern, verlangen (**qc de qn** etw von j-m) ▪ *chose* ~ **qc** etw erfordern, erforderlich machen

exil [ɛgzil] M *a. lieu* Exil n **exilé** [ɛgzile] A ADJ ⟨~e⟩ im Exil lebend; Exil... ▣ MF/F ~(**e**) Emigrant(in) m(f) **exiler** [ɛgzile] A V/T ins Exil schicken; verbannen ▣ V/PR s'~ ins Exil gehen; emigrieren

existence [ɛgzistɑ̃s] F ▪ Existenz f ▪ (≈ *vie*) Dasein n; Leben n ★ **exister** [ɛgziste] A V/I *a. vivre* existieren ▣ V/IMP **il existe** es gibt

exonération [ɛgzɔneʀasjɔ̃] F Befreiung f; Erlass m **exonérer** [ɛgzɔneʀe] V/T ⟨-è-⟩ von Steuern, Gebühren befreien

exorbitant [ɛgzɔʀbitɑ̃] ADJ ⟨-ante [-ɑ̃t]⟩ *prix* horrend; *exigences* maßlos

exotique [ɛgzɔtik] ADJ exotisch

exp. ABR (= *expéditeur*) Abs. (Absender)

expansion [ɛkspɑ̃sjɔ̃] F Ausdehnung f; *a.* POL, ÉCON Expansion f

expatrier [ɛkspatʀije] A V/T *capitaux* im Ausland anlegen ▣ V/PR s'~ sein Land verlassen; auswandern

expédier [ɛkspedje] V/T ▪ *travail, affaire* (rasch, zügig) erledigen ▪ *personne* rasch abfertigen ▪ (≈ *envoyer*) versenden; verschicken; *lettre* ab-, wegschicken; absenden

★ **expéditeur** [ɛkspeditœʀ] M,F, **expéditrice** [ɛkspeditʀis] Absender(in) m(f)

expéditif [ɛkspeditif] ADJ ⟨-ive [-iv]⟩ flink; zügig, flott arbeitend

expédition [ɛkspedisjɔ̃] F ▪ *a.* MIL, *a. iron* Expedition f ▪ (≈ *envoi*) Versand m

★ **expérience** [ɛkspeʀjɑ̃s] F ▪ Erfahrung f ▪ (≈ *essai*) Experiment n

expérimental [ɛkspeʀimɑ̃tal] ADJ ⟨~e; -aux [-o]⟩ experimentell; Versuchs...

expérimenté [ɛkspeʀimɑ̃te] ADJ ⟨~e⟩ erfahren; routiniert **expérimenter**

[eksperimɑ̃te] VT erproben, ausprobieren (**sur** an + dat)

expert [ekspɛʀ] **A** ADJ ⟨-erte [-ɛʀt]⟩ sach-, fachkundig; erfahren **B** MF ⟨-e⟩ Sachverständige(r) m/f(m); Gutachter(in) m(f); par ext (≈ connaisseur) Fachmann m, -frau f; Experte m, Expertin f

expertise [ekspɛʀtiz] F Gutachten n **expertiser** [ekspɛʀtize] VT begutachten

expier [ekspje] VT sühnen

expiration [ekspiʀasjɔ̃] F **1** BIOL Ausatmung f **2** d'un délai Ablauf m

expirer [ekspiʀe] **A** VT ausatmen **B** VI ⟨Ergebnis être⟩ délai, garantie ablaufen; passeport, etc ungültig werden

explicatif [eksplikatif] ADJ ⟨-ive [-iv]⟩ erklärend; erläuternd

★ **explication** [eksplikasjɔ̃] F **1** Erklärung f; Erläuterung f **2** (≈ discussion) Auseinandersetzung f

★ **expliquer** [eksplike] **A** VT erklären, erläutern (**qc à qn** j-m etw); texte interpretieren **B** VPR **1 s'~** sich äußern (**sur** über + acc) **2 s'~** (≈ discuter) sich auseinandersetzen, sich aussprechen; **avec qn** mit j-m; fam (≈ se battre) sich prügeln **3 s'~ qc** (≈ comprendre) sich (dat) etw erklären (können) **4** (≈ devenir clair) sich erklären lassen

exploit [eksplwa] M Großtat f; iron Heldentat f

exploitant [eksplwatɑ̃] M, **exploitante** [eksplwatɑ̃t] F FILM Kinobetreiber(in) m(f)

exploitation [eksplwatasjɔ̃] F **1** Nutzung f; Erschließung f; du sol Bewirtschaftung f; d'une ligne de bus, etc Betrieb m; INFORM **système m d'~** Betriebssystem n **2** (≈ entreprise) Betrieb m

exploiter [eksplwate] VT **1** (≈ faire valoir) nutzen; entreprise, ligne de bus, etc betreiben **2** situation, avantage (aus)nutzen **3** péj travailleurs ausbeuten

explorateur [eksplɔʀatœʀ] M, **exploratrice** [eksplɔʀatʀis] F Forscher(in) m(f) **exploration** [eksplɔʀasjɔ̃] F d'une région et par ext Erforschung f

explorer [eksplɔʀe] VT continent, problème, subconscient erforschen; par ext terrain absuchen

★ **exploser** [eksploze] VI **1** a. fig prix, etc explodieren **2** fig colère ausbrechen **explosif** [eksplozif] **A** ADJ ⟨-ive [-iv]⟩ **1** explosiv **2** fig situation spannungsgeladen **B** M Sprengstoff m

★ **explosion** [eksplozjɔ̃] F **1** a. fig des prix, etc Explosion f; bruit a. Knall m **2** fig Ausbruch m

expo [ekspo] fam F Ausstellung f

exportateur [ekspɔʀtatœʀ] **A** ADJ ⟨-trice [-tʀis]⟩ Ausfuhr…; Export… **B** M Exporteur m **exportation** [ekspɔʀtasjɔ̃] F Ausfuhr f; Export m ★ **exporter** [ekspɔʀte] VT ausführen; exportieren

exposé [ekspoze] M Referat n

exposer [ekspoze] **A** VT **1** marchandises, objets d'art ausstellen **2** morts aufbahren **3** (≈ soumettre) aussetzen (**à** dat) **4** faits, idées darlegen; darstellen **B** VPR **s'~** sich aussetzen (**à** dat); sich exponieren

★ **exposition** [ekspozisjɔ̃] F **1** Ausstellung f **2** de faits, d'idées Darlegung f; Darstellung f

★ **exprès** [ekspʀɛ] ADV **1** (≈ à dessein) absichtlich; fam extra **2** (≈ spécialement) extra

★ **expression** [ekspʀesjɔ̃] F a. LING, MATH Ausdruck m

★ **exprimer** [ekspʀime] **A** VT ausdrücken; zum Ausdruck bringen; opinion a. äußern **B** VPR ★ **s'~** sich ausdrücken; sich artikulieren

expulser [ekspylse] VT vertreiben, ausweisen, verweisen (**de** aus); étranger abschieben **expulsion** [ekspylsjɔ̃] F Ausweisung f; Vertreibung f; d'un locataire Zwangsräumung f

extasier [ekstazje] VPR **s'~** in Entzücken ausbrechen (**devant, sur** über + acc)

extension [ekstɑ̃sjɔ̃] F (≈ augmentation) Ausdehnung f

★ **extérieur** [eksteʀjœʀ] **A** ADJ ⟨~e⟩ äußere; Außen…; (≈ apparent) äußerlich **B** M Äußere(s) n; Außenseite f; ★ **à l'~ de** außerhalb (+ gén); ★ **à l'~** (dr)außen; SPORT auswärts **extérieurement** [eksteʀjœʀmɑ̃] ADV äußerlich

extérioriser [eksteʀjɔʀize] **A** VT äußern **B** VPR **s'~** sentiment sich äußern; personne aus sich herausgehen

extermination [ekstɛʀminasjɔ̃] F Ausrottung f; Vernichtung f **exterminer** [ekstɛʀmine] VT ausrotten; vernichten

externe [ekstɛʀn] ADJ äußerlich

extincteur [ekstɛ̃ktœʀ] M Feuerlöscher

extinction [ɛkstɛ̃ksjɔ̃] F 1 d'un incendie Löschen n 2 d'une race Aussterben n; a. d'un droit Erlöschen n

extorquer [ɛkstɔʀke] VT erpressen, erzwingen (**à qn** von j-m)

extra [ɛkstʀa] A M ⟨inv⟩ 1 **un ~** etwas Außergewöhnliches, Besonderes 2 serveur Aushilfskellner(in) m(f) B fam ADJ ⟨inv⟩ fam super, klasse, toll

extraire [ɛkstʀɛʀ] VT ⟨→ traire⟩ 1 TECH fördern; minerai a. abbauen 2 dent ziehen 3 passages entnehmen (**d'un livre** e-m Buch)

extrait [ɛkstʀɛ] M 1 CHIM Extrakt m 2 d'un livre, etc Auszug m

★**extraordinaire** ADJ außergewöhnlich; ungewöhnlich

extravagance [ɛkstʀavagɑ̃s] F Extravaganz f; Überspanntheit f **extravagant** [ɛkstʀavagɑ̃] ADJ ⟨-ante [-ɑ̃t]⟩ 1 extravagant 2 exigences übertrieben

extrême [ɛkstʀɛm] A ADJ äußerst B M 1 Extrem n 2 **à l'~** bis zum Äußersten

extrêmement [ɛkstʀɛmmɑ̃] ADV äußerst

Extrême-Orient M **l'~** der Ferne Osten; Fernost n

extrémisme [ɛkstʀemism] M Radikalismus m; Extremismus m **extrémiste** [ɛkstʀemist] A ADJ radikal; extremistisch B M/F Radikale(r) m/f(m); Extremist(in) m(f)

extrémité [ɛkstʀemite] F 1 (≈ bout) äußerstes Ende 2 **~s** pl Gliedmaßen fpl; Extremitäten fpl

F

F¹, f [ɛf] M ⟨inv⟩ F, f n
F² ABR (= franc) HIST F
fa [fa] M ⟨inv⟩ MUS f ou F n
fable [fabl] F a. fig Fabel f
fabricant [fabʀikɑ̃], **fabricante** [fabʀikɑ̃t] F Hersteller(in) m(f); Produzent(in) m(f)

fabrication [fabʀikasjɔ̃] F Herstellung f; Fertigung f
fabrique [fabʀik] F Fabrik f
★**fabriquer** [fabʀike] VT 1 herstellen 2 fam (≈ faire) tun; machen
fabuleux [fabylø] ADJ ⟨-euse [-øz]⟩ 1 sagenhaft 2 animal ~ Fabeltier n
★**fac** [fak] fam F ABR (= faculté) fam Uni f
façade [fasad] F 1 ARCH Fassade f 2 fig Fassade f
face [fas] F 1 Gesicht n 2 **~ à ~** Auge in Auge; von Angesicht zu Angesicht; ★ **en ~ de** gegenüber (+ dat); vor (+ acc ou dat); dire, regarder **en ~** ins Gesicht; **faire ~ à** édifice gegenüberliegen (+ dat); fig difficultés fertig werden mit; dépense bestreiten 3 d'une monnaie Vorder-, Bildseite f 4 de la lune, d'un disque Seite f
face-à-face [fasafas] M ⟨inv⟩ Fernsehduell n
Facebook® [fɛsbuk] M INFORM Facebook® n; **être sur ~** bei ou auf Facebook sein
facétie [fasesi] F Spaß m; Scherz m **facétieux** [fasesjø] ADJ ⟨-euse [-øz]⟩ immer zu Späßen aufgelegt
facette [fasɛt] F Facette f
fâché [fɑʃe] ADJ ⟨-e⟩ (≈ irrité) verärgert; **être ~ contre qn**, fam **être ~ après qn** auf j-n böse sein
★**fâcher** [fɑʃe] A VT ärgern B V/PR 1 **★ se ~** böse, wütend, zornig werden; sich ärgern 2 **se ~ avec qn** sich mit j-m zerstreiten, fam verkrachen
fâcheux [fɑʃø] ADJ ⟨-euse [-øz]⟩ misslich; unangenehm
★**facile** [fasil] ADJ leicht; plaisanterie, critique billig; personne **~ à vivre** umgänglich; verträglich
facilement [fasilmɑ̃] ADV leicht; mühelos
facilité [fasilite] F 1 Leichtigkeit f 2 **~s** pl (**de paiement**) Zahlungserleichterungen fpl
★**faciliter** [fasilite] VT erleichtern
★**façon** [fasɔ̃] F 1 Art f; Art und Weise f; Weise f; **à la ~ de** nach Art von (ou + gén); ★ **de toute ~** auf alle Fälle; auf jeden Fall; jedenfalls; sowieso; **de ~ (à ce) que ...** (+ subj) so ..., dass ... 2 **~s** pl Benehmen n; Manieren fpl; Gebaren n; Gehaben n 3 COUT Fasson f; Verarbeitung f
façonner [fasɔne] VT 1 TECH formen; modeln 2 fig formen; prägen

★**facteur** [faktœʀ] M 1 (≈ préposé) Briefträger m; Postbote m 2 (≈ élément), a. MATH Faktor m; **le ~ temps** der Zeitfaktor

factice [faktis] ADJ 1 nachgemacht; künstlich 2 fig unecht; künstlich

★**factrice** [faktʀis] F Briefträgerin f

★**facture** [faktyʀ] F COMM Rechnung f
facturer [faktyʀe] VT (≈ compter) berechnen; in Rechnung stellen

facultatif [fakyltatif] ADJ ⟨-ive [-iv]⟩ fakultativ; *matière scolaire* wahlfrei; freiwillig

★**faculté** [fakylte] F 1 (≈ aptitude) Fähigkeit f; **ne plus jouir de toutes ses ~s** nicht mehr im Vollbesitz s-r geistigen Kräfte sein 2 UNIVERSITÉ Fakultät f; **par ext la ~** die Universität

fada [fada] *fam* ADJ ⟨f inv⟩ verrückt; → *cinglé*

fade [fad] ADJ 1 fad(e); geschmacklos 2 *fig* fad(e); abgeschmackt; schal

fagoté [faɡɔte] *fam* ADJ ⟨~e⟩ **mal ~** schlecht, geschmacklos angezogen

★**faible** [fɛbl] A ADJ *é. élève, lumière, vent* schwach; *bruit, voix* a. leise B M Schwache(r) *m*; **un ~ d'esprit** ein geistig Beschränkter

faiblesse [fɛblɛs] F Schwäche f

faiblir [feblir] VI schwächer werden; nachlassen

faïence [fajɑ̃s] F Steingut *n*; *décorée* Fayence f

faille [faj] F 1 GÉOL Spalte f 2 *fig* Schwachstelle f

faillir [fajiʀ] VI ⟨*défect* j'ai failli; *passé simple* je faillis⟩ **j'ai failli tomber** ich wäre beinahe, fast gefallen

faillite [fajit] F Konkurs m; Bankrott m; **faire ~** Konkurs, Bankrott machen

★**faim** [fɛ̃] F Hunger *m*; **avoir ~** Hunger haben; hungrig sein; **manger à sa ~** sich satt essen

fainéant [fɛneɑ̃] ⟨-ante [-ɑ̃t]⟩ A ADJ faul B M(F) ~(e) Faulenzer(in) m(f); *fam* Faulpelz *m*

★**faire** [fɛʀ] ⟨je fais; il fait; nous faisons [f(ə)zɔ̃]; vous faites; ils font; je faisais [f(ə)zɛ]; je fis; je ferai; que je fasse; que nous fassions; faisant [f(ə)zɑ̃]; fait⟩ A VT et VI 1 machen; tun; **~ un gâteau** e-n Kuchen backen; **~ du jardinage** im Garten arbeiten; gärtnern; **~ qc de qn,** **de qc** etw aus j-m, aus etw machen; **~ jeune** jung aussehen, wirken; **~ bien** gut aussehen, wirken; sich gut ausnehmen, machen; **il ferait bien de** (+ *inf*) er täte gut daran zu (+ *inf*); **il ne fait que commencer** er fängt gerade erst an; **cela y fait beaucoup** das macht viel aus; **ce faisant** dabei; **~ qc pour qn** für j-n etw tun; *fam* **pour quoi ~?** wozu?; **cela ne fait rien** das macht nichts; **j'ai à ~** ich habe zu tun; **on ne peut rien y ~** da kann man nichts machen, tun; **~ que ...** bewirken, zur Folge haben, dass ... 2 **~ du sport** Sport treiben; **~ de la natation** Schwimmsport betreiben; schwimmen 3 (≈ *étudier*) *matière* studieren; treiben 4 (≈ *visiter*) *région* bereisen; *monument* besichtigen; *fam* machen; *magasins fam* abklappern 5 *fam maladie* haben; leiden an (+ *dat*) 6 *fam magasin: article* führen 7 *fam* (≈ *cultiver*) *blé, etc* anbauen 8 (≈ *devenir*) abgeben; werden 9 (≈ *faire semblant*) **~ le malade** sich krank stellen; den Kranken markieren, spielen 10 *fam* (≈ *vendre*) **je vous le fais à dix euros** ich geb's, lasse es Ihnen für zehn Euro 11 *en incise* **fit-il** erwiderte er; sagte er 12 MATH, MESURES **quatre et trois font sept** vier und drei ist, sind, macht sieben; **il fait un mètre quatre-vingt** er ist eins achtzig groß; *pointure* **je fais du quarante** ich habe (Größe) vierzig; **~ du cent (à l'heure)** mit hundert (Stundenkilometern) fahren; **ça fait quinze jours que ...** seit vierzehn Tagen ...; es sind vierzehn Tage her, dass ... B V/AUX ⟨*avec inf*⟩ lassen (+ *inf*); **~ manger** *enfant, malade* füttern; **~ rire qn** j-n zum Lachen bringen C V/IMP sein; **il fait beau, mauvais, sale** *temps* es ist schön, schlechtes Wetter D V/PR 1 **se ~** *sens passif* gemacht werden; (≈ *s'effectuer*) erfolgen; (≈ *être courant*) üblich sein; *mariage, paix* zustande kommen; *silence* eintreten; *fromage* reifen; *chaussures* sich dehnen, weiten; **ça ne se fait pas!** das ou so was tut man nicht! 2 **se ~ vieux** alt werden; altern 3 **se ~ à** sich gewöhnen an (+ *acc*) 4 ★ **(ne) t'en fais pas!** mach dir nichts draus!; (≈ *ne t'inquiète pas!*) nur keine Sorge!; ★ **ne vous en faites pas!** machen Sie sich nichts draus!; (≈ *ne vous inquiétez pas!*) nur

keine Sorge!
faire-part [fɛʀpaʀ] M ⟨inv⟩ (Familien-)Anzeige f
fair-play [fɛʀplɛ] A M Fairness f B ADJ ⟨inv⟩ fair
faisable [fəzabl] ADJ machbar
faisan [fəzɑ̃] M Fasan m
faisceau [fɛso] M ⟨~x⟩ a. fig Bündel n; **~ lumineux** Lichtkegel m; Strahlenbündel n
faisons [f(ə)zɔ̃] → faire
★**fait**¹ [fɛ(t)] M 1 (≈ réalité) Tatsache f; **~s** pl Sachverhalt m; JUR Tatbestand m 2 (≈ acte) Tat f; Handlung f; **prendre qn sur le ~** j-n auf frischer Tat, in flagranti ertappen 3 (≈ événement) Ereignis n; Vorfall m; PRESSE **~s divers** Verschiedenes n, Vermischtes f 4 (≈ cause) Sache f 5 **au ~** [oft] übrigens; eigentlich; **de ~** [dəfɛt] faktisch; tatsächlich; **de ce ~** aus diesem Grund; ★ **en ~** [ɑ̃fɛt] in Wirklichkeit; eigentlich; **en ~ de** was (+ acc) angeht; **tout à ~** ganz, völlig
fait² [fɛ] PP & ADJ ⟨~e [fɛt]⟩ 1 travail gemacht; erledigt; yeux geschminkt; ongles lackiert; expression **toute ~e** fest; stehend; **c'est bien ~** das geschieht dir, ihm etc recht; **être ~ pour** wie geschaffen sein für; sich eignen für 2 fromage reif; weich
faîte [fɛt] M 1 d'une maison (Dach)First m 2 d'une montagne Gipfel m; Kamm m; d'un arbre Wipfel m
faites [fɛt] → faire
fait-tout ⟨inv⟩, **faitout** [fɛtu] M (schwerer) Kochtopf
falafel [falafɛl] M GASTR Falafel f ou n
falaise [falɛz] F Steilküste f
★**falloir** [falwaʀ] V/IMP ⟨il faut; il fallait; il fallut; il a fallu; il faudra; qu'il faille; qu'il fallût⟩ 1 **il faut** (+ inf) man muss (+ inf); **il me faut, il lui faut**, etc (+ inf) ich muss, er ou sie muss etc (+ inf); **il faut que je ...** (+ subj) ich muss (+ inf); ★ **comme il faut** wie es sich gehört; gens anständig; ordentlich 2 (≈ avoir besoin de) **il me faut qc, qn** ich brauche etw, j-n 3 **il s'en faut de peu que ...** (+ subj) es fehlt nicht viel und ...
falsification [falsifikasjɔ̃] F Fälschung f
falsifier [falsifje] V/T fälschen; (≈ dénaturer) verfälschen
famé [fame] ADJ ⟨~e⟩ **mal ~** verrufen

famélique [famelik] ADJ ausgehungert
fameux [famø] ADJ ⟨-euse [-øz]⟩ 1 (≈ renommé) berühmt (**par, pour** für) 2 (≈ très grand) gewaltig 3 (≈ excellent) hervorragend
familial [familjal] ADJ ⟨~e; -aux [-o]⟩ Familien...; familiär
familiariser [familjaʀize] A V/T **~ qn avec qc** j-n mit etw vertraut machen B V/PR **se ~ avec qc** sich mit etw vertraut machen; mit etw vertraut werden
familiarité [familjaʀite] F 1 (≈ intimité), a. fig Vertrautheit f, Vertrautsein n 2 du comportement Vertraulichkeit f
familier [familje] ADJ ⟨-ière [-jɛʀ]⟩ 1 (≈ habituel) vertraut 2 péj comportement (allzu) vertraulich, familiär 3 conversation familiär; ungezwungen 4 expression umgangssprachlich; **langage ~** Umgangssprache f
★**famille** [famij] F a. BIOL, a. fig Familie f
famine [famin] F Hungersnot f
fan [fan] MF Fan m **fana** [fana] fam A ADJ **elle, il en est ~** fam sie, er ist verrückt, wild darauf B MF Fan m
fanatique [fanatik] A ADJ fanatisch B MF 1 Fan m 2 POL, REL Fanatiker(in) m(f) **fanatisme** [fanatism] M Fanatismus m
faner [fane] V/PR **se ~** fleurs (ver)welken; verblühen
fanfaron [fɑ̃faʀɔ̃] ADJ ⟨-onne [-ɔn]⟩ prahlerisch **fanfaronnade** [fɑ̃faʀɔnad] F Prahlerei f
fantaisie [fɑ̃tezi] F 1 (≈ caprice) Laune f; (launischer, plötzlicher) Einfall 2 (≈ goût) Gutdünken n 3 (≈ imagination) Fantasie f; Einfallsreichtum m
fantasque [fɑ̃task] ADJ launenhaft
fantastique [fɑ̃tastik] ADJ fantastisch
★**fantôme** [fɑ̃tom] M (≈ spectre) Gespenst n
faon [fɑ̃] M du chevreuil (Reh)Kitz n
faramineux [faʀaminø] fam ADJ ⟨-euse [-øz]⟩ enorm
farce¹ [faʀs] F 1 THÉ Farce f 2 (≈ tour) Streich m; **faire une ~ à qn** j-m e-n Streich spielen 3 **~s et attrapes** fpl Scherzartikel mpl
farce² F CUIS Füllung f
farci [faʀsi] ADJ ⟨~e⟩ CUIS gefüllt **farcir** [faʀsiʀ] A V/T 1 CUIS füllen 2 fig vollstopfen (**de** mit) B V/PR fam **se ~** repas

fam sich (*dat*) reinziehen; *travail fam* sich (*dat*) aufhalsen; *personne* ertragen

fard [faʀ] M Schminke f; **~ à paupière** Lidschatten m

fardeau [faʀdo] M ⟨~x⟩ Last f; *fig a.* Bürde f

farder [faʀde] VPR **se ~** sich schminken

farfelu [faʀfəly] *fam* ADJ ⟨~e⟩ fam verrückt

farfouiller [faʀfuje] *fam* VI herumstöbern, -wühlen, -kramen (**dans** in + *dat*)

★**farine** [faʀin] F Mehl n **farineux** [faʀinø] ADJ ⟨-euse [-øz]⟩ mehlig

farouche [faʀuʃ] ADJ 1 *enfant, animal* scheu; *adulte* menschenscheu 2 *haine* heftig; *a. regard* wild; *résistance, adversaire* erbittert

fart [faʀt] M Skiwachs n

fascinant [fasinɑ̃] ADJ ⟨-ante [-ɑ̃t]⟩ faszinierend **fascination** [fasinasjɔ̃] F Faszination f **fasciner** [fasine] VT faszinieren

fascisme [faʃism] M Faschismus m **fasciste** [faʃist] A ADJ faschistisch B M/F Faschist(in) m(f)

fasse [fas] → *faire*

faste [fast] M Prunk m; Pracht f

fast-food [fastfud] M ⟨~s⟩ Fast-Food-Restaurant n

fastidieux [fastidjø] ADJ ⟨-euse [-øz]⟩ langweilig

fastueux [fastyø] ADJ ⟨-euse [-øz]⟩ prunkvoll

fatal [fatal] ADJ ⟨~e; -als⟩ 1 (≈ *funeste*) verhängnisvoll 2 (≈ *mortel*) tödlich 3 (≈ *inévitable*) unabwendbar; zwangsläufig **fatalité** [fatalite] F (≈ *destin*) Schicksal n; Verhängnis n

fatidique [fatidik] ADJ schicksalhaft

★**fatigant** [fatigɑ̃] ADJ ⟨-ante [-ɑ̃t]⟩ 1 ermüdend; anstrengend 2 *personne* lästig

★**fatigue** [fatig] F Müdigkeit f; *a.* TECH Ermüdung f

★**fatigué** [fatige] ADJ ⟨~e⟩ müde; (≈ *épuisé*) erschöpft

fatiguer [fatige] A VT 1 ermüden (≈ *importuner*) **~ qn** j-n ermüden; j-m lästig fallen B VPR 1 **se ~** (≈ *s'épuiser*) ermüden; müde werden 2 **se ~ à** (+ *inf*) sich abmühen, sich anstrengen zu (+ *inf*) 3 **se ~ de qc** e-r Sache (*gén*) müde, überdrüssig werden

fatras [fatʀa] *péj* M Wust m (**de** von)

faubourg [fobuʀ] M Vorstadt f

fauché [foʃe] *fam* ADJ ⟨~e⟩ **être ~ fam** blank, pleite sein

faucher [foʃe] VT 1 (ab)mähen 2 *fig voiture: piéton* umfahren; *mort: personne* hinwegraffen 3 *fam* (≈ *voler*) klauen

faucheuse [foʃøz] F Mähmaschine f

faucille [fosij] F Sichel f

faudra [fodʀa], **faudrait** [fodʀɛ] → *falloir*

faufiler [fofile] A VT COUT heften B VPR **se ~** sich (hin)durchschlängeln; sich (hin)einschleichen

faune F ZOOL Fauna f; Tierwelt f

faussaire [fosɛʀ] M Fälscher m

fausser [fose] VT verfälschen

faut [fo] → *falloir*

★**faute** [fot] F 1 (≈ *erreur*) Fehler m; FOOTBALL Foul n 2 (≈ *mauvaise action*) Fehler m; Verfehlung f 3 (≈ *responsabilité*) Schuld f; **c'est (de) sa ~** das ist s-e Schuld, sein Fehler; er ist schuld daran; **être en ~** im Unrecht sein 4 **~ de** mangels (+ *gén*); aus Mangel an (+ *dat*); **sans ~** ganz bestimmt

★**fauteuil** [fotœj] M Sessel m; **~ roulant** Rollstuhl m

fautif [fotif] ADJ ⟨-ive [-iv]⟩ schuld(ig)

fauve [fov] A ADJ fahlgelb, -rot B M ZOOL Raubtier n

★**faux** [fo] A ADJ ⟨**fausse** [fos]⟩ falsch; *personne a.* unaufrichtig; *bijoux a.* unecht; *piano* verstimmt; SPORTS **~ départ** Fehlstart m; **fausse monnaie** Falschgeld n B ADV falsch; **chanter ~** falsch singen C M 1 Falsche(s) n 2 JUR *d'une œuvre d'art* Fälschung f

faux-filet [fofilɛ] M (Rinder)Lende f

faux-monnayeur [fomɔnejœʀ] M Falschmünzer m

faveur [favœʀ] F 1 (≈ *avantage*) Vergünstigung f; Gunst f; **à la ~ de l'obscurité** im Schutz(e) der Dunkelheit; **en ~ de** zugunsten von (*ou* + *gén*); für (+ *acc*) 2 (≈ *considération*) Gunst f

favorable [favɔʀabl] ADJ 1 *personne* **être ~ à qn, à qc** j-m, e-r Sache wohlwollend gegenüberstehen; j-m wohlgesinnt, freundlich gesinnt sein 2 (≈ *propice*) günstig

favori [favɔʀi] ⟨~te [favɔʀit]⟩ A ADJ (≈ *préféré*) Lieblings-... B M/F **~(te)** *du public* Liebling m; *d'un souverain* Günstling *m; femme* Favoritin *f;* SPORTS Favorit(in) *m(f)* **C** M **~s** *pl* Koteletten *pl*

favoriser [favɔʀize] VT begünstigen

★**fax** [faks] M **1** *message* Fax *n* **2** *appareil* Faxgerät *n* ★**faxer** [fakse] VT faxen

fébrile [febʀil] ADJ fieberhaft **fébrilité** [febʀilite] *fig* F Hektik *f*

fécond [fekɔ̃] ADJ ‹~e [fekɔ̃d]› *a. sol* fruchtbar **fécondation** [fekɔ̃dasjɔ̃] F Befruchtung *f* **féconder** [fekɔ̃de] VT BIOL befruchten **fécondité** [fekɔ̃dite] F Fruchtbarkeit *f*

fédéral [federal] ADJ ‹~e; -aux [-o]› Bundes...; *en Suisse a.* eidgenössisch **fédéraliste** [federalist] A ADJ föderalistisch **B** M Föderalist *m* **fédération** [federasjɔ̃] F **1** POL Föderation *f*; Bund *m* **2** *d'associations* (Zentral-, Spitzen-)Verband *m*; Bund *m*

feignant [fɛɲɑ̃] *fam* → fainéant

feindre [fɛ̃dʀ] VT ‹→ peindre› vortäuschen; heucheln; **~ de** (+ *inf*) so tun, als ob man ...

feinte [fɛ̃t] F SPORTS, *a. fig* Finte *f; fig a.* Täuschungsmanöver *n*

fêlé [fele] ADJ ‹~e› **1** *porcelaine, etc* gesprungen; **être ~** e-n Sprung haben **2** *fam fig* **être ~** *fam* eine Macke haben **fêler** [fele] A VT **~ une tasse** e-n Sprung in e-e Tasse machen **B** VPR **se ~** springen; e-n Sprung, e-n Riss bekommen

★**félicitations** [felisitasjɔ̃] FPL Glückwunsch *m,* Glückwünsche *mpl* ★**féliciter** [felisite] A VT **~ qn** j-n beglückwünschen, j-m gratulieren (**pour, de** *zu*) **B** VPR **se ~ de qc** froh, glücklich sein über etw (*acc*)

félin [felɛ̃] A ADJ ‹-ine [-in]› **1** ZOOL Katzen... **2** *fig* katzenartig, -haft **B** MPL **~s** ZOOL Katzen *fpl*

fêlure [felyʀ] F Sprung *m;* Riss *m*

femelle [fəmɛl] A F ZOOL Weibchen *n* **B** ADJ ZOOL, BOT weiblich

★**féminin** [feminɛ̃] A ADJ ‹-ine [-in]› **1** weiblich, feminin, Frauen... **B** M GRAM Femininum *n*

féministe [feminist] A ADJ feministisch **B** M/F Feminist(in) *m(f)*

féminité [feminite] F Weiblichkeit *f*

★**femme** [fam] F **1** Frau *f; poét, péj fam* Weib *n;* ★**~ au foyer** Hausfrau *f;* ★**~ d'affaires** Geschäftsfrau *f;* ★**~ de ménage** Putzfrau *f;* Raumpflegerin *f* **2** (= *épouse*) (Ehe)Frau *f*

fendiller [fɑ̃dije] A VT **1** rissig machen **2** ‹*adj*› **fendillé** rissig **B** VPR **se ~** Risse bekommen; rissig werden

fendre [fɑ̃dʀ] ‹→ rendre› A VT **1** spalten **2** *fig* **~ l'âme, le cœur** das Herz zerreißen **B** VPR **se ~** *rocher* sich spalten; *mur, sol* Risse bekommen; rissig werden

★**fenêtre** [f(ə)nɛtʀ] F *a.* INFORM Fenster *n*

fenouil [fənuj] M Fenchel *m*

fente [fɑ̃t] F Spalte *f; dans le bois a.* Riss *m; d'un skateur, d'un volet* Schlitz *m*

fer [fɛʀ] M **1** *métal* Eisen *n;* **en, de fer** Eisen...; eisern; aus Eisen; *fig* **de fer** *volonté, santé* eisern **2 fer à cheval** Hufeisen *n;* ★**fer à repasser** Bügeleisen *n*

ferai [f(ə)ʀe], **fera(s)** [f(ə)ʀa] → faire

fer-blanc [fɛʀblɑ̃] M ‹fers-blancs› (Weiß)Blech *n*

★**férié** [feʀje] ADJ ‹~e› **jour ~** Feiertag *m*

★**ferme**[1] [fɛʀm] A ADJ fest, hart; *peau, corde a.* straff; *ton* bestimmt; *personne* standhaft; streng (**avec qn** *zu j-m*) **B** ADV **discuter ~** heftig diskutieren; **s'ennuyer ~** sich gewaltig langweilen

★**ferme**[2] [fɛʀm] F (Bauern)Hof *m; maison* Bauernhaus *n*

★**fermé** [fɛʀme] ADJ ‹~e› geschlossen; *attribut seulement* zu; *fig personne* verschlossen; *rue, etc* gesperrt

fermement [fɛʀməmɑ̃] ADV fest

fermentation [fɛʀmɑ̃tasjɔ̃] F *a. fig* Gärung *f* **fermenter** [fɛʀmɑ̃te] VI gären

★**fermer** [fɛʀme] A VT schließen; *fam* zumachen; *robinet a.* zudrehen; *appareil électrique* ausschalten; ausmachen **B** VI *magasin, etc* schließen; geschlossen haben **C** VPR **se ~** *porte, etc* sich schließen; zugehen; *yeux* zufallen; *personne* **se ~ à qc** sich e-r Sache (*dat*) verschließen

fermeté [fɛʀməte] F Festigkeit *f; d'une personne a.* Bestimmtheit *f*

fermeture [fɛʀmətyʀ] F **1** *dispositif* Verschluss *m;* ★**~ éclair®** Reißverschluss *m* **2** *action* Schließen *n; d'un commerce* Schließung *f*

fermier [fɛʀmje], **fermière** [fɛʀmjɛʀ] A M/F Landwirt *m;* Bauer *m,* Bäuerin *f* **B** ADJ Land...

fermoir [fɛʀmwaʀ] M Verschluss *m*

féroce [feʀɔs] ADJ *animal* wild; *homme* grausam; *appétit* unbändig **férocité** [feʀɔsite] F Wildheit *f;* Grausamkeit *f*

ferraille [fɛʀɑj] F̲ Schrott m; Alteisen n
ferré [fɛʀe] A̲D̲J̲ ‹~e› (mit Eisen) beschlagen; **voie ~e** (Bahn)Gleis n; Bahnlinie f
ferroviaire [fɛʀɔvjɛʀ] A̲D̲J̲ (Eisen)Bahn...
★**ferry** [fɛʀi] M̲ ‹~s od ferries›, **ferry-boat** [fɛʀibot] M̲ ‹~-boats› Fährschiff n; Fähre f
fertile [fɛʀtil] A̲D̲J̲ a. fig fruchtbar; **terre** a. ertragreich **fertiliser** [fɛʀtilize] V̲T̲ düngen **fertilité** [fɛʀtilite] F̲ Fruchtbarkeit f
fervent [fɛʀvɑ̃] A̲D̲J̲ ‹-ente [-ɑ̃t]› prière inbrünstig; partisan, amour leidenschaftlich
ferveur [fɛʀvœʀ] F̲ Inbrunst f; Eifer m
★**fesse** [fɛs] F̲ Hinter-, Gesäß-; **~s** pl Gesäß n; fam Hintern m **fessée** [fese] F̲ Schläge mpl auf den Hintern
festin [fɛstɛ̃] M̲ Festessen n, Festmahl n
festival [fɛstival] M̲ Festspiele npl; Festival n
festivités [fɛstivite] F̲P̲L̲ Festlichkeiten fpl
★**fête** [fɛt] F̲ 1̲ Fest n; Fest-, Feiertag m; **faire la ~** fam tüchtig, ordentlich feiern 2̲ d'une personne Namenstag m
Fête-Dieu [fɛtdjø] F̲ ‹Fêtes-Dieu› R̲E̲L̲ Fronleichnam(sfest) m(n)
★**fêter** [fete] V̲T̲ feiern
fétide [fetid] A̲D̲J̲ übel riechend; stinkend
★**feu** [fø] M̲ ‹feux› 1̲ a. fig Feuer n; (= incendie) Brand m; **feu d'artifice** a. fig Feuerwerk n; C̲U̲I̲S̲ **à feu doux** bei schwacher Hitze; **prendre feu** Feuer fangen; in Brand geraten 2̲ (= lumière) Licht n; d'un véhicule a. Scheinwerfer m; C̲I̲R̲C̲U̲L̲A̲T̲I̲O̲N̲ **feu(x)** Ampel f; **feu(x) arrière** Rück-, Schlusslicht(er) n(pl), -leuchte(n) f(pl); **le feu arrière antibrouillard** die Nebelschlussleuchte; **feu rouge, orange, vert** rote, gelbe, grüne Ampel; **donner le feu vert** grünes Licht geben; **feux de croisement** Abblendlicht n; **feux de détresse** Warnblinkanlage f, -licht n; **feux de route** Fernlicht n; **feux de stationnement** Parkleuchte f 3̲ M̲I̲L̲ Feuer n; ★ **coup de feu** Schuss m; **faire feu** feuern
feuillage [fœjaʒ] M̲ Laub(werk) n
feuille [fœj] F̲ 1̲ B̲O̲T̲ Blatt n; **~s** pl a. Laub n; **~s mortes** welkes, trockenes Laub; welke, trockene Blätter 2̲ papier Blatt n (Papier); **~ d'impôt** Steuerformular n
feuillet [fœjɛ] M̲ Blatt n

feuilleter [fœjte] V̲T̲ ‹-tt-› durchblättern
feuilleton [fœjtɔ̃] M̲ Fortsetzungsroman m; T̲V̲, R̲A̲D̲ Serie f
feutre [føtʀ] M̲ 1̲ T̲E̲X̲T̲ Filz m 2̲ crayon Filzstift m; Filz-, Faserschreiber m **feutré** [føtʀe] A̲D̲J̲ ‹~e› bruit gedämpft; **à pas ~s** auf leisen Sohlen
fève [fɛv] F̲ Saubohne f
★**février** [fevʀije] M̲ Februar m
fiable [fjabl] A̲D̲J̲ zuverlässig
fiançailles [fjɑ̃saj] F̲P̲L̲ Verlobung f
★**fiancé** [fjɑ̃se] A̲ A̲D̲J̲ verlobt B̲ M̲/F̲ **~(e)** Verlobte(r) m/f(m)
fiasco [fjasko] M̲ Fiasko n
fibre [fibʀ] F̲ 1̲ B̲I̲O̲L̲, T̲E̲X̲T̲, T̲E̲C̲H̲ Faser f 2̲ fig Ader f **fibreux** [fibʀø] A̲D̲J̲ ‹-euse [-øz]› fas(e)rig
ficeler [fisle] V̲T̲ ‹-ll-› verschnüren
★**ficelle** [fisɛl] F̲ 1̲ Bindfaden m; Schnur f 2̲ pain dünnes, langes Weißbrot 3̲ **~s** pl d'un métier Kniffe mpl; Tricks mpl
fiche¹ [fiʃ] F̲ (= feuille) Zettel m; d'un fichier (Kartei)Karte f
fiche² → ficher
ficher [fiʃe] ‹inf a. fiche; pp fichu› fam A̲ V̲T̲ 1̲ (= faire) machen; tun 2̲ (= donner) geben; verpassen 3̲ (= jeter) fam schmeißen, pfeffern 4̲ **fiche-moi la paix!** lass mich in Frieden! B̲ V̲/P̲R̲ **se ~ de qc, qn** fam auf etw, j-n pfeifen
★**fichier** [fiʃje] M̲ 1̲ ‹fiches› Kartei f 2̲ boîte Karteikasten m 3̲ I̲N̲F̲O̲R̲M̲ Datei f
fichu¹ [fiʃy] M̲ Schultertuch n, Kopftuch n
★**fichu**² fam P̲P̲ ̲&̲ ̲A̲D̲J̲ ‹~e› 1̲ (= détruit) fam kaputt; fam hin(über); personne fam erledigt 2̲ (= détestable) scheußlich; fam verflixt; **ce ~ ordinateur** dieser verflixte Computer; **quel ~ temps!** so ein Sauwetter! 3̲ personne **être mal ~** sich elend fühlen; fam schlecht drauf sein 4̲ (= capable de) **il est ~ de (le faire)** fam er ist imstand(e) und (tut's)
fictif [fiktif] A̲D̲J̲ ‹-ive [-iv]› (= imaginaire) (frei) erfunden; erdacht; fiktiv
fiction [fiksjɔ̃] F̲ Fiktion f
★**fidèle** [fidɛl] A̲ A̲D̲J̲ 1̲ treu 2̲ récit genau; getreu; mémoire zuverlässig B̲ M̲/F̲ 1̲ R̲E̲L̲ Gläubige(r) m/f(m) 2̲ (= adepte) Getreue(r) m/f(m) **fidélité** [fidelite] F̲ 1̲ Treue f (**à, envers qn** zu j-m) 2̲ d'une traduction, etc Genauigkeit f; °**haute ~** High

Fidelity f, **Hi-Fi** abr
fiduciaire [fidysjɛʁ] ADJ JUR, ÉCON treuhänderisch; Treuhand...
fief [fjɛf] M 1 HIST Lehen n 2 fig Domäne f; POL Hochburg f
fiel [fjɛl] M 1 d'animaux Galle f 2 Bitterkeit f
fier¹ [fje] VPR **se ~ à qn, qc** sich auf j-n, etw verlassen; j-m, e-r Sache vertrauen
★**fier²** [fjɛʁ] ADJ ‹fière [fjɛʁ]› stolz; **être ~ de qn, qc** stolz auf j-n, etw sein; péj sich (dat) etwas einbilden auf j-n, etw ★ **fierté** [fjɛʁte] F Stolz m
fiesta [fjɛsta] fam F Fest n; fam Fete f
★**fièvre** [fjɛvʁ] F 1 MÉD Fieber n 2 fig Fieber n **fiévreux** [fjɛvʁø] ADJ ‹-euse [-øz]› 1 MÉD fieb(e)rig 2 fig fieberhaft
figé [fiʒe] ADJ ‹-e› fig starr **figer** [fiʒe] ‹-ge-› A VT a. fig erstarren lassen B VPR **se ~** a. fig erstarren; huile, sauce a. fest, steif, dick werden
fignoler [fiɲɔle] VT ausfeilen
figue [fig] F Feige f **figuier** [figje] M Feigenbaum m
figurant [figyʁɑ̃] M, **figurante** [figyʁɑ̃t] F Statist(in) m(f); Komparse m, Komparsin f **figuration** [figyʁasjɔ̃] F **faire de la ~** Statisten-, Nebenrollen spielen
★**figure** [figyʁ] F 1 (≈ visage) Gesicht n; fam **se casser la ~** hinfallen 2 ART, MATH, etc Figur f 3 (bedeutende) Persönlichkeit, Gestalt
figuré [figyʁe] ADJ ‹-e› bildlich, übertragen; **au (sens) ~** im übertragenen Sinn(e)
figurer [figyʁe] A VT (bildlich, figürlich) darstellen B VI **~ sur une liste**, etc stehen; vorkommen C VPR **se ~ qc** sich (dat) etw vorstellen; **se ~ que ...** sich (dat) einbilden, dass ...
★**fil** [fil] M 1 TEXT, a. fig Faden m; Garn n 2 métallique Draht m; d'une lampe, de téléphone Schnur f; **fil électrique** elektrische Leitung n 3 fam ★ **coup m de fil** Anruf m; Telefongespräch n
filandreux [filɑ̃dʁø] ADJ ‹-euse [-øz]› fas(e)rig
filature [filatyʁ] F 1 TEXT Spinnerei f 2 par la police Beschattung f
file [fil] F Reihe f; de gens, de voitures a. Schlange f; d'une route (Fahr)Spur f; **à la ~** hintereinander; in einer Reihe

filer [file] A VT 1 coton, laine, etc (ver)spinnen 2 **~ qn** j-n beschatten 3 fam (≈ donner) geben B VI 1 maille laufen 2 (≈ aller vite) (dahin)sausen; flitzen; temps verrinnen; verfliegen; **~ à l'anglaise** fam sich auf Französisch verabschieden ou empfehlen
filet [filɛ] M 1 Netz n 2 CUIS Filet n
filiale [filjal] F Tochtergesellschaft f, Tochterfirma f
filière [filjɛʁ] F 1 UNIVERSITÉ Studiengang m 2 fig Linie f; de la drogue Connection f
filigrane [filigʁan] M sur le papier Wasserzeichen n
★**fille** [fij] F 1 (≈ opposé à fils) Tochter f 2 (≈ opposé à garçon) Mädchen n; ★ **jeune ~** junges Mädchen; **vieille ~** alte Jungfer
fillette [fijɛt] F kleines Mädchen
filleul(e) [fijœl] M(F) Patenkind n
★**film** [film] M 1 FILM, TV (Spiel)Film m; ★ **~ policier** Kriminalfilm m; fam Krimi m 2 PHOT Film(streifen) m 3 (≈ couche mince) Film m 4 **~ plastique** Frischhaltefolie f
filmer [filme] VT filmen
filon [filɔ̃] M MINES Ader f; Gang m
filou [filu] M Gauner m
fils [fis] M Sohn m; péj **~ à papa** verwöhnter Sohn reicher Eltern
filtre [filtʁ] M Filter m
filtrer [filtʁe] A VT 1 filtern 2 fig genau, streng kontrollieren; informations sieben B VI 1 eau durchsickern; lumière durchdringen 2 fig informations durchsickern
★**fin¹** [fɛ̃] F 1 Ende n; Schluss m; **fin du monde** Weltuntergang m; **fin de semaine** Wochenende n; **fin de série** auslaufende Serie; Auslaufmodell n; **fin de siècle** f Jahrhundertwende f; adjt dekadent; **fin mai** Ende Mai; **à la fin** am Ende, Schluss (de gén); schließlich; **en fin de compte** letzten Endes; **mettre fin à qc** e-r Sache (dat) ein Ende machen, bereiten, setzen 2 (≈ but) Ziel n; (End)Zweck m; **à cette fin** zu diesem Zweck; hierzu; **parvenir à ses fins** sein Ziel erreichen
★**fin²** [fɛ̃] A ADJ ‹fine [fin]› fein; mains, taille schmal; schlank; papier, couche dünn; remarque geistreich; witzig; personne schlau; vin, etc erlesen; **fin con-**

naisseur hervorragender Kenner; **fines herbes** Gewürzkräuter, Küchenkräuter; **au fin fond de** weit hinten in (+ *dat*); tief im Innern (+ *gén*) B ADV **être fin prêt** ganz fertig sein

final [final] ADJ ⟨~e; -als⟩ End...; Schluss...; letzte(r, -s); **point ~** Schlusspunkt *m*

★**finale** [final] F SPORTS Finale *n*; Endspiel *n* ★**finalement** [finalmã] ADV schließlich

finance [finãs] F 1 ⟨*pl*⟩ **~s** *a. fam* Finanzen *fpl*; ADMIN Finanzwesen *n* 2 *secteur* Finanzwelt *f*; °**haute ~** Hochfinanz *f*

financement [finãsmã] M Finanzierung *f* **financer** [finãse] V/T ⟨-ç-⟩ finanzieren **financier** [finãsje] A ADJ ⟨-ière [-jɛʀ]⟩ finanziell; Finanz... B M Finanzier *m*

finesse [finɛs] F *a. fig* Feinheit *f*

★**fini** [fini] ADJ ⟨~e⟩ 1 *travail* fertig; beendet; **produit ~** Fertigprodukt *n*; **c'est ~ entre nous** zwischen uns ist es aus 2 *objet* **bien ~** gut, sorgfältig gearbeitet, gefertigt 3 *fig* **c'est un homme ~** er ist erledigt, am Ende PHIL, MATH endlich

★**finir** [finiʀ] A V/T 1 beend(ig)en; abschließen; fertigstellen, machen; zu Ende führen, bringen; *vêtements* auftragen; *assiette* leer essen; *verre* austrinken; **~ de faire qc** aufhören, etw zu tun 2 (≈ *parachever*) den letzten Schliff geben (+ *dat*) B V/I 1 *personne* aufhören; Schluss machen; **en ~ avec qn, qc** mit j-m, e-r Sache Schluss machen; etw aus der Welt schaffen 2 *chose, a. personne* enden; zu Ende gehen *ou* sein 3 **~ par faire qc** am Ende, schließlich, zuletzt (doch) etw tun

finition [finisjõ] F 1 Fertigstellung *f*; **~s** *pl* letzte Arbeiten *fpl*; letzter Schliff 2 *résultat* Verarbeitung *f*

finlandais [fɛ̃lɑdɛ] ⟨-aise [-ɛz]⟩ A ADJ finnisch B M(F) **Finlandais(e)** Finne *m*, Finnin *f*

Finlande [fɛ̃lɑ̃d] F **la ~** Finnland *n*

finnois [finwa] A M **le ~** (das) Finnisch(e) B ADJ ⟨-oise [-waz]⟩ finnisch

fioritures [fjɔʀityʀ] FPL Schnörkel *mpl*

firme [fiʀm] F Firma *f*

fisc [fisk] M Fiskus *m*; Steuerbehörde *f*

fiscal [fiskal] ADJ ⟨~e; -aux [-o]⟩ Steuer...; steuerlich

fission [fisjõ] F Kernspaltung *f*

fissure [fisyʀ] F Riss *m* **fissurer** [fisyʀe] A V/T Risse verursachen in (+ *dat*); **fissuré** rissig B V/PR **se ~** rissig werden; Risse bekommen

fit, fît [fi] → **faire**

fixateur [fiksatœʀ] M 1 PHOT Fixiermittel *m* 2 COIFFURE Haarfestiger *m*

fixation [fiksasjõ] F 1 *d'un objet* Befestigen *n*; Festmachen *n* 2 *dispositif* Befestigung *f*; Halterung *f*; *de ski* Bindung *f* 3 *d'un délai, des prix* Festsetzung *f*; Festlegung *f* 4 PSYCH Fixierung *f*

fixe [fiks] A ADJ *date, revenu* fest; COMM fix; *regard* starr; unverwandt; *objet* unbeweglich; TÉL **réseau ~** Festnetz *n*; TÉL **téléphone** *m* **~** Festnetztelefon *n*; TÉL **numéro** *m* **de téléphone ~** Festnetznummer *f*; **à prix ~** zum Festpreis B M 1 *salaire* Fixum *n*; festes Gehalt 2 TÉL Festnetztelefon *n*

fixer [fikse] A V/T 1 *objet* befestigen; festmachen 2 *délai, prix, etc* festsetzen; festlegen; fixieren; *délai a.* setzen 3 *par écrit, dans la mémoire* festhalten 4 **~ (son regard sur) qn, qc** j-n, etw fixieren, anstarren; den Blick auf j-n, etw heften 5 PHOT, PEINT fixieren B V/PR 1 **se ~** (≈ *s'établir*) sich niederlassen; sich festsetzen 2 **se ~ sur** *regard* sich heften auf (+ *acc*); *choix* fallen auf (+ *acc*)

flacon [flakõ] M Fläschchen *n*

flageoler [flaʒɔle] V/I *jambes* zittern; schlottern

flagrant [flagʀɑ̃] ADJ ⟨-ante [-ɑ̃t]⟩ 1 **(prendre qn) en ~ délit** (j-n) in flagranti, auf frischer Tat (ertappen) 2 (≈ *évident*) offensichtlich

flair [flɛʀ] M 1 *du chien, etc* Witterung *f* 2 *fig* Gespür *n*

flairer [fleʀe] V/T *animal: nourriture, etc* schnuppern an (+ *dat*)

flamand [flamɑ̃] ⟨-ande [-ɑ̃d]⟩ A ADJ *a.* ART flämisch B SUBST **Flamand(e)** *m(f)* Flame *m*, Flämin *f*

flamant [flamɑ̃] M **~ (rose)** Flamingo *m*

flambant [flɑ̃bɑ̃] ADV ⟨*inv a.* **~ neuve**⟩ **~ neuf** *fam* brandneu; *fam* (funkel)nagelneu

flambeau [flɑ̃bo] M ⟨~x⟩ *a. fig* Fackel *f*

flamber [flɑ̃be] A V/T CUIS flambieren B V/I *feu* (hell auf)lodern; *bois sec, mai-*

son lichterloh brennen; in Flammen aufgehen ❷ fig prix in die Höhe schnellen
flamboyant [flɑ̃bwajɑ̃] ADJ ⟨-ante [-ɑ̃t]⟩ ❶ (≈ brillant) funkelnd ❷ couleur (de cheveux) leuchtend (rot)
flamboyer [flɑ̃bwaje] VI ⟨-oi-⟩ ❶ feu lodern ❷ fig funkeln
★**flamme** [flam, flɑm] F ❶ Flamme f ❷ fig Feuer n
flan [flɑ̃] M Pudding m
flanc [flɑ̃] M Seite f; a. MIL Flanke f
flancher [flɑ̃ʃe] fam VI schwach werden; nachlassen
Flandre [flɑ̃dʀ] F **la ~** ou **les ~s** fpl Flandern n
flâner [flɑne] VI (umher)schlendern; fam bummeln **flânerie** [flɑnʀi] F Umherschlendern n; (≈ promenade) Spaziergang m **flâneur** [flɑnœʀ] M, **flâneuse** [flɑnøz] F Spaziergänger(in) m(f)
flanquer fam VT (≈ jeter) werfen; fam schmeißen; **~ qn à la porte, dehors** fam j-n vor die Tür setzen, rauswerfen, rausschmeißen, feuern
flaque [flak] F (Wasser)Pfütze f
flash [flaʃ] M ⟨-es⟩ ❶ PHOT Blitz(licht)m(n) ❷ RAD Kurznachrichten fpl; kurze (wichtige) Meldung
flash-back [flaʃbak] M ⟨inv⟩ Rückblende f
flasher [flaʃe] fam VI **~ sur qn, qc** fam auf j-n, etw abfahren
flasque [flask] ADJ schlaff
flatter [flate] A VT **~ qn** a. par ext de qc j-m schmeicheln B VPR **se ~ de** (+ inf) sich (dat) (etwas darauf) einbilden zu (+ inf) **flatterie** [flatʀi] F Schmeichelei f **flatteur** [flatœʀ], **flatteuse** [flatøz] A M/F Schmeichler(in) m(f) B ADJ ❶ personne, propos schmeichlerisch ❷ (≈ élogieux) schmeichelhaft
fléau [fleo] M ⟨-x⟩ (≈ calamité) Geißel f
★**flèche** [flɛʃ] F ❶ Pfeil m ❷ d'un clocher (Turm)Spitze f **flécher** [fleʃe] VT ⟨-è-⟩ mit Pfeilen markieren
fléchette [fleʃɛt] F Wurfpfeil m
fléchir [fleʃiʀ] A VT ❶ genoux, a. fig beugen B VI ❶ poutre sich (durch)biegen; jambes weich werden ❷ fig nachlassen **fléchissement** [fleʃismɑ̃] M ❶ Beugen n; Biegen n ❷ fig Nachlassen n
flegmatique [flɛgmatik] ADJ gelassen; gleichmütig; péj phlegmatisch **flegme** [flɛgm] M Gelassenheit f; Gleichmut m
flemme [flɛm] fam F Faulheit f
flétrir [fletʀiʀ] A VT plante (ver)welken lassen B VPR **se ~** (ver)welken; a. beauté verblühen; a. visage welk werden
★**fleur** [flœʀ] F Blume f; partie d'une plante Blüte f; **~s d'oranger** Orangenblüten fpl; CUIS **~ de sel** Fleur de Sel n Gourmet--Meersalz; tissu à **~s** mit Blumenmuster, geblümt; **être en ~(s)** blühen, in Blüte stehen
fleuri [flœʀi] ADJ ⟨-e⟩ ❶ blühend; jardin a. voll(er) Blumen ❷ tissu geblümt ❸ style blumig
★**fleurir** [flœʀiʀ] A VT (mit Blumen) schmücken B VI plantes blühen
fleuriste [flœʀist] M/F marchand Blumenhändler(in) m(f)
fleuve [flœv] M (großer) Fluss m
flexibiliser [flɛksibilize] VT flexibel gestalten
flexible [flɛksibl] ADJ ❶ biegsam ❷ fig flexibel; anpassungsfähig
flexion [flɛksjɔ̃] F TECH (Durch)Biegung f
flic [flik] fam M Polizist m; **~s** pl a. fam Polente f
flingue [flɛ̃g] fam M Knarre f **flinguer** [flɛ̃ge] fam A VT fam abknallen B VPR **se ~** sich erschießen
flipper¹ [flipœʀ] M Flipper m; **jouer au ~** flippern
flipper² [flipe] fam VI ❶ (≈ être déprimé) fam down sein, durchhängen ❷ (≈ paniquer) fam ausflippen
flirt [flœʀt] M a. fig Flirt m **flirter** [flœʀte] VI a. fig flirten
flocon [flɔkɔ̃] M Flocke f
flonflons [flɔ̃flɔ̃] MPL Klänge mpl
floraison [flɔʀɛzɔ̃] F ❶ Blüte f ❷ fig Aufblühen n
floral [flɔʀal] ADJ ⟨-e; -aux [-o]⟩ Blumen..., Blüten...
flore [flɔʀ] F a. MÉD Flora f
florissant [flɔʀisɑ̃] ADJ ⟨-ante [-ɑ̃t]⟩ blühend; commerce florierend
flot [flo] M ❶ ⟨pl⟩ **~s** Fluten fpl ❷ (≈ courant), a. fig Flut f, Strom m; **à ~s** in Strömen ❸ MAR **à ~** flott; **remettre à ~** a. fig (wieder) flottmachen
flottant [flɔtɑ̃] ADJ ⟨-ante [-ɑ̃t]⟩ ❶ schwimmend; **glaces ~es** Treibeis n ❷ fig flatternd; wehend
flotte [flɔt] F ❶ MAR, AVIAT Flotte f ❷

fam (≈ *eau*) Wasser *n*
flottement [flɔtmɑ̃] M 1 (≈ *indécision*) Unschlüssigkeit *f* 2 *d'une monnaie* Floaten *n*
flotter [flɔte] VI 1 schwimmen, treiben (**sur l'eau** auf dem Wasser) 2 *drapeau, vêtement* flattern; wehen; *cheveux a.* fliegen; *parfum dans la pièce* schweben
flotteur [flɔtœʀ] M TECH Schwimmer *m*
flou [flu] ADJ ⟨~e⟩ 1 *photo* unscharf 2 *fig pensée* unklar; verschwommen
fluctuation [flyktɥasjɔ̃] F Schwankung *f*; Fluktuation *f* **fluctuer** [flyktɥe] VI fluktuieren; schwanken
fluet [flɥɛ] ADJ ⟨-ette [-ɛt]⟩ schmächtig; zart; *jambes, voix* dünn
fluide [flɥid, flyid] ADJ 1 *huile, sang* (dünn)flüssig 2 *fig circulation, style* flüssig 3 M PHYS flüssiger oder gasförmiger Körper **fluidité** [flɥidite] F 1 *du sang, etc* Dünnflüssigkeit *f* 2 *fig du style* Flüssigkeit *f*
flûte [flyt] F 1 Flöte *f* 2 *pain* langes dünnes Weißbrot
fluvial [flyvjal] ADJ ⟨~e; -aux [-o]⟩ Fluss...; **port ~** Binnenhafen *m*
flux [fly] M MAR Flut *f*
FMI [ɛfɛmi] M ABR (= *Fonds monétaire international*) IWF *m*
FN [ɛfɛn] M ABR (= *Front national*) rechts-extreme frz Partei
FO [ɛfo] F ABR (= *Force ouvrière*) sozialdemokratisch orientierte frz Gewerkschaft
★**foi** [fwa] F 1 Glaube(n) *m*; **être de bonne foi** gutgläubig, aufrichtig sein; **de mauvaise foi** böswillig; unaufrichtig; **ajouter foi à qc** e-r Sache (*dat*) Glauben schenken 2 REL Glaube(n) *m*
★**foie** [fwa] M Leber *f*; **~ gras** Gänseleber (-pastete) *f*
★**foin** [fwɛ̃] M AGR Heu *n*
foire [fwaʀ] F 1 (≈ *exposition*) Messe *f* 2 (≈ *marché*) (Jahr)Markt *m* 3 (≈ *fête foraine*) Volksfest *n*
★**fois** [fwa] F Mal *n*; ★ **une ~** einmal; **une bonne ~** *ou* **une ~ pour toutes** ein für alle Mal; **pour la dernière ~** zum letzten Mal; ★ **à la ~** zugleich; gleichzeitig; einmal; **des ~** (≈ *parfois*) manchmal; (≈ *par hasard*) zufällig; vielleicht; **(à) chaque ~, toutes les ~ que ...** jedes Mal, immer wenn ...; sooft ...; **une ~ que**

... wenn (erst) einmal; *fam* mal ...
foison [fwazɔ̃] **à ~** in Hülle und Fülle
foisonner [fwazɔne] VI 1 wimmeln 2 **~ de, en** überquellen von
fol [fɔl] ADJ → **fou**
folâtre [fɔlɑtʀ] ADJ ausgelassen; fröhlich **folâtrer** [fɔlɑtʀe] VI herumtollen
★**folie** [fɔli] F Wahnsinn *m*; Irrsinn *m*; Verrücktheit *f*
folklorique [fɔlklɔʀik] ADJ Volks...; folkloristisch; volkskundlich
folle [fɔl] ADJ/F → **fou**
follement [fɔlmɑ̃] *fam* ADV wahn-, irrsinnig
★**foncé** [fɔ̃se] ADJ ⟨~e⟩ dunkel; **rouge ~** ⟨*inv*⟩ dunkelrot
foncer [fɔ̃se] ⟨-ç-⟩ A VT *couleur* dunkler machen; *cheveux* dunkler färben B VI 1 *cheveux* dunkler werden 2 **~ sur qn** sich auf j-n stürzen; auf j-n losgehen 3 *en voiture fam* rasen
fonction [fɔ̃ksjɔ̃] F 1 (≈ *activité*) Funktion *f*; Amt *n*; (≈ *poste*) (Dienst)Stellung *f*; **~ publique** öffentlicher Dienst (*a. fonctionnaires*); **être en ~** im Amt sein; amtieren; **faire ~ de** fungieren als; *choses a.* dienen als 2 BIOL, TECH, MATH Funktion *f* 3 **en ~ de** in Abhängigkeit von (+ *dat*); entsprechend (+ *dat*); je nach (+ *dat*); **être ~ de qc** von etw abhängen
★**fonctionnaire** [fɔ̃ksjɔnɛʀ] M/F Beamte(r) *m*, Beamtin *f*
fonctionnalité [fɔ̃ksjɔnalite] F Funktionalität *f*; INFORM Funktion *f*
fonctionnel [fɔ̃ksjɔnɛl] ADJ ⟨~le⟩ zweckmäßig
fonctionnement [fɔ̃ksjɔnmɑ̃] M Funktionieren *n*
★**fonctionner** [fɔ̃ksjɔne] VI funktionieren
fond [fɔ̃] M 1 *d'un récipient* Boden *m*; *d'un lac, etc* Grund *m*; *d'une vallée* Sohle *f*; *d'une pièce* Hintergrund *m*; hinterster Teil; **au ~** (ganz) hinten ou unten; *dans une voiture a.* im Fond; **au ~ du couloir** am Ende des Ganges; (ganz) hinten im Gang; **de ~ en comble** von oben bis unten; *fig* von Grund auf *ou* aus 2 *dans une bouteille* Bodensatz *m*; Rest *m* 3 *d'un tableau* Hintergrund *m* 4 *fig* Grund(lage) *m*(*f*); **au ~, dans le ~** im Grunde (genommen); eigentlich
fondamental [fɔ̃damɑ̃tal] ADJ ⟨~e;

-aux [-o]⟩ wesentlich; fundamental; Grund... **fondamentalement** [fõdamãtalmã] ADV grundlegend **fondamentalisme** [fõdamãtalism] M Fundamentalismus m

fondant [fõdã] ADJ ⟨-ante [-ãt]⟩ glace schmelzend

fondateur [fõdatœʀ] M, **fondatrice** [fõdatʀis] F Gründer(in) m(f) **fondation** [fõdasjõ] F ❶ CONSTR ~s pl Fundament(e) n(pl); Grundmauern fpl ❷ (≈ création) Gründung f ❸ de bienfaisance Stiftung f

fondé [fõde] A ADJ ⟨~e⟩ begründet; berechtigt B SUBST ~(e) m(f) de pouvoir(s) (Handlungs)Bevollmächtigte(r) m/f(m); Prokurist(in) m(f)

fondement [fõdmã] M Grundlage f

★**fonder** [fõde] A VT ❶ (≈ créer) gründen ❷ prix, œuvre de bienfaisance stiften ❸ fig ~ qc sur qc etw auf etw (acc) gründen; être fondé sur qc auf etw (dat) basieren, fußen B VPR se ~ sur qc sich auf etw (acc) stützen

★**fondre** [fõdʀ] ⟨→ rendre⟩ A VT ❶ métal, etc schmelzen ❷ statue gießen ❸ fig (≈ mélanger) verschmelzen B VI ❶ glace, neige, a. métal schmelzen; sucre, graisse zergehen; fig ~ en larmes in Tränen ausbrechen ; plus fort zerfließen ❷ ~ sur sich stürzen auf (+ acc); malheur hereinbrechen über (+ acc) C VPR se ~ verschwinden, untertauchen (dans in + dat)

fonds [fõ] A M A PL Geld(er) n(pl); Kapital n B SG ❶ FIN Fonds m pl ❷ POL Fonds m ❸ fig Schatz m; Bestand m

fondue [fõdy] F (Käse)Fondue f ou m

font [fõ] → faire

★**fontaine** [fõten] F (Spring)Brunnen m

fonte [fõt] F ❶ Schmelzen n; ~ des neiges Schneeschmelze f ❷ fer Guss-, Roheisen n

fonts [fõ] MPL ~ baptismaux Taufbecken n, Taufstein m

★**foot** [fut] fam M → football ★**football** [futbol] M Fußball m **footballeur** [futbolœʀ] M, **footballeuse** [futbolœz] F Fußballspieler(in) m(f)

footing [futiŋ] M Jogging n; **faire du ~** joggen

for [fɔʀ] M en, dans mon, son, etc **for intérieur** im Innersten

forage [fɔʀaʒ] M Bohren n, Bohrung f

forain [fɔʀɛ̃] A ADJ ⟨-aine [-ɛn]⟩ Jahrmarkts...; **fête ~e** Volksfest n; Jahrmarkt m B M(F) **~(e)** Schausteller(in) m(f)

forçat [fɔʀsa] M Sträfling m

★**force** [fɔʀs] F ❶ a. PHYS Kraft f; Stärke f; **à bout de ~** mit s-r Kraft am Ende; **de toutes mes, ses,** etc **~s** mit aller Kraft; ★ **à ~ de**, durch viel(es) (+ subst) ❷ (≈ contrainte) Zwang m; Gewalt f; (cas m **de) ~ majeure** höhere Gewalt; **à toute ~** unbedingt; mit aller Gewalt; **de ~, par (la) ~** mit Gewalt; gewaltsam; zwangsweise ❸ ⟨pl⟩ **~s** MIL Streitkräfte fpl

forcé [fɔʀse] ADJ ⟨~e⟩ ❶ (≈ imposé) Zwangs...; unfreiwillig ❷ sourire gezwungen, unnatürlich ★**forcément** [fɔʀsemã] ADV zwangsläufig; **pas ~** nicht unbedingt

forcené [fɔʀsəne] M Wahnsinnige(r) m

forcer [fɔʀse] ⟨-ç-⟩ A VT ❶ serrure, porte aufbrechen ❷ personne zwingen; nötigen; **~ qn à (faire) qc** j-n zu etw zwingen; j-n zwingen, etw zu tun ❸ admiration abnötigen B VI sich überanstrengen; sich verausgaben C VPR **★ se ~** sich zwingen (**à faire qc** etw zu tun)

forer [fɔʀe] VT trou, puits bohren

forestier [fɔʀestje] A ADJ ⟨-ière [-jɛʀ]⟩ Wald...; Forst... B M Förster m

foret [fɔʀe] M Bohrer m

★**forêt** [fɔʀe] F a. fig Wald m

★**Forêt-Noire** [fɔʀenwaʀ] F **la ~** der Schwarzwald

forfait [fɔʀfe] M ❶ COMM Pauschalpreis m; Pauschale f ❷ **déclarer ~** SPORTS seine Meldung zurückziehen; fig aufgeben

forfaitaire [fɔʀfetɛʀ] ADJ Pauschal...

forge [fɔʀʒ] F Schmiede f

forger [fɔʀʒe] ⟨-ge-⟩ ❶ schmieden ❷ fig expression prägen

forgeron [fɔʀʒəʀõ] M Schmied m

formalité [fɔʀmalite] F Formalität f

format [fɔʀma] M Format n **formatage** [fɔʀmataʒ] M INFORM Formatierung f

formater [fɔʀmate] VT INFORM formatieren

★**formation** [fɔʀmasjõ] F ❶ (≈ développement) Bildung f; Entstehung f ❷ (≈ instruction) Ausbildung f ❸ MIL, GÉOL Formation f

★**forme** [fɔʀm] F a. GRAM, JUR, SPORTS, etc Form f; Gestalt f; **dans les ~s** in aller Form; förmlich; **en ~ de** in Form von (ou + gén); ...förmig; **pour la ~** der Form halber; pro forma; SPORTS, a. fig ★ **être en (pleine) ~** in (Hoch)Form sein; (top)fit sein

formel [fɔʀmɛl] ADJ ‹~le› **1** *interdiction, etc* ausdrücklich; *ordre a.* strikt; *refus* entschieden; *preuve* eindeutig **2** (= *de pure forme*) formell **3** (= *relatif à la forme*) formal **formellement** [fɔʀmɛlmɑ̃] ADV aus-, nachdrücklich

★**former** [fɔʀme] **A** VT **1** bilden, formen; gestalten; *équipe a.* aufstellen **2** (= *constituer*) bilden; darstellen **3** *apprenti, personnel, goût* ausbilden; *esprit, caractère* bilden, formen **B** VPR **se ~** sich bilden

★**formidable** [fɔʀmidabl] ADJ **1** (= *énorme*) gewaltig **2** (= *épatant*) großartig

formulaire [fɔʀmylɛʀ] M Formular *n*; Formblatt *n*; Vordruck *n*

formulation [fɔʀmylasjɔ̃] F Formulierung *f* **formuler** [fɔʀmyle] VT formulieren; *vœux, craintes* aussprechen; äußern

★**fort** [fɔʀ] **A** ADJ ‹~e [fɔʀt]› **1** stark; *personne a.* kräftig; *vent, coup a.* heftig; *voix* laut; *fièvre a.* hoch; *plat* scharf; *monnaie* stark **2** (= *corpulent*) korpulent **3** (= *doué*) gut (**en** + *dat*) **4** *somme d'argent* hoch **B** ADV **1** stark; **parler ~** laut sprechen **2** (= *très*) sehr **C** M **1** *d'une personne* Stärke *f*; starke Seite *f* **2** MIL Fort *n*

fortement [fɔʀtəmɑ̃] ADV stark; sehr

forteresse [fɔʀtəʀɛs] F Festung *f*

fortifiant [fɔʀtifjɑ̃] M Stärkungsmittel *n*

fortifications [fɔʀtifikasjɔ̃] FPL Befestigungsanlagen *fpl*

fortifier [fɔʀtifje] VT **1** kräftigen; *a. fig* stärken **2** MIL befestigen

fortuit [fɔʀtɥi] ADJ ‹~ite [-ɥit]› (= *par hasard*) zufällig

★**fortune** [fɔʀtyn] F **1** (= *richesses*) Vermögen *n*; **faire ~** ein Vermögen erwerben; zu Geld kommen **2** (= *destinée*) Schicksal *n*; (= *chance*) Glück *n* **3** **de ~** behelfsmäßig; Behelfs...; Not... **fortuné** [fɔʀtyne] ADJ ‹~e› vermögend

forum [fɔʀɔm] M **1** Forum *n* **2** Symposium *n*; Forum *n*; INFORM **~ de discussion** Diskussionsforum *n*; Newsgroup *f*

fosse [fos] F **1** Grube *f* **2** GÉOL Tiefseegraben *m*

fossé [fose] M **1** Graben *m* **2** *fig* Kluft *f*

fossette [fosɛt] F Grübchen *n*

fossile [fosil] **A** ADJ fossil **B** M GÉOL Fossil *n*

fossoyeur [foswajœʀ] M Totengräber *m*

★**fou** [fu] **A** ADJ ‹m vor Vokal u. stummem h **fol** [fɔl]; f **folle** [fɔl]› **1** wahnsinnig; *fam* verrückt; *regard* irr(e); *espoir, tentative* sinnlos; **être fou de joie** außer sich sein vor Freude; *fam* sich wahnsinnig freuen **2** **être fou de qn** in j-n vernarrt sein; *fam* nach j-m verrückt sein; **être fou de qc** auf etw (*acc*) ganz versessen, verrückt *fam* sein **3** (= *énorme*), *a. fam* wahnsinnig; *fam* irrsinnig; **argent fou** *fam* Heidengeld *n*; **il y avait un monde fou** *fam* es waren irrsinnig viel Leute da **B** M,F **fou, folle** Irre(r) *m/f(m)*; Wahnsinnige(r) *m/f(m)*; *fam* Verrückte(r) *m/f(m)* **C** M **1 faire le fou** Blödsinn machen **2** HIST (Hof)Narr *m*

foudre [fudʀ] F **1** Blitz(schlag) *m* **2** *fig* **coup m de ~** Liebe *f* auf den ersten Blick

foudroyant [fudʀwajɑ̃] ADJ ‹~ante [-ɑ̃t]› **1** *mort* plötzlich **2** *maladie, poison* tödlich

foudroyer [fudʀwaje] VT ‹-oi-› **1** *personne* **être foudroyé** vom Blitz erschlagen werden **2** *fig maladie* **~ qn** j-n dahinraffen; **~ qn du regard** j-m vernichtende Blicke zuwerfen

fouet [fwɛ] M Peitsche *f* **fouetter** [fwete] VT (aus)peitschen

fougasse [fugas] F GASTR provenzalisches Fladenbrot

fougue [fug] F *fig* Feuer *n*; (mitreißender) Schwung **fougueux** [fugø] ADJ ‹-euse [-øz]› *a. animal* feurig; schwungvoll; ungestüm

fouille [fuj] F **1** ARCHÉOLOGIE **~s** *pl* (Aus)Grabungen *fpl* **2** *de gens, de bagages* Durchsuchung *f* **fouiller** [fuje] **A** VT durchsuchen; *gens, bagages fam a.* filzen **B** VI *fam* (herum)stöbern, -wühlen, -kramen (**dans** + *dat*); *animal* (im Boden) wühlen **fouillis** [fuji] *fam* M Durcheinander *n*

fouiner [fwine] *fam* VI herumschnüffeln

foulard [fulaʀ] M (Seiden)Kopftuch *n*; (Seiden)Schal *m*

★**foule** [ful] F **1** *de gens* (Menschen)Menge *f* **2 une ~ de** e-e Menge, Vielzahl, Masse (+ *subst*)

foulée [fule] F **1** Schritt *m* **2** *fig* **dans la ~** gleich im Anschluss (daran)

fouler [fule] **A** VT *litt sol* betreten; *fig* **~**

aux pieds mit Füßen treten B V/PR **1 se ~ la cheville** sich (dat) den Knöchel verstauchen **2** fam **fig ne pas se ~** fam sich (dat) kein Bein ausreißen **foulure** [fulyʀ] F Verstauchung f

★**four** [fuʀ] M **1** (Back)Ofen m; d'une cuisinière a. Back-, Bratröhre f **2** TECH Ofen m **3** petits ~s pl kleines süßes od salziges Kleingebäck

fourbu [fuʀby] ADJ ⟨~e⟩ erschöpft
fourche [fuʀʃ] F AGR, TECH Gabel f
★**fourchette** [fuʀʃɛt] F **1** (Ess)Gabel f **2** (≈ écart) Spanne f
fourchu [fuʀʃy] ADJ ⟨~e⟩ arbre sich gabelnd; langue, cheveu gespalten
fourgon [fuʀɡɔ̃] M **1** AUTO Kastenwagen m; **~ mortuaire** Leichenwagen m **2** CH CH DE FER Gepäckwagen m **fourgonnette** [fuʀɡɔnɛt] F Lieferwagen m
★**fourmi** [fuʀmi] F Ameise f **fourmillement** [fuʀmijmɑ̃] M **1** Gewimmel n **2** dans les membres (Ameisen)Kribbeln n **fourmiller** [fuʀmije] V/I wimmeln; **~ de qc** wimmeln, voll sein von etw
fournaise [fuʀnɛz] F **1** starkes, loderndes Feuer; Glut f **2** fig endroit Backofen m
fourneau [fuʀno] M ⟨~x⟩ de cuisine Herd m
fournir [fuʀniʀ] A V/T **1 ~ qn** j-n beliefern (en qc mit etw) **2** marchandises liefern (à qn j-m); moyens financiers, etc beschaffen; zur Verfügung stellen; certificat beibringen; preuve liefern; alibi nachweisen **3** par ext travail leisten; **~ un effort** e-e Anstrengung machen B V/PR **se ~ chez qn** bei j-m kaufen
fournisseur [fuʀnisœʀ] M **1** Lieferant m; Lieferfirma f **2** INFORM **~ d'accès** Provider m
fourniture [fuʀnityʀ] F **1** Lieferung f **2** ~s pl Bedarf m
fourrage [fuʀaʒ] M (Vieh)Futter n
fourré [fuʀe] ADJ ⟨~e⟩ **1** CUIS gefüllt (à qc mit etw) **2** vêtement, chaussures gefüttert
fourreau [fuʀo] M ⟨~x⟩ **1** d'un parapluie Hülle f; d'une épée Scheide f **2** robe Etuikleid n
fourrer [fuʀe] A V/T **1** fam (≈ faire entrer) (hinein)stecken, -stopfen (dans in + acc) **2** fam (≈ placer sans soin) hinlegen, -stellen; fam -tun **3** vêtement mit Pelz füttern **4** bonbons füllen B V/PR fam **se ~** (≈ se

cacher) sich verkriechen; fam **se ~ dans qc** in etw (acc) hineingeraten; fam fig **se ~ qc dans la tête** sich (dat) etw in den Kopf setzen
fourre-tout [fuʀtu] fam M ⟨inv⟩ weite Handtasche
★**fourrure** [fuʀyʀ] F Pelz m
fourvoyer [fuʀvwaje] V/PR ⟨-oi-⟩ **1 se ~** sich verirren (dans in + acc) **2 se ~** fig (sich) irren
foutre [futʀ] ⟨je fous; il fout; nous foutons; je foutais; kein Passé simple; je foutrai; que je foute; foutant; foutu⟩ pop A V/T **1** (≈ faire) machen; tun **2** (≈ donner) geben B V/PR **1 se ~ de qc, de qn** (≈ ne pas se soucier de) fam auf etw, j-n pfeifen; pop scheißen; **je m'en fous** fam das ist mir wurscht, schnuppe; pop scheißegal **2 se ~ de qn** (≈ tourner en dérision) j-n veralbern; pop verarschen **3 se ~ dans une sale affaire** in e-e üble Sache hineingeraten
foyer [fwaje] M **1** (≈ âtre) Feuerstelle f; par ext (≈ feu) (Kamin)Feuer n **2** (≈ domicile familial) Hausstand m; Heim n; häuslicher Herd; **femme f au ~** Hausfrau f **3** Heim n **4** THÉ Foyer n; Wandelhalle f **5** OPT Brennpunkt m
fracas [fʀaka] M Krach m; Getöse n
fracasser [fʀakase] A V/T zerschmettern; zertrümmern B V/PR **se ~** zerschellen (contre an + dat)
fraction [fʀaksjɔ̃] F **1** MATH Bruch m **2** (≈ partie) (Bruch)Teil m **3** dans un parti Gruppierung f **fractionner** [fʀaksjɔne] A V/T aufteilen B V/PR **se ~** sich (auf)spalten; sich aufsplittern
★**fracture** [fʀaktyʀ] F (Knochen)Bruch m
fracturer [fʀaktyʀe] A V/T porte, serrure aufbrechen B V/PR **se ~ le bras**, etc sich (dat) den Arm etc brechen
★**fragile** [fʀaʒil] ADJ **1** verre, etc zerbrechlich **2** personne (sehr) zart; empfindlich; anfällig; constitution schwach f fig unbeständig; unsicher **fragilité** [fʀaʒilite] F **1** du verre, etc Zerbrechlichkeit f **2** de l'organisme Empfindlichkeit f; Anfälligkeit f; d'une personne a. Zartheit f; st/s Zerbrechlichkeit f **3** fig Unbeständigkeit f; Unsicherheit f
fragment [fʀaɡmɑ̃] M **1** (≈ d'une œuvre) Fragment n; Bruchstück n **2** d'un texte Auszug m **fragmentaire** [fʀaɡmɑ̃tɛʀ]

ADJ bruchstückhaft **fragmenter** [fʀagmɑ̃te] VT aufteilen

fraîche [fʀɛʃ] ADJ → frais¹ **fraîchement** [fʀɛʃmɑ̃] ADV **1** (≈ *récemment*) frisch **2** *accueillir* kühl **fraîcheur** [fʀɛʃœʀ] F Frische f; Kühle f *fig d'un accueil* Kühle f **fraîchir** [fʀɛʃiʀ] VI **1** *vent* auffrischen **2** *temps* frischer, kühler werden

★**frais¹** [fʀɛ] A ADJ ⟨fraîche [fʀɛʃ]⟩ **1** *air, vent, nuit* frisch; *a. lieu* kühl **2** *fig accueil* kühl **3** *aliment, traces, teint* frisch; **peinture fraîche!** frisch gestrichen! B ADV **il fait ~** es ist frisch, kühl; **servir ~** kühl servieren C M Kühle f; Frische f; **mettre qc au ~** etw kalt stellen; **prendre le ~** frische Luft schnappen

★**frais²** [fʀɛ] MPL Kosten pl; Unkosten pl; **faux ~** Nebenkosten pl; zusätzliche Kosten; **~ professionnels** Werbungskosten pl; **~ de déplacement** Reisekosten pl; **faire des ~** viel Geld ausgeben

★**fraise** [fʀɛz] F **1** Erdbeere f **2** TECH Fräse f; *de dentiste* Bohrer m

fraiser [fʀɛze] VT (aus)fräsen

★**framboise** [fʀɑ̃bwaz] F Himbeere f

★**franc¹** [fʀɑ̃] M *monnaie en Suisse* Franken m; HIST *en France, en Belgique* Franc m

franc² [fʀɑ̃] ADJ ⟨~he [fʀɑ̃ʃ]⟩ **1** *personne* offen; aufrichtig **2** (≈ *libre*) frei; SPORTS **coup ~** Freistoß m

★**français** [fʀɑ̃sɛ] ⟨-aise [-ɛz]⟩ A ADJ französisch; **être ~** Franzose m, französischer Staatsbürger, -angehöriger sein B M(F) **Français(e)** Franzose m, Französin f C M *langue* **le ~** das Französische; Französisch n; **en ~** auf Französisch; im Französischen

★**France** [fʀɑ̃s] F **la ~** Frankreich n

Francfort [fʀɑ̃kfɔʀ] Frankfurt n

★**franchement** [fʀɑ̃ʃmɑ̃] ADV **1** (≈ *sincèrement*) offen; freimütig; geradeheraus; offen gesagt, gestanden **2** (≈ *nettement*) (ganz) eindeutig

franchir [fʀɑ̃ʃiʀ] VT *frontière* überschreiten; *a. fig* überwinden; *pont, mers* überqueren; *distance* zurücklegen

franchise [fʀɑ̃ʃiz] F **1** Freimütigkeit f **2** FIN (Gebühren)Freiheit f

franc-maçon [fʀɑ̃masɔ̃] M ⟨francs-maçons⟩ Freimaurer m

franco [fʀɑ̃ko] ADV **~ (de port)** (porto-, fracht)frei

franco-... [fʀɑ̃ko] ADJ französisch-...; ★ **franco-allemand** deutsch-französisch

francophone [fʀɑ̃kɔfɔn] ADJ französischsprachig **francophonie** [fʀɑ̃kɔfɔni] F Frankofonie f

franc-parler [fʀɑ̃paʀle] M **avoir son ~** kein Blatt vor den Mund nehmen

frange [fʀɑ̃ʒ] F **1** *bordure* Franse f **2** *cheveux* Pony(frisur) m(f)

frangin [fʀɑ̃ʒɛ̃] fam M Bruder m

frangipane [fʀɑ̃ʒipan] F Mandelcreme f

franglais [fʀɑ̃glɛ] M mit Anglizismen durchsetztes Französisch

franquette [fʀɑ̃kɛt] fam **à la bonne ~** ohne Umstände; ganz zwanglos

frappant [fʀapɑ̃] ADJ ⟨-ante [-ɑ̃t]⟩ auffallend; verblüffend; frappierend

frappe [fʀap] F *manière* Anschlag m; **faute f de ~** Tippfehler m

frappé [fʀape] M **~ aux fruits** Smoothie m

★**frapper** [fʀape] A VT **1** schlagen **2** *fig malheur* **~ qn** j-n treffen, heimsuchen **3** *loi, mesure* **~ qn** j-n (be)treffen **4** (≈ *étonner*) **~ qn** j-n verblüffen, frappieren, erstaunen; j-m auffallen **5** *boisson* **frappé** (eis)gekühlt B VI **~ (à la porte)** (an die Tür) klopfen; anklopfen; **~ dans ses mains** in die Hände klatschen

fraternel [fʀatɛʀnɛl] ADJ ⟨~le⟩ *a. fig* brüderlich, Bruder... **fraterniser** [fʀatɛʀnize] VI sich verbrüdern (**avec** mit) ★ **fraternité** [fʀatɛʀnite] F Brüderlichkeit f

fraude [fʀod] F Betrug m; **~ fiscale** Steuerhinterziehung f **frauder** [fʀode] VT et VI betrügen **fraudeur** [fʀodœʀ] M Betrüger m **frauduleux** [fʀodylø] ADJ ⟨-euse [-øz]⟩ betrügerisch

frayer [fʀeje] ⟨-ay- *ou* -ai-⟩ A VT *chemin, voie, a. fig* bahnen B V/PR **se ~ un chemin, un passage** sich (*dat*) e-n Weg bahnen

frayeur [fʀɛjœʀ] F Schrecken m

fredonner [fʀədɔne] VT summen

free-lance [fʀilɑ̃s] ADJ frei(beruflich)

freezer [fʀizœʀ] M Gefrierfach n

★**frein** [fʀɛ̃] M **1** TECH Bremse f; **~ à main** Handbremse f **2** *fig* Hemmschuh m; Zügel m **freinage** [fʀɛnaʒ] M Bremsung f
★ **freiner** [fʀene] A VT *fig* bremsen; hemmen B VI (ab)bremsen

frêle [fʀɛl] ADJ **1** (≈ délicat) zart **2** (≈ faible), a. voix schwach

frelon [fʀəlɔ̃] M̄ Hornisse f

frémir [fʀemiʀ] V̄Ī **1** feuillage zittern; rauschen; eau chaude summen **2** personne (er)zittern **frémissement** [fʀemismɑ̃] M̄ Zittern n

frénésie [fʀenezi] F̄ Raserei f **frénétique** [fʀenetik] ADJ frenetisch

fréquemment [fʀekamɑ̃] ADV häufig; oft

fréquence [fʀekɑ̃s] F̄ **1** Häufigkeit f **2** PHYS Frequenz f ★ **fréquent** [fʀekɑ̃] ADJ ‹-ente [-ɑ̃t]› häufig

fréquentation [fʀekɑ̃tasjɔ̃] F̄ des musées, etc häufiger Besuch; des gens Umgang m (**de** mit) **fréquenté** [fʀekɑ̃te] ADJ ‹~e› route stark befahren; lieu viel besucht

fréquenter [fʀekɑ̃te] **A** V̄Ī **1** lieu häufig, regelmäßig besuchen **2** ~ **qn** mit j-m verkehren; mit j-m Umgang haben, pflegen; pour raisons sentimentales mit j-m gehen **B** V̄/PR **se** ~ miteinander verkehren; oft zusammenkommen

★**frère** [fʀɛʀ] M̄ Bruder m

fresque [fʀɛsk] F̄ PEINT Fresko n

fret [fʀɛ] M̄ Fracht f

frétiller [fʀetije] V̄Ī poisson zappeln

friable [fʀijabl] ADJ bröck(e)lig

friand [fʀijɑ̃] ADJ ‹-ande [-ɑ̃d]› gierig (**de** nach); **être ~ de qc** etw für sein Leben gern essen; fig auf etw (acc) aus sein **friandises** [fʀijɑ̃diz] F̄PL Leckereien fpl

Fribourg [fʀibuʀ] Freiburg n

fric [fʀik] M̄ fam (≈ argent) fam Zaster m; fam Knete f; fam Kohle f

friche [fʀiʃ] F̄ AGR Brachland n

friction [fʀiksjɔ̃] F̄ **1** (≈ massage) Einreibung f **2** TECH Reibung f **3** fig Reibung f **frictionner** [fʀiksjɔne] V̄Ī ein-, abreiben; frottieren

★**frigo** [fʀigo] fam M̄ Kühlschrank m **frigorifié** [fʀigɔʀifje] fam ADJ ‹~e› (ganz) durchgefroren

frileux [fʀilø] ADJ ‹-euse [-øz]› **être ~** leicht frieren, frösteln

frime [fʀim] fam F̄ Theater n; fam Mache f **frimer** [fʀime] fam V̄Ī angeben **frimeur** [fʀimœʀ], **frimeuse** [fʀimøz] fam F̄ Angeber(in) m(f)

fringale [fʀɛ̃gal] fam F̄ a. fig Heißhunger m (**de** auf + acc)

fringues [fʀɛ̃g] fam F̄PL Klamotten fpl

friper [fʀipe] V̄Ī zerknittern, zerknüllen

fripon [fʀipɔ̃] ‹-onne [-ɔn]› fam **A** ADJ schelmisch **B** M̄/F̄ ~(**ne**) Schelm m

fripouille [fʀipuj] fam F̄ Lump m

frire [fʀiʀ] V̄Ī et V̄Ī (défect: je fris; il frit; je frirai; frit) (**faire**) ~ (in schwimmendem Fett) backen, braten; frittieren

frise [fʀiz] F̄ Fries m

frisé [fʀize] ‹~e› **A** ADJ cheveux lockig **B** F̄ ~**e** Friséesalat m

friser [fʀize] **A** V̄Ī **1** cheveux in Locken legen; wellen **2** ~ **le ridicule**, etc ans Lächerliche etc grenzen **B** V̄Ī cheveux sich wellen, kräuseln

frisquet [fʀiskɛ] fam ADJ ‹-ette [-ɛt]› frisch

frisson [fʀisɔ̃] M̄ Schauder m; de froid a. Frösteln n **frissonner** [fʀisɔne] V̄Ī erschauern; schaudern; de froid a. frösteln

frit [fʀi] PP & ADJ ‹~e› (frit) frittiert

frite [fʀit] fam F̄ ★ ~**s** pl Pommes frites pl; fam Pommes pl **friteuse** [fʀitøz] F̄ Fritteuse f **friture** [fʀityʀ] F̄ **1** graisse f (heißes) Ausbackfett **2** RAD, TÉL Störgeräusch n

frivole [fʀivɔl] ADJ personne leichtfertig; frivol **frivolité** [fʀivɔlite] F̄ Leichtfertigkeit f

★**froid** [fʀwa] **A** ADJ ‹~e [fʀwad]› **1** temps, eau, lieu, etc kalt **2** personne (gefühls-)kalt; **cela me laisse ~** das lässt mich kalt **B** M̄ Kälte f; **attraper, prendre ~** sich erkälten; ★ **avoir ~** frieren; **il fait ~** es ist kalt

froideur [fʀwadœʀ] F̄ (Gefühls)Kälte f; Kühle f

froissement [fʀwasmɑ̃] M̄ Rascheln n; Knistern n **froisser** [fʀwase] **A** V̄Ī **1** tissu zerknittern; papier zerknüllen **2** (≈ vexer) kränken **B** V̄/PR **1** tissu, vêtement **se** ~ knittern **2 se** ~ **un muscle** sich (dat) e-e Muskelquetschung zuziehen **3** personne **se** ~ gekränkt, beleidigt sein

frôlement [fʀolmɑ̃] M̄ Rascheln n **frôler** [fʀole] V̄Ī **1** (≈ effleurer) streifen **2** fig accident, etc knapp entgehen (+ dat)

★**fromage** [fʀɔmaʒ] M̄ Käse m; ~ **blanc** Quark m

froment [fʀɔmɑ̃] M̄ Weizen m

fronce [fʀɔ̃s] F̄ Kräuselfalte f **froncer** [fʀɔ̃se] V̄Ī ‹-c-› **1** ~ **les sourcils** die Stirn runzeln **2** COUT kräuseln

fronde [fʀɔ̃d] F Schleuder f
★**front** [fʀɔ̃] M **1** ANAT Stirn f; fig **faire ~ à** die Stirn bieten (+ dat) **2** MIL, POL, MÉTÉO Front f **3 de ~** se heurter frontal; fig (ganz) direkt; ohne Umschweife; avancer nebeneinander
frontalier [fʀɔ̃talje] **A** ADJ ⟨-ière [-jɛʀ]⟩ Grenz... **B** M **1** habitant Grenzbewohner m **2** travailleur Grenzgänger m
★**frontière** [fʀɔ̃tjɛʀ] F a. fig Grenze f
fronton [fʀɔ̃tɔ̃] M Giebeldreieck n, Giebelfeld n
frottement [fʀɔtmɑ̃] M a. TECH Reibung f
★**frotter** [fʀɔte] **A** VT **1** (ab)reiben **2** sol scheuern; schrubben **B** VI reiben; scheuern **C** VPR **1 se ~** sich abreiben, frottieren; **se ~ les mains** (dat) die Hände reiben **2** fig **se ~ à qn** sich an j-m reiben; sich mit j-m anlegen **3 se ~ à qc** hum (in etw (acc) hineinriechen
frottis [fʀɔti] M MÉD Abstrich m
froussard [fʀusaʀ] ⟨-arde [-aʀd]⟩ fam **A** ADJ ängstlich **B** M(F) ⟨-e⟩ fam Angsthase m
frousse [fʀus] F Angst f; fam Bammel m
fructifier [fʀyktifje] VI **1** arbre, a. fig Früchte tragen; terre ertragreich sein **2** FIN Zinsen bringen, tragen
fructueux [fʀyktɥø] ADJ ⟨-euse [-øz]⟩ fruchtbar; erfolgreich
frugal [fʀygal] ADJ ⟨-e; -aux [-o]⟩ repas einfach; karg
★**fruit** [fʀɥi] M **1** a. fig Frucht f; ★ **~s** pl a. Obst n **2** ★ **~s de mer** Meeresfrüchte fpl **3** fig Frucht f; Folge f **fruité** [fʀɥite] ADJ ⟨-e⟩ fruchtig **fruitier** [fʀɥitje] ADJ ⟨-ière [-jɛʀ]⟩ Obst...; Frucht...
frustration [fʀystʀasjɔ̃] F Frustration f; fam Frust m **frustrer** [fʀystʀe] VT **1** frustrieren **2 ~ qn de qc** j-m um etw bringen
fuel [fjul] M Heizöl n
fugace [fygas] litt ADJ flüchtig
fugitif [fyʒitif] ⟨-ive [-iv]⟩ **A** ADJ personne flüchtig **B** M,F **~, fugitive** Flüchtige(r) m|f(m)
fugue [fyg] F **1** MUS Fuge f **2** d'enfant Ausreißen n; **faire une ~** ausreißen; weglaufen **fugueur** [fygœʀ] ⟨-euse [-øz]⟩ M(F) Ausreißer(in) m(f)
★**fuir** [fɥiʀ] ⟨je fuis; il fuit; nous fuyons; je fuyais; je fuis; je ~ai; que je fuie; fuyant; fui⟩ **A** VT **~ qn, qc** j-m, e-r Sache aus dem Weg(e) gehen; j-n, etw meiden **B** VI **1** fliehen, flüchten (**devant** vor + dat) **2** liquide (durch e-e undichte Stelle) rinnen, auslaufen; gaz ausströmen (**de** aus) **3** récipient leck sein; robinet tropfen
★**fuite** [fɥit] F **1** Flucht f; **mettre en ~** in die Flucht schlagen; **prendre la ~** die Flucht ergreifen **2** de liquide Auslaufen n; de gaz Ausströmen n **3** (≈ fissure) undichte Stelle; Leck n
fulgurant [fylgyʀɑ̃] ADJ ⟨-ante [-ɑ̃t]⟩ **1** douleur stechend **2** (≈ rapide) blitzschnell; vitesse, progrès fam rasant
fulminer [fylmine] VI toben
fumé [fyme] ADJ ⟨-e⟩ aliment geräuchert; Räucher...
★**fumée** [fyme] F Rauch m
★**fumer** [fyme] **A** VT **1** cigarette, etc rauchen **2** aliment räuchern **3** AGR (mit Mist) düngen **B** VI **1** cheminée, etc rauchen; plus fort qualmen **2** soupe dampfen
fumet [fyme] M (≈ odeur) Duft m; Geruch m
★**fumeur** [fymœʀ] M, **fumeuse** [fymøz] F Raucher(in) m(f)
fumeux [fymø] ADJ ⟨-euse [-øz]⟩ verschwommen
fumier [fymje] M AGR (Stall)Mist m
funambule [fynɑ̃byl] M|F Seiltänzer(in) m(f)
funèbre [fynɛbʀ] ADJ **1** (≈ funéraire) Bestattungs...; Leichen... **2** fig düster
funérailles [fyneʀaj] FPL Bestattung f
funeste [fynɛst] ADJ verhängnisvoll
funiculaire [fynikylɛʀ] M (Stand)Seilbahn f
fur [fyʀ] **au fur et à mesure** entsprechend; nach und nach; **au fur et à mesure que** je nach dem Maße, wie
fureter [fyʀte] VI ⟨-è-⟩ herumschnüffeln
fureur [fyʀœʀ] F **1** Wut f; Raserei f **2 faire ~** großen Erfolg haben; Furore machen
furibond [fyʀibɔ̃] ADJ ⟨-bonde [-bɔ̃d]⟩ wütend
furie [fyʀi] F **1** MYTH, a. fig Furie f **2** (≈ fureur) Wut f
★**furieux** [fyʀjø] ADJ ⟨-euse [-øz]⟩ wütend (**contre** auf + acc); zornig
furoncle [fyʀɔ̃kl] M Furunkel n
furtif [fyʀtif] ADJ ⟨-ive [-iv]⟩ regard, geste

fusain [fyzɛ̃] M 1 (Zeichen)Kohle f 2 dessin Kohlezeichnung f
fuseau [fyzo] M ⟨~x⟩ 1 pour filer Spindel f 2 **~ horaire** Zeitzone f
★**fusée** [fyze] F Rakete f
fusible [fyzibl] M (Schmelz)Sicherung f
★**fusil** [fyzi] M Gewehr n **fusillade** [fyzijad] F Schießerei f **fusiller** [fyzije] VT erschießen
fusion [fyzjɔ̃] F 1 PHYS Schmelzen n 2 ~ **nucléaire** Kernfusion f, Kernverschmelzung f 3 ÉCON Fusion f; Zusammenschluss m **fusionner** [fyzjɔne] A VT zusammenlegen B VI fusionieren
fut, **fût** [fy] → **être**¹
fût [fy] M 1 d'un arbre Stamm m 2 d'une colonne, d'un fusil Schaft m 3 (≈ tonneau) Fass n
futé [fyte] ADJ ⟨~e⟩ schlau; clever
futile [fytil] ADJ belanglos; bedeutungslos; unwichtig; prétexte nichtig **futilité** [fytilite] F Bedeutungslosigkeit f; Nichtigkeit f
★**futur** [fytyR] A ADJ (zu)künftig; kommend(e); **~e mère** werdende Mutter B M (≈ avenir) Zukunft f
futuriste [fytyRist] ADJ futuristisch
fuyant [fyijɑ̃] ADJ ⟨-ante [-ɑ̃t]⟩ menton, front fliehend; regard ausweichend
fuyard [fyijaR] M, **fuyarde** [fyijaRd] F Fliehende(r) m/f(m); Flüchtige(r) m/f(m)

G

G, **g** [ʒe] M ⟨inv⟩ G, g n
gabarit [gabaRi] M 1 Abmessungen fpl; Größe f 2 fig Art f
★**gâcher** [gɑʃe] VT verderben; travail, vie verpfuschen
gâchette [gɑʃɛt] F Abzug m
gâchis [gɑʃi] M 1 (≈ gaspillage) Verschwendung f 2 (≈ désordre) fam Schlamassel m
gadget [gadʒɛt] M (technische) Spielerei f
gadoue [gadu] F Schlamm m
gaffe [gaf] F 1 fam (≈ maladresse) Fehler m; fam Schnitzer m; fam Patzer m 2 fam **faire ~** aufpassen
gaffeur [gafœR] M, **gaffeuse** [gaføz] fam F 1 Dussel m 2 ⟨adjt⟩ ungeschickt
gag [gag] M Gag m
gaga [gaga] fam ADJ ⟨f inv⟩ vertrottelt; fam verkalkt
gage [gaʒ] M 1 a. JEUX Pfand n; **mettre en ~** verpfänden 2 fig Unterpfand n; Beweis m 3 **~s** pl (≈ salaire) Lohn m; **tueur m à ~s** Killer m
gagnant [gaɲɑ̃] A ADJ Gewinn... B M/F **~(e)** Gewinner(in) m(f); (≈ vainqueur) Sieger(in) m(f)
gagne-pain [gaɲpɛ̃] M ⟨inv⟩ Broterwerb m
★**gagner** [gaɲe] A VT 1 en travaillant verdienen 2 jeu, guerre, procès gewinnen 3 temps, place, l'amitié de qn gewinnen 4 lieu erreichen 5 faim, sommeil **~ qn** j-n überkommen; incendie **~ qc** etw erfassen B VI 1 gewinnen 2 (≈ se propager) sich ausbreiten
gai [ge] ADJ ⟨gaie⟩ fröhlich; vergnügt, heiter; lustig; couleur freundlich **gaieté** [gete] F Fröhlichkeit f; Heiterkeit f
gaillard [gajaR] A ADJ ⟨-arde [-aRd]⟩ (≈ alerte) (gesund und) munter; vieillard rüstig B M (kräftiger) Kerl, Bursche
gain [gɛ̃] M 1 (≈ profit) Gewinn m; par ext **~ de temps, de place** Zeit-, Raumgewinn m 2 (≈ salaire) **~s** pl Verdienst m; (Arbeits)Einkommen n
gaine [gɛn] F 1 sous-vêtement Mieder n 2 d'une épée, etc Scheide f 3 TECH (Schutz)Hülle f
gaîté → gaieté
gala [gala] M Fest-, Galaveranstaltung f
galant [galɑ̃] ADJ ⟨-ante [-ɑ̃t]⟩ galant; **homme ~** a. Kavalier m
galaxie [galaksi] F ASTRON **la Galaxie** die Milchstraße
galère [galɛR] F MAR HIST Galeere f **galérer** [galeRe] fam VI ⟨-è-⟩ sich abrackern, abschinden
galerie [galRi] F 1 ARCH Galerie f 2 (Kunst)Galerie f; INTERNET **~ photos** Fotogalerie f; Fotostrecke f 3 (≈ tunnel) (unterirdischer) Gang; Stollen m 4 AUTO Dachgepäckträger m
galet [galɛ] M (≈ caillou) Kiesel(stein) m
galette [galɛt] F 1 crêpe (Buchweizen)Pfannkuchen m 2 fam (≈ argent) fam

Kies m; → fric
galipette [galipɛt] fam F̲ Purzelbaum m
Galles [gal] sans art **le pays de ~** Wales n
galon [galɔ̃] M̲ Borte f; a. MIL Tresse f
galop [galo] M̲ Galopp m **galoper** [galɔpe] V̲I̲ galoppieren
galopin [galɔpɛ̃] M̲ Schlingel m
gambader [gɑ̃bade] V̲I̲ hüpfen
gamberger [gɑ̃bɛrʒe] fam V̲I̲ ⟨-ge-⟩ nachdenken
gamelle [gamɛl] F̲ Koch-, Essgeschirr n
gamin [gamɛ̃] M̲.F̲, **gamine** [gamin] ❶ garçon kleiner Junge, Bub; fille kleines Mädchen ❷ fam (=fils, fille) Kind n **gaminerie** [gaminri] F̲ Kinderei f
gamme [gam] F̲ ❶ MUS Tonleiter f ❷ fig (=série) Skala f; COMM Palette f
gang [gɑ̃g] M̲ Bande f
ganglion [gɑ̃gljɔ̃] M̲ Lymphknoten m
gangster [gɑ̃gstɛR] M̲ Gangster m
★**gant** [gɑ̃] M̲ Handschuh m ❷ ★ ~ **(de toilette)** Waschlappen m
★**garage** [gaRaʒ] M̲ ❶ abri Garage f ❷ atelier (Auto-, Kfz-)Werkstatt f **garagiste** [gaRaʒist] M̲ (selbstständiger) Kfz-Mechaniker
garant [gaRɑ̃] M̲, **garante** [gaRɑ̃t] ❶ JUR Bürge m, Bürgin f; fig **se porter ~, ~e de qc** sich für etw verbürgen
garantie [gaRɑ̃ti] F̲ COMM Garantie f
garantir [gaRɑ̃tiR] V̲T̲ ❶ dette bürgen für; droits garantieren, COMM Garantie geben auf (+ acc) ❷ (=certifier) garantieren; versichern ❸ (=protéger) schützen (**de** vor + dat)
★**garçon** [gaRsɔ̃] M̲ ❶ enfant Junge m; all Sud Bub m; st/s Knabe m ❷ (=jeune homme) junger Mann ❸ **vieux ~** (älterer) Junggeselle ❹ ~ **(de café)** Kellner m; Ober m
garde[1] [gaRd] F̲ ❶ (=surveillance) Bewachung f; ~ **à vue** Polizeigewahrsam m; **avoir la ~ d'un enfant** das Sorgerecht für ein Kind haben ❷ **être sur ses ~s** auf der Hut sein; sich vorsehen ❸ service Wachdienst m; MÉD Bereitschafts-, Notdienst m; **être de ~** MIL Wachdienst haben; MÉD Bereitschaftsdienst haben; MIL **monter la ~** Wache halten; fam schieben
garde[2] M̲ Wächter m; ~ **du corps** Leibwächter m
garde-boue [gaRdəbu] M̲ ⟨inv⟩ Schutzblech n
garde-chasse [gaRdəʃas] M̲ ⟨gardes-chasse(s)⟩ Jagdaufseher m
garde-fou [gaRdəfu] M̲ ⟨~s⟩ (Schutz)Geländer n
garde-malade [gaRdəmalad] M̲/F̲ ⟨gardes-malades⟩ Krankenwärter(in) m(f)
★**garder** [gaRde] A V̲T̲ ❶ (=surveiller) bewachen; vaches, etc hüten; ~ **un enfant** ein Kind hüten; auf ein Kind aufpassen ❷ provisions, documents, etc aufbewahren; aufheben; place frei halten (**à qn** für j-n) ❸ objet trouvé, etc behalten; vêtement anbehalten; fam anlassen; secret ~ **pour soi** für sich behalten ❹ dans tel ou tel état halten; bewahren; ~ **la tête froide** e-n kühlen Kopf bewahren B V̲/̲P̲R̲ ❶ **se ~ de qc** sich vor etw (dat) hüten, in Acht nehmen; **se ~ de faire qc** sich hüten, etw zu tun ❷ aliments **se ~** sich halten; haltbar sein
garderie [gaRdəRi] F̲ Kinderhort m
garde-robe [gaRdəRɔb] F̲ ⟨~s⟩ Garderobe f
★**gardien** [gaRdjɛ̃] M̲, **gardienne** [gaRdjɛn] ❶ Aufseher(in) m(f); Wärter(in) m(f); Wächter m; d'un immeuble Hausmeister(in) m(f); ★ ~ **de but** Torhüter m, Torwart m; ~ **de la paix** Polizeibeamte(r) m ❷ fig (=défenseur) Hüter(in) m(f)
★**gare**[1] [gaR] F̲ ❶ Bahnhof m ❷ ~ **routière** Busbahnhof m
gare[2] I̲N̲T̲ ❶ ~ **à toi!** nimm dich in Acht!; na warte! ❷ **sans crier ~** unvermutet; unerwartet
★**garer** [gaRe] A V̲T̲ parken; abstellen B V̲/̲P̲R̲ ❶ ★ **se ~** parken ❷ **se ~** (=éviter) ausweichen
gargariser [gaRgaRize] V̲/̲P̲R̲ ❶ **se ~** gurgeln ❷ fam fig **se ~ de** sich berauschen an (+ gén)
gargouille [gaRguj] F̲ Wasserspeier m
gargouiller [gaRguje] V̲I̲ ❶ eau plätschern ❷ estomac knurren
garnement [gaRnəmɑ̃] M̲ Lausbub m
garni [gaRni] M̲ möblierte Unterkunft
garnir [gaRniR] V̲T̲ ❶ (=munir) ausstatten, versehen (**de** mit) ❷ (=décorer) verzieren (**de** mit) ❸ CUIS garnieren (**de** mit); **garni** mit Beilagen
garniture [gaRnityR] F̲ ❶ Ausstattung f; Zubehör n; ~ **de frein** Bremsbelag m ❷ (=décoration) Verzierung f ❸ CUIS Beila-

ge f
gars [gɑ] fam M̄ Bursche m; fam Kerl m
gaspillage [gaspijaʒ] M̄ Verschwendung f **gaspiller** [gaspije] V̄T̄ verschwenden; vergeuden
gastronome [gastrɔnɔm] M̄ Feinschmecker m **gastronomie** [gastrɔnɔmi] F̄ Gastronomie f **gastronomique** [gastrɔnɔmik] ADJ Feinschmecker...; gastronomisch
gâté [gate] ADJ ⟨~e⟩ 1 dent, fruit faul 2 enfant verwöhnt
★**gâteau** [gato] M̄ ⟨-x⟩ Kuchen m; **~ secs** Teegebäck n; Plätzchen npl; Kekse mpl
★**gâter** [gate] A V̄T̄ 1 personne verwöhnen; enfant a. verziehen 2 chose verderben B V̄P̄R̄ **se ~** sich verschlechtern
gâterie [gatʀi] F̄ 1 (≈ petit cadeau) Kleinigkeit f 2 (≈ friandise) Leckerei f
gâteux [gatø] fam ADJ ⟨-euse [-øz]⟩ fam verkalkt; fam trottelig
★**gauche** [goʃ] A ADJ 1 (≈ à gauche) linke(r, -s) 2 (≈ maladroit) ungeschickt; unbeholfen B F̄ 1 Linke f; linke Seite; **à ~** links ou nach links; **à ~ de** links von 2 POL **la ~** die Linke
gaucher, **gauchère** [goʃe, goʃɛʀ] A M̄F̄ Linkshänder(in) m(f) B ADJ linkshändig
gaucherie [goʃʀi] F̄ linkische Art
gauchiste [goʃist] A ADJ linksradikal B M̄F̄ Linksextreme(r) m/f(m), Linksradikale(r) m/f(m)
gaufre [gofʀ] F̄ Waffel f **gaufrette** [gofʀɛt] F̄ Waffel f **gaufrier** [gofʀije] M̄ Waffeleisen n
Gaule [gol] F̄ **la ~** Gallien n **gaulois**, **gauloise** [golwa, -waz] A ADJ 1 HIST gallisch 2 plaisanterie derb; fam deftig B SUBST **Gaulois(e)** m(f) Gallier(in) m(f)
gaver [gave] A V̄T̄ 1 oies, canards nudeln; stopfen 2 fig **~ qn** j-n vollstopfen, überfüttern (**de** mit) B V̄P̄R̄ **se ~** a. fig sich vollstopfen (**de** mit)
gay [gɛ] A ADJ ⟨inv⟩ Schwulen... B M̄ Schwule(r) m
★**gaz** [gaz] M̄ Gas n; **gaz naturel** Erdgas n; fam **(à) pleins gaz** mit Vollgas; AVIAT **couper**, **mettre les gaz** das Gas wegnehmen, Gas geben
gaze [gaz] F̄ 1 TEXT Gaze f 2 MÉD (Verband)Mull m

gazeux [gazø] ADJ ⟨-euse [-øz]⟩ 1 CHIM gasförmig 2 boisson mit Kohlensäure versetzt; **eau gazeuse** a. Sprudel m
gazinière [gazinjɛʀ] F̄ Gasherd m
★**gazole** [gazɔl] M̄ Diesel(kraftstoff) m
★**gazon** [gazɔ̃] M̄ Rasen m
gazouiller [gazuje] V̄Ī̄ 1 oiseau zwitschern 2 bébé plappern; lallen
GDF [ʒedeɛf] M̄ (= Gaz de France) staatliche frz Gasgesellschaft
géant, **géante** [ʒeɑ̃, ʒeɑ̃t] A M̄F̄ Riese m, Riesin f B ADJ riesig; Riesen...; gigantisch
geignard [ʒeɲaʀ] fam ADJ ⟨-arde [-aʀd]⟩ jammernd; weinerlich
gel [ʒɛl] M̄ 1 MÉTÉO Frost m 2 fig, a. FIN Einfrieren n; **gel des salaires** Nullrunde f; Lohnstopp m 3 négociations Abbruch m 4 substance Gel n
gelé [ʒ(ə)le] ADJ ⟨~e⟩ 1 eau gefroren; lac zugefroren 2 personne **être ~** (schrecklich) frieren; **avoir les mains ~es** eiskalte Hände haben
gelée [ʒ(ə)le] F̄ 1 (≈ gel) Frost m 2 de viande Sülze f, Aspik m 3 de fruits Gelee n
★**geler** [ʒ(ə)le] ⟨-è-⟩ A V̄T̄ 1 eau, sol gefrieren lassen; zum Gefrieren bringen 2 fig crédits, etc einfrieren B V̄Ī̄ 1 eau gefrieren; canalisation einfrieren 2 personne frieren C V̄IMP **il gèle** es friert; es herrscht Frost D V̄P̄R̄ **se ~** → geler B 2
Gémeaux [ʒemo] MPL ASTROL Zwillinge mpl
gémir [ʒemiʀ] V̄Ī̄ 1 stöhnen (**de douleur** vor Schmerzen); sous un fardeau a. ächzen 2 fig (≈ se plaindre) seufzen; klagen
gémissement [ʒemismɑ̃] M̄ Stöhnen n
gênant [ʒɛnɑ̃] ADJ ⟨-ante [-ɑ̃t]⟩ objet hinderlich; bruit störend; situation peinlich; personne lästig
gencive [ʒɑ̃siv] F̄ Zahnfleisch n
gendarme [ʒɑ̃daʀm] M̄ (Sicherheits)Polizist m **gendarmerie** [ʒɑ̃daʀməʀi] F̄ Gendarmerie f frz Sicherheitspolizei
gendre [ʒɑ̃dʀ] M̄ Schwiegersohn m
gène [ʒɛn] M̄ Gen n
gêne [ʒɛn] F̄ 1 physique Enge f; Beklemmung f 2 (≈ désagrément) (lästiger) Zwang; Last f 3 financière Geldverlegenheit f 4 psychique Verlegenheit f; **sans ~**

frech; dreist; unverfroren **gêné** [ʒene] ADJ ⟨~e⟩ (= *embarrassé*) verlegen; betreten; *personne a.* gehemmt
généalogie [ʒenealɔʒi] F Ahnenforschung f
★**gêner** [ʒene] A VT ❶ (= *entraver*) behindern; *vêtement* ~ **qn** j-m unbequem sein ❷ (= *déranger*) ~ **qn** j-m lästig fallen, werden; j-n stören, genieren ❸ (= *embarrasser*) in Verlegenheit bringen; verlegen machen; peinlich berühren B VPR **se** ~ sich (*dat*) Zwang antun, auferlegen; sich genieren (**avec qn** vor j-m); **ne pas se** ~ *a.* keine Hemmungen haben, kennen
★**général** [ʒeneral] A ADJ ⟨~e; -aux [-o]⟩ allgemein, Allgemein...; generell; Gesamt...; ★ **en** ~ im Allgemeinen, meist (-ens) B M ⟨-aux [-o]⟩ MIL General *m*
générale [ʒeneral] F **la** ~ **X** die Frau des Generals X
★**généralement** [ʒeneralmã] ADV ❶ (= *d'une manière générale*) allgemein ❷ (= *en général*) im Allgemeinen; meist(ens)
généraliser [ʒeneralize] A VT ❶ *mesure, méthode* allgemein anwenden, verbreiten, einführen ❷ *cas, a. sans objet* verallgemeinern B VPR **se** ~ sich allgemein verbreiten; sich ausbreiten; *conflit* sich ausweiten; *cancer généralisé* Krebs, der Metastasen gebildet hat
généraliste [ʒeneralist] M Allgemeinmediziner *m*
généralité [ʒeneralite] F ~**s** *pl* Allgemeine(s) *n*
génération [ʒenerasjɔ̃] F *a.* TECH Generation f
★**généreux** [ʒenerø] ADJ ⟨-euse [-øz]⟩ ❶ (= *contraire: avare*) großzügig; freigebig ❷ *poitrine* üppig; *sol* ertragreich
générique [ʒenerik] A ADJ Gattungs... B M FILM, TV Vorspann *m*; *à la fin* Nachspann *m*
générosité [ʒenerozite] F (= *libéralité*) Großzügigkeit f
genèse [ʒənɛz] F Entstehung f
genêt [ʒ(ə)nɛ] M Ginster *m*
génétique [ʒenetik] A ADJ genetisch B F Genetik f **génétiquement** [ʒenetikmã] ADV gentechnisch
Genève [ʒ(ə)nɛv] Genf *n*
génial [ʒenjal] ADJ ⟨~e; -aux [-o]⟩ ❶ genial ❷ *fam* super, genial
génie [ʒeni] M ❶ *a. personne* Genie *n* ❷ MIL Pioniertruppe f ❸ ~ **civil** Bau(ingenieur)wesen *n*; ~ **génétique** Gentechnologie f
génital [ʒenital] ADJ ⟨~e; -aux [-o]⟩ Geschlechts...; **organes génitaux** Genitalien *pl*
génitif [ʒenitif] M Genitiv *m*
★**genou** [ʒ(ə)nu] M ⟨~x⟩ Knie *n*; **à** ~**x** kniend; auf (den) Knien; **se mettre à** ~**x** niederknien; sich hinknien
★**genre** [ʒãʁ] M ❶ *a. d'une personne* Art f ❷ GRAM Genus *n*; Geschlecht *n* ❸ *a.* LITTÉRATURE, BIOL Gattung f
★**gens** [ʒã] MPL ⟨*vorangehendes adj steht in der Form des f/pl*⟩ Leute *pl*
gentiane [ʒãsjan] F Enzian *m*
★**gentil** [ʒãti] ADJ ⟨~le [ʒãtij]⟩ nett; *personne a.* freundlich; liebenswürdig
gentilhomme [ʒãtijɔm] M ⟨gentilshommes [ʒãtizɔm]⟩ Edelmann *m*
gentillesse [ʒãtijɛs] F Freundlichkeit f
gentiment [ʒãtimã] ADV → gentil
★**géographie** [ʒeɔgrafi] F Geografie f, Geographie f
géologie [ʒeɔlɔʒi] F Geologie f
géométrie [ʒeɔmetri] F Geometrie f
géométrique [ʒeɔmetrik] ADJ geometrisch
géothermique ADJ geothermisch
gérance [ʒeʁãs] F Geschäftsführung f
gérant [ʒeʁã] M, **gérante** [ʒeʁãt] F Geschäftsführer(in) *m(f)*; *d'immeubles* Verwalter(in) *m(f)*; *d'un magasin* Pächter(in) *m(f)*
gerbe [ʒɛʁb] F ❶ AGR Garbe f ❷ ~ (**de fleurs**) (Blumen)Strauß *m*; Bukett *n*
gercer [ʒɛʁse] ⟨-ç-⟩ A VT rissig werden lassen B VI & VPR **se** ~ aufspringen; rissig werden
gérer [ʒeʁe] VT ⟨-è-⟩ ❶ *affaires, entreprise* führen; *biens* verwalten ❷ *fig problème, crise* bewältigen
germanique [ʒɛʁmanik] ADJ HIST, LING germanisch
germe [ʒɛʁm] M *a. fig* Keim *m* **germer** [ʒɛʁme] VI *a. fig* keimen
gérondif [ʒeʁɔ̃dif] M Gerundium *n*
★**geste** [ʒɛst] F ❶ (Hand)Bewegung f; Geste f; Gebärde f ❷ *par ext* Geste f
gesticuler [ʒɛstikyle] VI gestikulieren
gestion [ʒɛstjɔ̃] F Geschäftsführung f; *de biens* Verwaltung f; ~ **de qualité** Qualitätsmanagement *n*

gestionnaire [ʒɛstjɔnɛʀ] A ADJ Geschäftsführungs...; Verwaltungs... B M/F Geschäftsführer(in) m(f); Verwalter(in) m(f)

gibet [ʒibɛ] M Galgen m

★ **gibier** [ʒibje] M Wild n

giboulée [ʒibule] F (Regen-, Graupel-) Schauer m

gicler [ʒikle] VI spritzen

★ **gifle** [ʒifl] F a. fig Ohrfeige f **gifler** [ʒifle] VT ohrfeigen

gigantesque [ʒigɑ̃tɛsk] ADJ riesig; gigantisch

gigaoctet [ʒigaɔktɛ] M Gigabyte n

gigot [ʒigo] M Hammelkeule f **gigoter** [ʒigɔte] fam VI zappeln; bébé strampeln

gilet [ʒilɛ] M Weste f; tricoté Strickjacke f; ~ de sauvetage Schwimmweste f

gingembre [ʒɛ̃ʒɑ̃bʀ] M Ingwer m

girafe [ʒiʀaf] F Giraffe f

giratoire [ʒiʀatwaʀ] ADJ Kreis...

girofle [ʒiʀɔfl] M clou m de ~ (Gewürz-) Nelke f

girolle [ʒiʀɔl] F Pfifferling m

gisement [ʒizmɑ̃] M Lagerstätte f; Vorkommen n

gitan [ʒitɑ̃] M/F, **gitane** [ʒitan] neg! Zigeuner(in) m(f)

gîte [ʒit] M Unterkunft f; ~ rural Ferienhaus n auf dem Land

givre [ʒivʀ] M (Rau)Reif m **givré** [ʒivʀe] ADJ ⟨~e⟩ ① arbres mit Raureif bedeckt ② a. AVIAT vereist

★ **glace** [glas] F ① (= eau congelée) Eis n ② (= crème glacée) (Speise)Eis n; ~ à la vanille Vanilleeis n ③ (= miroir) Spiegel m ④ verre (Glas)Scheibe f; AUTO a. (Wagen-) Fenster n ⑤ ⟨adjt⟩ sucre m ~ Puderzucker m

glacé [glase] ADJ ⟨~e⟩ ① (= gelé) vereist ② CUIS Eis...; **crème ~e** Eiscreme f ③ eau, pièce eiskalt; a. fig eisig; personne durchgefroren ④ CUIS glasiert; **marrons ~s** kandierte Kastanien fpl

glacer [glase] VT ⟨-ç-⟩ ① TECH mit Hochglanz versehen ② CUIS glasieren

glaciaire [glasjɛʀ] ADJ Eis...; Gletscher...

glacial [glasjal] ADJ ⟨~e; -als; selten -aux [-o]⟩ ① vent, etc eisig; eiskalt ② fig eisig; accueil a. frostig; personne eiskalt

glacier [glasje] M ① GÉOG Gletscher m ② pâtissier Eiskonditor m; marchand Eisverkäufer m

glacière [glasjɛʀ] F Eisschrank m

glaçon [glasɔ̃] M pour une boisson Eiswürfel m; dans une rivière Eisscholle f

glaïeul [glajœl] M Gladiole f

glaise [glɛz] F (terre f) ~ Lehm m; Ton m

glande [glɑ̃d] F Drüse f

glander [glɑ̃de], **glandouiller** [glɑ̃duje] fam VI s-e Zeit vertrödeln

glapir [glapiʀ] VI chien kläffen

glauque [glok] ADJ yeux meergrün

glissade [glisad] F Gleiten n

glissant [glisɑ̃] ⟨-ante [-ɑ̃t]⟩ rutschig; glatt; fam glitschig

glissement [glismɑ̃] M ① Gleiten n ② ~ de terrain Erd-, Bergrutsch m ③ fig Verschiebung f

★ **glisser** [glise] A VT schieben (dans in + acc); ~ qc à qn j-m etw zustecken B VI a. TECH gleiten; rutschen; personne (≈ déraper) ausrutschen C VPR **se ~** ① (sich) schleichen, schlüpfen (dans in + acc) ② fig erreur sich einschleichen (dans in + acc)

glissière [glisjɛʀ] F Gleitschiene f; ~ de sécurité Leitplanke f

global [glɔbal] ADJ ⟨~e; -aux [-o]⟩ gesamt, Gesamt...; global, Global...

globe [glɔb] M ① ~ (terrestre) Erdkugel f, Erdball m ② (= mappemonde) Globus m

globule [glɔbyl] M Blutkörperchen n

gloire [glwaʀ] F ① Ruhm m ② (= personne célèbre) Berühmtheit f

glorieux [glɔʀjø] ADJ ⟨-euse [-øz]⟩ ruhmreich; glorreich

glorifier [glɔʀifje] A VT verherrlichen; glorifizieren B V/PR **se ~ de qc** sich e-r Sache (gén) rühmen

gloriole [glɔʀjɔl] péj F (kleinliche) Eitelkeit, Selbstgefälligkeit

gloss [glɔs] M Lipgloss m

glousser [gluse] VI ① poule glucken ② fig glucksen

glouton [glutɔ̃] A ADJ ⟨-onne [-ɔn]⟩ gefräßig B M Vielfraß m

glu [gly] F Vogelleim m **gluant** [glyɑ̃] ADJ ⟨-ante [-ɑ̃t]⟩ klebrig

gobelet [gɔblɛ] M Becher m

gober [gɔbe] VT ① œuf ausschlürfen; huître schlürfen; insecte schnappen ② fam (≈ croire) (naiv) glauben; fam schlucken

godasse [gɔdas] fam F Latschen m

goéland [gɔelɑ̃] M (große) Möwe

gogo [gogo] *fam* ADV **à ~** so viel man will; *fam* jede Menge

goguenard [gɔgnaʀ] ADJ ⟨-arde [-aʀd]⟩ spöttisch; ironisch

goinfre [gwɛ̃fʀ] A M Vielfraß m B ADJ gefräßig **goinfrer** [gwɛ̃fʀe] VPR **se ~** *fam* sich vollfressen; sich (*dat*) den Bauch vollschlagen **goinfrerie** [gwɛ̃fʀəʀi] F Gefräßigkeit f

golf [gɔlf] M Golf n

golfe [gɔlf] M Golf m

gomme [gɔm] F Radiergummi m; Gummi m **gommer** [gɔme] VT weg-, ausradieren

gond [gõ] M (Tür-, Fenster)Angel f

gondole [gõdɔl] F *barque* Gondel f

gonflable [gõflabl] ADJ aufblasbar

gonflé [gõfle] ADJ ⟨~e⟩ → gonfler

gonfler [gõfle] A VT 1 *pneu* aufpumpen; *ballon, joues* aufblasen; *vent: voiles* (auf)blähen 2 *par ext* (an)schwellen, (auf)quellen lassen 3 *fig* (≈ *exagérer*) aufbauschen 4 *fam fig* **gonflé** (≈ *effronté*) dreist; frech B VI *bois humide, etc* (auf)quellen; *fleuve, partie du corps* anschwellen C VPR **se ~** schwellen; *voile a.* sich (auf)blähen

gonzesse [gõzɛs] *fam* F Weib n; *fam* Tussi f

★**gorge** [gɔʀʒ] F 1 Kehle f; Hals m; **mal m de ~** Halsschmerzen *mpl*, Halsweh n 2 GÉOG **~s** *pl* Schlucht f **gorgée** [gɔʀʒe] F Schluck m

gorille [gɔʀij] M 1 ZOOL Gorilla m 2 *fam fig* Leibwächter m

gosier [gozje] M Schlund m; Rachen m

★**gosse** [gɔs] *fam* MF Kind n

gothique [gɔtik] ADJ gotisch

goudron [gudʀõ] M Teer m

gouffre [gufʀ] M Abgrund m; *fig* **au bord du ~** am Rand des Abgrunds

goulot [gulo] M (Flaschen)Hals m

goulu [guly] ADJ ⟨~e⟩ gierig **goulûment** [gulymɑ̃] ADV gierig

gourd [guʀ] ADJ ⟨~e [guʀd]⟩ steif vor Kälte

gourde [guʀd] F 1 *bouteille* Feldflasche f 2 *fig fam* Dussel m

gourer [guʀe] *fam* VPR **se ~** sich irren; *fam* sich vertun; *fam* schiefgewickelt sein

★**gourmand** [guʀmɑ̃] ⟨-ande [-ɑ̃d]⟩ A ADJ schlemmerhaft; *de sucreries* naschhaft; **être ~** gern essen; *de sucreries* gern naschen, schlecken B MF ⟨-(e) Schlemmer m; *de sucreries fam* Naschkatze f; *fam* Leckermaul m **gourmandise** [guʀmɑ̃diz] F 1 Esslust f; Naschhaftigkeit f 2 **~s** *pl* Leckerbissen *mpl*; Leckereien *fpl*

gourmet [guʀmɛ] M Feinschmecker m

gousse [gus] F 1 BOT Schote f 2 **~ d'ail** Knoblauchzehe f

★**goût** [gu] M 1 *sens* Geschmack(ssinn) m 2 (≈ *saveur*) Geschmack m; **avoir bon ~** gut schmecken; schmackhaft sein 3 *fig* Geschmack m; **bon ~** guter Geschmack; **à mon ~** für meinen Geschmack 4 (≈ *envie*) Lust f (**de**, *pour* zu); (≈ *plaisir*) Gefallen n, Spaß m, Freude f (**an** + *dat*); (≈ *penchant*) Sinn m, Vorliebe f (für); **prendre ~ à qc** Gefallen, Geschmack an etw (*dat*) finden 5 **~s** *pl* (≈ *préférences*) Neigungen *fpl*

★**goûter** [gute] A VT 1 (≈ *déguster*) versuchen; kosten; probieren 2 *fig* genießen; auskosten B VT INDIR **~ de qc** etw ausprobieren; *fam* in etw (*acc*) hineinriechen C VI *enfants* am Nachmittag) e-n Imbiss einnehmen, ein Butterbrot essen D M (Nachmittags)Imbiss m

★**goutte¹** [gut] F 1 Tropfen m; **~ à ~** tropfenweise; **se ressembler comme deux ~s d'eau** sich gleichen wie ein Ei dem anderen 2 *par ext* **une ~ de café**, *etc* ein Schluck m, ein Schlückchen n Kaffee *etc*

goutte² F MÉD Gicht f

goutte-à-goutte M ⟨inv⟩ MÉD Tropf m

goutter [gute] VI tropfen

gouttière [gutjɛʀ] F **d'un toit** Dachrinne f

gouvernail [guvɛʀnaj] M *a. fig* Ruder n

★**gouvernement** [guvɛʀnəmɑ̃] M Regierung f **gouvernemental** [guvɛʀnəmɑ̃tal] ADJ ⟨~e; -aux [-o]⟩ Regierungs...

★**gouverner** [guvɛʀne] VT regieren

GPS [ʒepeɛs] M ABR (= Global Positioning System) Navigationssystem n; *fam* Navi n

grâce [gʀɑs] A F 1 (≈ *faveur*) Gnade f; Gunst f; **de bonne ~** bereitwillig; **de mauvaise ~** widerwillig 2 JUR Begnadigung f; Gnade f; *par ext* **coup** m **de ~** *a. fig* Gnadenstoß m; **avec une arme à feu** Gnadenschuss m; *fig* **faire ~ à qn de**

gracier – gratuit ▪ **171**

qc j-m etw erlassen, ersparen; j-n mit etw verschonen **3** REL Gnade *f* **4** (≈ *charme*) Anmut *f* **5** ~ **à Dieu!** Gott sei Dank! **B** PRÉP ★ ~ **à** dank (+ *dat ou gén*); durch (+ *acc*)

gracier [grasje] V/T begnadigen

gracieux, -euse [grasjø] ADJ ⟨-euse [-øz]⟩ **1** (≈ *charmant*) anmutig **2 à titre** ~ unentgeltlich; gratis; kostenlos

gradation [gradasjõ] F Abstufung *f*

grade [grad] M Dienstgrad *m*; MIL *a.* Rang *m*

gradin [gradẽ] M *d'un amphithéâtre, d'un stade* ~**s** *pl* (Zuschauer)Ränge *mpl*

graduation [graduasjõ] F Maßeinteilung *f*

graduel, -le [graduɛl] ADJ ⟨-le⟩ allmählich; stufen-, schrittweise

graduer [gradue] V/T *difficultés, etc* abstufen; allmählich steigern

★ **grain** [grɛ̃] M **1** *des céréales* Korn *n* **2** *de raisin, de groseille* Beere *f*; *de café* Bohne *f* **3** ~ **de beauté** Leberfleck *m*

graine [grɛn] F BOT Samenkorn *n*; Samen *m*

graisse [grɛs] F ANAT, CHIM, CUIS Fett *n*

graisser [grese] V/T **1** TECH schmieren; AUTO abschmieren **2** *salir* fettig machen

graisseux, -euse [grɛsø] ADJ ⟨-euse [-øz]⟩ (≈ *gras*) fettig

★ **grammaire** [gramɛr] F Grammatik *f*

grammatical, -e [gramatikal] ADJ ⟨-e; -aux [-o]⟩ grammatisch

★ **gramme** [gram] M Gramm *n*

★ **grand, -e** [grã, , *in der Bindung* grãt] **A** ADJ ⟨-e [grãd]⟩ groß; ~ **blessé** Schwerverletzte(r) *m*; ~ **choix** große, reiche Auswahl; **le ~ public** das breite Publikum; ~**e surface** Einkaufszentrum *n*; **il est ~ temps** es ist höchste Zeit **B** ADV *voir* ~ in großem Stil handeln; *péj* große, hochfliegende Pläne haben; ~ *⟨veränderlich⟩* **ouvert** [-t-] weit offen, geöffnet **C** M/F (≈ *adulte*) **les** ~**s** *pl* die Großen, Erwachsenen *pl*

grand-angle [grãtãgl] M ⟨grands- -angles [grãzãgl]⟩ Weitwinkelobjektiv *n*

grand-chose PR INDÉF **pas** ~ nicht viel

★ **Grande-Bretagne** [grãdbrətaɲ] F **la** ~ Großbritannien *n*

grandeur [grãdœr] F *a.* PHYS, MATH Größe *f*

grandiloquent, -e [grãdilɔkã] ADJ ⟨-ente

[-ãt]⟩ *discours, style* geschwollen; hochtrabend

★ **grandir** [grãdir] **A** V/T **1** größer machen; größer erscheinen lassen **2** *fig* Größe verleihen (+ *dat*) **B** V/I **1** (≈ *pousser*) wachsen, größer werden (**de** um); **2** (≈ *s'intensifier*) zunehmen

★ **grand-mère** F ⟨grand(s)-mères⟩ Großmutter *f* ★ **grand-père** M ⟨grands-pères⟩ Großvater *m*

★ **grands-parents** [grãparã] MPL Großeltern *pl*

grange [grãʒ] F Scheune *f*

granulé, -e [granyle] **A** ADJ ⟨-e⟩ körnig; gekörnt **B** MPL ~**s** PHARM Granulat *n*; ~**s de bois** *chauffage* Holzpellets *npl*

grapheur [grafœr] M INFORM Grafikprogramm *n*

graphique [grafik] **A** ADJ grafisch **B** M Grafik *f*

grappe [grap] F *a. fig* Traube *f*; ~ **de raisin** Weintraube *f*

★ **gras, -se** [gra] **A** ADJ ⟨-se [gras]⟩ **1** fett; *aliment a.* fetthaltig; *matières* ~**ses** Fett *n* **2** (≈ *enduit de graisse*) fettig **3** *fig terre* fett; schwer; *crayon* weich; ordinär; **en caractères** ~ fett gedruckt **B** M **le** ~ das Fett(e)

grassouillet, -ette [grasujɛ] ADJ ⟨-ette [-ɛt]⟩ dicklich; *femme a.* mollig

gratifier [gratifje] V/T **1** ~ **qn de qc** j-m etw zukommen lassen; *a. iron* j-n mit etw bedenken **2** PSYCH ~ **qn** j-n befriedigen, erfüllen

gratin [gratẽ] M AU ~ überbacken; gratiniert **gratiner** [gratine] V/T **faire ~** überbacken; gratinieren

gratis [gratis] *fam* ADV umsonst; gratis

gratitude [gratityd] F Dankbarkeit *f*

gratte-ciel [gratsjɛl] M ⟨~(s)⟩ Wolkenkratzer *m*

gratte-langue [gratlãg] M Zungenreiniger *m*

grattement [gratmã] M *a. bruit* Kratzen *n*, Scharren *n*

gratter [grate] V/T **1** *surface* abkratzen; (ab)schaben; *casserole* auskratzen **2** (≈ *enlever*) ab-, wegkratzen; abschaben; *inscription* auskratzen **3** LOTERIE rubbeln **4** (≈ *démanger*) kratzen; jucken **B** V/I kratzen; scharren **C** V/PR **se ~** sich kratzen

★ **gratuit, -e** [gratɥi] ADJ ⟨-uite [-ɥit]⟩ **1**

(≈ non payant) kostenlos; Gratis...; unentgeltlich; **billet** ~ Freikarte f **2** (≈ sans fondement) unbegründet; willkürlich **gratuité** [gratɥite] F **1** Unentgeltlichkeit f; des transports Nulltarif m **2** d'une accusation, etc Unbegründetheit f; Grundlosigkeit f **gratuitement** [gratɥitmɑ̃] ADV **1** (≈ sans payer) kostenlos; gratis **2** (≈ sans motif) ohne Grund, Motiv; grundlos

gravats [grava] MPL Bauschutt m

★**grave** [grav] ADJ **1** air, ton ernst **2** problème, décision, etc ernst; schwerwiegend; situation, erreur a. schlimm; maladie schwer **3** a. voix, son tief

graver [grave] VT einschneiden, einritzen; pour reproduire (ein)gravieren (**sur** in + acc) **graveur** [gravœr] M, **graveuse** [gravøz] F **1** Graveur(in) m(f) **2** ⟨m⟩ TECH ~ **de CD** CD-Brenner m

gravier [gravje] M Kies m

gravillon [gravijɔ̃] M Splitt m

gravir [gravir] VT a. fig erklimmen

gravité [gravite] F **1** de la situation Ernst m; d'une maladie Schwere f **2** PHYS Schwerkraft f

graviter [gravite] VT INDIR **1** ASTRON kreisen, sich drehen (**autour de** um) **2** fig ~ **autour de qn** ständig um j-n sein

gravure [gravyr] F **1** technique Gravierung f; art Gravierkunst f **2** ouvrage Grafik f; (Kupfer)Stich m

gré [gre] M **1** **à mon gré** (≈ à mon goût) nach meinem Geschmack; (≈ à volonté) nach Belieben; nach (meinem) Gutdünken; (≈ à mon avis) meines Erachtens; **contre le gré de qn** gegen den Willen j-s; **bon gré mal gré** wohl oder übel **2** st/s **savoir gré à qn de qc** j-m für etw dankbar sein

★**grec** [grɛk] ⟨~que [grɛk]⟩ A ADJ griechisch B M,F **Grec, Grecque** Grieche m, Griechin f

★**Grèce** [grɛs] F **la** ~ Griechenland n

grecque [grɛk] F ornement Mäander(-band) m(n)

greffe [grɛf] F **1** MÉD Transplantation f **2** BOT Veredeln n **greffer** [grefe] A VT **1** arbre pfropfen **2** MÉD verpflanzen B V/PR fig **se** ~ **sur qc** zu etw hinzukommen

greffier [grefje] M Urkundsbeamte(r) m

grêle[1] [grɛl] ADJ a. voix dünn; schmal

grêle[2] [grɛl] F a. fig Hagel m **grêler**

[grele] V/IMP hageln **grêlon** [grelɔ̃] M Hagelkorn n

grelot [grəlo] M Schelle f; Glöckchen n

grelotter [grəlɔte] VI (vor Kälte) zittern, schlottern

grenadine [grənadin] F Granatapfelsirup m

★**grenier** [grənje] M Speicher m; Dachboden m

grenouille [grənuj] F Frosch m

grès [grɛ] M **1** roche Sandstein m **2** céramique Steinzeug n

grésil [grezil] M Graupeln fpl

grésiller [grezije] VI friture brutzeln; TÉL, RAD knistern

★**grève** [grɛv] F **1** Streik m; Ausstand m; ~ **de la faim** Hungerstreik m; ~ **du zèle** Dienst m nach Vorschrift; Bummelstreik m; **être en** ~, **faire** ~ streiken; **se mettre en** ~ in (den) Streik treten **2** plage (Sand-, Kies)Strand m

gréviste [grevist] M/F Streikende(r) m/f(m)

gribouiller [gribuje] A VT hinkritzeln B VI kritzeln

grief [grijɛf] M (Grund m, Anlass m zur) Klage f, Beschwerde f

grièvement [grijɛvmɑ̃] ADV ~ **blessé** schwer verletzt

griffe [grif] F **1** ZOOL Kralle f **2** ADMIN Namensstempel m **3** fig Stempel m ★**griffer** [grife] VT (zer)kratzen

griffonner [grifɔne] VT (hin)kritzeln

grignoter [grinɔte] VT knabbern; (≈ entamer) anknabbern; ~ **qc** a. an etw (dat) (herum)knabbern

gril [gril] M Bratrost m **grillade** [grijad] F Grillgericht n

grillage [grijaʒ] M (Draht)Gitter n

grille [grij] F **1** a. barrière Gitter n **2** d'un poêle (Feuer)Rost m **3** (≈ tableau) Übersicht f; Tabelle f

grille-pain [grijpɛ̃] M ⟨inv⟩ Toaster m

★**griller** [grije] A VT viande (auf dem Rost) braten, grillen; pain a. toasten B VI **1** viande (auf dem Rost) braten **2** ÉLEC durchbrennen

grillon [grijɔ̃] M Grille f

grimace [grimas] F Grimasse f; **faire des** ~ Grimassen schneiden, ziehen **grimacer** [grimase] VI ⟨-ç-⟩ das Gesicht verziehen, verzerren

grimpant [grɛ̃pɑ̃] ADJ ⟨-ante [-ɑ̃t]⟩

plante ~e Kletterpflanze f
grimper [gʀɛ̃pe] VI **1** (hinauf)klettern (**sur, à** auf + *acc*); *plante* sich emporranken (**à** an + *dat*) **2** *par ext chemin* steil ansteigen; *fig prix* in die Höhe klettern **grimpeur** [gʀɛ̃pœʀ] M, **grimpeuse** [gʀɛ̃pøz] F *a. cycliste* Kletterer *m*; Kletterin *f*
grincer [gʀɛ̃se] VI ‹-ç-› **1** knarren; quietschen **2** ~ **des dents** mit den Zähnen knirschen
grincheux [gʀɛ̃ʃø] ADJ ‹-euse [-øz]› mürrisch; griesgrämig; *enfant fam* quengelig
grippe [gʀip] F **1** MÉD Grippe *f* **2** **prendre en** ~ e-e Abneigung haben gegen
gripper [gʀipe] VPR **se** ~ TECH sich festfressen
grippe-sou [gʀipsu] M ‹~(s)› Pfennigfuchser *m*
★**gris** [gʀi] A ADJ ‹~e [gʀiz]› **1** grau **2** *temps* trüb **3** *fig* (*= éméché*) angeheitert; *fam* beschwipst B M Grau *n*
griser [gʀize] A VT ~ **qn** *alcool, a. fig* j-m die Sinne benebeln; j-m zu Kopf steigen; *succès* j-n berauschen B VPR *fig* **se** ~ **de** sich berauschen an (+ *dat*)
Grisons [gʀizõ] MPL **les** ~ Graubünden *n*
grivois [gʀivwa] ADJ ‹-oise [-waz]› schlüpfrig; anzüglich
grognement [gʀɔɲmɑ̃] M **1** *d'une personne* Murren *n* **2** *d'un cochon* Grunzen *n*; *d'un ours* Brummen *n* **grogner** [gʀɔɲe] VI **1** *personne* murren (**contre** gegen); knurren **2** *cochon* grunzen **grognon** [gʀɔɲɔ̃] ADJ ‹f *inv*› mürrisch; *fam* brummig; *enfant fam* quengelig
grommeler [gʀɔmle] VT et VI ‹-ll-› ~ (**entre ses dents**) (vor sich *acc* hin, in s-n Bart) brummen, brummeln
grondement [gʀɔ̃dmɑ̃] M **1** *du tonnerre* Grollen *n*; Rollen *n* **2** *d'un chien* Knurren *n* **gronder** [gʀɔ̃de] A VT schelten; schimpfen (**qn** mit j-m) B VI **1** *tonnerre* grollen; rollen **2** *chien, fauve* knurren
★**gros** [gʀo] A ADJ ‹~se [gʀos]› **1** (*= volumineux*) groß; dick **2** (*= corpulent*) dick **3** (*= important*) groß; *orage, rhume* stark; *dégâts, soucis, erreur a.* schwer; *somme* hoch **4** *affaire* gut **5** ~ **mot** unanständiges Wort, Schimpfwort **5** MAR **~se mer** schwere, raue, grobe See B ADV **1** groß **2** (*= beaucoup*) viel;

risquer ~ viel riskieren, aufs Spiel setzen **3** **en** ~ *écrit* groß; (*= grosso modo*) in großen, groben Zügen; COMM im Großen, in großen Mengen; **en gros** C M(F) **~(se)** (*= personne grosse*) Dicke(r) *m*/*f*(*m*) D M **1** COMM Großhandel *m* **2** **le** ~ **de ...** der größte Teil, das Gros (+ *gén*)
★**groseille** [gʀozɛj] F Johannisbeere *f*
grossesse [gʀosɛs] F Schwangerschaft *f*
grosseur [gʀosœʀ] F **1** Größe *f*; Dicke *f* **2** MÉD Geschwulst *f*
grossier [gʀosje] ADJ ‹-ière [-jɛʀ]› **1** *tissu, traits* grob; derb; *travail, ruse* plump; *erreur* grob **2** (*= mal élevé*) grob **3** (*= vulgaire*) derb **grossièreté** [gʀosjɛʀte] F Grobheit *f*, Derbheit *f*
★**grossir** [gʀosiʀ] A VT **1** *vêtements* ~ **qn** j-n dick(er) machen, erscheinen lassen **2** (*= augmenter*), *a.* OPT vergrößern; *fig* (*= exagérer*) übertreiben B VI **1** *personne* dick(er) werden; zunehmen (**d'un kilo** um ein Kilo) **2** (*= augmenter*) größer werden; *rivière* anschwellen
grossiste [gʀosist] M(F) Großhändler(in) *m*(*f*)
grosso modo [gʀosomodo] ADV in großen, groben Zügen, Umrissen
grotesque [gʀɔtɛsk] ADJ grotesk
grotte [gʀɔt] F Höhle *f*
grouiller [gʀuje] A VI wimmeln (**de** von) B VPR *fam* **se** ~ sich beeilen
groupe [gʀup] M **1** Gruppe *f* **2** MUS Band *f*
groupé [gʀupe] ADJ ‹~e› Sammel...
groupement [gʀupmɑ̃] M Gruppierung *f*
grouper [gʀupe] A VT zusammenfassen, -schließen; *objets, faits* zusammenstellen B VPR **se** ~ sich zusammenschließen; **se** ~ **autour de qn** sich um j-n scharen, gruppieren
grue [gʀy] F **1** ZOOL Kranich *m* **2** TECH Kran *m*
grumeau [gʀymo] M ‹~x› Klumpen *m*
Guadeloupe [gwadlup] F **la** ~ Guadeloupe *n*
guenilles [gənij] FPL Lumpen *mpl*
guêpe [gɛp] F Wespe *f*
guère [gɛʀ] ADV **ne ...** ~ kaum; nicht sehr; nicht viel; **ne ... plus** ~ kaum noch
guéri [geʀi] ADJ ‹~e› *personne* wieder gesund; geheilt
★**guérir** [geʀiʀ] A VT **1** *malade* heilen;

gesund machen; *maladie* (aus)heilen ❷ *fig* ~ **qn de qc** j-n von etw kurieren, heilen ❸ V̄Ī *malade* (wieder) gesund werden, gesunden ❷ *blessure* (ver-, zu)heilen; *grippe* ausheilen ❸ V/PR **se** ~ heilen; *plaie* verheilen; *soi-même* sich selbst heilen **guérison** [geʀizɔ̃] F̄ Genesung f
guérisseur [geʀisœʀ] M̄ Heilpraktiker m
★ **guerre** [gɛʀ] F̄ *a. fig* Krieg m; **la Première, Seconde Guerre mondiale** der Erste, Zweite Weltkrieg; *fig* **de bonne** ~ nicht unfair; **faire la** ~ Krieg führen (à mit, gegen); *fig* e-n ständigen Kampf führen (à **qn** gegen j-n); **se faire la** ~ *a. fig* sich bekriegen **guerrier** [geʀje] ❸ M̄ Krieger ❸ ADJ ‹-ière [-jɛʀ]› kriegerisch
guet [gɛ] M̄ **faire le** ~ auf der Lauer liegen; *complice fam* Schmiere stehen
guet-apens [gɛtapɑ̃] M̄ ‹guets-apens [gɛtapɑ̃]› *a. fig* Hinterhalt m **guetter** [gete] V̄/Ī ❶ (≈ *épier*) lauern (**qn** auf j-n) auflauern (**qn** j-m) ❷ *occasion, facteur* abwarten ❸ *fig maladie, etc* ~ **qn** j-n bedrohen; *fam* auf j-n lauern
★ **gueule** [gœl] F̄ ❶ *des animaux* Maul n ❷ *fam* (≈ *bouche*) Maul n; *fam* Klappe f; **coup m de** ~ Protestgeschrei n; *pop* (**ferme**) **ta** ~! *pop* halt's Maul!; *pop* (halt die) Schnauze! **gueule-de-loup** F̄ ‹gueules-de-loup› Löwenmaul n, Löwenmäulchen n **gueuler** [gœle] ❸ V̄/Ī brüllen ❸ V̄Ī (≈ *hurler*) herum)brüllen
★ **guichet** [giʃɛ] M̄ Schalter m; ~ **automatique** Geldautomat m
★ **guide** [gid] ❶ ‹m/f› (Fremden)Führer(in) m(f) ❷ ‹m› *livre* (Reise)Führer m; Handbuch n ❸ ‹f› SCOUTISME Pfadfinderin f
guider [gide] ❸ V̄Ī ❶ *touristes, aveugle* führen ❷ *fig* (≈ *orienter*) leiten ❸ TECH führen ❸ V/PR **se** ~ **sur** sich richten nach
guidon [gidɔ̃] M̄ Lenker m
guigner [giɲe] V̄Ī *a. fig* schielen nach
guignol [giɲɔl] M̄ ❶ **Guignol** Kasper m ❷ Kasper(le)theater n
guillemets [gijmɛ] MPL Anführungszeichen npl, Anführungsstriche mpl
guillotine [gijɔtin] F̄ Guillotine f **guillotiner** [gijɔtine] V̄Ī guillotinieren
guindé [gɛ̃de] ADJ ‹-e› steif; *style* gestelzt, geschraubt
guingois [gɛ̃gwa] *fam* **de** ~ schief

guirlande [giʀlɑ̃d] F̄ Girlande f
guise [giz] F̄ ❶ **à ma** (**ta**, *etc*) ~ nach meiner (deiner *etc*) Fasson; wie es mir (dir *etc*) passt ❷ **en** ~ **de** (≈ *comme*) als; (≈ *au lieu de*) (an)statt (+ *gén*)
★ **guitare** [gitaʀ] F̄ Gitarre f
Guyane [gɥijan] F̄ **la** ~ **française** Französisch-Guayana n (*überseeische Provinz Frankreichs in Südamerika*)
gym [ʒim] *fam* F̄ ABR → gymnastique
gymnase [ʒimnɑz] M̄ Turnhalle f
gymnastique [ʒimnastik] F̄ Turnen n; *surtout médicale* Gymnastik f
gynécologue [ʒinekɔlɔg] M/F Frauenarzt, -ärztin m,f
gyrophare [ʒiʀɔfaʀ] M̄ Blaulicht n

H

H, h [aʃ] M̄ ‹inv› H, h n
h ABR (= *heure*) h; Std.
habile [abil] ADJ geschickt; gewandt **habileté** [abilte] F̄ Geschick(lichkeit) n(f); Gewandtheit f
habilité [abilite] ADJ ‹-e› befugt, ermächtigt
habillé [abije] ADJ ‹-e› ❶ *personne* angezogen, gekleidet ❷ *au carnaval* verkleidet (**en als**) ❸ *vêtements* festlich **habillement** [abijmɑ̃] M̄ Kleidung f
★ **habiller** [abije] ❸ V̄Ī ❶ *personne* anziehen ❷ *vêtement* ~ **qn bien** j-n gut kleiden; j-m gut stehen ❸ V/PR **s'** ~ sich anziehen; *d'une certaine façon* sich kleiden; *avec élégance* sich festlich kleiden
habit [abi] M̄ ~**s** pl (≈ *vêtements*) Kleidung f; Kleider npl
habitable [abitabl] ADJ bewohnbar
habitacle [abitakl] M̄ ❶ AVIAT Pilotenkanzel f ❷ AUTO Fahrgastzelle f
★ **habitant** [abitɑ̃] M̄, **habitante** [abitɑ̃t] F̄ Einwohner(in) m(f); *d'un immeuble* Bewohner(in) m(f)
habitat [abita] M̄ ❶ GÉOG Siedlungsweise f ❷ (≈ *conditions de logement*) Wohnverhältnisse npl
habitation [abitasjɔ̃] F̄ Wohnung f

habité [abite] ADJ ⟨-e⟩ bewohnt
★ **habiter** [abite] A VT bewohnen; wohnen in (+ dat) B VI wohnen
★ **habitude** [abityd] F Gewohnheit f; ★ **d'~** gewöhnlich; **comme d'~** wie gewöhnlich, üblich
habitué(e) [abitye] M(F) Stammgast m; COMM Stammkunde m, Stammkundin f
★ **habituel** [abityɛl] ADJ ⟨-le⟩ üblich; gewöhnlich ★ **habituellement** [abitɥɛlmã] ADV normalerweise
habituer [abitye] A VT ~ **qn à** (+ inf) j-n daran gewöhnen zu (+ inf); j-m angewöhnen zu (+ inf); ★ **être habitué à qc** an etw (acc) gewöhnt sein; etw gewohnt sein B VPR ★ **s'~ à qc, à qn** sich an etw, an j-n gewöhnen
°**hache** [aʃ] F Axt f; Beil n °**haché** [aʃe] ADJ ⟨-e⟩ **viande ~e** Hackfleisch n; Gehackte(s) n °**hacher** [aʃe] VT hacken; zerkleinern °**hachoir** [aʃwar] M appareil Fleischwolf m
°**hachurer** [aʃyre] VT schraffieren
°**hagard** [agar] ADJ ⟨-arde [-ard]⟩ verstört; verängstigt
★ °**haie** [ɛ] F 1 clôture Hecke f 2 course **de ~s** Hürdenlauf m; HIPPISME Hürdenrennen n 3 de personnes Spalier n; **haie d'honneur** Ehrenspalier n
°**haillons** [ajõ] MPL Lumpen mpl
°**haine** [ɛn] F Hass m (**pour, de** gegen, auf + acc) °**haineux** [ɛnø] ADJ ⟨-euse [-øz]⟩ hasserfüllt; méchant gehässig
haïr [air] VT ⟨je hais [ɛ]; il hait [ɛ]; nous haïssons; ils haïssent; je haïssais; je haïs; je haïrai; que je haïsse; haïssant; haï⟩ hassen
halal [alal] ADJ ⟨inv⟩ REL halal (nach islamischem Glauben erlaubt)
°**hâlé** [ɑle] ADJ ⟨-e⟩ (sonnen)gebräunt
haleine [alɛn] F Atem m; fig travail **de longue ~** langwierig; °**hors d'~** außer Atem
°**haleter** [alte] VT ⟨-è-⟩ keuchen
°**hall** [ol] M (Eingangs)Halle f
°**halle** [al] F Markthalle f
hallucinant [alysinã] ADJ ⟨-ante [-ãt]⟩ spectacle atemberaubend, umwerfend; (= étonnant) verblüffend **hallucination** [alysinasjõ] F Halluzination f **halluciné** [alysine] ADJ ⟨-e⟩ personne an Halluzinationen leidend; regard irr, wirr
°**halo** [alo] M ASTRON Hof m

°**halte** [alt] A F Halt m; Pause f; Rast f B INT halt!, stopp!
haltère [altɛr] M Hantel f; **les poids et ~s** das Gewichtheben
°**hamac** [amak] M Hängematte f
°**hamburger** [ɑ̃buʀɡœʀ] M CUIS Hamburger m
°**hameau** [amo] M ⟨-x⟩ Weiler m
hameçon [amsõ] M Angelhaken m
°**hanche** [ɑ̃ʃ] F Hüfte f
★ °**handicapé** [ɑ̃dikape] A ADJ ⟨-e⟩ behindert B M(F) ~(e) Behinderte(r) m/f(m); **~ mental** geistig Behinderte(r); **~ physique** Körperbehinderte(r) m
°**hangar** [ɑ̃ɡaʀ] M Schuppen m; AVIAT Hangar m
°**hanneton** [antõ] M Maikäfer m
°**hanter** [ɑ̃te] VT fantôme spuken in; ~ **une maison** in e-m Haus spuken 2 fig ~ **qn** j-m keine Ruhe lassen; j-n umtreiben; **cette idée le hante** er wird von dieser Idee verfolgt °**hantise** [ɑ̃tiz] F quälende Angst, Grauen n (**de** vor + dat)
°**happer** [ape] VT proie schnappen
°**harassant** [aʀasɑ̃] ADJ ⟨-ante [-ãt]⟩ anstrengend; strapaziös °**harassé** [aʀase] ADJ ⟨-e⟩ erschöpft
°**harcèlement** [aʀsɛlmã] M gêne, dérangement Belästigung f, Stören n; ~ **sexuel** sexuelle Belästigung °**harceler** [aʀsəle] VT ⟨-è-⟩ bedrängen
°**hardi** [aʀdi] ADJ ⟨-e⟩ kühn
°**hareng** [aʀɑ̃] M Hering m
°**hargne** [aʀɲ] F Bissigkeit f; plus fort Gehässigkeit f °**hargneux** [aʀɲø] ADJ ⟨-euse [-øz]⟩ bissig; plus fort gehässig
★ °**haricot** [aʀiko] M Bohne f; ★ **haricots blancs, verts** weiße, grüne Bohnen fpl
harmonica [aʀmɔnika] M Mundharmonika f
harmonie [aʀmɔni] F Harmonie f **harmonieux** [aʀmɔnjø] ADJ ⟨-euse [-øz]⟩ harmonisch
harmonisation [aʀmɔnizasjõ] F Harmonisierung f **harmoniser** [aʀmɔnize] A VT in Einklang bringen; aufeinander abstimmen; a. MUS harmonisieren B VPR **s'~** harmonieren, übereinstimmen (**avec** mit)
°**harnachement** [aʀnaʃmã] M 1 (Pferde)Geschirr n 2 d'un alpiniste, plongeur, etc (schwere) Montur °**harnacher** [aʀnaʃe] VT cheval anschirren

°**harnais** [aʀnɛ] M 1 *d'un cheval* Geschirr n 2 *d'un alpiniste, plongeur, etc* Gurte mpl

°**harpe** [aʀp] F Harfe f

°**harpon** [aʀpɔ̃] M Harpune f

★°**hasard** [azaʀ] M Zufall m; **au hasard** aufs Geratewohl; auf gut Glück; **à tout hasard** für alle Fälle; ★ **par hasard** zufällig; durch Zufall

°**hasarder** [azaʀde] A VT wagen; riskieren B VPR **se ~** sich wagen, sich trauen (**dans la rue auf die Straße**) °**hasardeux** [azaʀdø] ADJ ⟨-euse [-øz]⟩ gewagt; riskant

°**hâte** [ɑt] F Eile f; Hast f; **avoir ~ de** (+ inf) *ou* **que ...** (+ subj) es kaum erwarten können, zu (+ inf) *ou* dass ... °**hâter** [ɑte] A VT beschleunigen B VPR **se ~** sich beeilen °**hâtif** [ɑtif] ADJ ⟨-ive [-iv]⟩ 1 übereilt 2 AGR Früh...

°**hausse** [os] F Anstieg m; Erhöhung f; *à la Bourse* Hausse f; **hausse des prix** Teuerung f °**hausser** [ose] VT *prix, etc* erhöhen; *le ton* heben

★°**haut** [o] A ADJ ⟨haute [ot]⟩ 1 *épithète* hohe; *attribut* hoch; **être haut de deux mètres** zwei Meter hoch sein; **haute saison** Hochsaison f 2 GÉOG Ober...; *obere* 3 *voix* laut B ADV 1 hoch; **voir plus haut** siehe oben 2 *parler, penser* (**tout**) **haut** laut 3 **de haut** *a. fig* von oben; **de haut en bas** von oben bis unten; ★ **en haut** oben; (**= vers le haut**) nach oben; aufwärts; hinauf; **d'en haut** *a. fig* von oben; ★ **en haut de qc** oben auf etw (*dat ou acc*) C M 1 **hauteur** Höhe f; *oberer Teil*; **le tiroir du haut** die oberste Schublade; **du haut de qc** von etw herab, herunter 2 **avoir dix mètres de haut** zehn Meter hoch sein 3 *fig* **les hauts et les bas** die Höhen fpl und Tiefen fpl; das Auf und Ab

°**hautain** [otɛ̃] ADJ ⟨-aine [-ɛn]⟩ hochmütig

°**hautbois** [obwa] M Oboe f

°**haut-de-forme** [odfɔʀm] M ⟨hauts-de-forme⟩ Zylinder(hut) m

°**haute-fidélité** F **chaîne haute-fidélité** Hi-Fi-Anlage f

★°**hauteur** [otœʀ] F 1 *a.* ASTRON *d'un son* Höhe f 2 *péj* Hochmut m; Arroganz f 3 GÉOG (An)Höhe f 4 *fig* **être à la ~ de qc** e-r Sache (*dat*) gewachsen sein

°**haut-le-cœur** [ol(ə)kœʀ] M ⟨inv⟩ Übelkeit f

°**haut-le-corps** [ol(ə)kɔʀ] M ⟨inv⟩ **avoir un ~** hochschrecken; hochfahren

°**haut-parleur** [opaʀlœʀ] M ⟨haut-parleurs⟩ Lautsprecher m

°**hayon** [ajɔ̃] M AUTO Heckklappe f

hebdo [ɛbdo] *fam* M ABR → hebdomadaire **hebdomadaire** [ɛbdɔmadɛʀ] A ADJ wöchentlich; Wochen... B M Wochenblatt n, Wochenzeitschrift f

héberger [ebɛʀʒe] VT ⟨-ge-⟩ beherbergen; (bei sich) unterbringen; *réfugiés* aufnehmen; **~ qc sur Internet** etw ins Internet stellen, etw hosten

hébergeur [ebɛʀʒœʀ] M INFORM Host m

hébété [ebete] ADJ ⟨~e⟩ *regard* stumpf (-sinnig)

hébreu [ebʀø] A ADJ ⟨*nur m*; ~x⟩ hebräisch B M 1 ⟨*pl*⟩ **Hébreux** Hebräer mpl 2 **l'~** das Hebräische; Hebräisch n

hectare [ɛktaʀ] M Hektar n *ou* m

°**hein** [ɛ̃] *fam* INT 1 ★ **~?** (≈ *comment?*) *fam* hm?; was? 2 (≈ *n'est-ce pas?*) oder? 3 *surprise* na(nu)!

°**hélas** [elɑs] INT ach!; leider!

hélé [ele] VT ⟨-è-⟩ (herbei)rufen

hélice [elis] F AVIAT Propeller m; MAR (Schiffs)Schraube f

★**hélicoptère** [elikɔptɛʀ] M Hubschrauber m

héliport [elipɔʀ] M Hubschrauberlandeplatz m

hématome [ematom] M Bluterguss m

hémisphère [emisfɛʀ] M Halbkugel f; Hemisphäre f

hémorragie [emɔʀaʒi] F MÉD Blutung f

°**henné** [ene] M Henna f *ou* n

°**hennir** [eniʀ] VI wiehern

★°**herbe** [ɛʀb] F 1 Gras m; ★ **mauvaise ~** Unkraut n 2 BOT Kraut n; **fines ~s** Küchenkräuter npl; **~s médicinales** Heilkräuter npl

herbicide [ɛʀbisid] M Herbizid n **herbivore** [ɛʀbivɔʀ] A ADJ pflanzenfressend B M Pflanzenfresser m

héréditaire [eʀedit ɛʀ] ADJ Erb...; erblich

hérédité [eʀedite] F 1 BIOL Vererbung f 2 *par ext* Erbgut n, Erbanlagen fpl

hérésie [eʀezi] F Ketzerei f **hérétique** [eʀetik] A ADJ REL, *a. fig* ketzerisch B MF REL, *a. fig* Ketzer(in) m(f)

°**hérissé** [eʀise] ADJ ⟨~e⟩ *plumes, poils, cheveux* gesträubt; struppig °**hérisser** [eʀise] VT *cheveux, etc* sträuben
°**hérisson** [eʀisɔ̃] M Igel m
héritage [eʀitaʒ] M *a. fig* Erbe n; Erbschaft f **hériter** [eʀite] VT et VI *a. fig* erben; **~ (de) qc** etw erben (**de qn** von j-m); **~ de qn** j-n beerben **héritier** [eʀitje] M, **héritière** [eʀitjɛʀ] F *a. fig* Erbe m, Erbin f
hermaphrodite [ɛʀmafʀɔdit] M Zwitter m
hermétique [ɛʀmetik] ADJ (verschlossen); luft- und wasserdicht
hermine [ɛʀmin] F 1 ZOOL Hermelin n 2 *fourrure* Hermelin n
héroïne[1] F *drogue* Heroin n
★**héroïne**[2] [eʀɔin] F *a. d'une histoire* Heldin f **héroïque** [eʀɔik] ADJ heldenhaft; heroisch ★ °**héros** [eʀo] M *a. d'une histoire* Held m
hésitant [ezitã] ADJ ⟨-ante [-ãt]⟩ zögernd; *personne a.* unentschlossen **hésitation** [ezitasjɔ̃] F Zögern n
★**hésiter** [ezite] VI zögern, zaudern (**à faire qc** etw zu tun); *en parlant* stocken
hétérogène [eteʀɔʒɛn] ADJ heterogen
°**hêtre** [ɛtʀ] M BOT Buche f
★**heure** [œʀ] F 1 (≈ *60 minutes*) Stunde f 2 *division du temps* (Uhr)Zeit f; **après un chiffre** Uhr; ★ **à quelle ~?** um wie viel Uhr?; um welche Zeit?; **quelle ~ est-il?** wie spät ist es?; wie viel Uhr ist es?; **il est *huit ~s** es ist acht (Uhr); ★ **être à l'~** *personne* pünktlich sein; *montre* richtig, genau gehen 3 (≈ *moment*) Zeit (-punkt) f(m); Stunde f; *par ext* (≈ *époque*) Zeitalter n; **à toute ~** jederzeit; zu jeder Tageszeit; **tout à l'~** (≈ *il y a un moment*) (so)eben; gerade; vorhin; (≈ *dans un moment*) gleich; sofort; **à tout à l'~!** bis gleich, nachher!; **de bonne ~** früh (am Tage); *par ext* frühzeitig; **sur l'~** auf der Stelle; sogleich; sofort; **c'est l'~** (+ *inf*) es ist Zeit zu (+ *inf*)
★**heureusement** [øʀøzmã] ADV (≈ *par bonheur*) glücklicherweise; zum Glück
★**heureux** [øʀø] ADJ ⟨-euse [-øz]⟩ 1 (≈ *content*) glücklich 2 (≈ *chanceux*) glücklich
°**heurt** [œʀ] M Reiberei f; Zusammenstoß m
°**heurter** [œʀte] A VT 1 **~ qc** an etw (*acc*) *ou* gegen etw stoßen; *véhicule a.* auf etw (*acc*) aufprallen 2 *fig sentiment* verletzen; *personne* vor den Kopf stoßen B V|PR 1 **se ~ à, contre** stoßen an (+ *acc*), gegen; (≈ *à des difficultés, etc*) auf Schwierigkeiten (*acc*) *etc* stoßen 2 **se ~** *véhicules, a. fig* zusammenstoßen; aufeinanderprallen
hexagone [ɛgzagon, -gɔn] M 1 Sechseck n 2 ★ **l'Hexagone** Frankreich n
hibernation [ibɛʀnasjɔ̃] F Winterschlaf m **hiberner** [ibɛʀne] VI Winterschlaf halten
°**hibou** [ibu] M ⟨~x⟩ Eule f
°**hic** [ik] *fam* M ⟨inv⟩ kniffliger Haken m
°**hideux** [idø] ADJ ⟨-euse [-øz]⟩ abscheulich; scheußlich
★**hier** [ijɛʀ, jɛʀ] ADV gestern
°**hiérarchie** [jeʀaʀʃi] F Hierarchie f; Rangordnung f, Rangfolge f °**hiérarchique** [jeʀaʀʃik] ADJ hierarchisch
hilarant [ilaʀã] ADJ ⟨-ante [-ãt]⟩ sehr lustig **hilare** [ilaʀ] ADJ vergnügt; heiter **hilarité** [ilaʀite] F Heiterkeit f
hippique [ipik] ADJ Pferde(sport)...; Reit... **hippocampe** [ipɔkãp] M Seepferdchen n **hippodrome** [ipɔdʀom] M Pferderennbahn f **hippopotame** [ipɔpɔtam] M Nilpferd n
hirondelle [iʀɔ̃dɛl] F Schwalbe f
hirsute [iʀsyt] ADJ struppig
°**hisser** [ise] VT hochziehen; *charge* (hoch)hieven; *drapeau, voile* hissen
★**histoire** [istwaʀ] F 1 *science* Geschichte f 2 (≈ *récit*) Geschichte f; Erzählung f 3 (≈ *affaire*) Geschichte f; **~s** *pl* (≈ *ennuis*) Unannehmlichkeiten *fpl*; Scherereien *fpl*; **faire des ~s à qn** j-m Unannehmlichkeiten, Scherereien machen
historien [istɔʀjɛ̃] M, **historienne** [istɔʀjɛn] F Historiker(in) *m(f)* **historique** [istɔʀik] ADJ historisch, geschichtlich; Geschichts...
★**hiver** [ivɛʀ] M Winter m **hivernal** ADJ ⟨~e; -aux [-o]⟩ winterlich; Winter...
HLM [aʃɛlɛm] M *ou* F ABR ⟨inv⟩ = *habitation à loyer modéré* Sozialwohnung f
°**hochement** [ɔʃmã] M **~ de tête** *refus* Kopfschütteln n; *approbation* Kopfnicken n °**hocher** [ɔʃe] VT **~ la tête** *approbation* (mit dem Kopf) nicken
★°**hold-up** [ɔldœp] M ⟨inv⟩ Raubüberfall m

°**hollandais** [ɔlɑ̃dɛ] ⟨-aise [-ɛz]⟩ **A** ADJ holländisch **B** SUBST **Hollandais(e)** m(f) Holländer(in) m(f)

★°**Hollande** [ɔlɑ̃d] F **la ~** Holland n

★**homard** [ɔmaʀ] M Hummer m

homicide [ɔmisid] M Tötung f; **~ involontaire, volontaire** fahrlässige, vorsätzliche Tötung

hommage [ɔmaʒ] M a. HIST Huldigung f; (Ver)Ehrung f

homme [ɔm] M **1** (= être humain) Mensch m **2** (= individu mâle) Mann m; ★**~ politique** Politiker m; ★**~ d'affaires** Geschäftsmann m; fig **~ de paille** Strohmann m; **l'~ de la rue** der Mann auf der Straße; der kleine Mann

homogène [ɔmɔʒɛn] ADJ homogen

homogénéité [ɔmɔʒeneite] F Homogenität f; Einheitlichkeit f

homologue [ɔmɔlɔg] **A** ADJ entsprechend **B** M (Amts)Kollege m

homonyme [ɔmɔnim] M LING Homonym n

homosexualité [ɔmɔsɛksɥalite] F Homosexualität f ★**homosexuel** [ɔmɔsɛksɥɛl] **A** ADJ ⟨~le⟩ homosexuell **B** M(F) **~(le)** Homosexuelle(r) m/f(m)

★°**Hongrie** [ɔ̃gʀi] F **la ~** Ungarn n ★°**hongrois** [ɔ̃gʀwa] ⟨-oise [-waz]⟩ **A** ADJ ungarisch **B** M(F) °**Hongrois(e)** Ungar(in) m(f)

★**honnête** [ɔnɛt] ADJ **1** (= intègre) ehrlich; anständig **2** (= satisfaisant) recht, ganz gut; anständig **honnêteté** [ɔnɛtte] F Ehrlichkeit f; Anständigkeit f

★**honneur** [ɔnœʀ] M Ehre f; **en l'~ de qn** zu Ehren j-s; **faire ~ à qn** j-m Ehre machen

honorable [ɔnɔʀabl] ADJ a. iron ehrenwert; métier ehrbar; conduite ehrenhaft

honoraire [ɔnɔʀɛʀ] **A** ADJ Ehren-, MPL **~s** Honorar n

honorer [ɔnɔʀe] **A** VT personne ehren **B** VPR **s'~ de qc** sich durch etw geehrt fühlen **honorifique** [ɔnɔʀifik] ADJ Ehren-

★°**honte** [ɔ̃t] F **1** (= déshonneur) Schande f; **faire ~ à qn** j-m Schande machen, bereiten; moins fort j-n blamieren **2** (= sentiment d'humiliation) Scham(gefühl) f(n); **avoir ~** sich schämen (**de qn, qc** für j-n, etw), (**d'avoir fait qc** etw getan zu haben); **faire ~ à qn** (= faire des reproches) j-m ins Gewissen reden; j-n blamieren

°**honteux** [ɔ̃tø] ⟨-euse [-øz]⟩ ADJ beschämend; **c'est honteux de voler** es ist e-e Schande zu stehlen **2** **être ~ de qc** sich für etw schämen

★**hôpital** [ɔpital] M ⟨-aux [-o]⟩ Krankenhaus n; autrich, helv Spital n

°**hoquet** [ɔkɛ] M Schluckauf m

★**horaire** [ɔʀɛʀ] **A** ADJ Stunden... **B** M **1** des trains, etc Fahrplan m; AVIAT Flugplan m **2** (= emploi du temps) Zeitplan m; Stundenplan m; **chargé** voller Terminkalender **3** (= heure) Uhrzeit f

°**horde** [ɔʀd] F Horde f

★**horizon** [ɔʀizɔ̃] M Horizont m **horizontal** [ɔʀizɔ̃tal] ADJ ⟨~e; -aux [-o]⟩ waag(e)recht; horizontal

horloge [ɔʀlɔʒ] F Uhr f; Turmuhr f **horlogerie** [ɔʀlɔʒʀi] F Uhrmacherei f; Uhrenindustrie f

hormone [ɔʀmɔn] F Hormon n

horodateur [ɔʀɔdatœʀ] M TECH Datum- und Uhrzeitstempler m; AUTO Parkscheinautomat m

horoscope [ɔʀɔskɔp] M Horoskop n

★**horreur** [ɔʀœʀ] F **1** Entsetzen n; Grauen n; Abscheu m; Horror m; **avoir ~ de** ou **avoir en ~** verabscheuen; e-n Horror haben vor (+ dat) **2** d'un crime Abscheulichkeit f; Grauenhaftigkeit f **3** fig (= chose laide) Scheußlichkeit f

★**horrible** [ɔʀibl] ADJ (= effroyable) grauenhaft, -voll; entsetzlich; abscheulich

horrifié [ɔʀifje] ADJ ⟨~e⟩ entsetzt (**de, par** über + acc)

°**hors** [ɔʀ] PRÉP **1** dans des expressions außer (+ dat) **2** ★**~ de** außerhalb (+ gén); aus (+ dat) heraus; a. fig außer (+ dat); **~ de danger** außer Gefahr; **~ d'usage** außer Betrieb; **~ de prix** unbezahlbar; **être ~ de soi** außer sich sein

★°**hors-d'œuvre** [ɔʀdœvʀ] M ⟨inv⟩ Vorspeise f °**hors-jeu** [ɔʀʒø] M ⟨inv⟩ SPORT Abseits n °**hors-la-loi** [ɔʀlalwa] M ⟨inv⟩ criminel Gesetzlose(r) m

horticulteur [ɔʀtikyltœʀ] M, **horticultrice** [ɔʀtikyltʀis] F Gärtner(in) m(f) **horticulture** [ɔʀtikyltyʀ] F Gartenbau m

hospice [ɔspis] M (= asile) (Alten)Pflegeheim n

hospitalier [ɔspitalje] ADJ ⟨-ière [-jɛʀ]⟩ **1** (= accueillant) gastfreundlich, gastlich

2 (≈ *relatif aux hôpitaux*) Krankenhaus...
hospitaliser [ɔspitalize] VT in ein Krankenhaus einweisen, einliefern
hospitalité [ɔspitalite] F Gastfreundschaft f
hostile [ɔstil] ADJ feindlich; feindselig
hostilité [ɔstilite] F **1** Feindschaft f; Feindseligkeit f **2** MIL ~s pl Feindseligkeiten fpl
°**hot-dog** [ɔtdɔg] M ⟨pl hot-dogs⟩ Hotdog n ou m
hôte [ot] M **1** qui reçoit Gastgeber m **2** (≈ *invité, a. femme*) Gast m
★**hôtel** [otɛl] M **1** Hotel n; Gasthof m **2** ★ ~ de ville Rathaus n **hôtelier** [otəlje] ⟨-ière [-jɛʀ]⟩ A ADJ Hotel... B M/F, **hôtelière** Hotelbesitzer(in) m(f); Hotelier m
hôtellerie [otɛlʀi] F Hotel(- und Gaststätten)gewerbe n
hôtesse [otɛs] F **1** qui reçoit chez elle Gastgeberin f **2** ~ **(d'accueil)** Hostess f; ★ ~ **(de l'air)** Stewardess f
°**hotte** [ɔt] F Tragkorb m
°**houblon** [ublõ] M Hopfen m
°**houe** [u] F pour jardiner Hacke f
°**houille** [uj] F Steinkohle f
°**houleux** [ulø] ADJ ⟨-euse [-øz]⟩ **1** mer bewegt; stürmisch **2** fig réunion sehr lebhaft, turbulent
°**houppe** [up] F de cheveux Haarbüschel n; Tolle f
°**housse** [us] F (Schutz)Hülle f; Schonbezug m
°**houx** [u] M Stechpalme f
HTML [aʃteɛmɛl] M ABR ⟨= hypertext markup language⟩ INFORM HTML f
°**hublot** [yblo] M **1** MAR Bullauge n **2** AVIAT Fenster n
°**huées** [ɥe] FPL Buhrufe mpl °**huer** [ɥe] VT orateur, etc ausbuhen, auspfeifen
°**huguenot** [ygno] ⟨-ote [-ɔt]⟩ A ADJ hugenottisch B M/F ~(e) Hugenotte m, Hugenottin f
★**huile** [ɥil] F Öl n **huiler** [ɥile] VT (ein)ölen **huileux** [ɥilø] ADJ ⟨-euse [-øz]⟩ ölig; peau, cheveux fettig
°**huis clos** [ɥiklo] M à ~ unter Ausschluss der Öffentlichkeit; hinter verschlossenen Türen
huissier [ɥisje] M **1** ~ **(de justice)** Gerichtsvollzieher m **2** ADMIN Amtsdiener m
★**huit** [ɥit, vor Konsonant ɥi] A NUM acht; à ~ zu acht; **le** ~ **août** jour der achte August; date am achten August; **dans** ~ **jours** in acht Tagen; **mardi en** ~ Dienstag in acht Tagen B M ⟨inv⟩ **1** chiffre Acht f **2** **grand** ~ Achterbahn f
★**huitième** [ɥitjɛm] A NUM achte(r, -s) B M/F **le, la** ~ der, die, das Achte C M MATH Achtel n
°**huître** [ɥitʀ] F Auster f
★**humain** [ymɛ̃] A ADJ ⟨-aine [-ɛn]⟩ **1** (≈ *de l'homme*) menschlich; **dignité** ~**e** Menschenwürde f **2** (≈ *bon*) menschlich, human B M s/ts **les** ~**s** pl die Menschen mpl
humanitaire [ymanitɛʀ] ADJ humanitär
★**humanité** [ymanite] F **1** (= *genre humain*) Menschheit f **2** (≈ *bonté*) Menschlichkeit f
humble [ɛ̃bl, œ̃-] ADJ **1** (≈ *modeste*) demütig; a. chose bescheiden **2** s/ts (≈ *de condition modeste*) einfach
humecter [ymɛkte] A VT an-, befeuchten; linge a. einsprengen B V/PR **s'**~ **yeux** feucht werden
°**humer** [yme] VT odeur einatmen; plat riechen
★**humeur** [ymœʀ] F **1** Stimmung f; Laune f; **être de bonne, mauvaise** ~ gut, schlecht gelaunt sein; **gute, schlechte Laune haben 2** (≈ *irritation*) schlechte Laune; Gereiztheit f **3** (≈ *tempérament*) Gemütsart f
★**humide** [ymid] ADJ a. yeux feucht; plus fort nass **humidifier** [ymidifje] VT befeuchten **humidité** [ymidite] F Feuchtigkeit f; plus fort Nässe f
humiliant [ymiljɑ̃] ADJ ⟨-ante [-ɑ̃t]⟩ demütigend **humiliation** [ymiljasjõ] F Demütigung f **humilier** [ymilje] VT **1** demütigen **2** ⟨adjt⟩ **humilié** gedemütigt
humilité [ymilite] F Demut f; Bescheidenheit f
humoriste [ymɔʀist] M/F Humorist(in) m(f) **humoristique** [ymɔʀistik] ADJ humoristisch
★**humour** [ymuʀ] M Humor m
°**hurlement** [yʀləmɑ̃] M **1** Schrei m **2** **du loup** Heulen n
°**hurler** [yʀle] VT et V/I **1** brüllen; schreien (**de** vor dat) **2** animal, sirène, vent heulen
°**hutte** [yt] F Hütte f
hybride [ibʀid] ADJ **1** BIOL hybrid; Bas-

tard... 2 AUTO Hybrid...; mit Hybridantrieb; **voiture** f ~ Hybridauto n 3 fig Zwitter...; Misch...; hybrid

hydratant [idʀatɑ̃] ADJ ⟨-ante [-ɑ̃t]⟩ Feuchtigkeits...

hydraulique [idʀolik] A ADJ 1 **énergie** f ~ Wasserkraft f 2 TECH hydraulisch B F Hydraulik f

hydravion [idʀavjɔ̃] M Wasserflugzeug n

hydrocarbure [idʀokaʀbyʀ] M Kohlenwasserstoff m

hydro-électrique [idʀoelektʀik] ADJ **centrale** f ~ Wasserkraftwerk n

hydrogène [idʀɔʒɛn] M Wasserstoff m

hydroglisseur [idʀoglisœʀ] M Gleitboot n

hydrophile [idʀɔfil] ADJ Wasser anziehend; **coton** m ~ Verband(s)watte f

hygiène [iʒjɛn] F Hygiene f **hygiénique** [iʒjenik] ADJ hygienisch

hymne [imn] M Hymne f (à an + acc)

hyperlien M INFORM Hyperlink m

hypermarché M großer Supermarkt

hypermétrope [ipɛʀmetʀɔp] ADJ weitsichtig

hypertension F Bluthochdruck m

hypertexte M INFORM Hypertext m

hypnose [ipnoz] F Hypnose f **hypnotiser** [ipnotize] VT hypnotisieren

hypocrisie [ipokʀizi] F Heuchelei f **hypocrite** [ipokʀit] A ADJ heuchlerisch B MF Heuchler(in) m(f)

hypothèque [ipɔtɛk] F a. fig Hypothek f

hypothèse [ipɔtɛz] F Hypothese f; Annahme f **hypothétique** [ipɔtetik] ADJ 1 (= supposé) hypothetisch 2 (= douteux) fraglich

hystérie [isteʀi] F Hysterie f **hystérique** [isteʀik] ADJ hysterisch

I

I, i [i] M ⟨inv⟩ I, i n

iceberg [ajsbɛʀg, isbɛʀg] M Eisberg m

★**ici** [isi] ADV 1 hier; **d'ici** von hier (aus); **par ici** (= dans cette direction) hier entlang ou hier hinauf ou hier hinunter; (= dans les environs) hier (in der Gegend) 2 temporel **d'ici** von jetzt an; **d'ici peu** binnen Kurzem; in Kürze

icône [ikon] F 1 PEINT Ikone f 2 INFORM Symbol n

★**idéal** [ideal] A ADJ ⟨~e; -aux [-o] od -als⟩ a. fam ideal B M ⟨idéaux [ideo] od ~s⟩ Ideal n **idéaliser** [idealize] VT idealisieren **idéaliste** [idealist] A ADJ idealistisch B MF Idealist(in) m(f)

★**idée** [ide] F Idee f; Gedanke m; Vorstellung f; (= pensée originale) Einfall m; (= notion) Begriff m; **~s** pl (= opinion) Auffassung f; Meinung f; **à mon ~** für meine Begriffe; nach meinen (eigenen) Vorstellungen; **avoir dans l'~ que ...** sich (dat) vorstellen ou denken können, dass ...; vermuten, dass ...; **se faire une ~ de qc** sich (dat) e-e Vorstellung ou e-n Begriff von etw machen; **elle se fait des ~s** das bildet sie sich (dat) nur ein

identifier [idɑ̃tifje] A VT 1 (= reconnaître) identifizieren 2 (= assimiler) identifizieren, gleichsetzen (**avec**, à mit) B V/PR **s'~ avec** ou **à qn, qc** sich mit j-m, etw identifizieren

identique [idɑ̃tik] ADJ identisch (à mit)

identité [idɑ̃tite] F 1 (völlige) Gleichheit, Übereinstimmung f 2 d'une personne Identität f; **carte** f **d'~** Personalausweis m

idéologie [ideɔlɔʒi] F Ideologie f

idiomatique [idjɔmatik] ADJ idiomatisch

★**idiot** [idjo] ⟨~e [idjɔt]⟩ A ADJ dumm; fam blöd(sinnig); fam idiotisch B MF **~(e)** Dummkopf m; a. MÉD Idiot(in) m(f); fam Depp m

idole [idɔl] F REL Götze(nbild) m(n); Idol n

IFOP [ifɔp] M ABR (= Institut français

d'opinion publique) *frz* Meinungsforschungsinstitut

igloo, iglou [iglu] M̄ Iglu *m ou n*

ignare [iɲaʁ] *péj* A ADJ völlig unwissend, ungebildet B M/F Ignorant(in) *m(f)*

ignoble [iɲɔbl] ADJ 1 (= *abject*) gemein 2 (= *sordide*) widerlich

ignorance [iɲɔʁɑ̃s] F̄ Unwissenheit *f*

ignorant [iɲɔʁɑ̃] A ADJ <-ante [-ɑ̃t]> (= *inculte*) unwissend B M/F ~(e) Unwissende(r) *m/f(m)*; Unkundige(r) *m/f(m)*; *péj* Ignorant *m*

★ **ignorer** [iɲɔʁe] A V/T 1 (= *ne pas savoir*) nicht wissen; **ne pas ~ que ...** sehr wohl wissen, dass ... 2 (= *ne pas tenir compte de*) **~ qn, qc** j-n, etw ignorieren, nicht beachten B V/PR *réciproque* **s'~** sich *ou* einander nicht kennen

★ **il** [il, *fam vor Konsonant* i] PR PERS 1 ⟨*m*⟩ er 2 *impersonnel* es

★ **île** [il] F̄ Insel *f*

★ **illégal** [ilegal] ADJ ⟨~e; -aux [-o]⟩ illegal; gesetz-, rechtswidrig **illégalité** [ilegalite] F̄ Gesetz-, Rechtswidrigkeit *f*; Illegalität *f*

illégitime [ileʒitim] ADJ unrechtmäßig; *enfant* unehelich

illettré [iletʁe] M/F ~(e) Analphabet(in) *m(f)*

illicite [ilisit] ADJ unerlaubt

illimité [ilimite] ADJ ⟨~e⟩ unbegrenzt; *confiance* grenzenlos

illisible [ilizibl] ADJ 1 *écriture* unleserlich 2 *ouvrage* unlesbar

illogique [ilɔʒik] ADJ unlogisch

illumination [ilyminasjɔ̃] F̄ 1 (= *éclairage*) (Fest)Beleuchtung *f* 2 (= *inspiration*) Erleuchtung *f* **illuminer** [ilymine] A V/T 1 (festlich) beleuchten; illuminieren 2 *par ext* erhellen B V/PR **s'~** erstrahlen (**de joie** vor Freude)

illusion [ilyzjɔ̃] F̄ *des sens* (Sinnes)Täuschung *f*; THÉ Illusion *f* **illusionniste** [ilyzjɔnist] M̄ Zauberkünstler *m* **illusoire** [ilyzwaʁ] ADJ illusorisch

illustration [ilystʁasjɔ̃] F̄ 1 *action* Illustrierung *f*; Bebilderung *f* 2 *résultat* Illustration *f*; Abbildung *f* 3 *fig* Illustration *f*; Veranschaulichung *f*

illustre [ilystʁ] ADJ berühmt

illustré [ilystʁe] A ADJ ⟨~e⟩ illustriert B M̄ Illustrierte *f* **illustrer** [ilystʁe] A V/T 1 illustrieren; bebildern 2 *fig* (= *éclai-*

rer) illustrieren; veranschaulichen B V/PR **s'~** sich auszeichnen

îlot [ilo] M̄ 1 kleine Insel 2 *de maisons* Häuserblock *m*

★ **ils** [il] PR PERS MPL sie

★ **image** [imaʒ] F̄ *a.* OPT, RHÉT Bild *n* 2 **~ (de marque)** Image *n*

imagerie [imaʒʁi] F̄ Bilder *npl*; MÉD **~ médicale** bildgebendes Verfahren *n*

imaginaire [imaʒinɛʁ] ADJ imaginär; erdacht

imaginatif [imaʒinatif] ADJ ⟨-ive [-iv]⟩ fantasievoll, -begabt; einfallsreich

★ **imagination** [imaʒinasjɔ̃] F̄ Fantasie *f*; Einbildung(skraft) *f*

★ **imaginer** [imaʒine] A V/T 1 (= *supposer*) **~ qc** sich (*dat*) etw vorstellen, denken (können) 2 (= *inventer*) **~ qc** sich (*dat*) etw einfallen lassen, ausdenken B V/PR ★ **s'~** 1 (= *se figurer*) sich (*dat*) vorstellen 2 (= *croire à tort*) sich (*dat*) einbilden

imbattable [ɛ̃batabl] ADJ unschlagbar

imbécile [ɛ̃besil] A ADJ dumm B M/F Dummkopf *m*

imbiber [ɛ̃bibe] A V/T (durch)tränken (**de** mit) B V/PR **s'~** sich vollsaugen (**de** mit)

imbuvable [ɛ̃byvabl] ADJ *a. fam fig* ungenießbar; nicht trinkbar

imitation [imitasjɔ̃] F̄ *a. objet* Nachahmung *f*, Imitation *f*

★ **imiter** [imite] V/T 1 nachahmen; nachmachen; (≈ *suivre l'exemple*) nacheifern, nachstreben (**qn** j-m) 2 *matière* **~ qc** genauso aussehen wie etw

immangeable [ɛ̃mɑ̃ʒabl] ADJ ungenießbar

immatriculation [imatʁikylasjɔ̃] F̄ Eintragung *f*; Einschreibung *f*; AUTO Zulassung *f*; **plaque f d'~** Nummernschild *n* **immatriculer** [imatʁikyle] V/T AUTO zulassen

immédiat [imedja] ADJ ⟨-ate [-at]⟩ *successeur, voisinage* unmittelbar; *contact, voisin* direkt; *effet, etc* sofortig ★ **immédiatement** [imedjatmɑ̃] ADV unmittelbar

★ **immense** [imɑ̃s] ADJ unermesslich (groß); unendlich groß

immerger [imɛʁʒe] ⟨-ge-⟩ A V/T versenken (**dans** in + *dat*); eintauchen B V/PR **s'~** untertauchen

★ **immeuble** [imœbl] M̄ Gebäude *n*

★**immigration** [imigʀasjɔ̃] F Einwanderung f; Immigration f **immigré** [imigʀe] A ADJ ⟨~e⟩ eingewandert B M(F) ★ ~(e) Einwanderer m, Einwanderin f

imminent [iminɑ̃] ADJ ⟨-ente [-ɑ̃t]⟩ unmittelbar, nahe bevorstehend; *danger* drohend

immiscer [imise] V/PR ⟨-ç-⟩ s'~ **dans qc** sich in etw (acc) einmischen

★**immobile** [imɔbil] ADJ *a. fig* unbeweglich

immobilier [imɔbilje] A ADJ ⟨-ière [-jɛʀ]⟩ Immobilien... B M Immobilienhandel m

immonde [imɔ̃d] ADJ (≈ *sale*) schmutzig

immondices [imɔ̃dis] FPL Unrat m

immoral [imɔʀal] ADJ ⟨~e; -aux [-o]⟩ unmoralisch; unsittlich

immortaliser [imɔʀtalize] A V/T unsterblich machen B V/PR s'~ unsterblich werden **immortalité** [imɔʀtalite] F Unsterblichkeit f **immortel** [imɔʀtɛl] ADJ ⟨~le⟩ unsterblich

impact [ɛ̃pakt] M **1** *d'un projectile* (**point d'**)**impact** Einschlag(stelle) m(f) **2** *fig* (nachhaltige) Wirkung (**sur** auf + *acc*); *d'une publicité* Zugkraft f

impair [ɛ̃pɛʀ] ADJ ⟨~e⟩ *nombre* ungerade

imparfait [ɛ̃paʀfɛ] A ADJ ⟨-faite [-fɛt]⟩ unvollkommen B M GRAM Imperfekt n

impasse [ɛ̃pas] F *a. fig* Sackgasse f

impassible [ɛ̃pasibl] ADJ gefasst

impatiemment [ɛ̃pasjamɑ̃] ADV ungeduldig

impatience [ɛ̃pasjɑ̃s] F Ungeduld f ★ **impatient** [ɛ̃pasjɑ̃] ADJ ⟨-ente [-ɑ̃t]⟩ ungeduldig **impatienter** [ɛ̃pasjɑ̃te] A V/T ~ **qn** j-n ungeduldig machen; (≈ *énerver*) j-m auf die Nerven gehen B V/PR s'~ ungeduldig werden; die Geduld verlieren

impeccable [ɛ̃pekabl] ADJ tadellos; einwandfrei

impensable [ɛ̃pɑ̃sabl] ADJ undenkbar

impératif [ɛ̃peʀatif] A ADJ ⟨-ive [-iv]⟩ **1** (≈ *obligatoire*) zwingend **2** (≈ *urgent*) dringend **3** (≈ *autoritaire*) Befehls...; gebieterisch B M GRAM Imperativ m

impératrice [ɛ̃peʀatʀis] F Kaiserin f

imperceptible [ɛ̃pɛʀsɛptibl] ADJ nicht *ou* kaum wahrnehmbar; unmerklich

imperfection [ɛ̃pɛʀfɛksjɔ̃] F Unvollkommenheit f

impérial [ɛ̃peʀjal] ADJ ⟨~e; -aux [-o]⟩ kaiserlich, Kaiser...

impérissable [ɛ̃peʀisabl] ADJ unvergänglich

imperméable [ɛ̃pɛʀmeabl] A ADJ (wasser)undurchlässig B M Regen-, Wettermantel m

impersonnel [ɛ̃pɛʀsɔnɛl] ADJ ⟨~le⟩ unpersönlich

impertinence [ɛ̃pɛʀtinɑ̃s] F Frechheit f **impertinent** [ɛ̃pɛʀtinɑ̃] ADJ ⟨-ente [-ɑ̃t]⟩ frech; unverschämt

imperturbable [ɛ̃pɛʀtyʀbabl] ADJ unerschütterlich

impétueux [ɛ̃petɥø] ADJ ⟨-euse [-øz]⟩ ungestüm; stürmisch

impitoyable [ɛ̃pitwajabl] ADJ mitleid(s)los; schonungslos

impliquer [ɛ̃plike] V/T **1** ~ **qn dans qc** j-n in etw (*acc*) verwickeln **2** (≈ *comporter*) mit einschließen, implizieren; (≈ *supposer*) voraussetzen

implorer [ɛ̃plɔʀe] V/T **1** ~ **qn** j-n anflehen **2** ~ **qc** um etw flehen

★**impoli** [ɛ̃pɔli] ADJ ⟨~e⟩ unhöflich **impolitesse** [ɛ̃pɔlitɛs] F Unhöflichkeit f

impopulaire [ɛ̃pɔpylɛʀ] ADJ unpopulär; *chef, collègue* unbeliebt

★**importance** [ɛ̃pɔʀtɑ̃s] F Bedeutung f; Wichtigkeit f ★ **important** [ɛ̃pɔʀtɑ̃] A ADJ ⟨-ante [-ɑ̃t]⟩ **1** wichtig; bedeutend **2** *somme, retard, dégâts* groß, beträchtlich B M(F) **faire l'~(e)** sich aufspielen; sich wichtigtun, -machen

importateur [ɛ̃pɔʀtatœʀ] A ADJ ⟨-trice [-tʀis]⟩ Einfuhr...; Import... B M Importeur m **importation** [ɛ̃pɔʀtasjɔ̃] F Einfuhr f; Import m ★ **importer**[1] [ɛ̃pɔʀte] V/T COMM einführen; importieren

importer[2] *V/I et V/IMP* **1** wichtig, von Bedeutung, von Belang sein; **la seule chose qui importe** (**, c'est ...**) das Einzige, was zählt *ou* worauf es ankommt(, ist ...); **peu importe!** das ist nicht so wichtig; egal! **2** ★ **n'importe qui, quoi, où, quand** irgendjemand, irgendetwas, irgendwo(hin), irgendwann; egal *ou* ganz gleich wer, was, wo(hin), wann; **n'importe qui** *a.* jeder (x-Beliebige); *fam* **n'importe quoi!** *a.* so ein Unsinn!; **n'importe où** *a.* überall

importuner [ɛ̃pɔʀtyne] V/T ~ **qn** j-n belästigen, behelligen; j-m lästig fallen

imposable [ɛ̃pozabl] ADJ steuerpflichtig
imposant [ɛ̃pozɑ̃] ADJ ⟨-ante [-ɑ̃t]⟩ imponierend, beeindruckend; *nombre, etc* beträchtlich
imposer [ɛ̃poze] **A** VT **1** ~ qc à qn *conditions, règle* j-m etw vorschreiben; *devoirs, punition* j-m etw auferlegen; *volonté, régime, chef etw* (bei j-m) durchsetzen **2** FIN besteuern **B** VI **en** ~ **à qn** j-m imponieren **C** VPR *personne, produit* **s'~** sich durchsetzen, sich behaupten; (≈ *imposer sa présence*) sich aufdrängen
imposition [ɛ̃pozisjɔ̃] F FIN Besteuerung f
impossibilité [ɛ̃pɔsibilite] F Unmöglichkeit f ★ **impossible** [ɛ̃pɔsibl] **A** ADJ *a. fam* unmöglich **B** M **faire l'~** alles Menschenmögliche tun
imposteur [ɛ̃pɔstœʀ] M Hochstapler m
★ **impôt** [ɛ̃po] M Steuer f; **~ sur le revenu** Einkommen(s)steuer f; **déclaration f d'~s** Steuererklärung f
impotent [ɛ̃pɔtɑ̃] ADJ ⟨-ente [-ɑ̃t]⟩ unbeweglich, steif
impraticable [ɛ̃pʀatikabl] ADJ **1** *chemin* nicht begehbar; *route* unbefahrbar **2** *idée* undurchführbar
imprécis [ɛ̃pʀesi] ADJ ⟨-ise [-iz]⟩ *indications, etc* ungenau, undeutlich; *idée* unklar **imprécision** [ɛ̃pʀesizjɔ̃] F Ungenauigkeit f
imprégner [ɛ̃pʀeɲe] ⟨-è-⟩ **A** VT (durch)tränken (**de** mit) **B** VPR **s'~ de qc** sich mit etw vollsaugen; *a. fig* etw in sich (dat) aufnehmen; **s'~ d'une langue** sich (dat) e-e Sprache aneignen
★ **impression** [ɛ̃pʀesjɔ̃] F **1** Eindruck m **2** TECH Druck m
impressionnable [ɛ̃pʀesjɔnabl] ADJ empfindlich
impressionnant [ɛ̃pʀesjɔnɑ̃] ADJ ⟨-ante [-ɑ̃t]⟩ eindrucksvoll, beeindruckend
★ **impressionner** [ɛ̃pʀesjɔne] VT **~ qn** j-n beeindrucken
impressionnisme [ɛ̃pʀesjɔnism] M Impressionismus m
imprévisible [ɛ̃pʀevizibl] ADJ unvorhersehbar
★ **imprévu** [ɛ̃pʀevy] **A** ADJ ⟨-e⟩ unvorhergesehen, unerwartet **B** M **sauf ~** wenn nichts dazwischenkommt
★ **imprimante** [ɛ̃pʀimɑ̃t] F Drucker m; **~ à jet d'encre, à laser** Tintenstrahl-, Laserdrucker m
imprimé [ɛ̃pʀime] M POSTE Drucksache f; *depuis 1993* Infopost f
★ **imprimer** [ɛ̃pʀime] **A** VT **1** *texte* drucken; *extraits d'un livre* abdrucken **2** *tissu, papier* bedrucken; *motif* aufdrucken **B** VPR **s'~ dans la mémoire** sich (dat) einprägen
imprimerie [ɛ̃pʀimʀi] F **1** *entreprise* (Buch)Druckerei f **2** *technique* Buchdruck (-erkunst) m(f) **imprimeur** [ɛ̃pʀimœʀ] M (Buch)Drucker m
improbable [ɛ̃pʀɔbabl] ADJ unwahrscheinlich
impropre [ɛ̃pʀɔpʀ] ADJ **1** *mot* unpassend **2** **~ à qc** ungeeignet für etw
improviser [ɛ̃pʀɔvize] **A** VT improvisieren; *discours a.* aus dem Stegreif halten **B** VPR **s'~ arbitre**, *etc* als Schiedsrichter *etc* einspringen, aushelfen
improviste [ɛ̃pʀɔvist] **à l'~** unerwartet; unvermutet; unverhofft
imprudence [ɛ̃pʀydɑ̃s] F **1** *a. action* Unvorsichtigkeit f **2** JUR Fahrlässigkeit f **imprudent** [ɛ̃pʀydɑ̃] ADJ ⟨-ente [-ɑ̃t]⟩ unvorsichtig; *conducteur a.* leichtsinnig
impuissant [ɛ̃pɥisɑ̃] ADJ ⟨-ante [-ɑ̃t]⟩ **1** machtlos **2** *sexuellement* impotent
impulsion [ɛ̃pylsjɔ̃] F *a.* PHYS, PSYCH Impuls m; Antrieb m; Anstoß m
impureté [ɛ̃pyʀte] F **1** Unsauberkeit f; Unreinheit f **2** **~s** pl Verunreinigungen fpl
imputer [ɛ̃pyte] VT **1** **~ qc à qn** j-m etw anlasten **2** **~ qc à qc** etw auf etw (acc) zurückführen **3** FIN **~ à, sur qc** auf etw (acc) anrechnen
inabordable [inabɔʀdabl] ADJ unerschwinglich
inacceptable [inakseptabl] ADJ unannehmbar; inakzeptabel
inaccessible [inaksesibl] ADJ **1** *lieu, but, a. fig* unerreichbar (**à qn** für j-n); *a. fig texte* unzugänglich **2** *personne* unnahbar; unzugänglich
inachevé [inaʃve] ADJ ⟨-e⟩ *œuvre* unvollendet
inactif [inaktif] ADJ ⟨-ive [-iv]⟩ **1** untätig **2** ÉCON nicht erwerbs-, berufstätig
inadapté [inadapte] ADJ ⟨-e⟩ *enfant* verhaltensgestört
inadmissible [inadmisibl] ADJ unzuläs-

inadvertance [inadvɛʁtɑ̃s] **par ~** aus Versehen; versehentlich
inanimé [inanime] ADJ ⟨~e⟩ *personne* leblos; *objet* unbelebt
inaperçu [inapɛʁsy] ADJ ⟨~e⟩ unbemerkt; **passer ~** unbemerkt bleiben; nicht auffallen
inapte [inapt] ADJ untauglich, ungeeignet (**à** für); MIL wehruntauglich **inaptitude** [inaptityd] F Untauglichkeit *f*
inattaquable [inatakabl] ADJ unangreifbar
inattendu [inatɑ̃dy] ADJ ⟨~e⟩ unerwartet; überraschend
inattentif [inatɑ̃tif] ADJ ⟨-ive [-iv]⟩ unaufmerksam **inattention** [inatɑ̃sjɔ̃] F Unaufmerksamkeit *f*
inaudible [inodibl] ADJ ❶ unhörbar ❷ *à peine* kaum hörbar, vernehmbar
inaugurer [inogyʁe] VT ❶ *monument, édifice, a. plais* einweihen; (feierlich) eröffnen ❷ *méthode* einführen
incapable [ɛ̃kapabl] ADJ unfähig; **~ de** (+ inf) unfähig, nicht in der Lage, nicht imstande zu (+ inf) MF Unfähige(r) *m/f(m)*; Nichtskönner(in) *m(f)* **incapacité** [ɛ̃kapasite] F Unfähigkeit *f*; **être dans l'~ de** (+ inf) nicht in der Lage sein zu (+ inf)
incarcérer [ɛ̃kaʁseʁe] VT ⟨-è-⟩ inhaftieren
incarner [ɛ̃kaʁne] VT *a.* THÉ verkörpern VPR **s'~** *espoirs, etc* sich verkörpern (**en qn** in j-m)
incassable [ɛ̃kasabl] ADJ unzerbrechlich
★**incendie** [ɛ̃sɑ̃di] M Brand *m* **incendier** [ɛ̃sɑ̃dje] VT in Brand stecken
incertain [ɛ̃sɛʁtɛ̃] ADJ ⟨-aine [-ɛn]⟩ ❶ unsicher, ungewiss; *temps* unbeständig; *contours* unbestimmt ❷ *personne* unschlüssig, unsicher
incertitude [ɛ̃sɛʁtityd] F Ungewissheit *f*
incessamment [ɛ̃sesamɑ̃] ADV gleich; unverzüglich **incessant** [ɛ̃sesɑ̃] ADJ ⟨-ante [-ɑ̃t]⟩ unaufhörlich, andauernd
★**incident** [ɛ̃sidɑ̃] M Zwischenfall *m*; NUCL Störfall *m*; **~ de parcours** Panne *f*; Missgeschick *n*
inciter [ɛ̃site] VT anreizen, anregen, veranlassen (**à qc** zu etw), (**à faire qc** etw zu tun)
inclinaison [ɛ̃klinɛzɔ̃] F Neigung *f*

incliner [ɛ̃kline] VT neigen, schräg stellen; (≈ *tenir incliné*) schräg halten VI **~ à** (+ inf) dazu neigen zu (+ inf) VPR **s'~** ❶ (≈ *se courber*) sich verneigen, sich verbeugen (**devant** vor + *dat*) ❷ (≈ *se soumettre*) sich beugen, sich fügen (**devant** *dat*)
inclus [ɛ̃kly] PP & ADJ ⟨-use [-yz]⟩ einschließlich; *frais* inbegriffen
inclusion [ɛ̃klyzjɔ̃] F ❶ Einbeziehung *f*; Einschließung *f* ❷ *enseignement* **~ (scolaire)** Inklusion *f*; **classe f pour l'~ scolaire** Integrationsklasse *f*
incohérent [ɛ̃kɔeʁɑ̃] ADJ ⟨-ente [-ɑ̃t]⟩ unzusammenhängend, zusammenhang(s)los
incollable [ɛ̃kɔlabl] *fam* ADJ unschlagbar
incolore [ɛ̃kɔlɔʁ] ADJ *a. fig style* farblos
incommoder [ɛ̃kɔmɔde] VT belästigen
incomparable [ɛ̃kɔ̃paʁabl] ADJ unvergleichlich
incompatibilité [ɛ̃kɔ̃patibilite] F ❶ Unvereinbarkeit *f*; **~ de caractère, d'humeur** Unvereinbarkeit der Charaktere ❷ JUR, MÉD, INFORM Inkompatibilität *f*
incompatible [ɛ̃kɔ̃patibl] ADJ unvereinbar (**avec mit**)
incompétence [ɛ̃kɔ̃petɑ̃s] F ❶ Inkompetenz *f* ❷ JUR Inkompetenz *f*; Unzuständigkeit *f* **incompétent** [ɛ̃kɔ̃petɑ̃] ADJ ⟨-ente [-ɑ̃t]⟩ inkompetent (**en musique** in der Musik)
incomplet [ɛ̃kɔ̃plɛ] ADJ ⟨-ète [-ɛt]⟩ unvollständig
incompréhensible [ɛ̃kɔ̃pʁeɑ̃sibl] ADJ unverständlich **incompréhension** [ɛ̃kɔ̃pʁeɑ̃sjɔ̃] F Unverständnis *n*
inconfortable [ɛ̃kɔ̃fɔʁtabl] ADJ unbequem
★**inconnu** [ɛ̃kɔny] ADJ ⟨~e⟩ unbekannt (**à, de qn** j-m) MF ⟨~e⟩ Unbekannte(r) *m/f(m)* M **l'~** (≈ *ce qui est inconnu*) das Unbekannte
inconsciemment [ɛ̃kɔ̃sjamɑ̃] ADV unbewusst **inconscience** [ɛ̃kɔ̃sjɑ̃s] F ❶ Unüberlegtheit *f*; Leichtfertigkeit *f* ❷ MÉD Bewusstlosigkeit *f* **inconscient** [ɛ̃kɔ̃sjɑ̃] ADJ ⟨-ente [-ɑ̃t]⟩ ❶ (≈ *irréfléchi*) unüberlegt, leichtsinnig ❷ MÉD bewusstlos ❸ *réaction* unbewusst
inconsidéré [ɛ̃kɔ̃sideʁe] ADJ ⟨~e⟩ unüberlegt

inconsolable [ɛ̃kɔ̃sɔlabl] ADJ untröstlich

incontestable [ɛ̃kɔ̃tɛstabl] ADJ unbestreitbar

incontournable [ɛ̃kɔ̃tuʀnabl] ADJ unumgänglich

inconvenant [ɛ̃kɔ̃vnɑ̃] ADJ ⟨-ante [-ɑ̃t]⟩ unpassend

★**inconvénient** [ɛ̃kɔ̃venjɑ̃] M Nachteil m

incorrect [ɛ̃kɔʀɛkt] ADJ ⟨~e⟩ ❶ *expression, affirmation, etc* nicht korrekt, unrichtig ❷ *personne, comportement* unhöflich, unkorrekt (**avec qn** j-m gegenüber)

incorrigible [ɛ̃kɔʀiʒibl] ADJ unverbesserlich

incorruptible [ɛ̃kɔʀyptibl] ADJ unbestechlich

incriminer [ɛ̃kʀimine] VT beschuldigen

★**incroyable** [ɛ̃kʀwajabl] ADJ unglaublich

incruster [ɛ̃kʀyste] **A** ADJT **incrusté de nacre** mit Perlmuttarsien (verziert) **B** VPR **s'~** ❶ sich festsetzen (**dans** in + dat) ❷ *visiteur* sich einnisten (**chez qn** bei j-m)

incubation [ɛ̃kybasjɔ̃] F ❶ ZOOL Brüten n ❷ MÉD Inkubation(szeit) f

inculpé(e) [ɛ̃kylpe] MF Beschuldigte(r) m/f(m); Angeschuldigte(r) m/f(m) **inculper** [ɛ̃kylpe] VT be-, anschuldigen (**d'un crime** e-s Verbrechens)

incurable [ɛ̃kyʀabl] ADJ *maladie* unheilbar

incurvé [ɛ̃kyʀve] ADJ ⟨~e⟩ gekrümmt, gebogen

★**Inde** [ɛ̃d] F **l'~** Indien n

indécent [ɛ̃desɑ̃] ADJ ⟨-ente [-ɑ̃t]⟩ *tenue, propos* anstößig

indéchiffrable [ɛ̃deʃifʀabl] ADJ nicht entzifferbar

indécis [ɛ̃desi] ADJ ⟨-ise [-iz]⟩ ❶ *personne* unentschlossen, unschlüssig ❷ *problème, victoire* unentschieden ❸ (≈ *vague*) unbestimmt **indécision** [ɛ̃desizjɔ̃] F Unschlüssigkeit f

indéfini [ɛ̃defini] ADJ ⟨~e⟩ ❶ GRAM unbestimmt, indefinit ❷ (≈ *vague*) unbestimmt; *quantité, temps* unbegrenzt **indéfiniment** [ɛ̃definimɑ̃] ADV auf unbestimmte Zeit, unbegrenzt

indélébile [ɛ̃delebil] ADJ *tache* nicht zu entfernen(d); *fig* unauslöschlich

indemne [ɛ̃dɛmn] ADJ unverletzt **indemniser** [ɛ̃dɛmnize] VT entschädigen (**qn de qc** j-n für etw) **indemnité** [ɛ̃dɛmnite] F Entschädigung f; Schaden(s)ersatz m; Vergütung f

indéniable [ɛ̃denjabl] ADJ unleugbar

★**indépendance** [ɛ̃depɑ̃dɑ̃s] F *a.* POL Unabhängigkeit f ★**indépendant** [ɛ̃depɑ̃dɑ̃] ADJ ⟨-ante [-ɑ̃t]⟩ unabhängig (**de** von); *a. travailleur* selbstständig

indescriptible [ɛ̃dɛskʀiptibl] ADJ unbeschreiblich

indésirable [ɛ̃deziʀabl] ADJ unerwünscht

indestructible [ɛ̃dɛstʀyktibl] ADJ unzerstörbar

indéterminé [ɛ̃detɛʀmine] ADJ ⟨~e⟩ unbestimmt

index[1] [ɛ̃dɛks] M ANAT Zeigefinger m
index[2] [ɛ̃dɛks] M (≈ *liste*) Register n, Verzeichnis n

indicateur [ɛ̃dikatœʀ] **A** ADJ ⟨-trice [-tʀis]⟩ Hinweis… **B** M ❶ (≈ *mouchard*) (Polizei)Spitzel m ❷ TECH Anzeiger m

indicatif [ɛ̃dikatif] **A** ADJ ⟨-ive [-iv]⟩ **à titre ~** zur Information, Orientierung; **als Hinweis B** M ❶ GRAM Indikativ m ❷ *d'une émission* Kennmelodie f ❸ TÉL Vorwahl f

indication [ɛ̃dikasjɔ̃] F Angabe f

indice [ɛ̃dis] M ❶ (≈ *signe*) Anzeichen n; *a.* JUR Indiz n ❷ (≈ *taux*) Index(ziffer) m/f; **~ de protection** Lichtschutzfaktor m

★**indien** [ɛ̃djɛ̃] ⟨-ienne [-jɛn]⟩ **A** ADJ ❶ (≈ *d'Inde*) indisch ❷ (≈ *d'Amérique*) indianisch **B** MF ❶ **Indien(ne)** *de l'Inde* Inder(in) m(f) ❷ **Indien(ne)** *d'Amérique du Nord* Indianer(in) m(f); *d'Amérique latine* Indio(frau) m(f)

indifférence [ɛ̃difeʀɑ̃s] F Gleichgültigkeit f **indifférent** [ɛ̃difeʀɑ̃] ADJ ⟨-ente [-ɑ̃t]⟩ ❶ (≈ *sans importance*) gleichgültig, unwichtig ❷ (≈ *peu intéressé*) gleichgültig (**à qc** gegenüber e-r Sache dat)

indigène [ɛ̃diʒɛn] MF Eingeborene(r) m/f(m)

indigeste [ɛ̃diʒɛst] ADJ schwer verdaulich; *a. fig* unverdaulich **indigestion** [ɛ̃diʒɛstjɔ̃] F Magenverstimmung f

indignation [ɛ̃diɲasjɔ̃] F Entrüstung f; Empörung f **indigne** [ɛ̃diɲ] ADJ **~ de qn, de qc** j-s, e-r Sache unwürdig, nicht wert **indigner** [ɛ̃diɲe] **A** VT empören **B** VPR **s'~** sich entrüsten, sich empören (**contre qn, de qc** über j-n, etw)

★**indiquer** [ɛ̃dike] VT **1** (≈ *montrer*) zeigen, (hin)weisen, deuten auf (+ *acc*); *chemin zeigen*; weisen; *direction, température anzeigen*; angeben **2** (≈ *faire connaître*) **~ qc (à qn)** (j-n) auf etw (*acc*) hinweisen; (j-m) etw angeben, nennen; **~ un bon restaurant, un spécialiste** ein gutes Restaurant, e-n Spezialisten nennen **3** (≈ *dénoter*) **~ qc** auf etw (*acc*) hinweisen, hindeuten

indirect [ɛ̃dirɛkt] ADJ ⟨-e⟩ indirekt
indiscipliné [ɛ̃disipline] ADJ ⟨-e⟩ undiszipliniert, disziplinlos
indiscret [ɛ̃diskrɛ] ADJ ⟨-ète [-ɛt]⟩ indiskret **indiscrétion** [ɛ̃diskresjɔ̃] F Indiskretion *f*
indiscutable [ɛ̃diskytabl] ADJ unbestreitbar
★**indispensable** [ɛ̃dispɑ̃sabl] A ADJ unerlässlich; *a. personne* unentbehrlich B M **l'~** das Allernotwendigste
indistinct [ɛ̃distɛ̃] ADJ ⟨-incte [-ɛ̃kt]⟩ undeutlich
individu [ɛ̃dividy] M *a. péj* Individuum *n*
individuel [ɛ̃dividyɛl] ADJ ⟨-le⟩ individuell; persönlich; Einzel...
indolore [ɛ̃dɔlɔʀ] ADJ schmerzlos
indomptable [ɛ̃dɔ̃tabl] ADJ un(be)zähmbar; *caractère* unbeugsam
indulgence [ɛ̃dylʒɑ̃s] F Nachsicht *f* **indulgent** [ɛ̃dylʒɑ̃] ADJ ⟨-ente [-ɑ̃t]⟩ nachsichtig
industrialiser [ɛ̃dystʀijalize] A VT industrialisieren B V/PR **s'~** industrialisiert werden
★**industrie** [ɛ̃dystʀi] F Industrie *f*; **~ d'avenir** Zukunftsindustrie *f* ★**industriel** [ɛ̃dystʀijɛl] A ADJ ⟨-le⟩ Industrie...; industriell B M Industrielle(r) *m*
inébranlable [inebʀɑ̃labl] ADJ unerschütterlich
inédit [inedi] ADJ ⟨-ite [-it]⟩ (noch) unveröffentlicht
inefficace [inefikas] ADJ unwirksam **inefficacité** [inefikasite] F Unwirksamkeit *f*; Wirkungslosigkeit *f*
inégal [inegal] ADJ ⟨-e; -aux [-o]⟩ **1** ungleich **2** (≈ *irrégulier*) ungleichmäßig; *pouls* unregelmäßig **3** *sol* uneben **inégalité** [inegalite] F **1** Ungleichheit *f* **2** *du sol* Unebenheit *f*
inépuisable [inepyizabl] ADJ unerschöpflich

inerte [inɛʀt] ADJ leblos; reg(ungs)los; PHYS träge
inespéré [inɛspeʀe] ADJ ⟨-e⟩ unverhofft
inestimable [inɛstimabl] ADJ *a. fig* unschätzbar
inévitable [inevitabl] ADJ *a. iron* unvermeidlich
inexact [inɛgza(kt)] ADJ ⟨-acte [-akt]⟩ **1** ungenau **2** (≈ *en retard*) unpünktlich
inexistant [inɛgzistɑ̃] ADJ ⟨-ante [-ɑ̃t]⟩ (≈ *absent*) nicht vorhanden, nicht da, inexistent
inexpérimenté [inɛkspeʀimɑ̃te] ADJ ⟨-e⟩ unerfahren, ungeübt
inexplicable [inɛksplikabl] ADJ unerklärlich
infaillible [ɛ̃fajibl] ADJ unfehlbar
infalsifiable [ɛ̃falsifjabl] ADJ fälschungssicher
infâme [ɛ̃fɑm] ADJ **1** infam; niederträchtig **2** (≈ *répugnant*) abscheulich
infantile [ɛ̃fɑ̃til] ADJ **1** MÉD Kinder...; **maladie** *f* **~** Kinderkrankheit *f* **2** *péj* kindisch; infantil
infarctus [ɛ̃faʀktys] M Infarkt *m*
infatigable [ɛ̃fatigabl] ADJ unermüdlich
infect [ɛ̃fɛkt] ADJ ⟨-e⟩ *écœurant* widerlich, scheußlich; *a. personne* abscheulich, gemein
infecter [ɛ̃fɛkte] VT (& V/PR) **(s')infecter** (sich) infizieren **infection** [ɛ̃fɛksjɔ̃] F MÉD Infektion *f*; Ansteckung *f*
inférieur [ɛ̃feʀjœʀ] A ADJ ⟨-e⟩ **1** *dans l'espace* untere, Unter...; *dans une hiérarchie* niedere; **~ à qc** niedriger als etw B M(F) **~(e)** Untergebene(r) *m/f(m)* **infériorité** [ɛ̃feʀjɔʀite] F Unterlegenheit *f*; **complexe** *m* **d'~** Minderwertigkeitskomplex *m*
infernal [ɛ̃fɛʀnal] ADJ ⟨-e; -aux [-o]⟩ **1** (≈ *de l'enfer*) höllisch **2** *fam* (≈ *insupportable*) unausstehlich; *fam* infernalisch; **bruit ~** Höllenlärm *m*
infidèle [ɛ̃fidɛl] ADJ **1** *ami* treulos; *en amour* untreu **2** *récit* ungenau
infiltrer [ɛ̃filtʀe] V/PR **1** **s'~** eindringen (**dans** in + *acc*); *liquide a.* einsickern (in + *acc*) **2** *fig* **s'~ dans qc** in etw (*acc*) eindringen; POL etw infiltrieren, unterwandern
infini [ɛ̃fini] ADJ ⟨-e⟩ *a.* MATH, *a. fig* unendlich; *patience, etc a.* endlos **infiniment** [ɛ̃finimɑ̃] ADV unendlich **infinité**

[ɛ̃finite] F une ~ de e-e Unmenge, e-e Unzahl von (ou + gén)
infinitif [ɛ̃finitif] M GRAM Infinitiv m
infirme [ɛ̃firm] A ADJ (körper)behindert B MF Körperbehinderte(r) m/f(m)
infirmerie [ɛ̃firməri] F Krankenabteilung f, Krankenzimmer n, Krankensaal m ★ **infirmier** [ɛ̃firmje] M Krankenpfleger m ★ **infirmière** [ɛ̃firmjɛr] F Krankenschwester f
infirmité [ɛ̃firmite] F Behinderung f
inflammable [ɛ̃flamabl] ADJ entzündbar
inflation [ɛ̃flasjɔ̃] F a. fig Inflation f
inflationniste [ɛ̃flasjɔnist] ADJ inflationär
infliger [ɛ̃fliʒe] VT ⟨-ge-⟩ ~ à qn punition j-m auferlegen; gegen j-n verhängen; pertes, défaite j-m zufügen, beibringen; humiliation j-m zufügen
influençable [ɛ̃flyãsabl] ADJ (leicht) beeinflussbar
★ **influence** [ɛ̃flyãs] F Einfluss m (sur auf + acc) ★ **influencer** [ɛ̃flyãse] VT ⟨-ç-⟩ beeinflussen
influent [ɛ̃flyã] ADJ ⟨-ente [-ãt]⟩ einflussreich
info [ɛ̃fo] fam F ABR → information
infographiste [ɛ̃fɔgrafist] MF INFORM Computergrafiker(in) m(f)
informaticien [ɛ̃fɔrmatisjɛ̃] M, **informaticienne** [ɛ̃fɔrmatisjɛn] F Informatiker(in) m(f)
★ **information** [ɛ̃fɔrmasjɔ̃] F 1 action Information f (= renseignement) Information f; Auskunft f; Mitteilung f; (= nouvelle) Nachricht f; PRESSE a. Meldung f 3 traitement m de l'~ Datenverarbeitung f 4 JUR Ermittlungen fpl
★ **informatique** [ɛ̃fɔrmatik] A ADJ EDV-...; Computer... B F science Informatik f; elektronische Datenverarbeitung **informatiser** [ɛ̃fɔrmatize] VT 1 auf EDV umstellen 2 ⟨adjt⟩ **informatisé** Computer... B VPR s'~ entreprise, etc auf EDV umstellen
★ **informer** [ɛ̃fɔrme] A VT ~ qn de qc j-n über etw (acc) unterrichten, informieren; j-n von etw in Kenntnis setzen, benachrichtigen B VPR s'~ sich informieren
infraction [ɛ̃fraksjɔ̃] F Verstoß m (à gegen)

infranchissable [ɛ̃frãʃisabl] ADJ unüberwindlich
infrarouge [ɛ̃fraruʒ] ADJ infrarot
infrastructure [ɛ̃frastryktyr] F Infrastruktur f
infructueux [ɛ̃fryktɥø] ADJ ⟨-euse [-øz]⟩ fruchtlos; erfolglos
infusion [ɛ̃fyzjɔ̃] F (Kräuter)Tee m
★ **ingénieur** [ɛ̃ʒenjœr] M Ingenieur(in) m(f)
ingrat [ɛ̃gra] ADJ ⟨-ate [-at]⟩ 1 personne undankbar (envers qn j-m gegenüber) 2 tâche undankbar 3 visage unattraktiv
ingratitude [ɛ̃gratityd] F Undank(barkeit) m(f)
ingrédient [ɛ̃gredjã] M Zutat f
ingurgiter [ɛ̃gyrʒite] VT gierig verschlingen
inhabitable [inabitabl] ADJ unbewohnbar **inhabité** [inabite] ADJ ⟨~e⟩ unbewohnt
inhabituel [inabitɥɛl] ADJ ⟨~le⟩ ungewohnt; ungewöhnlich
inhumain [inymɛ̃] ADJ ⟨-aine [-ɛn]⟩ unmenschlich, inhuman
inhumer [inyme] VT bestatten
inimaginable [inimaʒinabl] ADJ unvorstellbar
inimitable [inimitabl] ADJ unnachahmlich
ininterrompu [inɛ̃tɛrɔ̃py] ADJ ⟨~e⟩ ununterbrochen
initial [inisjal] ADJ ⟨~e; -aux [-o]⟩ Anfangs..., anfänglich; (lettre) ~e f Anfangsbuchstabe m; Initiale f
initiation [inisjasjɔ̃] F 1 à un culte Einweihung f, Initiation f (à in + acc) 2 (= instruction) Einführung f (à in + acc)
initiative [inisjativ] F Initiative f; prendre l'~ die Initiative ergreifen (de qc zu etw)
injecteur [ɛ̃ʒɛktœr] A ADJ ⟨-trice [-tris]⟩ Injektions... B M 1 MED Injektionsinstrument n 2 AUTO Einspritzdüse f
injure [ɛ̃ʒyr] F a. JUR Beleidigung f; (= gros mot) Schimpfwort n **injurier** [ɛ̃ʒyrje] VT beleidigen; beschimpfen
★ **injuste** [ɛ̃ʒyst] ADJ ungerecht **injustice** [ɛ̃ʒystis] F Ungerechtigkeit f; acte a. Unrecht n
inné [ine] ADJ ⟨~e⟩ angeboren
innocence [inɔsãs] F Unschuld f ★ **innocent** [inɔsã] A ADJ ⟨-ente [-ãt]⟩ 1

unschuldig (**de qc** an etw *dat*) **2** (≈ *candide*) unschuldig, arglos **3** (≈ *naïf*) naiv, leichtgläubig **B** M/F JUR **~(e)** Unschuldige(r) *m/f(m)* **innocenter** [inɔsɑ̃te] VT für unschuldig erklären

innombrable [inɔ̃bʀabl] ADJ zahllos; unzählig

innovation [inɔvasjɔ̃] F *a.* TECH Innovation *f*; Neuerung *f* **innover** [inɔve] VI Neuerungen einführen; TECH innovieren

inoccupé [inɔkype] ADJ ⟨~e⟩ **1** *personne* unbeschäftigt, untätig **2** *maison, etc* unbewohnt, leer stehend

inodore [inɔdɔʀ] ADJ geruchlos

inoffensif [inɔfɑ̃sif] ADJ ⟨-ive [-iv]⟩ harmlos; ungefährlich

★ **inondation** [inɔ̃dasjɔ̃] F *a. fig* Überschwemmung *f* **inonder** [inɔ̃de] VT *a. fig* überschwemmen, überfluten (**de qc** mit etw)

inoubliable [inublijabl] ADJ unvergesslich

inouï [inwi] ADJ ⟨~e⟩ unerhört; unglaublich

inoxydable [inɔksidabl] ADJ rostfrei

★ **inquiet** [ɛ̃kjɛ] ADJ ⟨-ète [-ɛt]⟩ unruhig **inquiétant** [ɛ̃kjetɑ̃] ADJ ⟨-ante [-ɑ̃t]⟩ **1** (≈ *alarmant*) beunruhigend **2** (≈ *peu rassurant*) besorgniserregend, unheimlich **inquiéter** [ɛ̃kjete] ⟨-è-⟩ **A** VT (≈ *alarmer*) beunruhigen **B** V/PR ★ **s'~** sich sorgen, sich (*dat*) Sorgen *ou* Gedanken machen (**pour qn** um j-n), (**de qc** um etw), sich beunruhigen (wegen etw) **inquiétude** [ɛ̃kjetyd] F Unruhe *f*; Besorgnis *f*

insalubre [ɛ̃salybʀ] ADJ ungesund; **quartier** *m* ~ Elendsviertel *n*

insanité [ɛ̃sanite] F **1** Unsinnigkeit *f* **2** **~s** *pl* Unsinn *m*; unsinniges Zeug

insatisfait [ɛ̃satisfɛ] ADJ ⟨-faite [-fɛt]⟩ *désir* unbefriedigt; *personne* unzufrieden

inscription [ɛ̃skʀipsjɔ̃] F **1** *gravée* Inschrift *f*; *imprimée* Aufschrift *f*; Beschriftung *f* **2** *action* Eintragung *f*, Einschreibung *f* (**sur une liste** in e-e Liste); (An-)Meldung *f*; *à l'université* Immatrikulation *f*

inscrire [ɛ̃skʀiʀ] ⟨↣ *écrire*⟩ **A** VT eintragen, einschreiben (**sur une liste** in e-e Liste) **B** V/PR **1** ★ **s'~** sich eintragen; sich einschreiben; sich (an)melden (**à un concours** zu e-m Wettbewerb); **s'~ à une faculté** sich (an e-r Hochschule) immatrikulieren; **s'~ à un parti** e-r Partei beitreten **2** *chose* **s'~ dans (le cadre de) qc** Teil e-r Sache (*gén*) sein

★ **insecte** [ɛ̃sɛkt] M Insekt *n*

insécurité [ɛ̃sekyʀite] F Unsicherheit *f*

INSEE [inse] M ABR (= *Institut national de la statistique et des études économiques*) Nationales Institut für Statistik und Wirtschaftsplanung

insensé [ɛ̃sɑ̃se] ADJ ⟨~e⟩ *projet* unsinnig, verrückt

insensible [ɛ̃sɑ̃sibl] ADJ **1** unempfindlich; gefühllos **2** *moralement* gefühllos, gleichgültig (**à** gegenüber) **3** (≈ *imperceptible*) unmerklich

inséparable [ɛ̃sepaʀabl] ADJ *amis* unzertrennlich

insérer [ɛ̃seʀe] ⟨-è-⟩ **A** VT einfügen, einschieben, aufnehmen (**dans** in + *acc*) **B** V/PR **s'~ dans qc** sich einfügen; *personnes a.* sich eingliedern in etw (*acc*)

insinuation [ɛ̃sinɥasjɔ̃] F Andeutung *f* **insinuer** [ɛ̃sinɥe] **A** VT (geschickt) zu verstehen geben; einflüstern **B** V/PR **s'~** sich einschmeicheln

insistance [ɛ̃sistɑ̃s] F Beharrlichkeit *f*

★ **insister** [ɛ̃siste] VI **1** ~ **sur qc** Nachdruck, den Akzent auf etw (*acc*) legen **2** ~ **pour** (+ *inf*) darauf dringen, bestehen, beharren zu (+ *inf*) **3** *sans objet* darauf bestehen, beharren

insolation [ɛ̃sɔlasjɔ̃] F MÉD Sonnenstich *m*

insolence [ɛ̃sɔlɑ̃s] F Frechheit *f* **insolent** [ɛ̃sɔlɑ̃] ADJ ⟨-ente [-ɑ̃t]⟩ frech; *a. fig chance* unverschämt

insoluble [ɛ̃sɔlybl] ADJ **1** CHIM unlöslich **2** *problème* unlösbar

insolvabilité [ɛ̃sɔlvabilite] F Zahlungsunfähigkeit *f*; Insolvenz *f*

insolvable [ɛ̃sɔlvabl] ADJ zahlungsunfähig; insolvent

insomnie [ɛ̃sɔmni] F Schlaflosigkeit *f*

insouciance [ɛ̃susjɑ̃s] F Sorglosigkeit *f*; Unbekümmertheit *f* **insouciant** [ɛ̃susjɑ̃] ADJ ⟨-ante [-ɑ̃t]⟩ unbekümmert, sorglos; *plus fort* leichtsinnig

insoutenable [ɛ̃sutnabl] ADJ **1** *argument* unhaltbar **2** (≈ *insupportable*) unerträglich

inspecter [ɛ̃spɛkte] VT inspizieren; in Augenschein nehmen **inspecteur**

[ɛ̃spɛktœʀ] M, **inspectrice** [ɛ̃spɛktʀis] F **1** Inspektor(in) m(f) **2** dans l'enseignement Schulrat m, -rätin f; ~ **de police** Polizeikommissar m **inspection** [ɛ̃spɛksjɔ̃] F **1** action Inspektion f **2** ADMIN Aufsichtsbehörde f

inspiration [ɛ̃spiʀasjɔ̃] F **1** BIOL Einatmung f **2** (≈ idée) Eingebung f; Einfall m **inspirer** [ɛ̃spiʀe] **A** VT **1** air einatmen **2** artiste inspirieren; ~ **qc à qn** j-n zu etw inspirieren, anregen **B** VPR **s'~ de qn, de qc** sich von j-m, von etw inspirieren lassen

instable [ɛ̃stabl] ADJ unbeständig

installation [ɛ̃stalasjɔ̃] F **1** TECH action Installierung f; Installation f **2** (≈ équipement) Anlage f; Einrichtung f **3** d'un appartement Einrichtung f **4** d'un fonctionnaire Amtseinsetzung f ★ **installer** [ɛ̃stale] **A** VT **1** gaz, chauffage, etc installieren; appareil a. einbauen **2** cuisine, etc einrichten; ausstatten; meubles aufstellen **3** ~ **qn** j-n unterbringen **B** VPR ★ **s'~** (≈ s'établir, s'asseoir) sich niederlassen; **s'~ confortablement** sich (dat) bequem machen; **s'~ à la campagne** aufs Land ziehen

instance [ɛ̃stɑ̃s] F **1 sur les ~s de qn** auf Drängen j-s **2** JUR et par ext Instanz f

★ **instant** [ɛ̃stɑ̃] M Augenblick m; **à l'~** gerade; (so)eben; im Augenblick; **en un ~** im Nu **instantané** [ɛ̃stɑ̃tane] ADJ ⟨~e⟩ augenblicklich, unmittelbar

instaurer [ɛ̃stoʀe] VT begründen, errichten

instigateur [ɛ̃stigatœʀ] M, **instigatrice** [ɛ̃stigatʀis] F Anstifter(in) m(f)

instinct [ɛ̃stɛ̃] M Instinkt m; Trieb m **instinctif** [ɛ̃stɛ̃ktif] ADJ ⟨-ive [-iv]⟩ instinktiv

institut [ɛ̃stity] M **1** Institut n **2** ~ **de beauté** Schönheits-, Kosmetiksalon m

★ **instituteur** [ɛ̃stitytœʀ] M, **institutrice** [ɛ̃stitytʀis] F (Grundschul)Lehrer(in) m(f)

institution [ɛ̃stitysjɔ̃] F Institution f; Einrichtung f

institutionnel [ɛ̃stitysjɔnɛl] ADJ ⟨~le⟩ institutionell

instructif [ɛ̃stʀyktif] ADJ ⟨-ive [-iv]⟩ instruktiv; lehr-, aufschlussreich

instruction [ɛ̃stʀyksjɔ̃] F **1** (≈ enseignement) Unterricht m; Ausbildung f **2** (≈ connaissances) Wissen n; Kenntnisse fpl **3** (≈ directive) (An)Weisung f ⟨≈ mode d'emploi⟩ ~s pl (Betriebs)Anleitung f; Gebrauchsanweisung f **5** INFORM Befehl m **6** JUR Voruntersuchung f

instruire [ɛ̃stʀɥiʀ] ⟨↔ conduire⟩ **A** VT **1** unterweisen; unterrichten **2** ~ **un procès** die strafrechtliche Voruntersuchung durchführen **B** VPR **s'~** sich bilden

★ **instrument** [ɛ̃stʀymɑ̃] M Instrument n

★ **insuffisant** [ɛ̃syfizɑ̃] ADJ ⟨-ante [-ãt]⟩ ungenügend

★ **insulte** [ɛ̃sylt] F a. fig Beleidigung f (**à gén**) ★ **insulter** [ɛ̃sylte] VT **A** VT beleidigen; beschimpfen **B** VPR **s'~** sich gegenseitig beleidigen, beschimpfen

insupportable [ɛ̃sypɔʀtabl] ADJ unerträglich

insurmontable [ɛ̃syʀmɔ̃tabl] ADJ unüberwindlich

insurrection [ɛ̃syʀɛksjɔ̃] F Aufstand m

intact [ɛ̃takt] ADJ ⟨~e⟩ unbeschädigt, intakt

intégrer [ɛ̃tegʀe] ⟨-è-⟩ **A** VT integrieren, einfügen, eingliedern, einbeziehen (**dans, à** in + acc) **B** VPR **s'~** sich integrieren, sich einfügen (**dans, à** in + acc)

intellectuel [ɛ̃telɛktɥɛl] **A** ADJ ⟨~le⟩ intellektuell **B** M(F) ~(**le**) Intellektuelle(r) m/f(m)

intelligemment [ɛ̃teliʒamɑ̃] ADV → intelligent

★ **intelligence** [ɛ̃teliʒɑ̃s] F **1** Intelligenz f **2** (≈ compréhension) Verständnis n (**de qc** für etw) **3** (≈ complicité) (geheimes) Einverständnis ★ **intelligent** [ɛ̃teliʒɑ̃] ADJ ⟨-ente [-ãt]⟩ personne intelligent; décision, etc klug

intempéries [ɛ̃tɑ̃peʀi] FPL schlechtes Wetter

intenable [ɛ̃t(ə)nabl] ADJ unerträglich

intendant [ɛ̃tɑ̃dɑ̃] M, **intendante** [ɛ̃tɑ̃dɑ̃t] F Verwalter(in) m(f), Verwaltungsdirektor(in) m(f)

intense [ɛ̃tɑ̃s] ADJ stark; intensiv

intensif [ɛ̃tɑ̃sif] ADJ ⟨-ive [-iv]⟩ a. AGR intensiv

intensité [ɛ̃tɑ̃site] F Intensität f; a. PHYS Stärke f

★ **intention** [ɛ̃tɑ̃sjɔ̃] F Absicht f **intentionné** [ɛ̃tɑ̃sjɔne] ADJ ⟨~e⟩ **il est bien/ mal ~** er meint es gut/schlecht

interactif [ɛ̃tɛraktif] ADJ ‹-ive [-iv]› interaktiv; INFORM Dialog... **interactivité** F INFORM Interaktivität f

intercéder [ɛ̃tɛrsede] VI ‹-è-› sich einsetzen, sich verwenden (**pour qn** für j-n)

intercepter [ɛ̃tɛrsɛpte] VT *message, avion, ballon* abfangen; *lettre a.* unterschlagen

interclasse [ɛ̃tɛrklas] M ÉCOLE kurze Pause

interconnecter [ɛ̃tɛrkɔnɛkte] V *installations informatiques, etc* vernetzen

interdiction [ɛ̃tɛrdiksjɔ̃] F Verbot n

★**interdire** [ɛ̃tɛrdir] ‹→ dire, *aber* vous interdisez› A VT/I (= *défendre*) verbieten, untersagen; **à qn de faire qc** j-m verbieten, untersagen, etw zu tun B VPR **s'~ qc** sich (*dat*) etw versagen **interdit** [ɛ̃tɛrdi] ADJ ‹-ite [-it]› 1 (= *défendu*) verboten; **~ au public** Zutritt verboten 2 (= *très étonné*) sprachlos, verblüfft

★**intéressant** [ɛ̃teresɑ̃] ADJ ‹-ante [-ɑ̃t]› interessant

intéressé [ɛ̃terese] ADJ ‹-e› 1 (= *concerné*) betroffen 2 (= *recherchant son intérêt*) eigennützig

★**intéresser** [ɛ̃terese] A VT 1 (= *retenir l'attention*) **~ qn** j-n interessieren 2 (= *concerner*) **~ qc, qn** etw, j-n betreffen 3 ÉCON **~ qn** die Personalien s-r Überprüfung 3 *chose* **~ qn** j-n beschäftigen

interphone® [ɛ̃tɛrfɔn] M Sprechanlage f

interprétation [ɛ̃tɛrpretasjɔ̃] F 1 (= *explication*) Interpretation f; Deutung f 2 THÉ *a.* Darstellung ★**interprète** [ɛ̃tɛrprɛt] M/F 1 Dolmetscher(in) *m(f)* 2 THÉ, MUS Interpret(in) *m(f)*; THÉ *a.* Darsteller(in) *m(f)* 3 Fürsprecher(in) *m(f)* **interpréter** [ɛ̃tɛrprete] VT ‹-é-› 1 interpretieren; *a. rêve* deuten 2 *rôle a.* darstellen

interprofessionnel [ɛ̃tɛrprɔfesjɔnɛl] ADJ ‹~le› mehrere Berufsgruppen umfassend

interrogation [ɛ̃tɛrɔgasjɔ̃] F *action* Befragung f; (= *question*) Frage f **interrogatoire** [ɛ̃tɛrɔgatwar] M Vernehmung f; *a. fig* Verhör n ★**interroger** [ɛ̃tɛrɔʒe] ‹-ge-› A VT be-, ausfragen (**sur** über + *acc*); JUR vernehmen; verhören; **on peut nous ~ là-dessus à l'examen?** kommt das in der Prüfung dran? B VPR **s'~** sich (*dat*) Fragen stellen; sich fragen

★**interrompre** [ɛ̃tɛrɔ̃pr] ‹→ rompre› A VT *a. qn qui parle* unterbrechen; *définitivement* abbrechen B VPR **s'~** innehalten (**dans son travail** in s-r Arbeit)

interrupteur [ɛ̃tɛryptœr] M ÉLEC Schalter m

interruption [ɛ̃tɛrypsjɔ̃] F Unterbrechung f

intervalle [ɛ̃tɛrval] M 1 Zeitspanne f 2 (= *distance*) Zwischenraum m, Abstand m (**entre** zwischen + *dat*)

★**intervenir** [ɛ̃tɛʀvəniʀ] V/I ⟨→ venir⟩ **1** einschreiten; eingreifen (**dans** qc in etw acc); intervenieren (**auprès de** qn bei j-m) **2** événement eintreten; dazwischenkommen; accord zustande kommen **intervention** [ɛ̃tɛʀvɑ̃sjɔ̃] F **1** Einschreiten n; Eingreifen n; MIL Intervention f **2** (≈ prise de parole) Stellungnahme f **3** MÉD Eingriff m

★**interview** [ɛ̃tɛʀvju] F Interview n **interviewer** [ɛ̃tɛʀvjuve] V/T interviewen

intestin [ɛ̃tɛstɛ̃] M Darm m

intime [ɛ̃tim] **A** ADJ **1** intim; liaison a. innig; personnes a. eng befreundet; atmosphère a. gemütlich; conviction innerste **2** (≈ privé) ganz persönlich **3** (≈ sexuel) intim **B** M/F enge(r) Vertraute(r) m/f(m)

intimider [ɛ̃timide] V/T einschüchtern

intimité [ɛ̃timite] F **1** (≈ familiarité) Intimität f **2** (≈ vie privée) Intimsphäre f

intituler [ɛ̃tityle] **A** V/T betiteln **B** V/PR **s'~** ... den Titel ... tragen

intolérable [ɛ̃tɔleʀabl] ADJ **1** (≈ insupportable) unerträglich **2** (≈ inadmissible) inakzeptabel

intolérance [ɛ̃tɔleʀɑ̃s] F a. MÉD Intoleranz f **intolérant** [ɛ̃tɔleʀɑ̃] ADJ ⟨-ante [-ɑ̃t]⟩ intolerant

intonation [ɛ̃tɔnasjɔ̃] F Tonfall m

intoxication [ɛ̃tɔksikasjɔ̃] F Vergiftung f **intoxiquer** [ɛ̃tɔksike] **A** V/T vergiften **B** V/PR **s'~** sich vergiften

intraduisible [ɛ̃tʀadɥizibl] ADJ unübersetzbar

Intranet [ɛ̃tʀanɛt] M INFORM Intranet n

intransigeant [ɛ̃tʀɑ̃ziʒɑ̃] ADJ ⟨-ante [-ɑ̃t]⟩ unnachgiebig, kompromisslos

intrépide [ɛ̃tʀepid] ADJ unerschrocken

intrigant [ɛ̃tʀigɑ̃] ⟨-ante [-ɑ̃t]⟩ **A** ADJ intrigant **B** M/F **~(e)** Intrigant(in) m(f)

intrigue [ɛ̃tʀig] F Intrige f; Ränkespiel n **intriguer** [ɛ̃tʀige] **A** V/T neugierig machen; beschäftigen **B** V/I intrigieren

introduction [ɛ̃tʀɔdyksjɔ̃] F **1** Einführung f **2** (≈ préface) Einleitung f **introduire** [ɛ̃tʀɔdɥiʀ] ⟨→ conduire⟩ **A** V/T **1** personne hinein- ou hereinführen (**auprès de** qn zu j-m); dans un club, milieu einführen **2** objet einführen; hineinstecken, -schieben; pièce einwerfen **3** mode, produit einführen **B** V/PR **s'~** eindringen, sich (dat) Zutritt verschaffen (**dans** in + acc)

introuvable [ɛ̃tʀuvabl] ADJ unauffindbar

intrus [ɛ̃tʀy] M, **intruse** [ɛ̃tʀyz] F Eindringling m; ungebetener Gast **intrusion** [ɛ̃tʀyzjɔ̃] F Eindringen n (**dans** in + acc)

★**inutile** [inytil] ADJ unnütz; nutzlos; unnötig; mesure a. sinn-, zwecklos

inutilisable [inytilizabl] ADJ unbrauchbar

inutilité [inytilite] F Nutzlosigkeit f

invalide [ɛ̃valid] **A** ADJ invalid(e) **B** M/F Invalide m/f **invalidité** [ɛ̃validite] F Invalidität f

invariable [ɛ̃vaʀjabl] ADJ unveränderlich

invasion [ɛ̃vazjɔ̃] F **1** a. fig Invasion f **2** fig Invasion f

inventaire [ɛ̃vɑ̃tɛʀ] M opération Bestandsaufnahme f; COMM Inventur f; liste Inventar n

★**inventer** [ɛ̃vɑ̃te] **A** V/T erfinden **B** V/PR ça ne s'invente pas das ist nicht erfunden **inventeur** [ɛ̃vɑ̃tœʀ] M, **inventrice** [ɛ̃vɑ̃tʀis] F Erfinder(in) m(f) **inventif** [ɛ̃vɑ̃tif] ADJ ⟨-ive [-iv]⟩ erfinderisch ★**invention** [ɛ̃vɑ̃sjɔ̃] F Erfindung f

inverse [ɛ̃vɛʀs] **A** ADJ umgekehrt; entgegengesetzt **B** M Gegenteil n **inversement** [ɛ̃vɛʀsəmɑ̃] ADV umgekehrt **inverser** [ɛ̃vɛʀse] V/T a. ÉLEC umkehren; rôles vertauschen

investir [ɛ̃vɛstiʀ] **A** V/T **1** ÉCON, a. fig investieren (**dans** in + acc); anlegen (**in** + dat) **2** **~ qn (d'une charge)** j-n (in ein Amt) einsetzen **B** V/PR **s'~** sich voll einsetzen (**dans** qc, qn für etw, j-n) **investissement** [ɛ̃vɛstismɑ̃] M Investition f; (Kapital)Anlage f

invincible [ɛ̃vɛ̃sibl] ADJ unbesiegbar

invisible [ɛ̃vizibl] ADJ a. fig unsichtbar

★**invitation** [ɛ̃vitasjɔ̃] F **1** Einladung f (**à** zu) **2** (≈ incitation) Aufforderung f ★**invité(e)** [ɛ̃vite] M/F Gast m ★**inviter** [ɛ̃vite] V/T **1** (≈ convier) einladen; **~ qn au cinéma, à dîner** j-n ins Kino, zum Abendessen einladen **2** (≈ inciter) **~ qn à** (+ inf) j-n auffordern zu (+ inf)

invivable [ɛ̃vivabl] ADJ unerträglich

involontaire [ɛ̃vɔlɔ̃tɛʀ] ADJ unabsichtlich; ungewollt; unfreiwillig

invraisemblable [ɛ̃vʀɛsɑ̃blabl] ADJ **1**

histoire, etc unwahrscheinlich [2] *tenue, etc* unmöglich
invulnérable [ɛ̃vylneʀabl] ADJ unverwundbar
iode [jɔd] M Jod *n*
IP [ipe] M ABR (= Internet Protocole) INFORM IP *n*; **adresse** *f* **IP** IP-Adresse *f*; **téléphonie** *f* **sur IP** Internettelefonie *f*
iPad® [ipad] M ⟨*pl* ~⟩ iPad® ['aɪpɛt] *n*
iPhone® [ifɔn] M ⟨*pl* ~⟩ iPhone® ['aɪfoːn] *n*
iPod® [ipɔd] M ⟨*pl* ~⟩ iPod® ['aɪpɔt] *m*
irai [iʀe], **ira(s)** [iʀa, iʀas] → **aller¹**
irlandais [iʀlɑ̃dɛ] ⟨-aise [-ɛz]⟩ A ADJ irisch, irländisch B M/F **Irlandais(e)** Ire *m*, Irin *f*
★ **Irlande** [iʀlɑ̃d] F l'~ Irland *n*
IRM F ABR (= **imagerie par résonance magnétique**) MÉD MRT *f* (Magnetresonanztomografie); **passer une IRM** eine MRT machen lassen
ironie [iʀɔni] F Ironie *f* ★ **ironique** [iʀɔnik] ADJ ironisch
irradier [iʀadje] A VT MÉD, NUCL bestrahlen; *accidentellement* verstrahlen B VI *douleur* ausstrahlen (**dans** in + *acc*)
irréalisable [iʀealizabl] ADJ nicht realisierbar
irréaliste [iʀealist] ADJ unrealistisch
irrécusable [iʀekyzabl] ADJ *preuve* unanfechtbar
irréel [iʀeɛl] ADJ ⟨~le⟩ irreal, unwirklich
irréfléchi [iʀefleʃi] ADJ ⟨~e⟩ unüberlegt
irréfutable [iʀefytabl] ADJ unwiderlegbar
irrégularité [iʀegylaʀite] F Unregelmäßigkeit *f*; ~**s** *pl* Unregelmäßigkeiten *fpl*, Regel-, Ordnungswidrigkeiten *fpl* (**dans une élection** bei e-r Wahl) **irrégulier** [iʀegylje] ADJ ⟨-ière [-jɛʀ]⟩ [1] *a*. GRAM unregelmäßig [2] (= *illégal*) regel-, ordnungswidrig
irrémédiable [iʀemedjabl] ADJ *mal* nicht behebbar; unheilbar; *perte* unersetzlich
irremplaçable [iʀɑ̃plasabl] ADJ unersetzlich
irréparable [iʀepaʀabl] ADJ [1] *objet* nicht mehr zu reparieren(d) [2] *faute* nicht wieder gutzumachen(d)
irréprochable [iʀepʀɔʃabl] ADJ tadellos; einwandfrei
irrésistible [iʀezistibl] ADJ unwiderstehlich
irrésolu [iʀezɔly] ADJ ⟨~e⟩ unentschlossen, unschlüssig
irresponsable [iʀɛspɔ̃sabl] ADJ [1] verantwortungslos [2] JUR schuldunfähig
irrévocable [iʀevɔkabl] ADJ unwiderruflich
irriguer [iʀige] VT AGR bewässern
irritable [iʀitabl] ADJ reizbar **irritation** [iʀitasjɔ̃] F [1] (≈ *colère*) Gereiztheit *f*; Verärgerung *f* [2] MÉD Reizung *f* **irrité** [iʀite] ADJ ⟨~e⟩ [1] *geste, regard, personne* gereizt; *personne a.* erregt, verärgert [2] MÉD gereizt, leicht entzündet **irriter** [iʀite] A VT [1] ~ **qn** j-n reizen, verärgern, ungehalten machen [2] MÉD reizen [3] VPR **s'~ contre qn, de qc** sich über j-n, etw aufregen
irruption [iʀypsjɔ̃] F Eindringen *n*; MIL *a*. Einfall *m*
islam [islam] M Islam *m* **islamique** [islamik] ADJ islamisch
Islande [islɑ̃d] F l'~ Island *n*
isolé [izɔle] ADJ ⟨~e⟩ [1] *endroit* abgelegen, einsam [2] *arbre, bâtiment* frei stehend, alleinstehend [3] *personne* isoliert (**de von**) **isolement** [izɔlmɑ̃] M [1] Isolation *f*; *d'une personne a.* Alleinsein *n*, *d'un malade, d'un détenu* Isolierung *f* **isoler** [izɔle] A VT *a*. TECH, ÉLEC, MÉD isolieren B VPR **s'~** sich isolieren, sich absondern (**de qn** von j-m); sich abkapseln
Israël [isʀaɛl] ⟨*ohne Artikel*⟩ Israel *n*
israélien [isʀaeljɛ̃] ⟨-ienne [-jɛn]⟩ A ADJ israelisch B M/F **Israélien(ne)** Israeli *m/f*
issu [isy] ADJ ⟨~e⟩ **de** abstammend von; *a*. *fig* hervorgegangen aus
issue [isy] F [1] Ausgang *m*; ~ **de secours** Notausgang *m*; **voie** *f* **sans** ~ Sackgasse *f* [2] *fig* (≈ *solution*) Ausweg *m* (**à aus**) [3] **à l'~ de** am Schluss (+ *gén*)
★ **Italie** [itali] F l'~ Italien *n* ★ **italien** [italjɛ̃] ⟨-ienne [-jɛn]⟩ A ADJ italienisch B M/F **Italien(ne)** Italiener(in) *m(f)* C M **langue l'~** das Italienische; Italienisch *n*
italique [italik] M Kursivschrift *f*; **en** ~ kursiv
itinéraire [itineʀɛʀ] M Route *f*; Strecke *f*
itinérance [itineʀɑ̃s] F [1] TÉL Roaming *n* [2] **frais** *mpl* **d'~** TÉL Roaminggebühren

fpl

IUT [iyte] M ABR ⟨inv⟩ (= institut universitaire de technologie) Fachhochschule f

IVG [iveʒe] F ABR ⟨inv⟩ (= interruption volontaire de grossesse) Schwangerschaftsabbruch m

ivoire [ivwaʀ] M Elfenbein n **ivoirien** [ivwaʀjɛ̃] ⟨-ienne [-jɛn]⟩ A ADJ (von) der Elfenbeinküste B M/F **Ivoirien(ne)** Ivorer(in) m(f)

★ **ivre** [ivʀ] ADJ 1 betrunken 2 fig ~ **de** erfüllt von; st/s trunken von ou vor (+ dat) **ivresse** [ivʀɛs] F Trunkenheit f; Rausch m **ivrogne** [ivʀɔɲ] pop M/F Säufer(in) m(f)

J

J, j [ʒi] M ⟨inv⟩ J, j n

j' [ʒ] → je

jacasser [ʒakase] V/I 1 pie schreien 2 fig schwatzen; fam plappern

jacinthe [ʒasɛ̃t] F Hyazinthe f

jacuzzi® [ʒakyzi] M Whirlpool® m

jadis [ʒadis] ADV einst(mals)

jaguar [ʒagwaʀ] M Jaguar m

jaillir [ʒajiʀ] V/I 1 liquide herausspritzen (**de** aus), hervorquellen, -sprudeln; flammes hochschlagen; étincelles sprühen 2 fig idées hervorbrechen

jalon [ʒalɔ̃] M Absteckpfahl m **jalonner** [ʒalɔne] V/T terrain abstecken; markieren

jalouser [ʒaluze] V/T eifersüchtig sein auf (+ acc); beneiden B V/PR **se** ~ aufeinander eifersüchtig, neidisch sein

jalousie[1] [ʒaluzi] F 1 (= envie) Neid m 2 en amour Eifersucht f

jalousie[2] [ʒaluzi] F d'une fenêtre Jalousie f

★ **jaloux** [ʒalu] ADJ ⟨jalouse [ʒaluz]⟩ 1 (= envieux) neidisch (**de** qn, qc auf j-n, etw) 2 en amour eifersüchtig (**de** qn auf j-n)

★ **jamais** [ʒamɛ] ADV 1 ⟨mit ne beim Verb⟩ nie(mals) 2 sens positif je(mals); **à (tout)** ~ für immer

★ **jambe** [ʒɑ̃b] F Bein n

★ **jambon** [ʒɑ̃bɔ̃] M a. fam fig cuisse Schinken m

jante [ʒɑ̃t] F Felge f

janvier [ʒɑ̃vje] M Januar m

Japon [ʒapɔ̃] M **le** ~ Japan n ★ **japonais** [ʒapɔnɛ] ⟨-aise [-ɛz]⟩ A ADJ japanisch; **elle est** ~ **e** sie ist Japanerin B M/F **Japonais(e)** Japaner(in) m(f) C langue **le** ~ das Japanische; Japanisch n

japper [ʒape] V/I kläffen

jaquette [ʒakɛt] F pour hommes Cut (-away) m; pour femmes taillierte (Kostüm)Jacke

★ **jardin** [ʒaʀdɛ̃] M Garten m **jardinage** [ʒaʀdinaʒ] M Gartenarbeit f; Gartenbau m **jardiner** [ʒaʀdine] V/I im Garten arbeiten; gärtnern ★ **jardinier** [ʒaʀdinje] M Gärtner m ★ **jardinière** [ʒaʀdinjɛʀ] F 1 Gärtnerin f 2 (≈ bac à fleurs) Blumenkasten m 3 CUIS gemischtes Gemüse

jargon [ʒaʀgɔ̃] M 1 Jargon m; Fach-, Berufssprache f 2 péj Kauderwelsch n

jarre [ʒaʀ] F großer Tonkrug

jarret [ʒaʀɛ] M 1 ANAT Kniekehle f 2 CUIS Hachse f; all Sud Haxe f

jaser [ʒaze] V/I schwatzen; fam klatschen

jauge [ʒoʒ] F Messstab m **jauger** [ʒoʒe] V/T ⟨-ge-⟩ 1 (= mesurer) (ver)messen 2 fig (≈ évaluer) ab-, einschätzen

★ **jaune** [ʒon] A ADJ gelb B M 1 couleur Gelb n 2 ~ **d'œuf** Eigelb n; (Ei)Dotter m ou n **jaunir** [ʒoniʀ] A V/T gelb färben B V/I gelb werden; papier a. vergilben **jaunisse** [ʒonis] F Gelbsucht f

javelot [ʒavlo] M Speer m

jazz [dʒaz] M Jazz m

★ **je** [ʒ(ə)] PR PERS ⟨vor Vokal u. stummem h j'⟩ ich

jean [dʒin] M pantalon ~ ou pl **~s** [dʒins] Jeans pl

jeep® [dʒip] F Jeep® m

je-m'en-foutisme [ʒmɑ̃futism] fam M Gleichgültigkeit f

jérémiades [ʒeʀemjad] fam FPL Gejammer n

jerricane, jerrycan [(d)ʒeʀikan] M (Benzin)Kanister m

jersey [ʒɛʀze] M TEXT Jersey m

Jésus-Christ [ʒezykʀi] M Jesus Christus m

jet[1] [ʒɛ] M 1 (≈ action de jeter) Wurf m,

Werfen n ② d'eau, etc Strahl m; **jet d'eau** Wasserwerf...m; vertical Fontäne f ③ fig **d'un (seul) jet** in einem Zug

jet² [dʒɛt] M̄ AVIAT (Düsen)Jet m

jetable [ʒatabl] ADJ Wegwerf...; Einmal...

jetée [ʒ(ə)te] F̄ (Hafen)Mole f

★**jeter** [ʒ(ə)te] ⟨-tt-⟩ Ⓐ V̄T̄ ① (≈ lancer) werfen; fam schmeißen; filet, ligne de pêche auswerfen; liquide schütten (**dans** in + acc) ② pour s'en débarrasser wegwerfen; fortwerfen; fam wegschmeißen ③ (≈ émettre) lumière, ombre werfen (**sur** auf + acc) ④ **~ un pont** e-e Brücke schlagen (**sur** über + acc) Ⓑ V̄/PR **se ~** sich stürzen (**dans le vide** in die Tiefe); **se ~ de côté** zur Seite springen; **se ~ aux pieds de qn** sich j-m zu Füßen werfen; **se ~ sur qn, qc** sich auf j-n, etw stürzen; über j-n, etw herfallen ② fleuve **se ~ dans** münden, fließen in (+ acc)

jeton [ʒ(ə)tɔ̃] M̄ Marke f; Münze f; au jeu Spielmarke f

★**jeu** [ʒø] M̄ ⟨jeux⟩ ① a. objet fig Spiel n; fig **être en jeu** auf dem Spiel stehen; **mettre en jeu** (= miser) setzen; fig (≈ se servir de) aufbieten, einsetzen; (≈ risquer) aufs Spiel setzen ② **jeu de clés** Satz Schlüssel ③ TECH Spiel n

★**jeudi** [ʒødi] M̄ Donnerstag m

jeun [ʒɛ̃, ʒœ̃] **à ~** nüchtern; auf nüchternen Magen

★**jeune** [ʒœn] Ⓐ ADJ ① jung ② (≈ juvénile) jugendlich Ⓑ M̄/F̄ Jugendliche(r) m/f(m); ★ **les ~s** die jungen Leute; die Jugendlichen; die Jugend; die Jungen; der Nachwuchs

jeûne [ʒøn] M̄ a. REL Fasten n **jeûner** [ʒøne] V̄Ī̄ fasten

jeunesse [ʒœnɛs] F̄ ① période Jugend (-zeit) f; Jugendjahre npl ② (≈ les jeunes) Jugend f

jeunisme [ʒœnism] M̄ société Jugendwahn m

JO [ʒio] M̄PL ABR (= Jeux olympiques) Olympische Spiele pl

joaillerie [ʒɔajri] F̄ ① art Juwelierkunst f ② magasin Juweliergeschäft n **joaillier** [ʒɔaje] M̄, **joaillière** [ʒɔajɛʀ] F̄ Juwelier(in) m/f(m)

jogging [dʒɔgiŋ] M̄ ① sport Jogging n; **faire du ~** joggen ② vêtement Jogginganzug m

★**joie** [ʒwa] F̄ Freude f

joignable [ʒwaɲabl] ADJ personne erreichbar

joindre [ʒwɛ̃dʀ] ⟨je joins [ʒwɛ̃]; il joint; nous joignons [ʒwaɲɔ̃]; je joignais; je joignis; je joindrai; que je joigne; joignant; joint⟩ Ⓐ V̄T̄ ① (≈ mettre ensemble) aneinanderfügen; zusammenfügen; miteinander verbinden; **~ les mains** die Hände falten ② (≈ ajouter) **~ à** hinzufügen (+ dat); dazutun zu; à une lettre beilegen (+ dat); **~ qc à une lettre** e. etw in e-m Brief mitschicken ③ **~ qn** j-n erreichen Ⓑ V̄Ī̄ planches, etc **~ bien (mal)** (un)genau anliegen Ⓒ V̄/PR **se ~ à qn** sich j-m anschließen; **se ~ à qc** sich e-r Sache (dat) anschließen; bei etw mitmachen

joint [ʒwɛ̃] Ⓐ ADJ ⟨~e [ʒwɛ̃t]⟩ ① zusammengefügt; document beigelegt (à dat) ② INFORM fichier **~**, pièce **~e** Attachment [əˈtɛtʃmənt] n ③ mains gefaltet Ⓑ M̄ ① TECH (≈ articulation) Gelenk n ② CONSTR Fuge f; d'un robinet, etc Dichtung f ③ fam de haschisch Joint m

★**joli** [ʒɔli] ADJ ⟨~e⟩ ① hübsch ② iron sauber; nett; **une ~e somme** ein nettes Sümmchen **joliment** [ʒɔlimɑ̃] ADV ① hübsch ② fam ganz schön

jonc [ʒɔ̃] M̄ Binse f

joncher [ʒɔ̃ʃe] V̄T̄ bestreuen (**de** mit)

jonction [ʒɔ̃ksjɔ̃] F̄ Verbindung f; Vereinigung f; Anschluss(stelle) m/f(s)

jongler [ʒɔ̃gle] V̄Ī̄ a. fig jonglieren (**avec** mit) **jongleur** [ʒɔ̃glœʀ] M̄, **jongleuse** [ʒɔ̃gløz] F̄ Jongleur(in) m/f(m)

jonquille [ʒɔ̃kij] F̄ Gelbe Narzisse; Osterglocke f

★**joue** [ʒu] F̄ Backe f

★**jouer** [ʒwe] Ⓐ V̄T̄ ① a. MUS, THÉ spielen; carte, couleur ausspielen; somme setzen (**sur** auf + acc); fig réputation aufs Spiel setzen; pièce, film a. aufführen; geben; MUS **~ qc à qn** j-m etw vorspielen ② fig étonnement, etc mimen; heucheln Ⓑ V̄Ī̄ et V̄T̄ INDIR ① spielen; **~ aux cartes, aux échecs**, etc Karten, Schach etc spielen; **~ au football, au tennis**, etc Fußball, Tennis etc spielen; **~ de la flûte, du piano**, etc Flöte, Klavier etc spielen ② (≈ utiliser) **~ de qc** etw einsetzen, ausnutzen ③ (≈ entrer en jeu) e-e Rolle spielen; zum Tragen kommen Ⓒ V̄/PR ① **se ~** THÉ, MUS gespielt werden; fig drame sich

abspielen; *avenir* sich entscheiden ◨ **se ~ de qn** j-n zum Narren halten
★**jouet** [ʒwɛ] M Spielzeug n
★**joueur** [ʒwœʀ], **joueuse** [ʒwøz] ◭ M,F Spieler(in) m(f) ◳ ADJ *enfant, chat* verspielt
joufflu [ʒufly] ADJ ⟨~e⟩ pausbäckig
joug [ʒu] M *a. fig* Joch n
jouir [ʒwiʀ] VT INDIR ◨ **~ de qc** (≈ *posséder*) etw genießen, besitzen, haben; sich e-r Sache (*gén*) erfreuen ◧ **~ de qc** (≈ *tirer plaisir de*) etw genießen, auskosten ◨ **~ de qc** JUR die Nutzung von etw haben **jouissance** [ʒwisɑ̃s] F ◨ (≈ *plaisir*) Genuss m ◧ JUR Nutzung f; Nutzungsrecht n
joujou [ʒuʒu] *enf* M ⟨~x⟩ *a. fig* Spielzeug n
★**jour** [ʒuʀ] M ◨ Tag m; **~ de l'An** Neujahrstag m; (**pendant**) **le ~** tagsüber; am Tag(e); während des Tages; **l'autre ~** neulich; unlängst; vor Kurzem; **un ~** e-s Tages; einmal; **un ~ ou l'autre** früher oder später; über kurz oder lang; **à ~** auf dem Laufenden; **mettre à ~** aufs Laufende, auf den neuesten Stand bringen; aufarbeiten; **de nos ~s** heutzutage; **du ~ au lendemain** von heute auf morgen; **par ~** täglich; pro, am Tag; **vivre au ~ le ~** von der Hand in den Mund leben ◧ (Tages)Licht n; **il fait ~** es ist Tag, hell; **se faire ~** *vérité* ans Licht, an den Tag kommen; *idée* zum Durchbruch kommen ◨ (≈ *vie*) **~s** *pl* Leben n; Tage *mpl*
★**journal** [ʒuʀnal] M ⟨-aux [-o]⟩ ◨ *publication* (Tages)Zeitung f; (≈ *périodique*) Zeitschrift f ◧ **~ télévisé** (Fernseh) Nachrichten *fpl* ◨ (**intime**) Tagebuch n
journalier [ʒuʀnalje] ◭ ADJ ⟨-ière [-jɛʀ]⟩ täglich ◳ M Tagelöhner m
journalisme [ʒuʀnalism] M Journalismus m ★**journaliste** [ʒuʀnalist] M,F Journalist(in) m(f)
★**journée** [ʒuʀne] F ◨ (≈ *jour*) Tag m ◧ **~ (de travail)** Arbeitstag m
jovial [ʒɔvjal] ADJ ⟨~e; -aux [-o] *od* -als⟩ fröhlich, heiter
joyau [ʒwajo] M ⟨~x⟩ *a. fig* Juwel n; *fig a.* Kleinod n
★**joyeux** [ʒwajø] ADJ ⟨-euse [-øz]⟩ fröhlich; lustig
jubilation [ʒybilasjɔ̃] F Jubel m **jubiler** [ʒybile] VI (innerlich) frohlocken; sich unbändig freuen
judas [ʒyda] M *d'une porte* Spion m
judiciaire [ʒydisjɛʀ] ADJ gerichtlich; **police f ~** Kriminalpolizei f
judicieux [ʒydisjø] ADJ ⟨-euse [-øz]⟩ gescheit; vernünftig
judo [ʒydo] M Judo n
★**juge** [ʒyʒ] M,F JUR, *a. fig* Richter(in) m(f); **~ d'instruction** Untersuchungsrichter m
★**jugement** [ʒyʒmɑ̃] M ◨ *a. fig* Urteil n; REL **le Jugement dernier** das Jüngste Gericht ◧ *faculté* Urteilsvermögen n
jugeote [ʒyʒɔt] *fam* F Grips m
juger [ʒyʒe] ⟨-ge-⟩ ◭ VT ◨ JUR aburteilen; das Urteil sprechen über (+ *acc*); ★ **être jugé** vor Gericht kommen ◧ *fig* urteilen (**qn, qc** über j-n, etw); beurteilen ◨ (≈ *considérer*) *avec adj* für ... halten, erachten; als ... ansehen; **~ nécessaire de faire qc** es für notwendig halten *ou* erachten, etw zu tun ◳ VT INDIR **~ de** *ur*teilen über (+ *acc*); beurteilen, ermessen (+ *acc*); *la joie, surprise de qn* sich (*dat*) vorstellen, denken (können) ◰ VPR **se ~** (**soi-même**) sich (selbst) beurteilen; **se ~ perdu** sich verloren glauben
★**juif** [ʒɥif] (**juive** [ʒɥiv]) ◭ ADJ jüdisch ◳ M,F **juive** Jude m, Jüdin f
★**juillet** [ʒɥijɛ] M Juli m
★**juin** [ʒɥɛ̃] M Juni m
jumeau [ʒymo] ◭ ADJ ⟨-elle [-ɛl] *mpl* ~x⟩ Zwillings...; Doppel... ◳ M,F ⟨*mpl* ~x⟩ **~, jumelle** Zwilling m; Zwillingsbruder m, -schwester f
jumelage [ʒymlaʒ] M Städtepartnerschaft f **jumeler** [ʒymle] VT ⟨-ll-⟩ durch e-e Städtepartnerschaft verbinden
jumelles [ʒymɛl] FPL ◨ Fernglas n ◧ → jumeau
jument [ʒymɑ̃] F Stute f
jungle [ʒɛ̃gl, ʒœ̃-] F Dschungel m
★**jupe** [ʒyp] F Rock m **jupe-culotte** F ⟨jupes-culottes⟩ Hosenrock m
jupon [ʒypɔ̃] M Unterrock m
Jura [ʒyʀa] M **le ~** GÉOG der Jura
juré [ʒyʀe] SUBST **~(e)** m(f) JUR Geschworene(r) m/f(m); Schöffe m, Schöffin f
jurer [ʒyʀe] ◭ VT schwören; *par ext* (≈ *assurer*) versichern ◳ VI ◨ (*dire des jurons*) fluchen ◧ (≈ *aller mal avec*) nicht zueinanderpassen; **couleurs** *a.* sich beißen; **~ avec qc** nicht zu etw passen; sich nicht mit etw vertragen ◰ VPR **se ~ de**

faire qc sich (*dat*) schwören, etw zu tun
juridiction [ʒyʁidiksjɔ̃] F Gerichtsbarkeit f; Rechtsprechung f
juridique [ʒyʁidik] ADJ juristisch; rechtlich; Rechts...
jurisprudence [ʒyʁispʁydɑ̃s] F Rechtsprechung f
juriste [ʒyʁist] M/F Jurist(in) m(f)
juron [ʒyʁɔ̃] M Fluch m
jury [ʒyʁi] M **1** JUR Geschworene(n) mpl **2** d'un prix, a. SPORTS Jury f
jus [ʒy] M Saft m; ★ **jus de fruit** Obst-, Fruchtsaft m; **jus de rôti** Bratensaft m
★**jusque** [ʒysk(ə)] ⟨vor Vokal jusqu'⟩ A PRÉP + PRÉP **1** lieu bis **2** temps bis B PRÉP + ADV bis C ADV sogar D CONJ ★ **jusqu'à ce que ...** (+ subj) bis
justaucorps [ʒystokɔʁ] M Gymnastikanzug m
★**juste** [ʒyst] A ADJ **1** (≈ équitable) gerecht, fair; **revendications berechtigt 2** (≈ correct) richtig; (≈ exact) genau; **mot passend, treffend** B ADV **1** (≈ exactement) genau, richtig; **~ le contraire** genau das Gegenteil; **~ à côté** gleich nebenan; **il vient ~ d'arriver** er ist gerade, eben angekommen **2** (≈ de justesse) **(tout) ~** gerade noch; (ganz) knapp; (≈ seulement) nur
★**justement** [ʒystəmɑ̃] ADV **1** (≈ précisément) gerade **2** (≈ à bon droit) zu, mit Recht
justesse [ʒystɛs] F **1** d'une montre, etc Genauigkeit f; d'une remarque, etc Richtigkeit f **de ~** gerade noch; mit knapper Not
★**justice** [ʒystis] F **1** (≈ équité) Gerechtigkeit f **2** (≈ juridiction) Justiz f; **assigner, citer en ~** vor Gericht laden; vorladen; **rendre la ~** Recht sprechen
justificatif [ʒystifikatif] A ADJ ⟨-ive [-iv]⟩ Beweis...; **pièce justificative** Beweisstück n; Beweis m; COMM Beleg m B M Beleg m **justification** [ʒystifikasjɔ̃] F **1** Rechtfertigung f **2** (≈ preuve) Nachweis m **justifié(e)** [ʒystifje] ADJ gerechtfertigt, berechtigt; reproches, etc a. begründet **justifier** [ʒystifje] A VT rechtfertigen; conduite, etc a. begründen; affirmation beweisen B V/PR **se ~ 1** personne sich rechtfertigen **2** craintes sich als begründet, gerechtfertigt erweisen C VT INDIR **~ de**

qc für etw den Beweis liefern, den Nachweis erbringen; etw beweisen, nachweisen, belegen
juteux [ʒytø] ADJ ⟨-euse [-øz]⟩ **1** fruit saftig **2** fam fig affaire einträglich
juvénile [ʒyvenil] ADJ jugendlich
juxtaposer [ʒykstapoze] VT A VT nebeneinanderstellen B V/PR **se ~** nebeneinanderstehen

K

K, k [ka] ⟨inv⟩ K, k n
kangourou [kɑ̃guʁu] M Känguru n
karaoké [kaʁaɔke] M **1** action Karaoke n **2** appareil Karaokeanlage f
karaté [kaʁate] M Karate n
kayak [kajak] M Kajak n
képi [kepi] M Schirmmütze f
kermesse [kɛʁmɛs] F (≈ fête foraine) Kirmes f
kérosène [keʁozɛn] M Kerosin n
ketchup [kɛtʃœp] M Ketschup m ou n
kidnapper [kidnape] VT kidnappen; entführen **kidnappeur** [kidnapœʁ] M, **kidnappeuse** [kidnapøz] F Kidnapper m; Entführer(in) m(f)
kif-kif [kifkif] fam ⟨inv⟩ **c'est ~** fam das ist Jacke wie Hose
★**kilo** [kilo] M Kilo n
★**kilogramme** [kilogʁam] M Kilogramm n
kilométrage [kilometʁaʒ] M Kilometerzahl f; d'un compteur Kilometerstand m
★**kilomètre** [kilomɛtʁ] M Kilometer m
kilo-octet [kilookte] M ⟨~s⟩ INFORM Kilobyte n
kinésithérapeute [kineziteʁapøt] M/F, **kiné** fam ABR Krankengymnast(in) m(f)
kiosque [kjɔsk] M **1** Kiosk m; **~ à journaux** Zeitungskiosk m, Zeitungsstand m **2** (Garten)Pavillon m
kir [kiʁ] M GASTR Kir m; **kir breton** Aperitif aus Cidre und Johannisbeerlikör
kirsch [kiʁʃ] M Kirsch m; Kirschwasser n
kit [kit] M Bausatz m; **en kit** zum Zusammenbauen

kitchenette [kitʃənɛt] F̅ kleine Küche; Kochnische f

kiwi [kiwi] M̅ fruit Kiwi f

klaxon® [klaksɔn] M̅ Hupe f **klaxonner** [klaksɔne] V̅I̅ hupen

K.-O. [kao] A̅B̅R̅, **k-o** (= knock-out) A̅ A̅D̅J̅ ⟨inv⟩ **être ~ a.** fig k. o. sein B̅ M̅ K. o. m

krach [krak] M̅ Börsenkrach m

Kremlin [krɛmlɛ̃] M̅ **le ~** der Kreml

L

L, l [ɛl] M̅ ⟨inv⟩ L, l n

l' [l] → le

★**la¹** [la] P̅R̅ P̅E̅R̅S̅ & A̅R̅T̅I̅C̅L̅E̅ → le

la² M̅ ⟨inv⟩ MUS a ou A n

★**là** [la] A̅ A̅D̅V̅ da, dort; avec mouvement dahin, dorthin; **être là** da sein; **de là** von da, dort; von dorther; causalice daher; **par là** passer da, dort entlang; entrer da, dort hinein; habiter dort in der Gegend; **entendre par là** darunter verstehen B̅ I̅N̅T̅ ★ **oh là là!** oje!

★**là-bas** A̅D̅V̅ da, dort drüben; avec mouvement dorthin

label [labɛl] M̅ **~ (de qualité)** Gütezeichen n; **~ d'origine** Hersteller-, Ursprungszeichen n

laboratoire [labɔʀatwaʀ] M̅ Labor (-atorium) n; **~ de langues** Sprachlabor n

laborieux [labɔʀjø] A̅D̅J̅ ⟨-euse [-øz]⟩ ① recherches, etc mühsam; mühselig; langwierig ② personne fleißig; arbeitsam

labour [labuʀ] M̅ Pflügen n; Ackern n **labourer** [labuʀe] V̅T̅ ① terre (um)pflügen ② sans objet pflügen, ackern

labyrinthe [labiʀɛ̃t] M̅ Labyrinth n

★**lac** [lak] M̅ See m

lacer [lase] V̅T̅ ⟨-ç-⟩ (zu)schnüren **lacet** [lase] M̅ ① de chaussure Schnürsenkel m ② d'une route **~s** pl Serpentinen fpl; Kehren fpl

★**lâche** [lɑʃ] A̅ A̅D̅J̅ ① nœud, etc locker ② (≈ sans courage) feige B̅ M̅F̅ Feigling m

★**lâcher** [lɑʃe] A̅ V̅T̅ ① objet, main, chiens loslassen; animal a. (frei) laufen lassen; pigeons auffliegen lassen; ballon aufsteigen lassen; bombe, lest abwerfen ② fig remarque fallen lassen ③ fam (≈ abandonner) fallen lassen; im Stich lassen B̅ V̅I̅ corde reißen f; freins versagen

lâcheté [lɑʃte] F̅ (≈ manque de courage) Feigheit f

lâcheur [lɑʃœʀ] M̅, **lâcheuse** [lɑʃøz] fam F̅ treulose Tomate

laconique [lakɔnik] A̅D̅J̅ ① réponse, etc lakonisch ② personne wortkarg

lacrymogène [lakʀimɔʒɛn] A̅D̅J̅ **gaz** m **~** Tränengas n

lacté [lakte] A̅D̅J̅ ⟨~e⟩ Milch...; **Voie ~e** Milchstraße f

lactose [laktoz] M̅ Milchzucker m; t/t Laktose f; **intolérance** f **au ~** Laktoseintoleranz f, -unverträglichkeit f; **sans ~** laktosefrei

lacune [lakyn] F̅ Lücke f

là-dedans [lad(ə)dɑ̃] A̅D̅V̅ darin; fam da drin(nen); avec mouvement dahinein; fig **il y a du vrai ~** da ist etwas Wahres dran

là-dessous [lad(ə)su] A̅D̅V̅ darunter; fam da drunter

là-dessus [lad(ə)sy] A̅D̅V̅ darauf; fam da drauf

là-haut [lao] A̅D̅V̅ a. fig au ciel da oben, dort oben; avec mouvement dahinauf

★**laid** [lɛ] A̅D̅J̅ ⟨~e [lɛd]⟩ hässlich **laideur** [lɛdœʀ] F̅ Hässlichkeit f

lainage [lɛnaʒ] M̅ ① tissu Wollstoff m ② gilet Woll-, Strickjacke f

★**laine** [lɛn] F̅ Wolle f; **~ de verre** Glaswolle f

laïque [laik] A̅D̅J̅ ① école, État laizistisch; bekenntnisneutral ② ÉGL Laien...; weltlich

laisse [lɛs] F̅ Leine f; **tenir en ~** an der Leine halten; fig am Gängelband führen

★**laisser** [lese] A̅ V̅T̅ ① lassen; (≈ ne pas emmener) a. zurücklassen; (≈ ne pas manger, etc) a. übrig lassen; fautes dans un texte stehen lassen ② (≈ quitter) verlassen; logement aufgeben ③ traces, goût, a. héritage hinterlassen; zurücklassen ④ (≈ confier, céder) **~ qc à qn** j-m etw überlassen ⑤ ne pas enlever **~ qc à qn** j-m etw lassen B̅ V̅/A̅U̅X̅ lassen; **~ entrer** herein-, hineinlassen; **~ faire qn** j-n gewähren, machen lassen; **~ partir** gehen lassen; fortlassen C̅ V̅P̅R̅ **se ~ aller** sich gehen lassen; **se ~ aller à faire qc** sich

dazu hinreißen lassen, etw zu tun; **se ~ faire** sich (dat) alles gefallen lassen
laisser-aller [leseale] péj M̲ Nachlässigkeit f
laissez-passer [lesepase] M̲ ⟨inv⟩ Passierschein m
★**lait** [lɛ] M̲ Milch f
laitages [letaʒ] M̲PL Milchprodukte npl
laiterie [lɛtʀi] F̲ Molkerei f
laitier [letje] ⟨-ière [-jɛʀ]⟩ A̲ A̲DJ Milch...; Molkerei... B̲ M̲,F̲ ~, **laitière** Milchmann, -frau m,f
laiton [letɔ̃] M̲ Messing n
laitue [lety] F̲ Kopfsalat m
lambeau [lɑ̃bo] M̲ ⟨~x⟩ Fetzen m
★**lame** [lam] F̲ 1 *de couteau, d'épée* Klinge f; **~ de rasoir** Rasierklinge f 2 (≈ *vague forte*) Woge f
lamelle [lamɛl] F̲ dünnes Plättchen, Scheibchen; Lamelle f
lamentable [lamɑ̃tabl] A̲DJ jämmerlich; kläglich **lamentations** [lamɑ̃tasjɔ̃] F̲PL Jammern n; Klagen n **lamenter** [lamɑ̃te] A̲ V̲I litt **~ d'amour pour qn** nach j-m schmachten 2 *conversation* stocken; erlahmen B̲ V̲PR **se ~ de qn** sich nach j-m sehnen
lampadaire [lɑ̃padɛʀ] M̲ 1 (≈ *réverbère*) Straßenlaterne f 2 *d'appartement* Stehlampe f
★**lampe** [lɑ̃p] F̲ Lampe f
lampion [lɑ̃pjɔ̃] M̲ Lampion m
lance [lɑ̃s] F̲ 1 *arme* Lanze f 2 **~ d'incendie** Strahlrohr n
lancée [lɑ̃se] F̲ Schwung m
lancement [lɑ̃smɑ̃] M̲ 1 Werfen n; Schleudern n; *d'une fusée* Abschuss m; *d'un satellite* Start m 2 *d'un navire* Stapellauf m 3 *fig* Lancierung f; Einführung f
★**lancer** [lɑ̃se] ⟨-ç-⟩ A̲ V̲T 1 werfen; *plus fort* schleudern; *fusée, flèche* abschießen; *satellite* starten; **~ qc à qn** j-m etw zuwerfen; **~ des pierres à qn** j-n mit Steinen bewerfen; *cri* ausstoßen; *insultes* entgegenschleudern (**à qn** j-m); *regard* zuwerfen (**à qn** j-m) 3 *artiste* lancieren; *affaire* in Gang bringen; *produit* einführen; auf den Markt bringen; *campagne publicitaire* starten; *mode* aufbringen; *mandat d'arrêt* erlassen; *appel* ergehen lassen; richten (**à qn** an j-n); *ultimatum* stellen; *invitation* ergehen lassen 4 *moteur* anlassen 5 *navire* vom Stapel (laufen) lassen 6 *chiens* **~ sur** hetzen auf (+ acc) B̲ V̲PR *fig* **se ~ dans l'aventure,**

dans des dépenses sich ins Abenteuer, in Ausgaben stürzen; **se ~ dans des explications** sich in Erklärungen ergehen
lanceur [lɑ̃sœʀ] M̲, **lanceuse** [lɑ̃søz] F̲ SPORTS Werfer(in) m(f)
lancinant [lɑ̃sinɑ̃] A̲DJ ⟨-ante [-ɑ̃t]⟩ 1 *douleur* stechend 2 *fig* quälend
landau [lɑ̃do] M̲ Kinderwagen m
lande [lɑ̃d] F̲ Heide f
★**langage** [lɑ̃gaʒ] M̲ Sprache f
langer [lɑ̃ʒe] V̲T ⟨-ge-⟩ *bébé* wickeln
langouste [lɑ̃gust] F̲ Languste f
★**langue**¹ [lɑ̃g] F̲ ANAT Zunge f; *fig* **mauvaise ~, ~ de vipère** böse Zunge; Lästermaul n, Lästerzunge f; **se mordre la ~** *a. fig* sich (dat) auf die Zunge beißen
langue² [lɑ̃g] F̲ LING Sprache f; **~ maternelle** Muttersprache f; **~ étrangère** Fremdsprache f
languette [lɑ̃gɛt] F̲ Zunge f
languir [lɑ̃giʀ] A̲ V̲I 1 *litt* **~ d'amour pour qn** nach j-m schmachten 2 *conversation* stocken; erlahmen B̲ V̲PR **se ~ de qn** sich nach j-m sehnen
lanière [lanjɛʀ] F̲ Riemen m
lanterne [lɑ̃tɛʀn] F̲ Laterne f
laper [lape] V̲T schlecken
lapider [lapide] V̲T 1 *tuer* steinigen 2 *par ext* mit Steinen bewerfen
lapin [lapɛ̃] M̲ ZOOL, CUIS Kaninchen n
laps [laps] M̲ **~ de temps** (gewisse) Zeit; Zeitraum m
lapsus [lapsys] M̲ **faire un ~** sich versprechen
laque [lak] F̲ 1 PEINT (echter) Lack 2 *pour les cheveux* Haarspray n *ou* m
★**laquelle** → lequel
★**lard** [laʀ] M̲ Speck m **lardon** [laʀdɔ̃] M̲ CUIS Speckstückchen n
★**large** [laʀʒ] A̲ A̲DJ 1 breit; *vêtements* weit; **de dix mètres** zehn Meter breit 2 *responsabilités, concessions* weitgehend 3 (≈ *généreux*) großzügig, freigebig B̲ A̲DV *calculer, compter* großzügig C̲ M̲ 1 Breite f; **avoir, faire dix mètres de ~** zehn Meter breit sein 2 (≈ *haute mer*) hohe, offene See, offenes Meer 3 *fam fig* **prendre le ~** das Weite suchen
★**largement** [laʀʒəmɑ̃] A̲DV 1 weit; **~ répandu** weitverbreitet 2 (≈ *amplement*) reichlich
★**largeur** [laʀʒœʀ] F̲ 1 Breite f 2 *fig* **~ d'esprit** Großzügigkeit f im Denken; li-

berale Gesinnung
larguer [laʀge] VT 1 *bombes* abwerfen; *parachutistes* absetzen 2 MAR *amarres* losmachen; loswerfen
★ **larme** [laʀm] F 1 Träne f 2 *fig* **une ~ de cognac**, *etc* ein paar Tropfen, ein ganz klein wenig Kognak *etc* **larmoyer** [laʀmwaje] VI ⟨-oi-⟩ weinerlich tun; jammern
larve [laʀv] F ZOOL Larve f
larynx [laʀɛ̃ks] M Kehlkopf m
las [lɑ] *st/s* ADJ ⟨**lasse** [lɑs]⟩ 1 müde 2 *fig* **être las de qc** e-r Sache (*gén*) müde, überdrüssig sein; etw leid sein
laser [lazɛʀ] M 1 Laser m 2 ⟨*adjt*⟩ Laser...
lasser [lɑse] A VT ermüden; langweilen; strapazieren B VPR **se ~ de qc** e-r Sache (*gén*) müde, überdrüssig werden; etw leid werden **lassitude** [lɑsityd] F 1 (= *fatigue*) Müdigkeit f 2 (= *ennui*) Überdruss m
latéral [lateʀal] ADJ ⟨~e; -aux [-o]⟩ seitlich, Seiten...; *rue* ~**e** Seitenstraße f
latin [latɛ̃] A ADJ ⟨-ine [-in]⟩ 1 lateinisch; **l'Amérique** ~**e** Lateinamerika n 2 *langues, peuples* romanisch B SUBST **le ~** das Latein(ische); Latein(isch) n
latino-américain [latinoameʀikɛ̃] ADJ ⟨-aine [-ɛn]⟩ lateinamerikanisch
latitude [latityd] F 1 (geographische) Breite f 2 *fig* freie Hand
latte [lat] F Latte f
lauréat [lɔʀea] M, **lauréate** [lɔʀeat] F Preisträger(in) m(f)
laurier [lɔʀje] M BOT Lorbeer(baum) m **laurier-rose** M ⟨lauriers-roses⟩ Oleander m
lavable [lavabl] ADJ waschbar
★ **lavabo** [lavabo] M Waschbecken n
lavage [lavaʒ] M 1 (Ab-, Aus)Waschen n; Wäsche f; *fig* **~ de cerveau** Gehirnwäsche f 2 MÉD **~ d'estomac** Magenspülung f
lavande [lavɑ̃d] F Lavendel m
lave [lav] F Lava f
lave-glace M ⟨~s⟩ Scheibenwaschanlage f **lave-linge** M ⟨*inv*⟩ Waschmaschine f
★ **laver** [lave] A VT waschen; *vitres* putzen; *sol* (feucht) (auf)wischen; *tache, plaie* auswaschen; *peinture* abwaschen; **~ la vaisselle** (das Geschirr) spülen, abwaschen;

den Abwasch machen B VPR **se ~** sich waschen; **se ~ les dents** sich (*dat*) die Zähne putzen
laverie [lavʀi] F **~** (**automatique**) Waschsalon m **lavette** [lavɛt] F Spültuch n, Spüllappen m **laveur** [lavœʀ] M Wäscher m; **~ de carreaux** Fensterputzer m ★ **lave-vaisselle** M ⟨*inv*⟩ Geschirrspülmaschine f
laxatif [laksatif] A ADJ ⟨-ive [-iv]⟩ Abführ... B M Abführmittel n
layette [lɛjɛt] F Babywäsche f, Babyausstattung f
★ **le** [l(ə)] M, **la** [la] F ⟨*beide vor Vokal u. stummen h* l'⟩, **les** [le] PL A ARTICLE DÉFINI: M der (*acc* den); f: das n; die *pl* B PR PERS 1 ⟨m⟩ ihn; sie f; es n; sie *pl* 2 *neutre* **le es**
leader [lidœʀ] M POL Führer m
leasing [liziŋ] M Leasing n
lécher [leʃe] VT ⟨-è-⟩ VT lecken; *plat* auslecken; *assiette* ablecken; *fig flammes* (empor)züngeln (**qc** an etw *dat*) B VPR *animal* **se ~** sich lecken; **se ~ les doigts** (sich *dat*) die Finger ablecken
lèche-vitrine M ⟨*inv*⟩ **faire du ~** e-n Schaufensterbummel machen
★ **leçon** [l(ə)sɔ̃] F 1 (= *cours*) (Unterrichts-, Lehr)Stunde f; *d'un manuel scolaire* Lektion f 2 *fig* Lehre f
★ **lecteur**[1] [lɛktœʀ] M, **lectrice** [lɛktʀis] F 1 (= *qui lit*) Leser(in) m(f) 2 *à l'université, chez un éditeur* Lektor(in) m(f)
★ **lecteur**[2] [lɛktœʀ] M *appareil* Lesegerät n; ★ **~ de CD, DVD** CD-, DVD-Player m
★ **lecture** [lɛktyʀ] F 1 (= *action de lire*) Lesen n; Lektüre f 2 *à haute voix* Vorlesen n 3 (= *texte*) Lektüre f; Lesestoff m 4 *d'un projet de loi* Lesung f
★ **légal** [legal] ADJ ⟨~e; -aux [-o]⟩ gesetzlich, legal **légaliser** [legalize] VT legalisieren **légalité** [legalite] F Legalität f
légendaire [leʒɑ̃dɛʀ] ADJ 1 (= *fabuleux*) sagenhaft 2 (= *célèbre*) legendär
légende [leʒɑ̃d] F 1 (= *conte*) Legende f; Sage f 2 *d'une illustration* Bildunterschrift f
★ **léger** [leʒe] ADJ ⟨-ère [-ɛʀ]⟩ 1 leicht; *thé, café a.* dünn; schwach; *repas a.* leicht verdaulich; *bruit a.* leise; *couche* dünn; *blessé* **~** Leichtverletzte(r) m 2 *comportement* leichtfertig; leichtsinnig; *mœurs* locker; *propos* schlüpfrig; **à la légère**

s'engager leichtsinnig(erweise) **légèrement** [leʒɛʀmɑ̃] ADV **1** leicht **2** (≈ *un peu*) leicht; ein wenig **3 agir ~** leichtfertig handeln **légèreté** [leʒɛʀte] F **1** *d'un objet* Leichtheit f; geringes Gewicht **2** (≈ *agilité*) Leichtigkeit f **3** (≈ *manque de sérieux*) Leichtfertigkeit f; Leichtsinn m

légion [leʒjɔ̃] F MIL Legion f; **Légion (étrangère)** Fremdenlegion f

législatif [leʒislatif] ADJ ⟨-ive [-iv]⟩ gesetzgebend; ★ **(élections) législatives** fpl Parlamentswahlen fpl

législation [leʒislasjɔ̃] F Gesetzgebung f **législature** [leʒislatyʀ] F Legislaturperiode f

légitime [leʒitim] ADJ **1** rechtmäßig; legitim; *enfant* ehelich **2** (≈ *justifié*) berechtigt

léguer [lege] V/T ⟨-è-⟩ JUR vermachen

★**légume** [legym] ⟨m⟩ **~s** mpl Gemüse n

lendemain [lɑ̃dmɛ̃] M **1 le ~** der nächste Tag; **le ~** *adv* am nächsten, folgenden Tag; am Tag darauf, danach **2 sans ~** ohne Dauer

★**lent** [lɑ̃] ADJ ⟨-e [lɑ̃t]⟩ langsam **lenteur** [lɑ̃tœʀ] F Langsamkeit f

lentille [lɑ̃tij] F BOT, CUIS, OPT Linse f

léopard [leɔpaʀ] M Leopard m

★**lequel** [l(ə)kɛl] ⟨f laquelle [lakɛl]; mpl lesquels [lekɛl]; fpl lesquelles⟩ A PR REL der, die, das *pl* die; st/s welche(r, -s); welche *pl* B PR INTERROG welche(r, -s)?; welche? *pl*

★**les** [le] → **le**

léser [leze] V/T ⟨-è-⟩ **1** benachteiligen; *les droits de qn* verletzen **2** MÉD verletzen

lésiner [lezine] V/T INDIR **~ sur qc** an etw (*dat*) sparen; mit etw geizen, knausern

lésion [lezjɔ̃] F MÉD Verletzung f

lesquel(le)s [lekɛl] → **lequel**

★**lessive** [lesiv] F **1** *produit* Waschmittel n, Waschpulver n **2** (≈ *lavage*) Waschen n; Wäsche f; **faire la ~** (Wäsche) waschen; große Wäsche haben **3** (≈ *linge*) (gewaschene) Wäsche

lest [lɛst] M Ballast m

leste [lɛst] ADJ **1** (≈ *agile*) flink **2** *propos* frivol; schlüpfrig

léthargie [letaʀʒi] F **1** MÉD Lethargie f **2** *fig* Teilnahmslosigkeit f

Lettonie [lɛtɔni] F **la ~** Lettland n

★**lettre** [lɛtʀ] A F **1** (≈ *caractère*) Buchstabe m; **à la ~, au pied de la ~** (wort)wörtlich; im wörtlichen, buchstäblichen Sinn; **en toutes ~s** mot ausgeschrieben; *chiffre* in Worten; *fig* deutlich; unmissverständlich **2** (≈ *missive*) Brief m; COMM, ADMIN Schreiben n B FPL **lettres 1** schöne Literatur f; Belletristik f **2** (≈ *opposé à «sciences»*) Geisteswissenschaften fpl

lettré [letʀe] ADJ ⟨-e⟩ *personne* gebildet

leucémie [løsemi] F Leukämie f

★**leur** [lœʀ] A PR PERS ⟨*inv*⟩ ihnen B ADJ POSS ⟨f *inv*; pl ~s⟩ ihr(e); ihre pl; **ce sont les ~s** das sind ihre C PR POSS **1 ★ le ~, la ~** der, die, das ihrige; ihre(r, -s); **les ~s** pl die ihren; ihres **2 le ~** das Ihre **3 les ~s** mpl (≈ *parents, amis*) die Ihren

leurrer [lœʀe] A V/T ködern B V/PR **se ~** sich (*dat*) etwas vormachen

levain [l(ə)vɛ̃] M Sauerteig m

levant [l(ə)vɑ̃] A ADJ *soleil* ~ aufgehende Sonne B M **le Levant** die Levante; *hist* das Morgenland

levée [l(ə)ve] F **1** *d'une interdiction, etc* Aufhebung f **2** *du courrier* Leerung f **3** *aux cartes* Stich m

★**lever**[1] [l(ə)ve] ⟨-è-⟩ A V/T **1** *main, jambe, etc* (hoch)heben; THÉ *rideau* auf-, hochziehen; *voile* lüften **2** *interdiction, etc* aufheben **3** *impôt* erheben B V/I *pâte* gehen C V/PR **★ se ~ 1** *personne, a. du lit* aufstehen; *st/s* sich erheben **2** *astre* aufgehen; *jour* anbrechen **3** *vent* aufkommen **4** *temps* sich aufklären; sich aufhellen; *brouillard* sich auflösen **5** *mains, a.* THÉ sich heben; hochgehen; *rideau a.* aufgehen

lever[2] M **1 ~ du jour** Tagesanbruch m; ★ **~ du soleil** Sonnenaufgang m **2** THÉ **avant le ~ du rideau** bevor der Vorhang aufgeht

levier [l(ə)vje] M Hebel m

★**lèvre** [lɛvʀ] F Lippe f

lévrier [levʀije] M Windhund m

levure [l(ə)vyʀ] F Hefe f; **~ chimique** Backpulver n

lexique [lɛksik] M **1** *dictionnaire* (kleines) Wörterbuch; Glossar n **2** (≈ *vocabulaire*) Wortschatz m

lézard [lezaʀ] M Eidechse f

lézarde [lezaʀd] F Riss m **lézardé** [lezaʀde] ADJ ⟨-e⟩ *mur* rissig

lézarder [lezaʀde] A V/I *fam* sich in der Sonne aalen B V/PR **se ~** Risse bekom-

liaison [ljɛzɔ̃] F ① Verbindung f; Zusammenhang m ② ~ (=*rapport*) Zusammenhang m ② ~ (=*amoureuse*) (Liebes)Verhältnis n; Liebschaft f ③ GRAM Bindung f; Liaison f

liasse [ljas] F Bündel n; Pack(en) m

Liban [libɑ̃] M **le ~ du Libanon**

libeller [libele] VT *document* aufsetzen; abfassen; *chèque* ausstellen

libellule [libelyl] F Libelle f

libéral [liberal] ADJ ⟨~e, -aux [-o]⟩ ① POL liberal; **les libéraux** mpl subst die Liberalen mpl; **économie ~** freie (Markt)Wirtschaft ② (= *tolérant*) liberal, tolerant ③ *profession* freiberuflich

libérateur [liberatœʀ], **libératrice** [liberatʀis] A M,F Befreier(in) m(f) B ADJ fig irre befreiend

libération [liberasjɔ̃] F ① POL *d'un pays, etc* Befreiung f ② *d'un détenu* Freilassung f

libéré [libere] ADJ ⟨~e⟩ *détenu, otage* freigelassen; *femme* emanzipiert

★**libérer** [libere] ⟨-è-⟩ A VT ① POL *pays, etc* befreien ② *détenu* freilassen; auf freien Fuß setzen; *soldats* entlassen ③ *d'une obligation* entlasten, befreien (**de** von) ④ *passage* frei machen ⑤ *énergie, gaz* freisetzen B VPR **se ~** *de son travail* sich frei machen

★**liberté** [libɛʀte] F Freiheit f; **~ de la presse** Pressefreiheit f; **mettre qn en ~** j-n freilassen, auf freien Fuß setzen

libraire [libʀɛʀ] M,F Buchhändler(in) m(f)

★**librairie** [libʀɛʀi] F Buchhandlung f

★**libre** [libʀ] ADJ frei; TECH *roue* f **~** Freilauf m; **temps** m **~** Freizeit f; freie Zeit

libre-échange [libʀeʃɑ̃ʒ] M Freihandel m ★**libre-service** [libʀəsɛʀvis] M ⟨libres-services⟩ ① *système* Selbstbedienung f ② *magasin* Selbstbedienungsladen m

Libye [libi] F **la ~** Libyen n

licence [lisɑ̃s] F ① Licence f *akademischer Grad nach dreijährigem Studium*; **~ en droit, ès sciences** Licence f in Rechts-, Naturwissenschaften ② COMM, JUR a. SPORTS Lizenz f; Konzession f; Erlaubnis f ③ *litt* (= *liberté excessive*) Zügellosigkeit f; Ausschweifung f

licencié(e) [lisɑ̃sje] M(F) ① Hochschulsolvent(in), der (die) die Licence besitzt ② SPORTS Lizenzinhaber(in) m(f)

★**licenciement** [lisɑ̃simɑ̃] M Entlassung f ★**licencier** [lisɑ̃sje] VT entlassen

licorne [likɔʀn] F Einhorn n

liège [ljɛʒ] M Kork m

Liège [ljɛʒ] Lüttich n

lien [ljɛ̃] M ① *pour attacher* Band n ② *fig* Band n; **~s de parenté** verwandtschaftliche Bande ③ (= *rapport*) Verbindung f; Zusammenhang m ④ INFORM Link m

lier [lje] A VT ① binden (**à** an + *acc*); *plusieurs choses* zusammenbinden; *fig promesse, etc* **~ qn** in binden ② *sauce* binden ③ *fig* (miteinander) verbinden B VPR **se ~ d'amitié avec qn** mit j-m Freundschaft schließen; sich mit j-m anfreunden

★**lieu** [ljø] M ⟨~x⟩ ① Ort m; Stelle f; ★ **au ~ de** anstelle, an Stelle (+ *gén*); (an)statt + *gén fam* + *dat*; **au ~ de cela** stattdessen; **en premier ~** an erster Stelle; zuerst; **avoir ~** stattfinden; *accident* sich ereignen; **avoir ~ de faire qc** Grund, Anlass haben, etw zu tun; **donner ~ à qc** Anlass, Veranlassung zu etw geben; **tenir ~ de qc** etw ersetzen; die Stelle von etw einnehmen ② **~x** pl Örtlichkeit f; *d'un appartement* Räumlichkeiten fpl; JUR Ort m des Geschehens

lieu-dit M ⟨lieux-dits⟩, **lieudit** M ⟨lieudits⟩ kleiner Ort (*auf dem Land*); **ils habitent au lieudit des «Trois-Ponts»** sie wohnen in Trois-Ponts

lieutenant [ljøtnɑ̃] M Oberleutnant m

lièvre [ljɛvʀ] M Hase m

ligament [ligamɑ̃] M ANAT Band n

★**ligne** [liɲ] F ① Linie f; Strich m ② ÉLEC, TÉL Leitung f; TÉL **être en ~** am Telefon, am Apparat sein ③ INFORM **en ~** online; Online...; °**hors ~** offline; **offre** f **en ~** Onlineangebot n ④ TRANSPORTS Linie f; Strecke f ⑤ *d'un texte*, a. TV Zeile f ⑥ (= *suite alignée*) Reihe f; *a. par ext* MIL, GÉNÉALOGIE Linie f; *fig* °**hors ~** hervorragend; außergewöhnlich ⑦ PÊCHE Angelschnur f, Angelleine f; *par ext* Angel f ⑧ *fig* (= *règle*) Linie f ⑨ (= *silhouette*) **avoir la ~** e e schlanke Figur haben

lignée [liɲe] F Nachkommenschaft f

ligoter [ligɔte] VT fesseln

ligue [lig] F Liga f **liguer** [lige] VPR **se ~** sich verbünden (**contre qn** gegen j-n)

lilas [lila] A M Flieder m B ADJ ⟨inv⟩ lila

limace [limas] F (Nackt)Schnecke f

lime [lim] F Feile f **limer** [lime] VT feilen

limitation [limitasjɔ̃] F Beschränkung f; Einschränkung f; **~ de vitesse** Geschwindigkeitsbeschränkung f

limite [limit] F 1 Grenze f; Limit n; **à la ~** äußerstenfalls 2 ⟨adjt⟩ **âge** m **~** Höchstalter m; **date** f **~** letzter, äußerster Termin; **vitesse** f **~** zulässige Höchstgeschwindigkeit

limité [limite] ADJ ⟨~e⟩ 1 begrenzt, beschränkt (**à** auf + acc); **tirage** limitiert 2 fam fig personne beschränkt

★**limiter** [limite] A VT begrenzen, beschränken (**à** auf + acc); limitieren B V/PR **se ~** sich einschränken; sich beschränken (**à** auf + acc)

limitrophe [limitrɔf] ADJ angrenzend (**de** an + acc); Grenz...

limonade [limɔnad] F Limonade f

limpide [lɛ̃pid] ADJ a. fig klar

lin [lɛ̃] M 1 BOT Flachs m 2 TEXT Leinen n

linge [lɛ̃ʒ] M 1 Wäsche f 2 (≈ chiffon) (sauberes) Tuch **lingerie** [lɛ̃ʒʀi] F **linge de corps** Damen(unter)wäsche f

lingot [lɛ̃go] M Barren m

linguistique [lɛ̃gɥistik] A ADJ sprachwissenschaftlich; linguistisch B F Sprachwissenschaft f, Sprachforschung f; Linguistik f

★**lion** [ljɔ̃] M Löwe m

liquéfier [likefje] A VT verflüssigen B V/PR **se ~** sich verflüssigen

liqueur [likœʀ] F Likör m

liquidation [likidasjɔ̃] F 1 JUR Liquidation f; Auflösung f 2 COMM **~ (du stock)** Räumungsverkauf m; Ausverkauf m 3 fam d'une personne Liquidierung f; Beseitigung f

★**liquide** [likid] A ADJ 1 flüssig; **sauce trop ~** zu dünn 2 **argent** m **~** Bargeld n B M 1 Flüssigkeit f 2 FIN Bargeld n

liquider [likide] VT 1 JUR liquidieren; auflösen 2 COMM ausverkaufen 3 fam affaire, travail erledigen 4 fam adversaire liquidieren; beseitigen

liquidité [likidite] F FIN Liquidität f; **~s** pl flüssige, liquide Mittel npl

★**lire**[1] [liʀ] VT ⟨je lis; il lit; nous lisons; je lisais; je lus; je lirai; que je lise; lisant; lu⟩ lesen; **à voix haute** vorlesen

lis [lis] M Lilie f

Lisbonne [lizbɔn] Lissabon n

lisible [lizibl] ADJ lesbar; leserlich

lisière [lizjɛʀ] F **~ du bois** Waldrand m

lisse [lis] ADJ glatt **lisser** [lise] VT glatt streichen; glätten

liste [list] F Liste f; Verzeichnis n; **~ noire** schwarze Liste

lister [liste] VT INFORM ausdrucken

★**lit**[1] [li] M 1 Bett n; **grand lit** Ehebett n; **lit à deux places** Doppelbett n; **lit de camp** Feldbett n; Campingliege f; **lits jumeaux** zwei Einzelbetten pl; **lits superposés** Etagenbett n; **aller, se mettre au lit** ins ou zu Bett gehen; **faire le lit** das Bett machen 2 d'un cours d'eau Bett n 3 (≈ couche) Lage f, Schicht f

lit[2] → **lire**

literie [litʀi] F Bettzeug n

litière [litjɛʀ] F pour animaux Streu f

litige [litiʒ] M JUR a. Streitfall m; Rechtsstreit m

★**litre** [litʀ] M Liter m ou n

★**littéraire** [liteʀɛʀ] ADJ literarisch, Literatur...

littéral [liteʀal] ADJ ⟨~e; -aux [-o]⟩ wörtlich, wortgetreu

littéralement [liteʀalmɑ̃] ADV buchstäblich

★**littérature** [liteʀatyʀ] F Literatur f

littoral [litɔʀal] A ADJ ⟨~e; -aux [-o]⟩ Küsten... B M Küstenstreifen m; Küste f

livide [livid] ADJ fahl; bleich

living [liviŋ] M Wohnzimmer n

livraison [livʀɛzɔ̃] F Lieferung f

★**livre**[1] [livʀ] M Buch n; **~ de classe** Schulbuch n; **~ de cuisine** Kochbuch n; **~ de poche** Taschenbuch n; **~ photo** Fotobuch n

livre[2] F a. monnaie Pfund n

★**livrer** [livʀe] A VT 1 marchandises liefern; **~ qc à qn** j-m etw liefern; **~ qn** j-n beliefern 2 coupable ausliefern (**à qn** j-m, an j-n); complice, secret preisgeben (**à qn** j-m); verraten (an j-n) B V/PR 1 **se ~** sich stellen (**à la police** der Polizei dat) 2 **se ~ à qc** sich e-r Sache (dat) hingeben, widmen 3 **se ~** (≈ se confier) von sich reden; mitteilsam sein

livret [livʀɛ] M 1 kleines Buch; Heft n; **~ de caisse d'épargne** Sparbuch n 2 d'un opéra Libretto n

livreur [livʀœʀ] M (Aus)Fahrer m

lobby [lɔbi] M ⟨lobbies⟩ Lobby f

lobe [lɔb] M ANAT, BOT Lappen m; **~ de l'oreille** Ohrläppchen n

local [lɔkal] **A** ADJ ‹~e; -aux [-o]› Lokal..., Orts...; a. MÉD örtlich, lokal **B** M ‹-aux [-o]› **1** Raum m **2 locaux** pl a. Räumlichkeiten fpl **localiser** [lɔkalize] VT lokalisieren; incendie, épidémie eingrenzen **localité** [lɔkalite] F Ort m; Ortschaft f

★**locataire** [lɔkatɛʀ] M/F Mieter(in) m(f) **location** [lɔkasjɔ̃] F **1** par le locataire Mieten m; par le propriétaire Vermietung f; de barques, vélos, etc Verleih m **2** CH DE FER, AVIAT (Platz)Reservierung f **3** pour les vacances (gemietete) Ferienwohnung

locomotive [lɔkɔmɔtiv] F **1** Lokomotive f **2** fig personne Motor m; treibende Kraft

locution [lɔkysjɔ̃] F (Rede)Wendung f **loge** [lɔʒ] F **1** ~ **du concierge** Pförtner-, Hausmeisterwohnung f **2** THÉ Loge f **3** THÉ d'un acteur Garderobe f **4** des francs-maçons Loge f

logement [lɔʒmɑ̃] M Wohnung f; Unterkunft f

loger [lɔʒe] ‹-ge-› **A** VT beherbergen; unterbringen **B** VI wohnen **C** VPR **1 trouver à se ~** e-e Wohnung, Unterkunft finden **2** balle **se ~** stecken bleiben (**dans le bras** im Arm)

logiciel [lɔʒisjɛl] M Software f

★**logique** [lɔʒik] **A** F Logik f **B** ADJ logisch

loi [lwa] F Gesetz n **loi-cadre** F ‹lois-cadres› Rahmen-, Mantelgesetz n

★**loin** [lwɛ̃] **A** ADV weit (weg), fern, entfernt (**de** von); **au ~** in der od in die Ferne; **de ~** aus der Ferne; von fern; von Weitem; fig bei Weitem; mit Abstand; fig **~ de moi cette idée!** dieser Gedanke liegt mir völlig fern; das sei fern von mir! **lointain** [lwɛ̃tɛ̃] **A** ADJ ‹-aine [-ɛn]› fern, weit entfernt; époque a. weit zurückliegend; ressemblance, etc entfernt **B** M **dans le ~** in der Ferne

loir [lwaʀ] M Siebenschläfer m

★**loisir** [lwaziʀ] M **1** freie Zeit; Freizeit f **2** **~s** pl Freizeitbeschäftigungen fpl

Londres [lɔ̃dʀ] London n

★**long** [lɔ̃] **A** ADJ ‹~ue [lɔ̃g]› lang; visage länglich; cri lang gezogen; **~ de trois mètres** drei Meter lang; réunion **être ~** lange dauern; **être ~ à faire qc** lange brauchen, um etw zu tun **B** ADV **à la ~ue** auf die Dauer; mit der Zeit; regard **en dire ~** vielsagend sein; **en savoir ~** genau Bescheid wissen (**sur** über + acc) **C** M Länge f; **avoir dix mètres de ~** zehn Meter lang sein; tomber **de tout son ~** der Länge nach; **de ~ en large** auf und ab; hin und her; ★ **le ~ de qc** ou **au ~ de qc** an etw (dat) entlang; längs (+ gén); **tout au ~ ou tout le ~ de l'année** das ganze Jahr über, lang

longer [lɔ̃ʒe] VT ‹-ge-› **~ qc** an etw (dat) entlanggehen, -laufen; en voiture an etw (dat) entlangfahren; route an etw (dat) entlangführen

longitude [lɔ̃ʒityd] F (geografische) Länge

★**longtemps** [lɔ̃tɑ̃] ADV lange (Zeit); **il y a ~ que ...** es ist schon lange her, dass ...

longue [lɔ̃g] → **long longuement** [lɔ̃gmɑ̃] ADV lange; lang und breit ★ **longueur** [lɔ̃gœʀ] F Länge f

longue-vue F ‹longues-vues› Fernrohr n

loquace [lɔkas] ADJ redselig; gesprächig **loque** [lɔk] F **1 ~s** pl Lumpen mpl; Fetzen mpl; vêtement **tomber en ~s** in Fetzen gehen **2** fig personne Wrack n

lorgner [lɔʀɲe] VT a. fig schielen nach **lorrain** [lɔʀɛ̃] **A** ADJ ‹-aine [-ɛn]› lothringisch **B** M/F **Lorrain(e)** Lothringer(in) m(f)

Lorraine [lɔʀɛn] F **la ~** Lothringen n

lors [lɔʀ] **A** ADV depuis **~** seitdem; seither; dès **~** seitdem; von da an; (= en conséquence) folglich; also; dès **~ que** sobald **B** PRÉP ★ **~ de** bei; zur Zeit (+ gén)

★**lorsque** [lɔʀsk(ə)] CONJ ‹vor Vokal **lorsqu'**› + passé als; + présent ou futur wenn

losange [lɔzɑ̃ʒ] M Raute f

lot [lo] M **1** LOTERIE Gewinn m; **gros lot** Hauptgewinn m, Haupttreffer m **2** JUR Teil m ou n **3** COMM Los n; Posten m

loterie [lɔtʀi] F Lotterie f

lotissement [lɔtismɑ̃] M **1** d'un terrain Parzellierung f **2** (= terrain) Parzelle f; ensemble Siedlung f

loto [lɔto] M Lotto n

lotte [lɔt] F ZOOL Seeteufel m

louche[1] [luʃ] ADJ undurchsichtig, verdächtig; fragwürdig, zweifelhaft

louche[2] F Schöpflöffel m, Suppenkelle

f

loucher [luʃe] *VI* schielen

★**louer**¹ **A** *VT* **1** (≈ *donner en location*) vermieten; **à ~** zu vermieten **2** (≈ *prendre en location*) mieten **B** *VPR* **se ~** *appartement* vermietet werden

louer² [lwe] *VT* loben; *efforts, mérites de qn* würdigen

★**loup** [lu] *M* ZOOL Wolf *m*

loupe [lup] *F* Lupe *f*

★**lourd** [luʀ] *ADJ* <~e [luʀd]> **1** schwer; *nourriture a.* schwer verdaulich; **avoir l'estomac ~** Magendrücken haben; **avoir la tête ~e** e-n schweren Kopf haben **2** *temps* schwül, drückend; *fig silence, atmosphère* beklemmend; **il fait ~** es ist schwül, drückend **3** *personne, démarche, style, esprit* schwerfällig; *a. plaisanterie* plump **B** *ADV* **peser ~** schwer sein; *fig* schwer wiegen, ins Gewicht fallen

lourdement [luʀdəmɑ̃] *ADV* **1** *chargé* schwer **2** (≈ *gauchement*) schwerfällig

lourdeur [luʀdœʀ] *F* **1** *fig* Schwere *f* **2** (≈ *maladresse*) Schwerfälligkeit *f*

louvoyer [luvwaje] *VI* <-oi-> **1** MAR kreuzen **2** *fig* lavieren

lover [lɔve] *VPR* **se ~** sich zusammenrollen

loyal [lwajal] *ADJ* <~e; -aux [-o]> loyal, fair; treu, aufrichtig **loyalement** [lwajalmɑ̃] *ADV* anständing, fair **loyauté** [lwajote] *F* Loyalität *f*; Fairness *f* (Pflicht-)Treue *f*

★**loyer** [lwaje] *M* Miete *f*

lu [ly] *PP* → **lire**

lubie [lybi] *F* Schrulle *f*; Marotte *f*

lubrifiant [lybʀifjɑ̃] *M* Schmiermittel *n*

lucarne [lykaʀn] *F* Dachfenster *n*

Lucerne [lysɛʀn] Luzern *n*

lucide [lysid] *ADJ* klar; scharf blickend; *malade* bei klarem Verstand **lucidité** [lysidite] *F* Klarheit *f*; Scharfblick *m*

ludothèque [lydɔtɛk] *F* Spielsachenverleih *m*; Spiel(i)othek *f*

lueur [lɥœʀ] *F* (Licht)Schein *m*; (Licht)Schimmer *m*

luge [lyʒ] *F* (Rodel)Schlitten *m*

lugubre [lygybʀ] *ADJ* düster; trübselig; finster

★**lui** [lɥi] *PR PERS* **A** *M ET F* <*obj indir*> ihm *m/n*, ihr *f* **B** *M* **1** <*sujet*> er **2** <*obj dir*> ihn; *avec prép* ihm (*dat*), ihn (*acc*); *réfléchi* sich

lui-même [lɥimɛm] *PR PERS* **1** *emphatique* (er) selbst; TÉL **~!** am Apparat **2** *réfléchi* sich (selbst); **de ~** von sich aus; von selbst; aus eigenem Antrieb

luire [lɥiʀ] *VI* <→ **conduire**, *aber pp* **lui**> glänzen, schimmern; leuchten **luisant** [lɥizɑ̃] *ADJ* <-ante [-ɑ̃t]> glänzend, schimmernd; leuchtend

lumbago [lɔ̃bago, lɛ̃-] *M* Hexenschuss *m*

★**lumière** [lymjɛʀ] *F* **1** Licht *n*; *fig* **à la ~ des événements** im Lichte der Ereignisse **2** *fig personne* **ce n'est pas une ~** er *ou* sie ist keine große Leuchte **3** **le siècle des ~s** das Jahrhundert, Zeitalter der Aufklärung

luminaire [lyminɛʀ] *M* Beleuchtungskörper *m*

lumineux [lyminø] *ADJ* <-euse [-øz]> **1** Leucht...; Licht...; *regard* leuchtend; **enseigne lumineuse** Leuchtschild *n* **2** *fig* klar **luminosité** [lyminozite] *F* strahlende Helle; Glanz *m*

lunaire [lynɛʀ] *ADJ* Mond...

lunatique [lynatik] *ADJ* launisch

★**lundi** [lɛ̃di, lœ̃-] *M* Montag *m*

★**lune** [lyn] *F* **1** Mond *m* **2** **~ de miel** *a. fig* Flitterwochen *fpl* **luné** [lyne] *ADJ* <~e> **bien, mal ~** gut, schlecht gelaunt

lunette [lynɛt] *F* **1** ★ **~s** *pl* Brille *f*; **une paire de ~s** e-e Brille; **~s de soleil** Sonnenbrille *f* **2** OPT Fernrohr *n*, Teleskop *n* **3** **~ (arrière)** Rück- *ou* Heckfenster *n*, Rück- *ou* Heckscheibe *f*

lurette [lyʀɛt] *fam F* **il y a belle ~** *fam* es ist schon ewig lange her

lustre [lystʀ] *M* **1** *luminaire* Kronleuchter *m* **2** (≈ *éclat*), *a. fig* Glanz *m* **lustrer** [lystʀe] *VT* **1** (≈ *rendre brillant*) glänzend machen **2** *par l'usure* blank scheuern, wetzen

lut [ly] → **lire**

lutin [lytɛ̃] *M* Kobold *m*; Wichtelmännchen *n*

lutte [lyt] *F* **1** (≈ *combat*) Kampf *m*; *st/s* Ringen *n*; **~ contre le cancer** Krebsbekämpfung *f* **2** SPORTS Ringen *n*; Ringkampf *m* ★**lutter** [lyte] *VI* kämpfen; *a.* SPORTS *fig* ringen **lutteur** [lytœʀ] *M*, **lutteuse** [lytøz] *F* **1** <*m*> SPORTS Ringer *m* **2** *fig* Kämpfer(in) *m(f)*

luxation [lyksasjɔ̃] *F* Verrenkung *f*

luxe [lyks] *M* Luxus *m*

★**Luxembourg** [lyksɑ̃buʀ] *ville* **~**, *pays* **le**

~ Luxemburg n ★ **luxembourgeois** [lyksɑ̃buʀʒwa] ⟨-oise [-waz]⟩ **A** ADJ luxemburgisch **B** M/F **Luxembourgeois(e)** Luxemburger(in) m(f)

luxer [lykse] V/PR **se ~ le bras**, etc sich (dat) den Arm etc verrenken

luxueux [lyksɥø] ADJ ⟨-euse [-øz]⟩ luxuriös

luxuriant [lyksyʀjɑ̃] ADJ ⟨-ante [-ɑ̃t]⟩ végétation, etc üppig

★ **lycée** [lise] M ab der 10. Klasse Gymnasium n ★ **lycéen** [liseɛ̃] M, **lycéenne** [liseɛn] F Oberschüler(in) m(f); Gymnasiast(in) m(f)

lyncher [lɛ̃ʃe] V/T lynchen

lynx [lɛ̃ks] M Luchs m

lys [lis] M Lilie f

M

M, m [ɛm] M ⟨inv⟩ M, m n
M. ABR (= monsieur) Hr.
m' [m] → me
★ **ma** → mon

macabre [makabʀ] ADJ makaber; unheimlich

macaron [makaʀɔ̃] M **1** pâtisserie Makrone f **2** fam insigne (rundes) Abzeichen; Plakette f

macédoine [masedwan] F **~ de fruits** Frucht-, Obstsalat m; **~ de légumes** Mischgemüse n

macérer [maseʀe] ⟨-è-⟩ **A** V/T einlegen **B** V/I **faire, laisser ~** liegen, (durch)ziehen lassen

mâche [maʃ] F Feldsalat m

mâcher [maʃe] V/T **1** kauen **2** **ne pas ~ ses mots** kein Blatt vor den Mund nehmen

★ **machin** [maʃɛ̃] fam M Dings(da, -bums) n

machination [maʃinasjɔ̃] F Machenschaft f

★ **machine** [maʃin] F **1** a. locomotive, moto Maschine f; **~ à coudre, à écrire, à laver** Näh-, Schreib-, Waschmaschine f **2** fig Maschinerie f

machinerie [maʃinʀi] F Maschinen fpl; THÉ Maschinerie f

macho [matʃo] fam péj M Macho m

mâchoire [maʃwaʀ] F ANAT Kiefer m

★ **maçon** [masɔ̃] M Maurer m **maçonnerie** [masɔnʀi] F **1** ouvrage Mauerwerk n **2** travail Mau(r)erarbeit f

macro [makʀo] F INFORM Makro n

★ **madame** [madam] F ⟨mesdames [medam]⟩ **1** avec un nom **~ X** Frau X **2** pour s'adresser à une femme **Madame** (+ nom de famille)! Frau; très formel gnädige Frau!; dans un magasin, a. fam die Dame!; au début d'une lettre, + nom de famille Sehr geehrte Frau

madeleine [madlɛn] F e-e Art Sandplätzchen

★ **mademoiselle** [madmwazɛl] F ⟨mesdemoiselles [medmwazɛl]⟩ **1** avec un nom **~ X** Frau X; vieilli Fräulein X **2** **Mademoiselle** pour s'adresser à une jeune fille: Vorname; à une femme Frau; vieilli + nom de famille ou prénom Fräulein; très formel gnädiges Fräulein!; au début d'une lettre Sehr geehrte Frau

★ **magasin** [magazɛ̃] M **1** Geschäft n; Laden m; ★ **grand ~** Kaufhaus n **2** (= entrepôt) Lager n; Magazin n

★ **magazine** [magazin] M a. TV, RAD Magazin n; Zeitschrift f

mage [maʒ] **les Rois ~s** die Heiligen Drei Könige mpl

Maghreb [magʀɛb] M **le ~** der Maghreb **maghrébin** [magʀebɛ̃] ADJ ⟨-ine [-in]⟩ des Maghreb, maghrebinisch; nordafrikanisch

magicien [maʒisjɛ̃] M, **magicienne** [maʒisjɛn] F Zauberer m, Zauberin f

magie [maʒi] F a. fig Magie f

magique [maʒik] ADJ a. fig magisch; Zauber...

magistrat [maʒistʀa] M hohe(r) Staatsbeamte(r); (= juge) Richter m; (= procureur) Staatsanwalt m

magner [maɲe] fam V/PR **se ~** fam sich tummeln; fam sich ranhalten

magnétique [maɲetik] ADJ a. fig magnetisch

magnétophone [maɲetɔfɔn] M Tonbandgerät n ★ **magnétoscope** [maɲetɔskɔp] M Videorekorder m

★ **magnifique** [maɲifik] ADJ herrlich

magret [magʀɛ] M **~ de canard** f(npl)

Entenbrust(filets)

★ **mai** [mɛ] M̄ Mai m

★ **maigre** [mɛgʀ] ADJ **1** mager; *personne a.* dünn; *visage a.* hager **2** *fig résultat* mager; dürftig; *repas, salaire* karg **maigreur** [mɛgʀœʀ] F̄ Magerkeit f

★ **maigrir** [mɛgʀiʀ] VI abnehmen; *plus fort* abmagern

mail [mɛl] M̄ (≈ e-mail) Mail f

maille [maj] F̄ *d'un tricot, d'un filet* Masche f

maillon [majɔ̃] M̄ (Ketten)Glied n

★ **maillot** [majo] M̄ **1** ~ **(de bain)** Badeanzug m **2** *de sportif* Trikot n **3** ~ **(de corps)** Unterhemd n

★ **main** [mɛ̃] F̄ Hand f; **coup m de** ~ MIL Handstreich m; **donner un coup de** ~ **à qn** j-m zur Hand gehen; **à la** ~ *écrire, coudre* mit der Hand; *avoir, tenir* in der Hand; **fait (à la)** ~ von Hand gemacht; Handarbeit; **à** ~ **levée** *dessiner* freihändig; *voter* durch Handzeichen; **la** ~ **dans la** ~ Hand in Hand; **de longue** ~ seit Langem; *préparer* von langer Hand; **de la** ~ **à la** ~ direkt; ohne Formalitäten; ohne Quittung; **sous la** ~ bei der ou zur Hand; griffbereit; °**haut les ~s!** Hände hoch!; **donner la** ~ **à qn** j-n an der Hand nehmen; **se faire la** ~ (sich) üben; *fig* **prendre qc en** ~ etw in die Hand nehmen

★ **main-d'œuvre** [mɛ̃dœvʀ] F̄ Arbeitskräfte *fpl*

main-forte [mɛ̃fɔʀt] F̄ **prêter** ~ **à qn** j-m Beistand, Hilfe leisten

maint [mɛ̃] *st/s* ADJ INDÉF ⟨~e mɛ̃t⟩ so manche(r, -s)

maintenance [mɛ̃tnɑ̃s] F̄ Wartung f

★ **maintenant** [mɛ̃tnɑ̃] ADV jetzt; nun; ~ **que** jetzt, wo; nun, da

maintenir [mɛ̃tniʀ] ⟨→ *tenir*⟩ A VT **1** (≈ *conserver*) aufrechterhalten; *paix a.* erhalten; wahren; *tradition a.* beibehalten; bewahren **2** (≈ *soutenir*) ~ **que ...** daran festhalten, dass ... **3** (≈ *tenir*) halten B VPR **se** ~ sich halten; *élève, sportif* **se** ~ **dans la moyenne** sich auf dem Durchschnitt halten

maintien [mɛ̃tjɛ̃] M̄ *de l'ordre, etc* Aufrechterhaltung f; *de la paix a.* Erhaltung f

★ **maire** [mɛʀ] M̄ Bürgermeister m ★ **mairie** [meʀi] F̄ Rathaus n

★ **mais** [mɛ] CONJ aber; *après un énoncé négatif* sondern

★ **maïs** [mais] M̄ Mais m

★ **maison** [mɛzɔ̃] F̄ **1** Haus n; ~ **close, de tolérance** Bordell n; Freudenhaus n; ~ **de retraite** Alten-, Altersheim n; **à la** ~ zu ou nach Hause **2** COMM Firma f; (Handels)Haus n; ~ **mère** Stammhaus n; Zentrale f **3** ⟨*adj*⟩ CUIS hausgemacht

maisonnette [mɛzɔnɛt] F̄ Häuschen n

maître [mɛtʀ], **maîtresse** [mɛtʀɛs] A M,F **1** Herr(in) m(f); *d'un chien, a. fam* Herrchen n, Frauchen n; ~, ~**sse de maison** Hausherr(in) m(f); Herr m, Dame f des Hauses; **une parfaite ~sse de maison** e-e perfekte Hausfrau; **être** ~ **de soi** sich in der Gewalt haben **2** ~, ~**sse (d'école)** (Grundschul)Lehrer(in) m(f) **3** ~ *m a. artisan, artiste* Meister m; ~ **nageur** Bademeister m; *professeur* Schwimmlehrer m **4** ~**sse** f (≈ *bien-aimée*) Geliebte f; *péj* **ou hist** Mätresse f B ADJ Haupt..., wichtigste

maîtrise [mɛtʀiz] F̄ **1** (≈ *domination*) Herrschaft f **(de über** + *acc*); ~ **de soi** Selbstbeherrschung f **2** *diplôme*, nach vierjährigem Studium Magisterwürde f ou *-prüfung* f

maîtriser [mɛtʀize] A VT *animal* bändigen; *agresseur* überwältigen; *incendie, épidémie* unter Kontrolle bringen; *difficulté* meistern; *colère, jalousie* bezwingen; bezähmen B VPR **se** ~ sich beherrschen, bezwingen, bezähmen

majesté [maʒɛste] F̄ Majestät f

★ **majeur** [maʒœʀ] ADJ ⟨~e⟩ **1** (≈ *important*) wichtigste(r); Haupt...; **la ~e partie** der größere, überwiegende Teil, die Mehrzahl **2** MUS Dur... **3** JUR volljährig

major [maʒɔʀ] M̄ MIL hoher Verwaltungsoffizier

★ **majorité** [maʒɔʀite] F̄ **1** *a.* POL Mehrheit f **2** ~ **(civile)** Volljährigkeit f; ~ **pénale** Strafmündigkeit f

majuscule [maʒyskyl] ADJ **(lettre** f**)** ~ f Großbuchstabe m; großer Buchstabe; **un A** ~ ein großes A

★ **mal**[1] [mal] A ADV schlecht; ★ **pas mal de** (+ *subst*) ziemlich viel(e); e-e (ganze) Menge; **aller mal** *affaires* schlecht gehen; *projet* schlecht stehen; **prendre mal** übel nehmen B ADJ ⟨*inv*⟩ **dire, faire qc de mal** etw Böses, Schlimmes sagen, tun; **être mal** sich nicht wohlfühlen; **être pas mal** nicht übel, nicht schlecht, ganz gut sein

★ **mal²** [mal] M ⟨maux [mo]⟩ **1** **le mal** das Übel; REL das Böse; **dire du mal de qn** j-m Schlechtes, Böses nachsagen; schlecht über j-n reden; **faire du mal à qn** (≈ nuire) j-m schaden; (≈ faire souffrir) j-m etwas zuleide tun; paroles j-m wehtun; **sans penser à mal** ohne (sich dat) Schlimmes, Böses, Arges dabei zu denken; **je n'y vois aucun mal** ich finde nichts Schlimmes dabei **2** (≈ souffrance) Schmerz m; (≈ maladie) Krankheit f; Leiden n; ★ **maux de tête** Zahn-, Kopfschmerzen mpl ou -weh m; **mal de mer** Seekrankheit f; **mal du pays** Heimweh n; **mal des transports** Reisekrankheit f; **j'ai mal au cœur** mir ist ou mir wird schlecht, übel; **avoir mal aux dents, à la tête** Zahn-, Kopfschmerzen ou -weh haben; **il n'y a pas de mal!** bitte, (das) macht nichts!; ★ **faire mal à qn** j-m wehtun **3** (≈ peine) Mühe f; **sans mal** mühelos; **donner du mal à qn** j-m viel Mühe machen; **se donner du mal** sich (dat) Mühe geben

★ **malade** [malad] **A** ADJ krank; **tomber ~** krank werden; erkranken **B** M/F Kranke(r) m/f(m) ★ **maladie** [maladi] F Krankheit f **maladif** [maladif] ADJ ⟨-ive [-iv]⟩ **1** personne kränklich; **être ~** kränkeln **2** curiosité, peur krankhaft

maladresse F Ungeschicklichkeit f; Ungeschick n ★ **maladroit** [maladʀwa] **A** ADJ ⟨-oite⟩ ungeschickt **B** M/F ~(e) Tollpatsch m

malaise M **1** MÉD Unwohlsein n **2** fig Unbehagen n; Missstimmung f

malaxer [malakse] VT (durch)kneten

malbouffe fam F Junkfood n

malchance F Pech n **malchanceux** ADJ ⟨-euse⟩ glücklos

mâle [mal] **A** M **1** ZOOL Männchen n **2** (≈ homme) männliches Wesen; Mann m **B** ADJ männlich

malédiction [malediksjɔ̃] F (≈ a. malheur) Fluch m; Verwünschung f

malentendu M Missverständnis n

malfaiteur [malfɛtœʀ] M Übeltäter m

malformation F Missbildung f

★ **malgré** PRÉP **1** **~ moi** (≈ contre mon gré) gegen meinen Willen; (≈ sans le vouloir) ungewollt **2** (≈ en dépit de) trotz (+ gén); **~ tout** trotzdem; dennoch

malheur [malœʀ] M Unglück n; **par ~** unglücklicherweise ★ **malheureusement** ADV leider; unglücklicherweise ★ **malheureux** **A** ADJ ⟨-euse⟩ **1** (≈ qui souffre) unglücklich **2** péj unbedeutend **B** M/F **~, malheureuse** Unglückliche(r) m/f(m); (≈ indigent) Notleidende(r) m/f(m); Arme(r) m/f(m)

malhonnête ADJ unehrlich **malhonnêteté** F Unehrlichkeit f

malice [malis] F Schalkhaftigkeit f **malicieux** [malisjø] ⟨-euse [-øz]⟩ schelmisch

malin [malɛ̃] ADJ ⟨maligne [maliɲ]⟩ **1** (≈ rusé) schlau; pfiffig; gewitzt; clever **2** (≈ malveillant) boshaft; **plus fort hämisch 3** MÉD bösartig

malle [mal] F Übersee-, Kabinenkoffer m

malmener VT ⟨-è-⟩ **1** (≈ brutaliser) grob behandeln **2** adversaire hart zusetzen (**qn** j-m)

malnutrition F Unterernährung f

malpoli(e) [malpɔli] fam ADJ unhöflich, ungezogen

malsain ADJ ⟨-aine⟩ a. fig ungesund; curiosité krankhaft

malt [malt] M Malz n

maltraiter [maltʀɛte] VT misshandeln

malversation [malvɛʀsasjɔ̃] F JUR Untreue f; Unterschlagung f

★ **maman** [mamã] F Mutti f; Mama f

mamie [mami] enf F Oma f; Omi f

mammifère [mamifɛʀ] M Säugetier n

mammouth [mamut] M Mammut n

management [manaʒmã] M Management n

★ **manche¹** [mɑ̃ʃ] F **1** Ärmel m; **à ~s courtes, longues** kurz-, langärm(e)lig; **sans ~s** ärmellos **2** d'un jeu Partie f; a. fig Runde f

manche² M d'un outil, d'une valise, etc Griff m; d'une casserole, etc Stiel m

Manche [mɑ̃ʃ] F **la ~** der Ärmelkanal

manchette [mɑ̃ʃɛt] F **1** de chemise Manschette f **2** d'un journal Schlagzeile f

manchot¹ [mɑ̃ʃo] M ZOOL Pinguin m

manchot² [mɑ̃ʃo] ADJ, **manchote** [mɑ̃ʃɔt] einarmig

mandarine [mɑ̃daʀin] F Mandarine f

mandat [mɑ̃da] M 1 a. POL Mandat n; (Handlungs)Vollmacht f 2 ~ **d'arrêt, de dépôt** Haftbefehl m

manège [manɛʒ] M 1 ÉQUITATION Reitbahn f, Reithalle f, Reitschule f 2 attraction foraine Karussell n 3 comportement Schliche mpl

manette [manɛt] F (Schalt-, Bedienungs)Hebel m

mangeable [mɑ̃ʒabl] ADJ essbar

★**manger** [mɑ̃ʒe] A V/T & V/I ⟨-ge-⟩ 1 essen; animal fressen 2 fig fortune vergeuden; fam durchbringen B M Essen n

mangue [mɑ̃ɡ] F Mango f

maniable [manjabl] ADJ 1 outil, format handlich; véhicule wendig 2 fig personne fügsam

maniaque [manjak] ADJ 1 PSYCH manisch 2 fig schrullig

manie [mani] F PSYCH Manie f

maniement [manimɑ̃] M Handhabung f; a. fig Umgang m (de mit)

manier [manje] A V/T 1 handhaben; umgehen, hantieren (**qc** mit etw); machine bedienen; véhicule lenken 2 fig fonds umgehen mit B V/PR fam se ~ → magner

★**manière** [manjɛʀ] F 1 Art f; Weise f; Art und Weise f; **à la ~ de** nach Art (+ gén); BEAUX-ARTS in der Manier (+ gén); **de la ~ suivante** folgendermaßen; **auf folgende Weise;** ★ **de toute ~** auf jeden Fall; auf alle Fälle; **de ~ à** (+ inf) um zu (+ inf); **de ~ (à ce) que ...** (+ subj) so ..., dass ... 2 ★~s pl Manieren fpl, Umgangsformen fpl; Benehmen n

maniéré [manjeʀe] ADJ ⟨-e⟩ affektiert, gekünstelt; geziert

manif [manif] fam F ABR (= manifestation) fam Demo f **manifestant** [manifɛstɑ̃] M, **manifestante** [manifɛstɑ̃t] F Demonstrant(in) m(f) ★ **manifestation** [manifɛstasjɔ̃] F 1 d'un sentiment Äußerung f; Bekundung f; POL Demonstration f; (Massen)Kundgebung f 3 sportive, culturelle Veranstaltung f

manifeste [manifɛst] A ADJ offenkundig, offensichtlich B M Manifest n

★**manifester** [manifɛste] A V/T äußern B V/I POL demonstrieren C V/PR **se ~** 1 maladie, sentiment sich äußern (**par** durch, **in** dat) 2 personne sich melden; von sich hören lassen

manipulation [manipylasjɔ̃] F 1 (≈ maniement) Umgang m, Hantieren n (**de** mit); Handhabung f 2 ~ **génétique** Genmanipulation f 3 péj Manipulation f

manipuler [manipyle] V/T 1 umgehen, hantieren (**qc mit etw**); handhaben 2 péj manipulieren

manivelle [manivɛl] F Kurbel f

mannequin [mankɛ̃] M 1 personne Mannequin n 2 COUT Schneiderpuppe f; dans une vitrine Schaufensterpuppe f

manœuvre[1] [manœvʀ] F 1 d'un véhicule Lenken n, Manövrieren n 2 MIL ~**s** pl Manöver n 3 fig péj Manöver n

manœuvre[2] [manœvʀ] M Hilfsarbeiter m

manœuvrer [manœvʀe] A V/T 1 véhicule manövrieren; rangieren; lenken; bateau a. steuern; gouvernail bedienen 2 fig personne manipulieren B V/I fig manövrieren

manquant [mɑ̃kɑ̃] ADJ ⟨-ante [-ɑ̃t]⟩ fehlend

★**manque** [mɑ̃k] M 1 Mangel m (**de** an + dat); **par ~ de** aus Mangel an (+ dat); mangels (+ gén) 2 **à gagner** entgangener Gewinn; Verdienstausfall m 3 d'un drogué (**état** m **de**) ~ Entzugserscheinungen fpl

★**manquer** [mɑ̃ke] A V/T cible, personne verfehlen; occasion, train, bus verpassen; a. cours, spectacle versäumen B V/T INDIR 1 **à qc** etw verletzen; gegen etw verstoßen 2 **de qc** Mangel an etw (dat) haben; plus fort etw nicht haben 3 **ne pas ~ de faire qc** nicht vergessen ou nicht versäumen, etw zu tun 4 (≈ faillir) **elle a manqué (de) se faire écraser** sie wäre beinahe, fast überfahren worden C V/I et V/IMP 1 fehlen (**à qn** j-m) 2 tentative fehlschlagen; misslingen D V/PR 1 réciproque **se ~** sich verfehlen 2 réfléchi **il s'est manqué** sein Selbstmordversuch ist missglückt, fehlgeschlagen

★**manteau** [mɑ̃to] M ⟨~x⟩ Mantel m

manucure [manykyʀ] F Maniküre f

★**manuel** [manɥɛl] A ADJ ⟨-le⟩ Hand..., manuell; métier ~ handwerklicher Beruf B M Handbuch f 2 TYPO Manuskript n

manuscrit [manyskʀi] M 1 ancien Handschrift f 2 TYPO Manuskript n

★**maquereau** [makʀo] M ⟨~x⟩ ZOOL Makrele f

maquette [makɛt] F 1 (verkleinertes)

Modell ▪2 (≈ ébauche) Entwurf m
★**maquillage** [makijaʒ] M action Schminken n; résultat Make-up n **maquiller** [makije] A VT ▪1 acteur, etc schminken ▪2 voiture volée, etc fam frisieren B VPR ★ se ~ sich schminken

maquis [maki] M ▪1 GÉOG Macchia f; Buschwald m ▪2 hist Maquis m (französische Widerstandsgruppe)

marais [maʀɛ] M Sumpf m; Moor n

marasme [maʀasm] M Flaute f

marbre [maʀbʀ] M Marmor m **marbré** [maʀbʀe] ADJ ‹-e› marmoriert

marc [maʀ] M ▪1 résidu Trester mpl ▪2 eau-de-vie Tresterbranntwein m ▪3 ~ de **café** Kaffeesatz m

marchand [maʀʃɑ̃], **marchande** [maʀʃɑ̃d] A M,F ▪1 Händler(in) m(f) ▪2 enf ~ **de sable** Sandmännchen n B ADJ passage, galerie Einkaufs...

marchandage [maʀʃɑ̃daʒ] M Handeln n; péj Feilschen n **marchander** [maʀʃɑ̃de] VT handeln; péj feilschen

★**marchandise** [maʀʃɑ̃diz] F Ware f

★**marche**[1] [maʀʃ] F d'un escalier (Treppen)Stufe f

★**marche**[2] [maʀʃ] F ▪1 (≈ action de marcher), a. SPORTS Gehen n; Laufen n; dans la nature Wandern n ▪2 MIL, MUS Marsch m; (≈ randonnée) Wanderung f ▪3 d'un véhicule Fahrt f; d'une machine Gang m; ★ ~ **arrière** Rückwärtsgang m; ★ ~ **avant** Vorwärtsgang m; **en** ~ véhicule in Fahrt, fahrend; machine, moteur in Gang, in Betrieb, laufend; **mettre en** ~ machine in Gang, in Betrieb setzen; moteur anlassen; anwerfen ▪4 (≈ cours) Gang m; Lauf m

★**marché** [maʀʃe] M ▪1 (Wochen)Markt m ▪2 ÉCON Markt m; ~ **de l'emploi** Arbeits-, Stellenmarkt m ▪3 (≈ transaction) Geschäft n; (Geschäfts)Abschluss m; Handel m; fig **par-dessus le** ~ obendrein; noch dazu ▪4 ★ **(à) bon** ~ ‹inv› billig; preiswert; preisgünstig

★**marcher** [maʀʃe] VI ▪1 (≈ aller à pied) gehen; laufen; a. MIL marschieren; (≈ poser le pied) **sur, dans qc** auf, in etw (acc) treten ▪2 fam (≈ consentir) mitmachen; mittun ▪3 fam (≈ croire) darauf reinfallen; **faire** ~ **qn** j-n zum Narren halten ▪4 (≈ fonctionner) laufen; a. montre gehen; funktionieren ▪5 (≈ réussir) affaires gehen; études, projets erfolgreich verlaufen; ruse wirken

★**mardi** [maʀdi] M Dienstag m

mare [maʀ] F ▪1 Tümpel m ▪2 ~ **de sang** Blutlache f

marécage [maʀekaʒ] M Sumpf m; Moor n **marécageux** [maʀekaʒø] ADJ ‹-euse [-øz]› sumpfig; moorig

maréchal [maʀeʃal] M ‹-aux [-o]› Marschall m

marée [maʀe] F ▪1 Ebbe f und Flut f; ~**s** pl a. Gezeiten pl; **à** ~ **basse**, °**haute** bei Ebbe, Flut ▪2 ~ **noire** Ölpest f

marge [maʀʒ] F ▪1 d'un texte Rand m ▪2 fig Spielraum m ▪3 COMM Spanne f; ~ **bénéficiaire** Gewinnspanne f ▪4 fig **en** ~ **de** am Rand(e) (+ gén)

marginal [maʀʒinal] ADJ ‹-e; -aux [-o]› Rand...; fig a. nebensächlich

marguerite [maʀgəʀit] F Margerite f

★**mari** [maʀi] M (Ehe)Mann m

★**mariage** [maʀjaʒ] M institution Ehe f; (≈ fait de se marier) Eheschließung f; Heirat f; cérémonie Trauung f; fête Hochzeit f

marié [maʀje] A ADJ ‹-e› verheiratet B M(F) ~(e) Bräutigam m, Braut f; **les** ~**s** pl das Brautpaar **marier** [maʀje] A VT ▪1 (≈ unir) trauen ▪2 (≈ donner en mariage) verheiraten; **être marié avec qn** mit j-m verheiratet sein B VPR ★ **se** ~ heiraten; sich verheiraten; **se** ~ **avec qn** j-n heiraten

marin [maʀɛ̃] A ADJ ‹-ine [-in]› (≈ de la mer) Meer(es)...; See... B M (≈ matelot) Seemann m, Matrose m ★ **marine** [maʀin] F ▪1 Marine f ▪2 ‹adjt› **(bleu)** ~ ‹inv› marineblau

mariner [maʀine] A VT marinieren B VI CUIS in Marinade liegen

marinier [maʀinje] M (Binnen)Schiffer m

marionnette [maʀjɔnɛt] F Puppe f

maritime [maʀitim] ADJ See...; maritim

mark [maʀk] M hist monnaie Mark f

marketing [maʀkətiŋ] M Marketing n

marmelade [maʀməlad] F Mus n; Kompott n

marmite [maʀmit] F (Koch)Topf m; très grande (Koch)Kessel m

marmonner [maʀmɔne] VT (vor sich acc hin) murmeln, brummen, brummeln

marmotte [maʀmɔt] F Murmeltier n

Maroc [maʀɔk] M **le** ~ Marokko n **marocain** [maʀɔkɛ̃] ‹-aine [-ɛn]› A ADJ marokkanisch **B** M/F **Marocain(e)** Marokkaner(in) m(f)

marquant [maʀkɑ̃] ADJ ‹-ante [-ɑ̃t]› bedeutend; markant

★**marque** [maʀk] F 1 (≈ signe) (Kenn)Zeichen n; Markierung f; Marke f; SPORTS **à vos ~s – prêts? – partez!** auf die Plätze – fertig – los! 2 COMM Marke f; Warenzeichen n; **de ~** Marken... 3 (≈ trace) Spur f

★**marquer** [maʀke] A V/T 1 par un signe distinctif kennzeichnen; markieren; bezeichnen; kenntlich machen; linge zeichnen; place belegen; passage dans un livre anstreichen; **~ d'une croix** ankreuzen 2 (≈ écrire) aufschreiben; notieren; vermerken 3 (≈ laisser des traces) Spuren hinterlassen (**qc qn** etw auf dat); fig prägen; épreuve **~ qn** j-n zeichnen 4 fig événement **~ qc** etw bedeuten, darstellen, kennzeichnen 5 instrument de mesure **~ qc** etw anzeigen, angeben 6 SPORTS **but, point** erzielen; but a. schießen 7 SPORTS **joueur** decken 8 (≈ souligner) betonen; unterstreichen; **~ le coup** das Ereignis feiern; (≈ réagir) Wirkung zeigen 9 sentiment, intérêt bekunden; zum Ausdruck bringen **B** V/I 1 coups, etc Spuren hinterlassen; fig prägend wirken 2 SPORTS e-n Treffer erzielen

marqueur [maʀkœʀ] M (Text)Marker m; crayon (dicker) Filzschreiber

★**marraine** [maʀɛn] F (Tauf)Patin f

marrant [maʀɑ̃] ADJ ‹-ante [-ɑ̃t]› (≈ rigolo) lustig; fam ulkig, witzig

marre [maʀ] fam ADV ★ **en avoir ~** fam es satthaben; ★ **en avoir ~ de qn, qc** j-n, etw satthaben

marrer [maʀe] V/PR **se ~** fam sich (dat) e-n Ast lachen; fam sich schieflachen

marron[1] [maʀɔ̃] M Esskastanie f; Marone f; **~ d'Inde** (Ross)Kastanie f

★**marron**[2] ADJ ‹inv› braun

marronnier [maʀɔnje] M Kastanie (-nbaum) f(m)

★**mars** [maʀs] M März m

marseillais [maʀsejɛ] ‹-aise [-ɛz]› A ADJ Marseiller; von, aus Marseille **B** SUBST **la Marseillaise** die Marseillaise (frz Nationalhymne)

★**marteau** [maʀto] M ‹-x› 1 a. SPORTS Hammer m 2 ‹adj› fam behämmert; → cinglé **marteau-piqueur** [maʀtopikœʀ] M ‹marteaux-piqueurs› Presslufthammer m

marteler [maʀtəle] V/T ‹-è-› métaux (be)hämmern

martial [maʀsjal] ADJ ‹~e; -aux [-o]› 1 (≈ guerrier) kriegerisch, martialisch 2 **arts martiaux** Kampfsportarten fpl

martien [maʀsjɛ̃] A ADJ ‹-ienne [-jɛn]› Mars..., des Mars **B** M **Martien** Marsmensch m, -bewohner m

Martinique [maʀtinik] F **la ~** Martinique n

martyr(e) [maʀtiʀ] M/F Märtyrer(in) m(f)

martyre [maʀtiʀ] M Martyrium n **martyriser** [maʀtiʀize] V/T (grausam) quälen

mascara [maskaʀa] M Wimperntusche f

mascotte [maskɔt] F Maskottchen n

★**masculin** [maskylɛ̃] A ADJ ‹-ine [-in]› 1 männlich; Männer... 2 GRAM maskulin, männlich **B** M GRAM Maskulinum n

maso [mazo] fam ABR → masochiste

masochiste [mazɔʃist] A ADJ masochistisch **B** M/F Masochist(in) m(f)

masque [mask] M a. fig Maske f **masqué** [maske] ADJ ‹~e› maskiert **masquer** [maske] V/T 1 vérité, desseins verbergen; maskieren 2 vue versperren

massacrant [masakʀɑ̃] ADJ ‹-ante [-ɑ̃t]› **humeur ~e** unausstehliche, abscheuliche Laune; fam Stinklaune f **massacre** [masakʀ] M Massaker n; Blutbad n **massacrer** [masakʀe] V/T 1 niedermetzeln; niedermachen; massakrieren 2 fig travail verschandeln; fam verhunzen

massage [masaʒ] M Massage f

masse [mas] F a. PHYS, ÉLEC Masse f; Menge f

massepain [maspɛ̃] M en Belgique Marzipan n

masser [mase] V/T 1 troupes zusammenziehen, massieren 2 MÉD massieren **B** V/PR **se ~** sich (in Massen) versammeln, sich drängen

masseur, masseuse [masœʀ, masøz] ‹m,f› Masseur(in) m(f)

massif [masif] A ADJ ‹-ive [-iv]› 1 (≈ gros) massig, wuchtig 2 bois, or massiv 3 (≈ en masse) Massen... **B** M 1 (Gebirgs)Massiv n; **le Massif central** das Zentralmassiv 2 **~ de fleurs** Blumenbeet n

mat[1] [mat] ADJ ‹inv› ÉCHECS (schach)matt

mat² [mat] ADJ ⟨mate [mat]⟩ **1** *a. teint* matt **2** *bruit* dumpf

mât [mɑ] M Mast *m*

match [matʃ] M ⟨~s *od* ~es⟩ Spiel *n*; (Wett)Kampf *m*; **~ aller** Hinspiel *n*

matelas [matla] M Matratze *f*

matelot [matlo] M Matrose *m*

matérialiser [materjalize] **A** VT **1** *plan, idée* verwirklichen; realisieren **2** *voie* **matérialisé** mit Leitlinien **B** VPR **se ~** Wirklichkeit werden; *espoir* sich erfüllen

matérialisme [materjalism] M Materialismus *m* **matérialiste** [materjalist] **A** ADJ materialistisch **B** MF Materialist(in) *m(f)*

matériau [materjo] M ⟨~x⟩ **1** TECH, *a. fig* Material *n*; Werkstoff *m*; CONSTR *a.* Baustoff *m* **2** ⟨*pl*⟩ ~**x** (≈ *documents*) Material *n*

matériel [materjɛl] **A** ADJ ⟨~le⟩ materiell; *preuve* handgreiflich; **dégâts ~s** Sachschaden *m* **B** M **1** Material *n*; équipement Gerät *n*, Ausrüstung *f* **2** INFORM ★ **~ (informatique)** Hardware *f*

matériellement [materjɛlmɑ̃] ADV faktisch

maternel [matɛʀnɛl] ADJ ⟨~le⟩ **1** *a. fig* mütterlich; Mutter...; **langue ~le** Muttersprache *f* **2** ★ **(école) ~le** *f* (staatliche) Vorschule; Kindergarten *m* **maternité** [matɛʀnite] F **1** *état* Mutterschaft *f* **2** Entbindungsklinik *f*, Entbindungsstation *f*

mathématicien [matematisjɛ̃] M, **mathématicienne** [matematisjɛn] F Mathematiker(in) *m(f)*

mathématique [matematik] **A** ADJ mathematisch **B** FPL ★ **~s** Mathematik *f* ★ **maths** [mat] *fam* FPL Mathe *f*

matière [matjɛʀ] F **1** PHIL, PHYS Materie *f* **2** (≈ *substance*) Stoff *m*; Material *n*; **~ grise** graue Substanz; *fam fig* Grips *m*; **~ première** Rohstoff *m* **3** (≈ *sujet*) Gegenstand *m*; Thema *n*; Stoff *m*; **entrée f en ~** Einleitung *f*; Einführung *f*; **en la ~** auf diesem Gebiet; **en ~ de** in Sachen, in puncto (+ *subst*); auf dem Gebiet (+ *gén*)

★ **matin** [matɛ̃] M Morgen *m*; Vormittag *m*; **le ~** morgens; vormittags; **ce ~** heute früh; heute Morgen; **du ~ au soir** von morgens bis abends; **~ et soir** morgens und abends **matinal** [matinal] ADJ ⟨~e; -aux [-o]⟩ **1** morgendlich, Morgen... **2** **être ~(e)** früh aufstehen; ein(e) Frühaufsteher(in) sein ★ **matinée** [matine] F Vormittag *m*; Vormittagsstunden *fpl*; Morgen *m*; **faire la grasse ~** bis in den Tag hinein schlafen

matraque [matʀak] F Knüppel *m*

matrice [matʀis] F **1** TECH Matrize *f* **2** MATH Matrix *f*

matrimonial [matʀimɔnjal] ADJ ⟨~e; -aux [-o]⟩ ehelich; Ehe...; **agence ~e** Heiratsvermittlung *f*, Eheanbahnungsinstitut *n*

maturité [matyʀite] F *a. fig* Reife *f*

maudire [modiʀ] VT ⟨je maudis; il maudit; nous maudissons; je maudissais; je maudis; je maudirai; que je maudisse; maudissant; maudit⟩ verfluchen; verwünschen

maussade [mosad] ADJ **1** *personne* mürrisch; übellaunig **2** *temps* unfreundlich

★ **mauvais** [mɔvɛ] **A** ADJ ⟨-aise [-ɛz]⟩ **1** schlecht; *odeur, situation a.* übel; *nouvelle, situation a.* schlimm; **avoir ~e conscience** ein schlechtes Gewissen haben; **être ~ en français** in Französisch schlecht sein **2** (≈ *erroné*) falsch; verkehrt; **la ~e direction** die falsche, verkehrte Richtung **3** (≈ *méchant*) böse **B** ADV *sentir* schlecht; übel; **il fait ~** es ist schlechtes Wetter

mauve [mov] **A** F Malve *f* **B** ADJ malvenfarben

maux [mo] MPL → mal²

maxima [maksima] → maximum

maximal [maksimal] ADJ ⟨~e; -aux [-o]⟩ maximal; Höchst...

maxime [maksim] F Maxime *f*

maximiser [maksimize] VT maximieren

★ **maximum** [maksimɔm] **A** ADJ ⟨f ~ *od* maxima; *pl m u.* f ~s *od* maxima⟩ maximal; höchste; Höchst... **B** M ⟨~s *od* maxima⟩ Maximum *n*; **au ~** höchstens; im Höchstfall; maximal; *température* **atteindre son ~** den höchsten Stand erreichen

mayonnaise [majɔnɛz] F Mayonnaise *f*

mazout [mazut] M (Heiz)Öl *n*

me [m(ə)] PR PERS ⟨*vor Vokal u. stummem* h m' *oder* di⟩ mich; *obj indir* mir

méandre [meɑ̃dʀ] M *d'un fleuve* Windung *f*

mec [mɛk] *fam* M Kerl *m*; *fam* Typ *m*

★**mécanicien** [mekanisjɛ̃] M Mechaniker m **mécanique** [mekanik] A ADJ a. PHYS mechanisch B F 1 PHYS Mechanik f 2 TECH Maschinenbau m **mécanisme** [mekanism] M a. fig Mechanismus m

mécatronique [mekatʀɔnik] F Mechatronik [meça'tro:nɪk] f

méchamment [meʃamɑ̃] ADV bös(e)

méchanceté [meʃɑ̃ste] F a. parole, action Bosheit f; Boshaftigkeit f ★**méchant** [meʃɑ̃] A ADJ ⟨-ante [-ɑ̃t]⟩ 1 bös(e), bösartig; boshaft; enfant ungezogen 2 humeur übel, schlecht B M(F) ⟨-e⟩ Böse(r) m/f(m); Bösewicht m

mèche [mɛʃ] F 1 d'une bougie Docht m 2 d'une charge explosive Zündschnur f 3 pour percer (Spiral)Bohrer m 4 ~ (de cheveux) (Haar)Strähne f

méconnaissable [mekɔnɛsabl] ADJ unkenntlich

méconnu [mekɔny] ADJ ⟨-e⟩ verkannt

mécontent [mekɔ̃tɑ̃] ADJ ⟨-ente [-ɑ̃t]⟩ unzufrieden (de mit) **mécontentement** [mekɔ̃tɑ̃tmɑ̃] M Unzufriedenheit f

Mecque [mɛk] La ~ Mekka f

médaille [medaj] F a. MIL Medaille f; commémorative Gedenkmünze f

★**médecin** [medsɛ̃] M Arzt m

médecine [medsin] F science Medizin f

Medef [medɛf] M ABR (= Mouvement des entreprises de France) frz Arbeitgeberverband

média [medja] M ★ **les ~s** die Medien npl

médian [medjɑ̃] ADJ ⟨-ane [-an]⟩ mittlere, Mittel...

médiateur [medjatœʀ] M, **médiatrice** [medjatʀis] F Vermittler(in) m(f); Schlichter(in) m(f) **médiation** [medjasjɔ̃] F Vermittlung f; Schlichtung f

médiatique [medjatik] ADJ 1 Medien...; in den Medien 2 qui fait effet medienwirksam

★**médical** [medikal] ADJ ⟨-e; -aux [-o]⟩ medizinisch; ärztlich

★**médicament** [medikamɑ̃] M Arznei-, Heilmittel n

médiocre [medjɔkʀ] ADJ unzureichend; unzulänglich; dürftig; existence armselig; kümmerlich; nourriture minderwertig; élève sehr mittelmäßig **médiocrité** [medjɔkʀite] F Unzulänglichkeit f; Dürftigkeit f

médire [mediʀ] V/T INDIR ⟨→ dire, aber vous médisez⟩ ~ **de qn** j-n schlechtmachen; über j-n lästern **médisance** [medizɑ̃s] F üble Nachrede

méditation [meditasjɔ̃] F Nachdenken n; Meditation f **méditer** [medite] A V/T 1 ~ **qc** über etw (acc) nachdenken, nachsinnen 2 projet ausdenken B V/I nachdenken, meditieren (sur über + acc)

★**Méditerranée** [mediteʀane] F **la ~** das Mittelmeer **méditerranéen** [mediteʀaneɛ̃] ⟨-éenne [-eɛn]⟩ A ADJ Mittelmeer... B M(F) **Méditerranéen(ne)** Südländer(in) m(f)

méduse [medyz] F Qualle f

méfait [mefɛ] M 1 ⟨pl⟩ **~s** de l'alcool, etc schädliche Folgen fpl, Auswirkungen fpl 2 ⟨= délit⟩ Missetat f

méfiance [mefjɑ̃s] F Misstrauen n **méfiant** [mefjɑ̃] ADJ ⟨-ante [-ɑ̃t]⟩ misstrauisch ★**méfier** [mefje] V/PR 1 **se ~ de qn, de qc** j-m, e-r Sache misstrauen 2 **se ~** (= faire attention) sich vorsehen

méga-octet M ⟨-s⟩ INFORM Megabyte n

★**meilleur** [mɛjœʀ] A ADJ ⟨-e⟩ 1 (Komparativ von bon) besser 2 (sup von bon) **le ~, la ~e** der, die, das beste B M(F) personne **le ~, la ~e** der, die Beste C M **le ~** das Beste

mélancolie [melɑ̃kɔli] F Schwermut f; Melancholie f **mélancolique** [melɑ̃kɔlik] ADJ schwermütig; melancholisch

★**mélange** [melɑ̃ʒ] M opération (Ver)Mischung f ★**mélanger** [melɑ̃ʒe] V/T ⟨-ge-⟩ 1 (≈ mêler) (ver)mischen; vermengen 2 (≈ confondre) durcheinanderbringen

mêlée [mele] F 1 Handgemenge n 2 RUGBY Gedränge n

mêler [mele] A V/T 1 (≈ mélanger) (ver)mischen, vermengen (à, avec mit) 2 (≈ embrouiller) in Unordnung, durcheinanderbringen 3 ~ **qn à une affaire** j-n in e-e Sache hineinziehen, verwickeln B V/PR 1 odeurs, races, etc **se ~** sich (ver)mischen (à) 2 **se ~ à la foule** sich unter die Menge mischen 3 personne **se ~ de qc** sich um etw kümmern; péj sich in etw (acc) (ein)mischen

mélodie [melɔdi] F (≈ air) Melodie f **mélodieux** [melɔdjø] ADJ ⟨-euse [-øz]⟩ melodiös; wohlklingend

melon [m(ə)lɔ̃] M̄ a. chapeau Melone f
★**membre** [mɑ̃bʀ] M̄ **1** ANAT Glied n **2** d'une association Mitglied n; d'une famille a. Angehörige(r) m
★**même** [mɛm] **A** ADJ INDÉF et PR INDÉF **1** ★ **le, la ~** der-, die-, dasselbe; der, die, das gleiche; **les ~s** pl dieselben; die gleichen; **du ~ âge** im gleichen ou im selben Alter; gleichalt(e)rig; **cela revient au ~** das läuft auf dasselbe, auf eins, aufs Gleiche hinaus; das kommt auf dasselbe etc heraus **2** ⟨nachgestellt⟩ gerade; selbst **B** ADV **1** sogar; selbst; ★ **~ pas** nicht einmal; **sans ~** (+ inf) ohne überhaupt zu (+ inf); **~ si** selbst wenn; wenn auch; **à ~** direkt auf (+ dat); **de ~** ebenso (que wie); genauso; geradeso; **tout de ~** trotzdem; dennoch; → **quand 2 être à ~ de faire qc** imstande sein, in der Lage sein, etw zu tun
★**mémoire**[1] [memwaʀ] F̄ **1** faculté Gedächtnis n; **de ~** auswendig; aus dem Gedächtnis, Kopf **2** (≈ souvenir) Erinnerung f, Gedenken n (**de** an + acc); Andenken n (an ou + gén); **à la ~ de**, st/s **en ~ de** zum Andenken, zum Gedenken an (+ acc); **de ~ d'homme** seit Menschengedenken **3** INFORM Speicher m; **~ morte** Festspeicher m; ROM n; **~ vive** Arbeitsspeicher m; RAM n
mémoire[2] M̄ **1** (≈ exposé) Memorandum n **2** scientifique Abhandlung f, Arbeit f **3** **~s** pl Memoiren pl; Erinnerungen fpl
mémorable [memɔʀabl] ADJ denkwürdig
mémorisation [memɔʀizasjɔ̃] F̄ **1** Sicheinprägen n **2** INFORM Speicherung f
mémoriser [memɔʀize] VT **1** sich (dat) einprägen **2** INFORM speichern
menaçant [mənasɑ̃] ADJ ⟨-ante [-ɑ̃t]⟩ drohend, bedrohlich **menace** [mənas] F̄ **1** Drohung f **2** (≈ danger imminent) Bedrohung f; (drohende) Gefahr ★ **menacer** [mənase] VT ⟨-ç-⟩ drohen; **~ qn de qc** j-m mit etw drohen; j-n mit etw bedrohen; **~ de** (+ inf) drohen zu (+ inf)
★**ménage** [menaʒ] M̄ **1** Haushalt m; **faire le ~** putzen; a. fig aufräumen; **faire des ~s** putzen gehen **2** (≈ couple) Ehepaar n; Ehe f; fam **~ à trois** Dreiecksverhältnis n; fig **faire bon ~ avec qn** sich mit j-m gut vertragen; mit j-m gut auskommen

ménager[1] [menaʒe] ⟨-ge-⟩ **A** VT **1** ses forces, adversaire, etc schonen, Rücksicht nehmen auf (+ acc) **2** escalier, etc anbringen **B** VPR **se ~** sich schonen
ménager[2] [menaʒe] ADJ ⟨-ère [-ɛʀ]⟩ Haushalts-...; **travaux ~s** Hausarbeit f
ménagère [menaʒɛʀ] F̄ **1** femme Hausfrau f **2** (≈ couverts) Besteckgarnitur f
★**mendiant** [mɑ̃djɑ̃] M̄, **mendiante** [mɑ̃djɑ̃t] F̄ Bettler(in) m(f) **mendier** [mɑ̃dje] VT et VI a. fig betteln (**qc** um etw)
★**mener** [mane] ⟨-è-⟩ **A** VT **1** (≈ conduire) führen, bringen (**à** zu); **cela ne vous mène à rien** das führt zu nichts **2** (≈ être en tête de) affaire betreiben; enquête durchführen; vie führen **3** (≈ diriger) leiten; führen **B** VI **1** chemin **~ à** führen nach, zu **2** SPORTS führen
méninge [menɛ̃ʒ] F̄ ANAT Hirnhaut f
menottes [mənɔt] FPL Handschellen fpl
★**mensonge** [mɑ̃sɔ̃ʒ] M̄ Lüge f
mensualité [mɑ̃sɥalite] F̄ Monatsrate f
mensuel [mɑ̃sɥɛl] ADJ ⟨-le⟩ monatlich; Monats-...
mensuration [mɑ̃syʀasjɔ̃] F̄ **~s** pl Körpermaße npl
mental [mɑ̃tal] ADJ ⟨-e; -aux [-o]⟩ **1** geistig, Geistes-...; **maladie ~e** Geisteskrankheit f **2** gedanklich; **calcul ~** Kopfrechnen n **mentalité** [mɑ̃talite] F̄ Mentalität f
menteur [mɑ̃tœʀ] M̄, **menteuse** [mɑ̃tøz] F̄ **1** Lügner(in) m(f) **2** ⟨adjt⟩ verlogen
menthe [mɑ̃t] F̄ BOT Minze f; (**tisane f de**) **~** Pfefferminztee m
mention [mɑ̃sjɔ̃] F̄ **1** Erwähnung f; **faire ~ de qc** etw erwähnen **2** (≈ indication) Vermerk m **3** EXAMEN Note f; Prädikatsexamen n **mentionner** [mɑ̃sjɔne] VT **1** (≈ citer) erwähnen **2** (≈ indiquer) vermerken
★**mentir** [mɑ̃tiʀ] VI ⟨→ partir⟩ lügen; **~ à qn** j-n anlügen, belügen
★**menton** [mɑ̃tɔ̃] M̄ Kinn n
★**menu**[1] M̄ **1** a. INFORM Menü n **2** (≈ carte) Speisekarte f
menu[2] [many] **A** ADJ ⟨-e⟩ klein; personne zierlich **B** ADV **couper, hacher ~** klein schneiden, hacken
menuiserie [mənɥizʀi] F̄ Tischlerei f; Schreinerei f **menuisier** [mənɥizje] M̄ Tischler m; Schreiner m

méprendre [meprɑ̃dR] *stl/s* VPR ⟨→ prendre⟩ se ~ sur qn, qc sich in j-m, in etw täuschen, irren; *se ressembler à s'y* ~ zum Verwechseln

★**mépris** [mepRi] M Geringschätzung f; Verachtung f; **au ~ de** ungeachtet (+ *gén*)

méprise [mepRiz] F Irrtum m

★**mépriser** [mepRize] VT *a. danger, mort* verachten; gering schätzen

★**mer** [mER] F Meer n; See f; **la mer Morte** das Tote Meer; °**haute, pleine mer** hohe, offene See; **la mer du Nord** die Nordsee; **en mer** auf See; auf dem Meer; **par mer** See...; zur See; COMM auf dem Seeweg; **prendre la mer** in See stechen

mercenaire [mERsənER] M Söldner m

★**merci**[1] [mERsi] INT danke!; ★ ~ **beaucoup!** vielen Dank!; ★ **non,** ~ nein, danke

merci[2] F *sans* ~ gnadenlos; **être à la** ~ **de qn, de qc** j-m, e-r Sache ausgeliefert, preisgegeben sein

★**mercredi** [mERkRədi] M Mittwoch m

mercure [mERkyR] M Quecksilber n

★**merde** [mERd] *pop* F *pop* Scheiße f; ★ ~ **(alors)!** *pop* (so 'ne) Scheiße! **merder** [mERde] *pop* VI *personne pop* Scheiße bauen; *projet fam* in die Hose gehen

★**mère** [mER] F 1 *a. fig* REL Mutter f 2 ⟨*adjt*⟩ Haupt...

meringue [məRɛ̃g] F Baiser n

méritant [meRitɑ̃] ADJ ⟨-ante [-ɑ̃t]⟩ verdienstvoll; verdient

mérite [meRit] M Verdienst n

★**mériter** [meRite] VT verdienen; *endroit* ~ **le détour** den Umweg wert sein, lohnen; *repos* **bien mérité** wohlverdient

merle [mERl] M Amsel f

merveille [mERvεj] F Wunder(werk) n; **à** ~ wunderbar; ausgezeichnet; großartig

merveilleux [mERvεjø] ADJ ⟨-euse [-øz]⟩ wunderbar; wundervoll; großartig

mes [me] → **mon**

mésange [mezɑ̃ʒ] F Meise f

mésaventure [mezavɑ̃tyR] F Missgeschick n

mesdames, mesdemoiselles PL → **madame, mademoiselle**

★**message** [mesaʒ] M *a.* POL *fig* Botschaft f; Nachricht f; Mitteilung f; *a.* INFORM Meldung f; RAD *a.* Durchsage f

messager [mesaʒe] M, **messagère** [mesaʒER] F *a. fig* Bote m, Botin f **messagerie** [mesaʒRi] F 1 ⟨*pl*⟩ ~s **aériennes, maritimes** Luft-, Seefrachtagentur f 2 ~ **électronique** elektronische Post; Mailbox f

★**messe** [mεs] F Messe f

messieurs PL → **monsieur**

★**mesure** [məzyR] F 1 *action* Messung f 2 (= *dimension, unité, récipient*) Maß n; **à** ~ **que** in dem Maße, wie; **à la** ~ **de qn, qc** j-m, e-r Sache angemessen, entsprechend; **dans la** ~ **où** soweit; in dem Maße, wie; insoweit *ou* insofern, als; **dans la** ~ **du possible** im Rahmen des Möglichen; soweit möglich; nach Möglichkeit; **dans une large** ~ in hohem Maße; weitgehend; **sur** ~ *a. fig* nach Maß 3 (= *modération*) Maß n 4 (= *disposition*) Maßnahme f; **par** ~ **de** aus Gründen (+ *gén*) 5 MUS Takt(maß) m(n); **en** ~ im Takt 6 **être en** ~ **de faire qc** in der Lage, imstande sein, etw zu tun

mesuré [məzyRe] ADJ ⟨-e⟩ 1 (≈ *modéré*) maßvoll; gemäßigt 2 *pas* gemessen

★**mesurer** [məzyRe] VT 1 (≈ *prendre les mesures*) (ab-, aus-, ver)messen 2 (≈ *avoir pour mesure*) messen; groß sein 3 *fig risque, etc* ermessen; *ses paroles* abwägen; ~ **qc à qc** etw an etw (*dat*) messen; etw nach etw bemessen 4 VPR **se** ~ **à, avec qn** sich mit j-m messen

★**métal** [metal] M ⟨-aux [-o]⟩ Metall n

métallique [metalik] ADJ (≈ *en métal*) Metall...; metallen

métallisé [metalize] ADJ ⟨-e⟩ metallic

métallurgie [metalyRʒi] F 1 Metallindustrie f 2 *techniques* Metallbearbeitung f

métamorphose [metamɔRfoz] F Verwandlung f

★**météo** [meteo] A F Wetterbericht m, Wettervorhersage f B ADJ ⟨*inv*⟩ Wetter... **météorologie** [meteɔRɔlɔʒi] F 1 *science* Wetterkunde f; Meteorologie f 2 *service* Wetterdienst m, Wetteramt n

★**méthode** [metɔd] F 1 Methode f 2 *livre* Lehrbuch n

méticuleux [metikylø] ADJ ⟨-euse [-øz]⟩ peinlich genau, sehr sorgfältig; gewissenhaft

★**métier** [metje] M 1 Beruf m Gewerbe n; *artisanal* Handwerk n; **avoir du** ~ Berufserfahrung haben 2 ~ **(à tisser)** Web-

stuhl *m*
métis [metis] **A** ADJ ⟨~se⟩ Mischlings...
B M(F) **~(se)** Mischling *m*
métrage [metraʒ] M FILM **court ~** Kurzfilm *m*; **long ~** Spielfilm *m*
★**mètre** [mɛtʀ] M **1** *unité de mesure* Meter *m ou n*; **~ carré, cube** Quadrat-, Kubikmeter *m ou n* **2** Metermaß *n*
★**métro** [metʀo] M U-Bahn *f*
metteur [metœʀ] M **~ en scène** Regisseur *m*
★**mettre** [mɛtʀ] ⟨je mets; il met; nous mettons; je mettais; je mis; je mettrai; que je mette; mettant; mis⟩ **A** VT **1** *objet* legen; stellen; setzen; (hinein)stecken, (-)tun (**dans** in + *acc*); bringen, schaffen (**à la poste** zur Post®); *pellicule* einlegen; *nappe* auflegen; *verrou* vorlegen; *rideaux* anmachen; zuschneiden; *du beurre* streichen (**sur** auf + *acc*); *liquide* geben (**dans** in + *acc*); *radio, télé, chauffage* anmachen, anstellen; *personne* bringen (**au lit** ins Bett); **~ au four** in den (Back)Ofen schieben; *montre* **à l'heure** stellen; **à mort** töten; **~ de la bonne volonté à faire qc** guten Willen bei etw zeigen; **~ du sel dans la soupe** Salz an *ou* in die Suppe tun **2** *vêtements* anziehen; *chapeau, lunettes* aufsetzen; *ceinture* umschnallen; *tablier* umbinden; *bijoux* anlegen; *bague* anstecken **3** *un certain temps* brauchen; **~ deux heures (à faire qc)** zwei Stunden brauchen (um etw zu tun) **4** (≈ *écrire*) schreiben **5** *fam* (≈ *supposer*) **mettons que ... (+** *subj*) nehmen wir (einmal) an, (dass) ...
B V/P/R **1** **se ~** sich setzen (**au volant** ans Steuer); sich stellen (**à la fenêtre** ans Fenster); sich legen (**au lit** ins Bett); *fig* **se ~ bien avec qn** sich gut mit j-m stellen; *poussière* **se ~ dans qc** sich in etw (*acc*) setzen; **se ~ en relation avec qn** sich mit j-m in Verbindung setzen; mit j-m in Verbindung treten **2** **se ~** *vêtement* (sich *dat*) anziehen; **se ~ en pantalon** e-e Hose anziehen **3** ★ **se ~ à faire qc** anfangen, beginnen, etw zu tun; **se ~ à qc** sich an etw (*acc*) machen; **se ~ à l'anglais** anfangen, Englisch zu lernen; **s'y ~** sich d(a)ranmachen; **il se met à pleuvoir** es fängt an zu regnen; **le temps se met au beau** es wird schön
★**meuble** [mœbl] M Möbelstück *n*; **~s** *pl*

Möbel *npl*; Mobiliar *n* ★**meubler** [mœble] **A** VT *appartement* möblieren **B** V/P/R **se ~** sich einrichten
meurs, meurt [mœʀ] → *mourir*
★**meurtre** [mœʀtʀ] M Mord *m* (**de qn** an j-m) **meurtrier** [mœʀtʀije] ⟨-ière [-ijɛʀ]⟩ **A** ADJ *combat* mörderisch; *épidémie* verheerend; *route* lebensgefährlich **B** M,F **~, meurtrière** Mörder(in) *m(f)*
meus, meut [mø] → *mouvoir*
mexicain [mɛksikɛ̃] ⟨-aine [-ɛn]⟩ **A** ADJ mexikanisch **B** M(F) **Mexicain(e)** Mexikaner(in) *m(f)*
Mexique [mɛksik] M **le ~** *Land* Mexiko *n*
mi [mi] M ⟨*inv*⟩ MUS e *ou* E *n*
mi-... [mi] PRÉFIXE **1** *devant noms de mois* Mitte; (**à la**) **mi-janvier** Mitte Januar **2** (≈ *à moitié*) halb; halb...
mi-chemin ADV **à ~** auf halbem Weg
mi-clos ADJ ⟨-ose⟩ halb geschlossen
★**micro** [mikʀo] M ABR (≈ *microphone*) Mikrofon *n*
microbe [mikʀɔb] M Mikrobe *f*
★**micro-ondes** M **(four** *m* **à) ~** Mikrowelle(nherd) *f(m)*
microphone [mikʀɔfɔn] M Mikrofon *n*
microscope [mikʀɔskɔp] M Mikroskop *n*
★**midi** [midi] M Mittag *m*, Mittagszeit *f*; *heure* zwölf Uhr (mittags); **à ~** mittags; *heure* um zwölf (Uhr); **il est ~ dix** es ist zehn nach zwölf (Uhr)
★**Midi** [midi] M ★ **le ~** Südfrankreich *n*
mie [mi] F **la mie** das weiche Innere (vom Brot); die Krume
★**miel** [mjɛl] M Honig *m*
mien [mjɛ̃] PR POSS ⟨~ne [mjɛn]⟩ ★ **le ~, la ~ne** der, die, das meine; meine(r, -s); **les ~s, les ~nes** *pl* die meinen; meine
miette [mjɛt] F Krümel *m*
★**mieux** [mjø] **A** ADV ⟨*Komparativ von bien*⟩ besser; **à qui ~ ~** um die Wette; **de ~ en ~** immer besser; **je ne demande pas ~** mir ist nichts lieber als das; **faire de** (+ *inf*) besser daran tun zu (+ *inf*); **dans ce fauteuil vous serez ~** *adj* da sitzen Sie bequemer, besser **2** ⟨*sup von bien*⟩ **le ~** am besten; **le ~ qu'il peut** so gut er kann; **pour le ~** bestens; aufs Beste; **zum Besten B** M **1** **le ~** das Beste *ou* das Bessere; **faire de son ~** sein Bestes, Möglichstes tun **2** (≈ *amélioration*) Besserung *f*

★**mignon** [miɲɔ̃] ⟨-onne [-ɔn]⟩ **A** ADJ **1** niedlich; süß; goldig **2** fam (≈ gentil) nett **B** M/F **(ne) Süße(r)** m/f(m); Liebling m
migraine [migʀɛn] F Migräne f
migrant(e) [migʀɑ̃(t)] M/F Zuwanderer m, Zuwanderin f **migrateur** [migʀatœʀ] ADJ ⟨-trice [-tʀis]⟩ Wander...; **(oiseau)** [migʀasjɔ̃] F Wanderung(sbewegung) f
mijoter [miʒɔte] VT et VI **1 (faire) ~** bei schwacher Hitze, auf kleiner Flamme kochen (lassen) **2** (≈ préparer avec soin) liebevoll zubereiten **3** fam fig ausbrüten; fam aushecken
mil¹ [mil] NUM dans une date tausend
mil² [mil] M BOT Hirse f
Milan [milɑ̃] Mailand n
milice [milis] F Miliz f
★**milieu** [miljø] M ⟨~x⟩ Mitte f; **du ~** mittlere; Mittel...; **au ~ de** in der Mitte (+ gén); mitten in, auf (+ dat) **2** fig Mittelweg m **3** (≈ entourage) Milieu n; Umfeld n; Umgebung f **4 ~x** pl Kreise mpl **5** (≈ pègre) **le ~** die Unterwelt
★**militaire** [militɛʀ] **A** ADJ militärisch; Militär... **B** M Soldat m
militant(e) [militɑ̃(t)] **A** ADJ ⟨-ante [-ɑ̃t]⟩ militant, politisch aktiv **B** M/F **(e) Aktivist(in)** m(f); d'un parti aktives Mitglied
militer [milite] VI **1** personne sich aktiv betätigen; (politisch) aktiv sein **2** arguments, raisons **~ en faveur de** ou **pour**, **contre** sprechen für, gegen
★**mille**¹ [mil] NUM ⟨inv⟩ (ein)tausend; fig **~ fois** tausendmal; unzählige Mal(e) **B** M ⟨inv⟩ **1** nombre Tausend f; MATH Tausender m; **cinq pour ~ (5 ‰)** fünf Promille (5 ‰) **2** quantité Tausend f **3 taper dans le ~** a. fig ins Schwarze treffen
mille² F Meile f; **~ marin** Seemeile f
millénaire [milenɛʀ] **A** ADJ tausendjährig **B** M **1** période Jahrtausend n; st/s Millennium f **2** anniversaire Tausendjahrfeier f
★**milliard** [miljaʀ] M Milliarde f
millième [miljɛm] **A** NUM tausendste **B** M/F **le, la ~** der, die, das Tausendste **C** M MATH Tausendstel n
★**millier** [milje] M Tausend n
millimètre M Millimeter m ou n
★**million** [miljɔ̃] M Million f ★**millionième** [miljɔnjɛm] **A** NUM millionste **B** M Millionstel n **millionnaire** [miljɔnɛʀ] M/F Millionär(in) m(f)
mime [mim] M Pantomime m **mimer** [mime] VT **1** THÉ pantomimisch darstellen **2** (≈ imiter) nachmachen
minable [minabl] fam **A** ADJ miserabel; erbärmlich **B** M/F fam Flasche f
★**mince** [mɛ̃s] **A** ADJ **1** dünn, schmal; personne schlank **2** fig gering, unbedeutend **B** INT fam **~ (alors)!** fam verflixt (noch mal)!
minceur [mɛ̃sœʀ] F Dünnheit f, Schmalheit f; d'une personne Schlankheit f
★**mine**¹ [min] F (≈ physionomie) Gesichtsausdruck m, Miene f; (≈ aspect) Aussehen n; **avoir bonne ~** gut, gesund aussehen; **avoir mauvaise ~** schlecht, krank aussehen; **faire ~ de** so tun, als ob
mine² F **1** exploitation Mine f, Grube f, Bergwerk n **2** d'un crayon Mine f **3** MIL Mine f
miner [mine] VT **1** MIL verminen **2** (≈ creuser) aushöhlen, unterspülen **3** fig santé angreifen, zerrütten; soucis **~ qn** in zermürben
minerai [minʀɛ] M Erz n
minéral [mineʀal] **A** ADJ ⟨~e; -aux [-o]⟩ mineralisch, Mineral...; **eau ~** Mineralwasser n **B** M ⟨-aux [-o]⟩ Mineral n
minéralogique [mineʀalɔʒik] ADJ **1** mineralogisch; Mineralien... **2** AUTO **plaque f ~** Nummernschild n
mineur¹ M ouvrier Bergarbeiter m, Bergmann m
★**mineur**² [minœʀ] **A** ADJ ⟨~e⟩ **1** (≈ secondaire) zweitrangig, nebensächlich **2** JUR minderjährig **3** MUS Moll... **B** M/F **~(e)** JUR Minderjährige(r) m/f(m)
miniature [minjatyʀ] F image Miniatur f
minijupe F Minirock m
minima [minima] → **minimum**
minimal [minimal] ADJ ⟨~e; -aux [-o]⟩ minimal; Mindest...
minime [minim] **A** ADJ gering(fügig) **B** M SPORTS zwischen 13 u. 15 Jahren Jugendliche(r) m **minimiser** [minimize] VT bagatellisieren
★**minimum** [minimɔm] **A** ADJ ⟨f **~** od minima; pl m u. f **~s** od **minima**⟩ Minimal...; Mindest... **B** M ⟨**~s** od **minima**⟩ Minimum n; **un ~ de travail** ein Minimum, Mindestmaß an Arbeit; **au ~** mindestens

minispace [minispas] M AUTO Minivan m

ministère [ministɛʀ] M **1** a. bâtiment Ministerium n **2** charge Ministeramt n **3** (≈ cabinet) Regierung f; Kabinett n

★**ministre** [ministʀ] M POL Minister m; ★ **Premier ~** Premierminister m; Ministerpräsident m

★**minorité** [minɔʀite] F **1** a. POL Minderheit f; Minderzahl f **2** JUR Minderjährigkeit f

★**minuit** [minɥi] M Mitternacht f; zwölf Uhr nachts

★**minuscule** [minyskyl] ADJ **1** (≈ très petit) winzig **2** (lettre f) ~ f Kleinbuchstabe m; kleiner Buchstabe; **un à ~** ein kleines a

★**minute** [minyt] F **1** Minute f; par ext Augenblick m; Moment m; **d'une ~ à l'autre** jeden Augenblick; jede Minute **2** ⟨adjt⟩ Schnell...; Sofort... **3** JUR Original n; Urschrift f

minutie [minysi] F (peinliche) Genauigkeit, Sorgfalt **minutieux** [minysjø] ADJ ⟨-euse [-øz]⟩ peinlich genau

★**miracle** [miʀakl] M a. REL Wunder n **miraculeux** [miʀakylø] ADJ ⟨-euse [-øz]⟩ **1** wunderbar; Wunder...; eau wundertätig **2** (≈ extraordinaire) außergewöhnlich

mirage [miʀaʒ] M **1** du désert Fata Morgana f **2** fig Trugbild n

miroir [miʀwaʀ] M Spiegel m

mis [mi] **A** PP ⟨et passé simple⟩ → mettre **B** ADJ ⟨mise [miz]⟩ **1** table gedeckt **2** personne **bien mis** gut gekleidet

mise [miz] F **1** au jeu Einsatz m **2** Kleidung f **3** fig **être de ~** angebracht, passend sein **4** **~ à (la) disposition** Bereitstellung f; Zurverfügungstellung f; **~ à niveau** INFORM Update ['apdet] n, Upgrade ['apgrɛːt] n; **~ en marche** Ingangsetzung f; d'un moteur Anlassen n; Anwerfen n; **~ en valeur** d'un terrain Erschließung f; d'un mot, etc Hervorhebung f

miser [mize] VT au jeu setzen (**sur** auf + acc)

misérable [mizeʀabl] **A** ADJ **1** personne (sehr, bitter) arm; vêtements ärmlich; cabane armselig; elend **2** (≈ sans valeur) armselig **B** M/F **1** (≈ pauvre) Arme(r) m/f(m) **2** litt, plais Schurke m, Schurkin f

★**misère** [mizɛʀ] F (≈ pauvreté) Elend n; Armut f

missile [misil] M Rakete f; Flugkörper m

mission [misjɔ̃] F **1** (≈ charge) Auftrag m; Mission f; ADMIN Dienstreise f **2** groupe Mission f; Abordnung f **3** REL Mission f

missionnaire [misjɔnɛʀ] **A** M Missionar m **B** ADJ Missions...

mit [mi] → mettre

mite [mit] F (Kleider)Motte f

mi-temps [mitɑ̃] **A** F ⟨inv⟩ SPORTS Halbzeit f **B** M ⟨inv⟩ a. **travail m à ~** Halbtagsarbeit f, Halbtagsjob m; **travailler à ~** halbtags arbeiten, Teilzeit arbeiten

miteux [mitø] ADJ ⟨-euse [-øz]⟩ schäbig

mitigé [mitiʒe] ADJ ⟨~e⟩ **1** gemäßigt **2** sentiments gemischt (**de** mit)

mitrailler [mitʀaje] VT **1** MIL beschießen; mit MG-Feuer belegen **2** fig bombardieren (**de questions** mit Fragen) **mitraillette** [mitʀajɛt] F Maschinenpistole f

mi-voix ADV **à ~** halblaut

mixer [miksɛʀ] M, **mixeur** [miksœʀ] M CUIS Mixer m

mixte [mikst] ADJ gemischt; **mariage m ~** Mischehe f

mixture [mikstyʀ] péj F à boire Gebräu n; à manger Mischmasch m

MJC [ɛmʒise] F ABR (= Maison de la jeunesse et de la culture) Jugendzentrum n

Mlle, Mlle ABR (= Mademoiselle) Fr.

Mme, Mme ABR (= Madame) Fr.

Mo ABR (= méga-octet) MB (Megabyte)

mobbing [mɔbiŋ] M Mobbing n

mobile [mɔbil] **A** ADJ beweglich; mobil **B** M **1** d'une action Beweggrund m; a. JUR Motiv n **2** objet décoratif Mobile n

mobilier [mɔbilje] **A** ADJ ⟨-ière [-jɛʀ]⟩ JUR beweglich **B** M Mobiliar n

mobilisation [mɔbilizasjɔ̃] F **1** MIL Mobilmachung f **2** par ext Mobilisierung f; Bereitstellung f; Einsatz m **mobiliser** [mɔbilize] **A** VT **1** MIL mobilisieren **2** sans objet mobil machen **3** par ext mobilisieren; ressources a. bereitstellen; personnel a. einsetzen **B** VPR **se ~** aktiv werden **mobilité** [mɔbilite] F Beweglichkeit f; a. de la main-d'œuvre Mobilität f

mobylette® [mɔbilɛt] F Mofa n

★**moche** [mɔʃ] fam ADJ **1** (≈ laid) hässlich; fam scheußlich **2** (≈ mauvais) übel; fam mies

★**mode¹** F 1 a. COUT Mode f; **à la ~** Mode...; modisch; **in Mode** 2 ⟨adjt⟩ Mode..., modisch

mode² [mɔd] M 1 (Art f und) Weise f; Modus m; ★ **~ d'emploi** Gebrauchsanweisung f; TECH Bedienungsanleitung f; **~ de vie** Lebensweise f 2 GRAM Modus m 3 MUS Tonart f

★**modèle** [mɔdɛl] M 1 a. fig Muster n; Vorlage f; fig Vorbild n 2 ⟨adjt⟩ Muster... 3 TECH, COUT, BEAUX-ARTS, a. personne Modell m **modeler** [mɔdle] VT ⟨-è-⟩ modellieren **modélisme** [mɔdelism] M Modellbau m

modem [mɔdɛm] M Modem n ou m

modération [mɔderasjɔ̃] F Mäßigung f **modéré** [mɔdere] ADJ ⟨-e⟩ mäßig, maßvoll; a. POL gemäßigt **modérément** [mɔderemɑ̃] ADV maßvoll; in, mit Maßen **modérer** [mɔdere] ⟨-è-⟩ A VT mäßigen; dämpfen B V/PR **se ~** sich mäßigen; maßhalten

★**moderne** [mɔdɛrn] ADJ modern **modernisation** [mɔdɛrnizasjɔ̃] F Modernisierung f **moderniser** [mɔdɛrnize] A VT modernisieren B V/PR **se ~** sich der neuen Zeit anpassen

modeste [mɔdɛst] ADJ bescheiden **modestie** [mɔdɛsti] F Bescheidenheit f

modification [mɔdifikasjɔ̃] F (Ab-, Ver)Änderung f **modifier** [mɔdifje] A VT (ab-, ver)ändern; modifizieren B V/PR **se ~** sich ändern; sich wandeln

modique [mɔdik] ADJ bescheiden; gering

modulation [mɔdylasjɔ̃] F MUS, ÉLEC Modulation f; RAD **~ de fréquence** Ultrakurzwelle f

module [mɔdyl] M 1 TECH, INFORM Modul n 2 par ext, a. de meubles Element n **moduler** [mɔdyle] VT MUS, ÉLEC modulieren 2 fig anpassen

moelle [mwal] F (Knochen)Mark n **moelleux** [mwalø] ADJ ⟨-euse [-øz]⟩ 1 étoffe weich und flauschig; tapis, coussin weich 2 fromage sahnig; vin voll und mild

mœurs [mœr(s)] FPL Sitten fpl

★**moi** [mwa] PR PERS 1 sujet ich; ★ **moi aussi** ich auch; ★ **moi non plus** ich auch nicht; **c'est moi** i c h bin's; **c'est moi qui ...** i c h ... 2 ⟨obj dir⟩ mich; mir obj indir

moi-même [mwamɛm] PR PERS 1 emphatique (ich) selbst 2 réfléchi mich selbst; **de ~** von mir selbst; von mir aus

moindre [mwɛ̃dr] ADJ 1 ⟨Komparativ von petit⟩ geringer; kleiner; minder 2 ⟨sup von petit⟩ **le ~, la ~** der, die, das geringste, kleinste, mindeste

moine [mwan] M Mönch m

moineau [mwano] M ⟨-x⟩ Spatz m; Sperling m

★**moins** [mwɛ̃] A ADV 1 ⟨Komparativ von peu⟩ weniger; **~ âgé** a. jünger; **~ de** (+ subst) weniger (+ subst); **~ que**, suivi d'un numéral **~ de** weniger als; **de ~ en ~** immer weniger; **être en ~** fehlen; ★ **à ~ que ... ne** (+ subj) conj, **à ~ de** + inf ou + subst es sei denn (, dass); wenn nicht; außer wenn; **~ ... ~ ...** je weniger ... umso ou desto weniger 2 MATH, a. température minus; weniger 3 ⟨sup von peu⟩ **le ~** am wenigsten; **★ au ~** wenigstens; mindestens; **tout au ~, pour le ~** (aller)mindestens, (-)wenigstens; zumindest; **du ~** wenigstens; zumindest B M **~ le ~** das Mindeste, Wenigste, Geringste; **c'est le ~ qu'on puisse dire** das kann man wohl sagen

★**mois** [mwa] M 1 Monat m; **par ~, tous les ~** monatlich 2 salaire Monatsgehalt n

moisi [mwazi] A ADJ ⟨-e⟩ schimm(e)lig, verschimmelt B M Schimmel m **moisir** [mwazir] VT (ver)schimmeln; schimm(e)lig werden **moisissure** [mwazisyr] F Schimmel(pilz) m

moisson [mwasɔ̃] F (Getreide)Ernte f **moissonneur** [mwasɔnœr] M Erntearbeiter m

moite [mwat] ADJ feucht

★**moitié** [mwatje] F Hälfte f; **à ~** halb; zur Hälfte; **à ~ plein** halb voll

mol [mɔl] → mou

molaire [mɔlɛr] F Backenzahn m

molécule [mɔlekyl] F Molekül n

molle [mɔl] → mou

mollet¹ [mɔlɛ] M Wade f

mollet² ADJ M **œuf ~** weiches Ei

mollusques [mɔlysk] MPL Weichtiere npl

môme [mom] fam ⟨m/f⟩ Kind n

★**moment** [mɔmɑ̃] M 1 Augenblick m; Moment m; Zeitpunkt m; **au ~ de** (+ inf) in dem Augenblick, Moment, als ich *etc*; gerade als ich *etc*; **à tout ~** jederzeit; **dans un ~** gleich; sofort; **d'un ~ à l'autre** jeden Augenblick, Moment; **du ~ que** (≈ *puisque*) da ja; da doch; **en ce ~** im Augenblick, Moment; momentan; zurzeit; **par ~s** dann und wann; mitunter; gelegentlich; **pour le ~** vorerst; für den *ou* im Augenblick ◨ PHYS Moment *n*

momentané [mɔmɑ̃tane] ADJ ⟨~e⟩ momentan, augenblicklich **momentanément** [mɔmɑ̃tanemɑ̃] ADV augenblicklich

momie [mɔmi] F Mumie *f*

★**mon** [mɔ̃] ADJ POSS ⟨*f* **ma** [ma]; *vor Vokal u. stummem h* **mon**; *pl* **mes** [me]⟩ mein(e)

monarchie [mɔnaʀʃi] F Monarchie *f*

monarque [mɔnaʀk] M Monarch *m*

monastère [mɔnastɛʀ] M Kloster *n*

mondain [mɔ̃dɛ̃] ADJ ⟨-aine [-ɛn]⟩ gesellschaftlich, Gesellschafts...; *personne* mondän

★**monde** [mɔ̃d] M ◨ Welt *f*; **l'autre ~** das Jenseits; **dans le ~**, **au ~** auf der Welt; **enfant mettre au ~** zur Welt bringen ◨ (≈ *gens*) Menschen *mpl*, Leute *pl*; (≈ *foule*) Menschenmenge *f*; viele Menschen, Leute ◨ ★ **tout le ~** jeder(mann); alle; alle Welt ◨ (≈ *haute société*) Gesellschaft *f*; **femme** *f*, **homme** *m* **du ~** Dame *f*, Mann *m* von Welt; Weltmann *m*

★**mondial** [mɔ̃djal] ADJ ⟨~e; -aux [-o]⟩ Welt..., global; weltweit **mondialisation** [mɔ̃djalizɑsjɔ̃] F Globalisierung *f*

monégasque [mɔnegask] A ADJ monegassisch B M/F **Monégasque** Monegasse *m*, Monegassin *f*

monétaire [mɔnetɛʀ] ADJ Währungs...

mongolien [mɔ̃ɡɔljɛ̃] ⟨-ienne [-jɛn]⟩ A ADJ MÉD mongoloid B M/F **~(ne)** mongoloider Mensch

moniteur[1] [mɔnitœʀ] M *appareil* Monitor *m*

moniteur[2] [mɔnitœʀ], **monitrice** [mɔnitʀis] ⟨*m,f*⟩ *d'une colonie de vacances* Betreuer(in) *m(f)*; **~, monitrice (d'auto-école)** Fahrlehrer(in) *m(f)*; **~, monitrice (de ski)** Skilehrer(in) *m(f)*

★**monnaie** [mɔnɛ] F ◨ *d'un État* Währung *f* ◨ *pièces* Münzen *fpl*, Kleingeld *n*; (≈ *change*) Wechsel *m*, Kleingeld *n* ◨ (≈ *somme rendue*) Wechselgeld *n*

monologue [mɔnɔlɔɡ] M *a.* THÉ Monolog *m*; Selbstgespräch *n*

monoparental [mɔnɔpaʀɑ̃tal] ADJ ⟨~e; -aux [-o]⟩ **famille ~e** Alleinerziehende(r) *m(f(m))*; Einelternfamilie *f*

monopole [mɔnɔpɔl] M ÉCON Monopol *n* **monopoliser** [mɔnɔpɔlize] VT ◨ ÉCON monopolisieren ◨ *fig* für sich in Anspruch nehmen

monotone [mɔnɔtɔn] ADJ monoton; eintönig **monotonie** [mɔnɔtɔni] F Monotonie *f*; Eintönigkeit *f*

★**monsieur** [məsjø] M ⟨**messieurs** [mesjø]⟩ ◨ *avec un nom ou titre* **~ Durand** Herr Durand ◨ *pour s'adresser à un homme* **Monsieur** + *nom de famille* Herr; *dans un magasin, a. fam* der Herr!; *au début d'une lettre*, + *nom de famille* Sehr geehrter Herr ◨ (≈ *homme*) Herr *m*

monstre [mɔ̃stʀ] M ◨ MYTH Ungeheuer *n*; Monster *n* ◨ *fig* (≈ *personne cruelle*) Monster *n*; Ungeheuer *n*; *a. très laide* Scheusal *n* ◨ ⟨*fam adjt*⟩ Monster...; riesig; ungeheuer **monstrueux** [mɔ̃stʀyø] ADJ ⟨-euse [-øz]⟩ ◨ (≈ *gigantesque*) ungeheuer; riesig ◨ (≈ *horrible*) ungeheuerlich; scheußlich

mont [mɔ̃] M Berg *m*

montage [mɔ̃taʒ] M ◨ TECH Montage *f*; Zusammenbau *m*; Einbau *m* (**dans** in + *acc*) ◨ ÉLEC Schaltung *f* ◨ FILM Montage *f*; Schnitt *m* ◨ **~ (photo)** Fotomontage *f*

montagnard [mɔ̃taɲaʀ] M/F ⟨-arde [-aʀd]⟩ **~(e)** Bergbewohner(in) *m(f)*

★**montagne** [mɔ̃taɲ] F ◨ Berg *m* ◨ *ou* **~s** *pl* Gebirge *n*; Berge *mpl*; °**haute ~** Hochgebirge *n* ◨ *fig* Berg *m* ◨ **~s russes** Berg-und-Tal-Bahn *f*; Achterbahn *f* **montagneux** [mɔ̃taɲø] ADJ ⟨-euse [-øz]⟩ bergig; gebirgig

montant [mɔ̃tɑ̃] A ADJ ⟨-ante [-ɑ̃t]⟩ ◨ *chemin* (an)steigend; **la génération ~e** die kommende, junge Generation ◨ *robe* hochgeschlossen; **chaussure ~e** hoher Schuh, Stiefel *m* B M (≈ *somme*) Betrag *m*, Summe *f*; *d'une somme* Höhe *f*

★**montée** [mɔ̃te] F ◨ *a.* ◨ *d'un ballon* Aufstieg *m*; *en ascenseur* Auffahrt *f*; Hinauffahren *n*; *en téléphérique* Bergfahrt *f*; *des eaux* (An)Steigen *n* ◨ (≈ *augmentation*) Anstieg *m* ◨ (≈ *pente*) Steigung *f*

★**monter** [mɔ̃te] A VT ◨ *escalier, marches, côte* hinauf- *ou* herauf-, hoch-;

fam raufgehen, -steigen, -kommen; (≈*en*) *voiture* hinauffahren ❷ *objet* hinauf- *ou* herauf-, hoch-; *fam* raufbringen, -tragen, -schaffen ❸ *cheval* reiten ❹ TECH montieren; zusammenbauen; *tente, échafaudage* aufbauen; aufschlagen; aufstellen; ÉLEC schalten; COUT *manche* einsetzen; *film* montieren ❺ *une affaire* aufbauen; gründen; *spectacle* zur Aufführung bringen; herausbringen ❻ *femelle* decken; bespringen Ⓑ V/I ⟨*meist être; wenn e-e Person Subjekt ist*⟩ ❶ steigen (**à, sur** auf + *acc*); hinauf- *ou* herauf-, hoch-; *fam* raufgehen, -steigen, -kommen; *dans un véhicule* einsteigen (**dans, en** in + *acc*); besteigen (+ *acc*) ❷ *route* ansteigen; *avion, brouillard, odeurs* aufsteigen; *eaux, température* steigen; *lait qui bout* hochkommen; *flammes* hochschlagen; *fig prix* steigen; *fig ton* scharf, gereizt, heftig werden; *vin* ~ **à la tête** zu Kopf steigen; *vêtement* ~ (**jusqu'**) **à** gehen, reichen bis zu ❸ ~ (**à cheval**) reiten Ⓒ V/PR ❶ *somme, dépenses* **se** ~ **à** sich belaufen auf (+ *acc*); betragen; ausmachen ❷ *sens passif* **se** ~ **facilement** *appareil, meuble* leicht zu montieren sein

monteur [mɔ̃tœʀ] M., **monteuse** [mɔ̃tøz] F ❶ TECH Monteur(in) m(f) ❷ FILM Cutter(in) m(f)

montgolfière [mɔ̃gɔlfjɛʀ] F Heißluftballon m

★ **montre** [mɔ̃tʀ] F (Armband-, Taschen-) Uhr f **montre-bracelet** F ⟨montres-bracelets⟩ Armbanduhr f

★ **montrer** [mɔ̃tʀe] Ⓐ V/T zeigen; *papiers a.* vorzeigen; ~ **qn, qc du doigt** (mit dem Finger) auf j-n, etw zeigen Ⓑ V/PR **se** ~ sich zeigen; sich sehen, blicken lassen; **se** ~ **courageux** sich mutig zeigen; sich als mutig erweisen

monture [mɔ̃tyʀ] F ❶ *d'un bijou* Fassung f ❷ *animal* Reittier n

★ **monument** [mɔnymɑ̃] M ❶ *a. fig* Denkmal n, Monument n ❷ *édifice* Bauwerk n; Baudenkmal n **monumental** [mɔnymɑ̃tal] ADJ ⟨~e; -aux [-o]⟩ ❶ (≈ *imposant*) monumental ❷ *fam fig* gewaltig

★ **moquer** [mɔke] Ⓐ V/PR ❶ **se** ~ **de** (≈ *tourner en ridicule*) sich lustig machen, sich mokieren über (+ *acc*); spotten über (+ *acc*); verspotten ❷ **se** ~ (≈ *ne pas se soucier de*) sich nicht kümmern um ❸ **se** ~ (≈ *berner*) an der Nase herumführen; zum Narren halten **moquerie** [mɔkʀi] F Spott m

★ **moquette** [mɔkɛt] F Teppichboden m

moqueur [mɔkœʀ] Ⓐ ADJ ⟨-euse [-øz]⟩ spöttisch Ⓑ M Spötter m

moral [mɔʀal] Ⓐ ADJ ⟨~e; -aux [-o]⟩ ❶ *conduite, valeur, etc* moralisch, sittlich ❷ (≈ *psychique*) seelisch, geistig Ⓑ M Moral f; seelische, innere Verfassung **morale** [mɔʀal] F (≈ *valeurs morales*) Moral f; Sittlichkeit f **moralité** [mɔʀalite] F (≈ *qualité morale*) Moral f; Sittlichkeit f

moratoire [mɔʀatwaʀ] M Moratorium n

★ **morceau** [mɔʀso] M ⟨~x⟩ Stück n **morceler** [mɔʀsəle] V/T ⟨-ll-⟩ zerstückeln; aufteilen

mordant [mɔʀdɑ̃] ADJ ⟨-ante [-ɑ̃t]⟩ bissig; *critique* beißend, scharf

★ **mordre** [mɔʀdʀ] ⟨→ *rendre*⟩ Ⓐ V/T beißen (**qn à la jambe** j-n ins Bein); *personne* ~ **qc** *en mangeant* auf etw (*acc*) beißen; (≈ *ronger*) auf etw (*dat*) herumbeißen ❷ *acide: métal, etc* angreifen Ⓑ V/T INDIR ❶ *poisson* ~ (**à l'appât**) anbeißen ❷ ~ **dans qc** in etw (*acc*) beißen Ⓒ V/I *mécanisme, vis* greifen Ⓓ V/PR **se** ~ **les lèvres** *a. fig* sich (*dat*) auf die Lippen beißen; *fig* **se** ~ **les doigts de qc** etw bereuen

morgue [mɔʀg] F ❶ *bâtiment* Leichenschauhaus n ❷ (≈ *orgueil*) Dünkel m

morne [mɔʀn] ADJ trübselig; *personne a.* trübsinnig; *existence, paysage a.* trist

morose [mɔʀoz] ADJ missmutig; verdrossen **morosité** [mɔʀozite] F Missmut m; Verdrossenheit f

morse [mɔʀs] M ZOOL Walross n

morsure [mɔʀsyʀ] F Biss m

★ **mort**[1] [mɔʀ] F *a. fig* Tod m; **condamner qn à** ~ j-n zum Tode verurteilen ❷ *emploi adverbial* **à** ~ tödlich; zu Tode; *combat* auf Leben und Tod

★ **mort**[2] [mɔʀ] Ⓐ PP & ADJ ⟨~e [mɔʀt] → *mourir*⟩ tot; *personne a.* gestorben; *soldat* gefallen; BOT, MÉD tot, abgestorben; *bois* dürr; *ville* (wie) tot, ausgestorben; *fam moteur fam* kaputt, hin; ~ (**de fatigue**) todmüde; **être** ~ **de peur** vor Angst wie gelähmt; *fam* vor Angst halb tot sein Ⓑ M(F) ⟨~(e)⟩ Tote(r) m/f(m); (≈ *victime*) Todesopfer n Ⓒ M **faire le** ~ sich tot stellen; *fig* sich nicht rühren; nichts von sich hören lassen; *accident* **faire deux ~s** *pl* zwei Todesopfer fordern

mortalité [mɔʀtalite] F Sterblichkeit *f*

mortel [mɔʀtɛl] A ADJ ⟨~le⟩ 1 *être vivant* sterblich 2 *maladie, poison, danger* tödlich 3 *fam* (= *très ennuyeux*) sterbenslangweilig; zum Sterben, tödlich langweilig B M/F **~(le)** Sterbliche(r) *m/f(m)*

mortellement [mɔʀtɛlmɑ̃] ADV 1 **~ blessé** tödlich verletzt 2 **~ ennuyeux** sterbenslangweilig

mort-né [mɔʀne] A ADJ ⟨~e⟩ 1 *enfant* tot geboren 2 *fig projet* ein tot geborenes Kind B M ⟨~s⟩ Totgeburt *f*

morue [mɔʀy] F ZOOL Kabeljau *m*

morve [mɔʀv] F Nasenschleim *m*

mosaïque [mɔzaik] F *a. fig* Mosaik *n*

Moscou [mɔsku] Moskau *n*

Moselle [mɔzɛl] F **la ~** *rivière* die Mosel

mosquée [mɔske] F Moschee *f*

★ **mot** [mo] M Wort *n*; *d'une langue étrangère a.* Vokabel *f*; **bon mot, mot d'esprit** Bonmot *n*; geistreiche, witzige Bemerkung; **mot de passe** Kennwort *n*; MIL *a.* Losung(swort) *f(n)*; Parole *f*; INFORM Passwort *n*; **mot à mot** [motamo] wörtlich; **mot pour mot** wortwörtlich; Wort für Wort; **au bas mot** mindestens; bei vorsichtiger Schätzung; **en un mot** mit einem Wort; kurz; **sans mot dire** wortlos; ohne ein Wort zu sagen; **avoir le dernier mot** das letzte Wort haben; **prendre qn au mot** j-n beim Wort nehmen

motard [mɔtaʀ] *fam* M Motorradfahrer *m*

★ **moteur** [mɔtœʀ] A ADJ ⟨-trice [-tʀis]⟩ 1 ANAT motorisch, Bewegungs... 2 TECH Antriebs... B M 1 TECH Motor *m* 2 INFORM **~ de recherche** Suchmaschine *f* 3 *fig* Motor *m*, treibende Kraft

motif [mɔtif] M 1 (= *raison*) Motiv *n*; (Beweg)Grund *m* 2 (= *sujet*), *a.* MUS Motiv *n*; *d'un tissu a.* Muster *n*

motivation [mɔtivasjɔ̃] F Motivation *f*; **~s** *pl* Beweggründe *mpl* **motivé** [mɔtive] ADJ ⟨~e⟩ 1 *personne* motiviert 2 *refus, plaintes* begründet **motiver** [mɔtive] VT 1 (= *justifier*) begründen; motivieren 2 **~ qn** j-n motivieren

★ **moto** [mɔto] F Motorrad *n* **motocycliste** [mɔtɔsiklist] M/F Motorradfahrer(in) *m(f)*

motoriser [mɔtɔʀize] VT *fam* **être motorisé** motorisiert sein

motrice [mɔtʀis] F Triebwagen *m*

★ **mou** [mu] A ADJ ⟨*m vor Vokal u. stummem h* mol [mɔl] *f* molle [mɔl]⟩ 1 *substance, matelas, etc* weich 2 *fig* willen-, energielos; schlaff; schlapp; *fam* lahm B M BOUCHERIE Lunge *f*

mouchard [muʃaʀ] M, **moucharde** [muʃaʀd] F (= *espion*) Spitzel *m* **moucharder** [muʃaʀde] *fam* VT 1 (= *espionner*) (herum)spionieren; *qn* bespitzeln 2 (= *dénoncer*) *fam* verpetzen

★ **mouche** [muʃ] F ZOOL Fliege *f*

moucher [muʃe] A VT 1 die Nase putzen (**qn** j-m) 2 *fam fig* **se faire ~** abgekanzelt, *fam* heruntergeputzt werden B V/PR **se ~** sich (*dat*) die Nase putzen; sich schnäuzen ★ **mouchoir** [muʃwaʀ] M Taschentuch *n*

moudre [mudʀ] VT ⟨je mouds; il moud; nous moulons; je moulais; je moulus; je moudrai; que je moule; moulant; moulu⟩ mahlen

moue [mu] F schiefes Gesicht; **faire la ~** ein (schiefes) Gesicht; *fam* e-n Flunsch ziehen

mouette [mwɛt] F Möwe *f*

★ **mouillé** [muje] ADJ ⟨~e⟩ nass; (= *humide*) feucht

mouiller [muje] A VT 1 nass machen; (= *humidifier*) anfeuchten 2 *ancre* (aus)werfen B V/I *bateau* vor Anker gehen; ankern C V/PR 1 **se ~** nass werden; *a. yeux* feucht werden; *personne a.* sich nass machen 2 *fam fig* **se ~** sich kompromittieren; ein Risiko eingehen

moulage [mulaʒ] M TECH Formguss *m*; Gießen *n*

moule[1] [mul] M 1 TECH, SCULP (Guss-, Gieß)Form *f* 2 CUIS Back-, Kuchenform *f*

moule[2] F ZOOL Miesmuschel *f*; **~s** *fpl* **marinières** in Weißwein gedünstete Miesmuscheln

★ **moulin** [mulɛ̃] M Mühle *f*

moulu [muly] PP & ADJ ⟨~e⟩ gemahlen

mourant [muʀɑ̃] A ADJ sterbend B M/F **~(e)** Sterbende(r) *m/f(m)*

★ **mourir** [muʀiʀ] V/I ⟨je meurs; il meurt; nous mourons; ils meurent; je mourais; je mourus; je mourrai; que je meure; que nous mourions; mourant; être mort⟩ *personne* sterben (**de** an +

dat); **dans un accident** umkommen; **ums Leben** kommen; *fig* **~ de chaleur** vor Hitze umkommen; **~ de froid** erfrieren
mousquetaire [muskətɛʀ] M̄ Musketier *m*
mousse¹ [mus] F̄ **1** BOT Moos *n* **2** *(≈écume)* Schaum *m*; **~ coiffante** Schaumfestiger *m*; **~ à raser** Rasierschaum *m* **3** CUIS Mousse *f*; **~ au chocolat** Schokoladencremespeise *f*
mousse² [mus] M̄ MAR Schiffsjunge *m*
mousser [muse] V̄I schäumen **mousseux, -euse** [musø, -øz] ADJ schäumend; *(vin m)* ~ m Schaumwein; Sekt *m*
moustache [mustaʃ] F̄ Schnurrbart *m*
moustiquaire [mustikɛʀ] F̄ Moskitonetz *m* ★ **moustique** [mustik] M̄ (Stech)Mücke *f*
★ **moutarde** [mutaʀd] F̄ *a.* BOT Senf *m*
★ **mouton** [mutɔ̃] M̄ **1** ZOOL Schaf *n*; *mâle castré* Hammel *m* **2** *viande* Hammelfleisch *n*
★ **mouvement** [muvmɑ̃] M̄ **1** *a. fig* POL Bewegung *f* **2** MUS Tempo *n*; Zeitmaß *n*; *partie d'une œuvre* Satz *m* **3** *(≈impulsion)* Reaktion *f*; (Gefühls)Regung *f*; *de colère* Anwandlung *f* (**de** von); Aufwallung *f* (**+** *gén*) **4** *(≈animation)* reges Leben (und Treiben)
mouvementé [muvmɑ̃te] ADJ *(~e)* vie bewegt; wechselvoll; *séance* erregt, stürmisch
mouvoir [muvwaʀ] ⟨je meus; il meut; nous mouvons; ils meuvent; je mouvais, je mus; je mouvrai; que je meuve; que nous mouvions; mouvant; mû, mue; *selten bis auf inf, présent ind u. pp*⟩
A V̄T bewegen B V̄PR **se ~** sich bewegen
★ **moyen¹** [mwajɛ̃] ADJ ⟨~ne [mwajɛn]⟩ **1** *(≈intermédiaire)* mittlere, Mittel...; **Moyen Âge** Mittelalter *n* **2** *(≈en moyenne)* durchschnittlich, Durchschnitts... **3** *résultats, élève* mittelmäßig
★ **moyen²** M̄ **1** Mittel *n*; **~ de transport** Transport-, Verkehrsmittel *n*; **~ de paiement** Zahlungsmittel *n*; **au ~ de** mit (+ *dat*); mithilfe von *(ou* + *gén)*; mittels (+ *gén*) **2** **~s** *pl d'une personne* Fähigkeiten *fpl*; Begabung *f*; *physiques* Kräfte *fpl*; **par ses propres ~s** aus eigener Kraft; ohne fremde Hilfe **3** **~s** *pl (≈financiers)* Mittel

npl; **vivre au-dessus de ses ~s** über s-e Verhältnisse leben
Moyen-Âge [mwajɛnɑʒ] M̄ Mittelalter *n*
moyenâgeux [mwajɛnɑʒø] ADJ ⟨-euse [-øz]⟩ *a. péj* mittelalterlich
moyennant [mwajɛnɑ̃] PRÉP mittels (+ *gén*); für (+ *acc*); gegen (+ *acc*)
moyenne [mwajɛn] F̄ Durchschnitt *m*; Mittelwert *m*; **en ~** durchschnittlich; im Durchschnitt; im Mittel; *fam* **~** Schnitt
moyennement [mwajɛnmɑ̃] ADV mittelmäßig
Moyen-Orient [mwajɛnɔʀjɑ̃] M̄ **le ~** der Mittlere Osten
MP3 [ɛmpetʀwa] M̄ ABR (*=* moving picture experts group audio layer 3) A M̄ MP3 *n*; *par ext* MP3-Player *m* B ADJ **baladeur ~**, **lecteur ~** MP3-Player *m*
mû [my] PP → **mouvoir**
mue [my] F̄ **1** *des oiseaux* Mauser *f*; *des serpents* Häutung *f* **2** *de la voix* Stimmbruch *m* **muer** [mɥe] V̄I **1** *oiseaux* sich mausern; *serpents* sich häuten **2** *jeune homme* im Stimmbruch sein
muesli [mysli] M̄ Müsli *n*, Müesli *n*
★ **muet** [mɥɛ] ⟨~te [mɥɛt]⟩ A ADJ *a. fig* stumm; **cinéma, film ~** Stummfilm *m*; *loi, règlement* **être ~ sur qc** über etw *(acc)* nichts sagen B M̄/F̄ **~(te)** Stumme(r) *m/f(m)*
muguet [mygɛ] M̄ BOT Maiglöckchen *n*
mule¹ [myl] F̄ ZOOL weibliches Maultier, Mauleselin *f*
mule² [myl] F̄ *pantoufle* Pantoffel *m*
mulet [mylɛ] (**grand**) **~** Maultier *n*; (**petit**) **~** Maulesel *m*
multicolore [myltikɔlɔʀ] ADJ mehr-, vielfarbig; bunt **multinational** ADJ ⟨~e; -aux [-o]⟩ multinational
multiple [myltipl] ADJ mehrfach; vielfach; vielfältig
multiplication [myltiplikɑsjɔ̃] F̄ **1** MATH Multiplizieren *n* **2** *(≈augmentation)*, *a.* BIOL Vermehrung *f* **multiplier** [myltiplije] A V̄T **1** MATH malnehmen, multiplizieren (**par** mit) **2** *tentatives* mehrfach wiederholen; *erreurs, difficultés* vermehren B V̄PR **se ~ 1** *cas, incidents, etc* sich häufen; sich mehren; zunehmen **2** *êtres vivants* sich vermehren
multitude [myltityd] F̄ **1** *(≈grand nombre)* Vielzahl *f* **2** *st/s (≈foule)* Menge *f*

muni [myni] → munir
Munich [mynik] München n
municipal [mynisipal] ADJ ⟨~e; -aux [-o]⟩ kommunal, Gemeinde... **municipalité** [mynisipalite] F ❶ (≈ corps municipal) Gemeindevorstand m ❷ (≈ commune) Gemeinde f
munir [mynir] A VT versehen, ausstatten (**de** mit) B VPR **se ~ de qc** sich mit etw versehen; (≈ emporter) etw mitnehmen
munitions [mynisjɔ̃] FPL Munition f
★**mur** [myr] M a. fig Mauer f; d'une habitation a. Wand f; fig **mettre qn au pied du mur** j-n in die Enge treiben
★**mûr** [myr] ADJ ⟨mûre⟩ a. fig personne, abcès reif; fruit **trop mûr** überreif
muraille [myraj] F (Stadt-, Befestigungs)Mauer f
mural [myral] ADJ ⟨~e; -aux [-o]⟩ Wand...
mûre [myr] F **~ (sauvage)** Brombeere f
murer [myre] A VT fenêtre, porte zumauern; lieu ummauern B VPR fig **se ~ dans son silence** sich in Schweigen hüllen
mûrir [myrir] A VT a. fig projet reifen lassen; fig personne reifer werden lassen B VI a. fig personne reifen; reif werden; fig personne a. reifer werden; fig projet (heran)reifen
murmure [myrmyr] M ❶ Murmeln n; Gemurmel n ❷ poét de l'eau Murmeln n **murmurer** [myrmyre] VI ❶ personne murmeln (a. v/t) ❷ poét eau murmeln; plätschern; vent, feuilles säuseln
muscat [myska] M Muskateller m
★**muscle** [myskl] M Muskel m **musclé** [myskle] ADJ ⟨~e⟩ muskulös **musculaire** [myskyler] ADJ Muskel... **musculature** [myskylatyr] F Muskulatur f
museau [myzo] M ⟨~x⟩ de chien, de chat, etc Schnauze f
★**musée** [myze] M Museum n
muselière [myzəljer] F Maul-, Beißkorb m
musical [myzikal] ADJ ⟨~e; -aux [-o]⟩ musikalisch, Musik...
★**musicien** [myzisjɛ̃], **musicienne** [myzisjɛn] A M/F Musiker(in) m(f) B ADJ **être ~, ~ne** musikalisch sein
★**musique** [myzik] F ❶ Musik f ❷ écrite Noten fpl

musulman [myzylmɑ̃] ⟨-ane [-an]⟩ A ADJ moslemisch, muslimisch B M(F) **~(e)** Moslem(in) m(f)
mutation [mytasjɔ̃] F ❶ à un autre poste Versetzung f; **demander sa ~** um s-e Versetzung bitten ❷ BIOL Mutation f ❸ fig (tief greifender) Wandel **muter** [myte] VT versetzen
mutilé(e) [mytile] M(F) Versehrte(r) m/f(m) **mutiler** [mytile] VT a. fig verstümmeln
mutin [mytɛ̃] A ADJ ⟨-ine [-in]⟩ schelmisch B M Meuterer m **mutinerie** [mytinri] F Meuterei f
mutisme [mytism] M Schweigen n; Stummheit f
mutuel [mytɥɛl] ADJ ⟨~le⟩ gegenseitig
myope [mjɔp] ADJ a. fig kurzsichtig
myosotis [mjɔzɔtis] M Vergissmeinnicht n
myrtille [mirtij] F Heidelbeere f
★**mystère** [mister] M ❶ Geheimnis n ❷ REL Mysterium n ★**mystérieux** [misterjø] ADJ ⟨-euse [-øz]⟩ geheimnisvoll
mystifier [mistifje] VT hereinlegen; täuschen
mythe [mit] M a. par ext Mythos m; (Götter-, Helden)Sage f **mythique** [mitik] ADJ mythisch **mythomane** [mitɔman] A ADJ zum Fabulieren neigend B M/F Fabulierer(in) m(f)

N

N, n [ɛn] M ⟨inv⟩ N, n n
n' [n] → ne
nacre [nakr] F Perlmutt n
nage [naʒ] F ❶ Schwimmen n; **~ libre** Freistilschwimmen n; **~ sur le dos** Rückenschwimmen n; **à la ~** schwimmend ❷ **être en ~** in Schweiß gebadet sein
nageoire [naʒwar] F Flosse f
★**nager** [naʒe] ⟨-ge-⟩ A VT distance schwimmen; **~ la brasse** brustschwimmen B VI ❶ a. fig **dans le bonheur** schwimmen ❷ fam (≈ être dans l'embar-

ras) schwimmen **nageur** [naʒœʀ] M̲, **nageuse** [naʒøz] F̲ Schwimmer(in) m(f)
naïf [naif] ADJ ⟨**naïve** [naiv]⟩ naiv
nain [nɛ̃] M,F, **naine** [nɛn] Zwerg(in) m(f)
★**naissance** [nɛsɑ̃s] F̲ ❶ Geburt f ❷ fig Entstehung f; *du jour* Anbruch m
★**naître** [nɛtʀ] VI ⟨je nais; il naît; nous naissons; je naissais; je naquis; je naîtrai; que je naisse; naissant; être né⟩ ❶ *personne* geboren werden; zur Welt kommen ❷ *fig* entstehen; *amour* aufkeimen; **faire ~** entstehen lassen; hervorrufen
naïveté [naivte] F̲ Naivität f
nana [nana] *fam* F̲ Tussi f
★**nappe** [nap] F̲ ❶ Tischtuch n, Tischdecke f ❷ **~ de brouillard** Nebelbank f; **~ de pétrole** *gisement* Erdölschicht f; *sur la mer* Ölteppich m; **~ phréatique** Grundwasserspiegel m
naquit [naki] → naître
narcisse [naʀsis] M̲ Narzisse f
narguer [naʀge] V/T verhöhnen
narine [naʀin] F̲ Nasenloch n
narquois [naʀkwa] ADJ ⟨-oise [-waz]⟩ spöttisch
narrateur [naʀatœʀ] M̲, **narratrice** [naʀatʀis] F̲ Erzähler(in) m(f) **narration** [naʀasjɔ̃] F̲ Erzählung f
nasal [nazal] ADJ ⟨~e; -aux [-o]⟩ PHON nasal; **~e** *subst* f Nasal m
natal [natal] ADJ ⟨~e; -als⟩ Geburts..., Heimat...; **pays ~** Heimat f; **maison ~e** Geburtshaus n
★**natation** [natasjɔ̃] F̲ Schwimmsport m; Schwimmen n
natif [natif] ADJ ⟨-ive [-iv]⟩ **~ de** gebürtig aus
★**nation** [nasjɔ̃] F̲ Nation f ★**national** [nasjɔnal] ADJ ⟨~e; -aux [-o]⟩ national, National...; Volks...; inländisch, Inlands...; **(route) ~e** f *correspond à* Bundesstraße f **nationaliser** [nasjɔnalize] V/T verstaatlichen ★**nationalité** [nasjɔnalite] F̲ Staatsangehörigkeit f
natte [nat] F̲ ❶ *tapis* Matte f ❷ *tresse* Zopf m
naturaliser [natyʀalize] V/T *étranger* einbürgern; naturalisieren
naturaliste [natyʀalist] A ADJ naturalistisch B M̲ *peintre, romancier* Naturalist m

★**nature** [natyʀ] F̲ ❶ (≈ *monde physique*) Natur f ❷ (≈ *caractère*), *a. personne* Natur f; *de qn a.* Wesensart f; *de qc a.* Beschaffenheit f ❸ ⟨*adjt inv; inv*⟩ CUIS nature; ohne besondere Zutaten; *café* schwarz; *fam par ext personne* **être ~** unbefangen, natürlich sein
★**naturel** [natyʀɛl] A ADJ ⟨~le⟩ ❶ natürlich; Natur...; *aliment* naturrein; naturbelassen ❷ *personne, geste, style* natürlich ❸ (≈ *normal*) natürlich B M̲ ❶ (≈ *caractère de qn*) Naturell n ❷ (≈ *simplicité*) Natürlichkeit f ❸ **au ~** *conserves* ohne besondere Zutaten; (≈ *en réalité*) in natura; in Wirklichkeit
★**naturellement** [natyʀɛlmɑ̃] ADV (≈ *évidemment*) natürlich
naufrage [nofʀaʒ] M̲ Schiffbruch m; *bateau* **faire ~** untergehen **naufragé(e)** [nofʀaʒe] M(F) Schiffbrüchige(r) m/f(m)
nausée [noze] F̲ ❶ Übelkeit f; **avoir des ~s, la ~** Brechreiz haben; würgen (müssen) ❷ *fig* Ekel m
nautique [notik] ADJ ❶ MAR nautisch ❷ **ski m ~** Wasserski n
naval [naval] ADJ ⟨~e; -als⟩ ❶ TECH Schiffs... ❷ MAR MIL Marine..., See...
navet [navɛ] M̲ Weiße Rübe
navette [navɛt] F̲ ❶ *service* Pendelverkehr m; *bus* Pendelbus m; *train* Pendelzug m; **faire la ~** pendeln (**entre ... et ...** zwischen ... + *dat* und ...) ❷ ★ **~ spatiale** Raumfähre f
navigateur [navigatœʀ] M̲ ❶ AVIAT, MAR Navigator m ❷ (≈ *marin*) Seefahrer m ❸ INFORM **~ (Web)** (Web-)Browser [-bʀauzəʀ] m
navigation [navigasjɔ̃] F̲ ❶ MAR Schifffahrt f ❷ **~ aérienne** Luftfahrt f ❸ TECH Navigation f
naviguer [navige] VI *bateau* fahren; *marin* zur See fahren; *voilier* segeln; AVIAT fliegen
navire [naviʀ] M̲ Schiff n
navrant [navʀɑ̃] ADJ ⟨-ante [-ɑ̃t]⟩ betrüblich, (sehr) bedauerlich **navré** [navʀe] ADJ ⟨~e⟩ **je suis ~** es tut mir sehr leid
NB [ɛnbe] ABR, **N. B.** ABR (= *nota bene*) Anm. (*Anmerkung*)
★**ne** [n(ə)] ADV ⟨*vor Vokal u. stummem h* n'⟩
★ **ne ... pas** nicht; **ne ... pas de** (+ *subst*) kein(e); ★ **ne ... jamais** nie(mals); **ne ...**

personne niemand; ★ **ne ... plus** nicht mehr; ★ **ne ... que** nur; *temporel* erst; **ne ... rien** nichts

né [ne] PP & ADJ ⟨née⟩ geboren

néanmoins [neɑ̃mwɛ̃] ADV dennoch; nichtsdestoweniger

néant [neɑ̃] M **le ~** das Nichts

nécessaire [neseseʀ] A ADJ nötig; notwendig B M 1 **le ~** das Nötige, Notwendige 2 **~ de voyage** Reisenecessaire n

nécessité [nesesite] F 1 Notwendigkeit f; **de première ~** lebensnotwendig; **par ~** notgedrungen 2 **~s** pl Erfordernisse npl **nécessiter** [nesesite] VT erfordern

nectarine [nɛktaʀin] F Nektarine f

néerlandais [neeʀlɑ̃dɛ] ⟨-aise [-ɛz]⟩ A ADJ niederländisch B SUBST **Néerlandais(e)** m(f) Niederländer(in) m(f)

nef [nɛf] F ARCH (Kirchen)Schiff n

néfaste [nefast] ADJ verhängnisvoll

négatif [negatif] ⟨-ive [-iv]⟩ A ADJ 1 *critique, a.* MÉD, ÉLEC, MATH negativ 2 *réponse, a.* GRAM verneinend; abschlägig B M PHOT Negativ m C F **dans la négative** wenn nicht, bei e-r Absage; **répondre par la négative** verneinen, ablehnen

négation [negasjɔ̃] F Verneinung f

négligé [negliʒe] ADJ ⟨-e⟩ *tenue* nachlässig, unordentlich; *personne* ungepflegt; *travail* fam schlampig **négligeable** [negliʒabl] ADJ unerheblich **négligence** [negliʒɑ̃s] F Nachlässigkeit f **négligent** [negliʒɑ̃] ADJ ⟨-ente [-ɑ̃t]⟩ *personne* nachlässig, fam schlampig

★ **négliger** [negliʒe] ⟨-ge-⟩ A VT vernachlässigen; *conseil* außer Acht lassen; **~ de faire qc** versäumen, etw zu tun B VPR **se ~** sich vernachlässigen

négociant [negɔsjɑ̃] M (Groß)Händler m

négociation [negɔsjasjɔ̃] F Verhandlung f

négocier [negɔsje] A VT *accord* aushandeln; verhandeln über (+ *acc*) B VI verhandeln (**avec mit**)

nègre [nɛgʀ] M, **négresse** [negʀɛs] *très offensif* F (= *Noir*) Schwarze(r) m/f(m)

★ **neige** [nɛʒ] F *a. argot* cocaïne Schnee m ★ **neiger** [neʒe] VIMPF ⟨-ge-⟩ **il neige** es schneit

nénuphar [nenyfaʀ] M Seerose f

nerf [nɛʀ] M 1 ANAT Nerv m 2 (= *vigueur*) Kraft f; Energie f

★ **nerveux** [nɛʀvø] ⟨-euse [-øz]⟩ A ADJ 1 ANAT Nerven... 2 *personne, rire, etc* nervös 3 *mains* nervig 4 *cheval* schnell reagierend; *voiture* spritzig B M,F **~, nerveuse** nervöser Mensch **nervosité** [nɛʀvozite] F Nervosität f

nervure [nɛʀvyʀ] F BOT *a.* ARCH, AVIAT Rippe f

★ **n'est-ce pas** [nɛspa] ADV nicht (wahr)?

net [nɛt] A ADJ ⟨nette [nɛt]⟩ 1 (= *propre*) sauber; rein(lich) 2 (= *clair*) klar; (= *distinct*) deutlich; *réponse a.* eindeutig; *image, photo* scharf 3 COMM Netto... B ADV ⟨inv⟩ 1 (= *brusquement*) plötzlich; mit einem Mal; *tuer* auf der Stelle 2 (= *carrément*) (**tout**) **net** klar und deutlich; unmissverständlich; *refuser* rundweg

Net [nɛt] M INFORM Netz n; (**surfer**) **sur le Net** im Netz (surfen)

★ **nettement** [nɛtmɑ̃] ADV 1 (= *clairement*) klar und deutlich; unmissverständlich 2 (= *distinctement*) deutlich **netteté** [nɛtte] F (= *clarté*) Klarheit f; Deutlichkeit f

nettoyage [nɛtwajaʒ] M Reinigung f; *a.* MIL Säuberung f; **~ à sec** chemische Reinigung; Trockenreinigung f

★ **nettoyer** [nɛtwaje] VT ⟨-oi-⟩ reinigen; säubern; sauber machen

★ **neuf¹** [nœf] A ADJ ⟨neuve [nœv]⟩ neu B M 1 **du ~** (etwas) Neues; neue Sachen fpl; **quoi de ~?** was gibt's Neues? 2 *logement* **refaire à ~** renovieren, neu herrichten

★ **neuf²** [nœf] A NUM neun; **être ~** zu neunt sein; **le ~ juin** der neunte *ou* am neunten Juni B M ⟨inv⟩ Neun f

neutraliser [nøtʀalize] VT neutralisieren; unschädlich machen **neutralité** [nøtʀalite] F Neutralität f

neutre [nøtʀ] A ADJ 1 *État* neutral 2 *personne* neutral; unparteiisch 3 GRAM sächlich B M GRAM Neutrum n

neuvième [nœvjɛm] A NUM neunte B M,F **le, la ~** der, die, das Neunte C M MATH Neuntel n

★ **neveu** [n(ə)vø] M ⟨-x⟩ Neffe m

névrose [nevʀoz] F Neurose f

★ **nez** [ne] M *a. fig d'un avion* Nase f

NF [ɛnɛf] ABR, **N.F.** (= **norme française**) **norme** f **N.F.** französisches Normenwerk

ni [ni] CONJ ⟨bei Verb mit ne⟩ und nicht; ★ **ni ... ni ...** weder ... noch ...; **sans ... ni ... ohne ... und ...**

niais [njɛ] ADJ ⟨~e [njɛz]⟩ einfältig, albern

niaiseries [njɛzri] FPL Unsinn m

Nice [nis] Nizza n

niche [niʃ] F ❶ dans un mur Nische f ❷ de chien Hundehütte f

nichée [niʃe] F fam Brut f

nicher [niʃe] A VI ❶ oiseaux nisten ❷ fam fig personne hausen B VPR **se ~ fig** (= se blottir) sich schmiegen; (= se cacher) sich verstecken

nicotine [nikɔtin] F Nikotin n

★**nid** [ni] M a. fig Nest n

★**nièce** [njɛs] F Nichte f

nième [ɛnjɛm] ADJ ❶ MATH n-te ❷ fam **pour la ~ fois** zum x-ten Mal

★**nier** [nje] VT & VI leugnen

★**n'importe ...** [nɛ̃pɔʀt] **n'importe qui, quoi** irgendjemand, irgend(et)was; **n'importe où, comment, quand**, etc irgendwo, irgendwie, irgendwann, etc; **n'importe quel(le)** jede(r) x-beliebige; **à n'importe quel prix** zu jedem Preis; → importer²

niquer [nike] argot VT pop ficken

★**niveau** [nivo] M ⟨~x⟩ ❶ (= hauteur) Niveau n; Höhe f; d'un liquide Stand m; **~ d'essence, d'huile** Benzin-, Ölstand m; **~ de la mer** Meeresspiegel m, Meereshöhe f; **au ~ de** in Höhe (+ gén); arriver bis zu ❷ fig Niveau n; Stand m; Höhe f; Stufe f; Ebene f; **~ de vie** Lebensstandard m; **au ~ de** in Bezug auf (+ acc); hinsichtlich (+ gén); ...mäßig ❸ Etage f ❹ instrument **~ (à bulle)** Wasserwaage f

noble [nɔbl] A ADJ ❶ (= aristocratique) ad(e)lig ❷ fig edel; vornehm B M/F Ad(e)lige(r) m/f(m) **noblesse** [nɔblɛs] F classe sociale Adel m

noce [nɔs] F ❶ **~s** Hochzeit f; **~ ou ~s Hochzeitsfeier** f; **épouser qn en secondes ~s** in zweiter Ehe ❷ fam fig **faire la ~** in Saus und Braus leben

nocif [nɔsif] ADJ ⟨-ive [-iv]⟩ schädlich

nocturne [nɔktyʀn] ADJ nächtlich; Nacht...

★**Noël** [nɔɛl] M ❶ ⟨ohne Artikel⟩ Weihnachten n ou fam fpl; **joyeux ~!** fröhliche Weihnachten!; **à ~** (zu ou an) Weihnachten ❷ **noël** chant Weihnachtslied n

★**nœud** [nø] M ❶ pour attacher Knoten m ❷ fig d'une affaire springender Punkt ❸ MAR Knoten m

★**noir** [nwaʀ] A ADJ ⟨~e⟩ ❶ couleur schwarz; raisin blau ❷ (= sale) schwarz, schmutzig ❸ (= sans lumière) dunkel, finster ❹ **l'Afrique ~e** Schwarzafrika n ❺ fig idées trüb(e); schwarz; regard finster ❻ **travailler au ~** schwarzarbeiten ❼ fam (= ivre) blau; fam besoffen B M/F **Noir(e)** m(f) Schwarze(r) m/f(m) C M ❶ couleur Schwarz n; fig **voir tout en ~** alles schwarz, grau in grau sehen ❷ (= obscurité) Dunkel n; Dunkelheit f

noircir [nwaʀsiʀ] A VT ❶ schwarz machen, färben ❷ fig situation in schwarzen, düsteren Farben schildern B VI schwarz werden

noisette [nwazɛt] F Haselnuss f

★**noix** [nwa] F du noyer (Wal)Nuss f; **~ de coco** Kokosnuss f

★**nom** [nõ] M ❶ Name m; **nom d'emprunt, de guerre** Deckname m; Pseudonym n; ★ **nom (de famille)** Familien-, Nach-, Zuname m; **au nom de** im Namen (+ gén); connaître qn **de nom dem** Namen nach ❷ GRAM Substantiv n; Hauptwort n

★**nombre** [nõbʀ] M ❶ a. MATH Zahl f; Anzahl f; **~ de ...** viele ...; **au ~ de trois** drei (an der Zahl); **dans le ~** darunter ❷ GRAM Numerus m; Zahl f

★**nombreux** [nõbʀø] ADJ ⟨-euse [-øz]⟩ zahlreich; **famille nombreuse** kinderreiche Familie

nombril [nõbʀil] M a. fig Nabel m

nominal [nɔminal] ADJ ⟨~e; -aux [-o]⟩ ❶ (= des noms) namentlich, Namen(s)... ❷ ÉCON nominal, Nominal...

nominatif [nɔminatif] M Nominativ m

nomination [nɔminasjõ] F Ernennung f

nommé [nɔme] ADJ ⟨~e⟩ ❶ namens ❷ (= opposé à élu) ernannt

★**nommer** [nɔme] A VT ❶ (= donner un nom) nennen; chose a. benennen ❷ (= dire le nom) (mit Namen) nennen ❸ qn à une fonction ernennen; berufen B VPR **se ~** sich nennen; heißen

★**non** [nõ] A ADV ❶ nein; ★ **non, merci** nein danke; ★ **non plus** auch nicht; **non que ...** (+ subj) nicht (etwa), dass ou weil ...; **j'espère que non** ich hoffe nicht ❷ fam en fin de phrase nicht (wahr)?; ja? B M ⟨inv⟩ Nein n

nonante [nɔnɑ̃t] NUM en Belgique et en

Suisse neunzig

non-fumeur M Nichtraucher *m*

non-inscrit [nɔ̃nɛ̃skri] ADJ ‹-ite [-it]› (**député**) ~ *m* fraktionslose(r) Abgeordnete(r)

non-polluant(e) [nɔ̃pɔlɥɑ̃(t)] ADJ umweltverträglich

non-sens M Unsinn *m*

non-stop ADJ ‹inv› Nonstop-...

non-violence F Gewaltlosigkeit *f*

★**nord** [nɔʀ] A M 1 Nord(en) *m*; **au** ~ im Norden, nördlich (**de** von *ou* + gén) 2 **la mer du Nord** die Nordsee; **les gens** *mpl* **du Nord** die Nordfranzosen *mpl* B ADJ ‹inv› Nord-...

nord-africain [nɔʀafʀikɛ̃] ADJ ‹-aine [-ɛn]› nordafrikanisch **nord-américain** [nɔʀameʀikɛ̃] ADJ ‹-aine [-ɛn]› nordamerikanisch

nord-est [nɔʀɛst] M Nordost(en) *m*

nordique [nɔʀdik] ADJ nordisch

nord-ouest [nɔʀwɛst] M Nordwest(en) *m*

★**normal** [nɔʀmal] A ADJ ‹~e; -aux [-o]› normal, Normal... B F **la ~e** das Normale, Übliche; *intelligence* **au-dessus de la ~e** überdurchschnittlich; *situation* **revenir à la ~e** sich wieder normalisieren ★**normalement** [nɔʀmalmɑ̃] ADV normal; **en début de phrase** normalerweise **normaliser** [nɔʀmalize] VT 1 *relations diplomatiques* normalisieren 2 TECH normen

normand [nɔʀmɑ̃] A ADJ ‹-ande [-ɑ̃d]› *a. hist* normannisch; der Normandie B SUBST **Normand(e)** *m(f)* Bewohner(in) *m(f)* der Normandie

Normandie [nɔʀmɑ̃di] F **la ~** die Normandie

norme [nɔʀm] F *a.* TECH Norm *f*

★**Norvège** [nɔʀvɛʒ] F **la ~** Norwegen *n* ★**norvégien** [nɔʀveʒjɛ̃] A ADJ ‹-ienne [-jɛn]› norwegisch B MF **Norvégien(ne)** Norweger(in) *m(f)* C M *langue* **le ~** das Norwegische; Norwegisch *n*

nos [no] → notre

nostalgie [nɔstalʒi] F Sehnsucht *f* (**de** nach) **nostalgique** [nɔstalʒik] ADJ sehnsüchtig

notabilité [nɔtabilite] F prominente Persönlichkeit; **les ~s** *pl a.* die Prominenz; die Honoratioren *pl*

notable [nɔtabl] A ADJ beachtlich; bemerkenswert B M → notabilité

notaire [nɔtɛʀ] M Notar *m*

notamment [nɔtamɑ̃] ADV besonders

notation [nɔtasjɔ̃] F 1 Zeichensystem *n* 2 ÉCOLE Benotung *f*; Notengebung *f* 3 FIN Rating ['rɛːtiŋ] *n*; **agence** *f* **de ~** Ratingagentur *f*

★**note** [nɔt] F 1 *imprimée* Anmerkung *f*; **en bas de page** Fußnote *f* 2 *par écrit* Notiz *f*; Vermerk *m*; **~s** *pl a.* Aufzeichnungen *fpl*; **prendre des ~s** sich (*dat*) Notizen machen; **à un cours** mitschreiben 3 **~ (de service)** Mitteilung *f*; Umlauf *m* 4 MUS Note *f*; **son Ton** *m* 5 *fig* Note *f* 6 ÉCOLE Note *f*; Zensur *f*; **d'un fonctionnaire** Beurteilung *f* 7 (≈ *facture*) Rechnung *f*

★**noter** [nɔte] VT 1 (≈ *marquer*) anstreichen; anmerken 2 (≈ *écrire*) (sich *dat*) notieren; (sich *dat*) aufschreiben 3 (≈ *remarquer*) bemerken; feststellen 4 *élève* e-e Note, Zensur geben (**qn** j-m); *devoir, copie* zensieren; *fonctionnaire* beurteilen

notice [nɔtis] F Hinweise *mpl*; **~ explicative** Bedienungsanleitung *f*

notion [nɔsjɔ̃] F 1 (≈ *concept*) Begriff *m*; (≈ *connaissance intuitive*) Vorstellung *f* 2 **~s** *pl* Grund-, Elementarkenntnisse *fpl* (**de français** des Französischen)

notoriété [nɔtɔʀjete] F Bekanntheit (-sgrad) *f(m)*; **de ~ publique** allgemein bekannt

★**notre** [nɔtʀ] ADJ POSS ‹*pl* **nos** [no]› unser(e)

nôtre [notʀ] PR POSS ★ **le ~, la ~** der, die, das unsere; unsere(r, -s); **les ~s** *pl* die unseren; unsere

nouer [nwe, nue] VT 1 knoten; *lacets a.* (zu)schnüren; (zu)binden; *cravate a.* binden 2 *relations* anknüpfen; *intrigue* spinnen

nougat [nuga] M *Art* türkischer Honig **nougatine** [nugatin] F Krokant *m*

nouille [nuj] F **~s** *pl* Nudeln *fpl*

nounou [nunu] F *enf* Kinderfrau *f* **nounours** [nunuʀs] M *enf* Teddy(bär) *m*

nourrice [nuʀis] F *qui garde* Pflegemutter *f*; Tagesmutter *f*

★**nourrir** [nuʀiʀ] A VT 1 *personne, famille* (≈ *entretenir*) ernähren; (≈ *alimenter*) beköstigen; verpflegen; **~ au sein** stillen 2 *animal* füttern 3 *fig désir, espoir, etc* hegen B VPR **se ~** sich ernähren (**de** von) **nourrisson** [nuʀisɔ̃] M Säugling *m* ★**nourriture** [nuʀityʀ] F 1

(≈ *aliments*) Nahrung f; Kost f **2** *d'un animal* Futter n

★**nous** [nu] PR PERS *sujet* wir; uns *obj dir & obj indir* (acc ou dat)

nous-mêmes [numɛm] PR PERS **1** *accentué* (wir) selbst **2** *réfléchi* uns selbst

★**nouveau** [nuvo] **A** ADJ ⟨*m vor Vokal u. stummem h* **nouvel** [nuvɛl] *f* **nouvelle** [nuvɛl] *mpl* ~x⟩ neu; Neu...; *vin* jung; **nouvel an** Neujahr(stag) n(m); **de ~** wieder; nochmals; abermals; noch einmal **B** M **du ~** etwas Neues; **rien de ~** nichts Neues **C** M/F **le ~, la nouvelle** *dans une école, etc* der, die Neue

nouveau-né M ⟨~s⟩ **le ~** das Neugeborene

nouveauté [nuvote] F **1** (≈ *originalité*) Neuheit f; Neuartigkeit f **2** (≈ *du nouveau*) Neue(s) n **3** (≈ *innovation*) Neuerung f **4** (≈ *produit récent*) Neuheit f; **en librairie** a. Neuerscheinung f

nouvel(le) [nuvɛl] ADJ → nouveau

★**nouvelle** [nuvɛl] F **1** Neuigkeit f; *d'un événement* Nachricht f, Meldung f; ★**~s** *pl* Nachrichten f pl **2** menace **tu auras de mes ~s!** du wirst noch von mir hören!; **demander des ~s de qn** sich nach j-m erkundigen; nach j-m fragen **3** LITTÉRATURE Novelle f

Nouvelle-Calédonie [nuvɛlkaledɔni] F **la ~** Neukaledonien n **Nouvelle--Zélande** [nuvɛlzelɑ̃d] F **la ~** Neuseeland n

★**novembre** [nɔvɑ̃bʀ] M November m

novice [nɔvis] M/F **1** CATH Novize m **2** (≈ *débutant(e)*) Neuling m; Anfänger(in) m(f)

noyau [nwajo] M ⟨~x⟩ BOT Stein m; Kern m

noyé [nwaje] **A** ADJ ⟨~e⟩ ertrunken **B** M/F **~(e)** Ertrunkene(r) m/f(m)

noyer[1] [nwaje] ⟨-oi-⟩ **A** VT *personne, animal, plante* ertränken; *région* überfluten; *a. fig* überschwemmen **B** VPR ★**se ~ 1** ertrinken **2** *fig* ins Schwimmen geraten

noyer[2] M (Wal)Nussbaum m

★**nu** [ny] **A** ADJ **1** *personne, a. vérité* nackt; *bras, etc* bloß, nackt; **(les) pieds nus** barfuß **2** *a. pièce, arbre* kahl **B** M BEAUX--ARTS Akt m

★**nuage** [nɥaʒ] M Wolke f; **~s** *pl a.* Bewölkung f; INFORM **~ (informatique)** Cloud f; *fig* **être dans les ~s** zerstreut, geistesabwesend sein **nuageux** [nɥaʒø] ADJ ⟨-euse [-øz]⟩ bewölkt

nuance [nɥɑ̃s] F Nuance f; feiner Unterschied; Schattierung f

★**nucléaire** [nykleɛʀ] **A** ADJ Kern...; Atom...; nuklear **B** M Kern-, Atomkraft f

nudisme [nydism] M Freikörperkultur f, FKK *abr* **nudiste** [nydist] **A** ADJ FKK-... **B** M/F FKK-Anhänger(in) m(f)

nue [ny] F **porter qn aux nues** j-n in den Himmel heben; **tomber des nues** (wie) aus allen Wolken fallen **nuée** [nɥe] F **1** *litt* große, dicke Wolke **2** *fig* Schwarm m

★**nuire** [nɥiʀ] VT INDIR ⟨→ conduire, *aber pp* nui⟩ **~ à qn** j-m schaden; **~ à qc** *a. Sache* (dat) schaden; etw schädigen **nuisance** [nɥizɑ̃s] F Umweltbelastung f; Beeinträchtigung f der Lebensqualität **nuisible** [nɥizibl] ADJ schädlich; **animaux** *mpl* **~s** Schädlinge *mpl*; **~ à la santé** gesundheitsschädlich, -schädigend

★**nuit** [nɥi] F Nacht f; ★**bonne ~!** gute Nacht!; **la ~** ou **de ~** in der Nacht; nachts; bei Nacht; **il fait ~** es ist Nacht, dunkel

nul[1] [nyl] ADJ ⟨nulle⟩ **1** SPORTS unentschieden **2** (≈ *inexistant*) gleich null **3** JUR ungültig, nichtig **4** (≈ *sans valeur*) wertlos **5** *personne* ★**être nul** *fam* e-e Null, e-e Niete sein **(en** in *dat*)

nul[2] **A** ADJ INDÉF ⟨nulle; *mit ne vor dem Verb*⟩ **1** *st/s* (≈ *aucun*) kein(e) **2** ★**nulle part** nirgends; nirgendwo **B** PR INDÉF ⟨*nur m sg; mit ne beim Verb*⟩ *st/s* (≈ *aucun*) keiner; niemand; **nul ne le sait** das weiß niemand

nullement [nylmɑ̃] ADV keineswegs; ganz und gar nicht

nullité [nylite] F **1** JUR Ungültigkeit f; Nichtigkeit f; (Rechts)Unwirksamkeit f **2** (≈ *personne incapable*) *fam* Null f

numérique [nymeʀik] ADJ **1** MATH Zahlen...; **2** *supériorité* zahlenmäßig; numerisch **3** INFORM digital; Digital...

numéro [nymeʀo] M Nummer f; ★**~ de téléphone** Telefon-, Rufnummer f **numéroter** [nymeʀɔte] VT nummerieren

nu-pieds **A** ADV barfuß **B** MPL (einfache) Sandalen *fpl*

nuque [nyk] F Nacken m

nurse [nœrs] F̲ Kindermädchen n, Kinderfrau f
nutritif [nytritif] ADJ ⟨-ive [-iv]⟩ **1** Nähr...; **valeur nutritive** Nährwert m **2** (≈ *nourrissant*) nahrhaft **nutrition** [nytrisjõ] F̲ Ernährung f

O

O, o [o] M̲ ⟨*inv*⟩ O, o n
oasis [ɔazis] F̲ *a.* M̲ *a. fig* Oase f
★**obéir** [ɔbeir] V̲T̲ INDIR **~ à qn, à qc** j-m, e-r Sache gehorchen, folgen **obéissance** [ɔbeisɑ̃s] F̲ Gehorsam m (**à qn** gegen j-n) **obéissant** [ɔbeisɑ̃] ADJ ⟨-ante [-ɑ̃t]⟩ gehorsam
obèse [ɔbɛz] ADJ fett-, dickleibig
objecter [ɔbʒɛkte] V̲T̲ **1** (≈ *opposer*) einwenden (**que** dass); **~ qc à qn** j-m etw entgegenhalten **2** (≈ *alléguer*) vorgeben; vorschützen
objecteur [ɔbʒɛktœʀ] M̲ **~ de conscience** Wehrdienst-, Kriegsdienstverweigerer m
objectif [ɔbʒɛktif] A̲ ADJ ⟨-ive [-iv]⟩ objektiv, sachlich B̲ M̲ **1** OPT, PHOT Objektiv n **2** (≈ *but*) Ziel n
objection [ɔbʒɛksjõ] F̲ Einwand m, Einwendung f (**à qc** gegen etw)
objectivité [ɔbʒɛktivite] F̲ Objektivität f
★**objet** [ɔbʒɛ] M̲ **1** *concret* Gegenstand m; Ding n; Sache f **2** (≈ *sujet, matière*) Gegenstand m **3** (≈ *but*) Zweck m; Ziel n **4** GRAM (**complément** m **d'**)**objet direct** Akkusativobjekt n; (**complément** m **d'**)**objet indirect** Präpositionalobjekt n
obligation [ɔbligasjõ] F̲ **1** (≈ *engagement*) Verpflichtung f; (≈ *devoir*) Pflicht f (**envers qn** j-m gegenüber) **2** (≈ *nécessité*) Notwendigkeit f; (≈ *contrainte*) Zwang m; **être dans l'~ de faire qc** gezwungen, genötigt sein, etw zu tun **3** FIN Schuldverschreibung f; Obligation f
★**obligatoire** [ɔbligatwaʀ] ADJ obligatorisch, Pflicht... ★**obliger** [ɔbliʒe] V̲T̲ ⟨-ge-⟩ **1** *loi, etc* **~ qn** j-n verpflichten, binden **2** (≈ *forcer*) **~ qn à faire qc** j-n

zwingen, nötigen, etw zu tun; **être obligé de faire qc** gezwungen, genötigt sein, etw zu tun; etw tun müssen
oblique [ɔblik] ADJ schräg **obliquer** [ɔblike] V̲I̲ abbiegen
oblitérer [ɔblitere] V̲T̲ ⟨-è-⟩ entwerten; abstempeln
obscène [ɔpsɛn] ADJ obszön; unanständig
obscur [ɔpskyʀ] ADJ ⟨-e⟩ **1** (≈ *sombre*) dunkel, finster **2** *fig* dunkel, unverständlich
obscurcir [ɔpskyʀsiʀ] V̲T̲ *a. ciel* verdunkeln
obscurité [ɔpskyʀite] F̲ Dunkelheit f; Dunkel n
obsédé(e) [ɔpsede] M̲(F̲) Besessene(r) m/f(m) **obséder** [ɔpsede] V̲T̲ ⟨-è-⟩ **~ qn** j-m nicht aus dem Sinn gehen; j-n verfolgen, nicht loslassen; **être obsédé par une idée** *a.* von e-r Idee besessen sein, beherrscht werden
obsèques [ɔpsɛk] F̲P̲L̲ Trauerfeier f
observateur [ɔpsɛʀvatœʀ] M̲, **observatrice** [ɔpsɛʀvatʀis] F̲ Beobachter(in) m(f) **observation** [ɔpsɛʀvasjõ] F̲ **1** (≈ *surveillance*) Beobachtung f **2** (≈ *remarque*) (kritische) Bemerkung, Anmerkung **observatoire** [ɔpsɛʀvatwaʀ] M̲ Observatorium n; ASTRON *a.* Sternwarte f
observer [ɔpsɛʀve] V̲T̲ **1** (≈ *regarder attentivement*) beobachten **2** (≈ *remarquer*) beobachten; bemerken; **faire ~ à qn que** ... j-n darauf aufmerksam machen, dass ... **3** *loi, règlement* einhalten; beachten
obsession [ɔpsesjõ] F̲ Zwangsvorstellung f
★**obstacle** [ɔpstakl] M̲ Hindernis n; *fig* **faire ~ à qc** etw verhindern; sich e-r Sache (*dat*) in den Weg stellen
obstination [ɔpstinasjõ] F̲ Hartnäckigkeit f; Eigensinn m **obstiné** [ɔpstine] ADJ ⟨-e⟩ hartnäckig; *personne a.* eigensinnig; stur **obstiner** [ɔpstine] V̲P̲R̲ **s'~** eigensinnig, stur sein; **s'~ à faire qc** sich darauf versteifen, etw zu tun
obtenir [ɔptəniʀ] V̲T̲ ⟨→ *venir*⟩ erlangen; erhalten; bekommen; erreichen
obtus [ɔpty] ADJ ⟨-e [ɔptyz]⟩ **1** *angle* stumpf **2** *personne* schwer von Begriff
obus [ɔby] M̲ (Artillerie)Granate f
★**occasion** [ɔkazjõ] F̲ **1** Gelegenheit f; **à l'~** bei Gelegenheit; gelegentlich **2**

(≈ cause) Anlass m; Veranlassung f; **à l'~ de** anlässlich, aus Anlass (+ gén) ❸ COMM Gelegenheitskauf m; günstiger Kauf; fam Schnäppchen n; **d'~** gebraucht; Gebraucht…; aus zweiter Hand; livre antiquarisch

Occident [ɔksidã] M POL **l'~** der Westen

occidental [ɔksidɑ̃tal] ADJ ⟨~e; -aux [-o]⟩ GÉOG, POL westlich, West…; civilisation a. abendländisch

occulte [ɔkylt] ADJ geheim; verborgen

occupant [ɔkypɑ̃] M d'un logement Bewohner m; (Wohnungs)Inhaber m; d'une voiture Insasse m ★ **occupation** [ɔkypasjɔ̃] F ❶ (≈ activité) Beschäftigung f ❷ MIL, a. illicite d'un local Besetzung f ★ **occupé** [ɔkype] ADJ ⟨~e⟩ ❶ personne beschäftigt (**à qc** mit etw) ❷ logement bewohnt, belegt; place, poste, taxi, toilettes, a. TÉL besetzt; TÉL a. belegt

★**occuper** [ɔkype] A VT ❶ personne(s) beschäftigen; temps ausfüllen ❷ poste, fonction bekleiden; innehaben ❸ la place einnehmen ❹ logement bewohnen ❺ MIL, a. grévistes: usine besetzen; besetzt halten B VPR ❶ ★ **s'~** sich beschäftigen, betätigen ❷ ★ **s'~ de qn, qc** sich um j-n, etw kümmern; sich mit j-m, etw befassen, beschäftigen

OCDE [osedeə] F ABR (≈ Organisation de coopération et de développement économique) OECD f

★**océan** [ɔseɑ̃] M Ozean m; Weltmeer n

ocre [ɔkR] M Ocker(gelb) m

octante [ɔktɑ̃t] NUM en Belgique, en Suisse achtzig

octet [ɔktɛ] M INFORM Byte n

★**octobre** [ɔktɔbR] M Oktober m

octogénaire [ɔktɔʒenɛR] M/F Achtzigjährige(r) m/f(m)

oculiste [ɔkylist] M/F Augenarzt, -ärztin m,f

★**odeur** [ɔdœR, o-] F Geruch m; (≈ parfum) Duft m

odieux [ɔdjø] ADJ ⟨-euse [-øz]⟩ ❶ crime abscheulich; scheußlich ❷ personne unausstehlich; grässlich

odorat [ɔdɔRa] M Geruch(ssinn) m

★**œil** [œj] M ⟨yeux [jø]⟩ Auge n; ★ **coup** m **d'œil** flüchtiger, kurzer Blick; **avoir le coup d'œil** ein gutes Augenmaß haben; fam **à l'œil** umsonst; fig **à mes yeux** in meinen Augen; **avoir les yeux bleus** blaue Augen haben

œillère [œjɛR] F Scheuklappe f

œillet[1] [œjɛ] M BOT Nelke f

œillet[2] [œjɛ] M de ceinture Öse f; de chaussure Schnürloch n

œsophage [ezɔfaʒ] M Speiseröhre f

★**œuf** [œf] M ⟨œufs [ø]⟩ Ei n; COMM **œuf biologique** Bioei n; **œuf de Pâques** Osterei n; **œuf sur le plat, au plat** Spiegelei n

œuvre [œvR] F Werk n; **~ d'art** Kunstwerk n; **se mettre à l'~** sich an die Arbeit machen; **mettre tout en ~ pour faire qc** alles aufbieten, alles einsetzen, um etw zu tun

offense [ɔfɑ̃s] F Beleidigung f; Kränkung f **offenser** [ɔfɑ̃se] VT beleidigen; kränken **offensif** [ɔfɑ̃sif] ADJ ⟨-ive [-iv]⟩ Angriffs…; Offensiv… **offensive** [ɔfɑ̃siv] F MIL, a. fig Offensive f; Angriff m

offert [ɔfɛR] PP ⟨-erte [-ɛRt]⟩ → offrir

office [ɔfis] M ❶ (≈ bureau) Amt n, Dienststelle f; **~ du tourisme** Touristeninformation f; Fremdenverkehrsbüro n ❷ **faire ~ de …** personne sich betätigen als …; chose a. … dienen als ❸ **d'~** von Amts wegen; par ext zwangsweise ❹ CATH Gottesdienst m

★**officiel** [ɔfisjɛl] A ADJ ⟨~le⟩ offiziell; amtlich B M **~s** pl Vertreter mpl von Staat und Behörden

★**officier** [ɔfisje] M ❶ MIL Offizier m ❷ **~ de l'état civil** Standesbeamte(r) m

officieux [ɔfisjø] ADJ ⟨-euse [-øz]⟩ offiziös; halbamtlich

offre [ɔfR] F Angebot n; COMM a. Offerte f; ENCHÈRES Gebot n; **~s d'emploi** Stellenangebote npl; offene Stellen fpl; **l'~ et la demande** Angebot und Nachfrage

★**offrir** [ɔfRiR] ⟨→ couvrir⟩ A VT ❶ en cadeau schenken (**qc à qn** j-m etw) ❷ (≈ proposer) anbieten (**qc à qn** j-m etw); récompense aussetzen ❸ avantages, difficultés bieten; spectacle (dar)bieten B VPR ❶ **s'~** personne sich anbieten; **s'~ à faire qc** sich erbieten, etw zu tun ❷ **s'~** occasion sich bieten; vue sich darbieten ❸ **s'~ qc** (se payer qc) sich (dat) etw leisten, gönnen

ogre [ɔgR] M im Märchen Menschenfresser m

oh [o] INT oh!; ★ **oh là là!** oje!

ohé [ɔe] INT he(da)!; MAR ahoi!

★**oie** [wa] F ZOOL Gans f
★**oignon** [ɔɲɔ̃] M BOT, CUIS Zwiebel f
★**oiseau** [wazo] M ⟨~x⟩ ZOOL Vogel m
oisif [wazif] ADJ ⟨-ive [-iv]⟩ müßig; untätig
olive [ɔliv] F Olive **olivier** [ɔlivje] M Olivenbaum m
olympique [ɔlɛ̃pik] ADJ olympisch; **Jeux** mpl **~s** Olympische Spiele npl; Olympiade f
ombragé [ɔ̃braʒe] ADJ ⟨~e⟩ schattig
ombrageux [ɔ̃braʒø] ADJ ⟨-euse [-øz]⟩ leicht verletzlich, verletzbar
★**ombre** [ɔ̃br] F Schatten m; **à l'~** im Schatten; fig **dans l'~** im Verborgenen
★**omelette** [ɔmlɛt] F Omelett n
omnibus [ɔmnibys] M Personenzug m; Nahverkehrszug m
OMS [ɔɛmɛs] F ABR (= Organisation mondiale de la santé) WHO f
★**on** [ɔ̃] PR INDÉF **1** man **2** fam (= nous) wir
★**oncle** [ɔ̃kl] M Onkel m
onctueux [ɔ̃ktɥø] ADJ ⟨-euse [-øz]⟩ **1** savon mild; cremig **2** fig salbungsvoll
onde [ɔ̃d] F Welle f; **passer sur les ~s** im Radio kommen
ondée [ɔ̃de] F (Regen)Guss m
on-dit [ɔ̃di] M ⟨inv⟩ **1** Gerücht n ⟨pl⟩ a. Gerede n der Leute
onduler [ɔ̃dyle] ADJ ⟨~e⟩ wellig; *cheveux* a. gewellt
onduler [ɔ̃dyle] VI **1** blés sanft wogen; sich wiegen; *surface de l'eau* sich kräuseln **2** *cheveux* sich wellen
onéreux [ɔnerø] ADJ ⟨-euse [-øz]⟩ **1** kostspielig; teuer **2 à titre ~** gegen Entgelt
ONG [ɔɛnʒe] F ABR ⟨inv⟩ (= organisation non gouvernementale) NGO f (Nichtregierungsorganisation)
★**ongle** [ɔ̃gl] M **1** (Finger-, Zehen-, Fuß)Nagel m **2** ZOOL Kralle f; *des rapaces* a. Klaue f
ont [ɔ̃] → avoir¹
★**ONU** [ɔny] F ABR = Organisation des Nations Unies) UNO f
★**onze** [ɔ̃z] **A** NUM elf **B** M ⟨inv⟩ FOOTBALL Elf f
★**onzième** [ɔ̃zjɛm] **A** NUM elf **B** MF **le, la ~** der, die, das Elfte
OPA [opea] F ABR ⟨inv⟩ (= offre publique d'achat) (Aktien)Übernahmeangebot n
opaque [ɔpak] ADJ **1** lichtundurchlässig; undurchsichtig **2** *brouillard, nuit* undurchdringlich
opéra [ɔpera] M **1** œuvre Oper f **2** théâtre Opéra Opernhaus n; Oper f
opérateur [ɔperatœr] M, **opératrice** [ɔperatris] F **1** Bediener(in) m(f), Techniker(in) m(f); INFORM a. Operator(in) m(f) **2** FILM Kameramann m
★**opération** [ɔperasjɔ̃] F **1** MATH Rechenvorgang m; Operation f **2** *par ext* Aktion f **3** COMM, FIN Geschäft n; Abschluss m **4** TECH Arbeits(vor)gang m
opérer [ɔpere] ⟨-è-⟩ **A** VT **1** MÉD operieren; **se faire ~** sich operieren lassen **2** *changement* bewirken; herbeiführen; *paiement* vornehmen; *réforme, sauvetage* durchführen; *choix* treffen **B** VI **1** (= *procéder*) vorgehen; verfahren **2** *remède* wirken **C** VPR **s'~** (= *se produire*) sich vollziehen; erfolgen
ophtalmo [ɔftalmo] fam MF ABR → ophtalmologiste **ophtalmologiste** [ɔftalmɔlɔʒist] MF, **ophtalmologue** [ɔftalmɔlɔg] MF Augenarzt, -ärztin m,f
opiniâtre [ɔpinjɑtr] ADJ a. toux hartnäckig; zäh, beharrlich
★**opinion** [ɔpinjɔ̃] F Meinung f; Ansicht f
opportun [ɔpɔrtœ̃, -tœ] ADJ ⟨-tune [-tyn]⟩ günstig, angebracht
opposant [ɔpozɑ̃] M, **opposante** [ɔpozɑ̃t] F Gegner(in) m(f)
opposé [ɔpoze] ADJ ⟨~e⟩ **1** gegenüberliegend (à *dat*); *direction* entgegengesetzt **2** *caractères, goûts, opinions* entgegengesetzt, gegensätzlich **3** *personne* **être ~ à qc** gegen etw sein
opposer [ɔpoze] **A** VT **1** (= *mettre en face*) gegenüberstellen (**à qn, qc** j-m, e-r Sache); *pour faire obstacle* entgegenstellen (**à** *dat*) **2** *argument* entgegenhalten, -setzen; *veto* einlegen **B** VPR **1** *personne* **s'~ à qn, à qc** sich j-m, e-r Sache widersetzen; sich gegen j-n, etw stellen **2** *chose, situation* **s'~ à qc** e-r Sache (*dat*) im Wege stehen, entgegenstehen
opposition [ɔpozisjɔ̃] F **1** (= *contraste*) Gegensatz m; Gegensätzlichkeit f; (= *contradiction*) Widerspruch m; **par ~ à** im Gegensatz zu **2** (= *résistance*) Widerstand m, Opposition f (**à qc** gegen etw) **3** JUR Einspruch m **4** POL Opposition f
oppresser [ɔprese] VT **1** *chaleur, crainte* **~ qn** j-n beklemmen; j-m den Atem neh-

men [2] *fig* bedrücken **oppresseur** [ɔpʀɛsœʀ] M Unterdrücker m **oppression** [ɔpʀɛsjɔ̃] F [1] *a. fig* Unterdrückung f [2] (≈ *gêne respiratoire*) Atemklemmung f, Atemnot f

opprimer [ɔpʀime] VT unterdrücken

opter [ɔpte] VI ~ **pour qc** sich für etw entscheiden; etw wählen

opticien [ɔptisjɛ̃] M, **opticienne** [ɔptisjɛn] F Optiker(in) m(f)

optimal [ɔptimal] ADJ ⟨~e; -aux [-o]⟩ optimal

optimiste A ADJ optimistisch B M/F Optimist(in) m(f)

option [ɔpsjɔ̃] F Wahl(möglichkeit) f; *a.* JUR, COMM Option f

optique [ɔptik] A ADJ [1] **nerf** ~ Sehnerv m [2] OPT optisch B F [1] Optik f [2] *fig* Blickwinkel m, Perspektive f

or¹ [ɔʀ] M Gold n; **d'or, en or** Gold...; golden; **à prix d'or** für teures Geld; **rouler sur l'or** Geld wie Heu haben

or² CONJ nun (aber)

oracle [ɔʀakl] M Orakel n

★**orage** [ɔʀaʒ] M Gewitter n **orageux** [ɔʀaʒø] ADJ ⟨-euse [-øz]⟩ [1] gewitt(e)rig [2] *fig discussion* stürmisch

★**oral** [ɔʀal] A ADJ ⟨~e; -aux [-o]⟩ [1] (≈ *verbal*) mündlich [2] ANAT, MÉD Mund... B M ⟨pl -aux [-o]⟩ mündliche Prüfung

orange¹ [ɔʀɑ̃ʒ] F Orange f, Apfelsine f

★**orange**² A ADJ ⟨inv⟩ *couleur* orange, orangefarben; *feu* gelb B M Orange f; **le feu passe à l'~** die Ampel schaltet auf Gelb

orangeade [ɔʀɑ̃ʒad] F Orangeade f

oranger [ɔʀɑ̃ʒe] M Apfelsinen-, Orangenbaum m

orateur [ɔʀatœʀ] M Redner(in) m(f)

orbite [ɔʀbit] F [1] ANAT Augenhöhle f [2] ASTRON, ESPACE Umlaufbahn f [3] *fig* Bannkreis m

★**orchestre** [ɔʀkɛstʀ] M [1] Orchester n [2] THÉ vorderes Parkett

orchidée [ɔʀkide] F Orchidee f

ordi [ɔʀdi] *fam* M ABR (= *ordinateur*) Computer m, Rechner m; *fam* Kiste f

ordinaire [ɔʀdinɛʀ] A ADJ [1] (≈ *habituel*) gewöhnlich; üblich; gewohnt [2] (≈ *normal*) gewöhnlich; alltäglich [3] *péj gens* gewöhnlich B M [1] **sortir de l'~** aus dem Rahmen fallen; ungewöhnlich sein; **comme à l'~** wie üblich; wie gewöhnlich; ★ **d'~** (für) gewöhnlich; im Allgemeinen; sonst; meistens [2] *essence* Normal(benzin) n [3] *nourriture* Alltagsessen n, Alltagskost f

★**ordinateur** [ɔʀdinatœʀ] M Computer m

ordonnance [ɔʀdɔnɑ̃s] F [1] MÉD Rezept n [2] ADMIN (Rechts)Verordnung f [3] JUR richterliche Verfügung, Anordnung [4] (≈ *disposition*) (An)Ordnung f

ordonné [ɔʀdɔne] ADJ ⟨~e⟩ *personne* ordentlich, ordnungsliebend

ordonner [ɔʀdɔne] VT [1] (≈ *classer*) ordnen, in Ordnung bringen [2] (≈ *commander*) befehlen (**qc à qn** jdm etw); ~ **qc** *a.* anordnen [3] MÉD *médicament* verschreiben; *traitement* verordnen

★**ordre**¹ [ɔʀdʀ] M [1] (≈ *opposé à chaos*), *a.* BIOL, ARCH Ordnung f; ~ **public** öffentliche Ordnung; **en** ~ ordentlich; in Ordnung; **rentrer dans l'**~ wieder in Ordnung kommen [2] (≈ *succession*) Reihenfolge f; **dans l'**~ der Reihe nach; in der richtigen Reihenfolge; **par** ~ **alphabétique** in alphabetischer Reihenfolge [3] (≈ *catégorie*) Rang m; Art f; **de l'**~ **de** in der Größenordnung von; **de second** ~ zweitrangig

★**ordre**² [ɔʀdʀ] M [1] (≈ *directive*), *a.* MIL, INFORM Befehl m; Anordnung f; **jusqu'à nouvel ~** bis auf Weiteres; bis auf Widerruf; **par ~, p.o.** *abr* im Auftrag, i. A. *abr* [2] ~ **du jour** Tagesordnung f [3] COMM, FIN Auftrag m

★**ordre**³ [ɔʀdʀ] M [1] REL *et par ext* Orden m [2] *de professions libérales* Verband m; *des médecins, des avocats* Kammer f

ordure [ɔʀdyʀ] F [1] ⟨pl⟩ ~**s (ménagères)** Abfall m; Abfälle mpl; Müll m; st/s Unrat m [2] *injure pop* Miststück n

★**oreille** [ɔʀɛj] F Ohr n ★ **oreiller** [ɔʀeje] M Kopfkissen n **oreillons** [ɔʀejɔ̃] MPL MÉD Mumps m

orfèvre [ɔʀfɛvʀ] M/F Goldschmied(in) m(f)

organe [ɔʀgan] M ANAT, *a. fig* Organ n

organigramme [ɔʀganigʀam] M [1] (≈ *schéma*) Organigramm n [2] INFORM Flussdiagramm n **organique** [ɔʀganik] ADJ organisch

★**organisation** [ɔʀganizasjɔ̃] F [1] (≈ *structure*) Organisation f, Aufbau m [2] (≈ *association*) Organisation f

organisé [ɔʀganize] ADJ ⟨~e⟩ organisiert; **voyage ~** Gruppen-, Gesellschaftsreise f

★**organiser** [ɔʀganize] **A** VT organisieren; *travail a.* sinnvoll einteilen; *son temps, une journée* richtig einteilen; *congrès, fête* veranstalten; ausrichten; *ses loisirs* gestalten **B** VPR **s'~** mit s-r Zeit richtig umgehen; sich *(dat)* s-e Zeit, s-e Arbeit richtig einteilen

organisme [ɔʀganism] M **1** BIOL Organismus m **2** (= *institution*) Organisation f; Einrichtung f

organiste [ɔʀganist] M/F Organist(in) m(f)

orge [ɔʀʒ] F Gerste f

orgie [ɔʀʒi] F Orgie f

orgue [ɔʀg] M Orgel f

orgueil [ɔʀgœj] M Stolz m; *péj* Hochmut m **orgueilleux** [ɔʀgœjø] ADJ ⟨-euse [-øz]⟩ stolz; *péj* hochmütig; eingebildet

Orient [ɔʀjɑ̃] M **l'~** der Orient **oriental** [ɔʀjɑ̃tal] ADJ ⟨~e; -aux [-o]⟩ **1** (= *est*) östlich, Ost...; **côte ~e** Ostküste f **2** (= *de l'Orient*) orientalisch

orientation [ɔʀjɑ̃tasjɔ̃] F **1** Orientierung f **2** *d'un édifice* Lage f

orienter [ɔʀjɑ̃te] **A** VT **1** ausrichten, orientieren (**au sud** nach Süden) **2** *recherches* lenken, richten (auf + *acc*) **B** VPR **1** **s'~** sich orientieren; sich zurechtfinden **2** **s'~ vers qc** sich e-r Sache *(dat)* zuwenden

orifice [ɔʀifis] M Öffnung f

origan [ɔʀigɑ̃] M CUIS Oregano *ou* Origano m

originaire [ɔʀiʒinɛʀ] ADJ **1** **être ~ de** stammen aus **2** (= *primitif*) ursprünglich

original [ɔʀiʒinal] ⟨mpl -aux [-o]⟩ **A** ADJ ⟨~e⟩ **1** *document* original; Original..., Ur-... **2** *idée, etc* originell **B** SUBST ⟨m⟩ *d'une reproduction* Original n

origine [ɔʀiʒin] F **1** (= *commencement*) Anfang m; Beginn m; **~s** *pl* **de la vie** Entstehung f *sg* **à l'~** ursprünglich **2** (= *provenance*) Ursprung m; Herkunft f; *d'une personne a.* Abstammung f; Abkunft f; **d'~ produit** original; Original...; *personne* **être d'~ française** französischer Abstammung sein **3** (= *cause*) Ursache f

originel [ɔʀiʒinɛl] ADJ ⟨~le⟩ (= *primitif*) ursprünglich

ORL [ɔɛʀɛl] M/F ABR ⟨*inv*⟩ → oto-rhino-laryngologiste

orme [ɔʀm] M Ulme f

ornement [ɔʀnəmɑ̃] M Ornament n; Verzierung f **orner** [ɔʀne] VT **1** schmücken, verzieren (**de** mit) **2** *objet* **~ qc** etw zieren, schmücken

ornière [ɔʀnjɛʀ] F Wagenspur f

orphelin [ɔʀfalɛ̃] M, **orpheline** [ɔʀfalin] F **1** Waise f, Waisenkind n **2** ⟨*adj*⟩ verwaist **orphelinat** [ɔʀfalina] M Kinderheim n; *surtout hist* Waisenhaus n

orteil [ɔʀtɛj] M Zehe f

orthodontiste [ɔʀtɔdɔ̃tist] M/F Kieferorthopäde m, Kieferorthopädin f

★**orthographe** [ɔʀtɔgʀaf] F Rechtschreibung f; Orthografie f **orthographier** [ɔʀtɔgʀafje] **A** VT **correctement, mal ~** richtig, falsch schreiben **B** VPR **s'~** geschrieben werden

orthopédiste [ɔʀtɔpedist] M/F Orthopäde m, Orthopädin f

ortie [ɔʀti] F Brennnessel f

★**os** [ɔs, *pl* o] M Knochen m

OS [oɛs] M ABR (= *ouvrier spécialisé*) angelernter Arbeiter

osciller [ɔsile] VT **1** *pendule* schwingen **2** *fig* schwanken

osé [oze] ADJ ⟨osée⟩ gewagt

oser [oze] VT wagen; **~ faire qc** (es) wagen, etw zu tun; *péj* sich unterstehen, sich erdreisten, etw zu tun; **si j'ose m'exprimer ainsi** wenn ich so sagen darf

osier [ozje] M **1** BOT Korbweide f **2** *panier* **d'~** Weidenkorb m

osseux [ɔsø] ADJ ⟨-euse [-øz]⟩ **1** ANAT Knochen... **2** *visage, mains* knochig

★**otage** [ɔtaʒ] M Geisel f

★**OTAN** [ɔtɑ̃] F ABR (= *Organisation du traité de l'Atlantique nord*) NATO f

ôter [ote] VT (= *enlever*) wegnehmen; *manteau* ablegen; *a. gants* ausziehen; *chapeau, lunettes* abnehmen

otite [ɔtit] F Ohrenentzündung f

oto-rhino(-laryngologiste) [ɔtɔʀino (-laʀɛ̃gɔlɔʒist)] M/F ABR Hals-Nasen-Ohren-Arzt *ou* -Ärztin m,f; HNO-Arzt *ou* -Ärztin m,f

★**ou** [u] CONJ oder; ★ **ou bien** oder (aber); ★ **ou (bien) ... ou (bien)** entweder ... oder

★**où** [u] ADV **1** *interrogation* wo *ou* wohin; **d'où?** woher?; **d'où mon étonnement**

ouais [wɛ] *fam* ADV ja
ouate [*meist keine Elision* wat] F Watte f
oubli [ubli] M *d'un nom, etc* Vergessen n; **tomber dans l'~** in Vergessenheit geraten
★**oublier** [ublije] VT 1 *nom, date* vergessen 2 (≈ *omettre*) vergessen
★**ouest** [wɛst] A M West(en) m; **à l'~** im Westen, westlich (**de** von *ou* + *gén*) B ADJ ⟨*inv*⟩ West...; westlich
★**oui** [*keine Bindung* wi] ADV ja; **mais oui** aber ja; ja doch; allerdings; ★ **je pense que oui** ich glaube schon
ouï-dire [widiʀ] M ⟨*inv*⟩ **par ~** vom Hörensagen
ouïe [wi] F 1 Gehör(sinn) n(m) 2 *des poissons* ~ *pl* Kiemen *fpl*
ouragan [uʀagɑ̃] M Orkan m
ourlet [uʀlɛ] M Saum m
★**ours** [uʀs] M Bär m **ourse** [uʀs] F 1 ZOOL Bärin f 2 ASTRON **la Grande, Petite Ourse** der Große, Kleine Bär, Wagen
oursin [uʀsɛ̃] M Seeigel m
★**outil** [uti] M Werkzeug n
outrage [utʀaʒ] M *a.* JUR (grobe, schwere) Beleidigung **outrager** [utʀaʒe] VT ⟨-ge-⟩ beleidigen
outrance [utʀɑ̃s] F Übertreibung f; **à ~** übertrieben; übermäßig; **guerre** bis zum bitteren Ende
outre A PRÉP außer (+ *dat*); **pas ~ mesure** nicht übermäßig, besonders B ADV **en ~** außerdem; überdies
outré [utʀe] ADJ ⟨~e⟩ 1 (≈ *exagéré*) übertrieben, überspitzt 2 (≈ *personne*) empört, entrüstet (**de, par** *acc*)
outre-mer [utʀəmɛʀ] ADJ **d'~** überseeisch; Übersee...
★**ouvert** [uvɛʀ] PP & ADJ ⟨~e [uvɛʀt]⟩ offen; *magasin, porte, etc a.* geöffnet; *fig personne* offen, aufgeschlossen; *personne* **~ à qc** für etw aufgeschlossen, zugänglich; **à bras ~s** mit offenen Armen **ouverture** [uvɛʀtyʀ] F 1 *d'une porte, d'un magasin, etc* Öffnen n; *a. fig, a.* POL Öffnung f 2 *d'une séance, de débats, d'un compte, d'une exposition, d'un nouveau magasin, etc* Eröffnung f; *d'un spectacle a.* Auftakt m 3 MUS Ouvertüre f
ouvrable [uvʀabl] ADJ **jour** m **~** Werk-, Wochentag m
ouvrage [uvʀaʒ] M 1 (≈ *travail*) Arbeit f 2 *littéraire, scientifique* Werk n; Buch n
★**ouvre-boîte** [uvʀəbwat] M ⟨~s⟩ Büchsen-, Dosenöffner m ★**ouvre-bouteille** [uvʀəbutɛj] M ⟨~s⟩ Flaschenöffner m
ouvreur [uvʀœʀ] M *skieur* Vorläufer m
★**ouvrier** [uvʀije] A M (Industrie)Arbeiter m B ADJ ⟨-ière [-ijɛʀ]⟩ Arbeiter...
★**ouvrière** [uvʀijɛʀ] F *a.* ZOOL Arbeiterin f
★**ouvrir** [uvʀiʀ] ⟨→ *couvrir*⟩ A VT 1 öffnen; aufmachen; *avec une clé* aufschließen; aufsperren; *gaz, eau, radio* anstellen; *radio, télé a.* anmachen; *ordinateur* hochfahren; *lumière* anmachen; einschalten; *séance, débats, exposition, bal, compte en banque, nouveau magasin, hostilités, etc* eröffnen 3 (≈ *percer*) **fenêtre brechen** (**dans** in + *acc*) B VI *magasin, musée, etc* öffnen; aufmachen C V/PR 1 **s'~** sich öffnen; aufgehen; *fenêtre, porte, etc.* geöffnet, aufgemacht werden; *porte a.* aufspringen; *tiroir, boîte* **s'~ facilement** sich leicht öffnen lassen 2 *exposition, congrès* **s'~** eröffnet werden (**par** mit) 3 *personne* **s'~ à qn** sich j-m anvertrauen
ovale [ɔval] A ADJ oval B M Oval n
overdose [ɔvɛʀdoz] F Überdosis f
ovni [ɔvni] M ABR (= *objet volant non identifié*) Ufo *ou* UFO n
oxygène [ɔksiʒɛn] M Sauerstoff m
ozone [ozɔn] M Ozon n *ou* m

P

P, p [pe] M ⟨*inv*⟩ P, p n
p. ABR (= *page*) S. (Seite)
pacifique [pasifik] ADJ 1 friedlich 2 **l'océan** m **Pacifique** *ou* **le Pacifique** der Pazifische, Stille, Große Ozean; der Pazifik
pacifiste [pasifist] M/F Pazifist(in) m(f)
pacotille [pakɔtij] F Schund(ware) m(f)

pacs, Pacs [paks] M ABR (= pacte civil de solidarité) *vom französischen Staat anerkannte Lebensgemeinschaft zweier nicht verheirateter Personen*
pacte [pakt] M Pakt m
pagaie [pagɛ] F Paddel n
pagaille [pagaj] F, **pagaïe** *fam* F (≈ *désordre*) (heilloses) Durcheinander, Chaos n; *pièce, etc* **en ~** ou **en pagaïe** unordentlich, unaufgeräumt
★**page**[1] [paʒ] F **1** *d'un livre, etc* (Druck-, Text)Seite f; **~s jaunes** Gelbe Seiten; Branchenverzeichnis n; **(à la) ~ 10** (auf) Seite 10; *fig* **tourner la ~** e-n Schlussstrich ziehen, ein Kapitel als erledigt betrachten **2** INFORM **~ d'accueil** Homepage ['ho:mpe:tʃ] f; Startseite f; **~ Web** Webseite f
page[2] M *hist* Page m
paiement [pɛmɑ̃] M (Be)Zahlung f
paillasson [pajasɔ̃] M Fußmatte f
★**paille** [paj] F **1** Stroh n **2** (= *brin de paille*) Strohhalm m; *pour boire* Trinkhalm m
★**pain** [pɛ̃] M **1** Brot n; **petit ~** Brötchen n; *all Sud* Semmel f; **~ au chocolat** Schokoladenbrötchen n; **~ d'épice(s)** Leb-, Pfefferkuchen m; **~ de mie, de seigle** Toast-, Roggenbrot n **2 ~ de savon** Riegel m (Kern)Seife; **~ de sucre** Zuckerhut m
pair[1] M **1** °**hors ~** unvergleichlich; einzigartig; **aller de ~** Hand in Hand gehen **(avec** mit) **2 jeune fille** f **au ~** Au-pair-Mädchen n
pair[2] [pɛʀ] ADJ ⟨~e⟩ *nombre* gerade
★**paire** [pɛʀ] F **1** Paar n **2 une ~ de ciseaux, de lunettes** e-e Schere, Brille
paisible [pezibl] ADJ friedlich; *personne a.* friedfertig
paître [pɛtʀ] VI ⟨*défect* il paît; ils paissent; il paissait; il paîtra; qu'il paisse; paissant⟩ weiden
★**paix** [pɛ] F **1** POL Frieden m; **faire la ~ avec qn** mit j-m Frieden schließen **2** *fig* Frieden m; Ruhe f; *fam* ★ **fiche-moi la ~!**, *pop* **fous-moi la ~!** lass mich in Ruhe!
Pakistan [pakistɑ̃] M **le ~** Pakistan n
pakistanais [pakistanɛ] ⟨-aise [-ɛz]⟩ **A** ADJ pakistanisch **B** M(F) **Pakistanais(e)** Pakistani m/f; Pakistaner(in) m(f)
palais[1] [palɛ] M **1** Palast m; Palais n **2**

Palais de justice Gericht(sgebäude) n; **plus grand** Justizpalast m
palais[2] M ANAT Gaumen m
★**pâle** [pɑl] ADJ *a. fig* blass; bleich
Palestine [palɛstin] F **la ~** Palästina n
palette [palɛt] F PEINT, MANUTENTION Palette f
palier [palje] M **1** Treppenabsatz m **2** TECH Lager n **3** *fig* Stufe f
pâlir [pɑliʀ] VI **1** blass werden, bleich werden, erblassen **(de colère** vor Zorn) **2** *couleurs* verblassen
palmarès [palmaʀɛs] M SPORTS Siegerliste f
palmier [palmje] M BOT Palme f
palpitant [palpitɑ̃] ADJ ⟨-ante [-ɑ̃t]⟩ *récit, film* spannend; aufregend
palpiter [palpite] VI **1** *paupières* zucken **2** *cœur* klopfen; pochen
pamplemousse [pɑ̃pləmus] M Pampelmuse f; Grapefruit f
pan [pɑ̃] M **1** *d'un vêtement* Zipfel m **2 pan de mur** Mauer- *ou* Wandstück n
panaché [panaʃe] ADJ ⟨~e⟩ *glace* gemischt; **un ~** ein Radler n, ein Alsterwasser n
pancarte [pɑ̃kaʀt] F **1** (≈ *écriteau*) Schild n **2** *de manifestants* Transparent n
panda [pɑ̃da] M Panda(bär) m
pandémie [pɑ̃demi] F Pandemie f
panga [pɑ̃ga] M *poisson* Pangasius [paŋ'ga:ziʊs] m
★**panier** [panje] M *a.* BASKET Korb m
panique [panik] F Panik f **paniquer** [panike] *fam* **A** ADJ **~ qn** j-n in Panik versetzen; **paniqué** in panischer Angst **B** VI in Panik geraten
★**panne** [pan] F Panne f; **en ~** defekt; schadhaft; **avoir une** *ou* **tomber en ~** e-e Panne haben; **il a une ~ d'essence** *ou* **il est tombé en ~ sèche** ihm ist das Benzin ausgegangen
panneau [pano] M ⟨~x⟩ **1** Schild n; Tafel f; **~ publicitaire** Reklamefläche f, Reklameschild n, Reklametafel f; ★ **~ de signalisation** Verkehrsschild n, Verkehrszeichen n **2** CONSTR Platte f; ÉCOL **~ solaire** Sonnenkollektor m
panorama [panɔʀama] M Panorama n
panoramique [panɔʀamik] ADJ Rundsicht...; Panorama...
★**pansement** [pɑ̃smɑ̃] M MÉD Verband m; *adhésif* Pflaster n

★**pantalon** [pɑ̃talɔ̃] M (lange) Hose
panthère [pɑ̃tɛʀ] F Panther m
pantin [pɑ̃tɛ̃] M *a. fig* Hampelmann m
pantouflard [pɑ̃tuflaʀ] M, **pantouflarde** [pɑ̃tuflaʀd] *fam* F Stubenhocker(in) m(f)
pantoufle [pɑ̃tufl] F Hausschuh m
paon [pɑ̃] M Pfau m
★**papa** [papa] M ❶ Papa m ❷ *fam* **à la ~** ganz gemütlich, gemächlich
★**pape** [pap] M *a. fig* Papst m
paperasse [papʀas] F Papierkram m
★**papeterie** [papɛtʀi] F Schreibwarengeschäft n
★**papi** [papi] *enf* M Opa m
papier [papje] M ❶ Papier n; **~ à lettres** Briefpapier n ❷ **~ peint** Tapete f ❸ **un ~** ein Stück n, Blatt n Papier; ein Zettel m ❹ (= *article de journal*) (Zeitungs)Artikel m ❺ ⟨*pl*⟩ ★**~s (d'identité)** (Ausweis)Papiere *npl*
★**papillon** [papijɔ̃] M ❶ ZOOL Schmetterling m ❷ *fam* (= *contravention*) Strafzettel m ❸ ⟨*adjt*⟩ **nœud** m **~** Fliege f ❹ **écrou** m **~** Flügelmutter f
papoter [papɔte] V/I schwatzen
paprika [papʀika] M *in Pulverform* Paprika m
paquebot [pakbo] M Passagierschiff n
pâquerette [pakʀɛt] F Gänseblümchen n
★**Pâques** [pak] ⟨*ohne Artikel m sg, mit adj f/pl*⟩ Ostern *n ou pl*; **joyeuses ~!** frohe Ostern!; **à ~** (zu, an) Ostern
★**paquet** [pakɛ] M ❶ Paket n; Päckchen n; **~ de café, de lessive** Packung Kaffee, Waschpulver; **~ de cigarettes** Päckchen, Schachtel f Zigaretten
★**par** [paʀ] PRÉP ❶ *lieu* durch; über (+ *acc*); **par la porte** durch die Tür; *aller à Paris* **par Reims** über Reims ❷ *temps* an (+ *dat*); in (+ *dat*); bei; **par un beau matin d'été** an e-m schönen Sommermorgen ❸ *moyen* durch; mit; per; **par (le) bateau, train** mit dem Schiff, mit der Bahn; per Schiff, Bahn ❹ *aprés un verbe passif* von; durch ❺ *cause* aus; **par amour, curiosité** aus Liebe, Neugier ❻ *distributif* pro; **par jour** täglich; am, pro Tag; **par personne** pro Person ❼ **de par la loi** im Namen des Gesetzes
parabole [paʀabɔl] F ❶ BIBL Gleichnis n ❷ MATH Parabel f

parachute [paʀaʃyt] M Fallschirm m
parachutiste [paʀaʃytist] ⟨m⟩ MIL Fallschirmjäger m
parade [paʀad] F ❶ MIL, SPORTS Parade f ❷ **de ~** Parade... ❸ *fig* Abwehr f; Entgegnung f, Gegenargument n
★**paradis** [paʀadi] M REL, *a. fig* Paradies n
paradoxal [paʀadɔksal] ADJ ⟨~e; -aux [-o]⟩ paradox
paradoxe [paʀadɔks] M Paradox n
parages [paʀaʒ] MPL Gegend f
paragraphe [paʀagʀaf] M Abschnitt m; *a.* JUR Absatz m
★**paraître** [paʀɛtʀ] ⟨↔ *connaître*⟩ A V/I ❶ (= *se montrer*) erscheinen; *sentiments* **laisser ~** sich (*dat*) anmerken lassen ❷ (= *sembler*) (er)scheinen; aussehen; vorkommen (**à qn** j-m) ❸ ⟨*oft être*⟩ (= *être publié*) erscheinen, herauskommen B V/IMP **il paraît que ...** man sagt, man erzählt sich, es heißt, es scheint, dass ...
parallèle [paʀalɛl] A ADJ ❶ parallel (**à** zu); Parallel ... ❷ *fig* (= *non officiel*) inoffiziell; *médecine* alternativ B F MATH Parallele f C M ❶ GÉOG Breitengrad m ❷ *fig* Parallele f
parallélisme [paʀalelism] M ❶ AUTO Spur f ❷ *fig* Parallelismus m
paralysé(e) [paʀalize] ADJ gelähmt **paralyser** [paʀalize] V/T MÉD, *a. fig* lähmen
paralysie [paʀalizi] F *a. fig* Lähmung f
paramètre [paʀamɛtʀ] M MATH, *a. fig* Parameter m
parapente [paʀapɑ̃t] M *engin* Gleitschirm m; Paragleiter m
★**parapluie** [paʀaplyi] M (Regen)Schirm m
parasite [paʀazit] M ❶ BIOL, *a. fig* Parasit m; Schmarotzer m ❷ RAD **~s** *pl* Stör-, Nebengeräusche(n) n(pl)
parasol [paʀasɔl] M Sonnenschirm m
paratonnerre [paʀatɔnɛʀ] M Blitzableiter m
paravent [paʀavɑ̃] M spanische Wand; Wandschirm m
★**parc** [paʀk] M ❶ Park m ❷ **pour bébés** Laufgitter n, Laufstall m ❸ **à bestiaux** Pferch m
★**parce que** [paʀs(ə)kə] CONJ ⟨*vor Vokal* **parce qu'**⟩ ❶ weil ❷ **~!** (eben) darum!
parcmètre [paʀkmɛtʀ] M, **parcomètre** [paʀkɔmɛtʀ] M Parkuhr f
parcourir [paʀkuʀiʀ] V/T ⟨↔ *courir*⟩ ❶

région, ville durchlaufen; durchstreifen; *en voiture* durchfahren; kreuz und quer fahren durch; *un pays a.* bereisen ❷ *distance* zurücklegen ❸ *texte* überfliegen
parcours [paʀkuʀ] M̄ Strecke f; SPORTS *a.* Parcours m
par-delà [paʀdala] PRÉP jenseits (+ *gén*)
par-derrière [paʀdeʀjɛʀ] A ADV von hinten; *a. fig* hinterrücks B PRÉP hinter (+ *dat*)
par-dessous [paʀdəsu] A ADV untendurch B PRÉP unter (+ *dat*)
par-dessus [paʀdəsy] A ADV d(a)rüber (hinweg) B PRÉP über (+ *acc*)
★ **pardon** [paʀdɔ̃] M̄ Verzeihung f; Entschuldigung f; ★ ~ ! Entschuldigung!; ★ ~ ? wie bitte? **pardonnable** [paʀdɔnabl] ADJ verzeihlich ★ **pardonner** [paʀdɔne] VT verzeihen; *st/s, a.* REL vergeben; ~ (qc) à qn j-m (etw) verzeihen
pare-boue [paʀbu] M̄ ⟨inv⟩ AUTO Schmutzfänger m ★ **pare-brise** [paʀbʀiz] M̄ ⟨inv⟩ Windschutzscheibe f
★ **pare-chocs** [paʀʃɔk] M̄ ⟨inv⟩ Stoßstange f
★ **pareil** [paʀɛj] A ADJ ⟨~le⟩ ❶ (≈*semblable*) gleich; ähnlich; ~ à gleich (+ *dat*); **ce n'est pas** ~ das ist nicht das Gleiche ❷ (≈*tel*) solche(r, -s) ein; ein(e); derartige(r, -s); **(une) chose** ~**le** so etwas B M̄,F **ne pas avoir son** ~, **sa** ~**le** nicht seines-, ihresgleichen haben; **sans** ~**(le)** ohnegleichen; unvergleichlich C M̄ *fam* **c'est du** ~ **au même** *fam* das ist Jacke wie Hose, gehupft wie gesprungen D F **rendre la** ~**le à qn** es j-m (mit gleicher Münze) heimzahlen
pareillement [paʀɛjmɑ̃] ADV ebenfalls; gleichfalls
★ **parent** [paʀɑ̃] A ADJ ⟨-ente [-ɑ̃t]⟩ verwandt B M̄,F ~(e) Verwandte(r) m/f(m); **les** ~**s** *a.* die Verwandtschaft *pl* C MPL ★ ~**s** (≈*père et mère*) Eltern *pl* **parenté** [paʀɑ̃te] F Verwandtschaft f
parenthèse [paʀɑ̃tɛz] F ❶ (≈*digression*) Zwischenbemerkung f ❷ (runde) Klammer; **entre** ~**s** in Klammern; *fig* nebenbei gesagt
parer[1] [paʀe] A VT ❶ *st/s* (≈*orner*) festlich schmücken (**de** mit) ❷ (≈*attribuer*) ~ **qn de qc** j-m etw zuschreiben, nachsagen B VPR **se** ~ sich schmücken (**de** mit)
parer[2] VT *coup, attaque* parieren

paresse [paʀɛs] F Faulheit f **paresser** [paʀɛse] VI faulenzen ★ **paresseux** [paʀɛsø] ADJ ⟨-euse [-øz]⟩ faul
★ **parfait** [paʀfɛ] A ADJ ⟨-faite [-fɛt]⟩ ❶ vollkommen, perfekt ❷ (≈*total*) völlig; vollkommen B M̄ ❶ GRAM Perfekt n ❷ *glace* Parfait n
★ **parfaitement** [paʀfɛtmɑ̃] ADV ❶ (≈*complètement*) vollkommen; völlig ❷ *réponse* ganz recht
★ **parfois** [paʀfwa] ADV manchmal
parfum [paʀfœ̃, -fɔ̃] M̄ ❶ *odeur* Duft m ❷ *substance* Parfüm n ❸ *d'une glace* Geschmack m
parfumer [paʀfyme] A VT ❶ *pièce* mit s-m Duft erfüllen ❷ *mouchoir* parfümieren B VPR *personne* **se** ~ sich parfümieren
★ **pari** [paʀi] M̄ Wette f ★ **parier** [paʀje] VT wetten (**qc** um etw), (**que** dass)
Paris [paʀi] Paris n ★ **parisien** [paʀizjɛ̃] A ADJ ⟨-ienne [-jɛn]⟩ Pariser; pariserisch B M̄,F **Parisien(ne)** Pariser(in) m/f(m)
paritaire [paʀitɛʀ] ADJ paritätisch
parité [paʀite] F Parität f
★ **parking** [paʀkiŋ] M̄ Parkplatz m; ~ **souterrain** Tiefgarage f
parlant [paʀlɑ̃] ADJ ⟨-ante [-ɑ̃t]⟩ ❶ **les chiffres sont** ~**s** die Zahlen sprechen für sich ❷ ⟨*advt*⟩ **économiquement** ~ wirtschaftlich gesehen
parlé [paʀle] ADJ ⟨~e⟩ *langue* gesprochen
★ **Parlement** [paʀləmɑ̃] M̄ Parlament n
parlementaire [paʀləmɑ̃tɛʀ] A ADJ parlamentarisch; Parlaments... B M̄,F POL Parlamentarier(in) m/f(m)
parlementer [paʀləmɑ̃te] VI verhandeln
★ **parler** [paʀle] A VT ❶ *une langue* sprechen; ~ **(le) français** Französisch *ou* französisch sprechen; **elle parle bien (le) danois** sie spricht gut Dänisch ❷ ~ **affaires** über Geschäfte reden B VT INDIR ~ **à qn**, *fam* ~ **avec qn** mit j-m sprechen, reden; j-n ansprechen; ~ **de qc** von etw, über etw (*acc*) sprechen, reden; etw besprechen, bereden; *livre* von etw handeln; ~ **de qn** von j-m, über j-n reden, sprechen; ~ **de** (+ *inf*) davon, darüber reden, sprechen, dass ...; **sans** ~ **de ...** ganz abgesehen von ...; von ... ganz zu schweigen; **tu parles!** so siehst du aus!; von wegen!

[C] [VI] sprechen; (≈ a. avouer) reden [D] [V/PR] **se** ~ miteinander reden, sprechen; **ils ne se parlent plus** sie reden nicht mehr miteinander

★**parmi** [paʀmi] PRÉP unter (+ dat)

parodie [paʀɔdi] F Parodie f

paroi [paʀwa] F Wand f

paroisse [paʀwas] F (Kirchen-, Pfarr)Gemeinde f; Pfarrei f **paroissien** [paʀwasjɛ̃] M, **paroissienne** [paʀwasjɛn] F Gemeinde(mit)glied n

★**parole** [paʀɔl] F **1** (≈ mot, action de parler) Wort n; **donner la** ~ **à qn** j-m das Wort erteilen **2** (≈ promesse) ~ **(d'honneur)** (Ehren)Wort n **3** (≈ faculté de parler) Sprache f **4** d'une chanson ~**s** pl Text m; Worte npl

parquet [paʀkɛ] M **1** Parkett(boden) n(m) **2** JUR Staatsanwaltschaft f

★**parrain** [paʀɛ̃] M d'un enfant (Tauf)Pate m **parrainage** [paʀɛnaʒ] M Schirmherrschaft f **parrainer** [paʀɛne] V/T **1** ~ **qn** für j-n bürgen **2** ~ **qc** die Schirmherrschaft über etw (acc) übernehmen

parsemé [paʀsəme] ADJ ⟨~e⟩ übersät (**de** mit)

★**part** [paʀ] F **1** Anteil m; Teil m ou n; ~ **de marché** Marktanteil m; **à** ~ **entière** vollberechtigt; vollwertig; **pour ma** ~ was mich betrifft; **faire** ~ **de qc à qn** j-m etw mitteilen; **faire la** ~ **des choses** den Dingen Rechnung tragen; **prendre** ~ **à qc** an etw (dat) teilnehmen; sich an etw (dat) beteiligen; à la douleur de qn etw (dat) Anteil nehmen **2** ★ **à** ~ adj besondere; gesondert adv; getrennt; für sich; beiseite; außer (+ dat) prép; abgesehen von; **c'est un garçon à** ~ dieser Junge ist anders als die anderen; **le mauvais temps mis à** ~ abgesehen vom schlechten Wetter; fam ★ **à** ~ **ça** abgesehen davon; sonst **3** **autre** ~ woanders; anderswo; avec verbe de mouvement woandershin; anderswohin; fam sonstwohin; **d'une** ... **d'autre** ~ einerseits ... andererseits; einesteils ... anderntheils; **de la** ~ **de qn** von j-m; vonseiten j-s; par ext im Auftrag j-s; ★ **nulle** ~ nirgends; nirgendwo (-hin); ★ **quelque** ~ irgendwo(hin)

partage [paʀtaʒ] M (Auf)Teilung f; ~ **du travail** Jobsharing n

★**partager** [paʀtaʒe] ⟨-ge-⟩ [A] V/T teilen (qc avec qn etw mit j-m); aufteilen (entre unter, + dat ou + acc) [B] V/PR **se** ~ **qc** sich (dat) etw teilen

partance [paʀtɑ̃s] F **en** ~ **pour** (zur Abfahrt ou zum Abflug bereit) nach

partant [paʀtɑ̃] M SPORTS Startende(r) m/f(m), Starter(in) m/f

partenaire [paʀtənɛʀ] M/F Partner(in) m/f **partenariat** [paʀtənaʀja] M Partnerschaft f

parterre [paʀtɛʀ] M **1** Blumenbeet n **2** THÉ Parkett n

★**parti**[1] [paʀti] M **1** POL Partei f; ~ **de gauche** Linkspartei f; ~ **d'opposition** Oppositionspartei f **2** **prendre** ~ Partei ergreifen (**pour, contre** für, gegen); **prendre le** ~ **de qn** für j-n eintreten, Partei ergreifen; **tirer** ~ **de qc** Nutzen aus etw ziehen **3** ~ **pris** Voreingenommenheit f; **elle est de** ~ **pris** sie ist voreingenommen

parti[2] PP & ADJ ⟨~e⟩ **être** ~ weg sein; personne a. fort sein; bouton, peinture ab sein

partial [paʀsjal] ADJ ⟨~e; -aux [-o]⟩ parteiisch

partialité [paʀsjalite] F Parteilichkeit f **participant** [paʀtisipɑ̃] M, **participante** [paʀtisipɑ̃t] F Teilnehmer(in) m/f **participation** [paʀtisipasjɔ̃] F Teilnahme f (**à** an + dat); a. FIN Beteiligung f (**à** an + dat); (≈ collaboration) Mitwirkung f (bei)

participe [paʀtisip] M Partizip n

★**participer** [paʀtisipe] V/T INDIR ~ **à** débat, vote, voyage teilnehmen an (+ dat); a. FIN sich beteiligen an (+ dat); mitmachen bei; chagrin, joie de qn Anteil nehmen an (+ dat); succès de qn Anteil haben, beteiligt sein an (+ dat)

particule [paʀtikyl] F Teilchen n; a. LING Partikel f

★**particulier** [paʀtikylje] [A] ADJ ⟨-ière [-jɛʀ]⟩ **1** Privat... (+ n) **2** (≈ spécifique) besondere; eigentümlich; ~ **à qn, qc** j-m, e-r Sache eigen; ★ **en** ~ (≈ à part) gesondert; parler à qn allein; unter vier Augen; (≈ surtout) besonders [B] M Privatperson f

particulièrement [paʀtikyljɛʀmɑ̃] ADV besonders; insbesondere

★**partie** [paʀti] F **1** d'un tout Teil m; **en** ~ teilweise; zum Teil, z. T. abr; **faire** ~ **de** gehören zu **2** (≈ spécialité) Fach n; Sparte f ③ JEUX, SPORTS Spiel n; Partie f ④ JUR Partei f ⑤ MUS Part m

partiel [paʀsjɛl] ADJ ⟨~le⟩ Teil... **partiellement** [paʀsjɛlmɑ̃] ADV teilweise; zum Teil, z. T. abr

★**partir** [paʀtiʀ] VI ⟨je pars; il part; nous partons; je partais; je partis; je ~ai; que je parte; partant; être parti⟩ ① (≈ s'en aller) (weg)gehen, fortgehen (**de chez soi** von zu Hause); (≈ se mettre en route) (ab)reisen, (ab)fahren, aufbrechen (**à, pour Paris** nach Paris), (**en France** nach Frankreich); fort-, wegfahren (**en voiture** im Auto); train, bus, bateau (ab)fahren, (ab)gehen; (≈ en) avion (ab)fliegen; coureur starten ② **~ de** (≈ provenir de) ausgehen von ③ bouton, peinture abgehen; tache, maladie weggehen; douleur vergehen ④ **coup de feu** fallen; losgehen; sich lösen ⑤ (prép) ★ **à ~ de** ab; von ... an, ab

★**partisan** [paʀtizɑ̃] Ⓐ M ① POL Anhänger m ② MIL Partisan m Ⓑ ADJ ⟨~ane [-an]⟩ **être ~ de qc** für etw sein; etw befürworten

★**partout** [paʀtu] ADV überall

paru [paʀy] PP → paraître

parure [paʀyʀ] F Schmuck m

parution [paʀysjɔ̃] F Erscheinen n

parvenir [paʀvəniʀ] VT INDIR ⟨→ venir; être⟩ ① (≈ atteindre) **~ à qc, qn** zu etw, j-m gelangen; bei etw, j-m anlangen; j-n, etw erreichen ② (≈ réussir) **il parvient à** (+ inf) es gelingt ihm zu (+ inf)

★**pas¹** [pɑ, pa] M ① Schritt m; **pas à pas** [pɑzapɑ] Schritt für Schritt; schrittweise; **sur le pas de la porte** vor der, in der Haustür; **faire un faux pas** stolpern; stls fehltreten; fig e-n Fauxpas, e-e Taktlosigkeit begehen ② **le pas de Calais** die Straße von Dover

★**pas²** ADV ① ⟨in der gesprochenen Sprache meist ohne ne⟩ avec ne; nicht; **il ne vient pas** er kommt nicht; **ne ... pas de** (+ subst) kein(e); **je n'ai pas d'argent** ich habe kein Geld; **ne ... pas que** nicht nur; nicht bloß; **ne ... pas non plus** auch nicht ② sans „ne' ist nicht gesetzt: **pas encore** noch nicht; ★ **pas du tout** überhaupt nicht; durchaus nicht; **pas moi** ich nicht **Pas-de-Calais** [pɑdkalɛ] M **le ~** frz Departement

passable [pɑsabl] ADJ ① passabel, einigermaßen, halbwegs gut ② note scolaire ausreichend

passage [pɑsaʒ] M ① devant qn, qc Vorbei- ou Vorübergehen n; (≈ à bord) d'un véhicule Vorbeifahren n, Vorbeifahrt f; en traversant un lieu Durchreise f; Durchfahrt f; d'une rivière Überquerung f; en bateau Überfahrt f; d'une frontière Passieren n; Übertritt m; d'un état à un autre Übergang m ② endroit Durchgang m, Durchfahrt f, Durchlass m; CH DE FER, ROUTE Übergang m; **~ à niveau** schienengleicher Bahnübergang m ③ d'une œuvre Stelle f ④ d'un état à un autre Übergang m

★**passager, passagère** [pɑsaʒe, pɑsaʒɛʀ] Ⓐ M/F Passagier m; AVIAT a. Fluggast m; d'une voiture Insasse m, Insassin f; à côté du conducteur Beifahrer(in) m(f) Ⓑ ADJ vorübergehend

★**passant** [pɑsɑ̃] Ⓐ ADJ ⟨~ante [-ɑ̃t]⟩ rue belebt Ⓑ ADV **en ~** im Vorbei-, Vorübergehen; fig beiläufig Ⓒ M/F ⟨~(e)⟩ Passant(in) m(f)

passe [pɑs, pas] F ① SPORTS Zuspiel n; Pass m ② **hôtel m, maison f de ~** Stundenhotel n; Absteige f

★**passé** [pɑse, pa-] Ⓐ M ① a. de qn Vergangenheit f ② GRAM Vergangenheit f; **~ composé** Perfekt n; **~ simple** historisches Perfekt; Passé simple n Ⓑ PRÉP ⟨inv⟩ nach (Ablauf von) Ⓒ ADJ ⟨~e⟩ vergangen

passe-partout M ⟨inv⟩ clé Hauptschlüssel m

passeport [pɑspɔʀ] M (Reise)Pass m; MÉD **~ d'allergie** Allergiepass m

★**passer** [pɑse, pa-] Ⓐ VT ① rivière überqueren; en bac übersetzen über (+ acc); frontière überschreiten; passieren ② temps, vacances verbringen; vacances a. verleben ③ examen machen; ablegen ④ ligne aus-, weglassen; überspringen ⑤ (≈ donner) **~ qc à qn** a. à table j-m etw (hinüber)reichen; TÉL **je vous passe Monsieur X** ich gebe Ihnen Herrn X; ich verbinde Sie mit Herrn X ⑥ contrat, marché abschließen ⑦ vêtement (rasch) überziehen, -streifen ⑧ film, vidéo vorführen; zeigen; spectacle aufführen; disque auflegen; laufen lassen; cassette (ab)spielen ⑨ **~ les vitesses** schalten ⑩ **~ sa colère, ses nerfs sur qn** s-n Zorn, s-e Nervosität an j-m auslassen, abreagieren ▯ (≈ *appliquer*) **~ qc sur qc** etw auf etw (*acc*) auftragen ▮ V/I ⟨*avoir; häufiger être*⟩ ▯ *devant qn, qc* vorbei- ou vorübergehen, -kommen; (≈ *à bord d'un*) *véhicule* vorbei- ou vorüberfahren; *oiseau, avion* vorbei- ou vorüberfliegen; *en traversant un lieu* durchgehen, -kommen, -reisen; (≈ *à bord d'un*) *vehicule* durchfahren; *loi au Parlement* durchkommen; **ne pas ~** *objet* nicht durchgehen; *repas* im Magen liegen; THÉ beim Publikum nicht ankommen; **~ prendre qc, qn** j-n, etw abholen (kommen); **~ à autre chose** zu etwas anderem übergehen; **~ chez qn** bei j-m vorbeischauen, -kommen; *conducteur* **~ en seconde** in den zweiten Gang schalten, gehen; *élève* **~ en cinquième** in die Quinta kommen, versetzt werden; **~ sur qc** über etw (*acc*) gehen, fahren; *fig* etw übergehen ▯ (≈ *être tolérable*) **passe pour cette fois** diesmal mag es noch hingehen ▯ **~ capitaine,** *etc* zum Hauptmann *etc* befördert werden ▯ ⟨*avoir*⟩ **~ pour** (+ *adj ou subst*) gelten als; gehalten werden für ▯ *temps* vergehen; verstreichen; *douleur, chagrin* ver-, vorübergehen; *colère* vergehen; verbleichen ▯ *film* laufen; *spectacle* aufgeführt, gespielt werden ▯ ⟨*avoir*⟩ *en jouant aux cartes* passen ▮ V/PR ▯ ★ **se ~** *événement* sich ereignen; sich zutragen; vor sich gehen; passieren; geschehen; *scène, action* spielen (**à Paris** in Paris); **que se passe-t-il? ~ qu'est-ce qui se passe?** was ist hier los?; was geht hier vor? ▯ ★ **se ~ de qc** auf etw (*acc*) verzichten; ohne etw auskommen; **se ~ de qn** ohne j-n auskommen

passerelle [pasʀɛl] F̲ ▯ Steg m; Fußgängerbrücke f, Fußgängerüberführung f ▯ AVIAT, MAR Gangway f

passe-temps [pastɑ̃] M̲ ⟨*inv*⟩ Zeitvertreib m

passeur [pasœʀ] M̲ ▯ *batelier* Fährmann m ▯ *clandestin* Fluchthelfer m

passif [pasif] ▮ ADJ ⟨*-ive* [-iv]⟩ passiv ▮ M̲ GRAM Passiv n

passion [pasjɔ̃] F̲ (≈ *a. amour*) Leidenschaft f; *pour qc a.* Passion f **passionnant** [pasjɔnɑ̃] ADJ ⟨*-ante* [-ɑ̃t]⟩ spannend, packend **passionné** [pasjɔne] ADJ ⟨*-e*⟩ leidenschaftlich **passionner** [pasjɔne] ▮ V/T begeistern ▮ V/PR **se ~ pour qc** sich für etw begeistern

passoire [paswaʀ] F̲ Sieb m

pastel [pastɛl] M̲ *œuvre* Pastell n

pastèque [pastɛk] F̲ Wassermelone f

★ **pasteur** [pastœʀ] M̲ PROT Pfarrer m; Pastor m

pastille [pastij] F̲ (Zucker)Plätzchen n; *a.* PHARM Pastille f

patate [patat] F̲ *fam* (≈ *pomme de terre*) Kartoffel f

pataud [pato] ADJ ⟨*-aude* [-od]⟩ tollpatschig, unbeholfen

pataugeoire [patoʒwaʀ] F̲ Plan(t)schbecken n

patauger [patoʒe] V/I ⟨*-ge-*⟩ waten; *fam* (herum)patschen

★ **pâte** [pɑt] F̲ ▯ CUIS Teig m ▯ ⟨*pl*⟩ ★ **~s (alimentaires)** Teigwaren *fpl* ▯ **~ à modeler** Knetmasse f; Plastilin® n

★ **pâté** [pɑte] M̲ ▯ CUIS Pastete f ▯ **~ de maisons** Häuserblock m

paternel [patɛʀnɛl] ADJ ⟨*-le*⟩ *a. fig* väterlich **paternité** [patɛʀnite] F̲ Vaterschaft f

pâteux [pɑtø] ADJ ⟨*-euse* [-øz]⟩ substance breiig

pathétique [patetik] ADJ bewegend; ergreifend

patiemment [pasjamɑ̃] ADV → patient

★ **patience** [pasjɑ̃s] F̲ Geduld f ★ **patient** [pasjɑ̃] ▮ ADJ ⟨*-iente* [-jɑ̃t]⟩ geduldig ▮ M̲F̲ **~(e)** MÉD Patient(in) m(f) **patienter** [pasjɑ̃te] V/I sich gedulden

patin [patɛ̃] M̲ **~ (à glace)** Schlittschuh m; **faire du ~** Schlittschuh laufen, fahren; eislaufen; **~ à roulettes** Rollschuh m; **~ en ligne** Inlineskate m **patiner** [patine] V/I ▯ SPORTS eislaufen ▯ *roues* durchdrehen **patinette** [patinɛt] F̲ (Kinder)Roller m **patinoire** [patinwaʀ] F̲ Eisbahn f

pâtir [pɑtiʀ] V/I **~ de qc** unter etw (*dat*) leiden

★ **pâtisserie** [pɑtisʀi, pa-] F̲ ▯ *ou pl* **~s** Feingebäck n ▯ *magasin* Konditorei f

pâtissier [pɑtisje, pa-] M̲F̲, **pâtissière** [pɑtisjɛʀ, pa-] Konditor(in) m(f)

patois [patwa] M̲ Mundart f

★ **patrie** [patʀi] F̲ Vaterland n; *a. fig* Heimat f

patrimoine [patʀimwan] M̲ Erbe n; *fig* **~ culturel** Kulturerbe n

patriote [patʀijɔt] ▮ M̲F̲ Patriot(in) m(f)

B ADJ patriotisch **patriotique** [patʀijtik] ADJ patriotisch **patriotisme** [patʀijɔtism] M Patriotismus m

★**patron¹** [patʀɔ̃] M, **patronne** [patʀɔn] F **1** (≈ employeur) Arbeitgeber(in) m(f); (≈ chef d'entreprise) Chef(in) m(f); d'un café, etc Wirt(in) m(f) **2** REL Schutzpatron(in) m(f), Schutzheilige(r) m/f(m)

patron² M COUT Schnittmuster m
patronage [patʀɔnaʒ] M Schirmherrschaft f
patronat [patʀɔna] M Arbeitgeber mpl
patrouille [patʀuj] F Streife f; MIL, a. mission Patrouille f

patte [pat] F **1** ZOOL Pfote f; d'un fauve a. Tatze f; Pranke f; d'un oiseau, insecte, cheval Bein n; Fuß m **2** fam (≈ main) Pfote f; fig **graisser la ~ à qn** fam j-n schmieren **3** ⟨pl⟩ **~s** (≈ favoris) Koteletten pl

pâturage [pɑtyʀaʒ] M (Vieh)Weide f
paume [pom] F Handfläche f, Handteller m
paumé [pome] fam ADJ ⟨-e⟩ hilflos; fam (**complètement**) ~ (total) aufgeschmissen
paupière [popjɛʀ] F (Augen)Lid n
★**pause** [poz] F Pause f
★**pauvre** [povʀ] **A** ADJ **1** personne, pays arm; demeure, vêtements ärmlich; armselig; sol karg; **~ en ... ** arm an (+ dat); ... arm **2** (≈ malheureux) arm; bedauernswert **B** M Arme(r) m ★**pauvreté** [povʀəte] F Armut f; Armseligkeit f
pavaner [pavane] VPR **se ~** einherstolzieren; sich in Szene setzen
pavé [pave] M bloc de pierre Pflasterstein m
pavillon [pavijɔ̃] M **1** (≈ maison individuelle) Einfamilienhaus n (**de banlieue** in e-m Vorort); **2** d'une exposition, etc Pavillon m **3** MAR Flagge f
pavot [pavo] M Mohn m
payable [pɛjabl] ADJ zahlbar; fällig
payant [pɛjɑ̃] ADJ **1** personne zahlend **2** parking **~** gebührenpflichtiger Parkplatz **3** **être ~** sich lohnen
★**payer** [peje] ⟨-ay- od -ai-⟩ **A** VT **1** personne, travail, facture, dettes bezahlen; somme, loyer, impôt, etc (be)zahlen; salaire (aus)zahlen; **~ qc dix euros** für etw zehn Euro (be)zahlen **2** fig (≈ expier) **~ qc** (für) etw büßen, bezahlen müssen

B VI **1** (be)zahlen (**pour** für) **2** (≈ rapporter) sich lohnen **C** VPR fam (≈ s'offrir) ★ (**pouvoir**) **se ~ qc** sich (dat) etw leisten (können)

★**pays** [pei] M **1** GÉOG, POL Land n **2** (≈ patrie) Heimat f; **avoir le mal du ~** Heimweh haben **3** (≈ localité) kleiner Ort
★**paysage** [peizaʒ] M a. PEINT, a. fig Landschaft f
★**paysan** [peizɑ̃], **paysanne** [peizan] **A** M,F Bauer, Bäuerin m,f **B** ADJ bäuerlich
★**Pays-Bas** [peiba] MPL **les ~** die Niederlande npl
pays-membre [peimɑ̃bʀ] M POL EU Mitgliedsland n
★**PC¹** [pese] M ABR ⟨inv⟩ (= personal computer) PC m (Personal Computer)
PC² [pese] M ABR ⟨inv⟩ (= Parti communiste) KP f (Kommunistische Partei)
PCF [peseɛf] M ABR, **P.C.F.** M (= Parti communiste français) KPF f (Kommunistische Partei Frankreichs)
PDC [pedese] M ABR (= Parti démocrate--chrétien) CVP f (Christlichdemokratische Volkspartei)
PDG [pedeʒe] M ABR, **P.-D.G.** ⟨inv⟩ (= président-directeur général) Generaldirektor(in) m(f)
péage [peaʒ] M **1** (Straßen)Benutzungsgebühr f; Autobahngebühr f **2** poste Zahlstelle f; a. autrich Mautstelle f
peau [po] F ⟨-x⟩ **1** de l'homme Haut f **2** d'un animal (≈ fourrure) Fell n; (≈ cuir souple) Leder n **3** de fruits Schale f; de pêche, etc Haut f; de saucisson Pelle f
★**pêche¹** [pɛʃ] F fruit Pfirsich m; **~ plate** Weinbergpfirsich m (Handelsbezeichnung)
★**pêche²** F **1** Fischerei f, Fischfang m; **~ (à la ligne)** Angeln n; **aller à la ~** angeln, fischen gehen **2** (≈ poissons pêchés) Fang m
★**péché** [peʃe] M Sünde f
pécher [peʃe] VI ⟨-è-⟩ REL sündigen
pêcher¹ [peʃe] M Pfirsichbaum m
pêcher² VT poissons, a. crabes fangen; a. perles fischen; **~ (à la ligne)** angeln
pécheresse [peʃʀɛs] F Sünderin f
pécheur [peʃœʀ] M Sünder m
pêcheur [pɛʃœʀ] M, **pêcheuse** [pɛʃøz] F Fischer(in) m(f); **~, pêcheuse à la ligne** Angler(in) m(f)
pédagogie [pedagɔʒi] F Pädagogik f

pédagogique [pedagɔʒik] ADJ pädagogisch **pédagogue** [pedagɔg] M/F Pädagoge m, Pädagogin f
pédale [pedal] F Pedal n **pédalo®** [pedalo] M Tretboot n
pédé [pede] fam M ABR (= pédéraste) fam Homo m
pédestre [pedɛstʀ] ADJ Fuß...
pédiatre [pedjatʀ] M/F Kinderarzt m, Kinderärztin f
★**peigne** [pɛɲ] M Kamm m; fig **passer au ~ fin** sorgfältig prüfen; *endroit, région* durchkämmen **peigner** [peɲe] A VT kämmen B VPR **se ~** sich kämmen
peignoir [pɛɲwaʀ] M 1 *de bain* Bademantel m 2 (= *robe de chambre*) Morgenrock m, Morgenmantel m
★**peindre** [pɛ̃dʀ] VT ⟨je peins; il peint; nous peignons; je peignais; je peignis; je peindrai; que je peigne; peignant; peint⟩ 1 *mur, clôture, etc* (an)streichen; *fam* anmalen; *pièce* streichen; *voiture* lackieren; (≈ *décorer*) bemalen 2 PEINT malen 3 *fig* (≈ *décrire*) schildern
★**peine** [pɛn] F 1 (≈ *chagrin*) Kummer m, Leid n; **faire de la ~ à qn** j-m Kummer machen, bereiten; j-m wehtun 2 (≈ *effort*) Mühe f; Anstrengung f; **elle a de la ~ à lire** sie hat Mühe zu lesen; sie kann nur mit Mühe lesen; **ce n'est pas la ~** das ist nicht nötig; **valoir la ~** der Mühe wert sein; sich lohnen (**de faire qc** etw zu tun) 3 (≈ *punition*) Strafe f; **~ de mort** (*ou* **capitale**) Todesstrafe f; *par ext* **sous ~ de** (+ *inf*) sonst; andernfalls 4 ⟨*adv*⟩ ★ **à ~** kaum
peiner [pene] A VT betrüben; bekümmern B VI *a. moteur* Mühe haben; es schwer haben
peins [pɛ̃] → peindre
★**peintre** [pɛ̃tʀ] M 1 ~ (**en bâtiment**) Anstreicher m; Maler m 2 *artiste* (Kunst)Maler(in) m(f)
★**peinture** [pɛ̃tyʀ] F 1 *matière* Farbe f 2 *couche* Anstrich m; *d'une voiture* Lack m 3 *opération* (An)Streichen n; PEINT Malen n 4 *œuvre d'art* Gemälde n; Bild n 5 *art* Malerei f 6 *fig* (≈ *description*) Schilderung f
péjoratif [peʒɔʀatif] ADJ ⟨-ive [-iv]⟩ abwertend; abschätzig
pelage [pəlaʒ] M Fell n
pêle-mêle [pɛlmɛl] ADV bunt durcheinander
peler [pəle] ⟨-è-⟩ A VT *fruit* schälen; *pomme de terre a.* (ab)pellen B VI *peau, nez* sich schälen
pèlerin [pɛlʀɛ̃] M Pilger(in) m(f) **pèlerinage** [pɛlʀinaʒ] M Pilgerfahrt f; Wallfahrt f
pelle [pɛl] F 1 Schaufel f; **~ à tarte** Tortenheber m, Tortenschaufel f 2 **~ mécanique** Bagger m
pellicule [pelikyl] F 1 *dans les cheveux* **~s** *pl* (Kopf)Schuppen *fpl* 2 PHOT (≈ *couche mince*) Film m
pelote [p(ə)lɔt] F Knäuel m *ou* n
pelouse [p(ə)luz] F Rasen(fläche) m(f)
peluche [p(ə)lyʃ] F 1 TEXT Plüsch m 2 (≈ *animal en peluche*) Stofftier n
pénaliser [penalize] VT *a. fig* bestrafen **pénalité** [penalite] F *a.* SPORTS Strafe f **penalty** [penalti] M ⟨**penalties** *od* **~s**⟩ Elfmeter m; Strafstoß m
penaud [pəno] ADJ ⟨-aude [-od]⟩ beschämt; betreten, verlegen
penchant [pɑ̃ʃɑ̃] M Hang m, Neigung f (**à, pour qc** zu etw)
pencher [pɑ̃ʃe] A VT neigen B VI 1 *arbre, mur, etc* sich neigen; schief sein, stehen, hängen 2 *personne* ~ **pour qc** zu etw (hin)neigen, tendieren C VPR 1 ★ **se ~** sich nieder-, herabbeugen (**sur** über + *acc*), (**vers** zu); **se ~ par la fenêtre** sich zum Fenster hinauslehnen, -beugen 2 *fig* **se ~ sur qc** sich mit etw beschäftigen, befassen
pendaison [pɑ̃dɛzɔ̃] F *supplice* Erhängen n; Tod m durch den Strang
★**pendant** A PRÉP während (+ *gén*); **~ trois heures** drei Stunden (lang) B CONJ ★ **~ que** während
pendentif [pɑ̃dɑ̃tif] M (Schmuck)Anhänger m **penderie** [pɑ̃dʀi] F Kleiderschrank m **pendouiller** [pɑ̃duje] *fam* VI baumeln
pendre [pɑ̃dʀ] ⟨→ rendre⟩ A VT 1 *objet* hängen (**à** an + *acc*) 2 *condamné* (auf-, er)hängen B VI hängen (**à** an + *dat*) C VPR 1 **se ~ à qc** sich an etw (*acc*) hängen 2 *suicidé* **se ~** sich er-, aufhängen
pendule¹ F Pendel-, Wand-, Tischuhr f **pendule²** [pɑ̃dyl] M Pendel n
pénétrant [penetʀɑ̃] ADJ ⟨-ante [-ɑ̃t]⟩ *odeur* penetrant; *regard, froid* durchdringend; *pluie* durch alle Kleider dringend

pénétrer [penetʀe] ‹-è-› **A** VT **1** *liquide* ~ qc in etw (acc) eindringen; durch etw dringen **2** *fig intentions* de jn durchschauen; *mystère* ergründen **3** *fig* (≈ remplir) erfüllen (**de** mit) **B** VI eindringen (**dans** in + acc)

★**pénible** [penibl] ADJ **1** *travail, existence, voyage* mühselig; mühevoll; mühsam **2** *situation, événement, nouvelle* traurig; schmerzlich **3** *fam personne* schwierig; lästig **péniblement** [penibləmɑ̃] ADV **1** (≈ difficilement) mühsam; mit Mühe (und Not) **2** (≈ cruellement) schmerzlich

péninsule [penɛ̃syl] F Halbinsel f
pénis [penis] M Penis m
pénombre [penɔ̃bʀ] F Halbdunkel n
pensée [pɑ̃se] F **1** (≈ idée) Gedanke m **2** (≈ faculté de penser) Denkvermögen n, Denken n **3** (≈ opinion) Ansicht f, Meinung f

★**penser** [pɑ̃se] **A** VT **1** (≈ croire) denke, glauben, meinen (**que** dass); ★ **je pense que oui** ich glaube schon **2** (≈ avoir l'intention de) ~ (+ inf) gedenken, beabsichtigen zu (+ inf) **3** *problème, aménagement, etc* durchdenken **B** VT INDIR und VI denken (**à** an + acc); **faire** ~ **à qc** an etw (acc) erinnern

pensif [pɑ̃sif] ADJ ‹-ive [-iv]› nachdenklich

pension [pɑ̃sjɔ̃] F **1** ~ **de famille** (Familien)Pension f **2** ~ **complète** Vollpension f **3** *allocation* Rente f

pensionnaire [pɑ̃sjɔnɛʀ] MF **1** *élève* Internatsschüler(in) m(f) **2** *d'un hôtel* Pensionsgast m

pente [pɑ̃t] F *d'un terrain, d'une route* Gefälle n; Neigung f; **en** ~ abfallend **2** *d'une colline* (Ab)Hang m; *fig* **être sur une mauvaise** ~ auf die schiefe Ebene, Bahn geraten sein

★**Pentecôte** [pɑ̃tkot] F **la** ~ Pfingsten n *ou* pl; **à la** ~ (an, zu) Pfingsten
pénurie [penyʀi] F (großer) Mangel (**de** an + dat)
pépé [pepe] *enf* M *a. par ext* Opa m
pépin [pepɛ̃] M **1** *de certains fruits* Kern m **2** *fam fig* **avoir un** ~ Ärger, ein Problem haben **3** *fam* (≈ parapluie) Schirm m

perçant [pɛʀsɑ̃] ADJ ‹-ante [-ɑ̃t]› durchdringend; *regard a.* scharf; *cris a.* gellend
perce-neige [pɛʀsənɛʒ] M *ou* F ‹inv›
Schneeglöckchen n
perceptible [pɛʀseptibl] ADJ wahrnehmbar **perception** [pɛʀsepsjɔ̃] F **1** ADMIN Finanzamt n **2** t/t Wahrnehmung f

percer [pɛʀse] ‹-ç-› **A** VT *mur, etc* durchbohren; *avec une aiguille* durchstechen; *front ennemi, défense, a.* SPORTS durchbrechen; *trou, tunnel* bohren; *porte, fenêtre* durchbrechen; *tonneau* anstechen; anzapfen; *abcès* öffnen; *ampoule* aufstechen; *chaussures, etc* **être percé** durchlöchert sein **B** VI **1** *dents* durchkommen, -brechen; *abcès* aufgehen; MIL, SPORTS durchbrechen **2** *fig* zum Vorschein kommen; durchdringen **perceuse** [pɛʀsøz] F Bohrmaschine f

percevoir [pɛʀsəvwaʀ] VT ‹→ recevoir› **1** *par les sens* wahrnehmen; erkennen **2** *impôts* einnehmen; einziehen; *loyer, somme* einnehmen

percher [pɛʀʃe] **A** VI **1** *oiseaux* (auf e-m Baum) sitzen **2** *fam personne* (hoch oben) wohnen **B** V/PR *oiseaux, a. fam personne* **se** ~ sich setzen (**sur** auf + acc)

perçu [pɛʀsy] PP → *percevoir*
percuter [pɛʀkyte] VT (et VI) ~ (**contre**) **qc** gegen etw prallen
perdant [pɛʀdɑ̃] ‹-ante [-ɑ̃t]› **A** ADJ verlierend; *loterie* **numéro** ~ Niete f **B** M(F) ~(**e**) Verlierer(in) m(f)

★**perdre** [pɛʀdʀ] ‹→ rendre› **A** VT **1** verlieren; *somme, prestige, droits a.* einbüßen; ~ **courage** den Mut verlieren, sinken lassen; ~ **espoir** die Hoffnung verlieren, aufgeben **2** ~ **qn** (≈ causer sa ruine) j-n zugrunde richten; j-n ins Verderben stürzen **B** VI *a. dans une compétition* verlieren **C** V/PR **se** ~ **1** (≈ disparaître) sich verlieren; verloren gehen; untergehen **2** (≈ s'égarer) sich verirren; sich verlaufen; *en voiture* sich verfahren

perdu [pɛʀdy] PP & ADJ ‹-e› **1** verloren; *objet a.* verloren gegangen; *occasion* verpasst; **balle** ~**e** verirrte Kugel; **chien** ~ entlaufener Hund; **être** ~ *malade* nicht mehr zu retten sein; *fig* sich nicht mehr zurechtfinden; sich nicht mehr zu helfen wissen **2** *lieu* entlegen, abgelegen

★**père** [pɛʀ] M **1** Vater m **2** CATH Pater m
perfection [pɛʀfɛksjɔ̃] F Vollkommenheit f; Vollendung f
perfectionnement [pɛʀfɛksjɔnmɑ̃] M Vervollkommnung f **perfectionner**

[pɛRfɛksjɔnɛ] **A** *VT* vervollkommnen **B** *V/PR* **se ~ en français** s-e Französischkenntnisse verbessern, vervollkommnen **perfectionniste** [pɛRfɛksjɔnist] *M/F* Perfektionist(in) m(f)
perforatrice [pɛRfɔRatRis] *F* **1** *appareil* Locher m **2** *personne* Locherin f **3** MINES (Gesteins)Bohrmaschine f **perforé** [pɛRfɔRe] *ADJ* 〈~e〉 INFORM **bande, carte ~e** Lochstreifen m, Lochkarte f **perforer** [pɛRfɔRe] *VT* durchbohren; *a.* MÉD perforieren; TECH *a.* lochen **perforeuse** [pɛRfɔRøz] *F* → perforatrice
performance [pɛRfɔRmɑ̃s] *F* Leistung f
performant [pɛRfɔRmɑ̃] *ADJ* 〈-ante [-ɑ̃t]〉 leistungsfähig
perfusion [pɛRfyzjɔ̃] *F* Infusion f
péril [peRil] *M* Gefahr f
périmé [peRime] *ADJ* 〈~e〉 *passeport, date* abgelaufen; *billet* verfallen, ungültig
période [peRjɔd] *F* **1** Zeit(abschnitt) f(m); **en ~ de crise** in Krisenzeiten **2** NUCL Halbwertszeit f **périodique** [peRjɔdik] **A** *ADJ* periodisch (wiederkehrend) **B** *M* Zeitschrift f
péripétie [peRipesi] *F* **1** 〈*surtout pl*〉 **~s** unvorhergesehene, überraschende Ereignisse *npl*, Zwischenfälle *mpl* **2** *dans un récit* entscheidender Wendepunkt
périphérie [peRifeRi] *F* Peripherie f; Stadtrand(gebiet) m(n) **périphérique** [peRifeRik] **A** *ADJ* (Stadt)Rand... **B** *M* **1** *à Paris* **le ~** die Ringautobahn **2** INFORM Peripheriegerät n
périssable [peRisabl] *ADJ* *denrées* leicht verderblich
★**perle** [pɛRl] *F* **1** Perle f **2** *fig* Perle f
permanence [pɛRmanɑ̃s] *F* **1** Beständigkeit f; **en ~** ständig; dauernd; permanent **2** Bereitschaftsdienst m; **être de ~** Bereitschaftsdienst haben **permanent** [pɛRmanɑ̃] **A** *ADJ* 〈-ente [-ɑ̃t]〉 ständig; permanent; **adresse ~e** Heimatanschrift f **B** *M/F* **le ~, la ~e** *d'un syndicat, parti* (hauptamtlicher) Funktionär, (hauptamtliche) Funktionärin **permanente** [pɛRmanɑ̃t] *F* Dauerwelle f
★**permettre** [pɛRmɛtR] 〈→ mettre〉 **A** *VT* **1** (≈ *autoriser*) erlauben, gestatten (**qc à qn** j-m etw), (**à qn de faire qc** j-m, etw zu tun); **~ que** (+ *subj*) erlauben, gestatten, dass **2** (≈ *rendre possible*) ermöglichen; erlauben **B** *V/PR* **1** (≈ *prendre la liberté*) **se ~ de** (+ *inf*) sich (*dat*) erlauben, sich (*dat*) gestatten; **plus fort** sich (*dat*) herausnehmen zu (+ *inf*) **2** (≈ *s'offrir*) **se ~ qc** sich (*dat*) etw gönnen, leisten, erlauben
★**permis** [pɛRmi] **A** *M* **1** Erlaubnis f; **~ de construire** Baugenehmigung f; **~ de séjour** Aufenthaltserlaubnis f **2** ★**~ (de conduire)** Führerschein m; **passer son ~** den Führerschein, die Fahrprüfung machen **B** *PP* → permettre
★**permission** [pɛRmisjɔ̃] *F* **1** Erlaubnis f; Genehmigung f **2** MIL Urlaub m
perpétuel [pɛRpetɥɛl] *ADJ* 〈~le〉 dauernd; fortwährend; lebenslang **perpétuer** [pɛRpetɥe] **A** *VT* fortbestehen lassen; fortführen **B** *V/PR* **se ~** fortbestehen; fortleben **perpétuité** [pɛRpetɥite] *F* **être condamné à ~** zu lebenslänglicher Freiheitsstrafe verurteilt werden
perplexe [pɛRplɛks] *ADJ* ratlos
perroquet [pɛRɔkɛ] *M* Papagei m
perruche [pɛRyʃ] *F* Wellensittich m
perruque [pɛRyk] *F* Perücke f
persan [pɛRsɑ̃] *ADJ* 〈-ane [-an]〉 persisch; **tapis ~** Perser(teppich) m
Perse [pɛRs] *F* **la ~** HIST Persien n
persécuté(e) [pɛRsekyte] *M/F* Verfolgte(r) m/f(m)
persécuter [pɛRsekyte] *VT* **1** (≈ *opprimer*) verfolgen **2** *fig* (≈ *harceler*) **~ qn** j-n verfolgen, belästigen, bedrängen
persécution [pɛRsekysjɔ̃] *F* POL, REL Verfolgung f
persévérance [pɛRseveRɑ̃s] *F* Ausdauer f; Beharrlichkeit f **persévérant** [pɛRseveRɑ̃] *ADJ* 〈-ante [-ɑ̃t]〉 ausdauernd **persévérer** [pɛRseveRe] *V/I* 〈-è-〉 Ausdauer zeigen; nicht aufgeben
persienne [pɛRsjɛn] *F* Klapp-, Faltladen m
persil [pɛRsi] *M* Petersilie f
persistance [pɛRsistɑ̃s] *F* **1** beharrliches Festhalten (**à** + *dat*) **2** *du mauvais temps, etc* Anhalten n; Fortdauer f **persister** [pɛRsiste] *V/I* **1** **~ dans qc** auf etw (*dat*) beharren **2** *douleurs, fièvre, mauvais temps* anhalten; *an-, fortdauern; doutes, préjugés* fortbestehen
★**personnage** [pɛRsɔnaʒ] *M* **1** (≈ *personne importante*) Persönlichkeit f **2** (≈ *individu*) Mensch m; Person f **3** THÉ Person f
★**personnalité** [pɛRsɔnalite] *F* **1** (≈ *identi*-

té) Persönlichkeit f **~s** pl a. Prominente(n) m(pl)

★ **personne**[1] [pɛʀsɔn] F **1** (≈ être humain) Person f; Mensch m; **~s** pl a. Leute pl; **une grande ~** ein Erwachsener, Großer; **en ~** (höchst)persönlich, in Person **2** **une jeune ~** ein junges Mädchen; e-e junge Dame **3** GRAM Person f

★ **personne**[2] PRINDEF **1** (mit ne beim Verb) niemand, keiner, kein Mensch; **~ ne le sait** niemand, keiner weiß es **2** (st/s ohne ne) (irgend)jemand; irgendwer; **sans avoir vu ~** ohne jemand(en) gesehen zu haben

★ **personnel**[1] [pɛʀsɔnɛl] ADJ (**~le**) persönlich; INFORM **page ~le** (persönliche) Homepage

★ **personnel**[2] M Personal n

personnellement [pɛʀsɔnɛlmɑ̃] ADV persönlich

perspective [pɛʀspɛktiv] F **1** (≈ éventualité) Aussicht f; Perspektive f; **avoir en ~** in Aussicht haben **2** (≈ point de vue) Perspektive f; Sicht f

perspicace [pɛʀspikas] ADJ scharfsinnig

perspicacité [pɛʀspikasite] F Scharfsinn m

persuader [pɛʀsɥade] A VT **1 ~ qn (de qc)** j-n (von etw) überzeugen **2 ~ qn de faire qc** j-n überreden, etw zu tun **B** V/PR **1 se ~ de qc** sich von etw überzeugen **2 à tort se ~ que ...** sich (dat) einreden, dass ... **persuasif** [pɛʀsɥazif] ADJ (**-ive** [-iv]) überzeugend

★ **perte** [pɛʀt] F **1** a. d'une personne Verlust m; de revenus a. Ausfall m; **vendre à ~** mit Verlust; **à ~ de vue** so weit das Auge reicht; **à ~** fig endlos **2** fig (≈ ruine) Verderben n; Untergang m

pertinemment [pɛʀtinamɑ̃] ADV **savoir ~ qc** etw (ganz) genau wissen **pertinent** [pɛʀtinɑ̃] ADJ (**-ente** [-ɑ̃t]) (zu)treffend, angebracht

perturbation [pɛʀtyʀbasjɔ̃] F du trafic, etc, a. MÉTÉO Störung f **perturber** [pɛʀtyʀbe] VT stören

pervers [pɛʀvɛʀ] ADJ (**-verse** [-vɛʀs]) pervers; abartig (veranlagt)

PES [peøɛs] helv M ABR = Parti écologiste suisse) GPS f (Grüne Partei der Schweiz), Die Grünen

pesant [pəzɑ̃] ADJ (**-ante** [-ɑ̃t]) fig charge schwer; présence de qn, silence bedrückend

★ **peser** [pəze] (**-è-**) A VT **1** objet (ab)wiegen; personne wiegen **2** fig abwägen **B** V/I **1** wiegen, schwer sein (**deux kilos** zwei Kilo) **2** a. fig responsabilité, etc **~ sur** lasten auf + dat; fig **~ sur la décision de qn** die Entscheidung j-s beeinflussen **3** fig solitude, etc **~ à qn** j-n bedrücken, belasten **C** V/PR **se ~** sich wiegen

pessimiste [pesimist] A ADJ pessimistisch **B** M/F Pessimist(in) m(f)

peste [pɛst] F **1** MÉD Pest f **2** péj d'une femme Biest n

pester [pɛste] V/I **~ (contre qn, qc)** (auf j-n, etw) schimpfen

pétanque [petɑ̃k] F correspond à Boule-, Bocciaspiel n

pétard [petaʀ] M **1** Knallkörper m **2** fam (≈ bruit) Krach m; fam Radau m

péter [pete] fam V/I (**-è-**) **1** fam furzen **2** coup de feu, pétard knallen **3** bouton abplatzen

pétiller [petije] V/I **1** feu knistern **2** eau sprudeln; champagne prickeln; perlen **3** fig **~ d'esprit** vor Geist, Witz sprühen

★ **petit** [p(ə)ti] A ADJ (**-ite** [-it]) klein; **~ bruit** leises, schwaches, leichtes Geräusch; **~ à ~** allmählich; nach und nach **B** M/F d'enfants **le ~, la ~e** der, die, das Kleine **C** M (≈ jeune animal) **le ~** das Junge

petit-beurre M (petits-beurre) Butterkeks m

petit-bourgeois (pl inv), **petite-bourgeoise** (pl petites-bourgeoises) A M/F Kleinbürger(in) m(f); péj Spießbürger(in) m(f), Spießer(in) m(f) B ADJ klein-; péj spießbürgerlich

★ **petit-déjeuner** M (petits-déjeuners) Frühstück n

★ **petite-fille** F (petites-filles) Enkelin f ★ **petit-fils** M (petits-fils) Enkel m

petit-four M (petits-fours) kleines feines Gebäck, süß od salzig

pétition [petisjɔ̃] F Petition f

★ **petits-enfants** [p(ə)tizɑ̃fɑ̃] MPL Enkel(-kinder) mpl(npl)

pétrifié [petʀifje] ADJ (**~e**) a. fig versteinert

pétrin [petʀɛ̃] M **1** Backtrog m **2** fam Schlamassel m ou n

pétrir [petʀiʀ] VT (durch)kneten

★ **pétrole** [petʀɔl] M (Erd)Öl n **pétrolier**

[petʀɔlje] A ADJ ⟨-ière [-jεʀ]⟩ (Erd)Öl… B M (Öl)Tanker m

★**peu** [pø] ADV ◳ wenig; ★ **peu de** (+ subst) wenig(e) (+ subst); ★ **peu à peu** nach und nach; allmählich; ★ **à peu près** ungefähr; etwa; **depuis peu** seit Kurzem; ★ **de peu** um (ein weniges); knapp; **pour peu que** … (+ subj) sofern (nur); **peu de chose** wenig ◲ ★ **un peu** ein wenig; ein bisschen; etwas; **un peu de** (+ subst) ein wenig, ein bisschen, etwas (+ subst)

★**peuple** [pœpl] M Volk n **peuplé** [pœple] ADJ ⟨-e⟩ **peu, très** ~ dünn, dicht bevölkert, dünn, dicht besiedelt **peuplement** [pœpləmã] M Besied(el)ung f

★**peur** [pœʀ] F Angst f, Furcht f (**de** vor + dat); Schreck(en) m (**de** ou **par** ~ **que** … (ne) + subj) aus Angst, Furcht, Sorge, dass …; **avoir** ~ Angst haben; sich fürchten; ★ **faire** ~ **à qn** j-m Angst machen; (= effrayer qn) j-n erschrecken; **prendre** ~ Angst bekommen; fam kriegen

peureux [pœʀø, pœ-] ADJ ⟨-euse [-øz]⟩ ängstlich

peut [pø] → pouvoir¹

★**peut-être** [pøtεtʀ] ADV vielleicht

peuvent [pœv], **peux** [pø] → pouvoir¹

p. ex. ABR (= par exemple) z. B. (zum Beispiel)

pharaon [faʀaɔ̃] M Pharao m

phare [faʀ] M ◳ MAR Leuchtturm m ◲ AUTO projecteur Scheinwerfer m; (= opposé à codes) **les** ~**s** das Fernlicht

★**pharmacie** [faʀmasi] F ◳ Apotheke f ◲ Hausapotheke f ◳ science Pharmazie f ★ **pharmacien** [faʀmasjɛ̃] M, **pharmacienne** [faʀmasjεn] F Apotheker(in) m(f)

phase [faz] F a. ASTRON Phase f; Stadium n

phénomène [fenɔmεn] M Erscheinung f; Phänomen n

philatéliste [filatelist] M/F Briefmarkensammler(in) m(f)

philosophe [filɔzɔf] M Philosoph m **philosophie** [filɔzɔfi] F ◳ Philosophie f ◲ (= sagesse) (philosophische) Gelassenheit **philosophique** [filɔzɔfik] ADJ philosophisch

phonétique [fɔnetik] A ADJ phonetisch; Laut(schrift)…; **alphabet** ~ **international** Internationale Lautschrift B F Phonetik f

phoque [fɔk] M Seehund m; Robbe f

★**photo** [fɔto] F ◳ image Foto n; Bild n; **prendre en** ~ aufnehmen ◲ art **la** ~ die Fotografie; das Fotografieren

photocopie [fɔtɔkɔpi] F Fotokopie f **photocopier** [fɔtɔkɔpje] VT fotokopieren **photocopieur** [fɔtɔkɔpjœʀ] M, **photocopieuse** [fɔtɔkɔpjøz] F Fotokopiergerät n

★**photographe** [fɔtɔgʀaf] M/F Fotograf(in) m(f) **photographie** [fɔtɔgʀafi] F Fotografie f ★ **photographier** [fɔtɔgʀafje] VT fotografieren

photovoltaïque [fɔtɔvɔltaik] ADJ ÉLEC Fotovoltaik…; fotovoltaisch; ÉLEC **panneaux** mpl **solaires** ~**s** Fotovoltaikanlage f

phrase [fʀaz] F GRAM Satz m

physicien [fizisjɛ̃] M, **physicienne** [fizisjεn] F Physiker(in) m(f)

★**physique¹** [fizik] F Physik f

physique² M ◳ (= aspect de qn) Äußere(s) n, äußere Erscheinung ◲ **le** ~ a. das Körperliche

★**physique³** ADJ ◳ (= de la nature matérielle) physikalisch ◲ (= du corps humain) körperlich, physisch

physiquement [fizikmã] ADV ◳ körperlich ◲ **il est bien** ~ er sieht gut aus

piailler [pjaje] VI ◳ oiseaux piep(s)en ◲ fam enfants kreischen

pianiste [pjanist] M/F Pianist(in) m(f)

★**piano** [pjano] M ~ **(droit)** Klavier n; ~ **à queue** Flügel m **pianoter** [pjanɔte] VI ◳ péj (auf dem Klavier) klimpern ◲ fig ~ **sur** (mit den Fingern) trommeln auf (+ acc)

PIB [peibe] M ABR ⟨inv⟩ (= produit intérieur brut) Bruttoinlandsprodukt n

pic¹ [pik] M ◳ outil Spitzhacke f, Pickel m ◲ montagne Bergspitze f ◳ fig d'une courbe Spitze(nwert) f(m) ◴ ZOOL Specht m

pic² ADV ◳ **à pic** senkrecht; steil; jäh; **couler à pic** sofort, wie ein Stein untergehen ◲ fam **tomber à pic** gerade richtig kommen; fam wie gerufen kommen

pickpocket [pikpɔkεt] M Taschendieb m

picoler [pikɔle] fam VI trinken; fam (gern) picheln

picorer [pikɔʀe] VI poules picken

picoter [pikɔte] VT kribbeln

pie [pi] **A** F 1 ZOOL Elster f 2 fam fig Quasselstrippe f **B** ADJ ⟨inv⟩ cheval, vache gescheckt, scheckig

★**pièce** [pjɛs] F 1 (= unité) Stück n; maillot de bain **une ~, deux ~s** ein-, zweiteilig 2 d'un tout, a. TECH Teil n; Stück n; ★ **~ de rechange** Ersatzteil n; **mettre en ~s** in Stücke, Fetzen reißen 3 **~ (de monnaie)** Geldstück n; Münze f 4 d'habitation Zimmer n, (Wohn)Raum m; **un appartement de deux ~s** e-e Zweizimmerwohnung 5 (= document) Akte f, Unterlage f; Beleg m; ★ **~ d'identité** Ausweis(papier)e m(n); **~s jointes** e-e Anlagen fpl 6 ★ **~ (de théâtre)** (Theater)Stück n

★**pied** [pje] M 1 Fuß m; **à ~** zu Fuß; dans l'eau **avoir ~** Grund haben, stehen können; **perdre ~** dans l'eau keinen Grund mehr haben; fig den Boden unter den Füßen verlieren; fig **mettre sur ~** aufbauen; ins Leben rufen; armée aufstellen 2 d'un animal Fuß m 3 d'un meuble Bein n 4 d'un lit Fußende n; **au ~ de** am Fuß (+ gén); fig **mettre qn au ~ du mur** j-n in die Enge treiben 5 mesure anglaise Fuß m 6 BOT **~ de vigne** Wein-, Rebstock m

pied-noir M/F ⟨pieds-noirs⟩ Algerienfranzose m, Algerienfranzösin f

piège [pjɛʒ] M 1 a. fig Falle f 2 ⟨adjt⟩ **question ~** Fangfrage f

piégé [pjeʒe] ADJ ⟨-e⟩ **lettre, voiture ~e** Brief-, Autobombe f

piéger [pjeʒe] VT ⟨-è-; -ge-⟩ 1 animaux mit e-r Falle fangen 2 fig **~ qn** j-m e-e Falle stellen; **se faire ~** in die Falle gehen

piercing [pirsiŋ] M Piercing n

★**pierre** [pjɛr] F Stein m

piétiner [pjetine] **A** VT zertrampeln; zertreten; a. qn niedertrampeln **B** VI kaum von der Stelle kommen

★**piéton** [pjetɔ̃] **A** M Fußgänger m **B** ADJ ⟨-onne [-ɔn]⟩ Fußgänger...; ★ **zone ~ne, rue(s) ~ne(s)** Fußgängerzone f

piétonnier [pjetɔnje] ADJ ⟨-ière [-jɛr]⟩ Fußgänger...

★**pigeon** [piʒɔ̃] M ZOOL Taube f

piger [piʒe] fam VT ⟨-ge-⟩ kapieren

pile[1] [pil] F 1 (= tas) Stapel m; Stoß m 2 d'un pont Brückenpfeiler m 3 **~ (électrique)** Batterie f; **~ solaire** Solarzelle f

pile[2] fam ADV **~ ou face?** Kopf oder Zahl?

pile[3] fam ADV **s'arrêter ~** fam mit einem Schlag stehen bleiben; **ça tombe ~** das kommt wie gerufen; **à deux heures ~** Punkt zwei Uhr

piler [pile] VT 1 (= broyer) zerstampfen; zerstoßen 2 fam (= s'arrêter pile) mit einem Schlag anhalten

pilier [pilje] M 1 ARCH, a. fig Pfeiler m 2 fig personne, chose **les ~s d'un régime**, etc die Säulen fpl, Pfeiler mpl e-s Regimes etc

pillage [pijaʒ] M Plünderung f **piller** [pije] VT (aus)plündern

pilotage [pilɔtaʒ] M 1 AVIAT, AUTO Führung f, Steuerung f; **~ sans visibilité** Blindflug m 2 MAR Lotsen(dienst) n(m)

pilote [pilɔt] M 1 AVIAT Pilot m 2 MAR Lotse m 3 d'une voiture de course (Renn)Fahrer m; Pilot m 4 ⟨adjt⟩ Modell...; Muster... **piloter** [pilɔte] VT 1 avion fliegen, steuern; voiture fahren; lenken 2 fig qn führen; lotsen

★**pilule** [pilyl] F Pille f

piment [pimɑ̃] M 1 **~ (rouge)** Chili m; Peperoni f; **~ doux** Paprika(schote) m(f) 2 fig Würze f

pin [pɛ̃] M Kiefer f

pince [pɛ̃s] F 1 outil Zange f; **à épiler** Pinzette f 2 pour serrer Klemme f; Klammer f; **~ à linge** Wäscheklammer f 3 des crabes, etc Schere f

pinceau [pɛ̃so] M ⟨-x⟩ Pinsel m

pincée [pɛ̃se] F **une ~ de sel** e-e Prise Salz

pincer [pɛ̃se] ⟨-ç-⟩ **A** VT 1 kneifen, zwicken (**qn** j-n), (**qc à qn** j-n in etw acc) 2 **lèvres** zusammenkneifen, -pressen 3 MUS **cordes** zupfen 4 fam **ça pince dur** es ist bitter, grimmig kalt **B** V/PR **se ~ le doigt** sich (dat) den Finger (ein)klemmen

pincette [pɛ̃sɛt] F 1 pour le feu **~s** pl Feuerzange f 2 TECH Pinzette f

pingouin [pɛ̃gwɛ̃] M (= manchot) Pinguin m

ping-pong [piŋpɔ̃g] M ⟨inv⟩ Tischtennis n

pinson [pɛ̃sɔ̃] M Buchfink m

pion [pjɔ̃] M, **pionne** [pjɔn] F fam ÉCOLE Aufsichtsführende(r) m/f(m), Aufsicht f 2 ÉCHECS Bauer m; DAMES Stein m

pionnier [pjɔnje] M, **pionnière**

[pjɔnjeR] F fig Pionier(in) m(f)
★**pipe** [pip] F (Tabaks)Pfeife f
pipi [pipi] enf ou fam M Pipi n
piquant [pikɑ̃] A ADJ ‹-ante [-ɑ̃t]› **1** plante, barbe stach(e)lig **2** sauce ~e pikante Soße B M **1** BIOL Stachel m **2** fig Pikanterie f; **le ~** das Pikante (**de l'affaire** an der Sache)
pique M aux cartes Pik n
pique-nique [piknik] M ‹-s› Picknick n **pique-niquer** [piknike] VI picknicken
★**piquer** [pike] A VT **1** avec une aiguille, etc stechen; fam pik(s)en; épingles, fleurs **~ dans qc** in etw (acc) stecken **2** MÉD e-e Spritze geben (**qn** j-m); spritzen **3** guêpe, épines, etc stechen; serpent, puce beißen; orties brennen; barbe kratzen **4** par ext fumée beißen (**les yeux** in den Augen); froid schneiden (**le visage** ins Gesicht) **5** COUT (ab)steppen **6** fig curiosité de qn wecken **7** fam colère, etc fam plötzlich kriegen **8** fam fig (≈ voler) fam klauen B VI avion **~ (du nez)** im Sturzflug niedergehen C V/PR **1 se ~ le doigt** sich (dat) in den Finger stechen **2** diabétique, drogué **se ~** sich spritzen
piquet [pikɛ] M **1** Pflock m; **~ de tente** Hering m **2 ~ de grève** Streikposten mpl
★**piqûre** [pikyR] F **1** d'insecte Stich m **2** MÉD Spritze f
piratage [piRataʒ] M Raubkopieren n; **~ informatique** Hacken n
pirate [piRat] M Seeräuber m; Pirat m; **~ de l'air** Luftpirat m; Flugzeugentführer m **2** de logiciels, cassettes Raubkopierer m; INFORM Hacker m
★**pire** [piR] A ADJ **1** ‹Komparativ von mauvais› schlimmer **2** ‹sup von mauvais› **le, la ~** der, die, das schlimmste B M **le ~** das Schlimmste
pis[1] [pi] M Euter n
pis[2] ADV **1** ‹Komparativ von mal› schlimmer; **de mal en pis** zunehmend, immer schlechter **2** ‹sup von mal› **au pis aller** im schlimmsten Fall; litt **le pis** das Schlimmste **3 tant pis** (wie) schade!; **tant pis pour toi, lui, elle** etc Pech für dich, ihn, sie etc !
★**piscine** [pisin] F Schwimmbad n; **~ couverte** Hallen(schwimm)bad n; **~ en plein air** Freibad n

pissenlit [pisɑ̃li] M Löwenzahn m
pistache [pistaʃ] F Pistazie f
★**piste** [pist] F **1** (≈ trace), a. fig Spur f, Fährte f **2** dans le désert Piste f; **~ cyclable** Rad(fahr)weg m **3** AVIAT Rollbahn f; **~ d'atterrissage** Landebahn f **4** SPORTS (Renn)Bahn f **5 ~ de danse** Tanzfläche f **6** TECH Spur f
pistolet [pistɔlɛ] M arme Pistole f
piston [pistɔ̃] M **1** TECH Kolben m **2** fig (gute) Beziehungen fpl; fam Vitamin B n
pistonner [pistɔne] VT **~ qn** j-n protegieren
piteux [pitø] ADJ ‹-euse [-øz]› erbärmlich; jämmerlich
pitié [pitje] F Mitleid n; **par ~!** ich bitte Sie!; **avoir ~ de qn** Mitleid mit j-m haben
pitoyable [pitwajabl] ADJ **1** mitleiderregend; erbarmenswert **2** péj erbärmlich
pitre [pitR] M Hanswurst m
pittoresque [pitɔRɛsk] ADJ site malerisch
pivoter [pivɔte] VI sich drehen
PJ [peʒi] fam F ABR (= police judiciaire) Kripo f (Kriminalpolizei)
★**placard** [plakaR] M Wandschrank m
placarder [plakaRde] VT anschlagen
★**place** [plas] F **1** Platz m; Raum m; Stelle f; **~ (pour se garer)** Parkplatz m; **à la ~** stattdessen; dafür; **à ta ~** an deiner Stelle; **à la ~ de** anstelle von (ou + gén); (an)statt + gén fam + dat **2** (≈ siège) (Sitz-)Platz m; Sitz m; THÉ a. Karte f; ★ **prendre ~** Platz nehmen **3** (≈ emploi) Stelle f; Anstellung f **4** (≈ rang) Platz m; Rang m **5** lieu public Platz m **6** MIL **~ forte** Festung f **7** FIN Börsenplatz m
placé [plase] ADJ ‹-e› **être bien, mal ~** e-n guten, schlechten Platz haben
placement [plasmɑ̃] M **1** FIN (Geld-, Kapital)Anlage f **2** de demandeurs d'emploi, etc Unterbringung f
★**placer** [plase] ‹-ç-› A VT **1** objet (hin-) stellen, (-)legen, (-)setzen; **~ qn au cinéma** j-m s-n Platz anweisen; à table j-n setzen, platzieren **2** remarque, anecdote anbringen **3** demandeur d'emploi, enfant, malade unterbringen **4** argent anlegen B V/PR **1 se ~** Platz nehmen **2** SPORTS **se ~ deuxième** sich als Zweiter platzieren
★**plafond** [plafɔ̃] M **1** d'une pièce

(Zimmer)Decke f **2** limite Höchst-, Obergrenze f; Limit n
★**plage** [plaʒ] F **1** (≈ rivage) (Bade)Strand m **2** (≈ station balnéaire) Seebad n **3** ~ **arrière** AUTO Ablagefläche f hinter dem Rücksitz; MAR Achterdeck n **4** (≈ durée limitée) Zeit(spanne) f
plaider [plede] VT et VI **1** ~ **la cause de qn**, ~ **pour qn** avocat die Sache j-s, j-n vor Gericht vertreten; fig sich für j-n einsetzen; für j-n eintreten; accusé ~ **coupable** sich schuldig bekennen **2** (≈ faire un procès) ~ **contre qn** gegen j-n prozessieren
plaie [plɛ] F **1** a. fig Wunde f **2** de qc Plage f
plaindre [plɛ̃dʀ] ⟨→ craindre⟩ A VT bedauern, bemitleiden B VPR ★ **se** ~ **1** (≈ geignir) klagen, sich beklagen (de über + acc) **2** (≈ protester) **se** ~ sich beschweren (à **qn** bei j-m), (de über + acc)
★**plaine** [plɛn] F Ebene f
plain-pied [plɛ̃pje] ADV de ~ auf gleicher Höhe, Ebene; fig geradewegs
plainte [plɛ̃t] F **1** (≈ gémissement) Klage f **2** (≈ grief) Klage f; Beschwerde f **3** (Straf)Anzeige f; **déposer une** ~, **porter** ~ **contre qn** Strafantrag stellen, Anzeige erstatten (**contre** gegen)
★**plaire** [plɛʀ] ⟨je plais; il plaît; nous plaisons; je plaisais; je plus; je plairai; que je plaise; plaisant; plu (inv)⟩ A VT INDIR ~ **à qn** j-m gefallen, zusagen; fam bei j-m gut ankommen B **s'il te plaît**, **s'il vous plaît** bitte C VPR **se** ~ **à faire qc** Gefallen, Vergnügen daran finden, etw zu tun **2** ~ **avec qn** gern mit j-m zusammen sein **3** **je me plais à Paris** es gefällt mir (gut) in Paris; ich bin gern in Paris; plante **se** ~ **dans un lieu** gut gedeihen **4** (réciproquement) **se** ~ **einander**, sich (dat) gefallen
★**plaisanter** [plɛzɑ̃te] VI scherzen; spaßen **plaisanterie** [plɛzɑ̃tʀi] F Scherz m; Spaß m
★**plaisir** [plɛziʀ] M **1** Vergnügen n; Freude f; Spaß m; a. sexuel Lust f; **avec** ~ gern; mit Vergnügen; **faire** ~ **à qn** j-m (e-e) Freude machen, bereiten; **prendre du** ~ **à** (+ inf) Vergnügen, Freude, Spaß daran finden zu (+ inf) **2** ⟨pl⟩ ~**s** (≈ distractions) Freuden fpl; Vergnügungen fpl

plaît [plɛ] → plaire
plan¹ M **1** (≈ dispositions), a. ÉCON, FIN Plan m; POL Plan m; Programm n; ~ **de relance économique** Konjunkturprogramm n **2** CONSTR Bauplan m **3** fam **laisser qn en** ~ j-n im Stich lassen, j-n hängen lassen; **projet laisser qc en** ~ etw aufgeben
plan² [plɑ̃] A ADJ ⟨~e [plan]⟩ eben B M **1** (ebene) Fläche; MATH Ebene f; ~ **d'eau** Wasserfläche f **2** **au premier** ~ a. fig im Vordergrund; fig **de (tout) premier** ~ (aller)ersten Ranges, erstrangig **3** **sur le politique** auf politischer Ebene; in politischer Hinsicht **4** **gros** ~ Groß-, Nahaufnahme f
★**planche** [plɑ̃ʃ] F **1** Brett n; ★ ~ **à roulettes** Skateboard n; ★ ~ **à voile** Surfbrett n **2** dans un livre (Bild)Tafel f **3** JARD Beet n
★**plancher** [plɑ̃ʃe] M **1** sol (Holz)Fußboden m **2** limite Mindestgrenze f
planer [plane] VI **1** oiseau, etc (in der Luft) schweben **2** ~ **au-dessus de qc** über etw (dat) stehen
★**planète** [planɛt] F Planet m
planification [planifikasjɔ̃] F Planung f
planifier [planifje] VT planen
planning [planiŋ] M **1** Termin-, Arbeitsplan(ung) m(f) **2** ~ **familial** Familienplanung f
plantation [plɑ̃tasjɔ̃] F **1** (An)Pflanzung f **2** exploitation Plantage f
★**plante¹** [plɑ̃t] F Pflanze f
plante² F ~ **du pied** Fußsohle f
★**planter** [plɑ̃te] A VT **1** plant(e) (an-, ein)pflanzen; terrain, champ bepflanzen (**de** mit) **2** piquet, clou einschlagen; tente aufschlagen **3** ~ **là qn, qc** j-n, etw plötzlich stehen lassen, im Stich lassen B VPR personne **se** ~ **devant qn** fam sich vor j-m aufpflanzen
★**plaque** [plak] F **1** Platte f; fig ~ **tournante** Drehscheibe f; Umschlagplatz m **2** avec une inscription Tafel f; Schild n; AUTO ~ **minéralogique, d'immatriculation** Nummernschild n **3** sur la peau Fleck m **4** GÉOL Kontinentalplatte f
plaqué [plake] M Dublee ou Doublé n
plaquer [plake] VT **1** métal plattieren **2** ~ **qn, se** ~ **contre le mur** j-n, sich an, gegen die Wand drücken, pressen **3** fam (≈ abandonner) ~ **qn** fam j-n sitzen

lassen; **~ qc** etw aufgeben; *fam* hinschmeißen

plaquette [plakɛt] F̲ ❶ **une ~ de beurre** ein Viertelpfund *n* Butter ❷ **~ sanguine** Blutplättchen *n*

★**plastique** [plastik] A̲ ADJ ❶ **matière f ~** Kunststoff *m*, Plastik *n* ❷ **arts** *mpl* **~s** bildende Kunst ❸ **chirurgie f ~** plastische Chirurgie B̲ M̲ Kunststoff *m*, Plastik *n* C̲ F̲ *art* Plastik *f*

★**plat**¹ [pla] M̲ ❶ **pièce de vaisselle** Platte *f*, (flache) Schüssel *f* ❷ (=*mets*) Gericht *n*; **d'un menu** Gang *m*; **~ du jour** Tagesgericht *n*; *fam* **faire tout un ~ de qc** viel Wind um etw machen

★**plat**² [pla] ADJ ⟨~e [plat]⟩ ❶ flach, eben; platt; (=*cheveux*) glatt (gekämmt); *assiette, talon* flach; *fam fig personne* **être à ~** *fam* fertig sein; *fam* kaputt sein; *crevaison* e-n Platten haben; **mettre qc à ~** etw flach hinlegen ❷ **eau ~** stilles Wasser; (Mineral)Wasser *n* ohne Kohlensäure ❸ *fig* fad(e), schal

plateau [plato] M̲ ⟨~x⟩ ❶ *pour servir* Tablett *n*; **~ de fromages** Käseplatte *f* ❷ THÉ Bühne *f*; FILM, TV Szenenaufbau *m*; *par ext* Studio *n* ❸ GÉOG (Hoch)Plateau *n*; Hochfläche *f*, Hochebene *f*

plâtre [plɑtʀ] M̲ ❶ CONSTR Gips *m* ❷ MÉD Gipsverband *m* **plâtrer** [plɑtʀe] V̲T̲ ❶ CONSTR (ver)gipsen ❷ MÉD eingipsen

★**plein** [plɛ̃] A̲ ADJ ⟨~e [plɛn]⟩ ❶ (=*rempli*) voll; **~ de** (+ *subst*) voll(er); voll von ❷ (=*complet*) voll; völlig; **travailler à ~ temps** ganztags arbeiten; **en ~** (+ *subst*) mitten in, auf (+ *dat ou acc*); **en ~ été** [-plɛn-] im Hochsommer; **en ~ hiver** [-plɛn-] im tiefsten Winter; **en ~ jour** am helllichten Tag ❸ *visage, joues* voll, rund ❹ *femelle animale* **~e** trächtig ❺ *bois* massiv B̲ ADV ❶ *fam* **~ de** (=*beaucoup*) e-e Menge; *fam* ein Haufen, massenhaft ❷ *fam* **en ~ dans, que** genau in, auf (+ *dat ou acc*) C̲ M̲ ❶ **faire le ~ (d'essence)** volltanken ❷ **battre son ~** in vollem Gang(e) sein

pleinement [plɛnmɑ̃] ADV voll und ganz

plein-emploi [plɛnɑ̃plwa] M̲ Vollbeschäftigung *f*

plénum [plenɔm] M̲ POL Plenum *n*

★**pleurer** [plœʀe] A̲ V̲T̲ trauern um; (=*regretter*) nachweinen (+ *dat*) B̲ V̲T̲ IN-

DIR *fig* **~ sur qc** etw beklagen; beweisen C̲ V̲I̲ ❶ weinen; **rire à en ~** Tränen lachen ❷ *yeux* tränen

pleurnicheur [plœʀniʃœʀ] ADJ ⟨-euse [-øz]⟩ *enfant* quengelig

pleurote [plœʀɔt, plø-] M̲ COMM, CUIS Austernpilz *m*

★**pleuvoir** [pløvwaʀ] A̲ V̲/IMP ⟨il pleut; il pleuvait; il plut; il pleuvra; qu'il pleuve; pleuvant; plu⟩ **il pleut** es regnet B̲ V̲I̲ ⟨ils pleuvent; ils pleuvaient; ils plurent; ils pleuvront; qu'ils pleuvent⟩ **les coups, punitions pleuvaient** es hagelte Schläge, Strafen

pli [pli] M̲ ❶ COUT Falte *f* ❷ **marque dans du tissu** Bruch *m*; *dans du papier* Knick *m*; TYPO Falz *m* ❸ COIFFURE **mise f en plis** Wasserwelle *f*; Waschen und Legen *n* ❹ *fig* **prendre un mauvais pli** e-e schlechte Gewohnheit annehmen ❺ (≈ *lettre*) Brief *m* ❻ *sur la peau* Falte *f* ❼ *aux cartes* Stich *m*

pliant [plijɑ̃] ADJ ⟨-ante [-ɑ̃t]⟩ zusammenklappbar; **chaise ~e** Klappstuhl *m*

★**plier** [plije] A̲ V̲T̲ ❶ *tissu, linge* zusammenlegen, -falten; *journal* (zusammen)falten ❷ *papier* knicken ❸ *table pliante, etc* zusammenklappen ❹ *bras, genoux* beugen; anwinkeln B̲ V̲I̲ ❶ *branche* sich biegen ❷ *fig personne* sich beugen C̲ V̲/PR *fig personne* **se ~ à** sich beugen, fügen (+ *dat*)

plisser [plise] V̲T̲ ❶ in Falten legen ❷ *front* runzeln; *yeux* zusammenkneifen

★**plomb** [plɔ̃] M̲ Blei *n*; *essence* **~ sans ~** bleifrei

plombier [plɔ̃bje] M̲ Installateur *m*

plongeant [plɔ̃ʒɑ̃] ADJ ⟨-ante [-ɑ̃t]⟩ *décolleté* tief; *vue* von oben

plongée [plɔ̃ʒe] F̲ ❶ Tauchen *n* ❷ FILM Aufnahme *f* von oben

plongeoir [plɔ̃ʒwaʀ] M̲ Sprungbrett *n*; *grand* Sprunganlage *f*; Sprungturm *m*

plongeon [plɔ̃ʒɔ̃] M̲ Kopf-, Hechtsprung *m*

plonger [plɔ̃ʒe] ⟨-ge-⟩ A̲ V̲T̲ (ein)tauchen (**dans** in + *acc*) B̲ V̲I̲ ❶ (≈ *s'enfoncer dans l'eau*) tauchen ❷ (≈ *faire un plongeon*) e-n Kopf-, Hechtsprung machen C̲ V̲/PR *fig* **se ~ dans un livre** sich in ein Buch vertiefen, versenken

plongeur [plɔ̃ʒœʀ] M̲, **plongeuse** [plɔ̃ʒøz] F̲ Taucher(in) *m(f)*

PLR [peɛlɛʀ] *helv* M ABR (= Parti libéral-radical) FDP *f* (FDP.Die Liberalen)
plu [ply] PP → plaire, pleuvoir
★**pluie** [plɥi] F 1 Regen *m* 2 *fig* **une ~ de coups** ein Hagel *m* von Schlägen
★**plume** [plym] F (Vogel)Feder *f* **plumer** [plyme] VT 1 *volaille* rupfen 2 *fam fig* **~ qn** *fam* j-n ausnehmen, rupfen
plupart [plypaʀ] F ★ **la ~ des** (+ *subst*) die meisten (+ *subst*); die Mehrzahl, der größte Teil *m* (+ *gén*); **pour la ~** zum größten Teil; größtenteils; ★ **la ~ du temps** meist(ens)
★**pluriel** [plyʀjɛl] M Plural *m*
★**plus**[1] *[alleinstehend* plys*, vor adj u. adv* ply*, vor Vokal* plyz*]* A ADV 1 ⟨*Komparativ von* beaucoup⟩ mehr; **~ que**, *avec un chiffre* **~ de** mehr als; **de ~** mehr; außerdem; noch (dazu); **une fois de ~** wieder (einmal); ★ **de ~ en ~** immer mehr; **en ~** noch dazu; außerdem noch; ★ **en ~ de** zusätzlich zu; neben (+ *dat*); **rien de ~** weiter, sonst nichts; **sans ~** das ist aber auch alles; **~ ... ~** [ply] je (mehr) ... desto *ou* umso (mehr) 2 MATH plus [plys] ⟨*sup von* beaucoup⟩ **le ~** am meisten; **(tout) au ~** (aller)höchstens B M 1 ★ **le ~** das meiste 2 MATH Plus(zeichen) *n* 3 (≈ *avantage*) Plus(punkt) *n*(*m*)
plus[2] [ply] ADV *de négation* **ne ... ~** nicht mehr; **(ne ...) ~ de** (+ *subst*) kein(e) ... mehr; **ne ... ~ personne** niemand mehr; **ne ... ~ que** nur noch; **ne ... ~ rien** nichts mehr; **moi non ~** ich auch nicht
★**plusieurs** [plyzjœʀ] ADJ INDÉF *et* PR INDÉF mehrere
plus-que-parfait [plyskapaʀfɛ] M Plusquamperfekt *n*
plut [ply] → pleuvoir, plaire
plutonium [plytɔnjɔm] M Plutonium *n*
★**plutôt** [plyto] ADV 1 (≈ *de préférence*) lieber; eher; **ou ~** oder vielmehr; **~ que de** (+ *inf*) anstatt zu (+ *inf*) 2 (≈ *assez*) ziemlich; recht
PME [peɛma] FPL ABR (= petites et moyennes entreprises) Klein- und Mittelbetriebe *mpl*; **une PME** ein mittelständischer Betrieb
PNB [peɛnbe] M ABR ⟨*inv*⟩ (= produit national brut) Bruttosozialprodukt *n*
★**pneu** [pnø] M Reifen *m*
pneumonie [pnømɔni] F Lungenentzündung *f*

p.o., p/o ABR (= par ordre) COMM i. A.
★**poche** [pɔʃ] F 1 COUT Tasche *f*; *d'un pantalon a.* Hosentasche *f*; **de ~** Taschen... *d'un sac, etc* (Innen)Fach *n* 3 **avoir des ~s (sous les yeux)** Tränensäcke *mpl* haben 4 *du kangourou* Beutel *m*
pochette [pɔʃɛt] F 1 *mouchoir* Einstecktuch *n* 2 **~ de disque** Plattenhülle *f* 3 **~ sac à main** Unterarmtasche *f*
podcast [pɔdkast] M INFORM Podcast *m*
★**poêle**[1] F (Brat)Pfanne *f*
poêle[2] [pwal] M Ofen *m*
poème [pɔɛm] M Gedicht *n*
★**poésie** [pɔezi] F 1 *art* Dichtung *f*; Dichtkunst *f*; *a. fig* Poesie *f* 2 (≈ *poème*) Gedicht *n*
★**poète** [pɔɛt] M Dichter(in) *m*(*f*) **poétique** [pɔetik] ADJ dichterisch; *a. fig* poetisch
★**poids** [pwa] M 1 *a. d'une balance* Gewicht *n*; *d'une personne a.* Körpergewicht *n*; *fig des impôts, des soucis, etc* Last *f*; **perdre, prendre du ~** ab-, zunehmen 2 BOXE, LUTTE Gewichtsklasse *f* 3 **lancer le ~** die Kugel stoßen 4 ★ **~ lourd** Lkw *ou* LKW *m*; Lastwagen *m*; *fam* Laster *m* 5 *fig* (≈ *importance*) Gewicht *n*
poignard [pwaɲaʀ] M Dolch *m* **poignarder** [pwaɲaʀde] VT erdolchen
poigne [pwaɲ] F Kraft *f* in den Fäusten
poignée [pwaɲe] F 1 *quantité, a. fig* Handvoll *f* 2 **~ de main** Händedruck *m*; Handschlag *m* 3 *d'une fenêtre, valise, etc* Griff *m*; *d'une porte* (Tür)Klinke *f*
★**poignet** [pwaɲɛ] M 1 ANAT Handgelenk *n* 2 COUT (Ärmel)Bündchen *n*
★**poil** [pwal] M 1 *d'un animal* Haar *n*, Fell *n* 2 *chez l'être humain* (Körper)Haar *n*, Behaarung *f*; *fam* **à ~** *fam* splitter(faser)nackt
poilu [pwaly] ADJ ⟨~e⟩ behaart
poinçonner [pwɛ̃sɔne] VT *billet* knipsen, lochen
poing [pwɛ̃] M Faust *f*
★**point**[1] [pwɛ̃] M 1 GRAM Punkt *m*; **(les) deux ~s** (der) Doppelpunkt; **~ d'exclamation** Ausrufezeichen *n*; **~ d'interrogation** *a. fig* Fragezeichen *n* 2 *a. fig, a.* MATH Punkt *m*, Stelle *f*; **le ~ culminant** der Höhepunkt; ★ **~ de vue** Aussichtspunkt *m*; *fig* Standpunkt *m*; **faire le ~** MAR, AVIAT die Position ermitteln;

fig e-e Zwischenbilanz ziehen 3 **à ~** *bifteck* medium; halb, nicht ganz durchgebraten; *fromage* gerade richtig; reif; **mettre au ~** *appareil* einstellen; *procédé, système* entwickeln; **au ~ de** (+ *inf*), **au ~ que, à tel ~ que** so (sehr), dermaßen(tig), dass, in e-m solchen Maße, dass; **à ce ~ (que)** so sehr, dermaßen (dass); **être sur le ~ de faire qc** gerade im Begriff sein, gerade dabei sein, etw zu tun 4 **sur ce ~** in diesem Punkt 5 ÉCOLE, SPORTS, JEUX POKER **bon, mauvais ~** Plus-, Minuspunkt *m* 6 COUT Stich *m* 7 **au ~ du jour** bei Tagesanbruch

point[2] ADV **ne ...~** (durchaus) nicht

★**pointe** [pwɛ̃t] F 1 (≈ *bout pointu*) Spitze *f*; **se terminer en ~** spitz zulaufen 2 (≈ *objet pointu*) d'une grille Spitze *f* 3 **une ~ d'ironie**, *etc* e-e Spur, ein Anflug *m* von Ironie, *etc* 4 *fig* (≈ *maximum*) Spitze *f*; **de ~** Spitzen...; ★ **heures** *fpl* **de ~** Spitzenzeiten *pl*

pointer [pwɛte] A VT 1 *sur une liste* abhaken 2 *arme, a. index* richten (**vers auf** + *acc*) 3 *animal* **~ les oreilles** die Ohren spitzen B VI 1 *personnel d'une entreprise* stempeln 2 *tour* emporragen 3 *bourgeons, pousses* sprießen

pointeur [pwɛtœʀ] M 1 *artilleur* Richtkanonier *m* 2 *aux boules* Spieler, der die Zielkugel anspielt 3 INFORM **~ (de la souris)** Mauszeiger *m*; **~ laser** Laserpointer [ˈleːzɐʁpɔyntɐɐ] *m*

pointillé [pwɛtije] M 1 punktierte Linie; (≈ *perforations*) Perforierung *f*

pointilleux [pwɛtijø] ADJ ‹-euse [-øz]› pedantisch (**sur** in + *dat*); übergenau

★**pointu** [pwɛty] ADJ ‹-e› 1 *clocher, nez, chapeau, etc* spitz 2 *voix* schrill

pointure [pwɛtyʀ] F (Schuh-, Hut)Nummer *f*, (Schuh-, Hut)Größe *f*

point-virgule M ‹points-virgules› Strichpunkt *m*; Semikolon *n*

★**poire** [pwaʀ] F 1 Birne *f* 2 *fam fig* (≈ *figure*) Visage *f* 3 *fam* **une (bonne) ~** *fam* ein gutmütiger Trottel

poireau [pwaʀo] M ‹~x› Porree *m*; Lauch *m*

pois [pwa] M 1 Erbse *f*; ★ **petits ~** grüne Erbsen 2 **à ~** getüpfelt; gepunktet

★**poison** [pwazɔ̃] 1 ‹*m*› Gift *n* 2 ‹*m/f*› *fam* (≈ *personne méchante*) Giftnudel *f*

poisse [pwas] *fam* F *fig* Pech *n*

poisseux [pwasø] ADJ ‹-euse [-øz]› klebrig

★**poisson** [pwasɔ̃] M 1 Fisch *m* 2 **~ d'avril** Aprilscherz *m* 3 ASTROL **les Poissons** die Fische *mpl*; **être Poissons** (ein) Fisch sein **poissonnerie** [pwasɔnʀi] F *magasin* Fischgeschäft *n* **poissonnier** [pwasɔnje] M, **poissonnière** [pwasɔnjɛʀ] F Fischhändler(in) *m(f)*

★**poitrine** [pwatʀin] F ANAT Brust *f*

★**poivre** [pwavʀ] M Pfeffer *m* **poivrer** [pwavʀe] VT pfeffern **poivrière** [pwavʀijɛʀ] F CUIS Pfefferstreuer *m*

poivron [pwavʀɔ̃] M Paprika(schote) *m(f)*

polar [pɔlaʀ] *fam* M Krimi *m*

★**pôle** [pol] M 1 GÉOG, ÉLEC Pol *m*; **~ Nord, Sud** Nord-, Südpol *m* 2 *fig* **~ d'attraction** Anziehungspunkt *m* 3 POL, ADMIN **Pôle emploi** (*2008 in Frankreich gegründete*) staatliche Agentur für Arbeitsvermittlung

★**poli** [pɔli] ADJ ‹~e› 1 *personne, ton* höflich 2 *surface* (glatt und) glänzend; poliert

police[1] [pɔlis] F Polizei *f*; **~ judiciaire** Kriminalpolizei *f*, Kripo *f abr*; **~ de la route** Verkehrspolizei *f*; **~ secours** Funkstreife *f*; **avertir la ~** die Polizei verständigen

police[2] [pɔlis] F **~ (d'assurance)** (Versicherungs)Police *f*, Versicherungsschein *m*

Polichinelle [pɔliʃinɛl] M 1 Gestalt des frz Marionettentheaters; *fig* **c'est le secret de ~** das ist ein offenes Geheimnis, die Spatzen pfeifen es von den Dächern 2 *fig* **polichinelle** Hampelmann *m*

★**policier** [pɔlisje] A ADJ ‹-ière [-jɛʀ]› 1 *mesures* polizeilich, Polizei... 2 **film, roman ~** *roman, film* Kriminalfilm *m* -roman *m*, Krimi *m* B M 1 Polizist *m* 2 *roman, film* Krimi *m*

politesse [pɔlitɛs] F Höflichkeit *f*

politicien [pɔlitisjɛ̃] M,F, **politicienne** [pɔlitisjɛn] *souvent péj* Politiker(in) *m(f)*

★**politique** [pɔlitik] A ADJ 1 politisch; ★ **homme ~** *m* ~ Politiker *m* 2 *st/s* (≈ *habile*) diplomatisch B F 1 ‹*f*› *a. fig* Politik *f* 2 ‹*m*› Politiker *m*

polluant [pɔlɥɑ̃] ADJ ‹-ante [-ɑ̃t]› umweltschädlich; **non ~** umweltfreundlich, -verträglich ★ **polluer** [pɔlɥe] VT envi-

ronnement verschmutzen ★ **pollution** [pɔlysjɔ̃] F̄ Umweltverschmutzung f
★ **Pologne** [pɔlɔɲ] F̄ la ~ Polen n ★ **polonais** [pɔlɔnɛ] ⟨-aise [-ɛz]⟩ **A** ADJ polnisch **B** M̄/F̄ **Polonais(e)** Pole m, Polin f **C** M̄ langue le ~ das Polnische; Polnisch n

Polynésie [pɔlinezi] F̄ la ~ Polynesien n
pommade [pɔmad] F̄ Salbe f
★ **pomme** [pɔm] F̄ **1** Apfel m; fam fig **tomber dans les ~s** in Ohnmacht fallen; fam umkippen **2** ★ ~ **de terre** Kartoffel f **3** ANAT ~ **d'Adam** Adamsapfel m **4** ~ **de pin** Tannenzapfen m
★ **pommier** [pɔmje] M̄ Apfelbaum m
★ **pompe** [pɔ̃p] F̄ **1** Pumpe f; ~ **à vélo** Fahrradpumpe f, Luftpumpe f; ~ **à essence** Zapfsäule f **2** fam ~s pl (≈ chaussures) fam Latschen pl **pomper** [pɔ̃pe] V̄T **1** TECH (ab)pumpen **2** sol: eau aufsaugen
★ **pompier** [pɔ̃pje] M̄ Feuerwehrmann m; ~s pl Feuerwehr f, Feuerwehrleute pl
pompiste [pɔ̃pist] M̄ Tankwart m
poncer [pɔ̃se] V̄T ⟨-ç-⟩ (ab)schleifen
ponctualité [pɔ̃ktɥalite] F̄ Pünktlichkeit f
ponctuation [pɔ̃ktɥasjɔ̃] F̄ Zeichensetzung f; Interpunktion f
ponctuel [pɔ̃ktɥɛl] ADJ ⟨-le⟩ **1** personne pünktlich **2** source lumineuse, a. fig punktuell
pondre [pɔ̃dʀ] V̄T ⟨→ rendre⟩ **1** œufs legen **2** fam péj produzieren
poney [pɔnɛ] M̄ Pony n
★ **pont** [pɔ̃] M̄ **1** Brücke f; fig **faire le** ~ an e-m Werktag zwischen zwei Feiertagen nicht arbeiten, ein langes Wochenende machen **2** MAR Deck n **3** AUTO ~ **arrière, avant** Hinter-, Vorderachse f
pontage [pɔ̃taʒ] M̄ Bypass(operation) m(f)
pop-corn [pɔpkɔʀn] M̄ Popcorn n
populace [pɔpylas] péj F̄ Pöbel m
★ **populaire** [pɔpylɛʀ] ADJ **1** (≈ du peuple), a. POL Volks...; volkstümlich **2** (≈ plébéien) (des) einfach(en Volkes) **3** (≈ aimé) populär; beliebt **popularité** [pɔpylaʀite] F̄ Popularität f; Beliebtheit f
★ **population** [pɔpylasjɔ̃] F̄ Bevölkerung f
★ **porc** [pɔʀ] M̄ **1** ZOOL Schwein n **2** viande Schweinefleisch n **3** cuir Schweinsleder n

porcelaine [pɔʀsəlɛn] F̄ Porzellan n
porcelet [pɔʀsəlɛ] M̄ Ferkel n
porche [pɔʀʃ] M̄ Portalvorbau m, Portalvorhalle f
porcherie [pɔʀʃəʀi] F̄ Schweinestall m
pornographie [pɔʀnɔgʀafi] F̄ Pornografie f
★ **port¹** [pɔʀ] M̄ **1** Hafen m; ~ **de pêche** Fischereihafen m; ~ **de plaisance** Jachthafen m **2** ville Hafenstadt f **3** dans les Pyrénées Pass m
port² M̄ **1** d'armes, de casque à moto, etc Tragen n **2** d'une lettre Porto n
★ **portable** [pɔʀtabl] ADJ tragbar; (**ordinateur**) m) ~ M̄ Laptop m; (**téléphone**) m) ~ M̄ Handy n
★ **portail** [pɔʀtaj] M̄ ARCH Portal n; d'un parc Tor n; INFORM ~ **en ligne** Onlineportal n; INFORM ~ **Web** Webportal n
portant [pɔʀtɑ̃] ADJ ⟨-ante [-ɑ̃t]⟩ **1** CONSTR **mur** ~ tragende Wand **2** **être bien** ~ gesund sein
portatif [pɔʀtatif] ADJ ⟨-ive [-iv]⟩ tragbar; ≈ portable
★ **porte** [pɔʀt] F̄ Tür f; d'une ville, d'un slalom, a. fig Tor n; **journée** f ~s **ouvertes** Tag m der offenen Tür; (**à l'embarquement**) Flugsteig m; ~ **d'entrée** Eingangstür f; Haustür f; d'un appartement Wohnungstür f; ~ **de secours** Notausgang m; **mettre à la** ~ vor die Tür setzen; fam rauswerfen; employé a. feuern; fig **entre deux** ~s zwischen Tür und Angel
porte-avions M̄ ⟨inv⟩ Flugzeugträger m **porte-bagages** M̄ ⟨inv⟩ d'un vélo Gepäckträger m; dans un train Gepäcknetz n **porte-bonheur** M̄ ⟨inv⟩ Glücksbringer m **porte-clés, porte-clefs** M̄ ⟨inv⟩ anneau Schlüsselring m, Schlüsselanhänger m **porte-documents** M̄ ⟨inv⟩ (Kolleg)Mappe f
portée [pɔʀte] F̄ **1** ZOOL Wurf m **2** distance Reichweite f; **à** ~ **de la main** in Reichweite; griffbereit; greifbar **3** fig d'une décision, de paroles, etc Tragweite f; Bedeutung f; Wirkung f
★ **portefeuille** [pɔʀtəfœj] M̄ **1** étui Brieftasche f **2** d'un ministre Geschäftsbereich m
portemanteau M̄ ⟨~x⟩ Garderobe(nständer) f(m)
★ **porte-monnaie** M̄ ⟨inv⟩ Geldbeutel m; Portemonnaie ou Portmonee n

porte-parole M ⟨inv⟩ Sprecher m
★**porter** [pɔʀte] VT **1** a. *responsabilité, nom, inscription* tragen; *vêtements* a. anhaben; *chapeau* a. aufhaben; *titre* a. führen **2** (≈*amener*) (hin)bringen (à zu); *cuiller, etc* à la bouche führen; **tout porte à croire que ...** alles legt die Vermutung nahe, dass... **3** (≈*inscrire*) eintragen (sur in + *acc*) **4** *sentiments, intérêt* entgegenbringen (à qn j-m) **5** *regard, attention* ~ **sur qn, qc** auf j-n, etw richten; ~ **son effort sur qc** s-e Anstrengungen auf etw konzentrieren **6** ZOOL *femelles* tragen (*surtout sans objet*) **B** VI **1** *voix* ~ **(loin)** weit tragen **2** (≈*avoir de l'effet*) wirken **3** *discussion, etc* ~ **sur qc** etw zum Inhalt, Gegenstand haben; sich auf etw (*acc*) beziehen **C** VPR **1** ★ **il se porte bien, mal** es geht ihm (gesundheitlich) gut, schlecht **2** **se ~ volontaire** sich freiwillig melden **3** **se ~ sur qn** *regard* sich auf j-n richten; a. *choix* auf j-n fallen **4** *vêtements* **se ~** getragen werden
porte-skis M ⟨inv⟩ AUTO Skiträger m
porteur [pɔʀtœʀ] M **1** CH DE FER Gepäckträger m; Dienstmann m; *dans une expédition* Träger m **2** *chèque* **payable au ~** an Überbringer
porte-vélo M ⟨~(s)⟩ AUTO Fahrradträger m
portier [pɔʀtje] M Pförtner m
portière [pɔʀtjɛʀ] F (Wagen)Tür f
portion [pɔʀsjɔ̃] F **1** CUIS Portion f **2** *d'un tout* (Teil)Stück n; Teil m ou n
porto [pɔʀto] M Portwein m
portrait [pɔʀtʀɛ] M a. fig Porträt n **portrait-robot** M ⟨portraits-robots⟩ Phantombild n
★**portugais** [pɔʀtygɛ] ⟨-aise [-ɛz]⟩ **A** ADJ portugiesisch **B** M(F) **Portugais(e)** Portugiese, -giesin m,f **C** M *langue* **le ~** das Portugiesische; Portugiesisch n **D** F ZOOL, CUIS **~e** f Austernart
★**Portugal** [pɔʀtygal] M **le ~** Portugal n
pose [poz] F **1** TECH Anbringung f; Installierung f; Verlegung f **2** (≈*attitude*) (Körper)Haltung f; Stellung f
★**poser** [poze] **A** VT **1** *objet* (hin)stellen, (-)setzen, (-)legen; ~ **qc par terre** etw auf den Boden stellen, setzen; ~ **son regard sur** s-n Blick richten auf (+ *acc*) **2** (≈*installer*) *compteur, etc* anbringen; installieren; *serrure* a. einbauen; *tuyaux,*

câbles, carrelage, moquette (ver)legen; *bombe* legen **3** *principe, équation* aufstellen; *question, condition* stellen; *problème* aufwerfen; darstellen **B** VI Modell stehen **C** VPR **1** **se ~** *oiseau* sich setzen (sur auf + *acc*); *avion* aufsetzen; landen; *regard* sich richten (sur auf + *acc*) **2** *question, problème* **se ~** sich stellen **3** *personne* **se ~ en** sich aufwerfen zu
positif [pozitif] ADJ ⟨-ive [-iv]⟩ a. MÉD, ÉLEC, MATH positiv; *critique* a. konstruktiv
position [pozisjɔ̃] F **1** *du corps* Stellung f; Haltung f **2** *d'une personne* (≈*situation*) Lage f **3** *dans une hiérarchie, une série* Position f; Platz m **4** MIL Stellung f **5** fig (≈*point de vue*) Standpunkt m; Ansicht f Sicht über + *acc*); **prendre ~** Stellung nehmen
★**posséder** [pɔsede] VT ⟨-è-⟩ **1** *biens, expérience* besitzen **2** *langue, sujet* beherrschen **possesseur** [pɔsesœʀ] M Besitzer m **possessif** [pɔsesif] ADJ ⟨-ive [-iv]⟩ *personne* Besitz ergreifend **possession** [pɔsesjɔ̃] F Besitz m
★**possibilité** [pɔsibilite] F Möglichkeit f
★**possible** [pɔsibl] **A** ADJ möglich; **le plus ~** möglich viel; **le plus souvent, tôt, vite ~** möglichst oft, bald, schnell **B** M **faire (tout) son ~** sein Möglichstes tun (**pour** + *inf* um zu + *inf*)
postal [pɔstal] ADJ ⟨-e; -aux [-o]⟩ Post..., postalisch; **par voie ~e** mit der Post
postdater VT vor-, vorausdatieren
poste[1] [pɔst] F Post® f; *bureau* a. Postamt n; **par la ~** per Post®; mit der Post®
★**poste**[2] [pɔst] **A** M **1** MIL Posten m; *par ext* **~ (de police)** Polizeiwache f **2** (≈*emplacement technique*) Stelle f; **~ d'appel d'urgence** Notrufsäule f; **~ de nuit** Nachtschicht f; **~ de pilotage** Cockpit n; **~ de police** Polizeiwache f; **~ de secours** Unfallstation f; Rettungsstelle f **3** (≈*emploi*) Posten m, Stelle f **4** **~** de **radio, de télévision** Radio-, Fernsehapparat m, Radio-, Fernsehgerät n; *par ext* (≈*émetteur*) VT Sender m
★**poster**[1] [pɔste] VT **1** *qn* postieren; aufstellen **2** *lettre* zur Post geben, einwerfen
poster[2] [pɔstɛʀ] M Poster n
postérieur [pɔsteʀjœʀ] **A** ADJ ⟨~e⟩ **1** *dans le temps* später (à qc als etw) **2**

ANAT hintere B M fam Hintern m
postier [pɔstje] M, **postière** [pɔstjɛʀ] F Postbeamte(r), -beamtin m/f
postuler [pɔstyle] VT et VT INDIR sich bewerben ([**pour, à**] **un emploi** um e-e Stelle)
posture [pɔstyʀ] F (Körper)Haltung f; Stellung f; fig **être en mauvaise ~** in e-r üblen Lage sein; schlecht dran sein
★**pot** [po] M 1 Topf m; *pour liquides a.* Krug m; Kanne f; **pot à eau** Wasserkrug m; **pot (de chambre)** (Nacht)Topf m; **pot de fleurs** Blumentopf m; *fam* **prendre, boire un pot** (mit j-m) etwas trinken gehen 2 **pot d'échappement** Auspufftopf m 3 **avoir du pot** *fam* Schwein haben
potable [pɔtabl] ADJ 1 **eau** f **~** Trinkwasser n 2 *fam fig* akzeptabel
potage [pɔtaʒ] M Suppe f
potager [pɔtaʒe] ADJ ⟨-ère [-ɛʀ]⟩ Gemüse...
pot-au-feu [pɔtofø] M ⟨inv⟩ Eintopf aus Suppenfleisch u. verschiedenen Gemüsen
pot-de-vin [podvɛ̃] M ⟨pots-de-vin⟩ Bestechungs-, Schmiergeld n
pote [pɔt] fam M *fam* Kumpel m
poteau [pɔto] M ⟨-x⟩ *a.* SPORTS Pfosten m; **~ indicateur** Wegweiser m
potelé [pɔtle] ADJ ⟨-e⟩ rundlich; *fam* pummelig; **main ~e** *fam* Patschhändchen n
poterie [pɔtʀi] F *art, objet* Töpferei f; **~s** *pl* Töpfer-, Tonwaren *fpl*
potier [pɔtje] M, **potière** [pɔtjɛʀ] F Töpfer(in) m(f)
potin [pɔtɛ̃] *fam* M **~s** *pl* Klatsch m; *fam* Tratsch m
potion [posjɔ̃] F Arznei(trank) f(m)
potiron [pɔtiʀɔ̃] M Riesenkürbis m
pou [pu] M ⟨poux⟩ Laus f
★**poubelle** [pubɛl] F Müll-, Abfalleimer m; *d'un immeuble* Mülltonne f
★**pouce** [pus] M Daumen m; *fig* **manger sur le ~** schnell e-e Kleinigkeit essen
★**poudre** [pudʀ] F 1 Pulver n 2 *sur la peau* Puder m 3 *explosif* (Schieß)Pulver n **poudrer** [pudʀe] VT (& V/PR) **(se) poudrer** (sich) pudern **poudreux** [pudʀø] ADJ ⟨-euse [-øz]⟩ pulv(e)rig; **(neige) poudreuse** f Pulverschnee m **poudrier** [pudʀije] M Puderdose f
pouffer [pufe] VI **~ (de rire)** losplatzen;

fam losplatzen; *fam* losprusten
poulailler [pulaje] M Hühnerstall m
poulain [pulɛ̃] M Fohlen n
★**poule** [pul] F Henne f; *fig* **~ mouillée** *fam* Angsthase m
poulet [pulɛ] M Hähnchen n
pouls [pu] M Puls m; **prendre le ~** den Puls messen, zählen
poumon [pumɔ̃] M Lunge(nflügel) f(m)
poupée [pupe] F Puppe f
★**pour** [puʀ] A PRÉP 1 *but, intention* für (+ *acc*); **c'est ~ toi** das ist für dich; **être ~** dafür sein 2 *destination* nach 3 (= *concernant*) **~ (ce qui est de)** ... was ... an(be)langt, betrifft; **~ moi, ~ ma part** für mich; was mich betrifft 4 *cause* wegen + *gén fam* + *dat*; **~ cela** deswegen; deshalb; **~ cette raison** aus diesem Grund 5 (= *comme*) als 6 *finalité* **~ + inf** um zu (+ *inf*) 7 *cause* **~ + inf** weil B CONJ *finalité* ★ **~ que** ... (+ *subj*) damit ... C LE **~ et le contre** das Für und Wider
★**pourboire** M Trinkgeld n
pourcentage [puʀsɑ̃taʒ] M *rapport* Prozentsatz m
pourparlers MPL Gespräche *npl*; Verhandlung(en) f(pl)
pourpre[1] [puʀpʀ] F *colorant, étoffe* Purpur m
pourpre[2] A M *couleur* Purpur(rot) m(n) B ADJ purpurrot
★**pourquoi** A ADV warum; weshalb; ★ **c'est ~** darum; deshalb; deswegen B M ⟨inv⟩ **le ~** das Warum
pourrai [puʀe] → *pouvoir*[1]
pourri [puʀi] ADJ ⟨-e⟩ 1 *aliments, etc* faul, verfault 2 fig verdorben; *personne* korrupt **pourriel** [puʀjɛl] M INFORM Spam n; Junkmail f **pourrir** [puʀiʀ] A VT *enfant* maßlos verwöhnen; *argent* **~ qn** j-n verderben B VI 1 *bois, fruits* (ver)faulen 2 *fig situation* sich verschlechtern **pourriture** [puʀityʀ] F 1 Fäulnis f 2 *fig* Verdorbenheit f
poursuite F 1 Verfolgung f 2 (= *continuation*) Fortsetzung f 3 **~ (judiciaire)** gerichtliche Verfolgung, Ahndung f
★**poursuivre** ⟨→ *suivre*⟩ A VT 1 verfolgen; *fig* **images ~ qn** j-n verfolgen 2 (= *continuer*) fortsetzen; weiterführen 3 **~ qn (en justice)** j-n gerichtlich belangen, verfolgen B V/PR *négociations, etc* **se ~** fortgesetzt, weitergeführt werden

pourtant ADV dennoch; trotzdem
pourvoir ⟨→ voir, aber je pourvus; je ~ai⟩ A VT 1 ~ qn, qc de qc j-n, etw mit etw versehen, ausstatten B VT INDIR ~ à qc für etw aufkommen C VPR 1 se ~ de qc sich mit etw versehen, eindecken 2 JUR se ~ en cassation Revision einlegen
pourvu A PP → pourvoir B CONJ ~ que (+ subj) (≈ à condition que) vorausgesetzt, dass ...; souhait hoffentlich, wenn ... nur
poussée [puse] F 1 Stoß m; d'une foule Drängen n; fam Drängeln n 2 PHYS, TECH Schub m 3 ~ de fièvre plötzlicher Temperaturanstieg 4 fig ~ démographique Bevölkerungsexplosion f
pousser [puse] A VT 1 personne (an)stoßen; fam schubsen; véhicule schieben; sur une porte poussez! drücken!; ne poussez pas! nicht dränge(l)n 2 ~ qn à (faire) qc j-n zu etw an/treiben, drängen, ermuntern; péj verleiten 3 cri, soupir ausstoßen B VI 1 (≈ grandir) wachsen; plantes, barbe a. sprießen; se laisser ~ les cheveux sich (dat) die Haare wachsen lassen 2 ~ jusqu'à ... weitergehen, -fahren bis (zu) ... C VPR se ~ Platz machen
poussette [pusɛt] F Kinder(sport)wagen m; pliante Buggy m
★**poussière** [pusjɛʀ] F Staub m; une ~ ein Staubkorn n **poussiéreux** [pusjeʀø] ADJ ⟨-euse [-øz]⟩ staubig; a. fig verstaubt
poussin [pusɛ̃] M Küken n
poutre [putʀ] F CONSTR Balken m
★**pouvoir¹** [puvwaʀ] ⟨je peux; ou st/s je puis, aber immer puis-je?; tu peux; il peut; nous pouvons; ils peuvent; je pouvais; je pus; je pourrai; que je puisse; pouvant; pu (inv)⟩ A VT können; on n'y peut rien da kann man nichts machen; je n'en peux plus ich kann nicht mehr B VAUX ⟨avec inf⟩ 1 (≈ être capable de) können; il est on ne peut plus aimable äußerst; außerordentlich 2 (≈ avoir le droit de) dürfen; ★ est--ce que je peux ...?, st/s puis-je ...? (+ inf) darf, kann ich ...? (+ inf); ★ est-ce que vous pourriez ...? (+ inf) könnten Sie vielleicht ...? (+ inf); si l'on peut dire ... wenn man so sagen darf 3 possibilité mögen; können C V/IMP & V/PR il se peut que ... (+ subj) es kann sein, es ist möglich, dass ...

★**pouvoir²** M 1 Macht f, Gewalt f (sur qn über j-n); ~ d'achat Kaufkraft f 2 POL Macht f; être au ~ an der Macht sein 3 POL, JUR (Staats)Gewalt f; ~s publics Behörden fpl; Staatsorgane npl 4 (≈ procuration) Vollmacht f; (≈ droit) Befugnis f; pleins ~s unbeschränkte Vollmacht 5 PHYS, TECH Vermögen n; Fähigkeit f, Kraft f
Prague [pʀag] Prag n
prairie [pʀɛʀi] F Wiese f
praline [pʀalin] F 1 gebrannte Mandel 2 en Belgique (≈ chocolat) Praline f
praticable [pʀatikabl] ADJ 1 chemin begehbar; route befahrbar; terrain de sports bespielbar 2 opération durchführbar
★**pratique** [pʀatik] A ADJ praktisch B F 1 (≈ opposé: théorie) Praxis f; mettre en ~ in die Praxis, Tat umsetzen 2 (≈ savoir-faire) Praxis f; (Berufs)Erfahrung f, praktische Erfahrung 3 d'un métier, d'un sport Ausübung f 4 (≈ usage) Praxis f; ~s pl Praktiken fpl
pratiquement [pʀatikmã] ADV 1 (≈ dans la pratique) praktisch; in der Praxis 2 so gut wie
pratiquer [pʀatike] A VT 1 métier, art ausüben; 2 sport betreiben 2 méthode (praktisch) anwenden B VPR se ~ üblich sein; sport betrieben werden
★**pré** [pʀe] M Wiese f
préalable [pʀealabl] A ADJ vorherig; vorangehend (à dat) B M 1 Vorbedingung f 2 au ~ vorher; zuvor
préau [pʀeo] M ⟨-x⟩ überdachter Teil des Schulhofs
préavis M 1 (Vor)Ankündigung f 2 de licenciement Kündigung(sfrist) f; renvoyer qn sans ~ fristlos
précaire [pʀekɛʀ] ADJ prekär; unsicher
précaution F (≈ prudence) Vorsicht f; Behutsamkeit f; disposition prise Vorsichtsmaßnahme f; par ~ vorsichtshalber
précédent [pʀesedã] ADJ ⟨-ente [-ãt]⟩ vorangehend, vorhergehend, vorig; l'année ~e adv im vorigen Jahr; im Vorjahr
précéder VT ⟨-è-⟩ 1 dans le temps voran-, vorher-, vorausgehen (+ dat) 2

dans l'espace **~ qn** vor j-m hergehen *ou* -fahren; j-m vorangehen
prêcher [pʀeʃe] VT *et* VI predigen
précieusement [pʀesjøzmɑ̃] ADV garder sorgfältig
★**précieux** [pʀesjø] ADJ ⟨-euse [-øz]⟩ ❶ (= *de valeur*) wertvoll; kostbar; **métaux ~** Edelmetalle *npl* ❷ (= *affecté*) geziert
précipice [pʀesipis] M Abgrund *m*
précipitamment [pʀesipitamɑ̃] ADV überstürzt
précipitation [pʀesipitasjɔ̃] F ❶ Hast *f*; Überstürzung *f* ❷ **~s** *pl* Niederschläge *mpl*
précipité [pʀesipite] ADJ ⟨-e⟩ ❶ *pas* eilig, hastig ❷ *départ* überstürzt; *décision* übereilt
précipiter [pʀesipite] Ⓐ VT ❶ (= *jeter d'en haut*) (in die Tiefe, hinab)stürzen ❷ (= *projeter*) schleudern ❸ (= *brusquer*) überstürzen; übereilen Ⓑ VPR **se ~** ❶ (= *se jeter d'en haut*) sich stürzen (**dans le vide** in die Tiefe) ❷ (= *s'élancer*) stürzen (**à la porte** zur Tür) ❸ *événements* sich überstürzen
★**précis** [pʀesi] ADJ ⟨-ise [-iz]⟩ präzis(e), exakt; genau; **à dix heures ~** es genau um, Punkt zehn Uhr **précisément** [pʀesizemɑ̃] ADV ❶ (= *de façon précise*) präzis(e) ❷ (= *justement*) genau; gerade **préciser** [pʀesize] Ⓐ VT präzisieren; genau(er) angeben Ⓑ VPR **se ~** klarer, deutlicher werden **précision** [pʀesizjɔ̃] F ❶ *a.* TECH Präzision *f* ❷ **~s** *pl* genauere, nähere Angaben *fpl*; Einzelheiten *fpl*
précoce [pʀekɔs] ADJ ❶ *fruit* Früh... ❷ *enfant* frühreif ❸ *hiver, rides* früh(zeitig); vorzeitig
préconiser [pʀekɔnize] VT befürworten; empfehlen
précurseur Ⓐ M Vorläufer *m* Ⓑ ADJ M **signe ~** Vorzeichen *n*, Vorbote *m*; Anzeichen *n*
prédécesseur [pʀedesesœʀ] M Vorgänger(in) *m(f)*
prédiction F Voraus-, Vorhersage *f*
prédilection [pʀedileksjɔ̃] F Vorliebe *f* (**pour** für); **de ~** Lieblings...
prédire VT ⟨→ *dire*, *aber* **vous prédisez**⟩ voraus-, vorhersagen
prédominant ADJ ⟨-ante [-ɑ̃t]⟩ vorherrschend
préfabriqué [pʀefabʀike] ADJ ⟨-e⟩ vorgefertigt; **maison ~e** Fertighaus *n*
préface F Vorwort *n*
préfecture [pʀefɛktyʀ] F Präfektur *f*
préférable [pʀefeʀabl] ADJ **être ~ à qc** besser sein als etw; e-r Sache (*dat*) vorzuziehen sein **préféré** [pʀefeʀe] ADJ ⟨-e⟩ Lieblings...
préférence [pʀefeʀɑ̃s] F Vorzug *m*; Bevorzugung *f*; **~ pour qn, qc** Vorliebe *f* für j-n, etw; **de ~** lieber; am besten; vorzugsweise
★**préférer** [pʀefeʀe] VT ⟨-è-⟩ vorziehen (**à** *dat*); **~ faire qc** lieber etw tun; (es) vorziehen, etw zu tun
préfet [pʀefɛ] M Präfekt *m*
préfixe M Präfix *n*
préhistoire F Vor-, Urgeschichte *f*
préhistorique ADJ vor-, urgeschichtlich; prähistorisch
préjudice [pʀeʒydis] M Schaden *m*; Nachteil *m*; **causer un ~** *ou* **porter ~ à qn** j-m schaden, Schaden zufügen
★**préjugé** M Vorurteil *n*
prélèvement [pʀelɛvmɑ̃] M *a. d'un organe* Entnahme *f*; *sur un salaire* Abzug *m* (**sur** von); **faire un ~ de sang** Blut abnehmen; e-e Blutprobe entnehmen, machen **prélever** VT ⟨-è-⟩ entnehmen (**sur** *dat ou* aus); nehmen (aus, von); *somme* m. einbehalten, erheben (von); *sur un compte bancaire* abbuchen (von)
prématuré [pʀematyʀe] ADJ ⟨-e⟩ ❶ *démarche* verfrüht, voreilig ❷ *mort* vorzeitig, (zu) früh; (**enfant**) *m* Frühgeburt *f*
préméditation F JUR Vorsatz *m* **prémédité(e)** [pʀemedite] ADJ *crime* geplant, vorsätzlich **préméditer** VT planen
★**premier** [pʀəmje] ⟨-ière [-jɛʀ]⟩ Ⓐ ADJ ❶ erste; **le ~ août** der erste *ou* am ersten August ❷ (= *primitif*) ursprünglich; **nombre ~** Primzahl *f* Ⓑ M̲F̲ **le ~, la première** der, die, das Erste; der, die, das Beste; *dans un classement* d. der, die, das Beste Ⓒ M ❶ **arriver le ~** als Erster ankommen ❷ **en ~** zuerst
première [pʀəmjɛʀ] F ❶ THÉ, FILM Premiere *f*; Ur-, Erstaufführung *f* ❷ CH DE FER erste Klasse ❸ AUTO erster Gang
premièrement [pʀəmjɛʀmɑ̃] ADV erstens; zuerst
prenant [pʀənɑ̃] ADJ ⟨-ante [-ɑ̃t]⟩ ❶ *film, livre* packend; (= *émouvant*) ergreifend ❷ *activité* zeitraubend ❸ *partie*

~e Interessenten mpl

★prendre [pʀɑ̃dʀ] ⟨je prends; il prend; nous prenons; ils prennent; je prenais; je pris; je prendrai; que je prenne; que nous prenions; prenant; pris⟩ **A** <u>VT</u> **1** nehmen; (≈enlever) wegnehmen; (≈emporter) mitnehmen; (≈accueillir) aufnehmen; MIL ville einnehmen; billet kaufen; lösen; photo aufnehmen; machen; mesures ergreifen; treffen; risques auf sich (acc) nehmen; eingehen; pouvoir übernehmen; ergreifen; **~ de l'âge** alt werden; **~ mal** übel nehmen; **à tout ~** im Grunde (genommen); alles in allem; **passer, venir ~ qn, qc** j-n, etw abholen (kommen) **2** nourriture zu sich nehmen; médicament (ein)nehmen **3** moyen de transport nehmen **4** direction, chemin einschlagen **5** (≈embaucher) einstellen (**comme secrétaire** als Sekretärin) **6** (≈capturer) animal (ein)fangen; personne en fuite fassen **7** (≈surprendre) **~ qn** j-n ertappen; fam erwischen **8** **il prend cher** er verlangt, nimmt hohe Preise; er ist teuer **9** **★ ~ pour** (≈considérer comme) halten für **B** <u>VI</u> **1** mayonnaise, crème steif, fest werden **2** bouture anwachsen; feu angehen **3** spectacle, mode ankommen; Anklang finden **4** **~ à droite, sur la droite** sich nach rechts wenden; rechts einbiegen **5** **~ sur soi** sich zusammennehmen **C** <u>VPR</u> **1** **se ~ le doigt dans la porte** sich (dat) den Finger in der Tür einklemmen **2** **s'en ~ à qc** j-m, e-r Sache die Schuld geben **3** **s'y bien, mal** es richtig ou falsch machen ou dumm anstellen **4** **se ~ pour un génie**, etc sich für ein Genie etc halten

preneur [pʀənœʀ] <u>M</u> COMM Abnehmer m

★prénom <u>M</u> Vorname m

préoccupant <u>ADJ</u> ⟨-ante⟩ besorgniserregend **préoccupation** <u>F</u> Sorge f; Besorgnis f **préoccupé** <u>ADJ</u> ⟨~e⟩ besorgt; **être ~ de** ou **par qc** um etw besorgt sein, sich um etw Sorgen machen **préoccuper** **A** <u>VT</u> **~ qn** j-m Sorge(n) machen; j-n stark beschäftigen **B** <u>VPR</u> **se ~ de qc** sich (dat) über etw (acc) Gedanken machen

préparatifs [pʀepaʀatif] <u>MPL</u> Vorbereitung(en) f pl **préparation** [pʀepaʀasjɔ̃] <u>F</u> **1** Vorbereitung f; CUIS Zubereitung f **2** CHIM, PHARM Präparat n

préparatoire [pʀepaʀatwaʀ] <u>ADJ</u> vorbereitend

★préparer **A** <u>VT</u> vorbereiten; repas zubereiten; **~ un examen** sich auf ein Examen vorbereiten **B** <u>VPR</u> **1** **★ se ~ à qch** sich vorbereiten auf (+acc); **se ~ pour qc** sich für etw fertig machen **2** **se ~** orage, a. fig heraufziehen; sich zusammenbrauen; sich vorbereiten

préposition <u>F</u> Präposition f

préretraite <u>F</u> Vorruhestand m

★près [pʀɛ] **A** <u>ADV</u> **1** **(tout) ~** (ganz) in der Nähe; **de ~** aus der Nähe; suivre dicht; raser glatt; fig examiner genau; eingehend **2** **à ... ~** abgesehen von (+dat); bis auf (+acc); **à cela ~ que ...** abgesehen davon, dass ...; **★ à peu ~, à peu de chose(s) ~** (≈environ) ungefähr; etwa; zirka; (≈presque) fast; beinahe **B** <u>PRÉP</u> **★ ~ de** nah(e) bei (+dat); in der Nähe von (ou + gén); avec un nombre fast; beinahe; nahezu; **être ~ de faire qc** nahe daran sein, etw zu tun

présager [pʀezaʒe] <u>VT</u> ⟨-ge-⟩ **(laisser) ~** vermuten, ahnen lassen

préscolaire <u>ADJ</u> Vorschul...

prescription [pʀɛskʀipsjɔ̃] <u>F</u> **1** MÉD Verordnung f **2** JUR Verjährung f **prescrire** [pʀɛskʀiʀ] <u>VT</u> ⟨→ écrire⟩ vorschreiben; médicament verordnen; verschreiben

★présence [pʀezɑ̃s] <u>F</u> **1** **de qn** Anwesenheit f; **en ~ de** in Anwesenheit, in Gegenwart, im Beisein von (ou + gén); adversaires **être en ~** sich gegenüberstehen **2** **~ d'esprit** Geistesgegenwart f

★présent¹ [pʀezɑ̃] **A** <u>ADJ</u> ⟨-ente [-ɑ̃t]⟩ **1** personne anwesend; **personne ~e** Anwesende(r) m; **être ~ (à qc)** (bei etw) anwesend, zugegen, präsent sein **2** (≈actuel) gegenwärtig **3** ADMIN, COMM vorliegend **B** <u>M</u> **1** Gegenwart f; **à ~** gegenwärtig; zurzeit; derzeit; jetzt; **jusqu'à ~** bis jetzt; bisher **2** GRAM Präsens n **3** **les ~s** mpl die Anwesenden mpl

présent² litt <u>M</u> Geschenk n

présentable [pʀezɑ̃tabl] <u>ADJ</u> vorzeigbar **présentateur** [pʀezɑ̃tatœʀ] <u>M</u>, **présentatrice** [pʀezɑ̃tatʀis] <u>F</u> RAD, TV Moderator(in) m(f)

présentation [pʀezɑ̃tasjɔ̃] <u>F</u> **1** d'une

collection, etc Vorführung f; d'un livre Vorstellung f; d'une émission Moderation f; d'un spectacle Ansage f **2** (= *manière de présenter*) Präsentation f; Aufmachung f; d'un texte Gestaltung f **3** d'une thèse, etc Darlegung f **4** d'une pièce d'identité Vorzeigen n; d'un chèque Vorlage f **5** d'une personne à une autre Vorstellung f **6** (= *apparence de qn*) Erscheinung (-sbild) f(n)

présente [prezɑ̃t] → présent A 3

★**présenter** [prezɑ̃te] **A** V/T **1** plat darbieten; pièce d'identité, billet vorzeigen; vorweisen; chèque, facture, rapport vorlegen; fig arguments vorbringen; condoléances, félicitations aussprechen; démission, candidature einreichen **2** collection, etc vorführen; livre, film (dem Publikum) vorstellen; numéro de cirque darbieten; (= *annoncer*) ansagen; émission moderieren **3** ~ **qn à qn** j-m j-n vorstellen **4** idées, faits (= *exposer*) darlegen; darstellen **5** (= *avoir*) défauts, qualités aufweisen **B** V/PR **1** se ~ (à qn) sich (j-m) vorstellen; se ~ aux élections sich bei den Wahlen kandidieren; se ~ à un examen an e-r Prüfung teilnehmen **2** se ~ occasion sich bieten; cas vorkommen

présentoir [prezɑ̃twar] M Verkaufsständer m

préservatif [prezɛrvatif] M Kondom n

préservation [prezɛrvasjɔ̃] F Bewahrung f; Schutz m

préserver [prezɛrve] V/T bewahren, schützen (**de** vor + *dat*)

présidence [prezidɑ̃s] F **1** d'une réunion Vorsitz m **2** POL Präsidentschaft f

★**président** [prezidɑ̃] M **1** Vorsitzende(r) m; surtout POL Präsident m **2** POL (Staats)Präsident m

président-directeur général M ⟨*pl* présidents-directeurs généraux⟩ Generaldirektor m

présidentiel [prezidɑ̃sjɛl] ADJ ⟨~le⟩ (**élection**) ~le f Präsidentschaftswahlen fpl

présider [prezide] **A** V/T den Vorsitz führen (**une réunion** bei e-r Versammlung) **B** V/T INDIR ~ **à qc** etw leiten

présignalisation [presiɲalizasjɔ̃] F AUTO **triangle m de ~** Warndreieck n

★**presque** [prɛsk] ADV fast; beinahe

presqu'île [prɛskil] F Halbinsel f

★**presse** [prɛs] F **1** Presse f **2** TECH (Druck)Presse f

★**pressé** [prɛse] ADJ ⟨~e⟩ **1** travail, lettre eilig; **être ~** personne es eilig haben; in Eile sein; travail, lettre eilen; eilig sein; **c'est ~** es eilt **2** fruits ausgepresst; **orange ~e** frisch gepresster Orangensaft

pressentiment [presɑ̃timɑ̃] M (Vor)Gefühl n **pressentir** [presɑ̃tir] V/T ⟨→ sentir⟩ (voraus)ahnen

presse-papiers M ⟨*inv*⟩ Briefbeschwerer m

presser [prɛse] **A** V/T fruits (aus)pressen; éponge ausdrücken **B** V/I eilen, eilig, dringend sein; pressieren

pressing [prɛsiŋ] M Geschäft Reinigung f

pression [prɛsjɔ̃] F **1** Druck m **2** (= *bouton-pression*) Druckknopf m

prestation [prɛstasjɔ̃] F allocation, service Leistung f

prestigieux [prɛstiʒjø] ADJ ⟨-euse [-øz]⟩ angesehen; COMM anspruchsvoll

prêt¹ M **1** FIN Darlehen n **2** *de livres* Ver-, Ausleihen n

★**prêt**² [prɛ] ADJ ⟨~e [prɛt]⟩ **être ~** bereit, fertig sein; **~ à partir** startbereit; reisefertig

prêt-à-porter [prɛtaporte] M ⟨prêts-à--porter⟩ Konfektion(skleidung) f

prétendre ⟨→ rendre⟩ **A** V/T **1** (= *soutenir*) behaupten **2** (= *vouloir*) ~ (+ *inf*) gewillt sein, gedenken, beabsichtigen zu (+ *inf*) **B** V/T INDIR ~ **à qc** auf etw (*acc*) Anspruch erheben **C** V/PR se ~ **qc** behaupten, etw zu sein; etw sein wollen **prétendu** ADJ ⟨~e⟩ angeblich

prétentieux [pretɑ̃sjø] ADJ ⟨-euse [-øz]⟩ personne eingebildet, eitel **prétention** [pretɑ̃sjɔ̃] F **1** (= *revendication*) Anspruch m **2** (= *ambition*) Ambition f; Ehrgeiz m **3** (= *vanité*) Selbstgefälligkeit f

★**prêter** [prɛte] **A** V/T **1** argent, objet (aus-, ver)leihen **2** (= *attribuer*) ~ **qc à qn** j-m etw zuschreiben; propos, intentions unterstellen **B** V/T INDIR ~ **à qc** Anlass zu etw geben **C** V/PR **1** personne se ~ **à qc** sich zu etw hergeben **2** *thème*, *terre* se ~ **à qc** sich zu, für etw eignen

★**prétexte** M Vorwand m; **sous ~ que ...** unter dem Vorwand, dass ...; **sous aucun ~** auf keinen Fall

★**prêtre** [prɛtr] M Priester m

★**preuve** [prœv] F Beweis m; **faire ~ de courage** Mut beweisen; sich mutig zeigen; sich als mutig erweisen
prévaloir ⟨→ valoir, aber que je prévale⟩ A VI st/s obsiegen (**contre** über + acc) B V/PR **se ~ de qc** sich (dat) auf e-e Sache etwas zugutehalten, einbilden
prévenant [prevnɑ̃] ADJ ⟨-ante [-ɑ̃t]⟩ zuvorkommend
★**prévenir** VT ⟨→ venir, aber v/aux avoir⟩ **1** (≈ informer) **~ qn (de qc)** j-n (von etw) benachrichtigen; **police verständigen 2** (≈ avertir) **~ qn (de qc)** j-n (vor etw dat), warnen **3** (≈ empêcher) **~ qc** e-r Sache (dat) vorbeugen; etw verhüten **4 ~ les désirs de qn** den Wünschen j-s zuvorkommen
préventif [prevɑ̃tif] ADJ ⟨-ive [-iv]⟩ vorbeugend **prévention** [prevɑ̃sjɔ̃] F **1** Verhütung f; Vorbeugung f; **~ routière** Unfallverhütung f **2** (≈ préjugé) Voreingenommenheit f
prévisible [previzibl] ADJ vorher-, voraussehbar **prévision** [previzjɔ̃] F Vorher-, Voraussage f; **~s** pl Erwartungen fpl; **~s météorologiques** Wetteraussichten fpl, Wettervorhersage f; **en ~ de** in Erwartung (+ gén) ★**prévoir** VT ⟨→ voir, aber je ~ai⟩ **1** (≈ imaginer à l'avance) voraus-, vorhersehen **2** (≈ organiser d'avance) vorsehen; planen
prévoyance [prevwajɑ̃s] F Vorsorge f
prévoyant [prevwajɑ̃] ADJ ⟨-ante [-ɑ̃t]⟩ vorausschauend
prévu PP et ADJ ⟨-e⟩ vorgesehen
★**prier** [prije] VT **1** REL beten; **~ Dieu** zu Gott beten **2** (≈ demander) bitten; **~ qn de faire qc** j-n bitten, ersuchen, etw zu tun; ★**je t'en prie** bitte sehr!; bitte schön!; injonction ich bitte dich!; ★**je vous en prie** bitte sehr!; bitte schön!; injonction ich bitte Sie!
★**prière** [prijɛr] F **1** REL Gebet n; **dire, faire une ~** ein Gebet sprechen **2** (≈ demande) Bitte f; **~ de ne pas fumer** bitte nicht rauchen!
primaire [primɛr] ADJ **1 école f ~** Grundschule f **2** Primär… **3** péj primitiv
prime F **1** (≈ indemnité) Prämie f; sur le salaire a. Zulage f; **~ de fin d'année** Weihnachtsgeld n, Weihnachtsgratifikation f **2** COMM Werbegeschenk n
primé [prime] ADJ ⟨-e⟩ preisgekrönt
primer [prime] V/T **1** (≈ l'emporter) vorgehen (**qc** an e-r Sache dat) **2** (≈ récompenser) präm(i)ieren
prince [prɛ̃s] M **1** régnant Fürst m **2** non régnant, titre Prinz m **princesse** [prɛ̃sɛs] F Prinzessin f
★**principal** [prɛ̃sipal] A ADJ ⟨-e; -aux [-o]⟩ hauptsächliche(r, -s), Haupt…; (**proposition**) **~e** f Hauptsatz m B M **le ~** die Hauptsache f **principalement** [prɛ̃sipalmɑ̃] ADV hauptsächlich
principauté [prɛ̃sipote] F Fürstentum n
principe [prɛ̃sip] M a. t/t Prinzip n; … **de ~** prinzipiell; Prinzipien…; **en ~** im Prinzip; prinzipiell; grundsätzlich; **par ~** aus Prinzip
printanier [prɛ̃tanje] ADJ ⟨-ière [-jɛr]⟩ Frühlings…
★**printemps** [prɛ̃tɑ̃] M a. fig Frühling m; Frühjahr n
prioritaire [prijɔritɛr] ADJ vorrangig; **être ~** Priorität, Vorrang; **véhicule** Vorfahrt haben
★**priorité** [prijɔrite] F **1** Priorität f, Vorrang m (**sur** vor + dat) **2** Vorfahrt f; **~ à droite** Vorfahrt von rechts; **avoir ~ sur** (die) Vorfahrt haben vor (+ dat)
pris [pri] PP & ADJ ⟨-e [priz]⟩ **1** place besetzt **2 être très ~** sehr beschäftigt, beansprucht sein
prise [priz] F **1** (≈ action de prendre) Nehmen n; de médicaments, a. MIL Einnahme f; **~ de contact** Kontaktaufnahme f; Fühlungnahme f; **~ d'otage(s)** Geiselnahme f; **~ de position** Stellungnahme f (**sur une question** zu e-r Frage); **~ de vue(s)** Aufnahme f; **donner ~ à** Anlass geben zu; **être aux ~s avec qn, qc** mit j-m, etw kämpfen, ringen **2** LUTTE, JUDO Griff m **3** (≈ capture) Fang m **4** ★**~ (de courant)** Steckdose f
★**prison** [prizɔ̃] F Gefängnis n
★**prisonnier** [prizɔnje] M,F, **prisonnière** [prizɔnjɛr] F Gefangene(r) m/f(m)
privation [privasjɔ̃] F Entzug m **2 ~s** pl Entbehrungen fpl
★**privé** [prive] A ADJ ⟨-e⟩ privat, Privat…; **école ~e** Privatschule f; **en ~** privat B M **secteur** Privatwirtschaft f
priver [prive] V/T **~ qn de qc** j-m etw entziehen; j-n um etw bringen B V/PR **se ~ de qc** auf etw (acc) verzichten; sich (dat) etw versagen

privilège [privilɛʒ] M Privileg n **privilégié** [privileʒje] ADJ ‹-e› privilegiert
★**prix** [pri] M 1 COMM, a. fig Preis m; par ext (≈ valeur) Wert m; °**hors de ~** unerschwinglich; fam sündhaft teuer 2 distinction Preis m; **~ Nobel** Nobelpreis (-träger) m
pro [pro] fam M/F ABR (= professionnel) Profi m
probabilité [prɔbabilite] F Wahrscheinlichkeit f ★**probable** [prɔbabl] ADJ wahrscheinlich; vermutlich ★**probablement** [prɔbabləmɑ̃] ADV wahrscheinlich, vermutlich
probant [prɔbɑ̃] ADJ ‹-ante [-ɑ̃t]› beweiskräftig; überzeugend; stichhaltig
problématique [prɔblematik] ADJ problematisch
★**problème** [prɔblɛm] M Problem n
procédé [prɔsede] M 1 (≈ méthode), a. TECH Verfahren n; Methode f 2 (≈ manière d'agir) **~s** pl Vorgehen n; Verhalten n
procéder [prɔsede] ‹-è-› A V/T INDIR **~ à qc** etw vornehmen, durchführen; zu etw schreiten B V/I verfahren; vorgehen
procédure [prɔsedyr] F 1 JUR (gerichtliches, Gerichts)Verfahren n 2 (≈ marche à suivre) Verfahren n; Vorgehen n; a. INFORM Prozedur f
★**procès** [prɔsɛ] M Prozess m
processus [prɔsesys] M Prozess m; Vorgang m; Ab-, Verlaufs m
procès-verbal M ‹procès-verbaux› 1 (≈ contravention) Strafmandat n 2 (≈ compte rendu écrit) Protokoll n; **dresser, rédiger le ~** (das) Protokoll führen; protokollieren
★**prochain** [prɔʃɛ̃] A ADJ ‹-aine [-ɛn]› nächste(r, -s), kommende(r, -s); **l'année ~e, l'an ~** adv nächstes Jahr; im nächsten, kommenden Jahr; fam **à la ~e!** bis zum nächsten Mal! B M BIBL **le ~** der Nächste **prochainement** [prɔʃɛnmɑ̃] ADV demnächst
★**proche** [prɔʃ] A ADJ nah(e); **être ~** endroit in der Nähe sein (**de** von); date nahen; langue verwandt sein (mit); fig personne nahestehen (**de qn** j-m) 2 **de ~ en ~** nach und nach B MPL **ses ~s** parents s-e Angehörigen mpl; amis s-e (engen) Freunde pl
Proche-Orient [prɔʃɔrjɑ̃] M **le ~** der Nahe Osten; Nahost n

proclamer [prɔklame] V/T 1 indépendance, etc ausrufen; résultats bekannt geben 2 fig erklären
procuration [prɔkyrasjɔ̃] F Vollmacht f
procurer [prɔkyre] A V/T **~ qc à qn** j-m etw verschaffen, beschaffen, besorgen; (≈ causer) j-m etw bereiten B V/PR **se ~ qc** sich (dat) etw verschaffen, besorgen
prodige [prɔdiʒ] M 1 Wunder n 2 ‹adjt› **enfant ~** Wunderkind n
producteur [prɔdyktœr] M/F, **productrice** [prɔdyktris] Erzeuger(in) m(f); a. FILM, TV Produzent(in) m(f); (≈ fabricant) Hersteller(in) m(f)
productif [prɔdyktif] ADJ ‹-ive [-iv]› produktiv; FIN einträglich
★**production** [prɔdyksjɔ̃] F a. FILM, TV Produktion f; Herstellung f
★**produire** [prɔdɥir] ‹→ conduire› A V/T **produits industriels**, a. film, émission produzieren; herstellen; **produits agricoles, acier, énergie, son** erzeugen; **pétrole** fördern; **œuvre artistique** schaffen; **arbre: fruits** tragen 2 **document** vorlegen B V/PR **se ~** accident, événement sich ereignen; passieren; vorkommen; changement eintreten
★**produit** [prɔdɥi] M 1 a. fig Produkt n; Erzeugnis n; **~s d'entretien** Putz- und Pflegemittel npl 2 (≈ rapport) Ertrag m; **~ national brut** Bruttosozialprodukt n
★**prof** [prɔf] fam M/F ABR (= professeur) Lehrer(in) m(f)
★**professeur** [prɔfesœr] M/F (Gymnasial-)Lehrer(in) m(f); à l'université Professor(in) m(f)
★**profession** [prɔfesjɔ̃] F 1 (≈ métier) Beruf m 2 **~ de foi** Glaubensbekenntnis n
★**professionnel** [prɔfesjɔnɛl] ADJ ‹-le› 1 beruflich; Berufs… 2 (≈ opposé à amateur) professionell B M(F) **~(le)** (≈ spécialiste) Fachmann m, -frau f; fam Profi m
profil [prɔfil] M 1 **d'un visage, de qn**, a. TECH Profil n 2 **d'un édifice**, etc Umrisse mpl
profit [prɔfi] M 1 ÉCON Profit m; Gewinn m 2 (≈ avantage) Nutzen m; **au ~ de** zugunsten (+ gén); **tirer ~ de qc** Nutzen, (s-n) Vorteil aus etw ziehen
★**profiter** [prɔfite] V/T INDIR 1 **~ de qc** von etw profitieren; etw (aus)nützen ou

(-)nutzen; sich (dat) etw zunutze machen; **~ de qn** j-n ausnützen ② **~ à qn, à qc** j-m, e-r Sache nützlich sein, von Nutzen sein, zustattenkommen, Vorteile bringen

★**profond** [pʀɔfɔ̃] ADJ ① voix, sommeil, etc, a. fig tief; fig différence groß ② esprit, pensées tiefsinnig, -gründig, -schärft **profondément** [pʀɔfɔ̃demã] ADV tief; fig a. zutiefst ★ **profondeur** [pʀɔfɔ̃dœʀ] F a. fig Tiefe f

programmable [pʀɔgʀamabl] ADJ programmierbar

programmation [pʀɔgʀamasjɔ̃] F ① RAD, TV, FILM Programmgestaltung f ② INFORM Programmierung f

★**programme** [pʀɔgʀam] M a. POL, INFORM Programm n **programmer** [pʀɔgʀame] VT ① émission auf das Programm setzen ② ordinateur programmieren; micro-ondes einstellen ③ (≈ organiser) planen

★**progrès** [pʀɔgʀɛ] M Fortschritt m **progresser** [pʀɔgʀese] VI ① épidémie, idées sich ausbreiten; chômage zunehmen; ansteigen; maladie fortschreiten ② élève, recherche Fortschritte machen ③ (≈ avancer) vorrücken **progressif** [pʀɔgʀesif] ADJ ‹-ive [-iv]› a. MÉD fortschreitend, progressiv **progression** [pʀɔgʀesjɔ̃] F d'une maladie Fortschreiten n; du chômage Zunahme f; Anstieg m

proie [pʀwa] F Beute f; fig personne a. Opfer n

★**projet** [pʀɔʒɛ] M ① Plan m; Projekt n ② (≈ ébauche) Entwurf m

projeter [pʀɔʒte, -ʃte] VT ‹-tt-› ① (≈ envisager) planen; vorhaben ② film vorführen; OPT a. MATH projizieren ③ (≈ lancer) (in die Luft, hoch)schleudern

prolétaire [pʀɔletɛʀ] M Proletarier m

prolongation [pʀɔlɔ̃gasjɔ̃] F Verlängerung f **prolonger** [pʀɔlɔ̃ʒe] ‹-ge-› A VT verlängern (**de um**) B VPR **se ~** réunion sich hinziehen; route weiterführen

★**promenade** [pʀɔmnad] F ① à pied Spaziergang m; (≈ excursion) kleiner Ausflug; en voiture, en vélo (Spazier)Fahrt f

promener [pʀɔmne] ‹-è-› A VT ① personne spazieren führen; chien ausführen ② son regard schweifen lassen (**sur** über + acc) ③ fam fig **envoyer ~ qn** fam j-n zum Teufel jagen B VPR **se ~** ① ★(aller) se ~ à pied spazieren gehen; en voiture, en vélo spazieren fahren ② **se ~ nu-pieds**, etc barfuß etc herumlaufen **promeneur** [pʀɔmnœʀ] M, **promeneuse** [pʀɔmnøz] F Spaziergänger(in) m(f)

★**promesse** [pʀɔmɛs] F Versprechen n

prometteur [pʀɔmɛtœʀ] ADJ ‹-euse [-øz]› vielversprechend

★**promettre** [pʀɔmɛtʀ] ‹→ mettre› A VT versprechen, zusagen (**qc à qn** j-m etw) B VPR **se ~ de faire qc** sich (dat) fest vornehmen, etw zu tun **promis** [pʀɔmi] PP & ADJ ‹-ise [-iz]› ‹→ promettre› versprochen

promotion [pʀɔmosjɔ̃] F ① (≈ avancement) Beförderung f; **~ sociale** sozialer Aufstieg ② **~ des ventes** Absatz-, Verkaufsförderung f; Promotion f; **en ~** im Sonderangebot

pronom [pʀɔnɔ̃] M (alleinstehendes, substantivisches Pronomen, Fürwort

★**prononcer** [pʀɔnɔ̃se] ‹-ç-› A VT ① mot aussprechen; sprechen ② (≈ dire) sprechen; discours halten ③ JUR jugement verkünden; peine, a. divorce aussprechen B VPR ① **se ~** sich äußern (**sur qc** zu etw); **se ~ contre, pour qn, qc** sich gegen, für j-n, etw aussprechen ② mot **se ~** (aus)gesprochen werden **prononciation** [pʀɔnɔ̃sjasjɔ̃] F PHON Aussprache f

pronostic [pʀɔnɔstik] M Voraussage f; a. MÉD Prognose f

propagande [pʀɔpagɑ̃d] F Propaganda f

propager [pʀɔpaʒe] ‹-ge-› A VT verbreiten; propagieren B VPR **se ~** ① incendie, épidémie sich ausbreiten; um sich greifen; nouvelle, idées sich verbreiten; PHYS lumière, son sich ausbreiten; sich fortpflanzen ② espèce sich vermehren; sich fortpflanzen

propice [pʀɔpis] ADJ (≈ favorable) günstig (à à)

proportion [pʀɔpɔʀsjɔ̃] F Proportion f; (≈ rapport) Verhältnis n; **~s** pl Proportionen fpl; Größenverhältnisse npl; **toutes ~s gardées** im Verhältnis; **en ~ de** im Verhältnis, im Vergleich zu **proportionnalité** [pʀɔpɔʀsjɔnalite] F Proportionalität f **proportionnel** [pʀɔpɔʀsjɔnɛl] ADJ ‹~le› proportional (à zu)

propos [pʀɔpo] M ① ‹pl› (≈ paroles) Worte npl ② (≈ intention) Absicht f ③ (≈ occasion) **arriver, tomber à ~** (sehr) gelegen, gerade richtig, im rechten Augenblick kommen; **juger à ~ de** (+ inf) es für angebracht halten zu (+ inf); **à tout ~** bei jeder Gelegenheit; **il serait °hors de ~ de** (+ inf) es wäre unangebracht zu (+ inf) **4** (≈ sujet) **à ~ de** was (+ acc) betrifft (+ acc); betreffend; wegen + gén ou fam + dat; *en tête de phrase* ★ **à ~** übrigens; was ich noch sagen wollte; apropos

★ **proposer** [pʀɔpoze] **A** V/T **1** (≈ suggérer) vorschlagen (**qc à qn** j-m etw), (**qn pour qc** j-n für etw) **2** (≈ offrir) anbieten; *somme* bieten **B** V/PR **1 se ~ de faire qc** sich (dat) vornehmen, etw zu tun **2 se ~** sich anbieten (**comme** als); sich bereit erklären (**pour faire qc** etw zu tun) ★ **proposition** [pʀɔpozisjɔ̃] F **1** (≈ suggestion) Vorschlag m **2** (≈ offre) Angebot n **3** GRAM Satz m

★ **propre**[1] [pʀɔpʀ] **A** ADJ **1** (≈ opposé à sale) sauber; *chien, chat* stubenrein **2** *fig* (≈ honnête) *personne* anständig **B** M *texte* **mettre au ~** ins Reine schreiben; *iron* **c'est du ~!** das ist ja allerhand!

★ **propre**[2] [pʀɔpʀ] **A** ADJ **1** possession eigen; **nom m ~** Eigenname m; **je l'ai vu de mes ~s yeux** mit eigenen Augen **2** *mot* **au** (**sens**) **~** im eigentlichen Sinn **3** **~ à la consommation** zum Verzehr geeignet **B** M **le ~ de** die Eigenart, das Besondere (+ gén)

proprement [pʀɔpʀəmɑ̃] ADV **1** (≈ opposé à salement) sauber; ordentlich **2** **~ dit** eigentlich; **à ~ parler** streng, genau genommen

propreté [pʀɔpʀəte] F Sauberkeit f

★ **propriétaire** [pʀɔpʀijetɛʀ] M/F Eigentümer(in) m(f); Besitzer(in) m(f); *par rapport au locataire* Hausbesitzer(in) m(f)

★ **propriété** [pʀɔpʀijete] F **1** JUR Eigentum n **2** (≈ terre, maison) (Grund-, Haus)Besitz m; (Land)Gut n **3** PHYS, CHIM Eigenschaft f

prospectus [pʀɔspɛktys] M (Werbe)Prospekt m

prostituée [pʀɔstitye] F Prostituierte f
prostitution [pʀɔstitysjɔ̃] F Prostitution f

protecteur, protectrice [pʀɔtɛktœʀ, pʀɔtɛktʀis] **A** M/F Beschützer(in) m(f) **B** ADJ **1** Schutz-...; schützend **2** *air, ton* gönnerhaft **protection** [pʀɔtɛksjɔ̃] F **1** Schutz m **2** (≈ patronage) Protektion f

★ **protéger** [pʀɔteʒe] ⟨-è-; -ge-⟩ **A** V/T schützen (**de** vor + dat), (**contre** gegen); *personne a.* beschützen **B** V/PR **se ~** sich schützen (**de** vor + dat), (**contre** gegen)

★ **protestant** [pʀɔtɛstɑ̃] ⟨-ante [-ɑ̃t]⟩ **A** ADJ protestantisch; evangelisch **B** M(F) **~(e)** Protestant(in) m(f)

protestation [pʀɔtɛstasjɔ̃] F **1** Protest m; Einspruch m **2** **~s** pl Beteuerungen fpl ★ **protester** [pʀɔtɛste] V/I protestieren, Protest ou Einspruch erheben, sich verwahren (**contre** gegen)

prototype [pʀɔtɔtip] M Prototyp m

★ **prouver** [pʀuve] **A** V/T beweisen **B** V/PR **se ~ à soi-même, l'un à l'autre que** ... sich (dat) selbst, sich gegenseitig beweisen, dass ...

provenance [pʀɔv(ə)nɑ̃s] F Herkunft f; **en ~ de** aus

provençal [pʀɔvɑ̃sal] **A** ADJ ⟨-e; -aux [-o]⟩ provenzalisch **B** SUBST **1** ⟨m -aux [-o]⟩ **Provençal(e)** m(f) Provenzale, -zalin m,f **2** CUIS **à la ~e** mit Knoblauch und Petersilie

Provence [pʀɔvɑ̃s] F **la ~** die Provence
provenir [pʀɔv(ə)niʀ] V/I ⟨→ venir; pp ungebräuchlich⟩ **~ de** (her)kommen, (-)stammen von ou aus; entstammen (+ dat); *douleurs, tristesse* herrühren von

proverbe [pʀɔvɛʀb] M Sprichwort n
province [pʀɔvɛ̃s] F Provinz f **provincial** [pʀɔvɛ̃sjal] ADJ ⟨-e; -aux [-o]⟩ **1** Provinz... **2** *péj* provinziell

★ **proviseur** [pʀɔvizœʀ] M e-s Gymnasiums Direktor m

provision [pʀɔvizjɔ̃] F **1** (≈ stock) Vorrat m (**de** an + dat) **2** **~s** pl (Lebensmittel)Vorräte mpl; Proviant m; **faire ses ~s** einkaufen gehen; Einkäufe, Besorgungen machen **3** *chèque* **sans ~** ungedeckt

provisoire [pʀɔvizwaʀ] ADJ vorläufig; provisorisch

provocant [pʀɔvɔkɑ̃] ADJ ⟨-ante [-ɑ̃t]⟩ herausfordernd, provozierend **provocateur** [pʀɔvɔkatœʀ] **A** ADJ ⟨-trice [-tʀis]⟩ provokatorisch **B** M Provokateur m **provocation** [pʀɔvɔkasjɔ̃] F Provokation f; Herausforderung f

★ **provoquer** [pʀɔvɔke] **A** V/T **1 ~ qn** j-n provozieren; **~ qn à qc** j-n zu etw herausfordern, anstiften; **femme ~ les hommes** die Männer aufreizen **2 ~ qc** etw auslösen, hervorrufen, verursachen, bewirken B V/PR **se ~** sich gegenseitig provozieren

proximité [prɔksimite] F̄ Nähe f; **à ~ de** in der Nähe (+ gén)

prudemment [prydamɑ̃] ADV conduire vorsichtig

prudence [prydɑ̃s] F̄ Vorsicht f ★ **prudent** [prydɑ̃] ADJ ⟨-ente [-ɑ̃t]⟩ vorsichtig; (≈ judicieux) klug

★ **prune** [pryn] F̄ Pflaume f **prunier** [prynje] M̄ Pflaumenbaum m

PS [pees] M̄ ABR (= Parti socialiste) Sozialistische Partei

P.-S. [pees] ABR, **PS** ABR (= post-scriptum) PS (Postskriptum)

pseudonyme [psødɔnim] M̄ Pseudonym n

psy [psi] fam M/F ABR (= psychiatre, etc) Therapeut(in) m(f)

psychiatre [psikjatr] M/F Psychiater(in) m(f)

psychique [psifik] ADJ psychisch; seelisch

psychologie [psikɔlɔʒi] F̄ (≈ a. mentalité) Psychologie f **psychologique** [psikɔlɔʒik] ADJ **1** méthode, analyse, guerre psychologisch **2** problème seelisch **psychologue** [psikɔlɔg] M/F Psychologe, -login m,f

pu [py] PP → pouvoir¹

pub [pyb] fam F̄ ABR → publicité

puberté [pybɛrte] F̄ Pubertät(szeit) f

★ **public** [pyblik] A ADJ ⟨publique⟩ **1** öffentlich; (= de l'État) a. staatlich B M̄ **1** (≈ les gens) Öffentlichkeit f; **en ~** öffentlich; in der Öffentlichkeit **2** (≈ spectateurs, etc) Publikum n

publication [pyblikasjɔ̃] F̄ (≈ a. ouvrage) Veröffentlichung f, Publikation f; de résultats a. Bekanntgabe f

publicitaire [pyblisitɛr] ADJ Werbe...

★ **publicité** [pyblisite] F̄ Werbung f; **~ mensongère** irreführende Werbung

★ **publier** [pyblije] V/T **1** livre, article veröffentlichen **2** affaire publik machen

puce [pys] F̄ **1** ZOOL Floh m; **le marché aux ~s** ou **les ~s** der Flohmarkt **2** INFORM Chip m

pudeur [pydœr] F̄ Scham(gefühl) f(n)

pudique [pydik] ADJ schamhaft

puer [pye] V/T et V/I **~ (qc)** (nach etw) stinken

puéril [pyeril] ADJ ⟨~e⟩ kindisch

★ **puis¹** [pɥi] ADV dann, danach; **et ~** und dann; (= d'ailleurs) außerdem

puis² → pouvoir¹

puiser [pɥize] V/T **1** liquide schöpfen (**à, dans** aus) **2** fig ~ **dans** schöpfen aus; greifen in (+ acc); exemples entnehmen (+ dat)

★ **puisque** [pɥisk(ə)] CONJ ⟨vor Vokal puisqu'⟩ **1** cause da (ja) **2** exclamation doch

puissance [pɥisɑ̃s] F̄ **1** (≈ pouvoir) a. POL Macht f **2** (≈ force) Stärke f; Kraft f **3** PHYS, ÉLEC Leistung f **4** MATH Potenz f ★ **puissant** [pɥisɑ̃] ADJ ⟨-ante [-ɑ̃t]⟩ **1** POL mächtig **2** (≈ fort) stark; muscles, voix kräftig; moteur, émetteur a. leistungsfähig

puits [pɥi] M̄ **1** d'eau Brunnen m **2** MINES Schacht m

★ **pull** [pyl] M̄ Pulli m ★ **pull-over** [pylɔvɛr] M̄ ⟨~s⟩ Pullover m

pulpe [pylp] F̄ Fruchtfleisch n

punaise [pynɛz] F̄ **1** ZOOL Wanze f **2** petit clou Reißzwecke f, Heftzwecke f, Reißnagel m

punch [pœnʃ] M̄ d'un boxeur Punch m; fam fig (≈ énergie) Schwung m, Elan m

★ **punir** [pynir] V/T (be)strafen (**de** für) **punition** [pynisjɔ̃] F̄ Strafe f

punk [pœk] A M/F Punker(in) m(f) B ADJ Punk...

pupitre [pypitr] M̄ (Schreib-, Lese)Pult n

★ **pur** [pyr] ADJ ⟨pure⟩ **1** rein; a. or pur; liquide unverdünnt; profil, formes a. klar; ciel wolkenlos **2** hasard, curiosité, etc **pur (et simple)** rein; pur; bloß

purée [pyre] F̄ Püree n; Brei m

purement [pyrmɑ̃] ADV rein; **~ et simplement** ganz einfach; glatt

pureté [pyrte] F̄ Reinheit f

purgatoire [pyrgatwar] M̄ Fegefeuer n

purge [pyrʒ] F̄ **1** MÉD Abführmittel n **2** POL Säuberung(saktion) f

purger [pyrʒe] ⟨-ge-⟩ A V/T **1** MÉD ~ **qn** j-m ein Abführmittel verabreichen **2** TECH radiateur entlüften **3** POL säubern (**de** von) **4** peine ver-, abbüßen B V/PR **se ~** ein Abführmittel (ein)nehmen

purifier [pyrifje] V/T reinigen

purin [pyrɛ̃] M̄ Jauche f; Gülle f

pur-sang [pyrsɑ̃] M̄ ⟨inv⟩ Vollblut(-pferd) n

purulent [pyʀylɑ̃] ADJ ⟨-ente [-ɑ̃t]⟩ eitrig, eiternd

pus [py] M Eiter m

put [py] → pouvoir¹

putain [pytɛ̃] pop F **1** péj Hure f **2** ~ **de** (+ subst) pop Scheiß...

pute [pyt] pop F → putain

puzzle [pœzal] M a. fig Puzzle n

P.-V. [peve] fam M ABR, **p.-v.** ⟨inv⟩ (= procès-verbal) fam Strafzettel m

PVL [peveɛl] helv M ABR (= Parti vert-libéral) GLP f (Grünliberale Partei)

★**pyjama** [piʒama] M Schlafanzug m

pyramide [piʀamid] F Pyramide f

★**Pyrénées** [piʀene] FPL **les** ~ die Pyrenäen pl

pyrex® [piʀɛks] M Jenaer Glas® n

Q, q [ky] M ⟨inv⟩ Q, q n

QCM [kyseɛm] M ABR ⟨inv⟩ (= questionnaire à choix multiple) Multiple-Choice-Fragebogen m

QI [kyi] M ABR ⟨inv⟩ (= quotient intellectuel) IQ m

QR® [kyɛʀ] M ABR (= Quick Response) INFORM **code** m **QR**® QR-Code® m

qu' [k] → que

quad [kwad] M AUTO Quad [kvɔt] m

quadragénaire [kwadʀaʒenɛʀ] M/F Vierzigjährige(r) m/f(m)

quadruplées [kwadʀyple, ka-] FPL Vierlinge mpl

★**quai** [ke] M **1** CH DE FER Bahnsteig m **2** d'un port Kai m

qualificatif [kalifikatif] **A** ADJ ⟨-ive [-iv]⟩ **adjectif** ~ Adjektiv n; Eigenschaftswort n **B** M Bezeichnung f

qualification [kalifikasjɔ̃] F **1** SPORTS Qualifikation f; Qualifizierung f **2** professionnelle Eignung f; Qualifikation f

★**qualifié** [kalifje] ADJ ⟨~e⟩ geeignet, befähigt; qualifiziert; **ouvrier** ~ Facharbeiter m

qualifier [kalifje] **A** VT **1** (≈ nommer) ~ **de** bezeichnen als; nennen (+ acc) **2** (≈ donner la compétence) qualifizieren, befähigen (**pour** für, zu) **B** VPR SPORTS **se** ~ sich qualifizieren (**pour** für)

★**qualité** [kalite] F **1** de choses Eigenschaft f; comm Qualität f; **de** ~ Qualitäts-, **2 en** ~ **de** als; in s-r Eigenschaft als

★**quand** [kɑ̃, vor Vokal kɑ̃t] **A** CONJ **1** (≈ lorsque) + passé als; + présent ou futur wenn; (≈ toutes les fois que) (jedes Mal) wenn **2** opposition (≈ alors que) da doch; ~ **(bien) même** und wenn auch **B** ADV **1** wann; **depuis** ~? seit wann? **2** ★ ~ **même** (≈ malgré tout) trotzdem; dennoch; (≈ à vrai dire) immerhin; doch; indigné also wirklich! int

quant PRÉP **à** [kɑ̃ta] (+ acc) was angeht, betrifft, an(be)langt; ~ **à moi** ich meinerseits, was mich betrifft; ~ **au travail** was die Arbeit angeht, in puncto Arbeit

★**quantité** [kɑ̃tite] F **1** Menge f; Quantität f; ~ **de** ... e-e Menge (von) ...; viele ... **2** MATH Größe f

quarantaine [kaʀɑ̃tɛn] F **1 une** ~ **(de)** etwa, ungefähr, rund vierzig **2** âge Vierzig f **3** MÉD Quarantäne f

★**quarante** [kaʀɑ̃t] **A** NUM vierzig **B** M ⟨inv⟩ Vierzig f

★**quarantième** [kaʀɑ̃tjɛm] **A** NUM vierzigste **B** M/F **le, la** ~ der, die, das Vierzigste

★**quart** [kaʀ] M **1** Viertel n; SPORTS ~ **de finale** Viertelfinale n; **les trois** ~**s** drei Viertel **2** ★ ~ **d'heure** Viertelstunde f; **il est le** ~ es ist Viertel (nach); → heure **3** MAR (Schiffs)Wache f

★**quartier** [kaʀtje] M **1** d'une ville (Stadt)Viertel n; Stadtteil m **2** MIL ~ **général** Stabsquartier n **3** portion Viertel n; Stück n

quasi [kazi] M CUIS Kalbskeulenstück n

quasiment [kazimɑ̃] fam ADV (≈ presque) fast; (≈ pour ainsi dire) quasi

★**quatorze** [katɔʀz] **A** NUM vierzehn **B** M ⟨inv⟩ Vierzehn f

quatorzième [katɔʀzjɛm] NUM vierzehnte

★**quatre** [katʀ] **A** NUM vier **B** M ⟨inv⟩ Vier f

quatre-quarts [katkaʀ] M ⟨inv⟩ Sandkuchen m

quatre-quatre [katkatʀ] F ⟨inv⟩ **une** ~ ou **une 4x4** ein Geländewagen m

★**quatre-vingt(s)** [katʀəvɛ̃] **A** NUM ⟨bei folgender Zahl ohne s⟩ achtzig **B** M Achtzig f ★ **quatre-vingt-dix** NUM neunzig **B** M ⟨inv⟩ Neunzig f ★ **quatre-vingt-dixième** NUM neunzigste ★ **quatre-vingtième** NUM achtzigste **quatre-vingt-un** [katʀəvɛ̃ɛ̃] NUM einundachtzig

★**quatrième** [katʀijɛm] **A** NUM vierte **B** MF **1** le, la ~ der, die, das Vierte **2** ⟨m⟩ étage au ~ im vierten Stock **C** F ÉCOLE vierte Klasse

★**que** [kə] ⟨vor Vokal u. stummem h qu'⟩ **A** PR REL den, die, das; die pl; st/s welche(n, -s); welche pl; **ce que** was **B** PR INTERROG was?; ★ **qu'est-ce que c'est (que ça)?** was ist das? **C** ADV exclamatif wie; **que c'est beau!**, ou fam **(qu'est-)ce que c'est beau!** wie schön das ist!; fam ist das aber schön! **D** CONJ **1** dass **2** comparaison wie égalité; als après comp; **aussi grand que** (eben)so groß wie; **plus grand que** größer als **3** (≈ seulement) ★ **ne ... que** nur; temporel erst

Québec [kebɛk] **1** ville Quebec n **2** province **le ~** Quebec n

★**quel** [kɛl] ADJ ⟨~le⟩ **1** épithète, interrogatif welche(r, -s); was für ein(e); was für pl **2** attribut, interrogatif welches **3** exclamatif ~ **beau temps!** was für ein schönes Wetter! **4** indéfini ~**les que soient vos raisons ...** welches, was auch (immer) Ihre Gründe sein mögen ...

★**quelconque** [kɛlkɔ̃k] **A** ADJ INDÉF irgendein(e); irgendwelche pl; beliebige(r, -s) **B** ADJ (≈ médiocre) mittelmäßig; (≈ insignifiant) unbedeutend

quelque [kɛlkə, vor Vokal kɛlk] ADJ INDÉF ⟨keine Elision⟩ **1** ⟨sg⟩ einige(r, -s); ~ **part lieu** irgendwo; direction irgendwohin **2** ⟨pl⟩ ★~**s** einige; ein paar; après un chiffre ... et ~**s** etwas über ...; etwas mehr als ... **3** ⟨advt inv⟩ (≈ environ) etwa; ungefähr **4** st/s ~ ... **que** (+ subj) welche(r, -s) ... auch (immer)

★**quelque chose** [kɛlkəʃoz] → chose

★**quelquefois** [kɛlkəfwa] ADV manchmal

★**quelqu'un** [kɛlkɛ̃, -kə] PR INDÉF **1** ⟨f ~**e** [kɛlkyn]⟩ jemand; (irgend)eine(r) **2** ★ **quelques-uns** m pl [kɛlkəzɛ̃, -zœ̃], **quelques-unes** fpl [kɛlkəzyn] einige, manche

quenelle [kənɛl] F Klößchen n

querelle [kəʀɛl] F Streit m **quereller** [kəʀele] V/PR **se ~** sich streiten, zanken (**avec qn** mit j-m)

★**qu'est-ce que** [kɛskə] was; → que

★**qu'est-ce qui** [kɛski] was; → qui

★**question** [kɛstjɔ̃] F **1** (≈ interrogation) Frage f **2** (≈ problème) Frage f; Problem n; **en ~** fraglich; betreffend; bewusst; **il est ~ de** es ist die Rede von

questionnaire [kɛstjɔnɛʀ] M Fragebogen m

questionner [kɛstjɔne] V/T befragen, ausfragen (**sur** über + acc)

quête [kɛt] F **1** (Geld)Sammlung f; **à l'église** Kollekte f **2** (≈ recherche) Suche f; **se mettre en ~ de** sich auf die Suche machen nach **quêter** [kete] **A** V/T (≈ solliciter) bitten um **B** V/I (≈ faire la quête) sammeln (**pour** für)

quetsche [kwɛtʃ] Zwetsch(g)e f

★**queue** [kø] F **1** d'animaux Schwanz m; AUTO **faire une ~ de poisson à qn** j-n schneiden **2** d'un avion Schwanz m; d'une comète Schweif m; d'un fruit, d'une fleur, d'une poêle Stiel m; de radis Stängel m **3** (≈ dernière partie) Ende n; hinterer Teil; **à la ~, en ~** am Ende; hinten **4** (≈ file) Schlange f; **faire la ~** Schlange stehen; anstehen (**pour qc** nach etw) **5** BILLARD Queue n

★**qui** [ki] **A** PR INTERROG **1** sujet wer?; **qui est là?** ou **qui est-ce qui est là?** wer ist da? **2** ⟨obj dir⟩ wen?; **qui cherchez-vous?** ou **qui est-ce que vous cherchez?** wen suchen Sie? **3** ⟨obj indir⟩ **à qui penses-tu?** an wen denkst du?; **de qui parlez-vous?** von wem sprechen Sie? **4** ★ **qu'est-ce qui?** was?; ★ **qu'est-ce qui se passe?** was ist los? **B** PR REL **1** sujet der, die, das; die pl; st/s welche(r, -s); welche pl; **ce qui** wes **2** sans antécédent: sujet wer; obj dir; neutre **qui plus est** was noch dazukommt **C** ⟨pl indéf⟩ **qui que** (+ subj) sujet wer auch (immer); wen auch (immer) obj dir; **qui que vous soyez** wer Sie auch (immer) sein mögen; ganz gleich; ou fam egal, wer Sie sind

quiche [kiʃ] F **~ lorraine** Speckkuchen m

quiconque [kikɔ̃k] PR INDÉF **1** (≈ n'importe qui) irgendjemand **2** (≈ toute personne qui) jeder, der

Quiès® [kjɛs] ADJ **boules** fpl **~®** Ohro-

pax® n
quille [kij] F̲ Kegel m; **jouer aux ~s** kegeln
quincaillerie [kɛ̃kɑjʀi] F̲ Eisenwarenhandlung f; Haushaltswarengeschäft n
quinquagénaire [kɛ̃kaʒenɛʀ] M̲/F̲ Fünfzigjährige(r) m/f(m)
quinquennat [kɛ̃kena] M̲ fünfjährige Amtszeit *des frz Staatspräsidenten, seit 2002*
quinte [kɛ̃t] F̲ ~ **(de toux)** Hustenanfall m
quintuple [kɛ̃typl] ADJ fünffach
quinzaine [kɛ̃zɛn] F̲ ◨ **une ~ (de)** etwa, ungefähr, rund fünfzehn ◩ (= *deux semaines*) vierzehn Tage *mpl*; zwei Wochen *fpl*
★ **quinze** [kɛ̃z] A NUM ◨ fünfzehn ◩ ★ ~ **jours** vierzehn Tage *mpl* B M̲ ⟨*inv*⟩ *nombre* Fünfzehn f; **le ~ (du mois)** der Fünfzehnte *ou* am Fünfzehnten (des Monats)
★ **quinzième** [kɛ̃zjɛm] NUM fünfzehnte
quiproquo [kipʀɔko] M̲ Verwechslung f
quittance [kitɑ̃s] F̲ Quittung f
quitte [kit] ADJ ◨ **être ~ envers qn** j-m nichts mehr schulden; mit j-m quitt sein; **~ à** (+ *inf*) auf die Gefahr hin, dass ...; **wenn auch** ... ◩ **jouer à ~ ou double** *jeu* weitermachen (und dabei den Einsatz verdoppeln oder verlieren); *fig* alles aufs Spiel setzen
★ **quitter** [kite] A V̲T̲ *personne, lieu* verlassen; *métier* aufgeben; *voiture* ~ **la route** von der Fahrbahn abkommen; TÉL **ne quittez pas!** bitte, bleiben Sie am Apparat! B V̲P̲R̲ **se ~** sich trennen; auseinandergehen
qui-vive [kiviv] A INT MIL wer da? B M̲ **être sur le ~** auf der Hut sein
★ **quoi** [kwa] A PR INTERROG ◨ was; **~ faire?** was tun?; **~ de neuf?** was gibt's Neues?, wozu etc; **à ~ bon?** wozu? B PR REL ◨ *selon la prép* woran, worauf, womit etc ◩ *sans antécédent* **avoir de ~ écrire** etwas zum Schreiben haben; **avoir de ~ vivre** sein Auskommen, genug zum Leben haben; ★ **(il n'y a) pas de ~** keine Ursache; gern geschehen; nichts zu danken C PR INDEF **~ que** (+ *subj*) was auch (immer); (ganz) gleich; *ou fam* egal, was; **~ qu'il en soit** wie dem auch sei
quoique [kwak(ə)] CONJ ⟨(+ *subj*) *vor il, elle, un, une, on* **quoiqu'**⟩ obgleich; obwohl
quota [kɔta, kwɔ-] M̲ Quote f
quote-part [kɔtpaʀ] F̲ ⟨quotes-parts⟩ Anteil m
quotidien [kɔtidjɛ̃] A ADJ ⟨-ienne [-jɛn]⟩ täglich B M̲ ◨ *journal* Tageszeitung f ◩ (≈ *vie quotidienne*) **au ~** im Alltag **quotidiennement** [kɔtidjɛnmɑ̃] ADV täglich
quotient [kɔsjɑ̃] M̲ ◨ MATH Quotient m ◩ IMPÔTS **~ familial** Bewertungsziffer f entsprechend dem Familienstand

R

R, r [ɛʀ] M̲ ⟨*inv*⟩ R, r n
rab [ʀab] *fam* M̲ *de nourriture* Nachschlag m
rabâcher [ʀabɑʃe] V̲T̲ bis zum Überdruss wiederholen; *fam* wiederkäuen
rabais [ʀabɛ] M̲ Preisnachlass m; Rabatt m **rabaisser** [ʀabese] A V̲T̲ herabsetzen B V̲P̲R̲ **se ~** sich (selbst) schlechtmachen, herabsetzen
rabat [ʀaba] M̲ *d'un sac, d'une poche* Klappe f
rabat-joie M̲ ⟨*inv*⟩ Spielverderber m
rabattre [ʀabatʀ] ⟨↔ battre⟩ A V̲T̲ ◨ *capot, siège* herunterklappen; *col* umschlagen; *vent: fumée* herunterdrücken ◩ CH *gibier* treiben B V̲I̲ **en ~** zurückstecken C V̲P̲R̲ ◨ **se ~** *voiture* rasch wieder einscheren ◩ **se ~ sur** vorliebnehmen mit
rabot [ʀabo] M̲ Hobel m **raboter** [ʀabɔte] V̲T̲ (ab)hobeln
rabougri [ʀabugʀi] ADJ ⟨~e⟩ ◨ *plante* verkümmert ◩ *personne* verhutzelt
rabrouer [ʀabʀue] V̲T̲ **~ qn** j-n anfahren, anherrschen
racaille [ʀakɑj] F̲ Pack n
raccommoder [ʀakɔmɔde] A V̲T̲ flicken; ausbessern B V̲P̲R̲ *fam* **se ~** sich (wieder miteinander) versöhnen
raccompagner [ʀakɔ̃paɲe] V̲T̲ (zurück)begleiten; zurückbringen

raccord [rakɔʀ] M ◼ **faire un ~** de peinture (die Farbe) ausbessern; fam fig sein Make-up auffrischen ◼ TECH Verbindungs-, Anschlussstück m ◼ FILM Übergang m **raccordement** [rakɔʀdəmɑ̃] M Verbindung f; Anschluss m **raccorder** [rakɔʀde] A V/T (miteinander) verbinden; anschließen (à an + acc) B V/PR ◼ **se ~** TECH angeschlossen sein (à an + acc); (≈ s'adapter) zusammenpassen ◼ **se ~ à la canalisation** etc den Anschluss an die Kanalisation etc durchführen
raccourci [rakuʀsi] M chemin Abkürzung f **raccourcir** [rakuʀsiʀ] A V/T séjour ab-, verkürzen; robe kürzer machen; texte kürzen B V/I kürzer werden
★**raccrocher** [rakʀɔʃe] A V/T tableau, etc wieder aufhängen; wagon wieder anhängen B V/I TÉL auflegen C V/PR **se ~ à** sich klammern an (+ acc)
★**race** [ras] F ◼ Rasse f ◼ (≈ catégorie de personnes) (Menschen)Schlag m
racheter [raʃte] ⟨-è-⟩ A V/T ◼ maison, etc zurückkaufen ◼ prisonniers los-, freikaufen; REL erlösen ◼ fig faute, crime sühnen; wieder gutmachen B V/PR **se ~** sein Ansehen wiederherstellen
racial [ʀasjal] ADJ ⟨-e; -aux [-o]⟩ Rassen...
★**racine** [ʀasin] F ◼ a. fig, a. ANAT Wurzel f; **prendre ~** Wurzeln schlagen; fig invité nicht mehr gehen ◼ MATH Wurzel f
★**racisme** [ʀasism] M Rassismus m **raciste** [ʀasist] A ADJ rassistisch B M/F Rassist(in) m(f)
racket [ʀakɛt] M Erpressung f **racketter** [ʀakɛte] V/T **~ qn** von j-m Geld erpressen
raclée [ʀɑkle] fam F Tracht f Prügel; fam Keile f
racler [ʀɑkle] A V/T (ab)schaben; (ab)kratzen B V/PR **se ~ la gorge** sich räuspern
racoler [ʀakɔle] péj V/T (an)werben; fangen
racontars [ʀakɔ̃taʀ] MPL Klatsch m
★**raconter** [ʀakɔ̃te] A V/T erzählen; **~ qc** (von) etw erzählen, berichten; **on raconte que ...** es wird berichtet, gesagt, dass ...; es heißt, dass ... B V/PR **se ~ des blagues** sich (gegenseitig) Witze erzählen
radar [ʀadaʀ] M ◼ Radaranlage f, -gerät n ◼ ⟨adjt⟩ **contrôle m ~** Radarkontrolle f
rade [ʀad] F ◼ MAR Reede f ◼ fam **rester en ~** voiture, projet liegen bleiben; personne zurückbleiben
radeau [ʀado] M ⟨-x⟩ Floß n
radiateur [ʀadjatœʀ] M ◼ **de chauffage central** Heizkörper m; **électrique, à gaz** Heizofen m ◼ AUTO Kühler m
radiation [ʀadjasjɔ̃] F ◼ sur une liste Streichung f ◼ PHYS Strahlung f
radical [ʀadikal] A ADJ ⟨-e; -aux [-o]⟩ radikal B M ⟨-aux [-o]⟩ ◼ GRAM (Wort-)Stamm m ◼ CHIM Radikal n ◼ POL **radicaux** pl Partei der bürgerlich-laizistischen Mitte
radier [ʀadje] V/T streichen
radieux [ʀadjø] ADJ ⟨-euse [-øz]⟩ ◼ soleil, journée strahlend ◼ personne, air (glück-, freude)strahlend
radin [ʀadɛ̃] fam ADJ ⟨-ine [-in]⟩ fam knick(e)rig
★**radio**[1] [ʀadjo] F ◼ (≈ radiodiffusion) Radio n; Rundfunk m; Hörfunk m; **à la ~** im Radio ◼ récepteur Radio n ◼ station émettrice Sender m; **~ libre** Privatsender m ◼ (≈ radiotéléphonie) Funk m; **par ~** über Funk
radio[2] M (≈ radiographie) Röntgenaufnahme f, Röntgenbild n
radio[3] M Funker m
radioactif ADJ ⟨-ive⟩ radioaktiv **radioactivité** F Radioaktivität f
radiocassette F Radiorecorder m
radiographie [ʀadjɔgʀafi] F ◼ procédé Röntgenuntersuchung f ◼ cliché Röntgenaufnahme f, Röntgenbild n **radiographier** [ʀadjɔgʀafje] V/T röntgen
radioguidage M ◼ TECH Funksteuerung f ◼ AUTO Verkehrsfunk m
radiologique [ʀadjɔlɔʒik] ADJ Röntgen...
radiophonique [ʀadjɔfɔnik] ADJ Rundfunk...
radioprotection [ʀadjopʀɔtɛksjɔ̃] F NUCL Strahlenschutz m
radio-réveil M ⟨radios-réveils⟩ Radiowecker m
radio-taxi M ⟨-s⟩ Funktaxi n
radiotéléphone M Funktelefon n
radis [ʀadi] M **~ (rose)** Radieschen n; **~ noir** (Schwarzer) Rettich m
radoter [ʀadɔte] V/I faseln

radoucir [ʀadusiʀ] V/PR **1** se ~ temps milder werden **2** se ~ personne umgänglicher werden

rafale [ʀafal] F **1** ~ (de vent) Bö f **2** MIL Feuerstoß m

raffermir [ʀafɛʀmiʀ] V/T **1** muscles, poitrine straffen; festigen **2** fig courage, autorité stärken

raffiné [ʀafine] ADJ ⟨~e⟩ **1** TECH raffiniert **2** recherché raffiniert, ausgesucht; personne mit Geschmack

raffinement [ʀafinmɑ̃] M Raffinesse f

raffoler [ʀafɔle] V/T INDIR ~ de schwärmen für

raffut [ʀafy] fam M Krach m

rafistoler [ʀafistɔle] fam V/T zurechtflicken

rafle [ʀafl] F Razzia f

rafler [ʀafle] fam V/T ~ qc voleurs etw mitgehen lassen; clients etw aufkaufen, an sich (acc) raffen; sportif: médailles einheimsen

rafraîchir [ʀafʀeʃiʀ] A V/T **1** boisson kühlen; boisson ~ qn j-n erfrischen **2** tableau, couleur, ac. mémoire auffrischen; cheveux nachschneiden B V/PR se ~ **1** temps sich abkühlen **2** personne sich erfrischen

rafraîchissant [ʀafʀeʃisɑ̃] ADJ ⟨-ante [-ɑ̃t]⟩ erfrischend **rafraîchissement** [ʀafʀeʃismɑ̃] M **1** de la température Abkühlung f **2** ⟨souvent pl⟩ ~s Erfrischungen fpl

ragaillardir [ʀagajaʀdiʀ] V/T aufmuntern

rage [ʀaʒ] F **1** MÉD Tollwut f **2** (≈ colère) Wut f **rageant** [ʀaʒɑ̃] fam ADJ ⟨-ante [-ɑ̃t]⟩ c'est ~ ich könnte mich schwarzärgern **rager** [ʀaʒe] fam V/I ⟨-ge-⟩ ça me fait ~ das macht mich wütend

ragots [ʀago] fam MPL Tratsch m

ragoût [ʀagu] M Ragout n

ragoûtant [ʀagutɑ̃] ADJ ⟨-ante [-ɑ̃t]⟩ peu ~ unappetitlich

raï [ʀaj] M MUS Raï m

raide [ʀɛd] A ADJ **1** membres, personne steif; cheveux glatt **2** pente, escalier steil B ADV **tomber ~ (mort)** auf der Stelle tot umfallen **raideur** [ʀɛdœʀ] F **1** d'un membre Steifheit f **2** fig des principes Starrheit f **raidir** [ʀediʀ] A V/T muscles anspannen B V/PR fig personne se ~ **contre** trotzen (+ dat)

raie¹ [ʀɛ] F **1** (≈ bande) Streifen m; (≈ éraflure) Kratzer m **2** dans les cheveux Scheitel m

raie² F ZOOL Rochen m

raifort [ʀɛfɔʀ] M Meerrettich m

rail [ʀaj] M CH DE FER, TECH Schiene f

railler [ʀaje] V/T verspotten **raillerie(s)** [ʀajʀi] F/PL Spott m **railleur** [ʀajœʀ] ADJ ⟨-euse [-øz]⟩ spöttisch

★ **raisin** [ʀezɛ̃] M (Wein)Traube(n) f(pl); **~s secs** Rosinen fpl

raison [ʀezɔ̃] F **1** (≈ intelligence) Vernunft f; Verstand m; **~ d'État** Staatsräson f **2** (≈ contraire: tort) **avoir ~** recht haben; par ext **avoir ~ de qn, qc** über j-n, etw siegen; etw überwinden **3** (≈ motif, cause) Grund m; Ursache f; **de plus pour (+ inf)** ein Grund mehr, um zu (+ inf); umso mehr muss man (+ inf); **à plus forte ~** umso mehr; **en ~ de** auf Grund, wegen (+ gén); **pour cette ~** aus diesem Grund; darum; deshalb **4 ~ sociale** Firmenname m; Firma f **5 à ~ de cent euros l'heure** hundert Euro pro Stunde

★ **raisonnable** [ʀezɔnabl] ADJ **1** vernünftig **2** prix, salaire annehmbar **raisonné** [ʀezɔne] ADJ ⟨~e⟩ durchdacht, überlegt; logisch begründet **raisonnement** [ʀezɔnmɑ̃] M (≈ argumentation) Beweisführung f; Argumentation f; Überlegung f

raisonner [ʀezɔne] A V/T ~ qn j-n zur Vernunft bringen B V/I (≈ juger) (logisch) urteilen C V/PR personne se ~ Vernunft annehmen; sentiments ne pas se ~ nicht der Vernunft (dat) gehorchen

rajeunir [ʀaʒœniʀ] A V/T **1** personne jünger machen; verjüngen **2** fig (≈ moderniser) erneuern B V/I ⟨Vorgang avoir; Ergebnis être⟩ jünger werden; sich verjüngen C V/PR se ~ sich jünger machen

rajouter [ʀaʒute] V/T hinzufügen; sel, etc zugeben

rajustement [ʀaʒystəmɑ̃] M Anpassung f; Angleichung f **rajuster** [ʀaʒyste] A V/T **1** lunettes, vêtement zurechtzücken **2** salaires, prix anpassen; angleichen B V/PR se ~ sich wieder zurechtmachen; s-e Kleidung wieder in Ordnung bringen

râle [ʀɑl] M Röcheln n

ralenti [ʀalɑ̃ti] M **1** d'un moteur Leerlauf m; Standgas n; par ext **au ~** mit mäßigem

Tempo 2 FILM Zeitlupe f
★**ralentir** [ralãtiʀ] A V/T verlangsamen B V/I langsam fahren; langsamer werden C V/PR **se ~** langsamer werden; sich verlangsamen **ralentissement** [ralãtismã] M 1 Verlangsamung f 2 **~s** pl zähflüssiger Verkehr

râler [ʀale] V/I 1 *mourant* röcheln 2 *fam* (≈ protester) motzen

râleur [ʀalœʀ] *fam* M,F ⟨-euse [-øz]⟩ ~, **râleuse** Nörgler(in) m(f); *fam* Meckerziege f

rallier [ʀalje] A V/T 1 *troupes* sammeln 2 (≈ unir) vereinen; um sich sammeln, scharen; *suffrages* auf sich (*acc*) vereinigen 3 (≈ rejoindre) sich anschließen (+ *dat*) B V/PR **se ~** (≈ adhérer) sich anschließen (à *dat*)

rallonge [ʀalɔ̃ʒ] F 1 *d'une table* Ausziehplatte f; ÉLEC Verlängerungsschnur f 2 *fam fig* (≈ supplément) Zugabe f **rallonger** [ʀalɔ̃ʒe] ⟨-ge-⟩ A V/T *vêtement* länger machen; *piste, etc* verlängern B V/I *jours* länger werden

rallumer [ʀalyme] A V/T 1 *feu, cigarette* wieder anzünden; *lumière, radio, télé* wieder einschalten; *fam* wieder anmachen 2 *fig passion, conflit* wieder entfachen B V/PR **se ~** *incendie, a. passion, guerre* erneut aufflackern

rallye [ʀali] M Rallye f

ramassage [ʀamasaʒ] M (Auf)Sammeln n; *des ordures ménagères* Abholung f; **car de ~ scolaire** Schulbus m

★**ramasser** [ʀamase] A V/T 1 *cahiers, copies* einsammeln; *ordures, lait* abholen 2 (≈ prendre par terre) aufheben; *champignons, coquillages* sammeln; *blessés, ivrogne, animal perdu* auflesen 3 *fam maladie, volée* van (ab)kriegen B V/PR **se ~** 1 (≈ se pelotonner) sich zusammenkauern, -rollen 2 *fam* (≈ se relever) wieder aufstehen; *par ext* (≈ tomber) hinfallen; *fig à un examen* durchfallen

rambarde [ʀɑ̃baʀd] F Geländer n; MAR Reling f

rame [ʀam] F 1 (≈ aviron) Ruder n 2 **~ de métro** U-Bahn(-Zug) f(m)

rameau [ʀamo] M ⟨-x⟩ 1 Zweig m 2 **les Rameaux** ou **le dimanche des Rameaux** der Palmsonntag

★**ramener** [ʀamne] ⟨-è-⟩ A V/T 1 (≈ amener de nouveau) wieder her-, mitbringen; (≈ faire revenir) zurückbringen 2 **~ à** (wieder) bringen auf (+ *acc*) ou zu; **~ qn à la vie** j-n ins Leben zurückrufen 3 *ordre, paix* wiederherstellen B V/PR **se ~ à qc** auf etw (*acc*) hinauslaufen

ramer [ʀame] V/I rudern **rameur** [ʀamœʀ] M, **rameuse** [ʀamøz] F Ruderer m, Ruderin f

ramifier [ʀamifje] V/PR **se ~** sich verzweigen

ramolli [ʀamɔli] ADJ ⟨-e⟩ 1 aufgeweicht 2 *fam personne* schlapp; *fam* lahm **ramollir** [ʀamɔliʀ] A V/T weich machen; aufweichen B V/I & V/PR **se ~** weich werden; aufweichen

ramoneur [ʀamɔnœʀ] M Schornsteinfeger m

rampe [ʀɑ̃p] F 1 *pour véhicules* Auf- ou Abfahrt f; Rampe f; **~ d'accès** Auffahrt f 2 *d'un escalier* (Treppen)Geländer n 3 THÉ Rampe f **ramper** [ʀɑ̃pe] V/I *a. fig* kriechen (**devant qn** vor j-m)

rancard [ʀɑ̃kaʀ] M 1 *fam* (≈ rendez-vous) Verabredung f 2 *argot fam* (≈ renseignement) Tipp m **rancarder** [ʀɑ̃kaʀde] *argot* A V/T *fam* e-n Tipp geben (**qn** j-m) B V/PR **se ~** sich umhören; *fam* sich (*dat*) Tipps verschaffen

rancart [ʀɑ̃kaʀ] *fam* M **mettre au ~** ausrangieren; zum alten Eisen werfen

rance [ʀɑ̃s] ADJ ranzig **rancir** [ʀɑ̃siʀ] V/I ranzig werden

rancœur [ʀɑ̃kœʀ] F Groll m

rançon [ʀɑ̃sɔ̃] F 1 Lösegeld n 2 *fig* Preis m (**de** für) **rançonner** [ʀɑ̃sɔne] V/T **~ qn** von j-m Geld erpressen

rancune [ʀɑ̃kyn] F Groll m **rancunier** [ʀɑ̃kynje] ADJ ⟨-ière [-jɛʀ]⟩ nachtragend

★**randonnée** [ʀɑ̃dɔne] F Ausflug m; Tour f; Wanderung f **randonneur** [ʀɑ̃dɔnœʀ] M, **randonneuse** [ʀɑ̃dɔnøz] F Wanderer m, Wand(r)erin f

★**rang** [ʀɑ̃] M 1 (≈ rangée) Reihe f; **au premier ~** in der ersten Reihe; *fig* **se mettre sur les ~s** als Bewerber auftreten 2 MIL Glied n; Reihe f 3 (≈ place) Platz m; Stelle f 4 (≈ condition) Stellung f

★**rangé** [ʀɑ̃ʒe] ADJ ⟨-e⟩ *personne* anständig, ordentlich

rangée [ʀɑ̃ʒe] F Reihe f

rangement [ʀɑ̃ʒmɑ̃] M Aufräumen n; **faire du ~** aufräumen

★ranger [ʀɑ̃ʒe] ⟨-ge-⟩ **A** V/T **1** *objets, chambre* aufräumen; *papiers, livres a.* ordnen; *objets a.* unterbringen; abstellen **2** (≈ *classer*) einordnen (**parmi** unter + *acc*) **3** *voiture* (ein)parken **B** V/PR **1 se ~** (≈ *se mettre en rangs*) sich aufstellen **2 se ~** (≈ *s'écarter*) zur Seite gehen; *voiture* **se ~ contre le trottoir** an den Bordstein heranfahren **3** *fig* **se ~ du côté de qn** sich auf j-s Seite stellen **4** (≈ *s'assagir*) solide werden

ranimer [ʀanime] V/T **1** *personne* wiederbeleben **2** *flamme, a. sentiment* neu entfachen

rap [ʀap] M MUS Rap *m*

rapace [ʀapas] **A** ADJ *personne* habgierig, raffgierig **B** M ZOOL Raubvogel *m*

rapatrié(e) [ʀapatʀije] M/F Rückwanderer, -wand(r)erin *m,f*; Aus-, Rücksiedler(in) *m(f)*; Heimkehrer(in) *m(f)*

râpe [ʀɑp] F Raspel *f*; CUIS *a.* Reibe *f* **râpé** [ʀɑpe] ADJ ⟨-e⟩ **1** CUIS gerieben **2** *vêtement* abgewetzt, abgetragen **râper** [ʀɑpe] V/T reiben; *a.* TECH raspeln

rapetisser [ʀaptise] **A** V/T verkleinern; kleiner erscheinen lassen **B** V/I kleiner werden

râpeux [ʀɑpø] ADJ ⟨-euse [-øz]⟩ **1** *langue de chat* rau **2** *vin* herb

raphia [ʀafja] M (Raphia)Bast *m*

★rapide [ʀapid] **A** ADJ *a. véhicule* schnell; rasch; *personne a.* flink; *courant* stark; reißend; *descente* steil **B** M **1** *d'un cours d'eau* Stromschnelle *f* **2** CH DE FER (Fern-) Schnellzug *m* **rapidité** [ʀapidite] F Schnelligkeit *f*

rapiécer [ʀapjese] V/T ⟨-è-; -ç-⟩ flicken

rappel [ʀapɛl] M **1** *pour faire revenir* Zurückrufen *n*; *d'ambassadeur* Abberufung *f* **2** (≈ *évocation*) Erinnerung *f* (**de** an + *acc*) **3** (≈ *répétition*) Wiederholung *f* **4** *paiement* Nachzahlung *f* **5** COMM Mahnung *f* **6 descendre en ~** sich abseilen

★rappeler [ʀaple] ⟨-ll-⟩ **A** V/T **1** (≈ *faire revenir*) zurückrufen; *ambassadeur* abberufen **2** TÉL wieder, noch einmal anrufen; *réciproquement* zurückrufen **3** (≈ *remettre en mémoire*) **~ qc à qn** j-n an etw (*acc*) erinnern; **~ à qn de faire qc** j-n daran erinnern, etw zu tun *ou* dass ... **B** V/PR **★se ~** sich erinnern; **★se ~ qc, qn,** *abus* **se ~ de qc, qn** sich an etw, j-n erinnern

rapper [ʀape] V/I MUS rappen ['ʀɛpən]

rappeur [ʀapœʀ] M MUS Rapper *m*

rapport [ʀapɔʀ] M **1** (≈ *compte rendu*) Bericht *m* **2** *entre choses* Zusammenhang *m*; Beziehung *f*; Verhältnis *n*; **en ~ avec** entsprechend (+ *dat*); **par ~ à** im Verhältnis zu; im Vergleich zu; **sous tous les ~s** in jeder Hinsicht, Beziehung **3** *entre personnes*, *pays* **~s** *pl* Beziehungen *fpl*; Verhältnis *n*; **~s (sexuels)** (Geschlechts)Verkehr *m* **4** (≈ *rendement*) Ertrag *m*

rapporter [ʀapɔʀte] V/T **1** *à l'endroit initial* wieder-, zurückbringen **2** (≈ *apporter*) mitbringen **3** (≈ *faire le récit de*) berichten **4** *bénéfice* einbringen; abwerfen; *sans objet* einträglich sein **B** V/PR **1 se ~ à** sich beziehen auf (+ *acc*) **2 s'en ~ à qn** sich auf j-n verlassen

rapporteur [ʀapɔʀtœʀ] M, **rapporteuse** [ʀapɔʀtøz] F ⟨m⟩ JUR, ADMIN Berichterstatter(in) *m(f)*

rapproché [ʀapʀɔʃe] ADJ ⟨-e⟩ nah(e), dicht beieinanderliegend, Nah...

rapprocher [ʀapʀɔʃe] **A** V/T **1** *un objet* heranrücken (**de** an + *acc*); *deux objets* zusammenrücken **2** *dans le temps* näher bringen (**de** *dat*) **3** *fig personnes* einander näher bringen **4** (≈ *comparer*) nebeneinanderstellen; in Zusammenhang bringen **B** V/PR **1 se ~ 1** (≈ *venir plus près*) sich nähern (**de** *dat*); näher kommen; (≈ *se serrer*) zusammenrücken **2** *fig adversaires, etc* sich näherkommen

rapt [ʀapt] M Entführung *f*

★raquette [ʀakɛt] F SPORTS Schläger *m*

★rare [ʀɑʀ] ADJ **1** selten; *denrées, main- -d'œuvre* knapp; rar **2** (≈ *exceptionnel*) selten; un-, außergewöhnlich **3** (≈ *clairsemé*) spärlich; *cheveux a.* schütter **★rarement** [ʀɑʀmɑ̃] ADV selten **rareté** [ʀɑʀte] F **1** *de qc* Seltenheit *f*; *de denrées* Knappheit *f* **2** (≈ *chose rare*) Rarität *f* **rarissime** [ʀaʀisim] ADJ sehr, äußerst selten

ras [ʀɑ] ADJ ⟨rase [ʀɑz]⟩ **1** *cheveux, herbe* kurz (geschnitten); **à poil ras** kurzhaarig, kurz geschoren **2** *mesure, cuiller* gestrichen voll; **plein, rempli à ras bord** randvoll; **en rase campagne** auf dem flachen Land; auf freiem Feld; **à ras de, au ras de** dicht, knapp über (+ *dat ou acc*); *fam fig* **en avoir ras le bol** *fam* die Schnauze voll haben

rasage [ʀazaʒ] M Rasur f; Rasieren n

rasant [ʀazɑ̃] fam ADJ ⟨-ante [-ɑ̃t]⟩ langweilig, öde

raser [ʀaze] A VT 1 personne, jambes rasieren; nuque ausrasieren; crâne kahl scheren 2 fam (≈ ennuyer) langweilen; fam anöden 3 bâtiment, quartier abreißen; à la guerre être rasé dem Erdboden gleichgemacht werden 4 (≈ passer près de) ~ qc dicht an etw (dat) vorbeifahren ou -fliegen ou -laufen B V/PR ★ **se ~** 1 (≈ se faire la barbe) sich rasieren 2 (≈ s'ennuyer) sich langweilen; fam sich mopsen

raseur [ʀazœʀ], **raseuse** [ʀazøz] fam M, F Langweiler(in) m(f); fam Nervensäge f

ras-le-bol [ʀalbɔl] fam M Verdruss m; Verdrossenheit f

★ **rasoir** [ʀazwaʀ] M 1 Rasiermesser n ou -apparat m 2 ⟨fam adjt inv⟩ langweilig

rassasié [ʀasazje] ADJ ⟨-e⟩ 1 satt 2 fig **être ~ de qc** e-r Sache (gén) überdrüssig sein, etw satt haben **rassasier** [ʀasazje] A VT & V/I plat sättigen, satt machen B V/PR **se ~** sich satt essen (**de** an + dat); satt werden

rassembler [ʀasɑ̃ble] A VT 1 élèves, troupes, etc (ver)sammeln 2 documents sammeln; zusammentragen 3 ~ **ses esprits** sich sammeln; ~ **ses forces** s-e Kräfte sammeln B V/PR ★ **se ~** sich (wieder) (ver)sammeln

rasseoir [ʀaswaʀ] V/PR ⟨→ asseoir⟩ **se ~** sich wieder hinsetzen

rassis [ʀasi] ADJ ⟨rassie [ʀasi]⟩ pain altbacken

rassurant [ʀasyʀɑ̃] ADJ ⟨-ante [-ɑ̃t]⟩ information beruhigend

★ **rassurer** [ʀasyʀe] A VT beruhigen B V/PR **se ~** sich beruhigen

★ **rat** [ʀa] M ZOOL Ratte f; fig **être fait comme un rat** in der Falle sitzen

ratatiner [ʀatatine] A VT **se faire ~** vernichtend geschlagen, niedergewalzt werden B V/PR **se ~** zusammenschrumpfen

rate [ʀat] F ANAT Milz f

raté [ʀate] 1 ⟨m⟩ d'un moteur Fehlzündung f 2 ~(e) m(f) péj Versager(in) m(f)

râteau [ʀɑto] M ⟨-x⟩ Rechen m

râtelier [ʀɑtəlje] M 1 (Futter)Raufe f; fig **manger à tous les ~s** überall s-n Profit suchen 2 fam (≈ dentier) Gebiss n

★ **rater** [ʀate] A VT 1 but verfehlen; train, occasion verpassen; virage fam nicht kriegen 2 (≈ ne pas réussir) fam verpatzen; fam verkorksen; ~ **un examen** in e-r Prüfung durchfallen B V/I (≈ échouer) misslingen C V/PR **se ~** (≈ ne pas se rencontrer) sich verfehlen; sich verpassen

ratification [ʀatifikasjɔ̃] F POL Ratifizierung f **ratifier** [ʀatifje] VT bestätigen; POL ratifizieren

ration [ʀasjɔ̃] F 1 Ration f 2 fig **sa ~ de ...** s-n Anteil an (+ dat)

rationalisation [ʀasjɔnalizasjɔ̃] F Rationalisierung f

rationnel [ʀasjɔnɛl] ADJ ⟨-le⟩ 1 (≈ raisonnable), a. MATH rational; vernunftgemäß 2 (≈ pratique) rationell

rationner [ʀasjɔne] A VT vivres, etc rationieren B V/PR **se ~** sich (im Essen) zurückhalten; (≈ se restreindre) sich einschränken

ratisser [ʀatise] VT 1 allée harken; rechen; feuilles mortes zusammenharken, -rechen 2 police: quartier durchkämmen

raton [ʀatɔ̃] M junge Ratte; ~ **laveur** Waschbär m

RATP [ɛʀatepe] F ABR (= Régie autonome des transports parisiens) Pariser Verkehrsbetriebe mpl

rattacher [ʀataʃe] A VT 1 (≈ attacher de nouveau) wieder fest-, anbinden 2 territoire angliedern, anschließen (**à** an + acc) 3 fig question, idée in Verbindung, in Zusammenhang bringen (**à** mit) B V/PR **se ~** zusammenhängen (**à** mit)

rattrapage [ʀatʀapaʒ] M **cours** m **de ~** Nachholunterricht m; **session** f **de ~** Nachprüfung f

★ **rattraper** [ʀatʀape] A VT 1 animal wieder einfangen; fugitif wieder ergreifen 2 objet, enfant qui tombe auffangen 3 (≈ rejoindre) (wieder) einholen 4 (wieder) aufholen; heures de travail nachholen; mayonnaise fam wieder hinkriegen; erreur wieder gutmachen B V/PR **se ~** 1 en tombant sich festhalten (**à** an + dat) 2 lors d'un retard (wieder) aufholen; après une erreur die Sache wettmachen, wieder gutmachen; **se ~ sur qc** durch etw ausgleichen; sich an etw (dat) schadlos halten

rature [ʀatyʀ] F Streichung f **raturer**

[ratyʀe] VT (aus-, durch)streichen
rauque [ʀok] ADJ rau; heiser
ravager [ʀavaʒe] VT <-ge-> ◼ verheeren; verwüsten ◼ fig zugrunde richten
ravages [ʀavaʒ] MPL Verheerungen fpl; Verwüstungen fpl
ravaler [ʀavale] VT ◼ façade renovieren ◼ salive, a. colère hinunterschlucken ◼ fig (≈ dignité de) qn herabsetzen, -würdigen
rave¹ [ʀav] F BOT Rübe f
rave² [ʀɛv] F fête Rave m, Raveparty f **raveur**, **raveuse** [ʀɛvœʀ], [ʀɛvøz] M, F Raver(in) m(f)
ravi [ʀavi] ADJ <~e> (hoch)erfreut; entzückt; **être ~ de** (+ inf) ou **que ...** (+ subj) erfreut (darüber) sein, zu (+ inf) ou dass ...
ravin [ʀavɛ̃] M (Fels)Schlucht f
ravir [ʀaviʀ] VT ◼ (≈ charmer) hinreißen; entzücken ◼ litt (≈ enlever) rauben
raviser [ʀavize] VPR **se ~** s-e Meinung ändern; sich anders besinnen
ravissant [ʀavisɑ̃] ADJ <-ante [-ãt]> entzückend; hinreißend
ravisseur, **ravisseuse** [ʀavisœʀ], [ʀavisøz] M, F Entführer(in) m(f)
ravitaillement [ʀavitajmɑ̃] M ◼ Versorgung f (**en** mit); MIL a. Nachschub m ◼ fam (≈ provisions) Lebensmittel npl **ravitailler** [ʀavitaje] A VT mit Nachschub versorgen; ville mit Lebensmitteln versorgen B VPR **se ~** sich versorgen (**en** mit)
raviver [ʀavive] A VT ◼ feu anfachen ◼ fig souvenirs neu beleben; douleur wieder aufflackern lassen ◼ couleur auffrischen B VPR **se ~** peine, espoir wieder aufleben
ravoir [ʀavwaʀ] VT <nur inf> ◼ (≈ récupérer) wiederhaben, -bekommen ◼ fam (≈ nettoyer) sauber kriegen
rayé [ʀeje] ADJ <~e> ◼ étoffe gestreift ◼ meuble, visage zerkratzt **rayer** [ʀeje] VT <-ay- od -ai-> ◼ meuble, voiture, a. disque zerkratzen; verschrammen ◼ mot (durch)streichen
★**rayon** [ʀɛjɔ̃] M ◼ de lumière (Licht)Strahl m ◼ PHYS **~s** pl Strahlen mpl; Strahlung f ◼ d'une roue Speiche f ◼ MATH Radius m ◼ d'une étagère Fachbrett n; **par ext** Fach n ◼ d'un grand magasin Abteilung f
rayonnage [ʀɛjɔnaʒ] M Regal n

rauque – réaliste ■ **273**

rayonnant [ʀɛjɔnɑ̃] ADJ <-ante [-ãt]> strahlend; **~ de joie** freudestrahlend
rayonnement [ʀɛjɔnmɑ̃] M ◼ PHYS Strahlung f ◼ fig Ausstrahlung f; Wirkung f
rayonner [ʀɛjɔne] VI ◼ chaleur, douleur ausstrahlen ◼ personne, visage strahlen (**de joie** vor Freude) ◼ verbreitet sein ◼ personne Fahrten, Ausflüge in die Umgebung machen
rayure [ʀɛjyʀ] F ◼ (≈ bande) Streifen m ◼ (≈ éraflure) Kratzer m; Schramme f
RDA [ɛʀdea] F ABR (= République démocratique allemande) HIST DDR f
ré [ʀe] M <inv> MUS d ou D n
réac [ʀeak] fam ADJ und SUBST ABR → réactionnaire
réacteur [ʀeaktœʀ] M ◼ AVIAT Düsen-, Strahltriebwerk n ◼ **~ nucléaire** Atom-, Kernreaktor m
★**réaction** [ʀeaksjɔ̃] F ◼ a. CHIM Reaktion f (**à** auf + acc) ◼ **avion m à ~** Düsenflugzeug n
réactionnaire [ʀeaksjɔnɛʀ] péj A ADJ reaktionär B M/F Reaktionär(in) m(f)
réadapter [ʀeadapte] A VT ◼ wieder anpassen (**à** an + acc) ◼ MÉD rehabilitieren B VPR **se ~** sich wieder anpassen, einleben
réagir [ʀeaʒiʀ] VT INDIR ◼ **~ à** a. CHIM, etc reagieren auf (+ acc) ◼ **~ contre** sich wehren gegen ◼ **~ sur** zurückwirken auf (+ acc)
réajustement [ʀeaʒystəmɑ̃] M → rajustement
réalisateur, **réalisatrice** [ʀealizatœʀ], [ʀealizatʀis] M, F Regisseur(in) m(f)
réalisation [ʀealizasjɔ̃] F ◼ d'un projet Realisierung f; Verwirklichung f ◼ Errungenschaft f ◼ FILM, TV, RAD Regie f
réaliser [ʀealize] A VT ◼ projet, programme realisieren, verwirklichen; durchführen; bénéfice, meilleur temps erzielen; rêve erfüllen; exploit vollbringen; économies machen ◼ JUR achat, vente tätigen ◼ film machen; émission (zusammenstellen und) leiten ◼ FIN realisieren, zu Geld machen ◼ (≈ se rendre compte) realisieren, erkennen, erfassen (**que ... dass ...**) B VPR **se ~** projet sich verwirklichen; rêve in Erfüllung gehen
réalisme [ʀealism] M Realismus m **réaliste** [ʀealist] A ADJ realistisch B M/F

Realist(in) m(f)

réalité [realite] F Wirklichkeit f; ★ **en ~** in Wirklichkeit

réanimer [reanime] VT wiederbeleben

réapparaître [reaparɛtr] VI ⟨→ connaître; avoir od être⟩ wieder erscheinen

rébarbatif [rebarbatif] ADJ ⟨-ive [-iv]⟩ **1** abweisend **2** sujet trocken

rebelle [rəbɛl] **A** ADJ personne, enfant aufsässig; rebellisch; troupes aufrührerisch; **être ~ à** sich widersetzen (+ dat) **B** M/F Rebell(in) m(f) **rebeller** [R(ə)bele] VPR **se ~** sich auflehnen (**contre** gegen); rebellieren (gegen) **rébellion** [Rebeljɔ̃] F Rebellion f; Aufstand m

rebiffer [R(ə)bife] fam VPR **se ~** sich aufbegehren; fam aufmucken (**contre** gegen)

rebond [R(ə)bɔ̃] M Ab-, Rückprall m

rebondi [R(ə)bɔ̃di] ADJ ⟨~e⟩ prall, rund

rebondir [R(ə)bɔ̃dir] VI **1** balle hochspringen (**sur le sol** vom Boden); zurückprallen (**sur** von) **2** fig affaire wieder in Gang kommen **rebondissement** [R(ə)bɔ̃dismɑ̃] M neue Entwicklung; d'une affaire **~s** pl plötzlich neu auftretende Entwicklungen fpl

rebord [R(ə)bɔr] M Rand m

rebours [R(ə)bur] **à ~** gegen den Strich; fig verkehrt; **compte** m **à ~** Count-down m

rebrousser [R(ə)bruse] VT **1** gegen den Strich streichen **2** fig **~ chemin** umkehren; kehrtmachen

rebut [R(ə)by] M Abfall m; **mettre au ~** ausrangieren

rebutant [R(ə)bytɑ̃] ADJ ⟨-ante [-ɑ̃t]⟩ abstoßend **rebuter** [R(ə)byte] VT ⟨≈ déplaire⟩ abstoßen; ⟨≈ décourager⟩ abschrecken

récalcitrant [Rekalsitrɑ̃] ADJ ⟨-ante [-ɑ̃t]⟩ störrisch, widerspenstig

recaler [R(ə)kale] fam VT durchfallen

récapituler [Rekapityle] VT zusammenfassen

recel [Rəsɛl] M Hehlerei f **receler** [Rəs(ə)le], **recéler** [R(ə)sele] VT ⟨-è-⟩ **1** secret, trésor enthalten, bergen **2** objets volés verbergen, verstecken **receleur** [Rəs(ə)lœr] M, **receleuse** [Rəs(ə)løz] F Hehler(in) m(f)

★**récemment** [Resamɑ̃] ADV kürzlich; neulich

recensement [R(ə)sɑ̃smɑ̃] M Erfassung f; de la population Volkszählung f **recenser** [R(ə)sɑ̃se] VT zählen

★**récent** [Resɑ̃] ADJ ⟨-ente [-ɑ̃t]⟩ neu, neuere; événements vor Kurzem, kürzlich erfolgt

récépissé [Resepise] M Empfangsbescheinigung f; d'un paiement Quittung f

récepteur [Reseptœr] M **1** RAD Empfänger m **2** **~ (de téléphone)** (Telefon)Hörer m

★**réception** [Resɛpsjɔ̃] F **1** d'une lettre, d'un hôte, d'une radio, etc (= a. réunion) Empfang m **2** d'un hôtel Empfang(sbüro) m(n); Rezeption f **3** dans un club, etc Aufnahme f **4** SPORTS (Ball)Annahme f

récession [Resesjɔ̃] F Rezession f

★**recette** [R(ə)sɛt] F **1** Einnahme f; Erlös m; Ertrag m **2** **~ (de cuisine)** (Koch)Rezept n

★**recevoir** [Rəsəvwar] VT ⟨je reçois; il reçoit; nous recevons; ils reçoivent; je recevais; je reçus; je recevrai; que je reçoive; que nous recevions; recevant; reçu⟩ **1** erhalten; bekommen; RAD, TV empfangen **2** personne(s) empfangen **3** médecin, avocat Sprechstunde haben

rechange [R(ə)ʃɑ̃ʒ] **de ~** Ersatz...

recharge [R(ə)ʃarʒ] F de stylo Nachfüllung f

recharger [R(ə)ʃarʒe] VT ⟨-ge-⟩ camion wieder beladen; accus wieder (auf)laden; fusil nachladen; appareil photo e-n neuen Film einlegen in (+ acc)

réchaud [Reʃo] M Kocher m

réchauffement [Reʃofmɑ̃] M Erwärmung f

réchauffer [Reʃofe] **A** VT **1** aliment aufwärmen **2** fig cœur erwärmen **B** VPR **se ~** personne sich aufwärmen; temps wärmer werden

rêche [Rɛʃ] ADJ rau

recherche [R(ə)ʃɛrʃ] F **1** Suche f (**de** nach); **~s** pl Nachforschungen fpl; Ermittlungen fpl; de la police Fahndung f; **à la ~ de** auf der Suche nach **2** scientifique Forschung f **3** de la perfection, etc Trachten n, Streben n (**de** nach) **4** (≈ raffinement) Geschmack m; péj Gesuchtheit f

recherché [R(ə)ʃɛrʃe] ADJ ⟨~e⟩ **1** (= demandé) begehrt, gefragt **2** (≈ raffiné) fein, ausgesucht

rechercher [R(ə)ʃɛrʃe] VT **1** (≈ chercher) suchen; malfaiteur fahnden (**qn** nach j-m) **2** cause erforschen **3** perfection, etc stre-

ben, trachten nach
rechute [ʀ(ə)ʃyt] F MÉD, a. fig Rückfall m
rechuter [ʀ(ə)ʃyte] VI e-n Rückfall erleiden
récif [ʀesif] M Riff n
récipient [ʀesipjɑ̃] M Behälter m
réciproque [ʀesipʀɔk] ADJ (≈ mutuel) gegen-, wechselseitig **réciproquement** [ʀesipʀɔkmɑ̃] ADV gegenseitig; **et ~** und umgekehrt
récit [ʀesi] M Erzählung f
récital [ʀesital] M ‹-als› Konzert n
récitation [ʀesitasjɔ̃] F auswendig gelernter ou zu lernender Text
réciter [ʀesite] VT aufsagen; vers vortragen
réclamation [ʀeklamasjɔ̃] F Reklamation f; Beschwerde f
réclame [ʀeklam] F Reklame f; Werbung f
réclamer [ʀeklame] A VT (≈ demander) verlangen (**qc à qn** etw von j-m), (**qn** nach j-m) B VI (≈ protester) reklamieren C VPR **se ~ de** sich berufen auf (+ acc)
réclusion [ʀeklyzjɔ̃] F ‹ (criminelle) Zuchthaus(strafe) n(f); Freiheitsstrafe f
reçois, reçoive, etc [ʀ(ə)swa, ʀ(ə)swav] → recevoir
★**récolte** [ʀekɔlt] F ❶ Ernte f ❷ fig Ernte f, Ausbeute f (**de an** + dat) **récolter** [ʀekɔlte] VT ❶ fruits, légumes ernten ❷ fig ingratitude ernten
recommandable [ʀ(ə)kɔmɑ̃dabl] ADJ empfehlenswert
recommandation [ʀ(ə)kɔmɑ̃dasjɔ̃] F (≈ appui) Empfehlung f; **lettre** f **de ~** Empfehlungsbrief m
recommandé [ʀ(ə)kɔmɑ̃de] ADJ ‹-e› ❶ **lettre ~e** Einschreiben n ❷ empfohlen
★**recommander** [ʀ(ə)kɔmɑ̃de] A VT ❶ empfehlen (**qc à qn** j-m etw) ❷ envoi postal einschreiben lassen B VPR **se ~ de qn** sich auf j-n berufen
★**recommencer** [ʀ(ə)kɔmɑ̃se] ‹-ç-› A VT wieder beginnen, noch einmal von vorn anfangen; **~ qc, à faire qc** (mit) etw wieder beginnen, wieder beginnen, etw zu tun; (≈ refaire) etw noch einmal machen B VI wieder beginnen, anfangen
★**récompense** [ʀekɔ̃pɑ̃s] F Belohnung f **récompenser** [ʀekɔ̃pɑ̃se] VT belohnen

réconciliation [ʀekɔ̃siljasjɔ̃] F Ver-, Aussöhnung f **réconcilier** [ʀekɔ̃silje] A VT (wieder) versöhnen B VPR **se ~** sich (wieder) ver-, aussöhnen (**avec qn** mit j-m); fig **se ~ avec soi-même** wieder mit sich selbst ins Reine kommen
réconfort [ʀekɔ̃fɔʀ] M Trost m **réconforter** [ʀekɔ̃fɔʀte] VT (≈ consoler) trösten
reconnaissance [ʀ(ə)kɔnɛsɑ̃s] F ❶ POL, JUR Anerkennung f ❷ (≈ gratitude) Dankbarkeit f ❸ d'un lieu Erkundung f; MIL a. Aufklärung f ❹ (≈ identification) Erkennung f **reconnaissant** [ʀ(ə)kɔnɛsɑ̃] ADJ ‹-ante [-ɑ̃t]› dankbar; **être ~ à qn de qc** j-m für etw dankbar sein
★**reconnaître** [ʀ(ə)kɔnɛtʀ] ‹→ connaître› A VT ❶ (≈ identifier) (wieder)erkennen (**à an** + dat) torts, faute einsehen; (ein)gestehen; zugeben; qualité, droit zugestehen (**à qn** j-m) ❸ gouvernement, signature, enfant anerkennen ❹ lieu, a. MIL erkunden B VPR ❶ **se ~** sich wiedererkennen ❷ **se ~** (≈ se retrouver) sich zurechtfinden ❸ **se ~ coupable** sich schuldig bekennen
reconnu [ʀ(ə)kɔny] PP & ADJ ‹-e → reconnaître› anerkannt
reconsidérer [ʀ(ə)kɔ̃sideʀe] VT ‹-è-› nochmals überdenken
reconstituer [ʀ(ə)kɔ̃stitɥe] A VT crime, etc rekonstruieren B VPR parti **se ~** sich neu bilden **reconstitution** [ʀ(ə)kɔ̃stitysjɔ̃] F Rekonstruktion f; FILM **~ historique** historisch getreue Nachstellung
reconstruire [ʀ(ə)kɔ̃stʀɥiʀ] VT ‹→ conduire› ❶ ville, maison wiederaufbauen ❷ fig neu aufbauen
★**recopier** [ʀ(ə)kɔpje] VT abschreiben; **au propre** ins Reine schreiben
★**record** [ʀ(ə)kɔʀ] M a. fig Rekord m (**de in** + dat)
recouper [ʀ(ə)kupe] VT ❶ noch einmal (durch)schneiden ❷ (≈ coïncider) (teilweise) übereinstimmen mit
recourir [ʀ(ə)kuʀiʀ] VT INDIR ‹→ courir› ❶ **~ à qn** sich an j-n wenden ❷ **~ à qc** zu etw greifen; etw in Anspruch nehmen; **~ à la violence** Gewalt anwenden
recours [ʀ(ə)kuʀ] M ❶ Ausweg m; (Hilfs)Mittel n; Zuflucht f; **en dernier ~** als letztes Mittel; **avoir ~ à ~** recourir; **avoir ~ à la force** Gewalt, Zwang anwenden; **avoir ~ à qn** sich (Hilfe su-

chend) an j-n wenden; j-n hinzuziehen **2** ADMIN Einspruch m; JUR Berufung f

recouvrir [R(ə)kuvRiR] VT ⟨→ couvrir⟩ **1** de nouveau wieder bedecken; siège neu be-, überziehen; enfant, malade wieder zudecken **2** entièrement bedecken, überziehen (**de** mit); livre einschlagen **3** fig (≈ cacher) verdecken **4** fig (≈ englober) umfassen

récré [RekRe] fam F ABR → récréation **récréation** [RekReasjõ] F (große) Pause

récriminations [RekRiminasjõ] FPL Klagen fpl

recroqueviller [R(ə)kRɔkvije] VPR se ~ feuilles zusammenschrumpfen; personne sich zusammenrollen

recruter [R(ə)kRyte] VT rekrutieren; personnel a. einstellen

rectangle [Rɛktɑ̃gl] M Rechteck n **rectangulaire** [Rɛktɑ̃gylɛR] ADJ rechteckig

rectification [Rɛktifikasjõ] F, **rectificatif** [Rɛktifikatif] M **1** d'une affirmation, etc Berichtigung f, Richtigstellung f **2** correction Berichtigung f, Verbesserung f **rectifier** [Rɛktifje] VT berichtigen; richtigstellen

recto [Rɛkto] M Vorderseite f

reçu [R(ə)sy] **A** PP & ADJ ⟨~e⟩ erhalten, empfangen **B** M Quittung f

recueil [Rəkœj] M Sammlung f

recueilli [R(ə)kœji] ADJ ⟨~e⟩ andächtig

recueillir [R(ə)kœjiR] ⟨→ cueillir⟩ **A** VT **1** (≈ réunir) sammeln; renseignements einziehen **2** approbation erhalten; suffrages auf sich (acc) vereinigen **3** liquide auffangen **4** réfugiés, orphelins (bei sich) aufnehmen; animal auflesen **B** VPR **se ~ sur la tombe de qn** vor dem Grab j-s in stillem Gedenken verharren

recul [R(ə)kyl] M **1** d'une arme a feu Rückstoß m **2** d'une armée Zurückweichen n; fig du chômage, etc Rückgang m

★**reculer** [R(ə)kyle] **A** VT chaise zurückschieben, -rücken, -setzen; voiture zurückfahren **2** (≈ reporter à plus tard) auf-, hinausschieben **B** VI **1** personne, a. foule zurückweichen; voiture zurückfahren **2** épidémie, chômage zurückgehen **3** (≈ hésiter) zurückschrecken, -scheuen (**devant** de + dat) **C** VPR **se ~** zurücktreten; (einige Schritte) zurückgehen

reculons [R(ə)kylõ] à ~ rückwärts

récupération [RekypeRasjõ] F TECH (Wieder)Verwertung f; Rückgewinnung f

récupérer [RekypeRe] ⟨-é-⟩ **A** VT **1** wiedererlangen, -bekommen; heures de travail nachholen, -arbeiten **2** ferraille, etc (wieder)verwerten; chaleur, énergie zurückgewinnen **3** fam (≈ aller chercher) ~ **qn** j-n (ab)holen **B** VI sich erholen

récurer [RekyRe] VT scheuern

récuser [Rekyze] VT a. JUR ablehnen; zurückweisen

recyclable [R(ə)siklabl] ADJ recycelbar; wiederverwertbar ★ **recycler** [R(ə)sikle] **A** VT **1** weiter-, fortbilden; main-d'œuvre a. umschulen **2** TECH recyceln; wiederverwerten **B** VPR **se ~** sich weiterbilden; sich umschulen lassen

rédacteur [RedaktœR] M, **rédactrice** [RedaktRis] F Redakteur(in) m(f) **rédaction** [Redaksjõ] F **1** d'un texte Verfassen n; Abfassung f **2** équipe Redaktion f

redémarrage [R(ə)demaRaʒ] M **1** ÉCON Wiederbelebung f; neuer Aufschwung m **2** INFORM **à chaud, à froid** Warm-, Kaltstart m

redémarrer [R(ə)demaRe] **A** VT INFORM neu starten **B** VI **1** véhicule wieder anfahren **2** ÉCON wieder in Gang kommen; e-n neuen Aufschwung nehmen

redescendre [R(ə)desɑ̃dR] ⟨→ rendre⟩ **A** VT **1** escalier wieder hinuntergehen, -steigen **2** meubles du grenier, etc wieder hinunterschaffen, -bringen; herunterholen **B** VI (être) **1** personne wieder hinuntersteigen, herabkommen (**de** von); véhicule wieder hinunterfahren **2** mer (wieder) zurückgehen; baromètre, température wieder fallen; chemin wieder bergab gehen

redevable [Rad(ə)vabl] ADJ zu Dank verpflichtet (**de qc à qn** j-m für etw)

redevance [Rad(ə)vɑ̃s] F Gebühr f

rédiger [Rediʒe] VT ⟨-ge-⟩ verfassen; abfassen

redire [R(ə)diR] ⟨→ dire⟩ **A** VT **1** (≈ répéter) noch einmal sagen; wiederholen **2** (≈ rapporter) weitersagen (**qc à qn** j-m etw) **B** VT INDIR **trouver à ~ à tout** an allem etwas auszusetzen haben

redondance [R(ə)dõdɑ̃s] F **1** du style Weitschweifigkeit f **2** INFORM Redundanz f **redondant** [R(ə)dõdɑ̃] ADJ ⟨-an-

te [-ât]⟩ **1** *style* weitschweifig; schwülstig **2** INFORM redundant
redonner [ʀ(ə)dɔne] VT **1** (≈ *donner de nouveau*) wieder, noch einmal geben **2** (≈ *rendre*) (wieder) zurückgeben
redoublé [ʀ(ə)duble] ADJ ⟨~e⟩ verdoppelt; *par ext* vermehrt, verstärkt
★**redoubler** [ʀ(ə)duble] **A** VT (≈ *rendre double*) verdoppeln **B** VT INDIR **~ d'efforts** s-e Anstrengungen verdoppeln **C** VI *peur, tempête, etc* sich verstärken; noch stärker werden
redoutable [ʀ(ə)dutabl] ADJ furchterregend; furchtbar **redouter** [ʀ(ə)dute] VT sich fürchten vor (+ *dat*)
redresser [ʀ(ə)dʀese] **A** VT **1** *chose penchée* gerade richten; *chose tordue* gerade biegen; *chose, personne tombée* wieder aufrichten; *roues avant* gerade stellen **2** *fig économie* wieder ankurbeln; *situation* wieder in Ordnung bringen **B** VPR **se ~** sich (wieder) aufrichten
réduction [ʀedyksjɔ̃] F **1** Reduzierung f (à + *acc*); *de personnel* a. Abbau m **2** *sur un prix* Preisnachlass m; (Preis)Ermäßigung f **3** CHIM Reduktion f
réduire [ʀedɥiʀ] ⟨→ *conduire*⟩ **A** VT **1** (≈ *diminuer*) reduzieren; *dépenses* a. einschränken; *impôts* a. senken; *a. peine* herabsetzen; *personnel* a. abbauen; *format* verkleinern; *temps de travail* verkürzen; *salaires* kürzen; *vitesse* drosseln **2** (≈ *transformer*) **~ en qc** zu etw werden lassen, machen **B** VPR **se ~ à qc** sich auf etw (acc) beschränken
réduit [ʀedɥi] ADJ ⟨-uite [-ɥit]⟩ **1** *prix, tarif* ermäßigt, herabgesetzt **2** *format, modèle* verkleinert, reduziert
★**réel** [ʀeɛl] ADJ ⟨~le⟩ wirklich; real
refaire [ʀ(ə)fɛʀ] ⟨→ *faire*⟩ **A** VT **1** (≈ *faire de nouveau*) noch einmal, wieder machen **2** (≈ *remettre en état*) (wieder) instand setzen **3** *fig* **~ sa vie** wieder heiraten **B** VPR **se ~ une santé** sich erholen
réfectoire [ʀefɛktwaʀ] M Speisesaal m
référence [ʀefeʀɑ̃s] F **1 ~s** pl (≈ *recommandations*) Referenzen fpl **2** (≈ *rapport*) Bezugnahme f **3** *d'une citation, est Belegstelle f; Beleg m;* **ouvrage m de ~** Nachschlagewerk n **4** *en tête d'une lettre* Zeichen n; *dans un catalogue* Bestell-, Artikelnummer f; *dans les petites annonces* Chiffre f
référendum, referendum [ʀefeʀɛ̃dɔm] M Volksabstimmung f, Referendum n; Volksentscheid m
référer [ʀefeʀe] ⟨-è-⟩ **A** VT INDIR **en ~ à qn** j-m Bericht erstatten; *par ext* sich an j-n wenden **B** VPR **se ~ à** sich beziehen, berufen auf (+ *acc*)
refermer [ʀ(ə)fɛʀme] **A** VT wieder schließen **B** VPR **se ~** sich wieder schließen
réfléchi [ʀefleʃi] ADJ ⟨~e⟩ **1** *décision* (wohl)überlegt; *personne* besonnen **2** GRAM reflexiv; **pronom ~** Reflexivpronomen n
★**réfléchir** [ʀefleʃiʀ] **A** VT *lumière, ondes* reflektieren, widerspiegeln **B** VI **~ (à, sur qc)** (etw) überlegen, über etw *acc* nachdenken **C** VPR **se ~** sich (wider)spiegeln, reflektiert werden
réflecteur [ʀeflɛktœʀ] M Reflektor m
reflet [ʀ(ə)flɛ] M **1** *de lumière* Reflex m; **~s** *pl* Glanz m; Schimmer m **2** (≈ *image réfléchie*) Spiegelbild n **3** *fig* Abbild n; Abglanz m **refléter** [ʀ(ə)flete] ⟨-è-⟩ **A** VT *a. fig* widerspiegeln **B** VPR **se ~** sich (wider)spiegeln (**dans, sur** in + *dat*)
réflexe [ʀeflɛks] M **1** BIOL Reflex m **2** (rasche, schnelle) Reaktion
★**réflexion** [ʀeflɛksjɔ̃] F **1** (≈ *pensée*) Überlegung f; Nachdenken n (**sur** über + *acc*) **2** (≈ *remarque*) (spitze) Bemerkung
refluer [ʀəflye] VI zurückfließen **reflux** [ʀəfly] M *de la mer* Ebbe f
refonte [ʀ(ə)fɔ̃t] F *de métal* Einschmelzen n
★**réforme** [ʀefɔʀm] F **1** Reform f **2** HIST **la Réforme** die Reformation **réformé** [ʀefɔʀme] ADJ ⟨~e⟩ **1** REL reformiert **2** MIL dienstunfähig **réformer** [ʀefɔʀme] VT **1** *a.* REL reformieren **2** *soldat* als dienstunfähig entlassen; ausmustern
refoulé [ʀ(ə)fule] ⟨~e⟩ *pulsions* verdrängt; *personne* verklemmt **refouler** [ʀ(ə)fule] VT **1** *envahisseurs* zurückdrängen **2** PSYCH verdrängen
réfractaire [ʀefʀaktɛʀ] ADJ **1** *à l'autorité* widerspenstig **2** TECH feuerfest
★**réfrigérateur** [ʀefʀiʒeʀatœʀ] M Kühlschrank m
refroidir [ʀ(ə)fʀwadiʀ] **A** VT *a. fig* zèle abkühlen **B** VI ⟨*Zustand* être⟩ *mets, moteur* kalt werden; abkühlen **C** VPR **se ~**

1 *temps, air* kälter, kühler werden; sich abkühlen **2** *personne* sich erkälten **refroidissement** [ʀ(ə)fʀwadismɑ̃] M **1** *de l'air, etc* Abkühlung f; *d'un moteur* Kühlung f **2** MÉD Erkältung f

refuge [ʀ(ə)fyʒ] M **1** Zuflucht f; Zufluchtsort m **2** *en montagne* (Schutz)Hütte f **3** *pour piétons* Verkehrsinsel f ★ **réfugié** [ʀefyʒje] A ADJ ⟨~e⟩ geflüchtet B M(F) ⟨-e⟩ Flüchtling m **réfugier** [ʀefyʒje] V/PR **se ~** (sich) flüchten (**auprès de** qn zu j-m); *a. fig* **se ~ dans qc** (sich) in etw acc flüchten

★ **refus** [ʀ(ə)fy] M Ablehnung f

★ **refuser** [ʀ(ə)fyze] A V/T & V/I ablehnen; *renseignement, autorisation* verweigern; **~ de faire qc** sich weigern ou es ablehnen, etw zu tun B V/PR **1 se ~ qc** sich (dat) etw versagen; sich (dat) etw nicht gönnen **2 se ~ à qc** etw verweigern; **se ~ à faire qc** sich weigern, etw zu tun

réfuter [ʀefyte] V/T widerlegen

regagner [ʀ(ə)gaɲe] V/T **1** (≈ *retrouver*) zurück-, wiedergewinnen **2** (≈ *retourner à*) zurückkehren an, in (+ *acc*)

régal [ʀegal] M *a. fig* Leckerbissen m **régaler** [ʀegale] A V/T gut, reichlich bewirten (**qn, avec qc** j-n mit etw) B V/PR **se ~ de, avec qc** sich (dat) etw schmecken lassen; etw mit Genuss essen

★ **regard** [ʀ(ə)gaʀ] M **1** Blick m **2 au ~ de** im Hinblick auf (+ *acc*)

regardant [ʀ(ə)gaʀdɑ̃] ADJ ⟨-ante [-ɑ̃t]⟩ (≈ *économe*) sehr sparsam; *par ext* zu genau

★ **regarder** [ʀ(ə)gaʀde] A V/T **1** ansehen; anschauen; betrachten; *la télé* fernsehen **2** (≈ *concerner*) **~ qn** j-n (etwas) angehen B V/T INDIR (≈ *faire attention*) **~ à qc** genau auf etw (*acc*) achten C V/I sehen; schauen; **~ par la fenêtre** aus dem Fenster sehen; zum Fenster hinaussehen D V/PR **se ~** sich ansehen, anschauen, betrachten

régates [ʀegat] FPL Regatta f

régie [ʀeʒi] F **1** *entreprise* Regiebetrieb m; staatliches Unternehmen **2** THÉÂ, FILM, TV Regieassistenz f

★ **régime¹** [ʀeʒim] M **~ (alimentaire)** Ernährung(sweise) f; Kost f; *d'un malade* Diät f; Schonkost f

★ **régime²** [ʀeʒim] M **1** POL Regierungsform f, Regierungssystem n; *péj* Regime n **2** JUR Rechtsvorschriften fpl; **~ pénitentiaire** Strafvollzug(sordnung) m(f) **3** *d'un moteur* Drehzahl f

régiment [ʀeʒimɑ̃] M MIL Regiment n

★ **région** [ʀeʒjɔ̃] F *a.* ANAT Gegend f; Region f **régional** [ʀeʒjɔnal] ADJ ⟨~e; -aux [-o]⟩ regional

registre [ʀaʒistʀ] M *a.* MUS Register n **réglable** [ʀeglabl] ADJ **1** TECH regulierbar; *siège, etc* verstellbar **2** (≈ *payable*) zahlbar

★ **règle¹** [ʀɛgl] F **1** (≈ *principe*) Regel f, Vorschrift f; **en ~ générale** in der Regel; **être de ~** üblich, Sitte sein; sich gehören; **être en ~** *papiers* in Ordnung sein; (≈ *avoir ses papiers*) vorschriftsmäßige Papiere haben; (≈ *avoir payé*) ordnungsgemäß bezahlt haben **2** *de la femme* **~s** pl Periode f; Regel f; *fam* Tage mpl

règle² [ʀɛgl] F *instrument* Lineal n

règlement [ʀɛglamɑ̃] M **1** (≈ *règles*) Vorschrift(en) f(pl); Reglement n **2** *d'une affaire* Regelung f **3** *d'une facture* Begleichung f

★ **régler** [ʀegle] ⟨-è-⟩ A V/T **1** *affaire, question* regeln; erledigen; *conflit* beilegen; bereinigen; *circulation* regeln **2** *facture, dettes* begleichen; bezahlen **3** TECH *appareil* einstellen; regulieren B V/PR **se ~ sur qn** sich nach j-m richten

réglisse [ʀeglis] M ou F *pâte* Lakritze f **règne** [ʀɛɲ] M Herrschaft f

★ **régner** [ʀeɲe] V/I ⟨-è-⟩ herrschen (**sur** über + *acc*); *souverain a.* regieren

régresser [ʀegʀese] V/I zurückgehen **régression** [ʀegʀesjɔ̃] F **1** *de la natalité, etc* Rückgang m **2** *fig* Rückschritt m

regret [ʀ(ə)gʀɛ] M **1** (≈ *chagrin*) Trauer f, Schmerz m (**de qc** um etw); (≈ *nostalgie*) Sehnsucht f (**nach** etw) **2** (≈ *remords*) Reue f; (≈ *déplaisir*) Bedauern n (**de** über + *acc*)

regrettable [ʀ(ə)gʀetabl] ADJ bedauerlich

★ **regretter** [ʀ(ə)gʀete] V/T **1** (≈ *être triste au souvenir de*) nachtrauern (**qn, qc** j-m, e-r Sache); *un absent* (schmerzlich) vermissen **2** (≈ *déplorer*) bedauern; **~ que ...** (+ *subj*) bedauern, dass ... **3** *faute, erreur* bereuen

regroupement [ʀ(ə)gʀupmɑ̃] M Zusammenlegung f, Zusammenschluss m **regrouper** [ʀ(ə)gʀupe] A V/T zusammenfassen, -legen, -schließen **B** V/PR **se ~** sich zusammenschließen

régularité [ʀegylaʀite] F **1** Regelmäßigkeit f; *d'un mouvement a.* Gleichmäßigkeit f **2** *de l'élection, etc* ordnungsgemäßer Verlauf

régulier [ʀegylje] ADJ ⟨-ière [-jɛʀ]⟩ **1** (≈ *égal, constant*) regelmäßig; *train* fahrplanmäßig **2** (≈ *légal*) ordnungsgemäß; vorschriftsmäßig **3** *fam personne* (≈ *honnête*) korrekt

réhabilitation [ʀeabilitasjɔ̃] F **1** JUR, *a. fig* Rehabilitierung f **2** CONSTR Sanierung f **réhabiliter** [ʀeabilite] V/T **1** JUR, *a. fig* rehabilitieren f **2** (≈ *rénover*) sanieren

rein [ʀɛ̃] M **1** Niere f **2** **~s** pl Kreuz n
★**reine** [ʀɛn] F *a.* ZOOL Königin f

rejeter [ʀəʒəte] V/T ⟨-tt-⟩ **1** (≈ *relancer*) zurückwerfen; *mer: épaves* an Land spülen; *nourriture* wieder von sich geben; *organe greffé* abstoßen; *lave, polluants* ausstoßen **2** *faute, responsabilité* **sur qn** j-m zuschieben; auf j-n abwälzen **3** *proposition, etc* verwerfen **4** *personne* ver-, ausstoßen

rejoindre [ʀ(ə)ʒwɛ̃dʀ] ⟨→ *joindre*⟩ **A** V/T **1 ~ qn** (≈ *aller retrouver*) zu j-m zurückkehren; (wieder) zu j-m gehen, kommen; j-n (wieder) treffen; (≈ *rattraper*) zu j-m aufschließen; j-n einholen **2** *endroit* wieder gelangen, kommen, gehen an (+ *acc*) **3** *rue* **~ le boulevard** auf den Boulevard stoßen, treffen **B** V/PR **se ~ 1** *personnes, rues* sich (wieder) treffen **2** *fig opinions* übereinstimmen

réjouir [ʀeʒwiʀ] **A** V/T erfreuen **B** V/PR ★**se ~** (*de qc*) sich freuen (über etw) *acc*; *à l'avance* sich freuen (auf etw) *acc*

relâche [ʀəlɑʃ] M OU F **sans ~** ununterbrochen, pausenlos

relâcher [ʀəlɑʃe] **A** V/T **1** *corde, rênes, etc* lockern; *muscles a.* entspannen **2** *détenu* freilassen **B** V/PR **se ~ 1** *liens, étreinte* sich lockern; *muscles* erschlaffen **2** *fig discipline, mœurs* sich lockern; *zèle, attention* nachlassen; erlahmen

relais [ʀ(ə)lɛ] M **1** (*course f de*) **~** Staffel(-lauf) f(m); *fig* **prendre le ~ de qn, de qc** j-n, etw ablösen **2** ÉLEC Relais n **3** **~ (routier)** Raststätte f

relancer [ʀ(ə)lɑ̃se] V/T ⟨-ç-⟩ **1** *balle* zurückwerfen **2** *économie* wieder ankurbeln; wieder beleben

relatif [ʀ(ə)latif] ADJ ⟨-ive [-iv]⟩ **1** relativ **2** **~ à qc** auf etw (*acc*) bezüglich; etw betreffend

★**relation** [ʀ(ə)lasjɔ̃] F **1** *entre choses* Beziehung f **2** *entre personnes, pays* **~s** pl Beziehungen fpl; Verhältnis n; **~s publiques** Public Relations pl; Öffentlichkeitsarbeit f **3** **~s** pl *a.* Beziehungen fpl

relativement [ʀ(ə)lativmɑ̃] ADV **1** verhältnismäßig **2** **~ à** im Verhältnis zu

relaxation [ʀ(ə)laksasjɔ̃] F Entspannung f **relaxer** [ʀ(ə)lakse] **A** V/T JUR freilassen **B** V/PR **se ~** sich entspannen; relaxen

relayer [ʀ(ə)leje] V/T ⟨-ay- *od* -ai-⟩ **A** V/T **1 ~ qn** j-n ablösen **2** *émission* übertragen **B** V/PR **se ~** sich ablösen; (sich) abwechseln

relève [ʀ(ə)lɛv] F Ablösung f; **prendre la ~** die Nachfolge antreten

relevé [ʀəl(ə)ve] **A** ADJ ⟨~e⟩ **1** *bord* hochgebogen; *col* hochgeschlagen; *virage* überhöht **2** *expression* gehoben **3** CUIS pikant **B** M **~ de compte** Kontoauszug m; **~ d'identité bancaire** (Nachweis m der) Bankverbindung f

relever [ʀəl(ə)ve] ⟨-è-⟩ **A** V/T **1** *enfant* (wieder) aufheben; *adulte* (wieder) aufhelfen (**qn** j-m); *chaise* wieder aufstellen; *par ext cahiers* einsammeln; *fig économie, entreprise* wieder hochbringen **2** *siège* hochklappen; *vitre de voiture* hochkurbeln; *col* hochschlagen; *manches* hochstreifen, -ziehen; *plafond* erhöhen; *tête* heben; *fig salaires, impôts* anheben; erhöhen; heraufsetzen; *niveau de vie* heben; CUIS pikanter machen **3** (≈ *constater*) feststellen; *faute a.* anstreichen; *par écrit* (schriftlich) festhalten; notieren; *compteur* ablesen **4** (≈ *remplacer*) *sentinelle, équipe* ablösen **B** V/T INDIR (≈ *dépendre*) **~ de** in den Bereich, in die Zuständigkeit (+ *gén*) fallen **C** V/PR **se ~ 1** (≈ *se remettre debout*) sich wieder aufstehen **2** *fig* (≈ *se remettre*) sich erholen (**de** von)

relief [ʀəljɛf] M *a.* SCULP Relief n; *fig* **mettre en ~** hervorheben

relier [ʀəlje] V/T **1** *livre* (ein)binden **2** (≈ *joindre*) (miteinander) verbinden

religieuse [ʀ(ə)liʒjøz] F Nonne f, (Ordens)Schwester f

religieux [ʀ(ə)liʒjø] ⟨-euse [-øz]⟩ **A** ADJ religiös **B** M **~** Ordensmitglied n; (≈ *moine*) Ordensgeistliche(r) m

★**religion** [R(ə)liʒjɔ̃] F Religion f
remarquable [R(ə)maRkabl] ADJ bemerkenswert
★**remarque** [R(ə)maRk] F (≈ réflexion) Bemerkung f
★**remarquer** [R(ə)maRke] A VT bemerken; **faire ~ qc (à qn)** (j-n) auf etw (acc) aufmerksam machen B VPR **se ~** auffallen
rembarrer [Rɑ̃baRe] fam VT **~ qn** j-n (grob) abweisen; j-m e-e Abfuhr erteilen
rembourrer [Rɑ̃buRe] VT fauteuil polstern; coussin, matelas füllen
remboursable [Rɑ̃buRsabl] ADJ rückzahlbar
remboursement [Rɑ̃buRsəmɑ̃] M [1] Rückzahlung f; (Rück)Erstattung f [2] envoi postal **contre ~** per Nachnahme
★**rembourser** [Rɑ̃buRse] VT emprunt zurückzahlen; frais (zurück)erstatten
remède [R(ə)mɛd] M (≈ médicament) (Heil)Mittel n; Arznei f **remédier** [R(ə)medje] VT INDIR **~ à** abhelfen (+ dat); beheben
remerciement [R(ə)mɛRsimɑ̃] M Dank m
★**remercier** [R(ə)mɛRsje] VT [1] danken (**qn de, pour qc** j-m für etw); sich bedanken (bei j-m für etw) [2] (≈ congédier) **~ qn** j-m kündigen; j-n entlassen
remettre [R(ə)mɛtR] ⟨→ mettre⟩ A VT [1] vêtements wieder anziehen; chapeau wieder aufsetzen; articulation wieder einrenken; objet wieder hinstellen, -legen; le courant wieder einschalten; de l'eau, etc nachfüllen; montre **~ à l'heure** stellen; **~ qc dans sa poche** sich wieder in die Tasche stecken; **~ en marche** wieder in Gang setzen [2] (≈ donner) **~ qc à qn** j-m etw aushändigen, übergeben, überreichen; etw bei j-m abgeben; lettre etc a. j-m überbringen [3] (≈ faire grâce de) dette erlassen (**à qn** j-m); péchés vergeben (j-m) [4] (≈ ajourner) auf-, verschieben [5] (≈ rétablir la santé) **~ qn** j-n wiederherstellen [6] fam (≈ reconnaître) **~ qn** j-n wiedererkennen B VPR [1] **le temps se remet (au beau)** es wird wieder besser, schöner [2] **se ~ à table** sich wieder zu Tisch setzen [3] (≈ recommencer) **se ~ à qc** wieder mit etw anfangen, beginnen; sich wieder mit etw beschäftigen; **se ~ à faire qc** wieder etw tun; wieder anfan-

gen, etw zu tun [4] (≈ aller mieux) ★ **se ~ de qc** sich (wieder) von etw erholen [5] (≈ se fier) **s'en ~ à qn** sich auf j-n verlassen
remis [R(ə)mi] → remettre
remise[1] [R(ə)miz] F [1] COMM (≈ réduction) Rabatt m, Ermäßigung f [2] (≈ action de donner) Aushändigung f, Übergabe f; **~ des bagages** Gepäckausgabe f [3] **à neuf** Renovierung f; **~ en question** Infragestellung f
remise[2] [R(ə)miz] F local Schuppen m
remmener [Rɑ̃mne] VT ⟨-è-⟩ zurückbringen
remonte-pente [R(ə)mɔ̃tpɑ̃t] M ⟨-s⟩ Schlepplift m
remonter [R(ə)mɔ̃te] A VT [1] (≈ monter) rue hinaufgehen; (≈ dans une) véhicule hinauffahren; colonne de voitures, peloton überholen [2] (≈ monter de nouveau) escalier wieder hinaufgehen, -steigen [3] objet wieder hinauftragen, -bringen, -schaffen; col hochschlagen; pantalon, chaussettes hochziehen; vitre d'une voiture hochkurbeln [4] fig **~ qn** j-n stärken, aufmuntern [5] pendule, réveil, jouet aufziehen [6] TECH wieder montieren, zusammenbauen B VI ⟨meist être; wenn e-e Person Subjekt ist⟩ [1] personne wieder hinauf- ou hochgehen, -steigen, heraufkommen; (≈ dans un) véhicule wieder hinauffahren [2] prix, baromètre, fièvre, mer wieder, erneut (an)steigen [3] dans le passé zurückgehen (**à** auf + acc bis); événement **~ loin** weit zurückliegen
remords [R(ə)mɔR] M Schuldgefühl n
remorquage [R(ə)mɔRkaʒ] M AUTO Abschleppen n; MAR Schleppen n **remorque** [R(ə)mɔRk] F Anhänger m **remorquer** [R(ə)mɔRke] VT voiture abschleppen
rempart [Rɑ̃paR] M [1] d'une ville a. Stadtmauer f [2] fig Bollwerk n
remplaçant [Rɑ̃plasɑ̃] M, **remplaçante** [Rɑ̃plasɑ̃t] F (Stell)Vertreter(in) m(f); SPORTS Auswechselspieler(in) m(f)
★**remplacer** [Rɑ̃plase] VT ⟨-ç-⟩ [1] chose ersetzen (**par** durch); joueur auswechseln (gegen) [2] **~ qn** provisoirement j-n vertreten; (≈ succéder à) j-n ersetzen; **se faire ~** sich vertreten lassen
rempli [Rɑ̃pli] ADJ ⟨-e⟩ voll, gefüllt; **~ de** voll(er)
★**remplir** [Rɑ̃pliR] A VT füllen (**de** mit);

espace ausfüllen **2** *fig* ~ **qn de joie**, *etc* j-n mit Freude *etc* erfüllen **3** *questionnaire* ausfüllen **4** *conditions, devoir, mission* erfüllen; *fonction* ausüben **B** V/PR **se ~** sich füllen (**de** mit)

remporter [ʀɑ̃pɔʀte] V/T **1** *objet* wieder mitnehmen **2** *victoire, succès, prix* erringen; *victoire a.* davontragen

★**remuer** [ʀəmɥe] **A** V/T **1** (≈ *faire bouger*) bewegen; *café, salade* umrühren **2** *fig* (≈ *émouvoir*) bewegen; rühren **B** V/I **1** (≈ *bouger*) sich bewegen; *enfant* unruhig sein; *dent* wackeln **C** V/PR **se ~ 1** (≈ *bouger*) sich bewegen **2** *fig* (≈ *se démener*) sich einsetzen

rémunération [ʀemyneʀasjɔ̃] F Entlohnung *f*; Vergütung *f* **rémunérer** [ʀemyneʀe] V/T ‹-è-› entlohnen; *travail a.* vergüten

★**renard** [ʀ(ə)naʀ] M Fuchs *m*

rencontre [ʀɑ̃kɔ̃tʀ] F *a.* SPORTS Begegnung *f*; (Zusammen)Treffen *n*; **aller, venir à la ~ de qn** j-m entgegenkommen, -kommen

★**rencontrer** [ʀɑ̃kɔ̃tʀe] **A** V/T **1** begegnen (+ *dat*); treffen **2** *obstacle, difficultés* stoßen auf (+ *acc*) **B** V/PR **se ~ 1** *personnes, regards* sich (*dat*) begegnen; sich treffen; (≈ *avoir une entrevue*) zusammenkommen, -treffen **2** *choses* (≈ *exister*) anzutreffen sein; existieren

rendement [ʀɑ̃dmɑ̃] M **1** FIN, ÉCON Rendite *f*; Ertrag *m* **2** AGR Ertrag *m* **3** *du travail* (Arbeits)Leistung *f*

★**rendez-vous** [ʀɑ̃devu] M **1** Verabredung *f*; **~ (amoureux)** Rendezvous *n*; **avoir (un) ~** verabredet sein (**avec qn** mit j-m); *chez le médecin* e-n Termin haben; **donner ~ à qn** sich mit j-m verabreden; j-n bestellen; *client* **prendre ~** sich anmelden (**avec le médecin** beim Arzt) **2** *lieu* Treffpunkt *m*

rendormir [ʀɑ̃dɔʀmiʀ] V/PR ‹→ *dormir*› **se ~** wieder einschlafen

★**rendre** [ʀɑ̃dʀ] ‹je rends; il rend; nous rendons; je rendais; je rendis; je rendrai; que je rende; rendant; rendu› **A** V/T **1** (≈ *restituer*) (wieder) zurückgeben; (≈ *redonner*) wiedergeben; *monnaie* herausgeben **2** (≈ *faire payer*) vergelten **3** (≈ *laisser échapper*) *de l'eau* abgeben; *sons* von sich geben; (≈ *vomir*) (sich) erbrechen; sich übergeben **4** *par le langage*, *par l'art* wiedergeben **5** ‹+ *adj*› **~ qn célèbre, fou, malade**, *etc* j-n berühmt, verrückt, krank *etc* machen **B** V/I *terres*, *arbres fruitiers* **~ peu, bien** wenig, viel abwerfen, einbringen **C** V/PR **1 se ~** MIL sich ergeben **2 se ~** (≈ *aller*) sich begeben (**chez qn** zu j-m), (**à Paris** nach Paris); **se ~ à son travail** an die Arbeit gehen **3** ‹+ *adj*› **se ~ malade, utile**, *etc* sich krank, nützlich *etc* machen

rêne [ʀɛn] F Zügel *m*

renfermé [ʀɑ̃fɛʀme] **A** ADJ ‹~e› *air*, *personne* verschlossen **B** M **ça sent le ~** es riecht muffig; *fam* es muffelt **renfermer** [ʀɑ̃fɛʀme] **A** V/T enthalten; umfassen **B** V/PR **se ~ en soi-même** sich in sich (*acc*) selbst zurückziehen

renier [ʀənje] V/T verleugnen

renifler [ʀ(ə)nifle] **A** V/T *a. odeur* schnüffeln; schnuppern (**qc** an etw *dat*) **B** V/I (die Nase) hochziehen

renommée [ʀ(ə)nɔme] F guter Ruf; Renommee *n*

★**renoncer** [ʀ(ə)nɔ̃se] V/T INDIR ‹-ç-› **~ à** verzichten auf (+ *acc*); (≈ *abandonner*) aufgeben; **~ à faire qc** darauf verzichten, etw zu tun

renouveler [ʀ(ə)nuvle] ‹-ll-› **A** V/T erneuern; *contrat, passeport a.* verlängern; *offre, exploit a.* wiederholen; *question* erneut stellen **B** V/PR **se ~ 1** sich erneuern; *peintre, etc* sich wandeln; Neues schaffen **2** *incident* sich wiederholen

rénover [ʀenɔve] V/T **1** *bâtiment* renovieren **2** *fig enseignement, etc* erneuern

★**renseignement** [ʀɑ̃sɛɲmɑ̃] M Auskunft *f*; **donner, fournir des ~s à qn sur qc** j-m über etw (*acc*) Auskunft geben, erteilen; **prendre des ~s** Erkundigungen einziehen, einholen (**sur** über + *acc*)

renseigner [ʀɑ̃seɲe] **A** V/T Auskunft geben, erteilen (**qn sur qc, qn** j-m über etw, j-n); informieren, unterrichten (j-n über etw, j-n) **B** V/PR ★**se ~** sich erkundigen, informieren (**sur** über + *acc*)

rentabilité [ʀɑ̃tabilite] F Rentabilität *f* **rentable** [ʀɑ̃tabl] ADJ rentabel; **être ~** *a.* sich rentieren

rentrée [ʀɑ̃tʀe] F **1** (≈ *retour*) Rückkehr *f* **2 la ~ des classes** der Schulbeginn **3 faire sa ~** (s)ein Come-back feiern **4** COMM *d'argent* Eingang *m*; **~s** *pl* Eingän-

ge mpl; Einnahmen fpl
★rentrer [ʀɑ̃tʀe] **A** VT objet (wieder) hinein- ou herein-; *ventre* einziehen; *fig colère* unterdrücken; **~ sa chemise dans son pantalon** sein Hemd (wieder) in die Hose stecken; **~ sa voiture (au garage)** s-n Wagen einstellen, in die Garage fahren *ou* bringen **B** VI ⟨être⟩ **1** (≈ *revenir*) zurückkehren, -kommen, -gehen; **~ (chez soi)** heimkehren, -kommen, nach Hause kommen, gehen **2** (≈ *retrouver*) **~ dans qc** etw wiedererlangen **3** *après les vacances* die Arbeit wieder aufnehmen **4** (≈ *entrer*) hereinkommen; *personne a.* hineingehen; *pluie, odeur a.* eindringen **5** *objet* dans qc hineingehen, -passen (**dans** in + acc) **6** (≈ *faire partie de*) **~ dans** fallen unter (+ acc); gehören zu

renversant [ʀɑ̃vɛʀsɑ̃] ADJ ⟨-ante [-ɑ̃t]⟩ *nouvelle* verblüffend; *fam* umwerfend

renversement [ʀɑ̃vɛʀsəmɑ̃] M **1** *d'un régime* Sturz m **2** (≈ *inversion*) Umkehrung f

★renverser [ʀɑ̃vɛʀse] **A** VT **1** *objet* umwerfen; umstoßen; *tempête: arbres* umreißen; *voiture: piéton* umfahren; *par ext vin, café* verschütten (**sur** auf + *acc*); *gouvernement, régime* stürzen **3** (≈ *inverser*) umkehren **B** VPR **se ~ 1** *objet* umfallen; umkippen; umstürzen **2** *personne* (≈ *s'adosser*) sich zurücklehnen **3** *situation* sich ins Gegenteil verkehren

renvoi [ʀɑ̃vwa] M **1** *de personnel* Entlassung f **2** *d'une lettre, etc* Zurückschicken n; Rücksendung f **3** *dans un texte* Verweis m (**à** auf + *acc*)

★renvoyer [ʀɑ̃vwaje] VT ⟨→ envoyer⟩ **1** *personnel* entlassen; *visiteur gênant* wegschicken **2** *a. lettre, marchandise* zurückschicken **3** *balle, image, son* zurückwerfen **4** **~ qn à qn** j-n an j-n verweisen; *dans un texte* **~ à qc** auf etw (acc) verweisen **5** (≈ *reporter*) verschieben (**à** auf + *acc*)

réouverture [ʀeuvɛʀtyʀ] F Wiedereröffnung f

repaire [ʀ(ə)pɛʀ] M **1** *d'animaux* Höhle f **2** *fig* Schlupfwinkel m

répandre [ʀepɑ̃dʀ] VT ⟨→ rendre⟩ **A** VT **1** *liquide par accident* verschütten (**sur** auf + *dat*); *sable, etc* streuen (**auf** + *acc*); *larmes* vergießen **2** *odeur, nouvelle, allégresse* verbreiten; *bienfaits* austeilen **B** VPR **1** **se ~ liquide** sich ergießen (**sur** über + *acc*); auslaufen **2** **se ~** *odeur, chaleur, nouvelle, mode, épidémie* sich verbreiten; sich ausbreiten **3** *personne* **se ~ en** sich ergehen in (+ *dat*)

réparation [ʀepaʀasjɔ̃] F **1** TECH Reparatur f **2** *d'une faute* Wiedergutmachung f; *après une guerre* **~s** *pl* Reparationen *fpl*

★réparer [ʀepaʀe] VT **1** TECH reparieren **2** *faute* wiedergutmachen

repartie [ʀepaʀti] F **avoir de la ~** schlagfertig sein

repartir [ʀ(ə)paʀtiʀ] VI ⟨→ partir⟩ **1** *de nouveau* wieder weggehen, abreisen, abfahren; weiterfahren, -gehen; *moteur* wieder anspringen **2** *d'où l'on vient* wieder zurückgehen, -fahren

répartir [ʀepaʀtiʀ] VT **1** (≈ *partager*) verteilen, aufteilen (**entre** unter + *dat*) **2** (≈ *classer*) einteilen (**en** in + *acc*) **B** VPR **1** **se ~ un travail** sich (*dat*) e-e Arbeit aufteilen **2** *frais, etc* **se ~** sich verteilen

★repas [ʀ(ə)pɑ] M Mahlzeit f; Essen n

★repasser [ʀ(ə)pɑse] VT **1** *fleuve* wieder überqueren; *frontière* wieder überschreiten; *film* noch einmal zeigen; *examen* noch einmal machen, ablegen **2** *fam* (≈ *donner*) **~ qc à qn** etw an j-n weitergeben **3** *du linge* bügeln **4** (≈ *aiguiser*) schleifen **B** VI ⟨être⟩ noch einmal, wieder vorbeikommen, -gehen, -fahren; *fig* **~ derrière qn** j-m auf die Finger sehen

repêcher [ʀ(ə)peʃe] VT *dans l'eau* aus dem Wasser ziehen; *fam* herausfischen

repentir [ʀ(ə)pɑ̃tiʀ] **A** VPR ⟨→ partir⟩ **se ~ de qc** etw bereuen **B** M Reue f

répercussion [ʀepɛʀkysjɔ̃] F Auswirkung f (**sur** auf + *acc*)

répercuter [ʀepɛʀkyte] **A** VT **1** *son* zurückwerfen **2** FIN *charge* abwälzen (**sur** auf + *acc*) **B** VPR **1** **se ~** *bruit* widerhallen; *sons, cris* zurückschallen **2** *fig* **se ~ sur qc** sich auf etw (*acc*) auswirken

repère [ʀ(ə)pɛʀ] M Markierung f; Zeichen n **repérer** [ʀ(ə)peʀe] ⟨-é-⟩ **A** VT **1** (≈ *découvrir*) ausfindig machen, auffinden **2** AVIAT, MIL orten **B** VPR **se ~** sich zurechtfinden

répertoire [ʀepɛʀtwaʀ] M **1** (Sach)Register n; Verzeichnis n **2** THÉ, *a. fig* Repertoire n

★**répéter** [ʀepete] V/T ⟨-è-⟩ **1** wiederholen; *secret, nouvelle* weitererzählen **2** proben; *rôle, pièce, etc* a. einstudieren

répétition [ʀepetisjɔ̃] F **1** Wiederholung f **2** THÉ, *etc* Probe f

repiquer [ʀ(ə)pike] V/T JARD pikieren; verpflanzen

répit [ʀepi] M Ruhe f; **sans ~** pausenlos; unablässig

replet [ʀaplɛ] ADJ ⟨-ète [-ɛt]⟩ rundlich

replier [ʀ(ə)plije] A V/T *journal, vêtement* wieder zusammenfalten; *bord* umschlagen; *ailes* anlegen; *jambes* anziehen B V/PR **1** MIL **se ~** sich zurückziehen **2** **se ~ sur soi-même** sich abkapseln

réplique [ʀeplik] F **1** (≈ riposte) Erwiderung f **2** (≈ objection) Widerrede f **répliquer** [ʀeplike] V/T **1** (≈ répondre) entgegnen, erwidern (**qc à qn** j-m etw) **2** (≈ protester) widersprechen

répondant [ʀepɔ̃dɑ̃] M Bürge m

répondeur [ʀepɔ̃dœʀ] M TÉL Anrufbeantworter m

★**répondre** [ʀepɔ̃dʀ] ⟨→ rendre⟩ A V/T antworten (**qc à qn** j-m etw), (**que** dass) B V/T INDIR & V/I **1** antworten (**à qn** j-m), (**à qc** auf etw *acc*); beantworten (**à qc** etw) **2** (≈ correspondre) **~ à qc** e-r Sache (*dat*) entsprechen **3** (≈ répliquer) *enfant* widersprechen (**à qn** j-m) **4** *mécanisme, organisme* ansprechen, reagieren (**à qc** auf *acc*) **5** **~ de qc, de qn** für etw, für j-n bürgen, sich für j-n, etw verbürgen

réponse [ʀepɔ̃s] F Antwort f, Erwiderung f, Entgegnung f (**à** auf + *acc*)

report [ʀapɔʀ] M **1** (≈ ajournement) Verschiebung f **2** COMPTABILITÉ Übertrag m

★**reportage** [ʀ(ə)pɔʀtaʒ] M Reportage f

reporter¹ [ʀ(ə)pɔʀte] A V/T **1** *au point de départ* zurücktragen, -bringen **2** (≈ transcrire) übertragen **3** (≈ ajourner) ver-, aufschieben B V/PR (≈ *se référer*) **se ~ à qc** sich auf etw (*acc*) beziehen

reporter² [ʀ(ə)pɔʀtɛʀ] M Reporter m

★**repos** [ʀ(ə)po] M Ruhe f; Erholung f

reposer [ʀ(ə)poze] A V/T **1** *objet* wieder (hin)stellen, (hin)setzen, (hin)legen; *question* noch einmal stellen **2** (≈ délasser) ausruhen, entspannen; **~ les yeux** erholsam für die Augen sein B V/I **1** *s/s* ruhen; *au cimetière* **ici repose …** hier ruht … **2 laisser ~** *pâte* ruhen lassen **3** **~ sur** *a. fig* ruhen auf (+ *dat*) C V/PR **1** ★ **se ~** sich erholen; (sich) ausruhen **2** **se ~ sur qn** sich auf j-n verlassen

repoussant [ʀ(ə)pusɑ̃] ADJ ⟨-ante [-ɑ̃t]⟩ abstoßend, widerlich

repousser¹ [ʀ(ə)puse] V/T **1** (≈ faire reculer) wegstoßen, zurückstoßen **2** (≈ dégoûter) abstoßen **3** (≈ rejeter) *conseil, etc* ablehnen, zurückweisen **4** (≈ différer) hinausschieben, verschieben

repousser² [ʀ(ə)puse] V/I *cheveux, gazon, etc* wieder wachsen

reprendre [ʀ(ə)pʀɑ̃dʀ] ⟨→ prendre⟩ A V/T **1** *objet* wieder, noch einmal nehmen; wieder weg-, fortnehmen; *personne, voiture, etc* (≈ aller chercher) wieder abholen; *fugitif* wieder fassen; *sa place* wieder einnehmen; *habitude* wieder annehmen **2** COMM *article* zurücknehmen; *vieille voiture, etc* in Zahlung nehmen **3** (≈ continuer) *travail, conversation, etc* wieder aufnehmen; fortsetzen; weiterführen; *appartement, commerce, programme* übernehmen **4** (≈ améliorer) *texte* überarbeiten; *vêtement* enger machen; ändern **5** (≈ réprimander) tadeln B V/I **1** (≈ dire) **reprit-il** sagte er (nach e-r Pause) **2** *plante* wieder anwachsen **3** (≈ recommencer) wieder beginnen, anfangen C V/PR **1** **se ~** (≈ se ressaisir) sich fangen; (≈ rectifier) sich verbessern **2 s'y ~ à deux fois** zweimal beginnen, anfangen

★**représentant** [ʀ(ə)pʀezɑ̃tɑ̃] M, **représentante** [ʀ(ə)pʀezɑ̃tɑ̃t] F *a*. POL, COMM Vertreter(in) *m(f)*; POL *a*. Repräsentant(in) *m(f)*

représentatif [ʀ(ə)pʀezɑ̃tatif] ADJ ⟨-ive [-iv]⟩ repräsentativ (**de** für)

représentation [ʀ(ə)pʀezɑ̃tɑsjɔ̃] F **1** (≈ image) Darstellung f **2** THÉ Aufführung f; Vorstellung f **3** COMM, POL, JUR Vertretung f

★**représenter** [ʀ(ə)pʀezɑ̃te] A V/T **1** (≈ exprimer, constituer) darstellen **2** THÉ *pièce* aufführen **3** COMM, POL, JUR vertreten B V/PR **1** (≈ s'imaginer) **se ~ qc** sich (*dat*) etw vorstellen **2** **se ~ aux élections** sich erneut zur Wahl stellen

repris [ʀ(ə)pʀi] M **~ de justice** Vorbestrafte(r) m

reprise [ʀ(ə)pʀiz] F **1** *du travail, etc* Wiederaufnahme f; Fortsetzung f; *d'un fonds de commerce* Übernahme f; (≈ recommencement) Wiederbeginn m; **~ économi-**

que Wiederbelebung f, Wiederaufschwung m der Wirtschaft ❷ COMM d'un article Zurücknahme f; d'une vieille voiture Inzahlungnahme f ❸ **à plusieurs ~s** mehrmals; mehrfach; wiederholt

★**reproche** [R(ə)prɔʃ] M̄ Vorwurf m ★**reprocher** [R(ə)prɔʃe] Ⓐ V̄T̄ vorwerfen (**qc à qn** j-m etw) Ⓑ V̄/PR **se ~ qc** sich (dat) etw vorwerfen

reproduction [R(ə)prɔdyksjɔ̃] F̄ ❶ BIOL Fortpflanzung f ❷ (≈ copie) Nachbildung f; TECH, TYPO Reproduktion f; Vervielfältigung f

reproduire [R(ə)prɔdɥiR] ⟨→ conduire⟩ Ⓐ V̄T̄ ❶ réalité, sons wiedergeben ❷ texte ab-, nachdrucken; a. tableau, dessin reproduzieren; vervielfältigen Ⓑ V̄/PR **se ~** ❶ (≈ recommencer) sich wiederholen; wieder vorkommen ❷ BIOL sich fortpflanzen

réprouver [RepRuve] V̄T̄ missbilligen

★**république** [Repyblik] F̄ Republik f

répugnant [Repyɲɑ̃] ADJ ⟨-ante [-ɑ̃t]⟩ widerwärtig, widerlich

répugner [Repyɲe] V̄T̄ INDIR ❶ personne **~ à qc** Widerwillen gegen etw empfinden; etw verabscheuen; **~ à faire qc** widerwillig etw tun ❷ chose **~ à qn** j-n anwidern; j-m zuwider sein

réputation [Repytasjɔ̃] F̄ (guter) Ruf **réputé** [Repyte] ADJ ⟨-e⟩ berühmt (**pour** wegen, für)

requérir [RəkeRiR] V̄T̄ ⟨→ acquérir⟩ ❶ JUR peine beantragen; fordern ❷ attention, soins erfordern **requête** [Rəkɛt] F̄ Gesuch n

requiert [Rəkjɛʀ] → requérir

requin [Rəkɛ̃] M̄ ZOOL Hai(fisch) m

requis [Rəki] ADJ ⟨-ise [-iz]⟩ erforderlich **réquisitionner** [Rekizisjɔne] V̄T̄ véhicules, locaux beschlagnahmen

★**RER** [ɛRəɛR] M ABR ⟨inv⟩ (= réseau express régional) S-Bahn f

rescapé(e) [Rɛskape] M/F̄ Überlebende(r) m/f(m)

rescousse [Rɛskus] F̄ **venir à la ~ (de qn)** j-m zu Hilfe kommen

réseau [Rezo] M̄ ⟨-x⟩ a. INFORM Netz n; INFORM et fig **~ social** soziales Netzwerk **réseautage** [Rezotaʒ] M̄ INTERNET Netzwerken n; Networking ['nɛtwɜːkɪŋ] n **réseauter** [Rezote] V̄Ī netzwerken

★**réservation** [RezɛRvasjɔ̃] F̄ Reservierung f

★**réserve** [RezɛRv] F̄ ❶ (≈ provision) Reserve f; Vorrat m; **en ~** in Reserve; vorrätig ❷ MIL Reserve f ❸ a. d'Indiens Reservat n; **~ naturelle** Naturschutzgebiet n ❹ qualité de qn Reserviertheit f; Reserve f; Zurückhaltung f ❺ (≈ restriction) Vorbehalt m; **sous ~ de ...** vorbehaltlich (+ gén)

réservé [RezɛRve] ADJ ⟨-e⟩ ❶ personne zurückhaltend, reserviert ❷ place, etc reserviert (**à qn** für j-n)

★**réserver** [RezɛRve] Ⓐ V̄T̄ ❶ (≈ garder) zurück(be)halten ❷ chambre, place, table reservieren; voyage, billet d'avion, a. chambre buchen ❸ (≈ destiner) **~ qc à qn** j-m etw vorbehalten; etw für j-n bestimmen; accueil, surprise, déception j-m bereiten Ⓑ V̄/PR **se ~ qc** sich (dat) etw ou etw für sich reservieren; **se ~ de** (+ inf) sich (dat) vorbehalten zu (+ inf) ❷ **se ~** sich, s-e Kräfte schonen (**pour** für)

réservoir [RezɛRvwaR] M̄ a. fig Reservoir n; Behälter m; **~ d'essence** Benzintank m **résidence** [Rezidɑ̃s] F̄ ❶ (≈ domicile) Wohnsitz m; Wohnort m ❷ immeuble(s) Wohnanlage f **résidentiel** [Rezidɑ̃sjɛl] ADJ ⟨-le⟩ quartier **~** vornehmes Wohnviertel **résider** [Rezide] V̄Ī ❶ wohnhaft sein, ansässig sein (**à, en, dans** in + dat) ❷ fig **~ dans qc** in etw (dat) liegen **résidu** [Rezidy] M̄ Rest m; CHIM, TECH Rückstand m

résigner [Reziɲe] V̄/PR **se ~** resignieren; **se ~ à qc** sich mit etw abfinden

résiliable [Rezilijabl] ADJ contrat kündbar **résilier** [Rezilje] V̄T̄ contrat kündigen

★**résistance** [Rezistɑ̃s] F̄ ❶ (≈ opposition) Widerstand m (**à** gegen) ❷ HIST **la Résistance** die Résistance (frz Widerstandsbewegung 1940-1944) ❸ PHYS, ÉLEC Widerstand m ❹ (≈ endurance) Widerstandskraft f, Widerstandsfähigkeit f **résistant** [Rezistɑ̃] ⟨-ante [-ɑ̃t]⟩ Ⓐ ADJ widerstandsfähig; personne a. ausdauernd, zäh; étoffe, etc a. strapazierfähig Ⓑ M̄F̄ **~(e)** POL Widerstandskämpfer(in) m/f(m)

★**résister** [Reziste] V̄T̄ INDIR et V̄Ī ❶ (≈ s'opposer) Widerstand leisten (**à** dat); sich widersetzen (+ dat) ❷ (≈ supporter) aushalten (**à qc** etw); standhalten (+ dat) ❸ (≈ ne pas céder) widerstehen (**à** dat)

résolu [rezɔly] PP & ADJ ⟨~e⟩ entschlossen, resolut

résolution [rezɔlysjɔ̃] F 1 (≈ décision) Entschluss m; Vorsatz m 2 d'une assemblée Entschließung f; Resolution f 3 (≈ détermination) Entschlossenheit f

résolvais [rezɔlvɛ] → résoudre

résonance [rezɔnɑ̃s] F Resonanz f **résonner** [rezɔne] VI (wider)hallen (**de** von)

★ **résoudre** [rezudʀ] ⟨je résous; il résout; nous résolvons; je résolvais; je résolus; je résoudrai; que je résolve; résolvant; résolu⟩ A VT 1 problème, énigme lösen 2 ~ **de** (+ inf) beschließen zu (+ inf) B VPR **se ~ à** (+ inf) sich entschließen zu (+ inf)

★ **respect** [rɛspɛ] M 1 Respekt m; **tenir qn en ~** j-n in Schach halten 2 **de la loi** Achtung f (**de** vor + dat)

★ **respecter** [rɛspɛkte] A VT 1 respektieren, achten; priorité beachten; règles, engagements einhalten; **se faire ~** sich (dat) Respekt verschaffen B VPR **se ~** etwas auf sich (acc) halten

respectif [rɛspɛktif] ADJ ⟨-ive [-iv]⟩ jeweilige **respectivement** [rɛspɛktivmɑ̃] ADV beziehungsweise, bzw. af

respectueux [rɛspɛktɥø] ADJ ⟨-euse [-øz]⟩ 1 respektvoll 2 ~ **de qc** etw achtend

respiration [rɛspiʀasjɔ̃] F Atmung f

★ **respirer** [rɛspiʀe] A VT 1 (ein)atmen 2 fig le calme, etc ausstrahlen B VI 1 atmen 2 fig (≈ être soulagé) aufatmen

resplendir [rɛsplɑ̃diʀ] VI glänzen **resplendissant** [rɛsplɑ̃disɑ̃] ADJ ⟨-ante [-ɑ̃t]⟩ glänzend; a. fig strahlend

★ **responsabilité** [rɛspɔ̃sabilite] F Verantwortung f (**de** für); JUR Haftung f ★ **responsable** [rɛspɔ̃sabl] ADJ verantwortlich (**de** für), (**devant qn** j-m gegenüber)

ressaisir [ʀ(ə)seziʀ] VPR **se ~** sich (wieder) fassen, fangen

ressemblance [ʀ(ə)sɑ̃blɑ̃s] F Ähnlichkeit f **ressemblant** [ʀ(ə)sɑ̃blɑ̃] ADJ ⟨-ante [-ɑ̃t]⟩ (s-m Vorbild) ähnlich

★ **ressembler** [ʀ(ə)sɑ̃ble] A VT INDIR **~ à** ähneln, gleichen (+ dat); ähnlich sein, sehen (+ dat) B VPR **se ~** sich ähneln

ressentir [ʀ(ə)sɑ̃tiʀ] ⟨→ sentir⟩ A VT empfinden; (ver)spüren B VPR **se ~ de**

qc die Folgen e-r Sache (gén) spüren

resserrer [ʀ(ə)seʀe] A VT 1 nœud fester ziehen; ceinture enger machen 2 fig liens enger knüpfen; festigen B VPR **se ~** 1 vallée sich verengen; filet sich zusammenziehen 2 fig liens enger werden

ressort¹ [ʀ(ə)sɔʀ] M TECH Feder f

ressort² M Ressort n, Zuständigkeitsbereich m; par ext **cela n'est pas de mon ~** dafür bin ich nicht zuständig

ressortir [ʀ(ə)sɔʀtiʀ] ⟨→ partir⟩ A VT wieder hervorholen; fig histoires wieder auftischen B VI ⟨être⟩ wieder hinausgehen; wieder herauskommen C V/IMP ⟨être⟩ **il ressort de là que ...** daraus geht hervor, ergibt sich, dass ...

ressortissant [ʀ(ə)sɔʀtisɑ̃] M, **ressortissante** [ʀ(ə)sɔʀtisɑ̃t] F Staatsangehörige(r) m/f(m)

ressource [ʀ(ə)suʀs] F 1 (Hilfs)Mittel n 2 **~s** pl a. pécuniaires Mittel npl; Möglichkeiten fpl; d'un pays a. Ressourcen fpl; **~s minières** Bodenschätze pl; **être sans ~** mittellos sein, dastehen

ressusciter [ʀesysite] A VT 1 mort auferwecken; fig wieder aufleben lassen B VI ⟨être⟩ REL (wieder) auferstehen

restant [ʀɛstɑ̃] A ADJ ⟨-ante [-ɑ̃t]⟩ übrig geblieben B M Rest m

★ **restaurant** [ʀɛstɔʀɑ̃] M Restaurant n

restaurateur [ʀɛstɔʀatœʀ] M, **restauratrice** [ʀɛstɔʀatʀis] F (≈ patron(ne) d'un restaurant) (Gast)Wirt(in) m/f(m); Gastronom(in) m/f(m)

restauration¹ [ʀɛstɔʀasjɔ̃] F d'art Restaurierung f

restauration² [ʀɛstɔʀasjɔ̃] F gastronomie Gaststättengewerbe n; Gastronomie f; **~ rapide** Fast Food n

restaurer [ʀɛstɔʀe] A VT 1 objet d'art restaurieren 2 ordre, etc wiederherstellen B VPR **se ~** sich (wieder) stärken

★ **reste** [ʀɛst] M Rest m; **du ~** übrigens; außerdem; überdies; **pour ne pas être en ~** um nicht nachzustehen

★ **rester** [ʀɛste] A VI ⟨être⟩ 1 bleiben 2 (≈ subsister) (übrig) bleiben B V/IMP **il ne reste plus de pain** es ist kein Brot mehr da; **(il) reste que ...** immerhin ...; jedenfalls ...

restituer [ʀɛstitɥe] VT 1 (≈ rendre) zurückgeben 2 texte wiederherstellen 3 énergie abgeben; son wiedergeben

resto [ʀɛsto] *fam* M̄ ABR ⟨→ restaurant⟩ ~ du cœur Speiselokal *n* für Bedürftige

restreindre [ʀɛstʀɛ̃dʀ] ⟨→ peindre⟩ **A** V̄T be-, einschränken **B** V̄/PR **se ~** sich einschränken

restriction [ʀɛstʀiksjɔ̃] F̄ Ein-, Beschränkung *f*; **sans ~** uneingeschränkt; vorbehaltlos

restructurer [ʀəstʀyktyʀe] V̄T umstrukturieren

★**résultat** [ʀezylta] M̄ Ergebnis *n*; Resultat *n*; Fazit *n*

résulter [ʀezylte] ⟨avoir *od* être⟩ **A** V̄I **~ de qc** sich aus etw ergeben; aus etw hervorgehen, resultieren, folgen **B** V̄/IMP **il en résulte que** ... daraus geht hervor, ergibt sich, dass ...

résumé [ʀezyme] M̄ Zusammenfassung *f*; **en ~** kurz (gesagt) ★**résumer** [ʀezyme] **A** V̄T zusammenfassen **B** V̄/PR **se ~** 1 *personne* zusammenfassen 2 *chose* sich zusammenfassen lassen (**à, en** + *dat*)

résurrection [ʀezyʀɛksjɔ̃] F̄ 1 REL Auferstehung *f* 2 *fig* Wiederaufleben *n*

rétablir [ʀetabliʀ] **A** V̄T 1 *ordre, communications, etc* wiederherstellen; *relations diplomatiques* wieder aufnehmen; *peine de mort* wieder einführen; *courant* wieder einschalten; *malade* (wieder) gesund machen **B** V̄/PR **se ~** 1 *malade* (wieder) gesund werden 2 *calme* wieder eintreten, einkehren

rétablissement [ʀetablismɑ̃] M̄ 1 *de l'ordre, etc* Wiederherstellung *f* 2 *d'un malade* Genesung *f*

retaper [ʀ(ə)tape] **A** V̄T *fam vieille maison* wieder herrichten; *médicament ~ qn* j-n wieder auf die Beine bringen **B** V̄/PR **se ~** *fam* sich aufrappeln

★**retard** [ʀ(ə)taʀ] M̄ 1 Verspätung *f*; **être en ~** zu spät kommen; sich verspäten; *fam* zu spät dran sein; *montre* **prendre du ~** nachgehen 2 *dans le travail, un paiement, un développement* Rückstand *m*; Verzögerung *f*; **avoir du ~, être en ~** im Rückstand, im Verzug sein (**sur qn, qc** gegenüber j-m, etw); *enfant* zurückgeblieben sein

★**retarder** [ʀ(ə)taʀde] **A** V̄T 1 *personne, train, etc* aufhalten 2 *montre* zurückstellen 3 *départ, etc* auf-, verschieben **B** V̄I 1 *montre* nachgehen (**de cinq minutes** fünf Minuten) 2 **~ sur son temps, sur son siècle** hinter s-r Zeit zurück sein

retenir [ʀət(ə)niʀ] ⟨→ venir⟩ **A** V̄T 1 *personne* zurück-, fest-, aufhalten; *chose* (zurück-, ein)behalten; *argent* abziehen (**de, sur** von); *souffle* anhalten; *barrage: eau* stauen; *ruban: cheveux* zusammenhalten 2 *dans sa mémoire* sich (*dat*) merken; (im Gedächtnis) behalten 3 *proposition, candidature* in Betracht ziehen 4 (≈ *réserver*) vorbestellen; reservieren **B** V̄/PR **se ~** 1 (≈ *se rattraper*) sich festhalten (**à** an + *dat*) 2 (≈ *s'empêcher*) sich zurückhalten; sich beherrschen; sich zusammennehmen

retentir [ʀ(ə)tɑ̃tiʀ] V̄I 1 (er)tönen; (er)schallen 2 *fig* ~ **sur** sich auswirken auf (+ *acc*) **retentissant** [ʀ(ə)tɑ̃tisɑ̃] ADJ ⟨-ante [-ɑ̃t]⟩ 1 *gifle* schallend; *voix* dröhnend 2 *évènement* aufsehenerregend, spektakulär **retentissement** [ʀ(ə)tɑ̃tismɑ̃] M̄ Resonanz *f*; (Aus)Wirkung *f* (**sur** auf + *acc*)

retenue [ʀət(ə)ny] F̄ 1 (≈ *prélèvement*) Abzug *m* (**sur** von) 2 (≈ *réserve*) Zurückhaltung *f*; Mäßigung *f*

réticent [ʀetisɑ̃] ADJ ⟨-ente [-ɑ̃t]⟩ reserviert; zögernd

retirer [ʀ(ə)tiʀe] **A** V̄T 1 (≈ *faire sortir*) herausnehmen, -ziehen, -holen (**de** aus); *argent de la banque* abheben; *courrier, billets réservés* abholen 2 *main* weg-, zurückziehen; *fig candidature, plainte* zurückziehen; *ce qu'on a dit* zurücknehmen 3 *vêtement, bottes, gants* ausziehen; *chapeau, lunettes, housse* abnehmen 4 *confiance, parole, permis de conduire* **~ à qn** j-m entziehen 5 *bénéfice, avantages* herausholen, -schlagen **B** V̄/PR **se ~** 1 (≈ *partir*) sich zurückziehen 2 *mer, eaux* zurückgehen

retombées [ʀ(ə)tɔ̃be] FPL 1 **~ radioactives** radioaktiver Niederschlag; Fallout *m* 2 *fig* Auswirkungen *fpl*

retomber [ʀ(ə)tɔ̃be] V̄I ⟨être⟩ 1 wieder (herunter)fallen; zurückfallen; *personne* wieder hinfallen 2 *fig* **~ dans qc** wieder in etw (*acc*) verfallen 3 **~ malade** wieder krank werden 4 *cheveux* **~ sur les épaules** bis auf die Schultern fallen 5 *responsabilité* **~ sur qn** auf j-n zurückfallen

retouche [R(ə)tuʃ] F 1 PHOT, a. fig Retusche f 2 COUT Änderung f **retoucher** [R(ə)tuʃe] VT 1 PHOT, a. fig retuschieren 2 COUT ändern

★ **retour** [R(ə)tuR] M 1 Rückkehr f; chez soi Heimkehr f; **être de ~** zurück sein f (≈ voyage de retour) Rückfahrt f, Rückreise f; en avion Rückflug m 3 (≈ réexpédition) Rücksendung f; **par ~ du courrier** postwendend; umgehend 4 du printemps, du froid, etc Wiederkehr f 5 (≈ revirement) Umschlag m 6 (≈ échange) en ~ als Gegenleistung; dafür 7 ⟨adjt⟩ **match** m **~** Rückspiel n

retourner [R(ə)tuRne] A VT 1 (≈ tourner) umdrehen; vêtement, bifteck wenden; terre umgraben; poche umkehren; fig situation grundlegend ändern; **arme ~ contre qn** auf j-n richten 2 fam (≈ mettre en désordre) auf den Kopf stellen 3 fam (≈ bouleverser) aufwühlen; fam **~ qn** j-n aufwühlen 4 (≈ renvoyer) zurückschicken, -senden; fig compliment zurückgeben B VI ⟨être⟩ 1 (≈ aller de nouveau) wieder gehen, fahren, reisen (**à, en** nach) 2 au point de départ zurückkehren, -gehen, -fahren; en avion -fliegen; **~ chez soi** nach Hause gehen; heimgehen, -kehren 3 maison, terrain **~ à qn** an j-n zurückfallen C VPR **se ~** personne sich umdrehen; sich umwenden; voiture sich überschlagen; **se ~ sur le dos** sich auf den Rücken drehen 2 **s'en ~** wieder umkehren; wieder abziehen 3 **se ~ contre qn** sich gegen j-n wenden

retrait [R(ə)tRɛ] M 1 du permis de conduire Entzug m; d'une candidature Zurückziehung f; d'argent Abhebung f; de bagages Abholung f 2 de troupes Abzug m; de la compétition Rücktritt m 3 **en ~ bâtiment** zurückgesetzt

★ **retraite** [R(ə)tRɛt] F 1 MIL Rückzug m 2 d'un travailleur Ruhestand m; **maison f de ~** Alten-, Altersheim n; **prendre sa ~** in den Ruhestand gehen, treten 3 pension (Alters)Rente f; d'un fonctionnaire Pension f

★ **retraité** [R(ə)tRete] A ADJ ⟨~e⟩ in Rente, im Ruhestand; fonctionnaire pensioniert B MF ~(e) Rentner(in) m(f); fonctionnaire Pensionär(in) m(f)

retraitement [R(ə)tRɛtmɑ̃] M NUCL Wiederaufbereitung f

★ **retransmettre** [R(ə)tRɑ̃smɛtR] VT ⟨→ mettre⟩ RAD, TV übertragen **retransmission** F Übertragung f

rétrécir [RetResiR] A VT vêtement enger machen B VI au lavage einlaufen; eingehen C VPR **se ~** sich verengen

rétro [RetRo] A ADJ ABR ⟨inv⟩ nostalgisch, Nostalgie... B fam M → rétroviseur

rétrograder [RetRogRade] A VT MIL degradieren B VI 1 (≈ régresser) zurückfallen 2 AUTO zurück-, herunterschalten

rétroprojecteur M Overheadprojektor m

rétrospectif [RetRɔspɛktif] ADJ ⟨-ive [-iv]⟩ rückblickend; rückschauend

retrousser [R(ə)tRuse] VT manches, a. fig hoch-, aufkrempeln

retrouvailles [R(ə)tRuvaj] fam FPL (großes) Wiedersehen

retrouver [R(ə)tRuve] A VT 1 de nouveau wiederfinden 2 (≈ rejoindre) wiedertreffen B VPR 1 personnes **se ~** sich wiedertreffen 2 **se ~ seul** (wieder) allein dastehen 3 **s'y ~** (≈ s'y reconnaître) sich zurechtfinden

rétroviseur M Rückspiegel m

★ **réunion** [Reynjɔ̃] F Versammlung f; Zusammenkunft f; (≈ séance) Sitzung f

Réunion [Reynjɔ̃] F **(l'île f de) la ~** Réunion n

réunir [ReyniR] A VT 1 vereinigen; documents zusammenstellen; preuves zusammentragen; fonds aufbringen; qualités vereinen; **~ qc à qc** etw mit etw vereinigen, verbinden 2 personnes zusammenführen; en un même lieu versammeln; assemblée einberufen B VPR ★ **se ~** sich vereinigen; personnes sich versammeln; zusammenkommen

réussi [Reysi] ADJ ⟨~e⟩ geglückt; a. iron gelungen

réussir [ReysiR] A VT erfolgreich durchführen; zustande bringen; examen bestehen B VI 1 personne Erfolg haben; erfolgreich sein; es schaffen; **j'ai réussi à faire qc** es ist mir gelungen ou ich habe es geschafft ou ich habe es fertiggebracht, etw zu tun 2 expérience gelingen; glücken 3 (≈ faire du bien) **~ à qn** j-m guttun, gut bekommen

réussite [Reysit] F Erfolg m; de qc a. Ge-

lingen n
revaloir [R(ə)valwaR] VT ⟨→ valoir⟩ ~ qc à qn en bien sich bei j-m für etw revanchieren; en mal j-m etw heimzahlen
revanche [R(ə)vɑ̃ʃ] F Vergeltung f; a. SPORTS, JEU Revanche f; **prendre sa ~** (≈ se venger) Rache nehmen (sur qn an j-m); SPORTS sich revanchieren; **en ~** dafür
★**rêve** [REV] M Traum m
★**réveil** [Revεj] M ① Aufwachen n; **au ~** beim Aufwachen ② pendule Wecker m
★**réveiller** [Reveje] A VT ① (auf)wecken ② fig curiosité (wieder) (er)wecken B V/PR ★ **se ~** ① aufwachen; wach werden ② fig wieder wach werden, aufleben
★**réveillon** [Revεjɔ̃] M Festessen n am Heiligabend ou zu Silvester; par ext Heiligabend m ou Silvester(feier) n(f)
révéler [Revele] ⟨-è-⟩ A VT ① secret, projets, etc aufdecken; enthüllen ② REL offenbaren ③ qualité, attitude erkennen lassen; verraten B V/PR **se ~** sich erweisen, sich herausstellen (qc als etw); zutage treten
revenant [Rəv(ə)nɑ̃] M Gespenst n
revendication [R(ə)vɑ̃dikasjɔ̃] F Forderung f
revendiquer [R(ə)vɑ̃dike] VT ① (≈ exiger) fordern; verlangen ② responsabilité übernehmen; attentat sich bekennen zu
★**revenir** [Rəv(ə)niR] VI ⟨→ venir; être⟩ ① de nouveau wieder kommen; mode, saison, calme, etc wiederkommen ② au point de départ (wieder) zurückkommen, -kehren; wiederkommen ③ fig (≈ reprendre) ~ **à, sur qc** auf etw (acc) (wieder) zurückkommen; **~ à soi** wieder zu sich kommen ④ (≈ annuler) ~ **sur qc** etw zurücknehmen, rückgängig machen ⑤ mot, nom ~ **à qn** j-m wieder einfallen ⑥ appétit, courage, faculté **qc revient à qn** j-d bekommt, erlangt etw wieder ⑦ droit, honneur ~ **à qn** j-m zustehen, zukommen ⑧ (≈ équivaloir) ~ **à** hinauslaufen auf (+ acc) ⑨ **il revient de loin** er ist noch einmal davongekommen ⑩ (≈ se débarrasser) ~ **de qc** von etw los-, abkommen ⑪ ~ **cher** teuer sein; a. fig teuer zu stehen kommen (**à qn** j-n) ⑫ radis, etc ~ **à qn** j-m aufstoßen
★**revenu** [Rəv(ə)ny] M Einkommen n; ~**s** pl Einkünfte pl

★**rêver** [Reve] A VT ① träumen (**que** dass) ② fig ~ **qc** von etw träumen B VI ① träumen (**de von**) ② fig (≈ souhaiter) ~ **de qc** von etw träumen; sich (dat) etw erträumen; ~ **de** (+ inf) davon träumen zu (+ inf) ③ fig (≈ rêvasser) vor sich (acc) hin träumen
réverbère [RevεRbεR] M Straßenlaterne f
rêverie [REvRi] F Träumerei f
revers [R(ə)vεR] M ① d'une feuille, monnaie Rückseite f; fig **le ~ de la médaille** die Kehrseite der Medaille; **d'un ~ de main** mit dem Handrücken ② d'un veston Revers n; d'un pantalon, d'une manche Auf-, Umschlag m ③ fig (≈ échec) Rückschlag m; **~ (de fortune)** Schicksalsschlag m ④ TENNIS Rückhand(schlag) f(m)
reversement [R(ə)vεRsəmɑ̃] M Übertragung f **reverser** [R(ə)vεRse] VT ① à boire wieder einschenken; nachgießen ② argent übertragen
réversibilité [RevεRsibilite] F Umkehrbarkeit f **réversible** [RevεRsibl] ADJ umkehrbar; **manteau** m ~ Wendemantel m
rêveur [RεvœR] ⟨-euse [-øz]⟩ A ADJ ① verträumt ② **cela me laisse ~** das stimmt mich nachdenklich B M,F ~, **rêveuse** Träumer(in) m(f)
revient [Rəvjε̃] **prix** m **de ~** Selbstkostenpreis m
réviser [Revize] VT ① texte, son jugement revidieren ② TECH überholen ③ matière d'examen wiederholen **révision** [Revizjɔ̃] F ① d'un texte, etc Revision f ② JUR Wiederaufnahme(verfahren) f(n) ③ TECH Überholung f; AUTO Inspektion f
revivre [R(ə)vivR] ⟨→ vivre⟩ A VT épreuve noch einmal durchleben B VI ① wieder aufleben ② fig **faire ~** wieder lebendig werden lassen
★**revoir** [R(ə)vwaR] ⟨→ voir⟩ A VT ① wiedersehen; ★ **au ~** auf Wiedersehen ② texte noch einmal durchsehen; leçon wiederholen ③ en esprit (im Geist noch) vor sich (dat) sehen B V/PR **se ~** sich wiedersehen
révolte [Revɔlt] F ① (≈ rébellion) Aufstand m ② (≈ indignation) Empörung f
révolter [Revɔlte] A VT empören B V/PR **se ~** ① (≈ se rebeller) sich auflehnen, revoltieren (**contre** gegen) ② (≈ s'indi-

gner) sich empören (**contre** über + acc)
★**révolution** [ʁevɔlysjɔ̃] F POL, a. fig Revolution f; Umsturz m **révolutionnaire** [ʁevɔlysjɔnɛʁ] A ADJ revolutionär B M/F Revolutionär(in) m(f) **révolutionner** [ʁevɔlysjɔne] VT 1 *quartier* in Aufruhr versetzen 2 *industrie* revolutionieren

revolver [ʁevɔlvɛʁ] M Revolver m

revue [ʁ(ə)vy] F 1 (≈ *magazine*) Zeitschrift f 2 THÉ Revue f 3 **passer en** ~ *troupes* défilant die Parade abnehmen (**les troupes** der Truppen); *troupes formant la haie* die Front abschreiten; *fig problèmes, etc* durchgehen; Revue passieren lassen

★**rez-de-chaussée** [ʁedʃose] M ⟨inv⟩ Erdgeschoss n

RF ABR (= *République française*) Französische Republik

RFA [ɛʁɛfa] F ABR (= *République Fédérale d'Allemagne*) BRD f

rhabiller [ʁabije] VT (& V/PR) (**se**) ~ (sich) wieder anziehen

rhétorique [ʁetɔʁik] F 1 Rhetorik f; Redekunst f 2 *péj* Phrasendrescherei f; Wortgeklingel n

★**Rhin** [ʁɛ̃] M **le** ~ der Rhein

rhinocéros [ʁinɔseʁɔs] M Nashorn n

Rhône [ʁon] M **le** ~ die Rhone

rhubarbe [ʁybaʁb] F Rhabarber m

rhum [ʁɔm] M Rum m

★**rhume** [ʁym] M ~ **(de cerveau)** Schnupfen m; ~ **des foins** Heuschnupfen m

ri [ʁi] PP → *rire*

ricanement [ʁikanmɑ̃] M 1 *moqueur* hämisches Grinsen 2 *bête* Gekicher n **ricaner** [ʁikane] VI 1 *pour se moquer* hämisch grinsen 2 *bêtement* kichern

riche [ʁiʃ] ADJ a. fig reich (**en** an + dat); *sol, terre* ergiebig; fruchtbar; *nourriture* reichhaltig; *ameublement, etc* kostbar ★**richesse** [ʁiʃɛs] F a. fig Reichtum m (**en** an + dat); *d'un aliment* Reichhaltigkeit f

ricocher [ʁikɔʃe] VI abprallen (**sur** an + dat)

ride [ʁid] F *de la peau* Falte f; Runzel f **ridé** [ʁide] ADJ ⟨-e⟩ *peau, visage* faltig, runz(e)lig

★**rideau** [ʁido] M ⟨-x⟩ a. THÉ Vorhang m; *de fenêtre a.* Gardine f; ~ **de fer** HIST Eiserner Vorhang; *d'un magasin* Rollladen m aus Stahlblech

rider [ʁide] VT *eau* kräuseln B V/PR **se** ~ faltig, runz(e)lig werden; Runzeln bekommen

★**ridicule** [ʁidikyl] A ADJ a. fig *somme* lächerlich B M Lächerlichkeit f; **tourner en** ~ lächerlich machen **ridiculiser** [ʁidikylize] VT (& V/PR) **(se)** ~ (sich) lächerlich machen; (sich) blamieren

★**rien** [ʁjɛ̃] A PR INDÉF 1 ⟨*mit ne beim Verb*⟩ nichts; ★ ~ **du tout** gar nichts; **il n'en est** ~ das ist nicht der Fall; **ne** ~! keine Ursache!; bitte!; **en** ~ in keiner Weise; **pour** ~ umsonst; für nichts (und wieder nichts); ~ **que** nur; nichts als 2 ⟨*ohne ne sens positif*⟩ etwas; **sans** ~ **dire, faire** ohne etwas zu sagen, tun B M **un** ~ (**de**) ein (ganz) klein wenig; **pour un rien** für eine Idee; **en un** ~ **de temps** im Nu; im Handumdrehen

rigide [ʁiʒid] ADJ 1 *matériau* steif 2 *principes, personne* starr; streng **rigidité** [ʁiʒidite] F 1 Steifheit f 2 *fig* Starrheit f; (unbeugsame) Strenge

rigolade [ʁigɔlad] *fam* F Spaß m; *fam* Jux m **rigoler** [ʁigɔle] *fam* VI (≈ *rire*) lachen; (≈ *s'amuser*) Spaß machen **rigolo** [ʁigɔlo] *fam* ADJ ⟨-ote [-ɔt]⟩ lustig, spaßig

rigoureux [ʁiguʁø] ADJ ⟨-euse [-øz]⟩ a. *hiver, raisonnement* streng

rigueur [ʁigœʁ] F Strenge f; **à la** ~ notfalls; zur Not; im Notfall; allenfalls; **de** ~ erforderlich; unerlässlich

rime [ʁim] F Reim m **rimer** [ʁime] VI sich reimen (**avec** auf + acc); *fig* **ne** ~ **à rien** keinen Sinn haben, machen

rimmel® [ʁimɛl] M Wimperntusche f

rinçage [ʁɛ̃saʒ] M 1 (Nach)Spülen n 2 *coiffeur* **faire un** ~ das Haar tönen **rincer** [ʁɛ̃se] ⟨-ç-⟩ VT *linge* spülen; *vaisselle, cheveux* nachspülen; *verres* ausspülen B V/PR **se** ~ **la bouche** sich (dat) den Mund ausspülen

★**rire** [ʁiʁ] ⟨je ris; il rit; nous rions; je riais; je ris; je rirai; que je rie; riant; ri⟩ A VI 1 lachen (**de** über + acc) 2 (≈ *plaisanter*) spaßen 3 (≈ *se moquer*) ~ **de qn, qc** j-n auslachen; sich über j-n, etw lustig machen B M Lachen n; Gelächter n; (**crise** f **de**) **fou** ~ Lachkrampf m

risée [ʁize] F Gespött n

★**risque** [ʁisk] M Risiko n; **à mes**, *etc* ~**s et périls** auf eigene Gefahr; **au** ~ **de** (+ inf) auf die Gefahr hin zu (+ inf); **courir le ~ de** (+ inf) Gefahr laufen, riskieren zu (+ inf)

risqué [riske] ADJ ⟨~e⟩ riskant, gewagt

risquer [riske] A V/T *vie, regard, plaisanterie, a. amende, renvoi* riskieren; wagen; **~ de** (+ inf) riskieren, Gefahr laufen, drohen zu (+ inf) B *chose* **~ de** (+ inf) drohen zu (+ inf) C V/PR **se ~ à faire qc** sich darauf einlassen, etw zu tun

rissoler [risɔle] V/T **faire ~** goldbraun braten; bräunen

ristourne [risturn] F Rabatt m

rite [rit] M 1 REL Ritus m 2 fig Brauch m

rituel [rityɛl] A ADJ ⟨~le⟩ 1 REL rituell 2 fig gewohnheitsmäßig B M Ritual n

rivage [rivaʒ] M Küste f

rival(e) [rival] A M(F) ⟨mpl -aux [-o]⟩ Rivale m, Rivalin f B ADJ ⟨f -e; mpl -aux [-o]⟩ rivalisierend **rivaliser** [rivalize] V/I rivalisieren, wetteifern (**avec qn de qc** mit j-m in etw *dat*) **rivalité** [rivalite] F Rivalität f

★**rive** [riv] F Ufer n

riverain [rivrɛ̃] M, **riveraine** [rivrɛn] F Anlieger(in) m(f), Anrainer(in) m(f)

rivière [rivjɛr] F Fluss m

★**riz** [ri] M Reis m

RMI [ɛrɛmi] M ABR ⟨inv⟩ (= *revenu minimum d'insertion*) *correspond à* Arbeitslosengeld II n

RNIS [ɛrɛnis] M ABR (= *réseau numérique à intégration de services*) ISDN n

★**robe** [rɔb] F 1 Kleid n 2 *des juges, etc* Robe f

★**robinet** [rɔbinɛ] M TECH Hahn m

robot [rɔbo] M 1 TECH, *a. fig* Roboter m 2 CUIS Küchenmaschine f

robuste [rɔbyst] ADJ *a. moteur, etc* robust; widerstandsfähig; kräftig

roc [rɔk] M *a. fig* Fels m

rocade [rɔkad] F Umgehungsstraße f

roche [rɔʃ] F 1 Fels(en) m 2 GÉOL Gestein n ★**rocher** [rɔʃe] M Fels(en) m

rocheux [rɔʃø] ADJ ⟨-euse [-øz]⟩ Fels...; Felsen...; felsig

rock [rɔk] A M 1 MUS Rock m; Rockmusik f 2 *danse* Rock and Roll m B ADJ ⟨inv⟩ Rock... **rocker** [rɔkœr] M, **rockeur** [rɔkœr] M, **rockeuse** [rɔkøz] F 1 Rocksänger(in) m(f) 2 Rockfan m

roder [rɔde] V/T 1 *voiture* einfahren 2 *fig* einüben; *personne* einarbeiten (**à** in + *acc*)

rôder [rode] V/I sich herumtreiben; herumstreunen

roesti [røsti] MPL *helv* CUIS Rösti *pl*

rogner [rɔɲe] A V/T beschneiden B V/T INDIR **~ sur qc** an etw (*dat*) sparen

rognon [rɔɲɔ̃] M CUIS Niere f

★**roi** [rwa] M *a.* ÉCHECS, CARTES, *a. fig* König m **Roi-Soleil** [rwasɔlɛj] M HIST **le ~** der Sonnenkönig

★**rôle** [rol] M 1 THÉ, *a. fig* Rolle f 2 **à tour de ~** abwechselnd; der Reihe nach; turnusmäßig

★**roller** [rɔlœr] M Inlineskate m ⟨Δ 'ɪnlainske:t⟩ **rolleur** [rɔlœr] M, **rolleuse** [rɔløz] F Inlineskater(in) m(f)

romain [rɔmɛ̃] A ADJ ⟨-aine [-ɛn]⟩ römisch B SUBST **Romain(e)** m(f) Römer(in) m(f)

★**roman** [rɔmɑ̃] A ADJ ⟨-ane [-an]⟩ romanisch B M 1 *a. fig* Roman m 2 ARCH Romanik f

romanche [rɔmɑ̃ʃ] M Rätoromanisch n

romancier [rɔmɑ̃sje] M, **romancière** [rɔmɑ̃sjɛr] F Romancier m; Romanschriftsteller(in) m(f); Romanautor(in) m(f)

romand [rɔmɑ̃] ADJ ⟨-ande [-ɑ̃d]⟩ **la Suisse ~e** die französische Schweiz, die Romandie

Romandie [rɔmɑ̃di] F französische Schweiz f

romanesque [rɔmanɛsk] ADJ 1 *aventure, etc* romanhaft; wie in e-m Roman; *personne* romantisch; schwärmerisch 2 **œuvre f ~** Romanwerk n

roman-feuilleton [rɔmɑ̃fœjtɔ̃] M ⟨romans-feuilletons⟩ Fortsetzungsroman m

romantique [rɔmɑ̃tik] A ADJ romantisch B M/F Romantiker(in) m(f) **romantisme** [rɔmɑ̃tism] M Romantik f

romarin [rɔmarɛ̃] M Rosmarin m

Rome [rɔm] Rom n

rompre [rɔ̃pr] ⟨je romps; il rompt; nous rompons; je rompais; je rompis; je romprai; que je rompe; rompant; rompu⟩ A V/T *a. contrat* brechen; *relations, etc* abbrechen; *silence* unterbrechen; *équilibre* stören; *fiançailles, charme* lösen B V/I **~ avec qn, qc** mit j-m, etw brechen C V/PR **se ~** *corde* (zer)reißen; *digue, branche* brechen

ronce [rɔ̃s] F 1 BOT Brombeerstrauch

m; **~s** pl a. Brombeergestrüpp n ② de noyer, etc Maserung f

★**rond** [rõ] **A** ADJ ⟨~e [rõd]⟩ ① a. chiffre, somme rund; personne, partie du corps m. rundlich ② fam (≈ ivre) fam besoffen **B** ADV tourner ~ moteur gut laufen **C** M Kreis m; Ring m

ronde [rõd] F ① d'un gardien Runde f; Rund-, Kontrollgang m; de police Streife f ② danse Rundtanz m; Reigen m

rondelet [rõdlɛ] ADJ ⟨-ette [-ɛt]⟩ rundlich

rondelle [rõdɛl] F Scheibe f; d'un écrou Unterlegscheibe f

rondeur [rõdœʀ] F ① du corps Rundung f ② (≈ sincérité) Offenheit f

rond-point M ⟨ronds-points⟩ carrefour Kreisel m; Kreisverkehr m

ronflement [rõflamã] M Schnarchen n

ronfler [rõfle] VI ① personne schnarchen ② moteur brummen; feu bullern

ronger [rõʒe] ⟨-ge-⟩ **A** VT ① nagen (qc an etw dat) ② rouille: fer, etc zerfressen ③ fig chagrin, etc ~ qn an etw fressen; in quälen **B** VPR **se ~ les ongles** an den Nägeln kauen ② fig **se ~ d'inquiétude** vor Unruhe vergehen

ronron [rõrõ] M ① du chat Schnurren n ② d'un moteur Surren n ③ fig Eintönigkeit f **ronronner** [rõrɔne] VI chat schnurren

rosbif [rɔzbif] M Roastbeef n

★**rose**[1] [roz] F BOT Rose f

★**rose**[2] **A** ADJ ① rosa, rosafarben ② fig (≈ réjouissant) rosig **B** M Rosa n

roseau [rozo] M ⟨~x⟩ Schilf(rohr) n

rosé [roze] ADJ ⟨~e⟩ zartrosa; rosé; (vin) ~ m Rosé(wein) m

rosée [roze] F Tau m

rossignol [rɔsiɲɔl] M ZOOL Nachtigall f

rotation [rɔtasjõ] F ① (Um)Drehung f; Rotation f ② ÉCON Umschlag m

roter [rɔte] VI fam rülpsen

★**rôti** [roti, rɔ-] **A** M Braten m **B** ADJ gebraten, Brat...

rôtir [rotiʀ, rɔ-] VT (**faire**) ~ braten

rôtisserie [rotisri] F Grillrestaurant n

rotule [rɔtyl] F ANAT Kniescheibe f

rouble [rubl] M Rubel m

roucouler [rukule] VI ① pigeon gurren ② fig turteln

★**roue** [ru] F Rad n; ~ **libre** Freilauf m

★**rouge** [ruʒ] **A** ADJ a. POL rot; fer (rot) glühend; (vin m) ~ m Rotwein m **B** ADV **voir** ~ rot sehen **C** M ① Rot n; **passer au** ~ feux auf Rot schalten; voiture bei Rot durchfahren ② ~ **à joues** Rouge n; ~ **à lèvres** Lippenstift m

rougeole [ruʒɔl] F Masern pl

rougir [ruʒiʀ] VI ① rot werden ② personne rot werden, erröten (**de honte** vor Scham)

rouille [ruj] F du fer, a. AGR Rost m

rouiller [ruje] **A** VI (ver)rosten **B** VPR **se ~** ① (ver)rosten ② fig personne einrosten

roulade [rulad] F ① (≈ galipette) Purzelbaum m; SPORTS Rolle f ② CUIS Roulade f ③ MUS Roulade f

roulant [rulã] ADJ ⟨-ante [-ãt]⟩ rollend, Roll...; **tapis ~** → tapis 3

roulé [rule] ADJ ① gerollt, Roll...; **épaule ~e** Rollbraten m; **gâteau ~** Biskuitrolle f; **r ~** gerolltes r ② fam femme **bien ~e** fam gut gebaut

rouleau [rulo] M ⟨~x⟩ ① de papier Rolle f ② TECH Walze f

roulement [rulmã] M ① mouvement Rollen n ② bruit de voiture Dröhnen n; du tonnerre Grollen n ③ ~ **à billes** Kugellager n ④ (≈ alternance) regelmäßiger Wechsel

★**rouler** [rule] **A** VT ① a. les yeux, les r rollen; invalide fahren ② fam (≈ tromper) ~ **qn** fam j-n reinlegen, übers Ohr hauen; **se faire ~** fam reingelegt werden; fam reinfallen (**par qn** auf j-n) **B** VI ① balle, etc rollen; bateau schlingern ② véhicule rollen; fam **ça roule** fam alles in Butter! ③ tonnerre rollen; grollen ④ conversation ~ **sur qc** sich um etw drehen **C** VPR **se ~ par terre** sich auf dem Boden wälzen; **se ~ en boule** sich zu e-r Kugel zusammenrollen

roulette [rulɛt] F ① outil Rädchen n; de dentiste Bohrer m; jeu Roulett(e) n

roulotte [rulɔt] F Wohnwagen m

roumain [rumɛ̃] ⟨-aine [-ɛn]⟩ **A** ADJ rumänisch **B** SUBST **Roumain(e)** m(f) Rumäne m, Rumänin f ② LING **le ~** das Rumänische; Rumänisch n

Roumanie [rumani] F **la ~** Rumänien n

rouquin [rukɛ̃] fam ADJ ⟨-ine [-in]⟩ rothaarig

roussi [rusi] M **sentir le ~** versengt, angesengt riechen; fig brenzlig werden

route [rut] F **1** (Land)Straße f; *fig argument* **tenir la ~** stichhaltig sein **2** (≈ itinéraire) Weg m; Route f; Strecke f; **se mettre en ~** sich auf den Weg machen; aufbrechen; *fig* **faire fausse ~** auf dem falschen Weg, Holzweg sein; **faire ~ vers** auf dem Weg sein nach **3** **mettre en ~** *a. fig* in Gang setzen; *fig* in die Wege leiten

routier [rutje] **A** ADJ ‹-ière [-jɛʀ]› Straßen... **B** M (≈ camionneur) Fernfahrer m

routine [rutin] F Routine f

rouvrir [ruvrir] ‹→ couvrir› **A** VT wieder öffnen, aufmachen; *débat* wieder eröffnen **B** VI *magasin* wieder geöffnet haben **C** VPR **se ~** sich wieder öffnen; wieder aufgehen

roux [ru] ‹rousse [rus]› **A** ADJ gelb-, fuchsrot; *cheveux* rot; *personne* rothaarig **B** M.F **~, rousse** Rothaarige(r) m/f(m)

royal [rwajal] ADJ ‹~e; -aux [-o]› königlich, Königs...

royaume [rwajom] M Königreich n **Royaume-Uni** [rwajomyni] M **le ~** das Vereinigte Königreich

ruban [rybɑ̃] M Band n; **~ adhésif** Klebeband n, Klebestreifen m

rubéole [rybeɔl] F Röteln pl

rubrique [rybrik] F Rubrik f

ruche [ryʃ] F Bienenstock m, Bienenkorb m

rude [ryd] ADJ *personne, manières* roh; derb; grob; *métier, épreuve, a. hiver* hart; schwer; *adversaire* gefährlich

rudement [rydmɑ̃] ADV **1** (≈ sans ménagement) grob; rüde; rücksichtslos **2** (≈ très) *fam* unheimlich

rudesse [rydɛs] F Rohheit f; Grobheit f

rudiment [rydimɑ̃] M ‹pl› **~s** d'une science, d'une langue Anfangsgründe mpl; Grundbegriffe mpl

rudimentaire [rydimɑ̃tɛʀ] ADJ unzureichend, (not)dürftig; BIOL rudimentär

rue [ry] F Straße f; *all Sud a.* Gasse f

ruelle [ruɛl] F (enge) Gasse

rugueux [rygø] ADJ ‹-euse [-øz]› rau; uneben

ruine [ruin] F **1** **~s** pl Ruinen fpl; (≈ décombres) Trümmer pl; **tomber en ~** verfallen **2** *fig personne* Ruine f; Wrack n **3** ÉCON Ruin m **ruiner** [ruine] **A** VT ruinieren; zugrunde richten **B** VPR **se ~** sich (finanziell) ruinieren; **se ~ la santé** s-e Gesundheit ruinieren

ruisseau [ruiso] M ‹-x› **1** *cours d'eau* Bach m **2** (≈ caniveau), *a. fig* Gosse f

ruisseler [ruisle] VI ‹-ll-› **1** *eau, larmes* rinnen, rieseln, laufen (**sur** über + *acc*) **2** **~ de sueur** von Schweiß triefen

rumba [rumba] F *danse* Rumba f ou m

rumeur [rymœr] F **1** (≈ on-dit) Gerücht n **2** *de voix* Gemurmel n; (≈ bruit sourd) dumpfes Geräusch

ruminer [rymine] VT **1** ‹a. sans objet› *vache, etc* wiederkäuen **2** *fig* grübeln, brüten über (+ *dat*)

rupture [ryptyr] F **1** TECH Bruch m **2** MÉD Zerreißung f; Riss m **3** *entre personnes* Bruch m **4** *des relations diplomatiques* Abbruch m; *d'un contrat* Bruch m

rural [ryral] ADJ ‹~e; -aux [-o]› ländlich, Land...

ruse [ryz] F **1** (≈ artifice) List f **2** (≈ rouerie) Schlauheit f; Schläue f **rusé** [ryze] ADJ ‹~e› listig, schlau

russe [rys] **A** ADJ russisch **B** M.F **Russe** Russe m, Russin f

Russie [rysi] F **la ~** Russland n

rustique [rystik] ADJ *style* Bauern...; rustikal

rythme [ritm] M Rhythmus m; (≈ vitesse) Tempo n

rythmique [ritmik] **A** ADJ rhythmisch **B** F **1** *science* Rhythmik f **2** rhythmischer Tanz

S

S, s [ɛs] M ‹inv› S, s n

s' [s] **1** → **se** **2** ‹vor il(s)› → **si**[1]

sa [sa] → **son**[1]

SA [ɛsa] F ABR ‹inv› (= société anonyme) AG f

sabbat [saba] M REL Sabbat m **sabbatique** [sabatik] ADJ Sabbat...; **année** f **~** *d'un professeur d'université* vorlesungsfreies Jahr; *d'un employé* Sabbatjahr n

sable [sabl, sa-] M Sand **sabler** [sable] VT mit Sand bestreuen **sablier** [sablije] M Sanduhr f

sabot [sabo] M ◼1 *chaussure* Holzschuh m ◼2 ZOOL Huf m ◼3 ~ **de Denver** [dɛnvɛʀ] Parkkralle f
sabotage [sabɔtaʒ] M Sabotage f **saboter** [sabɔte] VT ◼1 *négociations, etc* sabotieren ◼2 *travail* hinschludern
sabre [sɑbʀ] M Säbel m
★**sac**[1] [sak] M ◼1 *de grande taille, en jute* Sack m; **sac à dos** Rucksack m; **sac de couchage**, *pop* **sac à viande** Schlafsack m ◼2 *de petite taille* Tüte f; Beutel m ◼3 *porté à la main* Tasche f; ★ **sac (à main)** Handtasche f; **sac de voyage** Reisetasche f
sac[2] M **mettre à sac** plündern
saccade [sakad] F Ruck m; Stoß m; **par ~s** stoß-, ruckweise **saccadé** [sakade] ADJ ⟨~e⟩ *gestes, démarche* ruckartig; *voix* abgehackt
saccager [sakaʒe] VT ⟨-ge-⟩ ◼1 (≈ *piller*) plündern ◼2 (≈ *abîmer*) verwüsten
sachant [saʃɑ̃] PPR → **savoir**[1]
sachet [saʃɛ] M Beutel m; Tüte f; ~ **de thé** Teebeutel m
sacoche [sakɔʃ] F Tasche f; *de vélo, de moto* Packtasche f
★**sacré** [sakʀe] ADJ ⟨~e⟩ ◼1 *a. fig* heilig, sakral ◼2 *fam, a. chance* verdammt; verflixt
sacrer [sakʀe] VT ◼1 ~ **qn roi, évêque** j-n zum König salben, zum Bischof weihen ◼2 *fig* ~ **qn qc** j-n zu etw erklären
sacrifice [sakʀifis] M REL, *a. fig* Opfer n
sacrifier [sakʀifje] A VT ◼1 REL, *a. fig* opfern ◼2 *marchandises* verschleudern; verramschen B V/PR **se ~** sich aufopfern (**à, pour** für)
sacrilège [sakʀilɛʒ] A M REL, *a. fig* Frevel(tat) m(f); Sakrileg n B ADJ frevelhaft; gott-, ruchlos
sadique [sadik] A ADJ sadistisch B M/F Sadist(in) m(f)
safari [safaʀi] M Safari f
safran [safʀɑ̃] M Safran m
sagacité [sagasite] F Scharfsinn m
★**sage** [saʒ] A ADJ ◼1 weise; klug ◼2 *enfant* artig B M Weise(r) m
sage-femme F ⟨sages-femmes⟩ Hebamme f
sagesse [saʒɛs] F ◼1 Weisheit f ◼2 *d'un enfant* Artigkeit f; Bravheit f
Sagittaire [saʒitɛʀ] M ASTROL Schütze m
saignant [sɛɲɑ̃] ADJ ⟨-ante [-ɑ̃t]⟩ *viande* nicht durchgebraten; *steak* englisch
saignement [sɛɲmɑ̃] M Bluten n
★**saigner** [seɲe] A VT ◼1 HIST MÉD zur Ader lassen ◼2 *animal* abstechen B VI *a. fig* cœur bluten
saillir [sajiʀ] VT ◼1 *animal femelle* decken; bespringen B VI ⟨→ **assaillir**, *aber il saillera*⟩ *veines, etc* hervortreten
★**sain** [sɛ̃] ADJ ⟨~e [sɛn]⟩ ◼1 gesund; ~ **et sauf** wohlbehalten; unversehrt; heil ◼2 *fig* vernünftig; *jugement* gesund
saindoux [sɛ̃du] M Schweineschmalz n
★**saint** [sɛ̃] A ADJ ⟨~e [sɛ̃t]⟩ heilig; ~ **Martin** der heilige Martin; Sankt Martin B M/F ~(e) Heilige(r) m(f/m)
saint-bernard [sɛ̃bɛʀnaʀ] M ⟨inv⟩ ZOOL Bernhardiner m
Saint-Esprit [sɛ̃tɛspʀi] M **le ~** der Heilige Geist
Saint-Père M **le ~** der Heilige Vater
sais [sɛ] → **savoir**[1]
saisi [sezi] A ADJ ⟨~e⟩ ◼1 betroffen; überrascht; → **saisir** ◼2 JUR gepfändet B M gepfändeter Schuldner
saisie [sezi] F ◼1 INFORM Erfassung f; ~ **de données** Datenerfassung f ◼2 JUR Pfändung f ◼3 *de drogue* Beschlagnahme f
★**saisir** [seziʀ] A VT ◼1 *objet, personne* ergreifen; fassen; packen ◼2 *fig occasion* ergreifen; *prétexte* greifen zu ◼3 (≈ *comprendre*) begreifen; erfassen; verstehen; *fam* mitbekommen ◼4 *viande* anbraten ◼5 JUR *biens de qn* pfänden; *par ext* beschlagnahmen ◼6 ~ **un tribunal d'une affaire** e-e Sache vor Gericht bringen ◼7 INFORM erfassen B V/PR **se ~ de** in s-e Gewalt bringen
saisissable [sezisabl] ADJ ◼1 JUR pfändbar ◼2 (≈ *perceptible*) erfassbar; wahrnehmbar
saisissant [sezisɑ̃] ⟨-ante [-ɑ̃t]⟩ ◼1 *froid* durchdringend ◼2 *spectacle, ressemblance* erstaunlich, frappierend
★**saison** [sɛzɔ̃] F ◼1 Jahreszeit f ◼2 TOURISME, COMM Saison f **saisonnier** [sɛzɔnje] A ADJ ⟨-ière [-jɛʀ]⟩ saisonbedingt; saisonal; Saison... B M Saisonarbeiter m
sait [sɛ] → **savoir**[1]
★**salade** [salad] F CUIS Salat m; ~ **de fruits** Obstsalat m ★**saladier** [saladje] M (Salat)Schüssel f

★**salaire** [salɛʀ] M ◼ d'un ouvrier (Arbeiters)Lohn m; d'un employé Gehalt n ◼ fig Lohn m

salami [salami] M Salami(wurst) f

salarié [salaʀje] M, **salariée** F Arbeitnehmer(in) m(f); Lohn- ou Gehaltsempfänger(in) m(f)

salaud [salo] pop M pop Scheiß-, Dreckskerl m

★**sale** [sal] ADJ ◼ (≈ malpropre) schmutzig; dreckig; fam schmuddelig ◼ (≈ ordurier) schmutzig; unanständig ◼ (≈ vilain) übel ◼ terme d'injure widerlich; gemein

★**salé** [sale] ADJ ⟨-e⟩ ◼ mets gesalzen; eau de mer, goût salzig ◼ fig (≈ grivois) deftig, derb ◼ fam addition gesalzen, gepfeffert

saler [sale] VT mets salzen; pour conserver einsalzen

★**saleté** [salte] F ◼ Schmutz m; a. excrément Dreck m ◼ fig (≈ obscénité) Zote f; fam Schweinigelei f ◼ fam (≈ chose sans valeur) Schund m

★**salir** [saliʀ] A VT ◼ schmutzig, dreckig machen; be-, verschmutzen ◼ fig in den Schmutz ziehen; beschmutzen B VPR **se** ~ ◼ sich schmutzig machen ◼ robe leicht schmutzig werden

salissant [salisɑ̃] ADJ ⟨-ante [-ɑ̃t]⟩ tissu leicht schmutzend

salive [saliv] F Speichel m **saliver** [salive] VI **faire** ~ **qn** j-m den Mund wässerig machen

★**salle** [sal] F Saal m; (≈ pièce) Raum m; Zimmer n; ★ ~ **à manger** Esszimmer n; d'un hôtel, etc Speisesaal m; ★ ~ **d'attente** CH DE FER Wartesaal m; MÉD Wartezimmer n; ★ ~ **de bains** Bad(ezimmer) n; ~ **de classe** Klasse(nzimmer) f(n); ★ ~ **de séjour** Wohnzimmer n

★**salon** [salɔ̃] M ◼ Wohnzimmer n; (≈ pièce de réception) Empfangszimmer n; Salon m ◼ ~ **de coiffure** Friseursalon m; ~ **de thé** Café m ◼ (≈ exposition) Messe f; **Salon de l'automobile** Automobilausstellung f

salopard [salɔpaʀ] pop M → salaud

salope [salɔp] pop F fam Schlampe f

saloper [salɔpe] fam VT versauen

salopette [salɔpɛt] F à bretelles et bavette Latzhose f

salsa [salsa] F danse Salsa m

salubre [salybʀ] ADJ gesund

★**saluer** [salɥe] A VT grüßen; (≈ accueillir) begrüßen B VPR **se** ~ sich (be)grüßen

salut¹ [saly] M ◼ geste Gruß m; Begrüßung f ⟨fam int⟩ (≈ bonjour) fam hallo!; fam grüß dich!; autrich fam servus!; helv fam grüezi!; (≈ au revoir) fam tschüs(s)!, tschau!

salut² [saly] M ◼ d'un peuple, pays Wohl n ◼ (≈ vie sauve) Heil n, Rettung f

salutaire [salytɛʀ] ADJ air, remède heilkräftig ◼ conseil, lecture heilsam

salutation [salytasjɔ̃] F Gruß m; à la fin d'une lettre **veuillez agréer, Madame/Monsieur, mes ~s distinguées** ou **respectueuses** ou **mes sincères ~s** mit vorzüglicher Hochachtung; mit den besten Grüßen; **recevez, Madame/Monsieur, mes cordiales ~s** mit freundlichen Grüßen

samba [sɑ̃mba] F Samba f ou m

★**samedi** [samdi] M all Nord Sonnabend m; all Sud Samstag m

samouraï [samuʀaj] M Samurai m

SAMU [samy] M ABR ⟨inv⟩ (= service d'aide médicale d'urgence) Notarzt m; Rettungsdienst m

sanction [sɑ̃ksjɔ̃] F ◼ JUR Strafmaßnahme f; Strafe f; Bestrafung f ◼ POL Sanktion f ◼ (≈ approbation) Sanktionierung f, Billigung f **sanctionner** [sɑ̃ksjɔne] VT ◼ (≈ approuver) sanktionieren; billigen ◼ (≈ punir) bestrafen

sandale [sɑ̃dal] F Sandale f **sandalette** [sɑ̃dalɛt] F Sandalette f; leichte Sandale

sandwich [sɑ̃dwi(t)ʃ] M ⟨~(e)s⟩ Sandwich n; belegtes Brötchen

sandwicherie [sɑ̃dwit ʃʀi] F ◼ GASTR boutique Sandwichladen m ◼ GASTR échoppe Sandwichstand m

★**sang** [sɑ̃] M ◼ Blut n; fig **se faire du mauvais** ~ sich (dat) Sorgen machen

sang-froid M (≈ calme) Gelassenheit f

sanglant [sɑ̃glɑ̃] ADJ ⟨-ante [-ɑ̃t]⟩ a. combats blutig

sangle [sɑ̃gl] F Gurt m

sanglier [sɑ̃glije] M Wildschwein n

sanglot [sɑ̃glo] M Schluchzer m **sangloter** [sɑ̃glɔte] VI schluchzen

sanguin [sɑ̃gɛ̃] ADJ ⟨-ine [-in]⟩ ◼ Blut... ◼ tempérament sanguinisch ◼ orange ~e → sanguine

sanguine [sɑ̃gin] F ◼ PEINT Rötel(stift) m; dessin Rötelzeichnung f ◼ BOT Blutorange f, Blutapfelsine f

sanitaire [saniteʀ] ADJ **1** MÉD Gesundheits...; gesundheitspolizeilich **2** ⟨a. subst⟩ installations fpl ~s, appareils mpl ~s sanitäre Einrichtungen fpl
★ **sans** [sɑ̃] **A** PRÉP ohne (+ acc); fam ~ ça, ~ quoi sonst; andernfalls; ~ comprendre ohne zu verstehen; verständnislos **B** CONJ ★ ~ que ... (ne) (+ subj) ohne dass ...
sans-abri [sɑ̃zabʀi] M/F ⟨inv⟩ Obdachlose(r) m/f(m) **sans-cœur** [sɑ̃kœʀ] **A** ADJ ⟨inv⟩ herzlos; gefühllos **B** M/F ⟨inv⟩ herzloser, gefühlloser Mensch **sans-emploi** [sɑ̃zɑ̃plwa] M/F ⟨inv⟩ Stellungs-, Arbeitslose(r) m/f(m) **sans-fil** [sɑ̃fil] M ⟨inv⟩ schnurloses Telefon **sans-gêne** [sɑ̃ʒɛn] **A** M ⟨inv⟩ Frechheit; Dreistigkeit f, Unverfrorenheit f **B** M/F ⟨inv⟩ freche, dreiste Person **sans-logis** [sɑ̃lɔʒi] M/F ⟨inv⟩ Obdachlose(r) m/f(m) **sans-papiers** [sɑ̃papje] MPL illegale Einwanderer mpl (ohne Papiere) **sans-plomb** [sɑ̃plɔ̃] M ⟨inv⟩ bleifreies Benzin **sans-travail** [sɑ̃tʀavaj] M/F ⟨inv⟩ Arbeitslose(r) m/f(m)
★ **santé** [sɑ̃te] F Gesundheit f; à votre ~! auf Ihr Wohl!; zum Wohl!; prosit!; fam prost!; **être en bonne** ~ gesund, bei guter Gesundheit sein
santon [sɑ̃tɔ̃] M (provenzalische) Krippenfigur f
saoudien [saudjɛ̃] ⟨-ienne [-jɛn]⟩ **A** ADJ saudi-arabisch **B** M/F **Saoudien(ne)** Saudi-Araber(in) m(f); Saudi m
saper [sape] VT **1** CONSTR unterhöhlen; eau:, rive unterspülen **2** fig untergraben
sapeur-pompier M Feuerwehrmann m; **sapeurs-pompiers** pl a. Feuerwehr f
saphir [safiʀ] M Saphir m
★ **sapin** [sapɛ̃] M Tanne f
sarcasme [saʀkasm] M Sarkasmus m
sarcastique [saʀkastik] ADJ sarkastisch
Sardaigne [saʀdɛɲ] F **la** ~ Sardinien n
sarde [saʀd] **A** ADJ sardinisch; sardisch **B** SUBST **1 Sarde** m/f Sardinier(in) m(f); Sarde m, Sardin f LING **le** ~ das Sardische; Sardisch n
sardine [saʀdin] F Sardine f
SARL [ɛsɑɛʀɛl] F ABR ⟨inv⟩ (= société à responsabilité limitée) → société
sarrasin [saʀazɛ̃] M BOT Buchweizen m
★ **Sarre** [saʀ] F **la** ~ das Saarland
sas [sas] M **1** TECH Luftschleuse f **2** d'une écluse Schleusenkammer f
Satan [satɑ̃] M (der) Satan
satané [satane] fam ADJ ⟨~e⟩ verdammt; fam verflixt
satanique [satanik] ADJ teuflisch
★ **satellite** [satelit] M **1** ASTRON a. ESPACE Satellit m; Trabant m **2** ⟨adjt⟩ par ext **ville** f ~ Trabantenstadt f
satin [satɛ̃] M TEXT Satin m; Atlas m **satiné** [satine] ADJ ⟨~e⟩ seidig
satire [satiʀ] F Satire f
satisfaction [satisfaksjɔ̃] F **1** (≈ contentement) Zufriedenheit f; **donner** ~ à qn j-n zufriedenstellen **2** d'un besoin, désir Befriedigung f **3** (≈ réparation) Genugtuung f
satisfaire [satisfɛʀ] ⟨→ faire⟩ **A** VT **1** personne zufrieden stellen; befriedigen **2** besoin, curiosité befriedigen; attente, désir erfüllen; faim, soif stillen **B** VT INDIR ~ à qc e-r Sache (dat) genügen, gerecht werden **C** V/PR **1 se** ~ sexuellement sich befriedigen **2 se** ~ **de peu** sich mit wenig(em) zufriedengeben ★ **satisfaisant** [satisfazɑ̃] ADJ ⟨-ante [-ɑ̃t]⟩ befriedigend; zufrieden stellend ★ **satisfait** [satisfɛ] ADJ ⟨-faite [-fɛt]⟩ zufrieden (**de** mit)
saturation [satyʀasjɔ̃] F **1** CHIM, a. du marché Sättigung f; TÉL, a. d'une route Überlastung f **2** fig Übersättigung f **saturé** [satyʀe] ADJ ⟨~e⟩ **1** CHIM, a. marché gesättigt **2** fig personne **être** ~ **de qc** von etw übersättigt sein
Saturne [satyʀn] ASTRON (der) Saturn
★ **sauce** [sos] F Soße f; ~ **tomate** Tomatensoße f
★ **saucisse** [sosis] F Bratwurst f; Würstchen n
★ **saucisson** [sosisɔ̃] M Wurst f; ~ **sec** Dauer-, Hartwurst f; Salami f
★ **sauf**[1] [sof] ADJ ⟨sauve [sov]⟩ **sain et** ~ wohlbehalten; unversehrt; heil
★ **sauf**[2] [sof] PRÉP außer (+ dat); bis auf (+ acc); ~ **que ...** außer dass ...; abgesehen davon, dass ... **2** vorbehaltlich (+ gén)
sauge [soʒ] F Salbei m
saugrenu [sogʀany] ADJ ⟨~e⟩ albern; plus fort unsinnig
saumon [somɔ̃] M Lachs m
saumure [somyʀ] F (Salz)Lake f
sauna [sona] M Sauna f
saupoudrer [supudʀe] VT bestreuen

(de mit)
saurai, saura(s) [sɔʀe, sɔʀa] → savoir¹
saut [so] M 1 Sprung m; **~ périlleux** Salto m; **~ à la perche** Stabhochsprung m; **~ en °hauteur, en longueur** Hoch-, Weitsprung m; fig **faire un ~ chez qn** auf e-n Sprung bei j-m vorbeikommen, -schauen 2 (≈chute) Sturz m; Fall m 3 **au ~ du lit** beim Aufstehen
saute [sot] F **~ de vent** Umschlagen n des Windes; fig **~ d'humeur** plötzlicher Stimmungswechsel
sauté [sote] ADJ ⟨~e⟩ gebraten
saute-mouton [sotmutɔ̃] M Bockspringen n
★**sauter** [sote] A VI 1 obstacle überspringen; springen, setzen über (+ acc) 2 a. mot, a. repas auslassen B VI 1 springen, hüpfen 2 (≈ se précipiter) sich stürzen (**sur** auf + acc) 3 bouton abspringen; vitre zerspringen; bouchon knallen 4 (≈explorer) in die Luft fliegen; explosif hochgehen; **faire ~** a. fig banque sprengen; serrure aufbrechen 5 fam fig avantage wegfallen; **faire ~ amende** aufheben; rückgängig machen 6 CUIS **faire ~** braten 7 paupière, image, a. TV zucken
sauterelle [sotʀɛl] F Heuschrecke f
sautiller [sotije] VI (umher)hüpfen, fam hopsen
★**sauvage** [sovaʒ] A ADJ 1 wild 2 peuplade primitiv 3 (≈illégal) wild; unerlaubt B M/F (≈non-civilisé) Wilde(r) m/f(m) **sauvagement** [sovaʒmɑ̃] ADV brutal; grausam
sauvegarde [sovgaʀd] F 1 Schutz m 2 INFORM Sichern n **sauvegarder** [sovgaʀde] VT 1 schützen; wahren 2 INFORM sichern
sauve-qui-peut [sovkipø] M ⟨inv⟩ wilde Flucht
★**sauver** [sove] A VT retten (**de** vor + dat); par ext **~ les apparences** den Schein wahren B VPR **se ~** 1 (≈s'enfuir) davon-, weglaufen; sich davonmachen 2 fam (≈s'en aller) (weg)gehen 3 fam lait überlaufen, -kochen **sauvetage** [sovtaʒ] M Rettung f **sauveteur** [sovtœʀ] M Retter m
sauvette [sovɛt] **à la ~** COMM schwarz; (≈à la hâte) mit verdächtiger Eile
sauveur [sovœʀ] M 1 Retter m 2 **le Sauveur** der Erlöser, Heiland

SAV [esave] M ABR, **S.A.V.** M (= service après-vente) Kundendienst m
★**savant** [savɑ̃] A ADJ ⟨-ante [-ɑ̃t]⟩ 1 (≈érudit) gelehrt 2 (≈fait avec art) geschickt, gekonnt B M, **savante** F Gelehrte(r) m/f(m); Wissenschaftler(in) m/f(m)
savate [savat] F alter, abgetragener Schuh
saveur [savœʀ] F 1 Geschmack m 2 fig Reiz m
★**savoir¹** [savwaʀ] ⟨je sais; il sait; nous savons; je savais; je sus; je saurai; que je sache; que nous sachions; sachant; su⟩ A VT 1 (≈connaître) wissen; (≈apprendre) erfahren; ★ **tu sais ...** weißt du ...; ★ **vous savez ...** wissen Sie ...; **je sais bien que ...** ich weiß sehr wohl, dass ...; **faire ~ qc à qn** j-m etw mitteilen; j-n etw wissen lassen; **à ~ ...** und zwar ...; nämlich ...; **reste à ~ si ...** es fragt sich noch, ob ...; **il s'agit de ~ si ...** es geht darum, ob ...; (autant que) **je sache** soviel ich weiß; meines Wissens 2 (≈être capable, avoir appris) können; **~ lire, nager, jouer au tennis** lesen, schwimmen, Tennis spielen können B VPR **se ~** (≈être connu) bekannt sein; an den Tag kommen
savoir² M Wissen n
savoir-faire M ⟨inv⟩ Können n; Know-how n **savoir-vivre** M ⟨inv⟩ Lebensart f
★**savon** [savɔ̃] M Seife f **savonner** [savɔne] A VT mit Seife waschen B VPR **se ~** sich einseifen **savonnette** [savɔnɛt] F Toilettenseife f **savonneux** [savɔnø] ADJ ⟨-euse [-øz]⟩ **eau savonneuse** Seifenwasser n
savourer [savuʀe] VT genießen **savoureux** [savuʀø] ADJ ⟨-euse [-øz]⟩ schmackhaft; köstlich
saxophone [saksɔfɔn] M Saxofon n **saxophoniste** [saksɔfɔnist] M/F Saxofonist(in) m/f
scabreux [skabʀø] ADJ ⟨-euse [-øz]⟩ 1 histoire anstößig 2 entreprise heikel
scalpel [skalpɛl] M Skalpell n
scandale [skɑ̃dal] M 1 Skandal m 2 **faire du ~** Krach schlagen **scandaleux** [skɑ̃dalø] ADJ ⟨-euse [-øz]⟩ skandalös **scandaliser** [skɑ̃dalize] A VT empören B VPR **se ~** Anstoß nehmen (**de** an + dat); sich entrüsten (**über** + acc)

scandinave [skɑ̃dinav] **A** ADV skandinavisch **B** M/F **Scandinave** Skandinavier(in) m(f)
Scandinavie [skɑ̃dinavi] F **la ~** Skandinavien n
scanner¹ [skanɛʀ] M **1** TECH Scanner ['skɛnɐ] m; **~ corporel** Körperscanner m; fam Nacktscanner m **2** MÉD Computertomograf m
scanner² [skane] VT scannen
sceau [so] M ⟨~x⟩ Siegel n
sceller [sele] VT **1** amitié, pacte besiegeln **2** CONSTR eingipsen; einzementieren
scénario [senarjo] M **1** FILM Drehbuch n **2** fig Szenario n; Handlungsschema n
★**scène** [sɛn] F **1** THÉ, a. fig Bühne f; **mettre en ~** THÉ inszenieren; a. FILM Regie führen (qc bei etw) **2** THÉ a. FILM, a. fig Szene f; Auftritt m **3** (≈ dispute) Szene f; **~ de ménage** Ehekrach m; **faire une ~ à qn** j-m e-e Szene machen
sceptique [sɛptik] **A** ADJ skeptisch **B** M/F Skeptiker(in) m(f)
schéma [ʃema] M Schema n **schématique** [ʃematik] ADJ a. péj schematisch **schématiser** [ʃematize] VT schematisch darstellen; a. péj schematisieren
schizophrène [skizɔfʀɛn] **A** ADJ schizophren **B** M/F Schizophrene(r) m/f(m)
schizophrénie [skizɔfʀeni] F Schizophrenie f
★**scie** [si] F Säge f
sciemment [sjamɑ̃] ADV wissentlich
★**science** [sjɑ̃s] F **1** Wissenschaft f; **~s naturelles** Naturwissenschaften fpl; matière enseignée Biologie f **2** (≈ savoir) Wissen n; (Er)Kenntnis f
science-fiction F Sciencefiction f
★**scientifique** [sjɑ̃tifik] **A** ADJ wissenschaftlich; Wissenschafts... **B** M/F Wissenschaftler(in) m(f)
scier [sje] VT bois, etc (zer)sägen; branche absägen
scinder [sɛ̃de] VT (& VPR) **(se) ~** (sich) (auf)spalten (**en** in + acc)
scintillant [sɛ̃tijɑ̃] ADJ ⟨-ante [-ɑ̃t]⟩ funkelnd; glitzernd; schimmernd; flimmernd
scintillement [sɛ̃tijmɑ̃] M **1** d'étoiles Funkeln n; Glitzern n; Schimmern n; Flimmern n **2** TV Flimmern n **scintiller** [sɛ̃tije] VI funkeln; glitzern
scission [sisjɔ̃] F Spaltung f

scolaire [skɔlɛʀ] ADJ Schul...; **année** f **~** Schuljahr n **scolarisation** [skɔlaʀizasjɔ̃] F Einschulung f **scolariser** [skɔlaʀize] VT einschulen
scoop [skup] fam M Knüller m; Scoop m
scooter [skutœʀ, -tɛʀ] M (Motor)Roller m
score [skɔʀ] M SPORTS (Spiel)Stand m
scorpion [skɔʀpjɔ̃] M **1** ZOOL Skorpion m **2** ASTROL **Scorpion** Skorpion m
scotch® M ruban adhésif Klebeband n, ≈ Tesafilm® m
scout [skut] M Pfadfinder m
script [skʀipt] M **1** écrire **en ~** in Blockschrift **2** (≈ scénario) Skript n
scrupule [skʀypyl] M Skrupel m **scrupuleux** [skʀypylø] ADJ ⟨-euse [-øz]⟩ gewissenhaft
scruter [skʀyte] VT eingehend untersuchen, erforschen; horizon absuchen
scrutin [skʀytɛ̃] M Wahl f; **~ majoritaire, proportionnel** Mehrheits-, Verhältniswahl f
sculpter [skylte] VT statue in Stein hauen; (aus)meißeln; sur bois, ivoire schnitzen; bloc de pierre behauen ★**sculpteur** [skyltœʀ] M, **sculptrice** [skyltʀis] F Bildhauer(in) m(f) ★**sculpture** [skyltyʀ] F art Bildhauerei f; Skulptur f; **~ sur bois** Holzschnitzerei f
SDF [ɛsdeɛf] M/F ABR ⟨inv⟩ (= sans domicile fixe) Obdachlose(r) m/f(m)
★**se** [s(ə)] PR PERS ⟨vor Vokal und stummem h **s'**⟩ réfléchi et réciproque sich (acc et dat)
★**séance** [seɑ̃s] F **1** (≈ réunion) Sitzung f **2** FILM Vorstellung f
séant [seɑ̃] M **se dresser, se mettre sur son ~** sich aufsetzen; sich aufrichten
★**seau** [so] M ⟨~x⟩ Eimer m
★**sec** [sɛk] **A** ADJ ⟨**sèche** [sɛʃ]⟩ **1** trocken; peau, cheveux a. spröde; branche, feuille dürr; aliments getrocknet; fam fig **être à sec** fam blank sein **2** fig vin trocken; herb; bruit, coup kurz (und heftig) **3** fig personne trocken; hager **4** fig réponse, ton schroff **B** ADV frapper kräftig; fam **aussi sec** sofort; auf der Stelle
sécession [sesesjɔ̃] F Abspaltung f; Sezession f; **faire ~** sich abspalten
séchage [seʃaʒ] M Trocknen n
sèche-cheveux [sɛʃʃəvø] M ⟨inv⟩ Föhn m **sèche-linge** M ⟨inv⟩ Wäschetrockner m
sèchement [sɛʃmɑ̃] ADV schroff

sécher [seʃe] ⟨-è-⟩ **A** VT **1** trocknen; *froid: peau* austrocknen **2** *fam* élève ~ **un cours** e-e Stunde schwänzen **B** VI *linge, peinture, etc* trocknen; trocken werden; *sol* austrocknen; *récolte* ~ **sur pied** verdorren; vertrocknen **C** VPR **se** ~ sich (ab)trocknen

sécheresse [seʃRES] F **1** *a. fig du style* Trockenheit f; Dürre f **2** *fig* (≈ dureté) Schroffheit f

séchoir [seʃwaR] M **1** *à linge* Wäschetrockner m **2** *à cheveux* Föhn m, Haartrockner m

second [s(ə)gɔ̃] **A** NUM ⟨~e [s(ə)gɔ̃d]⟩ zweite **B** M **1 le** ~, **la** ~**e** der, die, das Zweite **2** ⟨m⟩ étage **au** ~ im zweiten Stock **3** ~(**e**) m(f) (≈ adjoint(e)) Stellvertreter(in) m(f); Assistent(in) m(f) **C** F **1** ~**e** ÉCOLE zehnte Klasse **2** ~**e** CH DE FER zweite Klasse **3** ~**e** AUTO zweiter Gang

secondaire [s(ə)gɔ̃dɛR] ADJ **1** nebensächlich, Neben...; sekundär; **effets** *mpl* ~**s** Nebenwirkungen *fpl* **2** (**enseignement** *m*) ~ *m* höheres Schulwesen

★**seconde**[1] [s(ə)gɔ̃d] F Sekunde f

★**seconde**[2] [s(ə)gɔ̃d] ADJ/SUBST → second

seconder [s(ə)gɔ̃de] VT ~ **qn** j-m zur Hand gehen; MÉD j-m assistieren

★**secouer** [s(ə)kwe] **A** VT *a. tête* schütteln; *chiffon* ausschütteln; *poussière, a. fig* abschütteln **B** VPR **1 se** ~ *chien* sich schütteln **2** *fam* **secoue-toi!** rühr dich!; tu was!

secourir [s(ə)kuRiR] VT ⟨→ *courir*⟩ Hilfe leisten (**qn** j-m) **secourisme** [s(ə)kuRism] M Erste Hilfe **secouriste** [s(ə)kuRist] M/F Helfer(in) m(f); Sanitäter(in) m(f)

★**secours** [s(ə)kuR] M **1** Hilfe f **2** ⟨*pl*⟩ *a.* Hilfsdienst m, -mannschaft(en) f(pl); **premiers** ~ Erste Hilfe **3** **sortie** f **de** ~ Notausgang m; **au** ~! Hilfe!; **appeler au** ~ um Hilfe rufen **4** *matériel, financier* Unterstützung f; Hilfe f

secousse [s(ə)kus] F **1** Stoß m **2** *fig* Schlag m

★**secret** [səkRɛ] **A** ADJ ⟨secrète [səkRɛt]⟩ geheim **B** M Geheimnis n; **en** ~ heimlich

★**secrétaire**[1] [s(ə)kRetɛR] M/F Sekretär(in) m(f)

secrétaire[2] [s(ə)kRetɛR] ⟨m⟩ *meuble* Sekretär m

secrétariat [s(ə)kRetaRja] M *service* Sekretariat n

secte [sɛkt] F Sekte f

secteur [sɛktœR] M **1** ADMIN Bezirk m; Sektor m; *par ext, a. fam* Gegend f **2** ÉCON (Wirtschafts)Sektor m, (Wirtschafts)Bereich m **3** ÉLEC (Strom)Netz n **4** MATH Sektor m

section [sɛksjɔ̃] F **1** MATH Schnitt m **2** TECH Querschnitt m **3** ADMIN Abteilung f; Sektion f

sectionner [sɛksjɔne] **A** VT **1** durchschneiden; durch-, abtrennen **2** *fig* aufteilen (**en** in + *acc*) **B** VPR *câble* **se** ~ reißen

sécu [seky] *fam* F ABR → sécurité **2** ★**sécurité** [sekyRite] F **1** Sicherheit f; ~ **routière** Verkehrssicherheit f **2** ★ **Sécurité sociale** (französische) Sozialversicherung

sédatif [sedatif] M Beruhigungsmittel n

sédiment [sedimɑ̃] M GÉOL *a.* MÉD Sediment n; Ablagerung f

séduction [sedyksjɔ̃] F Verführung f; *fig a.* Verlockung f

séduire [sedɥiR] VT ⟨→ *conduire*⟩ **1** *femme* verführen **2** *fig* (≈ *attirer*) verlocken **séduisant** [sedɥizɑ̃] ADJ ⟨-ante [-ɑ̃t]⟩ verführerisch; bezaubernd

segment [sɛgmɑ̃] M MATH, BIOL, *a. fig* Segment n

ségrégation [segRegasjɔ̃] F ~ **raciale** Rassentrennung f

seiche [sɛʃ] F Tintenfisch m

seigle [sɛgl] M Roggen m

seigneur [sɛɲœR] M **1** HIST Lehns-, Grundherr m **2** REL **le Seigneur** der Herr

★**sein** [sɛ̃] M **1** *d'une femme* Brust f; ~**s** *pl* Busen m **2** *fig* Schoß m; **au** ~ **de** innerhalb (+ *gén*)

Seine [sɛn] F **la** ~ die Seine

séisme [seism] M Erdbeben n

★**seize** [sɛz] **A** NUM sechzehn **B** M ⟨*inv*⟩ Sechzehn f ★ **seizième** [sɛzjɛm] NUM sechzehnte

★**séjour** [seʒuR] M **1** Aufenthalt m **2** (**salle** f **de**) ~ Wohnzimmer n **séjourner** [seʒuRne] VI sich aufhalten

★**sel** [sɛl] M **1** *a.* CHIM Salz n **2** *fig* (feiner) Witz

sélecteur [selɛktœR] M AUTO Wählhebel m; *d'une moto* Fußschalthebel m; ÉLEC

Wählschalter m; *d'un lave-linge* Programmtaste f

sélection [selɛksjɔ̃] F a. SPORTS équipe Auswahl f **sélectionner** [selɛksjɔne] V/T auswählen

★ **self** [sɛlf] fam M ABR (= self-service) Selbstbedienungsrestaurant n

self-service [sɛlfsɛʀvis] M ⟨~s⟩ Selbstbedienungsrestaurant n; Selbstbedienungsladen m

selle [sɛl] F ❶ Sattel m ❷ ~s pl Stuhlgang m

sellette [sɛlɛt] F **être sur la ~** im Blickpunkt stehen

★ **selon** [s(ə)lɔ̃] PRÉP gemäß, entsprechend, (je) nach, zufolge (+ dat); **~ moi** meines Erachtens; fam **c'est ~** je nachdem

★ **semaine** [s(ə)mɛn] F Woche f; **la ~ sainte** die Karwoche; **en ~** unter der Woche; wochentags

semblable [sɑ̃blabl] A ADJ ❶ (≈ analogue) ähnlich (à dat) ❷ (≈ tel) derartige; solche B M ❶ (≈ personne comparable) **son ~** seinesgleichen ❷ (≈ prochain) **ses ~s** s-e Mitmenschen mpl

semblant [sɑ̃blɑ̃] M **un ~ de ...** ein Anschein von ...; ★ **il fait ~ de dormir** er tut so, als ob er schliefe; ou fam schläft; er stellt sich schlafend; **ne faire ~ de rien** sich (dat) nichts anmerken lassen

★ **sembler** [sɑ̃ble] A V/I scheinen B V/IMP **il me semble inutile de** (+ inf) es scheint mir unnötig zu (+ inf); **il (me) semble que** (+ ind ou + subj) es scheint ou mir scheint, (dass) ...

semelle [s(ə)mɛl] F (Schuh)Sohle f

semence [s(ə)mɑ̃s] F Samen m

★ **semer** [s(ə)me] V/T ⟨-è-⟩ ❶ AGR (aus-, an)säen ❷ (≈ répandre) (aus)streuen ❸ fig terreur, faux bruits verbreiten; discorde säen ❹ fam **~ qn** fam j-n abhängen

semestre [s(ə)mɛstʀ] M Halbjahr n; UNIVERSITÉ Semester n

séminaire [seminɛʀ] M Seminar n

semi-remorque [səmiʀ(ə)mɔʀk] M ⟨~s⟩ Sattelschlepper m

semoule [s(ə)mul] F Grieß m

sempiternel [sɑ̃pitɛʀnɛl, sɛ̃-] ADJ ⟨~le⟩ dauernd

Sénat [sena] M Senat m **sénateur** [senatœʀ] M Senator m

sénile [senil] ADJ senil **sénilité** [senilite] F Senilität f

senior [senjɔʀ] M ❶ SPORTS Senior m ❷ ⟨adj⟩ catégorie ~ Seniorenklasse f

★ **sens**[1] [sɑ̃s] M ❶ Sinn m; par ext **le bon ~**, **le ~ commun** der gesunde Menschenverstand ❷ (≈ signification) Sinn m, Bedeutung f

★ **sens**[2] [sɑ̃s] M (≈ direction) Richtung f; ★ **~ interdit** Verbot n der Einfahrt; ★ **(rue f à) ~ unique** Einbahnstraße f; **dans tous les ~** kreuz und quer; nach allen Seiten; **en ~ inverse** in der Gegenrichtung; **~ dessus dessous** [sɑ̃dsydsu] völlig durcheinander; in völliger Unordnung

sens[3] [sɑ̃] → sentir

sensation [sɑ̃sasjɔ̃] F ❶ (≈ perception) Empfindung f; (≈ émotion) Gefühl n ❷ (≈ forte impression) Sensation f; **faire ~** Aufsehen erregen; e-e Sensation sein

sensationnel [sɑ̃sasjɔnɛl] ADJ ⟨~le⟩ aufsehenerregend; sensationell

sensé [sɑ̃se] ADJ ⟨~e⟩ vernünftig

sensibiliser [sɑ̃sibilize] V/T a. MÉD, PHOT sensibilisieren (**qn à qc** j-n für etw)

sensibilité [sɑ̃sibilite] F *d'une personne* Sensibilität f; Empfindsamkeit f; Feinfühligkeit f ❷ TECH Empfindlichkeit f

sensible [sɑ̃sibl] ADJ ❶ empfindlich ❷ (≈ impressionnable) sensibel; empfindsam; **~ à la flatterie** empfänglich für Schmeicheleien ❸ appareil empfindlich; PHOT lichtempfindlich ❹ progrès, baisse fühlbar; spürbar ❺ (≈ délicat) dossier heikel **sensiblement** [sɑ̃siblamɑ̃] ADV ❶ (≈ notablement) fühlbar; spürbar ❷ (≈ à peu près) etwa; ungefähr

sensualité [sɑ̃sɥalite] F Sinnlichkeit f **sensuel** [sɑ̃sɥɛl] ADJ ⟨~le⟩ sinnlich

sentence [sɑ̃tɑ̃s] F Urteil(sspruch) n(m)

sentier [sɑ̃tje] M Fußweg m; Pfad m

★ **sentiment** [sɑ̃timɑ̃] M ❶ Gefühl n ❷ (≈ opinion) Meinung f **sentimental** [sɑ̃timɑ̃tal] ADJ ⟨~e; -aux [-o]⟩ ❶ (≈ affectif) Gefühls...; personne gefühlsbetont, gefühlvoll ❷ souvent péj sentimental

★ **sentir** [sɑ̃tiʀ] ⟨je sens; il sent; nous sentons; je sentais; je sentis; je ~ai; que je sente; sentant; senti⟩ A V/T ❶ fühlen; (ver)spüren; empfinden ❷ (≈ flairer) riechen ❸ (≈ répandre une odeur) **~ qc** nach etw riechen; **~ bon** gut riechen; duften B V/PR ★ **se ~ bien** sich wohlfühlen; **cela se sent** das merkt, spürt, fühlt man

séparation [separasjɔ̃] F Trennung f; ~

de biens Gütertrennung f; **la ~ de l'Allemagne** die deutsche Teilung
séparément [sepaʀemã] ADV getrennt; gesondert
★**séparer** [sepaʀe] A V/T trennen B V/PR ★ **se ~ sich trennen** (de qn, qc von j-m, etw); auseinandergehen
★**sept** [sɛt] A NUM sieben B M ⟨inv⟩ Sieben f **septante** [sɛptɑ̃t] NUM en Belgique et en Suisse siebzig
★**septembre** [sɛptɑ̃bʀ] M September m
septennat [sɛptena] M siebenjährige Amtszeit des frz Staatspräsidenten bis 2002
★**septième** [sɛtjɛm] A NUM sieb(en)te B M/F **le, la ~** der, die das Sieb(en)te C M MATH Sieb(en)tel n
septuagénaire [sɛptyaʒenɛʀ] M/F Siebzigjährige(r) m/f(m)
séquelles [sekɛl] FPL (Spät)Folgen fpl
séquence [sekɑ̃s] F Sequenz f; Folge f
séquestration [sekɛstʀasjɔ̃] F Freiheitsberaubung f **séquestrer** [sekɛstʀe] V/T (widerrechtlich) einsperren
serai [s(ə)ʀe], **sera(s)** [s(ə)ʀa] → être¹
serbe [sɛʀb] A ADJ serbisch B SUBST 1 **Serbe** m/f Serbe m, Serbin f 2 LING **le ~ das Serbische**; Serbisch n
Serbie [sɛʀbi] F **la ~** Serbien n
serbo-croate [sɛʀbokʀɔat] A ADJ serbo-kroatisch B SUBST LING **le ~ das Serbokroatische**; Serbokroatisch n
serein [saʀɛ̃] ADJ ⟨-eine [-ɛn]⟩ 1 (≈ calme) ruhig; personne ausgeglichen 2 temps, ciel heiter **sérénité** [seʀenite] F Ruhe f; Ausgeglichenheit f
★**série** [seʀi] F a. MATH Reihe f; a. TV Serie f; **en ~** serienmäßig; in Serie; Serien...; °**hors ~** in Sonderanfertigung hergestellt; fig außergewöhnlich
sérieusement [seʀjøzmã] ADV 1 (≈ sans plaisanter) im Ernst 2 (≈ gravement) ernstlich 3 (≈ consciencieusement) ernsthaft; travailler gewissenhaft
★**sérieux** [seʀjø] A ADJ ⟨-euse [-øz]⟩ 1 (≈ grave) ernst 2 (≈ important) bedeutend; groß; raisons gewichtig 3 (≈ consciencieux) zuverlässig; a. travail gewissenhaft B M Ernst m; **garder son ~** ernst bleiben; **prendre qn, qc au ~** j-n, etw ernst nehmen
seringue [s(ə)ʀɛ̃g] F MÉD Spritze f
serment [sɛʀmã] M a. JUR Eid m; Schwur m; **prêter ~** e-n Eid leisten, ablegen
sermon [sɛʀmɔ̃] M 1 ÉGL Predigt f 2 péj Straf-, Moralpredigt f
séropositif [seʀopozitif] ADJ ⟨-ive [-iv]⟩ HIV-positiv
serpent [sɛʀpɑ̃] M ZOOL Schlange f
serpentin [sɛʀpɑ̃tɛ̃] M Papierschlange f
serpillière [sɛʀpijɛʀ] F Scheuertuch n
serre [sɛʀ] F Gewächs-, Treibhaus n
serré [seʀe] ADJ ⟨~e⟩ vêtement eng, knapp; gens **être ~s** dicht gedrängt stehen
serrer [seʀe] A V/T 1 zusammendrücken; dans sa main festhalten; sous son bras klemmen; dans un étau spannen; dents zusammenbeißen; lèvres zusammenkneifen; poings ballen; fig gorge zuschnüren; vêtement **~ qn** j-m zu eng sein; spannen; chaussures drücken; ★ **~ la main à qn** j-m die Hand geben, drücken; **~ qn dans ses bras** j-n in die Arme schließen 2 nœud fest-, zuziehen; ceinture enger machen, schnallen; vis, frein anziehen B V/I **~ à droite** sich rechts halten C V/PR 1 cœur **se ~** sich zusammenschnüren 2 **se ~ contre qn** sich an j-n anschmiegen; réciproquement **se ~** sich (zusammen)drängen; zusammenrücken
serrure [seʀyʀ] F Schloss n **serrurier** [seʀyʀje] M Schlosser m
sers, sert [sɛʀ] → servir
sérum [seʀɔm] M Serum n
servante [sɛʀvãt] F Magd f
serveur [sɛʀvœʀ] M 1 (= garçon) Kellner m 2 TENNIS Aufschläger m 3 INFORM organisme Provider m; ordinateur Server m
★**serveuse** [sɛʀvøz] F Kellnerin f
serviable [sɛʀvjabl] ADJ hilfsbereit; gefällig
★**service** [sɛʀvis] M 1 Dienst m; ÉCON **~s** pl Dienstleistungen fpl; secteur Dienstleistungsgewerbe n; **être de ~** Dienst haben; im Dienst sein; **je suis à votre ~** ich stehe zu Ihren Diensten; **rendre (un) ~ à qn** j-m e-n Dienst, e-e Gefälligkeit erweisen; j-m e-n Gefallen tun; chose **rendre de grands ~s à qn** j-m gute Dienste leisten, tun 2 ★ **~ (militaire)** Wehr-, Militärdienst m 3 dans un restaurant, etc Bedienung f; Service m; **~ compris** einschließlich Bedienung 4 TECH **en ~** in Betrieb;

mettre en ~ in Betrieb nehmen; **°hors ~** außer Betrieb 5 *vaisselle* Service n 6 *d'une entreprise* Abteilung f; ADMIN Dienststelle f; Behörde f; *d'un hôpital* Station f 7 TENNIS Aufschlag m; Service m ou n

★**serviette**[1] [sɛʀvjɛt] F̄ 1 **~ (de toilette)** Handtuch n 2 **~ (de table)** Serviette f; **~ en papier** Papierserviette f 3 **~ hygiénique** Damenbinde f

★**serviette**[2] [sɛʀvjɛt] F̄ 1 *pour documents* Aktentasche f, Mappe f 2 *pour l'école* Schultasche f

★**servir** [sɛʀviʀ] ⟨je sers; il sert; nous servons; je servais; je servis; je ~ai; que je serve; servant; servi⟩ A VT 1 dienen (+ *dat*) 2 **~ qn** j-n bedienen 3 *repas, plat* servieren; *st/s* auftragen; **~ qc à qn** j-m etw servieren, vorsetzen; **~ à boire** Getränke servieren 4 TENNIS **~ (la balle)** (den Ball) aufschlagen B VT INDIR **~ à qn** j-m nützen, **~ à (faire) qc** zu etw dienen 5 **~ de** dienen als C V/PR 1 **se ~** sich bedienen; ★**servez-vous!** bedienen Sie sich!; greifen Sie zu! 2 **se ~ de qc** etw benutzen, gebrauchen, verwenden; **se ~ de qn** sich j-s bedienen

serviteur [sɛʀvitœʀ] M̄ Diener m

ses [se] → **son**[1]

session [sɛsjɔ̃] F̄ 1 *d'une assemblée* Sitzungsperiode f 2 *d'un examen* **~ de juin** Junitermin m 3 INFORM Sitzung f

set [sɛt] M̄ 1 TENNIS Satz m 2 **set (de table)** Set n

seuil [sœj] M̄ 1 (Tür)Schwelle f 2 *fig* Schwelle f

★**seul** [sœl] A ADJ ⟨~e⟩ 1 (≈ *solitaire*) allein; einsam; **parler tout ~** Selbstgespräche führen 2 (≈ *unique*) einzig B ADV I allein; nur C M/F **un ~, une ~e** ein Einziger, e-e Einzige; **le ~, la ~e** der, die, das Einzige

★**seulement** [sœlmɑ̃] ADV 1 nur; bloß; **non ~ ... mais aussi, encore ...** nicht nur ..., sondern auch ... 2 *temporel* erst 3 **(ne ...) pas ~** nicht einmal

★**sévère** [sevɛʀ] ADJ 1 (≈ *dur, austere*) streng; *critique* hart 2 (≈ *grave*) *pertes, défaite* schwer **sévérité** [severite] F̄ Strenge f

sévices [sevis] MPL Misshandlungen fpl

sévir [seviʀ] VI 1 **~ contre** mit aller Strenge vorgehen gegen; hart durchgreifen (gegen) 2 *épidémie* grassieren; *tempête, voyous* wüten

sexagénaire [sɛksaʒenɛʀ] M/F Sechzigjährige(r) m/f(m)

★**sexe** [sɛks] M̄ 1 Geschlecht n 2 *organes* Geschlechtsteile pl 3 (≈ *sexualité*) Sex m

sexiste [sɛksist] A ADJ sexistisch B M/F Sexist(in) m(f)

sexualité [sɛksyalite] F̄ Sexualität f

sexuel [sɛksyɛl] ADJ ⟨~le⟩ geschlechtlich; Geschlechts...

seyant [sɛjɑ̃] ADJ ⟨~ante [-ɑ̃t]⟩ passend, gut sitzend

★**shampo(o)ing** [ʃɑ̃pwɛ̃] M̄ *produit* Shampoo(n.) n

shérif [ʃeʀif] M̄ Sheriff m

shopping [ʃɔpiŋ] M̄ **faire du ~** e-n Einkaufsbummel machen

★**short** [ʃɔʀt] M̄ Shorts pl; kurze Hose

★**si**[1] [si] CONJ ⟨*vor il, ils* s'⟩ 1 (≈ *au cas où*) wenn, falls; **s'il vous plaît, s'il te plaît** bitte; **si ce n'est que** außer dass 2 dass 3 ob; **je ne sais pas si elle viendra** ich weiß nicht, ob sie kommt; **comme si** als ob; **vous pensez s'il a été content!** und ob er sich gefreut hat!

si[2] [si] ADV (≈ *tellement*) so; **pas si vite!** nicht so schnell!

si[3] M̄ ⟨*inv*⟩ MUS h ou H n

siamois [sjamwa] ADJ ⟨-oise [-waz]⟩ siamesisch; **chat ~** Siamkatze f

Sibérie [siberi] F̄ **la ~** Sibirien n

Sicile [sisil] F̄ **la ~** Sizilien n

★**sida** [sida] M̄ ABR (= *syndrome immunodéficitaire acquis*) Aids m

sidérer [sideʀe] *fam* VT ⟨-è-⟩ völlig verblüffen

★**siècle** [sjɛkl] M̄ Jahrhundert n

★**siège** [sjɛʒ] M̄ 1 *a. d'un organisme, d'une douleur, à une assemblée* Sitz m; **~ social** Firmensitz m 2 ÉGL Stuhl m 3 MIL Belagerung f **siéger** [sjeʒe] VI ⟨-è-; -ge-⟩ 1 *assemblée* tagen 2 *député* e-n Sitz haben, sitzen (à in + *dat*)

★**sien** [sjɛ̃] A PR POSS ⟨~ne [sjɛn]⟩ **le ~, la ~ne** der, die, das seine; seine(r, -s); *possesseur féminin* der, die, das ihre; ihre(r, -s) B SUBST **y mettre du ~** das Seine ou Ihre, sein(en) ou ihr(en) Teil dazu beitragen

sieste [sjɛst] F̄ Mittagsschlaf m

sifflement [sifləmɑ̃] M̄ Pfeifen n

★**siffler** [sifle] A VT 1 *air, chanson* pfeifen

sifflet – site

2 orateur, pièce auspfeifen **B** V/I a. oiseau, vent, balle pfeifen; serpent, vapeur zischen ★ **sifflet** [siflɛ] M **1** instrument Pfeife f; **coup m de ~** Pfiff m **2** ⟨pl⟩ ~s (= huées) Pfiffe mpl; Pfeifkonzert n **siffloter** [siflɔte] V/I et V/I (leise) vor sich (acc) hin pfeifen

sigle [sigl] M (aus den Initialen bestehende) Abkürzung f

signal [siɲal] M ⟨-aux [-o]⟩ a. CH DE FER Signal n; Zeichen n; **~ d'alarme** CH DE FER Notbremse f; contre le vol Alarmanlage f

signaler [siɲale] **A** V/I **1** (= indiquer) anzeigen; signalisieren **2** (= faire remarquer) **~ qc à qn** j-n auf etw (acc) hinweisen; j-m etw mitteilen, melden **B** V/PR **se ~** sich hervortun, sich auszeichnen (**par** durch)

signalisation [siɲalizasjɔ̃] F routière Be-, Ausschilderung f

★ **signature** [siɲatyʀ] F (= nom) Unterschrift f

★ **signe** [siɲ] M **1** Zeichen n; MATH a. Vorzeichen n; ASTROL Sternzeichen n, -bild n; **en ~ de** zum, als Zeichen (+ gén); **sous le ~ de** im Zeichen (+ gén) **2** (= geste) Wink m; ★ **faire ~ à qn** j-m winken; pour dire bonjour j-m zuwinken; par ext zeichen bei j-m melden

★ **signer** [siɲe] **A** V/I document, contrat unterschreiben, unterzeichnen; œuvre signieren **B** V/PR **se ~** sich bekreuzigen

signet [siɲɛ] M **1** Buch-, Lesezeichen n **2** INFORM Bookmark n ou f

significatif [siɲifikatif] ADJ ⟨-ive [-iv]⟩ bezeichnend (**de** für)

signification [siɲifikasjɔ̃] F Bedeutung f; Sinn m

signifier [siɲifje] V/I **1** (= vouloir dire) bedeuten **2** (= faire savoir) mitteilen, bekannt geben (**qc à qn** j-m etw)

★ **silence** [silɑ̃s] M Schweigen n; d'un endroit Stille f; **~!** Ruhe!

★ **silencieux** [silɑ̃sjø] **A** ADJ ⟨-euse [-øz]⟩ still; (= taciturne) schweigsam **B** M TECH Schalldämpfer m

silhouette [silwɛt] F **1** Silhouette f; Umrisse mpl **2** d'une personne Figur f

silicone [silikon] F Silikon n

sillonner [sijɔne] V/I bateau: mer durchpflügen; routes: pays durchziehen

similaire [similɛʀ] ADJ gleichartig

similitude [similityd] F Ähnlichkeit f

★ **simple** [sɛ̃pl] **A** ADJ einfach; méthode a. simpel; style, robe, etc a. schlicht **B** M TENNIS Einzel n

simplement [sɛ̃pləmɑ̃] ADV einfach **simplicité** [sɛ̃plisite] F **1** Einfachheit f; d'une personne a. (= naturel) Natürlichkeit f; (= modestie) Anspruchslosigkeit f

simplification [sɛ̃plifikasjɔ̃] F Vereinfachung f **simplifier** [sɛ̃plifje] **A** V/I vereinfachen **B** V/PR **se ~** einfacher werden

simpliste [sɛ̃plist] ADJ zu einfach; zu einseitig

simulation [simylasjɔ̃] F **1** Verstellung f **2** TECH Simulation f **simuler** [simyle] V/I **1** (= feindre) vortäuschen; heucheln; maladie a. simulieren **2** TECH simulieren

simultané [simyltane] ADJ ⟨~e⟩ gleichzeitig, simultan **simultanéité** [simyltaneite] F Gleichzeitigkeit f

sincère [sɛ̃sɛʀ] ADJ aufrichtig; ehrlich **sincérité** [sɛ̃seʀite] F Aufrichtigkeit f; Ehrlichkeit f

singe [sɛ̃ʒ] M ZOOL Affe m **singeries** [sɛ̃ʒʀi] FPL Grimassen fpl; Faxen fpl

singulariser [sɛ̃gylaʀize] V/PR **se ~** auffallen; von den anderen abstechen

singularité [sɛ̃gylaʀite] F **1** (= particularité) Eigenart f; Eigenheit f **2** (= étrangeté) Eigenartigkeit f

★ **singulier** [sɛ̃gylje] **A** ADJ ⟨-ière [-jɛʀ]⟩ eigentümlich; sonderbar **B** M GRAM Singular m **singulièrement** [sɛ̃gyljɛʀmɑ̃] ADV **1** (= très) ungemein; überaus **2** (= bizarrement) eigenartig

sinistre¹ [sinistʀ] ADJ unheimlich

sinistre² [sinistʀ] M (Brand-, Flut-, Erdbeben)Katastrophe f **sinistré** [sinistʀe] ADJ ⟨~e⟩ von e-r Katastrophe heimgesucht; **région ~e** Katastrophengebiet n

★ **sinon** [sinɔ̃] CONJ **1** (= autrement) sonst; ander(e)nfalls **2** (= sauf) außer **3** (= si ce n'est) wenn nicht (gar)

sirène [siʀɛn] F a. MYTH Sirene f

sirop [siʀo] M Sirup m

siroter [siʀɔte] fam V/I mit Genuss schlürfen

site [sit] M **1** (= paysage) Landschaft f; d'une ville Lage f; d'une usine Standort m; **~ touristique** Sehenswürdigkeit f **2** INFORM **~ (Web, Internet)** Website [-sait] f

sitôt [sito] **A** ADV pas de ~ nicht so bald; nicht so schnell; ~ dit, ~ fait gesagt, getan **B** CONJ ~ que sobald

★**situation** [situɑsjõ] F **1** d'une ville, d'une maison Lage f **2** (≈ emploi) (berufliche) Stellung

situé [situe] ADJ ⟨e⟩ gelegen; être ~ liegen

situer [situe] **A** VT einordnen, zuordnen (+ dat) **B** VPR se ~ chose liegen; événement stattfinden; roman spielen (à in + dat); personne sich einordnen

★**six** [sis, vor Konsonant si, vor Vokal siz] **A** NUM sechs **B** M Sechs f

sixième [sizjɛm] **A** NUM sechste **B** M/F le, la ~ der, die, das Sechste **C** M MATH Sechstel n

skate [skɛt] M Skateboard(fahren) n

skate-board [skɛtbɔʀd] M ⟨-s⟩ Skateboard n

★**ski** [ski] M **1** Ski ou Schi m **2** faire du ski Ski laufen, fahren; **ski de fond** (Ski)Langlauf m **~ skier** [skje] VI Ski laufen, fahren **skieur** [skjœʀ] M, **skieuse** [skjøz] F Skiläufer(in) m(f)

skin [skin] M/F, **skinhead** [skinɛd] M/F Skin m/f, Skinhead m/n

skyper [skaipe] VI (≈ utiliser Skype®) skypen®

★**slip** [slip] M Slip m; pour femme a. Höschen n; **~ de bain** Badehose f

slogan [slɔɡɑ̃] M Slogan m; Parole f; Schlagwort n

Slovaquie [slɔvaki] F **la ~** die Slowakei

Slovénie [slɔveni] F **la ~** Slowenien n

smartphone [smartfɔn] M TÉL, IT Smartphone f 'smartfo:n] n

★**SMIC** [smik] M ABR (= salaire minimum interprofessionnel de croissance) gesetzlicher Mindestlohn **smicard** [smikaʀ] M, **smicarde** [smikaʀd] F Mindestlohnempfänger(in) m(f)

★**snack** [snak] M Snackbar f; Imbissstube f

★**SNCF** [ɛsɛnseɛf] F ABR (= Société nationale des chemins de fer français) Französische Staatsbahn

snob [snɔb] **A** ADJ ⟨f inv⟩ snobistisch **B** M/F Snob m

sobre [sɔbʀ] ADJ **1** personne mäßig, maßvoll, zurückhaltend im Trinken **2** style, tenue nüchtern

sobriquet [sɔbʀikɛ] M Spitzname m

sociable [sɔsjabl] ADJ gesellig

★**social** [sɔsjal] ADJ ⟨e⟩, -aux [-o] **1** (≈ relatif à la justice sociale) sozial, Sozial... **2** (≈ de la société) Gesellschafts..., gesellschaftlich

socialisme [sɔsjalism] M Sozialismus m

★**socialiste** [sɔsjalist] **A** ADJ sozialistisch **B** M/F Sozialist(in) m(f)

★**société** [sɔsjete] F **1** Gesellschaft f **2** (≈ association) Gesellschaft f; Verein m; Verband m **3** ÉCON Gesellschaft f; Firma f; **~ anonyme** Aktiengesellschaft f, AG abr; **~ à responsabilité limitée** Gesellschaft mit beschränkter Haftung, GmbH abr

socle [sɔkl] M Sockel m

soda [sɔda] M Sodawasser n

★**sœur** [sœʀ] F a. REL Schwester f

SOFRES [sɔfʀɛs] F ABR (= Société française d'enquête par sondage) frz Meinungsforschungsinstitut

★**soi** [swa] PR PERS sich

★**soi-disant** [swadizɑ̃] **A** ADJ ⟨inv⟩ angeblich; sogenannt **B** ADV angeblich

★**soie** [swa] F Seide f

★**soif** [swaf] F a. fig Durst m (**de** nach); avoir ~ Durst haben; durstig sein

soigné [swaɲe] ADJ ⟨e⟩ gepflegt

★**soigner** [swaɲe] **A** VT **1** (≈ s'occuper de) pflegen **2** MÉD behandeln **B** VPR se ~ auf s-e Gesundheit achten, achtgeben; sich pflegen ★**soigneusement** [swaɲøzmɑ̃] ADV sorgfältig **soigneux** [swaɲø] ADJ ⟨-euse [-øz]⟩ sorgfältig

soi-même [swamɛm] PR PERS selbst; fam selber; réfléchi sich selbst

soin [swɛ̃] M **1** (≈ application) Sorgfalt f **2** (≈ préoccupation) Sorge f; avoir, prendre ~ de qn, qc sich um j-n, etw kümmern; auf etw (acc) achten; avoir, prendre ~ de (+ inf) dafür Sorge tragen, darauf achten, dass ... **3** ~s pl Pflege f **4** MÉD ~s pl Behandlung f

★**soir** [swaʀ] M Abend m; **le ~** abends; am Abend; **un ~** e-s Abends; **ce ~** heute Abend; **à ce ~!** bis heute Abend! ★**soirée** [swaʀe] F **1** Abend m; Abendstunden fpl **2** réunion Abendgesellschaft f

sois [swa] → être¹

soit [swa] CONJ **1** ~ ..., ~ ... entweder ... oder ...; ~ que ... (+ subj) sei es dass ... oder dass...; ob ... oder ... **2** (≈ à savoir) das heißt; nämlich

soixantaine [swasɑ̃tɛn] F **1** une ~ (de)

etwa, ungefähr, rund sechzig ❷ *âge* Sechzig *f*
★**soixante** [swasɑ̃t] Ⓐ ɴᴜᴍ sechzig; ★ **~ et onze** einundsiebzig Ⓑ ᴍ ⟨inv⟩ Sechzig *f* ★ **soixante-dix** [swasɑ̃tdis] Ⓐ ɴᴜᴍ siebzig Ⓑ ᴍ ⟨inv⟩ Siebzig *f* ★ **soixante-dixième** [swasɑ̃tdizjɛm] ɴᴜᴍ siebzigste ★ **soixantième** [swasɑ̃tjɛm] ɴᴜᴍ sechzigste
soja [sɔʒa] ᴍ Soja(bohne) *f*
★**sol**[1] [sɔl] ᴍ Boden *m*
sol[2] ᴍ ⟨inv⟩ ᴍᴜs G ou G *n*
★**solaire** [sɔlɛʀ] ᴀᴅᴊ Sonnen…; Solar…
★**soldat** [sɔlda] ᴍ Soldat *m*
solde[1] [sɔld] *f* ᴍɪʟ (Wehr)Sold *m*; *fig* **être à la ~ de qn** im Sold j-s stehen
solde[2] ᴍ ❶ *d'un compte* Saldo *m*; (*≈ reste à payer*) Restbetrag *m* ❷ ⟨*abus fpl*⟩ ★ **~s** *pl ventes* Schluss-, Ausverkauf *m*; **~s d'été, d'hiver** Sommer-, Winterschlussverkauf *m*
solder [sɔlde] Ⓐ ᴠ/ᴛ ❶ *compte* saldieren ❷ *marchandises* (als Restposten, im Schlussverkauf) billiger verkaufen Ⓑ ᴠ/ᴘʀ **se ~ par** (ab)schließen mit; *fig* **se ~ par un échec** mit e-m Misserfolg enden
★**soleil** [sɔlɛj] ᴍ Sonne *f*; ★ **coup m de ~** Sonnenbrand *m*; **en plein ~** in der prallen Sonne; **il y a du ~** *ou* **il fait (du) ~** die Sonne scheint
solennel [sɔlanɛl] ᴀᴅᴊ ⟨-le⟩ feierlich
solennité [sɔlanite] *f* Feierlichkeit *f*
Soleure [sɔlœʀ] Solothurn *n*
solidaire [sɔlidɛʀ] ᴀᴅᴊ *personnes* solidarisch (**de qn** mit j-m) **solidariser** [sɔlidaʀize] ᴠ/ᴘʀ **se ~** sich solidarisch erklären, sich solidarisieren (**avec** mit) **solidarité** [sɔlidaʀite] *f* Solidarität *f*
★**solide** [sɔlid] Ⓐ ᴀᴅᴊ ❶ *a. nourriture* fest; solid(e); *matériau a.* haltbar; *vêtement a.* strapazierfähig ❷ *fig connaissances* solid(e); gründlich; *amitié* fest ❸ *personne* robust; kräftig; *nerfs* stark Ⓑ ᴍ ᴘʜʏs Festkörper *m*
solidité [sɔlidite] *f* Festigkeit *f*; *d'un matériau a.* Haltbarkeit *f*
solitaire [sɔlitɛʀ] Ⓐ ᴀᴅᴊ einsam Ⓑ ᴍ/ꜰ Einzelgänger(in) *m(f)* **solitude** [sɔlityd] *f* Einsamkeit *f*
solliciter [sɔlisite] ᴠ/ᴛ ❶ (*≈ demander*) **~ qc** um etw nach-, ersuchen, bitten; **~ qn** j-n ersuchen, bitten (**de** + *inf* zu + *inf*)

❷ *attention, curiosité* erregen
sollicitude [sɔlisityd] *f* (liebevolle) Fürsorge
solo [sɔlo] ᴍ ᴍᴜs Solo *n*
solstice [sɔlstis] ᴍ **~ d'été, d'hiver** Sommer-, Wintersonnenwende *f*
soluble [sɔlybl] ᴀᴅᴊ löslich ❷ *problème* lösbar
★**solution** [sɔlysjɔ̃] *f* *a. liquide* Lösung *f*
solvabilité [sɔlvabilite] *f* Zahlungsfähigkeit *f* **solvable** [sɔlvabl] ᴀᴅᴊ zahlungsfähig
sombre [sɔ̃bʀ] ᴀᴅᴊ ❶ (*≈ obscur*) finster; *a. teinte* dunkel; düster ❷ *fig personne, air, avenir, etc* finster; düster
sombrer [sɔ̃bʀe] ᴠ/ɪ ❶ *bateau* (ver)sinken ❷ *fig* **~ dans qc** e-r Sache (*dat*) verfallen
sommaire [sɔmɛʀ] Ⓐ ᴀᴅᴊ *explication, exposé* kurz gefasst Ⓑ ᴍ kurze Inhaltsangabe
sommation [sɔmasjɔ̃] *f* ᴊᴜʀ, ᴍɪʟ Aufforderung *f*
★**somme**[1] [sɔm] *f* ❶ ᴍᴀᴛʜ Summe *f* ❷ *par ext* Menge *f*; **en ~, ~ toute** alles in allem; aufs Ganze gesehen; eigentlich; schließlich
somme[2] ᴍ Schläfchen *n*; *fam* Nickerchen *n*
★**sommeil** [sɔmɛj] ᴍ ❶ Schlaf *m* ❷ (*≈ envie de dormir*) Schläfrigkeit *f*; **avoir ~** müde, schläfrig sein **sommeiller** [sɔmeje] ᴠ/ɪ *a. fig* schlummern
sommelier [sɔməlje] ᴍ Weinkellner *m*
sommer [sɔme] ᴠ/ᴛ **~ qn de faire qc** j-n auffordern, etw zu tun
sommes [sɔm] → être[1]
★**sommet** [sɔmɛ] ᴍ ❶ *d'une montagne, a. fig* Gipfel *m*; *d'un arbre* Wipfel *m*; *d'une tour, d'un rocher* Spitze *f* ❷ (**conférence *f* au**) **~** Gipfel(konferenz) *m(f)* ❸ ᴍᴀᴛʜ Scheitel *m*
sommité [sɔmite] *f* Kapazität *f*
somnambule [sɔmnɑ̃byl] Ⓐ ᴍ/ꜰ Schlafwandler(in) *m(f)* Ⓑ ᴀᴅᴊ mondsüchtig
somnifère [sɔmnifɛʀ] ᴍ Schlafmittel *n*
somnolent [sɔmnɔlɑ̃] ᴀᴅᴊ ⟨-ente [-ɑ̃t]⟩ schläfrig **somnoler** [sɔmnɔle] ᴠ/ɪ halb schlafen
somptueux [sɔ̃ptɥø] ᴀᴅᴊ ⟨-euse [-øz]⟩ prächtig; prunkvoll; prachtvoll
★**son**[1] [sɔ̃] ᴀᴅᴊ ᴘᴏss ⟨*f* **sa** [sa]; *vor Vokal u. stummen h* **son**, *pl* **ses** [se]⟩ sein(e); *d'un possesseur féminin* ihr(e)

★**son²** M̄ **1** Ton m; d'un instrument Klang m **2** PHON Laut m **3** PHYS Schall m **4** (spectacle m) **son et lumière** Licht- und Tonschau f

sondage [sɔ̃daʒ] M̄ **1** TECH Sondierung f **2** (≈ enquête) Umfrage f; **~ d'opinion** Meinungsumfrage f; science Meinungsforschung f; Demoskopie f

sonde [sɔ̃d] F̄ MÉD, TECH Sonde f

sonder [sɔ̃de] V/T **1** TECH, MÉD sondieren; untersuchen **2** fig **~ qn** j-n aushorchen; **~ l'opinion** die öffentliche Meinung erforschen

songer [sɔ̃ʒe] V/T INDIR ⟨-ge-⟩ **~ à** denken an (+ acc); **~ à faire qc** daran denken, etw zu tun **songeur** [sɔ̃ʒœʀ] ADJ ⟨-euse [-øz]⟩ nachdenklich

★**sonner** [sɔne] A V/T **1** cloches läuten; l'heure sonnen **2** MIL **~ l'alarme** Alarm blasen B V/T INDIR **~ de la trompette**, etc Trompete etc blasen C V/I **1** cloche läuten; sonnette, téléphone, réveil klingeln; **trois heures sonnent** es schlägt drei (Uhr); instrument, a. fig nom **bien** ou **schön klingen** à **la porte de qn** klingeln **sonnerie** [sɔnʀi] F̄ **1** (≈ son) Klingeln n; Läuten n **2** d'un réveil Läut(e)werk n ★**sonnette** [sɔnɛt] F̄ a. d'un vélo Klingel f

sonore [sɔnɔʀ] ADJ **1** tönend; voix klangvoll; sonor; rire schallend; logement hellhörig **2** Ton... **3** PHYS Schall... **4** PHON stimmhaft

sont [sɔ̃] → être¹

sophistiqué [sɔfistike] ADJ ⟨-e⟩ **1** (≈ affecté) gekünstelt, unnatürlich; (≈ recherché) exquisit **2** (≈ perfectionné) hoch entwickelt

sorbet [sɔʀbɛ] M̄ Fruchteis n; Sorbet(t) m ou n

sorcellerie [sɔʀsɛlʀi] F̄ Hexerei f

sorcier [sɔʀsje] M̄ Zauberer m **sorcière** [sɔʀsjɛʀ] F̄ Hexe f

sordide [sɔʀdid] ADJ **1** maison schmutzig und ärmlich **2** fig avarice, affaire schmutzig; crime gemein

★**sort** [sɔʀ] M̄ **1** (≈ destin) Schicksal n; Los n **2** tirer au **~** auslosen; losen, das Los werfen; fig **le ~ en est jeté** die Würfel sind gefallen **3** (≈ maléfice) **jeter un ~ à qn** j-n be-, verhexen

sortable [sɔʀtabl] ADJ **il n'est pas ~** er ist nicht vorzeigbar

★**sorte** [sɔʀt] F̄ **1** (≈ espèce) Art f; a. COMM Sorte f; **toutes ~s de** e-e Art (von) **2** (≈ façon) Art f; Weise f; Art und Weise; **en quelque ~** gewissermaßen; **de (telle) ~ que** sodass; derart, dass

★**sortie** [sɔʀti] F̄ **1** endroit Ausgang m; pour voitures Ausfahrt f **2** action Hinausgehen n; d'un pays Ausreise f **3** (≈ promenade) Spaziergang m; Ausflug m **4** AVIAT, a. de la police, des pompiers Einsatz m **5** ⟨pl⟩ **~s (d'argent)** Ausgaben fpl; Ausgänge mpl **6** INFORM Ausgabe f

★**sortir** [sɔʀtiʀ] ⟨→ partir⟩ A V/T **1** visiteur, femme, chien ausführen; malade, enfant spazieren führen; cheval ausfahren **2** fam **~ qn** fam j-n rauswerfen **3** qc de qc heraus-; fam rausholen, -nehmen, -ziehen, -schaffen; plante, chaise de jardin hinausstellen, -tragen **4** nouveau produit herausbringen **5** fam sottises von sich geben B V/I ⟨être⟩ personne hinaus-; fam rausgehen; heraus-; fam rauskommen; (≈ qn en) voiture hinaus- ou herausfahren; objet herauskommen; fumée, odeur a. herausdringen; liquide, gaz a. austreten C V/PR **s'en ~** (≈ venir à bout) damit fertig werden; (≈ en réchapper) davonkommen

sosie [sɔzi] M̄ Doppelgänger m

sot [so] ⟨sotte [sɔt]⟩ A ADJ töricht; dumm B M/F **sot(te)** Tor m; Narr m, Närrin f **sottise** [sɔtiz] F̄ Dummheit f

sou [su] M̄ fam fig **sous** pl (≈ argent) Geld n; → fric; **être sans le sou, n'avoir pas le sou** keinen Pfennig (Geld) haben; **être près de ses sous** ein Pfennigfuchser m sein

souche [suʃ] F̄ **1** d'un arbre Baumstumpf m **2** fig **être de vieille ~** aus e-r alten Familie stammen **3** d'un chéquier Stamm-, Kontrollabschnitt m

★**souci¹** [susi] M̄ Sorge f; **se faire du ~** sich (dat) Sorgen machen, sich sorgen (**pour qn** um j-n)

souci² M̄ BOT Ringelblume f

soucier [susje] V/PR **ne pas se ~ de qc, qn** sich nicht um etw, j-n kümmern, scheren ★**soucieux** [susjø] ADJ ⟨-euse [-øz]⟩ **1** (≈ inquiet) besorgt **2** **être ~ de** (+ inf) darauf bedacht sein zu (+ inf); bestrebt sein zu (+ inf)

soucoupe [sukup] F̄ Untertasse f

★**soudain** [sudɛ̃] ADJ & ADV ⟨-aine [-ɛn]⟩

soudainement [sudɛnmɑ̃] ADV plötzlich

Soudan [sudɑ̃] M **le ~** der Sudan; **le ~ du Sud** der Südsudan

souder [sude] A VT 1 *par fusion* schweißen; *par métal d'apport* löten 2 *fig* zusammenschweißen B V/PR **se ~** BIOL, *a. fig* zusammen-, verwachsen

★**souffle** [sufl] M 1 (= *expiration*) Hauch m 2 (= *respiration*) Atem m; Luft f; **être à bout de ~** außer Atem sein; *fig* nicht mehr können 3 *fig* **second ~** neuer Anlauf, Aufschwung

soufflé [sufle] A ADJ ⟨~e⟩ *fam* (= *stupéfait*) sprachlos; *fam* baff, platt B M CUIS Auflauf m; Soufflé n

★**souffler** [sufle] A VT 1 *bougie* ausblasen; *un peu* wegblasen 2 *fam* **~ qc à qn** *fam* j-m etw (vor der Nase) wegschnappen 3 *verre* blasen B VI 1 *vent* wehen; *plus fort* blasen 2 *personne* blasen ou hauchen 3 (= *respirer difficilement*) schnaufen 4 (= *reprendre haleine*) (sich) verschnaufen

souffrance [sufʀɑ̃s] F Leiden n **souffrant** [sufʀɑ̃] ADJ ⟨-ante [-ɑ̃t]⟩ leidend; (leicht, vorübergehend) erkrankt

souffre-douleur [sufʀədulœʀ] M ⟨inv⟩ Prügelknabe m

★**souffrir** [sufʀiʀ] ⟨→ couvrir⟩ A VT (= *supporter*) erleiden; erdulden; **ne pas pouvoir ~ qn, qc** j-n, etw nicht leiden, nicht ausstehen können B VI MÉD leiden (**de** an + *dat*)

soufre [sufʀ] M Schwefel m

★**souhait** [swɛ] M Wunsch m; *fam* **à vos ~s!** Gesundheit!; **à ~** (= *parfaitement*) nach Wunsch; (= *très*) sehr; äußerst **souhaitable** [swɛtabl] ADJ wünschenswert

★**souhaiter** [swete] VT wünschen (**qc à qn** j-m etw), (**faire qc** etw zu tun); **~ que ...** + *subj* wünschen, dass

soûl [su] ADJ ⟨~e [sul]⟩ *fam* besoffen

soulagement [sulaʒmɑ̃] M Erleichterung f **soulager** [sulaʒe] VT ⟨-ge-⟩ 1 *moralement* erleichtern 2 *douleur, misère* lindern 3 **~ qn** *au travail* j-n entlasten

soûler [sule] *fam* A VT 1 *fam* besoffen machen 2 *fig* (= *fatiguer*) **~ qn** j-n ermüden; *de paroles* **~ qn** j-n dumm und dusslig reden B V/PR **se ~** *fam* sich besaufen

soulèvement [sulɛvmɑ̃] M (= *révolte*) Aufstand m

★**soulever** [sulve] ⟨-è-⟩ A VT 1 *objet* hochheben; *un peu* anheben; *poids, charge* heben 2 *enthousiasme, etc* hervorrufen; *problème* aufwerfen 3 *élan de générosité, etc* **~ qn** j-n beflügeln B V/PR **se ~** *peuple* sich erheben

soulier [sulje] M Schuh m

souligner [suliɲe] VT *a. fig* unterstreichen

soumettre [sumɛtʀ] ⟨→ mettre⟩ A VT 1 *pays, rebelles* unterwerfen 2 ADMIN unterwerfen (**à l'impôt** der Steuer *dat*) 3 (= *faire subir*) unterziehen (**à un examen** e-r Prüfung *dat*) 4 *projet, question, etc* unterbreiten, vorlegen (**à qn** j-m) B V/PR **se ~** sich unterwerfen, sich fügen (**à** *dat*) **soumis** [sumi] PP & ADJ ⟨-ise [-iz]⟩ fügsam; ergeben

soupçon [supsɔ̃] M 1 Verdacht m; Argwohn m 2 (= *un peu*) Quäntchen n; Spur f ★**soupçonner** [supsɔne] VT **~ qn** j-n verdächtigen (**de vol** des Diebstahls); j-n im Verdacht haben **soupçonneux** [supsɔnø] ADJ ⟨-euse [-øz]⟩ argwöhnisch

★**soupe** [sup] F Suppe f

souper [supe] A VI (zu Abend) essen B M Essen n (nach e-r Abendveranstaltung)

soupeser [supəze] VT ⟨-è-⟩ 1 mit der Hand abwiegen 2 *fig* abwägen

soupir [supiʀ] M Seufzer m **soupirer** [supiʀe] VT et VI seufzen

★**souple** [supl] ADJ 1 geschmeidig; biegsam; weich 2 *fig personne, caractère* geschmeidig; anpassungsfähig **souplesse** [suplɛs] F 1 Geschmeidigkeit f; Biegsamkeit f 2 *fig de qn* Geschmeidigkeit f; Anpassungsfähigkeit f

★**source** [suʀs] F *a. fig* Quelle f; *fleuve* **prendre sa ~** entspringen

sourcil [suʀsi] M Augenbraue f

★**sourd** [suʀ] ⟨~e [suʀd]⟩ A ADJ 1 *personne* schwerhörig; *plus fort* taub 2 *bruit, douleur* dumpf 3 PHON stimmlos B M/F **~(e)** Schwerhörige(r) m/f(m); *plus fort* Taube(r) m/f(m); Gehörlose(r) m/f(m)

sourd-muet [suʀmyɛ] ADJ, **sourde-muette** [suʀdəmyɛt] taubstumm

souriant [suʀjɑ̃] ADJ ⟨-ante [-ɑ̃t]⟩ 1 lächelnd 2 *fig* freundlich, heiter

★**sourire** [suʀiʀ] A VI ⟨→ rire⟩ lächeln B M Lächeln n

★**souris** [suʀi] F *a.* INFORM Maus f

★**sous** [su] PRÉP unter + *dat*, *question* »wo?«

+ acc, question «wohin?»; **~ mes yeux** vor meinen Augen; **~ cet aspect** unter diesem Aspekt, Gesichtspunkt

sous-alimenté [suzalimɑ̃te] ADJ ⟨~e⟩ unterernährt

sous-bois [subwa] M Unterholz n

sous-développé [sudevlɔpe] ADJ ⟨~e⟩ unterentwickelt

sous-entendu [suzɑ̃tɑ̃dy] M Andeutung f; Anspielung f

sous-estimer [suzestime] V/T unterschätzen

sous-marin [sumaʀɛ̃] A ADJ ⟨-ine [-in]⟩ Unterwasser... B M U-Boot n

sous-préfecture [supʀefɛktyʀ] F Unterpräfektur f **sous-préfet** M, **sous-préfète** F correspond à Landrat, -rätin m/f

sous-pull [supyl] M (Unterzieh)Rolli m

sous-sol [susɔl] M 1 d'une maison Unter-, Kellergeschoss n 2 GÉOL Untergrund m

sous-titre M Untertitel m

soustraction [sustʀaksjɔ̃] F MATH Abziehen n; Subtraktion f

soustraire [sustʀɛʀ] ⟨→ traire⟩ A V/T 1 MATH abziehen, subtrahieren (**de von**) 2 (≈ voler) entwenden (**qc à qn** j-m etw); unterschlagen (**qc** etw) 3 (≈ faire échapper) **~ à** entziehen (**+ dat**) B V/PR **se ~ à qc** sich e-r Sache (dat) entziehen

sous-traitant [sutʀetɑ̃] M Zulieferer m

sous-vêtements MPL Unterwäsche f

soutenir [sutniʀ] ⟨→ venir⟩ A V/T 1 mur, malade, a. fig monnaie stützen 2 (≈ aider) unterstützen; **~ qn a.** j-m beistehen; dans une dispute zu j-m halten, stehen 3 attaque, regard standhalten (+ dat); aushalten 4 attention nicht erlahmen lassen 5 (≈ prétendre) behaupten 6 point de vue aufrechterhalten; vertreten B V/PR **se ~ (les uns les autres)** sich (gegenseitig) unterstützen

soutenu [sutny] ADJ ⟨~e⟩ 1 effort, attention nicht nachlassend 2 style gehoben

souterrain [suteʀɛ̃] A ADJ ⟨-aine [-ɛn]⟩ unterirdisch B M unterirdischer Gang; pour piétons, voitures Unterführung f

soutien [sutjɛ̃] M 1 (≈ aide) Unterstützung f 2 personne, chose Stütze f

soutien-gorge M ⟨soutiens-gorge⟩ Büstenhalter m, BH abr

★**souvenir**[1] M 1 Erinnerung f (**de** an + acc) 2 objet, a. iron Andenken n, Souvenir n 3 pluriel **~s** viele, herzliche Grüße (**de Paris** aus Paris)

★**souvenir**[2] [suvniʀ] V/PR ⟨→ venir⟩ **se ~ de qn, qc** sich an j-n, etw erinnern; sich j-s, e-r Sache entsinnen; sich auf j-n, etw besinnen

★**souvent** [suvɑ̃] ADV oft, häufig; **assez ~** öfter(s); ★**le plus ~** meistens

souverain [suvʀɛ̃] ⟨-aine [-ɛn]⟩ A ADJ 1 POL souverän 2 (≈ suprême) höchste B M(F) **~(e)** Herrscher(in) m(f); Souverän m **souveraineté** [suvʀɛnte] F Souveränität f

soyeux [swajø] ADJ ⟨-euse [-øz]⟩ seidig

soyez, soyons [swaje, swajɔ̃] → être[1]

spacieux [spasjø] ADJ ⟨-euse [-øz]⟩ geräumig

spam [spam] M INFORM Junkmail f; Spam n

sparadrap [spaʀadʀa] M Heftpflaster n

spatial [spasjal] ADJ ⟨~e; -aux [-o]⟩ Raum...; ★**vol ~** Raumflug m

spatule [spatyl] F outil Spachtel m ou f; Teigschaber m

★**spécial** [spesjal] ADJ ⟨~e; -aux [-o]⟩ besondere(r, -s); speziell; Sonder... **spécialement** [spesjalmɑ̃] ADV speziell

spécialisation [spesjalizasjɔ̃] F Spezialisierung f

spécialisé [spesjalize] ADJ ⟨~e⟩ spezialisiert (**dans** auf + acc); Fach...

spécialiser [spesjalize] V/PR **se ~** sich spezialisieren (**dans** auf + acc)

★**spécialiste** [spesjalist] M/F 1 Spezialist(in) m(f), Fachmann m, Fachfrau f (**de** für) 2 MÉD Facharzt, -ärztin m/f

spécialité [spesjalite] F 1 (≈ domaine) (Spezial)Fach n; Fachgebiet n 2 CUIS Spezialität f

spécifier [spesifje] V/T genau angeben; spezifizieren **spécifique** [spesifik] ADJ spezifisch

spécimen [spesimɛn] M 1 (≈ représentant) Exemplar n; Stück n 2 d'un livre Freiexemplar n; d'une revue Probenummer f

★**spectacle** [spɛktakl] M 1 (≈ tableau) Anblick m 2 (≈ représentation) Vorstellung f; Aufführung f **spectaculaire** [spɛktakylɛʀ] ADJ aufsehenerregend; spektakulär

★**spectateur** [spɛktatœʀ] M, **spectatrice** [spɛktatʀis] F Zuschauer(in) m(f)

spectre [spεktʀ] M 1 (≈ *fantôme*) Gespenst n 2 PHYS Spektrum n
spéculation [spekylasjɔ̃] F Spekulation f **spéculer** [spekyle] VI spekulieren (**en Bourse** an der Börse); *a. fig* ~ **sur qc** auf etw + *acc* spekulieren
spermatozoïde [spεʀmatɔzɔid] M Spermium n
sperme [spεʀm] M Sperma n
sphère [sfεʀ] F 1 MATH Kugel f 2 *fig* Sphäre f; Bereich m
spirale [spiʀal] F *a. fig* Spirale f
spirituel [spiʀityεl] ADJ ⟨~le⟩ 1 (≈ *moral*) geistig 2 REL geistlich 3 (≈ *plein d'esprit*) geistreich
splendeur [splɑ̃dœʀ] F Glanz m; Pracht f **splendide** [splɑ̃did] ADJ herrlich; prächtig
sponsor [spɔ̃sɔʀ] M Sponsor m **sponsoriser** [spɔ̃sɔʀize] VT sponsern
spontané [spɔ̃tane] ADJ ⟨~e⟩ spontan **spontanéité** [spɔ̃taneite] F Spontaneität f **spontanément** [spɔ̃tanemɑ̃] ADV spontan
★**sport** [spɔʀ] A M 1 Sport m; **faire du** ~ Sport treiben 2 ★~**s d'hiver** Wintersport m B ADJ Sport... **sportif** [spɔʀtif] ⟨-ive [-iv]⟩ A ADJ 1 (≈ *relatif au sport*) Sport... 2 *personne, allure* sportlich B M/F ~, **sportive** Sportler(in) *m(f)*
spot [spɔt] M 1 *lampe* Strahler m 2 ~ **(publicitaire)** (Werbe)Spot m
sprint [spʀint] M 1 (End)Spurt m 2 (≈ *course de vitesse*) Sprint m
square [skwaʀ] M kleine Grünanlage
squash [skwaʃ] M Squash n
squatter [skwate], **squattériser** [skwateʀize] VT (illegal) besetzen **squatteur** [skwatœʀ], **squatter** [skwatεʀ] M Hausbesetzer(in) *m(f)*
squelette [skəlεt] M ANAT, TECH Skelett n
stabilisateur [stabilizatœʀ] A ADJ ⟨-trice [-tʀis]⟩ stabilisierend; Stabilisierungs... B M 1 AUTO, MAR Stabilisator m; AVIAT Stabilisierungsfläche f 2 CHIM Stabilisator m **stabiliser** [stabilize] A VT festigen; *a. monnaie, a.* TECH stabilisieren B V/PR **se** ~ sich festigen; sich stabilisieren; sich einpendeln **stabilité** [stabilite] F *a. de la monnaie, a.* TECH Stabilität f; *d'une échelle* Standfestigkeit f, Standsicherheit f
stable [stabl] ADJ *a. monnaie, a.* TECH stabil; *échelle* standfest, -sicher
★**stade¹** [stad] M SPORTS Stadion n; Sportanlage f
stade² [stad] M (≈ *phase*) Stadium n, Phase f
★**stage** [staʒ] M Praktikum n; *pour avocat, professeur débutant* Referendarzeit f
stagiaire [staʒjεʀ] A M/F Praktikant(in) *m(f)* B ADJ **avocat** m ~, **professeur** m ~ Gerichts-, Studienreferendar m
stagnation [stagnasjɔ̃] F ÉCON Stagnation f; Stockung f **stagner** [stagne] VI 1 *liquide* stehen 2 *fig affaires* stagnieren; stocken; *personne* dahinvegetieren
stand [stɑ̃d] M *d'exposition* (Messe) Stand m
standard [stɑ̃daʀ] M 1 (≈ *type*) Standard m 2 ⟨*adjt; inv*⟩ Standard... 3 (Telefon)Zentrale f; Vermittlung f
standardisation [stɑ̃daʀdizasjɔ̃] F Standardisierung f **standardiser** [stɑ̃daʀdize] VT standardisieren; *a. fig* vereinheitlichen, normen
standardiste [stɑ̃daʀdist] M/F Telefonist(in) *m(f)*
standing [stɑ̃diŋ] M Lebensstandard m; **de grand** ~ Luxus...; für höchste Ansprüche
star [staʀ] F Filmstar m
starter [staʀtεʀ] M AUTO Starterklappe f; Choke m
★**station** [stasjɔ̃] F 1 CH DE FER, *etc* Station f; *bus a.* Haltestelle f; ★~ **de métro** U-Bahn-Station f; U-Bahnhof m 2 (≈ *ville*) Kur-, Ferienort m 3 INFORM Station f
★**stationnement** [stasjɔnmɑ̃] M Parken n ★**stationner** [stasjɔne] VI parken
★**station-service** F ⟨stations-service⟩ Tankstelle f
statistique [statistik] A ADJ statistisch B F Statistik f
★**statue** [staty] F Statue f; Standbild n
statut [staty] M 1 (≈ *règlement*) ~**s** *pl* Satzung f; Statuten *npl* 2 (≈ *position*) Status m
statutaire [statytεʀ] ADJ satzungsgemäß
★**steak** [stεk] M Steak n
sténographie [stenɔgʀafi] F Stenografie f; Kurzschrift f
stéréo [steʀeo] A F Stereo n; **en** ~ in Stereo; stereo; Stereo... B ADJ ⟨*inv*⟩ Stereo...

stérile [steril] ADJ **1** *sol, être vivant* unfruchtbar; *être* **2** *pansement, etc* steril; keimfrei **stérilet** [sterilɛ] M *contraceptif* Spirale f **stériliser** [sterilize] VT **1** (≈ *désinfecter*) sterilisieren; keimfrei machen **2** *personne* sterilisieren; unfruchtbar machen **stérilité** [sterilite] F Unfruchtbarkeit f; Sterilität f
stimulant [stimylɑ̃] A ADJ ⟨-ante [-ɑ̃t]⟩ stimulierend; anregend B M **1** PHARM Anregungs-, Reizmittel n **2** *fig* Anreiz m, Ansporn m
stimulateur [stimylatœr] M **~ cardiaque** Herzschrittmacher m
stimuler [stimyle] VT *personne, éleve* anspornen; anstacheln; stimulieren **2** *digestion, appétit* anregen
stipuler [stipyle] VT **1** JUR **le contrat stipule que ...** im Vertrag ist festgelegt, dass ... **2** (≈ *spécifier*) **il est stipulé que ...** es wird ausdrücklich gesagt, dass ...
stock [stɔk] M **1** COMM (Lager-, Waren)Bestand m, (Lager-, Waren)Vorrat m **2** *fam* (≈ *réserve*) Vorrat m **stockage** [stɔkaʒ] M (Ein)Lagerung f; *a.* INFORM Speicherung f **stocker** [stɔke] VT (ein)lagern; *a.* INFORM speichern
stop [stɔp] A INT stop(p)!; halt! B M **1** *panneau* Stoppschild n **2** AUTO Bremslicht n **3 ♦ faire du ~** per Anhalter fahren; trampen **stopper** [stɔpe] VT et VI *a. fig* stoppen; anhalten
store [stɔʀ] M **1** *léger* Rollo n **2** *en biais* Markise f
strapontin [strapɔ̃tɛ̃] M Klappsitz m
Strasbourg [strazbuʀ] Straßburg n
stratagème [strataʒɛm] M List f
stratégie [strateʒi] F *a. fig* Strategie f **stratégique** [strateʒik] ADJ strategisch (wichtig)
stress [strɛs] M Stress m **stressant** [strɛsɑ̃] ADJ ⟨-ante [-ɑ̃t]⟩ stressig **stresser** [strɛse] VT stressen
strict [strikt] ADJ ⟨~e⟩ streng, strikt; *vérité* rein
strophe [strɔf] F Strophe f
structure [stryktyʀ] F Struktur f; Aufbau m
studieux [stydjø] ADJ ⟨-euse [-øz]⟩ fleißig; eifrig
studio [stydjo] M **1** *logement* 1-Zimmer-Appartement [aɪ̃-] n **2** RAD, TV Studio n **3** FILM, PHOT, *a. d'un artiste* Atelier n

stupéfaction [stypefaksjɔ̃] F Verblüffung f; sprachloses Erstaunen **stupéfait** [stypefɛ] ADJ ⟨-faite [-fɛt]⟩ verblüfft, (völlig) verdutzt
stupéfiant [stypefjɑ̃] A ADJ ⟨-ante [-ɑ̃t]⟩ verblüffend B M Rauschgift n
stupéfier [stypefje] VT (≈ *étonner*) verblüffen; (≈ *consterner*) betroffen machen
stupeur [stypœʀ] F (≈ *étonnement*) Verblüffung f; Fassungslosigkeit f; (≈ *consternation*) Betroffenheit f
stupide [stypid] ADJ dumm **stupidité** [stypidite] F Dummheit f
★**style** [stil] M Stil m **styliste** [stilist] M INDUSTRIE Designer m
★**stylo** [stilo] M **à plume** Füller m; **★ ~ (à) bille** Kugelschreiber m **stylo-feutre** M ⟨stylos-feutres⟩ Filzschreiber m, Filzstift m
su [sy] PP → *savoir*¹
subdiviser [sybdivize] A VT unterteilen, untergliedern (**en** in + *acc*) B VPR **se ~** sich unterteilen lassen, sich gliedern, zerfallen (**en** in + *acc*) **subdivision** [sybdivizjɔ̃] F Unterteilung f
★**subir** [sybiʀ] VT **1** *défaite, pertes* erleiden; *conséquences* zu spüren bekommen; *opération* sich unterziehen (+ *dat*) **2 ~ qn** j-n ertragen
subit [sybi] ADJ ⟨-ite [-it]⟩ plötzlich
subjectif [sybʒɛktif] ADJ ⟨-ive [-iv]⟩ subjektiv
subjonctif [sybʒɔ̃ktif] M Konjunktiv m
subjuguer [sybʒyge] VT fesseln; packen
sublime [syblim] ADJ **1** *beauté, spectacle, etc* erhaben **2** *personne* überragend
submerger [sybmɛʀʒe] VT ⟨-ge-⟩ **1** (≈ *inonder*) überschwemmen, -fluten **2** *fig sentiment* **~ qn** j-n überwältigen
subordonné [sybɔʀdɔne] M Untergebene(r) m
subordonnée [sybɔʀdɔne] F & ADJ (**proposition**) **~** Nebensatz m
subordonner [sybɔʀdɔne] VT unterordnen; *qn a.* unterstellen (**à** dat)
subsidiaire [sybzidjɛʀ] ADJ zusätzlich
subsistance [sybzistɑ̃s] F (Lebens)Unterhalt m
subsister [sybziste] VI *chose* fortbestehen; (noch) vorhanden sein
substance [sypstɑ̃s] F **1** (≈ *matière*) Substanz f; Stoff m **2 en ~** im Wesentlichen
substantiel [sypstɑ̃sjɛl] ADJ ⟨~le⟩ **1**

(≈ *nourrissant*) nahrhaft **2** (≈ *important*) wesentlich
substantif [sypstɑ̃tif] M̄ Substantiv n
substituer [sypstitɥe] A V̄T̄ ersetzen (**une copie à l'original** das Original durch e-e Kopie) B V̄PR̄ **se ~ à** an die Stelle (+ *gén*) treten **substitution** [sypstitysjɔ̃] F̄ Ersetzung f
subterfuge [syptɛʀfyʒ] M̄ List f
subtil [syptil] ADJ ⟨~e⟩ *personne* scharf-, feinsinnig; *esprit, question* subtil **subtilité** [syptilite] F̄ *d'une personne* Scharfsinn m; *d'un raisonnement* Subtilität f; *péj* Spitzfindigkeit f; *d'une nuance* Feinheit f
subvenir [sybvəniʀ] V̄T̄ INDIR ⟨→ *venir*, *aber* avoir⟩ **~ à qc** für etw aufkommen
subvention [sybvɑ̃sjɔ̃] F̄ Subvention f
subventionner [sybvɑ̃sjɔne] V̄T̄ subventionieren
★**succéder** [syksede] ⟨-è-⟩ A V̄T̄ INDIR **~ à qc, qn** auf etw, j-n folgen B V̄PR̄ aufeinanderfolgen
★**succès** [syksɛ] M̄ Erfolg m; **avec ~** erfolgreich; mit Erfolg; **sans ~** erfolglos; ohne Erfolg
successeur [syksesœʀ] M̄ Nachfolger(in) m(f) **successif** [syksesif] ADJ ⟨-ive [-iv]⟩ aufeinanderfolgend **succession** [syksesjɔ̃] F̄ **1** (≈ *suite*) (Aufeinander)Folge f **2** *dans une fonction* Nachfolge f **3** (≈ *transmission de biens*) Erbfolge f **4** (≈ *biens transmis*) Nachlass m; Erbschaft f **successivement** [syksesivmɑ̃] ADV nacheinander
succomber [sykɔ̃be] V̄Ī **1** (≈ *mourir*) sterben; **~ à ses blessures** s-n Verletzungen erliegen **2** (≈ *céder*) erliegen (**à la tentation** der Versuchung *dat*)
succursale [sykyʀsal] F̄ Filiale f
sucer [syse] V̄T̄ ⟨-ç-⟩ **1** (≈ *aspirer*) saugen **2** *bonbon* lutschen **sucette** [sysɛt] F̄ *bonbon* (Dauer)Lutscher m
★**sucre** [sykʀ] M̄ Zucker m
★**sucré** [sykʀe] ADJ ⟨~e⟩ **1** süß **2** *fig, péj* zuckersüß **sucrer** [sykʀe] A V̄T̄ zuckern; süßen B V̄PR̄ *fam* **se ~** Zucker nehmen **sucrerie** [sykʀəʀi] F̄ **~s** pl Süßigkeiten fpl **sucrette®** [sykʀɛt] F̄ Süßstoff m
★**sud** [syd] A M̄ **1** Süd(en) m; **au sud im Süden**, südlich (**de von** ou + *gén*) **2** **l'Afrique f du Sud** Südafrika n B ADJ ⟨*inv*⟩ Süd…; südlich

sud-est [sydɛst] M̄ Südost(en) m **sud-ouest** [sydwɛst] M̄ Südwest(en) m
★**Suède** [sɥɛd] F̄ **la ~** Schweden n ★**suédois** [sɥedwa] ⟨-oise [-waz]⟩ A ADJ schwedisch B M̄F̄ **Suédois(e)** Schwede m, Schwedin f C̄ *langue* **le ~** das Schwedische D̄ Schwedisch n
suer [sɥe] V̄T̄ *et* V̄Ī schwitzen **sueur** [sɥœʀ] F̄ Schweiß m
★**suffire** [syfiʀ] ⟨je suffis; il suffit; nous suffisons; je suffisais; je suffis; je suffirai; que je suffise; suffisant; suffi⟩ A V̄Ī genügen, (aus)reichen (**à qn** j-m), (**à** + *inf* um zu + *inf*); **~ pour** genügen, (aus)reichen (+ *inf* um zu + *inf*) B V̄Ī/IMP̄ **il suffit de** (+ *inf*) *ou* **que …** (+ *subj*) es genügt, reicht zu (+ *inf*) *ou* dass … *ou* wenn … C̄ V̄PR̄ **se ~ à soi-même** sich (*dat*) selbst genügen; niemand(en) brauchen **suffisamment** [syfizamɑ̃] ADV ausreichend; genügend; genug ★**suffisant** [syfizɑ̃] ADJ ⟨-ante [-ɑ̃t]⟩ **1** (≈ *qui suffit*) ausreichend; genügend **2** *personne, air, ton* selbstgefällig, süffisant
suffixe [syfiks] M̄ Suffix n
suffoquer [syfɔke] A V̄T̄ **~ qn** j-m den Atem nehmen, verschlagen *fig* B V̄Ī keine Luft mehr bekommen; *a. fig* fast ersticken (**d'indignation** vor Empörung)
suffrage [syfʀaʒ] M̄ **1** (≈ *scrutin*) Wahl f; **~ universel** allgemeines Wahlrecht **2** (≈ *voix*) (Wahl)Stimme f
suggérer [sygʒeʀe] V̄T̄ ⟨-è-⟩ **1** (≈ *proposer*) **~ qc à qn** j-m etw nahelegen, vorschlagen **2** (≈ *évoquer*) denken lassen an (+ *acc*) **3** *en influençant* **~ qc à qn** j-m etw (ein)suggerieren **suggestion** [sygʒɛstjɔ̃] F̄ **1** (≈ *proposition*) Anregung f **2** PSYCH Suggestion f
suicide [sɥisid] M̄ Selbstmord m **suicider** [sɥiside] V̄PR̄ **se ~** Selbstmord begehen; sich (*dat*) das Leben nehmen
suis [sɥi] → **être**¹
★**suisse** [sɥis] A ADJ schweizerisch; Schweizer B M̄F̄ **Suisse** Schweizer(in) m(f)
★**Suisse** [sɥis] F̄ **la ~** die Schweiz
★**suite** [sɥit] F̄ **1** Folge f; ★ **tout de ~** sofort; gleich; **à la ~ de** nach (+ *dat*); im Anschluss an (+ *acc*); (≈ *derrière*) hinter (+ *dat*); (≈ *à cause de*) infolge (+ *gén*); **par la ~** in der Folge; nachher; später; **par ~ de** infolge (+ *gén*); **faire ~ à qc**

auf etw (acc) folgen; **prendre la ~ de qn** die Nachfolge j-s antreten ❷ *d'un roman, d'une affaire* Fortsetzung *f*; **et ainsi de ~** und so weiter; und so fort ❸ (≈ *série*) (Aufeinander)Folge *f*; Reihe *f* ❹ (≈ *escorte*) Gefolge *n* ❺ MUS, *a. dans un hôtel* Suite *f*

★**suivant** [sɥivɑ̃] **A** ADJ ⟨-ante [-ɑ̃t]⟩ folgende; nächste **B** M **au ~!** der Nächste, bitte! **C** PRÉP ❶ (≈ *conformément à*) nach, gemäß, entsprechend (+ *dat*) ❷ (≈ *selon*) je nach (+ *dat*); suivi) **D** CONJ **~ que** ... je nachdem, ob ...

suivi [sɥivi] ADJ ⟨-e⟩ ❶ fortlaufend ❷ *raisonnement* zusammenhängend

★**suivre** [sɥivʀ] ⟨je suis; il suit; nous suivons; je suivis; je suivrai; que je suive; suivant; suivi⟩ **A** VT ❶ **~ qn, qc** j-m, e-r Sache folgen; **~ qn** *à pied a.* hinter j-m hergehen, -laufen; *en voiture a.* hinter j-m herfahren; j-m nachfahren; *courrier* **faire ~** nachsenden, -schicken ❷ *idée, piste, politique* verfolgen ❸ (≈ *obéir à*) folgen (+ *dat*); Folge leisten (+ *dat*); *conseil a.* befolgen; **~ un traitement** sich e-r Behandlung unterziehen ❹ (≈ *être attentif à*) *émission, conversation* (aufmerksam, genau) verfolgen; **à ~** Fortsetzung folgt ❺ (≈ *comprendre*) mitkommen, folgen können ❻ (≈ *assister à*) **~ un, des cours** an e-m Kurs teilnehmen; e-n Kurs besuchen ❼ COMM *article* dauernd führen **B** VPR **se ~** a. einander folgen; *dans le temps* aufeinanderfolgen; *voitures* **se ~ de trop près** zu dicht auffahren

★**sujet**¹ [syʒɛ] M ❶ a. MUS Thema *n*; Gegenstand *m*; **~ au ~ de** hinsichtlich (+ *gén*); über (+ *acc*); wegen + *gén fam* + *dat*; **à ce ~** diesbezüglich; hierüber; **c'est à quel ~?** worum geht es? ❷ GRAM Subjekt *n* ❸ (≈ *motif*) Anlass *m*; Grund *m*, Anlass *m* ❹ (≈ *individu*) Person *f*; *péj* Subjekt *n*

sujet² [syʒɛ] ADJ ⟨-ette [-ɛt]⟩ **~ à qc** für etw anfällig; zu etw neigend

★**super** [sypɛʀ] **A** M Super *n* **B** ADJ ⟨*inv*⟩ *fam* super, toll

superbe [sypɛʀb] ADJ prächtig; herrlich

superficie [sypɛʀfisi] F ❶ Fläche *f* ❷ *a. fig* Oberfläche *f*

superficiel [sypɛʀfisjɛl] ADJ ⟨-le⟩ *a. fig* oberflächlich

superflu [sypɛʀfly] ADJ ⟨-e⟩ überflüssig, unnötig

supérieur [sypeʀjœʀ] **A** ADJ ⟨-e⟩ ❶ *localement* obere, Ober... ❷ *hiérarchiquement* höhere; **~ à qc** höher als etw; **être ~ à** stehen, liegen über (+ *dat*) **B** SUBST ~(e) *m(f)* Vorgesetzte(r) *m/f(m)*

supériorité [sypeʀjɔʀite] F Überlegenheit *f*

superlatif [sypɛʀlatif] M Superlativ *m*

★**supermarché** M Supermarkt *m*

superposer [sypɛʀpoze] **A** VT übereinander-, aufeinanderlegen, -setzen, -stellen; (auf)stapeln **B** VPR **se ~** a. *fig* sich überlagern

superproduction F Monumentalfilm *m*

superstitieux [sypɛʀstisjø] ADJ ⟨-euse [-øz]⟩ abergläubisch **superstition** [sypɛʀstisjɔ̃] F Aberglaube *m*

superviser [sypɛʀvize] VT überwachen

superviseur [sypɛʀvizœʀ] M INFORM Überwachungsprogramm *n*; Supervisor *m*

supplément [syplemɑ̃] M ❶ Zusatz *m*; *financier* Zulage *f* ❷ *d'un livre* Nachtrag *m*; *d'un journal* Beilage *f* ❸ CH DE FER Zuschlag *m*; COMM (Preis)Aufschlag *m*; Aufpreis *m* **supplémentaire** [syplemɑ̃tɛʀ] ADJ zusätzlich; Zusatz...; Extra...; ★ **heure f ~** Überstunde *f*

supplice [syplis] M ❶ (≈ *peine corporelle*) Marter *f*; Folter *f* ❷ (≈ *souffrance*) Qual(en) *f(pl)*

supplier [syplije] VT **~ qn de** (+ *inf*) j-n anflehen zu (+ *inf*)

support [sypɔʀ] M ❶ TECH Stütze *f*; Ständer *m* ❷ INFORM Datenträger *m*

supportable [sypɔʀtabl] ADJ erträglich

★**supporter**¹ [sypɔʀte] VT ❶ TECH, *a. par ext conséquences, frais* tragen ❷ *douleurs, épreuve, maladie* ertragen; *douleurs a.* aushalten; *critique, conduite de qn* sich (*dat*) gefallen lassen ❸ *chaleur, froid, alcool* vertragen ❹ **~ qn** j-n ertragen; SPORT *par ext* j-n unterstützen; j-s Anhänger(in) sein; **ne pas pouvoir ~ qn** j-n nicht ausstehen können **supporter**² [sypɔʀtɛʀ] M SPORTS Fan *m*

★**supposer** [sypoze] VT ❶ (≈ *présumer*) annehmen; vermuten; **à ~ ou en supposant que ...** (+ *subj*) angenommen, ...; gesetzt den Fall, (dass) ... ❷ (≈ *impliquer*) voraussetzen **supposition** [sypozisjɔ̃] F Vermutung *f*; Annahme *f*

supprimer [syprime] **A** _VT_ beseitigen; censure, libertés, arrêt de bus aufheben; subventions, trains, passage d'un texte streichen; emplois abbauen; ~ qn j-n beseitigen, aus dem Weg räumen **B** _V/PR_ **se ~** sich umbringen

suprématie [sypremasi] _F_ Vorherrschaft f

suprême [syprɛm] _ADJ_ (≈ supérieur) oberste(r, -s); höchste(r, -s)

sur[1] [syr] _PRÉP_ **1** lieu auf + dat, question wo? + acc, question wohin?; sans contact über + dat, question wo? + acc, question wohin?; **s'asseoir sur une chaise** sich auf e-n Stuhl setzen; **être assis sur une chaise** auf e-m Stuhl sitzen; personne **avoir qc sur soi** etw bei sich haben; **fenêtre sur la rue** Fenster nach der Straße zu, zur Straße hin **2** temps auf (+ acc), gegen (+ acc); **sur le soir** gegen Abend; **faire bêtise sur bêtise** e-e Dummheit nach der andern machen; **3** fig auf (+ acc); aufgrund von (ou + gén) **4** (≈ au sujet de) über (+ acc) **5** rapport numérique von (+ dat); auf (+ acc); **neuf fois sur dix** neun- von zehnmal; **un Français sur deux** jeder zweite Franzose; **pièce avoir trois mètres sur cinq** drei mal fünf ou drei auf fünf Meter groß sein

sur[2] _ADJ_ (sure) pomme, etc sauer

sûr [syr] _ADJ_ (sûre) **1** (≈ incontestable) sicher; gewiss; ★ **bien sûr!** sicher!; gewiss!; bestimmt!; natürlich!; selbstverständlich! **2** personne **être sûr de qc** e-r Sache (gén) sicher, gewiss sein; **être sûr de qn** sich auf j-n verlassen können; **être sûr de soi** selbstsicher, selbstbewusst sein **3** (≈ fiable) sicher; a. personne zuverlässig **4** endroit, quartier sicher

surcharge _F_ Überlastung f **surcharger** _VT_ ⟨-ge-⟩ überlasten; véhicule a. überladen

surclasser _VT_ SPORTS, a. fig deklassieren; weit hinter sich (dat) lassen

surcroît [syrkrwa] _M_ **~ de travail** zusätzliche Arbeit; Mehrarbeit f; **par, de ~** überdies; obendrein

surdité [syrdite] _F_ Taubheit f; incomplète Schwerhörigkeit f

surdoué _ADJ_ ⟨~e⟩ hochbegabt

★ **sûrement** [syrmɑ̃] _ADV_ sicher(lich)

sûreté [syrte] _F_ **1** Sicherheit f **2** d'une arme, d'un bijou Sicherung f

surf [sœrf] _M_ Surfen m

surface [syrfas] _F_ **1** (≈ partie apparente) Oberfläche f **2** (≈ superficie) Fläche f **3** COMM **grande ~** Verbrauchermarkt m

surfer [sœrfe] _VI_ surfen; fig **~ sur Internet** im Internet surfen **surfeur** [sœrfœr] _M_, **surfeuse** [sœrføz] _F_ Surfer(in) m(f)

surgelé [syrʒəle] **A** _ADJ_ ⟨~e⟩ tiefgekühlt, Tiefkühl... **B** _MPL_ **~s** Tiefkühlkost f

surgir [syrʒir] _VI_ plötzlich auftauchen

surmener ⟨-è-⟩ _VT_ überanstrengen **B** _V/PR_ **se ~** sich überarbeiten; sich überanstrengen

surmonter _VT_ **1** difficulté, peur, etc überwinden **2** (≈ être placé au-dessus) überragen

surnom _M_ Beiname m; (≈ sobriquet) Spitzname m

surnombre _ADJT_ **en ~** überzählig; zu viele

surpasser **A** _VT_ **~ qn** j-n übertreffen **(en courage an Mut)** **B** _V/PR_ **se ~** sich selbst übertreffen

surpeuplé _ADJ_ ⟨~e⟩ übervölkert; überbevölkert

surplus [syrply] _M_ **1** Überschuss m **2** **au ~** im Übrigen

surpopulation _F_ Überbevölkerung f; **des prisons** Überbelegung f; Überfüllung f

surprenant _ADJ_ ⟨-ante⟩ überraschend, erstaunlich

★ **surprendre** ⟨→ prendre⟩ **A** _VT_ **1** (≈ étonner) überraschen; verwundern **2** voleur überraschen; (auf frischer Tat) ertappen **3** ennemi überrumpeln **B** _V/PR_ **se ~ à faire qc** sich dabei ertappen, dass man etw tut

surpris _PP_ → surprendre

★ **surprise** _F_ (≈ a. chose, cadeau) Überraschung f

surproduction _F_ Überproduktion f

surréaliste **A** _ADJ_ surrealistisch **B** _M_ Surrealist m

sursaut _M_ **1** Aufschrecken n; **avoir un ~** → sursauter **2** de colère, etc Aufwallung f **sursauter** _VI_ zusammenfahren, -schrecken, -zucken; aufschrecken

sursis [syrsi] _M_ **1** JUR **six mois de prison avec ~** sechs Monate Gefängnis mit Bewährung **2** (≈ délai) Aufschub m; (≈ répit)

Gnaden-, Galgenfrist f
★ **surtout** [syʀtu] ADV vor allem; besonders; fam ~ **que** conj zumal
surveillance [syʀvejɑ̃s] F Überwachung f; Aufsicht f (**de** über + acc) ★ **surveillant** [syʀvejɑ̃] M, **surveillante** [syʀvejɑ̃t] F Aufseher(in) m(f)
★ **surveiller** [syʀveje] A VT überwachen; a. enfant beaufsichtigen B V/PR **se** ~ sich in Acht nehmen
survêtement M Trainingsanzug m
survie F Überleben n **survivant** A ADJ ⟨-ante⟩ überlebend B M(F) ~(e) Überlebende(r) m/f(m) ★ **survivre** VT INDIR et VI ⟨→ vivre⟩ überleben; ~ **à qn, à qc** j-n, etw überleben; **de qc** a. überdauern
survoler VT a. texte überfliegen
susceptible [sysεptibl] ADJ ❶ personne empfindlich ❷ **être ~ de** (+ inf) fähig; chose a. geeignet sein zu (+ inf)
susciter [sysite] VT hervorrufen
★ **suspect** [syspε(kt)] ⟨-ecte [-εkt]⟩ A ADJ verdächtig (**de qc** e-r Sache gén) B M(F) ~(e) Verdächtige(r) m/f(m) **suspecter** [syspεkte] VT verdächtigen
suspendre [syspɑ̃dʀ] VT ⟨→ rendre⟩ ❶ (= accrocher) aufhängen ❷ (= interrompre) séance unterbrechen; négociations a. aussetzen; paiements einstellen ❸ fonctionnaire (vom Dienst) suspendieren, beurlauben
suspendu [syspɑ̃dy] ADJ ⟨-e⟩ ❶ hängend, aufgehängt (**à, par** an + dat); ★ **être ~** hängen ❷ voiture **bien ~e** gut gefedert
suspens [syspɑ̃] **en ~** affaire, question in der Schwebe; offen; travail nicht abgeschlossen; unerledigt
suspense [syspεns] M Spannung f
sut, sût [sy] → savoir¹
SUV [εsyve] M ABR ⟨pl SUV⟩ (= Sport Utility Vehicle) AUTO SUV m od n, Geländewagen m
svelte [svεlt] ADJ schlank
svp ABR, **S.V.P.** ABR (= s'il vous plaît) bitte
SVT [εsvete] FPL ABR, **S.V.T.** FPL (= sciences de la vie et de la Terre) ÉCOLE ≈ Biologie f und Erdkunde f
sweat [swεt] M ABR (= sweat-shirt) Sweatshirt n
sweat-shirt [switʃœʀt] M ⟨-s⟩ Sweatshirt n
syllabe [silab] F Silbe f
★ **symbole** [sɛ̃bɔl] M a. MATH, CHIM Symbol n; Sinnbild n **symbolique** [sɛ̃bɔlik] ADJ symbolisch; sinnbildlich **symboliser** [sɛ̃bɔlize] VT symbolisieren
symétrie [simetʀi] F Symmetrie f **symétrique** [simetʀik] ADJ symmetrisch
sympa [sɛ̃pa] fam ADJ ABR ⟨f inv⟩ → sympathique **sympathie** [sɛ̃pati] F Sympathie f; (≈ condoléances) Anteilnahme f ★ **sympathique** [sɛ̃patik] ADJ personne, visage sympathisch **sympathiser** [sɛ̃patize] VI sympathisieren (**avec qn** mit j-m)
symptôme [sɛ̃ptom] M Symptom n
syncope [sɛ̃kɔp] F MÉD **avoir une ~** ohnmächtig, bewusstlos werden
syndic [sɛ̃dik] M Verwalter m
syndical [sɛ̃dikal] ADJ ⟨-e; -aux [-o]⟩ Gewerkschafts-, gewerkschaftlich
★ **syndicat** [sɛ̃dika] M ❶ de salariés Gewerkschaft f ❷ ★ ~ **d'initiative** Fremdenverkehrsbüro n
syntaxe [sɛ̃taks] F Syntax f; Satzlehre f
synthèse [sɛ̃tεz] F a. CHIM Synthese f
★ **synthétique** [sɛ̃tetik] ADJ synthetisch **synthétiseur** [sɛ̃tetizœʀ] M MUS Synthesizer m
systématique [sistematik] ADJ systematisch
système [sistεm] M a. POL, PHYS, etc System n

T

T, t [te] M ⟨inv⟩ T, t n
t' [t] → te
ta → ton¹
★ **tabac** [taba] M Tabak; ★ (**bureau** m **de**) ~ Tabakladen m; autrich (Tabak)Trafik f
tabagisme [tabaʒism] M Nikotinmissbrauch m; Rauchen n
tabasco [tabasko] M GASTR Tabasco® m; Tabascosoße f
★ **table** [tabl] F ❶ Tisch m; fig ~ **ronde** runder Tisch; Gesprächsrunde f ❷ (Ess)Tisch

m; Tafel f; ★ **mettre la ~** den Tisch decken; **se mettre à ~** sich zu Tisch setzen; *fam fig* (*≈avouer*) auspacken ❸ (*≈tableau*) Tafel f; Tabelle f; **~ des matières** Inhaltsverzeichnis n

★ **tableau** [tablo] M ⟨~x⟩ ❶ (*≈peinture*) Gemälde n; Bild n ❷ (*≈spectacle*), *a.* THÉ Bild n; Anblick m ❸ (*≈description*) Bild n; Schilderung f ❹ (*≈panneau*) Tafel f; **~ d'affichage** Anschlagtafel f; Schwarzes Brett; *dans une gare, etc* Anzeigetafel f; **~ de bord** Armaturen-, Instrumentenbrett n ❺ ÉCOLE **~ (noir)** (Wand)Tafel f ❻ (*≈liste*) Übersicht f; Tabelle f

tablette [tablɛt] F ❶ (*≈planchette*) Ablage f ❷ **~ de chocolat** Tafel f Schokolade ❸ INFORM Tablet ['tɛblat] n; **~ PC, ~ électronique** Tablet-PC m, Tabletcomputer m

tableur [tablœʀ] M INFORM Tabellen(kalkulations)programm n

tablier [tablije] M Schürze f

tabou [tabu] A ADJ ⟨~e⟩ tabu B M Tabu n

taboulé [tabule] M Couscous-Gericht mit Petersilie, Pfefferminze, Zwiebeln und Tomaten

tabouret [tabuʀɛ] M Hocker m

tac [tak] **du tac au tac** schlagfertig

★ **tache** [taʃ] F ❶ Fleck(en) m; **~ d'encre, de graisse** Tinten-, Fettfleck m ❷ (*≈tare*) Makel m

★ **tâche** [tɑʃ] F ❶ (*≈devoir*) Aufgabe f; (*≈travail*) Arbeit f ❷ **à la ~** im Akkord; **Akkord...**

tacher [taʃe] A VT fleckig machen B V/PR **se ~** ❶ *personne* sich fleckig machen ❷ *chose* fleckig werden; Flecken bekommen

tâcher [tɑʃe] VT **~ de** (+ *inf*) sich bemühen zu (+ *inf*); versuchen zu (+ *inf*)

tacite [tasit] ADJ stillschweigend

taciturne [tasityʀn] ADJ schweigsam

tacot [tako] *fam* M **(vieux) ~** *fam* Klapperkasten m; *fam* alte Kiste, Karre

tact [takt] M ❶ Takt m; Feingefühl n ❷ BIOL Tastsinn m

tactile [taktil] ADJ Tast...

tactique [taktik] F Taktik f

taffetas [tafta] M Taft m

tag [tag] M (aufgesprühte) Graffiti *pl* **tagueur** [tagœʀ] M Sprayer m

taie [tɛ] F **~ (d'oreiller)** Kopfkissenbezug m

★ **taille¹** [taj, tɑj] F ❶ Größe f; *d'une personne a.* Körpergröße f ❷ COUT *a* Konfektionsgröße f; COUT **la ~ au-dessus, en dessous** e-e Nummer größer, kleiner; COUT **quelle ~ fais-tu?** welche Größe hast du? ❸ ANAT Taille f ❹ *fig* **être de ~ à** (+ *inf*) imstande, fähig sein zu (+ *inf*); *fam* **de ~** *fam* gewaltig; Riesen...

taille² [taj, tɑj] F *de la pierre* Behauen n; *de diamants* Schleifen n, Schliff m; *d'arbres* Schnitt m, Beschneiden n

taillé [taje] ADJ ⟨~e⟩ *pierre* behauen; *diamant* geschliffen

taille-crayon(s) M ⟨~s⟩ Bleistiftspitzer m

tailler [taje] A VT *vêtement* (zu)schneiden; *pierre* behauen; *diamants* schleifen; *crayon* spitzen; *haie, etc* beschneiden; stutzen B V/I *vêtement* **~ grand, petit** groß, klein ausfallen C V/PR ❶ **se ~ un succès** e-n Erfolg verbuchen ❷ *fam* **se ~** *fam* abhauen

tailleur¹ [tajœʀ] M ❶ Schneider m; **être assis en ~** im Schneidersitz sitzen ❷ **~ de pierre(s)** Steinmetz m

tailleur² [tajœʀ] M *costume de femme* (Damen)Kostüm m

taire [tɛʀ] ⟨→ *plaire, aber* il se tait⟩ A VT verschweigen B V/PR ★ **se ~** (*≈être silencieux*) schweigen (*sur* über + *acc*); still sein; (*≈cesser*) *a. choses* verstummen

talent [talɑ̃] M Talent n; **avoir du ~** talentiert, begabt sein **talentueux** [talɑ̃tyø] ADJ ⟨-euse [-øz]⟩ talentiert, begabt

talkie-walkie [tokiwoki] M ⟨talkies--walkies⟩ Walkie-Walkie n

★ **talon** [talɔ̃] M ❶ ANAT, *a. d'un bas* Ferse f ❷ *de la chaussure* Absatz m; *all Nord* Hacke f ❸ *d'un chèque, etc* Stammabschnitt m **talonner** [talɔne] VT **~ qn** j-m auf den Fersen sein; *fig* j-n bedrängen; j-m zusetzen

talus [taly] M Böschung f

tambour [tɑ̃buʀ] M MUS, TECH Trommel f **tambouriner** [tɑ̃buʀine] V/I trommeln

tamis [tami] M Sieb n

Tamise [tamiz] F **la ~** die Themse

tamiser [tamize] VT ❶ (durch)sieben ❷ *fig lumière* dämpfen

★ **tampon** [tɑ̃pɔ̃] M ❶ **~ hygiénique, pé-**

riodique Tampon m; **~ d'ouate** Wattebausch m ❷ CH DE FER, a. fig Puffer m ❸ (= cachet) Stempel m ❹ (= encreur) Stempelkissen n ❺ (= bouchon) Pfropfen m

tamponner [tɑ̃pɔne] **A** V/T ❶ (= essuyer) abtupfen; abwischen ❷ véhicule auffahren auf (+ acc) ❸ (= apposer un cachet) (ab)stempeln **B** V/PR **se ~** zusammenstoßen

tandis que [tɑ̃di(s)] CONJ während

tanière [tanjɛʀ] F d'un animal Höhle f

tank [tɑ̃k] M ❶ (= réservoir) Tank m ❷ MIL Panzer m

tant [tɑ̃] **A** ADV ❶ so; so viel(e); so sehr; **~ bien que mal** recht und schlecht; so gut es (eben) geht; ★ **~ mieux** umso ou desto besser; ★ **~ pis** da kann man nichts machen; schade ❷ quantité indéfinie soundso viel **B** CONJ ❶ ★ **~ que ... solange ...**; **~ qu'à faire!** wennschon, dennschon! ❷ **~ et si bien que ...** so lange, bis ...; sodass schließlich ... ❸ **en ~ que** als ❹ **~ ... que** sowohl ... als auch

tante [tɑ̃t] F Tante f

tantième [tɑ̃tjɛm] M Gewinnanteil m

tantôt [tɑ̃to] ADV ❶ heute Nachmittag ❷ **~ ..., ~ ...** bald ..., bald ...; (ein)mal ..., (ein)mal ...

taon [tɑ̃] M ZOOL Bremse f

tapage [tapaʒ] M ❶ (= bruit) Lärm m; **~ nocturne** nächtliche Ruhestörung ❷ fig Wirbel m **tapageur** [tapaʒœʀ] ADJ ⟨-euse [-øz]⟩ auffällig; publicité marktschreierisch

tape [tap] F Klaps m

tape-à-l'œil [tapalœj] ADJ ⟨inv⟩ protzig

tapenade [tapnad] F GASTR Olivenpaste mit Kapern und Sardellen

★**taper** [tape] **A** V/T ❶ (= frapper) schlagen ❷ sur ordinateur, etc eingeben, tippen; texte, données eintippen ❸ fam (= emprunter) **~ qn** fam j-n anpumpen **B** V/I ❶ (= frapper) schlagen; fam fig **~ dans l'œil de qn** j-m ins Auge stechen; **~ sur les nerfs à qn** j-m auf die Nerven gehen ❷ **~ (à la machine)** tippen ❸ soleil **~ (dur)** (heiß) brennen **C** V/PR **se ~** ❶ fam travail, trajet auf sich (acc) nehmen müssen; collègues, famille ertragen ❷ fam **~ qc à manger, à boire** fam sich (dat) genehmigen; fam sich (dat) reinziehen

tapette [tapɛt] F pour tapis Teppichklopfer m; pour mouches Fliegenklatsche f

tapir [tapiʀ] V/PR **se ~** sich verkriechen

★**tapis** [tapi] M ❶ Teppich m ❷ par ext, a. SPORTS Matte f; INFORM **~ (de) souris** Mauspad n ❸ **~ roulant** Förderband n; pour piétons Roll-, Fahrsteig m

tapisser [tapise] V/T ❶ murs tapezieren ❷ par ext bedecken (**de** mit) **tapisserie** [tapisʀi] F Wandteppich m

tapoter [tapɔte] V/T (leicht) klopfen auf (+ acc)

taquin [takɛ̃] ADJ ⟨-ine [-in]⟩ schelmisch, neckisch **taquiner** [takine] **A** V/T necken; hänseln **B** V/PR **se ~** sich (gegenseitig) necken, hänseln **taquinerie** [takinʀi] F Neckerei f; Hänselei f

tarabiscoté [taʀabiskɔte] ADJ ⟨-e⟩ décor verschnörkelt; style geschraubt

★**tard** [taʀ] **A** ADV spät; **au plus ~** spätestens **B** M **sur le ~** in vorgerücktem Alter **tarder** [taʀde] **A** V/I auf sich (acc) warten lassen; **ne pas ~ à faire qc** bald etw tun **B** V/IMP **il me tarde de (+ inf)** ich kann es kaum erwarten zu (+ inf) **tardif** [taʀdif] ADJ ⟨-ive [-iv]⟩ spät

tare [taʀ] F ❶ (= défaut) Fehler m; Makel m ❷ COMM Tara f; Verpackungsgewicht n

★**tarif** [taʀif] M Tarif m; Preisliste f

★**tarir** [taʀiʀ] **A** V/T versiegen lassen **B** V/I source, a. par ext larmes versiegen **C** V/PR **se ~** source, a. fig inspiration versiegen

tarte[1] [taʀt] F Obstkuchen m, Obsttorte f; **~ aux pommes** Apfelkuchen m; **~ Tatin** gestürzte Apfeltorte (mit karamellisierten Äpfeln)

tarte[2] [taʀt] ADJ fam (= moche) hässlich; (= idiot) fam dämlich, doof; (= ridicule) albern, lächerlich

★**tartine** [taʀtin] F (bestrichene Brot-)Schnitte; all Nord Stulle f; **~ beurrée** Butterbrot n **tartiner** [taʀtine] V/T du beurre, etc auf e-e Brotschnitte streichen; tranche de pain (be)streichen

tartre [taʀtʀ] M ❶ calaire Kesselstein m ❷ des dents Zahnstein m

tartuf(f)e [taʀtyf] M Heuchler m

★**tas** [tɑ, tas] M ❶ (= amas) Haufen m ❷ (= grande quantité) Menge f ❸ **sur le tas** am Arbeitsplatz

t'as [ta] fam **= tu as** → avoir[1]

★**tasse** [tɑs, tas] F Tasse f; **~ à café** Kaffee-

tasse f; **~ de café** Tasse Kaffee
tasser [tose] **A** V/T sol feststampfen; qc de volumineux zusammenpressen, -drücken **B** V/PR **se ~ 1** sol, a. CONSTR sich senken; sich setzen; fig personne (mit zunehmendem Alter) kleiner werden **2** fam affaire wieder in Ordnung kommen; fam sich wieder einrenken
tâter [tɑte] **A** V/T be-, abtasten; be-, anfühlen **B** V/T INDIR **~ de qc** etw ausprobieren; fam in etw (acc) hineinriechen **C** V/PR **je me tâte** ich muss es mir noch überlegen
tatillon [tatijɔ̃] ADJ **-onne** [-ɔn] pedantisch
tâtonner [tɑtɔne] V/I **1** herumtasten **2** fig tastende Versuche machen **tâtons** [tɑtɔ̃] **à ~** tastend
tatouage [tatwaʒ] M Tätowierung f
tatouer [tatwe] V/T tätowieren
taudis [todi] M Elendsquartier n
taule [tol] F **1** argot fam (≈ prison) Kittchen n; fam Knast m **2** fam (≈ chambre, maison) Bude f
taupe [top] F a. fig (≈ espion) Maulwurf m
taureau [tɔʀo] M ⟨~x⟩ **1** ZOOL Stier m **2** ASTROL **le Taureau** der Stier **tauromachie** [tɔʀɔmaʃi] F Stierkampf m
★ **taux** [to] M **1** FIN **~ (d'intérêt)** Zinssatz m; **~ de change** Wechselkurs m; **~ d'escompte** Diskontsatz m **2** (≈ proportion) Rate f; Quote f; Ziffer f; **~ de chômage** Arbeitslosenquote f; **~ de mortalité** Sterbeziffer f; Sterblichkeitsrate f
taxe [taks] F (≈ impôt) Steuer f; Abgabe f; (≈ redevance) Gebühr f; **~ professionnelle** Gewerbesteuer f; **~ de séjour** Kurtaxe f; **~ sur** Steuer auf (+ acc)
taxer [takse] V/T **1** prix amtlich festsetzen **2** (≈ imposer) besteuern **3** fig **~ qn, qc de** j-n, etw bezeichnen als
★ **taxi** [taksi] M Taxi n
tchao [tʃao] INT fam tschüs(s); ciao
tchèque [tʃɛk] **A** ADJ tschechisch; **la République ~** die Tschechische Republik **B** M/F **Tchèque** Tscheche m, Tschechin f
TD [tede] MPL ABR, **T.D.** MPL (= travaux dirigés) → travail 2
★ **te** [t(ə)] PR PERS ⟨vor Vokal u. stummem h t'⟩ dich obj dir; dir obj indir
★ **technicien** [tɛknisjɛ̃] M, **technicienne** [tɛknisjɛn] F **1** Techniker(in) m(f) **2** (≈ spécialiste) Fachmann m, Fachfrau f
★ **technique** [tɛknik] **A** ADJ **1** (≈ spécialisé) fachlich; Fach... **2** (≈ mécanique) technisch **B** F Technik f
technologie [tɛknɔlɔʒi] F Technologie f
★ **tee-shirt** [tiʃœʀt] M ⟨~s⟩ T-Shirt n
teindre [tɛ̃dʀ] ⟨↔ peindre⟩ **A** V/T färben **B** V/PR **se ~ (les cheveux)** sich (dat) die Haare färben
teint [tɛ̃] **A** M Teint; Gesichtsfarbe f **B** ADJ ⟨inv⟩ **bon, grand ~** tissu farbecht; fig, plais personne in der Wolle gefärbt **C** ADJ ⟨~e [tɛ̃t]⟩ gefärbt
teinte [tɛ̃t] F Färbung f; Farbton m
teinturier [tɛ̃tyʀje] M, **teinturière** [tɛ̃tyʀjɛʀ] F Färber(in) m(f) und Chemischreiniger(in) m(f)
★ **tel** [tɛl] ADJ et PRON ⟨**telle**⟩ **1** (≈ semblable) solche(r, -s); so(lch) ein(e); derartige(r, -s); **comme tel** ou **en tant que tel** als solcher; **tel que** (so) wie; énumération **tel(le)s que** wie zum Beispiel; **tel quel** unverändert **2** (≈ si grand) solche(r, -s); so groß; **rien de tel que ...** es geht nichts über (+ acc) **3** indéfini der oder der; soundso; **tel jour, à telle heure** an dem und dem Tag, um soundso viel Uhr; **Monsieur Un tel** Herr Sowieso, Soundso
★ **télé** [tele] fam F **1** Fernsehen n; **à la ~** im Fernsehen; **regarder la ~** fernsehen **2** (≈ téléviseur) Fernseher m
téléachat M Teleshopping n
téléboutique [telebutik] F TÉL Callshop m
★ **télécarte** F Telefonkarte f
téléchargeable [teleʃaʀʒabl] ADJ **1** INFORM vers l'internaute herunterladbar; downloadbar **2** INFORM vers le serveur uploadbar
téléchargement M **1** INFORM vers l'internaute Herunterladen n; Download(en) m(n) **2** INFORM vers le serveur Upload(en) m(n)
télécharger V/T ⟨-ge-⟩ INFORM vers l'internaute herunterladen
télécommande F Fernsteuerung f, Fernbedienung f
télécommunications FPL Telekommunikation f
téléconférence F (≈ audioconférence) Telefonkonferenz f; (≈ vidéoconférence) Videokonferenz f

télécopie F (Tele)Fax n
télégramme M Telegramm n
téléguidé [telegide] ADJ ⟨~e⟩ a. fig ferngelenkt
téléobjectif M Teleobjektiv n
télépéage [telepeaʒ] M AUTO *vollautomatisches System zur Erhebung und Zahlung der Autobahngebühren*
téléphérique [teleferik] M Drahtseilbahn f; Seil(schwebe)bahn f
★**téléphone** [telefɔn] M Telefon n; ★ ~ **mobile** Mobiltelefon n; **coup m de ~** (Telefon)Anruf m; **par ~** telefonisch; fernmündlich ★ **téléphoner** [telefɔne] A VT durchtelefonieren, telefonisch mitteilen, durchgeben (**qc à qn** j-m etw) B VI telefonieren (**à qn** mit j-m); anrufen (j-n) C V/PR **se ~** miteinander telefonieren **téléphonique** [telefɔnik] ADJ telefonisch; Telefon...
télescopage [teleskɔpaʒ] M Zusammenstoß m; Auffahrunfall m
télescope [teleskɔp] M Fernrohr n; Teleskop n
télescoper [teleskɔpe] A VT zusammenstoßen mit; auffahren auf (+ acc) B V/PR **se ~** zusammenstoßen
télésiège M Sessellift m **téléski** M Skilift m
★**téléspectateur** M, **téléspectatrice** F Fernsehzuschauer(in) m(f)
télétexte M Videotext m
télétravail [teletravaj] M Telearbeit f
télévisé [televize] ADJ ⟨~e⟩ im Fernsehen übertragen; Fernseh... **téléviseur** M Fernsehapparat m, Fernsehgerät n; Fernseher m
★**télévision** F ❶ Fernsehen n; ~ **par câble, par satellite** Kabel-, Satellitenfernsehen n ❷ → **téléviseur**
télex [telɛks] M Telex n
★**tellement** [tɛlmɑ̃] ADV so; dermaßen; so sehr
téméraire [temerɛʀ] ADJ kühn **témérité** [temerite] F Kühnheit f
témoignage [temwaɲaʒ] M (≈ *déclaration*) Aussage f; JUR a. Zeugenaussage f
témoigner [temwaɲe] A VT ~ **qc** *personne* etw zeigen, bekunden; *chose* etw erkennen lassen, verraten B VT INDIR ~ **de qc** *personne* etw bezeugen; *chose* von etw zeugen C VI JUR (als Zeuge) aussagen

★**témoin** [temwɛ̃] M ❶ a. JUR Zeuge m, Zeugin f; Zeugin f; d'un *mariage* Trauzeuge m, Trauzeugin f ❷ ⟨*adjt*⟩ **appartement** m ~ Musterwohnung f
tempe [tɑ̃p] F Schläfe f
tempérament[1] [tɑ̃peʀamɑ̃] M (≈ *caractère*) Temperament n, Wesensart f
tempérament[2] [tɑ̃peʀamɑ̃] M **paiement** m **à ~** Raten-, Teilzahlung f; **acheter à ~** auf Raten, Abzahlung kaufen
température [tɑ̃peʀatyʀ] F Temperatur f; **avoir, faire de la ~** Fieber *ou* (erhöhte) Temperatur haben
tempéré [tɑ̃peʀe] ADJ ⟨~e⟩ *climat, zone* gemäßigt **tempérer** [tɑ̃peʀe] VT ⟨-è-⟩ mäßigen; mildern
★**tempête** [tɑ̃pɛt] F *a. fig* Sturm m
temple [tɑ̃pl] M ❶ Tempel m ❷ (protestantische) Kirche
temporaire [tɑ̃pɔʀɛʀ] ADJ vorübergehend; zeitweilig **temporel** [tɑ̃pɔʀɛl] ADJ ⟨~le⟩ *a.* REL zeitlich; GRAM *a.* Temporal... **temporiser** [tɑ̃pɔʀize] VI versuchen, Zeit zu gewinnen
★**temps**[1] [tɑ̃] M ❶ Zeit f; ★ **tout le ~** ständig; die ganze Zeit (über); ★ **à ~** rechtzeitig; beizeiten; **dans le ~** seinerzeit; früher; **de mon ~** zu meiner Zeit; **de tout ~** seit je; schon immer; ★ **de ~ en ~**, **de ~ à autre** von Zeit zu Zeit; dann und wann; ab und zu; hin und wieder; **en même ~** zur gleichen Zeit; gleichzeitig; **avoir le ~** Zeit haben (**de** + *inf* zu + *inf*); **n'avoir pas le ~** keine Zeit haben; **il est grand ~** es ist höchste Zeit; **perdre son ~** s-e Zeit vertun, verschwenden, vertrödeln; **perdre du ~** Zeit verlieren ❷ GRAM Zeit(form) f, Tempus n ❸ MUS, TECH Takt m
★**temps**[2] M MÉTÉO Wetter n; **par beau, mauvais ~** bei schönem, schlechtem Wetter; **quel ~ fait-il?** wie ist das Wetter?
tenace [tənas] ADJ hartnäckig **ténacité** [tenasite] F Hartnäckigkeit f
tenailler [tənaje] VT quälen
tenailles [t(ə)naj] FPL Zange f
tendance [tɑ̃dɑ̃s] F ❶ (≈ *inclination*) Neigung f; Hang m; Tendenz f ❷ POL, ART, FIN Tendenz f; Trend m
tendon [tɑ̃dɔ̃] M Sehne f
★**tendre**[1] ADJ ❶ *viande, légumes, couleur* zart; *pain, herbe* weich ❷ (≈ *affectueux*)

zärtlich, liebevoll

★tendre² [tɑ̃dʀ] ⟨→ rendre⟩ **A** VT **1** *corde, muscle* (an)spannen; *ressort, arc* spannen **2** (≈ *avancer*), *a. bras, etc* ausstrecken; ~ **qc à qn** *a. fig* jm etw hinhalten; reichen; ~ **le cou** den Hals recken; ~ **l'oreille** die Ohren spitzen **3** ~ **un piège à qn** j-m e-e Falle stellen **B** VT INDIR *activité, paroles* ~ **à** (+ *inf*) darauf abzielen zu (+ *inf*); *situation* dazu tendieren zu (+ *inf*)

tendresse [tɑ̃dʀɛs] F Zärtlichkeit f

tendu [tɑ̃dy] ADJ ⟨~e⟩ *a. fig rapports* gespannt; *fig personne, visage* angespannt

ténèbres [tenɛbʀ] FPL *a. fig* Finsternis f

ténébreux [tenebʀø] *fig* ADJ ⟨-euse [-øz]⟩ finster

teneur [tənœʀ] F **1** *d'un écrit* Inhalt m **2** CHIM Gehalt m; ~ **en alcool** Alkoholgehalt m

★tenir [t(ə)niʀ] ⟨→ venir⟩ **A** VT **1** halten; festhalten **2** (≈ *avoir*) haben; *voleur, etc* (gefasst) haben; ~ **qc de qn** etw von j-m haben **3** *registre, caisse, compte, article, restaurant* führen **4** *promesse, pari* halten; *engagements* nachkommen (+ *dat*); ~ **(sa) parole** (sein) Wort halten **5** *réunion, conférence* abhalten; *discours* halten **6** ~ **pour** ansehen für; halten für **7** ~ **de la place** einnehmen **8** ⟨*int*⟩ **★tiens!** (≈ *prends*) da!; da, nimm!; ⟨*étonné*⟩ ach!; so (et)was!; sieh mal (einer) an!; da schau her! **B** VT INDIR **1** ~ **à qn, qc** (≈ *être attaché à*) auf j-n, etw Wert legen; an j-m, etw hängen **2** ~ **à** (≈ *résulter, dépendre de*) liegen an (+ *dat*); abhängen von; **s'il ne tenait qu'à moi** wenn es (nur) nach mir ginge **3** *concrètement* ~ **à qc** an etw (*dat*) halten ou hängen **4** ~ **de qn** (≈ *être comme*) j-m gleichen, ähneln, nachschlagen **C** VI **1** *clou, pansement, etc* halten; *coiffure, couleur, nœud* halten; *neige* liegen bleiben **2** *personne* (≈ *résister*) aus-, standhalten; ~ **bon, ferme** standhalten; standhaft bleiben; durchhalten **3** (≈ *être contenu*) Platz haben, finden **D** VPR **1 ★ se** ~ *sens réfléchi* sich (fest)halten (à an + *dat*) **2** *réciproquement* **se** ~ **par la main** einander, sich an der Hand halten **3 ★ se** ~ *dans une certaine position* sich halten; (da)stehen; **se** ~ **tranquille** sich ruhig verhalten **4 se** ~ **pour** sich betrachten als **5 ★ se** ~

(≈ *se comporter*) sich benehmen **6** **s'en** ~ **à qc** sich an etw (*acc*) halten **7 ★ se** ~ *congrès, marché, etc* stattfinden; abgehalten werden **8 ★ se** ~ *arguments* schlüssig, logisch sein; *récit* glaubhaft sein

★tennis [tenis] M **1** SPORT Tennis n **2** ⟨*pl*⟩ *chaussures* Turnschuhe mpl

tension [tɑ̃sjɔ̃] F **1** *a.* ÉLEC, POL Spannung f **2** ~ **(artérielle)** Blutdruck m

tentation [tɑ̃tasjɔ̃] F Versuchung f

tentative [tɑ̃tativ] F Versuch m

tente [tɑ̃t] F Zelt n; **monter, dresser, planter une** ~ ein Zelt aufschlagen

tenter [tɑ̃te] VT **1** *a.* REL in Versuchung führen; *par ext* (≈ *séduire*) reizen; **être tenté de** (+ *inf*) versucht sein zu (+ *inf*) **2** (≈ *essayer*) versuchen (**de** + *inf* zu + *inf*)

tenu [t(ə)ny] PP ⟨~e⟩ **1** gehalten, gebunden **2** **bien** ~ gepflegt; ordentlich

ténu [teny] ADJ ⟨~e⟩ fein, dünn

tenue [t(ə)ny] F **1** *du ménage, des livres de compte* Führung f **2** (≈ *conduite*) Betragen n; Benehmen n **3** (≈ *vêtements*) Kleidung f; Anzug m; MIL Uniform f; **être en** ~ **légère, en petite** ~ sehr wenig anhaben **4** AUTO ~ **de route** Straßenlage f

ter [tɛʀ] ADV **habiter au 18 ter** Nummer 18 b wohnen

tergiversations [tɛʀʒivɛʀsasjɔ̃] FPL Ausflüchte fpl

terme¹ [tɛʀm] M **1** (≈ *fin*) Ende n; (≈ *date*) Termin m; (≈ *délai*) Frist f; **à court, à moyen, à long** ~ kurz-, mittel-, langfristig

terme² [tɛʀm] M **1** (≈ *mot*) Wort n; (≈ *expression*) Ausdruck m; **en d'autres** ~**s** mit anderen Worten **2** **être en bons** ~**s avec qn** mit j-m gut, auf gutem Fuß stehen; **être en mauvais** ~**s avec qn** mit j-m nicht auskommen

terminaison [tɛʀminɛzɔ̃] F Endung f

terminal [tɛʀminal] **A** ADJ ⟨~e; -aux [-o]⟩ End..., Schluss... **B** M ⟨-aux [-o]⟩ INFORM Terminal n **C** F ⟨~e⟩ Abiturklasse, zwölfte Klasse f

★terminer [tɛʀmine] **A** VT beenden; abschließen; **j'ai terminé** ich bin fertig (damit); **pour** ~ zum (Ab)Schluss; abschließend; *chose* **★ être terminé** fertig, beendet, zu Ende sein **B** VPR **se** ~ enden (**par** mit); zu Ende gehen *ou* sein; **se** ~ **bien, mal** gut, schlecht ausgehen

★**terminus** [tɛʀminys] M̄ Endstation f
terne [tɛʀn] ADJ 1 glanzlos; matt 2 fig farblos; eintönig
ternir [tɛʀniʀ] A V̄T a. fig trüben; **terni vitre, miroir** trüb; angelaufen B V̄PR **se ~** s-n Glanz verlieren; miroir trüb werden
★**terrain** [tɛʀɛ̃] M̄ Gelände n; MIL a. Terrain n; (≈ parcelle) Grundstück n; Platz m; (≈ sol) Boden m; fig (≈ domaine) Gebiet n; Bereich m; **~ à bâtir** Bauland n; (≈ parcelle) Bauplatz m; **~ de jeu(x)** Spielplatz m; **véhicule m tout ~** adj Geländewagen m
★**terrasse** [tɛʀas] F̄ Terrasse f
terrasser [tɛʀase] V̄T niederstrecken; a. fig niederschmettern
★**terre** [tɛʀ] F̄ 1 (≈ sol) Boden m; Erde f; fig **~ à ~** adj prosaisch; nüchtern; **à ~**, ★ **par ~** auf dem ou dem Boden; auf der ou die Erde 2 matière Erde f; Erdreich n 3 (≈ terrain) Grund m; Stück n Land; (≈ domaine) Grundbesitz m 4 planète **Terre** Erde f; (≈ monde) Welt f; **sur (la) ~** auf der ou die Erde 5 (≈ territoire) Gebiet n; (≈ pays) Land n; **la Terre sainte** das Heilige Land 6 (≈ opposé à mer et air) Land n 7 ÉLEC Erde f 8 TECH Erde f; **de, en ~** Ton...; irden
terrer [tɛʀe] V̄PR **se ~** sich verkriechen
terrestre [tɛʀɛstʀ] ADJ 1 (≈ de la planète) Erd... 2 (≈ opposé à mer ou air) Land... 3 REL irdisch
terreur [tɛʀœʀ] F̄ 1 (≈ épouvante) (Angst f und) Schrecken m; panische Angst 2 POL Terror m
★**terrible** [tɛʀibl] ADJ 1 (≈ effrayant) furchtbar; schrecklich 2 (≈ énorme) gewaltig 3 fam (≈ sensationnel) großartig
terrien [tɛʀjɛ̃] ⟨-ienne [-jɛn]⟩ A ADJ propriétaire **~** Grundbesitzer m B M/F **Terrien(ne)** Erdbewohner(in) m(f)
terrifiant [tɛʀifjɑ̃] ADJ ⟨-ante [-ɑ̃t]⟩ furchterregend; erschreckend **terrifier** [tɛʀifje] V̄T **~ qn** j-n in Angst und Schrecken versetzen; j-m Entsetzen einjagen
terril [tɛʀi(l)] M̄ (Abraum)Halde f
territoire [tɛʀitwaʀ] M̄ 1 (Hoheits)Gebiet n; Territorium n 2 d'un animal Revier n
terroir [tɛʀwaʀ] M̄ (Heimat)Region f
terroriser [tɛʀɔʀize] V̄T terrorisieren; verängstigen; völlig einschüchtern
★**terrorisme** [tɛʀɔʀism] M̄ Terrorismus m **terroriste** [tɛʀɔʀist] A ADJ terroristisch; Terror... B M/F Terrorist(in) m(f)
tes [te] → **ton**¹
t'es [tɛ] fam **= tu es** → **être**¹
Tessin [tesɛ̃] M̄ **le ~** canton das Tessin
test [tɛst] M̄ PSYCH, MÉD, a. fig Test m; **passer des ~s** getestet werden; Tests machen
testament [tɛstamɑ̃] M̄ JUR Testament n
★**tester** [tɛste] V̄T testen
testicule [tɛstikyl] M̄ Hoden m
tétanos [tetanɔs] M̄ Wundstarrkrampf m; Tetanus m
★**tête** [tɛt] F̄ 1 Kopf m; st/s Haupt n; fig Verstand m; fig **coup m de ~** unüberlegte Tat; Kurzschlusshandlung f; **la ~ °haute** stolz erhobenen Hauptes; calculer **de ~** im Kopf; fig **avoir la ~ dure** ein Dickkopf, -schädel f sein; fig **se casser la ~** sich (dat) den Kopf zerbrechen; fig **n'en faire qu'à sa ~** nur nach seinem Kopf handeln; fig **se payer la ~ de qn** fam j-n auf den Arm nehmen; fig **tenir ~ à qn** j-m die Stirn bieten; sich j-m widersetzen 2 (≈ individu) Person f; Kopf m; **par ~**, fam **par ~ de pipe** pro Kopf; pro Person; fam pro Nase 3 (≈ visage) Gesicht n; Aussehen n; **il a une sale ~** (≈ er sieht krank aus) er sieht sehr schlecht aus; **faire la ~** schmollen 4 d'un train vorderes Ende; Spitze f; **en ~** an der ou an die Spitze
tête-à-queue M̄ ⟨inv⟩ AUTO **faire un ~** sich um die eigene Achse drehen **tête-à-tête** M̄ ⟨inv⟩ Gespräch n unter vier Augen; **~ (amoureux)** Tête-à-tête n; **en ~ →** tête 1
téter [tete] V̄T et V̄I ⟨-è-⟩ saugen **tétine** [tetin] F̄ du biberon Sauger m; pour calmer Schnuller m
têtu [tety] ADJ ⟨~e⟩ eigensinnig, dickköpfig
texte [tɛkst] M̄ Text m
textile [tɛkstil] A ADJ Textil...; Faser... B M̄ Faserstoff m; **~s** pl a. Textilien pl 2 Textilindustrie f
texto® [tɛksto] M̄ SMS f
textuellement [tɛkstɥɛlmɑ̃] ADV wortwörtlich
texture [tɛkstyʀ] F̄ Struktur f
★**TGV** [teʒeve] M̄ABR ⟨inv⟩ (= train à grande

vitesse) Hochgeschwindigkeitszug m
Thaïlande [tajlɑ̃d] F **la ~** Thailand n
★ **thé** [te] M (schwarzer) Tee
théâtral [teatʀal] ADJ ⟨-e; -aux [-o]⟩ **1** Theater...; Bühnen... **2** fig, péj theatralisch
★ **théâtre** [teɑtʀ] M **1** Theater n; **~ en plein air** Freilichtbühne f; fig **coup m de ~** Theatercoup m; unerwartete Wendung **2** fig Schauplatz m
théière [tejɛʀ] F Teekanne f
thème [tɛm] M (≈ sujet), a. MUS Thema n
théorème [teɔʀɛm] M Lehrsatz m
théoricien [teɔʀisjɛ̃] M, **théoricienne** [teɔʀisjɛn] F Theoretiker(in) m(f)
théorie [teɔʀi] F Theorie f **théorique** [teɔʀik] ADJ theoretisch
thérapeute [teʀapøt] M/F Therapeut(in) m(f)
thérapie [teʀapi] F Therapie f
thermomètre [tɛʀmɔmɛtʀ] M Thermometer n
thermos® [tɛʀmɔs] M ou F ou ADJ T bouteille f **~** Thermosflasche® f
thèse [tɛz] F **1** (≈ opinion) These f **2** UNIVERSITÉ Doktorarbeit f, Dissertation f
★ **thon** [tɔ̃] M Thunfisch m
thorax [tɔʀaks] M ANAT Brustkorb m
Thurgovie [tyʀɡɔvi] F **la ~** der Thurgau
thym [tɛ̃] M Thymian m
thyroïde [tiʀɔid] F Schilddrüse f
tibia [tibja] M Schienbein n
tic [tik] M MÉD, a. fig Tick m
★ **ticket** [tikɛ] M de transport Fahrschein m; d'entrée Eintrittskarte f; **~ repas, restaurant** Essen(s)marke f; **~ de caisse** Kassenzettel m, Kassenbon m
★ **tiède** [tjɛd] ADJ **1** liquide lauwarm **2** air lau **tiédeur** [tjedœʀ] F **1** température wohlige Wärme **2** fig Lauheit f **tiédir** [tjediʀ] A VI anwärmen B VI lauwarm werden
★ **tien** [tjɛ̃] A PR POSS ⟨~ne [tjɛn]⟩ **le ~, la ~ne** der, die, das deine; deine(r, -s); **les ~s, les ~nes** pl die deinen; deine; fam ★ **à la ~ne!** prost!; auf dein Wohl!; iron viel Vergnügen! B SUBST **1 le ~** (≈ ce bien) das Deine **2 les ~s** (≈ famille, amis) die Deinen
tiens [tjɛ̃] → tenir
tierce [tjɛʀs] ADJ → tiers
tiercé [tjɛʀse] M TURF Dreierwette f
★ **tiers** [tjɛʀ] A ADJ ⟨tierce [tjɛʀs]⟩ dritte(r, -s); **le ~ monde** die Dritte Welt B M **1 un ~** a. JUR ein Dritter; ein Außenstehender **2** MATH Drittel n
★ **tiers-monde** [tjɛʀmɔ̃d] M Dritte Welt
tige [tiʒ] F **1** BOT Stängel m; Stiel m; des céréales Halm m **2** TECH Stange f
tignasse [tiɲas] F (wirrer) Haarschopf
★ **tigre** [tigʀ] M Tiger m **tigré** [tigʀe] ADJ ⟨-e⟩ getigert, Tiger...
tilleul [tijœl] M **1** BOT Linde f **2** tisane Lindenblütentee m
tilt [tilt] fam fig **ça a fait ~** fam da machte es klick
timbale [tɛ̃bal] F **1** MUS (Kessel)Pauke f **2** (≈ gobelet) aus Metall (Trink)Becher m **3** CUIS (Teig)Pastete f
★ **timbre** [tɛ̃bʀ] M **1** (≈ timbre-poste) Briefmarke f **2** (≈ tampon) Stempel m **3** (≈ sonnette) Glocke f **4** de la voix, d'un instrument Klangfarbe f **timbré** [tɛ̃bʀe] ADJ ⟨-e⟩ lettre, enveloppe frankiert **timbre-poste** [tɛ̃bʀəpɔst] M ⟨timbres-poste⟩ → timbre **timbrer** [tɛ̃bʀe] VT **1** (≈ affranchir) frankieren; freimachen **2** (≈ tamponner) (ab)stempeln
timide [timid] ADJ schüchtern **timidité** [timidite] F Schüchternheit f
timoré [timɔʀe] ADJ ⟨-e⟩ ängstlich
tint [tɛ̃] → tenir
tintamarre [tɛ̃tamaʀ] M Getöse n; des klaxons Gellen n
tinter [tɛ̃te] VI **1** cloches läuten; fam bimmeln **2** verres, métal klingen
tique [tik] F Zecke f
tir [tiʀ] M Schießen n; Schuss m
tirade [tiʀad] F péj Wortschwall m; Tirade f
tirage [tiʀaʒ] M **1** TYPO Auflage f **2** PHOT Abziehen n; Abzug m **3** LOTERIE Ziehung f **4** d'un chèque Ausstellung f; d'une lettre de change Ziehung f **5** d'une cheminée Zug m **6** du vin Abziehen n **7** fam fig ⟨= difficultés⟩ Reibereien fpl
tiraillement [tiʀɑjmɑ̃] M **1 ~s** pl (≈ douleurs) ziehende Schmerzen mpl; Ziehen n **2** fig **~s** pl (≈ difficultés) Reibereien fpl; fam Hickhack n
tirailler [tiʀɑje] VT **1** herumzerren an (+ dat) **2** fig **être tiraillé entre** hin und her gerissen werden zwischen (+ dat)
tiré [tiʀe] ADJ ⟨-e⟩ gezogen, gespannt; **avoir les traits ~s** abgespannt aussehen
tire-au-flanc fam M ⟨inv⟩ Drücke-

berger *m*
★**tire-bouchon** M ⟨~s⟩ Korkenzieher *m*
tire-fesses *fam* M ⟨inv⟩ Ski-, Schlepplift *m*
tirelire [tiʀliʀ] F Sparbüchse *f*
★**tirer** [tiʀe] A VT **1** ziehen; *rideau* zu- ou aufziehen; *verrou* vorschieben; *tiroir* herausziehen; *vin* abziehen; auf Flaschen ziehen; **~ les cartes** die Karten legen **2** *fig* ziehen (**de** aus); her-, ableiten (von); *argent, bénéfice, renseignements* herausholen (aus); *d'une condamnation* davonkommen; CHIM *produit* gewinnen (aus) **3** *balle, flèche* (ab)schießen; *coup de feu* abgeben; abfeuern **4** *chèque* ausstellen B VT INDIR *couleur* **~ sur le bleu** ins Blaue (hinüber)spielen C VI **1** *a. poêle, cheminée* ziehen; *peau* spannen **2** *avec une arme* schießen; ★ **~ sur qn, qc** auf j-n, etw schießen, feuern; j-n, etw beschießen D VPR **1 s'en ~** *d'un accident, d'une maladie* davonkommen; *d'affaire* sich aus der Affäre ziehen; (≈ *se débrouiller*) sich (so) durchschlagen **2** *fam* (≈ *s'en aller*) **se ~** *fam* abhauen; *fam* sich verziehen
tiret [tiʀe] M Gedankenstrich *m*
tireur [tiʀœʀ] M **1** Schütze *m*; **~ d'élite** Scharfschütze *m* **2** FIN Aussteller *m*
★**tiroir** [tiʀwaʀ] M Schublade *f* **tiroir--caisse** M ⟨tiroirs-caisses⟩ Registrierkasse *f*
tisane [tizan] F (Kräuter)Tee *m*
tisser [tise] VT weben **tisserand** [tisʀɑ̃] M (Hand)Weber *m*
★**tissu** [tisy] M **1** TEXT Stoff *m* **2** BIOL Gewebe *n* **tissu-éponge** M ⟨tissus--éponges⟩ Frottee *n* ou *m*
★**titre** [titʀ] M **1** (≈ *dignité*), *a.* SPORTS Titel *m*; **en ~** im Beamtenverhältnis; *par ext* ständig; fest; offiziell **2** *d'un livre, film, etc* Titel *m*; *d'un chapitre, article* Überschrift *f*; **gros ~s** Schlagzeilen *fpl* **3** (≈ *document*) Urkunde *f* **4** **à ~ de** als; **à ce ~** als solche(r); **à ~ d'information** zur Information; **à juste ~** mit vollem Recht; mit Fug und Recht; **au même ~ que ...** ebenso wie ... **5** FIN (Wert)Papier *n*
tituber [titybe] VI taumeln; *ivrogne* torkeln
titulaire [titylɛʀ] A ADJ im Beamtenverhältnis; ADMIN beamtet B M/F Inhaber(in) *m(f)*

TNT [teɛnte] F ABR (= télévision numérique terrestre) TV DVB-T [de:faʊbe:'te:] *n* (Digital Video Broadcasting-Terrestrial: *terrestrische Variante der Übertragung von digitalem Fernsehen und Hörfunk über Antenne*); TV **avoir la TNT** DVB-T empfangen (können)
toboggan [tɔbɔgɑ̃] M *pour jouer* Rutschbahn *f*; AVIAT Notrutsche *f*
toc [tɔk] M Talmi *n*
tohu-bohu [tɔybɔy] M Tumult *m*; Trubel *m*
★**toi** [twa] PR PERS **1** *sujet du* **2** dich *obj dir*; dir *obj indir*
toile [twal] F **1** TEXT Leinen *n*; *par ext* Tuch *n*; **de** ou **en ~** aus Leinen; Leinen...; leinen **2** *tableau* (Öl)Gemälde *n* **3** MAR Segel *npl* **4 ~ d'araignée** Spinnwebe *f*; Spinnennetz *n* **5** INFORM **la Tolle** das Web
toilette [twalɛt] F **1** Waschen *n*; **faire sa ~** sich waschen; *chat* sich putzen **2** (≈ *habits*) Kleidung *f*; Toilette *f* **3** ★ **~s** *pl* Toilette *f*
toi-même [twamɛm] PR PERS **1** emphatique (du) selbst **2** réfléchi dich selbst
toise [twaz] F Messstab *m* **toiser** [twaze] VT mustern
toison [twazɔ̃] F **1** *du mouton* Wolle *f* **2** *fig* dichtes Haar
★**toit** [twa] M Dach *n* **toiture** [twatyʀ] F Bedachung *f*
tôle [tol] F **1** Blech *n* **2** → **taule**
tolérance [tɔleʀɑ̃s] F **1** Toleranz *f* **2** TECH *a.* MÉD Toleranz *f*; zulässige Abweichung **tolérant** [tɔleʀɑ̃] ADJ ⟨-ante [-ɑ̃t]⟩ tolerant, nachsichtig **tolérer** [tɔleʀe] VT ⟨-è-⟩ **1** *chose* dulden; zulassen; *personne* ertragen **2** MÉD vertragen
tollé [tɔle] M Protestgeschrei *n*
tomate [tɔmat] F Tomate *f*
★**tombe** [tɔ̃b] F Grab *n*; Grabstätte *f*
tombeau [tɔ̃bo] M ⟨~x⟩ Grabmal *n*
tombée [tɔ̃be] F **à la ~ du jour, de la nuit** bei Einbruch der Dunkelheit, Nacht
★**tomber** [tɔ̃be] A VT *fam* **1** *veste* ausziehen **2** *fam* *femme* herumkriegen B VI ⟨être⟩ **1** fallen; stürzen; *feuilles, fruits* abfallen; *cheveux, dents* ausfallen; *foudre* einschlagen; **faire ~** (≈ *renverser*) umwerfen; *du haut de qc* herunterwerfen; *d'un arbre* herunterschütteln **2** *fig paroles, etc* fallen **3** *soldat, ville* fallen;

obstacle, difficulté wegfallen; *gouvernement* stürzen; ★ **laisser ~** *projet, personne* fallen lassen **4** **~ sur qn** (≈ *attaquer*) über j-n herfallen **5** (≈ *devenir*) werden; *dans un endroit, une situation* geraten; **~ amoureux** sich verlieben (**de qn** in j-n); **~ malade** krank werden; erkranken **6** (≈ *arriver*) (unerwartet *ou* zufällig) kommen; **ça tombe bien** das trifft sich gut, günstig; **il est bien tombé** (≈ *il a eu de la chance*) er hat es gut getroffen; **~ juste** *calcul* aufgehen; (≈ *deviner*) es erraten; das Richtige treffen; **~ sur qc** auf etw (*acc*) stoßen, treffen; **~ sur qn** j-n zufällig treffen; j-m zufällig begegnen **7** *prix, température* fallen; sinken; *vent, enthousiasme* nachlassen; sich legen; *jour* sich neigen **8** (≈ *descendre, pendre*) (herab)hängen **B** V/IMP **il tombe de la neige, de la pluie** es fällt Schnee, Regen

tome [tom] M Band m

★**ton¹** [tõ] ADJ POSS ⟨f **ta** [ta]; *vor Vokal u. stummem h* **ton**; *pl* **tes** [te]⟩ dein(e)

ton² M **1** *de la voix* Ton(höhe) m(f) **2** *par ext, a. d'une lettre* Ton m, Umgangston m; *fig* **de bon ton** zum guten Ton gehörend; *élégance* geschmackvoll; **changer de ton** e-n anderen Ton anschlagen **3** MUS (≈ *note*) Ton m; (≈ *tonalité*) Tonart f; *fig* **donner le ton** den Ton angeben **4** (≈ *couleur*) (Farb)Ton m; **ton sur ton** Ton in Ton

tonalité [tɔnalite] F **1** MUS Tonalität f; Tonart f **2** *d'une voix, radio, etc* Klang m **3** TÉL Wählton m

tondeuse [tõdøz] F (**à gazon**) Rasenmäher m

★**tondre** [tõdʀ] V/T ⟨→ *rendre*⟩ **1** *mouton, caniche, cheveux* scheren **2** *gazon* mähen

tonifier [tɔnifje] V/T stärken

tonique [tɔnik] **A** ADJ **1** (≈ *stimulant*) kräftigend **2** PHON betont **B** M Tonikum n; Stärkungsmittel n **C** F MUS Tonika f; Grundton m

★**tonne** [tɔn] F Tonne f

tonneau [tɔno] M ⟨~x⟩ **1** *à vin, etc* Fass n **2** MAR (Register)Tonne f

tonnelle [tɔnɛl] F (Garten)Laube f

tonner [tɔne] **A** V/IMP **il tonne** es donnert **B** V/I **1** *canons* donnern **2** *personne* **~ contre** wettern gegen ★ **tonnerre** [tɔnɛʀ] M Donner m

tonton [tõtõ] *enf* M Onkel(chen) m(n)

topo [tɔpo] *fam* M (kurze) Darstellung; **je connais le ~** ich weiß schon, wie das läuft

toque [tɔk] F Mütze f

toqué [tɔke] *fam* ADJ ⟨~e⟩ **1** *fam* verdreht; *fam* (leicht) bekloppt **2** **être ~ de qn** *fam* in j-n verknallt, verschossen sein

toquer [tɔke] V/I leise pochen, klopfen (**à la porte** an die Tür)

torche [tɔʀʃ] F **1** Fackel f **2** **~** (**électrique**) Taschenlampe f

torcher [tɔʀʃe] *fam* V/T **1** **~** (**le derrière d'**)**un enfant** *fam* e-m Kind den Hintern (ab)wischen, putzen **2** *travail* pas hinhauen

torchon [tɔʀʃõ] M *pour la vaisselle* Geschirrtuch n

tordant [tɔʀdã] *fam* ADJ ⟨-ante [-ãt]⟩ zum Piepen, zum Schießen

tordre [tɔʀdʀ] ⟨→ *rendre*⟩ **A** V/T **1** (≈ *tourner*) drehen; verdrehen; *linge* auswringen **2** (≈ *plier*) (ver)biegen **3** *bouche, visage* verzerren **B** V/PR **1** **se ~ la cheville, le pied** sich (*dat*) den Knöchel verrenken; mit dem Fuß umknicken **2** **se ~** (≈ *se plier*) sich winden, sich krümmen (**de douleur** vor Schmerzen); **se ~** (**de rire**) sich biegen vor Lachen; *fam* sich schieflachen **tordu** [tɔʀdy] ADJ ⟨~e⟩ **1** *barre* verbogen; *jambes, nez* krumm; *bouche, visage* verzerrt **2** *fam* (≈ *fou*) *fam* übergeschnappt

tornade [tɔʀnad] F Tornado m; Wirbelsturm m

torpeur [tɔʀpœʀ] F Benommenheit f; Betäubung f

torpille [tɔʀpij] F MIL Torpedo m **torpiller** [tɔʀpije] V/T *a. fig* torpedieren

torréfier [tɔʀefje] V/T rösten

★**torrent** [tɔʀã] M **1** Wildbach m; Gebirgsbach m **2** *fig* Strom m

torride [tɔʀid] ADJ *climat* heiß; *chaleur* glühend

tors [tɔʀ] ADJ ⟨~e [tɔʀs]⟩ gedreht; gewunden; *jambes* krumm

torsade [tɔʀsad] F **1 ~ de cheveux** gedrehter Zopf; *pull* **à ~s** mit Zopfmuster **2** *de fils* Kordel f

torse [tɔʀs] M **1** Oberkörper m **2** SCULP Torso m

torsion [tɔʀsjõ] F Verdrehung f

★**tort** [tɔʀ] M ▌1▐ Unrecht n; **à ~** zu Unrecht; **à ~ ou à raison** zu Recht oder zu Unrecht; **à ~ et à travers** unüberlegt; drauflos; **avoir ~** unrecht haben; **il a ~ de** (+ *inf*) es ist falsch, ein Fehler von ihm zu (+ *inf*); **être dans son ~** im Unrecht sein; schuld sein ▌2▐ (≈ *préjudice*) Schaden m; **faire du ~ à qn** j-m schaden; j-m Schaden zufügen; j-n schädigen

torticolis [tɔʀtikɔli] M steifer Hals

tortiller [tɔʀtije] A VT zusammendrehen; *moustache* zwirbeln B VPR **se ~ d'impatience** zappeln; *en marchant* sich in den Hüften wiegen

tortue [tɔʀty] F Schildkröte f

tortueux [tɔʀtyø] ADJ ⟨-euse [-øz]⟩ ▌1▐ *chemin* gewunden; *ruelle* krumm ▌2▐ *fig manœuvres* undurchsichtig

torture [tɔʀtyʀ] F ▌1▐ Folter f ▌2▐ *fig* (Folter)Qual f

torturer [tɔʀtyʀe] VT ▌1▐ foltern ▌2▐ quälen; **se ~ l'esprit** sich (*dat*) das Hirn zermartern

★**tôt** [to] ADV früh; **tôt ou tard** früher oder später; **plus tôt** früher (**que** als); eher; **au plus tôt** frühestens; **pas de si tôt** nicht so bald

total [tɔtal] A ADJ ⟨~e; -aux [-o]⟩ ▌1▐ (≈ *complet*) völlig, vollkommen; vollständig, total ▌2▐ (≈ *global*) gesamt, Gesamt... B SUBST ⟨m⟩ *d'une addition* (Gesamt)Summe f; *d'argent* Gesamtbetrag m, Summe f; **au ~** (≈ *en tout*) insgesamt; (≈ *tout compte fait*) alles in allem

★**totalement** [tɔtalmɑ̃] ADV völlig

totaliser [tɔtalize] VT (≈ *avoir au total*) (insgesamt) erreichen, erzielen

totalitaire [tɔtalitɛʀ] ADJ totalitär

totalité [tɔtalite] F Gesamtheit f

touchant [tuʃɑ̃] ADJ ⟨-ante [-ɑ̃t]⟩ *a. iron* rührend

★**touche** [tuʃ] F ▌1▐ *d'un clavier* Taste f; INFORM **~ de fonction** Funktionstaste f ▌2▐ PÊCHE Anbeißen n; *fam fig* **faire une ~** e-e Eroberung machen ▌3▐ PEINT Pinselstrich m ▌4▐ SPORTS (**rentrée** f **en**) **~** Einwurf m; *fig* **rester, être mis sur la ~** kaltgestellt werden

★**toucher¹** [tuʃe] A VT ▌1▐ berühren; *de la main* a. anfassen, anrühren; *autre maison* (an)grenzen an (+ *acc*), stoßen an (+ *acc*) ▌2▐ (≈ *atteindre*) treffen ▌3▐ *qn par téléphone, lettre* erreichen ▌4▐ **~ qn** (≈ *émouvoir*)

j-n bewegen, ergreifen, rühren ▌5▐ *argent* bekommen, erhalten; *salaire, pension* beziehen ▌6▐ (≈ *concerner*) betreffen, angehen B VT INDIR ▌1▐ **~ à qc** etw anfassen, berühren, anrühren ▌2▐ *par ext* **~ à** *économies* anrühren; *institution, coutume* antasten; rühren an (+ *acc*); *question, sujet* anschneiden; zur Sprache bringen ▌3▐ **~ à sa fin** dem Ende zugehen C VPR **se ~** sich berühren; *terrains, bâtiments* aneinanderstoßen, -grenzen

toucher² M ▌1▐ *sens* Tastsinn m; Gefühl n ▌2▐ **être doux, rude au ~** sich weich, rau anfühlen

touffe [tuf] F Büschel n **touffu** [tufy] ADJ ⟨-e⟩ *haie, bois* dicht

★**toujours** [tuʒuʀ] ADV ▌1▐ (≈ *constamment*) immer; stets; **pour ~** für, auf immer ▌2▐ (≈ *encore*) immer noch; noch immer ▌3▐ (≈ *en tout cas*) jedenfalls; immerhin; **~ est-il que ...** *conj* jedenfalls ...; immerhin ...

★**tour¹** [tuʀ] F *a.* ÉCHECS Turm m

★**tour²** [tuʀ] M ▌1▐ Runde f; (≈ *promenade*) Rundgang m, Rundfahrt f, Spaziergang m; (≈ *excursion*) Tour f, Ausflug m; **~ en vélo, en voiture** Rad-, Autotour f; **faire le ~ de qc** um etw herumgehen, -fahren ▌2▐ (≈ *rotation*) Drehung f; *d'un moteur* Umdrehung f, Tour f; **en un ~ de main** im Handumdrehen, im Nu; **fermer (la porte) à double ~** den Schlüssel zweimal herumdrehen; (die Tür) zweimal abschließen ▌3▐ (≈ *circonférence*) Umfang m; COUT *a.* Weite f ▌4▐ (≈ *tournure*) Wendung f ▌5▐ *dans un certain ordre* Reihe f; **~ de scrutin** Wahlgang m; **c'est mon, ton, etc ~** ich bin, du bist, er ist dran, an der Reihe; **à ~ de rôle** der Reihe nach; **~ à ~** abwechselnd

tour³ M ▌1▐ (≈ *farce*) Streich m; (≈ *truc*) Trick m; **faire, jouer un (mauvais) ~ à qn** j-m e-n (bösen, üblen) Streich spielen ▌2▐ **~ d'adresse** Kunststück n; Trick m; **~ de force** Kunststück n; Glanzleistung f

tourbillon [tuʀbijɔ̃] M ▌1▐ Luftwirbel m ▌2▐ *dans l'eau* Strudel m ▌3▐ *fig* Wirbel m

tourbillonner [tuʀbijɔne] VI *feuilles, neige, etc* umherwirbeln

★**tourisme** [tuʀism] M Fremdenverkehr m; Tourismus m ★**touriste** [tuʀist] MF ▌1▐ Tourist(in) m(f) ▌2▐ ⟨*adjt*⟩ **classe** f **~** Touristenklasse f **touristique** [tuʀistik]

ADJ Fremdenverkehrs...; Touristen...; touristisch; **guide** m ~ Reiseführer m
tourmenté [tuʀmɑ̃te] ADJ ⟨~e⟩ **époque** unruhig; **vie** bewegt; **mer** aufgewühlt
tourmenter [tuʀmɑ̃te] A VT quälen; peinigen B V/PR **se ~** sich (dat) Sorgen machen
tournage [tuʀnaʒ] M Dreharbeiten fpl
tournant [tuʀnɑ̃] A ADJ ⟨-ante [-ɑ̃t]⟩ Dreh... B M 1 (≈ virage) Kurve f; Biegung f 2 fig Wende f; Wendepunkt m
tourne-disque [tuʀnədisk] M ⟨~s⟩ Plattenspieler m
tournée [tuʀne] F 1 d'un facteur Runde f; d'un gardien Rundgang m; COMM (Geschäfts)Reise f; THÉ **être en ~** auf Tournee sein 2 fam au café Runde f
★**tourner** [tuʀne] A VT 1 drehen; wenden; **page** umblättern; umschlagen; **clé** (her)umdrehen; **salade, sauce** umrühren; fig ~ **la tête à qn** wird, **réussite** j-m zu Kopf steigen; **personne** j-m den Kopf verdrehen; **regard, attention ~ vers** richten auf (+ acc) 2 (≈ contourner) ~ **qc** um etw gehen od fahren; fig **difficulté, loi** umgehen 3 TECH **métal** (ab)drehen; **bois** drechseln 4 **film, a. scène** (ab)drehen 5 **phrase, compliment** formulieren B VI 1 sich drehen; TECH rotieren; **moteur** laufen; fig **entreprise, usine** in Betrieb sein; **l'heure tourne** die Zeit vergeht 2 **~ autour de qc** a. fig sich um etw drehen; a. fig um etw kreisen; etw umkreisen; um etw herumgehen -o -laufen ou -fahren; péj **~ autour de qn** um j-n herumscharwenzeln, -schwirren 3 (≈ changer de direction) abbiegen; **vent** sich drehen; **fig chance** sich wenden; **~ à droite, à gauche** (nach) rechts, links abbiegen; **~ dans une rue** in e-e Straße einbiegen 4 (≈ évoluer) sich entwickeln (à qu zu); **~ bien** gut ablaufen; gut ausgehen; **~ mal** e-e schlechte, schlimme Wendung nehmen; fam schiefgehen; **personne** auf die schiefe Bahn geraten; **temps ~ à la pluie** regnerisch werden 5 **lait** gerinnen; sauer werden 6 FILM drehen C V/PR 1 ★**se ~** sich umdrehen; **se ~ et se retourner dans son lit** sich im Bett hin und her wälzen 2 fig **se ~ vers qc** sich e-r Sache (dat) zuwenden
tournesol [tuʀnəsɔl] M BOT Sonnenblume f

tournevis [tuʀnəvis] M Schraubenzieher m
tourniquet [tuʀnike] M 1 pour passer un à un Drehkreuz n 2 pour arroser Rasensprenger m; Kreisregner m 3 pour cartes postales Drehständer m
tournis [tuʀni] fam M **ça me donne le ~** fam ich krieg den Drehwurm
tournoi [tuʀnwa] M Turnier n
tournure [tuʀnyʀ] F 1 **~ (de phrase)** (Rede)Wendung f; Redensart f 2 (≈ évolution) Wendung f 3 **~ d'esprit** Denkart f, Denkweise f
tourte [tuʀt] F flache, mit Fleisch oder Gemüse gefüllte Pastete
tourterelle [tuʀtəʀɛl] F Turteltaube f
tous → tout
★**Toussaint** [tusɛ̃] F **la ~** Allerheiligen n
★**tousser** [tuse] VI husten **toussoter** [tusɔte] VI hüsteln
★**tout** [tu, vor Vokal u. stummem h tut] ⟨f **~e** [tut], mpl **tous** [tu, alleinstehend u. als pr indéf tus]; fpl **~es** [tut]⟩ A ADJ 1 ⟨sg⟩ (≈ entier) ganze(r, -s); alle(r, -s); (≈ chaque) jede(r, -s); **~ la France** ganz Frankreich; **~ le monde** alle, jeder; **~e la nuit** die ganze Nacht (über, hindurch); **à ~ âge** in jedem Alter; **à ~ point de vue** in jeder Hinsicht 2 ⟨pl⟩ **tous, ~es** alle; **tous nos amis** alle unsere Freunde; **tous les autres** alle anderen; **tous les deux ans** alle zwei Jahre; jedes zweite Jahr B PR INDÉF 1 ⟨sg⟩ **~** alles; **en ~** insgesamt, alles in allem 2 ⟨pl⟩ **tous** [tus], **~es** alle; **nous tous** wir alle C ADV ⟨vor mit Konsonant od h aspiré beginnendem adj f ~e bzw. ~es⟩ 1 ganz; **une ~ autre affaire** e-e ganz andere Sache; **la ~e première fois** das allererste Mal; **~ malin qu'il est** so schlau er auch ist ...; **~ autant** ebenso viel; ebenso sehr; **~ à côté** gleich nebenan; **~ à coup, ~ d'un coup** plötzlich, auf einmal; **~ à fait** ganz (und gar), vollkommen; völlig, vollständig; richtig!; **~ au plus** allerhöchstens; **~ d'abord** zuallererst; **~ de même** trotzdem; **~ de suite** gleich, sofort 2 **~ en marchant** il me racontait ... indem ...; während wir weitergingen ... D M **le ~** das Ganze; **le ~ est de** (+ inf) die Hauptsache ist zu (+ inf) 2 dans des négations ★**(ne ...) pas du ~** überhaupt nicht; ★**(ne ...) rien du ~**

tout-à-l'égout [tutalegu] M ⟨inv⟩ (Abwasser)Kanalisation f
toutefois [tutfwa] ADV jedoch
tout-terrain ADJ ⟨f inv; pl ~s⟩ geländegängig; Gelände...
toux [tu] F Husten m
toxicomane [tɔksikɔman] MF Drogenabhängige(r) m/f(m)
toxique [tɔksik] ADJ giftig; Gift...
TP [tepe] MPL ABR, **T.P.** MPL (= travaux pratiques) → travail 2
trac [trak] M Lampenfieber n
tracas [traka] M (≈ soucis) Sorgen fpl
tracasser [trakase] A VT beunruhigen; plagen B VPR **se ~** beunruhigt sein; sich (dat) Sorgen machen
tracasseries [trakasʀi] FPL Schikanen fpl
★ **trace** [tras] F a. fig Spur f
tracé [trase] M **1** d'une route, etc Verlauf m **2** d'un dessin Umrisse mpl
tracer [trase] VT ⟨-ç-⟩ **1** ligne, cercle ziehen; plan (auf)zeichnen **2** fig **~ le chemin, la voie à qn** j-m s-n Weg vorzeichnen
trachée [traʃe] F, **trachée-artère** F ⟨~s-artères⟩ Luftröhre f
tract [trakt] M Flugblatt n
tracter [trakte] VT schleppen
tracteur [traktœʀ] M Traktor m; Schlepper m
traction [traksjɔ̃] F **1** TECH Ziehen n; par ext Antrieb m; **~ avant** Vorderrad-, Frontantrieb m **2** SPORTS suspendu Klimmzug m; (≈ pompe) Liegestütz m
tradition [tradisjɔ̃] F Tradition f **traditionnel** [tradisjɔnɛl] ADJ ⟨~le⟩ traditionell
traducteur [tradyktœʀ] M, **traductrice** [tradyktris] F Übersetzer(in) m/f
★ **traduction** [tradyksjɔ̃] F Übersetzung f
★ **traduire** [traduiʀ] ⟨→ conduire⟩ A VT **1** übersetzen (**de l'allemand en français** aus dem Deutschen ins Französische) **2** fig ausdrücken **3 ~ qn en justice** j-n vor Gericht stellen B VPR **se ~** zum Ausdruck kommen, sich äußern (**par in** + dat)
trafic [trafik] M **1** (≈ circulation) Verkehr m; **~ aérien** Flugverkehr m **2** péj Schleich-, Schwarzhandel m; **~ de drogue** Rauschgifthandel m

trafiquant [trafikɑ̃] M, **trafiquante** [trafikɑ̃t] péj F Schwarzhändler(in) m/f; **~ de drogue** Drogenhändler(in) m/f; Dealer(in) m/f
trafiquer [trafike] VT **1** denrées verfälschen; vin, lait fam pan(t)schen; passeport fälschen; moteur fam frisieren **2** fam (≈ faire) treiben **3** COMM Schwarzhandel treiben mit
tragédie [traʒedi] F a. fig Tragödie f
tragique [traʒik] A ADJ THÉ, a. fig tragisch B M Tragik f
★ **trahir** [traiʀ] A VT secret, patrie, personne verraten B VPR **se ~** sich verraten
trahison [traizɔ̃] F Verrat m
★ **train**[1] [trɛ̃] M **1** CH DE FER Zug m; **~ de banlieue** Nahverkehrs-, Vorortzug m; **~ supplémentaire** Ersatzzug m, zusätzlicher Zug m; **manquer, rater le** ou **son ~** den Zug verpassen **2** AVIAT **~ d'atterrissage** Fahrgestell n, Fahrwerk n
train[2] [trɛ̃] M **1** (≈ allure) Gang m; (≈ vitesse) Tempo n; **aller bon ~** flott gehen; zügig vorankommen; **être en ~ de lire**, etc gerade lesen etc; **mettre en ~** in Gang bringen; personne in Stimmung bringen; travail in Angriff nehmen **2 ~ de vie** Lebensstil m, Lebensstandard m
traînard [trɛnaʀ] M, **traînarde** [trɛnaʀd] fam F Nachzügler(in) m/f
traîne [trɛn] F **1** d'une robe Schleppe f **2 être, rester à la ~** zurückbleiben
traîneau [trɛno] M ⟨~x⟩ Schlitten m
traînée [trɛne] F Streifen m; Spur f
★ **traîner** [trɛne] A VT **1** (hinter sich dat) herziehen; schleppen; schleifen **2** (≈ amener avec soi) (mit sich) (herum)schleppen; mitschleppen **3** fig maladie mit sich herumschleppen B VI **1** (≈ n'être pas rangé) herumliegen; **laisser ~** herumliegen lassen **2 ~ (en longueur)** sich in die Länge ziehen; sich hinziehen **3** (≈ rester en arrière) zurückbleiben C VPR **se ~ 1** personne sich (fort-, dahin)schleppen **2** (≈ durer) sich hinschleppen
train-train fam M **~ quotidien** fam Alltagstrott m
traire [tʀɛʀ] VT ⟨je trais; il trait; nous trayons; ils traient; je trayais; kein Passé simple; je trairai; que je traie; trayant; trait⟩ melken
trait [trɛ] M **1** Strich m; **~ d'union** Bindestrich m; fig Bindeglied n; Brücke f **2**

(≈ *caractéristique*) Merkmal n ❸ ⟨pl⟩ ~s (*du visage*) Gesichtszüge mpl ❹ ~ **d'esprit** geistreiche Bemerkung; ~ **de génie** Geistesblitz m; genialer Einfall ❺ *en buvant son verre* **d'un** ~ in einem Zug

traite [tʀɛt] F̲ ❶ *vente à tempérament* Rate f ❷ ~ **des blanches, des noirs** Mädchen-, Sklavenhandel m

★**traité** [tʀete] M̲ POL Vertrag m

★**traitement** [tʀɛtmɑ̃] M̲ ❶ *a.* MÉD Behandlung f ❷ *d'un fonctionnaire* Gehalt n; Bezüge mpl ❸ TECH Behandlung f; Verarbeitung f; Aufbereitung f ❹ ~ **de l'information** Datenverarbeitung f; ★ ~ **de texte** Textverarbeitung f

traiter [tʀete] A̲ V̲T̲ ❶ ~ **qn** *a.* MÉD j-n behandeln ❷ ~ **qn de menteur,** *etc* j-n e-n Lügner *etc* nennen, schimpfen ❸ *sujet, problème* behandeln ❹ *affaire* verhandeln über (+ *acc*) ❺ TECH behandeln; *matières premières* verarbeiten; *fruits* spritzen ❻ INFORM verarbeiten B̲ V̲I̲T̲ I̲N̲D̲I̲R̲ ~ **de qc** *ouvrage* von etw handeln C̲ V̲I̲ verhandeln (**avec qn sur qc** mit j-m über etw *acc*)

traiteur [tʀɛtœʀ] M̲ Partyservice m

traître, traîtresse [tʀɛtʀ(ɛs)] A̲ M̲/F̲ Verräter(in) *m*(*f*) B̲ A̲D̲J̲ verräterisch; heimtückisch

traîtrise [tʀetʀiz] F̲ Verrat m; *a. de qc* (Heim)Tücke f

trajectoire [tʀaʒɛktwaʀ] F̲ Flugbahn f

★**trajet** [tʀaʒɛ] M̲ (≈ *parcours*) Strecke f

★**tram** [tʀam] M̲ → **tramway**

trame [tʀam] F̲ ❶ TEXT Schuss m ❷ TYPO, TV Raster m ❸ *fig* Hintergrund m **tramer** [tʀame] A̲ V̲T̲ *complot* schmieden B̲ V̲P̲R̲ **il se trame qc** da braut sich etw zusammen

trampoline [tʀɑ̃pɔlin] M̲ Trampolin n

tramway [tʀamwɛ] M̲ Straßenbahn f

tranchant [tʀɑ̃ʃɑ̃] A̲ A̲D̲J̲ ⟨-**ante** [-ɑ̃t]⟩ *a. fig* schneidend, scharf B̲ M̲ Schneide f

★**tranche** [tʀɑ̃ʃ] F̲ ❶ Scheibe f; Schnitte f ❷ *par ext* Abschnitt m; Teil m; ~ **d'âge** Altersstufe f

tranché [tʀɑ̃ʃe] A̲D̲J̲ ⟨~**e**⟩ klar (abgegrenzt); bestimmt

tranchée [tʀɑ̃ʃe] F̲ Graben m; MIL Schützengraben m

trancher [tʀɑ̃ʃe] A̲ V̲T̲ ❶ (≈ *couper*) durchschneiden ❷ *question* entscheiden B̲ V̲I̲ ❶ (≈ *décider*) entscheiden ❷ *couleur, a. fig* ~ **sur** abstechen gegen, von

★**tranquille** [tʀɑ̃kil] A̲D̲J̲ ruhig; still; **laisse-moi** ~! lass mich in Ruhe! **tranquillisant** [tʀɑ̃kilizɑ̃] M̲ Beruhigungsmittel n **tranquilliser** [tʀɑ̃kilize] V̲T̲ (& V̲P̲R̲) (**se**) ~ (sich) beruhigen **tranquillité** [tʀɑ̃kilite] F̲ Ruhe f

transaction [tʀɑ̃zaksjɔ̃] F̲ ❶ COMM Geschäft n; Transaktion f ❷ JUR Vergleich m

transcription [tʀɑ̃skʀipsjɔ̃] F̲ ❶ JUR Eintragung f ❷ ~ **phonétique** phonetische Umschrift, Transkription; Lautschrift f ❸ MUS Transkription f **transcrire** [tʀɑ̃skʀiʀ] V̲T̲ ⟨→ *écrire*⟩ ❶ *texte, a.* JUR übertragen; (≈ *enregistrer*) eintragen ❷ PHON umschreiben ❸ MUS transkribieren; bearbeiten

transe [tʀɑ̃s] F̲ **être dans les** ~**s** Todesängste ausstehen

transeuropéen [tʀɑ̃zøʀɔpeɛ̃] A̲D̲J̲ ⟨-**enne** [-ɛn]⟩ transeuropäisch; **réseaux** mpl ~**s** transeuropäische Netze npl

transférer [tʀɑ̃sfeʀe] V̲T̲ ⟨-è-⟩ ❶ *propriété, etc, a. fig sentiments* übertragen (**à** auf + *acc*) ❷ *siège d'une firme* verlegen; *dépouille mortelle* überführen; *prisonnier* überstellen **transfert** [tʀɑ̃sfɛʀ] M̲ ❶ JUR, PSYCH Übertragung f; ÉCON, SPORTS Transfer m ❷ *du siège d'une firme* Verlegung f; *d'une dépouille mortelle* Überführung f; *d'un prisonnier* Überstellung f

transfigurer [tʀɑ̃sfigyʀe] V̲T̲ verklären

transformation [tʀɑ̃sfɔʀmasjɔ̃] F̲ Umwandlung f; Verwandlung f; TECH (Weiter)Verarbeitung f; CONSTR ~**s** pl Umbau m

★**transformer** [tʀɑ̃sfɔʀme] A̲ V̲T̲ ❶ verändern; verwandeln, umwandeln (**en** in + *acc*); *maison* umbauen; *matières premières* (weiter)verarbeiten ❷ ÉLEC transformieren B̲ V̲P̲R̲ **se** ~ sich verwandeln (**en** in + *acc*)

transfuser [tʀɑ̃sfyze] V̲T̲ *sang* übertragen; ~ **qn** j-m Blut übertragen

transgénique [tʀɑ̃sʒenik] A̲D̲J̲ gentechnisch verändert; *t/t* transgen

transgresser [tʀɑ̃sgʀese] V̲T̲ übertreten

transistor [tʀɑ̃zistɔʀ] M̲ ❶ ÉLEC Transistor m ❷ RAD Transistorgerät n; Kofferradio n

transiter [trãzite] **A** VT *marchandises* im Transit(verkehr) befördern **B** VI *voyageurs* durchreisen; **~ par** reisen über; *en avion* fliegen über

transitif [trãzitif] ADJ ⟨-ive [-iv]⟩ transitiv

transition [trãzisjõ] F Übergang *m*
transitoire [trãzitwar] ADJ Übergangs...

translucide [trãslysid] ADJ durchscheinend; lichtdurchlässig

transmettre [trãsmɛtr] ⟨→ mettre⟩ **A** VT weitergeben, -leiten (**qc à qn** etw an j-n); *message* übermitteln (j-m etw); *droit, pouvoirs, biens, a.* PHYS, *a.* RAD übertragen; BIOL vererben; **~ une maladie à qn** j-n mit e-r Krankheit anstecken; e-e Krankheit auf j-n übertragen **B** VPR **se ~** übertragen werden; **se ~ héréditairement** sich vererben **transmissible** [trãsmisibl] ADJ *a. maladie* übertragbar; BIOL vererblich **transmission** [trãsmisjõ] F **1** *a.* JUR, PHYS, MÉD Übertragung *f*; BIOL Vererbung *f*; *d'un message* Übermittlung *f*; *de connaissances* Weitergabe *f* **2** TECH Transmission *f*

transparaître [trãsparɛtr] *st/s* VI ⟨→ connaître⟩ **~ à travers qc** durch etw scheinen

transparence [trãsparãs] F Durchsichtigkeit *f*; *a.* POL, ÉCON Transparenz *f*
transparent [trãsparã] ADJ ⟨-ente [-ãt]⟩ **1** durchsichtig, transparent **2** *fig intentions, etc* durchsichtig

transpercer [trãsperse] VT ⟨-ç-⟩ **1** (≈ *percer*) durchbohren **2** *froid* **~ qn** j-n durchdringen

transpiration [trãspirasjõ] F Schwitzen *n*; (≈ *sueur*) Schweiß *m* **transpirer** [trãspire] VI **1** schwitzen **2** *fig secret, nouvelle* durchsickern

transplantation [trãsplãtasjõ] F Verpflanzung *f*; MÉD *a.* Transplantation *f*
transplanter [trãsplãte] VT verpflanzen; MÉD *a.* transplantieren

★**transport** [trãspɔr] M **1** Transport *m*; Beförderung *f* **2** **~s** *pl* Verkehrsmittel *npl*; *par ext* Verkehr *m*; **★ ~s en commun** öffentliche Verkehrsmittel; Massenverkehrsmittel *npl* **transportable** [trãspɔrtabl] ADJ *malade* transportfähig
★**transporter** [trãspɔrte] **A** VT **1** befördern; *a. malade* transportieren **2** *fig* **~ à une autre époque** in e-e andere Zeit versetzen **B** VPR **1 se ~ sur les lieux** sich an Ort und Stelle begeben **2** *fig* **se ~ par la pensée, par l'imagination en un autre lieu, à une autre époque** sich in Gedanken, in der Vorstellung an e-n anderen Ort, in e-e andere Zeit versetzen **transporteur** [trãspɔrtœr] M Spediteur *m*

transposer [trãspoze] VT **1** umsetzen **2** MUS transponieren

transversal [trãsvɛrsal] ADJ ⟨-e; *aux* [-o]⟩ Quer... **transversalement** [trãsvɛrsalmã] ADV quer

trapèze [trapɛz] M MATH, SPORTS Trapez *n*

trappe [trap] F *dans un plancher* Falltür *f*; Klappe *f*

trapu [trapy] ADJ ⟨-e⟩ *personne* untersetzt, stämmig

traquer [trake] VT **1** CH *animal* treiben **2** *fig* hetzen

traumatisant [tromatizã] ADJ ⟨-ante [-ãt]⟩ traumatisch

traumatiser [tromatize] VT traumatisieren, schocken **traumatisme** [tromatism] M **1 ~ crânien** Schädelverletzung *f* **2** PSYCH Trauma *n*

★**travail** [travaj] M ⟨-aux [-o]⟩ **1** ⟨*sg*⟩ Arbeit *f*; **~ à la chaîne** Fließbandarbeit *f*; **~ au noir** Schwarzarbeit *f* **2** ⟨*pl*⟩ **travaux** Arbeiten *fpl*; CONSTR Bauarbeiten *fpl*; **travaux pratiques** ÉCOLE praktische Übungen *fpl*; UNIVERSITÉ (Seminar)Übungen *fpl*

★**travailler** [travaje] **A** VT **1** *matériau* bearbeiten; *pâte* (durch)kneten *f*; *style* durch-, ausfeilen **2** MUS *morceau* (ein)üben; SPORTS trainieren **2 ~ qn** (≈ *influencer*) j-n bearbeiten; (≈ *tourmenter*) j-m keine Ruhe lassen; *pensée a.* j-n umtreiben **B** VT INDIR **~ à qc** *à un ouvrage* an etw (*dat*) arbeiten; *pour un résultat* auf etw (*acc*) hinarbeiten **C** VI **1** arbeiten; (≈ *exercer un métier*) *a.* berufstätig sein; beschäftigt sein (**chez** bei) **2** *bois, a. fig* arbeiten **travailleur** [travajœr] **A** M Arbeiter *m* **B** ADJ ⟨-euse [-øz]⟩ fleißig

travée [trave] F **1** ARCH Joch *n* **2** (≈ *rangée*) Reihe *f*

travers [traver] **A** PRÉP et ADV **1 ★ à ~ qc** *ou* **au ~ de qc** durch etw (hindurch);

fig passer au ~ darum herumkommen ❷ *de* ~ schief; schräg; *fig comprendre, faire qc* verkehrt; falsch; **avaler de** ~ sich verschlucken; **comprendre de** ~ falsch verstehen ❸ **en** ~ quer; **en** ~ **de qc** quer über etw (*dat ou acc*) ❹ M ⟨*défaut*⟩ kleiner Fehler, Mangel; Schwäche *f*

traverse [travɛʀs] F ❶ CH DE FER Schwelle *f* ❷ CONSTR Querbalken *m* ❸ *chemin m de* ~ Abkürzung *f*

★**traversée** [travɛʀse] F Überquerung *f*; Durchquerung *f*; *en véhicule a.* (Durch-)Fahrt *f* (**de** durch); *en avion a.* Flug *m* (über + *acc*)

★**traverser** [travɛʀse] V/T ❶ *rue, pont, mer, rivière, montagne* überqueren; *ville, pays, désert* durchqueren ❷ (= *transpercer*) durchdringen ❸ *crise* durchmachen

traversin [travɛʀsɛ̃] M Schlummer-, Nackenrolle *f*

travesti [travɛsti] M Transvestit *m*

travestir [travɛstiʀ] A V/T *vérité, etc* entstellen B V/PR **se** ~ sich verkleiden (**en** als)

trébucher [tʀebyʃe] V/I *a. fig* stolpern (**sur, contre** über + *acc*)

trèfle [tʀɛfl] M ❶ BOT Klee *m* ❷ *aux cartes* Kreuz *n*

★**treize** [tʀɛz] A NUM dreizehn B M ⟨*inv*⟩ Dreizehn *f*

★**treizième** [tʀɛzjɛm] NUM dreizehnte

tremblement [tʀɑ̃bləmɑ̃] M Zittern *n*; ★ ~ **de terre** Erdbeben *n*

★**trembler** [tʀɑ̃ble] V/I ❶ zittern; *jambes a.* schlottern; *terre* beben; ~ **de froid, de peur** vor Kälte, vor Angst zittern ❷ *fig* zittern (**devant qn** vor j-m); ~ **pour qn** um j-n bangen, zittern **trembloter** [tʀɑ̃blɔte] V/I zittern

trémousser [tʀemuse] V/PR **se** ~ sich in den Hüften wiegen

trempe [tʀɑ̃p] F *fig* Art *f*; Schlag *m*

trempé [tʀɑ̃pe] ADJ ⟨~e⟩ (= *mouillé*) durchnässt, nass

tremper [tʀɑ̃pe] A V/T ❶ *vêtements* durchnässen; *pieds, éponge* eintauchen; *croissant* tunken (**dans** in + *acc*) ❷ *acier* härten B V/I ❶ **faire** ~ *linge, pain* einweichen; *légumes secs a.* wässern; quellen lassen ❷ *fig personne* ~ **dans qc** in etw (*acc*) verwickelt sein

tremplin [tʀɑ̃plɛ̃] M *a. fig* Sprungbrett *n*; SKI Sprungschanze *f*

trentaine [tʀɑ̃tɛn] F **une** ~ (**de**) etwa, ungefähr, rund dreißig

★**trente** [tʀɑ̃t] A NUM dreißig B M ⟨*inv*⟩ Dreißig *f*

★**trentième** [tʀɑ̃tjɛm] A NUM dreißigste B M/F **le, la** ~ der, die, das Dreißigste C M MATH Dreißigstel *n*

trépidant [tʀepidɑ̃] ADJ ⟨-ante [-ɑ̃t]⟩ schnell; wirbelnd; **vie** ~**e** hektisches Leben; Hektik *f*

trépied [tʀepje] M Dreifuß *m*

trépigner [tʀepiɲe] V/I trampeln; mit den Füßen stampfen

★**très** [tʀɛ] ADV sehr; **avoir** ~ **faim** großen Hunger haben; sehr hungrig sein

★**trésor** [tʀezɔʀ] M ❶ *a. fig* Schatz *m* ❷ **Trésor (public)** Staatskasse *f*; Fiskus *m* **trésorier** [tʀezɔʀje] M, **trésorière** [tʀezɔʀjɛʀ] F Kassenwart *m*; Schatzmeister *m*

tressaillir [tʀesajiʀ] V/I ⟨→ assaillir⟩ zusammenzucken; erschauern (**de joie** vor Freude)

tresse [tʀɛs] F ❶ (= *natte*) Zopf *m* ❷ (= *galon*) Tresse *f* **tresser** [tʀese] V/T flechten

tréteau [tʀeto] M ⟨-x⟩ TECH Bock *m*

treuil [tʀœj] M (Seil)Winde *f*

trêve [tʀɛv] F ❶ MIL Waffenruhe *f* ❷ *fig* Ruhe(pause) *f*; **sans** ~ (**ni repos**) rastlos; pausenlos

tri [tʀi] M (Aus)Sortieren *n*; **faire un tri** e-e Auswahl treffen (**parmi** unter + *dat*); sieben (+ *acc*); **faire le tri de qc** etw (aus)sortieren

triangle [tʀijɑ̃gl] M ❶ MATH, *a. fig* Dreieck *n* ❷ MUS Triangel *m* **triangulaire** [tʀijɑ̃gylɛʀ] ADJ dreieckig

tribal [tʀibal] ADJ ⟨~e, -aux [-o]⟩ Stammes...

tribord [tʀibɔʀ] M Steuerbord *n*

tribu [tʀiby] F ❶ (Volks)Stamm *m* ❷ *iron ou péj* Sippe *f*

★**tribunal** [tʀibynal] M ⟨-aux [-o]⟩ Gericht *n*; ~ **d'instance** Amtsgericht *n*; ~ **de grande instance** Landgericht *n*

tribune [tʀibyn] F ❶ (Redner-, Zuschauer)Tribüne *f* ❷ *fig* Meinungsforum *n*

tributaire [tʀibytɛʀ] ADJ ~ **de** angewiesen auf (+ *acc*); abhängig von

tricentenaire [tʀisɑ̃tnɛʀ] M dreihundertster Jahrestag

triche [tʀiʃ] *fam* F Schiebung *f*; *fam* Mogelei *f* ★**tricher** [tʀiʃe] V/I betrügen;

fam mogeln **tricherie** [tʀiʃʀi] F̄ Betrug m; fam Schummelei f **tricheur** [tʀiʃœʀ] M̄, **tricheuse** [tʀiʃøz] F̄ Betrüger(in) m(f)

tricolore [tʀikɔlɔʀ] ADJ ① blauweißrot; *drapeau m ~* Trikolore f ② *(de trois couleurs)* dreifarbig; ★ *feux mpl ~s* (Verkehrs)Ampel f

tricot [tʀiko] M̄ ① *en ~* Strick... ② *vêtement* Strickjacke f ③ *action* Stricken n ★ **tricoter** [tʀikɔte] VT et VI stricken

trier [tʀije] VT ① (≈ *classer*) *papiers, etc* sortieren ② (≈ *sélectionner*) *lentilles, etc* aus-, verlesen

trimbal(l)er [tʀɛ̃bale] *fam* VT *fam* mit sich herumschleppen B VPR **se ~ en bagnole** *fam* herumkutschieren

trimer [tʀime] VI *fam* schuften

★**trimestre** [tʀimɛstʀ] M̄ Vierteljahr n; Quartal n **trimestriel** [tʀimɛstʀijɛl] ADJ ⟨~le⟩ ① (≈ *tous les trois mois*) Vierteljahres... ② (≈ *de trois mois*) dreimonatig

tringle [tʀɛ̃gl] F̄ (Metall)Stange f

trinquer [tʀɛ̃ke] VI ① (mit den Gläsern) anstoßen (à + *acc*) ② *fam fig* (≈ *écoper*) es ausbaden müssen

triomphal [tʀijɔ̃fal] ADJ ⟨~e; -aux [-o]⟩ triumphal

triomphe [tʀijɔ̃f] M̄ Triumph m **triompher** [tʀijɔ̃fe] VI triumphieren (**de** über + *acc*)

tripe [tʀip] F̄ *~s pl* CUIS Kaldaunen fpl, Kutteln fpl; ZOOL Eingeweide npl

triple [tʀipl] A ADJ dreifach B M̄ **le ~** das Dreifache; dreimal so viel **triplé(e)s** [tʀiple] M(F)PL Drillinge mpl **tripler** [tʀiple] A VT verdreifachen B VI sich verdreifachen

tripoter [tʀipɔte] *fam* VT herumspielen mit; *fam* herumfummeln an (+ *dat*); *femme* fam begrapschen B VI ① (≈ *farfouiller*) herumwühlen (**dans** in + *dat*) ② (≈ *trafiquer*) unsaubere Geschäfte machen

trique [tʀik] F̄ Knüppel m

★**triste** [tʀist] ADJ ① *personne, mine* traurig ② *temps, paysage, etc* trist ③ *péj* (≈ *lamentable*) erbärmlich **tristesse** [tʀistɛs] F̄ ① Traurigkeit f ② *d'un paysage, etc* Trostlosigkeit f

triturer [tʀityʀe] VT zerreiben

trivial [tʀivjal] ADJ ⟨~e; -aux [-o]⟩ (≈ *grossier*) ordinär, unanständig

troc [tʀɔk] M̄ Tausch m; ÉCON Tauschhandel m

Troie [tʀwa] ① HIST Troja n; *cheval m de ~* Trojanisches Pferd ② INFORM **cheval** *m de ~* trojanisches Pferd; *fam* Trojaner m

★**trois** [tʀwa] A NUM drei B M̄ Drei f

★**troisième** [tʀwazjɛm] A NUM dritte B M̄/F **le, la ~** der, die, das Dritte C *étage au ~* im dritten Stock D F̄ ÉCOLE neunte Klasse

troisièmement [tʀwazjɛmmɑ̃] ADV drittens

trolley(bus) [tʀɔlɛ(bys)] M̄ Oberleitungsomnibus m; *fam* Obus m

trombe [tʀɔ̃b] F̄ *~ d'eau* Wolkenbruch m; *fig arriver en ~* angesaust kommen

trombone [tʀɔ̃bɔn] M̄ ① *agrafe* Büroklammer f ② MUS Posaune f

trompe [tʀɔ̃p] F̄ ① MUS Horn n ② ZOOL Rüssel m

★**tromper** [tʀɔ̃pe] A VT täuschen; *a. son conjoint* betrügen B VPR ★ **se ~** sich täuschen; (sich) irren; **se ~ de date** sich im Datum irren; **se ~ de vingt euros** sich um zwanzig Euro verrechnen; TÉL **se ~ de numéro** sich verwählen; **se ~ de route** den Weg verfehlen; sich verlaufen; *en voiture* sich verfahren

tromperie [tʀɔ̃pʀi] F̄ Betrug m; Täuschung f

trompette [tʀɔ̃pɛt] F̄ Trompete f

trompettiste [tʀɔ̃petist] M̄ Trompeter m

trompeur [tʀɔ̃pœʀ] ADJ ⟨-euse [-øz]⟩ trügerisch

★**tronc** [tʀɔ̃] M̄ ① **~ (d'arbre)** (Baum)Stamm m ② *partie du corps* Rumpf m ③ ÉGL Opferstock m

tronche [tʀɔ̃ʃ] *fam* F̄ (≈ *figure*) *fam* Visage f

tronçon [tʀɔ̃sɔ̃] M̄ *de route* (Strecken)Abschnitt m; Teilstrecke f, Teilstück n **tronçonner** [tʀɔ̃sɔne] VT (in Stücke) zersägen **tronçonneuse** [tʀɔ̃sɔnøz] F̄ Kettensäge f

trône [tʀon] M̄ Thron m **trôner** [tʀone] VI *a. iron* thronen

tronquer [tʀɔ̃ke] VT *texte* verstümmeln

★**trop** [tʀo] ADV ① zu viel; zu (+ *adj ou adv*); *avec verbe* zu sehr; zu viel; **~ de** (+ *subst*) zu viel (+ *sg*); zu viele (+ *pl*); **avoir des kilos en ~** überflüssige Pfunde haben; *se*

sentir de ou **en ~** sich (dat) überflüssig vorkommen **2** (≈ très) sehr; (≈ bien) recht; **je ne sais pas ~** ich weiß nicht recht

trophée [tʀɔfe] M Trophäe f

tropical [tʀɔpikal] ADJ ‹~e, -aux [-o]› tropisch, Tropen...; **forêt ~e** tropischer Regenwald

tropique [tʀɔpik] M **1 ~s** pl Tropen pl **2 cercle** Wendekreis m

troquer [tʀɔke] VT **~ qc contre qc** etw gegen etw tauschen; (≈ remplacer) etw mit etw vertauschen

trot [tʀo] M Trab m **trotter** [tʀɔte] VI **1 cheval** traben **2 personne** traben; herumlaufen **trotteuse** [tʀɔtøz] F Sekundenzeiger m **trottiner** [tʀɔtine] VI trippeln **trottinette** [tʀɔtinɛt] F (Kinder)Roller m ★ **trottoir** [tʀɔtwaʀ] M Geh-, Bürgersteig m; fam **faire le ~** fam auf den Strich gehen

★ **trou** [tʀu] M **1** Loch n **2** fig Lücke f

troublant [tʀublɑ̃] ADJ ‹~ante [-ɑ̃t]› verwirrend, irritierend; **détail** störend

trouble¹ M **1** (≈ inquiétude) Verwirrung f **2** POL **~s** pl Unruhen fpl **3** MÉD Störung f; **~s respiratoires** Atembeschwerden fpl; **quels ~s avez-vous?** pl welche Beschwerden haben Sie?

trouble² [tʀubl] ADJ **1 liquide** trüb(e); **image** verschwommen, unscharf **2 affaire** undurchsichtig, zwielichtig

troublé [tʀuble] ADJ ‹~e› **1 personne, esprit** verwirrt, durcheinander **2 époque** unruhig

trouble-fête [tʀublafɛt] M ‹inv› Spielverderber m

troubler [tʀuble] **A** VT **1 eau** trüben **2 sommeil, ordre public** stören; **personne** in Verwirrung bringen **B** VPR **se ~ personne** unsicher werden; in Verwirrung geraten

trouer [tʀue] **A** VT **vêtement** ein Loch ou Löcher machen in (+ acc) **B** VPR **se ~** Löcher bekommen

trouillard [tʀujaʀ] ‹~arde [-aʀd]› fam **A** ADJ ängstlich **B** M(F) fam Angsthase m

trouille [tʀuj] fam F **avoir la ~** Angst; fam Bammel; pop Schiss haben

troupe [tʀup] F **1** (≈ groupe) Gruppe f; Schar f **2** MIL Truppe f

★ **troupeau** [tʀupo] M ‹~x› a. fig Herde f

trousse [tʀus] F **1 ~ (d'écolier)** Federmäppchen n; Schüleretui n; **~ à couture** Nähetui n; **~ de toilette, de voyage** Kulturbeutel m; Reisenecessaire n **2 être aux ~s de qn** j-m auf den Fersen sein

trousseau [tʀuso] M ‹~x› **1 ~ de clés** Schlüsselbund m ou n **2 d'une mariée** Aussteuer f

trouvaille [tʀuvaj] F **1** glücklicher Fund **2** Geistesblitz m

★ **trouver** [tʀuve] **A** VT **1** (≈ découvrir) finden; herausfinden; **~ du plaisir à** (+ inf) Freude daran finden zu (+ inf); **aller ~ qn** j-n aufsuchen; zu j-m gehen **2** (≈ rencontrer) finden; antreffen **3** (≈ juger) **~** (+ adj) finden (+ adj); halten für (+ adj); **~ que ...** finden, dass ... **B** VPR **1** (≈ être) ★ **se ~** sich befinden; sein; **c'est là que se trouve la difficulté** darin liegt die Schwierigkeit **2** (≈ se sentir) **se ~ bien** sich wohlfühlen; **se ~ mal** ohnmächtig werden **3** (≈ se croire) **se ~ laid**, etc sich hässlich etc finden **4** (≈ arriver) st/s **il se trouve que ...** es trifft sich, dass ...; fam **si ça se trouve** womöglich **5 se ~** (+ pp) werden

truand [tʀyɑ̃] M Ganove m **truander** [tʀyɑ̃de] fam **A** VT fam übers Ohr hauen **B** VI fam mogeln

★ **truc** [tʀyk] M **1** fam (≈ astuce) Kniff m; Trick m **2** fam (≈ chose) Sache f; Ding n; fam Dings(da, -bums) n

trucage = truquage

truculent [tʀykylɑ̃] ADJ ‹-ente [-ɑ̃t]› urwüchsig

truelle [tʀyɛl] F (Maurer)Kelle f

truffe [tʀyf] F **1** BOT, CUIS Trüffel f **2 du chien** Nase f **truffé** [tʀyfe] ADJ ‹~e› **1** CUIS getrüffelt, Trüffel... **2** fig gespickt (**de** mit)

truie [tʀyi] F (Zucht)Sau f

★ **truite** [tʀyit] F Forelle f

truquage [tʀykaʒ] M Trickaufnahme f

truquer [tʀyke] VT fälschen; **cartes** zinken

trust [tʀœst] M Trust m

tsar [tsaʀ, dzaʀ] M Zar m

tsvp ABR, **T.S.V.P.** ABR (= tournez, s'il vous plaît) b. w.

TTC ABR, **T.T.C.** ABR (= toutes taxes comprises) einschließlich aller Gebühren und Steuern

★ **tu¹** [ty] PR PERS du; **dire tu à qn** du zu j-m sagen, j-n duzen

tu² PP → taire

tuant [tɥɑ̃] fam ADJ ⟨-ante [-ɑ̃t]⟩ aufreibend, strapaziös

tuba [tyba] M̄ MUS Tuba f

tube [tyb] M̄ **1** (≈ tuyau) Rohr n; Röhre f **2** ÉLEC Röhre f **3** Tube f; **~ de dentifrice** Tube Zahnpasta; Zahnpastatube f **4** **~ digestif** Verdauungskanal m, Verdauungstrakt m; fam (≈ œsophage) Speiseröhre f **5** MUS fam Hit m

tuberculose [tybɛʀkyloz] F̄ Tuberkulose f

tué [tɥe] ADJ ⟨tuée⟩ getötet; MIL gefallen

★**tuer** [tɥe] A V̄T̄ **1** töten; personne a. umbringen; (≈ assommer) totschlagen; boucher: animal schlachten **2** fig animals (ab)töten; völlig abstumpfen; petit commerce, etc ruinieren; **~ le temps** die Zeit totschlagen **3** fam fig (≈ épuiser) fertigmachen; fam umbringen B V̄P̄R̄ **1** ★ **se ~** (≈ se suicider) sich töten; sich umbringen; sich (dat) das Leben nehmen **2** ★ **se ~** (≈ mourir) umkommen; ums Leben kommen; **se ~ en voiture** mit dem Auto tödlich verunglücken **3** fig **se ~ au travail** sich zu Tode arbeiten; fam **je me tue à lui dire que ...** ich sage es ihm tausendmal, dass ...

tuerie [tyʀi] F̄ Blutbad n; Gemetzel n

tue-tête [tytɛt] **à ~ crier** aus Leibeskräften; chanter aus vollem Hals

tueur [tɥœʀ] M̄ (Massen)Mörder m; **~ (à gages)** Killer m

tuile [tɥil] F̄ **1** (Dach)Ziegel m **2** **quelle ~!** fam so ein Pech!

tulipe [tylip] F̄ Tulpe f

tuméfié [tymefje] ADJ ⟨-e⟩ (an)geschwollen; verschwollen

tumeur [tymœʀ] F̄ Tumor m

tumulte [tymylt] M̄ Tumult m **tumultueux** [tymyltɥø] ADJ ⟨-euse [-øz]⟩ **1** réunion stürmisch; lärmend **2** fig vie bewegt; passion stürmisch

tuner [tynɛʀ] M̄ Tuner m

tunique [tynik] F̄ **1** HIST Tunika f **2** corsage long Kasack(bluse) m(f)

Tunisie [tynizi] F̄ **la ~** Tunesien n **tunisien** [tynizjɛ̃] ⟨-ienne [-jɛn]⟩ A ADJ tunesisch B M̄(F̄) **Tunisien(ne)** Tunesier(in) m(f)

★**tunnel** [tynɛl] M̄ Tunnel m

turbulent [tyʀbylɑ̃] ADJ ⟨-ente [-ɑ̃t]⟩ enfant wild, sehr lebhaft

★**turc** [tyʀk] ⟨turque [tyʀk]⟩ A ADJ türkisch B M̄,F̄ **Turc, Turque** Türke m, Türkin f

★**turque** [tyʀk] → turc

★**Turquie** [tyʀki] F̄ **la ~** die Türkei

turquoise [tyʀkwaz] A F̄ Türkis m B ADJ ⟨inv⟩ türkis(farben)

tutelle [tytɛl] F̄ **1** JUR Vormundschaft f **2** péj (≈ dépendance) Bevormundung f

tuteur [tytœʀ] M̄ **1** JUR Vormund m **2** ÉCOLE Tutor m **3** JARD Stütze f

tutoyer [tytwaje] V̄T̄ (6 V/PR) ⟨-oi-⟩ (**se**) **tutoyer** (sich) duzen

tutrice [tytʀis] F̄ (weiblicher) Vormund

★**tuyau** [tɥijo] M̄ ⟨~x⟩ **1** rigide Rohr n; Röhre f; souple Schlauch m; **~ d'arrosage** Gartenschlauch m **2** fam (≈ renseignement) Tip m

★**TVA** [tevea] F̄ ABR (= taxe à la valeur ajoutée) Mehrwertsteuer f, MwSt. abr

tympan [tɛ̃pɑ̃] M̄ **1** ANAT Trommelfell n **2** ARCH Tympanon n

★**type** [tip] M̄ **1** (≈ genre) Typ(us) m **2** fam (≈ gars) Kerl m; fam Typ m; **un chic ~** ein prima Kerl **3** TECH Modell n; Typ m **4** ⟨adj⟩ typisch

typhon [tifɔ̃] M̄ Taifun m

★**typique** [tipik] ADJ typisch (**de** für)

tyran [tiʀɑ̃] M̄ Tyrann m **tyrannie** [tiʀani] F̄ a. fig Tyrannei f; Gewalt-, Willkürherrschaft f **tyrannique** [tiʀanik] ADJ tyrannisch **tyranniser** [tiʀanize] V̄T̄ tyrannisieren

tzigane [dzigan, tsi-] A ADJ Zigeuner... B M̄,F̄ **Tzigane** Zigeuner(in) m(f)

U

U, u [y] M̄ ⟨inv⟩ U, u n

UDC [ydese] helv F̄ ABR (= Union Démocratique du Centre) SVP f (Schweizerische Volkspartei)

UDF [ydeɛf] F̄ ABR (= Union pour la démocratie française) Partei der bürgerlich-liberalen Mitte

UE [yə] F̄ ABR (= Union européenne) EU f

UHT [yaʃte] ABR (= ultra-haute température) **lait** m **UHT** H-Milch f

ulcère [ylsɛʀ] M̲ Geschwür n
ulcéré [ylseʀe] A̲D̲J̲ ⟨~e⟩ tief gekränkt
ulcérer [ylseʀe] V̲T̲ ⟨-è-⟩ ~ qn j-n tief kränken; j-n verbittern
ultérieur [ylteʀjœʀ] A̲D̲J̲ ⟨~e⟩ spätere; (zu)künftige **ultérieurement** [ylteʀjœʀmɑ̃] A̲D̲V̲ später
ultime [yltim] A̲D̲J̲ allerletzte
ultramoderne A̲D̲J̲ hochmodern **ultrasensible**, **ultra-sensible** A̲D̲J̲ hochempfindlich **ultrason**, **ultra-son** M̲ Ultraschall m **ultraviolet**, **ultra-violet** A̲D̲J̲ ⟨-ette⟩, **ultra-violet** ultraviolett
UMP [yɛmpe] F̲ A̲B̲R̲ (= Union pour un mouvement populaire) rechtskonservative frz Partei

★ **un** [ɛ̃, œ̃] M̲, **une** [yn] F̲ A̲ N̲U̲M̲ **1** *emploi isolé* **un** ⟨inv⟩ eins; **le un** die Eins; der Einser; **c'est tout un** es ist ganz einerlei; **un à un** [ɛnao] *ou* **un par un** einer nach dem anderen; einzeln **2** *avec subst* ein m ou n; eine f; *elliptiquement* einer, eine, ein(e)s **3** *négation* **pas un(e)** nicht einer, eine, ein(e)s; keiner, keine, kein(e)s B̲ A̲R̲T̲I̲C̲L̲E̲ ̲I̲N̲D̲É̲F̲I̲N̲I̲ ̲M̲ ein m, a. n; eine f; *elliptiquement* einer, eine, ein(e)s C̲ P̲R̲ ̲I̲N̲D̲É̲F̲ ̲M̲ **1** einer m, eine f, ein(e)s n; **un de mes amis** einer meiner Freunde; **un à un** einer nach dem andern **2** *avec autre* **l'un dans l'autre** im Großen und Ganzen; **l'un et l'autre** beide; **ni l'un ni l'autre** keiner *ou* kein(e)s von beiden; **c'est l'un ou l'autre** entweder – oder; eins von beiden; *réciproquement* **l'un(e) l'autre** *ou* **les un(e)s les autres** sich gegenseitig, einander; **l'un après, avec, contre, pour l'autre** nach-, mit-, gegen-, füreinander
unanime [ynanim] A̲D̲J̲ einstimmig
unanimité [ynanimite] F̲ a. POL Einstimmigkeit f; **à l'~** einstimmig
une [yn] A̲ N̲U̲M̲ → **un** B̲ F̲ **1** Eins f **2** *journal* **la une** auf der ersten Seite
uni [yni] A̲D̲J̲ ⟨unie⟩ **1** vereint, vereinigt **2** *tissu* uni; *papier* unlin(i)iert
unième [ynjɛm] N̲U̲M̲ **vingt et ~** einundzwanzigste; **cent ~** hunderterste
unification [ynifikɑsjɔ̃] F̲ **1** Vereinheitlichung f **2** Einigung f **unifier** [ynifje] V̲T̲ **1** *tarifs, etc* vereinheitlichen **2** *pays, parti* einigen
★ **uniforme** [ynifɔʀm] A̲ A̲D̲J̲ **1** gleichförmig, -artig, -mäßig; einheitlich **2** (≈ *monotone*) ein-, gleichförmig B̲ M̲ Uniform f
uniformément [ynifɔʀmemɑ̃] A̲D̲V̲ gleichartig, -förmig, -mäßig **uniformisation** [ynifɔʀmizɑsjɔ̃] F̲ Vereinheitlichung f **uniformité** [ynifɔʀmite] F̲ **1** Gleichförmigkeit f, Gleichartigkeit f, Gleichmäßigkeit f; Einheitlichkeit f **2** (≈ *monotonie*) Einförmig-, Gleichförmigkeit f
unilatéral A̲D̲J̲ ⟨~e; -aux [-o]⟩ einseitig
★ **union** [ynjɔ̃] F̲ **1** Union f; Bund m; Zusammenschluss m; **Union européenne** Europäische Union, EU *abr* **2** Ehe f **3** Einigkeit f **4** Verbindung f; Vereinigung f
★ **unique** [ynik] A̲D̲J̲ **1** (≈ *seul*) einzig; *paiement, etc* einmalig; **enfant** m/f **~** Einzelkind n; ★ **sens** m **~** Einbahnstraße f **2** (≈ *exceptionnel*) einzigartig; einmalig
uniquement [ynikmɑ̃] A̲D̲V̲ einzig und allein; nur
unir [yniʀ] A̲ V̲T̲ verein(ig)en, verbinden (à mit); einigen; *couple* trauen B̲ V̲P̲R̲ ★ **s'~** sich verein(ig)en; **s'~ contre qn** sich gegen j-n verbünden
unitaire [yniter] A̲D̲J̲ einheitlich; Einheits...
★ **unité** [ynite] F̲ **1** Einheit f **2** (Maß)Einheit f **3** COMM Stück n; **prix** m **à l'~** Einzel-, Stückpreis m **4** **~ centrale** Zentraleinheit f
univers [ynivɛʀ] M̲ Weltall n; Universum n **universel** [ynivɛʀsɛl] A̲D̲J̲ ⟨~le⟩ **1** Universal...; allgemein(gültig); allgemein verbreitet; *culture* universal **2** (≈ *mondial*) Welt...; weltweit
universitaire [ynivɛʀsitɛʀ] A̲ A̲D̲J̲ Universitäts... B̲ M̲F̲ Hochschullehrer(in) m(f)
★ **université** [ynivɛʀsite] F̲ Université f; Hochschule f
uranium [yʀanjɔm] M̲ Uran n
urbain [yʀbɛ̃] A̲D̲J̲ ⟨-aine [-ɛn]⟩ städtisch, Stadt...
urbanisation [yʀbanizɑsjɔ̃] F̲ Verstädterung f
urbanisme [yʀbanism] M̲ (Stadtplanung f und) Städtebau m
urgence [yʀʒɑ̃s] F̲ **1** Dringlichkeit f; **d'~** dringend; sofort; **en cas d'~** in eiligen, dringenden Fällen **2** MÉD Notfall m; **service** m **des ~s** Notaufnahme f
★ **urgent** [yʀʒɑ̃] A̲D̲J̲ ⟨-ente [-ɑ̃t]⟩ drin-

gend
urine [yʀin] F Urin m **uriner** [yʀine] VI urinieren **urinoir** [yʀinwaʀ] M Pissoir n
urne [yʀn] F **1** Urne f **2** Wahlurne f; **aller aux ~s** zur Wahl gehen
us [ys] MPL **us et coutumes** Sitten und Gebräuche pl
★**usage** [yzaʒ] M **1** (≈ utilisation) Gebrauch m; Benutzung f; Anwendung f; Verwendung f; de drogues, etc Genuss m; **à l'~** beim Gebrauch; **à l'~ de qn** für j-n (zum Gebrauch); °**hors d'~** außer Gebrauch; **faire ~ de qc** etw verwenden, gebrauchen, anwenden **2** de la langue ~ **(courant)** (allgemeiner) Sprachgebrauch; **en ~** üblich; gebräuchlich **3** (≈ coutume) Brauch m; Sitte f; **d'~** üblich; gebräuchlich
usagé [yzaʒe] ADJ ⟨~e⟩ gebraucht; Alt...; vêtements a. getragen
usager [yzaʒe] M Benutzer m
USB [yɛsbe] M ABR (= universal serial bus) INFORM USB m; **clé** f **USB** USB-Stick m; **port** m **USB** INFORM USB-Schnittstelle f
★**usé** [yze] ADJ ⟨usée⟩ **1** abgenutzt; vêtements a. abgetragen; pneus abgefahren **2** personne verbraucht, verlebt
user [yze] A VT **1** abnutzen; vêtements a. abtragen **2** (≈ consommer) verbrauchen **3** **~ qn** j-n zermürben, aufreiben; **~ ses yeux, s'~ les yeux** sich (dat) die Augen verderben B VT INDIR **~ de qc** etw anwenden, gebrauchen; von etw Gebrauch machen C VPR **s'~** sich abnutzen; verschleißen
★**usine** [yzin] F Fabrik f
ustensile [ystãsil] M Gerät n
usuel [yzyɛl] ADJ ⟨~le⟩ üblich; gebräuchlich
usure[1] [yzyʀ] F (≈ détérioration) Abnutzung f, Verschleiß m
usure[2] [yzyʀ] F FIN (Kredit)Wucher m
usurper [yzyʀpe] VT **1** POL usurpieren **2** **~ qc** sich (dat) etw anmaßen; sich (dat) widerrechtlich etw aneignen
ut [yt] M ⟨inv⟩ MUS c ou C m
utérus [yteʀys] M Gebärmutter f, Uterus m
★**utile** [ytil] ADJ **1** nützlich; zweckmäßig; **~ à qn** von Nutzen für j-n; **en temps ~** zu gegebener Zeit **2** TECH Nutz...
utilisable [ytilizabl] ADJ verwendbar; benutzbar **utilisateur** [ytilizatœʀ] M, **utilisatrice** [ytilizatʀis] F Benutzer(in) m(f) ★ **utilisation** [ytilizasjɔ̃] F Ver-, Anwendung f; Gebrauch m; Be-, Ausnutzung f; Nutzung f
★**utiliser** [ytilize] VT verwenden, gebrauchen; benutzen; espace ausnutzen; restes verwerten; méthode anwenden; ressources nutzen
utilitaire [ytilitɛʀ] ADJ Nutz...; Gebrauchs...
utilité [ytilite] F Nützlichkeit f; Nutzen m; association etc **(reconnu) d'~ publique** gemeinnützig
utopie [ytɔpi] F Utopie f **utopique** [ytɔpik] ADJ utopisch
UV [yve] F ABR (= unité de valeur) UNIVERSITÉ Schein m

V

V, v [ve] M ⟨inv⟩ V, v n
va [va] ⟨→ aller[1]⟩ fam **va pour 200 euros** also gut ou schön, 200 Euro; fam fig **à la va comme je te pousse** schludrig; schlampig
★**vacances** [vakɑ̃s] FPL Ferien pl; des salariés Urlaub m; **prendre des ~** Urlaub nehmen, machen **vacancier** [vakɑ̃sje] M, **vacancière** [vakɑ̃sjɛʀ] F Urlauber(in) m(f)
vacant [vakɑ̃] ADJ ⟨-ante [-ɑ̃t]⟩ poste unbesetzt, offen, frei; appartement leer stehend
vacarme [vakaʀm] M Lärm m, Krach m
vaccin [vaksɛ̃] M Impfstoff m **vaccination** [vaksinasjɔ̃] F Impfung f **vacciner** [vaksine] VT MÉD impfen **(contre** gegen)
★**vache** [vaʃ] A F **1** ZOOL Kuh f; fig **~ à lait** Milchkuh f; fam Melkkuh f; gute Einnahmequelle **2** fam **la ~!** int fam Donnerwetter!; Mensch! B ADJ fam (≈ méchant) gemein, schuftig **(avec qn** zu j-m)
vachement [vaʃmɑ̃] fam ADV fam ungeheuer; **~ cher** fam sauteuer **vacherie** [vaʃʀi] fam F Gemeinheit f
vacillant [vasijɑ̃] ADJ ⟨-ante [-ɑ̃t]⟩ **1** dé-

marche taumelnd, wankend ❷ *flamme* flackernd

vaciller [vasije] V/I ❶ schwanken; wanken ❷ *flamme* flackern

va-et-vient [vaevjɛ̃] M ⟨inv⟩ ❶ **un ~ incessant** ein ständiges Kommen und Gehen, ein Hin und Her ❷ TECH Hin- und Herbewegung *f*

vagabond(e) [vagabɔ̃(d)] M/F Landstreicher(in) *m(f)*, Vagabund(in) *m(f)* **vagabondage** [vagabɔ̃daʒ] M Umherziehen *n*, Umherstreifen *n*; Vagabundieren *n*

vagabonder [vagabɔ̃de] V/I ❶ sich herumtreiben; vagabundieren; umherstreifen ❷ *fig imagination* umherschweifen

vagin [vaʒɛ̃] M Scheide *f*, Vagina *f*

★**vague**¹ F *a. fig* Welle *f*; **~ de chaleur, de froid** Hitze-, Kältewelle *f*

vague² [vag] A ADJ ❶ *sentiment, idée, réponse* vage, unklar; *forme, bruit* undeutlich, verschwommen; *regard* zerstreut ❷ (= *ample*) weit ❸ **terrain ~** unbebautes Gelände, Grundstück B M **rester dans le ~** sich nur vage äußern; **regarder dans le ~** ins Leere blicken **vaguement** [vagmɑ̃] ADV vage; undeutlich; verschwommen

vaille [vaj] ❶ → valoir ❷ **~ que ~** komme, was da wolle

vain [vɛ̃] ADJ ⟨~e [vɛn]⟩ *a. effort, espoir* vergeblich; *promesses* leer; ★ **en ~** umsonst; vergeblich; vergebens

★**vaincre** [vɛ̃kʀ] V/T & V/I ⟨je vaincs; il vainc; nous vainquons; je vainquais; je vainquis; je vaincrai; que je vainque; vainquant; vaincu⟩ ❶ siegen; **~ qn** j-n besiegen; über j-n siegen; j-n bezwingen ❷ *fig* (= *surmonter*) überwinden; *maladie* besiegen **vaincu** [vɛ̃ky] A PP & ADJ ⟨~e⟩ besiegt B M Besiegte(r) *m*

vainement [vɛnmɑ̃] ADV umsonst; vergeblich

★**vainqueur** [vɛ̃kœʀ] M Sieger(in) *m(f)*

vais [vɛ] → aller¹

vaisseau [veso] M ⟨~x⟩ ❶ BIOL Gefäß *n*; **~ (sanguin)** Blutgefäß *n* ❷ Schiff *n*; **~ spatial** Raumschiff *n*

★**vaisselle** [vɛsɛl] F Geschirr *n*; **faire la ~** (das) Geschirr spülen; abwaschen

val [val] *litt* M ⟨vaux [vo]⟩ Tal *n*

valable [valabl] ADJ ❶ *passeport, etc* gültig ❷ *excuse, argument* annehmbar; *solution* brauchbar; **sans motif ~** ohne triftigen Grund

Valais [valɛ] M **le ~** das Wallis

valet [valɛ] M ❶ Diener *m* ❷ *carte à jouer* Bube *m*

★**valeur** [valœʀ] F ❶ *a.* MATH, PHIL Wert *m*; **sans ~** wertlos; **la ~ de** etwa; ungefähr ❷ *d'une personne* Wert *m*; Bedeutung *f*; **de ~** bedeutend; ausgezeichnet ❸ BOURSE **~s** *pl* Werte *mpl*

validation [validasjɔ̃] F Gültigkeitserklärung *f*; Anerkennung *f*; *d'un titre de transport* Entwertung *f*

valide [valid] ADJ ❶ *personne* gesund; kräftig ❷ *passeport, etc* gültig **valider** [valide] V/T für rechtsgültig erklären; gültig machen; *diplômes, etc* anerkennen; *titre de transport* entwerten **validité** [validite] F (Rechts)Gültigkeit *f*

★**valise** [valiz] F (Reise-, Hand)Koffer *m*; **faire sa ~, ses ~s** den, die Koffer packen

★**vallée** [vale] F Tal *n*

★**valoir** [valwaʀ] ⟨je vaux; il vaut; nous valons; je valais; je valus; je vaudrai; que je vaille; que nous valions; valant; valu⟩ A V/T ❶ **~ qc à qn** j-m etw einbringen ❷ *somme* à **~ sur** anzurechnen auf (+ *acc*) B V/I ❶ wert sein; **~ mieux** besser sein, mehr wert sein (**que** als); **il vaut mieux** (+ *inf*) es ist besser zu (+ *inf*) (**que de** + *inf* als zu + *inf*); **ça vaut un détour** ein Umweg lohnt sich; **faire ~ droits** geltend machen; *argument* vorbringen ❷ (= *coûter*) kosten ❸ (= *concerner*) **pour** gelten für; betreffen (+ *acc*) C V/PR **se ~** gleich (gut ou schlecht) sein; *fam* **ça se vaut** das kommt aufs Gleiche heraus

valoriser [valɔʀize] V/T aufwerten

valse [vals] F MUS Walzer *m* **valser** [valse] V/I Walzer tanzen

valve [valv] F TECH Ventil *n*

vampire [vɑ̃piʀ] M ❶ Vampir *m* ❷ *fig* Blutsauger *m*

vanille [vanij] F Vanille *f*; **crème *f*, glace *f* à la ~** Vanillecreme *f*, -eis *n*

vanité [vanite] F Einbildung *f*; Eitelkeit *f*; **tirer ~ de** sich (*dat*) etwas einbilden auf (+ *acc*) **vaniteux** [vanitø] ADJ ⟨-euse [-øz]⟩ eingebildet; eitel

vanné [vane] *fam* ADJ ⟨~e⟩ total fertig, hundemüde

vannerie [vanʀi] F ❶ *métier* Korbflechterei *f* ❷ *objets* Korbwaren *fpl*

vantard [vɑ̃taʀ] **A** ADJ ‹-arde [-aʀd]› angeberisch, prahlerisch **B** M(F) **~(e)** Angeber(in) m(f) **vantardise** [vɑ̃taʀdiz] F Prahlerei f; Angeberei f

vanter [vɑ̃te] **A** VT rühmen; *marchandise* anpreisen **B** VPR ★ **se ~** prahlen, aufschneiden, angeben (**de qc** mit etw); **se ~ de** (+ *inf*) sich (damit) brüsten, sich rühmen zu (+ *inf*)

va-nu-pieds M(F) ‹*inv*› Bettler(in) m(f)

vapes [vap] *fam* FPL **être dans les ~** *fam* im Tran sein

★**vapeur**[1] [vapœʀ] F Dampf m; (**cuit à la**) **~** gedämpft

vapeur[2] M Dampfer m

vaporeux [vapɔʀø] ADJ ‹-euse [-øz]› duftig

vaporisateur [vapɔʀizatœʀ] M Zerstäuber m **vaporiser** [vapɔʀize] VT zerstäuben; sprayen

vaquer [vake] VT INDIR **~ à ses occupations** s-r Beschäftigung nachgehen

variable [vaʀjabl] ADJ veränderlich

variante [vaʀjɑ̃t] F Variante f

variation [vaʀjasjɔ̃] F Schwankung f; (Ver)Änderung f

varice [vaʀis] F Krampfader f

varicelle [vaʀisɛl] F Windpocken *pl*

★**varié** [vaʀje] ADJ ‹-e› verschiedenartig, abwechslungsreich

varier [vaʀje] **A** VT abwechslungsreich gestalten; variieren **B** VI 1 (≈ *changer*) sich ändern; wechseln; *prix* schwanken 2 *personne* s-e Meinung ändern

variété [vaʀjete] F 1 Verschiedenartigkeit f; Abwechslung f 2 BIOL Ab-, Spielart f 3 (**spectacle m de**) **~s** *pl* Varieté n

variole [vaʀjɔl] F Pocken *pl*

Varsovie [vaʀsɔvi] Warschau n

★**vase**[1] [vɑz] M *avec des fleurs* Vase f; (≈ *récipient*) Gefäß n

vase[2] F Schlamm m, Schlick m **vaseux** [vɑzø] ADJ ‹-euse [-øz]› 1 (≈ *boueux*) schlammig 2 *fam* **se sentir ~** sich unwohl fühlen 3 *fam* *idées* schwammig

vaste [vast] ADJ 1 weit; ausgedehnt; *bâtiment* weitläufig; *pièce* geräumig 2 *par ext* umfassend; umfangreich

Vaud [vo] SANS ART **le canton de ~** die Waadt

vaudrai [vodʀe], **vaudra(s)** [vodʀa] → *valoir*

vaurien [voʀjɛ̃] M (**petit**) **~** Bengel m; Range f

vaurienne [voʀjɛn] F Göre f

vaut [vo] → *valoir*

vautour [votuʀ] M *a. fig* Geier m

vautrer [votʀe] VPR 1 **se ~** sich wälzen; *personne a.* sich rekeln; *fam péj* sich flätzen; sich hinlümmeln 2 *fig* **se ~ dans qc** sich (*dat*) in etw (*dat*) gefallen; sich in etw (*dat*) wohlfühlen

va-vite [vavit] **faire qc à la ~** etw hinschludern

★**veau** [vo] M ‹~x› 1 ZOOL Kalb n 2 CUIS Kalbfleisch n 3 *cuir* Kalb(s)leder n

vécu [veky] **A** PP & ADJ ‹~e → *vivre*› erlebt **B** M eigenes Erleben

★**vedette** [vədɛt] F 1 Star m 2 **mettre en ~** herausstellen, -streichen; in den Vordergrund rücken 3 ‹*adjt*› Spitzen..., Haupt...; Star... 4 MAR Schnellboot n

végétal [veʒetal] ADJ ‹~e; -aux [-o]› Pflanzen..., pflanzlich

végétarien [veʒetaʀjɛ̃] ‹-ienne [-jɛn]› **A** ADJ vegetarisch **B** M(F) **~(ne)** Vegetarier(in) m(f)

végétation [veʒetasjɔ̃] F Vegetation f

végéter [veʒete] VI ‹-è-› (dahin)vegetieren

véhémence [veemɑ̃s] F Heftigkeit f

véhément [veemɑ̃] ADJ ‹-ente [-ɑ̃t]› heftig

★**véhicule** [veikyl] M 1 Fahrzeug n 2 *fig* Träger m

veille[1] [vɛj] F Vortag m; **la ~** am Tag zuvor; tags zuvor; **la ~ au soir** am Abend vorher; **la ~ du départ** am Tag (*ou* Abend) vor der Abreise

veille[2] [vɛj] F 1 (≈ *contraire: sommeil*) Wachen n, Wachsein n 2 (≈ *garde*) (Nacht)Wache f

veillée [veje] F 1 *d'un malade* Nachtwache f 2 (≈ *soirée*) abendliches Beisammensein

veiller [veje] **A** VT **~ un malade** bei e-m Kranken wachen **B** VT INDIR 1 **~ à qc** über etw (*acc*) wachen; für etw sorgen; auf etw (*acc*) achten, bedacht sein; **~ à ce que ...** (+ *subj*) dafür sorgen, dass ...; **~ à** (+ *inf*) darauf achten zu (+ *inf*) 2 **~ sur qn** j-n unter s-e Obhut nehmen, hüten **C** VI 1 (≈ *être de garde*) wachen 2 (≈ *ne pas se coucher*) wach bleiben; auf-

bleiben
veilleur [vɛjœʀ] M ~ **de nuit** Nachtwächter m
veilleuse [vɛjøz] F Nachtlicht n; AUTO Standlicht n; **mettre en** ~ **lampe** dunkler einstellen; *flamme* klein stellen; *fig affaire* ruhen lassen; *fam* auf Eis legen
veinard [vɛnaʀ] M, **veinarde** [vɛnaʀd] *fam* F Glückspilz m
veine [vɛn] F **1** ANAT Vene f, (Blut)Ader f **2** (≈ chance) Glück n; *fam* Schwein n, Dusel m **3** MINES Ader f, Gang m **4** ~**s** *pl du bois* Maserung f; *du marbre* Ädern fpl; Äderung f
vélib [velib] M ~ **service** m ~ städtisches Fahrradverleihsystem in Paris
véliplanchiste [veliplɑ̃ʃist] MF (Wind-)Surfer(in) m(f)
★**vélo** [velo] M (Fahr)Rad n; *helv* Velo n; **aller en** ou **à** ~, **être à** ou **en** ~ ou **sur son** ~, **faire du** ~, **monter à** ou **en** ~ mit dem Rad fahren; Rad fahren; *fam* radeln **vélodrome** [velodʀom] M Radrennbahn f ★**vélomoteur** M Moped n
velours [v(ə)luʀ] M Samt m
velouté [v(ə)lute] **A** ADJ ⟨~e⟩ samtig, samtweich **B** M (Gemüse)Cremesuppe f
velu [valy] ADJ ⟨~e⟩ behaart
vénal [venal] *péj* ADJ ⟨~e, -aux [-o]⟩ käuflich; bestechlich
vendange [vɑ̃dɑ̃ʒ] F Weinlese f; ~**s** *pl* (Zeit f der) Weinlese f
★**vendeur** [vɑ̃dœʀ] M, **vendeuse** [vɑ̃døz] F Verkäufer(in) m(f)
★**vendre** [vɑ̃dʀ] ⟨→ rendre⟩ **A** V/T **1** verkaufen **2** *fig* ~ **qn** j-n verraten; *complices, a. fam* j-n verpfeifen **B** V/PR **se** ~ **1** *marchandise* verkauft werden; sich verkaufen (lassen); Absatz finden; **ne pas se** ~ *a.* nicht gehen **2** *fig personne* sich bestechen lassen; sich verkaufen (**à** an + *acc*)
★**vendredi** [vɑ̃dʀadi] M Freitag m; **Vendredi saint** Karfreitag m
vénéneux [venenø] ADJ ⟨-euse [-øz]⟩ giftig
vénérable [veneʀabl] ADJ ehrwürdig
vénération [veneʀasjɔ̃] F Verehrung f; Ehrfurcht f **vénérer** [veneʀe] V/T ⟨-è-⟩ verehren
vengeance [vɑ̃ʒɑ̃s] F Rache f
venger [vɑ̃ʒe] ⟨-ge-⟩ **A** V/T rächen (**qn, qc** j-n, etw), (**qn de qc** für etw) **B** V/PR

★ **se** ~ sich rächen (**de qn** an j-m), (**de qc** für etw)
venimeux [v(ə)nimø] ADJ ⟨-euse [-øz]⟩ **1** giftig **2** *fig* giftig; bösartig
venin [v(ə)nɛ̃] M **1** Gift n **2** *fig* Bosheit f
★**venir** [v(ə)niʀ] ⟨je viens; il vient; nous venons; ils viennent; je venais; je vins; nous vînmes; je viendrai; que je vienne; que nous venions; venant; être venu⟩ **A** V/I **1** kommen; herkommen; ~ **à qn** zu j-m kommen; *idée* j-m kommen; ~ **de** kommen von, aus; *par ext* (her)kommen von; herrühren von; stammen von, aus; *mot* ~ **du grec** aus dem Griechischen kommen; ~ **de ce que** ... daran liegen ou daher kommen, dass ...; **en** ~ **à qc** zu etw kommen; **voir** ~ die Dinge auf sich (*acc*) zukommen lassen **2** (≈ **atteindre**) gehen, reichen (**à, jusqu'à** bis) **3** V/AUX **1** (+ *inf*) ~ **chercher qn, qc** j-n, etw abholen; etw holen; ~ **trouver qn** j-n aufsuchen; bei j-m vorsprechen; zu j-m kommen; ~ **voir qn** j-n besuchen **2** *passé récent* ★ ~ **de faire qc** etw gerade, (so)eben getan haben; *livre* **vient de paraître** soeben erschienen
Venise [vəniz] Venedig n
★**vent** [vɑ̃] M **1** Wind m; **coup** m **de** ~ Windstoß m; **en plein** ~ völlig frei stehend; **il y a, il fait du** ~ es ist windig; *fig* **avoir** ~ **de qc** von etw Wind bekommen; *fig* **être dans le** ~ in sein; modern, zeitgemäß, aktuell sein; *fig* **c'est du** ~ das ist leeres Gerede **2** (Darm)Wind m **3** MUS **instrument** m **à** ~ Blasinstrument n
★**vente** [vɑ̃t] F Verkauf m; Vertrieb m; Absatz m
venter [vɑ̃te] V/IMP **il vente** es ist windig
venteux [vɑ̃tø] ADJ ⟨-euse [-øz]⟩ windig
ventilateur [vɑ̃tilatœʀ] M Ventilator m
ventilation [vɑ̃tilasjɔ̃] F Belüftung f; Ventilation f **ventiler** [vɑ̃tile] V/T **1** (≈ *aérer*) belüften **2** (≈ *répartir*) verteilen
ventouse [vɑ̃tuz] F *a.* ZOOL Saugnapf m
★**ventre** [vɑ̃tʀ] M Bauch m; **bas** ~ Unterleib m; **à plat** ~ bäuchlings; auf dem ou den Bauch
ventriloque [vɑ̃tʀilɔk] M Bauchredner m
venu [v(ə)ny] **A** PP & ADJ ⟨~e → venir⟩ gekommen; *fig* **il serait mal** ~ **de** (+

inf) es wäre (jetzt) völlig verkehrt zu (+ *inf*) **B** M **nouveau ~** (neu) Hinzugekommene(r) *m*; Neuankömmling *m*; **le premier ~, la première ~e** der, die erste Beste *ou* Erstbeste

venue [v(ə)ny] F Kommen *n*; Ankunft *f*

vêpres [vɛpʀ] FPL CATH Vesper *f*

ver [vɛʀ] M Wurm *m*; (= *asticot*) Made *f*; **ver à soie** Seidenraupe *f*; **ver de terre** Regenwurm *m*

verbal [vɛʀbal] ADJ ⟨~e; -aux [-o]⟩ mündlich

verbalement [vɛʀbalmɑ̃] ADV mündlich

★**verbe** [vɛʀb] M GRAM Verb *n*; Zeit-, Tätigkeitswort *n*

verbeux [vɛʀbø] *péj* ADJ ⟨-euse [-øz]⟩ wortreich

verdict [vɛʀdikt] M **1** JUR (Urteils)Spruch *m* der Geschworenen **2** *par ext* (hartes) Urteil; Verdikt *n*

verdir [vɛʀdiʀ] VI grün werden; *de peur* blass, bleich werden

verdure [vɛʀdyʀ] F **1** Grün *n* **2** CUIS *fam* Grünzeug *n*

véreux [veʀø] ADJ ⟨-euse [-øz]⟩ **1** *fruit* wurmig; wurmstichig **2** *fig* anrüchig

verge [vɛʀʒ] F **1** ANAT männliches Glied **2** (≈ *baguette*) Rute *f*

verger [vɛʀʒe] M Obstgarten *m*

verglacé [vɛʀglase] ADJ ⟨~e⟩ vereist

★**verglas** [vɛʀgla] M Glatteis *n*

vergogne [vɛʀgɔɲ] F **sans ~** unverschämt; schamlos

véridique [veʀidik] ADJ wahrheitsgemäß, -getreu

vérification [veʀifikasjɔ̃] F (Über-, Nach)Prüfung *f*; Kontrolle *f*

★**vérifier** [veʀifje] **A** VT (über-, nach)prüfen; (nach)kontrollieren; *monnaie* nachzählen **B** VPR **se ~** sich bestätigen

★**véritable** [veʀitabl] ADJ wirklich; wahr; echt

★**vérité** [veʀite] F **1** Wahrheit *f*; **en ~** in der Tat; tatsächlich; wahrhaftig **2** *d'un personnage* Lebensechtheit *f*

verlan [vɛʀlɑ̃] M Argot, das auf Silbenvertauschung beruht

vermeil [vɛʀmɛj] ADJ ⟨~le⟩ *teint* rot

vermicelle(s) [vɛʀmisɛl] M(PL) Suppennudeln *fpl*, Fadennudeln *pl*

vermine [vɛʀmin] F **1** Ungeziefer *n* **2** *fig* Gesindel *n*

vermoulu [vɛʀmuly] ADJ ⟨~e⟩ wurmstichig

verni [vɛʀni] ADJ ⟨~e⟩ lackiert; **chaussures ~es** Lackschuhe *mpl*

vernir [vɛʀniʀ] VT *bois, etc* lackieren; *tableau* firnissen

vernis [vɛʀni] M Lack *m*; *pour tableaux, a. fig* Firnis *m*; *pour poteries* Glasur *f*; **~ à ongles** Nagellack *m*

vernissage [vɛʀnisaʒ] M **1** Lackieren *n*; Glasieren *n* **2** (≈ *réception*) Vernissage *f*

verrai [veʀe], **verra(s)** [veʀa] → *voir*

★**verre** [vɛʀ] M **1** *matière, objet* Glas *n* **2** *récipient* (Trink)Glas *n*; *contenu* Glas *n*; **~ à pied, à vin** Stiel-, Weinglas *n*; **~ d'eau** Glas Wasser

verrou [veʀu] M Riegel *m* **verrouillage** [veʀujaʒ] M **1** Verriegelung *f*; Blockierung *f* **2** MIL Abriegelung *f* **verrouiller** [veʀuje] VT ver-, zuriegeln

verrue [veʀy] F Warze *f*

★**vers¹** [vɛʀ] PRÉP **1** *direction* gegen, nach, zu; in Richtung auf (+ *acc*); **~ la droite** (nach) rechts; **~ le nord** nach, gegen Norden; nordwärts; **~ Paris** gegen Paris zu **2** *temporel* gegen; (etwa) um; **~ la fin** gegen Ende; **~ (les) deux heures** gegen, etwa um zwei Uhr

vers² [vɛʀ] M Vers *m*

versant [vɛʀsɑ̃] M (Ab)Hang *m*

versatile [vɛʀsatil] ADJ wankelmütig; unbeständig

verse [vɛʀs] **il pleut à ~** es gießt in Strömen

Verseau [vɛʀso] M ASTROL Wassermann *m*

versement [vɛʀsəmɑ̃] M Zahlung *f*; Einzahlung *f* (**à, sur un compte** auf ein Konto); *de pensions* Auszahlung *f*

★**verser** [vɛʀse] **A** VT **1** *liquide* (hinein)gießen; (ein)füllen; *café, etc* ein-, ausschenken; eingießen; *fig larmes, sang* vergießen; *sucre, riz, etc* schütten (**dans** in + *acc*); eingießen, -füllen, -schenken; **~** (**à boire**) einschenken, eingießen; **se ~ du vin** sich (*dat*) Wein einschenken **2** *argent* einzahlen (**à un compte** auf ein Konto); *pension, etc* (aus)zahlen **B** VI *voiture* umstürzen; **~ dans le fossé** in den Graben stürzen

verset [vɛʀsɛ] M BIBL Vers *m*

verseuse [vɛʀsøz] F Kaffee- *ou* Teekanne *f*

version [vɛʀsjɔ̃] F **1** Übersetzung *f* in

die Muttersprache 2 Version f; Fassung f; film **en ~ originale** in Originalfassung 3 (≈ *interprétation*) Darstellung f

verso [vɛʀso] M Rückseite f; **au ~** auf der ou die Rückseite; umseitig

★**vert** [vɛʀ] A ADJ ⟨~e [vɛʀt]⟩ 1 grün; *fruits a.* unreif; *vin* zu jung; noch herb 2 *vieillard* rüstig 3 *langage* derb; deftig; **langue ~** Gaunersprache f; Rotwelsch n 4 **l'Europe ~e** der gemeinsame europäische Agrarmarkt 5 ÉCOL, POL grün; **électricité ~e** Ökostrom m B M 1 Grün n 2 POL **les Verts** pl die Grünen pl

vertébral [vɛʀtebʀal] ADJ ⟨~e; -aux [-o]⟩ Wirbel...; ★ **colonne ~e** Wirbelsäule f

vertèbre [vɛʀtɛbʀ] F ANAT Wirbel m

vertical [vɛʀtikal] ADJ ⟨~e; -aux [-o]⟩ senkrecht, vertikal

vertige [vɛʀtiʒ] M Schwindel(gefühl n, -anfall m) m; **j'ai un ~, des ~s, le ~** mir ist, ich bin schwind(e)lig **vertigineux** [vɛʀtiʒinø] ADJ ⟨-euse [-øz]⟩ schwindelerregend

vertu [vɛʀty] F 1 Tugend f 2 (≈ *pouvoir*) Kraft f 3 **en ~ de** aufgrund von (*ou* + *gén*); *a.* JUR kraft (+ *gén*)

vésicule [vezikyl] F **~ (biliaire)** Gallenblase f

vessie [vesi] F (Harn)Blase f

★**veste** [vɛst] F Jacke f; Jackett n; *fam fig* **prendre une ~** e-e Schlappe erleiden; *fam fig* **retourner sa ~** *fam* umfallen; umschwenken

vestiaire [vɛstjɛʀ] M *a. objets déposés* Garderobe f; *d'une piscine, etc* Umkleideraum m

vestibule [vɛstibyl] M Diele f; Flur m

vestiges [vɛstiʒ] MPL Spuren fpl; (Über)Reste mpl

veston [vɛstɔ̃] M Jacke f; Jackett n

★**vêtement** [vɛtmɑ̃] M Kleidungsstück n; **~ spl** (Be)Kleidung f; Oberbekleidung f

vétérinaire [veteʀinɛʀ] A ADJ tierärztlich B M/F Tierarzt, -ärztin m,f

vétille [vetij] F Lappalie f

vêtir [vetiʀ] ⟨je vêts; il vêt; nous vêtons; je vêtais; je vêtis; je ~ai; que je vête; vêtant; vêtu⟩ A *litt* VT ankleiden B V/PR **se ~** sich anziehen; sich ankleiden

veto [veto] M Veto n; **droit m de ~** Vetorecht n; **mettre, opposer son ~ à qc** sein Veto einlegen gegen etw

vêtu [vety] ADJ ⟨~e⟩ angezogen; bekleidet (**de** mit)

★**veuf** [vœf] ⟨**veuve** [vœv]⟩ A ADJ verwitwet B M/F **~, veuve** Witwer m, Witwe f

veuille [vœj] → vouloir

★**veuve** [vœv] → veuf

veux [vø] → vouloir

vexant [vɛksɑ̃] ADJ ⟨-ante [-ɑ̃t]⟩ 1 *remarque, etc* kränkend, beleidigend 2 (≈ *contrariant*) ärgerlich **vexation** [vɛksasjɔ̃] F Kränkung f ★ **vexer** [vɛkse] A VT kränken; beleidigen B V/PR **se ~** gekränkt sein

viabilité [vjabilite] F 1 CONSTR Erschließung f 2 BIOL, *a. fig* Lebensfähigkeit f **viable** [vjabl] ADJ lebensfähig

viaduc [vjadyk] M Viadukt m ou n

★**viande** [vjɑ̃d] F Fleisch n; **~ froide** kalter Braten

vibration [vibʀasjɔ̃] F 1 *a. de la voix* Vibrieren n; Vibration f 2 PHYS Schwingung f

vibrer [vibʀe] VI 1 *a. voix* vibrieren; schwingen 2 **faire ~ qn** j-n mitreißen, packen, ergreifen

vice [vis] M 1 Untugend f; *plus fort* Laster n 2 *de qc* Fehler m; Mangel m

vice versa [vis(ə)vɛʀsa] **et ~** und umgekehrt

vicié [visje] ADJ ⟨~e⟩ *air* verbraucht

vicieux [visjø] ADJ ⟨-euse [-øz]⟩ lasterhaft; verderbt; *regard* geil; lüstern; **cercle ~** Teufelskreis m

★**victime** [viktim] F *de la guerre, de l'injustice, etc* Opfer n; (≈ *mort*) *a.* Todesopfer n

★**victoire** [viktwaʀ] F *a.* MIL, SPORTS Sieg m **victorieux** [viktɔʀjø] ADJ ⟨-euse [-øz]⟩ siegreich

victuailles [viktyaj] FPL Proviant m

vidange [vidɑ̃ʒ] F AUTO Ölwechsel m; **faire la ~** das Öl wechseln **vidanger** [vidɑ̃ʒe] VT ⟨-ge-⟩ 1 *réservoir, etc* entleeren 2 AUTO *huile* wechseln

★**vide** [vid] A ADJ ⟨~e⟩ leer; *logement* leer stehend; *rue a.* menschenleer 2 *existence a.* unausgefüllt; inhaltslos; *paroles* **~ de sens** leer; nichtssagend B M 1 PHYS, TECH Vakuum n; luftleerer Raum 2 Leere f; Zwischen-, Hohlraum m; *a. fig* Lücke f; **à ~** leer; Leer...; *moteur* **tourner à ~** *fig* leer laufen 3 (≈ *abîme*) Tiefe f; Abgrund m 4 *fig* Leere f; Sinnlosigkeit f

vidé [vide] ADJ ⟨~e⟩ geleert, leer

★**vidéo** [video] A F Video n; **~ sur Inter-**

net Internetvideo n; ADJ ⟨inv⟩ Video-...; **jeu** m ~ Video-, Telespiel n **vidéocassette** F Videokassette f **vidéoclub** [videoklœb] M Videothek f **vidéoprojecteur** M Beamer m

vide-ordures [vidɔʀdyʀ] M ⟨inv⟩ Müllschlucker m

vidéothèque [videɔtɛk] F Videothek f

vide-poches [vidpɔʃ] M ⟨inv⟩ AUTO Handschuhfach n

★ **vider** [vide] A VT 1 récipient (aus-, ent)leeren; leer machen; bouteille (≈ boire) austrinken; leeren; contenu aus-, entleeren; auskippen, -schütten; pièce ausräumen 2 ~ **une querelle** e-n Streit beilegen B VPR **se** ~ récipient sich entleeren; auslaufen; lieu sich leeren; **se** ~ **de son sang** verbluten

videur [vidœʀ] fam M Rausschmeißer m

★ **vie** [vi] F 1 Leben n; **à vie** auf Lebenszeit; lebenslänglich; **de (toute) ma vie** in meinem ganzen Leben; mein Lebtag; **sans vie** leblos; **être en vie** am Leben sein 2 (≈ vitalité) Leben n; Lebendigkeit f; Lebhaftigkeit f 3 Leben(sunterhalt) n(m); ★ **gagner sa vie** s-n Lebensunterhalt verdienen

vieil [vjɛj] → vieux

vieillard [vjɛjaʀ] M Greis m; **les ~s** die alten Leute pl; die Alten mpl

vieille → vieux

vieilleries [vjɛjʀi] FPL alter Plunder, Kram

★ **vieillesse** [vjɛjɛs] F (hohes) Alter; Greisenalter n; **mourir de** ~ an Altersschwäche sterben

vieillir [vjejiʀ] A VT alt ou älter machen, erscheinen lassen B VI 1 personne alt ou älter werden; altern 2 mot, etc veralten 3 vin altern; reifen **vieillissement** [vjejismã] M Altern n; Altwerden n; de la population Überalterung f

vieillot [vjɛjo] ADJ ⟨-otte [-ɔt]⟩ altmodisch

vienne [vjɛn] → venir

Vienne[1] [vjɛn] SANS ART 1 Stadt im Département Isère 2 ⟨f⟩ **la** ~ Fluss u. Département in Frankreich

Vienne[2] [vjɛn] SANS ART en Autriche Wien n

viennois [vjɛnwa] ADJ ⟨-oise [-waz]⟩ Wiener; wienerisch

viens, **vient** [vjɛ̃] → venir

vierge [vjɛʀʒ] A ADJ 1 jungfräulich; unberührt 2 papier unbeschrieben; pellicule unbelichtet; INFORM **CD m** ~ CD-Rohling m; **DVD m** ~ DVD-Rohling m; **forêt** f ~ Urwald m B F 1 Jungfrau f 2 **la (Sainte) Vierge, la Vierge Marie** die Heilige Jungfrau; die Jungfrau Maria 3 ASTROL **Vierge** Jungfrau f

★ **vieux** [vjø] A ADJ ⟨m vor Vokal u. stummem h **vieil** [vjɛj] f **vieille** [vjɛj]⟩ alt; **un vieil ami** ein alter, langjähriger Freund B M,F ⟨vieille [vjɛj]⟩ ~, **vieille** alter Mann; Alte(r) m; alte Frau; Alte f C M/F **les** ~ pl die Alten pl

vif [vif] A ADJ ⟨**vive** [viv]⟩ 1 personne, curiosité, désir, souvenir, etc lebhaft; personne a. lebendig 2 couleur lebhaft, kräftig, leuchtend; lumière hell; air frisch und kalt; **à feu vif** bei starker Hitze 3 (≈ vivant) lebendig, lebend 4 **de vive voix** mündlich B M **une plaie à vif** s-e e-e offene Wunde; **elle a les nerfs à vif** ihre Nerven sind zum Zerreißen gespannt; **être piqué au vif** zutiefst getroffen, verletzt sein

vigie [viʒi] F MAR Ausguck m

vigilance [viʒilɑ̃s] F Wachsamkeit f **vigilant** [viʒilɑ̃] ADJ ⟨-ante [-ãt]⟩ wachsam

vigile [viʒil] M Wachmann m

★ **vigne** [viɲ] F 1 Weinrebe f 2 Weinberg m **vigneron** [viɲ(ə)ʀɔ̃] M, **vigneronne** [viɲ(ə)ʀɔn] F Winzer(in) m(f)

vignette [viɲɛt] F 1 PHARM (Preis)Aufkleber m für die Kostenerstattung 2 ~ **(automobile)** (Gebührenmarke f für entrichtete) Kraftfahrzeugsteuer f

vignoble [viɲɔbl] M 1 Weinberg m, Weingarten m 2 Wein(bau)gebiet n

vigoureux [viguʀø] ADJ ⟨-euse [-øz]⟩ 1 kräftig; robust 2 protestation heftig **vigueur** [vigœʀ] F 1 (Lebens)Kraft f; Stärke f 2 d'une protestation Heftigkeit f; d'expression Kraft f 3 JUR **en** ~ in Kraft; gültig; geltend; **entrer en** ~ in Kraft treten

VIH [veiaʃ] M ABR (= virus de l'immunodéficience humaine) HIV n

vilain [vilɛ̃] ADJ ⟨-aine [-ɛn]⟩ 1 böse, gemein; enfant unartig 2 (≈ laid) hässlich; blessure schlimm; temps scheußlich

★ **village** [vilaʒ] M Dorf n **villageois** [vilaʒwa] ⟨-oise [-waz]⟩ A ADJ dörflich B

MF ~(e) Dorfbewohner(in) m(f)
★ville [vil] F Stadt f; **la ~ de Lyon** die Stadt Lyon; **à la ~** *contraire:* à la campagne in der ou in die Stadt; **aller en ~** in die Stadt gehen, fahren
villégiature [vileʒjatyʀ] F Sommerfrische f
★vin [vɛ̃] M Wein m; **vin blanc, rouge** Weiß-, Rotwein m; **vin de table** Tafel-, Tischwein m
★vinaigre [vinɛgʀ] M Essig m **vinaigrette** [vinɛgʀɛt] F Salatsoße f; Essig m und Öl n
vindicatif [vɛ̃dikatif] ADJ ⟨-ive [-iv]⟩ rachsüchtig
★vingt [vɛ̃, , *vor Vokalen u. stummem h u. in den Zahlen 22 bis 29* vɛ̃t] A NUM zwanzig; **★ ~ et un** [vɛ̃teɛ̃] einundzwanzig B M Zwanzig f
vingtaine [vɛ̃tɛn] F **une ~ (de)** etwa, ungefähr, an die zwanzig
★vingt-deux [vɛ̃tdø] NUM zweiundzwanzig
★vingtième [vɛ̃tjɛm] A NUM zwanzigste B MF **le, la ~** der, die, das Zwanzigste C M MATH Zwanzigstel m
vinicole [vinikɔl] ADJ Wein(bau)...
vins, vint [vɛ̃] → **venir**
viol [vjɔl] M Vergewaltigung f
violation [vjɔlasjɔ̃] F *de la loi, d'un secret* Verletzung f; *d'une sépulture* Schändung f; **~ de domicile** Hausfriedensbruch m
violemment [vjɔlamɑ̃] ADV heftig
★violence [vjɔlɑ̃s] F 1 Gewalt f; *acte(s)* Gewalttat f, Gewalttätigkeit f 2 (= *intensité*) Heftigkeit f **★violent** [vjɔlɑ̃] ADJ ⟨-ente [-ɑ̃t]⟩ 1 *personne* gewalttätig; *mort* gewaltsam 2 (= *intense*) heftig; *effort, choc a.* gewaltig **violer** [vjɔle] VT 1 *loi, secret, traité* verletzen; *promesse, traité* brechen 2 *sépulture* schänden 3 *femme* vergewaltigen
violet [vjɔlɛ] ADJ ⟨-ette [-ɛt]⟩ violett **violette** [vjɔlɛt] F Veilchen n
★violon [vjɔlɔ̃] M 1 Geige f, Violine f 2 *fam prison* Arrestlokal n; Polizeigewahrsam m
virage [viʀaʒ] M 1 *d'une route* Kurve f 2 *action* Wendung f; Drehung f; AUTO, AVIAT Kurve f 3 *fig* Wende f
viral [viʀal] ADJ ⟨-e; -aux [-o]⟩ Virus...
virée [viʀe] *fam* F Spritztour f
virement [viʀmɑ̃] M Überweisung f; Giro n
virer [viʀe] A VT 1 überweisen (**à un compte** auf ein Konto) 2 *fam* rauswerfen; *fam* feuern B VT INDIR **~ à** umschlagen in (+ *acc*); werden zu C VI sich drehen; *véhicule* eine Kurve fahren; **~ de bord** MAR wenden; *fig, a.* POL umschwenken
virevolter [viʀvɔlte] VI sich drehen; umherwirbeln
virgule [viʀgyl] F Komma n
viril [viʀil] ADJ ⟨~e⟩ 1 männlich, Mannes... 2 *sexuellement* potent **virilité** [viʀilite] F Männlichkeit f; Virilität f
virtuel [viʀtɥɛl] ADJ ⟨~le⟩ *a.* INFORM virtuell
virtuose [viʀtɥoz] M/F Virtuose m, Virtuosin f **virtuosité** [viʀtɥozite] F Virtuosität f
virulence [viʀylɑ̃s] F Heftigkeit f; Schärfe f **virulent** [viʀylɑ̃] ADJ ⟨-ente [-ɑ̃t]⟩ heftig
virus [viʀys] M BIOL, INFORM, *a. fig* Virus m ou n
vis¹ [vi] → **voir, vivre**
vis² [vis] F Schraube f
★visa [viza] M Visum n; Sichtvermerk m
★visage [vizaʒ] M Gesicht n
vis-à-vis [vizavi] A PRÉP **~ de** gegenüber (+ *dat*) B ADV **en ~** einander gegenüber; vis-à-vis C M Gegenüber n
viscères [visɛʀ] MPL Eingeweide npl
visées [vize] FPL Absichten fpl (**sur** auf + *acc*)
viser [vize] A VT 1 zielen auf (+ *acc*); anvisieren 2 *fig but* anstreben; anvisieren 3 (= *concerner*) **~ qn** auf j-n abzielen B VT INDIR **~ à** zielen auf (+ *acc*), nach 2 *fig* **~ à qc** auf etw (*acc*) hin-, abzielen; nach etw trachten C VI *fig* **~ °haut** hoch hinauswollen; hochfliegende Pläne haben **viseur** [vizœʀ] M PHOT Sucher m; *d'une arme à feu* Visier m
visibilité [vizibilite] F Sicht f
visible [vizibl] ADJ 1 sichtbar; erkennbar 2 (= *évident*) sichtlich; merklich **visiblement** [viziblamɑ̃] ADV sichtlich
visière [vizjɛʀ] F (Helm)Visier n
vision [vizjɔ̃] F 1 (≈ *vue*) Sehen n; Sehvermögen n 2 (≈ *idée*) Vorstellung(en) f(pl) 3 *surnaturelle* Vision f; Gesicht n
visionneuse [vizjɔnøz] F *pour films* Bildbetrachter m

★**visite** [vizit] F ◨ Besuch m; *d'un musée, etc a.* Besichtigung f; *du médecin à l'hôpital* Visite f; *à domicile* Hausbesuch m; **~ guidée** Führung f; **faire une ~, ★ rendre (une) ~ à qn** j-n besuchen; j-m e-n Besuch machen, abstatten ◩ (≈ *visiteur*) Besuch m ◪ (≈ *inspection*) Visitation f ◫ **~ médicale** ärztliche Untersuchung
★**visiter** [vizite] VT besuchen; *ville, musée, etc* besichtigen; *pays a.* bereisen
★**visiteur** [vizitœʀ] M, **visiteuse** [vizitøz] F Besucher(in) m(f); *a.* Gast m
vison [vizɔ̃] M *a. fam* manteau Nerz m
visqueux [viskø] ADJ ⟨-euse [-øz]⟩ ◨ *liquide* zähflüssig ◩ *poisson, etc* schleimig; schmierig
visser [vise] VT ◨ (an-, fest)schrauben; *bouchon* zu-, verschrauben ◩ *fam fig* **~ qn** j-n kurzhalten
visualisation [vizɥalizasjɔ̃] F Sichtbarmachen n, -ung f; INFORM Sichtbarmachen auf e-m Bildschirm n, -ung f auf e-m Bildschirm
visualiser [vizɥalize] VT sichtbar machen; INFORM auf e-m Bildschirm sichtbar machen
visuel [vizɥɛl] A ADJ ⟨-le⟩ Seh...; Gesichts..., *a. mémoire* visuell B M(F) ⟨-le⟩ visueller Typ; Augenmensch m C M INFORM Display n
vit [vi] → *voir, vivre*
vital [vital] ADJ ⟨-e; -aux [-o]⟩ ◨ BIOL Lebens... ◩ *par ext* lebenswichtig; *intérêts, etc* vital, existenziell **vitalité** [vitalite] F Vitalität f; Lebenskraft f
vitamine [vitamin] F Vitamin n
★**vite** [vit] ADV schnell ★ **vitesse** [vitɛs] F ◨ Geschwindigkeit f; Tempo n; Schnelligkeit f; **à toute ~** in aller Eile; schleunigst; *fam* im Eiltempo; *fam* **en ~** schnellstens; schleunigst; *fam* hopp, hopp! ◩ AUTO Gang m
viticole [vitikɔl] ADJ Wein(bau)...
viticulteur [vitikyltœʀ] M Winzer m **viticulture** [vitikyltyʀ] F Weinbau m
vitrail [vitʀaj] M ⟨vitraux [vitʀo]⟩ Kirchenfenster n
★**vitre** [vitʀ] F (Glas-, Fenster)Scheibe f; *par ext* Fenster n **vitré** [vitʀe] ADJ ⟨-e⟩ Glas..., verglast; **porte ~e** Glastür f **vitrier** [vitʀije] M Glaser m
★**vitrine** [vitʀin] F ◨ *a. fig* Schaufenster n; Auslage f ◩ *meuble* Vitrine f

vitupérer [vitypeʀe] *st/s* VT INDIR ⟨-è-⟩ **~ contre** wettern gegen
vivable [vivabl] ADJ *pas* **~** unerträglich; *personne a.* unausstehlich
vivace [vivas] ADJ ◨ *plante f* **~** Dauerpflanze f; mehrjährige Pflanze ◩ *haine, etc* hartnäckig; beharrlich
vivacité [vivasite] F ◨ Lebhaftigkeit f; Lebendigkeit f; **~ d'esprit** geistige Regsamkeit; rasche Auffassungsgabe ◩ (≈ *emportement*) Heftigkeit f
vivaneau [vivano] M ⟨*pl* **~x**⟩ CUIS Red Snapper m
★**vivant** [vivɑ̃] A ADJ ⟨-ante [-ɑ̃t]⟩ ◨ lebend; lebendig; ★ **langue ~e** lebende Sprache ◩ *fig* lebendig; *enfant a.* lebhaft; *rue* belebt B M ◨ **de son ~** zu, bei s-n Lebzeiten ◩ **les ~s** die Lebenden *pl* ◪ **bon ~** Genießer m; Schlemmer m
vivement [vivmɑ̃] ADV ◨ (≈ *vite*) schnell ◩ *s'intéresser, etc* lebhaft ◪ *fam* **~ les vacances!** wären doch schon die Ferien da!
vivier [vivje] M ◨ Fischteich m ◩ (≈ *aquarium*) Fischbehälter m, Fischkasten m
★**vivre** [vivʀ] ⟨je vis; il vit; nous vivons; je vivais; je vécus; je vivrai; que je vive; vivant; vécu⟩ A VT erleben; durchleben; *jours a.* verleben B VI leben
vivres [vivʀ] MPL Lebensmittel *npl*; Verpflegung f
vlan [vlɑ̃] INT peng!, bums!
VO ABR (= en version originale) → version
★**vocabulaire** [vɔkabylɛʀ] M ◨ Wortschatz m; Vokabular n ◩ (≈ *lexique*) Wörterverzeichnis n
vocation [vɔkasjɔ̃] F ◨ REL, *a. pour une profession* Berufung f ◩ (≈ *mission*) Bestimmung f
vœu [vø] M ⟨vœux⟩ ◨ REL Gelübde n ◩ (≈ *souhait*) Wunsch m; ★ **meilleurs vœux!** meine besten Wünsche!; alles Gute!; **faire un vœu** sich (*dat*) etwas wünschen
vogue [vɔg] F **en ~** in Mode; en vogue
voici [vwasi] PRÉP da ist *ou* sind; hier ist *ou* sind; **la, les ~** da *ou* das ist, sind sie; **le livre que ~** dieses Buch da, hier; → **voilà**
★**voie** [vwa] F ◨ (≈ *chemin*) (Verkehrs)Weg m; Straße f ◩ CH DE FER Gleis n; **~ de ga-**

rage a. fig Abstellgleis n 3 d'une route Fahrspur f; **à trois ~s** dreispurig 4 **~s respiratoires** Atemwege mpl 5 fig Weg m; **en ~ de ...** in (+ dat) begriffen
★**voilà** [vwala] PRÉP da ist ou sind; **(et) ~!** das wär's!; **me ~** da bin ich; **(et) ~ tout** das ist alles; weiter nichts; **~ comment ... so ...**; **~ pourquoi ...** deshalb ...; darum ...
★**voile**¹ F 1 Segel n; fam fig **mettre les ~s** fam abhauen; fam verduften 2 Segeln n; Segelsport m; **faire de la ~** segeln, Segelsport treiben 3 **vol m à ~** Segelflug m, Segelfliegen n
voile² [vwal] M 1 Schleier m; **~ de mariée** Brautschleier m 2 TEXT Voile m
voilé [vwale] ADJ ⟨~e⟩ 1 **femme** verschleiert 2 ciel, regard verschleiert; voix heiser, belegt; allusion versteckt 3 roue verbogen **voiler**¹ [vwale] A VT a. fig verschleiern, verhüllen B V/PR **se ~** 1 femme verschleiert sein 2 ciel, regard sich verschleiern; sich trüben **voiler**² V/PR **se ~** roue sich verbiegen **voilette** [vwalɛt] F (Hut)Schleier m
voilier [vwalje] M Segelschiff n
★**voir** [vwaʀ] ⟨je vois; il voit; nous voyons; ils voient; je voyais; je vis; je verrai; que je voie; voyant; vu⟩ A VT 1 (≈ apercevoir) sehen; erblicken; bemerken; ★ **faire ~ qc à qn** j-m etw zeigen; **fais ~** zeig mal; **se faire ~** sich sehen lassen 2 (≈ visiter) (an)sehen; besuchen; (≈ rencontrer) sehen; besuchen; **être à ~** sehenswert sein; ★ **aller ~ qc, qn** sich (dat) etw ansehen; etw besichtigen; j-n auf-, besuchen; bei j-m vorsprechen; **se faire bien, mal ~** sich beliebt, unbeliebt machen; **venir ~ qn** j-n be-, aufsuchen 3 (≈ se représenter) sehen; sich (dat) vorstellen 4 (≈ examiner) (nach-, durch)sehen 5 (≈ vivre qc) sehen; erleben; mit-, durchmachen 6 **cela n'a rien à ~** das gehört nicht hierher; das hat damit (gar) nichts zu tun B VI 1 sehen (können) 2 **par ex** **~ page 20** siehe Seite 20; **voyons!** also!; aber, aber!; **hören Sie nu hör mal!** C V/PR 1 **se ~ déjà millionnaire** sich schon als Millionär sehen; **se ~ obligé de** (+ inf) sich gezwungen sehen zu (+ inf) 2 semi-auxiliaire **il s'est vu décerner le prix** er bekam den Preis verliehen; **elle s'est vu refuser l'entrée** der Eintritt wurde ihr verwehrt 3 **se ~** sich, einander sehen, treffen; zusammenkommen; fig **ils ne peuvent pas se ~** sie können sich, einander nicht ausstehen, riechen fam 4 **cela se voit** das sieht, merkt man; **ça ne s'est jamais vu** das ist noch nie da gewesen; das hat's noch nie gegeben

voire [vwaʀ] ADV (ja) sogar
★**voisin** [vwazɛ̃] A ADJ ⟨-ine [-in]⟩ 1 benachbart, Nachbar...; Neben... 2 (≈ ressemblant) verwandt, ähnlich (de dat) B M/F ~(e) Nachbar(in) m(f); en rang Nebenmann m **voisinage** [vwazinaʒ] M Nachbarschaft f, Nachbarn mpl
★**voiture** [vwatyʀ] F 1 Wagen m; Auto n; **en ~** mit dem Auto, Wagen 2 CH DE FER Wagen m; Waggon m
★**voix** [vwa, vwɑ] F 1 a. MUS, POL, a. fig Stimme f; **à ~ basse, °haute** leise, laut; mit leiser, lauter Stimme; fig **avoir ~ au chapitre** etwas zu sagen, ein Wort mitzureden haben 2 GRAM **~ active** Aktiv n; Tätigkeitsform f; **~ passive** Passiv n; Leideform f
vol¹ [vɔl] M 1 AVIAT Flug m; **vol direct, de nuit** Direkt-, Nachtflug m; **vol de correspondance** Anschlussflug m; **vol régulier** ou **de ligne** Linienflug m 2 action Flug m, Fliegen n; **au vol** im Flug(e); **attraper au vol** balle im Flug fangen; auffangen; **à vol d'oiseau** distance (in der) Luftlinie; photo aus der Vogelperspektive 3 (≈ nuée) Schwarm m
vol² M Diebstahl m; **vol de voiture** Autodiebstahl m
volaille [vɔlaj] F Geflügel n
★**volant**¹ M AUTO Lenkrad n, Steuer n
volant² M COUT Volant m
volant³ [vɔlɑ̃] ADJ ⟨-ante [-ɑ̃t]⟩ 1 fliegend, Flug... 2 (≈ mobile) beweglich; **feuille de papier** lose
volatil [vɔlatil] ADJ ⟨~e⟩ CHIM flüchtig
volatiliser [vɔlatilize] V/PR **se ~** CHIM, a. fig fam sich verflüchtigen; verdunsten; fig a. sich in Luft auflösen
vol-au-vent [vɔlovɑ̃] M ⟨inv⟩ große Blätterteigpastete
volcan [vɔlkɑ̃] M Vulkan m
volée [vɔle] F 1 d'oiseaux, d'enfants Schwarm m 2 de projectiles Hagel m; **~ (de coups)** Tracht f Prügel 3 **à toute ~** in vollem Schwung

★**voler¹** [vɔle] *VI* **1** *dans l'air* fliegen; *objet* durch die Luft fliegen **2** *fig* ~ **au secours de qn** j-m zu Hilfe eilen

★**voler²** *VT* **1** stehlen; ~ **qc à qn** j-m etw stehlen; **il s'est fait ~ sa valise** ihm ist der Koffer gestohlen worden **2** ~ **qn** j-n bestehlen; j-n ausnehmen

★**volet** [vɔlɛ] *M* **1** Fensterladen *m* **2 trier sur le ~** sieben; sorgfältig auswählen **3** *d'un dépliant* (umklappbarer) Teil, Abschnitt; Blatt *n*; *par ext* Teil *m*

voleter [vɔlte] *VI* ‹-tt-› (herum)flattern

★**voleur** [vɔlœr], **voleuse** [vɔløz] **A** *M,F* Dieb(in) *m(f)* **B** *ADJ* diebisch

volière [vɔljɛʀ] *F* Vogelhaus *n*

volley [vɔlɛ] *M ABR* (= **volley-ball**) Volleyball *n*

volley-ball [vɔlɛbol] *M* Volleyball *n*

volontaire [vɔlɔ̃tɛʀ] **A** *ADJ* **1** (= *de plein gré*) freiwillig **2** (= *voulu*) absichtlich; gewollt **3** (= *décidé*) willensstark **B** *M/F* Freiwillige(r) *m/f(m)*

★**volonté** [vɔlɔ̃te] *F* **1** (= *désir*) Wille *m*, Wunsch *m*; **les dernières ~s de qn** der Letzte Wille j-s; **à ~** nach Belieben; nach Wunsch; beliebig (viel) **2** (= *disposition*) **bonne ~** guter Wille, Bereitwilligkeit *f*; **mauvaise ~** böser Wille; mangelnde Bereitschaft *f* **3** (= *caractère*) Wille *m*; Willenskraft *f*, Willensstärke *f*

★**volontiers** [vɔlɔ̃tje] *ADV* gern(e)

volte-face [vɔltəfas] *F* ‹inv› *a. fig* Kehrtwendung *f*

voltige [vɔltiʒ] *F* **1 °haute ~** Hochseilakrobatik *f*; *fig* gewagtes, riskantes Unterfangen **2** *à cheval* Kunstreiten *n* **3** *AVIAT* Kunstfliegen *n*, Kunstflug *m* **voltiger** [vɔltiʒe] *VI* ‹-ge-› hin und her fliegen

volubile [vɔlybil] *ADJ personne* zungenfertig; *explications* wortreich **volubilité** [vɔlybilite] *F* Zungenfertigkeit *f*

volume¹ [vɔlym] *M* **1** *MATH* Volumen *n*, Rauminhalt *m* **2** *fig* Umfang *m*, Volumen *n* **3** *d'un haut-parleur, etc* Lautstärke *f*

volume² [vɔlym] *M* (= *livre*) Band *m*; **en trois ~s** dreibändig, in drei Bänden

volumineux [vɔlyminø] *ADJ* ‹-euse [-øz]› voluminös; umfangreich

volupté [vɔlypte] *F* (Sinnen)Lust *f*; sexuelle Wollust *f*

vomir [vɔmiʀ] *VT* erbrechen; *sans se* sich übergeben, sich erbrechen, brechen **vomissement** [vɔmismɑ̃] *M* Erbrechen *n*

vont [vɔ̃] → **aller¹**

vorace [vɔʀas] *ADJ* gefräßig; *a. fig* gierig **voracité** [vɔʀasite] *F* Gefräßigkeit *f*; *a. fig* Gier *f*

vos [vo] → **votre**

★**Vosges** [voʒ] *FPL* **les** ~ die Vogesen *pl*

votant [vɔtɑ̃] *M*, **votante** [vɔtɑ̃t] *F* Wähler(in) *m(f)*; *surtout* ~**s** (= *qui participent à un vote*) Abstimmende(n) *mpl*; Wähler *mpl*; (= *qui ont le droit de voter*) Wahl-, Stimmberechtigte(n) *mpl*

★**vote** [vɔt] *M* **1** Wahl *f*, Abstimmung *f* **2** (= *voix*) (Wahl)Stimme *f* ★**voter** [vɔte] **A** *VT loi* verabschieden **B** *VI* wählen; abstimmen

★**votre** [vɔtʀ] *ADJ POSS* ‹*pl* **vos** [vo]› **1** euer, eure; eure *pl* **2** *forme de politesse* Ihr(e); Ihre *pl*

vôtre [votʀ] **A** *PR POSS* **1** ★ **le** ~, **la** ~ der, die, das eure; eure(r, -s); **les** ~**s** *pl* die euren; eure **2** *forme de politesse* ★ **le** ~, **la** ~ der, die, das Ihre; Ihre(r, -s); **les** ~**s** *pl* die Ihren; Ihre; *fam* ★ **à la** ~**!** zum Wohl!; prost! **B** *SUBST* **1 le** ~ das Eure; *forme de politesse* das Ihre **2 les** ~**s** *mpl* (= *famille, amis, etc*) die Euren; *forme de politesse* die Ihren

voudrai(s) [vudʀe], **voudra(s)** [vudʀa] → **vouloir**

vouer [vwe] *VT* **1** *sa vie, etc* ~ **à** widmen, weihen (+ *dat*) **2** ~ **à qc** zu etw bestimmen; **être voué à l'échec** zum Scheitern verurteilt sein **B** *VPR* **se** ~ **à qc** sich e-r Sache (*dat*) verschreiben, weihen

★**vouloir** [vulwaʀ] ‹je veux; il veut; nous voulons; ils veulent; je voulais; je voulus; je voudrai; que je veuille; que nous voulions; voulant; voulu›; *hôfliche Aufforderung* **veuillez**› **A** *VT* **1** (= *désirer, exiger*) wollen; ~ **qc** etw (haben) wollen (**de qn** von j-m); ★ **je voudrais ...** ich möchte ..., ich hätte gern(e) ...; ★ **je veux bien** oh ja!; gerne!; das ist mir recht; ich habe nichts dagegen; ★ ~ **dire** → **dire**; **je voudrais vous parler** ich möchte Sie, mit Ihnen sprechen **2** (= *prétendre*) ~ **que ...** (+ *subj*) behaupten, dass ... **3** *formule de politesse* **veuillez** (+ *inf*) würden Sie bitte (+ *inf*) **B** *VT INDIR* **1 ne pas ~ de qc, qn** etw, j-n nicht (haben) wollen; von etw, j-m nichts wissen wollen **2** ★ **en** ~ **à**

qn j-m böse sein; es j-m übel nehmen, nachtragen; **en ~ à qn, qc** es auf j-n, etw abgesehen haben C V/PR ① **s'en ~ de** (+ *inf*) sich über sich (*acc*) selbst ärgern, auf sich (*acc*) selbst böse sein, dass ... ② (≈ *vouloir passer pour*) **se ~** ... sich ... geben; ... sein wollen

voulu [vyly] ADJ ⟨~e⟩ ① (≈ *exigé*) gewünscht, gewollt ② (= *intentionnel*) absichtlich, beabsichtigt

★**vous** [vu] A PR PERS ① *sujet* ihr; euch (*acc et dat*) *obj dir et obj indir* ② ⟨*sg u. pl forme de politesse*⟩ *sujet* Sie; Sie (*acc*) *obj dir*; Ihnen (*dat*) *obj indir*; *réfléchi* sich (*acc et dat*) B PR INDÉF einen, einem
vous-même(s) [vumɛm] PR PERS ① accentué (ihr ou Sie) selbst ② réfléchi euch ou sich selbst
voûte [vut] F Gewölbe *n* **voûté** [vute] ADJ ⟨~e⟩ *dos* krumm, gebeugt **voûter** [vute] V/PR **se ~** vom Alter gebeugt werden; krumm werden
vouvoyer [vuvwaje] V/T (& V/PR) ⟨-oi-⟩ (**se**) ~ siezen

★**voyage** [vwajaʒ] M ① Reise *f*; Fahrt *f*; **~ d'affaires** Geschäftsreise *f*; **être en ~** verreist, auf Reisen sein ② (= *trajet*) Fahrt *f* ★ **voyager** [vwajaʒe] V/I ⟨-ge-⟩ ① reisen ② *marchandises* transportiert werden ★ **voyageur** [vwajaʒœʀ], **voyageuse** [vwajaʒøz] (*m,f*) Reisende(r) *m/f(m)*; Fahrgast *m*; Passagier *m* **voyagiste** [vwajaʒist] M Reiseveranstalter *m*
voyant [vwajɑ̃] A ⟨-ante [-ɑ̃t]⟩ ADJ ① auffallend, auffällig; *couleur a.* grell B M(F) ① **~(e)** Hellseher(in) *m(f)* ② (= *non aveugle*) **~(e)** Sehende(r) *m/f(m)* C M Kontrolllampe *f*
voyelle [vwajɛl] F Vokal *m*; Selbstlaut *m*
voyons [vwajɔ̃] → *voir*
voyou [vwaju] M ① (= *loubar*) jugendlicher Rowdy ② (= *délinquant*) Ganove *m*
vrac [vʀak] ① **en ~** *marchandises* lose; offen; als Schüttgut ② *fig* **en ~** durcheinander

★**vrai** [vʀɛ] A ADJ ⟨~e⟩ ① (= *exact*) wahr; wahrheitsgemäß, -getreu; **c'est ~?** ist das wahr?; stimmt das (wirklich)?; *fam* **c'est pas ~!** das kann *ou* darf doch nicht wahr sein!; **il est ~ que** ... es ist wahr, es stimmt, es trifft zu, dass ...; *restrictif* zwar ..., allerdings ... ② (= *authentique*) echt, richtig; wirklich; wahr B ADV **à ~ dire**, **à dire ~** offen gesagt, gestanden; eigentlich; **dire ~** die Wahrheit sagen; recht haben C M **le ~** das Wahre; die Wahrheit
★**vraiment** [vʀɛmɑ̃] ADV wirklich; wahrhaftig
vraisemblable [vʀɛsɑ̃blabl] ADJ wahrscheinlich **vraisemblance** [vʀɛsɑ̃blɑ̃s] F Wahrscheinlichkeit *f*
vrille [vʀij] F ① BOT Ranke *f* ② TECH Nagelbohrer *m* ③ AVIAT **descendre en ~** abtrudeln
vrombir [vʀɔ̃biʀ] V/I *moteur* dröhnen; *insecte* summen
VRP [veeʀpe] M ABR ⟨*inv*⟩ (= voyageur de commerce, représentant et placier) Handelsvertreter *m*
VTC [vetese] M ABR ⟨*inv*⟩ (= vélo tout chemin) Trekkingrad *n*
VTT [vetete] M ABR ⟨*inv*⟩ (= vélo tout terrain) Mountainbike *n*
vu [vy] A PP & ADJ ⟨vue⟩ gesehen B PRÉP angesichts (+ *gén*), in Anbetracht (+ *gén*); **vu le temps** bei dem Wetter C M **au vu et au su de tous** vor aller Augen
★**vue** [vy] F ① *sens* Sehen *n*; Sehkraft *f*; Sehvermögen *n*; Gesichtssinn *m*; **avoir la vue basse** kurzsichtig sein; **perdre la vue** erblinden; das Augenlicht verlieren ② (= *regard*) Blick *m*; Sicht *f*; **à vue** AVIAT auf Sicht; COMM bei Sicht; Sicht...; **à première vue** auf den ersten Blick; **à vue d'œil** zusehends; merklich; **en vue** in Sicht; sichtbar; *personne* herausragend; sehr bekannt; **connaître qn de vue** j-n vom Sehen kennen; **perdre qn, qc de vue** j-n, etw aus den Augen verlieren ③ (≈ *spectacle*) Anblick *m* ④ (= *panorama*) Aussicht *f*; (Aus)Blick *m* ⑤ PHOT Ansicht *f* ⑥ (= *idée*) **vues** *pl* Ansichten *fpl*; Meinung *f* ⑦ (= *intention*) Absicht *f*; **en vue de** (+ *subst*) im Hinblick auf (+ *acc*); **en vue de** (+ *inf*) um zu (+ *inf*)
vulgaire [vylgɛʀ] ADJ ① (= *quelconque*) einfach; gewöhnlich; ordinär ② (= *grossier*) ordinär; vulgär **vulgairement** [vylgɛʀmɑ̃] ADV *péj* s'exprimer *etc* ordinär; vulgär **vulgariser** [vylgaʀize] V/T allgemein verständlich darstellen (und verbreiten)
vulnérabilité [vylneʀabilite] F Verwundbarkeit *f* **vulnérable** [vylneʀabl] ADJ verwundbar; *fig a.* verletzbar
vulve [vylv] F Vulva *f*

W

W, w [dubləve] M ⟨inv⟩ W, w n
★ **wagon** [vagɔ̃] M Waggon m; Wagen m ★ **wagon-lit** M ⟨wagons-lits⟩ Schlafwagen m ★ **wagon-restaurant** M ⟨wagons-restaurants⟩ Speisewagen m
wallon [walɔ̃] ⟨-onne [-ɔn]⟩ A ADJ wallonisch B M/F **Wallon(ne)** Wallone m, Wallonin f C M *langue* **le ~** das Wallonische; Wallonisch n
Wallonie [walɔni] F **la ~** Wallonien n
waouh [wau] fam INT fam spitze!, wow!; *jubilation a.* juhu!
water-polo [waterpɔlo] M Wasserball m
★ **WC** [(dubla)vese] MPL, **W.-C.** MPL WC n; fam Klo n
Web [wɛb] M ABR (= World Wide Web) 1 INFORM Web n; **(naviguer, surfer) sur le Web** im Web (surfen) 2 ⟨adjt⟩ **page** f **Web** Webseite f; **site** m **Web** Website f
webcam® [wɛbkam] F INFORM Webcam f
webmaster [wɛbmastœʀ] M, **webmestre** [wɛbmɛstʀ] M INFORM Webmaster m
★ **week-end** [wikɛnd] M ⟨~s⟩ Wochenende n
western [wɛstɛʀn] M Western m; Wildwestfilm m
wok [wɔk] M GASTR Wok m

X

X, x [iks] M ⟨inv⟩ *lettre* X, x n
xénophobe [gzenɔfɔb] ADJ fremden-, ausländerfeindlich **xénophobie** [gzenɔfɔbi] F Fremdenhass m; Ausländerfeindlichkeit f
xylophone [gzilɔfɔn] M Xylophon n

Y

Y, y [igʀɛk] M ⟨inv⟩ *lettre* Y, y n; Ypsilon n
★ **y** [i] A ADV 1 *lieu* dort, da; *direction* dorthin, dahin; **tu y vas?** gehst du (da-, dort)hin? 2 **il y a ...** es gibt ...; *temporel* vor ..., seit ... (*dat*) B PRON *remplaçant une construction avec à, selon le verbe* dazu, daran, darauf, dabei, *etc*; **vous m'y obligez** Sie zwingen mich dazu
yacht [jɔt] M Jacht f
★ **yaourt** [jauʀ(t)] M Joghurt m ou n
yeux [jø] MPL → œil
Yougoslavie [jugɔslavi] HIST **la ~** Jugoslawien n

Z

Z, z [zɛd] M ⟨inv⟩ Z, z n
zapper [zape] VI zappen
zarb(i) [zaʀb(i)] ADJ fam komisch
zèbre [zɛbʀ] M ZOOL Zebra n **zébrure** [zebʀyʀ] F 1 Streifen m 2 *sur la peau* Strieme(n) m/f(m)
zèle [zɛl] M Eifer m; Fleiß m; **faire du ~** übereifrig, allzu eifrig sein **zélé** [zele] ADJ ⟨~e⟩ eifrig voll Eifer
zénith [zenit] M 1 ASTRON Zenit m; Scheitelpunkt m 2 *fig* Gipfel m; Höhepunkt m; Zenit m
★ **zéro** [zeʀo] A M 1 MATH Null f 2 *fig personne* Null f B NUM null
zeste [zɛst] M **~ de citron** (Stück n) Zitronenschale f
zézayer [zezeje] VI ⟨-ay- *od* -ai-⟩ lispeln
zigouiller [ziguje] fam VT abmurksen
zigzag [zigzag] M Zickzack m **zigzaguer** [zigzage] VI im Zickzack, in Schlangenlinien gehen *ou* fahren
zinc [zɛ̃g] M 1 Zink n 2 fam (≈ *comptoir*) Theke f
zip [zip] M (breiter) (Zier)Reißverschluss

zipper [zipe] V/T INFORM zippen
zodiaque [zɔdjak] M ASTRON Tierkreis m
★**zone** [zon] F **1** a. GÉOG, MATH, ANAT Zone f; Gebiet n; Bereich m; **~ bleue** Kurzparkzone f; **~ industrielle** Industrie-, Gewerbegebiet n **2** INFORM **~ d'accès sans fil** Hotspot m **3** autour d'une grande ville arme Außenviertel npl
zoo [zo] M Zoo m **zoologique** [zɔɔlɔʒik] ADJ zoologisch; **jardin** m **~** zoologischer Garten; Tierpark m
zozoter [zɔzɔte] fam → zézayer
ZUP [zyp] F ABR ⟨inv⟩ (= zone à urbaniser en priorité) dicht bebaute Außenviertel npl
Zurich [zyʀik] Zürich n
★**zut** [zyt] fam INT **zut (alors)!** fam verflixt!; verdammt!

Deutsch – Französisch

A

A¹, a N **1** A, a m; **(das ist) das A und (das) O** (voilà) l'essentiel; *umg fig* **von A bis Z** du commencement à la fin; de A à Z; *sprichw* **wer A sagt, muss auch B sagen** *sprichw* (quand) le vin est tiré, il faut le boire **2** MUS la m

A² ABK (= *Autobahn*) AUTO A (*autoroute*)

@ N ABK (= at) IT @

Aachen N Aix-la-Chapelle

Aal M ZOOL anguille f

Aargau M l'Argovie f

Aas N charogne f

ab A PRÄP **1** *räumlich* à partir de; **ab Köln** à partir de Cologne **2** *zeitlich* à partir de; **ab zehn Uhr** à partir de dix heures; **von jetzt ab** à partir de maintenant **3** *Folge* à partir de; **ab zehn Euro** à partir de dix euros; **Kinder ab sechs Jahren** à partir de Cologne B ADV **1** *räumlich* **von hier ab** à partir d'ici; *umg* **ab sein** *Knopf* être parti; manquer **2** **ab ins Bett!** allez, au lit!; **ab und zu** parfois; de temps en temps

AB M ABK (= *Anrufbeantworter*) TEL répondeur m (téléphonique)

abartig ADJ anormal; pervers

abbauen A VT **1** BERGBAU extraire **2** *Steuern, Personal* diminuer; réduire; *Vorurteile, Arbeitsplätze* supprimer **3** *Gerüst, Maschine, Zelt* démonter B VI *körperlich, geistig* baisser

abbeißen VT arracher (en mordant)

abbekommen VT **1** (≈ *bekommen*) (en) avoir **2** *Schläge, Kratzer* attraper; **etw ~ haben** (≈ *verletzt sein*) être blessé; (≈ *beschädigt sein*) être abîmé

abbestellen VT décommander; *Hotelzimmer* annuler la réservation de

abbiegen A VT plier B VI **(nach) rechts ~** tourner, prendre à droite

Abbiegespur F file f de droite *bzw.* de gauche

Abbildung F reproduction f

abblenden VI *im Auto* se mettre en code **Abblendlicht** N AUTO codes mpl; **mit ~ fahren** rouler en code

abbrechen A VT **1** détacher; *Spitze* casser **2** *Haus* démolir; *Zelt, Lager* démonter **3** *Beziehungen, Verhandlungen* rompre; *Sitzung, Reise, Spiel* arrêter; *Studium* abandonner; *Gespräch* interrompre B VI se détacher; *Bleistiftspitze, Zahn* se casser, se briser C VR **sich** (*dat*) **e-n Fingernagel ~** se casser un ongle

abbrennen A VT brûler; *Feuerwerk* tirer; faire partir B VI *Haus* brûler

abbringen VT **j-n von etw ~** détourner, dissuader qn de qc

Abbruch M **1** *e-s Hauses* démolition f **2** *von Verhandlungen, Beziehungen* rupture f; *e-s Gesprächs, Wettkampfs* arrêt m

abbuchen VT **e-n Betrag (vom Konto) ~** prélever une somme (sur le compte)

Abbuchung F prélèvement m (**von** *bzw.* **sur**)

Abc N alphabet m

abdanken VI *Minister* démissionner; *Monarch* abdiquer

Abdruck¹ M (≈ *Spur, aus Gips bzw. Wachs*) empreinte f

Abdruck² M TYPO reproduction f; impression f **abdrucken** VT imprimer

abdrücken A VT **j-m die Luft ~** étrangler qn B VI (≈ *schießen*) appuyer sur la gâchette

Abend M soir m; *Zeitdauer* soirée f; **bunter ~** soirée f de variétés; **der Heilige ~** *Datum* le soir de Noël; **Feier** le réveillon de Noël; **guten ~!** bonsoir!; **heute ~** ce soir; **es wird ~** le soir tombe; **am ~ essen** dîner

Abendbrot N dîner m **Abendessen** N dîner m **Abendkleid** N robe f du soir **Abendrot** N flamboiement m du soleil couchant

abends ADV le soir; **um sieben Uhr ~** à sept heures du soir

Abendschule F cours mpl du soir

Abenteuer N a. fig aventure f **abenteuerlich** ADJ **1** aventureux **2** *fig* extravagant; fantastique **Abenteuerspielplatz** M terrain m, parc m d'aventures **Abenteuerurlaub** M vacances-aventures fpl

aber A KONJ mais B ADV **~ ja!** mais oui!

Aberglaube(n) M superstition f **abergläubisch** ADJ superstitieux

abfahren A VT enlever; transporter

B *V/i* **1** (≈ *wegfahren*) partir (**nach** pour) **2** *umg fig* **auf etw, j-n** (*voll*) ~ s'emballer pour qc, qn; *umg* être fana de qc, qn

Abfahrt *F* **1** *e-s Zuges, Autos etc* départ *m* **2** SKISPORT descente *f* **3** (≈ *Autobahnabfahrt*) sortie *f*

Abfall *M* déchets *mpl*; (≈ *Müll*) ordures *fpl* **Abfalleimer** *M* poubelle *f*

abfallen *V/i* **1** (≈ *sich ablösen*) tomber **2** *Gelände* descendre *f* **3** *fig* (≈ *übrig bleiben*) rester **4** *in der Leistung* être plus faible (**gegenüber** que)

abfangen *V/t* **1** *Brief, Meldung* intercepter; *Person* s'emparer de **2** (≈ *wieder unter Kontrolle bringen*) redresser

abfärben *V/i a. fig* déteindre (**auf** + *akk* sur)

abfertigen *V/t* **1** *Post* expédier; *Gepäck* enregistrer **2** *Personen* servir; *umg fig* **j-n kurz ~** *umg* expédier qn **Abfertigung** *F* *von Post* expédition *f*; *des Gepäcks* enregistrement *m*; *zollamtliche* dédouanement *m* **Abfertigungsschalter** *M am Flughafen* guichet *m* d'enregistrement

abfinden **A** *V/t* **j-n** ~ dédommager, indemniser qn **B** *V/R* **sich mit etw** ~ s'accommoder, s'arranger de qc

Abfindung *F* indemnité *f*; **j-m e-e ~ zahlen** dédommager, indemniser qn (en argent)

Abflug *M* départ *m*

Abfluss *M e-s Waschbeckens* tuyau *m* d'écoulement; *der Kanalisation* égout *m*

abfragen *V/t Schüler* faire réciter sa leçon à, interroger; **j-n Vokabeln** ~ faire réciter le vocabulaire à qn

Abfuhr *F* (≈ *Abtransport*) enlèvement *m*

abführen *V/t* **1** *Verbrecher* emmener **2** FIN payer (**an** + *akk* à) **Abführmittel** *N* laxatif *m*

abfüllen *V/t in Flaschen* mettre en bouteille; *in Tüten* emballer

Abgabe *F* **1** (≈ *Ablieferung*) remise *f* **2** *e-r schriftlichen Erklärung* dépôt *m* **3** (≈ *Verkauf*) vente *f* **4** FIN **~n** impôts *mpl*; taxes *fpl*

Abgas *N* gaz *m* d'échappement **abgasarm** *ADJ* peu polluant

abgeben **A** *V/t* **1** (≈ *aushändigen*) donner; *Prüfungsarbeit* remettre; rendre *Erklärung, Gutachten* faire **3** (≈ *abtreten*) céder; donner **4** *Ball* passer **5** *Wärme, Energie* dégager **6** (≈ *sein*) **er wird einmal einen guten Lehrer** ~ il fera un bon professeur **B** *V/i* SPORT faire une passe **C** *V/R* **sich mit j-m, etw** ~ s'occuper de qn, qc

abgehen *V/i* **1** *Schiff* partir; s'en aller; *Post, Waren* partir **2** (≈ *weggehen*) partir; *a.* THEAT sortir **3** *vom Weg, a. fig von e-m Entschluss* s'écarter, s'éloigner (**von** de) **4** (≈ *sich ablösen*) se détacher; *Knopf a.* sauter **5** (≈ *abgezogen werden*) être à déduire

abgelegen *ADJ* éloigné

Abgeltung(s)steuer BRD *F* FIN **auf Kapitalerträge** prélèvement *m* libératoire

abgemacht *ADJ* convenu; **~!** d'accord!

Abgeordnete(r) *M/F(M)* député(e) *m(f)*

abgesehen *ADVL* **~ von** à l'exception de; excepté; **~ davon, dass ...** mis à part le fait que ...

abgewöhnen **A** *V/t* **j-m etw** ~ déshabituer, désaccoutumer qn de qc **B** *V/R* **sich** (*dat*) **etw** ~ perdre l'habitude de (faire) qc; se déshabituer de (faire) qc

Abgrund *M a. fig* abîme *m*

abgucken *umg* *V/t* **etw bei** *od* **von j-m** ~ *a.* SCHULE copier qc sur qn

abhalten *V/t* **1** (≈ *schützen vor*) protéger de; (≈ *weghalten*) retenir, éloigner **2** (≈ *hindern*) empêcher; **j-n davon** ~, **etw zu tun** empêcher qn de faire qc **3** *Feier, Gottesdienst* célébrer; *Tagung, Wahlen* tenir; *Kurs, Probe* faire; *Pressekonferenz* donner

Abhang *M* pente *f*; *e-s Berges* versant *m*

abhängen[1] *V/i* **von j-m, etw** ~ dépendre de qn, qc

abhängen[2] *V/t* **1** (≈ *abnehmen, abkuppeln*) décrocher **2** *umg* **seine Verfolger** ~ *umg* semer ses poursuivants

abhängig *ADJ* dépendant (**von** de); *von Drogen* toxicomane; drogué; **von j-m, etw** ~ **sein** dépendre de qn, qc

Abhängigkeit *F* dépendance *f*; (≈ *Drogenabhängigkeit*) toxicomanie *f*

abhärten *V/t* (& *V/R* (**sich**) ~ (s') endurcir, (s')aguerrir (**gegen** à)

abhauen **A** *V/t* couper; *Baum* abattre **B** *umg V/i* (≈ *verschwinden*) filer *umg*, ficher le camp *umg*, se tailler *umg*; **hau ab!** *umg* casse-toi!; *umg* fiche-moi le

camp!
abheben A VT 1 *Deckel etc* enlever; *Telefonhörer* décrocher; KARTENSPIEL *einzelne Karten* retirer; *Kartenstapel* couper 2 *Geld* retirer B VI FLUG décoller
abheften VT mettre, ranger (dans un classeur)
abholen VT (≈ *holen gehen, fahren*) (aller *bzw.* venir) chercher, prendre; *etw ~ lassen* envoyer chercher, prendre qc; faire prendre qc
abhören VT 1 interroger; **j-n etw ~** faire réciter qc à qn 2 (≈ *mithören*) écouter; capter 3 (≈ *überwachen*) placer sur écoute 4 MED ausculter
Abi N *umg* N *umg* bac m; *das Abi machen umg* passer le *od* son bac
Abitur N baccalauréat m; *das ~ machen* passer le baccalauréat; *das ~ bestehen* être reçu au baccalauréat; *sie hat ~* elle a le baccalauréat, elle a son baccalauréat *umg*
Abiturient(in) M(F) candidat(e) m(f) au baccalauréat; *nach bestandenem Abitur* bachelier, -ière m,f
Abiturprüfung F épreuve f du baccalauréat **Abiturzeugnis** N diplôme m du baccalauréat
abkapseln VR *sich ~* s'isoler (**von etw, j-m** de qc, qn)
abkaufen VT *j-m etw ~* acheter qc à qn; *umg fig* *das kaufe ich dir nicht ab* je ne te crois pas; tu ne me le feras pas croire
abknicken VT 1 (≈ *abbrechen*) casser 2 (≈ *knicken*) courber; plier
Abkommen N accord m
abkühlen A VT refroidir B VR *sich ~* 1 *a. fig* se refroidir 2 *Witterung* se rafraîchir; se refroidir **Abkühlung** F *Wetter* rafraîchissement m; *a. fig* refroidissement m
abkürzen VT 1 *Weg* raccourcir 2 *Wort* abréger **Abkürzung** F 1 *Weg* raccourci m 2 *von Wörtern* abréviation f
abladen VT décharger
Ablage F 1 (≈ *Aktenablage*) classeur m 2 (≈ *Kleiderablage*) vestiaire m; *im Badezimmer* tablette f 3 (≈ *Ablegen*) classement m
ablassen VT *Flüssigkeiten* faire écouler; évacuer; *Dampf, Luft* faire échapper
ablaufen A VT *Schuhsohlen, Absätze* user B VI 1 *Flüssigkeit* s'écouler 2 (≈ *verlaufen*) se dérouler 3 (≈ *zu Ende gehen*) se terminer; finir; *Frist, Parkuhr, Ausweis* expirer
ablecken VT lécher
ablegen A VT 1 *Kleidung* enlever; se débarrasser de 2 *Akten* classer; ranger 3 *beim Kartenspiel* écarter 4 (≈ *niederlegen*) poser 5 *Prüfung* passer B VI 1 *Kleidung* enlever son manteau, *etc* 2 SCHIFF appareiller
ablehnen VT refuser; *Angebot, Entwurf a.* rejeter
Ablehnung F refus m; rejet m
ablenken A VT 1 dévier; détourner 2 *Aufmerksamkeit, Verdacht* détourner 3 (≈ *zerstreuen*) distraire; divertir B VI 1 (**vom Thema**) *Person* faire diversion 2 *in der Aufmerksamkeit* distraire
Ablenkung F 1 déviation f 2 *der Aufmerksamkeit* détournement m 3 (≈ *Zerstreuung*) distraction f **Ablenkungsmanöver** N manœuvre f de diversion
ablesen VT 1 *Text* lire 2 *Zähler etc* relever
ablöschen A VT 1 *mit dem Löschblatt* sécher; *Tafel* effacer 2 GASTR ajouter de l'eau, *etc* à; *etw mit Rotwein ~* ajouter du vin rouge à qc 3 *Brand* éteindre B VI GASTR mouiller avec du vin, de l'eau, *etc*
ablösen A VT 1 (≈ *loslösen*) détacher, enlever (**von** de) 2 (≈ *abwechseln*) relayer; *j-n in s-m Amt ~* succéder à qn B VR *sich ~* 1 (≈ *sich loslösen*) se détacher; s'enlever 2 (≈ *sich abwechseln*) se relayer **Ablösung** F *e-r Person* relève f
abmachen VT 1 *umg* (≈ *losmachen*) enlever 2 (≈ *vereinbaren*) convenir de; *einen Termin mit j-m ~* fixer une date avec qn; *abgemacht!* d'accord!; entendu!; *das war abgemacht* c'était convenu
Abmachung F arrangement m
abmagern VI maigrir
abmelden A VT *j-n ~* polizeilich déclarer le départ de qn; *umg fig* *er ist bei mir abgemeldet!* il n'existe plus pour moi; *ein Fahrzeug ~* déclarer qu'on n'utilise plus un véhicule; *sein Telefon ~* résilier son abonnement de téléphone B VR *sich ~* polizeilich déclarer son départ (à la police); *beim Weggehen* préve-

nir (qn) de son départ

Abmeldung F polizeilich déclaration f de départ; *von Fahrzeugen* déclaration f qu'on n'utilise plus qc; *e-s Telefons* résiliation f d'abonnement

abnehmen A VT 1 (≈ *entfernen*) enlever; retirer; *Wäsche* rentrer; *Telefonhörer* décrocher; (≈ *amputieren*) couper; amputer 2 **j-m etw ~** qn qc prendre, ôter qc à qn; *Arbeit* décharger qn de qc; *Weg, Sorge* épargner qc à qn 3 HANDEL *Waren* prendre; acheter 4 *umg fig* (≈ *glauben*) croire B VI 1 (≈ *sich verringern*) diminuer 2 *an Gewicht* maigrir 3 *am Telefon* décrocher

abnutzen, abnützen VT & VR (**sich**) **~, (sich) abnützen** (s')user

Abo *umg* N → Abonnement **Abonnement** N abonnement m (+ *gen* à) **Abonnent(in)** M(F) abonné(e) m(f) (+ *gen* à)

abonnieren VT s'abonner à; **auf etw** (*akk*) **abonniert sein** être abonné à qc

abpfeifen VT 1 SPORT (≈ *unterbrechen*) siffler l'arrêt de 2 SPORT (≈ *beenden*) siffler la fin de **Abpfiff** M SPORT coup m de sifflet d'arrêt *bzw.* final

abprallen VI **von** *od* **an etw** *dat* **~** *Ball* rebondir (sur qc); *Geschoss* ricocher (sur qc) 2 *fig* **an j-m ~** ne pas avoir prise sur qn

abputzen VT essuyer; nettoyer

abräumen VT *Tisch* débarrasser; desservir; *Schutt etc* déblayer

abreagieren A VT **etw (an j-m, etw) ~** décharger qc (sur qn, qc) B VR **sich ~** (≈ *sich beruhigen*) se tranquilliser; se calmer; s'apaiser

abrechnen A VT 1 (≈ *abziehen*) déduire, retirer (**von** de) 2 *als Abschlussrechnung* faire les comptes de B VI 1 *als Abschlussrechnung* faire les comptes 2 *fig* **mit j-m ~** régler un compte avec qn, son compte à qn **Abrechnung** F 1 (≈ *Abzug*) déduction f 2 (≈ *Rechnungsabschluss*), *a. fig* règlement m de comptes; **die ~ machen** faire les comptes

abregen *umg* VR **sich ~** se calmer

Abreise F départ m (**nach** pour) **abreisen** VI partir (en voyage) (**nach** pour)

abreißen A VT 1 (≈ *fortreißen*) arracher 2 (≈ *abtrennen*) détacher 3 *Haus* démolir; raser B VI *Telefon-, Funkverbindung* être coupé

abrufen VT 1 *Personen* rappeler 2 HANDEL faire livrer 3 IT rechercher

abrunden VT 1 *Kanten* arrondir 2 *Zahl* arrondir (**auf** + *akk* à) 3 (≈ *vervollständigen*) compléter

abrüsten VI (& VT) désarmer **Abrüstung** F désarmement m

abrutschen VI glisser (**von** de)

ABS N ABK (≈ *Antiblockiersystem*) ABS m

Abs. ABK 1 (≈ *Absender*) exp. (expéditeur) 2 (≈ *Absatz*) alinéa

Absage F (≈ *abschlägiger Bescheid*) réponse négative **absagen** A VT *Veranstaltung* annuler; décommander; *Einladung* refuser B VI **(j-m) ~** donner une réponse négative (à qn); *nach Zusage* se décommander

Absatz M 1 *Schuhabsatz* talon m 2 (≈ *Treppenabsatz, im Geländer*) palier m; (≈ *e-r Mauer*) saillie f 3 *in e-m Text* alinéa m; *a.* JUR paragraphe m; **einen ~ machen** commencer un nouveau paragraphe 4 HANDEL ventes fpl **Absatzmarkt** M marché m

abscannen VT *Kode etc* scanner

abschaffen VT (≈ *beseitigen*) supprimer; *Missbrauch, Todesstrafe* abolir; *Gesetze* abroger

abschalten A VT → ausschalten B *umg* VI 1 (≈ *nicht mehr zuhören*) décrocher *umg* 2 (≈ *sich entspannen*) se relaxer

abschätzen VT estimer

abschauen VT *bes südd, österr, schweiz* → abgucken

abscheulich ADJ horrible; affreux

abschicken VT *Post* envoyer

abschieben VT 1 *Schuld, Verantwortung* rejeter (**auf** + *akk* sur) 2 **j-n ins Ausland ~** expulser, refouler qn à l'étranger **Abschiebung** F **ins Ausland** expulsion f

Abschied M adieu(x) m(pl); **von j-m ~ nehmen** faire ses adieux à qn; prendre congé de qn

Abschiedsbrief M lettre f d'adieu(x) **Abschiedskuss** M baiser m d'adieu

abschießen VT 1 *Kugel* tirer; *Pfeil* décocher; *Rakete* lancer 2 *Wild* tuer; *Vogel, Flugzeug* abattre

Abschlag M ▪ (≈ *Preisabschlag*) réduction f ▫ (≈ *Vorschuss*) avance f ▪ FUSSBALL coup m de pied de but **abschlagen** VT ▪ *Putz, Äste* abattre; *Kopf* couper; trancher ▫ *Ball* remettre en jeu **Abschlagszahlung** F → Abschlag
abschlecken südd, österr VT lécher
abschleppen A VT ▪ *Fahrzeug* remorquer ▫ umg *Personen* draguer um B umg VR **sich (mit etw) ~** umg se tuer à porter qc **Abschleppseil** N câble m de remorquage **Abschleppwagen** M dépanneuse f
abschließen A VT ▪ fermer à clé ▫ (≈ *absondern*) isoler, séparer (**von** de) ▪ (≈ *beenden*) terminer; achever ▫ (≈ *begrenzen*) terminer B VI (≈ *enden*) se terminer (**mit** par)
Abschluss M ▪ (≈ *Ende*) fin f; **zum ~ kommen** s'achever; se terminer ▫ (≈ *Beendigung*) achèvement m; e-r Rede, Diskussion conclusion f; e-r Debatte, Untersuchung clôture f ▪ (≈ *Vertragsabschluss, Geschäftsabschluss*) conclusion f
Abschlussball M bal m de clôture **Abschlussfeier** F fête f, réunion f de clôture **Abschlussklasse** F classe terminale **Abschlussprüfung** F examen m de fin d'études **Abschlusszeugnis** N diplôme m de fin d'études
abschmecken VT goûter (pour assaisonner)
abschminken A VT démaquiller B VR ▪ **sich ~** se démaquiller ▫ (≈ *verzichten*) **sich** (dat) **etw ~** umg faire son deuil de qc; faire une croix sur qc
abschnallen A VT enlever; ôter B VR **sich ~** im Auto détacher sa ceinture C umg VI (≈ *fassungslos sein*) umg être sidéré, époustouflé; **da schnallst du ab!** umg là, tu es scié!
abschneiden VT a. fig couper; **j-m den Weg ~** couper la route à qn B VI **gut, schlecht ~** avoir un bon, mauvais résultat
Abschnitt M ▪ (≈ *Teilabschnitt*) section f; partie f ▫ *zeitlich* période f; époque f ▪ (≈ *Textabschnitt*) passage m; partie f
abschrauben VT dévisser
abschrecken VT ▪ rebuter; décourager ▫ GASTR tremper dans l'eau froide **abschreckend** ADJ décourageant; rebutant

abschreiben A VT ▪ copier (**von** *j-m* sur qn), (**aus** *e-m Buch* dans un livre) ▫ umg fig (≈ *aufgeben*) faire son deuil de qn B VI *in der Schule* copier (**von** *j-m* sur qn)
Abschrift F copie f
abschürfen VR **sich** (dat) **die Haut ~** s'érafler; s'écorcher
abschüssig ADJ en pente
abschwellen VI désenfler
absehen A VT ▪ (≈ *voraussehen*) prévoir; **es ist kein Ende abzusehen** on n'en voit pas la fin ▫ **er hat es darauf abgesehen, mich zu ärgern** il est bien décidé à m'agacer B VI **von etw ~** (≈ *verzichten*) renoncer à qc; (≈ *außer Acht lassen*) faire abstraction de qc
abseits A ADV ▪ à l'écart ▫ SPORT °hors-jeu B PRÄP à l'écart de **Abseits** N SPORT °hors-jeu m
Absender(in) M(F) expéditeur, -trice m, f
absetzen A VT ▪ *Hut* ôter; enlever ▫ *Beamte, Präsidenten* destituer; révoquer ▪ *Last, Glas* (re)poser ▫ *Fahrgast* déposer ▪ *vom Spielplan, von der Tagesordnung* supprimer ▫ *von den Steuern* déduire B VR ▪ **sich ~** *ins Ausland* fuir; umg fig (≈ *sich davonmachen*) se tirer umg, se casser umg ▫ **sich ~** (≈ *sich ablagern*) se déposer
Absicht F intention f; **mit (voller) ~** exprès; à dessein **absichtlich** A ADJ intentionnel B ADV exprès
absolut ADJ absolu
abspeichern VT IT mémoriser
absperren VT ▪ *Baustelle* interdire l'accès de; *Straße* barrer ▫ *Wasser, Gas, Strom* couper ▪ österr, südd (≈ *abschließen*) fermer à clé **Absperrung** F barrage m
abspielen A VT ▪ *CD, Schallplatte* passer ▫ *Musikstück* jouer ▪ SPORT (**den Ball**) **~** faire une passe B VR **sich ~** *Geschehnisse* se dérouler; se passer
absplittern VI *Holz, Lack* sauter en éclats
Absprache F accord m, arrangement m (**mit** avec)
absprechen A VT (≈ *verabreden*) convenir de; fixer B VR **sich ~** convenir (de faire qc); se concerter
abspringen VI ▪ *beim Weitsprung etc*

partir ② (≈ *herunterspringen*) sauter ③ *Fahrradkette, Knopf* saisir

Absprung M ① *beim Weitsprung* appel m ② *fig* **den ~ schaffen** saisir sa chance

abspülen VT ① *Schmutz* enlever à l'eau, par rinçage ② *Gegenstände* laver

abstammen VI **von j-m ~** descendre de qn; être né de qn **Abstammung** F origine f

Abstand M ① *räumlich, a. fig* distance f; intervalle m; écart m; **~ halten** *mit dem Auto etc* garder sa distance; *fig* **den nötigen ~ wahren** tenir, garder ses distances; *fig* **mit ~** de loin ② *zeitlich* intervalle m; **in Abständen von fünf Minuten** à cinq minutes d'intervalle

abstauben VT épousseter

Abstecher M **e-n ~ (nach ...) machen** faire un crochet (par ...)

abstehen VI ① (≈ *entfernt sein*) être éloigné, distant ② **~de Ohren haben** avoir les oreilles décollées

absteigen VI ① (≈ *heruntersteigen*), *a. fig* descendre (**von** de); *vom Pferd* mettre pied à terre ② *Sport* être relégué en deuxième division; être déclassé

abstellen VT ① *Lasten* poser; *an e-m bestimmten Ort* déposer ② *nach Gebrauch* ranger; *Fahrrad, Wagen a.* garer ③ *Maschinen, Wecker* arrêter; *Heizung, Radio* éteindre; *Klingel, Strom, Gas* couper ④ *fig Missstände* supprimer

Abstellkammer F, **Abstellraum** M débarras m

abstempeln VT ① *Brief* timbrer; *Briefmarke* oblitérer; *Antrag, Ausweis* apposer un cachet sur ② *fig* **j-n ~ als** *od* **zu** étiqueter qn comme

absterben VI *Pflanze* mourir

abstimmen A VT ① (≈ *absprechen*) **etw mit j-m ~** convenir de qc avec qn ② **etw auf etw (akk) ~** *Farben* assortir à qc; *Interessen, Arbeit etc* harmoniser, faire concorder avec qc; **aufeinander ~** *Farben* assortir; *Interessen* harmoniser B VI *bei e-r Wahl* voter; **über etw** *(akk)* **~** procéder au vote de qc

Abstimmung F ① (≈ *Wahl*) vote m, scrutin m (**über** + *akk* sur) ② (≈ *Harmonisierung*) harmonisation f

abstoßen VT ① *Boot vom Ufer* donner une poussée à ② **alles stößt mich an ihm ab** tout me repousse en lui

abstrakt ADJ abstrait

abstreiten VT nier

Abstrich M *finanziell* coupe f; *fig* **~e an etw** *dat* **machen** faire des concessions (sur qc)

abstufen VT ① *Gelände* disposer en gradins, en terrasses ② *Farbtöne* dégrader; *a. fig* nuancer ③ (≈ *staffeln*) échelonner (**nach** selon) **Abstufung** F ① *im Gelände* étagement m ② *von Farbtönen* dégradé m; (≈ *Nuance*) nuance f ③ (≈ *Staffelung*) gradation f

abstumpfen A VT *Gefühle, Sinne* émousser; *Person* rendre insensible, indifférent (**gegen** à) B VI *Gefühle, Sinne* s'émousser; *Person* devenir insensible, indifférent (**gegen** à)

Absturz M chute f **abstürzen** VI ① *Flugzeug* s'abattre, s'écraser (au sol, *etc*) ② *Person* faire une chute; tomber ③ IT *umg* se planter *umg*

abstützen A VT BAU étayer B VR **sich an etw** (*dat*) **~** s'appuyer à qc

absurd ADJ absurde

abtasten VT tâter; palper

abtauen VT dégeler; *Kühlschrank* dégivrer

Abteil N compartiment m

abteilen VT séparer (**von** de)

Abteilung F *e-s Betriebs* service m; *e-s Krankenhauses* département m; *e-s Geschäftes* rayon m **Abteilungsleiter(in)** M(F) *im Warenhaus* chef m de rayon; *im Büro* chef m de service

abtransportieren VT transporter

abtreiben A VT **von der Strömung abgetrieben werden** être entraîné par le courant B VI ① SCHIFF, FLUG dériver ② MED avorter; **sie hat abgetrieben** elle a avorté; elle s'est fait avorter

Abtreibung F avortement m

abtreten A VT ① *Schuhsohlen* user; *Absätze* éculer ② *Schmutz von den Schuhen* faire tomber (en piétinant) ③ *fig Anspruch, Gebiet* **etw an j-n ~** céder qc à qn B VR **sich** (*dat*) **die Füße ~** s'essuyer les pieds

abtrocknen VT *Geschirr, Hände* essuyer; *abs* essuyer la vaisselle

abwählen VT ① *Person* destituer (d'un poste, d'une fonction) par vote ② *Schulfach* abandonner

abwandeln VT modifier

Abwart(in) M(F), *schweiz* gardien, -ienne m,f (d'immeuble)
abwarten A VT attendre; **das bleibt abzuwarten** c'est à voir B VI attendre; **~, bis ...** attendre (jusqu'à ce) que ... (+ subj)
abwärts ADV en descendant; en bas
Abwasch M vaisselle f; **den ~ machen** faire, laver la vaisselle **abwaschbar** ADJ lavable **abwaschen** A VT laver B VI faire, laver la vaisselle
abwechseln VR & V/R 1 (sich) ~ (= aufeinanderfolgen) alterner (**mit** avec) 2 (**sich**) ~ (= sich ablösen) se relayer **abwechselnd** ADV alternativement; tour à tour
Abwechslung F (≈ Zerstreuung) diversion f; changement m; (≈ Verschiedenartigkeit) variété f; diversité f; **zur ~** pour changer, varier **abwechslungsreich** A ADJ varié B ADV **~ gestalten** diversifier; varier; *Freizeit* organiser de façon variée
Abwehr F SPORT, MIL, MED défense f
Abwehrkraft F, **Abwehrkräfte** FPL des Organismus défenses fpl immunitaires **Abwehrspieler** M SPORT joueur m de la défense; FUSSBALL arrière m
abweichen VI 1 *vom Weg, a. fig* s'écarter 2 (≈ sich unterscheiden) **von etw ~** différer de qc **Abweichung** F *vom Kurs, a. fig* écart m 2 (≈ Unterschied) différence f
abwerfen VT 1 (≈ herunterwerfen) jeter; *Reiter* désarçonner; *Hirsch* **das Geweih ~** perdre ses bois 2 *Bombe* larguer; lancer; *Ballast* lâcher 3 (= sich befreien von) *Bürde* s'affranchir de; secouer
abwerten VT 1 (≈ herabsetzen) dévaloriser; dénigrer 2 *Währung* dévaluer
abwesend ADJ *a. fig* absent
abwickeln VT 1 dérouler 2 (≈ erledigen) mener; régler
abwiegen VT peser
abwimmeln *umg* VT se débarrasser de
abwinken A VT *Rennen* terminer par un signe; *umg* **bis zum Abwinken** jusqu'à n'en plus pouvoir B VI faire signe que non
abwischen VT 1 *Schmutz, Staub* essuyer 2 *Tisch* essuyer

abwürgen *umg* VT 1 *Diskussion* étouffer 2 *Motor* caler
abzahlen VT payer à crédit
abzählen VT compter (**an** + *dat* sur)
Abzeichen N insigne m
abziehen A VT 1 *Bettbezüge, Ring* enlever; retirer; **e-m Pfirsich die Haut ~** enlever, retirer la peau d'une pêche 2 *Truppen, a. fig* retirer 3 FOTO, TYPO tirer (une épreuve, une gravure, *etc* de) 4 MATH soustraire; HANDEL déduire (**von** de); *vom Gehalt* retenir (**von**) B VI *Truppen* se retirer; *Rauch* s'échapper
abzocken *umg* VT **j-n ~** *umg* plumer qn; saigner qn (à blanc)
Abzug M 1 épreuve f; **e-n ~ machen (lassen)** (faire) tirer une épreuve 2 (≈ Gewehrabzug) détente f; gâchette f 3 (≈ Rauchabzug) sortie f 4 (≈ Truppenabzug) départ m; retrait m 5 HANDEL déduction f; (≈ Gehaltsabzug) retenue f
Abzweig M *schweiz* ADMIN *e-r Straße* bifurcation f **abzweigen** A *umg* VT *Geld etc* prélever (**von** sur) B VI *Straße* bifurquer **Abzweigung** F *e-r Straße* bifurcation f

Account M *od* N INTERNET compte m utilisateur
ach INT ah!; eh!; *klagend* °hélas!; *sehnsüchtig, bedauernd* **ach ja!** eh oui!; *zweifelnd* **ach ja?** ah oui?; **ach was!, ach wo!** allons donc!; mais non!; pensez-vous!; pas du tout!; **ach so!** ah bon!; ah ah!
Achse F MATH, TECH, *a. fig* axe m; *e-s Fahrzeugs* essieu m; **sich um s-e** *od* **die eigene ~ drehen** tourner autour de son axe; *Person* tourner sur soi-même; *umg* **immer auf ~ sein** avoir la bougeotte
Achsel F aisselle f; **die ~n zucken** °hausser les épaules
acht A NUM 1 °huit; **er ist ~ (Jahre alt)** il a °huit ans; **in ~ Tagen** dans une semaine, °huitaine f; **alle ~ Tage** tous les °huit jours; chaque semaine 2 *Uhrzeit* **um ~ (Uhr)** à °huit heures B ADV **zu ~** à °huit; **zu ~ sein** être °huit
Acht[1] F *Zahl, a. Spielkarte, Buslinie, Straßenbahn* °huit m
Acht[2] F (≈ Aufmerksamkeit) **~ geben** → achtgeben; **etw außer ~ lassen** ne pas faire attention à qc; négliger qc; **sich (vor j-m, etw) in ~ nehmen** pren-

dre garde, faire attention (à qn, qc)
achte NUM °huitième; *im Datum* °huit; **der ~**, **den ~n**, **am ~n Januar** le huit janvier
achteinhalb NUM °huit et demi
Achtel N °huitième *m*
achten A VT *Person* estimer; considérer; *a. Gesetz, Gefühle* respecter B VI (≈ *aufpassen*) faire attention, prendre garde à qc, qn; **auf s-e Gesundheit ~** prendre soin de sa santé
achtens ADV °huitièmement
Achterbahn F montagnes *fpl* russes
achtgeben VI (≈ *vorsichtig sein*) faire attention; **gib acht, dass du nicht fällst!** fais attention, prends garde à ne pas tomber!; **auf etw, j-n ~** (≈ *aufpassen*) faire attention, prendre garde, veiller à qc, qn
achthundert NUM °huit cent(s)
achtmal ADV °huit fois
Achtung F 1 (≈ *Aufmerksamkeit*) attention *f*; *bei Durchsagen* **~**, **~!** attention, s'il vous plaît!; SPORT **~, fertig, los!** à vos marques! prêts! partez! 2 (≈ *Respekt*) respect *m* (**vor** + *dat* pour); (≈ *Wertschätzung*) estime *f*, considération *f* (pour); *umg* **alle ~!** *umg* chapeau!
achtzehn NUM dix-huit
achtzig NUM quatre-vingts
Acker M champ (labouré) **Ackerbau** M agriculture *f*
Acryl N acrylique *m*
Action *umg* F action *f* **Actionfilm** M film *m* d'action
Adapter M TECH adaptateur *m*
adden VT *Jugendsprache* INTERNET (≈ *zu seiner Freundesliste hinzufügen*) ajouter comme ami(e)
addieren VT additionner **Addition** F addition *f*
Adel M *a. fig* noblesse *f* **adelig** → adlig **Adelige(r)** M(F) noble *m/f*
Ader F *a. fig* veine *f*; *fig* **j-n zur ~ lassen** saigner qn
Adjektiv N adjectif (qualificatif)
Adler M aigle *m*
adlig ADJ *a. fig* noble
Administrator M, **Administratorin** IT administrateur *m*, -trice *f*
adoptieren VT adopter **Adoption** F adoption *f* **Adoptiveltern** PL parents adoptifs **Adoptivkind** N enfant adoptif
Adressbuch N répertoire *m* d'adresses
Adresse F adresse *f*; **dieses Restaurant zählt zu den ersten ~n (der Stadt)** ce restaurant compte parmi les meilleurs (de la ville); *umg fig* **da sind Sie bei mir an der falschen ~** ce n'est pas à moi qu'il faut demander ça
adressieren VT *Brief etc* mettre, écrire l'adresse sur
Advent M Avent *m*; **der erste ~** le premier dimanche de l'Avent
Adventskalender M calendrier *m* de l'Avent **Adventskranz** N couronne *f* de l'Avent *tressée avec des branches de sapin et décorée de quatre bougies* **Adventssonntag** M dimanche *m* de l'Avent **Adventszeit** F temps *m* de l'avent
Adverb N adverbe *m* **adverbial** ADJ adverbial
Aerobic N aérobic *f*
Affäre F affaire *f*; *umg* **sich (geschickt) aus der ~ ziehen** se tirer, se sortir (habilement) d'affaire
Affe M 1 singe *m*; *umg* **ich glaub, mich laust der ~** *umg* j'en suis baba; j'en tombe des nues 2 *umg Schimpfwort* **dieser blöde ~!** *sl* ce, quel con!
Afrika N l'Afrique *f* **Afrikaner(in)** M(F) Africain(e) *m(f)* **afrikanisch** ADJ africain
Aftershave N, **Aftershave-Lotion** F (lotion *f*) après-rasage *m*
AG F ABK 1 (≈ *Aktiengesellschaft*) SA *f* 2 (≈ *Arbeitsgemeinschaft*) groupe *m* de travail
Agenda F agenda *m*; **~ 2000** Agenda 2000; **auf der ~ stehen** être à l'ordre du jour
Agent(in) M(F) agent *m*
Agentur F agence *f*
Aggression F agression *f* **aggressiv** ADJ agressif
Agrarland N pays *m* agricole
Ägypten N l'Égypte *f* **Ägypter(in)** M(F) Égyptien, -ienne *m,f* **ägyptisch** ADJ égyptien
ah INT *verwundert* oh!; *freudig, genießerisch* ah!
äh INT *bei Sprechpausen* euh …
aha INT °ha! (°ha!); ah!; *überrascht, a.*

iron tiens, tiens!; *verstehend* ah, bon!
Aha-Erlebnis N ein ~ sein faire tilt
ähneln A VI j-m, e-r Sache ~ ressembler à qn, qc B VR **sich** (*dat*) ~ se ressembler
ahnen VT 1 (≈ *vermuten*) se douter de; (≈ *voraussehen*) pressentir; **das konnte ich doch nicht ~!** je ne pouvais pourtant pas le savoir, le prévoir 2 (≈ *schwach erkennen*) deviner
ähnlich A ADJ semblable; ressemblant; **j-m ~ sehen** ressembler à qn; → ähnlichsehen B ADV semblablement; **mir geht es ~** c'est pour moi la même chose; c'est pareil pour moi
Ähnlichkeit F ressemblance f (**mit** avec); **mit j-m, etw ~ haben** ressembler à qn, qc **ähnlichsehen** *umg* VI **das sieht ihm ähnlich!** c'est bien lui!; ça lui ressemble!
Ahnung F 1 (≈ *Vorgefühl, Befürchtung*) pressentiment m 2 *umg* (**ich habe) keine ~, wie man das macht** je ne sais pas comment on fait cela
ahnungslos ADJ 1 (≈ *nichts ahnend*) qui ne se doute de rien 2 (≈ *unwissend*) ignorant
Ähre F épi m
Aids N sida m **Aidstest** M test m de dépistage du sida
Airbag M airbag m
Airline F compagnie aérienne
Akademie F académie f
akklimatisieren VR **sich** ~ s'acclimater
Akkord M 1 MUS accord m 2 WIRTSCH **im ~ arbeiten** travailler à la pièce, à la tâche, aux pièces
Akku *umg* M accus *mpl*
Akkusativ M accusatif m **Akkusativobjekt** N complément m d'objet direct
Akne F acné f
Akrobat(in) M(F) acrobate *m/f*
Akt M 1 *a*. THEAT acte m 2 KUNST nu m
Akte F pièce f; (≈ *Aktenbündel*) dossier m; **etw zu den ~n legen** ajouter, verser qc au dossier; *fig* (≈ *beenden*) classer qc **Aktenkoffer** M attaché-case m **Aktenordner** M classeur m **Aktentasche** F serviette f
Aktie F action f **Aktiengesellschaft** F société f anonyme, par actions **Aktienmarkt** M marché m des actions **Aktienmehrheit** F majorité f des actions
Aktion F 1 (≈ *Handlung*) action f; *humanitäre, a. bes* MIL, HANDEL opération f 2 **in ~ treten** entrer en action
aktiv ADJ actif; **~er Offizier** officier m d'active; **~ werden** se mobiliser
Aktiv N GRAM actif m
Aktivität F activité f
Aktualität F actualité f **aktuell** ADJ actuel
Akupressur F digitopuncture f **Akupunktur** F acupuncture *od* acuponcture f
Akustik F acoustique f **akustisch** ADJ acoustique
akut ADJ MED aigu; *Problem, Frage* urgent; *Gefahr* imminent
Akzent M accent m
akzeptabel ADJ acceptable **akzeptieren** VT accepter
Alarm M alarme f; *a*. MIL alerte f; **blinder ~** fausse alerte, alarme; **~ schlagen** donner l'alerte, l'alarme **Alarmanlage** F alarme f automatique **alarmieren** VT 1 (≈ *zu Hilfe rufen*) alerter 2 (≈ *beunruhigen*) alarmer
Albanien N l'Albanie f **albanisch** ADJ albanais
albern ADJ (≈ *dumm*) bête; stupide; (≈ *kindisch*) nigaud; (**das ist doch) ~es Geschwätz** (mais ce sont) des bêtises *fpl*; **sei doch nicht so ~!** ne fais pas l'enfant!
Albtraum M *a. fig* cauchemar m
Album N album m
al dente ADJ & ADV GASTR al dente
Alge F algue f
Algebra F algèbre f
Algerien N l'Algérie f **Algerier(in)** M(F) Algérien, -ienne *m,f* **algerisch** ADJ algérien
Alibi N alibi m
Alkohol M alcool m **alkoholfrei** ADJ sans alcool; *Getränk a*. non alcoolisé **Alkoholiker(in)** M(F) alcoolique *m/f* **alkoholisch** ADJ alcoolisé; *a*. CHEM alcoolique **Alkoholtest** M alco(o)test m
All N univers m
alle[1] *umg* ADJ (≈ *weg, verbraucht*) fini; *umg* parti; **das Geld ist ~** il n'y a plus

d'argent
alle², alles INDEF PR **A** ADJT tout (le)/toute (la); ~ pl tous, toutes (les); ~ **Kraft** toute la force; ~ **Menschen** tous les hommes; ~**s andere** tout le reste; ~ **vier Monate/Meter**, etc tous les quatre mois/ mètres, etc; **ein für** ~ **Mal** une fois pour toutes; ~ **beide, drei** tous deux bzw. toutes les deux, trois **B** SUBST tous bzw. toutes; (≈ alle Leute) a. tout le monde; ~**s** tout; **wir** ~ nous tous bzw. toutes; **das** ~**s** ça; ~**s in** ~**m** en fin de compte; tout compte fait; ~**s, was** ... tout ce qui ... bzw. akk que ...; **das ist** ~**s** c'est tout; **das sind** ~**s Verbrecher** ce sont tous des bandits; ~ **aussteigen!** tout le monde descend!; umg **du hast sie wohl nicht mehr** ~! umg tu déboules!
Allee F avenue f; e-s Schlosses, Parks allée f
allein ADJ & ADV seul; **ganz** ~ tout seul; ~ **erziehend, stehend** → alleinerziehend, alleinstehend; **jeder für sich** ~ chacun pour soi; **alles** ~ **erledigen** faire, régler tout soi-même, tout seul **alleinerziehend** ADJT ~**e Mutter** mère seule; ~ **sein** être parent unique **alleinstehend** ADJT Person seul; (≈ ledig) célibataire
allerdings ADV **1** einschränkend à vrai dire; mais **2** e-e Bejahung verstärkend certainement; bien sûr **3** (≈ in der Tat) **das ist** ~ **etwas anderes** dans ce cas -là od alors, c'est tout autre chose
Allergie F allergie f **Allergiepass** M MED passeport m d'allergie; weitS. passeport m de santé **Allergietest** M test m allergénique **Allergiker(in)** M(F) (sujet m) allergique m/f **allergisch** **A** ADJ a. fig allergique (**gegen** à) **B** ADV MED ~ **auf etw** (akk) **reagieren** réagir d'une façon allergique à qc
allerhand ADJ **1** (≈ viel) pas mal de; alleinstehend pas mal de choses; umg **das ist doch** od **ja** ~! umg c'est un peu raide!; c'est trop fort! **2** (≈ vielerlei) toutes sortes de
Allerheiligen N la Toussaint
allerletzte ADJ le dernier de tous; **der, die Allerletzte** le dernier de tous, la dernière de toutes; umg fig **das ist ja (wirklich) das Allerletzte!** c'est (vraiment) le comble! **allerneueste** ADJ tout der-
nier; **das Allerneueste** (≈ Neuigkeit) la tout dernière nouvelle
alles → alle² **Alleskleber** M colle universelle
allgemein **A** ADJ **1** général; **im Allgemeinen** généralement; en général **2** oft pej (≈ unverbindlich) vague; flou **B** ADV ~ **bekannt** connu de tous, de tout le monde; ~ **verständlich** à la portée de tous; compréhensible pour tout le monde
Allgemeinarzt M, **Allgemeinärztin** F (médecin m) généraliste m/f **Allgemeinbildung** F culture générale **Allgemeinheit** F public m; **im Interesse der** ~ dans l'intérêt général
All-inclusive-Urlaub M TOURISMUS vacances fpl tout compris
allmählich **A** ADJ graduel **B** ADV **1** peu à peu; petit à petit **2** umg (≈ langsam) **ich werde** ~ **müde** je commence à être fatigué; **es wird** ~ **Zeit!** il est temps!
Alltag M vie quotidienne **alltäglich** ADJ **1** (≈ täglich) quotidien; de chaque jour **2** (≈ gewöhnlich) ordinaire; banal
allzu ADV (par) trop; ~ **sehr** trop
Alm F pâturage m alpestre
Alpen PL **die** ~ les Alpes fpl
Alphabet N alphabet m **alphabetisch** **A** ADJ alphabétique **B** ADV par ordre alphabétique
als KONJ **1** zeitlich lorsque; quand; comme; **damals als** ... à l'époque où ...; autrefois lorsque ... **2** vergleichend nach komp que; vor Zahlen de; **größer als** plus grand que; **mehr als hundert Personen** plus de cent personnes **3** (≈ in der Eigenschaft) comme; **als Schlosser arbeiten** travailler comme serrurier; **er als Abgeordneter** lui en tant que député **4** modal **als ob** od **wenn** comme si
also ADV **1** Folgerung donc; par conséquent; ~ **bis heute Abend!** alors, à ce soir! **2** (≈ das heißt) c'est à dire **3** verstärkend ~ **dann!** bon, allez!; ~ **gut!** bon!; ~, **so eine Frechheit!** umg ça alors, quel culot!; ~, **so was!** incroyable!; ~ **doch!** c'était donc bien ça!; **na** ~! eh bien! **4** zusammenfassend (≈ nun gut) bon; ~, **wenn du mich fragst** eh bien, si tu veux mon avis; ~, **das Spiel geht so :** ... bon, alors, on joue comme ça : ...

alt ADJ **1** *Altersangabe* âgé; **sie ist zwanzig Jahre alt** elle a vingt ans; elle est âgée de vingt ans; **wie alt sind Sie?** quel âge avez-vous?; quel est votre âge?; **ein vier Jahre altes Kind** un enfant de quatre ans **2** (≈ *bejahrt*) vieux; **Alt und Jung** jeunes et vieux; **alt werden** vieillir; *umg fig* **alt aussehen** *umg* être dans le pétrin **3** (≈ *schon lange bestehend*) vieux; (≈ *vorherig, ehemalig*) ancien; **ein alter Bekannter** une vieille connaissance **4** (≈ *mit historischem Wert*) ancien **5** (≈ *nicht mehr frisch*) qui n'est plus frais
Altar M autel m
Altbau M immeuble ancien
Altenheim N maison f de retraite **Altenpfleger(in)** M(F) infirmier, -ière m, f travaillant dans une résidence médicalisée, dans un centre de gérontologie
Alter N âge m; (≈ *Greisenalter*) vieillesse f; **hohes ~** grand âge; **im ~ von dreißig Jahren** à (l'âge de) trente ans
älter ADJ plus vieux; *bei Personen a.* plus âgé; *bei Verwandtschaftsbezeichnungen* aîné; **meine ~e Schwester** ma sœur aînée; **~ werden** vieillir; avancer en âge; **ein ~er Herr** un monsieur d'un certain âge
alternativ ADJ alternatif; **~e Energien** fpl énergies douces; **~e Medizin** médecine douce, parallèle, alternative **Alternative** F alternative f **alternativlos** ADJ POL (≈ *keine Alternative bietend*) qui ne connaît pas d'alternative
altersdement ADJ MEDIZIN (≈ *unter Altersdemenz leidend*) souffrant de démence sénile **Altersdemenz** F MEDIZIN démence f sénile **Alterserscheinung** F signe m de vieillissement **Altersgrenze** F limite f d'âge **Altersschwäche** F vieillesse f **Altersunterschied** M différence f d'âge
älteste ADJ le plus vieux; *bei Personen a.* le plus âgé/la plus âgée; *bei Geschwistern* aîné; **mein ~r Bruder** mon frère aîné
Altglas N verre usagé **Altglascontainer** M conteneur m à verre
altklug ADJ précoce (et arrogant) **Altlasten** FPL ÖKOL décharges désaffectées **altmodisch** ADJ démodé **Altöl** N huile usagée; AUTO huile f de vidange
Altpapier N vieux papiers **Altstadt** F vieille ville

Alu *umg* N *umg* alu m **Alufolie** F papier m (d')alu **Aluminium** N aluminium m
Alzheimer *umg* M, **Alzheimerkrankheit** F maladie f d'Alzheimer
am PRÄP **1** (≈ *an dem*) *räumlich* à; GEOG *bei Flüssen etc* sur; *zeitlich meist bloßer akk*; **Frankfurt am Main** Francfort-sur-le-Main; **am ersten Mai** le premier mai **2** *mit sein* le, la plus ...; **er ist am langsamsten** il est le plus lent; **sie ist am schnellsten** elle est la plus rapide **3** *mit anderen Verben* **er fährt am langsamsten** il roule le plus lentement
Amalgam N amalgame m
Amateur(in) M(F) amateur m
Amboss M enclume f
ambulant A ADJ **1** *Behandlung* ambulatoire; *Patient* non hospitalisé **2** *Gewerbe, Händler* ambulant B ADV **j-n ~ behandeln** donner des soins ambulatoires à qn **Ambulanz** F **1** (≈ *Krankenwagen*) ambulance f **2** (≈ *Behandlungsstelle in Kliniken*) consultations fpl externes (d'un hôpital)
Ameise F fourmi f
amen ADV ainsi soit-il; amen
Amerika N l'Amérique f **Amerikaner(in)** M(F) Américain(e) m(f) **amerikanisch** ADJ américain
Amnestie F amnistie f
Amöbe F amibe f
Amok M **~ laufen** avoir un accès de folie meurtrière **Amokläufer(in)** M(F) fou furieux m, folle furieuse f **Amokschütze** M tireur fou
Ampel F feux mpl (de signalisation); **die ~ wird grün** le feu passe au vert
Amphibie F amphibie m; **~n** pl amphibiens mpl
amputieren VT amputer
Amsel F merle m
Amt N **1** (≈ *Dienststelle*) service m; administration f; *a. Raum* bureau m; **von Amts wegen** d'office **2** *Tätigkeit* fonction(s) f(pl); charge f; **im Amt sein** être en fonction, exercice **Amtsblatt** N Journal officiel **Amtsleitung** F TEL ligne principale **Amtszeichen** N TEL tonalité f
amüsieren A VT amuser B VR **sich ~** s'amuser

an **A** PRÄP **1** *räumlich Lage* à; GEOG *bei Flüssen* sur; **nahe an** près, proche de; **an der Küste** sur la côte; **Frankfurt an der Oder** Francfort-sur-l'Oder; **an dieser Schule** dans cette école **2** *zeitlich* à **oft bloßer** akk; **an Weihnachten** à Noël; **an e-m Sonntagmorgen** un dimanche matin **3** *Richtung* à; **an die Arbeit!** au travail! **4 an (und für) sich** au fond **B** ADV **1** *auf Fahrplänen* **Berlin an …** arrivée Berlin à … **2** umg *vor Maß-, Mengenangaben* **an die** presque, à peu près; environ **3 an sein** *Licht, Radio, Heizung* être allumé; *Maschine, Motor* être en marche

analog A ADJ analogue (**zu** à); IT, TECH analogique **B** ADV par analogie (**zu** avec)

Analphabet M illettré m

Analyse F analyse f **analysieren** VT analyser

Ananas F ananas m

Anarchie F anarchie f **Anarchist(in)** M(F) anarchiste m/f

Anbau M **1** AGR culture f **2** BAU (= *Anbauen*) agrandissement m; *Gebäude* annexe f

anbauen A VT **1** AGR cultiver **2** BAU ajouter (**an** + akk à); **sie haben eine Garage ans Haus angebaut** ils ont ajouté un garage à leur maison **B** VR BAU s'agrandir

anbehalten VT garder

anbeißen A VT mordre dans; entamer; umg fig **zum Anbeißen sein** umg être (mignon, joli) à croquer **B** VR *Fisch* mordre (à l'hameçon)

anbieten A VT (j-m) etw ~ offrir qc (à qn); (= *vorschlagen*) proposer qc (à qn) **B** VR **sich** ~ se proposer (**etw zu tun** de faire qc); *fig Möglichkeit* se présenter; *Erklärung* s'imposer **Anbieter** M fournisseur m

anbinden VT attacher (**an** + dat *ou* akk à)

Anblick M **1** vue f; **beim ~ von** à la vue de **2** (= *Bild*) spectacle m

anbraten VT faire revenir

anbrechen VT *Vorräte* entamer

anbrennen A VT allumer **B** VI *Essen* brûler

anbringen VT **1** umg (= *herbeibringen*) (r)apporter; bes *Person, Tier* (r)amener **2** (= *befestigen*) mettre; placer; poser **3** fig *Bemerkung, Kinnhaken* placer

anbrüllen umg VT j-n ~ umg engueuler qn

andauernd A ADJ continuel; permanent **B** ADV continuellement

Andenken N (*Erinnerung*), *Gegenstand* souvenir m; **an e-n Verstorbenen a.** mémoire f; **als ~** en souvenir; **zum ~ an** (+ akk) en souvenir de

andere, anderer, anderes INDEF PR **A** ADJ autre; ~ **Leute** etc d'autres gens, etc; (= *nächste*) **am ~n Morgen** le lendemain matin **B** SUBST **ein ~r, e-e ~** un(e) autre; ~ pl d'autres; **die ander(e)n** les autres; **alle ~n** tous les autres; **einer nach der ander(e)n** l'un après l'autre; à tour de rôle; **etwas ~s** autre chose; **alles ~** tout le reste

andererseits ADV d'autre part

ändern A VT changer; modifier; *Kleidung* retoucher; **etw an e-r Sache** (dat) ~ changer qc à qc **B** VR **sich** ~ changer

anders ADV & ADJ (= *verschieden*) autrement (**als** que); ~ **aussehen als** ne pas ressembler à; ~ **geartet, lautend** → andersgeartet, anderslautend; **er ist ~ als s-e Kameraden** il est différent de ses camarades; **das muss ~ werden** cela doit changer; **ich konnte nicht ~** je ne pouvais pas faire autrement; **irgendwo ~** ailleurs; autre part; **nirgendwo ~** nulle part **andersgeartet** ADJ différent **andersherum** ADV dans l'autre sens **anderslautend** ADJ autre; différent; (= *widersprüchlich*) contradictoire

anderthalb NUM un et demi; ~ **Stunden** une heure et demie

Änderung F changement m, modification f (**an** + dat à)

andeuten A VT **1** (= *zu verstehen geben*) indiquer (vaguement, à demi-mot); (= *ahnen lassen*) laisser entendre; laisser, faire comprendre **2** *zeichnerisch* esquisser **B** VR **sich** ~ s'annoncer **Andeutung** F (vague) indication f; **~en machen** laisser, faire comprendre qc

Andorra N l'Andorre f

Andrang M affluence f

andrehen VT umg **j-m etw ~** umg refiler qc à qn

androgyn ADJ androgyne

aneinander ADV l'un(e) à l'autre bzw.

les un(e)s aux autres; **~ vorbeigehen** passer l'un à côté de l'autre; →aneinanderbinden, aneinanderfügen, aneinandergeraten **aneinanderbinden** V̄T attacher bout à bout, l'un à l'autre **aneinanderfügen** V̄T joindre **aneinandergeraten** V̄I se disputer (**mit** avec); *handgreiflich* en venir aux mains (avec)

Anekdote F anecdote f

anekeln V̄T j-n ~ dégoûter, écœurer qn

anerkannt ADJ reconnu **anerkennen** V̄T *a.* JUR, POL reconnaître; *Regeln* accepter; *Leistung* apprécier; *Rekord* homologuer; **ein paar ~de Worte sprechen** dire quelques mots d'appréciation

anfahren A V̄T 1 (≈ *hertransportieren*) amener; transporter 2 *Fußgänger* accrocher 3 *umg fig* **j-n (grob) ~** *umg* enguirlander, engueuler qn B V̄I *Zug, Auto* se mettre en marche; démarrer

Anfall M *von Fieber, Husten* accès m; (≈ *Asthma-, Herz-, Tobsuchtsanfall*) crise f **anfallen** A V̄T attaquer B V̄I *Arbeiten, Kosten* se présenter (**für** à)

Anfang M début m; commencement m; **von ~ an** dès le début; dès le commencement; **am** *od* **zu ~** au commencement; au début; **~ Mai** début mai; **er ist ~ sechzig** il a une petite soixantaine; **(mit etw) den ~ machen** commencer (par qc)

anfangen V̄T & V̄I 1 (≈ *beginnen*) commencer (**zu** à), (**mit** par, avec); **~ zu** (+ *inf*) *a.* se mettre à (+ *inf*); **er fängt immer wieder davon an** il recommence toujours à en parler; **bei e-m Unternehmen ~** commencer à travailler dans *bzw.* pour une entreprise 2 (≈ *zustande bringen*) faire; **etw falsch, richtig ~** s'y prendre mal, bien

Anfänger(in) M/F *a. pej* débutant(e) m(f)

anfangs ADV au début

Anfangsbuchstabe M première lettre; *als Monogramm* initiale f; **mit großem, kleinem ~n** avec (une) majuscule, minuscule

anfassen A V̄T 1 (≈ *berühren*) toucher 2 (≈ *nehmen, halten*) prendre 3 *fig* (≈ *behandeln*) **j-n hart, zart ~** traiter qn durement *od* avec dureté, avec douceur B V̄I **mit ~** (≈ *helfen*) donner un coup de main

anfordern V̄T *Hilfe, Arbeitskräfte* demander; *Ersatzteile* commander **Anforderung** F 1 (≈ *Bestellung*) commande f 2 (≈ *Anspruch*) exigence f; **hohe ~en an j-n, etw stellen** exiger beaucoup de qn, qc; demander beaucoup à qn, qc

Anfrage F demande f; PARLAMENT interpellation f

anfreunden V̄R **sich (mit j-m) ~** se lier d'amitié (avec qn); *fig* **sich mit etw ~** se faire à qc; se familiariser avec qc

anfühlen V̄R **sich hart ~** être dur au toucher; **sich wie Wolle ~** avoir le toucher de la laine

Anführer(in) M/F chef m; *bes* POL, *a. pej* meneur, -euse m,f

Anführungsstriche MPL, **Anführungszeichen** NPL guillemets mpl; **etw in ~, Anführungszeichen setzen** mettre qc entre guillemets; *beim Diktieren* **Anführungszeichen unten, oben** ouvrez, fermez les guillemets

Angabe F 1 (≈ *Aussage*) indication f; *statistisch* donnée f; (≈ *Auskunft*) renseignement m; information f 2 SPORT service m 3 (≈ *Prahlerei*) vantardise f; crânerie f

angeben A V̄T 1 (≈ *nennen*) indiquer; *Adresse a.* donner; *Waren beim Zoll* déclarer; **seinen Namen ~** donner son nom; **etw beim Zoll ~** déclarer qc à la douane 2 *Tempo, Ton, Takt* donner B V̄I 1 SPORT servir 2 (≈ *prahlen*) se vanter (**mit** de); crâner; **gib nicht so an!** tu te vantes! **Angeber(in)** M/F crâneur, -euse m,f

angeblich A ADJ prétendu; soi-disant B ADV soi-disant; paraît-il

Angebot N *a.* HANDEL offre f 2 (≈ *Sonderangebot*) promotion f; **im ~ sein** être en promotion

angebracht ADJ opportun; **ich halte es für ~ zu** (+ *inf*) je crois qu'il conviendrait de (+ *inf*)

angebrannt ADJ brûlé; **es riecht ~** cela sent le brûlé

angefressen ADJ *umg* (≈ *verärgert*) agacé

angehen A V̄T (≈ *betreffen*) concerner; regarder; **was mich/was das Auto angeht ...** quant à moi/quant à la voiture

...; **das geht dich nichts an** cela ne te regarde pas; ce n'est pas ton affaire **2** V/I *Licht, Radio, Fernseher, Heizung* s'allumer; *Motor, Maschine* se mettre en marche

angehören V/I *e-r Sache (dat)* ~ faire partie de qc **Angehörige(r)** M/F(M) **1** (= *Familienangehörige*) (proche) parent(e) m(f); *pl* meist famille f; **meine ~n** les miens; ma famille; **mes proches 2** (= *Mitglied*) membre m

Angeklagte(r) M/F(M) accusé(e) m(f)

Angel F *zum Fischfang* canne f à pêche; gaule f; **die ~ auswerfen** lancer la ligne

Angelegenheit F affaire f (à qn)

angeln A V/T & V/I **1** pêcher (à la ligne); ~ **gehen** aller pêcher **2** *umg fig* **nach etw** ~ chercher à attraper qc **B** V/R **sich** (*dat*) **e-n reichen Mann** ~ se trouver un mari riche

angenehm ADJ agréable; *beim Vorstellen* **(sehr)** ~**!** enchanté! **angesehen** ADJT estimé **angespannt** ADJT *Lage* tendu; *Arbeit* assidu; intense

angestellt ADJT **fest ~ sein** avoir un emploi fixe; **bei der Stadt, bei e-r Firma** ~ **sein** être employé à *od* de la ville, dans une société **Angestellte(r)** M/F(M) employé(e) m(f) **Angestelltenversicherung** F assurance f des employés

angewiesen ADJT **auf j-n, etw ~ sein** dépendre de qn, qc

angewöhnen A V/T **j-m etw ~** habituer, accoutumer qn à qc **B** V/R **sich** (*dat*) **etw ~** *od* **(es) sich** (*dat*) ~, **etw zu tun** prendre l'habitude de faire qc **Angewohnheit** F habitude f

angezogen ADJ **er ist gut/schlecht/warm ~** il est bien/mal/chaudement habillé

Angler(in) M(F) pêcheur, -euse m,f (à la ligne)

Angola N l'Angola m

Angorawolle F (laine f) angora m

angreifen V/T **1** *Gegner, a. SPORT* attaquer; *mit Gewalt* agresser **2** *fig Material* attaquer; *Gesundheit* ébranler **Angreifer(in)** M(F) agresseur m

Angriff M SPORT, MIL, *a. fig* attaque f (**auf** + *akk*), (**gegen** contre); **etw in ~ nehmen** commencer qc; se mettre à qc **angriffslustig** ADJ agressif

Angst F peur f (**vor** + *dat* de); **schreckliche ~** peur bleue; (**vor etw, j-m**) **~ haben** avoir peur (de qc, qn); **~ bekommen** *od* **kriegen** *umg* prendre peur **Angsthase** *umg* M *umg* froussard m **ängstlich** ADJ (= *scheu*) craintif; (= *feige*) peureux; (= *ängstlich besorgt*) anxieux

angucken *umg* V/T regarder

anhaben V/T **1** *umg Kleidung* porter **2** **j-m, e-r Sache nichts ~ können** ne pouvoir rien faire à qn, qc

anhalten A V/T **1** (faire) arrêter; *Auto a.* stopper **2** **den Atem ~** *a. fig* retenir son souffle, sa respiration **3** **j-n etw ~** apprendre à qn (à faire) qc **B** V/I **1** (= *stehen bleiben*) s'arrêter **2** (= *andauern*) durer; continuer **Anhalter(in)** M(F) auto-stoppeur, -euse m,f; **per ~ fahren** faire de l'auto-stop, faire du stop *umg*

Anhaltspunkt M point m de repère (**für** pour)

anhand A PRÄP au moyen de; en s'appuyant sur **B** ADV **~ von** au moyen de; en s'appuyant sur

Anhang M **1** *e-s Buches etc* appendice m **2** (= *Anhängerschaft*) partisans mpl

anhängen V/T **1** *Schild* suspendre (**an** + *akk* à); (= *ankuppeln*) accrocher, atteler (**an** + *akk* à) **2** *umg fig* **j-m etw ~** *umg* mettre qc sur le dos de qn **Anhänger** M **1** (= *am Fahrzeug*) remorque f **2** *Schmuckstück* pendentif m **3** (= *Kofferanhänger*) étiquette f mobile; porte-adresse m **Anhänger(in)** M(F) *e-r Partei* partisan(e) m(f); adhérent(e) m(f); SPORT, POL supporter m **Anhängerkupplung** F AUTO attelage m de remorque **anhänglich** ADJ affectueux

anheben V/T **1** *Schrank etc* soulever (un peu) **2** *Gehälter, Preise* relever

Anhieb M **auf ~** du premier coup

anhimmeln *umg* V/T adorer; porter aux nues

anhören A V/T écouter; *Zeugen* entendre **B** V/R **1** **sich** (*dat*) **etw ~** écouter qc **2** *fig* **das hört sich gut an** ça n'a pas l'air mal

Anhörung F *im Parlament* consultation f

Animateur(in) M(F) animateur, -trice m,f

Anis M anis m

ankämpfen _VI_ gegen j-n, etw ~ lutter contre qn, qc
Anker _M_ SCHIFF ancre f; ~ **werfen, vor** ~ **gehen** jeter l'ancre; mouiller; **vor** ~ **liegen** être, se tenir à l'ancre, au mouillage **ankern** _VI_ mouiller
anketten _VT_ attacher; mettre à la chaîne
Anklage _F_ JUR, a. Anklagevertretung fig accusation f; inculpation f; **(gegen j-n) ~ erheben** accuser (qn); inculper (qn)
anklicken _VT_ IT cliquer sur
anklopfen _VI_ frapper (à la porte)
ankommen _A_ _VI_ 1 (≈ eintreffen) arriver; **bist du gut (zu Hause) angekommen?** tu es bien rentré(e)? 2 umg (≈ Anklang finden) avoir du succès; Witz a. être bien accueilli 3 **gegen j-n, etw ~** venir à bout de qn, qc _B_ _V/UNPERS_ 1 (≈ abhängen) **auf etw** (akk) ~ dépendre de qc; **es kommt (ganz) darauf an** cela dépend; c'est selon 2 (≈ wichtig sein) **es kommt darauf an zu** (+ inf) il importe de (+ inf); il s'agit de (+ inf) 3 **es auf etw** (akk) ~ **lassen** risquer qc
ankreuzen _VT_ marquer d'une croix; auf e-m Formular cocher
ankündigen _VT_ (6 V/R) (sich) ~ a. fig (s')annoncer **Ankündigung** _F_ annonce f
Ankunft _F_ arrivée f
anlächeln _VT_ sourire à **anlachen** _A_ _VT_ regarder en riant _B_ umg _V/R_ **sich** (dat) **j-n ~** se trouver qn, un(e) petit(e) ami(e)
Anlage _F_ 1 (≈ Anlegen) von Parks, Straßen aménagement m; e-r Akte établissement m 2 (≈ Grünanlage) espace vert; jardin (public); parc m 3 (≈ Einrichtung) installation f; (≈ Vorrichtung) dispositif m 4 (≈ Sportanlage) terrain m de sport 5 (≈ Veranlagung) disposition f (**zu** à) 6 (≈ Kapitalanlage) placement m 7 in Briefen pièce jointe; **in der ~** ci-joint 8 (≈ Stereoanlage) chaîne f stéréo
Anlageberater(in) _M(F)_ conseiller, -ère m,f d'investissements **Anlagekapital** _N_ capital m d'investissement
Anlass _M_ 1 (≈ Grund) raison f (**zu** de); (≈ Beweggrund) motif m (de); **zur Klage geben** donner lieu à des plaintes 2 (≈ Gelegenheit) occasion f; **bei offiziellen Anlässen** pour des occasions officielles

anlassen _A_ _VT_ 1 (≈ in Gang setzen) mettre en marche; faire démarrer; Motor a. lancer 2 (≈ eingeschaltet lassen) laisser allumé 3 umg Kleidung garder _B_ umg _V/R_ **etw lässt sich gut, schlecht an** qc se présente, s'annonce bien, mal **Anlasser** _M_ démarreur m
anlässlich _PRÄP_ à l'occasion de
Anlauf _M_ 1 SPORT élan m; ~ **nehmen** prendre son élan, de l'élan 2 fig (≈ Versuch) essai m; **beim ersten ~** du premier coup; d'emblée
anlaufen _A_ _VT_ Hafen toucher; faire escale (à Hambourg, dans un port) _B_ _VI_ 1 Produktion, Aktion démarrer; Film sortir 2 **angelaufen kommen** arriver, venir en courant; accourir 3 (≈ beschlagen) se couvrir de buée 4 **rot ~** rougir; devenir tout rouge
anlegen _A_ _VT_ 1 **etw (an etw** akk) ~ mettre, poser qc (contre qc); (e-e Spielkarte, e-n Dominostein) ~ fournir une carte, un domino; 2 geh (≈ anziehen) mettre 3 Garten, Straße aménager; Vorräte faire; Liste, Akte faire 4 (≈ investieren) placer 5 (≈ ausgeben) **etw (für etw) ~** mettre qc (pour qc) 6 **er hat es darauf angelegt, ihm zu schaden** il s'est donné pour but, il a en tête de lui nuire _B_ _VI_ Schiff accoster, aborder (**an etw** dat qc) _C_ _V/R_ **sich mit j-m ~** se disputer avec qn, s'accrocher avec qn umg
anlehnen _A_ _VT_ Tür, Fenster laisser entrouvert, entrebâillé; **etw an etw** (akk) ~ appuyer, adosser qc contre, à qc _B_ _V/R_ **sich (an j-n, etw) ~** s'appuyer (contre qn, qc)
anliegen _VI_ 1 Kleidung eng ~ être collant 2 umg (≈ zu erledigen sein) **es liegt viel an** il y a beaucoup à faire
anlocken _VT_ attirer
anlügen _VT_ mentir à
anmachen _VT_ 1 Feuer, Licht, Radio allumer 2 Mörtel, Gips gâcher 3 Salat assaisonner; accommoder 4 umg (≈ aufreißen) **j-n ~** umg draguer qn
anmalen _VT_ peindre
Anmeldeformular _N_ formulaire m d'inscription; im Hotel fiche f
anmelden _A_ _VT_ 1 Besuch annoncer; Schüler faire inscrire; Rundfunkgerät déclarer; Auto (faire) immatriculer; TEL Ge-

Anmeldeschluss – Ansatz

spräch demander **2** fig (≈ geltend machen) revendiquer; présenter; **Bedenken ~** avoir des doutes, des hésitations **3** VR **sich ~ zur Teilnahme** se faire inscrire **(zu, bei, an** + dat à); **beim Arzt etc** prendre rendez-vous; **sich polizeilich ~** déclarer son domicile

Anmeldeschluss M (date f de) clôture f des inscriptions **Anmeldung** F **1** e-s Besuchers annonce f; für e-e Schule inscription f; beim Arzt **nach vorheriger ~** sur rendez-vous f **2** fig von Ansprüchen revendication f; présentation f

anmerken VT **1 j-m s-n Ärger, s-e Verlegenheit ~** voir que qn est en colère, est gêné; lire la colère, la gêne sur le visage de qn; **man merkt ihm an, dass ...** on voit, on remarque qu'il ...; **sich** (dat) **nichts ~ lassen** ne rien montrer **2** (≈ bemerken) **etw zu etw ~** faire des remarques sur qc

Annäherungsversuche MPL avances fpl

Annahme F **1** von Waren réception f **2** (≈ Vermutung) supposition f; hypothèse f; **in der ~, dass ...** à supposer que ... en supposant que ... (+ subj)

annehmen VT **1** Einladung, Geschenk, Angebot, Vorschlag accepter **2** Antrag, Gesetzesvorlage adopter **3** Form, Gewohnheit, Haltung prendre **4** (≈ vermuten, voraussetzen) supposer; admettre; **ich nehme es (nicht) an** je (ne) crois (pas)

anöden umg VT assommer; umg raser
anonym ADJ anonyme
Anorak M anorak m
anordnen VT **1** (≈ befehlen) ordonner **2** (≈ ordnen) arranger **Anordnung** F **1** (≈ Anweisung) ordre m; **auf ~ des Arztes** sur l'ordre du médecin **2** (≈ Ordnung) arrangement m

anorganisch ADJ inorganique
anpassen A VT **1** TECH ajuster (**e-r Sache** dat à qc) **2** fig adapter (**e-r Sache** dat à qc); Löhne, Gehälter etc a. r(é)ajuster **B** VR **sich ~** (+ dat), (**an** + akk) s'adapter (à) **anpassungsfähig** ADJ BIOL capable de s'adapter; geistig souple; flexible
anpfeifen VT SPORT **das Spiel ~** donner le coup de sifflet d'envoi **Anpfiff** M **1** SPORT coup m de sifflet d'envoi **2** umg fig umg engueulade f

anpflanzen VT (≈ pflanzen) planter; (≈ anbauen) cultiver
anpöbeln umg VT apostropher (en termes grossiers)
anprobieren VT essayer
Anrainer(in) M(F) riverain(e) m(f)
anrechnen VT **1** (≈ gutschreiben, berücksichtigen) tenir compte de; HANDEL, JUR imputer (**auf** + akk sur) **2** fig (≈ würdigen) **j-m etw hoch ~** savoir gré à qn de qc **3** (≈ berechnen) **j-m etw ~** compter qc à qn

Anrecht N droit m (**auf** + akk à)
Anrede F formule f pour s'adresser à qn; (≈ Titel) titre m **anreden** VT (≈ ansprechen) adresser la parole à; **auf der Straße** aborder

anregen VT **1** suggérer **2** (≈ ermuntern) stimuler **3** Appetit, Kreislauf, Fantasie stimuler **anregend** ADJ a. fig stimulant **Anregung** F **1** (≈ Vorschlag) suggestion f, idée f **2** (≈ Anregen) des Appetits, der Fantasie, a. MED stimulation f

Anreise F **1** (≈ Reise) voyage m **2** (≈ Ankunft) arrivée f **anreisen** VI **1** (≈ reisen) voyager **2** (≈ ankommen) arriver
Anreiz M attrait m
anrempeln umg VT bousculer; umg rentrer dans
anrichten VT **1 das Essen ~** garnir et décorer les plats **2** Schaden causer; provoquer; iron **da hast du (ja) etwas Schönes angerichtet!** tu en as fait de belles!

Anruf M appel m téléphonique; coup m de téléphone **Anrufbeantworter** M répondeur m (automatique) **anrufen** VT TEL **j-n ~** téléphoner à qn; appeler qn (par téléphone) **Anrufer(in)** M(F) correspondant(e) m(f) qui appelle **Anrufsammeltaxi** N taxi m collectif **anrühren** VT **1** toucher; fig **keinen Alkohol ~** ne pas toucher à l'alcool **2** Kleister, Farben délayer

ans = an das → **an**
Ansage F présentation f **ansagen** VT **1** a. beim Kartenspiel annoncer **2** umg **angesagt sein** (in Mode sein) être à la mode; être en vogue; (≈ auf dem Programm stehen) être prévu **Ansager(in)** M(F) RADIO, TV speaker m, speakerine f
Ansatz M **1** (≈ Lösungsansatz) approche f **2** (≈ Beginn) commencement m; début m

anschaffen A VT acheter B VR sich (dat) etw ~ s'acheter qc
anschalten VT Licht, Radio allumer; Maschine mettre en marche
anschauen bes südd, österr, schweiz VT → ansehen **anschaulich** ADJ clair; compréhensible; Beispiel, Bild concret
anscheinend ADV apparemment; ~ ... on dirait que ...; il semble que ... (+ ind)
anschieben VT pousser
Anschlag M 1 (≈ Bekanntmachung) affiche f 2 (≈ Attentat) attentat m (auf + akk contre) 3 (≈ Tastendruck) frappe f
anschlagen A VT 1 Plakate, Ankündigungen afficher; apposer; placarder 2 Stimmgabel frapper; Saite toucher; fig e-n anderen Ton ~ changer de ton 3 (≈ beschädigen) abîmer B VR sich (dat) den Kopf an etw (akk) ~ se heurter, se taper la tête contre qc
anschließen A VT 1 ~ (an + akk ou dat) mit Schloss attacher (à); elektrische Geräte brancher (sur) 2 (≈ anfügen) ajouter (an + akk à) B VR 1 (≈ beipflichten) sich j-s Meinung (dat) ~ partager l'opinion de qn; se rallier à l'avis de qn 2 (≈ folgen) sich ~ suivre 3 (≈ zugesellen) sich j-m ~ se joindre à qn **anschließend** A ADJ suivant B ADV ensuite
Anschluss M 1 (≈ Zuganschluss) correspondance f 2 von Gas, Wasser, Strom, a. TEL raccordement m; von Strom a. branchement m; TEL kein ~ unter dieser Nummer le numéro que vous demandez n'est pas en service actuellement 3 fig (≈ Verbindung) contact m (an + akk avec); im ~ an (+ akk) à la suite de; comme, faisant suite à 4 (≈ menschlicher Kontakt) ~ suchen chercher à se faire des connaissances 5 POL rattachement m
anschnallen A VT attacher B VR sich ~ im Auto, Flugzeug attacher sa ceinture; s'attacher **Anschnallpflicht** F port m obligatoire de la ceinture de sécurité
anschneiden VT 1 Brot, Wurst entamer 2 fig Frage aborder
anschreiben VT 1 etw (an die Tafel) ~ écrire qc (au tableau) 2 j-n ~ écrire à qn
anschreien VT crier après
Anschrift F adresse f

anschwellen VI Füße (se) gonfler; Fluss être en crue
ansehen A VT 1 (≈ anblicken, betrachten) regarder; es war schrecklich anzusehen c'était terrible à voir; umg sieh (mal) an! tiens! (tiens!); voyez donc! 2 j-m, e-r Sache ~, dass ... voir que qn, qc ...; man sieht ihm sein Alter nicht an on ne lui donnerait pas son âge 3 j-n, etw ~ als considérer qn, qc comme; irrtümlich prendre qn, qc pour 4 (≈ zusehen) etw nicht mit ~ können ne pas pouvoir supporter qc B VR sich (dat) etw ~ regarder, voir qc
Ansehen N (≈ Achtung) considération f; estime f
ansetzen A VT 1 Trinkgefäß porter aux lèvres; Blasinstrument emboucher; Werkzeug appliquer 2 (≈ anfügen) ~ (an + akk) (r)ajouter, rapporter (à) 3 Bowle, Likör préparer 4 Rost ~ (commencer à) rouiller; Fett ~ engraisser 5 (≈ veranschlagen) 3000 Euro für etw ~ estimer, évaluer qc à 3000 euros 6 Termin fixer B VI (≈ sich anschicken) commencer; zur Landung ~ amorcer un od l'atterrissage
Ansicht F 1 (≈ Meinung) opinion f; avis m; vue f; idée f; meiner ~ nach à mon avis; d'après moi 2 HANDEL Ware zur ~ senden envoyer de la marchandise pour examen gratuit **Ansichtskarte** F carte postale (illustrée)
Anspielung F allusion f (auf + akk à)
anspitzen VT Bleistift tailler
anspornen VT j-n ~ stimuler, aiguillonner qn
ansprechbar ADJ nicht ~ sein (≈ beschäftigt sein) être pris, occupé; (≈ geistig abwesend sein) ne plus rien entendre
ansprechen A VT 1 (≈ anreden) adresser la parole à; auf der Straße aborder 2 (≈ sich wenden an) s'adresser à; er fühlte sich angesprochen il s'est senti concerné; j-n um Hilfe ~ demander de l'aide à qn 3 (≈ zur Sprache bringen) etw ~ aborder le sujet, la question de qc 4 (≈ gefallen) j-n ~ plaire à qn 5 VI (auf etw akk) ~ réagir (à qc)
Ansprechpartner(in) M(F) interlocuteur, -trice m,f
anspringen A VT bondir, sauter sur B VI Motor démarrer

Anspruch M̄ **1** (≈ *Forderung*) exigence f; (≈ *Erwartung*) prétention f; **Ansprüche stellen** avoir des prétentions *bzw.* exigences; *etw, j-n in* ~ **nehmen** recourir à qc, qn **2** (≈ *Anrecht*) droit m (**auf** + *akk* à); **auf etw** (*akk*) ~ **haben** avoir droit à qc; **auf etw** (*akk*) ~ **erheben** revendiquer qc; *geh* prétendre à qc **anspruchsvoll** ADJ exigeant; *pej* prétentieux

anständig A ADJ convenable; honnête; *Benehmen a.* correct; comme il faut; *Kleidung* décent B ADV convenablement; comme il faut; **benimm dich bitte ~!** tiens-toi bien *od* de la tenue, s'il te plaît!

anstarren V̄T̄ regarder fixement

anstatt A KONJ ~ **zu** (+ *inf*) ~ **dass** ... au lieu de (+ *inf*) B PRÄP à la place de

anstecken A V̄T̄ **1** *Brosche* attacher, fixer (avec une épingle); accrocher; *Ring* mettre sur *od* à son doigt **2** (≈ *infizieren*) *j-n* ~ contaminer qn; **er hat mich angesteckt** il m'a passé sa maladie B V̄R̄ **sich** ~ contracter une maladie contagieuse **ansteckend** ADJ *Krankheit, a. fig Lachen* contagieux

anstehen V̄Ī **1** *in e-r Schlange* faire la queue (**nach etw** pour [avoir] qc) **2** *Probleme, Fragen* être en suspens **3** *geh* **es steht ihm nicht an, Kritik zu üben** *geh* il ne lui sied pas de critiquer

ansteigen V̄Ī → **steigen**

anstelle A PRÄP à la place de au lieu de B ADV ~ **von** à la place de au lieu de

anstellen A V̄T̄ **1** *etw an etw* (*akk*) ~ mettre, placer, appuyer qc contre qc **2** *beruflich j-n* ~ engager qn; *Arbeiter* embaucher qn **3** *Wasser, Gas* ouvrir; *Radio, Fernseher* mettre; allumer; *Elektrogeräte, Heizung* allumer; faire marcher; *Motor* mettre en marche **4** (≈ *machen*) *Vergleich* faire; *Nachforschungen* procéder à; **was habt ihr schon wieder angestellt?** qu'est-ce que vous avez encore fait, qu'est-ce que vous avez encore fabriqué? *umg*; *umg* **wie hast du das angestellt?** comment tu t'y es pris?; comment t'as fait ça? B V̄R̄ **1** *in e-r Schlange* **sich (nach etw)** ~ faire la queue (pour [avoir] qc); **sich hinten** ~ se mettre à la queue, en bout de file **2** *umg* **sich (bei etw) dumm** ~ s'y prendre bêtement (pour faire qc); **stell dich nicht so an!** ne fais pas tant de manières!

Anstieg M̄ *des Geländes, des Wassers* montée f; *der Temperatur* °hausse f; (≈ *Preisansitieg*) montée f

anstiften V̄T̄ *j-n zu etw* ~ inciter qn à (faire) qc

Anstoß M̄ **1** FUSSBALL coup m d'envoi **2** (≈ *Auslöser*) impulsion f; **den ~ zu etw geben** donner une impulsion à qc **3** (≈ *Ärgernis*) ~ **erregen** causer, provoquer un scandale; faire scandale; **an etw** (*dat*) ~ **nehmen** se scandaliser de qc; être choqué par qc

anstoßen A V̄T̄ **1** *Gegenstand* donner un coup à; °heurter **2** *Person* pousser (**mit** de); *versehentlich* °heurter B V̄Ī **1** (**mit dem Fuß, Kopf**) **an etw** (*akk*) ~ °heurter qc (du pied, de la tête) **2** *beim Trinken* (**mit den Gläsern**) ~ trinquer; *auf j-n, etw* ~ porter un toast à qn, qc

Anstößer(in) M̄(F̄), *schweiz* riverain(e) m(f)

anstreichen V̄T̄ **1** peindre **2** (≈ *markieren*) marquer

anstrengen A V̄T̄ **1** *Tätigkeit j-n* ~ fatiguer qn **2** *s-e Fantasie* ~ faire travailler son imagination B V̄R̄ **sich** ~ (, **etw zu tun**) se donner du mal (pour faire qc); faire un effort (pour faire qc); *körperlich a.* faire des efforts (pour faire qc) **anstrengend** ADJ fatigant **Anstrengung** F̄ **1** (≈ *Bemühung*) effort m; (**große**) **~en machen, etw zu tun** faire tous ses efforts pour faire qc **2** (≈ *Strapaze*) fatigue f

Ansturm M̄ assaut m (**auf** + *akk* à) **2** *fig von Kunden* ruée f (**auf** + *akk* sur)

Antarktis die ~ l'Antarctique m

Anteil M̄ **1** *a.* HANDEL part f (**an** + *dat* de) **2** *geringen, großen* ~ **an etw** (*dat*) **haben** avoir peu de, avoir une grande part à qc

Antenne F̄ antenne f

anti..., Anti... IN ZSSGN anti(-)... **Antialkoholiker(in)** M̄(F̄) antialcoolique m/f **antiautoritär** ADJ anti-autoritaire **Antibabypille** ° F̄ pilule (contraceptive, anticonceptionnelle)

Antibiotikum N̄ antibiotique m

Antiblockiersystem N̄ AUTO système m antiblocage

antik ADJ **1** (≈ *die Antike betreffend*) antique **2** *fig Möbel, Schmuck etc* ancien

Antike F Antiquité f
Antikörper M MED anticorps m
Antillen PL **die ~** les Antilles fpl
Antilope F antilope f
Antipathie F antipathie f
Antiquität F objet d'art ancien
antisemitisch ADJ antisémite **Antisemitismus** M antisémitisme m
Antivirenprogramm, Antivirusprogramm N IT programme m antivirus
antörnen umg VT Droge faire flipper umg; Musik, a. Person exciter, chauffer umg
Antrag M 1 im Parlament motion f (**auf** + akk), (**zu** de) 2 (≈ Gesuch) demande f (**auf** + akk de); **e-n ~ stellen** faire une demande **Antragsformular** N → Antrag **Antragsteller(in)** M(F) a. JUR demandeur, demanderesse m,f
antreiben VT 1 Tiere faire avancer 2 ans Ufer pousser (vers le rivage) 3 fig **j-n zu etw ~** pousser, inciter qn à faire qc 4 Maschine actionner
antreten A VT commencer; **e-e Fahrt ~** se mettre en route; **s-n Urlaub ~** prendre ses vacances, ses congés; **e-e Stelle ~** commencer à un poste, dans un emploi; **s-n Dienst ~** prendre son service; **j-s Nachfolge** (akk) **~** succéder à qn B VI **zu e-m Wettkampf, gegen e-e Mannschaft ~** se présenter à une épreuve, contre une équipe
Antrieb M 1 (≈ Impuls) impulsion f; mouvement m; **etw aus eigenem ~ tun** faire qc de son propre gré 2 e-r Maschine commande f; entraînement m
antun A VT 1 Böses, Leid etc faire f; **j-m angetan haben** avoir charmé, enchanté, séduit qn B umg VR **sich** (dat) **etwas ~** se suicider
Antwort F réponse f (**auf** + akk à); **~ geben** donner (une) réponse; répondre; auf Einladungskarten **um ~ wird gebeten** répondez, s'il vous plaît **antworten** VI répondre (**auf etw** akk à qc), (**j-m** à qn); (≈ erwidern) répliquer
anvertrauen A VT **j-m etw ~** confier qc à qn B VR **sich j-m ~** se confier à qn, auprès de qn
anwachsen VI 1 Pflanze prendre racine; s'enraciner 2 (≈ zunehmen) augmenter

Anwalt M, **Anwältin** F JUR, a. fig avocat(e) m(f)
Anweisung F (≈ Anordnung) consigne f; ordre m; instruction f; **~en** pl a. directives fpl
anwenden VT 1 (≈ gebrauchen) employer; utiliser 2 Regel, Gesetz appliquer **Anwender(in)** M(F) IT utilisateur, -trice m,f **Anwendung** F 1 (≈ Gebrauch) emploi m 2 e-r Regel etc application f (**auf** + akk à)
anwesend ADJ présent **Anwesende(r)** M(F)M personne présente **Anwesenheit** F présence f; **in ~** (dat) **von** od (+ gen) en présence de **Anwesenheitsliste** F liste f de présence
anwidern VT **j-n ~** répugner à qn; dégoûter qn
anwinkeln VT plier
Anzahl F nombre m
anzahlen VT verser un acompte de **Anzahlung** F acompte m
Anzeichen N signe m; indice m
Anzeige F 1 (≈ Zeitungsanzeige) annonce f; **e-e ~ aufgeben** passer, insérer, faire paraître une annonce 2 (≈ Familienanzeige) faire-part m 3 (≈ Strafanzeige) plainte f; **~ erstatten** porter plainte (**gegen j-n** contre qn) 4 (≈ Stand e-s Messgerätes), a. IT affichage m **anzeigen** VT 1 Richtung, Zeit, Temperatur indiquer; montrer; IT afficher 2 Straftat, Täter dénoncer
anziehen A VT 1 Kleidungsstücke mettre; Hemd, Pullover a. passer 2 **j-n ~** habiller qn 3 Metall, a. fig attirer 4 Beine ramener vers soi 5 Schraube, Bremse serrer B VR **sich ~** s'habiller
Anziehungskraft F 1 PHYS force f d'attraction 2 fig attraction f
Anzug M costume m
anzünden VT 1 allumer 2 Haus mettre le feu à
Apartment N studio m
apathisch ADJ apathique
aper südd, österr, schweiz ADJ sans neige
Aperitif M apéritif m
Apfel M pomme f; fig **in den sauren ~ beißen** avaler la pilule **Apfelbaum** M pommier m **Apfelmus** N compote f de pommes **Apfelsaft** M jus m de pomme
Apfelsine F orange f

Apfelsinensaft M jus m d'orange
Apfelstrudel M strudel m aux pommes **Apfeltasche** F GASTR chausson m aux pommes
Apostel M REL, a. fig apôtre m
Apostroph M apostrophe f
Apotheke F a. Haus-, Reiseapotheke pharmacie f **Apotheker(in)** M(F) pharmacien, -ienne m,f
App F IT appli f
Apparat M Verwaltungsapparat, a. FOTO, TEL appareil m
Appartement N **1** Wohnung studio m **2** (≈ Hotelappartement) suite f
Appell M **1** MIL rassemblement m **2** fig appel m **appellieren** V/I **an etw, j-n ~** faire appel à qc, qn; en appeler à qc, qn
Appenzell N l'Appenzell
Appetit M appétit m; **auf etw** akk **~ bekommen** se sentir de l'appétit pour qc; **~ auf etw** (akk) **haben** avoir envie, faim de qc; **guten ~!** bon appétit! **appetitlich** ADJ appétissant
applaudieren V/I applaudir (**j-m** qn)
Applaus M applaudissements mpl
Aprikose F abricot m
April M (mois m d')avril m **Aprilscherz** M poisson m d'avril
Aquarell N aquarelle f
Aquarium N aquarium m
Äquator M équateur m
Araber(in) M(F) Arabe m/f **Arabien** N l'Arabie f **arabisch** ADJ arabe
Arbeit F **1** Tätigkeit, a. PHYS travail m; **an die ~ gehen, sich an die ~ machen** se mettre au travail, à l'œuvre **2** Produkt travail m **3** (≈ Klassenarbeit) contrôle m **4** (≈ Arbeitsplatz, Berufstätigkeit) travail m **arbeiten** V/I a. fig Holz, Geld travailler; **an etw** (dat) **~** travailler à qc **Arbeiter** M travailleur m; in der Industrie ouvrier m **Arbeiterklasse** F classe ouvrière
Arbeitgeber(in) M(F) employeur m; patron, patronne m,f; **die ~** pl le patronat; les patrons **Arbeitnehmer(in)** M(F) salarié(e) m(f); employé(e) m(f)
Arbeitsagentur F agence f pour l'emploi **Arbeitsbedingungen** F PL conditions fpl de travail **Arbeitserlaubnis** F Recht autorisation f de travail; Ausweis permis m de travail **Arbeitsgemeinschaft** F groupe m de travail, d'études **Arbeitsgruppe** F → Arbeitsgemeinschaft **Arbeitskampf** M conflit social (entre patronat et salariat) **Arbeitskleidung** F vêtements mpl de travail **Arbeitsklima** N ambiance f au travail **Arbeitskraft** F **1** (≈ Leistungsfähigkeit) capacité f, puissance f, potentiel m de travail **2** Person travailleur, -euse m,f; in der Industrie ouvrier, -ière m,f; **Arbeitskräfte** pl main-d'œuvre f **Arbeitskreis** M cercle m de travail, d'études
arbeitslos ADJ sans travail; **~ werden** être mis au chômage; **sich ~ melden** s'inscrire au chômage **Arbeitslose(r)** M(F/M) chômeur, -euse m,f **Arbeitslosengeld** N allocation f (de) chômage **Arbeitslosenversicherung** F assurance f chômage **Arbeitslosigkeit** F chômage m
Arbeitsplatz M **1** (≈ Stelle) emploi m; travail m **2** (≈ Arbeitszimmer) bureau m; in e-r Fabrik poste m **Arbeitsspeicher** M IT mémoire vive **Arbeitsstelle** F **1** (≈ Arbeitsstätte) lieu m de travail **2** (≈ Arbeitsplatz) emploi m; travail m **Arbeitsteilung** F division f du travail **Arbeitsunfähigkeit** F incapacité f de travail **Arbeitsunfall** M accident m du travail **Arbeitsvermittlung** F bureau m de placement **Arbeitsvertrag** M contrat m de travail; **befristeter ~** contrat m à durée déterminée; CDD m; **unbefristeter ~** contrat m à durée indéterminée; CDI m **Arbeitszeit** F heures fpl de travail **Arbeitszeitverkürzung** F réduction f du temps, des heures de travail **Arbeitszimmer** N bureau m
Archäologe M, **Archäologin** F archéologue m/f **Archäologie** F archéologie f **archäologisch** ADJ archéologique
Arche BIBEL **die ~ Noah** l'arche f de Noé
Architekt(in) M(F) architecte m/f **Architektur** F architecture f
Archiv N archives fpl **archivieren** V/T classer dans les archives
Arena F a. fig arène f
Argentinien N l'Argentine f
Ärger M **1** (≈ Unmut) dépit m; irritation

f; (≈ *Zorn*) colère f **2** (≈ *Unannehmlichkeiten*) ennuis mpl; **ich habe ~ bekommen** j'ai eu des ennuis **ärgerlich** A ADJ **1** (≈ *ungehalten*) irrité; contrarié; fâché **2** (≈ *unerfreulich*) fâcheux; ennuyeux B ADV (≈ *ungehalten*) avec irritation

ärgern A VT **1** (≈ *reizen*) agacer; embêter; (≈ *zornig machen*) mettre en colère **2** (≈ *unangenehm berühren*) contrarier; fâcher B VR **sich ~** (≈ *verärgert sein*) être fâché (**über j-n** contre qn), (**über etw** akk de qc); (≈ *zornig werden*) se fâcher (**über j-n** contre qn)

Argument N argument m **Argumentation** F argumentation f **argumentieren** VI argumenter

Arie F aria f

Arktis die ~ l'Arctique m

arm ADJ **1** (≈ *nicht reich*) pauvre; **j-n arm machen** appauvrir qn; *fig hum* ruiner qn **2** (≈ *bedauernswert*) pauvre *vorangestellt*; **du Ärmste(r)!** ma (mon) pauvre! **3** (**an Rohstoffen, Vitaminen** (sein)) être pauvre en matières, en vitamines

Arm M *a. fig* bras m; **Arm in Arm** bras dessus bras dessous; *fig* **j-n auf den Arm nehmen** faire marcher qn; se payer la tête de qn; *fig* **j-m unter die Arme greifen** tirer qn d'affaire (**mit etw** avec qc, en faisant qc); financièrement aider qn (financièrement) **2** (≈ *Ärmel*) manche f

Armaturenbrett N AUTO, FLUG tableau m de bord

Armband N bracelet m **Armbanduhr** F montre-bracelet f

Armee F *a. fig* armée f

Ärmel M manche f; **die ~ hochkrempeln** *a. umg* se retrousser ses manches **Ärmelkanal der ~** la Manche **ärmellos** ADJ sans manches

Armut F *a. fig* pauvreté f

Aroma N arome *od* arôme m **aromatisch** ADJ aromatique

arrangieren A VT *a.* MUS arranger B VR **sich (mit j-m) ~** s'arranger (avec qn)

arrogant ADJ arrogant **Arroganz** F arrogance f

arschkalt ADJ sl glacial; **es ist ~** umg il fait un froid de canard

Arschkarte sl **die ~ (gezogen) haben** avoir tiré la mauvaise carte; sl s'être fait baisé; **die ~ ziehen** (≈ *e-e sehr unangenehme Aufgabe übernehmen müssen*) se retrouver avec le bâton merdeux; *etwas ausbaden müssen* umg payer les pots cassés

Art F **1** (≈ *Weise*) manière f; façon f; mode m; **auf diese Art (und Weise)** de cette façon, manière **2** (≈ *Wesensart*) genre m; nature f; **das ist nicht ihre Art** ce n'est pas dans sa nature **3** (≈ *Benehmen*) manières fpl; façons fpl **4** (≈ *Sorte*) genre m; sorte f; *a.* BIOL espèce f; **(so) e-e Art Sofa** une espèce, sorte de canapé; **aus der Art schlagen** ne ressembler à personne dans la famille **5** GASTR **... nach Art des Hauses** ... maison

Artenschutz M protection f des espèces

Arterie F artère f

artig ADJ *Kind* sage

Artikel M article m; GRAM **(un)bestimmter ~** article (in)défini

Artist(in) M(F) artiste m/f de cirque, de music-hall

Arznei F médicament m **Arzneimittel** N médicament m

Arzt M médecin m; **zum ~ gehen** (aller) voir un médecin **Arzthelferin** F assistante médicale

Asbest M amiante m

Asche F cendre(s) f(pl) **Aschenbecher** M cendrier m **Aschenbrödel** N, **Aschenputtel** N Cendrillon f **Aschermittwoch** M (mercredi m des) Cendres fpl

Asiat(in) M(F) Asiatique m/f **asiatisch** ADJ asiatique **Asien** N l'Asie f

Asphalt M asphalte m **asphaltieren** VT bitumer; asphalter

Aspik M GASTR aspic m

aß → **essen**

Ass N **1** *Spielkarte* as m **2** TENNIS ace m **3** *fig* champion, -ionne m,f

Assistent(in) M(F) assistant(e) m(f) **assistieren** VI **(j-m) ~** assister qn (**bei etw** pendant qc)

Ast M branche f

ästhetisch ADJ esthétique

Asthma N asthme m

Astrologe M, **Astrologin** F astrologue m/f **Astrologie** F astrologie f **Astronaut(in)** M(F) astronaute m/f

Asyl N asile m; **j-m ~ gewähren** donner asile à qn **Asylant(in)** *oft neg!* M(F) demandeur, -euse m,f d'asile **Asyl-**

antrag M demande f d'asile **Asylbewerber(in)** M(F) demandeur, -euse m,f d'asile

Atelier N e-s Künstlers atelier m; e-s Fotografen, (≈ Filmatelier) studio m

Atem M 1 (≈ Atmung) respiration f; fig **j-n in ~ halten** (≈ in Spannung halten) tenir qn en haleine; (≈ pausenlos beschäftigen) tenir qn en mouvement 2 **außer ~ sein** être essoufflé; être °hors d'haleine; **(tief) ~ holen** respirer (profondément)

atemlos ADJ °hors d'haleine; essoufflé

Atemzug M souffle m; fig **in e-m** od **im selben ~** au même instant, moment

Äthanol CHEM éthanol m

Atheist(in) M(F) athée m/f

Athen N Athènes

Äthiopien N l'Éthiopie f

Athlet(in) M(F) athlète m/f

Atlantik der ~ l'Atlantique m

Atlas M atlas m

atmen V/T & V/I respirer

Atmosphäre F atmosphère f

Atom N atome m **Atom...** IN ZSSGN, **atomar** ADJ atomique, nucléaire; **atomare Bedrohung** menace f nucléaire **Atombombe** F bombe f atomique **Atomenergie** F énergie f atomique, nucléaire **Atomgegner(in)** M(F) adversaire m/f du nucléaire **Atomkraftwerk** N centrale f atomique, nucléaire **Atomkrieg** M guerre f atomique, nucléaire **Atomreaktor** M réacteur m nucléaire **Atomtest** M essai m nucléaire **Atomwaffe** F arme f atomique, nucléaire **atomwaffenfrei** ADJ **~e Zone** zone f dénucléarisée **Atomwende** F NUKL tournant m du nucléaire

ätsch kinderspr INT (c'est) bien fait!

Attachment N IT fichier joint; pièce jointe

Attentat N attentat m **Attentäter(in)** M(F) auteur m d'un attentat

Attest N certificat (médical)

Attraktion F attraction f **attraktiv** ADJ 1 Angebot etc intéressant 2 Person attirant

Attrappe F article m factice

Attribut N 1 (≈ Merkmal) attribut m 2 GRAM épithète f

ätzend ADJ 1 CHEM corrosif; corrodant; caustique 2 fig Spott, Geruch mordant 3 Jugendsprache (≈ scheußlich) dégueu(lasse) umg

au INT aïe!; ouille!

aua kinderspr, umg INT aïe!

auch ADV 1 (≈ ebenfalls) aussi; également; verneint non plus; **ich ~** moi aussi; **ich ~ nicht** (ni) moi non plus 2 (≈ sogar, selbst) même; **~ wenn ...** même si ... 3 (≈ außerdem) ~ **(noch)** encore; umg **~ das noch!** il ne manquait plus que cela!; umg et ça par-dessus le marché! 4 verallgemeinernd **wer, was, wo** etc **es ~ (immer) sein mag** qui, quoi, où, etc que ce soit 5 zweifelnd bien; **ist das ~ wahr?** (mais), est-ce bien vrai?

Audienz F audience f

auf A PRÄP 1 räumlich Lage sur; bei Behörden, Inseln, Veranstaltungen meist à; bei femininen Inselnamen en; **auf der Erde** sur la Terre; **auf der Bank** à la banque; **auf Korsika** en Corse; **auf dem Tisch liegen** être sur la table 2 Richtung ⟨akk⟩ sur; **auf den Tisch legen** mettre, poser sur la table 3 zeitlich ⟨akk⟩ pour; **auf unbestimmte Zeit** pour un temps indéterminé 4 modal **auf diese Weise** de cette façon, manière 5 konsekutiv ⟨akk⟩ **auf s-e Bitte (hin)** à sa demande 6 pro ⟨akk⟩ **ein Abgeordneter auf zehntausend Einwohner** un député pour dix mille habitants B ADV 1 umg (≈ offen) **auf sein** être ouvert; nicht im Bett **schon auf sein** être déjà levé; **noch auf sein** être encore debout 2 Aufforderung **auf geht's!** (≈ an die Arbeit etc) allons-y! 3 in festen Verbindungen **auf und ab** od **geh nieder** de °haut en bas, de bas en °haut; Person ⟨≈ hin und her⟩ **auf und ab gehen** aller et venir; passer et repasser; marcher de long en large; faire les cent pas

aufatmen V/I a. fig respirer; fig se sentir soulagé

Aufbau M 1 a. fig construction f; e-s Gerüsts, e-r Maschine montage m 2 (≈ Gliederung) structure f **aufbauen** A V/T 1 construire; Gerüst, Zelt, Maschine monter 2 (≈ arrangieren) disposer; arranger 3 Organisation, Firma créer, monter (avec succès) 4 **etw auf etw** (dat) **~** a. fig construire, édifier, bâtir qc sur qc 5 fig **j-n zu** od **als etw ~** (vouloir) faire qc de qn 6 umg fig **j-n ~** psy-

chisch redonner le moral à qn; *physisch* remonter qn **B** *VII* **auf etw** (*dat*) ~ être basé, fondé sur qc
aufbäumen *VR* **sich** ~ *a. fig* se cabrer (**gegen** contre)
aufbekommen *VIT* **1** *umg Tür, Schloss* réussir, parvenir, arriver à ouvrir **2** SCHULE **etw** ~ avoir à faire qc comme devoir
aufbewahren *VIT* conserver; **kühl, trocken** ~ garder, tenir au frais, au sec
aufblasen *VIT* gonfler
aufbleiben *umg* *VI* **1** (≈ *geöffnet bleiben*) rester ouvert **2** (≈ *nicht zu Bett gehen*) rester debout
aufbrechen A *VIT* *Tür, Schloss, Safe etc* forcer **B** *VII* (≈ *weggehen*) partir; s'en aller
Aufbruch *M* départ *m*
aufdecken *VIT* **1** *Bett* découvrir **2** *Spielkarte* retourner **3** *fig* (≈ *enthüllen*) découvrir; *Intrige, Verbrechen* déceler
aufdrängen A *VIT* **j-m etw** ~ presser, obliger qn d'accepter qc; *Willen, Ansichten* imposer qc à qn **B** *VR* **sich j-m** ~ s'imposer à qn
aufdrehen *VIT* **1** ouvrir **2** *umg Radio* mettre (plus) fort
aufdringlich *ADJ Person* indiscret; *umg* collant
Aufdruck *M* texte imprimé **aufdrucken** *VIT* **etw** (**auf etw** *akk*) ~ imprimer qc (sur qc)
aufdrücken *VIT* **1** *Tür* ouvrir (en poussant) **2** *Pickel* faire crever
aufeinander *ADV* l'un(e) sur l'autre *bzw.* le un(e)s sur les autres; → aufeinanderfolgen **aufeinanderfolgen** *VII* se succéder; se suivre
Aufenthalt *M* **1** *während e-r Fahrt* arrêt *m*; °halte *f* **2** (≈ *Verweilen*) séjour *m* **Aufenthaltserlaubnis** *F*, **Aufenthaltsgenehmigung** *F* permis *m* de séjour **Aufenthaltsraum** *M* *e-s Wohnheims* foyer *m*
Auferstehung *F a. fig* résurrection *f*
aufessen *VIT & VII* manger tout
auffahren A *VIT* **1** *Geschütz* mettre en batterie; pousser en position **2** *umg Speisen* mettre sur la table **B** *VII* **1 auf etw** (*akk*) ~ *Fahrzeug* télescoper, tamponner qc **2** (≈ *heranfahren*) **auf j-n, etw dicht** *od* **nah** ~ suivre qn, qc de très près **Auffahrt** *F* (≈ *Autobahnauffahrt*) bretelle *f*; *vor e-m Gebäude* rampe *f* (d'accès) **Auffahrunfall** *M* télescopage *m*
auffallen *VII Person* se faire remarquer (**durch** par); *Dinge* se voir; se remarquer; sauter aux yeux; **j-m** ~ frapper qn; **nicht** ~ passer inaperçu; **mir fiel auf, dass ...** j'ai remarqué que ...; je me suis aperçu que ...; **fiel dir nichts an ihm auf?** n'as-tu rien remarqué chez lui?
auffallend A *ADJT* frappant; *Kleidung, Farbe* voyant **B** *ADVL* d'une façon frappante
auffällig *ADJ* frappant; *Kleidung, Farbe* voyant
auffangen *VIT* **1** *Ball etc* (r)attraper **2** *Flüssigkeit* recueillir **3** *Schlag, Stoß* amortir
auffassen *VIT* **1** (≈ *verstehen*) saisir; **etw falsch** ~ mal interpréter qc **2** (≈ *ansehen*) **etw als etw** ~ prendre qc pour qc; interpréter qc comme qc **Auffassung** *F* conception *f*; **nach meiner** ~ à mon sens; **der** ~ **sein, dass ...** être d'avis, penser que ...
auffordern *VIT* **j-n** ~, **etw zu tun** inviter qn à faire qc; ADMIN sommer qn de faire qc **Aufforderung** *F* invitation *f* (**zu** à); ADMIN sommation *f*
auffressen *VIT a. fig* manger, dévorer
aufführen A *VIT* **1** *Theaterstück* représenter; jouer; *Musikstück* exécuter **2** *Beispiele, Gründe* donner **B** *VR* **sich** ~ se comporter; se conduire **Aufführung** *F* représentation *f*
auffüllen *VIT* remplir
Aufgabe *F* **1** (≈ *Auftrag*) tâche *f*; mission *f*; (≈ *Pflicht*) devoir *m* **2** SCHULE (≈ *Hausaufgabe*) schriftliche devoir *m*; mündliche leçon *f*; (≈ *Übung*) exercice *m* **3** *des Gepäcks* enregistrement *m* **4** *e-r Stellung, e-s Plans, a.* SPORT abandon *m*
aufgabeln *umg VIT* pêcher
aufgeben A *VIT* **1** *Schularbeiten* donner; *Rätsel* poser **2** *Brief etc* expédier; *Gepäck* faire enregistrer **3 eine Anzeige/Bestellung** ~ passer une annonce/une commande **4** *Vorhaben, Widerstand* abandonner; *Stellung* quitter; **die Hoffnung** ~ perdre espoir; **das Rauchen** ~ arrêter de fumer; **gib's auf!** laisse tomber! **5 sein Geschäft** ~ liquider, fermer

définitivement son commerce, son affaire **B** [VII] *a.* SPORT abandonner

aufgehen [VII] **1** *Gestirn* se lever **2** (≈ *sich öffnen*) s'ouvrir; *Knoten, Schleife* se défaire; *Naht* se défaire; se découdre; *Vorhang* se lever; *Geschwür* crever; percer **3** *fig plötzlich ging mir auf, was er gemeint hatte* je compris soudain ce qu'il avait voulu dire **4** *Rechnung* tomber juste

aufgeilen *umg* **A** [VII] exciter (sexuellement) **B** [VR] **sich ~ (an etw** *dat*) **~** *a. fig* s'exciter (sur qc)

aufgeklärt [ADJ] **1** éclairé; sans préjugés **2** *sexuell* averti

aufgekratzt *umg* [ADJ] en train; *stärker* excité **aufgeregt** [ADJ] excité; agité **aufgeschlossen** [ADJ] *Person* ouvert (**für** à) **aufgeschmissen** [ADJ] *umg* paumé; perdu

aufgliedern [VII] diviser, décomposer (**in** + *akk* en); *in Kategorien* classer, classifier (**in** + *akk*), (**nach** en)

aufgrund **A** [PRÄP] (≈ *wegen*) en raison de **B** [ADV] **~** *von* (≈ *wegen*) en raison de; vu; (≈ *kraft*) en vertu de

aufhaben *umg* [VII] **1** *Hut* avoir (sur la tête); *Brille* avoir (sur le nez) **2** (≈ *geöffnet haben*) *Geschäft* être ouvert; **ab wann haben Sie auf?** à quelle heure ouvrez-vous? **3** *Hausaufgaben* avoir à faire, à apprendre

aufhalten **A** [VII] **1** (≈ *geöffnet halten*) tenir, garder ouvert; **die Hand ~** *a. fig* tendre la main **2** (≈ *hemmen*) arrêter; (≈ *zurückhalten*) **j-n ~** retenir, retarder qn **B** [VR] **sich ~** (≈ *verweilen*) être; sich **~** (**in** + *dat*) (≈ *bleiben*) rester (à); *im Ausland* séjourner (à) **2 sich mit etw ~** s'arrêter à, s'attarder à *od* sur qc; perdre son temps avec *od* à qc

aufhängen **A** [VII] **1** suspendre; *Bild, Mantel* accrocher; *Wäsche* étendre; *Hörer* raccrocher **2** (≈ *erhängen*) pendre **B** [VR] **sich ~** se pendre **Aufhänger** [M] **1** attache *f* **2** *fig* point *m* de départ (**für etw** de qc)

aufheben [VII] **1** *vom Boden* ramasser; (≈ *hochheben*) soulever **2** (≈ *aufbewahren*) garder; conserver; mettre de côté, *fig* **gut, schlecht aufgehoben sein** être, ne pas être en bonnes mains **3** (≈ *abschaffen*) supprimer; JUR *Strafe, Urteil* lever; annuler; *Sperre* débloquer

aufhetzen [VII] **j-n gegen j-n ~** monter (la tête à) qn contre qn; dresser qn contre qn

aufholen **A** [VII] rattraper **B** [VII] SPORT regagner du terrain

aufhören [VII] s'arrêter; **mit etw ~** cesser, arrêter qc; **~ zu** (+ *inf*) cesser, (s')arrêter de (+ *inf*); **ohne aufzuhören** sans cesse; sans relâche; sans arrêt; *umg* **da hört (sich) doch alles auf!** c'est trop fort!

aufklappen [VII] *Buch, Taschenmesser etc* ouvrir; *Gartenstuhl* déplier

aufklären [VII] **1** *Ursache, Irrtum etc* tirer au clair; *Verbrechen* élucider **2** (≈ *informieren*) **j-n über etw** (*akk*) **~** instruire qn de qc; éclairer qn sur qc **3** *sexualkundlich* **j-n ~** mettre qn au courant des choses de la vie **B** [VR] **sich ~** (≈ *sich klären*) s'expliquer **Aufklärung** [F] **1** *e-s Missverständnisses, Verbrechens* éclaircissement *m*; élucidation *f* **2** (≈ *Erklärung*) explication *f*; information *f* **3** **die (sexuelle) ~** l'éducation sexuelle **4** HIST **das Zeitalter der ~** le siècle des lumières

Aufkleber [M] autocollant *m*

aufkommen [VII] **1** *Gewitter* se former; *Nebel* survenir; *Sturm* se lever; *Gerücht* se répandre; *Zweifel, Gefühl* naître; *Mode* être lancé; **keine Zweifel über etw** (*akk*) **~ lassen** ne permettre aucun doute sur qc **2** (≈ *bezahlen*) **für etw ~** payer qc **3** (≈ *auftreffen*) **auf etw** (*akk od dat*) **~** weich se poser sur qc; *beim Sprung* atterrir sur qc

aufladen **A** [VII] **1** *Batterie etc* (re)charger **2** *Fracht* **etw (auf etw** *akk*) **~** charger qc (sur qc); *fig* **j-m etw ~** mettre qc sur le dos de qn **B** [VR] **sich ~** se recharger

Auflage [F] **1** *e-s Buchs* édition *f* **2** (≈ *Verpflichtung*) obligation *f*; **j-m zur ~ machen, etw zu tun** obliger qn à faire qc

auflassen *umg* [VII] **1** *Tür etc* laisser ouvert **2** *Hut, Brille* garder

Auflauf [M] **1** *von Personen* rassemblement *m* **2** GASTR gratin *m*; **mit Eischnee zubereitet** soufflé *m*

auflegen [VII] **1** *Tischdecke, Schallplatte, Holz, Rouge etc* mettre; TEL **(den Hörer) ~** raccrocher **2** *Buch* éditer

auflisten VT IT lister
auflockern A VT **1** *Boden* biner; ameublir **2** *fig Häuserfront, Muster, Stil* aérer; dégager; *Atmosphäre* détendre; *Bericht* égayer B VR **sich ~** se dissiper, se disperser; **aufgelockerte Bewölkung** nuages épars, dispersés

auflösen A VT **1** *Rätsel, Gleichung* résoudre; *Widerspruch* dissiper **2** *in e-r Flüssigkeit* dissoudre; *Tabletten in Wasser (dat)* **~** faire fondre des cachets dans de l'eau **3** *Parlament, Ehe* dissoudre; *Vertrag* résilier; *Geschäft* liquider B VR **1 sich ~ in e-r Flüssigkeit** se dissoudre; *Tabletten* **sich in Wasser** (*dat*) **~** fondre dans de l'eau **2 sich ~** *Menschenmenge* se disperser; *Nebel* se dissiper

Auflösung F **1** *e-s Rätsels, e-r Rechenaufgabe* solution f; *e-r Gleichung* résolution f **2** *e-s Geschäfts* liquidation f **3** OPT, FOTO résolution f

aufmachen A *umg* VT **1** (≈ *öffnen*) ouvrir; *Knoten* défaire **2** *Geschäft* ouvrir B *umg* VT **1** (≈ *(er)öffnen*) ouvrir **2** (≈ *die Tür öffnen*) ouvrir C VR **sich ~** se mettre en route, partir (**nach** pour)

aufmerksam ADJ **1** attentif; **auf j-n, etw ~ werden** remarquer qn, qc; **j-n auf etw** (*akk*) **~ machen** faire remarquer, observer qc à qn; **j-n auf j-n ~ machen** attirer l'attention de qn sur qn **2** (≈ *zuvorkommend*) prévenant

Aufmerksamkeit F **1** attention f **2** *e-e kleine ~* (≈ *Geschenk*) un petit quelque chose

aufmuntern VT **1** (≈ *aufheitern*) remonter; regaillardir **2** (≈ *ermutigen*) encourager

aufmüpfig *umg* ADJ rebelle

Aufnahme F **1** (≈ *Empfang*) accueil m; réception f **2** *in e-e Organisation, Schule etc* admission f **3** *von Nährstoffen, Feuchtigkeit* absorption f **4** (≈ *Beginn*) commencement m **5** (≈ *Aufzeichnung auf Tonband, Filmstreifen*) enregistrement m; FOTO, FILM, TV prise f de vue(s); (≈ *Tonaufnahme*) prise f de son **6** (≈ *Foto*) photo(graphie) f

Aufnahmeantrag M demande f d'admission **aufnahmefähig** ADJ *geistig* réceptif (**für** à) **Aufnahmeprüfung** F examen m d'admission, d'entrée **Aufnahmetaste** F touche f d'enregistrement

aufnehmen VT **1** *vom Boden* ramasser; *Gegenstand, Last* soulever; *fig Fährte* relever **2** *Gäste* recevoir; accueillir **3** *in e-e Organisation, Schule, Partei etc* admettre (**in** + *akk* à, dans) **4** *etw mit in sein Programm ~* prendre qc dans, (r)ajouter qc à son programme **5** *Nahrung* prendre; absorber **6** (≈ *fassen*) *Ladungsmenge, Menschenmenge etc* contenir; recevoir **7** *geistig* retenir; assimiler **8** *Nachricht* accueillir; **wie hat er die Nachricht aufgenommen?** comment a-t-il pris la nouvelle? **9** *Kredit, Hypothek* prendre **10** (≈ *beginnen*) commencer **11** *Kontakte* prendre **12** (≈ *fotografieren*) prendre, faire une photo de **13** *auf Tonband* enregistrer (**auf** + *akk* sur) **14 es mit j-m ~** rivaliser avec qn; défier qn

aufpassen VT **auf etw, j-n ~** faire attention à qc, à qn; prendre garde à qc, à qn; surveiller qc, qn; *umg* **aufgepasst!** attention!; **pass mal auf!** fais attention!

Aufprall M choc m, °heurt m (**auf** + *akk ou dat* contre) **aufprallen** (**auf etw** *akk ou dat*) **~** °heurter, tamponner qc

Aufpreis M supplément m

Aufputschmittel N stimulant m

aufraffen VR **1 sich ~** (≈ *mit Mühe aufstehen*) se relever avec peine **2** *fig* **sich ~, etw zu tun** prendre son courage à deux mains pour faire qc

aufräumen A VT ranger; mettre de l'ordre dans B VT **1** mettre, faire de l'ordre **2** *fig* (≈ *beseitigen*) **mit etw ~** faire table rase de qc

aufrecht ADJ & ADV **1** (≈ *aufgerichtet*) droit; debout; **~ stehen** être debout **2** (≈ *rechtschaffen*) droit

aufregen A VT énerver; agacer B VR **sich (über etw, j-n) ~** s'énerver (à cause de qc, de qn); s'irriter (de qc, contre qn) **aufregend** ADJ excitant **Aufregung** F (≈ *Durcheinander*) agitation f; (≈ *Spannung*) excitation f; (≈ *Nervosität*) énervement m; **j-n in ~** (+ *akk*) **versetzen** mettre qn dans un état d'énervement; énerver, exciter qn

aufreißen VT **1** *Tür* ouvrir (brusquement); **die Augen ~** ouvrir de grands yeux; écarquiller les yeux; **den Mund ~** ouvrir grand la bouche **2** *Brief, Packung* ouvrir (rapidement) **3** *mit Gewalt* déchi-

aufrichten — **aufstellen**

rer; *Boden, Straße* défoncer **4** *umg Mädchen* draguer *umg*

aufrichten A V/T **1** redresser; **den Oberkörper ~** redresser le buste **2** *fig* (≈ *trösten*) consoler B V/R **sich ~** se relever; se remettre debout

aufrollen V/T **1** (≈ *zusammenrollen*) enrouler; rouler **2** *e-n Prozess wieder ~* reprendre un procès

aufrücken V/I **1** (≈ *vorrücken*) (s')avancer; (≈ *aufschließen*) serrer les rangs **2** *fig* (≈ *befördert werden*) accéder (**in** + *akk* à); *im Dienstgrad* monter en grade

Aufruf M *a. fig* appel *m* (**an** + *akk* à)

aufrufen V/T appeler (**zu etw ~** à faire qc)

aufrunden V/T arrondir (**auf** + *akk* à)

aufs, = auf das → **auf**

aufsagen V/T réciter

aufsammeln V/T ramasser

aufsässig ADJ récalcitrant

Aufsatz M **1** (≈ *Schulaufsatz*) rédaction *f*; *in der Oberstufe* dissertation *f*; **e-n ~ schreiben** faire une rédaction *bzw.* une dissertation **2** (≈ *aufgesetzter Teil*) élément supérieur

aufschieben V/T **1** ouvrir; faire glisser **2** (≈ *zeitlich verschieben*) remettre; reporter

Aufschlag M **1** (≈ *Preisaufschlag*) majoration *f*; augmentation *f*; supplément *m* **2** (≈ *Aufprall*) °heurt *m*; choc *m* **3** TENNIS service *m*; **~ haben** servir

aufschlagen A V/T **1** *Gerüst, Zelt* monter; dresser; *Lager* établir **2** *Augen, Buch etc* ouvrir; **Seite 21 ~** ouvrir à la page 21 **3** *Ei, Nuss* casser **4** *Mantelkragen* remonter; *Ärmel* retrousser **5** HANDEL **auf e-e Ware zwanzig Cent ~** majorer une marchandise de vingt cents B V/I **1** *Preise etc* augmenter (**um de**) **2** (≈ *aufprallen*) (**auf etw** *dat ou akk*) **~** °heurter (qc) **3** TENNIS servir C V/R **sich** (*dat*) **das Knie ~** se blesser au genou

aufschließen A V/T ouvrir (avec une clé) B V/I (≈ *aufrücken*) se pousser (d'une place); SPORT **zu j-m ~** rejoindre qn

aufschlussreich ADJ révélateur (**für etw de** qc)

aufschnappen V/T **1** (≈ *auffangen*) attraper; °happer **2** *umg fig Wort* entendre, pêcher *umg*

aufschneiden A V/T **1** (≈ *öffnen*) couper; ouvrir **2** *Wurst* couper en tranches; *Fleisch* découper B V/I (≈ *prahlen*) vanter **Aufschnitt** M (≈ *Wurstaufschnitt*) assortiment *m* de charcuterie; (≈ *Käseaufschnitt*) assortiment *m* de fromages

aufschreiben V/T noter; **sich** *dat* **etw ~** noter qc **Aufschrift** F inscription *f*

aufschürfen V/R **sich** (*dat*) **das Knie ~** s'érafler le genou

Aufsehen N sensation *f*; **~ erregen** faire sensation

Aufseher(in) M(F) gardien, -ienne *m,f* (**im Gefängnis** de prison), (**im Museum** de musée)

aufsetzen A V/T **1** *Hut, Brille* mettre; *fig Miene* prendre **2** (≈ *aufs Feuer setzen*) mettre sur le feu **3** (≈ *aufnähen*) mettre; poser **4** *auf e-e Unterlage* **etw** (**auf etw** *akk*) **~** poser qc sur qc; **den Fuß ~** poser le pied B V/I (≈ *landen*) toucher terre; atterrir (**auf** + *dat* sur), se poser (*sur*)

Aufsicht F **1** (≈ *Überwachung*) surveillance *f*; **unter ärztlicher ~ stehen** être placé sous surveillance médicale; **(die) ~ haben** *od* **führen** être de surveillance, de garde **2** (≈ *Aufsichtsperson*) surveillant(e) *m(f)*

aufsperren V/T *umg* ouvrir tout grand; *Augen a.* écarquiller

aufspielen A V/I (≈ *Musik machen*) jouer; **zum Tanz ~** jouer de la musique de danse B *umg pej* V/R **sich (vor j-m) ~** faire l'important (devant qn); se la jouer

aufspringen V/I **1** (≈ *hochspringen*) se lever d'un bond; bondir **2** **auf etw** (*akk*) **~** sauter sur qc **3** *Tür* s'ouvrir (brusquement); *Deckel* sauter **4** *Ball* rebondir

Aufstand M soulèvement *m*; révolte *f*

aufstapeln V/T empiler

aufstehen V/I **1** se lever **2** (≈ *offen stehen*) être ouvert

aufsteigen V/I **1** *Ballon, Rauch* monter; s'élever; *Flugzeug* décoller; s'envoler **2** *aufs Rad, Pferd, zum Gipfel* (**auf etw** *akk*) **~** monter (à, sur qc) **3** *geh fig Erinnerungen, Zweifel* surgir **4** *beruflich* avancer (en grade); SPORT monter en division supérieure **Aufsteiger** M **1** *umg sozialer* personne arrivée, qui a réussi **2** SPORT équipe montée en division supérieure

aufstellen A V/T **1** (≈ *hinstellen*) mettre; placer; disposer (**in e-m Raum** dans une pièce); *Möbel* installer **2** (≈ *aufbauen*) *Gerüst* dresser; monter; *Denkmal* ériger; élever; *Maschine, Zelt* monter **3** (≈ *aufrecht hinstellen*) relever; redresser **4** *Posten, Wache* mettre; placer; poster; *Kandidaten* présenter; *Mannschaft, Armee* former; *fig* **gut aufgestellt sein** (= *in guter Ausgangsposition, Lage sein*) bien se positionner **5 e-e Behauptung ~** avancer une affirmation **B** V/R **sich ~** se poster; se placer

Aufstellung F **1** *von Möbeln* installation f; *e-r Maschine, e-s Gerüsts* montage m; *e-s Denkmals* élévation f **2** *e-r Mannschaft* formation f

Aufstieg M **1** *zum Gipfel* montée f (**zu** à); ascension f (à) **2** *fig beruflicher* promotion f **3** SPORT montée f en division supérieure **Aufstiegschance** F *im Beruf* perspective f de promotion, d'avancement; SPORT chance f de se qualifier, de monter en division supérieure

aufstoßen A V/T **1** *Tür etc* ouvrir (d'un coup de pied, etc) **2 sich** (*dat*) **das Knie** *etc* **~** se cogner le genou, *etc* **B** V/R **sich ~** éructer; avoir des renvois **C** V/I *umg* **etw stößt j-m auf** qc frappe qn

aufstützen A V/T **etw** (**auf etw** *akk* ou *dat*) **~** appuyer qc sur qc **B** V/R **sich mit den Ellbogen ~** s'accouder (**auf** + *akk* à)

auftanken A V/T **das Auto ~** faire le plein (d'essence) **B** V/I **beim Auto** faire le plein

auftauchen V/I **1** émerger; apparaître (à la surface) **2** *fig* (≈ *sichtbar werden*) apparaître **3** (≈ *gefunden werden*) réapparaître; être retrouvé

auftauen A V/T *Schnee, Eis* faire fondre; *Tiefkühlware* décongeler **B** V/I **1** *Eisdecke* fondre; *Tiefkühlkost, See* dégeler **2** *fig* se dégeler; sortir de sa réserve

aufteilen V/T **1** (≈ *verteilen*) partager **2** (≈ *einteilen*) répartir, diviser (**in Gruppen** *akk* en groupes)

Auftrag M **1** (≈ *Weisung*) mission f; ordre m; **j-m den ~ erteilen, etw zu tun** charger qn, donner l'ordre à qn de faire qc; **im** *ou* (+ *gen*) **Auftrag von** *ou* **sur** (l')**ordre de**; (≈ *im Namen von*) au nom de **2** HANDEL (≈ *Bestellung*) commande f; **etw in ~ geben** passer commande de qc; commander qc

auftragen A V/T **1** *geh Speise* servir **2** *Farbe, Salbe* **etw** (**auf etw** *akk*) **~** mettre, étaler qc sur qc **3** *umg* **dick ~** (≈ *übertreiben*) exagérer; en rajouter

Auftragsbestätigung F confirmation f de commande

auftreiben *umg* V/T (≈ *ausfindig machen*) dénicher; *umg* dégot(t)er

auftreten V/I **1** poser le pied (sur le sol) **2** (≈ *die Bühne betreten*) entrer en scène; apparaître sur (la) scène **3** *als Schauspieler, Künstler* jouer; se produire **4** (≈ *in Erscheinung treten*) **als ... ~** se présenter comme ... **5** (≈ *sich verhalten*) se montrer **6** *Schwierigkeiten etc* apparaître **Auftritt** M **1** THEAT *e-s Schauspielers* entrée f en scène **2** THEAT *Akteinteilung* scène f **3** *e-s Künstlers, Sängers* apparition f sur scène

aufwachen V/I se réveiller (**aus** de)
aufwachsen V/I grandir

Aufwand M **1** (≈ *Ausgaben*) frais *mpl*; dépenses *fpl*; **mit geringem ~** à peu de frais **2** (≈ *Einsatz*) dépense f **aufwändig** ADJ → *aufwendig*

aufwärmen A V/T réchauffer **B** V/R **sich ~** se réchauffer; SPORT s'échauffer

aufwärts ADV vers le *od* en °haut; *fig* **vom Hauptmann (an) ~** à partir du capitaine; → *aufwärtsführen*, *aufwärtsgehen* **aufwärtsführen** V/I *Weg* monter; conduire en °haut **aufwärtsgehen** V/UNPERS **mit uns geht es aufwärts** *wirtschaftlich, gesundheitlich* nous allons mieux, de mieux en mieux

aufwecken V/T réveiller
aufweichen A V/T ramollir; *durch Regen* détremper **B** V/I (se) ramollir
aufwendig ADJ (≈ *kostspielig*) coûteux
aufzählen V/T énumérer **Aufzählung** F énumération f

aufzeichnen V/T **1** (≈ *zeichnen*) dessiner; tracer **2** (≈ *notieren*) noter **3** RADIO, TV enregistrer **Aufzeichnung** F **1** *auf Magnetband* enregistrement m **2** RADIO, TV émission f en différé; **als ~ senden** diffuser en différé **3** *pl* **~en** (≈ *Notizen*) notes *fpl*

aufzeigen V/T mettre en évidence; montrer

aufziehen A V/T **1** *Vorhang, Schublade* ouvrir **2 etw auf etw** (*akk*) **~** *Saiten* monter qc sur qc; *Bilder auf Pappe etc* coller qc sur qc **3** Uhr remonter **4** (≈*großziehen*) élever **5** umg (≈*necken*) **j-n (mit** od **wegen etw) ~** charrier qn, se ficher de qn, mettre qn en boîte (à cause de qc) umg **B** V/i Gewitter se préparer

Aufzug M **1** (≈*Fahrstuhl*) ascenseur m **2** THEAT acte m **3** pej (≈*Kleidung*) accoutrement m

Auge N **1** œil m; *e-s Würfels* point m **2** *Wendungen mit adj* **blaue ~ haben** avoir les yeux bleus; *fig* **ein blaues ~ haben** avoir un œil au beurre noir, un œil poché; *umg fig* **mit einem blauen ~ davonkommen** l'échapper belle; **große ~n machen** ouvrir de grands yeux; écarquiller les yeux; **gute, schlechte ~n haben** avoir de bons, de mauvais yeux; *umg fig* **j-m schöne ~n machen** faire les yeux doux à qn; *umg* **da blieb kein ~ trocken** tous rirent aux larmes; *vor Rührung* tous les yeux se mouillèrent d'émotion **3** *mit Verben* **endlich gingen ihm die ~n auf** enfin ses yeux se dessillèrent; **j-m ~ in ~ gegenüberstehen** se trouver en face de qn; **ein ~ auf j-n haben** surveiller qn; jeter (de temps en temps) un coup d'œil sur qn; *umg fig* **hast du keine ~n im Kopf?** tu es aveugle?; ouvre tes yeux!; *umg* **t'as donc pas les yeux en face des trous!**; *umg* **da wird sie (aber) ~n machen** elle en fera des grands yeux; *fig* **die ~n offen halten** ouvrir l'œil; *umg* **ein ~ auf j-n, etw werfen** jeter son dévolu sur qn, sur qc; avoir des vues sur qn, sur qc; *umg fig* **ein ~ zudrücken**, *stärker* **beide ~n zudrücken** fermer les yeux (**bei etw** sur qc) **4** *mit präp* **man sieht es ihm an den ~n an** on le voit à *bzw*. dans ses yeux; **j-n, etw nicht aus den ~n lassen** ne pas quitter qn, qc des yeux; **j-n aus den ~n verlieren** perdre qn de vue; *umg fig* **ins ~ gehen** (≈*misslingen*) rater; **mit eigenen ~n** de mes, tes *etc* (propres) yeux

Augenarzt M, **Augenärztin** F oculiste m/f

Augenblick M moment m; instant m; **im ~** (≈*gegenwärtig*) en ce moment; (≈*vorerst*) pour l'instant, le moment; **in diesem ~** à ce moment(-là); à cet instant; **in dem ~, wo ...** au moment où ...; **e-n ~, bitte!** un moment, s'il vous plaît!

augenblicklich A ADJ **1** (≈*gegenwärtig*) actuel; présent **2** (≈*vorübergehend*) momentané **B** ADV **1** (≈*sofort*) à l'instant **2** (≈*zurzeit*) en ce moment; pour l'instant

Augenbraue F sourcil m

Augenhöhe F à hauteur des yeux; *fig Gespräch, Partnerschaft* **auf ~** sur un pied d'égalité

Augenmaß N **nach ~** à vue d'œil; à vue de nez; **ein gutes, schlechtes ~ haben** avoir, ne pas avoir le coup d'œil *od* le compas dans l'œil **Augentropfen** MPL gouttes fpl pour les yeux **Augenzeuge** M, **Augenzeugin** F témoin m oculaire

August M (mois m d')août m

Auktion F vente f aux enchères

Aula F salle f des fêtes

Au-pair-Mädchen N jeune fille f au pair

aus A PRÄP **1** *räumlich* de; **aus dem Haus gehen** sortir de la maison **2** *Herkunft* de; **der Zug aus Paris** le train de Paris **3** *Material* en **4** *Ursache, Grund* par; **aus Angst/Liebe/Versehen** *etc* par peur/amour/mégarde, *etc*; **aus Wut** de colère **B** ADV **1** umg (≈*vorbei*) fini; **es ist aus und vorbei** c'est fini et bien fini; **das Kino ist um zehn Uhr aus** le film finit à dix heures; **jetzt ist alles aus** maintenant tout est perdu **2** *Licht, Radio etc* éteint; *Motor, Maschine* arrêté **3** **den Schalter auf „aus" stellen** mettre le commutateur sur «arrêt» **4** **gestern war sie mit ihrem Freund aus hier**, elle est sortie avec son copain **5** **von ... aus** de ...; depuis ...; **von hier aus** d'ici; *umg* **von mir aus!** si tu veux *bzw*. vous voulez!; *umg* **j'ai rien contre!** **6** **auf etw** (*akk*) **aus sein** vouloir avoir, viser qc

Aus N **1** SPORT *der Ball geht ins Aus* le ballon sort du terrain; TENNIS **Aus!** out! **2** *fig* fin f

ausarbeiten V/T élaborer; *Vortrag* rédiger

ausatmen V/I expirer

ausbauen V/T **1** (≈*entfernen*) démonter **2** (≈*erweitern*) développer; étendre **3** *fig Wirtschaftsbeziehungen* consolider

ausbessern V/T réparer

ausbeulen V/T **1** *Kotflügel* redresser **2**

Hose etc faire des poches à; déformer; **e-e Hose mit ausgebeulten Knien** un pantalon avec des poches aux genoux
ausbeuten V/T exploiter **Ausbeutung** F exploitation f
ausbilden A V/T **1** former; *a.* MIL instruire **2** *Fähigkeiten* former B V/R **sich zur, als Krankenschwester** *etc* **~ lassen** suivre *od* prendre des cours, suivre une formation d'infirmière, *etc* **Ausbildung** F formation f; **in der ~ sein** als Lehrling être en apprentissage
ausblasen V/T souffler
Ausblick M vue f
ausbrechen A V/T enlever (**aus** de) B V/I **1** *Häftling etc* s'évader; *a. Tier* s'échapper **2** *Krieg* éclater; *Brand, Epidemie* se déclarer; **in Tränen ~** fondre en larmes
Ausbrecher(in) *umg* M(F) évadé(e) m(f)
ausbreiten A V/T *Waren, Karte, Zeitung, a. fig* étaler; *Teppich, Arme* étendre; *Flügel* déployer; **mit ausgebreiteten Armen** les bras ouverts B V/R **sich ~** *Feuer, Epidemie, Licht, Schall* se propager; *Epidemie, Nebel* s'étendre; *Nachricht, Geruch, Hitze, Epidemie, Mode* se répandre **Ausbreitung** F propagation f
Ausbruch M **1** *e-s Kriegs etc* éclatement m; *e-r Epidemie* apparition f; *e-s Vulkans* éruption f; **bei ~ des Krieges** lorsque la guerre éclata **2** *e-s Häftlings* évasion f **3** (≈ *Gefühlsausbruch*) éclat m
ausbrüten V/T couver
ausbürgern V/T déclarer déchu, priver de sa nationalité **Ausbürgerung** F déchéance f de la nationalité
auschecken V/I **1** FLUG régler les formalités d'arrivée, de débarquement **2** *aus e-m Hotel* régler les formalités de départ
Ausdauer F persévérance f; constance f; *a.* SPORT endurance f
ausdehnen A V/T **1** *räumlich, a. fig Unternehmen* agrandir; *Gebiet, Einfluss, Aufgabenbereich* étendre (**auf** + *akk* à) **2** *zeitlich* prolonger; allonger B V/R **sich ~** *Stadt etc* s'agrandir; PHYS se dilater; *Kleidungsstück, Gewebe, Ebene* s'étendre
ausdenken V/T **1** (≈ *sich vorstellen*) imaginer; **die Folgen sind nicht auszudenken** les suites seraient inimaginables, effrayantes B V/R **sich** (*dat*) **etw ~** (≈ *sich vorstellen*) imaginer qc; (≈ *erfinden*) inventer qc

Ausdruck[1] M **1** *sprachlicher* expression f; (≈ *Fachausdruck*) terme m **2** (≈ *Gesichtsausdruck, äußerliches Zeichen*) expression f; **etw zum ~ bringen** exprimer qc; **zum ~ kommen** s'exprimer **3** (≈ *Kennzeichen*) symbole m

Ausdruck[2] M (≈ *gedruckter Text*) texte m imprimé; IT saisie f papier; (≈ *Computerausdruck*) listage m **ausdrucken** V/T IT imprimer; lister

ausdrücken A V/T **1** *Schwamm, Tube, Frucht* presser; *Saft* exprimer, extraire **2** *Zigarette* éteindre; écraser **3** *durch Worte* exprimer; **etw in Worten/Zahlen ~** exprimer qc en mots/chiffres; **anders ausgedrückt** autrement dit; **in anderes Termes** B V/R **sich ~** s'exprimer; **sie drückt sich nicht richtig aus** elle s'exprime mal

ausdrücklich A ADJ *Genehmigung, Verbot, Wille, Befehl* exprès; *Bestimmung* explicite B ADV expressément

Ausdrucksweise F façon f, manière f de s'exprimer

auseinander ADV séparé, distant, écarté (l'un de l'autre); séparément; → auseinanderbekommen, auseinanderbrechen

auseinanderbekommen V/T (réussir, arriver à) séparer, détacher **auseinanderbrechen** A V/T casser; rompre B V/I se casser; *fig Ehe, Freundschaft* se briser **auseinandergehen** V/I *Personen* se séparer; *Menschenmenge* se disperser; *Linien, Straßen* diverger; *fig Ansichten* diverger **auseinanderhalten** V/T distinguer (l'un de l'autre) **auseinandernehmen** V/T démonter **auseinanderreißen** V/T déchirer

auseinandersetzen A V/T (≈ *darlegen*) exposer; (≈ *erklären*) expliquer B V/R **1 sich mit e-m Problem ~** se préoccuper d'un, réfléchir à un, étudier un problème **2 sich mit j-m ~** avoir une discussion; *streitend* avoir une explication avec qn **Auseinandersetzung** F **1** *e-s Problems* exposé m; explication f **2** (≈ *Beschäftigung*) étude f, examen m (**mit** de) **3** (≈ *Streit*) explication f **4** (≈ *Kampfhandlung*) conflit m

Ausfahrt F ① (≈ Spazierfahrt) promenade f, sortie f en voiture, etc ② e-s Zugs départ m ③ (≈ Ausfahrtstelle, Autobahnausfahrt) sortie f; **~ frei halten!** sortie de voitures!

ausfallen V/I ① Haare, Zähne etc tomber; **mir fallen die Haare aus** je perds mes cheveux ② (≈ nicht stattfinden) ne pas avoir lieu; **die Schule, der Unterricht fällt heute aus** il n'y a pas classe, cours aujourd'hui ③ (≈ wegfallen) ne pas être effectué; être perdu; **Zug** ne pas circuler ④ TECH tomber en panne; s'arrêter; **Strom** être coupé ⑤ Person (≈ fehlen) être absent; manquer ⑥ (≈ nicht zur Verfügung stehen) ne pas être disponible ⑦ **etw fällt gut, schlecht aus** qc est bon, mauvais; **wie ist die Prüfung ausgefallen?** quel est le résultat de l'examen?

ausflippen umg V/I **vor Freude** être fou de joie; **vor Wut** être °hors de soi; **vor Angst** flipper umg

Ausflug M excursion f; sortie f **Ausflugslokal** N restaurant m, auberge f de campagne

ausfragen V/T interroger, questionner (**nach, über** + akk sur)

Ausfuhr F exportation f **ausführen** V/T ① Person sortir ② HANDEL exporter ③ (≈ durchführen) exécuter ④ (≈ darlegen) exposer **Ausfuhrgenehmigung** F permis m de sortie, d'exportation

ausführlich A ADJ détaillé B ADV en détail

Ausfuhrverbot N interdiction f d'exportation **Ausfuhrzoll** M droit m à l'exportation

ausfüllen V/T Raum, Formular remplir; fig Lücke combler

Ausgabe F ① (≈ Geldausgabe) dépense f ② (≈ Materialausgabe, Essensausgabe) distribution f; (≈ Gepäckausgabe, Warenausgabe) remise f ③ e-s Buchs, e-r Zeitung, der Nachrichten édition f; e-r Zeitung a. numéro m ④ IT sortie f

Ausgang M ① räumlich sortie f; zeitlich fin f ② (≈ Ergebnis) issue f **Ausgangsbasis** F base f de départ **Ausgangspunkt** M point m de départ

ausgeben A V/T ① Geld dépenser (≈ austeilen) distribuer; Waren, Gepäck remettre; Fahrkarten, Papiere délivrer ③ umg (≈ spendieren) **j-m etw ~** umg payer qc à qn; **einen ~** umg payer une tournée ④ IT sortir ⑤ **j-n, etw für** od **als qn ~** faire passer qn, qc pour qn, qc B V/R **sich für** od **als j-n, etw ~** se faire passer pour qn, qc; prétendre être qn, qc

ausgebucht ADJ Hotel complet; **der Flug ist ~** l'avion, le vol est complet; toutes les places sont réservées dans l'avion

ausgefallen ADJ original; singulier

ausgeglichen ADJ équilibré; Klima tempéré

ausgehen V/I ① sortir ② **auf Eroberungen, Entdeckungen ~** partir à la conquête, découverte; **auf Abenteuer ~** courir l'aventure; partir pour l'aventure ③ (≈ zum Ausgangspunkt nehmen) **von etw ~** partir de qc; **ich gehe davon aus, dass ...** je présume, je suppose que ... ④ (≈ s-n Ausgang nehmen) partir (**von** de); Duft, Wärme émaner (**von** de) ⑤ **von j-m ~** (≈ herrühren) venir de qn; (≈ ausgestrahlt werden) émaner de qn ⑥ (≈ enden) se terminer; finir ⑦ (≈ zur Neige gehen) venir à manquer; **ihr geht die Luft aus** elle est essoufflée, à bout de souffle; fig elle s'essouffle ⑧ Feuer, Lampe, Heizung s'éteindre

ausgelassen ADJ Personen exubérant; Stimmung gai

ausgenommen KONJ → außer

ausgerechnet umg ADV justement

ausgeschlossen ADJ impossible; **es ist nicht ~, dass ...** il n'est pas impossible od exclu que ... (+ subj) **ausgeschnitten** ADJ Kleid (**tief** od **weit**) **~** (profondément) décolleté

ausgesprochen ADV vraiment; carrément; réellement

ausgewogen ADJ équilibré

ausgezeichnet ADJ excellent; **~!** excellent!; parfait!

Ausgleich M compensation f; verschiedener Interessen arrangement m; **als** od **zum ~ für** en compensation de; pour compenser; SPORT den ~ **erzielen** égaliser (le score) **ausgleichen** A V/T compenser; Konto balancer; Gegensätze concilier B V/I SPORT égaliser C V/R **sich ~ se compenser**

Ausgleichstor N, **Ausgleichstreffer** M but égalisateur

ausgraben _VT_ a. fig déterrer; ARCHÄOLOGIE, a. fig exhumer **Ausgrabung** _F_ **~en** pl fouilles fpl
Ausgrenzung _F_ exclusion f
Ausguss _M_ **1** Becken évier m **2** (≈ Tülle) bec (verseur)
aushalten _VT_ **1** (≈ ertragen) supporter; endurer; Druck résister à; **ich halte es hier nicht mehr aus** je n'en peux plus ici **2 den Vergleich mit j-m, etw ~** soutenir la comparaison avec qn, qc
Aushang _M_ affiche f; **e-n ~ machen** afficher qc; mettre un écriteau **aushängen** _VT_ **1** Bekanntmachung afficher **2** Tür déboîter
aushelfen _VI_ **j-m (mit etw) ~** aider qn (avec qc) **Aushilfe** _F_ **1 zur ~ arbeiten** pour aider (temporairement); comme aide (temporaire) **2** Person aide m/f (temporaire) **Aushilfskraft** _F_ aide m/f (temporaire)
ausholen _VI_ **1 zum Schlag** lever la main **(zu** pour) **2** fig beim Erzählen **weit ~** aller chercher, remonter loin
auskennen _VR_ **sich (mit, in etw** dat**) ~** s'y connaître (en qc); **ich kenne mich hier nicht aus** in e-r Stadt je ne connais pas du tout la ville
auskommen _VI_ **1** (≈ genügend haben) **mit etw ~** (pouvoir) s'en tirer, s'en sortir avec qc **2 ohne etw, j-n ~ können** savoir, pouvoir se passer de qc, qn **3 mit j-m (gut, schlecht) ~** (bien, mal) s'entendre, s'accorder avec qn
Auskunft _F_ **1** renseignement m; information f; **j-m (über etw** akk**) ~ geben** od **erteilen** renseigner, informer qn (sur qc), donner des renseignements à qn (sur qc) **2** Büro, Stelle (service m de) renseignements mpl, (bureau m de) renseignements mpl **3** TEL renseignements mpl
Auskunftsschalter _M_ guichet m des renseignements
auskurieren _VT_ guérir complètement, totalement, tout à fait
auslachen _VT_ se moquer de; **er wurde von allen ausgelacht** tout le monde s'est moqué de lui; il a été la risée de tous
ausladen[1] _VT_ Waren, Fahrzeug décharger
ausladen[2] _VT_ Gäste décommander

Ausland _N_ étranger m; **im ~** à l'étranger
Ausländer(in) _M(F)_ étranger, -ère m,f
ausländerfeindlich _ADJ_ xénophobe
Ausländerfeindlichkeit _F_ xénophobie f **ausländisch** _ADJ_ étranger
Auslandsaufenthalt _M_ séjour m à l'étranger **Auslandsgespräch** _N_ TEL communication internationale
Auslandsmarkt _M_ marché extérieur
auslassen _VT_ **1** (≈ weglassen) omettre; **e-e Gelegenheit ~** laisser passer une occasion **2** Zorn etc **an j-m ~** passer, décharger sur qn **3** Fett faire fondre **4** umg (≈ ausgeschaltet lassen) laisser éteint; Motor laisser arrêté
auslaufen _VI_ **1** Schiff partir; sortir **2** Gefäß se vider; Flüssigkeit couler **3** Vertrag etc expirer
ausleeren _VT_ vider
auslegen _VT_ **1** Waren exposer; étaler; Köder mettre; Netze tendre **2** Fußboden recouvrir **(mit** de) **3** Geld avancer **4** (≈ deuten) interpréter **(als** comme)
ausleiern umg _VT_ Gummiband, Feder détendre; Gewinde user
Ausleihe _F_ **1** Raum salle f de prêt **2** (≈ Ausleihen) prêt m **ausleihen** _VT_ **1** (≈ verleihen) **(j-m) etw ~** prêter qc (à qn) **2** (≈ entleihen) **(sich** dat**) etw (von j-m) ~** emprunter qc (à qn)
auslesen _VT_ Buch finir de lire; **er hat das Buch in einem Tag ausgelesen** il a lu le livre en un jour
ausliefern _VT_ **1** Waren fournir; livrer **2** Gefangene livrer **(an** + akk à)
ausloggen _VI (& VR)_ **(sich ~)** IT se déconnecter
auslosen _VT_ tirer au sort
auslösen _VT_ **1** Mechanismus déclencher **2** fig provoquer; Krise, Krieg a. déclencher **3** Pfand retirer **Auslöser** _M_ FOTO déclencheur m
ausmachen _VT_ **1** umg Licht, Feuer éteindre; Motor arrêter **2** (≈ vereinbaren) convenir de **3** (≈ klären) régler **4** (≈ bilden, darstellen) constituer **5** (≈ orten) repérer **6** (≈ ins Gewicht fallen) **bei der Menge macht das nicht viel aus** vu la quantité cela ne fait rien **7** (≈ stören) **das macht mir nichts aus** cela ne me fait rien
ausmalen _A_ _VT_ **1** colorier **2** fig Erleb-

nisse décrire ◨ VR **sich** (dat) **etw ~** se figurer, s'imaginer qc
ausmessen VT mesurer
Ausnahme F exception f; **mit ~ von** (od + gen) à l'exception de; sauf; **ohne ~** sans exception; **e-e ~ (bei j-m) machen** faire une exception (en faveur de, pour qn) **ausnahmslos** ADJ & ADV sans exception **ausnahmsweise** ADV exceptionnellement
ausnutzen, **ausnützen** bes südd, österr VT ⓵ Gelegenheit, Zeit profiter de; Vorteil tirer profit de; Raum utiliser ⓶ pej Person profiter de
auspacken VT ⓵ Koffer défaire; Paket, Waren déballer ◨ umg fig (≈ sich aussprechen) (tout) déballer umg; (≈ gestehen) cracher le morceau umg
auspfeifen VT siffler; weitS. °huer
auspressen VT Frucht presser
ausprobieren VT essayer (**an j-m**, **etw** sur qn, qc)
Auspuff M (tuyau m d')échappement, (pot m d')échappement
auspumpen VT ⓵ Wasser pomper ⓶ Keller vider (à l'aide d'une pompe)
ausquartieren VT déloger
ausradieren VT gommer
ausrasten umg fig (≈ durchdrehen) disjoncter umg
ausrauben VT dévaliser
ausräumen VT ⓵ Wohnung déménager les meubles de; vider de ses meubles ⓶ fig Missverständnisse dissiper; Bedenken éliminer
ausrechnen A VT calculer B VR fig **sich** (dat) **Chancen ~** penser avoir de bonnes chances
Ausrede F excuse f; échappatoire f
ausreden A VT **j-m etw ~** dissuader, détourner qn de qc B VI finir (de parler)
ausreichen VI suffire **ausreichend** A ADJ suffisant B ADV suffisamment
Ausreise F départ m (pour l'étranger) **Ausreiseerlaubnis**, **Ausreisegenehmigung** F permis m, autorisation f de sortie **ausreisen** VI partir (pour l'étranger) **Ausreisevisum** N visa m de sortie
ausreißen A VT arracher B VI bes Jugendliche faire une fugue, fuguer umg
ausrenken A VT démettre; déboîter B VR **sich** (dat) **den Arm ~** se démettre, se déboîter le bras
ausrotten VT Lebewesen exterminer; Unsitte, Aberglaube extirper
Ausrufezeichen, **Ausrufungszeichen** N point m d'exclamation
ausruhen VI (& VR) (**sich ~**) se reposer
ausrüsten VT équiper (**mit de**) **Ausrüstung** F, **Ausrüstungsgegenstände** MPL équipement m
ausrutschen VI glisser **Ausrutscher** umg M ⓵ glissade f ⓶ fig (≈ Fauxpas) gaffe f umg
Aussage F ⓵ (≈ Feststellung) déclaration f; dire(s) m(pl) ⓶ JUR déposition f; **e-e ~ machen** faire une déposition ⓷ e-s Kunstwerks message m **aussagen** VT ⓵ (≈ ausdrücken) exprimer; dire ⓶ JUR déposer (**gegen j-n** contre qn)
ausschalten VT ⓵ Licht, Heizung, Radio, Fernseher éteindre; Strom couper; interrompre; Maschine, Motor arrêter ⓶ fig éliminer
ausscheiden A VT Stoffwechselprodukte excréter; Fremdkörper éliminer; CHEM dégager B VI ⓵ bei e-m Wettbewerb être éliminé ⓶ (≈ nicht in Betracht kommen) être exclu, °hors de question
ausscheren VI Fahrzeug se déporter
ausschimpfen VT gronder
ausschlafen VI (& VR) (**sich ~**) dormir assez, son compte; **gut ausgeschlafen sein** être bien reposé
Ausschlag M ⓵ MED éruption f (de boutons); **~ haben** avoir des boutons; **ich bekomme einen ~ davon** ça me donne des boutons ⓶ fig **den ~ geben** faire pencher la balance; être décisif (**für** pour)
ausschlagen A VT ⓵ Zahn casser ⓶ (≈ ablehnen) refuser B VI Zeiger, Pendel dévier
ausschlaggebend ADJ décisif
ausschließen VT ⓵ exclure (**von**, **aus de**); **es ist nicht auszuschließen**, **dass ...** il est possible que ... (+ subj) ⓶ → **aussperren ausschließlich** ADV exclusivement
ausschneiden VT découper (**aus** dans)
Ausschnitt M ⓵ (≈ Zeitungsausschnitt) coupure f (de presse) ⓶ (≈ Halsausschnitt) décolleté m ⓷ (≈ Auszug) extrait m; (≈ Bildausschnitt) détail m; (≈ Filmaus-

ausschreiben VT ◼1 *Wort etc* écrire en toutes lettres ◼2 *e-e Stelle* ~ mettre une annonce d'offre d'emploi; *Arbeiten öffentlich* ~ mettre en adjudication

Ausschuss M ◼1 (≈ *Kommission*) comité *m*; commission *f* ◼2 (≈ *fehlerhafte Ware*) rebut *m*

ausschütten VT *Inhalt* vider

aussehen VI avoir l'air; paraître; **müde ~** avoir l'air fatigué; **jung ~** faire jeune; **wie ressemble à; wie siehst du denn aus!** te voilà bien arrangé!; **so siehst du aus!** tu n'y penses pas!; *umg* compte là-dessus!; **es sieht nach Regen aus** le temps est à la pluie

Aussehen N ◼1 (≈ *Gesichtsausdruck*) air *m*; mine *f* ◼2 (≈ *Äußeres*) apparences *fpl*; extérieur *m*

außen ADV dehors; **nach ~** (hin) à *od* vers l'extérieur; au *od* en dehors; **von ~ du** dehors; de l'extérieur; *umg* **j-n, etw ~ vor lassen** ignorer qn, qc

Außenbordmotor M moteur *m* °hors-bord **Außendienst** M **im ~** (≈ *tätig*) *sein* être en déplacement **Außendienstmitarbeiter(in)** M(F) collaborateur, -trice *m,f* externe; (≈ *Handelsvertreter,-in*) représentant(e) *m(f)* de commerce **Außenminister(in)** M(F) ministre *m* des Affaires étrangères **Außenpolitik** F politique extérieure, étrangère **Außenseiter** M outsider *m*; *gesellschaftlicher* marginal *m*

außer ◼A PRÄP ◼1 (≈ *außerhalb von*) °hors de; **~ sich** (*dat*) **sein** être °hors de soi ◼2 (≈ *abgesehen von*) à part; excepté; à l'exception de; sauf; **niemand ~ mir** personne à part moi ◼3 (≈ *neben*) outre; en dehors de ◼B KONJ **~ wenn** sauf si; à moins que … ne (+ *subj*)

außerdem ADV en outre

äußere ADJ extérieur; externe; **die ~n Umstände** les circonstances *fpl* extérieures

außergewöhnlich ADJ extraordinaire

außerhalb PRÄP en dehors, à l'extérieur de

außerirdisch ADJ extraterrestre

äußerlich ADJ (≈ *außen befindlich*) extérieur

äußerst ADV extrêmement

äußerste ADJ *a. fig* extrême; **bis zum Äußersten gehen** aller jusqu'au bout

Äußerung F (≈ *Bemerkung*) remarque *f*; **~en** *pl a.* propos *mpl*; paroles *fpl*

aussetzen ◼A VT ◼1 *Kind, Tier* abandonner ◼2 *e-r Gefahr, Beanspruchung* exposer ◼3 *Belohnung* offrir ◼4 (≈ *unterbrechen*) interrompre ◼5 **etw an j-m, etw auszusetzen haben** trouver à redire à qn, qc; avoir à reprocher qc à qn, qc ◼B VI ◼1 *Motor, Herz* s'arrêter ◼2 **mit der Arbeit** (**für ein paar Wochen**) ~ arrêter de travailler (pour quelques semaines)

Aussicht F ◼1 (≈ *Ausblick*) vue *f* (**auf +** *akk* sur) ◼2 *fig* perspective *f*, chance *f*, espérance *f* (de); **etw in ~ haben** avoir qc en vue; **j-m etw in ~ stellen** laisser entrevoir qc à qn

aussichtslos ADJ sans aucune chance de succès; sans espoir **Aussichtspunkt** M point *m* de vue **Aussichtsturm** M belvédère *m*

ausspannen ◼A VT ◼1 *Zugtiere* dételer ◼2 *umg fig* **j-m j-n, etw ~** *umg* chiper qn, qc à qn ◼B VI se détendre; se reposer

aussperren VT ◼1 (≈ *ausschließen*) **j-n ~** fermer la porte derrière qn qui n'a pas de clé pour rentrer ◼2 *im Streik* lock-outer

ausspionieren VT espionner

Aussprache F ◼1 *e-s Wortes* prononciation *f* ◼2 *klärende* explication *f* **Ausspracheangabe** F notation *f* phonétique

aussprechen ◼A VT ◼1 *Wort* prononcer ◼2 (≈ *ausdrücken*) exprimer ◼B VR ◼1 **sich ~** *Wort* se prononcer ◼2 (≈ *sein Herz ausschütten*) s'épancher ◼3 **sich für, gegen j-n, etw ~** se prononcer en faveur de *od* pour, contre qn, qc ◼C VI finir de parler

ausspucken VT & VI cracher

ausspülen VT rincer

Ausstand M grève *f*; **in den ~ treten** se mettre en grève; débrayer

ausstehen ◼A VT ◼1 *Ängste* trembler (um pour) ◼2 **j-n, etw nicht ~ können** ne pas pouvoir souffrir, supporter qn, qc ◼B VI *Entscheidung* être (encore) à prendre; **die Antwort steht noch aus** on attend encore la réponse

aussteigen VI ◼1 descendre (**aus** de) ◼2 *umg fig aus e-m Geschäft etc* se retirer

(aus de); *aus der Gesellschaft* se marginaliser (de)
ausstellen VT **1** *Gemälde, Waren* exposer; *Waren a.* étaler **2** *Pass etc* délivrer; *Scheck* faire; émettre; *Rechnung* faire
Ausstellung F exposition F **Ausstellungsgelände** N terrain m d'exposition **Ausstellungsraum** M salle f d'exposition
aussterben VI *Familie, Rasse* s'éteindre; *Tierart, Dialekt* disparaître
Ausstieg M **1** sortie f **2** *fig* abandon m
ausstopfen VT empailler; naturaliser
ausstrahlen A VT **1** *Licht* émettre; répandre; *fig Ruhe* respirer; dégager **2** RADIO, TV diffuser B VI **1** *Schmerz* s'irradier **2** (≈ *wirken*) **auf etw, j-n** ~ rayonner sur qc, qn
ausstrecken A VT *Hand* tendre; *Arm, Bein, Fühler* étendre B VR **sich** ~ s'allonger; s'étendre
aussuchen VT (**sich** *dat*) **etw** ~ choisir qc
Austausch M échange m **austauschen** VT *a. fig* échanger (**gegen** contre); (≈ *auswechseln*) changer; (≈ *ersetzen*) remplacer **Austauschschüler(in)** M(F) élève m/f qui fait un échange
austeilen VT distribuer (**an** + *akk* à)
Auster F huître f **Austernpilz** M pleurote m
austragen VT **1** *Zeitungen, Post* distribuer **2** *Kind* porter jusqu'à terme **3** *Wettkampf* disputer; organiser
Australien N l'Australie f **Australier(in)** M(F) Australien, -ienne m,f **australisch** ADJ australien
austreten A VT **1** *Schuhe* avachir **2** *Weg* tracer; *Treppe* user B VI **1** (≈ *ausscheiden*) quitter (**aus etw** qc); partir, sortir (**aus** de) **2** (≈ *entweichen*) s'échapper (**aus** de) **3** (≈ *zur Toilette gehen*) aller aux toilettes; **darf ich mal ~?** est-ce que je peux sortir?
austrinken A VT finir; vider B VI vider son verre, sa tasse, *etc*
austrocknen A VT dessécher B VI se dessécher
Ausverkauf M soldes mpl; (≈ *Totalausverkauf*) liquidation f; **etw im ~ kaufen** acheter qc en solde **ausverkauft** ADJ *Artikel* ~ **sein** être épuisé; **die Vor-**

stellung ist ~ c'est complet pour cette séance
Auswahl F choix m (**an** + *dat* de); *a.* SPORT sélection f; **zur ~ stehen** être au choix
Auswanderer M, **Auswanderin** F émigrant(e) m(f); émigré(e) m(f) **auswandern** VI émigrer
auswärtig ADJ extérieur, étranger à la ville, *etc* **2** (≈ *das Ausland betreffend*) étranger; **das Auswärtige Amt** le ministère des Affaires étrangères
auswärts ADV **1** (≈ *nach außen*) vers l'extérieur **2** (≈ *nicht zu Hause*) à l'extérieur; ~ **essen** ne pas manger chez soi; manger en ville **3 von** ~ de l'extérieur **Auswärtsspiel** N match m à l'extérieur
auswechseln VT (é)changer (**gegen** contre); (≈ *ersetzen*) remplacer (par); SPORT remplacer **Auswechselspieler(in)** M(F) remplaçant(e) m(f)
Ausweg M issue f (**aus e-r Situation** à une situation); moyen m de s'en sortir
ausweichen VI **1** *im Verkehr* éviter (**j-m, e-r Sache** qn, qc); **nach rechts ~** se ranger sur la droite **2** *fig* éviter (**e-r Sache** *dat* qc); se dérober
Ausweis M carte f; (≈ *Personalausweis*) carte f d'identité **ausweisen** A VT expulser (**aus** de) B VR **sich** ~ justifier (de) son identité; montrer sa carte, ses papiers
ausweiten A VT élargir; *a. fig* agrandir B VR **sich** ~ (≈ *sich vergrößern*) s'élargir, s'agrandir
auswendig ADV par cœur; **etw ~ lernen** apprendre qc par cœur
auswerten VT *Statistik* exploiter; *Fragebogen* dépouiller
auswinden *bes südd, schweiz* VT essorer
auswirken VR **sich** ~ avoir des conséquences, retentir, se répercuter (**auf** + *akk* sur); **sich positiv ~** avoir des conséquences positives **Auswirkung** F (≈ *Folge*) conséquence f (**auf** + *akk* sur); (≈ *Wirkung*) effet m (sur)
auswischen VT **1** *Geschriebenes* effacer **2** *Gläser* essuyer **3** *umg* **j-m eins ~** *umg* faire une vacherie à qn
auswringen VT essorer
auszahlen A VT **1** *Gehalt* payer; *Rente,*

Zinsen verser 2 *j-n* ~ payer, régler qn; *Geschäftspartner* désintéresser qn B V/R **sich** ~ en valoir la peine; être payant **Auszeit** F SPORT temps mort
ausziehen A V/T 1 *Kleidung* enlever; retirer; ôter; *Person* déshabiller; dévêtir; (**sich** *dat*) **die Schuhe** ~ enlever ses chaussures; se déchausser 2 *Sofa* déplier; *Tisch* rallonger B V/I (**aus e-r Wohnung**) ~ déménager C V/R **sich** ~ se déshabiller
Auszug M 1 (≈ *Textauszug*), *a.* CHEM extrait *m*; (≈ *Kontoauszug*) relevé *m* 2 *aus e-r Wohnung* déménagement *m*
authentisch ADJ authentique
Auto N voiture *f*; auto *f*; ~ **fahren** faire de la voiture; *Fahrer* conduire
Autobahn F autoroute *f* **Autobahnauffahrt** F bretelle *f* d'accès **Autobahnausfahrt** F sortie *f* d'autoroute **Autobahndreieck** N échangeur *m* (d'autoroute)
Autodidakt M autodidacte *m*
Autofahrer(in) M/F automobiliste *m/f* **Autofahrt** F voyage *m*, promenade *f* en voiture
autogen ADJ ~**es Training** training *m* autogène
Autogramm N autographe *m*
Autokino N drive-in *m* **Automarke** F marque *f* d'automobile
Automat M distributeur *m* (automatique); (≈ *selbsttätiger Apparat*) automate *m* **Automatik** F dispositif *m* automatique; **ein Auto mit** ~ une voiture automatique **automatisch** ADJ automatique
Automechaniker(in) M/F mécanicien, -ienne *m,f* auto(mobile)
autonom ADJ autonome **Autonomie** F autonomie *f*
Autonummer F numéro *m* d'immatriculation, minéralogique
Autopilot M FLUG pilote *m* automatique
Autor M auteur *m*
Autoradio N autoradio *m* **Autoreifen** M pneu *m* de voiture **Autorennen** N course *f* automobile
Autorin F auteur *m*
autoritär ADJ autoritaire **Autorität** F autorité *f*
Autoschlüssel M clé *f* de voiture **Autoskooter** M auto tamponneuse **Autotelefon** N téléphone *m* de voiture **Autotür** F portière *f* **Autounfall** M accident *m* de voiture **Autowerkstatt** F garage *m*
Axt F °hache *f*
Azubi *umg* M/F apprenti(e) *m(f)*

B

B, b N 1 B, b *m* 2 MUS si *m* bémol
Baby N bébé *m*; **ein** ~ **erwarten** attendre un bébé **Babypause** *umg* F pause *f* maternité **Babyphon** N écoute-bébés *m*, babyphone *m* **babysitten** *umg* V/I faire du baby-sitting **Babysitter(in)** M/F baby-sitter *m/f*
Bach M ruisseau *m*
Backbord N SCHIFF bâbord *m*
Backe F 1 (≈ *Wange*) joue *f*; *umg* **au** ~! *erstaunt umg* bigre!; *unangenehm überrascht umg* mince, zut (alors)! 2 *umg* (≈ *Gesäßbacke*) fesse *f*
backen A V/T *Brot, Kuchen* faire cuire B V/I *im Backofen* cuire (au four)
Backenzahn M molaire *f*
Bäcker(in) M/F boulanger, -ère *m,f* **Bäckerei** F boulangerie *f*; (≈ *Feinbäckerei*) pâtisserie *m*
Backform F moule *m* à pâtisserie **Backhähnchen** N, **Backhendl** *österr* N poulet pané **Backofen** M four *m* **Backrohr** *südd, österr* N, **Backröhre** F four *m* **Backshop** M HANDEL boulangerie *f* self-service
Bad N 1 *a.* MED, CHEM, TECH bain *m* 2 (≈ *Badezimmer*) salle *f* de bains 3 (≈ *Schwimmbad*) piscine *f* 4 (≈ *Badeort*) ville *f* d'eaux; station thermale
Badeanzug M maillot *m* de bain **Badehose** F caleçon *m*, slip *m* de bain **Badekappe** F bonnet *m* de bain **Bademantel** M peignoir *m* de bain **Bademeister** M maître *m* nageur
baden A V/T baigner B V/I se baigner; *in e-r Wanne* prendre un bain; ~ **gehen** aller se baigner; *umg fig umg* se planter

Baden-Württemberg N̄ le Bade-Wurtemberg
Badetuch N̄ serviette f de bain; *großes drap* m de bain **Badewanne** F̄ baignoire f **Badezimmer** N̄ salle f de bains
Badminton N̄ badminton m
baff *umg* ADJ **~ sein** *umg* en être baba
Bafög *umg* N̄ **sie bekommt (100 Euro) ~** elle a une bourse de (100 euros par mois)
Bagger M̄ excavatrice f
Bahn F̄ **1** (≈ *Eisenbahn*) chemin m de fer; (≈ *Zug*) train m; (≈ *Bahnlinie*) ligne f (de chemin de fer); **mit der ~ fahren** prendre le train **2** SPORT *einzelne* couloir m; (≈ *Rennbahn*) piste f **3** *e-s Geschosses* trajectoire f; ASTRON, NUKL orbite f **4** (≈ *Weg*) chemin m; **freie ~ haben** avoir la voie libre; *fig* avoir le champ libre; *fig* **sich ~ brechen** se faire jour; (≈ *sich durchsetzen*) s'imposer; *fig* **auf die schiefe ~ geraten** mal tourner
Bahnhof M̄ gare f; station f; *umg fig* **ich verstehe nur ~** *umg* j'y comprends que dalle **Bahnsteig** M̄ quai m **Bahnübergang** M̄ passage m à niveau
Bahre F̄ civière f
Bakterie F̄ microbe m
Balance F̄ *a. fig* équilibre m **balancieren** A VT tenir en équilibre B VI se (main)tenir en équilibre
bald ADV **1** (≈ *in kurzer Zeit*) bientôt; sous peu; **~ darauf** peu après; **so ~ wie möglich** le plus tôt possible; dès que possible; **bis ~!** à bientôt!; *umg* **wirds ~?** *umg* alors, ça vient? **2** *umg* (≈ *fast*) presque
Balkan *der* **~** les Balkans mpl
Balken M̄ poutre f; (≈ *Deckenbalken*) solive f; *umg fig* **lügen, dass sich die ~ biegen** mentir comme un arracheur de dents **Balkendiagramm** N̄ diagramme m en bâtons
Balkon M̄ balcon m
Ball¹ M̄ (≈ *(Tisch)Tennisball, Golfball*) balle f; *größerer* ballon m; **den ~ abgeben** passer le ballon; **~ spielen** jouer à la balle, au ballon
Ball² M̄ (≈ *Tanzfest*) bal m
Ballast M̄ **1** lest m **2** *fig* choses fpl inutiles **Ballaststoffe** MPL fibres fpl

ballen VT **die Fäuste ~** serrer les poings; *fig* **geballte Energie** *etc* énergie, *etc* concentrée
Ballett N̄ ballet m **Ballettschule** F̄ école f de danse classique
Ballon M̄ ballon m
Ballungsgebiet N̄, **Ballungsraum** M̄ agglomération urbaine
Baltikum *das* **~** les pays mpl baltes
Bambus M̄, **Bambusrohr** N̄ bambou m
Bammel *umg* M̄ *umg* trouille f
banal ADJ banal
Banane F̄ *Frucht* banane f; *Pflanze* bananier m **Bananenschale** F̄ peau f de banane
band → **binden**
Band¹ N̄ **1** (≈ *Streifen*), *a.* TECH, RADIO ruban m; *zum Zusammenbinden* lien m **2** ANAT ligament m **3** (≈ *Tonband*) bande f (magnétique) **4** (≈ *Fließband*) chaîne f; *fig* **am laufenden ~** sans arrêt
Band² M̄ (≈ *Buchband*) volume m; tome m
Band³ F̄ MUS orchestre m; (≈ *Beatband, Rockband*) groupe m
Bande¹ F̄ (≈ *Verbrecherbande etc*), *a. fig* bande f
Bande² F̄ BILLARD bande f; SPORT bord m; bordure f
bändigen VT *Tiere* dompter; apprivoiser; *Kind* calmer
Bandit M̄ bandit m; brigand m
Bandscheibenvorfall M̄ °hernie discale
Bank¹ F̄ **1** (≈ *Sitzbank*) banc m; (≈ *gepolsterte*) banquette f **2** (≈ *Werkbank*) établi m
Bank² F̄ (≈ *Geldinstitut, in der Spielbank*) banque f **Bankangestellte(r)** M̄/F(M) employé(e) m(f) de banque **Bankautomat** M̄ distributeur m (automatique) de billets **Bankkaufmann** M̄, **Bankkauffrau** F̄ employé(e) m(f) de banque diplômé(e) **Bankkonto** N̄ compte m en banque **Bankleitzahl** F̄ code m en banque **Banknote** F̄ billet m de banque
bankrott ADJ en faillite **Bankrott** M̄ *a. fig* faillite f, banqueroute f; **~ machen** faire faillite, banqueroute; → **bankrottgehen bankrottgehen** VI faire faillite, banqueroute

Banküberfall M °hold-up m, attaque f à main armée, braquage m (d'une banque) umg
bannen VT (≈ bezaubern) envoûter; charmer; Gefahr conjurer; **wie gebannt** subjugué; fasciné
bar A ADJ bares Geld de l'argent liquide B ADV (au) comptant; **in bar** (≈ mit Bargeld) en espèces; (≈ nicht in Raten) au comptant; **ich zahle bar** je paie (au) comptant; **50 Euro bar auf die Hand** umg cinquante euros cash
Bar F 1 (≈ Theke) bar m 2 (≈ Nachtlokal) boîte f de nuit
Bär M ours m; umg fig **j-m e-n Bären aufbinden** monter un bateau à qn
barbarisch ADJ barbare
Bärenhunger M faim f de loup
barfuß ADV nu-pieds; (les) pieds nus
barg → bergen
Bargeld N argent m liquide **bargeldlos** ADJ & ADV (≈ durch Überweisung) par virement; (≈ mit Karte) par carte
Bärin F ourse f
barock ADJ a. fig baroque **Barock** N/M baroque m
Barometer N baromètre m
Barren M 1 aus Edelmetall lingot m 2 SPORT barres fpl parallèles
Barriere F barrière f
Barrikade F barricade f; umg fig **auf die ~n gehen** monter au créneau; se battre (**für** pour)
barsch ADJ brusque; rude
Barscheck M chèque non barré, au porteur
Bart M 1 barbe f; (≈ Oberlippenbart) moustache f; **e-n ~ haben** porter la barbe; **mit ~** barbu 2 e-r Katze etc moustaches fpl
Basar M 1 im Orient bazar m 2 zu Wohltätigkeitszwecken vente f de charité, de bienfaisance
Baseball M baseball m
Basel N Bâle
Basis F a. fig base f
Baske M Basque m **Baskenland das ~** le Pays basque **Baskenmütze** F béret m basque
Basketball M 1 Spiel basket(-ball) m 2 Ball ballon m de basket
baskisch ADJ basque
Bass M 1 Stimme, Person basse f 2 Instrument contrebasse f 3 im Lautsprecher **die Bässe** pl les basses fpl
Bast M liber m; Gewebe rabane f
basta umg INT assez!; **und damit ~!** un point, c'est tout!
basteln VT & VI bricoler; **an etw** (dat) **~** bricoler qc
bat → bitten
Batterie F 1 MIL, TECH, PHYS, AUTO batterie f 2 ELEK pile f
Bau M 1 e-s Hauses construction f; (≈ Gebäude) construction f; bâtiment m 3 (≈ Aufbau) structure f 4 umg (≈ Baustelle) chantier m 5 (≈ Tierbau) terrier m; (≈ Fuchsbau) tanière f
Bauarbeiten FPL travaux mpl **Bauarbeiter** M ouvrier m du bâtiment
Bauch M ventre m; (≈ Unterleib) abdomen m; **e-n ~ bekommen, haben** prendre, avoir du ventre; umg **sich** (dat) **den ~ vollschlagen** umg s'empiffrer; umg s'en mettre plein la lampe, la panse
Bauchlandung umg F FLUG atterrissage m sur le ventre; crash m **Bauchnabel** M nombril m **Bauchschmerzen** MPL mal m de ventre; **ich habe ~** j'ai mal au ventre
bauen A VT 1 construire; bâtir 2 umg **e-n Unfall ~** umg faire un accident 3 Person **kräftig gebaut** de forte constitution; **sie ist gut gebaut** elle est bien faite, elle est bien balancée umg B VI (≈ bauen lassen) faire construire, bâtir; selbst construire, bâtir une maison; fig **auf etw, j-n ~** compter sur qc, qn
Bauer[1] M 1 (≈ Landwirt) paysan m; (≈ der e-n Hof hat) fermier m 2 SCHACH pion m; KARTENSPIEL valet m
Bauer[2] N/M (≈ Vogelkäfig) cage f
Bäuerin F paysanne f; fermière f **bäuerlich** ADJ paysan
Bauernhaus N (corps m de) ferme f **Bauernhof** M ferme f; **Ferien pl auf dem ~** vacances fpl à la ferme
baufällig ADJ délabré **Bauindustrie** F (industrie f du) bâtiment m **Baujahr** N année f de construction, de fabrication; **dieses Auto ist ~ 1998** cette voiture est un modèle 1998
Baum M arbre m
baumeln umg VI pendiller; **die Beine ~ lassen** balancer ses jambes
Baumhaus N cabane f dans un arbre

Baumstamm M tronc m (d'arbre)
Baumwolle F coton m
Bauplatz M terrain m à bâtir **Bausatz** M kit m
Bausparvertrag M plan m d'épargne-logement **Baustein** M **1** pierre f de construction **2** *Spielzeug* cube m **3** *fig* élément (constitutif) **Baustelle** F chantier m **Bauwerk** N bâtiment m; construction f
Bayer(in) M(F) Bavarois(e) m(f) **Bayern** N la Bavière **bay(e)risch** ADJ bavarois
beabsichtigen VT ~, etw zu tun avoir l'intention, se proposer, projeter, envisager de faire qc; **beabsichtigt** voulu; intentionnel
beachten VT faire attention à; tenir compte de; *Regel* observer, respecter; (≈ *bedenken*) prendre en considération **beachtlich** ADJ (≈ *beträchtlich*) considérable; (≈ *wichtig*) important **Beachtung** F *von Vorschriften* observation f
Beachvolleyball M volley-ball m de plage; beach volley m
Beamer M IT projecteur m vidéo
Beamte(r) M fonctionnaire m
beängstigend ADJ inquiétant
beanspruchen VT **1** *Recht etc* revendiquer; *Aufmerksamkeit, Kraft* demander; exiger; *Platz, Zeit* prendre **2** *Nerven* fatiguer; *Person* occuper; prendre
beanstanden VT critiquer; *Mängel* incriminer **Beanstandung** F critique f; *e-r Ware* réclamation f (+ *gen* concernant, à propos de)
beantragen VT demander **beantworten** VT répondre à (**mit** par)
bearbeiten VT **1** *Material* travailler, façonner; *maschinell* usiner **2** *Antrag* étudier **3** THEAT, KINO, TV adapter (**für das Fernsehen** pour la télévision); MUS arranger; *Text* (**neu**) ~ refondre; remanier
beatmen VT **j-n (künstlich)** ~ pratiquer la respiration artificielle sur qn
beaufsichtigen VT surveiller; (≈ *kontrollieren*) inspecter; (≈ *bewachen*) garder
beauftragen VT **j-n mit etw** ~ charger qn de qc
beben VI *Erde* trembler
Becher M **1** gobelet m; (≈ *Joghurtbecher*) pot m **2** TECH godet m
Becken N **1** a. ANAT, GEOL bassin m **2** (≈ *Waschbecken*) lavabo m; (≈ *Spülbecken*) évier m **3** MUS cymbale f
bedächtig ADJ posé; réfléchi
bedanken VR **sich (bei j-m)** ~ remercier qn (**für etw** de, pour qc)
Bedarf M besoin(s) m(pl) (**an** + *dat* en); **bei** ~ en cas de besoin; (**je) nach** ~ selon, suivant le(s) besoin(s)
bedauern VT **1** *Sache* regretter; déplorer **2** *Person* plaindre **3** VI regretter; être désolé
bedeckt ADJ (re)couvert (**mit** de)
bedenken VT **1** (≈ *überlegen*) réfléchir à; (≈ *beachten*) considérer, prendre en considération **Bedenken** N ~ (**gegen**) doute m (quant à); réserve f (sur); *moralische* scrupules mpl (quant à); **ohne** ~ sans hésiter
bedeuten VT **1** (≈ *heißen*) signifier; vouloir dire **2** (≈ *sein*) représenter; signifier **3** (≈ *mit sich bringen*) entraîner **4** (≈ *hindeuten auf*) vouloir dire **5** (≈ *wichtig sein*) importer (**j-m** à qn); **das hat nichts zu** ~ cela n'a pas d'importance; **er bedeutet mir viel** je tiens beaucoup à lui
bedeutend ADJ **1** (≈ *wichtig*) important **2** *mengenmäßig* considérable
Bedeutung F **1** (≈ *Sinn*) signification f; sens m **2** (≈ *Wichtigkeit*) importance f; **von** ~ **sein für** être important pour
bedienen **A** VT **1** *Gäste, Kunden* servir (a. abs); *umg iron* **ich bin bedient** *umg* j'en ai marre **2** *Maschine* manier; manœuvrer **B** VR **sich** ~ se servir **Bedienung** F **1** *e-s Gasts* service m **2** *von Maschinen* maniement m **3** (≈ *Kellner*) garçon m; (≈ *Kellnerin*) serveuse f; **~, bitte!** Monsieur bzw. Madame(, s'il vous plaît)! **Bedienungsanleitung** F, **Bedienungsanweisung** F mode m d'emploi
Bedingung F condition f; **unter diesen ~en** dans ces circonstances; **unter der ~, dass …** à (la) condition que (+ *subj*) **bedingungslos** ADJ sans condition(s); inconditionnel
bedrängen VT ˚harceler (**mit** de); (≈ *bestürmen*) assaillir (de); *Gegner* serrer de près
bedrohen VT menacer (**mit** de) **bedrohlich** ADJ menaçant **Bedrohung** F menace f
bedrücken VT & V/UNPERS attrister; *Sorgen* accabler

Bedürfnis N besoin m (**nach** de); **das ~ haben, verspüren zu** (+ inf) éprouver le besoin de (+ inf)
beeilen VR **sich ~** se dépêcher (etw zu tun de faire qc); se presser
beeindrucken VT impressionner
beeindruckend ADJ impressionnant
beeinflussen VT influencer
beeinträchtigen VT Erfolg compromettre; Freiheit porter atteinte à; (≈ behindern) gêner
beenden VT finir; terminer; Gespräch clore
beerdigen VT enterrer **Beerdigung** F enterrement m
Beere F baie f; e-r Traube grain m
Beet N plate-bande f
befahl → befehlen
befahren VT Straße emprunter; Gewässer naviguer sur; **stark ~e Straße** route très fréquentée
Befehl M 1 (≈ Auftrag), a. MIL ordre m; **auf ~** (akk) **von** sur (l')ordre de; par ordre de 2 (≈ Befehlsgewalt) commandement m 3 IT instruction f; ordre m **befehlen** VT **j-m ~, etw zu tun** ordonner, donner l'ordre à qn de faire qc
befestigen VT 1 **etw (an etw** dat) ~ attacher, fixer qc (à qc) 2 Ufer, Straße stabiliser
befeuchten VT a. TECH humidifier; Lippen, Wäsche humecter
befiehlt → befehlen
befinden A geh VT **für richtig ~** reconnaître exact B VR 1 **sich ~** räumlich se trouver, être 2 **sich ~ in e-m Zustand** être
befohlen → befehlen
befolgen VT Rat suivre; Vorschrift observer
befördern VT 1 transporter; Post acheminer 2 **im Rang j-n ~** donner de l'avancement à qn; promouvoir qn; MIL faire monter qn en grade **Beförderung** F 1 transport m; acheminement m 2 avancement m
befragen VT questionner; a. Zeugen interroger
befreien A VT 1 a. fig délivrer, libérer (**aus, von** de) 2 (≈ erleichtern) soulager 3 (≈ entbinden) dispenser (**von** de); von Steuern, vom Militärdienst exempter (de) B VR **sich ~** se délivrer, se libérer, se

dégager (**aus, von** de) **Befreiung** F délivrance f; a. fig, a. POL libération f
befreunden VR → anfreunden
befriedigen A VT a. fig satisfaire B VR **sich (selbst) ~** se masturber **befriedigend** ADJ 1 satisfaisant 2 Schulnote → Drei
befristet ADJ à durée limitée; temporaire; Vertrag à durée déterminée
Befruchtung F BIOL fécondation f; **künstliche ~** insémination artificielle
befürchten VT craindre, redouter, appréhender (**dass ... que** ... [ne] + subj)
befürworten VT (≈ gutheißen) approuver; (≈ empfehlen) préconiser
begabt ADJ doué (**für** pour) **Begabtenförderung** F bourses accordées aux élèves et aux étudiants particulièrement doués **Begabung** F disposition(s) f(pl); don(s) m(pl)
begann → beginnen
begegnen VI 1 (≈ treffen) **j-m ~** rencontrer qn 2 geh **j-m höflich ~** traiter qn autrement **Begegnung** F a. SPORT rencontre f
begehen VT 1 geh Fest fêter; feierlich célébrer 2 Verbrechen, Fehler commettre; Dummheit faire
begehrt ADJ recherché
begeistern A VT enthousiasmer (**für** pour); leidenschaftlich passionner (**für** pour) B VR **sich ~** se passionner (**für** pour) **begeistert** A ADJ enthousiaste; **von j-m, etw ~ sein** être enthousiasmé, passionné par qn, qc B ADVL avec enthousiasme; avec passion **Begeisterung** F enthousiasme m; (≈ Leidenschaft) passion f
Beginn M commencement m; début m; **am, zu, bei ~** au début **beginnen** A VT commencer B VI commencer (**zu** + inf à + inf); **mit etw ~** Dinge commencer, débuter par qc; Person commencer qc
beglaubigen VT ADMIN certifier; **amtlich ~** légaliser
begleiten VT a. MUS accompagner; **zum Schutz** escorter; **j-n nach Hause ~** raccompagner qn **Begleiter(in)** M(F) compagnon m; compagne f **Begleitung** F 1 MUS accompagnement m 2 (≈ Gesellschaft) compagnie f; **in ~ ihres Mannes** en compagnie de son mari 3 Person compagnon m; compagne f

beglückwünschen _VT_ féliciter (**zu etw** de qc)
begnügen _VR_ **sich mit etw ~** se contenter de qc
begonnen → beginnen
begraben _VT_ 1 (≈ _beerdigen_) enterrer; inhumer 2 (≈ _verschütten_) ensevelir 3 s-e Hoffnungen ~ abandonner tout espoir; **e-n Streit ~** faire la paix **Begräbnis** _N_ enterrement _m_
begreifen _VT_ (≈ _verstehen_) comprendre
begreiflich _ADJ_ compréhensible
Begriff _M_ 1 (≈ _Vorstellung_) notion _f_; idée _f_; concept _m_ 2 (≈ _Ausdruck_) terme _m_ 3 _umg_ **schwer von ~ sein** _umg_ être (un peu) bouché 4 **im ~ sein, etw zu tun** être sur le point de faire qc
begründen _VT_ (≈ _Grund angeben_) motiver (**mit** par); **begründet** Vorwurf, Kritik justifié; fondé; **sachlich begründet sein** être objectivement fondé **Begründung** _F_ (exposé _m_ des) motifs _mpl_; raison(s) _f(pl)_; (≈ _Rechtfertigung_) justification _f_
begrüßen _VT_ _a. fig_ saluer; (≈ _empfangen_) accueillir **Begrüßung** _F_ salutation(s) _f(pl)_
begünstigen _VT_ favoriser; (≈ _bevorteilen_) privilégier **Begünstigung** _F_ 1 traitement préférentiel, de faveur (+ _gen_ accordé à); (≈ _Vorteil_) avantage _m_ 2 _JUR_ complicité _f_ (par assistance)
begutachten _VT_ fachlich expertiser
behaglich _ADJ_ Ort où l'on se sent bien, à l'aise; agréable; _Gefühl_ de bien-être
behalten _VT_ garder; _im Gedächtnis_ retenir
Behälter _M_ récipient _m_; für _Flüssigkeiten_ réservoir _m_
behandeln _VT_ Person, Thema, _a._ MED, TECH traiter; MED soigner; **der ~de Arzt** le médecin traitant **Behandlung** _F_ traitement _m_; MED _a._ soins _mpl_
behaupten _A_ _VT_ 1 (≈ _beteuern_) soutenir; affirmer; (≈ _vorgeben_) prétendre 2 _Stellung_ maintenir _B_ _VR_ **sich ~** s'imposer **Behauptung** _F_ affirmation _f_
beheben _VT_ _Schäden_ réparer; remédier à; _Missstände_ supprimer
beherrschen _A_ _VT_ 1 _Land_ régner sur; asservir; _Welt_ dominer; _Markt_ être leader sur 2 _Situation_ contrôler; _Gefühle, Sprache_ maîtriser _B_ _VR_ **sich ~** se retenir; se contenir **Beherrschung** _F_ 1 e-s _Landes_ domination _f_ 2 e-r _Situation, Sprache, seiner selbst_ maîtrise _f_; **s-e ~ verlieren** perdre son sang-froid
behindern _VT_ gêner **behindert** _ADJ_ °handicapé **Behinderte(r)** _M/F(M)_ °handicapé(e) _m(f)_; **ein geistig ~r** un °handicapé mental
behindertengerecht _ADJ_ (aménagé) pour les °handicapés; **~e Toiletten** _fpl_ toilettes _fpl_ pour °handicapés; **~e Hotels** _npl_ hôtels _mpl_ adaptés aux °handicapés
Behörde _F_ autorité _f_
bei _PRÄP_ 1 räumlich près de; _bei Personen_ auprès de; _in j-s Haus_ chez; **bei mir** (zu Hause) chez moi; **beim Arzt, Friseur** chez le médecin, le coiffeur; **bei der Post® arbeiten** travailler à la poste; **das steht bei Goethe** cela se trouve, c'est dans Gœthe; **etw bei sich haben** avoir qc sur soi; _umg_ **nicht ganz bei sich sein** ne pas avoir toute sa tête (à soi); **so war es auch bei mir** c'était aussi comme ça pour moi 2 _zeitlich_ à; pendant; **bei Sonnenaufgang** au lever du soleil; **beim Laufen** en courant 3 _modal_ **bei e-m Unfall** dans un accident; (≈ _im Falle e-s Unfalls_) en cas d'accident
beibehalten _VT_ conserver; garder
beibringen _VT_ 1 (≈ _lehren_) apprendre; enseigner 2 _umg_ (≈ _mitteilen_) **j-m etw schonend ~** dire, apprendre, annoncer qc à qn avec ménagement
Beichte _F_ confession _f_ **beichten** _VT_ (**j-m**) **etw ~** REL, _a. fig_ confesser qc (à qn); _fig_ avouer qc (à qn)
beide _PRON_ _A_ _ADJ_ les deux; **die, meine ~n Söhne** les, mes deux fils _B_ _SUBST_ les deux; **e-r von ~n** (l')un des deux
beieinander _ADV_ ensemble; **dicht, nahe ~** très près, proche l'un de l'autre
Beifahrer(in) _M(F)_ _im Auto_ passager, -ère _m,f_ (avant); _im Lastwagen_ aide-conducteur _m_; SPORT coéquipier, -ière _m,f_
Beifall _M_ 1 applaudissements _mpl_ 2 (≈ _Zustimmung_) approbation _f_; **~ finden** être bien accueilli; **~ klatschen** applaudir
beige _ADJ_ beige
Beigeschmack _M_ petit goût; **e-n bitteren ~ haben** _a. fig_ avoir un goût amer
Beihilfe _F_ 1 _finanzielle_ allocation _f_; aide _f_ 2 _JUR_ complicité _f_ (**zu de**)

Beil N °hache f; cognée f
Beilage F **1** e-r Zeitung supplément m **2** GASTR accompagnement m; garniture f
beiläufig ADV en passant
beilegen VT **1** (≈ beifügen) joindre **2** Streit régler
Beileid N condoléances fpl; **j-m sein ~ aussprechen** exprimer, présenter ses condoléances à qn; **(mein) herzliches** od **aufrichtiges ~** mes sincères condoléances
beim, = bei dem → bei
Bein N (≈ Hosenbein), a. ANAT jambe f; von Tieren patte f; (≈ Tischbein) etc pied m; umg **sich** (dat) **kein ~ ausreißen** umg ne pas se casser (la tête od la nénette); umg **j-m ~ machen** (≈ fortjagen) faire déguerpir qn; (≈ antreiben) secouer qn umg; **j-m ein ~ stellen** faire un croche-pied, un croc-en-jambe à qn; umg fig **die ~e in die Hand nehmen** prendre ses jambes à son cou; umg **den ganzen Tag auf den ~en sein** être debout toute la journée; **sich auf die ~e machen** se mettre en route; fig **auf eigenen ~en stehen** être indépendant; umg fig etw **auf die ~e stellen** mettre qc sur pied; umg fig **wieder auf die ~e kommen** reprendre le dessus; (≈ wieder gesund werden) a. se remettre; fig **mit beiden ~en im Leben stehen** avoir les (deux) pieds sur terre
beinahe ADV presque; vor Zahlen a. près de; **er wäre ~ ertrunken** a. il a failli se noyer; il a manqué (de) se noyer
Beipackzettel M notice f
Beiried N österr (≈ Roastbeef) rosbif m
beirren VT déconcerter
beiseite ADV de côté; à l'écart **beiseiteschieben** VT Bedenken écarter
Beispiel N exemple m (für de); **zum ~** par exemple; **j-m ein ~ geben** donner l'exemple à qn; **sich** (dat) **an j-m ein ~ nehmen** prendre exemple sur qn **beispielsweise** ADV par exemple
beißen A VT **1** mordre **2** (≈ kauen) mâcher; umg **nichts zu ~ haben** umg n'avoir rien à se mettre sous la dent B VI mordre **beißend** ADJ Kälte mordant; Geruch âcre; Kritik mordant
Beitrag M **1** (≈ Mitwirkung) contribution f; apport m **2** für e-e Zeitung article

m **3** (≈ Mitgliedsbeitrag) cotisation f **beitragen** VT & VI **zu etw ~** contribuer, concourir à qc
Beitritt M adhésion f, affiliation f (**zu** à)
Beize F für Holz teinture f; GASTR marinade f
beizen VT Holz teinter; GASTR mariner
bejahen VT Frage répondre affirmativement à; dire oui à
bekämpfen VT combattre **Bekämpfung** F lutte f (+ gen contre)
bekannt ADJ **1** connu; (≈ berühmt) célèbre; **das ist mir ~** je (le) sais; **davon ist mir nichts ~** je n'en sais rien **2** **mit j-m, etw ~ sein** connaître qn, qc; **j-n mit j-m ~ machen** présenter qn à qn **3** ~ **geben, machen** publier; ~ **werden** être divulgué, publié
Bekannte(r) M/F(M) connaissance f; **ein ~r von mir** une personne de ma connaissance **bekanntgeben** VT → bekannt 3 **bekanntlich** ADV comme chacun sait **Bekanntschaft** F connaissance f; **j-s ~ machen** faire la connaissance de qn
bekennen A VT avouer; reconnaître B VR **sich schuldig ~** s'avouer coupable **Bekenntnis** N aveu m; a. REL confession f
beklagen A VT déplorer B VR **sich (bei j-m) über etw, j-n ~** se plaindre (à qn) de qc, qn
beklauen umg VT j-n ~ voler qn
bekleckern umg VT tacher B VR **sich ~** se tacher; stärker se salir
Bekleidung F vêtements mpl
bekommen A VT **1** (≈ erhalten) recevoir; avoir; mit Mühe obtenir; **wo bekommt man ...?** où peut-on trouver ...?, où peut-on avoir ...? umg; im Geschäft **was ~ Sie?** vous désirez? **2** mit „zu" + inf **etw zu essen ~** avoir qc à manger; **vieles zu sehen ~** voir beaucoup de choses **3** mit pperf **etw geschenkt ~** recevoir qc en cadeau; **ich bekam gesagt ...** on m'a dit ... **4** e-e Krankheit ~ attraper une maladie; **e-e Erkältung ~** prendre froid **5** **den Zug gerade noch ~** avoir son train de justesse; **den Zug nicht mehr ~** manquer, rater son train B VI **j-m (gut) ~** convenir, réussir à qn; **wohl bekomms!** à ta bzw. votre santé

bekömmlich ADJ digeste
beladen VT charger (mit de)
Belag M (≈ Schicht) couche f; (≈ Straßenbelag, Fußbodenbelag) revêtement m; (≈ Bremsbelag) garniture f; (≈ Zahnbelag) plaque f dentaire
belagern VT a. fig assiéger **Belagerung** F a. fig siège m
belanglos ADJ sans importance
belasten VT **1** charger (mit de) **2** mit Schadstoffen polluer **3** Konto débiter (mit de) **4** Sorgen j-n ~ accabler qn **5** JUR charger
belästigen VT **1** importuner (mit par); ennuyer (avec) **2** sexuell °harceler **Belästigung** F ennuis mpl; **sexuelle ~** °harcèlement sexuel
Belastung F charge f; fig a. fardeau m; TECH effort m; **außergewöhnliche ~en** Steuer dépenses fpl extraordinaires
belauschen VT Personen épier; Gespräch écouter
belebt ADJ Straße animé
Beleg M **1** (≈ Beweis) pièce justificative **2** (≈ Quittung) quittance f **belegen** VT **1** Fußboden recouvrir (mit de); TECH, GASTR garnir (de) **2** Sitzplatz (≈ reservieren) réserver; (≈ besetzt halten) occuper
Belegschaft F personnel m **belegt** ADJ **1** Krankenhaus occupé; Platz retenu; réservé; Hotel (voll) ~ sein afficher complet **2** GASTR ~es Brot, Brötchen sandwich m
belehren VT instruire, informer (über + akk de)
beleidigen VT offenser; insulter; (≈ beschimpfen) injurier **beleidigt** ADJ offensé; (≈ gekränkt) vexé **Beleidigung** F offense f
beleuchten VT éclairer; festlich illuminer **Beleuchtung** F éclairage m
Belgien N la Belgique **Belgier(in)** M(F) Belge m/f **belgisch** ADJ belge
beliebig A ADJ quelconque; **jeder Beliebige** n'importe qui B ADV à volonté
beliebt ADJ **1** aimé, estimé (bei par, de); populaire; **sich (bei j-m) ~ machen** se faire aimer (par, de qn) **2** (≈ häufig benutzt) courant
beliefern VT fournir, approvisionner (mit en)
bellen VI aboyer
belohnen VT récompenser (für pour, de) **Belohnung** F récompense f
belügen VT mentir à
bemalen VT peindre
bemängeln VT critiquer
bemerkbar ADJ **sich ~ machen** Person se faire remarquer; Sache se faire sentir
bemerken VT **1** (≈ wahrnehmen) remarquer **2** (≈ äußern) remarquer **bemerkenswert** ADJ remarquable **Bemerkung** F remarque f
bemitleiden VT avoir pitié de
bemühen VR **1** (≈ sich anstrengen) **sich ~** se donner de la peine, du mal; s'efforcer (zu + inf de + inf) **2** (≈ sich kümmern) **sich um j-n ~** s'occuper de qn; prendre soin de qn **3** (≈ erlangen wollen) **sich um etw ~** s'efforcer d'obtenir qc **Bemühung** F effort(s) m(pl)
benachrichtigen VT informer, prévenir, avertir (von de)
benachteiligen VT désavantager; (≈ unrecht tun) porter préjudice, faire du tort à
benehmen VR **sich ~** se conduire; se comporter **Benehmen** N comportement m; **kein ~ haben** être mal élevé
beneiden VT **j-n (um etw) ~** envier (qc à) qn
Beneluxstaaten MPL **die ~** le Benelux
benommen ADJ étourdi
benoten VT donner une note à; **s-e Klassenarbeit ist mit gut benotet worden** il a eu un bien à son contrôle
benötigen VT avoir besoin de; **benötigt (werden)** (être) nécessaire
benutzen VT utiliser; se servir de; Gelegenheit profiter de; Weg prendre **benutzerfreundlich** ADJ facile à utiliser; pratique; IT convivial **Benutzerfreundlichkeit** F facilité f d'utilisation; commodité f; IT convivialité f **Benutzerkonto** N IT compte m utilisateur **Benutzername** M IT nom m d'utilisateur
Benzin N essence f
beobachten VT observer; (≈ überwachen) surveiller **Beobachtung** F observation f; **unter ~** (dat) **stehen** être surveillé
bequem ADJ **1** (≈ behaglich) confortable; (≈ praktisch) commode; (≈ mühelos) aisé; facile **2** Person paresseux; indolent; **es sich** (dat) **~ machen** se mettre à l'aise

beraten A VT **1** j-n ~ conseiller qn; **gut, schlecht ~ sein** être bien, mal avisé **2** etw ~ discuter (de) qc B VI (**über** etw akk) ~ se consulter (sur qc)
Berater(in) M(F) conseiller, -ère m,f **Beratung** F consultation f
berauschend ADJ capiteux; umg **nicht gerade ~** pas spécialement excitant; umg pas vraiment emballant
berechnen VT **1** calculer **2** (≈ in Rechnung stellen) facturer
berechtigen VT ~ (**zu**) autoriser (à)
berechtigt ADJ **1** Person ~ **sein, etw zu tun** être autorisé à faire qc **2** (≈ rechtmäßig) légitime **3** (≈ begründet) fondé
Bereich M **1** räumlich zone f; région f **2** fig domaine m
bereichern A VT a. fig enrichir B VR **sich ~** s'enrichir
bereit ADJ prêt (**zu** à); **sich zu etw ~ erklären** être prêt à qc; (**sich**) **~ machen** (se) préparer
bereiten VT **1** Essen préparer; Kaffee, Tee faire **2** Sorge, Freude causer; donner
bereithalten VT tenir prêt **bereitliegen** VI être prêt, préparé
bereits ADV déjà
Bereitschaftsdienst M (service m de) permanence f; MED service m des urgences; **~ haben** être de permanence; MED être de garde
bereitstehen VI être prêt **bereitstellen** VT **etw für j-n ~** mettre qc à la disposition de qn
bereitwillig A ADJ obligeant B ADV de bonne grâce
bereuen VT se repentir de; regretter
Berg M **1** montagne f; mit Eigennamen mont m; **über ~ und Tal** par monts et par vaux; umg fig **über den ~ sein** avoir passé le cap; umg fig **über alle ~e sein** être (bien) loin **2** fig (≈ große Menge) montagne f; tas m
bergab ADV en descendant; à la descente; **~ gehen, fahren** descendre **bergauf** ADV en montant; à la montée; **~ gehen, fahren** monter
bergen VT Gegenstände sauver; mettre en sûreté; Personen retirer
Bergmann M mineur m **Bergsteigen** N alpinisme m **Bergsteiger(in)** M(F) alpiniste m/f **Bergwerk** N mine f

Bericht M rapport m; compte m rendu; erzählender récit m; (≈ Pressebericht) reportage m; **~ erstatten** faire un rapport
berichten A VT **j-m etw ~** informer, instruire qn de qc B VI **über** etw (akk) ~ faire un rapport sur qc **Berichterstatter(in)** M(F) correspondant(e) m(f)
berichtigen VT rectifier; Druckfehler corriger
Berlin N Berlin **Berliner** M GASTR ~ (**Pfannkuchen**) ≈ beignet m **Berliner(in)** M(F) Berlinois(e) m(f)
Bern N Berne
Bernhardiner M Hunderasse saint-bernard m
berüchtigt ADJ de mauvaise réputation; Ort a. mal famé
berücksichtigen VT prendre en considération; tenir compte de
Beruf M profession f; métier m; **was sind Sie von ~?** quelle est votre profession?
berufen VR **sich auf j-n, etw ~** se réclamer de qn, qc; se référer à qn, qc
beruflich A ADJ professionnel B ADV **~ erfolgreich sein** réussir dans sa profession
Berufsausbildung F formation professionnelle **Berufsschule** F etwa centre m de formation professionnelle **Berufsschüler(in)** M(F) élève m/f d'un centre de formation professionnelle **berufstätig** ADJ qui exerce une activité professionnelle **Berufstätige(r)** M(F/M) **die ~n** pl la population active; les actifs mpl **Berufsverkehr** M heures fpl d'affluence, de pointe
Berufung F **1** nomination f (**zu** à), (**in**, **an** + akk à) **2** innere vocation f **3** JUR appel m; pourvoi m en appel; **~ einlegen** interjeter, faire appel; **in die ~ gehen** se pourvoir en appel
beruhigen A VT calmer; apaiser; rassurer B VR **sich ~** se calmer **Beruhigung** F apaisement m; **zur ~** pour me, te, etc calmer
berühmt ADJ célèbre; fameux
berühren VT **1** körperlich toucher **2** fig Thema aborder **3** fig (≈ beeindrucken) toucher; **das hat mich seltsam berührt** cela m'a laissé une impression étrange
Berührung F a. fig contact m
besänftigen VT calmer

Besatzung F **1** MIL (troupes fpl d')occupation f **2** SCHIFF, FLUG équipage m

beschädigen VT endommager; abîmer

beschaffen VT procurer; **sich** (dat) **etw** ~ se procurer qc

beschäftigen A VT **1** (≈ in Anspruch nehmen) occuper **2** beruflich employer B VR **sich mit j-m, etw** ~ s'occuper de qn, qc **Beschäftigung** F **1** (≈ Tätigkeit) occupation f **2** berufliche emploi m **3** mit Problemen étude f (**mit** de)

beschämen VT faire °honte à

beschatten VT **1** geh ombrager **2** fig prendre en filature

Bescheid M information f; **j-m ~ geben, sagen** informer, prévenir qn; (**über etw** akk) ~ **wissen** être au courant (de qc) **2** ADMIN avis m

bescheiden ADJ modeste, simple **Bescheidenheit** F modestie f

bescheinigen VT certifier **Bescheinigung** F certificat m

Bescherung F **1** zu Weihnachten distribution f de(s) cadeaux (de Noël) **2** umg iron **das ist ja e-e schöne ~!** nous voilà dans de beaux draps!

bescheuert umg ADJ **1** Person umg dingue, taré umg, malade umg **2** Sache stupide

beschimpfen VT insulter

beschissen sl ADJT sl emmerdant

beschleunigen VT & VI accélérer

beschließen VT **1** décider **2** (≈ beenden) finir; terminer **Beschluss** M décision f; **e-n ~ fassen** prendre une décision

beschränken A VT limiter, restreindre, réduire (**auf** + akk à) B VR **sich** ~ se borner, se limiter, s'en tenir (à)

beschreiben VT **1** Papier écrire sur; Seiten remplir **2** (≈ schildern) décrire; Weg indiquer **Beschreibung** F description f; **jeder ~ spotten** défier toute description

beschuldigen VT j-n (e-r Sache gen) ~ accuser qn (de qc); bes JUR inculper qn (de qc)

beschützen VT protéger (**vor** + dat de, contre)

Beschwerde F **1** plainte f; réclamation f; JUR recours m **2** MED **~n** pl maux mpl; douleurs fpl

beschweren A VT Papiere etc alourdir; Gedächtnis charger B VR **sich** (**bei j-m über j-n, etw**) ~ se plaindre (de qn, qc à od auprès de qn)

beschwerlich ADJ pénible

beschwichtigen VT apaiser

beschwipst umg ADJ umg éméché

beschwören VT **1** JUR affirmer sous serment; eidlich jurer **2** (≈ bitten) conjurer **3** Schlange charmer

beseitigen VT supprimer; a. Person éliminer; Flecken enlever; Schwierigkeiten aplanir

Besen M balai m

besessen ADJ possédé; **von e-r Idee ~ sein** être obsédé par une idée

besetzen VT **1** MODE garnir (**mit** de); am Rand border **2** Platz réserver **3** Posten pourvoir; THEAT Rolle distribuer **4** MIL occuper **besetzt** ADJ Platz, a. TEL occupé; Platz a. pris; Zug, Hotel complet **Besetztzeichen** N TEL tonalité f « pas libre », « occupé »

besichtigen VT visiter **Besichtigung** F visite f

besiegen VT **1** MIL, a. fig vaincre **2** bei Sport u. Spiel battre

besinnen VR **1** **sich** ~ (≈ sich erinnern) se souvenir (**auf etw** akk de qc); se rappeler (qc) **2** **sich** ~ (≈ zur Vernunft kommen) reprendre ses esprits **3** **sich** ~ (≈ überlegen) réfléchir

Besinnung F **die ~ verlieren** perdre connaissance; (**wieder**) **zur ~ kommen** reprendre connaissance; fig reprendre ses esprits

Besitz M **1** possession f; **in j-s ~** (dat) **sein** être en la possession de qn; → besitzergreifend **2** (≈ Besitztum) propriété f; bien m **besitzen** VT posséder; avoir **Besitzer(in)** M(F) propriétaire m/f **besitzergreifend** ADJ possessif

Besitzstand M acquis mpl sociaux; weitS. niveau m de vie

besoffen umg ADJ soûl

besondere, besonderer, besonderes ADJ particulier; (≈ außergewöhnlich) exceptionnel; **im Besonderen** en particulier; **nichts Besonderes** rien d'extraordinaire

besonders ADV particulièrement; **ganz ~** par-dessus tout; **mir geht es nicht ~** je ne vais pas très bien

besorgen VT **1** *Haushalt* s'occuper de; *Arbeit, Einkäufe* faire **2** (≈ *beschaffen*) procurer
Besorgnis F souci m **besorgniserregend** ADJ inquiétant; préoccupant
besorgt ADJ **1** (≈ *sorgenvoll*) soucieux; **um, über etw** (akk) **~ sein** s'inquiéter de qc **2** (≈ *fürsorglich*) attentionné (**um** pour)
Besorgung F **~en machen** faire des courses, des achats
besprechen VT **1** discuter; débattre **2** *Buch, Film* critiquer; faire une critique de **Besprechung** F **1** (≈ *Gespräch*) entretien m; (≈ *Beratung*) conférence f **2** e-s Buches critique f; compte m rendu **Besprechungsraum** M, **Besprechungszimmer** N salle f de conférence
besser A ADJ meilleur B ADV **1** mieux; **es geht ihr schon ~** elle va déjà (beaucoup) mieux; **umso ~** tant mieux! **2** (≈ *lieber*) plutôt
bessern VT (& V/R) (sich) **~** (s')améliorer **Besserung** F **1 gute ~!** bon rétablissement! **2** e-r Situation amélioration f **3 ~ geloben** promettre de s'amender, de se corriger
Besserwisser(in) M(F), pej personne f qui sait tout (mieux que les autres)
beständig ADJ **1** (≈ *von Dauer*) durable; (≈ *konstant*) constant **2** (≈ *widerstandsfähig*) résistant (**gegen** à)
Bestandteil M élément m; **sich in s-e ~e auflösen** CHEM se décomposer en ses éléments; *fig* se désagréger; se disloquer
bestätigen A VT confirmer; vérifier B V/R **sich ~** se confirmer; se vérifier **Bestätigung** F confirmation f
Bestattung geh F inhumation f
beste, bester, bestes ADJ meilleur; **~n Dank!** merci beaucoup!; **es ist das Beste, er ...** le mieux (c'est qu'il ... (+ *subj*); **am ~n** le mieux; **etw zum Besten geben** raconter, réciter, chanter *etc* qc (en société)
Beste(r) M(F)N *Person* **der, die ~** le meilleur, la meilleure
Beste(s) N **das ~** le mieux; **das ~ aus etw machen** tirer le meilleur parti de qc
Besteck N couvert m
bestehen A VT *Examen* réussir (à); être reçu à; *Kampf* sortir vainqueur de B VI **1** (≈ *existieren*) exister; **es besteht (die) Aussicht, dass ...** il y a des chances (pour) que ... (+ *subj*) **2 darauf ~, dass ...** insister pour que ... (+ *subj*) **3 aus etw ~** être composé, se composer de qc **4 ~ bleiben** subsister; rester; se maintenir
bestellen VT **1** *Waren, im Lokal* commander; *Taxi* appeler **2 j-n (zu sich** *dat*) **~** convoquer qn (chez soi) **3** (≈ *ausrichten*) **j-m etw ~** faire savoir qc à qn; **bestell deiner Mutter schöne Grüße (von mir)** donne le bonjour (de ma part) à ta mère **4** *Feld, Garten* cultiver **Bestellschein** M bon m de commande **Bestellung** F *im Lokal, a.* HANDEL commande f; **e-e ~ aufgeben** passer (une) commande
bestenfalls ADV au mieux **bestens** ADV au mieux
Besteuerung F imposition f
Bestform F SPORT excellente condition; **in ~** en excellente condition; *umg* au top niveau
bestimmen A VT **1** (≈ *festlegen*) fixer; déterminer **2** (≈ *vorsehen*) destiner (**für** à); (≈ *ernennen*) désigner (**zu** comme) **3** (≈ *ermitteln*) déterminer; *Begriff* définir **4** (≈ *prägen*) marquer; déterminer B VI commander; **über etw** (akk) **~** décider de qc
bestimmt A ADJ **1** (≈ *speziell*) déterminé; (bien) défini **2** (≈ *entschieden*) *Ton* décidé; *Worte* énergique **3** (≈ *feststehend*) donné; déterminé; *Stunde* fixé B ADV **1** (≈ *sicher*) certainement; **das weiß ich ganz ~** j'en suis sûr, certain **2** (≈ *vermutlich*) certainement; **ich habe es ~ verloren** j'ai dû le perdre
Bestimmungsland N pays m de destination
bestrafen VT punir (**mit** de)
bestrahlen VT éclairer; illuminer **Bestrahlung** F (≈ *Sonnenbestrahlung*) exposition f au soleil
bestreiken VT **e-n Betrieb ~** faire la grève dans une entreprise
bestreiten VT (≈ *leugnen*) contester; **das lässt sich nicht ~** c'est incontestable
Bestseller M best-seller m
bestürmen VT assaillir (**mit** de)

bestürzt ADJ consterné (**über** de)
Besuch M 1 visite f; *der Schule* fréquentation f; **bei j-m zu ~ sein** être en visite chez qn; **j-m e-n ~ machen** rendre visite à qn; **er kommt zu uns zu ~** il viendra nous voir 2 (≈ *Gast*) invité(e) m(f); *offizieller* hôte m/f; **er hat ~** il a de la visite, des invités, du monde **besuchen** VT aller *bzw.* venir voir; rendre visite à; *Museum, Land* visiter; *Kino, Kirche* aller à **Besucher(in)** M(F) visiteur, -euse m,f; (≈ *Gast*) invité(e) m(f); *offizieller* hôte m/f
betätigen A VT actionner B VR **sich politisch ~** faire de la politique
betäuben VT 1 MED anesthésier; *örtlich* insensibiliser 2 *durch e-n Schlag* étourdir; *durch Lärm* assourdir **Betäubung** F anesthésie f; insensibilisation f; **örtliche ~** anesthésie locale; insensibilisation f
beteiligen A VT **j-n an etw** (*dat*) **~** faire participer qn à qc B VR **sich an etw** (*dat*) **~** participer, prendre part à qc **Beteiligung** F participation f (**an** + *dat* à)
beten VI prier; faire sa prière; **zu Gott ~** prier Dieu
beteuern VT protester de; affirmer (solennellement)
Beton M béton m
betonen VT 1 PHON, MUS accentuer 2 *fig* appuyer l'accent sur **Betonung** F *a. fig* accentuation f; (≈ *Betonungsakzent*) accent m tonique
Betracht M **in ~ kommen** entrer en considération, en ligne de compte; **in ~ ziehen** prendre en considération; tenir compte de; **außer ~ lassen** laisser de côté
betrachten VT 1 (≈ *ansehen*) regarder; *Gemälde* contempler 2 *fig* (≈ *beurteilen*) considérer; **so betrachtet** vu sous cet angle 3 **j-n, etw als j-n, etw ~** considérer qn, qc comme qn, qc
beträchtlich ADJ considérable
Betrag M somme f
betragen A VI s'élever à B VR **sich ... ~** se conduire ...; se comporter ... **Betragen** N conduite f
betreffen VT concerner; **was ... betrifft** en ce qui concerne ...
betreiben VT 1 *Gewerbe* exercer 2 **mit Strom betrieben werden** marcher à l'électricité

Betreiber(in) M(F) 1 *Person* exploitant(e) m(f) 2 *Institution* société f d'exploitation
betreten¹ VT *Raum, Haus* entrer dans; *Rasen* marcher sur; *Grundstück* pénétrer dans; **die Bühne ~** entrer en scène; **Betreten verboten!** défense d'entrer!
betreten² A ADJ *Person* embarrassé; *Stille, Schweigen* gêné B ADJ **er schwieg ~** il s'est tu, embarrassé (*ou* gêné)
betreuen VT 1 *Kinder, Tiere* prendre soin de 2 *Abteilung* être le responsable de; *Gruppe* animer **Betreuer(in)** M(F) responsable m/f; *e-r Gruppe* animateur, -trice m,f; moniteur, -trice m,f
Betrieb M 1 (≈ *Unternehmen*) entreprise f 2 (≈ *Funktionieren*) marche f; **in ~ nehmen** mettre en service; **in ~ sein** être en service, en marche; **außer ~ sein** être °hors service 3 *umg* (≈ *Treiben*) animation f; **es herrscht viel ~** il y a beaucoup de monde **betrieblich** ADJ de l'entreprise
Betriebsanleitung F mode m d'emploi **Betriebsferien** PL fermeture annuelle (de l'entreprise) **Betriebskapital** N fonds mpl de roulement **Betriebsklima** N ambiance f (dans une entreprise) **Betriebskosten** PL frais mpl d'exploitation **Betriebsleiter(in)** M(F) directeur, -trice m,f (d'une entreprise) **Betriebsleitung** F direction f (de l'entreprise) **Betriebsrat** M 1 *Ausschuss* comité m d'entreprise 2 *Person* délégué m du personnel **Betriebsratsmitglied** N délégué(e) m(f) du personnel **Betriebssystem** N IT système m d'exploitation **Betriebswirtschaft** F économie f d'entreprise; gestion f (d'entreprise)
betrinken VR **sich ~** s'enivrer
betroffen ADJ intéressé; touché
betrübt ADJ affligé, attristé, peiné (**über** + *akk* de)
Betrug M tromperie f; duperie f; *a.* JUR escroquerie f **betrügen** VT duper; *a. in der Liebe* tromper; **j-n um etw ~** escroquer qc à qn B VI *beim Spiel* tricher **Betrüger(in)** M(F) *a.* JUR escroc m; *beim Spiel* tricheur, -euse m,f
betrunken ADJ ivre
Bett N 1 lit m; **das ~ machen** faire le

bzw. son lit; **zu**, **ins ~ gehen** aller se coucher, au lit; *umg* **mit j-m ins ~ gehen** *umg* coucher avec qn **2** (*=Flussbett*) lit m **Bettdecke** F̄ couverture f
betteln V̄Ī (**um etw**) **~** *a. fig* mendier (qc)
Bettflasche F̄ *reg* bouillotte f **Bettlaken** N̄ drap m (de lit)
Bettler(in) M̄(F̄) mendiant(e) *m(f)*
Betttuch N̄ drap *m* (de lit) **Bettwäsche** F̄ linge *m* de lit
beugen A V̄Ī *Knie, Rumpf* plier; *Kopf* pencher; **vom Kummer gebeugt** écrasé, anéanti de chagrin B V̄R̄ **sich aus dem Fenster ~** se pencher par la fenêtre
Beule F̄ *am Kopf etc* bosse f
beunruhigen A V̄Ī inquiéter B V̄R̄ **sich ~** s'inquiéter **beunruhigend** ADJ inquiétant **beunruhigt** ADJ inquiet/-iète
beurteilen V̄Ī juger de
Beuschel österr N̄ GASTR ragoût *de cœur, de poumon, etc de veau ou de mouton*
Beute F̄ **1** (*=Beutegut, Diebesbeute*) butin *m*; (*=Jagdbeute*) (tableau *m* de) chasse f **2** *e-s Raubtiers, a. fig* proie f
Beutel M̄ (petit) sac; *kleiner* sachet *m*
bevölkern V̄Ī *a. fig* peupler (**mit** de) **Bevölkerung** F̄ population f **Bevölkerungsexplosion** F̄ explosion f démographique
bevor KŌNJ avant que (+ *subj*) **bevorstehen** V̄Ī être en vue; **unmittelbar ~** être imminent
bevorzugen V̄Ī **1** *Dinge* préférer **2** *Person* favoriser
bewachen V̄Ī garder
bewahren V̄Ī **1** (*=erhalten*) garder; conserver **2** (*=schützen*) préserver (**vor** + *dat* de); protéger (de, contre)
bewähren V̄R̄ **sich ~** faire ses preuves **Bewährung** F̄ JUR sursis *m* (à l'exécution des peines); (*=Bewährungsfrist*) probation f; **Strafe mit ~** avec sursis
bewältigen V̄Ī venir à bout de; *Vergangenheit* assumer
bewegen¹ A ADJ **1** *räumlich* remuer; bouger **2** (*=rühren*) émouvoir; toucher **3** (*=geistig beschäftigen*) occuper B V̄R̄ **sich ~** remuer; bouger
bewegen² V̄Ī **j-n zu etw ~** décider, pousser, inciter qn à qc

beweglich ADJ *a. Feiertag* mobile **2** *geistig* vif **Bewegung** F̄ mouvement *m*; **sich in ~ setzen** se mettre en marche; *Zug a.* s'ébranler **2** (*=Geste*) geste *m* **3** *innere* agitation f; (*=Rührung*) émotion f **4** POL *etc* mouvement *m*
Beweis M̄ preuve f (**für** de) **beweisen** V̄Ī **1** prouver **2** *Mut etc* faire preuve de
bewerben V̄R̄ **sich** (**um e-e Stelle**) **~** poser sa candidature à un poste; *beruflich* **sich ~ bei j-m, e-r Firma** solliciter, postuler un emploi chez qn, dans une entreprise **Bewerbung** F̄ candidature f (**um** à) **Bewerbungsgespräch** N̄ entretien *m* d'embauche **Bewerbungsschreiben** N̄ lettre f de candidature
bewerten V̄Ī évaluer; estimer; SPORT, SCHULE noter **Bewertung** F̄ évaluation f; estimation f; SPORT, SCHULE note f; points *mpl*
bewirken V̄Ī **1** (*=verursachen*) causer **2** (*=erreichen*) obtenir
bewog, bewogen → bewegen²
bewohnen V̄Ī habiter **Bewohner(in)** M̄(F̄) habitant(e) *m(f)*
bewundern V̄Ī admirer **bewundernswert**, **bewundernswürdig** ADJ admirable **Bewunderung** F̄ admiration f
bewusst A ADJ **1** conscient; **sich** (*dat*) **e-r Sache** (*gen*) **~ sein, werden** avoir, prendre conscience de qc; **sich** (*dat*) **etw ~ machen** se rendre compte de qc **2** (*=absichtlich*) voulu; délibéré B ADV **1** consciemment **2** délibérément
bewusstlos ADJ sans connaissance; **~ werden** perdre connaissance; s'évanouir
Bewusstsein N̄ **1** PSYCH, PHIL conscience f **2** MED connaissance f; **das ~ verlieren** perdre connaissance; **wieder zu ~ kommen** reprendre connaissance
bezahlen A V̄Ī payer (**j-m etw** qc à qn); **für etw zehn Euro ~** payer qc dix euros B V̄Ī payer; **Herr Ober, bitte ~!** garçon, l'addition s'il vous plaît! **Bezahlung** F̄ **1** paiement *m* **2** (*=Lohn*) rémunération f
bezaubernd ADJ charmant
bezeichnen A V̄Ī **1** (*=markieren*) marquer **2** (*=benennen*) désigner; **näher ~** spécifier **3** (*=einschätzen*) qualifier (**als** de) B V̄R̄ **sich als Künstler ~** se dire ar-

tiste **bezeichnend** ADJ typique, caractéristique (**für** de)
beziehen A VT 1 *Schirm, Möbel* recouvrir (**mit** de) 2 *Wohnung* s'installer dans 3 *Waren* se fournir en, acheter (**von** j-m chez qn); *Gehalt* toucher 4 **etw auf etw** (*akk*) **~** appliquer qc à qc; **etw auf sich** (*akk*) **~** prendre qc pour soi; **bezogen auf** (+ *akk*) par rapport à B VR **sich ~ auf** (+ *akk*) se référer à
Beziehung F 1 (= *Verbindung*) relation f; rapport m; **gute ~en zu j-m haben** entretenir de bons rapports avec qn; avoir de bonnes relations avec qn; **e-e feste ~ haben** avoir une relation (amoureuse) suivie 2 **~en haben** (= *einflussreiche Personen kennen*) avoir des relations 3 (= *Verhältnis*) rapport m; lien m; **in ~ zu etw stehen** avoir rapport à qc 4 (= *Verständnis*) affinités *fpl* (**zu** avec) 5 (= *Hinsicht*) **in dieser ~** de ce point de vue; sous ce rapport; à cet égard
beziehungsweise ADV 1 (= *im anderen Fall*) respectivement; (= *oder*) ou 2 (= *genauer gesagt*) ou plutôt, plus exactement
Bezirk M district m; circonscription f
Bezug M 1 (= *Bettbezug, Kissenbezug*) enveloppe f; °housse f; (= *Kopfkissenbezug*) taie f 2 *von Waren* achat m; *von Zeitungen* abonnement m (+ *gen* à) 3 (= *Beziehung*) rapport m (**zu** avec); **in ~ auf j-n, etw** en ce qui concerne qn, qc; au sujet de qn, qc; **~ nehmen auf** (+ *akk*) se référer à
Bezugsquelle F source f d'approvisionnement
bezweifeln VT douter de; **~, dass ...** douter que ... (+ *subj*)
BH M *ABK* (= *Büstenhalter*) soutien-gorge m
Bibel F Bible f
Biber M castor m
Bibliothek F bibliothèque f **Bibliothekar(in)** M(F) bibliothécaire m/f
biblisch ADJ biblique
biegen A VT courber; plier; *umg fig* **auf Biegen oder Brechen** coûte que coûte; à tout prix B VI **um die Ecke ~** tourner au coin (de la rue) C VR **sich ~** se courber; *unter starker Last* s'infléchir **biegsam** ADJ *a. fig* flexible, souple
Biegung F courbe f; *e-s Weges, Flusses* tournant m; **e-e ~ machen** tourner
Biene F abeille f **Bienenstich** M 1 piqûre f d'abeille 2 GASTR *gâteau fourré de crème et recouvert d'amandes effilées* **Bienenstock** M ruche f
Bier N bière f; **helles, dunkles ~** bière blonde, brune; **e-e Flasche ~** une bouteille de bière; *im Lokal* **Herr Ober, ein ~!** garçon, un demi!
Biest *umg pej N Tier* sale bête f; *Frau* chameau m *umg*, garce f
bieten A VT 1 *Anblick, Bild* offrir; présenter; **das lasse ich mir nicht ~!** *umg* je ne me laisserai pas marcher sur les pieds! 2 *Geld* **j-m etw (für etw) ~** offrir qc à qn (pour qc) 3 **wer bietet mehr?** qui dit mieux? B VR **sich ~** s'offrir
Bikini M bikini m
bilateral ADJ bilatéral
Bild N 1 (= *Abbildung*) image f; (= *Fotografie*) photo f; *in Büchern* illustration f; (= *Gemälde*) tableau m 2 *sprachliches* image m; (= *Metapher*) métaphore f 3 **ein ~ des Jammers** un spectacle de désolation 4 (= *klare Vorstellung*) **sich** (*dat*) **ein ~ von etw machen** se faire une idée de qc; (**über etw, j-n**) **im ~e sein** être informé, au courant (de qc, au sujet de qn)
Bilddatei F IT fichier m image(s)
bilden A VT 1 (= *formen*), *a. geistig* former; *künstlerisch* façonner; *Satz* construire 2 (= *darstellen*) constituer; former; **ein Ganzes ~** former un ensemble, un tout 3 (= *gründen*) constituer B VR **sich ~** se former
Bilderbuch N livre m d'images **Bilderrahmen** M cadre m
Bildfläche *umg fig* F **von der ~ verschwinden** *umg* disparaître de la circulation; *umg fig* **auf der ~ erscheinen** *umg* s'amener **Bildhauer** M sculpteur m
bildlich ADJ en images
Bildschirm M *des Computers* écran m; **am ~ arbeiten** travailler sur écran **Bildschirmschoner** M économiseur m d'écran
bildschön ADJ superbe
Bildung F 1 *geistige* culture f; formation f; (= *Erziehung*) éducation f; **~ haben** être cultivé 2 (= *Entstehung*) formation f
Bildungslücke F lacune f (dans la

culture générale)
Billard N billard m
Billett österr N/N (≈ Fahr-, Eintrittskarte) billet m
billig A ADJ **1** im Preis bon marché; pas cher; **~er** meilleur marché; moins cher **2** pej, fig de mauvaise qualité; Ausrede mauvaise **B** ADV bon marché
billigen VT approuver
Billigflug M vol m à bas prix **Billiglohnland** N pays m à bas salaires
bin → sein¹
Binde F **1** MED bande f; (≈ Verband) bandage m; (≈ Armbinde) écharpe f; (≈ Augenbinde) bandeau m **2** (≈ Damenbinde) serviette f hygiénique
Bindemittel N MAL, BAU liant m; GASTR gélifiant m
binden A VT **1** (≈ festbinden) attacher; (≈ zusammenbinden) lier; Besen, Kranz, Strauß faire; Krawatte, Schal nouer; **fester ~** serrer (davantage) **2** Buch relier; GASTR, MUS lier; CHEM fixer **B** VR **sich ~** s'engager; se lier
Bindestrich M trait m d'union
Bindfaden M ficelle f
Bindung F **1** (≈ Verbundenheit) lien(s) m(pl) (**an** + akk avec) **2** (≈ Verpflichtung) engagement m (**an j-n** envers qn) **3** GASTR, MUS, CHEM, PHON liaison f **4** (≈ Skibindung) fixation f
Binnenschifffahrt F navigation intérieure, fluviale
Bio umg F umg sciences fpl nat **Biochemie** F biochimie f **Bioei** N HANDEL œuf m bio(logique) **Biogasanlage** F ÖKOL installation f de biométhanisation **Biogemüse** umg N légumes mpl biologiques
Biografie F biographie f **biografisch** ADJ biographique **Biographie** F, **biographisch** ADJ → Biografie, biografisch
Biohaus umg N maison f biologique
Biokost F alimentation f biologique
Biokraftstoff M biocarburant m
Bioladen umg M magasin m de produits naturels, biologiques
Biologe M, **Biologin** F biologiste m/f **Biologie** F biologie f; SCHULE A ADJ biologique **B** ADV **~ abbaubar** biodégradable
Biomasse F biomasse f **biometrisch** ADJ biométrique **Biomüll** M déchets mpl organiques **Bioprodukt** N produit m bio(logique) **Biosphäre** F biosphère f **Biotechnik** F, **Biotechnologie** F biotechnologie f **Biotonne** F poubelle f pour déchets organiques
Biotop N/M biotope m
Biotreibstoff M biocarburant m
birgt → bergen
Birke F bouleau m
Birne F **1** Frucht poire f; Baum poirier m **2** umg (≈ Kopf) caboche f umg **3** (≈ Glühbirne) ampoule f
bis A PRÄP zeitlich u. räumlich jusqu'à; vor einigen Adverbien jusque; **bis dahin** jusque-là; **bis hierher** jusqu'ici; **bis bald!** à bientôt!; **bis morgen!** à demain!; **bis gleich!** à tout à l'heure!; **von ... bis ...** de ... à ... **B** ADV **bis auf** (+ akk) (≈ ausschließlich) sauf; excepté; à part; (≈ einschließlich) jusqu'à **C** KONJ **1** (≈ zwischen) **zehn bis zwölf Personen** (de) dix à douze personnes; **in zwei bis drei Tagen** dans deux ou trois jours; **vier- bis fünfmal** quatre à cinq fois **2** (≈ nicht länger als) jusqu'à ce que ... (+ subj); (≈ bevor) avant que ... (+ subj); avant de (+ inf); **warten, bis ...** attendre que ... (+ subj); intensiver attendre jusqu'à ce que ... (+ subj)
Bischof M évêque m
bisher ADV jusqu'à présent; **wie ~** comme toujours; comme par le passé
biss → beißen
Biss M morsure f; von Menschen coup m de dent
bisschen INDEF PR **ein ~** un peu; **ein ~** (+ subst) un peu de (+ subst); **ein kleines ~ Salz** umg un (tout) petit peu de sel; **kein ~!** pas le moins du monde!
Bissen M bouchée f; morceau m; umg fig **ein fetter ~** une aubaine; une bonne affaire **bissig** ADJ **1** Tier qui mord; méchant **2** fig mordant
bist → sein¹
Bit N IT bit m
bitte INT **1** Wunsch, Aufforderung s'il vous plaît. te plaît; **~ schön!**, **~ sehr!** s'il vous plaît!; **(hier) ~!** voilà! **2** Antwort: auf e-e Entschuldigung il n'y a pas de mal!; ce n'est rien!; **~ (sehr)!** auf e-n

Dank je vous en prie!; je t'en prie!; il n'y a pas de quoi!; de rien! **3** *Frage* (**wie**) ~? comment?; pardon?; *am Telefon* **ja, ~?** allô!

Bitte F̲ demande f (**um** de); *inständige* prière f (de); **mit der ~ um Rückgabe** prière de retourner; **ich habe e-e ~ an Sie** j'ai un service à vous demander

bitten V/T & V/I (j-n) **um etw ~** demander qc (à qn); **j-n ~, etw zu tun** prier qn de faire qc; demander à qn de faire qc; **j-n zu sich** (*dat*) **~** faire venir qn; **ich muss doch sehr ~!** entrüstet je vous en prie!; **aber ich bitte Sie!** mais bien sûr!; **wenn ich ~ darf** si vous voulez bien; **zum Tanz darf ich ~?** voulez-vous danser avec moi?; vous dansez?

bitter A̲ ADJ **1** *Geschmack, a. fig* amer **2** *Erfahrung* dur; *Armut, Not* extrême; *Kälte* rigoureux; **das ist ~** c'est dur B̲ ADV **1 ~ schmecken** avoir un goût amer **2** *fig* **~ enttäuscht** amèrement déçu

Blackout M̲ PSYCH absence f

blähen A̲ V/T *Segel* gonfler; enfler B̲ V/I ballonner le ventre **Blähung** F̲ ballonnement m; **~en haben** avoir des ballonnements

Blamage F̲ (≈ *Ungeschick*) maladresse f; (≈ *Schande*) °honte f **blamieren** A̲ V/T ridiculiser (**vor** j-m auprès de qn) B̲ V/R **sich ~** se ridiculiser (**vor** j-m auprès de qn)

blanchieren V/T GASTR blanchir

blank ADJ **1** (≈ *glänzend*) (re)luisant; brillant **2** *umg* (≈ *abgewetzt*) lustré **3** (≈ *unbedeckt*) nu; dénudé **4** *umg* (**völlig**) **~ sein** *umg* être à sec, sans le sou, sans un rond

Blank M̲ ou V̲ IT espace m; blanc m

Blase F̲ **1** (≈ *Luftblase, Seifenblase*) bulle f; *in Metall, Glas* soufflure f; *im Anstrich* cloque f; **~n werfen, ziehen** *Farbe* faire des cloques **2** *in der Haut* ampoule f **3** (≈ *Harnblase*) vessie f

blasen V/T & V/I **1** *a. Glas* souffler **2** *Horn* **~** sonner, jouer du cor B̲ V/I *Wind* souffler **Blasinstrument** N̲ instrument m à vent

blass ADJ **1** pâle; *stärker* blême; **~ werden** pâlir **2** *fig* (≈ *schwach*) faible **Blässe** F̲ pâleur f

Blatt N̲ **1** BOT feuille f; *fig* **kein ~ vor den Mund nehmen** ne pas mâcher ses mots **2** *Papier* feuille f **3** (≈ *Notenblatt*) page f (de musique) **4** (≈ *Zeitung*) journal m

blättern V/I **in etw** (*dat*) **~** feuilleter qc

blau ADJ bleu; **~ gefroren** bleu, violacé de froid; *umg fig* **~ sein** *umg* être noir, rond

Blaubeere F̲ myrtille f

Blaue(s) N̲ bleu m; *umg fig* **ins ~(s) hinein** à l'aveuglette; au °hasard; *umg* **das ~(s) vom Himmel (herunter) lügen** mentir comme un arracheur de dents

Blaukraut *süddt, österr* N̲ chou m rouge

Blaulicht N̲ *der Polizei* gyrophare m

blaumachen *umg* V/I *umg* ne pas aller bosser

Blazer M̲ blazer m

Blech N̲ **1** tôle f; (≈ *Weißblech*) fer-blanc m **2** *umg fig* (≈ *Unsinn*) conneries fpl *umg* **Blechbüchse** F̲, **Blechdose** F̲ boîte f en fer-blanc

Blei N̲ plomb m

bleiben V/I rester; TEL **~ Sie am Apparat!** ne quittez pas!; **wo bleibst du denn (so lange)?** tu en mets lieu. tu en a mis du temps (pour venir)!; **es bleibt dabei** (c'est entendu); **ich bleibe dabei, dass …** je maintiens que …; **stehen, sitzen, liegen ~** rester debout, assis, couché; **~ lassen** laisser tomber; **lass das ~!** ne fais pas cela!

bleich ADJ pâle; livide **bleichen** V/T *Wäsche* blanchir

bleifrei ADJ *Benzin* sans plomb **Bleistift** M̲ crayon (noir)

Blende F̲ OPT, FOTO diaphragme m

blenden A̲ V/T aveugler; *a. fig pej* éblouir B̲ V/I éblouir **blendend** A̲ ADJ aveuglant; *a. fig* éblouissant B̲ ADVL **mir geht es ~** je vais très bien; *umg* tout baigne

Blick M̲ **1** regard m; **den ~ senken** baisser les yeux; **e-n ~ auf j-n, etw werfen** jeter un regard sur qn, qc; *umg* **e-n ~ riskieren** *umg* risquer un œil; **etw auf den ersten ~ sehen** voir, remarquer qc du od au premier coup d'œil **2** (≈ *Aussicht*) vue f; **mit ~ auf** (+ *akk*) avec vue sur **3** (≈ *Augenausdruck*) yeux mpl **4** (≈ *Urteilsvermögen*) coup m d'œil

blicken V/I **auf j-n, etw ~** regarder qn, qc; *umg* **das lässt tief ~** c'est très révélateur; cela en dit long; **sich ~ lassen** se

montrer; faire une apparition; **lass dich mal wieder ~!** passe un de ces jours!
blies ▷ **blasen**
blind ADJ a. fig aveugle; **auf e-m Auge ~ sein** être borgne; fig **für etw ~ sein** ne pas voir qc
Blinddarmentzündung F appendicite f
Blinde(r) M/F(M) aveugle m/f
blinken VI ① (≈ glänzen) briller; (≈ funkeln) étinceler; (≈ glitzern) scintiller ② Warnlichter clignoter **Blinker** M clignotant m
blinzeln VI cligner des yeux; als Zeichen faire un clin d'œil
Blitz M ① éclair m; (≈ Blitzschlag) foudre f; **vom ~ erschlagen werden** être foudroyé ② FOTO umg flash m **blitzen** A umg VT FOTO photographier au flash; in e-r Radarfalle **geblitzt werden** se faire prendre par le radar B VI & V/UNPERS ① **es blitzt** il y a or il fait un éclair, des éclairs ② (≈ funkeln) étinceler **Blitzlicht** N flash m
Block M ① aus Stein, Holz, Metall bloc m ② (≈ Häuserblock) îlot m ③ (≈ Schreibblock) bloc(-notes) m
Blockade F blocus m
blocken VT SPORT bloquer
Blockflöte F flûte f à bec
blockieren VT bloquer; Straße obstruer
Blockstunde F SCHULE deux heures fpl de cours (groupées)
blöd(e) ADJ ① (≈ schwachsinnig) idiot ② umg (≈ dumm) bête; sl con; **(so ein) ~er Kerl!** (quel) con!; **(so eine) ~e Kuh!** (quelle) conne! ③ umg (≈ ärgerlich) embêtant, chiant umg; **so was Blödes!** umg c'est chiant!, zut alors!
Blödsinn umg M idiotie f; sl connerie(s) f(pl); **~ machen** sl faire des conneries
Blog N/M IT blog m ; weblog m **bloggen** VI IT bloguer **Blogger(in)** M(F) IT blogueur, -euse m,f
blond ADJ blond
bloß A ADJ ① (≈ nackt) nu; **mit ~em Auge** à l'œil nu ② (≈ einfach) simple; seul B umg ADV ① (≈ nur) seulement, uniquement; **wenn ich ~ daran denke** rien que d'y penser; **ich habe ihn ~ berührt** je n'ai fait que le toucher ② verstärkend donc; **tu das ~ nicht!** ne fais surtout pas ça!
bluffen umg VT & VI bluffer
blühen VI ① fleurir; être en fleur(s) ② Geschäft prospérer; être florissant ③ **das kann dir auch (noch) ~** umg ça te pend au nez
Blume F fleur f
Blumenkohl M chou-fleur m **Blumenstrauß** M bouquet m de fleurs
Blumenvase F vase m
Bluse F chemisier m
Blut N sang m; **kein ~ sehen können** avoir horreur du sang; **ruhig ~ bewahren** garder, conserver son sang-froid, tout son calme **Blutbad** N bain m de sang **Blutdruck** M pression, tension artérielle; **zu niedrigen, hohen ~ haben** faire de l'hypotension, de l'hypertension
Blüte F ① fleur f ② (≈ Blühen) floraison f; **in ~** (dat) **stehen** être en fleur(s) ③ geh (≈ Höhepunkt) apogée m ④ umg (≈ falsche Banknote) faux billet
bluten VI ① saigner ② umg fig (≈ viel zahlen) casquer
Bluterguss M hématome m **Blutgruppe** F groupe sanguin
blutig ADJ ① (≈ blutbefleckt) taché de sang; Schlacht sanglant ② umg fig **ein ~er Anfänger** un novice; un bleu
Blutorange F (orange f) sanguine f **Blutprobe** F prise f de sang **Blutspende** F ① don m de sang ② (≈ Blut) dose f de sang
Blutung F saignement m; stärker hémorragie f
Blutvergiftung F septicémie f **Blutwurst** F boudin (noir)
BMX-Rad N bicross m
Bö F rafale f (de vent)
Bob M bob(sleigh) m
Bock M ① (≈ männliches Tier) mâle m; (≈ Ziegenbock) bouc m; fig **den ~ zum Gärtner machen** enfermer le loup dans la bergerie; umg fig **e-n ~ schießen** umg faire une gaffe ② SPORT cheval m de saut ③ umg fig **~ haben** avoir très envie (**auf** + akk de); umg fig **ich habe null ~** ça me fait suer umg; stärker ça me fait chier umg **bocken** VI ① Esel être rétif ② umg fig Motor cafouiller umg **bockig** ADJ têtu
Bockwurst F etwa saucisse f de Franc-

fort
Boden M 1 (≈ *Erde*) sol m; terre f; (≈ *Terrain*) terrain m; **(an) ~ gewinnen, verlieren** gagner, perdre du terrain; *fig* **etw aus dem ~ stampfen** faire apparaître qc comme par magie 2 (≈ *Fußboden*) sol m; plancher m; **zu ~ fallen** tomber par od à terre; BOXEN **zu ~ gehen** aller au tapis 3 *e-s Gefäßes* fond m; *e-r Flasche* cul m 4 (≈ *Dachboden*) grenier m
bodenlos ADJ 1 sans fond 2 *fig* inouï
Bodenschätze MPL ressources minières **Bodensee der** ~ le lac de Constance
Body *umg* M MODE body m **Bodybuilding** N culturisme m
bog → biegen
Bogen M 1 (≈ *Biegung*) courbe f; courbure f; *e-s Flusses* coude m; **im hohen ~ hinausfliegen** *umg* se faire virer; *umg fig* **um j-n e-n (großen) ~ machen** (faire un détour pour) éviter qn 2 BAU arc m; *e-r Brücke* arche f 3 *e-s Streichinstruments* archet m 4 *Schusswaffe* arc m 5 (≈ *Papierbogen*) feuille f (de papier)
Bohne F 1 °haricot m; **grüne, weiße ~n** °haricots verts, blancs; **dicke ~n** fèves fpl 2 (≈ *Kaffeebohne*) grain m
bohren A VT *Loch* percer; creuser; TECH *forer* B VI *Zahnarzt* passer la roulette; **in der Nase ~** se mettre les doigts dans le nez **Bohrer** M (≈ *elektrischer Handbohrer*) perceuse f; *des Zahnarztes* fraise f; roulette f **Bohrmaschine** F perceuse f
Boje F bouée f
Bolivien N la Bolivie
bombardieren VT *a. fig* bombarder (**mit** de)
Bombe F bombe f **Bombenanschlag** M, **Bombenattentat** N attentat m à la bombe (**auf** + *akk* contre) **Bombenerfolg** *umg* M *umg* succès fou, monstre **bombensicher** *umg* ADJ (≈ *gewiss*) sûr et certain *umg*
Bon M (≈ *Gutschein*) bon m; (≈ *Kassenquittung*) ticket m de caisse
Bonbon M/N bonbon m
Bonus M *der Versicherung* bonus m **Bonuspunkt** M HANDEL point m (de) bonus
Bookmark F/N IT signet m

Boot N bateau m; embarcation f; (≈ *Ruderboot*) barque f; *umg fig* **wir sitzen alle im selben ~** nous sommes tous logés à la même enseigne
booten VT/I IT redémarrer
Bootssteg M passerelle f d'embarquement
Bord[1] N (≈ *Bücherbord*) rayon m; étagère f
Bord[2] M **an ~** à bord; **an ~ gehen** s'embarquer; monter à bord; **von ~ gehen** débarquer; **über ~ gehen** passer par-dessus bord
Bordstein M bordure f du trottoir
borgen VT 1 (≈ *entleihen*) **etw bei** od **von j-m ~** emprunter qc à qn 2 (≈ *verleihen*) **j-m etw ~** prêter qc à qn
Borke F écorce f
Börse F Bourse f **Börsenmakler(in)** M(F) agent m de change
bösartig ADJ 1 méchant 2 *Krankheit* malin
Böschung F talus m
böse ADJ 1 *moralisch* méchant; **ein ~r Mensch** un méchant 2 *Streich, Absicht* mauvais 3 *umg* (≈ *verärgert*) fâché; ~ **werden** se mettre en colère; se fâcher; **j-m** od **auf j-n ~ sein** en vouloir à qn 4 *umg* (≈ *ungezogen*) vilain
boshaft ADJ méchant **Boshaftigkeit** F, **Bosheit** F méchanceté f
Bosnien(-Herzegowina) N la Bosnie(-Herzégovine) **Bosnier(in)** M(F) Bosniaque m/f **bosnisch** ADJ bosniaque
Boss *umg* M patron m; *umg* boss m
bot → bieten
Botanik F botanique f
Bote M, **Botin** F 1 (≈ *Überbringer, -in*) messager, -ère m,f 2 *berufsmäßige(r)* garçon m de courses **Botschaft** F 1 *geh* (≈ *Nachricht*) message m 2 POL ambassade f
Bottich M cuve f; (≈ *Waschbottich*) baquet m
Box F 1 (≈ *Pferdebox, Autobox*) box m; **für Rennwagen** stand m de ravitaillement 2 *Behälter* boîte f 3 (≈ *Lautsprecherbox*) baffle m
boxen VT & VI 1 SPORT boxer 2 *Hund* boxer m **Boxer** M 1 SPORT boxeur m 2 *Hund* boxer m **Boxershorts** PL boxer m **Boxkampf** M match m de boxe

Boygroup F boys band m
Boykott M boycott m **boykottieren** VT boycotter
brach → brechen
Branche F branche f **Branchenverzeichnis** N TEL pages fpl jaunes
Brand M incendie m; **in ~ geraten** prendre feu; **etw in ~ stecken** mettre le feu à qc **Brandanschlag** M incendie criminel (**auf** + akk de)
Brandenburg N Bundesland le Brandebourg
brandneu umg ADJ flambant neuf **Brandstifter(in)** M(F) incendiaire m/f **Brandstiftung** F incendie m volontaire
Brandung F déferlement m des vagues
Brandwunde F brûlure f
brannte → brennen
Brasilianer(in) M(F) Brésilien, -ienne m,f **brasilianisch** ADJ brésilien **Brasilien** N le Brésil
braten A VT faire cuire; *im Ofen a.* faire rôtir; *am Grill* faire griller, rôtir; *Kartoffeln* faire sauter B VI cuire; rôtir **Braten** M rôti m
Brathähnchen N, **Brathendl** süddt, österr N gebratenes poulet rôti; *zum Braten* poulet à rôtir **Bratkartoffeln** FPL pommes de terre sautées **Bratling** M GASTR boulette végétale **Bratwurst** F gebratene saucisse grillée; *zum Braten* saucisse à griller
Brauch M coutume f
brauchbar ADJ qui peut servir (**für** à); utile (à)
brauchen A VT 1 (≈ benötigen) avoir besoin de; **ich brauche etwas** a. il me faut quelque chose 2 *Zeit* mettre; **das braucht Zeit** cela demande du temps 3 (≈ gebrauchen) se servir de B V/AUX **Sie ~ nur zu** (+ inf) vous n'avez qu'à (+ inf)
braun ADJ marron; (≈ dunkelbraun) brun; *von der Sonne* bronzé; **~ gebrannt** bronzé; hâlé
bräunen VT *Haut* bronzer; brunir
Braunkohle F lignite m
Brause F 1 (≈ Dusche) douche f 2 (≈ Limonade) limonade gazeuse **brausen** VI 1 *Sturm, Meer* mugir 2 *Fahrzeuge* passer en trombe

Braut F (≈ Verlobte) fiancée f; *am Hochzeitstag* mariée f **Bräutigam** M (≈ Verlobter) fiancé m; *am Hochzeitstag* marié m
brav ADJ 1 *Kind* sage 2 *Erwachsener* brave *vorangestellt*
bravo INT bravo!
BRD ABK (= Bundesrepublik Deutschland) **die BRD** la RFA
brechen A VT 1 (≈ zerbrechen, durchbrechen) casser; rompre; *in mehrere Stücke* briser; *Brot* rompre; *Gliedmaßen* casser 2 *Marmor* etc extraire 3 fig *Bann, Vertrag* rompre; *Eid, Recht* violer; *Widerstand* briser; *Blockade* forcer B VI 1 (≈ zerbrechen, durchbrechen) rompre; (se) casser; umg **~d voll sein** être plein à craquer 2 umg (≈ sich erbrechen) vomir
Brei M bouillie f; *von Kartoffeln, Erbsen* purée f
breit A ADJ large; *Hüfte* fort; *Schilderung* ample; **zwei Meter ~ sein** avoir deux mètres de large; être large de deux mètres B ADV **~ gefächert** varié **Breite** F 1 *räumliche* largeur f; umg **in die ~ gehen** grossir 2 GEOG latitude f **Breitengrad** M GEOG degré f de latitude
breitmachen VR **sich ~** *Stimmung etc* se propager; *Person* s'étaler umg
Bremen N Brême
Bremse F TECH frein m; **auf die ~ treten** donner un coup de frein **bremsen** VT & VI a. fig freiner **Bremsleuchte** F, **Bremslicht** N feu m de stop **Bremspedal** N pédale f de frein
brennbar ADJ combustible; **leicht ~** inflammable
brennen A VT *Ton, Ziegel, Kalk* cuire; *Branntwein* distiller B VI 1 brûler; **es brennt** il y a le feu 2 *Licht* être allumé 3 *Wunde, Augen, Sonne* brûler
Brennnessel F ortie f **Brennpunkt** M 1 foyer m 2 fig centre m **Brennstab** M NUKL barre f de combustible **Brennstoff** M combustible m
Brett N 1 planche f; **Schwarzes ~** tableau m, panneau m d'affichage; umg fig **ein ~ vor dem Kopf haben** être bouché (à l'émeri) 2 (≈ Damebrett) damier m; (≈ Schachbrett) échiquier m
Brezel F bretzel m
bricht → brechen
Brief M lettre f **Brieffreund(in)** M(F)

correspondant(e) m(f) **Briefkasten** M̄ boîte f aux lettres **Briefkopf** M̄ en-tête m (de lettre) **Briefmarke** F̄ timbre(-poste) m **Brieföffner** M̄ coupe-papier m **Briefpapier** N̄ papier m à lettres **Brieftasche** F̄ portefeuille m **Briefträger(in)** M(F) facteur, -trice m,f **Briefumschlag** M̄ enveloppe f

Bries N̄ GASTR ris m de veau

briet → braten

Brikett N̄ briquette f

brillant ADJ brillant

Brille F̄ ❶ lunettes fpl ❷ umg (≈ Klosettbrille) lunette f

bringen V/T ❶ (≈ mitbringen) Dinge apporter; Person amener; (≈ hinbringen) Dinge (em)porter; Person (em)mener; conduire; (≈ zurückbringen) Dinge rapporter; Person ramener ❷ (≈ begleiten) accompagner ❸ (≈ zurückbringen) raccompagner ❹ (≈ veröffentlichen) publier; (≈ darbieten) réciter; dire; chanter ❺ Profit, Zinsen rapporter ❺ **es zu etwas ~** faire son chemin; **es zu nichts ~** ne parvenir à rien; **es weit ~** faire son chemin; (bien) réussir ❻ Vorteile apporter ❼ **j-n dazu ~, etw zu tun** amener qn à faire qc; **das brachte mich darauf zu (+ inf)** cela m'a donné l'idée de (+ inf) ❽ mit präp **etw mit sich ~** entraîner qc; **es mit sich ~, dass ...** avoir pour conséquence que ...; **es nicht über sich (akk) ~, etw zu tun** ne pas pouvoir se résoudre à faire qc ❾ **etw zum Kochen ~** faire bouillir qc

Brise F̄ brise f

Brite M̄, **Britin** F̄ Britannique m/f **britisch** ADJ britannique

Brocken M̄ morceau m; **ein paar ~** e-r Unterhaltung, Sprache quelques bribes fpl

Brokkoli PL brocoli m

Brombeere F̄ mûre f

Bronchitis F̄ bronchite f

Brosche F̄ broche f

Broschüre F̄ brochure f

Brösel österr M/N miette f

Brot N̄ ❶ pain m; **e-e Scheibe ~** une tranche de pain ❷ (≈ Butterbrot) tartine f; zugeklapptes sandwich m

Brotbackautomat M̄ TECH machine f à pain

Brötchen N̄ petit pain; **belegtes ~** sandwich m

Brotzeit südd F̄ (≈ Imbiss) casse-croûte m; (≈ Pause) pause f casse-croûte

Browser M̄ IT navigateur m

Bruch M̄ ❶ a. fig rupture f; e-s Schwurs violation f; **zu ~ gehen** se casser; se briser; **in die Brüche gehen** se briser; se casser; fig Ehe être un échec ❷ (≈ Knochenbruch) fracture f; (≈ Eingeweidebruch) °hernie f ❸ MATH fraction f

Bruchrechnen N̄, **Bruchrechnung** F̄ calcul m des fractions **Bruchteil** M̄ fraction f; fig (petite) partie f **Bruchzahl** F̄ nombre m fractionnaire

Brücke F̄ ❶ a. TURNEN pont m ❷ (≈ Schiffsbrücke) passerelle f ❸ Teppich carpette f ❹ ZAHNMED bridge m

Bruder M̄ a. REL frère m **brüderlich** Ⓐ ADJ fraternel Ⓑ ADV **etw ~ teilen** partager qc en frères

Brühe F̄ ❶ (≈ Fleischbrühe) bouillon m; kräftige consommé m ❷ umg pej (≈ Wasser) eau f sale; (≈ Kaffee, Tee) lavasse f umg

brüllen V/I ❶ Rind mugir; beugler; Löwe rugir; Tiger feuler ❷ umg (≈ schreien) °hurler

brummen Ⓐ V/T mürrisch grommeler Ⓑ V/I ❶ Bär grogner; Fliege bourdonner; Motor ronfler; umg fig **mir brummt der Kopf** j'ai mal à la tête ❷ mürrisch ronchonner umg **brummig** umg ADJ grincheux

Brunnen M̄ fontaine f; (≈ Ziehbrunnen) puits m

Brüssel N̄ Bruxelles

Brust F̄ ❶ ANAT poitrine f; (≈ Brustkorb) thorax m; **aus voller ~** à gorge déployée; à pleine gorge ❷ SCHWIMMEN **100 m ~** 100 m brasse ❸ der Frau sein m; **Brüste** pl a. poitrine f ❹ GASTR (≈ Geflügelbrust) blanc m **Brustbeutel** M̄ porte-monnaie bzw. portefeuille porté autour du cou **Brustschwimmen** N̄ brasse f

Brüstung F̄ parapet m

brutal ADJ brutal

brüten V/I ❶ Vögel couver ❷ fig (**über etw** dat) **~** ruminer qc

brutto ADV brut; **sie verdient 1000 Euro ~** son salaire brut est de 1000 euros **Bruttoeinkommen** N̄ revenu brut **Bruttogehalt** N̄, **Bruttolohn** M̄ salaire brut **Bruttosozialprodukt**

Bub süddt, österr, schweiz M̄ garçon m
Bube M̄ Spielkarte valet m
Buch N̄ **1** livre m; umg **reden wie ein ~** umg être un moulin à paroles **2** (**genau**) **über etw** (akk) **~ führen** tenir un compte exact de qc
Buche F̄ °hêtre m
buchen V̄T **1** HANDEL comptabiliser **2** Reise etc réserver
Bücherei F̄ bibliothèque f
Bücherregal N̄ étagère f; rayonnage m **Bücherschrank** M̄ bibliothèque f
Buchhalter(in) M/F comptable m/f
Buchhandlung F̄, **Buchladen** M̄ librairie f **Buchmesse** F̄ foire f du livre
Büchse F̄ **1** boîte f; (≈ Konservenbüchse) boîte f de conserve **2** Schusswaffe carabine f **Büchsenöffner** M̄ ouvre-boîte m
Buchstabe M̄ lettre f; **großer ~** majuscule f; capitale f; **kleiner ~** minuscule f **buchstabieren** V̄T épeler **buchstäblich** ADV littéralement
Bucht F̄ baie f; kleine anse f
Buchung F̄ **1** HANDEL comptabilisation f **2** e-r Reise etc réservation f **Buchungsbestätigung** F̄ confirmation f de (la) réservation
Buckel M̄ **1** MED bosse f; **e-n ~ haben** être bossu **2** umg (≈ Rücken) dos m; **e-n ~ machen** Katze faire le gros dos; **er kann mir den ~ runterrutschen!** umg qu'il me fiche la paix!; **rutsch mir den ~ runter!** umg il me les casse! **3** umg (≈ Wölbung) bosse f
bücken V̄R sich (**nach etw**) ~ se baisser (pour ramasser qc)
Bude F̄ **1** (≈ Bretter-, Jahrmarktsbude), a. umg pej (≈ Haus) baraque f **2** umg (≈ Zimmer) piaule f umg; **sturmfreie ~** chambre f indépendante; **Leben in die ~ bringen** mettre de l'ambiance
Büfett N̄ **1** (≈ Anrichte) buffet m **2** GASTR **kaltes ~** buffet (froid)
Büffel M̄ buffle m **büffeln** umg V̄T & V̄I umg bûcher
Bug M̄ SCHIFF proue f
Bügel M̄ **1** (≈ Kleiderbügel) cintre m **2** (≈ Steigbügel) étrier m **3** (≈ Brillenbügel) branche f
Bügeleisen N̄ fer m à repasser **bügeln** V̄T repasser

Bühne F̄ **1** THEAT (≈ Spielfläche) scène f; plateau m; **die ~ betreten** entrer en scène; umg **etw über die ~ bringen** (≈ durchführen) mener qc à bien; (≈ beenden) mener qc à bonne fin **2** (≈ Theater) théâtre m; scène f **Bühnenbild** N̄ décors mpl
Bulgare M̄, **Bulgarin** F̄ Bulgare m/f **Bulgarien** N̄ la Bulgarie **bulgarisch** ADJ bulgare
Bulgur M̄ GASTR boulghour m
Bulle M̄ **1** taureau m **2** umg fig (≈ starker Mann) armoire f à glace umg **3** umg pej (≈ Polizist) flic m umg, poulet m umg
Bumerang M̄ boomerang m
bummeln umg V̄I **1** (≈ schlendern) flâner (**durch die Stadt** dans les rues) **2** pej (≈ trödeln) lambiner umg, traîner **3** (≈ faulenzen) flemmarder umg, glander umg **Bummelstreik** M̄ grève f du zèle
bumsen A sl V̄T sexuell baiser sl B umg V̄I faire boum; **gegen etw ~** se cogner à, contre qc
Bund[1] M̄ **1** (≈ Vereinigung) union f **2** POL fédération f; in Deutschland **~ und Länder** le Bund et les Länder mpl **3** MODE ceinture f **4** umg (≈ Bundeswehr) service m (militaire); **beim ~ sein** être à l'armée
Bund[2] N̄ **ein ~ Karotten/Radieschen** une botte de carottes/de radis; **ein ~ Petersilie/Schnittlauch** un bouquet de persil/de ciboulette
Bündel N̄ Briefe, Wäsche, a. fig paquet m; Briefe, Banknoten a. liasse f; Stroh botte f
Bundesagentur F̄ **~ für Arbeit** Office fédéral du travail **Bundeskanzler** M̄ BRD, österr chancelier m de la République fédérale **Bundesland** N̄ BRD, österr land m **Bundesliga** F̄ SPORT première division **Bundesminister(in)** M/F BRD ministre fédéral (**für die**) **Bundespolizei** F̄ BRD seit 2005 Police f fédérale **Bundespräsident(in)** M/F BRD président m de la République fédérale; schweiz président m de la Confédération
Bundesrat[1] M̄ **1** BRD chambre f des länder **2** österr, schweiz Gremium Conseil fédéral
Bundesrat[2] M̄, **Bundesrätin** F̄

schweiz Person ministre *m/f*
Bundesrepublik die ~ Deutschland la République fédérale d'Allemagne **Bundestag** M Parlement fédéral **Bundesversammlung** F *BRD, schweiz* Assemblée fédérale **Bundeswehr** F Bundeswehr *f*
Bündnis N alliance *f*
Bungalow M bungalow *m*
Bungeejumping N, **Bungeespringen** N saut *m* à l'élastique
Bunker M MIL blockhaus *m*; (≈ *Luftschutzbunker*) abri antiaérien
bunt A ADJ **1** (≈ *farbig*) en couleurs **2** (≈ *mehrfarbig*) multicolore; bigarré **3** *fig* (≈ *ungeordnet*) **ein ~ Durcheinander** une belle pagaille; un joyeux méli-mélo; *umg* **jetzt wird es mir aber zu ~!** *umg* c'est trop fort! B ADV **1** etw **~ bemalen** peindre qc de toutes les couleurs **2** *fig* **~ gemischt** Programm, Publikum varié
Buntstift M crayon *m* de couleur
Burg F château fort
Bürger(in) M(F) (≈ *Staatsbürger,-in*) citoyen, -enne *m,f,* **Bürgerbüro** N ADMIN *in Frankreich etwa* mairie *f* **Bürgerinitiative** F comité *m* de défense
Bürgerkrieg M guerre civile
bürgerlich ADJ **1** (≈ *staatsbürgerlich*) civil; civique **2** (≈ *zum Bürgertum gehörend*), *a. pej* bourgeois; (≈ *nichtadlig*) roturier
Bürgermeister(in) M(F) maire *m* **Bürgerrecht** N droit *m* civique, du citoyen **Bürgerrechtler** M défenseur *m* des droits civiques **Bürgersteig** M trottoir *m*
Büro N bureau *m*; *e-s Anwalts, Notars* étude *f* **Büroangestellte(r)** M/F(M) employé(e) *m(f)* de bureau **Büroarbeit** F travail *m* de bureau **Büroklammer** F trombone *m*
bürokratisch ADJ bureaucratique
Bursche M garçon *m*; *umg* gars *m*; **toller ~** *umg* type épatant; *umg* mec *m* super
Bürste F brosse *f* **bürsten** VT brosser
Bus M (auto)bus *m*; (≈ *Reise-, Schulbus*) (auto)car *m* **Busbahnhof** M gare routière
Busch M **1** buisson *m*; *umg fig* **bei j-m auf den ~ klopfen** tâter le terrain au-

près de qn **2** GEOG brousse *f*
Büschel N touffe *f*
Busen M seins *mpl*; poitrine *f*
Busfahrer M conducteur *m* de bus; (≈ *Reisebusfahrer*) chauffeur *m* d'autocar **Bushaltestelle** F arrêt *m* d'autobus
Businessplan M WIRTSCH business plan *m*, plan *m* d'affaires
Bussard M buse *f*
Buße F **1** REL pénitence *f*; **~ tun** faire pénitence **2** JUR amende *f* **büßen** VT & VI **(für) etw ~** *a. fig* expier qc; **das sollst du mir ~!** tu me le paieras! **Bußgeld** N amende *f*
Büste F buste *m* **Büstenhalter** M soutien-gorge *m*
Butter F beurre *m*; **mit ~ bestreichen** beurrer; *umg fig* **(es ist) alles in ~** *umg* ça baigne **Butterbrot** N tartine beurrée **Butterkeks** M petit-beurre *m* **Buttermakrele** F GASTR escolier *m* noir
Button M badge *m*
Byte N IT octet *m*

C

C, c N C, c *m*
ca. ABK (= *circa*) environ
Cabrio N, **Cabriolet** N cabriolet *m*
Café N salon *m* de thé
Cafeteria F cafétéria *f*
Call-by-Call N, **Call-by-Call-Verfahren** N TEL call-by-call *m*
campen VI faire du camping **Camper(in)** M(F) campeur, -euse *m,f* **Camping** N camping *m* **Campingplatz** M (terrain *m* de) camping *m*
Caravan M (≈ *Wohnwagen*) caravane *f*
Carsharing N AUTO autopartage *m*
Cartoon M/N dessin *m* (de bande dessinée) humoristique
Cashewkern M, **Cashewnuss** F noix *f* de cajou
Castingshow F casting *m* télévisé
CD F CD *m*
CD-Brenner M graveur *m* de CD

CD-Laufwerk N lecteur m de CD
CD-Player M platine f laser **CD-ROM** F CD-ROM m
CDU F ABK (= Christlich-Demokratische Union) Union chrétienne-démocrate
Cello N violoncelle m
Celsius 20 Grad ~ 20 degrés mpl centigrades
Cent M Währung der EU cent m
Chalet N (≈ Landhaus) chalet m
Chamäleon N caméléon m
Champignon M champignon m de Paris, de couche
Chance F chance f; **wie stehen unsere ~n?** où en sont, quelles sont nos chances? **Chancengleichheit** F égalité f des chances
Chaos N chaos m **Chaot** M 1 (≈ Randalierer) casseur m 2 (≈ unordentlicher Mensch) personne mal organisée **chaotisch** ADJ chaotique
Charakter M caractère m **charakterisieren** VT caractériser
Charterflug M vol m charter **Charterflugzeug** N charter m
Charts PL °hit-parade f
Chassis N AUTO châssis m
Chat M IT chat m **Chatgroup** F groupe m de chat **Chatpartner(in)** M(F) IT partenaire m/f de chat **Chatroom** M IT salon m de conversation **chatten** VI IT chatter
Chauvi umg pej M umg macho m
checken VT 1 TECH contrôler 2 umg (≈ kapieren) piger umg **Checkliste** F liste f de contrôle
Cheeseburger M GASTR cheeseburger m
Chef M (≈ Leiter) chef m; in e-m Betrieb patron m **Chefarzt** M médecin-chef m
Chemie F chimie f
Chemikalie F produit m chimique
Chemiker(in) M(F) chimiste m/f **chemisch** ADJ chimique
Chile N le Chili
Chilisoße F GASTR sauce f au piment
chillen Jugendsprache V souffler; (≈ sich erholen, entspannen) umg décompresser
China N la Chine **Chinese** M, **Chinesin** F Chinois(e) m(f) **chinesisch** ADJ chinois
Chip M 1 (≈ Kartoffelchip) **~s** pl chips fpl 2 IT puce f 3 (≈ Spielmarke) jeton m

Chipkarte F IT carte f à puce
Chirurg M chirurgien m
Chlor N chlore m **chlorfrei** ADJ sans chlore
Cholesterin N cholestérol m
Chor M a. ARCH, a. fig chœur m; Verein chorale f
Christ M chrétien m **Christdemokrat(in)** M(F) chrétien-démocrate m , chrétienne-démocrate f **Christentum** N christianisme m **Christin** F chrétienne f **Christkind** N enfant Jésus m **christlich** ADJ chrétien
Christus M le Christ; **vor ~, vor Christi Geburt** avant Jésus-Christ
Chrom N chrome m
Chromosom N BIOL chromosome m
Chronik F chronique f
chronisch ADJ chronique
chronologisch ADJ chronologique
circa ADV environ
City F centre-ville m
clever umg A ADJ malin B ADV avec habileté
Clip M 1 (≈ Videoclip) clip m 2 (≈ Ohrclip) boucle f d'oreille
Clique F 1 pej clique f 2 (≈ Freundeskreis) bande f
Cloud F IT cloud m, nuage m (informatique)
Cloud-Computing N IT cloud computing m, informatique f en nuage, infonuagique f
Clown M clown m
Club → Klub
CO₂-Ausstoß M ÖKOL eines Autos etc émission(s) f(pl) de CO_2 **CO₂-Bilanz** F ÖKOL bilan m carbone **CO₂-neutral** ADJ ÖKOL neutre en carbone
Cockpit N cockpit m
Cocktail M cocktail m
Code → Kode
Cola umg N ABK/F ABK (= Coca-Cola®) coca m
Comeback N rentrée f
Comic M bande dessinée; umg BD f
Computer M ordinateur m; **am ~ arbeiten** travailler sur ordinateur **Computerkriminalität** F délits mpl informatiques **Computerprogramm** N programme m informatique **Computerspezialist(in)** M(F) spécialiste m/f en ordinateurs **Computerspiel**

N̄ jeu m vidéo **Computertisch** M̄ desserte f informatique
Confoederatio Helvetica *schweiz* F̄ Confédération f helvétique *od* suisse
Container M̄ conteneur m; (≈ *Müllcontainer*) benne f à ordures
Cookie N̄ *od* M̄ IT cookie m
cool *umg* ADJ **1** (≈ *gelassen*) cool *umg* **2** (≈ *super*) super *umg*
Copyshop M̄ centre m de photocopies, de reprographie
Cordhose F̄ pantalon m en velours côtelé
Cordon bleu N̄ GASTR escalope de veau panée, farcie au jambon et au fromage
Corner *österr, schweiz* M̄ FUSSBALL corner m
Couch F̄ canapé m **Couchtisch** M̄ table f de salon
Countdown M/N compte m à rebours
Coup M̄ coup m
Coupé N̄ AUTO coupé m
Cousin M̄ cousin m **Cousine** F̄ cousine f
Couvert *schweiz* N̄ (≈ *Briefumschlag*) enveloppe f
Cover N̄ couverture f
Cowboy M̄ cow-boy m
Crack M̄ SPORT champion m; *fig* crack m
Cracker M̄ GASTR cracker m
Creme F̄ crème f
Crew F̄ équipage m
Croissant N̄ GASTR croissant m
CSU F̄ ABK (= *Christlich-Soziale Union*) Union chrétienne-sociale
Cup M̄ SPORT coupe f
Curry N/M curry m **Currywurst** F̄ saucisse grillée au curry
Cursor M̄ IT curseur m
Cyberspace M̄ cybermonde m

D

D, d N̄ D, d m
da A ADV **1** *räumlich* là; **da oben** là-haut; **da unten** là-bas; **da entlang** par là; **da ist ..., sind ...** voilà ...; *in größerer Nähe* voici; **da sein** être là; *Person a.* être présent; **da bin ich!** me voici!; me voilà!; **ich bin gleich wieder da** je reviens tout de suite; **es ist noch Suppe da** il y a, il reste encore de la soupe; **da kommt er ja!** le voilà (qui vient)!; **das Buch da** ce livre-là **2** *zeitlich* alors; à ce moment-là; (≈ *damals*) à cette époque; **von da ab, an** à partir de, dès ce moment-là **3** (≈ *in diesem Fall*) dans *od* en ce cas; alors **4** *als Füllwort* **ich habe da eine Idee** j'ai peut-être une idée **5** *verstärkend* **nichts da!** *umg* pas question! B KONJ (≈ *weil*) comme; puisque
dabei ADV **1** *räumlich* à côté; avec (cela); (nahe) ~ tout près; **~ sein** y être, assister, participer; **bei etw ~ sein** assister, participer à qc **2** *zeitlich* en même temps; **(gerade) ~ sein, etw zu tun** (≈ *gerade tun*) être sur le point de faire qc **3** (≈ *überdies*) à la fois **4** (≈ *doch*) mais **5 es ist nichts ~** (≈ *es ist nicht schwierig*) ce n'est pas (bien) sorcier; (≈ *es ist nicht schlimm*) ce n'est pas grave
dabeihaben V/T etw ~ avoir qc sur soi; j-n ~ être accompagné de qn
dableiben V/I rester
Dach N̄ toit m; **kein ~ über dem Kopf haben** être à la rue; être sans abri; *fig* **unter ~ und Fach sein** être terminé; *umg* **eins aufs ~ bekommen** *umg* en prendre pour son grade
Dachboden M̄ combles mpl; grenier m **Dachgepäckträger** M̄ galerie f **Dachgeschoss, Dachgeschoß** *österr* N̄ étage mansardé **Dachrinne** F̄ gouttière f
dachte → *denken*
Dackel M̄ teckel m
dadurch ADV **1** *räumlich* par là **2** *Mittel, Grund, Umstand* de cette manière, façon; par ce moyen; **~, dass** comme; du

fait que
dafür ADV **1** pour cela; **ich habe zehn Euro ~ bezahlt** je l'ai payé dix euros; **ich kann nichts ~** je n'y peux rien; ce n'est pas ma faute **2** *beim Tausch* en échange; à la place **3** *zum Ausgleich* en retour **4 ich werde ~ sorgen** je m'en occuperai; j'y veillerai **5** (≈ *zugunsten*) ~ **sein** être pour

dagegen ADV **1** contre (cela); **~ sein** être contre; ne pas être d'accord; **ich bin ~, dass ...** je m'oppose à ce que ... (+ subj) **2** *bei Vergleich* en comparaison **3** (≈ *zum Ausgleich*) en retour **4** (≈ *jedoch*) par contre; au contraire

daheim ADV chez moi bzw. nous; à la maison

daher A ADV **1** *räumlich* de là; en **2 das kommt ~, dass ...** cela vient de ce que ... B KONJ **1** *Grund* c'est, voilà pourquoi **2** *Folge* par conséquent

dahin ADV **1** *räumlich* là; là-bas; y; **bis ~** jusque-là **2** *zeitlich* **bis ~** jusque-là; d'ici là

dahinten ADV là-bas (derrière)

dahinter ADV (là-)derrière

damals ADV alors; à cette époque; **seit ~** depuis lors

Dame F dame f; *Schachfigur* reine f; (≈ *Tanzpartnerin*) cavalière f; **~ spielen** jouer aux dames; **junge ~** jeune fille; **meine ~n und Herren!** Mesdames, Messieurs!

Damenrad N vélo m (de) femme **Damentoilette** F toilettes fpl pour dames

damit A ADV **1** avec cela **2** *mit Bezug auf Vorhergehendes* en; y; **ich bin ~ einverstanden** je suis d'accord (avec cela); **was willst du ~ sagen?** que veux-tu dire par là?; **was macht er ~?** qu'en fait-il? B KONJ **~ ...** (+ ind) pour que ... (+ subj), afin de (+ inf); afin que ... (+ subj); **er hat ihr geschrieben, ~ sie kommt** il lui a écrit pour qu'elle vienne

dämlich *umg* ADJ bête

Damm M (≈ *Bahndamm*) remblai m; (≈ *Staudamm*) barrage m; (≈ *Deich*) digue f

dämmern V/UNPERS **es dämmert** *morgens* il commence à faire jour; *abends* il commence à faire nuit **Dämmerung** F *abends* crépuscule m; *morgens*

aube f

Dampf M vapeur f; *umg fig* **~ ablassen** laisser exploser sa colère; décharger sa bile; *umg* **j-m ~ machen** *umg* secouer, bousculer qn **dampfen** V/I dégager de la vapeur; *Speisen* fumer

dämpfen V/T **1** *Stoß, Geräusch* amortir; *Licht* tamiser **2** *fig Begeisterung* tempérer; refroidir **3** GASTR (faire) cuire à l'étuvée, à la vapeur

Dampfer M (bateau m à) vapeur m; (≈ *Überseedampfer*) paquebot m

Dampfkochtopf M cocotte-minute f

danach ADV *zeitlich* après cela; (et) puis; (et) ensuite; **zwei Tage ~** deux jours après **2** *räumlich* après **3** **es sieht ganz ~ aus** cela en a tout, bien l'air **4 ich habe ihn ~ gefragt** je le lui ai demandé

Däne M Danois m

daneben ADV **1** *räumlich* à côté **2** (≈ *außerdem*) en outre **danebengehen** V/I **1** *Schuss* passer à côté; manquer sa cible **2** *umg fig* rater

Dänemark N le Danemark **Dänin** F Danoise f **dänisch** ADJ danois

dank PRÄP grâce à

Dank M remerciement m; **(j-m) ~ sagen** dire merci (à qn); remercier (qn); **besten, vielen ~!** merci beaucoup, bien! **dankbar** ADJ (≈ *voller Dank*) reconnaissant (j-m für etw à qn de qc)

danke INT merci!; **nein ~!** non merci!; **~ sehr, ~ schön!** merci beaucoup, bien! **danken** V/T & V/I **j-m für etw ~** remercier qn de, pour qc; **nichts zu ~!** je vous en prie!; (il n'y a) pas de quoi!; de rien!

Dankeschön N merci m

dann ADV *zeitlich* (et) alors; puis; **~ und wann** de temps en temps; de temps à autre; **und was ~?** et puis?; et après?; et alors? **2 wer ~?** qui donc, alors?; mais alors, qui?

daran ADV **1** *räumlich, mit Bezug auf etw* à cela; y; en; **nah ~** tout près; **~ arbeiten** y travailler **2** (≈ *dadurch*) pour cette raison; **~ sterben** en mourir

darauf ADV **1** *räumlich* sur cela; (là-)dessus **2** *zeitlich* après; puis; **~ folgend** suivant; **im Jahr ~** l'année suivante **3** *mit Verben* en; y; **man muss ~ achten** il faut y veiller

daraus ADV de cela; par là; **~ wird**

nichts cela ne se fera pas
darf(st) → dürfen
darin ADV (là-)dedans; y
Darm M intestin m
darstellen VT représenter **Steller(in)** M(F) acteur, -trice m,f **Darstellung** F représentation f
darüber ADV **1** räumlich (au-)dessus; par-dessus; ~ **hinaus** au-delà; fig en outre; de plus **2** bei Angaben plus; **100 Jahre und ~** 100 ans et plus
darum ADV räumlich autour **2** kausal pour cela, cette raison; ~ **war sie so aufgeregt** c'est pourquoi elle était si nerveuse **3** mit Verben **ich bitte dich ~!** je t'en prie!; ~ **geht es nicht** ce n'est pas de cela qu'il s'agit
darunter ADV **1** räumlich (là-)dessous; au-dessous; en dessous; ~ **liegen** être en dessous **2** **5 Grad und ~** 5 degrés et moins **3** (≈ inmitten) **ist er ~?** est-il parmi eux? **4** mit Verben ~ **leiden** en souffrir
das SG N **A** ARTIKEL Nominativ, akk le bzw. la bzw. l'; gen du bzw. de la bzw. de l'; dat au bzw. à la bzw. à l' **B** DEM PR **1** ce bzw. cet bzw. cette **2** ce; ceci; cela; umg ça; **das hier** celui-ci bzw. celle-ci; **das da** celui-là bzw. celle-là; **das, was** ce que; **das ist mein Freund** c'est mon copain **C** REL PR Nominativ qui; gen dont; dat à qui; akk que; nach präp a. lequel bzw. laquelle
dasjenige DEM PR **1** der-, die-, ~ ce bzw. cet bzw. cette; **diejenigen** pl ces **2** der-, die-, ~ ce bzw. celui bzw. celle (qui); **diejenigen** pl ceux bzw. celles (qui)
dass KONJ que
dasselbe DEM PR le bzw. la même; **das ist ~** c'est la même chose; c'est pareil; ~ **tun** en faire autant
Datei F bes IT fichier m (de données) **Dateianhang** M fichier m joint **Dateiformat** N IT type m de fichier **Dateimanager** M IT gestionnaire m de fichiers **Dateipfad** M IT chemin m du fichier **Dateityp** M IT type m de fichier
Daten NPL **1** IT données fpl **2** technische ~ caractéristiques fpl techniques **Datenautobahn** F autoroute f de l'information **Datenbank** F banque f de données **Datenklau** M umg (≈ Datendiebstahl) piratage m de(s) données **Datensatz** M IT ensemble m, jeu m de données **Datenschutz** M protection f contre les abus de l'informatique, des personnes fichées **Datenverarbeitung** F informatique f
Dativ M datif m **Dativobjekt** N complément m d'objet indirect
Dattel F datte f
Datum N date f; **welches ~ haben wir heute?** le combien sommes-nous?
Dauer F **1** (≈ Zeitraum) durée f; **auf die ~ à la longue 2** (≈ Dauerhaftigkeit) durabilité f; **von ~ sein** être durable **Dauerkarte** F (carte f d')abonnement m **Dauerlauf** M course f d'endurance; **im ~** au pas de gymnastique
dauern VI durer; **es wird lange ~** ce sera long **dauernd** **A** ADJT continuel; permanent **B** ADVL (≈ immer wieder) continuellement; (≈ fortwährend) en permanence
Dauerwelle F permanente f
Daumen M pouce m; fig **j-m die ~ halten, drücken** souhaiter bonne chance à qn; umg **über den ~ gepeilt** à vue de nez; umg au pif(omètre)
Daunen PL duvet m
davon ADV **1** räumlich **20 Meter ~ (entfernt)** à 20 mètres de là **2** (≈ dadurch) de cela; en; **was habe ich ~?** qu'est-ce que j'y gagne? **3** Teil von, Zahl **ich hätte gern fünf ~** j'en voudrais cinq
davonlaufen VI s'enfuir
davor ADV **1** räumlich devant (cela) **2** zeitlich avant (cela) **3** mit Bezug auf etw de cela; en; **er fürchtet sich ~** il en a peur
dazu ADV **1** Zweck à cela; pour cela; dans ce but **2** (≈ zu diesem Ergebnis) ~ **wird es nicht kommen** on n'en viendra pas là; **wie kommst du ~, das zu sagen?** comment peux-tu dire cela? **3** (≈ darüber) **was sagst du ~?** qu'en dis-tu? **4** hinzufügend **(noch)** ~ en outre; de plus
dazugeben VT Geld donner en plus; GASTR ajouter
dazutun umg VT ajouter
dazwischen ADV **1** räumlich entre les deux; umg entre; (≈ darunter) parmi eux, elles **2** zeitlich entre-temps
dazwischenkommen VI **1** se coincer **2** fig intervenir; **wenn nichts dazwischenkommt** sauf imprévu

DDR ABK, (**Deutsche Demokratische Republik**) hist **die DDR** la RDA
Deal umg M affaire f **dealen** umg VI faire le trafic de drogues; umg dealer
Dealer umg M revendeur m de drogue; deale(u)r m
Debatte F débat m (**über** + akk sur); discussion f (de)
Deck N SCHIFF pont m; **an, auf ~** (dat) sur le pont
Decke F 1 (≈ Bettdecke) couverture f; (≈ Daunendecke) couette f; (≈ Tischdecke) nappe f; umg **unter e-r ~ stecken** être de connivence, être de mèche umg (**mit** avec) 2 (≈ Zimmerdecke) plafond m; **an die ~ gehen** umg sauter au plafond
Deckel M couvercle m
decken A VT 1 **etw über etw** (akk) **~** recouvrir qc de qc 2 Dach couvrir; Tisch mettre 3 Kosten, Bedarf couvrir 4 SPORT marquer 5 (≈ schützen) (re)couvrir; protéger B VR **sich ~** Begriffe, a. MATH coïncider (**mit** avec); être identique
Deckung F 1 (≈ Schutz) couverture f; protection f; **in ~** (akk) **gehen** se mettre à l'abri 2 HANDEL couverture f 3 e-s Spielers marquage m
defekt ADJ (≈ schadhaft) endommagé; Motor a. en panne
defensiv ADJ défensif
definieren VT définir **Definition** F définition f
Defizit N a. fig déficit m
Deflation F déflation f
Degen M épée f
dehnbar ADJ feste Körper, a. ANAT extensible; fig élastique **dehnen** VT (a. VR) (**sich**) **~** (s')étendre; PHYS (se) dilater; **in die Länge** (s')allonger; **in die Breite** (s')élargir; TECH (s')étirer
Deich M digue f
dein ADJT POSS PR ton bzw. ta; **~e** pl tes; **e-r ~er Freunde** un de tes amis; am Briefschluss **Dein Karl** Charles
Deka österr N décagramme m
Deklination F ASTRON, GRAM, PHYS déclinaison f **deklinieren** VT GRAM décliner
Deko F ABK (= Dekoration) umg déco f, décoration f
dekomprimieren VT IT décompresser; décompacter

Dekoration F décoration f; THEAT décors mpl **dekorieren** VT décorer (**mit** avec)
Delegation F délégation f **Delegierte(r)** M(F(M)) délégué(e) m/f
Delfin M ZOOL dauphin m
Delikt N délit m
Delle umg F creux m
Delphin → Delfin
dementieren VT démentir
demnächst ADV sous peu
Demo umg F umg manif f
Demokrat M démocrate m **Demokratie** F démocratie f **demokratisch** ADJ Person démocrate; Sache démocratique
Demonstrant(in) M(F) manifestant(e) m(f) **Demonstration** F 1 (≈ Vorführung) démonstration f 2 (≈ Kundgebung) manifestation f **Demonstrativpronomen** N adjektivisches adjectif démonstratif; substantivisches pronom démonstratif **demonstrieren** A VT (≈ vorführen) démontrer B VI POL manifester (**für** pour), (**gegen** contre)
demütigen VT humilier **Demütigung** F humiliation f
Den Haag F La Haye
denken A VT penser; **e-e gedachte Linie** une ligne imaginaire; **wer hätte das gedacht?** qui aurait pu le penser?; **ich dachte, er sei verreist** je croyais qu'il était parti; je le croyais parti B VI penser (**an** + akk à); (≈ nachdenken) réfléchir; **wie ~ Sie darüber?** qu'en pensez-vous?; **denk daran, dass ...** n'oublie pas que ...
Denkfehler M faute f, erreur f de raisonnement **Denkmal** N a. fig monument m **Denkmalschutz** M protection f des monuments; **unter ~ stehen** être classé monument historique **denkwürdig** ADJ mémorable **Denkzettel** M **j-m e-n ~ verpassen** donner une leçon à qn
denn A KONJ 1 begründend car 2 geh (≈ als) **mehr ~ je** plus que jamais 3 **es sei ~, dass ...** à moins que ... ne ... (+ subj) B PARTIKEL donc; **warum ~ nicht?** et pourquoi pas?
dennoch KONJ & ADV cependant
denunzieren VT dénoncer (**bei** à)
Deo N, **Deodorant** N déodorant m
Deoroller M déodorant m bille **Deo-**

spray N déodorant m aérosol, en bombe
Departement¹ *schweiz* N (≈ *Ministerium*) ministère m **Departement**² N *frz Verwaltungsbezirk* département m
deplatziert ADJ déplacé
Deponie F décharge (publique) **deponieren** VT mettre en dépôt; déposer
Depot N **1** HANDEL, FIN dépôt m **2** (≈ *Lager*) entrepôt m
Depression F dépression f **deprimieren** VT déprimer; **deprimiert sein** a. avoir le cafard
der¹ SG M **A** ARTIKEL Nominativ, akk le *bzw.* la *bzw.* l' **B** DEM PR **1** ce *bzw.* cet *bzw.* cette **2** *der da* celui-là *bzw.* celle-là **C** REL PR Nominativ qui; *gen* dont; *nach präp a.* duquel *bzw.* de laquelle *dat* à qui; *nach präp a.* auquel *bzw.* à laquelle *akk* que; *nach präp a.* lequel *bzw.* laquelle
der² → die
derart ADV de telle façon; tellement; ~, **dass** à tel point que **derartig** **A** ADJ tel; pareil **B** ADV → derart
derb ADJ **1** (≈ *fest, kräftig*) solide **2** (≈ *grob*); grossier
derselbe DEM PR le *bzw.* la même
deshalb ADV à cause de cela; ~ **lehne ich es ab** c'est pourquoi je refuse
Design N design m; (≈ *Modedesign als Unterrichtsfach*) stylisme m; (≈ *Muster*) dessin m **Designer(in)** M/F designer m/f; (≈ *Modedesigner,-in*) styliste m/f; *bekannter grand couturier* **Designerbaby** N *umg* MED bébé m sur mesure; *zur Rettung eines Geschwisterkindes* bébé-médicament m **Designermode** F mode design, griffée
Desinfektionsmittel N désinfectant m **desinfizieren** VT désinfecter
desinteressiert ADJ indifférent (**an** + dat à)
Desktop-Publishing N IT PAO f
Dessert N dessert m
desto KONJ d'autant plus; **je eher, ~ besser** le plus tôt sera le mieux
deswegen → deshalb
Detail N détail m; **ins ~ gehen** entrer dans les détails
Detektiv(in) M/F détective m
deuten **A** VT interpréter **B** VI **auf etw** (akk) ~ indiquer, montrer qc (du doigt)

deutlich **A** ADJ (≈ *klar*) clair; net; (≈ *leicht zu unterscheiden*) distinct; (≈ *ausgeprägt*) marqué; (≈ *spürbar*) sensible; **j-m etw ~ machen** (dé)montrer qc à qn **B** ADV **1** distinctement; **~ schreiben** écrire lisiblement **2** *fig* (≈ *unverblümt*) franchement
deutsch ADJ allemand; de l'Allemagne **Deutsch** N *Sprache, Unterrichtsfach* allemand m; **auf, in ~** en allemand; **fließend ~ sprechen** parler couramment (l')allemand; **~ lernen** apprendre l'allemand **Deutsche(r)** M/F(M) Allemand(e) m(f)
deutsch-französisch ADJ **1** franco-allemand; **die ~e Grenze** la frontière franco-allemande **2** **ein ~es Wörterbuch** un dictionnaire allemand-français
Deutschkurs M cours m d'allemand
Deutschland N l'Allemagne f
Deutschlehrer(in) M/F professeur m d'allemand **Deutschunterricht** M enseignement m de l'allemand; *Schulstunde* cours m d'allemand
Devise F devise f **Devisen** FPL HANDEL devises fpl
Dezember M (mois m de) décembre m
Dezimeter M/N décimètre m
d. h. ABK (= *das heißt*) c.-à-d.
Dia N diapo f
Diabetes M diabète m
Diagnose F diagnostic m
diagonal **A** ADJ diagonal **B** ADV en diagonale **Diagonale** F diagonale f
Dialekt M dialecte m; patois m
Dialer M TEL, IT dialer m
Dialog M *a.* IT dialogue m
Dialogfeld N IT boîte f de dialogue
Diamant M diamant m
Diaprojektor M projecteur m (de diapositives)
Diät F régime m (alimentaire); **~ halten** suivre un régime
dich PERS PR te *bzw.* t'; *unverbunden* toi
dicht **A** ADJ **1** *Menschenmenge, Verkehr, a.* PHYS dense; (≈ *gedrängt*), *a. Gewebe* serré; *Nebel* dense; épais; *Regen, Haar* dru; *Wald* touffu **2** *Gefäß* étanche; *umg* **du bist wohl nicht ganz ~!** *umg* tu n'es pas un peu malade *od* fêlé (, par °hasard)? **B** ADV **~ bei** tout près de; **~ hinter, vor j-m** juste derrière, devant qn; **~ schließen** fermer herméti-

dichten VT & VI (≈ *schreiben*) composer, écrire **Dichter(in)** MF poète m, (femme f) poète m

dichthalten umg VI garder bouche cousue

Dichtung¹ F Kunst, Werk poésie f

Dichtung² F TECH joint m

dick A ADJ épais; Person, Tier gros; (≈ *angeschwollen*) enflé; **~ machen** Essen faire grossir; Kleid grossir; **~ werden** Person grossir; *stärker engraisser*; **e-n Meter ~ sein** avoir un mètre d'épaisseur; fig **mit j-m durch ~ und dünn gehen** aller au bout du monde avec qn B ADV sich **~ anziehen** s'habiller chaudement

Dickicht N fourré m; fig maquis m

Dickkopf umg M umg tête f de mule, de bois **dickköpfig** umg ADJ têtu; umg cabochard **Dickmilch** F lait caillé

die¹ SGF A ARTIKEL Nominativ, akk la bzw. le bzw. l'; *dat* à la bzw. au bzw. à l' B DEM PR 1 cette bzw. cet(e) 2 **die hier** celle-ci bzw. celui-ci; **die da** celle-là bzw. celui-là C REL PR Nominativ qui; gen dont; nach präp a. de laquelle bzw. duquel; *dat* à qui; nach präp a. à laquelle bzw. auquel; akk que

die² A ARTIKEL Nominativ, akk les; gen des; *dat* aux B DEM PR 1 Nominativ, akk ces 2 **die hier** ceux-ci bzw. celles-ci; **die da** ceux-là bzw. celles-là C REL PR Nominativ qui; gen dont; nach präp a. desquel(le)s; *dat* à qui; nach präp a. auxquel(le)s; akk que; nach präp a. lesquel(le)s

Dieb(in) MF voleur, -euse m,f **diebisch** ADV **sich ~ freuen** se réjouir malicieusement **Diebstahl** M vol m **Diebstahlsicherung** F antivol m

diejenige → dasjenige

Diele F 1 (≈ *Fußbodenbrett*) planche f 2 (≈ *Flur*) vestibule m

dienen VI servir (j-m qn), (als de); **j-m zu etw ~** servir à qn de qc **Diener** M 1 domestique m 2 umg (≈ *Verbeugung*) révérence f **Dienerin** F domestique f **Dienst** M 1 service m; außer ~, à la, en retraite; ~ habend, ~ tuend → diensthabend 2 öffentlicher ~ fonction f publique 3 (≈ *Gefälligkeit*) service m; **j-m e-n ~ erweisen** rendre (un) service à qn

Dienstag M mardi m; → Montag **dienstags** ADV le mardi; tous les mardis

Dienstalter N années fpl de service; ancienneté f **diensthabend** ADJT de service; Arzt de garde **Dienstleistung** F (prestation f de) service m **Dienststunden** FPL heures fpl de service, de bureau **Dienstwagen** M voiture f de fonction od de service

dies → **diese, dieser, dieses** DEM PR 1 ce bzw. cet bzw. cette; *bei Gegenüberstellung* ce(t) ...-ci bzw. cette ...-ci; ces; **~r Tage** ces jours-ci 2 celui-ci bzw. celle-ci; ceux-ci bzw. celles-ci pl; **dies(es)** ceci od cela od, ça umg

Diesel M 1 Fahrzeug, Motor diesel m 2 Kraftstoff gasoil od gazole m

dieselbe DEM PR la bzw. le même

Dieselmotor M (moteur m) diesel m

diesig ADJ brumeux

diesmal ADV cette fois(-ci)

Differenz F (≈ *Unterschied*) différence f

digital ADJ digital, numérique **Digitalfernsehen** N télévision f numérique **Digitalkamera** F appareil m photo numérique **Digital Native** M INTERNET natif, -ive m,f numérique **Digitalreceiver** M, **Digitaldecoder** M, **Digitalempfänger** M TV récepteur m numérique **Digitaluhr** F montre digitale, à affichage numérique

Diktat N dictée f

Diktator M dictateur m **Diktatur** F dictature f

diktieren VT dicter

Dimension F dimension f

Dimmer M variateur m (de lumière)

Ding N 1 (≈ *Sache*) chose f; (≈ *Gegenstand*) objet m 2 (≈ *Angelegenheit*) affaire f; histoire f; **das geht nicht mit rechten ~en zu** c'est une affaire louche; **vor allen ~en** avant toute chose; avant tout 3 (≈ *Dingsda*) machin m umg; **das ist ja ein ~!** (ah ça,) par exemple!

Dings, Dingsbums, Dingsda umg M,F,N 1 (≈ *Ding*) truc m; umg machin m 2 Person der ~(bums) umg Machin; die (Frau) ~(da) umg madame Machin od Chose

Dinkel M BOT épeautre m

Dino umg M̄, **Dinosaurier** M̄ dinosaure m
Dip M̄ GASTR dip m
Diplom N̄ diplôme m
Diplomat(in) M(F) diplomate m/f **Diplomatie** F̄ a. fig diplomatie f **diplomatisch** ADJ a. fig diplomatique; *Person* diplomate
dir PERS PR te *bzw.* t'; *nach präp* toi; *betont* à toi
direkt A ADJ direct B ADV 1 directement; **ich gehe ~ zum Bahnhof** je vais directement à la gare 2 TV, RADIO (≈ *live*) **~ übertragen** diffuser en direct 3 (≈ *unmittelbar*) juste (*vorm Haus* devant la maison) 4 (≈ *unverblümt*) carrément
Direktor(in) M(F) directeur, -trice m,f; *e-s frz. Gymnasiums* proviseur m
Direktverkauf M̄ vente directe, sans intermédiaire **Direktwerbung** F̄ publicité f directe
Dirigent M̄ chef m d'orchestre **dirigieren** VT & VI diriger, conduire (un orchestre, une symphonie)
Dirndl N̄ *Trachtenkleid* robe tyrolienne
Discjockey M̄ disc-jockey m
Disco → Disko **Discothek** F̄ discothèque f
Diskette F̄ disquette f
Disko umg F̄ discothèque f; umg boîte f **Diskothek** F̄ discothèque f
diskret ADJ discret
diskriminieren VT discriminer **diskriminierend** ADJT discriminatoire **Diskriminierung** F̄ discrimination f
Diskus M̄ SPORT disque m
Diskussion F̄ discussion f (**über** + akk de); **etw zur ~ stellen** mettre qc en discussion **Diskussionsforum** N̄ IT forum m (de discussion); groupe m de discussion
Diskuswerfen N̄ lancer m du disque
diskutieren VT & VI discuter ([**über**] **etw** sur, de qc)
Display N̄ HANDEL présentoir m; IT (≈ *Anzeige*) affichage m; (≈ *Datensichtgerät*) visuel m
disqualifizieren VT disqualifier
Distanz F̄ distance f
Distel F̄ chardon m
Disziplin F̄ discipline f **diszipliniert** ADJT discipliné
dividieren VT diviser **Division** F̄ division f

DJ M̄ ABK (= *Diskjockey*) DJ m (disc-jockey)
doch A ADV 1 *unbetont* **du kommst ~?** mais tu viendras?; **pass ~ auf!** fais donc attention!; **nicht ~!** mais non!; que non!; *tadelnd* laisse ça!; **ja ~!** mais oui!; en effet!; **du weißt ~, dass ...** tu sais bien que ... 2 *betont* **also ~!** quand même! 3 *als Antwort* **~!** si! B KONJ pourtant
Docht M̄ mèche f
Dock N̄ dock m
Dogge F̄ dogue m
Dohle F̄ ZOOL choucas m
Doktor M̄ 1 umg (≈ *Arzt*) docteur m; médecin m; **Herr ~!** docteur! 2 **~ der Philosophie, der Rechte** docteur m ès lettres, en droit
Doktorarbeit F̄ thèse f de doctorat
Dokument N̄ document m
Dokumentarfilm M̄ (film m) documentaire m **Dokumentation** F̄ documentation f
Dolch M̄ poignard m
Dollar M̄ dollar m
dolmetschen VI **~ (bei)** servir d'interprète (à); faire l'interprète (auprès de)
Dolmetscher(in) M(F) interprète m/f
Dolomiten PL **die ~** les Dolomites fpl
Dom M̄ cathédrale f
Domain F̄ IT domaine m
dominant ADJ a. BIOL dominant
Domino N̄ *Spiel* dominos mpl **Dominostein** M̄ 1 *Spielstein* domino m 2 *bonbon au chocolat fourré à la pâte de fruit*
Donau F̄ **die ~** le Danube
Döner M̄ ABK → Dönerkebab **Dönerkebab** M̄ GASTR chiche-kebab m; döner m
Donner M̄ tonnerre m **donnern** A umg VT (≈ *schleudern*) flanquer umg B VI 1 *Kanonen* tonner 2 umg (≈ *schlagen*) cogner (**an** + akk à), (**gegen** contre) C V/I umg (≈ *prallen*) **gegen etw ~** *Fahrzeug etc* percuter contre qc D V/UNPERS **es donnert** il tonne
Donnerstag M̄ jeudi m **donnerstags** ADV le jeudi; tous les jeudis
Donnerwetter umg N̄ 1 **~!** *zornig* tonnerre de Dieu! umg; *bewundernd* merde alors! umg 2 (≈ *Krach*) engueula-

de *f umg*
doof ADJ bête; idiot
dopen VT doper **Doping** N dopage *m*
Dopingkontrolle F contrôle *m* antidopage
Doppel N *a.* TENNIS double *m*
Doppelbett N lits jumeaux **Doppel-CD** F double CD *m* **Doppelgänger** M sosie *m* **Doppelklick** M IT double-clic *m* **doppelklicken** VI IT cliquer deux fois (**auf** + *akk* sur) **Doppelname** M nom *m* double **Doppelpunkt** M deux points *mpl* **Doppelstunde** F heure *f* double
doppelt A ADJ double B ADV doublement; **er ist ~ so alt wie ich** il a le double de mon âge; **~ so viel** deux fois plus, autant
Doppelzimmer N chambre *f* double
Dorf N village *m*
Dorn M épine *f* **dornig** ADJ épineux
dort ADV là; à cet endroit-là; **von ~ aus** de là(-bas); **~ drüben** là-bas
Dose F boîte *f*
dösen *umg* VI sommeiller
Dosenmilch F lait concentré (en boîte) **Dosenöffner** M ouvre-boîte *m*
Dosis F dose *f*
Dotter MN jaune *m* d'œuf
Double N FILM doublure *f*
down *umg* ADJ **~ sein** *umg* déprimer
Download MN IT téléchargement *m*
downloaden VT IT télécharger
Downloadshop M IT boutique *f* en ligne de téléchargement
Dr. ABK (= *Doktor*) Dr (docteur)
Drache M MYTH dragon *m*
Drachen M ① (= *Papierdrachen*) cerf-volant *m* ② *umg* (= *zanksüchtige Frau*) mégère *f* ③ SPORT deltaplane® *m*
Draht M fil *m* (métallique); *umg* **auf ~ sein** être dégourdi, malin
Drama N *a. fig* drame *m* **dramatisch** ADJ *a. fig* dramatique
dran *umg* ADV ① → daran ② **ich bin ~!** c'est mon tour!; c'est à moi!; **arm ~ sein** être à plaindre; *an e-m Gerücht etc* **da ist was ~** il y a du vrai à cela, là-dedans
dranbleiben *umg* VI **bleiben Sie bitte dran!** ne quittez pas!
drang → dringen
Drang M ① (= *Druck*) pression *f* ② (= *Antrieb*) élan *m* (**nach** vers); désir *m* (**de**)

drängeln *umg* VT & VI pousser
drängen A VT pousser; **j-n ~, etw zu tun** presser qn de faire qc B VI **die Zeit drängt** le temps presse C VR **sich ~** se presser; se pousser
drankommen *umg* VI passer (**als erster** en premier); *in der Schule* être interrogé; **du kommst dran** c'est à toi **drannehmen** *umg* VT prendre; *in der Schule* interroger
drauf *umg* ADV ① → darauf ② **~ und dran sein, etw zu tun** être sur le point de faire qc; **gut ~ sein** *umg* avoir le moral
draufgehen *umg* VI ① (= *sterben*) y rester *umg* ② **dabei geht viel Geld drauf** on y dépense beaucoup d'argent
draus *umg* → daraus
draußen ADV dehors; (= *im Freien*) en plein air
Dreck M *umg* (= *Schmutz*) boue *f*; saleté *f*; *sl* **das geht dich e-n ~ an** *sl* qu'est-ce que ça peut bien te foutre!; *umg* **sich über jeden ~ ärgern** se fâcher pour un rien **dreckig** *umg* A ADJ *a. fig* sale B ADV **es geht ihm ~** il est dans la mouise, il est dans la merde *sl*
Drehbuch N scénario *m*
drehen A VT tourner; (= *winden*) tordre; *Film* tourner; *Zigarette* rouler B VI *Regisseur, Wind* tourner C VR **sich ~** tourner; *umg* **worum dreht es sich?** de quoi s'agit-il?
Drehung F tour *m*; rotation *f*; **e-e halbe, ganze ~** un demi-tour, un tour complet
drei NUM trois; **~ Viertel** trois quarts (de); *umg* **nicht bis ~ zählen können** *umg* être bête comme ses pieds; → **acht**
Drei F ① *Zahl* trois *m*; → **Acht**¹ ② *Schulnote* assez bien; *in Frankreich etwa* douze *m*, treize *m* (sur vingt)
Dreibettzimmer N chambre *f* à trois lits **dreidimensional** ADJ à trois dimensions **Dreieck** N triangle *m* **dreieckig** ADJ triangulaire
dreihundert NUM trois cent(s)
dreimal ADV trois fois
Dreirad N tricycle *m* **Dreisatz** M, **Dreisatzrechnung** F règle *f* de trois
dreispurig ADJ *Straße* à trois voies
dreißig NUM trente; **etwa, rund ~ (Personen)** une trentaine (de personnes)

dreist ADJ effronté
Dreitagebart M barbe f de trois jours
dreitausend NUM trois mille
Dreiviertelstunde F trois quarts mpl d'heure
dreizehn NUM treize
Dreizimmerwohnung F trois-pièces m
Dressing N sauce f (de salade)
dribbeln VI BALLSPIEL dribbler
Drilling M **~e** pl triplé(e)s m(f)pl
drin ADV **1** → darin **2 das ist (nicht) ~** umg ça (ne) marche (pas); **es ist noch alles ~** rien n'est encore joué
dringen VI **1 aus etw** (akk) **~** sortir de qc; **in etw** (akk) **~** entrer, pénétrer dans qc **2 auf etw** (akk) **~** réclamer, exiger qc
dringend A ADJ urgent; pressant; *Bitte* instant; *Verdacht* lourd B ADV d'urgence; **etw ~ benötigen** avoir un besoin pressant de qc
drinnen ADV dedans; à l'intérieur
dritt ADV **zu ~** à trois; → **acht**
dritte NUM troisième; **im Datum** trois; **am ~n Mai** le trois mai; *Fernsehen* **im ~n Programm** sur la troisième chaîne; **die Dritte Welt** le Tiers Monde
Drittel N tiers m
drittens ADV troisièmement
Droge F drogue f; **harte, weiche ~** drogue dure, douce; **unter ~n** (dat) **stehen** être drogué **drogenabhängig** ADJ dépendant (de la drogue); toxicomane
drogensüchtig ADJ = drogenabhängig
Drogerie F droguerie f
drohen VI **j-m (mit etw) ~** menacer qn (de qc); **einzustürzen, zu ersticken ~** menacer de s'écrouler, risquer de s'étouffer **drohend** ADJ menaçant; *Gefahr* imminent **Drohung** F menace f
Drops M/N bonbon acidulé
drosseln VT *Einfuhr, Geschwindigkeit* limiter; réduire; *Motor* mettre au ralenti; *Gas, Heizung* baisser
drüben ADV de l'autre côté
drüber umg → darüber
Druck[1] M **1** (≈ *Drücken*), *a*. PHYS, MED pression f; *e-r Last* poids m; **e-n ~ im Magen spüren** avoir des pesanteurs d'estomac **2** fig pression f; *seelischer* oppression f; umg **im ~ sein** être bousculé, pressé; **unter ~** (akk) **setzen** faire pression sur; presser

Druck[2] M **1** TYPO *Verfahren* impression f; **im ~ sein** être sous presse **2** TYPO *Erzeugnis* impression f; (≈ *Kunstdruck*) gravure f
Druckbuchstabe M caractère m d'imprimerie **drucken** VT & VI imprimer
drücken A VT **1** presser; (≈ *zu eng sein*) serrer; **j-n an sich ~** serrer contre soi; **etw breit, platt ~** écraser, aplatir qc **2** *Niveau* abaisser B VI *Last* peser; (≈ *zu eng sein*) serrer; **auf etw** (akk) **~** appuyer sur qc C VR MODE bouton-pression m; **sich ~** se défiler (**vor etw** dat pour ne pas faire qc)
drückend ADJ lourd; **es ist ~** il fait lourd
Drucker M **1** (≈ *Buchdrucker*) imprimeur m **2** IT imprimante F **Druckerei** F imprimerie f **Druckfehler** M faute f d'impression **Druckknopf** M **1** TECH bouton-poussoir m **2** MODE bouton-pression m **Druckschrift** F **in ~** (dat) en capitales (d'imprimerie)
drum umg ADV **1** → darum **2 um etw ~ herum** autour de qc; **das ganze Drum und Dran** (et) tout ce qui s'y rapporte, rattache
drunter umg ADV **1** → darunter **2 es ging alles ~ und drüber** tout était sens dessus dessous
Drüse F glande f
Dschungel M a. fig jungle f
DSL N ABK (= Digital Subscriber Line) TEL, IT DSL m
DTP N ABK (= Desktop-Publishing) IT PAO f
du PERS PRON *beim Verb* tu; *alleinstehend od betont* toi; **j-n mit Du anreden** tutoyer qn
Dübel M cheville f
ducken VR **sich ~** se baisser; *zum Schutz* se blottir
Dudelsack M cornemuse f
Duell N duel m
Duett N MUS duo m (de chant)
Duft M odeur f agréable; parfum m **duften** VI sentir bon; **nach etw ~** sentir, fleurer qc
dulden VT tolérer
dumm A ADJ bête; *stärker* stupide; idiot; (≈ *unwissend*) ignorant; (≈ *albern*) niais; umg **das wird mir zu ~** j'en ai as-

sez **B** ADV *umg* j-n für ~ verkaufen prendre qn pour un idiot **dummerweise** ADV par bêtise; (≈ *durch misslichen Zufall*) malheureusement **Dummheit** F bêtise f

dumpf **1** *Geräusch, Aufprall* sourd; *Laut* mat **2** *fig* (≈ *unklar*) confus

Düne F dune f

düngen VT fertiliser **Dünger** M engrais m

dunkel **A** ADJ **1** sombre; obscur; **es wird ~** il commence à faire nuit; **im Dunkeln** dans l'obscurité **2** *Farben, Haar* foncé; *Teint* basané; *Bier* brun **3** *fig* (≈ *unklar*) obscur; *Ahnung* vague; **im Dunkeln tappen** tâtonner; **j-n über ~** (+ *akk*) **im Dunkeln lassen** laisser qn dans l'incertitude au sujet de **B** ADV **sich ~ erinnern** (**an** + *akk*) se souvenir vaguement, confusément (de)

dunkelhaarig ADJ brun **dunkelhäutig** ADJ brun (de peau) **Dunkelheit** F *a. fig* obscurité f

dünn **A** ADJ *a. fig* mince; *Papier* fin; *Stoff, Kaffee* léger; (≈ *mager*) maigre; *Taille, Haar* fin; (≈ *schütter*) rare; clairsemé; *Flüssigkeit* clair **B** ADV **etw ~ auftragen** appliquer une couche mince de qc; **~ besiedelt** peu peuplé

dünsten VT cuire à l'étuvée, à la vapeur

dunstig ADJ brumeux

Duo N duo m

Dur N mode, ton majeur

durch **A** PRÄP **1** *räumlich* par; **(quer) ~ à travers; ~ die Stadt gehen** traverser la ville; (≈ *spazieren*) se promener à travers la ville **2** *zeitlich* **das ganze Jahr (hin)durch** (durant) toute l'année **3** *geteilt* **~ zwei** divisé par deux **4** (≈ *mittels*) par **B** ADV **1** *umg* (≈ *vorbei*) **es ist sechs Uhr ~** il est six heures passées; **mit etw ~ sein** avoir fini qc **2** *umg* **~ und ~** complètement **3** **~ sein** (≈ *löchrig sein*) être troué, percé; *Käse* être fait; *Fleisch* être bien cuit

durcharbeiten **A** VT **1** étudier à fond **2 die Pause ~** travailler pendant la pause **B** VI travailler sans interruption **durchaus** ADV absolument **durchblättern** VT feuilleter

Durchblick *umg fig* M **(überhaupt) keinen ~ haben** n'y comprendre od n'y connaître rien (du tout); **den (absoluten) ~ haben** s'y connaître (très bien) **durchblicken** VI *fig* **~ lassen** laisser entendre; *umg* **da blicke ich nicht durch** je n'y comprends rien

Durchblutung F irrigation sanguine **durchkommen** VI **1** (≈ *hindurchkommen*) passer à travers; (≈ *durchpassen*) passer (**durch** par) **2** (≈ *durchdringen*) percer **3** TEL *umg* passer **4** (≈ *erfolgreich sein*) parvenir, arriver à son but; *im Examen* réussir; *bei Krankheit* s'en tirer; *wirtschaftlich* s'en sortir, tirer

Durchlauf M IT passage m **durchnehmen** VT étudier; traiter **durchqueren** VT traverser **durchrechnen** VT calculer **durchschauen** VT *Pläne, Absichten* pénétrer; deviner; **j-n ~** deviner les intentions de qn **durchschlafen** VI dormir d'une traite **Durchschlag** M **1** (≈ *Kopie*) double m **2** GASTR passoire f **durchschneiden** VT couper en deux **Durchschnitt** M moyenne f; **im ~** en moyenne **durchschnittlich** **A** ADJ moyen **B** ADV en moyenne **Durchschnittsnote** F moyenne f

Durchschrift F copie f

durchsehen **A** VT flüchtig parcourir (du regard); *prüfend* examiner; vérifier; *Post* dépouiller **B** VI (≈ *hindurchsehen*) regarder (à travers)

durchsetzen **A** VT *Meinung, Willen* faire adopter; **es ~, dass ...** obtenir que ... (+ *subj*) **B** VR **sich ~** arriver à ses fins; *im Leben* se faire respecter; s'imposer

durchsichtig ADJ *a. fig* transparent **durchstehen** VT supporter **durchstellen** VI TEL passer **durchstreichen** VT barrer

durchsuchen VT fouiller (**nach** à la recherche de) **Durchsuchung** F fouille f

durchwachsen ADJ **1** *Fleisch* persillé **2** *umg* (≈ *mal gut, mal schlecht*) comme ci, comme ça **Durchwahl(-nummer)** F TEL numéro m de sa, *etc* ligne directe **durchwählen** VI TEL faire le numéro directement **durchwühlen** VT fouiller dans (**nach** à la recherche de) **durchziehen** **A** VT **1** *Faden* passer **2** *Linie* tirer; tracer

3 umg (≈ *durchführen*) aller jusqu'au bout de **B** V/I *durch Gebiet* passer
Durchzug M courant m d'air
dürfen A V/AUX **1** (≈ *die Erlaubnis haben*) avoir la permission, le droit de; pouvoir; **das hättest du nicht tun ~** tu n'aurais pas dû faire cela; **wenn ich fragen darf** si je peux vous le demander **2** (≈ *Grund haben*) pouvoir **3** (≈ *wahrscheinlich sein*) **das dürfte stimmen** cela devrait, doit être juste **4 was darf es sein?** qu'est-ce que vous désirez? **B** V/T & V/I avoir la permission (de); **darf ich?** puis-je?; est-ce que je peux?
dürr ADJ a. fig sec
Durst M soif f (**auf** + akk de); **~ haben** avoir soif; **auf etw** (akk) **~ haben** avoir envie de boire qc; umg (**einen**) **über den ~ getrunken haben** avoir bu un coup de trop **durstig** ADJ assoiffé; **~ sein** avoir soif
Dusche F douche f **duschen** A V/T doucher **B** V/I se doucher; prendre une douche **C** V/R **sich ~** se doucher; prendre une douche **Duschgel** N gel moussant **Duschvorhang** M rideau m de douche
Düse F (≈ *Schubdüse*), a. FLUG tuyère f; *am Schlauch etc* buse f **Düsenflugzeug** N avion m à réaction
düster ADJ a. fig sombre; (≈ *bedrückend*) morne
Dutzend N douzaine f; *pl* **~e (von)** ... (≈ *viele*) des dizaines de ...
duzen A V/T tutoyer **B** V/R **sich ~** se tutoyer
DVD F ABK (= digital versatile disk) DVD m **DVD-Laufwerk** N lecteur m (de) DVD **DVD-Player** M lecteur m de DVD **DVD-Rekorder** M enregistreur m DVD
dynamisch ADJ a. fig dynamique
Dynamit N dynamite f
Dynamo M dynamo f

E

E, e N E, e m
Ebbe F marée descendante; *zurückgegangen* marée basse; **~ und Flut** marée f; **es ist ~** la mer est basse; c'est marée basse
eben A ADJ **1** *Gelände, Weg* plat **2** (≈ *glatt*) lisse **B** ADV **1** (≈ *gerade, genau*) justement; précisément; **das ist es ja ~** c'est cela même **2** (≈ *nun einmal*) **das ist ~ so** eh bien, c'est comme ça **3** (≈ *gerade eben*) justement; **~ etw angefangen haben** venir (justement) de commencer qc **4** (≈ *jetzt gleich*) justement; **mit ,aller' ~ wollte ich es sagen** j'allais (justement) le dire
Ebene F **1** plaine f **2** MATH, TECH plan m **3** *fig* plan m; niveau m; **auf politischer ~** sur le plan politique
ebenfalls ADV également; **danke, ~!** merci, à vous aussi! **ebenso** ADV pareillement; de même; aussi; **~ groß wie** (juste) aussi grand que; **es geht mir ~** il en va de même pour moi; **es ~ machen** en faire autant; **~ gut** tout aussi bien; **~ sehr, ~ viel** (tout) autant (**wie que**); juste autant (que); **~ wenig** (tout) aussi peu (**wie que**)
E-Book N e-book m **E-Brief** M (≈ *E-Mail*) lettre f électronique
EC M ABK (= Eurocity-Zug) Eurocity m
E-Card F (≈ *elektronische Grußkarte*) carte f (de vœux) électronique, carte f virtuelle
Echo N écho m
Echse F ZOOL saurien m
echt A ADJ véritable; vrai; *Gemälde, Urkunde* authentique; *Haare* naturel; *Metall, Leder* véritable; *Perle* fin **B** ADV umg (≈ *regelrecht*) vraiment; *Jugendsprache* **~ jetzt?** j'y crois pas?
Eck N *süd*, *österr* (≈ *a. Toreck*) coin m
EC-Karte F carte f eurochèque
Eckball M SPORT corner m
Ecke F **1** coin m; (≈ *Winkel*) angle m; **gleich um die ~** tout près; (juste) au coin de la rue; umg **an allen ~n und Enden** de tous (les) côtés; umg **j-n um die**

~ bringen *umg* liquider qn ② SPORT corner *m* **eckig** ADJ anguleux **Eckstoß** M SPORT corner *m*
Economyklasse F classe *f* économique
Ecuador N l'Équateur *m*
edel ADJ noble; *Wein* fin **Edelstein** M pierre précieuse **Edelweiß** N edelweiss *m*
Editor M IT éditeur *m*
EDV F ABK (= *elektronische Datenverarbeitung*) informatique *f*
Efeu M lierre *m*
Effekt M effet *m* **effektiv** A ADJ (≈ *wirksam*) efficace; (≈ *tatsächlich*) effectif B ADV avec efficacité
egal *umg* ADJ égal; **das ist ~** c'est pareil, indifférent; **das ist mir ~** ça m'est égal
Egoismus M égoïsme *m* **Egoist(in)** M(F) égoïste *m/f* **egoistisch** ADJ égoïste
eh A INT eh! B ADV ❶ *bes südd, österr* (≈ *sowieso*) de toute façon ❷ **seit eh und je** depuis toujours; **wie eh und je** comme toujours
Ehe F mariage *m*; *Kind* **aus erster Ehe** du premier lit, mariage **Ehebruch** M adultère *m* **Ehefrau** F femme *f*; épouse *f*
ehemalig ADJ ancien
Ehemann M mari *m* **Ehepaar** N couple *m*
eher ADV ❶ (≈ *früher*) plus tôt; avant; **je ~, je lieber** le plus tôt sera le mieux ❷ (≈ *mehr*) plutôt ❸ (≈ *lieber*) plutôt; **~ würde ich ...** j'aimerais mieux...
Ehering M alliance *f*
Ehre F honneur *m* **ehren** VT honorer (**mit, durch** de); *Briefanfang* **Sehr geehrter Herr X, ...** (Cher) Monsieur, ...
ehrenamtlich A ADJ bénévole; *Tätigkeit* honorifique B ADV à titre honorifique **Ehrenbürger(in)** M(F) citoyen, -enne *m,f* d'honneur **Ehrengast** M invité *m* d'honneur **Ehrenrunde** F tour *m* d'honneur; **e-e ~ drehen** SPORT faire un tour d'honneur; SCHULE *iron* redoubler **Ehrenwort** N parole *f* d'honneur; **~!** parole (d'honneur)!
Ehrgeiz M ambition *f* **ehrgeizig** ADJ ambitieux; **~ sein** avoir de l'ambition
ehrlich A ADJ (≈ *aufrichtig*) sincère; franc; (≈ *rechtschaffen*) honnête; **wenn ich ~ bin** pour être franc, sincère B ADV honnêtement; **er meint es ~ (mit dir)** il est sincère (avec toi); **er hat sich ~ bemüht** il s'est vraiment donné du mal; **~ gesagt** (pour parler) franchement, pour être franc, ...
Ehrlichkeit F (= *Aufrichtigkeit*) sincérité *f*; (= *Rechtschaffenheit*) honnêteté *f*
Ei N ❶ œuf *m*; **Eier legen** pondre (des œufs); *umg* **wie aus dem Ei gepellt** tiré à quatre épingles; **sich** (*dat*) **gleichen wie ein Ei dem anderen** se ressembler comme deux gouttes d'eau; *umg* **das sind doch ungelegte Eier!** l'affaire n'est pas mûre, voyons!; *umg* **ach, du dickes Ei!** *umg* mince alors! ❷ BIOL ovule *m* ❸ *sl* **Eier** (= *Hoden*) couilles *fpl sl*
Eiche F chêne *m* **Eichel** F gland *m* **Eichhörnchen** N écureuil *m*
Eid M serment *m*; **e-n Eid leisten, ablegen** prêter serment (**auf +** *akk* sur); **unter Eid aussagen** déposer sous (la foi du) serment
Eidechse F lézard *m*
Eidotter M(N) jaune *m* d'œuf
Eierbecher M coquetier *m* **Eierlikör** M liqueur *f* aux œufs
Eierschale F coquille *f* d'œuf **Eierschwamm** M, **Eierschwammerl** *bes österr* N chanterelle *f* **Eierstich** M GASTR royale *f* **Eierstock** M ANAT ovaire *m* **Eiertomate** F olivette *f* **Eieruhr** F sablier *m*
Eifer M zèle *m*; **im ~ des Gefecht(e)s** dans le feu de l'action
Eifersucht F jalousie *f* (**auf j-n** contre qn) **eifersüchtig** ADJ jaloux (**auf j-n** de qn)
Eiffelturm *der* **~** la tour Eiffel
eifrig A ADJ zélé; (≈ *fleißig*) appliqué B ADV avec zèle, empressement, application
Eigelb N jaune *m* d'œuf
eigen ADJ ❶ *besitzanzeigend* propre; à soi; **auf ~e Verantwortung** sous ma/ta, *etc* propre responsabilité; **das habe ich mit ~en Augen gesehen** j'ai vu ça de mes propres yeux; **sie hat ein ~es Zimmer** elle a une chambre à elle, elle a sa chambre ❷ (≈ *eigentümlich*) particulier ❸ (≈ *sonderbar*) étrange; **er ist ein bisschen ~** il est un peu spécial
eigenartig ADJ singulier; étrange

Eigenfinanzierung F autofinancement m **Eigenheim** N maison individuelle **Eigenkapital** N capital m propre **Eigenname** M nom m propre **Eigenschaft** F qualité f; (trait m de) caractère m **Eigenschaftswort** N adjectif (qualificatif)

eigensinnig ADJ entêté; obstiné

eigentlich A ADJ véritable; vrai; **das ~e Problem** le vrai problème B ADV (≈ in Wirklichkeit) en réalité; en fait; (≈ genau genommen) à vrai dire; **~ sollte sie kommen, aber …** en fait elle devait venir mais …; **was ist das ~?** (≈ überhaupt) qu'est-ce que c'est au juste?; **weißt du ~, dass …?** (≈ übrigens) à propos, sais-tu que …?

Eigentor N SPORT but m contre son propre camp; **ein ~ schießen** marquer un but contre sa propre équipe; fig se nuire à soi-même

Eigentum N propriété f **Eigentümer(in)** M(F) propriétaire m/f **Eigentumswohnung** F appartement m en copropriété

eignen VT sich ~ convenir (**für** à), (**als** comme); Person a. être apte (**für** à)

Eile F *hâte f; **in (großer) ~ sein** être (très) pressé **eilig** ADJ pressé; **es ~ haben** être pressé

Eimer M seau m; umg **im ~ sein** être fichu umg, être foutu sl

ein¹ A ARTIKEL un bzw. une; **er hat ein spitzes Kinn** il a le menton pointu B NUM ❶ un bzw. une ❷ un bzw. une; **eins von beiden** l'un des deux ❸ **es ist ein Uhr** il est une heure; **ein für alle Mal** une fois pour toutes C INDEF PR **der eine oder (der) andere** l'un ou l'autre; umg **was für eine, einer, eins?** lequel bzw. laquelle?

ein² ADV **an Geräten** marche

einatmen A VT Gas, Rauch respirer B VI inspirer

Einbahnstraße F (rue f à) sens m unique **Einband** M couverture f

einbauen VT Möbel encastrer; Geräte monter (**in** + akk dans) **Einbauküche** F cuisine intégrée **Einbauschrank** M placard m

Einbettzimmer N chambre f à un lit **einbiegen** VI tourner (**links** à gauche), (**in** + akk dans)

einbilden VR ❶ **sich** (dat) **etw ~** s'imaginer, se figurer qc ❷ umg **sich** (dat) **etw auf etw** (akk) **~** être fier de qc; **sich** (dat) **viel auf etw** (akk) **~** tirer vanité de qc **Einbildung** F ❶ (≈ Fantasie) imagination f ❷ (≈ Überheblichkeit) prétention f; vanité f

einbrechen VI ❶ auf dem Eis s'enfoncer (dans l'eau) ❷ in ein Haus etc cambrioler (**in etw** + akk qc) ❸ Dunkelheit tomber **Einbrecher(in)** M(F) cambrioleur, -euse m,f **Einbrenne** bes südd, österr F GASTR roux m **Einbruch** M ❶ JUR effraction f, cambriolage m (**in** + akk de) ❷ **bei ~ der Dunkelheit** à la nuit tombante

einbürgern VT JUR naturaliser **Einbürgerungstest** M test m de naturalisation

einchecken A VT FLUG enregistrer B VI FLUG se faire enregistrer

eincremen VT (& V/R) (**sich**) **~** (s')enduire de crème

eindecken A VT umg **j-n mit Arbeit ~** submerger qn de travail B VR **sich ~** s'approvisionner (**mit** en)

eindeutig ADJ clair

Eindruck M impression f; **~ machen** faire de l'impression; **auf j-n ~ machen** impressionner qn; **unter dem ~ von** sous l'effet, sous le coup de **eindrucksvoll** ADJ impressionnant

eineiig ADJ ~ Zwilling

eineinhalb NUM un(e) et demi(e)

einerseits ADV d'un côté

Ein-Euro-Job M, **Eineurojob** umg M job m à un euro (indemnité sociale plus un euro de l'heure travaillée)

Eineurostück N pièce f d'un euro

Eine-Welt-Laden M boutique f de commerce équitable

einfach A ADJ simple; (≈ nicht schwierig) facile; (≈ bescheiden) modeste B ADV simplement; **es ist ~ unglaublich** c'est absolument incroyable

Einfahrt F entrée f; (≈ Toreinfahrt) porte cochère; Aufschrift **~ frei halten** sortie de voiture

Einfall M (≈ Gedanke) idée f **einfallen** VI ❶ Gedanken venir à l'esprit, à l'idée; **dabei fällt mir ein, dass …** à propos …; cela me fait penser que …; umg

was fällt dir ein! *umg* qu'est-ce qui te prend! ☑ *Licht* entrer; *Strahlen* tomber ☒ MIL **in etw** (*akk*) ~ envahir qc ☓ (≈ *einstürzen*) s'écrouler

Einfamilienhaus N̄ maison individuelle

einfarbig ADJ monochrome; *Stoff* uni

einfassen V̄T *Edelstein* sertir; MODE border; *Brillengläser* monter

Einfluss M̄ influence f (**auf** + *akk* sur); **großen ~ haben, ausüben auf** (+ *akk*) avoir, exercer une grande influence sur

einfrieren A V̄T *Lebensmittel* congeler; *fig Kredit* geler B V̄I *a. fig* geler

einfügen V̄T (**in** + *akk*) insérer (dans)

Einfügetaste F̄ touche f d'insertion

Einfuhr F̄ importation f

einführen V̄T ☐ *j-n, Sitten, a.* MED introduire (**in** + *akk* dans); (≈ *einweihen*) initier (à) ☑ HANDEL importer (en, à) **Einfuhrgenehmigung** F̄ permis m d'importation **Einfuhrland** N̄ pays importateur **Einführung** F̄ introduction f; *e-s Produktes* lancement m **Einführungspreis** M̄ prix m de lancement

Einfuhrzoll M̄ taxe f à l'importation

Eingabe F̄ ☐ (≈ *Gesuch*) pétition f; JUR requête f ☑ IT entrée f **Eingabefehler** M̄ erreur f de saisie

Eingang M̄ (≈ *Zugang*) entrée f **Eingangsdatum** N̄ date f, jour m d'entrée

eingeben V̄T ☐ IT entrer ☑ *Gedanken* inspirer

eingebildet ADJ (≈ *überheblich*) prétentieux

eingehen A V̄T *Risiko* courir B V̄I ☐ (≈ *ankommen*) arriver ☑ **auf ein Angebot ~** accepter une offre; **auf Einzelheiten ~** entrer dans les détails; **auf j-n ~** être à l'écoute de qn ☒ *Pflanze, Tier* mourir; dépérir ☓ *Stoff* (se) rétrécir

eingemeinden V̄T rattacher à une commune

eingeschnappt *umg* ADJ (≈ *beleidigt*) vexé

eingewöhnen V̄R sich ~ s'habituer (**in** + *akk* à); s'acclimater (à)

eingießen V̄T verser (**in** + *akk* dans)

eingreifen V̄I intervenir (**in** + *akk* dans)

Eingriff M̄ *a.* MED intervention f

einhalten V̄T observer (strictement); *Versprechen, Verpflichtungen* tenir

einhängen A V̄T accrocher; *Telefonhörer* raccrocher B V̄R **sich bei j-m ~** prendre le bras de qn

Einheimische(r) M/F(M) quelqu'un du coin *bzw.* du pays; *pl* **die ~n** les gens *mpl* du pays

Einheit F̄ *a.* MIL unité f; **e-e ~ bilden** former un tout **einheitlich** A ADJ (≈ *gleichartig*) uniforme; *Werk* homogène B ADV **~ gestalten** uniformiser

Einheitspreis M̄ prix m unique

einholen V̄T ☐ (≈ *erreichen*) rejoindre ☑ *Ernte* rentrer; *Segel, Flagge* amener

einhundert → **hundert**

einig ADJ **mit j-m über etw** (*akk*) **~ sein, werden** être, tomber d'accord avec qn sur qc; **sich ~ werden** s'entendre

einige INDEF PR ☐ quelque(s); **~ Leute sagen** certaines personnes disent ☑ quelques-uns ☒ *sg subst* n **~s** quelque chose; *ziemlich viel* beaucoup de choses; **das wird ~s kosten** ça va coûter pas mal d'argent

einigen A V̄T unifier B V̄R **sich ~** tomber, se mettre d'accord (**über** + *akk*), (**auf** + *akk* sur)

einigermaßen ADV dans une certaine mesure; (≈ *leidlich*) passablement

Einigung F̄ ☐ *e-s Landes* unification f ☑ (≈ *Verständigung*) accord m

Einkauf M̄ achat m; **Einkäufe machen** faire des courses **einkaufen** A V̄T acheter B V̄I **~ (gehen)** (aller) faire des courses

Einkaufsbummel M̄ shopping m; **e-n ~ machen** (aller) faire du shopping **Einkaufswagen** M̄ caddie® m **Einkaufszentrum** N̄ centre commercial **Einkaufszettel** M̄ liste f des courses

einklammern V̄T mettre entre parenthèses

Einkommen N̄ revenu(s) *m(pl)*

einladen¹ V̄T *Ladung* charger (**in** + *akk* dans)

einladen² V̄T *Gäste* inviter (**zum Abendessen** à dîner)

Einladung F̄ invitation f

einlassen A V̄T ☐ (≈ *hereinlassen*) laisser entrer ☑ *Wasser* faire couler B V̄R **sich auf etw** (*akk*) **~** s'engager, s'embarquer dans qc; *pej* **sich mit j-m ~** s'acoquiner avec qn

einlaufen Ⓐ V/T neue Schuhe ~ briser ses chaussures neuves Ⓑ V/I ❶ Zug arriver; Schiff entrer au port; **ins Ziel** ~ franchir la ligne d'arrivée ❷ Stoff (se) rétrécir ❸ **das Wasser** ~ **lassen** (in + akk) faire couler l'eau (dans) Ⓒ V/R SPORT **sich** ~ s'échauffer

einleben V/R **sich** ~ s'acclimater, s'habituer (à un endroit)

einlegen V/T ❶ Film etc mettre; zwischen etw insérer ❷ GASTR mariner ❸ **die Haare** ~ faire une mise en plis ❹ Pause faire

Einleitung F (≈ Beginn) introduction f

einlesen V/T IT lire

einliefern V/T livrer

einloggen V/I (& V/R) (**sich** ~) IT se connecter

einlösen V/T Scheck encaisser; Pfand retirer; Versprechen tenir

Einmachglas N bocal m à conserves

einmal ADV une fois; ~ **hell,** ~ **dunkel** tantôt clair, tantôt sombre; **auf** ~ (≈ plötzlich) tout à coup; (≈ mit e-m Schlag) d'un (seul) coup; (≈ gleichzeitig) à la fois; **es war** ~ il était une fois; **noch** ~ encore une fois; **nicht** ~ même pas; **es ist nun** ~ **so** c'est comme ça

Einmaleins N table f de multiplication; fig b a ba m

einmischen V/R **sich** ~ (in + akk) se mêler (de); intervenir (dans)

einmünden V/I ~ **in** (+ akk) Fluss se jeter dans; Straße, a. fig Gespräch déboucher sur

Einnahme F ❶ HANDEL recette f ❷ von Arznei absorption f **einnehmen** V/T ❶ Essen, a. MIL, a. fig prendre ❷ Geld encaisser ❸ Stellung, Posten, Platz occuper

einordnen Ⓐ V/T classer; ranger Ⓑ V/R Verkehr **sich (rechts)** ~ se ranger dans la file (de droite)

einpacken Ⓐ V/T emballer; envelopper; in Koffer mettre (dans une valise) Ⓑ umg V/I **da können wir** ~ umg nous n'avons plus qu'à remballer

einparken Ⓐ V/T garer Ⓑ V/I se garer; rückwärts faire un créneau

Einparkhilfe F AUTO **(elektronische)** ~ aide f (électronique) au stationnement

einpflanzen V/T planter **einplanen** V/T prévoir **einprogrammieren** V/T IT programmer **einrahmen** V/T encadrer **einräumen** V/T ❶ (≈ einordnen) ranger ❷ (≈ zugestehen) accorder ❸ Frist, Kredit accorder

einreden Ⓐ V/T j-m etw ~ tenter de persuader qn de qc; faire croire qc à qn Ⓑ V/I **auf j-n** ~ tenter de persuader qn Ⓒ V/R **sich** (dat) **etw** ~ se persuader de qc

einreiben V/T (& V/R) **(sich) mit etw** ~ (se) frictionner avec qc

Einreise F entrée f (in + akk), (nach en, dans, à) **Einreiseerlaubnis** F autorisation f d'entrée **einreisen** V/I entrer (in + akk), (nach en, dans, à) **Einreiseverbot** N interdiction f d'entrée **Einreisevisum** N visa m d'entrée

einreißen Ⓐ V/T ❶ Papier etc déchirer ❷ (≈ niederreißen) démolir Ⓑ V/I ❶ se déchirer ❷ fig Unsitte, Gewohnheit se propager

einrenken Ⓐ V/T MED remettre; remboîter Ⓑ umg V/R **das wird sich schon wieder** ~ cela s'arrangera

einrichten Ⓐ V/T ❶ (≈ arrangieren) arranger; **es so** ~, **dass** ... faire en sorte que ... (+ subj); **das lässt sich** ~ cela peut se faire; **auf etw** (akk) **eingerichtet sein** être préparé à qc ❷ (≈ möblieren) aménager Ⓑ V/R **sich** ~ (≈ sich möblieren) s'installer; se meubler **Einrichtung** F ❶ (≈ Institution) institution f; organisation f; **öffentliche** ~ service public ❷ (≈ Mobiliar) ameublement m; meubles mpl

eins NUM un, une; Uhrzeit **es ist halb** ~ il est midi et demie; SPORT ~ **zu** ~ un but partout; **wir haben** ~ **zu null gewonnen/verloren** nous avons gagné/perdu par un à zéro; umg ~ **a** de première (qualité)

Eins F ❶ Zahl un m; → Acht[1] ❷ Schulnote très bien; in Frankreich etwa dix-sept m, dix-huit m (sur vingt)

einsam ADJ solitaire; seul; **sich** ~ **fühlen** se sentir seul **Einsamkeit** F solitude f

einsammeln V/T ramasser

Einsatz M ❶ ~ (≈ Spieleinsatz, Wetteinsatz) mise f; enjeu m ❷ e-s Geräts élément m encastrable ❸ MUS attaque f ❹ fig (≈ Engagement) engagement m; **unter** ~ **des Lebens** au péril de sa vie ❺ (≈ Feuerwehreinsatz, Polizeieinsatz) intervention f

einscannen V/T scanner

einschalten A *VT* 1 *Licht, Radio* allumer; *Strom* mettre en circuit 2 *fig* (≈ *beteiligen*) faire appel à B *VR* **sich ~** (in + akk) *fig* intervenir (dans) **Einschaltquote** F audimat m

einschätzen *VT* estimer; **falsch ~** mal juger, estimer **einschicken** *VT* envoyer **einschlafen** *VI* s'endormir; *Glieder* s'engourdir **einschläfern** *VT* 1 a. MED endormir 2 *Tier* piquer

Einschlag M 1 (≈ *Geschosseinschlag, Blitzeinschlag*) impact m 2 AUTO braquage m 3 *fig* **mit italienischem ~** de type italien

einschlagen A *VT* 1 *Nägel etc* enfoncer; *planter*; *Fensterscheibe* enfoncer; casser 2 (≈ *einpacken*) envelopper, emballer (in + akk dans) 3 *Weg* prendre B *VI* 1 *Geschoss, Blitz* tomber 2 **auf j-n ~** taper sur qn

einschließen A *VT* 1 enfermer à clé; (≈ *verwahren*) mettre sous clé 2 MIL cerner 3 (≈ *umfassen*) comprendre B *VR* **sich ~** s'enfermer à clé **einschließlich** A *ADV* (y) compris; inclus B *PRÄP* **~ Bedienung** service compris

einschmeicheln *VR* **sich bei j-m ~** s'insinuer auprès de qn

Einschnitt M 1 (≈ *Kerbe*) encoche f; MED incision f 2 *fig* (≈ *Wende*) événement décisif

Einschränkung F réduction f; restriction f; **ohne ~** sans réserve

Einschreiben N envoi recommandé; **per ~** en recommandé; **„Einschreiben"** «recommandé»

einschüchtern *VT* intimider
Einschulung F scolarisation f
einsehen *VT* 1 (≈ *begreifen*) comprendre; (≈ *erkennen*) voir 2 *Bücher* examiner 3 (≈ *überblicken*) voir

einseifen *VT* savonner

einseitig A *ADJ* 1 d'un (seul) côté; JUR, POL unilatéral 2 *fig Ausbildung* trop spécialisé; *Beurteilung* simpliste; *Darstellung* tendancieux B *ADV* **~ begabt** doué dans un seul domaine; **~ beurteilen** juger avec partialité

einsenden *VT* envoyer, expédier (+ dat, an + akk à) **Einsendeschluss** M date f limite des envois

einsetzen A *VT* 1 (≈ *hineinsetzen*) **~** (in + akk) mettre, placer (dans); (≈ *fest anbringen*) insérer (dans); *Fensterscheibe* poser 2 *Arbeitskraft, Maschine* employer; *Polizei, Truppen* faire intervenir 3 (≈ *ernennen*) instituer; désigner; *in ein Amt* investir (in + akk dans); installer (dans) B *VI* (≈ *anfangen*) commencer (mit par) C *VR* **sich für j-n, etw ~** intervenir pour qn, qc

einspeichern *VT* **etw ~** (in + akk) IT mettre qc en mémoire (dans)

einsperren *VT* enfermer; *ins Gefängnis* mettre en prison

Einspruch M protestation f (**gegen** contre); JUR opposition f (à); **gegen etw ~ erheben, einlegen** faire opposition à qc

einspurig *ADJ Straße* à une seule voie

einstecken *VT* 1 mettre (in + akk dans) 2 *fig Schlag* encaisser *umg*; *Gewinn* empocher; *Beleidigung, Vorwurf* avaler

einsteigen *VI* 1 **~ in** + akk *in den Bus, Zug* monter dans; *in einen Wagen* monter en 2 *Dieb* entrer (en escaladant) (in + akk dans) 3 **~ in** + akk *umg* in e-n Beruf, ein Geschäft entrer, s'engager dans

einstellen A *VT* 1 (≈ *hineinstellen*) mettre (in + akk dans) 2 TECH, RADIO, TV régler; *scharf* mettre au point 3 *Arbeitskraft* engager; embaucher 4 (≈ *beenden*) cesser; *Zahlungen* suspendre 5 *Rekord* égaler B *VR* **sich auf j-n, etw ~** s'adapter à qn, qc

Einstellung F 1 TECH réglage m 2 *e-r Arbeitskraft* embauche f; engagement m 3 (≈ *Beendigung*) cessation f 4 (≈ *innere Haltung*) attitude f; (≈ *Auffassung*) point m de vue

Einstich M piqûre f

Einstieg M **~** (in + akk) *in einen Wagen* entrée f en; *in einen Bus, Zug* entrée f dans; *fig* accès m à

einstimmig A *ADJ* MUS à une voix; *fig* unanime B *ADV* MUS à l'unisson; *fig* à l'unanimité **Einstimmigkeit** F unanimité f

Einstufung F classification f
einstürzen *VI* s'écrouler
Eintagsfliege F ZOOL éphémère m
eintausend → **tausend**
einteilen *VT* **in Gruppen** répartir, diviser; *in Klassen* classer; *Zeit, Arbeit, Geld* répartir (in + akk en), (**nach** selon, d'après)

eintönig ADJ monotone
Eintrag M (≈ *Eintragung*) inscription f; enregistrement m **eintragen** A VT ~ (**in** + akk) in Bücher inscrire, enregistrer (dans) B V/R **sich** ~ (**in** + akk) in e-e Liste s'inscrire (sur); *in ein Gästebuch* inscrire son nom (dans) **Eintragung** F *in e-e Liste* inscription f; (≈ *Vermerk*) mention f; (≈ *Notiz*) notes fpl
eintreffen VI arriver; *Voraussage* se réaliser
eintreten A VT *Tür* enfoncer d'un coup de pied B VI **1** ~ (**in** + akk) entrer (dans); *treten Sie ein!* entrez! **2** (≈ *sich ereignen*) arriver **3 für j-n, etw** ~ appuyer qn, qc
Eintritt M (≈ *Eintreten, Eintrittsgeld*) entrée f; ~ **frei, verboten** entrée libre, interdite **Eintrittskarte** F billet m d'entrée **Eintrittspreis** M prix m d'entrée
einverstanden ADJ ~! d'accord!; entendu!; **mit etw** ~ **sein** être d'accord avec qc; consentir à qc
Einwanderer M, **Einwanderin** F immigrant(e) m(f); (≈ *Eingewanderte(r)*) immigré(e) m(f) **einwandern** VI immigrer **Einwanderung** F immigration f **Einwanderungsland** N pays m d'immigration **Einwanderungspolitik** F politique f d'immigration
Einwegflasche F bouteille f à verre perdu **Einwegverpackung** F emballage perdu
einweichen VT faire tremper
einweihen VT **1** *Gebäude* inaugurer **2** *j-n* ~ mettre qn dans le secret; *j-n in etw (akk)* ~ (≈ *einführen*) initier qn à qc **Einweihung** F inauguration f
einweisen VT **1** *Fahrzeug* diriger; guider **2** ~ (**in** + akk) in e-e Arbeit initier (à) **3** ~ (**in** + akk) in ein Heim etc envoyer (dans); **in ein Krankenhaus** ~ hospitaliser
einwerfen VT **1** *Scheibe etc* casser **2** *Ball* remettre en jeu **3** *Brief* mettre à la boîte; *Münzen* introduire **4** (≈ *bemerken*) ~ (**, dass** ...) observer en passant (que ...)
einwickeln VT envelopper; *umg* **j-n** ~ *umg* embobiner qn
Einwohner(in) M(F) habitant(e) m(f)
Einwurf M SPORT remise f en jeu; FUSSBALL (rentrée f en) touche f

Einzahl F GRAM singulier m
Einzel N TENNIS simple m **Einzelbett** N lit m (pour) une personne **Einzelgänger(in)** M(F) solitaire m/f **Einzelhandel** M commerce m de détail **Einzelhändler** M détaillant m **Einzelheit** F détail m **Einzelkind** N enfant m unique
einzeln A ADJ (≈ *allein*) seul; (≈ *für sich bestehend*) individuel; (≈ *gesondert*) séparé; *isolé; pl* **Einzelne** quelques-un(e)s; **ein Einzelner** un individu; une seule personne; **jeder Einzelne** chacun en particulier; **im Einzelnen** en détail B ADV (≈ *nacheinander*) l'un après l'autre; (≈ *gesondert*) séparément
Einzelzimmer N chambre individuelle
einziehen A VT **1** *Bauch, Fahrwerk* rentrer **2** BAU *e-e Decke* ~ (**in etw** akk) plafonner (qc) **3** FIN encaisser **4** (≈ *beschlagnahmen*) confisquer **5** *Soldaten* appeler (sous les drapeaux) B VI **1** ~ (**in** + akk) (≈ *s-n Einzug halten*) entrer (dans) **2** ~ (**in** + akk) in e-e Wohnung emménager (dans)
einzig A ADJ (≈ *a. einzigartig*) unique; (≈ *a. außergewöhnlich*) exceptionnel; seul; **kein Einziger** personne; pas un seul B ADV ~ **und allein** uniquement
Einzug M **1** entrée f (**in** + akk dans) **2** *in e-e Wohnung* emménagement m **3** FIN encaissement m
Eis N a. *Speiseeis* glace f; (≈ *Eiswürfel*) glaçon m; **Eis am Stiel** esquimau m; **auf Eis legen** mettre à rafraîchir; *fig* mettre en veilleuse; → *eislaufen*
Eisbär M ours blanc **Eisbecher** M coupe glacée **Eisbein** N GASTR jambonneau m **Eiscafé** M → *Eisdiele* **Eiscreme** F crème glacée **Eisdiele** F glacier m
Eisen N fer m; *fig* **heißes** ~ sujet brûlant **Eisenbahn** F chemin(s) de fer m(pl); (≈ *Zug*) train m; *umg* **es ist (aller)höchste** ~ il n'y a pas une minute à perdre; *umg* ça urge!
Eisfach N freezer m **eisgekühlt** ADJ glacé **Eishockey** N °hockey m sur glace **eisig** ADJ *beide, a. fig* glacé, glacial **Eiskaffee** M café liégeois
eiskalt A ADJ *a. fig* glacial; *a.* GASTR glacé B ADV (≈ *kaltblütig*) de sang-froid

Eiskunstlauf(en) M̄ (N̄) patinage m artistique **eisläufen** V̄I faire du patin **Eisläufer(in)** M̄(F̄) patineur, -euse m,f
Eismann M̄ marchand de glace (ambulant)
Eisprung M̄ BIOL ovulation f
Eisschnelllauf(en) M̄ (N̄) patinage m de vitesse **Eisstadion** N̄ patinoire f **Eistee** M̄ thé glacé **Eiswürfel** M̄ glaçon m **Eiszapfen** M̄ glaçon m **Eiszeit** F̄ période f glaciaire
eitel ĀDJ (≈ gefallsüchtig) coquet; (≈ selbstgefällig) vaniteux
Eiter M̄ pus m **eitern** V̄I suppurer **eit(e)rig** ĀDJ purulent
Eiweiß N̄ [1] GASTR blanc m d'œuf [2] BIOL, CHEM protéine(s) f(pl) **Eizelle** F̄ ovule m
Ekel[1] M̄ (≈ Widerwille) dégoût m (vor + dat pour); (≈ Übelkeit) nausée f; ~ **erregend** ≈ widerlich
Ekel[2] umg N̄ (≈ widerlicher Mensch) dégoûtant(e) m(f); **du ~!** espèce de dégoûtant!
ekelhaft Ā ĀDJ dégoûtant B̄ ĀDV ~ **riechen** avoir une odeur écœurante; ~ **schmecken** avoir un goût écœurant
ekeln Ā V̄T dégoûter B̄ V̄R **ich ekle mich vor etw** (dat) qc me dégoûte C̄ V̄I/UNPERS **es ekelt mich** od **mir (davor)** cela me dégoûte
EKG N̄ABK (= Elektrokardiogramm) électrocardiogramme m
eklig ĀDJ (≈ ekelhaft) dégoûtant; umg (≈ gemein) infect umg B̄ ĀDV → ekelhaft
elastisch ĀDJ élastique
Elch M̄ ZOOL élan m
Elefant M̄ éléphant m
elegant ĀDJ élégant
Elektriker(in) M̄(F̄) électricien, -ienne m,f **elektrisch** Ā ĀDJ électrique B̄ ĀDV ~ **geladen** chargé; électrisé **Elektrizität** F̄ électricité f
Elektroauto N̄ voiture f électrique
Elektrode F̄ électrode f
Elektrogerät N̄ appareil m électrique **Elektroherd** M̄ cuisinière f électrique **Elektromobilität** F̄ (≈ Mobilität durch Elektrofahrzeuge) mobilité f électrique **Elektromotor** M̄ moteur m électrique
Elektron N̄ électron m **elektronisch** ĀDJ électronique; ~**e Datenverarbeitung** informatique f
Elektrotechnik F̄ électrotechnique f
Element N̄ a. fig, a. CHEM, ELEK élément m
elend Ā ĀDJ misérable; (≈ jämmerlich) lamentable B̄ ĀDV **sich ~ fühlen** se sentir très mal **Elend** N̄ [1] (≈ Armut) misère f [2] (≈ Leid) misère f; **es ist ein ~!** c'est une pitié! **Elendsviertel** N̄ bidonville m
elf N̄UM onze; → acht **Elf** F̄ a. SPORT onze m
Elfenbein N̄ ivoire m
Elfmeter M̄ FUSSBALL penalty m **Elfmeterschießen** N̄ tirs mpl au but
Ellbogen M̄ coude m **Ellenbogen** → Ellbogen **ellenlang** umg ĀDJ extrêmement long
Elsass das ~ l'Alsace f **elsässisch** ĀDJ alsacien
E-Mail F̄ [1] Einrichtung courrier m, messagerie f électronique [2] Nachricht e-mail m; **j-m e-e ~ schicken** envoyer un e-mail à qn; **per ~** par, via e-mail **E-Mail-Account** M̄ od N̄ IT compte m de courrier électronique **E-Mail-Adresse** F̄ adresse f e-mail
Emanzipation F̄ émancipation f **emanzipiert** ĀDJT émancipé
Embargo N̄ embargo m
Embryo M̄ embryon m
Emigrant(in) M̄(F̄) émigrant(e) m(f); (≈ Ausgewanderte[r]) émigré(e) m(f) **Emigration** F̄ émigration f **emigrieren** V̄I émigrer
Emoticon N̄ IT (= Smiley) émoticone m
Emotion F̄ émotion f **emotional** ĀDJ émotionnel
empfahl → empfehlen
empfand → empfinden
Empfang M̄ [1] e-s Besuches, im Hotel réception f; **j-m e-n freundlichen ~ bereiten** faire bon accueil à qn [2] **den ~** (e-r **Sache** gen) **bestätigen** accuser réception (de qc) **empfangen** V̄T a. RADIO, TV recevoir; Geld a. toucher **Empfänger**

M̄ *von Post* destinataire *m*; *e-r Zahlung* bénéficiaire *m*

Empfängnisverhütung F̄ contraception *f*

Empfangsbescheinigung F̄, **Empfangsbestätigung** F̄ accusé *m* de réception

empfehlen A VT recommander; **j-m ~, etw zu tun** recommander à qn de faire qc B V/UNPERS **es empfiehlt sich zu** (+ *inf*) il convient de (+ *inf*) **empfehlenswert** ADJ recommandé **Empfehlung** F̄ recommandation *f*; **auf ~ von …** sur la recommandation de …

empfinden VT ressentir; éprouver; **ich empfinde es als lästig** (**zu** + *inf*) cela m'ennuie (**de** + *inf*) **empfindlich** A ADJ sensible (**gegen** à); *Möbel, Stoff, Magen* fragile; *Person* susceptible; *Schmerz, Kälte* vif B ADV **~ kalt** très froid; **~ auf etw** (*akk*) **reagieren** réagir vivement à qc

empfing → empfangen

empfunden → empfinden

Empore F̄ BAU galerie *f*; *e-r Kirche* tribune *f*

empört ADJ indigné (**über** + *akk* par) **Empörung** F̄ indignation *f*

Endausscheidung F̄ SPORT finale *f*

Ende N̄ **1** *räumlich* fin *f*; extrémité *f*; bout *m*; **am äußersten ~** à l'extrémité; tout au bout; **am ~ der Welt** au bout du monde **2** *zeitlich* fin *f*; terme *m*; **~ Februar** fin février; **am ~** à la fin; (≈ *schließlich*) en fin de compte; **umg am ~ sein mit den Kräften, Nerven** être au bout du rouleau *umg*; **etw zu ~ führen, bringen** finir qc; mener qc à terme, à bonne fin; **zu ~ gehen** toucher à sa fin; prendre fin; **zu ~ sein, ein ~ nehmen, haben** finir; se terminer; prendre fin

Endeffekt M̄ **im ~** en fin de compte

enden VI finir; **~ mit** se terminer par **Endergebnis** N̄ résultat final **endgeil** *Jugendsprache* ADJ super génial **endgültig** A ADJ définitif B ADV définitivement

Endivie F̄ chicorée *f*

endlich ADV enfin **endlos** A ADJ sans fin; infini B ADV à l'infini; **~ lang** interminable

Endrunde F̄ SPORT poule finale **Endspiel** N̄ SPORT finale *f* **Endspurt** M̄ SPORT sprint final; finish *m*

Endstation F̄ terminus *m*

Endung F̄ terminaison *f*

Energie F̄ énergie *f* **Energiemix** M̄ bouquet *m* énergétique **Energiequelle** F̄ source *f* d'énergie **Energiesparlampe** F̄ lampe *f* à économie d'énergie; *Glühbirne* ampoule *f* basse consommation **Energieverschwendung** F̄ gaspillage *m* d'énergie **Energieversorgung** F̄ alimentation *f* en énergie **Energiewende** F̄ POL, ÖKOL BRD tournant *m* dans la politique énergétique

energisch ADJ énergique

eng A ADJ *a. fig Beziehung* étroit; *fig* (≈ *begrenzt*) restreint; *Kleidungsstück* **zu ~** serré; étriqué B ADV étroitement; **eng anliegend** *Kleidung* moulant

engagieren A VT engager (**für** pour) B VR **sich ~** s'engager (**für** pour)

Engel M̄ *a. fig* ange *m*

England N̄ l'Angleterre *f* **Engländer(in)** M(F) Anglais(e) *m(f)* **englisch** A ADJ anglais B ADV GASTR **~ (gebraten)** saignant **Englisch** N̄ *Sprache, Schulfach* anglais *m*; **auf, in ~** en anglais; **~ lernen** apprendre l'anglais; **sie ist gut in ~** elle est bonne en anglais

Enkel(in) M(F), **Enkelkind** N̄ petit-fils *m*, petite-fille *f*; *pl* **die ~(kinder)** les petits-enfants *mpl*

enorm ADJ énorme

Entbindung F̄ MED accouchement *m* **entdecken** VT découvrir; (≈ *finden*) trouver; (≈ *bemerken*) s'apercevoir de **Entdeckung** F̄ découverte *f*

Ente F̄ **1** ZOOL canard *m*; *umg* **lahme ~** *umg* mollasson, -onne *m,f* **2** *umg* (≈ *Zeitungsente*) bobard *m* (de la presse) *umg* **3** *umg* (≈ *Citroën*) 2 CV *f*, deux chevaux *f umg*

enterben VT déshériter

Entertainer M̄ animateur *m*

Enter-Taste F̄ touche *f* d'entrée

entfernen A VT *Fleck, Etikett* enlever; *Person* éloigner B VR **sich ~** *a. fig* s'éloigner; (≈ *weggehen*) s'absenter

entfernt ADJT *a. Verwandte* éloigné; *e-e bestimmte Strecke* distant; **weit ~** loin (**von** de); **weit davon ~, es zu glauben** (bien) loin de le croire

Entfernung F̄ distance *f*; **in e-r ~ von** à une distance de; **aus der ~** à distance

entführen VT kidnapper; *a. fig hum* enlever; *Flugzeug* détourner **Entführer** M ravisseur m; (≈ *Flugzeugführer*) pirate m de l'air **Entführung** F enlèvement m; (≈ *Flugzeugentführung*) détournement m

entgegen ADV & PRÄP **1** *Gegensatz* contrairement à **2** *Richtung* vers **entgegengehen** VI j-m ~ aller à la rencontre de qn **entgegengesetzt** ADJ opposé (+ *dat* à) **entgegenkommen** VI j-m ~ venir à la rencontre de qn; *Fahrzeug* venir en sens inverse de qn; *fig* faire des concessions à qn

entgegnen VT/I répondre

entgehen VI e-r *Gefahr* ~ (+ *dat*) échapper à; **dir entgeht etwas** tu manques quelque chose; **mir ist nicht entgangen, dass ...** j'ai bien remarqué, noté que ...

entgeistert ADJ ébahi **entgleisen** VI dérailler

enthalten A VT (≈ *als Inhalt*) contenir; (≈ *umfassen*) comprendre; **mit ~ sein** être inclus, compris (**in** + *dat* dans) B VR **sich** (**der Stimme** *gen*) ~ s'abstenir (de voter) **Enthaltung** F (≈ *Stimmenthaltung*) abstention f

Enthüllung F découverte f; dévoilement m

enthusiastisch A ADJ enthousiaste B ADV avec enthousiasme

entkalken VT détartrer **entkernen** VT *Steinobst* dénoyauter **entkommen** VI (**aus**) s'échapper (de); j-m, e-r *Sache* (*dat*) ~ échapper à qn, qc **entladen** A VT décharger B VR **sich** ~ *a.* ELEK se décharger; *Gewitter, Begeisterung* éclater

entlang A PRÄP le long de B ADV **hier ~, bitte!** par ici, s'il vous plaît! **entlanggehen** VT/I & VI (+ *akk*) *od* **~ an** (+ *dat*) aller le long de; longer; suivre

entlarven VT démasquer

entlassen VT *Arbeitnehmer* licencier; congédier; *aus dem Gefängnis* libérer **Entlassung** F licenciement m; libération f

entlasten VT *bei der Arbeit* aider; *a. fig, a.* TECH soulager; *Verkehr* décongestionner **Entlastung** F aide f; soulagement m; HANDEL, JUR décharge f

entmutigen VT décourager

entnehmen VT **1** ~ (+ *dat* **aus**) prendre (de, dans); *Probe, a.* MED prélever (sur) **2** ~ (+ *dat* **aus**) fig conclure (de)

entpacken VT IT décompresser; décompacter

Entrecote N GASTR entrecôte f

entrüstet ADJ **über j-n, etw ~ sein** être indigné contre qn, par qc **Entrüstung** F indignation f

entschädigen VT dédommager (**für** de); *in Geld* indemniser (**für** de) **Entschädigung** F dédommagement m; indemnisation f; *Summe* indemnité f

entscheiden A VT décider B VI ~ (**über** + *akk*) décider (de); JUR statuer (sur) C VR **sich** (**für, gegen j-n, etw**) ~ se décider, se prononcer (pour, contre qn, qc) **entscheidend** ADJ décisif **Entscheidung** F *a.* JUR décision f; **e-e ~ treffen, fällen** prendre une décision

entschließen VR **sich** ~ se décider, se résoudre (**zu** à) **entschlossen** A ADJ résolu; **fest ~** fermement décidé B ADVL **kurz ~** sans hésiter **Entschluss** M décision f; **den ~ fassen zu** (+ *inf*) décider de (+ *inf*)

entschuldigen A VT excuser; **~ Sie!** pardon!; *Frage, Bitte* **~ Sie bitte, ...** excusez-moi, ... B VR **sich** ~ (**wegen, für**) s'excuser (de); **sich bei j-m ~** s'excuser auprès de qn **Entschuldigung** F excuse f; SCHULE mot m d'excuse; **~!** pardon!; excusez-moi!; **j-n** (**wegen, für etw**) **um ~ bitten** faire, présenter ses excuses à qn (pour qc)

Entsetzen N horreur f **entsetzlich** A ADJ épouvantable; effrayant B ADV *umg* ~ **dumm** affreusement bête

entsorgen VT *Abfall* enlever; collecter et traiter; *durch Verbrennung* éliminer; *weitS.* se débarrasser de

entspannen A VT *a. fig, a.* POL détendre; (≈ *lockern*) relâcher B VR **sich** ~ se détendre; se relâcher; (≈ *sich erholen*) se relaxer; se décontracter **Entspannung** F détente f

entsprechen VI **1** ~ (+ *dat*) *den Tatsachen* correspondre à; *e-m Zweck* répondre à; *den Umständen* être approprié à **2** ~ (+ *dat*) *e-r Bitte* satisfaire à; *e-m Antrag* donner suite à **entsprechend** A ADJ correspondant; *Mittel, Worte a.* approprié B ADVL (≈ *dementsprechend*)

entstehen VI naître (**aus** de); (≈ *sich entwickeln*) se produire; **aus etw ~** résulter, provenir de qc **Entstehung** F naissance f; origine f; (≈ *Bildung*) formation f
entsteinen VT dénoyauter **entstellen** VT beide, a. fig défigurer, déformer
enttäuschen VT décevoir; **von j-m enttäuscht sein** être déçu de qn **Enttäuschung** F déception f
entweder KONJ **~ ... oder ...** ou (bien) ...; soit ... soit ...
entwerfen VT Plan, Vertrag ébaucher; Muster esquisser; Programm projeter; Skizze crayonner
entwerten VT **1** Geld dévaloriser **2** Briefmarke oblitérer; Fahrkarte composter **Entwerter** M für Fahrkarten composteur m
entwickeln A VT a. FOTO développer; Wärme, Gas dégager; TECH mettre au point; **etw zu etw ~** faire de qc qc B VR **sich ~** se développer; Wärme, Gas se dégager; **sich zu etw ~** devenir qc **Entwicklung** F développement m; mise f au point; (≈ *Weiterentwicklung*) évolution f
Entwicklungshelfer(in) M(F) coopérant(e) m(f) **Entwicklungshilfe** F coopération f **Entwicklungsland** N pays m en voie de développement
entwischen VI s'échapper; **j-m ~** échapper à qn
Entwurf M e-s Gesetzes, Vertrags projet m; e-s Briefs, a. MAL ébauche f; (≈ *Konzept*) brouillon m
Entziehungskur F cure f de désintoxication
entziffern VT déchiffrer
entzippen VT IT dézipper
entzückend ADJ ravissant; charmant
entzückt ADJ ravi, enchanté (**über** + akk de)
Entzug M **1** des Führerscheins etc retrait m; e-s Rechts privation f **2** (≈ *Entziehungskur*) cure f de désintoxication **Entzugserscheinungen** FPL (état m de) manque m; **~ haben** être en manque
entzünden A VT allumer; j-n enflammer B VR **sich ~** prendre feu; MED s'enflammer **entzündet** ADJ MED enflammé **Entzündung** F MED inflammation f
Enzian M Pflanze, Likör gentiane f
E-Pass M (≈ *Reisepass mit biometrischen Daten*) passeport m biométrique
Epidemie F épidémie f
Epileptiker(in) M(F) épileptique m/f **epileptisch** ADJ épileptique; **Anfall d'épilepsie**
Episode F épisode m
Epoche F époque f
Epos N épopée f
E-Post-Brief M (≈ *der Deutschen Post®*) courrier m électronique de la poste
er PERS PR **1** beim Verb il **2** alleinstehend od betont lui **3** vor voilà le; **da ist er** le voilà
erbärmlich A ADJ **1** a. fig lamentable; (≈ *kläglich*) déplorable; (≈ *jämmerlich*) pitoyable; umg minable **2** umg fig Angst etc terrible; horrible B ADV **~ frieren** avoir terriblement froid
erbarmungslos A ADJ impitoyable B ADV sans pitié, merci
Erbe¹ M héritier m
Erbe² N beide, a. fig héritage m, patrimoine m
erben VT ohne Objekt faire un héritage; **etw ~** a. fig hériter de qc; **etw von j-m ~** hériter qc de qn **Erbin** F héritière f
erbrechen A VT vomir B VR **sich ~** vomir **Erbrechen** N MED vomissement m; umg fig **bis zum ~** umg jusqu'au ras-le-bol
Erbschaft F héritage m; **e-e ~ machen** faire un héritage
Erbse F pois m; **grüne ~n** petits pois
Erbteil N part f d'héritage
Erdachse F axe m de la Terre **Erdanziehung** F attraction f terrestre **Erdapfel** bes öster M pomme f de terre **Erdbeben** N tremblement m de terre
Erdbeere F fraise f **Erdbeereis** N glace f à la fraise **Erdbeerkuchen** M tarte f aux fraises **Erdbeermarmelade** F confiture f de fraises
Erdboden M sol m; **wie vom ~ verschluckt** disparu comme par enchantement
Erde F **1** (≈ *Welt*) terre f; monde m; Planet Terre f; **auf der ~** sur (la) terre **2** (≈ *Erdboden*) terre f; sol m; **auf die ~ fallen, werfen** tomber, jeter par od à terre; **unter der ~** sous terre; souterrain **3**

ELEK terre f **erden** VT ELEK mettre à la terre
Erderwärmung F réchauffement m de la planète **Erdgas** N gaz naturel **Erdgeschoss, Erdgeschoß** österr N rez-de-chaussée m **Erdkunde** F géographie f **Erdnuss** F Frucht cacah(o)uète f **Erdnussbutter** F beurre m de cacahuète **Erdoberfläche** F surface f de la Terre **Erdöl** N pétrole m
erdrosseln VT étrangler **erdrücken** VT écraser
Erdrutsch M glissement m de terrain **Erdteil** M continent m
erdulden VT Leiden endurer; (≈ hinnehmen müssen) subir
Erdumdrehung F rotation f de la Terre **Erdumlaufbahn** F orbite f (autour de la Terre)
ereignen VR sich ~ (≈ vor sich gehen) se passer; (≈ stattfinden) avoir lieu; Unangenehmes arriver; se produire **Ereignis** N événement m; **freudiges ~** (≈ Geburt) heureux événement
Erektion F érection f
erfahren¹ VT 🅵 durch Mitteilung apprendre (**durch j-n, von j-m** par qn); savoir 🅶 (≈ die Erfahrung machen) faire l'expérience de
erfahren² ADJ reich an Erfahrung expérimenté; **er ist in diesen Dingen sehr ~** il a beaucoup d'expérience en la matière **Erfahrung** F expérience f; (≈ Übung) a. pratique f; **aus (eigener) ~** par expérience; **mit etw gute ~en machen** être content de qc; **~en sammeln** acquérir de l'expérience **Erfahrungsaustausch** M échange m de vues
erfassen VT 🅵 a. fig, a. IT saisir; **bei e-m Verkehrsunfall** accrocher 🅶 (≈ einbeziehen) englober; couvrir; **statistisch, zahlenmäßig ~** recenser
Erfassung F enregistrement m; STATISTIK recensement m; IT saisie f
erfinden VT Neues, Geschichte inventer **Erfinder(in)** M(F) inventeur, -trice m,f **erfinderisch** ADJ inventif; (≈ findig) ingénieux **Erfindung** F invention f; (≈ Erdichtung) fiction f
Erfolg M succès m; (≈ Ergebnis) résultat m; **viel ~!** bonne chance!; **~ haben** avoir du succès; réussir (**bei j-m** auprès de qn); **~ versprechend** prometteur
erfolglos 🅐 ADJ infructueux; vain; (≈ glücklos) malchanceux 🅑 ADV ~ **bleiben** être un échec **erfolgreich** 🅐 ADJ couronné de succès; à succès 🅑 ADV avec succès
Erfolgsaussichten FPL chances fpl de succès **Erfolgserlebnis** N (sentiment m de) réussite f; succès m
erforschen VT wissenschaftlich, Land explorer; étudier; (≈ ermitteln) rechercher **erfragen** VT s'enquérir de; demander
erfreuen 🅐 VT réjouir; faire plaisir à; **erfreut sein über (+ akk)** être content, enchanté de; **sehr erfreut!** enchanté! 🅑 VR **sich ~ an (+ dat)** prendre plaisir à **erfreulich** ADJ réjouissant; **es ist ~, zu sehen ...** c'est un plaisir de voir ...
erfrieren VI Person mourir de froid; Pflanzen, Glieder geler
erfrischen 🅐 VT rafraîchir 🅑 VR **sich ~** se rafraîchir **erfrischend** ADJ a. fig rafraîchissant **Erfrischung** F rafraîchissement m **Erfrischungstuch** N pochette rafraîchissante
erfüllen 🅐 VT 🅵 mit Bewunderung remplir (**mit** de) 🅶 Pflicht, Aufgabe accomplir; Verpflichtungen faire face à; Bitte satisfaire à; Wunsch, Hoffnungen réaliser; Erwartungen répondre à 🅑 VR **sich ~** s'accomplir; se réaliser **Erfüllung** F accomplissement m; réalisation f; **in ~ gehen** se réaliser
ergänzen 🅐 VT compléter; Bemerkung ajouter 🅑 VR **sich ~** se compléter **Ergänzung** F zur Vervollständigung, a. GRAM complément m; als Zusatz supplément m
ergeben¹ 🅐 VT als Ergebnis donner (pour résultat); Gewinn, Betrag rapporter; **die Umfrage hat ~, dass ...** le sondage a révélé que ... (+ ind); **das ergibt keinen Sinn** cela n'a aucun sens 🅑 VR **sich ~** 🅵 MIL, a. fig se rendre; capituler 🅶 (≈ die Folge sein) résulter (**aus** de); **daraus ergibt sich, dass ...** il en résulte que ... (+ ind); **es ergab sich so** c'est arrivé comme ça
ergeben² ADJ Person dévoué (+ dat à) **Ergebnis** N résultat m; SPORT a. score m
ergehen 🅐 VI **etw über sich** (akk) **~**

lassen supporter, subir qc **B** V/UNPERS **wie ist es dir ergangen?** qu'es-tu devenu?; **es ist ihm schlecht ergangen** ça s'est mal passé pour lui

ergreifen VT **1** *Gegenstand* saisir; *Verbrecher* arrêter **2** *fig die Flucht, Maßnahme* prendre; *Beruf* embrasser; *Gelegenheit* saisir **ergriffen** ADJ ému; touché; **tief ~** bouleversé

erhalten[1] VT **1** (≈ *bekommen*) recevoir; avoir; *als Ergebnis, Endprodukt* obtenir **2** *Kunstwerk* conserver; *Frieden* maintenir; *in e-m Zustand* entretenir; **am Leben ~** maintenir en vie

erhalten[2] ADJ **gut ~** *hum, a. Person* bien conservé

erhältlich ADJ en vente

erhängen **A** VT pendre **B** V/R **sich ~** se pendre

erheben **A** VT **1** *Glas, Hand* lever; *Stimme* élever **2** *fig zum Prinzip* ériger (**zu** en) **3** *Steuern* percevoir **4** *Einwände* soulever **5** *Daten* recueillir **B** V/R **sich ~**: **1** *von s-m Sitz* se lever; *Flugzeug, Berg, Gebäude* s'élever **2** (≈ *rebellieren*) se soulever (**gegen** contre)

erhöhen **A** VT **1** BAU surélever (**um** de) **2** *Löhne, Preise, Geschwindigkeit* augmenter (**um** de); *Bildungsniveau, Lebensstandard* élever; MED **erhöhte Temperatur** un peu de température **B** V/R **sich ~** *Zahl* augmenter; s'accroître

erholen V/R **sich ~** se remettre; *nach der Arbeit* se reposer; *nach e-r Anstrengung* récupérer; *nach e-r Krankheit* se rétablir; *von s-m Schrecken* revenir (**von** de); *fig* WIRTSCH reprendre **Erholung** F repos *m*

erinnern **A** VT **j-n an etw, j-n ~** rappeler qc, qn à qn; **j-n daran ~, etw zu tun** rappeler à qn de faire qc **B** V/I faire penser (**an** + *akk* à); rappeler, évoquer (**an** etw, j-n qc, qn) **C** V/R **sich an j-n, etw ~** se souvenir de qn, qc; se rappeler qn, qc; **wenn ich mich recht erinnere** si je me souviens bien **Erinnerung** F souvenir *m*; **j-n, etw (noch) gut in ~** (*dat*) **haben** se souvenir bien de qn, qc; **zur ~ an** (+ *akk*) en souvenir de

erkälten V/R **sich ~** prendre froid; s'enrhumer **erkältet** ADJ enrhumé **Erkältung** F refroidissement *m*; rhume *m*

erkennen VT reconnaître (**an** + *dat* à); *Absicht* discerner; (≈ *wahrnehmen*) percevoir; **~ lassen** révéler; montrer **Erkenntnis** F *Fähigkeit, Vorgang, a.* PHIL connaissance *f*

erklären **A** VT **1** (≈ *erläutern*) expliquer **2** (≈ *mitteilen*) déclarer; *Rücktritt, Zustimmung* donner **B** V/R **1 sich ~** *Person* se déclarer; **sich mit etw einverstanden ~** donner son accord à qc **2 sich ~** *Sache* s'expliquer **Erklärung** F **1** (≈ *Begründung*) explication *f* **2** (≈ *Mitteilung*) déclaration *f*

erkundigen V/R **sich (nach j-m, etw bei j-m) ~** s'informer (sur qn, de qc auprès de qn); se renseigner (sur qn, qc auprès de qn)

erlauben **A** VT permettre; autoriser; **j-m ~, etw zu tun** autoriser qn à faire qc; permettre à qn de faire qc **B** V/R **sich** (*dat*) **etw ~** se permettre qc **Erlaubnis** F permission *f*; *a. offizielle* autorisation *f*; **j-n um ~ bitten** demander la permission, l'autorisation à qn

erleben VT **1** voir; *mit Zeitbestimmungen* vivre; (≈ *erfahren*) faire l'expérience de **2** *umg* **dann kannst du was ~!** tu vas voir! **Erlebnis** N événement *m*; expérience (vécue)

erledigen **A** VT **1** *Arbeit, Aufgabe* finir; terminer; *Angelegenheit* régler; *Auftrag* exécuter; *Formalitäten* accomplir **2** *umg* (≈ *töten*) liquider *umg* **B** V/R **sich ~** *Angelegenheit* se régler *umg* **erledigt** ADJ **1** *Sache*; réglé; *umg* **schon ~!** *umg* ça y est! **2** *umg* (≈ *erschöpft*) crevé *umg*; (≈ *ruiniert*) fichu *umg*; *umg* **er ist für mich ~** il n'existe plus pour moi

erleichtert **A** ADJ soulagé **B** ADVL **~ aufatmen** pousser un soupir de soulagement

erlöschen V/I *a. fig* s'éteindre

ermahnen VT exhorter (**zu** à); (≈ *zurechtweisen*) admonester **Ermahnung** F exhortation *f*; admonestation *f*

ermäßigt ADJ réduit **Ermäßigung** F (≈ *Preisnachlass*) réduction *f*; (≈ *Senkung*) diminution *f*

ermitteln **A** VT *Sachverhalt* établir; *Täter* découvrir; MATH calculer **B** V/I *umg* **gegen j-n ~** (**wegen**) informer contre qn (de, sur) **Ermittlung** F **1** *durch Befragung* investigation *f*; *durch Berech-*

nung détermination f; calcul m; von Sachverhalten établissement m **2** e-s Täters recherche f **3** JUR **~en** enquête f
ermöglichen V/T permettre
ermorden V/T assassiner
ermuntern V/T **zu etw ~** encourager, inciter à faire qc
ernähren **A** V/T nourrir, alimenter **B** V/R **sich ~** se nourrir, s'alimenter (von de) **Ernährung** F alimentation f
ernennen V/T nommer (j-n **zu etw ~** qn qc)
erneuerbar ADJ a. Energie renouvelable **erneuern** V/T renouveler; TECH remplacer; (≈ neu instand setzen) refaire
ernst **A** ADJ sérieux; grave **B** ADV **j-n, etw ~ nehmen** prendre qn, qc au sérieux; **~ gemeint** sérieux; **das ist mein ~** je ne plaisante pas (du tout); **ist das Ihr ~?** parlez-vous sérieusement? **3 der ~ der Lage** la gravité de la situation
Ernst M **1** (≈ Ernsthaftigkeit) sérieux m **2** (≈ ernsthafte Meinung) **allen ~es** pour de bon; **im ~** sérieusement; vraiment; **das ist mein (voller) ~** je ne plaisante pas (du tout); **ist das Ihr ~?** parlez-vous sérieusement? **3 der ~ der Lage** la gravité de la situation
Ernte F a. fig récolte f; (≈ Getreideernte), a. fig moisson f; (≈ Obsternte) cueillette f
ernten V/T a. fig récolte; Getreide moissonner; Obst cueillir
erobern V/T a. MIL, a. fig conquérir **Eroberung** F a. fig conquête f
eröffnen **A** V/T ouvrir; Ausstellung inaugurer; Kampf engager **B** V/R **sich ~** Aussichten s'ouvrir; Möglichkeiten se présenter **Eröffnung** F ouverture f; e-r Ausstellung inauguration f
erotisch ADJ érotique
erpressen V/T **j-n (mit etw) ~** faire chanter qn (avec qc); **von j-m etw ~** extorquer qc à qn **Erpresser** M racketteur m; maître chanteur m **Erpresserbrief** M lettre f de chantage **Erpressung** F e-r Person chantage m
erraten V/T deviner
Erregung F a. sexuell excitation f; (≈ Aufregung) énervement m; (≈ Verärgerung) irritation f
erreichen V/T **1** Ort, Zweck, Alter atteindre; Zug avoir; attraper; **j-n telefonisch ~** joindre qn par téléphone **2 bei j-m etw ~** (arriver à) obtenir qc de qn
Ersatz M **1** (≈ Ersetzung) remplacement m; **als, zum ~ für etw** pour remplacer qc **2** (≈ Entschädigung) compensation f
Ersatzdienst M → Zivildienst **Ersatzmann** M a. SPORT remplaçant m
Ersatzteil N pièce f de rechange
erschaffen V/T créer
erscheinen **A** V/I (sichtbar werden), Buch paraître; Person, Geist apparaître **B** V/UNPERS **es erscheint mir merkwürdig, dass** il me semble étonnant que (+ subj)
erschießen **A** V/T tuer d'un coup de feu; abattre; MIL fusiller **B** V/R **sich ~** se tuer d'un coup de feu
erschlagen[1] V/T tuer (à coups de qc)
erschlagen[2] umg ADJ (≈ erschöpft) claqué umg, crevé umg
erschöpft ADJ épuisé **Erschöpfung** F épuisement m
erschrak → erschrecken
erschrecken **A** V/T effrayer; faire peur à **B** V/I s'effrayer (**vor** + dat de) **C** V/R **sich ~** s'effrayer (**vor** + dat de)
erschrocken **A** PPERF → erschrecken **B** ADJ effrayé
ersetzen V/T **1** remplacer (**durch** par); **X durch Y ~** substituer Y à X **2** Unkosten rembourser; Schaden indemniser; **j-m etw ~** qn de qc; Verlust compenser
Ersparnis F **1** an Platz, Zeit etc économie f **2** an Geld **~se** pl économies fpl; épargne f
erst ADV **1** (≈ zuerst) d'abord **2** (≈ nicht eher, mehr als) ne ... que; seulement; **eben ~** il y a un instant; **~ gestern** seulement hier **3** verstärkend **und ich ~!** et moi donc!; **~ recht** à plus forte raison
erstatten V/T Unkosten rembourser (**j-m etw qc à qn**)
erstaunen V/T étonner **erstaunlich** ADJ étonnant **erstaunt** ADJ étonné
erstbeste ADJ **der, die, das ~** (+subst) le premier ... venu, la première ... venue; **der, die Erstbeste** le premier venu, la première venue
erste NUM premier; **Franz der Erste, Franz I.** François Ier; **fürs Erste** pour le moment; umg **im Ersten** Programm sur la Une umg
erstechen V/T poignarder **erstellen** V/T **1** Gebäude construire **2** Plan élaborer; Liste dresser; établir
ersticken **A** V/T étouffer a. fig, asphyxier **B** V/I étouffer (**an** + dat de) **ertappen** V/T

surprendre **erteilen** _VT_ Unterricht, Auskunft, Wort, Erlaubnis donner; Rüge infliger; HANDEL Auftrag passer
Ertrag _M_ rendement m; (≈ Einnahme) revenu m
ertragen _VT_ supporter; **nicht zu ~** insupportable **erträglich** _ADJ_ supportable; tolérable
Ertragslage _F_ niveau m de rendement **ertränken** _VT_ a. fig noyer **ertrinken** _VI_ se noyer
erwachsen _ADJ_ adulte **Erwachsene(r)** _M(F)_ adulte m/f
erwähnen _VT_ mentionner
erwärmen _A_ _VT_ (faire) chauffer _B_ _VR_ **sich ~** s'échauffer
Erwärmung _F_ (r)échauffement m; **globale ~** ÖKOL réchauffement m climatique
erwarten _VT_ attendre; (≈ erhoffen) espérer; **ein Kind ~** attendre un enfant, un bébé; **ich erwarte, dass ...** je m'attends à ce que ... (+ subj); **ich kann es kaum ~, dass ...** il me tarde de (+ inf) bzw. que ... (+ subj); **von ihm ist nicht viel zu ~** il ne faut pas attendre grand-chose de lui
erweitern _A_ _VT_ élargir; a. Gebiet étendre; Geschäft agrandir _B_ _VR_ **sich ~** s'élargir **Erweiterung** _F_ élargissement m; extension f
erwerben _VT_ acquérir
Erwerbstätige(r) _M(F)_ personne active
erwidern _VT_ répondre (**auf** + akk à)
erwischen _umg_ _VT_ attraper; **ihn hats erwischt** (≈ er ist krank) il a. attrapé un bon rhume, une bonne grippe, etc; (≈ er ist tot) il n'en a pas réchappé; hum (= er ist verliebt) il est mordu _umg_
erwürgen _VT_ étrangler
Erz _N_ minerai m
erzählen _VT_ raconter; **j-m von etw ~** parler de qc à qn **Erzähler(in)** _M(F)_ narrateur, -trice m,f **Erzählung** _F_ narration f; récit m; (≈ Märchen) conte m; (≈ Geschichte) histoire f
erzeugen _VT_ a. fig Eindruck, Gefühl produire **Erzeugerland** _N_ pays producteur **Erzeugnis** _N_ produit m
erziehen _VT_ élever; **ein Kind zu umweltbewusstem Verhalten ~** élever un enfant dans le respect de l'environnement **Erzieher(in)** _M(F)_ éducateur, -tri-

ce m,f **Erziehung** _F_ éducation f **Erziehungsurlaub** _M_ congé parental d'éducation
erzwingen _VT_ forcer
es, ...s PERS PR _1_ als Subjekt il bzw. elle; vor v/unpers il; (≈ jemand) on; **es regnet** il pleut; **es ist warm/kalt/schön** il fait chaud/froid/beau; **es klingelt** on sonne _2_ mit „sein" **es ist** + adj il est; wenn etw vorhergeht c'est; cela est; **es ist offensichtlich, dass ...** il est évident que ... _3_ **es ist** vor subst der Zeit il est; vor subst mit Artikel c'est; **es ist ein Junge!** c'est un garçon! _4_ als Objekt le bzw. la; bei Verbkonstruktion mit „de" bzw. „à" en bzw. y; **ich habe es satt** j'en ai assez; **ich bin's gewöhnt** j'y suis habitué _5_ mit „sein" **ich bin's, er ist's, wir sind's** c'est moi, lui, nous
Escape-Taste _F_ touche f échappe
Esel _M_ âne m; _umg_ **du ~!** _umg_ espèce f d'âne! **Eselsbrücke** _umg_ _F_ (≈ Gedächtnisstütze) moyen m mnémotechnique **Eselsohr** _umg_ _N_ corne f (d'une page de livre)
Eskimo _M_ Esquimau m
eskortieren _VT_ escorter
esoterisch _ADJ_ ésotérique
Essecke _F_ coin m repas
essen _VT & VI_ manger; prendre son repas; **kalt, warm ~** prendre un repas froid, chaud; **etw gern ~** aimer qc; **~ gehen** aller au restaurant; **chinesisch** etc **~ gehen** aller manger dans un restaurant chinois, etc; sprichw **es wird nichts so heiß gegessen, wie es gekocht wird** tout s'arrange à la longue
Essen _N_ (≈ Mahlzeit) repas m; (≈ Nahrung) nourriture f; **j-n zum ~ einladen** inviter qn à manger; **~ auf Rädern** service social de livraison de repas à domicile
Essig _M_ vinaigre m
Esslöffel _M_ cuiller f à soupe **Esstisch** _M_ table f **Esszimmer** _N_ salle f à manger
Estland _N_ l'Estonie f **estnisch** _ADJ_ estonien
Estrich _M_ chape f de ciment
Etage _F_ étage m **Etagenbett** _N_ lits superposés
Etappe _F_ a. SPORT, a. fig étape f
ethisch _ADJ_ éthique

E-Ticket N für Flüge, Messen billet m électronique

Etikett N Aufkleber, Markierung étiquette f

Etui N étui m

etwa ADV ❶ (≈ ungefähr) environ; à peu près; dans les; **in ~** à peu près; **~ zehn Pfund** dans les dix livres ❷ (≈ vielleicht) peut-être; **bist du ~ krank?** serais-tu malade par °hasard? ❸ (≈ zum Beispiel) par exemple

etwas ❶ INDEF PR quelque chose; verneint rien; **~ Merkwürdiges** quelque chose de curieux; **~ zum Lesen** de quoi lire; **ohne ~ zu sagen** sans rien dire ❷ ADV un peu; **das ist ~ besser** c'est un peu mieux

EU F ABK (= Europäische Union) Union européenne

euch PERS PR (à) vous

euer POSS PR ❶ votre; pl vos; am Briefschluss **Euer Thomas** Thomas ❷ **der, die, das Eure** le bzw. la vôtre

EU-Erweiterung F POL élargissement m de l'UE **EU-Kommissar(in)** M(F)/M POL commissaire européen **EU-Kommission** F POL Commission f européenne **EU-Land** N pays m (membre) de l'UE

Eule F chouette f

EU-Mitgliedsstaat M POL État m membre de l'Union européenne

Euro M Währung euro m **Eurocent** M cent m **Eurocity** M Eurocity m **Euroland** N POL zone f euro **Euronorm** F norme européenne

Europa N l'Europe f **Europaabgeordnete(r)** M(F)/M eurodéputé(e) m(f) **Europäer(in)** M(F) Européen, -éenne m, f

europäisch ADJ européen; d(e l')Europe

Europameisterschaft F championnat m d'Europe **Europaparlament** N Parlement européen **Europapolitik** F politique européenne **Europarat** M Conseil m de l'Europe **Europawahlen** FPL élections européennes **europaweit** ADJ pour, dans toute l'Europe

Europol F Europol f

Euroscheck M eurochèque m **Eurotunnel** M eurotunnel m **Eurozone** F zone f euro

Euter N pis m

EU-Verfassung F POL Constitution européenne

evakuieren VT évacuer

evangelisch ADJ protestant **Evangelium** N Évangile m

Eventlocation F lieu m de l'événement

eventuell ADJ éventuel

ewig ❶ ADJ ❶ a. REL éternel ❷ umg pej perpétuel; sempiternel; **seit ~en Zeiten** depuis une éternité ❷ ADV éternellement; umg **das dauert ja ~** cela dure une éternité **Ewigkeit** F éternité f

Ex... IN ZSSGN ex-...

exakt ❶ ADJ exact; précis ❷ ADV exactement; précisément; **~ um 14 Uhr** à 14 heures précises

Examen N examen m; **ein ~ ablegen, machen** passer, subir un examen

Exemplar N exemplaire m

Exil N exil m; **ins ~ gehen** s'exiler

Existenz F ❶ (≈ Dasein) existence f ❷ (= Lebensgrundlage) situation f; **sich** (dat) **e-e ~ aufbauen** bâtir son avenir **Existenzminimum** N minimum vital **existieren** VI (≈ vorhanden sein) exister; (≈ leben) vivre

exklusiv ❶ ADJ Klub, Kreis fermé; (≈ vornehm) sélect; (≈ ausschließlich) exclusif; Lokal distingué ❷ ADV en exclusivité **Exklusivbericht** M reportage m en exclusivité

exotisch ADJ exotique

Expedition F expédition f

Experiment N expérience f **experimentieren** VI faire des expériences (**mit etw** sur, avec qc)

Experte M, **Expertin** F expert m (**für** en)

explodieren VI beide, a. fig exploser, éclater **Explosion** F a. fig explosion f

Export M exportation f **Exporteur** M exportateur m **exportieren** VT a. IT exporter **Exportland** N pays m exportateur

Expressionismus M expressionnisme m

extra ADV ❶ (≈ gesondert) à part ❷ (≈ eigens) exprès; spécialement ❸ (≈ besonders) très; particulièrement ❹ (≈ zusätzlich) en plus ❺ umg (≈ absichtlich) exprès

Extra N̄ AUTO option f
extrafein ADJ GASTR extrafin; surfin
Extrawurst F̄ **er will immer e-e ~ (gebraten) haben** il ne peut jamais faire comme tout le monde
extrem ADJ extrême
Extrem N̄ extrême m
Extremist M̄ extrémiste m **extremistisch** ADJ extrémiste
extrovertiert ADJ extraverti
exzentrisch ADJ a. fig excentrique
Exzess M̄ excès m; **etw bis zum ~ treiben** pousser qc à l'excès
EZB F̄ ABK (= Europäische Zentralbank) BCE f (Banque centrale européenne)

F

F, f N̄ F, f m
Fabel F̄ a. fig fable f **fabelhaft** ADJ fabuleux; umg formidable
Fabrik F̄ usine f **Fabrikarbeiter(in)** M(F) ouvrier, -ière m,f d'usine
Fabrikat N̄ produit m; (≈ Marke) marque f
Facebook® N̄ IT Facebook® m; IT **bei** od **auf ~ sein** être sur Facebook
Fach N̄ 1 e-r Schublade, e-s Schranks case f; (≈ Schrankfach a., Regalfach) rayon m; e-r Tasche compartiment m 2 (≈ Schulfach, Studienfach) matière f; (≈ Spezialfach) spécialité f; domaine m; **vom ~ sein** être du métier
Fachabitur N̄ baccalauréat professionnel **Facharzt** M̄, **Fachärztin** F̄ (médecin m) spécialiste m/f **Fachausdruck** M̄ terme m technique **Fachausschuss** M̄ commission f, comité m d'experts **Fachbuch** N̄ livre, ouvrage spécialisé
Fächer M̄ éventail m
Fachfrau F̄ spécialiste f **Fachgebiet** N̄ spécialité f; domaine m **Fachgeschäft** N̄ magasin spécialisé **Fachhandel** M̄ commerce spécialisé **Fachhochschule** F̄ institut m universitaire de technologie **Fachidiot** M̄ spécialiste borné
Fachlehrer(in) M(F) professeur m/f (**für** de) **Fachmann** M̄ spécialiste m **Fachrichtung** F̄ branche f **Fachschule** F̄ école professionnelle **Fachsprache** F̄ langage m technique **Fachwerkhaus** N̄ maison f à colombage **Fachwort** N̄ → Fachausdruck
Fackel F̄ torche f
fad(e) ADJ 1 Speise, a. fig fade 2 (≈ langweilig) ennuyeux
Faden M̄ a. MED fil m; (≈ Nähfaden) aiguillée f; MED **die Fäden ziehen** retirer les fils; fig **roter ~** fil conducteur; **den ~ verlieren** perdre le fil
fähig ADJ 1 (≈ befähigt) capable (**zu de**) 2 pej **zu allem ~** capable de tout **Fähigkeit** F̄ zu e-r Tätigkeit capacité f; natürliche aptitude f; geistige faculté f
fahnden VI **nach j-m ~** rechercher qn **Fahnder(in)** M(F) investigateur, -trice m,f **Fahndung** F̄ recherches fpl
Fahne F̄ 1 drapeau m 2 umg (≈ Alkoholfahne) **e-e ~ haben** sentir l'alcool
Fahrbahn F̄ e-r Straße chaussée f; (= Fahrspur) voie f
Fähre F̄ bac m; große ferry-boat m
fahren A VT Person, Auto conduire; Wagen, Lasten transporter; Strecke, Runde faire; umg **e-n ~ lassen** umg faire un pet B VI 1 aller; Person am Steuer conduire; **mit dem Auto, dem Fahrrad, der Bahn ~** aller en voiture, à bicyclette, en train; prendre la voiture, la bicyclette, le train 2 (≈ abfahren) partir 3 (≈ verkehren) circuler 4 fig **mit der Hand über etw** (akk) **~** passer la main sur qc; umg **gut mit j-m, e-r Sache ~** être content de qn, qc
Fahrer M̄ conducteur m; Beruf chauffeur m **Fahrerflucht** F̄ délit m de fuite; **~ begehen** commettre un délit de fuite
Fahrerlaubnis F̄ ADMIN permis m de conduire **Fahrkarte** F̄ billet m; **einfache ~** aller m simple **Fahrkartenautomat** M̄ distributeur m de billets **Fahrkartenschalter** M̄ guichet m des billets
Fahrkosten PL frais mpl de transport **Fahrlehrer(in)** M(F) moniteur, -trice m,f d'auto-école **Fahrplan** M̄ horaire m **Fahrprüfung** F̄ examen m du per-

Fahrrad N bicyclette f; vélo m
Fahrradfahrer(in) M(F) cycliste m/f
Fahrradständer M am Rad béquille f; Gestell râtelier m à bicyclettes
Fahrradtour F balade f à vélo
Fahrradträger M AUTO porte-vélo m
Fahrradverleih M location f de vélos
Fahrschein M billet m; für U-Bahn, Bus, Straßenbahn ticket m
Fahrscheinautomat M distributeur m de billets
Fahrscheinentwerter M composteur m
Fahrschule F auto-école f
Fahrspur F voie f
Fahrstuhl M ascenseur m
Fahrstunde F leçon f de conduite
Fahrt F 🔢 (≈ Reise) voyage m; kurze trajet m; im Taxi course f; (≈ Spazierfahrt) promenade f; **~ ins Blaue** excursion f à l'aventure; **auf ~ nach ...** en allant à ...; **gute ~!** bon voyage!; bei e-r Autofahrt bonne route! 🔢 (≈ Fahren) marche f; (≈ Geschwindigkeit) vitesse f; **wir hatten freie ~** nous avons bien roulé 🔢 umg **in ~ sein** être lancé; (≈ aufgebracht sein) être fumace, furax umg
Fährte F trace f
Fahrtenbuch N AUTO carnet m de route
Fahrtkosten PL frais mpl de transport
Fahrzeug N véhicule m
Fahrzeughalter M ADMIN détenteur m du véhicule
Fahrzeugschein M carte f grise
fair ADJ fair-play; loyal; **~er Handel** commerce m équitable; **~ sein (gegenüber)** être fair-play (avec)
Fairness F fair-play m
Faktor M facteur m
Falafel F od N GASTR falafel m
Fall M 🔢 (≈ Vorkommnis), a. JUR, MED cas m; **in diesem ~(e)** dans ce cas; **im schlimmsten ~(e)** au pire; **auf jeden ~, auf alle Fälle** en tout cas; de toute façon; **auf keinen ~** en aucun cas; **für alle Fälle** à tout °hasard; **für den ~, dass ... au cas où ...** (+ Konditional); **gesetzt den ~, dass ...** supposons que ... (+ subj); **(nicht) der ~ sein** (ne pas) être le cas 🔢 (≈ Sturz), a. fig chute f 🔢 GRAM cas m
Falle F 🔢 a. fig piège m; fig **j-m e-e ~ stellen** tendre un piège à qn; **in die ~ gehen** tomber dans le piège; fig tomber dans le panneau 🔢 umg (≈ Bett) pieu m umg
fallen VI 🔢 zu Boden tomber; **~ lassen** laisser tomber; **sich ~ lassen** se détendre 🔢 im Krieg mourir à la guerre; tomber 🔢 Preise, Kurse baisser; Thermometer baisser 🔢 Schuss partir; SPORT Tor être marqué 🔢 Entscheidung être pris 🔢 (≈ treffen) **auf j-n, etw ~** tomber sur qn, qc; Wahl, Verdacht se porter sur qn 🔢 **auf e-n Sonntag etc ~** tomber un dimanche, etc
fällen VT 🔢 Baum abattre 🔢 Entscheidung prendre
falls KONJ si (+ ind); au cas où ... (+ Konditional); **~ nicht** sinon
Fallschirm M parachute m; **mit dem ~ abspringen** sauter en parachute
Fallschirmspringer(in) M(F) parachutiste m/f
falsch 🅰 ADJ a. pej Person faux; Adresse, Mittel, Richtung, Tür mauvais 🅱 ADV aussprechen, schreiben, verstehen mal; machen mal; Uhr **~ gehen** ne pas être juste od à l'heure; **~ parken** être en stationnement interdit
fälschen VT durch Nachahmung contrefaire; durch Änderung falsifier
Fälscher(in) M(F) faussaire m/f
Falschfahrer M automobiliste m roulant à contresens
Falschgeld N fausse monnaie
Fälschung F durch Nachahmung contrefaçon f; durch Änderung falsification f; von Kunstwerken faux m
Falte F 🔢 (≈ Kleiderfalte) pli m; ungewollte faux pli; (≈ Kräuselfalte) fronce f; **~n werfen** faire des plis 🔢 (≈ Hautfalte) ride f; **die Stirn in ~n ziehen** od **legen** nachdenklich plisser le front; aus Ärger froncer les sourcils
falten VT plier; Hände joindre
faltig ADJ (≈ zerknittert) froissé; Haut ridé
Familie F famille f; **e-e ~ gründen** fonder une famille
Familienbetrieb M entreprise familiale
Familienfeier F fête f de famille
Familienfoto N photo f de famille
Familienleben N vie f de famille, familiale
Familienname M nom m de famille
Familienunternehmen N → Familienbetrieb
Familienvater

M̄ père m de famille
Fan M̄ fan m/f; *e-s Sportlers* supporter m
fanatisch ADJ fanatique **Fanclub** M̄ fan-club m
fand → finden
Fanfare F̄ fanfare f
fangen VT *Person, Tier, Ball* attraper; *Tier a.* capturer
Fantasie F̄ **1** (≈ *Einbildungskraft*) imagination f; (≈ *Einfallsreichtum*) fantaisie f **2** (≈ *Vorstellung*) **~n** visions fpl; rêveries fpl
fantasieren VI **1** rêver (von de); *allein stehend* fantasmer; s'abandonner à son imagination **2** (≈ *Unsinn reden*) délobloquer *umg*, délirer *umg* **fantastisch** ADJ **1** fantastique **2** (≈ *unwirklich*) invraisemblable **3** *umg* (≈ *großartig*) formidable *umg*, fantastique
Farbe F̄ **1** couleur f *a. fig; des Gesichts a.* teint m; *fig* **~ bekennen** jouer cartes sur table **2** *zum Anstreichen* peinture f
färben A VT colorer; *Gewebe, Haar* teindre; **blau ~** colorer, teindre en bleu B VR **sich (rot) ~** se colorer (de rouge)
farbenblind ADJ daltonien
Farbfernseher *umg* M̄ *umg* télé f couleur **Farbfilm** M̄ film m en couleurs; FOTO pellicule f (en) couleurs **Farbfoto** N̄ photo f (en) couleur(s)
farbig ADJ (*bunt*), *Hautfarbe* de couleur; *Glas, a. fig* coloré **Farbige(r)** M/F/M homme m, femme f de couleur
Farbkasten M̄ boîte f de couleurs **Farbkopierer** M̄ (photo)copieur m couleur **farblos** ADJ incolore, sans couleur *a. fig* **Farbstift** M̄ crayon m de couleur **Farbstoff** M̄ colorant m **Farbton** M̄ teinte f
Färbung F̄ *Vorgang* teinture f; *Eigenschaft* coloration f; teinte f *a. fig*
Farn M̄ fougère f
Fasan M̄ faisan m
Faschierte(s) *österr* N̄ °hachis m
Fasching M̄ carnaval m **Faschingsdienstag** M̄ mardi m gras
Faschist(in) M/F/M fasciste m/f **faschistisch** ADJ fasciste
Fass N̄ tonneau m; (≈ *etwa 225 l*) barrique f; *meist für Wein a.* fût m; **Bier n vom ~** (bière f) pression f
Fassade F̄ *a. fig* façade f
fassen A VT **1** (≈ *greifen*) prendre; saisir; *Verbrecher* arrêter **2** → einfassen

3 *Gefäß, Raum* (pouvoir) contenir **4** *Entschluss, Vertrauen, Vorsatz* prendre; *Plan* concevoir; *Mut* reprendre **5** (≈ *glauben*) **etw nicht ~ können** ne pas pouvoir croire qc; **es ist nicht zu ~!** c'est incroyable! B VI **an etw** (*akk*) **~** toucher qc C VR **sich (wieder) ~** se ressaisir; (≈ *sich beruhigen*) se calmer
Fassung F̄ **1** *e-r Glühbirne, Sicherung* douille f; *e-r Brille, e-s Edelsteins* monture f **2** *e-s Textes* version f **3** (≈ *Selbstbeherrschung*) contenance f; **die ~ verlieren** perdre contenance; **j-n aus der ~ bringen** décontenancer qn
fassungslos ADJ stupéfait
fast ADV presque; *vor Zahlen a.* près de; **~ nichts** pratiquement rien; **ich wäre ~ gefallen** j'ai failli tomber
fasten VI jeûner, ne rien manger
Fastnacht F̄ (≈ *Karneval*) carnaval m; (≈ *Fastnachtsdienstag*) mardi gras
faszinieren VT fasciner
fauchen VI *Katze, Tiger* feuler
faul ADJ **1** *Person* paresseux **2** *Früchte, Ei* pourri; **ein ~er Zahn** une dent gâtée **3** *umg pej* **~e Ausrede** mauvaise excuse; **~er Kompromiss** compromis boiteux; **da ist etwas ~** c'est louche
faulen VI pourrir
faulenzen VI fainéanter **Faulenzer(in)** M/F/M, *pej* paresseux, -euse m,f **Faulheit** F̄ paresse f **Faulpelz** *umg* M̄ → Faulenzer
Faust F̄ **1** poing m **2** *fig* **mit der ~ auf den Tisch hauen** taper du poing sur la table; *umg* **das passt wie die ~ aufs Auge** (≈ *passt nicht*) ça vient comme un cheveu sur la soupe; (≈ *passt genau*) ça va parfaitement ensemble; **etw auf eigene ~ tun** faire qc de son propre chef
Fausthandschuh M̄ moufle f
Faustregel F̄ règle générale
Fax N̄ fax m **faxen** VT faxer **Faxgerät** N̄ télécopieur m; fax m
FCKW ABK (= *Fluorchlorkohlenwasserstoffe*) CFC mpl (chlorofluorocarbones)
FCKW-frei ADJ sans CFC
FDP F̄ ABK (= *Freie Demokratische Partei*) F.D.P. m (*parti libéral allemand*)
Feber *österr* M̄ (mois m de) février m
Februar M̄ (mois m de) février m
fechten VI faire de l'escrime (**mit dem Degen** à l'épée)

Feder F **1** (≈ *Vogelfeder*) plume f; (≈ *Hutfeder*) plumet m; umg fig **dabei ~n lassen y laisser des plumes 2** (≈ *Schreibfeder*) plume f **3** TECH ressort m **Federball** M *Ball u. Spiel* volant m **Federführung** F **die ~** (**bei** *od* **in etw** *dat*) **haben** avoir la responsabilité (de qc); **unter der ~ von** sous la responsabilité de **Federmäppchen** N trousse f (d'écolier) **federn** A VT *Matratze* mettre des ressorts à; *Auto* **gut gefedert** avec une bonne suspension B VI faire ressort **fegen** VT **1** *mit Besen* balayer; *Schornstein* ramoner **2 etw vom Tisch ~** envoyer valser qc; *fig* balayer qc d'un revers de main **Fehlalarm** M fausse alerte **Fehlanzeige** umg F (≈ *nichts*) **~!** néant! **fehlen** VI & V/UNPERS **1** (≈ *mangeln, nicht da sein*) manquer; *Person a.* être absent; **mir ~ fünfzig Euro** il me manque cinquante euros; **es fehlt ihm nicht an Talent** (*dat*) il ne manque pas de talent **2** (≈ *nötig sein*) manquer; **ihr ~ noch zwei Punkte** *zum Gewinn* il lui manque deux points; **es hätte nicht viel gefehlt, und ich wäre gefallen** j'ai failli tomber; *iron* **das fehlte gerade noch!** il ne manquait plus que ça! **3 du fehlst mir** tu me manques **Fehlen** N manque m; (≈ *Abwesenheit*) absence f **Fehler** M **1** (≈ *Verstoß*), a. *moralischer, a.* SPORT faute f; (≈ *Irrtum*), a. MATH erreur f; **e-n ~ machen** faire une erreur **2** (≈ *Mangel*) défaut m **Fehlersuche** F *beim Reparieren* détection f d'anomalies; IT détection f d'erreurs **Fehlgeburt** F fausse couche; **e-e ~ haben** faire une fausse couche **Fehlstart** M faux départ **Fehlzündung** F AUTO raté m **Feier** F **1** *private* fête f **2** *e-s Gedenktages* célébration f; *oft hum* **zur ~ des Tages** en l'honneur de ce grand jour **Feierabend** M fin f de la journée de travail; **~ machen** finir de travailler; **nach ~** après le travail **feierlich** ADJ solennel **feiern** A VT *j-n, etw* fêter qn, qc; *festlich* **etw ~** célébrer qc B VI faire une fête **Feiertag** M jour férié, de fête; **gesetzlicher, kirchlicher ~** fête légale, religieuse; **schöne ~e!** (passez de) bonnes fêtes! **feig(e)** ADJ lâche **Feige** F figue f **Feigling** M lâche m/f; umg **sei kein ~!** umg ne te dégonfle pas! **Feile** F lime f **feilen** VT limer; **sich** (*dat*) **die Fingernägel ~** se limer les ongles **feilschen** *pej* VI **um etw ~** marchander qc **fein** A ADJ **1** a. *Sand, Sinne, Haar, Papier, Regen* fin; *Unterschied, Humor* subtil **2** (≈ *edel*) exquis; fin; **alles nur vom Feinsten** tout ce qu'il y a de meilleur **3** (≈ *vornehm*) distingué **4** umg (≈ *schön*) **~!** parfait!; **e-e ~e Sache** umg un truc formidable B ADV finement; *mahlen* fin **Feind** M ennemi m **feindlich** ADJ (≈ *des Feindes*) ennemi; (≈ *feindselig*) hostile **Feindschaft** F hostilité f **feindselig** ADJ hostile **feinfühlig** ADJ sensible **Feinheit** F finesse f a. fig; pl **die ~en** les finesses fpl; les subtilités fpl **Feinschmecker(in)** M(F) gourmet m **Feinstaub** M poussière fine **Feld** N **1** (≈ *Land*) campagne f; **auf freiem ~(e)** en rase campagne **2** (≈ *Acker*) champ m **3** (≈ *umgrenztes Gelände, Sportfeld*) terrain m; SPORT (≈ *Mannschaftsfeld*) peloton m **4** (≈ *Schlachtfeld*) champ m **5** fig **das ~ räumen** battre en retraite **6** *e-s Formulars, Brettspiels* case f **7** PHYS, IT champ m **8** fig (≈ *Bereich*) domaine m **Feldsalat** M mâche f **Felge** F TECH jante f **Fell** N **1** *lebender Tiere* poil m; *toter Tiere* peau f; *e-s Pferds* robe f; *von Pelztieren* fourrure f; **mit ~ gefüttert** fourré **2** umg fig **ein dickes ~ haben** être insensible **Fels** M rocher m **felsenfest** ADV **~ an etw** (*akk*) **glauben** croire dur comme fer à qc; **von etw ~ überzeugt sein** être convaincu fermement de qc **felsig** ADJ rocheux **Felsspalte** F crevasse f **feminin** ADJ (≈ *weiblich*), *a.* GRAM féminin **Femininform** F GRAM forme féminine **Feminismus** M féminisme m **Feministin** F féministe f **feministisch**

ADJ féministe
Fenchel M̄ fenouil m
Fenster N̄ a. IT, e-s Briefumschlags fenêtre f; *großes baie vitrée*; *e-r Kirche* vitrail m; AUTO glace f; umg fig **das Geld zum ~ hinauswerfen** jeter l'argent par les fenêtres; umg fig **weg vom ~ sein** umg ne plus être dans le coup **Fensterbank** F̄, **Fensterbrett** N̄ rebord m de la fenêtre **Fensterheber** M̄ AUTO lève-glace m **Fensterplatz** M̄ coin m fenêtre **Fensterscheibe** F̄ vitre f
Ferien PL vacances fpl; **die großen ~ sind** les grandes vacances, **~ auf dem Bauernhof** vacances fpl à la ferme; **~ haben** être en vacances **Ferienarbeit** F̄ job m de vacances **Ferienjob** M̄ job m de vacances **Ferienwohnung** F̄ location f
Ferkel N̄ ❶ ZOOL porcelet m ❷ umg pej petit cochon; **du altes ~!** umg vieux cochon!
fern Ⓐ ADJ *räumlich, zeitlich* lointain; **~e Länder** npl pays lointains Ⓑ ADV loin (**von** de); **von ~** de loin; → **fernhalten**, **fernliegen**
Fernabfrage F̄ TEL télédemande f téléphonique
Fernbedienung F̄ télécommande f
Fernfahrer M̄ routier m **Ferngespräch** N̄ TEL communication interurbaine **ferngesteuert** ADJ a. fig téléguidé **Fernglas** N̄ jumelles fpl
fernhalten geh Ⓐ V̄/T **j-n von j-m, etw ~** tenir qn à l'écart de qn, qc Ⓑ V̄/R **sich von j-m, etw ~** se tenir à l'écart de qn, qc **Fernheizung** F̄ chauffage urbain **Fernlicht** N̄ AUTO feux mpl de route; phares mpl **fernliegen** geh V̄/I être loin; **es liegt mir fern zu** (+ inf) je suis loin de (+ inf)
Fernrohr N̄ longue-vue f; ASTRON télescope m
Fernsehansager(in) M̄(F̄) présentateur, -trice m,f de la télévision
fernsehen V̄/I regarder la télévision **Fernsehen** N̄ télévision f; **im ~ übertragen** téléviser; retransmettre à la télévision **Fernseher** umg M̄ umg télé f **Fernsehfilm** M̄ téléfilm m **Fernsehprogramm** N̄ ❶ *Sendungen, Heft* programme m de télévision ❷ *Kanal* chaîne f **Fernsehsender** M̄ émetteur m de télévision **Fernsehsendung** F̄ émission f de télévision **Fernsehserie** F̄ série télévisée **Fernsehturm** M̄ tour f de télévision **Fernsehwerbung** F̄ publicité télévisée **Fernsehzeitschrift** F̄ programme m de télévision **Fernsehzuschauer(in)** M̄(F̄) téléspectateur, -trice m,f
Fernsteuerung F̄ télécommande f, téléguidage m a. fig
Fernwärme F̄ chauffage urbain
Ferse F̄ talon m; fig **j-m (dicht) auf den ~n sein** être aux trousses de qn
fertig ADJ ❶ (≈ *bereit*) prêt (**zu**, **für** à); **das Essen ist ~!** à table! ❷ (≈ *zu Ende*) fini; terminé; **ich bin** (mit meiner Arbeit) **~** j'ai fini mon travail; **schon ~?** ça y est!; **~ bringen** (≈ *beenden*) arriver à finir; → **fertigbringen**; **~ machen** (≈ *beenden*) finir; faire; (≈ *bereit machen*) faire; préparer; **sich ~ machen** (**für**, **zu**) se préparer (pour); → **fertigmachen**; **~ stellen** achever; finir; fig **mit j-m, etw ~ werden** venir à bout de qn, qc ❸ umg (≈ *erschöpft*) à plat umg, crevé umg, claqué umg
fertigbringen V̄/T **es ~ zu** (+ inf) arriver à (+ inf); être capable de (+ inf); → **fertig** 2 **Fertiggericht** N̄ plat cuisiné **Fertighaus** N̄ maison préfabriquée **fertigmachen** umg V̄/T ❶ (≈ *zermürben*) user ❷ (≈ *deprimieren*) démoraliser ❸ (≈ *zurechtweisen*) engueuler umg ❹ (≈ *beenden*, *bereit machen*) → **fertig** 2 **Fertigprodukt** N̄ produit fini
fesch ADJ ❶ umg *bes österr* (≈ *hübsch*) coquet ❷ *österr* (≈ *nett*) gentil
Fessel F̄ (≈ *Stricke*) liens mpl
fesseln V̄/T ❶ attacher, ligoter (**an** + akk à) ❷ fig **j-n ~** captiver qn
fest Ⓐ ADJ ❶ (≈ *nicht weich*) ferme; *Masse* compact ❷ (≈ *nicht flüssig*) solide; **~ werden** se solidifier ❸ (≈ *haltbar*) solide; *Faden* fort; *Stoff, Knoten* serré ❹ (≈ *kräftig*) ferme; *Schlaf* profond ❺ (≈ *unveränderlich*) fixe, permanent; stable; *Regel* établi ❻ *Wohnsitz, Anstellung, Preise, Einkommen* fixe ❼ (≈ *unumstößlich*) ferme; *Termin* fixe Ⓑ ADV ❶ solidement; *Schraube* **~ anziehen** serrer à fond fig **glauben** fermement; *vereinbaren* définitivement; (**mit j-m**) **~ befreundet sein** être très ami(s) (avec qn)

Fest N (≈ a. Feiertag, Party) fête f; **ein ~ feiern** faire une fête; **frohes ~!** joyeux Noël!
festbinden VT attacher (**an** + dat à)
Festessen N festin m; banquet m
Festgeld N FIN dépôt m à terme
Festhalle F salle f des fêtes
festhalten A VT 1 retenir (**am Arm** par le bras) 2 (≈ gefangen halten) détenir 3 (≈ konstatieren) retenir, noter (**dass** que) B VI **an etw** (dat) **~** rester fidèle à qc C VR **sich ~** s'accrocher (**an** + dat à)
Festiger M fixateur m
festkleben A VI coller (**an etw** dat à qc) B VT coller (**an etw** dat à qc)
Festland N 1 Gegensatz: Insel continent m 2 Gegensatz: Meer terre f ferme
festlegen A VT fixer; vertraglich stipuler B VR **sich (auf etw** akk) **~** s'engager (à qc)
festlich A ADJ de fête; (≈ feierlich) solennel B ADV **~ gekleidet** endimanché
festmachen A VT 1 Gegenstand **~ (an** + dat) fixer (à); attacher (à); SCHIFF amarrer (à) 2 fig Termin fixer B VI SCHIFF s'amarrer (**an** + dat à)
Festnahme F arrestation f **festnehmen** VT arrêter
Festnetz N TEL réseau m fixe; **ruf mich auf dem ~ an** appelle-moi sur le fixe (od sur mon fixe) **Festnetzanschluss** M TEL (poste m) fixe m **Festnetznummer** F TEL numéro m de (téléphone) fixe **Festnetztelefon** N (téléphone m) fixe m
Festplatte F IT disque dur **Festplattenspeicher** F IT mémoire f à disque dur **Festpreis** M prix m fixe
festschrauben VT visser
festsetzen VT Preis, Frist etc fixer
Festspeicher M IT mémoire morte
Festspiele NPL festival m
feststehen VI être certain; être (bien) établi; **so viel steht fest** ... ce qui est certain, c'est que ...
feststellen VT 1 TECH bloquer 2 Tatsache, Tod, Irrtum, Echtheit constater; (≈ nachsehen) vérifier (**ob** si) **Feststellung** F constatation f
Festtag M jour m de fête
Festung F MIL forteresse f
festverzinslich ADJ à revenu fixe

Feta M GASTR feta f
Fete umg F fête f; boum f
fett A ADJ 1 Nahrung, Haut, Haar gras 2 pej Person gros 3 **~e Jahre** npl années fpl d'abondance 4 Jugendsprache (≈ hervorragend) cool (inv) umg; **voll ~** umg trop bien B ADV essen gras; **~ gedruckt** imprimé en caractères gras
Fett N graisse f; umg fig **sein ~ (ab)bekommen** se faire moucher
fettarm A ADJ peu gras; Käse, Joghurt allégé; maigre; Milch écrémé B ADV **~ essen** ne pas manger gras **Fettfleck(en)** M tache f de graisse
fettig ADJ gras
Fettnäpfchen umg hum N **ins ~ treten** mettre les pieds dans le plat
Fetzen M bout m; e-s Gesprächs bribes fpl
feucht ADJ humide; Hände, Hitze moite; Boden, Gras a. mouillé **Feuchtbiotop** N/M biotope m humide
Feuchtigkeit F humidité f
Feuer N 1 feu m; (≈ Brand) incendie m; **~!** au feu!; **~ (an)machen** faire du feu; allumer le feu; **~ fangen** prendre feu, s'enflammer a. fig; **j-m ~ geben** donner du feu à qn; **~ speien** cracher du feu 2 fig **dafür lege ich meine Hand ins ~** j'en mettrais ma main au feu 3 MIL feu m 4 fig (≈ Schwung) ardeur f; umg **~ und Flamme für j-n, etw sein** être tout feu tout flamme pour qn, qc
Feueralarm M alerte f au feu **feuerfest** ADJ Glas, Porzellan à feu; Schüssel, Form résistant od allant au feu **Feuerlöscher** M extincteur m **Feuermelder** M avertisseur m d'incendie
feuern A VT 1 umg (≈ werfen) jeter, balancer umg 2 umg (≈ entlassen) virer umg, vider umg; **gefeuert werden** se faire virer, vider umg B VI MIL faire feu, tirer (**auf** + akk sur)
Feuerschlucker umg M avaleur m de feu **Feuerversicherung** F assurance f incendie
Feuerwehr F (sapeurs-)pompiers mpl; **die ~ alarmieren** appeler les pompiers **Feuerwehrauto** N voiture f de pompiers **Feuerwehrmann** M (sapeur-)pompier m
Feuerwerk N a. fig feu m d'artifice
Feuerzeug N briquet m

Fichte F épicéa m
Fieber N a. fig fièvre f; **~ haben** avoir de la fièvre, de la température; **(bei j-m) ~ messen** prendre la température (de qn) **fieberhaft** ADJ beide, a. fig fiévreux, fébrile **Fieberthermometer** N thermomètre médical
fiel → **fallen**
fies adj umg dégueulasse; umg vache; *Trick, Typ* sale
Figur F **1** SPORT, KUNST, MATH figure f **2** (= Schachfigur) pièce f **3** (= Körperwuchs) taille f; **sie hat e-e gute ~** elle est bien faite; fig **e-e gute, schlechte ~ machen** faire bonne, mauvaise figure **4** (= Person, Romanfigur) personnage m **5** (= kleine Statue) statuette f
Filet N filet m
Filiale F succursale f **Filialleiter(in)** M(F) directeur, -trice m,f de succursale
Film M **1** FOTO pellicule f **2** (Kinofilm), TV film m **3** Branche cinéma m; umg **er ist beim ~** il est dans le cinéma **4** (= dünne Schicht) pellicule f; film m **Filmaufnahme** F prise f de vue **Filmemacher(in)** M(F) cinéaste m/f **filmen** VT filmer
Filmindustrie F industrie f du cinéma **Filmkamera** F caméra f **Filmmusik** F musique f de film **Filmschauspieler(in)** M(F) acteur, -trice m,f de cinéma **Filmstar** M vedette f, star f de cinéma **Filmstudio** N studio m de cinéma
Filter M technisch meist N filtre m a. fig **Filterkaffee** M café m filtre **filtern** VT a. fig filtrer
Filtertüte F filtre m en papier **Filterzigarette** F cigarette f à bout filtre
Filz M **1** feutre m **2** umg (= Kungelei) magouillage m umg **Filzschreiber** M, **Filzstift** M feutre m
Finale N **1** MUS final(e) m **2** (= Endspiel) finale f
Finanz... IN ZSSGN meist financier; des finances **Finanzamt** N Gebäude perception f; Behörde fisc m **Finanzen** FPL finances fpl **finanziell** A ADJ financier; **~e Sorgen haben** avoir des problèmes d'argent B ADV sur le plan financier; **~ unterstützen** aider financièrement; Institution etc subventionner **finanzieren** VT financer

Finanzkrise F crise f financière **Finanzloch** N WIRTSCH trou m financier **Finanzminister** M ministre m des Finances
Findelkind N enfant m/f trouvé(e)
finden A VT **1** (= auffinden, herausfinden, vorfinden) trouver; **Arbeit ~** trouver du travail **2** Freude daran ~ zu (+ inf) trouver du plaisir à (+ inf) **3** (= beurteilen) trouver (**dass** que); **etw gut ~** trouver qc bien; **wie ~ Sie das?** comment trouvez-vous cela? B VI **nach Hause ~** trouver le chemin de la maison C VR **sich ~** se trouver
Finderlohn M récompense f (pour un objet trouvé)
fing → **fangen**
Finger M **1** doigt m; **der kleine ~** le petit doigt; l'auriculaire m; **~ weg!** bas les mains!, bas les pattes! umg; **~ breit** doigt m **2** *mit präp* umg fig **j-m auf die ~ klopfen** taper sur les doigts à qn; **j-m auf die ~ sehen** a. fig avoir qn à l'œil; fig **sich (dat) etw aus den ~n saugen** inventer qc; umg fig **j-n um den (kleinen) ~ wickeln** mener qn par le bout du nez **3** *mit Verb* umg fig **keinen ~ krumm machen, rühren** ne pas lever le petit doigt
Fingerabdruck M empreinte digitale **Fingerhut** M **1** MODE dé m (à coudre) **2** BOT digitale f **Fingernagel** M ongle m **Fingerspitze** F bout m du doigt
Finne M, **Finnin** F Finlandais(e) m(f) **finnisch** ADJ finlandais; *Sprache, Kultur* finnois **Finnland** N la Finlande
finster A ADJ a. fig sombre; a. Blick, Gedanken obscur; **im Finstern** dans l'obscurité B ADV **~ dreinschauen** regarder d'un air sombre
Firewall F IT pare-feu m
Firma F entreprise f
Firmung F KATH confirmation f
Fisch M poisson m; ASTROL **~e** Poissons mpl; **stumm wie ein ~ sein** être muet comme une carpe; umg **weder ~ noch Fleisch sein** n'être ni chair ni poisson
Fischbrötchen N sandwich m au poisson
fischen VT & VI **1** pêcher **2** fig **etw aus etw ~** enlever qc de qc; **im Trüben ~** pêcher en eau trouble

Fischer M pêcheur m **Fischerboot** N barque f de pêche **Fischernetz** N filet m de pêche
Fischfang M pêche f **Fischfilet** N filet m de poisson **Fischgräte** F arête f de poisson **Fischmarkt** M marché m aux poissons **Fischstäbchen** NPL bâtonnet mpl de poisson **Fischsuppe** F soupe f de poisson
Fisole österr F °haricot vert
fit ADJ en forme; **sich fit halten** s'entraîner pour rester en forme; **j-n fit machen** remettre qn en forme
Fitness F (pleine) forme **Fitnesscenter** N institut m, centre m de remise en forme
fix A ADJ 1 (≈ fest), a. HANDEL fixe; **fixes Gehalt** (traitement m) fixe m; **fixe Kosten** pl frais mpl fixes; fig **e-e fixe Idee** une idée fixe 2 umg (≈ schnell) rapide; **fix und fertig** (≈ vorbereitet) fin prêt; (≈ erschöpft) crevé umg, claqué umg B ADV vite
fixieren VT 1 (≈ festlegen), a. FOTO fixer 2 (≈ anschauen) fixer (son regard sur) 3 PSYCH **fixiert sein auf** (+ akk) faire une fixation sur
Fjord M fjord od fiord m
FKK-Strand M plage f de nudistes
flach A ADJ Gelände, Dach, Teller, Absatz plat; Küste, Gebäude, Stirn bas; Gewässer peu profond; **die ~e Hand** le plat de la main B ADV **sich ~ hinlegen** se mettre à plat; s'allonger **Flachbildschirm** M écran plat
Fläche F a. MATH surface f **Flächenmaß** N mesure f de surface
flachfallen umg VI tomber à l'eau **Flachland** N pays plat
flackern VI vaciller
Fladen M 1 GASTR galette f 2 (≈ Kuhfladen) bouse f (de vache)
Flädlisuppe schweiz F ≈ bouillon m garni de crêpes coupées en lanières
Flagge F drapeau m; SCHIFF pavillon m; **unter französischer ~ fahren** battre pavillon français; naviguer sous le pavillon français
flambieren VT GASTR flamber
Flamingo M flamant m (rose)
Flamme F 1 flamme f; **in ~n aufgehen** être la proie des flammes; **in ~n stehen** être en flammes 2 (≈ Brennstelle) feu m; **auf kleiner ~ kochen** faire mijoter 3 umg iron (≈ Geliebte) béguin m umg
Fläschchen N petite bouteille; PHARM flacon m; für Säuglinge biberon m
Flasche F 1 bouteille f; für Säuglinge biberon m; **e-e ~ Wein** une bouteille de vin 2 (≈ Dussel) cloche f umg; (≈ Versager) minable m/f umg **Flaschenöffner** M ouvre-bouteille m; décapsuleur m **Flaschenpfand** N consigne f **Flaschenpost** F bouteille f à la mer **Flaschenzug** M TECH palan m
Flatrate F 1 TEL forfait m (téléphone) illimité 2 IT forfait m accès Internet illimité
flattern VI 1 Vogel voleter; fig **j-m auf den Tisch ~** umg atterrir sur le bureau de qn 2 Fahne, Kleider, Haare flotter (im Winde au vent) 3 fig Herz palpiter; **j-s Nerven ~** umg qn a les nerfs en pelote
flechten VT Haar, Korb, Kranz tresser; **Zöpfe ~** faire des nattes
Fleck M 1 a. fig tache f; **blauer ~** bleu m; **~e geben** faire des taches; tacher 2 (≈ Ort, Stelle) endroit m; **nicht vom ~ kommen** ne pas avancer (d'un pouce); **sich nicht vom ~ rühren** ne pas bouger
fleckig ADJ taché
Fledermaus F chauve-souris f
Fleisch N 1 BIOL chair f; (≈ Fruchtfleisch) a. pulpe f; GASTR viande f; **~ fressend** carnivore 2 fig **j-m in ~ und Blut übergehen** passer dans les habitudes de qn; **sich** (dat) **ins eigene ~ schneiden** se faire du tort à soi-même **Fleischbrühe** F bouillon m de viande; kräftige consommé m
Fleischer M boucher m; bes für Schweinefleisch u. Wurstwaren charcutier m **Fleischerei** F boucherie f; für Schweinefleisch u. Wurstwaren charcuterie f
fleischfressend ADJ carnivore **Fleischhauer** M, **Fleischhauerei** österr F → Metzger
fleischig ADJ charnu
Fleischkloß M 1 GASTR boulette f de viande (°hachée) 2 pej (≈ Dicke(r)) mastodonte m **Fleischklößchen** N, **Fleischküchle** N, **Fleischla(i)berl** österr N boulette f de viande °hachée **Fleischwurst** F cervelas m
Fleiß M application f; sprichw **ohne ~**

kein Preis on n'a rien sans peine **fleißig** A ADJ (≈ *arbeitsam*) appliqué; travailleur; (≈ *eifrig*) assidu B ADV avec application; ~ **üben** s'exercer avec application; ~ **lernen** bien travailler
flexibel ADJ a. fig flexible; fig a. souple
flexibilisieren VT *Arbeitszeit etc* flexibiliser; (≈ *lockern*) *Bestimmungen etc* assouplir **Flexibilität** F a. fig flexibilité f; fig a. souplesse f
flicht → flechten
flicken VT *Kleidung* raccommoder; *Schlauch* réparer **Flicken** M *für Kleidung* pièce f; *für Schläuche* rustine f
Fliege F 1 ZOOL mouche f; fig **zwei ~n mit e-r Klappe schlagen** faire d'une pierre deux coups; fig **keiner ~ etw zuleide tun** ne pas faire de mal à une mouche 2 (≈ *Querbinder*) nœud m papillon
fliegen A VT 1 *Flugzeug* piloter; *Personen*, *Waren* transporter en avion 2 *Strecke* faire B VI 1 *Vogel*, *Insekt*, *a.* FLUG voler; **(mit dem Flugzeug) ~** prendre l'avion; aller en avion **(nach Paris** à Paris) 2 *Ball*, *Pfeil* voler; **die Bücher flogen in die Ecke** umg il, elle, *etc* a balancé les livres dans un coin 3 umg (≈ *entlassen werden*) se faire virer umg; **von der Schule ~** être renvoyé de l'école
Fliegenpilz M amanite f tue-mouches
fliehen VI s'enfuir **(aus** de); *Gefangener* s'évader **(aus** de); **vor j-m, etw ~** fuir devant qn, qc
Fliese F carreau m; *größere* dalle f
Fließband N chaîne f (de montage); **am ~ arbeiten** travailler à la chaîne
fließen VI couler; ELEK circuler; passer; *Geld* affluer; *Verkehr* être fluide; **~ in** (+ *akk*) *Fluss* se jeter dans; **~ durch** traverser
fließend A ADJ courant; fig *Grenzen* pas fixe B ADVL **sprechen** couramment
Fließheck N AUTO arrière profilé
flimmern VI *Stern* scintiller; *Bild* trembler; **es flimmert mir vor den Augen** j'ai des éblouissements
Flipchart F tableau m à feuilles
Flipflop(s) M(PL) *Sandale(n)* tong(s) f(pl)
Flipper M, **Flipperautomat** M flipper m
Flitterwochen FPL lune f de miel
flitzen umg VI filer; umg foncer

flocht → flechten
Flocke F *von Schnee*, *Wolle* flocon m
flog → fliegen
floh → fliehen
Floh M puce f **Flohmarkt** M (marché m aux) puces fpl
Flop umg M umg bide m; **ein totaler ~ sein** umg faire un bide
Floskel F formule toute faite
floss → fließen
Floß N radeau m
Flosse F 1 ZOOL nageoire f; *beim Hai* aileron m 2 (≈ *Schwimmflosse*) palme f 3 umg (≈ *Hand*) patte f umg
Flöte F flûte f; **~ spielen** jouer de la flûte
flott A ADJ 1 umg (≈ *rasch*) rapide; *Musik* entraînant; *Gang* allègre 2 umg (≈ *schick*) qui a de l'allure; (≈ *attraktiv*) qui a de la classe 3 **wieder ~ sein** *Schiff* être à flot; umg *Fahrzeug* être à nouveau en état de marche; → flottmachen B umg ADV vite
Flotte F flotte f
flottmachen VT *Schiff* mettre à flot; umg *Auto* dépanner
Fluch M 1 (≈ *Verwünschung*) malédiction f 2 *Kraftwort* juron m **fluchen** VI jurer
Flucht F (≈ *Fliehen*) fuite f **(aus** de), **(vor** + *dat*) (*a.* fig); *aus e-m Gefängnis a.* évasion f; **auf der ~** pendant la fuite; en fuyant; **auf der ~ sein** être en fuite; **die ~ ergreifen** prendre la fuite; s'enfuir **Fluchtauto** N voiture f des fugitifs
flüchten VI **(vor j-m, etw) ~** s'enfuir (devant qn, qc); fuir (qn, qc *od* devant qn, qc); *Gefangener a.* s'évader (de qn, qc); **zu j-m ~** se réfugier chez qn **flüchtig** A ADJ 1 *Verbrecher* en fuite; fugitif 2 *Gedanke*, *Eindruck*, *Berührung* fugitif 3 (≈ *oberflächlich*) superficiel B ADV 1 (≈ *hastig*) rapidement 2 (≈ *oberflächlich*) superficiellement **Flüchtigkeitsfehler** M faute f d'inattention **Flüchtling** M réfugié(e) m(f)
Fluchtversuch M tentative f d'évasion, de fuite
Flug M vol m; **auf dem ~ nach … im** en allant à … en avion; **die Zeit vergeht (wie) im ~(e)** le temps passe (si) vite
Flugbahn F trajectoire f **Flugblatt** N tract m

Flügel M **1** a. ZOOL, FLUG, BAU, POL, MIL, SPORT, a. fig aile f; fig **j-m die ~ stutzen** rogner les ailes à qn; umg **die ~ hängen lassen** être découragé; geh Freude, Liebe **j-m ~ verleihen** donner des ailes à qn **2** e-s Fensters battant m; e-s Altars volet m **3** MUS piano m à queue

Fluggesellschaft F compagnie aérienne **Flughafen** M aéroport m **Flugkapitän** M commandant m de bord **Flugplatz** M aérodrome m **Flugreise** F voyage m en avion **Flugschein** M **1** (≈ Ticket) billet m d'avion **2** für Piloten brevet m de pilote **Flugschreiber** M FLUG enregistreur m de vol **Flugsteig** M porte f (d'embarquement) **Flugticket** N billet m d'avion **Flugzeug** N avion m; **im ~** en avion

Flur M e-r Wohnung entrée f; vestibule m; (≈ Gang) couloir m

Fluss M **1** (≈ Strom) fleuve m; rivière f; **an e-m ~ liegen** être au bord d'un fleuve **2** fig der Rede, des Verkehrs flux m **Flussbett** N lit m de rivière, de fleuve **Flussdiagramm** N IT ordinogramme m

flüssig A ADJ **1** liquide; Gas liquéfié; **~ machen** fondre **2** FIN liquide; umg **ich bin im Augenblick nicht ~** umg je suis à sec; → flüssigmachen **3** fig Stil aisé; Verkehr fluide B ADV schreiben, sprechen avec aisance **Flüssigkeit** F **1** liquide m **2** fluidité f; des Stils m. aisance f **flüssigmachen** VT Kapital réaliser **Flussmündung** F embouchure f **Flusspferd** N hippopotame m

flüstern VT & VI chuchoter (j-m ins Ohr à l'oreille de qn)

Flut F **1** (≈ Gezeit) marée montante bzw. °haute; flux m; **die ~ setzt ein** la mer commence à monter **2** geh (≈ Wassermasse) **~(en)** flots mpl **3** fig von Worten etc flot m **Flutlicht** N lumière f des projecteurs; **bei ~ spielen** jouer en nocturne, à od sous la lumière des projecteurs

föderalistisch ADJ fédéraliste **Föderation** F fédération f

Fohlen N poulain m

Föhn M **1** (≈ Haartrockner) sèche-cheveux m **2** Wind fœhn m **föhnen** VT sich (dat) **die Haare ~** se sécher les cheveux (au sèche-cheveux)

Folge F **1** (≈ Aufeinanderfolge) suite f; série f; TV, RADIO épisode m; **in rascher ~** coup sur coup; **in der ~** par la suite **2** (≈ Resultat) conséquence f; suite f; **die ~ davon ist, dass ...** il en résulte que ...

folgen VI **1** (≈ nachfolgen) **j-m, e-r Sache ~** suivre qn, qc; **auf j-n, etw ~** succéder à qn, qc; **wie folgt** comme suit **2** (≈ resultieren) **daraus folgt (, dass...)** il en résulte (que ...); **il s'ensuit (que ...)** **3** (≈ sich richten nach) suivre **4** geistig suivre; **können Sie ~?** vous me suivez?; vous y êtes? **5** (≈ gehorchen) obéir (**j-m** à qn)

folgend ADJ suivant; **im Folgenden** ci-après; dans ce qui suit; **das Folgende** ce qui suit **folgendermaßen** ADV de la manière suivante

folgerichtig ADJ logique

Folie F **1** (≈ Metallfolie) feuille f **2** (≈ Plastikfolie) (film m) plastique m **3** (≈ Arbeitsfolie) transparent m **Folienkartoffeln** FPL GASTR pommes fpl de terre en papillotes

Folklore F folklore m

Folter F a. HIST, a. fig torture f; fig **j-n auf die ~ spannen** mettre qn à la torture **Folterkammer** F chambre f de torture **foltern** VT a. geh fig torturer **Folterung** F torture f

Fön® → Föhn

Fonds M FIN fonds m

Fondue FN (≈ Käsefondue) fondue (savoyarde); (≈ Fleischfondue) fondue bourguignonne

Fontäne F jet m d'eau

Förderkurs M SCHULE cours m de soutien od de rattrapage

fordern VT (≈ verlangen) **etw von j-m ~** demander qc à qn; stärker exiger qc de qn; bes Recht revendiquer qc auprès de qn; **~, dass** exiger que (+ subj) **2** (≈ Leistung abverlangen) exiger le maximum de

fördern VT **1** Bodenschätze extraire **2** Beziehungen, Künstler encourager; Sportler sponsoriser; Kunst protéger; Wissenschaft, Entwicklung promouvoir; Schüler pousser

Förderschule M etwa établissement scolaire spécialisé pour enfants °handicapés bzw. inadaptés

Forderung F ① (≈ *Verlangen*) exigence f; *rechtmäßige* revendication f (**nach de**) ② HANDEL, JUR créance f; **e-e ~ an j-n haben** avoir une créance sur qn

Förderung F ① *von Bodenschätzen* extraction f ② *von Talenten, Beziehungen* encouragement m; *der Kunst* protection f; *der Wissenschaft a.* promotion f **Förderunterricht** M cours m de soutien

Forelle F truite f; GASTR **~ blau** truite au bleu

Form F ① (≈ *Gestalt, Darstellungsweise*), *a.* GRAM, JUR forme f; **~en** pl *e-r Frau* formes fpl; **in ~ von** od **+ gen** sous, en forme de ② (≈ *Umgangsform*) **in aller ~** en bonne et due forme; dans les formes; **der ~ halber** pour la forme; **die ~ wahren** (y) mettre les formes ③ *bes* SPORT forme f; **in ~** (*dat*) **sein** être en forme; **in guter, schlechter ~ sein** avoir une bonne, mauvaise condition physique ④ (≈ *Gussform, Kuchenform*) moule m

formal A ADJ formel B ADV quant à la forme **Formalität** F formalité f

Format N ① *e-s Bilds etc*, *a.* IT format m ② *fig* envergure f; classe f; **~ haben** avoir de l'envergure, de la classe **formatieren** V/T IT formater

Formatierung F IT formatage m

Formblatt N ADMIN formulaire m

Formel F formule f; MOTORSPORT **~ 1** formule 1

formell A ADJ formel B ADV selon les formes, les règles

formen V/T former *a. fig*, façonner, modeler

förmlich A ADJ (≈ *formgerecht*) dans les formes; *pej* formaliste; cérémonieux B ADV ① (≈ *formgerecht*) dans les formes ② (≈ *buchstäblich*) littéralement

Formular N formulaire m; **ein ~ ausfüllen** remplir un formulaire

formulieren V/T formuler **Formulierung** F manière f d'exprimer

forschen V/I **nach etw, j-m ~** rechercher qc, qn; (**nach etw**) ≈ *wissenschaftlich* faire des recherches (sur qc) **Forscher(in)** M(F) chercheur, -euse m, f **Forschung** F recherche f (scientifique)

Forschungsauftrag M mission f de recherche(s) **Forschungsgebiet** N domaine m, champ m de recherches, d'investigations

Förster M garde forestier

fort ADV ① (≈ *weg*) parti; absent; **~ sein** (≈ *verschwunden*) avoir disparu; **weit ~** très loin ② **in e-m ~** sans arrêt; sans cesse; **und so ~** et ainsi de suite

Fortbewegungsmittel N moyen m de locomotion **Fortbildung** F formation continue **Fortbildungskurs** M cours m(pl) de formation continue

fortbleiben V/I ne pas (re)venir **fortbringen** V/T ① **j-n ~** emmener qn ② **etw ~** emporter qc

fortfahren V/I ① (≈ *wegfahren*) partir (en voiture, *etc*) ② (≈ *weitermachen*) continuer (**mit etw** qc)

fortgehen V/I (≈ *weggehen*) s'en aller, partir (von hier)

fortgeschritten ADJ avancé

fortlaufen V/I se sauver; **von zu Hause ~** s'enfuir de chez soi

fortpflanzen V/R **sich ~** BIOL se reproduire **Fortpflanzung** F BIOL reproduction f

Fortschritt M progrès m; **~e machen** faire des progrès; progresser; *Arbeit* avancer **fortschrittlich** ADJ progressiste; *Idee* avancé

Fortsetzung F ① continuation f ② *e-s Texts* suite f; **~ folgt** à suivre; la suite au prochain numéro

Fossil N *a. fig* fossile m

Foto N photo f; **ein ~ von j-m, etw machen** prendre qn, qc en photo **Fotoalbum** N album m de photos **Fotoapparat** M appareil m photo(graphique) **Fotoatelier** N atelier m de photographe

Fotobuch N livre m photo

Fotogalerie F *bes* INTERNET (≈ *Fotostrecke*) galerie f photos

fotogen ADJ photogénique

Fotograf(in) M(F) photographe m/f **Fotografie** F *a. Verfahren* photo(graphie) f **fotografieren** A V/T photographier; prendre en photo B V/I prendre une photo

Fotohandy N TEL (téléphone m) portable m avec appareil photo intégré

Fotokopie F photocopie f **fotokopieren** V/T photocopier

Fotomontage F photomontage m

Fotostrecke F *bes* INTERNET galerie f

photos
Foul N faute f (**an** + dat contre) **foulen** VT commettre une faute contre
Fracht F Ladung chargement m; e-s Flugzeugs fret m; e-s Schiffs cargaison f
Frachtbrief M lettre f de voiture; SCHIFF connaissement m **Frachter** M cargo m
Frage F **1** question f; a. GRAM interrogation f; **ohne ~** sans aucun doute; (**j-m** od **an j-n**) **e-e ~ stellen** poser une question (à qn) **2** (≈ Angelegenheit) problème m; **in ~ kommen, stellen** → infrage
Fragebogen M questionnaire m
fragen A VT & VI demander; **j-n etw** od **nach etw** demander qc à qn; **j-n** (**nach j-m, etw**) **~** (≈ ausfragen) interroger, questionner qn (sur qn, qc); **nach j-m ~** (≈ j-n sprechen wollen) demander qn (à qn); (≈ sich nach j-m erkundigen) demander des nouvelles de qn B VR **sich ~** se demander C V/UNPERS **es fragt sich, ob ...** on se demande si ...; reste à savoir si ...
Fragesatz M proposition interrogative **Fragewort** N interrogatif m **Fragezeichen** N GRAM, a. fig point m d'interrogation
fraglich ADJ **1** (≈ unsicher) douteux **2** (≈ betreffend) en question
Fraktion F POL groupe m parlementaire **Fraktionszwang** M discipline f de vote
Franken M Währung franc m suisse
frankieren VT affranchir
Frankreich N la France
Franse F MODE frange f
Franzose M Français m **Französin** F Française f **französisch** A ADJ français; **auf Französisch** en français B ADV **~ sprechen, verstehen** parler français, comprendre le français; **~ essen** dîner à la française **Französisch** N Sprache, Unterrichtsfach français m; **auf, in ~** en français; **~ lernen** apprendre le français; **fließend ~ sprechen** parler couramment français; **sie ist gut in ~** elle est bonne en français
Französischlehrer(in) M(F) professeur m de français **französischsprachig** ADJ Mensch, Land de langue française; francophone **Französisch-**
stunde F cours m de français **Französischunterricht** M enseignement m du français; Schulstunde cours m de français
fraß → fressen
Frau F **1** (≈ a. Ehefrau) femme f; **zur ~ nehmen** épouser **2** vor Namen Madame; Anrede **~ X!** Madame!; in Briefen **Sehr geehrte ~ X, ...** Madame, ...; **Liebe ~ X, ...** Chère Madame, ...
Frauenarzt M, **Frauenärztin** F gynécologue m/f **Frauenbeauftragte** F déléguée f à la condition féminine **Frauenhaus** N centre m d'accueil pour femmes battues
Fräulein N **1** demoiselle f **2** vor Familiennamen Mademoiselle f; Anrede **~ X!** Mademoiselle (X)!
frech A ADJ **1** (≈ unverschämt) insolent, impertinent, effronté (**zu j-m** envers, avec qn) **2** Kleidung, Frisur coquin B ADV avec impertinence **Frechdachs** umg oft hum M petit(e) impertinent(e) **Frechheit** F insolence f; **die ~ haben zu** (+ inf) avoir l'audace de (+ inf)
Freeware F IT freeware m
frei A ADJ **1** (≈ unabhängig) libre; Volk, Leben, Person a. indépendant **2** (≈ nicht angestellt) indépendant; free-lance; **~er Beruf** profession libérale **3** Verbrecher en liberté **4** (≈ tolerant) libéral; **~e Liebe** amour m libre **5** Straße etc libre; **~es Gelände** terrain m vague **6** (≈ unbesetzt) Platz etc libre; **den Weg ~ machen** dégager la voie; **~ halten** Platz réserver; **Einfahrt ~ halten!** sortie de voitures! **7** (≈ ungehindert) libre; **~er Blick** vue dégagée **8** (≈ nicht beeinträchtigt) **~ von** (Fehlern etc) sans (fautes, etc) **9** (≈ verfügbar) Zeit, Telefonleitung libre; (≈ arbeitsfrei, schulfrei) de congé; **ein ~er Nachmittag** un(e) après-midi (de) libre, de congé; **sich** (dat) **e-n Tag ~ nehmen** prendre un jour de congé; **~bekommen, freigeben, freihaben 10** (≈ unentgeltlich) gratuit **11** Rede sans notes **12** beim Arzt **machen Sie sich bitte ~!** déshabillez-vous, s'il vous plaît! B ADV librement; **~ herumlaufen** Tier, Verbrecher être en liberté; **~ erfunden** inventé de toutes pièces; **~ stehend** (≈ alleinstehend) isolé
Freibad N piscine f en plein air

freibekommen **A** _VT_ j-n ~ obtenir la libération de qn; **e-n Tag** ~ avoir un jour de congé **B** _umg_ _VI_ avoir un jour de congé
Freiberufler(in) _M(F)_ personne f travaillant à son compte **freiberuflich** _ADJ_ qui travaille à son compte; _Journalist, Fotograf_ free-lance
Freiburg _N_ _in der Schweiz_ Fribourg; ~ **im Breisgau** Fribourg-en-Brisgau
Freie(s) _N_ **im ~n** en plein air; **ins ~ gehen** aller dehors; sortir
freigeben _VT_ **1** _Gefangene, Vertragspartner, Preise, Weg_ libérer; _Film_ **freigegeben ab 18 Jahren** interdit aux moins de 18 ans; **für den Verkehr** ~ ouvrir à la circulation **2** j-m (e-n Tag) ~ donner (un jour de) congé à qn **freihaben** _umg_ _VT & VI_ avoir congé; _in der Dienststelle_ ne pas être de service; **zwei Tage** ~ avoir deux jours de congé
Freihandelszone _F_ zone f de libre-échange
freihändig _ADJ & ADV_ à main levée; _Rad fahren_ sans tenir le guidon
Freiheit _F_ liberté f; **wieder in** ~ (_dat_) **sein** _Gefangener_ être relâché; _Tier_ être remis en liberté **Freiheitskampf** _M_ lutte f de libération
Freikarte _F_ billet gratuit, de faveur
freilassen _VT_ _Gefangenen_ libérer; relâcher; _Tier_ remettre en liberté; **gegen Kaution** ~ relâcher sous caution
freilich _ADV_ **1** (_≈ allerdings_) à vrai dire; cependant **2** _bes südd_ (_≈ selbstverständlich_) bien sûr
Freilichtmuseum _N_ écomusée m
freimachen _VT_ _Post_ affranchir **freinehmen** _VT_ **sich** (_dat_) **e-n Tag** ~ prendre un jour de congé, de vacances
Freischwimmer _M_ _umg_ **den ~ machen** passer son brevet de natation
freisprechen _VT_ _JUR_ acquitter **Freispruch** _M_ acquittement m
Freistoß _M_ coup franc **Freistunde** _F_ _SCHULE_ heure f (de) libre
Freitag _M_ vendredi m; → Montag **freitags** _ADV_ le vendredi; tous les vendredis
freiwillig **A** _ADJ_ volontaire; _Dienst, Hilfe_ bénévole; (_≈ freigestellt_) facultatif **B** _ADV_ volontairement **Freiwillige(r)** _M(F)_ volontaire m/f
Freizeichen _N_ _TEL_ (_≈ Wählton_) tonalité f
Freizeit _F_ loisir(s) m(pl); temps m libre; **in der** ~ pendant mes, _etc_ loisirs **Freizeitbeschäftigung** _F_ activité f de loisirs **Freizeitpark** _M_ parc m de loisirs
Freizügigkeit _F_ **1** générosité f **2** liberté f
fremd _ADJ_ **1** (_≈ ausländisch_) étranger **2** (_≈ e-s anderen_) d'autrui **3** (_≈ unbekannt_) étranger; **j-m** ~ **sein** être étranger à qn; **ich bin hier** ~ je ne suis pas d'ici **Fremde(r)** _M(F/M)_ (_≈ Auswärtige(r)_) étranger, -ère m,f; (_≈ Unbekannte(r)_) inconnu(e) m(f)
Fremdenfeindlichkeit _F_ xénophobie f **Fremdenführer(in)** _M(F)_ guide m **Fremdenverkehr** _M_ tourisme m **Fremdenzimmer** _N_ chambre f (à louer)
Fremdkapital _N_ capitaux empruntés, étrangers **Fremdsprache** _F_ langue étrangère **Fremdsprachenkorrespondent(in)** _M(F)_ secrétaire m/f bilingue _bzw._ trilingue **Fremdwort** _N_ mot étranger, d'origine étrangère
Frequenz _F_ _a._ MED, PHYS fréquence f
fressen _VT & VI_ **1** _von Tieren_ manger **2** _sl von Menschen_ bouffer _umg_; _umg fig_ **j-n gefressen haben** _umg_ avoir qn dans le nez; _umg hum_ **j-n zum Fressen gernhaben** adorer qn **3** _umg fig_ (_≈ verschlingen_) bouffer _umg_ **4** _Rost, Säure, a. fig_ ronger (**an etw** _dat_ qc)
Fressen _N_ _der Tiere_ nourriture f
Fressnapf _M_ écuelle f
Freude _F_ joie f, plaisir m (**an** + _dat_ de); **vor** ~ (_dat_) de joie; **zu meiner großen** ~ à ma grande joie; **an etw** (_dat_) ~ **haben** prendre plaisir à qc; aimer qc; **j-m mit etw** ~ **machen** _od_ **bereiten** faire plaisir à qn avec qc
Freudensprung _M_ saut m
freudestrahlend _ADJ & ADV_ rayonnant de joie
freuen **A** _VT_ **es freut mich zu** (+ _inf_) je suis content, heureux de (+ _inf_); **es freut mich, dass** je suis content, heureux que (+ _subj_); **das freut mich** j'en suis content, heureux; cela me fait plaisir **B** _VR_ **sich** (**über etw** _akk_), (**an etw** _dat_) ~ être content, heureux, se réjouir (de qc); **sich auf etw** (_akk_) ~ se réjouir de qc; **sich** (**darü-**

ber) ~, dass se réjouir que (+ subj); être content, heureux que (+ subj)
Freund M̱ ami m; umg copain m; **gute ~e sein**, umg **dicke ~e sein** être très amis ▪2▪ (≈ Geliebter) petit ami; umg copain m ▪3▪ **kein ~ von etw sein** ne pas aimer qc **Freundeskreis** M̱ (cercle m d')amis mpl
freundlich ADJ ▪1▪ Person aimable, gentil (**zu j-m** avec qn); **so ~ sein zu** (+ inf) avoir la gentillesse, l'amabilité de (+ inf); **bitte recht ~!** souriez, s'il vous plaît! ▪2▪ Dinge agréable; Empfang, Ton aimable; Atmosphäre sympathique; Wohnung, Miene accueillant; Wetter beau **freundlicherweise** ADV aimablement
Freundschaft F̱ amitié f; **mit j-m ~ schließen** se lier d'amitié avec qn **freundschaftlich** ADJ amical **Freundschaftsspiel** N̲ match amical
Frieden M̱ paix f; **~ schließen** faire la paix (**mit j-m** avec qn); **um des lieben ~s willen** pour avoir la paix; de guerre lasse; **lass mich in ~!** laisse-moi tranquille!; umg fiche-moi la paix!
Friedensbewegung F̱ mouvement m pacifiste **Friedensnobelpreis** M̱ prix m Nobel de la paix **Friedenspolitik** F̱ politique f de paix
Friedhof M̱ cimetière m
friedlich ADJ ▪1▪ (≈ ohne Krieg) pacifique; **auf ~em Wege** pacifiquement ▪2▪ Charakter, Landschaft paisible
frieren ▪A▪ V̱/T̲ **mich friert, es friert mich** j'ai froid ▪B▪ V̱/I̲ Lebewesen avoir froid; **ich friere an den Händen** j'ai froid aux mains ▪C▪ V̱/UNPERS (≈ gefrieren) **es friert** il gèle
Frikadelle F̱ boulette f de viande °hachée
Frisbee® N̲, **Frisbeescheibe** F̱ frisbee® m
frisch ▪A▪ ADJ ▪1▪ a. Lebensmittel, Wunde, Farbe, Teint, Eindruck frais; Wäsche propre; Blume qu'on vient de cueillir; **mit ~en Kräften** avec une nouvelle énergie; **sich ~ machen** faire un brin de toilette ▪2▪ (≈ kühl) frais; **es ist ~** il fait frais ▪B▪ ADV fraîchement; **~ gebacken** Brot frais; qui sort du four; → frischgebacken; **~ gestrichen!** peinture fraîche! **frischgebacken** umg fig ADJT Ingenieur etc

frais émoulu; **das ~e Ehepaar** les jeunes mariés mpl
Frischhaltefolie F̱ film m plastique
Frischkäse M̱ fromage frais
Friseur M̱ coiffeur m
frisieren ▪A▪ V̱/T̲ ▪1▪ Haare coiffer ▪2▪ umg fig Zahlen, Bilanz maquiller; Motor gonfler ▪B▪ V̲/R̲ **sich ~** se coiffer
frisst → fressen
Frist F̱ délai m; **innerhalb e-r ~ von acht Tagen** dans les °huit jours; **j-m e-e ~ setzen** fixer un délai à qn **fristgemäß**, **fristgerecht** ADJ & ADV dans les délais fixés **fristlos** ADJ & ADV sans préavis
Frisur F̱ coiffure f
Frittate österr F̱ GASTR lamelle f de crêpes
Frittatensuppe österr F̱ consommé m aux lamelles de crêpes
Fritte(n) umg F̲I̲P̲L̲ GASTR frite(s) f(pl)
Fritteuse F̱ friteuse f **frittieren** V̱/T̲ frire
froh ADJ ▪1▪ (≈ erfreut) content, heureux (**über** + akk de); (≈ fröhlich) joyeux; **~ sein zu** (+ inf) bzw. **dass ...** être content, heureux de (+ inf) bzw. que ... (+ subj); **sie kann ~ sein, dass ...** elle peut s'estimer heureuse que ... (+ subj) ▪2▪ (≈ Freude bringend) joyeux; **~e Ostern!** joyeuses Pâques!; bonnes fêtes de Pâques!
fröhlich ADJ joyeux; (≈ lustig) gai
fromm ADJ pieux
Fronleichnam Fête-Dieu f
Front F̱ a. METEO, a. fig front m; BAU façade f
fror → frieren
Frosch M̱ ZOOL grenouille f; umg fig **e-n ~ im Hals haben** avoir un chat dans la gorge; umg **sei kein ~!** allez, ne fais pas de manières!
Frost M̱ gelée f; andauernder gel m; **wir haben ~** il gèle
Frottee N̲/M̱ tissu m éponge **Frottee(hand)tuch** N̲ serviette f éponge
Frucht F̱ a. fig fruit m **Fruchtaufstrich** M̱ pâte f à tartiner aux fruits **fruchtbar** ADJ AGR fertile; BIOL, a. fig Idee, Autor, Arbeit fécond; Zusammenarbeit fructueux **Fruchtfleisch** N̲ pulpe f; chair f **Fruchtgeschmack** M̱ goût m de fruit(s); **mit ~** fruité **fruchtig** ADJ fruité **Fruchtsaft** M̱ jus m de fruits

früh **A** ADJ *Obst, Jahreszeit, Altern* précoce; *Tod* prématuré **B** ADV tôt; de bonne heure; **von ~ bis spät** du matin au soir; **zu ~ kommen** arriver trop tôt

Frühaufsteher(in) M(F) lève-tôt *m*; **~ sein** être matinal

früher **A** ADJ **1** (≈ vergangen, vorbei) passé; **in ~en Zeiten** autrefois **2** (≈ ehemalig) ancien; **ihr ~er Mann** son ex-mari **B** ADV **1** (≈ eher) plus tôt; *fig* **~ oder später** tôt ou tard **2** (≈ einst) autrefois

frühestens ADV au plus tôt

Frühjahr N printemps *m*; **im ~** au printemps **Frühlingsanfang** M début *m* du printemps **Frühlingsrolle** F pâté impérial

Frühstück N petit-déjeuner *m* **frühstücken** VI prendre son petit-déjeuner

Frust *umg* M frustration *f* **frustrieren** VT frustrer **frustrierend** ADJ frustrant

Fuchs M ZOOL, *Pelz* renard *m*; *umg fig* **schlauer ~** fin renard; malin *m*

fühlen **A** VT sentir; *lebhaft* ressentir; **j-n etw ~ lassen** faire sentir qc à qn **B** VI **nach etw ~** chercher qc à tâtons **C** V/R **sich geschmeichelt** *etc* **~** se sentir flatté, *etc*

Fühler M **1** *von Insekten* antenne *f*; *umg fig* **s-e ~ ausstrecken** tâter le terrain **2** (≈ *Sensor*) capteur *m*

fuhr → **fahren**

führen **A** VT **1** (≈ *begleiten*) mener (**bei, an der Hand** par la main); conduire; *Blinden* guider **2** (≈ *bringen*) mener; amener; **was führt Sie zu mir?** qu'est-ce qui vous amène ici? **3** (≈ *leiten*) diriger; *Unternehmen a.* gérer; *Geschäft, Haushalt a.* tenir; *Touristen* guider; **die Geschäfte ~** gérer les affaires **4** *Gespräch* tenir; **ein Telefongespräch ~** téléphoner **5** *s-e Papiere mit sich* (*dat*) **~** avoir ses papiers sur soi **6** *Buch, Tagebuch, Liste* tenir (**über** + *akk* sur) **7** HANDEL *Artikel* avoir **B** VI **1** räumlich mener (**nach, zu** à); **zu etw ~** *a. fig a.* aboutir à qc SPORT (**mit 1:0**) **~** mener (par un à zéro) **3** *fig* **das führt zu nichts** cela ne mène à rien **C** V/R **sich gut, schlecht ~** se conduire bien, mal

Führer M **1** *e-r Gruppe* chef *m* **2** *für Touristen: Person u. Buch* guide *m* **Führerschein** M permis *m* de conduire; **den ~ machen** passer son permis (de conduire) **Führung** F **1** *für Touristen* visite guidée **2** *e-r Gruppe, e-s Betriebs, Staats* direction *f*; **unter der ~ von** sous la direction de **3** SPORT avantage *m*; avance *f*; **in ~** (*dat*) **liegen** in e-m Rennen, in der Tabelle être en tête; *im Spiel* mener (**mit 1:0** [par] 1 à 0); **in ~** (*akk*) **gehen** prendre la tête

füllen **A** VT remplir (**mit** de); GASTR farcir; **in etw** (*akk*) **~** verser dans qc **B** V/R **sich ~** se remplir (**mit** de)

Füller M, **Füllfederhalter** M stylo *m* (à encre)

Füllung F **1** *Aktion* remplissage *m* **2** *von Polstern* rembourrage *m* **3** *e-s Zahns* plombage *m* **4** GASTR farce *f*

fummeln *umg* VI **1 an, in etw** (*dat*) **~** tripoter qc **2** *sexuell* peloter qn *umg*

Fundament N **1** BAU fondations *fpl*; **das ~ legen** faire, jeter les fondations **2** *fig* base *f* **fundamental** ADJ fondamental **Fundamentalismus** M REL intégrisme *m*; POL fondamentalisme *m* **Fundamt** N, **Fundbüro** N bureau *m* des objets trouvés

fünf NUM cinq; *umg fig* **~(e) gerade sein lassen** passer sur qc; → **acht Fünf** F **1** *Zahl* cinq **2** (≈ *Schulnote*) in Frankreich etwa six *m*, sept *m*, °huit *m* (sur vingt)

Fünfeuroschein M billet *m* de cinq euros

fünfhundert NUM cinq cent(s)

fünfmal ADV cinq fois

fünft ADV **zu ~** à cinq; **zu ~ sein** être cinq

Fünftagewoche F semaine *f* de cinq jours

fünftausend NUM cinq mille

fünfte NUM cinquième; *im Datum* cinq **Fünftel** N cinquième *m*

fünftens ADV cinquièmement

fünfzehn NUM quinze; **etwa, rund ~ (Personen)** une quinzaine (de personnes); → **acht**

fünfzig NUM cinquante; **etwa, rund ~ (Personen)** une cinquantaine (de personnes)

Funk M radio *f*; **über ~** (*akk*) par radio

Funke M **1** *a. fig* étincelle *f* **2** *fig* **kein ~ Ehrgeiz** *etc* pas la moindre ambition, *etc*

funkeln VI étinceler; *Augen* **vor Freude** (dat) ~ pétiller de joie

funken A VT transmettre, émettre par radio B *umg fig* V/UNPERS **es hat gefunkt** (≈ *es hat Krach gegeben*) ça a bardé *umg*; (≈ *sie haben sich verliebt*) ça a fait tilt

Funkgerät N (poste *m*) émetteur-récepteur *m* **Funkhaus** N maison *f* de la radio **Funkspruch** M message *m* radio **Funktelefon** N radiotéléphone *m*

Funktion F fonction *f* **funktionieren** VI fonctionner **Funktionstaste** F touche *f* de fonction

für PRÄP 1 *Ziel, Bestimmung* pour; **das ist für dich** c'est pour toi; **für sich** (≈ *allein*) (tout) seul 2 *umg* (≈ *gegen*) **für den Husten** pour la toux 3 *Preis* pour; **für zehn Euro** pour dix euros 4 (≈ *zugunsten*) en faveur de; pour; **für j-n, etw sein** être pour qn, qc 5 *Zeitpunkt, Zeitspanne* pour; **für ein Jahr** pour un an 6 (≈ *an j-s Stelle*) pour

Furcht F crainte *f*, peur *f* (**vor** + *dat* de); ~ **haben** avoir peur (**vor j-m, etw** de qn, qc); ~ **einflößend**, ~ **erregend** effrayant; intimidant; **aus** ~ **vor Strafe** par crainte de la punition **furchtbar** A ADJ 1 (≈ *schrecklich*) terrible; affreux; **das ist ja ~!** mais c'est terrible, affreux! 2 *umg* (≈ *unangenehm*) épouvantable B ADV terriblement; *umg* ~ **schwierig** terriblement difficile

fürchten A VT craindre; **ich fürchte, es ist zu spät** *od* **dass es zu spät ist** je crains qu'il (ne) soit trop tard B V/R **sich** (**vor j-m, etw**) ~ avoir peur (de qn, qc) **fürchterlich** → furchtbar

fürs, = für das → für

Fürst M prince *m*

Fusion F fusion *f*

Fuß M 1 ANAT, *a. e-r Lampe, e-s Möbelstücks* pied *m*; *von Tieren* patte *f*; **bei Fuß!** au pied!; **zu Fuß gehen** aller à pied 2 *geh* **j-m zu Füßen liegen** être aux pieds de qn; **auf eigenen Füßen stehen** être indépendant; *Jugendlicher* voler de ses propres ailes; **(festen) Fuß fassen** arriver, réussir à s'imposer; *Unternehmen* prendre pied 3 *e-s Bergs* pied *m*; **am Fuß** (+ *gen*) au pied de 4 *Längenmaß* pied *m*

Fußabdruck M empreinte *f* de pied

Fußball M 1 *Ball* ballon *m* de football 2 *Spiel* football *m*; ~ **spielen** jouer au football **Fußballfan** M supporter *m* de football, supporter *m* de foot *umg* **Fußballmannschaft** F équipe *f* de football **Fußballspiel** N match *m* de football **Fußballspieler(in)** M(F) joueur, -euse *m,f* de football **Fußballtrainer** M entraîneur *m* de football **Fußballverein** M club *m* de football

Fußboden M plancher *m* **Fußende** N pied *m* (du lit)

Fußgänger(in) M(F) piéton *m* **Fußgängerüberweg** M passage *m* pour piétons **Fußgängerzone** F zone piétonne, piétonnière

Fußmatte F paillasson *m* **Fußnagel** M ongle *m* (d'un orteil) **Fußsohle** F plante *f* du pied **Fußspitze** F pointe *f* du pied **Fußtritt** M coup *m* de pied

futsch *umg* ADJ (≈ *kaputt*) fichu *umg*, foutu *sl*; (≈ *weg*) perdu

Futter[1] N *für Tiere* nourriture *f*

Futter[2] N MODE doublure *f*

futtern *umg* VT & VI *umg* bouffer

füttern[1] VT 1 *Tier, Person* donner à manger à; **das Baby** ~ faire manger le bébé 2 *fig Computer* **mit Daten** ~ alimenter en données

füttern[2] VT MODE doubler (**mit** de); *mit Pelz* fourrer

Futternapf M écuelle *f*

Futur N GRAM futur *m*

G

G, g N G, g *m*

G-20-Staat(en) M(PL) POL pays *m(pl)* du G20

gab → geben

Gabe F 1 *geh* (≈ *Spende*) don *m* 2 *geh* (≈ *Geschenk*) présent *m* 3 (≈ *Begabung*) don *m*

Gabel F 1 (≈ *Essgabel*) fourchette *f* 2 (≈ *Mist-, Ast-, Fahrradgabel*) fourche *f*

Gabelstapler M chariot élévateur

gackern _VI_ **1** _Huhn_ caqueter **2** _umg fig_ (≈ _kichern_) glousser
gaffen _pej VI_ regarder bouche bée
Gag _M_ gag _m_
Gage _F_ cachet _m_
gähnen _VI_ bâiller
Galerie _F_ ARCH, KUNST galerie _f_
Galgen _M_ potence _f_ **Galgenfrist** _F_ dernier sursis **Galgenhumor** _M_ humour _m_ macabre
Galle _F_ **1** _Flüssigkeit_ bile _f_ **2** (≈ _Gallenblase_) vésicule _f_ biliaire **Gallenstein** _M_ calcul _m_ biliaire
Gallien _N_ HIST la Gaule **Gallier(in)** _M(F)_ Gaulois(e) _m(f)_ **gallisch** _ADJ_ gaulois
Galopp _M_ galop _m_; **im ~** _a. fig_ au galop **galoppieren** _VI_ galoper
galt → **gelten**
gammelig _umg ADJ_ **1** _Person_ débraillé **2** _Nahrungsmittel_ pourri **gammeln** _umg VI_ **1** _Person_ glander _umg_ **2** _Nahrungsmittel_ pourrir
Gämse _F_ chamois _m_
Gang _M_ **1** (≈ _Gehen_) marche _f_; **in ~ bringen** _Maschine_ mettre en marche; actionner; _Gespräch_ entamer; **in ~ kommen** _Maschine_ se mettre en marche; _fig_ démarrer; **wieder in ~ kommen** _Diskussion etc_ reprendre son cours **2** (≈ _Verlauf_) cours _m_; **im ~(e) sein** être en cours; **in vollem ~(e) sein** battre son plein **3** (≈ _Gehweise_) démarche _f_; **der aufrechte ~** la station verticale **4** (≈ _Flur_), _a. im Zug, Bus, Flugzeug_ couloir _m_; _im Kino, Theater_ allée _f_; (≈ _Durchgang_) passage _m_; **auf dem ~** dans le couloir **5** _unterirdischer_ souterrain _m_; galerie _f_ **6** GASTR plat _m_ **7** AUTO vitesse _f_ **f**; **den ersten ~ einlegen** passer en première; **im dritten ~ fahren** rouler en troisième (vitesse)
gängig _ADJ_ **1** (≈ _üblich_) courant **2** _Produkt, Artikel_ qui se vend bien
Gangschaltung _F_ _im Auto_ changement _m_ de vitesse; _am Fahrrad_ dérailleur _m_
Gangster _M_ gangster _m_
Gans _F_ oie _f_; _fig_ **dumme ~** dinde _f_
Gänseblümchen _N_ pâquerette _f_ **Gänsebrust** _F_ poitrine _f_ d'oie; GASTR blanc _m_ d'oie **Gänsefüßchen** _umg fig NPL_ guillemets _mpl_ **Gänsehaut** _fig F_ chair _f_ de poule; **e-e ~ bekommen** avoir la chair de poule

ganz **A** _ADJ_ **1** (≈ _gesamt_) tout; entier; **die ~e Klasse/Zeit**, _etc_ toute la classe/tout le temps, _etc_; **die ~e Welt** le monde entier **2** (≈ _vollständig_) entier; **ein ~es Brot** un pain entier **3** _umg_ (≈ _unversehrt_) intact; entier; **etw wieder ~ machen** réparer, refaire qc **4** _umg_ (≈ _alle_) **die ~en Leute** tout le monde **B** _ADV_ **1** (≈ _vollkommen_) entièrement; complètement; **ein Buch ~ lesen** lire un livre en entier **2** _verstärkend_ tout; _stärker_ tout à fait; **sie ist ~ gerührt** elle est tout émue; **~ und gar** tout à fait; absolument **3** _einschränkend_ assez; pas mal; **die Bezahlung ist ~ gut** on est pas mal payé
Ganze(s) _N_ tout _m_; _umg_ **aufs ~ gehen** aller droit au but; risquer le tout pour le tout
ganztägig **A** _ADJ_ qui dure toute la journée **B** _ADV_ **~ geöffnet** ouvert toute la journée **Ganztagsbeschäftigung** _F_ poste _m_ à plein temps **Ganztagsschule** _F_ école avec des cours le matin et l'après-midi
gar¹ _ADJ_ GASTR à point; (assez) cuit
gar² _ADV_ (≈ _überhaupt_) **gar nicht** pas du tout; **gar niemand** absolument personne; **gar nichts** rien du tout
Garage _F_ garage _m_
Garantie _F_ _vom Hersteller, a. fig_ garantie _f_; **mit, ohne ~** avec, sans garantie; **darauf habe ich noch ~** c'est encore sous garantie; **ein Jahr ~ haben** être garanti un an **garantieren** **A** _VT_ (j-m) **etw ~** garantir qc (à qn) **B** _VI_ **für j-n, etw ~** se porter garant de qn, qc **garantiert** _umg fig ADVL_ **das ist ~ gelogen** c'est sûrement des mensonges
Garderobe _F_ **1** (≈ _Kleider_) garde-robe _f_ **2** (≈ _Kleiderablage_) vestiaire _m_; (≈ _Flurgarderobe_) portemanteau _m_; (≈ _Umkleideraum e-s Künstlers_) loge _f_ **Garderobenständer** _M_ portemanteau _m_
Gardine _F_ rideau _m_
gären _VI_ fermenter
Garn _N_ fil _m_
Garnele _F_ crevette _f_
garnieren _VT_ garnir (mit de)
Garnitur _F_ (≈ _Satz zusammengehöriger Dinge_) assortiment _m_; (≈ _Wäschegarnitur_) parure _f_; (≈ _Möbelgarnitur_) ensemble _m_
Garten _M_ jardin _m_; **botanischer ~** jardin botanique; **im ~ arbeiten** jardiner

Gärtner(in) M/F jardinier, -ière m,f; (≈ *Gartenbautreibende[r]*) horticulteur, -trice m,f **Gärtnerei** F établissement m horticole

Gas N **1** im Haushalt, a. CHEM gaz m **2** AUTO **Gas geben** a. *umg fig* accélérer; *umg* appuyer sur le champignon **Gasheizung** F chauffage m au gaz **Gasherd** M gazinière f; cuisinière f à gaz **Gasmaske** F masque m à gaz **Gaspedal** N accélérateur m

Gasse F rue étroite; ruelle f

Gassi *umg* **(mit dem Hund) ~ gehen** sortir le chien

Gast M **1** *eingeladener* invité(e) m(f); hôte m; *beim Essen* a. convive m/f; (≈ *Besucher*) visiteur, -euse m,f; **bei j-m zu ~ sein** être l'invité(e) de qn **2** *e-s Restaurants, e-s Hotels* client(e) m(f) **Gastarbeiter(in)** *oft neg!* M/F travailleur, -euse m,f immigré(e)

Gäste-WC N deuxième W.-C. m **Gästezimmer** N chambre f d'ami(s)

Gastfamilie F famille f d'accueil

gastfreundlich ADJ hospitalier **Gastfreundschaft** F hospitalité f

Gastgeber(in) M/F hôte, -esse m,f **Gastgeschenk** N cadeau m (d'un invité à son hôte) **Gasthaus** N, **Gasthof** M auberge f

gastieren VI se produire, jouer (en tournée)

Gastland N pays m d'accueil **Gaststätte** F restaurant m

Gaswerk N usine f à gaz

Gattung F BIOL, KUNST genre m

Gaumen M ANAT palais m

Gauner M *pej* escroc m

geb. ABK (= *geboren[e]*) né(e)

Gebäck N petits gâteaux; *ohne Füllung* gâteaux secs

gebannt ADJ **(wie) ~ fasciné**

Gebärde F geste m **gebären** VT a. *fig* donner naissance à; mettre au monde; **geboren werden** naître; **er ist am ~ geboren** il est né le ...

Gebärmutter F utérus m

Gebäude N bâtiment m; *großes* immeuble m

Gebell N aboiement(s) m(pl)

geben A VT **1** donner; (≈ *reichen, weitergeben*) a. passer; TEL **~ Sie mir bitte Herrn X!** vous pouvez me passer Monsieur X, s'il vous plaît?; *umg fig* **es j-m ~** donner à qn ce qu'il mérite; **mit Worten** dire à qn ses quatre vérités **2** *fig* Antwort, Auskunft, Beispiel donner; Versprechen, Kredit, Rabatt, Fest faire **3** KARTENSPIEL donner **4** (≈ *ergeben*) faire; **10 durch 2 gibt 5** 10 divisé par 2 fait ou égale 5 **5** THEAT jouer **6** (≈ *hervorbringen*) faire **7** (≈ *äußern*) **etw von sich** (*dat*) **~** dire, proférer qc **8** (≈ *hinzugeben*) ajouter; mettre **B** VR **1 sich ungezwungen ~** se montrer naturel **2** (≈ *nachlassen*) se calmer; **das wird sich schon ~** ça va s'arranger **C** V/UNPERS **es gibt ...** il y a ...; **es gibt Regen** on aura de la pluie; il va pleuvoir; *umg* **das gibts doch nicht!** *umg* pas possible!; **was gibt es?** qu'y a-t-il?; qu'est-ce qu'il y a?; **was gibt es zu essen, im Fernsehen?** qu'est-ce qu'il y a à manger, à la télé?

Gebet N prière f

gebeten PPERF → **bitten**

Gebiet N **1** GEOG région f; territoire m **2** *fig* domaine m; **auf diesem ~** dans ce domaine

Gebilde N (≈ *Gegenstand*) chose f

gebildet ADJ cultivé

Gebirge N (chaîne f de) montagnes fpl

Gebiss N dentition f; dents fpl; **(künstliches) ~** dentier m

gebissen PPERF → **beißen**

Gebläse N AUTO ventilateur m; TECH soufflerie f

geblieben PPERF → **bleiben**

gebogen ADJ Schnabel, Nase, Hörner recourbé

geboren A PPERF → **gebären** B ADJ né; **Mädchenname ~e X** née X

geborgen ADJ en sécurité **Geborgenheit** F sécurité f

Gebot N **1** REL commandement m; **die Zehn ~e** les dix commandements; le décalogue **2** *bei Versteigerung* offre f; **höheres** enchère f

gebracht PPERF → **bringen**

gebrannt PPERF → **brennen**

Gebrauch M usage m; *a. e-s Wortes, e-r List* emploi m; **von etw ~ machen** se servir de, faire usage de qc; employer qc; **von e-m Recht** user de qc **gebrauchen** VT **1** (≈ *benutzen*) employer; utiliser; **das ist nicht zu ~** c'est inutilisable; *Person, Sache* **zu nichts zu ~ sein** n'être bon à

gebräuchlich – Gefallen

rien ❷ *umg* **das kann ich gut ~** cela me sera très utile

gebräuchlich ADJ courant; *Wort a.* usité

Gebrauchsanleitung F, **Gebrauchsanweisung** F mode m d'emploi

gebraucht ADJ usagé; (*≈ aus zweiter Hand*) d'occasion **Gebrauchtwagen** M voiture f d'occasion

gebrochen PPERF → brechen

Gebrüll N ❶ *e-s Rindes* mugissement(s) m(pl); *e-s Löwen* rugissement(s) m(pl) ❷ (*≈ Geschrei*) °hurlements mpl

Gebühr F ❶ *oft pl* **~en** taxe(s) f(pl); (*≈ Fernsehgebühr, Rundfunkgebühr*) redevance f; (*≈ Straßenbenutzungsgebühr*) péage m; (*≈ Postgebühr*) tarif m ❷ **über ~** excessivement; outre mesure **Gebühreneinheit** F TEL unité f **Gebührenerhöhung** F augmentation f de tarif, de taxe(s) **gebührenpflichtig** ADJ payant; *Straße* à péage

gebunden ADJ ❶ CHEM fixé; TYPO relié ❷ *fig* lié; *an (+ akk)* **~** *an Regeln* soumis à; *an s-e Familie* attaché à

Geburt F ❶ naissance f; **er ist von ~ Franzose** il est Français de naissance ❷ (*≈ Entbindung*) accouchement m **Geburtenrate** F (taux m de) natalité f **Geburtenrückgang** M baisse f de la natalité

Geburtsanzeige F faire-part m de naissance **Geburtsdatum** N date f de naissance **Geburtsjahr** N année f de naissance **Geburtsname** M nom m de jeune fille **Geburtsort** M lieu m de naissance

Geburtstag M anniversaire m; **sie hat heute ~** aujourd'hui, c'est son anniversaire; **herzlichen Glückwunsch zum ~!** bon anniversaire! **Geburtstagsfeier** F fête f d'anniversaire **Geburtstagsgeschenk** N cadeau m d'anniversaire **Geburtstagskind** *hum* N personne f qui fête son anniversaire **Geburtstagsparty** F fête f d'anniversaire **Geburtsurkunde** F acte m de naissance

Gebüsch N buissons mpl

gedacht PPERF → denken

Gedächtnis N mémoire f

Gedanke M (*≈ Überlegung*) pensée f; (*≈ Einfall, Idee*) idée f; **j-s ~n lesen** lire dans les pensées de qn; **j-n auf andere ~n bringen** changer les idées à qn; *umg* **auf dumme ~n kommen** faire des bêtises; **in ~n** (*≈ im Geiste*) mentalement; par la, en pensée; **in ~n versunken sein** être plongé dans ses pensées; **mit dem ~n spielen zu** (+ *inf*) caresser l'idée de (+ *inf*); **sich** (*dat*) **über etw** (*akk*) **~n machen** réfléchir à, reconsidérer qc

gedankenlos ADJ irréfléchi; inconsidéré

Gedankenstrich M tiret m

Gedeck N couvert m

gedeihen VI *Pflanze, Kind* pousser bien; se développer bien; *Wirtschaft* prospérer

Gedicht N poème m; **ein ~ aufsagen** réciter une poésie, un poème **Gedichtinterpretation** F interprétation f d'un poème

gedieh → gedeihen

Gedränge N cohue f; *fig zeitlich* **ins ~ kommen** être bousculé

Geduld F patience f; **~ haben** avoir de la patience; **die ~ verlieren** perdre patience; s'impatienter; **mit s-r ~ am Ende sein** être à bout de patience **gedulden** VR **sich ~** patienter **geduldig** ADJ patient

geeignet ADJ *Augenblick, Maßnahme* approprié; convenable; *Person* apte (**für** à)

Gefahr F danger m; (*≈ Wagnis*) risque m; **in ~** (*dat*) **sein** être en danger; **außer ~ sein** être °hors de danger; **auf eigene ~ s** à mes, *etc* risques et périls; **j-n, etw in** (*akk*) **~ bringen** mettre qn, qc en danger

gefährden VT *Person* mettre en danger; *Pläne, Frieden, Sicherheit* compromettre; **(ernstlich) gefährdet sein** *Personen* être (sérieusement) en danger; *Pläne, Frieden etc* être compromis

Gefahrenzone F zone dangereuse

gefährlich ADJ dangereux

Gefährte M, **Gefährtin** *geh* F compagnon m, compagne f

gefallen A VI plaire (**j-m** à qn); **wie gefällt Ihnen ...?** comment trouvez-vous ...?; **mir gefällt es in Wien** j'aime beaucoup Vienne B VR *umg* **sich** (*dat*) **nichts ~ lassen** ne pas se laisser faire

Gefallen M (*≈ Gefälligkeit*) service m; fa-

veur f; j-m e-n ~ tun rendre un service à qn **Gefälligkeit** F (≈ *Gefallen*) service m; faveur f
gefälligst umg ADV **machen Sie ~ die Tür zu!** vous ne pourriez pas fermer cette porte?; **halt ~ den Mund!** fais-moi le plaisir de te taire!; tais-toi, je t'en prie!
gefangen ADJ prisonnier; (≈ *in Haft*) détenu; **~ halten** *Häftling* détenir; *Geisel* séquestrer; *Tier* enfermer; geh fig (≈ *begeistern*) captiver; **~ nehmen** faire prisonnier, -ière; capturer; geh fig (≈ *begeistern*) captiver **Gefangene(r)** M(F)M MIL prisonnier, -ière m,f; (≈ *Inhaftierte(r)*) détenu(e) m(f) **Gefangenschaft** F a. e-s *Tiers* captivité f
Gefängnis N prison f; **ins ~ kommen** aller en prison; **j-n zu zwei Jahren ~ verurteilen** condamner qn à deux ans de prison **Gefängnisstrafe** F peine f de prison **Gefängniswärter(in)** M(F) gardien, -ienne m,f de prison
Gefäß N **1** (≈ *Behälter*) récipient m **2** ANAT vaisseau m
gefasst ADJ **1** (≈ *beherrscht*) impassible (**angesichts** + *gen* devant); calme **2 auf etw** (akk) **~ sein** s'attendre à qc
Gefecht N combat m
gefleckt ADJ tacheté; **rot ~** avec des taches rouges
geflogen PPERF → fliegen
Geflügel N volaille f
gefragt ADJ **sehr ~ sein** être très demandé
gefräßig ADJ *Tier* vorace
gefreut schweiz ADJ **1** (≈ *erfreulich, angenehm*) satisfaisant **2** (≈ *sympathisch*) sympathique
gefrieren VI geler
Gefrierfach N compartiment congélateur; freezer m **Gefrierpunkt** M PHYS point m de congélation; (≈ *Nullpunkt*) zéro m; **unter dem ~** au-dessous de zéro **Gefrierschrank** M, **Gefriertruhe** F congélateur m
gefroren PPERF → frieren
Gefühl N **1** (≈ *Sinneswahrnehmung*) sensation f; **kein ~ mehr in den Füßen haben** ne plus sentir ses pieds **2** *seelisch* sentiment m; **mit gemischten ~en** avec des sentiments mitigés **3** (≈ *Gespür*) sens m (**für** de); (≈ *Intuition*) intuition f; **sich auf sein ~ verlassen** se fier à son intuition **4** (≈ *Ahnung*) sentiment m; **ich habe das ~, dass …** j'ai le sentiment, l'impression que …
gefühllos ADJ insensible (**gegenüber** à) **gefühlvoll A** ADJ sensible **B** ADV avec beaucoup de sentiment
gefüllt ADJ *mit Fleisch* farci; *Bonbons, Gebäck* fourré
gefunden PPERF → finden
gefüttert ADJ *Kleidungsstück, Briefumschlag* doublé; *mit Pelz* fourré
gegangen PPERF → gehen
gegebenenfalls ADV le cas échéant
gegen PRÄP **1** räumlich, a. fig contre; **~ j-n, etw sein** être contre qn, qc **2** (= *im Austausch für*) contre; en échange de **3** *Richtungsangabe, zeitlich* vers; **~ sieben Uhr** vers (les) sept heures
Gegenbeispiel N exemple m (démontrant le) contraire
Gegend F région f; *schöne* site m; (≈ *Stadtviertel*) quartier m; **in der ~ von Paris** dans la région parisienne
gegeneinander ADV l'un(e) contre l'autre bzw. les un(e)s contre les autres
Gegenfahrbahn F voie opposée **Gegenfrage** F e-e **~ stellen** poser une question en retour; **mit e-r ~ antworten** répondre par une question à une question **Gegengift** N contrepoison m **Gegenleistung** F contrepartie f; **als ~** en contrepartie **Gegenmaßnahme** F contre-mesure f **Gegenmittel** N antidote m
Gegensatz M **1** (≈ *Kontrast*) contraste m; (≈ *Gegenteil*) contraire m; (≈ *Widerspruch*) opposition f; **im ~ zu** contrairement à **2** (≈ *Meinungsverschiedenheit*) **Gegensätze** pl divergences fpl **gegensätzlich** ADJ contraire; opposé; *Meinungen* divergent
Gegenseite F côté opposé; JUR, a. fig partie f adverse **gegenseitig** ADJ (≈ *wechselseitig*) réciproque; mutuel **Gegenseitigkeit** F réciprocité f; **auf ~ beruhen** être réciproque
Gegenstand M **1** (≈ *Ding*) objet m **2** fig (≈ *Thema*) sujet m
gegensteuern VI **1** AUTO contrebraquer **2** fig rectifier le cours
Gegenstimme F bei e-r Wahl voix f contre; **ohne ~** à l'unanimité **Gegen-**

teil N contraire m; **(ganz) im ~ (bien) au contraire gegenteilig** ADJ contraire

gegenüber A PRÄP 1 örtlich en face de 2 (≈ in Bezug auf) envers; **mir ~ envers moi**; à mon égard 3 (≈ im Vergleich zu) par rapport à B ADV en face; **das Haus ~** la maison d'en face

Gegenverkehr M circulation f en sens inverse **Gegenvorschlag** M contre-proposition f

Gegenwart F 1 (≈ jetzige Zeit), a. GRAM présent m 2 (≈ Anwesenheit) présence f; **in s-r ~** en sa présence **gegenwärtig** A ADJ (≈ jetzig) actuel; présent B ADV à l'heure actuelle

Gegenwind M vent m contraire

gegessen PPERF → essen

Gegner(in) M(F) a. SPORT adversaire m/f; MIL ennemi(e) m(f) **gegnerisch** ADJ a. SPORT adverse; MIL a. ennemi

gegolten PPERF → gelten

gegoren PPERF → gären

Gehackte(s) N viande °hachée

Gehalt[1] M 1 CHEM teneur f (**an** + dat en) 2 e-s Texts etc contenu m

Gehalt[2] N von Angestellten salaire m

Gehaltsabrechnung F bulletin m de salaire **Gehaltsempfänger(in)** M(F) salarié(e) m(f) **Gehaltserhöhung** F augmentation f de salaire bzw. de traitement **Gehaltsgruppe** F catégorie f de salaires bzw. de traitements

gehässig ADJ méchant **Gehässigkeit** F a. Äußerung méchanceté f

gehäuft A ADJ **ein ~er Löffel** ... une bonne cuillerée de ... B ADVL (≈ häufig) souvent

Gehäuse N 1 e-r Uhr etc boîtier m 2 (≈ Schneckengehäuse) coquille f 3 von Obst trognon m

gehbehindert ADJ à mobilité réduite

Gehege N enclos m; **im Tierpark** enceinte f

geheim ADJ (≈ verborgen) secret; (≈ vertraulich) confidentiel; **streng ~** ultrasecret; **top secret**; **im Geheimen** en secret; **~ halten** tenir secret; **etw vor j-m ~ halten** cacher qc à qn

Geheimdienst M services secrets

Geheimnis N 1 secret m; **vor j-m keine ~se haben** ne pas avoir de secrets pour qn; **ein ~ aus etw machen** faire un mystère de qc; **ein offenes ~** un secret de Polichinelle 2 unergründliches mystère m; **die ~se des Meeres** les mystères de l'océan **geheimnisvoll** A ADJ mystérieux B ADV **~ tun** faire des mystères

Geheimtipp umg M tuyau m **Geheimzahl** F code confidentiel

gehemmt ADJ Person complexé

gehen A V/T Weg faire (à pied); **vier Kilometer ~** faire quatre kilomètres (à pied) B V/I 1 (≈ sich begeben) aller (**zu j-m** chez qn); **zu Fuß a.** marcher; (≈ nicht fahren etc) aller à pied; **in ein Gebäude ~** entrer dans un bâtiment; **aus einem Gebäude ~** sortir d'un bâtiment; **durch e-e Straße ~** passer par une rue; **auf die andere Seite ~** traverser; aller, passer de l'autre côté; **nach rechts, links ~** aller, prendre à droite, gauche 2 (≈ weggehen) s'en aller; partir 3 fig **j-m bis an die Schulter ~** arriver à l'épaule de qn; **in sich** (akk) **~** faire un retour sur soi-même; **sich ~ lassen** se laisser aller; umg **mit j-m ~** (≈ ein Liebespaar sein) sortir avec qn; **die beiden ~ miteinander** ils sortent ensemble; **Fenster nach Norden ~** donner au nord; **das geht nicht** c'est impossible; **das geht zu weit** ça va trop loin, ça dépasse les limites; umg **geh nicht an meine Sachen!** ne touche pas à mes affaires! 4 (≈ hineinpassen) **in etw** (akk) **~** entrer, tenir dans qc; **das geht nicht in meinen Koffer** cela n'entre pas dans ma valise 5 (≈ funktionieren) marcher; **wie geht dieses Spiel?** comment on joue ce jeu?; **das Lied/die Melodie geht so** ce jeu/cet air, c'est comme ça 6 umg (≈ so gerade angehen) être potable umg; **das Wetter geht ja noch, aber** ... le temps, passe encore, mais ... C V/UNPERS 1 (≈ funktionieren) **es geht** ça marche, ça fonctionne; **es geht nicht anders** on ne peut pas faire autrement 2 (≈ ergehen) **wie geht es Ihnen?** comment allez-vous?; umg **wie geht's?** ça va?; **es geht mir gut/schlecht** je vais bien/mal; **es geht (so)** ça va 3 (≈ möglich sein) **es geht** c'est possible; ça marche 4 Maßstab **nach j-m ~** dépendre de qn; **wenn es nach mir ginge** si ça dépendait de moi 5

(≈ *sich handeln*) **~ um** s'agir de; **worum geht's denn?** de quoi il s'agit?; **ihm geht es nur ums Geld** il n'y a que l'argent qui l'intéresse; **darum geht es doch gar nicht** ce n'est pas du tout la question

Gehirn N̄ *Organ* cerveau *m* **Gehirnerschütterung** F̄ commotion cérébrale **Gehirnwäsche** F̄ lavage *m* de cerveau

gehoben A PPERF → **heben** B ADJ *Stellung* élevé; *Güter* **für den ~en Bedarf** de luxe

geholfen PPERF → **helfen**

Gehör N̄ *Sinn* ouïe *f*; **ein gutes ~ haben** avoir l'ouïe fine; MUS avoir de l'oreille

gehorchen V̄I *a. fig Beine* obéir

gehören A V̄I 1 *als Besitz* **j-m ~** appartenir, être à qn 2 *als Teil* **zu etw, j-m ~** faire partie de qc, qn; **das gehört nicht hierher** cela n'a rien à voir (avec ça) 3 (≈ *erforderlich sein*) **dazu gehört Mut** *etc* il faut du courage, *etc* pour cela 4 (≈ *am Platze sein*) être à sa place; **wo gehört das hin?** où faut-il ranger ça?; **du gehörst ins Bett** tu devrais être au lit V/UNPERS & V/R **das gehört sich (nicht)** cela (ne) se fait (pas); **wie es sich gehört** comme il faut

gehörig A ADJ 1 *als Teil* **zu etw ~** qui fait partie de qc 2 (≈ *gebührend*) convenable 3 *umg* (≈ *tüchtig, kräftig*) bon B *umg* ADV (≈ *gebührend, kräftig*) comme il faut; (≈ *enorm*) drôlement *umg*

gehörlos ADJ sourd

gehorsam ADJ obéissant **Gehorsam** M̄ obéissance *f*

Gehsteig M̄, **Gehweg** M̄ trottoir *m*

Geier M̄ vautour *m*; *umg* **weiß der ~!** aucune idée!

Geige F̄ violon *m* **geigen** A V̄T jouer au violon B V̄I jouer du violon **Geiger(in)** M(F) violoniste *m/f*

geil ADJ 1 (≈ *lüstern*) lubrique; **er ist ~ auf sie** elle l'excite 2 *Jugendsprache* (≈ *toll*) cool *umg*, génial *umg*

Geisel F̄ otage *m* **Geiselnehmer** M̄ preneur *m* d'otages

Geiß *südd, österr, schweiz* F̄ (≈ *Ziege*) chèvre *f*

Geist M̄ 1 *e-s Menschen, Werkes, e-r Zeit* esprit *m*; (≈ *Verstand*) intelligence *f*; *geh* **s-n ~ aufgeben** *a. umg fig* rendre l'âme; **etw im ~(e) vor sich** (*dat*) **sehen** se représenter, s'imaginer qc; *umg* **j-m auf den ~ gehen** taper sur les nerfs à qn 2 *Mensch* esprit *m* 3 (≈ *Naturgeist*) esprit *m*; (≈ *Gespenst*) revenant *m*; **der Heilige ~** le Saint-Esprit

Geisterbahn F̄ train *m* fantôme **Geisterfahrer(in)** M(F) automobiliste *m/f* roulant à contresens sur une autoroute **geistesabwesend** ADJ absent **Geistesgegenwart** F̄ présence *f* d'esprit **geistesgegenwärtig** ADV avec (de la) présence d'esprit **geistesgestört** ADJ déséquilibré

geistig A ADJ (≈ *verstandesmäßig*) intellectuel; PSYCH mental; **~e Arbeit** travail intellectuel B ADV **~ behindert** °handicapé mental

Geistliche(r) M̄ ecclésiastique *m*

Geiz M̄ avarice *f* **Geizhals** M̄ avare *m* **geizig** ADJ avare

Gejammer *umg* N̄ lamentations *fpl*

gekannt PPERF → **kennen**

Gekicher *umg pej* N̄ ricanement *m*

geklungen PPERF → **klingen**

gekonnt A PPERF → **können** B ADJ parfait; (≈ *geschickt*) habile

gekränkt ADJ vexé

Gekritzel *umg pej* N̄ griffonnage(s) *m(pl)*

Gel N̄ gel *m*

Gelächter N̄ rires *mpl*; **in ~ ausbrechen** éclater de rire

geladen *umg* ADJ **~ sein** être furieux (**auf** + *akk* contre)

gelähmt ADJ paralysé **Gelähmte(r)** M(F/M) paralysé(e) *m(f)*

Gelände N̄ *a.* MIL terrain *m*

Geländer N̄ balustrade *f*; *e-r Treppe* rampe *f*

Geländewagen N̄ (véhicule *m*) tout-terrain *m*

gelang → **gelingen**

gelangen V̄I parvenir, arriver, accéder (**zu, nach** à); **zu Reichtum ~** faire fortune

gelassen A ADJ (≈ *ruhig*) calme B ADVL avec calme

geläufig ADJ courant; (≈ *vertraut*) familier

gelaunt ADJ **gut, schlecht ~ sein** être de bonne, mauvaise humeur

gelb ADJ jaune; *Verkehrsampel* orange; **~**

werden devenir jaune; jaunir; *Ampel passer à l'orange* **Gelb** N (couleur f) jaune m; **die Ampel steht auf ~** le feu est à l'orange **Gelbe(s)** N jaune m; *umg* **das ist nicht das ~ vom Ei** *umg* ce n'est pas génial **gelblich** ADJ jaunâtre **Gelbsucht** F jaunisse f
Geld N **1** argent m; **großes ~** (gros) billet(s) m(pl); **kleines ~** monnaie f; *umg* **j-m das ~ aus der Tasche ziehen** voler qn, plumer qn *umg*; *umg* **ins ~ gehen** coûter cher; **sein ~ wert sein** valoir son prix **2** **~er** (≈ *Mittel*) fonds mpl
Geldangelegenheit F affaire f, question f d'argent **Geldanlage** F placement m **Geldautomat** M distributeur m de billets **Geldbeutel** M, **Geldbörse** F porte-monnaie m **Geldbuße** F amende f **geldgierig** ADJ rapace **Geldinstitut** N établissement financier **Geldknappheit** F, **Geldmangel** M manque m d'argent **Geldmittel** NPL fonds mpl **Geldschein** M billet m de banque **Geldstrafe** F amende f **Geldstück** N pièce f de monnaie **Geldumtausch** M change m **Geldwäsche** *umg fig* F blanchiment m de l'argent **Geldwechsel** M change m
Gelee N/M gelée f
gelegen ADJ **1** *örtlich* situé; **am Wald ~** situé au bord de la forêt **2** (≈ *passend*) convenable; *zeitlich a.* opportun; **das kommt (mir) gerade ~** cela tombe bien; cela m'arrange; **du kommst sehr ~** tu arrives juste au bon moment
Gelegenheit F occasion f; **bei ~** à l'occasion; **bei passender ~** en temps et lieu; **bei dieser ~** à cette occasion; **bei nächster ~** à la première occasion **Gelegenheitskauf** M occasion f
gelegentlich A ADJ occasionnel B ADV (≈ *ab und zu*) de temps en temps; (≈ *bei Gelegenheit*) à l'occasion
Gelenk N ANAT, TECH articulation f **gelenkig** ADJ souple
gelernt ADJ (≈ *von Beruf*) de métier
Geliebte(r) M(F)/M außerehelich amant m, maîtresse f
gelingen VI réussir; **etw gelingt j-m (gut)** qn réussit qc; **es gelingt mir, etw zu tun** je réussis, j'arrive à faire qc
gellend ADJ perçant

gelogen PPERF → **lügen**
gelten A VI/T *wert sein* valoir; **s-e Ansicht gilt viel** son avis compte pour beaucoup B VI **1** (≈ *gültig sein*) être valable; *Gesetz, Recht, Regelung, Preise* être en vigueur; **das gilt nicht** (≈ *ist gegen die Spielregel*) cela ne vaut pas; (≈ *zählt nicht*) cela ne compte pas **2** (≈ *gehalten werden*) **~ als, für** être considéré comme; *Person a.* passer pour **3** **~ für** (≈ *sich beziehen auf*) valoir pour **4** **j-m ~** (≈ *j-n betreffen*) s'adresser à qn C VI/UNPERS (≈ *darauf ankommen*) **es gilt zu** (+ *inf*) il s'agit de (+ *inf*)
Geltung F **1** (≈ *Gültigkeit*) validité f; **(keine) ~ (für etw, j-n) haben** (ne pas) être valable (pour qc, qn) **2** (≈ *Wirkung*) valeur f; **etw zur ~ bringen** mettre qc en valeur; **zur ~ kommen** être mis en valeur
gelungen ADJ (≈ *ansprechend*) réussi
gemächlich ADJ tranquille
Gemälde N tableau m
gemäß PRÄP selon; *bes* ADMIN, JUR conformément à
Gemecker *umg pej* N rouspétance f
gemein ADJ *Person, Bemerkung* méchant; *Gesinnung* ignoble; *Trick* sale; **~er Kerl** sale type m; *umg* **das ist ~!** *umg* c'est vache!
Gemeinde F **1** ADMIN commune f **2** (≈ *Kirchengemeinde*) paroisse f; *beim Gottesdienst* fidèles mpl
gemeingefährlich ADJ *Handlung* qui constitue un danger public; *Person* qui est un danger public
Gemeinheit F **1** méchanceté f **2** (≈ *Eigenschaft, Handlung*) vacherie f *umg*
gemeinnützig ADJ d'utilité publique
gemeinsam A ADJ **1** (≈ *gemeinschaftlich*) commun; *Werk* collectif; *Konto* joint **2** **sie hat mit mir ~, dass sie gern kocht** nous avons en commun d'aimer faire la cuisine B ADV en commun **Gemeinsamkeit** F *Eigenschaft* point commun
Gemeinschaft F *Gruppe* communauté f **Gemeinschaftsanschluss** M TEL ligne commune **Gemeinschaftsarbeit** F **1** *Vorgang* travail m d'équipe **2** *Ergebnis* projet commun **Gemeinschaftskunde** F instruction f civique
gemessen ADJ *geh* **~en Schrittes** d'un

pas mesuré; **in ~em Abstand** à (une) distance respectueuse
Gemisch N̄ *a.* AUTO mélange *m*
gemischt ADJ *Klasse, Chor, a.* SPORT mixte; *Abendgesellschaft etc* mélangé; *Gesamtgesellschaft* mêlé; *Eis* panaché; *Salat* composé
Gemurmel N̄ murmures *mpl*
Gemüse N̄ légume(s) *m(pl)* **Gemüsehändler(in)** M̄/F̄ marchand(e) *m(f)* de légumes
gemustert ADJ à dessins; (≈ *mit eingewebtem Muster*) façonné
gemütlich A ADJ 1 *Wohnung* accueillant; *Lokal, Umgebung* intime; *Essen, Beisammensein* convivial; (≈ *bequem*) confortable; *Stimmung, Abend* sympathique 2 *Tempo* tranquille B ADV (≈ *bequem*) comfortablement; (≈ *ruhig*) tranquillement; **es sich** (*dat*) **~ machen** s'installer confortablement
Gen N̄ BIOL gène *m*
genannt PPERF → **nennen**
genau A ADJ 1 (≈ *exakt*) exact; *Angaben* précis; **die ~e Zeit** l'heure exacte; **ich weiß nichts Genaues** je ne sais rien de précis 2 (≈ *sorgfältig*) précis, (**peinlich**) méticuleux; **er ist sehr ~** il est très méticuleux (*ou* minutieux) 3 (≈ *ausführlich*) détaillé B ADV 1 (≈ *exakt*) exactement; **~ in der Mitte** exactement (*ou* juste) au milieu; **~ um fünf Uhr** à cinq heures précises; **~ gehen** *Uhr* être à l'heure 2 (≈ *sorgfältig*) avec précision; **etw ganz ~ nehmen** *wörtlich* prendre qc au pied de la lettre 3 (≈ *streng*) strictement; **~ genommen** strictement parlant; **sie nimmt es mit der Pünktlichkeit nicht so ~** la ponctualité n'est pas son fort 4 *verstärkend* exactement; **mit Verben treis bien;** *als Ausruf* **~!** c'est tout à fait ça!; **ganz ~!** absolument!; **ich kenne ihn ~** je le connais (très) bien 5 (≈ *eben, gleich*) (tout) juste; **das reicht ~ für vier** ça suffit tout juste pour quatre
Genauigkeit F̄ 1 (≈ *Exaktheit*) précision *f*; exactitude *f* 2 (≈ *Sorgfalt*) minutie *f*
genauso ADV → **ebenso**
genehmigen V̄/T̄ A V̄/T̄ *Einreise, Veranstaltung* autoriser; *bes* ADMIN *Antrag* approuver B *umg* V̄/R̄ **sich** (*dat*) **etw ~** s'of-

frir, se payer qc **Genehmigung** F̄ autorisation *f*; *bes* ADMIN approbation *f*
General M̄ général *m* **Generaldirektor** M̄ (président-)directeur général; P.D.G. *m* **Generalprobe** F̄ répétition générale
Generation F̄ génération *f*
generell ADJ général
genetisch ADJ génétique
Genf N̄ Genève **Genfer** ADJ genevois; de Genève; **der ~ See** le lac Léman
Genforschung F̄ recherche *f* génétique
genial ADJ génial; *Künstler, Idee a.* de génie
Genick N̄ nuque *f*
Genie N̄ génie *m*
genieren V̄/R̄ **sich ~** se sentir gêné (**vor j-m** devant qn); **sich ~, etw zu tun** être gêné de faire qc
genießbar ADJ consommable; (≈ *essbar*) mangeable
genießen V̄/T̄ 1 *geh* (≈ *essen*) manger; (≈ *trinken*) boire; *umg fig* **er ist heute nicht zu ~** *umg* il est imbuvable aujourd'hui 2 *fig, a. Vertrauen, Ruf* jouir de; **mit Behagen** savourer; prendre plaisir à; **sein Leben ~** profiter de la vie
Genitiv M̄ génitif *m*
Genmanipulation F̄ manipulations *fpl* génétiques **genmanipuliert** ADJ génétiquement modifié
genommen PPERF → **nehmen**
genoss → **genießen**
Genossenschaft F̄ coopérative *f*
Gentechnik F̄ génie *m*, ingénierie *f* génétique **gentechnisch** A ADJ génétique B ADV **~ verändert** génétiquement modifié; transgénique **Gentest** M̄ test *m* génétique
genug ADV (≈ *ausreichend*) suffisant; suffisamment; **~ Geld haben** avoir assez d'argent; **es ist ~** c'est assez; cela suffit; *umg fig* **von etw ~ haben** en avoir assez de qc; *umg* en avoir plein le dos de qc; **~ (davon)!** cela suffit!
genügen V̄/ī (≈ *ausreichen*) suffire; **es genügt zu** (+ *inf*) il suffit de (+ *inf*) **genügend** ADVL suffisamment; assez; **~ Geld** suffisamment, assez d'argent
Genus N̄ genre *m*
Genuss M̄ 1 *von Ess-, Trinkbarem* consommation *f* 2 (≈ *Wohlbehagen*) plaisir

m; **mit ~** avec délectation
geöffnet ADJ *Geschäft* ouvert
Geografie F géographie f **geografisch** ADJ géographique
Geologie F géologie f
Geometrie F géométrie f **geometrisch** ADJ géométrique
Gepäck N bagages *mpl* **Gepäckabfertigung** F **1** *Schalter* guichet *m* d'enregistrement des bagages **2** *Vorgang* enregistrement *m* des bagages **Gepäckaufbewahrung** F consigne f **Gepäckausgabe** F **1** *Schalter* guichet (*m* de la) consigne f **2** *Vorgang* remise f des bagages **Gepäckstück** N bagage *m* **Gepäckträger** M **1** *Person* porteur *m* **2** *am Fahrrad etc* porte-bagages *m* **Gepäckwagen** M fourgon *m* (à bagages)
gepfeffert *umg fig* ADJ *Rechnung* salé; *Preise* excessif
gepflegt A ADJ **1** *Person, Äußeres, Kleidung* soigné; *Park, Garten* bien entretenu; *Haus* bien tenu **2** *Lokal, Hotel* de (grande) classe B ADV **~ essen gehen** aller dans un bon restaurant
gerade A ADJ **1** *Linie, Straße, Nase etc* droit; **biegen** redresser; **(sich) ~ halten** (se) tenir droit **2** *Zahl* pair B ADV **1** (≈ *genau*) juste(ment); précisément; **~ (in dem Augenblick), als ...** juste, précisément au moment où ... **2** (≈ *im Moment*) justement; **sie ist ~ dabei, sich zu waschen** elle est en train de se laver; **ich wollte es ~ sagen** j'allais juste (*ou* justement) le dire; **ich wollte ~ gehen** j'étais sur le point de partir; **er ist ~ angekommen** il vient (juste[ment]) d'arriver **3** (≈ *knapp*) juste; **~ noch rechtzeitig** juste à temps **4** (≈ *ausgerechnet*) justement; **warum ~ ich?** et pourquoi justement moi? **5** (≈ *besonders*) précisément; **nicht ~ leicht** *etc* pas précisément facile, *etc* **6** **jetzt tut er es ~** il le fait exprès maintenant
Gerade F **1** MATH droite f **2** SPORT ligne droite
geradeaus ADV tout droit **geradebiegen** VT **1** redresser **2** *umg fig* arranger **geradewegs** ADV directement
gerannt PPERF → **rennen**
Gerät N **1** (≈ *einzelnes Werkzeug, Gerät*) outil *m*; *im Haushalt a.* ustensile *m*; *elektrische* **~e** appareils *mpl* électriques **2** *outillage m* **3** (= *Radiogerät, Fernsehgerät*) poste *m* **4** **~e** (≈ *Turngerät*) agrès *mpl*

geraten VI **1** (≈ *zufällig gelangen*) tomber, arriver (par °hasard); **an j-n ~** tomber sur qn; **in Gefahr ~** se trouver en danger; **in Not ~** tomber dans la misère; **unter ein Auto ~** passer sous une voiture **2** (**gut**) **~** réussir; **schlecht ~** rater
Geräteturnen N exercices *mpl* aux agrès
geräumig ADJ spacieux
Geräusch N bruit *m*
gerecht A ADJ **1** *Richter, Urteil, Strafe, Note etc* juste **2** (= *gerechtfertigt*) justifié **3** *Lohn, Entschädigung* juste; **j-m, e-r Sache ~ werden** apprécier qn, qc à sa juste valeur; *e-r Aufgabe* ~ *werden* être à la hauteur de qc; *Wünschen* satisfaire à qc B ADV équitablement **Gerechtigkeit** F justice f
Gerede *umg pej* N bavardage(s) *m(pl)*; *umg* blabla(bla) *m*; **ins ~ kommen** faire jaser
gereizt ADJ irrité
Gericht[1] N JUR tribunal *m*; **vor ~** (*akk*) **gehen** aller en justice; **vor ~** (*dat*) **stehen** être jugé
Gericht[2] N GASTR plat *m*
gerichtlich A ADJ judiciaire B ADV **gegen j-n ~ vorgehen** poursuivre qn en justice
Gerichtshof M cour f de justice **Gerichtssaal** M salle f d'audience **Gerichtsverfahren** N procédure f judiciaire **Gerichtsverhandlung** F audience f
gering ADJ peu (de); *Anzahl, Menge, Einkommen* petit; *Kenntnisse* limité; *Unterschied, Abstand, Höhe* faible; *Summe, Preis* insignifiant; **von ~em Wert** de peu de valeur; **~ achten, ~ schätzen** mépriser; dédaigner
gerinnen VI *Blut* (se) coaguler; *Milch* cailler
Gerippe N ANAT squelette *m*
gerissen *umg* ADJ (≈ *schlau*) rusé
Germ *südd, österr* MF levure f
Germane M, **Germanin** F Germain(e) *m(f)* **germanisch** ADJ *a.* LING germanique
Germknödel *südd, österr* M grosse boule de pâte levée fourrée à la confitu-

re de prune

gern(e) ADV **1** (≈ *mit Vergnügen*) volontiers; *Antwort* ~(e)! a. avec plaisir!; ~ **geschehen!** (il n'y a pas de quoi!); *etw* ~(e) **tun** aimer faire qc; *etw* ~ **mögen, essen** aimer qc; ~ **gesehen sein** *Gast* être le bienvenu; → **gernhaben** **2** *Wunsch* **ich hätte** ~(e) ... je voudrais ...; **ich möchte** ~ **ins Kino gehen** j'aimerais bien aller au cinéma **3 du kannst** ~(e) **dableiben!** tu peux rester, si tu veux!

gernhaben V/T **1** *etw* ~ aimer qc **2** *j-n* ~ aimer (bien) qn

Geröll N éboulis *m*

geronnen PPERF → gerinnen

Gerste F orge *f*

Geruch M odeur *f*

Gerücht N bruit *m*; rumeur(s) *f(pl)*; **ein** ~ **verbreiten, in die Welt setzen** faire courir un bruit

gerufen PPERF → rufen

gerührt ADJT seelisch touché

Gerümpel *pej* bric-à-brac *m*

gerungen PPERF → ringen

Gerüst N **1** BAU échafaudage *m* **2** *fig e-s Aufsatzes* structure *f*

gesalzen ADJT → gepfeffert

Gesamtbetrag M (montant *m*) total *m* **der, die, das** ~ ... tout le, toute la ...; l'ensemble de ... **Gesamtschule** F établissement scolaire regroupant collège et lycée

gesandt PPERF → senden

Gesang M chant *m*

geschafft ADJT *umg* ~ **sein** *umg* être crevé

Geschäft N **1** (≈ *wirtschaftliche Tätigkeit*) affaire *f*; (≈ *Handel*) marché *m*; **mit j-m ein** ~, ~**e machen** faire une, des affaire(s) avec qn **2** (≈ *Profit, Absatz*) bonnes affaires; *weitS.* profit *m* **3** (≈ *Laden*) magasin *m* **4** *fig* (≈ *Aufgabe*) tâche *f*; travail *m*

Geschäftsbeziehungen FPL relations commerciales **Geschäftsführer(in)** M(F) gérant(e) *m(f)* **Geschäftsführung** F **1** gestion *f* (d'affaires) **2** *Personen* direction *f* **Geschäftsleute** PL gens *pl* d'affaires **Geschäftsreise** F voyage *m* d'affaires **Geschäftsschluss** M fermeture *f* des magasins, des bureaux **Geschäftsstraße** F rue commerçante

geschah → geschehen

geschehen V/I se passer; **als wäre nichts** ~ comme si de rien n'était; **was auch** ~ **mag** quoi qu'il arrive; **was soll damit** ~? que faut-il en faire?; **es muss etwas** ~ il faut faire quelque chose; **das geschieht ihm (ganz) recht** c'est bien fait pour lui

gescheit ADJ (≈ *klug*) intelligent; (≈ *vernünftig*) raisonnable; sensé; **ich kann daraus nicht** ~ **werden** je n'y comprends rien

Geschenk N cadeau *m*; **j-m ein** ~ **machen** faire un cadeau à qn **Geschenkgutschein** M chèque-cadeau *m* **Geschenkpapier** N papier-cadeau *m*

Geschichte F **1** (Entwicklung), *Fach* histoire *f* **2** (≈ *Erzählung*) histoire *f*; (≈ *Märchen*) conte *m* **3** *umg fig* (≈ *Angelegenheit*) histoire *f*; affaire *f*; *iron* **das ist ja e-e schöne** ~! c'est une sale affaire!; nous voilà dans de beaux draps!

Geschicklichkeit F habileté *f*; adresse *f*

geschickt ADJ (≈ *gewandt*) habile, adroit (**im Nähen** en couture)

geschieden ADJT divorcé; **ihr** ~**er Mann** son ex-mari; **s-e** ~**e Frau** son ex-femme

geschieht → geschehen

Geschirr N (≈ *Tafelgeschirr*) vaisselle *f*; **(das)** ~ **spülen** faire, laver la vaisselle **Geschirrspüler** M, **Geschirrspülmaschine** F lave-vaisselle *m* **Geschirrspülmittel** N produit *m* vaisselle **Geschirrtuch** N torchon *m*

geschlagen ADJT **e-e** ~**e Stunde** une heure entière

Geschlecht N **1** BIOL sexe *m*; *hum* **das schwache, starke** ~ le sexe faible, fort **2** GRAM genre *m* **Geschlechtskrankheit** F maladie *f* sexuellement transmissible; MST *f* **Geschlechtsorgane** NPL organes génitaux **Geschlechtsteil** N sexe *m*

geschlossen A ADJ. *Abteilung, Vokal* fermé B ADVL (≈ *alle(s) zusammen*) en bloc; ~ **hinter j-m stehen** faire bloc derrière qn

geschlungen PPERF → schlingen

Geschmack M *a.* Geschmackssinn, *a. fig* goût *m*; **nach meinem** ~ à *od* de

mon goût; **das ist nicht mein ~** ça ne me plaît pas; **(e-n guten) ~ haben** Person avoir du goût; Essen avoir bon goût; umg hum **(die) Geschmäcker sind verschieden** chacun son goût
geschmacklos ADJ **1** GASTR sans goût; fade **2** fig Person qui manque de goût; Dinge, Handlung de mauvais goût **Geschmack(s)sache** F **das ist ~** c'est une question de goût **geschmackvoll** A ADJ de bon goût B ADV avec goût
geschmeidig ADJ souple
geschmissen PPERF → schmeißen
Geschnetzelte(s) N GASTR émincé m
geschnitten PPERF → schneiden
Geschöpf N créature f
Geschoss¹ N, **Geschoß** österr MIL, a. fig projectile m
Geschoss² N, **Geschoß** österr BAU étage m
Geschrei N cris mpl; e-r Menge clameurs fpl; **mit lautem ~** à grands cris
geschrieben PPERF → schreiben
Geschwätz umg pej bavardage m; leeres verbiage m **geschwätzig** pej ADJ bavard
geschwiegen PPERF → schweigen
geschwind bes südd ADV rapidement **Geschwindigkeit** F vitesse f; **mit großer od hoher ~** à grande vitesse; à vive allure **Geschwindigkeitsbegrenzung** F, **Geschwindigkeitsbeschränkung** F limitation f de vitesse
Geschwister NPL frère(s) m(pl) et sœur(s) f(pl)
geschwollen ADJT **1** MED enflé **2** fig pej ampoulé
Geschworene(r) M/F(M) juré m
geschwunden PPERF → schwinden
geschwungen PPERF → schwingen
Geschwür N ulcère m
Geselchte(s) südd, österr N viande fumée
Geselle M (≈ Handwerksgeselle) ouvrier qualifié
gesellig A ADJ Person sociable; Beisammensein convivial B ADV **~ zusammensitzen** passer une soirée conviviale
Gesellschaft F **1** POL, HIST société f; **die vornehme ~** la °haute société **2** (≈ Vereinigung) association f; bes HANDEL société f; **3** (≈ geladener Kreis) réunion f; (≈ Abendgesellschaft) soirée f; **geschlossene ~** réunion privée **4** (≈ Beisammensein) compagnie f; **j-m ~ leisten** tenir compagnie à qn **Gesellschafter** M HANDEL associé m
gesellschaftlich ADJ social; Leben, Beziehungen, Verpflichtungen mondain **Gesellschaftsordnung** F ordre social **Gesellschaftsschicht** F couche sociale **Gesellschaftsspiel** N jeu m de société **Gesellschaftssystem** N système social
gesessen PPERF → sitzen
Gesetz N loi f; **nach dem ~** d'après la loi **Gesetzbuch** N Code m; **Bürgerliches ~** Code civil
gesetzlich A ADJ légal; Erbe légitime B ADV légalement; par la loi; **~ geschützt** protégé par la loi **gesetzwidrig** ADJ illégal
Gesicht N ANAT figure f; visage m; **mitten ins ~** en pleine figure; **ein trauriges ~ machen** avoir l'air triste; umg **er strahlt übers ganze ~** son visage rayonne; **j-m etw (glatt) ins ~ sagen** dire qc à qn en face
Gesichtsausdruck M air m **Gesichtspunkt** M point m de vue; **unter diesem ~** de ce point de vue
gespannt A ADJ **1** Atmosphäre, Verhältnis, Beziehungen, Lage tendu **2** **ich bin ~, ob ...** je suis curieux de savoir si ... B ADVL zuhören avec une attention soutenue; verfolgen avec grand intérêt
Gespenst N (≈ Geist) fantôme m
gesperrt ADJT barré; **~ für LKW** interdit aux poids lourds
gesponnen PPERF → spinnen
Gespräch N **1** (≈ Unterhaltung) conversation f; entretien m; **mit j-m ein ~ (über etw, j-n) führen** avoir une conversation, un entretien avec qn (à propos de qc, qn) **2** TEL communication f (téléphonique) **gesprächig** ADJ bavard **Gesprächsdauer** F TEL durée f d'une communication **Gesprächspartner(in)** M(F) interlocuteur, -trice m,f; TEL correspondant(e) m(f) **Gesprächsthema** N sujet m de conversation
gesprochen PPERF → sprechen
gesprungen PPERF → springen
Gestalt F **1** (≈ äußere Erscheinung) for-

me f; **in (der) ~ von** sous la forme de [2] (≈ *Person*) personnage m [3] (≈ *Körperbau*) taille f
gestalten [A] VT *Leben, Freizeit* organiser; (≈ *anordnen*) arranger; (≈ *e-e Form geben*) donner une forme à; *Produkt a.* dessiner; *schöpferisch* créer [B] VR **sich ~** (≈ *sich darbieten*) se présenter **Gestaltung** F *des Lebens, der Freizeit, e-s Abends* organisation f; *e-s Raumes* décoration f; (≈ *Konzeption*) conception f; *schöpferische réalisation* f
gestanden PPERF → stehen
Geständnis N JUR aveux mpl; **ein ~ ablegen** faire des aveux
Gestank M puanteur f
gestatten VT permettre (**dass** que + *subj*); **~ Sie e-e Frage?** vous permettez que je vous pose une question?
Geste F geste m
gestehen VT & VI avouer; **offen gestanden, ...** (à parler) franchement ...
Gestein N roche f
Gestell N [1] TECH carcasse f [2] (≈ *Brillengestell*) monture f [3] (≈ *Regal*) étagère f; (≈ *Wäschegestell*) étendoir m
gestern ADV hier; **~ Abend** hier soir; **~ vor e-r Woche** il y a eu huit jours hier
Gestik F gestes mpl
gestikulieren VI gesticuler
gestochen [A] PPERF → stechen [B] ADVL **~ scharf** très net
gestohlen PPERF → stehlen
gestorben PPERF → sterben
gestört ADJ **ein ~es Verhältnis zu etw haben** être brouillé avec qc; **geistig ~** dérangé
gestreift ADJ rayé
Gestrüpp N broussailles fpl
gestunken PPERF → stinken
Gestüt N °haras m
Gesuch N demande f; requête f
gesund ADJ *Person* en bonne santé; *Organ, Klima, Kost, a. fig Wirtschaft* sain; *Klima a.* salubre; *Herz* solide; **wieder ~ werden** guérir; se rétablir; **~ und munter sein** être plein de santé; **bleib ~!** fais bien attention à toi!; **Salat ist sehr ~** la salade, c'est bon pour la santé; → gesundschreiben
Gesundheit F santé f; **~!** *beim Niesen* à vos bzw. tes souhaits!; **bei bester ~ sein** être en parfaite santé **gesundheitlich** [A] ADJ de santé [B] ADV **wie geht es ~?** comment va la santé?
gesundheitsschädlich ADJ nuisible à la santé **Gesundheitswesen** N santé publique **Gesundheitszeugnis** N certificat m de santé **gesundschreiben** VT *Arzt* j-n ~ délivrer un certificat de guérison à qn
gesungen PPERF → singen
gesunken PPERF → sinken
getan PPERF → tun
Getöse N vacarme m
Getränk N boisson f **Getränkeautomat** M distributeur m de boissons **Getränkedose** F canette f **Getränkekarte** F carte f des boissons **Getränkestand** M buvette f
Getreide N céréales fpl
getrennt [A] ADJ séparé [B] ADVL séparément; *schreiben* en deux mots
Getriebe N AUTO boîte f de vitesses
getrieben PPERF → treiben
getroffen PPERF → treffen
getrogen PPERF → trügen
getrunken PPERF → trinken
Getto N ghetto m
Getue umg pej N manières fpl; chichis mpl
geübt ADJ expérimenté; **in etw** (dat) **~ sein** être entraîné à (faire) qc
Gewächs N [1] (≈ *Pflanze*) plante f [2] (≈ *Weinsorte*) cru m
gewachsen ADJ **j-m ~ sein** être de taille à se mesurer avec qn; **e-r Sache** (dat) **~ sein** être à la °hauteur de qc
Gewächshaus N serre f
gewagt ADJ [1] (≈ *kühn*) risqué [2] (≈ *freizügig*) osé
Gewähr F garantie f; **ohne ~** sous toutes réserves **gewähren** VT (≈ *zugestehen*) accorder; **j-m Einlass ~** permettre à qn d'entrer
Gewalt F [1] (≈ *Kraftanwendung, Zwang*) force f; *meist unrechtmäßige* violence f; *fig* **mit aller ~** à tout prix; à toute force; **mit ~ öffnen** *Tür etc* forcer; **~ anwenden** recourir à la force bzw. à la violence; **geh j-m Gewalt antun** violenter qn [2] (≈ *Machtbefugnis*) pouvoir m; **j-n, etw in s-e ~ bringen** s'emparer de qn, qc [3] *geh* (≈ *elementare Kraft*) violence f; JUR **höhere ~** (cas m de) force majeure
gewaltbereit ADJ prêt à user de vio-

lence
Gewaltenteilung F séparation f des pouvoirs
gewaltfrei ADJ non-violent; POL pacifique **Gewaltherrschaft** F tyrannie f
gewaltig A ADJ 1 (≈ riesig) énorme; Bauwerk a. monumental 2 (≈ eindrucksvoll) impressionnant B umg ADV (≈ sehr) énormément
gewaltlos A ADJ non-violent B ADV sans violence **gewaltsam** A ADJ Tod violent; Trennung, Vertreibung forcé B ADV par la force; Tür etc ~ öffnen forcer
Gewalttat F acte m de violence **gewalttätig** ADJ violent **Gewaltverbrechen** N crime m; (≈ Bluttat) crime de sang **Gewaltverbrecher** M criminel m
Gewand geh N robe f; habit m
gewandt ADJ (≈ geschickt) habile; Umgangsformen, Stil aisé
gewann → gewinnen
Gewässer N eaux fpl
Gewebe N TEX, BIOL, a. fig tissu m
Gewehr N fusil m
Geweih N ZOOL bois mpl
Gewerbeschein M licence f
Gewerkschaft F syndicat m **Gewerkschaft(l)er(in)** M(F) 1 Funktionär, -in syndicaliste m/f 2 Mitglied syndiqué(e) m(f) **gewerkschaftlich** ADJ syndical
Gewerkschaftsbund M centrale syndicale **Gewerkschaftsmitglied** N syndiqué(e) m(f)
gewesen PPERF → sein¹
Gewicht N a. fig poids m; ein ~ von fünf Kilo haben peser cinq kilos; fig (großes) ~ haben avoir du poids; fig e-r Sache (dat) ~ beimessen accorder de l'importance à qc; fig ins ~ fallen être important; avoir de l'importance
Gewichtheben N haltérophilie f **Gewichtheber** M haltérophile m
Gewinn M 1 HANDEL bénéfice m; profit m; ~ bringen rapporter (un bénéfice); ~ bringend → gewinnbringend; aus etw ~ ziehen tirer profit de qc 2 (≈ Preis) gain m 3 fig (≈ Nutzen) avantage m; profit m
Gewinnbeteiligung F participation f aux bénéfices **gewinnbringend** ADJ HANDEL lucratif, rentable a. fig

gewinnen A VT 1 SPORT, a. fig gagner; Preis a. remporter; j-n für e-e Sache ~ gagner qn à une cause 2 TECH extraire, tirer (aus de) **Gewinner(in)** M(F) gagnant(e) m(f)
Gewinnnummer F numéro gagnant **Gewinnspanne** F marge f bénéficiaire
gewiss A ADJ 1 (≈ nicht näher bestimmt) certain vorangestellt; ein ~er Herr Neu un certain monsieur Neu 2 (≈ sicher) sûr; der Erfolg ist uns ~ notre succès est assuré B ADV certainement; sûrement; ~ doch! (mais) bien sûr!
Gewissen N conscience f; ein gutes, reines ~ haben avoir bonne conscience; mit gutem ~ la conscience tranquille; j-n auf dem ~ haben être responsable de la mort, de la ruine, etc de qn **gewissenhaft** ADJ consciencieux **gewissenlos** ADJ & ADV sans scrupules
Gewissensbisse MPL remords mpl; sich (dat) wegen etw ~ machen avoir mauvaise conscience d'avoir fait qc
gewissermaßen ADV en quelque sorte
Gewissheit F certitude f
Gewitter N a. fig orage m
gewöhnen A VT j-n an j-n, etw ~ habituer qn à qn, qc B VR sich an j-n, etw ~ s'habituer à qn, qc
Gewohnheit F habitude f; aus ~ par habitude
gewöhnlich A ADJ 1 (≈ normal) ordinaire; (≈ gewohnt) habituel 2 pej (≈ ordinär) vulgaire; commun B ADV (≈ meist) (für) ~ d'habitude; wie ~ comme d'habitude
gewohnt ADJ 1 habituel 2 etw (akk) ~ sein être habitué à qc; avoir l'habitude de qc; wie ~ comme d'habitude
gewöhnt ADJT an etw, j-n ~ sein être habitué, fait à qc, qn
gewonnen PPERF → gewinnen
geworben PPERF → werben
geworden PPERF → werden
geworfen PPERF → werfen
gewunden PPERF → winden
Gewürz N épice f; condiment m **Gewürzgurke** F cornichon m
gewusst PPERF → wissen
Gezeiten PL marée f **Gezeitenenergie** F énergie f marémotrice

gezielt ADJ précis B ADVL de manière précise; **j-n ~ ansprechen** cibler qn
gezogen PPERF → **ziehen**
Gezwitscher N gazouillement m
gezwungen PPERF → **zwingen** **gezwungenermaßen** ADV forcément; **etw ~ tun** être forcé de faire qc
Ghetto N ghetto m
gib(t) → **geben**
Gier F désir ardent (**nach** de); avidité f
gierig A ADJ avide (**nach** de); *im Essen* glouton B ADV avec avidité; *essen* avec voracité
gießen A VT 1 *Flüssigkeit* verser; *Blumen* arroser; **etw über etw** (akk) ~ (≈ *verschütten*) renverser qc sur qc 2 TECH couler B VIUNPERS umg **es gießt** il pleut à verse
Gießkanne F arrosoir m
Gift N poison m; *tierisches* venin m; umg fig **du kannst ~ darauf nehmen, dass ...** umg je parie n'importe quoi que ...; fig **das ist ~ für ihn** c'est très mauvais pour lui
giftig ADJ 1 toxique; *Tier* venimeux; *Pflanze* vénéneux 2 umg fig venimeux
Giftmüll M déchets mpl toxiques **Giftpilz** M champignon vénéneux **Giftschlange** F serpent venimeux **Giftwolke** F nuage m toxique
gigantisch ADJ gigantesque; *Unternehmen* géant; *Erfolg* fabuleux
Gigawatt N ELEKTR gigawatt m
gilt → **gelten**
ging → **gehen**
Gipfel M 1 (≈ *Berggipfel*) sommet m 2 fig (≈ *Höhepunkt*) sommet m; apogée m 3 umg **das ist (doch) der ~!** c'est le comble, le bouquet! 4 POL sommet m
Gipfelkonferenz F POL conférence f au sommet **Gipfelkreuz** N croix f (au sommet d'une montagne) **Gipfeltreffen** N rencontre f au sommet
Gips M TECH, MED plâtre m; **den Arm in ~ haben** avoir le, un bras dans le plâtre
Gipsbein umg N jambe plâtrée **Gipsverband** M plâtre m
Giraffe F girafe f
Girlande F guirlande f
Girokonto N compte courant
Gischt M/F écume f
Gitarre F guitare f **Gitarrist(in)** M(F) guitariste m/f

Gitter N (≈ *Fenstergitter, Absperrgitter*) grille f; (≈ *Drahtgitter*) grillage m; umg fig **hinter ~n sitzen** être sous les verrous
Glanz M 1 a. von Perlen, Augen éclat m; vom Haar, von Metall brillant m 2 geh fig splendeur f
glänzen VT a. fig briller **glänzend** A ADJ 1 brillant 2 fig brillant; *Zeugnis, Ergebnis* a. excellent; *Idee* lumineux B ADVL (≈ *glanzvoll*) brillamment; **mir geht es ~** je vais très bien
Glanzleistung F a. iron brillante performance
Glas N 1 *Material* verre m 2 (≈ *Trinkglas*) verre m; (≈ *Marmeladenglas*) pot m; **aus e-m ~ trinken** boire dans un verre
Glasbläser M souffleur m de verre
Glaser M vitrier m
gläsern ADJ 1 en, de verre 2 *Blick* vitreux
Glasfaser F fibre f optique
glasieren VT GASTR glacer; KERAMIK vernisser
glasig ADJ a. fig vitreux
Glasscheibe F vitre f **Glasscherbe** F morceau m, débris m de verre **Glassplitter** M éclat m de verre
Glasur F 1 *von Keramik* vernis m 2 GASTR glaçage m
glatt A ADJ 1 *Oberfläche, Haar, Haut etc* lisse; *Papier, Wasserfläche* uni 2 *Rechnung, Betrag* rond 3 *Straße, Pflaster* glissant 4 umg (≈ *eindeutig*) vrai; pur (et simple) B ADV 1 (≈ *ohne Komplikationen*) sans problèmes 2 umg **das habe ich ~ vergessen** je l'ai carrément oublié
Glatteis N verglas m
glätten VT *Haar, Papier* lisser; *Zettel, Geldschein* défroisser
glattgehen umg VI marcher, aller comme sur des roulettes
Glatze F calvitie f; **e-e ~ haben, bekommen** être, devenir chauve
Glaube M 1 (≈ *religiöse Überzeugung*) foi f, croyance f (**an** + akk en); **der ~ an Gott** la croyance en Dieu 2 (≈ *innere Gewissheit*) foi f (**an** + akk en); **j-m ~n schenken** croire qn
glauben A VT croire; **ich glaube es Ihnen** je vous crois; je le crois; **ich kann es kaum ~!** j'ai de la peine à le croire! B VI croire (**an j-n, etw** en qn, à qc); **ich**

glaube, ja je crois que oui
Glauben M̄ → Glaube **Glaubensbekenntnis** N̄ REL Credo *m*
glaubhaft A ADJ crédible B ADV (≈ *überzeugend*) d'une façon convaincante
gläubig ADJ REL croyant
Gläubiger(in) M(F) HANDEL créancier, -ière *m,f*
glaubwürdig ADJ digne de foi
gleich A ADJ 1 même; *a.* MATH égal; (≈ *ähnlich*) pareil; **vier mal drei (ist)** ≈ **zwölf** quatre fois trois font douze; **das Gleiche** la même chose 2 **das ist mir (völlig)** ≈ cela m'est (complètement) égal B ADV 1 *zeitlich* (≈ *sofort*) tout de suite; (≈ *bald*) bientôt; **es ist** ≈ **zehn Uhr** il est presque dix heures; **bis** ≈! à tout à l'heure! 2 *räumlich* juste; ≈ **daneben** juste à côté 3 (≈ *genauso*) de la même façon, manière; *vergleichend aussi*; ≈ **schnell** aussi rapide, vite **(wie qn)** C PARTIKEL *in Fragesätzen* déjà; **wie heißt er doch** ≈? comment s'appelle-t-il déjà?
gleichalt(e)rig ADJ du même âge
gleichberechtigt ADJT égal en droits **Gleichberechtigung** F̄ égalité *f* des droits
gleichen A V/I j-m, e-r Sache ≈ ressembler à qn, qc V/R **sich** ≈ **(dat)** ≈ se ressembler
gleichfalls ADV également; **danke** ≈! merci, (à) vous aussi!
Gleichgewicht N̄ *a. fig* équilibre *m*; **aus dem** ≈ **kommen** perdre l'équilibre
gleichgültig A ADJ 1 (≈ *teilnahmslos*) indifférent (**gegenüber** à) 2 **das ist mir** ≈, **cela m'est égal** B ADV avec indifférence
Gleichheit F̄ égalité *f*
gleichmäßig ADJ *Bewegung* uniforme; (≈ *regelmäßig*) régulier
Gleichnis N̄ parabole *f*
Gleichstand M̄ égalité *f* (de points *bzw.* de buts)
Gleichstellung F̄ mise *f* sur un pied d'égalité; *soziale* assimilation *f*
Gleichung F̄ équation *f*
gleichwertig ADJ équivalent; *Gegner* de force égale; de même niveau
gleichzeitig A ADJ simultané B ADV simultanément; en même temps
Gleis N̄ voie (ferrée); rails *mpl*; (≈ *Bahnsteig*) quai *m*; *Zug* **auf** ≈ **acht einlaufen** entrer en gare au quai °huit
gleiten V/I 1 glisser; *fliegend* planer; **über etw** (*akk*) ≈ **mit den Händen** passer les mains sur qc; **j-m aus den Händen** ≈ glisser des mains de qn 2 *umg Arbeitnehmer* prendre un jour, *etc* de libre (*dans le cadre d'un horaire à la carte*)
Gleitschirm M̄ parapente *m* **Gleitschutz** M̄ AUTO antidérapant *m* **Gleitzeit** F̄ *umg System* horaire *m* à la carte, mobile, variable
Gletscher M̄ glacier *m*
glich → gleichen
Glied N̄ 1 ANAT membre *m*; (≈ *Fingerglied, Zehenglied*) phalange *f* 2 (≈ *Penis*) membre (viril) 3 (≈ *Mitglied*) membre *m* 4 *e-r Kette* maillon *m*
gliedern A V/T (≈ *unterteilen*) diviser (**in** + *akk* en); (≈ *strukturieren*) structurer B V/R **sich** ≈ se diviser (en) **Gliederung** F̄ (≈ *Unterteilung*) division *f*; (≈ *Struktur*) structure *f*; *e-s Buches, Aufsatzes* plan *m*
glimmen V/I rougeoyer
glitschig ADJ glissant
glitt → gleiten
glitzern V/I scintiller **Glitzern** N̄ scintillement *m*
global ADJ 1 (≈ *weltweit*) mondial 2 (≈ *umfassend*) global **Globalisierung** F̄ mondialisation *f*
Globus M̄ globe (terrestre)
Glocke F̄ 1 cloche *f*; (≈ *Klingel*) sonnette *f* 2 (≈ *Käseglocke*) cloche *f*
glomm → glimmen
Glotze *umg* F̄ *umg* télé *f*; *umg* téloche *f*
glotzen *umg pej* V/I faire des yeux ronds
Glück N̄ 1 (≈ *Glücklichsein*) bonheur *m*; (≈ *Glücksfall*) chance *f*; (≈ *Schicksal*) fortune *f*; **viel** ≈! bonne chance!; **auf gut** ≈ au petit bonheur; **zum** ≈ heureusement; par bonheur; ≈ **bringend** qui porte bonheur; ≈ **haben** avoir de la chance
glücken V/I réussir; **etw ist mir geglückt** j'ai réussi à faire qc
glücklich A ADJ heureux; *Lösung, Ende a.* bon B ADV ≈ **verheiratet** heureux en ménage **glücklicherweise** ADV heureusement
Glückspilz *umg* M̄ *umg* veinard *m*
Glückssache F̄ question *f* de chance
Glücksspiel N̄ jeu *m* de °hasard

Glückstag M jour m de chance
Glückwunsch M félicitations fpl (**zu** pour); **herzlichen ~ zum Geburtstag!** bon anniversaire! **Glückwunschkarte** F carte f de félicitations
Glühbirne F ampoule f
glühen VI Metall, Kohlen être incandescent ② Sonne brûler; Gesicht être rouge, en feu **glühend** A ADJ ① Metall, Kohlen incandescent ② fig Sonne ardent; Gesicht rouge ③ fig (≈ begeistert) fervent; Liebe passionné B ADV ① **~ heiß** brûlant; Wetter torride ② fig j-n **~ verehren** adorer qn
Glühwein M vin chaud **Glühwürmchen** N ver luisant
Glut F (≈ Holzglut, Kohlenglut) braise f; (≈ Hitze) chaleur f torride
GmbH F ABK (= Gesellschaft mit beschränkter Haftung) SARL f
Gnade F grâce f; **um ~ bitten** demander grâce **Gnadenfrist** F délai m de grâce **gnadenlos** ADJ sans pitié **gnädig** A ADJ (≈ milde) clément; indulgent; geh Anrede **~e Frau!** Madame! B ADV avec clémence, indulgence
Gokart M kart m
Gold N or m; fig **~ wert sein** valoir son pesant d'or **Goldbarren** M lingot m d'or
golden ADJ ① (≈ aus Gold) en or ② (≈ goldfarben) doré
Goldfisch M poisson m rouge
goldig ADJ Kind, Tier adorable; Kind a. mignon
Goldmedaille F médaille f d'or **Goldschmied(in)** M(F) orfèvre m/f
Golf[1] M GEOG golfe m; **Persischer ~** golfe Persique
Golf[2] N SPORT golf m
Golfball M balle f de golf **Golfplatz** M terrain m de golf **Golfschläger** M club m
Golfstaat(en) M(PL) pays m(pl) du golfe Persique **Golfstrom** M Gulf Stream m
Gondel F ① SCHIFF gondole f ② FLUG nacelle f; e-r Seilbahn cabine f
Gong M gong m
gönnen A VT **j-m etw ~** ne pas envier qc à qn; **ich gönne ihm s-n Erfolg** je suis content pour lui qu'il ait réussi B V/R **sich** (dat) **etw ~** s'accorder qc
googeln® VT aller sur Google®; **einen Namen ~** entrer un nom dans Google®
gor → gären
Gorilla M a. umg fig gorille m
goss → gießen
Gotik F Stil gothique m **gotisch** ADJ HIST, ARCHIT gothique
Gott M ① REL Dieu m; **der liebe ~** le bon Dieu; umg fig **in ~es Namen!** soit!; **an ~ glauben** croire en Dieu; **ach (du lieber) ~!**, **mein ~!** mon Dieu!; **grüß ~!** bonjour! bzw. bonsoir!; **um ~es willen!** pour l'amour de Dieu!; **~ weiß wie, wo** etc Dieu sait comment, où, etc ② MYTH dieu m
Götterspeise F GASTR entremets à base de gélatine
Gottesdienst M service (religieux); PROT culte m; KATH messe f **Gotteslästerung** F blasphème m
Göttin F déesse f **göttlich** ADJ a. fig divin
Grab N tombe f; **geh zu ~e tragen** a. fig enterrer; **sich** dat **sein eigenes ~ schaufeln** causer sa propre ruine; umg fig **sich im ~(e) herumdrehen** se retourner dans sa tombe; umg **schweigen wie ein ~** être muet comme une tombe
graben VT & VI creuser **Graben** M a. GEOL, a. fig fossé m; im Ozean fosse f; MIL tranchée f
Grabmal N tombeau m **Grabstein** M pierre tombale
Grabung F fouilles fpl
Grad M ① Maßeinheit m, a. GEOG, a. fig degré m; **bei (plus) zehn ~** à dix degrés; **bei minus zwanzig ~** à moins vingt degrés; **im höchsten ~e** au plus °haut point; extrêmement ② MIL grade m
Graf M comte m
Grafik F ① Technik, Kunst arts mpl graphiques ② Kunstwerk estampe f ③ Schaubild graphique m **Grafiker(in)** M(F) dessinateur, -trice m,f **Grafikkarte** F carte f graphique
Gräfin F comtesse f
grafisch ADJ graphique
Gramm N gramme m
Grammatik F grammaire f
Granat M MINER grenat m **Granatapfel** M grenade f
Granate F obus m; (≈ Handgranate) grenade f
Granit M granit(e) m

grantig *umg* süd, österr ADJ grincheux
Grapefruit F pamplemousse m
grapschen *umg* A VT empoigner B VI **nach etw ~** (faire un mouvement rapide pour) prendre qc
Gras N herbe f; *umg* fig **über etw** (akk) **~ wachsen lassen** passer l'éponge sur qc **grasen** VI paître **grasgrün** ADJ vert-pré
grässlich ADJ horrible
Grat M *-e-s Bergs* arête f
Gräte F arête f
Gratin N GASTR gratin m
gratis ADV gratuitement **Gratisprobe** F échantillon gratuit
Grätsche F saut m jambes écartées
grätschen A VT **Beine** écarter B VI sauter jambes écartées
Gratulation F félicitations fpl **gratulieren** VI **j-m zu etw ~** féliciter qn de qc; **j-m zum Geburtstag ~** souhaiter à qn un bon anniversaire; **(ich) gratuliere!** (mes) félicitations!
grau ADJ *a. fig Markt* gris; **~ werden Haare, Mensch** grisonner **Graubrot** N pain bis
Graubünden N les Grisons mpl
Gräuel M geh **1** (= *Gräueltat*) atrocité f **2 das ist mir ein ~** j'ai horreur de cela
grauen V/UNPERS **es graut mir, mir graut vor** (+ dat) j'ai horreur de; **davor graut mir** a. cela me fait horreur **Grauen** N horreur f (**vor** + dat de) **grauenhaft**, **grauenvoll** ADJ *beide, a. umg fig* horrible, épouvantable
grauhaarig ADJ aux cheveux gris
grausam ADJ **1** (= *brutal*) cruel **2** (= *schrecklich*) *a. umg fig* terrible; horrible **Grausamkeit** F **1** *Wesensart* cruauté f **2** *Tat* (acte m de) cruauté f
gravieren VT graver (**in** + akk dans)
graziös ADJ gracieux
greifen A VT (= *ergreifen*) saisir; prendre; fig **zum Greifen nahe** à portée de la main B VI **in die Tasche ~** porter la main à la poche; **nach etw ~** (chercher à) prendre, saisir qc; **um sich ~** se propager; **geh zu etw ~** prendre qc; avoir recours à qc
grell ADJ *Licht* cru; éblouissant; *Farbe* voyant; *pej* (= *schrill*) criard **2** *Ton, Stimme* perçant
Gremium N comité m; commission f

Grenze F **1** *e-s Landes* frontière f; **die zu Frankreich** la frontière avec la France **2** *e-s Grundstücks, e-r Gemeinde* limite f **3** fig limite(s) f(pl); **sich in ~n** (dat) **halten** être limité; *Leistungen a.* être moyen
grenzen VI **an etw** (akk) **~** confiner à qc; fig friser qc **grenzenlos** A ADJ (= *uneingeschränkt*) sans limites; *a. Macht, Geduld, Vertrauen* illimité; *Bewunderung* sans bornes B ADV infiniment
Grenzkontrolle F contrôle m à la frontière **Grenzübergang** M **1** *Stelle* poste m frontière **2** *Aktion* passage m de la frontière **grenzüberschreitend** ADJ au-delà des frontières **Grenzwert** M **1** (= *äußerster Wert*) valeur f limite **2** MATH limite f **grenzwertig** ADJ *umg* (= *gerade noch erträglich*) limite
Grieche M, **Griechin** F Grec m, Grecque f **Griechenland** N la Grèce **griechisch** ADJ grec
griff → **greifen**
Griff M **1** *e-r Tür, e-s Degens, Hebels, Koffers etc* poignée f; *e-s Topfes* anse f; *e-s Werkzeugs, Messers* manche m **2** (= *Handgriff*) geste m; SPORT prise f; **mit e-m ~ holte sie ein Glas Marmelade aus dem Regal** (d'un geste,) elle attrapa un pot de confiture sur le rayon **3 etw im ~ haben** (= *gut können*) avoir l'habitude de (faire) qc; (= *unter Kontrolle haben*) maîtriser qc; **etw in den ~ bekommen** apprendre à faire qc
Grill M *Gerät* gril m; barbecue m
Grille F ZOOL grillon m
grillen A VT faire griller B VI faire un barbecue **Grillfest** N barbecue m
Grimasse F grimace f; **~n schneiden** faire des grimaces
grimmig ADJ **1** (= *zornig*) furibond **2** fig *Kälte* terrible
grinsen VI ricaner **Grinsen** N ricanement m
Grippe F grippe f; **saisonale ~** grippe f saisonnière
grob A ADJ **1** *Gewebe, Gesichtszüge* grossier; *Feile, Faser, Sand* gros **2** *Fehler, Irrtum* grossier; grave **3** *Person* grossier; rude (**zu** avec) **4** *Schätzung* approximatif; **in ~en Umrissen** od **Zügen** en gros; grosso modo B ADV **1** zerkleinern etc grossièrement **2** (= *schwerwiegend*) gravement **3** *mit Worten* grossièrement

grölen _umg pej_ VT & VI beugler
Grönland N le Groenland
Groschen M 1 HIST österr groschen m 2 HIST umg (≈ _Zehnpfennigstück_) pièce f de dix pfennigs **der ~ ist gefallen** _umg_ il, etc a pigé
groß A ADJ 1 _Ausmaße, Menge, Bedeutung, a. fig_ grand; _im Volumen oft_ gros; **wie ~ ist ...?** combien mesure ...?; **sie ist 1,70 m ~** elle fait, mesure 1,70 m; **im Großen und Ganzen** en gros; dans l'ensemble 2 (≈ _älter_) **mein ~er Bruder** mon grand frère; _von Kindern_ **das ist unser Großer** c'est notre aîné 3 (≈ _erwachsen_) grand; **Groß und Klein** petits et grands; **~ werden** grandir B ADV **~ angelegt** _Plan etc_ de grande envergure; _umg_ **etw ~ feiern** faire une grande fête pour qc; → großschreiben
Großaktionär M gros actionnaire
Großalarm M alerte générale
großartig A ADJ magnifique B ADV magnifiquement
Großaufnahme F gros plan
Großbritannien N la Grande-Bretagne
Großbuchstabe M majuscule f
Größe F 1 _Eigenschaft, a. fig_ grandeur f; _im Volumen oft_ grosseur f; (≈ _Ausmaße_) dimensions fpl; (≈ _Körpergröße_) taille f 2 _e-s Kleidungsstücks_ taille f; (≈ _Schuhgröße, Handschuhgröße, Hutgröße_) pointure f; **ich habe ~ 42** je fais du 42; bei _Schuhen a._ je chausse du 42 3 **unbekannte ~** _a. fig_ inconnue f
Großeltern PL grands-parents mpl
Größenwahn M mégalomanie f **größenwahnsinnig** ADJ mégalomane
größer ADJ 1 plus grand; **~ machen** _Schrift, Loch etc_ agrandir; **~ werden** _Lebewesen, Unzufriedenheit_ grandir; _Familie, Firma, Stadt_ s'agrandir; _Arbeitslosigkeit, Schulden, Bevölkerung_ augmenter 2 (≈ _ziemlich groß_) assez grand; _Summe a._ assez gros
Großfamilie F grande famille **Großformat** N grand format **Großhandel** M commerce m de od en gros **Großhändler** M grossiste m **Großindustrie** F grande, grosse industrie **Großindustrielle(r)** M grand industriel **Großmaul** _umg_ N _umg_ grande gueule
Großmutter F grand-mère f **Großonkel** M grand-oncle m **Großraum** M agglomération f **Großraumbüro** N grand bureau aménagé pour plusieurs postes de travail **großschreiben** VT _Wort_ écrire avec une majuscule **Großstadt** F grande ville **Großtante** F grand-tante f
größte ADJ le plus grand; **der ~ Teil (der Gäste)** la plupart (des invités) **größtenteils** ADV pour la plupart **Großunternehmen** N grande entreprise **Großvater** M grand-père m **großziehen** VT élever
großzügig ADJ 1 (≈ _freigebig_) généreux; (≈ _tolerant_) large d'esprit 2 (≈ _weiträumig_) vaste **Großzügigkeit** F (≈ _Freigebigkeit_) générosité f; largesse f; (≈ _Toleranz_) largeur f d'esprit
grottenschlecht _sl_ ADJ _sl_ nul à chier
grub → graben
Grübchen N fossette f
Grube F 1 fosse f 2 BERGBAU mine f
grübeln VI ruminer (_über etw akk_ qc)
grüezi _schweiz_ INT (≈ _guten Morgen, Tag_) bonjour; (≈ _guten Abend_) bonsoir
grün ADJ _a. Salat, Tee, Obst_ vert; _fig_ **~es Licht für etw geben** donner le feu vert à qc; **~ werden** devenir vert; _Natur_ reverdir; _umg fig_ **sich ~ und blau ärgern** se fâcher tout rouge; _umg fig_ **j-m nicht ~ sein** ne pas porter qn dans son cœur 2 ÖKOL, POL VERT; _umg_ écolo
Grün N _Farbe_ vert m; **die Ampel steht auf ~** le feu est au vert; _umg_ **das ist dasselbe in ~** c'est du pareil au même; _umg_ c'est kif-kif **Grünanlage(n)** F(PL) espace(s) vert(s)
Grund M 1 (≈ _Untergrund, Hintergrund_) fond m 2 _e-s Gewässers, Gefäßes_ fond m; SCHIFF **auf ~ laufen** (s')échouer; _fig_ **e-r Sache** (_dat_) **auf den ~ gehen** aller au fond des choses; _fig_ **von ~ auf od ~ aus** de fond en comble; à fond; **im ~e (genommen)** au fond 3 (≈ _Erdboden_) sol m; **~ und Boden** terres fpl; terrain m 4 (≈ _Vernunftgrund_) raison f; (≈ _Beweggrund_) motif m; **~ haben zu** (+ _inf_) avoir lieu, des raisons de (+ _inf_); **ohne ~** sans raison; sans cause; **auf ~ von** (≈ _wegen_) en raison de; (≈ _kraft_) en vertu de; **aus welchem ~?** pour quelle raison?

Grundausbildung F MIL instruction f militaire (de base) **Grundbesitz** M propriété foncière
gründen A V/T fonder; créer B V/R **sich auf etw** (akk) **~ sein** se baser sur qc **Gründer(in)** M(F) fondateur, -trice m,f
Grundfläche F e-r Wohnung surface f **Grundgesetz** N loi fondamentale; (≈ Verfassung) constitution f **Grundkapital** N capital social **Grundkenntnisse** FPL connaissances fpl de base **Grundlage** F base f; e-r Theorie etc fondement m; **auf der ~ von** sur la base de **grundlegend** ADJ fondamental
gründlich A ADJ Person, Arbeit minutieux; Kenntnisse solide; Untersuchung approfondi B ADV à fond
grundlos ADV sans raison
Grundnahrungsmittel N aliment m de base
Gründonnerstag M jeudi saint
Grundrecht N droit fondamental
Grundriss M plan m **Grundsatz** M principe m **grundsätzlich** A ADJ (≈ grundlegend) fondamental B ADV ① fondamentalement ② (≈ aus Prinzip) par principe ③ (≈ im Prinzip) en principe
Grundschule F école f primaire **Grundschüler(in)** M(F) écolier, -ière m,f **Grundschullehrer(in)** M(F) instituteur, -trice m,f
Grundstück N terrain m
Gründung F fondation f
Grundwasser N nappe f phréatique **Grundwasserspiegel** M niveau m de la nappe phréatique **Grundwortschatz** M vocabulaire m de base **Grundzahl** F nombre cardinal **Grundzug** M caractéristique f; **Grundzüge der Wirtschaftspolitik** grandes orientations des politiques économiques
Grüne(r) M(F/M) **die ~n** les Verts mpl
Grüne(s) N **im ~n** dans la nature
Grünfläche F espace vert **grünlich** ADJ verdâtre **Grünpflanze** F plante verte **Grünspan** M vert-de-gris m
grunzen V/I grogner
Grünzeug umg N verdure f
Gruppe F groupe m; (≈ Kategorie) catégorie f **Gruppenarbeit** F travail m en groupe **Gruppierung** F groupement m

Gruselfilm M film m d'épouvante **grus(e)lig** ADJ qui donne le frisson **gruseln** V/T & V/I **mir** od **mich gruselt** cela me donne le frisson; je frissonne d'épouvante
Gruß M ① Wort, Geste salut m ② Briefschluss **mit freundlichen Grüßen** sincères salutations; förmlicher veuillez agréer, chère Madame bzw. cher Monsieur, l'expression de mes sentiments distingués; (mit) **herzliche(n) Grüße(n)** amitiés; je vous bzw. je t'embrasse; **viele Grüße** meilleurs souvenirs (**aus Berlin** de Berlin) ③ **j-m von j-m Grüße bestellen** od **ausrichten** donner le bonjour à qn de la part de qn
grüßen A V/T dire bonjour à; **grüß (dich) Gott!** bonjour! bzw. bonsoir!; umg **grüß dich!** salut!; **~ Sie ihn von mir!** donnez-lui le bonjour de ma part!; **er lässt Sie ~** il vous donne le bonjour B V/I dire bonjour
Guatemala N le Guatemala
gucken umg A V/T Fernsehen, Film regarder B V/I ① regarder, zieuter umg (**auf etw** + akk), (**nach etw, nach j-m** qc, qn); **guck mal!** regarde! ② böse, freundlich ~ avoir l'air méchant, aimable
Gugelhupf südd, österr M kouglof m
Guinea N la Guinée
Gulasch N/M goulache od goulasch f/m
Gulden M HIST florin m
Gülle südd, schweiz F purin m
Gully M/N bouche f d'égout
gültig ADJ valable **Gültigkeit** F validité f
Gummi¹ N/M Material caoutchouc (vulcanisé)
Gummi² M (≈ Radiergummi) gomme f
Gummi³ umg N (≈ Gummiband) élastique m
Gummiband N élastique m **Gummibärchen** N ourson m en gomme gélifiée **Gummiboot** N canot m pneumatique **Gummihandschuh** M gant m de caoutchouc **Gummistiefel** M botte f en caoutchouc
Gunst F faveur(s) f(pl); **zu s-n ~en** en sa faveur
günstig A ADJ favorable (**für** à); Zeitpunkt, Wetter a. propice; Angebot, Preis

Gurgel F gorge f **gurgeln** V/I (≈ spülen) se gargariser

Gurke F concombre m; kleine cornichon m; **saure ~** cornichon au vinaigre

Gurt M (≈ Riemen) sangle f; (≈ Sicherheitsgurt) ceinture f

Gürtel M ceinture f **Gürteltasche** F (sac m) banane f

Guru M a. fig gourou m

Guss M 1 TECH fonte f 2 umg (≈ Regenguss) ondée f; averse f 3 GASTR glaçage m

gut A ADJ 1 bon; *Wetter* beau; **gute Reise!** bon voyage!; **seien Sie so gut und ...** veuillez ...; *Mittel* **für** *od* **zu, gegen etw** qc sein être bon pour od à, contre qc; **mir ist nicht gut** je ne me sens pas bien; **es ist gut** od **wie gut, dass du gekommen bist** heureusement que tu es venue; **jetzt ist es aber gut!** umg (≈ jetzt reicht's) ça commence à bien faire!; umg **gut (so)!** bien!; (also od nun) **gut!** bon!; bien!; soit! 2 *Schulnote* **gut** → **Eins**; **sehr gut** → **Eins** B ADV 1 bien; bei Zeitangaben **gut zehn Jahre** dix bonnes années 2 *Wendungen mit Verben* **gut gehen** *Geschäft* bien marcher; (≈ gut ausgehen) se terminer bien; bien finir; (≈ gut verlaufen) se passer bien; **es geht ihm gut** gesundheitlich il va bien; *geschäftlich* ses affaires vont bien; **es ist noch mal gut gegangen** ça a failli mal finir; **gut singen/ schwimmen**, etc bien chanter/nager, etc; **das gefällt mir gut** ça me plaît beaucoup; **du hast es gut!** tu en as, de la chance!; umg **mach's gut!** umg salut! 3 *mit ppr* **gut aussehend** beau 4 *mit pperf* **gut bezahlt** bien payé; **gut gelaunt** de bonne humeur; **gut gemeint** qui part d'une bonne intention 5 *mit adv* **und gut und gern** au moins; **ich bin so gut wie fertig** j'ai presque fini

Gut N 1 (≈ Besitz), a. fig bien m 2 (≈ Landgut) domaine m; (≈ Gutshof) ferme f 3 (≈ Transportgut) marchandise(s) f(pl)

Gutachten N expertise f **Gutachter** M expert m

gutartig ADJ 1 *Tier* inoffensif 2 MED bénin

Gutdünken N **nach (meinem** etc **) ~** comme bon me, etc semble

Gute(s) N 1 (j-m) **~s tun** faire du bien (à qn); **des ~n zu viel tun** exagérer 2 **alles ~!** bonne chance!; weiterhin bonne continuation!

Güte F 1 e-r Person bonté f; umg **ach du meine ~!** mon Dieu! 2 e-r Ware qualité f

Güterbahnhof M gare f de marchandises **Gütergemeinschaft** F communauté f de biens **Gütertrennung** F séparation f de biens **Güterverkehr** M trafic m de marchandises **Güterzug** M train m de marchandises

gutgehen V/I & V/UNPERS → **gut** B 1

gutgläubig ADJ & ADV de bonne foi

Guthaben N avoir m

gütig ADJ bon

gutmachen V/T *Fehler* réparer; *Versäumtes, Verlust* rattraper **gutmütig** ADJ bon enfant; bonhomme **Gutschein** M bon m (**für, auf** + akk pour) **gutschreiben** V/T **j-m e-n Betrag ~** créditer (le compte de) qn d'une somme **Gutschrift** F *Betrag* crédit m

Guyana N la Guyana

Gymnasiast(in) M(F) lycéen, -éenne m, f **Gymnasium** N lycée m

Gymnastik F gymnastique f

Gynäkologe M, **Gynäkologin** F gynécologue m/f

Gyros N GASTR gyros m

H

H, h N H, h m

Haar N (≈ Haupthaar) cheveu m; (≈ Körperhaar, eines Pinsels), a. ZOOL, BOT poil m; (≈ die Haare) **das ~** les cheveux; **blonde ~e** od **blondes ~ haben** avoir les cheveux blonds; **um ein ~ wäre er ums Leben gekommen** il s'en est fallu d'un rien qu'il n'échappe à la mort; umg **kein gutes ~ an j-m, etw lassen** ne dire que du mal de qn, qc; **sich** (dat) **in die ~e kriegen** umg s'empoigner, se voler dans les plumes umg;

umg **an den ~en herbeigezogen** tiré par les cheveux
Haarband N̅ serre-tête m **Haarbürste** F̅ brosse f à cheveux
haaren V̅I̅ *Tier* perdre ses poils
Haarfarbe F̅ couleur f des cheveux **Haarfestiger** M̅ fixateur m **Haargel** N̅ gel m (capillaire) **haargenau** *umg* ADJ très exact, précis **Haargummi** N̅ élastique m (pour les cheveux)
haarig ADJ **1** *Körperteil* poilu **2** *umg* (≈ *heikel*) délicat
Haarnadelkurve F̅ virage m en épingle à cheveux **haarscharf** ADV **1** (≈ *klar*) très nettement; (≈ *genau*) avec une extrême précision **2** (≈ *ganz dicht, nah*) de justesse **Haarschnitt** M̅ coupe f de cheveux **Haarspange** F̅ barrette f **Haarspray** N̅/M̅ laque f **haarsträubend** ADJ **1** (≈ *entsetzlich*) monstrueux **2** (≈ *unerhört*) inouï
haben A V̅T̅ avoir; (≈ *besitzen*) a. posséder; **e-e Stunde hat sechzig Minuten** une heure fait soixante minutes; **wir ~ heute Montag, den 1. April** aujourd'hui nous sommes lundi, le 1er avril; **da hast du Geld** tiens, voilà de l'argent; *umg* **was hast du (denn)?** mais qu'est-ce que tu as?; **das kann ich nicht ~** je ne supporte pas ça; *umg* **da ~ wir!s!** (≈ *das war zu erwarten*) ça y est!; (≈ *so ist es also*) nous y voilà!; **ich habs** (≈ *gefunden*) j'ai trouvé; je l'ai; **es gut ~** avoir la vie belle; *umg* **das werden wir gleich ~** ça ne sera pas long; **sie, er ist noch zu ~** elle, il est encore libre; **ich habe zu** (+ *inf*) j'ai à, je dois, il me faut (+ *inf*); **fig es in sich** (*dat*) **~** être très difficile; **nichts von etw ~** ne pas profiter de qc; **etw vor sich** (*dat*) **~** être à la veille de qc; *weiter entfernt* avoir qc en perspective B V̅/A̅U̅X̅ avoir; *bei reflexiver Konstruktion* être C *umg* V̅R̅ **hab dich nicht so!** ne fais pas tant de façons, de manières!
Habenseite F̅ HANDEL côté m avoir, crédit **Habenzinsen** MPL intérêts créditeurs
Habgier F̅ cupidité f **habgierig** ADJ cupide
Hachse F̅ GASTR jarret m
Hackbrett N̅ **1** GASTR °hachoir m **2** MUS tympanon m
Hacke¹ F̅ AGR °houe f; (≈ *Gartenhacke*)

binette f
Hacke² *nordd* F̅ (≈ *Absatz, Ferse*) talon m
hacken V̅T̅ GASTR °hacher; GARTEN biner; *Holz* **~** casser du bois
Hacker M̅ IT pirate m
Hackfleisch N̅ viande °hachée **Hacksteak** N̅ steak °haché
Hafen M̅ *a. fig* port m **Hafenanlagen** FPL installations fpl portuaires **Hafenbecken** N̅ bassin m portuaire **Hafenpolizei** F̅ police f portuaire, du port **Hafenrundfahrt** F̅ tour m du port en bateau **Hafenstadt** F̅ ville f portuaire **Hafenviertel** N̅ quartier m du port
Hafer M̅ avoine f **Haferflocken** FPL flocons mpl d'avoine
Haft F̅ détention f; emprisonnement m; **in ~** en détention
Haftbefehl M̅ mandat m d'arrêt
haften¹ V̅I̅ (≈ *festhaften*) adhérer (**an** + *dat* à); (≈ *kleben*) coller (à); **an j-m ~** *Geruch* tenir sur qn; **im Gedächtnis ~ bleiben** rester gravé dans la mémoire
haften² V̅I̅ *für j-n, etw* **~** être responsable de qn, qc
Häftling M̅ détenu(e) m(f)
Haftnotiz F̅ post-it® m
Haftpflichtversicherung F̅ assurance f (de) responsabilité civile **Haftung** F̅ JUR responsabilité f (**für de**)
Hagebutte F̅ fruit m de l'églantier; gratte-cul m
Hagel M̅ *a. fig* grêle f **hageln** V̅/U̅N̅P̅E̅R̅S̅ **es hagelt** il grêle; *fig* **es hagelte Schläge** les coups pleuvaient
hager ADJ maigre
Hahn M̅ **1** ZOOL coq m **2** (≈ *Wasserhahn, Gashahn*) robinet m
Hähnchen N̅ poulet m
Hai M̅, **Haifisch** M̅ requin m
Häkchen N̅ **1** (≈ *kleiner Haken*) crochet m **2** *auf e-r Liste* signe m
häkeln A V̅T̅ faire au crochet B V̅I̅ faire du crochet **Häkelnadel** F̅ crochet m
haken A V̅T̅ **etw an etw** (*akk*) **~** accrocher qc à qc; **das kannst du ~!** *umg* (≈ *das ist zu spät, das geht jetzt nicht mehr*) *umg* ça t'fera pas B V̅I̅ (≈ *klemmen*) se coincer
Haken M̅ **1** *a. zum Aufhängen, beim Schreiben* crochet m; (≈ *Kleiderhaken*) pa-

tère f; (≈ Angelhaken) hameçon m ② BOXEN **linker, rechter ~** crochet m du gauche, du droit ③ umg fig (≈ Schwierigkeit) °hic m; **die Sache hat e-n ~** il y a un °hic, il y a un un os umg **Hakenkreuz** N̄ im Nationalsozialismus croix gammée

halb A ADJ demi; la moitié de; **ein ~es Brot** la moitié d'un pain; un demi-pain; **ein ~es Jahr** six mois; **e-e ~e Stunde** une demi-heure; **es ist ~ vier** il est trois heures et demie B ADV à moitié; **~ fertig** à moitié terminé; **~ leer, voll** à moitié vide, plein; **~ offen** entrouvert; **~ so groß** deux fois moins grand; **~ so viel (wie)** moitié moins (que) **Halbe** F̄ **eine ~ (Bier)** un demi-litre de bière

halbfett ADJ Käse allégé **Halbfinale** N̄ demi-finale f

halbieren V̄T̄ partager en deux (parties égales)

Halbinsel F̄ presqu'île f; große péninsule f **Halbjahr** N̄ semestre m **Halbkreis** M̄ demi-cercle m **Halbkugel** F̄ hémisphère m **halblang** ADJ mi-long

Halbmond M̄ ASTRON premier bzw. dernier quartier (de lune) **Halbpension** F̄ demi-pension f **Halbschuh** M̄ chaussure basse **halbtags** ADV à mi-temps **halbwegs** ADV passablement; à peu près **Halbzeit** F̄ mi-temps f

Halde F̄ BERGBAU terril m

half → helfen

Hälfte F̄ moitié f; **zur ~ fertig** etc à moitié terminé, etc; **Kinder zahlen die ~** les enfants payent demi-tarif

Halfter N̄/M̄ für Pferde licou m

Halle F̄ (≈ Saal) (grande) salle f; (≈ Empfangshalle, Bahnhofshalle, Schalterhalle, Messehalle) °hall m; (≈ Sporthalle) salle f (omnisports); (≈ Werkhalle) atelier m

hallen V̄Ī résonner

Hallenbad N̄ piscine couverte

hallo INT ① Zuruf °hé! ② umg Gruß salut! umg ③ TEL allô!

Halm M̄ (≈ Getreidehalm) tige f; (≈ bes Grashalm) brin m

Halogenlampe F̄ lampe f halogène

Hals M̄ ① ANAT cou m; (≈ Kehle) gorge f; umg **sich in den falschen ~ kriegen** (≈ sich verschlucken) avaler qc de travers; fig (≈ falsch verstehen) prendre qc de travers; **j-m um den ~ fallen** sauter au cou de qn; **sich** (dat) **den ~ brechen** se casser le cou; umg **es hängt mir zum ~(e) heraus** umg j'en ai ras le bol, marre; umg **~ über Kopf** précipitamment; umg **mir steht das Wasser bis zum ~** je suis à bout, au fond du trou umg; a. finanziell je suis dans le pétrin umg ② (≈ Flaschenhals) col m

Halsband N̄ collier m **Halskette** F̄ collier m **Hals-Nasen-Ohren-Arzt** M̄, **Hals-Nasen-Ohren-Ärztin** F̄ oto-rhino-laryngologiste m/f **Halsschmerzen** MPL mal m de gorge; **~ haben** avoir mal à la gorge **Halstuch** N̄ foulard m

halt[1] INT stop!; **~, warte mal!** attends un peu!

halt[2] süddt, österr, schweiz ADV (≈ nun einmal) **das ist ~ so** eh bien, c'est comme ça; verstärkend **dann gehe ich ~ heim** alors je rentre chez moi

Halt M̄ ① (≈ Stütze) appui m; **den ~ verlieren** perdre l'équilibre ② fig soutien m; **innerer ~** soutien moral ③ (≈ Anhalten) arrêt m; **~ machen** = haltmachen

haltbar ADJ ① Material, Kleidung solide; résistant ② Lebensmittel qui se conserve (bien); **mindestens ~ bis …** à consommer de préférence avant le … ③ fig These soutenable **Haltbarkeit** F̄ ① von Material solidité f; résistance f ② von Lebensmitteln (durée f de) conservation f **Haltbarkeitsdatum** N̄ date f limite de conservation

halten A V̄T̄ ① (≈ festhalten) tenir; in e-r bestimmten Lage tenir; **in der Hand ~** tenir dans la main ② Schuss, Ball, Elfmeter arrêter ③ (≈ beibehalten) Ton, Takt, Standard, Vorsprung, Gleichgewicht garder; Geschwindigkeit, Position maintenir ④ (≈ zurückhalten) j-n retenir qn; **er war nicht mehr zu ~** on ne pouvait plus le tenir ⑤ Wort, Versprechen tenir ⑥ in e-m bestimmten Zustand tenir; Essen **warm ~** tenir au chaud ⑦ (≈ verfahren) **ich halte es damit so** moi, je fais comme ça; **wie haltet ihr es mit …?** comment faites-vous avec …? ⑧ (≈ abhalten) faire; Rede, Ansprache, Predigt a. prononcer; Unterricht faire cours, la classe ⑨ (≈ einschätzen) **etw, j-n für etw, j-n ~** considérer qc, qn comme qc, qn; fälschlicherweise prendre qc, qn pour qc, qn; *umg* **wofür ~ Sie mich eigentlich?** pour quoi me prenez-vous? **10** (≈ *urteilen*) **viel von j-m ~** estimer beaucoup qn; **viel von etw ~** penser beaucoup de bien de qc; **was ~ Sie davon?** qu'en pensez-vous? **B** V/I **1** (≈ *Halt haben*) Seil, Farbe, Brücke etc tenir **2** *Kleidung, Gerät, Freundschaft* durer; *Kleidung* **lange ~ durer;** *die Naht hat nicht gehalten* la couture n'a pas tenu **3** (≈ *anhalten*) s'arrêter; **halt (mal)!** *umg* attends un peu!; **Halten verboten!** défense de s'arrêter. **4 zu j-m ~** être du côté de qn **C** V/R **1 sich ~** (≈ *sich behaupten, bleiben*) *Regierung* se maintenir au pouvoir; *Wetter, Preise, Kurse etc* se maintenir **2** *Körperhaltung* **sich aufrecht/schlecht ~** se tenir droit; *stehend* se tenir debout/mal **3** (≈ *bleiben*) **sich rechts, links ~** tenir à droite, sa gauche **4 sich an die Vorschriften ~** s'en tenir aux règles **5** *Lebensmittel* se conserver; se garder; *Blumen* tenir

Halterung F support m
Haltestelle F arrêt m **Halteverbot** N **1** *Verkehrszeichen* **absolutes, eingeschränktes ~** arrêt, stationnement interdit **2** *Zone* (zone f d')arrêt interdit
haltmachen V/I s'arrêter; *um zu rasten* faire (une) °halte; *fig* **vor nichts ~** ne reculer devant rien
Haltung F **1** (≈ *Körperhaltung*) tenue f; **e-e aufrechte ~ haben** se tenir droit **2** (≈ *Einstellung*) attitude f **3** (≈ *Fassung*) contenance f; **~ bewahren** garder bonne contenance **4** (≈ *Tierhaltung*) élevage m
Hamburg N °Hambourg **Hamburger** M GASTR °hamburger m
hämisch ADJ méchant; *Ton, Worte* fielleux
Hammer M **1** *a.* ANAT, SPORT marteau m **2** *umg fig* **ein dicker ~** (≈ *Fehler*) une grosse bourde; **das war vielleicht ein ~!** *Überraschung* tu parles d'une surprise!; *Unverschämtheit* quel sale coup! *umg*
hämmern V/I **1** *mit dem Hammer* donner des coups de marteau **2** *fig* (≈ *schlagen*) taper; *Herz* battre fort; *gegen die Tür* tambouriner
Hampelmann M *a. umg fig pej* pantin m
Hamster M °hamster m

Hand F **1** *a.* FUSSBALL main f **2** *Wendungen mit adj und num* **aus erster ~** de première main; **die flache, hohle ~** le plat, creux de la main; **freie ~ haben** avoir carte blanche; **j-m freie ~ lassen** laisser le champ libre à qn; **e-e glückliche ~ haben** avoir la main heureuse; **bei j-m in guten Händen sein** être en bonnes mains chez qn; **linker, rechter ~** à gauche, à droite; *umg* **zwei linke Hände haben** être la maladresse en personne; **die öffentliche ~** les pouvoirs publics; **eine ~ voll** une poignée (de); **alle Hände voll zu tun haben** avoir du travail par-dessus la tête **3** *mit subst* **~ und Fuß haben** tenir debout; *umg* **die Hände über dem Kopf zusammenschlagen** lever les bras au ciel; **bei etw die Hände im Spiel haben** être mêlé à qc; avoir trempé dans qc **4** *mit Verben* **j-m die ~ geben** *od* **drücken** od **schütteln** serrer la main à qn **5** (**klar**) **auf der ~ liegen** être évident; tomber sous le sens; **~ in ~ gehen** aller, marcher la main dans la main; *fig* aller de pair; *fig* **etw in die ~ nehmen** prendre qc en main; **von ~ zu ~** de main en main; *auf Briefen* **zu Händen von …** à l'attention de …
Handarbeit F **1** (≈ *manuelle Arbeit*) travail manuel; **das ist ~** c'est fait (à la) main **2** *fertiges Werk* ouvrage fait à la main **3** *umg Schulfach* couture f **Handball** M **1** *Sportart* °handball m **2** *Ball* ballon m de handball **Handbesen** M balayette f **Handbremse** F frein m à main
Händchen N petite main; *umg* **~ halten** se tenir par la main
Handel M **1** WIRTSCH commerce m, négoce m (**mit de**); *illegaler* trafic m (**mit de**) **2** (≈ *Geschäft*) marché m
handeln A V/I **1** (≈ *sich verhalten, eingreifen*) agir **2** (≈ *Handel treiben*) faire du commerce; **mit etw ~** faire le commerce de qc **3** (≈ *feilschen*) marchander (**um etw qc**) **4** *Buch etc* **von etw ~** traiter de qc **B** V/UNPERS **es handelt sich um …** il s'agit de …; **es handelt sich darum, dass …** (≈ *es ist wichtig*) l'important c'est que …; (≈ *es geht um*) il s'agit de (+ inf)
Handelsabkommen N accord commercial **Handelsbank** F banque f de

commerce commerce **Handelsbeziehungen** FPL relations commerciales **Handelsbilanz** F ◨ *e-s Landes* balance commerciale ◪ *e-r Firma* bilan commercial

handelseinig ADJ (**mit j-m**) **~ sein, werden** être, tomber d'accord (avec qn) **Handelsgesellschaft** F société commerciale; **offene ~** société en nom collectif **Handelskammer** F chambre f de commerce **Handelsklasse** F catégorie f **Handelsmarine** F marine marchande **Handelsschranken** FPL barrières commerciales **Handelsschule** F école commerciale **handelsüblich** ADJ en usage dans le commerce; *Format, Bezeichnung* commercial **Handelsvertreter(in)** M(F) représentant(e) *m(f)* de commerce **Handelsvertretung** F représentation commerciale **Handelsware** F article m de commerce

Händetrockner M sèche-mains m
Handfeger M balayette f
handfest ADJ *Beweis* etc solide; *Streit, Skandal* gros; *Lüge* grossier
handgearbeitet ADJ fait (à la) main
Handgelenk N poignet m **Handgepäck** N bagages *mpl* à main **Handgranate** F grenade f à main **Handgriff** M ◨ *Bewegung* geste m; **mit wenigen ~en** en deux temps (et) trois mouvements ◪ *an Geräten, Koffern* poignée f
Handheld M/N IT assistant m électronique
Handicap N SPORT, *a. fig* °handicap m
Händler(in) M(F) marchand(e) *m(f)*; (≈ *Kaufmann*) commerçant(e) *m(f)*
handlich ADJ *Gegenstand, Format, Auto* maniable; *Buch* d'un format pratique; (≈ *leicht zu handhaben*) facile à manier
Handlung F (≈ *Tat*) acte m
Handout N information f; documentation f
Handschelle F menotte f
Handschrift F ◨ (≈ *Schriftzüge*) écriture f ◪ *Schriftwerk* manuscrit m **handschriftlich** ◭ ADJ écrit à la main; manuscrit ◳ ADV **etw ~ hinzufügen** (r)ajouter qc à la main
Handschuh M gant m; (≈ *Fausthandschuh*) moufle f **Handschuhfach** N boîte f à gants
Handspiel N FUSSBALL main f **Handtasche** F sac m à main **Handtuch** N serviette f (de toilette); **das ~ werfen** *a. fig* jeter l'éponge
Handwerk N *a. fig* métier m; *allg* artisanat m **Handwerker** M artisan m
Handy N (téléphone *m*) portable m **Handynummer** F numéro m de (téléphone) portable
Hang M ◨ (≈ *Neigung*) penchant m (**zu** à, pour); tendance f (**à**) ◪ (≈ *Abhang*) pente f
Hängebrücke F pont suspendu **Hängematte** F °hamac m
hängen ◭ VT ◨ (≈ *aufhängen*) suspendre (**an** + *akk* à); **Kleider in den Schrank ~** pendre dans l'armoire ◪ *mit Haken, Nagel* accrocher (**an** + *akk* à) ◳ (≈ *hängen lassen*) laisser pendre (**ein Bein ins Wasser** une jambe dans l'eau) ◴ (≈ *erhängen*) pendre ◳ VI ◨ (≈ *herunterhängen*) pendre, être suspendu (**von der Decke** au plafond); **~ bleiben** *an e-m Haken* rester accroché (**an** + *dat* à); (≈ *haften bleiben*) rester collé, attaché (à); **~ lassen** (≈ *vergessen*) laisser; *Arme, Beine, Flügel* laisser pendre ◪ (≈ *befestigt sein*) être accroché, suspendu (**an** + *dat* à) ◳ (≈ *festhängen*) être, rester accroché (**mit etw an etw** *dat* par qc à qc); *fig* **an j-m, etw ~** être attaché, tenir à qn, qc ◴ *umg fig* (≈ *sich aufhalten*) **am Telefon ~** être pendu au téléphone; **vor dem Fernseher ~** rester (collé) devant la télé ◵ (≈ *abhängen*) **an j-m, etw ~** dépendre de qn, qc; **die ganze Arbeit bleibt an mir ~** tout le travail retombe sur moi ◶ *umg bei e-r schwierigen Sache* être arrêté, bloqué; **~ bleiben** *beim Sprechen* avoir un trou; *umg fig* **j-n ~ lassen** *umg* laisser qn dans le pétrin; **sich ~ lassen** (≈ *sich gehen lassen*) se laisser aller
hängenbleiben VI → **hängen**
hänseln VT taquiner
Hantel F haltère m
hantieren VI **mit etw ~** manipuler qc
hapern V/UNPERS ◨ (≈ *nicht klappen*) **es hapert mit etw** il y a qc qui cloche, qui ne marche pas dans qc ◪ (≈ *mangeln*) **es hapert an etw** (*dat*) il manque qc
Happen M bouchée f; **e-n ~ essen**

manger un petit morceau
happig *umg* ADJ exagéré
Happy End N fin f heureuse
Happy Hour F °happy hour f
Hardware F matériel m
Harfe F °harpe f
Harke F râteau m
harmlos ADJ *Tier, Mensch, Medikament* inoffensif; *Mittel, Bemerkung, Kritik, Vorfall, Witz* anodin; *Verletzung, Unfall* sans gravité; *Krankheit* bénin
Harmonie F MUS, *a. fig* harmonie f
harmonisch ADJ MUS, *a. fig* harmonieux **harmonisieren** VT MUS, *a. fig* harmoniser
Harn M urine f **Harnblase** F vessie f
hart A ADJ *Material, a. fig Arbeit, Droge, Kampf, Wasser, Worte, Zeiten, Mensch* dur; *Winter* rigoureux; *Los, Schicksal* cruel; *Kritik, Maßnahmen, Strafe, Urteil* sévère; *Aufprall* violent; **~ zu j-m sein** être dur avec qn; **~ werden** *Material* durcir; *Person* se durcir; devenir dur B ADV *schlagen, aufprallen* violemment; *fig* (= *schwer, streng*) durement; **~ gekocht** *Ei* dur; **~ arbeiten** travailler dur; **~ durchgreifen** prendre des mesures énergiques, sévères; *Unglück, Krankheit* **j-n ~ treffen** éprouver qn durement, cruellement
Härte F 1 *des Materials, a. fig* dureté f; *e-s Urteils, e-r Maßnahme* sévérité f; *e-s Aufpralls* violence f 2 *e-r Person* dureté f (**gegenüber j-m** envers qn) 3 *unbillige, unsoziale* (grave) inégalité f 4 *Jugendsprache* **das ist die ~!** positif (c'est) génial, super! *umg*; negativ c'est une horreur! *umg*
hartnäckig A ADJ *Person, Widerstand, Vorurteil, Schnupfen etc* tenace; *Person, Widerstand a.* obstiné; *Kälte* persistant B ADV avec obstination; *Kälte, Gerücht* **sich ~ halten** persister **Hartnäckigkeit** F 1 (= *Zähigkeit*) opiniâtreté f; (= *Beharrlichkeit*) ténacité f; (= *Eigensinn*) obstination f
Harz N résine f
Haschisch MN °ha(s)chi(s)ch m
Hase M lièvre m; (= *Stallhase*) lapin m
Haselnuss F noisette f
Hasenpfeffer M GASTR civet m de lièvre
Hass M °haine f (**gegen, auf** + *akk* de)
hassen VT détester; °haïr

hässlich ADJ 1 (≈ *nicht schön*) laid; **~ aussehen** être laid 2 *fig* (≈ *gemein*) détestable
hast → haben
Hast F (≈ *Eile*) °hâte f; **ohne ~** tranquillement **hasten** VI se °hâter **hastig** A ADJ précipité; *Bewegung* brusque B ADV précipitamment; **nicht so ~!** pas si vite!
hat → haben
hätscheln VT (≈ *liebkosen*) caresser; (≈ *verwöhnen*) gâter; *a. fig Künstler* choyer
hatte, hätte → haben
Haube F 1 bonnet m; *e-r Tracht* coiffe f; *umg* **j-n unter die ~ bringen** marier qn, caser qn *umg* 2 (≈ *Motorhaube*) capot m
Hauch M (≈ *Atemhauch, Lufthauch*), *a. fig* souffle m; (≈ *dünne Schicht*) fine couche; *Zartes, Duftiges* **ein ~ von ...** un soupçon de ... **hauchdünn** ADJ *Schicht, Scheibe* très fin; *Gewebe, Vorsprung* minime; *Mehrheit* très faible **hauchen** VT & VI souffler
hauen A VT 1 *umg* (= *hineinhauen*) **Löcher ins Eis ~** faire des trous dans la glace 2 *umg* (≈ *schlagen*) frapper; *umg* taper 3 *umg* (≈ *schleudern*) **etw irgendwohin ~** balancer qc quelque part B *umg* VI 1 (≈ *schlagen*) frapper; *umg* cogner 2 (≈ *stoßen*) (**mit etw**) **gegen etw ~** se cogner (qc) contre qc C VR **sich ~** (≈ *sich schlagen*) se battre
Haufen M 1 (≈ *Berg*) tas m; *umg* **j-n über den ~ rennen, fahren** renverser qn; *umg* **über den ~ werfen** *Pläne* bousculer; *umg* chambarder 2 *umg* (≈ *Kothaufen*) crotte f 3 *umg* (≈ *große Menge*) **ein ~ ...** un *od* des tas de ...; **ein ~ Geld** beaucoup d'argent 4 (≈ *Menschenhaufen*) tas m de gens
häufen A VT entasser (**auf** + *akk* sur) B VR **sich ~** 1 (≈ *sich anhäufen*) s'entasser 2 *fig Fälle* se multiplier
haufenweise *umg* ADV *umg* en masse; **~ Geld verdienen** *umg* gagner un argent fou
häufig A ADJ fréquent B ADV souvent; fréquemment **Häufigkeit** F fréquence f
Haupt *geh* N (≈ *Kopf*) tête f
Hauptanschluss M TEL ligne principale **Hauptbahnhof** M gare cen-

trale **Hauptdarsteller(in)** M/F FILM, THEAT acteur m, actrice f principal(e) **Haupteingang** M entrée principale **Häuptelsalat** südd, österr M laitue f **Hauptfach** N STUDIUM, SCHULE matière principale **Hauptfigur** F a. LITERAT personnage principal **Hauptfilm** M grand film **Hauptgang** M GASTR plat principal **Hauptgericht** N GASTR plat principal **Hauptgeschäftszeit** F heures fpl d'affluence **Hauptgewinn** M gros lot

Häuptling M chef m de tribu

Hauptperson F a. LITERATUR personnage principal **Hauptpost** F, **Hauptpostamt** N poste centrale **Hauptquartier** N MIL grand quartier général **Hauptreisezeit** F pleine saison (des voyages, du tourisme) **Hauptrolle** F premier rôle; **die ~ spielen** Person, a. fig jouer le rôle principal **Hauptsache** F principal m; umg **~, du bist hier** l'essentiel, c'est que tu sois là **hauptsächlich** ADV surtout **Hauptsaison** F pleine saison **Hauptsatz** M (proposition) principale f **Hauptschulabschluss** M certificat m de fin d'études primaires **Hauptschule** F école de fin de scolarité (cycle d'enseignement primaire long) **Hauptstadt** F capitale f **Hauptstraße** F rue principale; grand-rue f **Haupttreffer** M LOTTERIE gros lot **Hauptverkehrszeit** F heures fpl de pointe, d'affluence

Haus N **1** Gebäude, Firma, Hotel, a. ASTROL maison f; **aus dem ~ gehen** sortir (de chez soi); HANDEL **frei ~** franco à domicile; **nach ~e, zu ~e** à la maison; chez soi; **nach ~e gehen** rentrer à la maison, chez soi; **zu ~e bleiben** rester à la maison, chez soi **2** (= Schneckenhaus) coquille f

Hausapotheke F pharmacie (familiale) **Hausarbeit** F **1** im Haushalt travaux ménagers **2** für die Schule devoirs mpl **3** im Studium mémoire m **Hausarzt** M, **Hausärztin** F médecin m de famille **Hausaufgabe** F devoir m **Hausbesetzer(in)** M/F squatteu(r) m **Hausbesetzung** F squat m **Hausbesitzer(in)** M/F propriétaire m/f (d'une maison) **Hausboot** N péniche f (servant d'habitation)

Häuschen N (= kleines Haus) maisonnette f; umg **(ganz) aus dem ~ sein** être dans tous ses états; vor Freude être fou de joie

hausen umg VI **1** (= wohnen) crécher umg **2** (= wüten) **übel, schlimm ~** saccager tout

Häuserblock M pâté m de maisons **Hausflur** M vestibule m; entrée f **Hausfrau** F femme f au foyer; ménagère f **Hausfrauenart** F GASTR **nach ~ bonne femme** **Hausfriedensbruch** M violation f de domicile **hausgemacht** ADJ Lebensmittel (fait) maison

Haushalt M **1** privater foyer m; ménage m; **ein ~ mit fünf Personen** une famille de cinq personnes; **(j-m) den ~ führen** tenir le ménage (de qn) **2** öffentlicher budget m **Haushaltsgeld** N argent m du ménage **Haushaltsplan** M budget m **Haushaltswaren** FPL articles ménagers

Hausherr M **1** (= Gastgeber) hôte m **2** (= Besitzer) propriétaire m

haushoch **A** ADJ de la °hauteur d'une maison; fig Überlegenheit écrasant; Niederlage, Sieg immense **B** ADV fig **gewinnen** °haut la main; **j-m ~ überlegen sein** être supérieur à qn et de loin; écraser qn

Hausierer M colporteur m

Hausmacherart F GASTR **nach ~** maison

Hausmann M homme m au foyer **Hausmeister(in)** M/F concierge m/f **Hausmittel** N remède m de bonne femme **Hausnummer** F numéro m (de la maison) **Hausordnung** F règlement intérieur

Hausschlüssel M clé f de la maison **Hausschuh** M pantoufle f

Hausse F WIRTSCH °hausse f

Hausstauballergie F allergie f à la poussière domestique

Haustier N animal m domestique **Haustür** F porte f d'entrée **Hauswirtschaft** F Lehrfach enseignement ménager

Haut F **1** a. von Obst, auf der Milch peau f **2** Wendungen mit subst umg fig **mit ~ und Haar(en)** tout entier; entièrement **3** mit präp **nass bis auf die ~** trempé

jusqu'aux os; *umg* **sich in s-r ~ wohl, nicht wohl fühlen** être bien, mal dans sa peau; *umg* **ich möchte nicht in s-r ~ stecken** je ne voudrais pas être à sa place
Hautarzt M, **Hautärztin** F dermatologue m/f **hauteng** ADJ collant **Hautfarbe** F couleur f de (la) peau
Havarie F SCHIFF, FLUG avarie f
Haxe *südd* F → Hachse
Hebamme F sage-femme f
Bebebühne F AUTO pont élévateur
Hebel M levier m; *umg fig* **alle ~ in Bewegung setzen** mettre tout en œuvre; *umg fig* **am längeren ~ sitzen** être en position de force
heben A V/T 1 (= *hochheben*) Last, Person soulever; (*nach oben bewegen*), Arm, Hand, Kopf etc lever; *umg* **einen ~ boire un coup** 2 *gesunkenes Schiff* relever; *Schatz* déterrer 3 *fig* Niveau, Ansehen améliorer; *Stimmung* faire monter B V/R **sich ~** 1 *Vorhang etc* se lever 2 *fig* Niveau, Stimmung s'améliorer
hebräisch ADJ hébraïque
hecheln V/I *Hund* *haleter
Hecht M brochet m **hechten** V/I plonger; *faire un plongeon* **Hechtsprung** M SCHWIMMEN plongeon m
Heck N arrière m; SCHIFF a. poupe f
Hecke F *haie f **Heckenschütze** M tireur embusqué
Heckflosse F AUTO bé(c)quet m
Heckklappe F AUTO *hayon m
Heckscheibe F lunette f, vitre f arrière
Heer N a. *fig* armée f
Hefe F levure f; *zum Backen* levure f de boulanger **Hefeteig** M pâte levée
Heft N 1 (= *Schreibheft*) cahier m 2 *e-r Zeitschrift* numéro m **Heftchen** F 1 (= *Block*) carnet m 2 *oft pej* (= *Comicheft, Romanheft etc*) revue f
heften V/T 1 *mit Reißzwecken* fixer (**an** + *akk* à); *mit Heftklammern* agrafer (**an** + *akk* à) 2 *Buch* **geheftet** broché **Hefter** M 1 (= *Heftmaschine*) agrafeuse f 2 → Schnellhefter
heftig ADJ *Schmerzen, Gewitter, Kritik* violent; *Verlangen* ardent; *Regen* fort; *Schnupfen* gros
Heftklammer F agrafe f **Heftpflaster** N pansement adhésif; sparadrap m

Heftzwecke F punaise f
Hehler M receleur m **Hehlerei** F recel m
Heide[1] F 1 GEOG lande f 2 BOT bruyère f
Heide[2] M REL païen m
Heidelbeere F myrtille f
heikel ADJ délicat
heil ADJ *Person* indemne; *Sache* intact; *fig* **die ~e Welt** un monde intact; *verletzter Arm* **wieder ~ sein** être guéri; **etw ~ überstehen** sortir indemne de qc
Heiland M REL Sauveur m
heilbar ADJ guérissable; curable
heilen V/T A V/T guérir (**von** de) B V/I guérir
heilfroh *umg* ADJ très content, heureux; *umg* vachement content
heilig ADJ 1 saint; **der ~e Paulus** saint Paul; **der Heilige Abend** la veille, le soir de Noël; **die Heiligen Drei Könige** *mpl* les Rois *mpl* mages 2 *geweiht, a. geh fig* unantastbar sacré; **~es Feuer** feu sacré
Heiligabend M veille f, soir m de Noël **Heilige(r)** M(F/M) saint(e) m(f) **Heiligenschein** M auréole f a. *fig*, nimbe m **heiligsprechen** V/T canoniser **Heiligtum** N sanctuaire m
Heilkräuter NPL herbes médicinales **Heilmittel** N remède m; (= *Arznei*) médicament m **Heilpraktiker(in)** M(F) praticien, -ienne m,f de médecines parallèles
heilsam ADJ salutaire **Heilung** F guérison f
heim ADV à la maison
Heim N 1 (= *Zuhause*) chez-soi *bzw*. chez-moi, *etc* m; foyer m 2 (= *Kinderheim, Studentenheim*) foyer m; (= *Altersheim*) maison f de retraite; (= *Obdachlosenheim*) asile m de nuit
Heimarbeit F travail m à domicile
Heimat F patrie f; (= *Heimatland*) pays (natal); *e-r Spezialität* lieu m d'origine; **in meiner ~** dans mon pays
Heimatanschrift F adresse f permanente **Heimatdorf** N village m natal **Heimathafen** M port m d'attache **Heimatland** N pays natal **heimatlos** ADJ sans patrie **Heimatort** M lieu m d'origine **Heimatstadt** F ville natale **Heimatvertriebene(r)** M(F/M)

personne déplacée
heimfahren A V/T j-n ~ ramener qn chez soi B V/I rentrer chez soi **Heimfahrt** F (voyage m de) retour m; **auf der ~** au retour; en rentrant **heimgehen** V/I rentrer chez soi
heimisch ADJ *Bevölkerung, Industrie, Produkte etc* du pays; *Pflanze, Tier* indigène
Heimkehr F retour m (chez soi, au pays) **heimkehren** V/I rentrer
heimlich A ADJ secret; (≈ *heimlich u. illegal*) clandestin B ADV *tun etc* en secret
Heimreise F voyage m de retour; **auf der ~** au retour; en rentrant **Heimspiel** N SPORT match m à domicile
heimtückisch ADJ *Person, Handlung* sournois; *Krankheit* insidieux
Heimweg M chemin m du retour
Heimweh N mal m du pays; **~ haben** avoir le mal du pays
heimzahlen V/T **es j-m ~** rendre la pareille à qn; **das werde ich dir ~!** tu me le paieras!
Heirat F mariage m **heiraten** A V/T épouser; se marier avec B V/I se marier
Heiratsantrag M demande f en mariage; **j-m e-n ~ machen** demander qn en mariage **Heiratsanzeige** F **1** (≈ *Heiratsannonce*) annonce matrimoniale **2** (≈ *Vermählungsanzeige*) faire-part m de mariage
heiser ADJ enroué **Heiserkeit** F enrouement m
heiß A ADJ **1** (très) chaud; (≈ *kochend heiß*) bouillant; (≈ *glühend heiß*) brûlant; *Klima* torride; **mir ist ~** j'ai chaud; **~ machen** (faire) chauffer **2** *fig Wunsch, Liebe* ardent; *Kampf, Diskussion* acharné; passioné **3** (≈ *aufreizend*) excitant; *Musik, Rhythmus* chaud; *umg* d'enfer; **ein ~er Typ** *umg* un mec cool **4** *umg fig* heikel délicat; *Thema* brûlant **5** *umg fig Tipp etc* sûr; **auf e-r ~en Spur sein** être sur une piste brûlante **6** *umg Person* **(ganz) ~ auf etw** (akk) **sein** *umg* être un mordu de qc B ADV **1** (très) chaud **2** *fig* **j-n ~ und innig lieben** adorer qn; *umg* **es ging ~ her** *umg* ça chauffait, bardait; **~ ersehnt** ardemment désiré; **~ umstritten** ardemment disputé
heißen A V/I **1** (≈ *den Namen haben*) s'appeler; **wie ~ Sie?** comment vous appelez-vous?; **quel est votre nom? 2** (≈ *bedeuten*) signifier; vouloir dire; **was soll das (denn) ~?** qu'est-ce que cela veut dire?; **was** *od* **wie heißt "Haus" auf Französisch?** comment dit-on «Haus» en français?; *erklärend, berichtigend* **das heißt** c'est-à-dire B V/I/UNPERS **es heißt, (dass)** ... on dit que ...; il paraît que ...
Heißhunger *umg* M fringale f (**auf +** akk de) *a. fig*
heiter ADJ **1** *Wetter* beau; *Himmel* serein **2** *Person, Wesen* gai **3** *Szene, Geschichte* amusant; *umg iron* **das kann ja ~ werden!** *umg* ça promet! **Heiterkeit** F (≈ *Fröhlichkeit*) gaieté f
heizen V/T & V/I chauffer **Heizkörper** M radiateur m **Heizung** F chauffage m
Hektik F agitation f **hektisch** ADJ *Person* énervé; nerveux; *Leben* trépidant; *Betriebsamkeit* fiévreux
Held M *a. Romanheld, a. fig* °héros m **heldenhaft** ADJ héroïque **Heldin** F héroïne f
helfen V/I **1** (≈ *behilflich sein*) **j-m ~** aider qn (**bei der Arbeit** dans son travail); **j-m in den, aus dem Mantel ~** aider qn à mettre, ôter son manteau; **sich** (dat) **zu ~ wissen** savoir se débrouiller; **ich kann mir nicht ~, (aber) ich muss lachen** je ne peux pas m'empêcher de rire; *umg fig* **ihm ist nicht zu ~** c'est un cas désespéré **2** (≈ *nützen*) *Mittel, Maßnahme* servir; *Medikament* **gegen** *od* **bei Zahnschmerzen ~** être bon pour, contre le mal de dents
Helfer(in) M/F aide m/f; **ein freiwilliger ~** un aide bénévole
hell A ADJ **1** (≈ *nicht dunkel*) *a. Farbe, Stimme, Klang* clair; *Bier, Tabak* blond; (≈ *leuchtend*) lumineux; *Stern* brillant; **es wird ~** il commence à faire jour **2** *fig Person* intelligent **3** *umg fig Begeisterung, Freude* (le plus) complet; **s-e ~e Freude an etw** (dat) **haben** être très content de qc B ADV **~ leuchten** *Lampe* éclairer bien
hellhäutig ADJ à, qui a la peau claire **hellhörig** ADJ **1** *Wohnung* sonore **2** *Person* attentif
Helligkeit F clarté f; *e-r Lichtquelle, a.* TV luminosité f

Hellseher(in) M(F) voyant(e) m(f) **hellwach** ADJ tout a fait éveillé
Helm M (≈ Schutzhelm), a. MIL casque m
Hemd N (≈ Oberhemd) chemise f; (≈ Unterhemd) maillot m de corps
hemmen V/T ◼ Bewegung, a. fig freiner; Entwicklung, Prozess, a. TECH arrêter; fig (≈ behindern) entraver ◼ PSYCH inhiber
Hemmung F ◼ (≈ Verlangsamung) ralentissement m ◼ **~en** (≈ Gehemmtheit) complexes mpl; **~en haben** avoir des complexes; (≈ Bedenken haben) avoir des scrupules **hemmungslos** A ADJ déchaîné; (≈ skrupellos) sans scrupules B ADV sans retenue; (≈ skrupellos) sans scrupules
Hendl N bayrisch, österr poulet m; GASTR poulet rôti
Hengst M étalon m
Henkel M anse f
Henker M bourreau m
Henna F/N °henné m
Henne F poule f
her ADV ◼ (≈ hierher) par ici; **her zu mir!** (viens bzw. venez) ici!; **her damit!** donne(z)-le(-moi)!; **von ... her** (du côté de ...); **von weit her** de loin; **wo ist er her?** d'où est-il, vient-il?; **hinter j-m her sein** être aux trousses de qn; verliebt courir après qn; **hinter e-r Sache her sein** être à la poursuite, recherche de qc ◼ **es ist (schon) lange her(, dass ...)** il y a, cela fait (déjà) longtemps (que ...); **das ist ein Jahr her** cela fait un an; il y a un an ◼ fig **von der Form** etc **her** du point de vue de la forme, etc
herab ADV **von oben ~** d'en °haut; fig **sie sah ihn von oben ~ an** elle le regarda de °haut, avec dédain
herabblicken geh V/I regarder vers le bas; **von etw ~** regarder du °haut de qc; **auf die Stadt ~** regarder la ville en bas; fig **auf j-n ~** regarder qn de °haut **herablassend** A ADJT condescendant B ADVL avec condescendance **herabsehen** V/I → herabblicken **herabsetzen** V/T ◼ Preis, Ware baisser; Geschwindigkeit réduire ◼ fig Leistung, Person déprécier
heran ADV **(dicht) an etw** (akk) **~** tout près de qc
heranfahren V/I **an etw, j-n ~** s'approcher de qc, qn

herangehen V/I ◼ **an etw, j-n ~** s'approcher de qc, qn ◼ fig **an ein Problem** etc **~** aborder un problème, etc
herankommen V/I ◼ **an etw, j-n ~** s'approcher de qc, qn ◼ **an etw** (akk) **~** (≈ heranreichen) atteindre qc; (≈ bekommen) avoir accès à qc ◼ fig **an j-n ~** (≈ Kontakt aufnehmen) approcher qn; (≈ j-m gleichkommen) égaler qn
heranlassen V/T **j-n, etw an j-n, etw ~** laisser qn, qc approcher bzw. toucher qn, qc **heranwachsen** V/I grandir
herauf ADV hier, da **~!** par ici!; par là!; **von unten ~** d'en bas
heraufkommen V/I monter **heraufsetzen** V/T Preis etc augmenter **heraufziehen** A V/T monter B V/I Gewitter, Unheil approcher
heraus ADV dehors; **von innen ~** de l'intérieur; umg **~ damit!** donne(z)-le!; montre(z)-le!
herausbekommen V/T ◼ Nagel, Fleck arriver à enlever ◼ Geheimnis découvrir; **etw aus j-m ~** arracher qc à qn ◼ Lösung (parvenir à) trouver ◼ **Sie bekommen zehn Euro heraus** je vous rends dix euros ◼ Wort (pouvoir) sortir umg
herausbringen V/T ◼ (≈ nach außen bringen) apporter ◼ (≈ veröffentlichen) sortir; fig **etw, j-n groß ~** mettre qc, qn en vedette ◼ Wort (pouvoir) sortir umg
herausfahren A V/T Fahrzeug, Person sortir B V/I sortir (aus de) **herausfallen** V/I tomber (aus de)
herausfinden A V/T découvrir B V/I trouver la sortie (aus de)
herausfordern V/T ◼ **j-n ~** (≈ provozieren) provoquer qn; SPORT défier qn ◼ Kritik, Widerspruch provoquer **Herausforderung** F a. SPORT défi m; (≈ Provokation) provocation f
herausgeben A V/T ◼ (≈ herausreichen) passer (au dehors) ◼ Besitz restituer; Geisel libérer ◼ Zeitschrift publier; Buch, Text a. éditer ◼ Wechselgeld rendre B V/I **als Wechselgeld** rendre la monnaie
herausgehen V/I ◼ nach außen sortir; fig **aus sich** (dat) **~** sortir de sa réserve ◼ Nagel, Korken sortir; Fleck partir
heraushaben umg V/T ◼ (≈ herausgefunden haben) savoir; a. Lösung avoir trouvé ◼ (≈ beherrschen) **etw ~** savoir

s'y prendre **heraushalten** A V/T (≈ *nach außen halten*) tendre au dehors B V/R **umg sich aus etw ~** ne pas se mêler de qc **herausholen** V/T **1** *aus e-r Tasche etc* sortir **2** *umg fig* Answer **aus j-m ~** tirer de qn; arracher à qn; *Gewinn* **aus etw ~** tirer de qc

herauskommen V/I **1** *aus e-m Raum, Land etc* sortir (**aus de**) **2** (≈ *Resultat*) **bei etw ~** résulter de qc; **was kommt (bei der Aufgabe) heraus?** quel est ton, *etc* résultat?; *fig* **auf dasselbe ~** revenir au même; **dabei kommt nichts heraus** cela ne mène, ne sert à rien **3** *umg Verborgenes* se savoir **4** *Neuerscheinung etc* sortir; **mit e-m neuen Produkt ~** sortir, lancer un nouveau produit; *umg fig Künstler, Produkt etc* **groß ~** être lancé

herausnehmen A V/T **etw (aus etw) ~** retirer qc (de qc); *umg* **j-m den Blinddarm ~** enlever l'appendice à qn B *umg* V/R **sich** (*dat*) **etw ~** se permettre de faire qc

herausrücken *umg* A V/T (≈ *hergeben*) donner; **wieder ~** rendre B V/I **mit etw ~** donner qc; sortir qc

herausrutschen V/I **1** glisser, sortir (**aus** de) **2** *umg fig Wort etc* échapper

herausspringen V/I **1** (**aus etw, aus dem Fenster**) ~ sauter (de qc, par la fenêtre) **2** (≈ *sich lösen*) sortir **3** *umg fig als Gewinn etc* rapporter

herausstellen A V/T **1** *nach draußen* sortir **2** *fig* (≈ *hervorheben*) mettre en évidence, relief B V/R **sich ~** s'avérer (**als wahr, falsch** vrai, faux)

herausstrecken V/T **j-m die Zunge ~** tirer la langue à qn **heraussuchen** V/T chercher (**aus** dans, parmi, au milieu de)

herb ADJ **1** *im Geschmack* âpre; *Wein* sec **2** *fig Enttäuschung* amer; *Kritik* sévère **herbeiführen** V/T *Ereignis, Niederlage, Tod* causer; provoquer; *Entscheidung* entraîner

Herbergsmutter F mère f aubergiste **Herbergsvater** M père m aubergiste **herbringen** V/T *Sache* apporter; *Person, Sache* amener

Herbst M automne m; **im ~** en automne **Herbstanfang** M début m de l'automne **Herbsttag** M jour m d'automne

Herd M (≈ *Küchenherd*) cuisinière f **Herde** F troupeau m

herein ADV ~! entrez!; **von draußen ~** du dehors; **zum Fenster ~** par la fenêtre **hereinfallen** V/I **1** *Licht* entrer **2** *umg fig* → reinfallen **hereinkommen** V/I **1** entrer **2** *umg fig Waren* arriver; *Geld* rentrer **hereinlassen** V/T faire bzw. laisser entrer **hereinlegen** *umg fig* V/T **j-n ~** *umg* rouler qn **hereinplatzen** *umg* V/I entrer à l'improviste

herfahren A V/T *Sache* apporter (en voiture, *etc*); *Sache, Person* amener (en voiture, *etc*) **1** *nach hier* venir (en voiture, *etc*) **2** **vor j-m ~** précéder qn; **hinter j-m ~** suivre qn **Herfahrt** F **auf der ~** en venant (ici)

herfallen V/I **über j-n ~** se jeter sur qn; assaillir qn; **über etw** (*akk*) **~** se jeter sur qc; *fig pej* critiquer (férocement), déchirer qc

hergeben V/T **1** (≈ *reichen*) donner **2** (**wieder**) **~** redonner; rendre **3** (≈ *weggeben*) donner

hergehen A V/I **vor j-m ~** marcher devant qn; (**dicht**) **hinter j-m ~** suivre qn (de près) B *umg* V/UNPERS **es geht heiß her** ça chauffe *umg*, ça barde *umg*

Hering M **1** ZOOL °hareng m **2** (≈ *Zeltpflock*) piquet m (de tente)

herkommen V/I **1** (≈ *herbeikommen*) venir (ici) **2** (≈ *abstammen*) **~ von** venir de

Herkunft F origine f; *e-r Ware a.* provenance f **Herkunftsland** N pays m d'origine

herlaufen V/I **1** (≈ *herbeilaufen*) venir **2** **vor j-m ~** courir devant qn; **hinter j-m ~** courir derrière qn; *a. fig* courir après qn

hermachen *umg* V/R **sich über etw** (*akk*) **~** se jeter, se précipiter sur qc; *über e-e Arbeit* s'attaquer à qc; **sich über j-n ~** se jeter sur qn

Heroin N héroïne f **heroinsüchtig** ADJ héroïnomane

Herpes M MED herpès m

Herr M **1** *a. vor Familiennamen, Titeln* monsieur m; SPORT **die Abfahrt der ~en** la descente hommes; **~ X** monsieur X; **der ~ Direktor** monsieur le directeur; *Anrede* **~ X!** Monsieur (X)!; **~ Doktor!**

MED docteur!; **meine ~en Messieurs** [2] (Gebieter), e-s Tiers maître m; **der ~ des Hauses** le maître de maison; **~ im Hause sein** être maître chez soi; **sein eigener ~ sein** être son propre maître; **geh aus aller ~en Länder** des quatre coins du monde; **~ der Lage sein** être maître de la situation [3] (≈ Gott) **der ~** le Seigneur [4] (≈ Tanzpartner) cavalier m **Herrenrad** N̄ vélo m (d')homme **Herrentoilette** F̄ toilettes fpl pour hommes
herrichten VT [1] (≈ bereitstellen) préparer [2] **wieder ~** remettre en état
Herrin F̄ maîtresse f **herrisch** ADJ autoritaire
herrlich ADJ magnifique
Herrschaft F̄ [1] domination f (**über** + akk sur); **im Staat** pouvoir m; **unter j-s ~** (dat) **stehen** être sous la domination de qn; **die ~ über sein Fahrzeug verlieren** perdre le contrôle de son véhicule [2] **meine ~en!** Mesdames et Messieurs!; umg Messieurs Dames!
herrschen VI [1] Herrscher, Person régner (**über** + akk sur) [2] **es herrscht ... oft** il y a ...; **es herrscht starker Verkehr** il y a beaucoup de circulation; **es herrscht Frieden** la paix règne
herrschend ADJ [1] POL au pouvoir [2] fig Meinung dominant; **die augenblicklich ~e Stimmung** l'atmosphère qui règne en ce moment **Herrscher(in)** M(F) POL souverain(e) m(f)
hersehen VI [1] regarder [2] **hinter j-m ~** suivre qn des yeux
herstellen VT [1] (≈ platzieren) mettre [2] (≈ produzieren) fabriquer [3] Verbindung, Gleichgewicht établir; **wieder ~** Frieden, Gesundheit rétablir **Hersteller** M̄ fabricant m **Herstellung** F̄ fabrication f
herüber ADV de ce côté-ci; Richtung vers ici
herüberkommen VI hierher venir
herum ADV **um ... ~** a. bei Zahlenangaben autour de; **richtig, verkehrt ~** (tourné) du bon, du mauvais côté; Richtung dans le bon, mauvais sens; **im Kreis ~** en rond; en cercle; **~ sein** umg (≈ vorbei sein) être fini, passé, terminé; **(immer) um j-n ~ sein** s'occuper sans arrêt de qn
herumdrehen A VT tourner; Verkehrtliegendes retourner B VR **sich ~** se retourner (**zu j-m** vers qn)
herumfahren A VT promener en voiture, etc B VI [1] **um etw ~** contourner qc; ganz herum faire le tour de qc [2] ziellos circuler
herumführen A VT [1] **j-n um etw ~ um ein Hindernis** faire contourner qc à qn; ganz herum faire faire le tour de qc à qn [2] **j-n in e-r Stadt ~** guider qn dans une ville B VI Weg etc **um etw ~** contourner qc; ganz herum faire le tour de qc
herumgehen VI [1] **um etw ~** um ein Hindernis contourner qc; um e-e Statue etc faire le tour de qc [2] ziellos marcher [3] (≈ die Runde machen) faire le tour [4] (≈ herumgereicht werden) circuler; faire le tour [5] umg Zeit passer
herumhacken umg VI fig **auf j-m ~** attaquer, critiquer qn constamment
herumkommen VI [1] **um e-e Ecke ~** tourner (le coin de la rue) [2] umg in e-m Land circuler [3] umg fig **um etw ~** um e-e Strafe, Aufgabe passer au travers de qc umg; **wir werden nicht darum ~ zu** (+ inf) on ne peut pas faire autrement que de (+ inf)
herumkriegen umg VT [1] Zeit passer; tuer [2] (≈ überreden) faire céder; sexuell avoir umg
herumlaufen VI [1] ziellos courir [2] **um etw ~** faire le tour de qc [3] umg fig **barfuß, im Bademantel ~** se promener nu-pieds, en peignoir
herumliegen umg VI Gegenstände traîner
herumreißen VT AUTO **das Steuer ~** donner un brusque coup de volant
herumschlagen umg VR **sich mit j-m ~** se battre avec qn; **sich mit Problemen ~** se débattre avec des problèmes
herumsprechen VR **sich ~** se savoir; s'ébruiter
herumstehen VI [1] **um etw, j-n ~** faire cercle autour de qc, qn [2] umg (**untätig**) ~ rester là sans rien faire
herumtreiben umg VR **sich ~** traîner
herunter ADV en bas; **~ (da)!** descends bzw. descendez (de là)!; **~ sein** umg fig wirtschaftlich être ruiné; gesundheitlich être dans un sale état
herunterdrücken VT Taste appuyer

sur; *Türklinke* baisser
herunterfallen _VI_ tomber (**von** de); **mir ist die Gabel heruntergefallen** j'ai laissé tomber ma fourchette
heruntergehen _VI_ **1** (≈ *nach unten gehen*) descendre **2** *Preise, Temperatur, Fieber* baisser
heruntergekommen _ADJ_ *moralisch, beruflich* tombé bien bas; *im Aussehen* négligé; *Gebäude* délabré
herunterhängen _VI_ pendre **herunterkommen** _VI_ **1** (≈ *nach unten kommen*) descendre **2** *fig* (≈ *verkommen*) se clochardiser; *moralisch, beruflich* tomber bien bas; *Gebäude* se dégrader **3** *fig* **vom Alkohol** ~ *umg* décrocher **herunterladen** _VT_ IT télécharger **herunterlassen** _VT_ faire *bzw.* laisser descendre; *Autofenster, Jalousien, Hose* baisser **herunterleiern** *umg pej* _VT_ *Gedicht* débiter
herunternehmen _VT_ **die Arme** ~ baisser les bras
herunterspielen *umg* _VT_ *fig Angelegenheit* dédramatiser; *Risiken etc* minimiser
hervorheben _VT_ (≈ *heraussstellen*) faire ressortir; (≈ *betonen*) souligner **hervorholen** _VT_ sortir (**aus** de) **hervorkommen** _VI_ sortir (**aus** de)
hervorragend A _ADJ_ excellent; remarquable **B** _ADV_ à la perfection
hervorrufen *fig* _VT_ *Gefühl* faire naître; *bes Gelächter, Ärger* provoquer; *bes Bewunderung, Interesse, Ärger, Unruhe* susciter **hervortun** _VR_ **sich mit, als etw** ~ se distinguer par, comme qc
Herz _N_ **1** *a. fig, a. Spielkarte* cœur *m* **2** *Wendungen mit adj* **von ganzem ~en** de tout mon, *etc* cœur; **mit ganzem ~en bei der Sache sein** mettre tout son cœur à l'ouvrage; **schweren ~ens** le cœur gros **3** *mit subst* **das ~ auf dem rechten Fleck haben** avoir bon cœur; **j-n, etw auf ~ und Nieren prüfen** (vouloir) voir ce que vaut qn, qc; **ein ~ und e-e Seele sein** être comme les deux doigts de la main **4** *mit Verben* **j-m sein ~ ausschütten** s'épancher auprès de qn; confier sa peine à qn; **alles, was das ~ begehrt** tout ce que l'on désire; **sich** (*dat*) **ein ~ fassen** prendre son courage à deux mains; **mein ~ hängt an** (+ *dat*) je suis très attaché à **5** *mit präp* **das liegt mir am** ~**en** cela me tient à cœur; **etw auf dem ~en haben** avoir qc sur le cœur; **das kommt von ~en** c'est de bon cœur; **sich** (*dat*) **etw zu ~en nehmen** prendre qc à cœur
Herzanfall _M_ crise *f* cardiaque
Herzfehler _M_ *angeborener* malformation *f* cardiaque
herziehen A _VT_ **etw hinter sich** (*dat*) ~ traîner qc derrière soi **B** _VI_ **1** (≈ *umziehen*) (venir) s'installer (ici) **2** *umg fig* **über j-n** ~ casser du sucre sur le dos de qn
Herzinfarkt _M_ infarctus *m* du myocarde **Herzklopfen** _N_ **mit** ~ le cœur battant; **ich habe** ~ j'ai le cœur qui bat **herzkrank** _ADJ_ cardiaque
herzlich A _ADJ_ (≈ *freundschaftlich*) cordial; (≈ *warm*) *a. Empfang, Worte, Ton, Beifall* chaleureux; ~**en Dank!** un grand merci! (**für** pour) **B** _ADV_ **1** chaleureusement; ~ **willkommen!** soyez *bzw.* la bienvenue(e)! **2** *umg* (≈ *sehr*) ~ **gern** très, bien volontiers
Herzlichkeit _F_ cordialité *f*
herzlos _ADJ_ sans cœur
Herzog(in) _M(F)_ duc *m*, duchesse *f* **Herzogtum** _N_ duché *m*
Herzschlag M 1 (≈ *Puls*) pulsation *f*; (≈ *Herzklopfen*) battement(s) *m(pl)* de cœur **2** (≈ *Herzversagen*) crise *f* cardiaque
Hessen _N_ la Hesse **hessisch** _ADJ_ de (la) Hesse
Hetze _F_ **1** (≈ *Eile*) course (continuelle), bousculade *f* **2** (≈ *Hetzreden*) propos incendiaires, °haineux (**gegen** contre)
hetzen A _VT_ **1 die Hunde auf j-n** ~ lâcher les chiens sur qn **2** (≈ *antreiben*) bousculer **B** _VI_ **1** *pej* **gegen j-n** ~ tenir des propos incendiaires contre qn **2** (≈ *eilen*) courir **C** _VR_ **sich** ~ (≈ *sich beeilen*) se dépêcher
Heu _N_ foin *m*
Heuchelei _F_ hypocrisie *f* **heucheln A** _VT_ feindre **B** _VI_ faire l'hypocrite **Heuchler(in)** _M(F)_ hypocrite *m/f*
heuer *südd, österr, schweiz* _ADV_ cette année
heulen _VI_ **1** *Sirene, Tier, Wind, Motor* °hurler **2** *umg* (≈ *weinen*) pleurer; *stärker* °hurler; *umg* **es ist zum Heulen** c'est à

pleurer

heurig _südd, österr, schweiz_ ADJ de cette année

Heuschnupfen M rhume m des foins
Heuschober _südd, österr_ M Haufen meule f de foin **Heuschrecke** F sauterelle f

heute ADV aujourd'hui; **in acht Tagen** aujourd'hui en °huit; **vor vierzehn Tagen** il y a aujourd'hui quinze jours; **bis ~** jusqu'à aujourd'hui; _weitS._ jusqu'à présent; **von ~ auf morgen** du jour au lendemain

heutzutage ADV de nos jours

Hexe F _a. fig pej_ sorcière f **hexen** VI être sorcier; _umg_ **ich kann doch nicht ~!** mais je ne peux pas faire plus vite!

hey _fam_ INT hé
hi _fam_ INT salut
hieb → hauen

Hieb M coup m **hieb- und stichfest** ADJ Alibi, Beweis solide

hielt → halten

hier ADV ici; _fig_ (≈ in diesem Punkt) là; **~ (nimm)!** tiens!; prends!; **~ oben** etc ici; **von ~ aus** d'ici; **von ~ an** _räumlich_ à partir d'ici; _zeitlich_ à partir de là; **~ und da** _a. zeitlich_ par-ci, par-là; **dies Buch ~** ce livre-ci; _umg_ **der, die, das ~** celui-ci, celle-ci, ceci; **~ ist, sind ...** voici, voilà ...; **~ bin ich!** me voici!; me voilà!; TEL **~ ist Müller** c'est Monsieur Müller à l'appareil; **~ sein** être ici, là; → hierbehalten, hierbleiben, hierlassen

Hierarchie F °hiérarchie f
hierbehalten VT garder (ici)
hierbleiben VI rester ici

hierher ADV ici; **bis ~ und nicht weiter** jusque-là et pas plus; _fig_ **das gehört nicht ~** cela n'a rien à faire ici

hierhin ADV ici; **bis ~** jusque-là; jusqu'ici

hierlassen VT laisser ici

hiermit ADV ADMIN **~ teile ich Ihnen mit, dass ...** par la présente je vous fais savoir que ...

hieß → heißen

Hi-Fi-Anlage F chaîne f °hi-fi

high _umg_ ADJ **~ sein** _von Drogen_ planer _umg_, être défoncé _umg_

Highlight N moment, temps fort
Hightech-Industrie F industrie f aux technologies de pointe

Hilfe F **1** (≈ Hilfeleistung) aide f; **Erste ~** Kenntnis, Technik secourisme m; _am Unfallort_ premiers soins; **j-m ~ leisten** prêter assistance, porter secours à qn; **mit ~ von** Sache à l'aide de; Person avec l'aide de; **j-n um ~ bitten** demander de l'aide à qn; **um ~ rufen** appeler au secours; **(zu) ~!** au secours!; **sich ~ suchend an j-n wenden** demander de l'aide à qn; **j-m zu ~ kommen**, eilen venir, voler au secours de qn; **etw zu ~ nehmen** s'aider de qc **2** FIN aide (financière) f **3** (≈ Hilfskraft) aide m/f

hilflos ADJ (≈ schutzlos) désarmé; (≈ ratlos) désemparé; (≈ verwirrt) en désarroi

Hilfsarbeiter(in) M(F) manœuvre m
hilfsbereit ADJ serviable **Hilfskraft** F aide m/f

hilft → helfen

Himbeere F framboise f

Himmel M _a._ REL, _a. fig_ ciel m; **am ~** dans le ciel; REL **im ~** au ciel; _umg_ **aus heiterem ~** sans prévenir; **unter freiem ~** en plein air; **in den ~ kommen** aller au ciel; **um ~s willen!** au nom du ciel!; _umg_ **(ach) du lieber ~!** mon Dieu!; _umg_ **im siebten ~ sein** être au septième ciel, être aux anges; **~ und Hölle in Bewegung setzen** remuer ciel et terre; **das schreit zum ~** c'est révoltant; **das stinkt zum ~** c'est un véritable scandale

Himmelbett N lit m à baldaquin
himmelblau ADJ bleu ciel
Himmelfahrt F (Christi) **~** l'Ascension f; **Mariä ~** l'Assomption f

Himmelsrichtung F point cardinal; _fig_ **aus allen ~en** de toutes les directions

hin ADV **1** _räumlich_ vers; **nach Süden hin** vers le sud; **hin und zurück** aller et retour; _bei Fahrkarten_ **zweimal Nizza hin und zurück** deux allers et retours Nice; **hin und her gehen** aller et venir; _umg_ **wo ist sie hin?** où est-elle allée?; **nichts wie hin!** qu'est-ce qu'on attend? **2** _zeitlich_ vers; **gegen Abend hin** vers le soir; **hin und wieder** de temps en temps; **es ist noch einige Zeit hin, bis ...** on a encore un peu de temps avant que ... (+ subj) **3** **auf seine Bitte hin** à sa demande; **auf ihre Anzeige hin** en réponse à son annonce **4** _fig_ **hin sein** _umg_

(≈ *unbrauchbar sein*) être fichu *umg*; *sl* (≈ *tot sein*) être clamsé *umg*, être crevé *sl*; **hin und her überlegen** peser le pour et le contre; *umg* **von j-m, etw ganz hin (und weg) sein** (≈ *hingerissen sein*) être emballé par qn, qc *umg*

hinab → hinunter

hinauf ADV en ʰhaut; **dort ~!** par là!; **monte(z) là!**; **bis zum Gipfel ~** jusqu'au sommet

hinaufgehen VI *a. fig* monter **hinaufklettern** VT & VI **etw** (*akk*) *od* **auf etw** (*akk*) **~** grimper sur qc **hinaufkommen** VI monter; **ich komme nicht hinauf** je n'arrive pas à monter (là) **hinaufsteigen** VI (**auf etw** *akk*) **~** monter (sur qc) **hinauftragen** VT *Koffer, etc* monter

hinaus ADV ◨ *räumlich* dehors; **~!** sors *bzw.* sortez (d'ici)!; dehors!; **hier ~** par ici; par là; **zum Fenster ~** par la fenêtre ◨ *zeitlich* **auf Monate ~** pour des mois; **über den ersten April ~** au-delà du premier avril

hinausbringen VT *Sache* sortir; *Person* raccompagner **hinausfahren** A VT sortir (en voiture) B VI ◨ (≈ *nach draußen fahren*) sortir (**aus** de) ◨ (≈ *wegfahren*) partir (**nach** à) **hinausfinden** VI trouver la sortie (**aus** de) **hinausgehen** VI ◨ *Person* sortir (**aus** de); aller dehors ◨ *Fenster, Tür* **auf den Hof ~** donner sur la cour ◨ *fig* **über etw** (*akk*) **~** dépasser qc

hinauslaufen VI ◨ *Person* sortir (en courant) ◨ *fig* **auf etw** (*akk*) **~** aboutir à qc **hinausschieben** VT ◨ *aus e-m Raum* pousser dehors ◨ *zeitlich* remettre (à plus tard) **hinauswachsen** VI **über sich** (*akk*) **selbst ~** se surpasser **hinauswerfen** VT ◨ *Gegenstand* jeter (dehors) ◨ *umg* **fig j-n ~** *bes am Arbeitsplatz* mettre qn à la porte, flanquer qn à la porte *umg*; *bes Mieter, Gast* jeter qn, vider qn *umg*

hinauswollen VI ◨ *umg* vouloir sortir ◨ *fig* **auf etw** (*akk*) **~** vouloir en venir à qc **hinauszögern** VT retarder

hinbekommen *umg* VT ◨ (≈ *schaffen*) **es ~** y arriver ◨ **etw wieder ~** réussir à réparer qc **hinbringen** VT *Person* (y) emmener; *Sache* apporter

hindern VT ◨ **j-n (daran) ~, etw zu tun** empêcher qn de faire qc ◨ (≈ *behindern*) gêner (**j-n bei der Arbeit** qn dans son travail) **Hindernis** N obstacle *m*

hindurch ADV ◨ *räumlich* **durch etw ~** à travers qc; **hier ~** par ici; par là ◨ *zeitlich* pendant; **das ganze Jahr ~** (pendant) toute l'année

hinein ADV ◨ **hier ~!** entre(z) (par) ici, là!; **in etw** (*akk*) **~** dans qc ◨ *zeitlich* **bis in den Mai ~** jusqu'en mai

hineinfahren VI **in etw** (*akk*) **~** entrer dans qc; *in e-e Straße* s'engager dans qc **hineinfallen** VI **in etw ~** tomber dans qc **hineingehen** VI ◨ (≈ *eintreten*) entrer (**in** + *akk* dans) ◨ *fig* (≈ *Platz finden*) tenir (**in** + *akk* dans) **hineingeraten** VI **in etw** (*akk*) **~** tomber dans qc **hineinkommen** VI ◨ (≈ *hineingelangen*) entrer (**in** + *akk* dans) ◨ *umg* (≈ *hineinsollen*) entrer; se mettre; *bes* GASTR venir s'ajouter; être mis **hineinpassen** VI (r)entrer (**in** + *akk* dans) **hineinsehen** VI **~ in** regarder dans

hineinstecken VT ◨ **etw in etw** (*akk*) **~** mettre qc dans qc ◨ *umg* **Geld in etw** (*akk*) **~** placer de l'argent dans qc **hineinversetzen** VR **sich in j-n, in j-s Lage ~** se mettre à la place de qn **hineinwerfen** VT **etw in etw** (*akk*) **~** jeter qc dans qc

hinfahren A VT *Person* y conduire; *Lasten* transporter à un endroit, chez qn, *etc* B VI y aller (en voiture, *etc*) **Hinfahrt** F aller *m*; **auf der ~** à l'aller

hinfallen VI tomber; *Gegenstand* tomber par terre **hinfliegen** VI ◨ *mit dem Flugzeug* y aller en avion ◨ *umg fig* (≈ *hinfallen*) s'étaler

hing → hängen

Hingabe F (≈ *Aufopferung*) dévouement *m*

hingehen VI ◨ *an e-n Ort* y aller; **~ zu** aller à, vers; *in j-s Haus* aller chez; **wo gehst du hin?** où vas-tu? ◨ *zeitlich* passer

hingerissen ADJT → hinreißen

hinhalten VT ◨ **j-m etw ~** tendre qc à qn ◨ *fig* **j-n ~** (≈ *warten lassen*) faire attendre qn; (≈ *ablenken*) amuser qn **hinhauen** *umg* A VT *Arbeit* bâcler B VI *fig* (≈ *klappen, richtig sein*) marcher; *umg* coller **hinhören** VI écouter

hinken VI ◨ boiter; *fig Vergleich* être

boiteux; **leicht ~** boitiller **2 über die Straße ~** traverser la rue en boitant
hinknien V/R **sich ~** se mettre à genoux; s'agenouiller
hinkommen V/I **1** (≈ *kommen*) venir (**zu etw** à qc), (**zu j-m** chez qn); **wie kommt man hin?** comment peut-on y aller?; *fig* **wo kämen wir hin, wenn …?** où irions-nous si …? **2 wo ist meine Tasche hingekommen?** *umg* où est passé mon sac? **3** *umg* (≈ *hingehören*) être à sa place; **wo kommt das hin?** où faut-il mettre cela? **4** *umg* (≈ *stimmen*) être juste; correspondre
hinkriegen V/T *umg* → hinbekommen
hinlegen A V/T **1** poser; mettre; **j-m etw ~** mettre qc à qn **2** *umg* (≈ *bezahlen*) allonger B V/R **sich ~** s'allonger; *ins Bett* se coucher **hinnehmen** V/T (≈ *dulden*) supporter; (≈ *akzeptieren*) accepter
Hinreise F *der*; **auf der ~** à l'aller
hinreißen V/T **1** (≈ *begeistern*) enthousiasmer; **von etw, j-m hingerissen sein** être enthousiasmé, ravi par qc, qn **2 sich zu e-r Bemerkung ~ lassen** se laisser aller, entraîner à faire une remarque **hinreißend** ADJ superbe; ravissant
hinrichten V/T j-n ~ exécuter qn **Hinrichtung** F exécution (capitale)
hinschmeißen V/T *umg* → hinwerfen
hinsehen V/I regarder; **ich kann (gar) nicht ~** je ne peux pas voir ça
hinsetzen A V/T *Sache* mettre; poser B V/R **sich ~** s'asseoir
Hinsicht F **in dieser ~** à cet égard; **in jeder ~** à tous égards
Hinspiel N SPORT match *m* aller
hinstellen A V/T **1** *an e-e Stelle* mettre; (≈ *abstellen*) déposer **2** *fig* **etw, j-n als etw ~** présenter qc, qn comme qc B V/R **sich ~** *an e-e Stelle* se mettre
hinten ADV à l'arrière; derrière; *in e-r Reihe* en arrière; (≈ *im Hintergrund*) au fond; (≈ *am Ende*) à la fin; **~ im Saal** au fond de la salle; **weiter ~** *a. in e-m Buch* plus loin; **von ~** par, de derrière; **~ stehen** *in e-m Raum* se trouver, être au fond; *in e-r Reihe* se trouver, être à la fin
hintenherum ADV **1** *räumlich* par derrière **2** *umg fig* bekommen en sous--main; *erfahren* d'une façon détournée
hinter PRÄP *Richtung akk*, *Lage dat* derrière; *Reihenfolge* après; **gleich ~ Köln** tout de suite après Cologne; **~ j-m, etw stehen** *a. fig* être derrière qn, qc; **etw ~ sich** (*akk*) **bringen** venir à bout de qc; **etw ~ sich** (*dat*) **haben** *Arbeit etc* en avoir fini, terminé avec qc; *Operation etc* avoir subi qc
hintere(r, -s) ADJ de derrière; dernier; **das ~ Ende** le derrière, le bout; *e-s Zugs* la queue; **die ~n Reihen** *fpl* les derniers rangs
hintereinander ADV **1** *räumlich* l'un(e) derrière l'autre **2** *zeitlich* l'un(e) après l'autre; **viermal ~** quatre fois de suite
Hintergedanke M arrière-pensée *f*
Hintergrund M *a.* MAL, THEAT fond *m*; *Perspektive* arrière-plan *m*; **im ~** à l'arrière-plan; *fig* **sich im ~ halten, im ~ bleiben** rester dans l'ombre; *pl* **Hintergründe** *fig* arrière-plan *m*
Hinterhalt M embuscade *f* **hinterhältig** ADJ sournois
hinterher ADV **1** *zeitlich* après (coup) **2** *räumlich, a. Rangfolge* derrière **3** *fig* **(sehr) ~ sein, dass …** être très attentif à ce que … (+ *subj*)
hinterherlaufen V/I j-m, e-r Sache ~ *a. umg fig* courir après qn, qc
Hinterhof M arrière-cour *f* **Hinterland** N arrière-pays *m*
hinterlassen V/T laisser; *testamentarisch* léguer **hinterlegen** V/T déposer
Hinterlist F perfidie *f* **hinterlistig** perfide
Hintermann M **1 mein ~** la personne derrière moi **2** *fig* (≈ *Drahtzieher*) personne *f* qui tire les ficelles
Hintern *umg* M derrière *m*; *umg* postérieur *m*; **j-n** *od* **j-m in den ~ treten** botter le derrière, les fesses de qn; *fig* **j-m in den ~ kriechen** lécher les bottes de qn; *umg* faire de la lèche à qn
Hinterseite F derrière *m*
hinterste(r, -s) ADJ dernier
Hinterteil *umg* N (≈ *Gesäß*) derrière *m*
Hintertreppe F escalier(s) *m*(*pl*) de service **Hintertür** F porte *f* de derrière
hinterziehen V/T *Steuern ~* frauder le fisc
hintun *umg* V/T (y) mettre
hinüber ADV de l'autre côté; **über (+ akk) ~** par-dessus; *umg* **~ sein** (≈ *kaputt*,

verdorben) être fichu *umg*; (≈ *tot*) avoir passé l'arme à gauche *umg*; (≈ *bewusstlos*) être dans les vapes *umg* **hinübergehen** V/i über e-e Straße, Brücke etc traverser (**über etw** *akk* qc); **auf die andere Seite** ~ aller de l'autre côté **hin- und herfahren** V/i 1 aller et revenir 2 *Zug, Bus, etc* faire l'aller et retour, faire la navette **hin- und hergehen** V/i *im Zimmer* marcher de long en large; *nervös* faire les cent pas **hinunter** ADV en bas; **dort** ~! (descends bzw. descendez) par là!; **bis ins Tal** ~ jusque dans la vallée **hinunterfahren** V/i descendre **hinunterfallen** → herunterfallen **hinuntergehen** V/i descendre **hinunterschlucken** V/T 1 avaler 2 *umg fig Ärger* ravaler **hinunterspringen** V/i sauter en bas; **von etw** ~ sauter du °haut de qc **hinuntersteigen** V/T & V/i descendre; **den Berg** ~ descendre de la montagne **hinuntertragen** V/T descendre **hinweg** ADV 1 *räumlich* **über etw** (*akk*) ~ par-dessus qc; *fig* **über unsere Köpfe** *od* **uns** ~ sans s'occuper de nous 2 *zeitlich* **über Jahre** ~ des années durant **Hinweg** M aller m; **auf dem** ~ à l'aller **hinwegkommen** V/i **über etw** (*akk*) ~ surmonter qc; **ich komme darüber nicht hinweg** je ne m'en remets pas **Hinweis** M 1 (≈ *Mitteilung*) indication f 2 (≈ *Anzeichen*) indication f (*sur*) **hinweisen** A V/T j-n auf etw (*akk*) ~ faire remarquer qc à qn B V/i **ich weise darauf hin, dass …** je fais remarquer que … **hinwerfen** A V/T jeter (par terre) *umg Arbeit etc* envoyer promener *umg* B **sich** ~ se jeter par terre **hinwollen** *umg* V/i vouloir y aller; **wo willst du hin?** où vas-tu? **hinziehen** A V/T **etw zu sich** (*dat*) ~ tirer qc vers soi; *fig* **ich fühle mich zu ihm hingezogen** je me sens attiré par lui B V/i (≈ *umziehen*) s'y installer C V/R **sich** ~ 1 (≈ *sich in die Länge ziehen*) traîner en longueur 2 *räumlich* s'étendre (**bis nach** jusqu'à) **hinzufügen** V/T ajouter (**zu** à) **hinzukommen** V/i 1 (≈ *sich anschließen*) s'y joindre 2 *überraschend* survenir 3 *Dinge* (*venir*) s'y ajouter; **es kommt noch hin-**

zu, dass … ajoutez à cela que …
Hip-Hop M MUS °hip-hop m
Hirn N 1 *Organ* cerveau m 2 *Substanz, a.* GASTR, *a. fig* cervelle f **Hirnhautentzündung** F méningite f **hirnrissig** *umg* ADJ cinglé; *umg* fêlé; *Idee* de fou **hirnverbrannt** *umg* ADJ → hirnrissig
Hirsch M cerf m
hissen V/T °hisser
Historiker(in) M(F) historien, -ienne m, f **historisch** ADJ historique
Hit *umg* M 1 MUS °tube m 2 *fig* succès m **Hitparade** F palmarès m; **als Sendung a.** °hit-parade m
Hitze F *a. fig* chaleur f; **bei dieser** ~ par cette chaleur; **etw bei schwacher** ~ **kochen** cuire qc à feu doux; (faire) mijoter qc **hitzebeständig** ADJ réfractaire **hitzefrei** ADJ SCHULE ~ **haben** avoir congé à cause de la chaleur **Hitzewelle** F vague f de chaleur
hitzig ADJ *Temperament* chaud; ardent; (≈ *erregt*) excité; *Debatte* passionné
Hitzschlag M coup m de chaleur
HIV-infiziert ADJ infecté par le HIV **HIV-positiv** ADJ séropositif
H-Milch F lait m UHT
hob → heben
Hobby N °hobby m
Hobel M rabot m **hobeln** V/T & V/i raboter
hoch A ADJ 1 (≈ *von großer Höhe*) °haut; **zwei Meter** ~ **sein** avoir deux mètres de °haut; **wie** ~ **ist der Montblanc?** quelle est la °hauteur, l'altitude du mont Blanc? 2 (≈ *in großer Höhe*) °haut; élevé; *fig* **im hohen Norden** dans le Grand Nord 3 *wert- u. mengenmäßig Alter, Geschwindigkeit,* kurant grand; *Preis, Kosten, Verlust, Zahl, Gehalt, Zinsen, Miete, Gewicht* élevé; *Preis, Lohn, Niveau, Ansehen, Temperatur, Präzision* °haut; *Gehalt, Konzentration* °haut; fort; *Gehalt, Niederlage, Gewinn, Betrag, Zinsen* gros; *Fieber, Summe* °haut; *Strafe* sévère; **wie** ~ **ist die Summe?** à combien se monte, s'élève la somme? 4 *Rangfolge: Beamter, Würdenträger etc* °haut; *Posten, Rang* élevé; *Offizier* de °haut rang 5 MUS *Ton* aigu; *Stimme* °haut; *Note* **das hohe C** le do six 6 MATH **vier** ~ **fünf** quatre puissance cinq; **vier** ~ **zwei** *meist* quatre au carré; **vier** ~

drei *meist* quatre au cube **B** ADV **1** (≈ *in großer Höhe*) en °haut; **~ oben** (**auf** + *dat*) tout en °haut (**de**) **2** (≈ *nach oben*) **Hände ~!** °haut les mains! **3** *wert- u. mengenmäßig* très; *mit adj u. pperf* **~ angesehen** très estimé; **~ begabt** surdoué; **~ entwickelt** *Völker, Land* très développé; *Technik* sophistiqué; **~ qualifiziert** °hautement qualifié; **~ verschuldet** surendetté; → hochempfindlich; *mit Verben* **~ gewinnen** SPORT gagner °haut la main; remporter une grande victoire; **~ verlieren** SPORT essuyer une lourde défaite; *etw* **~ und heilig versprechen** promettre qc solennellement; *umg* **wenn es ~ kommt** tout au plus **4** *singen* °haut

Hoch N **1** METEO anticyclone *m* **2** **ein ~ auf die Köchin!** vive la cuisinière!

hochachtungsvoll ADV *Briefschluss* veuillez agréer, Monsieur bzw. Madame, l'expression de mes salutations distinguées

Hochbegabtenförderung F bourses accordées aux élèves extrêmement doués

Hochbetrieb M activité *f* intense; **es herrscht ~** (≈ *es sind viele Leute da*) il y a un monde fou

Hochdruck M **1** METEO °hautes pressions **2** *umg fig* **mit** *od* **unter ~ arbeiten** travailler d'arrache-pied **3** MED hypertension *f* **Hochdruckgebiet** N → Hoch 1 **Hochebene** F °haut plateau **hochempfindlich** ADJ *Messinstrument* très sensible; *Film* ultrasensible **hocherfreut** ADJT ravi, enchanté (**über** + *akk* de)

hochfahren A VT **den Computer ~** démarrer l'ordinateur **B** VI monter (**nach Hamburg** à Hambourg) *a. fig*

Hochform F **in ~ sein** être en pleine forme

hochgehen VI **1** *Person, Ballon* monter; *Vorhang* se lever **2** *umg* (≈ *explodieren*) sauter; *etw* **~ lassen** faire sauter qc **3** *umg* (≈ *wütend werden*) s'emballer *umg*

Hochgeschwindigkeitszug M train *m* à grande vitesse; TGV *m*

Hochhaus N tour *f*

hochheben VT *Last* soulever; *Hand, Arm* lever

hochinteressant ADJ très intéressant
hochklappen VT relever
hochkommen *umg* VI **1** (≈ *heraufkommen*) monter **2** *aus dem Magen* revenir; *fig* **es kommt mir hoch, wenn ich das sehe** je suis écœuré quand je vois ça **3** **wieder ~** *Land* se redresser; *Kranker* se remettre; se rétablir **4** *fig beruflich* réussir

hochkrempeln VT *Ärmel* retrousser
hochladen VT IT (≈ *ins Internet stellen*) télécharger
Hochland N °hauts plateaux
Hochleistungssport M sport *m* de compétition, de °haut niveau
hochmodern ADJ ultramoderne
Hochmut M orgueil *m*
hochmütig ADJ orgueilleux
hochnäsig ADJ arrogant
Hochrechnung F estimation *f*
Hochsaison F pleine saison
Hochschulabschluss M diplôme *m* universitaire **Hochschule** F établissement *m* d'enseignement supérieur; (≈ *Universität*) université *f*
hochschwanger ADJ en état de grossesse avancée
Hochsommer M plein été
Hochspannung F **1** ELEK °haute tension **2** *fig* grande tension **Hochspannungsleitung** F ligne *f* à °haute tension **Hochspannungsmast** M pylône *m*
hochspringen VI sauter, bondir (**vor Freude** de joie); **an j-m ~** sauter sur qn **Hochsprung** M saut *m* en °hauteur
höchst ADV extrêmement; très
Hochstapler(in) M(F) imposteur *m*
höchste ADJ (≈ *a. Ausmaß, Rang*) le plus °haut; le plus élevé; TECH, PHYS, HANDEL, ADMIN maximum; **die ~ Temperatur** la température maximale; **der ~ Turm der Stadt** la tour la plus élevée de la ville; **in ~r Gefahr sein** être en très grand danger; **es ist ~ Zeit, dass ...** il est grand temps que ... + *Subj.*
höchstens ADV **1** tout au plus **2** (≈ *bestenfalls*) au mieux **3** (≈ *außer*) sauf
Höchstgeschwindigkeit F (**zulässige**) **~** vitesse *f* limite **Höchstleistung** F SPORT, *a. fig* meilleure performance **höchstpersönlich** ADV en

personne **Höchstpreis** M prix m maximum, plafond **Höchststand** M niveau m maximum **höchstwahrscheinlich** ADV très probablement **Hochtour** F **auf ~en laufen** TECH tourner à plein régime; fig battre son plein **Hochwasser** N **1** e-s Flusses crue f; (≈ Überschwemmung) inondation f; **~ führen** être en crue **2** (≈ höchster Flutstand) marée °haute **hochwertig** ADJ de qualité supérieure **Hochzahl** F exposant m
Hochzeit F mariage m **Hochzeitsfeier** F noce f **Hochzeitsnacht** F nuit f de noces **Hochzeitsreise** F voyage m de noces
hochziehen VT Last monter; Fahne etc °hisser; Jalousie, Hose remonter; relever; Vorhang lever; Schultern, Augenbrauen °hausser
Hocke F position accroupie; **in die ~ gehen** s'accroupir **hocken** VI **1** (≈ kauern) être accroupi **2** umg (≈ sitzen) être assis
Hocker M tabouret m
Hockey N °hockey m **Hockeyschläger** M crosse f de hockey
Hoden M testicule m
Hof M **1** e-s Hauses etc cour f; **auf dem Hof** dans la cour **2** (≈ Bauernhof) ferme f **3** (≈ Fürstenhof) cour f
hoffen VT & VI espérer (**dass** que), (**zu gewinnen**) gagner); **auf etw** (akk) **~** espérer qc; **das will ich ~** j'espère bien **hoffentlich** ADV j'espère bzw. espérons que …; Antwort **~!** espérons-le! bzw. je l'espère!
Hoffnung F espoir m (**auf** + akk de, en); espérance f; **die ~ haben zu** (+ inf) avoir l'espoir de (+ inf); **mach dir keine ~en!** ne te fais pas d'illusions!; **es besteht ~, dass er überlebt** il a des chances de survivre, de s'en sortir **hoffnungslos** ADJ sans espoir; fig **ein ~er Fall** un cas désespéré **hoffnungsvoll** ADJ **1** (≈ zuversichtlich) confiant; optimiste **2** (≈ vielversprechend) qui promet (beaucoup)
höflich A ADJ poli B ADV poliment **Höflichkeit** F politesse f
hohe → hoch
Höhe F **1** Ausdehnung, Lage °hauteur f; über dem Meeresspiegel, a. FLUG altitude f; **auf gleicher ~ (mit)** à la même °hauteur (que); **auf halber ~** à mi-°hauteur; e-r Straße etc à mi-côte; SCHIFF **auf der ~ von** à la °hauteur de; **in die ~ ragen** s'élever (vers le ciel); **in die ~ werfen** jeter en l'air, en °haut **2** (≈ Anhöhe) °hauteur f **3** MATH, ASTRON, MUS °hauteur f **4** e-r Summe etc montant m; Betrag **in ~ von** d'un montant de; se montant à **5** fig (≈ Gipfel) sommet m; **auf der ~ s-s Ruhms** au faîte, au sommet de sa gloire; umg **das ist (doch) die ~!** c'est le comble!
Hoheitsgebiet N territoire national **Höhenunterschied** M différence f de niveau
Höhepunkt M e-s Festes, Dramas, e-r Karriere, der Macht, des Ruhms point culminant; e-r Epoche, Karriere, der Macht, des Ruhms a. apogée m; e-r Krise paroxysme m; (≈ Orgasmus) orgasme m
höher A ADJ plus °haut, plus élevé (**als** que); Stockwerk, Temperatur, Geschwindigkeit supérieur (**als** à); **fünf Meter ~ sein als** avoir cinq mètres de plus que B ADV plus °haut; **~ bewerten** mieux noter; → **höhergestellt** **höhergestellt** ADJT (plus) °haut placé
hohl A ADJ a. fig creux B ADV **~ klingen** sonner creux
Höhle F **1** GEOL caverne f; grotte f **2** wilder Tiere tanière f **Höhlenmensch** M homme m des cavernes
Hohlmaß N a. Gefäß mesure f de capacité **Hohlraum** M cavité f; vide m
Hohn M dérision f; sarcasme m; fig **das ist der reinste ~** c'est une pure dérision **höhnisch** A ADJ sarcastique B ADV **~ lachen, grinsen** ricaner
Hokuspokus M **1** (≈ Zauberei) tour m de passe-passe **2** (≈ Zauberformel) abracadabra m
holen A VT **1** (≈ hingehen u. herbringen) aller chercher; (≈ abholen) venir chercher; **etw aus der Tasche** etc **~** sortir qc de son sac, etc **2** umg bei Preis, Medaille etc décrocher umg; Punkte remporter B umg VR **sich** (dat) **etw ~** prendre qc; Krankheit attraper qc
Holland N la Hollande **Holländer(in)** M(F) °Hollandais(e) m(f) **holländisch** ADJ °hollandais
Hölle F enfer m; **in die ~ kommen** aller

en enfer; *umg* **j-m die ~ heißmachen** rendre la vie dure à qn; **j-m das Leben zur ~ machen** rendre la vie impossible à qn; *umg* **da war die ~ los** c'était l'enfer, c'était infernal *umg* **Höllenlärm** *umg* M *umg* boucan m du diable
höllisch A ADJ 1 (≈ *der Hölle*) de l'enfer 2 *fig* Schmerzen *etc* atroce 3 *umg fig* (≈ *groß*) Angst affreux; Lärm, Tempo infernal *umg*, d'enfer B *umg* ADV atrocement; **man muss dabei ~ aufpassen** il faut (y) faire extrêmement attention
Holunder M sureau m
Holz N bois m; **aus ~ de, en bois hölzern** ADJ 1 de, en bois 2 (≈ *steif*) raide **holzig** ADJ Gemüse, Obst filandreux **Holzkohle** F charbon m de bois **Holzstapel** M, **Holzstoß** M pile f de bois **Holzweg** *fig* M **auf dem ~ sein** faire fausse route
Homebanking N banque f à domicile
Homepage F (≈ *Startseite*) page f d'accueil; (≈ *offizielle Website*) site Web (officiel); *persönliche* page personnelle
Homo-Ehe *umg* F *umg* association enregistrée administrativement de couples homosexuels (assimilée au mariage); *in Frankreich etwa* pacs m
Homöopathie F homéopathie f **homöopathisch** ADJ Mittel homéopathique; Arzt homéopathe
Homosexualität F homosexualité f **homosexuell** ADJ homosexuel
Honig M miel m
Honorar N honoraires mpl
hoppeln VI Kaninchen sauter
hörbar ADJ audible; perceptible
Hörbuch N livre-cassette m
horchen VI écouter (**an der Tür** à la porte)
Horde F (≈ *Schar*) °horde f; *von Kindern a.* bande f
hören A VI/T 1 (≈ *vernehmen*) entendre; **j-n kommen ~** entendre qn venir; **ich habe ihn sagen ~, dass** ... je l'ai entendu dire que ... 2 (≈ *anhören*) écouter; **das lässt sich ~** voilà qui s'appelle parler 3 (≈ *erfahren*) **ich habe gehört, dass** ... j'ai entendu dire que ...; **etwas von j-m ~** avoir des nouvelles de qn; **lass mal etwas von dir ~!** donne-nous de tes nouvelles à l'occasion B VI 1 (≈ *verstehen*) entendre; **schlecht, schwer ~** entendre mal; être dur d'oreille 2 (≈ *zuhören*) écouter; **ich höre** je vous écoute; *vorwurfsvoll umg* **(na) hör mal!** dis donc! 3 (≈ *gehorchen*) **auf j-n ~** écouter qn; *stärker* obéir à qn; *umg* **nicht ~ wollen** ne pas vouloir écouter, obéir 4 (≈ *erfahren*) **von j-m ~** avoir des nouvelles de qn
Hörer M 1 *Person* auditeur m 2 (≈ *Telefonhörer*) combiné m
Hörerin F auditrice f
Hörgerät N prothèse auditive
Horizont M *a. fig* horizon m; **am ~** à l'horizon; **das geht über s-n ~** cela dépasse **horizontal** ADJ horizontal
Hormon N hormone f
Horn N 1 ZOOL corne f; *umg fig* **s-m Ehemann Hörner aufsetzen** *umg* faire son mari cocu 2 *Material* corne f 3 MUS cor m
Hörnchen N Gebäck croissant m
Hornhaut F 1 (≈ *verhärtete Haut*) callosité f 2 *am Auge* cornée f
Hornisse F frelon m
Horoskop N horoscope m
Horror M horreur f; **e-n ~ vor etw** (*dat*) **haben** avoir horreur de qc **Horrorfilm** M film m d'épouvante
Hörsaal M amphithéâtre m **Hörspiel** N pièce f radiophonique
Hort M 1 *geh* (≈ *sicherer Ort*) refuge m 2 (≈ *Kinderhort*) garderie f
horten VT Waren stocker; Geld thésauriser
Hörweite F **in, außer ~** à, °hors de portée de la voix
Höschen N 1 (≈ *kurze Hose*) culotte f 2 *Damenslip* slip m
Hose F 1 *lange* pantalon m; *kurze* culotte f; (≈ *kurze Sommerhose*) short m; **in die ~ machen** faire dans sa culotte 2 *umg fig* **sich** *dat* **(vor Angst) in die ~(n) machen** *umg* faire dans sa culotte; **die ~n anhaben** Frau porter la culotte; **die ~n runterlassen** jouer cartes sur tables; **in die ~(n) gehen** *umg* foirer; **hier ist tote ~** *umg* c'est mort ici
Hosenanzug M tailleur-pantalon m **Hosenrock** M jupe-culotte f **Hosenträger** MPL bretelles fpl
Hotdog MN °hot-dog m
Hotel N hôtel m **Hotelgewerbe** N industrie f hôtelière **Hotelhalle** F °hall m de l'hôtel **Hotelverzeichnis**

N̄ liste f des hôtels **Hotelzimmer** N̄ chambre f d'hôtel
Hotline F̄ ligne directe
Hotspot M̄ IT *Einwahlpunkt* zone f d'accès sans fil (à Internet)
HTML F̄ ABK (= Hypertext Mark-up Language) IT HTML m
hübsch ADJ **1** *Frau etc* joli; **sich ~ machen** se faire belle **2** umg (≈ziemlich groß) joli umg
Hubschrauber M̄ hélicoptère m **Hubschrauberlandeplatz** M̄ héliport m
huckepack umg ADV **~ tragen, nehmen** porter, prendre sur son dos
Huf M̄ sabot m **Hufeisen** N̄ fer m (à cheval)
Hüfte F̄ °hanche f
Hügel M̄ colline f; coteau m; *kleiner* butte f **hüg(e)lig** ADJ vallonné
Huhn N̄ **1** ZOOL poule f; *junges, a.* GASTR poulet m; **gebratenes ~** poulet rôti; umg **da lachen ja die Hühner** c'est tout simplement ridicule **2** umg fig **ein dummes ~** une dinde; une oie
Hühnchen N̄ poulet m; fig **mit j-m ein ~ zu rupfen haben** avoir un compte à régler avec qn
Hühnerauge N̄ MED cor m **Hühnerbrühe** F̄ bouillon m de poule **Hühnerstall** M̄ poulailler m
Hülle F̄ **1** (≈*Umhüllung*) enveloppe f; *für Möbel, Kleidung* °housse f; (≈*Plattenhülle*) pochette f; (≈*Ausweishülle*) étui m **2** fig **in ~ und Fülle** en abondance **hüllen** V̄T̄ j-n, etw in etw (akk) ~ envelopper qn, qc dans qc; fig **sich in Schweigen ~** garder le silence
Hülse F̄ **1** BOT cosse f **2** *e-r Patrone* douille f
human ADJ humain **humanitär** ADJ humanitaire
Hummer M̄ °homard m
Humor M̄ humour m; **(Sinn für) ~ haben** avoir (le sens de) l'humour **humorlos** ADJ sans humour **humorvoll** ADJ plein d'humour
humpeln V̄Ī boiter
Hund M̄ **1** ZOOL chien m; umg **vor die ~e gehen** crever; sl être foutu; umg **das ist ein dicker ~!** (≈*grober Fehler*) c'est une grosse boulette! umg; (≈*Unverschämtheit*) quel culot!, quel toupet!

umg **2** umg pej *Person* **ein blöder ~** un imbécile; sl un enfoiré **Hundefutter** N̄ nourriture f pour chiens **Hundehütte** F̄ niche f **Hundeleine** F̄ laisse f **hundemüde** ADJ umg crevé
hundert NUM cent; → Hundert
Hundert¹ F̄ *Zahl* cent m
Hundert² N̄ **1** *Menge* cent m; **etwa, rund ~ (Personen)** une centaine (de personnes) **2** *Einheit* cent m; centaine f; **~e** pl (≈*mehrere Hundert*) des centaines fpl; **zu ~en** par centaines
hunderteins NUM cent un
Hunderter M̄ **1** MATH centaine f **2** umg *Geldschein* billet m de cent
Hunderteuroschein M̄ billet m de cent euros **hundertjährig** ADJ *Person* centenaire; (≈*hundert Jahre lang*) de cent ans; *Jubiläum* centenaire **hundertmal** ADV cent fois **hundertprozentig** ADJ & ADV *a.* umg fig à cent pour cent
hundertste NUM centième
Hundertstel N̄ centième m
hunderttausend NUM cent mille
Hündin F̄ chienne f
Hüne M̄ géant m **Hünengrab** N̄ tombe f mégalithique
Hunger M̄ faim f **(auf** + akk de); **(keinen) ~ haben** (ne pas) avoir faim; **großen ~ haben** umg avoir très faim; **~ bekommen** (commencer à) avoir faim
hungern V̄Ī (≈*Hunger leiden*) ne pas manger à sa faim; souffrir de la faim; *freiwillig* jeûner
Hungersnot F̄ famine f **Hungerstreik** M̄ grève f de la faim; **in den ~ treten** faire la grève de la faim
hungrig ADJ qui a faim; **~ machen** donner faim; **~ sein** avoir faim **(auf** + akk de)
Hupe F̄ klaxon® m; avertisseur m **hupen** V̄Ī klaxonner
hüpfen V̄Ī sauter; fig *Herz* bondir, sauter (de joie)
Hürde F̄ **1** SPORT °haie f **2** fig obstacle m; **e-e ~ nehmen** franchir un obstacle **Hürdenlauf** M̄ course f de haies
hurra INT °hourra!
huschen V̄Ī **1** se glisser rapidement; **über etw** (akk) **~** passer rapidement qc **2** fig *Schatten, Licht* passer
hüsteln V̄Ī toussoter
husten V̄Ī tousser **Husten** M̄ toux f;

~ haben tousser **Hustenanfall** M quinte f, accès m de toux **Hustenbonbon** N bonbon m contre, pour la toux **Hustensaft** M sirop m contre la toux
Hut¹ M chapeau m; umg fig **damit habe ich nichts am Hut** umg ce n'est pas ma tasse de thé, mon truc
Hut² geh F **auf der Hut sein** être sur ses gardes; prendre garde (**vor** + dat à)
hüten A VT a. fig Bett, Geheimnis garder B VR **sich vor j-m, etw ~** se garder de qn, qc; **sich ~, etw zu tun** se garder de faire qc
Hütte F (≈ einfache Behausung) cabane f; kleine, elende cahute f; (≈ Eingeborenenhütte) case f; (≈ Berghütte) refuge m
Hyäne F hyène f
Hydrant M bouche f d'incendie
Hygiene F hygiène f **hygienisch** ADJ hygiénique
Hymne F hymne m
Hype M **1** Werbung battage m publicitaire **2** Täuschung bluff m
Hyperlink M IT hyperlien m
Hypertext M IT hypertexte m
Hypnose F hypnose f; **unter ~ stehen** être sous hypnose **hypnotisieren** VT hypnotiser
Hypothek F a. fig hypothèque f; **e-e ~ aufnehmen** prendre une hypothèque
Hysterie F hystérie f **hysterisch** ADJ hystérique; **~er Anfall** crise f d'hystérie

---

I, i N I, i m
i INT Abscheu pouah!; umg **i bewahre!, i wo!** umg pensez-vous!
IC® M ABK (= Intercity®) train m intervilles très rapide
ICE® M ABK (= Intercityexpress®) etwa TGV m
ich PERS PR je bzw. j'; betont moi; **ich bin es!** c'est moi!; **hier bin ich!** me voici!; **me voilà!** **Icherzähler(in)** M(F) narrateur m à la première personne

Icon N IT icone m; icône f
ideal ADJ idéal **Ideal** N idéal m
Idee F **1** idée f; **e-e fixe ~** une idée fixe; **e-e ~ haben** avoir une idée; **er kam auf die ~ zu** (+ inf) il lui vint (à) l'idée de (+ inf); il eut l'idée de (+ inf) **2** (≈ Kleinigkeit) rien m; **e-e ~ Zucker** un soupçon de sucre
identifizieren A VT identifier B VR **sich mit etw, j-m ~** s'identifier à qc, qn
identisch ADJ identique (**mit** à)
Idiot umg pej M MED idiot m; umg **so ein ~!** quel idiot!
Idol N idole f
Igel M *hérisson m
igitt(igitt) umg INT umg be(u)rk!
Iglu M/N igloo od iglou m
ihm PERS PR lui; unverbunden à lui
ihn PERS PR le bzw. l'; nach präp, unverbunden lui
ihnen PERS PR leur; nach präp eux bzw. elles; unverbunden à eux bzw. à elles
Ihnen PERS PR vous; unverbunden à vous
ihr¹ PERS PR lui; nach präp elle; unverbunden à elle
ihr² PERS PR vous
ihr³ POSS PR d'elle, **Ihr** A ADJT **1** son bzw. sa; bei mehreren Besitzern leur **2** in der Anrede **Ihr** votre; pl **Ihre** vos **3** Briefschluss **Ihr Peter Kunz** bien à vous, Peter Kunz B SUBST **der, die, das ihre** le sien, la sienne; bei mehreren Besitzern le, la leur; **ist das ihres?** c'est le sien/le leur?
ihrer geh PERS PR d'elle; pl d'eux bzw. d'elles; **ich gedenke ~** je pense à elle bzw. à eux bzw. à elles
ihretwegen ADV **1** (≈ wegen ihr) à cause d'elle; (≈ wegen ihnen) à cause d'eux bzw. d'elles; in der Anrede **Ihretwegen** à cause de vous **2** (≈ ihr zuliebe) pour elle; (≈ ihnen zuliebe) pour eux bzw. elles; in der Anrede **Ihretwegen** pour vous
illegal ADJ illégal
Illusion F illusion f
Illustration F illustration f **Illustrierte** F revue f; magazine m
im, **= in dem** → in¹
Image N image f (de marque)
Imbiss M casse-croûte m **Imbissbude** umg F, **Imbissstand** M buvette f
immer ADV toujours; vor komp meist de plus en plus; **~ noch** toujours; encore; **noch ~ nicht** toujours pas; **~ wenn ...**

toutes les fois que ...; (à) chaque fois que ...; **~ mehr** tout le temps; **~ mehr de plus en plus; ~ weniger** de moins en moins; **wer, was, wo es auch ~ sein mag** qui, quoi, où que ce soit

immerhin ADV après tout; **das ist ~ etwas** c'est toujours ça de gagné, de pris; *einräumend* **~!** tout de même!

immerzu ADV toujours

Immission F ÖKOL nuisance f

Immobilienmakler(in) M(F) agent immobilier

immun ADJ **1** POL qui jouit de l'immunité parlementaire **2** MED, *a. fig* **gegen etw ~ sein** être immunisé contre qc

Immunsystem N MED système m immunitaire

Imperativ M GRAM (mode m) impératif m

impfen VT vacciner (**gegen** contre)

Impfpass M carnet m de vaccinations

imponieren VI **j-m (mit etw) ~** impressionner qn (par qc)

Import M importation f **Importeur** M importateur m **importieren** VT *a.* IT importer

impotent ADJ *a. fig* impuissant

Impressionismus M impressionnisme m

improvisieren VT & VI improviser

Impuls M PHYS, PSYCH, *a. fig* impulsion f

imstande ADJ **~ sein, etw zu tun** être capable de faire qc

in¹ PRÄP **1** *Lage* à; (≈ *innerhalb*) dans; *a. bei weiblichen Ländernamen, Erdteilen* en; *bei Straßennamen unübersetzt;* **in Rom** à Rome; **in Deutschland** en Allemagne; **sie wohnt in der Rue de la Gare** elle habite rue de la Gare; **in der Stadt** en ville; **in meinem Zimmer** dans ma chambre **2** *Richtung* à; en; **ins Ausland** à l'étranger; **in die Stadt fahren** aller en ville **3** *auf die Frage wann?* en; dans; pendant; **in drei Tagen** dans trois jours; **in den Ferien** pendant les vacances **4** *Art u. Weise* en; de; **in dieser Farbe de,** dans cette teinte **5** (≈ *pro*) par; **100 Euro im Monat** mille euros par mois

in² ADJ umg (≈ *in Mode*) **in sein** umg être branché, à la mode

indem KONJ **1** (≈ *während*) pendant que; tandis que; *bei gleichem Subjekt* en (+ *ppr*) **2** (≈ *dadurch, dass*) en (+ *ppr*)

Inder(in) M(F) Indien, -ienne *m,f*

Index M **1** WIRTSCH, MATH indice m **2** (≈ *Verzeichnis*) index m

Indianer(in) M(F) Indien, -ienne m,f (d'Amérique) **Indianerstamm** M tribu f d'Indiens **indianisch** ADJ indien

Indien N l'Inde f

Indikativ M GRAM (mode m) indicatif m

indirekt ADJ indirect

indisch ADJ indien

indiskutabel ADJ inadmissible

Individualist(in) M(F) individualiste m/f **individuell** ADJ individuel **Individuum** N individu m

Industrie F industrie f **Industrie...** IN ZSSGN industriel

Industriestaat M État industriel **Industrie- und Handelskammer** F Chambre f de commerce et d'industrie

ineinander ADV l'un(e) dans l'autre; *pl* les un(e)s dans les autres; → ineinanderfließen, ineinanderfügen

ineinanderfließen VI se confondre; *Flüssigkeiten, Farben* se mélanger

ineinanderfügen VT emboîter

Infektion F **1** (≈ *Ansteckung*) contagion f **2** umg (≈ *Entzündung*) infection f

Infinitiv M GRAM (mode m) infinitif m

infizieren **A** VT infecter; contaminer **B** VR **sich (mit etw) ~** attraper qc

Inflation F inflation f **inflationär** ADJ inflationniste **Inflationsrate** F taux m d'inflation

Informatik F informatique f **Informatiker(in)** M(F) informaticien, -ienne m,f

Information F **1** information f, renseignement m (**über +** akk sur); **zu Ihrer ~** pour votre information **2** *Stand* stand m d'information **Informationsaustausch** M échange m d'information **Informationstechnologie** F technologie f de l'information **Informationszentrum** N centre m d'information

informativ ADJ instructif

informieren **A** VT **~ (über +** akk**)** informer (de, sur); renseigner (sur) **B** VR **sich ~** s'informer (de, sur); se renseigner (sur)

Infostand umg M → Information

infrage ADV ~ **kommen** entrer en ligne de compte; **(das) kommt nicht ~!** (il n'en est pas) question!; **es kommt nicht ~, dass …** il n'est pas question que …; **etw ~ stellen** remettre qc en question, en cause
Infrastruktur F infrastructure f
Infusion F perfusion f
Ingenieur(in) M/F ingénieur m/f
Inhaber(in) M/F e-s Geschäfts propriétaire m/f; e-r Wohnung occupant(e) m(f); e-s Amts, Titels, Passes, Kontos titulaire m/f
Inhalt M ❶ e-s Gefäßes contenu m ❷ (≈ Gehalt) contenu m ❸ (≈ Flächeninhalt) aire f; (≈ Rauminhalt) volume m **inhaltlich** A ADJ du contenu B ADV quant au contenu **Inhaltsangabe** F e-r Erzählung résumé m **Inhaltsverzeichnis** N table f des matières
Initiativbewerbung F auf eine Arbeitsstelle candidature f spontanée
Initiative F ❶ initiative f; **die ~ ergreifen** prendre l'initiative ❷ → Bürgerinitiative
Injektion F MED injection f **injizieren** V/T injecter
inklusive ADV & PRÄP (y) compris
inkompatibel ADJ a. IT incompatible
Inkrafttreten N entrée f en vigueur
Inland N intérieur m du pays; **im ~** à l'intérieur du pays **Inlandflug** M vol intérieur
Inliner M, **Inlineskate** M roller m **inlineskaten** V/I faire du roller **Inlineskater(in)** M/F rolleur, -euse m,f
innehalten V/I s'arrêter
innen ADV à l'intérieur; **nach ~** à l'intérieur; aufgehen vers l'intérieur; **von ~** de l'intérieur **Innen…** IN ZSSGN meist intérieur
Innenminister(in) M/F ministre m de l'Intérieur **Innenpolitik** F politique intérieure **Innenseite** F côté intérieur; e-s Stoffs envers m **Innenstadt** F centre m (de la) ville **Innentasche** F poche intérieure **Innenwand** F cloison f
innerbetrieblich ADJ interne (à l'entreprise)
innere(r, -s) ADJ intérieur; a. MED interne
Innere(s) N intérieur m; centre m; fig e-s Menschen for intérieur
innerhalb A PRÄP ❶ örtlich à l'intérieur de ❷ zeitlich en; **~ kurzer Zeit** en peu de temps B ADV ❶ ~ **(von)** örtlich à l'intérieur (de); (au-de)dans (de) ❷ ~ **(von)** zeitlich en
innerlich A ADJ (≈ innen befindlich) intérieur B ADV fig dans mon, ton, etc for intérieur **innerste** ADJ intime; **in ihrem Innersten** dans son for intérieur
innig A ADJ ❶ (≈ tief empfunden) cordial; Freundschaft sincère; Wunsch ardent ❷ (≈ sehr eng) intime B ADV **sich ~ lieben** s'aimer tendrement
Innovation F innovation f **innovativ** ADJ innovateur
Innung F corps m de métier
inoffiziell A ADJ (≈ halbamtlich) officieux B ADV (≈ halbamtlich) officieusement
in petto umg **etw ~ haben** avoir qc en réserve
in puncto PRÄP **~ Geld/Autos** etc pour ce qui est de l'argent/des voitures, etc
Input M/N IT entrée f
ins, = in das → in¹
Insasse M, **Insassin** F e-s Autos occupant(e) m(f); e-s Zuges voyageur, -euse m,f; e-s Flugzeuges passager, -ère m,f; e-s Gefängnisses détenu(e) m(f)
insbesond(e)re ADV en particulier
Inschrift F inscription f
Insekt N insecte m **Insektenspray** N/M bombe f insecticide **Insektenstich** M piqûre f d'insecte
Insel F île f
Inserat N annonce f
insgeheim ADV en secret **insgesamt** ADV en tout; au total
Insider M initié m
insofern A ADV sur ce point B KONJ **~, als …** dans la mesure où …
insolvent ADJ insolvable **Insolvenz** F insolvabilité f
Inspektor(in) M/F ❶ Beamter fonctionnaire m/f des cadres moyens ❷ Prüfer(in) inspecteur, -trice m,f
instabil ADJ instable **Instabilität** F instabilité f
Installateur M (≈ Heizungsinstallateur) installateur m de chauffage **Installation** F a. IT installation f **installieren**

Installierung – Invalide ▪ **491**

VT a. IT installer **Installierung** F a. IT installation f

instand ADV **~ halten** maintenir en bon état; entretenir; **~ setzen** remettre en bon état; réparer **Instandhaltung** F entretien m **Instandsetzung** F remise f en (bon) état

Instanz F **1** (≈ *Stelle für Entscheidungen*) autorité f **2** JUR instance f; **in erster ~** en première instance

Instinkt M instinct m **instinktiv** ADJ instinctif

Institut N (≈ *Forschungsinstitut*) institut m (**für** de); (≈ *Lehranstalt*) a. école f; institution f **institutionell** ADJ institutionnel

Instrument N a. fig instrument m; **ein ~ spielen** jouer d'un instrument

Insulin® N insuline f

inszenieren VT THEAT, FILM, a. fig mettre en scène **Inszenierung** F THEAT, FILM, a. fig mise f en scène

intakt ADJ intact

Integration F intégration f **integrieren** VT intégrer

intellektuell ADJ intellectuel

intelligent ADJ intelligent **Intelligenz** F intelligence f; **künstliche ~** intelligence artificielle **Intelligenzquotient** M quotient intellectuel **Intelligenztest** M test m d'intelligence

intensiv A ADJ intensif; *Schmerz, Farbe, Geruch* a. intense B ADV intensivement; intensément; **~ nachdenken** réfléchir intensément **Intensivkurs** M cours m intensif

interaktiv ADJ interactif

Intercity® M etwa train m intervilles très rapide

Intercityexpress® M, **Intercityexpresszug** M etwa TGV m

interessant A ADJ intéressant B ADV d'une manière, façon intéressante **interessanterweise** ADV **~ wurde diese Frage ausgeklammert** curieusement, cette question n'a pas été abordée **Interesse** N intérêt m; **aus ~** par intérêt; **für** od **an etw** (dat) **~ haben** s'intéresser à qc; **es liegt in deinem ~ zu** (+ inf) il est de ton intérêt de (+ inf) **interessieren** A VT intéresser; **es interessiert mich, ob ...** je voudrais bien savoir si ... B VR **sich für etw, j-n ~** s'intéresser à qc, qn **interessiert** A ADJT **an etw** (dat) **~ sein** s'intéresser à qc B ADVL **~ zuschauen** regarder avec intérêt

Interface N IT interface f

Internat N internat m

international ADJ international

Internatsschüler(in) M(F) élève m/f d'internat

Internet N Internet m; **per, über das ~** via Internet

Internetadresse F adresse f Internet **Internetanschluss** M connexion f Internet **Internetauktion** F vente f aux enchères sur Internet **Internetcafé** N cybercafé m **Internetfirma** F entreprise f sur Internet **Internetforum** N forum m de discussion (sur Internet) **Internethandy** N TEL (téléphone m) portable m avec connexion Internet **Internetprovider** M fournisseur m d'accès (à Internet) **Internetsurfer(in)** M(F) internaute m/f **Internettelefonie** F téléphonie f sur IP **Internetvideo** N vidéo f sur Internet **Internetzugang** M accès m à Internet

Interpretation F interprétation f; (≈ *Textinterpretation*) explication f (de texte) **interpretieren** VT THEAT, MUS interpréter; SCHULE expliquer

Interpunktion F ponctuation f

Interrailkarte F EISENBAHN carte f Inter-Rail

Interrogativpronomen N pronom interrogatif; *adjektivisches* adjectif interrogatif

Interview N interview f **interviewen** VT interviewer

intim ADJ intime

intolerant ADJ intolérant (**gegenüber** envers) **Intoleranz** F intolérance f (envers)

Intranet N Intranet m

intransitiv ADJ GRAM intransitif

Intrige F intrigue f

introvertiert ADJ introverti

Intuition F intuition f

intus umg ADV **etw ~ haben** (≈ *begriffen*) avoir pigé qc umg; (≈ *im Gedächtnis*) retenir qc; (≈ *verzehrt*) avoir avalé qc; **e-n ~ haben** umg être éméché

Invalide M invalide m

Invasion F *a. fig* invasion f
Inventar N **1** (≈ *Einrichtungsgegenstände*) mobilier m **2** *Verzeichnis* inventaire m
investieren VT investir (**in** + *akk* dans); *Geld a.* placer (**in** + *akk* dans) **Investition** F investissement m
inzwischen ADV **1** (≈ *seitdem*) entre-temps **2** (≈ *währenddessen*) pendant ce temps-là; (≈ *bis dahin*) d'ici-là
IOK N ABK (= *Internationales Olympisches Komitee*) CIO m
iPad® N IT iPad m (*tablette électronique*)
IP-Adresse F ABK (= *Internetprotokolladresse*) IT adresse f IP
iPod® M iPod® m
i-Punkt M point m sur le i
IQ M ABK (= *Intelligenzquotient*) QI m
Irak N *od der* ~ l'Irak od l'Iraq m; **im** ~ en Irak od Iraq
Iran N *od der* ~ l'Iran m; **im** ~ en Iran
Ire M Irlandais m
irgend ADV **1** *umg* ~ **so ein Dummkopf** un imbécile quelconque **2** (≈ *irgendwie*) **wenn du** ~ **kannst ...** si tu as la moindre possibilité ...
irgendein INDEF PR **A** ADJ ~ **Buch** n'importe quel livre; un livre quelconque; **ohne** ~ **Hilfsmittel** sans aucune aide **B** SUBST quelqu'un; (≈ *gleichgültig wer*) n'importe qui **irgendetwas** INDEF PR quelque chose; (≈ *gleichgültig was*) n'importe quoi **irgendjemand** INDEF PR quelqu'un; (≈ *gleichgültig wer*) n'importe qui **irgendwann** ADV un jour; (≈ *gleichgültig wann*) n'importe quand **irgendwas** *umg* → irgendetwas **irgendwer** → irgendjemand
irgendwie ADV n'importe comment
irgendwo ADV quelque part; (≈ *gleichgültig wo*) n'importe où **irgendwoher** ADV (de) quelque part **irgendwohin** ADV quelque part; (≈ *gleichgültig wohin*) n'importe où
Irin F Irlandaise f
Iris F ANAT, BOT iris m
irisch ADJ irlandais **Irland** N l'Irlande f
Ironie F ironie f **ironisch** ADJ ironique; ~ **werden** faire de l'ironie
irrational ADJ irrationnel
irre **A** ADJ **1** fou; (≈ *verwirrt*) dérangé **2** *umg* (≈ *groß, toll*) dément *umg*, dingue *umg*, super *umg* **B** *umg* ADV *umg* vachement; ~ **komisch** *umg* vachement drôle
Irre F **j-n in die** ~ **führen** égarer qn; *fig* induire qn en erreur
Irre(r) M/F(M) fou m, folle f
irreal ADJ irréel
irreführen VT induire en erreur; **sich durch etw** ~ **lassen** se laisser prendre à qc **irreführend** ADJ trompeur
irregulär ADJ irrégulier
irremachen VT déconcerter
irren **A** V/I **1** (≈ *umherirren*) errer **2** *geistig* se tromper **B** V/R **sich** ~ se tromper (**im Datum** de date), (**in j-m** sur le compte de qn); **wenn ich mich nicht irre** si je ne me trompe; **sauf erreur de ma part**
Irrenanstalt F, **Irrenhaus** *pej* N maison f de fous
irritieren VT **1** (≈ *verwirren*) déconcerter **2** (≈ *ärgern*) irriter
irrsinnig **A** ADJ **1** (de) fou; **ein ~er Gedanke** une idée insensée, de fou **2** *umg fig* terrible **B** *umg* ADV *umg* vachement
Irrtum M erreur f; **im** ~ **sein** être dans l'erreur; **sauf erreur**
ISDN N ABK (= *Integrated Services Digital Network*) RNIS m
Islam M islam m
Island N l'Islande f
Isolation F *a.* ELEK, POL isolement m; (≈ *Wärmeisolation, Schallisolation*) isolation f
Isolierband N ruban isolant **isolieren** VT isoler **Isolierkanne** F thermos® m **Isolierung** F ≈ Isolation
Isomatte F natte isolante (aluminisée)
Israel N Israël m **Israeli** M/F Israélien, -ienne m,f **israelisch** ADJ israélien
iss, isst → essen
ist → sein¹
IT F ABK (= *Informationstechnologie*) informatique f ; technologie f de l'information
Italien N l'Italie f **Italiener(in)** M/F(M) Italien, -ienne m,f **italienisch** ADJ italien **Italienisch** N *Sprache, Schulfach* italien m; **auf, in** ~ **en italien**; ~ **lernen** apprendre l'italien
IWF M ABK (= *Internationaler Währungsfonds*) FMI m

J

J, j N J, j m

ja A ADV & KONJ ◼1 *als Antwort* oui; **ja doch!, aber ja!** mais oui!; *widersprechend a.* mais si! ◼2 *feststellend* **du weißt ja tu sais dies; das ist ja furchtbar** mais c'est terrible ◼3 *verstärkend* **ja sogar** et même; voire (même); **tu das ja nicht!** ne fais surtout pas cela! B INT **na ja** (≈*ich weiß nicht so recht*) bof

Ja N oui m; **das Ja** le oui; **mit Ja antworten** répondre affirmativement; **zu etw Ja sagen** consentir à qc

Jacht F yacht m

Jacke F veste f; (≈*Herrenjacke*) *a.* veston m; *sportliche* blouson m

Jackett N veston m; veste f

Jagd F chasse f (**auf** + *akk* de, à); **auf die ~ gehen** aller à la chasse; **~ machen auf** (+ *akk*) *a. fig* faire la chasse à; *fig* pourchasser

jagen A V/T ◼1 chasser; **Hasen ~** chasser le lièvre ◼2 (≈*wegjagen*) chasser (**aus** de) ◼3 (≈*verfolgen*) poursuivre B V/I chasser; aller à la chasse C V/I *fig* aller, courir à toute vitesse

Jäger M *a.* MIL, FLUG chasseur m

Jägerschnitzel N GASTR escalope f chasseur

Jaguar M jaguar m

Jahr N ◼1 *als Einheit* an m; *Dauer* année f; **ein halbes ~** six mois; **im ~, pro ~** par an; **~ für ~** tous les ans; chaque année; **seit ~en** depuis des années ◼2 *kalendarisch* **das ~ 1945** l'année 1945; **das neue ~** la nouvelle année; **im ~(e) 1948** en 1948; **in diesem ~, dieses ~** cette année ◼3 *Alter* **mit fünfzig ~en** à cinquante ans; **zwanzig ~e alt sein** avoir vingt ans; être âgé de vingt ans

jahrelang A ADJ (qui dure) des années; **~e Erfahrung** des années d'expérience B ADV pendant des années; (≈*seit Jahren*) depuis des années

Jahresabschluss M HANDEL bilan m de fin d'année **Jahresausgleich** M STEUER péréquation annuelle **Jahreseinkommen** N revenu(s) annuel(s) **Jahrestag** M (jour m) anniversaire m **Jahreszeit** F saison f

Jahrgang M ◼1 *von Personen* année f; **er ist ~ 1950** il est né en 1950 ◼2 *von Wein* année f; millésime m

Jahrhundert N siècle m; **im 17. ~** au XVIIe siècle

jährlich A ADJ annuel B ADV par an; tous les ans

Jahrmarkt M foire f **Jahrtausend** N millénaire m **Jahrzehnt** N décennie f

Jakobsmuschel F ZOOL, GASTR coquille f Saint-Jacques

Jalousie F store vénitien

Jamaika N la Jamaïque

Jammer M (≈*Elend*) misère f; **es ist ein ~** c'est lamentable; *umg* ça fait pitié ◼2 (≈*Wehklagen*) plaintes fpl **jammern** V/I ◼1 (≈*laut jammern*) gémir ◼2 ~ **über** (+ *akk*) (≈*sich beklagen*) se lamenter (sur); se plaindre (de) **jammerschade** *umg* ADJ **es ist ~** c'est vraiment, très dommage (*oum* pour)

Jänner *österr* M → Januar

Januar M (mois m de) janvier m; **im (Monat) ~** en janvier; au mois de janvier; **Berlin, den 11. ~ 2007** Berlin, le onze janvier 2007

Japan N le Japon **Japaner(in)** M(F) Japonais(e) m(f) **japanisch** ADJ japonais

Jasmin M jasmin m **Jasmintee** M thé m au jasmin

Jastimme F POL voix f pour

jäten V/T & V/I sarcler

Jauche F purin m

jaulen V/I *a. fig* glapir

Jause *österr* F casse-croûte m

Jazz M MUS jazz m

je A ADV ◼1 *zeitlich* jamais; **haben Sie je so etwas gehört?** avez-vous jamais entendu une chose pareille? ◼2 *vor Mengenangaben* **je zwei und zwei** deux par deux; **die kosten je e-n Euro** c'est un euro la pièce ◼3 (≈*pro*) **je Einwohner** par habitant ◼4 **je nach** Größe, Alter *etc* selon; suivant B KONJ *mit komp* **je ..., desto** *od* **um so ...** plus ..., plus ...; **je mehr, desto besser** plus il y en a, mieux ça vaut C INT **ach je!, oje!** mon Dieu!

Jeans F(PL) jean m *od* jeans mpl **Jeansjacke** F veste f en jean

jede, jeder, jedes INDEF PR **A** ADJT **1** *aus e-r Menge* chaque **2** (≈ *alle*) tout **3** *mit Zeitangaben* (≈ *immer*) tout; **~r andere** tout autre; **~n Augenblick** à tout moment; **~n Tag, mit ~m Tag** chaque jour; tous les jours **4** *mit Zahlenangaben* **~s dritte Haus** une maison sur trois **5** **ohne ~n Zweifel** sans aucun doute **B** SUBST **1** (≈ *der Einzelne*) chacun(e); **~r von uns** chacun de nous **2** *generalisierend* **~r, der** quiconque

jedenfalls ADV en tout cas, de toute façon

jederzeit ADV à tout moment

jedesmal → Mal¹

jemals ADV jamais

jemand INDEF PR **1** *affirmativ u. in Fragen* quelqu'un; **~ anders** quelqu'un d'autre **2** *bei verneintem Sinn* personne

jene, jener, jenes DEM PR **A** ADJT ce ...-la (cet ...-là), cette ...-là; *pl* ces ...-là; **~ Leute** *pl* ces gens-là **B** SUBST celui-là *m*, celle-là *f*; *mpl* ceux-là; *fpl* celles-là

jenseits **A** ADV de l'autre côté **B** PRÄP au-delà de **Jenseits** N REL **das ~** l'au-delà *m*; l'autre monde *m*

Jerusalem N Jérusalem

Jesus M Jésus *m*; **~ Christus** Jésus-Christ *m*

jetzt ADV maintenant; **bis ~** jusqu'à présent; **von ~ an, ab** à partir de maintenant; désormais

jeweils ADV (à) chaque fois

Jh. ABK (= Jahrhundert) s. (siècle)

JH ABK (= Jugendherberge) A.J. (auberge de jeunesse)

Job M *umg* job *m*; *umg* boulot *m* **jobben** *umg* V/I *vorübergehend* faire des petits boulots *umg*; *länger* bosser *umg*

Joch N AGR, *a. fig* joug *m*

Jod N iode *m* **Jodsalz** N sel iodé

Joga M/N yoga *m*

joggen V/I faire du jogging **Jogginganzug** M jogging *m*

Jog(h)urt M/N yaourt *m od* yog(h)ourt *m*

Johannisbeere F **Rote ~** groseille *f* rouge; **Schwarze ~** cassis *m*

johlen V/I *hurler

Jo-Jo N *Spiel* yo-yo *m*

Joker M joker *m*

Jordanien N la Jordanie

Journalist(in) M(F) journaliste *m/f*

Joystick M IT manette *f*

Jubel M *allégresse f* **jubeln** V/I exulter **Jubiläum** N anniversaire *m*; **fünfzigjähriges ~** cinquantenaire *m*

jucken **A** V/T & V/I & V/UNPERS **1** *physisch* démanger; **es juckt (mich)** cela me démange **2** **der Stoff juckt sie** le tissu la gratte **3** *umg fig* (≈ *verlocken*) **es juckt mich, das zu probieren** cela me tente d'essayer; (≈ *interessieren*) **denkst du, das juckt mich?** *umg* si tu crois que ça m'intéresse! **B** *umg* V/R **sich ~** (≈ *sich kratzen*) se gratter

Jude M juif *m* **Judenverfolgung** F persécution *f* des juifs **Jüdin** F juive *f* **jüdisch** ADJ juif

Judo N judo *m*

Jugend F **1** *Lebensalter* jeunesse *f* **2** (≈ *die Jugendlichen*) jeunesse *f*, adolescents *mpl* **Jugendarbeitslosigkeit** F chômage *m* des jeunes **Jugendbuch** N livre *m* pour la jeunesse **jugendfrei** ADJ *Film* autorisé aux mineurs **Jugendgruppe** F groupe *m* de jeunes **Jugendherberge** F auberge *f* de jeunesse **Jugendherbergsausweis** M carte *f* des auberges de jeunesse **Jugendkriminalität** F délinquance *f* juvénile **jugendlich** **A** ADJ jeune **B** ADV **~ aussehen** avoir l'air jeune; faire jeune **Jugendliche(r)** M/F(M) adolescent(e) *m(f)*; **die ~n** les jeunes *mpl* **Jugendschutz** M protection *f* des mineurs **Jugendstil** M KUNST, ARCH art nouveau **Jugendwahn** M *der Gesellschaft* jeunisme *m* **Jugendwerk** N **das Deutsch-Französische ~** l'Office franco-allemand pour la jeunesse **Jugendzentrum** N maison *f* des jeunes

Jugoslawien N HIST la Yougoslavie

juhu INT *hourra!; *umg* youpi!

Juli M (mois *m* de) juillet *m*

jung **A** ADJ *Lebensalter* jeune; **die ~en Leute** les jeunes *mpl* **B** ADV **~ aussehen** avoir l'air jeune; faire jeune; **sich ~ fühlen** se sentir jeune

Junge M garçon *m*

Junge(s) N *e-s Tieres* petit *m*

jünger ADJ plus jeune; *bei Verwandtschaftsbezeichnungen* cadet; **mein ~er Bruder** mon (frère) cadet; **sie ist ein Jahr ~ als ich** elle a un an de moins

que moi
Jünger(in) M(F) REL, *a. fig* disciple *m/f*
Jungfrau F **1** vierge *f* **2** ASTROL Vierge *f*
Junggeselle M célibataire *m*
jüngste ADJ **1** le plus jeune; **meine ~ Schwester** ma plus jeune sœur, la plus jeune de mes sœurs; **unser Jüngster** notre plus petit dernier **2** (≈ *letzte*) dernier; le plus récent
Juni M (mois *m* de) juin *m*
Junior M (≈ *Sohn*) junior *m*; HANDEL fils *m* du patron **Juniorchef** M HANDEL fils *m* du patron **Juniorenmannschaft** F SPORT équipe *f* junior
Junkie *Jargon* M junkie *m/f*
Junkmail F IT spam *m*
Jura[1] *Studienfach* (le) droit *m*; **~ studieren** faire des études de droit
Jura[2] M GEOG Jura *m*
Jurist(in) M(F) juriste *m/f*; *Student* étudiant(e) *m(f)* en droit **juristisch** ADJ juridique
Jury F jury *m*
Jus *bes österr, schweiz* N → Jura[1]
Justiz F justice *f* **Justizirrtum** M erreur *f* judiciaire **Justizminister** M ministre *m* de la Justice
Juwel N *beide, a. fig* joyau *m*, bijou *m*
Juwelier M bijoutier *m*; joaillier *m*
Jux *umg* M *umg* blague *f*

K

K, k N K, k *m*
Kabarett N *Ensemble* chansonniers *mpl*; *Bühne* théâtre *m* de chansonniers; *Show* spectacle *m* de chansonniers **Kabarettist(in)** M(F) chansonnier, -ière *m,f*
Kabel N câble *m* **Kabelanschluss** M réseau câblé **Kabelfernsehen** N télévision *f* par câble
Kabeljau M cabillaud *m*
kabellos ADJ IT, TEL sans fil
Kabine F cabine *f*
Kabinett N **1** *Raum* cabinet *m*; POL ministère *m* **2** *Wein* vin *m* de vendange sélectionnée
Kachel F carreau *m* (de faïence) **Kachelofen** M poêle *m* de faïence
Kacke *sl* F *sl* merde *f*
Kadaver M cadavre *m*
Käfer M **1** ZOOL insecte *m*; coléoptère *m* **2** *umg* (≈ *VW*) coccinelle *f umg*
Kaff *umg pej* N *umg* trou *m*; *umg* bled *m*
Kaffee M café *m*; **~ mit Milch** café au lait; *im Lokal* (café) crème *m*; *umg fig* **das ist kalter ~** *umg* c'est du réchauffé; **~ trinken** prendre du café; *am Nachmittag* prendre le café
Kaffeebohne F grain *m* de café **Kaffeefilter** M filtre *m* à café **Kaffeekanne** F cafetière *f* **Kaffeemaschine** F cafetière *f* électrique **Kaffeepause** F pause *f* café **Kaffeetasse** F tasse *f* à café
Käfig M cage *f*
kahl ADJ *Kopf* chauve; *Baum, Landschaft, Wand* nu; dénudé
Kahn M (≈ *Boot*) barque *f*; (≈ *Lastkahn*) péniche *f*
Kai M quai *m*
Kairo N Le Caire
Kaiser M empereur *m* **Kaiserreich** N empire *m* **Kaiserschmarren** *österr, südd* M *plat sucré composé d'une crêpe épaisse coupée en morceaux mélangés à des raisins secs* **Kaiserschnitt** M césarienne *f*
Kajak M kayak *m*
Kajal N khôl *m*
Kajüte F SCHIFF cabine *f*
Kakadu M cacatoès *m*
Kakao M cacao *m*; *Getränk a.* chocolat *m*; *umg fig* **j-n durch den ~ ziehen** *umg* se payer la tête de qn
Kaktee F cactus *m*
Kalauer M calembour *m*
Kalb N veau *m* **Kalbfleisch** N veau *m* **Kalbsschnitzel** N escalope *f* de veau
Kalender M calendrier *m*; (≈ *Taschenkalender*) agenda *m*
Kalifornien N la Californie
Kalk M chaux *f*; (≈ *Kalkstein*) calcaire *m* **kalkhaltig** ADJ calcaire
Kalkulation F HANDEL, *a. fig* calcul(s) *m(pl)*
Kalorie F calorie *f* **kalorienarm** ADJ

pauvre en calories
kalt A ADJ a. *fig* froid; *Speisen etc* ~ **werden** se refroidir; **es ist** ~ il fait froid; **mir ist** ~ j'ai froid; **~e Füße haben** avoir froid aux pieds B ADV ~ **duschen** se doucher à l'eau froide; *Getränk* ~ **stellen** mettre au frais
kaltblütig A ADJ (≈ *ruhig*) qui garde son sang-froid; *pej* qui est sans scrupules B ADV (≈ *ruhig*) avec sang-froid; *pej* froidement **Kaltblütigkeit** F *a. pej* sang-froid *m*
Kälte F froid *m*; (≈ *Gefühlskälte*) froideur *f*
Kaltfront F METEO front froid **kaltlassen** VT **das lässt mich kalt** cela me laisse froid **kaltmachen** *umg* VT j-n ~ *umg* refroidir qn; *umg* descendre qn **Kaltmiete** F loyer *m* sans charges **kaltschnäuzig** *umg* ADJ insensible **Kaltstart** M AUTO démarrage *m* à froid; IT redémarrage *m* à froid
Kalzium N calcium *m*
kam → **kommen**
Kamel N **1** ZOOL chameau *m* **2** *umg pej* (≈ *Dummkopf*) ballot *m umg*
Kamera F FILM, TV caméra *f*; (≈ *Fotoapparat*) appareil *m* photo
Kamerad(in) M(F) camarade *m/f* **Kameradschaft** F camaraderie *f*
Kamerafrau F cadreuse *f* **Kameramann** M cadreur *m*
Kamerun N le Cameroun
Kamille F camomille *f* **Kamillentee** M (infusion *f* de) camomille *f*
Kamin M (**offener**) ~ cheminée *f* **Kaminfeger** *bes südd* M, **Kaminkehrer** M ramoneur *m*
Kamm M **1** (≈ *Haarkamm*) peigne *m*; **alles über e-n ~ scheren** mettre tout dans le même sac **2** *des Hahns etc* crête *f* **3** (≈ *Gebirgskamm, Wellenkamm*) crête *f*
kämmen VT (& V/R) (**sich**) ~ (se) peigner
Kammer F **1** *Raum* petite pièce **2** JUR, POL, TECH chambre *f* **3** ANAT ventricule *m*
Kampagne F campagne *f*
Kampf M MIL, SPORT combat *m*; *fig meist* lutte *f* (**ums Dasein** pour la vie, l'existence); **j-m, e-r Sache den ~ ansagen** déclarer la guerre à qn, qc
kämpfen VI combattre (**gegen** j-n, qn), se battre (**gegen** contre); *fig* lutter (**gegen** contre), (**für, um** pour), (**mit sich** avec soi-même); **für e-e Idee** ~ se battre pour une idée; **mit dem Schlaf** ~ lutter contre le sommeil; **mit den Tränen** ~ être au bord des larmes
Kämpfer(in) M(F) (≈ *Kämpfende[r]*) MIL combattant(e) *m(f)*; *fig* (≈ *Kämpfernatur*) battant(e) *m(f)*
Kampfhund M chien *m* de combat
kampieren VI camper
Kanada N le Canada **Kanadier(in)** M(F) Canadien, -ienne *m,f* **kanadisch** ADJ canadien
Kanal M **1** *a.* ANAT, TV, *a. fig* canal *m*; *umg fig* **den ~ voll haben** (≈ *e-r Sache überdrüssig sein*) en avoir marre *umg*; (≈ *betrunken sein*) être bourré *umg* **2** (≈ *Abwasserkanal*) égout *m* **3** GEOG **der ~** la Manche **Kanalinseln** FPL **die ~** les îles *fpl* Anglo-Normandes **Kanalisation** F (≈ *Stadtentwässerung*) égouts *mpl* **Kanaltunnel** M tunnel *m* sous la Manche
Kanarienvogel M canari *m*
kanarisch ADJ **die Kanarischen Inseln** *fpl* les (îles *fpl*) Canaries *fpl*
Kandidat(in) M(F) candidat(e) *m(f)* **Kandidatur** F candidature *f* (**auf** *akk* à) **kandidieren** VI se porter candidat (**für** à)
Känguru N kangourou *m*
Kaninchen N lapin *m*
Kanister M bidon *m*
kann → **können**
Kanne F pot *m*; (≈ *Gießkanne*) arrosoir *m*
Kannibale M, **Kannibalin** F cannibale *m/f*
kannte → **kennen**
Kanone F **1** MIL canon *m* **2** *fig* SPORT *etc as m*; crack *m* **3** *umg* **unter aller ~** au-dessous de tout
Kante F *e-s Gegenstands* bord *m*; *e-s Steins, Balkens, a.* MATH arête *f*; *umg fig* **etwas auf die hohe ~ legen** mettre de l'argent de côté
Kantine F cantine *f*
Kanton M canton *m* **Kantonspolizei** *schweiz* F Police *f* cantonale **Kantonsregierung** *schweiz* F Conseil *m* d'État
Kanu N canoë *m*; ~ **fahren** faire du canoë

Kanzel F **1** KIRCHE chaire f **2** (≈ Pilotenkanzel) cockpit m
Kanzlei F POL chancellerie f; e-s Anwalts cabinet m; e-s Notars étude f
Kanzler M POL chancelier m **Kanzleramt** N Dienststelle chancellerie f **Kanzlerkandidat(in)** M(F) candidat(e) m(f) à la chancellerie
Kap N GEOG cap m
Kapazität F **1** (≈ Fassungs-, Leistungsvermögen) capacité f **2** (≈ Könner) sommité f
Kapelle F **1** KIRCHE chapelle f **2** MUS orchestre m
kapieren umg VT & VI umg piger
Kapital N bestimmtes capital m; (≈ unbestimmte Summen) capitaux mpl; fonds mpl **Kapitalanlage** F placement m **Kapitalertrag(s)steuer** F impôt m sur le revenu du capital **Kapitalflucht** F fuite f de capitaux **Kapitalgesellschaft** F société f de capitaux
kapitalisieren VT capitaliser
Kapitalismus M capitalisme m **Kapitalist(in)** M(F) capitaliste m/f **kapitalistisch** ADJ capitaliste
Kapitalmarkt M marché financier
Kapitän M SCHIFF, SPORT capitaine m; (≈ Flugkapitän) commandant m de bord
Kapitel N chapitre m; fig **das ist ein ~ für sich** c'est toute une affaire; fig **das ist ein anderes ~** c'est une autre histoire
Kapitulation F a. fig capitulation f
kapitulieren VI capituler (**vor** + dat devant) a. fig
Kaplan M vicaire m
Kappe F **1** (≈ Mütze), (≈ a. Narrenkappe) bonnet m; umg **etw auf s-e ~ nehmen** prendre qc sous son bonnet **2** (≈ Verschlusskappe), e. s Füllers capuchon m
Kapsel F capsule f
kaputt umg ADJ **1** (≈ entzwei) cassé, foutu umg; Ehe brisé; **~ machen** casser; feste Gegenstände se casser **2** (≈ erschöpft) crevé umg
kaputtgehen umg VI **1** Sachen s'abîmer; feste Gegenstände se casser **2** Beziehungen se défaire **kaputtlachen** umg VR **sich ~** umg se fendre la gueule; mourir de rire
Kapuze F capuchon m
Karacho umg N **mit ~** à toute vitesse; AUTO umg à fond la caisse, à pleins tubes umg

Karaffe F carafe f
Karambolage umg F (≈ Zusammenstoß) collision f; (≈ Massenkarambolage) carambolage m
Karamell M caramel m
Karat N carat m
Karate N karaté m
Karawane F caravane f
Kardinal M cardinal m **Kardinalzahl** F nombre cardinal
Karfiol österr M chou-fleur m
Karfreitag M Vendredi saint
karg A ADJ Lohn maigre; Boden pauvre; Mahl frugal B ADV **~ bemessen** compté avec parcimonie **kärglich** ADJ → karg
Karibik die ~ Meer la mer des Caraïbes; Inseln les Antilles fpl **karibisch** ADJ caraïbe
kariert ADJ Papier quadrillé; Stoff à carreaux; **blau-weiß ~** à carreaux bleu(s) et blanc(s)
Karies F carie f
Karikatur F caricature f
Karneval M carnaval m
Kärnten N la Carinthie
Karo N carreau m
Karosserie F carrosserie f
Karotte F carotte f **Karottensalat** M carottes fpl rapées
Karpfen M carpe f
Karre F **1** (≈ Gefährt) charrette f; kleine carriole f; (≈ Gepäckkarre) chariot m; (≈ Schubkarre) brouette f; umg fig **die ~, den ~n aus dem Dreck ziehen** remettre les choses en ordre; umg fig **j-m an die ~, den ~n fahren** attaquer qn rudement; rentrer dans le lard à qn **2** umg (≈ Auto) bagnole f umg **Karren** M **j-n vor s-n ~ spannen** se servir de qn pour arriver à ses fins; → Karre
Karriere F carrière f; **~ machen** faire carrière **Karrierefrau** F femme f qui fait carrière
Karsamstag M samedi saint
Karte F **1** carte f; (≈ Speisekarte) a. menu m; für Zug, Flugzeug, Kino, Theater billet m; für Bus, U-Bahn ticket m; **nach der ~ essen** manger à la carte; **~n spielen** jouer aux cartes; **gute, schlechte ~n haben** avoir du jeu, ne pas avoir de jeu; fig **sich** (dat) **nicht in die ~n sehen lassen** cacher son jeu; fig **mit offenen ~n spie-**

len jouer cartes sur table; *fig* **die ~n auf den Tisch legen** découvrir son jeu; **alles auf e-e ~ setzen** mettre tous ses œufs dans le même panier ❷ FUSSBALL **die Gelbe ~** le carton jaune; **die Rote ~** le carton rouge
Kartei F̲ fichier *m* **Karteikarte** F̲ fiche *f* **Karteikasten** N̲ fichier *m*
Kartell N̲ cartel *m* **Kartellamt** N̲ office *m* des cartels
Kartenspiel N̲ jeu *m* de cartes; *Einzelspiel* partie *f* de cartes **Kartentelefon** N̲ téléphone *m* à cartes **Kartenvorverkauf** M̲ location *f*
Kartoffel F̲ pomme *f* de terre **Kartoffelbrei** M̲ purée *f* de pommes de terre **Kartoffelchips** MPL chips *fpl* **Kartoffelpüree** N̲ → Kartoffelbrei **Kartoffelsalat** M̲ salade *f* de pommes de terre **Kartoffelstock** *schweiz* M̲ → Kartoffelbrei
Karton M̲ carton *m*
Karussell N̲ manège *m*; **~ fahren** faire un tour de manège
Karwoche F̲ semaine sainte
Kaschmir M̲ TEX cachemire *m*
Käse M̲ fromage *m* ❷ *umg pej* (≈ *Unsinn*) âneries *fpl* **Käsebrot** N̲ tartine *f* de fromage **Käsefondue** N̲ fondue *f* au fromage **Käsekuchen** M̲ gâteau *m* au fromage blanc **Käseplatte** F̲ plateau *m* de fromages
Kaserne F̲ caserne *f*
Kasino N̲ ❶ (≈ *Offizierskasino*) mess *m* ❷ (≈ *Spielkasino*) casino *m*
Kasper(le)theater N̲ guignol *m*
Kasse F̲ ❶ (≈ *a. Krankenkasse*) caisse *f*; **~ machen** faire sa caisse; **gemeinsame, getrennte ~ machen** faire bourse commune, à part; **(gut) bei ~ sein** être en fonds; **knapp bei ~ sein** ne pas être en fonds; *umg* **j-n zur ~ bitten** présenter la facture à qn
Kasseler N̲, **Kasseler Rippenspeer** M̲ GASTR côte de porc salée et fumée
Kassenarzt M̲, **Kassenärztin** F̲ médecin conventionné **Kassenbestand** M̲ encaisse *f* **Kassenbon** M̲ ticket *m* de caisse **Kassenzettel** M̲ ticket *m* de caisse
Kassette F̲ ❶ *Behälter, a. für Bücher, CDs* coffret *m* ❷ *DVD, Video* cassette *f* de cassettes
Kassettenrekorder M̲ lecteur *m* de cassettes
kassieren ❶ V/T ❶ *Geld* encaisser ❷ *umg fig* (≈ *einstecken müssen*) encaisser ❷ V/I (≈ *abkassieren*) encaisser **Kassierer(in)** M/F caissier, -ière *m,f*
Kastanie F̲ ❶ (≈ *Rosskastanie*) marron *m* (d'Inde); *Baum* marronnier *m* ❷ (≈ *Edelkastanie*) châtaigne *f*; GASTR marron *m*; *Baum* châtaignier *m*
Kästchen N̲ coffret *m*; *auf Formularen etc* case *f*
Kasten M̲ ❶ *Behälter* boîte *f*; *größerer* (≈ *a. Bierkasten*) caisse *f* ❷ *österr, schweiz* (≈ *Schrank*) armoire *f* ❸ *umg* **etwas auf dem ~ haben** *umg* être calé
kastrieren V/T castrer
Kasus M̲ GRAM cas *m*
Katalog M̲ catalogue *m*
Katalysator M̲ *a.* CHEM, *a. fig* catalyseur *m*; AUTO *a.* pot *m* catalytique
Katamaran M̲ *od* N̲ catamaran *m*
katastrophal ADJ catastrophique **Katastrophe** F̲ catastrophe *f* **Katastrophengebiet** N̲ région sinistrée
Kategorie F̲ catégorie *f*
Kater M̲ ❶ ZOOL chat *m*; matou *m* ❷ *umg fig* **e-n ~ haben** *umg* avoir la gueule de bois
Kathedrale F̲ cathédrale *f*
Katholik(in) M/F catholique *m/f* **katholisch** ADJ catholique
Katze F̲ chat *m*; *weibliche* chatte *f*; *umg* **die ~ aus dem Sack lassen** *umg* abattre son jeu **Katzenauge** *umg* N̲ (≈ *Rückstrahler*) catadioptre *m* **Katzensprung** *umg* M̲ **es ist nur ein ~ (von hier)** c'est à deux pas d'ici **Katzenwäsche** *umg* F̲ toilette *f* de chat
kauen V/T & V/I mâcher; **an den Nägeln ~** se ronger les ongles
kauern ❶ V/I être accroupi ❷ V/R **sich ~** s'accroupir
Kauf M̲ achat *m*; **zum ~ anbieten** mettre en vente; *fig* **etw in ~ nehmen** être prêt à accepter qc
kaufen V/T ❶ acheter (**von j-m** à qn), (**für j-n** à, pour qn), (**bei j-m** chez qn) ❷ *umg* **j-n ~** (≈ *bestechen*) acheter qn **Käufer(in)** M/F acheteur, -euse *m,f*; *bei Grundstücken* acquéreur *m*
Kauffrau F̲ ❶ (≈ *Geschäftsfrau*) commerçante *f* ❷ (≈ *kaufmännische Angestell-*

te) employée f de commerce **Kaufhaus** N grand magasin **Kaufkraft** F pouvoir m d'achat **Kaufmann** M 1 (≈ *Geschäftsmann*) commerçant m; (≈ *Großhändler*) négociant m 2 (≈ *kaufmännischer Angestellter*) employé m de commerce **Kaufpreis** M prix m d'achat **Kaufvertrag** M contrat m de vente

Kaugummi M/N chewing-gum m

Kaulquappe F têtard m

kaum ADV à peine; ne … guère; **es ist ~ zu glauben** c'est à peine croyable; **es besteht ~ Hoffnung** il n'y a guère d'espoir; *Antwort* **wohl ~, ich glaube ~** je ne le pense guère; **~ hatte er es gesagt, als …** il avait à peine dit cela que …

Kaution F caution f

Kautschuk M caoutchouc m

Kavalier M homme galant; **~ sein** être galant

Kefir M kéfir *od* képhir m

Kegel M 1 KEGELSPIEL quille f 2 (≈ *Bergkegel*), *a*. MATH cône m **Kegelbahn** F piste f de quilles **kegeln** VI jouer aux quilles

Kehle F gorge f; **aus voller ~** à pleine gorge **Kehlkopf** M larynx m

kehren[1] VT & VI (≈ *fegen*) balayer

kehren[2] A VT (≈ *wenden*) tourner; **j-m den Rücken ~** tourner le dos à qn; **das Oberste zuunterst ~** mettre tout sens dessus dessous B VR *fig* **in sich** (*akk*) **gekehrt** pensif; songeur

Kehrseite F 1 (≈ *Rückseite*) revers m; *e-s Stoffes*, *a. fig* Schattenseite envers m; *fig* **die ~ der Medaille** le revers de la médaille 2 *hum* (≈ *Gesäß*) postérieur m *umg* **Kehrwert** M MATH nombre m inverse

Keil M *zum Spalten* coin m; *zum Unterlegen* cale f **Keilriemen** M courroie f

Keim M BIOL, MED, *a. fig* germe m; **etw im ~ ersticken** étouffer qc dans l'œuf **keimen** VI germer **keimfrei** ADJ aseptique; *Nahrungsmittel* stérilisé **Keimzelle** F BIOL gamète m

kein INDEF PR 1 ne … pas de; *ohne Verb* pas de; *bei "sein"* pas un(e) *od* des; **ich habe ~e Zeit** je n'ai pas le temps 2 aucun(e) … ne; personne … ne; **~e** *auf Fragebogen* néant; **ich habe ~en** *als Antwort* je n'en ai pas; **~er weiß es** personne ne le sait

keinerlei ADJ ne … aucun

keinesfalls ADV (ne (+*Verb*)) en aucun cas **keineswegs** ADV (ne (+ *Verb*)) pas du tout, absolument pas

keinmal ADV pas une (seule) fois

Keks M biscuit m; gâteau sec; *umg* **das, der geht mir auf den ~!** *umg* cela, il me casse les pieds

Kelch M (≈ *Messkelch*) BOT calice m; *fig* **der ~ ist an uns vorübergegangen** nous l'avons échappé belle

Kelle F 1 (≈ *Schöpfkelle*) louche f 2 (≈ *Maurerkelle*) truelle f 3 *des Verkehrspolizisten etwa* bâton blanc

Keller M cave f

Kellner M garçon m

Kenia N le Kenya

kennen VT (& V/R) **(sich) ~** (se) connaître

kennenlernen A VT faire la connaissance de B V/R **sich ~** faire connaissance

Kenner(in) M(F) connaisseur, -euse m,f (**von** en)

Kenntnis F 1 connaissance f (**in** + *dat* en); **einige ~se im Italienischen haben** avoir quelques notions d'italien 2 **~ von etw haben** avoir connaissance de qc; **etw zur ~ nehmen** prendre acte de qc

Kennwort N *für Eingeweihte* mot m de passe; *bei Zeitungseinsendungen* (mot m) code m

Kennzeichen N 1 (≈ *Merkmal*) caractéristique f; (≈ *Erkennungsmerkmal*) signe m de reconnaissance; *Pass* **besondere ~** signes particuliers 2 AUTO numéro m d'immatriculation **kennzeichnen** VT marquer

Kennziffer F indice m

kentern VI chavirer

Keramik F céramique f

Kerbe F entaille f; encoche f; *umg fig* **in dieselbe ~ hauen** *umg* enfoncer le clou

Kerl *umg* M *umg* type m; *umg* gars m; **blöder ~** idiot m

Kern M 1 *von Steinobst* noyau m; *von Kernobst* pépin m; *von Nüssen* amande f 2 *fig* cœur m; **der harte ~** le noyau (dur) **Kernenergie** F énergie f nucléaire

kerngesund ADJ en parfaite santé **Kernkraftgegner(in)** M(F) antinu-

cléaire m/f **Kernkraftwerk** N̄ centrale f nucléaire
Kernreaktor M̄ réacteur m nucléaire
Kerntechnik F̄ technique f nucléaire
Kerze F̄ (≈ a. Zündkerze) bougie f; a. SPORT chandelle f; in der Kirche cierge m
Kerzenleuchter M̄ chandelier m
Kerzenlicht N̄ lumière f de bougie(s); **bei ~ essen** dîner aux chandelles **Kerzenständer** M̄ chandelier m
Kessel M̄ **1** (≈ Wasserkessel) bouilloire f **2** (≈ Dampfkessel, Heizkessel) chaudière f
Kesselfleisch regional N̄ GASTR poitrine de porc bouillie (*préparée après l'abattage d'un cochon*)
Ket(s)chup M/N ketchup m
Kette F̄ **1** a. TECH, GEOG, a. fig chaîne f; (≈ Fessel) m pl fers mpl; **e-e ~ bilden** faire la chaîne; **e-e ~ von Ereignissen** une suite d'événements **2** Schmuck: aus Metall chaîne f; aus Perlen, Edelsteinen collier m **3** (≈ Ladenkette, Hotelkette) chaîne f
Kettenreaktion F̄ a. fig réaction f en chaîne
Ketzer(in) M/F a. fig hérétique m/f
keuchen V/I a. fig °haleter **Keuchhusten** M̄ coqueluche f
Keule F̄ **1** Waffe massue f **2** vom Hasen, Huhn cuisse f; vom Hammel gigot m; vom Wild cuissot m
Keyboard N̄ MUS orgue m électronique; IT clavier m
Kfz N̄ ABK (= Kraftfahrzeug) véhicule m automobile **Kfz-Werkstatt** F̄ garage m auto
kg ABK (= Kilogramm) kg
KG F ABK → Kommanditgesellschaft
kichern V/I ricaner
Kick umg M̄ **1** FUSSBALL coup m **2** (≈ Nervenkitzel) grand frisson
Kickboard N̄ trottinette f
kicken umg M̄ **den Ball ins Tor ~** envoyer le ballon dans le but **B** V/I jouer au foot(ball) **Kicker** umg M̄ footballeur m
kidnappen V/T kidnapper **Kidnapper(in)** M/F kidnappeur, -euse m,f
Kiefer¹ F̄ BOT pin m
Kiefer² M̄ ANAT mâchoire f
Kiel M̄ SCHIFF quille f
Kiemen FPL branchies fpl
Kies M̄ **1** gravier(s) m(pl); grober cailloux mpl **2** umg fig (≈ Geld) fric m umg **Kieselstein** M̄ galet m; caillou m
kikeriki kinderspr I̅T̅ cocorico!
killen umg V/T umg descendre **Killer** umg M̄ tueur m à gages
Kilo N̄ kilo m **Kilobyte** N̄ kilo-octet m
Kilogramm N̄ kilogramme m
Kilometer M̄ kilomètre m **Kilometerzähler** M̄ compteur m kilométrique
Kind N̄ enfant m/f; **kleines ~** petit(e) enfant; **umg kein ~ von Traurigkeit sein** umg ne pas engendrer la mélancolie; **von ~ auf, an** depuis od dès l'enfance
Kinderarbeit F̄ travail m des enfants
Kinderarzt M̄ pédiatre m **Kinderausweis** M̄ carte f d'identité d'enfant
Kinderbett N̄ lit m d'enfant **Kinderbuch** N̄ livre m pour enfants **Kinderermäßigung** F̄ réduction f (pour) enfant(s)
kinderfeindlich ADJ hostile aux enfants **Kinderfreibetrag** M̄ STEUERWESEN part f enfants **kinderfreundlich** ADJ Mensch qui aime les enfants; Möbel, Hotel adapté aux enfants
Kindergarten M̄ jardin m d'enfants; in Frankreich école maternelle **Kindergärtner(in)** M/F éducateur m, éducatrice f de jeunes enfants, jardinière f d'enfants
Kindergeld N̄ allocations familiales
Kinderheim N̄ maison f, foyer m d'enfants **Kinderkrankheit** F̄ maladie infantile **Kinderlähmung** F̄ poliomyélite f
kinderleicht umg ADJ enfantin **kinderlieb** ADJ qui aime les enfants **kinderreich** ADJ qui a beaucoup d'enfants; Familie nombreux
Kinderspiel N̄ a. fig jeu m d'enfant
Kindertagesstätte F̄ garderie f **Kinderwagen** M̄ poussette f **Kinderzimmer** N̄ chambre f d'enfant(s)
Kindheit F̄ enfance f; **von ~ an** dès l'enfance
kindisch A ADJ puéril; im Alter gâteux; **sei nicht ~!** ne fais pas l'enfant! B ADV **sich ~ benehmen** faire l'enfant; pej être puéril
Kindle® N̄ E-Book-Reader Kindle® m
kindlich ADJ enfantin
Kinn N̄ menton m **Kinnhaken** M̄ cro-

Kino N cinéma m
Kiosk M kiosque m
Kipferl österr N croissant m
Kippe F **1** (≈ Müllkippe) décharge f **2** umg **auf der ~ stehen** Unternehmen être sur le point de faire faillite, sur la corde raide; (≈ ungewiss sein) être incertain **3** umg (≈ Zigarettenkippe) mégot m umg
kippen A V/T **1** (≈ neigen, stürzen) faire basculer **2** (≈ schütten) verser; umg **einen ~** umg s'en jeter un B V/I basculer; ÖKOL **der See ist gekippt** l'équilibre biologique du lac est rompu
Kirche F **1** Gebäude KATH église f; **die ~ im Dorf lassen** garder tout son bon sens **2** Institution Église f **3 in die ~ gehen** aller à l'église **Kirchenlied** N cantique m **Kirchenuhr** F horloge f de l'église
Kirchhof M cimetière m
kirchlich A ADJ de l'Église; **~e Trauung** mariage religieux B ADV **sich ~ trauen lassen** se marier à l'église
Kirchturm M clocher m **Kirchweih** F kermesse f
Kirmes F kermesse f
Kirschbaum M cerisier m
Kirsche F cerise f; Baum cerisier m
Kirschtomate F GASTR tomate f cerise
Kissen N coussin m; (≈ Kopfkissen) oreiller m
Kiste F **1** größere caisse f; kleinere boîte f **2** umg (≈ Auto) bagnole f umg, caisse f umg; (≈ Fernseher) télé f umg
Kitsch M kitsch m **kitschig** ADJ kitsch
kitz(e)lig ADJ chatouilleux **kitzeln** V/T & V/I chatouiller
Kiwi F BOT kiwi m
Klacks M **1 ein ~ Sahne** un peu de chantilly **2 das ist nur ein ~** c'est une bagatelle
klaffen V/I être béant; **e-e ~de Wunde** une plaie béante
kläffen V/I glapir
Klage F plainte f; JUR a. action f; **keinen Grund zur ~ haben** ne pas avoir à se plaindre **klagen** V/I **1** se plaindre (**über** + akk de) **2** STRAFRECHT porter plainte; ZIVILRECHT intenter une action (**auf** + akk en), (**gegen** contre), (**wegen** pour)
klamm ADJ Wäsche froid et humide; Finger engourdi
Klammer F **1** (≈ Wäscheklammer) pince f à linge; (≈ Haarklammer) pince f (à cheveux); (≈ Zahnklammer) appareil m dentaire; (≈ Heftklammer) agrafe f; (≈ Büroklammer) trombone m **2** TYPO **runde** parenthèse f; **eckige ~** crochet m; **(etw) in ~n (setzen)** (mettre qc) entre parenthèses **3** MATH parenthèse f
Klammeraffe M ZOOL atèle m; IT ar(r)obase f
klammern A V/T mit Heftmaschine agrafer; mit Büroklammer attacher B V/R **sich an j-n, etw ~** a. fig s'accrocher à qn, qc
Klamotte umg F **~n** (≈ Kleider) fringues fpl umg
klang → **klingen**
Klang M son m
Klappe F **1** TECH clapet m; ANAT, BIOL valvule f; e-r Trompete etc clé f; e-s Briefumschlages, (≈ Taschenklappe) rabat m **2** sl (≈ Mund) gueule f sl; **halt die ~!** umg ferme-la!
klappen A V/T **nach oben ~** relever; **nach unten ~** rabattre; **zur Seite ~** rabattre sur le côté B umg V/I (≈ gelingen) (bien) marcher; **das hat nicht geklappt!** ça n'a pas marché!
klappern V/I Geschirr, Schreibmaschine cliqueter; Storch craqueter **Klapperschlange** F serpent m à sonnettes
Klappstuhl M chaise pliante
Klaps umg M **1** (≈ leichter Schlag) tape f **2 e-n ~ haben** umg être un peu fêlé
klar A ADJ **1** a. Flüssigkeit, Himmel, Stimme, Blick clair; Wasser, Luft pur **2** (≈ deutlich) net; (≈ offenbar) évident; **das ist mir ~** je le comprends bien; **sich** (dat) **über etw** (akk) **im Klaren sein** se rendre (bien) compte de qc; umg **(na) ~!** bien sûr!; umg **alles ~?** tout est clair? B ADV nettement; **~ und deutlich** nettement; **sich** (dat) **über etw** (akk) **~ werden** commencer à comprendre qc; → **klarsehen**
klären A V/T Unklarheiten éclaircir; Problem élucider; Situation clarifier; Frage tirer au clair **2** Flüssigkeiten épurer B V/R **sich ~** s'éclaircir
Klarheit F clarté f
Klarinette F clarinette f
klarkommen umg V/I **mit j-m nicht ~** ne pas (bien) s'entendre avec qn; umg

kommst du klar? *umg* tu t'en sors?
klarmachen VT *umg* **j-m etw ~** expliquer qc à qn; *umg* **sich** (*dat*) **etw ~** se rendre compte de qc **klarsehen** *fig* VI voir clair
Klarsichtfolie F film transparent **Klarsichtpackung** F emballage transparent
klarstellen VT **etw ~** tirer qc au clair
Klärwerk N station f d'épuration
klasse *umg* ADJ *umg* super; *umg* chouette; **(das ist) ~!** *umg* c'est super!
Klasse F *a.* SCHULE, BIOL, SOZIOLOGIE, BAHN, FLUG classe f; (≈ *Güteklasse*) qualité f; SPORT catégorie f; **Fahrkarte f erster, zweiter ~** billet m de première, de seconde (classe); SCHULE **in der ersten ~ sein** être au cours élémentaire première année; *umg* **das ist (ganz) große ~!** *umg* c'est super!
Klassenarbeit F contrôle m **Klassenkamerad(in)** M(F) camarade m/f de classe **Klassenzimmer** N (salle f de) classe f
Klassik F classicisme m **klassisch** ADJ classique
Klatsch M *umg* ragot(s) m(pl)
klatschen A VT **Takt** battre; **etw an die Wand ~** faire claquer qc contre le mur B VI 1 *Geräusch* battre (**gegen etw** contre qc) 2 (≈ *applaudieren*) applaudir 3 *umg* (≈ *reden*) faire des ragots (**über j-n** sur qn) *umg*
Klaue F 1 (≈ *Kralle*) griffe f; *der Raubvögel* serre f 2 *umg pej* (≈ *Handschrift*) écriture f de cochon *umg*
klauen *umg* VT/VI *umg* faucher
Klausur F (≈ *Prüfungsarbeit*) épreuve écrite (d'examen universitaire)
Klavier N piano m **Klavierunterricht** M cours mpl de piano
Klebeband N ruban adhésif
kleben A VT coller (**an** + *akk* sur), (**auf** + *akk* sur); *umg* **j-m eine ~** en coller une à qn B VI (≈ *festkleben*) coller (**an** + *dat* à) **Kleber** *umg* M colle f **Klebestift** M bâton m de colle **klebrig** ADJ collant **Klebstoff** M colle f
kleckern *umg* VI faire des taches (**auf** + *akk* sur)
Klecks M tache f; (≈ *Tintenklecks*) pâté m
klecksen VI faire des taches; *Schreibfeder* cracher

Klee M trèfle m **Kleeblatt** N 1 BOT feuille f de trèfle 2 *fig* trio m
Kleid N 1 (≈ *Damenkleid*) robe f 2 **~er** vêtements mpl
kleiden A VT **dieser Anzug kleidet ihn gut** ce costume lui va bien B VR **sich ~** s'habiller
Kleiderbügel M cintre m **Kleiderschrank** M armoire f **Kleiderständer** M portemanteau m
Kleidung F vêtements mpl **Kleidungsstück** N vêtement m
klein A ADJ 1 *Ausmaße, Menge, Bedeutung* petit; (≈ *klein u. zierlich*) menu; *Buchstabe* minuscule; **verschwindend ~** minime; *fig* **der ~e Mann** les petites gens; *umg* **beim Bezahlen haben Sie es ~?** vous avez de la monnaie?; **ein ~er fein** petit, mais raffiné 2 *Alter* petit; **mein ~er Bruder** mon petit frère; **von ~ auf** dès l'enfance B ADV **ein ~ wenig** un petit peu; **~ schneiden** couper en petits morceaux; GASTR °hacher
Kleinbuchstabe M minuscule f
Kleinbus M minibus m
Kleingedruckte(s) *fig* N **das ~** les petits caractères **Kleingeld** N monnaie f
Kleinigkeit F 1 (≈ *Bagatelle*) rien m 2 (≈ *ein wenig*) **e-e ~** un petit quelque chose
kleinkariert ADJ *umg* (≈ *engstirnig*) borné
Kleinkind N petit enfant **Kleinkram** *umg* M babioles fpl
kleinkriegen *umg* VT **j-n, etw ~** venir à bout de qn, qc
kleinlich ADJ (≈ *übergenau*) pointilleux; (≈ *engstirnig*) borné; (≈ *nicht großzügig*) mesquin
kleinschreiben VT **Wort** écrire avec une minuscule
Kleinstadt F petite ville **Kleinwagen** M petite voiture, cylindrée
Klementine F clémentine f
Klemme F 1 TECH pince f 2 ELEK borne f 3 *umg fig* **in der ~ sein** *umg* être dans le pétrin
klemmen A VT coincer B VI se coincer; **die Schublade klemmt** le tiroir coince C VR **sich** (*dat*) **die Finger in der Tür ~** se coincer les doigts dans la porte
Klempner M (≈ *Installateur*) plombier m

Klette F 1 BOT bardane f 2 umg **wie e-e ~ an j-m hängen** ne pas lâcher, quitter qn d'une semelle
klettern VI grimper (**auf** + akk sur)
Klettverschluss® M (bande f) velcro® m
klicken VI faire clic; IT cliquer (**auf** + akk sur)
Klima N a. fig climat m
Klimaanlage F climatisation f; **mit ~** climatisé
klimafreundlich ADJ ÖKOL sans incidence sur le climat
Klimakatastrophe F catastrophe f climatique
klimaneutral ADJ ÖKOL climatiquement neutre
Klimaschutz M protection f du climat
Klimawandel M changement m climatique
Klimmzug M traction f (à la barre fixe)
klimpern VI 1 **mit etw ~** faire tinter qc 2 umg pej **auf dem Klavier** pianoter
Klinge F lame f
Klingel F sonnette f **klingeln** A VI sonner B V/UNPERS **es klingelt** on sonne
Klingelton M e-s Handys sonnerie f
klingen VI Glocke, Metall, Glas tinter; Stimme résonner; **das klingt schon besser** c'est déjà mieux; **das klingt, als ob ...** on dirait que ...
Klinik F private clinique f; öffentliche hôpital m
Klinke F poignée f de porte
klipp umg ADV **~ und klar** très clairement
Klippe F a. fig écueil m
klirren VI Ketten, Waffen cliqueter; Gläser s'entrechoquer; **~de Kälte** froid m de canard
klitzeklein umg ADJ tout petit
Klo umg N toilettes fpl; umg petit coin; **aufs Klo müssen** avoir envie d'aller aux toilettes
klobig ADJ Gegenstand massif
klonen VT cloner
Klopapier umg N papier m hygiénique
klopfen A VT Teppich battre; Fleisch attendrir B VI **an die Tür** etc frapper (**an** + akk sur); Herz battre C V/UNPERS **es klopft** on frappe
Kloß M (grosse) quenelle f; (≈ bes Fleischkloß) boulette f

Kloster N monastère m; couvent m
Klotz M (= Holzklotz) bloc m de bois; umg **j-m ein ~ am Bein sein** être un fardeau, un boulet pour qn
Klub M club m
Kluft F (= Spalte) crevasse f (**zwischen** + dat entre); fig fossé m (entre)
klug ADJ (= intelligent) intelligent; (= weise) sage; **aus ihm werde ich nicht ~** je ne le comprends pas; **ich kann daraus nicht ~ werden** je n'y comprends rien; sprichw **der Klügere gibt nach** c'est le plus sage qui cède
Klumpen M morceau m; (= Erdklumpen) motte f; in Soßen grumeau m
km ABK (= Kilometer) km **km/h** ABK (= Kilometer pro Stunde) km/h
knabbern VT & VI grignoter (**an etw** dat qc)
Knabe geh M (jeune) garçon m
Knäckebrot N pain suédois
knacken A VT Nuss casser 2 umg Geldschrank forcer; Auto cambrioler; Kode découvrir B VI craquer
knackig umg ADJ 1 Apfel etc croquant 2 fig (= attraktiv) à croquer
Knacks umg M (≈ Knacken) craquement m; **e-n ~ haben** Geschirr etc être fêlé; gesundheitlich avoir un problème de santé; Ehe, Freundschaft être ébranlé
Knall M 1 e-s Sprengkörpers explosion f; e-s Schusses détonation f; e-r Peitsche, Tür claquement m; bei e-m Zusammenstoß choc m 2 umg **e-n ~ haben** umg être cinglé, marteau
knallen A VT Tür claquer; umg **j-m eine ~** umg en flanquer une à qn B VI Schuss, Knallkörper péter; detonieren détoner; Tür, Peitsche claquer; Korken sauter; umg **gegen etw** (akk) ~ se heurter violemment contre qc; umg **setz dich, oder es knallt!** umg assieds-toi ou ça va barder!
Knallkörper M pétard m **knallrot** umg ADJ d'un rouge éclatant, d'un rouge pétant umg
knapp ADJ & ADV 1 Lebensmittel, Geld rare; Zeit limité; Vorräte **~ werden** se raréfier 2 (= wenig) juste; **~ hinter der Linie** juste derrière la ligne 3 (≈ eng) étroit 4 (≈ gerade noch) tout juste; de justesse; **~ bemessen sein** être calculé très juste; Zeit être limité, compté

knarren VI Tür, Bett, Äste grincer; Diele craquer
Knast umg M argot taule f
knattern VI Motorrad pétarader; Gewehr crépiter
Knäuel M/N Garn, Wolle pelote f
knauserig umg ADJ umg radin
knautschen A VIT froisser B VI se froisser **Knautschzone** F zone f déformable
Knebel M bâillon m **knebeln** VIT a. fig bâillonner
kneifen A VIT & VI pincer; j-n, j-m in den Arm ~ pincer le bras de qn B umg VI (≈ sich drücken) se dégonfler (vor + dat devant) umg **Kneifzange** F tenailles fpl
Kneipe F umg bistro(t) m
Knete umg F 1 (≈ Knetmasse) pâte f à modeler 2 umg (≈ Geld) fric m umg **kneten** VIT Teig etc pétrir **Knetgummi** N/M pâte f à modeler
knicken VIT Papier plier; Zweige briser
Knicks M révérence f
Knie N 1 genou m; auf die ~ fallen a. fig se mettre à genoux; j-n auf ~n bitten supplier qn à genoux; umg er bekam weiche ~ ses genoux se dérobaient sous lui 2 e-s Flusses, Rohres coude m **Kniebeuge** F flexion f de genoux
knien A VI être à genoux B V/R sich ~ s'agenouiller
Kniestrumpf M chaussette (montante)
kniff → kneifen
Kniff M 1 (≈ Kneifen) pincement m 2 (≈ Trick) truc m **kniff(e)lig** ADJ délicat; difficile
knipsen umg VIT 1 Fahrkarte poinçonner 2 FOTO photographier
knirschen VI Schnee, Sand crisser
knistern VI Feuer pétiller; Papier produire un froissement
knittern VI se froisser
Knoblauch M ail m **Knoblauchbutter** F beurre m à l'ail **Knoblauchpresse** F presse-ail m **Knoblauchzehe** F gousse f d'ail
Knöchel M am Fuß cheville f; am Finger jointure f du doigt
Knochen M os m; umg **sich bis auf die ~ blamieren** se rendre parfaitement ridicule **Knochenbruch** M fracture f

Knochenmark N moelle osseuse, des os
Knödel bes südd, österr M → Kloß
Knopf M bouton m **Knopfloch** N boutonnière f
Knorpel M cartilage m
Knospe F (≈ Baumknospe) bourgeon m; (≈ Blütenknospe) bouton m
Knoten M a. BOT, SCHIFF, a. fig nœud m
Know-how N savoir-faire m
Knüller umg M article m, film m etc à succès
Knüppel M 1 gourdin m; (≈ Polizeiknüppel) matraque f 2 FLUG manche m (à balai); AUTO levier m de vitesse
knurren VI 1 Hund, a. fig gronder 2 Magen gargouiller
knusprig ADJ croustillant
knutschen umg VI umg se bécoter **Knutschfleck** umg M suçon m
k. o. ADJ & ADV (≈ knock-out) K.-O.; **j-n ~ schlagen** mettre qn K.-O.; umg fig ~ **sein** umg être sur les rotules
Koalition F coalition f **Koalitionspartner** M partenaire m de coalition **Koalitionsregierung** F gouvernement m de coalition
Koch M cuisinier m **Kochbuch** N livre m de cuisine
kochen A VIT Speisen faire cuire; (≈ garen) cuire; **Tee, Kaffee, Essen** ~ faire du thé, du café, le repas; **was kochst du heute?** qu'est-ce que tu fais à manger aujourd'hui? B VI 1 Flüssigkeit, a. fig bouillir; Speisen cuire; **~d heiß** bouillant; **er kochte vor Wut** il bouillait de rage 2 Person faire de la cuisine; cuisiner
Köchin F cuisinière f
Kochlöffel M cuillère f en bois **Kochrezept** N recette f de cuisine **Kochtopf** M faitout m
Kode M code m
Köder M a. fig appât m **ködern** VIT appâter (**mit** avec) a. fig
kodieren VIT coder
Koffein N caféine f **koffeinfrei** ADJ décaféiné
Koffer M (≈ Handkoffer) valise f; (≈ großer Reisekoffer) malle f; **die ~ packen** faire ses valises; fig plier bagage **Kofferradio** N radio portative **Kofferraum** M AUTO coffre m
Kohl M BOT chou m **Kohldampf** umg

M ~ **haben** umg avoir la dent **Kohle** F ❶ charbon m; (≈ Steinkohle) °houille f; **(wie) auf glühenden ~n sitzen** être sur des charbons ardents ❷ umg (≈ Geld) fric m umg

Kohlendioxid t/t N, **Kohlendioxyd** N gaz m carbonique **Kohlenhydrat** N hydrate m de carbone **Kohlensäure** F in Getränken gaz m carbonique; Mineralwasser **ohne ~** non gazeuse

Kohletablette F pastille f de charbon **kohlrabenschwarz** umg ADJ noir comme (du) jais

Kohlrabi M chou-rave m **Kohlsprossen** österr FPL chou m de Bruxelles

Kokain N cocaïne f

Kokosnuss F noix f de coco

Koks M ❶ (≈ Kohlenkoks) coke m ❷ Jargon (≈ Kokain) coke f umg

Kolben M ❶ TECH piston m ❷ am Gewehr crosse f ❸ (≈ Maiskolben) épi m

Kolik F colique f

Kolleg N cours m (à l'université)

Kollege M (≈ Arbeitskollege) collègue m; (≈ Fachkollege) confrère m

Kollegstufe F etwa classes fpl de lycée

kollektiv ADJ collectif

Köln N Cologne

Kolonie F colonie f

Kolonne F a. MIL colonne f; (≈ Wagenkolonne) file f; (≈ Arbeitskolonne) équipe f; **~ fahren** rouler les uns derrière les autres

Koloss M a. fig colosse m **kolossal** ADJ ❶ colossal ❷ umg fig umg monstre

Kolumbien N la Colombie

Kolumne F e-r Zeitung chronique f

Koma N MED coma m; **im ~ liegen** être dans le coma

Kombi M commerciale f; break m

Kombination F combinaison f; Herrenanzug ensemble m; (≈ gedankliche Verknüpfung) déduction f **kombinieren** VT combiner (**mit** avec); fig gedanklich déduire

Komet M comète f

Komfort M confort m **komfortabel** ADJ confortable

Komik F comique m **Komiker(in)** M(F) ❶ Schauspieler(in) comique m/f ❷ (≈ Unterhalter,-in) amuseur, -euse m,f

komisch ADJ ❶ (≈ lustig) comique ❷ (≈ seltsam) drôle; bizarre

Komitee N comité m

Komma N virgule f; **drei ~ fünf** trois virgule cinq **Kommafehler** M faute f de virgule

kommandieren VT & VI commander

Kommanditgesellschaft F société f en commandite

Kommando N ❶ (≈ Befehl, Befehlsgewalt) commandement m ❷ Abteilung commando m

kommen A VI ❶ venir; (≈ ankommen) arriver; **in e-n Laden ~** entrer dans un magasin; **aus e-m Haus ~** sortir d'une maison; **ich komme ja schon!** j'arrive!; **da kommt er ja!** le voilà! ❷ (≈ gelangen) **durch e-e Stadt ~** passer par une ville; **wie komme ich zum Bahnhof?** quel est le chemin de la gare? ❸ fig (≈ erreichen) **wie weit bist du mit deiner Arbeit gekommen?** où en es-tu de ton travail? ❹ (≈ e-n Platz bekommen) **die Vase kommt auf den Tisch** le vase se met sur la table ❺ (≈ eintreten) **ich habe es ~ sehen** je l'ai vu venir; **was auch ~ mag** quoi qu'il arrive ❻ **auf etw** (akk) **~** (≈ den Einfall haben) trouver qc; avoir l'idée de qc; **wie ~ Sie darauf?** qu'est-ce qui vous a donné cette idée? ❼ **j-n ~ lassen** faire venir qn; **etw** (dat) **~ lassen** faire venir qc; fig **auf j-n nichts ~ lassen** ne pas tolérer que l'on dise du mal de qn ❽ **auf j-n ~** (≈ j-m zufallen) revenir à qn ❾ (≈ stammen) **aus Berlin ~** être (originaire) de Berlin ❿ **von etw ~** (≈ herrühren) venir de qc; provenir de qc ⓫ (**wieder**) **zu sich** (dat) **~** revenir à soi ⓬ **zu etw ~** (≈ Zeit finden) trouver le temps de faire qc ⓭ umg **komm, gib her!** allez, donne! ⓮ umg (≈ kosten) revenir à; coûter B V/UNPERS **wie kommt es, dass ...?** comment se fait-il que ... (+ subj) ?; **es kam zu e-r Schießerei** il y a eu des coups de feu

kommend ADJT (≈ nächste) prochain; (≈ künftig) à venir

Kommentar M commentaire m **kommentieren** VT commenter

Kommerz pej M commerce m **kommerziell** ADJ commercial

Kommissar(in) M(F) (≈ Polizeikommissar,-in) inspecteur m de police; ADMIN, POL commissaire m

Kommission F commission f
Kommode F commode f
Kommunalwahl F élection(s) f(pl) municipale(s) **Kommune** F commune f
Kommunikation F communication f **Kommunikationsmittel** NPL moyens mpl de communication
Kommunion F KATH communion f; **zur ~ gehen** (aller) communier **Kommunionkind** N premier, -ière communiant(e) m(f)
Kommunismus M communisme m **Kommunist(in)** M(F) communiste m/f **kommunistisch** ADJ communiste
Komödie F a. fig comédie f
kompakt ADJ compact
Komparativ M comparatif m
Kompass M boussole f
kompatibel ADJ a. IT compatible (**mit** avec) **Kompatibilität** F a. IT compatibilité f (**mit** avec)
Kompensation F compensation f **kompensieren** VT compenser (**durch, mit** par)
kompetent ADJ compétent **Kompetenz** F compétence f
komplett ADJ **1** complet **2** umg **das ist ~er Wahnsinn** umg c'est absolument dingue
komplex ADJ complexe
Komplex M **1** (≈ Gebäudekomplex, Fragenkomplex) ensemble m **2** PSYCH complexe m
Komplikation F complication f
Kompliment N compliment m
Komplize M complice m
kompliziert ADJT compliqué
Komplott N complot m
Komponente F (≈ Bestandteil) composant m; fig (≈ Aspekt) composante f
komponieren VT & VI composer **Komponist(in)** M(F) compositeur, -trice m,f
Kompost M compost m
Kompott N compote f
komprimieren VT comprimer; IT compacter
Komprimierung F a. IT compression f; IT compactage m
Kompromiss M compromis m (**zwischen** + dat entre); **e-n ~ schließen** faire un compromis
Kondensmilch F lait concentré
Kondition F **1** SPORT condition f; **keine ~ haben** manquer d'entraînement **2** HANDEL meist pl **~en** conditions fpl
Konditional M GRAM (mode m) conditionnel m
Konditor M pâtissier m **Konditorei** F pâtisserie f
Kondom N préservatif m
Konferenz F conférence f; (≈ Lehrerkonferenz) conseil m de classe **Konferenzraum** M salle f de conférence **Konferenzschaltung** F multiplex
Konfession F religion f
Konfetti N confettis mpl
Konfiguration F a. IT configuration f
Konfirmand(in) M(F) PROT confirmand(e) m(f) **Konfirmation** F confirmation f
Konfitüre F confiture f
Konflikt M conflit m
konfrontieren VT confronter (**mit j-m** avec qn), (**mit etw** à qc)
konfus ADJ (≈ verworren) confus; Person dérouté
Kongo der ~ le Congo
Kongress M congrès m
König M a. Spielkarte, Schachfigur, a. fig roi m **Königin** F a. ZOOL reine f **Königreich** N royaume m
Konjugation F conjugaison f **konjugieren** VT conjuguer
Konjunktion F a. ASTRON conjonction f
Konjunktiv M GRAM (mode m) subjonctif m
Konjunktur F conjoncture f
konkret ADJ concret
Konkurrent(in) M(F) concurrent(e) m(f)
Konkurrenz F concurrence f; **außer ~** °hors concours; **j-m ~ machen** faire concurrence à qn **konkurrenzfähig** ADJ compétitif
Konkurs M faillite f; **in ~ gehen, ~ machen** faire faillite
können A V/AUX **1** (≈ vermögen) pouvoir; **man kann nie wissen** on ne sait jamais **2** (≈ beherrschen) savoir; **schwimmen ~** savoir nager **3** (≈ dürfen) pou-

voir; *sl* **du kannst mich mal!** *umg* tu peux (toujours) courir! **4** (≈ *möglich sein*) **es kann sein, dass ...** il se peut que ... (+ *subj*); **das kann nicht sein** c'est impossible **5** (≈ *Grund haben*) **das kann man wohl sagen!** ça, on peut le dire; *umg* **ich kann dir sagen!** je t'assure! **B** *VT & VI* **1** (≈ *vermögen*) pouvoir; **ich kann nicht mehr!** je n'en peux plus! **2** (≈ *beherrschen*) savoir; **er kann Englisch** il sait l'anglais; (≈ *sprechen*) il parle anglais **3** **ich kann nichts dafür** je n'y peux rien
konnte → **können**
konsequent ADJ **1** (≈ *folgerichtig*) logique; conséquent **2** (≈ *beharrlich*) résolu
Konsequenz F **1** (≈ *Folgerichtigkeit*) logique f **2** (≈ *Folge*) conséquence f; **die ~en aus etw ziehen** tirer les conséquences de qc
konservativ ADJ conservateur
Konserve F conserve f **Konservenbüchse** F, **Konservendose** F boîte f de conserve
konservieren VT conserver **Konservierungsmittel** N, **Konservierungsstoff** M conservateur m
Konsolidierung F consolidation f
Konsonant M consonne f
konstituieren VR **sich ~** se constituer
konstruieren VT construire; *fig* inventer
Konstruktion F construction f **Konstruktionsfehler** M défaut m de construction
konstruktiv ADJ constructif
Konsulat N consulat m
Konsultation geh F consultation f
Konsum M consommation f **Konsument(in)** M(F) consommateur, -trice m,f **konsumieren** VT consommer
Kontakt M contact m (**mit** avec); **mit j-m ~ aufnehmen** prendre contact avec qn **Kontaktlinse** F lentille f de contact **Kontaktlinsenmittel** N OPT produit m d'entretien pour lentilles
Kontext M contexte m
Kontinent M continent m **kontinental** ADJ continental
kontinuierlich geh ADJ continu
Konto N compte m **Kontoauszug** M relevé m de compte **Kontonummer** F numéro m de compte **Kontostand** M état m de compte

Kontra N contre m; **j-m ~ geben** KARTENSPIEL contrer qn; *umg fig* riposter vertement à qn
Kontrast M contraste m **kontrastieren** geh VI contraster (**mit** avec)
Kontrollabschnitt M coupon m de contrôle
Kontrolle F contrôle m; **etw unter ~** (*dat*) **haben** être maître de qc; contrôler qc; **außer ~ geraten** échapper au contrôle **Kontrolleur** M contrôleur m **kontrollieren** VT contrôler
Kontrollschild *schweiz* N AUTO plaque f d'immatriculation
Konventionalstrafe F JUR dédit m
konvertierbar ADJ convertible **konvertieren** **A** VT FIN, IT convertir **B** VI REL se convertir (**zu** à)
Konvoi M convoi m
Konzentration F concentration f **Konzentrationsfähigkeit** F capacité f de concentration **Konzentrationslager** N camp m de concentration **konzentrieren** VR **sich ~** se concentrer (**auf** + *akk* sur) **konzentriert** **A** ADJ concentré **B** ADVL avec concentration
Konzept N **1** (≈ *Rohfassung*) brouillon m **2** (≈ *Plan*) plan m; idée f; **aus dem ~ kommen** perdre le fil; **j-n aus dem ~ bringen** faire perdre le fil à qn **Konzeptpapier** N papier m brouillon
Konzern M groupe m
Konzert N *Veranstaltung* concert m; *Musikstück* concerto m
Kooperation F coopération f **kooperativ** ADJ coopératif **kooperieren** VI coopérer
Koordinate F coordonnée f **koordinieren** VT coordonner
Kopf M **1** ANAT, *a. fig* tête f; (≈ *Person*) esprit m; personne f; *e-s Briefs* en-tête m; *e-s Tisches* °haut m; (≈ *Salatkopf*) salade f **2** *Wendungen mit adj u. adv* **ein kluger ~** une personne intelligente; (**um**) **e-n ~ größer sein als j-d** avoir une tête de plus que qn; **~ hoch!** courage! **3** *mit subst* **~ an ~** coude à coude; **von ~ bis Fuß** de la tête aux pieds; **~ und Kragen riskieren** risquer sa vie; **mit dem ~ durch die Wand wollen** vouloir l'impossible **4** *mit präp* **nicht auf den ~ gefallen sein** avoir du plomb dans la cervelle;

umg **sein ganzes Geld auf den ~ hauen** *umg* claquer tout son fric; **auf dem ~ stehen** *Bild etc* être à l'envers; **alles auf den ~ stellen** mettre tout sens dessus dessous; **das geht mir nicht aus dem ~** cela ne me sort pas de la tête; **sich** (*dat*) **etw aus dem ~ schlagen** s'ôter qc de la tête, de l'esprit; **sich** (*dat*) **etw durch den ~ gehen lassen** réfléchir à *od* sur qc; **im ~ rechnen** calculer de tête; **sich** (*dat*) **etw in den ~ setzen** se mettre qc dans la tête; **das will mir nicht in den ~ (gehen)** *umg* je n'arrive pas à me mettre ça dans la tête; **pro ~** par personne; par tête; **die Arbeit wächst mir über den ~** je suis débordé de travail; **j-n vor den ~ stoßen** choquer, brusquer qn **5** *mit Verben* **den ~ hängen lassen** être découragé, déprimé; **den ~ schütteln** secouer la tête; **ich weiß nicht, wo mir der ~ steht** je ne sais pas où donner de la tête; **j-m den ~ verdrehen** tourner la tête à qn; **sich** (*dat*) **den ~ (über etw** *akk*) **zerbrechen** se casser la tête (sur qc)
Kopfball M̲ FUSSBALL tête f **Kopfende** N̲ tête f; *des Bettes* chevet m **Kopfhörer** M̲ casque m **Kopfkissen** N̲ oreiller m
Kopfrechnen N̲ calcul mental **Kopfsalat** M̲ laitue f **Kopfschmerzen** MPL maux mpl de tête; **~ haben** avoir mal à la tête **Kopfsprung** M̲ plongeon m **Kopfstand** M̲ poirier m **Kopfstütze** F̲ repose-tête m **Kopftuch** N̲ foulard m **Kopfweh** *umg* N̲ → Kopfschmerzen
Kopie F̲ **1** (≈ *a. Abschrift, Nachbildung, Fotokopie*) copie f **2** *fig* imitation f **kopieren** V̲T̲ *a. fig* copier **Kopierer** *umg* M̲, **Kopiergerät** N̲ photocopieur m; photocopieuse f
Kopilot(in) M̲F̲ copilote m|f
Koppel F̲ (≈ *Weide*) pâturage m
koppeln V̲T̲ **1** TECH, ELEK coupler (**an** + *akk* à); RAUMFAHRT amarrer (à) **2** *fig* associer (à)
Koralle F̲ corail m
Koran M̲ Coran m
Korb M̲ **1** *ohne Henkel* corbeille f; (≈ *Henkelkorb, Einkaufskorb, Basketballkorb*) panier m **2** *fig* refus m; **j-m e-n ~ geben** éconduire qn; **e-n ~ bekommen** essuyer un refus
Körbchen N̲ *beim BH* bonnet m
Kord M̲ velours côtelé
Korea N̲ la Corée
Kork M̲ liège m
Korken M̲ bouchon m **Korkenzieher** M̲ tire-bouchon m
Korn[1] N̲ **1** (≈ *Getreide*) céréales fpl; *frisch gedroschenes* grain(s) m(pl) **2** (≈ *einzelnes Getreidekorn, Sandkorn, Salzkorn etc*) grain m **3** (≈ *Samenkorn*) graine f
Korn[2] *umg* M̲ (≈ *Kornbranntwein*) eau-de-vie f de grain
Körper M̲ *a. fig vom Wein* corps m; GEOMETRIE solide m; **am ganzen ~ zittern** trembler de tout son corps
Körperbau M̲ stature f **Körperbehinderte(r)** M̲F̲(M̲) °handicapé(e) m(f) (physique) **körperlich** A̲D̲J̲ physique **Körperpflege** F̲ soins corporels **Körperschaft** F̲ corps m **Körperteil** M̲ partie f du corps
korrekt A̲D̲J̲ *Auskunft etc* exact; *Satz, Verhalten, Kleidung* correct **Korrektur** F̲ correction f
Korrespondent(in) M̲F̲ *e-r Zeitung* correspondant(e) m(f) **Korrespondenz** F̲ correspondance f
Korridor M̲ couloir m *a. fig*, corridor m
korrigieren V̲T̲ corriger
korrupt A̲D̲J̲ corrompu
Korsika N̲ la Corse
Kortison N̲ cortisone f
koscher A̲D̲J̲ GASTR kascher *od* casher; *umg fig* **nicht ~** louche
Kosename M̲ petit nom
Kosinus M̲ cosinus m
Kosmetik F̲ soins mpl de beauté **Kosmetikerin** F̲ esthéticienne f
kosmisch A̲D̲J̲ cosmique **Kosmos** M̲ cosmos m
Kost F̲ nourriture f; **(freie) ~ und Logis haben** être logé et nourri
kostbar A̲D̲J̲ *a. fig* précieux
kosten[1] V̲T̲ (≈ *e-n Preis haben*), *a. fig* coûter; **viel (Geld) ~** coûter cher; **wenig (Geld) ~** ne pas coûter cher, être bon marché; **wie viel, was kostet das?** combien ça coûte?; **koste es, was es wolle** à tout prix; coûte que coûte
kosten[2] A̲ V̲T̲ (≈ *probieren*) goûter B̲ V̲I̲ **von etw ~** goûter à, de qc
Kosten P̲L̲ coût m; (≈ *Kostenaufwand*)

frais *mpl*; **auf ~ von** aux frais de; *fig* aux dépens de; **auf s-e ~ kommen** trouver son compte (**bei etw à qc**); **~ deckend, sparend** → kostendeckend, kostensparend

kostendeckend ADJ couvrant les frais **Kostenerstattung** F remboursement *m* des frais **Kostenexplosion** F explosion *f* des coûts **kostengünstig** ADJ avantageux **kostenlos** ADJ gratuit **kostensparend** ADJ qui épargne les dépenses; qui fait faire des économies **Kostenvoranschlag** M devis *m*

köstlich A ADJ *Speise* délicieux B ADV *sich amüsieren* merveilleusement bien; **das schmeckt ~** c'est délicieux

Kostüm N MODE tailleur *m*; *Verkleidung, a.* THEAT costume *m*

Kot M excréments *mpl*

Kotelett N GASTR côtelette *f*

Kotflügel M AUTO aile *f*

kotzen *sl* VI *umg* dégobiller; **es ist zum Kotzen!** *umg* merde alors!

Krabbe F (≈ *Krebs*) crabe *m*; (≈ *Garnele*) crevette *f*

krabbeln VI *Kind* marcher à quatre pattes; *Insekt* courir

Krach M 1 (≈ *Lärm*) bruit *m*; **~ machen** faire du bruit 2 *umg* (≈ *Streit*) dispute *f*; **mit j-m ~ haben** être brouillé avec qn

krachen VI 1 faire du bruit; *Eis, Balken, Zwieback* craquer; *Knallkörper* péter; *umg* **auf der Autobahn hat es wieder gekracht** *umg* ça a encore cartonné sur l'autoroute; *umg* **..., sonst krachts!** *umg* ... sinon, ça va barder! 2 *umg Fahrzeug* **gegen etw ~** s'écraser contre qc

Kracherl *österr* N limonade *f*

krächzen VI *Rabe, Krähe* croasser; *Papagei* crier; *Person* parler d'une voix rauque

Kraft F 1 *a.* PHYS force *f*; (≈ *Lebenskraft*) vigueur *f*; *fig* puissance *f*; *fig* **treibende ~** moteur *m*; **aus eigener ~** tout seul; **mit letzter ~** avec mes, tes, *etc* dernières forces; **mit vereinten Kräften** tous ensemble; **wieder zu Kräften kommen** reprendre des forces; **das geht über meine Kräfte** c'est au-dessus de mes forces 2 JUR, POL **in ~ treten, sein** entrer, être en vigueur 3 (≈ *Arbeitskraft*) collaborateur, -trice *m,f*

Kraftfahrer(in) M(F) ADMIN conducteur, -trice *m,f*; (≈ *Autofahrer*) automobiliste *m/f* **Kraftfahrzeug** N véhicule *m* automobile

kräftig A ADJ *Person* fort; vigoureux; *Nahrung* substantiel; *Schluck* grand; *Farbton* vif B ADV (≈ *stark*) vigoureusement

kraftlos ADJ sans force; faible **Kraftprobe** F épreuve *f* de force **Kraftstoff** M carburant *m* **Kraftwerk** N centrale *f* (électrique)

Kragen M col *m*; **j-n beim ~ packen** saisir qn au collet; **es geht ihm an den ~** ça va aller mal pour lui; *umg* **mir platzt gleich der ~** *umg* je vais piquer une crise; *umg* je vais exploser

Krähe F corneille *f*

krähen VI *Hahn* chanter

Krake M pieuvre *f*

krak(e)lig *umg pej* ADJ griffonné; **eine krakelige Schrift** une écriture tremblée

Kralle F *a. fig pej* griffe *f*; *der Raubvögel* serre *f*

Kram *umg* M 1 (≈ *Zeug*) fourbi *m umg*, bataclan *m umg* 2 (≈ *Angelegenheit*) affaires *fpl*; **das passt mir nicht in den ~** cela ne m'arrange pas; **mach doch deinen ~ alleine!** débrouille-toi tout seul!

kramen *umg* VI **in etw** (*dat*) **~** fouiller dans qc

Krampf M MED crampe *f* **krampfhaft** A ADJ 1 MED convulsif 2 *fig Bemühungen etc* laborieux B ADV *fig* laborieusement; **sich ~ bemühen** se donner un mal fou (**zu** + *inf* pour + *inf*)

Kran M TECH grue *f*

Kranich M ZOOL grue *f*

krank ADJ & ADV malade (**vor Eifersucht** de jalousie); **~ werden** tomber malade **Kranke(r)** M(F) malade *m/f*

kränken VT blesser

Krankengymnastik F kinésithérapie *f* **Krankenhaus** N hôpital *m*; **j-n in ein ~ einliefern** hospitaliser qn **Krankenkasse, Krankenkassa** *österr* F caisse *f* (de) maladie **Krankenpfleger** M infirmier *m* **Krankenschein** M feuille *f* de maladie **Krankenschwester** F infirmière *f* **Krankenversicherung** F assurance *f* maladie; **private ~** assurance maladie privée

Krankenwagen M ambulance f
krankhaft ADJ maladif
Krankheit F maladie f
kranklachen umg V/R **sich ~** mourir de rire (**über** + akk à propos de); umg se fendre la gueule **krankmelden** V/R **sich ~** se faire porter malade **krankschreiben** V/T **j-n ~** mettre qn en arrêt de travail
Kranz M couronne f
krass ADJ Unterschied gros; Gegensatz vif; Fehler grossier; Irrtum, Widerspruch flagrant; Jugendsprache (**voll**) ~ (≈ toll) super cool umg; (≈ schlimm) dégueu umg
Krater M cratère m
kratzen A V/T 1 gratter; (≈ schaben) racler; mit Krallen, Fingernägeln griffer 2 **das kratzt mich nicht** ça me laisse froid B V/R **sich ~** se gratter (**am Kopf** la tête)
Kratzer M auf der Haut égratignure f; an Möbeln rayure f
kraulen[1] V/T Haar, Hund etc gratter doucement
kraulen[2] V/I SCHWIMMSPORT nager le crawl
kraus ADJ Haar crépu; a. BOT frisé **kräuseln** V/T (& V/R) (**sich**) ~ Haar, Faser friser; Stoff us tw froncer; Wasserfläche (se) rider
Kraut N 1 BOT herbe f; umg **dagegen ist kein ~ gewachsen** il n'y a pas de remède à cela 2 fig **hier sieht es aus wie ~ und Rüben** c'est un vrai bazar 3 bes südd, österr chou m
Krawall M 1 (≈ Aufruhr) bagarre f; stärker émeute f 2 umg (≈ Lärm) tapage m
Krawatte F cravate f
kreativ ADJ créatif **Kreativität** F créativité f
Kreatur F créature f
Krebs M 1 (≈ Flusskrebs) écrevisse f; (≈ Krabbe) crabe m 2 MED cancer m; **sie hat ~** elle a le (ou un) cancer; **~ erregend, ~ erzeugend** cancérigène 3 ASTROL Cancer m
krebserregend, krebserzeugend ADJ cancérigène **Krebsforschung** F cancérologie f **krebskrank** ADJ cancéreux **Krebsvorsorge** F dépistage m du cancer
Kredit M a. fig crédit m; **auf ~** à crédit; **e-n ~ aufnehmen** recourir, avoir recours à un crédit **Kreditinstitut** N établissement m de crédit **Kreditkarte** F carte f de crédit **kreditwürdig** ADJ solvable
Kreide F a. GEOL craie f
Kreis M 1 MATH, a. fig cercle m; **im kleinen ~(e)** dans l'intimité; **im engsten ~** dans la plus stricte intimité; **in politischen ~en** dans les milieux politiques 2 ADMIN canton m
kreischen V/I Mensch pousser des cris perçants; Möwe, Papagei crier; Säge grincer; Reifen crisser
Kreisel M 1 Kinderspielzeug toupie f 2 umg (≈ Kreisverkehr) sens m giratoire
kreisen V/I tourner (**um** autour de); Raubvogel, Flugzeug décrire des cercles
kreisförmig ADJ circulaire
Kreislauf M 1 (≈ Blutkreislauf) circulation f 2 der Natur, des Wassers cycle m **Kreislaufkollaps** M collapsus m **Kreislaufstörungen** F/PL troubles mpl circulatoires
Kreissäge F scie f circulaire
Kreißsaal M salle f d'accouchement
Kreisverkehr M sens m giratoire
Krempel umg pej M umg fourbi m
Kren österr M raifort m
krepieren V/I 1 Geschoss éclater 2 sl Mensch crever (**an** + dat de)
Kresse F cresson m
Kreta N la Crète
kreuz ADV ~ **und quer** dans tous les sens
Kreuz N 1 croix f; **das Rote ~** la Croix-Rouge 2 ANAT reins mpl 3 Spielkartenfarbe trèfle m 4 MUS dièse m
kreuzen A V/T 1 a. Straße, Beine croiser 2 BIOL croiser (**mit** avec) B V/R **sich ~** se croiser
Kreuzfahrt F SCHIFF croisière f
Kreuzung F 1 von Linien, Straßen croisement m; von Straßen a. carrefour m 2 BIOL croisement m; Ergebnis hybride m
Kreuzweg M REL chemin m de croix
Kreuzworträtsel N mots croisés
Kreuzzeichen N KIRCHE signe m de (la) croix **Kreuzzug** M a. fig croisade f
kribb(e)lig umg ADJ (≈ nervös, unruhig) nerveux/-euse, énervé **kribbeln** V/I & V/UNPERS picoter; **es kribbelt mir in der Nase** j'ai des picotements dans le nez; fig **es kribbelt mir in den Fingern** (**zu** + inf) cela me démange (**de** + inf)
kriechen V/I ramper (**vor j-m** devant

qn) a. fig
Krieg M guerre f (**gegen** contre); **der Kalte ~** la guerre froide; **im ~** pendant la guerre
kriegen umg VT (≈ bekommen) avoir; recevoir; Geld a. toucher; Flüchtende, Krankheit attraper; **Hunger ~** commencer à avoir faim; **der kriegt es mit mir zu tun** il aura affaire à moi; **du kriegst gleich eine!** tu veux une claque?; → bekommen
Kriegsdienstverweigerer M objecteur m de conscience **Kriegsspielzeug** N jouet(s) guerrier(s) **Kriegsverbrechen** N crime m de guerre
Krimi umg M umg polar m
Kriminalität F criminalité f; bes in sozialer Hinsicht délinquance f; **organisierte ~** crime m organisé
Kriminalpolizei F police f judiciaire
Kriminalroman M roman policier
kriminell ADJ criminel **Kriminelle(r)** M/F(M) criminel, -elle m,f
Krimskrams umg M babioles fpl
Kringel M (≈ Kreis) petit rond **kringeln** VR **sich ~** Haare frisotter; umg **sich ~ vor Lachen** se tordre de rire
Kripo F ABK (= Kriminalpolizei) P.J. f
Krippe F 1 (≈ Futterkrippe) mangeoire f 2 (≈ Weihnachtskrippe, Kinderkrippe) crèche f
Krise F crise f **kriseln** V/UNPERS **es kriselt** il y a des problèmes **Krisenmanagement** N gestion f de crise **krisensicher** ADJ WIRTSCH Beruf, Branche à l'abri des crises; Investition sûr **Krisenstab** M état-major m de crise
Kristall M MINER cristal m
Kriterium N critère m (**für** de)
Kritik F critique f (**an** + dat de); umg **unter aller ~** au-dessous de tout; **an etw, j-m ~ üben** critiquer qc, qn **Kritiker(in)** M(F) critique m/f **kritisch** A ADJ critique B ADV **etw ~ betrachten** considérer qc d'un œil critique **kritisieren** VT critiquer
kritzeln VT & VI griffonner
Kroate M Croate m **Kroatien** N la Croatie **kroatisch** ADJ croate
kroch → kriechen
Krokant M nougatine f
Krokette F croquette f
Krokodil N crocodile m

Krokus M crocus m
Krone F Königskrone, Zahnkrone, Währung, a. fig couronne f; **das setzt allem die ~ auf** c'est le comble
krönen VT a. fig couronner; **j-n zum Kaiser ~** couronner qn empereur
Kronkorken M capsule f **Kronleuchter** M lustre m **Kronprinz** M prince héritier, royal
Krönung F a. fig couronnement m
Kronzeuge M, **Kronzeugin** F témoin principal (à charge)
Kröte F 1 ZOOL crapaud m 2 umg fig pl **~n** umg fric m
Krücke F 1 Gehhilfe béquille f; **an ~n (**dat**) gehen** marcher avec des béquilles 2 umg (≈ Versager) minable m umg, nul m
Krug M (bes Tonkrug) cruche f; (≈ Bierkrug) chope f
Krümel M miette f
krumm ADJ 1 (≈ gebogen) courbe; (≈ verbogen), a. Nase, Stange, Baumstamm tordu; (≈ alterskrumm) courbé; Rücken voûté; Wirbelsäule dévié; **~e Beine** npl jambes torses 2 umg fig **~e Touren** fpl tripotages mpl
krümmen A VT courber B VR **sich ~** se tordre
Kruste F croûte f
Kruzifix N crucifix m
Kuba N Cuba
Kübel M (≈ Eimer) seau m; (≈ Kasten), a. für Pflanzen bac m
Kubikmeter M/N mètre m cube
Küche F (≈ a. Kochkunst) cuisine f
Kuchen M gâteau m; (≈ Obstkuchen) tarte f **Kuchenform** F moule m à gâteau **Kuchengabel** F fourchette f à gâteau
Küchenmaschine F robot (ménager)
Küchenmesser N couteau m de cuisine
kuckuck INT coucou! **Kuckuck** M ZOOL coucou m; umg **zum ~ (noch mal)!** umg nom d'une pipe!; **(das) weiß der ~!** va savoir!
Kufe F (≈ Schlittenkufe, Flugzeugkufe) patin m; (≈ Schlittschuhkufe) lame f
Kugel F 1 (≈ runder Körper) boule f; umg **e-e ruhige ~ schieben** umg se la couler douce 2 MATH sphère f 3 (≈ Gewehrkugel, Pistolenkugel) balle f; (≈ Kano-

nenkugel) boulet m [4] beim Kugelstoßen poids m
Kugellager N roulement m à billes **kugelrund** ADJ (tout) rond **Kugelschreiber** M stylo m (à) bille **Kugelstoßen** N lancer m du poids
Kuh F ZOOL vache f; umg pej **dumme Kuh** umg crétine f **Kuhfladen** M bouse f de vache
kühl A ADJ frais, fig froid; **~ werden** se rafraîchir B ADV (≈ abweisend) froidement; **~ lagern** conserver au frais **Kühlbox** F glacière f **kühlen** VT Lebensmittel réfrigérer; Getränk rafraîchir; Sekt frapper **Kühler** M AUTO radiateur m **Kühlergrill** M AUTO calandre f
Kühlmittel N AUTO liquide m de refroidissement **Kühlschrank** M réfrigérateur m; frigidaire® m **Kühltasche** F sac m isotherme **Kühltruhe** F congélateur m
Kuhmilch F lait m de vache
kühn ADJ °hardi
Küken N ZOOL poussin m
Kukuruz österr M maïs m
Kuli umg M (≈ Kugelschreiber) stylo m (à bille)
Kulisse F THEAT décors mpl; fig décor m; fig **hinter den ~n** dans les coulisses
kullern umg VI rouler
Kult M culte m **Kultfigur** F idole f **Kultfilm** M film m culte **kultig** ADJ jugendspr mythique
Kultur F [1] e-r Gesellschaft civilisation f; (≈ persönliche Bildung) culture f; (≈ Lebensart) savoir-vivre m [2] AGR, BIOL culture f **Kulturaustausch** M échange(s) culturel(s) **Kulturbeutel** M trousse f de toilette
kulturell ADJ culturel
Kulturlandschaft F paysage domestiqué **Kulturtasche** F trousse f de toilette **Kulturzentrum** N centre culturel
Kultusminister(in) M(F) ministre m/f des Affaires culturelles; in Frankreich ministre m/f de l'Éducation nationale
Kümmel M Pflanze, Gewürz carvi m
Kummer M chagrin m; **j-m ~ machen** donner du souci à qn
kümmerlich ADJ [1] (≈ schwächlich) chétif [2] (≈ arm) pauvre [3] pej (≈ nicht ausreichend) maigre

kümmern A VT **was kümmert dich das?** qu'est-ce que cela peut te faire? B VR **sich um j-n, etw ~** s'occuper de qn, qc; **sich darum ~, dass ...** veiller à ce que ... (+ subj)
Kumpel M [1] BERGWERK mineur m [2] umg (≈ Kamerad) copain m umg
kündbar ADJ Vertrag résiliable; Stellung dont le contrat peut être résilié; Arbeitnehmer, Mieter congédiable
Kunde M client m **Kundendienst** M service m après-vente **Kundenkarte** F e-s Geschäfts carte f de fidélité; e-r Bank carte f badge
Kundgebung F manifestation f
kündigen A VT Vertrag résilier; **s-e Stellung ~** donner sa démission; **s-e Wohnung ~** donner son congé à son propriétaire B VI **j-m ~** e-m Arbeitnehmer licencier qn; e-m Mieter donner congé à qn **Kündigung** F e-s Vertrags résiliation f; durch den Arbeitgeber licenciement m; durch den Arbeitnehmer démission f; MIETRECHT congé m **Kündigungsschutz** M protection f contre les licenciements abusifs
Kundin F cliente f **Kundschaft** F clientèle f
künftig A ADJ futur B ADV à l'avenir
Kunst F art m; **die bildende ~** les arts plastiques **Kunstausstellung** F exposition f d'œuvres d'art **Kunstdruck** M gravure f; reproduction f **Kunstdünger** M engrais m chimique **Kunsterziehung** F Schulfach dessin m **Kunstfaser** F fibre f synthétique **Kunstgalerie** F galerie f d'art **Kunstleder** N similicuir m
Künstler(in) M(F) artiste m/f **künstlerisch** A ADJ artistique B ADV artistiquement **Künstlername** M pseudonyme m
künstlich ADJ artificiel
Kunstrasen M gazon artificiel **Kunstsammlung** F collection f d'objets d'art **Kunststoff** M (matière f) plastique m
Kunststück N (≈ Glanzleistung) tour m de force; (≈ Geschicklichkeitskunststück) tour m d'adresse; (≈ Zauberkunststück) tour m de prestidigitation; umg **das ist kein ~** umg ce n'est pas sorcier **Kunstturnen** N gymnastique f artistique

Kunstwerk N œuvre f d'art
Kupfer N cuivre m **Kupferstich** M gravure f sur cuivre
Kuppe F **1** (≈ Fingerkuppe) bout m **2** (≈ Bergkuppe) sommet (arrondi)
Kuppel F innere coupole f; äußere dôme m
kuppeln A VT etw an etw (akk) ~ Anhänger etc atteler qc à qc B VT AUTO (≈ einkuppeln) embrayer; (≈ auskuppeln) débrayer
Kupplung F **1** (≈ Anhängerkupplung) coupleur m **2** AUTO embrayage m; **die ~ treten** débrayer; **die ~ kommen lassen** embrayer
Kur F cure f
Kür F TURNEN exercices mpl libres; EISKUNSTLAUF figures fpl libres
Kurbel F manivelle f **kurbeln** VI tourner la manivelle
Kürbis M BOT courge f; großer potiron m
Kurgast M curiste m/f **Kurhaus** N établissement thermal
Kurier M coursier m **Kurierdienst** M messagerie f (rapide)
kurieren VT guérir (**von** de) a. fig
kurios ADJ curieux; bizarre
Kurort M mit Heilquellen station f thermale; (≈ Luftkurort) station f climatique
Kurs M **1** SCHIFF route f; FLUG, a. fig cap m; e-r Rennstrecke parcours m; POL orientation f; **den ~ ändern** changer de route; fig changer de cap **2** (≈ Lehrgang) cours m; **an e-m ~ teilnehmen** suivre un cours **3** BÖRSE cours m; **zum ~ von** au cours de **Kursanstieg** M ^hausse f des cours **Kursbuch** N indicateur m des chemins de fer **Kursgewinn** M Wertpapiere bénéfice m sur le cours **Kursleiter(in)** M(F) professeur m **Kursteilnehmer(in)** M(F) participant(e) m(f) au cours
Kurve F **1** e-r Straße virage m; **hier macht die Straße e-e scharfe ~** ici il y a un virage serré; **in der ~** dans le virage **2** MATH, STATISTIK courbe f **3** umg pl **~n** rondeurs fpl
kurz A ADJ **1** räumlich court **2** zeitlich court; Begegnung, Aussprache bref; **in ~er Zeit** en peu de temps; **vor Kurzem** il y a peu de temps; récemment B ADV brièvement; **~ vorher** peu de temps

avant; **~ darauf, danach** peu après; **~ hinter Paris** un peu après Paris; **~ und bündig** sans détour; **~** (**und gut**) bref, en un mot; umg **~ und schmerzlos** sans histoires; fig **~ angebunden sein** se montrer brusque, sec; **bei etw zu ~ kommen** ne pas avoir son compte de qc
Kurzarbeit F chômage partiel **kurzarbeiten** VI être en chômage partiel **Kurzarbeiter** M chômeur partiel
kurzärm(e)lig ADJ à manches courtes
Kürze F zeitlich brièveté f; **in ~** sous peu
Kürzel N STENOGRAFIE signe m; (≈ Abkürzung) abréviation f
kürzen VT **1** Kleid, Text raccourcir (**um** de); Text a. abréger; Ausgaben, Löhne réduire, diminuer (de) **2** MATH simplifier
kürzer ADJ & ADV plus court; **~ machen** raccourcir; **den Kürzeren ziehen** tirer le mauvais numéro; → kürzertreten **kürzertreten** VI (≈ sparen) réduire ses dépenses; (≈ sich schonen) se ménager
Kurzfassung F version abrégée
kurzfristig ADJ & ADV à court terme
Kurzgeschichte F nouvelle f
kürzlich ADV récemment
Kurzschluss M ELEK court-circuit m
kurzsichtig ADJ MED myope; fig Person, Politik imprévoyant **Kurzsichtigkeit** F MED myopie f; fig imprévoyance f
Kürzung F e-s Kleids, Texts raccourcissement m; der Ausgaben réduction f; diminution f
Kurzwahl F TEL composition f rapide
Kurzzeitgedächtnis N mémoire f à court terme
kusch(e)lig ADJ Stoff douillet; Kissen, Wolle moelleux **kuscheln** A VI se blottir l'un contre l'autre B VR **sich ~** se blottir (**an** + akk contre), (**in** + akk dans) **Kuscheltier** N (animal m en) peluche f
kuschen VI umg fig (**vor j-m**) **~** umg s'écraser (devant qn)
Kusine → Cousine
Kuss M **1** e-r Jüngling; **j-m e-n ~ geben** donner un baiser à qn; embrasser qn **Küsschen** N umg bise f **küssen** A VT embrasser; **j-m die Hand ~** baiser la main de qn B VR **sich ~** s'embrasser
Küste F Ufer côte f
Kutsche F offene calèche f; prächtige

carrosse m; HIST diligence f **Kutscher** M cocher m
Kutte F froc m
Kutteln FPL GASTR tripes fpl
Kutter M SCHIFF cotre m; (≈ *Fischkutter*) chalutier m
Kuvert N enveloppe f
Kuvertüre F GASTR couverture f
Kuwait N le Koweït

L

L, l N L, l m
labern umg pej **A** VT dummes Zeug ~ débiter des âneries **B** VI umg jacter
Labor N laboratoire m
Labyrinth N beide, a. fig labyrinthe m, dédale m
Lachanfall M (crise f de) fou rire
lächeln VI sourire (**über** + akk de) **Lächeln** N sourire m
lachen VT Tränen ~ rire aux larmes; er hat nichts zu ~ pour lui la vie est dure; umg **das wäre doch gelacht, wenn … ung** ce serait la meilleure, si … **B** VI rire (**über** + akk de); umg **dass ich nicht lache!** laissez-moi rire!; **du hast gut** ~ tu peux rire **Lachen** N rire m; **in lautes** ~ **ausbrechen** éclater de rire
lächerlich ADJ ridicule; **sich** ~ **machen** se rendre ridicule; **j-n** ~ **machen** tourner qn en ridicule; **etw ins Lächerliche ziehen** tourner qc en ridicule
Lachkrampf M fou rire
Lachs M saumon m
Lack M farbloser vernis m; farbiger laque f; (≈ *Autolack*) peinture f **lackieren** VT laquer; Holz vernir; Auto peindre; **sich** dat **die Nägel** ~ se vernir les ongles
Lackschuhe MPL chaussures vernies
laden VT **1** MIL, ELEK, IT charger **2** (≈ *beladen*) charger; Waren charger (**auf** + akk sur)
Laden M **1** boutique f; größerer magasin m **2** fig umg **den** ~ **dichtmachen** umg fermer boutique **3** (≈ *Fensterladen*) volet m **Ladendiebstahl** M vol m à l'étalage **Ladenpreis** M prix m de vente **Ladenschluss** M fermeture f des magasins
Ladestation F ELEK, AUTO station f de recharge
Ladung F **1** (≈ *Fracht*) charge f; (≈ *Wagenladung*) chargement m; e-s Schiffes cargaison f **2** e-r Feuerwaffe, a. ELEK charge f **3** umg (≈ *Menge*) tas m
lag → **liegen**
Lage F **1** räumlich, a. fig situation f; position f; e-s Gebäudes exposition f; **in der** ~ **sein, zu** (+ inf) être en mesure de (+ inf) **2** SCHWIMMSPORT **4x100 m** ~**n** 4x100 m quatre nages **3** (≈ *Schicht*) couche f **Lageplan** M plan m topographique
Lager N **1** MIL, POL, a. fig camp m **2** (≈ *Warenlager*) magasin m; dépôt m; **auf** ~ **haben** avoir en stock; umg fig **etw auf** ~ **haben** avoir qc en réserve **3** TECH coussinet m
Lagerbestand M stock m **Lagerfeuer** N feu m de camp **Lagerhalle** F entrepôt m **Lagerhaltung** F stockage m
lagern **A** VT **1** (≈ *hinlegen*) coucher **2** Waren emmagasiner; stocker **B** VI **1** Waren être en magasin **2** (≈ *kampieren*) camper
lahm ADJ **1** (≈ *gelähmt*) paralysé **2** umg (≈ *energielos*) mou; umg gnangnan; (≈ *langweilig*) barbant **lähmen** VT **1** MED paralyser **2** fig paralyser **lahmlegen** VT paralyser **Lähmung** F MED, a. fig paralysie f
Laib M **Brot** miche f de pain; ~ **Käse** meule f de fromage **Laiberl** österr N **1** Brot **ein** ~ **Brot** un pain **2** Fleisch pâté m de viande rond
Laie M **1** REL laïque od laïc m **2** (≈ *Uneingeweihter*) profane m
Laken N drap m de lit
Lakritze F réglisse f
laktosefrei ADJ Lebensmittel sans lactose **Laktoseunverträglichkeit** F, **Laktoseintoleranz** F intolérance f au lactose
lallen VT & VI balbutier
lamentieren umg pej VI se lamenter
Lametta N lamelles fpl d'argent bzw. d'or
Lamm N agneau m **lammfromm**

Lammkeule F̄ gigot m d'agneau **Lammkotelett** N̄ côte(lette) f d'agneau
Lampe F̄ lampe f **Lampenfieber** umg N̄ trac m; **~ haben** umg avoir le trac
Lampion M̄ lampion m
Land N̄ **1** (≈ Festland) terre f; **an ~ gehen** débarquer; umg fig **sich auf etw an ~ ziehen** umg décrocher qc; **(wieder) ~ sehen** arriver au bout du tunnel **2** (≈ Boden) terre f; sol m **3** (≈ Grundstück) terre f; terrain m **4** (≈ Gegensatz zur Stadt) campagne f; **auf dem ~ wohnen**, österr **am ~ wohnen** habiter (à) la campagne **5** POL pays m; (≈ Bundesland) land m
Landbrot N̄ pain m de campagne
Landebahn F̄ piste f d'atterrissage
Landeerlaubnis F̄ permission f d'atterrir
landen A V̄T **1** FLUG poser **2** umg **e-n Treffer ~** réussir un coup B V̄I **1** FLUG atterrir (**auf** + dat sur) **2** umg fig Person, Brief atterrir umg
Länderspiel N̄ FUSSBALL match international
Landesgrenze F̄ frontière nationale
Landeskunde F̄ géographie f et civilisation f d'un pays **Landesregierung** F̄ BRD gouvernement m du land
Landfriedensbruch M̄ troubles apportés à l'ordre public **Landkarte** F̄ carte f (géographique) **Landkreis** M̄ ADMIN etwa district m
ländlich ADJ rural; de la campagne
Landschaft F̄ a. fig paysage m **Landschaftspflege** F̄ conservation f et aménagement m des espaces naturels
Landstraße F̄ route départementale
Landstreicher(in) M(F) vagabond(e) m(f)
Landung F̄ **1** FLUG atterrissage m **2** SCHIFF accostage m
Landwirt M̄ agriculteur m **Landwirtschaft** F̄ agriculture f **landwirtschaftlich** ADJ agricole
Landzunge F̄ langue f de terre
lang A ADJ **1** räumlich long; **20 Meter ~** long de 20 mètres; **gleich ~ sein** être de la même longueur; fig **~ und breit** en long et en large **2** zeitlich **~e Zeit** longtemps B ADV **1** (≈ entlang) le long de;

hier ~! par ici! **2** longtemps; **ein Jahr ~** pendant une année; **den ganzen Tag ~** toute la journée
langärm(e)lig ADJ à manches longues
lange ADV **1** zeitlich longtemps; **wie ~ (noch)?** combien de temps?; **~ sind Sie schon hier?** depuis quand êtes-vous ici?; **er braucht ~ um zu** (+ inf) il est long, lent à (+ inf); **so ~, wie ...** tant que ...; **er ist noch ~ nicht fertig** il est loin d'avoir terminé; **zum Ausgehen** il est loin d'être prêt **2** (≈ bei Weitem) **das ist (noch) ~ nicht alles** (et) ce n'est pas tout
Länge F̄ **1** räumlich longueur f; long m; **e-e ~ von drei Metern haben** avoir trois mètres de long; **der ~ nach** en longueur; dans le sens de la longueur **2** zeitlich durée f; **sich in die ~ ziehen** traîner en longueur
langen umg A V̄T **j-m e-e ~** umg flanquer une gifle à qn B V̄I **1** (≈ ausreichen) suffire (**für** pour); **das langt bis morgen** Vorrat avec ça on ira, tiendra jusqu'à demain; **jetzt langt es mir aber!** j'en ai assez maintenant! **2** greifen **nach dem Salz**, etc **~** prendre le sel, etc; **sie langte in die Tasche** elle porta la main à la poche
Längengrad M̄ degré m de longitude
Längenmaß N̄ mesure f de longueur
länger ADJ & ADV **1** räumlich plus long; **~ machen** allonger; MODE rallonger; **~ werden** s'allonger **2** zeitlich plus longtemps; **~e Zeit** quelque temps; **ein Tag ~** un jour de plus
Lang(e)weile F̄ ennui m; **~ haben** s'ennuyer
langfristig ADJ & ADV à long terme
Langlauf M̄ ski m de fond
länglich ADJ allongé; oblong
längs A PRÄP le long de B ADV dans le sens de la longueur
langsam A ADJ **1** lent; **~er werden** ralentir; (≈ sich verlangsamen) se ralentir **2** (≈ allmählich) graduel B ADV **1** lentement; **~ aber sicher** lentement mais sûrement; **immer ~!** doucement! **2** (≈ allmählich) petit à petit
Langschläfer(in) M(F) lève-tard m/f
längst ADV **1** (≈ schon lange) depuis longtemps **2** (≈ bei Weitem) **er ist ~ nicht so klug wie ...** il est loin d'être

aussi intelligent que …
Langstreckenflug M vol m long-courrier **Langstreckenlauf** M course f de fond **Langstreckenläufer(in)** M(F) coureur, -euse m,f de fond
langweilen V/T (& V/R) (sich) ~ (s')ennuyer **langweilig** ADJ ennuyeux; **mir ist es ~** je m'ennuie
Langzeitarbeitslosigkeit F chômage m de longue durée
Lappen M (≈ Wischlappen) chiffon m; umg fig **das ist mir durch die ~ gegangen** umg cela m'est passé sous le nez
läppern umg V/R **das läppert sich** umg cela finit par faire
läppisch umg ADJ ridicule
Laptop M (ordinateur m) portable m
Lärm M bruit m; (≈ Krach) tapage m **Lärmbekämpfung** F lutte f contre le bruit **Lärmbelästigung** F pollution f sonore **Lärmschutz** M protection f contre le bruit **Lärmschutzwall** M, **Lärmschutzwand** F mur m antibruit
Larve F 1 ZOOL larve f 2 (≈ Maske) masque m
las → lesen
Lasagne PL GASTR lasagnes fpl
lasch A ADJ 1 (≈ kraftlos) mou 2 (≈ wirkungslos) inefficace 3 (≈ nicht streng) laxiste B ADV handhaben etc avec laxisme
Lasche F an Schuhen languette f
Laser M laser m **Laserdruck** M IT impression f laser **Laserdrucker** M IT imprimante f laser **Lasershow** F spectacle m laser **Laserstrahl** M rayon m laser
lassen A V/AUX 1 (≈ zulassen) laisser; **j-n etw tun ~** laisser faire qc à qn 2 (≈ veranlassen) faire; **j-n etw tun ~** faire faire qc à qn; **den Arzt holen ~** envoyer chercher le médecin; **ich lasse ihn grüßen** saluez-le de ma part 3 **lass, lasst uns gehen!** partons! B V/T 1 (≈ überlassen) **j-m etw ~** laisser, céder qc à qn 2 (≈ unterlassen) ne pas faire; renoncer à; **lass das!** arrête! 3 an e-n Ort laisser aller; **j-n ins Haus ~** laisser entrer qn C V/R **Stoff lässt sich gut waschen ~** se laver bien; être facile à laver; **das lässt sich nicht beschreiben** c'est indescriptible
lässig A ADJ umg cool; (≈ unbekümmert) a. nonchalant; Kleidung a. décontracté B ADV 1 avec nonchalance, désinvolture 2 umg (≈ mühelos) facilement
Last F 1 (≈ Traglast) charge f; fig poids m; **j-m zur ~ fallen** être à charge à qn; HANDEL **zu j-s ~en** au débit de qn 2 **~en** (≈ Abgaben) charges publiques
Laster¹ umg M → Lastwagen
Laster² N (≈ schlechte Neigung) vice m
lästern V/I **über j-n ~** médire de qn; dénigrer qn
lästig ADJ (≈ aufdringlich) importun; (≈ unangenehm) ennuyeux; (≈ unbequem) gênant; (≈ störend) fatigant; **j-m ~ werden, fallen** importuner qn
Last-Minute-Angebot N offre f de dernière minute **Last-Minute-Flug** M vol m de dernière minute **Last-Minute-Reise** voyage m de dernière minute **Last-Minute-Urlaub** M vacances fpl de dernière minute
Lastschrift F FIN note f de débit
Lastwagen M camion m; poids lourd
Latein N le latin; **~ lernen** apprendre le latin; fig **mit s-m ~ am Ende sein** ne plus savoir quoi faire; y perdre son latin **Lateinamerika** N l'Amérique latine **lateinisch** ADJ latin
Laterne F (≈ Straßenlaterne) réverbère m; (≈ Handlaterne) lanterne f
latschen umg V/I marcher; (≈ schlendern) se balader umg, déambuler
Latte F (≈ Holzstange) latte f; SPORT barre f; umg fig **lange ~** umg asperge f
Latte macchiato M (latte m) macchiato m
Latz M 1 e-r Schürze, für Kinder bavette f 2 (≈ Hosenlatz) pont m (de pantalon) **Latzhose** F modische, (≈ Kinderlatzhose) salopette f
lau ADJ tiède a. fig, attiédi; Luft, Wetter doux
Laub N feuillage m; feuilles fpl **Laubbaum** M (arbre m) feuillu m
Lauch M poireau m
Lauer umg F **auf der ~ sein, liegen** être aux aguets
Lauf M 1 (≈ Laufen), a. SPORT course f 2 fig (≈ Fortgang) cours m; **im ~e der Zeit** avec le temps; **im ~e des Monats** dans le courant du mois 3 (≈ Flusslauf) cours m 4 e-s Gewehrs canon m
Laufbahn F carrière f

laufen A V/T *Strecke* faire, parcourir (**in e-r Stunde** en une heure); SPORT courir B V/I 1 (≈ *rennen*) courir; (≈ *gehen*) aller (à pied) 2 *umg* **die Sache ist gelaufen** l'affaire est décidée 3 (≈ *gültig sein*) être valable, valide 4 *Rad* tourner; *Maschine, Motor* fonctionner; marcher; *umg* **das Geschäft läuft gut, schlecht** les affaires vont bien, mal 5 *Film* passer; *Verhandlungen* être en cours 6 (≈ *fließen*) couler

laufend A ADJ *Jahr, Monat, Geschäfte, Ausgaben* courant; *Arbeiten, Untersuchung* en cours; **~e Nummer** numéro m de série; **auf dem Laufenden sein** être au courant; **j-n** (*über etw akk*) **auf dem Laufenden halten** tenir qn au courant (de qc) B ADV régulièrement

Läufer M 1 SPORT coureur m 2 SCHACH fou m 3 (≈ *schmaler Teppich*) tapis m

Laufmasche F maille filée, qui file

Laufwerk N TECH *der Uhr* mécanisme m; IT lecteur m **Laufzeit** F FIN, JUR durée f (de validité); **ein Kredit mit dreimonatiger ~** un crédit de 3 mois

Lauge F 1 CHEM solution alcaline f 2 *für die Wäsche* lessive f

Laune F 1 (≈ *Stimmung*) humeur f; (≈ *Einfall*) caprice m; **(bei) guter, schlechter ~ sein, gute, schlechte ~ haben** être de bonne, mauvaise humeur **launenhaft** ADJ capricieux; *Mensch a.* lunatique

Laus F pou m

lauschen V/I 1 (≈ *zuhören*) écouter 2 (≈ *horchen*) être aux écoutes

laut[1] A ADJ *Stimme, Musik* fort; *Geräusch, Kind* bruyant B ADV °haut; (≈ *geräuschvoll*) bruyamment; **~ singen/lesen** chanter/lire à voix °haute; **~ sprechen** *a.* parler °haut

laut[2] PRÄP d'après

Laut M son m

lauten V/I être; **wie lautet die Antwort?** quelle est la réponse?

läuten V/T, V/I, V/UNPERS sonner; **es, j-d läutet an der Tür** on sonne; *fig* **ich habe ~ hören, dass ...** j'ai entendu dire que ...

lauter ADV (≈ *nichts als, nur*) ne ... que; rien que; **das sind ~ Lügen** il n'y a que des mensonges; (≈ *viele*) **hier sind ~ Bücher/Papiere** ici, c'est plein de livres/de papiers

lautlos ADJ silencieux

Lautschrift F transcription f phonétique **Lautsprecher** M °haut-parleur m **Lautsprecherbox** F baffle m **Lautstärke** F volume m (sonore); **mit voller ~** *Radio* à plein volume

lauwarm ADJ → **lau**

Lava F lave f

Lavendel M lavande f

Lawine F avalanche f

leasen V/T acheter en crédit-bail, en leasing

leben V/I 1 vivre; (≈ *am Leben sein*) être en vie; **leb(e) wohl!** adieu!; **es lebe die Freiheit!** vive la liberté! 2 (≈ *wohnen*) vivre; **er lebt in Paris** (*dat*) il vit à Paris

Leben N 1 vie f; **sich** (*dat*) **das ~ nehmen** mettre fin à ses jours; **j-n das ~ kosten** coûter la vie à qn; **j-m das ~ retten** sauver la vie à qn; **am ~ sein** être en vie; **keiner blieb am ~** aucun n'a survécu; **ums ~ kommen** trouver la mort (**bei e-m Unfall** dans un accident); *umg* **nie im ~!** jamais de la vie!; **mein ganzes ~ lang** toute ma vie 2 (≈ *Lebhaftigkeit*) vie f; **~ in etw** (*akk*) **bringen** animer qc

lebendig ADJ & ADV vivant; vif

Lebenserwartung F espérance f de vie **Lebensfreude** F joie f de vivre **Lebensgefahr** F danger m de mort; **für j-n besteht ~** qn est en danger de mort **lebensgefährlich** ADJ très dangereux **Lebensgefährte** M compagnon m **lebenslänglich** ADJ JUR à perpétuité **Lebenslauf** M schriftlicher curriculum vitae m; CV m **Lebensmittel** NPL aliments mpl **Lebensmittelgeschäft** N épicerie f; (magasin m d') alimentation f

lebensmüde ADJ dégoûté de la vie **Lebensqualität** F qualité f de la vie **Lebensstandard** M niveau m de vie **Lebensstil** M style m, genre m de vie **Lebensunterhalt** M subsistance f; **s-n ~ verdienen** gagner sa vie **lebenswichtig** ADJ vital

Leber F *a.* GASTR foie m **Leberfleck** M grain m de beauté; MED nævus m **Leberwurst** F pâté m de foie (*sous forme de saucisson*)

Lebewesen N être vivant; BIOL orga-

nisme *m*
lebhaft ADJ *Diskussion, Fantasie, Beifall, Farbe etc* vif; *Kind* vivant; *Unterhaltung, Streit* animé; *Verkehr* intense
Lebkuchen M pain *m* d'épice
Leck N *e-s Behälters* fuite *f*; *e-s Schiffs* voie *f* d'eau
lecken VT & VI *mit der Zunge* lécher
lecker ADJ délicieux
Leder N cuir *m*
ledig ADJ (≈ *unverheiratet*) célibataire
leer A ADJ 1 vide; *Blatt, Seite* blanc; *umg* ~ **machen** vider B *fig Worte* creux; *Versprechungen* vain B ADV ~ **ausgehen** rester les mains vides; ~ **stehen** être vide; ~ **stehend** *adjt Zimmer, Haus* inoccupé **Leere** F *a. fig* vide *m* **leeren** A VT vider; **den Briefkasten** ~ faire la levée B VR **sich** ~ se vider **Leerlauf** M 1 *Auto* point mort 2 *fig* passage *m* à vide **Leerung** F vidage *m*; *des Briefkastens* levée *f*
legal ADJ légal
Legastheniker(in) M(F) dyslexique *m/f*
legen A VT mettre; poser; placer; *Leitung, Rohre, Fußboden* poser; *Eier* pondre; **etw an s-n Platz** ~ remettre qc à sa place B VR **sich** ~ *Person* se coucher; s'étendre; *Wind* tomber; *Zorn* se calmer; **sich ins Bett, sich schlafen** ~ (aller) se coucher
Legende F légende *f*
Leggings PL caleçon *m*
Legierung F alliage *m*
Legislative F pouvoir législatif
legitim ADJ légitime
Lehm M (terre *f*) glaise *f*
Lehne F (≈ *Rückenlehne*) dossier *m*; (≈ *Seitenlehne*) bras *m*
lehnen A VT appuyer (**an etw** *akk* **gegen etw** contre qc) B VI & VR **an etw** (*dat*) ~, **sich an etw** (*akk*) ~ s'appuyer contre qc; **sich aus dem Fenster** ~ se pencher par la fenêtre
Lehrbuch N manuel *m*
Lehre F 1 (≈ *Lehrmeinung*) doctrine *f*; théorie *f* 2 (≈ *Belehrung*) leçon *f*; **lassen Sie sich das e-e** ~ **sein!** que cela vous serve de leçon! 3 (≈ *Lehrzeit*) apprentissage *m*; **in die** ~ **gehen** faire un, son apprentissage
Lehrer(in) M(F) enseignant(e) *m(f)*; (≈ *Gymnasiallehrer*) professeur *m/f*; (≈ *Grundschullehrer*) instituteur, -trice *m,f*
Lehrerzimmer N salle *f* des professeurs
Lehrgang M cours *m* **Lehrling** M apprenti(e) *m(f)* **Lehrplan** M programme *m* scolaire **Lehrstelle** F place *f* d'apprenti
Leib *geh* M (≈ *Körper*) corps *m*; **etw am eigenen** ~ **erfahren, spüren** apprendre qc à ses dépens; **mit** ~ **und Seele** corps et âme
Leibgericht N plat préféré **Leibwächter** M garde *m* du corps
Leiche F cadavre *m*; corps *m*; *fig* **über j-s** ~ **gehen** passer sur le corps de qn; *umg* **nur über meine** ~! *umg* tant que je serai vivant, il n'en est pas question!
leichenblass ADJ blême
leicht A ADJ 1 *im Gewicht, a. fig Speise, Schlag, Strafe, Fehler, Kleidung, a.* MED, METEO léger; ~**es Mädchen** fille légère 2 (≈ *einfach*) facile; ~ **zu** (+ *inf*) facile à (+ *inf*); **es ist ganz** ~ c'est tout simple B ADV légèrement; (≈ *einfach*) facilement; ~ **gekleidet** vêtu légèrement; ~ **verdaulich** digeste; ~ **verletzt** légèrement blessé; ~ **verständlich** facile à comprendre; **j-m etw** ~ **machen** faciliter qc à qn; **es sich** (*dat*) ~ **machen** ne pas se compliquer la vie; → **leichtfallen, leichtnehmen**
Leichtathlet(in) M(F) athlète *m/f*
Leichtathletik F athlétisme *m*
leichtfallen VI **es fällt mir leicht zu** (+ *inf*) il m'est facile de (+ *inf*); **das fällt ihm leicht** cela n'est pas difficile pour lui
Leichtfertigkeit F légèreté *f*; frivolité *f*
Leichtigkeit F facilité *f*; **mit** ~ facilement; aisément; °haut la main
leichtnehmen VT prendre à la légère; **nehmen Sie es leicht!** *umg* ne vous en faites pas!
Leichtsinn M 1 → **Leichtfertigkeit** 2 (≈ *Unvorsichtigkeit*) inconscience *f* **leichtsinnig** ADJ 1 (≈ *leichtfertig*) léger 2 (≈ *unvorsichtig*) inconscient
leid ADJ **ich bin es** ~ **zu** (+ *inf*) je suis las de (+ *inf*); → **leidtun**
Leid N (≈ *Kummer*) chagrin *m*; (≈ *Schmerz*) douleur *f*; **j-m sein** ~ **klagen** confier ses peines à qn; → **leidtun**
leiden A VT (≈ *gernhaben*) **j-n, etw** ~

können aimer (bien) qn, qc; **j-n, etw nicht ~ können** ne pas pouvoir souffrir qn, qc **B** VI souffrir (**an, unter** + dat de)
Leidenschaft F passion f **leidenschaftlich** **A** ADJ passionné **B** ADV **etw ~ gern tun** adorer faire qc
leider ADV malheureusement; °hélas; **~ muss ich Sie verlassen** il faut malheureusement que je vous quitte
leidtun **A** VI **das tut mir (sehr) leid** j'en suis (très) navré; **er tut mir leid** il me fait pitié; **je le plains** **B** V|UNPERS **es tut mir leid, dass ...** od **zu** (+ inf) je suis désolé que ... (+ subj) od de (+ inf); je regrette que ... (+ subj) od de (+ inf)
leihen VT **1** (≈ verleihen) prêter **2** (≈ entleihen) emprunter; (**sich** dat) **etw von j-m ~** emprunter qc à qn
Leine F corde f; für Hunde laisse f; Hund **an der ~ führen** tenir en laisse
Leinen N lin m; Gewebe toile f
Leinwand F **1** Gewebe, a. MAL toile f **2** (≈ Kinoleinwand) écran m
leise **A** ADJ (≈ kaum hörbar) bas; Musik doux; Geräusch, a. fig Zweifel léger; **mit ~r Stimme** à voix basse **B** ADV bas; sagen a. à voix basse; sprechen a. doucement
leisten **A** VT **1** (≈ vollbringen) faire **2** (≈ liefern) produire; rendre **B** umg V|R **sich** (dat) **etw ~** (≈ gönnen) se payer, s'offrir qc; (≈ erlauben) se permettre qc
Leistung F **1** (≈ Geleistetes), a. SPORT performance f; (≈ Ergebnis) résultat m; SCHULE résultat m **2** e-s Unternehmens, Arbeiters, e-r Maschine rendement m; TECH puissance f **leistungsfähig** ADJ performant; Motor puissant **Leistungsträger** M moteur m, pilier m d'une équipe
Leitartikel M éditorial m
leiten VT **1** (≈ [hin]führen) conduire; **sich von etw ~ lassen** se laisser guider par qc **2** Amt, Unternehmen, Schule, Orchester diriger; Verhandlung présider **3** PHYS conduire
Leiter(in) M(F) e-s Unternehmens, e-r Schule directeur, -trice m,f; e-r Abteilung chef m; e-r Filiale gérant(e) m(f)
Leiter F a. fig échelle f
Leitlinie F auf Straßen ligne blanche; fig ligne directrice; POL **~n** pl orientations fpl **Leitplanke** F glissière f de sécurité
Leitung F **1** e-s Betriebs, Orchesters direction f; e-r Versammlung présidence f; Orchester **unter der ~ von** sous la direction de **2** für Wasser, Gas, a. ELEK conduite f **3** (≈ Strom-, Telefonleitung) ligne f; umg fig **e-e lange ~ haben** umg être dur à la détente
Leitungsnetz N für Gas, Wasser canalisation f; ELEK réseau m; TEL réseau m téléphonique
Leitungswasser N eau f du robinet
Lektion F leçon f
Lektüre F lecture f
lenken VT Auto conduire; Flugzeug piloter; **die Blicke auf sich** (akk) **~** être le point de mire **Lenker** M **1** (≈ Fahrer) conducteur m **2** am Fahrrad guidon m **Lenkrad** N volant m **Lenkstange** F guidon m **Lenkung** F e-s Autos direction f
Leopard M léopard m
Lepra F lèpre f
Lerche F alouette f
lernen VT & VI apprendre; für die Schule etc a. travailler; **lesen, Französisch, e-n Beruf ~** apprendre à lire, le français, un métier; **fig aus etw ~** tirer la leçon de qc
Lesbe umg F, **Lesbierin** F lesbienne f **lesbisch** ADJ lesbien
Lesebestätigung F IT confirmation f de lecture
Lesebuch N livre m de lecture
Lesegerät N IT lecteur m
lesen VT Text, a. IT lire **Leser(in)** M(F) lecteur, -trice m,f **Leserbrief** M **1** lettre f de lecteur **2** ~**e** Rubrik courrier m des lecteurs **Lese-Rechtschreib--Schwäche** F PSYCH, MED dyslexie f **leserlich** ADJ lisible **Lesezeichen** N signet m
Lette M, **Lettin** F Letton, -onne m,f **lettisch** ADJ letton **Lettland** N la Lettonie
letzte **A** ADJ dernier; (≈ vorig) passé; **~n Montag** lundi dernier; **in ~r Zeit** ces derniers temps **B** SUBST **der, die Letzte** le dernier, la dernière; **das Letzte** la dernière chose; la fin; **der Letzte des Monats** le dernier du mois
letztens ADV dernièrement; l'autre jour
leuchten VI Sonne luire; Licht, Augen, Gesicht briller (**vor Freude** dat de joie);

j-m ~ éclairer qn **leuchtend** ADJ lumineux; *Farben, a. fig* vif; éclatant
Leuchtfarbe F couleur phosphorescente, fluo(rescente) **Leuchtstift** M surligneur m **Leuchtturm** M phare m
leugnen VT nier; **es lässt sich nicht ~, dass ...** on ne peut nier que ... (+ ind)
Leukämie F leucémie f
Leute PL gens mpl bzw. fpl; **alle ~** tout le monde; tous les gens; **es waren viele ~ da** il y avait beaucoup de monde; **20 ~** 20 personnes; **die kleinen ~** les petites gens; *umg* **unter die ~ bringen** divulguer
Lexikon N dictionnaire m encyclopédique; (≈ *Konversationslexikon*) encyclopédie f
libanesisch ADJ libanais **Libanon** der ~ le Liban
Libelle F ZOOL libellule f
liberal ADJ libéral
Libero M libéro m
Libyen N la Libye
Licht N ▮ lumière f; (≈ *Helle*) clarté f; (≈ *Tageslicht*) jour m; ~ **machen, das ~ anmachen** faire de, allumer la lumière; **das ~ ausmachen** éteindre la lumière; **etw gegen das ~ halten** tenir qc à contre-jour ▮ *umg* **da ging mir ein ~ auf** tout à coup, j'ai vu clair; ça a fait tilt; **ans ~ kommen** éclater au grand jour
lichtempfindlich ADJ sensible **Lichtgeschwindigkeit** F vitesse f de la lumière **Lichtjahr** N année-lumière f **Lichtschalter** M interrupteur m **Lichtschutzfaktor** M indice m de protection (solaire)
Lichtung F clairière f
Lid N paupière f **Lidschatten** M ombre f, fard m à paupières
lieb ADJ (≈ *teuer*) cher; (≈ *geliebt*) chéri; (≈ *freundlich, artig*) gentil; *Brief* **Lieber Herr X, ...** Cher Monsieur, ...; **das ist ~ von dir!** c'est gentil de ta part; **es wäre mir ~, wenn ...** j'aimerais que ... (+ subj); **j-n, etw ~ gewinnen** s'attacher à qn, qc; **~ haben** (bien) aimer
Liebe F ▮ amour m (**zu j-m, etw** pour qn, de qc); (≈ *Zuneigung*) affection f; **in ~** affectueusement ▮ (≈ *geliebte Person*) amour m; **meine große ~** l'amour de ma vie
lieben A VT aimer; (≈ *mögen*) bien aimer; **j-n ~** *sexuell* faire l'amour avec qn; **es ~, etw zu tun** aimer faire qc B VR **sich ~** *sich selbst od einander* s'aimer; *sexuell* faire l'amour
liebenswert ADJ charmant **liebenswürdig** ADJ aimable
lieber ADV plus volontiers; (≈ *eher*) plutôt; **ich trinke ~ Wein als Bier** j'aime mieux le vin que la bière; je préfère le vin à la bière; **das ist mir ~** j'aime mieux cela; **bleiben wir ~ hier!** restons plutôt ici
Liebesbrief M lettre f d'amour **Liebeskummer** M chagrin m d'amour **Liebespaar** N couple m d'amoureux
liebevoll ADJ aimant
Liebhaber M ▮ (≈ *Geliebter*) amant m ▮ *e-r Sache* amateur m
Liebling M ▮ préféré(e) m(f) ▮ *Kosename* chéri(e) m(f)
liebste A ADJ favori/-ite, préféré; **meine ~ CD** mon disque préféré B ADV **das mag ich am ~n** c'est ce que je préfère; **am ~n würde ich** (+ *inf*) je préférerais (+ *inf*)
Liechtenstein N le Liechtenstein
Lied N chanson f; **davon kann ich ein ~ singen** je suis payé pour le savoir
lief → laufen
Lieferant M fournisseur m
liefern VT fournir; livrer
Lieferschein M bon m de livraison **Lieferung** F livraison f; **~ nach Hause** livraison f à domicile **Lieferwagen** M camionnette f
Liege F (≈ *Sofa*) divan m; (≈ *Gartenliege*) chaise longue
liegen VI ▮ (≈ *in der Horizontalen sein*) être couché ▮ (≈ *sich befinden*) se trouver; être; **es ~ viele Bücher auf dem Tisch** il y a beaucoup de livres sur la table; *fig* **die Entscheidung liegt bei ihm** c'est à lui de décider; **~ bleiben** *am Boden, im Bett* rester couché; *Arbeit* rester en suspens; *Schnee* tenir; (≈ *nicht verkauft werden*) ne pas se vendre; (≈ *nicht abgeholt werden*) rester en souffrance; **unterwegs ~ bleiben** *Auto* tomber en panne; **~ lassen** laisser; (≈ *vergessen*) oublier; *Arbeit* laisser qc de côté, laisser qc en plan *umg* ▮ (≈ *gelegen sein*) être situé; **Stadt am Fluss ~** être sur le fleuve; **das Zimmer liegt zur Straße** la chambre donne

sur la rue ▢4 (≈ *vorhanden sein*) **es liegt Schnee** il y a de la neige ▢5 (≈ *wichtig sein*) **mir liegt daran, dass ... od zu** (+ *inf*) ... je tiens à ce que ... (+ *subj*) *od* à (+ *inf*) ▢6 (≈ *zurückzuführen sein*) **an j-m, etw ~** tenir à qn, qc; **daran soll es nicht ~!** qu'à cela ne tienne!

Liegestuhl M̄ chaise longue **Liegestütz** M̄ traction *f* **Liegewagen** M̄ wagon-couchettes *m*

lieh → leihen

ließ → lassen

Lift M̄ ▢1 (≈ *Fahrstuhl*) ascenseur *m* ▢2 (≈ *Sessellift*) télésiège *m*; (≈ *Schlepplift*) téléski *m*

Liga F̄ ligue *f*; SPORT division *f*

Likör M̄ liqueur *f*

lila ADJ lilas; (≈ *dunkellila*) violet; (≈ *helllila*) mauve

Lilie F̄ lys *od* lis *m*

Liliputaner(in) M(F) lilliputien, -ienne *m,f*

Limit N̄ limite *f*

Limo *umg* F ABK, **Limonade** F̄ limonade *f*

Linde F̄ tilleul *m*

Lineal N̄ règle *f*

Linie F̄ ▢1 *a. Buslinie etc*, *a.* MIL, *a. fig* ligne *f*; *umg* **auf die (schlanke) ~ achten** surveiller sa ligne; *fig* **auf der ganzen ~** sur toute la ligne; *fig* **in erster, zweiter ~** en premier, second lieu

Linienflug M̄ vol régulier **Linienflugzeug** N̄, **Linienmaschine** F̄ avion *m* de ligne

Link M/N̄ lien *m*

Linke F̄ ▢1 (≈ *linke Seite, Hand*) gauche *f*; **zur ~n** à gauche ▢2 POL **die ~** la gauche

Linke(r) M(F)M POL homme *m*, femme *f* de gauche; *stärker* gauchiste *m/f*; **die ~n** les gens *mpl* de gauche **linke** ADJ *a. fig*, *a.* POL gauche; **auf der ~n Seite** à gauche

links ADV à gauche (**von** de); *von Stoffen* à l'envers; POL **~ stehen** être de gauche; *umg* **j-n ~ liegen lassen** ignorer qn

Linksaußen M̄ SPORT ailier *m* gauche **Linksextremismus** M̄ extrémisme *m* de gauche **Linkshänder(in)** M(F) gaucher, -ère *m,f* **Linkskurve** F̄ virage *m* à gauche **linksradikal** ADJ d'extrême gauche

Linse F̄ BOT, OPT lentille *f*; *des Auges*

cristallin *m*

Lipgloss M̄ KOSMETIK gloss *m*, brillant *m* à lèvres

Lippe F̄ lèvre *f* **Lippenstift** M̄ rouge *m* à lèvres

liquidieren V̄T HANDEL, *a. fig töten* liquider

lispeln V̄I zézayer

Lissabon N̄ Lisbonne

List F̄ ruse *f*; astuce *f*

Liste F̄ liste *f*

listig ADJ rusé

Litauen N̄ la Lituanie **litauisch** ADJ lituanien

Liter M/N̄ litre *m*; **ein ~ Wein** un litre de vin

Literatur F̄ littérature *f*

literweise ADV par litres; **sie trinkt ~ Milch** elle boit des litres de lait

Litfaßsäule F̄ colonne *f* Morris

Litschi F̄ BOT litchi *m*

litt → leiden

live ADV, ADJ TV, RADIO en direct **Livesendung** F̄ émission *f* en direct **Livestream** M̄ diffusion *f* en direct sur Internet

Lkw M ABK → Lastwagen

Lob N̄ éloge *m*; **für etw Lob ernten** recevoir des éloges pour qc

Lobby F̄ lobby *m*

loben V̄T faire des compliments à (**für etw** sur qc)

Loch N̄ ▢1 trou *m* ▢2 *umg* (≈ *Behausung*) taudis *m* ▢3 *umg* (≈ *Gefängnis*) trou *m umg*; *argot* taule *f* **lochen** V̄T *Fahrkarte, Schriftstück* perforer; poinçonner

Locher M̄ perforatrice *f* **löch(e)rig** ADJ troué

Locke F̄ boucle *f*

locken V̄T (≈ *ködern*) appâter *fig* (≈ *anlocken*) attirer; (≈ *verlocken*) séduire; tenter

locker ▢A ADJ ▢1 *Seil, Gewebe, Knoten* lâche; *Schraube* desserré; *Zahn* branlant; *Boden* meuble; **~ machen** → lockern; *Seil* **~ lassen** relâcher ▢2 *Person* décontracté ▢3 *fig Sitten* léger; *Moral, Disziplin* relâché ▢B ADV **etw ~ handhaben** manier qc de façon libérale

lockerlassen V̄I **nicht ~** insister

lockern V̄T *Zügel, Seil* relâcher; *Schraube, Knoten* desserrer; *Muskeln, a. fig Bestimmungen* assouplir

lockig ADJ bouclé
Löffel M **1** cuillère f; *Maßangabe* cuillerée f; **zwei ~ Zucker** deux cuillerées de sucre **2** *des Hasen, a. umg des Menschen* oreille f
log → **lügen**
Logik F logique f **logisch** A ADJ logique B ADV logiquement
Lohn M **1** (≈ *Arbeitslohn*) salaire m **2** (≈ *Belohnung*) récompense f
lohnen V/R **sich ~** (≈ *einträglich sein*) être payant; (≈ *der Mühe wert sein*) valoir la peine; *umg* valoir le coup
Lohnerhöhung F augmentation f de salaire **Lohnsteuer** F impôt m sur le(s) salaire(s) **Lohnsteuerjahresausgleich** M remboursement annuel du trop-perçu (fiscal) **Lohnsteuerkarte** F carte avec la catégorie d'imposition du contribuable salarié
Loipe F piste f de ski de fond
Lok F → **Lokomotive**
Lokal N restaurant m; café m
Lokalsender M RADIO radio locale; TV télévision (privée) locale
Lokomotive F locomotive f **Lokomotivführer** M mécanicien m
London N Londres
Lorbeer M laurier m; *fig* **~en ernten** cueillir des lauriers
los A ADJ & ADV **1** (≈ *ab*) détaché **2** *etw*, **j-n los sein** être débarrassé de qc, qn; **mein Geld bin ich los** (≈ *es ist weg*) j'en suis pour mon argent **3** **was ist los?** qu'est-ce qu'il y a?; qu'est-ce qui se passe?; **hier ist was los** (≈ *passiert was*) il se passe qc ici; (≈ *es sind viele Leute da*) il y a beaucoup de monde ici; **was ist denn mit dir los?** *umg* qu'est-ce qui t'arrive? B INT **los!** (≈ *ab*); allez!; **los, los!** (≈ *schnell, schnell*) vite, vite!; **auf die Plätze - fertig - los!** à vos marques - prêts! - partez!
Los N **1** (≈ *Losen*) sort m; **etw durchs Los entscheiden** tirer qc au sort **2** (≈ *Lotterielos*) billet m de loterie; *fig* **das große Los ziehen** gagner le gros lot **3** *geh* (≈ *Schicksal*) sort m; **ein schweres Los haben** avoir une vie difficile
losbinden V/T détacher
Löschblatt N (papier) buvard m
löschen V/T **1** *Licht, Feuer* éteindre **2** *Text, Eintrag, Tonband, a.* IT effacer
Löschpapier N (papier) buvard m **Löschtaste** F touche f d'effacement
lose A ADJ **1** ≈ *locker* **2** *Blätter* volant; *Ware* en vrac **3** *umg Sitten* léger B ADV **~ binden** nouer sans serrer
Lösegeld N rançon f
losen V/I (**um etw**) tirer (qc) au sort
lösen A V/T **1** (≈ *loslösen*) détacher; enlever **2** *Geschnürtes* défaire; *Bremse, Schraube* desserrer **3** *Aufgabe, Rätsel* résoudre **4** *Vertrag* résilier; *Verlobung* annuler **5** *Fahrkarte* prendre B V/R **1 sich ~** (≈ *sich loslösen*) se détacher (**von j-m** de qn) *a. fig* **2** (≈ *sich lockern*), *a. Bremse* se desserrer **3** CHEM se dissoudre (**in** + *dat* dans)
losfahren V/I (≈ *abfahren*) partir **losgehen** V/I **1** *umg* → **lösen 2** *Gewehr, Schuss* partir **3 auf j-n ~** foncer sur qn; (≈ *angreifen*) prendre qn à partie **4** *umg* (≈ *anfangen*) commencer **5** (≈ *weggehen*) partir; s'en aller **loslassen** V/T **1** *Gegenstand, Tier* lâcher **2** *umg pej* (≈ *ansetzen*) **j-n auf j-n, etw ~** lâcher qn sur qn, qc **loslegen** *umg* V/I commencer; démarrer **losmachen** V/T (& V/R) (**sich**) **~** (se) détacher **losreißen** A V/T arracher B V/R **sich ~** s'arracher (**von etw** à qc), (**von j-m** des bras de qn); *Tier* se détacher (de)
Lösung F **1** CHEM solution f **2** MATH, *a. fig e-s Rätsels* solution f (**für** de) **3** *e-s Vertrags* annulation f
loswerden V/T se débarrasser de
Lot N BAU fil m à plomb; SCHIFF sonde f; **das Lot fällen** abaisser la perpendiculaire
Lotion F lotion f
Lotse M SCHIFF, *a. fig* pilote m
Lotterie F loterie f
Lotto N loto m; **~ spielen** jouer au loto **Lottoschein** M bulletin m de loto **Lottozahlen** F/PL numéros gagnants
Löwe M lion m; ASTROL Lion m **Löwenzahn** M BOT pissenlit m **Löwin** F lionne f
Luchs M lynx m
Lücke F *beide, a. fig* lacune f, vide m; (≈ *Parklücke*) place f (de parking, pour se garer)
lud → **laden**
Luft F **1** air m; **in die ~ fliegen** sauter **2** (≈ *Atem*) souffle m; **(tief) ~ holen** res-

pirer (profondément); **keine ~ bekommen** étouffer; *umg* **(frische) ~ schnappen** prendre l'air, le frais [3] *fig* **aus der ~ gegriffen** fantaisiste; **es liegt etw in der ~** il y a qc qui se prépare; *umg* **die ~ ist rein** il n'y a pas de danger; *umg* **es ist dicke ~** il y a de l'orage dans l'air

Luftballon M̄ ballon m **luftdicht** ADJ hermétique **Luftdruck** M̄ PHYS pression f atmosphérique; *e-s Reifens* pression de gonflage

lüften V/T *Zimmer, Kleider* aérer; *fig Geheimnis* dévoiler

Luftfahrt F̄ navigation aérienne **Luftgewehr** N̄ carabine f à air comprimé **Luftkurort** M̄ station f climatique **Luftlinie 500 km** ~ 500 km à vol d'oiseau **Luftloch** N̄ FLUG trou m d'air **Luftmasche** F̄ maille f en l'air **Luftmatratze** F̄ matelas m pneumatique **Luftpost** F̄ poste aérienne; **mit, per ~** par avion **Luftpumpe** F̄ pompe f à air; *für Fahrrad* pompe f à vélo **Luftröhre** F̄ trachée(-artère) f **Luftsprung** M̄ saut m en l'air **Luftverschmutzung** F̄ pollution f atmosphérique, de l'air **Luftwaffe** F̄ armée f de l'air **Luftzug** M̄ courant m d'air

Lüge F̄ mensonge m

lügen V/I mentir; *umg* **er lügt wie gedruckt** il ment comme il respire **Lügner(in)** M(F) menteur, -euse m,f

Lumpen M̄ [1] (≈ *Lappen*) chiffon m [2] *pej* (≈ *zerlumpte Kleider*) guenilles *fpl*

Lunge F̄ poumon m (*oft pl*) **Lungenbraten** *österr* M̄ filet m de bœuf **Lungenentzündung** F̄ pneumonie f **Lungenkrebs** M̄ cancer m du poumon

Lupe F̄ loupe f; *umg fig* **unter die ~ nehmen** examiner sous toutes les coutures

lupfen *südd, schweiz, österr*, **lüpfen** V/T soulever

Lust F̄ [1] (≈ *Neigung*) envie f; **~ haben zu** (+ *inf*) avoir envie de (+ *inf*); **er hat zu nichts ~** rien ne le tente; **~ auf etw** (*akk*) **haben** avoir envie de qc [2] (≈ *Freude*) plaisir m [3] (≈ *sinnliche Begierde*) désir m

lustig ADJ [1] (≈ *fröhlich*) gai; joyeux [2] (≈ *komisch*) amusant; drôle [3] **sich über j-n, etw ~ machen** se moquer de qn, qc

lutschen V/T & V/I sucer (**an etw** *dat* qc)

Lutscher M̄ sucette f

Luxemburg N̄ *Staat* le Luxembourg; *Stadt* Luxembourg **Luxemburger(in)** M(F) Luxembourgeois(e) m(f) **luxemburgisch** ADJ luxembourgeois

luxuriös ADJ luxueux **Luxus** M̄ luxe m **Luxushotel** N̄ hôtel m de luxe

Luzern N̄ Lucerne

lynchen V/T lyncher

Lyrik F̄ poésie f (lyrique)

M

M, m N̄ M, m *m*

machbar ADJ réalisable; faisable

machen A V/T [1] (≈ *herstellen, erledigen, ausführen*) faire; *Komma, Punkt etc* mettre; **noch einmal ~** refaire; **sich** *dat* **etw ~ lassen** (se) faire faire qc; **was macht er?** *beruflich* que fait-il dans la vie?; (≈ *wie geht es ihm*) comment va-t-il?; *umg* **~ wir!** entendu!; d'accord!; *umg* **die (da ist) nicht zu ~** (il n'y a) rien à faire; **es so ~, dass ...** faire en sorte que ... (+ *subj*) [2] *mit adj* rendre; **j-n glücklich ~** rendre qn heureux [3] (≈ *ergeben*) **was** *od* **wie viel macht das?** combien cela fait-il?; *umg* ça fait combien?; **2 mal 2 macht 4** 2 fois 2 font 4 [4] (≈ *verursachen*) donner; **Durst ~** donner soif [5] *umg* (≈ *in Ordnung bringen*) **das Zimmer ~** faire la chambre [6] (≈ *schaden*) **das macht nichts!** cela ne fait rien! [7] *mit präp* **etw aus** *bzw.* **mit etw ~** faire qc de *bzw.* avec qc B V/I [1] faire; *umg* **lass mich nur ~** laisse-moi (donc) faire [2] *umg* (≈ *sich beeilen*) **ich muss ~, dass ich nach Hause komme** je dois me dépêcher de rentrer à la maison; **(nun) mach schon!** dépêche-toi! C V/R [1] *Person* **sich ~** *umg* (≈ *sich entwickeln*) progresser; **sich hübsch ~** se faire beau *bzw.* belle [2] *Sache* **sich gut ~** faire un bon effet; faire bien [3] *mit präp* **ich mache mir nichts daraus** (≈ *mag nicht gern*) je n'y tiens pas; (≈ *nehme es leicht*) ça m'est égal; *umg* **mach dir nichts draus!** ne t'en fais pas!

Macho *umg* M̄ macho *m*

Macht F̄ pouvoir *m*; *bes* POL, *a. fig* puissance *f*; *gesetzmäßige* autorité *f*; (≈ *Kraft*) force *f*; **an der ~ sein** être au pouvoir; **mit aller ~** de toute ma, ta, sa, *etc* force

Machthaber M̄ dirigeant *m*

mächtig A ADJ 1 *bes* POL puissant 2 (≈ *sehr groß*) immense; énorme B ADV *umg* (≈ *sehr*) vachement *umg*

Machtkampf M̄ lutte *f* pour le pouvoir **Machtprobe** F̄ épreuve *f* de force

Macke *umg* F̄ 1 (≈ *Tick*) tic *m* 2 (≈ *Fehler*) défaut *m*

Mädchen N̄ 1 fille *f* 2 *fig* **~ für alles** bonne *f* à tout faire **Mädchenname** M̄ 1 *Vorname* nom *m* de fille 2 *von verheirateten Frauen* nom *m* de jeune fille

Made F̄ asticot *m*; ver *m*

Mädel *umg* N̄ fille *f*

madigmachen *umg fig* VT **etw, j-n ~** *umg* dénigrer qc, qn

Mafia F̄ maf(f)ia *f*

mag → **mögen**

Magazin N̄ 1 (≈ *Lager*) dépôt *m* 2 *Zeitschrift*, *a.* TV, RADIO magazine *m* 3 *e-r Waffe*, *für Filme* magasin *m*

Magen M̄ estomac *m*; **auf nüchternen ~** à jeun; **schwer im ~ liegen** peser sur l'estomac; *a. fig* rester sur l'estomac; *umg* **diese Geschichte liegt mir im ~** je n'ai toujours pas digéré cette histoire; *umg* **mir knurrt der ~** *umg* j'ai des gargouillis dans l'estomac

Magenknurren N̄ gargouillement *m*; **~ haben** avoir l'estomac creux **Magenschmerzen** MPL maux *mpl* d'estomac; **~ haben** avoir mal à l'estomac

mager ADJ *a.* Kost, *a.* TYPO maigre; *fig Ergebnis* maigre *vorangestellt*

Magermilch F̄ lait écrémé **Magerquark** M̄ fromage blanc maigre **Magersucht** F̄ anorexie *f* **magersüchtig** ADJ anorexique

Magie F̄ magie *f* **magisch** ADJ magique

Magnet M̄ *a. fig* aimant *m* **magnetisch** ADJ *a. fig* magnétique

Mahagoni N̄ acajou *m*

mähen VT *Gras* faucher; *Rasen* tondre

mahlen VT moudre

Mahlzeit F̄ repas *m*; *umg* **~!** *umg* salut!

Mähne F̄ *a. fig* hum crinière *f*

mahnen VT 1 **j-n zu etw ~**, **j-n ~, etw zu tun** exhorter qn à qc, à faire qc; **j-n ~ etw** (*akk*), **wegen etw ~** rappeler qc à qn 2 HANDEL **j-n ~** adresser un rappel à qn **Mahnung** F̄ 1 (≈ *Ermahnung*) exhortation *f*; (≈ *Warnung*) avertissement *m* 2 (≈ *Erinnerung*) rappel *m*

Mai M̄ (mois *m* de) mai *m*; **der Erste Mai** le Premier mai; → Januar

Maiglöckchen N̄ BOT muguet *m*
Maikäfer M̄ °hanneton *m*

Mail F̄ IT mail *m* **Mailbox** F̄ IT boîte *f* aux lettres **mailen** A VT IT **j-m etw ~** envoyer qc à qn par e-mail B VT IT **j-m ~** envoyer un e-mail à qn **Mailserver** M̄ IT serveur *m* de messagerie (électronique)

Mais M̄ maïs *m* **Maiskolben** M̄ épi *m* de maïs

Majestät F̄ majesté *f*; *Anrede* (**Eure**) **~** Sire *bzw.* Madame

Majonäse → **Mayonnaise**

Majoran M̄ marjolaine *f*

mäkeln *pej* VI **an etw** (*dat*) **~** ergoter sur qc

Make-up N̄ maquillage *m*

Makkaroni PL macaronis *mpl*

Makler(in) M(F) courtier, -ière *m,f*; (≈ *Immobilienmakler*) agent immobilier

Makro N̄ IT macro *f*

Makrone F̄ GASTR macaron *m*

mal ADV 1 MATH fois *f*; **zwei mal fünf ist zehn** deux fois cinq (font) dix; *Fläche*, *Format* **fünf mal neun** cinq sur neuf 2 **nicht mal** même pas 3 **guck mal!** regarde!; **zeig mal (her)!** fais voir!; **mal sehen!** on verra

Mal[1] N̄ *zeitlich* fois *f*; **jedes Mal (, wenn)** chaque fois (que); **zum ersten, letzten Mal** pour la première, dernière fois; **mit e-m Mal** tout à *od* d'un coup

Mal[2] N̄ (= *Muttermal*) envie *f*, tache *f* de vin

malen VT & VI peindre (**auf +** *akk* sur) **Maler** M̄ (≈ *Anstreicher*) peintre *m*; *Künstler* (artiste *m*) peintre *m* **Malkasten** M̄ boîte *f* de couleurs

Mallorca N̄ (l'île *f* de) Majorque *f*

malnehmen VT & VI multiplier (**mit** avec)

Mama *umg* F maman f
mampfen *umg* VT & VI *umg* bouffer
man INDEF PR on; **man kann nie wissen** on ne sait jamais; **so etwas tut man nicht** ça ne se fait pas; GASTR **man nehme ...** prendre ...
Management N management m **managen** VT **1** *Sportler* être manager de; *Künstler* être (l')impresario de **2** (≈ *zustande bringen*) arranger; organiser; (≈ *bewältigen*) gérer **Manager(in)** M(F) manager m; *e-s Künstlers* impresario *od* impresario m
manch INDEF PR **A** ADJT plus d'un(e); **~e** *pl* nombre de; bien des; **~es Mal** bien des fois; **~er reiche Mann** plus d'un riche **B** SUBST **~e** (*Leute*) certains; quelques personnes; (**so**) **~es** bien des choses *fpl*
manchmal ADV quelquefois
Mandant(in) M(F) client(e) m(f)
Mandarine F mandarine f
Mandel F **1** BOT amande f **2** ANAT amygdale f
Mandelentzündung F amygdalite f
Mandelmilch F lait m d'amandes; GASTR *a.* orgeat m
Manege F piste f
Mangel[1] M **1** (≈ *Fehlen*) manque m (**an** + *dat* de); **aus ~ an Beweisen** par manque (*ou* en l'absence) de preuves **2** (≈ *Fehler*) défaut m
Mangel[2] F (≈ *Wäschemangel*) repasseuse f; *umg fig* **j-n in die ~ nehmen** *umg* cuisiner qn
mangelhaft ADJ **1** (≈ *fehlerhaft*) défectueux; (≈ *unzureichend*) insuffisant **2** *Schulnote* → **Fünf**
Mango F mangue f
Mangold M BOT b(l)ette f
Manier F **1** (≈ *Art u. Weise*) manière f **2** (≈ *Benehmen*) **~en** *pl* manières *fpl*; façons *fpl*
Manifest N manifeste m
Maniküre F *Pflege u. Person* manucure f
Manipulation F manipulation f **manipulieren** VT manipuler
Mann M **1** (≈ *Person männlichen Geschlechts*) homme m; **alter ~** vieillard m; vieux m; **schwarzer ~** (≈ *Kinderschreck*) croque-mitaine m; **s-n ~ stehen** faire ses preuves; **von ~ zu ~ d'homme**

à homme; *umg* (**mein lieber**) **~!** *umg* eh bien, mon vieux! **2** (≈ *Ehemann*) mari m **3** (≈ *Mensch*) homme m; **der ~ auf der Straße** l'homme de la rue; *umg* **an den ~ bringen** *Ware* placer; *Frau* caser *umg* **4** *Zählgröße, a.* SCHIFF tête f; **pro ~** par tête
Männchen N **1** (≈ *kleiner Mann*) petit homme; *gezeichnetes* bonhomme m **2** ZOOL mâle m **3** *Hund* **~ machen** faire le beau
Mannequin N mannequin m
männlich ADJ **1** BOT, ZOOL mâle **2** *Vorname, Wesen etc, a.* GRAM masculin
Mannschaft F **1** SPORT équipe f **2** FLUG, SCHIFF équipage m
Manöver N *a. fig* manœuvre f
Manschette F *am Hemd* manchette f
Mantel M *Kleidung* manteau m
Manteltarif M, **Manteltarifvertrag** M ARBEITSRECHT convention collective (*réglant les conditions de travail, la durée de travail, les congés, etc*)
Manuskript N manuscrit m; *e-r Rede etc* texte m
Mäppchen N (≈ *Schreibmäppchen*) trousse f (d'écolier)
Mappe F **1** (≈ *Aktenmappe*) serviette f; (≈ *Schulmappe*) cartable m; sac m (d'écolier) **2** (≈ *Sammelmappe*) chemise f
Maracuja F *Frucht* maracuja m
Marathon M, **Marathonlauf** M marathon m
Märchen N **1** conte m (de fées) **2** *fig* (≈ *Lüge*) histoire(s) f(pl) **Märchenprinz** M *a. fig* prince charmant
Marder M martre f
Margarine F margarine f
Margerite F BOT marguerite f
Marienkäfer M coccinelle f
Marille *österr* F abricot m
Marine F marine f
Marionette F *a. fig* marionnette f
Mark[1] F HIST *Währung* mark m
Mark[2] N ANAT, BOT moelle f; (≈ *Fruchtmark*) pulpe f; *Geräusch* **j-m durch ~ und Bein gehen** faire frissonner qn
Marke F **1** (≈ *Markierung*) marque f; repère m **2** (≈ *Briefmarke*) timbre(-poste) m; (≈ *Spielmarke*) jeton m; (≈ *Essensmarke*) ticket m **3** HANDEL marque f
Markenartikel M produit m de marque **Markenzeichen** N **1** HANDEL

marque f (de fabrique); griffe f **2** fig trait m caractéristique
Marketing N̄ marketing m
markieren V̄T̄ (≈ *kennzeichnen*) marquer
Markise F̄ store m
Markt M̄ marché m; (≈ *Jahrmarkt, Viehmarkt*) foire f; (≈ *Absatzmarkt*) débouché m; **der Gemeinsame ~** le Marché commun; **auf den ~ bringen** commercialiser; lancer
Marktplatz M̄ place f du marché
Marktwirtschaft F̄ économie f de marché; **freie ~** économie libérale
Marmelade F̄ confiture f
Marmor M̄ marbre m
Marokkaner(in) M̄(F̄) Marocain(e) m(f)
marokkanisch ADJ marocain **Marokko** N̄ le Maroc
Mars M̄ ASTRON (**der**) ~ Mars
Marsch M̄ MUS, MIL, a. fig marche f
marschieren V̄Ī marcher
Marsmensch M̄ Martien m
Martinsgans F̄ GASTR oie f de la Saint-Martin
Märtyrer(in) M̄(F̄) martyr(e) m(f)
Marxismus M̄ marxisme m **marxistisch** ADJ marxiste
März M̄ (mois m de) mars m
Marzipan N̄ pâte f d'amandes
Masche F̄ **1** (≈ *Schlinge*), a. fig maille f **2** umg (≈ *Trick*) combine f umg **3** **die neueste ~** la dernière mode
Maschine F̄ **1** machine f **2** (≈ *Schreibmaschine*) machine f (à écrire) **3** umg (≈ *Motorrad*) machine f umg; (≈ *Flugzeug*) appareil m **maschinell** ADJ mécanique
Maschinenbau M̄ construction f mécanique; *Lehrfach* mécanique f **Maschinengewehr** N̄ mitrailleuse f **Maschinenpistole** F̄ mitraillette f
Masern PL rougeole f
Maske F̄ **1** a. fig, a. MED masque m **2** THEAT maquillage m **3** IT grille f d'écran
maskieren V̄R̄ se masquer a. fig; (≈ *sich verkleiden*) se déguiser (**als** en)
Maskottchen N̄ mascotte f; porte-bonheur m
maskulin ADJ masculin
maß → messen
Maß[1] N̄ **1** (≈ *Maßeinheit, Größe*) mesure f; **Maß nehmen** prendre les mesures (**bei** de); **nach Maß** sur mesure; **das Maß ist voll!** la coupe est pleine! **2** **in gewissem/hohem Maß(e)** dans une certaine/large mesure; **in höchstem Maß(e)** au plus °haut degré **3** **Maß halten** → **maßhalten**
Maß[2] *südd, österr* F̄ (≈ *Liter*) litre m (de bière)
Massage F̄ massage m
Massaker N̄ massacre m
Masse F̄ **1** (≈ *formloser Stoff*) masse f; **undefinierbare ~** substance f indéfinissable **2** (≈ *Menge*) masse f, quantité f (**an** + dat), (**von** de) **3** (≈ *Menschenmasse*) foule f; **die breite ~** la masse **4** PHYS, ELEK, JUR masse f
Maßeinheit F̄ unité f de mesure
massenhaft ADJ & ADV en masse **Massenmedien** NPL mass media mpl
massenweise ADV en masse
Masseur(in) M̄(F̄) masseur, -euse m,f
maßgebend ADJ Faktor déterminant; (≈ *entscheidend*) décisif; *Person, Buch* qui fait autorité **maßgeblich** A ADJ décisif B ADV de manière décisive; **~ an etw** (dat) **beteiligt sein** jouer un rôle de premier plan dans qc
maßgeschneidert ADJT sur mesure; fig adapté
maßhalten V̄Ī garder la mesure; **im Essen ~** manger avec modération
massieren V̄T̄ a. MIL masser
mäßig ADJ **1** *Wind, Geschwindigkeit* modéré **2** (≈ *mittelmäßig*) médiocre
massiv A ADJ **1** *Metalle, Holz* massif **2** *Kritik, Drohung* violent; *Druck* énorme B ADV **~ gebaut** construit en dur
maßlos A ADJ extrême; *Übertreibung, Ansprüche* démesuré B ADV excessivement; **sie übertreibt ~** elle exagère terriblement
Maßnahme F̄ mesure f; **~n treffen, ergreifen** prendre des mesures **Maßstab** M̄ **1** (≈ *Norm*) norme f; critère m; **j-n, etw zum ~ nehmen** prendre qn, qc pour modèle **2** *auf Landkarten, a. fig* échelle f; **im ~ 1:100** à l'échelle de 1/100
Mast M̄ (≈ *Fahnenmast*), a. SCHIFF mât m; (≈ *Hochspannungsmast*) pylône m
Match N̄ match m **Matchball** M̄ balle f de match
Material N̄ **1** (≈ *Stoff*) matière f;

(≈ *Bau-, Werkstoff*) matériau(x) m(pl) (≈ *Ausrüstung*) matériel m ◳ (≈ *Unterlagen*) matériel m; matériaux mpl **Materialfehler** M défaut m technique
Materialismus M matérialisme m **materialistisch** ADJ matérialiste
materiell A ADJ *Hilfe, Vorteil* matériel B ADV ~ **eingestellt sein** être matérialiste
Mathe umg F umg maths fpl
Mathematik F mathématiques fpl
Matratze F matelas m
Matrose M a. MIL matelot m; marin m
Matsch umg M ◳ (≈ *breiige Masse*) bouillie f ◲ (≈ *Schlamm*) boue f ◳ (≈ *Schneematsch*) neige fondue, fondante
matschig umg ADJ ◳ (≈ *breiig*) en marmelade umg; *Frucht* blet ◲ (≈ *schlammig*) boueux
matt ADJ ◳ (≈ *erschöpft*) épuisé; (≈ *schwach*), *a. fig Lächeln etc* faible ◲ (≈ *glanzlos*) mat; (≈ *trübe*) terne; *Farben a.* pâle ◳ SCHACH mat; **j-n ~ setzen** faire qn mat
Matte F (≈ *Flechtwerk*) natte f; (≈ *Fußmatte, Strohmatte*) paillasson m; SPORT tapis m; umg fig **auf der ~ stehen** être à pied d'œuvre
Matterhorn das ~ le mont Cervin
Mattscheibe F TV petit écran
Matura österr, schweiz F baccalauréat m
Mauer F mur m a. geh fig; **die Chinesische ~** la Muraille de Chine **mauern** VT maçonner
Maul N ◳ *bei Tieren* gueule f ◲ sl (≈ *Mund*) gueule f umg; **halts ~!** umg (ferme) ta gueule!; umg fig ferme-le!
Maulkorb M muselière f **Maultier** N mulet m
Maulwurf M ZOOL, *a. fig* taupe f
Maulwurfshügel M taupinière f
Maurer M maçon m
Maus F ◳ ZOOL, *a.* IT souris f ◲ umg pl **Mäuse** (≈ *Geld*) fric m umg
mauscheln umg VT umg magouiller
mäuschenstill umg ADJ **es ist ~** on entendrait voler une mouche
Mausefalle F souricière f
Mausklick M IT clic m (de la souris); **per ~** en un clic de souris **Mauspad** N tapis m (de souris) **Maustaste** F bouton m (de souris); **linke, rechte ~**
bouton gauche, droit de la souris
Maut F, **Mautgebühr** bes österr F péage m **Mautstelle** bes österr F péage m **Mautstraße** bes österr F route f à péage
maximal A ADJ maximal B ADV au maximum **maximieren** VT maxim(al)iser
Mayonnaise F mayonnaise f
Mechaniker M mécanicien m **mechanisch** ADJ mécanique; *fig* machinal
Mechanismus M mécanisme m
Mechatronik F mécatronique f
meckern VI ◳ *Ziege* bêler ◲ umg fig (≈ *nörgeln*) râler umg
Mecklenburg-Vorpommern N le Mecklembourg-Poméranie occidentale
Medaille F médaille f
Medaillon N *a.* GASTR médaillon m
Medien PL → **Medium Medienkompetenz** F éducation f aux médias **Medienlandschaft** F paysage m médiatique **medienwirksam** ADJ médiatique
Medikament N médicament m (**gegen** contre)
Meditation F méditation f **meditieren** VI méditer (**über** + akk sur)
medium ADJ GASTR à point
Medium N ◳ média m; **elektronische Medien** médias électroniques ◲ ESOTERIK médium m
Medizin F ◳ (≈ *Heilkunde*) médecine f ◲ (≈ *Arznei*) médicament m (**gegen** contre) **Medizinball** M médecine-ball m **medizinisch** ADJ de médecine; (≈ *ärztlich*) médical
Meer N mer f; **am ~** au bord de la mer **Meerenge** F détroit m
Meeresfrüchte FPL fruits mpl de mer **Meereshöhe** F, **Meeresspiegel** M niveau m de la mer
Meerrettich M raifort m **Meerschweinchen** N cochon m d'Inde
Megabyte N méga-octet m
Megafon N mégaphone m
Mehl N farine f **mehlig** ADJ *a. Frucht* farineux; *Kartoffeln* ~ (**kochend**) (*advt*) farineux, à chair farineuse **Mehlschwitze** F GASTR roux m **Mehlspeise** F ◳ entremets m (à base de farine) ◲ österr entremets m sucré (à base de farine)

mehr Ⓐ INDEF PR ❶ plus; *vor subst* plus de; **etwas ~** un peu plus; **noch ~ (...)** encore plus (de ...); **~ oder weniger** plus ou moins ❷ *in Vergleichen* plus; *vor subst* plus de; **~ als zwanzig Euro** plus de vingt euros; **um so ~, als** d'autant plus que ❸ *nachgestellt* de plus; **fünf Euro ~** cinq euros de plus Ⓑ ADV ❶ (*= in größerem Maß, eher*) plus; davantage; **wenn Sie ~ darüber wissen wollen** si vous voulez en savoir davantage ❷ **nicht ~** ne ... plus; **nichts ~** (ne ...) plus rien

mehrere INDEF PR plusieurs (**von ihnen** d'entre eux); (*≈ verschiedene*) divers

Mehrfamilienhaus N̄ maison f où habitent plusieurs familles

Mehrheit F̄ majorité f; **in der ~ sein** être en majorité

mehrmals ADV plusieurs fois

Mehrparteiensystem N̄ pluripartisme m

mehrsprachig ADJ *Text* plurilingue; *Person* polyglotte **mehrstellig** ADJ *Zahl* à plusieurs chiffres **mehrstöckig** ADJ à plusieurs étages **mehrtägig** ADJ de plusieurs jours

Mehrwegflasche F̄ bouteille f consignée **Mehrwertsteuer** F̄ taxe f à la valeur ajoutée; TVA f **Mehrzahl** F̄ ❶ (*≈ Mehrheit*) la plupart ❷ GRAM pluriel m

meiden V̄T éviter; fuir

mein POSS PR Ⓐ ADJT mon *bzw.* ma; **~e** *pl* mes; **e-r ~er Freunde** (l')un de mes amis Ⓑ SUBST **das ist ~s** c'est à moi

Meineid M̄ parjure m; **e-n ~ leisten** faire un faux serment

meinen V̄T ❶ (*≈ denken*) penser; **~, dass ...** être d'avis que ... (+ ind); penser que ... (+ ind) ❷ (*≈ sagen wollen*) entendre, vouloir dire (**mit** par); **damit sind Sie gemeint** c'est à vous que cela s'adresse; **wie ~ Sie das?** que voulez-vous dire par là? ❸ (*≈ gesinnt sein*) **es gut mit j-m ~** vouloir du bien à qn; **ich habe es gut gemeint** je croyais bien faire ❹ (*≈ sagen*) dire

meinetwegen ADV ❶ (*≈ wegen mir*) à cause de moi ❷ (*≈ von mir aus*) quant à moi; **~!** soit!

Meinung F̄ opinion f; avis m; **meiner ~ nach** à mon avis; selon moi; **ich bin der ~, dass ...** je suis d'avis que ...; **j-m s-e** *od* **die ~ sagen** dire à qn ses quatre vérités; **s-e ~ ändern** changer d'avis; **j-s ~ sein** être de l'avis de qn

Meinungsaustausch M̄ échange m de vues **Meinungsforschung** F̄ sondage m d'opinion **Meinungsumfrage** F̄ sondage m d'opinion **Meinungsverschiedenheit** F̄ différend m; désaccord m

Meise F̄ mésange f; *umg fig* **e-e ~ haben** *umg* être dingue

meist ADV la plupart du temps; le plus souvent

meiste ADJ & INDEF PR la plupart de(s); **die ~n** la plupart; **das ~** le plus; **am ~n** le plus

meistens, **meistenteils** ADV → meist

Meister M̄ ❶ *im Handwerk* maître m; (*≈ Werkmeister*) contremaître m; *umg* **s-n ~ machen** passer son brevet de maîtrise ❷ SPORT champion m ❸ *fig* (*≈ Könner*) as m *umg*; *umg* champion m **Meisterprüfung** F̄ *im Handwerk* examen m de maîtrise **Meisterschaft** F̄ ❶ (*≈ Können*) maîtrise f ❷ SPORT championnat m

Melanzani *österr* PL aubergines fpl

Meldebehörde F̄ bureau m des déclarations

melden Ⓐ V̄T **j-m etw ~** annoncer qc à qn; rapporter qc à qn; *umg* **du hast hier nichts zu ~** tu n'as rien à dire dans cette affaire Ⓑ V̄R **sich ~** se présenter (**bei** chez); TEL répondre; SCHULE lever le doigt; (*≈ von sich hören lassen*) se manifester; **meldet euch mal wieder!** faites-nous *bzw.* faites-moi signe!

Meldepflicht F̄ déclaration f obligatoire

Meldung F̄ ❶ (*≈ Zeitungsmeldung, Radiomeldung*) information f; (*≈ Nachricht*) nouvelle f; *a.* IT message m ❷ (*≈ Anmeldung*) inscription f ❸ (*≈ Wortmeldung*) (demande f d')intervention f

melken V̄T traire

Melodie F̄ air m; mélodie f

Melone F̄ BOT melon m

Menge F̄ ❶ (*≈ Anzahl*) quantité f ❷ (*≈ Vielzahl*) masse f; *umg* tas m; **e-e ganze ~ ...** beaucoup de ...; *umg* **jede ~ ...** *umg* des masses de ... ❸ (*≈ Menschenmenge*) foule f ❹ MATH ensemble m

Mengenangabe F̄ indication f de

quantités
Meniskus M ménisque m
Mensa F restaurant m universitaire; umg resto U m
Mensch M *Gattung* homme m; être humain; *einzelner a.* individu m; *pl* **~en** gens mpl; **~en verachtend** inhumain; **jeder ~** chacun; tout le monde; **kein ~** personne; umg **~, das gibts doch nicht!** umg c'est pas vrai!
menschenleer ADJ désert
Menschenmenge F foule f **Menschenrechte** NPL droits mpl de l'homme **menschenscheu** ADJ peu sociable **Menschenseele** F **keine ~ da** il n'y avait pas âme qui vive; umg il n'y avait pas un chat **Menschenskind** umg INT **~(er)!** umg ça alors!; umg nom d'un chien, d'une pipe!
Menschenverstand M **der gesunde ~** le bon sens
Menschheit F humanité f
menschlich ADJ humain
Menstruation F MED règles fpl
Mentalität F mentalité f
Menü N GASTR, IT menu m
Merkblatt N notice f
merken A V/T *etw* **~** s'apercevoir de qc; remarquer qc; **er ließ mich ~, dass ...** il m'a fait sentir que ...; umg iron **du merkst aber auch alles!** umg tu as enfin pigé! B V/R **sich** (*dat*) *etw* **~** retenir qc
Merkmal N (= *Kennzeichen*) caractéristique f; **besondere ~e** signes particuliers
merkwürdig ADJ curieux; étrange
Messbecher M verre, gobelet gradué
Messdiener M KATH enfant m de chœur
Messe[1] F KATH, MUS messe f
Messe[2] F HANDEL foire f
Messegelände N parc m des expositions **Messehalle** F pavillon m (d'une exposition)
messen A V/T mesurer B V/I **er misst 1,80 m** il mesure 1,80 m
Messer N couteau m **Messerstich** M coup m de couteau
Messestand M stand m
Messgerät N instrument m de mesure
Messing N laiton m; cuivre m jaune
Messinstrument N → Messgerät
Messung F mesurage m

Metall N métal m
metallic ADJ métallisé
Metallindustrie F industrie f métallurgique
metallisch ADJ métallique
Metapher F métaphore f
Meteor N météore m
Meteorit M météorite m/f
Meter M/N mètre m; **vier ~ breit** quatre mètres de large **meterhoch** ADJ (de plus) d'un mètre de °haut **Metermaß** N mètre m
Methode F méthode f
Metro F métro m
Metzger M boucher m **Metzgerei** F boucherie f
Meuterei F mutinerie f **meutern** V/I se mutiner (**gegen** contre)
Mexikaner(in) M(F) Mexicain(e) m(f) **mexikanisch** ADJ mexicain **Mexiko** N *Land* le Mexique
miauen V/I miauler
mich PERS PR me *bzw.* m'; *unverbunden* moi
mick(e)rig umg ADJ 1 *Mensch fam* maigrichon/-onne 2 *Sache fam* riquiqui
mied → meiden
Miene F mine f; **ohne e-e ~ zu verziehen** sans broncher
mies umg ADJ umg minable; *Mensch* moche umg; **sich ~ fühlen** se sentir mal; → miesmachen **miesmachen** umg V/T **j-m etw ~** dégoûter qn de qc
Miete F (= *Wohnungsmiete*) loyer m **mieten** V/T louer **Mieter(in)** M(F) locataire m/f
Mietshaus N immeuble locatif
Mietvertrag M bail m; contrat m de location **Mietwagen** M voiture f de location **Mietwohnung** F appartement loué *bzw.* à louer
Mieze F umg (= *Katze*) minet, -ette m,f
Migräne F migraine f
Migrant(in) M(F) SOZIOLOGIE migrant(e) m(f); (= *Einwanderer, Einwanderin*) immigré(e) m(f)
Mikro umg N micro m
Mikrochip M IT puce f **Mikroelektronik** F micro-électronique f
Mikrofon N microphone m
Mikroskop N microscope m
Mikrowelle(nherd) M/F(M) (four m à) micro-ondes m

Milch F lait m **Milchflasche** F bouteille f à lait
milchig ADJ laiteux
Milchkaffee M café m au lait; *im Lokal a.* café m crème **Milchprodukte** NPL produits laitiers **Milchreis** M riz m au lait **Milchschokolade** F chocolat m au lait **Milchstraße** F ASTRON Voie lactée **Milchtüte** F brique f de lait
Milchzahn M dent f de lait
mild A ADJ 1 *Licht, Luft, Seife, Klima* doux; *Kaffee, Tabak* léger 2 *Worte, Kritik* peu sévère; *Strafe* léger B ADV ~ **gewürzt** peu épicé
mildern VT *Schmerz* adoucir; JUR **-de Umstände** mpl circonstances atténuantes
Milieu N *a.* BIOL, *a. fig* milieu m
Militär N armée f **Militärdienst** M service m (militaire) **Militärdiktatur** F dictature f militaire **militärisch** ADJ militaire
Milliardär(in) M(F) milliardaire m/f
Milliarde F milliard m
Milligramm N milligramme m **Milliliter** M/N millilitre m **Millimeter** M/N millimètre m
Million F million m **Millionär(in)** M(F) millionnaire m/f **Millionenstadt** F ville f d'un million *bzw.* de plusieurs millions d'habitants
Mimik F mimique f
Mimose F BOT mimosa m
Minderheit F minorité f **Minderheitsregierung** F gouvernement m de (la) minorité
minderjährig ADJ mineur **Minderjährige(r)** M(F(M)) mineur(e) m(f)
minderwertig ADJ inférieur; HANDEL de mauvaise qualité **Minderwertigkeitskomplex** M complexe m d'infériorité
Mindest... IN ZSSGN minimum **mindeste** ADJ le moindre; **das Mindeste** le moins **mindestens** ADV au moins; au minimum **Mindestlohn** M salaire m minimum
Mine F *Bleistiftmine, Kugelschreibermine, Bergwerk* MIL mine f
Mineral N *Stoff* minéral m **Mineralöl** N huile minérale **Mineralwasser** N eau minérale
Minigolf N golf m miniature

Minimum N minimum m (**an** + *dat* de)
Minirock M minijupe f
Minister(in) M(F) ministre m (**für** de) **Ministerium** N ministère m **Ministerrat** M conseil m des ministres
minus ADV moins
Minuspunkt M mauvais point **Minuszeichen** N signe m moins
Minute F minute f; **auf die** ~ à la minute; **in letzter** ~ à la dernière minute
mir PERS PR me *bzw.* m'; *nach präp* moi; *betont* à moi
mischen A VT 1 (= *vermischen*) mêler, mélanger (**mit** à, avec) 2 RADIO, TV mixer 3 *Karten* battre B VR 1 (≈ *sich vermischen*) **sich** ~ se mélanger; se mêler 2 (= *sich einmischen*) **sich in etw** (*akk*) ~ se mêler de qc
Mischmasch *umg* M *umg* salade f; *umg* méli-mélo m
Mischung F *a. fig* mélange m
miserabel *umg* ADJ (≈*jämmerlich*) minable; *Wetter* pourri; affreux; **ich fühle mich** ~ je me sens très mal; *umg* je suis mal fichu
missachten VT 1 (≈ *gering schätzen*) dédaigner 2 (=*nicht beachten*) ne pas respecter **missbilligen** VT désapprouver
Missbrauch M abus m; *e-s Medikaments a.* usage abusif **missbrauchen** VT 1 (= *übermäßig gebrauchen*) abuser de 2 *j-n für eigene Zwecke* profiter de 3 (*= vergewaltigen*) abuser de
Misserfolg M échec m
missglücken VI *Versuch* ne pas réussir; *Plan* échouer; *Kuchen* rater
misshandeln VT maltraiter **Misshandlung** F mauvais traitements; sévices mpl
Missionar(in) M(F) missionnaire m/f
misslingen VI → missglücken
misst → messen
misstrauen VI *j-m, e-r Sache* ~ se méfier de qn, qc **Misstrauen** N méfiance f (**gegen** à l'égard de) **misstrauisch** ADJ méfiant (**gegenüber** à l'égard de)
Missverständnis N malentendu m **missverstehen** VT mal comprendre
Misswirtschaft F mauvaise gestion
Mist M 1 AGR fumier m 2 *umg* (= *Unsinn*) conneries fpl *umg*; *umg* ~ **bauen** *umg* faire des conneries 3 *umg*

(≈ *Schund*) saloperie f *umg*; *fig* **so ein ~!** *umg* zut alors! **Mistkübel** *österr* M̄ poubelle f

mit A PRÄP 1 (≈ *zusammen mit, in Begleitung von*) avec; **komm mit mir** viens avec moi 2 *Inhalt* de; **ein Teller mit Obst** une assiette de fruits 3 *Mittel* avec; de; par; à; **mit Bleistift schreiben** écrire au crayon; **mit e-m Tritt** d'un coup de pied; **mit der Post®** par la poste 4 *begleitender Umstand* à; *Art und Weise* avec; **mit Tränen in den Augen** les larmes aux yeux; **mit lauter Stimme** à °haute voix 5 *zeitlich, Alter* à B ADV **mit dabei sein** en être; y assister; *umg* **mit zu den besten Schülern zählen** figurer parmi les meilleurs élèves

Mitarbeit F̄ collaboration f; SCHULE **mündliche ~** participation orale; **unter ~** (*dat*) **von ...** en collaboration avec ... **Mitarbeiter(in)** M̄F̄ collaborateur, -trice m,f

mitbekommen V̄T̄ 1 (≈ *erhalten*) recevoir 2 *umg* (≈ *verstehen*) piger *umg*

Mitbestimmung F̄ participation f; *im Betrieb* cogestion f

mitbringen V̄T̄ 1 *Person, Sache* (r)amener; *Dinge* (r)apporter 2 *Voraussetzungen, Zeit* avoir **Mitbringsel** N̄ petit cadeau; *e-r Reise* souvenir m

Mitesser M̄ MED comédon m; point noir

mitfahren V̄Ī **mit j-m ~** accompagner qn

mitgeben V̄T̄ **j-m etw ~** donner qc à qn

mitgehen V̄Ī 1 (**mit j-m**) **~** aller avec qn; accompagner qn; *umg* **etw ~ lassen** *umg* faucher qc 2 *Zuhörer* **begeistert ~** être enthousiasmé

Mitglied N̄ membre m **Mitgliedsausweis** M̄ carte f (de membre) **Mitgliedsland** N̄, **Mitgliedsstaat** M̄ État m membre

mitkommen V̄Ī 1 (**mit j-m**) **~** venir avec qn 2 *fig geistig* suivre; *in der Schule* pouvoir suivre

mitkriegen *umg* V̄T̄ → mitbekommen

Mitleid N̄ pitié f; **mit j-m ~ haben** avoir pitié de qn; **~ erregend** pitoyable **mitleidig** ADV avec pitié

mitmachen A V̄T̄ 1 (≈ *teilnehmen*) prendre part (**bei** à); *Mode, Lehrgang* suivre 2 *umg* (≈ *erleiden*) subir; *umg* se taper; *umg* **das mache ich nicht mit** *umg* je ne marche pas B V̄Ī y être; **bei etw ~** prendre part à qc

mitnehmen V̄T̄ 1 *Sache* prendre; emporter; *Person* emmener; *Pizza etc* **zum Mitnehmen** à emporter 2 *Krankheit* éprouver

mitreden A V̄Ī *fig* **ein Wort mitzureden haben** avoir voix au chapitre B V̄Ī prendre part à la conversation

mitschreiben A V̄T̄ **etw ~** prendre qc en note B V̄Ī prendre des notes

Mitschuld F̄ complicité f (**an** + *dat* dans)

Mitschüler(in) M̄F̄ camarade m/f d'école, de classe

mitsingen A V̄T̄ **etw ~** chanter aussi qc B V̄Ī (**mit j-m**) **~** chanter avec qn

mitspielen V̄Ī 1 participer au jeu; *a.* SPORT, THEAT jouer 2 *Gründe* entrer en jeu 3 *fig* **j-m übel ~** jouer un mauvais, sale tour à qn

Mitspracherecht N̄ participation f

Mittag M̄ midi m; **am, über ~** à midi; **morgen ~** demain (à) midi; **(zu) ~ essen** déjeuner

Mittagessen N̄ déjeuner m

mittags ADV à midi; **es ist 12 Uhr ~** il est midi

Mittagspause F̄ pause f de midi

Mitte F̄ milieu m; (≈ *Mittelpunkt*), *a.* POL centre m; **in der ~** au milieu; **~ Januar** (à la) mi-janvier; **sie ist ~ dreißig** elle a dans les 35 ans

mitteilen V̄T̄ **j-m etw ~** communiquer qc à qn

Mittel N̄ 1 (≈ *Hilfsmittel*) moyen m; **mit allen ~n** par tous les moyens 2 (≈ *Geldmittel*) moyens mpl; **öffentliche ~** fonds publics 3 *zur Reinigung, Pflege* produit m; (≈ *Heilmittel*) remède m (**gegen** à) 4 MATH, METEO moyenne f

Mittelalter N̄ Moyen Âge m **Mittelamerika** N̄ l'Amérique centrale **Mitteleuropa** N̄ l'Europe centrale **Mittelfeldspieler** M̄ FUSSBALL milieu m de terrain **Mittelfinger** M̄ majeur m **mittelgroß** ADJ de taille moyenne **mittelmäßig** ADJ médiocre

Mittelmeer das ~ la (mer) Méditerranée **Mittelmeerländer** N̄PL pays

méditerranéens
Mittelpunkt M̄ *a. fig* centre *m*; **im ~ stehen** être au centre de l'intérêt
Mittelschule *schweiz* F̄ lycée *m* **Mittelstürmer** M̄ avant-centre *m* **Mittelwelle** F̄ onde moyenne
mitten ADV **1** *räumlich* **~ in, auf, unter** (+ *dat*) au (beau) milieu de; *mouvement* **~ in, auf, unter** (+ *akk*) au (beau) milieu de; **~ durch** à travers; **~ unter ihnen** parmi eux **2** *zeitlich* **~ in der Nacht, im Winter** en pleine nuit, en plein hiver
Mitternacht F̄ minuit *m*
mittlere ADJ **1** (≈ *in der Mitte befindlich*) du milieu **2** (≈ *durchschnittlich*) moyen; **~n Alters** entre deux âges; d'un certain âge
mittlerweile ADV en attendant
Mittwoch M̄ mercredi *m*; → Montag
mittwochs ADV le mercredi
mixen V/T *Getränk* mélanger; TV, RADIO mixer **Mixer** M̄ **1** *Person* barman *m* **2** *Gerät* mixe(u)r *m*
mm ABK (= Millimeter) mm
MMS F̄ ABK (= Multimedia Messaging Service) TEL *Nachricht* MMS *m*; **j-m e-e MMS schicken** envoyer un (message) MMS à qn
mobben V/T °harceler sur le lieu de travail **Mobbing** N̄ °harcèlement moral
Möbel N̄ meuble *m* **Möbelwagen** M̄ camion *m* de déménagement
mobil ADJ **1** (≈ *beweglich*) mobile; IT **~es Internet** Internet *m* avec connexion wifi; MIL **~ machen** mobiliser **2** *umg* (≈ *rüstig*) alerte
Mobilfunk M̄ radiotéléphonie *f* **Mobilfunknetz** N̄ réseau *m* de radiotéléphonie
mobilisieren V/T *a. fig, a.* MIL mobiliser
Mobiltelefon N̄ téléphone *m* mobile
möblieren V/T meubler
mochte, möchte → **mögen**
Modalverb N̄ (verbe *m*) auxiliaire *m* de mode
Mode F̄ mode *f*; **(in) ~ sein** être à la mode; **aus der ~ kommen** passer de mode
Model N̄ modèle *m*
Modell N̄ HANDEL, TECH, MAL, *a. fig* modèle *m*; (≈ *Bauart*) type *m*; (≈ *verkleinerte Nachbildung*) maquette *f* **Modell-**

bau M̄ modélisme *m*
modellieren V/T modeler
Modem N̄ modem *m*
Moderator(in) M(F) présentateur, -trice *m,f* **moderieren** V/T présenter
moderig ADJ pourri; moisi; **es riecht ~** ça sent le moisi
modern ADJ moderne; (≈ *modisch*) à la mode **modernisieren** V/T moderniser
Modeschmuck M̄ bijoux *mpl* (de) fantaisie **Modeschöpfer(in)** M(F) grand couturier; créateur, -trice *m,f* de mode
Modul N̄ IT, TECH module *m*
Mofa N̄ cyclomoteur *m*; mobylette® *f*
mogeln *umg* V/I tricher
mögen A V/AUX **1** *Möglichkeit* (se) pouvoir; **das mag sein** cela se peut; peut-être; **mag sein, dass ...** il se peut que ... (+ *subj*); **wo er wohl sein mag?** où peut-il bien être? **2** *einräumend, verallgemeinernd* **was man auch immer sagen mag** quoi que l'on dise; **mag er auch noch so reich sein ...** si riche qu'il soit ... **3** (= *gern mögen*) aimer; (= *wünschen*) vouloir; **lieber ~** aimer mieux; préférer; **ich möchte gern etwas essen** je voudrais bien manger qc **B** V/T **j-n, etw ~** aimer qn, qc; **was möchten Sie?** que désirez-vous? **C** V/I vouloir (bien); **ich mag nicht** je n'ai pas envie
möglich ADJ possible; **er verkauft alles Mögliche** il vend de tout; **alles Mögliche tun, um zu** (+ *inf*) employer toutes sortes de moyens pour (+ *inf*); **so schnell, gut** *etc* **wie ~** le plus vite, le mieux, *etc* possible
Möglichkeit F̄ possibilité *f*; **nach ~** si possible; **es besteht die ~, dass ...** il est possible que ... (+ *subj*)
möglichst A ADV (≈ *so ... wie möglich*) le plus *bzw.* moins ... possible B SUBST **ich werde mein Möglichstes tun** je ferai de mon mieux
Mohn M̄ **1** BOT pavot *m*; (≈ *Klatschmohn*) coquelicot *m* **2** *auf Gebäck* graines *fpl* de pavot
Möhre F̄ carotte *f*
Mole F̄ môle *m*; jetée *f*
Molekül N̄ molécule *f*
Moll N̄ mode, ton mineur
mollig *umg* A ADJ **1** (≈ *mollig weich*) douillet; (≈ *angenehm warm*) bien chaud

2 (≈ *rundlich*) rondelet **B** ADV **~ warm** bien chaud

Moment M (= *Augenblick*) moment m; instant m; **im ~** pour l'instant; **in diesem ~** à ce moment-là, à cet instant; **sie muss jeden ~ kommen** elle doit arriver d'un moment à l'autre; *umg* **~ mal!** attends *bzw.* attendez un peu!

momentan ADJ (≈ *vorübergehend*) momentané; (≈ *gegenwärtig*) actuel

Monarchie F monarchie f

Monat M mois m; **im ~ Mai** au mois de mai; **pro ~, im ~** par mois; **sie ist im fünften ~** elle est enceinte de quatre mois **monatlich** A ADJ mensuel B ADV (≈ *jeden Monat*) tous les mois; (≈ *im Monat*) par mois

Monatsblutung F règles fpl **Monatseinkommen** N revenu mensuel **Monatskarte** F carte (d'abonnement) mensuelle **Monatsrate** F mensualité f

Mönch M moine m

Mond M lune f; ASTRON Lune f **Mondfinsternis** F éclipse f de Lune **Mondlandschaft** F paysage m lunaire **Mondlandung** F alunissage m **Mondschein** N M clair m de lune

Monitor M IT écran m

Monolog M monologue m

Monopol N monopole m (**auf** + *akk* de)

monoton ADJ monotone

Monster N monstre m

Montag M lundi m; **am ~** le lundi; **jeden ~** tous les lundis; **letzten ~** lundi dernier; **heute ist ~, der 5. Oktober** nous sommes le lundi 5 octobre

Montage F *a.* TECH, FOTO, FILM montage m

Montageband N chaîne f de montage

montags ADV le lundi; tous les lundis

montieren VT (≈ *zusammenbauen*) monter; (≈ *anschließen*) installer

Moor N (≈ *Sumpf*) marais m; (≈ *Torfmoor*) tourbière f

Moos N **1** BOT mousse f **2** *umg* (≈ *Geld*) fric m *umg*

Moped N vélomoteur m

Moral F **1** (≈ *Sittenlehre*) morale f; (≈ *Sittlichkeit*) morale f; moralité f **2** *e-r Geschichte* morale f **3** (≈ *seelische Verfassung*) moral m

Mord M meurtre m (**an** + *dat* de); **e-n ~ begehen** commettre un meurtre **Mordanschlag** M attentat m (**auf** + *akk* contre)

Mörder(in) M(F) meurtrier, -ière m,f **mörderisch** ADJ terrible; *umg* d'enfer; *Geschwindigkeit* infernal

morgen ADV (≈ *am nächsten Tag*) demain; **~ früh** demain matin; **~ in acht Tagen** demain en huit; **bis ~!** à demain!

Morgen M matin m; (≈ *Vormittag*) matinée f; **am ~** le matin; **am nächsten ~** le lendemain matin; **heute ~** ce matin; **guten ~!** bonjour!

Morgenessen *schweiz* N petit-déjeuner m **Morgengrauen** N aube f; **im ~** à l'aube **Morgenmuffel** *umg* M personne f qui est de mauvaise humeur le matin

morgens ADV le matin; **um acht Uhr ~** à huit heures du matin

morsch ADJ *a. fig* pourri

Mosaik N *a. fig* mosaïque f

Mosambik N le Mozambique

Moschee F mosquée f

Mosel die ~ la Moselle

Moskau N Moscou

Moskito M moustique m

Moslem M musulman m **moslemisch** ADJ musulman

Most M **1** (≈ *Obstsaft*) moût m **2** *südd* (≈ *Apfelmost*) cidre m

Motiv N **1** (≈ *Beweggrund*) motif m; **für Verbrechen** mobile m **2** MUS, MAL motif m **motivieren** VT motiver

Motor M *a. fig* moteur m **Motorboot** N bateau m, canot m à moteur **Motorhaube** F capot m **Motorrad** N moto f; motocyclette f **Motorradfahrer(in)** M(F) motocycliste m/f **Motorroller** M scooter m

Motte F mite f

Motto N devise f

motzen *umg* VI *umg* râler

Mountainbike N vélo m tout-terrain; VTT m

Mousse F GASTR mousse f; **~ au Chocolat** mousse au chocolat

Möwe F mouette f; *große* goéland m

Mozzarella M GASTR mozzarella f

MP3-Player M baladeur m MP3

MTA F ABK (= *medizinisch-technische Assistentin*) assistante, auxiliaire médi-

Mucke sl F (≈ *Musik*) umg zic f; **geile ~** umg zic f d'enfer
Mücke F moustique m; umg **aus e-r e-n Elefanten machen** se faire une montagne de qc **Mückenstich** M piqûre f de moustique
mucksmäuschenstill → **mäuschenstill**
müde ADJ (≈ *erschöpft*) fatigué; **~ sein** être fatigué; (≈ *schläfrig sein*) avoir sommeil; **~ werden** se fatiguer **Müdigkeit** F fatigue f
Müesli schweiz N → **Müsli**
muff(e)lig umg ADJ grincheux **muffig** A ADJ 1 Geruch de renfermé 2 umg → **muffelig** B ADV **~ riechen** sentir le renfermé
Mühe F peine f; mal m; effort m; **mit Müh und Not** à grand-peine; **sich** (dat) **~ geben zu** (+ inf) s'efforcer de (+ inf); **sich** (dat) **(mit etw) ~ geben** se donner de la peine (pour qc); **sich** (dat) **die ~ machen zu** (+ inf) se donner la peine de (+ inf); **die Sache ist der ~** (gen) **wert** la chose en vaut la peine
mühelos ADV sans peine
Mühle F 1 moulin m 2 Brettspiel marelle f
mühsam ADJ, **mühselig** geh ADJ pénible
Mulde F creux m
Mull M gaze f
Müll M déchets mpl; (≈ *Hausmüll*) ordures (ménagères); **etw in den ~ werfen** jeter qc à la poubelle
Müllabfuhr F enlèvement m des ordures; städtische service m de voirie **Müllbeutel** M sac m poubelle
Mullbinde F bande f de gaze
Mülldeponie F décharge (publique)
Mülleimer M poubelle f **Müllkippe** F décharge (municipale) **Müllmann** M éboueur m **Müllschlucker** M vide--ordures m **Mülltonne** F poubelle f **Mülltrennung** F tri sélectif des ordures bzw. des déchets
mulmig umg ADJ Situation qui sent le roussi; **mir ist ~** je me sens mal
Multi umg M multinationale f
multikulturell ADJ multiculturel
Multimillionär(in) M(F) multimillionnaire m/f

Multiple-Choice-Test M test m avec des questions à choix multiple
Multiplikation F multiplication f **multiplizieren** V/T multiplier (**mit** par)
Multivitaminsaft M jus m de (fruits) multivitaminé
Mumie F momie f
Mumps M oreillons mpl
München N Munich
Mund M bouche f; umg **halt den ~!** umg ferme-la!; umg boucle-la!; **in aller ~e sein** être dans toutes les bouches
münden V/I **in etw** (akk) **~** Fluss se jeter dans qc; Weg, Gespräch déboucher sur qc
Mundgeruch M (**schlechter**) mauvaise haleine **Mundharmonika** F harmonica m
mündig ADJ 1 majeur; **~ werden** devenir majeur 2 fig responsable
mündlich A ADJ verbal; MED, a. Prüfung oral B ADV de vive voix; MED oralement
Mündung F 1 e-s Flusses embouchure f 2 e-s (Geschütz) Rohres bouche f
Mundwasser N eau f dentifrice
Munition F munitions fpl
munter ADJ 1 (≈ *fröhlich*) allègre; (≈ *lebhaft*) vif; plein d'entrain 2 (≈ *wach*) éveillé
Münze F pièce f (de monnaie); pl **~n** a. monnaie f
Münzwechsler M changeur m de monnaie
mürbe ADJ Fleisch tendre; Teig friable **Mürb(e)teig** M pâte brisée
murmeln V/T & V/I murmurer **Murmeltier** N marmotte f
mürrisch ADJ grincheux; (≈ *brummig*) grognon
Mus N aus Obst compote f; marmelade f; (≈ *Püree*) purée f
Muschel F ZOOL coquillage m; (≈ *Miesmuschel*) moule f; Schale coquille f
Museum N musée m
Musical N comédie musicale
Musik F musique f; **~ machen** faire de la musique **musikalisch** ADJ 1 (≈ *Musik betreffend*) musical 2 (≈ *begabt für Musik*) musicien **Musiker(in)** M(F) musicien, -ienne m,f
Musikinstrument N instrument m de musique

Muskel M̄ muscle m **Muskelkater** umg M̄ courbature(s) f(pl); ~ **haben** avoir des courbatures; être cabattu(ré)
Muskulatur F̄ musculature f **muskulös** ADJ musclé
Müsli N̄ mu(e)sli m
muss → müssen
müssen A V/AUX 1 *Person* devoir; (*= gezwungen sein*) être obligé de (+ inf); **man muss** (+ inf) il faut (+ inf); il est nécessaire de (+ inf); **sie muss schlafen** il faut qu'elle dorme; **wir ~ Ihnen leider mitteilen, dass ...** nous avons le regret de vous faire savoir que ...; **er muss bald kommen** il ne va pas tarder à venir; **sie müsste es ihm sagen** elle devrait (le) lui dire; **Urlaub müsste man haben!** ce qu'il nous faut, ce sont des vacances! 2 *Sache sein* ~ falloir; être nécessaire; **es muss sein** c'est nécessaire; il le faut B V/I 1 (≈ *gehen müssen*) devoir aller; **ich muss nach Hause** je dois rentrer, il faut que je rentre (à la maison) 2 *umg zur Toilette* **ich muss mal** il faut que j'aille aux toilettes, il faut que j'aille au petit coin umg
Muster N̄ 1 (≈ *Vorlage*) modèle m (**für** de) 2 *e-s Stoffs etc* motif m 3 (≈ *Warenmuster*) échantillon m 4 *fig* (≈ *Vorbild*) modèle m (**an** + dat de) **Musterbeispiel** N̄ exemple m type (**für** de)
mustern V/T 1 (≈ *betrachten*) examiner; toiser 2 *Rekrut* **gemustert werden** passer le conseil de révision **Musterung** F̄ 1 (≈ *Prüfung*) examen m 2 *von Rekruten* révision f
Mut M̄ courage m; **j-m Mut machen, zusprechen** encourager qn; **den Mut verlieren, sinken lassen** perdre courage **mutig** ADJ courageux **mutlos** ADJ découragé **Mutprobe** F̄ épreuve f de courage
Mutter¹ F̄ (≈ *Kindesmutter*) mère f; **sie wird ~** attend un bébé
Mutter² F̄ TECH écrou m
mütterlich ADJ maternel
Muttermal N̄ envie f **Muttermilch** F̄ lait maternel **Mutterschaftsurlaub** M̄ congé m de maternité **mutterseelenallein** ADJ tout seul **Muttersprache** F̄ langue maternelle **Muttertag** M̄ fête f des mères
Mutti kinderspr F̄ maman f

Mütze F̄ *mit Schirm* casquette f; *ohne Schirm* bonnet m
MwSt. ABK (= **Mehrwertsteuer**) TVA f
mysteriös ADJ mystérieux
Mythologie F̄ mythologie f

N

N¹, **n** N̄ N, n m
N² ABK (= **Nord[en]**) N (nord)
na umg INT *auffordernd, beschwichtigend* allons!; *neugierig* eh bien!; *nachgebend* **na gut, na schön** bon, si tu veux od si vous voulez; *erstaunt* **na so was!** ça alors (, par exemple)!; *herausfordernd* **na, und?** et alors?; **na, wie gehts?** alors, ça va?; **na warte!** attends un peu!; **na endlich!** ah, enfin!; **na, das ist ja zu spät!**
Nabel M̄ nombril m **Nabelschnur** F̄ cordon ombilical
nach A PRÄP 1 *Richtung* à; vers; pour; *vor Ländernamen* en; *bei näherer Bestimmung* dans; *vor maskulinen Ländernamen* au; ~ **Frankreich** en France; ~ **Kanada** au Canada; ~ **Berlin** Post à (destination de) Berlin; *Zug, Flugzeug* à destination de Berlin; pour Berlin; ~ **Osten (zu)** vers l'est; ~ **links, rechts** à gauche, à droite; ~ **oben, unten** vers le °haut, le bas; ~ **vorn, hinten** vers le devant, l'arrière 2 *zeitlich* après; au bout de; ~ **e-r halben Stunde** au bout d'une demi-heure; **es ist zwanzig (Minuten)** ~ **zehn** il est dix heures vingt 3 *Reihenfolge, Ordnung* après; **der Größe** ~ par rang de taille; **bitte,** ~ **Ihnen!** après vous, je vous prie! 4 (≈ *gemäß*) d'après, selon, suivant; a. JUR conformément à B ADV ~ **und** ~ peu à peu; petit à petit; ~ **wie vor** toujours
nachahmen V/T imiter **Nachahmung** F̄ imitation f
Nachbar... IN ZSSGN *meist* voisin **Nachbar** V̄ voisin m **Nachbarschaft** F̄ 1 (≈ *Nähe*) voisinage m; **in der ~** près d'ici 2 (≈ *Nachbarn*) voisins mpl

nachbestellen VT & VI faire, passer une nouvelle commande de
nachblicken VI **j-m ~** suivre qn des yeux
nachdem KONJ **1** *zeitlich* après que … (+ ind); *bei gleichem Subjekt* après (+ inf passé) **2 je ~ (wie)** selon que … (+ ind); suivant que … (+ ind); **je ~!** *umg* c'est selon!; ça dépend!
nachdenken VI réfléchir (**über etw** *akk* à, sur qc) **nachdenklich** ADJ pensif; **das machte mich sehr ~** cela m'a donné à, m'a fait réfléchir
nachdrücklich A ADJ énergique B ADV **verlangen etc** expressément
nacheinander ADV (≈ *hintereinander*) l'un après l'autre; **zweimal ~** deux fois de suite
Nacherzählung F récit m; SCHULE compte rendu
nachfahren VI **j-m ~** suivre qn (en voiture, *etc*)
Nachfolger(in) M(F) successeur m
nachforschen VI **(e-r Sache** *dat*) ~ faire des recherches (sur qc) **Nachforschung** F recherches fpl; **~en über j-n, etw anstellen** faire des recherches sur qn, qc
Nachfrage F HANDEL demande f (**nach de**) **nachfragen** VI **1** (≈ *sich erkundigen*) s'informer (**nach de**) **2** (≈ *wiederholt fragen*) insister (pour savoir)
nachfüllen VT *Behälter* remplir; *Wasser etc* remettre **Nachfüllpackung** F recharge f
nachgeben VI **1** *Ast, Damm etc* céder **2** *fig* céder (+ *dat* à)
nachgehen VI **1 j-m ~** suivre qn **2** *e-m Vorfall, Problem* s'occuper de **3** *Uhr* retarder (**5 Minuten de 5 minutes**)
Nachgeschmack M arrière-goût m
nachgiebig ADJ **1** *Material* flexible **2** *Person* conciliant
nachhaltig ADJ *a. Entwicklung* durable
nachhause ADV → **Haus 1 Nachhauseweg** M **auf dem ~** sur le chemin du retour
nachher ADV plus tard; après (cela); **bis ~!** à tout à l'heure!
Nachhilfe F cours particuliers **Nachhilfestunden** FPL, **Nachhilfeunterricht** M cours particuliers
nachholen VT *Versäumtes* rattraper

nachkommen VI **1** (≈ *später kommen*) rejoindre qn **2** (≈ *folgen können*), *a. fig* suivre **3** *s-n Verpflichtungen* s'acquitter de
Nachlass M **1** (≈ *Hinterlassenschaft*) succession f; *literarischer* œuvres fpl posthumes **2** (≈ *Ermäßigung*) réduction f
nachlassen A VT **(vom Preis) etw ~** faire une remise de qc (sur le prix) B VI *Hitze, Regen, Kräfte, Begeisterung* diminuer; *Lärm, Zorn, Sturm* s'apaiser; *Fieber, Schmerz* se calmer; *Leistung, Kräfte, Sehvermögen* baisser
nachlässig ADJ négligent **Nachlässigkeit** F négligence f
nachlaufen VI **j-m, e-r Sache ~** courir après qn, qc
nachliefern VT livrer, fournir plus tard
nachmachen VT **1** (≈ *nachahmen*) imiter (**j-m etw** qc de qn); copier **2** (≈ *fälschen*) contrefaire **3** (≈ *später machen*) faire plus tard
Nachmittag M après-midi m/f; **am ~** (dans) l'après-midi; **heute ~** cet après-midi; **morgen, gestern ~** demain, hier après-midi **nachmittags** ADV (dans) l'après-midi; *mit Uhrzeit* de l'après-midi
Nachname M nom m de famille
nachprüfen VT contrôler; vérifier **Nachprüfung** F **1** (≈ *Überprüfung*) examen m; contrôle m; vérification f **2** SCHULE session f de rattrapage, de remplacement
Nachricht F **1** nouvelle f; (≈ *Botschaft*) message m; **~ von etw erhalten** avoir des nouvelles de qc **2** RADIO, TV pl **~en** journal m; informations fpl; actualités fpl
Nachrichtensatellit M satellite m de télécommunications **Nachrichtensprecher(in)** M(F) speaker m, speakerine f
Nachsaison F arrière-saison f
nachschauen VI → **nachsehen**
nachschicken VT *Brief* faire suivre
nachschlagen VT & VI *Wort* chercher; **in e-m Buch ~** consulter un livre
Nachschub M MIL ravitaillement m
Nachschulung F AUTO *verpflichtend bei bestimmten Verkehrsvergehen* formation f complémentaire
nachsehen A VT **1** (≈ *prüfen*) vérifier

2 in e-m Buch ~ chercher, vérifier dans un livre (etw qc) **3** j-m etw ~ passer qc à qn **B** VI **1** j-m ~ (≈ hinterhersehen) suivre qn des yeux **2** ~, ob … (aller) voir si …

Nachsilbe F suffixe m

nachsitzen VI être en retenue; umg être collé

Nachspeise F dessert m

nachspionieren VI j-m ~ épier, espionner qn

nachsprechen VT & VI j-m (etw) ~ répéter (qc) après qn

nächstbeste ADJ Reihenfolge second; **der ~ …** in der Qualität le meilleur … après; (≈ beliebig) le premier … venu; **wir nehmen das ~ Hotel** nous prenons le premier hôtel venu

nächste **A** ADJ Entfernung, Beziehung plus proche; Weg plus court; Zeit, Reihenfolge prochain; **das ~ Mal, ~s Mal** la prochaine fois; **die ~ Straße rechts** la première rue à droite; **am ~n Tag** le lendemain; le jour suivant; **der Nächste, bitte!** le suivant, S.V.P.! **B** ADV **am ~n** le plus près, proche

Nächstenliebe F amour m du prochain

Nacht F nuit f; **bei ~, in der ~, des ~ geh** (pendant) la nuit; de nuit; **geh** nuitamment; **über ~** pendant la nuit; fig du jour au lendemain; **gute ~!** bonne nuit!; **es ist ~** il fait nuit; **es wird ~** la nuit tombe; **heute ~** cette nuit; **morgen, gestern ~** dans la nuit de demain, d'hier

Nachtdienst M service m de nuit; **~ haben** être de nuit

Nachteil M désavantage m; **er ist im ~** il est désavantagé; **zum ~ von** au détriment de **nachteilig** **A** ADJ désavantageux **B** ADV **sich ~ auswirken für** être préjudiciable à

Nachtessen südd, schweiz N → Abendessen **Nachtflug** M vol m de nuit **Nachthemd** N chemise f de nuit

Nachtigall F rossignol m

Nachtisch M dessert m

Nachtmahl österr N → Abendessen

nachtragen VT **1** (≈ hinterhertragen) j-m etw ~ porter qc derrière qn **2** (≈ später eintragen) ajouter **3** fig j-m etw ~ garder rancune, en vouloir à qn de qc **nachtragend** ADJ rancunier

nachträglich **A** ADJ (≈ später folgend) ultérieur **B** ADV après coup

nachts ADV (dans) la nuit; mit Uhrzeit du soir bzw. du matin

Nachtschicht F Arbeit poste m de nuit; **~ haben** être de nuit **Nachttisch** M table f de nuit, de chevet **Nachtzug** M train m de nuit

nachvollziehbar ADJ compréhensible **nachvollziehen** VT Gedanken etc suivre; comprendre

Nachweis M (≈ Beweis) preuve f, justification f (**über +** akk de) **nachweisen** VT (≈ beweisen) prouver; Fehler montrer

Nachwort N épilogue m

Nachwuchs M **1** (≈ junge Generation) jeunes mpl; in e-m Beruf relève f **2** umg (≈ Kinder) progéniture f

nachzahlen VT **1** (≈ später zahlen) payer plus tard **2** ohne Objekt (≈ zuzahlen) payer un supplément (de)

nachzählen VT (re)compter

nachziehen VT **1** (≈ hinterherziehen) traîner après soi; Fuß traîner **2** (≈ nachzeichnen) retracer; Augenbrauen refaire au crayon **3** Schraube resserrer

Nachzügler(in) M(F) retardataire m/f

Nacken M nuque f **Nackenstütze** F repose-tête m

nackt ADJ nu; **sich ~ ausziehen** se mettre nu; **~ baden** se baigner nu

Nadel F (≈ Näh-, Kompassnadel) a. BOT, MED aiguille f; (≈ Steck-, Haar-, Schmucknadel) épingle f

Nadeldrucker M IT imprimante matricielle

Nagel M **1** (≈ Fingernagel, Zehennagel) ongle m **2** (≈ Metallnagel) clou m; umg fig **den ~ auf den Kopf treffen** mettre le doigt dessus **Nagelfeile** F lime f à ongles

Nagellack M vernis m à ongles **Nagellackentferner** M dissolvant m

nageln VT clouer

nagelneu umg ADJ flambant neuf

Nagelschere F ciseaux mpl à ongles **Nagelstudio** N salon m de manucure

nagen VI ronger (**an etw** dat qc) a. fig **Nager** M, **Nagetier** N (animal) rongeur m

nah(e) **A** ADJ a. Verwandte proche;

nah(e) am *od* **beim Bahnhof** près de la gare [B] ADV près; **von Nahem** de près; **nah(e) verwandt sein mit** être proche parent de; **ich war nah(e) daran zu** (+ *inf*) j'ai failli (+ *inf*) [C] PRÄP **er war den Tränen nahe** il était au bord des larmes
Nähe F *a. von Zeit, Verwandtschaft* proximité *f*; **ganz in der ~** tout près d'ici; **in s-r ~** près de lui; **aus der ~** de près
nähen VT/I coudre (**an** + *akk* à); MED recoudre
näher [A] ADJ plus proche; **die ~e Umgebung** le voisinage, les alentours *mpl* [B] ADV plus près; **etw ~ ansehen** regarder qc de plus près; **kennst du ihn ~?** tu le connais bien?; **~ kommen** räumlich s'approcher; → **näherkommen**
Naherholungsgebiet N zone *f* d'excursion, de promenade (à proximité d'une grande ville)
näherkommen [A] VI jetzt kommen wir der Sache (*dat*) schon näher ça se précise [B] V/R **durch dieses Ereignis sind sie sich nähergekommen** cet événement les a rapprochés
nähern V/R sich (j-m, e-r Sache) **~** (s')approcher (de qn, qc)
nahm → **nehmen**
Nähmaschine F machine *f* à coudre
Nahost le Proche-Orient
Nahrung F nourriture *f* **Nahrungskette** F chaîne *f* alimentaire **Nahrungsmittel** N produit *m* alimentaire
Naht F (≈ *Kleidernaht*) couture *f*; (≈ *Schweißnaht*) soudure *f*; MED suture *f*
Nahverkehr M trafic local, de banlieue **Nahverkehrszug** M train *m* de banlieue
Nähzeug N nécessaire *m* de couture
naiv ADJ naïf **Naivität** F naïveté *f*
Name F nom *m*; (≈ *Ruf*) a. renom *m*; **wie ist Ihr ~?** quel est votre nom?; **j-n bei** *od* **mit ~n nennen** nommer qn; appeler qn par son nom; **dem ~n nach kennen** connaître de nom; **im ~n** (+ *gen*) au nom de; **unter falschem ~n** sous un nom d'emprunt
Namensschild N [1] *an Türen* plaque *f* [2] *an Kleidung* badge *m*; *auf Tischen* écriteau *m* **Namenstag** M fête *f*
nämlich ADV [1] (≈ *und zwar*) soit; à savoir [2] *begründend* en effet
nannte → **nennen**

nanu INT ça alors!(, par exemple)!
Napf M jatte *f*; écuelle *f*
Narbe F *a. fig* cicatrice *f*
Narkose F anesthésie *f*
Narr M (≈ *Tor*) sot *m*; (≈ *Hofnarr*) fou *m*; **j-n zum ~en halten** se jouer, se moquer de qn **narrensicher** umg ADJ Gerät d'utilisation simple, facile **närrisch** ADJ [1] (≈ *verrückt*) fou **(nach de)** [2] (≈ *karnevalistisch*) du carnaval
Narzisse F narcisse *m*; **gelbe** jonquille *f*
Nasal M PHON nasale *f*
naschen VT & VI **(von) etw ~** manger qc par gourmandise; *heimlich* goûter secrètement de qc; **gern ~** aimer les friandises; être gourmand
Nase F [1] ANAT, *a. fig* (≈ *Flugzeugnase etc*) nez *m*; **mir läuft die ~** j'ai le nez qui coule [2] (≈ *Geruchssinn*) nez *m*; **vom Hund, a. fig** flair *m*; **e-e feine ~ haben** avoir le nez fin, creux [3] umg **auf die ~ fallen** umg se casser la gueule; **j-n an der ~ herumführen** duper qn; faire marcher qn; umg Bus **j-m vor der ~ wegfahren** passer sous le nez de qn; umg **j-m etw vor der ~ wegschnappen** enlever, souffler qc au nez, à la barbe de qn; umg **die ~ voll haben** umg en avoir plein le dos, ras le bol
naselang umg ADV **alle ~** à tout bout de champ
Nasenbluten N **~ haben** saigner du nez **Nasenloch** N narine *f* **Nasenspitze** F bout *m* du nez **Nasenspray** M/N spray nasal
Nashorn N rhinocéros *m*
nass ADJ mouillé; (≈ *ganz durchnässt*) trempé; **~ machen** mouiller; **~ werden** se mouiller **Nässe** F humidité *f*
Nastuch *schweiz, südd* N mouchoir *m*
Nation F nation *f* **national** ADJ national
Nationalelf F équipe nationale de football **Nationalfeiertag** M fête nationale **Nationalhymne** F hymne national
Nationalität F nationalité *f*
Nationalmannschaft F équipe nationale
Nationalrat *schweiz, österr* M Gremium Conseil national
Nationalsozialismus M national-socialisme *m* **nationalsozialistisch**

ADJ national-socialiste
NATO, Nato F ABK (= North Atlantic Treaty Organization) OTAN f
Natrium N sodium m
Natur F nature f; (≈ Wesen) a. naturel m; (≈ Charakter) caractère m; **in der freien ~** en pleine nature; **von ~ (aus)** de od par nature; naturellement
Naturfreund(in) M(F) ami(e) m(f) de la nature **Naturheilkunde** F médecines naturelles **Naturkostladen** M magasin m de produits naturels
natürlich A ADJ 1 (= naturbelassen) naturel 2 (≈ ungekünstelt) simple B ADV 1 (≈ selbstverständlich) naturellement, évidemment; (aber) **~!** bien sûr!; **~ nicht!** bien sûr que non!, évidemment pas; **~ kam er nicht** bien sûr qu'il n'est pas venu 2 (≈ zwar) bien sûr
Naturpark M parc régional **Naturschutz** M protection f de la nature; **unter ~** (dat) **stehen** être protégé **Naturschutzgebiet** N réserve naturelle **naturtrüb** ADJ non filtré
Naturwissenschaft F einzelne science f **Naturwissenschaftler(in)** M(F) scientifique m/f **naturwissenschaftlich** ADJ des sciences naturelles
Navi umg N ABK (= Navigationssystem) GPS m **Navigation** F a. IT navigation f **Navigationsgerät** N appareil m de navigation; AUTO système m de navigation **Navigationssystem** N système m de navigation **navigieren** VT/I a. IT naviguer
Nazi M nazi m
n. Chr. ABK (= nach Christus) apr. J.-C. (après Jésus-Christ)
Nebel M brouillard m; **bei ~** par temps de brouillard **Nebelscheinwerfer** M (phare m) antibrouillard m **Nebelschlussleuchte** F (feu m arrière) antibrouillard m
neben PRÄP 1 Lage à côté de; près de 2 Richtung à côté de; près de 3 (≈ verglichen mit) à côté de 4 (≈ außer) à part
nebenan ADV à côté; **das Haus ~** la maison d'à côté
Nebenanschluss M TEL poste m (secondaire)
nebenbei ADV 1 (≈ beiläufig) en passant; **~ gesagt** soit dit en passant 2 (≈ außerdem) en outre; de plus

Nebeneffekt M effet m secondaire
nebeneinander ADV 1 örtlich l'un à côté de l'autre; côte à côte; gehen, fahren de front; **~ bestehen** coexister; → nebeneinanderlegen 2 zeitlich simultanément **nebeneinanderlegen, nebeneinandersetzen, nebeneinanderstellen** VT placer, mettre l'un à côté de l'autre; juxtaposer
Nebenfach N matière f secondaire
Nebenfluss M affluent m **Nebengeräusch** N RADIO bruit m parasite; a. TEL friture f **nebenher** ADV; (≈ außerdem) en outre **Nebenjob** umg M umg boulot m supplémentaire **Nebenkosten** PL (≈ zusätzliche Kosten) faux frais; bei Mieten charges fpl **Nebenrolle** F rôle m secondaire
Nebensache F accessoire m; **das ist völlig ~** c'est tout à fait accessoire **nebensächlich** ADJ accessoire
Nebensaison F basse saison **Nebensatz** M (proposition) subordonnée f **Nebenstelle** F 1 (≈ Filiale) succursale f 2 TEL poste m supplémentaire **Nebenzimmer** N pièce voisine, d'à côté
neblig ADJ brumeux
Neffe M neveu m
negativ ADJ négatif **Negativ** N FOTO négatif m
nehmen A VT prendre (**von etw** de qc), (**aus etw** dans qc) a. fig; (≈ annehmen) recevoir; accepter; (≈ wegnehmen) prendre; **da, ~ Sie!** tenez!; Rezept **man nehme ...** prendre ...; umg **wie man's nimmt** c'est selon; **etw an sich** (akk) **~** prendre, garder qc (jusqu'à nouvel ordre); Gefundenes empocher qc; **etw auf sich** (akk) **~** assumer qc; se charger de qc; **etw zu sich** (dat) **~** Essen, Trinken prendre, manger bzw. boire qc B VR **sich** (dat) **etw ~** prendre qc
Neid M envie f; jalousie f **neidisch** ADJ envieux
neigen A VT pencher; incliner; Kopf a. baisser B VI **zu etw ~** (≈ tendieren) pencher pour qc; zu Übergewicht, Übertreibungen avoir tendance à qc; **dazu ~ zu** (+ inf) être enclin à (+ inf); incliner à (+ inf) C VR **sich ~** Zweige s'incliner; Mauer, Baum pencher; Ebene aller en pente; geh Tag décliner; Person **sich (nach vorn) ~** se pencher (en avant) **Neigung** F 1

Lage inclinaison *f*; pente *f* **2** *fig* (≈ *Vorliebe*) penchant *m* (**zu** pour, à); **die ~ haben zu** (+ *inf*) avoir tendance à (+ *inf*)
nein ADV non
Nein N non *m*; **~ sagen** *a. fig* dire non; **mit ~ stimmen** voter non **Neinstimme** F non *m*
Nelke F **1** BOT œillet *m* **2** (≈ *Gewürznelke*) (clou *m* de) girofle *m*
nennen A V/T **1** nommer; appeler; (≈ *bezeichnen als*) qualifier de; **nach j-m genannt werden** porter le nom de qn **2 Namen, Grund** donner; **Grund, Preis** indiquer B V/R **sich ~** se nommer; s'appeler
Neonazi M néonazi *m*
Neonlicht N lumière *f* au néon
Nepp M *umg* arnaque *f*
Nerv M nerf *m*; **die ~en verlieren** perdre la maîtrise de soi; **die ~en behalten** garder son calme, son sang-froid; *umg* **sie geht mir auf die ~en** elle me tape sur les nerfs elle me tape sur le système *umg*; *umg* **der hat (vielleicht) ~en!** *umg* il ne manque pas d'air!
nerven *umg* V/T **j-n ~** taper sur les nerfs à qn; **das nervt!** *umg* ça m'énerve!
Nervenkitzel M sensations fortes
Nervensäge *umg* F casse-pieds *m* **Nervenzusammenbruch** M dépression nerveuse
nervös ADJ nerveux; **~ machen** rendre nerveux; *stärker* énerver **Nervosität** F nervosité *f*
Nest N **1** (≈ *Vogelnest, Diebesnest*) nid *m* **2** *umg pej* (≈ *Dorf*) trou *m umg*, bled *m umg*
nett ADJ **1** (≈ *freundlich*) gentil (**zu j-m** avec qn); **sei so ~ und mach die Tür zu!** sois gentil, ferme la porte **2** (≈ *reizend*) charmant; mignon; (≈ *angenehm*) sympathique; agréable **3** *umg* (≈ *beträchtlich*) joli
netto ADV net
Netz N **1** *allg* filet *m*; (≈ *Spinnennetz*) toile *f* (d'araignée) **2** IT, ELEK (≈ *a. Straßen-, Telefonnetz etc*) réseau *m*; **soziales ~ (werk)** réseau social; *fig* protection sociale; **ich habe kein ~** TEL (≈ *Handynetz*) il n'y a pas de réseau; ça ne capte pas **Netzgerät** N ELEK adaptateur *m* **Netzhaut** F rétine *f*
Netzwerk N ELEK, IT, *fig* réseau *m*; **soziales ~** réseau social
Netzwerkadministrator(in) M(F) IT administrateur, -trice *m,f* (de) réseau
netzwerken V/I réseauter
neu A ADJ nouveau; (≈ *neu gemacht*) neuf; (≈ *kürzlich geschehen*) récent; **neueste Mode** dernière mode; **das ist mir neu** c'est nouveau pour moi; **aufs Neue, von Neuem** à *od* de nouveau; *umg* **der, die Neue** le nouveau, la nouvelle; **was gibt es Neues?** qu'y a-t-il *od* quoi de nouveau, de neuf? B ADV nouvellement; **etw neu einrichten** refaire qc à neuf
Neuankömmling M nouveau venu, nouvelle venue
Neubau M *eben fertiggestellter* maison neuve; immeuble neuf **Neubaugebiet** N nouveaux quartiers
Neugeborene(s) N nouveau-né *m*
Neugier F, **Neugierde** F curiosité *f*
neugierig ADJ curieux (**auf** + *akk* de); **ich bin ~, ob …** je suis curieux de voir si …
Neuheit F nouveauté *f*
Neuigkeit F nouvelle *f*
Neujahr N jour *m* de l'An; nouvel an
neulich ADV récemment; l'autre jour
Neuling M novice *m/f*
neun NUM neuf **Neun** F neuf *m*
neunhundert NUM neuf cent(s)
neunmal ADV neuf fois
neunt ADV **zu ~** à neuf; **zu ~ sein** être neuf
neuntausend NUM neuf mille
neunte NUM neuvième; *im Datum* neuf; **der ~ Juli** le neuf juillet
Neuntel N neuvième *m*
neuntens ADV neuvièmement
neunzehn NUM dix-neuf
neunzig NUM quatre-vingt-dix; *Belgien, schweiz* nonante
Neurodermitis F névrodermite *f*
Neurose F névrose *f* **neurotisch** ADJ névrosé; névrotique
Neuschnee M neige fraîche
Neuseeland N la Nouvelle-Zélande **Neuseeländer(in)** M(F) Néo-Zélandais(e) *m(f)* **neuseeländisch** ADJ néo-zélandais
neutral ADJ *a.* CHEM neutre **Neutralität** F neutralité *f*
Neutrum N GRAM neutre *m*
Neuzeit F temps *mpl* modernes **Neu-**

zugang M **1** *im Krankenhaus* arrivée f **2** *von Waren* nouvel arrivage; *e-r Bibliothek* nouvelle acquisition

Newsgroup F IT groupe m, forum m de discussion **Newsletter** M IT newsletter f

nicht ADV ne ... pas; *umg* pas; *vor Infinitiv* ne pas; *ohne Verb* pas; **~ ein einziger** pas un seul; **~, dass ...** ce n'est pas que ... (+ subj); **~?, ~ wahr?** n'est-ce pas?

Nichte F nièce f

Nichtraucher M non-fumeur m **Nichtraucherzone** F zone f, espace m non-fumeurs

Nichtregierungsorganisation F organisation f non gouvernementale

nichts INDEF PR rien; *mit Verb* ne ... rien; **~ and(e)res** rien d'autre; **~ ahnend** ne se doute de rien; *umg* **~ wie weg!** *umg* tirons-nous!; *umg* filons!; *umg* **für ~ und wieder** pour rien

Nichts N néant m; **(wie) aus dem ~ auftauchen** surgir du néant; **er steht vor dem ~** il se retrouve sans rien

nicken V/I faire un signe de (la) tête; *zustimmend* faire un signe de tête affirmatif

nie ADV jamais; *mit Verb* ne ... jamais; **nie wieder, nie mehr** plus jamais

niedere ADJ *Tisch, etc* bas/basse; *im Rang, Wert etc* inférieur

niedergeschlagen ADJT abattu; (= *entmutigt*) découragé **niederknien** V/I s'agenouiller **Niederlage** F défaite f

Niederlande NPL **die ~** les Pays-Bas mpl **Niederländer(in)** M(F) Néerlandais(e) m(f) **niederländisch** ADJ néerlandais

niederlegen V/T **1** *sein Amt ~, die Arbeit ~* se démettre **2** *etw schriftlich ~* mettre qc par écrit

Niedersachsen N la Basse-Saxe **Niederschlag** M METEO *meist pl* **Niederschläge** précipitations fpl

niedlich ADJ mignon

niedrig ADJ **A** *a. rang-, wert-, zahlungsmäßig, a. fig* bas; **~er als etw** inférieur à qc **B** ADV *räumlich, a. fig* bas

niemals → **nie**

niemand INDEF PR *Subjekt* personne; *beim Verb* personne ... ne; *Objekt* ne ... personne; **es war ~ da** il n'y avait personne; **~ ander(e)s** personne d'autre; nul autre; **~ mehr** personne

Niemandsland N no man's land m

Niere F **1** ANAT rein m **2** GASTR rognon m

nieseln V/UNPERS bruiner **Nieselregen** M bruine f; crachin m

niesen V/I éternuer

Niete F **1** LOTTERIE billet, numéro perdant **2** *umg fig* (= *Versager(in)*) minable m/f *umg*, nullité f

Nigeria N le Nigeria

Nikolaus M *Gestalt* Saint-Nicolas m

Nikotin N nicotine f **nikotinarm** ADJ dénicotinisé

Nilpferd N hippopotame m

nimm, nimmt → **nehmen**

nippen V/I **(an etw** *dat*) boire (qc) à petits coups; *umg* siroter (qc)

nirgends, nirgendwo ADV *mit Verb* ne... nulle part; *ohne Verb* nulle part

Nische F niche f

Niveau N niveau m; **~ haben** avoir un certain niveau; **das ist unter meinem ~** ce n'est pas de mon niveau

nobel ADJ **1** *geh* (= *edel*) noble **2** *umg* (= *freigebig*) généreux **3** *umg* (= *luxuriös*) de luxe; *Haus, Einrichtung etc* élégant, chic

Nobelpreis M prix m Nobel

noch ADV **1** (= *bisher*) encore; **~ nicht** (ne...) pas encore; **~ nie** (ne...) jamais encore; **kaum ~** à peine **2** (= *nicht später als*) encore; **~ heute** aujourd'hui même, encore **3** (= *später*) **er kommt ~** il va venir **4 es sind nur ~ fünf Minuten** il n'y a, il ne reste plus que cinq minutes **5** *Vergleich* **zwölf oder ~ mehr** douze ou même plus; **man kann ~ so vorsichtig sein** on a beau être prudent; **wenn er auch ~ so reich wäre** quelque od si riche qu'il soit

nochmal ADV encore une fois

Nockerl *bes österr* N quenelle f

Nomade M nomade m

Nominativ M GRAM nominatif m

Nonne F religieuse f

nonstop ADV en non-stop **Nonstopflug** M vol m sans escale

Nordafrika N l'Afrique f du Nord

Nordamerika N l'Amérique f du Nord **Norddeutschland** N l'Allemagne f du Nord

Norden M̄ nord m; *e-s Lands, e-r Stadt* Nord m; **im ~ (von)** au nord (de)
Nordic Walking N̄ SPORT marche f nordique
Nordirland N̄ l'Irlande f du Nord
nördlich **A** ADJ du nord **B** ADV au nord **(von** de)
Nordost(en) M̄ nord-est m **Nordpol** M̄ pôle m Nord
Nordrhein-Westfalen N̄ la Rhénanie-du-Nord-Westphalie
Nordsee F̄ mer f du Nord **Nordwest(en)** M̄ nord-ouest m
nörgeln *umg* V̄I râler
Norm F̄ *a.* TECH norme f
normal ADJ normal; *umg* **er ist nicht (ganz) ~** *umg* il est piqué, cinglé
Normalbenzin N̄ essence f ordinaire
normalerweise ADV normalement
Norovirus M̄ OU N̄ MED norovirus m
Norwegen N̄ la Norvège **Norweger(in)** M̄(F) Norvégien, -ienne m,f **norwegisch** ADJ norvégien
Not F̄ **1** (≈ *Notwendigkeit*) nécessité f; **wenn Not am Mann ist** en cas de nécessité; **zur Not** à la rigueur; → **nottun 2** (≈ *Notlage*) détresse f; **in Not** (*dat*) **sein** être dans la détresse **3 s-e liebe Not mit etw, j-m haben** avoir bien du mal avec qc, qn **4** (≈ *Elend*) misère f; **in Not** (*akk*) **geraten** tomber dans la misère; **Not leiden, in Not** (*dat*) **sein** être, se trouver dans la misère, le besoin; **Not leidend** nécessiteux; *stärker* miséreux
Notar(in) M̄(F) notaire m
Notarzt M̄, **Notärztin** F̄ médecin m d'urgence **Notaufnahme** F̄ *im Krankenhaus* service m des urgences **Notausgang** M̄ sortie f de secours **Notbremse** F̄ signal m d'alarme; **die ~ ziehen** tirer le signal d'alarme; *fig* donner, sonner l'alarme **Notdienst** M̄ (service m de) garde f; **~ haben** être de garde
Note F̄ **1** DIPL, MUS note f; **ganze ~** ronde f; **halbe ~** blanche f **2** SCHULE, SPORT note f; point m **3** *schweiz* (≈ *Banknote*) billet m (de banque) **4** *fig* (≈ *Eigenart*) cachet m **Notenschlüssel** M̄ MUS clé f
Notfall M̄ urgence f; cas m de besoin; **im ~** en cas de besoin; (≈ *wenn es nicht anders geht*) à la rigueur **notfalls** ADV en cas de besoin; (≈ *wenn es nicht anders geht*) à la rigueur; (≈ *schlimmstenfalls*) au pire
notgeil ADJ *sl pej bes. sexuell* obsédé (sexuel)
notieren V̄T **(sich** *dat*) **etw ~** noter qc **Notierung** F̄ BÖRSE cotation f
nötig ADJ nécessaire; **es ist ~, dass ...** il faut que ... (+ *subj*); **wenn ~** si besoin est; **etw ~ haben** avoir besoin de qc; *fig* **das habe ich (doch) nicht ~** je n'ai pas besoin de ça
Notiz F̄ (≈ *schriftlicher Vermerk*) note f; **sich** (*dat*) **~en machen** prendre des notes
Notizblock M̄ bloc-notes m **Notizbuch** N̄ carnet m **Notizzettel** M̄ fiche f
Notlage F̄ situation f difficile **Notlandung** F̄ atterrissage forcé **Notlösung** F̄ expédient m **Notlüge** F̄ pieux mensonge **Notruf** M̄ appel m d'urgence **Notrufnummer** F̄ numéro m d'urgence **Notstand** M̄ état m d'urgence **Notstandsgebiet** N̄ région sinistrée **nottun** *geh* V̄I/UNPERS être nécessaire; **es tut not, dass ...** il faut que ... (+ *subj*) **Notwehr** F̄ légitime défense f; **aus ~** en état de légitime défense
notwendig ADJ nécessaire **Notwendigkeit** F̄ nécessité f
Nougat M̄N̄ praliné m
Novelle F̄ (≈ *Erzählung*) nouvelle f
November M̄ (mois m de) novembre m
Nr. ABK (= *Nummer*) N°
Nu M̄ **im Nu** en un rien de temps; en un clin d'œil
nüchtern ADJ **1** (≈ *mit leerem Magen*) à jeun **2** (≈ *nicht betrunken*) à jeun **3** *Stil* sobre
Nudel F̄ **1 ~n** *pl a.* pâtes fpl **2** *umg fig* **ulkige ~** *umg* fille marrante **Nudelsalat** M̄ salade f de pâtes, de nouilles
Nugat → Nougat
nuklear ADJ nucléaire
null **A** NUM zéro; **~ Komma zwei** zéro virgule deux; **~ Grad** zéro degré; **~ Fehler** zéro faute **B** *umg* ADJ **~ Ahnung (von)** aucune idée (de) **Null** F̄ zéro m; *umg* **er ist e-e ~** *umg* c'est un zéro
Nullpunkt M̄ zéro m; *umg fig* **auf dem**

~ sein avoir le moral à zéro **Nullwachstum** N̄ croissance f zéro
Nummer F̄ numéro m **nummerieren** V̄T̄ numéroter
Nummernschild N̄ plaque f minéralogique, d'immatriculation
nun ADV **1** (≈ jetzt) maintenant; **von nun an** dorénavant; désormais **2** unbetont **nun** (ja) enfin; **nun, was sagen Sie dazu?** eh bien! qu'en dites-vous?; **was nun?** alors?; **nun gut!** eh bien!; soit!
nur ADV **1** ausschließend ne ... que; ohne Verb meist seul; seulement; **nicht nur ..., sondern auch** non seulement ..., mais aussi; **nur gut, dass ...** (+ ind) heureusement que ... (+ ind); **alle, nur er nicht** tous excepté od sauf lui; **... nur, dass ... sauf que...** **2** in Wunschsätzen **alles, nur das nicht!** tout sauf ça, mais pas ça! **3** ermunternd **nur zu!** vas-y!; allez-y!; **nur keine Angst!** n'aie bzw. n'ayez pas peur! **4** warte nur, ...! attends un peu, ...! **5** fragend, zweifelnd donc; **was soll ich nur sagen?** qu'est-ce que vous voulez que je vous dise?
nuscheln umg V̄Ī bredouiller; manger ses mots
Nuss F̄ (≈ Walnuss) noix f; (≈ Haselnuss) noisette f
Nussbaum M̄ a. Holz noyer m **Nussknacker** M̄ casse-noix m
Nüsslisalat schweiz M̄ mâche f, doucette f
Nussschokolade F̄ chocolat m aux noisettes
Nüster F̄ naseau m
nutzen → nützen **Nutzen** M̄ **1** (≈ Nützlichkeit) utilité f; **von ~ sein** être utile **2** (≈ Gewinn) profit m **3** (≈ Vorteil) avantage m **nützen** A V̄T̄ **1** AGR, TECH utiliser; exploiter **2** Gelegenheit etc profiter de B V̄Ī (j-m [zu etw]) ~ servir, être utile (à qn [pour qc]); **was nützt es, dass ...?** à quoi bon (+ inf) ?; **nichts ~** ne servir à rien **Nutzer(in)** M̄(F̄) ADMIN usager m/f, -trice m,f **nützlich** ADJ utile; **sich ~ machen** se rendre utile **nutzlos** ADJ inutile
Nylon® N̄ nylon® m

O

O¹, o N̄ O, o m
o INT oh!; **o ja, nein!** oh oui, non!; **o doch!** mais si!; **o Gott!** mon Dieu!
O² ABK (= Ost[en]) E (est)
Oase F̄ a. fig oasis f
ob KONJ si; **ob er noch da ist?** je me demande s'il est encore là; **ob ... oder ... que ...** (+ subj) ou que ... (+ subj); **und ob!** et comment!
obdachlos ADJ sans abri; (≈ nicht sesshaft) sans domicile fixe **Obdachlose(r)** M̄(F̄) sans-abri m/f; (≈ Nichtsesshafte[r]) sans domicile fixe m/f; SDF m/f
O-Beine umg NPL jambes arquées
oben ADV (≈ hoch oben) en haut (**auf** + akk ou dat de); (≈ auf der Oberfläche) à la surface; auf e-r Liste en tête; auf Kisten **~!** haut; **~ auf dem Berg** au sommet de la montagne; **~ genannt** susnommé; **links, rechts ~** en haut à gauche, à droite; **auf Seite 10 ~** en haut de la page 10; umg **~ ohne** seins nus
obendrein ADV de plus
Ober M̄ garçon m; **Herr ~!** garçon!; Monsieur!
Oberbürgermeister M̄ maire m
obere ADJ (≈ a. Schul-, Gesellschaftsklasse, Stockwerk) supérieur; örtlich d'en haut; (≈ darüberliegend) de dessus
Oberfläche F̄ (≈ Außenseite) surface f; (≈ Flächenausdehnung) superficie f **oberflächlich** A ADJ a. fig superficiel B ADV behandeln superficiellement; kennen vaguement
oberhalb PRÄP au-dessus de
Oberhaupt N̄ chef m **oberirdisch** ADJ à la surface du sol **Oberkiefer** M̄ mâchoire supérieure **Oberkörper** M̄ buste m; torse m; **den ~ frei machen** se mettre torse nu **Oberlippe** F̄ lèvre supérieure
Obers österr N̄ crème f Chantilly
Oberschenkel M̄ cuisse f **Oberschicht** F̄ classes supérieures (de la société) **Oberschule** umg F̄ lycée m
Oberseite F̄ dessus m

Oberst M colonel m
oberste ADJ (≈ höchst gelegen) le plus °haut; Stockwerk dernier; Rang le plus élevé; **an ~r Stelle** e-r Liste en première place
Oberteil N/M partie supérieure; dessus m; von Kleidungsstücken °haut m
Objekt N 1 objet m 2 (≈ Immobilie) bien immobilier 3 GRAM complément m (d'objet) **objektiv** ADJ objectif **Objektiv** N OPT objectif m
Oblate F 1 KIRCHE hostie f 2 GASTR etwa gaufrette f
Oboe F °hautbois m
Obst N fruits mpl
Obstbaum M arbre fruitier **Obstkuchen** M tarte f (aux fruits) **Obstsalat** M salade f de fruits
Obus M trolleybus m
obwohl KONJ quoique, bien que (+ subj)
Ochs südd, österr, schweiz M → Ochse **Ochse** M a. umg Person bœuf m
öde ADJ 1 (≈ menschenleer) désert 2 (≈ unbebaut) inculte 3 fig (≈ langweilig) ennuyeux
oder KONJ 1 ou; (≈ sonst) sinon; **~ aber** ou bien 2 in Fragen n'est-ce pas?
Ofen M (≈ Heizofen) poêle m; (≈ Backofen) four m; (≈ Herd, Fabrikofen, Schmelzofen) fourneau m
offen A ADJ 1 (≈ geöffnet), a. Hemd, Kragen, Wunde ouvert; Schuhe, Gelände découvert; **halb ~** Tür entrouvert; **~er Wein** vin m en carafe; **das Geschäft hat, ist ~** le magasin est ouvert 2 fig (≈ freimütig) franc 3 Stelle vacant 4 (≈ unentschieden) ouvert B ADV 1 **~ bleiben, lassen** Tür etc rester, laisser ouvert 2 **~ stehen** Tür etc être ouvert 3 (≈ freimütig) franchement; **~ gesagt, gestanden** à vrai dire; franchement
offenbar A ADJ manifeste; évident B ADV (≈ anscheinend) apparemment
Offenheit F franchise f
offensichtlich A ADJ manifeste; évident B ADV de toute évidence
offensiv ADJ offensif
öffentlich A ADJ public B ADV en public; **~ bekannt machen** rendre public
Öffentlichkeit F (≈ Publikum) public m; (≈ Öffentlichsein) publicité f **Öffentlichkeitsarbeit** F relations publiques

Offerte F HANDEL offre f
offiziell ADJ officiel
Offizier M officier m
offline IT °hors ligne
öffnen A VT & VI ouvrir; Flasche mit Kronenverschluss décapsuler; Zugekorktes déboucher B VR **sich ~** s'ouvrir (j-m, e-r Sache à qn, qc) **Öffner** M (≈ Büchsenöffner) ouvre-boîte m; (≈ Flaschenöffner) ouvre-bouteille m **Öffnung** F 1 (≈ Öffnen) ouverture f; e-r Flasche mit Korken débouchage m 2 (≈ offene Stelle) orifice m
oft ADV souvent; **wie oft?** combien de fois?
öfter ADV 1 **~, geh des Öfteren** assez souvent 2 **~ als** plus souvent que **öfters** ADV assez souvent
oh INT oh!
ohne A PRÄP sans; umg **das ist nicht (ganz) ~** (≈ nicht schlecht) cela n'est pas mal; (≈ das hat es in sich) c'est pas de la tarte umg B KONJ **~ dass ...** sans que ... (+ subj); **~ etw zu nehmen** sans rien prendre
Ohnmacht F 1 MED évanouissement m; **in ~** (akk) **fallen** s'évanouir 2 (≈ Machtlosigkeit) impuissance f **ohnmächtig** ADJ 1 MED évanoui; **~ werden** s'évanouir 2 (≈ machtlos) impuissant
Ohr N 1 oreille f; **gute, schlechte Ohren haben** bien, mal entendre; **j-m etw ins Ohr flüstern** dire qc à l'oreille de qn 2 fig **die Ohren spitzen** Tier dresser les oreilles; umg Person dresser l'oreille; umg **j-n übers Ohr hauen** umg rouler qn; umg **viel um die Ohren haben** umg être débordé
Ohrenschmerzen MPL maux mpl d'oreille(s); **ich habe ~** j'ai mal aux oreilles
Ohrfeige F a. fig gifle f **Ohrläppchen** N lobe m de l'oreille
Ohropax® N boules fpl Quies®
Ohrring M boucle f d'oreille
oje(mine) INT mon Dieu!
o. k., O. K. umg ABK → okay **okay** umg INT d'accord!; O.K.!
Ökobauer M agriculteur m biologique
Ökoei N HANDEL œuf m bio(logique)
Ökoladen M magasin m de produits biologiques, magasin m de produits bio umg

Ökologie F écologie f **ökologisch** ADJ écologique
Ökostrom M WIRTSCH électricité f verte **Ökosystem** N écosystème m
Oktave F MUS octave f
Oktober M (mois m d')octobre m
ökumenisch ADJ œcuménique
Öl N (≈ Speiseöl, Motorenöl) huile f; (≈ Heizöl) mazout m; fuel m; (≈ Erdöl) pétrole m; AUTO **das Öl wechseln** faire la vidange
Oldie umg M vieux succès
Öldruck M AUTO pression f d'huile
Oldtimer M voiture ancienne
ölen umg VT **Ölfarbe** F peinture f à l'huile **Ölheizung** F chauffage m au mazout **ölig** ADJ huileux
Olive F olive f **Olivenbaum** M olivier m **Olivenöl** N huile f d'olive **olivgrün** ADJ vert olive
Ölpest F marée noire **Ölsardine** F sardine f à l'huile **Öltanker** M pétrolier m **Ölwanne** F AUTO carter m inférieur **Ölwechsel** M vidange f; **e-n ~ machen (lassen)** faire (faire) une vidange
Olympiade F Jeux mpl olympiques **Olympiastadion** N stade m olympique
Oma umg F mamie f umg, mémé f umg; (≈ alte Frau) mémé f umg
Omnibus M autobus m; (≈ Reisebus) autocar m
Onkel M oncle m
online IT en ligne; **das habe ich ~ gekauft** je l'ai acheté en ligne
Onlinebanking N banque f en ligne **Onlinedienst** M service m en ligne **Onlineportal** N IT portail m en ligne **Onlineshop** M boutique f en ligne **Onlineticket** N **1** für Eintrittskarten billet m sur Internet **2** für Fahrkarten ticket m sur Internet
Opa umg M papi m umg, pépé m umg; (≈ alter Mann) pépé m umg
Open-Air-... en plein air
Oper F opéra m; (≈ Opernhaus) Opéra m
Operation F a. MIL, MATH opération f **Operationssaal** M salle f d'opération
Operator(in) M(F) IT opérateur, -trice m,f
operieren VT MED opérer (**an** + dat de); sich ~ lassen se faire opérer
Opfer N **1** REL, a. fig sacrifice m; (≈ Opfergabe) offrande f; **große ~ für etw bringen** faire de grands sacrifices pour qc **2** (≈ Geschädigter) victime f **opfern** A VT REL, a. fig sacrifier B VR **sich (für j-n, etw) ~** se sacrifier (pour qn, à qc) a. fig
Opium N a. fig opium m
Opposition F opposition f **Oppositionspartei** F parti m d'opposition
Optiker(in) M(F) opticien, -ienne m,f
optimal A ADJ optimal B ADV de manière optimale
Optimismus M optimisme m **optimistisch** ADJ optimiste
optisch ADJ optique; **~e Täuschung** illusion f d'optique
orange ADJ orange
Orange F orange f **Orangensaft** M jus m d'orange
Orchester N orchestre m
Orchidee F orchidée f
Orden M **1** (≈ Mönchsorden etc) ordre m **2** (≈ Auszeichnung) décoration f
ordentlich A ADJ **1** (≈ ordnungsliebend) ordonné **2** (≈ anständig) convenable **3** umg (≈ ganz gut) convenable; **e-e ~e Leistung** un bon travail **4** umg (≈ reichlich) abondant B ADV **1** (≈ geordnet) de manière ordonnée **2** (≈ anständig) convenablement **3** umg (≈ ganz gut) bien **4** umg (≈ reichlich) copieusement
Ordinalzahl F nombre ordinal
ordinär pej ADJ vulgaire
Ordination F österr (≈ Sprechstunde) heures fpl de consultation; (≈ Arztpraxis) cabinet médical
ordnen VT mettre de l'ordre dans; ranger; **nach Größe etc** classer (**nach** par)
Ordner M **1** Person membre m du service d'ordre **2** (≈ Aktenordner) classeur m
Ordnung F ordre m; **in ~ halten** tenir en ordre; **in ~ bringen** (≈ aufräumen) ranger; fig (≈ regeln) régler; Papiere etc **in ~ sein** être en règle; umg **(das geht) in ~!** parfait!; d'accord!; umg ça marche!; **ich finde es nicht in ~, dass** je ne trouve pas ça bien que (+subj); umg **er ist in ~** umg il est bien
Ordnungszahl F nombre ordinal

Oregano M origan m
Organ N 1 ANAT, (≈ Nachrichtenorgan), a. fig organe m 2 umg (≈ Stimme) voix f
Organisation F organisation f
organisch ADJ organique
organisieren A V/T 1 organiser 2 umg (≈ beschaffen) **etw ~** se procurer qc B V/R **sich ~** s'organiser
Organismus M BIOL, a. fig organisme m
Organspender(in) M(F) donneur, -euse m,f (d'organe)
Orgasmus M orgasme m
Orgel F orgue m
Orient der ~ l'Orient m **orientalisch** ADJ oriental
orientieren V/R 1 **sich ~** räumlich s'orienter 2 **sich ~** (≈ sich informieren) se renseigner (sur) **Orientierung** F orientation f; **die ~ verlieren** perdre l'orientation **orientierungslos** ADJ désorienté
original A ADJ original; (≈ ursprünglich) d'origine B ADV **französische Spitze** véritable dentelle française; **etw ~ übertragen** diffuser qc en direct **Original** N a. Person original m
originell ADJ original
Orkan M ouragan m
Ornament N ornement m
Ort M lieu m; endroit m; (≈ Ortschaft) localité f; **an Ort und Stelle** sur place; fig **vor Ort** (≈ an Ort und Stelle) sur place
orten V/T localiser; repérer
Orthografie F orthographe f **orthografisch** ADJ orthographique; **~er Fehler** faute f d'orthographe **Orthographie** F → Orthographie
Orthopäde M, **Orthopädin** F orthopédiste m
örtlich A ADJ a. Betäubung, Niederschläge local B ADV MED **~ betäuben** pratiquer une anesthésie locale
Ortsangabe F indication f du lieu **Ortsgespräch** N TEL communication urbaine **Ortsnetz** N TEL réseau urbain **Ortstarif** M TEL tarif urbain **Ortszeit** F heure locale
Öse F MODE œillet m
Ostdeutschland N l'Allemagne f de l'Est
Osten M est m; POL **der ~** l'Est; **der Ferne ~** l'Extrême-Orient; **der Mittlere ~** le Moyen-Orient; **der Nahe ~** le Proche-Orient; **im ~ (von)** à l'est (de)
Osterei N œuf m de Pâques **Osterferien** PL vacances fpl de Pâques **Osterglocke** F BOT jonquille f **Osterhase** M lapin m de Pâques
Ostern N Pâques m/fpl; **an ~** od **zu ~** à Pâques; **frohe** od **fröhliche ~!** joyeuses Pâques!
Österreich N l'Autriche f **Österreicher(in)** M(F) Autrichien, -ienne m,f **österreichisch** ADJ autrichien
Osteuropa N l'Europe de l'Est
östlich A ADJ d(e l')est; oriental B ADV **~ von** à l'est de
Ostsee F (mer f) Baltique f **Ostwind** M vent m d'est
out umg ADJ **out sein** être passé de mode
Outfit N (≈ Kleidung) tenue f; umg fringues fpl
Output M/N 1 WIRTSCH production totale d'une entreprise 2 IT sortie f
oval ADJ ovale
Overall M mit Ärmeln combinaison f
Overheadprojektor M rétroprojecteur m
Ozean M océan m
Ozon N ozone m
Ozonloch N trou m dans la couche d'ozone **Ozonschicht** F couche f d'ozone **Ozonwert** M taux m d'ozone

P

P, p N P, p m
paar INDEF PR **ein ~** (≈ einige) quelques; **ein ~ hundert Bücher** quelques centaines de livres; **ein ~ verließen den Saal** quelques-uns ont quitté la salle
Paar N 1 bei Sachen paire f; **ein ~ Schuhe** une paire de chaussures 2 Personen, Tiere couple m
paaren V/R **sich ~** s'accoupler, s'apparier (**mit** avec); fig s'allier, s'associer (à, avec)
paarmal ADV **ein ~** quelques fois

paarweise ADJ & ADV par paires
Pacht F bail m; *e-s Geschäfts* gérance f
pachten VT prendre à bail; *Geschäft* prendre en gérance libre **Pächter(in)** M(F) gérant m
Päckchen N petit paquet; **ein ~ Zigaretten** un paquet de cigarettes
packen A VT 1 *Koffer, Paket* faire; *Waren* emballer; (≈ *hineinpacken*) faire entrer (**in** + *akk* dans) 2 (≈ *ergreifen*), a. *fig* saisir 3 *fig* (≈ *fesseln*) captiver 4 *umg Examen* décrocher B VR (≈ *Koffer packen*) faire ses valises, bagages
Packen M gros paquet
Packpapier N papier m d'emballage
Packstation F POSTWESEN point m colis
Packung F HANDEL paquet m
Paddel N pagaie f **Paddelboot** N (≈ *Kanu*) canoë m; (≈ *Kajak*) kayak m
Paella F GASTR paella f
paffen *umg* VI fumer
Paket N paquet m; (≈ *Postpaket*) colis postal **Paketzustellung** F distribution f des colis
Pakistan N le Pakistan
Pakt M pacte m
Palast M palais m
Palästina N la Palestine **Palästinenser(in)** M(F) Palestinien, -ienne m,f
Palatschinke *österr* F crêpe f
Palette F *a.* TECH palette f; *fig* (≈ *Vielfalt*) gamme f
Palliativmedizin F médecine f palliative
Palme F palmier m; *umg fig* **j-n auf die ~ bringen** mettre qn en rage; pousser qn à bout
Palm(en)herzen NPL GASTR cœurs mpl de palmier
Palmsonntag M dimanche m des Rameaux
Pampelmuse F pamplemousse m
pampig *umg* ADJ (≈ *dreist*) gonflé *umg*; (≈ *unfreundlich*) désagréable
Panade F GASTR panure f
Pangasius M *Speisefisch* panga m **Pangasiusfilet** N filet m de panga
panieren VT paner
Panik F panique f; **in ~** (*akk*) **geraten** *umg* paniquer **Panikmache** *umg pej* F alarmisme m **panisch** ADJ panique
Panne F *a. fig* panne f; **e-e ~ haben** avoir une, tomber en panne **Pannenhilfe** F dépannage m
Pant(h)er M panthère f
Pantoffel M pantoufle f
Pantomime F pantomime f
Panzer M 1 ZOOL carapace f 2 MIL char m d'assaut; blindé m **Panzerschrank** M coffre-fort m
Papa *umg kinderspr* M papa m
Papagei M perroquet m
Papi *umg kinderspr* M papa m
Papier N 1 papier m; **zu ~ bringen** mettre, jeter sur le papier; écrire 2 **~e** (≈ *Ausweise*) papiers mpl
Papiergeld N papier-monnaie m **Papierkorb** M corbeille f à papier **Papiertaschentuch** N mouchoir m en papier **Papierzufuhr** F IT alimentation f papier
Pappbecher M gobelet m en carton
Pappe F carton m
Pappkarton M carton m **Pappmaschee** N papier mâché
Paprika M *Schote* poivron m; *Gewürz* paprika m
Papst M *a. fig* pape m **päpstlich** ADJ du pape
Parabel F parabole f
Parade F MIL défilé m, parade f (militaire)
Paradeiser *österr* M tomate f
Paradies N *a. fig* paradis m **paradiesisch** ADJ *a. fig* paradisiaque
Paragliding N parapente m
Paragraf M (≈ *Absatz*) paragraphe m; JUR article m
parallel A ADJ parallèle (**mit, zu** à) B ADV **~ laufen** être parallèle **Parallele** F parallèle f; *fig* parallèle m **Parallelstraße** F rue f parallèle
parat ADJ prêt; **etw ~ haben** avoir qc tout prêt
Pärchen N (jeune) couple m
Parfum N, **Parfüm** N parfum m **Parfümerie** F parfumerie f **parfümieren** VR **sich ~** se parfumer
Paris N Paris **Pariser** *umg* M (≈ *Kondom*) capote (anglaise) *umg* **Pariser(in)** M(F) Parisien, -ienne m,f
Park M parc m
Parka M parka f/m
Parkbank F banc public
parken A VT garer B VI se garer

Parkett N parquet m; THEAT orchestre m
Parkgebühr F taxe f de stationnement
Parkhaus N parking couvert
parkieren schweiz → parken
Parklücke F créneau m **Parkplatz** M **1** für viele Autos parking m; parc m de stationnement **2** (≈ Parkmöglichkeit) place f (pour se garer) **Parkscheibe** F disque m (de stationnement) **Parkschein** M ticket m de stationnement **Parkscheinautomat** M horodateur m **Parkuhr** F parcmètre m **Parkverbot** N interdiction f, défense f de stationner; im ~ stehen être en stationnement interdit
Parlament N parlement m **Parlamentarier(in)** M(F) parlementaire m/f
parlamentarisch ADJ parlementaire
Parlamentswahlen FPL élections f (législatives)
Parodie F parodie f (auf + akk de)
Parole F Demonstration slogan m
Partei F **1** (≈ Gruppe), a. POL parti m; für, gegen j-n ~ ergreifen prendre parti pour, contre qn **2** JUR partie f **parteiisch** ADJ partial **parteilos** ADJ sans parti **Parteitag** M congrès m du parti
Parterre N rez-de-chaussée m
Partie F **1** beim Spiel partie f **2** mit von der ~ sein être de la partie
Partizip N GRAM participe m; ~ Präsens, Perfekt participe présent, passé
Partner(in) M(F) partenaire m/f; (≈ Lebensgefährte) compagnon m, compagne f; HANDEL associé(e) m(f) **Partnerschaft** F association f **Partnerstadt** F ville jumelée (von od + gen à)
Party F fête f; umg boum f **Partyservice** M traiteur m (livrant à domicile)
Pass M **1** (≈ Bergpass) col m **2** (≈ Reisepass) passeport m **3** SPORT passe f
Passage F (≈ Durchgang, -fahrt) passage m; überdachte galerie f **2** (≈ Abschnitt) passage m
Passagier M passager m
Passbild N photo f d'identité
passen VI **1** Ersatzteil, Schlüssel auf etw (akk), zu etw ~ aller sur, avec qc; in etw (akk) ~ aller dans qc **2** Kleidung aller bien (j-m à qn) **3** (≈ harmonieren) ~ zu convenir à; s'accorder avec; être assorti à **4** (≈ genehm sein) convenir; dieser Termin passt mir nicht cette date ne me convient, ne m'arrange, ne me va pas **5** KARTENSPIEL, a. fig passer; FUSSBALL zu j-m ~ faire une passe à qn
passend ADJ Ersatzteil, Schlüssel bon, bonne; Kleidung qui va bien; juste; (≈ harmonierend) assorti; Zeitpunkt opportun; umg **haben Sie es ~?** vous avez la monnaie?; pouvez-vous faire l'appoint?
Passfoto N photo f d'identité
passieren A VI Fluss, Grenze, Zoll passer B VI (≈ geschehen) se passer; arriver; **was ist passiert?** qu'est-ce qui est arrivé?, qu'est-ce qui s'est passé?
passiv ADJ passif **Passiv** N GRAM passif m
Passkontrolle F contrôle m des passeports
Passwort N IT mot m de passe
Paste F pâte f
Pastete F (≈ Blätterteigpastete) vol-au-vent m; (≈ Leberpastete) pâté m
Pastor M PROT pasteur m **Pastorin** F femme f pasteur
Patchworkfamilie F famille recomposée
Pate M parrain m **Patenkind** N filleul(e) m(f) **Patenonkel** M parrain m
Patent N brevet m (d'invention); **ein ~ anmelden** déposer un brevet (auf + akk pour)
Patentante F marraine f
Patentlösung F solution f passe-partout
Pater M (révérend) père m
Patient(in) M(F) malade m/f; patient(e) m(f)
Patin F marraine f
Patrone F cartouche f
Pauke F grosse caisse; timbale f; umg fig **auf die ~ hauen** (≈ angeben) frimer; se la jouer; (≈ feiern) faire la bringue umg **pauken** umg VI umg bosser; umg bûcher **Pauker** umg M (≈ Lehrer) prof m umg
Pauschale F forfait m **Pauschalreise** F voyage organisé
Pauschbetrag M Steuer etc forfait m, montant m forfaitaire
Pause F **1** pause f; **e-e ~ machen** faire une pause; **~ haben, machen** faire la pause **2** SCHULE récréation f; **kurze interklasse** m **3** THEAT entracte m

Pausenbrot N̄ casse-croûte m **pausenlos** ADV sans arrêt, interruption, cesse
Pavian M babouin m
Paywall F̄ IT (≈ Bezahlschranke auf Website) pay wall m
Pazifik der ~ le Pacifique
PC M ABK (= Personal Computer) micro m; PC m; **am PC arbeiten** travailler sur PC
PDF-Datei F̄ IT fichier m PDF
Pech N̄ **1** poix f **2** (≈ Unglück) malchance f; umg poisse f
Pechsträhne F̄ série noire **Pechvogel** M̄ malchanceux m
Pedal N̄ pédale f
peilen VT Wassertiefe sonder; mesurer; Richtung relever
peinlich A ADJ embarrassant; gênant; **dieses Versehen war ihm ~** il était confus de sa méprise B ADV **~ genau** méticuleux
Peitsche F̄ fouet m
Peking N̄ Pékin
Pekingente F̄ GASTR canard laqué
Pelle regional F̄ **1** von Kartoffeln, Obst pelure f; umg **j-m auf die ~ rücken** umg se coller contre qn **2** (≈ Wurstpelle) peau f **pellen** VT regional peler; Kartoffeln éplucher **Pellkartoffel** F̄ pomme f de terre en robe des champs, de chambre
Pelz M̄ **1** der Tiere pelage m; poil m **2** Bekleidungsstücken fourrure f **pelzig** ADJ Zunge pâteux **Pelzmantel** M̄ manteau m de fourrure
Pendel N̄ pendule m; e-r Uhr balancier m **pendeln** VI **1** Gegenstand se balancer **2** Zug, Person faire la navette **Pendler** M̄ aus e-m Vorort banlieusard m
penibel ADJ méticuleux (à l'excès)
Penis M̄ pénis m
Penizillin N̄ pénicilline f
pennen umg VI umg roupiller **Penner(in)** umg pej M(F) (≈ Stadtstreicher) clochard(e) m(f)
Pension F̄ **1** (≈ Ruhegehalt) pension f; retraite f **2** (≈ Ruhestand) retraite f; **in ~ gehen** prendre sa retraite **3** (≈ Unterkunft u. Verpflegung, Gästehaus) pension f
Pensionär(in) M(F) retraité(e) m(f)
pensionieren VT mettre à la retraite;

pensioniert à la, en retraite; retraité
Pensionierung F̄ (mise f à la) retraite f
Pensum N̄ **1** tâche f; devoir m **2** (≈ Lehrstoff) programme m (scolaire)
Peperoni F̄ piment m
per PRÄP par; **per Schiff** par bateau
perfekt ADJ **1** parfait **2** (≈ abgemacht) conclu
Perfekt N̄ GRAM passé composé
Perfektion F̄ perfection f
Periode F̄ **1** période f **2** BIOL règles fpl
peripher A ADJ a. IT périphérique; fig secondaire; accessoire B ADV à la périphérie; fig accessoirement **Peripherie** F̄ e-r Stadt périphérie f; IT matériel m périphérique **Peripheriegerät** N̄ IT périphérique m
Perle F̄ **1** perle f **2** (≈ Sektperle) bulle f
Perlmutt N̄, **Perlmutter** F̄, **Perlmutter** N̄ nacre f
perplex umg ADJ (≈ verwirrt) confus; perplexe; (≈ verblüfft) soufflé umg
Perron schweiz M̄ quai m (de gare)
Person F̄ **1** a. GRAM personne f; **in ~** en personne **2** THEAT in Romanen personnage m
Personal N̄ personnel m
Personalabteilung F̄ service m du personnel **Personalausweis** M̄ carte f d'identité
Personalien PL identité f; **j-s ~ (akk) aufnehmen, feststellen** relever, prendre, établir l'identité de qn
Personalpronomen N̄ GRAM pronom personnel
Personal Trainer(in) M(F) FITNESS coach m personnel, coach f personnelle
Personenwaage F̄ balance f **Personenzug** M̄ train m de voyageurs
persönlich A ADJ a. GRAM personnel; individuel B ADV en personne; **ich ~** ... quant à moi, je ...; **~ kommen** venir en personne; **etw ~ nehmen** prendre qc pour soi
Persönlichkeit F̄ personnalité f; bedeutende personnage m
Perspektive F̄ a. fig perspective f
Peru N̄ le Pérou
Perücke F̄ perruque f
pervers ADJ pervers
Pessimist(in) M(F) pessimiste m/f **pessimistisch** A ADJ pessimiste B ADV

avec pessimisme

Pest F *a. fig* peste f; *umg* j-n, etw **wie die ~ hassen** °haïr qn, qc comme la peste; *umg* **wie die ~ stinken** empester

Petersilie F persil m

Petition F pétition f

Petze *pej* F *Schülersprache umg* rapporteur, -euse m,f **petzen** *umg pej* V/T rapporter

Pfad M sentier m **Pfadfinder(in)** M(F) scout m; guide f

Pfahl M pieu m; (≈ *Pfosten*) poteau m; (≈ *Ramm-, Grundpfahl*) pilotis m

Pfalz die ~ le Palatinat

Pfand N gage m; (≈ *Flaschenpfand*) consigne f; **diese Flasche kostet (kein) ~** cette bouteille (n')est (pas) consignée **pfänden** V/T saisir **Pfandflasche** F bouteille consignée

Pfanne F poêle f; *umg fig* **j-n in die ~ hauen** éreinter qn *umg*, démolir qn *umg*, esquinter qn *umg*

Pfannkuchen M (≈ *Eierkuchen*) crêpe f; (≈ *Krapfen*) beignet m

Pfarrei F paroisse f

Pfarrer M KATH curé m; PROT pasteur m **Pfarrerin** F pasteur m

Pfau M paon m

Pfeffer M poivre m

Pfefferminze F menthe f **Pfefferminztee** M (infusion f de) menthe f

pfeffern V/T **1** GASTR, *a. fig* poivrer **2** *umg* (≈ *werfen*) balancer *umg*, flanquer *umg*

Pfeife F **1** (≈ *Trillerpfeife*) sifflet m; *fig* **alles tanzt nach s-r ~** tous lui obéissent à la baguette **2** (≈ *Tabakspfeife*) pipe f; **~ rauchen** fumer la pipe **3** *umg pej* zéro m; *umg* nullard(e) m(f)

pfeifen A V/T Lied, Foul siffler B V/I Wind, Geschosse, Tiere siffler; Schiedsrichter donner le coup de sifflet; *umg* **auf etw** (akk) **~** *umg* se ficher de qc

Pfeil M flèche f; **~ und Bogen** arc et flèche

Pfeiler M *a. fig* pilier m; (≈ *Brückenpfeiler*) pile f

Pfennig M HIST pfennig m; *umg fig* **keinen ~ (Geld) haben** n'avoir pas, être sans le sou

Pferd N **1** cheval m; **zu ~e** à cheval; *umg* **keine zehn ~e ...** il n'y a rien, pas de puissance au monde qui ... (+subj) od capable de ... (+ inf); *umg fig* **das beste ~ im Stall** le meilleur élément **2** *Turngerät* cheval m d'arçons

Pferderennen N course f de chevaux **Pferdeschwanz** M *a. Frisur* queue f de cheval **Pferdestall** M écurie f

pfiff → pfeifen

Pfiff M **1** (≈ *Pfeifen*) sifflement m; *auf e-r Pfeife* coup m de sifflet **2** *umg* (≈ *Reiz*) chic m; **mit ~** avec un petit je-ne-sais-quoi

Pfifferling M chanterelle f; girolle f

pfiffig ADJ futé; malin

Pfingsten N/PL la Pentecôte; **an** od **zu ~** à la Pentecôte **Pfingstferien** PL vacances fpl de la Pentecôte

Pfirsich M pêche f

Pflanze F plante f

pflanzen V/T (≈ *einpflanzen*) planter (**in** + akk dans)

pflanzlich ADJ végétal

Pflaster N (≈ *Straßenpflaster*) pavé m; *umg fig* **Paris ist ein teures ~** la vie est chère à Paris

Pflaume F **1** prune f; **getrocknete ~** pruneau m **2** *umg* (≈ *Versager*) nouille f *pej umg*

Pflege F *e-r Person, des Körpers* soins mpl; (≈ *Unterhaltung*) entretien m; maintenance f

Pflegedienst M **1** TECH, AUTO service m d'entretien **2** MED service m de soins pour personnes dépendantes; **ambulanter ~** service de soins à domicile

Pflegeeltern PL parents nourriciers **Pflegekind** N enfant m en nourrice, en garde **pflegeleicht** ADJ d'entretien facile **Pflegemutter** F nourrice f

pflegen A V/T **1** soigner; donner des soins à; (≈ *unterhalten*) entretenir **2** **etw zu tun ~** avoir l'habitude, avoir coutume de faire qc B V/R **sich ~** se soigner **Pfleger(in)** M(F) garde-malade m/f

Pflegevater M père nourricier

Pflicht F **1** devoir m; obligation f; **es ist meine ~,** qn (+ *inf*) il est de mon devoir de (+ *inf*) **2** *beim Eiskunstlauf* figures imposées

pflichtbewusst ADJ conscient de son devoir **Pflichtbewusstsein** N sens m, conscience f du devoir **Pflichtfach** N matière f obligatoire **Pflichtversi-**

cherung F assurance f obligatoire
Pflock M piquet m
pflücken VT cueillir
Pflug M charrue f **pflügen** VT labourer
Pforte F a. fig porte f **Pförtner** M concierge m; portier m
Pfosten M a. SPORT poteau m
Pfote F a. fig patte f
Pfropfen M bouchon m
pfui INT ~!, **~ Teufel**, umg **~ Spinne** umg pouah!; be(u)rk!
Pfund N 1 Gewicht livre f; demi-kilo m 2 Währung livre f
Pfusch umg M bâclage m; travail bâclé **pfuschen** umg VI umg bâcler; umg bousiller
Pfütze F flaque f (d'eau); größere mare f
Phänomen N phénomène m
Phantasie usw. → Fantasie
Pharao M HIST pharaon m
Phase F phase f; fig a. stade m
Philosoph(in) MF philosophe m/f
Philosophie F philosophie f
pH-Wert M CHEM pH m
Physik F physique f **physikalisch** ADJ physique **Physiker(in)** MF physicien, -ienne m,f
Pianist(in) MF pianiste m/f
Pickel M 1 (≈ Spitzhacke) pioche f; pic m; (≈ Eispickel) piolet m 2 MED (petit) bouton **pick(e)lig** ADJ boutonneux
picken VT & VI 1 Vögel, Hühner donner des coups de bec (à); picorer; picoter 2 umg österr (≈ kleben) coller
Pickerl umg österr N zur Autobahnbenutzung péage autoroute sous la forme d'une vignette
Picknick N pique-nique m **picknicken** VI pique-niquer **Picknickkorb** M panier m à pique-nique
piepen VI Küken piailler; kleine Vögel pépier; umg **bei dir piept's wohl?** umg ça ne va pas la tête!; t'es pas un peu malade!
Piepton M bip m sonore
Pier MF SCHIFF môle m
piercen VT j-n ~ faire un piercing à qn; **sich ~ lassen** se faire faire un piercing **Piercing** N piercing m
piesacken umg VT umg asticoter
Pik N Spielkartenfarbe pique m
pikant ADJ épicé, piquant a. fig; (≈ frivol)

salé
piken umg VT & VI piquer
pikiert ADJ offusqué, vexé (**über etw** akk par qc)
piksen umg VT & VI piquer
Pilger(in) MF pèlerin m, femme f pèlerin **pilgern** VI 1 **nach … ~** faire le pèlerinage de … 2 umg fig marcher
Pille F pilule f; **sie nimmt die ~** elle prend la pilule
Pilot(in) MF pilote m, femme f pilote **Pilotprojekt** N projet-pilote m
Pils N pils f
Pilz M 1 champignon m 2 umg (≈ Pilzinfektion) mycose f
PIN F ABK (= persönliche Identifikationsnummer) BANK code confidentiel
pingelig umg ADJ umg pinailleur
Pinguin M pingouin m
Pinie F pin m pignon, parasol
pink ADJ rose
pinkeln umg VI umg faire pipi
PIN-Nummer umg F → PIN
Pinnwand F panneau m d'affichage (en liège, etc)
Pinsel M pinceau m
Pinzette F pince f
Pipapo umg N **mit allem ~** umg avec tout le tralala
Pipi kindersp N pipi m; **~ machen** faire pipi
Pirat(in) MF pirate m **Piratenpartei** F POL bes BRD Parti m Pirate **Piraterie** F a. HANDEL piraterie f
Pistazie F pistache f
Piste F piste f
Pistole F pistolet m; **wie aus der ~ geschossen** sans hésitation
pitschnass umg ADJ umg trempé (comme une soupe)
Pixel N IT, TV pixel m
Pizza F pizza f **Pizzeria** F pizzeria f
Pkw M ABK (= Personenkraftwagen) voiture f de tourisme
Plage F 1 tourment m 2 (≈ Landplage) fléau m
plagen A VT tourmenter; tracasser B VR **sich (mit etw) ~** peiner (sur qc); umg s'esquinter (à faire qc)
Plakat N affiche f
Plakette F (≈ Abzeichen) badge m
Plan M plan m; (≈ Absicht) dessein m; (≈ Vorhaben) a. projet m; **Pläne schmie-**

den faire des projets; **auf dem ~ stehen** être prévu, au programme **planen** V/T *ohne Objekt* faire des projets; *Reise, Arbeit* projeter; (≈ *vorsehen*) prévoir; **wie geplant** comme prévu

Planet M planète f **Planetarium** N planétarium m

Planke F planche f

planlos ADJ & ADV sans méthode; (≈ *aufs Geratewohl*) au *hasard **planmäßig** ADJ & ADV comme prévu; méthodique (-ment); *Abfahrt, Ankunft* prévu; *Zug* régulier

planschen *umg* V/I barboter

Plantage F plantation f

plantschen V/I barboter

Planung F planification f; **in der ~ sein** être en projet

Planwirtschaft F économie dirigée, planifiée

plappern *umg* V/T & V/I babiller

Plastik[1] N (≈ *Kunststoff*) (matière f) plastique m

Plastik[2] F *Werk* sculpture f

Plastiktasche F, **Plastiktüte** F sac m, sachet m de, en plastique

plätschern V/I gargouiller; *kleine Wellen* clapoter

platt ADJ **1** (≈ *flach*) plat; *Reifen* à plat; *umg* **e-n Platten haben** avoir un pneu crevé; *umg* avoir crevé **2** *umg vor Staunen umg* épaté

Platte F **1** *aus Metall, Glas* plaque f; *aus Stein* dalle f **2** *zum Servieren* plat m; **kalte ~** plat de viande froide, de charcuterie; assiette anglaise **3** (≈ *CD*) disque m **4** (≈ *Kochplatte*) plaque f (électrique)

Plattenspieler M tourne-disque m

Plattform F *a. fig* plate-forme f

Platz M **1** (≈ *Sitzplatz*) place f; **~ nehmen** prendre place; s'asseoir **2** (≈ *Sportplatz*) terrain m (de sport); (≈ *Tennisplatz*) court m; **vom ~ stellen** expulser **3** *in e-r Stadt* place f **4** (≈ *Ort*) endroit m; lieu m; **(nicht) an s-m ~ sein** (ne pas) être à sa place; *fig* **fehl am ~ sein** être déplacé **5** (≈ *Stellung*) place f; poste m; **den zweiten ~ belegen** prendre, obtenir la deuxième place **6** (≈ *Raum*) place f; **j-m ~ machen** faire place à qn; **~ sparend** peu encombrant

Platzanweiser(in) M(F) placeur m; ouvreuse f

Plätzchen N *Gebäck* gâteau sec

platzen V/I **1** crever; *mit Getöse* éclater **2** *umg fig Vorhaben* tomber à l'eau **3** **vor Neugier ~** *umg* mourir de curiosité; **vor Wut ~** exploser (de colère)

platzieren A V/T placer B V/R SPORT **sich ~ als ...** se classer ...

Platzkarte F billet m de réservation, de location **Platzreservierung** F réservation f de place

Platzwunde F plaie (ouverte)

plaudern V/I causer; bavarder

Playlist F IT *für Musik* liste f d'écoute, playlist f; *für Videos* liste f de vidéos

pleite *umg* ADJ en faillite; **~ sein** être en faillite; *fig* **ich bin ~** (≈ *habe kein Geld mehr*) je suis fauché, à sec *umg*; → **pleitegehen**

Pleite *umg* F **1** FIN faillite f; **~ machen** faire faillite; → **pleitegehen** **2** *fig* échec m **pleitegehen** V/I faire faillite, banqueroute

Plombe F **1** (≈ *Bleisiegel*) plomb m **2** (≈ *Zahnfüllung*) plombage m **plombieren** V/T plomber

plötzlich A ADJ subit; soudain B ADV tout à coup

plump ADJ **1** (*dick*), *Lüge, Fälschung* grossier **2** (≈ *schwerfällig*) lourd **3** (≈ *ungeschickt*) maladroit

plumpsen *umg* V/I *auf den Boden* faire pouf; *ins Wasser* faire plouf

Plunder *umg* M bazar m

plündern V/T piller

Plural M pluriel m

plus ADV plus

Plus N **1** (≈ *Überschuss*) surplus m **2** MATH plus m **3** *fig* (≈ *Vorteil*) avantage m; plus m

Plüsch M peluche f **Plüschtier** N animal m en peluche

Pluspunkt M bon point

Po *umg* M derrière m; *umg* postérieur m

pochen *geh* V/I **1** (≈ *klopfen*) frapper (**an** + *akk*), (**gegen** à, contre); *Herz* battre **2** *fig* **auf etw** (*akk*) **~** faire valoir qc

pochieren V/T GASTR pocher

Pocken PL variole f

Podcast M IT podcast m

Podest M/N **1** (≈ *Podium*) estrade f **2** (≈ *Treppenabsatz*) palier m **Podiumsdiskussion** F débat m en public

Pokal M coupe f **Pokalspiel** N match

m de coupe
Poker N/M *a. fig* poker *m* **pokern** V/I jouer au poker
Pol M pôle *m*
Polarkreis N/M cercle *m* polaire; **nördlicher, südlicher ~** cercle polaire arctique, antarctique **Polarstern** M Étoile *f* polaire
Pole M Polonais *m* **Polen** N la Pologne
polieren V/T *Möbel* faire briller, reluire; *Metalle* fourbir
Polin F Polonaise *f*
Politesse F contractuelle *f*
Politik F politique *f* **Politiker(in)** M(F) homme *m*, femme *f* politique **politisch** A ADJ politique B ADV **~ korrekt** politiquement correct
Politur F ▯ (≈ *Glanz*) poli *m* ▯ *Mittel* vernis *m*
Polizei F police *f*; **bei der ~** à la police; **zur ~ gehen** aller au poste de la police
Polizeibeamte(r) M, **Polizeibeamtin** F agent *m* de police **Polizeikontrolle** F contrôle *m* de (la) police **Polizeischutz** M protection policière **Polizeiwache** F poste *m* de police **Polizist(in)** M(F) agent *m* de police
polnisch ADJ polonais
Polohemd N polo *m*
Polster N ▯ (≈ *Polsterung*) rembourrage *m* ▯ (≈ *Kissen*) coussin *m*
Polterabend M *joyeuse fête où l'on casse de la vaisselle à la veille des noces*
poltern V/I *Sache* faire du bruit (en tombant, en roulant); *Person* faire du tapage
Pommes *umg* PL frites *fpl*
Pommes frites PL (pommes) frites *fpl*
Pony[1] N ZOOL poney *m*
Pony[2] M *Frisur* (coiffure *f* à) frange *f*
Pool M piscine *f*
Pop M → Popmusik
Popcorn N pop-corn *m*
pop(e)lig ADJ (≈ *armselig*) pitoyable; *umg* minable; (≈ *gewöhnlich*) petit ... de rien du tout
Popgruppe F groupe *m* pop **Popmusik** F musique *f* pop
Popo *umg* M derrière *m*; *umg* postérieur *m*
Popstar M pop star *f*
populär ADJ populaire
Pore F pore *m*

Porree M poireau *m*
Portal N *a.* IT portail *m*
Portemonnaie N porte-monnaie *m*
Portfolio N FIN portefeuille *m*
Portier M portier *m*
Portion F portion *f*; *umg fig* **e-e halbe ~** une demi-portion
Porto N port *m* **portofrei** ADV franco (de port)
Porträt N portrait *m*
Portugal N le Portugal **Portugiese** M, **Portugiesin** F Portugais(e) *m(f)* **portugiesisch** ADJ portugais
Porzellan N porcelaine *f*
Posaune F trombone *m*
Position F position *f*
positiv ADV positif *f*; (≈ *bejahend*) *a.* affirmatif
Possessivpronomen N GRAM (adjectif *m*) possessif *m*
Post® F ▯ (≈ *Postdienste*) poste *f*; (≈ *Postamt*) (bureau *m* de) poste *f* ▯ (≈ *Postsendung*) courrier *m*; **elektronische ~** courrier électronique
Postamt N (bureau *m* de) poste *f*
Postauto N voiture *f* des postes
Postbote M, **Postbotin** F facteur, -trice *m,f*
Posten M ▯ (≈ *Stellung*) poste *m*; emploi *m* ▯ (≈ *Rechnungsposten*) poste *m* ▯ (≈ *Wachtposten*) sentinelle *f*; *fig* **auf verlorenem ~ kämpfen, stehen** défendre une position, cause perdue
Poster N/M poster *m*
Postfach N boîte postale **Postkarte** F carte postale **Postleitzahl** F code postal
Pöstler(in) M(F), *schweiz* facteur, -trice *m,f*
Postsparbuch N livret *m* de caisse d'épargne postale **postwendend** ADV ▯ par retour du courrier ▯ *fig* tout de suite **Postwurfsendung** F envoi *m* en nombre
Potenz F ▯ MATH puissance *f* ▯ (≈ *Manneskraft*) virilité *f*
potthässlich *umg* ADJ *umg* laid, moche comme un pou
Powidl *österr* M GASTR mousse *f* de pruneaux
Pracht F magnificence *f*; splendeur *f* **prächtig** ADJ magnifique; *Wetter* superbe **Prachtstück** *umg* N superbe

exemplaire *m*
Prädikat N̄ GRAM verbe *m*
Prag N̄ Prague
prägen V̄T̄ TECH estamper; *Papier, a.* TEX gaufrer; *fig* donner son empreinte à; **Münzen ~** battre monnaie
prahlen V̄Ī se vanter (**mit** de)
Praktikant(in) M̄/F̄ stagiaire *m/f* **Praktikum** N̄ stage *m*
praktisch A ADJ pratique; **~er Arzt** généraliste *m*; omnipraticien *m* B ADV **1** pratiquement **2** *fig* (≈ *quasi*) pratiquement
Praline F̄ chocolat *m*
prall ADJ ferme et élastique; *Körperteile* rebondi; **in der ~en Sonne** en plein soleil
prallen V̄Ī cogner, °heurter (**gegen, auf, an etw** *akk* qc)
Prämie F̄ prime *f*
Präposition F̄ GRAM préposition *f*
Prärie F̄ prairie *f*
Präsentation F̄ présentation *f*
Präservativ N̄ préservatif *m*
Präsident(in) M̄/F̄ président(e) *m(f)*
prasseln V̄Ī crépiter
Praxis F̄ **1** (≈ *nicht Theorie*) pratique *f*; (≈ *Erfahrung, Übung*) expérience *f*; **in der ~** en pratique; **(e-e Idee) in die ~ umsetzen** mettre en pratique (une idée) **2** (≈ *Arztpraxis, Anwaltspraxis*) cabinet *m* **Praxisgebühr** F̄ MED frais *mpl* de consultation
präzis(e) ADJ précis; exact
predigen V̄T̄ & V̄Ī prêcher **Predigt** F̄ *a. fig* sermon *m*
Preis M̄ **1** HANDEL prix *m*; **um jeden ~** à tout prix; coûte que coûte; **zum halben ~** à moitié prix **2** *Auszeichnung* prix *m*; (≈ *Belohnung*) récompense *f*
Preisausschreiben N̄ concours *m*
Preiselbeere F̄ airelle *f* rouge
preisen V̄T̄ *geh* vanter; louer; **sich glücklich ~ (können)** (pouvoir) s'estimer heureux
Preiserhöhung F̄ augmentation *f* des prix **Preisfrage** F̄ **1** (≈ *Preisaufgabe*) question *f* de concours **2** (≈ *Geldfrage*) question *f* de prix **preisgekrönt** ADJ couronné **Preisliste** F̄ liste *f* des prix; tarif *m* **Preisrätsel** N̄ jeu-concours *m* **Preisschild** N̄ étiquette *f* **Preissenkung** F̄ réduction *f*, baisse *f* des prix **Preisvergleich** M̄ comparaison *f* des prix **preiswert** ADJ (à) bon marché
prellen V̄T̄ **1** *Ball* faire rebondir **2** MED contusionner **3** *fig* (≈ *betrügen*) tromper; **j-n um etw** frustrer qn de qc **Prellung** F̄ MED contusion *f*
Premiere F̄ première *f*
Premierminister(in) M̄/F̄ Premier ministre
Presse F̄ **1** (≈ *Zeitungswesen*) presse *f* **2** *für Saft* presse *f*
Pressefreiheit F̄ liberté *f* de la presse **Pressekonferenz** F̄ conférence *f* de presse **Pressemeldung** F̄, **Pressemitteilung** F̄ information *f* par la presse
pressen V̄T̄ **1** (≈ *drücken*) presser; serrer **2** (≈ *zusammenpressen*) comprimer **3** *Frucht* presser; *Saft* extraire
Pressenotiz F̄ entrefilet *m*
pressieren *bes südd, österr, schweiz* V̄Ī presser; être urgent, pressant
Preußen N̄ HIST la Prusse **preußisch** ADJ prussien
prickeln V̄Ī (≈ *kribbeln*) picoter; *Getränk* pétiller
pries → preisen
Priester(in) M̄/F̄ prêtre, -esse *m,f*
prima A ADJ *umg* formidable; **ein ~ Kerl** *umg* un chic type B ADV *umg* super (bien)
Primaballerina F̄ première danseuse **Primararzt** M̄, **Primarärztin** *österr* F̄ médecin-chef *m*
Primarschule *schweiz* F̄ école *f* primaire
Primel F̄ primevère *f*
primitiv ADJ *a. pej* primitif
Primzahl F̄ nombre premier
Printe F̄ GASTR (langue *f* de) pain *m* d'épices
Prinz M̄ prince *m* **Prinzessin** F̄ princesse *f*
Prinzip N̄ principe *m*; **im ~** en principe; **aus ~** par principe
prinzipiell A ADJ de principe B ADV par, en principe
Prise F̄ **e-e ~ Salz** une pincée de sel
privat A ADJ privé; particulier; (≈ *persönlich*) personnel B ADV **j-n ~ sprechen** parler à qn en privé; avoir un entretien personnel avec qn; **~ versichert** couvert

Privatangelegenheit F affaire personnelle, particulière, privée **Privatbesitz** M propriété privée **Privatgespräch** N conversation privée; TEL communication privée **Privatsache** F affaire personnelle **Privatschule** F école privée; *konfessionelle* école f libre **Privatstunde** F leçon particulière **Privatunterricht** M cours particuliers **Privatwirtschaft** F économie privée
Privileg N privilège m
pro PRÄP par; **1000 Stück pro Stunde** 1000 unités à l'heure
Probe F ① (≈ *Prüfung*) test m; essai m; *fig a.* épreuve f; (≈ *Beweis*), *a.* MATH preuve f; **zur** *od* **auf** ~ à l'essai; **j-n auf die ~ stellen** mettre qn à l'épreuve ② THEAT répétition f ③ (≈ *kleine Menge*) échantillon m
Probealarm M exercice m d'alerte **Probefahrt** F essai m
proben VT & VI THEAT répéter
Probezeit F période f d'essai
probieren VT & VI ① (≈ *versuchen*) essayer ② *Speisen* goûter; *Wein* déguster
probiotisch ADJ *bes Joghurt* probiotique
Problem N problème m **problematisch** ADJ problématique **problemlos** Ⓐ ADJ qui ne pose pas de problème(s) Ⓑ ADV *verlaufen etc* sans accroc
Produkt N *a.* MATH produit m; (≈ *Ergebnis*) résultat m
Produktion F production f
produktiv ADJ productif **Produktivität** F productivité f
produzieren VT produire
professionell ADJ professionnel
Professor(in) MF (femme f) professeur m (d'université)
Profi umg M etwa pro m
Profil N profil m; (≈ *Reifenprofil*) sculptures fpl; **im ~** de profil **profilieren** VR **sich ~** s'imposer
Profit M profit m; bénéfice m **profitieren** VI ~ **bei, von** profiter de
Prognose F prévision f; *a.* MED pronostic m
Programm N programme m; TV, RADIO chaîne f
programmieren VT programmer

Programmierer(in) MF programmeur, -euse f
Programmkino N etwa ciné-club m
Projekt N projet m
Projektmanagement N ÉCON gestion f de projet(s)
Projektor M projecteur m
Prokurist(in) MF fondé(e) m(f) de pouvoir
Promille N ① (≈ *Tausendstel*) pour mille ② **2,5 ~** 2 grammes 5 d'alcoolémie, d'alcool dans le sang
prominent ADJ éminent; de premier plan **Prominenz** F (≈ *die Prominenten*) personnalités marquantes
prompt Ⓐ ADJ prompt; immédiat Ⓑ ADV immédiatement; umg (≈ *erwartungsgemäß*) (comme de) bien entendu
Pronomen N GRAM pronom m
Propaganda F propagande f
Propeller M hélice f
Prophet(in) MF *a. fig* prophète m, prophétesse f
prophezeien VT prophétiser; (≈ *voraussagen*) prédire
proppenvoll umg ADJ umg plein à craquer
Prosa F prose f
prosit INT à votre santé!; **~ Neujahr!** bonne année!
Prospekt M prospectus m; *gefalteter* dépliant m
prost umg → prosit
Prostituierte F prostituée f
Protein N BIOCHEMIE protéine f
Protest M protestation f; **aus ~ (gegen)** en signe de protestation (contre) **Protestaktion** F campagne f de protestation
Protestant(in) MF protestant(e) m(f) **protestantisch** ADJ protestant
protestieren VI protester (**gegen** contre)
Protestkundgebung F meeting m, manifestation f de protestation
Prothese F prothèse f
Protokoll N ① procès-verbal m; **(das) ~ führen** rédiger le procès-verbal ② DIPL protocole m **Protokollführer(in)** MF rédacteur, -trice m,f du procès-verbal
protzen umg VI faire étalage (**mit etw** de qc); umg frimer **protzig** umg ADJ

prétentieux; (≈ *luxuriös*) d'un luxe provocant
Proviant M provisions fpl (de voyage)
Provider M IT fournisseur m (d'accès)
Provinz F province f
Provision F commission f
provisorisch ADJ provisoire
Provokation F provocation f **provozieren** A V/T provoquer B V/I faire de la provocation
Prozedur F opération f (de longue haleine)
Prozent N 1 (≈ *Hundertstel*) pour cent 2 umg pl **~e** (≈ *Gewinnanteil*) pourcentage m; tant m pour cent; (≈ *Rabatt*) réduction f; remise f
Prozess M 1 JUR procès m; **e-n ~ führen** être en procès (**gegen** j-n avec qn); umg **mit j-m, etw kurzen ~ machen** en finir rapidement, vivement avec qn, qc 2 (≈ *Verfahren*) procédé m
Prozession F procession f
Prozessor M IT processeur m
prüfen V/T examiner; (≈ *nachprüfen*) vérifier; **j-n ~** (in + dat) faire passer à qn un examen (en, de) **Prüfer(in)** M/F examinateur, -trice m,f **Prüfung** F examen m; TECH contrôle m; test m; (≈ *Nachprüfung*) vérification f; **mündliche ~** (examen) oral m; épreuve orale; **schriftliche ~** (examen) écrit m; épreuve écrite
Prügel M **~ bekommen, beziehen** recevoir une volée, recevoir une raclée umg **Prügelei** F bagarre f **prügeln** A V/T **j-n ~** donner des coups (de bâton) à qn; battre qn; umg donner une raclée à qn B V/R **sich ~** se battre
Prunk M pompe f; apparat m
PS N ABK 1 (≈ *Pferdestärke*) ch 2 (≈ *Postskriptum*) P.-S.
pst INT (≈ *Ruhe!*) chut!
Psychiater(in) M/F psychiatre m/f
psychisch ADJ psychique
Psychologe M, **Psychologin** F psychologue m/f **Psychologie** F psychologie f **psychologisch** ADJ psychologique
Pubertät F puberté f
Publikum N public m
Pudding M flan m
Pudel M caniche m
Puder M poudre f **pudern** V/T poudrer
Puderzucker M sucre m glace

Puffer M TECH amortisseur m; EISENBAHN tampon m
Puffreis M riz soufflé
puh INT be(u)rk!
Pulli umg M umg pull m **Pullover** M pull-over m; *dicker* chandail m
Puls M pouls m; **j-m den ~ fühlen** tâter, prendre le pouls à qn
Pult N pupitre m
Pulver N poudre f **Pulverschnee** M (neige f) poudreuse f
pumm(e)lig umg ADJ potelé; grassouillet
Pumpe F pompe f **pumpen** V/T 1 pomper 2 umg (≈ *borgen*) **j-m etw ~** prêter qc à qn
Punker(in) M/F punk m/f
Punkt M a. fig point m; *e-s Vertrags* article m; **~ (in Flensburg)** AUTO *bei Verkehrsvergehen* point m; **~ für ~** point par point; **der springende ~** le point décisif; **schwacher, wunder ~** point faible, sensible; **toter ~** point mort; impasse f; **etw auf den ~ bringen** formuler, dégager l'essentiel de qc; **~ ein Uhr, ~ zwölf** (à) une heure juste, (à) midi juste; umg **nun mach aber e-n ~!** ça va!; ça suffit!; (en voilà) assez!
punktieren V/T 1 pointiller 2 MED ponctionner
pünktlich A ADJ ponctuel; **~ sein** être à l'heure B ADV **~ kommen** venir à l'heure **Pünktlichkeit** F ponctualité f
Pupille F pupille f
Puppe F 1 *Spielzeug* poupée f 2 (≈ *Marionette*) marionnette f 3 (≈ *Schaufensterpuppe, Schneiderpuppe*) mannequin m 4 ZOOL chrysalide f
pur ADJ a. fig pur
Püree N purée f
Purzelbaum M culbute f; **e-n ~ schlagen** faire une culbute, *etc* **purzeln** umg V/I tomber; umg dégringoler
Puste umg F souffle m; **außer ~ sein** être °hors d'haleine **pusten** umg V/T & V/I souffler
Pute F 1 ZOOL dinde f 2 umg *pej* **dumme ~** dinde f **Puter** M dindon m
Putz M enduit m; umg fig **auf den ~ hauen** (≈ *feiern*) faire la fête, faire la nouba umg; (≈ *angeben*) crâner umg, frimer umg
putzen V/T nettoyer; *Brille* essuyer; *Ge-*

müse, Salat éplucher; **sich** (*dat*) **die Nase ~** se moucher
Putzfrau F̲, **Putzhilfe** F̲ femme f de ménage
putzig *umg* A̲D̲J̲ mignon
Putzlappen M̲ chiffon m, torchon m (à nettoyer) **Putzmittel** N̲ produit m de nettoyage, d'entretien
putzmunter *umg* A̲D̲J̲ *umg* en pleine forme
Puzzle N̲, **Puzzlespiel** N̲ a. fig puzzle m
Pyjama M̲ pyjama m
Pyramide F̲ pyramide f
Pyrenäen P̲L̲ **die ~** les Pyrénées fpl

Q

Q, q N̲ Q, q m
QR-Code® M̲ (= Quick-Response-Code) IT code m QR
Quadrat N̲ a. MATH carré m **quadratisch** A̲D̲J̲ carré **Quadratmeter** M̲/N̲ mètre carré
quaken V̲I̲ *Frosch* coasser; *Ente* cancaner
quäken V̲I̲ *Stimme, Radio* glapir; *Kleinkind* piailler *umg*
Qual F̲ tourment m; **die ~ der Wahl** l'embarras m du choix
quälen A̲ V̲T̲ tourmenter; (≈ *foltern*) torturer B̲ V̲R̲ **sich ~** souffrir le martyre, être au supplice; (≈ *sich abmühen*) se donner bien du mal, de la peine **quälend** A̲D̲J̲ qui tourmente; *Sorgen* obsédant; *Schmerz* atroce **Quälerei** F̲ supplice m; torture f
Quali M̲ A̲B̲K̲ (= qualifizierender Hauptschulabschluss) SCHULE BRD etwa certificat d'études primaires qualifiées
Qualifikation F̲ qualification f **qualifizieren** V̲R̲ **sich ~** se qualifier (**für** pour)
Qualität F̲ qualité f **Qualitätskontrolle** F̲ contrôle m de (la) qualité **Qualitätsmanagement** N̲ management m de la qualité **Qualitätssicherung** F̲ assurance f qualité
Qualle F̲ méduse f
Qualm M̲ fumée épaisse **qualmen** A̲ *umg* V̲T̲ (≈ *rauchen*) griller *umg* B̲ V̲I̲ répandre une fumée épaisse
Quark M̲ 1 fromage blanc 2 *umg fig* → Quatsch
Quartett N̲ 1 MUS quatuor m 2 jeu de cartes qui consiste à réunir des carrés
Quartier N̲ logement m
Quarz M̲ quartz m
quasseln *umg* V̲I̲ & V̲T̲ jacasser
Quatsch *umg* M̲ bêtise(s) fpl; *umg* connerie(s) f(pl) **quatschen** *umg* A̲ V̲T̲ (≈ *klatschen*) papoter 2 (≈ *dumm reden*) *umg* déconner
Quecksilber N̲ mercure m
Quelle F̲ source f a. fig, fontaine f; (≈ *Ursprung*) origine f
quellen V̲I̲ *Wasser etc* jaillir (**aus** de); couler (de)
Quellensteuer F̲ impôt prélevé à la source
Quellwasser N̲ eau f de source
quengeln *umg* V̲I̲ *umg* pleurnicher; (≈ *nörgeln*) ronchonner *umg*
quer A̲D̲V̲ (≈ *schräg*) de travers; (≈ *von e-r Längsachse abweichend*) en travers (**de**); **~ durch, ~ über** (+ *akk*) à travers; → querlegen
Quere F̲ **j-m in die ~ kommen** contrecarrer, contrarier les projets, desseins de qn
querfeldein A̲D̲V̲ à travers champs
Querflöte F̲ flûte traversière **querlegen** V̲R̲ *umg fig* **sich ~** se buter; se braquer **Querpass** M̲ SPORT transversale f **Querschnitt** M̲ 1 section, coupe (transversale) 2 *fig* (≈ *Überblick*) aperçu m **querschnitt(s)gelähmt** A̲D̲J̲T̲ paraplégique **Querstraße** F̲ rue transversale
quetschen V̲T̲ 1 (≈ *pressen*) presser; *zu Brei* écraser 2 MED contusionner 3 **sich** (*dat*) **die Finger ~** se coincer les doigts **Quetschung** F̲ contusion f
quieken V̲I̲ *umg* couiner
quietschen V̲I̲ *Tür, Bremse* grincer
quillt → quellen
Quirl M̲ GASTR batteur m **quirlig** A̲D̲J̲ remuant
quitt *umg* A̲D̲J̲ **nun sind wir ~** nous voilà quittes

Quitte F coing m

Quittung F quittance f, reçu m (**über** + *akk* pour)

Quiz N quiz m **Quizmaster** M animateur, -trice m,f (de jeux télévisés *etc*)

quoll → quellen

Quote F quota m; contingent m

R

R, r N R, r m

Rabatt M remise f; réduction f

Rabbi M rabbin m

Rabe M corbeau m

rabiat ADJ (≈ *gewalttätig*) violent; (≈ *roh*) brutal

Rache F vengeance f; **aus ~ für etw** pour se venger de qc **Racheakt** M acte m de vengeance

Rachen M ① ANAT gorge f ② ZOOL, *a. fig* gueule f

rächen A VIT venger B VIR **sich für etw an j-m ~** se venger de qc sur qn

rachsüchtig ADJ vindicatif

Rad N ① roue f; **unter die Räder kommen** *e-s Autos* se faire écraser; *umg fig* aller à sa perte; sombrer ② (≈ *Fahrrad*) vélo m; bicyclette f; (**mit dem**) **Rad fahren** faire du vélo; *in e-e bestimmte Richtung* aller en vélo, à bicyclette

Radar N/M radar m **Radarkontrolle** F contrôle-radar m

Radau *umg* M *umg* boucan m

radeln *umg* VI → Rad

Radfahrer(in) M(F) cycliste m/f **Radfahrweg** M piste f cyclable

Radi *österr, südd* M radis blanc

radieren VIT effacer (à la gomme); gommer **Radiergummi** M gomme f

Radieschen N (petit) radis

radikal ADJ radical; POL extrémiste **Radikale(r)** M(F/M) POL extrémiste m/f **Radikalismus** M extrémisme m

Radio N radio f; **~ hören** écouter la radio; **im ~** à la radio

radioaktiv ADJ radioactif **Radioaktivität** F radioactivité f

Radiosender M station f de radio **Radiowecker** M radioréveil m

Radius M MATH rayon m

Radler *umg* M ① cycliste m ② → Radlermaß

Radlerhose F MODE cycliste m **Radlermaß** M *Getränk* panaché m

Radrennen N course f cycliste **Radrennfahrer(in)** M(F) coureur m cycliste **Radtour** F tour m en vélo **Radweg** M piste f cyclable

raffen VIT ① (**an sich** *akk*) **~** emporter; enlever ② *Kleid* retrousser

raffiniert ADJ ① *Plan* ingénieux; *Mensch* rusé ② (≈ *verfeinert*) raffiné

Ragout N ragoût m

Rahm M crème f (du lait)

Rahmen M ① (≈ *Bilderrahmen*) cadre m; (≈ *Fensterrahmen*) châssis m ② (≈ *Fahrradrahmen*) cadre m ③ *fig* cadre m; **aus dem ~ fallen** sortir de l'ordinaire

Rahmenbedingungen FPL conditions générales

Rakete F fusée f; MIL missile m

Rallye F rallye m

RAM N ABK (= *random access memory*) IT mémoire vive

rammen VIT ① **etw in etw** (*akk*) **~** enfoncer qc dans qc ② *Fahrzeug* rentrer dans

Rampe F rampe f

Ramsch M *pej* (≈ *Plunder*) camelote f *umg*

ran *umg* ADV (**jetzt aber**) **ran!** on y va!; allez!; vas-y!

Rand M ① (≈ *Grenze*) bord m; (≈ *Waldrand*) lisière f; (≈ *Stadtrand*) périphérie f; abords mpl; **bis an den** *od* **zum ~** à ras bord(s); **am ~e erwähnen** faire remarquer en passant; **am ~ oder Verzweiflung sein** être au (bord du) désespoir ② (≈ *Einfassung*) bordure f; (≈ *Buchrand, Heftrand*) marge f; *umg* **außer ~ und Band sein** être déchaîné

randalieren VI provoquer une bagarre; *umg* faire de la casse

Randgruppe F groupe marginal

rang → ringen

Rang M ① (≈ *Stellung*) rang m; MIL grade m; **ersten ~es** de premier ordre ② THEAT balcon m ③ **Ränge** *e-s Stadions* gradins mpl

rangehen *umg* VI *umg* ne pas avoir

froid aux yeux; *bei der Arbeit* abattre du boulot *umg*
Rangordnung F °hiérarchie f
ranhalten *umg* V/R **sich ~** se dépêcher; *umg* se grouiller; (≈ *sich anstrengen*) s'accrocher *umg*
rannte → **rennen**
Ranzen M cartable m
ranzig ADJ rance
Rap M MUS rap m **rappen** V/I MUS rapper
Rappen *schweiz* M centime m
Rapper(in) M(F) MUS rappeur, -euse m,f
Raps M colza m
rar ADJ rare
rasant *umg* A ADJ *Tempo* vertigineux; *Wagen, Frau* qui a de la classe B ADV à une vitesse folle, vertigineuse; **~ fahren** *umg* rouler à fond la caisse
rasch A ADJ prompt; rapide; *Bewegung* preste B ADV vite
rascheln V/I *Papier, Stoff* faire un (léger) bruit
rasen V/I **1** (≈ *eilen*) aller à toute vitesse, à une vitesse folle; *Auto a.* foncer *umg*; **das Auto raste gegen e-n Baum** la voiture s'est écrasée contre un arbre **2** *vor Wut* ~ tempêter; être °hors de soi; se déchaîner
Rasen M gazon m; (≈ *Rasenplatz*), *a.* SPORT pelouse f
rasend ADJT **1** *Geschwindigkeit* fou; vertigineux **2** (≈ *wütend*) fou; furieux; **j-n ~ machen** rendre qn fou, rendre qn dingue *umg* **3** *Schmerz* violent
Rasenmäher M tondeuse f à gazon
Raser *umg* M *umg* mordu de la vitesse; *Autofahrer a.* fou m du volant
Rasierapparat M **(elektrischer) ~** rasoir électrique **rasieren** A V/T raser B V/R **sich ~** se raser **Rasierer** M rasoir m (électrique) **Rasierklinge** F lame f de rasoir **Rasierwasser** N (lotion f) après-rasage m
raspeln V/T râper
Rasse F race f **Rassen...** IN ZSSGN racial
Rassismus M racisme m **rassistisch** ADJ raciste
Rastalocken FPL dreadlocks fpl
Rastplatz M étape f; *an Autobahnen* aire f (de repos) **Raststätte** F restaurant m (d'autoroute)

Rat M **1** (≈ *Ratschlag*) conseil m; avis m; **auf j-s Rat** (akk) **(hin)** sur le(s) conseil(s) de qn; **j-m e-n Rat geben** donner un (un) conseil à qn; conseiller qn; **j-n um Rat fragen** demander conseil à qn; consulter qn **2** *Gremium* conseil; *Mitglied* conseiller m
Rate F **1** (≈ *Prozentsatz*) taux m; (≈ *Verhältnisanteil*) quote-part f **2** (≈ *Teilzahlung*) versement m; **in ~n** (dat) **zahlen** payer par versements échelonnés
raten V/T & V/I **1** (≈ *empfehlen*) conseiller; donner un (bon) conseil (à); **j-m etw** *od* **zu e-r Sache ~** conseiller, recommander qc à qn; **j-m, etw zu tun** conseiller à qn de faire qc **2** (≈ *erraten*) deviner; **rate mal!** devine!
Ratenzahlung F paiement m par acomptes, à tempérament
Rathaus N hôtel m de ville; *in kleineren Orten* mairie f
ratifizieren V/T ratifier
Ratingagentur F FIN agence f de notation
Ration F ration f
rational ADJ *a.* MATH rationnel **rationalisieren** V/T rationaliser **Rationalisierung** F rationalisation f
rationell ADJ rationnel
ratlos ADJ embarrassé; perplexe
rätoromanisch ADJ **die ~e Sprache, das Rätoromanische** le rhéto-roman; *schweiz* le romanche
ratschen *umg bes südd, österr* V/I bavarder
Rätsel N *a. fig* énigme f; (≈ *Rätselspiel*) devinette f
rätselhaft ADJ énigmatique; mystérieux
Ratte F rat m
rattern V/I A V/I *Maschinengewehr* crépiter; *Motor* pétarader B V/I *Wagen* rouler avec fracas
rau ADJ **1** (≈ *uneben*) rude; *Wolle, Stoff* rêche; *Fläche* rugueux, raboteux; *Haut* rêche **2** *Klima* rude **3** *Stimme* rauque **4** *Gegend* sauvage **5** *Sitten* rude **6** *umg* **in rauen Mengen** *umg* en masse; en (grande) quantité
Raub M (≈ *Rauben*) vol m; (≈ *Straßenraub*) brigandage m
Räuber M voleur m; (≈ *Straßenräuber*) brigand m

Raubkatze F félidé m **Raubmord** M crime crapuleux **Raubtier** N carnassier m **Raubüberfall** M attaque f, agression f à main armée; *hold-up m **Raubvogel** M oiseau m de proie; rapace m
Rauch M fumée f
rauchen VT & VI & V/UNPERS fumer; **Rauchen verboten!** défense de fumer!
Raucher(in) M(F) fumeur, -euse m,f
Räucherlachs M saumon fumé
räuchern VT *Fisch, Fleisch* fumer **Räucherstäbchen** N bâtonnet m d'encens
rauchig ADJ (≈ *voller Rauch*) enfumé; *Stimme* rauque
Rauchmelder M détecteur m de fumée **Rauchverbot** N défense f, interdiction f de fumer **Rauchwolke** F nuage m de fumée
rauf ADV → heraus, hinauf
Raufbold M bagarreur m **raufen** VI (& V/R) (**sich ~**) se bagarrer; se battre
Rauferei F bagarre f
Raum M 1 espace m 2 (≈ *Räumlichkeit*) local m; *e-r Wohnung* pièce f 3 (≈ *Gebiet*) région f
räumen VT 1 (≈ *wegschaffen*) enlever; déblayer; HANDEL *Lager* liquider 2 (≈ *an e-n Ort schaffen*) ranger 3 *Wohnung* quitter; *Polizei* (≈ *leer machen*) évacuer
Raumfähre F navette spatiale
Raumfahrt F navigation spatiale
räumlich ADJ de od dans l'espace; (≈ *dreidimensional*) à trois dimensions
Raumschiff N vaisseau, véhicule spatial
Raupe F ZOOL, TECH chenille f
Raureif M givre m
raus *umg* 1 → heraus 2 **~ (mit dir)!** dehors!; *umg* tire-toi!; *umg* casse-toi!
Rausch M (≈ *Betrunkenheit*), a. fig ivresse f; **e-n ~ haben** être ivre, soûl
rauschen VI 1 *Blätter* frémir; *geh* bruire; *Wind* bruire *geh*; *Bach* murmurer; TECH faire un bruit de fond 2 (≈ *sich schnell bewegen*) passer en trombe
Rauschgift N stupéfiant m; drogue f; **~ nehmen** se droguer **Rauschgifthändler** M trafiquant m de drogue
rauschgiftsüchtig ADJ toxicomane
rausfliegen *umg* VI *umg* se faire virer
rauskriegen *umg* VT 1 (≈ *erfahren*) apprendre 2 *Rätsel* trouver
räuspern V/R **sich ~** se racler la gorge
rausschmeißen *umg* VT *umg* virer; *umg* flanquer à la porte, dehors
Raute F losange m
Rave M *Party* rave f **Raver(in)** M(F) raveur, -euse m,f
Ravioli PL GASTR ravioli *mpl*
Razzia F rafle f
Reagenzglas N éprouvette f
reagieren VI réagir, répondre (**auf** + *akk* à) **Reaktion** F *a.* CHEM, POL réaction f
Reaktor M réacteur m
real ADJ effectif; réel **Realeinkommen** N revenus réels
realisieren VT réaliser
Realist(in) M(F) réaliste m/f **realistisch** ADJ réaliste
Realität F réalité f
Realschule F *etwa* collège m
Rebe F vigne f
Rebell(in) M(F) rebelle m/f **rebellieren** VI se rebeller (**gegen** contre) **Rebellion** F rébellion f
Rechenaufgabe F problème m d'arithmétique **Rechenfehler** M erreur f, faute f de calcul
Rechenschaft F **(j-m) ~ über etw** (*akk*) **ablegen** rendre compte, raison de qc (à qn); **j-n (für etw) zur ~ ziehen** demander des comptes, raison à qn (de qc) **Rechenschaftsbericht** M compte rendu
Rechenzentrum N centre m de calcul
rechnen A VT & VI 1 MATH calculer; **von heute an gerechnet** à compter d'aujourd'hui 2 (≈ *veranschlagen*) **er rechnet 50 Euro die Stunde** il compte 50 euros de l'heure 3 **er rechnet mich zu seinen Freunden** il me compte parmi ses amis 4 (≈ *erwarten*) **mit etw ~** s'attendre à qc; tabler sur qc 5 (≈ *sich verlassen*) **auf j-n ~** compter sur qn B VR **sich ~** être rentable **Rechnen** N *a.* SCHULE calcul m **Rechner** M calculateur m; (≈ *Computer*) ordinateur m
Rechnung F 1 (≈ *Rechnen*) calcul m 2 (≈ *Abrechnung*) note f; *an Firmen* facture f; *an Privatleute* note f; *im Restaurant* addition f; **das geht auf meine ~** c'est moi qui paie; **etw in ~ stellen** facturer

qc **3** e-r Sache (dat) ~ **tragen** tenir compte de qc
Rechnungshof M̄ Cour f des comptes
recht[1] **A** ADJ (≈ *richtig*) juste; (≈ *geeignet*) propre; (≈ *gelegen*) opportun; **zur ~en Zeit** au bon moment; **wenn's euch ~ ist** si cela vous arrange, si cela vous convient; **das ist mir ~** c'est bon, d'accord; **das ist mir nicht ~** cela ne m'arrange pas; **das geht nicht mit ~en Dingen zu** cela (me) paraît louche **B** ADV (≈ *richtig*) bien; (≈ *gelegen*) à point; (*sehr*) *vor adj u. adv* très; **~ gut** assez bien; **es j-m ~ machen** contenter qn; **das geschieht dir ~** c'est bien fait pour toi; **ich glaub, ich hör nicht ~!** je n'en reviens pas!; **jetzt erst ~** à plus forte raison; **jetzt erst ~ nicht** bien moins encore; **ganz ~!** c'est bien cela!; très bien!; parfaitement!
recht[2] SUBST **~ haben** avoir raison; **~ behalten** avoir finalement raison; **j-m ~ geben** donner raison à qn
Recht N̄ **1** (≈ *Anspruch*) droit m (*auf* + *akk* à); (≈ *Befugnis*) faculté f; **mit welchem ~?** de quel droit?; à quel titre?; **mit, zu ~** à bon droit; à juste titre; avec raison; **im ~ sein** être dans son droit; **~ haben, behalten, geben** → recht[2] **2** (≈ *Gesamtheit der Gesetze*) droit m
Rechte F (≈ *rechte Hand, Seite*) droite f
Rechte(r) M(F/M) **1** → Richtiger **2** POL homme m, femme f de droite; **die ~n** les gens *mpl* de droite
rechte ADJ droit; POL de droite; **~ Seite** côté droit; droite f; *e-s Stoffes* endroit m
Rechteck N̄ rectangle m **rechteckig** ADJ rectangulaire
rechtfertigen V/T (& V/R) **(sich) ~** (se) justifier (*wegen* de) **Rechtfertigung** F̄ justification f
rechthaberisch ADJ qui veut toujours avoir raison; ergoteur **rechtmäßig** ADJ légal
rechts ADV à droite (*von* de); *von Stoffen* à l'endroit; POL ~ **stehen** être de droite
Rechtsanwalt M̄, **Rechtsanwältin** F̄ avocat(e) m(f)
Rechtsaußen M̄ SPORT ailier droit
Rechtschreibfehler M̄ faute f d'orthographe **Rechtschreibprogramm** N̄ IT correcteur m orthographique **Rechtschreibreform** F̄ réforme f de l'orthographe **Rechtschreibung** F̄ orthographe f
Rechtsextremismus M̄ extrémisme m de droite **rechtsextremistisch** ADJ d'extrême droite
Rechtsgrundlage F̄ base f, fondement m juridique
Rechtshänder(in) M(F) droitier, -ière m,f **Rechtskurve** F̄ virage m à droite
Rechtsprechung F̄ jurisprudence f
rechtsradikal ADJ d'extrême droite
Rechtsschutzversicherung F̄ assurance f protection juridique **Rechtsstaat** M̄ État m de droit **Rechtsstreit** M̄ litige m; *weitS.* procès m **Rechtsweg** M̄ voie f de droit, judiciaire **rechtswidrig** ADJ illégal
rechtwink(e)lig ADJ rectangle **rechtzeitig** **A** ADJ opportun **B** ADV à temps
recyceln V/T ÖKOL recycler **Recycling** N̄ ÖKOL recyclage m
Redakteur(in) M(F) rédacteur, -trice m, f **Redaktion** F̄ rédaction f
Rede F̄ **1** (≈ *Reden*) parole f; GRAM **(in)direkte ~** discours in/direct; **danach kam die ~ auf** (+ *akk*) on aborda ensuite; on en vint ensuite à parler de; **das ist nicht der ~ wert** cela ne vaut pas la peine d'en parler; **es ist die ~ davon, dass ...** il est question de ... (+ *subj*) od de (+ *inf*); **davon kann keine ~ sein** il ne peut en être question **2** (≈ *Ansprache*) discours m; **e-e ~ halten** prononcer, faire un discours
reden V/T & V/I (≈ *sprechen*) parler (**über** + *akk*), (**von** de), (**mit** à, avec); (≈ *e-e Rede halten*) faire, prononcer un discours; **mit sich** (*dat*) **~ lassen** ne pas être intransigeant; **viel von sich** (*dat*) **~ machen** faire parler beaucoup de soi; **du hast gut ~** tu en parles à ton aise; **sie ~ nicht mehr miteinander** ils ne se parlent plus
Redensart F̄ tournure f
Redewendung F̄ expression f; tournure f
Redner(in) M(F) orateur m; (≈ *Vortragsredner*) conférencier, -ière m,f **Rednerpult** N̄ pupitre m
redselig ADJ loquace
reduzieren V/T réduire (**auf** + *akk* à)
Reeder M̄ armateur m **Reederei** F̄ compagnie f maritime

reell ADJ **1** *Preis* honnête; *Firma* de confiance **2** (≈ *wirklich*) réel

Referat N̄ **1** (≈ *Vortrag*) conférence f; exposé m **2** (≈ *Abteilung*) section f

Referendar(in) M(F) (≈ *Lehramtsreferendar*) professeur m stagiaire; JUR juriste m/f stagiaire

Referent(in) M(F) **1** (≈ *Vortragende[r]*) conférencier, -ière m,f **2** *e-r Abteilung* responsable m/f d'un service, d'une section

Referenzen PL références fpl

reflektieren V/T *Licht* réfléchir **Reflektor** M̄ réflecteur m

Reflex M̄ PHYS reflet m; *fig, a.* MED réflexe m

reflexiv ADJ GRAM réfléchi; pronominal **Reflexivpronomen** N̄ GRAM pronom réfléchi

Reform F̄ réforme f **Reformhaus** N̄ magasin m de produits diététiques **reformieren** V/T réformer **reformiert** ADJ *bes schweiz* REL réformé

Refrain M̄ refrain m

Regal N̄ étagère f

Regel F̄ **1** (≈ *Vorschrift*) règle f; règlement m; **in der ~** normalement; habituellement; en règle générale **2** MED règles fpl

Regelleistung F̄ MED *der Krankenkassen* prise f en charge

regelmäßig ADJ régulier

regeln V/T régler

regelrecht ADV vraiment

Regelung F̄ règlement m; *gesetzliche* réglementation f; TECH, WIRTSCH régulation f

regelwidrig ADJ contraire à la règle

regen *geh* V/R **1 sich ~** (≈ *sich bewegen*) remuer; bouger; se mouvoir **2** *sich ~ Gefühle* s'éveiller; naître; *Gewissen* se faire sentir

Regen M̄ pluie f; **bei ~** par temps de pluie; **im ~** sous la pluie

Regenbogen M̄ arc-en-ciel m **Regenmantel** M̄ imperméable m **Regenschauer** M̄ averse f **Regenschirm** M̄ parapluie m **Regentropfen** M̄ goutte f de pluie **Regenwald** M̄ **(tropischer) ~** forêt tropicale **Regenwetter** N̄ temps pluvieux, de pluie **Regenwurm** M̄ ver m de terre **Regenzeit** F̄ saison f des pluies

Regie F̄ THEAT, FILM mise f en scène; FILM, TV *a.* réalisation f; **(bei etw) ~ führen** faire la mise en scène (de qc); **unter der ~ von ...** sous la direction (artistique et technique) de ...

regieren V/I *Minister* gouverner; *Regierung, Partei* être au pouvoir; *König* régner **Regierung** F̄ gouvernement m; (= *Zeit e-s Monarchen*) règne m; **an die ~ kommen** arriver, parvenir au pouvoir; **eine ~ bilden** former un gouvernement **Regierungschef** M̄ chef m du gouvernement **Regierungserklärung** F̄ déclaration gouvernementale, ministérielle **Regierungsrat** M̄ *schweiz Gremium* Conseil m d'État **Regierungssitz** M̄ siège m du gouvernement **Regierungssprecher(in)** M(F) porte-parole m du gouvernement

Regimekritiker(in) M(F) dissident(e) m(f)

Region F̄ région f **regional** ADJ régional

Regisseur(in) M(F) THEAT, FILM metteur m en scène; FILM, TV *a.* réalisateur, -trice m,f

Register N̄ **1** (≈ *Verzeichnis*) registre m **2** *e-s Buches* index m

Registerkarte F̄ IT onglet m

registrieren V/T **1** (≈ *eintragen*) enregistrer **2** *fig* saisir

Regler M̄ TECH régulateur m

reglos ADJ immobile

regnen V/UNPERS pleuvoir; **es regnet** il pleut **regnerisch** ADJ pluvieux

Regress M̄ JUR recours m **regresspflichtig** ADJ civilement responsable

regulär ADJ (≈ *vorschriftsmäßig*) régulier; (≈ *normal*) habituel

regulieren V/T TECH régler; *Verkehr, Fluss* régulariser; (≈ *einstellen*) ajuster

Reh N̄ chevreuil m **Rehkitz** N̄ faon m

Reibe F̄, **Reibeisen** N̄ râpe f

reiben **A** V/T frotter; frictionner; GASTR râper **B** V/R **sich** (*dat*) **die Hände ~** *a. fig* se frotter les mains; *fig* se réjouir **Reibung** F̄ (≈ *Reiben*) frottement m; *a.* PHYS friction f **reibungslos** ADJ & ADV sans difficultés, accrocs, anicroches

reich **A** ADJ riche (**an** + *dat* en); **~ werden** s'enrichir; faire fortune **B** ADV (≈ *sehr*) très; **~ geschmückt** richement décoré; très orné

Reich N̄ **1** POL, HIST empire m; *das Dritte ~* le IIIe Reich **2** REL, *a. fig* royaume m; *der Tiere, Pflanzen* règne m; *das ~ Gottes* le royaume de Dieu
Reiche(r) M/F(M) (homme m) riche m; femme f riche
reichen A V̄T (≈ *geben*) donner; tendre; (≈ *herüberreichen*) passer; *j-m die Hand ~* tendre la main à qn B V̄I **1** (≈ *sich erstrecken*) **~ (bis)** aller (jusqu'à); *in der Fläche* s'étendre (jusqu'à) **2** (≈ *langen*) être suffisant; suffire; *jetzt reichts (mir) aber!* j'en ai assez!; *umg* j'en ai marre
reichhaltig ADJ riche; abondant; *Angebot etc* varié
reichlich **1** ADV copieusement; largement **2** *umg* (≈ *ziemlich*) très
Reichtum M̄ richesse f (**an** + *dat* en); (≈ *Vermögen*) fortune f; (≈ *Fülle*) abondance f; (≈ *Vielfalt*) (grande) variété
Reichweite F̄ *a. fig* portée f; **etw in ~ haben** avoir qc à portée de main
reif *a. fig* mûr; (*voll entwickelt*), *Käse* fait; **~ werden** mûrir; *umg* **e-e ~e Leistung** une belle performance; **die Zeit ist ~ für Investitionen** c'est le moment d'investir
Reife F̄ *a. fig* maturité f; **mittlere ~** *etwa* brevet m d'études du premier cycle
Reifen M̄ **1** *Spielzeug, Sportgerät* cerceau m **2** (≈ *Autoreifen, Fahrradreifen*) pneu m **Reifenpanne** F̄ crevaison f
Reihe F̄ **1** *hintereinander* file f; *nebeneinander* rangée f; rang m; (≈ *Folge, Anzahl*) suite f; *a.* MATH série f; *e-e ~ von Jahren* plusieurs années fpl; *e-e ~ von Unfällen* une série d'accidents; **sich in e-r ~ aufstellen** s'aligner; *fig* **aus der ~ tanzen** ne pas faire comme les autres; faire bande à part **2** (≈ *Reihenfolge*) tour m; **wer ist an der ~?** à qui le tour?; **der ~ nach** l'un après l'autre; à tour de rôle
Reihenfolge F̄ suite f; (≈ *Ordnung*) ordre m **Reihenhaus** N̄ maison mitoyenne
Reim M̄ rime f **reimen** V̄T (& V/R) **(sich ~)** rimer (**auf** + *akk* en)
rein¹ A ADJ **1** (≈ *unvermischt*) pur; *Wein, Saft* naturel; **~e Seide, Wolle** pure soie, laine **2** (≈ *sauber*) propre; net; *Luft, Wasser, Klang* pur; **~ machen** nettoyer; *etw* **ins Reine schreiben** mettre qc au propre **3** *fig* **e-e Sache ins Reine bringen** tirer qc au clair; régler qc **4** *umg* **das ist der ~ste Wahnsinn** c'est de la folie pure B ADV **1** (≈ *ausschließlich*) purement; uniquement **2** *umg* (≈ *ganz, völlig*) absolument; **~ gar nichts** absolument rien; rien de rien
rein² *umg* → **herein, hinein**
Reinfall *umg* M̄ échec m; *Film, Reise etc* bide m *umg* **reinfallen** *umg* V̄I **1** *umg* tomber dans le panneau; *umg* se faire avoir (**mit etw** avec qc), (**auf j-n** par qn)
reinhauen *umg* A V̄T **j-m e-e ~** casser la gueule à qn B V̄I *beim Essen* dévorer
reinigen V̄T nettoyer; **chemisch ~** nettoyer à sec **Reinigung** F̄ **1** nettoyage m, épuration f *a. fig*, purification f **2** *Betrieb* pressing m; **chemische ~** nettoyage m à sec
reinlegen V̄T *umg* rouler; *umg* avoir
Reis M̄ riz m
Reise F̄ voyage m; (≈ *Geschäftsreise*) déplacement m; **e-e ~ machen** faire un voyage
Reiseandenken N̄ souvenir m (de voyage) **Reisebüro** N̄ agence f de voyages **Reisebus** M̄ car m de tourisme **Reiseführer** M̄ *Buch, Mensch* guide m **Reiseführerin** F̄ guide f **Reisegesellschaft** F̄, **Reisegruppe** F̄ groupe m d'un voyage (organisé) **Reiseleiter(in)** M(F) guide m/f
reisen V̄I *ohne Zielangabe* voyager; *mit Zielangabe* aller, faire un voyage, se rendre (**nach** à, en); (≈ *abreisen*) partir (**nach** pour); **durch ein Land ~** traverser un pays
Reisepass M̄ passeport m **Reisescheck** M̄ chèque m de voyage **Reisetasche** F̄ sac m de voyage
reißen A V̄T **1** (≈ *wegreißen*) tirer (fortement); **etw an sich** (*akk*) **~** tirer qc à soi; *fig* s'emparer de qc; **sich** (*dat*) **die Kleider vom Leibe ~** arracher ses vêtements **2** *Raubtiere* (chasser et) tuer B V̄I MF *Schnur* (se) rompre; *Stoff, Papier* se déchirer C V/R *fig* **sich um etw, j-n ~** s'arracher qc, qn; se disputer qc, qn
reißerisch ADJ qui fait sensation
Reißnagel M̄ punaise f **Reißverschluss** M̄ fermeture f éclair®, à glis-

sière; zip® m **Reißzwecke** F̄ punaise f
reiten A V̄T monter B V̄I monter à cheval; *als Sport* faire du cheval, de l'équitation; *irgendwohin* aller à cheval **Reiten** N̄ équitation f **Reiter** M̄ cavalier m **Reiterin** F̄ cavalière f
Reitpferd N̄ cheval m de selle **Reitstall** M̄ écurie f **Reitstiefel** M̄ botte f d'équitation
Reiz M̄ ❶ BIOL excitation f; stimulus m ❷ (≈ *Anziehungskraft*) attrait m; *e-r Sache a.* intérêt m; **e-n (großen) ~ auf j-n ausüben** attirer, intéresser (beaucoup) qn **reizbar** ADJ irritable **reizen** V̄T ❶ (≈ *erregen*), *a.* MED exciter; *stärker* irriter; (≈ *ärgern*) agacer; (≈ *anregen*) stimuler; (≈ *herausfordern*) provoquer ❷ (≈ *anziehen*) attirer; (≈ *locken*) tenter **reizend** ADJT (≈ *anziehend*) ravissant; (≈ *goldig*) mignon **Reizung** F̄ MED excitation f; *bes* (≈ *Hautreizung*) irritation f **reizvoll** ADJ ❶ plein de charme, d'attrait ❷ (≈ *interessant*) intéressant; attrayant
rekeln V̄R **sich ~** s'étirer; *behaglich* se prélasser
Reklame F̄ publicité f
Rekord M̄ *a. fig* record m (**in** + *dat* de); **e-n ~ aufstellen, halten** établir, détenir un record
Rekordgeschwindigkeit F̄ vitesse f record
Rektor(in) M̄F̄ *e-r Hochschule* recteur m; *e-r Schule* directeur, -trice m,f
relativ ADJ relatif
Relativpronomen N̄ pronom relatif **Relativsatz** M̄ (proposition f) relative f
Religion F̄ religion f; (≈ *Konfession*) confession f; *Schulfach* instruction religieuse **Religionszugehörigkeit** F̄ (appartenance f à une) confession f
religiös ADJ religieux; (≈ *fromm*) pieux
Reling F̄ bastingage m
Remis N̄ match nul
Remoulade F̄, **Remouladensoße** F̄ rémoulade f
rempeln *umg* V̄T bousculer; FUSSBALL *etc* charger
Rendite F̄ (taux m de) rendement m
Rennbahn F̄ (≈ *Pferderennbahn*) champ m de course; hippodrome m; (≈ *Radrennbahn*) vélodrome m; (≈ *Autorennbahn*) circuit m (automobile)
rennen V̄I courir; **gegen etw ~** se heurter, se cogner contre qc; °heurter, cogner qc **Rennen** N̄ course f; **das ~ machen** *a. fig* gagner (la course) **Renner** *umg* M̄ article m qui se vend beaucoup, marche bien
Rennfahrer M̄ coureur m (automobile, motocycliste, cycliste) **Rennpferd** N̄ cheval m de course **Rennrad** N̄ vélo m de course
renovieren V̄T rénover **Renovierung** F̄ rénovation f
rentabel ADJ rentable; lucratif **Rentabilität** F̄ rentabilité f
Rente F̄ *Geldbetrag, Zustand* retraite f; *umg* **in ~ gehen, sein** prendre sa retraite, être à la retraite
Rentier N̄ ZOOL renne m
rentieren V̄R **sich ~** rapporter; être rentable; *fig* (≈ *sich lohnen*) valoir la peine
Rentner(in) M̄F̄ retraité(e) m(f)
Reparatur F̄ réparation f (**an** + *dat* de) **Reparaturwerkstatt** F̄ garage m
reparieren V̄T réparer
Reportage F̄ reportage m **Reporter(in)** M̄F̄ reporter m
repräsentieren V̄T représenter
Reptil N̄ reptile m
Republik F̄ république f **republikanisch** ADJ républicain
Reservat N̄ réserve f
Reserve F̄ ❶ (≈ *Zurückhaltung*) réserve f; retenue f; *umg* **j-n aus der ~ locken** *umg* faire sortir qn de sa réserve, de sa coquille ❷ (≈ *Vorrat*), *a.* MIL, SPORT réserve f
Reserverad N̄ roue f de rechange, de secours **Reservereifen** M̄ pneu m de rechange
reservieren V̄T réserver; **e-n Platz, ein Zimmer ~** *a.* faire une réservation **Reservierung** F̄ réservation f
resignieren V̄I se résigner
resolut ADJ résolu
Resolution F̄ résolution f
Respekt M̄ respect m; **vor j-m, etw ~ haben** avoir du respect pour qn, qc **respektieren** V̄T respecter **respektlos** ADJ sans respect **respektvoll** ADJ respectueux
Rest M̄ ❶ *a.* MATH reste m; *umg fig* **j-m**

den ~ geben donner le coup de grâce à qn ☒ **~e** (≈ *Speiserest*) restes *mpl*
Restaurant N restaurant *m*
restaurieren VT restaurer
Restbestand M *an Waren* reste *m* du stock
restlich ADJ restant **restlos** ADV totalement; *umg* **~ glücklich** comblé
Resultat N résultat *m*
retten ☒ VT sauver (**aus, vor** + *dat* de); (≈ *befreien*) délivrer; *umg* **bist du noch zu ~?** umg ça va pas la tête? ☒ VR **sich ~** échapper (**aus, vor** + *dat* à)
Retter(in) M(F) (≈ *Lebensretter*) sauveteur *m*; *fig* bouée *f*
Rettich M radis (noir)
Rettung F ☒ *a. fig* sauvetage *m*; *fig* **letzte ~** (≈ *Heil*) salut *m*; planche *f* de salut ☒ *österr* → **Rettungsdienst**
Rettungsboot N canot *m* de sauvetage **Rettungsdienst** M service *m* de sauvetage **Rettungsmannschaft** F équipe *f* de secours **Rettungsring** M bouée *f* de sauvetage **Rettungsschirm** M ☒ AVIAT parachute *m* de sauvetage ☒ *fig* POL, EU mécanisme *m* de stabilité **Rettungswagen** M ambulance *f*
Reue F repentir *m* (**über** + *akk* de)
reuevoll, **reuig** *geh*, **reumütig** ☒ ADJ repentant ☒ ADV le cœur contrit
Revanche F revanche *f* **revanchieren** VR **sich (bei j-m) ~** *positiv u. negativ* rendre la pareille (à qn); *negativ* prendre sa revanche (sur qn)
Revier N ☒ (≈ *Jagdrevier*) chasse *f* ☒ (≈ *Polizeirevier*) commissariat *m* (de police, de quartier) ☒ ZOOL territoire *m*
Revision F révision *f*; JUR pourvoi *m* en cassation; **~ einlegen, in die ~ gehen** se pourvoir, aller en cassation
Revolte F révolte *f* **revoltieren** VI (**gegen j-n, etw**) **~** se révolter (contre qn, qc)
Revolution F révolution *f* **revolutionär** ADJ révolutionnaire **Revolutionär(in)** M(F) révolutionnaire *m/f*
Revolver M revolver *m*
Rezept N ☒ GASTR recette *f* ☒ MED ordonnance *f* **rezeptfrei** ADJ & ADV sans ordonnance
Rezeption F réception *f*
rezeptpflichtig ADJ délivré seulement sur ordonnance
R-Gespräch N TEL P.C.V. *m*
Rhabarber M rhubarbe *f*
Rhein der ~ le Rhin **Rheinland** das **~** la Rhénanie **Rheinland-Pfalz** N la Rhénanie-Palatinat
Rhone die ~ le Rhône
rhythmisch ADJ rythmique **Rhythmus** M rythme *m*
richten ☒ VT ☒ (≈ *lenken*) diriger, orienter (**auf** + *akk*, **gegen** sur, vers); *Blick* porter (**auf** + *akk* sur); *Fernrohr, Gewehr* braquer (**auf** + *akk* sur); *Bitte, Brief, Frage* adresser (**an** + *akk* à); *Aufmerksamkeit, Bemühungen* porter, concentrer (**auf** + *akk* sur) ☒ (≈ *in Ordnung bringen*) mettre en ordre ☒ *Mahlzeit* préparer ☒ VR ☒ **sich nach etw ~** se conformer à qc; suivre qc; (≈ *abhängen von*) dépendre de qc; **sich nach j-m ~** se régler sur qn; suivre qn ☒ **sich auf etw** (*akk*) **~** *Blicke, Aufmerksamkeit* se fixer, se concentrer sur qc; **sich gegen j-n ~** *Wut etc* se porter contre qn; *Worte, Kritik* viser qn
Richter(in) M(F) juge *m/f*
Richterskala F échelle *f* de Richter
richtig ☒ ADJ (≈ *nicht falsch*) juste; correct; bon; (≈ *genau*) exact; (≈ *echt, wirklich*) vrai; **~!** c'est ça!; c'est juste!; **der ~e Weg** le bon chemin ☒ ADV **~ rechnen** calculer juste; **(es) für ~ halten zu** (+ *inf*) juger bon, à propos de (+ *inf*); **~ gehen** *Uhr* être à l'heure; donner l'heure exacte
Richtige(r) M(F(M)) homme *m*, femme *f* qu'il faut, idéal(e); **er ist genau der ~** c'est l'homme qu'il nous faut (**für** pour); *iron* **an den ~n geraten** bien tomber; **er hat sechs ~ im Lotto** il a gagné au loto
Richtige(s) N **das ~ für uns** ce qu'il nous faut; **sie hat nichts ~s gegessen/gelernt** elle n'a pas mangé/appris grand-chose
richtigstellen VT (≈ *berichtigen*) rectifier
Richtlinie F directive *f* **Richtpreis** M prix indicatif, conseillé
Richtung F ☒ direction *f*; sens *m*; **in ~ ...** en direction, dans la direction de ... ☒ *fig* (≈ *Tendenz*) tendance *f*
rieb → **reiben**
riechen ☒ VT sentir; *umg fig* **j-n nicht ~ können** ne pas pouvoir sentir, suppor-

ter qn; *umg* avoir qn dans le nez **B** VI sentir (**nach, an etw** *dat* qc); **gut, schlecht** ~ sentir bon, mauvais
rief → **rufen**
Riegel M **1** verrou *m* **2** (≈ *Schokoladenriegel*) barre *f*
Riemen M courroie *f*; *langer, schmaler* lanière *f*; *umg fig* **sich am ~ reißen** *umg* se prendre par la main
Riese M géant *m*
rieseln VI *Sand, Tropfen* couler; *Wasser* ruisseler
Riesenerfolg *umg* M succès fou, succès bœuf *umg*, énorme succès *m* **riesengroß** → **riesig Riesenhunger** *umg* M faim *f* de loup **Riesenrad** N grande roue **Riesenslalom** M slalom géant
riesig **A** ADJ **1** géant; énorme **2** *umg* (≈ *hervorragend*) super *umg*, génial *umg* **B** *umg* ADV terriblement
riet → **raten**
Rille F rainure *f*; *der Schallplatte* sillon *m*
Rind N **1** ZOOL bovin *m* **2** (≈ *Rindfleisch*) bœuf *m*
Rinde F (≈ *Baumrinde*) écorce *f*; (≈ *Brotrinde, Käserinde*) croûte *f*
Rinderbraten M rôti *m* de bœuf
Rinderwahn(sinn) M maladie *f* de la vache folle
Rindfleisch N bœuf *m*
Ring M **1** anneau *m*; *Schmuck, a.* TECH bague *f*; (≈ *Trauring*) alliance *f* **2** *um die Augen* cerne *m* **3** BOXEN ring *m*; TURNEN **-e** *pl* anneaux *mpl* **4** (≈ *Straße*) périphérique *m*
Ringbuch N classeur *m* (à anneaux)
Ringelnatter F couleuvre *f* à collier
ringen **A** VT **die Hände ~** se tordre les mains **B** VI **1** (≈ *kämpfen*), *a.* SPORT, *a. fig* lutter (**mit** contre) **2** **nach Atem ~** respirer avec peine; *stärker* suffoquer
Ringen N SPORT, *a. fig* lutte *f* (**um** pour)
Ringfinger M annulaire *m*
Ringkampf M lutte *f* **Ringrichter** M arbitre *m*
rings ADV (tout) autour (**um** de) **ringsherum** ADV tout autour
Rinne F (≈ *Abflussrinne*) rigole *f*
rinnen VI (≈ *langsam fließen*) couler (lentement)
Rinnstein M caniveau *m*

Rippchen N GASTR côtelette *f*
Rippe F **1** ANAT côte *f* **2** BAU, BOT nervure *f*; (≈ *Schokoladenrippe*) barre *f*
Risiko N risque *m*; **auf eigenes ~** à mes, tes, *etc* risques et périls **Risikofaktor** M facteur *m* de risque **Risikogruppe** F groupe *m* à risque(s)
riskant ADJ risqué **riskieren** VT risquer (**dass que** + *subj* de + *inf*)
riss → **reißen**
Riss M *im Gewebe, Papier* déchirure *f*; (*a. Hautriss, Muskelriss*); *durch Hängenbleiben* accroc *m*; *a. fig* fissure *f*; *in Lack* craquelure *f*
rissig ADJ crevassé; *Haut a.* gercé; fêlé; fissuré; craquelé
ritt → **reiten**
Ritter M *a. e-s Ordens* chevalier *m*
Ritual N rituel *m*
Ritze F (petite) fente; fissure *f* **ritzen** VT rayer; *Haut* égratigner **2** (≈ *einritzen*) graver (**in** + *akk* dans)
Rivale M, **Rivalin** F rival(e) *m(f)* **Rivalität** F rivalité *f*
Roaming N TEL itinérance *f*
Robbe F phoque *m*
robben VI ramper
Roboter M robot *m*
robust ADJ robuste
roch → **riechen**
Rock[1] M (≈ *Damenrock*) jupe *f*
Rock[2] M MUS rock *m* **Rockgruppe** F groupe *m* de rock **Rockmusik** F musique *f* rock **Rocksänger(in)** M(F) chanteur, -euse *m,f* rock
Rodelbahn F piste *f* de luge **rodeln** VI faire de la luge
Roggen M seigle *m* **Roggenbrot** N pain *m* de seigle
roh ADJ **1** (≈ *ungekocht*) cru **2** (≈ *nicht bearbeitet*) brut **3** *fig Person* brutal; *Gewalt* brutal
Rohbau M gros œuvre **Rohkost** F crudités *fpl*
Rohr N TECH tuyau *m*; *kleineres* tube *m*; (≈ *Leitungsrohr*) conduite *f*; conduit *m*
Röhrchen N *für Medikamente* tube *m*; *beim Alkoholtest* **ins ~ blasen** *umg* souffler dans le ballon
Röhre F **1** TECH (≈ *Leitungsröhre*) conduite *f*; conduit *m*; tuyau *m*; ELEK tube *m* **2** (≈ *Backröhre*) four *m*; *umg fig* **in die ~ gucken** *umg* faire tintin

Röhrenjeans F jeans m moulant
Rohrzucker M sucre m de canne
Rohstoff M matière première
Rolle F ■ TECH (≈ *Walze*) rouleau m ◼ (≈ *Zusammengerolltes, Schriftrolle*) rouleau m; (≈ *Spule, Garnrolle*) bobine f ◼ THEAT, a. fig rôle m; **e-e ~ spielen** a. fig jouer un rôle ◼ TURNEN roulade f
rollen A VT rouler; (≈ *wickeln*) enrouler; **das R ~ rouler les r** B VI rouler
Rollenspiel N jeu m de rôles
Roller M *für Kinder* trottinette f; patinette f; (≈ *Motorroller*) scooter m
Rollkragen M col roulé **Rollkragenpullover** M, **Rollkragenpulli** umg M pull-over m à col roulé **Rollladen** M volet roulant **Rollmops** M GASTR rollmops m
Rollo N store m (enrouleur)
Rollschuh M patin m à roulettes; **~ laufen** faire du patin à roulettes **Rollstuhl** M fauteuil roulant **Rollstuhlfahrer(in)** M(F) °handicapé(e) m(f) (dans un fauteuil roulant) **Rolltreppe** F escalier roulant, mécanique
Rom N Rome
ROM N ABK (≈ *read-only memory*) IT mémoire morte
Roman M roman m
romanisch ADJ *Sprache* ARCH roman
Romantik F romantisme m **romantisch** ADJ a. fig romantique
Römer M *Bewohner* Romain m **römisch** ADJ romain
röntgen VT radiographier **Röntgenaufnahme** F, **Röntgenbild** N radio(graphie) f **Röntgenstrahlen** MPL rayons mpl X
rosa ADJ rose **rosafarben, rosafarbig, rosarot** ADJ rose
rösch südd croustillant
Rose F BOT rose f
Rosé M *Wein* rosé m
Rosenkohl M chou m de Bruxelles **Rosenmontag** M lundi gras
rosig ADJ ◼ (≈ *rosa*) (de) rose ◼ fig rose; *Zukunft, Lage* brillant
Rosine F raisin sec
Rosmarin M romarin m
Rosskastanie F *Baum* marronnier m d'Inde; *Frucht* marron m d'Inde
Rost[1] M *auf Eisen* rouille f
Rost[2] M ■ (≈ *Bratrost*) gril m ◼ (≈ *Gitter*) grille f
Rostbraten M grillade f **Rostbratwurst** F saucisse grillée
rosten VI (se) rouiller
rösten VT *Kaffee* torréfier; *Brot, Kastanien* griller; *Kartoffeln* rissoler
rostfrei ADJ sans rouille; (≈ *nicht rostend*) inoxydable
Rösti PL GASTR rösti mpl
rostig ADJ rouillé
Röstkartoffeln FPL pommes de terre rissolées, sautées
Rostschutzmittel N (agent m) antirouille m
rot ADJ a. POL rouge; *Bart, Haar* roux; *Lippen* vermeil; fig **der rote Faden** le fil conducteur; l'idée directrice; **das Rote Meer** la mer Rouge; **rot werden** rougir
Rot N rouge m; **die Ampel steht auf, zeigt Rot** le feu est au rouge
röten V/R **sich ~** rougir
rothaarig ADJ (aux cheveux) roux
rotieren VI ■ tourner, pivoter (sur son axe) ◼ umg fig (≈ *hektisch sein*) paniquer umg
Rotkohl M, **Rotkraut** südd, österr N chou m rouge
rötlich ADJ rougeâtre
Rotwein M vin m rouge
Rotz M morve f **rotzfrech, rotzig** umg ADJ culotté
Roulade F GASTR roulade f; *vom Kalb* paupiette f
Roulett N, **Roulette** N roulette f; **russisches ~, ~s** roulette f russe
Route F itinéraire m
Router M IT routeur m
Routine F ■ (≈ *Erfahrung*) expérience f, habitude f (**in etw** dat de qc) ◼ (≈ *Gewohnheit*) routine f **Routineuntersuchung** F contrôle m habituel, automatique
Rowdy M vandale m
Rübe F ■ BOT betterave f; **Rote ~** betterave f rouge; *südd* **Gelbe ~** carotte f ◼ umg fig (≈ *Kopf*) caboche f umg; umg cafetière f
rüber umg ADV → herüber
Ruck M saccade f; (≈ *Stoß*) secousse f; umg fig **sich** (dat) **e-n ~ geben** faire un effort
ruckartig ADV par saccades, secousses
Rückblende F FILM retour m en arriè-

re; flashback m **Rückblick** M rétrospective f (**auf** + akk sur, de); **rückdatieren** VT antidater

rücken A VT (≈ verrücken) déplacer; (≈ bewegen) remuer; bouger; **den Tisch ans Fenster ~** approcher la table de la fenêtre B VI **vorwärts** (s')avancer; **zur Seite** se pousser

Rücken M **1** e-s Menschen, Tieres dos m; **es lief mir eiskalt über den ~** od **den ~ hinunter** cela me donna froid dans le dos; fig **hinter j-s ~** (dat) derrière le dos, à l'insu de qn **2** (≈ Handrücken, Messerrücken, Buchrücken etc) dos m

Rückenlehne F dossier m **Rückenmark** N moelle épinière **Rückenschmerzen** MPL mal m au dos **Rückenschwimmen** N nage f sur le dos **Rückenwind** M vent m dans le dos

rückerstatten VT restituer; rembourser **Rückfahrkarte** F, **Rückfahrschein** M billet m de retour; Hin- u. Rückfahrt (billet m d')aller et retour m **Rückfahrt** F retour m

Rückfall M **1** MED rechute f **2** (≈ Zurückfallen) retour m (**in** + akk à) **3** JUR récidive f **rückfällig** ADJ Straftäter récidiviste; Suchtkranker qui rechute; **~ werden** récidiver; rechuter

Rückflug M vol m (de) retour **Rückfrage** F demande f de précisions **Rückgabe** F restitution f; remise f; von Leergut retour m **Rückgang** M recul m; baisse f; (≈ Abnahme) diminution f **rückgängig** ADJ **~ machen** Entscheidung revenir sur; HANDEL annuler **Rückgrat** N épine dorsale **Rückhand** F SPORT revers m **Rückkehr** F retour m; ins Haus rentrée f **Rücklicht** N e-s Autos, Fahrrads feu m arrière **Rückmeldung** F (≈ Feedback) feedback m; in E-Mails etc **danke für die ~** merci pour ta réponse **Rückreise** F (voyage m de) retour m **Rückruf** M **1** TEL rappel m **2** HANDEL mise f hors circuit de produits

Rucksack M sac m à dos

Rückschlag M revers m; échec m **Rückseite** F e-r Seite, Münze revers m; (≈ hintere Seite) derrière m; dos m; e-s Blattes verso m

Rücksicht F égards mpl; considération f; (**keine**) **~ auf j-n, etw nehmen** (≈ beachten) (ne pas) tenir compte de qn, qc; (≈ schonen) (ne pas) ménager qn, qc; **mit ~ auf** (+ akk) eu égard à **rücksichtslos** ADJ (≈ verantwortungslos) sans égards, ménagements **Rücksichtslosigkeit** F manque m d'égards **rücksichtsvoll** ADJ plein d'égards

Rücksitz M beim Auto, Motorrad siège m arrière **Rückspiegel** M rétroviseur m **Rückspiel** N SPORT match m retour **Rückstand** M **1** FIN arriéré m **2** (≈ Rest), a. CHEM résidu m **3** (≈ Zurückbleiben) retard m; (**mit etw**) **im ~ sein** être en retard (dans qc); **er ist mit seiner Miete zwei Monate im ~** il doit deux mois de loyer

Rückstrahler M réflecteur m **Rücktritt** M **1** vom e-m Amt démission f; von e-m Vertrag résiliation f **2** beim Fahrrad rétropédalage m

Rückvergütung F remboursement m **rückwärts** ADV en arrière; TURNEN **Rolle ~** roulade f arrière; → rückwärtsfahren, rückwärtsgehen **rückwärtsfahren** VI faire marche arrière **Rückwärtsgang** M AUTO marche f arrière **rückwärtsgehen** VI aller, marcher à reculons

Rückweg M (chemin m du) retour m; **auf dem ~** au retour **Rückzieher** M **1** FUSSBALL retourné m **2** umg fig **e-n ~ machen** revenir sur sa décision; faire machine arrière

Rudel N von Wölfen, Kindern bande f; von Hirschen, Rehen harde f

Ruder N SCHIFF rame f; aviron m; (≈ Steuer) gouvernail m **Ruderboot** N canot m; barque f **rudern** VT & VI ramer; SPORT faire de l'aviron

Ruf M **1** (≈ Schrei), a. e-s Tieres cri m **2** (≈ Forderung) demande f (**nach** de) **3** (≈ Leumund) réputation f; **e-n guten, hervorragenden Ruf genießen** jouir d'une bonne, excellente réputation; **e-n schlechten Ruf haben** avoir mauvaise réputation

rufen A VT **1** (≈ ausrufen) crier **2** (≈ herbeirufen) appeler; **j-n ~ lassen** faire venir qn; **wie gerufen kommen** arriver à point (nommé); tomber bien B VI **nach j-m ~** appeler qn

Rufname M prénom usuel **Rufnummer** F numéro m de téléphone
Rugby N rugby m
Rüge F réprimande f; blâme m
Ruhe F 1 (≈ Stille, Gelassenheit) calme m; (≈ Friede) paix f; (≈ Erholung) repos m; **lass mich in ~!** laisse-moi tranquille!; **(die) ~ bewahren** garder son calme, son sang-froid; umg **immer mit der ~!** du calme!; doucement! 2 (≈ Schweigen) silence m; **~!** silence!; du calme!
ruhen VI 1 (≈ ausruhen) se reposer 2 geh von Toten **hier ruht ...** ici repose ...; ci-gît ... 3 fig Verhandlung, Arbeit être suspendu, arrêté
Ruhepause F pause f **Ruhestand** M retraite f; **im ~ sein** à la, en retraite; retraité **Ruhestörung** F atteinte f à la tranquillité publique; **nächtliche ~** tapage m nocturne **Ruhetag** M jour m de repos
ruhig ADJ tranquille; a. See, Börse calme
Ruhm M gloire f
Rührei N œufs brouillés
rühren A VT 1 (≈ bewegen) bouger 2 (≈ umrühren) remuer 3 (≈ in Rührung versetzen) toucher B VI 1 (≈ umrühren) remuer 2 **das rührt daher, dass ...** cela vient de ce que ... C VR **sich ~** se remuer; bouger **rührend** ADJ touchant a. iron, émouvant
Rührteig M GASTR pâte à gâteau de consistance molle
Rührung F émotion f
Ruin M ruine f; **er steht vor dem ~** il est au bord de la ruine **Ruine** F ruine f **ruinieren** VT ruiner
rülpsen umg VI umg roter **Rülpser** umg M umg rot m
rum umg → herum
Rum M rhum m
Rumäne M, **Rumänin** F Roumain(e) m(f) **Rumänien** N la Roumanie **rumänisch** ADJ roumain
rumkriegen umg VT 1 Zeit tuer 2 (≈ überreden) persuader; umg manœuvrer
Rummel umg M 1 (≈ Betrieb) foire f umg; **e-n großen ~ um etw machen** umg faire tout un plat de qc 2 (≈ Jahrmarkt) foire f
Rumpelkammer umg F débarras m

rümpfen VT **die Nase ~** faire la moue
Rumtopf M GASTR fruits (marinés) dans du rhum
rumtreiben umg VR **sich ~** traîner
rund A ADJ a. Zahl rond B ADV 1 **~ um etw (herum)** tout autour de qc 2 umg (≈ etwa) environ
Rundbrief M circulaire f
Runde F 1 (≈ Rundgang) ronde f; **die ~ machen** Gerücht faire le tour 2 (≈ Gesellschaft) compagnie f; (≈ Tischrunde) tablée f 3 bei Getränken tournée f 4 beim Laufen, Rennen tour m; beim Spielen partie f; BOXEN round m; reprise f; umg fig **(mit etw) über die ~n kommen** umg s'en tirer (avec qc)
Rundfahrt F circuit m (touristique); tour m **Rundflug** M circuit aérien
Rundfunk M (≈ Hörfunk) radio (-diffusion) f; **im ~** à la radio **Rundfunksender** M (poste m) émetteur m de radio
Rundgang M tour m; e-s Wächters ronde f
rundgehen umg VI/UNPERS **es geht rund** (≈ es ist viel los) c'est le coup de feu; (≈ es geht hoch her) il y a de l'ambiance; ça y va; ça donne
rundherum ADV 1 (≈ ringsum) tout autour (um de) 2 **~ glücklich** parfaitement heureux
rundlich ADJ Person rondelet
Rundreise F tour m; circuit m **Rundschreiben** N circulaire f **Rundwanderweg** M circuit m pédestre (qui ramène au point de départ)
runter → herunter, hinunter
runterhauen umg VT **j-m e-e ~** umg flanquer une gifle à qn
runterkommen VI umg **komm mal wieder runter!** beruhige dich! calme-toi!
runzeln VT **die Stirn ~** froncer les sourcils
Rüpel M mufle m
ruppig ADJ Person, Benehmen grossier; Ton brusque
Ruß M suie f
Russe M Russe m
Rüssel M (≈ Elefantenrüssel, Insektenrüssel) trompe f
rußen VI fumer
Rußfilter M AUTO filtre m à particules
Russin F Russe f **russisch** ADJ russe

Russland N̄ la Russie
Rußpartikelfilter M̄ AUTO filtre *m* à particules
Rüstung F̄ **1** (≈ *Aufrüstung*) armements *mpl* **2** (≈ *Ritterrüstung*) armure *f* **Rüstungsindustrie** F̄ industrie *f* d'armement
Rute F̄ **1** (≈ *Gerte*) baguette *f* **2** (≈ *Angelrute*) canne *f* à pêche
Rutsch M̄ **1** (≈ *Erdrutsch*) glissement *m*; *umg fig* in e-m ~ d'un (seul) coup **2** *umg* **guten ~ (ins neue Jahr)!** bonne année! **Rutschbahn** F̄ glissoire *f*
rutschen V̄/Ī glisser; *Auto* déraper; *umg* **rutsch mal ein Stück!** pousse-toi! **rutschig** ADJ glissant
rütteln A V̄/T̄ secouer B V̄/Ī **an etw** (*dat*) ~ secouer qc

S

S¹, s N̄ S, s *m*
S² ABK (≈ *Süd[en]*) S (sud)
Saal M̄ salle *f*
Saarland das ~ la Sarre
Sabbat M̄ sabbat *m*
Sabotage F̄ sabotage *m*
Sachbearbeiter(in) M̄(F̄) adjoint *m* administratif, adjointe *f* administrative; **die zuständige ~in** la personne compétente **Sachbuch** N̄ livre spécialisé
Sache F̄ **1** (≈ *Ding*) chose *f*; *fig* **~n** *pl* (≈ *persönliche Dinge*) affaires *fpl*; *umg* **mach keine ~n!** ne fais pas d'histoires! **2** (≈ *Angelegenheit*) affaire *f*; question *f*; **es ist beschlossene ~, dass …** il est convenu, il a été décidé que … (+ *ind*); **zur ~ kommen** (en) venir au fait; **das ist so e-e ~** c'est délicat; c'est difficile à dire; **nicht bei der ~ sein** être distrait; **zur ~ kommen** (en) venir au fait; **das tut nichts zur ~** cela ne change rien à l'affaire, à la question **3** *umg* (≈ *Stundenkilometer*) **mit hundert ~n** à cent à l'heure
Sachertorte F̄ GASTR gâteau viennois au chocolat
Sachgebiet N̄ domaine *m*
sachlich ADJ objectif; **~ sein** s'en tenir aux faits
sächlich ADJ GRAM neutre
Sachschaden M̄ dégâts matériels
Sachse M̄ Saxon *m* **Sachsen** N̄ la Saxe **Sachsen-Anhalt** N̄ la Saxe-Anhalt
sächsisch ADJ saxon
Sack M̄ sac *m*; **der gelbe ~** le sac jaune pour les emballages recyclables **Sackgasse** F̄ cul-de-sac *m*, impasse *f a. fig*
Sadist(in) M̄(F̄) sadique *m/f* **sadistisch** ADJ sadique
säen V̄/T̄ semer
Safari F̄ safari *m*
Safe M̄ coffre-fort *m*
Saft M̄ **1** *Getränk, von Früchten* jus *m* **2** BOT sève *f* **3** (≈ *Fleischsaft*) jus *m* **saftig** ADJ **1** juteux; *Wiese* gras **2** *umg fig Preis, Rechnung* salé *umg* **Saftpresse** F̄ presse-fruits *m*
Sage F̄ légende *f*
Säge F̄ scie *f* **Sägemehl** N̄ sciure *f* (de bois)
sagen A V̄/T̄ **1** (≈ *mitteilen*) dire (**zu** à), (**über** + *akk* de); **wie gesagt** comme je l'ai dit; je le répète **2** (≈ *befehlen*) commander; **er hat hier nichts zu ~** il n'a pas d'ordre à donner ici **3** (≈ *bedeuten*) signifier; **das hat nichts zu ~** ça ne veut rien dire **4** (≈ *meinen*) dire; **was sagst du dazu?** qu'est-ce que tu en dis? B V̄/Ī **sag mal, …** dis-moi …, dis-moi un peu … *umg*
sägen V̄/T̄ scier
sagenhaft A ADJ *a. fig* légendaire; *umg fig* (≈ *toll*) formidable B *umg* ADV (≈ *sehr*) terriblement
sah → **sehen**
Sahara die ~ le Sahara
Sahne F̄ crème *f*
Saison F̄ saison *f* **saisonal** ADJ saisonnier **Saisonarbeiter(in)** M̄(F̄) (travailleur) saisonnier *m*; travailleuse saisonnière
Saite F̄ MUS corde *f* **Saiteninstrument** N̄ instrument *m* à cordes
Sakko M̄/N̄ veston *m*
Sakrament N̄ sacrement *m*
Sakristei F̄ sacristie *f*
Salamander M̄ salamandre *f*
Salami F̄ salami *m*
Salat M̄ GASTR salade *f*; **gemischter ~** salade mixte, composée; *umg fig* **da ha-**

ben wir den ~! nous voilà dans de beaux draps!
Salbe F pommade f
Salbei M sauge f
Saldo M solde m (de compte); **per ~** pour solde
Salmonelle F salmonelle f; **ich hatte ~n** j'ai eu une salmonellose
salopp ADJ 1 décontracté 2 Ausdruck familier
Salto M saut périlleux
Salz N a. CHEM sel m
Salzburg N Salzbourg
salzen VT saler **salzig** ADJ (≈ gesalzen) salé
Salzkartoffel F pomme f de terre à l'anglaise **Salzstange** F baguette salée **Salzwasser** N eau salée
Samen M 1 BOT semence f; AGR graine f 2 (≈ Sperma) sperme m
Sammelband M recueil m **Sammelmappe** F chemise f
sammeln A VT 1 Pilze, Holz ramasser 2 (≈ e-e Sammlung anlegen) collectionner 3 Geld, Spenden collecter B VI faire une collecte (**für** pour)
Sammelsurium umg pej N ramassis m
Sammler(in) M/F collectionneur, -euse m,f **Sammlung** F 1 wohltätige collecte f 2 von Kunstwerken, Briefmarken collection f 3 (≈ Aufsatzsammlung) recueil m
Samstag M samedi m; → Montag
samstags ADV le samedi; tous les samedis
samt PRÄP avec
Samt M velours m
sämtlich INDEF PR tout; **~e Werke** npl **von X** les œuvres complètes de X
Sanatorium N maison f de repos, de santé
Sand M sable m; fig **im ~e verlaufen** finir en queue de poisson; umg fig **etw in den ~ setzen** rater qc, louper qc umg; umg **... gibt es wie ~ am Meer** ce ne sont pas les ... qui manquent
Sandale F sandale f
Sandbank F banc m de sable **Sandburg** F château m de sable
sandig ADJ sablonneux
Sandkasten M bac m à sable **Sandstrand** M plage f de sable

sandte → senden
Sanduhr F sablier m
sanft ADJ 1 a. fig doux 2 (≈ leicht) léger 3 Person tendre
sang → singen
Sänger(in) M/F chanteur, -euse m,f
sanieren VT Stadtviertel, Wirtschaft, Unternehmen assainir; Altbau réhabiliter
Sanierung F assainissement m; réhabilitation f
sanitär ADJ sanitaire
Sanitäter M secouriste m
sank → sinken
Sanktion F sanction f **sanktionieren** VT sanctionner
Sardelle F anchois m
Sardine F sardine f
Sardinien N la Sardaigne
Sarg M cercueil m
saß → sitzen
Satellit M satellite m
Satellitenfernsehen N télévision f par satellite **Satellitenfoto** N photo f satellite **Satellitenfunk** M communications fpl par satellite **Satellitenschüssel** umg F antenne f parabolique
Satire F satire f **satirisch** ADJ satirique
satt A ADJ 1 rassasié; fig **ich bin es ~ zu** (+ inf) j'en ai assez de (+ inf); **danke, ich bin ~** non merci, je n'ai plus faim 2 fig Farben intense; Klang plein B ADV **sich ~ essen** se rassasier; manger à sa faim; **~ machen** rassasier
Sattel M selle f **satteln** VT seller **Sattelschlepper** M semi-remorque m **Satteltasche** F sacoche f
sättigend ADJ nourrissant
Saturn M ASTRON (**der**) **~** Saturne
Satz M 1 GRAM phrase f; proposition f 2 Teil e-s Musikstücks mouvement m 3 TYPO composition f 4 (≈ zusammengehörige Gegenstände) jeu m; série f 5 SPORT set m 6 (≈ Sprung) bond m 7 (≈ Bodensatz) dépôt m; (≈ Kaffeesatz) marc m
Satzbau M GRAM construction f (de la phrase) **Satzgefüge** N GRAM phrase f complexe **Satzglied** N GRAM membre m de phrase **Satzteil** M → Satzglied
Satzung F statuts mpl
Satzzeichen N signe m de ponctuation

Sau F ZOOL truie f; sl **das ist unter aller Sau** c'est au-dessous de tout; sl **j-n zur Sau machen** umg engueuler qn comme du poisson pourri ② sl fig (≈ schmutziger Mensch) cochon, -onne m,f umg; (≈ gemeiner Mensch) salaud m umg, salope f umg

sauber A ADJ ① a. Wäsche propre; Umwelt non pollué ② Schrift, Arbeit soigné B ADV ~ **machen** nettoyer

Sauberkeit F a. fig propreté f

säuberlich ADV (**fein**) ~ soigneusement; avec soin

säubern VT nettoyer

Saudi-Arabien N l'Arabie f Saoudite

sauer A ADJ ① a. Frucht, a. CHEM acide; unangenehm aigre; Milch tourné; **saurer Regen** pluies fpl acides ② umg (≈ verärgert) fâché (**auf j-n** contre qn) B ADV umg ~ **reagieren** umg se mettre en rogne (**auf** + akk à cause de)

Sauerkraut N choucroute f

Sauerstoff M oxygène m **Sauerstoffflasche** F bouteille f d'oxygène

saufen VT & VI ① Tier boire ② sl Mensch picoler umg

saugen A VT & VI ① **an etw** (dat) ~ sucer qc ② Säuglinge, Tierjunge téter ③ → staubsaugen ④ TECH aspirer B VR **sich voll Wasser** ~ s'imbiber, s'imprégner d'eau

Säugetier N mammifère m

Säugling M nourrisson m

saukalt umg ADJ **es ist** ~ il fait un froid de canard, de chien

Säule F ① BAU colonne f ② fig pilier m

Saum M MODE ourlet m

Saumagen M GASTR (**Pfälzer**) ~ panse f de porc farcie (à la palatine)

säumen VT MODE ourler; a. geh fig border

Sauna F sauna m

Säure F ① Geschmack acidité f; unangenehme aigreur f ② CHEM acide m

Saurier M saurien m fossile

sausen VI ① Geschoss siffler ② Mensch filer; foncer; Auto, Zug passer en trombe

Sauwetter sl N temps m de chien

Saxofon N saxophone m **Saxophon** N → Saxofon

S-Bahn F RER m **S-Bahn-Station** F station f de RER

Scampi PL langoustines fpl; GASTR a. scampi mpl

scannen VT & VT scanner **Scanner** M scanner m

schaben VT racler

schäbig ADJ ① (≈ abgenutzt) usé; (≈ ärmlich) minable ② (≈ gemein, kleinlich) mesquin

Schablone F modèle m

Schach N échecs mpl; ~! échec au roi!; ~ **spielen** jouer aux échecs **Schachbrett** N échiquier m **Schachfigur** F pièce f (d'un jeu d'échecs) **schachmatt** ADJ échec et mat **Schachspiel** N (jeu m d')échecs mpl

Schacht M ① BERGBAU puits m ② (≈ Aufzugsschacht) cage f; (≈ Luftschacht) canal m d'aération

Schachtel F boîte f; **e-e ~ Zigaretten** un paquet de cigarettes

schade ADJ (**das ist** [**sehr**]) ~! c'est (bien) dommage!; **wie ~** (**, dass ...**)! quel dommage (que ... + subj); ~ **drum!** tant pis!; **Dinge zu ~ für etw sein** être trop beau pour qc

Schädel M ANAT crâne m

schaden VI j-m, e-r Sache ~ nuire à qn, qc; umg **das schadet** (**gar**) **nichts** ça ne fait rien du tout

Schaden M ① an Sachen dommage m; durch Unwetter, Feuer dégâts mpl ② für Personen, a. fig (≈ Nachteil) préjudice m

Schadenersatz M dommages-intérêts mpl; (**j-m für etw**) ~ **leisten** indemniser (qn de qc) **Schadenfreiheitsrabatt** M VERSICHERUNGSWESEN bonus m **Schadenfreude** F joie maligne **schadenfroh** ADJ qui se réjouit du malheur des autres

Schadensfall M sinistre m

schadhaft ADJ défectueux

schädlich ADJ nuisible

Schädling M plante f, insecte m nuisible

Schadsoftware F IT logiciel m malveillant **Schadstoff** M polluant m; (≈ Giftstoff) (substance f) toxique m **schadstoffarm** ADJ peu polluant **Schadstoffbelastung** F taux m, degré m de pollution **schadstofffrei** ADJ non polluant

Schaf N mouton m; (≈ Mutterschaf) a. fig, a. BIBEL brebis f; fig **das schwarze** ~ **sein** être la brebis galeuse

Schäfer M berger m **Schäferhund** M **(Deutscher)** ~ berger m (allemand)
schaffen A VT 1 Werk, Arbeitsplatz, Bedürfnis, a. REL créer; **Ordnung** ~ mettre de l'ordre (**in** dat dans); **Platz** ~ faire de la place 2 **es** ~, **etw zu tun** réussir, arriver à faire qc B VI (=süd) (=arbeiten) bosser umg
Schaffner(in) M(F) BAHN contrôleur, -euse m,f
Schafskäse M fromage m de brebis
Schal M écharpe f; (≈Seidenschal) foulard m
schal ADJ fade a. fig, insipide; (≈abgestanden) éventé
Schale F 1 von Früchten, Gemüse peau f; von Orangen, Zitronen écorce f; abgeschält épluchure f; pelure f; von Nüssen coque f; coquille f; (≈Eierschale) coquille f 2 (≈Schüssel) coupe f
schälen A VT Obst, Kartoffeln peler; éplucher; Hülsenfrüchte, Eier écaler B VR **sich** ~ Haut peler
Schall M son m **Schalldämpfer** M silencieux m **schalldicht** ADJ insonore
schallen VI retentir
Schallgeschwindigkeit F vitesse f du son **Schallmauer** F mur m du son; **die** ~ **durchbrechen** franchir le mur du son **Schallplatte** F disque m
schalt → schelten
schalten A VT ELEK mettre en circuit B VI 1 **auf "aus"** ~ mettre sur «arrêt» 2 AUTO changer de vitesse; **in den ersten Gang** ~ passer en première 3 umg fig (≈begreifen) piger umg
Schalter M 1 ELEK interrupteur m 2 (≈Postschalter, Fahrkartenschalter) guichet m **Schalterstunden** FPL ouverture f du (od des) guichet(s)
Schaltjahr N année f bissextile
Schaltung F 1 ELEK montage m; **integrierte** ~ circuit intégré 2 (≈Gangschaltung) changement m de vitesse
schämen VR **sich** (**für** od **wegen etw**) ~ avoir °honte, être °honteux (de qc); **schäm dich!** tu n'as pas °honte! **schamlos** ADJ (≈unverschämt) impudent
Schande F °honte f
Schar F bande f; foule f; **in ~en** (dat) en masse; en foule **scharenweise** ADV en foule; en masse

scharf A ADJ 1 (≈schneidend) tranchant; coupant; Zähne, Nägel, Krallen acéré; Kante vif; Kurve serré 2 Gegensätze (bien) tranché; Umrisse, Foto net 3 Speisen épicé; Senf fort 4 Kontrolle sévère; rigoureux; Protest vif; Kritik caustique 5 Auge perçant 6 Wind cinglant 7 **das ~e S** le «ß» (en allemand) 8 umg (≈geil) allumé umg; **auf etw** (akk) ~ **sein** avoir très envie de qc; **auf j-n** ~ **sein** umg avoir envie de qn B ADV 1 (≈genau) au point 2 (≈stark) ~ **bremsen** freiner brutalement; ~ **würzen** épicer fortement
Schärfe F 1 e-s Messers acuité f 2 von Speisen goût relevé, épicé 3 FOTO netteté f 4 (≈Strenge) sévérité f **schärfen** VT aiguiser a. fig, affûter; affiler
Scharfschütze M tireur m d'élite
scharfsinnig ADJ fin; subtil
Scharnier N charnière f
scharren VI gratter (**in der Erde** le sol)
Schaschlik MN GASTR brochette f
Schatten M a. fig ombre f; **im** ~ à l'ombre; fig **j-n, etw in den** ~ **stellen** éclipser qn, qc **Schattenkabinett** N cabinet m fantôme **schattig** ADJ ombragé
Schatz M 1 a. fig trésor m 2 umg Kosewort (mon) trésor 3 (≈hilfsbereiter Mensch) ange m
schätzen VT 1 (≈abschätzen) estimer; évaluer 2 (≈achten) apprécier; umg (≈annehmen) penser
Schätzung F estimation f **schätzungsweise** ADV approximativement
Schau F 1 (≈Ausstellung) exposition f; fig **etw zur** ~ **stellen** faire étalage de qc 2 (≈Vorführung) (grand) spectacle; **j-m die** ~ **stehlen** voler la vedette à qn
schauen VI 1 regarder 2 fig **nach j-m, etw** ~ s'occuper de qn, qc; **auf etw** (akk) ~ veiller à qc
Schauer M 1 (≈Schauder) frisson m 2 (≈Regenschauer) averse f
Schaufel F pelle f **schaufeln** VT pelleter; Grab creuser; Schnee enlever (à la pelle)
Schaufenster N vitrine f **Schaufensterbummel** M lèche-vitrines m **Schaufensterpuppe** F mannequin m
Schaukel F balançoire f **schaukeln** VI 1 se balancer 2 Schiff rouler

Schaukelpferd _M_ cheval _m_ à bascule **Schaukelstuhl** _M_ fauteuil _m_ à bascule

Schaulustige(r) _M_ badaud _m_

Schaum _M_ écume _f_; (≈ Bierschaum, Seifenschaum) mousse _f_ **Schaumbad** _N_ bain _m_ (de) mousse

schäumen _VI_ a. fig écumer; _Bier, Sekt, Seife_ mousser

Schaumfestiger _M_ mousse coiffante, de coiffage **Schaumstoff** _M_ mousse _f_

Schauspiel _N_ 1 (≈ Bühnenstück) pièce _f_ de théâtre 2 _geh fig_ spectacle _m_ **Schauspieler(in)** _M(F)_ acteur, -trice _m,f_; a. fig comédien, -ienne _m,f_

Scheck _M_ chèque _m_ (**über** + _akk_ de) **Scheckkarte** _F_ carte _f_ bancaire

Scheibe _F_ 1 _runde disque m; kleine_ rondelle _f_; (≈ Schießscheibe) cible _f_ 2 _von Brot, Wurst, Obst etc_ tranche _f_; (≈ Obstscheibe, Wurstscheibe) a. rondelle _f_ 3 (≈ Fensterscheibe) vitre _f_; _vom Auto, Schaufenster_ glace _f_ 4 _umg_ (≈ CD) CD _m_, disque _m_

Scheibenwischer _M_ essuie-glace _m_

Scheich _M_ cheik(h) _m_

Scheide _F_ 1 _e-s Schwerts_ fourreau _m_ 2 ANAT vagin _m_

scheiden _VT_ geschieden werden être divorcé; **sich (von j-m) ~ lassen** divorcer (de, d'avec qn)

Scheidung _F_ divorce _m_; **die ~ einreichen** demander le divorce

Schein¹ _M_ 1 (≈ Bescheinigung) certificat _m_ 2 (≈ Empfangs-, Gepäckschein) reçu _m_ 3 (≈ Geldschein) billet _m_

Schein² _M_ 1 (≈ Lichtschein) lumière _f_; (≈ Schimmer) lueur _f_ 2 (≈ Anschein) apparence _f_; **den (äußeren) ~ wahren** sauver les apparences

scheinbar A _ADJ_ apparent B _ADV_ en apparence

scheinen _VI_ 1 _Sonne_ briller; **die Sonne scheint** a. il fait (du) soleil; il y a du soleil; **der Mond scheint** il y a clair de lune 2 (≈ den Anschein haben) sembler; avoir l'air de; **mir scheint, (dass)** ... il me semble que ... (+ _ind od subj_)

scheinheilig _ADJ_ hypocrite

Scheinwerfer _M_ projecteur _m_; AUTO phare _m_ **Scheinwerferlicht** _N_ lumière _f_ des projecteurs; AUTO lumière _f_ des phares

Scheiße _sl F sl_ merde _f_

Scheitel _M_ _der Frisur_ raie _f_

Scheiterhaufen _M_ bûcher _m_

scheitern _VI_ échouer

schellen _VI & V/UNPERS_ sonner; **es schellt** on sonne

Schelm _M_ farceur, -euse _m,f_

schelten _VT & VI_ 1 _geh od südd_ **j-n, mit j-m ~** réprimander qn; gronder qn 2 _geh_ **j-n e-n Dummkopf ~** traiter qn d'imbécile

Schema _N_ 1 (≈ Muster) modèle _m_; _umg pej_ **nach ~ F** sur le même moule, modèle 2 (≈ grafische Darstellung) schéma _m_ **schematisch** _ADJ_ schématique

Schemel _M_ tabouret _m_

Schenkel _M_ 1 (≈ Oberschenkel) cuisse _f_ 2 _e-s Winkels_ côté _m_

schenken _VT_ **j-m etw ~** offrir qc à qn; faire cadeau de qc à qn; **etw zu Weihnachten geschenkt bekommen** recevoir qc pour Noël; _umg_ **billige Ware das ist ja geschenkt!** c'est donné!

Scherbe _F_ morceau _m_ (d'un verre, pot cassé); _von Glas, Ton_ a. tesson _m_; **~n** _pl_ a. fig débris _mpl_

Schere _F_ 1 ciseaux _mpl_; **e-e ~** une paire de ciseaux 2 _der Krebse_ pince _f_ **Scherenschnitt** _M_ silhouette _f_

Scherereien _umg FPL_ ennuis _mpl_

Scherz _M_ plaisanterie _f_; blague _f_; **aus, im, zum ~** pour rire; pour plaisanter **scherzen** _VI_ plaisanter **Scherzfrage** _F_ devinette _f_

scheu _ADJ_ timide; (≈ menschenscheu) farouche

scheuchen _VT_ chasser

scheuern A _VT_ 1 _Töpfe_ récurer; _Fußboden_ frotter 2 _umg_ **j-m eine ~** donner une claque, une gifle à qn B _VI_ gratter

Scheuklappe _F_ a. fig œillère _f_

Scheune _F_ grange _f_

Scheusal _N_ monstre _m_

scheußlich _ADJ_ (≈ schrecklich) horrible; _Wetter_ a. épouvantable

Schi (→) Ski

Schicht _F_ 1 couche _f_; _dünne film m_ 2 GEOL strate _f_ 3 (≈ Gesellschaftsschicht) couche sociale 4 (≈ Arbeitszeit) poste _m_; équipe _f_; **~ arbeiten** faire les trois-°huit; travailler par roulement **Schichtarbeit** _F_ travail posté, par roulement

schick ADJ chic; élégant
schicken A VT envoyer B VR **das schickt sich nicht** cela ne se fait pas; geh c'est inconvenant
Schicksal N sort m; (≈ höhere Macht) a. destin m; umg **(das ist) ~** c'est le destin **Schicksalsschlag** M revers m de fortune
Schiebedach N toit ouvrant
schieben A VT pousser; in den Mund, in die Tasche mettre B VR **sich zwischen etw** (akk) **(und etw** akk**) ~** se glisser entre qc et qc
Schiebung umg F **(das ist) ~!** c'est de la triche!
schied → scheiden
Schiedsgericht N JUR tribunal arbitral **Schiedsrichter(in)** M(F) arbitre m **Schiedsspruch** M sentence arbitrale
schief A ADJ 1 (≈ schräg) oblique; (≈ geneigt) incliné; penché 2 fig Bild faux; Vergleich, Argumentation boiteux B ADV 1 de travers; **~ stehen** pencher; être incliné, penché 2 fig umg **j-n ~ ansehen** regarder qn de travers; → schiefgehen, schiefflachen
schiefgehen umg fig VI aller de travers; tourner mal **schiefflachen** umg VR **sich ~** umg se fendre la pêche, la pipe; umg se payer une tranche
schielen VI loucher
schien → scheinen
Schienbein N tibia m
Schiene F 1 BAHN rail m 2 (≈ Laufschiene) glissière f 3 MED éclisse f **schienen** VT MED éclisser
Schienenersatzverkehr M BAHN (≈ ersatzweise eingesetzter Bus) service m routier de remplacement
schier A ADJ pur B ADV (≈ fast) presque
schießen A VT 1 Kugel, Pfeil tirer 2 FUSSBALL tirer 3 umg **ein paar Fotos ~** faire quelques photos B VI 1 **mit e-r Schusswaffe** tirer **(auf j-n, etw** sur qn, qc) 2 FUSSBALL tirer; shooter 3 fig (≈ sich schnell bewegen) se précipiter; Preise **in die Höhe ~** monter en flèche
Schießerei F échange m de coups de feu
Schießscheibe F cible f **Schießstand** M (stand m de) tir m

Schiff N bateau m; großes navire m
Schiffbruch M naufrage m; **~ erleiden** a. fig faire naufrage **Schiffbrüchige(r)** M(F/M) naufragé(e) m(f)
Schifffahrt F navigation f
Schiffsfahrt F **Ausflug** tour m en bateau
Schikane F 1 (≈ Quälerei) tracasserie f 2 umg fig (≈ Raffinesse) **mit allen ~n** avec tous les extras **schikanieren** VT faire des tracasseries à
Schild[1] N 1 (≈ Tafel, Verkehrsschild) panneau m; (≈ Hinweisschild) écriteau m; (≈ an Läden, Gasthäusern etc) enseigne f; (≈ Namens-, Tür-, Nummernschild) plaque f
Schild[2] M 1 (≈ Schutzschild) bouclier m; fig etw im ~e führen méditer un coup; umg mijoter qc 2 an e-r Mütze visière f
Schilddrüse F glande f thyroïde
schildern VT décrire **Schilderung** F description f
Schildkröte F tortue f
Schilf N, **Schilfrohr** N roseau m
schillern VI chatoyer
Schilling M HIST schilling m
Schimmel[1] M Belag moisi m; moisissure f
Schimmel[2] M ZOOL cheval blanc
schimmelig ADJ moisi **schimmeln** VI moisir **Schimmelpilz** M (champignon m de) moisissure f
Schimmer M (≈ Schein) lueur f; umg fig **keinen blassen ~ von etw haben** ne pas avoir la moindre idée de qc
Schimpanse M chimpanzé m
schimpfen VI pester (**auf, über etw, j-n** contre qc, qn); **mit j-m ~** gronder qn
Schimpfwort N injure f
Schinken M 1 GASTR jambon m 2 umg fig Buch pavé m umg; Gemälde croûte f umg
Schirm M (≈ Regenschirm) parapluie m; (≈ Sonnenschirm) parasol m; umg **etw (nicht) auf dem ~ haben** (ne pas) avoir qc présent à l'esprit
Schirmherr(in) M(F) protecteur, -trice m,f **Schirmmütze** F casquette f **Schirmständer** M porte-parapluies m
Schiss sl M **~ haben** umg avoir la trouille, la frousse, les jetons
schizophren ADJ schizophrène

Schlacht F bataille f
schlachten VIT tuer; abattre
Schlachter nordd M boucher m
Schlachterei nordd F boucherie f
Schlachtfeld N champ m de bataille
Schlaf M sommeil m; **im ~** en dormant; *fig* **etw im ~ können** pouvoir faire qc les yeux fermés **Schlafanzug** M pyjama m
Schläfe F tempe f
schlafen VI 1 dormir; **tief und fest ~** dormir profondément, à poings fermés; **mit j-m ~** *umg* coucher avec qn; **~ gehen** (aller) se coucher 2 *umg fig* (≈ *nicht aufpassen*) dormir
schlaff ADJ 1 *Seil* lâche; *Haut* flasque; (≈ *weich*) mou 2 *fig Person* mou
schlaflos ADJ éveillé; **~e Nacht** nuit blanche; **~e Nächte haben** avoir des insomnies **Schlaflosigkeit** F insomnie f **Schlafmittel** N somnifère m **Schlafmütze** *umg* F 1 (≈ *Langschläfer*) lève-tard m 2 (≈ *Tranfunzel*) endormi(e) m(f)
schläfrig ADJ somnolent; **~ sein** avoir sommeil
Schlafsack M sac m de couchage **Schlaftablette** F comprimé m pour dormir **Schlafwagen** M wagon-lit m **schlafwandeln** VI être somnambule **Schlafwandler(in)** M(F) somnambule m/f **Schlafzimmer** N chambre f à coucher
Schlag M 1 (≈ *Hieb*), *a.* BOXEN, TENNIS, *a. fig* coup m; (≈ *Klaps*) tape f; **Schläge bekommen** recevoir des coups; *fig* **~ auf ~** coup sur coup; *fig* **ein ~ ins Gesicht** une gifle; *umg fig* **auf e-n ~** d'un (seul) coup; tout d'un coup 2 (≈ *Schicksalsschlag*) coup m 3 (≈ *Geräusch*) coup m, bruit m 4 (≈ *Stromschlag*) décharge f; **e-n ~ bekommen** recevoir une décharge (électrique) 5 *umg* (≈ *Schlaganfall*) attaque f (d'apoplexie); **wie vom ~ gerührt** *od* **getroffen sein** *umg* être sidéré 6 (≈ *Herzschlag*) battement m; (≈ *Pulsschlag*) pulsation f 7 österr (≈ *Schlagsahne*) crème fouettée
Schlagader F artère f **Schlaganfall** M attaque f d'apoplexie **schlagartig** ADV tout à coup; subitement
schlagen A VIT 1 einmal frapper (j-n ins Gesicht qn au visage); mehrmals battre; taper sur; (≈ *e-n Klaps geben*) taper; **e-n Nagel in die Wand ~** planter, enfoncer un clou dans le mur; **zu Boden ~** assommer; terrasser 2 *Sahne, Eier* fouetter 3 (≈ *besiegen*) battre 4 **es hat (gerade) zwölf Uhr geschlagen** midi vient de sonner B VI 1 (≈ *hauen*) frapper; **um sich ~** se débattre 2 *Herz, Puls* battre 3 *Uhr, Glocke* sonner 4 (≈ *aufprallen*) **gegen** *od* **an etw** (akk) **~** cogner contre qc; °heurter qc; *Regen* fouetter (contre) qc; *Wellen* battre qc C VR **sich mit j-m (um etw) ~** se battre avec qn (pour [avoir] qc)
Schlager M MUS chanson f à succès
Schläger M 1 (≈ *Raufbold*) bagarreur m 2 (≈ *Federballschläger*, [*Tisch*]*Tennisschläger*) raquette f; (≈ [*Eis*]*Hockeyschläger*) crosse f; (≈ *Golfschläger*) club m
Schlägerei F bagarre f
Schlagersänger(in) M(F) chanteur, -euse m,f à succès
schlagfertig A ADJ prompt à la riposte B ADV **~ antworten** riposter; répondre du tac au tac
Schlagobers österr N, **Schlagrahm** südd M → Schlagsahne **Schlagsahne** F crème fouettée, Chantilly **Schlagzeile** F manchette f; gros titre **Schlagzeug** N batterie f
Schlamm M *in Gewässern* vase f; (≈ *aufgeweichte Erde*) boue f
Schlamperei *umg* F (≈ *Nachlässigkeit*) négligence f; bousillage m; (≈ *Unordentlichkeit*) désordre m **schlampig** *umg* ADJ (≈ *ungepflegt*) négligé; débraillé; *Arbeit* bâclé
schlang → schlingen
Schlange F 1 ZOOL serpent m; (≈ *Giftschlange*), *a. fig pej* vipère f 2 **von Menschen** queue f; **von Autos** file f; **~ stehen** faire la queue
schlank ADJ *Person, Taille* mince; *Person, Gestalt* svelte; *Kleidung* **~ machen** amincir
schlapp ADJ 1 (≈ *abgespannt*) fatigué; fourbu 2 *umg* (≈ *ohne Energie*) mou; amorphe **schlappmachen** *umg* VI *umg* flancher
Schlaraffenland N Pays m de cocagne
schlau ADJ 1 (≈ *gewitzt*) astucieux; (≈ *listig*) malin 2 *umg* **aus etw, j-m nicht ~**

werden ne pas comprendre qc, qn, saisir qc

Schlauch M 1 tuyau m; (≈ *Fahrradschlauch, Autoschlauch*) chambre f à air 2 *umg* **auf dem ~ stehen** *umg* ne rien piger **Schlauchboot** N canot m pneumatique

Schlaufe F *am Gürtel* passant m

schlecht A ADJ 1 mauvais; *Arbeit* mal fait; *Luft* pollué; **(das ist) nicht ~!** ce n'est pas mal! 2 *Ware* de mauvaise qualité 3 (≈ *ungenießbar*) **~ werden** se gâter 4 **mir ist ~** je me sens mal; j'ai mal au cœur B ADV 1 mal; **~ bezahlt** mal payé; **~ verstehen** comprendre mal; → *schlechtmachen* 2 **es geht ihm ~** *geschäftlich* ses affaires vont mal; **~er werden** se détériorer; empirer 3 **morgen geht es ~** demain ça ne me convient pas *od* ne m'arrange pas 4 (≈ *krank*) **~ aussehen** avoir mauvaise mine; **es geht ihm ~** il ne va pas bien 5 **mehr ~ als recht** tant bien que mal

schlechtmachen V/T **j-n, etw ~** médire de, dire du mal de qn, qc

schlecken *südd, österr* V/T *Eis* lécher; sucer; *Milch* laper

schleichen V/I 1 *heimlich* se glisser, se couler (**in** + *akk* dans); *leise* aller, marcher à pas de loup; **heimlich aus etw ~** sortir furtivement de qc 2 (≈ *langsam fahren*) se traîner

Schleichweg M petit chemin; (≈ *Abkürzung*) raccourci m **Schleichwerbung** F publicité clandestine

Schleier M *a. fig* voile m **schleierhaft** *umg* ADJ **das ist mir ~** c'est un mystère pour moi

Schleife F 1 (≈ *Bandschleife, Haarschleife*) nœud m 2 *e-s Flusses* boucle f; méandre m; FLUG boucle f

schleifen¹ V/T 1 (≈ *schärfen*) aiguiser 2 *Glas, Edelsteine* tailler

schleifen² V/T (≈ *nachziehen*), *a. umg fig* traîner

Schleim M MED mucosité(s) f(pl); *der Nase a.* morve f **Schleimhaut** F muqueuse f **schleimig** ADJ 1 muqueux; *Fisch etc* visqueux 2 *fig pej* mielleux

schlendern V/I flâner

schlenkern V/I **mit etw ~** balancer qc

schleppen A V/T 1 (≈ *hinterherziehen*), *a. fig* traîner; SCHIFF, AUTO remorquer 2 (≈ *mühsam tragen*) porter avec peine B V/R **sich ~** (≈ *mühsam gehen*) se traîner; *fig* (≈ *sich hinziehen*) (se) traîner

Schlepplift M téléski m

Schleswig-Holstein N le Schleswig--Holstein

Schleuder F 1 *Wurfgerät* lance-pierres m 2 *für Wäsche* essoreuse f

schleudern A V/T 1 *mit der Hand* lancer; *Auto* **aus e-r Kurve geschleudert werden** sortir d'un virage 2 *Wäsche* essorer B V/I *Auto* déraper; **ins Schleudern kommen** *Auto* déraper; *umg fig Person* perdre le contrôle de la situation

Schleuderpreis *umg* M prix sacrifié **Schleudersitz** M siège m éjectable

schleunigst ADV (≈ *schnell*) au plus vite

Schleuse F *e-s Flusses* écluse f **schleusen** V/T 1 *Schiff* écluser 2 **etw ins Ausland ~** faire passer qc clandestinement à l'étranger

schlich → *schleichen*

schlicht A ADJ simple; *Wesen, Kleidung a.* modeste B ADV simplement

Schlichter(in) M(F) médiateur, -trice m,f

schlief → *schlafen*

schließen A V/T 1 (≈ *zumachen*) fermer 2 **j-n in die Arme ~** prendre, serrer qn dans ses bras 3 *Versammlung* clore; *Sitzung* lever 4 (≈ *abschließen*) *Vertrag* conclure; *Frieden* faire 5 (≈ *folgern*) conclure (**aus** de) B V/I 1 *Tür, Fenster, Dose* (**leicht, nicht richtig**) **~** fermer (facilement, mal) 2 *Geschäft, Unternehmen* fermer 3 (≈ *enden*) se terminer 4 **von sich** (*dat*) **auf andere ~** juger autour d'après soi-même C V/R **sich ~** se fermer

Schließfach N *der Post®* boîte postale; *der Bank* coffre m; *am Bahnhof* consigne f automatique

schließlich ADV (≈ *endlich*) finalement; en fin de compte

Schließung F fermeture f

schliff → *schleifen¹*

schlimm A ADJ 1 (≈ *schlecht*) *Lage, Nachricht, Gedanken* mauvais 2 (≈ *schwer*) *Lage, Fehler, Krankheit* grave; **das ist nicht so ~** ce n'est pas si grave que ça 3 pire; **~er werden** empirer 4 **das Schlimmste ist, dass ...** le pire est que ... B ADV 1 mal; **~ dran sein** être en mauvaise posture 2 **~er** pire

Schlinge F 1 (≈ *Schlaufe*) boucle f; *sich zusammenziehende* nœud coulant 2 *zum Tierfang* collet m 3 MED écharpe f
schlingen A V/T etw um etw ~ enrouler qc autour de qc B V/T dévorer C V/R *sich um etw* ~ s'entortiller, s'enrouler, s'enlacer autour de qc
Schlips *umg* M cravate f; *umg fig* **j-m auf den** ~ **treten** *umg* marcher sur les pieds de qn
Schlitten M 1 traîneau m; (≈ *Rodelschlitten*) luge f; ~ **fahren** aller en traîneau; (≈ *rodeln*) faire de la luge 2 *umg* (≈ *Auto*) caisse f *umg*
Schlittschuh M patin m (à glace); ~ **laufen** patiner
Schlitz M *a. e-s Kleids, Rocks* fente f; (≈ *Hosenschlitz*) braguette f
schloss → schließen
Schloss N 1 (≈ *Türschloss*) serrure f; (≈ *Vorhängeschloss*) cadenas m; *für Fahrrad, Lenkrad etc* antivol m; *umg* **hinter** ~ **und Riegel** sous les verrous 2 *Gebäude* château m
Schlosser M serrurier m
schlottern V/I *vor Angst, Kälte* trembler (**vor** + *dat* de)
Schlucht F gorge(s) f(pl)
schluchzen V/I sangloter
Schluck M gorgée f; **ein** ~ **Wasser** une gorgée d'eau **Schluckauf** M ʾhoquet m **schlucken** V/T avaler **Schluckimpfung** F vaccination f par voie orale
schlug → schlagen
schlüpfen V/I se glisser, se couler (**in** + *akk* dans); **aus dem Ei** ~ sortir de l'œuf, éclore **Schlüpfer** M culotte f
schlurfen V/I traîner les pieds
schlürfen V/T *geräuschvoll* boire bruyamment
Schluss M 1 (≈ *Ende*) fin f; **zum** ~ à la fin; *pour terminer;* ~ **damit!** (en voilà) assez!; ça suffit!; (**mit etw**) ~ **machen** (en) finir (avec qc); *umg* **mit j-m** ~ **machen** rompre avec qn 2 (≈ *Folgerung*) conclusion f; **daraus ziehe ich den** ~, **dass ...** j'en conclus que ...
Schlüssel M (≈ *Türschlüssel*), *a. fig* MUS, TECH clé *od* clef f (**zu** de)
Schlüsselanhänger M porte-clés m **Schlüsselbein** N clavicule f **Schlüsselbund** M/N trousseau m de clés **Schlüsseldienst** M clé-minute m **Schlüsselerlebnis** N PSYCH expérience f clé **Schlüsselfrage** F question f clé **Schlüsselloch** N trou m de la serrure **Schlüsselstellung** F position f, poste m clé
Schlussfolgerung F conclusion f, déduction f (**aus** de)
schlüssig ADJ *Argument* concluant; *Beweis* probant
Schlusslicht N 1 AUTO feu m arrière 2 *umg fig* lanterne f rouge **Schlusspfiff** M coup m de sifflet final **Schlussstrich** *fig* M **e-n** ~ **unter etw** (*akk*) **ziehen** mettre un point final à qc **Schlussverkauf** M soldes *mpl*
schmal ADJ 1 (≈ *eng*) étroit 2 (≈ *dünn*) *Glieder, Gestalt* fluet; *Hüften, Lippen* mince
Schmalz N GASTR graisse fondue; (≈ *Schweineschmalz*) saindoux m
schmalzig *umg pej* ADJ à l'eau de rose
Schmand *regional* M GASTR crème épaisse
Schmarotzer M BOT, ZOOL, *a. fig pej* parasite m
Schmarr(e)n M 1 *südd, österr* GASTR ≈ crêpe f sucrée 2 *umg* (≈ *Unsinn*) ânerie f *umg;* connerie f
schmatzen V/I faire du bruit en mangeant
schmecken A V/T (≈ *probieren*) goûter B V/I (**gut**) ~ avoir bon goût; être bon; **nach etw** ~ avoir un goût de qc; **mir schmeckt es** je trouve que c'est bon; **lasst es euch** ~! bon appétit!
Schmeichelei F flatterie f **schmeichelhaft** ADJ flatteur **schmeicheln** V/I **j-m** ~ flatter qn
schmeißen *umg* V/T 1 (≈ *werfen*) jeter; lancer; *umg* flanquer 2 (≈ *abbrechen*) laisser en plan *umg;* *umg* lâcher
schmelzen A V/T (≈ *faire*) fondre B V/I *Eis etc* fondre **Schmelzkäse** M fromage fondu
Schmerz M douleur f; ~**en im Kreuz haben** avoir des douleurs dans les reins; avoir mal aux reins **schmerzen** V/I & V/T 1 *körperlich* faire mal (à); **mir schmerzt der Kopf** j'ai mal à la tête 2 (≈ *bekümmern*) faire de la peine (à); chagriner **Schmerzensgeld** N pretium doloris m **schmerzhaft** ADJ dou-

loureux **Schmerzmittel** N analgésique m **Schmerztablette** F analgésique m
Schmetterling M papillon m
schmettern A VT 1 (≈ *schleudern*) jeter, lancer (avec violence) 2 *Lied* chanter à pleine voix B VI TENNIS *etc* smasher
Schmied M forgeron m **schmieden** VT 1 forger 2 *fig* **Pläne ~** faire des projets
schmieren VT 1 (≈ *verstreichen*) étaler (**auf etw** *akk* sur qc); **Butter aufs Brot ~** beurrer du pain 2 TECH lubrifier; **mit Fett** graisser; *umg* **das läuft** *od* **geht wie geschmiert** *umg* ça va, marche comme sur des roulettes; *umg* ça baigne 3 *umg fig* (≈ *bestechen*) graisser la patte à qn, arroser qn 4 *umg* (≈ *unsauber schreiben*) gribouiller 5 *umg* **j-m e-e ~** *umg* flanquer une gifle à qn
Schmiergeld *umg pej* N pot-de-vin m
schmierig ADJ 1 (≈ *fettig*) graisseux 2 (≈ *klebrig*) poisseux 3 *fig pej Person* visqueux
Schmierpapier N papier m émeri
schmiss → **schmeißen**
Schminke F fard m
schminken VT (& V/R) (**sich**) **~** (se) maquiller; (se) farder
Schmirgelpapier N papier m émeri
Schmöker *umg* M (gros) bouquin; *umg* pavé m **schmökern** *umg* VI bouquiner
schmollen VI bouder
schmolz → **schmelzen**
schmoren VT & VI 1 GASTR cuire à l'étouffée 2 *umg fig* **in der Sonne ~** rôtir au soleil
Schmuck M 1 (≈ *Schmuckstücke*) bijoux mpl 2 (≈ *Zierde*) ornement m
schmücken VT A VT décorer (**mit** de) B VR **sich ~ (mit)** s'orner (de); (se) parer (de)
Schmuckstück N bijou m *a. fig*, joyau m
schmudd(e)lig *umg pej* ADJ négligé; sale
Schmuggel M contrebande f
schmuggeln A VT **etw ~** faire la contrebande de qc B VI faire de la contrebande **Schmuggler(in)** MF contrebandier, -ière m,f
schmunzeln VI sourire (**über** + *akk* de)
schmusen *umg* VI faire (un) câlin; **mit j-m ~** faire (un) câlin à qn, faire des mamours à qn *umg*, câliner qn
Schmutz M *a. fig* saleté f; (≈ *Straßenschmutz*) boue f **schmutzig** ADJ 1 (≈ *unsauber*) sale; (≈ *voller Schmutz*) boueux; **~ werden** se salir 2 *fig Worte, Witze* ordurier 3 *fig Geschäft* malhonnête
Schnabel M *a. fig e-r Kanne, a. umg fig Mund* bec m
Schnalle F boucle f **schnallen** VT 1 **etw enger, weiter ~** serrer, relâcher qc 2 *umg fig* (≈ *begreifen*) piger *umg*
schnappen A VT 1 *Tier* **etw ~** °happer, attraper qc 2 *umg Diebe* pincer *umg*, épingler *umg* B VI *Tier* **nach etw ~** chercher à °happer, à attraper qc; **nach j-m ~** chercher à mordre qn
Schnappschuss M instantané m
Schnaps M eau-de-vie f
schnarchen VI ronfler
schnattern VI *Gans* criailler; *Ente* nasiller
schnauben VI *Pferd* s'ébrouer
schnaufen VI souffler bruyamment
Schnauzbart M moustache f
Schnauze F 1 *von Tieren* museau m; gueule f 2 *sl* (≈ *Mund*) gueule f *umg*; **(halt die) ~!** *umg* (ferme) ta gueule!; **die ~ (von etw) voll haben** *umg* en avoir marre, plein le dos (de qc)
schnäuzen VR **sich ~, sich** (*dat*) **die Nase ~** se moucher
Schnauzer M 1 *Hund* schnauzer m 2 *umg* (≈ *Schnurrbart*) moustache f
Schnecke F *mit Haus, a.* GASTR escargot m; (≈ *Nacktschnecke*) limace f; *umg* **j-n zur ~ machen** *umg* secouer les puces à qn
Schneckenhaus N coquille f d'escargot **Schneckentempo** N **im ~** comme un escargot; d'un pas de tortue
Schnee M neige f
Schneeball M boule f de neige **Schneeballschlacht** F bataille f de boules de neige **Schneebesen** M GASTR fouet m **Schneeflocke** F flocon m de neige **Schneegestöber** N rafale f, tourmente f de neige **Schneeglöckchen** N perce-neige

m **Schneeketten** FPL chaînes *fpl* (à neige) **Schneemann** M̄ bonhomme *m* de neige **Schneematsch** M̄ neige fondante **Schneepflug** M̄ chasse-neige *m* **Schneeregen** M̄ neige fondue **schneesicher** ADJ *Gebiet* skiable **Schneesturm** M̄ tempête *f* de neige **schneeweiß** ADJ blanc comme (la) neige
Schneewittchen N̄ Blanche-Neige *f*
schneiden A VT & VI ① couper; (≈ *abschneiden*) trancher; **in Scheiben ~** couper en tranches; *Kleid* **eng, weit geschnitten** serré, ample ② *umg fig* **j-n ~** ignorer qn; éviter qn B VR ① **sich ~** (≈ *sich verletzen*) se couper ② **sich ~** *Linien* se couper
Schneider M̄ tailleur *m* **Schneiderin** F̄ couturière *f* **Schneidersitz** M̄ position assise en tailleur *od* à la turque; **im ~** en tailleur
Schneidezahn M̄ (dent *f*) incisive *f*
schneien V/UNPERS neiger; **es schneit** il neige
schnell A ADJ rapide; *Erwiderung, Bewegung* prompt B ADV vite; *umg* **~ machen** se dépêcher; **nicht so ~!** pas si vite!; doucement!
Schnelle F̄ *umg* **auf die ~** à la va-vite
Schnellhefter M̄ chemise *f* (avec relieur) **Schnellimbiss** M̄ snack(-bar) *m* **schnellstens** ADV au plus vite **Schnellstraße** F̄ voie *f* express **Schnellzug** M̄ (train *m*) rapide *m*
Schnickschnack M̄ *umg* ≈ *wertloser* babioles *fpl*
schniefen VI renifler
schnippisch ADJ impertinent
Schnipsel M/N petit morceau
schnitt → schneiden
Schnitt M̄ ① (≈ *Haarschnitt*) coupe *f* ② (≈ *Schnittwunde*) coupure *f*; *tiefer* entaille *f* ③ (≈ *Einschnitt*) incision *f* ④ MODE (≈ *Machart*) coupe *f* ⑤ FILM montage *m* ⑥ (≈ *Durchschnitt*) moyenne *f*; **im ~** en moyenne
Schnitte F̄ ① (≈ *Scheibe*) tranche *f* ② (≈ *bestrichene Brotschnitte*) tartine *f*
schnittig ADJ élégant; *Auto* racé
Schnittlauch M̄ ciboulette *f* **Schnittmuster** N̄ MODE patron *m* **Schnittstelle** F̄ interface *f* **Schnittwunde** F̄ coupure *f*; *tiefe* entaille *f*

Schnitzel N̄ GASTR escalope *f*
Schnitzeljagd F̄ jeu *m* de piste
schnitzen VT & VI sculpter (**aus Holz** sur bois)
Schnitzer M̄ *umg* (≈ *Fehler*) bévue *f*; *umg* gaffe *f*
Schnorchel M̄ SPORT tuba *m* **schnorcheln** VI faire de la plongée avec tuba
Schnörkel M̄ *beim Schreiben* fioriture *f*
schnorren VT & VI faire la manche; **etw bei** *od* **von j-m ~** *umg* taper qn de qc
schnüffeln VI ① renifler (**an etw** *dat* qc); *Tier a.* flairer (**an etw** *dat* qc) ② *umg fig* (≈ *spionieren*) *umg* fouiner
Schnüffler *umg* M̄ fouineur *m*
Schnuller M̄ sucette *f*
Schnupfen M̄ rhume *m*; **e-n ~ haben** être enrhumé; **e-n ~ bekommen** s'enrhumer; attraper un rhume **Schnupfenspray** N/M spray nasal
schnuppern VT & VI **etw ~** *od* **an etw** (*dat*) **~** renifler qc
Schnur F̄ (≈ *Bindfaden*) ficelle *f*; (≈ *Kordel*) cordon *m* **schnurlos** ADJ **~es Telefon** téléphone *m* sans fil
Schnurrbart M̄ moustache *f*
schnurren VI ronronner
Schnürsenkel M̄ lacet *m*
schob → schieben
Schock M̄ choc *m*; **e-n ~ erleiden** recevoir un choc; **unter ~ stehen** être en état de choc **schocken** *umg* VT choquer
Schokolade F̄ *a. Getränk* chocolat *m*
Schokolade(n)eis N̄ glace *f* au chocolat **Schokolade(n)guss** M̄ nappage *m* au chocolat
Schokoriegel M̄ barre *f* de chocolat
schon A ADV ① (≈ *bereits*) déjà; **~ heute** aujourd'hui même; **~ wieder** encore ② (≈ *allein, nur*) (**allein**) **~ der Gedanke daran** rien que d'y penser ③ (≈ *sogar*) même; **~ für drei Euro** à partir de trois euros ④ (≈ *inzwischen*) **~ (mal)** toujours B PARTIKEL ① *verstärkend* **du wirst ~ sehen!** tu verras bien! ② (≈ *ohnehin*) **das ist ~ teuer genug** c'est déjà assez cher comme ça ③ *einräumend* **das ist ~ wahr, aber ...** c'est bien vrai, mais ... ④ *beruhigend* **er wird ~ kommen** il va bien finir par arriver ⑤ *umg* (≈ *endlich*) **nun komm**

schön A ADJ beau; *Leben, Zeiten* a. agréable; bon; **~, dass du da bist** ça me fait plaisir que tu sois là; *iron* **das wird ja immer ~er!** c'est de mieux en mieux! B ADV bien; **~ warm, weich** tout chaud, moelleux; *umg* **er ist (ganz) ~ dumm, dass er ...** il est vraiment bête de (+ inf) C PARTIKEL **bleib ~ sitzen!** reste assis!

schonen A VT ménager; (≈ *verschonen*) épargner B VR **sich ~** se ménager

Schönheit F (≈ *a. schöne Person, Sache*) beauté f

Schöpfer M (≈ *Erschaffer*) créateur m; (≈ *Gott*) Créateur m

Schornstein M cheminée f **Schornsteinfeger** M ramoneur m

schoss → schießen

Schoß M *Kind* **auf den ~ nehmen** prendre sur ses genoux

Schote F cosse f; gousse f

Schotte M Écossais m **Schottenmuster** N écossais m

Schotter M 1 (≈ *Geröll*) pierraille f 2 STRASSENBAU empierrement m

Schottin F Écossaise f **schottisch** ADJ écossais **Schottland** N l'Écosse f

schraffieren VT °hachurer

schräg A ADJ 1 *Linie, Wand* oblique; (≈ *geneigt*) penché; incliné 2 *umg fig Musik, Vorstellungen* insolite; *umg* **ein ~er Vogel** *umg* un drôle d'oiseau B ADV de od en biais; **den Kopf ~ halten** avoir la tête penchée od inclinée (de côté)

Schräge F *Fläche* plan incliné; *e-r Wand* inclinaison f

Schrägstrich M barre f oblique

Schramme F égratignure f; *auf Möbeln* rayure f **schrammen** A VT égratigner B VR **sich** (dat) **die Hand ~** s'égratigner, s'éraffer la main (**an etw** dat avec qc)

Schrank M armoire f; (≈ *Wandschrank*) placard m

Schranke F (≈ *Eisenbahnschranke, Zollschranke*), *fig* barrière f

Schraube F 1 TECH vis f; *umg fig* **bei ihm ist e-e ~ locker** *umg* il est fêlé; il a un grain 2 (≈ *Schiffsschraube*) hélice f **schrauben** VT 1 (≈ *anschrauben, festschrauben*) visser (**an etw** akk à, sur qc) 2 (≈ *abschrauben*) dévisser (**von** de)

Schraubenschlüssel M clé f (à écrous) **Schraubenzieher** M tournevis m

Schreck M frayeur f; **e-n ~ bekommen** s'effrayer; avoir peur; **j-m e-n ~ einjagen** faire peur à qn; effrayer qn **schrecken** M (≈ *Schreck*) frayeur f; (≈ *Entsetzen*) terreur f; (≈ *Angst*) peur f; **mit dem ~ davonkommen** s'en tirer avec, en être quitte pour la peur

schreckhaft ADJ craintif

schrecklich A ADJ terrible; *Anblick, Unfall* affreux; **wie ~!** quelle horreur! B ADV *umg fig* (≈ *sehr*) terriblement; **~ viel Geld** énormément d'argent

Schreckschraube *umg* F chipie f

Schrei M cri m; *umg fig* **der letzte ~** le dernier cri

Schreibblock M bloc-notes m

schreiben VT & VI écrire (**j-m, an j-n** à qn), (**über etw** akk sur qc); *Wort* **mit ss ~** écrire avec deux s; **richtig, falsch ~** orthographier correctement, mal

Schreiben N 1 (≈ *Brief*) lettre f; (≈ *Schriftstück*) écrit m

schreibfaul ADJ qui n'aime pas trop écrire **Schreibmaschine** F machine f à écrire **Schreibschrift** F écriture manuscrite **Schreibschutz** M IT protection f contre l'écriture **Schreibtisch** M bureau m **Schreibwarengeschäft** N papeterie f **Schreibwarenladen** M, **Schreibwarenhandlung** F papeterie f

schreien VT & VI *a. Tier* crier; *umg* **das ist zum Schreien!** *umg* c'est crevant!

Schreihals *umg* M *umg* braillard(e) m(f)

Schreiner(in) M(F) menuisier, -ière m,f **Schreinerei** F menuiserie f

schreiten *geh* VI 1 marcher; **im Zimmer auf und ab ~** arpenter la pièce 2 *fig* **zu etw ~** passer, procéder à qc

schrie → schreien

schrieb → schreiben

Schrift F 1 (≈ *Handschrift*) écriture f 2 (≈ *Buchstabensystem*) alphabet m; **in arabischer ~** en caractères arabes 3 TYPO caractères mpl 4 **die Heilige ~** l'Écriture (sainte)

schriftlich A ADJ écrit; **die ~e Prüfung**, *umg* **das Schriftliche** les épreuves écrites; l'écrit m B ADV par écrit

Schriftsprache F langue écrite **Schriftsteller(in)** M(F) écrivain m
schrill ADJ Stimme, Ton, Schrei aigu; perçant; a. Lachen strident
schritt → schreiben
Schritt M ❶ (≈ a. Tanzschritt) pas m; fig **den ersten ~ machen** faire le premier pas; **auf ~ und Tritt** à chaque pas; **~ für ~** pas à pas; Auto **(im) ~ fahren** rouler au pas; fig **mit etw ~ halten** suivre le rythme de qc ❷ Entfernung pas m; **nur ein paar ~(e) von hier entfernt** à deux pas d'ici ❸ fig (≈ Maßnahme) mesure f
schrittweise ADV progressivement
schroff ADJ ❶ Felsen escarpé; abrupt ❷ Wesen brusque; Ton cassant
Schrott M ❶ ferraille f; von Maschinen, Autos casse f; **e-n Wagen zu ~ fahren** umg casser une voiture ❷ umg (≈ wertloses Zeug) camelote f umg **schrotten** umg VT bousiller **schrottreif** ADJ bon pour la ferraille, la casse
schrubben VT frotter (avec un balai-brosse) **Schrubber** M balai-brosse m
schrumpeln umg VI se ratatiner
schrumpfen VI ❶ a. TECH se rétrécir ❷ fig (≈ abnehmen) diminuer
Schubkarre(n) M(F(M)) brouette f **Schublade** F tiroir m
schubsen umg VT pousser; bousculer
schüchtern ADJ timide
schuf → schaffen
schuften umg VI umg trimer
Schuh M chaussure f; **sich** (dat) **die ~e anziehen (ausziehen)** se (dé)chausser; mettre (enlever) ses chaussures; umg fig **j-m etw in die ~e schieben** mettre qc sur le dos de qn
Schuhcreme F cirage m **Schuhgröße** F pointure f; **~ 39 haben** chausser, faire du 39 **Schuhkarton** M carton m, boîte f à chaussures **Schuhlöffel** M chausse-pied m **Schuhsohle** F semelle f
Schulabschluss M diplôme m de fin d'études **Schulanfang** M ❶ nach den Ferien rentrée f (des classes) **Schularbeit** F ❶ (≈ Hausaufgabe) devoir m ❷ österr → Klassenarbeit **Schulbuch** N livre m, manuel m scolaire **Schulbus** M car m de ramassage scolaire
schuld ADJ **wer ist ~?** à qui la faute?; **ich bin ~ daran, dass ...** c'est ma faute si... + ind
Schuld F ❶ (≈ Geldschuld) dette f; **bei j-m 1000 Euro ~en haben** devoir 1000 euros à qn ❷ (≈ Verantwortlichkeit) faute f; **wer hat ~?, wessen ~ ist es?** à qui la faute?; **an etw** (dat) **~ haben** être responsable de qc; **es ist meine ~, ich habe ~** c'est (de) ma faute; **j-m die ~ für etw geben** rendre qn responsable de qc
schulden VT j-m etw ~ a. fig devoir qc à qn; geh **einer Sache** (dat) **geschuldet sein** être dû à qc
Schulden PL dettes fpl; → Schuld
Schuldenberg umg M montagne f de dettes **Schuldenfalle** umg F FIN piège m de la dette; **aus der ~ herauskommen** sortir du piège de la dette **schuldenfrei** ADJ sans dettes **Schuldenkrise** F FIN, POL surendettement m
schuldig ADJ coupable; **für ~ erklären, ~ sprechen** déclarer coupable; **sich e-s Verbrechens ~ machen** se rendre coupable d'un crime; **j-m etw ~ sein** a. fig devoir qc à qn **Schuldige(r)** M(F(M)) coupable m/f
Schuldschein M privatrechtlicher reconnaissance f de dette
Schule F école f; (≈ Unterricht) cours mpl; **höhere ~** collège m; lycée m; **in die** od **zur ~ gehen** aller en cours bzw. en classe
Schüler M ❶ élève m ❷ fig élève m **Schüleraustausch** M échange m scolaire **Schülerin** F ❶ élève f ❷ fig élève f
Schulfach N matière f **Schulfeier** F fête f scolaire, de l'école **Schulferien** PL vacances fpl scolaires **Schulfest** N → Schulfeier **schulfrei** ADJ **heute ist ~** il n'y a pas cours bzw. classe aujourd'hui **Schulfreund(in)** M(F) camarade m/f d'école **Schulheft** N cahier m d'écolier **Schulhof** M cour f de l'école **Schuljahr** N ❶ Zeitraum année f scolaire ❷ Klasse classe f **Schulklasse** F classe f **Schulleiter(in)** M(F) directeur, -trice m,f (d'école); e-s Gymnasiums proviseur m **Schulranzen** M cartable m **Schulsachen** FPL affaires fpl (de cours),; für Grundschule affaires fpl d'école **Schulschluss** M sortie f des classes **Schulstunde** F heure f de

cours *bzw.* de classe **Schultag** M jour *m* de classe, d'école **Schultasche** F → Schulranzen

Schulter F épaule *f*; **mit den ~n zucken** °hausser les épaules

schulterlang ADJ *Haar* qui tombe sur les épaules **Schulterpolster** N épaulette *f* **Schultertasche** F sac *m* en bandoulière

Schultüte F gros cornet de sucreries offert aux enfants pour leur premier jour de classe

Schulung F *e-r Person* formation *f*

Schulweg M chemin *m* de l'école

Schulzeit F scolarité *f* **Schulzeugnis** N bulletin *m* scolaire

schummeln *umg* VI tricher

schumm(e)rig *umg* ADJ *Licht* faible; pâle; *Raum* sombre, faiblement éclairé

Schund *pej umg* M camelote *f*; *stärker umg* saleté *f*; *Roman, Film* mauvais roman, film

Schuppe F ZOOL, BOT écaille *f*; *auf dem Kopf* pellicule *f*

Schuppen M *für Wagen, Geräte* remise *f*

Schuppenflechte F psoriasis *m*

schürfen A VT *Gold etc* extraire B VR **sich ~, sich** (*dat*) **die Haut ~** s'écorcher; s'érafler **Schürfwunde** F écorchure *f*

Schürze F tablier *m*

Schuss M coup *m* (de feu, de canon, *etc*) (**auf** + *akk* sur); **e-n ~ abgeben** tirer un coup (de feu) 2 *Menge* goutte *f*, doigt *m*; **ein(e) Cola mit ~** un coca avec un peu de cognac, de rhum, *etc* 3 *Drogenjargon* shoot *m* 4 FUSSBALL tir *m* (**aufs Tor** au but) 5 *umg* **gut in ~** en bon état

Schüssel F *flache* plat *m*; (≈ *Salatschüssel*) saladier *m*; (≈ *Suppenschüssel*) soupière *f*

Schusswaffe F arme *f* à feu

Schuster M cordonnier *m*

Schutt M décombres *mpl*; (≈ *Bauschutt*) gravats *mpl*

Schüttelfrost M frissons *mpl*

schütteln A VT secouer; *Gefäß* agiter B VR **sich ~** se secouer; **sich vor Lachen ~** se tordre de rire

schütten A VT *Flüssigkeit* verser (**in** + *akk* dans); *Sand, Mehl, Salz* mettre B VR **sich** (*dat*) **Saft über die Hose ~** renverser du jus sur son pantalon C V/UNPERS *umg* **es schüttet** il tombe des cordes

Schutz M protection *f* (**vor** + *dat* contre); **zum ~e** (+ *gen*) pour protéger le *bzw.* la *bzw.* les …; **j-n** (**vor j-m, etw**) **in ~ nehmen** défendre qn (contre qc, qn)

Schutzblech N garde-boue *m* **Schutzbrief** M AUTO assurance *f* multirisque

Schütze M 1 tireur *m*; (≈ *Torschütze*) marqueur *m*; *im Schützenverein* membre *m* d'un club de tir 2 ASTROL Sagittaire *m*

schützen A VT protéger (**vor etw, j-m** contre, de qc, qn) B VR **sich** (**vor etw, j-m**) **~** se protéger (contre *od* de qc, qn)

Schutzengel M ange gardien **Schutzgeld** N argent *m* du racket **Schutzgelderpressung** F racket *m* **Schutzhelm** M casque (protecteur) **Schutzimpfung** F vaccination préventive **Schutzumschlag** M couvre-livre *m*

schwabb(e)lig *umg* ADJ *Körperteil* flasque; *Pudding* gélatineux

Schwabe M Souabe *m* **schwäbisch** ADJ souabe

schwach A ADJ 1 faible; (≈ *kraftlos*) frêle; **~ werden** s'affaiblir; *fig* (≈ *schwanken*) flancher *umg*; (≈ *nachgeben*) craquer 2 (≈ *schlecht*) faible; *Gedächtnis, Augen* mauvais; *Herz* faible; *fig Film, Buch, Ergebnis* médiocre; *Schüler* faible 3 *Kaffee, Tee* léger B ADV 1 faiblement 2 (≈ *gering*) peu; **~ besucht sein** avoir attiré peu de visiteurs; *Ausstellung etc* être peu fréquentée

Schwäche F 1 *a. fig* faiblesse *f*; (≈ *Kraftlosigkeit*) défaillance *f* 2 (≈ *schwache Seite*) point *m* faible 3 (≈ *Vorliebe*) faible *m* (**für** pour) **Schwächeanfall** M malaise *m* **schwächen** VT *a. fig* affaiblir **Schwächling** *pej* M mauviette *f*

Schwachsinn M 1 MED débilité mentale 2 *umg* (≈ *Unsinn*) âneries *fpl* **schwachsinnig** ADJ MED, *a. umg* (≈ *unsinnig*) débile

Schwachstelle F point *m* faible

schwafeln *umg* VT & VI radoter

Schwager M beau-frère *m*

Schwägerin F belle-sœur f
Schwalbe F hirondelle f
Schwall M a. fig flot m
schwamm → schwimmen
Schwamm M (≈ Putzschwamm), a. ZOOL éponge f; umg fig **~ drüber!** passons l'éponge!
Schwammerl bayrisch M/N österr champignon m
schwammig ADJ **1** spongieux **2** fig (≈ aufgedunsen) bouffi **3** fig pej (≈ unklar) flou; vague
Schwan M cygne m
schwand → schwinden
schwang → schwingen
schwanger ADJ enceinte (**von j-m** de qn); **sie ist im sechsten Monat ~** elle est enceinte de cinq mois **Schwangere** F femme enceinte **Schwangerschaft** F grossesse f **Schwangerschaftstest** M test m de grossesse
schwanken VI **1** (≈ wanken) vaciller; chanceler; *Betrunkener* tituber; *Boot, Zweig* se balancer **2** *Preise, Temperatur* varier **3** fig (≈ zögern) hésiter **Schwankung** F **1** a. fig vacillement m **2** (≈ Veränderung) variation f; oscillation f
Schwanz M a. sl fig Penis queue f
schwänzen umg VT umg sécher
Schwarm M **1** *von Bienen, Kindern* essaim m; *von Insekten, Personen* nuée f; *von Vögeln* volée f; vol m; *von Fischen* banc m **2** umg fig (≈ Angebetete[r]) béguin m umg, coqueluche f
schwärmen VI **1** *Bienen* essaimer **2** *Insekten, Vögel* voler; **für j-n, etw ~** s'enthousiasmer pour qn, qc; **von etw ~** s'extasier sur qc
schwarz ADJ **1** a. *Hautfarbe,* a. fig noir; **das Schwarze Meer** la mer Noire; **~ werden** se noircir; umg da kann er warten **bis er ~ wird** umg jusqu'à la saint-glinglin; **auf weiß noir sur blanc 2** (≈ illegal) illégal; *Kasse, Markt* noir **3** umg fig (≈ konservativ) conservateur
Schwarz N noir m
Schwarzafrika N l'Afrique noire
Schwarzarbeit F travail m au noir
schwarzarbeiten VI travailler au noir **Schwarzarbeiter** M travailleur m au noir **schwarzärgern** umg VR **sich ~** umg être furax, furibard
Schwarzbrot N pain noir
Schwarze(r) M(F/M) (≈ Schwarzhäutige[r]) Noir(e) m(f) **Schwarze(s)** N **1** *Farbe* noir m; **ins ~ treffen** mettre dans le mille, faire mouche a. fig **2 das kleine ~** la petite robe noire
schwarzfahren VI voyager sans billet; resquiller **Schwarzfahrer(in)** M(F) voyageur, -euse m,f sans billet; resquilleur, -euse m,f **Schwarzgeld** N argent m sale **schwarzhaarig** ADJ aux cheveux noirs **Schwarzhandel** M marché noir **schwarzmalen** VI voir tout en noir **Schwarzmarkt** M marché noir **schwarzsehen** VI **1** TV resquiller **2** (≈ pessimistisch sein) voir tout en noir; être pessimiste **Schwarztrüffel** F BOT, GASTR truffe f noire
Schwarzwald der ~ la Forêt-Noire
schwarz-weiß ADJ noir et blanc
Schwarz-Weiß-Film M FOTO pellicule f en noir et blanc; KINO film m en noir et blanc
schwatzen, schwätzen VT & VI bavarder a. pej, papoter
Schwätzer(in) M(F), pej bavard(e) m(f)
schweben VI **1** *in der Luft* planer; *im Wasser* flotter **2** fig **in Gefahr** (+ dat) **~** être en danger
Schwede M, **Schwedin** F Suédois(e) m(f) **Schweden** N la Suède **schwedisch** ADJ suédois
Schwefel M soufre m
schweigen VI se taire (**über etw** akk sur qc); **ganz zu ~ von ...** sans parler de ... **Schweigen** N silence m; **zum ~ bringen** faire taire; réduire au silence
schweigsam ADJ silencieux
Schwein N **1** cochon m; GASTR porc m **2** umg fig (≈ schmutziger, unanständiger Mensch) cochon, -onne m,f umg; (≈ gemeiner Mensch) salaud m sl **3** umg (≈ Mensch) **kein ~** personne; pas un chat; armes **~** pauvre type umg **4 ~ haben** avoir du pot, de la veine umg
Schweinebraten M rôti m de porc
Schweinefleisch N porc m
Schweinerei umg F **1** (≈ Schmutz) cochonnerie f umg **2** fig (≈ Gemeinheit) saloperie f umg, vacherie f umg **3** (≈ Zote, unanständige Handlung) cochonnerie f umg
Schweineschnitzel N escalope f de porc

Schweiß M a. fig sueur f; **in ~ gebadet sein** être en nage; **ihm steht der ~ auf der Stirn** la sueur perle, coule sur son front
Schweißband N am Arm bracelet m
schweißen VT souder
Schweißfuß M **Schweißfüße haben** transpirer des pieds **schweißgebadet** ADJ baigné de sueur; en nage
Schweiz die (deutsche, französische) ~ la Suisse (allemande, romande)
Schweizer[1] M Suisse m
Schweizer[2] ADJ suisse; **~ Käse** fromage m suisse; (≈ Emmentaler) emmental m
Schweizerin F Suisse od Suissesse f
Schwelle F a. fig seuil m; (≈ Bahnschwelle) traverse f
schwellen VI → anschwellen
Schwellenland N pays nouvellement industrialisé
Schwellung F enflure f
schwenken VT ■ Hut, Fahne agiter; TECH faire pivoter; Kamera tourner ■ (≈ spülen) rincer
schwer A ADJ ■ im Gewicht, a. fig lourd; Motorrad, Gepäck gros; **zwei Kilo ~ sein** peser deux kilos ■ (≈ schwierig) difficile; Arbeit pénible ■ (≈ schlimm) grave; Strafe sévère; Enttäuschung, Gewitter, Schnupfen gros; fig Speise lourd B ADV ■ lourdement; **~ beladen** lourdement chargé ■ (≈ schwierig) difficilement; **es ~ (mit j-m, etw) haben** avoir du mal (avec qn, qc); **es j-m ~ machen** rendre la tâche od la situation difficile à qn; **~ verdaulich** a. fig indigeste; → schwernehmen ■ **~ arbeiten** travailler dur ■ (≈ ernstlich) gravement; **~ krank** gravement, sérieusement malade; **~ verletzt, verwundet** grièvement blessé ■ (≈ sehr) beaucoup; énormément; **~ bestrafen** punir sévèrement; umg **sie war ~ enttäuscht** elle a été profondément déçue; umg **das will ich ~ hoffen** j'y compte sérieusement
Schwerelosigkeit F apesanteur f
schwerfällig ADJ lourd **Schwergewicht** N ■ SPORT poids lourd ■ fig accent m **schwerhörig** ADJ malentendant; dur d'oreille **Schwerkraft** F pesanteur f **schwernehmen** VT prendre au tragique, trop au sérieux **Schwerpunkt** M ■ PHYS centre m de gravité ■ fig accent m
Schwert N épée f
Schwerverbrecher(in) M(F) grand(e) criminel, -elle m,f **Schwerverletzte(r)** M(F/M) grand(e) blessé(e) m(f)
schwerwiegend ADJ grave
Schwester F ■ sœur f ■ (≈ Krankenschwester) infirmière f ■ (≈ Ordensschwester) sœur f
schwieg → schweigen
Schwiegereltern PL beaux-parents mpl **Schwiegermutter** F belle-mère f **Schwiegervater** M beau-père m
Schwiele F callosité f; durillon m
schwierig ADJ difficile; (≈ verwickelt) compliqué **Schwierigkeit** F difficulté f; **~en bekommen, in ~en** (akk) **geraten** avoir des difficultés
Schwimmbad N piscine f
Schwimmbecken N piscine f
schwimmen VI ■ Lebewesen nager; **~ gehen** aller nager ■ Dinge flotter ■ umg fig (≈ unsicher sein) nager **Schwimmer** M Mensch nageur m **Schwimmerin** F nageuse f
Schwimmflosse F SPORT palme f
Schwimmreifen M bouée f
Schwimmweste F gilet m de sauvetage
Schwindel M ■ MED vertige m ■ umg (≈ Betrug) escroquerie f; umg (≈ Lüge, Erfundenes) bobards mpl umg
schwindelfrei ADJ qui n'est pas sujet au vertige
schwindelig ADJ **leicht ~ werden** être sujet à des vertiges; **mir ist** od **wird (es) ~** j'ai le vertige; j'ai un étourdissement; je suis pris de vertige
schwindeln A umg VT & VI raconter des histoires, raconter des bobards umg B V/UNPERS **mir** od **mich schwindelt** j'ai le vertige
schwinden geh VI diminuer; décroître; Interesse baisser; Einnahmen s'amenuiser; Macht s'affaiblir; Kräfte décliner
schwindlig → schwindelig
schwingen A VT hin u. her balancer; Fahne agiter; Keule brandir B VI hin u. her, Pendel osciller; Saite vibrer C V/R **sich über die Mauer ~** sauter par-dessus le mur; **sich auf sein Fahrrad ~** enfourcher son vélo
Schwips umg M **e-n ~ haben** umg être

éméché, pompette

schwirren V/I *Pfeil, Kugel* siffler; *Insekt* bourdonner; **mir schwirrte alles Mögliche durch den Kopf** mille choses me passaient par la tête

schwitzen V/I *Mensch* transpirer

schwoll → schwellen

schwören V/T & V/I **1** JUR jurer *a. fig* **2** *fig* **auf etw, j-n ~** ne jurer que par qc, qn

schwul *umg* ADJ gay; *umg pej* pédé

schwül ADJ lourd; **es ist ~** il fait lourd

Schwule(r) *umg* M gay; *umg pej* pédé m

Schwulenbar F bar m gay

Schwung M **1** *Bewegung* élan m; **~ holen** prendre son élan **2** *fig* (≈ *Elan*) entrain m; élan m; *umg* **in ~ kommen** *Unternehmen* prendre son essor; *Person* se mettre en train **3** *umg* (≈ *Menge*) Papier, Bücher pile f; *Leute* groupe m

Schwur M serment m

Science-Fiction F science-fiction f

sechs NUM six; → **acht Sechs** F **1** *Zahl* six m **2** *Schulnote* insuffisant; *in Frankreich etwa* zéro m, un m, deux m, trois m, quatre m (sur vingt)

Sechserpack M paquet m de six (unités)

sechshundert NUM six cent(s) **sechsmal** ADV six fois **sechst** ADV **zu ~** à six; **zu ~ sein** être six **sechstausend** NUM six mille

sechste NUM sixième; *im Datum* six; **der ~ Dezember** le six décembre **Sechstel** N sixième m **sechstens** ADV sixièmement

sechzehn NUM seize

sechzig NUM soixante; **etwa, rund ~ (Personen)** une soixantaine (de personnes); **etwa, rund ~ (Jahre alt) sein** avoir la soixantaine; → **achtzig**

Secondhandladen M magasin m (de vêtements) d'occasion

See¹ M (≈ *Binnensee*) lac m

See² F (≈ *Meer*) mer f; **in See stechen** appareiller; prendre la mer; **an die See fahren** aller au bord de la mer *od* à la mer; **an der See** au bord de la mer

Seehund M phoque m **Seeigel** M oursin m **seekrank** ADJ qui a le mal de mer **Seekrankheit** F mal m de mer

Seele F *a. fig* âme f; **er ist e-e ~ von Mensch** c'est un brave type

seelenruhig ADV imperturbablement

seelisch A ADJ moral; (≈ *psychisch*) psychique B ADV **~ bedingt** qui a des causes psychologiques

Seeluft F air marin, de la mer **Seemacht** F puissance f maritime **Seemann** M marin m **Seemeile** F mille marin **Seenot** F détresse f **Seeräuber** M pirate m **Seereise** F voyage m en mer **Seerose** F nénuphar m **Seestern** M étoile f de mer **Seeteufel** M *Fisch* lotte f de mer; baudroie f

Segel N voile f

Segelboot N bateau m à voiles **Segelflugzeug** N planeur m

segeln V/I *Segelschiff* naviguer; SPORT faire de la voile

Segelschiff N bateau m à voiles; voilier m

Segen M **1** REL bénédiction f **2** (≈ *Glück*) bonheur m **segnen** V/T REL bénir

sehen A V/T **1** voir; (≈ *ansehen*) regarder; (≈ *treffen*) voir; **zu ~ sein** se voir; être visible; (≈ *ausgestellt sein*) être exposé, montré; **er sieht es gern, wenn man ihn bedient** il aime être servi; **ich habe sie kommen (ge)sehen** je l'ai vue venir; *umg fig* **ich kann ihn nicht mehr ~** *umg* je ne peux plus le sentir **2** **mit lassen sich ~ lassen** se montrer; se faire voir; **sich ~ lassen können** être présentable **3** *mit pperf* **gern bei j-m gesehen sein** être bien vu, être le *bzw.* la bienvenu(e) chez qn; **menschlich gesehen** du point de vue humain B V/I **1** **gut, schlecht ~** voir bien, mal; avoir une bonne, mauvaise vue; **sieh doch!** mais, regarde!; **na, siehst du tu vois!;** *Verweis* **siehe … unter … 2 aus dem Fenster ~** regarder par la fenêtre; **nach etw, j-m ~** *sorgend* s'occuper de qc, qn

Sehen N **j-n vom ~ kennen** connaître qn de vue

sehenswert ADJ qui vaut la peine d'être vu

Sehenswürdigkeit F curiosité f; attraction f touristique

Sehne F **1** ANAT tendon m **2** *e-s Bogens, a.* MATH corde f

sehnen V/R **sich nach etw ~** désirer ardemment qc; aspirer à qc; **sich nach j-m**

~ s'ennuyer de qn

Sehnsucht F désir ardent, intense (**nach de**)

sehnsüchtig ADJ plein de désir; (≈ *ungeduldig*) impatient

sehr ADV *vor Adjektiv, Adverb* très; *vor Verb* beaucoup; bien; **~ viel** beaucoup; bien; **so ~, dass ...** à ce point que ...; **wie ~** à quel point; combien

Sehtest M test visuel

seicht ADJ **1** *Wasser* bas **2** *fig* superficiel

Seide F soie f **seidig** ADJ soyeux

Seife F savon m **Seifenblase** F *a. fig* bulle f de savon **Seifenoper** pej F série (télévisée) mélo

Seil N corde f **Seilbahn** F (≈ *Standseilbahn*) funiculaire m; (≈ *Drahtseilbahn*) téléphérique m **Seiltänzer(in)** M(F) funambule m/f

sein¹ A VI **1** être; **ich bin's!** c'est moi!; **sie ist Französin** elle est Française **2** (≈ *bestehen*) être; exister; *umg* **ist was?** il y a quelque chose qui ne va pas? **3** (≈ *sich befinden*) se trouver **4** *Zeitangabe* être; **morgen ist Mittwoch** demain c'est mercredi **5** (≈ *stattfinden*) se faire; avoir lieu; *umg* **~ lassen** ne pas faire; laisser (tomber) **6** (≈ *bedeuten*) signifier; **was soll das ~?** qu'est-ce que cela signifie? **7** (≈ *ergeben*) faire; **fünf und zwei sind sieben** cinq et deux font sept **8** (≈ *stammen*) **von, aus ... ~** venir de ...; être originaire de ... B V/UNPERS **1** *bei Witterungsangaben* faire; **es ist schön** il fait beau **2** *Zeitangabe* être; **es war an e-m Freitag** c'est arrivé, c'était un vendredi **3** **das wär's!** voilà!; *beim Einkaufen* c'est tout! C V/AUX **1** *zur Bildung zusammengesetzter Zeiten* être; avoir; **wir sind gegangen** nous sommes partis; **sie ist gelaufen** elle a couru **2** *mit zu + inf* **das Haus ist zu verkaufen** la maison est à vendre

sein² POSS PR A ADJT son *bzw.* sa; **~e** *pl* ses; **einer ~er Freunde** (l')un de ses amis B SUBST **das ist ~s** c'est à lui

seinetwegen ADV **1** (≈ *wegen ihm*) à cause de lui **2** (≈ *ihm zuliebe*) pour lui

seit A PRÄP depuis; **~ Tagen** depuis des journées B KONJ depuis que; **~ ich ihn kenne, ...** depuis que je le connais ...

seitdem A ADV depuis (ce temps-là) B

KONJ depuis que

Seite F **1** *Körperteil* côté m; **~ an ~** côte à côte; **j-m zur ~ stehen** soutenir qn; être aux côtés de qn **2** *e-s Gegenstandes* côté m; **zur ~ gehen** *od* **treten** s'écarter; faire place; **auf** *od* **von beiden ~n** de part et d'autre; des deux côtés; **etw zur ~ legen** mettre qc de côté **3** (≈ *Aspekt*) côté m; aspect m; **auf der einen ~ ..., auf der anderen (Seite) ...** d'une part ..., d'autre part ... **4** **von allen ~n** de toutes parts; de tous côtés **5** (≈ *Eigenschaft*) côté m; *umg* **schwache, starke ~** faible m; fort m **6** (≈ *Partei*) côté m; parti m; **auf j-s ~** (dat) sein *od* **stehen** être du côté, du parti de qn; **auf ~n** (+ gen) du côté de **7** (≈ *Buchseite, Zeitungsseite*) page f; **auf ~ 102** à la page 102

Seitensprung *fig* M infidélité f **Seitenstechen** N, **Seitenstiche** MPL point m de côté **Seitenstraße** F rue latérale, transversale **Seitenstreifen** M accotement m **seitenverkehrt** ADJ à l'envers **Seitenwind** M vent m de côté

seither ADV depuis (lors)

Sekretär(in) M(F) secrétaire m/f **Sekretariat** N secrétariat m

Sekt M vin mousseux

Sekte F secte f

Sektglas N verre m à champagne

Sekundarschule *schweiz* F collège m

Sekundarstufe F **~ I** collège m; **~ II** lycée m

Sekunde F *a.* MATH, MUS seconde f; *Uhr* **auf die ~ genau gehen** marcher à la seconde près

Sekundenkleber M colle f à prise rapide **Sekundenzeiger** M trotteuse f; aiguille f des secondes

selbe DEM PR même; **zur ~n Zeit** en même temps

selber *umg* DEM PR → selbst

selbst A DEM PR (≈ *persönlich*) même; **ich ~** moi-même; **er spricht mit sich ~** il parle tout seul; **wir ~** nous-mêmes; tout seul; *als Gegenfrage* **und ~?** et toi?/et vous?; **~ gemacht** qu'on a fait soi--même; *Wurst, Marmelade* (fait à la) maison B (≈ *sogar*) même; **~ wenn ...** même si ...

selbständig → selbstständig

Selbstbedienung F libre-service m
Selbstbedienungsrestaurant N self-service m
Selbstbeherrschung F maîtrise f de soi **selbstbewusst** ADJ sûr de soi
Selbstbewusstsein N confiance f en soi **Selbsthilfegruppe** F groupe m d'entraide **Selbstkritik** F autocritique f **selbstkritisch** ADJ critique vis-à-vis de soi-même
Selbstmord M suicide m; ~ **begehen** se suicider; se tuer **Selbstmörder(in)** M(F) suicidé(e) m(f) **selbstmordgefährdet** ADJT suicidaire **Selbstmordversuch** M tentative f de suicide
selbstsicher ADJ sûr de soi; *Haltung* plein d'assurance **selbstständig** A ADJ (≈ *eigenständig*) autonome; (unabhängig), *beruflich* indépendant; **beruflich ~ sein** être, travailler à son compte; **sich ~ machen** se mettre à son compte B ADV **~ handeln** agir en toute indépendance, de sa propre initiative **Selbstständigkeit** F indépendance f **selbsttätig** ADJ automatique **Selbstversorger** M personne f qui pourvoit elle-même à ses besoins
selbstverständlich A ADJ naturel; **das ist ~** cela va de soi B ADV naturellement **Selbstverständlichkeit** F **das ist e-e ~** cela va de soi; c'est bien naturel
Selbstverteidigung F autodéfense f **Selbstvertrauen** N confiance f en soi
selig ADJ ❶ (≈ *glücklich*) très heureux; ravi ❷ REL bienheureux
Sellerie M/F céleri m
selten A ADJ rare B ADV rarement **Seltenheit** F rareté f
seltsam ADJ étrange
Semester N semestre m
Semikolon N point-virgule m
Seminar N *Institut* institut m; *Lehrveranstaltung* séminaire m
Semmel F petit pain; *umg* **weggehen wie warme ~n** se vendre comme des petits pains
Senat N Sénat m
senden V/T ❶ *geh* (≈ *schicken*) envoyer ❷ RADIO, TV diffuser; TELEKOMMUNIKATION émettre

Sender M émetteur m
Sendeschluss M fin f des émissions
Sendung F ❶ (≈ *Gesandtes*) envoi m ❷ RADIO, TV émission f; *Jargon* **auf ~ sein** être sur l'antenne
Senf M moutarde f; *umg fig* **s-n ~ dazugeben** *umg* y mettre son grain de sel
senior ADJ **Herr L. ~** monsieur L. père
Senior M ❶ HANDEL père m ❷ SPORT senior m ❸ (≈ *älterer Mensch*) personne âgée; *pl* **die ~en** *a.* le troisième âge
senken V/T ❶ *Kopf* baisser; *Augen, Stimme* baisser ❷ *fig Preis* baisser; *Kosten* diminuer; *Steuern* réduire; *Fieber* faire baisser
senkrecht ADJ vertical
Sensation F sensation f **sensationell** ADJ sensationnel
sensibel ADJ sensible
sentimental ADJ sentimental
separat ADJ séparé
September M (mois m de) septembre m
Serbe M, **Serbin** F Serbe m/f **Serbien** N la Serbie **serbisch** ADJ serbe
Serie F ❶ *a. fig* série f ❷ TV feuilleton m
seriell ADJ IT séquentiel
seriös ADJ sérieux
Serpentine F (≈ *Windung*) lacet m
Server M IT serveur m
Service¹ M/N (≈ *Bedienung, Kundendienst*) service m
Service² N (≈ *Geschirr*) service m
servieren V/T ❶ (≈ *auftragen*) servir (**j-m etw qc** à **qn**) ❷ TENNIS servir **Serviererin** F, **Serviertochter** *schweiz* serveuse f
Serviette F serviette f (de table)
Servolenkung F direction assistée
servus *süd, österr* INT salut!
Sessel M fauteuil m; *österr* chaise f
Sesselbahn F, **Sessellift** M télésiège m
Set N/M ❶ (≈ *Satz*) assortiment m ❷ (≈ *Platzdeckchen*) set m
setzen A V/T ❶ *Gegenstand* mettre; poser (**auf den Boden** par terre); *Kind, Kranken* asseoir; *bei Tisch* **j-n neben j-n ~** placer qn à côté de qn ❷ *Pflanze* planter ❸ *Denkmal* ériger ❹ TYPO composer ❺ (≈ *schreiben*) *Punkt, Komma* mettre ❻ *bei Wetten* miser (**auf** + *akk* sur) B V/I **über e-n Fluss ~** traverser, passer une

rivière C V/R **sich ~** (≈ *Platz nehmen*) s'asseoir (**auf e-n Stuhl** sur une chaise, **zu j-m** à côté de qn); se mettre (**in e-n Sessel** dans un fauteuil); **sich ins Auto ~** monter en voiture

Seuche F épidémie *f*
seufzen V/I & V/T soupirer **Seufzer** M soupir *m*
Sex *umg* M **1** (≈ *dargestellte Sexualität*) sexe *m* **2** (≈ *Geschlechtsverkehr*) rapports sexuels **Sexualität** F sexualité *f* **Sexualkunde** F éducation sexuelle
sexuell ADJ sexuel
sfr., sFr. *schweiz* ABK (= *Schweizer Franken*) FS (franc suisse)
Shampoo N shampo(o)ing *m*
Shareware F IT shareware *m*
Shifttaste F touche *f* de majuscule
Shitstorm *umg* M INTERNET shitstorm *m*
shoppen V/I faire du shopping; **~ gehen** aller faire du shopping, les magasins **Shopping** N shopping *m* **Shoppingmeile** F grande rue commerçante **Shoppingtour** F shopping *m*; **auf ~ (akk) gehen** (aller) faire du shopping
Shorts PL short *m*
Show F show *m* **Showmaster** M animateur *m*
Shuttle M, **Shuttlebus** M navette *f*
Sibirien N la Sibérie
sich PERS PR **A 3. PERSON SG, DAT** *u.* AKK se; *mit präp lui bzw.* elle; *unpersönlich* soi; **an (und für) ~** en fait; au fond; **etw von ~** (*dat*) **aus tun** faire qc par soi-même **B 3. PERSON PL, DAT** *u.* AKK *reflexiv* se; *mit präp* eux *bzw.* elles; **sie bleiben für ~** ils restent entre eux
Sichel F **1** *Werkzeug* faucille *f* **2** (≈ *Mondsichel*) croissant *m*
sicher A ADJ **1** (≈ *gewiss*) sûr; certain; **sich** (*dat*) **s-r Sache** (*gen*) **~ sein** être sûr de son fait **2** (≈ *nicht gefährdet*) assuré; *Erfolg, Zukunft, Stellung* assuré; *Person* **vor j-m, etw ~ sein** être à l'abri de qn, qc **3** (≈ *zuverlässig*) sûr; infaillible **4** (≈ *nicht gefährlich*) sûr; pas dangereux **5** (≈ *selbstbewusst*) sûr de soi; **ein ~es Auftreten haben** avoir de l'assurance **B** ADV **1** (≈ *gewiss*) sûrement; (**aber**) **~!** bien sûr! **2** (≈ *gefahrlos*) en (toute) sécurité

sichergehen V/I s'(en) assurer; **um sicherzugehen** pour être sûr de son fait
Sicherheit F **1** (≈ *Gewissheit*) certitude *f*; **mit (einiger) ~** avec (quelque) certitude *f* **2** (≈ *Schutz*) sûreté *f*; sécurité *f*; **in ~ (akk) bringen** mettre à l'abri, en lieu sûr **3** (≈ *Selbstsicherheit*) assurance *f* **4** HANDEL garantie *f*; (≈ *Bürgschaft*) caution *f*
Sicherheitsgurt M *im Auto, Flugzeug* ceinture *f* de sécurité **Sicherheitslücke** F IT *etc* faille *f* de sécurité **Sicherheitsnadel** F épingle *f* de sûreté, de nourrice **Sicherheitsrat** M *der UNO* Conseil *m* de sécurité
sichern V/T **1** (≈ *sicherstellen*) assurer; (≈ *gewährleisten*) garantir **2** (≈ *schützen*) protéger, garantir (**vor** + *dat*), (**gegen** de, contre) **3** IT sauvegarder
Sicherung F **1** (≈ *Schutz*) préservation *f*, sauvegarde *f* (**vor** + *dat*), (**gegen** contre) **2** *an Schusswaffen* cran *m* de sûreté **3** ELEK fusible *m*; plomb *m* **4** IT sauvegarde *f*
Sicht F **1** vue *f*; (≈ *Sichtverhältnisse*) visibilité *f*; **in ~ sein** en vue; **in ~ kommen** apparaître; **heute ist gute, klare ~** aujourd'hui on a une bonne visibilité **2** (≈ *Betrachtungsweise*) vue *f*; **auf kurze, lange ~** à court, long terme; **aus meiner ~** à mon avis
sichtbar ADJ **1** visible **2** (≈ *offenkundig*) apparent
Sichtweite F visibilité *f*; **außer, in ~** °hors de portée visuelle
sie¹ PERS PR **1** *a. unverbunden* elle **2** la
sie² PERS PR **1** ils *bzw.* elles; *unverbunden* eux *bzw.* elles **2** les
Sie PERS PR *Anrede* vous
Sieb N GASTR passoire *f*; *grobes* crible *m*; *feineres* tamis *m*
sieben¹ NUM sept
sieben² V/T **1** *Mehl, Sand etc* tamiser **2** *fig Personen* trier
Sieben F sept *m*
siebenhundert NUM sept cent(s) **siebentausend** NUM sept mille
siebt ADV **zu ~ sein** être sept **zu ~ sein** être sept **siebte** NUM septième; *im Datum* sept; **der ~ Mai, am ~n Mai** le sept mai
Siebtel N septième *m*
siebtens ADV septièmement
siebzehn NUM dix-sept
siebzig NUM soixante-dix; *Belgien,*

schweiz septante
Siedlung F **1** (≈ *Ansiedlung*) colonie f **2** (≈ *Wohngebiet*) lotissement m
Sieg M victoire f (**über** + *akk* sur)
Siegel N cachet m
siegen VI gagner; **über j-n ~** remporter la victoire sur qn; l'emporter sur qn **Sieger(in)** M(F) vainqueur m; SPORT *a.* gagnant(e) m(f) **Siegerehrung** F remise f des prix *bzw.* des médailles
sieht → sehen
siezen VT vouvoyer; dire vous (**j-n** à qn)
Signal N signal m
Signatur F (≈ *Unterschrift, Namenszug*) signature f; **elektronische ~** signature f électronique **signieren** VT signer; *Autor* dédicacer
Silbe F syllabe f **Silbentrennung** F division f (des mots) en syllabes
Silber N *Farbe, Metall* argent m **Silbermedaille** F médaille f d'argent **silbern** ADJ **1** (≈ *aus Silber*) d'argent **2** (≈ *silberfarben*) argenté
Silhouette F silhouette f
Silvester M(N) la Saint-Sylvestre
simsen *umg* **A** VT **j-m etw ~** envoyer qc à qn par texto®, par SMS **B** VI (≈ *e-e SMS senden*) (**j-n** ~) envoyer un texto®, un SMS (à qn)
simultan ADJ simultané
singen VT & VI chanter
Single M (≈ *Alleinstehende[r]*) célibataire m/f
Singular M singulier m
sinken VI **1** *Sonne* baisser; *Schiff* couler **2** *Thermometer* descendre; *Temperatur* baisser; *Preise* baisser **3** *fig Hoffnung, Laune* s'évanouir
Sinn M **1** (≈ *Wahrnehmungsfähigkeit*) sens m; **der sechste ~** le sixième sens **2** (≈ *Verständnis*) sens m; **für etw haben** avoir le sens de qc **3** (≈ *Geist, Gesinnung*) esprit m; **es kam mir in den ~, dass ...** il me vint à l'idée, à l'esprit que ... **4** (≈ *Bedeutung*) sens m; *e-s Wortes, Satzes etc* signification f; *umg* **~ machen** être logique **5** (≈ *Zweck*) sens m; **ohne ~ und Verstand** sans rime ni raison; **keinen ~ haben**, *umg* **keinen ~ machen** ne pas avoir de sens
Sinnesorgan N organe m des sens
sinngemäß ADV **etw ~ wiedergeben** redonner le sens général de qc
sinnlich ADJ **1** *Mund, Liebe, Mensch* sensuel **2** (≈ *wahrnehmbar*) sensoriel **Sinnlichkeit** F sensualité f
sinnlos **A** ADJ **1** (≈ *unsinnig*) absurde **2** (≈ *zwecklos*) inutile **B** ADV **~ betrunken** ivre mort **sinnvoll** ADJ **1** (≈ *vernünftig*) raisonnable **2** (≈ *e-n Sinn ergebend*) judicieux; (≈ *zweckmäßig*) utile **3** (≈ *mit Sinn erfüllt*) *Arbeit* qui a un sens
Sintflut F BIBEL Déluge m
Sirene F sirène f
Sirup M (≈ *Fruchtsirup*) sirop m
Sitte F **1** (≈ *Brauch*) coutume f; usage m **2** *Benehmen pl* **~n** manières fpl
Situation F situation f
Sitz M (≈ *Stelle, Sitzplatz, Regierungssitz*) siège m; *e-r Firma* siège social; *im Kino, Theater* place f
sitzen VI **1** être assis (**auf e-m Stuhl, in e-m Sessel** sur une chaise, dans un fauteuil) **2** *fig* **~ bleiben** *umg Schüler* redoubler une classe; *umg* **auf e-r Ware ~ bleiben** ne pas réussir à vendre sa marchandise; *umg* **~ lassen** (≈ *im Stich lassen*) planter là; (≈ *nicht heiraten*) plaquer *umg* **3** *Firma* avoir son siège; *Regierung, Behörden* siéger **4** *Kleidung* aller bien **5** *Nagel, Brett* **fest, locker ~** bien, mal tenir
Sitzgelegenheit F siège m **Sitzplatz** M place assise
Sitzung F **1** *a. Fig* séance f **2** IT session f
Sitzungsperiode F session f **Sitzungsprotokoll** N procès-verbal m de la séance **Sitzungssaal** M, **Sitzungszimmer** N salle f des séances
Sizilien N la Sicile
Skala F graduation f; (≈ *Farbskala*), *a. fig*, *a.* MUS gamme f
Skandal M scandale m **skandalös** ADJ scandaleux
Skandinavien N la Scandinavie **skandinavisch** ADJ scandinave
Skateboard N planche f à roulettes; **~ fahren** faire de la planche à roulettes **skaten** VI **1** (≈ *Skateboard fahren*) faire de la planche à roulettes **2** (≈ *inlineskaten*) faire du roller
Skelett N *a. fig* squelette m
skeptisch ADJ sceptique
Ski M ski m; **Ski laufen** *od* **fahren** faire du ski; skier

Skianzug M combinaison f de ski **Skifahrer(in)** M(F) skieur, skieuse m,f **Skigebiet** N domaine m skiable **Skikurs** M cours m de ski **Skilanglauf** M ski m de fond **Skiläufer(in)** M(F) skieur, skieuse m,f **Skilehrer(in)** M(F) moniteur, -trice m,f de ski **Skilift** M remontée f mécanique **Skischuh** M chaussure f de ski **Skispringen** N saut m à ski **Skistock** M bâton m de ski
Skizze F esquisse f **skizzieren** VT esquisser *a. fig*, ébaucher
Sklave M *a. fig* esclave m
Skorpion M **1** ZOOL scorpion m **2** ASTROL Scorpion m
Skrupel M scrupule m **skrupellos** ADJ & ADV sans scrupules
Skulptur F sculpture f
S-Kurve F virage m en S
skypen VI (≈ *den Internetdienst Skype® nutzen*) utiliser Skype®, skyper®
Slalom M slalom m
Slip M slip m
Slowake M, **Slowakin** F Slovaque m/f **Slowakei** die ~ la Slovaquie **slowakisch** ADJ slovaque
Slowene M, **Slowenin** F Slovène m/f **Slowenien** N la Slovénie **slowenisch** ADJ slovène
Slum M bidonville m
Smartphone N TEL smartphone m
Smiley N IT smiley m
Smog M smog m **Smogalarm** M alerte f au smog
SMS F ABK (= *Short Message Service*) *Nachricht* texto® m, SMS m; **j-m e-e SMS schicken** envoyer un texto®, un SMS à qn
Snowboard N *Brett* surf m; *Sport* snowboard m
so A ADV **1** (≈ *in dieser Weise*) ainsi; comme cela, comme ça *umg*; **so ist es!** *umg* c'est (bien comme) ça!; **so oder so** d'une manière ou d'une autre; **so genannt** → **sogenannt 2** (≈ *derartig*) tel; pareil; **so etwas** une chose pareille; **so ein Dummkopf!** quel imbécile!; **so ein**, *adv* si; tellement; **so groß** grand comme ça; **so sehr** tant; tellement; **so viel** autant; *so wenig* (tout) aussi peu; *umg* **so weit sein** être prêt **4** *umg* (≈ *ungefähr*) à peu près; **so (an die) fünf Euro** à peu près cinq euros **5** *erstaunt* **so?** vraiment? **6 so weit wie möglich** dans la mesure de mon, *etc* possible **B** KONJ *geh* (≈ *wenn*) si **C** PARTIKEL **1 so ziemlich** assez bien; à peu près; pas trop mal **2** *Aufforderung* **so hör doch!** (mais) écoute donc!
sobald KONJ dès que
Socke F chaussette f
Sockel M *e-r Säule* socle m
sodass KONJ final ..., ~ ... de od en sorte, de manière, de façon que ... (*subj*)
soeben ADV à l'instant; ~ **etw getan haben** venir de faire qc
Sofa N canapé m
soff → **saufen**
sofort ADV tout de suite; immédiatement; **ich bin ~ fertig** je suis prêt dans un instant
Softeis N glace f à l'italienne
Softie *umg* M tendre m
Software F logiciel m
sog → **saugen**
sogar ADV même
sogenannt ADJ soi-disant
Sohle F **1** (≈ *Fußsohle*) plante f (du pied) **2** (≈ *Schuhsohle*) semelle f
Sohn M fils m
Soja F *Pflanze* soja m **Sojasoße** F sauce f au soja
solange KONJ tant que
Solarenergie F énergie f solaire
Solarium N solarium m
Solarzelle F pile f solaire
solch DEM PR tel; pareil; (≈ *so groß, stark, etc*) **ich hab ~en Hunger** j'ai une de ces faims; **ein ~er** *od* **~ ein Mensch** un tel homme, un homme pareil
Soldat M soldat m
solidarisch ADJ solidaire
solide ADJ **1** (≈ *haltbar*), *a. fig* solide **2** *Unternehmen* solide **3** *Mensch* sérieux
Solist(in) M(F) soliste m/f
sollen A V/AUX **1** *Auftrag, Aufforderung* devoir; **du sollst arbeiten** tu dois travailler; **er soll kommen** il faut, je veux qu'il vienne **2** *Pflicht* devoir; *Notwendigkeit* il faut que ... (+ *subj*); il faut (+ *inf*) **3** *Rat, Erwartung* **das hätte er nicht tun ~** il n'aurait pas dû faire cela; **er soll lieber mehr lernen** il vaudrait mieux qu'il travaille plus **4** *Ratlosigkeit* **was soll ich nur tun?** que (dois-je) faire?; que veux-tu *bzw.* voulez-vous que je fasse?; **wie**

soll das (nur *od* **bloß) weitergehen?** que va-t-on devenir? ▣ *Absicht* **soll das für mich sein?** c'est pour moi?; **was soll das heißen?** qu'est-ce cela veut dire? ▣ *Vermutung* **man sollte doch meinen, dass ...** il me semble pourtant que ... ▣ *Fall* **wenn es regnen sollte ...** s'il venait à pleuvoir ...; **sollte dies der Fall sein ...** s'il en était ainsi ...; si c'était le cas ... ▣ *Gerücht* **sie soll sehr krank sein** on dit, prétend qu'elle est très malade; **er soll abgereist sein** il serait parti; il est parti, dit-on ▣ V/I & V/T *der Brief* **soll auf die Post**® il faut porter cette lettre à la poste
Sollzinsen MPL intérêts débiteurs
solo ADJ & ADV ▣ MUS en soliste ▣ *umg* (tout) seul
Solothurn N̄ Soleure
Sommer M̄ été *m*; **im ~** en été
Sommeranfang M̄ début *m* de l'été
Sommerfahrplan M̄ horaire *m* d'été **Sommerferien** PL grandes vacances **Sommerpause** F̄ vacances *fpl* d'été **Sommerreifen** PL pneu *m* standard **Sommerschlussverkauf** M̄ soldes *mpl* ou *inkorr* *fpl* d'été **Sommerspiele** NPL **die Olympischen ~** les Jeux *mpl* olympiques d'été **Sommersprossen** FPL taches *fpl* de rousseur **Sommerzeit** F̄ ▣ *Jahreszeit* été *m* ▣ *Uhrzeit* heure *f* d'été
Sonder... IN ZSSGN *meist* spécial **Sonderangebot** N̄ offre spéciale; **im ~** en promotion
sonderbar ADJ (≈ *befremdend*) étrange; (≈ *wunderlich*) bizarre
Sondermarke F̄ timbre *m* de collection **Sondermüll** M̄ déchets *mpl* dangereux
sondern KONJ mais
Sonderschule F̄ *hist* → Förderschule
Sonett N̄ sonnet *m*
Sonnabend *bes nordd* M̄ samedi *m*; → Montag **sonnabends** *bes nordd* ADV le samedi; tous les samedis
Sonne F̄ *auch* N̄; ASTRON Soleil *m*
sonnen V/R **sich ~** prendre un bain de soleil
Sonnenaufgang M̄ lever *m* du soleil **Sonnenblume** F̄ tournesol *m* **Sonnenbrand** M̄ coup *m* de soleil **Sonnenbrille** F̄ lunettes *fpl* de soleil **Sonnencreme** F̄ crème *f* solaire **Sonnenenergie** F̄ énergie *f* solaire **Sonnenfinsternis** F̄ éclipse *f* de Soleil **Sonnenkollektor** M̄ capteur *m* solaire **Sonnenlicht** N̄ lumière *f* du soleil **Sonnenöl** N̄ huile *f* solaire **Sonnenschein** M̄ soleil *m* **Sonnenschirm** M̄ *für Garten* parasol *m* **Sonnenstich** M̄ insolation *f* **Sonnenstrahl** M̄ rayon *m* de soleil **Sonnensystem** N̄ système *m* solaire **Sonnenuhr** F̄ cadran *m* solaire **Sonnenuntergang** M̄ coucher *m* du soleil
sonnig ADJ *Wetter, Tag* ensoleillé
Sonntag M̄ dimanche *m*; **Weißer ~** jour *m* de la première communion; → Montag **sonntags** ADV le dimanche; tous les dimanches
sonst ADV ▣ (≈ *außerdem*) à part ça; **nichts** rien d'autre; rien de plus; **haben Sie ~ noch Fragen?** à part ça, avez vous d'autres questions? ▣ (≈ *gewöhnlich*) d'habitude; **wie ~** comme d'habitude ▣ (≈ *andernfalls*) sinon ▣ **wer (denn) ~?** qui d'autre?
sooft KONJ ▣ (≈ *jedesmal, wenn*) **~ du kommst** toutes les fois que tu viendras ▣ (≈ *wie oft auch immer*) **~ Sie wollen** autant de fois, tant que vous voudrez
Sorge F̄ ▣ souci *m*; **j-m ~n machen** donner des soucis à qn; **sich** (*dat*) **~n machen** se faire du souci (**wegen, um** pour) ▣ (**um etw, j-n**) **in ~** (*dat*) **sein** se faire du souci (pour qc, qn)
sorgen A V/I **für j-n ~** prendre soin de qn; **für etw ~** veiller à qc; (≈ *sich kümmern um*) s'occuper de qc; avoir, prendre soin de qc; **dafür ~, dass ...** veiller à ce que ... (+ *subj*) B V/R **sich ~** se faire du souci (**um** pour)
Sorgfalt F̄ soin *m* **sorgfältig** ADJ soigneux
sorglos ADJ ▣ insouciant ▣ (≈ *nicht sorgfältig*) négligent
Sorte F̄ (≈ *Art*) sorte *f*; *a. pej von Personen* espèce *f*; (≈ *Marke*) marque *f* **sortieren** V/T trier; classer
Soße F̄ sauce *f*
Soufflé N̄ GASTR soufflé *m*
Soundkarte F̄ IT carte *f* son **Soundtrack** M̄ bande *f* sonore
Souvenir N̄ souvenir *m*

Souveränität F souveraineté f
soviel KONJ autant que (+ subj); → so
sowenig KONJ si peu que ... (+ subj)
sowie KONJ **1** (≈ als auch) ainsi que **2** (≈ sobald) dès que
sowieso ADV de toute façon
Sowjetunion HIST **die ~** l'Union f Soviétique
sowohl KONJ **~ ... als auch ...** non seulement ... mais aussi od encore ...
sozial ADJ social
Sozialamt N bureau m d'aide sociale **Sozialdemokrat(in)** M(F) social-démocrate m/f **Sozialhilfe** F aide sociale
Sozialismus M socialisme m **Sozialist(in)** M(F) socialiste m/f **sozialistisch** ADJ socialiste
Sozialkunde F instruction f civique **Sozialpädagoge** M, **Sozialpädagogin** F etwa assistant(e) social(e) (avec un diplôme du troisième cycle) **Sozialpolitik** F politique sociale **Sozialprodukt** N produit national **Sozialstaat** M État social **Sozialversicherung** F Sécurité sociale **Sozialwohnung** F HLM m/f
sozusagen ADV pour ainsi dire
Spag(h)etti PL spaghetti mpl
Spalt M fente f; (≈ Türspalt) entrebâillement m
Spalte F TYPO colonne f
spalten A V/T **1** Holz fendre **2** fig diviser B V/R **1 sich ~** se fendre **2 sich ~** Partei se diviser; se scinder **Spaltung** F **1** NUKL fission f **2** fig division f; e-r Partei scission f
Spam M/N IT spam m **Spamfilter** M IT antispam m; filtre m spam **Spam-Mail** F IT spam m; pourriel m **spammen** V/I IT spammer **Spammer** M IT spammeur m **Spamming** N IT spamming m
Spange F (≈ Haarspange) barrette f; (≈ Zahnspange) appareil m
Spanien N l'Espagne f **Spanier(in)** M(F) Espagnol(e) m(f) **spanisch** ADJ espagnol; umg **das kommt mir ~ vor** ça me semble bizarre
spann → spinnen
spannen A V/T **1** (≈ dehnen) tendre **2** TECH fixer (**in den Schraubstock** dans l'étau) **3** umg (≈ merken) piger umg B V/I Kleidung serrer
spannend ADJ passionnant; palpitant **Spannung** F **1** TECH, ELEK tension f; **unter ~** (dat) **stehen** être sous tension **2** fig (≈ gespannte Aufmerksamkeit) attention soutenue; **mit ~ erwarten** attendre avec impatience **3** in e-m Film etc suspense m
Sparbuch N livret m de caisse d'épargne **Sparbüchse** F, **Spardose** F tirelire f
sparen A V/T **1** (≈ einsparen) économiser **2** fig Zeit épargner B V/I (≈ einsparen) faire des économies
Spargel M asperge f
Sparkasse F caisse f d'épargne
sparsam A ADJ **1** Person économe **2** (≈ wirtschaftlich) économique B ADV **mit etw umgehen** a. fig économiser qc
Sparschwein N tirelire f
Spaß M, **Spass** M **1** (≈ Vergnügen) plaisir m; **viel ~!** amuse-toi bzw. amusez--vous bien!; **~ an etw** (dat) **haben** apprécier, aimer qc; **~ machen** faire plaisir **2** (≈ Scherz) plaisanterie f; blague f; **aus, zum ~** pour plaisanter, rire
Spaßmacher M, **Spaßvogel** M rigolo m, -ote f
spät A ADJ **es ist, wird ~** il est, se fait tard; **wie ~ ist es?** quelle heure est-il? B ADV tard; **zu ~ kommen** être en retard
Spaten M bêche f
später ADV plus tard; **bis ~!** à tout à l'heure
spätestens ADV au plus tard
Spatz M moineau m
Spätzle PL GASTR pâtes fraîches typiques de la Souabe
spazieren V/I **~ fahren** se promener; **~ gehen** (aller) se promener; faire une promenade **Spaziergang** M promenade f
SPD F ABK (= Sozialdemokratische Partei Deutschlands) S.P.D. m (Parti social-démocrate allemand)
Specht M ZOOL pic m
Speck M a. umg beim Menschen lard m; umg **~ ansetzen** grossir
Spedition F entreprise f de transport
Speiche F TECH rayon m
Speichel M salive f
Speicher M **1** (≈ Lagerhaus) entrepôt m

2 (≈ *Dachboden*) grenier *m* **3** IT mémoire *f* **Speicherkapazität** F̲ capacité *f* de stockage; IT *a.* capacité *f* de mémoire **Speicherkarte** F̲ IT carte *f* (à) mémoire **Speicherleistung** F̲ IT capacité *f* de stockage; IT *a.* capacité *f* de mémoire **speichern** V̲/T̲ **1** *Waren* emmagasiner; *Vorräte* stocker **2** *Wärme* garder **3** *Informationen* enregistrer; IT *Daten* mémoriser; *Text* sauvegarder **Speicherplatz** M̲ IT espace *m* de mémoire **Speicherung** F̲ **1** *von Waren* emmagasinage *m*; stockage *m* **2** *von Wärme* emmagasinage *m*; *von Strom* accumulation *f* **3** *von Informationen* enregistrement *m*; IT *von Daten* mémorisation *f*; *von Texten* sauvegarde *f*
Speise F̲ **1** *geh* (≈ *Nahrung*) nourriture *f* **2** (≈ *Gericht*) mets *m*
Speisekarte F̲ carte *f*; menu *m* **Speiseröhre** F̲ ANAT œsophage *m* **Speisesaal** M̲ salle *f* à manger; *in Internaten, Klöstern* réfectoire *m* **Speisewagen** M̲ *im Zug* wagon-restaurant *m*
Spektakel *umg* M̲ **1** (≈ *Lärm*) raffut *m umg*, tapage *m umg* **2** (≈ *Streit*) bagarre *f*
Spekulation F̲ spéculation *f* **spekulieren** V̲/I̲ **1** HANDEL spéculer (**mit** sur); **an der Börse ~** jouer à la Bourse **2** (≈ *mutmaßen*) spéculer (**über** + *akk* sur)
Spende F̲ don *m* **spenden** V̲/T̲ **als Spende** donner
spendieren *umg* V̲/T̲ **j-m etw ~** offrir, payer qc à qn
Spengler *südd, österr, schweiz* M̲ → **Klempner**
Sperma N̲ sperme *m*
sperrangelweit *umg* ADV **die Tür stand ~ offen** la porte était grande ouverte
Sperre F̲ **1** *auf e-r Straße* barrage *m*; (≈ *Schranke*) barrière *f* **2** TECH arrêt *m*; blocage *m* **3** (≈ *Sperrfrist*), *a.* SPORT suspension *f*
sperren A̲ V̲/T̲ **1** *Zugang* barrer **2** TECH arrêter **3** *Gas, Strom* couper; *Konto* bloquer; *Sportler, Zahlungen* suspendre; **e-n Scheck ~** faire opposition à un chèque **4** **in den Keller ~** enfermer dans la cave B̲ V̲/R̲ **sich ~** (≈ *sich sträuben*) résister (**gegen** à)

sperrig ADJ encombrant
Sperrmüll M̲ encombrants *mpl*
Sperrung F̲ **1** *e-r Straße* barrage *m* **2** *von Gas, Strom* coupure *f* **3** *fig* FIN blocage *m*
Spezi¹ M̲, **Spezl** *südd, österr* M̲ *umg* (≈ *Kumpel*) pote *m umg*
Spezi®² *umg* N̲ boisson *f* à base de coca--cola® et de limonade
Spezialgebiet N̲ spécialité *f*
spezialisieren V̲/R̲ **sich (auf etw** *akk***) ~** se spécialiser (**dans** qc) **Spezialist(in)** M̲(F̲) spécialiste *m/f* (**für** de) **Spezialität** F̲ spécialité *f*
speziell ADJ spécial; particulier
spicken A̲ V̲/T̲ **1** GASTR (entre)larder **2** *umg fig* **Rede gespickt mit ...** farci, truffé de ... B̲ *umg* V̲/I̲ (≈ *abschreiben*) copier, pomper *umg* (**bei j-m** sur qn)
Spickzettel *umg* M̲ argot pompe *f*
Spiegel M̲ miroir *m a. fig*, glace *f* **Spiegelbild** N̲ *a. fig* reflet *m* **Spiegelei** N̲ œuf *m* sur le plat **spiegelglatt** ADJ *Straße* verglacé
spiegeln A̲ V̲/I̲ **1** (≈ *glänzen*) briller **2** (≈ *wie ein Spiegel wirken*) réfléchir B̲ V̲/R̲ **sich ~** *a. fig* se refléter
Spiegelschrift F̲ écriture *f* spéculaire, en miroir
Spiegelung F̲ **1** PHYS réflexion *f* **2** (≈ *Spiegelbild*) reflet *m*
spiegelverkehrt ADJ inversé
Spiel N̲ **1** *a. fig der Farben, Muskeln* jeu *m* **2** THEAT, MUS jeu *m* **3** (≈ *Glücksspiel, Gesellschaftsspiel*) jeu *m*; *fig* **mit j-m leichtes ~ haben** avoir beau jeu avec qn **4** SPORT match *m*; partie *f* **5** *fig mit präp* **aufs ~ setzen** mettre en jeu; risquer; **auf dem ~ stehen** être en jeu; **j-n aus dem ~ lassen** tenir qn à l'écart
Spielautomat M̲ machine *f* à sous
spielen A̲ V̲/I̲ **1** *a.* SPORT, MUS, THEAT jouer; *Film, Schallplatte* passer; **Karten, Tennis, Cowboy ~** jouer aux cartes, au tennis, au cow-boy; **Geige, Klavier ~** jouer du violon, du piano; **den Hamlet ~** jouer le rôle d'Hamlet **2** (≈ *vorgeben*) **den Kranken ~** jouer au malade; faire le malade B̲ V̲/I̲ **1** *a.* SPORT, MUS, THEAT jouer; **um etw ~** jouer qc **2** *Handlung* se passer; se dérouler
Spieler(in) M̲(F̲) joueur, -euse *m,f*
Spielfeld N̲ SPORT terrain *m*; TENNIS

court *m* **Spielfilm** M̄ film *m* **Spielhalle** F̄ maison *f* de jeux **Spielkarte** F̄ carte *f* à jouer **Spielkonsole** F̄ IT console *f* de jeux (vidéo) **Spielplatz** M̄ terrain *m* de jeux **Spielregel** F̄ règle *f* du jeu **Spielsachen** F̄PL jouets *mpl* **Spielstand** M̄ score *m* **Spielverderber(in)** M̄/F̄ rabat-joie *m/f* **Spielzeug** N̄ jouet(s) *m(pl)*

Spieß M̄ **1** *Waffe* pique *f*; *umg fig* **den ~ umdrehen** renvoyer la balle **2** (≈ *Bratspieß*) broche *f*; *kleinerer* brochette *f*

Spießer *umg pej* M̄, **Spießerin** M̄ petit-bourgeois *m*, petite-bourgeoise *f*

spießig *pej* ADJ petit-bourgeois

Spinat M̄ GASTR épinards *mpl*

Spinne F̄ araignée *f*

spinnen A V̄T filer B V̄I *umg fig* (≈ *verrückt sein*) être fou, être cinglé *umg*; **du spinnst wohl!** *umg* ça va pas la tête!

Spinnennetz N̄ toile *f* d'araignée

Spinnwebe F̄ fil *m* d'araignée

Spion M̄ (≈ *Agent*) espion *m* **Spionage** F̄ espionnage *m* **spionieren** V̄I faire de l'espionnage; *fig* mettre son nez partout **Spionin** F̄ espionne *f*

Spirale F̄ **1** *a. fig* spirale *f* **2** (≈ *Pessar*) stérilet *m*

Spirituosen F̄PL spiritueux *mpl*

Spital *bes österr, schweiz* N̄ hôpital *m*

spitz A ADJ **1** pointu; *Winkel* aigu *m* **2** *fig Bemerkung* cinglant; *Schrei* perçant B ADV extrêmement

spitze *umg* → **klasse**

Spitze F̄ **1** (≈ *spitzes Ende, Haarspitze*) pointe *f*; (≈ *Schuhspitze, Fingerspitze, Nasenspitze*) bout *m*; *e-s Bergs, Dreiecks* sommet *m* **2** *fig e-s Zugs, e-r Firma* tête *f*; SPORT **an der ~ liegen** *od* **stehen** être en tête **3** *Gewebe* dentelle *f* **4** *umg* **einsame ~ sein** *umg* être super

Spitzel M̄ indicateur *m*

spitzen V̄T *Bleistift* tailler

Spitzenkandidat(in) M̄/F̄ tête *f* de liste **Spitzenreiter** M̄ SPORT leader *m* **Spitzentechnologie** F̄ technologie *f* de pointe

Spitzer M̄ taille-crayon *m*

Spitzname M̄ sobriquet *m*

Splitter M̄ (≈ *Holzsplitter, Glassplitter, Granatsplitter*) éclat *m*; *in der Haut* écharde *f* **splitterfasernackt** *umg hum*

ADJ tout nu; nu comme un ver **splittern** V̄I **1** (≈ *zerbrechen*) voler en éclats; *Holz* se fendre **2** (≈ *Splitter bilden*) se fendiller

sponsern V̄T sponsoriser **Sponsor** M̄ sponsor *m*

spontan ADJ spontané

Sport M̄ sport *m*; **~ treiben** faire du sport

Sportabzeichen N̄ brevet sportif **Sportart** F̄ sport *m* **Sportfest** N̄ fête *f* du Sport **Sporthalle** F̄ salle *f* omnisports **Sportlehrer(in)** M̄/F̄ professeur *m* d'éducation physique

Sportler(in) M̄/F̄ sportif, -ive *m,f*

sportlich ADJ sportif; *Kleidung* sport

Sportplatz M̄ terrain *m* de sport **Sportstadion** N̄ stade *m* **Sportverein** M̄ club sportif **Sportverletzung** F̄ blessure *f* de sport **Sportwagen** M̄ **1** *Auto* voiture *f* de sport **2** *Kinderwagen* poussette *f*

Spott M̄ moquerie *f* **spottbillig** *umg* ADJ très bon marché **spotten** V̄I se moquer (**über** + *akk* de); **spöttisch** ADJ moqueur

sprach → **sprechen**

Sprache F̄ langue *f*; (≈ *Ausdrucksweise*) langage *m*; (≈ *Rede*) parole *f*; **in französischer ~** en français; **etw zur ~ bringen** mettre qc en discussion

Spracherkennung F̄ IT reconnaissance vocale **Sprachfehler** M̄ défaut *m* de prononciation **Sprachgefühl** N̄ sens *m* de la langue **Sprachkenntnisse** F̄PL connaissances *fpl* de la langue *bzw.* des langues; **ihre französischen ~** ses connaissances *pl* de français; *weitS.* son français **Sprachkurs** M̄ cours *m* de langue **Sprachlabor** N̄ laboratoire *m* de langues **sprachlos** ADJ (≈ *wortlos*) muet; (≈ *verblüfft*) sans voix

sprang → **springen**

Spray M̄/N̄ aérosol *m* **Spraydose** F̄ bombe *f*

Sprechblase F̄ bulle *f*

sprechen V̄T & V̄I **1** parler (**zu j-m** à qn), (**mit j-m** avec qn), (**von, über** + *akk* de); *Wahrheit, Gebet, Gedicht* dire; **auf etw, j-n zu ~ kommen** en venir à parler de qc, qn; **sie ist nicht gut auf mich zu ~** il ne faut pas lui parler de moi **2** **j-n ~** parler à qn; **kann ich bitte Frau Funke**

~? je voudrais parler à Mme Funke [3] fig **das spricht für, gegen ihn** cela joue en sa faveur, contre lui
Sprecher(in) M/F/ personne f qui parle; (≈ *Wortführer,-in*) porte-parole m; RADIO, TV speaker, speakerine m,f
Sprechstunde F heures fpl de consultation; **~ haben** consulter; donner des consultations **Sprechstundenhilfe** neg! F secrétaire médicale **Sprechzimmer** N cabinet m de consultation
spreizen VT *Beine, Finger* écarter
sprengen VT [1] (**in die Luft**) **~ faire** sauter; *mit Dynamit* dynamiter [2] *Tür, Schloss* faire sauter [3] *Ketten* rompre [4] *Garten, Straße* arroser **Sprengstoff** M explosif m
spricht → **sprechen**
Sprichwort N proverbe m
Springbrunnen M fontaine f
springen VI [1] a. fig, a. SPORT sauter (**über etw** qc); *Ampel* **auf Rot ~** passer au rouge; *umg* fig **100 Euro ~ lassen** *umg* se fendre de 100 euros [2] *Porzellan, Glas* se fêler; se fissurer
Springform F GASTR moule m démontable
Sprint M sprint m **sprinten** VI sprinter
Sprit *umg* M (≈ *Benzin*) essence f
Spritze F [1] (≈ *Injektionsspritze*) seringue f [2] (≈ *Injektion*) piqûre f; **j-m e-e ~ geben** faire une piqûre à qn
spritzen A VT [1] *Garten* arroser (**mit** de); *Obst* traiter; **j-n nass ~** arroser qn; **j-m Soße auf die Kleider ~** éclabousser de sauce les vêtements de qn [2] MED injecter B VI *Blut, Wasser, Fett* gicler
Spritzer M [1] (≈ *Farbspritzer*) éclaboussure f [2] (≈ *kleine Menge*) quelques gouttes fpl (de …)
Spritztour *umg* F *umg* virée f
spröde ADJ [1] *Material* cassant; *Haut, Haar, Lippen* sec [2] fig *Person* revêche
Spross M BOT pousse f
Spruch M [1] (≈ *Wahlspruch*) devise f; (≈ *Sinnspruch*) adage m [2] (≈ *Schiedsspruch*) décision f [3] *umg pej* **Sprüche klopfen** *od* **machen** *umg* être fort en gueule
Sprudel M eau gazeuse **sprudeln** VI [1] (≈ *heraussprudeln*) jaillir (**aus** de) [2] (≈ *aufwallen*) bouillonner [3] *Getränk* pé-

tiller
sprühen A VT *Flüssigkeit* pulvériser B VI *Funken* jaillir; *Wasser, Regen* gicler; **von** *od* **vor Geist, Witz** (dat) **~** pétiller d'esprit, de malice
Sprung M [1] saut m; SCHWIMMSPORT plongeon m; *umg* **auf dem ~ sein** être sur le point de partir; *umg* **nur auf e-n ~ bei j-m vorbeikommen** ne faire qu'un saut chez qn [2] *in Glas, Porzellan* fêlure f; fissure f
Sprungbrett N a. fig tremplin m
Sprungschanze F SKISPORT tremplin m **Sprungturm** M SCHWIMMSPORT plongeoir m
Spucke *umg* F salive f; **ihm blieb die ~ weg** *umg* il en est resté baba
spucken VT & VI cracher
Spuk M apparition f de fantômes; fig horreur f **spuken** VI/UNPERS **es spukt (in diesem Haus)** il y a des revenants (dans cette maison); **cette maison est °hantée**
Spülbecken N évier m
Spule F bobine f
spülen A VT [1] *Wäsche, Mund* rincer [2] *Geschirr* laver; faire [3] **etw ans Ufer ~** jeter qc sur le rivage B VI [1] *Geschirr* laver, faire la vaisselle [2] *am WC* tirer la chasse d'eau
Spülmaschine F lave-vaisselle m **Spülmittel** N produit m (pour la) vaisselle
Spur F [1] *Fußspur, Blutspur, Bremsspur*, a. JAGD, a. fig trace f; *Fährte*, a. SKISPORT, a. fig piste f; **j-m, e-r Sache auf die ~ kommen** dépister qn, qc [2] *e-r alten Kultur* traces fpl [3] (≈ *kleine Menge*) **e-e ~ Salz** un soupçon, une pincée de sel; *umg* **keine** *od* **nicht die ~!** pas du tout! [4] (≈ *Fahrspur*) voie f; **die ~ wechseln** déboîter
spüren VT (≈ *fühlen*) sentir
spurlos ADV sans laisser de traces
Spurt M sprint m **spurten** VI sprinter
Spyware F IT logiciel m espion
Squash N squash m
Staat M POL État m; **die ~en** (≈ *USA*) les États-Unis mpl **staatlich** A ADJ de l'État; *Schule, Einrichtung, Behörde* public B ADV **~ geprüft** diplômé; breveté
Staatsangehörige(r) M/F/ ressortissant(e) m(f) **Staatsangehörigkeit** F

nationalité f **Staatsanwalt** M̲, **Staatsanwältin** F̲ procureur m **Staatsbesuch** M̲ visite officielle **Staatsbürger(in)** M(F) citoyen, -enne m,f; **er ist deutscher ~** il est de nationalité allemande **Staatsgeheimnis** N̲ a. umg fig secret m d'État **Staatshaushalt** M̲ budget m de l'État **Staatsmann** M̲ homme m d'État **Staatsoberhaupt** N̲ chef m d'État
Stab M̲ ◼1 (≈ Stock) bâton m; dünner baguette f; (≈ Gitterstab) barreau m; STABHOCHSPRUNG perche f; (≈ Staffelstab) témoin m ◼2 (≈ Mitarbeiterstab) équipe f
Stäbchen N̲ (≈ a. Essstäbchen) baguette f
Stabhochsprung M̲ saut m à la perche
stabil ADJ Gleichgewicht, Wirtschaft stable; (≈ nicht wacklig) solide **Stabilität** F̲ stabilité f
Stabilitätsprogramm N̲ POL, WIRTSCH programme m de stabilité
stach → stechen
Stachel M̲ ◼1 BOT épine f ◼2 von Insekten aiguillon m; dard m; vom Igel piquant m **Stachelbeere** F̲ groseille f à maquereau **Stacheldraht** M̲ (fil m de fer) barbelé m **stach(e)lig** ADJ BOT, ZOOL épineux; Igel a. °hérissé; Bart, a. ZOOL piquant
Stadel M̲ südd, schweiz, österr grange f
Stadion N̲ stade m
Stadium N̲ phase f
Stadt F̲ ◼1 ville f; **die ~ Berlin** la ville de Berlin ◼2 (≈ Stadtverwaltung) municipalité f
Stadtautobahn F̲ autoroute urbaine **Stadtbibliothek** F̲ bibliothèque municipale **Stadtbummel** M̲ tour m, promenade f en ville
Städtebau M̲ urbanisme m **Städtepartnerschaft** F̲ jumelage m
Stadtführer M̲ guide m de la ville **Stadtgespräch** N̲ ◼1 TEL communication urbaine ◼2 fig **das ist ~** toute la ville en parle **Stadthalle** F̲ salle municipale; oft a. salle polyvalente
städtisch ADJ de (la) ville; bes ADMIN municipal
Stadtmauer F̲ rempart(s) m(pl) **Stadtmitte** F̲ centre m (de la) ville **Stadtpark** M̲ parc m municipal **Stadtplan** M̲ plan m d'une ville **Stadtrand** M̲ périphérie f **Stadtteil** M̲ quartier m **Stadtverwaltung** F̲ municipalité f
Staffel F̲ (≈ Staffellauf) (course f de) relais m **Staffelei** F̲ chevalet m **Staffellauf** M̲ (course f de) relais m **staffeln** V/T échelonner
Stagnation F̲ stagnation f **stagnieren** V/I stagner
stahl → stehlen
Stahl M̲ acier m; **aus ~** en acier
Stall M̲ (≈ Kuhstall) étable f; (≈ Pferdestall) écurie f; (≈ Schweinestall) porcherie f; (≈ Hühnerstall) poulailler m
Stamm M̲ ◼1 (≈ Baumstamm) tronc m ◼2 (≈ Volksstamm) tribu f
Stammaktie F̲ action f de capital **Stammbaum** M̲ arbre m généalogique; von Tieren pedigree m
stammeln V/T & V/I bégayer; balbutier **stammen** V/I **~ (aus, von)** (≈ kommen, hervorgehen) sortir (de); (≈ beheimatet sein) être originaire (de); (≈ herkommen) provenir (de); (≈ datieren) dater (de); remonter (à); **dieser Vorschlag stammt von Felix** c'est Félix qui a eu cette idée; c'est une idée de Félix
Stammgast M̲ habitué(e) m(f) **Stammkneipe** umg F̲ café, bistrot habituel **Stammplatz** M̲ place habituelle
stampfen A V/T ◼1 mit Ramme damer ◼2 Kartoffeln écraser ◼3 Rhythmus battre ◼4 fig **etw aus dem Boden ~** créer qc de toutes pièces B V/I mit den Füßen trépigner; **mit dem Fuß auf die Erde ~** frapper le sol du pied
Stampfer M̲ GASTR pilon m
stand → stehen
Stand M̲ ◼1 (≈ Stehen) station f debout; umg fig **aus dem ~ (heraus)** au pied levé; spontanément; fig **e-n schweren ~ haben** être dans une situation difficile, délicate ◼2 (≈ Standort) place f; emplacement m ◼3 (≈ Marktstand) étal m; (≈ Ausstellungsstand, Informationsstand) stand m ◼4 (≈ Wasserstand) niveau m ◼5 SPORT (≈ Spielstand) score m ◼6 fig (≈ Zustand) état m; **der ~ der Dinge** l'état m des choses
Standard M̲ standard m
Ständer M̲ ◼1 (≈ Gestell) support m;

(≈ *Kleiderständer*) portemanteau *m*; *am Fahrrad* béquille *f* **2** *sl* **e-n ~ haben, kriegen** *sl* bander

Ständerat *schweiz* M Gremium Conseil *m* des États

Standesamt N bureau *m* de l'état civil

standesamtlich ADJ d'état civil; *Trauung* civil

standhaft A ADJ ferme B ADV **~ bleiben** rester ferme

standhalten VI tenir bon; **j-m, e-r Sache ~** résister à qn, qc

ständig A ADJ constant; continuel; *Lärm* ininterrompu; *Wohnsitz* fixe B ADV sans cesse

Standlicht N feux *mpl* de position

Standort M *a.* SCHIFF, *a. fig* position *f*; *e-s Betriebs* emplacement *m* **Standpunkt** M point *m* de vue; avis *m*; **den ~ vertreten** *od* **auf dem ~ stehen, dass ...** être d'avis que ... (+ *subj*)

Standspur F bande *f* d'arrêt d'urgence

Stange F **1** (≈ *Holzstange*) perche *f*; (≈ *Eisenstange*) barre *f*; (≈ *Metallstange, Gardinenstange*) tringle *f*; *umg* **e-e (schöne) ~ Geld** beaucoup d'argent; *umg* pas mal de fric **2** (≈ *Stange Zigaretten*) cartouche *f*

Stängel M BOT tige *f*

stank → **stinken**

Stapel M pile *f* **stapeln** A VT empiler B VR **sich ~** s'empiler

Star[1] M ZOOL étourneau *m*

Star[2] M FILM, THEAT *etc* star *f*; vedette *f*

Star[3] M MED **(grauer) ~** cataracte *f*; **grüner ~** glaucome *m*

starb → **sterben**

stark A ADJ **1** (≈ *kraftvoll, fest*), *a. fig* fort; *a. Nerven, Herz* solide; *a.* TECH Motor puissant **2** *Kaffee, Tee, Tabak* fort **3** (≈ *intensiv*) fort; *Verkehr* intense; *Interesse, Hunger, Durst, Trinker, Raucher* grand **4** (≈ *zahlenmäßig groß*) **1000 Mann ~** fort de mille hommes **5** *Jugendsprache* **(echt) ~** *umg* super; *umg* génial B ADV (≈ *viel*) beaucoup; très; **~ regnen** pleuvoir très fort

Stärke F **1** (≈ *Kraft*), (≈ *a. Willens-, Lichtstärke*) force *f*; *e-s Motors, e-r Armee, der Gefühle* puissance *f* **2** (≈ *Dicke*) épaisseur *f* **3** (≈ *Intensität*) force *f*; *des Windes, Regens* violence *f*; *des Verkehrs etc* intensité *f* **4** *zahlenmäßige* nombre *m* **5** *fig* (≈ *starke Seite*) (point) fort *m* **6** (≈ *Wäschestärke*) amidon *m*; GASTR fécule *f* **stärken** A VT **1** *Gesundheit etc* fortifier **2** *fig* renforcer **3** *Wäsche* amidonner B VR **sich ~** se restaurer **Stärkung** F **1** *der Position, Macht* affermissement *m*; *der Position, Macht* renforcement *m* **2** (≈ *Imbiss*) collation *f*

starr ADJ (≈ *unbeweglich, steif*) raide; *a. fig Gesetz* rigide; *Blick* fixe; **~ vor Schreck** (*dat*) glacé d'épouvante **starren auf, in etw** (*akk*) **~** regarder fixement qc

Start M *a.* SPORT, *a. fig* départ *m*; FLUG décollage *m*; *e-s Motors, a. fig* démarrage *m*

starten A VT *Rakete, Offensive* lancer; *Motor, Computer* mettre en marche; *Auto* faire démarrer B VI partir; SPORT prendre le départ; *Rakete* être lancé; *Flugzeug* décoller

Starter M AUTO démarreur *m*

Starterlaubnis F **1** FLUG autorisation *f* de décoller **2** SPORT autorisation *f* de participer **Startschuss** M SPORT signal *m* de départ

Startseite F IT page *f* d'accueil

Start-up, **Start-up-Unternehmen** N WIRTSCH start-up *f*

Station F **1** (≈ *Haltestelle*) station *f* **2** (≈ *Funkstation, Sendestation, Forschungsstation*) station *f* **3** *im Krankenhaus* service *m* **4** (≈ *Zwischenstation*) étape *f*; **in Paris ~ machen** faire °halte, s'arrêter à Paris

Statistik F statistique *f* **statistisch** ADJ statistique

Stativ N FOTO pied *m*

statt A PRÄP à la place de B KONJ → **anstatt**

stattdessen ADV au lieu de cela

stattfinden VI avoir lieu

Statue F statue *f*

Statut N statut *m*

Stau M (≈ *Verkehrsstau*) bouchon *m*; embouteillage *m*

Staub M poussière *f*; **~ saugen** passer l'aspirateur; **~ wischen** épousseter les meubles, *etc*; *umg* **sich aus dem ~(e) machen** *umg* filer; *umg* se sauver; s'éclipser

staubig ADJ poussiéreux

staubsaugen VI (& VT) passer l'aspirateur (sur) **Staubsauger** M aspirateur m

Staudamm M barrage m

stauen A VT *Wasser* retenir; *Fluss* endiguer B VR sich ~ *Wasser* s'amasser; *Menschenmenge* s'entasser; *Hitze* s'accumuler; *Verkehr* former un bouchon; *Blut* ne pas circuler

staunen VI (über etw, j-n) ~ s'étonner (de qc, qn); être étonné (de qc, qn); ~d avec étonnement; *umg* da staunst du, was? *umg* ça te sidère, hein? **Staunen** N étonnement m; j-n in ~ (akk) versetzen étonner qn

Stausee M lac m de retenue

Steak N steak m

stechen A VT ❶ *Insekt, Dorn, mit Nadel* piquer; j-n mit e-m Messer ~ donner un coup de couteau à qn ❷ KARTENSPIEL prendre B VI ❶ *Sonne* taper ❷ mit etw in etw (akk) ~ enfoncer, planter qc dans qc ❸ KARTENSPIEL couper C VR sich (dat od akk) in den Finger ~ se piquer le doigt

Stechmücke F moustique m

Steckbrief M avis m de recherche

Steckdose F prise f de courant

stecken A VT ❶ etw in etw (akk) ~ mettre qc dans qc; etw durch etw ~ glisser, passer qc par qc ❷ (≈ *befestigen*) etw an etw (akk) ~ fixer, attacher qc à qc; mit e-r Nadel épingler qc à qc B VI (≈ *sich befinden*) être; in etw (dat) ~ *Pfahl, Stange* être enfoncé dans qc; ~ bleiben rester bloqué, enfoncé (in etw dat dans qc); *Fahrzeug a.* ne plus pouvoir avancer; (≈ *verbleiben*) rester; *umg fig beim Reden* ne plus trouver ses mots; der Schlüssel steckt (im Schloss) la clé est sur la porte; *umg* wo hast du nur gesteckt? *umg* où étais-tu passé?

Stecken bes südd M bâton m

Stecker M ELEK fiche f

Stecknadel F épingle f

Steg M (≈ *kleine Brücke, Bootssteg*) passerelle f

stehen A VI ❶ (≈ *aufrecht stehen*) être, se tenir debout; ~ bleiben rester debout ❷ (≈ *sich befinden*) être (am Fenster à la fenêtre); se trouver; ~ bleiben (≈ *zurückgelassen werden*) être oublié; (≈ *unverändert bleiben*) rester; (≈ *keine Fortschritte machen*) ne pas progresser; wo sind wir ~ geblieben? où en sommes-nous (restés)?; ~ lassen laisser; *Speise* ne pas toucher à; (≈ *vergessen*) laisser; oublier ❸ wie steht das Spiel? où en est le match, la partie?; das Spiel steht 2 zu 3 le score est de 2 à 3 ❹ FIN wie steht der Dollar? quel est le cours du dollar? ❺ *Kleider, Farben etc* j-m gut, schlecht ~ aller bien, mal à qn ❻ (≈ *geschrieben stehen*) être écrit; ~ lassen *Fehler* laisser passer; was steht auf dem Plakat? qu'est-ce qu'il y a d'écrit sur l'affiche? ❼ Ampel auf Rot ~ être au rouge; *Zeiger* auf 3 Uhr ~ marquer 3 heures ❽ (≈ *stillstehen*) *Maschine, Uhr* être arrêté; ~ bleiben *a. Uhr* s'arrêter ❾ *fig* **zu j-m ~** soutenir qn; être du côté de qn; **wie stehst du dazu?** qu'en penses-tu? ❿ *umg* **auf etw** (akk) ~ *umg* être fana de qc; **auf j-n ~** *umg* en pincer pour qn B VI/UNPERS **wie steht's mit Ihrer Gesundheit?** comment va la santé? C VR **sich gut, schlecht mit j-m ~** être bien, mal avec qn; être en bons, mauvais termes avec qn

stehlen VT & VI (j-m etw) ~ voler (qc à qn); *umg* er kann mir gestohlen bleiben *umg* je me fiche pas mal de lui

Stehplatz M place f debout

Steiermark die ~ la Styrie

steif A ADJ ❶ raide; rigide; *vor Kälte* engourdi; *Gelenk* ankylosé; *umg Penis* en érection; ~ werden se raidir; *Glieder* s'engourdir ❷ *fig im Benehmen* guindé B ADV *umg* ~ und fest behaupten, dass ... *umg* soutenir mordicus que ... (+ ind)

Steigbügel M étrier m

steigen A VI ❶ (≈ *hinaufsteigen*) monter; (≈ *klettern*) grimper; auf etw (akk) ~ monter sur qc; *österr* (≈ *treten*) marcher sur qc; auf e-n Berg ~ escalader une montagne; ins Auto, in den Zug, ins Flugzeug, aufs Fahrrad, Pferd ~ monter en voiture, dans le train, dans l'avion, à vélo, à cheval; aus dem Auto, Zug, Flugzeug, vom Fahrrad, Pferd ~ descendre de (la) voiture, de train, de l'avion, de vélo, de cheval ❷ (≈ *ansteigen*) monter (auf + akk à), (um de); *Temperatur* s'élever (auf + akk à), (um de) ❸ *umg* eine Party steigt il y a une soirée

steigern A VT *Ansprüche, Chancen, Tempo* augmenter; *Leistung, Produktion*

élever; *Furcht, Spannung* intensifier ▣ VR **sich ~** *Tempo, Ansprüche, Chancen* s'accroître; augmenter; *Furcht, Spannung* s'intensifier; *Leistung, Produktion* s'élever **Steigerung** F augmentation f; *der Furcht, Spannung* intensification f; (≈ *Leistungssteigerung*) amélioration f

Steigung F montée f

steil ▣ ADJ escarpé; abrupt; *Karriere* fulgurant ▣ ADV **~ ansteigen** *Kurve* monter en flèche; *Weg* monter à pic

Stein M pierre f; *im Steinobst* noyau m; (≈ *Spielstein*) pion m; MED calcul m; **mir fällt ein ~ vom Herzen** me voilà soulagé d'un grand poids

Steinbock M ▣ ZOOL bouquetin m ▣ ASTROL Capricorne m **Steinbruch** M carrière f **steinhart** ADJ dur comme (la) pierre **Steinpilz** M cèpe m **steinreich** *umg* ADJ richissime **Steinzeit** F âge m de pierre

Stelle F ▣ (≈ *Ort*) place f; lieu m; (≈ *bestimmter Bereich*) endroit m; *fig* **e-e schwache ~** un point faible; **auf der ~** sur-le-champ; tout de suite; *fig* **auf der ~ treten, nicht von der ~ kommen** piétiner; ne pas avancer; **zur ~ sein** être présent ▣ (≈ *Arbeitsstelle*) place f; poste m; **e-e freie ~** un poste vacant ▣ in e-m Schrift-, *Musikstück* passage m ▣ in e-r Reihenfolge lieu m; **an erster ~ stehen** venir en premier lieu; SPORT **an vierter ~ liegen** être en quatrième place, position

stellen ▣ VT ▣ (≈ *setzen, legen*) mettre; poser; (≈ *aufrecht stellen*) mettre debout ▣ *Aufgabe* donner ▣ *Radio* leiser, lauter ~ baisser, monter; *umg* mettre moins, plus fort; **den Wecker auf sieben Uhr ~** mettre le réveil à sept heures ▣ VR ▣ **sich ~** (≈ *nicht setzen*) se mettre debout; (≈ *sich hinstellen*) se mettre; *fig* **sich hinter j-n ~** se mettre du côté de qn; *fig* **sich gegen j-n ~** s'opposer à qn; **sich dumm, tot, taub ~** faire l'idiot, le mort, la sourde oreille *od* le sourd ▣ **sich (der Polizei) ~** se livrer (à la police); **sich zum Kampf, der Kritik ~** faire face à l'ennemi, à la critique

Stellenabbau M suppression f d'emplois **Stellenangebot** N offre f d'emploi **Stellengesuch** N demande f d'emploi **Stellenvermittlung** F bureau m de placement

Stellplatz M place f de parking

Stellung F ▣ (≈ *Haltung, Position*), *a.* MIL, *a. fig* position f; **die ~ der Frau in der Gesellschaft** la place de la femme dans la société ▣ (≈ *Einstellung*) position f; **~ nehmen** prendre position (**zu** sur) ▣ (≈ *Anstellung*) poste m; emploi m **Stellungnahme** F ▣ (≈ *Meinung*) prise f de position ▣ *Äußerung* avis m; commentaire m

stellvertretend ADJ remplaçant; **~er Vorsitzender** vice-président m **Stellvertreter(in)** M(F) adjoint(e) m(f); remplaçant(e) m(f)

stemmen ▣ VT *Gewicht, Last* soulever ▣ VR **sich gegen etw ~** s'appuyer contre qc; *fig* résister, s'opposer à qc

Stempel M *Instrument, Abdruck*, (≈ *Poststempel*) cachet m **stempeln** VT & VI timbrer; *Briefmarke* oblitérer

Steppdecke F couette f

Steppe F steppe f

Stepptanz M claquettes fpl

Sterbehilfe F euthanasie f

sterben VI mourir (**an** + *dat* de); *umg fig* mourir (**vor** + *dat* de); *umg fig* **sie ist für mich gestorben** je ne veux plus entendre parler d'elle; **im Sterben liegen** être mourant; agoniser

sterblich ADJ mortel

stereo ADV en stéréo **Stereoanlage** F chaîne f stéréo, °hi-fi

steril ADJ *a. fig* stérile **sterilisieren** VT stériliser

Stern M *a. fig* étoile f; *Restaurant* **mit drei ~en** trois étoiles

Sternbild N constellation f

Sternchen N TYPO astérisque m

Sternschnuppe F étoile filante **Sternwarte** F observatoire m **Sternzeichen** N signe m (du zodiaque)

stets *geh* ADV toujours

Steuer¹ F AUTO volant m; SCHIFF barre f; FLUG gouvernail m

Steuer² F FIN impôt m; *auf bestimmte Waren* taxe f

Steuerberater(in) M(F) conseiller, -ère m,f fiscal(e)

Steuerbord N tribord m

Steuererklärung F déclaration f d'impôt(s) **Steuerfreibetrag** M montant exempt d'impôts **Steuerhin-**

terziehung F fraude fiscale
Steuerknüppel M FLUG manche m à balai
steuern VT AUTO conduire; FLUG piloter; SCHIFF gouverner, piloter; TECH commander; fig Prozess, Meinung manœuvrer **Steuerrad** N AUTO volant m; SCHIFF roue f du gouvernail **Steuersatz** M taux m d'imposition **Steuersenkung** F réduction f d'impôts **Steuerung** F Mechanismus TECH commande f **Steuerungstaste** F IT touche f de contrôle
Steuervorauszahlung F acompte provisionnel d'impôts **Steuerzahler(in)** M(F) contribuable m/f
Steward M steward m **Stewardess** F hôtesse f de l'air
stibitzen umg VT umg chiper
Stich M 1 (≈ Nadelstich, Insektenstich) piqûre f 2 (≈ Messerstich) coup m (de couteau) 3 **j-n im ~ lassen** (≈ ohne Hilfe lassen) délaisser qn; (≈ fallen lassen) laisser tomber qn; (≈ verlassen) abandonner qn; **sein Gedächtnis ließ ihn im ~** sa mémoire l'a trahi 4 beim Nähen point m 5 (≈ Schmerz) point m; fig **es gab ihr einen ~ (ins Herz)** cela lui a donné, fait un coup au cœur 6 (≈ Kupferstich, Stahlstich) gravure f 7 KARTENSPIEL pli m
Stichflamme F jet m de flamme **stichhaltig** ADJ solide; valable **Stichprobe** F contrôle ponctuel; STATISTIK échantillon m
sticht → stechen
Stichtag M jour fixé **Stichwort** N im Wörterbuch entrée f
sticken VT & VI broder
Sticker M autocollant m
stickig ADJ étouffant
Stickstoff M azote m
Stiefel M botte f
Stiefeltern PL beau-père m et belle-mère f **Stiefkind** N 1 beau-fils m bzw. belle-fille f 2 fig laissé(e) m(f) pour compte
Stiefmütterchen N BOT pensée f
stieg → steigen
Stiege F escalier (étroit)
stiehlt → stehlen
Stiel M 1 an e-m Werkzeug manche m; e-r Pfanne queue f 2 (≈ Stängel) tige f; e-r Frucht, e-s Blattes queue f

Stier M 1 ZOOL taureau m 2 ASTROL Taureau m **Stierkampf** M corrida f
stieß → stoßen
Stift M 1 (≈ Schreibstift) crayon m 2 (≈ Drahtstift) pointe f
stiften VT 1 Kloster, Schule fonder 2 Geld faire une donation, un don de; Preis fonder 3 (≈ schaffen) susciter **Stifter(in)** M(F) fondateur, -trice m,f; (≈ Spender) donateur, -trice m,f
Stil M style m
still ADJ (≈ ruhig) tranquille; calme; (≈ friedlich) paisible; (≈ schweigsam) silencieux; **der Stille Ozean** l'océan m Pacifique; **~es Wasser** eau minérale non gazeuse; eau plate; **im Stillen** secrètement; **~ sitzen** rester tranquille; ne pas bouger; **seid ~!** silence!; taisez-vous!
Stille F (≈ Schweigen) silence m; (≈ Ruhe) tranquillité f; calme m
stillen A VT 1 Säugling allaiter; im Moment donner le sein à 2 Blutung arrêter 3 Schmerz apaiser; Durst, Hunger apaiser B VI allaiter; im Moment donner le sein au bébé
Stillleben nature morte **stilllegen** VT Betrieb fermer; Eisenbahnstrecke supprimer **Stillstand** M arrêt m; **zum ~ bringen** Maschine, Blutung arrêter; Verkehr paralyser **stillstehen** VI 1 Maschine être arrêté; Verkehr être paralysé 2 (≈ sich nicht rühren) ne pas bouger
Stimmband N corde vocale **Stimmbruch** M mue f; **im ~ sein** muer
Stimme F 1 a. MUS, a. fig voix f; **mit lauter, leiser ~** à voix haute, basse 2 (≈ Wahlstimme) voix f; vote m; **s-e ~ abgeben** voter (**für** pour) 3 (≈ Meinung) opinion f
stimmen A VT Instrument accorder B VI 1 (≈ richtig sein) être juste, exact; **das stimmt** c'est juste; **stimmt!** c'est ça!, c'est exact!; **da stimmt etwas nicht** il y a qc qui ne va pas, qui cloche; **beim Bezahlen stimmt so!** gardez la monnaie! 2 (≈ wahr sein) être vrai; **stimmt es, dass ...?** c'est vrai que ... (+ ind); ? 3 POL **für, gegen j-n ~** voter pour, contre qn
Stimmgabel F diapason m **stimmhaft** ADJ sonore **stimmlos** ADJ sourd
Stimmrecht N droit m de vote
Stimmung F 1 (≈ Gemütsverfassung, Laune) humeur f; **(in) guter, schlechter**

~ sein être de bonne, mauvaise humeur; **in ~ kommen** s'animer; se mettre en train ② *e-r Gruppe, e-s Fests* ambiance *f*
Stimmzettel M̄ bulletin *m* (de vote)
stinken V/I ① *pej* puer (**nach etw** qc); **es stinkt** ça pue; ça sent très mauvais ② *umg* **mir stinkts!** *umg* j'en ai ras le bol!
stinklangweilig *umg* ADJ *umg* rasoir
stinknormal *umg* ADJ *umg* hypernormal
Stipendiat(in) M(F) boursier, -ière *m,f*
Stipendium N̄ bourse *f*
stirbt → sterben
Stirn F̄ front *m*; **die ~ runzeln** froncer les sourcils **Stirnband** N̄ bandeau *m*
stöbern *umg* V/I **in etw** (*dat*) **~** fouiller dans qc *umg*, fouiner dans qc *umg*
stochern V/I **in etw** (*dat*) **~** piquer dans qc; **in den Zähnen ~** se curer les dents
Stock¹ M̄ (≈ *Stab*) bâton *m*; (≈ *Zeigestock, Taktstock*) baguette *f*; (≈ *Spazierstock*) canne *f*
Stock² M̄ (≈ *Stockwerk*) étage *m*
Stöckelschuh M̄ chaussure *f* à talon aiguille; **~e des talons** *mpl* aiguilles
stocken V/I (≈ *stillstehen*), *a. Herz, Atem* s'arrêter; *Verkehr* se ralentir; *Gespräch, Verhandlungen* s'interrompre; *beim Sprechen* hésiter
stocksauer *umg* ADJ *umg* furax (**auf j-n** contre qn)
Stockwerk N̄ étage *m*
Stoff M̄ ① (≈ *Gewebe*) étoffe *f*; tissu *m* ② CHEM, PHYS substance *f* ③ (≈ *Thema*) matière *f*, sujet *m*; (≈ *a. Gesprächsstoff*) (*Lehrstoff*) programme *m* ④ *umg* (≈ *Rauschgift*) dope *f* *argot*
Stofftier N̄ (animal *m* en) peluche *f*
Stoffwechsel M̄ métabolisme *m*
stöhnen V/I gémir (**vor Schmerz** de douleur); (≈ *sich beklagen*) se plaindre (**über +** *akk* de)
Stollen M̄ ① BERGBAU galerie *f* ② (≈ *unterirdischer Gang*) galerie souterraine ③ *an Sportschuhen* crampon *m* ④ GASTR gâteau *m* de Noël
stolpern V/I faire un faux pas; trébucher (**über etw** *akk* sur qc)
stolz ADJ ① fier (**auf +** *akk* de) ② *umg fig Summe* coquet *umg*
Stolz M̄ fierté *f*
stopfen V/T ① MODE repriser; raccommoder ② (≈ *hineinstopfen*) **etw in etw** (*akk*) **~** fourrer qc dans qc ③ *Loch* boucher
stopp INT stop! **Stopp** M̄ (≈ *Anhalten*) stop *m* **stoppen** A V/T ① (≈ *anhalten*) stopper; arrêter ② *mit der Stoppuhr* chronométrer B V/I s'arrêter **Stopplicht** N̄ AUTO feu *m* stop **Stoppschild** N̄ panneau *m* stop **Stopptaste** F̄ touche *f* d'arrêt **Stoppuhr** F̄ chronomètre *m*
Stöpsel M̄ (≈ *Verschluss*) bouchon *m*; *e-r Badewanne* bonde *f*
Storch M̄ cigogne *f*
stören A V/T ① *Person, Veranstaltung* déranger; **lassen Sie sich nicht ~!** ne vous dérangez pas (pour moi!) ② *Ruhe, Frieden, Beziehung* troubler; *Unterricht* perturber ③ (≈ *missfallen*) déplaire B V/I déranger; **bitte nicht ~!** prière de ne pas déranger
Störenfried M̄ gêneur *m*
stornieren V/T *Auftrag, Reise* annuler; FIN contre-passer **Stornierung** F̄ annulation *f*; contre-passation **Stornierungsgebühr** F̄ frais *mpl* d'annulation
Storno M/N annulation *f*
störrisch ADJ *Person* entêté; *a. Esel* têtu
Störung F̄ ① dérangement *m*; **verzeihen Sie die ~** excusez-moi de vous déranger ② TECH perturbation *f*; (≈ *Betriebsstörung*) incident *m* technique; METEO perturbation **Störungsstelle** F̄ TEL (service *m* des) réclamations *fpl* et dérangements *mpl*
Stoß M̄ ① coup *m* ② (≈ *Erschütterung*) choc *m*; secousse *f* ③ (≈ *Haufen*) pile *f*, tas *m*
Stoßdämpfer M̄ amortisseur *m*
stoßen A V/T ① (≈ *anstoßen*) pousser; *heftig* °heurter; (≈ *anrempeln*) bousculer ② **j-m das Messer in die Brust ~** donner à qn un coup de couteau dans la poitrine B V/I ① **gegen** *od* **an etw** (*akk*) **~** se cogner, se heurter, buter contre qc ② **auf j-n, etw ~** tomber sur qn, qc; rencontrer (par °hasard) qn, qc C V/R **sich an etw** (*dat*) **~** se heurter, se cogner contre qc; *fig* désapprouver qc
Stoßstange F̄ pare-chocs *m*
stößt → stoßen
Stoßzahn M̄ ZOOL défense *f* **Stoßzeit**

stottern _VT & VI_ bégayer
Stövchen _N_ réchaud _m_
Str. _ABK_ (≈ Straße) rue
Strafarbeit _F_ punition _f_ **Strafbank** _F_ SPORT banc _m_ de pénalisation
strafbar _ADJ_ punissable; **sich ~ machen** encourir une peine
Strafe _F_ punition _f_; _bes_ JUR peine _f_; (≈ Geldstrafe) amende _f_; **zur ~ (für ...)** en punition (de ...)
strafen _VT_ punir
straff _A_ _ADJ_ _1_ _Seil_ (fortement) tendu; raide; _Haut_ ferme _2_ _fig Organisation, Führungsstil_ rigoureux _B_ _ADV_ **~ spannen** tendre fortement
straffällig _ADJ_ **~ werden** encourir une peine
straffen _A_ _VT_ tendre; _Haut_ raffermir _B_ _VR_ **sich ~** _Seil_ se tendre; _Körper_ se raidir
Sträfling _M_ (≈ Gefangener) prisonnier _m_
Strafmandat _N_ contravention _f_ **Strafpredigt** _umg_ _F_ sermon _m_ **Strafpunkt** _M_ (point _m_ de) pénalisation _f_ **Strafraum** _M_ surface _f_ de réparation **Strafrecht** _N_ droit pénal **Strafsache** _F_ affaire, cause pénale **Strafstoß** _M_ penalty _m_ **Straftat** _F_ délit _m_ **Strafzettel** _umg_ _M_ contravention _f_
Strahl _M_ _1_ _Lichtstrahl, a._ OPT rayon _m_ _2_ _e-r Flüssigkeit_ jet _m_
strahlen _VI_ _1_ _Gestirn, a. fig_ rayonner; **~d weiß** d'un blanc étincelant; **~der Sonnenschein** soleil radieux _2_ **vor Glück, Freude ~** rayonner de bonheur, de joie _3_ NUKL irradier
strahlenverseucht _ADJ_ irradié
Strahler _M_ _1_ (≈ Heizstrahler) radiateur _m_ _2_ (≈ Lichtstrahler) spot _m_
Strahlung _F_ _1_ PHYS rayonnement _m_ _2_ NUKL irradiation _f_
Strähne _F_ mèche _f_ (de cheveux)
stramm _A_ _ADJ_ _1_ (≈ straff) (fortement) tendu; _Kleider_ serré _2_ (≈ kräftig) robuste; solide _3_ _Haltung_ rigide _B_ _ADV_ **~ sitzen** _Kleidung_ être serré; serrer; → strammstehen **strammstehen** _VI_ être au garde-à-vous
Strampelanzug _M_, **Strampelhöschen** _N_, **Strampelhose** _F_ grenouillère _f_

strampeln _VI_ _1_ _Baby umg_ gigoter _2_ _umg beim Radfahren_ pédaler
Strand _M_ (≈ Badestrand) plage _f_; **am ~** sur, à la plage **Strandcafé** _N_ _etwa_ café _m_ de la plage
Strapaze _F_ fatigue _f_ **strapazieren** _VT_ _Haut, Kleidung_ abîmer; _Geduld, Nerven_ mettre à l'épreuve **strapazierfähig** _ADJ_ robuste
Straßburg _N_ Strasbourg
Straße _F_ _1_ rue _f_; (≈ Landstraße, Fahrstraße) route _f_; **auf der ~** dans la rue; **über die ~ gehen** traverser la rue; _umg_ **j-n auf die ~ setzen** _Arbeiter_ flanquer qn à la porte _umg_; mettre qn sur le pavé; _Mieter_ jeter, mettre qn à la rue _2_ (≈ Meerenge) détroit _m_
Straßenbahn _F_ tram(way) _m_ **Straßenfest** _N_ fête _f_ de quartier **Straßenkarte** _F_ carte routière **Straßenrand** _M_ bord _m_ de la route **Straßenverhältnisse** _NPL_ état _m_ des routes **Straßenverkehrsordnung** _F_ code _m_ de la route
Strategie _F_ stratégie _f_ **strategisch** _ADJ_ stratégique
sträuben _VR_ _1_ **sich ~** _Haare, Federn, Fell_ se dresser; se hérisser _2_ **sich ~** _fig_ regimber; résister (**gegen** à)
Strauch _M_ arbuste _m_; _großer_ arbrisseau _m_
Strauß¹ _M_ (≈ Blumenstrauß) bouquet _m_
Strauß² _M_ ZOOL autruche _f_
Streber(in) _M(F)_, _pej_ arriviste _m/f_; _in der Schule_ bûcheur, -euse _m,f umg_, bosseur, -euse _m,f umg_, polar _m argot_
Strecke _F_ _1_ (≈ Entfernung) distance _f_; _zurückzulegende_ trajet _m_; _umg fig_ **auf der ~ bleiben** _Person_ rester sur le carreau; _Plan_ louper _umg_, rater _umg_ _2_ (≈ Eisenbahnlinie) ligne _f_ _3_ SPORT parcours _m_
strecken _A_ _VT_ _1_ (≈ gerade machen) étendre; (≈ dehnen) tendre _2_ **die Hände durch das Gitter ~** tendre les mains à travers la grille _B_ _VR_ **sich ~** s'étirer; s'étendre; s'allonger
Streich _M_ _1_ _geh_ (≈ Schlag) coup _m_; _liter_ **auf e-n ~** d'un seul coup _2_ (≈ Schabernack) tour _m_; **ein dummer, lustiger ~** un sale, bon tour
streicheln _VT & VI_ caresser
streichen _A_ _VT_ _1_ (≈ anstreichen) peindre; **frisch gestrichen!** attention, pein-

Streichholz – stromlinienförmig

ture fraîche! **2** *Butter, Creme* mettre (**auf** + *akk* sur); **3** (≈ *ausstreichen*) rayer (**von der Liste** de la liste); (≈ *durchstreichen*) barrer; (≈ *tilgen*) supprimer; *Auftrag* annuler **B** *VT* (**mit der Hand**) über etw (*akk*) ~ passer la main sur qc

Streichholz N allumette f **Streichholzschachtel** F boîte f d'allumettes **Streichinstrument** N instrument m à cordes

Streichung F **1** *im Text* rature f **2** (≈ *Wegfall*) suppression f

Streife F ronde f; patrouille f

streifen *VT* **1** (≈ *berühren*) effleurer; frôler **2** *fig Thema* effleurer

Streifen M **1** (≈ *Stoffstreifen, Papierstreifen*) bande f; (≈ *Metallstreifen*) lamelle f **2** *im Stoff* raie f; rayure f **3** *umg* (≈ *Filmstreifen*) bande f

Streifenwagen M voiture f de police

Streik M grève f **Streikbrecher** M briseur m de grève

streiken *VI* **1** faire grève; être en grève **2** *umg fig Gerät* être en panne *umg*; **ich streike** je ne marche plus

Streikposten M piquet m de grève **Streikrecht** N droit m de grève

Streit M querelle f (**über** + *akk* au sujet de); (≈ *Wortstreit*) dispute f; **mit j-m ~ anfangen** s'attaquer à qn; **mit j-m in ~ geraten** se fâcher avec qn

streiten **A** *VI* zanken **mit j-m über etw** *akk* ~ se bataillier, se disputer (avec qn au sujet de qc) **B** *VR* **sich mit j-m (über etw** *akk*) ~ se quereller avec qn (au sujet de qc); **sich um etw ~** se disputer qc

Streitgespräch N discussion f

streng **A** *ADJ* **1** *Lehrer, Eltern, Erziehung* sévère; *Untersuchung, Person a.* rigoureux; *Sitten* austère; *Blick* dur; sévère **2** *Regeln, Prinzipien* strict **3** *Kälte, Winter* rigoureux **B** *ADV* **~ genommen** à proprement parler; **j-n ~ bestrafen** punir sévèrement qn; **j-n ~ bewachen** surveiller étroitement qn

Stress M stress m; **unter ~** (*dat*) **stehen** *umg* être stressé **stressen** *VT* *umg* stresser **stressig** *umg* *ADJ* stressant

Stresstest M *FIN* test m de résistance

streuen *VT* *Kies, Sand etc* répandre (**auf** + *akk* sur); **Zucker auf den Kuchen ~** saupoudrer le gâteau de sucre; *bei Glatt*eis (**die Straße**) ~ sabler la route

strich → streichen

Strich M **1** (≈ *Linie*) trait m; (≈ *Querstrich*) barre f; *umg fig* **j-m e-n ~ durch die Rechnung machen** *umg* gâcher, saboter, bousiller les projets de qn; *fig* **unter dem ~** tout compte fait **2** *umg* **das geht mir gegen den ~** passt mir nicht ça ne me va, convient pas; *ist mir lästig* ça me casse les pieds *umg*; *stört mich* ça me chiffonne *umg* **3** **der ~** (≈ *Prostitution*) le trottoir *umg*, le tapin *umg*; *Gegend* le quartier chaud; **auf den ~ gehen** faire le trottoir, le tapin *umg*, tapiner *umg*

Strichcode M code-barres m **Strichkode** M code-barres m **Strichmännchen** N petit bonhomme (dessiné) **Strichpunkt** M point-virgule m

Strick M corde f

stricken *VT & VI* tricoter

Strickjacke F veste tricotée **Strickleiter** F échelle f de corde **Stricknadel** F aiguille f à tricoter

striegeln *VT* étriller

strikt **A** *ADJ* rigoureux; strict **B** *ADV* **~ gegen etw sein** être absolument contre qc

String M *umg* (≈ *Stringtanga*) string m

Stringtanga M string m

Strippe *umg* F fil m (téléphonique); **j-n an der ~ haben** *umg* avoir qn au bout du fil

Striptease M/N strip-tease m

stritt → streiten

Stroh N paille f

Strohhalm M brin m de paille; **zum Trinken** paille f

Strom M **1** (≈ *Fluss*) fleuve m; *fig* flot m; **es regnet in Strömen** il pleut à verse, à torrents; **der Wein, das Blut floss in Strömen** le vin, le sang coulait à flots **2** (≈ *Strömung*) courant m; *fig* **mit dem ~ schwimmen** suivre le courant; *fig* **gegen den ~ schwimmen** nager à contre-courant **3** *ELEK* courant m

Stromausfall M panne f de courant

strömen *VI* **1** *Regen, Wasser* couler (à flots); **~der Regen** pluie battante **2** *Menschenmenge* affluer (**in** + *akk* dans), (**nach** vers)

Stromfresser M *ELEKTR umg* grand consommateur m d'électricité **Stromkreis** M circuit m **stromlinienför-**

mig ADJ aérodynamique **Stromschlag** M décharge f électrique **Stromschnelle** F rapide m (d'un fleuve) **Stromstoß** M impulsion f **Strömung** F a. METEO, a. fig courant m **Stromzähler** M compteur m électrique
Strophe F strophe f
strubb(e)lig ADJ **1** Haare ébouriffé **2** Fell: e-s Tiers hirsute
Strudel M **1** (≈ Wasserstrudel), a. fig tourbillon m **2** GASTR strudel m
Struktur F structure f
Strukturwandel M changement structurel, de structure
Strumpf M (≈ Damenstrumpf) bas m; (≈ Socke) chaussette f **Strumpfhose** F collant m
struppig ADJ °hérissé
Stube F pièce f; **die gute ~** le salon **Stubenhocker** umg pej M umg pantouflard m **stubenrein** ADJ Tier propre
Stück N **1** pièce f; abgetrenntes morceau m; e-r Sammlung pièce f; von Land, Papier, Schnur, e-s Wegs bout m; **ein ~ Fleisch, Kuchen, Seife** un morceau de viande, gâteau, savon; **in ~e gehen** se briser; **in ~e reißen, schneiden, schlagen** déchirer, couper, mettre en morceaux; **am ~** en un seul morceau; **zwei Euro das ~** deux euros (la) pièce **2** umg **das ist (ja) ein starkes ~!** umg (ça,) c'est gonflé!; umg c'est un peu fort (de café)! **3** THEAT pièce f **4** MUS morceau m
Student M étudiant m (**der Medizin** en médecine) **Studentenfutter** N quatre mendiants mpl
Studienfach N matière f; spécialité f **Studienfahrt** F voyage m d'études **Studienplatz** M place f à l'université
studieren A VIT **an der Hochschule** faire des études de; (≈ untersuchen) étudier B VI faire des, ses études
Studio N studio m
Studium N **1** (≈ Hochschulstudium) études fpl **2** (≈ Forschung) étude(s) f(pl)
Stufe F **1** e-r Treppe marche f **2** (≈ Rang) degré m; échelon m; (≈ Niveau) niveau m; **j-n mit j-m auf e-e od auf die gleiche ~ stellen** mettre qn au niveau de qn
Stufenbarren M SPORT barres fpl asymétriques
stufenlos ADV **~ verstellbar** réglable par degrés
Stuhl M **1** chaise f; fig **zwischen zwei Stühlen sitzen** se trouver, être assis entre deux chaises; umg **das hat mich fast vom ~ gehauen** ça m'a renversé **2** (≈ Stuhlgang) selles fpl
stumm ADJ a. fig, a. LING muet
Stummel M (≈ Bleistiftstummel, Kerzenstummel) bout m; (≈ Zigarrenstummel, Zigarettenstummel) mégot m umg
Stummfilm M film muet
stumpf ADJ **1** Messer, Schere émoussé **2** Nadel, Degen sans pointe; Winkel obtus **3** Haar, Metall, Farbe terne
stumpfsinnig ADJ **1** Mensch, Blick hébété **2** Arbeit abrutissant
Stunde F **1** heure f; **e-e halbe ~** une demi-heure; **e-e ~ lang** une heure durant **2** (≈ Unterrichtsstunde) cours m
Stundenkilometer M **zehn ~** dix kilomètres à l'heure **stundenlang** A ADJ qui dure des heures (entières) B ADV pendant des heures **Stundenlohn** M salaire m horaire **Stundenplan** M emploi m du temps **Stundenzeiger** M aiguille f des heures
stündlich ADV (≈ jede Stunde) toutes les heures
Stuntgirl N cascadeuse f **Stuntman** M cascadeur m
Stups umg M légère bourrade **stupsen** umg VT pousser légèrement
Stupsnase F nez retroussé
stur A ADJ (≈ eigensinnig) entêté; têtu; (≈ unbeirrbar) obstiné B ADV obstinément
Sturm M **1** a. fig tempête f **2** **ein ~ der Entrüstung** une explosion d'indignation **3** SPORT attaque f
stürmen A VT **1** (≈ im Sturm nehmen) prendre ... d'assaut **2** **die Fans stürmten die Bühne** les fans ont envahi la scène B VI SPORT attaquer C V/UNPERS **es stürmt** il y a de la tempête
stürmisch A ADJ **1** Wetter orageux **2** Protest violent; Beifall frénétique B ADV **begrüßen** avec enthousiasme
Sturz M **1** (≈ Fall), a. fig chute f **2** e-r Regierung renversement m
stürzen A VT **1** précipiter (**j-n in e-n Abgrund** qn dans un abîme) **2** Regie-

rung, Minister renverser **B** *VT* **1** (≈ *fallen*) tomber, faire une chute (**vom Fahrrad de bicyclette**) **2** (≈ *rennen*) se précipiter, se jeter, s'élancer (**auf die Straße, nach draußen** dans la rue, dehors) **C** *VR* **sich auf etw, j-n ~** se précipiter, s'élancer, se jeter sur qc, qn; **sich aus dem Fenster ~** se jeter par la fenêtre

Sturzhelm *M* casque *m*
Stute *F* jument *f*
Stütze *F* (≈ *Halt*), *a. fig* appui *m*; (≈ *Ständer*), *a. fig* support *m*
stutzen[1] *VT Hecke, Bart* tailler; *Schwanz* écourter
stutzen[2] *VI* (≈ *innehalten*) rester interdit, s'arrêter court
stützen **A** *VT* (≈ *abstützen, unterstützen*), *a. fig* soutenir **B** *VR* **sich auf etw** (*akk*) **~** *a. fig* s'appuyer sur qc
Styropor® *N* polystyrène *m*
Subjekt *N* GRAM sujet *m*; **subjektiv** *ADJ* subjectif
Substantiv *N* nom *m*; substantif *m*
Substanz *F* substance *f*
Subvention *F* subvention *f*; **subventionieren** *VT* subventionner
Suche *F* recherche *f*; **auf der ~ nach** à la recherche de
suchen **A** *VT* **1** chercher; *intensiv* rechercher; *umg fig* **du hast da nichts zu ~** tu n'as rien à faire ici **2** (≈ *sich bemühen um*) **Rat bei j-m ~** demander conseil à qn; consulter qn **B** *VI* **nach etw, j-m ~** rechercher qc, qn; être à la recherche de qc, qn
Sucher *M* FOTO viseur *m*
Suchmaschine *F* IT moteur *m* de recherche
Sucht *F* manie *f* (**nach** de); (≈ *exzessives Verlangen*) passion *f* (de); (≈ *Arzneimittelsucht, Drogensucht*) toxicomanie *f*
süchtig *ADJ* **1** (≈ *arzneimittelsüchtig, drogensüchtig*) toxicomane; **~ machen** rendre dépendant **2** *fig* (≈ *versessen*) avide (**nach** de)
Sud *M* **1** GASTR bouillon *m* **2** (≈ *Extrakt*) décoction *f*
Südafrika *N* l'Afrique *f* du Sud **Südamerika** *N* l'Amérique *f* du Sud **Süddeutschland** *N* l'Allemagne *f* du Sud
Süden *M* sud *m*; *e-s Lands, e-r Stadt* Sud *m*; **im ~ (von)** au sud (de)
Südfrankreich *N* le Midi
südlich **A** *ADJ* du sud **B** *ADV* au sud (**von** de)
Südost(en) *M* sud-est *m* **Südpol** *M* pôle *m* Sud **Südwest(en)** *M* sud-ouest *m*
Sülze *F* GASTR *Speise* viande *f* bzw. poisson *m* en aspic; (≈ *Schweinskopfsülze*) fromage *m* de tête
Summe *F* somme *f*
summen **A** *VT Melodie* fredonner **B** *VI Biene* bourdonner; *Motor* ronronner
Sumpf *M* marais *m*; marécage *m*
Sünde *F* péché *m* **Sündenbock** *umg M* bouc *m* émissaire **Sünder(in)** *M(F)* pécheur *m*, pécheresse *f* **sündigen** *VI* pécher
super *umg ADJ umg* super; *umg* giga
Super *umg N Benzin* super *m umg*
Superlativ *M* superlatif *m*
Supermacht *F* superpuissance *f* **Supermann** *umg M umg* superman *m*
Supermarkt *M* supermarché *m* **superschnell** *umg ADJ* hyperrapide
Suppe *F* GASTR soupe *f*; *feinere* potage *m*; *umg fig* **die ~ auslöffeln müssen** payer les pots cassés
Suppenkelle *F* louche *f* **Suppenlöffel** *M* cuiller *f* à soupe **Suppenteller** *M* assiette creuse
Surfbrett *N* *fürs Windsurfen* planche *f* à voile; *fürs Wellenreiten* (planche *f* de) surf *m*
surfen *VI* (≈ *windsurfen*) faire de la planche à voile; (≈ *wellenreiten*) faire du surf; **im Internet ~** surfer, naviguer sur Internet **Surfer(in)** *M(F)* (≈ *Windsurfer,-in*) véliplanchiste *m/f*; (≈ *Wellenreiter,-in*) surfeur, -euse *m,f*; (≈ *Internetsurfer,-in*) internaute *m/f*
surren *VI* (≈ *summen*) *Insekt* bourdonner; *Motor* ronronner
Sushi *N* GASTR sushi *m*
suspekt *ADJ* suspect
süß **A** *ADJ* **1** doux; (*gezuckert*), *Duft, Geschmack* sucré **2** *Kind* mignon; (≈ *lieblich*) suave **B** *ADV* **süß schmecken, riechen** avoir un goût sucré, une odeur sucrée
süßen *VT* sucrer
Süßigkeit *F meist pl* sucrerie *f*
süßsauer **A** *ADJ* aigre-doux **B** *ADV* **~ lächeln** sourire jaune **Süßstoff** *M* édulcorant *m*; sucrette® *f* **Süßwasser** *N* eau douce

SUV M̄ ou N̄ ABK (= sport utility vehicle) AUTO SUV m, (véhicule m) sport utilitaire
Sweatshirt N̄ sweat-shirt m
Swimmingpool M̄ piscine f
Symbol N̄ symbole m; IT icône f **symbolisch** ADJ symbolique **Symbolleiste** F̄ IT barre f d'outils
Symmetrie F̄ symétrie f **symmetrisch** ADJ symétrique
Sympathie F̄ sympathie f **sympathisch** ADJ sympathique; **sie ist mir ~** elle m'est sympathique
Symptom N̄ MED, a. fig symptôme m
Synagoge F̄ synagogue f
synchron ADJ synchrone **synchronisieren** V̄T TECH synchroniser; Film doubler
Synonym N̄ synonyme m
Syntax F̄ syntaxe f
Synthese F̄ synthèse f (**aus, von, zwischen** + dat de) **Synthesizer** M̄ MUS synthétiseur m **synthetisch** ADJ synthétique
Syrien N̄ la Syrie
System N̄ a. POL, PHYS, BIOL, IT système m; **~ haben** être méthodique, systématique **systematisch** ADJ systématique **systematisieren** V̄T systématiser
Systemfehler M̄ IT erreur f de système
Szene F̄ **1** THEAT scène f; fig **sich in ~ setzen** se pavaner **2** fig (≈ Auseinandersetzung) scène f; **j-m e-e ~ machen** faire une scène à qn **3** umg fig **die ~** les milieux branchés; **die politische ~** les milieux politiques

T

T, t N̄ T, t m
Tabak M̄ tabac m **Tabakladen** M̄ (bureau m de) tabac m
Tabelle F̄ **1** (≈ Übersicht) barème m; tableau m **2** SPORT classement m
Tablet M̄ IT tablette f PC **Tablet-PC** M̄, **Tabletcomputer** M̄ tablette f PC
Tablett N̄ plateau m

Tablette F̄ comprimé m
tabu ADJ tabou **Tabu** N̄ tabou m
Tabulator M̄ tabulateur m **Tabulatortaste** F̄ touche f de tabulation
Tacho umg M̄, **Tachometer** M̄/N̄ compteur m de vitesse
Tadel M̄ **1** a. SCHULE blâme m; (≈ Rüge) réprimande f **2** geh **ohne ~** irréprochable **tadellos** ADJ **1** (≈ ohne Fehler) impeccable; parfait **2** umg (≈ großartig) merveilleux **3** ADV Kleidung **~ sitzen** aller parfaitement **tadeln** V̄T **1** (≈ missbilligen) réprouver **2** (≈ rügen) réprimander; **j-n wegen etw ~** reprocher qc à qn; blâmer qn de qc
Tafel F̄ **1** (≈ Informationstafel) panneau m; tableau m; (≈ Gedenktafel) plaque commémorative **2** SCHULE tableau (noir) **3** **e-e ~ Schokolade** une tablette de chocolat **4** geh (≈ Tisch) table f
Tag¹ M̄ **1** punktuelle Zeitangabe jour m; **am folgenden Tag, am nächsten Tag, am Tag darauf** le lendemain; le jour d'après, suivant; **am Tag davor** od **zuvor** la veille; **am Tag zuvor** le jour précédent; **in vierzehn Tagen** (≈ zwei Wochen) dans quinze jours; **heute in acht Tagen** aujourd'hui en °huit; **was ist heute für ein Tag?** quel jour sommes-nous aujourd'hui? **2** in s-m Verlauf journée f; **den ganzen Tag (über)** toute la journée; fig **ein schwarzer Tag** jour sombre; **guten Tag!** bonjour! **3** Gegensatz: Nacht **am, bei Tag, bei Tage** geh de jour; (pendant) le jour; pendant la journée; **es ist Tag** il fait jour; **es wird Tag** le jour se lève; **Tag und Nacht** nuit et jour
Tag² M̄ IT balise f
Tagebuch N̄ journal m (intime) **tagelang** A ADJ qui dure des jours entiers, des journées entières B ADV des jours entiers
tagen V̄I Versammlung siéger
Tagesablauf M̄ déroulement m d'une journée **Tagesausflug** M̄ excursion f d'une journée **Tagescreme** F̄ KOSMETIK crème f de jour **Tageskarte** F̄ carte f, billet m valable pour la journée; im Restaurant menu m du jour **Tageslicht** N̄ (lumière f) jour m; **bei ~** en plein jour **Tageslichtprojektor** M̄ rétroprojecteur m **Tagesordnung** F̄ ordre m du jour; **auf der ~ stehen** fi-

gurer à l'ordre du jour **Tagesordnungspunkt** M point m de l'ordre du jour **Tagesschau** F TV journal télévisé **Tageszeit** F moment m de la journée **Tageszeitung** F (journal) quotidien m

Tagliatelle PL GASTR tagliatelles fpl
täglich A ADJ quotidien B ADV 1 (≈ jeden Tag) tous les jours; chaque jour 2 (≈ pro Tag) par jour
tags ADV 1 ≈ zuvor la veille; le jour précédent; ~ darauf le lendemain; le jour d'après, suivant 2 (≈ am Tag) de jour; (pendant) la journée
tagsüber ADV pendant la journée
Tagung F congrès m
Taille F taille f
Takt M 1 MUS mesure f; **im ~ bleiben** garder la mesure 2 (≈ beim Tanzen, Rudern) rythme m; cadence f
Taktgefühl N tact m
Taktik F tactique f **taktisch** ADJ tactique
taktlos A ADJ qui manque de tact B ADV sans tact
Tal N vallée f
Talent N 1 Eigenschaft don m, talent m (**zu de**) 2 Person talent m **talentiert** ADJ talentueux
Talisman M talisman m; porte-bonheur m
Talkshow F débat télévisé
Talsperre F barrage m **Talstation** F station inférieure, dans la vallée
Tampon M tampon m
TAN F (≈ Transaktionsnummer) FIN numéro m de transaction
Tandem N tandem m
Tang M goémon m
Tango M tango m
Tank M a. AUTO réservoir m **tanken** VT & VI (**Benzin**) ~ prendre de l'essence; fig **neue Kräfte** ~ reprendre des forces **Tanker** M pétrolier m
Tankfüllung F AUTO contenu m d'un bzw. du réservoir **Tankstelle** F station-service f **Tankwagen** M camion-citerne m **Tankwart** M pompiste m
Tanne F sapin m **Tannenbaum** M sapin m; (≈ Weihnachtsbaum) arbre m de Noël
Tante F tante f

Tanz M 1 a. Musikstück danse f 2 Veranstaltung bal m **tanzen** VT & VI danser **Tänzer(in)** M(F) danseur, -euse m,f
Tanzfläche F piste f de danse **Tanzkurs** M cours m de danse **Tanzmusik** F musique f de danse **Tanzpartner(in)** M(F) cavalier, -ière m,f **Tanzschule** F école f de danse **Tanzstunde** F Kurs cours m de danse
Tapete F papier peint **tapezieren** tapisser
tapfer ADJ (≈ unerschrocken) brave; vaillant; (≈ mutig) courageux **Tapferkeit** F bravoure f; vaillance f; courage m
tappen VI (≈ stapfen) marcher d'un pas maladroit; **durchs Zimmer ~** traverser la pièce en marchant à tâtons
Tarif M 1 (≈ Gebühr) tarif m 2 (≈ Lohntarif, Gehaltstarif) grille f (des salaires) **Tarifautonomie** F autonomie f des partenaires sociaux **Tariferhöhung** F augmentation f, majoration f de tarif **Tarifkonflikt** M conflit m à propos des négociations sur la convention collective **Tariflohn** M salaire conventionnel **Tarifparteien** FPL, **Tarifpartner** MPL partenaires sociaux **Tarifrunde** F, **Tarifverhandlungen** FPL négociations fpl sur la convention collective **Tarifvertrag** M convention collective
tarnen VT (& V/R) (**sich**) ~ (se) camoufler (**als** en) **Tarnung** F camouflage m
Tasche F 1 zum Tragen sac m 2 an Kleidungsstücken poche f; **etw aus eigener ~ bezahlen** payer qc de sa poche; umg fig **j-n in die ~ stecken** mettre qn dans sa poche
Taschendieb M pickpocket m **Taschenmesser** N couteau m de poche; canif m **Taschenrechner** M calculette f; calculatrice f (de poche) **Taschentuch** N mouchoir m
Tasse F tasse f; **e-e ~ Kaffee** une tasse de café; umg fig **nicht alle ~n im Schrank haben** umg avoir une case en moins
Tastatur F clavier m
Taste F touche f
tasten VI tâtonner; **nach etw ~** chercher qc à tâtons
tat → tun
Tat F 1 action f; **gute Tat** bonne action

2 (≈ *Straftat*) délit m; **auf frischer Tat ertappen** prendre qn sur le fait, en flagrant délit **3 in der Tat** en effet; effectivement

Tatar N GASTR (steak m) tartare m
Täter(in) M(F) auteur m; coupable m/f
tätig ADJ **1** (≈ *berufstätig*) actif; **~ sein als, in** (+ *dat*) travailler comme, dans; **~ werden** entrer en action **2** *Vulkan* en activité **Tätigkeit** F **1** (≈ *Aktivität*) activité f **2** (≈ *Beruf*) activité f
Tatort M lieux mpl du crime
tätowieren VT tatouer **Tätowierung** F tatouage m
Tatsache F fait m; **~ ist, dass …** le fait est que…; **j-n vor vollendete ~n stellen** mettre qn devant le fait accompli
tatsächlich A ADJ (≈ *wirklich*) réel B ADV (≈ *in Wirklichkeit*) en réalité; (≈ *wirklich*) réellement; **~?** vraiment?
tätscheln VT tapoter
Tattoo M/N tatouage m
Tatze F *a. umg Hand* patte
Tau[1] M METEO rosée f
Tau[2] N SCHIFF cordage m
taub ADJ **1** (≈ *ohne Gehör*) sourd; **auf e-m Ohr ~ sein** être sourd d'une oreille **2** *Gliedmaßen* engourdi
Taube F ZOOL pigeon m
Taubheit F **1** (≈ *Gehörlosigkeit*) surdité f **2** *der Gliedmaßen* engourdissement m **taubstumm** ADJ sourd-muet
tauchen A VT plonger, tremper (**in** + *akk* dans) B VI plonger
Taucher(in) M(F) plongeur, -euse m,f
Taucherbrille F lunettes fpl de plongée
tauen A VI fondre B VI/UNPERS **es taut** c'est le dégel
Taufe F baptême m **taufen** VT baptiser **Taufpate** M parrain m
taugen VI **1** (≈ *geeignet sein*) être bon (**zu** à) **2** (≈ *wert sein*) valoir
taumeln VI chanceler, tituber
Tausch M échange m; **im ~ gegen …** en échange de … **tauschen** A VT **~** (**gegen**) échanger (contre); changer (contre); HANDEL troquer (contre) B VI **mit j-m ~** faire un échange avec qn
täuschen A VT **1** (≈ *hintergehen*) tromper; **wenn mich nicht alles täuscht …** si je ne me trompe …; sauf erreur de ma part … **2** SPORT *Gegner* feinter B VI

(≈ *trügerisch sein*) être trompeur **C** VI/R **sich ~** se tromper (**in** + *dat* sur); faire erreur **Täuschung** F **1** (≈ *Irreführung*) tromperie f; *des Gegners* feinte f **2** (≈ *falscher Eindruck*) illusion f
tausend NUM mille
Tausend[1] F *Zahl* mille m
Tausend[2] N **1** *Einheit* millier m **2** **~e** pl **von …** (≈ *Unmengen*) des milliers mpl de …; **zu ~en** par milliers
Tausendfüß(l)er M mille-pattes m
tausendmal ADV mille fois
tausendste NUM millième
Tausendstel N millième m
Tauwetter N *a. fig, a.* POL dégel m
Taxcard *schweiz* F télécarte f
Taxi N taxi m **Taxifahrer(in)** M(F) chauffeur m de taxi **Taxistand** M station f de taxis
Team N équipe f
Technik F **1** technique f **2** (≈ *Ausrüstung*) équipements mpl **Techniker(in)** M(F) technicien, -ienne m,f **technisch** A ADJ technique B ADV **~ begabt** doué pour la technique
Techno N/M (musique f) techno f
Technologie F technologie f **Technologiepark** M parc m scientifique
Teddy M, **Teddybär** M ours m en peluche; *kindersp* nounours m
Tee M (≈ *schwarzer Tee*) thé m; (≈ *Kräutertee*) infusion f; tisane f; **Tee trinken** boire *bzw.* prendre du thé
Teebeutel M sachet m de thé **Teekanne** F théière f **Teelöffel** M petite cuillère
Teenager M, **Teenie** *umg* M adolescent(e) m(f); ado m/f *umg*
Teer M goudron m **teeren** VT goudronner
Teetasse F tasse f à thé
Teich M étang m
Teig M pâte f
Teil[1] M *e-s Ganzen* partie f; **zum ~** en partie; partiellement; **zum großen ~** en grande partie; **zum größten ~** pour une bonne part; pour la plupart
Teil[2] N (≈ *Einzelteil, Stück*) partie f; pièce f
Teil[3] M/N **1** (≈ *Anteil*) part f **2** (≈ *Beitrag*) part f; contribution f; **sein(en) ~ beitragen** apporter sa contribution (**zu** à)
teilbar ADJ partageable

Teilchen N 1 (≈ *kleines Stück*) petite partie f 2 NUKL particule f 3 *Gebäck* petit gâteau

teilen A VT 1 (≈ *zerteilen*) diviser; MATH **durch 2 ~** diviser par 2 2 (≈ *aufteilen*) partager; **etw unter sich** (*dat*) **~** se partager qc 3 *fig* j-s Ansicht, Schicksal partager; j-s Leid, Freude prendre part à B VR **sich** (*dat*) **etw mit j-m ~** se partager qc avec qn

Teilkaskoversicherung F assurance automobile couvrant plusieurs dégâts

Teilnahme F 1 aktive, passive participation f (**an etw** *dat* **à qc**) 2 (≈ *Anwesenheit*) assistance f 3 *fig* (≈ *Anteilnahme*) intérêt m **teilnehmen** VI **an etw** (*dat*) **~** participer, prendre part à **Teilnehmer(in)** M(F) participant(e) m(f); *an e-m Wettkampf* concurrent(e) m(f)

teils ADV en partie; *umg* wie fühlst du dich? **~, ~** comme ci, comme ça *umg*

Teilung F 1 *a.* MATH, BIOL division f 2 (≈ *Aufteilung*) partage m **Teilungsartikel** M GRAM article partitif

teilweise ADV en partie

Teilzahlung F paiement échelonné

Teilzeitarbeit F travail m à temps partiel

Telearbeit F télétravail m

Telefon N téléphone m; **schnurloses ~** téléphone sans fil

Telefonanruf M appel m téléphonique; coup m de téléphone **Telefonbuch** N annuaire m (du téléphone) **telefonieren** VI téléphoner (**mit j-m** à qn); donner un coup de téléphone (à qn); **nach Paris ~** téléphoner à Paris **Telefonkarte** F télécarte f **Telefonnummer** F numéro m de téléphone **Telefonzelle** F cabine f téléphonique

Telegramm N télégramme m

Telekommunikation F télécommunications fpl

Teleobjektiv N téléobjectif m

Teleskop N télescope m

Telko F (= *Telefonkonferenz*) téléconférence f

Teller M assiette f; **flacher, tiefer ~** assiette plate, creuse

Tempel M temple m

Temperament N 1 (≈ *Wesensart*) tempérament m 2 (≈ *Schwung*) entrain m; **~ haben** être plein de vie, d'entrain **temperamentvoll** ADJ plein d'entrain

Temperatur F température f; *Person* **(erhöhte) ~ haben** avoir, faire de la température

Tempo N 1 (≈ *Geschwindigkeit*), *a.* SPORT vitesse f, allure f, train m; *umg* **(nun aber) ~!** allez, vite!; **en vitesse!** 2 MUS tempo m

Tempolimit N limitation f de vitesse

Tempotaschentuch® *umg* N mouchoir m en papier

Tendenz F tendance f (**zu etw** à qc)

Tennis N tennis m

Tennisball M balle f de tennis **Tennisplatz** M court m de tennis **Tennisschläger** M raquette f (de tennis) **Tennisspiel** N match m, partie f de tennis

Tenor M MUS ténor m

Teppich M *a. fig* tapis m; *umg fig* **auf dem ~ bleiben** rester les pieds sur terre **Teppichboden** M moquette f

Termin M (≈ *vereinbarter Tag*) date f; (≈ *vereinbarte Zeit*) rendez-vous m; **sich** (*dat*) **e-n ~ geben lassen** prendre (un) rendez-vous

Terminal N/M 1 IT terminal m 2 FLUG terminal m; aérogare f

Terminkalender M agenda m

Terrasse F terrasse f

Territorium N territoire m

Terror M 1 (≈ *Entsetzen, Schreckensherrschaft*) terreur f; (≈ *Ausübung von Terror*) terrorisme m 2 **~ machen** *umg* faire tout un cirque **Terrorismus** M terrorisme m **Terrorismusbekämpfung** F lutte f antiterroriste **Terrorist(in)** M(F) terroriste m/f

Terrornetz N réseau m terroriste **Terrornetzwerk** N réseau m terroriste

Terz F MUS tierce f

Tesafilm® M ruban adhésif

Tessin **das ~** le Tessin

Test M test m

Testament N 1 JUR testament m 2 REL **Altes, Neues ~** Ancien, Nouveau Testament

testen VT tester

teuer A ADJ (≈ *kostspielig*) cher; coûteux; **furchtbar ~** °hors de prix; **wie ~ (ist das)?** combien cela coûte-t-il, vaut-il?

B ADV ~ **bezahlen** payer cher
Teufel M diable m; umg **armer ~** bedauernswerter pauvre diable, bougre; mittelloser pauvre *hère; miséreux m; umg **wie der ~** comme un diable; **der ~ ist los** umg c'est la panique; umg **hol dich der ~, der ~ soll dich holen!** que le diable t'emporte!; umg **weiß der ~** Dieu seul le sait!; umg **auf ~ komm raus** à tout prix; umg **scher dich zum ~!** va te faire foutre!
Teufelskreis M cercle vicieux
teuflisch ADJ **1** (≈ bösartig) diabolique **2** (≈ groß) terrible
Text M **1** (≈ Geschriebenes) texte m; umg fig **weiter im ~!** continuez! **2** (≈ Liedtext) paroles fpl
Textbaustein M IT module m
texten V/I (& V/T) **1** MUS composer les paroles (de) **2** WERBUNG rédiger le texte (de) **Texter** M **1** MUS parolier m **2** → Werbetexter
Texterfassung F IT saisie f (d'un texte)
Textilien PL textiles mpl
Textmarker M surligneur m **Textstelle** F passage m **Textverarbeitung** F traitement m de texte
Thailand N la Thaïlande **thailändisch** ADJ thaïlandais
Theater N **1** Gebäude théâtre m **2** (≈ Vorstellung) spectacle m; **ins ~ gehen** aller au théâtre, au spectacle **3** umg fig **so ein ~!** quel cinéma!; quelle comédie!
Theaterkarte F billet m de théâtre **Theaterstück** N pièce f (de théâtre)
Theke F comptoir m
Thema N e-s Artikels, Vortrags etc sujet m; (≈ Gesprächsthema, Aufsatzthema) thème m
Theologe M, **Theologin** F théologien, -ienne m,f **Theologie** F théologie f
theoretisch ADJ théorique **Theorie** F théorie f
Therapeut(in) M(F) thérapeute m/f **Therapie** F thérapie f
Thermometer N thermomètre m
Thermosflasche® F (bouteille f) thermos® m/f
These F thèse f
Thriller M film m bzw. roman m à suspense

Thron M trône m **thronen** V/I a. iron trôner
Thunfisch M thon m
Thurgau M **der ~** la Thurgovie
Thüringen N la Thuringe
Thymian M thym m
Tick M MED tic m; **ein nervöser ~** un tic nerveux
ticken V/I **1** Uhr faire tic tac **2** umg fig **du tickst wohl nicht richtig** umg tu n'es pas un peu fêlé, cinglé, givré?
Ticket N (≈ Flugticket, Eintrittskarte) billet m; (≈ Fahrschein) ticket m
tief **A** ADJ **1** Ausdehnung profond; **der Teich ist 6 m ~** l'étang a 6 m de profondeur **2** auf e-r Skala, Temperatur, Ton, Niveau bas; **~e Stimme** voix f grave **3** **im ~sten Winter, Afrika** au cœur de l'hiver, de l'Afrique **4** (≈ intensiv) profond; fig **~er Schlaf** profond sommeil **B** ADV **1** nach unten ~ **graben** creuser profondément **2** (≈ weit unten) ~ **unten** tout en bas; (≈ weit innen) ~ **im Wald** au fond des bois **3** ~ **liegend** bas; **sehr ~ fliegen** voler très bas **4** (≈ sehr) ~ **atmen** respirer profondément; ~ **beeindrucken** faire une profonde impression sur; ~ **greifend,** ~ **schürfend** profond
Tief N METEO dépression f a. fig, zone f de basse pression **Tiefdruckgebiet** N → Tief
Tiefe F nach unten, innen, a. fig profondeur f
Tiefgarage F parking souterrain
tiefgekühlt ADJ surgelé **Tiefkühlfach** N → Gefrierfach **Tiefkühltruhe** F congélateur m
Tiefpunkt fig M creux m (de la vague)
Tiefstand M niveau le plus bas, très bas
Tiegel M **1** GASTR poêlon m **2** (≈ Schmelztiegel) creuset m
Tier N **1** animal m; Gegensatz: Mensch bête f **2** umg fig **hohes ~** umg grosse légume
Tierarzt M, **Tierärztin** F vétérinaire m/f **Tierheim** N fourrière f
tierisch **A** ADJ **1** (≈ vom Tier) animal **2** fig (≈ tierhaft) bestial; brutal **3** umg (≈ sehr groß) abominable **B** umg ADV (≈ sehr) vachement umg
Tierkreiszeichen N signe m du zodiaque

tierlieb ADJ qui aime les animaux
Tiermedizin F médecine f vétérinaire
Tiername M nom m d'animal **Tierpark** M jardin m zoologique **Tierquälerei** F cruauté f envers les animaux **Tierschutzverein** M société protectrice des animaux; SPA f **Tierversuch** M expérimentation animale
Tiger(in) M(F) tigre m, tigresse f
tilgen VT **1** geh (≈ auslöschen) effacer **2** Schuld amortir; Hypothek purger; Kredit rembourser **Tilgung** F **1** effaçage od effacement m **2** amortissement m; purge f; remboursement m
timen VT **1** calculer; minuter **Timing** N minutage m
Tinte F encre f; umg fig **in der ~ sitzen** umg être dans le pétrin, dans de beaux draps
Tintenfisch M seiche f **Tintenkiller**® M effaceur m **Tintenklecks** M tache f d'encre
Tipp M (≈ Hinweis) tuyau m umg
tippen VT **1** umg (≈ am Computer) taper à l'ordinateur **2** Zahl jouer **3** VI **1** (≈ leicht berühren) **an etw** (akk), **gegen etw ~** toucher qc du bout du doigt **2** (≈ vermuten) parier (**auf** + akk sur)
Tippfehler umg M faute f de frappe
tipptopp umg **1** ADJ (≈ sauber) impec umg; fig épatant **2** ADV de façon épatante
Tirol N le Tyrol
Tisch M table f; fig POL **runder ~** table ronde; **den ~ decken** mettre la table, le couvert; umg fig Problem **vom ~ sein** être réglé; umg **j-n über den ~ ziehen** umg avoir qn
Tischdecke F nappe f **Tischfußball** M baby-foot m **Tischgebet** N bénédicité m
Tischler M menuisier m
Tischtennis N tennis m de table; ping-pong m **Tischtuch** N nappe f
Titel M **1** e-r Person, a. SPORT titre m **2** (≈ Überschrift, Buchtitel, Musiktitel) titre m **Titelbild** N e-r Zeitschrift couverture f **Titelseite** F e-r Zeitschrift couverture f; e-r Zeitung première page
Titelverteidiger(in) M(F) défenseur m du titre
tja INT eh bien!
Toast M GASTR toast m **Toastbrot** N pain m de mie **toasten** VT GASTR griller **Toaster** M grille-pain m
toben VI **1** vor Wut être en rage **2** (≈ lärmen) être déchaîné **3** Wind se déchaîner
Tochter F fille f **Tochtergesellschaft** F filiale f
Tod M **1** (≈ Lebensende) mort f; (≈ Todesfall) décès m; **e-s gewaltsamen, natürlichen Todes sterben** mourir de mort violente, naturelle; **mit dem Tod(e) ringen** lutter avec la mort; être à l'agonie **2 zu Tode betrübt** profondément affligé; umg **sich zu Tode langweilen, schämen** mourir d'ennui, de honte
todernst umg ADJ umg sérieux comme un pape
Todesopfer N mort m; victime f **Todesstrafe** F peine capitale, de mort
Todesurteil N arrêt m de mort
Todfeind(in) M(F) ennemi(e) m(f) mortel, -elle **todlangweilig** umg ADJ umg rasoir
tödlich ADJ Krankheit, Gefahr mortel; Ausgang, Irrtum fatal geh
todmüde ADJ mort de fatigue **todsicher** umg **1** ADJ absolument sûr **2** ADV sans aucun doute
Tofu M GASTR tofu m
Togo N le Togo
Toilette F toilettes fpl; **auf die ~ gehen** aller aux toilettes **Toilettenpapier** N papier m hygiénique
tolerant ADJ tolérant **Toleranz** F tolérance f
toll **1** ADJ **1** umg (≈ großartig) super umg, formidable umg, génial umg **2** umg (≈ unerhört) fou, dingue; **e-e ~ Geschichte** une histoire dingue **3** ADV umg (≈ großartig) formidablement; **das hat er ~ gemacht** il s'est débrouillé comme un chef
Tollpatsch M lourdaud m; umg empoté m **Tollwut** F MED rage f
Tomate F tomate f **Tomatensaft** M jus m de tomates
Tombola F tombola f
Ton¹ M **1** (≈ e-r Tonleiter) ton m; **ein halber Ton** un demi-ton; MUS, a. fig **den Ton angeben** donner le ton **2** FILM, TV, TECH son m **3** (≈ Benehmen, Umgangston) ton m; **es gehört zum guten Ton** (+ inf) il est de bon ton de (+ inf)

4 umg (≈ Äußerung) mot m; umg **große Töne spucken** se donner de grands airs; **keinen Ton herausbringen** être incapable de sortir un mot **5** (≈ Farbton) ton m; teinte f

Ton² M̄ **1** GEOL argile f **2** TÖPFEREI (terre f) glaise f; **gebrannter Ton** terre cuite

Tonart F̄ tonalité f **Tonband** N̄ Band bande f magnétique

tönen A V̄T̄ teinter; **das Haar ~** faire un rinçage B V̄Ī **1** (≈ klingen) sonner; résonner **2** umg (≈ prahlen) se vanter

Tonleiter F̄ MUS gamme f

Tonne F̄ **1** Maß, Gefäß tonne f **2** (≈ Registertonne) tonneau m

Tönung F̄ coloration f; *der Haare* rinçage m

Tool N̄ IT outil m **Toolbox** F̄ IT boîte f à outils

Top N̄ MODE °haut m

Topf M̄ **1** (≈ tiefes Gefäß) pot m **2** (≈ Kochtopf) casserole f; (≈ Henkeltopf) fait-tout *od* faitout m; *fig* **alles in e-n ~ werfen** mettre tout dans le même sac **3** (≈ Nachttopf) pot m de chambre; *hum* (≈ Toilette) petit coin *umg*

Topfen österr M̄ fromage blanc

Töpferei F̄ Handwerk poterie f **töpfern** A V̄T̄ fabriquer B V̄Ī faire de la poterie

Topflappen M̄ manique f **Topfpflanze** F̄ plante, fleur f en pot

Tor N̄ **1** portail m; (≈ a. Stadttor) porte f **2** SPORT but m

Torf M̄ tourbe f

Torhüter M̄ → **Torwart Torjäger** M̄ buteur m

torkeln *umg* V̄Ī tituber; zigzaguer

Tornado M̄ tornade f

Torpedo M̄ MIL torpille f

Torpfosten M̄ poteau m

Törtchen N̄ tartelette f

Torte F̄ gâteau m; (≈ Obsttorte) tarte f **Tortenheber** M̄, **Tortenschaufel** F̄ pelle f à gâteau

Torwart M̄ gardien m de but

tot ADJ *Lebewesen, a. fig* mort; **das Tote Meer** la mer Morte; **sich tot stellen** faire le mort

total A ADJ total B *umg* ADV complètement

totalitär ADJ totalitaire

totärgern *umg* V̄R̄ **sich ~** étouffer, suffoquer de rage

Tote(r) M̄/F(M) mort(e) m(f)

töten V̄T̄ *a. fig Gefühl* tuer; **getötet werden** être tué; se faire tuer

Totenkopf M̄ tête f de mort

totlachen *umg* V̄R̄ **sich ~** mourir de rire; *umg* se fendre la gueule

Tour F̄ **1** (≈ Ausflug) excursion f **2 auf ~en kommen** prendre de la vitesse; atteindre son régime; *fig* (≈ angeregt werden) se mettre en train; *umg* **in e-r ~** sans cesse; sans répit

Tourenrad N̄ vélo m de tourisme

Tourismus M̄ tourisme m **Tourist(in)** M̄/F(M) touriste m/f **Touristeninformation** F̄ office m du tourisme

Touristenklasse F̄ classe f touriste

Tournee F̄ tournée f; **auf ~ gehen** partir en tournée

Trab M̄ trot m; **im ~ (reiten)** (aller) au trot; *umg* **j-n auf ~ bringen** secouer, aiguillonner qn

Trabant M̄ satellite m

traben V̄Ī *a. umg von Menschen* trotter

Tracht F̄ **1** (≈ Volkstracht) costume folklorique (régional) **2** *umg* **~ Prügel** raclée f

trächtig ADJ ZOOL pleine

Tradition F̄ tradition f **traditionell** ADJ traditionnel

traf → **treffen**

Trafik österr F̄ bureau m de tabac

Tragbahre F̄ civière f; brancard m

tragbar ADJ **1** (≈ transportabel) portable **2** *fig* (≈ erträglich) supportable

träge ADJ (≈ lustlos) indolent, mou; *a.* PHYS inerte; (≈ faul) paresseux

tragen A V̄T̄ **1** (≈ transportieren) porter; **bei sich** (dat) **~** avoir sur soi **2** (≈ stützen, belastbar sein) supporter; BAU **~de Wand** mur porteur **3** (≈ ertragen) supporter **4** Kosten, Folgen, Risiko supporter **5** Kleidung, Schmuck, Frisur porter; **getragene Kleidung** vêtements usagés **6** Titel, Namen, Datum, Unterschrift porter **7** (≈ Frucht bringen) donner (des fruits); produire B V̄Ī **1** Eis porter **2** *fig* **schwer an etw** (dat) **~** *od* **zu ~ haben** être accablé par qc C V̄R̄ Kleidung **sich gut ~** être agréable à porter

Träger M̄ **1** *an Kleidung* bretelle f **2** BAU support m; (≈ Balken) poutre f

Tragfläche F̄ FLUG aile f

tragisch [ADJ] tragique; *umg* **das ist (doch) nicht so ~** ce n'est (quand même) pas si grave [B] [ADV] *umg* **etw ~ nehmen** prendre qc au tragique

Tragödie [F] tragédie *f*

Trainer(in) [MF] SPORT entraîneur, -euse *m,f* **trainieren** [A] [VT] **j-n ~** entraîner qn; **Fußball ~** s'entraîner au football [B] [VI] s'entraîner

Training [N] entraînement *m* **Trainingsanzug** [M] survêtement *m*

Traktor [M] tracteur *m*

trällern [VT & VI] fredonner

Tram *südd, schweiz* [F] tram *m*

trampeln *umg* [VI] (≈ *mit den Füßen treten*) trépigner

trampen [VI] faire de l'auto-stop **Tramper(in)** [MF] auto-stoppeur, -euse *m,f*

Trampolin [N] trampoline *m*

Träne [F] larme *f*; **ihr kommen die ~n** elle se met à pleurer; **zu ~n gerührt** ému, touché aux larmes

tränen [VI] **meine Augen ~, mir ~ die Augen** j'ai les yeux qui larmoient

Tränengas [N] gaz *m* lacrymogène

trank → **trinken**

Tränke [F] abreuvoir *m* **tränken** [VT] [1] *Tier* abreuver [2] (≈ *sich vollsaugen lassen*) imbiber, imprégner (**mit** de)

transeuropäisch [ADJ] transeuropéen, -éenne; **~e Netze** *npl* réseaux transeuropéens

Transfer [M] transfert *m*

transgen *t/t* [ADJ] transgénique

transitiv [ADJ] transitif

Transparent [N] banderole *f*

Transparenz [F] *a. fig* transparence *f*

Transplantation [F] transplantation *f* **transplantieren** [VT] transplanter

Transport [M] transport *m* **Transporter** [M] AUTO camionnette *f*; fourgon *m*; FLUG avion *m* de transport **transportieren** [VT] transporter

Trapez [N] SPORT, MATH trapèze *m*

Trara *umg* [N] **viel ~ (um etw) machen** faire beaucoup d'histoires (pour qc)

trat → **treten**

Tratsch *umg* [M] *umg* ragots *mpl* **tratschen** *umg* [VI] *umg* cancaner

Traube [F] [1] (≈ *Weintraube*) raisin *m*; grappe *f* (de raisin) [2] *fig* (≈ *große Menge*) grappe *f*

Traubensaft [M] jus *m* de raisin **Traubenzucker** [M] glucose *m*

trauen[1] [A] [VI] **j-m, e-r Sache ~** avoir confiance en qn, en *od* dans qc; **ich traue ihr nicht** je me méfie d'elle; **s-n Augen, Ohren nicht ~** ne pas en croire ses yeux, ses oreilles [B] [VR] **sich (**akk**) ~ zu** (+ *inf*) oser (+ *inf*); **sie traut sich nicht ins Wasser** elle n'ose pas entrer dans l'eau

trauen[2] [VT] *Brautpaar* marier; **sich (kirchlich) ~ lassen** se marier (à l'église)

Trauer [F] *Gefühl* tristesse (profonde); *um Tote* deuil *m*; **in Todesanzeigen** **in tiefer, stiller ~** (profonds) regrets **Trauerfeier** [F] funérailles *fpl*

trauern [VI] être affligé; **um j-n ~** pleurer (la mort, la perte de) qn; **um** *od* **über etw ~** s'affliger de qc

Trauerweide [F] saule pleureur

Traum [M] rêve *m a. fig*; **e-n ~ haben** faire un rêve; **ein ~ von e-m Haus** une maison de rêve

träumen [A] [VT] rêver (**dass** que); **etw Schönes ~** faire un beau rêve [B] [VI] *im Schlaf, a. fig* (≈ *Wünsche haben*) rêver (**von** de) [C] [VR] **das hätte ich mir nie ~ lassen!** j'étais loin d'y penser!

Träumer(in) [MF] rêveur, -euse *m,f*; *fig* utopiste *m/f*

traumhaft [ADJ] [1] (≈ *wie im Traum*) comme un rêve [2] *umg* (≈ *sehr schön*) fantastique; de rêve

traurig [ADJ] [1] (≈ *betrübt*) triste (**über** + akk de); **~ werden** s'attrister; **~ machen** attrister [2] (≈ *kläglich*) pitoyable **Traurigkeit** [F] tristesse *f*

Trauung [F] (cérémonie *f* du) mariage *m*; **kirchliche, standesamtliche ~** mariage religieux, civil

Travellerscheck [M] traveller's chèque *m*; chèque *m* de voyage

Treff *umg* [M] [1] (≈ *Begegnung*) rencontre *f*; (≈ *Verabredung*) rendez-vous *m* [2] → **Treffpunkt**

treffen [A] [VT] [1] *Ziel* toucher; frapper; **nicht ~** manquer; **j-n am Bein ~** toucher qn à la jambe [2] (≈ *begegnen*) rencontrer [3] **es gut ~, getroffen haben** avoir de la chance; **er ist gut getroffen** *auf e-m Foto* son portrait est bien réussi [4] (≈ *erschüttern*) **das hat mich tief getroffen** cela m'a touché, affecté profondément [5] (≈ *ereilen*) **j-n ~** *Fluch, Schicksal, Unglück* frapper qn **B** *V/I Schuss* toucher la cible; *Schütze* **er hat getroffen!** il a touché juste! **C** *V/R* **1** (≈ *begegnen*) **sich ~** se rencontrer; **sich mit j-m ~** rencontrer qn **2 das trifft sich gut** cela tombe bien

Treffen N (≈ *Begegnung*), a. POL, SPORT rencontre f; (≈ *Verabredung*) rendez-vous m; (≈ *Zusammenkunft*) réunion f

Treffer M **1** *beim Schießen*, a. fig coup réussi m **2** BALLSPIELE but m **3** *Los* billet gagnant

Treffpunkt M (lieu m de) rendez-vous m

treiben **A** *V/T* **1** *in e-e Richtung* pousser; *chasser* **2** *Blüten* ~ produire, donner des fleurs; fleurir **3** *Sport, Musik, Hobby* pratiquer; **was treibst du so?** qu'est-ce que tu deviens? **4** *mit ,es'* **treib es nicht zu weit!** n'exagère pas; **er treibt es immer auf die Spitze** il pousse les choses à l'extrême **B** *V/I* **im Wind ~** dériver au gré du vent; **auf dem Wasser ~** flotter à la dérive; **an Land/ans Ufer ~** s'échouer; *fig* **sie lässt sich ~** elle va à la dérive

Treiber M **1** JAGD rabatteur m **2** IT drive(u)r m

Treibgas N *in Spraydosen* (gaz m) propulseur m **Treibhaus** N serre f **Treibhauseffekt** M effet m de serre **Treibstoff** M carburant m

Trekkingbike N, **Trekkingrad** N VTC m (vélo m tout chemin)

Trend M (≈ *Tendenz*) tendance f (**zu** à); (≈ *Mode*) mode f

Trendfarbe F (≈ *Modefarbe*) couleur f à la mode

Trendwende F revirement m

trennbar ADJ séparable

trennen A *V/T* **1** (≈ *abtrennen*) séparer; (≈ *loslösen*) détacher; **Müll ~** trier les ordures **2** *Personen, Sachen* séparer (**von** de) **3** (≈ *unterscheiden*) distinguer **4** (≈ *dazwischenliegen*) séparer; *fig* **uns ~ Welten** des mondes nous séparent **5** *Wort in Silben* couper **B** *V/R* **sich ~** se séparer (**von** j-m, etw de qn, de qc)

Trennung F **1** (≈ *Trennen, Getrenntsein*) séparation f **2** (≈ *Unterscheidung*) distinction f **3** *von Silben, e-s Wortes* division f

Treppe F escalier m; (≈ *Freitreppe*) perron m; **auf der ~** dans l'escalier

Treppenabsatz M palier m **Treppenhaus** N cage f d'escalier

Tresor M coffre-fort m

Tretboot N pédalo m

treten A *V/T* **1** (≈ *e-n Tritt geben*) donner un coup de pied à; *Ball* botter **2** (≈ *betätigen*) actionner, faire marcher avec le(s) pied(s) **B** *V/I* **1** (≈ *sich begeben*) se mettre; **~ Sie näher!** approchez!; *zu e-m Besucher* **entrez!**; **~ an** (+ *akk*) *Fenster etc* s'approcher de; s'avancer vers **2 auf etw** (*akk*) **~** marcher sur qc **C** *V/I* **j-m auf den Fuß ~** marcher sur le pied de qn

treu ADJ fidèle; **sich, e-r Sache** (*dat*) **~ bleiben** rester fidèle à soi-même, à qc **Treue** F (≈ *Verlässlichkeit*) fidélité f; (≈ *Pflichttreue*) loyauté f; **j-m die ~ halten** rester fidèle à qn **treuherzig A** ADJ candide; ingénu **B** ADV avec candeur **treulos** ADJ infidèle

Triangel M MUS triangle m

Tribüne F tribune f

Trichter M *a. Bombentrichter*, a. GEOG entonnoir m

Trick M truc m; *umg* combine f

Trickfilm M dessins animés

tricksen *umg V/T umg* goupiller

trieb → treiben

Trieb M **1** *innerer* impulsion f; PSYCH pulsion f; *angeborener* instinct m **2** BOT pousse f **Triebtäter** M, **Triebverbrecher** M maniaque sexuel

Triebwerk N FLUG réacteur m

triefen *V/I* ruisseler (**von** de); *umg fig pej* **von** *od* **vor etw** (*dat*) **~** déborder de qc; **~d nass** trempé; dégoulinant

Trikot N SPORT maillot m

Trillerpfeife F sifflet m à roulette

trinkbar ADJ buvable

trinken A *V/T* boire; *Kaffee, Tee a.* prendre; **was möchten Sie ~?** qu'est-ce que vous prenez?; **e-n ~** boire un coup **B** *V/I* **1 aus e-m Glas ~** boire dans un verre **2** (≈ *alkoholsüchtig sein*) boire

Trinken N boire m; (≈ *Trunksucht*) ivrognerie f **Trinker(in)** M/(F) buveur, -euse m, f

Trinkgeld N pourboire m **Trinkhalm** M paille f **Trinkwasser** N eau f potable

Trio N MUS, a. fig trio m

Trip M **1** *umg* (≈ *Reise*) voyage m **2** *Jargon* (≈ *Drogenrausch*) trip m *umg*; argot

défonce f ▪ umg **auf dem religiösen** etc **~ sein** faire sa crise religieuse, etc
tritt → treten
Tritt M ▪ (≈Gleichschritt) pas m ▪ (≈Fußtritt) coup m de pied; **j-m e-n ~ versetzen** donner un coup de pied à qn **Trittbrett** N marchepied m
Triumph M triomphe m (**über** + akk sur) **triumphieren** VI triompher (**über** + akk de)
trocken A ADJ ▪ (≈nicht nass), a. Haut, Haar sec; **im Trockenen** à l'abri; au sec; umg fig **auf dem Trockenen sitzen** umg être à sec ▪ Wetter, Klima sec; Boden aride ▪ Wein sec; Sekt, Champagner brut ▪ fig Stil sec; Thema aride B ADV **~ aufbewahren** tenir, conserver au sec **Trockenheit** F (≈Dürreperiode), a. fig sécheresse f
trocknen VT A VT sécher B VI sécher **Trockner** M → Händetrockner, Wäschetrockner
Trödel umg M bric-à-brac m **Trödelmarkt** M foire f à la brocante
trödeln umg VI traîner (**bei der Arbeit** dans son travail)
Trödler(in) M(F) ▪ (≈Händler) brocanteur, -euse m,f ▪ pej (≈Bummler) lambin(e) m(f) umg
trog → trügen
Troika F POL troïka f
Trojaner M IT cheval m de Troie
Trommel F MUS tambour m; (≈Waschmaschinentrommel) tambour m; (≈Wickeltrommel) enrouleur m **Trommelfell** N tympan m **trommeln** VI battre le tambour, tambouriner a. fig
Trompete F trompette f; **(die) ~ blasen** jouer de la trompette **trompeten** VI jouer de la trompette; Elefant barrir
Tropen PL tropiques mpl; **in den ~** sous les tropiques
Tröpfchen N gouttelette f
tröpfeln A VT → tropfen B VT → tropfen C umg V|UNPERS **es tröpfelt** il tombe des gouttes (de pluie)
tropfen A VT verser goutte à goutte B VI ▪ couler goutte à goutte (**in** + akk dans), (**aus, von** de) ▪ Flüssigkeit, Hahn, Wäsche goutter **Tropfen** M ▪ goutte f; **es regnet dicke ~** il pleut à grosses gouttes ▪ PHARM **~** pl gouttes fpl ▪ umg (≈Alkohol) **ein guter, edler ~ une bonne bouteille**
Trophäe F trophée m
tropisch ADJ tropical
Trost M consolation f; **j-m ~ zusprechen** consoler qn; umg **du bist wohl nicht (ganz, recht) bei ~!** umg tu dérailles!
trösten A VT consoler; réconforter (**mit etw** par qc) B VR **sich ~** se consoler (**mit dem Gedanken, dass ...** à la pensée que ..., **de** + inf)
trostlos ADJ Anblick, Zustand, Wetter désolant; (≈öde) triste; Kindheit malheureux
Trostpreis M prix m de consolation
Trott M umg pej (≈Routine) train-train m; **in den alten ~ verfallen** retrouver son petit train-train
Trottel umg M umg gourde f; idiot(e) m(f)
trotz PRÄP malgré; en dépit de; **~ alle(de)m** malgré tout (cela)
Trotz M obstination f; **j-m, e-r Sache zum ~** en dépit de qn, de qc
trotzdem ADV quand même; tout de même
trotzig ADJ obstiné
Trouble umg M embêtements mpl; umg emmerdes fpl
trüb(e) ADJ ▪ Flüssigkeit trouble ▪ Licht sans éclat ▪ Wetter sombre; gris; **es ist ~(e)** il fait gris ▪ fig Stimmung, Aussichten, Zeiten sombre
Trubel M agitation f
trüben A VT ▪ (≈trübe machen) troubler ▪ (≈beeinträchtigen) gâter B VR **sich ~** Flüssigkeit se troubler; Glas, Silber, Spiegel se ternir; Blick se brouiller
Trüffel F truffe f
trug → tragen
trügen A VT tromper; **wenn mich nicht alles trügt** si je ne m'abuse B VI être trompeur m
Truhe F coffre m
Trümmer PL débris mpl; von Bauwerken ruines fpl; **in ~n liegen** être en ruines
Trumpf M a. fig atout m; **~ (aus)spielen** jouer atout; fig **alle Trümpfe in der Hand haben** avoir tous les atouts en main
Trupp M troupe f; MIL détachement m
Truppe F ▪ MIL (≈Streitkräfte) troupes fpl ▪ THEAT, ZIRKUS troupe f; compagnie f

Truthahn M dindon m; GASTR dinde f
Tsatsiki M/N GASTR tzaziki m
tschau umg INT salut!
Tscheche M, **Tschechin** F Tchèque m/f **Tschechien** N la République tchèque **tschechisch** ADJ tchèque
tschüs umg INT umg salut! (formule d'adieu)
T-Shirt N tee-shirt m
Tube F tube m; umg fig **auf die ~ drücken** umg appuyer sur le champignon
Tuberkulose F tuberculose f
Tuch N ❶ TEX drap m ❷ (≈ Kopftuch, Halstuch) foulard m; (≈ Schultertuch) châle m; (≈ Umschlagtuch) fichu m ❸ (≈ Staubtuch) chiffon m ❹ umg fig **das ist ein rotes ~ für mich** quand je vois ça, je vois rouge
tüchtig A ADJ ❶ (≈ gut, leistungsfähig) bon; (≈ fähig) capable; (≈ fleißig) travailleur ❷ umg (≈ gehörig) Portion, Tracht Prügel bon B umg ADV (≈ viel) beaucoup
Tücke F ❶ (≈ Hinterhältigkeit) perfidie f; **die ~ des Objekts** la malignité des choses ❷ (≈ verborgene Gefahr) vice, défaut caché
tuckern VI Motor faire teuf-teuf
tückisch ADJ Person perfide; Sache traître
tüfteln umg VI bricoler (**an etw** dat qc); **an e-m Problem ~** essayer de résoudre un problème
Tugend F vertu f
Tüll M tulle m
Tulpe F a. Bierglas tulipe f
tummeln VR ❶ **sich ~** (≈ herumtollen) s'ébattre ❷ **sich ~** (≈ sich beeilen) se dépêcher
Tumor M tumeur f
Tümpel M mare f
Tumult M ❶ (≈ Lärm) tumulte m ❷ (≈ Aufruhr) agitation f
tun A VT ❶ (≈ machen) faire; **das tut man nicht** cela ne se fait pas; **was (ist zu) tun?** que faire?; **du tust** bzw. **tätest gut daran, zu** (+ inf) tu ferais bien de (+ inf) ❷ (≈ arbeiten) faire; (**etw) zu tun haben** avoir (qc) à faire ❸ (≈ antun) faire; **der Hund tut (dir) nichts** le chien ne (te) fera rien ❹ **zu tun haben** (≈ zu schaffen haben) avoir affaire (**mit j-m, etw** à, avec qn, qc); **etw zu tun haben** (≈ Bezug haben) avoir qc à voir (**mit j-m,**

etw avec qn, qc); **damit habe ich nichts zu tun** cela ne me concerne pas ❺ umg (≈ legen) mettre ❻ **das tut es auch** cela fera aussi l'affaire ❼ umg **es (nicht mehr) tun** (≈ funktionieren) (ne plus) marcher ❽ **er bekommt es mit mir zu tun!** il aura affaire à moi! B VR **so tun, als ob ...** (+ subj) faire semblant de (+ inf) C umg VR **es tut sich etw** il se passe qc
tunen VT AUTO régler; bricoler
Tuner M tuner m
Tunesien N la Tunisie **Tunesier(in)** M/F Tunisien, -ienne m,f **tunesisch** ADJ tunisien
Tunfisch M thon m
Tunnel M tunnel m
tupfen VT (≈ betupfen) tamponner **Tupfen** M pois m
Tür F ❶ porte f; (≈ Autotür, Zugtür) portière f; **von Tür zu Tür gehen** faire du porte-à-porte ❷ **j-n vor die Tür setzen** mettre qn à la porte, flanquer qn à la porte umg; **Weihnachten steht vor der Tür** Noël approche
Turban M turban m
Turbo M (≈ Turbolader) turbo m; AUTO turbo f
Türke M Turc m **Türkei die ~** la Turquie
türkis ADJ turquoise **Türkis** M turquoise F
türkisch ADJ turc
Türklinke F poignée f de porte
Turm M ❶ ARCH, a. SCHACH tour f; (≈ Kirchturm) clocher m ❷ (≈ Sprungturm) plongeoir m
türmen A VT stapeln entasser; amonceler; empiler B VR **sich ~** Bücher, Hefte etc s'entasser; s'empiler
Turnbeutel M sac m de sport
turnen VI ❶ faire de la gymnastique; **am Barren ~** faire des barres parallèles ❷ umg (≈ klettern) grimper (**über** + akk sur) **Turnen** N gymnastique f; (≈ Turnunterricht) éducation f physique
Turner(in) M/F gymnaste m/f
Turngeräte NPL agrès mpl **Turnhalle** F gymnase m
Turnier N tournoi m; (≈ Reitturnier) concours m
Turnschuh M tennis m; knöchelhoher basket f **Turnzeug** N affaires fpl de gymnastique

Tusche F̲ encre f de Chine
tuscheln V̲I̲ & V̲T̲ chuchoter
tuschen V̲R̲ sich (dat) **die Wimpern ~** se farder les cils
Tussi umg F̲ umg nana f
Tüte F̲ sac m; kleine sachet m; spitze cornet m
TÜV M̲ A̲B̲K̲ (= Technischer Überwachungsverein) contrôle m technique; umg **sein Auto durch** od **über den TÜV bringen** faire passer le contrôle technique à sa voiture
twittern V̲I̲ (= den Internetdienst Twitter® nutzen) utiliser Twitter®
Typ M̲ 1 (= Menschentyp) type m; umg **das ist nicht mein Typ** ce n'est pas mon genre 2 umg (= Mann) mec m umg 3 TECH type m; modèle m
typisch A̲ A̲D̲J̲ typique (für de) B̲ A̲D̲V̲ **~ deutsch, Mann** typiquement allemand, masculin
Tyrann M̲ tyran m **tyrannisch** A̲D̲J̲ tyrannique **tyrannisieren** V̲T̲ tyranniser

U

U, u N̲ U, u m
u. a. A̲B̲K̲ (= unter anderem) entre autres
U-Bahn F̲ métro m **U-Bahnhof** M̲, **U-Bahn-Station** F̲ station f de métro **U-Bahnnetz** N̲ réseau m de métro
übel A̲ A̲D̲J̲ 1 (= Geruch, Geschmack) mauvais 2 (= verwerflich) **e-e üble Geschichte** umg une sale histoire; **ein übler Bursche** umg un sale type 3 **mir ist, wird ~** j'ai mal au cœur od envie de vomir B̲ A̲D̲V̲ 1 **~ riechen** sentir mauvais; umg **nicht ~!** pas mal! 2 **j-m etw ~ nehmen** en vouloir à qn de qc
Übel N̲ mal m; **zu allem ~** pour comble de malheur; **das kleinere ~** le moindre mal; **von ~ sein** être nuisible
Übelkeit F̲ mal m au cœur; nausée f
Übeltäter(in) M̲(F̲) coupable m/f
üben A̲ V̲T̲ (s')exercer, s'entraîner à 1

V̲I̲ faire des exercices
über A̲ P̲R̲Ä̲P̲ 1 räumlich Lage (= oberhalb) au-dessus de; (≈ auf) sur 2 räumlich Richtung (= oberhalb von) au-dessus de; (= auf) sur; **~ die Straße/Brücke gehen** traverser la rue/le pont 3 via par; via; **~ Köln nach Bonn fahren** aller à Bonn en passant par Cologne 4 **das geht ~ meine Kräfte** c'est au-dessus de mes forces; **das geht ~ meinen Verstand** cela me dépasse 5 **~ Nacht** pendant la nuit; **~ Weihnachten/Ostern** pour Noël/pour Pâques 6 betreffs **ein Buch/ein Film ~ ...** un livre/un film sur ...; **ein Scheck ~ ...** un chèque de ... B̲ A̲D̲V̲ 1 (= mehr als) plus de; **~ dreißig Jahre alt sein** avoir plus de trente ans 2 (= völlig) **~ und ~** tout (à fait); entièrement; complètement; **sie hat sich ~ und ~ bekleckert** elle est pleine de taches C̲ A̲D̲J̲ (= übrig) **~ sein** rester
überall A̲D̲V̲ (= an allen Orten) partout
Überangebot N̲ excédent m (**an** + dat de)
überanstrengen V̲R̲ sich **~** se surmener **Überanstrengung** F̲ surmenage m
überarbeiten A̲ V̲T̲ Text remanier B̲ V̲R̲ sich **~** se surmener
überbacken V̲T̲ (faire) gratiner **überbelichten** V̲T̲ surexposer **überbewerten** V̲T̲ surestimer; surévaluer
überbieten V̲T̲ 1 bei e-r Auktion **j-n, etw ~** enchérir sur qn, qc 2 fig surpasser; Rekord battre
überbleiben V̲I̲ rester, être de reste **Überbleibsel** umg N̲ 1 reste(s) m(pl) 2 e-r Kultur vestiges mpl
Überblick M̲ 1 (= Aussicht) vue f d'ensemble (**über** + akk de) 2 (= Kurzdarstellung) aperçu m, exposé m (sommaire) (de) 3 fig vue f d'ensemble (de od sur); **sich (dat) e-n ~ verschaffen** se faire une idée d'ensemble (de)
überbrücken V̲T̲ Gegensätze concilier; Zeit passer
überdachen V̲T̲ couvrir d'un toit; **überdacht** couvert **überdenken** V̲T̲ **Probleme (nochmals) ~** repenser; reconsidérer **überdimensional** A̲D̲J̲ démesuré; surdimensionné
Überdosis F̲ surdose f; an Drogen overdose f

überdreht *umg fig* ADJ surexcité
überdurchschnittlich A ADJ au-dessus de la moyenne B ADV plus ... que la moyenne
übereifrig ADJ trop zélé
übereilen VT **etw ~** précipiter qc
übereinander ADV l'un sur l'autre; → übereinanderlegen, übereinanderschlagen
übereinanderlegen VT mettre l'un sur l'autre; superposer **übereinanderschlagen** VT *Beine* croiser
Übereinkommen N, **Übereinkunft** F accord *m* (**über** + *akk* de)
übereinstimmen VI 1 (≈ *sich gleichen*) concorder 2 (≈ *e-r Meinung sein*) **mit j-m (in etw** *dat*) **~** être d'accord avec qn (sur qc)
überfahren VT 1 *Mensch, Tier* écraser 2 *Signal* brûler
Überfall M (≈ *Raubüberfall*), *a.* MIL attaque *f*; **bewaffneter ~** attaque *f* à main armée
überfallen VT 1 attaquer par surprise; *Bank* attaquer 2 *fig* **j-n mit (s-n) Fragen ~** assaillir qn de questions
überfliegen VT *a. Text* survoler
Überfluss M (sur)abondance *f* (**an** + *dat* de); (≈ *Fülle*) profusion *f* (**an** + *dat* de); **im ~** en abondance, à profusion; **zu allem ~** pour comble (de malheur, de malchance)
überflüssig ADJ superflu; **ich komme mir hier ~ vor** j'ai l'impression d'être de trop ici
überfluten VT inonder
überfordern VT **j-n, etw ~** trop exiger de qn, qc; trop demander à qn, qc; **sich überfordert fühlen** se sentir dépassé, débordé; **er ist überfordert** il est dépassé
Überführung F 1 (≈ *Transport*) transfert *m* 2 *e-s Verbrechers* preuve *f* de culpabilité 3 (≈ *Brücke*) passage (à niveau) supérieur; (≈ *Fußgängerüberführung*) passerelle *f*
überfüllt ADJ *Saal, Bus* comble; bondé; *Klasse* surchargé
Übergabe F 1 remise *f* (**an** + *akk* à); (≈ *Amtsübergabe*) passation *f* 2 MIL reddition *f*
Übergang M 1 passage *m* (**über** + *akk* de) 2 (≈ *Wechsel*) passage *m* (**von ... zu ...** de ... à ...); transition *f* (**von ... zu ... entre ... et ...**)
übergeben A VT 1 *Gegenstand* remettre 2 MIL livrer B VR **sich ~** vomir; rendre
übergehen¹ VI 1 **~ zu** passer à 2 (≈ *sich verwandeln*) **~ in** (+ *akk*) se changer, se transformer en 3 (≈ *sich mischen*) **ineinander ~** se fondre
übergehen² VT 1 *Dinge* (≈ *nicht beachten*) ignorer 2 *Person* omettre
übergeordnet ADJ supérieur; GRAM *Satz* principal
Übergepäck N excédent *m* de bagages
übergeschnappt *umg* ADJ timbré; *umg* cinglé
Übergewicht N 1 *bei Dingen* excédent *m* de poids; *bei Personen* excès *m* de poids 2 *fig* prépondérance *f* 3 *umg* **~ bekommen, kriegen** perdre l'équilibre
überglücklich ADJ extrêmement heureux
überhaupt ADV 1 (≈ *im Allgemeinen*) généralement; en général 2 (≈ *schließlich*) après tout 3 (≈ *außerdem*) d'ailleurs 4 **~ nicht** pas du tout; nullement; *beim Verb* ne ... pas du tout; ne ... nullement 5 (≈ *eigentlich*) à vrai dire; **was willst du ~?** qu'est-ce que tu veux, au juste?
überheblich ADJ arrogant
überholen VT 1 *im Straßenverkehr* doubler; dépasser 2 *fig* devancer 3 TECH réviser **Überholspur** F file *f* de dépassement **überholt** ADJ dépassé
überhören VT ne pas entendre (par inattention); *absichtlich* ne pas vouloir entendre
überlassen VT 1 (≈ *geben, verkaufen*) laisser; céder 2 **ich überlasse es Ihnen zu** (+ *inf*) je vous laisse le soin de (+ *inf*); **sich** (*dat*) **selbst ~ sein** être livré à soi--même
überlastet ADJ *Person, Netz, etc* surchargé
Überlastung F surcharge *f*; TEL *a.* encombrement *m*
überlaufen¹ VI *Gefäß, Flüssigkeit* déborder
überlaufen² ADJ assiégé (**von j-m** par qn); *Gegend* envahi (de); très *od* trop fré-

quenté (par)
überleben VT j-n, etw ~ survivre à qn, qc; *fig* **du wirst es ~** tu n'en mourras pas
Überlebende(r) M/F(M) survivant(e) m(f)
überlegen¹ VT (sich *dat*) etw ~ réfléchir à *od* sur qc; **ich hab's mir anders überlegt** j'ai changé d'avis; **überleg dir das gut!** réfléchis bien!
überlegen² A ADJ supérieur; **j-m (deutlich) ~ sein** être (nettement) supérieur à qn B ADV **~ gewinnen** gagner souverainement
Überlegung F réflexion f; **ohne ~** sans réfléchir
überlisten VT duper; tromper
übermorgen ADV après-demain
übermüdet ADJ épuisé
übernächste ADJ **an der ~n Haltestelle** à deux arrêts d'ici; **~s Jahr** d'ici *od* dans deux ans; **der ~ Platz** la deuxième place à partir d'ici; **am ~n Tag** le surlendemain; *in der Warteschlange* **ich bin der Übernächste** il y a une personne avant moi
übernachten VI passer la nuit; coucher
übernächtigt ADJ **~ sein** être fatigué (d'avoir veillé)
Übernachtung F nuit f (à l'hôtel, chez qn); TOURISTIK **nuitée** f; **~ und Frühstück** chambre f et petit déjeuner
Übernahme F **von Kosten, Verantwortung, e-s Falls** prise f en charge; **e-r Idee** adoption f; (≈ *Geschäftsübernahme*) reprise f (d'un commerce)
übernehmen A VT **1** *Lieferung* prendre en charge **2** FIN *Kosten* prendre en charge; assumer **3** *als Nachfolger: Arbeit, Aufgabe* prendre en charge; *Erbe, a. Jur Fall, Geschäft, Belegschaft* reprendre **4** *Verantwortung a.* prendre (sur soi) **5** (≈ *in die Hand nehmen*) *Amt, Aufgabe* assumer; *Leitung, Vorsitz* prendre; *Fall, Arbeit* se charger de **6** *Macht, Kommando* prendre **7** *Standpunkt* adopter B VR **sich ~** se surmener (**bei** à)
Überproduktion F surproduction f
überprüfen VT réviser; contrôler; (≈ *nachprüfen*) vérifier **Überprüfung** F révision f; contrôle m; vérification f
überqueren VT *Fläche* traverser; *Linie* franchir

überraschen VT surprendre (**bei etw** en train de faire qc); **vom Regen überrascht werden** être surpris par la pluie
überraschend A ADJ surprenant B ADV par surprise
überrascht ADJ surpris
Überraschung F surprise f
überreden VT **j-n zu etw ~** persuader qn de faire qc **überrumpeln** VT surprendre
überschätzen A VT surestimer B VR se surestimer
überschlagen A VT **1** (≈ *grob abschätzen*) estimer, évaluer (approximativement) **2** *Seiten* sauter B VR **1 sich ~** *Fahrzeug* se retourner; capoter; *Auto a.* faire un tonneau **2 sich ~** *Ereignisse* se précipiter **3 sich ~** *Stimme* dérailler; se fausser
überschneiden VR **1 sich ~** räumlich se croiser **2 sich ~** zeitlich coïncider **3 sich ~** inhaltlich (se) chevaucher
Überschrift F titre m
Überschuss M excédent m; surplus m
überschwappen *umg* VI *Gefäß, Flüssigkeit* déborder
überschwemmen VT *a. fig* inonder
Überschwemmung F *a. fig* inondation f, submersion f
Übersee **in, nach ~** outre-mer; **aus ~** d'outre-mer
übersehen VT **1** *Gelände* embrasser d'un coup d'œil **2** *Sachlage* avoir une vue d'ensemble de; *Ausmaß* mesurer l'ampleur de **3** (≈ *nicht bemerken*) ne pas voir; **mit Absicht** ignorer; **das habe ich ~** cela m'a échappé
übersetzen VT **in e-e andere Sprache** traduire (**aus** de), (**in** + *akk* en) **Übersetzer(in)** M(F) traducteur, -trice m,f
Übersetzung F traduction f (**aus** de), (**in** + *akk* en); SCHULE **in die Muttersprache** version f; *in e-e fremde Sprache* thème m
Übersicht F **1** (≈ *Überblick*), *a. fig* vue f d'ensemble (**über** + *akk* de); **die ~ verlieren** ne plus s'y retrouver **2** (≈ *Darstellung*) aperçu m, précis m (de); *als Tafel* tableau m synoptique **übersichtlich** ADJ **1** *Darstellung etc* clair; net **2** *Gelände* dégagé
überspielen VT **1** *Schwächen* masquer **2** *Kassette* repiquer

überspringen VT Hindernis (a. fig auslassen) sauter

überstehen¹ VT Gefahr échapper à; Krankheit, Krise, Schwierigkeiten surmonter; (≈ überleben) survivre à; **das wäre überstanden!** ouf, ça y est!

überstehen² VI räumlich dépasser

übersteuern A VT ELEK surmoduler B VI AUTO surviser

überstimmen VT mettre en minorité

Überstunde F heure f supplémentaire

überstürzen A VT (≈ anwenden) appliquer; **überstürzt abreisen** partir précipitamment B VR sich ~ Ereignisse se précipiter

übertönen VT Lärm etc couvrir; dominer

Übertopf M cache-pot m

Übertrag M BUCHFÜHRUNG report m

übertragen¹ A VT **1** Besitz, Recht transmettre, transférer (j-m, auf j-n à qn) **2** (≈ anwenden) appliquer (auf + akk à) **3** MED Krankheit transmettre, passer (auf + akk à) **4** RADIO, TV retransmettre; diffuser B VR sich ~ Krankheit se transmettre; fig Erregung se communiquer (auf + akk à)

übertragen² ADJT Wort in ~er Bedeutung au (sens) figuré

Übertragung F **1** e-s Besitzes, Rechtes transfert m; JUR a. cession f **2** (≈ Übersetzung) traduction f **3** MED e-r Krankheit transmission f; von Blut transfusion f **4** RADIO, TV retransmission f; diffusion f

übertreffen VT **1** Personen surpasser (in, an + dat en) **2** Erwartungen, Hoffnungen dépasser

übertreiben VT exagérer **Übertreibung** F exagération f

übertreten¹ VI **1** SPORT mordre sur la ligne **2** **zum Islam (Katholozismus,** etc**)** ~ se convertir à l'islam (au catholicisme, etc.)

übertreten² VT Gesetz, Vorschrift enfreindre

übertrieben ADJT exagéré

überwachen VT surveiller **Überwachung** F surveillance f

überwältigen VT **1** Gegner vaincre; maîtriser **2** fig (≈ beeindrucken) vivement impressionner **überwältigend** ADJT **1** Anblick grandiose; Erfolg foudroyant; iron **nicht (gerade)** ~ umg pas terrible,

fameux **2** Mehrheit écrasant

überweisen VT **1** Geld virer **2** MED **j-n zu e-m Facharzt** ~ adresser qn à un spécialiste **Überweisung** F **1** von Geld virement m (**auf ein Konto** sur un compte) **2** MED e-s Patienten recommandation f (**zu** à) **Überweisungsformular** N formule f de virement

überwiegend ADVL principalement

überwinden A VT Bedenken, Misstrauen vaincre; Hindernis, Schwierigkeit surmonter; Angst, Ekel dominer B VR sich ~ faire un effort sur soi-même (**etw zu tun** pour faire qc)

überzeugen A VT **j-n von etw** ~ convaincre, persuader qn de qc B VI être convaincant C VR **sich von etw** ~ se convaincre de qc **überzeugt** ADJT convaincu; **(sehr) von sich** ~ **sein** être (très) imbu de soi-même **Überzeugung** F (≈ Überzeugtsein) conviction f; **der** ~ **sein, dass ...** être convaincu que …

überziehen¹ A VT **1** (≈ beziehen, bedecken) (re)couvrir (**mit** de) **2** **sein Konto um 80 Euro** ~ avoir un découvert de 80 euros B VI (**um 5 Minuten**) ~ dépasser (de 5 minutes) le temps de parole, la durée d'une émission

überziehen² VT Mantel mettre, passer

üblich ADJ courant; (≈ gewöhnlich) habituel; **das ist so** ~ c'est l'usage; **wie** ~ comme d'habitude

U-Boot N sous-marin m

übrig ADJ **das, alles Übrige** le reste; **die, alle Übrigen** les autres; ~ **sein** rester; être de reste; **im Übrigen** du reste; ~ **bleiben** rester; être de reste; fig **es blieb mir nichts anderes** ~, **als zu** (+ inf) il ne me restait plus qu'à (+ inf); ~ **lassen** laisser

übrigens ADV du reste; d'ailleurs

übrighaben fig VT **etw** ~ **für** avoir de la sympathie pour; **nichts** ~ **für** n'avoir aucune sympathie pour

Übung F **1** pratique f; **aus der** ~ **kommen** perdre l'habitude **2** MIL, SCHULE, SPORT exercice m

Ufer N bord m; e-s Flusses, Sees a. rive f

Ufo N ABK (= unbekanntes Flugobjekt) ovni m

Uhr F **1** (≈ Armbanduhr, Taschenuhr) montre f; (≈ Standuhr, Turmuhr) horloge *f*; (≈ *Wanduhr*) pendule *f*; **meine Uhr geht richtig** ma montre est à l'heure; *umg* **rund um die Uhr** vingt-quatre heures sur vingt-quatre ❷ *bei Zeitangaben* heure *f*; **wie viel Uhr ist es?** quelle heure est-il?; **um wie viel Uhr?** à quelle heure?; **es ist ein, vier Uhr** il est une heure, quatre heures

Uhrzeiger M aiguille *f* de montre
Uhrzeigersinn M **im, entgegen dem ~** dans le sens, en sens inverse des aiguilles d'une montre **Uhrzeit** F heure *f*; **haben Sie die genaue ~?** avez-vous l'heure exacte?

Uhu M ZOOL grand-duc *m*
UKW ABK (= Ultrakurzwelle) FM *f*
ulkig *umg* ADJ drôle
Ultimatum N ultimatum *m*; **ein ~ stellen** adresser un ultimatum (j-m à qn)
Ultraschall M ultrason *m*
um A PRÄP ❶ *örtlich* **um ... (herum)** autour de ...; **er kam um die Ecke** il a tourné au coin de la rue ❷ *zeitlich ungefähr* vers; *bestimmt* à; **um elf (Uhr)** à onze heures; **um die Mittagszeit (herum)** vers midi B KONJ *Zweck* **um zu** (+ *inf*) pour (+ *inf*); afin de (+ *inf*) C ADV ❶ (≈ *etwa*) autour de; dans les; **um (die) 50 Euro** environ cinquante euros ❷ (≈ *vorüber*) **um sein** *Zeit* être passé, révolu; **die Pause ist um** la pause est finie
umarmen VT prendre dans ses bras; *~ und küssen* embrasser
Umbau M *a. fig* transformation *f* **umbauen** A VT *anders bauen* transformer (**zu en**) B VI faire des transformations; **wir bauen um** *am Haus, etc* nous faisons des transformations
umbenennen VT rebaptiser
umblättern VB & VT tourner
umbringen A VT tuer; (≈ *ermorden*) assassiner B VR **sich ~** se suicider
umbuchen VT ❶ *Reise, Flug* modifier la réservation de ❷ FIN passer, transférer d'un compte à un autre **Umbuchung** F ❶ *e-r Reise, e-s Fluges* modification *f* de réservation ❷ FIN transfert *m* d'un compte à un autre
umdrehen A VT retourner; *Schlüssel* tourner B VI → **umkehren** C VR **sich ~** se (re)tourner
Umfahrung *österr* F ❶ (≈ *Umleitung*) déviation *f*, contournement *m* ❷ (≈ *Umgehungsstraße*) bretelle *f* de contournement, rocade *f*
umfallen VI *Person* tomber; *Sache* se renverser; **tot ~** tomber raide mort
Umfang M ❶ (≈ *äußerer Kreisumfang*) circonférence *f*; MATH *a.* périmètre *m* ❷ (≈ *Ausdehnung, Größe*) étendue *f* (*a. Stimmumfang*); *e-s Buches* volume *m* ❸ *fig* (≈ *Ausmaß*) étendue *f*; **in vollem ~** dans toute son étendue, ampleur
Umfrage F enquête *f*; sondage *m*
Umgang M ❶ rapports *mpl*; relations *fpl* ❷ *mit Werkzeug, Geld, Menschen* maniement *m* (**mit de**)
Umgangssprache F langage familier **umgangssprachlich** ADJ familier
umgeben VT entourer (**mit de**) **Umgebung** F ❶ alentours *mpl*; environs *mpl* ❷ (≈ *Milieu*) entourage *m*
umgehen[1] VI ❶ *örtlich* **mit etw ~** *Gegenstand* manipuler qc; *Werkzeug, Geld* utiliser; **er kann nicht mit Geld ~** il ne sait pas gérer son budget ❷ (≈ *behandeln*) **mit j-m gut ~ können, mit j-m umzugehen verstehen** savoir s'y prendre avec qn
umgehen[2] VT (≈ *um ... herumgehen*), *a. fig Gesetz* contourner; *Schwierigkeit* éluder; esquiver **Umgehungsstraße** F route *f* de contournement; rocade *f*
umgekehrt A ADJ renversé; (≈ *entgegengesetzt*) inverse; contraire; **im ~en Fall(e)** à l'inverse B ADV inversement; **und ~** et vice versa
umhaben *umg* VT *Tuch, Uhr* porter
Umhang M cape *f*
umhängen VT ❶ *Mantel* mettre sur les épaules ❷ *Bild* accrocher ailleurs
umhauen VT ❶ abattre (à coups de °hache) ❷ *umg fig* (≈ *verblüffen*) renverser; (≈ *fertigmachen*) *Hitze* tuer
umkehren A VT (≈ *ins Gegenteil verkehren*) renverser B VI retourner en arrière
umkippen A VT renverser B VI ❶ se renverser ❷ *umg fig* (≈ *ohnmächtig werden*) tomber dans les pommes *umg* ❸ ÖKOL **der See ist umgekippt** l'équilibre biologique du lac est rompu
Umkleidekabine F *im Kaufhaus* cabine *f* (d'essayage); *zum Baden* cabine *f* (de bain) **Umkleideraum** M vestiaire *m*
umkommen VI ❶ **(bei etw) ~** périr, mourir (dans qc) ❷ *umg fig* **vor Hitze** (*dat*) **~** *umg* crever de chaud

Umkreis M im ~ von zehn Metern dans un rayon de dix mètres
umkrempeln VT **1** Ärmel retrousser; *umg fig* changer complètement
Umland N environs *mpl*
Umlauf M **1** ASTRON révolution *f* **2** ADMIN (≈ *Rundschreiben*) circulaire *f* **3** **im ~ sein** être en circulation; circuler; *nur Geld* avoir cours; **in ~ bringen** mettre en circulation; *nur Geld* émettre; *Falschgeld* écouler; *Gerücht* faire courir
Umlaufbahn F ASTRON orbite *f*
Umlaut M LING voyelle infléchie
umlegen VT **1** *Kette* mettre (autour de son cou) **2** *Hebel* manœuvrer **3** (*zum Liegen bringen*) coucher; (≈ *fällen*) abattre **4** *umg fig* (≈ *ermorden*) *umg* descendre **5** *Termin* remettre (**auf** + *akk* à) **6** *Kosten* répartir (**auf** + *akk* entre)
umleiten VT *Fluss, Verkehr* détourner; *Verkehr a.* dévier **Umleitung** F déviation *f*
umlernen VT **1** (≈ *sich umstellen*) changer de méthode **2** (≈ *umschulen*) se recycler
ummelden A VT **sein Auto ~** changer de plaque d'immatriculation B VR **sich ~** faire une déclaration de changement de domicile
umorganisieren VT réorganiser
umprogrammieren VT IT reprogrammer
umranden VT border; encadrer **Umrandung** F bordure *f*; encadrement *m*
umräumen VT ranger autrement; *Zimmer* changer la disposition de
umrechnen VT *Währung, Maße* convertir (**in** + *akk* en) **Umrechnungskurs** M taux *m* de change
Umriss M contour(s) *m(pl)*
umrühren VT remuer
ums, = **um das** → **um**
Umsatz M chiffre *m* d'affaires **Umsatzrückgang** M baisse *f* du chiffre d'affaires **Umsatzsteigerung** F augmentation *f* du chiffre d'affaires **Umsatzsteuer** F impôt *m* sur le chiffre d'affaires
umschalten VT RADIO changer de poste; TV changer de chaîne **Umschalttaste** F touche *f* de majuscule
umschauen → **umsehen**
Umschlag M **1** (≈ *Briefumschlag*) enveloppe *f*; (≈ *Buchumschlag*) jaquette *f* **2** MED compresse *f* **3** MODE revers *m*
umschlagen A VT **1** *Kragen* rabattre; *Ärmel* retrousser **2** *Buchseite* tourner B VT *Wetter, Meinung* (se) changer (subitement); *Wind, Glück* tourner
Umschlagplatz M lieu *m*, centre *m* de transbordement
umschmeißen *umg* VT → **umwerfen**
umschreiben VT (≈ *anders ausdrücken*) exprimer par une périphrase **Umschreibung** F périphrase *f*
Umschrift F LING **phonetische ~** transcription *f* phonétique
umschulen VT **1** *Schulkind* envoyer à une autre école **2** *Berufstätige* recycler; reconvertir **Umschulung** F **1** changement *m* d'école **2** reconversion *f*; recyclage *m*
Umschwung *fig* M changement brusque
umsehen VR **1** **sich ~** regarder autour de soi; **sich an e-m Ort ~** explorer un lieu **2** **sich ~** (≈ *zurücksehen*) se retourner (**nach** j-m sur qn) **3** **sich nach Arbeit ~** (re)chercher du travail
umsetzen A VT **1** *an e-e andere Stelle* déplacer **2** (**in die Tat**) mettre en pratique; réaliser **3** *Waren* vendre B VR **sich ~** (≈ *den Platz wechseln*) changer de place
umso KONJ **~ größer** d'autant plus grand; **~ mehr** d'autant plus
umsonst ADV **1** (≈ *kostenlos*) gratuitement **2** (≈ *vergebens*) en vain
Umstand M **1** (≈ *Gegebenheit*) circonstance *f*; (≈ *Tatsache*) fait *m*; **die näheren Umstände** les détails *mpl*; **unter Umständen** le cas échéant; **unter allen Umständen** en tout cas; **in anderen Umständen sein** être enceinte **2** **Umstände** (≈ *Förmlichkeiten*) cérémonies *fpl*; (≈ *Gehabe*) façons *fpl*; **ohne Umstände** sans façon, cérémonies; **j-m Umstände machen** causer du dérangement à qn; **das macht keine Umstände** ça ne dérange pas
umständlich ADJ *a. Person* compliqué
umsteigen VT **1** changer (de train, de voiture, *etc*) **2** **~ von ... auf** (+ *akk*) passer de ... à
umstellen A VT **1** (≈ *woanders hinstellen*) déplacer **2** (≈ *anders anordnen*) ar-

ranger différemment; **changer** 3 *Uhr* changer l'heure de 4 (≈ *anpassen*) *etw* **~ auf** (+ *akk*) adapter qc à 5 V/R **sich ~ s'adapter** (**auf** + *akk* à)
Umstellung F 1 (≈ *das Sichumstellen*) changement *m* 2 (≈ *Anpassung*) **~ (auf** + *akk*) adaptation *f* (à); (≈ *Einführung*) adoption *f* (de)
umstoßen V/T renverser
umstritten ADJ controversé
umstrukturieren V/T restructurer
Umtausch M échange *m*; (≈ *Geldumtausch*) change *m* **umtauschen** V/T échanger (**gegen** contre); *Geld* changer (**in** + *akk*)
Umwälzung fig F bouleversement *m*
umwandeln V/T CHEM, PHYS, *a. fig* transformer (**in** + *akk* en)
Umweg M *a. fig* détour *m*
Umwelt F environnement *m*
umweltbewusst ADJ respectueux de l'environnement **umweltfreundlich** ADJ *Auto, Verpackung* non polluant; *Produkt, Vorrichtung* antipollution; *Maßnahme* écologique
Umweltkatastrophe F catastrophe *f* écologique **Umweltmanagement** N gestion *f* de l'environnement **Umweltpapier** N papier recyclé **Umweltpolitik** F politique *f* de l'environnement **Umweltprämie** F BRD AUTO prime *f* à la casse **Umweltschäden** MPL dégâts causés à l'environnement **Umweltschutz** M défense *f*, protection *f* de l'environnement **Umweltschützer(in)** M(F) écologiste *m/f* **Umweltverschmutzung** F pollution *f* (de l'environnement) **umweltverträglich** ADJ non polluant **Umweltzerstörung** F destruction *f* de l'environnement, des milieux naturels
umwerfen V/T *a. fig* renverser
umwerfend *umg fig* ADJT renversant
umziehen A V/R **sich ~ se changer** B V/I déménager (**in** + *akk* dans), (**nach** à, en)
umzingeln V/T encercler; cerner
Umzug M 1 déménagement *m* 2 (≈ *Festzug*) cortège *m*
UN PL ABK (≈ *United Nations*) *Vereinte Nationen* **die UN** les Nations Unies
unabhängig A ADJ indépendant (**von** de); **von j-m ~ sein** ne pas dépendre de

qn B ADV **~ von** ... indépendamment de ... **Unabhängigkeit** F indépendance *f*
unabsichtlich A ADJ involontaire B ADV sans intention
unangenehm ADJ désagréable; (≈ *peinlich*) gênant; **es ist mir sehr ~, dass** il m'est très désagréable de (+ *inf*)
unannehmbar ADJ inacceptable
Unannehmlichkeit F ennui *m*
unanständig ADJ *a. Personen, Verhalten* indécent
unappetitlich ADJ (≈ *ekelhaft*) dégoûtant; *Essen* peu appétissant
unartig ADJ *Kind* vilain
unauffällig ADJ discret **unaufhörlich** A ADJ incessant B ADV sans cesse
unaufmerksam ADJ inattentif **unausgeglichen** ADJ mal équilibré **unausstehlich** ADJ insupportable
unbedeutend ADJ peu important; insignifiant; *Einzelheit* négligeable
unbedingt A ADJ *Vertrauen, Zuverlässigkeit* absolu B ADV absolument
unbefangen A ADJ 1 (≈ *unparteiisch*) impartial 2 (≈ *natürlich*) naturel; (≈ *ungehemmt*) sans complexes *umg* **unbefriedigend** ADJ peu satisfaisant **unbegabt** ADJ peu doué **unbegrenzt** A ADJ illimité B ADV sans limites, bornes **unbegründet** ADJ non fondé; injustifié
unbehaglich A ADJ incommode B ADV **sich ~ fühlen** se sentir mal à l'aise
unbehandelt ADJ *Lebensmittel, Infektion* non traité **unbeholfen** ADJ maladroit
unbekannt ADJ inconnu (**j-m** à, **de qn**); **das ist mir ~** je l'ignore; je n'en sais rien; JUR **Anzeige** *f* **gegen Unbekannt (erstatten)** (déposer une) plainte contre X **Unbekannte(r)** M/F(M) inconnu(e) *m(f)*
unbeliebt ADJ *Vorgesetzter, Kollege* impopulaire (**bei** auprès de, parmi)
unbemerkt ADV sans être remarqué; **~ bleiben** passer inaperçu
unbequem ADJ 1 *Sessel, Haltung* inconfortable 2 *fig* (≈ *lästig*) *Frage* embarrassant; *Mensch* dérangeant
unberechenbar ADJ imprévisible
unbeschreiblich A ADJ indescriptible B ADV (≈ *sehr*) extrêmement; infini-

unbesorgt ADJ sans souci; **seien Sie ~!** soyez tranquille, sans inquiétude!
unbeständig ADJ Mensch inconstant; (≈ labil), a. Wetter instable; **in der Leistung** irrégulier
unbestimmt ADJ vague; (≈ nicht festgelegt), a. MATH indéterminé
unbewacht ADJ Person non surveillé; Parkplatz non gardé **unbewaffnet** ADJ sans armes
unbeweglich ADJ (≈ nicht zu bewegen) immobile; Feiertag fixe; Miene impassible; (≈ steif) raide; geistig qui manque de souplesse
unbewohnt ADJ inhabité; (≈ leer stehend) inoccupé
unbewusst ADJ inconscient
unbezahlbar ADJ 1 (≈ unerschwinglich) °hors de prix; Preis inabordable 2 fig (≈ unersetzlich) **~ sein** valoir de l'or
unbrauchbar ADJ inutilisable
unbürokratisch ADJ & ADV sans paperasserie, formalités
uncool umg M umg pas cool; pop azbine; **das ist ja voll ~!** c'est complètement azbine!
und KONJ et; bei negativer Verbindung ne ... ni ... ni; **und so weiter** et ainsi de suite; et cetera; **(immer) größer und größer** de plus en plus grand; umg **der und Angst haben!** lui, avoir peur!
undankbar ADJ ingrat (**gegenüber j-m** envers qn) **Undankbarkeit** F ingratitude f
undefinierbar ADJ indéfinissable
undeutlich ADJ 1 a. Aussprache indistinct; Schrift peu lisible 2 fig (≈ ungenau) confus; vague
undicht ADJ Fenster qui joint mal; Fass, Dach non étanche; **e-e ~e Stelle** a. fig une fuite
Unding N **das ist ein ~** c'est une absurdité, un non-sens
undurchlässig ADJ für Wasser imperméable **undurchsichtig** ADJ 1 opaque 2 fig Charakter impénétrable; Geschäfte louche
uneben ADJ inégal; Gelände a. accidenté
unecht ADJ Schmuck faux
unehrlich ADJ malhonnête **Unehrlichkeit** F malhonnêteté f
uneinheitlich ADJ hétérogène
uneinig ADJ en désaccord (**mit j-m** avec qn), (**in** + dat), (**über** + akk sur)
unempfindlich ADJ 1 (≈ gefühllos) insensible (**gegenüber à**) 2 (≈ widerstandsfähig) robuste; Stoff résistant
unendlich A ADJ a. fig, a. MATH infini; (≈ unermesslich) immense B ADV **~ klein** infiniment petit; infinitésimal **Unendlichkeit** F infinité f
unentbehrlich ADJ indispensable (**für j-n, etw à qn, qc**)
unentschieden A ADJ 1 indécis; Frage a. en suspens; (≈ noch schwebend) pendant 2 SPORT nul B ADV SPORT **~ spielen** faire match nul
unentschuldigt A ADJ Fehlen non excusé B ADV **~ fehlen** être absent sans excuse
unentwegt ADV (≈ ständig) sans cesse
unerfahren ADJ inexpérimenté **unerfreulich** ADJ fâcheux; désagréable
unerhört ADJ (≈ unglaublich) inouï **unerlässlich** ADJ indispensable
unerlaubt A ADJ non autorisé; illicite; (≈ illegal) illégal B ADV sans autorisation
unerreichbar ADJ °hors d(e l')atteinte (**für j-n**) **unersättlich** a. fig ADJ insatiable
unersetzlich ADJ irremplaçable; Verlust irréparable **unerträglich** ADJ insupportable
unerwartet A ADJ inattendu B ADV **das kommt für mich ~** je ne m'y attendais pas
unerwünscht ADJ indésirable
UNESCO ABK (= United Nations Educational, Scientific and Cultural Organization, Organisation der Vereinten Nationen für Erziehung, Wissenschaft u. Kultur) **die ~** l'Unesco f
unfähig ADJ incapable (**zu de**)
unfair ADJ déloyal (**gegenüber** envers)
Unfall M accident m **Unfallflucht** F délit m de fuite **Unfallort** M lieu m de l'accident **Unfallversicherung** F assurance f contre les accidents
unförmig ADJ (≈ formlos) informe
unfreiwillig ADJ 1 (≈ unbeabsichtigt) involontaire 2 (≈ erzwungen) forcé
unfreundlich ADJ peu aimable; a. Wetter désagréable; (≈ abweisend) rébarbatif
unfruchtbar ADJ a. fig stérile, infé-

cond, infertile
Unfug M bêtise f; **~ treiben** faire des bêtises
Ungar(in) M(F) °Hongrois(e) m(f) **ungarisch** ADJ °hongrois **Ungarn** N la Hongrie
ungebildet ADJ inculte
Ungeduld F impatience f **ungeduldig** ADJ impatient; **~ werden** s'impatienter
ungeeignet ADJ Sachen impropre (**zu, für** à); Person inapte (à)
ungefähr A ADJ approximatif B ADV à peu près; environ; **~ dreißig** une trentaine (de); **so ~** plus ou moins
ungefährlich ADJ sans danger; non dangereux (**für** pour)
ungeheuer A ADJ énorme B ADV extrêmement; énormément
Ungeheuer N a. fig monstre m
ungehorsam ADJ désobéissant
ungekündigt ADJ **in ~er Stellung sein** être encore, toujours en poste
ungelernt ADJ Arbeiter non qualifié
ungenau A ADJ Angabe inexact; Wert, Messung imprécis B ADV 1 sans précision 2 arbeiten sans soin
ungeniert ADJ & ADV sans-gêne
ungenießbar ADJ 1 Speise immangeable; Getränk imbuvable; Pilz non comestible 2 umg fig umg imbuvable
ungenügend ADJ 1 insuffisant 2 Schulnote → **Sechs**
ungepflegt ADJ négligé
ungerade ADJ Zahl impair
ungerecht ADJ injuste **Ungerechtigkeit** F injustice f
ungern ADV à contrecœur; **ich tue das ~** je ne le fais pas volontiers
ungeschickt ADJ maladroit
ungeschminkt ADJ a. fig sans fard
ungesetzlich ADJ illégal
ungestört A ADJ tranquille B ADV en paix
ungesund ADJ a. fig malsain; Luft, Wohnung insalubre; **Rauchen ist ~** fumer est mauvais pour la santé
ungewiss ADJ incertain; j-n (**über etw** akk) **im Ungewissen lassen** laisser qn dans l'incertitude (au sujet de qc)
ungewöhnlich A ADJ inhabituel B ADV **~ schön** d'une beauté peu commune, extraordinaire
ungewohnt ADJ Anblick, Umgebung, Arbeit inhabituel
Ungeziefer N vermine f
ungezogen ADJ mal élevé
ungläubig ADJ 1 incrédule 2 REL incroyant
unglaublich ADJ incroyable; (≈ unerhört) inouï
ungleich ADJ 1 Kampf, Bedingungen inégal 2 (≈ verschieden) différent
Unglück N malheur m; (≈ Pech) malchance f; (≈ Unfall) accident m; (≈ Zugunglück, Flugzeugunglück) catastrophe f; (j-m) **~ bringen** porter malheur (à qn); **zu allem ~** pour comble de malheur
unglücklich A ADJ 1 malheureux; (**sich**) **~ machen** (se) rendre malheureux 2 (≈ ungünstig) malencontreux B ADV (≈ ungünstig) mal **unglücklicherweise** ADV malheureusement
ungültig ADJ non valable; Fahrkarte, Pass périmé; Stimme a JUR nul; **für ~ erklären** annuler; JUR invalider
ungünstig ADJ Wetter, Bescheid défavorable; Urteil, Lage désavantageux
ungut ADJ **ich habe ein ~es Gefühl dabei** ça ne me dit rien qui vaille
unheilbar ADJ incurable
unheimlich A ADJ 1 sinistre; (≈ Angst einflößend) inquiétant; **das ist mir ~** ça me donne le frisson 2 umg (≈ außerordentlich) umg terrible B ADV umg (≈ sehr) énormément, terriblement umg
unhöflich ADJ impoli
unhygienisch ADJ peu hygiénique
Uni umg F umg fac f
Unicef F ABK, **UNICEF** (= United Nations International Childrens Emergency Fund) Unicef m
Uniform F uniforme m
uninteressant ADJ peu, non intéressant; sans intérêt **uninteressiert** ADJ indifférent
Union F union f; **Europäische ~** Union européenne
Universität F université f
Universum N univers m
unklar ADJ 1 Angaben imprécis; Bild, Umrisse indistinct 2 (≈ ungewiss) vague; **j-n im Unklaren lassen** laisser qn dans le vague, l'incertitude (**über etw** akk au sujet, à propos de qc)
unkompliziert ADJ (≈ einfach) simple

Unkosten PL frais mpl; umg **sich in ~ stürzen** se mettre en frais
Unkraut N mauvaise(s) herbe(s)
unkritisch ADJ Bericht non critique
unleserlich ADJ illisible
unlogisch ADJ illogique **unlösbar** ADJ Problem insoluble
Unmenge F quantité f, nombre m énorme (**von, an** + dat de)
unmenschlich ADJ barbare; Tat monstrueux; a. Bedingungen inhumain
unmittelbar A ADJ Nachfolger, Nähe immédiat; Kontakt, Vorgesetzter direct B ADV **~ vor** (+ dat bzw. akk) räumlich à deux pas de; **~ bevorstehen** être imminent
unmöbliert ADJ non meublé **unmodern** ADJ démodé
unmöglich A ADJ a. umg fig Person, Benehmen, Kleidung impossible B umg ADV **ich kann es ~ tun** il m'est impossible de le faire; pej **sich ~ benehmen** se conduire de façon impossible
unnormal ADJ anormal
unnötig ADJ inutile; superflu
unnütz ADJ inutile
UNO ABK (= United Nations Organization, Organisation der Vereinten Nationen) **die UNO** l'ONU f
unordentlich ADJ 1 Zimmer en désordre 2 Person désordonné **Unordnung** F désordre m; **in ~** (akk) **bringen** a. fig mettre en désordre
unparteiisch A ADJ impartial B ADV sans parti pris
unpassend ADJ Zeitpunkt mal choisi; Bemerkung déplacé
unpersönlich ADJ a. GRAM impersonnel
unpraktisch ADJ pas (très) pratique; Person a. maladroit
unpünktlich ADJ 1 (≈ verspätet) en retard 2 (≈ nie pünktlich) Person pas très ponctuel
unrecht SUBST **~ haben** avoir tort; **j-m ~ tun** faire du tort à qn **Unrecht** N tort m; **im ~ sein** avoir tort; **zu ~** à tort; injustement
unregelmäßig ADJ irrégulier
unrentabel ADJ pas rentable
unrichtig ADJ (≈ falsch) incorrect; (≈ ungenau) inexact
Unruhe F 1 (≈ Besorgnis) inquiétude f; (≈ Nervosität) nervosité f 2 (≈ Trubel) agitation f 3 (≈ Unfrieden) **~n** pl troubles mpl; **~ stiften** provoquer des troubles
unruhig ADJ 1 (≈ besorgt) inquiet; **~ werden** s'inquiéter 2 (≈ ruhelos), a. Meer, Leben agité; (≈ nervös) nerveux 3 (≈ laut) bruyant
uns PERS PR (à) nous
unsachlich ADJ subjectif **unschädlich** ADJ Mittel inoffensif **unscharf** ADJ Bild flou
Unschuld F 1 innocence f 2 (≈ Jungfräulichkeit) virginité f
unschuldig ADJ (≈ schuldlos) innocent (**an etw** dat **qc**)
unselbstständig ADJ 1 Mensch: **in s-m Tun** qui dépend trop des autres; peu autonome; **er ist ~** il manque d'indépendance 2 ADMIN **~e Arbeit** travail salarié
unser POSS PR 1 notre; **~e** pl nos 2 ohne Subst. **das ist uns(e)rer, uns(e)re, uns(e)res** c'est le, la nôtre
unseretwegen ADV → **unsertwegen**
unsertwegen ADV 1 (≈ wegen uns) à cause de nous 2 (≈ uns zuliebe) pour nous 3 (≈ von uns aus) en ce qui nous concerne; quant à nous
unsicher A ADJ 1 (≈ gefahrvoll) peu sûr; umg fig hum **Paris ~ machen** aller à Paris pour bien s'amuser 2 (≈ nicht selbstsicher) qui manque d'assurance; **j-n ~ machen** troubler qn 3 (≈ ungewiss) incertain B ADV **~ fahren** manquer d'assurance au volant **Unsicherheit** F 1 (≈ Gefährlichkeit) insécurité f 2 (≈ Unsicherein) manque m d'assurance 3 (≈ Ungewissheit) incertitude f; der Existenz, Lage précarité f
unsichtbar ADJ invisible
Unsinn M 1 non-sens m; **das ist blanker ~** c'est complètement absurde 2 (≈ Unfug) bêtises fpl; **~ machen, reden** faire, dire des bêtises **unsinnig** ADJ insensé; absurde
unsozial ADJ antisocial
unsportlich ADJ 1 pas sportif 2 → unfair
unsterblich A ADJ immortel B umg ADV **~ verliebt** éperdument amoureux
unsympathisch ADJ antipathique
untätig ADJ inactif
untauglich ADJ inapte (**zu, für** à)

unten ADV en bas; **nach ~** vers le bas; **von ~** d'en bas; **auf Seite 10 ~** en bas de la page 10; **~ erwähnt** mentionné ci-dessous

unter A PRÄP 1 räumlich Lage sous; (≈ unterhalb) au-dessous de 2 räumlich, Richtung sous 3 unterhalb e-r Grenze au-dessous de; **Kinder ~ acht Jahren** enfants de moins, au-dessous de huit ans 4 Unterordnung **~ j-m stehen** venir après qn; **~ Karl dem Großen** sous Charlemagne 5 (Lage (≈ zwischen) parmi; entre; **~ uns (gesagt)** entre nous; **~ anderem** entre autres; **~ den Zuschauern** parmi les spectateurs B ADV (≈ weniger als) moins de

Unterarm M avant-bras m
Unterbewusstsein N subconscient m
unterbezahlt ADJ Arbeit, Arbeitskraft sous-payé
unterbieten VT 1 j-n, die Konkurrenz ~ vendre moins cher que qn, que la concurrence 2 bes SPORT Rekord battre
Unterbodenschutz M AUTO protection f du dessous de caisse
unterbrechen VT 1 interrompre; Arbeit, Diskussion a. suspendre 2 Leitung couper **Unterbrechung** F a. ELEK interruption f; zeitweilige suspension f
unterbringen VT 1 (≈ verstauen) mettre; ranger 2 (≈ beherbergen) loger 3 (≈ in Obhut geben) mettre 4 umg (≈ e-e Stellung verschaffen) caser
unterdrücken VT 1 Gefühl etc réprimer 2 Aufstand réprimer; Personengruppen opprimer
untere ADJ inférieur; (≈ darunterliegend) d'en bas; **der ~ Teil** la partie inférieure; (≈ darunter) **die ~ Wohnung** l'appartement m du bas (ou de dessous)
untereinander ADV 1 (≈ räumlich) l'un(e) au-dessous de l'autre 2 (≈ miteinander) entre eux (nous, etc)
unterentwickelt ADJ wirtschaftlich sous-développé **unterernährt** ADJ sous-alimenté
Unterführung F passage souterrain
Untergang M 1 (≈ v. Sonne, Mond) coucher m 2 e-s Schiffs naufrage m 3 fig (≈ Zugrundegehen) ruine f **untergehen** VT 1 Sonne, Mond se coucher 2 im Wasser Schiff couler, sombrer; Mensch se noyer 3 fig (≈ zugrunde gehen) disparaître

Untergeschoss, Untergeschoß österr N sous-sol m **Untergrund** M 1 BAU sol m d'infrastructure 2 fig, a. POL clandestinité f

unterhalb PRÄP au-dessous de
Unterhalt M 1 (≈ Instandhaltung[skosten]) entretien m 2 (≈ Lebensunterhalt) subsistance f; **für j-s ~ aufkommen** subvenir aux besoins de qn 3 (≈ Unterhaltszahlung) pension f alimentaire
unterhalten A VT 1 Person (≈ versorgen) entretenir; subvenir aux besoins de 2 (≈ instand halten) entretenir 3 Gäste divertir B VR 1 **sich mit j-m über etw** akk) ~ s'entretenir avec qn (de qc) 2 **wir haben uns gut ~** nous nous sommes bien amusés
unterhaltsam ADJ amusant
Unterhaltung F 1 (≈ Gespräch) entretien m; conversation f 2 (≈ Vergnügen) divertissement m; distraction f
Unterhemd N (≈ Herrenunterhemd) maillot m, tricot m de corps; (≈ Damenunterhemd) chemise f **Unterhose** F (≈ Herrenunterhose) caleçon m; (≈ Damenunterhose) (petite) culotte; (≈ Slip) slip m
unterirdisch A ADJ souterrain B ADV sous terre
Unterkiefer M mâchoire inférieure
unterkommen VT 1 (≈ Unterkunft finden) trouver à se loger 2 umg (≈ Stellung finden) trouver un emploi
Unterkörper M partie inférieure du corps
unterkriegen umg VT **sich nicht ~ lassen** ne pas se laisser abattre
Unterkunft F logement m
Unterlage F 1 support m; (≈ Schreibunterlage) sous-main m 2 **~n** (≈ Belege, Papiere) documents mpl; dossier m
unterlegen ADJT **ich bin ihr ~** je suis moins fort qu'elle; **j-m (zahlenmäßig) ~ sein** être inférieur (en nombre) à qn
Untermiete F **bei j-m zur ~ wohnen** être sous-locataire de od chez qn **Untermieter(in)** M(F) sous-locataire m/f
unternehmen VT entreprendre; (≈ eingreifen) **etwas ~** faire quelque chose; intervenir
Unternehmen N (≈ Vorhaben, Firma)

entreprise f **Unternehmensberater(in)** MF conseil m od conseiller, -ère m,f en gestion d'entreprise **Unternehmensgründung** F création f d'entreprise(s) **Unternehmer(in)** MF entrepreneur, -euse m,f
unternehmungslustig ADJ entreprenant
Unterricht M cours m(pl); *in der Grundschule* classe f; **~ geben** donner des cours; **im ~** en classe **unterrichten** A VT **1** (≈ *lehren*) etw ~ enseigner qc; donner, faire des cours de qc; **j-n in etw** (dat) **~** enseigner qc à qn **2** (≈ *informieren*) **j-n über etw** (akk) **, von etw ~** informer qn de qc B VI enseigner (**an** + dat à)
Unterrichtsfach N matière f **Unterrichtsstunde** F cours m; classe f
Unterrock M jupon m **Untersatz** M → Untersetzer
unterschätzen VT sous-estimer
unterscheiden A VT distinguer; (≈ *den Unterschied hervorheben*) différencier B VI faire une différence, une distinction (**zwischen** + dat entre) C VR **sich ~** se distinguer (**durch** par), (**von** de)
Unterschenkel M jambe f **Unterschicht** F classes inférieures (de la société)
Unterschied M **1** (≈ *das Unterscheiden*) différence f; *feiner* ~ nuance f; **im ~ zu** à la différence de **2** (≈ *Unterscheidung*) distinction f **unterschiedlich** ADJ différent
unterschlagen VT **1** (≈ *veruntreuen*) soustraire; détourner **2** *Nachricht* cacher; dissimuler
unterschreiben VT signer **Unterschrift** F signature f **Unterschriftenliste** F liste f de signatures
Untersetzer M *für Schüsseln* dessous-de-plat m; *für Gläser* dessous-de-verre m
unterste ADJ le plus bas/la plus basse; **das ~ Fach** le rayon du bas
unterstellen¹ A VT (≈ *aufräumen*) etw *im Keller, etc* ~ ranger qc à la cave, etc B VR **sich ~** se mettre à l'abri, s'abriter
unterstellen² VT (≈ *annehmen*) présumer; supposer; **er hat mir eine Lüge unterstellt** il a insinué que j'ai menti
unterstreichen VT *a. fig* souligner
unterstützen VT *Person, Antrag* soutenir; *Personen, a. finanziell* aider; *finanziell* subventionner **Unterstützung** F **1** (≈ *das Unterstützen*) soutien m; (≈ *Hilfe*) aide f **2** *finanziell* subvention f
untersuchen VT **1** *Beschaffenheit, Funktion, a.* MED examiner; *wissenschaftlich* étudier **2** *Fall* examiner **Untersuchung** F **1** examen m; *wissenschaftliche* recherche f; étude f **2** *polizeiliche* enquête f **Untersuchungshaft** F détention f provisoire
Untertasse F soucoupe f
untertauchen VI **1** plonger **2** *fig in der Menge* disparaître; **untergetaucht sein** se cacher
Unterteil NM partie f inférieure; bas m
unterteilen VT (sub)diviser (**in** + akk en)
Untertitel M sous-titre m
untertreiben VI minimiser l'importance des choses
Unterwäsche F sous-vêtements mpl
unterwegs ADV **1** (≈ *auf dem Weg*) en chemin **2** (≈ *während der Reise*) en cours de route **3** **vier Tage ~ sein** être parti quatre jours
Unterwelt F **1** MYTH enfers mpl **2** (≈ *Verbrecherwelt*) milieu m
unterzeichnen VT signer
untreu ADJ *a. fig* infidèle; **j-m ~ werden** être infidèle à qn; **s-n Prinzipien ~ werden** s'écarter de ses principes
untypisch ADJ non typique, caractéristique (**für** de)
unüberlegt ADJ irréfléchi
unübersehbar ADJ **1** (≈ *offenkundig*) manifeste **2** (≈ *sehr groß*) immense
unübersichtlich ADJ **1** *Darstellung* peu clair; confus **2** *Kurve* à mauvaise *bzw.* sans visibilité
unüblich ADJ pas très, peu courant
ununterbrochen A ADJ ininterrompu B ADV sans interruption
unveränderlich ADJ invariable; (≈ *beständig*) constant **unverantwortlich** ADJ *Person* irresponsable; *Verhalten* impardonnable **unverbesserlich** ADJ incorrigible
unverblümt ADV franchement
unvereinbar ADJ imcompatible, inconciliable (**mit** avec) **unvergesslich** ADJ inoubliable **unverheiratet** ADJ célibataire **unverletzt** ADV indemne

unvermeidbar, unvermeidlich ADJ inévitable **unvernünftig** ADJ déraisonnable
unverschämt A ADJ **1** Person, Benehmen insolent **2** umg (≈ sehr groß) extraordinaire; bes Preis exorbitant B ADV umg (≈ sehr) démesurément **Unverschämtheit** F insolence f
unverständlich ADJ incompréhensible; inintelligible; **es ist mir ~, wie …** je ne comprends pas comment …
unverwechselbar ADJ qu'on ne peut confondre
unvollendet ADJ inachevé **unvollkommen** ADJ Mensch, Arbeit imparfait **unvollständig** ADJ incomplet
unvorbereitet A ADJ non préparé; improvisé B ADV (≈ ohne Vorbereitung) sans préparation
unvorsichtig ADJ imprudent **Unvorsichtigkeit** F imprudence f
unvorstellbar A ADJ inimaginable B ADV (≈ sehr) énormément
unwahr ADJ faux **Unwahrheit** F mensonge m; **die ~ sagen** mentir
unwahrscheinlich ADJ **1** invraisemblable; improbable **2** umg (≈ unerhört) incroyable
Unwetter N (≈ Gewitter) orage m; (≈ Sturm) tempête f
unwichtig ADJ peu important; (≈ belanglos) insignifiant
unwiderstehlich ADJ irrésistible
unwillkürlich ADJ (≈ ungewollt) involontaire
unwohl ADV mir ist ~, ich fühle mich ~ körperlich je ne me sens pas bien; (≈ unbehaglich) je suis mal à l'aise
Unzahl F e-e **~ von** … une multitude de …
unzählbar, unzählig ADJ innombrable
unzerbrechlich ADJ incassable **unzertrennlich** ADJ inséparable
unzufrieden ADJ mécontent (**mit** de) **Unzufriedenheit** F mécontentement m
unzumutbar ADJ qui ne peut être exigé
unzurechnungsfähig ADJ JUR irresponsable (de ses actes)
unzuverlässig ADJ Mensch peu fiable; Nachrichtenquelle peu sûr

Update N IT mise f à jour
Upgrade N IT Vorgang mise f à niveau; Ergebnis version améliorée **upgraden** VT IT Programm etc faire la mise à niveau (de) **Upload** M IT téléchargement m **uploaden** VT IT télécharger
üppig ADJ Vegetation luxuriant; exubérant; Mahl copieux; Körperformen opulent; plantureux
uralt ADJ **1** (≈ sehr alt) très vieux **2** (≈ e-r alten Zeit angehörend) très ancien
Uran N uranium m
uraufführen VT THEAT créer **Uraufführung** F première f
Ureinwohner(in) M(F) autochtone m/f; bes Australiens aborigène m/f
Urenkel(in) M(F) arrière-petit-fils m, arrière-petite-fille f; **die ~ pl** les arrière-petits-enfants mpl
Urgeschichte F préhistoire f
Urgroßmutter F arrière-grand-mère f **Urgroßvater** M arrière-grand-père m
Urheber(in) M(F) auteur m **Urheberrecht** N droit m d'auteur
urig ADJ Mensch naturel; nature; Lokal authentique
Urin M urine f
urkomisch ADJ extrêmement drôle
Urkunde F document m
Urlaub M congé m; (≈ Ferien) vacances fpl; **~ auf dem Bauernhof** vacances fpl à la ferme; **in ~ fahren** partir en vacances; **~ haben, auf od in od im ~ sein** être en vacances, en congé
Urlauber(in) M(F) vacancier, -ière m,f **Urlaubsanschrift** F adresse f de vacances **Urlaubsfoto** N photo f de vacances **Urlaubsgeld** N prime f de vacances **Urlaubsort** M lieu m de vacances **Urlaubsreise** F voyage m de vacances
Urne F urne f
Uroma F umg umg arrière-grand-maman f **Uropa** M umg umg arrière-grand-papa m
urplötzlich ADJ soudain; subit
Ursache F cause f; **keine ~!** (il n'y a) pas de quoi!; je vous en prie!
Ursprung M origine f **ursprünglich** A ADJ **1** (≈ anfänglich) premier; initial **2** (≈ echt, natürlich) naturel B ADV (≈ anfangs) à l'origine

Urteil N̄ 1 (≈ *Bewertung, Meinung*) jugement *m*; opinion *f*; **sich** (*dat*) **ein ~ (über etw, j-n) bilden** se faire une opinion (sur qc, qn) 2 JUR (≈ *Urteilsspruch*) jugement *m* **urteilen** V̄T̄ juger (**über etw, j-n** de qc, qn); **nach ihrer Miene zu ~,** ... à en juger par sa mine ...
Urwald M̄ forêt *f* vierge
Urzeit F̄ préhistoire *f*; *fig* **seit ~en** depuis des temps immémoriaux
USA ABK (= United States of America) **die USA** *pl* les États-Unis *mpl*
USB M̄ ABK (= Universal Serial Bus) IT USB *m* **USB-Anschluss** M̄ IT port *m* USB **USB-Kabel** N̄ IT câble *m* USB **USB-Stick** M̄ IT clé *f* USB
User(in) M̄(F̄) IT utilisateur, -trice *m,f*
User Account M̄ *od* N̄ IT compte *m* utilisateur
usw. ABK (= und so weiter) etc.
Utopie F̄ utopie *f* **utopisch** ADJ utopique
UV-Strahlen M̄P̄L̄ rayons ultraviolets

V

V, v N̄ V, v *m*
vage ADJ vague
Vagina F̄ ANAT vagin *m*
Vakuum N̄ PHYS, *a. fig* vide *m* **vakuumverpackt** ADJ emballé sous vide
Valuta F̄ FIN devise *f*
Vampir M̄ vampire *m*
Vanille F̄ vanille *f* **Vanilleeis** N̄ glace *f* à la vanille **Vanillepudding** M̄ *etwa* flan *m* à la vanille
Variante F̄ variante *f*
Vase F̄ vase *m*
Vater M̄ 1 père *m* 2 REL **der Heilige ~** le Saint-Père
Vaterland N̄ patrie *f* **Vatertag** M̄ fête *f* des pères **Vaterunser** N̄ REL Notre Père *m*
Vatikan M̄ **der ~** le Vatican
V-Ausschnitt M̄ col *m*, décolleté *m* en V
v. Chr. ABK (= vor Christus) av. J.-C.

vegan A ADJ végétalien B ADV **sich ~ ernähren** être végétalien **Veganismus** M̄ végétalisme *m*
Vegetarier(in) M̄(F̄) végétarien, -ienne *m,f* **vegetarisch** ADJ végétarien
Veilchen N̄ 1 BOT violette *f* 2 *umg* (≈ *blaues Auge*) œil *m* au beurre noir
Velo *schweiz* N̄ vélo *m*
Vene F̄ ANAT veine *f*
Venedig N̄ Venise *f*
Ventil N̄ 1 TECH soupape *f*; *e-s Reifens* valve *f* 2 MUS piston *m* **Ventilator** M̄ ventilateur *m*
Venus F̄ ASTRON, MYTH Vénus *f*
verabreden A V̄T̄ convenir (**etw** de qc); **~, dass ...** décider de (+ *inf*) *bzw*. que ... (*meist* + Futur) B V̄R̄ **sich ~** fixer un rendez-vous; **mit j-m verabredet sein** avoir rendez-vous avec qn
Verabredung F̄ 1 (≈ *Treffen*) rendez-vous *m* 2 → Vereinbarung
verabschieden A V̄T̄ 1 *Gäste* dire au revoir à 2 (≈ *entlassen*) fêter officiellement le départ de B V̄R̄ **sich ~** prendre congé (**von, bei j-m** de qn)
verachten V̄T̄ mépriser **Verachtung** F̄ mépris *m*
verallgemeinern V̄T̄ généraliser **Verallgemeinerung** F̄ généralisation *f*
veraltet ADJ vieilli
verändern A V̄T̄ changer; modifier B V̄R̄ **sich ~** changer; se modifier; se transformer **Veränderung** F̄ changement *m*
veranlagen V̄T̄ FIN **j-n ~** imposer qn
veranstalten V̄T̄ *Fest, Ausstellung* organiser; *Umfrage* faire **Veranstaltung** F̄ 1 (≈ *das Veranstalten*) organisation *f* 2 (≈ *Sportveranstaltung, Kulturveranstaltung*) manifestation *f*
verantworten A V̄T̄ **etw ~** répondre de qc; prendre, assumer la responsabilité de qc B V̄R̄ **sich für etw ~** se justifier de qc (**vor j-m** auprès de qn) **verantwortlich** ADJ responsable (**für** de); **j-n für etw ~ machen** rendre qn responsable de qc **Verantwortung** F̄ responsabilité *f*; **die ~ tragen** porter la responsabilité, être responsable (**für** de) **verantwortungslos** ADJ irresponsable **verantwortungsvoll** ADJ 1 *Aufgabe* de responsabilité 2 *Person* responsable

verarbeiten VT 1 (≈ als Material verwenden) employer, utiliser (**zu etw** à qc); (≈ bearbeiten) transformer; travailler; IT traiter; **gut, schlecht verarbeitet** d'une bonne, mauvaise finition 2 psychisch, geistig assimiler

verärgert ADJ fâché (**wegen** à cause de)

verarschen sl VT **j-n ~** umg se payer la gueule, poire de qn

verausgaben VR **sich ~** physisch se dépenser; s'épuiser

Verb N GRAM verbe m

Verband M 1 MED pansement m; bandage m 2 (≈ Zusammenschluss) fédération f; (≈ Verein) association f

Verband(s)kasten M im Auto mallette f de premiers soins **Verband(s)zeug** N (nécessaire m à) pansements mpl

verbannen VT a. fig bannir **Verbannung** F bannissement m; Ort exil m

verbauen A VT 1 **j-m die Aussicht ~** masquer, boucher la vue de qn (par une construction) 2 Material utiliser dans la construction B VR fig **sich** (dat) **die Zukunft ~** gâcher son avenir

verbergen VT cacher (**j-n, etw vor j-m** qn, qc à qn)

verbessern A VT 1 qualitativ améliorer 2 Fehler (≈ berichtigen) corriger B VR 1 **sich ~** qualitativ s'améliorer 2 **sich ~** (≈ sich korrigieren) se corriger; beim Sprechen se reprendre 3 **sich ~** bes beruflich trouver une meilleure situation **Verbesserung** F 1 amélioration f 2 correction f

verbeugen VR **sich ~** s'incliner (**vor j-m** devant qn) **Verbeugung** F révérence f

verbeulen VT bosseler; cabosser

verbiegen A VT déformer B VR **sich ~** se tordre; se déformer; bes Rad se voiler

verbieten VT 1 (≈ untersagen) défendre, interdire ([**j-m**] **etw** qc [à qn]); **Rauchen verboten** défense de fumer 2 Partei, Buch interdire

verbilligt ADJ à prix réduit

verbinden A VT 1 Wunde panser 2 **j-m die Augen ~** bander les yeux de qn 3 (≈ zusammenfügen) joindre; réunir; **Drähte miteinander ~** joindre, relier des fils les uns aux autres 4 Verkehrswege, Städte relier 5 ELEK ELECTR; TEL passer (**mit j-m** qn); **ich verbinde (Sie)** je vous passe la communication; je vous le od la passe; **Sie sind falsch verbunden** vous avez fait un mauvais numéro 6 (≈ verknüpfen) combiner (**mit** à) 7 **mit Kosten verbunden sein** entraîner des frais, dépenses 8 (≈ e-e Beziehung herstellen) unir 9 **was ~ Sie mit diesem Wort?** à quoi ce mot vous fait-il penser? B VR 1 **sich ~** (≈ sich vermengen) se mélanger; CHEM se combiner (**mit** à) 2 **sich ~** (≈ ein Bündnis schließen) s'unir; s'associer

Verbindlichkeit F 1 von Gesetzen caractère m obligatoire 2 (≈ Höflichkeit) obligeance f 3 HANDEL **~en** pl engagements mpl

Verbindung F 1 zwischen Personen contact m; (≈ menschliche Beziehung), a. HANDEL relation f; **in ~** (dat) **bleiben mit ...** rester en contact avec ...; **sich in ~** (akk) **setzen** prendre contact (**mit** avec); **mit j-m in ~** (dat) **stehen** avoir des od être en contact avec qn; **mit j-m ~ aufnehmen** prendre contact avec qn 2 (≈ Verkehrsverbindung) voie f de communication; **e-e direkte ~ nach ...** une ligne directe avec ... 3 TEL, TELEKOMMUNIKATION communication f 4 CHEM Vorgang u. Ergebnis combinaison f

verbissen ADJ 1 Widerstand acharné 2 **ein ~es Gesicht machen** avoir un air obstiné, têtu

verbittert ADJ aigri

verblassen VI 1 Tinte, Schrift pâlir; Stoff passer 2 fig Erinnerung s'effacer

verblüffen VT & VI stupéfier **verblüffend** ADJ stupéfiant; ahurissant **verblüfft** ADJ stupéfait, ébahi **Verblüffung** F stupéfaction f

verblühen VI se faner

verbluten VR a. fig perdre tout son sang

verbogen ADJ tordu; déformé

verborgen ADJ caché

Verbot N défense f; interdiction f **verboten** PPERF → verbieten

Verbrauch M consommation f (**an** + dat de) **verbrauchen** VT consommer; (≈ aufbrauchen) épuiser **Verbraucher(in)** M|F consommateur, -trice m,f

Verbraucherschutz M défense f du consommateur **Verbraucherzentrale** F association f des consommateurs

verbrechen VT umg hum **was hat er denn schon wieder verbrochen?** umg qu'est-ce qu'il a encore fabriqué? **Verbrechen** N crime m (**an** + dat), (**gegen** contre); **ein ~ begehen** commettre un crime **Verbrecher** M criminel m

verbreiten A VT répandre; Nachricht, Krankheit a. propager B VR **sich ~** se répandre; se propager

verbrennen A VT brûler; Abfälle, Leichen incinérer B VI brûler; **es riecht verbrannt** ça sent le brûlé C VR **er hat sich die Hand verbrannt** il s'est brûlé la main **Verbrennung** F 1 (≈ Verbrennen) combustion f; (≈ Leichenverbrennung) crémation f; a. von Abfällen incinération f 2 Verletzung brûlure f

verbringen VT Zeit, Ferien passer; **s-e Zeit mit etw ~** passer son temps à (faire) qc

verbünden VR **sich ~** s'allier (**mit** à, avec) **Verbündete(r)** M/F(M) allié(e) m(f)

Verdacht M soupçon m; **~ schöpfen** (commencer à) avoir des soupçons; **j-n wegen etw** in od **im ~ haben** soupçonner qn de qc **verdächtig** ADJ suspect; Angelegenheit, Verhalten a. louche; **sich ~ machen** éveiller les soupçons; **das kommt mir ~ vor** ça me paraît louche **Verdächtige(r)** M/F(M) suspect(e) m(f) **verdächtigen** VT j-n ~ suspecter, soupçonner qn

verdammt umg A INT **~ (noch mal)**, **~ und zugenäht!** zut (alors)! umg, mince (alors)! umg B ADJ 1 umg sacré; **~er Mist** sl merde! 2 **(ein) ~es Glück** umg une sacrée chance C ADVL (≈ sehr) vachement umg, drôlement umg

verdanken VT j-m etw ~ devoir qc à qn

verdattert umg ADJ ahuri

verdauen VT & VI a. fig digérer **Verdauung** F digestion f

Verdeck N capote f **verdecken** VT couvrir; (≈ dem Blick entziehen) masquer

verderben A VT 1 gâter; abîmer; moralisch corrompre 2 **j-m die Freude ~** gâter, gâcher la joie de qn B VI Lebensmittel s'abîmer C VR **sich** (dat) **die Augen ~** s'abîmer la vue, les yeux; **sich** (dat) **den Magen ~** se faire une indigestion

verdienen VT 1 Geld gagner; abs **gut ~** gagner bien sa vie 2 Lob, Strafe mériter

Verdienst¹ M (≈ Einkommen) salaire m; (≈ Gewinn) gain m; profit m

Verdienst² N (≈ Leistung) mérite m; **es ist sein ~, dass ...** son mérite, c'est que ...

verdoppeln A VT doubler; fig Bemühungen redoubler B VR **sich ~** doubler **Verdopp(e)lung** F multiplication f par deux; fig redoublement m

verdorben PPERF → verderben

verdrängen VT 1 aus e-r Stellung évincer 2 (≈ ersetzen, a. schrittweise) supplanter 3 PSYCH refouler

verdrehen VT 1 tordre; Augen rouler 2 umg pej Tatsachen déformer

verdreifachen VT (& VR) **(sich) ~** tripler

verdrücken umg A VT avaler; umg engouffrer B VR **sich ~** umg se tirer; umg se barrer

verdünnen VT Flüssigkeit diluer

verdunsten VI s'évaporer

verdursten VI mourir de soif

verdutzt ADJ ébahi

verehren VT 1 geh (≈ bewundern) admirer; **verehrte Anwesende!** Mesdames et Messieurs! 2 REL (≈ anbeten) vénérer

Verein M association f; club m **vereinbar** ADJ compatible, conciliable (**mit** avec) **vereinbaren** VT 1 **etw ~** convenir de qc (**mit j-m** avec qn); Termin fixer 2 **sich (nicht) mit etw ~ lassen** (ne pas) être compatible avec qc **vereinbart** ADJ convenu; **wie ~** comme convenu **Vereinbarung** F accord m; **e-e ~ treffen** conclure un accord (**über etw** akk sur qc); **nach ~** beim Arzt sur rendez-vous

vereinfachen VT simplifier **Vereinfachung** F simplification f

vereinheitlichen VT uniformiser; standardiser **Vereinheitlichung** F uniformisation f; standardisation f

vereinigen A VT réunir (**mit** à) B VR **sich ~** se réunir (**mit** avec); s'unir (avec); s'associer (à od avec); Flüsse confluer

(avec); se (re)joindre; *fig Anmut: mit Geist s'allier à* **vereinigt** ADJ **(die) Vereinigte(n) Staaten** *mpl* **(von Amerika)** (les) États-Unis *mpl* (d'Amérique)
vereist ADJ *Straßen* verglacé
vereitert ADJ purulent
vererben VT *Besitz* laisser, léguer (j-m etw qc à qn) **Vererbung** F BIOL hérédité *f*
verfahren[1] A VI (≈ *vorgehen*) procéder B VR *sich* ~ se tromper de route
verfahren[2] ADJ *Situation* sans issue; *Angelegenheit* embrouillé; **die Situation ist völlig ~** nous sommes dans une impasse
Verfahren N (≈ *Arbeitsweise*) méthode *f*; TECH, CHEM procédé *m* JUR procédure *f*
verfallen[1] VI *baulich* tomber en ruine; se délabrer *Fahrkarten* se périmer; *Pass* expirer **darauf ~, etw zu tun** avoir l'idée de faire qc
verfallen[2] ADJ *Gebäude, Ruine* délabré
Verfallsdatum N date *f* de péremption
verfärben VR *sich* ~ changer de couleur
verfassen VT écrire **Verfasser(in)** M(F) auteur *m*
Verfassung F POL Constitution *f* (≈ *Zustand*) état *m*; *körperliche* condition *f*; forme *f*; **in guter ~ sein** être en bonne condition; être en forme **verfassungswidrig** ADJ contraire à la Constitution
verfaulen VI pourrir **verfault** ADJ pourri
verfehlen VT *Person, Zug, Ziel* manquer; rater *fig Zweck* manquer; *Thema* ne pas traiter
verfilmen VT *Roman* porter à l'écran
Verfilmung F adaptation *f* cinématographique
verfliegen VI (≈ *vorbeigehen*) *Zeit, Zorn* passer (≈ *sich verflüchtigen*) *Duft* se dissiper
verflixt *umg* → verdammt
verfluchen VT *a. fig* maudire **verflucht** *umg* → verdammt
verfolgen VT (≈ *einzuholen versuchen*) poursuivre; **j-n auf Schritt und Tritt ~** ne pas quitter qn d'une semelle (≈ *bedrängen*) poursuivre; **dieser Ge-** **danke verfolgt mich** cette idée me poursuit *fig politische Gegner etc* persécuter *Spur, Weg, a. fig Gedankengang* suivre *fig Absicht, Ziel* poursuivre
Verfolger M *e-s Flüchtenden* poursuivant *m*
Verfolgung F *e-s Flüchtenden, a. fig e-r Absicht* poursuite *f*; *politische* persécution *f* **Verfolgungsjagd** F poursuite effrénée; *mit Autos* rodéo *m umg* **Verfolgungswahn** M PSYCH délire *m*, manie *f* de la persécution
verfügbar ADJ disponible
Verfügung F ADMIN (≈ *Anordnung*) ordonnance *f* **j-m etw zur ~ stellen** mettre qc à la disposition de qn; **j-m zur ~ stehen** être à la disposition de qn
verführen VT *j-n* ~ séduire qn; (≈ *verleiten*) **j-n zu etw ~** inciter qn à qc **verführerisch** ADJ (≈ *verlockend*) tentant; séduisant (≈ *sehr reizvoll*) séducteur
vergammelt ADJ *Lebensmittel* pourri; *Person, Kleidung* débraillé
vergangen A PPERF → vergehen B ADJ *Zeit* passé; **~e Woche** la semaine passée, dernière **Vergangenheit** F *a.* GRAM passé *m*
Vergaser M AUTO carburateur *m*
vergaß VI → vergessen
vergeben VT *geh* (≈ *verzeihen*) pardonner (j-m etw qc à qn) (≈ *geben*) **(an j-n) ~** donner (à qn); *Preis, Stelle* attribuer (à qn); *Auftrag* passer (à qn) *bes* SPORT *Chance* laisser passer
vergebens A ADJ **es war ~** ça n'a servi à rien B ADV en vain **vergeblich** ADJ (en) vain; inutile
vergehen VI *Zeit* passer *Schmerz etc* passer; **mir ist der Appetit vergangen** ça m'a coupé l'appétit *fig* **vor** (+ *dat*) **~** mourir de ...
Vergehen N JUR délit *m*
vergessen VT oublier; *fig* **j-m etw nie ~** (≈ *dankbar sein*) revaloir qc à qn; (≈ *böse sein*) ne pas pardonner qc à qn; *umg* **vergiss es!** *umg* laisse tomber!
vergesslich ADJ distrait
vergeuden VT gaspiller
vergewaltigen VT violer **Vergewaltigung** F viol *m*
vergewissern VR *sich e-r Sache* (*gen*) ~ s'assurer de qc

vergiften A VT empoisonner a. fig; MED intoxiquer B VR **sich ~** s'empoisonner; MED (s')intoxiquer **Vergiftung** F **1** (≈ das Vergiften), a. fig empoisonnement m **2** Erkrankung intoxication f

Vergissmeinnicht N BOT myosotis m

Vergleich M comparaison f; **im ~ mit** (ou **zu**) par comparaison à, en comparaison de

vergleichbar ADJ comparable (**mit** à)

vergleichen VT comparer (**mit** à, avec)

vergleichsweise ADV comparativement

vergnügen VR **sich mit etw ~** s'amuser, se divertir à od avec qc

Vergnügen N plaisir m; **mit (dem größten) ~** avec (le plus grand) plaisir; **viel ~!** amusez-vous bien!; iron je vous souhaite bien du plaisir!; **mit wem habe ich das ~ (zu sprechen)?** à qui ai-je l'honneur?; **es ist mir ein ~** c'est un plaisir pour moi; umg **ein teures ~** un plaisir qui coûte cher

vergnügt ADJ gai

Vergnügungspark M parc m d'attractions

vergraben VT enterrer

vergrößern A VT **1** (≈ erweitern), a. Geschäft agrandir **2** (≈ vermehren) augmenter **3** OPT grossir; FOTO agrandir B VR **sich ~** a. Geschäft, Familie s'agrandir **Vergrößerung** F **1** agrandissement m **2** augmentation f **3** FOTO agrandissement m; OPT grossissement m **Vergrößerungsglas** N loupe f

Vergünstigung F (≈ Ermäßigung) réduction f; steuerliche, soziale avantage m

Vergütung F **1** rémunération f **2** remboursement m

verhaften VT arrêter **Verhaftung** F arrestation f

verhalten VR **sich ~** (≈ sich benehmen) se conduire, se comporter (**gegen j-n, j-m gegenüber** avec qn, envers qn) **Verhalten** N conduite f; comportement m

verhaltensgestört ADJ qui présente des troubles du comportement

Verhältnis N **1** (≈ Größenverhältnis) rapport m; proportion f; **im ~ zu** en proportion de; par rapport à; **im ~ 1 zu 3** dans un rapport de 1 à 3; **in keinem ~ stehen (zu)** être disproportionné (à, avec) **2** (≈ Beziehung) rapports mpl; relations fpl; **ein gutes ~ zu j-m haben** avoir de bons rapports avec qn **3** umg (≈ Liebesverhältnis) liaison f **4** **~se** pl situation f; conditions fpl; (≈ Umstände) circonstances fpl

verhältnismäßig ADV relativement

verhandeln VI **über etw** (akk) **~** négocier qc; (≈ beraten) débattre (de) qc **Verhandlung** F **1** bes POL, HANDEL négociation f **2** JUR audience f

verhandlungssicher ADJ in Bezug auf Sprachkenntnisse: Person en mesure de mener des négociations; **~es Englisch** des connaissances en anglais suffisantes pour mener des négociations; **ihr Französisch ist ~** son français lui permet de mener des négociations

verharmlosen VT minimiser

verhasst ADJ odieux; détesté

verhätscheln VT Kind dorloter

verhauen umg VT **1** **j-n ~** flanquer une raclée à qn; rosser qn **2** umg Prüfung, Test rater, louper

verheddern umg VR **sich ~** Fäden s'emmêler; s'embrouiller; **sich in etw** (dat) **~** s'empêtrer dans qc; fig beim Sprechen **sich ~** s'embrouiller

verheilen VI guérir

verheimlichen VT cacher, dissimuler (**j-m etw, etw vor j-m** qc à qn)

verheiratet ADJ marié

verhexen VT ensorceler; envoûter; umg fig **es ist wie verhext!** umg c'est la poisse!; tout va de travers!

verhindern VT empêcher

Verhör N interrogatoire m

verhören A VT **j-n ~** interroger qn B VR **sich ~** mal entendre

verhungern VI mourir de faim

verhüten VT (≈ verhindern) empêcher **Verhütung** F **1** (≈ Vorbeugung) prévention f **2** (≈ Empfängnisverhütung) contraception f **Verhütungsmittel** N contraceptif m

verirren VR **sich ~** s'égarer; se perdre

verjagen VT chasser (**aus, von** de)

Verjährung F JUR prescription f **Verjährungsfrist** F JUR délai m de prescription

verkabeln VT TV câbler

verkalkt *fig* ADJ **1** MED, *a. fig* sclérosé; *Person a.* gâteux **2** *Waschmaschine* entartré
verkalkulieren VR *sich* ~ (≈ *falsch beurteilen*) se tromper; *umg* se gourer
Verkauf M vente *f*
verkaufen VT vendre; **j-m etw ~, etw an j-n ~** vendre qc à qn
Verkäufer(in) M(F) vendeur, -euse *m,f*
Verkehr M **1** (≈ *Straßenverkehr*) circulation *f*; *bes starker a.* trafic m; **stockender ~** ralentissement(s) *m(pl)*; **öffentlicher ~** transports publics **2** (≈ *Geldverkehr, Güterverkehr*) circulation *f*; **aus dem ~ ziehen** retirer de la circulation
verkehren VI **1** *Bahn, Bus* circuler (**zwischen** + *dat* entre); *regelmäßig* desservir **2 in e-m Haus ~** fréquenter une maison **3 mit j-m ~** fréquenter qn; avoir des rapports, des relations avec qn
verkehrsberuhigt ADJ **~e Zone** zone (résidentielle) à vitesse limitée **Verkehrschaos** N embouteillages *mpl* (monstres) **Verkehrsfunk** M radioguidage *m* **Verkehrshindernis** N obstacle *m* (à la circulation) **Verkehrsinsel** F refuge *m* (pour piétons) **Verkehrskontrolle** F contrôle *m* de police **Verkehrsmeldung** F message *m* routier
Verkehrsmittel N moyen *m* de transport; **öffentliche ~** *npl* transports *mpl* en commun
Verkehrspolizei F police routière, de la route **Verkehrsregel** F règle *f* de la circulation **Verkehrsschild** N panneau *m* de signalisation (routière) **Verkehrsunfall** M accident *m* de la route, de la circulation **Verkehrsverbindung** F voie *f* de communication
verkehrt A ADJ faux; **der ~e Weg** le mauvais chemin B ADV de travers
verklagen VT **j-n ~** intenter une action (judiciaire) contre qn (**wegen etw** pour, en qc)
verklappen VT déverser (dans la mer) **Verklappung** F déversement *m* (dans la mer)
verkleiden A VT TECH, BAU revêtir (**mit de**) B VR *sich* ~ se déguiser (**als en**) **Verkleidung** F **1** (≈ *Kostüm*) déguisement *m* **2** TECH, BAU revêtement *m*
verkleinern A VT (≈ *kleiner machen*) rapetisser; (≈ *verringern*) diminuer B VR *sich* ~ (≈ *sich verringern*) diminuer **Verkleinerung** F réduction *f*
verklemmt ADJ PSYCH inhibé; *umg* coincé
verknallen *umg* VR *sich in j-n* ~ *umg* se toquer de qn; *umg* **in j-n verknallt sein** être fou de qn, être toqué de qn *umg*
verkneifen *umg* VR *sich* (*dat*) *etw* ~ *Lachen* réprimer qc; *Bemerkung* se retenir de faire qc; *sich* (*dat*) **~, etw zu tun** se passer de faire qc
verkniffen A PPERF → verkneifen B ADJ *pej Gesicht, Miene* pincé
verknoten VT nouer
verkörpern VT *a.* THEAT incarner
verkrachen *umg* VR *sich mit j-m* ~ se brouiller avec qn
verkraften VT supporter
verkrampfen VR *sich* ~ se crisper; se contracter
verkünden VT *a. fig* annoncer; *öffentlich* proclamer; *Gesetz* promulguer; *Urteil* prononcer
verkürzen A VT *Länge* raccourcir (**um** de); *Zeitdauer* réduire B VR *sich* ~ *Länge, Zeit* se raccourcir; se réduire
Verlag M maison *f* d'édition
verlagern A VT *Gewicht, a. fig* déplacer B VR *sich* ~ *Gewicht, a.* METEO *Hoch, Tief, a. fig* se déplacer
verlangen VT demander; *stärker* exiger; *sein Recht* réclamer; **das ist zu viel verlangt** c'est trop demander; *als Gegenleistung* **30 Euro ~** demander 30 euros
verlängern A VT **1** *Kleidung* (r)allonger; *Strecke, Zeitraum* prolonger (**um** de); **verlängertes Wochenende** long week-end **2** *Pass, Vertrag* proroger (**um** de) B VR *sich* ~ *Gültigkeit, Zeit* se prolonger (**um** de) **Verlängerung** F **1** rallongement *m*; prolongement *m* **2** prorogation *f* **3** (≈ *Verlängerungsstück*) rallonge *f* **4** SPORT (≈ *nachgespielte Zeit*) prolongations *fpl* **Verlängerungskabel** N, **Verlängerungsschnur** F ELEK rallonge *f*
Verlass M **es ist (kein) ~ auf ihn** on (ne) peut (pas) compter sur lui
verlassen¹ A VT **1** *Ort* quitter **2** (≈ *im*

Stich lassen) abandonner B VR **sich auf j-n, etw ~** compter sur qn, qc; **worauf du dich ~ kannst!** pour ça, fais-moi confiance!

verlassen² ADJ Haus abandonné, inhabité; *bes Personen* délaissé; *Ort, Gegend* désert

Verlauf M 1 (≈ *Hergang*) cours m; (≈ *Entwicklung*) déroulement m 2 *e-r Straße, Grenze* tracé m

verlaufen A VI 1 (≈ *vor sich gehen*) se passer; se dérouler 2 *Weg, Straße, Grenze* passer 3 *Farben* **(ineinander) ~** fondre B VR **sich ~** (≈ *sich verirren*) s'égarer; se perdre

verlegen¹ VT 1 *an e-n anderen Ort déplacer; Wohnsitz, Patienten* transférer 2 *Termin* reporter, remettre **(auf +** akk à) 3 *Gleise, Kabel, Fliesen etc* poser 4 *etw* **verlegt haben** (≈ *nicht mehr finden*) avoir égaré qc

verlegen² ADJ 1 (≈ *schüchtern, befangen*) embarrassé; gêné 2 **nie um e-e Antwort ~ sein** avoir réponse à tout **Verlegenheit** F a. finanziell embarras m; **j-n in ~ bringen** (akk) mettre qn dans l'embarras

Verleger(in) M(F) éditeur, -trice m,f

verleihen VT 1 prêter; *für Geld* louer **(j-m, an j-n** à qn) 2 *fig Kraft, Nachdruck, Würde* donner 3 *Amt, Titel* conférer; *Preis, Orden* décerner

verleiten VT **j-n zu etw ~** inciter qn à (faire) qc

verlernen VT **etw ~** oublier qc

verletzen A VT 1 (≈ *Verletzung zufügen*) blesser 2 (≈ *kränken*) blesser; offenser 3 (≈ *verstoßen gegen*) *Pflicht* manquer à; *Gesetz, Grenze* violer B VR **sich ~** se blesser **(an +** *dat* à) **Verletzte(r)** F(M) blessé(e) m(f) **Verletzung** F 1 (≈ *Wunde*) blessure f 2 (≈ *Kränkung*) blessure f; offense f 3 *e-s Gesetzes, der Grenzen* violation f

verleugnen VT nier

verleumden VT calomnier; diffamer **Verleumdung** F calomnie f; diffamation f

verlieben VR **sich in j-n ~** tomber amoureux de qn **verliebt** ADJ **~ (in** + akk) amoureux (de)

verlieren A VT a. *Haare, Blätter, Prozess, Wette* perdre; *Reifen* **Luft ~** perdre de l'air; *umg* **er hat hier nichts verloren** il n'a rien à faire ici B VI perdre; **an Wert ~** perdre de sa valeur C VR **sich aus den Augen ~** se perdre de vue **Verlierer(in)** M(F) perdant(e) m(f)

verlinken A VT IT mettre en lien B VI IT **~ auf** (+ akk) créer un lien vers

verloben VR **sich ~** se fiancer **(mit** à, avec) **Verlobte(r)** M(F)M fiancé(e) m(f) **Verlobung** F fiançailles fpl

verlogen pej ADJ *Person* faux; menteur **verloren** ADJ **~ gehen** se perdre; *Briefe a.* s'égarer; **meine Brieftasche ist ~ gegangen** j'ai perdu mon portefeuille

verlosen VT tirer au sort **Verlosung** F tirage m (au sort)

Verlust M perte f; **e-n ~ erleiden** éprouver, subir une perte

vermachen VT **j-m etw ~** léguer qc à qn

vermarkten VT commercialiser **Vermarktung** F commercialisation f

vermasseln umg VT 1 **j-m etw ~** gâcher qc à qn 2 *Prüfung* louper umg, rater umg

vermehren A VT augmenter B VR 1 **sich ~** augmenter 2 BIOL se reproduire **Vermehrung** F 1 augmentation f 2 BIOL reproduction f

vermeiden VT éviter; **das lässt sich nicht ~** c'est inévitable

vermerken VT noter

vermieten VT *Haus, Autos* louer **Vermieter(in)** M(F) loueur, -euse m,f; *e-r Wohnung* propriétaire m/f **Vermietung** F location f

vermischen A VT mélanger **(mit** à, avec) B VR **sich ~** se mélanger **(mit** à, avec)

vermissen VT 1 (≈ *das Fehlen bemerken*) ne pas retrouver; *von Personen* remarquer l'absence de 2 (≈ *schmerzlich entbehren*) ressentir, regretter l'absence de; **wir ~ dich sehr** tu nous manques beaucoup **vermisst** ADJ disparu **Vermisstenanzeige** F déclaration f de disparition

vermitteln A VT 1 *Stelle, Geschäft* procurer **(j-m** à qn) 2 *Treffen* arranger 3 *Bild, Eindruck* donner; *Kenntnisse* transmettre 4 TEL **ein Gespräch ~** établir une communication téléphonique B VI servir de médiateur **(bei, in** + dat dans), (**zwischen** + *dat* entre) **Vermittlung** F 1 (= *helfendes Eingreifen*) entremise f; médiation f 2 *von Wissen* transmission f 3 TEL central m (téléphonique) **Vermittlungsausschuss** M commission f, comité m de médiation, de conciliation

Vermögen N 1 geh (= *Fähigkeit*) capacité f 2 (= *Besitz*) fortune f; biens mpl **Vermögenssteuer** F impôt m sur la fortune **Vermögenswerte** MPL valeurs fpl de od en capital

vermuten VT présumer; supposer **vermutlich** A ADJ présumé B ADV probablement **Vermutung** F présomption f; supposition f

vernachlässigen VT négliger

verneinen VT 1 *Frage* répondre négativement à; *abs a.* dire (que) non **Verneinung** F *e-r Frage* réponse négative; GRAM négation f

vernetzen t/t VT interconnecter; **Computer ~** mettre des ordinateurs en réseau; **global vernetzt** *Welt* en réseau; *Wirtschaft, Strukturen* interconnecté; **gut vernetzt sein** INTERNET, POL avoir un bon réseau

vernichten VT *Feind, Stadt* écraser; (= *zerstören*) détruire; (= *ausrotten*) exterminer **vernichtend** A ADJ 1 destructeur; *Niederlage* écrasant 2 *fig Kritik* impitoyable B ADVL MIL, SPORT **~ schlagen** écraser **Vernichtung** F destruction f; extermination f

Vernunft F raison f; **j-n (wieder) zur ~ bringen** (r)amener qn à la raison **vernünftig** A ADJ 1 raisonnable 2 (= *ordentlich*) convenable; acceptable B ADV 1 **~ argumentieren** raisonner juste 2 umg (= *ordentlich*) comme il faut

veröffentlichen VT publier **Veröffentlichung** F publication f

verordnen VT 1 MED prescrire 2 ADMIN ordonner **Verordnung** F MED, *a*. ADMIN ordonnance f; ADMIN décret m

verpacken VT emballer **Verpackung** F emballage m

verpassen VT 1 *Zug, Gelegenheit, Person* manquer; rater 2 umg **j-m eins ~** umg flanquer un coup, un gnon à qn

verpetzen umg VT umg cafarder

verpflegen VT nourrir **Verpflegung** F nourriture f

verpflichten A VT 1 **j-n zu etw ~** engager qn à qc; **j-m (zu Dank) verpflichtet sein** être l'obligé de qn 2 *Schauspieler, Sportler* engager B VR **sich zu etw ~** s'engager à qc **verpflichtet** ADJ **sich ~ fühlen, etw zu tun** se sentir obligé de faire qc **Verpflichtung** F (= *Pflicht*) obligation f; engagement m; *moralische* devoir m

verpfuschen umg VT bousiller; *fig Leben, Karriere* gâcher

verpissen sl VR **sich ~** sl foutre le camp; **verpiss dich!** *a. sl* va te faire foutre!

verprügeln VT passer à tabac

verquirlen VT GASTR mélanger; battre

Verrat M trahison f

verraten A VT 1 *Geheimnis, Komplizen* trahir; umg hum **kannst du mir den Grund ~?** je peux savoir pourquoi? 2 (= *erkennen lassen*) trahir B VR **sich (durch einen Blick) ~** se trahir (par un regard)

Verräter(in) M(F) traître, -esse m,f

verrechnen A VT (= *ausgleichen*) compenser B VR **sich ~** *a. fig* se tromper dans ses calculs **Verrechnung** F (= *Ausgleich*) compensation f; *Scheck* **nur zur ~** à porter en compte **Verrechnungsscheck** M chèque barré

verregnet ADJ pluvieux; *Fest* arrosé

verreisen VI partir en voyage

verrenken VR 1 → ausrenken 2 umg **sich ~** se contorsionner; faire des contorsions

verriegeln VT verrouiller

verringern A VT diminuer B VR **sich ~** diminuer

verrosten VI *a. fig* (se) rouiller

verrücken VT déplacer

verrückt umg ADJ 1 (= *geistesgestört*) fou, folle; **du bist wohl ~!** umg tu dérailles!; umg **tu es cinglé!**; **mach dich nicht ~!** ich werd ~! les bras m'en tombent!; → verrücktspielen; **wie ~ arbeiten** travailler d'arrache-pied, comme un fou; → verrücktspielen 2 (= *überspannt, ungewöhnlich*) *Einfall, Person* fou 3 (= *begierig*) **nach j-m, etw, auf etw** (*akk*) **ganz ~ sein** être fou de qn, qc

Verrückte(r) umg M(F(M) a. fig fou m, folle f, cinglé(e) m(f) umg, détraqué(e) m(f) umg **verrücktspielen** VI 1 Person déménager umg, perdre la tête 2 Gerät, Wetter se détraquer
Vers M METRIK vers m
versagen VI Stimme, Kräfte manquer (j-m à qn); Schusswaffe rater; Bremse lâcher; Person échouer **Versager(in)** M(F) Person raté(e) m(f)
versalzen VT 1 GASTR trop saler 2 umg fig (≈ verderben) gâcher
versammeln VR sich ~ s'assembler
Versammlung F assemblée f; réunion f
Versand M 1 (≈ das Versenden) expédition f; envoi m 2 Abteilung service m d'expédition **Versandhandel** M vente f par correspondance **Versandhaus** N maison f de vente par correspondance
versäumen VT 1 Zug, Termin, a. Unterricht manquer; rater 2 ~, etw zu tun manquer, négliger de faire qc
verschaffen A VT j-m etw ~ procurer qn de qc B VR sich (dat) etw ~ se procurer qc
verschärfen A VT Strafe, Lage aggraver; Gegensätze accentuer; a. Kontrolle, Bestimmungen renforcer B VR sich ~ Gegensätze s'accentuer; a. Kontrolle se renforcer; Lage s'aggraver
verschätzen VR sich ~ se tromper dans son estimation, ses calculs (in etw dat au sujet de qc)
verschenken VT donner en cadeau, faire cadeau de a. fig
verscheuchen VT Tiere effaroucher; a. fig Sorgen chasser
verschieben A VT 1 räumlich déplacer (um de) 2 zeitlich remettre (auf + akk à); reporter (à) B VR 1 sich ~ (≈ räumlich) se déplacer; (≈ verrutschen) glisser 2 sich ~ (≈ zeitlich) être remis, reporté
verschieden A ADJ 1 différent; Meinungen a. divergent; ~ sein a. différer; varier 2 ~e divers; (≈ mehrere) a. plusieurs B ADV d'une manière différente; ~ groß d'une taille différente **Verschiedene(s)** N diverses choses; Zeitungsrubrik faits divers
verschiffen VT transporter par eau (nach à)
verschimmeln VI moisir
verschlafen[1] A VT 1 Tag passer à dormir 2 umg fig (≈ vergessen) oublier; **den ganzen Vormittag ~** dormir toute la matinée B VI se réveiller trop tard
verschlafen[2] ADJ (≈ schlaftrunken) mal réveillé; a. Augen ensommeillé
verschlagen VT 1 Seite im Buch perdre 2 Ball mal prendre 3 **j-m den Atem ~** couper le souffle à qn; **j-m die Sprache ~** laisser qn pantois 4 **es hat ihn nach London ~** il s'est retrouvé à Londres
verschlampen umg pej VT (≈ verlieren, verlegen) **etw ~** perdre qc, paumer qc umg
verschlechtern A VT détériorer; aggraver B VR sich ~ se détériorer; s'aggraver
Verschleiß M usure f **verschleißen** A VT user B VI s'user C VR sich ~ s'user
verschließen VT 1 (≈ abschließen) fermer à clé 2 (≈ zumachen) fermer; Öffnung boucher 3 (≈ wegschließen) enfermer
verschlimmern A VT aggraver B VR sich ~ s'aggraver; empirer
verschlingen VT a. fig Geld, Buch dévorer
verschlissen ADJ bes Stoff, Kleider usé
verschlossen ADJ 1 Person renfermé 2 Tür fermé (à clé)
verschlucken A VT a. fig Silben, Wörter avaler B VR sich ~ avaler de travers
Verschluss M fermeture f; an e-m Schmuckstück fermoir m; FOTO obturateur m
verschlüsseln VT coder; chiffrer
verschmitzt A ADJ futé B ADV **lächeln** sourire d'un air malicieux
verschmutzt ADJ 1 (≈ schmutzig) sale 2 (≈ Luft, Wasser, etc) pollué **Verschmutzung** F **der Umwelt** pollution f
verschnaufen VI umg (& VR) (sich) ~ reprendre haleine; souffler **Verschnaufpause** F pause f pour souffler
verschneit ADJ enneigé
verschnupft ADJ enrhumé; umg fig vexé
verschollen ADJ disparu

verschonen VT épargner; **j-n mit etw ~** épargner qc à qn
verschränken VT Arme croiser
verschreiben A VT Medikament ordonner, prescrire (j-m à qn) B VR **sich ~** (≈ etw falsch schreiben) faire une faute d'orthographe
verschrotten VT mettre à la ferraille, à la casse
verschulden A VT etw **~** être, se rendre responsable de qc B VR **sich ~** s'endetter
verschütten VT 1 Flüssigkeit répandre 2 Menschen, Häuser ensevelir
verschweigen VT etw **~** taire qc (j-m à qn); cacher qc (à qn)
verschwenden VT a. fig Kräfte, Zeit gaspiller **verschwenderisch** A ADJ gaspilleur; dépenser B ADV avec prodigalité **Verschwendung** F gaspillage m
verschwimmen VI Umrisse s'estomper; devenir flou
verschwinden VI 1 disparaître; **etw ~ lassen** escamoter qc 2 umg (≈ sich davonmachen) filer umg, décamper; **verschwinde!** tire-toi! umg 3 umg **ich muss mal ~** il faut que j'aille au petit coin
verschwitzen VT 1 Kleidung mouiller de sueur 2 umg fig (≈ vergessen) oublier
verschwitzt ADJ 1 Kleidungsstück mouillé de sueur 2 **ich bin ganz ~** je suis en nage
verschwommen ADJ 1 Umrisse, a. FOTO flou 2 fig Vorstellungen confus; vague
Verschwörung F conspiration f
Versehen N erreur f; **aus ~** → versehentlich **versehentlich** ADV par mégarde, inadvertance, méprise
versenken VT 1 im Wasser immerger; Schiff couler 2 in e-e Grube etc descendre
versessen ADJ **auf etw, j-n ~ sein** être fou de qc, qn; **ganz darauf ~ sein, etw zu tun** brûler de faire qc
versetzen A VT 1 räumlich déplacer 2 Beamte muter 3 Schüler versetzt werden passer (dans la classe supérieure) 4 **etw ~** (≈ verpfänden) engager qc; mettre qc en gage; umg (≈ verkaufen) monnayer qc 5 umg **j-n ~** (≈ vergeblich warten lassen) faire faux bond à qn B VR **sich in j-n** (od **j-s Lage**) **~** se mettre à la place de qn **Versetzung** F 1 von Beamten mutation f 2 von Schülern passage m (dans la classe supérieure)
verseucht ADJ (≈) contaminé
Versicherer M assureur m
versichern A VT 1 (≈ vertraglich absichern) assurer (**gegen** contre), (**bei** auprès de) 2 (≈ beteuern) assurer (**j-m etw qn de qc**) B VR **sich ~** s'assurer (**gegen** contre); contracter une assurance **Versicherung** F 1 assurance f (**gegen** contre); **e-e ~ abschließen** contracter une assurance 2 (≈ Beteuerung) affirmation f 3 (≈ Gesellschaft) compagnie f d'assurances
Versicherungsagent M courtier m, agent m d'assurances **Versicherungsgesellschaft** F compagnie f d'assurances **Versicherungskarte** F AUTO carte verte **Versicherungsnehmer(in)** M(F) assuré(e) m(f) **Versicherungspolice** F police f d'assurance
versinken VI a. in e-m Sessel s'enfoncer; Schiff sombrer; couler
Version F version f
versöhnen A VT réconcilier (**mit** avec) B VR **sich versöhnen** (**mit** avec) **Versöhnung** F réconciliation f
versorgen VT 1 **j-n mit etw ~** pourvoir, munir qn de qc; fournir qc à qn; mit Vorräten approvisionner qn en od de qc; ravitailler qn 2 Körper, Organe, a. TECH alimenter (**mit** en); **mit Strom ~** alimenter en électricité 3 Haushalt, Kranke s'occuper de **Versorgung** F 1 mit Vorräten approvisionnement m 2 mit Strom, Gas alimentation f 3 von Kranken, Kindern etc soins mpl (+ gen donnés à) **Versorgungslücke** F insuffisance f de l'approvisionnement
verspäten VR **sich ~** Person se mettre en retard; être en retard; Verkehrsmittel avoir du retard **Verspätung** F retard m; **e-e Stunde ~** une heure de retard; **~ haben** Verkehrsmittel avoir du retard
versperren VT Straße, Weg barrer; Aussicht boucher
verspielen A VT perdre au jeu; fig Chance, Recht perdre B VI umg **bei j-m verspielt haben** umg être grillé auprès

verspielt ADJ *Kind, Hund* joueur
verspotten VT se moquer de
versprechen A VT promettre (j-m etw ça à qn) B VR 1 sich ~ se tromper en parlant; faire un lapsus 2 sich (dat) viel von etw ~ attendre beaucoup de qc
Versprechen N promesse f; sein ~ nicht halten manquer à sa promesse
Versprecher M lapsus m
Verstand M 1 (≈ *Denkvermögen*) intelligence f; **scharfer ~** esprit pénétrant 2 (≈ *Vernunft*) raison f; **den ~ verlieren** perdre la raison; **das geht über meinen ~** cela me dépasse
verständigen A VT j-n von etw (akk) ~ informer qn de qc B VR 1 sich mit j-m ~ s'entendre, tomber d'accord avec qn (über etw akk sur qc) 2 sich ~ in einer Sprache se faire comprendre **Verständigung** F 1 (≈ *Benachrichtigung*) information f 2 (≈ *Übereinkunft*) accord m 3 *sprachliche* communication f
verständlich ADJ 1 (≈ *deutlich*) intelligible; **sich ~ machen** se faire comprendre 2 (≈ *begreiflich*) compréhensible; **j-m etw ~ machen** expliquer, faire comprendre qc à qn
Verständnis N compréhension f; **(kein) ~ für j-n, etw haben** (ne pas) comprendre qn, qc; **wir bitten um Ihr ~** nous vous demandons de bien vouloir nous excuser **verständnislos** ADJ incompréhensif **verständnisvoll** ADJ compréhensif; plein de compréhension
verstärken A VT 1 *Mauer* renforcer 2 *zahlenmäßig* augmenter; renforcer 3 *Druck* augmenter 4 fig *Eindruck* renforcer B VR sich ~ *Druck, Schmerzen* augmenter; s'accroître; *Zweifel* se renforcer **Verstärker** M RADIO amplificateur m **Verstärkung** F 1 (≈ *Stabilisierung*) renforcement m 2 *zahlenmäßige* renforcement m (des effectifs); 3 (≈ *hinzukommende Personen*) renforts mpl
verstauchen VR sich (dat) den Fuß ~ se faire une entorse au pied **Verstauchung** F entorse f
Versteck N cachette f; ~ **spielen** a. fig jouer à cache-cache **verstecken** A VT cacher (vor j-m à qn) B VR sich ~ se cacher (vor j-m à qn)
verstehen A VT 1 *akustisch* entendre; comprendre; **schlecht zu ~ sein** être à peine audible 2 (≈ *begreifen*) comprendre; *Französisch* ~ comprendre le français 3 (≈ *deuten*) entendre; comprendre; ~ **Sie mich nicht falsch!** entendons-nous bien!; **j-m etw zu ~ geben** faire comprendre qc à qn 4 (≈ *gut können*) savoir; connaître; **ich verstehe nichts davon** je ne m'y connais pas B VR 1 sich mit j-m gut ~ bien s'entendre avec qn 2 **das versteht sich von selbst** cela va de soi
versteigern VT vendre aux enchères **Versteigerung** F vente f, mise f aux enchères
verstellbar ADJ réglable
verstellen A VT 1 (≈ *anders einstellen*) régler 2 (≈ *falsch stellen*) dérégler 3 (≈ *von der Stelle rücken*) déplacer 4 j-m den Weg ~ barrer le chemin à qn 5 *Stimme* déguiser B VR sich ~ jouer la comédie; simuler
versteuern VT etw ~ payer l'impôt sur qc
verstimmt ADJ 1 **das Klavier ist ~** le piano (s')est désaccordé 2 fig ~ **sein** être de mauvaise humeur; être fâché
verstopfen VT boucher **verstopft** ADJ 1 *Abfluss, Rohr, etc* bouché 2 *Straße* encombré, embouteillé 3 *Nase* bouché **Verstopfung** F MED constipation f; **an ~ leiden** être constipé
verstört ADJ effaré; *stärker* bouleversé
Verstoß M (gegen) *gegen Gesetze usw.* infraction f (à) **verstoßen** A VT chasser; expulser B VI **gegen etw ~** manquer à qc; ne pas respecter qc
verstreichen A VT *Farbe, Salbe, Butter* étaler B geh VI *Zeit* passer; **e-e Frist, e-n Termin ~ lassen** laisser expirer un délai
verstümmeln VT mutiler a. fig, estropier
Versuch M 1 essai m; tentative f 2 (≈ *Experiment*) expérience f (mit avec), (an + dat sur)
versuchen VT essayer; (≈ *sich bemühen*) tenter; **sein Glück ~** tenter sa chance; **es mit j-m ~** faire un essai avec qn 2 (von) etw ~ (≈ *kosten*) essayer qc; goûter à qc
Versuchskaninchen fig N cobaye m
Versuchsperson F sujet m (d'étude,

d'expérience) **Versuchsstadium** N stade m d'essai

vertagen VT ~ (auf + akk) ajourner (à); remettre (à)

vertauschen VT **1** (≈ austauschen) échanger, troquer (**mit** contre) **2** (≈ verwechseln) prendre l'un pour l'autre

verteidigen A VT a. JUR défendre B VR **sich** ~ se défendre **Verteidiger(in)** M(F) défenseur m; FUSSBALL arrière m **Verteidigung** F a. JUR, SPORT défense f

verteilen A VT **1** (≈ austeilen) distribuer (**an** + akk à) **2** (≈ aufteilen, zuweisen) partager, répartir (**auf** + akk), (**unter** + akk entre) B VR **sich** ~ (≈ sich aufteilen) se répartir; se partager (**auf** + akk), (**unter** + akk entre)

vertiefen A VT approfondir a. fig B VR fig **sich in etw** (akk) ~ se plonger dans qc **Vertiefung** F **1** Handlung approfondissement m **2** (≈ tiefere Stelle) creux m

vertikal ADJ vertical

vertippen umg VR **sich** ~ faire une faute de frappe

Vertrag M contrat m; zwischen Staaten traité m; **e-n ~ (ab)schließen** conclure un contrat

vertragen A VT (≈ aushalten) supporter; **sie verträgt keinen Fisch** le poisson ne lui réussit pas B VR **sich** ~ Personen s'entendre, s'accorder (**mit j-m** avec qn) **Vertragshändler** M concessionnaire m **Vertragswerkstatt** F AUTO garage m agréé

vertrauen VI **j-m** ~ avoir confiance en qn; **auf j-n, etw** ~ se fier à qn, qc; faire confiance à qn, qc **Vertrauen** N confiance f; ~ **haben** avoir confiance (**zu, in** + akk en); wenn Artikel folgt avoir confiance (**zu, in** + akk dans) **vertrauenerweckend** ADJ qui inspire confiance **vertraulich** ADJ confidentiel; **streng** ~ strictement confidentiel **vertraut** ADJ **1** Person intime; **mit j-m** ~ **sein** être intime avec qn **2** (≈ bekannt) familier; **mit etw** ~ **sein** connaître qc à fond; **sich mit etw** ~ **machen** se familiariser avec qc

vertreiben A VT **1** a. fig Sorgen, Kummer chasser; **j-n aus s-r Heimat** ~ expulser qn de son pays **2** HANDEL distribuer B VR **sich** (dat) **die Zeit mit etw** ~ passer son temps à faire qc

vertreten A VT **1** (≈ vorübergehend ersetzen) remplacer **2** ein Land, e-e Gattung etc représenter **3** (≈ für e-e Firma verkaufen) représenter **4** (≈ eintreten für) défendre; vor Gericht **j-n** ~ plaider la cause de qn **5** **die Ansicht** ~, **dass** ... être d'avis que ... (+ subj) B VR umg **sich** (dat) **die Beine** ~ se dégourdir les jambes **Vertreter(in)** M(F) **1** (≈ Interessenvertreter,-in) représentant(e) m(f) **2** (≈ Handel) représentant(e) m(f), voyageur m (de commerce); agent commercial **3** (≈ Stellvertreter,-in) remplaçant(e) m(f) **Vertretung** F **1** (≈ Stellvertretung) remplacement m; **in** ~ par délégation **2** Person remplaçant(e) m(f); ADMIN suppléant(e) m(f) **3** e-s Landes représentation f

Vertrieb M HANDEL distribution f **Vertriebsabteilung** F service des ventes, commercial **Vertriebsleiter** M chef m des ventes

vertrocknen VI se dessécher

vertun A VT gaspiller B umg VR **sich** ~ umg se gourer

vertuschen VT Fehler dissimuler; Skandal étouffer

verunglücken VI avoir un accident; **tödlich** ~ se tuer dans un accident

verunsichern VT insécuriser; (≈ verwirren) déconcerter

veruntreuen VT Gelder détourner

verursachen VT causer; Kosten entraîner **Verursacherprinzip** N ÖKOL principe m pollueur-payeur

verurteilen VT **1** JUR condamner (**zu** à) **2** (≈ missbilligen) condamner; réprouver **Verurteilte(r)** M(F)M condamné(e) m(f) **Verurteilung** F a. JUR condamnation f

vervielfältigen VT FOTO, TYPO faire des copies de

vervollständigen VT compléter

verwählen VR **sich** ~ se tromper de numéro

verwahrlost ADJ négligé

verwalten VT Behörde administrer; Vermögen, Haus gérer **Verwaltung** F administration f; gestion f

verwandeln A VT **1** (≈ verändern) changer (**in** + akk en); transformer (en); fig **sie ist wie verwandelt** elle a tout à fait changé **2** SPORT **e-n Strafstoß ~** transformer un penalty **B** VR **sich ~** se transformer **Verwandlung** F transformation f; MYTH, a. fig, a. ZOOL métamorphose f

verwandt ADJ parent (**mit** de); **er ist mit mir ~** (lui et moi,) nous sommes parents **Verwandte(r)** M/F(M) parent(e) m(f); **die ~n** pl → Verwandtschaft **Verwandtschaft** F **1** (≈ Verwandtsein), a. fig parenté f **2 die ~** (≈ die Verwandten) la parenté; la famille

Verwarnung F a. SPORT avertissement m

verwaschen ADJ (≈ ausgewaschen) délavé

verwechseln VT confondre (**mit** avec); **er hat sie miteinander verwechselt** il a pris l'un(e) pour l'autre; **sie sehen sich zum Verwechseln ähnlich** ils se ressemblent à s'y méprendre **Verwechs(e)lung** F **1** (≈ das Verwechseln) confusion f; bes von Personen méprise f **2** (≈ Vertauschung) échange m involontaire

verweigern VT refuser (**j-m etw** qc à qn)

Verweis M **1** (≈ Rüge) réprimande f; ADMIN, SCHULE avertissement m **2** (≈ Hinweis) renvoi m

verweisen VT **1** ~ **auf** (+ akk) renvoyer à **2 j-n ~ an** ~ (+ akk) (r)envoyer, adresser qn à **3 (von) der Schule ~** renvoyer qn du collège, du lycée, etc; **j-n des Landes ~** expulser qn (du territoire)

verwelken VR se faner

verwenden VT **1** (≈ benutzen) employer, utiliser (**für, zu** à), (**als** comme) **2** (≈ aufwenden) Zeit, Mühe consacrer (**auf** + akk à) **Verwendung** F emploi m; utilisation f; **keine ~ für etw haben** ne pas savoir quoi faire de qc

verwerten VT utiliser; Altmaterial récupérer; Erfindung exploiter

verwickeln A VT **j-n in etw** (akk) ~ engager, impliquer qn dans qc **B** VR fig **sich in Widersprüche ~** s'empêtrer dans des contradictions **verwickelt** ADJ Angelegenheit compliqué; embrouillé

verwildert ADJ **1** Haustier (re)devenu sauvage **2** Garten abandonné

verwirklichen A VT réaliser **B** VR **sich (selbst) ~** se réaliser (dans la vie)

verwirren VT fig **j-n ~** rendre qn confus; déconcerter qn **verwirrend** ADJ troublant; déconcertant **verwirrt** ADJ confus; déconcerté **Verwirrung** F confusion f; **~ stiften** provoquer la confusion

verwischen A VT effacer a. fig; Unterschiede atténuer **B** VR **sich ~** s'effacer a. fig; Unterschiede s'atténuer; s'estomper

verwöhnen VT gâter **verwöhnt** ADJ **1** gâté **2** (≈ anspruchsvoll) exigeant; difficile (à contenter)

verwunden VT a. fig Gefühle etc blesser; (schwer) **verwundet** (grièvement) blessé **Verwundung** F blessure f

verwüsten VT ravager; dévaster

verzählen VR **sich ~** se tromper en comptant

Verzeichnis N (≈ Liste) liste f; a. IT répertoire m

verzeihen VT pardonner (**j-m etw** qc à qn); **~ Sie!** excusez-moi! **Verzeihung** F pardon m; **~!** pardon!; excusez-moi!; **j-n um ~ bitten** demander pardon à qn

verzerren A VT Bild, Ton, a. fig Tatsachen déformer **B** VR **sich ~** Gesichtszüge se décomposer; se crisper; se convulser

Verzicht M **~ (auf** + akk) renoncement m (à)

verzichten VI (**auf etw** akk) **~** renoncer (à qc)

verziehen[1] A VT **1 das Gesicht ~** faire la grimace; **er verzog keine Miene** il n'a pas sourcillé **2** (≈ schlecht erziehen) gâter **B** VR **sich ~ 1** Wolken, Gewitter, Rauch disparaître; se dissiper **2** umg (≈ sich davonmachen) se casser umg, se tirer umg, filer umg

verziehen[2] → verzeihen

verzieren VT orner; a. GASTR décorer **Verzierung** F (≈ Schmuck), a. GASTR décoration f; a. BAU, RHET ornement m

verzinsen A VT rémunérer **B** VR **sich mit 6% ~** rapporter six pour cent **Verzinsung** F intérêts mpl

verzogen ADJ (≈ schlecht erzogen) gâté

verzögern A VT **1** (≈ aufschieben) retarder **2** (≈ verlangsamen), a. TECH ralentir **B** VR **sich ~** être retardé (**um** de) **Verzögerung** F (≈ Aufschub) retardement m

verzollen VT dédouaner; **haben Sie**

etw zu ~? avez-vous qc à déclarer?
verzweifeln _VI_ désespérer (**an j-m, etw de qn, qc**) **verzweifelt** _ADJ_ désespéré **Verzweiflung** _F_ désespoir _m_; **j-n zur ~ bringen** mettre qn au désespoir; désespérer qn
vespern _bes südd VI_ manger son casse-croûte
Veto _N_ veto _m_; **(s)ein ~ einlegen** mettre, opposer son veto (**gegen** à) **Vetorecht** _N_ droit _m_ de veto
Vetter _M_ cousin _m_
vgl. _ABK_ (= vergleiche) v. (voir)
VHS _F ABK_ (= Volkshochschule) université _f_ populaire
Video _N_ vidéo _f_
Videofilm _M_ film _m_ vidéo **Videogalerie** _F bes_ INTERNET galerie _f_ vidéo **Videokamera** _F_ caméscope _m_; caméra _f_ vidéo **Videokassette** _F_ vidéocassette _f_; cassette _f_ vidéo **Videorecorder, Videorekorder** _M_ magnétoscope _m_ **Videotext** _M_ vidéographie _f_
Videothek _F_ vidéothèque _f_
Vieh _N_ ❶ _Gesamtheit_ bétail; bestiaux _mpl_ ❷ _umg_ (≈ Tier) bête _f_ **Viehzucht** _F_ élevage _m_ (de bétail, de bestiaux)
viel _A_ _INDEF PR_ ❶ beaucoup de; bien du _bzw._ de la _bzw._ des; **~es** bien des, beaucoup de choses; **sehr ~e ...** un grand nombre de ... ❷ beaucoup; **~e sind gekommen** beaucoup sont venus; ils sont venus nombreux ❸ beaucoup de; **das ~e Geld** tout cet argent ❹ beaucoup; **um ~es größer (de)** beaucoup plus grand _B_ _ADV_ ❶ (≈ bei Weitem) beaucoup ❷ _mit zu_ ≈ **zu** ~ beaucoup trop; ~ **zu wenig** beaucoup trop peu ❸ (≈ oft, häufig) souvent; ~ **sagend** significatif; ~ **versprechend** prometteur
Vielfalt _F_ (≈ Mannigfaltigkeit) diversité _f_
vielleicht _A_ _ADV_ ❶ peut-être ❷ (≈ ungefähr) à peu près; environ _B_ _PARTIKEL_ ❶ (≈ etwa, eventuell) par *hasard; **haben Sie ~ ...?** croyez-vous par *hasard ...? ❷ (≈ wirklich) **sie waren ~ überrascht!** qu'est-ce qu'ils étaient surpris!
Vielvölkerstaat _M_ État multinational, plurinational
vier _NUM_ quatre; _umg_ **auf allen ~en** à quatre pattes
Vier _F_ ❶ _Zahl_ quatre _m_ ❷ _Schulnote_ passable; _in Frankreich etwa_ dix _m_ (sur vingt)

Vierbeiner _M_ quadrupède _m_ **Vierbettzimmer** _N_ chambre _f_ à quatre lits
Viereck _N_ quadrilatère _m_; (≈ Quadrat) carré _m_ **viereckig** _ADJ_ quadrangulaire; (≈ quadratisch) carré
viereinhalb _NUM_ quatre et demi
vierhundert _NUM_ quatre cent(s)
Vierling _M_ un(e) _m(f)_ des quadruplé(e)-s; **~e** _pl_ quadruplé(e)s _m(f)pl_
viermal _ADV_ quatre fois **viert** _ADV_ **zu ~** à quatre; **zu ~ sein** être quatre **viertausend** _NUM_ quatre mille
vierte _NUM_ quatrième; _im Datum_ quatre; **der ~ Januar, am ~n Januar** le quatre janvier
Viertel _N_ ❶ quart _m_; **ein ~ Wein** un quart de vin; **~ vor eins** une heure moins le quart; **~ nach eins** une heure et _od_ un quart ❷ (≈ Stadtviertel) quartier _m_
Viertelfinale _N_ quart _m_ de finale **Viertelliter** _MN_ quart _m_ de litre **Viertelnote** _F_ noire _f_ **Viertelstunde** _F_ quart _m_ d'heure
viertens _ADV_ quatrièmement
Vierwaldstätter See _der_ **~** le lac des Quatre-Cantons
vierzehn _NUM_ quatorze; **~ Tage** quinze jours; une quinzaine; → **acht**
vierzig _NUM_ quarante; → **achtzig**
Vierzimmerwohnung _F_ appartement _m_ de quatre pièces
Villa _F_ villa _f_
violett _ADJ_ violet
VIP _F ABK_ (= very important person) (≈ sehr wichtige Person) VIP _m_
Virus _MN_ virus _m_; IT virus informatique
Visitenkarte _F_ carte _f_ (de visite)
Visum _N_ visa _m_
Vitamin _N_ vitamine _f_
Vitrine _F_ vitrine _f_
Vizepräsident _M_ vice-président _m_
Vlies _N_ toison _f_
Vogel _M_ ❶ oiseau _m_ ❷ _umg fig_ **komischer ~** drôle _m_ de coco, drôle _m_ de pistolet _umg_ ❸ **e-n ~ haben** avoir un grain; _umg_ être cinglé, fêlé; **j-m den ~ zeigen** se toucher le front (pour dire à qn qu'il est cinglé)
Vogelkäfig _M_ cage _f_ **Vogelnest** _N_ nid _m_ d'oiseau **Vogelscheuche** _F_ _a. fig_ épouvantail _m_ **Vogelspinne** _F_

mygale f
Vogerlsalat österr M mâche f; doucette f
Vogesen PL die ~ les Vosges fpl
Voicemail F TEL boîte vocale
Voice over IP N IT, TEL voix f sur IP
VoIP N ABK (= Voice over IP) IT, TEL voix f sur IP
Vokabel F mot m (d'une langue étrangère); ~n lernen apprendre du vocabulaire **Vokabelheft** N carnet m de vocabulaire
Vokal M voyelle f
Volk N ❶ (= Volksstamm) peuple m ❷ (= Bevölkerung) peuple m
Völkerball M SPORT ballon prisonnier
Völkerrecht N droit international public
Volksabstimmung F plébiscite m; référendum m **Volksbegehren** N POL initiative f populaire **Volksfest** N fête f populaire **Volkshochschule** F université f populaire **Volkslied** N chanson f populaire, folklorique **Volksmusik** F musique f populaire, folklorique **Volksrepublik** F république f populaire **Volksschule** österr F HIST BRD ~ Hauptschule **Volkszählung** F recensement m de la population
voll Ⓐ ADJ ❶ (= gefüllt) plein, rempli (von de); war es sehr ~? y avait-il beaucoup de monde?; ~(er) Wasser plein d'eau; umg ~ sein (= satt) avoir le ventre plein; (= betrunken) être soûl, être bourré umg ❷ (= bedeckt mit) ~(er) Flecken plein, couvert de taches ❸ (= vollständig) complet; entier; ein ~er Erfolg un succès complet; den ~en Fahrpreis bezahlen payer (le) plein tarif ❹ ~e zwei Wochen deux semaines entières Ⓑ ADV ~ und ganz pleinement; entièrement; tout à fait; ~ gut Jugendsprache vachement bien umg; giga umg; ~ süß Jugendsprache super mignon(ne); adorable; umg das war ~ daneben c'était carrément à côté de la plaque; umg fig j-n nicht für ~ nehmen ne pas prendre qn au sérieux; → volllaufen, vollmachen
vollautomatisch ADJ entièrement automatique
Vollbart M barbe f
Vollbremsung F freinage m à bloc; e-e ~ machen freiner à mort; piler

voller → voll
Volleyball M volley-ball m
Vollgas N mit ~ a. fig à pleins gaz; ~ geben accélérer à fond; umg appuyer sur le champignon
völlig Ⓐ ADJ (= gänzlich) total Ⓑ ADV (= gänzlich) totalement; (= vollständig) complètement; das ist ~ falsch c'est complètement faux
volljährig ADJ majeur; ~ werden atteindre sa majorité **Volljährigkeit** F majorité f
Vollkaskoversicherung F AUTO assurance f tous risques
vollkommen ADJ (= perfekt) parfait; (= vollendet) achevé
Vollkornbrot N pain complet
volllaufen VI etw ~ lassen remplir qc; umg fig sich ~ lassen umg se soûler la gueule **vollmachen** umg VT Gefäß remplir (mit de)
Vollmacht F (= a. Urkunde) pouvoir m
Vollmilch F lait entier, non écrémé **Vollmilchschokolade** F chocolat m au lait
Vollmond M pleine lune; es ist ~, wir haben ~ c'est la pleine lune **Vollnarkose** F anesthésie générale **Vollpension** F pension complète
vollständig Ⓐ ADJ complet Ⓑ ADV (= ganz u. gar) complètement
Vollstreckung F a. JUR exécution f
volltanken VT das Auto ~ faire le plein (d'essence) **Volltextsuche** F IT recherche f en texte plein **Volltreffer** M a. fig coup m en plein dans le mille **Vollversammlung** F assemblée plénière
Vollwert... IN ZSSGN Nahrung complet
vollzählig Ⓐ ADJ ~ sein être au grand complet Ⓑ ADV sie sind ~ erschienen ils sont tous venus
Volumen N volume m
vom, = von dem → von
von PRÄP ❶ örtlich de; vom Land de la campagne; ich komme von meiner Mutter je viens de chez ma mère; von Leipzig ab, an ... à partir de Leipzig ...; von ... bis ... de ... à ...; Sie fahren nach Paris? ich komme von da j'en viens; von Osten nach Westen de l'est à l'ouest; von oben d'en °haut; von oben nach unten de °haut en bas;

von links nach rechts de gauche à droite ② *zeitlich* de; dès; depuis; à partir de; **von ... an von ... ab** *umg* depuis ...; dès ...; **von morgen an** à partir de, dès demain; **von ... bis ... de ... à ...** ③ *Herkunft* de; *Ursache, beim Passiv* par; **ein Gedicht von ...** un poème de ...; **vom langen Warten** par une longue attente; *instrumental* **von Hand (gefertigt)** fait main ④ *Eigenschaft, Maß* de; **Kind von zehn Jahren** de dix ans ⑤ *statt gen* de ⑥ *Teil e-s Ganzen* de; **e-r von uns** l'un de nous, d'entre nous; **acht von zehn Kindern** °huit enfants mpl sur dix ⑦ (≈ *vonseiten*) de la part de; **das ist sehr freundlich von Ihnen** c'est bien aimable à vous, de votre part ⑧ *Adelsbezeichnung* de

vor <u>PRÄP</u> ① *Lage* devant; **vor dem Haus** devant la maison ② *Richtung* devant; (≈ *in Richtung auf*) à ③ *zeitlich* avant; *mit Angabe vergangener Zeit* il y a; **vor Sonnenaufgang** avant l'aurore; **fünf (Minuten) vor vier (Uhr)** quatre heures moins cinq; **vor acht Tagen** il y a huit jours ④ *Rang* avant; **vor allem** avant tout ⑤ *Ursache* de; **vor Freude** de joie

vorangehen <u>VI</u> ① *räumlich* marcher devant (j-m qn); marcher en tête ② *Arbeit* avancer

vorankommen <u>VI</u> avancer

Vorarlberg <u>N</u> GEOG le Vorarlberg

voraus[1] <u>PRÄP</u> ① **j-m weit ~ sein** avoir beaucoup d'avance sur qn; *zeitlich* être très en avance sur qn ② **seiner Zeit ~ sein** devancer son époque

voraus[2] <u>ADV</u> **im Voraus** d'avance; à l'avance

vorausfahren <u>VI</u> prendre les devants

Voraussage <u>F</u> prédiction f; pronostics mpl **voraussagen** <u>VT</u> prédire; pronostiquer **voraussehen** <u>VT</u> prévoir; **das war vorauszusehen** c'était prévisible

voraussetzen <u>VT</u> ① (≈ *erfordern*) présupposer; **vorausgesetzt, dass ...** à condition que, pourvu que (+ *subj*) ② (≈ *annehmen*) supposer

Voraussetzung <u>F</u> (≈ *Vorbedingung*) condition f; **unter der ~, dass ...** à condition que (+ *subj*); **die ~en erfüllen** satisfaire aux exigences

voraussichtlich <u>ADJ</u> probable

Vorauszahlung <u>F</u> paiement d'avance, anticipé

vorbei <u>ADV</u> ① *zeitlich* passé; fini; **es ist 8 Uhr ~** il est °huit heures passées ② *räumlich* (≈ *daneben*) raté!; **an etw** (*dat*) **~** le long de, à côté de, devant qc

vorbeigehen <u>VI</u> ① (≈ *vorbeilaufen*) passer (**an** + *dat* devant, à côté de); **im Vorbeigehen** *a. fig* en passant ② *Schuss* manquer, rater le but ③ *umg* (≈ *besuchen*) **kurz bei j-m ~** passer chez qn ④ (≈ *vergehen*) passer

vorbeikommen <u>VI</u> ① passer (**an etw, j-m** devant qc, qn), **bei j-m** chez qn) ② *umg* (≈ *besuchen*) **bei j-m ~** passer chez qn ③ (≈ *vorbeigehen können*) (pouvoir) passer

vorbeilassen *umg* <u>VT</u> **j-n, etw ~** laisser passer qn, qc

vorbereiten <u>A</u> <u>VT</u> préparer (**auf** + *akk* à) <u>B</u> <u>VR</u> **sich ~** se préparer (**auf** + *akk* à)

Vorbereitung <u>F</u> préparation f (**auf etw** *akk* à qc); **~en treffen** faire des préparatifs (**zu, für etw** pour qc)

vorbestellen <u>VT</u> *a. Zimmer* réserver

vorbestraft <u>ADJ</u> JUR qui a des antécédents judiciaires; **nicht ~** sans antécédents judiciaires

vorbeugen <u>A</u> <u>VT</u> **den Kopf ~** pencher la tête en avant <u>B</u> <u>VI</u> **e-r Sache** (*dat*) **~** parer à qc; *a.* MED prévenir qc <u>C</u> <u>VR</u> **sich ~** se pencher (en avant)

Vorbild <u>N</u> modèle m; exemple m; (*sich dat*) **j-n, etw zum ~ nehmen** prendre qn, qc pour, comme modèle **vorbildlich** <u>ADJ</u> exemplaire; modèle

vordatieren <u>VT</u> postdater

vordere <u>ADJ</u> de devant; *bes Körperteile* antérieur; **~ Seite** devant m

Vordergrund <u>M</u> premier plan; *fig* **im ~ stehen** être au premier plan **Vordermann** <u>M</u> **mein ~** la personne devant moi **Vorderseite** <u>F</u> devant m **Vordersitz** <u>M</u> siège m avant

vordrängeln <u>VI (& VR)</u> **(sich) ~** se faufiler (pour passer) devant

voreilig <u>A</u> <u>ADJ</u> précipité; (≈ *verfrüht*) prématuré <u>B</u> <u>ADV</u> trop vite

voreingenommen <u>ADJ</u> prévenu (**gegen** contre), (**gegenüber** à l'égard de)

vorerst <u>ADV</u> pour le moment, l'instant

Vorfahr(e) <u>M</u>, **Vorfahrin** <u>F</u> ancêtre

vorfahren *VT & VI* **1** (≈ *vorausfahren*) partir devant **2** (≈ *nach vorn fahren*) avancer

Vorfahrt *F* priorité f; **~ haben** avoir (la) priorité (**vor** + *dat* sur) **Vorfahrtsstraße** *F* route f bzw. rue f prioritaire

Vorfall *M* incident m

Vorfreude *F* joie anticipée

vorführen *VT* **1** (≈ *zeigen*) présenter **2** (≈ *demonstrieren*) faire la démonstration de (**j-m** à qn) **3** (≈ *projizieren*) projeter

Vorführung *F* **1** présentation f **2** démonstration f **3** projection f

Vorgang *M* (≈ *Prozess*) processus m; (≈ *Ereignis*) événement m

Vorgänger(in) *M(F)* prédécesseur m

Vorgarten *M* jardin(et) m devant la maison

vorgehen *VI* **1** *umg* (≈ *nach vorn gehen*) avancer **2** (≈ *vorausgehen*) aller devant; prendre les devants; *Uhr* avancer **3** (≈ *Vorrang haben*) avoir la priorité; passer le premier **4** (≈ *geschehen*) se passer **5** (≈ *handeln*) agir; procéder; **gegen j-n, etw ~** prendre des mesures contre qn, qc

Vorgeschmack *M* avant-goût m

Vorgesetzte(r) *M(F)M* supérieur(e) m(f)

vorgestern *ADV* avant-hier

vorhaben *VT* projeter; avoir en vue; compter faire; **was haben Sie heute Abend vor?** que comptez-vous faire ce soir?; **heute Abend habe ich schon etwas vor** ce soir je suis déjà pris

Vorhand *F* TENNIS coup droit

vorhanden *ADJ* (≈ *existent*) existant; (≈ *verfügbar*) disponible; **~ sein** exister

Vorhang *M a.* THEAT rideau m

vorher *ADV* avant

Vorhersage *F* prévision f; pronostic m; (≈ *Wettervorhersage*) prévisions fpl (météorologiques) **vorhersagen** *VT* prédire; pronostiquer

vorhin *ADV* tout à l'heure

vorig *ADJ* dernier

Vorkasse *F* **gegen ~** à payer à l'avance

Vorkenntnisse *FPL* connaissances fpl préliminaires

vorkommen *VI* **1** (≈ *sich ereignen*) arriver; se produire; **so etwas ist mir noch nicht vorgekommen** je n'ai jamais rien vu de pareil **2** *Pflanzen, Tiere* se rencontrer; se trouver **3** (≈ *scheinen*) sembler, paraître (j-m à qn); **es kommt mir vor, als ob** il me semble que (+ *ind*) **4** *umg* (≈ *nach vorn kommen*) avancer **5** (≈ *hervorkommen*) sortir (**hinter etw** *dat* de derrière qc)

Vorlage *F* **1** (≈ *das Vorlegen*) présentation f; production f **2** (≈ *Muster*) modèle m **3** SPORT passe f (en avant)

vorlassen *VT* **j-n ~ beim Anstehen** laisser qn passer devant; (≈ *empfangen*) recevoir qn

vorläufig *A* *ADJ* provisoire *B* *ADV* pour l'instant

vorlaut *ADJ* qui parle avant son tour

vorlesen *VT* **j-m etw ~** lire qc à qn

Vorlesung *F* cours m

vorletzte(r) avant-dernier

Vorliebe *F* préférence f (**für** pour); **mit ~** de préférence

vormachen *umg* *VT* **1 j-m ~, wie es gemacht wird** montrer à qn comment s'y prendre **2** (≈ *täuschen*) **j-m etw ~** raconter des histoires à qn; en faire accroire à qn

Vormittag *M* matin m; (≈ *ganze Vormittagszeit*) matinée f; **am ~** dans la matinée; **heute, morgen ~** ce matin, demain matin **vormittags** *ADV* le matin

Vormund *M* tuteur m, tutrice f

vorn *ADV* **1** (≈ *an der Vorderseite*) devant; **von ~** par-devant; de, en face *f auf e-r Liste, in e-r Reihe* en tête; **nach ~ kommen; von ~ anfangen** par le début, le commencement; *umg* **von ~ bis hinten** d'un bout à l'autre **3** (≈ *im Vordergrund*) **~ im Bild** au premier plan de la photo

Vorname *M* prénom m

vorne → vorn

vornehm *A* *ADJ* distingué *B* *ADV* **~ tun** se donner de grands airs

vornehmen *A* *ADJ* (≈ *durchführen*) faire; effectuer *B* *VR* **1** *umg* **sich** (*dat*) **j-n ~** faire la leçon à qn **2** (≈ *planen*) **sich** (*dat*) **etw ~** se proposer de faire qc

vornherein *ADV* **von ~** dès le début; de prime abord; a priori

Vorort *M* banlieue f

vorprogrammieren *VT* IT programmer (à l'avance)

vorprogrammiert *ADJ* *Schwierigkeiten* inévitable; *Erfolg* programmé; **~ sein**

être inévitable
Vorrang M priorité f; **den ~ vor etw** (dat) **haben** avoir priorité sur qc
Vorrat M provisions fpl (**an** + dat de); réserve f (de); HANDEL stock m (de); **auf ~ en réserve vorrätig** ADJ disponible; HANDEL en stock
Vorrichtung F dispositif m
Vorruhestand M préretraite f
Vorrunde F SPORT qualifications fpl
vors umg, = **vor das** → vor
vorsagen VT **j-m etw ~** bes SCHULE souffler qc à qn
Vorsaison F avant-saison f
Vorsatz M (≈ Entschluss) résolution f; (≈ Absicht) intention f
Vorschein M **zum ~ kommen** (ap)paraître; se montrer; **zum ~ bringen** faire (ap)paraître
Vorschlag M proposition f **vorschlagen** VT proposer (**j-m etw qc à qn**)
vorschreiben VT (≈ anordnen, festlegen) prescrire; **ich lasse mir von dir nichts ~!** je n'ai pas d'ordre à recevoir de toi!
Vorschrift F prescription f; **die ~en** pl le règlement; **gegen die ~en** contraire au règlement
Vorschule F etwa école maternelle
Vorschuss M avance f, acompte m (**auf** + akk sur)
Vorsicht F prudence f; précaution f; **~!** attention!; **sei ~!** (fais) attention! B ADV avec prudence, précaution **vorsichtshalber** ADV par (mesure de) précaution
Vorsilbe F préfixe m
vorsingen VT **j-m etw ~** chanter qc à qn
vorsintflutlich umg fig ADJ antédiluvien
Vorsitz M présidence f; **den ~ haben** avoir la présidence; présider **Vorsitzende(r)** M(F)M président(e) m(f)
Vorsorge F prévoyance f; **~ treffen** prendre les dispositions nécessaires (**für etw** pour assurer qc)
Vorspann M FILM générique m
Vorspeise F entrée f
Vorspiel N ❶ MUS, a. fig prélude m ❷ THEAT prologue m ❸ sexuelles préliminaires mpl **vorspielen** VT **j-m etw ~** MUS, THEAT jouer qc à qn; (≈ vortäuschen) jouer à qn la comédie de qc
vorsprechen A VT **e-n Satz ~** prononcer une phrase pour la faire répéter B VI **~ bei** faire une démarche auprès de
Vorsprung M ❶ bei Mauern, Felsen saillie f ❷ **~** (**vor** + dat) avance f (sur)
Vorstand M comité directeur; e-r Partei bureau m **Vorstandsvorsitzende(r)** M(F)M e-r AG nach frz. Recht président-directeur général, P.D.G. m
vorstellen A VT ❶ Fuß, Gegenstand, a. Uhr avancer ❷ (≈ zeigen, machen) présenter (**j-m** à qn); **ich möchte Ihnen ... ~** je vous présente ... B V/R ❶ **sich** (dat) **etw ~** s'imaginer, se figurer qc; se faire une idée de qc; (≈ sich vergegenwärtigen) se représenter qc; **stell dir vor, ... figure-toi ...; darunter kann ich mir nichts ~** cela ne me dit rien; **deinen Freund hab ich mir anders vorgestellt** je me suis imaginé ton copain autrement ❷ **sich j-m ~** se présenter à qn
Vorstellung F ❶ (≈ Vorstellen) présentation f ❷ THEAT représentation f; KINO séance f (de cinéma) ❸ (≈ Begriff) idée f; notion f ❹ (≈ Vorstellungsvermögen) imagination f
Vorstellungsgespräch N entretien m (d'embauche) **Vorstellungskraft** F, **Vorstellungsvermögen** N imagination f
Vorstrafe F JUR condamnation antérieure
vortäuschen VT simuler; feindre
Vorteil M a. SPORT avantage m; **im ~ sein** bénéficier d'un avantage; **zum ~ von** à l'avantage de
Vortrag M (≈ Rede) conférence f **vortragen** VT ❶ (≈ darlegen) exposer ❷ Text réciter
vortreten VI (s')avancer **Vortritt** M préséance f; **j-m den ~ lassen** céder le pas à qn
vorübergehend ADJ (≈ von kurzer Dauer) passager; (≈ zeitweilig) temporaire; (≈ für e-e Übergangszeit) transitoire
Vorurteil N préjugé m
Vorverkauf M location f; **im ~** en prévente
vorverlegen VT avancer (**auf** + akk à), (**um** de)

Vorwahl F 1 POL premier tour de scrutin 2 TEL indicatif m **Vorwahlnummer** F TEL indicatif m
Vorwand M prétexte m
vorwarnen VT prévenir
vorwärts ADV en avant; ~! en avant!; allons! (allez!); en route!; → vorwärtsgehen, vorwärtskommen
Vorwärtsgang M AUTO marche f avant **vorwärtsgehen** VI avancer **vorwärtskommen** VI avancer; faire des progrès
vorwerfen VT j-m etw ~ reprocher qc à qn
vorwiegend ADV surtout
vorwitzig ADJ trop curieux; (≈ frech) impertinent
Vorwort N préface f
Vorwurf M reproche m; j-m etw zum ~ **machen** reprocher qc à qn **vorwurfsvoll** A ADJ réprobateur B ADV d'un air de reproche
Vorzeichen N 1 MATH signe m 2 (≈ Omen) signe avant-coureur
vorziehen VT 1 (≈ bevorzugen) préférer 2 Vorhang tirer 3 zeitlich avancer
vorzugsweise ADV de préférence
vulgär ADJ vulgaire
Vulkan M volcan m

W

W¹, w N W, w m
W² ABK (≈ West[en]) O (ouest)
Waadt die ~, der Kanton ~ le canton de Vaud
Waage F 1 TECH balance f 2 ASTROL Balance f
waagerecht ADJ horizontal
wach ADJ 1 (r)éveillé; ~ **werden** a. fig se réveiller 2 fig vif
Wache F 1 Tätigkeit garde f; SCHIFF quart m; ~ **stehen, haben** être de garde; SCHIFF être de quart 2 Person garde m; SCHIFF vigie f 3 Gebäude poste m (de garde, de police) 4 bes bei e-m Kranken veille f

wachen VI veiller (**über** + akk sur); **bei j-m ~** veiller qn
Wachhund M chien m de garde
Wachmann M 1 (≈ Aufseher) vigile m 2 österr agent m de police
Wacholder M Strauch genévrier m; a. Beere, Schnaps genièvre m
Wachs N cire f; (≈ Skiwachs) fart m
wachsen¹ VI 1 Mensch, Tier grandir; Kind, Pflanze, Bart, Fingernägel pousser 2 (≈ zunehmen) augmenter; (≈ sich ausdehnen) s'étendre 3 Wirtschaft croître
wachsen² VT mit Wachs cirer; Ski farter
Wachstuch N toile cirée
Wachstum N BIOL, WIRTSCH, a. fig croissance f **Wachstumsmarkt** M WIRTSCH marché m en croissance
Wachstumsrate F WIRTSCH taux m d'expansion od de croissance
Wächter(in) M(F) gardien, -ienne m,f
wackelig ADJ 1 (≈ nicht stabil), a. Zahn branlant; Möbel boiteux 2 umg Person chancelant 3 Kompromiss, Frieden boiteux
Wackelkontakt M mauvais contact
wackeln VI 1 Dinge, a. Zahn branler, vaciller; Tisch, Stuhl être branlant 2 **mit dem Kopf ~** branler de la tête 3 umg fig Stellung etc être menacé
Wade F ANAT mollet m
Waffe F a. fig arme f
Waffel F gaufre f; kleine gaufrette f **Waffeleisen** N gaufrier m
Waffenstillstand M armistice m
wagemutig ADJ audacieux
wagen VT 1 oser (**etw zu tun** faire qc) 2 (≈ aufs Spiel setzen) risquer
Wagen M 1 (≈ Auto, Pferdewagen) voiture f; (≈ Einkaufswagen) chariot m; **auf zwei Rädern** charrette f; BAHN voiture f, wagon m 2 ASTRON **der Große** ~ la Grande Ourse
Wagenheber M cric m
Wag(g)on M wagon m
Wahl F 1 (≈ Auswahl) choix m; **die (freie) ~ haben** avoir le (libre) choix; **mir bleibt keine andere ~** je n'ai pas le choix; **in die engere ~ kommen** être retenu au cours d'une première sélection; sprichw **wer die ~ hat, hat die Qual** il a, nous avons, etc l'embarras du choix 2 in ein Amt élection f; vote m; (≈ Art der Wahl) scrutin m; **sich zur**

~ stellen se porter candidat ▣ HANDEL **erster, zweiter ~** de premier, deuxième choix

wahlberechtigt ADJ **~ sein** avoir le droit de vote **Wahlbeteiligung** F participation électorale

wählen A VT ▣ (≈ *auswählen*) choisir ▣ TEL composer ▣ *durch Abstimmung* élire; **j-n in den Bundestag ~** élire qn au Bundestag ▣ (≈ *stimmen für*) voter pour B VI ▣ choisir (**zwischen** + *dat* entre); faire son choix ▣ TEL composer le numéro ▣ POL voter **Wähler(in)** M(F) POL électeur, -trice m,f **wählerisch** ADJ difficile (**in** + *dat* sur) **Wählerstimme** F voix f; suffrage m

Wahlfach N SCHULE matière facultative, à option **Wahlkampf** M campagne électorale **Wahllokal** N bureau m de vote **wahllos** ADV au °hasard **Wahlrecht** N *aktives* droit m de vote **wahlweise** ADV facultativement; au choix

Wahnsinn M ▣ MED aliénation mentale; folie f ▣ *umg* **das ist heller ~** c'est de la folie pure **wahnsinnig** A ADJ ▣ MED fou ▣ *umg fig Angst, Schmerz, Hunger* terrible *umg*, atroce; *fig Tempo umg* B *umg* ADV ▣ **~ viel zu tun haben** avoir un travail fou, monstre *umg*

wahr ADJ ▣ vrai; *umg fig* **das kann doch nicht ~ sein!** *umg* c'est pas vrai!; **~ werden** se réaliser; **nicht ~?** n'est-ce pas? ▣ (≈ *tatsächlich*) véritable; vrai; **ein ~er Freund** un vrai, véritable ami

während A PRÄP pendant; durant B KONJ ▣ *zeitlich* pendant que ... (+ *ind*) ▣ (≈ *wohingegen*) tandis que ... (+ *ind*)

Wahrheit F vérité f; **die ~ sagen** dire vrai; dire la vérité

wahrnehmen VT ▣ *sinnlich* percevoir; *flüchtig* apercevoir ▣ *Gelegenheit* profiter de; saisir

wahrsagen VI prédire l'avenir **Wahrsager(in)** M(F) diseur, -euse m,f de bonne aventure

wahrscheinlich ADJ vraisemblable; probable **Wahrscheinlichkeit** F vraisemblance f; probabilité f

Währung F monnaie f

Währungsfonds M fonds m monétaire **Währungsreform** F réforme f monétaire **Währungssystem** N système m monétaire **Währungsumstellung** F conversion f monétaire **Währungsunion** F union f monétaire

Wahrzeichen N emblème m

Waise F orphelin(e) m(f)

Wal M baleine f

Wald M forêt f; *kleinerer* bois m **Waldbrand** M incendie m de forêt **waldig** ADJ boisé

Waldorfschule F école f Rudolf Steiner

Waldsterben N dépérissement m, mort f des forêts **Waldweg** M chemin forestier

Wales N le pays de Galles **Waliser(in)** M(F) Gallois(e) m(f) **walisisch** ADJ gallois

Walkman® M baladeur m

Wall M a. fig rempart m

Wallfahrt F pèlerinage m

Wallis das ~ le Valais

Walnuss F noix f **Walnussbaum** M noyer m

Walross N ZOOL morse m

Walze F cylindre m

wälzen A VT ▣ rouler; GASTR **in Mehl ~** rouler, passer dans la farine ▣ *umg fig Akten* compulser ▣ *umg fig Probleme* ruminer B VR **sich am Boden, im Schmutz ~** se rouler par terre, dans la boue

Walzer M valse f

Wälzer *umg* M *umg* gros bouquin; *umg* pavé m

wand → **winden**

Wand F ▣ *von Gebäuden* mur m ▣ (≈ *Trennwand*) cloison f; *e-s Gefäßes, a.* ANAT paroi f ▣ (≈ *Felswand*) paroi (rocheuse)

Wandel M changement m

Wanderer M randonneur m **Wanderkarte** F topoguide m

wandern VI ▣ faire une *bzw*. des randonnée(s); faire de la marche ▣ *Düne, Sonne* se déplacer ▣ *umg fig* (≈ *kommen*) atterrir (**in den Papierkorb** dans la corbeille à papier) *umg*

Wanderschuh M chaussure f de marche **Wandertag** M SCHULE (journée f d')excursion

Wanderung F (≈ *Ausflug*) randonnée f (à pied)

Wanderweg M sentier m de (grande) randonnée
Wandschrank M placard m
wandte → wenden
Wange geh F joue f
wanken VI beide a. fig chanceler, vaciller; *Knie* flageoler; **ins Wanken geraten** être ébranlé
wann ADV quand; **seit ~?** depuis quand?; **bis ~?** jusqu'à quand?; **von ~ bis ~?** de quand à quand?
Wanne F (≈ *Badewanne*) baignoire f
Wanze F 1 ZOOL punaise f 2 umg (≈ *Abhörgerät*) micro clandestin
Wappen N armoiries fpl
warb → werben
Ware F marchandise f; (≈ *Artikel*) article m; (≈ *Produkt*) produit m
Warenhaus N grand magasin **Warenzeichen** N marque f de fabrique
warf → werfen
warm A ADJ 1 chaud; **etw Warmes trinken** boire qc de chaud; **~ werden** se réchauffer; **es ist ~** il fait chaud; **mir ist ~** j'ai chaud 2 (≈ *herzlich*) chaleureux; **~er Empfang** accueil chaleureux B ADV **~ machen** *Essen* faire chauffer; **~ essen** manger chaud; **den Motor ~ laufen lassen** faire tourner le moteur; SPORT **sich ~ laufen** s'échauffer; → warmhalten
Wärme F a. PHYS, TECH, a. fig chaleur f
wärmen A VT *Essen* faire chauffer; (≈ *aufwärmen*) réchauffer B VI *Sonne, Feuer* chauffer; *Kleidung* tenir chaud C VR **sich ~** se réchauffer
Wärmflasche F bouillotte f
warmhalten VT umg **sich** (dat) **j-n ~** cultiver ses relations avec qn **warmherzig** ADJ chaleureux
Warnblinkanlage F, **Warnblinkleuchte** F AUTO feux mpl de détresse **Warndreieck** N AUTO triangle m de présignalisation
warnen VT **j-n** (**vor e-r Gefahr**) **~** avertir, prévenir qn (d'un danger)
Warnstreik M grève f d'avertissement
Warnung F avertissement m
Warschau N Varsovie
Warteliste F liste f d'attente
warten A VT *Maschine, Gerät etc* entretenir B VI attendre (**auf j-n, etw** qn, qc); **mit etw ~** remettre qc à plus tard; *Drohung* **warte nur!** attends un peu!
Wärter(in) M(F) gardien, -ienne m,f
Warteraum M, **Wartesaal** M salle f d'attente **Wartezimmer** N salle f d'attente
warum ADV pourquoi; **~ nicht?** pourquoi pas?
Warze F verrue f
was A INT PR 1 *allein u. betont* quoi; *unbetont, Nominativ* que, qu'est-ce qui; *akk* que; qu'est-ce que; umg, *unhöflich* (≈ *wie bitte?*) **was?** quoi? umg, °hein? umg; **was ist das?** qu'est-ce que c'est (que ça)?; **was, du kennst sie gar nicht?** comment, tu ne la connais pas? 2 **was für ein(e)** quel; **was für eine Idee!** quelle idée! 3 (≈ *wie viel*) combien; **was kostet ...?** combien coûte ...? B REL PR *Nominativ* ce qui; *akk* ce que C umg INDEF PR (≈ *etwas*) quelque chose; **das ist was anderes** c'est autre chose; **ich will dir mal was sagen** je vais te dire une chose
Waschbecken N lavabo m
Wäsche F 1 (≈ *Wäschestücke*) linge m; **~ waschen** faire la lessive 2 (≈ *Unterwäsche*) linge m (de corps) 3 (≈ *das Waschen*), a. TECH lavage m; **(große) ~** lessive f
Wäscheklammer F épingle f, pince f à linge
waschen A VT/I a. AUTO, TECH laver B VI (≈ *Wäsche waschen*) faire la lessive C VR **sich ~** se laver; faire sa toilette
Wäscherei F blanchisserie f
Wäschetrockner M 1 *Gestell* séchoir m (à linge) 2 *Maschine* sèche-linge m
Waschlappen M 1 gant m de toilette 2 umg fig (≈ *Feigling*) lavette f umg
Waschmaschine F lave-linge m; machine f à laver **Waschmittel** N lessive f **Waschraum** M cabinet m de toilette **Waschsalon** M laverie f (automatique)
wäscht → waschen
Wasser N 1 eau f; **~ abweisend** hydrofuge; **ins ~ gehen** aller nager, se baigner; *fig Pläne* **ins ~ fallen** tomber à l'eau 2 *fig* **sich über ~ halten** s'en tirer (tout juste) 3 *fig* **mit allen ~n gewaschen sein** avoir plus d'un tour dans son sac 4 **da läuft e-m das ~ im Munde zusammen** cela fait venir l'eau à la bouche

Wasserbad N GASTR bain-marie m
Wasserball M 1 (≈ *Strandball*) ballon m (de plage) 2 *Spiel* water-polo m
wasserdicht ADJ 1 *Kleidung* imperméable 2 SCHIFF, TECH étanche 3 *umg fig Alibi, Vertrag* en béton *umg*
Wasserfall M cascade f **Wasserfarbe** F peinture f à l'eau **Wasserglas** N *Gefäß* verre m à eau **Wasserhahn** M robinet m (d'eau) **Wasserkessel** M bouilloire f **Wasserkraft** F énergie f, force f hydraulique **Wasserleitung** F conduite f d'eau **Wassermann** M ASTROL Verseau m **Wassermelone** F pastèque f **Wasserpistole** F pistolet m à eau

wasserscheu ADJ **~ sein** avoir peur de l'eau; ne pas aimer l'eau

Wasserski N *Sportart* ski m nautique **Wassersport** M sports mpl nautiques **Wasserstoff** M hydrogène m **Wasserstraße** F voie f navigable **Wasserturm** M château m d'eau **Wasserversorgung** F alimentation f en eau **Wasserzeichen** N filigrane m

wässrig ADJ 1 qui contient de l'eau 2 *Geschmack* insipide

waten VI patauger
Watt¹ N ELEK watt m
Watt² N GEOG estran m
Watte F ouate f **Wattebausch** M tampon m d'ouate **Wattestäbchen** N coton-tige® m
WC N ABK (= *Wasserklosett*) W.-C. *mpl*
Web N IT Web m; Toile f
Webbrowser M IT navigateur m Web **Webcam** F IT webcam f **Webdesign** N IT webdesign m **Webdesigner(in)** M(F) IT webdesigner m/f
weben VT *a. Spinne* tisser
Weblog N/M IT weblog m ; blog m **Webmaster** M IT webmaster m **Webportal** N IT portail m Web **Webseite** F IT page f Web **Webserver** M IT serveur m Web **Website** F IT site m Web
Webstuhl M métier m à tisser
Wechsel M 1 (≈ *Veränderung*) changement m; (≈ *Schwankung*) variation f 2 SPORT (≈ *Spielerwechsel*) remplacement m 3 (≈ *Sichabwechseln*) alternance f 4 (≈ *Überwechseln*) passage m; SPORT (≈ *Seitenwechsel*) changement m de camp 5 (≈ *Geldwechsel*) change m

Wechselgeld N monnaie f **wechselhaft** ADJ *Wetter* variable; instable **Wechselkurs** M cours m (du change) **wechseln** A VT 1 *allg* changer de 2 (≈ *austauschen*) Worte, Blicke échanger 3 *Geld* **~** changer de l'argent; *in Kleingeld* faire de la monnaie B VI changer **Wechselstrom** M courant alternatif **Wechselstube** F bureau m de change **Wechselwirkung** F interaction f
wecken VT réveiller; *fig Interesse* éveiller, susciter
Wecken *südd, österr* M 1 (≈ *Brötchen*) petit pain 2 (≈ *längliches Brot*) pain blanc ovale
Wecker M réveil m; *umg* **j-m auf den ~ gehen** *umg* taper sur les nerfs à qn
wedeln VI 1 **mit dem Schwanz ~** remuer, agiter la queue 2 SKISPORT godiller
weder KONJ **~ ... noch ...** ni ... ni ...; *beim Verb* ne ... ni ... ni ...
weg *umg* ADV 1 (≈ *schon weg*) parti; (≈ *nicht da*) absent; **weg da!** ôte-toi *bzw.* ôtez-vous de là!; *umg* (allez), ouste!; **Hände weg!** bas les mains!; **weg damit!** enlève-moi ça! enlevez-moi ça! 2 *umg fig geistig* absent; **ich war sofort weg** (≈ *eingeschlafen*) je me suis endormi tout de suite; **ganz weg sein** (≈ *begeistert sein*) être enthousiasmé, être emballé *umg* 3 (≈ *entfernt*) **weit weg** loin (von de)

Weg M 1 *im Gelände, a. fig* chemin m, voie f; *in Gärten, Parks* allée f; **am Weg(e)** au bord du chemin 2 (≈ *einzuschlagende Richtung*) chemin m; *fig* voie f; **der Weg nach ...** le chemin de ...; **auf dem kürzesten Weg** en prenant le chemin le plus court; **auf dem richtigen Weg** *a. fig* sur la bonne voie; **etw in die Wege leiten** mettre qc en route 3 (≈ *Unterwegssein, Reise*) **auf dem Weg(e)** en route; en chemin; chemin faisant; **sich auf den Weg machen** se mettre en route, en chemin; **auf dem Weg nach ...** en allant à ...; sur le chemin de ...; **auf dem Weg von ...** en venant de ... 4 (≈ *eingeschlagener Weg*) chemin m; **j-m aus dem Weg gehen** laisser passer qn; (se ranger pour) faire place à qn; *fig* éviter qn; *fig* **e-r Frage aus dem Weg(e) gehen** esqui-

ver une question; *fig* **j-m im Weg(e) stehen, sein** gêner qn ⑤ *fig* (≈ *Methode, Lösungsweg*) moyen *m*
wegbleiben *umg* VI → fortbleiben
wegbringen VT → fortbringen
wegen PRÄP ① *Ursache* à cause de; pour; **~ schlechten Wetters** à cause du mauvais temps ② *Bezug* en ce qui concerne; *umg* **von ~!** penses-tu!
wegfahren VI partir (en voiture, *etc*)
wegfliegen VI s'envoler (**nach** pour)
weggeben VT se débarrasser de
weggehen VI ① s'en aller; partir ② *umg* (≈ *verschwinden*) disparaître; *Fleck, Schmutz etc* partir
wegkommen *umg* VI ① (≈ *sich entfernen können*) partir; s'en aller; **machen Sie, dass Sie ~!** *umg* tirez-vous! ② (≈ *abhandenkommen*) disparaître ③ **bei etw gut ~** s'en tirer bien
weglasern *umg* VT & V/R (≈ *durch Laserbehandlung entfernen*) **etw ~** enlever (ou effacer) qc au laser
weglassen VT ① **j-n ~** laisser partir qn ② (≈ *wegfallen lassen*) laisser tomber *umg*, supprimer **weglaufen** VI → fortlaufen **weglegen** VT (≈ *beiseitelegen*) mettre de côté; (≈ *aus der Hand legen*) poser **wegmachen** *umg* VT enlever
wegmüssen *umg* VI ① (≈ *gehen müssen*) Post devoir partir ② (≈ *verbraucht werden müssen*) devoir être consommé; (≈ *entfernt werden müssen*) devoir être enlevé
wegnehmen VT ① *Gegenstand* enlever ② **(j-m) etw ~** prendre qc (à qn)
wegräumen VT ① (≈ *aufräumen*) ranger ② *Hindernisse, a. fig* écarter **wegschicken** VT *Person* renvoyer; *Brief, Paket* envoyer; expédier **wegsehen** VI ① détourner les yeux ② *umg fig* **über etw** (akk) **~** fermer les yeux sur qc **wegstecken** VT mettre de côté; *umg fig Schlag, Beleidigung* digérer *umg* **wegstellen** VT mettre ailleurs **wegstoßen** VT repousser **wegtragen** VT emporter
Wegweiser M poteau, panneau indicateur
wegwerfen VT jeter
wegwischen VT essuyer **wegziehen** Ⓐ VT *Hand, Gegenstand* retirer Ⓑ VI (≈ *umziehen*) déménager (**von, aus** de)
Wehe F **~n** *pl* contractions *fpl*
wehe *geh* INT **~ (dir), wenn du ...!** gare à toi, si tu ...!
wehen Ⓐ VT emporter Ⓑ VI ① *Wind* souffler ② *Fahnen, Haare* flotter
wehleidig *pej* ADJ pleurnicheur
Wehrdienst M service *m* militaire **Wehrdienstverweigerer** M objecteur *m* de conscience
wehren V/R ① **sich ~** körperlich, *a. fig* se défendre (**gegen** contre, de); (≈ *Widerstand leisten*) résister (à) ② (≈ *sich weigern*) **sich (dagegen) ~, etw zu tun** se refuser à faire qc
wehrlos ADJ *a. Tiere* sans défense
Wehrpflicht F service *m* militaire obligatoire
wehtun VI **j-m ~** faire mal à qn; *fig* faire du mal à qn; **der Kopf tut mir weh** j'ai mal à la tête
Weibchen N ZOOL femelle *f*
weiblich ADJ ① *a.* GRAM féminin ② BOT, ZOOL femelle
weich ADJ ① mou; *Fleisch, Holz, Gestein* tendre; *Frucht* fondant; *Bett* douillet; *Polster, Kissen* moelleux; **ein ~es, ~ gekochtes Ei** un œuf à la coque ② **~ machen** ramollir ③ *Stoff, Haut, Fell* doux; *Wolle* moelleux; *Haar* souple ④ *fig Herz* tendre; *umg* **~ werden** céder
Weiche F BAHN aiguillage *m*
weichmachen VT ramollir
Weichsel die ~ la Vistule
Weichspüler M adoucissant *m*
Weide¹ F (≈ *Viehweide*) pâturage *m*; pré *m*
Weide² F *Baum* saule *m*; *Korbweide* osier *m*
weiden VI paître
weigern V/R **sich ~** refuser (**etw zu tun** de faire qc) **Weigerung** F refus *m*
weihen VT REL consacrer; **j-n zum Priester ~** ordonner qn prêtre
Weiher *bes südd* M étang *m*
Weihnachten N Noël *m*; **zu ~**, *südd* **an ~** à Noël; **frohe** *od* **fröhliche ~!** joyeux Noël!
weihnachtlich Ⓐ ADJ de Noël Ⓑ ADV **~ geschmückt** décoré pour Noël
Weihnachtsbaum M arbre *m* de Noël **Weihnachtsfeier** F fête *f* de Noël **Weihnachtsferien** PL vacan-

ces fpl de Noël **Weihnachtsfest** N fête f de Noël; Noël m **Weihnachtsgeld** N prime f de fin d'année **Weihnachtsgeschenk** N cadeau m de Noël **Weihnachtslied** N chant m de Noël **Weihnachtsmann** M père m Noël **Weihnachtsmarkt** M marché m de Noël

weil KONJ parce que; *bei gleichem Subjekt a.* pour (+ *inf passé*)

Weile F moment m; **e-e ganze ~** assez longtemps; un bon moment

Wein M 1 *Getränk* vin m 2 (≈ *Weinreben*) vigne(s) f(pl)

Weinberg M vignoble m

Weinbergpfirsich M *Handelsbezeichnung* pêche f plate

weinen VI pleurer (**über** + *akk*), (**vor** + *dat* sur, de)

weinerlich ADJ pleurnicheur; *Stimme a.* larmoyant

Weingegend F région f viticole, de vignobles **Weinglas** N verre m à vin **Weinlese** F vendange(s) f(pl) **Weinstraße die** *(Deutsche)* ~ GASTR *Tourismus* la Route du vin allemande **Weintraube** F (grain m de) raisin m

weise ADJ sage

Weise F (≈ *Art*) manière f; façon f; **auf diese ~** de cette manière, façon **weisen** A VT *geh fig* **j-m die Tür ~** montrer la porte à qn; *fig etw* **von sich** (*dat*) **~** repousser, rejeter qc B VI **auf etw** (*akk*) **~** indiquer qc

Weisheit F 1 sagesse f 2 (≈ *weiser Rat, Spruch*) adage m

weiß[1] ADJ blanc; **das Weiße Haus** la Maison Blanche; **~e Weihnachten** npl Noël m sous la neige

weiß[2] ~ **wissen**

Weiß N blanc m

Weißbrot N pain blanc

Weiße(r) M(F)M Blanc m; Blanche f

weißhaarig ADJ aux cheveux blancs **Weißwein** M vin blanc **Weißwurst** F boudin blanc

weit A ADJ 1 (≈ *ausgedehnt*) vaste; large; étendu 2 *Reise, Weg* long 3 *Kleidung* large; MODE (≈ *weit geschnitten*) ample B ADV 1 (≈ *ausgedehnt*) ~ **verbreitet** très répandu, courant; ~ **und breit** partout 2 (≈ *entfernt*) loin; **zwei Kilometer ~ entfernt** à deux kilomètres; ~ **entfernt** **von ...** très loin de ...; **von Weitem** de loin; à distance; **wie ~ ist es nach ...?** combien de kilomètres y a-t-il jusqu'à ...? 3 *zeitlich* loin; ~ **nach Mitternacht** bien après minuit; **ich bin so ~** (≈ *fertig*) je suis prêt 4 **wie ~ bist du (mit deiner Arbeit)?** où en es-tu (*de od avec ton travail*)? 5 (≈ *weitaus*) de loin; de beaucoup; **j-m ~ überlegen sein** surpasser qn de loin, de beaucoup; **bei Weitem der Größte** de loin le plus grand

Weite F 1 (≈ *Weitsein*) (vaste) étendue f 2 (≈ *Größe*) largeur f; *a. e-s Kleidungsstücks* ampleur f 3 (≈ *Länge*) *e-s Weges, a.* SPORT longueur f

weiten VT élargir

weiter ADV 1 (*nur*) ~!, ~ **so!** continue *bzw.* continuez! 2 (≈ *anschließend*) ensuite; après; **was geschah ~?** qu'est-ce qui s'est passé ensuite?; ~ **bestehen** continuer d'exister; subsister 3 ~ **nichts?** c'est tout?; *umg* **wenn es ~ nichts ist!** *umg* si ce n'est que ça! 4 ~ **unten, vorn** plus bas, en avant

weiterarbeiten VI continuer à travailler

weitere ADJ 1 (≈ *zusätzlich*) de plus; autre; **haben sie noch ~ Fragen?** avez-vous d'autres questions? 2 (≈ *anschließend*) **die ~ Entwicklung** l'évolution ultérieure

Weitere(s) N **bis auf ~s** jusqu'à nouvel ordre

weitererzählen VT 1 (≈ *ausplaudern*) propager 2 (≈ *fortfahren zu erzählen*) continuer à raconter **weiterfahren** VI poursuivre, continuer sa route, son voyage **weitergeben** VT transmettre; (≈ *herumreichen*) faire passer, circuler **weitergehen** VI 1 (≈ *weiterlaufen*) poursuivre, continuer son chemin 2 (≈ *sich fortsetzen*) continuer; *Verhandlungen se* poursuivre **weiterkommen** VI 1 *auf s-m Weg* avancer 2 *bei der Arbeit* avancer (**in** + *dat*), (**mit** dans) **weitermachen** *umg* VT & VI continuer (**mit etw** à, de faire qc)

weitersagen VT répéter; **nicht ~!** ne le répète pas, répétez pas! **weiterwissen** VI **nicht (mehr) ~** ne plus savoir que faire

weitgehend A ADJ large; (≈ *beträchtlich*) considérable B ADV en grande par-

tie
weitsichtig ADJ **1** MED hypermétrope; *im Alter* presbyte **2** *fig* prévoyant
Weitsprung M saut m en longueur
Weizen M blé m; froment m
welche A INT PR **1** quel **2** lequel; ~r von beiden? lequel des deux?; B REL PR **1** ~r, ~, ~s, *pl* ~ qui; *zur Vermeidung e-s Doppelsinnes a.* lequel **2** ~m, ~r, *pl* ~n auquel; *mit Bezug auf Personen a.* à qui **3** ~n, ~, ~s, *pl* ~ que; *nach präp* lequel; *mit Bezug auf Personen a.* qui C INDEF PR **haben Sie Brot? ich habe ~s** j'en ai
welken VI se faner
Welle F **1** (≈ *Woge*), *a. fig* vague f **2** *im Haar* **~n** *pl* ondulations *fpl* **3** (≈ *Lichtwelle, Schallwelle, Radiowelle*) onde f **4** *im Verkehr* **grüne ~** feux synchronisés
wellen VR **sich ~** onduler
Wellenlänge F *a. umg fig* longueur f d'onde
Wellensittich M perruche f
Wellness N bien-être m **Wellnesshotel** N (hôtel m avec) centre m de bien-être **Wellnessurlaub** M vacances *fpl* bien-être
Welpe M *Hund* chiot m
welsch *schweiz* ADJ de la Suisse romande
Welt F **1** monde m; **alle ~** tout le monde; **die Dritte, Vierte ~** le tiers, quart monde; **die ganze ~** le monde entier; **was in aller ~ …?** que … donc!; **zur ~ bringen** mettre au monde; **etw aus der ~ schaffen** liquider, régler qc **2** (≈ *Weltall*) univers m
Weltall N univers m **weltbekannt** ADJ, **weltberühmt** ADJ célèbre dans le monde entier **weltfremd** ADJ peu réaliste **Welthandel** M commerce mondial **Weltkarte** F mappemonde f
Weltkrieg M **der Erste ~** la Première Guerre mondiale; la Grande Guerre; **der Zweite ~** la Seconde Guerre mondiale
Weltladen M boutique f de commerce équitable
Weltmacht F puissance mondiale
Weltmeister(in) M(F) champion, -ionne *m,f, a. fig* **Weltmeisterschaft** F championnat m du monde
Weltraum M espace m **Weltreise** F tour m du monde **Weltrekord** M record mondial **Weltsprache** F langue universelle **Weltuntergang** M fin f du monde
weltweit ADJ mondial; universel
Weltwirtschaft F économie mondiale
wem A INT PR à qui?; **wem gehört das?** c'est à qui?, à qui ça appartient; **von wem?** de qui?; **mit wem?** avec qui? B REL PR celui à qui
wen A INT PR qui?; qui est-ce que?; **an wen denkst du?** à qui (est-ce que) tu penses? B REL PR celui que; **frag, wen du willst** demande à qui tu voudras
Wende F **1** (≈ *Wenden, Wendepunkt*), SPORT virage m **2** *zeitliche* tournant m
Wendekreis M **1** ASTRON, GEOG tropique m **2** AUTO rayon m de braquage
wenden A VT (≈ *umdrehen*) tourner; *Braten, Heu* retourner B VI (≈ *Fahrzeug*) faire demi-tour; (≈ *umblättern*) **bitte ~!** tournez, s'il vous plaît C VR **1 sich ~** (≈ *sich ändern*) changer **2** (≈ *sich hinwenden, zuwenden*) se tourner **3 sich an j-n ~ s'**adresser à qn (**mit**, **in e-r Sache** ~ au sujet de qc) **Wendung** F **1** (≈ *Veränderung*) changement m; (≈ *Umschwung*) revirement m **2** (≈ *Redewendung*) expression f
wenig A INDEF PR **1** peu de; **~ Wasser** peu d'eau; **in ~ Minuten** dans quelques minutes **2** peu; **~e** *pl* peu; *Personen a.* peu de gens B ADV **1** (≈ *nicht sehr*) ne … guère; peu; **sich ~ um etw kümmern** ne pas se soucier beaucoup de qc **2 nur ~ besser** juste un peu mieux **3 ein ~** (≈ *etwas*) un peu
weniger A INDEF PR moins; *vor subst* moins de; **~ als …** moins que …; *vor Zahlen* moins de …; **~ werden** diminuer; se réduire B ADV (≈ *minus*) **10 ~ 4** 10 moins 4
wenigstens ADV au moins; du moins
wenn KONJ **1** *zeitlich* quand; lorsque; **jedes Mal ~** chaque fois que **2** *Bedingung* si; **~ Sie wollen** si vous voulez; **außer ~** sauf si; **~ ich bloß wüsste …!** si seulement je savais …! **3** *konzessiv* **~ auch, auch ~** quoique, bien que … (+ *subj*); **selbst ~** même si … (+ *ind*)
wer A INT PR qui?; qui est-ce qui?; **wer von beiden?** lequel, laquelle des deux? B REL PR qui; *am Satzanfang* celui qui

Werbeagentur F agence f de publicité **Werbebanner** N IT bannière f (publicitaire) **Werbegeschenk** N prime f

werben A V/T Mitglieder recruter; Kunden prospecter B V/I **für etw** ~ faire de la publicité pour qc

Werbeslogan M slogan m publicitaire
Werbespot M spot m publicitaire
Werbetexter M rédacteur m publicitaire

Werbung F (≈ Reklame) publicité f
Werbungskosten PL STEUERRECHT frais professionnels

werden A V/I devenir; **Arzt** ~ devenir médecin; **was soll aus ihm** ~**?** que va-t-il devenir?; **was willst du (einmal)** ~**?** qu'est-ce que tu veux faire plus tard?; umg **ist das Bild etwas geworden?** est-ce que la photo est réussie? B V/UNPERS **es wird kalt** il commence à faire froid; **mir wird kalt** je commence à avoir froid; **mir wird schlecht** je ne me sens pas bien; **es wird Sommer** l'été approche C V/AUX 1 zur Bildung des Futurs **ich werde es ihm sagen** je le lui dirai; **sofort je vais te le lui dire** 2 zur Bildung des Passivs **être; geliebt** ~ être aimé 3 zur Umschreibung des Konjunktivs **er würde kommen, wenn ...** il viendrait si ...; **würden Sie bitte** (+ inf) veuillez (+ inf) 4 Vermutung **er wird es nicht gehört haben** il ne l'aura pas entendu

werfen A V/T 1 Stein, Ball jeter; Speer, Diskus, Bomben lancer 2 **ein Tor** ~ marquer un but; beim Würfeln **e-e Sechs** ~ faire un six 3 **etw ins Wasser, aus dem Fenster** ~ jeter qc dans l'eau, par la fenêtre B V/I **mit etw nach j-m, etw** ~ lancer qc sur que, etw C V/R **sich auf den Boden** ~ se jeter par terre

Werft F chantier naval

Werk N 1 (≈ Buch) ouvrage m 2 (≈ Tat) œuvre f; acte m 3 (≈ Gesamtwerk es Künstlers, Autors) œuvre f 4 (≈ Fabrik) usine f

Werkstatt F, **Werkstätte** F atelier m

Werktag M jour m ouvrable **werktags** ADV les jours ouvrables; en semaine

Werkzeug N outils mpl; einzelnes outil m **Werkzeugkasten** M boîte f, coffre m à outils

wert ADJ ~ **sein** valoir; **das ist nicht viel** ~ cela ne vaut pas grand-chose
Wert M 1 (≈ Marktwert) valeur f; **im** ~ **steigen, sinken** augmenter, diminuer de valeur 2 (≈ Bedeutung) valeur f; **großen** ~ **auf etw** (akk) **legen** attacher une grande importance à qc 3 (≈ Messwert, Zahl) valeur f; Ergebnis résultat m

werten V/T 1 estimer; évaluer; **etw als Erfolg** ~ considérer qc comme un succès 2 SPORT noter

wertlos ADJ sans valeur **Wertpapier** N valeur (mobilière); effet m; titre m **Wertsache** F objet m de valeur **Wertung** F 1 (≈ Einschätzung) estimation f; évaluation f 2 SPORT classement m

wertvoll ADJ précieux
Wesen N 1 (≈ Wesensart, Charakter) nature f; caractère m; **ein freundliches** ~ **haben** être (d'un naturel) aimable 2 (≈ Lebewesen) être (vivant)

wesentlich A ADJ essentiel; Bestandteil intégrant; (≈ grundlegend) fondamental; **im Wesentlichen** en substance; ~**er Unterschied** différence fondamentale B ADV größer bien plus grand

weshalb → warum
Wespe F guêpe f
wessen INT PR 1 de qui?; ~ **Sohn ist er?** de qui est-il le fils? 2 de quoi?

Westdeutschland N POL l'Allemagne f de l'Ouest; GEOG l'Allemagne occidentale

Weste F gilet m
Westen M ouest m; POL **der** ~ l'Ouest m; **der Wilde** ~ le Far West; **im** ~ **(von)** à l'ouest (de); **von** ~ de l'ouest
Western M western m
Westeuropa N l'Europe f de l'Ouest **westeuropäisch** ADJ de l'Europe de l'Ouest

westlich A ADJ de l'ouest; d'ouest B ADV à l'ouest (**von** de)
Westwind M vent m d'ouest
Wettbewerb M 1 Veranstaltung, a. SPORT concours m; compétition f 2 HANDEL concurrence f

Wette F pari m; **e-e** ~ **abschließen** faire un pari; **die** ~ **gilt!** je tiens le pari; umg chiche!; **um die** ~ à qui mieux mieux
wetten V/T & V/I parier (**dass** que); **mit**

j-m um etw ~ parier qc avec qn; **(wollen wir) ~?** on parie?

Wetter N̄ temps m; **es ist schönes ~** il fait beau (temps); **bei schönem ~** par beau temps

Wetterbericht M̄ bulletin m météorologique; météo f **Wetterkarte** F̄ carte f météorologique **Wettervorhersage** F̄ prévisions fpl météorologiques; météo f

Wettkampf M̄ compétition f **Wettlauf** M̄ course f (**mit der Zeit** contre la montre) a. fig

WG umg F̄ ABK (= **Wohngemeinschaft**) communauté f

Whirlpool M̄ jacuzzi® m; bain m à remous

wichtig ADJ important; **~ nehmen** prendre au sérieux **Wichtigkeit** F̄ importance f **wichtigmachen** V/R pej **sich ~** faire l'important

wickeln VT 1 (≈ aufwickeln) enrouler (**um, auf etw** akk autour de, sur qc) 2 (≈ einwickeln) envelopper (**in** + akk dans); **etw in Papier** (akk) **~** emballer qc (dans du papier) 3 Säugling langer; **frisch ~** changer

Widder M̄ 1 ZOOL bélier m 2 ASTROL Bélier m

wider geh PRÄP contre

widerhallen VI retentir; résonner **widerlegen** VT réfuter

widerlich ADJ dégoûtant

widerrufen VT Verfügung révoquer; Behauptung, Geständnis revenir sur

widerspenstig ADJ récalcitrant; rétif; (≈ aufsässig), a. Haar rebelle

widerspiegeln VT (& V/R) **(sich) ~** OPT, a. fig (se) refléter

widersprechen VI 1 (**j-m**) ~ contredire (qn); **e-r Behauptung ~** contredire, réfuter une affirmation 2 **sich** (dat) **~** se contredire; Aussagen **sich ~d** contradictoire **Widerspruch** M̄ 1 (≈ Einspruch), a. JUR opposition f 2 (≈ innerer Gegensatz) contradiction f; **zu etw im ~ stehen** → widersprechen

Widerstand M̄ a. POL résistance f (**gegen** contre); **~ leisten** opposer de la résistance (**gegen** à) **widerstehen** VI (**e-r Sache, j-m**) résister (à qc, qn)

widerwärtig ADJ 1 (≈ unangenehm) désagréable 2 (≈ abstoßend) repoussant

widmen VT 1 Zeit, Leben **j-m, e-r Sache etw ~** consacrer qc à qn; stärker vouer qc à qn 2 Buch dédier **Widmung** F̄ dédicace f

wie A ADV 1 (≈ auf welche Art und Weise) comment; de quelle manière, façon; **wie bitte?** pardon?; überrascht ce n'est pas vrai! 2 Frage nach Eigenschaften od Merkmalen comment; **wie war das Wetter?** quel temps a-t-il fait? 3 Ausmaß, Grad e-r Eigenschaft quel; combien; **wie breit ist …?** de quelle largeur est …?; quelle est la largeur de …?; **wie schön!** que c'est beau!; **(für) wie lange?** (pour) combien de temps?; **wie viel(e)** combien (de); umg **und wie!** umg et comment! B KONJ 1 Vergleich comme; **so groß wie** aussi grand que; **so gut wie** (≈ fast) presque, quasiment 2 (≈ zum Beispiel) comme; tel, telle que; **Städte wie Paris oder Amsterdam** des villes comme od telles que Paris ou Amsterdam 3 erklärend **wie ich glaube** à ce que je crois; **wie du siehst** comme tu le vois 4 zeitlich (≈ als) lorsque 5 mit Verben der Wahrnehmung **ich sah, wie er aufstand** je l'ai vu se lever

wieder ADV 1 (≈ noch einmal) de nouveau; à nouveau; **~ einmal** une fois de plus; **~ aufbauen** Haus, Stadt reconstruire; Wirtschaft relever; **~ beleben** fig Tradition faire revivre; ranimer; Wirtschaft relancer; **~ verwenden** réemployer; réutiliser; **~ verwerten** recycler 2 Rückkehr in den vorherigen Zustand **ich bin gleich ~ da** je reviens tout de suite; **er ist ~ gesund** il est rétabli

wiederbekommen VT récupérer **Wiederbelebung** F̄ 1 réanimation f 2 der Wirtschaft relance f

wiederbringen VT rapporter **wiedergeben** VT 1 (≈ zurückgeben) rendre 2 (≈ berichten) relater **wiedergewinnen** VT Freiheit, Gleichgewicht retrouver **wiederherstellen** VT Kontakt, Ordnung, Gesundheit rétablir **wiederholen** VT (≈ nochmals sagen) répéter **Wiederholung** F̄ 1 von Gesagtem, von Vorgängen répétition f 2 von Lernstoff révision f 3 TV, RADIO rediffusion f

Wiederhören N̄ **auf ~!** TEL au revoir! **wiederkommen** VI 1 (≈ zurückkommen) revenir ▋2▐ (≈ *sich wiederholen*) se répéter

wiedersehen V/T (& V/R) **(sich)** ≈ (se) revoir **Wiedersehen** N revoir *m*; **auf ~!** au revoir!

Wiedervereinigung F réunion *f*; POL réunification *f* **Wiederverwertung** F recyclage *m*

Wiege F *a. fig* berceau *m*

Wiegemesser N GASTR °hachoir *m*

wiegen[1] V/T (& V/I) (≈ *abwiegen*) peser; **ich wiege 60 Kilo** je pèse *od* je fais 60 kilos

wiegen[2] V/T (≈ *sanft schaukeln*) bercer

wiehern V/I °hennir

Wien N Vienne *f* **Wiener** A ADJ viennois; ~ **Schnitzel** escalope viennoise; ~ **Walzer** valse viennoise ▋B▐ M Viennois *m* ▋C▐ F *Wurst etwa* saucisse *f* de Strasbourg

Wienerin F Viennoise *f*

wies → *weisen*

Wiese F pré *m*; prairie *f*

wieso ADV pourquoi

wieviel, wie viel → **wie A 3**

wievielmal ADV combien de fois

wievielte ADJ **der ~ Band?** quel tome?; **den Wievielten haben wir heute?** quel jour sommes-nous (aujourd'hui)?, le combien sommes-nous (aujourd'hui)? *umg*

wild A ADJ ▋1▐ (≈ *im Naturzustand*), *a. bes* ZOOL, BOT sauvage; *Volk* sauvage; primitif; **~e Tiere** (≈ *Raubtiere*) fauves *mpl*; bêtes *fpl* féroces ▋2▐ (≈ *ungeordnet*) *Haar* °hirsute; *Leben* agité ▋3▐ *Parken, Zelten* sauvage ▋4▐ (≈ *ungestüm*) *Kinder* turbulent; *umg* **ganz ~ auf etw** (*akk*) **sein** raffoler de qc ▋5▐ (≈ *wütend*) furieux; **~ werden** devenir furieux ▋6▐ *Gerüchte* incroyable ▋B▐ ADV ~ **leben, wachsen** vivre, pousser à l'état sauvage; ~ **lebend, wachsend** sauvage

Wild N gibier *m*

Wilderer M braconnier *m* **wildern** V/I braconner

wildfremd *umg* ADJ parfaitement inconnu, étranger

Wildleder N daim *m*

Wildnis F région sauvage, déserte

Wildschwein N sanglier *m*

will → *wollen*

Wille M volonté *f*; **Letzter ~** dernières volontés; **beim besten ~n** avec la meilleure volonté (du monde); **j-m s-n ~n lassen** laisser faire qn; **gegen j-s ~n** contre le gré de qn; **wider ~n** à contre-cœur

willkommen ADJ bienvenu; **seien Sie (mir) ~!** soyez le (la) bienvenu(e); **j-n ~ heißen** souhaiter la bienvenue à qn

Willkür F arbitraire *m* **willkürlich** ADJ arbitraire

wimmeln A V/I *Sache, Ort* ~ **von** ... fourmiller, grouiller de ... ▋B▐ V/I/UNPERS **es wimmelt von** ... *umg* ça grouille de ...

Wimpel M fanion *m*

Wimper F cil *m*; **ohne mit der ~ zu zucken** sans sourciller **Wimperntusche** F mascara *m*

Wind M vent *m*; **bei ~ und Wetter** par tous les temps; **es geht ein starker ~** il fait, il y a beaucoup de vent; *umg* **viel ~ um etw machen** *umg* faire tout un plat de qc; *umg fig* **von etw ~ bekommen** avoir vent de qc; flairer qc

Windel F couche *f*

winden V/R **sich ~** se tordre (**vor Schmerzen** de douleur); **sich um etw ~** s'enrouler autour de qc

Windenergie F énergie éolienne

windig ADJ venteux; **es ist ~** il fait du vent ▋2▐ *umg pej* louche

Windjacke F anorak *m* **Windkraft** F énergie *f* éolienne **Windmühle** F moulin *m* à vent **Windpocken** FPL varicelle *f* **Windrad** N éolienne *f* **Windschutzscheibe** F pare-brise *m*

windstill ADJ **es ist ~** il n'y a pas de vent

Windsurfer(in) M(F) véliplanchiste *m/f*

Wink M signe *m*; *fig umg* tuyau *m*; **j-m e-n ~ geben** *umg* tuyauter qn

Winkel M ▋1▐ MATH angle *m*; **rechter ~** angle droit ▋2▐ *fig* (≈ *Ort*) coin *m*

winken V/I ▋1▐ **j-m ~** *zum Näherkommen* faire signe à qn; **j-m zum Abschied ~** faire des signes d'adieu à qn ▋2▐ **den Gewinnern ~ tolle Preise** des prix fabuleux attendent les gagnants

winseln V/I *Hund, a. fig* gémir, geindre

Winter M hiver *m*; **im ~** en hiver

Winteranfang M début *m* de l'hiver **Winterfahrplan** M horaire *m* d'hiver **Wintergarten** M jardin *m* d'hiver

Winterreifen M pneu *m* neige

Winterschlaf M ZOOL hibernation *f*;

~ halten hiberner
Winterschlussverkauf M soldes mpl ou inkorr fpl d'hiver **Winterspiele** NPL **die Olympischen ~** les Jeux mpl olympiques d'hiver **Wintersport** M sports mpl d'hiver
Winterzeit F **1** Jahreszeit hiver m **2** Uhrzeit heure f d'hiver
Winzer(in) M(F) vigneron, -onne m,f
winzig ADJ tout petit; minuscule
Wippe F bascule f **wippen** VI se balancer; **mit dem Fuß ~** balancer le pied
wir PERS PR nous; **wir sind es** c'est nous; **wir Deutschen** nous les Allemands
Wirbel M **1** im Sturm, Wasser etc tourbillon m **2** fig (≈ Trubel) tourbillon m; cinéma m umg; **viel ~ um etw, j-n machen** faire beaucoup de bruit autour de qc, qn **3** ANAT vertèbre f **4** (≈ Haarwirbel) épi m (de cheveux)
Wirbelsäule F colonne vertébrale
Wirbelsturm M cyclone m
wirbt → werben
wird → werden
wirft → werfen
wirken VI **1** (≈ e-e bestimmte Wirkung haben) agir, opérer **(auf +** akk sur); (≈ wirksam sein) être efficace; **die Arznei hat gewirkt** le remède a agi **2** (≈ scheinen) **auf j-n ~ wie ...** faire à qn l'effet de ...; **größer ~** paraître plus grand
wirklich A ADJ (≈ tatsächlich) réel; (≈ echt) véritable; vrai B ADV (≈ tatsächlich) réellement; effectivement; **~?** c'est vrai? **Wirklichkeit** F réalité f; **in ~** (dat) en réalité; **~ werden** se réaliser
wirksam ADJ efficace
Wirkung F effet m **2** JUR, ADMIN **mit sofortiger ~** avec effet immédiat
wirr ADJ **1** (≈ verwirrt) confus **2** (≈ unordentlich) désordonné
Wirsing M, **Wirsingkohl** M chou frisé
Wirt(in) M(F) (≈ Gastwirt) patron, -onne m,f
Wirtschaft F **1** WIRTSCH économie f **2** (≈ Gastwirtschaft) café m; umg bistro(t) m **wirtschaftlich** ADJ **1** Wachstum etc économique **2** (≈ finanziell) financier **3** (≈ sparsam) économe
Wirtschafts... IN ZSSGN économique
Wirtschaftskrise F crise f économique **Wirtschaftspolitik** F politique

f économique **Wirtschaftsraum** M WIRTSCH espace m économique
Wirtshaus N café m; umg bistro(t) m
Wisch umg pej M umg papelard m
wischen V/T **1** (≈ wegwischen) essuyer; **Staub ~** enlever la poussière **2** (≈ säubern) nettoyer
Wischer M AUTO essuie-glace m **Wischerblatt** N AUTO balai m d'essuie-glace
Wischiwaschi umg pej N umg blabla (-bla) m
wispern V/T & V/I chuchoter
wissen V/T **1** savoir; **etw von j-m** od **durch j-n ~** savoir qc par qn; **ich weiß (es) nicht** je ne sais pas; **j-n ~, der ...** connaître qn qui ...; umg **was weiß ich!** qu'est-ce que j'en sais, moi!; **nicht, dass ich wüsste** pas que je sache; **soviel ich weiß** autant que je sache; umg **man kann nie ~** on ne sait jamais; **weißt du noch, als ...** te rappelles-tu le temps où ... **2** **sich zu benehmen ~** savoir se conduire **3** umg intensivierend **wer weiß wo** Dieu sait où
Wissen N savoir m; (≈ Kenntnisse) connaissances fpl; **ohne mein ~** à mon insu; **meines ~s** à ma connaissance
Wissenschaft F science f **Wissenschaftler(in)** M(F) (≈ bes Naturwissenschaftler) scientifique m/f **wissenschaftlich** ADJ scientifique
wissenswert ADJ intéressant
Witwe F veuve f **Witwer** M veuf m
Witz M **1** (≈ lustige Geschichte) histoire f (pour rire); (≈ Scherz) plaisanterie f; umg blague f; **~e reißen** umg en raconter de (bien) bonnes; fig **mach keine ~e!** umg sans blague!; umg **(arrête,) tu déconnes?** **2** (≈ Geist) esprit m
Witzbold umg M umg blagueur m
witzig ADJ Person spirituel; Sache amusant; drôle **witzlos** ADJ umg fig (≈ zwecklos) inutile
WLAN N ABK (= wireless local area network) IT wifi m **WLAN-Hotspot** M IT point m wifi
WM F ABK (= Weltmeisterschaft) championnat m du monde
wo A ADV interrogativ u. relativisch où; **wo auch immer** où que ... (+ subj); **jetzt, wo ...** maintenant que ... B KONJ (≈ da) **wo ... (einmal) ...** puisque ...

woanders ADV ailleurs; autre part
wob → weben
wobei ADV *interrogativ* ~ **hast du dich verletzt?** en faisant quoi, à quelle occasion, comment t'es-tu blessé? **2** *relativisch* ..., ~ **mir einfällt** ... ... ce qui me rappelle ...
Woche F semaine f; **zweimal die, in der** ~ deux fois par semaine
Wochenende N week-end m; fin f de semaine; **am** ~ en fin de semaine; au week-end; **schönes** ~! bon week-end!
Wochenkarte F carte f (d'abonnement) hebdomadaire **wochenlang** **A** ADJ qui dure des semaines (entières) **B** ADV (pendant) des semaines entières
Wochentag M jour m de semaine; (≈ *Werktag*) jour m ouvrable
wöchentlich **A** ADJ hebdomadaire **B** ADV chaque semaine; **zweimal** ~ deux fois par semaine
wodurch ADV *interrogativ* par quoi?
wofür ADV *interrogativ* pour quoi?; ~ **halten Sie mich?** pour qui me prenez-vous?
wog → wiegen¹
wogegen **A** ADV *interrogativ* contre quoi? **B** KONJ tandis que
woher ADV *interrogativ* d'où?
wohin ADV *interrogativ u. relativisch* où?
wohl ADV **1** (≈ *gesund*) bien; **ich fühle mich hier** ~ je suis bien ici; **ich fühle mich nicht** ~ je ne me sens pas bien **2** (≈ *behaglich*) à l'aise; bien; ~ **oder übel** bon gré, mal gré **3** (≈ *durchaus*) (très) bien; **ich weiß** ~, **dass** ... je sais bien que ... **4** (≈ *vermutlich*) probablement; sans doute; **du bist** ~ **verrückt geworden!** tu as perdu la tête? **5** *verstärkend bei*; **das kann man** ~ **sagen** c'est (bien) le cas de le dire **6** (≈ *gut*) ~ **bekannt** bien connu; ~ **überlegt** bien réfléchi; ~ **verdient** bien mérité
Wohl N bien m; bien-être m; **das leibliche** ~ le bien-être; **auf j-s** ~ (*akk*) **trinken** boire à la santé de qn; **auf Ihr, dein** ~!, **zum** ~! à votre, ta santé!; *als Antwort* à la vôtre!; à la tienne! **Wohlbefinden** N bien-être m; (bonne) santé
Wohlergehen N → Wohlbefinden
Wohlfahrtsstaat M État m providence
wohlfühlen VR **ich fühle mich hier**

wohl je suis bien ici
wohlgemerkt ADV bien entendu
wohlig ADJ *Gefühl, Wärme* agréable
Wohlstand M prospérité f; aisance f; **im** ~ **leben** vivre dans l'aisance **Wohlstandsgesellschaft** F société f d'abondance, de consommation
wohltätig ADJ charitable
wohlwollend **A** ADJ bienveillant **B** ADV avec bienveillance
wohnen VI habiter; *vorübergehend* loger, être logé (**bei j-m** chez qn)
Wohngemeinschaft F communauté f **Wohnheim** N foyer m **Wohnmobil** N camping-car m **Wohnsitz** M domicile m; **zweiter** ~ résidence secondaire
Wohnung F appartement m
Wohnviertel N quartier résidentiel
Wohnwagen M caravane f; (≈ *Zirkuswagen*) roulotte f **Wohnzimmer** N (salle f de) séjour m; living m
Wok M GASTR wok m
Wolf M ZOOL loup m
Wolke F nuage m; *umg fig* **aus allen** ~**n fallen** tomber des nues
Wolkenbruch M pluie torrentielle
Wolkenkratzer M gratte-ciel m
wolkenlos ADJ sans nuages; dégagé
wolkig ADJ nuageux
Wolldecke F couverture f de laine
Wolle F laine f; *umg fig* **sich in die** ~ **kriegen** s'empoigner
wollen **A** V/AUX (≈ *wünschen*) vouloir **B** VT **etw lieber** ~ aimer mieux qc; préférer qc **C** VI **wo willst du hin?** tu vas où, là?
womit ADV *interrogativ* avec quoi?; ~ **beschäftigt ihr euch?** de quoi vous occupez-vous?
wonach ADV *interrogativ* après quoi?; ~ **fragt er?** qu'est-ce qu'il demande?
woran ADV *interrogativ* à quoi?; ~ **ist er gestorben?** de quoi est-il mort?
worauf ADV *interrogativ* sur quoi?; ~ **wartest du?** qu'est-ce que tu attends?
woraus ADV *interrogativ* de quoi?; *Material* en quoi?; *Herkunft* d'où?
worin ADV *interrogativ* dans quoi?
Workshop M atelier m
Workstation F IT station f de travail
World Wide Web N IT World Wide Web m; **im** ~ sur le World Wide Web

Wort N 1 *einzelnes* mot m; (≈ *Ausdruck*) terme m 2 (≈ *ausgesprochenes Wort, Rede*) mot m; parole f; **ich ~ hat ... la parole est à ...**; **ich verstehe kein ~ davon** je n'y comprends rien; **das ~ ergreifen** prendre la parole; **nicht zu ~(e) kommen** ne pas arriver à placer un mot; **ohne ein ~ zu sagen** sans mot dire; **~ für ~** (≈ *nacheinander, wörtlich*) mot à mot; (≈ *wortgetreu*) mot pour mot; **j-m ins ~ fallen** couper la parole à qn; **mit e-m ~ en un mot**; bref; **mit anderen ~en** en d'autres termes 3 (≈ *Versprechen*) parole f; **sein ~ brechen** manquer à sa parole; **(sein) ~ halten** tenir (sa) parole

Wortart F catégorie grammaticale
Wörterbuch N dictionnaire m
Wortführer(in) M(F) porte-parole m
wörtlich A ADJ littéral; textuel B ADV **~ übersetzen** traduire littéralement, mot à mot; **etw ~ nehmen** prendre qc à la lettre
wortwörtlich ADV mot à mot
worüber ADV *interrogativ* sur quoi?; **~ lachst du?** de quoi ris-tu?
worum ADV 1 *interrogativ* **~ handelt es sich?** de quoi s'agit-il? 2 *relativisch* **alles, ~ es sich handelt** tout ce dont il s'agit
worunter ADV *interrogativ* sous quoi?; **~ leidet er?** de quoi souffre-t-il?
wovon ADV *interrogativ* de quoi?
wovor ADV *interrogativ* devant quoi?; **~ fürchtest du dich?** de quoi as-tu peur?
wozu ADV *interrogativ* à quoi?; (≈ *warum*) pourquoi?
Wrack N *a. fig Mensch* épave f
Wucher M usure f
wuchern VI *Pflanzen* proliférer
Wucherpreis M prix m usuraire **Wucherzinsen** MPL intérêts mpl usuraires
wuchs → **wachsen**[1]
Wucht F 1 force f; (≈ *Heftigkeit*) violence f; **mit voller ~** de toute sa force 2 *umg* **das ist e-e ~!** *umg* c'est super, épatant, chouette!
wühlen VI *Person* fouiller (**in** + *dat* dans)
wund ADJ écorché; **sich** (*dat*) **die Füße ~ laufen** s'écorcher les pieds en marchant; **(sich) ~ reiben** (s')écorcher; **sich ~ liegen** avoir des escarres; *fig* **~er Punkt** point m faible, sensible
Wunde F *a. fig* blessure f;

(≈ *Wundfläche*), *a. fig* plaie f
Wunder N *a.* REL miracle m; *der Natur, Technik* merveille f; **das grenzt an ein ~** cela tient du miracle; **wie durch ein ~** comme par miracle; *umg* **sein blaues ~ erleben** avoir une mauvaise surprise; **~ wirken** faire merveille
wunderbar ADJ (≈ *herrlich*) merveilleux
Wunderkind N enfant m prodige
wundern A VT *Sache* **j-n ~** étonner qn B VR **sich über etw, j-n ~** s'étonner de qc, qn C V/UNPERS **es wundert mich** *od* **mich wundert, dass ...** je suis étonné que ... (+ *subj*)
wunderschön ADJ splendide **Wundertüte** F pochette f surprise **wundervoll** ADJ merveilleux; magnifique
Wunsch M (≈ *Begehren*) désir m; (≈ *Hoffnung*) souhait m; vœu m; **j-m ein ~ erfüllen** répondre, satisfaire au désir de qn; **haben Sie sonst noch e-n ~?** vous désirez autre chose?; et avec ça?; **auf ~** (*akk*) sur demande
wünschen VT 1 (≈ *begehren*) désirer; (≈ *wollen*) vouloir (avoir); **ich wünsche mir ein Fahrrad** je voudrais (avoir) un vélo; **(viel) zu ~ übrig lassen** laisser (beaucoup) à désirer; **Sie ~?** vous désirez? 2 (≈ *herbeiwünschen*) souhaiter; **ich wünsche euch e-e gute Reise** je vous souhaite bon voyage
Wunschzettel M liste f de ce qu'on désirerait avoir (pour son noël, *etc*)
wurde → **werden**
Würde F dignité f; **das ist unter meiner ~** je vaux mieux que cela **würdevoll** ADJ digne **würdigen** VT 1 **j-n keines Blickes ~** ne pas daigner regarder qn 2 (≈ *anerkennen*) reconnaître; (≈ *schätzen*) apprécier
Wurf M (≈ *Werfen*) jet m; lancer m; *beim Spiel, Würfeln* coup m
Würfel M 1 MATH cube m 2 (≈ *Spielwürfel*) dé m **Würfelbecher** M cornet m à dés **würfeln** A VI **e-e Sechs ~ faire un six** 2 (≈ *in Würfel schneiden*) couper en dés B VT jouer aux dés **Würfelspiel** N jeu m de dés **Würfelzucker** M sucre m en morceaux
würgen A VT **j-n ~** étrangler qn B VI **vor dem Erbrechen** avoir envie de vomir
Wurm M ZOOL ver m
wurscht *umg* ADJ, **wurst** ADJ **das ist**

mir ~ *umg* je m'en balance *od* fiche; **er, sie ist mir ~** *fam* je me fiche de lui, d'elle

Wurst F̄ saucisse f; (≈ *Hartwurst*) saucisson m; (≈ *Aufschnitt*) charcuterie f; *umg fig* **jetzt geht es um die ~** c'est le moment décisif

Würstchen N̄ GASTR saucisse f

Würze F̄ **1** Substanz assaisonnement m **2** (≈ *würziger Geschmack*), *a. fig* saveur f

Wurzel F̄ *a. fig* racine f; MATH **die ~ ziehen aus** extraire la racine carrée de

würzen V̄T̄ *Essen* assaisonner, épicer (**mit** de) **würzig** ADJ épicé; assaisonné; *dem Geruch nach* aromatique

wusch → waschen
wusste → wissen
Wust *pej* M̄ tas m; fatras m
wüst ADJ **1** (≈ *öde*) désert **2** (≈ *unordentlich*) en désordre; **ein ~es Durcheinander** *umg* un fouillis inextricable **3** (≈ *grob, derb*) grossier

Wüste F̄ *a. fig* désert m

Wut F̄ rage f; (≈ *Zorn*) colère f; **vor Wut schäumen** écumer de rage; **in Wut** (*akk*) **geraten** entrer dans une colère noire; se mettre en colère, en fureur

Wutanfall M̄, **Wutausbruch** M̄ accès m de fureur, de rage

wütend ADJ furieux; **~ werden** se mettre en colère; **j-n ~ machen** mettre qn en colère; **auf j-n ~ sein** être furieux contre qn

wutentbrannt ADJT furieux

X, x N̄ X, x m
X-Beine NPL genoux cagneux
x-beliebig *umg* ADJ **e-e ~e Zahl** n'importe quel chiffre; un chiffre quelconque; **jeder x-Beliebige** n'importe qui
x-mal *umg* ADV une fois trente-six fois; **ich habe es ihm ~ gesagt** je le lui ai dit je ne sais combien de fois
x-te *umg* ADJ énième; nième; **zum ~n Mal** pour la nième fois

---

Y, y N̄ Y, y m
Yen M̄ *Währung* yen m
Yeti M̄ yéti m
Yoga N̄/M̄ yoga m
Ypsilon N̄ i grec

Z, z N̄ Z, z m
Zabaione F̄ GASTR sabayon m
zack *umg* INT **~, ~!** *umg* et que ça saute!
Zack *umg* M̄ **auf ~ sein** être dégourdi
Zacke F̄ dent f; *e-s Sterns* pointe f
zäh ADJ **1** *a. fig* tenace; *Flüssigkeit* visqueux; *Fleisch* dur **2** (≈ *hartnäckig*) opiniâtre **3** *Gesundheit* résistant
Zahl F̄ nombre m; (≈ *Ziffer*) chiffre m; **in großer ~** en grand nombre; **in den roten, schwarzen ~en sein** être dans le rouge; faire des profits
zahlen V̄T̄ & V̄Ī payer; **(Herr Ober,) bitte ~!** (garçon,) l'addition, s'il vous plaît!
zählen A V̄T̄ compter; **j-n zu s-n Freunden ~** compter qn parmi ses amis B V̄Ī compter; **auf j-n ~** compter sur qn; **~ zu** compter parmi; appartenir à
Zahlenschloss N̄ serrure f à combinaison
Zähler M̄ **1** (≈ *Stromzähler, Gaszähler*) compteur m **2** MATH numérateur m
Zahlkarte F̄ mandat-carte m
Zahlung F̄ paiement *od* payement m; **in ~ nehmen** prendre en paiement
Zählung F̄ comptage m
Zahlungsanweisung F̄ mandat m de paiement **Zahlungsaufforderung** F̄ sommation f de payer **Zahlungsaufschub** M̄ délai m, sursis m de paiement **Zahlungsbedingungen** FPL conditions fpl de paie-

ment, de règlement **Zahlungsfrist** F délai m de paiement **Zahlungsmittel** N moyen m de paiement **zahlungsunfähig** ADJ insolvable **Zahlungsunfähigkeit** F insolvabilité f **Zahlungsverkehr** M paiements mpl **Zahlwort** N (adjectif m) numéral m

zahm ADJ **1** Tier apprivoisé **2** Kritik anodin **zähmen** VT Tier apprivoiser; (≈ zu e-m Haustier machen) domestiquer

Zahn M **1** dent f; **sich** (dat) **die Zähne putzen** se laver, se brosser les dents; **die Zähne zusammenbeißen** a. fig serrer les dents; **mit den Zähnen klappern, knirschen** claquer, grincer des dents **2** fig umg **der ~ der Zeit** les ravages mpl du temps; **j-m auf den ~ fühlen** sonder (les intentions de) qn; umg **sich** (dat) **die Zähne an etw, j-m ausbeißen** se casser les dents sur qc, qn **3** umg **e-n (ganz schönen) ~ draufhaben** umg rouler à fond la caisse

Zahnarzt M, **Zahnärztin** F (chirurgien m) dentiste m/f **Zahnarzthelferin** F assistante f dentaire **Zahnbürste** F brosse f à dents **Zahncreme** F (pâte f) dentifrice m **Zahnfleisch** N gencive(s) f(pl) **Zahnklammer** F appareil m dentaire **Zahnpasta** F (pâte f) dentifrice m **Zahnschmerz** M mal m de dent; **~en haben** avoir mal aux dents **Zahnseide** F fil m dentaire **Zahnspange** F appareil m dentaire **Zahnstocher** M cure-dent m

Zange F (≈ Kneifzange) tenaille(s) f(pl); (≈ Flachzange) pince (plate)

zanken VR **sich (mit j-m) ~** se disputer, se quereller (avec qn); **sich um etw ~** se disputer qc, pour qc

Zäpfchen N MED suppositoire m

zappeln umg VI gigoter; s'agiter

zappen VI TV zapper

zart ADJ **1** bei Fleisch, Gemüse, Farben tendre; Gesundheit, Haut, Farben, Kuss délicat **2** (≈ zärtlich) tendre

zärtlich ADJ tendre **Zärtlichkeit** F tendresse f; **~en** pl (≈ Liebkosungen) caresses fpl

Zauber M **1** (≈ Zauberhandlung) magie f **2** fig (≈ Reiz) charme m; (≈ Getue) cirque m umg

Zauberei F **1** (≈ Zaubern) magie f **2** (≈ Zaubertrick) tour m de magie, de prestidigitation **Zauberer** M im Zirkus magicien m; fig sorcier m

zauberhaft ADJ ravissant

Zauberkünstler M prestidigitateur m

zaubern A VT **etw aus der Tasche ~** faire sortir qc de sa poche comme par enchantement B VI pratiquer la magie

Zauberspruch M formule f magique **Zauberstab** M baguette f magique **Zaubertrick** M tour m de magie, de prestidigitation

Zaun M clôture f

Zaziki M|N GASTR tzaziki m

z. B. ABK (= zum Beispiel) par ex. (par exemple)

Zebra N zèbre m **Zebrastreifen** M passage m pour piétons

Zecke F tique f

Zeh M → Zehe **Zehe** F **1** orteil m; doigt m de pied; **große ~** gros orteil **2** (≈ Knoblauchzehe) gousse f **Zehenspitze** F pointe f du pied; **auf ~n** sur la pointe des pieds

zehn NUM dix **Zehn** F dix m

Zehnerkarte F billet m de dix entrées, trajets, etc **Zehnerpackung** F paquet m de dix

Zehneuroschein M billet m de dix euros

zehnmal ADV dix fois

zehnt ADV **zu ~** à dix

zehntausend NUM dix mille

zehnte NUM dixième m; im Datum dix; **der ~ Mai** le dix mai

Zehntel N dixième m

zehntens ADV dixièmement

Zeichen N signe m; verabredetes signal m; (≈ Kennzeichen) marque f; CHEM, MATH symbole m; (≈ Sternzeichen) signe m; ADMIN **Ihr ~** votre référence; **j-m ein ~ geben** faire signe à qn; **das ist ein gutes ~** c'est bon signe; **zum ~, dass ...** pour montrer, prouver que ... **Zeichenblock** M bloc m de papier à dessin **Zeichensatz** M IT jeu m de caractères **Zeichensetzung** F ponctuation f **Zeichensprache** F langage m par signes, par gestes **Zeichentrickfilm** M dessin animé

zeichnen VT (≈ malen) dessiner; Linie tracer **Zeichner(in)** M(F) dessinateur, -trice m,f; **technischer ~** dessinateur industriel **Zeichnung** F (≈ Bild, Muster)

dessin *m*
Zeigefinger M̄ index *m*
zeigen A V̄T̄ montrer; (≈ *zur Schau stellen*) étaler; *Weg* indiquer; *Film* passer; *Mut, Geduld* faire preuve de B V̄Ī **auf j-n, etw** ~ montrer, désigner qn, qc C V̄R̄ **1 sich** ~ (≈ *sich sehen lassen*) se montrer; (≈ *erscheinen*) (ap)paraître **2** (≈ *zutage treten*) se manifester (**in** + *dat* par)
Zeiger M̄ aiguille *f*
Zeile F̄ *a.* TV ligne *f*; **j-m ein paar ~n hinterlassen** laisser un petit mot à qn
Zeit F̄ **1** *a.* GRAM temps *m*; **(keine) ~ haben** (ne pas) avoir le temps; **das hat noch ~** ce n'est pas urgent; cela ne presse pas; **j-m ~ lassen** donner du temps à qn; **sich** (*dat*) **~ lassen** prendre son temps; **viel ~ kosten** exiger, prendre beaucoup de temps; **die ganze ~ (über)** tout le temps; **e-e ~ lang** pendant quelque temps; un certain temps; **mit der ~** avec le temps; à la longue; **nach einiger ~** au bout d'un certain temps; **vor einiger ~** il y a quelque temps **2** (≈ *Zeitabschnitt*) temps *m*; (≈ *Zeitalter*) a. époque *f*; **in der heutigen ~** de nos jours; **zur ~ von** *od* (+ *gen*) à l'époque de; au temps de **3** (≈ *Zeitpunkt*) moment *m*; (≈ *Datum*) date *f*; (≈ *Uhrzeit*) heure *f*; **es ist (an der) ~ zu** (+ *inf*) il est temps de (+ *inf*); **es war höchste ~** il était grand temps; **seit der ~, von der ~ an** dès lors; depuis ce temps-là **4** (≈ *Frist*) délai *m*
Zeitalter N̄ âge *m*; époque *f* **Zeitangabe** F̄ indication *f* de temps **Zeitansage** F̄ im *Radio* heure exacte; *am Telefon* horloge parlante **Zeitarbeit** F̄ travail *m* temporaire, intérimaire **Zeitbombe** F̄ bombe *f* à retardement **Zeitgefühl** N̄ notion *f* du temps **Zeitgenosse** M̄, **Zeitgenossin** F̄ contemporain(e) *m*(*f*) **zeitgenössisch** ADJ contemporain
zeitig ADV tôt; de bonne heure
Zeitkarte F̄ (carte *f* d')abonnement *m*
zeitlich A ADJ **~e Reihenfolge** ordre *m* chronologique B ADV **~ begrenzt** temporaire
Zeitlupe F̄ FILM ralenti *m*; **in ~** au ralenti **Zeitmanagement** N̄ gestion *f* du temps **Zeitplan** M̄ emploi *m* du temps; horaire *m* **Zeitpunkt** M̄ moment *m*; date *f* **Zeitraum** M̄ période

f **Zeitrechnung** F̄ chronologie *f*; **vor unserer ~** avant notre ère **Zeitschrift** F̄ revue *f*; magazine *m* **Zeittakt** M̄ TEL (durée *f* d'une) unité *f* téléphonique **Zeitumstellung** F̄ changement *m* d'heure
Zeitung F̄ journal *m*; **in der ~ stehen** être dans le journal
Zeitungsabonnement N̄ abonnement *m* à un journal **Zeitungsannonce** F̄, **Zeitungsanzeige** F̄ annonce *f* de journal **Zeitungsartikel** M̄ article *m* de journal **Zeitungsausschnitt** M̄ coupure *f* de journal
Zeitunterschied M̄ *in der Uhrzeit* différence *f* d'heure **Zeitverschiebung** F̄ décalage *m* horaire **Zeitverschwendung** F̄ gaspillage *m* de temps **zeitweise** ADV par moments
Zeitwort N̄ verbe *m*
Zelle F̄ cellule *f*
Zellteilung F̄ division *f* cellulaire
Zelt N̄ tente *f*; **im ~** sous la tente **zelten** V̄Ī faire du camping; camper **Zeltplatz** M̄ (terrain *m* de) camping *m*
Zement M̄ ciment *m*
zensieren V̄T̄ **1** *durch Streichungen* censurer **2** SCHULE noter, donner une note à **Zensur** F̄ **1** (≈ *Kontrolle*) censure *f* **2** (≈ *Note*) note *f*
Zentimeter M̄N̄ centimètre *m* **Zentimetermaß** N̄ centimètre *m*
Zentner M̄ **1** 50 kilos *mpl* **2** *österr, schweiz* (= 100 *kg*) quintal *m*
zentral ADJ central
Zentralbank F̄ banque centrale; **Europäische ~** Banque centrale européenne **Zentrale** F̄ direction centrale; TEL standard *m*; central *m* (téléphonique)
zentralisieren V̄T̄ centraliser **Zentralismus** M̄ centralisme *m*
Zentrum N̄ centre *m*
Zeppelin M̄ dirigeable *m*
Zepter N̄/M̄ sceptre *m*
zerbrechen A V̄T̄ casser B V̄Ī se casser; *a. fig Ehe* se briser **zerbrechlich** ADJ fragile
zerdrücken V̄T̄ écraser
Zeremonie F̄ cérémonie *f*
zerfallen V̄Ī **1** *Gebäude, Reich* tomber en ruine **2** NUKL se désintégrer
zerfetzen V̄T̄ mettre en lambeaux; *Geschoss* déchiqueter

zergehen VI fondre
zerkleinern VT broyer **zerknirscht** ADJ contrit **zerknittern** VT froisser **zerkratzen** VT égratigner; *mit Krallen* griffer **zerkrümeln** VT émietter
zerlegen VT *Maschine* démonter; *Fleisch* découper; *etw in s-e Bestandteile ~* réduire qc à ses composants
zerquetschen VT écraser
zerreißen A VT *a. fig* déchirer; *Faden* casser; *das zerreißt mir das Herz* cela me fend le cœur B VI se déchirer; *Faden* (se) casser
zerren A VT & VI tirer (**an etw** dat sur qc) B VR MED *sich* (dat) *e-n Muskel ~* se froisser un muscle **Zerrung** F MED claquage m; froissement m
zerschlagen[1] A VT *Geschirr* casser B VR MED *sich ~ Sache* être anéanti; *Pläne, Hoffnungen* s'effondrer
zerschlagen[2] ADJ *ich fühle mich wie ~* je me sens tout rompu, moulu
zerschmettern VT fracasser; écraser
zerschneiden VT couper (en morceaux, en tranches); découper
zersetzen A VT CHEM décomposer B VR *sich ~* CHEM se décomposer
Zerstäuber M pulvérisateur m; *für Parfüm* atomiseur m; vaporisateur m
zerstören VT détruire; *fig Glück* ruiner **Zerstörung** F destruction f **Zerstörungswut** F vandalisme m
zerstreuen A VT 1 *Menschenmenge* disperser; *Bedenken* dissiper 2 (≈ *ablenken*) distraire B VR *sich ~* 1 *Menschenmenge* se disperser 2 (≈ *ablenken*) se distraire; s'amuser
zerstreut *fig* ADJ distrait **Zerstreutheit** F distraction f
zerstückeln VT mettre en morceaux; découper
zertreten VT écraser (du pied) **zertrümmern** VT détruire; démolir
Zettel M bout m de papier; (≈ *Notizzettel*) note f
Zeug N 1 umg (≈ *Sachen*) fourbi m umg; *pej* (≈ *Plunder*) bazar m umg 2 *umg dummes ~!* quelle bêtise!; *umg c'est du flan!*
Zeuge M témoin m (*der Anklage* à charge); *vor ~n* (dat) devant témoins
zeugen VT BIOL procréer; engendrer
Zeugenaussage F déposition f du témoin **Zeugin** F témoin m

Zeugnis N (≈ *Bescheinigung, Arbeitszeugnis*) certificat m; attestation f; SCHULE bulletin m scolaire
Zeugung F BIOL procréation f
Zicke F 1 → *Ziege* 2 *mach keine ~n!* (ne fais) pas de manières! **zickig** umg *pej* ADJ capricieux
Zickzack M zigzag m; *im ~ laufen* marcher en zigzag; zigzaguer
Ziege F 1 ZOOL chèvre f 2 *dumme ~ umg* cruche f; gourde f
Ziegel M brique f; (≈ *Dachziegel*) tuile f
ziehen A VT 1 tirer; *hinter sich her* traîner; *j-n am Ohr ~* tirer l'oreille à qn; *j-n an sich* (akk) *~* tirer qn à soi; *etw durch etw ~* passer qc par qc; *fig nach sich* (dat) *~* entraîner qc par qc; *Linie* tirer; tracer; *Scheitel* faire 3 *Pflanzen* cultiver 4 *etw aus der Tasche ~* sortir qc de sa poche 5 *Zahn* extraire 6 *bei Brettspielen* jouer 7 *ein Gesicht ~* faire la moue B VI 1 *an etw* (dat) *~* tirer sur qc 2 *umg das zieht bei mir nicht* cela ne prend pas avec moi 3 GASTR *~ lassen* faire macérer; *Tee* laisser infuser 4 *Personen, Zugvögel* partir (**nach** pour); (≈ *umziehen*) déménager; *aufs Land ~* aller vivre à la campagne C VR *sich ~* (≈ *sich erstrecken*) s'étendre D V/UNPERS *es zieht hier* il y a un courant d'air ici
Ziehharmonika F accordéon m
Ziel N 1 *e-r Person, Handlung* but m; *a.* MIL objectif m; (≈ *Bestimmungsort*) destination f; *sich* (dat) *ein ~ setzen* se fixer un but 2 SPORT arrivée f; *durchs ~ gehen* franchir la ligne d'arrivée 3 (≈ *Zielscheibe*) cible f **zielbewusst** ADJ résolu; fermement décidé
zielen VI viser; *auf j-n, etw ~ a. fig* viser qn, qc
Zielgerade F SPORT dernière ligne droite **Zielgruppe** F WERBUNG cible f **ziellos** ADJ & ADV sans but **Zielscheibe** F *a. fig* cible f **zielstrebig** ADJ → *zielbewusst*
ziemlich ADV assez; *~ gut* assez bon; assez bien; *~ viele Leute* pas mal de gens
Zierleiste F AUTO baguette f
zierlich ADJ menu
Ziffer F chiffre m **Zifferblatt** N cadran m
Zigarette F cigarette f **Zigaretten-**

automat M distributeur m de cigarettes **Zigarettenschachtel** F paquet m de cigarettes
Zigarillo M/N cigarillo m
Zigarre F cigare m
zigmal umg ADV cent, mille fois
Zimmer N pièce f; (≈ Schlaf-, Hotelzimmer) chambre f; **haben Sie ein ~ frei?** avez-vous une chambre libre?
Zimmermädchen N femme f de chambre **Zimmermann** M charpentier m **Zimmernachweis** M, **Zimmervermittlung** F, **Zimmervermittlung** F (service m de) réservation f de chambres
zimperlich ADJ douillet
Zimt M cannelle f
Zink N zinc m
Zinn N étain m
Zins M ❶ auf Kapital, meist **~en** pl intérêts mpl; **~en bringen** rapporter des intérêts ❷ südd, österr, schweiz (≈ Mietzins) loyer m **Zinseszins** M intérêts composés **zinslos** A ADJ sans intérêts B ADV sans produire d'intérêts **Zinssatz** M taux m d'intérêt
Zipfel M e-s Tuches coin m; a. fig e-s Landes pointe f; der Wurst bout m **Zipfelmütze** F bonnet m à pointe
zippen V/T IT zipper
zirka ADV environ
Zirkel M Instrument compas m
zirkulieren V/I circuler
Zirkus M a. umg fig cirque m **Zirkuszelt** N chapiteau m
zischen V/I Dampf, Tier, Person siffler; heißes Fett grésiller
Zitat N citation f (**aus** de)
zitieren V/T ❶ Autor, Worte citer ❷ **j-n zu sich ~** convoquer qn
Zitrone F citron m; **mit ~** citronné; au citron **Zitroneneis** N glace f au citron **Zitronenlimonade** F citronnade f **Zitronenpresse** F presse-citron m **Zitronensaft** M jus m de citron **Zitronenschale** F pelure f, écorce f de citron; GASTR zeste m de citron
zitterig ADJ tremblotant; Schrift tremblé
zittern V/I trembler; vor Kälte, Angst frissonner (**vor** + dat de) **zittrig** → zitterig
Zivi umg M jeune homme m qui fait son service civil

zivil ADJ civil; Preise modéré
Zivil N (≈ Kleidung) tenue civile; **in ~** en civil
Zivildienst M service civil **Zivildienstleistende(r)** M jeune homme m qui fait son service civil
Zivilisation F civilisation f
Znüni schweiz M/N collation du milieu de la matinée
zog → ziehen
zögern V/I hésiter, tarder (**etw zu tun** à faire qc)
Zoll¹ M ❶ Behörde douane f ❷ Abgabe (droits mpl de) douane f
Zoll² M Maß pouce m
Zollbeamte(r) M douanier m **Zollerklärung** F déclaration f en douane **zollfrei** ADJ & ADV *hors taxes **Zollkontrolle** F contrôle m douanier **Zollschranken** FPL barrières douanières
Zollstock M mètre pliant
Zollunion F union douanière
Zombie M zombie od zombi m
Zone F zone f
Zoo M zoo m
Zopf M natte f; tresse f
Zorn M colère f **zornig** ADJ en colère; fâché; **~ werden** se mettre en colère; se fâcher; **~ sein** être en colère; **~ machen** fâcher; irriter
zu A PRÄP ❶ örtlich à; **in j-s Wohnung** chez; **in j-s Nähe** (au)près de; **in Richtung auf** vers; **der Weg zum Bahnhof** le chemin de la gare ❷ zeitlich à; am Mittag à midi ❸ Art u. Weise à; **zu meiner Überraschung** à ma surprise; **zu dritt (kommen)** (venir) à trois ❹ Preis à ❺ Verhältnis à; SPORT **fünf zu drei gewinnen** gagner par cinq à trois ❻ Ziel, Zweck à; pour ❼ Ergebnis en; **zu Eis werden** se transformer en glace ❽ über de ❾ gegenüber envers, avec ❿ Verbindung avec; **Weißwein zum Fisch trinken** boire du vin blanc avec le poisson B ADV ❶ (≈ allzu) trop; **zu sehr, zu viel** trop; **einer zu viel** un de trop; **zu wenig (Geld)** trop peu (d'argent); **einer zu wenig** un en moins ❷ umg (≈ geschlossen) fermé; **meine Nase ist zu** (≈ verstopft) j'ai le nez bouché C KONJ mit inf de; **sie versprach zu kommen** elle promit de venir; **Haus zu verkaufen** maison à vendre
zuallererst ADV en tout premier lieu

zuallerletzt ADV en tout dernier lieu
Zubehör N accessoires mpl
zubeißen VI mordre
zubereiten VT préparer; faire **Zubereitung** F préparation f
zubinden VT attacher (pour fermer); ficeler
Zubringerdienst M service m de correspondance **Zubringerstraße** F zur Autobahn bretelle f
Zucchini PL courgettes fpl
Zucht F von Tieren élevage m; von Pflanzen culture f
züchten VT Tiere faire l'élevage de; Pflanzen cultiver **Züchter(in)** M(F) von Tieren éleveur, -euse m,f; von Pflanzen horticulteur, -trice m,f **Züchtung** F → Zucht
zucken VI (≈ zusammenzucken) tressaillir; krampfhaft avoir des mouvements convulsifs; (≈ aufschrecken) sursauter; Flammen vaciller; Blitz jaillir
Zucker M sucre m; **ein Stück ~** un (morceau de) sucre ② MED umg **~ haben** être diabétique
Zuckerguss M glaçage m (de sucre) **zuckerkrank** ADJ diabétique **Zuckerkrankheit** F diabète m
Zuckerl österr, südd N bonbon m
zuckersüß ADJ très sucré **Zuckerwatte** F barbe f à papa
zudecken VT (& V/R) (sich) **~** (se) couvrir (mit de)
zudringlich ADJ gênant; Frauen gegenüber entreprenant
zueinander ADV **seid nett ~!** soyez gentils les uns avec les autres!; → zueinanderfinden, zueinanderpassen **zueinanderfinden** VI se trouver **zueinanderpassen** VI aller bien ensemble
zuerst ADV ① (≈ als Erste[r]) le premier, la première ② (≈ an erster Stelle) d'abord; **~ etw tun** commencer par faire qc ③ (≈ anfangs) au début
Zufahrt F accès m
Zufall M °hasard m; (≈ Zusammentreffen) coïncidence f; **reiner ~** pur °hasard; **durch ~** par °hasard **zufällig** A ADJ fortuit B ADV par °hasard; **rein ~** tout à fait ce °hasard; **~ j-n treffen** tomber sur qn **Zufallstreffer** M coup m de chance

zufrieden ADJ content (**mit** de); (≈ zufriedengestellt) satisfait (de); **~ stellen** contenter; satisfaire; **~ stellend** satisfaisant; → zufriedengeben, zufriedenlassen **zufriedengeben** V/R **sich mit etw ~** se contenter de qc **Zufriedenheit** F contentement m; (≈ Befriedigung) satisfaction f
zufriedenlassen VT **j-n ~** laisser qn tranquille, en paix **zufriedenstellen** VT satisfaire
zufrieren VI geler (complètement)
Zufuhr F TECH arrivée f
Zug¹ M ① BAHN train m; fig **der Zug ist abgefahren** c'est trop tard ② (≈ Umzug) procession f; feierlicher cortège m ③ (≈ Zugluft) courant m d'air ④ (≈ Gesichtszug, Charakterzug) trait m ⑤ fig **in großen** od **großen Zügen** à grands traits ⑥ beim Brettspiel coup m; **du bist am Zug** c'est à toi de jouer; fig **nicht zum Zuge kommen** ne pas avoir l'occasion d'agir ⑦ beim Trinken coup m; beim Rauchen bouffée f; **das Glas in einem Zug austrinken** vider le verre d'un trait, d'un seul coup; **etw in vollen Zügen genießen** savourer qc à fond
Zug² N GEOG Zoug
Zugabe F ① HANDEL prime f ② e-s Künstlers bis m; **~!** bis!; une autre! ③ (≈ das Hinzufügen) addition f
Zugang M ① (≈ Eingang[sweg]) accès m ② **~ zu etw, j-m haben** avoir accès à qc, auprès de qn ③ → Neuzugang
zugeben VT ① (≈ hinzufügen) ajouter ② fig (≈ einräumen) admettre; concéder
zugehen A VI ① umg Tür, Koffer (se) fermer ② **auf j-n, etw ~** se diriger, s'avancer vers qn, qc B V/UNPERS **es geht auf den Winter zu** l'hiver est proche C V/UNPERS & VI (≈ geschehen) arriver; se passer; **es ging sehr lustig zu** c'était gai; on s'amusait beaucoup
Zugehörigkeit F appartenance f (**zu** à)
Zügel M bride f
zügeln VT fig refréner
Zugeständnis N concession f (**an** + akk à) **zugestehen** VT **j-m etw ~** concéder qc à qn
Zugführer M EISENBAHN chef m de train
zügig ADJ rapide

zugkräftig *fig* ADJ qui attire le public
zugleich ADV en même temps; **schön und reich ~** à la fois beau, belle et riche
Zugluft F courant *m* d'air
zugreifen VI ① prendre (+ *akk*) ② *beim Essen* se servir ③ *fig* saisir l'occasion
Zugriff M ① (≈ *Ergreifen*) prise *f*; mainmise *f*; **sich j-s ~ entziehen** se soustraire à qn ② (≈ *Zugang*), *a*. IT accès *m* (**auf +** *akk* à)
Zugriffsberechtigung F, **Zugriffsrecht** N IT droit *m* d'accès
zugrunde ADV ① **~ gehen** *Mensch* mourir (**an +** *dat* de); *Kultur* se perdre; **~ richten** ruiner *qn*; **etw (e-r Sache** *dat*) **~ legen** prendre *qc* pour base (de *qc*)
Zugspitze GEOG **die ~** la Zugspitze
zugucken VI *umg* → zusehen
zugunsten ⓐ PRÄP en faveur de; au profit de ⓑ ADV **~ von** en faveur de; au profit de
zuhalten VT *Tür* tenir fermé; **sich** (*dat*) **die Ohren, die Nase ~** se boucher les oreilles, le nez
Zuhälter M souteneur *m*
zuhause ADV → Haus 1
Zuhause N chez-soi (chez-moi, *etc*) *m*
zuhören VI écouter (**j-m** qn) **Zuhörer(in)** M|F auditeur, -trice *m,f*
zukleben VT coller; *Briefumschlag* cacheter **zuknöpfen** VT boutonner **zuknoten** VT nouer
zukommen VI ① **auf j-n ~** s'avancer, venir vers qn; (≈ *j-m bevorstehen*) attendre qn; *fig* **die Dinge auf sich** (*akk*) **~ lassen** laisser venir les choses ② *geh* **j-m etw ~ lassen** faire parvenir *qc* à qn
Zukunft F avenir *m*; GRAM futur *m*; **in ~** à l'avenir; (≈ *von jetzt ab*) désormais; *Beruf* **mit ~** d'avenir **zukünftig** ⓐ ADJ futur ⓑ ADV à l'avenir **Zukunftsaussichten** FPL perspectives *fpl* d'avenir **Zukunftsfähig** ADJ qui a de l'avenir; *Unternehmen a*. viable **zukunftsorientiert** ADJT orienté vers l'avenir
zulassen¹ *umg* VT *Tür etc* laisser fermé
zulassen² VT ① (≈ *den Zutritt erlauben*) admettre (**zu à**) ② (≈ *erlauben*) permettre ③ **zu e-r Prüfung ~** autoriser à passer un examen ④ ADMIN *Fahrzeug* autoriser à circuler; **auf j-s Namen** (*akk*) **zugelassen sein** être immatriculé au nom de qn **Zulassung** F ① autorisation *f* (**zum**

Studium pour étudier); **zur mündlichen Prüfung** admission *f* (**zu** à) ② *umg* (≈ *Kfz-Schein*) *etwa* carte grise
zulaufen VI ① **spitz ~** se terminer en pointe ② **auf j-n ~** courir vers qn ③ **uns ist ein Hund zugelaufen** on a recueilli un chien (perdu)
zuletzt ADV ① *umg* (≈ *zum letzten Mal*) pour la dernière fois ② (≈ *zum Schluss*) à la fin; **bis ~** jusqu'à la fin ③ (≈ *als der Letzte*) **~ kommen** arriver le dernier
zuliebe ADV **j-m, e-r Sache ~** pour qn, qc
zum, = zu dem → zu
zumachen ⓐ VT *Tür, Fenster* fermer; **kein Auge ~** ne pas fermer l'œil ⓑ VI *umg Geschäfte* fermer
zumindest ADV au moins
zumuten VT **j-m etw ~** demander, exiger *qc* à qn ⓑ VR **sich** (*dat*) **zu viel ~** présumer de ses forces **Zumutung** F demande *f* inacceptable; **dieses Essen ist e-e ~** ce repas est immangeable
zunächst ADV (≈ *vorerst*) pour le moment; (≈ *zuerst*) d'abord
Zunahme F *a. des Gewichts* augmentation *f*
Zuname M nom *m* de famille
zündeln VI jouer avec le feu
zünden ⓐ VT *Rakete, Bombe* mettre le feu à ⓑ VI s'allumer
Zündholz *bes südd, österr, schweiz* N allumette *f* **Zündkerze** F bougie *f* (d'allumage) **Zündschloss** N serrure *f* de contact **Zündschlüssel** M clé *f* de contact
Zündung F AUTO allumage *m*
Zündverteiler M AUTO allumeur *m*
zunehmen ⓐ VT **an Gewicht ~ drei Kilo ~** prendre trois kilos ⓑ VI ① augmenter (**an +** *dat* de); *Verkehr* s'intensifier; *Mond* croître ② *Person* (≈ *dicker werden*) grossir
Zunge F langue *f*; **auf der ~ zergehen** fondre dans la bouche; **das Wort liegt mir auf der ~** j'ai le mot sur le bout de la langue
Zungenbrecher *umg* M mot *m*, phrase *f* difficile à prononcer
Zungenreiniger M MED gratte-langue *m*
zuordnen VT classer (+ *dat* dans)
zupfen ⓐ VT tirer; *Saite* pincer; *Unkraut*

sarcler; **j-n am Ärmel ~** tirer qn par la manche **B** VI/T **an etw** (dat) **~** tirer sur qc
zur, = zu der → **zu**
zurechnungsfähig ADJ responsable de ses actes
zurechtfinden VR **sich ~** a. **auf e-r Karte etc** s'orienter **zurechtkommen** VI/T se débrouiller (**mit etw** avec qc); **mit j-m ~** (parvenir à) s'arranger avec qn **zurechtweisen** VI/T réprimander
zureden VI/T **j-m ~(, etw zu tun)** exhorter qn (à faire qc); **j-m gut ~** encourager qn
Zürich N Zurich
zurück ADV **1** ~! (en) arrière! **2** umg **mit etw ~ sein** im Rückstand être en retard dans qc **3** (= zurückgekehrt) de retour; **ich bin gleich wieder ~** je reviens tout de suite
zurückbekommen VI/T récupérer; **ich habe das Buch ~** on m'a rendu le livre; **ich bekomme noch Geld zurück** vous me devez encore de l'argent **zurückbleiben** VI/T **1** (= nicht Schritt halten) rester en arrière; **hinter j-s Erwartungen** (dat) **~** ne pas répondre à l'attente de qn **2** (= übrig bleiben) rester **zurückblicken** VI/T jeter un regard en arrière; fig **auf etw** (akk) **~** jeter un coup d'œil rétrospectif sur qc **zurückbringen** VI/T rapporter; Person, Fahrzeug ramener **zurückerstatten** VI/T rendre; Auslagen rembourser
zurückfahren **A** VI/T ramener (en voiture) **B** VI retourner (en voiture, train, etc)
zurückführen **A** VI/T **1** (= zurückbegleiten) ramener; reconduire **2** fig **auf etw** (akk) **~** ramener à qc; Grund attribuer, imputer à qc **B** VI Weg **~ zu, auf** (+ akk) ramener qn à **zurückgeben** VI/T rendre **zurückgeblieben** fig ADJ geistig attardé **zurückgehen** VI/T **1** retourner; **~ lassen** Waren renvoyer; retourner **2** Handel, Geschäfte fléchir; Hochwasser baisser; Fieber tomber **3** **auf etw** (akk) **~** remonter à qc
zurückhalten **A** VI/T retenir; Gefühle contenir **B** VR **sich ~** se retenir; (= sich zügeln) se contenir **zurückhaltend** **A** ADJ Person, Lob, Kritik, Empfang réservé **B** ADVL **sich ~ äußern** se montrer réticent

zurückkommen VI revenir; fig **auf etw** (akk) **~** revenir sur qc
zurücklegen VI/T **1** Kopf mettre, placer en arrière **2** (= beiseitelegen) mettre de côté; (= reservieren) réserver; **Geld ~** mettre de l'argent de côté **3** Weg faire; parcourir **4** (**auf s-n Platz**) **~** remettre (à sa place) **zurückliegen** VI/T **1** **einige Jahre ~** remonter à plusieurs années **2** SPORT être en arrière
zurücknehmen VI/T **1** Gegenstand, Ware reprendre **2** Beleidigung retirer; Versprechen revenir sur; Geständnis rétracter **zurückrufen** VI/T **1** (= auffordern zurückzukommen) rappeler **2** als Antwort répondre (en criant) **3** TEL rappeler **zurückschauen** bes süddt, österr, schweiz VI/T → zurückblicken **zurückschicken** VI/T renvoyer **zurückschrecken** VI reculer (**vor etw** dat devant qc) **zurücksetzen** **A** VI/T **1** Gegenstand, Auto reculer **2** fig **j-n ~** désavantager qn; défavoriser qn **B** VI AUTO faire marche arrière **zurückspulen** VI/T rembobiner
zurücktreten VI/T **1** faire un pas en arrière; **~!** reculez!; faites place! **2** (= verzichten) renoncer (**von** à); JUR se désister (**von** de); **von e-m Vertrag ~** résilier un contrat **3** Regierung démissionner **zurückweisen** VI/T refuser; Bitte, Vorwurf repousser **zurückzahlen** VI/T rembourser; rendre
zurückziehen **A** VI/T a. fig Bewerbung, Beschwerde retirer; Kündigung révoquer; Auftrag annuler **B** VR **sich ~** a. MIL se retirer; fig **sich aus der Politik ~** abandonner la politique
zurufen VI/T **j-m etw ~** crier qc à qn
zurzeit ADV actuellement
Zusage F auf e-e Einladung acceptation f; (= Einwilligung) consentement m; (= Versprechen) promesse f **zusagen** **A** VI/T **j-m etw ~** promettre qc à qn **B** VI **1** auf e-e Einladung, ein Angebot accepter **2** (= gefallen) **j-m ~** plaire, convenir à qn
zusammen ADV ensemble; (= gemeinsam) en commun; (= im Ganzen) en tout; au total; **alle ~** tous ensemble; **~ sein** être ensemble
Zusammenarbeit F collaboration f; coopération f; **in ~ mit** en collaboration

zusammenarbeiten VI travailler ensemble; collaborer (**mit** j-m avec qn)

zusammenbleiben VI rester ensemble

zusammenbrechen VI s'effondrer; *a. fig* s'écrouler; *seelisch* craquer; *Strom-, Wasserversorgung* tomber en panne; *Verkehr* être paralysé; **für sie brach e-e Welt zusammen** tout son univers s'est écroulé **Zusammenbruch** M *a. fig* effondrement *m*; *vor Erschöpfung* écroulement *m*

zusammenfalten VT plier

zusammenfassen VT 1 (≈ vereinigen) réunir 2 *Gesagtes* résumer **Zusammenfassung** F (≈ *Bericht*) résumé *m*

zusammengehören VI aller ensemble; *Schuhe* faire la paire **Zusammenhalt** M cohésion *f* **zusammenhalten** A VT *sein Geld* ~ être économe B VI *fig* être solidaires

Zusammenhang M (≈ *Verbindung*) lien *m*; (≈ *Beziehung*) rapport *m*; relation *f*; *e-s Textes* contexte *m*; **etw mit etw in ~ bringen** mettre qc en rapport, en relation avec qc; **im ~ mit** à propos de; **aus dem ~ gerissen** isolé du contexte **zusammenhängen** VI 1 (**mit etw**) ~ être attaché (à qc) 2 *fig* **mit etw** ~ être en rapport avec qc; tenir à qc

zusammenklappen A VT *Stuhl* (re)plier B VI *umg Person* craquer **zusammenkommen** VI 1 *Personen* se réunir; **mit j-m** ~ rencontrer qn 2 *Dinge* s'accumuler **zusammennehmen** A VT *Mut, Kräfte* rassembler; **alles zusammengenommen** à tout prendre B VR **sich** ~ faire un effort sur soi-même; (≈ *sich beherrschen*) se contenir; (≈ *sich fassen*) se ressaisir; se reprendre **zusammenpassen** VI aller bien ensemble; *zwei Teile* s'adapter (l'un à l'autre); *Farben* **nicht** ~ jurer **zusammenreißen** *umg* VR **sich** ~ se ressaisir; prendre sur soi **zusammenschlagen** VT 1 (≈ *falten*) plier 2 **die Hände über dem Kopf** ~ lever les bras au ciel 3 *umg* **j-n** ~ *umg* démolir qn **zusammenschreiben** VT *in e-m Wort* écrire en un mot

zusammensetzen A VT *aus Einzelteilen* assembler B VR 1 **sich** ~ s'asseoir l'un à côté de l'autre; *zu e-r Besprechung* se réunir 2 **sich aus etw** ~ se composer de qc **Zusammensetzung** F composition *f*; LING (*mot m*) composé *m*

zusammensitzen VI être (assis) ensemble

zusammenstellen VT 1 *räumlich: Sachen* mettre ensemble 2 *Programm, Menü, Team* composer; *Unterlagen* rassembler; *Liste* établir **Zusammenstellung** F *e-s Programms, Menüs, Teams* composition *f*; *e-r Liste* établissement *m*; *von Farben* combinaison *f*; (≈ *Liste*) liste *f*; (≈ *Tabelle*) table *f*

Zusammenstoß M choc *m*, heurt *m* (**mit** avec); *von Verkehrsmitteln* collision *f* (avec) **zusammenstoßen** VI *a. fig* se heurter (**mit** à); *Fahrzeuge* entrer en collision (avec)

zusammenzählen VT additionner **zusammenziehen** A VT *Muskel* contracter B VI *in e-r Wohnung* emménager ensemble C VR **sich** ~ se contracter **zusammenzucken** VI tressaillir

Zusatz M *Vorgang, Ergebnis* addition *f*; *zu e-m Schriftstück* ajout *m*; *zu Lebensmitteln* additif *m* **zusätzlich** A ADJ supplémentaire B ADV de plus

zuschauen *südd, österr, schweiz* VI → zusehen

Zuschauer(in) M(F) spectateur, -trice *m,f*

zuschicken VT **j-m etw** ~ envoyer qc à qn

zuschlagen A VT *Tür* claquer; *Buch* fermer B VI 1 (≈ *draufloosschlagen*) porter un coup, des coups 2 *Tür* claquer

zuschließen VT & VI fermer à clé

Zuschuss M ~ (**zu**) (≈ *finanzielle Hilfe*) aide *f* (à); *staatlicher* subvention *f* (à)

zusehen VI 1 regarder (**bei etw** qc); **j-m bei der Arbeit** ~ regarder qn travailler 2 ~, **dass ...** veiller à ce que ... (+ *subj*)

zuspielen VT **j-m etw** ~ *Ball* passer qc à qn; *fig Informationen* faire passer qc à qn

Zustand M 1 (≈ *Beschaffenheit, Verfassung*) état *m*; **in flüssigem** ~ à l'état liquide; **in gutem** ~ en bon état; *umg* **Zustände kriegen** *umg* piquer une crise 2 (≈ *Lage*) état *m* de choses; situation *f*

zustande ADV **etw** ~ **bringen** réussir à

faire qc; **~ kommen** avoir lieu; *Vertrag* se réaliser
zuständig ADJ compétent; **~ für** responsable de **Zuständigkeit** F compétence *f*; **in j-s ~** (*akk*) **fallen** être de la compétence de qn
zustimmen V/I être d'accord (j-m, e-r Sache avec qn, qc) **Zustimmung** F consentement *m*, approbation *f* (**zu** à)
Zutat F GASTR ingrédient *m*
zutrauen V/T j-m etw ~ croire qn capable de (faire) qc; **das traue ich mir nicht zu** je ne m'en sais capable; **ihr ist alles zuzutrauen** elle est capable de tout **Zutrauen** N confiance *f* (**zu** en)
zutreffen V/I (= *stimmen*) être exact, juste; (= *gelten*) être valable (**auf** + *akk*, (**für** pour)
Zutritt M accès *m*; entrée *f*; **~ verboten!** entrée interdite!
zuverlässig ADJ *Person, Maschine* fiable; *Freund* sûr
zuviel, zu viel → zu
zuwenig, zu wenig → zu
zuwerfen V/T **1** j-m etw ~ jeter, lancer qc à qn **2** *Tür* claquer
zuwinken V/I j-m ~ faire signe de la main à qn
zuzeln *umg bayrisch, österr* V/T & V/I (= *saugen*) sucer (**an etw** *dat* qc)
zuziehen **A** V/T *Vorhang* tirer; *Tür* fermer **B** *sich* (*dat*) **etw** ~ *Zorn* s'attirer qc; *Krankheit* attraper qc
zwang → zwingen
Zwang M contrainte *f*; **~ auf j-n ausüben** user de contrainte envers qn; **j-m ~ antun** contraindre, forcer qn
zwängen **A** V/T **etw in etw** (*akk*) **~** faire entrer qc de force dans qc **B** V/R *sich durch e-e Öffnung* ~ passer de force à travers une ouverture
zwanglos ADJ sans façon; *a. Party, Ton, Kleidung* décontracté
zwangsläufig ADJ forcé; (= *unvermeidlich*) inévitable **Zwangsversteigerung** F JUR vente *f* judiciaire **Zwangsvollstreckung** F JUR exécution forcée
zwanzig NUM vingt; → achtzig
Zwanzigeuroschein M billet *m* de vingt euros
zwar ADV **1** *einräumend* certes; il est vrai **2** **und ~** et pour préciser

Zweck M (≈ *Ziel*) but *m*; (≈ *Endzweck*) fin *f*; (≈ *Verwendungszweck*) usage *m*; *Geld* **für e-n guten ~ ausgeben** donner pour une bonne cause; **s-n ~ erfüllen** remplir sa fonction; **das hat keinen ~** cela ne sert à rien; **zu diesem ~** à cette fin **zwecklos** ADJ inutile
zwei NUM deux
Zwei F **1** *Zahl* deux *m*; → Acht¹ **2** *Schulnote* bien; *in Frankreich etwa* quatorze *m* (sur vingt)
Zweibettzimmer N chambre *f* à deux lits
zweideutig ADJ ambigu; *a. pej* équivoque
zweieiig ADJ **~e Zwillinge** *mpl* faux jumeaux *mpl*
zweierlei ADJ de deux sortes, espèces différentes; **das ist ~** ce sont deux choses différentes
Zweieurostück N pièce *f* de deux euros
zweifach **A** ADJ double **B** ADV deux fois (plus); en double
Zweifamilienhaus N maison *f* pour deux familles
Zweifel M doute *m* (**an** + *dat* au sujet de); **ohne (jeden) ~** sans aucun doute; **außer ~ stehen** ne faire aucun doute; **über etw** (*akk*) **im ~ sein** être dans le doute au sujet de qc; **mir kommen ~** je finis par avoir des doutes **zweifellos** ADV sans aucun doute **zweifeln** V/I **an etw, j-m ~** douter de qc, qn; **daran ist nicht zu ~** c'est °hors de doute
Zweig M *a. fig* branche *f*
zweihändig ADJ & ADV à deux mains
zweihundert NUM deux cent(s)
zweimal ADV deux fois
zweisprachig ADJ bilingue **zweispurig** ADJ *Straße* à deux voies **zweistellig** ADJ de *od* à deux chiffres **zweistimmig** ADJ à deux voix **zweistündig** ADJ de deux heures
zweit ADV **zu ~** à deux; **zu ~ sein** être deux
zweitausend NUM deux mille
zweitbeste ADJ deuxième
zweite NUM *von zweien* second; *von mehreren* deuxième; *im Datum* deux; **der ~ Mai** le deux mai
zweitens ADV deuxièmement
zweitgrößte ADJ deuxième (en taille,

grandeur) **zweitletzte** ADJ avant-dernier/avant-dernière
Zweizimmerwohnung F deux-pièces m
Zwerg M a. fig nain m
Zwetsch(g)e F quetsche f
zwicken A VT pincer (**ins Bein** à la jambe) B VI serrer
Zwieback M biscotte f
Zwiebel F oignon m; (≈ Blumenzwiebel) bulbe m
Zwielicht N demi-jour m; fig **ins ~ geraten** devenir suspect
Zwilling M jumeau, -elle m,f; **siamesische ~e** frères, sœurs siamois(es); **eineiige ~e** vrais jumeaux; **zweieiige ~e** faux jumeaux; ASTROL **~e** Gémeaux mpl
Zwillingsbruder M frère jumeau
Zwillingsschwester F sœur jumelle
zwingen A VT forcer (**zu etw** à qc), (**etw zu tun** à faire qc); durch moralischen Zwang obliger (à qc), (à faire qc); **sich gezwungen sehen, etw zu tun** se voir obligé de faire qc B VR **sich ~** se forcer (**zu etw** à qc), (**etw zu tun** à faire qc); durch moralischen Zwang s'obliger (à qc), (à faire qc)
zwinkern VI (**mit den Augen**) ~ cligner des yeux
zwischen PRÄP 1 Lage entre; (≈ mitten unter) parmi; au milieu de 2 Richtung entre; (≈ mitten unter) parmi; au milieu de
Zwischenablage F IT presse-papiers m **Zwischenaufenthalt** M °halte f **zwischendurch** ADV (≈ inzwischen) entre-temps; (≈ ab und zu) de temps en temps **Zwischenergebnis** N résultat m provisoire **Zwischenfall** M incident m **Zwischengericht** N GASTR plat servi entre deux plats (principaux) **zwischenlanden** VI faire escale **Zwischenlandung** F escale f **Zwischenraum** M räumlich, zeitlich intervalle m; räumlich a. espace m **Zwischenzeit** F **in der ~** pendant ce temps; entre-temps
zwitschern VI Vögel gazouiller; chanter
zwölf NUM douze; **um ~ Uhr** mittags à midi; nachts à minuit; umg fig **es ist fünf Minuten vor ~!** c'est le dernier moment!; → acht **Zwölf** F douze m
Zylinder M 1 TECH cylindre m 2 Hut °haut-de-forme m
Zypern N (l'île f de) Chypre f

Extras

Reiseplaner
E-Mails und Briefe	674
Informationen anfordern	678
Informationen anfordern – Antwort	679
Buchungsanfrage Hotel	680
Buchungsanfrage Hotel – Antwort	681
Buchungsanfrage Ferienhaus	682
Buchungsanfrage Ferienhaus – Antwort	683
Stornierung Ferienhaus	684
Anmeldung zum Sprachkurs	685
Telefonieren	686
Fit für den Small Talk	688

Specials
Zahlen	693
Uhrzeit	696
Die französischen Departements	698
Französischsprachige Länder	700
Groß- und Kleinschreibung im Französischen	701
Zeichensetzung im Französischen	702

Grammatik
Plural der französischen Substantive und Adjektive	703
Femininformen der französischen Adjektive	704
Bildung der französischen Adverbien	704
Konjugation der französischen Verben	705

Reiseplaner

E-Mails und Briefe

Anrede
Freunde und Familie

- Lieber Martin,
- Liebe Lisa,
- Liebe Anne, lieber Jean,
- Hallo Laure!
- Ihr Lieben,

- Cher Martin,
- Chère Lisa,
- Chers Anne et Jean,
- Salut, Laure !
- Chers tous, / Chères toutes,

Bekannte

- Lieber Herr Perrin,
- Liebe Frau Dumont,
- Liebe Frau Koch, lieber Herr Koch,
- Liebe Familie Joly,

- Cher Monsieur,
- Chère Madame, / Chère Mademoiselle,
- Chère Madame, cher Monsieur,
- Chers tous, / Chers amis,

Formelle Kontakte

- Sehr geehrter Herr (Dr.) Neu,
- Sehr geehrte Frau (Professor) Betz,
- Sehr geehrter Herr Direktor Lamy,
- Sehr geehrte Damen und Herren,

- Monsieur,
- Madame (le professeur),
- Monsieur le directeur,
- Madame, Monsieur,

Einleitung
Freunde, Familie und Bekannte

- Vielen Dank für Deine E-Mail.
- Wie geht es Dir und Deiner Familie?
- Über deine Postkarte / E-Mail habe ich mich sehr gefreut.

- Merci beaucoup pour ton e-mail.
- Comment vas-tu ? Et ta famille ?
- Ta carte postale / Ton e-mail m'a fait très plaisir.

- Entschuldige, dass ich mich so lange nicht gemeldet habe. - Endlich komme ich dazu, Euch zu antworten.	- Désolé(e) de ne pas avoir donné de nouvelles depuis longtemps. - Je prends enfin le temps de vous répondre.

Formelle Kontakte

- Vielen Dank für Ihr Schreiben vom ... - In Bezug auf Ihr Schreiben vom ... - Wie soeben telefonisch vereinbart, ...	- Merci pour votre courrier du ... - Suite à votre courrier du ... - Comme convenu au téléphone, ...

Konkrete Anlässe

Formelle Kontakte

- Wir freuen uns, Ihnen mitteilen zu können, dass ... - Wir bedauern sehr, nicht ... zu können. - Gern bestätigen wir Ihren Auftrag (vom ...). - Ich wäre Ihnen dankbar, wenn Sie ... könnten.	- Nous avons le plaisir de vous annoncer que ... - Nous regrettons vivement de ne pouvoir ... - Nous avons le plaisir de vous confirmer votre commande (du ...). - Je vous serais reconnaissant(e) de bien vouloir ...

Anlagen

- Im Anhang finden Sie ... - Anbei / In der Anlage erhalten Sie ...	- Vous trouverez en pièce jointe ... - Veuillez trouver ci-joint ...

Feriengrüße

- Viele Grüße aus ... sendet Euch Felix - Das Hotel ist sehr schön, das Essen ausgezeichnet und das Wetter warm und sonnig.	- Je vous envoie de grosses bises de ... Felix - L'hôtel est très bien, les repas sont excellents, il fait beau et il y a du soleil.

- Ich habe schon nette Leute kennengelernt.
- Wir freuen uns, Euch bald wiederzusehen.

- J'ai déjà fait la connaissance de gens sympas.
- Nous sommes très content(e)s de vous revoir bientôt.

Einladung

- Wir freuen uns, Sie und Ihre Frau morgen zum Abendessen einzuladen.
- Hast du Lust, nächsten Samstag zu meiner Feier zu kommen?
- Bitte geben Sie uns bis … Bescheid, ob Sie kommen können!

- Nous avons le plaisir de vous inviter à dîner demain avec votre femme.
- Tu as envie de venir à ma fête samedi prochain ?
- Tenez-nous au courant avant… pour savoir si vous pouvez venir !

Zusage / Absage

- Herzlichen Dank für die Einladung, wir kommen sehr gern!
- Leider haben wir an diesem Abend schon etwas vor.

- Merci beaucoup pour votre invitation, nous viendrons avec plaisir !
- Malheureusement, nous sommes déjà pris ce soir-là.

Glückwünsche / Festtagsgrüße

- Alles Gute zum Geburtstag!
- Herzlichen Glückwunsch! / Gratulation!
- Herzlichste Glückwünsche (zu …)!

- Joyeux anniversaire !
- Félicitations !
- Toutes mes / nos félicitations (pour…) !

- Viel Glück! / Toi, toi, toi!
- Alles Gute!
- Gute Besserung!
- Frohe / Fröhliche Ostern!
- Ein gesegnetes Weihnachtsfest und ein glückliches neues Jahr!
- Schöne Feiertage!

- Bonne chance !
- Bonne continuation !
- Bon rétablissement !
- Joyeuses Pâques !
- Joyeux Noël et bonne année !

- Bonnes fêtes !

Schlussformulierungen

Freunde, Familie und Bekannte

- Lasst mal wieder von Euch hören!	- Donnez-nous de vos nouvelles !
- Viele liebe Grüße an Claude!	- Embrasse Claude de ma / notre part !
- Einen herzlichen Gruß auch an Deine Familie!	- Salue bien ta famille de ma / notre part !
- Liebe Grüße / LG	- Je t'embrasse. / Je vous embrasse.
- Ganz liebe Grüße / GLG	- Grosses bises / Bisous
- Alles Liebe!	- Amitiés,
- Mit herzlichen Grüßen	- Bien à vous / toi,
- Viele Grüße	- Amicalement,
- Dein Tom / Deine Julia	- Tom / Julia

Formelle Kontakte

- Ich würde mich freuen, bald von Ihnen zu hören.	- Dans l'attente d'avoir de vos nouvelles bientôt,…
- Für weitere Auskünfte stehe ich Ihnen gern zur Verfügung.	- Je reste à votre disposition pour toute information complémentaire.
- Mit bestem Dank im Voraus	- En vous remerciant d'avance,
- Beste Grüße	- Meilleures salutations,
- Mit freundlichen Grüßen	- Je vous prie d'agréer, Madame / Monsieur, l'expression de mes salutations distinguées.

Informationen anfordern

An: info@centre-beaubourg.fr
Betreff: Besichtigung des Centre Pompidou

Sehr geehrte Damen und Herren,

wir beabsichtigen, im kommenden Monat Ihr Museum zu besuchen.

Dazu haben wir noch folgende Fragen:

- Besteht die Möglichkeit, die Eintrittskarten vorab zu erwerben, um lange Wartezeiten am Eingang zu vermeiden?

- Bieten Sie Führungen durch die Ausstellung an?

- Ist die Besichtigung der Sonderausstellungen im Eintrittspreis inbegriffen?

Vielen Dank im Voraus für Ihre Informationen.

Mit freundlichen Grüßen
Karin Ressel

Demande de renseignements

À : info@centre-beaubourg.fr
Objet : Visite du Centre Pompidou

Madame, Monsieur,

Nous avons l'intention de venir au Centre Pompidou le mois prochain et nous aurions quelques questions pour préparer notre visite :

- Est-il possible d'acheter les billets en avance pour éviter la file d'attente à l'entrée ?

- Est-ce que vous proposez des visites guidées de l'exposition ?

- Est-ce que le billet donne également accès aux expositions temporaires ?

Par avance merci.

Cordialement,
Karin Ressel

Demande de renseignements – réponse

À:	k.ressel@blx-online.de
Objet:	Re: Visite du Centre Pompidou

Madame,

Merci de l'intérêt que vous portez à notre musée. Il est en effet possible d'acheter les billets d'entrée depuis notre site Internet. Ces billets en ligne que vous imprimez chez vous sont valables uniquement le jour réservé. Le billet donne accès aux expositions, au musée, à la galerie des enfants et à la vue panoramique.

Nous proposons plusieurs types de visites commentées en français avec des guides conférenciers ou des historiens de l'art. Les visites de 16 heures sont gratuites. Pour plus de renseignements sur les visites, merci de consulter le calendrier sur notre site Internet.

Bon séjour à Paris et bonne visite.

Cordialement,
Service visite, Centre Georges Pompidou

Informationen anfordern – Antwort

An:	k.ressel@blx-online.de
Betreff:	AW: Besichtigung des Centre Pompidou

Sehr geehrte Frau Ressel,

vielen Dank für Ihr Interesse an unserem Museum. Sie haben die Möglichkeit, die Eintrittskarten auf unserer Internetseite zu erwerben. Diese Online-Tickets, die Sie bereits zu Hause ausdrucken können, sind nur am angegebenen Buchungstag gültig. Mit dem Ticket haben Sie Zugang zu den Ausstellungen, zum Museum, zum Kindermuseum und zur Aussichtsplattform.

Wir bieten unterschiedliche Arten von Führungen in französischer Sprache mit Führern bzw. Kunsthistorikern an. Die Führungen um 16 Uhr sind kostenlos. Weitere Informationen dazu entnehmen Sie bitte dem Kalender auf unserer Internetseite.

Wir wünschen Ihnen einen schönen Aufenthalt in Paris und einen angenehmen Museumsbesuch.

Mit freundlichen Grüßen
Besucherservice, Centre Georges Pompidou

Buchungsanfrage – Hotel

An: réservation@hotel-république.fr
Betreff: Buchungsanfrage

Sehr geehrte Damen und Herren,

gerne würde ich vom 10. bis 16. März 2014 ein ruhiges Doppelzimmer mit Bad in Ihrem Hotel buchen. Gibt es die Möglichkeit, ein Kinderbett hinzuzustellen? Bitte teilen Sie mir die Preisalternativen für Übernachtung mit Frühstück bzw. mit Halbpension mit.

Bitte senden Sie mir auch Informationen über die Parkmöglichkeiten.

Vielen Dank für Ihre Rückmeldung, ob noch Kapazitäten bestehen.

Mit freundlichen Grüßen
Linda Kunze

Demande de réservation – hôtel

À: réservation@hotel-république.fr
Objet: Demande d'informations

Madame, Monsieur,

Je souhaiterais réserver une chambre double calme avec salle de bains du 10 au 16 mars 2014. Est-il possible de mettre un lit pour enfant dans la chambre ? Pourriez-vous nous indiquer les tarifs pour la nuit avec petit déjeuner ou en demi-pension ?

Est-ce qu'il est possible de garer notre voiture à l'hôtel ?

Merci enfin de nous signaler si vous avez encore des chambres libres aux dates indiquées.

Cordialement,
Linda Kunze

Demande de réservation hôtel – réponse

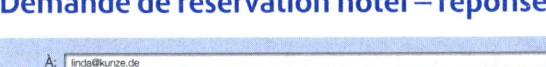

À : linda@kunze.de
Objet : Re: Demande d'informations

Madame,

Nous avons le plaisir de vous informer qu'aux dates indiquées, nous avons encore quelques chambres libres. Un lit enfant (moins de 8 ans) peut vous être mis gratuitement à disposition.

La nuit en chambre double coûte 125 € avec petit déjeuner (petit déjeuner enfant en supplément pour 6 €) et 165 € en demi-pension (repas enfant en supplément pour 10 €).

Vous pouvez garer votre véhicule dans le garage souterrain de l'hôtel pour un tarif journalier de 15 €.

Merci de confirmer votre réservation au plus vite.

Cordialement,
Jean-Philippe Rato
Hôtel de la République

Buchungsanfrage Hotel – Antwort

An: linda@kunze.de
Betreff: AW: Buchungsanfrage

Sehr geehrte Frau Kunze,

wir freuen uns, Ihnen mitteilen zu können, dass wir für den angefragten Zeitraum noch einige Zimmer frei haben. Ein Kinderbett (für Kinder unter 8 Jahren) stellen wir Ihnen gerne kostenlos zur Verfügung.
Die Übernachtung im Doppelzimmer kostet 125 € inkl. Frühstück für zwei Personen (Kinderfrühstück gegen einen Aufpreis von 6 €) und 165 € mit Halbpension (Abendessen für Kinder gegen einen Aufpreis von 10 €).

Sie haben die Möglichkeit, Ihr Auto für eine Tagespauschale von 15 € in der Tiefgarage des Hotels abzustellen.

Wir bitten Sie, Ihre Reservierung so bald wie möglich zu bestätigen.

Mit freundlichen Grüßen
Jean-Philippe Rato
Hôtel de la République

Buchungsanfrage – Ferienhaus

An:	info@lesolives.fr
Betreff:	Buchungsanfrage Ferienhaus

Sehr geehrte Frau Moulin,

wir sind vier Erwachsene und fünf Kinder und würden gern für die Zeit vom 1. bis 22. Juni 2014 Ihr Ferienhaus „Les Olives" in Levens mieten. Bitte teilen Sie mir mit, ob das Haus zu dieser Zeit noch frei ist und ob wir auch unseren Hund mitbringen können. Wichtig wäre auch zu wissen, ob das Haus über W-LAN verfügt und ob die Endreinigung im Preis inbegriffen ist.

Besten Dank im Voraus und freundliche Grüße
Julia Meier

Demande de réservation – maison de vacances

À:	info@lesolives.fr
Objet:	Demande de réservation maison de vacances

Madame,

Nous sommes quatre adultes et cinq enfants et aimerions louer votre maison de vacances « Les Olives » à Levens du 1er au 22 juin 2014. Veuillez me dire si la maison est libre pour cette période et si nous pouvons également emmener notre chien. Ce serait aussi important de savoir si la maison dispose du wi-fi et si le nettoyage final est compris dans le prix.

En vous remerciant d'avance,
Cordialement,
Julia Meier

Demande de réservation maison de vacances – réponse

> À: julia@meier.de
> Objet: Re: Demande de réservation maison de vacances
>
> Madame,
>
> Merci pour votre demande. Dans la période du 1er au 22 juin 2014, notre maison de vacances « Les Olives » est encore libre. Il est possible d'emmener des animaux domestiques. Notre maison dispose du wi-fi et d'une ligne téléphonique. Les coûts du forfait sont compris dans le prix de la location.
>
> Pour le nettoyage final de la maison, nous prenons 50 euros; mais vous pouvez aussi faire le ménage vous-même.
>
> Nous serions très heureux de vous recevoir et vous demandons de confirmer la réservation aussi vite que possible.
>
> Sincères salutations,
> Chantal Moulin
>
> « Les Olives » / 71 bis, rue Gambetta / F-06670 Levens / (+33) 04 76 91 55

Buchungsanfrage Ferienhaus – Antwort

> An: julia@meier.de
> Betreff: AW: Buchungsanfrage Ferienhaus
>
> Sehr geehrte Frau Meier,
>
> vielen Dank für Ihre Anfrage. In der Zeit vom 1. bis 22. Juni 2014 ist unser Ferienhaus „Les Olives" noch frei. Das Mitbringen von Haustieren ist erlaubt. Unser Haus verfügt über W-LAN und einen Telefonanschluss. Die Kosten der Flatrate sind im Mietpreis inbegriffen.
>
> Für die Endreinigung des Hauses berechnen wir 50 Euro; Sie können sie aber auch selbst vornehmen.
>
> Wir würden uns freuen, Sie als unsere Gäste zu begrüßen, und bitten Sie, die Reservierung so bald wie möglich zu bestätigen.
>
> Mit freundlichen Grüßen
> Chantal Moulin
>
> „Les Olives" / 71 bis, rue Gambetta / F-06670 Levens / (+33) 04 76 91 55

Stornierung – Ferienhaus

An:	info@lesolives.fr
Betreff:	Stornierung

Sehr geehrte Frau Moulin,

leider muss ich das vom 1. bis 22. Juni 2014 gemietete Ferienhaus „Les Olives" stornieren, da meine Tochter krank geworden ist und sich zur Zeit im Krankenhaus befindet.

Bitte teilen Sie mir die Konditionen für die Stornierung sowie weitere eventuell anfallende Kosten mit.

Mit großem Bedauern und freundlichen Grüßen
Julia Meier

Annulation – maison de vacances

À:	info@lesolives.fr
Objet:	Annulation

Madame,

Malheureusement, je dois annuler la réservation de la maison de vacances « Les Olives » que nous avons retenue du 1er au 22 juin 2014 étant donné que ma fille est tombée malade et se trouve actuellement à l'hôpital.

Veuillez me donner les conditions d'annulation ainsi que les coûts éventuellement engendrés.

À mon grand regret,
Sincères salutations,
Julia Meier

Anmeldung zum Sprachkurs

An:	info@centre.français.fr
Betreff:	Zweiwöchiger Sprachkurs

Sehr geehrte Damen und Herren,

ich interessiere mich für einen zweiwöchigen Französischkurs Anfang August 2014.

Meine Französischkenntnisse habe ich in drei Schuljahren erworben und im Rahmen eines viersemestrigen Kurses à drei Wochenstunden an der Universität Darmstadt aufgefrischt. Ich möchte diese nun besonders im Hinblick auf Grammatik und Konversation vertiefen.

Ich wäre Ihnen sehr dankbar, wenn Sie mir Ihre Kursübersicht und Preisinformationen zukommen lassen würden.

Mit freundlichen Grüßen
Rolf Maas

Inscription à un cours de langue

À :	info@centre.français.fr
Objet:	Cours intensif de 2 semaines

Madame, Monsieur,

J'aimerais participer à un cours de langue française de deux semaines au début du mois d'août 2014.

J'ai appris le français pendant trois ans à l'école et j'ai consolidé mes connaissances à l'université de Darmstadt pendant quatre semestres à raison de trois heures par semaine. Je souhaiterais désormais continuer en mettant l'accent sur la grammaire et l'oral.

Je vous serais reconnaissant de bien vouloir m'envoyer des informations sur les cours que vous proposez et les tarifs.

Salutations distinguées,
Rolf Maas

Telefonieren

Sich vorstellen und verbinden lassen

▪ Guten Tag. Mein Name ist Eva Meier. ▪ Spreche ich mit …? ▪ Ich würde gern Herrn Betz sprechen. ▪ Könnten Sie mich bitte mit … verbinden?	▪ Bonjour. Je m'appelle Eva Meier. ▪ Vous êtes… ? ▪ J'aimerais parler à Monsieur Betz. ▪ Pourriez-vous me passer…, s'il vous plaît ?

Gespräch verschieben

▪ Dürfte ich später noch mal anrufen? ▪ Wann würde es Ihnen passen?	▪ Puis-je vous rappeler plus tard ? ▪ Quel moment vous conviendrait ?

Rückruf

▪ Könnten Sie mich bitte zurückrufen? ▪ Richten Sie Herrn Betz bitte aus, er möchte mich zurückrufen.	▪ Pourriez-vous me rappeler, s'il vous plaît ? ▪ Pourriez-vous demander à Monsieur Betz de me rappeler, s'il vous plaît ?

Mobil telefonieren

▪ Tagsüber erreichen Sie mich am besten auf dem Handy. ▪ Ich gebe Ihnen am besten meine Handynummer. ▪ Meine Telefonnummer ist: +49 170 715 96 225. ▪ vier neun für Deutschland, eins sieben null, (und dann) sieben eins fünf neun sechs zwei zwei fünf	▪ Le mieux, c'est de me joindre sur mon portable pendant la journée. ▪ Le mieux, c'est que je vous donne mon numéro de portable. ▪ Mon numéro de téléphone est le : +49 170 715 96 225. ▪ quarante-neuf pour l'Allemagne, cent soixante-dix, (et) sept cent quinze, quatre-vingt-seize, deux cent vingt-cinq

- Sprechen Sie mir einfach auf die Mailbox.
- Die Verbindung ist leider sehr schlecht.
- Mein Akku ist leider fast leer.

- Parlez sur la messagerie vocale.
- Je suis désolé(e), la liaison est très mauvaise.
- Je suis désolé(e), je n'ai presque plus de batterie.

Auf Reisen

- Spreche ich mit der Rezeption?
- Guten Tag, ich möchte gern ein Taxi bestellen / meinen Flug bestätigen lassen.
- Die Dusche / Der Fernseher / Die Klimaanlage / Die Heizung funktioniert nicht.
- Wir brauchen dringend einen Arzt.
- Bitte bringen Sie mir das Frühstück aufs Zimmer!
- Ich brauche für morgen früh einen Weckruf um 7 Uhr.

- Je suis en ligne avec la réception ?
- Bonjour, je voudrais commander un taxi / faire confirmer mon vol.
- La douche / Le téléviseur / La climatisation / Le chauffage ne marche pas.
- Nous avons besoin d'urgence d'un médecin.
- Apportez-moi le petit déjeuner en chambre, s'il vous plaît !
- J'ai besoin de me faire réveiller par téléphone demain matin à 7 heures.

Gespräch beenden

- Herzlichen Dank für Ihren Anruf.
- Ich muss leider aufhören.
- Ich melde mich bei Ihnen, sobald ich mehr weiß.
- Auf Wiederhören!

- Merci beaucoup de votre appel.
- Je dois malheureusement vous laisser.
- Je vous contacte dès que j'en sais plus.
- Au revoir !

Fit für den Small Talk

Jemanden begrüßen

▪ Guten Morgen / Tag!	▪ Bonjour !
▪ Guten Abend!	▪ Bonsoir !
▪ Hallo! / Grüß dich!	▪ Salut !
▪ Wie geht es dir / Ihnen?	▪ Comment vas-tu / allez-vous ?
▪ Danke, sehr gut!	▪ Merci, je vais très bien.
▪ Herzlich willkommen (in Lille)!	▪ Bienvenue (à Lille) !

Sich oder jemanden vorstellen

▪ Mein Name ist … / Ich heiße …	▪ Je m'appelle…
▪ Darf ich vorstellen: …	▪ Permettez-moi de faire les présentations : …
▪ Das ist (mein Mann) Pierre.	▪ C'est (mon mari) Pierre.
▪ Freut mich! / Angenehm!	▪ Enchanté(e) !

In Kontakt bleiben

▪ Gibst du mir deine Handynummer / E-Mail-Adresse?	▪ Peux-tu me donner ton numéro de portable / adresse e-mail ?
▪ Bist du auf Facebook®?	▪ Est-ce que tu es sur Facebook® ?
▪ Wie ist dein Skype®-Name?	▪ Quel est ton pseudo sur Skype® ?
▪ Wie kann ich Sie erreichen?	▪ Comment puis-je vous contacter ?

Grüße ausrichten (lassen)

▪ Viele Grüße von Lukas!	▪ Lukas te/ vous passe le bonjour !
▪ Bestell deiner Mutter viele Grüße!	▪ Passe le bonjour à ta mère !

Etwas anbieten – und darauf antworten

▪ Nehmen Sie doch bitte Platz!	▪ Asseyez-vous, je vous en prie !
▪ Kann ich Ihnen etwas zu trinken anbieten?	▪ Puis-je vous offrir quelque chose à boire ?
▪ Ja, gern! / Nein, danke!	▪ Oui, volontiers ! / Non, merci !

Sich verabschieden

▪ Auf Wiedersehen!	▪ Au revoir !
▪ Tschüss!	▪ Salut !
▪ Bis bald! / Bis später!	▪ À bientôt ! / À plus !

- Gute Nacht!	- Bonne nuit !
- Komm gut nach Hause!	- Rentre bien !

Sich bedanken

- Danke (sehr)! / Vielen Dank!	- Merci (beaucoup) !
- Das ist sehr nett von Ihnen!	- C'est très gentil de votre part !
- Danke, gleichfalls!	- Merci, pareillement !

– und darauf antworten

- Bitte!	- De rien.
- Nichts zu danken!	- Je vous en / t'en prie.
- Gern geschehen! / Sehr gern!	- Ça me / m'a fait plaisir !

Um etwas bitten

- Darf ich Sie um etwas bitten?	- Je peux vous demander quelque chose ?
- Könntest du mir einen Gefallen tun?	- Pourrais-tu me rendre un service ?
- Würde es dir etwas ausmachen, …?	- Est-ce que ça te dérangerait de… ?

– und darauf antworten

- Selbstverständlich! / Na klar!	- Bien sûr !
- Kein Problem!	- Pas de problème !
- Lieber nicht.	- Je ne préfère pas.

Sich entschuldigen

- Entschuldigen Sie / Entschuldige …	- Excusez-moi / Excuse-moi, …
- Tut mir leid, dass ich zu spät bin.	- Désolé(e), je suis en retard.

– und darauf antworten

- Das ist nicht schlimm!	- Ce n'est pas grave.
- Das macht nichts!	- Ça ne fait rien.
- Kein Problem!	- Pas de problème !

Jemanden nach seiner Meinung fragen

- Was meinst du dazu?	- Qu'en penses-tu ?
- Wie findest du …?	- Comment trouves-tu… ?

Seine Meinung äußern

- Ich finde, dass ...
- Meiner Meinung nach ...

- Je trouve que...
- À mon avis,...

Zustimmen

- Ich bin ganz deiner / Ihrer Meinung.
- Das finde ich auch.
- Genau! / Stimmt!
- In Ordnung.
- O. K.! / Na gut!

- Je suis tout à fait d'accord avec toi / vous.
- Je trouve aussi.
- Absolument ! / Tout à fait !
- D'accord.
- D'ac ! / Ça marche !

Widersprechen

- Ich bin da (ganz) anderer Meinung.
- Das glaube ich nicht.
- Das stimmt nicht!
- Damit bin ich nicht einverstanden!

- Je suis d'un avis (complètement) différent.
- Je ne crois pas.
- Ce n'est pas vrai !
- Je ne suis pas d'accord !

Sich verständigen

- Wie bitte?
- Was bedeutet ...?
- Entschuldigen Sie, das habe ich nicht ganz verstanden.
- Könnten Sie bitte etwas langsamer sprechen?
- Ich spreche leider nur ganz wenig Französisch.

- Comment ? / Pardon ?
- Que signifie... ?
- Désolé(e), je n'ai pas bien compris.
- Est-ce que vous pourriez parler plus lentement, s'il vous plaît ?
- Malheureusement, je ne parle que très peu français.

Familie und Beruf

- Ich lebe mit meiner Familie in München.
- Ich bin verheiratet / geschieden.
- Haben Sie Kinder?
- Ja, ich habe einen Sohn und eine Tochter.
- Was bist du / sind Sie von Beruf?

- Je vis avec ma famille à Munich.
- Je suis marié(e) / divorcé(e).
- Vous avez des enfants ?
- Oui, j'ai un fils et une fille.
- Qu'est-ce que tu fais / vous faites comme métier ?

- Ich arbeite als … bei …
- Ich bin noch in der Ausbildung.
- Ich bin Student / Studentin.

- Je suis… chez…
- Je fais toujours une formation.
- Je suis étudiant / étudiante.

Hobbys und Interessen

- Was machst du in deiner Freizeit?
- Qu'est-ce que tu fais pendant ton temps libre ?

- Ich koche gern und mache Yoga.
- J'aime bien faire la cuisine et je fais du yoga.

- Interessieren Sie sich für Fußball?
- Vous intéressez-vous au football ?

- Es gibt gerade eine interessante Ausstellung im Museum für Moderne Kunst.
- En ce moment, il y a une exposition intéressante au Musée d'art moderne.

- Davon habe ich gelesen. Ich würde gern hingehen.
- J'ai lu des articles là-dessus. J'aimerais bien y aller.

- Hast du das neue Buch von … schon gelesen?
- Tu as déjà lu le dernier livre de… ?

- Nein, ich hatte leider noch keine Zeit dazu.
- Non, je n'ai pas encore eu le temps malheureusement.

- Magst du lieber Jazz oder Rockmusik?
- Tu préfères le jazz ou la musique rock ?

- Kommst du morgen Abend mit uns zum Konzert?
- Tu viens au concert avec nous demain soir ?

Partys und Feste

- Woher kennst du Sandra?
- D'où tu connais Sandra ?

- Darf ich Ihnen etwas vom Buffet mitbringen?
- Je peux vous apporter quelque chose du buffet ?

- Finden Sie den Wein auch so gut?
- Vous trouvez aussi que le vin est bon ?

- Hast du Lust zu tanzen?
- Tu as envie de danser ?

- Ich hatte schon lange nicht mehr solchen Spaß!
- Il y a bien longtemps que je ne m'étais pas amusé(e) comme ça !

Das Wetter

- Wie war das Wetter in Toulouse?
- Il a fait quel temps à Toulouse ?
- Es hat bis gestern geregnet.
- Il a plu jusqu'à hier.
- So ein schreckliches Wetter!
- Quel temps (épouvantable) !
- Wie wird das Wetter morgen?
- Il va faire quel temps demain ?

Auf Reisen

- Sind Sie geschäftlich hier?
- Nein, ich mache hier Urlaub.
- Seit wann sind Sie in Lyon?
- Ich bin gestern angekommen.
- Sind Sie zum ersten Mal in Frankreich?
- Nein, ich habe vor drei Jahren schon einmal in der Bretagne Ferien gemacht.
- Hatten Sie eine angenehme Reise?
- Wie lange bleiben Sie in Paris?
- Leider nur heute. Meine Maschine geht schon am Abend zurück.
- Haben Sie gut zu uns hergefunden?
- Das war mit Ihrer Anfahrtsbeschreibung / mit dem Navigationssystem gar kein Problem.
- Vielen Dank fürs Mitnehmen!

- Vous êtes ici pour le travail ?
- Non, je suis en vacances ici.
- Depuis quand êtes-vous en Lyon ?
- Je suis arrivé(e) hier.
- C'est la première fois que vous êtes en France ?
- Non, j'ai déjà passé des vacances en Bretagne il y a trois ans.
- Avez-vous fait un voyage agréable ?
- Combien de temps resterez-vous à Paris ?
- Juste aujourd'hui malheureusement. Mon avion repart ce soir.
- Avez-vous trouvé la route facilement pour venir chez nous ?
- Avec votre itinéraire / le GPS, cela n'a posé aucun problème.
- Merci de m'avoir emmené(e) !

Land und Leute

- Waren Sie schon einmal in der Provence?
- Ja, einmal. Das ist aber schon einige Jahre her.
- Nein, ich bin zum ersten Mal hier.

- Wie gefällt Ihnen Nizza?
- Die Stadt gefällt mir sehr.
- Ich habe noch nicht viel von der Gegend gesehen.
- Ich würde die Stadt gern besser kennenlernen.

- Êtes-vous déjà allé(e) en Provence ?
- Oui, une fois. Mais cela fait déjà plusieurs années.
- Non, c'est la première fois que je viens.

- Comment trouvez-vous Nice ?
- La ville me plaît beaucoup.
- Je n'ai pas encore vu grand chose de la région.
- J'aimerais mieux découvrir la ville.

Specials

Zahlen

Grundzahlen

0	null zéro	60	sechzig soixante
1	eins un, une	70	siebzig soixante-dix
2	zwei deux	71	einundsiebzig soixante et onze
3	drei trois	72	zweiundsiebzig soixante-douze
4	vier quatre	77	siebenundsiebzig soixante-dix-sept
5	fünf cinq	80	achtzig quatre-vingt(s)
6	sechs six	81	einundachtzig quatre-vingt-un(e)
7	sieben sept	82	zweiundachtzig quatre-vingt-deux
8	acht huit	90	neunzig quatre-vingt-dix
9	neun neuf	91	einundneunzig quatre-vingt-onze
10	zehn dix	92	zweiundneunzig quatre-vingt-douze
11	elf onze	100	(ein)hundert cent
12	zwölf douze	101	(ein)hunderteins cent un(e)
13	dreizehn treize	102	(ein)hundertzwei cent deux
14	vierzehn quatorze	200	zweihundert deux cent(s)
15	fünfzehn quinze	300	dreihundert trois cent(s)
16	sechzehn seize	400	vierhundert quatre cent(s)
17	siebzehn dix-sept	500	fünfhundert cinq cent(s)
18	achtzehn dix-huit	600	sechshundert six cent(s)
19	neunzehn dix-neuf	700	siebenhundert sept cent(s)
20	zwanzig vingt	800	achthundert huit cent(s)
21	einundzwanzig vingt et un(e)	900	neunhundert neuf cent(s)
22	zweiundzwanzig vingt-deux	1 000	(ein)tausend mille
30	dreißig trente	1 001	(ein)tausendeins mille un(e)
31	einunddreißig trente et un(e)	1 002	(ein)tausendzwei mille deux
32	zweiunddreißig trente-deux		
40	vierzig quarante		
50	fünfzig cinquante		

1 100	(ein)tausendeinhundert / elfhundert **mille cent(s) / onze cent(s)**	10 000	zehntausend **dix mille**
1 200	(ein)tausendzweihundert / zwölfhundert **mille deux cent(s) / douze cent(s**	100 000	hunderttausend **cent mille**
		1 000 000	eine Million **un million**
2 000	zweitausend **deux mille**	1 000 000 000	eine Milliarde **un milliard**

Ordnungszahlen

1.	(der, die, das) erste	1ᵉʳ	(le) premier
		1ʳᵉ	(la) première
2.	zweite	2ᵉ	deuxième; second(e)
3.	dritte	3ᵉ	troisième
4.	vierte	4ᵉ	quatrième
5.	fünfte	5ᵉ	cinquième
6.	sechste	6ᵉ	sixième
7.	sieb(en)te	7ᵉ	septième
8.	achte	8ᵉ	huitième
9.	neunte	9ᵉ	neuvième
10.	zehnte	10ᵉ	dixième
11.	elfte	11ᵉ	onzième
12.	zwölfte	12ᵉ	douzième
13.	dreizehnte	13ᵉ	treizième
14.	vierzehnte	14ᵉ	quatorzième
15.	fünfzehnte	15ᵉ	quinzième
16.	sechzehnte	16ᵉ	seizième
17.	siebzehnte	17ᵉ	dix-septième
18.	achtzehnte	18ᵉ	dix-huitième
19.	neunzehnte	19ᵉ	dix-neuvième
20.	zwanzigste	20ᵉ	vingtième
21.	einundzwanzigste	21ᵉ	vingt et unième
22.	zweiundzwanzigste	22ᵉ	vingt-deuxième
30.	dreißigste	30ᵉ	trentième
31.	einunddreißigste	31ᵉ	trente et unième
40.	vierzigste	40ᵉ	quarantième

50.	fünfzigste	50ᵉ	cinquantième
60.	sechzigste	60ᵉ	soixantième
70.	siebzigste	70ᵉ	soixante-dixième
71.	einundsiebzigste	71ᵉ	soixante et onzième
72.	zweiundsiebzigste	72ᵉ	soixante-douzième
80.	achtzigste	80ᵉ	quatre-vingtième
81.	einundachtzigste	81ᵉ	quatre-vingt-unième
90.	neunzigste	90ᵉ	quatre-vingt-dixième
91.	einundneunzigste	91ᵉ	quatre-vingt-onzième
100.	hundertste	100ᵉ	centième
101.	hunderterste	101ᵉ	cent unième
102.	hundertzweite	102ᵉ	cent deuxième
200.	zweihundertste	200ᵉ	deux centième
300.	dreihundertste	300ᵉ	trois centième
1 000.	tausendste	1 000ᵉ	millième
100 000.	hunderttausendste	100 000ᵉ	cent millième
1 000 000.	millionste	1 000 000ᵉ	millionième

Uhrzeit

Es ist …	Il est…
12.00 Uhr. zwölf Uhr. Mittag.	**12:00.** douze heures. midi.
24.00 Uhr / 0.00 Uhr. vierundzwanzig Uhr / null Uhr. zwölf Uhr nachts. Mitternacht.	**24:00 / 00:00.** vingt-quatre heures / zéro heure. minuit.
9.25 Uhr. neun Uhr fünfundzwanzig. fünf vor halb zehn.	**9:25.** neuf heures vingt-cinq.
13.00 Uhr. dreizehn Uhr / ein Uhr.	**13:00.** treize heures / une heure.
14.45 Uhr. vierzehn Uhr fünfundvierzig. Viertel vor drei.	**14:45.** quatorze heures quarante-cinq. trois heures moins le quart.
15.15 Uhr. fünfzehn Uhr fünfzehn. Viertel nach drei.	**15:15.** quinze heures quinze. trois heures et quart.
16.40 Uhr. sechzehn Uhr vierzig. zwanzig vor fünf.	**16:40.** seize heures quarante. cinq heures moins vingt.
17.55 Uhr. siebzehn Uhr fünfundfünfzig. fünf vor sechs.	**17:55.** dix-sept heures cinquante-cinq. six heures moins cinq.
18.05 Uhr. achtzehn Uhr fünf. fünf nach sechs.	**18:05.** dix-huit heures cinq. six heures cinq.
19.30 Uhr. neunzehn Uhr dreißig. halb acht.	**19:30.** dix-neuf heures trente. sept heures et demie.
22.00 Uhr. zweiundzwanzig Uhr. zehn Uhr.	**22:00.** vingt-deux heures. dix heures.

Uhrzeiten im Alltag

- Ich komme **um** 10 Uhr an.	- J'arrive à 10 heures.
- Kann ich Sie **gegen** 11 Uhr erreichen?	- Est-ce que je peux vous joindre vers 11 heures ?
- Der Entwurf muss **bis** 14 Uhr fertig sein.	- Le projet doit être fini pour 14 heures.
- Wir treffen uns **um** 16.30 Uhr.	- Nous nous voyons à quatre heures et demie.
- Ich bin **zwischen** 13 Uhr und 17 Uhr im Büro.	- Je suis au bureau entre 13 heures et 17 heures.
- **Ab** 18 Uhr habe ich Zeit.	- Je suis disponible à partir de six heures (du soir).
- Er steht nie **vor** 10 Uhr auf.	- Il ne se lève jamais avant 10 heures.
- **Nach** 17 Uhr ist das Büro nicht besetzt.	- Il n'y a personne au bureau après 17 heures.
- Sie muss um **kurz nach** drei los.	- Il faut qu'elle parte peu après trois heures.
- **Von** sechs **bis** acht ist Happy Hour.	- De six heures à huit heures, c'est l'happy hour.
- Bleib doch noch, es ist **erst** vier.	- Allez, reste encore un peu, il n'est que quatre heures.
- Das Geschäft öffnet **erst** um 10 Uhr.	- Le magasin n'ouvre qu'à 10 heures.
- Die Tankstelle hat **rund um die Uhr** geöffnet.	- La station-service est ouverte 24 heures sur 24 (vingt-quatre heures sur vingt-quatre).

Hinweis: Im Alltag werden die Stundenangaben über 12 selten verwendet.

Die französischen Departements

Die Kennziffer des Departements erscheint seit dem 1. April 2009 am rechten Rand der frz. Autokennzeichen, und zwar auf blauem Grund unterhalb des Logos für die jeweilige Region. Auch die ersten Ziffern der 5-stelligen frz. Postleitzahlen verweisen auf das betreffende Departement (z. B. 35000 Rennes).

01	l'Ain m [lɛ̃]	24	la Dordogne [dɔʀdɔɲ]
02	l'Aisne f [lɛn]	25	le Doubs [du]
03	l'Allier m [lalje]	26	la Drôme [dʀom]
04	les Alpes-de-°Haute-Provence f Pl. [lezalpdəotpʀɔvɑ̃s]	27	l'Eure f [lœʀ]
		28	l'Eure-et-Loir m [lœʀelwaʀ]
		29	le Finistère [finistɛʀ]
05	les °Hautes-Alpes f Pl. [leotzalp]	30	le Gard [gaʀ]
		31	la °Haute-Garonne [laotgaʀɔn]
06	les Alpes-Maritimes f Pl. [lezalpmaʀitim]	32	le Gers [ʒɛʀ(s)]
07	l'Ardèche f [laʀdɛʃ]	33	la Gironde [ʒiʀɔ̃d]
08	les Ardennes f Pl. [lezaʀdɛn]	34	l'Hérault m [leʀo]
09	l'Ariège f [laʀjɛʒ]	35	l'Ille-et-Vilaine f [lilevilɛn]
10	l'Aube f [lob]	36	l'Indre f [lɛ̃dʀ]
11	l'Aude m [lod]	37	l'Indre-et-Loire f [lɛ̃dʀelwaʀ]
12	l'Aveyron m [lavɛʀɔ̃]	38	l'Isère f [lizɛʀ]
13	les Bouches-du-Rhône f Pl. [buʃdyʀon]	39	le Jura [ʒyʀa]
		40	les Landes f Pl. [lɑ̃d]
14	le Calvados [kalvados]	41	le Loir-et-Cher [lwaʀeʃɛʀ]
15	le Cantal [kɑ̃tal]	42	la Loire [lwaʀ]
16	la Charente [ʃaʀɑ̃t]	43	la °Haute-Loire [laotlwaʀ]
17	la Charente-Maritime [ʃaʀɑ̃tmaʀitim]	44	la Loire-Atlantique [lwaʀatlɑ̃tik]
18	le Cher [ʃɛʀ]	45	le Loiret [lwaʀɛ]
19	la Corrèze [kɔʀɛz]	46	le Lot [lɔt]
2A	la Corse-du-Sud [kɔʀsdysyd]	47	le Lot-et-Garonne [lɔtegaʀɔn]
2B	la °Haute-Corse [laotkɔʀs]	48	la Lozère [lɔzɛʀ]
21	la Côte-d'Or [kotdɔʀ]	49	le Maine-et-Loire [mɛnelwaʀ]
22	les Côtes-d'Armor f Pl. [kotdaʀmɔʀ]	50	la Manche [mɑ̃ʃ]
		51	la Marne [maʀn]
23	la Creuse [kʀøz]	52	la °Haute-Marne [laotmaʀn]

53	la Mayenne [majɛn]	76	la Seine-Maritime [sɛnmaritim]
54	la Meurthe-et-Moselle [mœrtemɔzɛl]	77	la Seine-et-Marne [sɛnemarn]
55	la Meuse [møz]	78	les Yvelines f Pl. [lezivlin]
56	le Morbihan [mɔrbiã]	79	les Deux-Sèvres f Pl. [døsɛvr]
57	la Moselle [mɔzɛl]	80	la Somme [sɔm]
58	la Nièvre [njɛvr]	81	le Tarn [tarn]
59	le Nord [nɔr]	82	le Tarn-et-Garonne [tarnegarɔn]
60	l'Oise f [lwaz]	83	le Var [var]
61	l'Orne f [lɔrn]	84	le Vaucluse [voklyz]
62	le Pas-de-Calais [padkalɛ]	85	la Vendée [vãde]
63	le Puy-de-Dôme [pɥid(ə)dom]	86	la Vienne [vjɛn]
64	les Pyrénées-Atlantiques f Pl. [pirεneatlãtik]	87	la °Haute-Vienne [laotvjɛn]
65	les °Hautes-Pyrénées f Pl. [leotpirεne]	88	les Vosges f Pl. [voʒ]
66	les Pyrénées-Orientales f Pl. [pirεneɔrjãtal]	89	l'Yonne f [ljɔn]
67	le Bas-Rhin [barɛ̃]	90	le Territoire-de-Belfort [tεritward(ə)bɛlfɔr]
68	le °Haut-Rhin [leorɛ̃]	91	l'Essonne f [lesɔn]
69	le Rhône [ron]	92	les °Hauts-de-Seine m Pl. [leod(ə)sɛn]
70	la °Haute-Saône [laotson]	93	la Seine-Saint-Denis [sɛnsɛ̃d(ə)ni]
71	la Saône-et-Loire [sonelwar]	94	le Val-de-Marne [vald(ə)marn]
72	la Sarthe [sart]	95	le Val-d'Oise [valdwaz]
73	la Savoie [savwa]		
74	la °Haute-Savoie [laotsavwa]		
75	la Ville de Paris [vild(ə)pari]		

Die überseeischen Departements

971 la Guadeloupe [gwadlup]
972 la Martinique [martinik]
973 la Guyane [gɥijan]
974 la Réunion [Reynjõ]

975 Saint-Pierre-et-Miquelon (*collectivité territoriale*) [sɛ̃pjεremik(ə)lõ]
976 Mayotte [majɔt]

Französischsprachige Länder

Alle Länder, in denen Französisch gesprochen wird, werden unter dem Begriff **la francophonie** zusammengefasst.

Französisch ist Landessprache in:

Frankreich	mit seinen überseeischen Gebieten: **Guadeloupe, Martinique** (beide Karibik), **Mayotte, Réunion** (Inseln im Indischen Ozean), **Französisch-Guyana** (in Südamerika), **Französisch-Polynesien** (verschiedene Inselgruppen im Pazifik, u. a. Tahiti) und **Neukaledonien** (Insel im Pazifik)
Belgien	in **Wallonien** und **Brüssel**
Monaco	(Zwergstaat am Mittelmeer)
Schweiz	in den Kantonen **Genf, Waadt, Neuchâtel, Jura**; neben Deutsch auch in **Fribourg, Bern, Wallis**
Kanada	in der Provinz **Québec**
Haiti	(Inselstaat in der Karibik)

Französisch ist Amtssprache in:

Luxemburg		
Benin	Kamerun	Niger
Burkina Faso	Komoren	Ruanda
Burundi	Kongo (früher Zaire)	Senegal
Côte d'Ivoire	Kongo-Brazzaville	Togo
Dschibuti	Madagaskar	Tschad
Gabun	Mali	Zentralafrikanische Republik
Guinea	Mauretanien	

Französisch ist neben anderen Sprachen Verkehrssprache in:

Algerien	Marokko	Seychellen
Libanon	Mauritius	Tunesien

In den früheren Kolonien Ostasiens (**Kambodscha, Laos, Vietnam**) hat Französisch an Bedeutung verloren und wird zunehmend vom Englischen verdrängt.

Groß- und Kleinschreibung im Französischen

1 Allgemeines

Im Gegensatz zum Deutschen werden im Französischen auch Substantive in der Regel kleingeschrieben.

- Nur Eigennamen werden immer großgeschrieben, z. B.:
  - **la Bretagne, la Seine, Paris, la tour Eiffel**

- Eine wichtige Ausnahme sind auch die Nationalitäts- und Einwohnerbezeichnungen:
  - **un Français, une Allemande, un Autrichien, les Parisiens**

- Das dazugehörige Adjektiv wird aber kleingeschrieben, z. B.:
  - **Elle est suisse. Mon copain est belge.**
  - **Nos amis parisiens sont arrivés.**

2 Zweigliedrige Ausdrücke

- Bei zweigliedrigen Bezeichnungen aus Substantiv und Adjektiv wird meistens nur der erste Bestandteil großgeschrieben, z. B.:
  - **la République française**   die Französische Republik
  - **l'Assemblée nationale**   die Nationalversammlung
  - **le Parlement européen**   das Europaparlament

3 Großschreibung mit unterschiedlicher Bedeutung

- Bei einigen Wörtern hat das großgeschriebene Wort eine andere oder eingeschränkte Bedeutung, z. B.:
  - **centre** „Zentrum"   **Centre** „Mittelfrankreich"
  - **état** „Zustand"   **État** „Staat"
  - **église** „Kirche" (Gebäude)   **Église** die Institution „Kirche"
  - **terre** „Erde, Boden, Land"   **Terre** der Planet „Erde"

- Ähnlich wie **la Terre** bezeichnen auch **le Soleil** „Sonne" und **la Lune** „Mond" nur die Himmelskörper:
  - **Le soleil brille.** Die Sonne scheint.
  - **Elle est dans la lune.** Sie ist nicht bei der Sache.
  - *aber:* **Ils ont atterri sur la Lune.** Sie sind auf dem Mond gelandet.

Zeichensetzung im Französischen

- Punkt, Strichpunkt, Doppelpunkt, Fragezeichen, Ausrufezeichen, Gedankenstrich, Klammern, Auslassungspunkte und Anführungszeichen (im Französischen « ») werden im Wesentlichen wie im Deutschen gebraucht.

- An geringen Abweichungen sind zu erwähnen:
  - Kein Punkt steht nach Ordnungszahlen: **1er** bzw. **1re**, **2e**, **3e** usw.
  - Das Datum wird meist so geschrieben: **15/03/12**

- Einige bedeutende Abweichungen vom Deutschen gibt es dagegen beim Gebrauch des Kommas:
  - Adverbiale Bestimmungen zu Beginn eines Satzes werden durch Komma abgetrennt:
    - **À trois heures, il n'était toujours pas arrivé.**
    - **Avec lui, il faut se méfier.**
  - Nicht durch Komma abgetrennt werden dagegen:
    - Objektsätze (**Je sais qu'il a tort.**)
    - indirekte Fragesätze (**Je me demande s'il n'est pas malade.**)
    - nachgestellte Adverbialsätze (**J'irai le voir avant qu'il parte.**)
    - zum Verständnis des Hauptsatzes notwendige Relativsätze (**Le livre que tu m'as prêté ne me plaît pas.**)
    - Infinitivgruppen (**Elle m'a prié de l'aider.**)
  - Vor „etc." steht im Französischen ein Komma:
    - **Paris, Londres, Berlin, etc.**

Grammatik

Plural der französischen Substantive und Adjektive

- Der Plural der Substantive und Adjektive wird im Allgemeinen durch Anhängen von **s** an die Singularform gebildet:
  - le fleuve – les fleuve**s**
  - grand, grande – grand**s**, grande**s**

- Substantive, die im Singular auf **s**, **x** oder **z** enden, bleiben im Plural unverändert. Dies gilt auch für die Adjektive auf **s** und **x**:
  - le pas – les pas
  - la voix – les voix
  - le nez – les nez
  - anglais – *Maskulinum Plural* anglais
  - heureux – *Maskulinum Plural* heureux

- Substantive und Adjektive, die im Singular auf **-al** enden, bilden die Pluralform normalerweise auf **-aux** [**-o**]:
  - le journal – les journ**aux**
  - l'animal – les anim**aux**
  - national – nation**aux**
  - légal – lég**aux**

- Alle Abweichungen von diesen Regeln werden im Wörterbuch in jedem Einzelfall angegeben:
  - **banal** ⟨~e; -als⟩: *Plural* banal**s**
  - **manteau** ⟨~x⟩: *Plural* les manteau**x**
  - **travail** ⟨-aux [-o]⟩: *Plural* les trav**aux**
  - **porte-monnaie** ⟨inv⟩: *Plural unverändert* les porte-monnaie
  - **coffre-fort** ⟨coffres-forts⟩: *Plural* les coffres-forts

Femininformen der französischen Adjektive

- Das Femininum (die weibliche Form) der französischen Adjektive wird durch Anhängung von **e** an das Maskulinum (die männliche Form) gebildet (ausgenommen Adjektive, die schon auf e enden: *utile, sage*).
- Darüber hinaus weist das Femininum der französischen Adjektive viele Besonderheiten in Form und Aussprache auf. Deshalb wird im Wörterbuch zu jedem Adjektiv das Femininum (einschließlich Aussprache) angegeben:
  - **chaud** ⟨chaude [ʃod]⟩: *Femininum* chaud**e**
  - **gras** ⟨grasse [gʀɑs]⟩: *Femininum* gras**se**
  - **ancien** ⟨-ienne [-jɛn]⟩: *Femininum* ancien**ne**, *Aussprache* [ɑ̃sjɛn]
  - **heureux** ⟨-euse [-øz]⟩: *Femininum* heur**euse**, *Aussprache* [øʀøz]
  - **snob** ⟨f inv⟩: *Femininum Singular unverändert, Maskulinum und Femininum Plural* snobs
  - **marron** ⟨inv⟩: *Femininum und Plural unverändert*

Bildung der französischen Adverbien

- Die meisten Adverbien werden durch Anhängen von **-ment** an die feminine Form des Adjektivs gebildet, z. B.:
  - franc, franche – franche**ment**
  - rapide – rapide**ment**

- **Ausnahmen:** Endet das Adjektiv auf **-ant** oder **-ent**, verschmelzen beide Endungen zu **-amment** bzw. **-emment**:
  - brillant, brillante – brill**amment** [bʀijamɑ̃]
  - évident, évidente – évid**emment** [evidamɑ̃]

- Weitere Ausnahmen sind:
  - bon, bonne – **bien**
  - mauvais, mauvaise – **mal**
  - meilleur, meilleure – **mieux**
  - vrai, vraie – vrai**ment**
  - gentil, gentille – genti**ment**
  - bref, brève – briève**ment**
  - du, due – dû**ment**
  - confus, confuse – confus**ément**

- Eigenständige Adverbien sind selten. Hierzu gehören z. B.:
  - vite, volontiers

Konjugation der französischen Verben

1 Regelmäßige Verben auf -er: donner

Einfache Zeiten Temps simples

Indicatif

	Présent	Imparfait	Passé simple	Futur
je	donne	donnais	donnai	donnerai
tu	donnes	donnais	donnas	donneras
il / elle	donne	donnait	donna	donnera
nous	donnons	donnions	donnâmes	donnerons
vous	donnez	donniez	donnâtes	donnerez
ils / elles	donnent	donnaient	donnèrent	donneront

Subjonctif / Impératif / Conditionnel

	Présent	Imparfait	Impératif	Conditionnel
je	donne	(donnasse)*		donnerais
tu	donnes	(donnasses)	donne !	donnerais
il / elle	donne	donnât		donnerait
nous	donnions	(donnassions)	donnons !	donnerions
vous	donniez	(donnassiez)	donnez !	donneriez
ils / elles	donnent	(donnassent)		donneraient

Participe présent: donnant **Participe passé:** donné

Zusammengesetzte Zeiten Temps composés

Indicatif

	Passé composé	Plus-que-parfait	Passé antérieur	Futur antérieur
j'	ai donné	avais donné	eus donné	aurai donné
tu	as donné	avais donné	eus donné	auras donné
il / elle	a donné	avait donné	eut donné	aura donné
nous	avons donné	avions donné	eûmes donné	aurons donné
vous	avez donné	aviez donné	eûtes donné	aurez donné
ils / elles	ont donné	avaient donné	eurent donné	auront donné

Subjonctif / Conditionnel passé

	Passé composé	Plus-que-parfait	Conditionnel passé
j'	aie donné	(eusse donné)*	aurais donné
tu	aies donné	(eusses donné)	aurais donné
il / elle	ait donné	eût donné	aurait donné
nous	ayons donné	(eussions donné)	aurions donné
vous	ayez donné	(eussiez donné)	auriez donné
ils / elles	aient donné	(eussent donné)	auraient donné

Infinitif passé: avoir donné

* Die eingeklammerten Formen sind heute ungebräuchlich und werden meist durch den Subjonctif présent ersetzt.

2 Unregelmäßige Formen der Verben auf -er

avancer ⟨-ç-⟩

Présent	Imparfait		Passé simple		Participe présent
nous avançons	j'	avançais	j'	avançai	
	tu	avançais	tu	avanças	(en) avançant
	il / elle	avançait	il / elle	avança	
	ils / elles	avançaient	nous	avançâmes	
			vous	avançâtes	

diriger ⟨-ge-⟩

Présent	Imparfait		Passé simple		Participe présent
nous dirigeons	je	dirigeais	je	dirigeai	
	tu	dirigeais	tu	dirigeas	(en) dirigeant
	il / elle	dirigeait	il / elle	dirigea	
	ils / elles	dirigeaient	nous	dirigeâmes	
			vous	dirigeâtes	

peser ⟨-è-⟩

Présent		Futur		Conditionnel		Impératif
je	pèse	je	pèserai	je	pèserais	pèse !
tu	pèses	tu	pèseras	tu	pèserais	
il / elle	pèse	*etc.*		*etc.*		
ils / elles	pèsent					

céder ⟨-è-⟩

Présent			Impératif
je	cède	(*aber* je céderai *etc.*)	cède !
tu	cèdes		
il / elle	cède		
ils / elles	cèdent		

projeter ⟨-tt-⟩

Présent		Futur		Conditionnel		Impératif
je	projette	je	projetterai	je	projetterais	projette !
tu	projettes	tu	projetteras	tu	projetterais	
il / elle	projette	*etc.*		*etc.*		
ils / elles	projettent					

épeler ⟨-ll-⟩

Présent		Futur		Conditionnel		Impératif
j'	épelle	j'	épellerai	j'	épellerais	épelle !
tu	épelles	tu	épelleras	tu	épellerais	
il / elle	épelle	*etc.*		*etc.*		
ils / elles	épellent					

employer ⟨-oi-⟩

Présent		Futur		Conditionnel		Impératif
j'	emploie	j'	emploierai	j'	emploierais	emploie !
tu	emploies	tu	emploieras	tu	emploierais	
il / elle	emploie	*etc.*		*etc.*		
ils / elles	emploient					

appuyer ⟨-ui-⟩

Présent		Futur		Conditionnel		Impératif
j'	appuie	j'	appuierai	j'	appuierais	appuie !
tu	appuies	tu	appuieras	tu	appuierais	
il / elle	appuie	*etc.*		*etc.*		
ils / elles	appuient					

essayer ⟨-ay- *od.* -ai-⟩

Présent					Futur				
j'	essaye [ʒɛsɛj]	*od.*	j'	essaie [ʒɛsɛ]	j'	essayerai [ʒɛsɛjəʀe]	*od.*	j'	essaierai [ʒɛsɛʀe]
tu	essayes	*od.*	tu	essaies	tu	essayeras	*od.*	tu	essaieras
il / elle	essaye	*od.*	il / elle	essaie	*etc.*				
ils / elles	essayent	*od.*	ils / elles	essaient					

Conditionnel					Impératif			
j'	essayerais	*od.*	j'	essaierais				
tu	essayerais	*od.*	tu	essaies	essaye		*od.*	essaie !
etc.								

3 Regelmäßige Verben auf -ir: finir

Einfache Zeiten Temps simples

Indicatif

	Présent	Imparfait	Passé simple	Futur
je	finis	finissais	finis	finirai
tu	finis	finissais	finis	finiras
il / elle	finit	finissait	finit	finira
nous	finissons	finissions	finîmes	finirons
vous	finissez	finissiez	finîtes	finirez
ils / elles	finissent	finissaient	finirent	finiront

Subjonctif / Impératif / Conditionnel

	Présent	Imparfait	Impératif	Conditionnel
je	finisse	(finisse)		finirais
tu	finisses	(finisses)	finis !	finirais
il / elle	finisse	finît		finirait
nous	finissions	(finissions)	finissons !	finirions
vous	finissiez	(finissiez)	finissez !	finiriez
ils / elles	finissent	(finissent)		finiraient

Participe présent: finissant **Participe passé:** fini

Zusammengesetzte Zeiten Temps composés

Indicatif

	Passé composé	Plus-que-parfait	Passé antérieur	Futur antérieur
j'	ai fini	avais fini	eus fini	aurai fini
tu	as fini	avais fini	eus fini	auras fini
il / elle	a fini	avait fini	eut fini	aura fini
nous	avons fini	avions fini	eûmes fini	aurons fini
vous	avez fini	aviez fini	eûtes fini	aurez fini
ils / elles	ont fini	avaient fini	eurent fini	auront fini

Subjonctif / Conditionnel passé

	Passé composé	Plus-que-parfait		Conditionnel passé
j'	aie fini	(eusse fini)		aurais fini
tu	aies fini	(eusses fini)		aurais fini
il / elle	ait fini	eût fini		aurait fini
nous	ayons fini	(eussions fini)		aurions fini
vous	ayez fini	(eussiez fini)		auriez fini
ils / elles	aient fini	(eussent fini)		auraient fini

Infinitif passé: avoir fini

4 Unregelmäßige Verben

Im Wörterbuch werden zu jedem unregelmäßigen Verb diejenigen Grundformen angegeben, aus denen sich die restlichen Formen ableiten lassen.

> **Hilfsverb avoir** ⟨j'ai, tu as, il a, nous avons, vous avez, ils ont; j'avais; j'eus; j'aurai; que j'aie, qu'il ait, que nous ayons; aie !, ayons !, ayez !; ayant; avoir eu⟩

Einfache Zeiten Temps simples

Indicatif

	Présent	Imparfait	Passé simple	Futur
j'	ai	avais	eus	aurai
tu	as	avais	eus	auras
il / elle	a	avait	eut	aura
nous	avons	avions	eûmes	aurons
vous	avez	aviez	eûtes	aurez
ils / elles	ont	avaient	eurent	auront

	Subjonctif		Impératif	Conditionnel
	Présent	Imparfait		
tu	aies	(eusses)	aie !	aurais
il / elle	ait	eût		aurait
nous	ayons	(eussions)	ayons !	aurions
vous	ayez	(eussiez)	ayez !	auriez
ils / elles	aient	(eussent)		auraient

Participe présent: ayant   **Participe passé:** eu

Zusammengesetzte Zeiten Temps composés

Indicatif

	Passé composé	Plus-que-parfait	Passé antérieur	Futur antérieur
j'	ai eu	avais eu	eus eu	aurai eu
tu	as eu	avais eu	eus eu	auras eu
etc.		*etc.*	*etc.*	*etc.*

	Subjonctif			Conditionnel passé
	Passé composé	Plus-que-parfait		
j'	aie eu	(eusse eu)		aurais eu
tu	aies eu	(eusses eu)		aurais eu
	etc.	*etc.*		*etc.*

Infinitif passé: avoir eu

Hilfsverb être

⟨je suis, tu es, il est, nous sommes, vous êtes, ils sont; j'étais; je fus; je serai; que je sois; qu'il soit, que nous soyons; sois !, soyons !, soyez !; étant; avoir été⟩

Einfache Zeiten Temps simples

Indicatif

	Présent	Imparfait	Passé simple	Futur
je / j'	suis	étais	fus	serai
tu	es	étais	fus	seras
il / elle	est	était	fut	sera
nous	sommes	étions	fûmes	serons
vous	êtes	étiez	fûtes	serez
ils / elles	sont	étaient	furent	seront

	Subjonctif		Impératif	Conditionnel
	Présent	Imparfait		
je	sois	(fusse)		serais
tu	sois	(fusses)	sois !	serais
il / elle	soit	fût		serait
nous	soyons	(fussions)	soyons !	serions
vous	soyez	(fussiez)	soyez !	seriez
ils / elles	soient	(fussent)		seraient

Participe présent: étant   **Participe passé:** été

Zusammengesetzte Zeiten Temps composés

Indicatif

	Passé composé	Plus-que-parfait	Passé antérieur	Futur antérieur
j'	ai été	avais été	eus été	aurai été
tu	as été	avais été	eus été	auras été
il / elle	a été	avait été	eut été	aura été
nous	avons été	avions été	eûmes été	aurons été
vous	avez été	aviez été	eûtes été	aurez été
ils / elles	ont été	avaient été	eurent été	auront été

Subjonctif   **Conditionnel passé**

	Passé composé	Plus-que-parfait		
j'	aie été	(eusse été)		aurais été
tu	aies été	(eusses été)		aurais été
il / elle	ait été	eût été		aurait été
nous	ayons été	(eussions été)		aurions été
vous	ayez été	(eussiez été)		auriez été
ils / elles	aient été	(eussent été)		auraient été

Infinitif passé: avoir été

aller

⟨je vais, tu vas, il va, nous allons, ils vont; j'allais; j'allai; j'irai; que j'aille, que nous allions; va !, *aber:* vas-y ! [vazi]; allant; être allé(e)⟩

Indicatif

	Présent	Imparfait	Passé simple	Futur
je / j'	vais	allais	allai	irai
tu	vas	allais	allas	iras
il / elle	va	allait	alla	ira
nous	allons	allions	allâmes	irons
vous	allez	alliez	allâtes	irez
ils / elles	vont	allaient	allèrent	iront

Subjonctif — Impératif — Conditionnel

	Présent	Imparfait		
j'	aille	(allasse)		irais
tu	ailles	(allasses)	va ! (vas-y !, va-t'en !)	irais
il / elle	aille	allât		irait
nous	allions	(allassions)	allons !	irions
vous	alliez	(allassiez)	allez !	iriez
ils / elles	aillent	(allassent)		iraient

Part. prés.: allant **Part. passé:** allé **Inf. passé:** être allé(e)

conduire

⟨je conduis, il conduit, nous conduisons; je conduisais; je conduisis; je conduirai; que je conduise; conduisant; conduit⟩

Indicatif

	Présent	Imparfait	Passé simple	Futur
je	conduis	conduisais	conduisis	conduirai
tu	conduis	conduisais	conduisis	conduiras
il / elle	conduit	conduisait	conduisit	conduira
nous	conduisons	conduisions	conduisîmes	conduirons
vous	conduisez	conduisiez	conduisîtes	conduirez
ils / elles	conduisent	conduisaient	conduisirent	conduiront

Subjonctif — Impératif — Conditionnel

	Présent	Imparfait		
je	conduise	(conduisisse)		conduirais
tu	conduises	(conduisisses)	conduis !	conduirais
il / elle	conduise	conduisît		conduirait
nous	conduisions	(conduisissions)	conduisons !	conduirions
vous	conduisiez	(conduisissiez)	conduisez !	conduiriez
ils / elles	conduisent	(conduisissent)		conduiraient

Part. prés.: conduisant **Part. passé:** conduit **Inf. passé:** avoir conduit

devoir
⟨je dois, il doit, nous devons, ils doivent; je devais; je dus; je devrai; que je doive; devant; dû, due⟩

Indicatif

	Présent	Imparfait	Passé simple	Futur
je	dois	devais	dus	devrai
tu	dois	devais	dus	devras
il / elle	doit	devait	dut	devra
nous	devons	devions	dûmes	devrons
vous	devez	deviez	dûtes	devrez
ils / elles	doivent	devaient	durent	devront

Subjonctif — Impératif — Conditionnel

	Présent	Imparfait	Impératif	Conditionnel
je	doive	(dusse)		devrais
tu	doives	(dusses)	dois !	devrais
il / elle	doive	dût		devrait
nous	devions	(dussions)	devons !	devrions
vous	deviez	(dussiez)	devez !	devriez
ils / elles	doivent	(dussent)		devraient

Part. prés.: devant **Part. passé:** dû, due **Inf. passé:** avoir dû

faire
⟨je fais, il fait, nous faisons [f(ə)zõ], vous faites, ils font; je faisais [f(ə)zɛ]; je fis; je ferai; que je fasse, que nous fassions; faisant [f(ə)zɑ̃]; fait⟩

Indicatif

	Présent	Imparfait	Passé simple	Futur
je	fais	faisais	fis	ferai
tu	fais	faisais	fis	feras
il / elle	fait	faisait	fit	fera
nous	faisons	faisions	fîmes	ferons
vous	faites (!)	faisiez	fîtes	ferez
ils / elles	font	faisaient	firent	feront

Subjonctif — Impératif — Conditionnel

	Présent	Imparfait	Impératif	Conditionnel
je	fasse	(fisse)		ferais
tu	fasses	(fisses)	fais !	ferais
il / elle	fasse	fît		ferait
nous	fassions	(fissions)	faisons !	ferions
vous	fassiez	(fissiez)	faites !	feriez
ils / elles	fassent	(fissent)		feraient

Part. prés.: faisant **Part. passé:** fait **Inf. passé:** avoir fait

falloir

⟨il faut; il fallait; il fallut; il a fallu; il faudra; qu'il faille; qu'il fallût⟩
nur in der 3. Person Singular gebräuchlich

	Indicatif			
	Présent	Imparfait	Passé simple	Futur
il / elle	faut	fallait	fallut	faudra
	Subjonctif		Impératif	Conditionnel
	Présent	Imparfait		
il / elle	faille	fallût	–	faudrait

Part. prés.: – **Part. passé:** fallu **Inf. passé:** avoir fallu

mettre

⟨je mets, il met, nous mettons; je mettais; je mis; je mettrai; que je mette; mettant; mis⟩

	Indicatif			
	Présent	Imparfait	Passé simple	Futur
je	mets	mettais	mis	mettrai
tu	mets	mettais	mis	mettras
il / elle	met	mettait	mit	mettra
nous	mettons	mettions	mîmes	mettrons
vous	mettez	mettiez	mîtes	mettrez
ils / elles	mettent	mettaient	mirent	mettront
	Subjonctif		Impératif	Conditionnel
	Présent	Imparfait		
je	mette	(misse)		mettrais
tu	mettes	(misses)	mets !	mettrais
il / elle	mette	mît		mettrait
nous	mettions	(missions)	mettons !	mettrions
vous	mettiez	(missiez)	mettez !	mettriez
ils / elles	mettent	(missent)		mettraient

Part. prés.: mettant **Part. passé:** mis **Inf. passé:** avoir mis

mourir

⟨je meurs, il meurt, nous mourons, ils meurent; je mourais; je mourus; je mourrai; que je meure, que nous mourions; mourant; être mort(e)⟩

Indicatif

	Présent	Imparfait	Passé simple	Futur
je	meurs	mourais	mourus	mourrai
tu	meurs	mourais	mourus	mourras
il / elle	meurt	mourait	mourut	mourra
nous	mourons	mourions	mourûmes	mourrons
vous	mourez	mouriez	mourûtes	mourrez
ils / elles	meurent	mouraient	moururent	mourront

Subjonctif | Impératif | Conditionnel

	Présent	Imparfait	Impératif	Conditionnel
je	meure	(mourusse)		mourrais
tu	meures	(mourusses)	meurs !	mourrais
il / elle	meure	mourût		mourrait
nous	mourions	(mourussions)	mourons !	mourrions
vous	mouriez	(mourussiez)	mourez !	mourriez
ils / elles	meurent	(mourussent)		mourraient

Part. prés.: mourant **Part. passé:** mort **Inf. passé:** être mort(e)

---

mouvoir

⟨je meus, il meut, nous mouvons, ils meuvent; je mouvais; je mus; je mouvrai; que je meuve, que nous mouvions; mouvant; mû, mue⟩
selten bis auf Infinitiv, indicatif présent und participe passé

Indicatif

	Présent	Imparfait	Passé simple	Futur
je	meus	mouvais	mus	mouvrai
tu	meus	mouvais	mus	mouvras
il / elle	meut	mouvait	mut	mouvra
nous	mouvons	mouvions	mûmes	mouvrons
vous	mouvez	mouviez	mûtes	mouvrez
ils / elles	meuvent	mouvaient	murent	mouvront

Subjonctif | Impératif | Conditionnel

	Présent	Imparfait	Impératif	Conditionnel
je	meuve	(musse)		mouvrais
tu	meuves	(musses)	meus !	mouvrais
il / elle	meuve	mût		mouvrait
nous	mouvions	(mussions)	mouvons !	mouvrions
vous	mouviez	(mussiez)	mouvez !	mouvriez
ils / elles	meuvent	(mussent)		mouvraient

Part. prés.: mouvant **Part. passé:** mû, mue **Inf. passé:** avoir mû

peindre ⟨je peins, il peint, nous peignons; je peignais; je peignis; je peindrai; que je peigne; peignant; peint⟩

Indicatif

	Présent	Imparfait	Passé simple	Futur
je	peins	peignais	peignis	peindrai
tu	peins	peignais	peignis	peindras
il / elle	peint	peignait	peignit	peindra
nous	peignons	peignions	peignîmes	peindrons
vous	peignez	peigniez	peignîtes	peindrez
ils / elles	peignent	peignaient	peignirent	peindront

Subjonctif | Impératif | Conditionnel

	Présent	Imparfait		
je	peigne	(peignisse)		peindrais
tu	peignes	(peignisses)	peins !	peindrais
il / elle	peigne	peignît		peindrait
nous	peignions	(peignissions)	peignons !	peindrions
vous	peigniez	(peignissiez)	peignez !	peindriez
ils / elles	peignent	(peignissent)		peindraient

Part. prés.: peignant **Part. passé:** peint **Inf. passé:** avoir peint

plaire ⟨je plais, il plaît, nous plaisons; je plaisais; je plus; je plairai; que je plaise; plaisant; plu (*inv*)⟩

Indicatif

	Présent	Imparfait	Passé simple	Futur
je	plais	plaisais	plus	plairai
tu	plais	plaisais	plus	plairas
il / elle	plaît	plaisait	plut	plaira
nous	plaisons	plaisions	plûmes	plairons
vous	plaisez	plaisiez	plûtes	plairez
ils / elles	plaisent	plaisaient	plurent	plairont

Subjonctif | Impératif | Conditionnel

	Présent	Imparfait		
je	plaise	(plusse)		plairais
tu	plaises	(plusses)	plais !	plairais
il / elle	plaise	plût		plairait
nous	plaisions	(plussions)	plaisons !	plairions
vous	plaisiez	(plussiez)	plaisez !	plairiez
ils / elles	plaisent	(plussent)		plairaient

Part. prés.: plaisant **Part. passé:** plu **Inf. passé:** avoir plu

pleuvoir ⟨il pleut, *fig* ils pleuvent; il pleuvait; il plut, *fig* ils plurent; il pleuvra; qu'il pleuve; pleuvant; plu⟩
nur in der 3. Person Singular, bildlich auch in der 3. Person Plural gebräuchlich

	Indicatif			
	Présent	Imparfait	Passé simple	Futur
il / elle	pleut	pleuvait	plut	pleuvra
ils / elles	pleuvent	pleuvaient	plurent	pleuvront
	Subjonctif		Impératif	Conditionnel
	Présent			
il / elle	pleuve		–	pleuvrait
ils / elles	pleuvent		–	pleuvraient

Part. prés.: pleuvant **Part. passé:** plu **Inf. passé:** avoir plu

---

pouvoir ⟨je peux *oder in gehobener Ausdrucksweise* je puis (*aber immer* puis-je ?), tu peux, il peut, nous pouvons, ils peuvent; je pouvais; je pus; je pourrai; que je puisse; pouvant; pu (*inv*)⟩

	Indicatif			
	Présent	Imparfait	Passé simple	Futur
je	peux (puis)	pouvais	pus	pourrai
tu	peux	pouvais	pus	pourras
il / elle	peut	pouvait	put	pourra
nous	pouvons	pouvions	pûmes	pourrons
vous	pouvez	pouviez	pûtes	pourrez
ils / elles	peuvent	pouvaient	purent	pourront
	Subjonctif		Impératif	Conditionnel
	Présent	Imparfait		
je	puisse	(pusse)		pourrais
tu	puisses	(pusses)	–	pourrais
il / elle	puisse	pût		pourrait
nous	puissions	(pussions)	–	pourrions
vous	puissiez	(pussiez)	–	pourriez
ils / elles	puissent	(pussent)		pourraient

Part. prés.: pouvant **Part. passé:** pu **Inf. passé:** avoir pu

prendre ⟨je prends, il prend, nous prenons, ils prennent; je prenais; je pris; je prendrai; que je prenne, que nous prenions; prenant; pris⟩

Indicatif

	Présent	Imparfait	Passé simple	Futur
je	prends	prenais	pris	prendrai
tu	prends	prenais	pris	prendras
il / elle	prend	prenait	prit	prendra
nous	prenons	prenions	prîmes	prendrons
vous	prenez	preniez	prîtes	prendrez
ils / elles	prennent	prenaient	prirent	prendront

Subjonctif / Impératif / Conditionnel

	Présent	Imparfait	Impératif	Conditionnel
je	prenne	(prisse)		prendrais
tu	prennes	(prisses)	prends !	prendrais
il / elle	prenne	prît		prendrait
nous	prenions	(prissions)	prenons !	prendrions
vous	preniez	(prissiez)	prenez !	prendriez
ils / elles	prennent	(prissent)		prendraient

Part. prés.: prenant **Part. passé:** pris **Inf. passé:** avoir pris

---

recevoir ⟨je reçois, il reçoit, nous recevons, ils reçoivent; je recevais; je reçus; je recevrai; que je reçoive, que nous recevions; recevant; reçu⟩

Indicatif

	Présent	Imparfait	Passé simple	Futur
je	reçois	recevais	reçus	recevrai
tu	reçois	recevais	reçus	recevras
il / elle	reçoit	recevait	reçut	recevra
nous	recevons	recevions	reçûmes	recevrons
vous	recevez	receviez	reçûtes	recevrez
ils / elles	reçoivent	recevaient	reçurent	recevront

Subjonctif / Impératif / Conditionnel

	Présent	Imparfait	Impératif	Conditionnel
je	reçoive	(reçusse)		recevrais
tu	reçoives	(reçusses)	reçois !	recevrais
il / elle	reçoive	reçût		recevrait
nous	recevions	(reçussions)	recevons !	recevrions
vous	receviez	(reçussiez)	recevez !	recevriez
ils / elles	reçoivent	(reçussent)		recevraient

Part. prés.: recevant **Part. passé:** reçu **Inf. passé:** avoir reçu

rendre ⟨je rends, il rend, nous rendons; je rendais; je rendis; je rendrai; que je rende; rendant; rendu⟩

Indicatif

	Présent	Imparfait	Passé simple	Futur
je	rends	rendais	rendis	rendrai
tu	rends	rendais	rendis	rendras
il / elle	rend	rendait	rendit	rendra
nous	rendons	rendions	rendîmes	rendrons
vous	rendez	rendiez	rendîtes	rendrez
ils / elles	rendent	rendaient	rendirent	rendront

Subjonctif — Impératif — Conditionnel

	Présent	Imparfait	Impératif	Conditionnel
je	rende	(rendisse)		rendrais
tu	rendes	(rendisses)	rends !	rendrais
il / elle	rende	rendît		rendrait
nous	rendions	(rendissions)	rendons !	rendrions
vous	rendiez	(rendissiez)	rendez !	rendriez
ils / elles	rendent	(rendissent)		rendraient

Part. prés.: rendant   **Part. passé:** rendu   **Inf. passé:** avoir rendu

---

savoir ⟨je sais, il sait, nous savons; je savais; je sus; je saurai; que je sache, que nous sachions; sachant; su⟩

Indicatif

	Présent	Imparfait	Passé simple	Futur
je	sais	savais	sus	saurai
tu	sais	savais	sus	sauras
il / elle	sait	savait	sut	saura
nous	savons	savions	sûmes	saurons
vous	savez	saviez	sûtes	saurez
ils / elles	savent	savaient	surent	sauront

Subjonctif — Impératif — Conditionnel

	Présent	Imparfait	Impératif	Conditionnel
je	sache	(susse)		saurais
tu	saches	(susses)	sache !	saurais
il / elle	sache	sût		saurait
nous	sachions	(sussions)	sachons !	saurions
vous	sachiez	(sussiez)	sachez !	sauriez
ils / elles	sachent	(sussent)		sauraient

Part. prés.: sachant   **Part. passé:** su   **Inf. passé:** avoir su

sentir
⟨je sens, il sent, nous sentons; je sentais; je sentis; je sentirai; que je sente; sentant; senti⟩

Indicatif

	Présent	Imparfait	Passé simple	Futur
je	**sens**	**sentais**	**sentis**	**sentirai**
tu	sens	sentais	sentis	sentiras
il / elle	**sent**	sentait	sentit	sentira
nous	**sentons**	sentions	sentîmes	sentirons
vous	sentez	sentiez	sentîtes	sentirez
ils / elles	sentent	sentaient	sentirent	sentiront

Subjonctif | Impératif | Conditionnel

	Présent	Imparfait	Impératif	Conditionnel
je	**sente**	(sentisse)		sentirais
tu	sentes	(sentisses)	sens !	sentirais
il / elle	sente	sentît		sentirait
nous	sentions	(sentissions)	sentons !	sentirions
vous	sentiez	(sentissiez)	sentez !	sentiriez
ils / elles	sentent	(sentissent)		sentiraient

Part. prés.: sentant **Part. passé:** senti **Inf. passé:** avoir senti

---

valoir
⟨je vaux, il vaut, nous valons; je valais; je valus; je vaudrai; que je vaille, que nous valions; valant; valu⟩

Indicatif

	Présent	Imparfait	Passé simple	Futur
je	**vaux**	**valais**	**valus**	**vaudrai**
tu	vaux	valais	valus	vaudras
il / elle	**vaut**	valait	valut	vaudra
nous	**valons**	valions	valûmes	vaudrons
vous	valez	valiez	valûtes	vaudrez
ils / elles	valent	valaient	valurent	vaudront

Subjonctif | Impératif | Conditionnel

	Présent	Imparfait	Impératif	Conditionnel
je	**vaille**	(valusse)		vaudrais
tu	vailles	(valusses)	vaux !	vaudrais
il / elle	vaille	valût		vaudrait
nous	**valions**	(valussions)	valons !	vaudrions
vous	valiez	(valussiez)	valez !	vaudriez
ils / elles	vaillent	(valussent)		vaudraient

Part. prés.: valant **Part. passé:** valu **Inf. passé:** avoir valu

venir

⟨je viens, il vient, nous venons, ils viennent; je venais; je vins, nous vînmes; je viendrai; que je vienne, que nous venions; venant; être venu(e)⟩

Indicatif

	Présent	Imparfait	Passé simple	Futur
je	viens	venais	vins	viendrai
tu	viens	venais	vins	viendras
il / elle	vient	venait	vint	viendra
nous	venons	venions	vînmes	viendrons
vous	venez	veniez	vîntes	viendrez
ils / elles	viennent	venaient	vinrent	viendront

Subjonctif / Impératif / Conditionnel

	Présent	Imparfait	Impératif	Conditionnel
je	vienne	(vinsse)		viendrais
tu	viennes	(vinsses)	viens !	viendrais
il / elle	vienne	vînt		viendrait
nous	venions	(vinssions)	venons !	viendrions
vous	veniez	(vinssiez)	venez !	viendriez
ils / elles	viennent	(vinssent)		viendraient

Part. prés.: venant **Part. passé:** venu **Inf. passé:** être venu(e)

---

vouloir

⟨je veux, il veut, nous voulons, ils veulent; je voulais; je voulus; je voudrai; que je veuille, que nous voulions; voulant; voulu; *Imperativ der höflichen Aufforderung* veuillez⟩

Indicatif

	Présent	Imparfait	Passé simple	Futur
je	veux	voulais	voulus	voudrai
tu	veux	voulais	voulus	voudras
il / elle	veut	voulait	voulut	voudra
nous	voulons	voulions	voulûmes	voudrons
vous	voulez	vouliez	voulûtes	voudrez
ils / elles	veulent	voulaient	voulurent	voudront

Subjonctif / Impératif / Conditionnel

	Présent	Imparfait	Impératif	Conditionnel
je	veuille	(voulusse)		voudrais
tu	veuilles	(voulusses)	veuille !	voudrais
il / elle	veuille	voulût		voudrait
nous	voulions	(voulussions)	veuillons !	voudrions
vous	vouliez	(voulussiez)	veuillez !	voudriez
ils / elles	veuillent	(voulussent)		voudraient

Part. prés.: voulant **Part. passé:** voulu **Inf. passé:** avoir voulu

L

**Langenscheidt
Standard Wörterbuch**

Französisch

Französisch – Deutsch
Deutsch – Französisch